Adolf Heinzlmeier
Berndt Schulz

Lexikon Filme im Fernsehen

8500 Spielfilme
TV – Video – Kabel

In Zusammenarbeit mit der
Zeitschrift **Gong**

Lexikalische Beratung: Dieter Erb

Rasch und Röhring Verlag

Wir danken für Korrekturen, Recherchen, Tips und Hinweise:
Peter Albers, Hamburg; Mickey Glässge, DIFF, Frankfurt; Stefan Heine, Hamburg; Hans-Wolfgang Jurgan, ARD-Redaktion, Frankfurt; Astrid LaCognata, Hamburg; Willy Loderhose, CINEMA, Hamburg; Dr. Hans-Werner Muell, Berlin; Richard Pleuger, Beverly Hills; Ulrike Rickert, Hamburg; Steven H. Scheuer, New York.
Unser besonderer Dank gilt Bernd Eckhardt, freier Mitarbeiter von GONG, München, für seine wertvollen Korrekturvorschläge.

CIP-Titelaufnahme der Deutschen Bibliothek

Heinzlmeier, Adolf:
Lexikon Filme im Fernsehen: 8500 Spielfilme TV – Video – Kabel / Adolf Heinzlmeier; Berndt Schulz. Mitarb. Dieter Erb. In Zusammenarbeit mit d. Zeitschr. GONG. – 2., erw. Aufl. – Hamburg: Rasch u. Röhring, 1990
ISBN 3-89136-392-2
NE: Schulz, Berndt:; HST

Einbandgestaltung: Peter Albers
Satzherstellung: Fotosatz Otto Gutfreund, Darmstadt
Druck- und Bindearbeiten: Bercker Grafische Betriebe, Kevelaer
Printed in Germany

Vorwort

»Mal ganz persönlich: Ich weiß es nicht, ist es schmeichelhafter oder beunruhigender, sich wie ein Schmetterling in einem Buch angenagelt zu sehen, welches all die makabren Details der eigenen Karriere erzählt. Aber als Verfechter von Details muß ich mich unterwerfen.« Und wehren kann er sich auch nicht mehr, mag man hinzufügen. Alfred Hitchcock war's, der dies einem amerikanischen Filmführer vor 23 Jahren mit auf den Weg gab. Klar, daß Sir Alfred im vorliegenden Werk mit all den »makabren Details« lückenlos vertreten ist.
So muß es sein, wenn in den neuen Medien der alte Kintopp immer wichtiger wird. Immer mehr Programme kommen uns ins Haus via Antenne, Kabel oder Satellit. Und sie alle schöpfen aus einem Reservoir: dem guten alten Kinofilm. Ein Stück Zeitgeschichte in bewegten Bildern, eine Geschichte der Unterhaltung aus vielen Ländern. Kurzum: alles, was Menschen Spaß macht.
Indes: Nicht alles, was auf Zelluloid gebannt wurde (auch obengenannter Altmeister gestattete sich Ausrutscher), ist des Anschauens wert. Einen Weg durch den Wust will das Lexikon *Filme im Fernsehen* weisen.
Mehrere tausend Filme von »Abba« bis »Z« – gut fünfzig Jahre Filmgeschichte in einem Band. Dies gab's in Deutschland bislang noch nie. Von klassisch bis brandaktuell: Sie entscheiden selbst zwischen Lachen und Langeweile, zwischen Faszination und Flop, zwischen spröde und spannend. Dieses Buch ist Ihnen dabei eine große Hilfe.

Dirk Altemann/Werner Schmidtlein
GONG-Programmredaktion

Zur erweiterten Neuausgabe

Dieses Lexikon wendet sich speziell an Film- und Videofans, die durch nichts vom Fernseher wegzubringen sind, wenn *ihr* Film läuft. Die vorliegende Neuausgabe des Lexikons wurde gegenüber der Ausgabe von 1988 gründlich überarbeitet und erweitert; sie enthält jetzt Informationen über insgesamt etwa 8500 Kino- und Fernsehfilme, die von den öffentlich-rechtlichen und privaten TV-Sendern ausgestrahlt wurden und werden. Die Überarbeitung betrifft vor allem Angaben, die für Videobenutzer wichtig sind (genaue Laufzeiten, verändertes und aktualisiertes Verleihangebot). Neben den großen Filmen, den Klassikern und Meisterwerken der verschiedenen Genres, liegt der zweite Schwerpunkt des Lexikons weiterhin bei jenen »kleinen«, »schmutzigen«, »billigen« Filmen, die vor allem in Satelliten- und Kabelprogrammen ausgestrahlt werden. Filme, die im Gegensatz zum Kino im Fernsehen ihr begeistertes Publikum finden und über die auf dem deutschen Büchermarkt differenziert-kritisch nur dieses Lexikon informiert. Es wendet sich damit auch an die unzähligen Fans von sogenannten B-Filmen.

Die Auswahl umfaßt im wesentlichen die Filme, die in den letzten fünf Jahren im Fernsehen gezeigt wurden, sie berücksichtigt aber auch – soweit dies zu ermitteln war – die von ARD, ZDF, den Dritten Programmen und den Privatsendern geplanten Filme bis zum Jahresanfang 1991.

Mit einbezogen wurden auch die vom Fernsehen produzierten TV-Filme und die Filme des Kabelfernsehens. Da ein hoher Prozentsatz an Filmen im Verlauf von fünf Jahren zwei- oder mehrmals, bis zu achtmal, gesendet wird, wird ein wesentlicher Teil des – auch weiter zurückliegenden – Fernsehkinoprogramms abgedeckt. Besonders berücksichtigt wurden die sogenannten »Dauerwiederholer«. *Filme im Fernsehen* ist nicht nur ein Nachschlagewerk, sondern auch ein bewußt unterhaltsam geschriebenes Lese-Lexikon, das über die Filmgeschichte Auskunft gibt – denn der größere Anteil des TV-Filmprogramms besteht aus alten und neuen Kinofilmen.

Viel Spaß beim Blättern, Vergleichen, Vor- und Nachinformieren, vor allem aber beim Anschauen der Filme im Fernsehen!

Die Autoren im Herbst 1990

Vorspann

Im vorliegenden Lexikon werden zu jedem Film mindestens zwölf Einzelinformationen gegeben, zu manchen Filmen mehr. Die Filme der ehemaligen DDR, die von westdeutschen Sendern ausgestrahlt wurden, sind aufgeführt. Zunächst finden sich der *Titel* und – bei einem ausländischen Film – der *Originaltitel*. Lief ein ausländischer Film in synchronisierter Fassung in der BRD unter dem Originaltitel, so ist er zweimal aufgeführt, zum Beispiel **Orphée**/Orphée. Lief der Film nur in der Originalsprache mit deutschen Untertiteln, erscheint der Filmtitel nur einmal.
In der ersten Zeile am rechten Rand steht die *Sternchenbewertung*. Sie reicht von vier Sternen bis zu einem Stern mit der Abstufung von halben Sternen. Ein mißlungener Film trägt die Bezeichnung FLOP (Genaueres zur Bewertung siehe Kasten, Seite 12).
An weiteren technischen Daten enthält das Lexikon das *Ursprungsland*, meist abgekürzt nach den Autokennzeichen (siehe Kasten Staaten, Seite 11), und das *Jahr* der Entstehung, die *Laufzeit* des Films in Minuten sowie eine Angabe darüber, ob es sich um einen *Farb-* oder *Schwarzweißfilm* handelt. Kein Hinweis bedeutet Farbfilm, im anderen Fall erscheint das Kürzel *sw*. Wenn der Film im *Original mit Untertiteln* gesendet wird, ist dies als *OmU*. gekennzeichnet. Handelt es sich um einen *Stummfilm*, findet sich der entsprechende Vermerk *Stf*. Hat ein Film mehrere Titel, etwa, wenn der Kinotitel fürs Fernsehen geändert wurde, dann findet sich ein Verweis auf den Haupttitel.
Dem eigentlichen Text vorangestellt ist die *Genre*bezeichnung. Dabei wurden die klassischen Begriffe soweit wie möglich aufgelöst und differenziert, so wird bei einem Western zum Beispiel unterschieden zwischen »Edelwestern«, »Italowestern« oder »Spätwestern« etc.
Der *Kurztext*, der dem Benutzer zum einen einen Hinweis auf Story und Thema liefert, enthält zum anderen je nach Film wichtige bewertende Angaben, die sich auf die filmische Inszenierung und/oder Musik, Kameraführung, schauspielerische Darstellung etc. beziehen. Das Lexikon folgt dabei weitgehend objektiven Kriterien, wobei gelegentliche subjektive Abweichungen unvermeidlich sind.

Zum Alphabetisierungsprinzip:

1. Die Filme sind unter dem *ersten Stichwort* des Titels alphabetisiert – *ohne* Berücksichtigung der bestimmten und unbestimmten *Artikel* einschließlich deren Beugungsformen.
2. Für die Reihenfolge ist das *Hauptstichwort* entscheidend. Eventuelle Verkleinerungsformen werden in sich alphabetisiert. Die weitere Reihenfolge bestimmt das jeweils folgende Wort.
3. Die *Umlaute* werden wie gewöhnliche Vokale behandelt.

Zu den Punkten 1, 2 und 3 siehe die Beispielsammlung auf S. 10, die auch Sonderfälle erklärt.

Da die Fernsehanstalten mit ihren Angaben manchmal zurückhaltend sind, war es nicht immer einfach, bei TV-Filmen alle Informationen zu erhalten. Im Zweifelsfall erschien es aber wichtig, einen Film aufzunehmen, auch wenn der Originaltitel oder das Entstehungsjahr nicht zu ermitteln war (das Jahr der Erstsendung ist bei TV-Filmen nicht immer identisch mit dem Produktionsdatum). Dies gilt auch für alle anderen Spielfilme, bei denen einzelne Angaben fehlen. In diesen Fällen reichten die zur Verfügung stehenden Archive nicht aus, um ein fehlendes Detail zu ermitteln.

Bei den TV-Filmen fehlt die Bewertung durch Sternchen, die Information *TV-Film* ersetzt die Genrebezeichnung. Dies hat seinen Grund darin, daß fürs Fernsehen produzierte Filme durch medienbedingte andere Produktionsformen anderen ästhetischen und dramaturgischen Gesetzen unterliegen als Kinospielfilme. Sie lassen sich deshalb auch nicht mit den gleichen »Noten« bewerten wie Kinofilme.

Die *Videoangabe* erscheint jeweils nach den technischen Angaben über Land, Jahr und Länge des Films. Sie besteht aus dem grafischen Zeichen Ⓥ und dem Kürzel für den Anbieter des Videofilms, erscheint das Kürzel nicht, ist der Film nicht auf Video lieferbar.

Unter anderem wegen der unterschiedlichen Länge der Werbeblöcke waren in manchen Fällen bei Kabel- und Satellitenprogrammen exakte Spielzeiten nicht zu ermitteln. Videobenutzer können davon ausgehen, daß sie unter den in diesem Lexikon angegebenen Laufzeiten liegt.

Alphabetisierungssystem

Die Filme sind ohne Berücksichtigung der Artikel nach dem *ersten Stichwort* des Titels alphabetisiert. Beispiel:

Der **M**ann **a**us dem Westen
Ein **M**ann **a**us dem Westen
Der **M**ann **a**us **L**aramie
Ein **M**ann **a**us **L**aramie
Der **M**ann **d**es **O**stens
Ein **M**ann **d**es **O**stens
Der **M**ann **d**es **W**estens
Ein **M**ann **d**es **W**estens
Der **M**ann **v**on **L**aramie
Ein **M**ann **v**on **L**aramie
Mann**h**eim
Das **M**änn**l**ein im Walde
Ein **M**änn**l**ein im Walde

Artikel werden auch in ihren Beugungsformen nicht mitalphabetisiert.

Beispiele:
Des **K**önigs Dieb
Eines **l**angen Tages Reise in die Nacht
Des **T**eufels General
Aber:
Eines ist gewiß (d. i.: Eine Sache ist sicher)
. . . **die** alles begehren (d. i: Diejenigen, die alles begehren)
Umlaute werden folgendermaßen alphabetisiert:

A a	O o	U u
Ä ä	Ö ö	Ü ü
Ae ae	Oe oe	Ue ue

Wegen der Buchstabenreihenfolge steht aber zum Beispiel
Läche**l**n
vor
Lache**n**.
Vergleichen Sie bitte die allgemeinen Bemerkungen auf Seite 8.

Allgemeine Abkürzungen

Min.	Minuten (Laufzeit)	OoU.	Original ohne Untertitel
sw.	schwarzweiß	R	Regie
Stf.	Stummfilm	B	Drehbuch (soweit wichtig)
OmU.	Original mit Untertiteln	Sp.eff.	Spezialeffekte
		D	Darsteller

Sonderzeichen Ⓥ für Video

Staatenabkürzungen

Mit wenigen Ausnahmen handelt es sich bei den Abkürzungen um die geläufigen internationalen Kfz-Kennzeichen. Andere Herstellerländer werden nicht abgekürzt.

A	Österreich	GR	Griechenland
AUS	Australien	H	Ungarn
B	Belgien	I	Italien
BG	Bulgarien	J	Japan
BRD	Bundesrepublik Deutschland	L	Luxemburg
		MEX	Mexiko
CDN	Kanada	N	Norwegen
CH	Schweiz	NL	Niederlande
ČSSR	Tschechoslowakei	P	Portugal
D	Deutschland (Filme vor 1949)	PL	Polen
		R	Rumänien
DDR	Deutsche Demokratische Republik	S	Schweden
		SF	Finnland
		UdSSR	Sowjetunion
DK	Dänemark	VR China	Volksrepublik China
E	Spanien		
F	Frankreich	USA	Vereinigte Staaten von Amerika
FL	Liechtenstein		
GB	Großbritannien	YU	Jugoslawien

Bewertung

****	überragend	**	durchschnittlich
***½	außergewöhnlich	*½	mäßig
***	sehr gut	*	schwach
**½	überdurchschnittlich	FLOP	mißlungen

A

A propos de Nice / A propos de Nice ***
F 1930 – 20 Min. – R: Jean Vigo. D: Bewohner von Nizza.
Dokumentarische Filmsatire. Erste Filmarbeit Vigos (»Betragen ungenügend«), eine witzige, entlarvende Montage über Alltag, Konsumgewohnheiten, Eitelkeit und Stumpfsinn der Einwohner von Nizza.

Der Aasgeier / Dögkeselyü ** ½
H 1982 – 109 Min. – R: Ferenc András. D: György Czerhalmi, Hedi Temessy, Zita Perczel, Maria Gladkowska.
Zeitkritischer Krimi. Ein Ingenieur wird vom Pech verfolgt, erst verliert er seine Frau und den Job, dann, durch Trickbetrügerinnen, sein gesamtes Bargeld; doch er gibt nicht auf und stellt den Gaunerinnen eine Falle. Der äußerst spannende Filmkrimi schildert mit subtilen Mitteln Ungarn als sozial baufällige Gemeinschaft.

Den Aasgeiern eiskalt serviert / Callan ** ½
GB 1973 – 90 Min. – R: Don Sharp. D: Edward Woodward, Carl Möhner, Catherina von Schell, Eric Porter.
Agentenfilm. Ein Exagent will wieder für den britischen Geheimdienst arbeiten und plant als Einstieg einen Mord, doch sein potentieller Chef läßt ihn in eine Falle tappen; spannende Variante einer ziemlich abgedroschenen Story.

Ab heute erwachsen **
DDR 1985 – 83 Min. – R: Günther Scholz. D: David C. Bunners, Jutta Wachowiak, Kurt Böwe.
Melodram. Ein achtzehnjähriger Maurerlehrling beschließt, sein Leben selbst zu gestalten, zieht bei der Mutter aus und kommt in allerlei berufliche und private Bredouillen; gut gespielter Film über Probleme junger DDR-Erwachsener zwischen Individualität und Kollektiv.

Ab in den Süden TV-Film
BRD 1982 – 100 Min. – R: Wilfried Dotzel. B: Helga Feddersen. D: Ingrid Stein, Eberhard Feik, Monika Gabriel.
Zwei Familien im Club-Urlaub auf Sizilien; Intrigen, Verwicklungen, turbulente Ferienabenteuer unter heißer Sonne. Mäßig komisch.

Ab morgen sind wir reich und ehrlich *
A/I 1977 – 105 Min. – R: Franz Antel. D: Carroll Baker, Arthur Kennedy, Christine Kaufmann, Curd Jürgens.
Klamotte. Früherer Mafiaboß versucht durch Erpressung eines Senators seine Memoiren zu verfilmen. Gangsterfilm als Klamauk, auch durch Starbesetzung nicht zu retten.

Abba, The Movie / Abba, The Movie ***
S/AUS 1977 – 105 Min. – R: Lasse Hallström. D: Annafried Lyngstad, Benny Anderson, Björn Ulvaeus, Agnetha Fältskog.
Musikfilm. Ein vertrottelter Reporter reist der Popgruppe ABBA wegen eines Interviews nach; witzig, vergnüglich, ironisch, mit zwanzig Hits, darunter »Waterloo«.

Abbott und Costello als Piraten wider Willen /Abbott and Costello Meet Captain Kidd **
USA 1952 – 70 Min. – R: Charles Lamont. D: Bud Abbott, Lou Costello, Charles Laughton, Fran Warren.
Klamotte. Die beiden Komiker suchen einen Schatz, auf den auch Kapitän Kidd scharf ist. Die übliche Klamaukstory mit schwachen Songs, aber einem jugendlichen Charles Laughton in einer ungewöhnlichen Rolle.

Abbott und Costello in Hollywood / Abbott and Costello in Hollywood **
USA 1945 – 79 Min. sw. – R: S. Sylvan

Simon. D: Bud Abbott, Lou Costello, Robert Stanton, Frances Rafferty.
Groteske. Zwei halbwegs erfolgreiche Lebenskünstler satteln um, sie werden Schauspieleragenten; so kommt Leben in die verstaubten Film- und Musikkulissen der Traumstadt Hollywood. Der Film mit dem Ulkduo rührt Standardgags und überraschende Situationskomik zu einem unterhaltsamen Blödelpotpourri zusammen.

Abe Lincoln in Illinois / Abe Lincoln in Illinois ***
USA 1940 – 110 Min. sw. OmU. – R: John Cromwell. D: Raymond Massey, Gene Lockhart, Ruth Gordon, Mary Howard, Dorothy Tree, Alan Baxter, Howard Da Silva.
Filmbiographie. Adaption des mit dem Pulitzer-Preis ausgezeichneten Bühnenstücks von Robert Sherwood mit Episoden aus Lincolns privater und politischer Karriere; atmosphärisch überzeugende historische Unterhaltung mit eindrucksvollen Darstellern, allen voran Massey als Lincoln und Ruth Gordon als Partnerin seiner unglücklichen Liebe.

Abend der Gaukler / Gycklarnas afton ****
S 1953 – 88 Min. sw. – R: Ingmar Bergman. D: Åke Grönberg, Harriet Andersson, Hasse Ekman, Gunnar Björnstrand, Anders Ek, Gudrun Brost.
Liebestragödie. Ein Zirkusdirektor kommt mit seinem armseligen Unternehmen in die Stadt seiner von ihm verlassenen Familie. Damit beginnen emotionale und moralische Verwicklungen, die eine strenge dramatische Kurve vom Alltäglichen zum Existentiellen durchlaufen. Bergman inszeniert das als quälend-schönes Filmkunstwerk, mit erstaunlichen schwarzweißen Kontrasten, unvergeßlichen Bildern und atemberaubender Intensität der schauspielerischen Leistungen. Einer der größten Filme.

Abendanzug / Tenue de soirée ** ½
F 1985 – 84 Min. Ⓥ marketing film. – R: Bertrand Blier. D: Gérard Depardieu, Michel Blanc, Miou-Miou, Bruno Cremer.
Komödie. Ein Einbrecherkönig gerät in die frustrierte Ehe einer ihn begehrenden Frau, doch er fühlt sich eher von deren Mann angezogen; halbherziges Spiel um ein heikles Thema mit einigen Höhepunkten; Glanzrolle für Blanc, der dafür die Goldene Palme in Cannes bekam.

Das Abenteuer / Die mit der Liebe spielen / L'Avventura *** ½
I/F 1960 – 145 Min. sw. – R: Michelangelo Antonioni. D: Monica Vitti, Lea Massari, Gabriele Ferzetti, Dominique Blanchar, James Addams.
Melodram. Eine Gruppe von Freunden begibt sich auf eine Reise nach Sizilien, wo ein junges Mädchen spurlos verschwindet. Der Film ist weder Krimi noch Gesellschaftsdrama, sondern ein sprödes Werk von poetischer Strenge um die Problematik zwischenmenschlicher Beziehungen in einer entfremdeten Welt.

Abenteuer auf der Lucky Lady / Lucky Lady * ½
USA 1975 – 110 Min. – R: Stanley Donen. D: Gene Hackman, Liza Minnelli, Burt Reynolds.
Schmugglerstory. In den Tagen der Prohibition schmuggeln zwei Typen und ein Barmädchen Rum von Mexiko nach Kalifornien. Die flotte Dreiecksgeschichte bleibt trotz Starbesetzung recht blaß.

Abenteuer aus dem Englischen Garten TV-Film
BRD 1982 – 60 Min. sw. – R, B: Margit Saad. D: Sylvia Janisch, Werner Stocker.
Ein Arbeiter und »das Fräulein« treffen sich an einem Sommertag des Jahres 1924 im Englischen Garten, Kommunikationsversuche scheitern; schnörkellos ins Bild gesetzte Beobachtungen über Verständigungsprobleme; Stocker wurde vom Verband der Deutschen Film- und Fernsehregisseure als bester Nachwuchsdarsteller ausgezeichnet.

Die Abenteuer der drei Musketiere / Les trois mousquetaires ** ½
F/I 1953 – 120 Min. – R: André Hunebelle. D: Georges Marchal, André Bourvil, Gino Cervi, Yvonne Sanson, Jean Martinelli.
Abenteuerfilm. Konventionelle, doch recht muntere Variante des Mantel-und-

Degen-Stücks um Alexandre Dumas' galanten Helden d'Artagnan; opulente Farbfotografie.

Die Abenteuer der Familie Robinson in der Wildnis / The Adventures of the Wilderness Family ✱✱
USA 1975 – 88 Min. – R: Stewart Raffill. D: Robert F. Logan, Susan D. Shaw.
Naturabenteuerfilm. Eine zivilisationsmüde Großstadtfamilie zieht in die Einsamkeit der Rocky Mountains. Dort beginnt sie ihr abenteuerliches Gespräch mit den Tieren, die nicht immer für den Zoo tauglich sind. Schön fotografiert, ein Landschaftsfilm zum Durchatmen.

Abenteuer der Lüfte / The Sky's the Limit ✱ ½
USA 1975 – 89 Min. auch OoU. – R: Tom Leetch. D: Pat O'Brien, Lloyd Nolan, Robert Sampson, Ike Eisenmann.
Fliegerfilm. Ein kleiner Junge langweilt sich während der Ferien auf der Farm des Großvaters, bis er in einer Scheune einen Flugzeug-Oldtimer entdeckt, den der alte Herr wieder zum Fliegen bringt. Routinierte Produktion aus den Walt-Disney-Studios.

Die Abenteuer des Chevalier de Lagadère / Der Bucklige / Les aventures de Lagadère ✱
F/I 1969 – 88 Min. – R: Jean-Pierre Decourt. D: Jean Piat, Nadine Alari, Michèle Grellier, Jacques Dufilho.
Abenteuerfilm. Fortsetzung des Mantel-und-Degen-Films »Der Unbesiegbare« (s. d.); eher noch schwächer.

Die Abenteuer des Chevalier de Lagadère – Der Unbesiegbare / Les aventures de Lagadère ✱ ½
F/I 1967 – 99 Min. – R: Jean-Pierre Decourt. D: Jean Piat, Nadine Alari, Michèle Grellier, Jacques Dufilho.
Abenteuerfilm. Ein junger Edelmann in den Hofintrigen und Machtkämpfen im Paris des 17. Jahrhunderts; reizlose, aber recht farbige Kostümklamotte.

Die Abenteuer des Grafen Bobby ✱ ½
A 1961 – 91 Min. – R: Géza von Cziffra. D: Peter Alexander, Vivi Bach, Gunther Philipp, Bill Ramsey, Susi Nicoletti, Oskar Sima, Hubert von Meyerinck, Boy Gobert.
Klamotte. Charleys Tante, diesmal im Touristikgeschäft. Als Reisebegleiterin eines reichen US-Besuchs tritt sie – alias Graf Bobby – leidlich komisch und mäßig einfallsreich in die Stöckelschuh-Stapfen berühmterer Vorbilder (»Victor/Victoria«, »Manche mögen's heiß«).

Die Abenteuer des Kardinal Braun / Operazione San Pietro ✱
BRD/I/F 1967 – 110 Min. – R: Lucio Fulci. D: Heinz Rühmann, Jean-Claude Brialy, Uta Levka, Wolfgang Kieling.
Krimikomödie. Rühmann in Kardinalsrot auf den Spuren einer Drogenbande; Kintopp-Klamauk mit mäßigem Unterhaltungswert und flacher Situationskomik.

Abenteuer im Engadin ✱✱
D 1932 – 80 Min. sw. – R: Max Obal. D: Walter Riml, Guzzi Lantschner, Hella Hartwich, Arnold Hasenclever.
Skisportfilm. Die lustige Geschichte aus dem mondänen Schweizer Wintersportplatz der dreißiger Jahre bietet ein dünnes Liebesgetändel, rührend altmodische Skitechnik, die jedoch durch einige slapstickartige Spielereien recht unterhaltsam vermittelt wird. Interessantes Dokument für Freunde des Skisports.

Abenteuer im Gelben Meer / China Seas ✱✱ ½
USA 1936 – 84 Min. sw. – R: Tay Garnett. D: Clark Gable, Jean Harlow, Wallace Beery, Lewis Stone, Rosalind Russell.
Liebesdrama. Ein Kapitän soll eine Goldfracht durch piratenverseuchtes Meer bringen; zwei Frauen an Bord werden aus Liebe zu ihm zu Feindinnen. Einfach gestrickte Handlung, von einem bemerkenswerten Team eindrucksvoll in Szene gesetzt.

Abenteuer im Grand Hotel ✱✱
A 1943 – 85 Min. sw. – R: Ernst Marischka. D: Wolf Albach-Retty, Hans Moser, Carola Höhn, Maria Andergast.
Komödie. Dem Herrn Grafen ist nichts geblieben außer seinem verschuldeten Jagdhaus, einem wertlosen Steinbruch

und dem treuen Diener; der aber hat es sich in den Kopf gesetzt, seinen Herrn reich und außerdem standesgemäß unter die Haube zu bringen.

Abenteuer im Orientexpreß / Murder On the Orient-Express TV-Film
GB 1985 – 106 Min. – R: Francis Megahy. D: Dennis Waterman, George Cole, Amanda Pays, Patrick Malahide, Ralph Bates.
Gangsterboß South stirbt 1974 in London, wo blieben seine Goldbarren? Ein Indiz bringt die Spurensucher im Dienst der Tochter des toten Gangsters an ein Schweizer Nummernkonto, dann in den Orientexpreß, wo sich plötzlich die Überfälle häufen. Der spannend aufgezäumte, sich selbst nicht ganz ernst nehmende Film setzt ganz auf die Closed-Door-Effekte traditioneller Krimis und läßt am Ende das schöne Chaos walten.

Abenteuer in Algier / South of Algiers / The Golden Mask ** ½
GB 1953 – 87 Min. – R: Jack Lee. D: Van Heflin, Eric Portman, Wanda Hendrix, Jacques François.
Schatzgräberfilm. Ein Archäologe als Mitglied einer Suchexpedition in der Sahara: Es geht um eine kostbare antike Maske. Zwei Gangster haben dasselbe Ziel; intelligentes Drehbuch und gute Regie in einem spannenden Abenteuer vor bedrohlicher Wüstenkulisse.

Abenteuer in Bamsdorf ** ½
DDR 1957 – 57 Min. – R: Konrad Petzold. D: Charlotte Küter, Bernd Kruss, Peter Schmidt, Petra Kyburg, Klaus Böhme.
Kinderfilm. In Farbe gedrehte Fortsetzung von »Die Fahrt nach Bamsdorf«; Schwesterchen Rita spürt dem Brüderchen und dessen Freund nach, die eine Höhle entdecken; schlicht erzähltes Kinderabenteuer mit einem Hauch »Tom Sawyer«.

Abenteuer in Panama / Across the Pacific ** ½
USA 1942 – 95 Min. sw. – R: John Huston. D: Humphrey Bogart, Mary Astor, Sydney Greenstreet, Charles Halton, Victor Sen Young.
Bogart-Film. Agent Leland (Bogart) vereitelt als ehemaliger US-Hauptmann einen japanischen Sprengstoffanschlag und stellt nachts an Deck des Schiffes, auf dem er zwischen Ostasien und den USA kreuzt, den Mantelkragen seines legendären Trenchcoats hoch. Huston inszeniert das Agentendrumherum kühl und gekonnt.

Abenteuer in Rio / L'homme de Rio / L'uomo del Rio ***
F/I 1963 – 110 Min. – R: Philippe de Broca. D: Jean-Paul Belmondo, Françoise Dorleac, Jean Servais, Milton Ribeiro.
Actionabenteuer. Adrians Verlobte wird vor seinen Augen gekidnappt und nach Rio verfrachtet. Gleichzeitig passieren andere mysteriöse Dinge. Der mustergültige Genreheld macht sich an die Verfolgung, die den Hauptteil dieses unwahrscheinlichen, unwahrscheinlich witzigen und handlungsreichen Films ausmacht. Belmondo in Hochform, de Broca phantasievoll wie kaum jemals wieder.

Abenteuer mit Onkel Manuelo / Adventures with Uncle Manuelo * ½
Brasilien 1971 – 95 Min. – R: Flavio Migliaccio. D: Odete Lara, Walter Forster, Flavio Migliaccio, Mauro Farias.
Abenteuerfilm. Onkel Manuelo und seine drei Neffen suchen im Dschungel nach »Opa«, doch den haben Außerirdische entführt; nicht sehr phantasievolle SF-Abenteuerparodie für Kinder.

Eine abenteuerliche Frau / Take Me to Town **
USA 1952 – 78 Min. – R: Douglas Sirk. D: Ann Sheridan, Sterling Hayden, Philip Reed.
Melodram. Komödiantisch angehauchte Story um eine geschaßte Saloonsängerin, die in einen biederen Bürgerhaushalt gerät. Typischer Grundkonflikt eines Sirk-Films, hübsch ausbalanciert zwischen Ironie und Gefühlsdrama.

Die Abenteurer / Les aventuriers ** ½
F/I 1966 – 109 Min. Ⓥ marketing film. – R: Robert Enrico. D: Lino Ventura, Alain Delon, Joanna Shimkus, Serge Reggiani.
Abenteuerfilm. Zwei Lebenskünstler und

eine attraktive Frau wollen vor Afrika einen Goldschatz heben; zu ihnen gesellt sich ein routinierter Pilot. Der packende Actionfilm folgt ihrer Spur, die immer tiefer in die Spannung führt; moderner Abenteuerstreifen mit hervorragender Besetzung und detaillierter Liebe zum fast ausgestorbenen Genre.

Der Abenteurer von Tortuga / L'avventuriero della Tortuga ∗∗

I 1965 – 92 Min. – R: Luigi Capuano. D: Rik Battaglia, Ingeborg Schöner, Guy Madison, Nadia Gray.

Mantel-und-Degen-Film. Pedro Valverde, ein dunkelhaariger Adliger in prächtigem Wams, besteht auf den sieben Weltmeeren manches Duell; daß er als Heiratsschwindler sein Glück versucht, durchschaut Prinzessin Soledad aber schnell; routiniert inszeniertes Kostümabenteuer.

Aber, Herr Doktor! / Doctor in the House ∗∗ ½

GB 1954 – 88 Min. – R: Ralph Thomas. D: Dirk Bogarde, Muriel Pavlow, Kenneth More, James Robertson Justice.

Komödie. Ein Student lernt bis zum Arztdiplom nicht nur manches über Medizin, sondern auch über Frauen und Freund-/Feindschaften; turbulenter Auftaktfilm einer englischen Arztserie, die mit »Doktor ahoi!« weitergeführt wurde.

...aber Jonny! ∗

BRD 1972 – 93 Min. Ⓥ Tristar Video. – R: Alfred Weidemann. D: Horst Buchholz, Monika Lundi, Hannelore Elsner, Herbert Fleischmann.

Lustspiel. Ein junger Lehrer wird von seinem Freund und Gerichtsvollzieher in eine Karriere als »Dressman« gemanagt; peinlicher Altherren- und Grüne-Witwen-Klamauk.

...aber lieb sind sie doch! / All for Mary ∗∗

GB 1955 – 78 Min. – R: Wendy Toy. D: Nigel Patrick, David Tomlinson, Kathleen Harrison, Jill Day, David Hurst.

Komödie. Drei Männer lieben dieselbe Frau; ihre ehemalige Nurse bringt Ordnung ins Verwirrspiel; leichtgewichtige Unterhaltung mit reichlich Situationskomik.

Die Abfahrer TV-Film

BRD 1978 – 94 Min. – R: Adolf Winkelmann. B: Adolf Winkelmann, Gerd Weiss. D: Detlev Quandt, Ludger Schnieder, Anastasios Avgeris.

Drei arbeitslose Jugendliche klauen einen Möbelwagen und machen eine Tour durch den Ruhrpott; ein treffsicherer, spontaner, problemorientierter Erstlingsfilm.

Abgehört TV-Film

BRD 1984 – 95 Min. – R: Rolf von Sydow. D: Peter Ustinov, Hansjörg Felmy, Heidelinde Weis, Götz George, Beatrice Richter.

Eine schwungvolle Komödie von und mit Peter Ustinov um einen britischen Botschafter in einem Ostblockland. Witzig, anspielungsreich.

Abgeordnete Angelina / L'onorevole Angelina ∗∗ ½

I 1947 – 89 Min. sw. – R: Luigi Zampa. D: Anna Magnani, Nando Bruno, Ernesto Almirante, Agnese Dubbini.

Sozialkritischer Film. Neorealistisches Drama um die Wohnungsnot der Armen Roms nach dem Zweiten Weltkrieg; Magnani in einer Traumrolle wird zur Anführerin des Widerstands gegen verfehlte Kommunalpolitik. Ein Film und eine Hauptdarstellerin wie ein Naturereignis.

Abilene Town

siehe: Banditen ohne Maske

Die Abrechnung / Un chien écrasé TV-Film

F 1984 – 90 Min. – R: Daniel Duval, Robert Pouret. D: Daniel Duval, Pauline Lafont, France Dougnac, Roland Blanche.

Die übliche Gangsterstory von Überfall, Verrat, Liebe, Untreue – als François nach sieben Jahren aus der Haft entlassen wird, rechnet er ab. Aus der »Série noire«.

Abrechnung in San Francisco / Gli esecutori ∗∗

I 1976 – 88 Min. Ⓥ VPS. – R: Maurizio Lucidi. D: Roger Moore, Stacy Keach, Ivo Garrani, Fausto Tozzi.

Thriller. Mafiastory um unwissentlichen Drogenschmuggel und Rache für Vatermord; stellenweise spannender Gangsterfilm, der seine Handlung nicht allzu konsequent erzählt.

Abrechnung in Vera Cruz / I tre spietati * ½
I/E 1964 – 80 Min. – R: José Romero Marchent. D: Richard Harrison, Robert Hundar, Gloria Milland.
Italowestern. Drei Söhne rächen den Mord an ihrem Vater; durchschnittlich, mit einigen Höhepunkten.

Abrechnung um Mitternacht / High Midnight TV-Film
USA 1979 – 97 Min. – R: Daniel Halter. D: Mike Connors, David Birney, Christine Belford.
Psychologischer Krimi um einen Arbeiter, dessen Familie aufgrund eines falschen Verdachts der Drogenpolizei ums Leben kam. Realistisch, spannend, aber etwas zu glatt und oberflächlich.

Die Abschiebung TV-Film
BRD 1984 – 110 Min. – R, B: Marianne Lüdcke. D: Nina Hoger, Franz Buchrieser, Karin Baal, Tayfun Bademsoy, Richy Müller.
Die Scheinehe mit der Tochter des liberalen Lehrers soll den jungen Kurden vor Abschiebung in die Türkei bewahren. Doch Ausländerfeindlichkeit, Mißgunst und ein Klima latenter Repression durch Umwelt und Behörden führen zu einem fatalen Ende. Überzeugender und engagierter Beitrag zur Asylrechtspraxis in der BRD; nach authentischen Vorfällen und dem Roman von Klaus-Peter Wolf.

Abschied TV-Film
S 1982 – 85 Min. – R: Tuja-Maria Niskanen. D: Carl-Axel Heiknert, Kerstin Tidelins, Pirkko Nurmi, Sanna Hultman, Stina Ekblad, Bent Blomquist.
Nach dem Tod ihres abweisenden Vaters zieht eine Schauspielerin die Bilanz ihres Lebens; im Mittelpunkt eine beeindrukkende Frau und ihre Probleme.

Abschied in der Dämmerung / Ukigusa ***
J 1959 – 110 Min. – R: Yasujiro Ozu. D: Ganjiro Nakamura, Machiko Kyo, Hariku Sugimura.
Melodram. Am Beispiel eines Wandertheaters behandelt der Film den Konflikt zwischen Tradition und Moderne; eine Parabel über die Brüchigkeit menschlicher Beziehungen.

Abschied in der Nacht / Le vieux fusil * ½
BRD/F 1975 – 103 Min. Ⓥ IMV. – R: Robert Enrico. D: Philippe Noiret, Romy Schneider, Jean Bouise, Madelaine Ozeray, Joachim Hansen.
Krimimelodram. Betrunkene deutsche SS-Männer töten Frau und Tochter eines französischen Arztes, der sie auf dem Land in Sicherheit glaubte; er startet einen blutrünstigen Rachefeldzug; spekulativer Schocker, brutal und ohne Tiefgang; in Frankreich als »bester Film des Jahres« ausgezeichnet.

Abschied von einer Insel / Conrack **
USA 1973 – 107 Min. – R: Martin Ritt. D: Jon Voight, Paul Winfield, Magde Sinclair, Hume Cronyn.
Melodram. Ein junger Lehrer geht die harte Aufgabe an, auf einer Insel schwarze Teens zu unterrichten; er scheitert an der rassistischen Verbohrtheit seines Vorgesetzten; bemühte, aber oberflächliche Behandlung des Problems.

Abschied von gestern ***
BRD 1966 – 88 Min. sw. – R: Alexander Kluge. D: Alexandra Kluge, Günter Mack, Eva-Maria Meineke, Hans Korte.
Literaturverfilmung. Eine Jüdin aus Leipzig flieht in die BRD, zieht obdachlos durch das Land, kann sich nicht integrieren und landet wegen kleiner Delikte im Knast. Kluge erzählt ihre Odyssee mit den modernen Mitteln des Autorenfilms; aufregende Mixtur aus Fakten und Phantasie, in die der Zuschauer seinen eigenen Film hineindenken kann.

Abschied von Matjora / Proscanie s Matjory ***
UdSSR 1983 – 76 Min. – R: Elem Klimow. D: Stefanija Stanjuta, Lew Durow, Alexej Petrenko, Leonid Krjuk.
Zeitkritischer Film. Die Dorfinsel Matjora soll einem Stausee weichen, Bauernkultur kontra technischen »Fortschritt«; mit der Durchführung der Evakuierung wird der Dorfsowjet beauftragt. Als die Aktion ausgeführt wird, versinkt die Insel und mit ihr letzte Zurückbleibende. Der Umweltfilm aus dem heutigen Rußland schildert den Untergang der alten

Welt unsentimental, jedoch ergreifend; realistisch, jedoch nicht dokumentarisch: ein Werk der Menschenliebe.

Abschiede TV-Film
BRD 1986 – 105 Min. – R: Gedeon Kovacs. D: Karl-Heinz Hackel, Mijou Kovacs, Dietrich Siegl, Karl Merkatz.
Zweiteiliger Episodenfilm nach Arthur Schnitzler: ein Mann auf der vergeblichen Suche nach seiner Geliebten; die zweite Episode eine moderne Variante von der Drehbuchautorin Barbara Frischmuth; in beiden Episoden hervorragende Schauspielerleistungen.

Abschiedsbilder ** ½
BRD 1983 – 67 Min. – R: Nico Hofmann. D: Martin Baumgärtner, Georg Montford, Rosemarie Reymann.
Schülerfilm. Ein 18jähriger Bauernsohn bricht aus seinem Milieu aus und besucht das Gymnasium, scheitert aber an den gesellschaftlichen Umständen; ein kraftvoll gezeichnetes Panorama sozialer Wirklichkeit.

Abschiedswalzer **
A 1934 – 89 Min. sw. – R: Géza von Bolvary. D: Wolfgang Liebeneiner, Richard Romanowsky, Hanna Waag, Julia Serda, Sibylle Schmitz, Paul Henckels.
Künstlerbiographie. Lebensweg Chopins bis zur Ausreise nach Paris 1830. Geschickte Kombination aus Musik und Spielhandlung, nicht frei von Seelenschmalz, aber inspiriert in der dramatischen Gestaltung.

Der Abstauber / Der Mann aus Baltimore / The Baltimore Bullet **
USA 1979 – 97 Min. – R: Robert Ellis Miller. D: James Coburn, Omar Sharif, Bruce Boxleitner, Ronee Blakley, Jack O'Halloran.
Spielerfilm. »Baltimore Bullet« Coburn will den Billard-»Diakon« Sharif entthronen, doch der ist besonders nervenkriegsstark und verlangt hohe Garantien; matter Abklatsch des Poolklassikers »Haie der Großstadt« (mit Paul Newman, 1961) mit müden Machowitzen Coburns und Sharifs lähmendem Schlafmützenblick.

Absturz in der Wildnis / The Aviator **
USA 1985 – 93 Min. – R: George Miller. D: Christopher Reeve, Rosanna Arquette, Jack Warden, Sam Wanamaker.
Abenteuerfilm. Postpilot Edgar Anscombe muß eines Tages eine Passagierin mitnehmen; ein Defekt in der Ölleitung führt zum Absturz in der Wildnis; das ungleiche Paar beginnt, ums Überleben in den Bergen zu kämpfen. Der spannende Abenteuerfilm aus den Pioniertagen der Fliegerei wurde zwar in Jugoslawien gedreht, ist aber nicht so weit entfernt von typischer Hollywoodspannung. Ein Sonntagnachmittagsspektakel für Natur- und Actionfreunde.

Abwärts ***
BRD 1984 – 87 Min. Ⓥ EuroVideo. – R: Carl Schenkel. D: Götz George, Renée Soutendijk, Hannes Jaenicke, Wolfgang Kieling.
Actionthriller. Vier Personen sitzen im steckengebliebenen Lift fest; aus dieser Kammerspiel-Katastrophe entwickelt der Film ein atemberaubendes Psychogramm von Menschen, die in prekärer Situation in existentielle Niederungen abdriften; schauspielerisch glänzend, auf engstem Raum weitläufig inszeniert; ein deutscher Thriller der Extraklasse.

Accattone – Wer nie sein Brot mit Tränen aß / Accattone *** ½
I 1961 – 115 Min. sw. – R: Pier Paolo Pasolini. D: Franco Citti, Silvana Corsini, Franca Pasut.
Problemfilm. Die Geschichte eines Gassenjungen und Zuhälters aus den Slums von Rom. Pasolini arbeitete in seinem ersten Film überwiegend mit Laiendarstellern; stilistisch knüpfte er an den Neorealismus an. Ein Poem über Randexistenzen, Verzweifelte und Geschlagene, die auch ihre letzte Chance nicht nutzen können.

Ach, Alice / Hélas, Alice est lasse TV-Film
F – 95 Min. – R: Bernhard Queysanne. B: Janine Sperling, Olivier Beer. D: Jacqueline Parent, Henri Courseaux, Marx Michel, Pascale Audret.
Die stellungslose Schauspielerin Alice spielt Kunden gegen Bezahlung eine schönere Welt vor. Bald vermischen sich jedoch Schein und Sein, und Alice bekommt Probleme mit sich selbst.

8½ / Otto e mezzo ****
I 1962 – 138 Min. sw. – R: Federico Fellini. D: Marcello Mastroianni, Anouk Aimeé, Claudia Cardinale, Sandra Milo, Barbara Steele, Jean Rougeul.
Milieukritische Filmphantasie. Filmregisseur Anselmi steckt in einer kreativen Krise, aus der er mit heiklen Liebesaffären und gewaltigen Filmprojekten herauszufinden hofft. Nach Irrwegen, Flucht in Kindheitssehnsüchte und großem Verschleiß an Personal und Material findet er zum Einfachen und Ehrlichen; melancholischer und komischer Film mit der Dramaturgie einer Psychoanalyse; Fellinis Meisterwerk.

Ach du meine Liebe TV-Film
DDR – 90 Min. – R: Georgi Kissimov. D: Jaecki Schwarz, Marianne Wünscher, Simone von Zglinicki, Franziska Troegner.
Ein erwachsenes Muttersöhnchen bekommt eines Tages über eine Heiratsannonce jede Menge Mädchen ins Haus, sein Selbstbewußtsein wächst dabei ebenso schnell wie ein finanzieller Nebenerfolg. Die Alltagskomödie aus der DDR beweist, daß in jedem Mann ein erfolgversprechender Lover steckt; flottes Spiel und gutgezimmerte Situationskomik unterstützen die Beweisführung.

Ach Liebling... nicht hier! / Wives and Lovers **
USA 1963 – 103 Min. sw. – R: John Rich. D: Janet Leigh, Shelley Winters, Van Johnson, Ray Walston, Martha Hyer.
Komödie. Plötzlicher Ruhm und Erfolg lassen fast die Ehe eines Schriftstellers platzen; launiges Spielchen um Liebe und Starallüren, wirkt heute etwas altbacken.

Achsensprung TV-Film
BRD 1977 – 60 Min. – R: Rolf von Sydow. B: Dieter Forte. D: Herbert Fleischmann, Rosemarie Fendel, Christoph Wackernagel, Rudolf Schündler.
In einer ganz und gar nicht intakten Familie geht es drunter und drüber: Der angeknackste Sohn opponiert gegen den arbeitslosen Vater, der Mutter gelingt der Sprung in die Politik; ein hintersinniger Film um Fragen der Autorität, auch dank der Darsteller ein TV-Leckerbissen.

8051 Grinning TV-Film
BRD 1972 – 100 Min. – R: Peter Beauvais. B: Bernd Schroeder. D: Maria Singer, Veronika Fitz, Otto Eisenmann, Günther Maria Halmer.
In einem fiktiven bayerischen Dorf brechen die noch immer aktuellen Probleme auf, wie Hofsterben, Jugendabwanderung; eine eindrucksvolle, deftige Zeitstudie.

Achterbahn / ** ½
Rollercoaster
USA 1977 – 113 Min. Ⓥ CIC. – R: James Goldstone. D: George Segal, Richard Widmark, Timothy Bottoms, Henry Fonda.
Katastrophenfilm. Ein erpresserischer Saboteur bedroht Vergnügungsparks mit Anschlägen; schrill und naiv, mit einem überragenden Segal als Ermittler.

»38« ***
A 1987 – 90 Min. – R: Wolfgang Glück. D: Tobias Engel, Sunnyi Melles, Heinz Trixner, Lotte Ledl.
Literaturverfilmung. Adaption von Friedrich Torbergs Roman »Auch das war Wien« um ein jüdisches Liebespaar, das kurz vor Hitlers Einmarsch um seinen privaten Frieden kämpft; ein melancholischer, sensibler Film, der sein bedrückendes Thema nicht ohne Anklänge von leiser Ironie bewältigt; als bester ausländischer Film für den »Oscar« nominiert.

48 Stunden bis Acapulco FLOP
BRD 1969 – 90 Min. sw. – R: Klaus Lemke. D: Christiane Krüger, Dieter Geissler, Monika Zinnenberg.
Thriller. Ein Amateur mit Träumen vom großen Geld gerät bei dunklen Geschäften an Profis; miserabel inszenierte und gespielte Sex-and-Crime-Klamotte.

18 Stunden bis zur Ewigkeit / Juggernaut ** ½
GB 1974 – 105 Min. – R: Richard Lester. D: Richard Harris, Omar Sharif, David Hemmings, Anthony Hopkins.
Thriller. Ein englisches Passagierschiff erhält mitten auf See eine Bombendrohung, und ein Spezialistenteam macht sich unter Zeitdruck an die riskante Ar-

beit. Die klaustrophobische Stimmung des Ein-Ort-Dramas fängt der spannende Film von Lester (»Der gewisse Kniff«) im Thrillerstil ein, vergißt aber nicht die saubere Recherche für Krimifans.

Achtung, Kairo... Opiumschmuggel / Opiumschmuggel / Cairo Road * ½
GB 1950 – 86 Min. – R: David MacDonald. D: Eric Portman, Laurence Harvey, Maria Mauban.
Abenteuerfilm. Routiniert inszeniertes Schmugglerstück im orientalischen Milieu von Kairo; gepflegte Unterhaltung ohne Überraschungen.

Die Achtzehnjährigen / Usia 18 **
Indonesien 1981 – 100 Min. – R: Tegu Karyah. D: Diyan Hasri, Yessi Gusman, W. D. Mochtar.
Sozialkritischer Film. Am Beispiel einer Liebesgeschichte werden die Probleme Indonesiens kritisch beleuchtet.

Action forever
siehe: Breaker! Breaker!

Action Man – Bankraub fast perfekt / Le soleil des voyous ** ½
F 1966 – 89 Min. Ⓥ Taurus. – R: Jean Delannoy. D: Jean Gabin, Robert Stack, Walter Giller, Margaret Lee, Suzanne Flon.
Thriller. Routinierter Krimi nach dem Muster Einzelgänger gegen Gang und Polizei; Gabin als Monument seiner selbst.

Actis TV-Film
BRD 1964 – 130 Min. sw. – R: Imo Moszkowicz. B: Lawrence Durrell. D: Sigfrit Steiner, Arno Assmann, Elisabeth Orth, Hermann Schomberg.
Der Diplomat Galba begleitet die skythische Prinzessin Actis ins Rom Neros, gegen den sie Widerstand plant; exotisch-poetisches Untergangsdrama, das der komplexen Sprachgestaltung des von Mythen faszinierten Autors nur andeutungsweise gerecht wird.

Adam und Evelyne / Adam and Evelyne **
GB 1949 – 94 Min. sw. – R: Harold French. D: Stewart Granger, Jean Simmons, Helen Cherry, Edwin Styles.
Komödie. Ein älterer Spieler adoptiert die Tochter eines toten Freundes und lenkt bald sein Playboyinteresse auf sie; heiter-nachdenklicher Liebesfilm, der etwas Patina angesetzt hat.

Addio, piccola mia TV-Film
DDR 1978 – 120 Min. – R: Lothar Warnecke. B: Helga Schütz, Christel Graf. D: Hilmar Eichhorn, Ute Lubosch, Christine Schorn, Hans-Otto Reintsch.
Dokumentarischer Spielfilm in schwelgerischen Bildern über das Leben und Dichten des Georg Büchner. Ein farbiges Zeitkolorit, das auch den historischen Hintergrund dieses revolutionären Geistes deutlich macht; spannend, tragisch, informativ, mit Originalzitaten.

Adel verpflichtet / Kind Hearts and Coronets *** ½
GB 1949 – 104 Min. sw. – R: Robert Hamer. D: Alec Guinness, Dennis Price, Audrey Fildes, Valerie Hobson.
Kriminalkomödie. Der standesunwürdige Fehltritt seiner Mutter hat einen jungen Gentleman um alle Adelsprivilegien gebracht; der phantasiebegabte, unternehmungslustige Herr macht sich auf den mörderischen Weg zum Herzogstitel; Klassiker der schwarzen Filmkomödie, der von der chamäleonhaften Verwandlungskunst des Hauptdarstellers (Alec Guinness spielt alle acht Opfer) ebenso lebt wie von der skurrilen »Logik« des Drehbuchs.

Adele Spitzeder TV-Film
BRD 1972 – 90 Min. – R: Peer Raben. B: Martin Sperr. D: Ruth Drexel, Ursula Strätz, Peter Kern, Monika Bleibtreu, Rosemarie Fendel.
1870 zieht die mittellose Adele Spitzeder mit einer Freundin nach München; bald gründet sie eine Bank, die aber schnell zusammenbricht; großartig Drexel als emanzipatorische Lesbierin, als gescheite, volksverführerische Frau aus dem Volk; eindrucksvolles Zeitpanorama.

Adieu, Bulle / Adieu poulet ***
F 1975 – 90 Min. – R: Pierre Granier-Deferre. D: Lino Ventura, Patrick Dewaëre, Victor Lanoux, Julien Guiomar.
Sozialkritischer Film. Einfallsreicher,

dramatischer und unterhaltsamer Politthriller um einen Mord an einem jungen Wahlhelfer in der französischen Provinz, der die Machenschaften der Machtpolitik bloßstellt; mit Mitteln des rasanten Actionfilms erzählt und glänzend gespielt.

Adieu la vie TV-Film
F 1985 – 95 Min. – R: Maurice Dugowson. D: Jean-Claude Dauphin, Fabrice Luchini, Laure Killing.
Ein Gangster wird auf der Flucht angeschossen, sein Kumpel zwingt einen Sanitäter, ihn zu verarzten und zu verstecken. Spannend und humorvoll inszeniert; aus der »Série noire«.

Adios Gringo / Adios Gringo *
I/F/E 1966 – 100 Min. Ⓥ Ufa. – R: George Finley. D: Giuliano Gemma, Evelyn Stewart, Robert Camardiel, Jesus Puente.
Italowestern. Notwehrschütze findet auf der Flucht eine Geschändete und stellt bald fest, daß einer der Täter auch sein Feind ist; leichenreich.

Der Adler vom Velsatal * ½
BRD 1956 – 90 Min. – R: Richard Häußler. D: Claus Holm, Waltraut Haas, Jochen Hauer, Ilse Steppat, Renate Ewert, Ralf Wolter.
Alpendrama. Schauplatz die Tiroler Bergwelt: Schützenkönig Toni liebt die italienische Schmugglermaid von der »Grenzschänke«, während für ihn immer noch das Herz der blonden Försterstochter schlägt. Alle Zutaten der Heimatschnulze werden verwendet – Liebe, Rache, ein Verbrechen, Meineid, der Adlerhorst; und die Blasmusik spielt dazu.

The Adventures of Buckaroo Banzai ** ½
USA 1984 – 103 Min. OoU. – R: W. D. Richter. D: Peter Weller, Ellen Barkin, John Lithgow, Jeff Goldblum, Christopher Lloyd.
Science-fiction-Komödie. Buckaroo Banzai, als Rockstar, Hirnchirurg, Kernphysiker und supercooler Verteidiger der freien Welt der Alleskönner par excellence, kämpft mit seinem Team und allen Tricks gegen einen ausgeflippten Wissenschaftler und einige Extraterrestrier; ein Vergnügen für Freunde des absurden Witzes ohne Anspruch.

Aeneas, Held von Troja / La leggenda di Enea **
I 1962 – 86 Min. – R: Giorgio Rivalta. D: Steve Reeves, Gianni Garko, Carla Marlier, Mario Ferrari.
Sandalenfilm. Historisch genaues Ambiente bis hin zur Gürtelschnalle, dazu die Muskelpakete des besten Antikhelden Reeves, Liebe und Haß und eine trivialisierte Antike; für Kintoppgemüter.

Adoptiertes Glück / Sun Valley Serenade **
USA 1941 – 82 Min. sw. – R: H. Bruce Humberstone. D: Sonja Henie, John Payne, Glenn Miller und seine Band.
Musikfilm. Ein Orchesterchef staunt, als sich ein adoptiertes Flüchtlingskind als fast erwachsene junge Frau entpuppt; schwungvoller Jazz- und Tanzcocktail.

Affaire Nachtfrost TV-Film
BRD 1988 – 105 Min. – R, B: Sigi Rothemund. D: Gudrun Landgrebe, Hansjörg Felmy, Charles Brauer, Heinz Moog, Dietrich Mattausch.
Panzerexperte im Bundesamt gerät zwischen die Fronten zweier feindlicher Geheimdienstorganisationen; schnell kann dabei ein Handelnder zum Opfer werden; packender Politthriller.

Die Affäre / Chère Louise **
F/I 1972 – 90 Min. – R: Philippe de Broca. D: Jeanne Moreau, Julien Negulesco, Didi Perego, Yves Robert.
Liebesfilm. Eine alleinstehende Lehrerin verliebt sich in einen arbeitslosen Italiener; als er verschwindet, gerät sie in eine existentielle Krise; feinfühlig gespielt, mit einer herausragenden Moreau.

Die Affäre Dominici / L'affaire Dominici ** ½
F/I 1973 – 105 Min. – R: Claude Bernard-Aubert. D: Jean Gabin, Gérard Darrieux, Victor Lanoux, Paul Crauchet.
Tragikomödie. Ein englischer Wissenschaftler wird 1952 auf einer Reise durch Südfrankreich ermordet. Die Spur der Polizei führt zum Hof eines schrulligen Bauern. Gabin in einer Galavorstellung;

der Film als Tragikomödie über Provinz, Zentralgewalt und individuellen Anarchismus.

Affäre in Berlin / Berlin Affair ** ½

USA 1970 – 93 Min. – R: Richard Irving. D: Darren McGavin, Fritz Weaver, Brian Kelly, Claude Dauphin, Pascale Petit.

Agentenfilm. Ein US-Agent hat sich um die Aktivitäten eines Mannes zu kümmern, dem er sein Leben verdankt; bevor er einen Schmuggler- und Spionagering zerschlagen kann, muß er sich zuerst herzhaft verlieben; spannender Routinethriller vor Berliner Kulisse.

Affäre Macomber / The Macomber Affair ***

USA 1947 – 89 Min. sw. – R: Zoltan Korda. D: Gregory Peck, Joan Bennett, Robert Preston, Reginald Denny, Carl Harbord.

Literaturverfilmung. Ein Großwildjäger betreut die Safari eines frustrierten Paares, dessen Ehekrise sich unter den Zwängen der Ausnahmesituation zuspitzt; durch exzellent getimte Spannung und nuancenreiches Spiel vor allem von Bennett und Preston bestechende Verfilmung der Hemingway-Erzählung »Das kurze glückliche Leben des Francis Macomber«.

Affäre Nabob * ½

F/BRD 1960 – 95 Min. sw. – R: Ralph Habib. D: O. E. Hasse, Perette Pradier, Paul Guers.

Krimikomödie. Unerfahrener Jungganove soll den Riesendiamanten »Nabob« klauen, verliebt sich aber in dessen Trägerin; bemühte, doch humorvoll-brave Regie scheitert an dünnem Stoff.

Ein Affe im Winter / Un singe en hiver ** ½

F 1962 – 100 Min. sw. – R: Henri Verneuil. D: Jean Gabin, Jean-Paul Belmondo, Suzanne Flon, Paul Frankeur.

Milieukomödie. Paraderollen für das ungleiche Gespann Gabin/Belmondo, die alle Register ihres komödiantischen Könnens ziehen, in einem vor Temperament überschäumenden, skurrilen Lustspiel über zwei Männer und eine Flasche.

Affentraum / Ciao maschio / Rêve de singe ***

I/F 1978 – 108 Min. – R: Marco Ferreri. D: Gérard Depardieu, Marcello Mastroianni, James Coco, Geraldine Fitzgerald, Gail Lawrence.

Endzeitvision. Ein junger Mann, der einen Schimpansen zum Freund hat, kann sich nur noch grunzend artikulieren. Ein Toter, eine Frau mit Kind und ein Wachsfigurenkabinett sind weitere Auslöser dieses visionären Alptraums. Spezialpreis auf dem Festival in Cannes 1978.

African Queen / The African Queen *** ½

USA 1951 – 100 Min. – R: John Huston. D: Humphrey Bogart, Katharine Hepburn, Robert Morley.

Starfilm. Im Konflikt mit dem trinkfreudigen Rauhbein und Skipper Bogart blüht die spröde Missionsschwester Katharine noch einmal auf. Tee contra Gin lautet die Parole in diesem subtilen Geschlechterkampf im Dschungel Afrikas, in dem Bogart seinen eigenen Mythos persifliert; erster und einziger Oscar für Bogart.

Afrika Express *

BRD/I 1975 – 75 Min. Ⓥ Ufa. – R: Michele Lupo. D: Ursula Andress, Giuliano Gemma, Jack Palance, Giuseppe Mafioli.

Abenteuerfilm. Ein als Großwildjäger getarnter Gangster macht mit seiner Bande den afrikanischen Busch unsicher; ein globetrottender US-Geschäftsmann und eine als Nonne verkleidete Agentin wollen ihn stellen; unbeholfene Action in einem steif inszenierten Afrikafilm.

Afrikanische Tragödie / Gräset Sjunger / The Grass is Singing ** ½

S/Sambia 1981 – 100 Min. – R: Michael Raeburn. D: Karen Black, John Thaw, John Kani, Patrick Mynhardt.

Literaturverfilmung. Mary ist als Farmersfrau in Afrika überfordert; als ihr Mann an Malaria erkrankt, ist sie nicht in der Lage, ihre Rolle konsequent zu spielen. Ihre Schwäche und die Rebellion der Schwarzen führen zu einer Bluttat. Nach dem Roman von Doris Lessing.

Agatha, laß das Morden sein! * ½
BRD 1960 – 98 Min. sw. – R: Dietrich Haugk. D: Johanna von Koczian, Klausjürgen Wussow, Elisabeth Flickenschildt, Peter Vogel.
Kriminalkomödie. Eine Krimiautorin soll von ihren blutrünstigen Horrorphantasien geheilt werden; die Parodie auf das Genre des Gruselkrimis kommt kaum über platte Albernheiten hinaus.

Agent auf Kanal D / **
To Trap a Spy
USA 1965 – 88 Min. – R: Don Medford. D: Robert Vaughn, David McCallum, Luciana Paluzzi, Patricia Crowley, Fritz Weaver.
Agentenfilm. Eine Terrororganisation versucht in Afrika einen Staatsstreich; sie hat allerdings nicht mit U.N.C.E.L.-Gangsterschreck Napoleon Solo und dessen Kollegen Ilya Kuryakin gerechnet; konventioneller Superagententhriller mit rassistischen Untertönen.

Agent 505 – Todesfalle Beirut / La trappola scatta a Beirut *
I/F/BRD 1965 – 89 Min. – R: Manfred R. Köhler. D: Frederick Stafford, Chris Howland, Geneviève Cluny, Harald Leipnitz, Willy Birgel.
Krimi. Von einem Wüstenfort aus will eine internationale Gangsterbande mit radioaktiven Dämpfen die Stadt Beirut lahmlegen, um dann alle Banken auszurauben.

Agent Richard Ramberg / TV-Film
Skuggan av Henry
S – 85 Min. – R: Jon Lindstron. D: Thomas Hellberg, Jösta Hagelbäck, Jessica Zanden, Stina Ekblad.
Schauplätze des nordischen Thrillers sind Stockholm, Berlin-Ost und -West und die Insel Öland. An der finnisch-sowjetischen Grenze sollen zwei schwedische Agenten einen KGB-Offizier in Empfang nehmen, statt dessen treffen sie eine junge Russin, die flüchten will. Später ist sie verschwunden, und die Spur führt nach Berlin. In Schweden ein großer Publikumserfolg – ursprünglich als Dreiteiler gelaufen.

Agent wider Willen / **
Once Upon a Spy
USA 1980 – 92 Min. – R: Ivan Nagy. D: Ted Danson, Eleanor Parker, Mary Louise Weller, Christopher Lee, Leonard Stone.
Agentenpersiflage. Ein Computerspezialist wird mit einer Agentin auf den machthungrigen, größenwahnsinnigen Wissenschaftler Valorium angesetzt, der zu Bösem wild entschlossen ist; zuwenig augenzwinkernder Witz für eine 007-Parodie, aber labyrinthisch und nicht ohne (computer-)spielerische Gags.

Agenten der Nacht / ** ½
All Through the Night
USA 1942 – 103 Min. sw. – R: Vincent Sherman. D: Humphrey Bogart, Conrad Veidt, Kaaren Verne, Peter Lorre, Frank McHugh, William Demarest.
Spionagekomödie. Ein Gangsterboß (Bogart) kommt Nazi-Agenten auf die Schliche, die einen Anschlag auf ein US-Schlachtschiff planen; es gelingt ihm, zwei verfeindete New Yorker Banden gegen die Nazis zu vereinen. Bogart zieht in diesem temporeichen, lange dem BRD-Bildschirm vorenthaltenen Spionagereißer mit witzigen und ironischen Einschlägen zum erstenmal Conrad Veidt aus dem Verkehr, der einen bestechenden Nazi-Agenten mimt; der »Casablanca«-Effekt kündigt sich bereits an.

Agenten sterben einsam / * ½
Where Eagles Dare
GB 1968 – 150 Min. Ⓥ IMV/MGM/UA. – R: Brian G. Hutton. D: Richard Burton, Clint Eastwood, Mary Ure, Ingrid Pitt, Michael Hordern.
Agentenfilm. Ein Sonderkommando soll einen Agenten aus den Händen der Nazis befreien; das stellt den Chef vor Probleme; langatmiges Geheimdienstspektakel ohne Schwung und Glaubwürdigkeit.

Aguirre, der Zorn Gottes ***
BRD 1972 – 93 Min. – R: Werner Herzog. D: Klaus Kinski, Ruy Guerra, Del Negro, Helena Rojo, Peter Berling, Cecilia Rivera.
Abenteuerfilm. Don Lope de Aguirre, der 1560 mit dem Heer Pizarros die Anden überquert, meutert gegen seinen Oberbefehlshaber, um das sagenhafte Goldland Eldorado zu finden. Die Aben-

teuer-Entdeckungsreise auf Amazonas-Nebenflüssen inszenierte Herzog als filmischen Trip in den Wahnsinn mit dem bösesten Ende der Filmgeschichte.

Eine ägyptische Geschichte / Hadutta misriya ** ½
Ägypten 1982 – 122 Min. – R: Youssef Chahine. D: Nour el Cherif, Mohsen Mohiel Dine, Oussama Nadir, Yousra, Magda el Khatib, Leila Hamada.
Traumspiel. Bei Dreharbeiten erleidet ein Regisseur einen Zusammenbruch, muß sich einer lebensgefährlichen Operation unterziehen und driftet in der Narkose in Träume und Erinnerungen ab. Von der biographischen Selbstabrechnung erzählt der Film mit Ironie, groteskem Humor und turbulenten Situationen. Regisseur Chahine gilt als bedeutendster Filmemacher der arabisch sprechenden Welt, er verarbeitete hier eigene Erfahrungen und interessante autobiographische Fakten.

Ah Ying / Ah Ying ** ½
Hongkong 1983 – 110 Min. – R: Allen Fong. D: Hui So-Ying, Peter Wang, Hui Pui, Yao Lin-Shum.
Zeitkritischer Liebesfilm. Das Mädchen Ah Ying, aus armen Verhältnissen, erhält unentgeltlichen Schauspielunterricht, der ihr Leben verändert; sie lernt einen jungen Regisseur kennen und lieben, eine gemeinsame Bühnenaufführung bringt ersten Erfolg; am Ende deutet sich vorsichtig eine Karriere an. Der behutsame, mit genauen Milieubildern und sensiblen zwischenmenschlichen Tönen überzeugende Film entwirft ein spannendes Szenarium des modernen Hongkong zwischen Verwestlichung und chinesischer Kultur.

Airport / Airport *** ½
USA 1970 – 137 Min. Ⓥ CIC. – R: George Seaton. D: Burt Lancaster, Dean Martin, George Kennedy, Helen Hayes, Jean Seberg, Jacqueline Bisset, Van Heflin, Lloyd Nolan, Maureen Stapleton.
Flughafenfilm. Adaption des Arthur-Hailey-Bestsellers über Menschen, die zufällig eine Winternacht gemeinsam zu verbringen gezwungen sind; gestyltes Erzählkino mit vielen plastischen Charakterstudien; Hayes bekam für ihre Rolle als kobolzender blinder Passagier den Oscar.

Airwolf / Airwolf **
USA 1984 – 98 Min. Ⓥ CIC. – R: Donald P. Bellisario. D: Jan-Michael Vincent, Ernest Borgnine, Alex Cord, Belinda Bauer.
Thriller. Der Airwolf ist ein neuer Kampfhubschrauber, der in der Wüste erprobt werden soll. Bevor es soweit ist, geschehen einige Katastrophen; Pilotfilm einer TV-Serie.

Akkorde der Liebe / Penny Serenade ** ½
USA 1940 – 125 Min. sw. auch OoU. – R: George Stevens. D: Irene Dunne, Cary Grant, Edgar Buchanan.
Melodram. Ehealltag, Ausbruchsversuch und Erinnerung an glückliche Zeiten: Diesen Kreislauf inszenierte Stevens als gefühlvolle Familienromanze mit realistischen Tönen.

Akrobat schöööön! **
D 1943 – 81 Min. sw. – R: Wolfgang Staudte. D: Charlie Rivel, Clara Tabody, Karl Schönböck, Nina Raven.
Revuekomödie. Der erfolglose Groteskakrobat Charlie sucht einen Job; als Nachtwächter gelandet, rollt er die Welt des Varietés »von unten« her auf. Der unterhaltsame, jedoch im damaligen Geschmack gewohnt seichte Film fällt nicht durch Staudtes Regie auf, dafür um so mehr durch Rivels glänzendes circensisches Können.

Akropolis now ** ½
CH 1983 – 102 Min. – R: Hans Liechti. D: Dominique Laffin, Wolfram Berger.
Road Movie. Mit komödiantischem Volldampf durch die Löcher im Schweizer Käse; ein flottes Road Movie von Zürich bis Athen – nonstop.

Akt der Gewalt / Act of Violence ** ½
USA 1948 – 79 Min. sw. – R: Fred Zinnemann. D: Van Heflin, Janet Leigh, Robert Ryan.
Rachekrimi. Kriegstrauma als soziales Thema: Ein Mann will einen Kameraden bestrafen, der im Nazi-Gefangenenlager Verrat begangen hat. Die gespenstische,

nächtliche Großstadt, von Kameramann Robert Surtees atmosphärisch dicht eingefangen, wird in diesem blendend gespielten, doppelbödigen Psychodrama zum Komplizen der Täter.

Aktion Abendsonne TV-Film
BRD 1979 – 90 Min. – R, B: Diethard Klante. D: Ernst Stankovski, Monika Jetter, Aenna Nau.
Eine Show vermittelt einsame Senioren an Familien, wenn sie sich der Prozedur peinlicher Befragungen unterziehen; Realsatire fast wie im richtigen Leben.

Die Aktion ist die Botschaft / Dutch Moves TV-Film
BRD 1986 – 50 Min. – R, B: Dalibor Martinis. D: Menno Homan, Robert Wilson, Keith Adrian, Alistaire MacLean.
Zwei Morde, in die ein Videofilmer verwickelt sein soll, sein zentrales Motiv in einem Verwirrspiel voller Mißverständnisse und Irrtümer; außergewöhnliches Videopuzzle mit zahlreichen Fallstrikken; Farbverfremdungen als distanzierendes Gestaltungsmittel.

Alamo / The Alamo ***
USA 1960 – 133 Min. – R: John Wayne. D: John Wayne, Richard Widmark, Laurence Harvey, Richard Boone, Linda Cristal, Patrick Wayne, Aissa Wayne.
Historienfilm. 1836 verteidigen 187 Mann, darunter die Westernlegenden David (»Davy«) Crockett und Messerheld James (»Jim«) Bowie, die texanische Missionsstation The Alamo (San Antonio de Bexar/Texas) gegen die übermächtige Armee des mexikanischen Generals Santa Ana; das historische Gemetzel, Teil des amerikanischen Traums von Freiheit (»Remember The Alamo!«), wird von Wayne in grandios legendenschwangere Bilder umgesetzt; die Originalfassung von 219 Minuten kostete den Darsteller, Produzenten und Regisseur Wayne fast sein Vermögen.

Alarm auf Ölturm 3 / The Houston Story **
USA 1955 – 80 Min. sw. – R: William Castle. D: Gene Barry, Barbara Hale, Edward Arnold, Jeanne Cooper.
Gangsterfilm. Ein ehrgeiziger Ingenieur macht mit dem Plan eines Ölraubs Karriere in einem Ganstersyndikat; der Weg nach oben endet jäh; routinierter, harter Krimi, der sein unkonventionelles Sujet nicht konsequent nutzt.

Alarm im Weltall / Forbidden Planet **
USA 1955 – 95 Min. Ⓥ IMV/MGM/UA. – R: Fred M. Wilcox. D: Walter Pidgeon, Anne Francis, Leslie Nielsen, Warren Stevens.
Science-fiction-Film. Die Besatzung des Raumschiffs C 57 D sucht auf dem Planeten Attair 4 nach den Überlebenden einer Expedition; sie macht dabei eine schreckliche Entdeckung; altmodisches SF-Abenteuer mit einem kuriosen Roboter.

Alarm in der Unterwelt / The Undercover Man ***
USA 1949 – 81 Min. sw. – Ⓥ RCA Columbia. – R: Joseph H. Lewis. D: Glenn Ford, Nina Foch, James Whitmore, Barry Kelley.
Thriller. Ein Spezialagent kämpft unter Gefahr für sich und seine Frau gegen ein Gangstersyndikat, dessen Boß er Steuerbetrug nachweisen will; auf die Al-Capone-Biographie bezogener harter, realistischer Unterweltlfilm mit straffer Dramaturgie und überzeugenden Darstellern.

Al Capone / Al Capone ** ½
USA 1959 – 100 Min. sw. – R: Richard Wilson. D: Rod Steiger, Fay Spain, James Gregory.
Krimi. Der Aufstieg des berüchtigten Gangsters zu Beginn der zwanziger Jahre. In der Interpretation von Steiger liegt die Verkörperung des Bösen. Er organisiert seine Macht in einem realistischen, knallharten, an die Filme der dreißiger Jahre anknüpfenden Actionkrimi.

Alexander der Große / Alexander the Great ** ½
USA 1956 – 107 Min. – R: Robert Rossen. D: Richard Burton, Fredric March, Danielle Darrieux, Claire Bloom, Barry Jones.
Historienfilm. Schon als Jugendlicher gilt Alexander als von Gott; an der Seite seines Vaters kämpft er gegen Athen,

Sparta und Theben; seine Träume, Europa und Asien zu vereinen, nimmt er bald in Angriff. Der detailreiche, realistische Film verzichtet wohltuend auf Heldenpathos und hält sich dicht an den militärischen Werdegang des Titelhelden; große Besetzung in einem epischen Werk.

Alexander, der Lebenskünstler / Alexandre le Bienheureux ** ½

F 1967 – 88 Min. – R: Yves Robert. D: Philippe Noiret, Françoise Brion, Marlène Jobert, Pierre Richard.

Komödie. Ein Großbauer blüht nach dem Tod seiner leistungsorientierten Frau auf und genießt sein Leben mit süßem Nichtstun. Der mit Situationskomik und überbordenden Einfällen glänzende Film feiert anarchistisch die Kunst zu leben; seinem Helden verleiht Philippe Noiret schillernde Züge.

Alexander März / Das Leben des schizophrenen Dichters Alexander März TV-Film

BRD 1975 – 119 Min. – R: Voitech Jasny. B: Heinar Kipphardt. D: Ernst Jacobi, Michael Hinz, Rudolf Wessely.

In einer geschlossenen Anstalt vegetiert ein Patient dahin, bis ein junger Arzt ihn anregt, Gedichte zu schreiben. Das Resultat sind kleine Meisterwerke, die den Schizophrenen jedoch nicht vor dem Selbstmord retten. Der Film, mit dem überragenden Jacobi in der Titelrolle, beschreibt genau und authentisch die Qual des Irreseins durch das Leiden an der Welt.

Alexandria – Treibhaus der Sünde / Justine **

USA 1968 – 110 Min. – R: George Cukor. D: Anouk Aimée, Anna Karina, Dirk Bogarde, Philippe Noiret.

Literaturverfilmung. Eine Bauchtänzerin, ein feinsinniger englischer Lehrer und die betörende Millionärsgattin werden in einen Strudel von Beziehungen hineingezogen. Verfilmung des Romans von Lawrence Durrell als exotischer Kitsch.

Alexis Sorbas / Zorba, the Greek ***

GR 1964 – 140 Min. sw. – R: Michael Cacoyannis. D: Anthony Quinn, Alan Bates, Irene Papas, Lila Kedrova.

Zeitkritischer Film. Nach dem Roman von Kazantzakis vor Ort inszenierter Film um das Original eines stand- und trinkfesten Mannes, der einem britischen Intellektuellen und den geistigen Besatzern des Landes die Leviten liest. Musik von Mikis Theodorakis.

Alfred der Große – Bezwinger der Wikinger / Alfred the Great * ½

GB 1968 – 120 Min. – R: Clive Donner. D: David Hemmings, Michael York, Prunella Ransome, Colin Blakely.

Kolossalfilm. Der englische Prinz Alfred der Große führt im 9. Jahrhundert seine Mannen in die Schlacht gegen die Wikinger; auch ein blutrünstiger Dänenkönig spielt eine Rolle in diesem Historienschinken, der, halb Mantel-und-Degen-Film, halb Geschichtschronik, zwischen den Genres angesiedelt ist; mäßige Unterhaltung.

Alfredo, Alfredo / Alfredo, Alfredo ** ½

I/F 1972 – 93 Min. – R: Pietro Germi. D: Dustin Hoffman, Stefania Sandrelli, Carla Gravina.

Ehekomödie. Biederer Angestellter überzieht die ehelichen Anforderungen an seine Mustergattin so, daß es zur Rebellion der Frau kommen muß; witzige Persiflage auf die gewandelten Vorstellungen von der Ehe im Italien der siebziger Jahre.

Algiers ** ½

USA 1938 – 95 Min. sw. OoU. – R: John Cromwell. D: Charles Boyer, Hedy Lamarr, Sigrid Gurie, Gene Lockhart.

Melodram. US-Remake von J. Duviviers »Pépé le Moko – Im Dunkel von Algier« (1937); vom fehlbesetzten Boyer abgesehen, ansehnliche Version der Love-and-Crime-Story mit einer Glanzrolle für Lockhart als Polizeispitzel.

Ali Baba und die vierzig Räuber / Ali Baba and the Forty Thieves ** ½

USA 1944 – 83 Min. – R: Arthur Lubin. D: Maria Montez, Jon Hall, Turhan Bey, Andy Devine, Kurt Katch.

Abenteuerfilm. Ali Babas 1001-Nacht-Kampf gegen einen bösen Usurpator, in dessen Tochter er sich verliebt; buntes Märchen, flott in schönen Bildern erzählt.

Alibi / Alibi **
GB 1929 – 90 Min. sw. – R: Roland West. D: Chester Morris, Harry Stubbs, Eleanore Griffith.
Kriminalfilm. Geschichte eines jungen Polizistenmörders, der die Tochter des Polizeichefs heiratet, um sich gegen jeden Verdacht abzusichern; spannende Krimistory britischer Schule.

Alibi ** ½
BRD 1955 – 105 Min. sw. – R: Alfred Weidenmann. D: O. E. Hasse, Hardy Krüger, Martin Held, Eva-Ingeborg Scholz, Peer Schmidt, Charles Regnier, Gisela von Collande.
Krimi. Der Flüchtling Hardy Krüger versucht nach dem Krieg wieder Fuß zu fassen und lernt eines Tages die frustrierte Ehefrau eines Wissenschaftlers kennen und verliebt sich in sie. Spannender Mordfall mit einem scheinbar lückenlosen Indizienurteil. Deutsche Version des Hollywoodfilms »Die zwölf Geschworenen« – gibt die Stimmung der fünfziger Jahre atmosphärisch dicht wieder.

Alibi des Todes / Girl in the Headlines / The Modelmurder Case ** ½
GB 1963 – 94 Min. sw. – R: Michael Truman. D: Ian Hendry, Ronald Fraser, Margaret Johnston, Natasha Parry.
Krimi. Der Mord an einem Fotomodell führt einen Chefinspektor und seinen einfallsreichen Assistenten in die Drogenszene; spannende Krimiunterhaltung mit unerwartetem Schluß.

Alice hinter den Spiegeln / Alice Behind the Mirrors **
USA 1966 – 80 Min. – R: Allan Handley. D: Judi Rolin, Richard Denning, Robert Coote, Agnes Moorehead.
Musical. Film nach dem fälschlich als reines Kindermärchen verstandenen Roman »Alice im Spiegelreich« von Lewis Carroll, der Fortsetzung von »Alice im Wunderland«; phantasievoll.

Alice im Wunderland / Alice in Wonderland ** ½
USA 1951 – 72 Min. Ⓥ Walt Disney Home. – R: Clyde Geronimi, Hamilton S. Luske, Wilfred Jackson.
Zeichentrickfilm. Walt Disneys Trickversion des phantastischen Märchens von Lewis Carroll, eine tricktechnisch überzeugende, vor Einfällen sprudelnde Kindergeschichte auch für Erwachsene.

Alice lebt hier nicht mehr / Alice Doesn't Live Here Anymore ***
USA 1974 – 110 Min. – R: Martin Scorsese. D: Ellen Burstyn, Kris Kristofferson, Billy Green Bush.
Zeitkritischer Liebesfilm. Eine Frau geht mit ihrem Sohn nach dem Tod ihres Mannes auf Selbstfindung. Der sensible, bestechend genau an den Gefühlen seiner Protagonisten orientierte Erzählfilm Scorseses (»Raging Bull«) verfolgt in atmosphärisch dichten Episoden, unterstützt von perfekten Akteuren und der balladesken Musik Kristoffersons, den Weg der Heldin durch eine US-Gesellschaft, die mit kleinen Hoffnungen über Resignationsabgründe hinwegstolpert.

Alice's Restaurant / Alice's Restaurant ***
USA 1969 – 105 Min. – R: Arthur Penn. D: Arlo Guthrie, Pat Quinn, James Broderick, Michael McClanathan, Geoff Outlaw.
Zeitkritischer Film. Antiautoritärer Filmspaß mit Folkrock-Musik um den jungen Sänger Arlo Guthrie, der dem Wehrdienst das süße Hippie-Leben vorzieht. Penns flotte Regie verhilft der Woodstock-Generation zum Kino-Sieg.

Alien – Das unheimliche Wesen aus einer fremden Welt / Alien ***
GB 1979 – 121 Min. Ⓥ CBS/FOX. – R: Ridley Scott. D: Sigourney Weaver, Tom Skerritt, Ian Holm, Harry Dean Stanton, Veronica Cartwright, Yaphet Kotto, John Hurt.
Science-fiction-Schocker. Der Raumfrachter »Nostromo« fängt sich auf einem unbekannten Planeten den gräßlichen Interspeziesparasiten ein, der die gesamte Mannschaft, bis auf einen weiblichen Bordoffizier, aufreibt. Kreuzung aus SF

und Horror mit neuen Standards für beide Genres, einer ausgesucht guten Besetzung und einem Monsterdesign (H. R. Giger) von unvergeßlichem Zuschnitt.

All meine Sehnsucht / * ½
All I Desire
USA 1953 – 76 Min. sw. – R: Douglas Sirk. D: Barbara Stanwyck, Richard Carlson, Lyle Bettger, Marcia Henderson, Lori Nelson, Maureen O'Sullivan.
Melodram. Eine kleine Revuetänzerin, die wegen eines Karrieretraums und eines Mannes ihre Familie verlassen hatte, kehrt zurück, um das Debüt einer ihrer Töchter am Schülertheater zu erleben; ihre Familie reagiert ablehnend; die ansehnlichen schauspielerischen Leistungen fallen der Tränendrüsentaktik zum Opfer.

All meine Söhne / **
All My Sons
USA 1948 – 90 Min. – R: Irving Reis. D: Edward G. Robinson, Burt Lancaster, Mady Christians, Frank Conroy.
Melodram. Gemütsdrama um einen angesehenen Bürger, der im Krieg dunkle Geschäfte machte, für die sein Partner noch im Knast sitzt. Gut gespielt, aber – nach dem Stück Arthur Millers – allzu bühnenverliebt eingerichtet: bombastischer Theaterdialog gegen zu kurz kommende Bilder.

Alle Geister kreisen TV-Film
BRD 1985 – 90 Min. z. T. sw. – R, B: Peter Przygodda. D: Gila von Weitershausen, Carlos Alberto Santana.
Eine Filmemacherin will mit ihrem Team einen Film in Brasilien drehen; alle Beteiligten stellen fest, daß sie der Fremde fremd gegenüberstehen; platter Film, dessen banale Bilder durch banale Musik und noch banalere Texte vortrefflich ergänzt werden; der Kameramann bemerkt früh, die einzigen »kreisenden Geister« seien die Teammitglieder, aber so sicher ist selbst das nicht.

Alle Herrlichkeit auf Erden / Love Is a Many Splendored Thing ***
USA 1955 – 98 Min. – R: Henry King. D: William Holden, Jennifer Jones, Torin Thatcher, Isobel Elsom.
Melodram. Die große Liebe zwischen einem US-Reporter und einer eurasischen Ärztin in Hongkong steht unter düsteren Vorzeichen; exzellent verfilmte, triviale Love-Story; Oscars für Filmmusik, Interpretation des Titel-Evergreens und Kostüme.

Alle Jahre wieder ** ½
BRD 1967 – 85 Min. – R: Ulrich Schamoni. D: Hans-Dieter Schwarze, Ulla Jacobsson, Sabine Sinjen, Johannes Schaaf.
Satirisches Melodram. Ein Mann läßt seine Freundin im Hotel zurück, um mit Frau und Kindern Weihnachten zu feiern. Kritisches Porträt einer Männerclique in einer deutschen Kleinstadt im Mief der sechziger Jahre. Frühe Arbeit des »Neuen Deutschen Films«.

Alle Kätzchen naschen gern *
BRD 1969 – 79 Min. – R: Josef Zachar. D: Edwige Fenech, Angelica Ott, Barbara Capell, Ernst Stankovski, Helen Vita.
Nackedeiklamauk. Alle Hüllen fallen im Schloß, wenn die Herren von Adel Dorfjungfrauen verführen; derb, zotig, mäßig witzig.

Alle lieben Peter ** ½
BRD 1959 – 95 Min. – R: Wolfgang Becker. D: Peter Kraus, Hannelore Schroth, Christine Kaufmann, Gustav Knuth, Boy Gobert, Peter Vogel, Helen Vita.
Musikfilm. Eine Frau macht sich jünger, als sie ist, und ihren Teenie-Sohn wieder zum Kind; das schafft kunterbunte Verwicklungen. Eine Komödie mit erstaunlich viel Witz und Situationskomik, zudem belebt von den Songs von Peter Kraus.

Alle meine Stars / **
The Idolmaker
USA 1980 – 112 Min. – R: Taylor Hackford. D: Ray Sharkey, Tovak Feldshuh, Peter Gallagher, Paul Land.
Milieufilm. Geschichte eines selbsternannten Managers, der einen Musiker groß herausbringt. Dann kommt es zum Bruch; gut recherchierter und konstruierter Film mit aufschlußreichen Blicken hinter die Kulissen des Showgeschäfts.

Alle meine Träume / ∗∗∗
The Best of Everything
USA 1959 – 115 Min. – R: Jean Negulesco. D: Hope Lange, Stephen Boyd, Suzy Parker, Martha Hyer, Joan Crawford, Louis Jourdan.
Melodram. Pointenreiche Geschichte aus dem Zeitungsdschungel von New York. Im Mittelpunkt stehen Frauen, die Liebe und Erfolg um jeden Preis suchen und dabei leer ausgehen; Glanzrolle für Joan Crawford.

Alle Menschen werden Brüder ∗∗
BRD 1972 – 110 Min. Ⓥ Taurus – R: Alfred Vohrer. D: Harald Leipnitz, Doris Kunstmann, Klaus Schwarzkopf.
Psychokrimi. Ein gescheiterter Schriftsteller kommt hinter merkwürdige Machenschaften seines Bruders; dessen ehemalige Geliebte spielt ebenfalls ein doppeltes Spiel. Der solide gebaute, mit trivialen Stimmungen nicht geizende Film entwirrt die Verwicklungen der Vorlage von Simmel zögernd.

Alle Spuren verwischt / ∗ ½
The Scarlet Hour
USA 1955 – 95 Min. sw. – R: Michael Curtiz. D: Carol Ohmart, Tom Tryon, Jody Lawrence, James Gregory, Elaine Stritch.
Psychokrimi. Eine frustrierte Ehefrau treibt ihren Liebhaber zu einem versehentlichen Mord am Ehemann; saftlose Kolportage.

Alleghany Uprising
siehe: Black River

Allein gegen das Gesetz / ∗∗ ½
Il vero e il falso
I 1971 – 84 Min. Ⓥ Polyband/Toppic. – R: Eriprando Visconti. D: Terence Hill, Martin Balsam, Paola Pitagora, Adalberto M. Merli.
Kriminalfilm. Eine Lehrerin wird beschuldigt, die Geliebte ihres Mannes ermordet zu haben; nach deren Haftentlassung tötet sie die durchaus noch Lebendige wirklich; spannendes Krimipuzzle und klug konstruierter Justizfilm in einem.

Allein gegen die Freibeuter / Uomo mascherato ∗∗
I 1965 – 80 Min. – R: Vertunnis de Angelis. D: George Hilton, Tony Kendall, Claude Dautis, Peter de Vico.
Piratenfilm. Pirat raubt Königstöchterlein zwecks Verkaufs als Sklavin, ein Maskierter hält dies für Verschwendung; flottes Seeabenteuer mit einem lockeren Kendall in bester Draufgänger-Tradition.

Allein unter Geiern / ∗∗
The Get-Away
USA 1941 – 85 Min. sw. – R: Edward Buzzell. D: Robert Sterling, Charles Winninger, Donna Reed, Henry O'Neill, Dan Dailey, Don Douglas.
Krimi. Donna Reed in ihrer ersten Filmrolle als Schwester eines Ausbrechers, der bespitzelt wird, um an die Hintermänner heranzukommen; der Spitzel verliebt sich in sie – als gäbe es nicht schon genug Probleme; spannungsgeladener Film, der schnell zur Sache kommt, bevor der Zuschauer nachdenken kann.

Die Alleinseglerin ∗∗ ½
DDR 1987 – 87 Min. – R: Herrmann Zschoche. D: Christina Powileit. Johanna Schall, Manfred Gorr, Götz Schubert.
Frauenfilm. Christina lernt gegen alle Widerstände segeln, als ihr Leben in die Krise gerät: Ihr Sohn macht Ärger, sie fühlt sich immer noch zu ihrem geschiedenen Mann hingezogen; einfühlsames Frauenporträt.

Alleinstehend TV-Film
DDR 1986 – 85 Min. – R: Gunter Friedrich. B: Hans Müncheberg. D: Simone von Zglinicki, Volkmar Kleinert, Winfried Pucher, Madeleine Lierck.
Die Brigadechefin einer Rostocker Elektronikfirma wird oft von ihren Kollegen ausgenutzt, weil sie nicht verheiratet ist. Eines Tages lernt sie auf der Leipziger Messe einen netten Kollegen kennen; als sie ein Kind von ihm erwartet, spitzt sich der Konflikt zu.

Allen Gefahren zum Trotz / ∗∗
Back to God's Country
USA 1953 – 80 Min. – R: Joseph Pevney. D: Rock Hudson, Marcia Henderson, Steve Cochran.
Abenteuerfilm. Kapitän Rock Hudson

verteidigt gemeinsam mit seiner Frau in der Wildnis Kanadas sein Schiff und die Felladung gegen Banditen; Westernabenteuer aus dem Norden.

Aller Nächte Sehnsucht / ** ½
Kort är sommaren
S 1962 – 103 Min. sw. – R: Bjarne Henning-Jensen. D: Bibi Andersson, Jarl Kulle, Liv Ullmann, Claes Gill, Allan Edvall.
Melodram. In Norwegens ländlicher Einsamkeit verlieben sich eine stolze Kaufmannstochter und eine gefühlvolle Hausangestellte in einen schmucken Leutnant. Das unmögliche Liebesdreieck in der schwermütigen, grandios fotografierten Landschaft führt zur Katastrophe. Dramatisch und doch kühl beobachtend, beschreibt der Film den unaufhaltsamen Verfall der Kommunikation zwischen den von landläufiger Moral beherrschten Geschlechtern.

Alles aus Liebe TV-Film
BRD 1986 – 90 Min. – R: Rainer Boldt. D: Vitus Zeplichal, Ilse Hofmann, Gunnar Möller, Andrea Bürgin.
Ein alternder Schriftsteller wird nach sieben Jahren von seiner jungen Freundin verlassen und schickt ihr einen Detektiv hinterher. Eine bissige Geschichte um Liebe, Geld, geistigen Diebstahl und das Geschäft der Literatur. Nach der Erzählung »Säntis« von Martin Walser.

Alles für dein Glück / **
Possessed
USA 1931 – 73 Min. sw. – R: Clarence Brown. D: Joan Crawford, Clark Gable, Wallace Ford, Van Heflin.
Melodram. Clark Gable, jung und forsch als aufrechter Anwalt, bekommt Probleme, als er sich in Joan Crawford, eine Frau mit Vergangenheit, verliebt; passable Seifenoper mit Starbesetzung.

Alles geht nach hinten los / Carry on Behind * ½
GB 1975 – 90 Min. – R: Gerald Thomas. D: Elke Sommer, Kenneth Williams, Joan Sims, Bernard Bresslaw, Kenneth Connor, Liz Frazer.
Klamotte. Ein englischer Archäologe belästigt bei Ausgrabungen Camper und andere und fühlt sich selbst belästigt, auch eine sowjetische Kollegin macht ihm zu schaffen; Elke Sommers eher ulkiger Humor hält den schrägen Klamauk eines Restbestands des »Carry on«-Teams in Schranken. (»Carry on« war der Titel einer bekannten britischen Filmserie von 1958 bis 1978.)

Alles Glück dieser Erde / ** ½
International Velvet
GB 1977 – 111 Min. – R: Bryan Forbes. D: Tatum O'Neal, Christopher Plummer, Anthony Hopkins, Nanette Newman, Jeffrey Byron.
Pferdefilm. Fortsetzung des Klassikers von 1944, »National Velvet« (mit der blutjungen Liz Taylor), um die inzwischen erwachsene Velvet Brown, die ihre Liebe zu Pferden und ihr Reittalent auf Nichte Sarah übertragen hat. Ein in der Haltung herzensguter, in der Machart romantischer, im Menschenbild konservativer Film, mit dem die Traumfabrik ihre Seifenblasenprodukte feiert.

Alles im Eimer * ½
BRD 1981 – 89 Min. – R: Ralf Gregan. D: Dieter Hallervorden, Rainer Brandt, Dirk Dautzenberg, Rotraut Schindler, Manfred Lehmann, Lisa Hellwig, Gisela Trowe.
Klamaukfilm. Pechvogel Leo (»Didi«) versucht erfolglos Selbstmord und bestellt schließlich einen Killer; der bringt allerdings nur die zaghaften Ansätze zur Gesellschaftskomödie um.

Alles in Butter / ** ½
La cuisine au beurre
F 1963 – 81 Min. sw. – R, B: Gilles Grangier. D: Fernandel, Bourvil, Claire Maurier.
Komödie. Einen Franzosen zieht es, einer österreichischen Affäre wegen, erst zehn Jahre nach Kriegsende wieder zu Frau und heimatlicher Kneipe; doch die Frau hat wieder geheiratet, und die Kneipe wurde zum gehobenen Restaurant; Film zweier großer Komödianten: Fernandel und Bourvil.

Alles in Handarbeit / **
Hardly Working
USA 1979 – 93 Min. Ⓥ marketing film. – R: Jerry Lewis. D: Jerry Lewis, Susan Oliver, Roger C. Carmel, Deanna Lund.

Komödie. Der erfolg- und deshalb arbeitslose Zirkusclown versucht sich in bürgerlichen Berufen, vor allem als Postbote gelingt ihm das totale Chaos; Clownsfilm, der die Melancholie dieses Berufs in den Alltag überträgt und allzu leicht in Slapstick absinken läßt.

Alles ist vergänglich / ∗∗
Nothing Lasts Forever
USA 1983 – 75 Min. – R: Tom Schiller. D: Zach Galligan, Lauren Tom, Dan Aykroyd, Sam Jaffe.
Popfilm. Ein Junge fühlt sich zum Künstler berufen und findet unverhofft außergewöhliche Hilfe; vergnügliche Popsatire auf Kunst- und Konsumrummel, Science-fiction und Probleme der Selbstfindung.

Alles oder Nichts / ∗
Pleasure Palace
USA 1980 – 92 Min. – R: Walter Grauman. D: Omar Sharif, Victoria Principal, José Ferrer, J. D. Cannon.
Abenteuerfilm. Ein Spielerduo vor der Herausforderung seines Lebens: Ein Kasino ist zu gewinnen; doch Sharifs betuliches Machogehabe und Principals routinierte Heiterkeit ruinieren nicht die Spielbank, sondern vor allem den Film.

Alles paletti TV-Film
BRD 1985 – 98 Min. – R: Michael Lentz. D: Branko Plesa, Levin Kress, Gordona Kosanovic.
Eine sympathische Vater-Sohn-Geschichte, bei der eine Fußballmannschaft eine wichtige Rolle spielt. Unterhaltsam.

Alles um Anita / ∗∗
Hollywood or Bust
USA 1956 – 95 Min. – R: Frank Tashlin. D: Jerry Lewis, Dean Martin, Anita Ekberg, Pat Crowley.
Jerry-Lewis-Groteske. Typisches Produkt von Tashlin mit dem Blödelduo Martin/Lewis (im letzten gemeinsamen Auftritt), bei dem es um einen smarten Spieler und seinen tumben Kumpel geht. Liebeserklärung an das gut gemachte Klamauk-Kintopp.

Alles weg'n dem Hund ∗∗
D 1935 – 82 Min. sw. – R: Fred Sauer. D: Weiß-Ferdl, Julia Serda, Edith Oß, Trude Hesterberg, Dieter Borsche.
Komödie. Der eigenwillige Münchner Vorstadtkomiker Weiß-Ferdl mit dem Schalk in den Augen spielt einen kleinen Postsekretär, dem eine Millionenerbschaft winkt. Ein »Zamperl« (bayr.: Dackel) hat eine wichtige Rolle in diesem heiteren Schwank übernommen.

Allonsanfan / Allonsanfan ∗∗∗
I 1974 – 100 Min. – R: Paolo und Vittorio Taviani. D: Marcello Mastroianni, Lea Massari, Mimsy Farmer, Laura Betti, Claudio Cassinelli.
Historienfilm. Ein 1816 aus der Haft Entlassener erlebt den Zusammenprall mit der Realität der Metternich-Restauration als persönliche Niederlage; die Begegnungen mit Kameraden tragen dazu bei, ihn in einer Welt zwischen Illusion und Desillusion festzuhalten, bis er zwischen allen Fronten stirbt; kritischer Revolutionsfilm von großer bildhafter Präsenz und eine eindrucksvolle intellektuelle Analyse.

Allotria in Zell am See ∗
BRD 1963 – 84 Min. – R: Franz Marischka. D: Adrian Hoven, Harald Juhnke, Hannelore Schroth, Ingrid van Bergen, Beppo Brem, Hubert von Meyerinck.
Frivole Klamotte. Nett gemeinter, ganz harmloser Filmspaß um zwei Playboys, die in Österreich notlanden müssen und dabei in das Visier der Boulevardpresse geraten. Flott, einfallslos und ohne dramaturgische Sorgen heruntergekurbelt.

Almenrausch und Edelweiß ∗
A 1957 – 82 Min. – R: Harald Reinl. D: Elma Karlowa, Karin Dor, Bert Fortell, Harald Juhnke, Theo Lingen, Maria Andergast, Paul Westermeier.
Heimatfilm. Nach-Love-Story vom reichen Mann, der schwangere Braut sitzenläßt und später zurückkehrt; alberne Verwechslungsklamotte mit drittklassigen Gags und einigen Liedchen.

Als das Licht ausging… / ∗
Where Were You When the Lights Went Out?
USA 1967 – 89 Min. – R: Hy Averback. D: Doris Day, Patrick O'Neal, Terry Thomas, Robert Morse.
Komödie. Der dreizehnstündige New Yorker Blackout im November 1965, der

der Stadt einen Babyboom bescherte, als Aufhänger für eine dürftige Ehekomödie; Film der vergeudeten Gags.

Als die Erde aufbrach / TV-Film
The Day the Earth Moved
USA 1974 – 78 Min. – R: Robert Michael Lewis. D: Jackie Cooper, Stella Stevens, Cleavon Little, William Windom.
Zwei Luftfotografen können dank einer Erdbebenwarnung eine Wüstenstadt rechtzeitig evakuieren; gute Special Effects in einem Routinethriller der Katastrophenwelle.

Als die Zeit stillstand / ** ½
Il tempo si è fermato
I 1958 – 82 Min. sw. – R: Ermanno Olmi. D: Natale Rossi, Roberto Seveso, Paolo Guadrubbi.
Drama. Zwei Wachmänner hausen in einem Baustellencamp im Hochgebirge; als einer durch einen Werkstudenten abgelöst wird, bricht das Unerwartete in eine karge soziale Umwelt; eindrucksvoller Debütfilm Olmis.

Als Diesel geboren ** ½
BRD 1978 – 117 Min. – R: Peter Przygodda. D: Laien.
Road Movie. Dokumentarfilm über die Fahrten brasilianischer LKW-Piloten über Land. Unterhaltsam wie ein Spielfilm erzählt der von Martin Schäfer fotografierte Film des ehemaligen Cutters Przygodda von Freud und Leid der Trukker, dabei kommt die Realität des Riesenlandes eindrucksvoll ins Bild und zu Wort; ein Kinothema, dem Fernsehen spannend serviert.

Als Dinosaurier die Welt beherrschten / When Dinosaurs Ruled the Earth ** ½
GB 1969 – 100 Min. – R: Val Guest. D: Victoria Vetri, Robin Hawdon, Patrick Allen, Drewe Henley, Imogen Hassall.
Fantasyabenteuer. Menschheitsgeschichte und -geschichten aus der Steinzeit inklusive einer Liebesgeschichte im Überlebenskampf gegen feindliche Tiere und Naturgewalt; spannend, unterhaltsam, tricktechnisch raffiniert, gelegentlich witzig, mit schnieke und sexy gekleideten Frühmenschen bestückt, stellt der Film etwas fragwürdig zur Debatte, ob Steinzeitmenschen vielleicht solche wie du und ich waren.

Als geheilt entlassen * ½
BRD 1959 – 82 Min. sw. – R: Géza von Cziffra. D: Wolfgang Neuss, Wolfgang Müller, Edith Hancke, Günther Schramm, Wera Frydtberg, Inge Meysel.
Klamotte. Müller und Neuss spielen ein skurriles Gaunerpaar, das eine Bank ausrauben will. Dazu stemmen sie in der darüberliegenden Wohnung ein großes Loch in den Fußboden. Mäßig phantasievolle Rififi-Parodie.

Als ich noch der Waldbauernbub war... ** ½
BRD 1963 – 83 Min. sw. – R: Gustl Gotzler. D: Thomas Hutter, Margit Ensinger, Armin Dahlen.
Literaturverfilmung. Adaption des Novellenzyklus des steirischen Volksschriftstellers Peter Rosegger (1843–1918), in dem er seine Kindheit und seinen Weg in die Welt der Literatur verarbeitete; der beeindruckende Heimatfilm schildert den Aufbrauch aus der sicheren Enge in die Stadtkultur mit angemessener Naivität.

Als Mutter streikte **
BRD 1973 – 90 Min. Ⓥ Taurus. – R: Eberhard Schröder. D: Johanna Matz, Peter Hall, Gila von Weitershausen, Hartmut Becker, Belinda Mayne, Elisabeth Flickenschildt.
Komödie. Eine frustrierte Hausfrau flippt und zieht aus, was ein Chaos auslöst; muntere Familienunterhatlung mit Schwung und Witz.

Das alte finstere Haus / ***
The Old Dark House
USA 1932 – 75 Min. sw. – R: James Whale. D: Boris Karloff, Charles Laughton, Melvyn Douglas, Raymond Massey, Ernest Thesiger, Eva Moore.
Horrorfilm. Fünf Reisende werden in einer katastrophalen Nacht gezwungen, in einem alten, einsamen Haus abzusteigen; die finstere Sippe, die dort haust, flößt kaum Vertrauen ein. Und richtig: Bis zum Morgengrauen geschehen angsteinflößende Dinge. Der lange vergessene Klassiker des Horrorgenres von James Whale (»Frankenstein«) führt große

Stars in gruseligem Ambiente in einem faszinierenden Licht-und-Schatten-Psychodrama zusammen.

Der alte Mann und das Kind / Le vieil homme et l'enfant ** ½

F 1966 – 83 Min. sw. – R: Claude Berri. D: Michel Simon, Luce Fabiole, Alain Cohen.

Zeitkritischer Film. Jagd auf Juden im besetzten Frankreich 1943: Ein Ehepaar schickt sein Kind aufs Land, dort überlebt es – nicht zuletzt dank des kauzigen Opas, gespielt von Michel Simon; ein engagierter, sympathischer Film Berris (»Am Rande der Nacht«).

Der alte Mann und das Meer / The Old Man and the Sea ** ½

USA 1958 – 86 Min. – R: John Sturges. D: Spencer Tracy, Felipe Pazos, Harry Bellaver.

Literaturverfilmung. Versuch, Hemingways Parabel vom sinnlosen Kampf eines ewigen Verlierers und dessen moralischer Kraft zu visualisieren; Tracy in einer ihm angemessenen Rolle.

Alte Sünden rosten nicht TV-Film

BRD 1984 – 99 Min. – R: Axel von Ambesser. D: Gert Fröbe, Karl Friedrich, Jane Tilden, Kerstin Fernström, Marion Kracht.

Flotte Verfilmung der kitschig-sentimentalen Komödie von Maurus Pacher um einen alten Konsul, den plötzlich die Vergangenheit einholt, als eine unbekannte Enkelin die Szene betritt.

Der alte Sünder * ½

A 1950 – 104 Min. sw. – R: Franz Antel. D: Paul Hörbiger, Susi Nicoletti, Johanna Matz, Maria Andergast, Inge Konradi, Thea Weiss.

Komödie. Paul Hörbiger, der alte Sünder, spielt im nostalgischen Wien der Jahrhundertwende den Modekönig und Lebemann Ferdinand Bauer, der sich an einer Varietétänzerin die Finger verbrennt. Heurigenspaß.

Der alte und der junge Michaud / Les Michauds **

F 1982 – 81 Min. – R: Georges Folgoas. D: Charles Vanel, Fabrice Héberard, Séverine, Michel Aumont.

Melodram. Ein alternder Uhrmacher versucht mit Hilfe seines Enkels, sich gegen die Machenschaften eines skrupellosen Konkurrenten zu wehren; eher durchschnittlicher Film mit einem sehenswerten Vanel.

Alter Brunnen / Laojing / Old Well ***

VR China – 124 Min. – R: Wu Tianming. D: Zhang Yimou, Liang Yujin, Lu Liping.

Ethnographischer Film. Ein abgelegenes Dorf in den Taihang-Bergen wartet sehnsüchtig auf einfache Segnungen der Zivilisation; eingebettet in den Kampf zwischen Alt und Neu, ereignen sich die kleinen Dramen des Alltags: Liebe, Intrigen, Haß. Der äußerst genau erzählende, die dörfliche Gemeinschaft respektvoll beobachtende Film erzeugt Spannung nur, soweit sie aus dem Lebensalltag wirklich entsteht; fiktiver Dokumentarismus besonders gelungener Art.

Alter Kahn und junge Liebe **

BRD 1973 – 90 Min. – R: Werner Jacobs. D: Roy Black, Peter Millowitsch, Barbara Nielsen, Jutta Speidel.

Komödie. Mischung aus Road Movie, Love-Story und Klamotte; mit schönen Landschaftsaufnahmen.

Alter schützt vor Liebe nicht / Louisa ** ½

USA 1950 – 86 Min. sw. – R: Alexander Hall. D: Ronald Reagan, Spring Byington, Charles Coburn, Ruth Hussey.

Liebeskomödie. Eine Witwe will wieder heiraten, der Chef ihres Sohnes ist der Auserwählte; die Familie ist damit gar nicht einverstanden, und so hängt der Haussegen bald schiefer als zuvor. Ein amüsanter, in den Dialogen sprühender Film, charmant gespielt, entwaffnend menschlich im Generationskonflikt.

Altes Herz geht auf die Reise ** ½

D 1938 – 85 Min. sw. – R: Carl Junghans. D: Eugen Klöpfer, Helga Marold, Maly Delschaft, Gerhard Bienert.

Zeitkritischer Film. Ein Arzt fährt ins Mecklenburgische, um nach seiner Patentochter zu sehen; vor Ort erwarten den Alten überraschende Erfahrungen, die ihn wieder jung machen. Der gegen die offizielle Nazi-Ideologie vom heroischen Landleben inszenierte und deshalb von der Ufa im Archiv vergrabene »Tresorfilm« an der Schwelle des Zweiten Weltkriegs schwimmt auf der realistisch-unbekümmerten Welle der Neuen Sachlichkeit; Zeitdokument, nach Hans Falladas Roman.

Das älteste Gewerbe der Welt / Le plus vieux métier du monde ** ½
F/I 1966 – 114 Min. – R: Franco Indovius, Mauro Bolognini, Philippe de Broca, Michael Pfleghar, Claude Autant-Lara.
Erotischer Film. Fünf Episoden, witzig, amüsant bis melancholisch, um die käufliche Liebe von der Steinzeit bis heute. Ein nicht ganz ernstgemeintes soziales Panorama.

Altrosa TV-Film
BRD – 80 Min. – R: Eberhard Itzenplitz. B: Heinrich Henkel. D: Elfriede Kuzmany, Patrick Winczewski, Jürgen Czierla.
Eine alternde Frau lebt in einer Altbauwohnung inmitten ihrer Erinnerungsstücke; ihr Beschluß, die Wohnung neu streichen zu lassen, löst Unvorhergesehenes aus; feinfühlig.

Alvarez Kelly / ** ½
Alvarez Kelly
USA 1965 – 105 Min. Ⓥ RCA Columbia. – R: Edward Dmytryk. D: William Holden, Richard Widmark, Janice Rule, Victoria Shaw, Patrick O'Neal.
Western. Durch schlecht motivierte Liebesszenen belasteter Bürgerkriegswestern um einen Viehbaron (Holden), den ein Südstaatenoberst (Widmark) zwingt, eine an die Yankees verkaufte Herde zurückzustehlen; die beiden Stars als Rivalen professionell; Holden darf demonstrieren, wie eine Viehherde mit Militär umgeht.

Am Abend nach der Oper * ½
D 1944 – 90 Min. sw. – R: Arthur Maria Rabenalt. D: Gusti Huber, Siegfried Breuer, Robert Lindner, Erich Ponto.
Melodram. Nach achtjähriger Zuchthaushaft will ein Mann einen Neuanfang machen, doch bald holt ihn seine Vergangenheit ein; routiniert.

Am Anfang war nur Liebe / **
Caroline Chérie
F 1950 – 109 Min. sw. – R: Richard Pottier. D: Martine Carol, Jacques Dacqmine, Jacques Varenne, Colette Régis.
Abenteuerromanze. Am Tag des Sturms auf die Bastille, mit dem 1789 die Französische Revolution begann, wird Caroline de Bièvre die Geliebte von Gaston de Sallanches. Doch die Verhältnisse treiben das Liebespaar auseinander, dramatische Verwicklungen stehen zwischen ihnen. Das eigenwillige Filmgeschehen aus bedeutungsschwerer Zeit bietet melodramatische Erotik, Action und Kostümwirbel – aber dennoch recht zähflüssige Unterhaltung.

Am Ende der Nacht / *** ½
Koniec nocy
PL 1956 – 77 Min. sw. – R: Julien Dziedzina. D: Zbigniew Cybulski, Roman Polanski, Ryszard Filipski, Adam Fiut, Marian Gorczyński.
Sozialkritischer Film. Schilderung der sozialen Not und der politischen Misere Polens zehn Jahre nach Kriegsende am Beispiel einer Jugendbande; Erstlingswerk des neuen polnischen Films und einer der großen Filme der fünfziger Jahre.

Am Ende des Weges / TV-Film
Right of Way
USA 1983 – 101 Min. – R: George Schaefer. D: Bette Davis, James Stewart, Melinda Dillon, Priscilla Morrill.
Ein alterndes Ehepaar beschließt, sein Leben gemeinsam zu beenden. Dieses ernüchternde Rührstück wendet die Legende zweier großer Hollywoodstars, Bette Davis und James Stewart, ins Tragisch-Triste; die Einsätze sind gemacht, am Ende geht nichts mehr.

Am Ende eines Sommers / **
Disperatamente l'estate scorsa
I 1970 – 85 Min. – R: Silvio Amadio. D: Paola Pitagora, Nino Segurini, Antonio Amadio.
Agententhriller. Geschichte eines Mannes, der ein Geheimnis kennt und deshalb von Agenten gejagt wird. Die Frau, die ihn liebt, erfährt erst am Schluß dieses unterhaltsamen, raffiniert Liebes-

und Agentenstory mixenden Thrillers von der dunklen Vergangenheit.

Am ersten Montag im Oktober / First Monday in October ** ½
USA 1981 – 94 Min. – R: Ronald Neame. D: Walter Matthau, Jill Clayburgh, Barnard Hughes, Jan Sterling.
Komödie. Erstmals wird eine Frau an den Obersten Gerichtshof der Vereinigten Staaten berufen, noch dazu eine erzkonservative. Der will Richter Matthau auf den Zahn fühlen – und das führt zu freimütigen Streitgesprächen über Emanzipation, Pornographie und Gefühle.

Am Galgen hängt die Liebe ** ½
BRD 1960 – 93 Min. sw. – R: Edwin Zbonek. D: Carl Wery, Annie Rosar, Sieghardt Rupp, Marisa Mell, Bert Fortell.
Melodram. Adaption des Bühnenstücks »Philemon und Baucis« von Leopold Ahlsen über ein altes Ehepaar, das zur Zeit der griechischen Partisanenkämpfe 1944 Menschen aus beiden Lagern rettet; ein trotz einiger Rührseligkeiten bewegender Film über Menschlichkeit und Gewissen.

Am heiligen Grund / Sacred Ground ** ½
USA 1983 – 94 Min. – R: Charles B. Pierce. D: Tim McIntire, Jack Elam, Mindi Miller, Eloy Phil Casados, Serene Hedin.
Indianerdrama. Oregon 1961: Die Paiute-Indianer vertreiben eine Trapperfamilie, dabei kommt die schwangere weiße Ehefrau um. Das ist der Auslöser für dramatische Ereignisse, die der Film jedoch nicht im Hauruckwesternstil, sondern wie ein quasipsychologisches Kammerspiel behandelt. Ein Rassenepos, jenseits der Klischees.

Am Highpoint flippt die Meute aus / Highpoint * ½
USA 1979 – 85 Min. – R: Peter Carter. D: Richard Harris, Christopher Plummer, Peter Donat.
Agentenfilm. Unversehens gerät ein britischer Buchhalter zwischen die CIA und die Mafia; bestenfalls für Freunde des Genres.

Am Horizont flippt die Meute aus / Highpoint ** ½
USA 1981 – 86 Min. – R: Peter Carter. D: Christopher Plummer, Richard Harris, Beverly d'Angelo, Kate Reid.
Komödie. Ein harmloser britischer Buchhalter gerät in Los Angeles zwischen die Cosa Nostra und die CIA; er entwickelt unfreiwillig professionelle Fähigkeiten; Krimiklamauk und skurril-witzige James-Bond-Satire.

Am Morgen meines Todes TV-Film
BRD 1986 – 90 Min. – R: Günter Gräwert. B: Rainer Wolffhardt. D: Christoph Moosbrugger, Ilse Matheis, Roland Nitschke, Christel Harthaus.
Vor ihrem gemeinsamen Freitod schreiben Heinrich von Kleist und Henriette Vogel im Gasthaus »Krug« am Wannsee bei Berlin Briefe und Erklärungen. Dokumentarspiel über den Tod eines Dichters.

Am Rande der Nacht / Tchao pantin ***
F 1983 – 90 Min. Ⓥ Star Selection. – R: Claude Berri. D: Coluche, Richard Anconina, Agnès Soral, Philippe Léotard, Mahmoud Zemmouri.
Film noir. Im tristen Paris der Außenseiter rächt ein versoffener Expolizist den Tod eines Kleindealers, seines einzigen Freunds, und wird selbst ermordet; große Rollen für Soral und Coluche (zugleich seine letzte) in einer fahlen, fast unwirklichen Umwelt.

Am schwarzen Fluß / The Spiral Road *
USA 1962 – 118 Min. – R: Robert Mulligan. D: Rock Hudson, Burl Ives, Gena Rowlands.
Abenteuerfilm. Schauplatz: der exotische Dschungel von Sumatra, Zeit: 1936. Rock Hudson als junger Arzt will Assistent des berühmten Lepraforschers werden; er hat Dschungelerlebnisse durchzustehen, die sein Leben verändern. Uninspiriert heruntergekurbeltes Melodram um Liebe, Glaube und die große Sinnfrage.

Am Sonntag will mein Süßer mit mir segeln gehn *
BRD 1961 – 90 Min. Ⓥ Toppic. – R: Franz Marischka. D: Harald Juhnke, Vivi

Bach, Karin Dor, Claus Biederstaedt, Adrian Hoven, Rex Gildo.
Ferienkomödie. Eine ausgelassene Schwabinger Clique fällt ins idyllische Dalmatien ein. Ihre Liebeshändel und angestrengte Langeweile hält der mäßig unterhaltsame Film ohne besonderen Einfallsreichtum auf Zelluloid fest.

Am Strand der Sünde / The Come On *
USA 1956 – 79 Min. sw. – R: Russell Birdwell. D: Anne Baxter, Sterling Hayden, John Hoyt, Jesse White.
Abenteuerfilm. Anne Baxter arbeitet als Lockvogel für skrupellose Erpresser, Hayden verliebt sich in sie. Abgedroschene Story voller Klischees.

Am Ufer der Dämmerung * ½
BRD 1982 – 103 Min. – R: Jochen Richter. D: Hans-Peter Hallwachs, Barbara Rudnik, Christoph Lindert, Petra Schürmann.
Melodram. Eine Frau verspricht ihrem todkranken Freund, mit ihm zu sterben; je näher das Ende kommt, desto mehr löst sie sich von ihm; sensationslüstern und sentimental.

Am Wendepunkt / Turning Point ** ½
USA 1976 – 175 Min. – R: Herbert Ross. D: Anne Bancroft, Shirley MacLaine, Michail Baryshnikov, Leslie Browne.
Ballettfilm. Ein faszinierender Tanzfilm, kombiniert mit einer eher banalen Story um die Midlife-crisis zweier Tänzerinnen; Karriere kontra Ehe, Kunst kontra Alltag – mit schwelgerischen Sequenzen aus berühmten Choreographien.

Amarcord / Amarcord *** ½
I/F 1973 – 119 Min. – R: Federico Fellini. D: Magali Noël, Pupella Maggio, Armando Brancia, Bruno Zanin, Peppino Ianigro.
Kleines Welttheater. Vor und in der Kulisse einer italienischen Kleinstadt vollziehen sich pittoreske Ereignisse, deren Tragweite für die Bewohner kaleidoskopartig und episodenhaft vorgestellt wird; Alltag als Rahmen für die kleinen Sensationen, die ihn erträglich machen; facettenreich; Oscar für den besten ausländischen Film.

Der Amateur TV-Film
BRD – 115 Min. – R, B: Rainer Erler, nach einem Roman von Anders Bordsen. D: Klaus Herm, Evelyn Opela, Will Danin, Edith Schultze-Westrum.
Die Geschichte eines ordentlichen Bankkassierers, der eines Tages den Plan zum großen Raub ausbrütet und auch durchführt; spannend, humorvoll und kritisch, mit Sympathie für den kleinen Mann, inszeniert.

Amber, die große Kurtisane / Forever Amber ***
USA 1947 – 122 Min. – R: Otto Preminger. D: Linda Darnell, Cornel Wilde, Richard Greene, George Sanders, Anne Revere.
Kostümfilm. Adaption von Kathleen Windsors Skandal-Bestseller über den Aufstieg einer Kurtisane am Hof Charles' II.; farbenprächtig und opulent, mit hervorragender Filmmusik von David Raksin.

Ameli, ich komme TV-Film
BRD – 75 Min. – R: Hans Noever. D: Towje Kleiner, Claudia Burckhardt, Silke Dornow, Nico Grüneke, Adam Kaz.
Ein smarter Bettenverkäufer, dessen Umsatz drastisch zurückgeht, studiert auf eigene Faust das Schlaf- und Bettverhalten potentieller Kunden und macht dabei seltsame und komische Erfahrungen.

Amerasia **
BRD 1985 – 100 Min. – R: Wolf-Eckart Bühler. D: John Anderson, Gillian Tuyudee Hornett.
Zeitkritischer Film. Ein schwarzer Vietnam-Veteran will an den Ort seiner traumatischen Kriegserlebnisse zurück. Über Thailand versucht er ein Visum zu bekommen. Dann überstürzen sich die Ereignisse in einem reflektierten, sorgfältig zwischen Spannung und Entspannung balancierenden Film.

America 3000 / America 3000 * ½
USA 1985 – 88 Min. Ⓥ VMP/Cannon/VMP. – R: David Engelbach. D: Chuck Wagner, Lauren London, William Wallace, Sue Giosa.
Fantasyfilm. Im postnuklearen Amerika

beherrschen nach einer Atomkatastrophe Amazonen eine Steinzeitgesellschaft; doch die versklavten Männer formieren sich zum Gegenstoß; spekulatives Spektakel mit Bodybuilderaufmarsch.

American Fighter / ∗ ½
American Ninja
USA 1985 – 91 Min. – R: Sam Firstenberg. D: Michael Dudikoff, Steve James, Gulch Koock, Judie Aronson, John Fujioka.
Actionfilm. Ein GI kämpft mit einem Freund auf den Philippinen mit Ninja-Techniken (fernöstliche Mordrituale) gegen Waffenschieber; blutrünstiges Massakerspektakel.

American Fighter – Der Auftrag / American Ninja – The Confrontation ∗∗ ½
USA 1987 – 85 Min. – R: Sam Firstenberg. D: Michael Dudikoff, Steve James, Larry Poindexter, Gary Conway, Jeff Weston, Michelle Botes.
Actionfilm. Ein Großdealer kidnappt Marineinfanteristen und polt sie zu Killermaschinen um, wobei ihm ein »mad scientist« hilft; das Ninja-Duo greift wieder ein; eindrucksvoll und witzig choreographiertes, rasantes Actionspektakel, dessen schwacher Schluß enttäuscht.

American Graffiti / ∗∗∗
American Graffiti
USA 1973 – 109 Min. – R: George Lucas. D: Richard Dreyfuss, Charlie M. Smith, Ronny Howard, Paul Le Mat, Mackenzie Phillips, Candy Clark, Harrison Ford, Wolfman Jack.
Road Movie. Wer keinen aufgemotzten Straßenkreuzer besitzt, ist in einer nordamerikanischen Kleinstadt am Wochenende out. Wie die Jugendlichen der 60er Jahre in den neonerleuchteten Straßen versuchten, ihre Freizeit in den Griff zu kriegen, beschreibt dieser irre unterhaltsame, musikalisch aufgepopte Film von Lucas (»Krieg der Sterne«) als filmische Spritztour durch die Ententollen-Ära.

The American Success Company / Ringer ∗
BRD/USA 1979 – 89 Min. – R: William Richert. D: Jeff Bridges, Belinda Bauer, Ned Beatty, Bianca Jagger.
Milieukritischer Liebesfilm. Ein schüchterner junger Mann durfte die Tochter eines Industriebosses heiraten, der ihn für einen Versager hält. Eines Tages lernt der Versager einen Playboy kennen, und sein Liebesleben bekommt einen Knick. Der internationale Abschreibungsfilm, in München mit US-Stars gedreht, bietet ansehnliche Kulissen und sonstige Schauwerte, verschenkt sein Thema jedoch aus Interesselosigkeit.

American Werewolf / ∗∗∗
An American Werewolf in London
GB 1981 – 91 Min. Ⓥ Tristar Video. – R: John Landis. D: David Naughton, Jenny Agutter, Griffin Dunne, John Woodvine.
Horrorfilm. In einer englischen Moorlandschaft infiziert sich ein amerikanischer Collegeboy mit dem Werwolf-Virus und bekommt schnell zu spüren, was es heißt, mit dem Vollmond auf du und du zu stehen. Das humorvoll beginnende und sich im realistischen Grauen steigernde Filmmärchen von Landis (»Blues Brothers«) besticht durch Atmosphäre, Thrill und tricktechnische Kabinettstücke von Make-up-Magier Rick Baker.

Ein Amerikaner in Paris / ∗∗∗
An American in Paris
USA 1957 – 110 Min. – R: Vincente Minnelli. D: Gene Kelly, Leslie Caron, Oscar Levant, Georges Guétary, Nina Foch.
Tanzfilm. Eine Love-Story in verschwenderischer Ausstattung und mit der schönsten Choreographie, die Gene Kelly je erfunden hat. Ein in Rhythmus übersetzter farbenprächtiger Traum mit der Musik von George Gershwin.

Die amerikanische Nacht / ∗∗∗
La nuit américaine
F 1973 – 98 Min. – R: François Truffaut. D: Jacqueline Bisset, Valentina Cortese, Alexandra Stewart, Jean-Pierre Aumont, Jean-Pierre Léaud, François Truffaut, Nathalie Baye.
Milieukritischer Film. Dreharbeiten in den Studios von Nizza; die Schauspieler, die sich auf dem Set treffen, spielen den Film im Film; ihre Leidenschaften, Feindschaften und Affären prägen die Szene – und diesen Film Truffauts (»Auf

Liebe und Tod«), der damit eine Liebeserklärung an das Kino schuf, wie es charmanter, gekonnter und amüsanter noch niemand tat.

Amigos, die Engel lassen grüßen / E per un tetto un cielo di stelle **

I 1968 – 86 Min. – R: Giulio Petroni. D: Giuliano Gemma, Mario Adorf, Magda Konopka.

Italowestern. Ein cleverer Gunfighter und ein einfältiger Goldgräber werden durch gemeinsame Abenteuer Freunde; lustig und gagreich, aber als Parodie mißlungen.

Amok / Schizo ** ½

GB 1976 – 109 Min. – R: Peter Walker. D: Lynne Frederick, John Leyton, Stephanie Beecham, John Fraser, Jack Watson.

Thriller. Als eine Eiskunstläuferin sich nach ihrer Hochzeit zunehmend von Horrorvisionen verfolgt fühlt, zieht sie einen Psychiater zu Rate; effektvoll inszenierter Gruselschocker, der allzu offensichtlich mit Versatzstücken Hitchcockscher Psychothriller spielt.

Amorosa / Amorosa ***

S 1986 – 113 Min. – R: Mai Zetterling. D: Stina Ekblad, Erland Josephson, Philip Zendén, Peter Schildt, Olof Thumberg.

Künstlerbiographie. Leben und Werk von Agnes von Krusenstjerna (1894–1940), der neben Selma Lagerlöf bedeutendsten schwedischen Autorin. Das schwere Schicksal der hochsensiblen Schriftstellerin zeichnet Mai Zetterling mit kunstvoll komponierten Bildern, die haftenbleiben, nach. Eine filmische Vision über die undurchschaubare Welt der Kunst und den gnadenlosen, frauenfeindlichen Alltag in der ersten Hälfte unseres Jahrhunderts.

Die amourösen Abenteuer der Moll Flanders / The Amorous Adventures of Moll Flanders **

GB 1965 – 120 Min. – R: Terence Young. D: Kim Novak, Richard Johnson, Angela Lansbury, Vittorio De Sica, Lilli Palmer.

Abenteuerfilm. Geschichte der Waise »Moll Flanders« nach Vorgaben des Romans von Defoe; ein heiteres Bild der Erotik des 18. Jahrhunderts in England, doch bei weitem nicht so amüsant, wie es denkbar wäre.

Das Amulett des Todes *

BRD 1974 – 89 Min. – R: Ralf Gregan. D: Rutger Hauer, Vera Tschechowa, Horst Frank, Walter Richter, Günther Stoll.

Krimi. Kidnapperstory in einem Nacht-und-Nebel-Film, der so verwirrend dunkel bleibt, daß der Zuschauer ebenso wie die entführte Heldin nicht mehr weiß, was wirklich geschah, und es bald auch nicht mehr wissen will.

An der Donau, wenn der Wein blüht * ½

BRD/A 1965 – 76 Min. Ⓥ Taurus. – R: Géza von Cziffra. D: Hansjörg Felmy, Ingeborg Schöner, Peter Weck, Gaston Brocksieper, Letitia Roman.

Liebesfilm. Ein junger Witwer trifft eine frühere Bekannte, und sein Sohn sorgt, auf der Suche nach einer Mutter, dafür, daß Liebe aufkommt; harmlose Routineunterhaltung mit viel Naturkulisse.

An der Nordbrücke / Le pont du nord ***

F 1981 – 125 Min. – R: Jacques Rivette. D: Bulle Ogier, Pascale Ogier, Pierre Clémenti, Jean-François Stévenin.

Zeitkritischer Film. Modernes Großstadtmärchen um zwei junge Pariser Frauen, die Freundschaft schließen und einen geheimnisvollen Fund machen, der ihnen eine realistische Wunderwelt erschließt. Ein lebendig gespielter Film-Tagtraum.

An der schönen blauen Donau *

A 1954 – 90 Min. sw. – R: Hans Schweikart. D: Hardy Krüger, Nicole Besnard, Renée Saint-Cyr, Adrienne Gessner, Hubert von Meyerinck.

Lustspiel. Schwierigkeiten einer Hochadelsliebe werden nach bewährtem Muster aus dem Weg geräumt; anspruchslos und, da schwarzweiß, auch ohne angeblich »blaue« Donau.

An der Spitze der Apachen / The Half-Breed **

USA 1952 – 81 Min. – R: Stuart Gilmore. D: Robert Young, Janis Carter, Jack Buetel, Barton MacLane.

Indianerwestern. Skrupelloser Geschäftemacher hetzt Apachen gegen weiße Siedler, in diesem flotten, unprätentiösen, die gröbsten Rassenklischees vermeidenden Western.

An einem Freitag in Las Vegas / Las Vegas, 500 Millions ** ½
I/F 1967 – 116 Min. – R: Antonio Isasi-Isasmendi. D: Gary Lockwood, Elke Sommer, Lee J. Cobb.
Gangsterfilm. Toni macht sich an die blonde Sirene Anne heran, aber nicht aus Leidenschaft, sondern um an einen Geldtransport heranzukommen. Hochdramatische Spannungsstory mit Knalleffekten.

An einem Montag wie jeder andere / Home at Seven ** ½
GB 1952 – 85 Min. – R: Ralph Richardson. D: Ralph Richardson, Janet Leighton, Jack Hawkins.
Krimi. Psychokrimi um einen biederen Bankangestellten, der aus heiterem Himmel in eine undurchsichtige Affäre gerät und panisch reagiert. Gute Schauspieler in einer Regiearbeit des englischen Schauspielers Richardson, spannend und bedrohlich.

An einem Tag TV-Film
F – 90 Min. – R: Jean Chapot. D: Françoise Fabian, Bruno Cremer, Jacques Dufilho.
Bei einem Banküberfall begegnet sich ein geschiedenes Ehepaar zufällig wieder; noch einmal werden in einer Ausnahmesituation Haß und Verbitterung lebendig, aber auch ein Rest von Liebe zwischen den ehemaligen Partnern.

An einem Tag wie jeder andere / The Desperate Hours ** ½
USA 1955 – 112 Min. Ⓥ CIC. – R: William Wyler. D: Humphrey Bogart, Fredric March, Arthur Kennedy, Martha Scott, Gig Young.
Gangsterdrama. In den Villenalltag einer normalen Mittelstandsfamilie bricht der Terror ein in Gestalt von drei ausgebrochenen Schwerverbrechern; Bogart als ihr Anführer gibt das beeindruckende Porträt eines Gehetzten, die Inszenierung entwikkelt sich straff und dramatisch.

An einem trüben Nachmittag / Seance on a Wet Afternoon ***
GB 1964 – 115 Min. sw. – R: Bryan Forbes. D: Kim Stanley, Richard Attenborough, Nanette Newman, Patrick Magee.
Psychodram. Eine selbsternannte Hellseherin sucht Anerkennung; ihr Mann, nachgiebig und weichlich, inszeniert ihr zuliebe eine Kindesentführung, die ihr mediales Können beweisen soll; ein vielschichtiger Film zwischen Krimi und Neurotikerdrama, der weniger durch seine Spannung wirkt als durch die Betroffenheit des Zuschauers beim Miterleben eines sanften Hinübergleitens in den Wahn.

An jedem Finger zehn *
BRD 1954 – 112 Min. sw. – R: Erik Ode. D: Germaine Damar, Erich Auer, Walter Giller, Loni Heuser, Conny Froboess, Bibi Johns.
Musikfilm. Ein vielbegehrtes Tanzgirl beißt sich an seinem Chef und heimlichen Idol die Zähne aus. An diesem dünnen Handlungsfaden reihen sich die Schlager der fünfziger Jahre wie stumpfe Perlen. Einzige Lichtblicke: Bibi und Conny.

An seinen Stiefeln klebte Blut / Kopfgeld: ein Dollar / Un dollaro a testa **
I 1966 – 87 Min. – R: Sergio Corbucci. D: Burt Reynolds, Aldo Sandrell, Nicoletta Machiavelli.
Italowestern. Reynolds als junger Navajo-Indianer Joe, dessen Stamm von Banditen ausgerottet wurde, übt grausame Rache bei der Vernichtung der Stadt Pyote. Vorstudie zu Corbuccis späterem Superwestern »Django«.

An vorderster Front / A Hill in Korea / Hell in Korea **
GB 1956 – 81 Min. sw. – R: Julian Amyes. D: George Baker, Harry Andrews, Stanley Baker, Stephen Boyd, Michael Caine.
Kriegsfilm. Ein unerfahrener Leutnant der UNO-Truppe gerät bei einer Grenzpatrouille im Koreakrieg in eine Falle der Chinesen; spannend und handwerklich routiniert mit guter Besetzung.

Anastasia – Die letzte Zarentochter * ½
BRD 1956 – 99 Min. sw. – R: Falk Har-

nack. D: Lilli Palmer, Ivan Desny, Susanne v. Almassy, Berta Drews, Tilla Durieux, Lucie Höflich.
Melodram. Im Jahr 1920 wird in Berlin eine Lebensmüde aus dem Landwehrkanal gezogen und in eine Heilanstalt gebracht; sie behauptet, die letzte Zarentochter zu sein; doch die Romanow-Verwandtschaft erkennt sie nicht an. Der Film erzeugt Mitgefühl für ein schweres Individualschicksal, sympathisiert mit seiner Heldin, verkitscht jedoch das historische Geschehen; gute Darstellerleistungen.

Anatevka / Fiddler on the Roof ***
USA 1971 – 150 Min. – R: Norman Jewison. D: Chaim Topol, Norma Crane, Leonard Frey, Molly Picon, Paul Mann, Rosalind Harris.
Musical. Filmadaption des Bühnenstücks von Joseph Stein nach Erzählungen von Sholem Aleichem über Tevje, den traditionsverwurzelten jüdischen Milchmann im schlichten Ukraine-Dorf Anatevka; die eindrucksvolle Einheit von Spiel und Musik wird durch die mit einem von zwei Oscars belohnte Kameraarbeit erzielt.

Die Andere TV-Film
BRD 1986 – 90 Min. – R: Ilse Hofmann. B: Karl-Heinz Willschrei. D: Heiner Lauterbach, João das Neves, Jürgen Schmidt, Mario Nogueira, Carlos Lira.
Ein in Brasilien arbeitender Ingenieur auf Heimaturlaub tötet im Affekt seine Frau; eine alte Freundin soll wegen ihrer Ähnlichkeit die Rolle der Ehefrau übernehmen; nicht so spannend, wie es sein könnte.

Der andere Blick / Egymasre nezve ** ½
H 1982 – 102 Min. – R: Károly Makk. D: Jadwiga Jankowska-Cieślak, Grazyna Szapołowska.
Problemfilm. Die Kamera gibt den Blick frei auf gesellschaftliche Probleme im Ungarn von heute. Eine Journalistin hat nicht nur Probleme wegen ihrer lesbischen Neigungen, auch die kompromißlose Offenheit ihrer Artikel schafft ihr Feinde. Preis auf dem Festival in Cannes 1982 für die Hauptdarstellerin.

Die andere Frau / L'altra donna ***
I 1980 – 81 Min. – R: Peter Del Monte. D: Francesca de Sapio, Fantu Mangasha, Edmund Purdom, Marisa Merlini.
Frauenfilm. Ein junges äthiopisches Dienstmädchen und eine durch Scheidung frustrierte Römerin entwickeln, Schwierigkeiten zum Trotz, eine tiefe Freundschaft; ein spannungsgeladener Film um weibliche Solidarität in einfachen, klaren Bildern; umwerfend Merlini als unkonventionelle Donna.

Das andere Leben TV-Film
BRD 1987 – 75 Min. – R: Nicolas Gessner. B: Leo Lehmann. D: Christiane Hörbiger, Dietrich Mattausch, Elisabeth Endriss, Claudia Messner, Jane Tilden.
Eine Frau, vom Mann wegen einer anderen verlassen, sucht, von Kindern und Freunden allein gelassen, ihren Weg; Frauenfilm, auch für Männer.

Die andere Liebe / The Other Love **
USA 1947 – 95 Min. sw. – R: André de Toth. D: Barbara Stanwyck, David Niven, Richard Conte.
Krimi. Karen ist Konzertpianistin und wird nach einer anstrengenden Tournee in ein Sanatorium eingeliefert. Sie liebt einen Spieler und wird vom Doktor geliebt, dann gibt es eine Tote. Krimi im Stil des »Film noir«.

Die andere Seite ** ½
D 1931 – 103 Min. sw. – R: Heinz Paul. D: Conrad Veidt, Theodor Loos, Friedrich Ettel, Victor de Kowa.
Psychologisches Kriegsdrama. Nach dem literarischen Text von R. C. Sherriff entstandener zeitkritischer Film um eine englische Infanterieeinheit, die sich einen Stellungskrieg mit den Deutschen liefert; der Kompaniechef gilt als Held des Schlachtfeldes, doch die sinnlosen Scharmützel zerren an seinen Nerven. Hauptdarsteller Veidt gibt dem Zweifler Profil und Stimme; der intensive Film komprimiert den Ersten Weltkrieg auf Kammerspielformat.

Ein anderer Mann, eine andere Frau / Un autre homme, une autre chance / Another Man, Another Chance ** ½

F/USA 1977 – 132 Min. – R: Claude Lelouch. D: James Caan, Geneviève Bujold, Francis Huster, Susan Tyrrell.
Melodram. Aus Not wandert ein französisches Ehepaar 1870 in die USA aus; als der Mann erschossen wird, beginnt für die Witwe ein Kampf ums Überleben, doch findet sie einen Witwer, in den sie sich verliebt; feinfühlig inszeniert und subtil gestaltet.

André schafft sie alle FLOP
BRD 1984 – 94 Min. – R: Peter Fratzscher. D: Franco Nero, Ingrid Steeger, Maja Maranow, Willeke van Ammelrooy.
Komödie. Der Karatelehrer und Stuntman Nero zeigt eine Neigung für Rothaarige und stößt dabei auf Gegenliebe. Ein Tiefpunkt der deutschen Komödie.

André und Ursula **
BRD 1955 – 75 Min. sw. – R: Werner Jacobs. D: Elisabeth Müller, Ivan Desny, Walter Clemens, Ina Peters.
Melodram. Ein verlorenes Kriegstagebuch stellt die Verbindung her zwischen einem deutschen Mädchen und einem totgeglaubten Franzosen; Eifersucht, Intrigen und ein Splitter im Herzen spielen eine Rolle in dieser tragischen Nachkriegsschnulze.

Andrea Roll – eine Zumutung TV-Film
BRD – 90 Min. – R, B: Jürgen Sehmisch. D: Hildegard Kuhlenberg, Antje Hagen, Peter Bongartz, Jochen Kolenda.
Eine arbeitsuchende Jungarchitektin bekommt ein Angebot einer erfolgreichen Bauunternehmerin; Liebe und Ehrgeiz führen bald zu Mißhelligkeiten; konventionelle Dreiecksgeschichte mit platten Dialogen.

Andreas Schlüter FLOP
D 1942 – 110 Min. sw. Ⓥ Toppic. – R: Herbert Maisch. D: Heinrich George, Olga Tschechowa, Mila Kopp, Dorothea Wieck, Paul Dahlke.
Historienfilm. Um 1700 entwirft der Bildhauer und Baumeister Andreas Schlüter unter Kurfürst Friedrich III. das neue Berlin, befreit die Architektur von »französischen Einflüssen«. Propagandafilm als Künstlerporträt – wurde im Dritten Reich als »staatspolitisch besonders wertvoll« ausgezeichnet.

Andrej Rubljow / Andrej Rublew ****
UdSSR 1966–69 – 175 Min. tlw. F. OmU. – R: Andrej Tarkowskij. D: Anatolij Solonizin, Iwan Lapikow, Nikolaj Grinko, Nikolaj Sergejew, Irma Rausch, Kolja Burljajew.
Zeitkritische Biographie. Leben und Werk des im 15. Jahrhundert lebenden russischen Ikonenmalers Rubljow, der als Zeuge blutiger Bürgerkriege und privater Greuel seine Kunst aufgibt, als schweigender Mönch lebt und durch das Beispiel eines Jungen zu einer realistischen neuen Kunst findet. Tarkowskij (»Opfer«) erzählt das als physischen Film par excellence, in dem die große Geschichte ebenso lebendig wird wie das genaue filmsprachliche Detail.

Andromeda, tödlicher Staub aus dem All / The Andromeda Strain ** ½
USA 1971 – 125 Min. Ⓥ CIC. – R: Robert Wise. D: Arthur Hill, David Wayne, James Olson, Kate Reid.
Science-fiction-Film. Etwas langatmiger Labor-Thriller, in dem ein kleines Wissenschaftler-Team versucht, im Rennen gegen die Zeit einen tödlichen Virus zu finden. Nach einem Bestseller von Michael Crichton, als erster Bio-Katastrophenfilm von vielen schlechteren Nachfolgern inszeniert.

Anfängerglück / Beginner's Luck *
USA 1983 – 84 Min. Ⓥ New Vision. – R: Frank Mouris. D: Sam Rush, Riley Steiner, Charles Homet, Kate Talbot.
Komödie. Ein schüchterner Student realisiert mit einem Paar seine Sexphantasien unter anderem durch Kontaktanzeigen; dümmliche Sexklamotte.

Angel – Straße ohne Ende / Angel ** ½
Irland 1983 – 91 Min. – R: Neil Jordan. D: Stephen Rea, Honor Heffeman, Alan Devlin, Veronica Quilligan.
Irlandfilm. Ein junger Saxophonist wird Zeuge eines Doppelmordes durch eine irische Untergrundorganisation; auf sei-

ner Suche nach den Tätern begleitet ihn eine junge Sängerin, zu der er eine tiefe Zuneigung faßt; Irlandbild zwischen Thriller und Romanze, das eine seltsame Zerrissenheit ausstrahlt; überzeugende Besetzung.

Angela / Angela * ½
CDN 1977 – 100 Min. – R: Boris Sagal. D: Sophia Loren, John Vernon, Steve Railsback, John Huston.
Melodram. Die Beziehung einer Frau zu einem jungen Mann ist problembeladen; erschwerend kommt hinzu, daß er sich als ihr Sohn entpuppt; reichlich wirres Liebesdrama mit Kindesraubvergangenheitsbewältigung.

Angélique 1. Teil / **
Angélique, Marquise des Anges
F/I 1964 – 114 Min. Ⓥ Taurus. – R: Bernard Borderie. D: Michèle Mercier, Robert Hossein, Charles Regnier.
Historienfilm. Die zuckersüße Gräfin Angélique erregt die lüsternen Phantasien des Sonnenkönigs – unter einem Vorwand läßt er ihren Mann in den Kerker werfen. Liebe, Erotik und prächtige Roben in einem flotten Mantel-und-Degen-Reißer.

Angélique 2. Teil / * ½
Merveilleuse Angélique
BRD/F/I 1964 – 105 Min. Ⓥ Taurus. – R: Bernard Borderie. D: Michèle Mercier, Claude Giraud, Charles Regnier, Jean-Louis Trintignant, Ernst Schröder.
Historienfilm. Die erotische Abenteuerin am Hof des Sonnenkönigs; Licht kommt allerdings nicht in ihre Handlungsmotive; sie spürt den totgeglaubten Gatten auf, verliert ihn aber wieder aus unerklärlichen Gründen; trotz guter Darsteller dürftiger Film in Sachen Liebe, Erotik, Abenteuer.

Angélique und der König / * ½
Angélique et le roi
BRD/F/I 1965 – 100 Min. Ⓥ Taurus. – R: Bernard Borderie. D: Michèle Mercier, Robert Hossein, Jacques Toja.
Historienfilm. Die zum zweitenmal verwitwete Angélique bringt den Hof des Sonnenkönigs Ludwig XIV. wieder mal um die Nachtruhe; Ausstattungsfilm für Angélique-Fans.

Angélique und der Sultan / *
Angélique et le sultan
BRD/I/F 1967 – 105 Min. Ⓥ Taurus. – R: Bernard Borderie. D: Michèle Mercier, Robert Hossein, Jean-Claude Pascal.
Historienfilm. Die schöne Titelheldin wird Opfer eines Machos, der sie nach Tunis entführt. Doch die Rache läßt nicht lange auf sich warten. Der bunte, um Spannung bemühte, jedoch überhastet und ungeschickt inszenierte Film rettet sich in brutale Aktionen.

Angelitas neue Welt / ** ½
Los dos mundos de Angelita
USA 1982 – 70 Min. – R: Jane Morrison. D: Marien Perez Riera, Rosalba Rolon, Angel D. Soto.
Sozialkritischer Film. Aus der Perspektive eines neunjährigen Mädchens aus Puerto Rico gesehen: Probleme um die Familienumsiedlung nach New York und die Härte des Alltagskampfes. New York von unten, realistisch und deprimierend, ohne Manhattan-Glanz.

Angelockt / Lured ** ½
USA 1947 – 100 Min. sw. OoU. – R: Douglas Sirk. D: George Sanders, Lucille Ball, Charles Coburn, Boris Karloff, Cedric Hardwicke.
Kriminalfilm. Die Freundin eines Scotland-Yard-Inspektors spielt Lockvogel in einem Mädchenmörderfall, doch scheitert die Kontaktaufnahme mit dem »dichtenden Mörder« immer wieder an Kleinigkeiten; spannend inszenierte Krimiunterhaltung mit der britischen Ironie der »steifen Oberlippe«.

Der Angriff ** ½
BRD 1986 – 117 Min. – R: Theodor Kotulla. D: Pascale Petit, Michael König, Lambert Hamel, Ernst Weiner, Ingrid Schölderle.
Liebesdrama. Eine Wochenendidylle in der Provinz wird für ein Liebespaar zum Horrortrip; Dorfburschen versuchen, die junge Frau zu vergewaltigen. Der Film von Kotulla (»Aus einem deutschen Leben«), nach der Erzählung von Günter Seuren, realisiert den Schrecken in eindrucksvollen Bildern; Schockfilm, der tief eindringt in das Gemüt auch abgebrühterer Zuschauer.

Die Angst des Tormanns beim Elfmeter ***
BRD 1971 – 101 Min. – R: Wim Wenders. D: Arthur Brauss, Kai Fischer, Erika Pluhar, Libgart Schwarz.
Literaturverfilmung. Adaption der Erzählung von Peter Handke vom Torwart, den ein Feldverweis aus der Bahn wirft und der nach einem Mord zum Beobachter seines Schicksals wird; ein mit Assoziationen an Hollywood-Thriller angefüllter Film in der lakonischen, detailgenauen Bildersprache von Wenders, die bisher Ungesehenes sichtbar macht.

Angst in der Nacht / Fear in the Night **
USA 1947 – 69 Min. sw. – R: Maxwell Shane. D: DeForest Kelley, Paul Kelly, Ann Doran, Kay Scottt.
Schwarzer Krimi. Mord im Spiegelzimmer, zwei Männer schlagen sich, eine Frau wartet im Hintergrund – war alles nur ein Traum? Merkwürdige Details, wie ein Knopf von der Jacke des Opfers, verwirren den Helden; ein Film-Fall von Hypnose in einem dichten B-Picture mit schwarzen Zügen nach Cornell Woolrichs »Nightmare«.

Angst ist der Schlüssel / Fear is the Key **
GB 1972 – 96 Min. – R: Michael Tuchner. D: Barry Newman, Suzy Kendall, John Vernon, Ben Kingsley.
Actionkrimi. Ein Mann sieht rot: Um den heimtückischen Mord an seiner Familie zu rächen, nimmt der Rächer eine Geisel. Im Hintergrund lauern die Verantwortlichen aus betuchten Kreisen. Rasanter, unsentimentaler Krimi.

Die Angst ist ein zweiter Schatten ** ½
BRD 1974/75 – 96 Min. – R: Norbert Kückelmann. D: Astrid Fournell, Günther Maria Halmer, Anita Mally.
Zeitkritischer Film. Ein Film aus der bundesrepublikanischen Wirklichkeit von heute: Eine junge Reporterin wird konfrontiert mit der brutalen Alltagswelt. Der Regisseur trat bereits mit Filmen über die Jugendproblematik hervor.

Animal Crackers / Animal Crackers ** ½
USA 1930 – 94 Min. sw. OmU. – R: Victor Heerman. D: Groucho Marx, Harpo Marx, Chico Marx, Zeppo Marx, Margaret Dumont.
Verwirrungskomödie. In ihrem zweiten Film richten die Marx Brothers trotz eingeschränkten Spielraums das übliche Chaos an; eindrucksvolle Einzelauftritte. Harpo beendet den Reigen friedlich.

Anita – Tänze des Lasters / Anita ** ½
BRD 1987 – 85 Min. tlw. sw. – R: Rosa von Praunheim. D: Lotti Huber, Ina Blum, Mikael Honesseau.
Zeitkritischer Liebesfilm. Eine 85jährige Frau sitzt in einem Irrenhaus und phantasiert von ihren erregenden Tagen im Berlin der schrillen 20er Jahre: Sie war Anita Berber (1899–1928), die erotische Tänzerin, berühmt wie Marlene Dietrich. Praunheim (»Unsere Leichen leben noch«) erzählt ihr Leben in farbigen Rückblenden und die Jetztzeit in Schwarzweiß. Dies ist bei weitem nicht das einzige originelle formale Element in einem bizarren, einfallsreichen Avantgardefilm der unorthodoxen moralischen Standpunkte.

Anklage: Mord / The High Wall ** ½
USA 1947 – 95 Min. sw. – R: Curtis Bernhardt. D: Robert Taylor, Audrey Totter, Herbert Marshall.
Psychokrimi. Ein Exbomberpilot wird bewußtlos neben seiner ermordeten Frau aufgefunden und verhaftet; alle halten ihn für schuldig, er sich selbst beinahe auch; doch dann taucht eine seltsame Spur auf. Der äußerst spannende Mysteryfilm von Altmeister Bernhardt (»Conflict«) setzt ganz auf Psychologie und in Ansätzen auch auf die Psychoanalyse; Taylor bietet eine ungewohnt subtile Leistung.

Anklage: Mord / L'amour en question / Justices **
F 1978 – 98 Min. – R: André Cayatte. D: Annie Girardot, Michel Galabru, Bibi Andersson, Michel Auclair.
Gerichtsfilm. Eine Mordgeschichte aus Nizza mit einer spannenden Gerichtsverhandlung, von Altmeister Cayatte routi-

niert inszeniert. Cayattes früheren Kritiken an der französischen Justiz hatten jedoch mehr Schärfe und Engagement.

Der Ankläger / L'impécateur **** ½**

F 1977 – 96 Min. – R: Jean-Louis Bertucelli. D: Michel Piccoli, Jean Yanne, Jean-Pierre Marielle, Jean-Claude Brialy, Marlène Jobert.

Gesellschaftssatire. Ein Industriemulti hält sein Wirken für segensreich; der Unglückstod eines Managers und anonyme Anklageschreiben lösen eine Atmosphäre von totalem Mißtrauen und schließlich eine groteske Panik à la Katastrophenkino aus; bitterböse Satire auf das Verhalten verunsicherter Machteliten mit lakonisch-bissigen Dialogen aus dem Wörterbuch der Managercliquen.

Anna / Anna ******

I 1951 – 93 Min. sw. Ⓥ Ufa. – R: Alberto Lattuada. D: Silvana Mangano, Raf Vallone, Vittorio Gassmann, Jacques Dumesnil.

Melodram. Aus der lasziven Nachtklubsängerin Anna wird die Laienschwester Anna in einem Klosterhospital; doch ehe sie ihr Gelübde ablegen kann, holt sie die Vergangenheit in einer langen Rückblende ein: die Frau zwischen zwei Männern in sexueller Hörigkeit; Liebe, Haß, Totschlag. Das schwüle Drama lebt von der fragilen und zugleich theatralischen Schönheit der Anna Magnani.

Anna Karenina **** ½**

GB 1947 – 96 Min. sw. – R: Julien Duvivier. D: Vivien Leigh, Ralph Richardson, Kieron Moore, Therese Giehse.

Literaturverfilmung. Winter in St. Petersburg: schneebeschlagene Scheiben, Bahnhöfe, Bälle und die feine Gesellschaft, in der die leidenschaftliche Liebesaffäre zwischen der Frau des Ministers Karenin und dem jungen Gardeoffizier Graf Wronsky Skandal macht. Atmosphärisch dicht, schwelgerisch; eine der fünf Verfilmungen des Romans von Tolstoi.

Anna Karenina / Anna Karenina **** ½**

UdSSR 1968 – 116 Min. – R: Alexander Sarchi. D: Tatjana Samoilowa, Nikolai Grizenko, Wassili Lanowoi, Juri Jakowlow, Boris Goldajew.

Literaturverfilmung. Aufwendige Adaption des (mehrmals verfilmten) Romans von Tolstoi um die verheiratete Frau, die gegen alle Konventionen einen anderen Mann liebt und daran zugrunde geht; virtuos fotografiert, gut gespielt, aber alles in allem zu glatt.

Anna und der König von Siam / Anna and the King of Siam *******

USA 1946 – 120 Min. sw. – R: John Cromwell. D: Irene Dunne, Rex Harrison, Linda Darnell, Lee J. Cobb.

Erziehungsfilm. Eine verwitwete britische Erzieherin soll am Hof des starrsinnigen, aber lernwilligen Königs von Siam dessen Kindern westliche Lebens- und Denkart vermitteln; so witzig und spritzig wie das Farb-Remake »Der König und ich«.

Anna und Franz TV-Film

BRD 1987 – 102 Min. – R: Eberhard Itzenplitz. D: Christine Mayr, Daniel Friedrich, Christoph Krix.

»Eine Liebesgeschichte aus Europa« lautet der Untertitel dieser dokumentarisch gestalteten Romanze; Vorurteile und schwierige Umstände machen der Südtirolerin Anna das Leben bei ihrem Freund in München schwer.

Anna und Totò TV-Film

BRD 1972 – 90 Min. – R: Wolfgang Petersen. B: Thomas Valentin. D: Renate Heilmeyer, Franco Lantieri, Eva Kotthaus, Fritz Hollenbeck.

Eine Mittdreißigerin verliebt sich auf Sizilien in einen LKW-Fahrer; sie malt sich die Reaktionen ihrer Umwelt aus; reizvoller Stoff, der an plumper Regie scheitert.

Ännchen von Tharau *****

BRD 1954 – 90 Min. – R: Wolfgang Schleif. D: Ilse Werner, Klaus-Ulrich Krause, Heinz Engelmann.

Heimatfilm. Belanglose Schmonzette um ein Flüchtlingsschicksal im Nachkriegsdeutschland, in der auch Ufa-Altstar Werner jeden Pfiff verloren hat und das Aufregendste noch die Landschaften sind.

Anne-Marie / Anne-Marie **
F 1936 – 95 Min. sw. – R: Raymond Bernard. D: Annabella, Pierre Richard-Wilm, Paul Azaïs, Pierre Labry, Christian Gérard.
Fliegerfilm. Fünf Freunde, Piloten, lernen eine Frau kennen, die ebenfalls fliegen möchte; die Komplikationen an Herzen und Maschinen nehmen zu, und der amüsante Film nach einem Drehbuch von Saint-Exupéry folgt ihnen inszenierungsfreudig.

Anni **
A 1948 – 85 Min. sw. – R: Max Neufeld. D: Elfie Mayerhofer, Siegfried Breuer, Josef Meinrad.
Melodram. Eine Doppelrolle für Elfie Mayerhofer mit Siegfried Breuer als Klaviervirtuose und feuriger Liebhaber in einer sentimentalen Romanze aus dem Wien der Jahrhundertwende.

Annie / Annie TV-Film
USA 1987 – 90 Min. – R: Steven Hilliard Stern. D: Phoebe Cates, Pamela Bellwood, Efrem Zimbalist jr.
Die junge Annie verläßt das Elternhaus und wird nur widerstrebend von ihrer Schwester aufgenommen; flotte Dreiecksgeschichte aus dem modernen Amerika.

Another Country – Verbotene Liebe / Verbotene Liebe / Another Country ** ½
GB 1983 – 87 Min. – R: Marek Kanievsky. D: Rupert Everett, Colin Firth, Michael Jenn, Robert Addie, Rupert Wainwright.
Literaturverfilmung. Adaption des Bühnenstücks von Julian Mitchell über die verbotene Liebe zweier Schüler an einer britischen Eliteschule; die psychischen Qualen des jugendlichen Homosexuellen und des gleichaltrigen Marxisten werden eher oberflächlich als Rückblende dargestellt; stimmiger als Zeit- und Gesellschaftsbild.

Anruf genügt... komme ins Haus / Bells Are Ringing ** ½
USA 1960 – 110 Min. – R: Vincente Minnelli. D: Dean Martin, Judy Holliday, Fred Clark, Eddie Foy jr.
Komödie. Adaption eines Broadway-Musicals um die Telefonistin eines Auftragsservice, die einen lustlos gewordenen Schriftstellerplayboy wieder auf Trab bringt; heiteres, lockeres Liebeslustspiel mit schwungvollen Songs von Betty Comden, Adolph Green und Jule Styne.

Ansichten eines Clowns ** ½
BRD 1975 – 110 Min. – R: Vojtech Jasny. D: Helmut Griem, Hanna Schygulla, Eva-Maria Meineke, Gustav Rudolf Sellner.
Literaturverfilmung. Textgetreue Verfilmung des Böll-Romans um den kritischen Clown Hans und seine Geliebte Maria, die vom klerikalen Milieu abgeworben wird. Beachtliche Schauspieler, wenig Bildphantasie, dennoch beklemmend zeitkritische Unterhaltung.

Die Anstalt ** ½
BRD 1978 – 92 Min. – R: Hans-Rüdiger Minow. D: Susanne Granzer, Wolfgang Preiss, Gerd Baltus, Dieter Prochnow.
Problemfilm. Halbdokumentarischer Film um eine Studentin, die sich als Patientin in eine Nervenklinik einliefern läßt: »Das Irrenhaus« als soziales Abbild wahnwitziger alltäglicher Verhältnisse wollte der Regisseur und Absolvent der Berliner Film- und Fernsehakademie Hans-Rüdiger Minow zeigen in einem wenig spektakulären Film, der allerdings etwas schablonenhaft wirkt.

Anthrazit / Anthracite – Cet age est sans pitié **
F 1979 – 90 Min. – R: Eduard Niermans. D: Bruno Cremer, Jean Bouise, Jean-Pol Dubois, Jérôme Zucca.
Psychodram. Ein junger Jesuit versucht, in einem autoritären Internat seinen Schülern mit Freundschaft und Liebe zu begegnen, doch der Idealist scheitert; filmische Auseinandersetzung des Regisseurs mit seiner Autobiographie, sachlich und offen, aber ohne Tiefe.

Der Antiquitätenhändler / L'homme pressé **
F 1977 – 90 Min. – R: Edouard Molinaro. D: Alain Delon, Mireille Darc, Monica Guerritore.
Liebesromanze. Im gehobenen Milieu angesiedelte, amüsant auf die verkappte Psyche eines Sammlers teurer Gegen-

stände zugespitzte Geschichte, hinter der die Weisheit steht, daß Liebe und Besitz sich nicht vertragen.

Antoine und Antoinette / ** ** ½
Antoine et Antoinette
F 1947 – 83 Min. sw. – R: Jacques Bekker. D: Roger Pigaut, Claire Maffei, Noël Roquevert.
Kleinbürgerschicksal. Ein Ehepaar schlägt sich recht und schlecht durch, Einkünfte und Wohnung sind bescheiden. Ein Lotteriegewinn stellt ihre Verhältnisse auf den Kopf. Der mit viel Sympathie für die kleinen Leute erzählte Film von Becker (»Wenn es Nacht wird in Paris«) glänzt durch glaubwürdiges Milieu.

Anton der Letzte **
A 1939 – 85 Min. sw. – R: E. W. Emo. D: Hans Moser, O. W. Fischer, Elfriede Datzig, Charlotte Ander.
Komödie. Daß O. W. Fischer als Graf Willy die Tochter des Pächters geschwängert hat, bringt das Weltbild des Dieners Anton alias Hans Moser aus dem Lot; Paraderolle für Moser in einem ansonsten belanglosen Unterhaltungsfilm.

Anton Sittinger TV-Film
BRD 1979 – 100 Min. – R: Rainer Wolffhardt. D: Walter Sedlmayr, Veronika Fitz, Alfons Scharf, Werner Eichhorn, Fritz Strassner.
Adaption des Romans von Oskar Maria Graf um einen Münchner Postinspektor, der das Dritte Reich unangefochten übersteht; biedere Version der Satire vom ewigen Mitläufer, der hier zum notorischen Grantler schrumpft; ansehnlich, aber ohne Biß.

Anton, der Zauberer ** ½
DDR 1978 – 102 Min. – R: Günter Reisch. D: Ulrich Thein, Anna Dymna, Erwin Geschonneck, Barbara Dittus, Marina Krogull, Erik S. Klein.
Zeitkritischer Film. Ein Arbeiter schlägt sich durch die Aufbauphase der DDR; humorvoll gezeichnet; Parteipolitik wird ironisch relativiert; ein interessanter Insiderfilm.

Antonio das Mortes / ***
Antonio das Mortes
Brasilien 1969 – 95 Min. – R: Glauber Rocha. D: Mauricio de Valle, Odette Lara, Othon Bastos, Jofre Soares.
Zeitkritischer Actionfilm. Ein Kopfgeldjäger soll im Auftrag eines Großgrundbesitzers Banditen killen, stellt sich aber auf deren Seite. Ein Film, so gewalttätig und schön wie das Sertão, der Nordosten Brasiliens, in dem Rocha (»Gott und Teufel im Land der Sonne«) sein opernhaftes, schwieriges und vielschichtiges Werk drehte.

Antonius und Cleopatra / ** ** ½
Anthony and Cleopatra
E/GB/CH 1972 – 105 Min. Ⓥ IMV. – R: Charlton Heston. D: Charlton Heston, Hildegard Neil, Eric Porter, John Castle, Fernando Rey, Carmen Sevilla.
Monumentalfilm. Phantasievolle Adaption des Shakespeare-Dramas um römische Machtkämpfe nach Cäsars Tod und die Beziehungen zwischen schicksalhafter Liebe und Machthunger; von Heston angesichts des zur Verfügung stehenden Budgets handwerklich geschickt, spannend und um Authentizität bemüht inszeniert.

Antrag auf Liebesheirat TV-Film
BRD 1980 – 64 Min. – R: Thomas Carle. D: Cornelia Schnall, Peter Schnall.
In Leipzig lernt der New Yorker Kameramann Peter das blonde Mannequin Cornelia kennen und lieben. Nach einem Jahr Wartezeit stellt sie offiziell den »Antrag auf Heirat mit einem Ausländer«; welche Komplikationen sich ergeben, nachdem die Behörden die Genehmigung erteilt haben, schildert dieser zeitkritische Dokumentarspielfilm.

Die Antwort kennt nur der Wind ** ½
BRD/F 1974 – 100 Min. Ⓥ Taurus. – R: Alfred Vohrer. D: Marthe Keller, Maurice Ronet, Karin Dor, Walter Kohut.
Literaturverfilmung. Adaption des Simmel-Romans; ein Detektiv gerät bei der Aufklärung eines Versicherungsbetrugs in die Fallstricke der internationalen Devisenspekulation; straff inszeniertes Erzählkino mit überzeugenden Darstellern.

Anuschka – es brennt mein Schatz
siehe: Der Feuerwehrball

Die Anwälte des Teufels / Les avocats du diable ** ½
F 1980 – 79 Min. – R: André Cayatte. D: Laurent Malet, Anne-Marie Philippe, Michel Auclair.
Justizfilm. Ein Anwalt soll während des Algerienkrieges 1958 einen Algerier verteidigen und muß sich mit einem rassistischen Kollegen auseinandersetzen; wirkungsvoll inszeniert, thematisch aktuell.

Anzio / Lo sbarco di Anzio **
I 1968 – 116 Min. – R: Edward Dmytryk. D: Robert Mitchum, Peter Falk, Earl Holliman, Robert Ryan, Mark Damon, Arthur Kennedy, Anthony Steel, Wolfgang Preiss.
Kriegsfilm. Ein Kriegsberichterstatter erlebt im Januar 1944 den Vorstoß der US-Truppen von Neapel über Anzio in Richtung Rom; unkritisches Militärspektakel mit Großaufgebot an Stars und Kriegsgerät; Krieg als Abenteuerspielplatz.

Apachenschlacht am schwarzen Berge / Oh, Susanna! **
USA 1951 – 84 Min. – R: Joseph Kane. D: Rod Cameron, Adrian Booth, Forrest Tucker.
Western. Differenzen zwischen US-Offizieren führen zum Krieg gegen die Apachen; verschlüsselte Variante von General Custers letzter Schlacht gegen die Sioux; wenig inspirierte Imitation von Fords »Bis zum letzten Mann«.

Ein Apartment für drei / A Very Special Favor ** ½
USA 1964 – 99 Min. – R: Michael Gordon. D: Rock Hudson, Leslie Caron, Charles Boyer, Walter Slezak, Dick Shawn.
Komödie. Ein Anwalt ist vom Verlobten seiner Tochter wenig angetan und bittet daher einen Ölprinzen und Playboy um Hilfe, doch die etwas schrullige Psychotherapeutin weiß sich ihrer Haut zu wehren; routiniertes Lustspiel um reiche Leute und deren Seelenpein.

Apocalypse Now / Apocalypse Now *** ½
USA 1979 – 146 Min. Ⓥ marketing film. – R: Francis Ford Coppola. D: Marlon Brando, Robert Duvall, Martin Sheen, Frederic Forrest, Albert Hall, Sam Bottoms, Dennis Hopper, Harrison Ford.
Vietnam-Kriegsfilm. Ein Colonel hat an der kambodschanischen Grenze ein bizarr-barbarisches Regiment errichtet; ein junger Captain soll im Auftrag der CIA den als verrückt geltenden liquidieren; irrlichternde Reflexion des Vietnamkriegs als filmische Paraphrase von Joseph Conrads Roman »Das Herz der Finsternis«; eine grandiose, beängstigende Vision vom Krieg, eine Parabel über Irrwitz und Verlorenheit und den Verlust von Moral; Oscar für die Kameraarbeit von Vittorio Storaro, der die Reise ins Abgründige in Bildern von schrecklicher Schönheit einfing.

Das Appartement / The Apartment ***
USA 1959 – 120 Min. sw. – R: Billy Wilder. D: Jack Lemmon, Shirley MacLaine, Fred MacMurray, Ray Walston.
Liebeskomödie. Bud Baxter gedenkt Karriere zu machen, er überläßt seinen Vorgesetzten den Schlüssel zu seiner Wohnung: für amouröse Abenteuer; aber er ahnt nicht, daß auch die Frau, die er liebt, bei ihm ein und aus geht. Billy Wilder (»Manche mögen's heiß«) inszenierte die kritische Komödie als Kommentar zur landläufigen Moral; zynisch und bissig.

Ein Appartement in Manhattan TV-Film
USA – 90 Min. – R: Gian L. Polidoro. D: Brent Spiner, Jeanne Ruskin, Annie Korten.
Ein Schriftsteller hofft durch den Erwerb eines Appartements seine Frau zurückzuholen, mit der ihn auch seine Muse verließ; nach einem Stück von John Menegold und Sherill Tippins; konventionell.

Applaus / Applause ** ½
USA 1929 – 76 Min. sw. OmU. – R: Rouben Mamoulian. D: Helen Morgan, Joan Peers, Fuller Mellish jr., Henry Wadsworth, Jack Cameron.
Problemfilm. Nach der Hinrichtung ihres Mannes bringt eine Tänzerin eine Tochter zur Welt; sie wächst bei Nonnen auf und ist vom Showbiz begeistert, selbst als sie ihre Mutter in billigen Shows erlebt; innovatives Erstlingswerk des Regisseurs.

Appointment with Danger ** ½
USA 1951 – 89 Min. sw. OmU. – R: Lewis Allen. D: Alan Ladd, Phyllis Calvert, Paul Stewart.
Schwarzer Krimi. Gangster planen einen Postraub, ein zynischer Inspektor vereitelt das und klärt auch noch einen Mord auf; Showdown auf düsterem Industriegelände in einem halbdokumentarisch angelegten, straffen Thriller.

April in Paris / April in Paris * ½
USA 1952 – 101 Min. – R: David Butler. D: Doris Day, Ray Bolger, Claude Dauphin.
Komödie. Ein Revuegirl gerät durch Zufall in eine Repräsentationsrolle und lernt bei der Überfahrt nach Europa einen hinreißenden Trottel kennen, der eigentlich Diplomat ist; Hollywood-Klamauk für Doris-Day-Fans.

Arabeske / Arabesque ***
USA 1966 – 105 Min. – R: Stanley Donen. D: Gregory Peck, Sophia Loren, Alan Badel.
Agentenkomödie. Ein Professor für alte Sprachen soll für einen arabischen Millionär Hieroglyphen entziffern und gerät in einer Spionagegeschichte in den Bann der wunderschönen Loren; herrlich leichthändig und nervtötend spannend inszeniert.

Arabische Nächte / Arabian Nights ** ½
USA 1942 – 83 Min. – R: John Rawlins. D: Jon Hall, Maria Montez, Sabu.
1001-Nacht-Film. Harun Al-Raschid im Kampf gegen den bösen Kalifen, der Scheherazade bedroht; opulenter Technicolor-Klassiker.

Das Arche-Noah-Prinzip ***
BRD 1983 – 95 Min. – R: Roland Emmerich. D: Richy Müller, Franz Buchrieser, Aviva Joel, Matthias Fuchs.
Science-fiction-Film. 1997 umkreist die Raumstation »Florida Arklab« als Wettersatellit die Erde. Ein Astronaut widersetzt sich einem militärischen Befehl, er soll abgelöst werden; ein tödlicher Wettlauf mit der Zeit beginnt; beklemmende Zukunftsvision im Stil eines Hollywood-Thrillers.

Ardennen 1944 / Attack! ** ½
USA 1956 – 98 Min. sw. – R: Robert Aldrich. D: Jack Palance, Eddi Albert, Lee Marvin, Peter van Eyck.
Kriegsfilm. Ein Infanterieoffizier verschuldet durch Feigheit und militärische Unfähigkeit den Tod seiner Untergebenen; das löst eine Revolte aus. Ohne die üblichen Schlachtenklischees.

Ärger im Paradies / Trouble in Paradise ***
USA 1932 – 79 Min. sw. – R: Ernst Lubitsch. D: Herbert Marshall, Miriam Hopkins, Kay Francis, Edward Everett Horton.
Komödie. Großer Coup eines cleveren Gaunerpärchens, das sich an eine steinreiche Lady heranmacht; doch die Liebe vereitelt das Unternehmen. Eine von Lubitschs brillanten Gesellschaftskomödien, mit Charme, Dialogpfeffer, schnellen Schauspielern, einer blendend gebauten Handlung und dem legendären »Lubitsch-Touch«, der mit subtiler Erotik gegen die Zensur stachelt.

Die Arglosen im Ausland / Innocents Abroad TV-Film
USA 1983 – 90 min. – R: Luciano Salce. B: Dan Wakefield. D: Craig Wasson, Brooke Adams, David Ogden Stiers, Luigi Proietti, Andréa Ferréol.
Eine Bildungsreise durch das alte Europa, durchgeführt vom amerikanischen Kultautor Mark Twain im Jahre 1867, der mit dem Reisebericht über diese Seefahrt weltberühmt wurde; abenteuerlich und scharfsinnig bis spöttisch kommentierend.

Argoman, der phantastische Superman / Come rubare la corona d'Inghilterra **
I 1967 – 83 Min. – R: Terence Hathaway. D: Roger Browne, Dominique Boschero, Edoardo Fajardo, Nadia Marlowa.
Fantasyfilm. Eine Amazonenkönigin will die Weltherrschaft durch Erpressung mit einem radioaktiven Superdiamanten, da kann nur noch ein Superman-Aufguß helfen; alles in allem naiv-sympathischer Actionspaß.

Ariane ** ½
D 1931 – 80 Min. sw. – R: Paul Czinner.

D: Elisabeth Bergner, Rudolf Forster, Theodor Loos, Annemarie Steinsieck.
Liebesfilm. Einer der Filme, in denen die Bergner den vieldeutigen Frauentyp der Knabenhaft-Kindlichen entdeckte; Musik Richard Strauss.

Arizona / Arizona ** ½
USA 1940 – 90 Min. – R: Wesley Ruggles. D: Jean Arthur, William Holden, Warren William, Edgar Buchanan.
Western. Eine ehrgeizige und emanzipierte Frau setzt sich als Viehzüchterin und Fuhrunternehmerin gegen Konkurrenten, Vorurteile und Indianer durch; der amüsante, spannende und solide inszenierte Film beschreibt den Wilden Westen nüchtern und glaubwürdig.

Arizona Raiders
siehe: Goldtransport durch Arizona

Arlberg-Express ** ½
A 1950 – 93 Min. sw. – R: Eduard von Borsody. D: Paul Hubschmid, Elfe Gerhart, Ivan Petrovich, Hans Putz.
Kriminalfilm. Ein arbeitsloser Spätheimkehrer scheint durch den Fund einer Tasche voller Schmuck aller Sorgen ledig, doch falsche Freunde bringen ihn in Schwierigkeiten; Heimatkrimi mit Eisenbahnromantik-Touch.

Arlette erobert Paris **
BRD 1953 – 92 Min. sw. – R: Viktor Tourjansky. D: Johanna Matz, Karlheinz Böhm, Paul Dahlke, Peer Schmidt, Claus Biederstaedt.
Lustspiel. Ein deutsches Landei trubelt sich durch die Pariser Bohème, findet einen Vater und einen rechtschaffenen Ehemann in Form eines höheren Beamten; Karrierekatapult für ein junges Ensemble in einer Komödie aus der Zeit der »Sauberen Leinwand«.

Der arme Millionär ** ½
D 1939 – 90 Min. sw. – R: Joe Stöckel. D: Weiß-Ferdl, Trude Haefelin, Willy Rösner, Georg Alexander.
Komödie. Eine Riesenerbschaft könnte das bescheidene Glück des Schuhmachertöchterleins Annerl sichern, doch der schnauzbärtige Vater will hoch hinaus und wird ums Geld geprellt; feine Rolle für Weiß-Ferdl und seinen mild-aggressiven Humor.

Armee im Schatten / L'armée des ombres ***
F/I 1969 – 134 Min. – R: Jean-Pierre Melville. D: Lino Ventura, Paul Meurisse, Jean-Pierre Cassel, Simone Signoret.
Zeitkritischer Film. Kampf der Résistance im besetzten Frankreich gegen die Nazis; als einem weiblichen Mitglied ein Fehler unterläuft, kommt es zu katastrophalen Folgen; Melville erzählt diesen düsteren, unterkühlten Problemfilm im Stil seiner großen Krimis; Zeitgeschichte als menschliches Drama.

Armut und Adel / Miseria e nobiltà ** ½
I 1939 – 60 Min. sw. – R: Corrado D'Errico. D: Vicenzo Scarpetta, Virgilio Riento, Elli Parvo.
Komödie. Im Neapel von 1887 will eine Tänzerin einen Marchese heiraten; als ihr Vater darauf besteht, dessen Familie kennenzulernen, kommt es zu Verwicklungen; schwungvoll inszeniert.

Das Arrangement / The Arrangement **
USA 1969 – 115 Min. Ⓥ Warner Home. – R: Elia Kazan. D: Kirk Douglas, Faye Dunaway, Deborah Kerr.
Melodram. Kirk Douglas hat seinen hochbezahlten Werbemanagerjob satt und will aussteigen aus Ehe und Beruf. Sozialkritische Seifenoper über eine zerstörerische Leidenschaft; nach einem Roman von Elia Kazan.

Arriva Eldorado / Arriva Eldorado *
I 1972 – 85 Min. – R: Dick Spitfire. D: Gordon Mitchell, Stan Cooper, Craig Hill.
Western. Billigfilmchen mit Standardgags um ein schlitzohriges Männerduo, das mit allen Tricks schnelles Geld machen will.

Arrivederci Roma / The Seven Hills of Rome **
USA 1957 – 98 Min. – R: Roy Rowland. D: Mario Lanza, Renato Rascel, Marisa Allasio, Peggy Castle.
Musikfilm. Ein Startenor flieht vor seiner aggressiv-extravaganten Verlobten aus den USA nach Rom und findet dort ein

neues Glück; vergnügliche Unterhaltung mit einigen Seitenhieben auf fasthysterische US-Girls; ansonsten harmloses Vehikel für Mario Lanzas Stimme.

Arrow Beach / Arrow Beach **
USA 1973 – 90 Min. – R: Laurence Harvey. D: Laurence Harvey, Joanna Pettet, John Ireland, Meg Foster.
Thriller. Ein Koreaveteran ist dem Wahnsinn verfallen und begeht bizarre Morde in einem idyllischen Küstenort; Psychodrama zwischen Spannung und Frust; Harveys letzter Film.

Arsen und Spitzenhäubchen / Arsenic and Old Lace ***
USA 1944 – 118 Min. sw. – R: Frank Capra. D: Cary Grant, Priscilla Lane, Raymond Massey, Peter Lorre, Jack Carson, Josephine Hull.
Schwarze Komödie. Witz und Thrill ohne Ende in einem Klassiker des schwarzen Humors um zwei nette alte Damen, die alleinstehende Gentlemen umbringen; glänzende Besetzung bis in die Nebenrollen, dichte Dialoge, vorwärtstreibende Regie.

Arsène Lupin, der Millionendieb / Les aventures d'Arsène Lupin ***
I/F 1957 – 99 Min. – R: Jacques Becker. D: Robert Lamoureux, Liselotte Pulver, O. E. Hasse.
Gaunerkomödie. Ein geheimnisvoller Dieb hinterläßt die Spuren seiner Arbeit im Paris der Jahrhundertwende; eines Tages verliebt sich eine Komtesse in ihn und empfiehlt den feinen Herrn Seiner Majestät, dem Kaiser; mit Witz und Intelligenz inszeniert von Jacques Becker.

Eine Art von Zorn TV-Film
BRD 1984 – 95 Min. – R, B: Ulrich Edel. D: Rolf Zacher, Caroline Berg, Bernhard Wicki, Hannelore Elsner.
Ein fernöstlicher Geheimagent wird in der Schweiz ermordet, die Zeugin verschwindet; Sex and Crime, ziemlich bieder und hausbacken, nach einem Thriller von Starautor Eric Ambler.

Artisten ** ½
D 1935 – 90 Min. – R: Harry Piel. D: Harry Piel, Hilde Hildebrand, Susi Lanner.
Artistenfilm. Trapezkünstler Harry, von zwei Frauen angehimmelt, vernachlässigt sein Training und gerät in Gefahr; Actionstar Piel in bester Spiel- und Stuntlaune.

Arzt aus Leidenschaft **
D 1936 – 76 Min. sw. – R: Hans H. Zerlett. D: Albrecht Schoenhals, Karin Hardt. Hans Söhnker.
Arztmilieufilm. Ein talentierter Forscher und Arzt gerät in Mordverdacht. Vor Gericht packt er ein langgehütetes Geheimnis aus. Der ambitionierte, den Arztberuf nicht mystifizierende und dramaturgisch straff gespannte Film unterhält auch visuell.

Arzt aus Leidenschaft * ½
BRD 1959 – 90 Min. sw. – R: Walter Klingler. D: Adrian Hoven, Willy Birgel, Klausjürgen Wussow, Ellen Schwiers, Antje Geerk.
Melodram. Schon damals in den Fünfzigern war Wussow ein Doktor, allerdings mit einem dunklen Geheimnis; eine hübsche Patientin, die eifersüchtige Oberschwester und ein Mann aus seiner Vergangenheit machen dem Arzt das Leben schwer; routiniert.

Arzt und Dämon / Dr. Jekyll and Mr. Hyde ***
USA 1940 – 116 Min. sw. – R: Victor Fleming. D: Spencer Tracy, Ingrid Bergman, Lana Turner, Donald Crisp, Ian Hunter.
Horrorfilm. Ein bekannter Nervenarzt in London beschäftigt sich mit revolutionären Experimenten und Selbstversuchen: Er will das Gute vom Bösen im Menschen trennen, dabei macht er grausige Wandlungen durch. Glanzrolle für Ingrid Bergman als traurige Schlampe – ein großer Klassiker des Schreckens.

Der Arzt von Stalingrad * ½
BRD 1958 – 92 Min. sw. – R: Géza von Rádványi. D: O. E. Hasse, Eva Bartok, Hannes Messemer, Mario Adorf.
Lagerfilm. Deutsche Gefangene in Stalingrad: Der Doktor versucht, die größten Leiden zu mildern; sentimental, trivial – nach einem Roman von Heinz G. Konsalik.

Asa Branca / Asa Branca ✱✱ ½
BRD/Brasilien 1980 – 90 Min. – R: Berengar Pfahl. D: Dorit Deipenbach, Birgit Rademacher, José.
Dokumentarspielfilm. Eine junge Entwicklungshelferin scheitert an der Realität Brasiliens; engagiert und authentisch.

Asche und Diamant / ✱✱✱✱
Popiól i diament
PL 1958 – 100 Min. sw. – R: Andrzej Wajda. D: Zbigniew Cybulski, Ewa Krzyanowska, Adam Pawlikowski, Bogumil Kobiela, Waclaw Zastrzezynski.
Zeitkritischer Film. Dritter Teil der Wajda-Trilogie über den Zweiten Weltkrieg in Polen und des Regisseurs bestes Werk; ein beklemmender Film über einen desorientierten jungen nationalistischen Partisanen, der bei Kriegsende nicht weiß, wohin. In seiner suggestiven Bildsprache eindringlich, authentisch in der Zeichnung politischer Charaktere, mit einem quälend gegenwärtigen Cybulski als Idealbesetzung; ein Höhepunkt des zeitgeschichtlichen Kinos.

Aschenblödel / Cinderfella ✱✱ ½
USA 1959 – 91 Min. – R: Frank Tashlin. D: Jerry Lewis, Ed Wynn, Judith Anderson, Anna Maria Alberghetti, Count Basie.
Jerry-Lewis-Film. Das klassische Märchen wird von Lewis um einige für ihn typische Aspekte bereichert.

Aschenputtel ✱✱ ½
BRD 1955 – 80 Min. – R: Fritz Genschow. D: Rita-Maria Nowotny, Rüdiger Lichti, Maria Axt.
Märchenfilm. Dem alten Grimm-Märchen nachempfundene ländliche Geschichte vom lieben, aber benachteiligten Mädchen, das eines Tages sein Glück macht. Die böseren Aspekte der Vorlage werden ironisch, doch ohne Häme beibehalten; phantasievoll und handwerklich sauber ins Bild gesetzt.

Asphalt TV-Film
F – 95 Min. – R: Denis Amar. D: Carole Laure, Jean Yanne, Jean-Pierre Marielle, Louis Seigner.
Fernsehspielkommentar zu Godards »Weekend«: Ferienbeginn in Frankreich, die Autobahn als Todeszone. Eine Vielzahl persönlicher Schicksale, gekoppelt an die Kettenreaktion auf der Straße.

Asphalt Dschungel / ✱✱✱
The Asphalt Jungle
USA 1950 – 107 Min. sw. – R: John Huston. D: Sterling Hayden, Jean Hagen, Sam Jaffe, James Whitmore, Anthony Caruso, Louis Calhern, Marilyn Monroe.
Krimi. Der heruntergekommene Gangster Dix setzt auf seine letzte Chance: das »große Ding«, das Doc Esterhazy ausheckte. Alles geht glatt, beinahe alles; am Ende aber spielt ein kleiner Zufall Polizei, und Dix muß mit einer Kugel im Leib flüchten; auf der Farm seiner Eltern stirbt er. Der atmosphärisch dichte, psychologisch stimmige und sozialkritische Krimi von Huston (»Die Spur des Falken«) sympathisiert so sehr mit den negativen Helden, daß selbst der schlimme Schluß ihren positiven Eindruck nicht verwischt; unvergeßlich auch die Monroe in einer frühen winzigen Nebenrolle.

Asphaltblüten / ✱✱
Scarecrow
USA 1973 – 112 Min. – R: Jerry Schatzberg. D: Gene Hackman, Al Pacino, Dorothy Tristan, Richard Lynch.
Aussteigerfilm. Zwei abgewrackte Anhalter treffen sich auf der Straße nach Kalifornien. Sie fahren eine Strecke gemeinsam, landen im Knast, besuchen ihre Familien, stehen wieder an der Straße; aus dem geplanten Reisen wird ein Unterwegssein als Dauerzustand, den der eine am Ende dieses melancholischen, unorthodoxen Road Movie mit einem hohen Preis bezahlt.

Asphalt-Cowboy / ✱✱ ½
Midnight Cowboy
USA 1969 – 113 Min. Ⓥ Warner Home. – R: John Schlesinger. D: Dustin Hoffman, Jon Voight, Sylvia Miles, John McGiver.
Milieufilm. Ein Mann kommt nach New York und erlebt eine seltsame Freundschaft mit einem Gescheiterten; die miese Seite der Stadt fängt dieser brillant gespielte, atmosphärisch dichte Film überzeugend und beunruhigend ein.

Asphalthyänen / Girls on the Loose **

USA 1958 – 75 Min. sw. – R: Paul Henreid. D: Mara Corday, Lita Milan.

Gangsterfilm. Eine Frauengang erbeutet 20000 Dollar Lohngelder bei einem Raubüberfall und führt die Polizei durch ihre Verkleidungskünste auf eine falsche Fährte; die vier vergraben das Geld, doch dann kriegen die Damen sich in die langen Haare; einzige Hollywood-Regie des österreichischen Emigranten Henreid; spannend und routiniert.

Asphaltrennen / Two-Lane Blacktop ** ½

USA 1971 – 99 Min. sw. – R: Monte Hellman. D: James Taylor, Warren Oates, Laurie Bird, Dennis Wilson.

Autofilm. Zwei Aussteiger verdienen sich ihre Brötchen mit illegalen Rennen im hochfrisierten 55er Chevrolet Sedan; eine Anhalterin steigt ein, und ein Konkurrent im Pontiac G.T.O. überholt den Sedan ab und zu – sonst geschieht nicht viel. Dennoch ist das Road Movie bis zum bösen Ende spannend durch bestechende Fotografie, existentiellen Zuschnitt der Story und lakonisches Spiel (u. a. Folkrockstar Taylor).

Assault – Anschlag bei Nacht

siehe: Das Ende

Asso / Asso **

I 1981 – 90 Min. Ⓥ VPS. – R: Castellano & Pipolo. D: Adriano Celentano, Sylva Koscina, Renato Salvatori.

Komödie. Slapstickartige Komödie um einen eingefleischten Pokerspieler, der seiner Frau versprochen hat, sein Laster endgültig aufzugeben. Aber Celentano ist ein Mann, der gar nicht anders kann. Unterhaltsam.

Atalante / L'Atalante *** ½

F 1934 – 80 Min. sw. OmU. – R: Jean Vigo. D: Dita Parlo, Jean Dasté, Michel Simon, Louis Lefèbvre, Gilles Margaritis, René Bleck.

Sozialkritischer Film. Jungverheiratetes Paar tuckert mit kauzigem Bootsmann auf einem Motorschlepper über die französischen Flüsse; als es der jungen Ehefrau zu langweilig wird, beginnt ein Drama, an dessen Ende in diesem Klassiker des »poetischen Realismus« das Elend steht.

Atemlos / Breathless **

USA 1982 – 98 Min. Ⓥ VCL. – R: Jim McBride. D: Richard Gere, Valerie Kaprisky, William Tepper, John P. Ryan.

Gangsterfilm. Die Story ist bekannt von »Außer Atem«: Ein Autodieb erschießt den Polizisten, der ihn stellen will; dann verrennt er sich in eine einseitige Leidenschaft für Monica, die ihn am Ende bei den Bullen verpfeift; als Godard-Remake mißglückt – aber als rasanter Gangster-Comic strip unterhaltend.

Atemlos nach Florida / The Palm Beach Story ** ½

USA 1942 – 90 Min. – R, B: Preston Sturges. D: Joel McCrea, Claudette Colbert, Rudy Vallee, Mary Astor.

Komödie. Frustrierte Ehefrau verläßt nach Streit ihren Mann, fährt nach Palm Beach zur Scheidung und begegnet dabei einigen exzentrischen Mitgliedern der feinen Gesellschaft; als brillante Wortwitzkomödie voller funkelnder Einfälle inszeniert und adäquat gespielt.

Atemlos vor Angst / Sorcerer **

USA 1977 – 92 Min. – R: William Friedkin. D: Roy Scheider, Bruno Cremer, Francisco Rabal, Amidou.

Actionfilm. Guerilleros überfallen ein Ölcamp in Südamerika und lassen Nitro mitgehen; vier Desperados in zwei Lkw sollen für Nitro-Nachschub sorgen, einer kommt durch; Neuauflage von »Lohn der Angst«, solide und spannend, schwächer als das Vorbild.

Atlantik City / Atlantic City, USA ***

F/CDN 1980 – 101 Min. – R: Louis Malle. D: Burt Lancaster, Susan Sarandon, Kate Reid, Michel Piccoli, Hollis McLaren.

Zeitkritischer Film. Kleine Verlierer und große Gewinner der Spielerstadt in einer psychologisch überzeugenden, actiongeladenen, milieusicheren, amüsanten Filmstudie; überragend Lancaster als alternder Exganove; Venedig-Sieger 1980.

Atlantis Inferno / Atlantis Interceptors *
I 1983 – 95 Min. – R: Ruggero Deodato. D: Christopher Connelly, Ivan Rassimov, Mike Miller, Tony King.
Science-fiction-Film. 1994: Die See bebt, Computer und Radar versagen, und aus dem Ozean taucht das geheimnisvolle Atlantis auf; die trocken gebliebenen Straßen werden von wilden Atlantiden beherrscht, die in futuristischen Kisten herumdüsen; der unglaubwürdige Film verfolgt ihr Treiben unbarmherzig bis zur letzten Minute.

Atomic Café / The Atomic Cafe ***
USA 1982 – 82 Min. sw. OmU. – R, B: Jayne Loader, Kevin Rafferty, Pierce Rafferty.
Dokumentation. Kommentarlose Kompilation der US-Atompropaganda aus den vierziger und fünfziger Jahren, die angesichts des Unheils die groteske Lächerlichkeit von Beschwichtigungsargumenten vorführt; ein Horrorfilm der Sonderklasse; ohne Angstprovokation und daher treffende Realsatire.

Ator – Herr des Feuers / Ator l'invincibile *
I 1982 – 94 Min. Ⓥ All-Video. – R: David Hills. D: Miles O'Keefe, Sabrina Siani, Edmund Purdom, Laura Gemser.
Mythenfilm. Heros Ator, Sohn eines Gottes, soll die Dynastie der Spinnen stürzen; als die Schwarzen Ritter seine Frau entführen, schlägt er zurück; außer der Maskenbildnerei nichts besonders Bemerkenswertes.

Die Attacke der leichten Brigade / The Charge of the Light Brigade ***
USA 1936 – 111 Min. sw. – R: Michael Curtiz. D: Errol Flynn, Olivia de Havilland, Patric Knowles, Donald Crisp, Nigel Bruce, David Niven.
Actionfilm. Ein britischer Offizier rettet bei einer Tigerjagd in Indien einem Fürsten das Leben, doch dieser revanchiert sich mit Feindschaft. Die deutsche Erstaufführung des ungekürzten Films, der zu den besten Actionfilmen zählt, zeigt den Kolonialismus als realistisches Abenteuermärchen und romantische Love-Story zwischen Flynn und de Havilland; Regisseur Curtiz (»Casablanca«) sparte nicht an Menschen, Material und melodramatischen Effekten.

Das Attentat / L' attentat / L' attentato ***
F/I/BRD 1972 – 120 Min. – R: Yves Boisset. D: Jean-Louis Trintignant, Michel Piccoli, Jean Seberg, Gian Maria Volonté, Michel Bouquet.
Politthriller. Schlüsselfilm über die Beseitigung des arabischen Revolutionärs und Dritte-Welt-Sprechers Ben Barka 1965 durch internationale Geheimdienste und Polizeien; hintergründige, spannende Offenlegung von Gewalt in der Politik.

Das Attentat / Urgence ** ½
F 1985 – 96 Min. – R: Gilles Béhat. D: Richard Berry, Fanny Bastien, Georges Géret.
Politthriller. Ein Journalist recherchiert in einem Fall von rechtsradikalem Terrorismus, doch seine Tarnung fliegt auf; eine Hatz quer durch Paris beginnt. Der 1965 spielende Film erzählt beängstigend realistisch vom politischen Untergrund in einer scheinbar intakten Demokratie.

Attica – Revolte hinter Gittern / Attica ** ½
USA 1980 – 92 Min. – R: Marvin J. Chomsky. D: George Grizzard, Morgan Freeman, Roger E. Mosley, Charles Durning, Henry Darrow.
Gefängnisfilm. Auf dem Tatsachenbericht Tom Wickers vom Attica-Aufstand 1971 beruhendes, realistisch zupackendes Filmdrama, das die Hintergründe der berechtigten Meuterei ebenso drastisch sinnfällig macht, wie es ihre Aussichtslosigkeit und die Brutalität des Polizeieinsatzes beweist; ein eindringliches Dokument.

Attila, der Hunnenkönig / Sign of the Pagan **
USA 1954 – 89 Min. – R: Douglas Sirk. D: Jeff Chandler, Jack Palance, Ludmilla Tcherina, Rita Gam, Jeff Morrow, George Dolenz, Allison Hayes.
Historienfilm. Ein hollywoodianisches Wunder läßt Hunnenführer Attila Westrom bedrohen, doch der herbeieilende

oströmische Heerführer weiß, schon aus Liebe zur christlichen Hunnin, Rat; ein Film von haarsträubender Einfältigkeit, dem Chandler und Palance einen beträchtlichen Reiz geben.

Auch Arbeit kann von Übel sein / Work Is a 4-Letter Word TV-Film
GB 1968 – 85 Min. – R: Peter Hall. D: David Warner, Cilla Black, Elizabeth Spriggs, Zia Mohyeddin.
Ein junger Arbeitsloser züchtet Riesenpilze, deren Genuß euphorisch stimmt; Groteske mit einem Feuerwerk von Gags, die hin und wieder wirkungslos verpuffen und so die Satire auf die technisierte Arbeitswelt etwas zu monoton geraten lassen.

Auch die Engel essen Linsen / La belle affaire **
F 1972 – 95 Min. Ⓥ VPS. – R: Jacques Besnard. D: Michel Serrault, Rosy Varté, Michel Galabru.
Komödie. Nach einer Pleite übernimmt ein Gastronomenehepaar eine Kneipe; bald stellt es fest, daß sich einige Gäste etwas seltsam verhalten; recht witzig.

Auch die Engel mögen's heiß / Anche gli angeli tirano di destra * ½
I 1974 – 111 Min. – R: E. B. Clucher. D: Giuliano Gemma, Ricky Bruch, Laura Becherelli, Dominic Barto.
Gangsterfilm. Die »Halleluja«-Schlägernummer ist diesmal ins New York der Depressionszeit verlegt; Gemma als Gangsterboß hält nichts von Maschinenpistolen, und Bruch als sein Kumpel läßt den Bizeps spielen.

Auch die Kleinen wollen nach oben / The Mouse on the Moon ** ½
GB 1963 – 80 Min. – R: Richard Lester. D: Margaret Rutherford, Ron Moody, Bernard Cribbins, Terry-Thomas.
Komödie. In einem pseudofeudalistischen Zwergstaat ist die Kasse leer, die Staatsführung pumpt die USA mit der Behauptung an, eine Mondrakete bauen zu wollen. Lester (»Der gewisse Kniff«) inszeniert das als herrlich unbefangene Blödelei ohne Rücksicht auf Verlust an Glaubwürdigkeit.

Auch du meine Liebe TV-Film
DDR 1984 – 90 Min. – R: Georgi Kissimov. B: Kurt Belicke. D: Jaecki Schwarz, Marianne Wünscher, Simone von Zglinicki, Franziska Troegner.
Ein von seiner Mutter unter liebender Fuchtel gehaltener Dreißiger macht durch eine Heiratsanzeige ungeahnte, nicht nur erotische Karriere; ein Film von verschmitzter Komik, der wenig bekannte Aspekte des DDR-Lebens kommentiert.

Auch ein Sheriff braucht mal Hilfe / Support Your Local Sheriff! ** ½
USA 1969 – 90 Min. – R: Burt Kennedy. D: James Garner, Joan Hackett, Walter Brennan, Jack Elam.
Westernkomödie. Ein Revolverheld mit heißem Eisen läßt sich zum todesmutigen Sheriff ausrufen und beweist, daß Colts keine Weltanschauung haben. Der witzige, flott gespielte und bis in Nebenrollen typensicher besetzte Western nimmt das Genre frech aufs Korn.

Auch große Scheine können falsch sein / Monnaie du singe / I sette falsari **
F/I/E 1965 – 83 Min. – R: Yves Robert. D: Robert Hirsch, Sylva Koscina, Alberto Closas, Jean-Pierre Marielle, Jean Yanne.
Kriminalkomödie. Ein Hochstapler spannt einen tolpatschigen Maler in einen raffinierten Geldfälschercoup ein; vergnüglicher Gaunerspaß mit gutgelaunten Darstellern.

Auch ich war nur ein mittelmäßiger Schüler * ½
BRD 1974 – 95 Min. – R: Werner Jacobs. D: Detlev Eckstein, Jutta Speidel, Bernd Herberger, Horst Tappert, Rudolf Platte.
Liebeslustspiel. Zwei alte Schulfeunde treffen sich vor einem Kreißsaal wieder und frischen Erinnerungen an die Jugend und tolle Liebesabenteuer auf. Erste Leidenschaft, Teeniespaß und die Streiche in der Schule serviert das Lustspiel ohne Anspruch auf Vollständigkeit.

Auch Mimosen wollen blühen *
BRD 1975 – 85 Min. – R: Helmut Meewes. D: Curd Jürgens, Eric Pohlmann, Susi Nicoletti, Horst Frank, Heinz Reincke.

Agentenklamotte. Zwei Sowjetagenten kurz vor der Pension wollen durch eine letzte Glanzleistung ihr Verbleiben im »goldenen Westen« sichern; etliche Schauspielkunst verschwendet für die Moral, daß westliche Freiheit besser als Borschtsch schmeckt.

Auch Zwerge haben klein angefangen ∗∗∗
BRD 1970 – 97 Min. – R, B: Werner Herzog. D: Helmut Döring, Paul Glauer, Gisela Hertwig, Hertel Minker, Gertrud Piccini.
Avantgardefilm. Beispiel für die visuelle Kraft des »Jungen deutschen Films«: Liliputaner proben den Aufstand in einem Heim, zerstören, brennen nieder, morden blindwütig; alptraumhafte Freakphantasien.

Audrey Rose – Das Mädchen aus dem Jenseits / Audrey Rose ∗∗
USA 1977 – 108 Min. – R: Robert Wise. D: Marsha Mason, John Beck, Anthony Hopkins, Susan Swift.
Science-fiction-Film. Ein etwas zu lang geratener Thriller um ein Ehepaar, das durch einen geheimnisvollen Fremden eine Nachricht erhält, die es nicht verkraftet; Seelenwanderungs-Krimi mit Horroreffekten.

Auf Bewährung freigelassen / The Company She Keeps ∗∗ ½
USA 1950 – 81 Min. – R: John Cromwell. D: Lizabeth Scott, Jane Greer, Dennis O'Keefe, Fay Baker, John Hoyt.
Zeitkritisches Melodram. Die soeben auf Bewährung freigelassene Joan findet eine Anstellung als Krankenschwester; als sie sich ausgerechnet in den Freund ihrer Bewährungshelferin verliebt, ist ihr Liebesleidensweg noch lange nicht zu Ende. Gute Darsteller und ein zupackendes Drehbuch machen die Love-Story zu dritt spannend.

Auf das, was wir lieben / A nos amours ∗∗∗
F 1983 – 89 Min. – R: Maurice Pialat. B: Arlette Langmann, Maurice Pialat. D: Sandrine Bonnaire, Maurice Pialat, Christophe Odent, Dominique Besnehard.
Liebesfilm. Auf der Suche nach wahrer Liebe hetzt eine junge Frau von Affäre zu Affäre, trennt sich provozierend von dem Mann, den sie wirklich zu lieben glaubt, und löst in ihrer Familie persönliche Krisen aus; als TV-Film gedrehte preisgekrönte Produktion mit einer überragenden Bonnaire.

Auf dem Highway ist die Hölle los / The Cannonball Run ∗∗
USA 1980 – 88 Min. Ⓥ Marketingfilm. – R: Hal Needham. D: Burt Reynolds, Roger Moore, Farrah Fawcett, Dom DeLuise, Dean Martin.
Road Movie. Schräge Typen düsen in ihren aufgemotzten Schlitten quer durch den Kontinent von der Ost- zur Westküste. Konflikte und Karambolagen sind programmiert: Klamauk, Stars und qualmende Reifen, Raserei als Kult.

Auf dem Highway spielt die Polizei verrückt / Deadline Autotheft ∗ ½
USA 1983 – 80 Min. Ⓥ Toppic. – R: H. B. Halicki. D: H. B. Halicki, Hoyt Axton, Lang Jeffries, Marion Busia.
Road Movie. Ein Sportwagen wird geklaut, und eine wilde Verfolgungsjagd kommt in Gang; Spektakel für Freunde des Car-Crashs und für Autofetischisten.

Auf dem Kometen / Na komete / Archa pana Servadacha ∗∗ ½
ČSSR 1970 – 74 Min. – R: Karel Zeman. D: Emil Horváth, Magda Vašaryová, František Filiposký.
Literaturverfilmung. Eine Kometenkollision bringt einige Menschen ins All; sie vergessen alle Streitigkeiten; doch die beginnen nach der Rückkehr zur Erde von neuem; Filmsatire mit subtiler Ironie, die auch durch Zeichentrickelemente gestützt wird; nach Jules Verne.

Auf dem Weg nach Hollywood TV-Film
USA 1980 – 50 Min. – R: Robert Mandel. D: Scatman Crothers, Amy Wright, Anne Haney.
Eine Altenpflegerin liebt New-Orleans-Jazz; als ihr Idol, ein alter Posaunist, ins Heim kommt, versucht sie, eine Seniorenband zusammenzustellen; Film mit optimistischer Botschaft.

Auf dem Wildererpfad / Na pytlácke stezce ∗∗

ČSSR 1979 – 73 Min. – R: Václav Gajer. D: Gustáv Valach, Tomás Holy, Jana Brejchová.
Jugendfilm. Der kleine Vašek besucht auf eigene Faust den Großvater im Böhmerwald; doch der ist gerade mit der Jagd auf Wilderer beschäftigt; was die beiden ungleichen Menschen dabei erleben, zeigt dieses mit schönen Naturaufnahmen gespickte, spannend erzählte Filmabenteuer.

Auf den Tag genau TV-Film
BRD 1986 – 90 Min. – R, B: Michael Lähn. D: Armin Mueller-Stahl, Günther Maria Halmer, Werner Kreindl, Ivan Desny.
Bei der Aufklärung eines Attentats auf eine lokale Politgröße gerät der Ermittler immer mehr in Schwierigkeiten; ein provokativer Krimi über Filzokratie und Weiße-Westen-Mentalität; aktuell.

Auf der Fährte des Adlers / Sky Riders ** ½
USA 1975 – 87 Min. – R: Douglas Hikkox. D: James Coburn, Susannah York, Charles Aznavour.
Thriller. Ein Fall von politisch motivierter Erpressung und der spektakulären Jagd auf die Gangster; außergewöhnliche Drachenflugszenen und grandiose Landschaftsfotografie steigern die Spannung und schaffen Atmosphäre.

Auf der Fährte des Tigers / Tigers Don't Cry * ½
Südafrika 1977 – 104 Min. Ⓥ VCL. – R: Peter Collinson. D: Anthony Quinn, John Philip Law, Simon Sabela, Marius Weyers.
Thriller. Der todkranke Pfleger entführt einen afrikanischen Präsidenten aus einer Spezialklinik; ohne es zu wissen, rettet ihn der Exseemann – zunächst – vor einem Profikiller; eine wilde Jagd beginnt; das Niveau entspricht kaum dem von durchschnittlichen TV-Krimis.

Auf des Schicksals Schneide / Edge of Doom **
USA 1950 – 99 Min. sw. – R: Mark Robson. D: Dana Andrews, Farley Granger, Joan Evans.
Schwarzes Melodram. Ein Mann erschlägt im Affekt einen Priester, weil er nicht genug Geld für das Luxusbegräbnis seiner Mutter aufbringen kann. Ein Glaubenskrimi, dessen Milieuzeichnung und Sozialkritik überzeugen. »Film noir« und Katholizismus.

Auf die Knie, Django / Black Jack * ½
I 1968 – 89 Min. Ⓥ Polyband/Toppic. – R: Gianfranco Baldanello. D: Robert Woods, Lucienne Bridou, Rik Battaglia, Mimmo Palmara.
Italowestern. Django versucht seine Kumpane um Beute zu prellen, diese rächen sich, da schlägt er zurück; eine Serie ausgesuchter Brutalitäten soll fehlende Spannung ersetzen.

Auf eigene Faust / Ride Lonesome ** ½
USA 1959 – 73 Min. – R: Budd Boetticher. D: Randolph Scott, Karen Steele, Pernell Roberts, Lee Van Cleef, James Coburn.
Western. Lakonischer Boetticher-Scott-Western um den einsamen Helden, der den gewaltsamen Tod seiner Frau rächt, dabei selbst seine Unschuld verliert und die Konsequenzen in melancholischem Außenseitertum zieht; straff und sparsam inszeniert, ein Kultfilm für B-Western-Fans.

Auf eigene Gefahr / Newman's Law **
USA 1974 – 94 Min. – R: Richard T. Heffron. D: George Peppard, Roger Robinson, Eugene Roche, Gordon Pinsent.
Gangsterfilm. Spannender Thriller vom unbestechlichen Cop, der allein gegen alle kämpft – die Mafia, die Polizei, die ganze Gesellschaft, die bis ins letzte Glied korrupt ist; sein einziger Freund in dieser Schwarzweißwelt ist ein Farbiger. Viel Action, düstere Stimmung.

Auf ein Neues / Starting Over ** ½
USA 1979 – 101 Min. – R: Alan J. Pakula. D: Burt Reynolds, Jill Clayburgh, Candice Bergen, Charles Durning.
Moderner Liebesfilm. Tragikomödie um einen sich emanzipierenden Mann, mit genauen Alltagsbeobachtungen und melancholischen Details zum Verhältnis der Geschlechter. Satirische Zeichnung der Selbsthilfementalität; Starbesetzung.

Auf einer Insel mit Dir / ** ½
On an Island With You
USA 1948 – 90 Min. – R: Richard Thorpe. D: Esther Williams, Peter Lawford, Ricardo Montalban, Jimmy Durante, Xavier Cugat und Band.
Liebesfilm. Ein Lieutenant verliebt sich in einen (Wasserfilm-)Star und entführt die verblüffte Verehrte; schwungvolles Esther-Williams-Abenteuer vor einer farbenprächtigen Hawaii-Kulisse.

Auf einmal ist es Liebe / TV-Film
Not Just Another Affair
USA 1982 – 92 Min. – R: Steven Hilliard Stern. D: Victoria Principal, Gil Gerard, Judy Strangis, Robert Webber.
Eine enttäuschte, attraktive Frau lernt einen Playboy kennen und wirft alle guten Vorsätze über den Haufen. Ohne intellektuelle Tiefe beschreibt der flott inszenierte Film die Rutschpartie in ein neues Glück.

Auf Engel schießt man nicht **
BRD 1960 – 90 Min. sw. – R: Rolf Thiele. D: Ruth Leuwerik, Hannes Messemer, Gustav Knuth.
Komödie. Die First Lady des deutschen Nachkriegskinos Leuwerik als Ordensschwester, die Ordnung in Juwelendiebereien bringt; amüsant und handwerklich solide, aber ohne inszenatorische Einfälle brav heruntergespult.

Auf falscher Spur / ** ½
The Clouded Yellow
GB 1950 – 90 Min. sw. – R: Ralph Thomas. D: Trevor Howard, Jean Simmons, Sonja Dresdel, Barry Jones.
Thriller. Ein Exagent, der aus Hobby im Haus eines Ehepaares dessen Schmetterlingssammlung katalogisiert, erlebt, daß die Nichte des Paares unter Mordverdacht gerät; ein routinierter Psychokrimi mit gutem Timing und guter Besetzung.

Auf in den Westen / ** ½
Go West, Young Man
USA 1936 – 75 Min. sw. OmU. – R: Henry Hathaway. D: Mae West, Randolph Scott, Warren William, Isabell Jewell, Alice Brady, Xavier Cugat und seine Band.
Mae-West-Film. Hollywood-Emanze Mae West, spielerisch-exaltiert wie immer, in einem frühen Film um erotische Selbstbestimmung und Glück in der Liebe; jede Menge West-Bonmots und provokante Körperhaltungen.

Auf Liebe und Tod / ***
Vivement dimanche
F 1983 – 104 Min. sw. Ⓥ Cannon. – R: François Truffaut. D: Jean-Louis Trintignant, Fanny Ardant, Caroline Sihol.
Detektivfilm. Eine junge Frau klärt einen schweren Fall und tappt von einer Falle in die andere auf einer Reise durch die Unterwelt von Marseille. Hintergründige Liebesgeschichte und Hommage für die »Schwarze Serie«; Truffauts kultisches Vermächtnis.

Auf schrägem Kurs / **
The Wackiest Ship in the Army
USA 1960 – 99 Min. – R: Richard Murphy. D: Jack Lemmon, Ricky Nelson, John Lund, Chips Rafferty, Richard Anderson.
Kriegsabenteuer. Statt auf einem angemessenen Schiff muß ein US-Marineoffizier den Pazifikkrieg auf einem fast schrottreifen Segler durchstehen; allerdings ist seine Mission (historisch authentisch) kriegsentscheidend. Ein Film zwischen allen Genres, nicht Kriegsfilm, nicht Klamotte; dazu mit einem lustlosen Lemmon und einem Nelson, der selbst als Uniformstandbild schwach ist.

Auf schwankendem Boden / Losing Ground **
USA 1982 – 86 Min. – R: Kathleen Collins. D: Seret Scott, Bill Gunn, Duane Jones.
Komödie. Die farbige Philosophieprofessorin hat ihre liebe Not mit ihrem Mann, einem Künstler, der ihre Kreativität anzweifelt; die stellt sie dann doch auf unerwartete Weise unter Beweis; Ironisches über die Middle-class-Farbigen.

Auf St. Pauli ist der Teufel los / I magliari ** ½
I/F 1959 – 108 Min. sw. – R: Francesco Rosi. D: Belinda Lee, Alberto Sordi, Renato Salvatori.
Zeitkritischer Film. Ein italienischer Gastarbeiter muß in der unwirtlichen

BRD der Aufbauphase erleben, wie seine Illusionen vom Glück verwehen. Regisseur Rosi (»Der Augenblick der Wahrheit«) inszeniert seinen frühen Flm mit kritischem Engagement für die einfachen Leute; das Wirtschaftswunderland bei Tag und bei Nacht im Visier eines unbestechlichen Chronisten.

Auf Teufel komm raus
siehe: Panische Flucht

Auf Wiedersehen, bis Montag / Au revoir à lundi **
F/CDN 1979 – 105 Min. – R: Maurice Dugowson. D: Miou-Miou, Carole Laure, Claude Brasseur, David Birney, Frank Moore.
Komödie. Zwei Freundinnen leben in einer gemeinsamen Wohnung; ihre Freunde scheinen ihnen nicht das Gelbe vom Ei; ihre Suche nach dem Mann fürs Leben gibt dem lockeren Spiel manch grotesken Zug.

Auf Wiedersehen bis morgen / Do widzenia do jutra **
PL 1961 – 82 Min. sw. – R: Janusz Morgenstern. D: Zbigniew Cybulski, Teresa Tuszynska.
Melodram. Ein junger polnischer Student verliebt sich in die Tochter eines französischen Diplomaten. Heiter, vergnüglich, melancholisch.

Auf Wiedersehen, Franziska! ** ½
D 1941 – 89 Min. sw. – R: Helmut Käutner. D: Marianne Hoppe, Hans Söhnker, Fritz Odemar, Rudolf Fernau, Margot Hielscher.
Melodram. Die Geschichte des ehrgeizigen Reporters, der Karriere über Eheglück stellt, hat in diesem Abschiedsdrama eine zweite Dimension; als sich der Weltenbummler endlich entschließt, häuslich zu werden, muß er für »Führer, Volk und Vaterland« an die Front. Nun erst bekommt das Warten seiner Angetrauten angeblich einen Sinn. Regisseur Käutner bewegt sich auf dem schmalen Grat zwischen Nazipropaganda und Kintopp.

Auf Wiedersehen, Franziska! *
BRD 1957 – 100 Min. – R: Wolfgang Liebeneiner. D: Ruth Leuwerik, Carlos Thompson.
Melodram. Reporter Roloff ist pausenlos auf Achse, bis seine Frau die Nase voll hat und sich von ihm trennen will. Konventionelles Remake des Käutner-Films von 1941.

Der Aufenthalt ***
DDR 1981 – 98 Min. – R: Frank Beyer. D: Sylvester Groth, Fred Düren, Klaus Piontek, Matthias Günther, Horst Hiemer.
Gefängnisfilm. Unter nicht widerlegbarem Verdacht, an SS-Verbrechen beteiligt gewesen zu sein, lebt ein junger deutscher Soldat in einem polnischen Gefängnis unter deutschen Gefangenen, die tatsächlich schuldig sind; bis zum Beweis seiner Unschuld entwickelt sich eine sensible Studie über die Beziehung zwischen Opfer und Täter, Gewissen und Gehorsam; nach dem Roman von Hermann Kant.

Auferstehung * ½
BRD/I/F 1958 – 106 Min. – R: Rolf Hansen. D: Horst Buchholz, Miriam Bru, Edith Mill, Ruth Niehaus, Robert Freytag.
Literaturverfilmung. Adaption des Tolstoi-Romans um Sünde und Vergebung; die erzieherische Sentimentalität der Vorlage wird im Film zur Tränenseligkeit am Rand des Kitschs.

Aufforderung zum Tanz TV-Film
BRD 1977 – 120 Min. – R: Peter F. Bringmann. B: Matthias Seelig. D: Marius Müller-Westernhagen, Guido Gagliardi, Elga Sorbas, Riad Gholmié, Gudrun Landgrebe.
Traumtänzer Theo, der im Nachfolgefilm »gegen den Rest der Welt« antritt, bahnt sich mit Schlägen, die meist er einsteckt, den Weg von einem Schuldenberg zum nächsten; hintersinnige Tragikomödie um einen traditionellen Verlierer voller Mut und Ausdauer.

Der aufregende Fall des Studienrats Adam Juracek TV-Film
BRD 1976 – 89 Min. – R: Tom Toelle. B: Pavel Kohout. D: Siegfried Kernen, Klaus Löwitsch, Else Quecke, Angelika Bender, Irmgard Först.

Adaption des Kohout-Romans »Weißbuch in Sachen Adam Juracek« vom Studienrat, der sich plötzlich durch Überwindung der Schwerkraft an der Decke bewegen kann; mit leiser Ironie inszenierte Polit- und Freiheitsparabel.

Aufruhr im Schlaraffenland ** ½

BRD 1957 – 76 Min. – R: Otto Meyer. D: Alexander Engel, Sabina Sesselmann, Harry Wüstenhagen, Cordula Trantow.

Kinderfilm. Im Schlaraffenland gärt es, denn auch Versorgungsparadiese haben ihre Mängel; heitere Familienunterhaltung, auch ein lehrhafter Wirtschaftswunderfilm.

Ein Aufstand alter Männer / A Gathering of Old Men ** ½

USA/BRD 1987 – 88 Min. – R: Volker Schlöndorff. D: Louis Gossett jr., Richard Widmark, Holly Hunter, Will Patton, Joe Seneca, Woody Strode.

Zeitkritischer Film. In Louisiana jagt ein Farmer schwarze Landarbeiter, er wird tot gefunden; der anreisende Sheriff ermittelt und sieht sich bald darauf einer solidarischen Front alter Schwarzer gegenüber, die dem Druck der weißen Behörden nicht nachgeben wollen. Der von Schlöndorff (»Die Blechtrommel«) in den USA realisierte Film erzählt ruhig und eindrucksvoll von der Würde einfacher Menschen; ein sanft moralisierender Kommentar zur Rassenfrage.

Der Aufstand der Söldner / La rivolta dei mercenari * ½

I/E 1961 – 89 Min. – R: Piero Costa. D: Virginia Mayo, Conrado Sanmartin, Susanna Canales, Livio Lorenzon, Carla Carlò.

Abenteuerfilm. Ein braver Söldnerführer verteidigt eine scheinbar verarmte Herzoginwitwe gegen einen Gierling; eher langweilige Intrigenstory mit Happy-End.

Der Aufstieg – Ein Mann geht verloren TV-Film

BRD 1980 – 90 Min. – R: Peter Patzak. B: Dieter Forte. D: Ernst Schröder, Ulrich Faulhaber, Eberhard Busch, Gert Burkhard.

Ein Fernsehteam versucht mit Hilfe des Betroffenen, Aufstieg und Fall eines Unternehmers nachzuvollziehen; straff inszeniertes Spiel mit messerscharfen Dialogen.

Der Auftrag / Uppdraget ** ½

S 1977 – 95 Min. Ⓥ Ufa. – R: Mats Arehn. D: Thomas Hellberg, Christopher Plummer, Fernando Rey, Per Oscarsson.

Politkrimi. Ein schwedischer Diplomat soll in Südamerika einen Bürgerkrieg verhindern, doch er ist der Situation nicht gewachsen; ein Film über politische Naivität, die Arroganz der Macht und den Verlust von Hoffnung; spannend, mit guter Besetzung.

Der Auftrag / The Mission ** ½

USA/BRD 1982 – 103 Min. – R: Parviz Sayyad. D: Houshang Touzie, Parviz Sayyad, Mary Apick, Kamran Nozad.

Thriller. Ein iranischer Agent soll einen ehemaligen Geheimpolizisten des Schahs ermorden, lernt sein Opfer jedoch unter ungewöhnlichen Umständen kennen. Aus dem Spionagethriller wird schnell ein Psychoreißer, in dem die handelnden Personen erstaunlich genaue Charakterzeichnung erfahren; raffiniert konstruiert.

Auftrag ohne Honorar TV-Film

USA 1978 – 75 Min. – R: Richard Lang. D: Robert Urich, Bart Braverman, Elyssa Leeds.

Pilotfilm der Serie »Vegas«: Ein Privatdetektiv soll eine 18jährige zu ihren Eltern zurückbringen; konventionelle Detektivstory ohne besonderen Reiz.

Aufwind * ½

BRD 1979 – 90 Min. – R: Rudolf Steiner. D: Ingolf Gorges, Uschi Bour, Tatjana Blacher.

Melodram. Ein Drachenflieger stürzt ab und wacht als Querschnittsgelähmter im Krankenhaus auf. Sein Lebenswille bekommt Aufwind durch die Hilfe von Freunden. Der gutgemeinte, aber belanglose Film verfolgt seine Gewöhnung an das schwere Schicksal.

Aufruhr im Paradies **

BRD 1950 – 95 Min. sw. – R: Joe Stökkel. D: Olga Tschechowa, Viktor Staal, Joe Stöckel, Beppo Brem.

Liebesfilm. Sängerin eines Revuetheaters

verliebt sich in einen Sportlehrer, der auch Tenor ist. Der gleiche Takt ihres Herzschlags ist vorprogrammiert, und der unterhaltsame, flott inszenierte Film liefert dazu die Bilderpartitur.

Der Aufruhr in den Cevennen / Les camisards ∗∗∗ ½
F/I 1971 – 105 Min. – R: René Allio. D: Jacques Débary, Philippe Clévenot, Gérard Dessarthe, Dominique Labourier.
Historienfilm. Weitgehend authentische Schilderung der Rebellion protestantischer Kamisarden gegen Adel und Militär nach der Aufhebung des Edikts von Nantes 1685; ein ernsthafter, aufrichtiger Film um Toleranz und Glaubensfreiheit.

Aufruhr in Laramie / Rails into Laramie ∗ ½
USA 1954 – 81 Min. – R: Jesse Hibbs. D: John Payne, Mari Blanchard, Dan Duryea.
Western. Ein US-Sergeant soll den ins Stocken geratenen Eisenbahnbau organisieren, doch muß er sich zunächst mit einem Saloonbesitzer anlegen; ansehnliche Schauspielerleistungen retten einen schwachen Film.

Die Aufsässigen / The Teacher ∗∗
USA 1974 – 95 Min. – R: Hikmet Avedis. D: Angel Tompkins, Jay North, Anthony James, Marlene Schmidt.
Horrorromanze. Eine reife Frau führt einen Jungen in die Liebestechnik ein, während beide von einem psychopathischen Killer bedroht werden. Kitschig, grausig und grotesk, aber unterhaltsam.

Ein aufsässiges Mädchen / A Woman Rebels ∗∗
USA 1936 – 90 Min. sw. – R: Mark Sandrich. D: Katharine Hepburn, Herbert Marshall, Elizabeth Allan.
Liebesfilm. Eine junge Frau löckt im alten viktorianischen England wider den Stachel der verordneten Moral; Paraderolle für die junge Hepburn, die seit 1932 als herbe, kritische Schönheit Hollywood unsicher machte; Marshall als eckige Antwort des Patriarchats.

Der Aufstand / La insurreccion ∗∗∗
BRD/Nicaragua 1979 – 95 Min. – R: Peter Lilienthal. D: Augustin Pereira, Carlos Catania, Oscar Castillo, Vicky Montero.
Politdrama. Quer durch eine Familie gehen die Konflikte im Befreiungskampf Nicaraguas. Der Sohn und die Schwester kämpfen bei den Sandinisten, der Vater dient in der Nationalgarde Somozas. Glänzende Studie eines Widerstandes.

Der Aufstand TV-Film
A 1986 – 90 Min. – R: Peter Patzak. D: Joachim Bissmeier, Monica Bleibtreu, Peter Strauß.
Eine getürkte Geschichte über amerikanischen Waffenschmuggel sorgt für politische Konflikte beim Ungarn-Aufstand 1956. Packende Situationsbeschreibung aus Wien über einen idealistisch-verbohrten KP-Funktionär.

Aufstand der Legionen / Salammbo ∗
I/F 1959 – 88 Min. – R: Sergio Grieco. D: Jeanne Valérie, Jacques Sernas, Edmund Purdom.
Kolossalfilm. Monumentales Treiben im alten Karthago, wo Söldner den Aufstand vorbereiten; eine Priesterin vermittelt, doch machtgierige Herrscher hintertreiben den Frieden erneut. Aufwendig inszenierte Kriegsballette von schauspielerisch erbärmlichen Sandalenträgern und verfetteten Bodybuildern in dekorativen Gewändern.

Aufstand der Tiere / Animal Farm ∗∗∗
GB 1955 – 70 Min. – R: John Halas, Joy Batchelor.
Zeichentrickfilm. Nach George Orwells politischer Parabel gedrehter Trickfilm über die Revolution der Tiere, die »gleich« sein wollen und eine neue Klasse von Schweinen ertragen müssen. Amüsant, lehrreich – ein brisantes Animationsobjekt für Kinder und Erwachsene.

Aufstand in Arizona / Apache Rifles ∗∗
USA 1964 – 90 Min. – R: William H. Whitney. D: Audie Murphy, Michael Dante, Linda Lawson.
Western. Audie Murphy als Captain der Kavallerie wird gegen die Rothäute zu Hilfe gerufen, die aus ihrem Reservat

ausgebrochen sind; doch Murphy sieht, daß auch die Weißen keine weiße Weste haben; bleihaltige Action.

Auftrag Mord / The Brotherhood ** ½

USA 1968 – 90 Min. Ⓥ CIC. – R: Martin Ritt. D: Kirk Douglas, Alex Cord, Luther Adler, Irene Papas.

Gangsterfilm. Nach dem Tod von Mafiaboß Ginetti kommt es zu internen Machtkämpfen zwischen zwei ungleichen Brüdern. Glänzende Milieustudie, spannend inszeniert.

Das Auge / Mortelle randonnée *** ½

F 1982 – 117 Min. – R: Claude Miller. D: Michel Serrault, Isabelle Adjani, Geneviève Page, Stéphane Audran, Sami Frey, Macha Méril.

Psychokrimi. Eine eiskalte Frau wie aus einem »Film noir« und ein alternder Privatdetektiv belauern und bekämpfen sich, in einem Thriller mit variantenreichem Spiel und vieldeutigen Psychogrammen über die Natur des Bösen und des Wahns, der Inzestwünsche einschließt.

Das Auge des Tigers / Rocky III * ½

USA 1981 – 96 Min. – R: Sylvester Stallone. D: Sylvester Stallone, Talia Shire, Burgess Meredith, Mr. T., Carl Weathers.

Boxerfilm. Der herzensgute Champion Rocky, satt und bequem geworden, verliert den Titel gegen die farbige Kampfmaschine Clubber; dann nimmt er, in Sternenbanner-Kampfhose und mit dem »Auge des Tigers«, den Rückkampf auf; ein prächtig fotografiertes Boxerdrama voll kaum verhülltem Rassismus und Chauvinismus.

Augen der Angst / Peeping Tom ** ½

GB 1960 – 97 Min. – R: Michael Powell. D: Karlheinz Böhm, Moira Shearer, Anna Massey, Maxine Audley, Esmond Knight.

Psychothriller. Ein harmlos aussehender Kamera-Assistent verdient nebenher Geld durch Sexaufnahmen hübscher Mädchen; dabei wird bald deutlich, daß der junge Mann als Folge väterlicher Erziehungsfehler ein Voyeur und Psychopath ist – er tötet mit der Kamera. Die Qualität des Films wurde bei der Uraufführung von der Kritik verkannt.

Die Augen, der Mund / Gli occhi, la bocca ***

I 1982 – 93 Min. – R: Marco Bellocchio. D: Angela Molina, Lou Castel, Michel Piccoli, Emanuelle Riva.

Moderner Liebesfilm. Psychodramatische Liebe vor dem Hintergrund einer verlogenen Bürgerfamilie, in die der rebellische Sohn zurückkehrt; er begehrt die Verlobte seines durch Selbstmord geendeten Bruders als Seelenverwandte; genaueste Gefühlsschilderungen, intensives Spiel großer Darsteller, glaubwürdige Liebesszenen in einem spröden Filmfestschmaus für alle Sinne.

Die Augen der Vögel TV-Film

F 1982 – 80 Min. – R: Gabriel Auber. B: Gabriel Auber, Carlos Andreu. D: Roland Amstutz, Carlos Andreu, Philippe Clévenot, Raquel Iruzubieta.

In der wirklichkeitsnahen, fiktiven Geschichte über Folter in Uruguay geht es um psychische Vernichtung durch Medikamente; der Titel bezieht sich auf die Tochter der Hauptfigur, die Vögel malt – »doch man sieht nur die Augen«; außergewöhnlich.

Augen ohne Gesicht / Les yeux sans visage ** ½

F 1959 – 85 Min. sw. – R: Georges Franju. D: Pierre Brasseur, Alida Valli, Edith Scob, Juliette Mayniel, Claude Brasseur.

Horrorfilm. Ein Professor will auf irrwitzige Art das völlig zerstörte Gesicht seiner Tochter wiederherstellen. Subtile Schauergeschichte von düsterem Grauen.

Augenblick der Wahrheit / Il momento della verità *** ½

I/E 1965 – 103 Min. – R: Francesco Rosi. D: Miguel Mateo Miguelin, José Gómez Sevillano, Pedro Bausari Pedrucho, Linda Christian.

Stierkampffilm. Brillant fotografierter Spielfilm mit dokumentarischem Einschlag über den Aufstieg eines Bauernjungen zum gefeierten Matador; kritische Sicht des Toreromythos; unsentimentale, fesselnde Darstellung des Stierkampfs in seiner Einbindung in die spanische Kultur.

Augenblicke ** ½

BRD 1972 – 68 Min. – R: Ottomar Domnick.

Kritischer Experimentalfilm. Bildintensive Paraphrase im Stil der erzählenden Dokumentation über Umweltzerstörung durch den Menschen, über die verödete Welt, in der es außer Ameisen keine Wesen mehr gibt, und den Sinn der Schöpfung; auch ein lyrischer Essay, mit verhaltener Wut zelebriert.

Aus dem Leben der Marionetten ***

BRD/S 1980 – 98 Min. sw. – R: Ingmar Bergman. D: Christine Buchegger, Martin Benrath, Robert Atzorn, Walter Schmidinger, Heinz Bennent, Lola Müthel.

Ehedrama. Ein Ehemann bringt in Träumen seine Ehefrau um, am Tag rettet er, was zu retten ist; dann brechen die Dämme, und er ermordet eine Prostituierte. In psychoanalytischen Sitzungen versuchen er und ein befreundeter Arzt seinen Seelenkonflikt zu lösen, doch das gelingt nicht. Der in der BRD realisierte Film Bergmans besitzt den hemmungslos genauen Blick der Analyse, leistet sich keine Umwege, kehrt das seelische Innenfutter einer Normalehe rücksichtslos hervor.

Aus dem Leben einer Ärztin / Strange Lady in Town **

USA 1955 – 103 Min. – R: Mervyn LeRoy. D: Greer Garson, Dana Andrews, Cameron Mitchell.

Western. In Santa Fé läßt sich die schöne Witwe als Frau Doktor nieder, um ihrem nichtsnutzigen Bruder aus der Patsche zu helfen; ein Frauenroman aus dem Wilden Westen.

Aus dem Leben gegriffen / Real Life ** ½

USA 1978 – 94 Min. – R: Albert Brooks. D: Albert Brooks, Charles Grodin, Frances Lee McCain, Lisa Urette, Robert Stirrat, J. A. Preston, David Spielberg.

Mediensatire. Der Versuch eines mit allen Wassern gewaschenen, opportunistischen Fernsehmannes, das wirkliche Leben einer US-Familie zu dokumentieren, endet im Chaos; bissiger Kommentar zum American Way of Life.

Aus einem deutschen Leben TV-Film

BRD 1977 – 135 Min. – R: Theodor Kotulla. D: Götz George, Elisabeth Schwarz, Hans Korte.

Der Lebensweg des Auschwitz-Kommandanten Lang unter der Knute von Nationalismus, Triebunterdrückung, Vorurteilen und Pflichterfüllung – ein deutsches Leben in der ersten Jahrhunderthälfte; ein »ordentlicher« Bürger wird unausweichlich Massenmörder ohne Unrechtsbewußtsein, wenn die Gelegenheit günstig ist.

Aus heiterem Himmel TV-Film

BRD 1979 – 90 Min. – R: Wolfgang Panzer. D: Peter Ehrlich, Renate Schroeter, Oliver Lentz, Ernst Stankovski.

Adaption des Romans »The Childkeeper« von Sol Stein vom wohlhabenden Bankmanager, dessen Familienidylle an einem einzigen Wochenende zerbricht; müder Psychoschocker aus der Welt des oberen Mittelstands; wenig problemorientiert, vor allem in bezug auf Drogenfragen.

Aus heiterem Himmel ** ½

BRD 1982 – 105 Min. – R: Ingrid Oppermann, Anke Oehme u. a.

Episodenfilm. In neun kurzen, teils dokumentarischen, teils Spielszenen entwerfen neun Berliner Filmerinnen ein kritisches Panorama unserer bundesdeutschen Gegenwart. Dabei werden besonders die Themen Krieg, Angst, Kernenergie behandelt.

Aus Liebe sterben / Sterben vor Liebe / Mourir d'aimer ** ½

F/I 1970 – 120 Min. – R: André Cayatte. D: Annie Girardot, Bruno Pradal, François Simon.

Liebesfilm. Die Liebe zwischen einer Lehrerin Anfang Dreißig und einem siebzehnjährigen Schüler fällt dem gnadenlosen Haß einer lieblosen Gesellschaft zum Opfer; großer Preis des Französischen Films 1970.

Aus Liebe zu Benji / For the Love of Benji ∗∗
USA 1977 – 81 Min. – R: Joe Camp. D: Benji, Patsy Garrett, Cynthia Smith, Allen Fiuzat.
Tierfilm. Der smarteste Hund der Filmgeschichte seit Lassie tummelt sich hier in seinem zweiten Kinoabenteuer durch die Straßen von Athen. Er wird verfolgt von Geheimagenten, die auf eine in seine Tatzen tätowierte Formel scharf sind; Agentenparodie als Hundenummer.

Aus Liebe zu dir / Because of You ∗∗ ½
USA 1952 – 90 Min. – R: Joseph Pevney. D: Loretta Young, Jeff Chandler, Frances Dee.
Melodram. Am Abend vor der Hochzeit wird ein Paar wegen Schmuggels verhaftet; die beiden verlieren sich aus den Augen; doch eines Tages treffen sie, unter ganz anderen Umständen, wieder zusammen; romantisch-realistischer Liebesfilm, anrührend gespielt.

Die Auseinandersetzung / Mass Appeal ∗∗
USA 1984 – 95 Min. Ⓥ CIC. – R: Glenn Jordan. D: Jack Lemmon, Zeljiko Ivanek, Charles Durning, Louise Latham.
Glaubenskomödie. Ein humorvoll predigender, seine Popularität in der Gemeinde genießender Gottesmann muß sich mit einem jungen Diakon auseinandersetzen, der vor katholischem Eifer glüht. Der kritische Dialog schafft Unruhe; nach einem erfolgreichen Broadwaystück von Bill C. Davis filmisch dürftig umgesetzte, wenn auch komödiantisch unterhaltsame Insiderschnulze um den richtigen und den falschen Glauben.

Ausflucht / Subterfuge ∗∗
GB/USA 1968 – 88 Min. – R: Peter Graham Scott. D: Gene Barry, Richard Todd, Joan Collins, Tom Adams, Suzanna Leigh.
Agentenfilm. Ein Kollege pirscht sich an die Frau eines potentiellen Doppelagenten, um ihn zu entlarven; routiniert, ohne viel Neues, aber gut besetzt.

Der ausgeflippte College-Geist / School Spirit ∗
USA 1985 – 90 Min. Ⓥ CBS/FOX. – R: Alan Holleb. D: Tom Nolan, Elizabeth Foxx, Roberta Collins, John Finnegan.
Komödie. Ein Collegeboy stirbt bei einem Autounfall, darf aber zwecks Frauen(erfahrungs)sammlung als Geist noch mal für einen Tag zur Erde; Teenieklamotte ohne Schwung.

Das ausgefüllte Leben des Alexander Dubronski TV-Film
BRD 1967 – 94 Min. sw. – R: Thomas Fantl. D: Horst Bollmann, Ida Krottendorf, Herbert Stass, Gerold Wanke, Diana Körner.
Der kleine Angestellte Krake bei den Städtischen Gaswerken vertippt sich am Computer und erzeugt damit einen Phantomkunden namens Alexander D. Aus Angst vor Entlassung gesteht Krake seinen Fehler nicht ein; alptraumhafte Komödie um menschliche Konflikte in der modernen Computerwelt.

Der Ausgehaltene / Il mantenuto ∗∗
I 1961 – 96 Min. sw. – R: Ugo Tognazzi. D: Ugo Tognazzi, Mario Carotenuto, Ilaria Occhini, Marisa Merlini.
Komödie. Ein kleiner Angestellter lernt eine Krankenschwester kennen, die, wie sich herausstellt, Prostituierte ist; die Affäre ist damit noch nicht zu Ende; aber als Roms Zuhälter dem vermeintlichen Rivalen einen Denkzettel verpassen wollen, wird es ernst. Der Film nimmt's trotzdem leicht und poltert munter durch die Probleme.

Ein ausgekochter Junge ∗∗
D 1931 – 85 Min. sw. – R: Erich Schönfelder. D: Siegfried Arno, Julius Falkenstein, Paul Westermeier.
Lustspiel. Das Faktotum eines Kaufmanns vergnügt sich auf dem Rummelplatz, statt sich um den Auftrag des Chefs zu kümmern; harmlose Unterhaltung.

Ein ausgekochtes Schlitzohr / Smokey and the Bandit ∗∗ ½
USA 1976 – 92 Min. Ⓥ CIC. – R: Hal Needham. D: Burt Reynolds, Sally Field, Jerry Reed, Jackie Gleason, Mike Henry.
Road Movie. Zwei schmuggelnde Trukker ziehen durchs Aufgabeln der Braut eines Sheriffs-Sprosses den Zorn des Ge-

setzesmannes auf sich; blechklapperndes Regiedebüt des Autostuntspezialisten Needham; Field steigert Reynolds' schauspielerische Potenz; Gleason stiehlt als frustrierter Sheriff die Show.

Das ausgekochte Schlitzohr ist wieder auf Achse / Smokey and the Bandit Ride Again **
USA 1980 – 101 Min. Ⓥ CIC. – R: Hal Needham. D: Burt Reynolds, Jackie Gleason, Jerry Reed, Sally Field.
Karambolagefilm. Eine schwangere Elefantendame muß in dieser Fortsetzung von »Ein ausgekochtes Schlitzohr« von Florida nach Texas; geschickte Fahrer lassen dabei Dutzende von Trucks und Polizeiautos zu Bruch gehen; ein Film für Autoskooter-Fans.

Ausgeliefert / You'll Like My Mother ** ½
USA 1972 – 89 Min. – R: Lamont Johnson. D: Patty Duke, Rosemary Murphy, Richard Thomas, Sian Barbara Allen.
Gruselfilm. Nach dem Tod ihres Mannes will eine hochschwangere Frau ihre abgeschieden lebende Schwiegermutter kennenlernen und gerät in ein Netz aus Neurosen, Wahn und Kriminalität; spannend, schaurig und mit einem makabren Ende.

Ausgerechnet ihr Stiefvater / Beau-père ** ½
F 1980 – 124 Min. – R: Bertrand Blier. D: Parick Dewaëre, Ariel Besse, Maurice Ronet, Nicole Garcia.
Liebesfilm. Die Geliebte eines Musikers stirbt bei einem Unfall, und der Pianist beginnt ein Verhältnis mit ihrer 14jährigen Tochter; vielschichtige Auseinandersetzung mit einem Tabuthema, mit Takt und Zärtlichkeit ebenso wie mit schwarzem Humor und Zynismus dargestellt.

Ausgerechnet Wolkenkratzer / Safety Last *** ½
USA 1923 – 78 Min. sw. Stf. – R: Fred Newmeyer, Sam Taylor. D: Harold Lloyd, Mildred Davis, Bill Strothers, Noah Young.
Komödie. Lloyd als hoffnungsfroher Großstadtneuling, der sein Glück machen will; seine akrobatische Glanzleistung, die haarsträubende Fassadenkletterei, gehört zu den Perlen der Stummfilmkomik; Neubearbeitung fürs Fernsehen.

Ausgestoßen / Odd Man Out ***
GB 1946 – 111 Min. sw. – R: Carol Reed. D: James Mason, Kathleen Ryan, Robert Newton, Robert Beatty, F. J. McCormick, Fay Compton.
Zeitkritischer Film. Die Geschichte eines Freiheitskämpfers der IRA, der gegen die Engländer seinen letzten Kampf führt; beeindruckend in visueller Gestaltung, Kameraführung, Darstellung (Mason in seiner besten Rolle) und der Einbeziehung Belfasts in die Psychologie des Handlungsablaufs; Meisterstück des »Dritte Mann«-Regisseurs Reed.

Ausgetrickst / A Piece of the Action ** ½
USA 1977 – 130 Min. – R: Sidney Poitier. D: Sidney Poitier, Bill Cosby, James Earl Jones, Denise Nicholas.
Kriminalkomödie. Zwei kleine Ganoven begaunern größere Fische; ein Expolizist kommt ihnen auf die Schliche und zwingt sie anonym zu einem seltsamen Gegengeschäft; Krimispaß, der eher vom lockeren Zusammenspiel des Duos Poitier–Cosby lebt als von Spannung.

Ausgezählt / Iron Man ** ½
USA 1951 – 79 Min. sw. – R: Joseph Pevney. D: Jeff Chandler, Evelyn Keyes, Stephen McNally, Rock Hudson.
Boxerfilm. Ein Boxer hat Probleme mit seinem Manager und seiner geldgierigen Frau und gewinnt erst in der Niederlage; atmosphärisch dicht.

Der Auslandskorrespondent / Mord / Foreign Correspondent ** ½
USA 1940 – 115 Min. sw. – R: Alfred Hitchcock. D: Joel McCrea, Laraine Day, Herbert Marshall, Albert Bassermann.
Thriller. Joel McCrea, als amerikanischer Journalist, soll 1939 die Lage in Europa sondieren und wird dabei Zeuge eines Attentats; B-Thriller um einen rätselhaften Doppelgänger in bewährter Hitchcock-Manier.

Die Ausreißerin / The Runaround **
USA 1946 – 85 Min. sw. – R: Charles

Lamont. D: Rod Cameron, Broderick Crawford, Ella Rains, Frank McHugh.
Komödie. Turbulente Verwechslungskomödie um eine ausgebüchste Industriellentochter, die in San Francisco ihre Freiheit genießt. Flott inszeniert, schnell gespielt, ein Hollywood-Filmspaß der handwerklich guten Art.

Außer Atem / A bout de souffle ****

F 1959 – 86 Min. sw. – R: Jean-Luc Godard. D: Jean-Paul Belmondo, Jean Seberg, Daniel Boulanger, Jean-Pierre Melville.
Kultfilm. Kleiner Autodieb erschießt auf der Flucht einen Polizisten; seine Romanze mit einer Studentin endet tödlich. Belmondo setzt den Bogart-Hut auf den Hinterkopf, jongliert mit Zigaretten, Gegnern und Gefühlen. Pariser Straßen, Kneipen, Unterwegssein, Bleibenwollen, Gefahr – das lockere Netz der Subkultur, das bis in die Unterwelt reicht. Ein Gegenentwurf zum klassischen Studiofilm und zum Kunstkino; Hommage für den »Film noir«. Godards erster langer Spielfilm leitete die »Nouvelle Vague« ein.

Außer Rand und Band / Rock Around the Clock ** ½

USA 1956 – 77 Min. sw. – R: Fred F. Sears. D: Bill Haley and His Comets, The Platters, Tony Martinez, Freddie Bell, Alan Freed, Johnny Johnston.
Musikfilm. Unbekannte Band erobert die junge Generation und den Plattenmarkt mit Rock 'n' Roll; Gastauftritte vieler Musikgrößen der fünfziger Jahre machen den Film zu einem kulturgeschichtlichen Dokument und Musikvergnügen.

Außer Rand und Band am Wolfgangsee *

BRD/A 1972 – 88 Min. – R: Franz Antel. D: Heidi Jansen, Ernst Schütz, Paul Löwinger, Michael Schanze, Gunther Philipp, Waltraut Haas.
Musikkomödie. Studentin erbt »Palasthotel« und baut den verfallenen Schuppen wieder auf, nicht ohne Mithilfe von hilflosen Mitspielern; unrealistischer Schlagerfilm.

Eine auswärtige Affäre / A Foreign Affair ***

USA 1948 – 110 Min. sw. – R: Billy Wilder. D: Marlene Dietrich, Jean Arthur, John Lund.
Starfilm. Wie man mit einer Schwarzmarktkomödie ins Schwarze trifft, beweist Billy Wilder mit diesem Schwarzweiß-Trailer aus der Nachkriegszeit in Berlin; Marlene singt in einer verräucherten Kellerkneipe – den Amerikanern war der Film zu subversiv, sie ließen ihn verbieten.

Ausweg: Flughafen / Airport: içi de secours **

F 1982 – 70 Min. – R, B: Joyce Buñuel. D: Marie-Yvonne Schiltz, Pierre Santini, Guillaume Boisseau, Sylvie Orcier.
Jugendfilm. Der kleine Christophe lebt seit acht Jahren glücklich bei seinen Pflegeeltern, da will die leibliche Mutter ihn zurückholen. Dramatische Verwicklungen ergeben eine spannende Geschichte – unterhaltsam, sentimental.

Die Autofalle von Las Vegas / Highway Draguet **

USA 1954 – 71 Min. sw. – R: Nathan Juran. D: Richard Conte, Joan Bennett, Reed Hadley.
Fluchtfilm. Hochdekorierter Offizier der US-Armee wird des Gattenmordes verdächtigt und flieht im Auto durch die Kaktuswüste; unterwegs trifft er die wirkliche Mörderin, und der Film geht auf Thriller-Tempo.

Das Autogramm *** ½

BRD/F 1983 – 90 Min. – R: Peter Lilienthal. D: Juan José Mosalini, Angel Del Villar, Anna Larreta, Hanns Zischler.
Politischer Problemfilm. Schauplatz ist ein Provinznest in Lateinamerika: Im staubig-dürren Klima einer Militärdiktatur begegnen sich zwei Fremde, ein Boxprofi aus New York und ein Bandoneon-Virtuose aus Buenos Aires. Beklemmende Studie über den Alltag in einem autoritären Regime; scharf beobachtet, spannend, zeitkritisch.

Der Autonarr / Get Out and Get Under **

USA 1920 – 30 Min. sw. Stf. – R: Fred Newmeyer. D: Harold Lloyd, Mildred Davis, »Sunshine« Sammy Morrison.

Slapstick. Harold Lloyd liebt seine Freundin und das Laientheater, vor allem aber seine »Tin-Lizzy« von Ford, ein überraschungsträchtiges Auto, das er in seinem liebenswürdig-unbeirrbaren Stil zu beherrschen versucht.

Die Autos, die Paris auffraßen / The Cars that Ate Paris ∗∗
AUS 1974 – 91 Min. – R: Peter Weir. D: Terry Camilleri, John Meillon, Melissa Jaffa, Kevin Miles.
Karambolagefilm. Auf den Straßen der kriminellen Kleinstadt Paris in Australien terrorisieren Gangster in gespenstischen Autos die Bürger; ein Wohnwagen-Roadie schafft es, die rivalisierenden Cliquen aufeinanderzuhetzen; ein Berg Schrott und Ruinen sind die Folge. Ein amüsanter, greller Film.

Der Autovampir / Upír z Feratu ∗∗ ½
ČSSR 1981 – 90 Min. – R: Juraj Herz. D: Jiří Menzel, Dagmar Veškrnová, Jana Břežkova.
Vampirfilmparodie. Intelligente Travestie des Dracula-Motivs; ein Nobelrennsportwagen »Ferat« als Vampir mit blutsaugendem (und -saufendem) Motor; kühle Farben schaffen lasziven Glamour.

Avanti, Avanti! / Avanti! ∗∗ ½
USA 1972 – 138 Min. – R: Billy Wilder. D: Jack Lemmon, Juliet Mills, Clive Revill, Edward Andrews, Gianfranco Barra.
Komödie. Verklemmter amerikanischer Industrieller lernt auf der Insel Ischia Liebe und Laster kennen, als ihn eine Blondine, die lebenslustige Tochter der Geliebten seines Vaters, von den Vorzügen des süßen Lebens überzeugt. Mit Witz und Ironie inszeniert.

Ave Maria ∗∗
D 1936 – 85 Min. sw. – R: Johannes Riemann. D: Benjamino Gigli, Paul Henckels, Käthe von Nagy, Harald Paulsen.
Melodram. Tränenseliges Rührspektakel um einen Startenor, erzählerisch verengt, jedoch aufwendig besetzt und kinogerecht für die dreißiger Jahre angerichtet.

Ave Maria ∗ ½
BRD 1953 – 95 Min. – R: Alfred Braun. D: Zarah Leander, Marianne Hold, Hans Stüwe.
Melodram. Die rothaarige Nachtigall des deutschen Films tritt im Nachtklub auf, um die Erziehung des blonden Töchterchens zu finanzieren. Herz-und-Schmerz-Melodie.

Axel Munthe – Der Arzt von San Michele ∗∗
BRD/I/F 1962 – 125 Min. – R: Rudolf Jugert. D: O. W. Fischer, Rosanna Schiaffino, Valentina Cortese, Sonja Ziemann.
Filmbiographie. Lebensstationen des berühmten schwedischen Arztes, vom Armenmediziner bis zum Modearzt in Rom und Villenbesitzer auf Capri. Seine Biographie als Geschichte einer Epoche, mit großem Atem erzählt nach den Aufzeichnungen von Axel Munthe.

Ay, ay, Sheriff TV-Film
BRD 1976 – 72 Min. – R: Rolf Olsen. D: Hans Joachim Kulenkampff, Frithjof Vierock, Dinah Hinz, Erik Schuman.
Klamottiges Serienabenteuer um Käpten Senkstake, der mit seinem Maat als Schiffbrüchiger in die USA gespült wird; niveaulos.

Ayla und der Clan des Bären / The Clan of the Cave Bear ∗∗∗
USA 1985 – 93 Min. – R: Michael Chapman. D: Daryl Hannah, John Doolittle, James Remar, Pamela Reed.
Mythenabenteuer. Ein Mädchen der hochentwickelten Cromagnonrasse wird als Waise von einem »wilden« Neandertalerclan aufgenommen. Eindrucksvoller Film über Intelligenzentwicklung und Akkulturation; originell die Neandertaler-Dialoge mit deutschen Untertiteln.

B

B. muß sterben / B Must Die ******
E/CH 1973 – 90 Min. – R: José Luis Borau. D: Darren McGavin, Stéphane Audran, Patricia Neal, Burgess Meredith.
Politkrimi. In einer südamerikanischen Diktatur gerät ein eingewanderter LKW-Fahrer in politische Komplotte; Thriller mit routinierter Spannung und überzeugenden Darstellern, aber wenig Kritik an den Terrorzuständen.

B. S. I Love You / Blöde Sch… I Love You / B. S. I Love You *** ½**
USA 1970 – 98 Min. – R: Steven Hillard Stern. D: Peter Kastner, Joanna Cameron, Louise Sorel, Gary Burghoff.
Komödie. Der mühsame, stolpersteinreiche Weg eines Werbefilmers zurück zu vertrautem Glück mit alter Freundin; einfallsloses Liebeslust- und -unlustspiel; skurril, aber überwiegend hektisch.

Ba Sang und ihre Geschwister / Ba Sang Ta-te Ti-te meng **** ½**
VR China 1985 – 105 Min. OmU. – R: P'an Hsiaoyang, Ho Wei. D: Ishi Tsosia, Paidan Yüzen, Hai Sang.
Zeitkritischer Film. Seit dem Tod der Mutter ist Ba Sang in der Familie eines tibetanischen Arbeiters von heute für den Haushalt und die Geschwister verantwortlich; der Alltag läßt den Konflikt zwischen Tradition und Moderne aufscheinen, zwischen Tempelritualen und Disco, Gebetsmühlen und Lederjacken, Truck und Yak; chinesische und westliche Einflüsse verändern auch das Leben der Menschen in Tibet von Grund auf; ruhiges, sympathisches Alltagsepos, das auf die eingefahrene Hollywood-Dramaturgie völlig verzichtet.

Baby **** ½**
BRD 1983 – 110 Min. – R: Uwe Frießner. D: Udo Seidler, Reinhard Seeger, Volkmar Richter.
Milieureißer. Ein Gernegroß mit weichem Herzen gerät in die Bruch-Szene und wird zum Mörder. Die melodramatische Actionstory ist getragen von genauer Kreuzberg-Milieuzeichnung, authentischem Spiel (Laiendarsteller) und Atmosphäre; Musik von »Spliff«.

Das Baby auf dem Schlachtschiff / The Baby and the Battleship ******
GB 1956 – 98 Min. – R: Jay Lewis. D: John Mills, Richard Attenborough, Lisa Gastoni.
Komödie. Nach einem kurzen Landgang in Neapel findet der Matrose ein Baby an Bord – natürlich auf hoher See. Was tun mit dem Kind während des Manövers? Situationskomik zum Schmunzeln.

Baby – Das Geheimnis einer verlorenen Legende / Baby – Secret of the Lost Legend ******
USA 1984 – 93 Min. – R: B. W. L. Norton. D: William Katt, Sean Young, Patrick McGoohan.
Fantasyabenteuer. Ein Forscherehepaar entdeckt im afrikanischen Urwald ein drei Meter großes Dinosaurierbaby, hinter dem auch der bösartige Dr. Kiviat her ist. Etwas konfuses Afrikaabenteuer; hübsche Spezialeffekte.

Ein Baby im Haus / Baby Comes Home **** ½**
USA 1980 – 90 Min. – R: Waris Hussein. D: Colleen Dewhurst, Warren Oates, Devon Ericson.
Familienfilm. Realistische Geschichte um eine 46jährige Mutter dreier Kinder, die erneut schwanger wird und, in einem unspektakulären, genauen Alltagsfilm, erst nach einigen Reifeprüfungen zu ihrer neuen Aufgabe steht. Großartig die Broadway-Schauspielerin Dewhurst in der Hauptrolle.

Babys auf Bestellung / The Tunnel of Love ******

USA 1958 – 93 Min. sw. – R: Gene Kelly. D: Doris Day, Richard Widmark, Gig Young, Gia Scala.
Komödie. Im Mittelpunkt der Handlung steht ein Ehepaar, das ein Baby adoptieren will, aber ständig neuen Kapriolen behördlicher Willkür ausgesetzt ist. Routiniert gespielt.

Bachelor Mother
siehe: Die Findelmutter

Bachianas Brasileiras – Ich heiße Villa-Lobos / Bachianas Brasileiras TV-Film
BR 1980 – 80 Min. z. T. sw. – R: José Montes-Baquer. D: Rildo Gonçalves, A. Monteiro.
Elegisch-poetische Dokumentation über das abenteuerliche Leben des brasilianischen Komponisten und Musikpädagogen Heitor Villa-Lobos (1887–1959) mit charakteristischen Spielszenen und Gastauftritten u. a. von Arthur Rubinstein und Leonard Bernstein; einfühlsam.

Back Fire – Eine Mutter sieht rot / Liste noire **
F 1984 – 83 Min. Ⓥ marketing film. – R: Alain Bonnot. D: Annie Girardot, Jean-Claude Dreyfus, Paul Cauchet, Sandrine Dumas.
Kriminalfilm. Ein scheinbar einfacher Bankraub mißlingt, da drei Amateure von Profis gelinkt wurden; eine Mutter will nun den Tod ihrer Tochter rächen; spannender, aber letztlich fragwürdiger Lynchjustizthriller; Annie Girardot überzeugt als weiblicher Charles Bronson.

Backfischliebe TV-Film
BRD 1985 – 100 Min. – R: Rolf Hädrich. D: Chris Ahrens, Maria von Bismarck, Manuela Joest, Diana Körner.
Nicht nur zwei frische Mädchen, sondern auch preußische Zucht und Ordnung lernt der junge Engländer im Sommer 1939 auf einem Gut in Schleswig-Holstein kennen. Alltag unter dem Faschismus in der Provinz – beklemmend unter der heiteren Oberfläche.

Das Bad auf der Tenne * ½
BRD 1955 – 89 Min. – R: Paul Martin. D: Paul Klinger, Sonja Ziemann, Karl Schönböck, Nadja Tiller.
Sittenfilm. Auf Oberflächenreize ausgerichtetes Remake des bekannten Farbfilms von Volker von Collande aus dem Jahr 1943 über die flandrische Bürgersfrau Antje, die ein luftiges Bad in einer Wanne im Freien nimmt und dabei heimliche Zuschauer animiert.

Bademeister Spargel **
A 1956 – 90 Min. sw. – R: Alfred Lehner. D: Paul Hörbiger, Angelika Hauff, Franziska Kinz, Josef Egger.
Lustspiel. Ein leicht vertrottelter Bademeister macht eine Erbschaft und weigert sich – zunächst –, sie anzutreten; mäßig lustige Komödie mit gewohnten Gags und Typen.

Die Badende Venus / Bathing Beauty ** ½
USA 1944 – 98 Min. – R: George Sidney. D: Esther Williams, Red Skelton, Basil Rathbone, Xavier Cugat, Harry James.
Wassersport-Showfilm. Williams' erster schwimmender Filmauftritt, mit einem Nichts an Handlung, aber brillanten Showeinlagen, schmissigen Musiknummern und einem spektakulären Sportfinale.

Ein Badeunfall TV-Film
BRD 1976 – 80 Min. – R: Fritz Umgelter. D: Christian Merthan, Christian Quadflieg, Ulli Fessel.
Der Frauenheld René schreckt vor nichts zurück und heiratet die reiche, aber todkranke Jutta Kersten. Doch auf der Hochzeitsreise muß er eine bestürzende Entdeckung machen.

Badlands – Zerschossene Träume / Badlands ***
USA 1973 – 95 Min. – R: Terence Malick. D: Martin Sheen, Sissy Spacek, Warren Oates, Ramon Bieri.
Aussteigerfilm. Ein Müllarbeiter in Rapid City, der wie James Dean aussieht, schnappt sich eines Tages sein Mädchen, erschießt aus Versehen dessen Vater und rast durch die Einöde davon. Dort scheitern alle seine Träume. Melancholischer, bestechend fotografierter, gut besetzter Film.

Badman's River / Bad Man's River / Matalo **
GB 1971 – 89 Min. Ⓥ marketing film. – R: Gene Martin. D: Lee Van Cleef, James Mason, Gina Lollobrigida.

Western. Eine Gangsterbande überfällt eine Bank und türmt in einem Zug, in dem es zu einer Liebesbegegnung kommt. Passabler Western mit humoristischem Touch und guten Darstellern, in Spanien gedreht.

Der Bagnosträfling ∗∗

BRD 1949 – 91 Min. sw. – R: Gustav Fröhlich. D: Paul Dahlke, Richard Häußler, Käthe Dorsch, Winnie Markus.

Abenteuerfilm. Banküberfall zu Napoleons Zeiten: Nach Strafe und Flucht verübt Robert, der in der Pariser Unterwelt aktiv ist, neue Verbrechen. Ungewöhnliche Rolle für Dahlke.

Ein Bahnhof für zwei / Woksal dlja dwoich ∗∗∗

UdSSR 1982 – 129 Min. – R: Eldar Rjasanow. D: Ljudmila Gurtschenko, Oleg Bassilaschwili, Nikita Michalkow, Nonna Mordjukowa.

Komödie. Ein Pianist aus Moskau übernimmt für seine Frau die Schuld an einem Verkehrsunfall und erlebt vor der drohenden Strafe eine Episode auf dem Bahnhof von Satupinsk: Durch die Beschwerde über das ungenießbare Essen versäumt er seinen Zug und wird in eine Reihe grotesker Ereignisse verwickelt, bei denen die hübsche Kellnerin Vera eine Hauptrolle spielt. Sie folgt ihm später ins sibirische Straflager. Flotte Satire über Unzulänglichkeiten des Systems, voll doppelbödigem Humor, Dramatik und Situationskomik.

Bakers Habicht / Baker's Hawk ∗∗ ½

USA 1976 – 93 Min. – R: Lyman D. Dayton. D: Clint Walker, Burl Ives, Diane Baker, Lee H. Montgomery.

Western. Eine Familie wird ruiniert durch das Terrorregiment von Gangstern, die eine Stadt im Griff haben; in der Freundschaft mit einem Sonderling und dessen Habicht findet der Sohn die Kraft zur Gegenwehr; subtiles Familienmelodram mit eindrucksvollen Darstellern; exzellent in reizvoller Landschaft in Utah fotografiert.

Le Bal – Der Tanzpalast / Le Bal ∗∗∗

F/I/Algerien 1983 – 107 Min. – R: Ettore Scola. D: Christophe Allwright, Aziz Arbia, Marc Berman, Regis Bouquet, Chantal Capron, Martine Charevin, Liliane Delval.

Tanzfilm. In mehreren Episoden im Stil der jeweiligen Zeit getanzte Tanzsaal-Revue, die es versteht, ohne Worte, nur in Gesten, Blicken, Gewohnheiten, kleinen Andeutungen, Kleidermoden und dem Tanzschritt der Epoche die letzten fünfzig Jahre wiederaufleben zu lassen. Glänzend vom Ensemble des »Théâtre du Campagnol« getragener, amüsanter und trauriger, mit Kinozitaten nicht geizender Ausnahmefilm der Filmgeschichte.

Bal paré ∗

D 1940 – 100 Min. sw. – R: Karl Ritter. D: Paul Hartmann, Käte Haack, Ilse Werner.

Debütantinnenfilm. Auf ihrem ersten Ball lernt eine Tanzschülerin einen reichen älteren Herrn kennen; die Liebesbeziehung stößt auf das Mißtrauen der Umgebung; routiniert sentimental.

Balduin, das Nachtgespenst / Le tatoué ∗∗

F/I 1968 – 86 Min. – R: Denys de la Patellière. D: Jean Gabin, Louis de Funès, Dominique Davray, Lynne Chardonnet, Pierre Guéant, Paul Mercey.

Klamotte. Ein chaotischer Kunsthändler will ein Modigliani-Gemälde kaufen – doch das befindet sich als Tätowierung auf dem Rücken eines Mannes. Die Verwirrung dieser Exposition nutzt die Regie zu kurioser Situationskomik; beide Hauptdarsteller ergänzen sich prächtig und tragen den nicht immer dichten Film.

Balduin, der Ferienschreck / Les grandes vacances / Le grandi vacanze ∗∗

F/I 1967 – 81 Min. – R: Jean Girault. D: Louis de Funès, Claude Gensac, François Leccia, Ferdy Maine.

Klamotte. Zwei Söhne nerven während der Ferien ihren Vater, einen Schulleiter, und treiben ihn in ein munteres Verwechslungsspiel; bewährte Funès-Komik mit Klaumaukelementen.

Balduin, der Geldschrankknacker / Faites sauter la banque ∗∗ ½

F/I 1963 – 95 Min. sw. – R: Jean Girault. D: Louis de Funès, Yvonne Clech, Cathérine Demongeot, Anne Doât, Jean Lefèbvre.
Krimiklamotte. Ein ehrbarer Durchschnittsbürger verliert durch falschen Rat der Bank sein Vermögen und will es mit Hilfe seiner Familie zurückholen; einer der frühen Balduin-Filme mit noch unverbrauchtem Witz und Slapstick.

Balduin, der Heiratsmuffel / Le gendarm se marie ∗∗
F/I 1968 – 84 Min. – R: Jean Girault. D: Louis de Funès, Claude Gensac, Michel Galabru, Geneviève Grad, Jean Lefèbvre.
Klamotte. Louis de Funès reißt seine Possen als Verkehrspolizist in St. Tropez und gerät mit einer schönen Witwe in Kollision; rasanter Klaumauk für Fans des neurotischen Komikers.

Balduin, der Trockenschwimmer / Le petit baigneur / Si salvi chi puo ∗∗
F/I 1967 – 93 Min. – R: Robert Dhéry. D: Louis de Funès, Robert Dhéry, Colette Brosset, Andréa Parisi, Franco Fabrizi.
Klamotte. Ein verkannter Erfinder-Konstrukteur aus dem Werftmilieu im Widerstreit der eigenen und fremden Interessen; Leinwandchaot de Funès mimt einen Chef, der sich mit allen anlegt; das bringt ihn in Schwierigkeiten, die er mit gesteigerter Hektik wettzumachen versucht. Lacher produziert de Funès wie gehabt, und die Verfolgungsjagd am Ende ist ein inszenatorisches Kabinettstückchen; dennoch einer der schwächeren Filme des Komikers.

Die Ballade von Gregorio Cortez / The Ballad of Gregorio Cortez ∗∗ ½
USA 1982 – 99 Min. – R: Robert M. Young. D: Edward James Olmos, Tim Scott, Pepe Serna.
Western. Auf Tatsachen beruhende Geschichte des Mexikaners Cortez, der 1901 einen Sheriff in Notwehr erschoß und von einer 600köpfigen Meute zwei Wochen gejagt wurde. Eindringlich, im Stil einer Reportage.

Banana Joe / Banana Joe ∗ ½
I/BRD 1981 – 95 Min. – R: Steno (Stefano Vanzina). D: Bud Spencer, Marina Langner, Gianfranco Barra, Gunther Philipp, Mario Scarpetta.
Klamotte. Der große Kinderfreund und Hüne im Urwalddorf Armantido bekommt Ärger mit der Bananenmafia, doch sein Stehvermögen und seine Fäuste sind stärker als die der Dschungeldesperados. Gewohnter Bud-Spencer-Verschnitt aus deftigen Sprüchen und Schlägen, gebadet im Schweiß, der zu einem sonnenüberfluteten Ambiente gehört.

Bananas / Bananas ∗∗ ½
USA 1971 – 81 Min. – R: Woody Allen. D: Woody Allen, Louise Lasser, Carlos Montalban, Natiridad Abascal.
Revolutionskomödie. Die Geschichte spielt in New York und in einer südamerikanischen Bananenrepublik, wo Woody Allen als Revoluzzer in absurde Situationen gerät; Sketche, Gags und Satiren; ein Spaß für Allen-Fans.

The Band / The Last Waltz ∗∗∗
USA 1978 – 112 Min. – R: Martin Scorsese.
Dokumentarspielfilm. Brillant gemachter Musikfilm über den letzten Auftritt der berühmten Rockgruppe »The Band« in San Francisco mit prominenten Stargästen: Bob Dylan, Neil Young, Joni Mitchell, Van Morrison, Eric Clapton u. a.

Die Bande der Ehrlichen / La banda degli onesti ∗∗
I 1956 – 102 Min. sw. – R: C. Mastrocinque. D: Totò, Peppino De Filippo, Ginette Leclerc.
Komödie. Der italienische Starkomiker Totò, verschroben und skurril mit seinen Ticks als Hausmeister, stellt mit zwei Freunden, einem Drucker und einem Maler, falsche Banknoten her; blütenreines Vergnügen.

Die Bande des Schreckens ∗∗
BRD 1960 – 88 Min. sw. – R: Harald Reinl. D: Joachim Fuchsberger, Karin Dor, Elisabeth Flickenschildt, Fritz Rasp, Dieter Eppler, Eddi Arent, Ernst Fritz Fürbringer.
Edgar-Wallace-Krimi. Wieder einmal hält eine unheimliche Mordserie Scotland Yard in Atem; wieder ermittelt »Blacky«

Fuchsberger mit unnachahmlich britischer Attitüde; wieder schießt Arent als Polizeifotograf süßsäuerliche Kommentare ab – und wieder einmal amüsiert sich das Samstagabend-Fernsehpublikum bei einer freiwillig und unfreiwillig komischen Gruselstory, die immer spannend und manchmal auch grauenvoll dilettantisch ist.

Bandidos / Bandidos * ½

I/E 1968 – 90 Min. – R: Max Dillman (Massimo Dallamano). D: Enrico Maria Salerno, Terry Jenkins, Maria Martin, Venantino Venantini, Chris Huerta.

Italowestern. Ein Bandit zerschießt einem Kunstschützen, dessen Rache er fürchtet, die Hände; der macht einen jungen Abenteurer zum Werkzeug seiner Rache; negative Erziehungsfabel im Westerngewand; routinierte Serienproduktion.

Der Bandit / Il bandito **

I 1946 – 80 Min. sw. – R: Alberto Lattuada. D: Anna Magnani, Amadeo Nazzari, Carla del Poggio, Carlo Campanini.

Halbweltfilm. Neorealistische Variante des Kriegsheimkehrermotivs; hervorragend Magnani in einer zwielichtigen Rolle.

Banditen auf dem Mond / Moon Zero Two ** ½

GB 1969 – 97 Min. – R: Roy Ward Baker. D: James Olson, Catherina von Schell, Warren Mitchell, Adrienne Corri.

Fantasyfilm. Im 21. Jahrhundert haben die Menschen den Mond kolonisiert; da ein Astronaut keine Lust mehr hat, Animateur für Mondtouristen zu spielen, geht er auf einen gefährlichen Plan ein, zumal eine Frau im Spiel ist; fesselndes Raumabenteuer mit Anklängen an die Science-fiction-Film-Tradition.

Banditen ohne Maske / Abilene Town * ½

USA 1946 – 85 Min. sw. auch OoU. – R: Edwin L. Marin. D: Randolph Scott, Ann Dvorak, Rhonda Fleming, Edgar Buchanan.

B-Western. Scott soll als Sheriff im Auftrag der Bürger dafür sorgen, daß die Cowboys nicht Aufruhr, Geld und Laster in die Stadt bringen. Das geht nicht ohne Klamauk und wüste Schlägereien ab.

Die Banditen vom Rio Grande *

BRD 1965 – 89 Min. – R: Helmuth M. Backhaus. D: Harald Leipnitz, Maria Perschy, Ellen Schwiers, Gerlinde Lokker, Wolfgang Kieling, Uli Steigberg.

Teutonenwestern. In Mexiko werden drei Lehrerinnen von Banditen entführt, ein morphiumsüchtiger Arzt ist ihre letzte Hoffnung; reizlos heruntergenudelter Actionfilm.

Banditenjäger / Crooked River **

USA 1950/54 – 85 Min. – R: Thomas Carr. D: Jimmy Ellison, Russ Hayden, Betty Adams, Fuzzy Knight, Raymond Hutton.

B-Western. Ein Weißer, der bei Indianern aufwächst, eine Rachestory um den Mörder seiner Eltern, ein geheimnisvoller Siegelring: viele B-Western-Motive; karg und direkt inszeniert.

Bandolero! / Bandolero! ** ½

USA 1967 – 106 Min. – R: Andrew V. McLaglen. D: James Stewart, Dean Martin, Raquel Welch, George Kennedy, Andrew Prine.

Western. Eine Bankräuberbande wird gefaßt, der Bruder eines Aufrührers rettet die Gang durch einen Trick; Flucht mit weiblicher Geisel und Verfolgung werden spannend und melancholisch ins Bild gesetzt; ein listiger »Jimmy« Stewart als Retter des opportunistischen Ganoven »Dino« Martin in einer seiner wenigen nicht ganz hasenreinen Rollen; das Drehbuch ist streckenweise recht geschwätzig.

Banken, Bonzen und Banditen / The Counterfeit Plan * ½

GB 1956 – 80 Min. sw. – R: Montgomery Tully. D: Zachary Scott, Mervyn Jones, Lee Patterson.

Krimi. Ein entflohener Mörder erpreßt ehemaligen Kumpel in einer Falschgeldaffäre; routiniert, mit einem beachtlichen Bösewicht.

Bankgeheimnisse TV-Film

BRD 1986 – 90 Min. – R: Frank Strecker. B: Peter Scheibler. D: Elisabeth Nagler, Hans-Peter Korff, Evelyn Gressmann, Volkert Kraeft, Klaus Herm, Rainer Hunold.

Ein Bankkaufmann mit weiblichem Chef sieht die Chance, sich zu profilieren; er gibt einem Studienfreund, einem windigen Unternehmer, einen Kredit; Szenen aus dem Alltag einer Bankfiliale; nicht ohne ironische Seitenhiebe, aber weitgehend harmlos.

Bankraub des Jahrhunderts / The Day they Robbed the Bank of England ** ½
GB 1959 – 82 Min. sw. – R: John Guillermin. D: Aldo Ray, Elizabeth Sellars, Peter O'Toole, Hugh Griffith.
Krimi. Ein amerikanischer Abenteurer leitet den Überfall eines Trupps irischer Freiheitskämpfer auf die Bank von England. Minutiös beschreibt der Film die spannenden Vorbereitungen und verschmilzt Charakterzüge der Helden mit dem Handlungsablauf.

Die Bankräuberbande / The Caper of the Golden Bulls *
USA 1966 – 104 Min. – R: Russell Rouse. D: Yvette Mimieux, Stephen Boyd, Giovanna Ralli, Vito Scotti.
Krimi. Eine frühere Komplizin erpreßt einen Ex-Bankräuber zu einem großen Coup; eher langweilig.

Banktresor 713 **
BRD 1957 – 86 Min. sw. – R: Werner Klinger. D: Martin Held, Hardy Krüger, Nadja Tiller, Charles Regnier.
Krimi. Detailreich inszenierte Bankräuberstory um den Kriegsheimkehrer Martin Held, der nach sechsjähriger Gefangenschaft keinen Arbeitsplatz im Wirtschaftswunderland finden kann. Die Geschichte (nach einem Drehbuch von Herbert Reinecker) erinnert stellenweise an Carol Reeds »Dritten Mann«, ohne je dessen Format zu erreichen; einem authentischen Fall aus dem Jahr 1929 nachgestellt.

Der Barbar und die Geisha / The Barbarian and the Geisha **
USA 1958 – 105 Min. – R: John Huston. D: John Wayne, Eiko Ando, Sam Jaffe, Morito.
Abenteuerfilm. Neuer US-Generalkonsul ankert gegen den Willen der Japaner vor dem Hafen von Shimoda; durch eine gute Tat gewinnt er das Herz der Bevölkerung und das einer Geisha; opulenter Kostümfilm mit einem hilflosen Wayne.

Barbara – wild wie das Meer * ½
BRD 1961 – 96 Min. – R: Frank Wisbar. D: Harriet Andersson, Helmut Griem, Hans Nielsen, Maria Sebaldt, Hans von Borsody, Karl Lange, Herbert Fleischmann, Tilla Durieux.
Liebesfilm. Neuer Inselarzt auf den Färöern übernimmt die Praxis und heiratet die Witwe seines Vorgängers; dann erscheint deren Jugendfreund; Eheschnulze für Liebhaber von Landschaftsaufnahmen.

Barbarella / Barbarella **
F/I 1967 – 75 Min. Ⓥ CIC. – R: Roger Vadim. D: Jane Fonda, John Philip Law, Anita Pallenberg, Milo O'Shea, David Hemmings, Marcel Marceau, Ugo Tognazzi.
Science-fiction-Comic. Im Jahr 40000 erlebt eine Astroagentin bei einer Galaxisreise auf der Suche nach einem Wissenschaftler haarsträubend Sexistisches; Sadistisches wird mild verpopt, ansonsten schmunzelnswerter Unsinn.

Die Barbaren / The Barbarians **
USA/I 1987 – 83 Min. Ⓥ VMP/Cannon/VMP. – R: Ruggero Deodato. D: David Paul, Peter Paul, Richard Lynch, Eva LaRue, Virginia Bryant.
Fantasyfilm. Ein Bösewicht entführt eine Königin wegen eines Steins mit Zauberkraft; zwei wilde Brüder landen in Fronarbeit, machen sich dann aber ans Rachewerk; ziemlich krude Saga aus grauer Vorzeit, mit einigen guten Einfällen und etwas Selbstironie inszeniert.

Barcarole **
D 1935 – 81 Min. sw. – R: Gerhard Lamprecht. D: Gustav Fröhlich, Lida Baarova, Willy Birgel, Elsa Wagner, Hubert von Meyerinck.
Liebesdrama. Im Karneval von Venedig kommt es zu einer dramatischen Liebeswette; ein Film um die Abgründigkeiten des Frivolen.

Die Bären bleiben am Ball / The Bad News Bears in Breaking Training **
USA 1977 – 95 Min. – R: Michael Press-

man. D: William Devane, Clifton James, Jackie Earle Haley, Jimmy Baio.
Sportkomödie. Mittlerer Teil der Trilogie um die jungen Baseballspieler mit der undisziplinierten Haltung. Diesmal steht ihnen ein großes Match mit den gefürchteten »Houston Toros« bevor, und sie brauchen unbedingt einen neuen Trainer. Nicht so gut besetzt und witzig wie der erste Film; nur sporadisch munter.

Die Bären sind los / ** ½
The Bad News Bears
USA 1976 – 98 Min. – R: Michael Ritchie. D: Walter Matthau, Tatum O'Neal, Vic Morrow, Joyce Van Patten, Ben Piazza.
Sportlerkomödie. Exbaseballprofi übernimmt murrend das Training einer jugendlichen Baseballmannschaft, eines undisziplinierten Haufens; nach den ersten Fiaskos setzt der neue Coach Ehrgeiz frei und engagiert zwei jugendliche Wirbelwinde, die für Aufwind sorgen. Das entscheidende Spiel wird gewonnen. Starrolle für Matthau, der als raunziger, biertrinkender Yogi-Bär des Sportplatzes agiert. Tatum O'Neal als rotzfreche Göre.

Die Bären sind nicht mehr zu bremsen / The Bad News-Bears Go to Japan **
USA 1978 – 88 Min. – R: John Berry. D: Tony Curtis, Jackie Earle Haley, Matthew D. Anton, Tomisaburo Wakayama.
Sportlerkomödie. Tony Curtis als ausgefuchster Geschäftemacher kommt dahinter, wie man mit einem Baseballteam Geld machen kann; in Japan gibt es Trouble, aber am Ende doch den Sieg.

Barfuß im Park / Barefoot in the Park ***
USA 1966 – 101 Min. Ⓥ CIC. – R: Gene Saks. D: Robert Redford, Jane Fonda, Charles Boyer, Mildred Natwick.
Komödie. In den ersten sechs Tagen kommen die Jungvermählten kaum aus dem Bett, doch dann bricht der häßliche Alltag in ihr Leben ein. Ein Loch im Dach, die defekte Heizung, die quirlige Schwiegermutter und ein exotischer Nachbar sorgen für Turbulenzen. Starkino mit witzig-frechen Dialogen und Situationskomik. Nach einem Stück von Neil Simon.

Die barfüßige Gräfin / ** ½
The Barefoot Contessa
USA 1954 – 125 Min. – R: Joseph L. Mankiewicz. D: Humphrey Bogart, Ava Gardner, Edmond O'Brien, Marius Goring, Rossano Brazzi, Warren Stevens.
Starfilm. Ava Gardner ist eine spanische Tänzerin und wird in Madrid von einem Hollywood-Mogul entdeckt und zum Star gemacht. Ein lakonisch agierender Bogart als väterlicher Freund der feurigen Schönheit enthüllt einen Kinomythos; doch der kritische Ansatz geht nahtlos in Glamour auf.

Barocco – Mord um Macht / Barocco ** ½
F 1976 – 102 Min. – R: André Techiné. D: Isabelle Adjani, Gérard Depardieu, Marie-France Pisier, Jean-Claude Brialy, Julien Guiomar.
Krimi. Mehr als ein üblicher Gangsterfilm, in einem exquisiten Milieu in Amsterdam spielend. Ein Boxer läßt sich von seiner Geliebten zu einer folgenreichen Verleumdung hinreißen. Politdrama mit Starbesetzung.

Barracuda / Barracuda / The Lucifer Project *
USA 1977 – 96 Min. Ⓥ marketing film. – R: Harry Kerwin. D: Wayne David Crawford, Jason Evers, Roberta Leighton, Bert Freed, William Kerwin.
Katastrophenfilm. Die US-Regierung läßt zu Testzwecken das Wasser einer Kleinstadt in Florida mit aggressionsfördernden Substanzen versetzen; Abwässer machen die Fische der Umgebung zu reißgierigen Bestien; platter Horrorfilm, spekulativ blutrünstig.

Die Barrikade TV-Film
BRD 1982 – 90 Min. – R: Jürgen Klaus. B: Knut Boeser. D: May Buchgraber, Heinz Hoenig, Peter Pasetti, Gert Haucke.
Im Berlin von 1848 probt eine Straße den Aufstand, nachdem ein Buchdrucker mit einem Polizisten in Streit geraten ist; Revolutionsfarce mit aufgesetztem Berlin-Kolorit.

Die Barrikaden von San Antone / The Last Command ∗∗ ½
USA 1955 – 99 Min. – R: Frank Lloyd. D: Sterling Hayden, Anna Maria Alberghetti, Richard Carlson, Arthur Hunnicutt, Ernest Borgnine.
Western. Texas nach 1830: Der texanisch-mexikanische Krieg steuert auf die Schlacht um die Missionsstation The Alamo zu; der Abenteurer Jim Bowie stößt zu ihren Verteidigern; actionreicher Edelsüdwestern, spannend beginnend, dann durch Drehbuchmängel verflachend.

Die Barrings ∗∗
BRD 1955 – 105 Min. sw. – R: Rolf Thiele. D: Dieter Borsche, Nadja Tiller, Paul Hartmann, Lil Dagover.
Melodram. Dieter Borsche, Sproß derer von Barring und steinreich, erkennt zu spät den abgeschmackten Charakter und die Verschwendungssucht seiner Frau. Restauratives Seelendrama.

Basements – Der stumme Diener / Das Zimmer / Basements TV-Film
USA 1987 – 105 Min. – R: Robert Altman. D: John Travolta, Tom Conti, Linda Hunt, Donald Pleasence, Annie Lennox, Julian Sands, David Hemblen.
Zwei Theaterstücke von Harold Pinter, für das Fernsehen umgesetzt vom großen Kinomagier Robert Altman, der bereits in den 50er Jahren mit TV-Serien wie »Bonanza« reüssierte. Der mutige Versuch, die Dialogstücke in eine Bildsprache zu übersetzen, gelingt durch knifflige Kameraarbeit und das überzeugende Spiel der Darsteller; Pinters seltsame Miniwelten werden beklemmend deutlich.

Bataillon der Verlorenen / Uomini contro ∗∗∗
I 1969/70 – 100 Min. – R: Francesco Rosi. D: Gian Maria Volonté, Mark Frechette, Alain Cuny, Gianpiero Albertini, Pier Paolo Capponi.
Antikriegsfilm. Stellungskrieg zwischen italienischen und österreichischen Gebirgstruppen in einer Hochebene der Dolomiten 1916/17. Die mörderische Monotonie von Angriff, kleinem Sieg und großer Niederlage, von Trommelfeuer und Tod wird nüchtern und unpathetisch, aber auch poetisch verdeutlicht.

Batman / Batman TV-Film
USA 1967 – 72 Min. – R: Oscar Rudolph. D: Adam West, Burt Ward, Cesar Romero, Burgess Meredith.
Pilotfilm zur TV-Serie vom Comic-Helden und seinen Mitstreitern, den Guten und den Bösen, allen voran der Supergangster Joker; hervorragende Inszenierung mit bizarren Gags und bissigem Witz.

Batman hält die Welt in Atem / Batman ∗∗
USA 1966 – 103 Min. – R: Leslie H. Martinson. D: Adam West, Burt Ward, Burgess Meredith, Cesar Romero.
Fantasyfilm. Comicfiguren treten auf in Menschengestalt: Pinguin, Katzenfrau, Joker und Rätselknacker wollen die Weltherrschaft antreten, doch Meisterdetektiv Batman und sein Gehilfe Robin greifen ein: Wunderwaffen und futuristische Fahrzeuge runden den Spaß ab. Als Vorlage dieser Science-fiction-Parodie diente der 1939 entstandene Comic strip des Zeichners Bob Kane.

The Battle of Rogue River ∗∗
USA 1954 – 71 Min. OoU. – R: William Castle. D: George Montgomery, Richard Denning, Martha Hyer.
Western. Ein strafversetzter Major stellt fest, daß sein Freund aus persönlichen Gründen Haß zwischen Indianern und Weißen sät; dies gefährdet den Friedensvertrag bei der Staatsgründung von Oregon im Jahr 1850; actionarmer Routine-B-Western.

Der Bauch des Architekten / The Belly of an Architect ∗∗∗
GB/I 1986 – 118 Min. Ⓥ VPS. – R: Peter Greenaway. D: Brian Dennehy, Lambert Wilson, Chloe Webb, Sergio Fantoni.
Avantgardefilm. Ein renommierter nordamerikanischer Architekt kommt nach Rom, um eine Ausstellung des Kollegen Boullée zu organisieren; von diesem Ziel wird er jedoch zunehmend abgehalten durch Intrigen, Sex und durch das Verhalten seines eigenen gestreßten Körpers, der die Schwierigkeiten auf seltsame Art und Weise zu verarbeiten sucht. Ein Intellektu-

eller besteht eben nicht nur aus Kopf – sagt Greenaway (»Der Kontrakt des Zeichners«) und entführt den Zuschauer in ein rätselhaftes Alltagslabyrinth.

Der Bauer als Millionär ** ½
A 1961 – 90 Min. – R: Rudolf Steinboeck. D: Käthe Gold, Josef Meinrad, Paula Wessely, Hans Moser.
Literaturverfilmung. Adaption von Ferdinand Raimunds Zaubermärchen vom Kampf einer guten Fee gegen den Reichtumswahn eines Bauern; dramaturgisch und darstellerisch routinierte Umsetzung der Vorlage mit Meinrad in einer seiner Theaterparaderollen.

Baum der Erkenntnis / ***
Kundsgabens Troe
DK 1981 – 101 Min. – R: Nils Malmros. D: Eva Gram Scholdager, Jan Johansen, Line Arlien-Soborg, Brian Theibel, Marin Lysholm Jepsen.
Zeitkritischer Film. 1959 nach den großen Schulferien in Dänemark. Eine Gruppe Schüler in ihrem Alltag mit Elternhaus und erster Liebe. Dumpf rumorende Ausbruchsversuche in einer repressiven Situation, fehlschlagende Freiheitssuche, die sich nach innen gegen die Schwachen kehrt. Die Stimmung der Zeit macht dieser genaue und vorsichtige, in zwei Jahren Drehzeit mit Laiendarstellern hergestellte Film frappierend deutlich.

Ein Baum wächst in Brooklyn / A Tree Grows in Brooklyn ***
USA 1945 – 128 Min. sw. – R: Elia Kazan. D: Dorothy McGuire, James Dunn, Peggy Ann Garner, Lloyd Nolan, Joan Blondell.
Melodram. Familiensaga aus dem Brooklyn der Jahrhundertwende, die individuelle Schicksale in ein Zeitbild der unteren Mittelklasse einbindet; aufsehenerregendes Debüt Kazans; Oscar für Dunn als alkoholkranker Vater, Spezial-Oscar für Peggy Ann Garner.

Der Beau / Beau TV-Film
H/A/USA 1985 – 88 Min. – R: Levente Málnay. D: Béla Erny, David McCallum, Britt Ekland, Heidi Bohay, Zack Norman.
Österreich-Ungarn in den dreißiger Jahren: Ein unschuldig abgestiegener Lebemann verdingt sich als Croupier, als eine undurchsichtige Raubmordaffäre ihn den Ruf gekostet hat. Salon-Kostümfilm mit Unterhaltungswert.

Bedauern hilft nicht weiter TV-Film
USA 1981 – 40 Min. – R: John Herzfeld. D: Toni Kalem, Scott Baio, Dee Wallace.
Eine früher begeisterte Reiterin, nach einem Unfall gelähmt, hat Schwierigkeiten, sich in die Möglichkeiten des Behindertseins zu fügen; engagiert und anrührend.

The Bedford Incident
siehe: Zwischenfall im Atlantik

Beerdigungszeremonie / ** ½
The Funeral
J 1984 – 120 Min. – R: Juzo Itami. D: Tsutomu Yamazaki, Nobuko Miyamoto, Kin Sugai.
Zeitkritische Groteske. Ein Verwandter ist gestorben, dadurch bricht bei einem Schauspielerehepaar das Chaos aus: Tausend Dinge sind zu tun und überfordern jeden Beteiligten; Itami erzählt davon in balladesker Form und mit viel Sinn für verrückte Effekte.

Beethovens große Liebe / ** ½
Un grand amour de Beethoven
F 1936 – 112 Min. sw. OmU. – R: Abel Gance. D: Harry Baur, Annie Duceaux, Jany Holt, Jane Marken.
Musikfilm. Der Film erzählt eine Episode aus dem Leben des genialen Komponisten; autobiographisch gefärbtes Melodram um seine Liebe zu Therese von Brunswick. Stimmungsvoll, mit großer Liebe zum Detail inszeniert.

Befehl aus dem Dunkel / **
Kaiju daisenso
J 1966 – 90 Min. – R: Inoshiro Honda. D: Nick Adams, Akira Takarada, Jun Tazaki.
Science-fiction-Film. Tricktechnisch gekonnter und amüsanter Trivialfilm über die Bedrohung eines neu aufgetauchten Planeten im All durch ein dreiköpfiges Riesenreptil. Vom japanischen Kultregisseur für Spielzeug-Animation.

Befehl des Gewissens / ***
The Fugitive
USA 1947 – 94 Min. sw. – R: John Ford.

D: Henry Fonda, Dolores del Rio, Pedro Armendariz.
Abenteuerfilm. Ein revolutionärer Priester widersetzt sich in Mexiko der religionsfeindlichen herrschenden Macht. Das Drama, das um Freiheit und Autorität kreist, wurde von Western-Spezialist John Ford perfekt in Szene gesetzt; nach dem Roman von Graham Greene.

Befiehl Du Deine Wege / ✱✱
All Mine to Give
USA 1957 – 97 Min. – R: Allen Reisner. D: Cameron Mitchell, Glynis Johns, Rex Thompson.
Siedlerdrama. Tragische Geschichte einer jungen Pionierfamilie, der nach der Einwanderung nach Amerika kein Schicksalsschlag erspart bleibt. Ergreifendes Epos.

Begegnung / ✱✱
Brief Encounter
GB 1945 – 86 Min. – R: David Lean. D: Celia Johnson, Trevor Howard, Stanley Holloway, Cyril Raymond.
Liebesfilm. Zwei Verheiratete lernen sich auf einem Kleinstadtbahnhof kennen. Aus ihren regelmäßigen Begegnungen entwickelt sich eine leidenschaftliche, aber unglückliche Liebe vor dem Hintergrund des realistisch gestalteten Vorstadtmilieus in England. Von Lean (»Dr. Schiwago«) mit Sinn fürs unspektakuläre Detail inszeniert; dennoch Schnulzenanklänge.

Begegnung am Vormittag / ✱✱ ½
Breezy
USA 1973 – 108 Min. – R: Clint Eastwood. D: William Holden, Kay Lenz, Roger C. Carmel.
Melodram. Romanze zwischen einem Herrn in der Midlife-crisis und einem anschmiegsamen Hippiemädchen. Er hat Karriere gemacht, ein schönes Haus mit Kamin, aber viel Frust angesammelt, sie hat nichts als ihre Jugend und Glück in den Augen.

Begegnung in Biarritz / ✱✱ ½
Hotel des Amériques
F 1982 – 90 Min. – R: André Techiné. D: Catherine Deneuve, Patrick Dewaëre, Etienne Chicot.
Liebesfilm. Eine Ärztin fährt mit ihrem Auto einen jungen Mann an, der sich in sie verliebt. Die Geschichte einer seltsamen, beide Menschen stark verändernden Liebe in einer faszinierend gefilmten Stadt erzählt diese Filmromanze in leisen Tönen.

Begegnung in Salzburg ✱
BRD/F 1963 – 94 Min. sw. – R: Max Friedmann. D: Curd Jürgens, Nadia Gray, Victor de Kowa, Walter Giller, Danièle Gaubert, Paul Dahlke, Eduard Linkers.
Melodram. Mißglückte Adaption des »Jedermann«-Stoffs von Hofmannsthal, in die Welt des Unternehmertums transportiert; nur wegen der grotesken Fehlbesetzungen sehenswert.

Der Beginn TV-Film
BRD 1966 – 60 Min. – R: Peter Lilienthal. B: Peter Lilienthal und Günther Herburger. D: Kim Parnass, Joachim Wichmann, Eva Brumby, Dunja Rajter.
Dokumentarischer Spielfilm über die Jugend der sechziger Jahre, ihren Widerspruchsgeist und ihre Manipulierbarkeit.

Der Beginn aller Schrecken ist Liebe ✱✱✱
BRD 1983 – 112 Min. – R, B: Helke Sander. D: Helke Sander, Lou Castel, Rebecca Pauly, Uwe Enkelmann, Roswitha Soukup, Katrin Seybold, Brigitte Drummer, Monika Bleibtreu.
Love-Story. Die intellektbetonte Beziehung einer Journalistin zu einem politisch engagierten Partner wird brüchig, da er in ein sinnliches Verhältnis flieht; als sie kämpft, reagiert er mit erneuter Flucht. Ein verschmitzter Film um verzwickte Gefühle; Emanzipationsversuche von der heiteren Seite beleuchtet.

Das Begräbnis des Monsieur Bouvet / L'enterrement de Monsieur Bouvet ✱✱
F 1981 – 89 Min. – R: Guy-André Lefranc. D: Renée Faure, Andrée Tainsy, Françoise Fleury, Mireille Perrey.
Krimi. Pensionär Bouvet bricht tot zusammen: Herzversagen. Als sein Foto in der Zeitung erscheint, melden sich verschiedene Leute, die ihn gekannt haben wollen, und zeichnen ein widersprüchliches Bild des Verstorbenen, hinter dem

eine ganz andere Identität aufscheint. Nach einem Roman von Georges Simenon.

Beherrscher der Meere / John Paul Jones ∗∗
USA 1959 – 120 Min. – R: John Farrow. D: Robert Stack, Marisa Pavan, Charles Coburn, Bette Davis.
Abenteuerfilm. Ein Kostümfilm aus dem 18. Jahrhundert mit Liebe, Haß, verhinderter Hochzeit und eindrucksvollen Seeschlachten.

Bei Anruf Mord / Dial M for Murder ∗∗∗
USA 1954 – 105 Min. Ⓥ Warner Home. – R: Alfred Hitchcock. D: Ray Milland, Grace Kelly, Robert Cummings, John Williams, Anthony Dawson.
Krimi. Filmversion eines Bühnenstücks von Frederick Knotts über einen zu gut durchdachten Mordplan, den die Polizei rekonstruiert; präzis getimtes Kammerspiel.

Bei Bullen singen Freunde nicht
siehe: Du kannst anfangen zu beten

Bei der blonden Kathrein ∗
BRD 1959 – 88 Min. – R: Hans Quest. D: Gerhard Riedmann, Marianne Hold, Angelika Meissner, Harald Juhnke, Hans Nielsen, Michl Lang.
Schlagerfilm. Ein Operettensänger taucht inkognito in einem Hotel unter, wo er sich prompt in die Geschäftsführerin verknallt; doch die hat eine ausgesprochene Abneigung gegen seichte Sänger. Matter Heimatschnulzen-Verschnitt, in dem einzig die Meissner als schlagernde Baronesse munter agiert; der Mief der 50er Jahre drückt auf dieses Filmchen wie heutzutage Smog auf eine Großstadt.

Bei Dir war es immer so schön ∗ ½
BRD 1954 – 105 Min. – R: Hans Wolff. D: Zarah Leander, Heinz Drache, Georg Thomalla, Ingrid Stenn, Grethe Weiser, Willi Forst, Margot Hielscher, Sonja Ziemann.
Musikfilm. Zwei Musikbegeisterte schaffen den Erfolg erst durch die Hilfe einer berühmten Sängerin, was zu Eifersuchtsproblemen führt; angesichts der dürftigen Handlung ein Film, der trotz der Musik Theo Mackebens dem Leander-Glamour eher schadet.

Bei Madame Coco / The Art of Love ∗∗
USA 1964 – 95 Min. – R: Norman Jewison. D: James Garner, Dick Van Dyke, Angie Dickinson, Elke Sommer.
Komödie. Erst als sich der Maler Paul für tot erklären läßt und bei Madame Coco untertaucht, finden seine Bilder Käufer. Turbulente Story, mit Spielwitz serviert.

Bei mir nicht / But Not For Me ∗∗ ½
USA 1959 – 105 Min. sw. – R: Walter Lang. D: Clark Gable, Lilli Palmer, Lee J. Cobb, Carroll Baker, Barry Coe.
Komödie. Ein alternder Theatermanager spielt vor seiner Sekretärin den Gockel, findet aber zur geschiedenen Frau und zu seinem Alter angemessenen Verhalten zurück, als ihn die junge Verehrerin sitzenläßt; Gable in einer ungewohnt selbstironischen Rolle mit viel augenzwinkerndem Spielwitz.

Bei Tag und Nacht TV-Film
BRD 1966 – 100 Min. – R: Fritz Umgelter. B: Georges Neveux, nach Lope de Vega. D: Agnes Fink, Chariklia Baxevanos, Martin Benrath.
Die schöne Gräfin ist bei Tag eine völlig andere Frau als bei Nacht; munter komödiantisch.

Bei Thea TV-Film
BRD 1988 – 105 Min. – R: Dominik Graf. D: Marianne Hoppe, Hannes Jaenicke, Ida Ehre, Hertha Schwarz, Wolfried Lier, Rony Blitz, Nikolaus Paryla.
Das Emigrantenehepaar lebt in Tel Aviv und schickt den Enkel David zum Studium in die »alte Heimat« nach München; dort trifft der junge Mann Thea, eine Wirtin mit Vergangenheit; vielschichtige Geschichte über Außenseiter und deutsch-jüdische Schicksale; unsentimental ernsthafter Versuch, ein komplexes Thema zu gestalten; 1989 DAG-Fernsehpreis in Gold.

Die Beichte ihres Lebens / Manèges ∗∗ ½
F 1949 – 77 Min. sw. – R: Yves Allégret.

D: Simone Signoret, Bernard Blier, Jane Marken.
Liebesdrama. Eine junge Frau wird nach einem Autounfall ins Krankenhaus eingeliefert. An ihrem Bett erfahren Mann und Mutter die Geschichte ihrer Ehe. Rückblendenstory voll emotionaler Intensität.

Beichtet, Freunde, Halleluja kommt / Il west ti va stretto, amico * ½
BRD/I/F 1972 – 100 Min. Ⓥ Ufa. – R: Anthony Ascott. D: George Hilton, Agata Flori, Lincoln Tate.
Italowestern. Maschinengewehrarien und ausgiebige Schlägereien veranstaltet »Halleluja«, um den Mexikanern eine Aztekenskulptur zu retten.

Beim siebten Morgengrauen / The Seventh Dawn ** ½
USA 1964 – 110 Min. – R: Lewis Gilbert. D: William Holden, Susannah York, Capucine, Tetsuro Tamba.
Kriegsabenteuer. Die romantische, melodramatische und meist spannende Geschichte um zwei Freunde, die im Verlauf von Krieg und Nachkrieg die Fronten wechseln und Feinde werden. Viel Blut und Blei, nach altbewährtem Hollywoodrezept mit Tränen angerührt.

Beinah Trinidad **
BRD 1985 – 105 Min. – R: Oliver Storz. B: Oliver Storz, nach einer Idee von Heinz Oskar Wuttig. D: Iris Berben, Elmar Wepper, Peter Zilles, Oscar Müller, Dieter Eppler, Andreas Wellano.
Komödie. Ein kleiner Ganove überfällt die Bank, in der seine Freundin arbeitet; beide nehmen kurzerhand zwei Ministerchauffeure (einer DDR, einer Bonn) als Geiseln; es entwickeln sich absurde Personenkonstellationen; spielerisch inszeniert, mit vielen satirischen Seitenhieben auf Deutsch-Deutsches.

Die Beine von Dolores * ½
BRD 1957 – 92 Min. – R: Géza von Cziffra. D: Udo Jürgens, Olive Moorefield, Germaine Damar, Ruth Stephan, Claus Biederstaedt.
Musikkomödie. Statt brav als Krankenschwester ihren Dienst zu verrichten, tingelt Dolores im Nachtklub »Pigalle«. Natürlich kommt die Frau Mama dahinter. Dürftige Musikrevue.

The Being / The Being / Easter Sunday ** ½
USA 1982 – 90 Min. Ⓥ Focus. – R: Jackie Kong. D: Martin Landau, José Ferrer, Dorothy Malone, Ruth Buzzi, Gordon Rogers.
Horrorfilm. Eine Atommülldeponie hat ein Monstrum entstehen lassen, das eine US-Kleinstadt terrorisiert; intelligent motivierter, harter Schocker, der Gruseleffekte aufklärerisch begründet; schon 1980 gedreht, wegen wirksamerer Horrorkonkurrenz im Kino erfolglos.

Das Bekenntnis der Ina Kahr **
BRD 1954 – 120 Min. sw. – R: Georg Wilhelm Pabst. D: Curd Jürgens, Elisabeth Müller, Margot Trooger, Ingmar Zeisberg.
Psychokrimi. Eine Gattenmörderin, die sich selbst anzeigte, und ihr Anwalt stehen im Mittelpunkt dieses Liebesfilms um unzuverlässige Gefühle. Pabst (»Dreigroschenoper«) inszenierte das melodramatische Werk routiniert, aber mit wenig Anleihen bei seinen früheren Meisterwerken.

Bekenntnisse des Hochstaplers Felix Krull ** ½
BRD 1957 – 102 Min. sw. – R: Kurt Hoffmann. D: Horst Buchholz, Liselotte Pulver, Ingrid Andree, Paul Dahlke, Susi Nicoletti, Ilse Steppat.
Literaturverfilmung. Der Titelheld will im Paris zur Jahrhundertwende die Welt, vor allem die der Frauen, erobern; sein frecher Charme macht ihn unwiderstehlich, und er dienert bzw. stapelt sich hoch. Paraderolle für Buchholz in einem Film, der den Einfallsreichtum von Thomas Manns Romanvorlage (Mitarbeit am Drehbuch: Erich Mann) fast verlustlos – Charme und Ironie bleiben manchmal auf der Strecke – adaptiert.

Bekenntnisse eines möblierten Herrn * ½
BRD 1962 – 93 Min. sw. – R: Franz Peter Wirth. D: Karl-Michael Vogler, Maria Sebaldt, Cordula Trantow, Françoise Prévost.

Komödie. Holpriger Versuch einer Satire auf die bundesdeutsche Nachkriegsgesellschaft: Die Erlebnisse des zornig-zynischen Außenseiters in der Welt der Spießer und Neureichen sind nicht frei von Klischees und Platitüden; trotzdem halbwegs unterhaltsam; recht frei nach Erich Kästner.

Bel Ami ** ½

D 1939 – 100 Min. sw. – R: Willi Forst. D: Willi Forst, Olga Tschechowa, Ilse Werner, Hilde Hildebrand.

Satire. Abenteurer aus Frankreich steigt über die Betten von Damen einflußreicher Herren auf. Die amüsante Satire auf die Hofgesellschaft in Frankreich vor der Jahrhundertwende trägt die leichte Handschrift von Regisseur Forst (»Burgtheater«), der das frivole Thema atmosphärisch dicht aufbereitet. Musik von Theo Mackeben.

Bella Donna ** ½

BRD 1983 – 102 Min. – R: Peter Keglévic. D: Friedrich Karl Praetorius, Krystyna Janda, Brigitte Horney, Erland Josephson, Ilse Ritter.

Dreiecksgeschichte. Taxifahrer Fritz fährt auf Lena ab, vergißt aber, das Taxameter auf Null zu stellen. Später will keiner die Rechnung bezahlen. Besonders schmissig die Tangos von Bandoneon-König Astor Piazzolla.

Belle de Jour – Schöne des Tages / Belle de Jour ****

F/I 1966 – 96 Min. – R: Luis Buñuel. D: Catherine Deneuve, Jean Sorel, Michel Piccoli, Geneviève Page, Francisco Rabal, Pierre Clémenti.

Psychodrama. Immer wenn die Schellen läuten, fährt eine feine Kutsche durch den Park, und Sévérine wird von ihrem Ehemann ausgepeitscht, gedemütigt, vergewaltigt – im Traum; im Leben ist sie ihm gegenüber frigide, lebt sie ihre lüsternen Neigungen aber in einem Edelbordell nachmittags zwischen zwei und fünf aus: bis alles herauskommt. Sadomasochistischer Erotikthriller als surrealer Krimi inszeniert, mit einer marmorblassen Cathérine Deneuve als »Schöne des Tages«; Buñuels genialster Film über die Perversionen und Verdrängungen der Bourgeoisie, in dem Form und Inhalt, Traum und Realität zu einer Einheit verschmelzen.

Ben / Ben * ½

USA 1972 – 87 Min. Ⓥ atlas-video. – R: Phil Karlson. D: Lee Harcourt Montgomery, Joseph Campanella, Arthur O'Connell, Rosemary Murphy.

Horrorfilm. Eine Superratte voller Menschenhaß plant mit Artgenossen einen Überfall auf einen Vorort von Los Angeles; wenn auch vermutlich zukunftsträchtig, so doch reichlich spekulativ. Fortsetzung des Films »Willard«.

Beneath the 12-Mile-Reef

siehe: Das Höllenriff

Ben Hur / Ben Hur ** ½

USA 1959 – 210 Min. Ⓥ MGM/UA. – R: William Wyler. D: Charlton Heston, Stephen Boyd, Jack Hawkins, Haya Harareet.

Monumentalfilm. Die Geschichte einer großen Freundschaft zwischen dem jüdischen Fürsten Ben Hur und dem römischen Krieger Messala, die in tödlichen Haß umschlägt. Ein blutgetränktes Epos aus dem Heiligen Land mit Seeschlachten, Massenszenen und dem berühmtesten Wagenrennen der Filmgeschichte.

Benjamin – aus dem Tagebuch einer männlichen Jungfrau / Benjamin ou les mémoires d'un puceau **

F 1967 – 99 Min. – R: Michel Deville. D: Pierre Clémenti, Michèle Morgan, Catherine Deneuve, Michel Piccoli.

Kostümfilm. Französische Frivolitäten im Schloßherrenmilieu um einen jungen Mann, der angeblich nicht Bescheid weiß. Ohne seine Stars wäre der Film dünn, seine »verführerischen« Einfälle halten sich im Rahmen des Üblichen.

Benji auf heißer Fährte / Benji **

USA 1973 – 84 Min. – R: Joe Camp. D: Patsy Garrett, Peter Breck, Deborah Walley.

Tierfilm. Der neue amerikanische Lieblingsfilmhund ist wieder einmal groß in Form: Diesmal durchkreuzt er die Pläne der Kidnapper, die zwei kleine Kinder entführen wollen. Texanisches Rührstück für die ganze Familie.

Bereit zum Mord TV-Film
CH 1984 – 115 Min. – R: Eberhard Itzenplitz. B: Leslie Darbon. D: Gila von Weitershausen, Ursela Monn, Barbara Petritsch, Peer Augustinski.
In einem Villenvorort betrügt jeder jeden. Als eine Frau Selbstmord begeht, machen die Damen in einem Femegericht den Herren den Prozeß.

Ein Berg auf der Rückseite des Mondes / Berget pa manens beksida **
S 1983 – 96 Min. – R: Lennart Hjulström. D: Gunilla Nyroos, Thomas Berggren, Bibi Andersson, Ingvar Hirdwall, Iwar Wiklander.
Zeitkritischer Liebesfilm. Zwei Rußland-Emigranten, Maxim und Sonja, lernen sich 1894 in einem Stockholmer Hörsaal kennen und lieben; die Wissenschaftler mit gänzlich unterschiedlichen Standorten verbringen schöne Tage, aber die Schwierigkeiten der Zeit nehmen zu. Hjulströms an Bergman erinnerndes Filmwerk versenkt sich tief in die Psychologie seiner Figuren und in die Sinnfrage jener Epoche.

Der Berg der Versuchung / The Mountain **
USA 1956 – 100 Min. – R: Edward Dmytryk. D: Spencer Tracy, Robert Wagner, Claire Trevor, Anna Kashfi.
Alpenabenteuer. Zwei ungleiche Brüder riskieren den lebensgefährlichen Aufstieg auf den Berg, als dort ein Flugzeug zerschellt ist. Unter den Trümmern finden sie ein bildschönes Hindumädchen, das nur »der Gute« zu retten bereit ist. Melodramatisch, mit reichlich Action.

Der Berg ruft ** ½
D 1937 – 100 Min. sw. Ⓥ VPS. – R: Luis Trenker. D: Luis Trenker, Herbert Dirmoser, Heidemarie Hatheyer, Peter Elsholtz.
Bergfilm. Freie Rekonstruktion der Erstbesteigung des Matterhorns, bei der ein Teil der Expedition ums Leben kam; technisch versierter Film mit einer maßgeschneiderten Rolle für Trenker, der auch das Drehbuch schrieb.

Berge in Flammen ** ½
D 1931 – 98 Min. sw. – R: Luis Trenker. D: Luis Trenker, Lissy Arna, Luigi Serventi.
Melodram. Unversehens liegen sich zwei Freunde in Südtirol in Schützengräben gegenüber. In Trenkers frühem Alpen- und Kriegsdrama triumphiert die Freundschaft über den Krieg; er verarbeitete dabei eigene Erlebnisse aus dem Ersten Weltkrieg. Holzschnittartige Schwarzweiß-Dramaturgie.

Bergkristall * ½
BRD 1949 – 85 Min. sw. – R: Harald Reinl. D: Franz Eichelberger, Hans Renz, Maria Stolz.
Heimatfilm. Dreiecksgeschichte aus den Alpen mit Liebe, Haß und Mordgedanken. Der Wilderer, der Jäger und die schöne Senna von der Alm: Eifersuchtsdrama am Berg.

Berlin – Alexanderplatz *** ½
D 1931 – 91 Min. sw. – R: Phil Jutzi. D: Heinrich George, Maria Bard, Margarete Schlegel, Bernhard Minetti, Gerhard Bienert.
Literaturverfilmung. Die Geschichte des Franz Biberkopf, der eine Haftstrafe abgesessen hat, weil er im Affekt seine Braut tötete. Jetzt will er ein ehrliches Leben beginnen, stößt aber auf Vorurteile und finstere Zeitgenossen, die ihm übel mitspielen. Großer Kinoklassiker – die erste melodramatische Verfilmung des Romans von Alfred Döblin; Fassbinder versuchte eine zweite.

Berlin-Expreß / Berlin Express ** ½
USA 1948 – 86 Min. sw. – R: Jacques Tourneur. D: Merle Oberon, Robert Ryan, Charles Korvin.
Thriller. 1946 wird auf den Militärzug Paris–Berlin ein Anschlag verübt, ein Mann verschwindet, und eine komplizierte Suche beginnt; spannungsreiches, dichtgesponnenes Agentengarn.

Berlin Mitte TV-Film
BRD 1979 – 110 Min. – R: Peter Beauvais. B: Peter Stripp. D: Ute Christensen, Kristina van Eyck, Rüdiger Kirschstein, Rita Leska.
Die Ostberlinerin Irmchen darf nach dem Abitur als »politisch auffällig« in den Westen ausreisen und erlebt einige blaue

Wunder; ein frecher und eigenwilliger, daher um so glaubwürdigerer Beitrag zur deutschen Ost-West-Problematik.

Berliner Ballade ***

D 1948 – 85 Min. sw. – R: Robert A. Stemmle. B: Günter Neumann. D: Gert Fröbe, Ute Sielisch, Aribert Wäscher, Tatjana Sais, O. E. Hasse.

Trümmerfilm. Kriegsheimkehrer Otto Normalverbraucher versucht vergeblich, im ausgebombten Berlin auf ehrliche Art zu Brot und Arbeit zu kommen; Filmdokument deutschen Nachkriegslebens mit kabarettistischem Witz und einem noch bohnenstangendürren Gert Fröbe.

Eine Berliner Romanze **

DDR 1955/56 – 75 Min. sw. – R: G. Klein. D: Annekathrin Bürger, Ulrich Thein.

Problemfilm. Berliner Liebesgeschichte zwischen einem Mädchen aus dem Osten und einem jungen Autoschlosser aus dem Westen der geteilten Stadt aus der Sicht eines DDR-Autors. Der Film entstand vor dem Bau der Mauer und ist als Dokument aufschlußreich.

Berlinger ** ½

BRD 1975 – 108 Min. – R: Bernhard Sinkel, Alf Brustellin. D: Martin Benrath, Hannelore Elsner, Peter Ehrlich, Tilo Prückner.

Zeitkritischer Film. In Rückblenden, über ein halbes Jahrhundert hinweg erzählter Film um die Freundschaft eines Egoisten und eines Individualisten, die in politisch extremer Zeit zur Feindschaft wird. Intelligentes Zeitporträt, glänzend gespielt, solide inszeniert.

Bertrand Löwenherz / **
Bertrand Cœur de Lion

F 1950 – 94 Min. sw. – R: Robert Dhéry. D: Robert Dhéry, Gérard Calui, Roger Saget.

Abenteuerfilm. Statt als Jagdaufseher seiner Herrschaft das Wild zuzutreiben, bietet Bertrand den bedrängten Hasen Unterschlupf in seiner Hütte. Umweltdrama der frühen Jahre.

Berüchtigt / Weißes Gift / ***
Notorious

USA 1946 – 95 Min. sw. – R: Alfred Hitchcock. D: Ingrid Bergman, Cary Grant, Louis Calhern, Leopoldine Konstantin, Reinhold Schünzel.

Thriller. Ingrid Bergman als Komplizin des FBI-Agenten Cary Grant versucht in Brasilien eine Naziorganisation zu unterwandern. Als Spionin und Good-bad-girl muß sie dabei bis zum äußersten gehen, um als Frau zwischen zwei Männern nicht unterzugehen. Liebe, Gift und eine geheimnisvolle Weinflasche sind die Zutaten dieses exzellenten Hitchcock-Gruselschockers.

Besessen von Dämonen / * ½
Ghosts That Still Walk

USA 1977 – 92 Min. – R: James T. Flocher. D: Matt Boston, Ann Nelson, Jerry Jensen.

Horrorfilm. Ein Junge wird von einer zerstörerischen Macht bedroht, ein Experte für außersinnliche Wahrnehmung will mit Hypnose helfen; dürftiges Produkt der Psiwelle.

Der Besessene / *** ½
One-Eyed Jacks

USA 1959 – 136 Min. – R: Marlon Brando. D: Marlon Brando, Karl Malden, Katy Jurado, Pina Pellicer.

Western. Einer der wenigen Western, die am Meer spielen. Brando ist von seinem Kumpel Malden hereingelegt worden; nach fünf Jahren gelingt ihm die Flucht. Der Augenblick der Rache ist da; Malden, der Verräter, hat's inzwischen zum Sheriff gebracht. Blendend fotografiert, mit zwei aufregenden Frauen und einem packenden Schlußduell.

Besessenheit / ***
Ossessione

I 1942 – 99 Min. sw. – R: Luchino Visconti. D: Massimo Girotti, Clara Calamai, Juan De Landa, Elio Marcuzzo.

Psychodrama. Eine einsame Tankstelle in der Poebene: Der Alltag der jungen Frau des Besitzers ist monoton, da taucht eines Tages der Herumtreiber Gino auf. Neorealistisches Milieudrama um Leidenschaft, Schuld und Verbrechen; Viscontis erster Film – nach dem Roman von James M. Cain »The Postman Always Rings Twice«, der mehrmals verfilmt wurde.

Ein besonderer Tag / Giornata particolare ***
I 1975 – 95 Min. – R: Ettore Scola. D: Sophia Loren, Marcello Mastroianni, John Vernon.
Zeitkritischer Liebesfilm. Ein Homosexueller und eine unterdrückte Ehefrau, gesellschaftliche Außenseiter, lernen sich am Tag einer Militärparade Mussolinis 1938 in Rom kennen. Während auf den Straßen der bombastische Wahnsinn Normalität wird, verständigen sich drinnen zwei Menschen mit leisen, behutsamen Tönen. Ein bewegendes Meisterstück; Film als Prozeß gegen ideologische Lügen.

Der beste Mann / Zur Lage der Nation / State of the Union ***
USA 1948 – 117 Min. sw. – R: Frank Capra. D: Spencer Tracy, Katharine Hepburn, Angela Lansbury, Lewis Stone, Adolphe Menjou.
Zeitkritisches Melodram. Ein Geschäftsmann läßt sich in die Rolle des Präsidentschaftskandidaten drängen; seine Frau befürchtet, daß er seine Ideale um der Macht willen verrät; eine eindringliche Charakterstudie und eine schonungslose Offenlegung politischer Praktiken bei US-Wahlkämpfen; Plädoyer für Integrität und Glaubwürdigkeit in einem engagierten, optimistischen Film voller Sozialrealismus.

Der »beste« Mann bei Interpol / The Pink Panther Strikes Again ** ½
USA 1976 – 99 Min. – R: Blake Edwards. D: Peter Sellers, Herbert Lom, Colin Blakely, Lesley-Anne Down.
Krimigroteske. Kommissar Dreyfus ist besessen von dem Gedanken, seinen unfähigen Kollegen Clousseau um die Ecke zu bringen. Geheimdienste, Killerkommandos und eine Höllenmaschine werden bemüht – Slapstick als Wahnsinn mit Methode.

Die Bestechlichen / Les ripoux ** ½
F 1984 – 102 Min. – R: Claude Zidi. D: Philippe Noiret, Thierry Lhermitte, Régine, Grace de Capitani, Julien Guiomar.
Komödie. Geschichte eines schlitzohrigen bestechlichen Polizisten auf dem Pariser Montmartre, der von der Kleinkriminalität profitiert und doch seine festen Grundsätze hat. Genaue Zeichnung des Kleineleutemilieus in einer gelungenen Mischung aus Krimi und Burleske.

Die Bestie / While the City Sleeps ** ½
USA 1956 – 100 Min. sw. – R: Fritz Lang. D: Dana Andrews, Sally Forest, George Sanders, Ida Lupino.
Krimi. Später Nachzügler der »Schwarzen Serie«, von Lang mit gewohnter filmischer Könnerschaft routiniert und pessimistisch zubereitet, von großen Stars des »Film noir« gespielt. Harter, realistischer Grundton.

Die Bestie / La Brute **
F 1987 – 90 Min. – R: G. Guillemot. D: Xavier Deluc, Assumpta Serna, Jean Carmet, Danielle Geny.
Krimi. Auf einer Kreuzfahrt wird der Schriftsteller Jacques ermordet, weil er ein Buch geschrieben hat, das offenbar den Hintermännern des Geschehens nicht paßt; doch Jacques ist taubstumm und blind. Was hat er recherchiert? Eine Frage für Holmes-Hirne, die der Film auch optisch geschickt löst.

Bestie in Schwarz / Blackout ** ½
USA 1985 – 94 Min. – R: Douglas Hikkox. D: Richard Widmark, Keith Carradine, Kathleen Quinlan, Michael Beck, Gerald Hiken.
Psychothriller. Die Frau und die Kinder von Edward Vinson sind auf bestialische Weise ermordet worden; alle Recherchen führen ins Leere; der junge Devlin leidet nach einem Unfall an Amnesie – und der pensionierte Inspektor verfolgt hartnäkkig eine Spur; Spannungskrimi, der nicht mit Schock- und Horroreffekten geizt; Richard Widmark ragt aus der Besetzung heraus.

Bestie Mensch / La Bête humaine ***
F 1939 – 100 Min. sw. – R: Jean Renoir. D: Jean Gabin, Simone Simon, Julien Carette, Fernand Ledoux, Jean Renoir.
Literaturverfilmung. Adaption des Romans »Der Totschläger« von Emile Zola: Ein erblich belasteter alkoholkranker

Lokfürer ermordet die Geliebte, die ihn zum Gattenmord anstiften wollte, und begeht in der Ausweglosigkeit Selbstmord; die naturalistische Geradlinigkeit der Sozialkritik Zolas wird psychologisiert und gebrochen, die individuellen Trägödien treten in den Vordergrund; ein Meisterwerk des Kinos.

Die Bestie mit dem Skalpell / Corruption * ½
GB 1967 – 91 Min. – R: Robert Hartford-Davis. D: Peter Cushing, Sue Lloyd, Noël Trevarthen, Kae O'Mara.
Gruselfilm. Wegen eines Heilsekrets, das seine durch einen Unfall entstellte Verlobte immer wieder braucht, beginnt ein Chirurg zu morden; wenig packende Variante des Motivs vom pathologischen Serientäter.

Der Besuch / La Visita **
I 1964 – 86 Min. sw. – R: Antonio Pietrangeli. D: Sandra Milo, Mario Adorf, Gastone Moschin, François Périer.
Liebeskomödie. Per Anzeige haben sie sich kennengelernt und erproben jetzt die Haltbarkeit der Liebe. Doch nach einer Nacht beginnt der erste Tag der kommenden fünfzig Jahre. Der amüsante, realistisch und verspielt angelegte Film zeigt, wie sich ernst zu nehmende Leute fürs Leben entscheiden.

Der Besuch TV-Film
BRD 1984 – 98 Min. – R: Jürgen Roland. D: Jürgen Goslar, Judy Winter, Evelyn Opela, Diana Körner, Anton Diffring, Horst Frank.
Um ihrem Sohn abseits vom Hollywoodrummel ein ruhiges Zuhause zu bieten, zieht sich das prominente Schauspielerehepaar auf seinen Landsitz in England zurück, aber gerade dort wird der Junge gekidnappt. Durbridge-Krimi mit überraschenden Verwicklungen.

Der Besuch TV-Film
H – 100 Min. – R: Károly Makk. B: Tibor Déry. D: Dezsö Garas, Mari Töröcsik, Ildiko Pecsi, Jozsef Kroner.
Ein italienischer Reformkommunist will eine Freundesfamilie in Ungarn besuchen; das setzt den Bürokratismus langsam, knirschend, staubaufwirbelnd in Gang.

Besuch aus dem Weltraum / Gosti iz galakzije **
YU 1981 – 82 Min. – R: Dusan Vukotić. D: Zarko Potocnjak, Lucie Zulová, Ksenija Prohaska.
Science-fiction-Parodie. Fremde aus dem All landen überraschend in der Hirngespinstwelt eines SF-Schreiberlings und machen seine geheimen Träume wahr. Vergnügliche und bizarr-hintergründige Parodie auf den realen Alltag von Erdenbürgern und die Kopfgeburten der Tagträume.

Besuch aus heiterem Himmel **
BRD 1958 – 89 Min. – R: Ferdinand Dörfler. D: Johannes Heesters, Elma Karlowa, Oskar Sima, Hans von Borsody.
Komödie. Aufgrund einer Wette versucht ein Dollarmillionär ein Schloßgespenst einzufangen; seine Versuche führen zu genreüblichen Verwechslungen und Gags.

Besuch bei einem Häuptlingssohn / Visit to a Chief's Son **
USA 1974 – 85 Min. – R: Lamont Johnson. D: Richard Mulligan, Johnny Sekka, Jesse Kinrau.
Abenteuerfilm. Während einer Kenia-Expedition freundet sich der Sohn des Forschers mit dem Sprößling eines Massaihäuptlings an. Auf Juniorebene entsteht Rassenverständnis; der schön fotografierte, humane Film feiert dies manchmal etwas zu handlungsarm.

Besuch bei van Gogh ** ½
DDR 1986 – 101 Min. – R: Horst Seemann. D: Grazyna Szapolowska, Rolf Hoppe, Christian Grashoff, Dagmar Patrasova.
Malerbiographie. Marie, die irgendwann in der Zukunft lebt, erfährt, daß die Kunst des späten 19. Jahrhunderts gefragt ist. Mit einem Zeitexperiment kehrt sie in die Epoche van Goghs zurück, der ihr ein Bild malt. Der Eindruck ist so stark, daß die Frau sich in ihrer Gegenwart nicht mehr wohl fühlt. Der überzeugende Film verbindet Science-fiction-Motive mit dem Malerschicksal und er-

hellt auf originelle Weise biographisches Material.

Der Besuch der alten Dame TV-Film
BRD 1982 – 85 Min. – R: M.P. Ammann. D: Maria Schell, Günter Lamprecht, Jürgen Cziedja.
Die Verfilmung des Dürrenmatt-Stückes von der reichen alten Schrulle, die nach langer Abwesenheit noch einmal ihren Heimatort besucht und alle, die ihr einst übelwollten, insbesondere ihren Jugendgeliebten, heimsucht. Fernsehgerecht umgesetzt.

Besuch Mama, Papa muß arbeiten / Va voir maman, papa travaille ** ½
F 1977 – 95 Min. – R: François Leterier. D: Marlène Jobert, Philippe Léotard, Micheline Presle, Macha Méril.
Liebesfilm. Eine brüchige Pariser Ehe, eine Begegnung im Zoo, eine neue Liebe. Aber Jérôme, das Kind von Agnès, macht Zoff, also geht das neue Glück schief. Schöne, unterhaltsame, manchmal allzu glatte Auseinandersetzung mit den Selbstbestimmungsversuchen einer jungen Frau und den Ängsten eines Kindes.

Der Besucher **
NL 1982 – 100 Min. – R: Orlow Seunke. D: Gerard Thoolen, Dorijn Curvers, Joop Admiraal, Hans van Tongren, Olga Zuiderhoek.
Melodram. Als ein Sozialarbeiter in der Wohnung eines verstorbenen Ehepaares dessen verwahrloste Tochter findet, nimmt er sie in seine Familie auf. Ein unsentimentaler, engagierter Film um einen mutigen Beamten; 1983 Goldener Löwe von Venedig als bester Erstlingsfilm.

Die Besucher / The Visitors **
USA 1971 – 90 Min. sw. – R: Elia Kazan. D: Patrick McVey, Patricia Joyce, James Woods, Chic Martinez.
Melodram. Ein GI hat zwei Kameraden denunziert, die eine Vietnamesin vergewaltigt haben; sie rächen sich brutal; respektable, aber doch wenig überzeugende Auseinandersetzung mit den psychischen und moralischen Defekten, die der Vietnamkrieg auslöste.

Betragen ungenügend / Zéro de conduite ****
F 1933 – 44 Min. sw. OmU. – R: Jean Vigo. D: Jean Daste, Robert le Flon, Louis Lefèbvre, Constantin Kelber, Gérard de Bedarieux.
Schülerfilm. Schulautoritäten eines französischen Internats versagen mit ihren herrischen Methoden; ein Film voll herrlicher Spontaneität; ein Klassiker nicht nur seines Genres.

Betrayal TV-Film
USA 1978 – 104 Min. OoU. – R: Paul Wendkos. D: Lesley Ann Warren, Rip Torn, Richard Masur, Ron Silver, John Hillerman.
Verfilmung der authentischen Geschichte einer jungen Frau, die nach einer problematischen Scheidung einen Psychiater aufsucht; der nutzt die Hypnosetherapie zu sexuellem Mißbrauch; durchschnittliche Fernsehkost mit Seifenopernelementen anstelle von Problembewältigung.

Betrogen / The Beguiled ** ½
USA 1971 – 109 Min. Ⓥ CIC. – R: Donald Siegel. D: Clint Eastwood, Geraldine Page, Elizabeth Hartman, Jo Ann Harris.
Melodram. In den letzten Tagen des Bürgerkriegs wird ein Yankeesoldat zu einer Gefahr für ein kleines Südstaatennest und dessen Mädchenpensionat; durch naive Psychoanalyse behinderter Antikriegsfilm, der auf die Ästhetik des Grauenhaften spekuliert.

Betrogene Liebe TV-Film
BRD – 90 Min. – R, B: Diethard Klante. D: Rosel Zech, Harald Kuhlmann, Agnes Fink, Peter Fitz, Edgar Selge.
Die Mutterbindung eines Ehemannes führt zu wachsenden Problemen mit dessen Frau, die sich von ihm zurückzieht. Krankheit, Selbstmordversuche und Wahnvorstellungen beschreiben eine seelische Krise, die gleichzeitig die Krise einer ganzen Gesellschaftsklasse ist. Der Film führt diese Beweisführung dezent, mit sehr guten Schauspielern.

Betrug / Larceny **
USA 1948 – 85 Min. sw. – R: George Sherman. D: John Payne, Joan Caulfield, Dan Duryea, Shelley Winters.

Gangsterfilm. Straff inszeniertes Drama um ein Betrüger-Tandem, das sich über eine Liebesaffäre verkracht. Leise Ironie, mittelschwere Problemdialoge und laute Aktion in einem unterhaltsamen Milieufilm.

Betrug / Betrayal ***

GB 1982 – 92 Min. – R: David Jones. D: Jeremy Irons, Ben Kingsley, Patricia Hodge.

Literaturverfilmung. Psychogramm einer Ehe: In der raffiniert gebauten Dreiecksgeschichte, die vom bitteren Ende her enthüllt wird, ist jeder Betrüger und Betrogener. Zeitgenössisches Drama von gleichnishaftem Zuschnitt – nach dem Bühnenstück von Harold Pinter.

Die Bettelprinzeß TV-Film

BRD 1974 – 85 Min. – R, B: Bruno Voges. D: Silvia Reize, Clara Walbröhl, Alexander Kerst, Marilene von Bethmann.

Courths-Mahler-Verfilmung der Geschichte von der armen Waise, die sich als Adlige entpuppt; unironische Inszenierung, die ein gelegentliches belustigtes Augenzwinkern zuläßt.

Der Bettelstudent **

D 1936 – 90 Min. sw. – R: Georg Jacoby. D: Marika Rökk, Johannes Heesters, Fritz Kampers, Harry Hardt, Carola Höhn.

Musikfilm. Es geht um eine Ohrfeige, einen Rittmeister, Tanz, Komik und die Operette von Carl Millöcker in diesem Ufa-Film mit dem Traumpaar Marika Rökk/Johannes Heesters. Der Stoff wurde schon 1931 und 1956 wieder verfilmt.

Der Bettelstudent * ½

BRD 1956 – 90 Min. – R: Werner Jacobs. D: Gerhard Riedmann, Waltraut Haas, Elma Karlowa, Gustav Knuth, Gunther Philipp.

Musikfilm. Aus Rache an einer stolzen Komteß will ein abgewiesener Freier – um sie zu blamieren – einen armen Studenten an sie verkuppeln; routinierte Operettenverfilmung.

Bettgeflüster / Pillow Talk ***

USA 1959 – 105 Min. Ⓥ CIC. – R: Michael Gordon. D: Doris Day, Rock Hudson, Tony Randall, Thelma Ritter.

Komödie. Ein erfolgreicher Komponist und eine erfolgreiche Innenarchitektin müssen sich, ohne sich zu kennen, in New York eine Telefonnummer teilen; da sie ihn als Sexprotz, er sie als prüde Glucke einschätzt, kommt es zu turbulenten Verwicklungen, als sich die Identitäten klären; ein spritziger, witziger Film mit intelligent integrierten Dekors; Randall und Ritter spielen die Stars fast an die Wand; Oscar für das Drehbuch.

Die Bettlerin und der Rikschafahrer / Peng dan tukang becak ** ½

Indonesien 1978 – 111 Min. – R: Wim Umboh. D: Christine Hakim, Ully Artha, Dicky Zulkarnain, Ajeng Triani Sardi, Alan Suryaningrat.

Zeitkritischer Film. Unterhaltsame und dennoch kritische und genaue Studie über soziale Verhältnisse im heutigen Indonesien, mit kleinem Glück, großen Träumen und Alltagsnot. Unaufdringlich, bewegend, wenn auch dramaturgisch schlicht.

Die Beunruhigung ** ½

DDR 1981 – 96 Min. sw. – R: Lothar Warneke. D: Christine Schorn, Hermann Beyer, Traute Sense, Wilfried Pucher.

Psychogramm. Eine geschiedene Psychologin Ende Dreißig erfährt, daß sie am nächsten Tag wegen Brustkrebs operiert werden muß; sie läßt ihr Leben Revue passieren; ein Film über Lebensanalyse angesichts des möglichen Todes.

Die Beute / Calda e infedele / La curée **

F/I 1966 – 94 Min. – R: Roger Vadim. D: Jane Fonda, Peter McEnery, Michel Piccoli, Jacques Monod.

Literaturverfilmung. Adaption des Romans von Emile Zola, dessen böse Dreiecksgeschichte in einem Unternehmerhaushalt hier zum geschmäcklerischen Gesellschaftsbild degeneriert; die darstellerischen Leistungen liegen über dem Niveau der Inszenierung.

Bevor der Winter kommt / Before Winter Comes **

GB 1969 – 103 Min. – R: J. Lee Thompson. D: David Niven, Chaim Topol, Anna Karina, John Hurt, Anthony Quayle.

Kriegsmelodram. Der britische Kommandant eines österreichischen Durchgangslagers bekommt wegen seiner liberalen Ansichten Probleme mit der Militärhierarchie; ein sprachgewandter Tausendsassa verändert die Situation; reichlich klischeebeladen.

Bevor die Nacht anbricht / Home Before Dark **

USA 1958 – 111 Min. sw. – R: Mervyn LeRoy. D: Jean Simmons, Dan O'Herlihy, Rhonda Fleming, Efrem Zimbalist jr.

Psychodrama. Eine junge Ehefrau wird durch ihre Familie an den Rand des Wahnsinns getrieben, doch sie kämpft sich durch allen Psychoterror; die sensible Simmons spielt eindrucksvoll gegen ein schwaches Team.

Bewaffnet und gefährlich / Liberati, armati, pericolosi *

I 1976 – 100 Min. – R: Romolo Guerrieri. D: Tomas Milian, Eleonora Giorgi, Stefano Patrizi.

Polizeifilm. Ein Inspektor sucht über das Motiv an drei Jugendliche heranzukommen, die scheinbar ohne ersichtlichen Grund zu Killern wurden; dürftig motivierter, bluttriefender Film.

Beyond the Forest ** ½

USA 1949 – 97 Min. sw. Omu. – R: King Vidor. D: Bette Davis, Joseph Cotten, David Brian, Ruth Reagan.

Schwarzes Melodram. Unbefriedigte Arztfrau erschießt nach einer Affäre mit einem Millionär einen Erpresser und tarnt die Tat als Jagdunfall. Das »Film noir«-Psychodrama thematisiert effektvoll Trostlosigkeit und Spießigkeit der nordamerikanischen Provinz.

Beyond Tomorrow ** ½

USA 1940 – 84 Min. sw. OoU. – R: Edward Sutherland. D: Richard Carlson, Sir C. Aubrey Smith, Jean Parker, Harry Carey sr., Charles Winninger, Maria Ouspenskaya.

Märchenfilm. Drei Reiche teilen ihren Reichtum mit zwei Habenichtsen, und alle erleben Überraschungen; überzeugend gespielte Weihnachtszeitfabel.

Ein bezaubernder Schwindler *

A 1950 – 90 Min. sw. – R: Hans Wolff. D: Wolf Albach-Retty, Elfe Gerhart, Inge Konradi, Waltraut Haas.

Liebeskomödie. Netter Spaß ohne Tiefgang um einen Komponisten, der eine reizende Bekanntschaft macht. Seine Anstrengungen, bei ihr zu landen, verfolgt der Film unbeholfen, aber mit aufrichtigem Interesse.

Die Bibel / La Bibbia / The Bible *

USA 1965 – 174 Min. – R: John Huston. D: Michael Parks, George C. Scott, Ulla Bergryd, Richard Harris, John Huston, Stephen Boyd, Ava Gardner, Peter O'Toole, Franco Nero.

Monumentalfilm. Zweiundzwanzig Kapitel der Genesis in epischem Stil vereint zu einem klatschbunten Bilderbogen. Monumental angelegt, erstickt der Film von Huston (»Die Spur des Falken«) in der Materialfülle und am Ausstattungspathos. Einzig der Regisseur selbst als Noah vermag dem Spiel lebendige und individuelle Züge zu geben. Die Vorlage ist spannender.

Der Biberpelz ** ½

D 1937 – 89 Min. sw. – R: Jürgen von Alten. D: Heinrich George, Ida Wüst, Rotraut Richter, Sabine Peters.

Literaturverfilmung. Mutter Wolffen in ihrer Doppelrolle als Waschfrau und ehrbare Diebin demaskiert die braven Bürger und offenbart ihre Heuchelei; glanzvolle Besetzung mit Heinrich George als Amtsvorsteher und Ida Wüst als Frau Wolffen. Der Klassiker von Gerhart Hauptmann wurde 1949 noch einmal als DEFA-Produktion unter der Regie von Erich Engels verfilmt.

Der Biberpelz TV-Film

BRD 1962 – 100 Min. sw. – R: John Olden. D: Ernst Schröder, Fritz Wagner, Paul Edwin Roth, Inge Meysel.

Die köstliche Diebeskomödie um die Waschfrau Mutter Wolffen aus dem Berlin der Gründerzeit war eine Glanzrolle für Inge Meysel. Nach dem Stück von Gerhart Hauptmann.

Die Bienenkönigin / Una storia moderna / L'ape regina ** ½

I/F 1963 – 85 Min. sw. – R: Marco Fer-

reri. D: Marina Vlady, Ugo Tognazzi, Walter Giller.
Satire. Mutterschaft als höchstes Gut der Frau karikiert dieser böse Familienfilm im italienischen Milieu. Zynisch angerichtet von Meistersatyr und -satiriker Ferreri (»Das große Fressen«).

Der Bienenkorb / La colmena ***
E 1982 – 105 Min. – R: Mario Camus. D: Ana Belen, Luis Escobar, José Sacristan, Francisco Rabal.
Melodram. Madrid im Winter 1943: Nach dem Ende des Spanischen Bürgerkriegs wird ein Café Treffpunkt der Gestrandeten, Abweichler und Gleichgesinnten. Milieustudie über Außenseiter im Schatten der Macht. Goldener Bär bei den Berliner Filmfestspielen 1983.

Der Bienenzüchter / O Melissokomos ***
GR/F 1986 – 122 Min. – R: Theo Angelopoulos. D: Marcello Mastroianni, Nadia Mourouzi, Serge Reggiani, Jenny Roussea.
Liebestragödie. Ein 60jähriger Lehrer und Bienenzüchter verläßt Frau und Familie; auf seinem Lieferwagen befinden sich Bienenkörbe, deren Insassen im Süden Blüten finden sollen; doch die Reise wird zu einer Fahrt in die Erinnerung in die Vergangenheit – und schließlich in den Freitod. In seinem resignativen Filmdrama beschreibt der Regisseur mit genauem Blick ein Individualschicksal und gleichzeitig den Niedergang revolutionärer Ideale in seiner griechischen Heimat; ein grandioser Abgesang.

Das Biest muß sterben / Que la bête meure ***
F/I 1969 – 95 Min. – R: Claude Chabrol. D: Michel Duchaussoy, Caroline Cellier, Jean Yanne.
Krimimelodram. Ein Mann, dessen Sohn von einem Fahrerflüchtigen getötet wurde, macht sich auf die Suche nach dem Täter; minutiös nachvollzogener Rachefeldzug eines Normalbürgers, von knisternder Spannung.

The Big Beat / The Big Beat ** ½
USA 1965 – 75 Min. sw. – R: Phil Spector, Steve Binder, Larry Peerce.
Musikfilm. Revue der Stargruppen. Mit von der Partie die Rolling Stones, The Supremes, The Ronettes, Chuck Berry, Ike & Tina Turner, James Brown; Riesenspaß für Rockmusikfans.

Big Boy – der aus dem Dschungel kam / The World's Greatest Athlete ** ½
USA 1972 – 90 Min. – R: Robert Scheerer. D: Tim Conway, Jan-Michael Vincent, John Amos.
Jugendfilm. Ein blonder Tarzan aus dem Urwald wird eingefangen, um in den USA als Wunderathlet zu kämpfen und zu siegen. Disney-Abenteuer für Kinder; mit phantastischen Elementen.

The Big Easy – Der große Leichtsinn / The Big Easy ** ½
USA 1986 – 102 Min. Ⓥ RCA Columbia. – R: Jim McBride. D: Dennis Quaid, Ellen Barkin, Ned Beatty, John Goodman.
Krimi. Der Polizist McSwain in New Orleans ist ein Bruder Leichtfuß, der gern einmal fünf gerade sein läßt – bis ein paar Morde passieren und die blonde Staatsanwältin ihm Zunder gibt; Komödiantische Mischung aus Polizei-, Love- und Actionstory.

Big Jake / Big Jake **
USA 1971 – 105 Min. – R: George Sherman. D: John Wayne, Richard Boone, Maureen O'Hara, Bobby Vinton, Patrick Wayne, John Ethan Wayne.
Spätwestern. Ein kleiner Junge wird entführt, und Großvater John Wayne schaltet sich ein. Einer der letzten Western mit dem legendären »Duke«, der ihn und seinen Clan zum Mythos macht. Gewalttätig und parodistisch.

The Big Knife ** ½
USA 1955 – 111 Min. sw. OmU. – R: Robert Aldrich. D: Jack Palance, Ida Lupino, Wendell Corey.
Schwarzes Melodram. Düsteres Beziehungspuzzle aus dem Schauspielermilieu mit Trunksucht, vergeblichen Träumen und tragischem Tod. Realistisch inszeniert nach einem Antiheldenstück von Clifford Odets.

The Big Red One / Die unbesiegbare Erste / The Big Red One ** ½

USA 1978 – 106 Min. Ⓥ CBS/FOX. – R: Samuel Fuller. D: Lee Marvin, Mark Hamill, Robert Carradine, Bobby Di Cicco, Stéphane Audran.
Kriegsfilm. Ein Sergeant und vier GIs der 1. Division der US-Invasionsinfanterie überleben auch in metallhaltigster Atemluft; Showeffekte für Freunde von Kriegskameradschaftsspektakeln verwischen die abgrundtiefe Verlogenheit der Kampfgetümmel-Seifenoper; Super-GIs als unverwundbare Cowboys in Sizilianisch-Wildwest; dennoch überdurchschnittlich, weil äußerst professionell.

Das Bildnis des Dorian Gray / The Picture of Dorian Gray ** ½
USA 1945 – 104 Min. sw. tlw. F. – R: Albert Levin. D: George Sanders, Hurd Hatfield, Donna Reed.
Literaturverfilmung. Ein mit wertvollen Kunstgegenständen vollgestopftes Haus: Darin lebt der Dandy als Künstler, der nie altert. Die Spuren seines Lebens und Lasters trägt allein das Ölporträt von ihm. Eindrucksvolle Verfilmung des berühmten Romans von Oscar Wilde.

Das Bildnis des Dorian Gray * ½
BRD/I 1969 – 93 Min. – R: Massimo Dallamano. D: Helmut Berger, Richard Todd, Herbert Lom, Marie Liljedahl, Margaret Lee, Maria Rohm, Isa Miranda.
Literaturverfilmung. Aufdringliche Jetset-Adaption der Oscar-Wilde-Erzählung vom ewig jungen Lüst- und Wüstling, dessen Porträt statt seiner altert; platt und seicht inszeniert und mit hölzern-deklamatorischen (Dialog-)Texten versehen; Bisex-Berger weniger scham- als charmelos.

Bill McKay – Der Kandidat / The Candidate ** ½
USA 1972 – 115 Min. – R: Michael Ritchie. D: Robert Redford, Michael Douglas, Peter Boyle, Don Porter.
Gesellschaftskritischer Film. Ein politischer Neuling soll zum Senator hochgepuscht werden. Mit unkonventionellen Methoden und Programmen bringt er frischen Wind in die verkrustete Politszene. Spannender und dramaturgisch straffer, wenn auch stark idealisierter Beitrag zur Demokratiediskussion.

Billy Bishop steigt auf TV-Film
BRD – 95 Min. – R: Peter Meincke, Norman McCandlish. D: Hans-Peter Korff, John Gray.
Zweipersonenheldenlied (Korff in zwölf Rollen!) aus dem Ersten Weltkrieg um einen kanadischen Jagdflieger, der zum Nationalhelden aufsteigt. Nach einer historischen Vorlage.

Billy Jack / Billy Jack * ½
USA 1971 – 114 Min. – R: T. C. Frank. D: Tom Loughlin, Dolores Taylor, Clark Howat, Bert Freed, Julie Webb.
Sozialkritischer Film. An einer Schule in einem Indianerreservat zieht ein Halbblut den Haß einer Schülergruppe auf sich; moralisierender Zeigefingerfilm um Außenseiterprobleme.

Bingo Bongo / Bingo Bongo **
I 1982 – 99 Min. Ⓥ VPS. – R: Pasquale Festa Campanile. D: Adriano Celentano, Carole Bouquet, Felice Andreasi, Enzo Robutti, Tanga.
Klamotte. Der Titelheld, ein von Affen im Dschungel aufgezogenes Menschenkind, kommt mit dreißig Jahren in die Zivilisation; der Affenmensch entdeckt die Liebe (zu einer Mailänder Wissenschaftlerin) und seine Persönlichkeit als Mann. Kein anderer als Celentano kann das spielen, ohne seine Karriere zu ruinieren; er tut's und macht einen handfesten Klamauk daraus.

Biografie – Ein Spiel TV-Film
BRD 1970 – 90 Min. sw. – R: Rolf Hädrich. D: Paul Hubschmid, Ingmar Zeisberg, Jon Laxdal.
Der Versuch eines Mannes, nachträglich seine Biografie zu ändern, sieht zunächst einfach aus; doch in der Konfrontation mit den Stationen seines Lebens erscheint er aussichtlos. Gelungene Adaption des Stückes von Max Frisch.

Biquéfarre / Biquéfarre ** ½
F 1982/83 – 80 Min. – R: Georges Rouquiers. D: Nachfahren der Familie Farrébique.
Dokumentarspielfilm. Fast vierzig Jahre nach Rouquiers' Genreklassiker »Farrébique« wird das Leben der Nachfahren

dieser Familie sorgfältig und genau dokumentiert.

Bis aufs Blut / ∗ ½
The Savage Guns / Tierra brutal
USA/E 1961 – 80 Min. – R: Michael Carreras. D: Richard Basehart, Don Taylor, Alex Nicol, Fernando Rey.
Western. Ein Exmajor der Südstaatenarmee schwört, nie wieder eine Waffe anzurühren, und wird Rancher in einem abgelegenen mexikanischen Tal. Natürlich kann er seinen Schwur nicht halten; Routinewestern.

Bis aufs Blut / Raices de sangre ∗∗ ½
MEX 1975 – 94 Min. – R: Jesús S. Trevino. D: Richard Yũiguez, E. Gómez Cruz, Malana Doria, Pepe Serna, Adriana Rojo.
Sozialkritischer Film. An authentischen Verhältnissen im mexikanisch-kalifornischen Grenzgebiet orientierter, engagierter Unterhaltungsfilm über die Praktiken einer Textilfirma und einige Arbeiter, die sich im Gewerkschaftsverband zusammenschließen. Ungeschönter, packender, die Probleme benennender und dennoch nie die Kinoform vergessender Protestfilm.

Bis aufs Messer / ∗∗ ½
The Skin Game
GB 1931 – 80 Min. sw. – R: Alfred Hitchcock. D: Edmund Gwenn, Jill Esmond, John Longden.
Literaturverfilmung. Die Rivalität zweier Nachbarn, eines Grundbesitzers und eines Neureichen, nimmt mörderische Formen an. Fallstudie nach einem Stück von John Galsworthy.

Bis das Blut gefriert / ∗∗ ½
The Haunting
GB 1962 – 107 Min. sw. – R: Robert Wise. D: Julie Harris, Claire Bloom, Richard Johnson, Russ Tamblyn.
Horrorfilm. Schauplatz merkwürdiger Gruselereignisse ist ein altes englisches Landhaus, in dem eine Gruppe von Menschen mit dem Übersinnlichen konfrontiert wird. Schöne Schauereffekte.

Bis wir uns wiedersehen ∗∗ ½
BRD 1952 – 82 Min. sw. – R: Gustav Ucicky. D: Maria Schell, O. W. Fischer, Karl Ludwig Diehl, Kurt Meisel, Margarete Haagen.
Liebesromanze. Eine schwerkranke Frau erlebt durch ihre Zuneigung zu einem steckbrieflich gesuchten Casinobesitzer die Liebe ihres Lebens; überdurchschnittliches Schell-Fischer-Melodram mit unüblichem Unhappy-End.

Bis zum bitteren Ende / ∗∗ ½
Cutter's Way
USA 1981 – 104 Min. – R: Ivan Passer. D: John Heard, Jeff Bridges, Lisa Eichhorn, Stephen Elliot.
Liebesfilm. Ein verkrüppelter, zornbebender Kriegsveteran und sein smarter Freund, zwischen denen eine Frau pendelt, überführen einen Ölmagnaten des Mordes. Der spannende, interessant besetzte und ambitioniert-kritische Film erzählt seine Story manchmal allzu verwirrend, ist jedoch für Hollywoodkost unkonventionell und originell.

Bis zum Ende aller Tage ∗ ½
BRD 1961 – 102 Min. – R: Franz-Peter Wirth. D: Akiko, Hanns Lothar, Helmut Griem, Peter Carsten, Karl Lange.
Liebesromanze. Seemann verliebt sich in Hongkong in Chinesin und nimmt sie mit nach Pellworm. Weil das nicht gutgehen kann, bemüht sich der Film um Ehrlichkeit in der Beschreibung von Vorurteilen, bleibt jedoch in zu vielen Klischees stekken.

Bis zum Ende der Straße / ∗∗ ½
Goin' Down the Road
CDN 1970 – 98 Min. – R: Donald Shebib. D: Doug McGrath, Paul Bradley, Jayne Eastwood, Cayle Chernin.
Aussteigerfilm. Zwei junge kanadische Arbeiter aus der Provinz ziehen voller Tatendrang in die Großstadt. Dort erwartet sie eine Enttäuschung nach der anderen. Kurz vor dem Abrutschen in die Kleinkriminalität setzen sie sich in Richtung Westküste ab. Der sozialkritische, lebendig inszenierte Film erzählt das mit Sympathie für die kleinen Leute.

Bis zum Happy-End ∗∗
BRD 1968 – 94 Min. sw. – R: Theodor Kotulla. D: Beatrix Ost, Klaus Löwitsch, Christof Hege, Helga Sommerfeld.
Sozialkritischer Film. Ein Todesfall bei

einem Familientreffen bringt die Welt eines erfolgreichen Ehepaares aus dem Gleichgewicht; die Neugier des kleinen Sohnes legt Nervenstränge einer erfolgs- und geldorientierten Gesellschaft bloß; Debütfilm, dem die Visualisierung der kritischen Analyse nur bedingt gelingt.

Bis zur bitteren Neige ✱✱
BRD 1975 – 101 Min. – R: Gerd Oswald. D: Maurice Ronet, Suzy Kendall, Susanne Uhlen, Christine Wodetzky, Karl Renar, Rudolf Fernau, Ferdy Mayne.
Literaturverfilmung. Adaption des Simmel-Romans über den Ex-Hollywoodstar zwischen reicher Ehefrau und Stieftochter, der aus Frust zu Alkohol und anderen Rauschmitteln greift; das Drogenproblem geht in Sex and Crime fast unter; darstellerisch überzeugend Ronet.

Bis zur letzten Sekunde / ✱✱ ½
Deadline
USA 1982 – 94 Min. – R: Arch Nicholson. D: Barry Newman, Trisha Noble, Bill Kerr, Bruce Spence.
Thriller. Erpresser drohen damit, Sydney durch eine Atmbombe zu vernichten, wenn die australische Regierung nicht 100 Millionen Dollar lockermacht. Die politisch zwielichtige Strategie der Verantwortlichen und die gefährlichen Recherchen eines Journalistenpaares, das sich mit einem Computerhacker zusammentut, schildert der routiniert inszenierte Film, der die Erzählebenen geschickt und spannend ineinander verschränkt, mit deutlichen, manchmal allzu klischeehaften Seitenhieben gegen das Establishment.

Bitte laßt die Blumen leben ✱✱
BRD 1986 – 97 Min. Ⓥ VMP/Cannon/VMP. – R: Duccio Tessari. D: Klausjürgen Wussow, Birgit Doll, Radost Bokel, Gerd Böckmann, Hans-Christian Blech, Hannelore Elsner, Kurt Meisel.
Schicksalsschnulze. Ein Staranwalt überlebt, was niemand weiß, einen Flugzeugabsturz, anonym beginnt er ein neues Leben; doch bald holt ihn die Vergangenheit ein. Nach dem Simmel-Roman realisierter Film um das dräuende Schicksal und seine individuell zu tragenden Kosten; überkonstruiert.

Bittere Ernte ✱✱
BRD 1984/85 – 101 Min. Ⓥ Toppic. – R: Agnieszka Holland. D: Armin Mueller-Stahl, Elisabeth Trissenaar, Margit Carstensen, Käte Jaenicke.
Liebestragödie. Eine den Nazis entflohene Jüdin findet Unterschlupf bei einem polnischen Bauern. Die schwierige Beziehung der beiden ungleichen Menschen schildert dieses realistische, zeitkritische Kammerspiel mit leisen Tönen und nicht immer glaubwürdigem darstellerischem Rollenspiel.

Bitterer Reis / ✱✱ ½
Riso amaro
I 1949 – 104 Min. sw. – R: Giuseppe de Santis. D: Silvana Mangano, Raf Vallone, Doris Dowling, Vittorio Gassmann.
Milieukritischer Film. Das Leben von Saisonarbeiterinnen in den norditalienischen Reisfeldern schildert dieser realistische, mit Spannungseinlagen kriminalistischer Art garnierte kritische Film, der seinem legendären Ruf als Ausstellung beachtlicher weiblicher Oberweiten auch heute noch gerecht wird, obwohl die gezeigte italienische Arbeitswirklichkeit nach 1945 mehr Interesse hervorruft.

Bizarre Musik / No Way to Treat a Lady ✱✱
USA 1967 – 120 Min. – R: Jack Smight. D: Rod Steiger, Lee Remick, George Segal, Eileen Heckart.
Gruselkrimi. Ein geheimnisvoller Frauenmörder mordet in New York unter immer neuen Masken. Das bekommt auch der auf ihn angesetzte Polizist zu spüren. Ein spannender Krimi mit parodistischen Zügen.

Black Jack, der Galgenvogel / Black Jack ✱✱ ½
GB 1979 – 105 Min. – R: Kenneth Loach. D: Jean Franval, Stephen Hirst, Louise Cooper.
Jugendfilm. Das Waisenkind Tolly wird Zeuge, wie der Bandit Black Jack sein Erhängen überlebt. Der Junge geht mit Jack auf eine phantastische Reise. Nach dem Roman von Leon Garfield.

Black Killer / Black Killer ✱ ½
I 1971 – 85 Min. – R: Lucky Moore. D:

Klaus Kinski, Fred Robsham, Antonio Cantafora, Marina Muligan.
Italowestern. Eine Clique terrorisiert eine Stadt, ein Unbekannter taucht auf und scheint ein Doppelspiel zu spielen; spannungsarmes Brutalostück.

Black River / Alleghany Uprising * ½
USA 1939 – 79 Min. OoU. – R: William A. Seiter. D: John Wayne, Claire Trevor, George Sanders, Brian Doulery.
Western. Siedler im Kampf gegen verbrecherische Indianerlieferanten und britische Barrasköpfe; schwacher B-Western mit Wayne in einer der Rollen, die sein späteres (»Law and Order«-)Renommee vorbereiteten.

Der Blade Runner / Blade Runner *** ½
USA 1982 – 117 Min. Ⓥ Warner Home. – R: Ridley Scott. D: Harrison Ford, Rutger Hauer, Sean Young, Daryl Hannah, Edward J. Olmos.
Science-fiction-Film. Ein Polizist mit Spezialauftrag jagt im Jahr 2019 meuternde künstliche Menschen – Replikanten – durch ein verregnetes Los Angeles. Der düstere, am »Film noir« der vierziger und fünfziger Jahre orientierte, atmosphärisch dichte SF-Krimi von Kultregisseur Ridley Scott (»Alien«) setzt neue Genre-Maßstäbe.

Das Blau der Hölle / Bleu comme l'enfer ** ½
F 1985 – 95 Min. Ⓥ VPS. – R: Yves Boisset. D: Lambert Wilson, Tcheky Karyo, Myriem Roussel, Agnès Soral.
Actionfilm. Die Frau eines neurotischen Polizisten reißt aus, zu ihrem und dessen Pech mit einem sympathischen Autodieb; der haßerfüllte Gesetzeshüter hetzt die Liebenden gnadenlos; Thriller, der sich nicht recht zwischen rasanter Action und großer Leidenschaft entscheiden kann.

Blau ist der Himmel / Blue Skies ** ½
USA 1946 – 101 Min. – R: Stuart Heisler. D: Fred Astaire, Joan Caulfield, Bing Crosby.
Musikkomödie. Triviale Story um einen Rundfunksprecher, der die Frau seines Lebens getroffen hat. Leider ist sie bereits mit seinem besten Freund verheiratet. Unterhaltsam, routiniert, mit der Musik von Irving Berlin.

Blaubart ***
BRD 1984 – 95 Min. – R: Krzysztof Zanussi. D: Vadim Glowna, Karin Baal, Vera Tschechowa, Elisabeth Trissenaar, Margarethe von Trotta.
Literaturverfilmung. Der Arzt Felix Schaad ist in einem Prozeß angeklagt, seine sechste Frau, die nach der Scheidung Prostituierte wurde, getötet zu haben. Nach der Blaubart-Erzählung von Max Frisch. Der Film erhielt einen Preis 1984 in Venedig.

Blaubarts achte Frau / Bluebeard's Eighth Wife ** ½
USA 1938 – 82 Min. sw. – R: Ernst Lubitsch. D: Gary Cooper, Claudette Colbert, Edward Everett Horton, David Niven.
Komödie. Die achte Ehefrau eines Millionärs erfährt erst am Hochzeitstag von ihren Vorgängerinnen und trifft Vorkehrungen; routiniert mit witzigen Höhepunkte; mit einem Cooper, der sich sichtlich ein Pferd herbeiwünscht.

Blaue Berge / Golubyje Gory ** ½
UdSSR 1984 – 92 Min. – R: Eldar Schengelaja. D: Ramaz Giorgobiani, Vasilij Kachnischwili, Teimuraz Tschirgadse.
Politsatire. Ein junger georgischer Dichter will seine Werke veröffentlichen; er erlebt die »Arbeit« von Institutionen und Gremien; böse Abrechnung mit dem Leerlauf bei bürokratischer Verwaltung geistiger Produkte.

Das blaue Bidet TV-Film
BRD – 95 Min. – R: Claus-Peter Witt. B: Joseph Breitbach. D: Klaus Schwarzkopf, Peter Buchholz, Evelyn Hamann, Barbara Valentin, Paul Edwin Roth.
Satirischer Film um einen Industriellen-Spießer, der seine Fabrik verkauft und die Freuden des Lebens nachholen will. Witziges Psychogramm einer Kapitalistenseele.

Die blaue Dahlie / The Blue Dahlia ** ½
USA 1946 – 96 Min. sw. – R: George Marshall. D: Alan Ladd, Veronica Lake, William Bendix, Howard da Silva.

Krimimelodram. Breit erzähltes Nachkriegsgeschehen um einen Heimkehrer, dessen untreue Frau ermordet wird. Story von Raymond Chandler, exzellente Darsteller, düstere »Film noir«-Stimmung mit wetterleuchtenden Pointen.

Der blaue Engel *** ½

D 1930 – 113 Min. sw. Ⓥ VPS. – R: Josef von Sternberg. D: Emil Jannings, Marlene Dietrich, Kurt Gerron, Rosa Valetti, Hans Albers.

Literaturverfilmung. Die verführerische Nachtklubsängerin Lola-Lola mit den schönsten Beinen der Welt verhext in der berüchtigten Kaschemme »Der blaue Engel« den spießigen deutschen Professor. Ein Dramolett mit Musik, das die große Marlene weltberühmt machte. Nach dem Roman »Professor Unrat« (1905) von Heinrich Mann; u. d. T. »The Blue Angel« Fassung in englischer Sprache.

Der blaue Engel / FLOP
The Blue Angel

USA 1959 – 108 Min. – R: Edward Dmytryk. D: Curd Jürgens, May Britt, Theodore Bikel, John Banner.

Melodram. Gescheiterte Neuauflage des Klassikers von Josef von Sternberg aus dem Jahr 1930 um den verspießerten Professor, der einem Nachtklubengel verfällt. Uninspiriert, im Labyrinth der literarischen Vorlage von Heinrich Mann ratlos verirrt.

Die blaue Eskadron / **
A Distant Trumpet

USA 1963 – 110 Min. – R: Raoul Walsh. D: Troy Donahue, Suzanne Pleshette, James Gregory.

Kavalleriewestern. Ein an die Front versetzter Leutnant im Fight gegen Disziplinlosigkeit, Indianer und Vorgesetzte. Mit schönen Genreszenen und üblichem Vorurteil gegenüber Rothäuten von Walsh (»Die Teufelsbrigade«) in Szene gesetzt.

Blaue Gauloises / Les Gauloises bleues ** ½

F 1968 – 93 Min. – R: Michel Cournot. D: Jean-Pierre Kalfon, Annie Girardot, Nella Bielski.

Sozialkritischer Film. Ein Arbeiter erinnert sich, während er auf die Niederkunft seiner Frau wartet, in kaleidoskopischen Montagen an seine und seiner Familie Lebensgeschichte; trotz gelegentlicher Ausrutscher in Richtung Tränen- und Rührseligkeit eine sehenswerte experimentelle Studie aus dem Proletariermilieu.

Die blaue Hand * ½

BRD 1967 – 85 Min. Ⓥ Videbox. – R: Alfred Vohrer. D: Harald Leipnitz, Klaus Kinski, Diana Körner.

Gruselkrimi. Harald Leipnitz als Scotland-Yard-Inspektor im nebligen London auf der Jagd nach dem geheimnisvollen Kapuzenmann mit der eisernen Hand. Den Rest besorgen Schauereffekte.

Das blaue Land / **
Le pays bleu

F 1976 – 105 Min. – R: Jean-Charles Tacchella. D: Jacques Serres, Brigitte Fossey, Ginette Garcin, Ginette Mathieu.

Liebesfilm. In der ländlichen Weite des französischen Südens finden zwei grundverschiedene Menschen durch ihre Freiheitsliebe zusammen; eine einfache Geschichte, voller Humor und Wärme.

Das blaue Meer und du * ½

BRD 1959 – 90 Min. – R: Thomas Engel. D: Fred Bertelmann, Karin Dor, Renate Ewert, Hans Nielsen, Ursula Herking, Chris Howland.

Schlagerfilm. Zwei junge Freundinnen wollen nach Jugoslawien trampen; einem besorgten Vater gelingt es jedoch, die Tramperei als Ferienreise so zu arrangieren, daß sie wie zufällig aussieht; für eine Schnulze recht einfallsreich.

Blaue Nächte / Mardi Gras ** ½

USA 1958 – 107 Min. – R: Edmund Goulding. D: Pat Boone, Christine Carere, Tommy Sands, Sheree North.

Musikfilm. Der Absolvent einer Militärakademie gewinnt bei einer Tombola ein Date mit einem Filmstar; spritziges, lockeres kleines Musical vor der Kulisse des Karnevals von New Orleans.

Der blaue Nachtfalter *

BRD 1959 – 90 Min. sw. – R: Wolfgang Schleif. D: Zarah Leander, Christian Wolff, Paul Hartmann, Werner Hinz.

Melodram. Eine Ex-Chansonette wird

Opfer eines Justizirrtums und muß ins Zuchthaus, ihr Sohn hält sie für tot; niveauarme, sentimentale Schmonzette.

Das Blaue vom Himmel ** ½

ČSSR 1983 – 78 Min. – R: Otá Koval. – D: Martin Filip, Lucie Novotna, Pamela Kneschova, Karel Slabý.

Jugendfilm. Der zehnjährige Thomas lebt mit seiner Mutter in einer kleinen Stadt. Er trägt Wäsche für sie aus, malt und träumt von einer Wunderfarbe, die Bilder lebendig macht; phantasievoll.

Der Blaufuchs **

D 1938 – 96 Min. sw. – R: Viktor Tourjansky. D: Zarah Leander, Willy Birgel, Paul Hörbiger, Jane Tilden, Karl Schönböck, Rudolf Platte.

Melodram. Schöne Ungarin, vom Süßwasserfische erforschenden Ehemann vernachlässigt, verliebt sich in flotten Flieger, doch der ist des Gatten bester Freund; Birgels Edelmut und Hörbigers Verschrobenheit viel zu penetrant, und Zarah fragt sich »Kann denn Liebe Sünde sein?«.

Der Blaumilchkanal ** ½

BRD/Israel 1969 – 90 Min. Ⓥ atlas film + av. – R, B: Ephraim Kishon. D: Bomba Zur, Nissim Azikri, Shraga Friedman, Avner Neyskiyahu, Oded Teumi.

Politsatire. Blaumilch, harmloser Irrer mit Buddeltick, wühlt sich aus der Anstalt quer durch Tel Aviv bis ans Meer; am Ende machen so hilflose wie bornierte Beamte das Beste draus: Sie weihen entnervt einen Kanal ein; Bürokratiesatire mit mildem Biß.

Die Blechpiraten / Gone in 60 Seconds **

USA 1974 – 98 Min. – R: H. B. Halicki. D: H. B. Halicki, Marion Busia, Jerry Daugirda, James McIntyre.

Karambolagefilm. Eine mexikanische Bande hat von einem Autoknackerteam 48 Autos binnen fünf Tagen angefordert. Nur mit tollkühnen Stunts auf der Flucht vor der Polizei kann der Gangsterchef seinem Kundendienst nachkommen, wobei in diesem amüsanten Filmkracher 93 Autos zu Bruch gehen.

Die Blechtrommel ***

BRD 1978 – 135 Min. – R: Volker Schlöndorff. D: David Bennent, Mario Adorf, Angela Winkler, Daniel Olbrychski, Katharina Thalbach, Berta Drews, Charles Aznavour.

Literaturverfilmung. Die Geschichte von Oskar, dem Trommler, der aus Protest gegen die Erwachsenen mit drei Jahren das Wachsen einstellt und so schreit, daß er Glas zum Zerspringen bringt. Mit großem Aufwand und Staraufgebot betriebene Verfilmung des Romans von Günter Grass. 1979 Oscar als bester ausländischer Film.

Bleib mir ja vom Leib / That Lucky Touch *

GB 1975 – 95 Min. – R: Christopher Miles. D: Roger Moore, Susannah York, Sydne Rome, Shelley Winters.

Gesellschaftskritischer Film. Ein Waffenhändler und eine pazifistische, ehemalige Journalistin, die nun im NATO-Auftrag reist, treffen aufeinander und erleben gemeinsam Krieg und Frieden. Der Film vertut durch einfallslose Regie und flaue Dialoge sein brauchbares Thema.

Bleib sauber, Liebling / Rosy und der Herr aus Bonn ***

BRD 1971 – 79 Min. – R: Rolf Thiele. D: Horst Tappert, Heidi Jansen, Uwe Friedrichsen, Margot Trooger, Margot Hielscher.

Komödie. Eine von den angesehenen Eltern kurzgehaltene höhere Tochter bessert auf einfallsreiche Weise das Taschengeld auf und löst irrwitzige Verwicklungen aus; sorgfältig konstruierte Verwicklungskomödie von gut getimtem Witz, zu dem vor allen Margot Hielscher als leicht derangierte Grande Dame beiträgt; Tappert in einer ungewohnten, verblüffenden Rolle, ständig leicht verdutzt.

Bleichgesicht Junior / Son of Paleface ***

USA 1952 – 95 Min. – R: Frank Tashlin. D: Bob Hope, Jane Russell, Roy Rogers, Douglas Dumbrille, Bill Williams, Iron Eyes Cody.

Westernparodie. Der Sohn eines legendären Westmanns will an dessen Wirkungsstätten sein Erbe einsammeln; da dies nicht ganz einfach ist, kommt dem leicht versnobten Junior die Hilfe einer resoluten Saloonlady zustatten; Hope und Russell als munteres Paar in einem gagreichen Westernjux voll skurriler Komik; einige hintersinnige Absurditäten machen den Film zu einer der gelungensten Parodien des Genres.

Die bleierne Zeit ∗∗∗ ½

BRD 1981 – 96 Min. – B, R: Margarethe von Trotta. D: Jutta Lampe, Barbara Sukowa, Rüdiger Vogler, Luc Bondy, Verenice Rudolph, Doris Schade.

Politdrama. Das Thema Terrorismus, mit leidenschaftlicher Dialektik und menschlich ergreifend dargestellt am Beispiel der Schwestern Gudrun und Christiane Ensslin. Ein wichtiges Kapitel deutscher Geschichte aus privater Perspektive engagiert und trotzdem objektiv abgehandelt. Goldener Löwe auf dem Festival von Venedig.

Bleigewitter / Reverend's Colt ∗ ½

I/E 1976 – 78 Min. – R: Léon Klimovski. D: Richard Harrison, Guy Madison, Steven Tedd.

Western. Komplizierte Geschichte eines Pfarrerssohnes, der vom Kopfgeldjäger zum Reverend wird. Trotz guter Besetzung und passabler Ansätze ein Film, der Glaubwürdigkeit der Handlung durch Bleihaltigkeit ersetzt.

Blick von der Brücke / Vu du pont ∗∗

F/I 1961 – 115 Min. sw. – R: Sidney Lumet. D: Raf Vallone, Jean Sorel, Maureen Stapleton, Raymond Pellegrin.

Literaturverfilmung. Adaption eines Dramas von Arthur Miller um die verzweifelte Liebe eines italienischen Einwanderers in New York, die im Selbstmord endet; darstellerisch überzeugend, von der Regie her eher routiniert als engagiert.

Das blinde Glück TV-Film

BRD 1986 – 80 Min. – R: Bastian Cleve. D: Curt Lowens, Elfriede Pertack, Heinz Fitz, Martina Hindenberg.

Autorenfilm nach einem authentischen Fall gestaltet: Der 52jährige Kurt, seit frühester Kindheit blind, wird nach einer Operation nicht damit fertig, die Welt plötzlich sehen zu können.

Blinde Leidenschaft ∗∗ ½

BRD 1986 – 94 Min. – R: Sven Severin. D: Claude-Oliver Rudolph, Erwin Grosche, Leslie Malton, Peter Fitz.

Juxfilm. Ein gerade geschiedener Mann und Erfolglosautor begegnet seinem ehemaligen Schulfreund, der mit selbstverfaßten Kopien literarischen Ruhm und Knete verdient; begeistert von den Ideen seines Freundes, macht der Erfolglose es ihm nach, doch sein Drehbuch hat unheilvolle Konsequenzen. Der im Dialog witzige, unbeschwerte und freche Film beleuchtet das Insidergehabe der Kreativen-Szene mit unbändigem Spaß.

Blinde Wut / Raserei / Fury ∗∗∗ ½

USA 1936 – 89 Min. sw. – R: Fritz Lang. D: Sylvia Sydney, Spencer Tracy, Bruce Cabot, Walter Brennan.

Melodram. Ein Fall von Beinahe-Lynchjustiz, der kollektive Vorurteile aufdeckt. Der wütende Mob steckt das Gefängnis in Brand, doch Joe entkommt und übt Rache. Ein Actionreißer, durchsetzt mit Zeichen und Symbolen. Fritz Langs erster Film in Hollywood.

Ein blinder Passagier hat's schwer / Doctor in Trouble ∗∗

GB 1970 – 90 Min. – R: Ralph Thomas. D: Leslie Phillips, James Robertson Justice, Harry Secombe, Robert Morley.

Komödie. Der Held der »Doktor...«-Serie (hier Leslie Phillips anstelle von Dirk Bogarde) ist verliebt und schleicht sich auf den Spuren der Verehrten an Bord eines Luxusdampfers; als Steward ist er ihr nahe, aber nicht nahe genug; die Routinespäße der angejahrten Serie verlieren hier allmählich an Wirkung.

Bliss / Bliss ∗∗

AUS 1985 – 111 Min. Ⓥ VCL. – R: Ray Lawrence. D: Barry Otto, Lynette Curran, Helen Jones, Miles Buchanan.

Komödie. Ein einflußreicher Geschäftsmann erlebt seinen Infarkttod und sein Wiedererwachen; sein Leben wird von nun an durch neue Werte bestimmt; eine nach einem dynamischen Anfang verflachende Satire, deren teils rabenschwarzer Humor nicht durchweg Lachen auslöst; ein mit dem australischen Oscar ausgezeichneter Film, der manche Möglichkeit verschenkt.

Blitzmädel an die Front * ½
BRD 1958 – 87 Min. sw. – R: Werner Klingler. D: Bert Fortell, Klausjürgen Wussow, Antje Geerk, Eva-Ingeborg Scholz.
Antikriegsfilm. Sommer 1944: Vor der Landung der Amerikaner kommen dreißig deutsche Nachrichtenhelferinnen an die Front nach Frankreich. Schwacher Versuch, die Sinnlosigkeit des Krieges mit dem Einsatz hübscher Damen zu problematisieren.

Blöde Sch... I love You
siehe: B. S. I Love You

Blond muß man sein auf Capri *
BRD 1961 – 90 Min. – R: Wolfgang Schleif. D: Karin Baal, Helmut Lohner, Maurizio Arena.
Liebeslustspiel. Chefsekretärin ist mit Juniorchef befreundet, als er verreist, macht sie Urlaub auf Capri. Dort umringen die schöne, aber spröde Blondine feurige Einheimische. Der Film nutzt die Gelegenheit, eine Handvoll Vorurteile auszustreuen und die Umgebung mit Postkartenbildern einzufangen.

Das blonde Glück / * ½
Lucky Me
USA 1954 – 96 Min. – R: Jack Donohue. D: Doris Day, Robert Cummings, Phil Silvers, Nancy Walker, Martha Hyer.
Komödie. Eine Schlagersängerin sucht in Florida Arbeit und findet ihre große Liebe; wenig origineller Situations- und Verwechslungsspaß, auch als Musikfilm nicht sonderlich beschwingt.

Die blonde Hexe / **
La sorcière
F 1956 – 93 Min. sw. – R: André Michel. D: Marina Vlady, Maurice Ronet, Nicole Courcel.
Liebesfilm. Wirkungsvolle, auf erotische Effekte geschickt und dezent kalkulierte Inszenierung; es geht um eine in den Wäldern als Enkelin einer angeblichen Hexe lebende Schöne, in die ein pragmatischer Ingenieur mit romantischem Hang sich verliebt. Paraderolle für Vlady.

Blonde Venus / Blonde Venus ***
USA 1932 – 83 Min. sw. – R: Josef von Sternberg. D: Marlene Dietrich, Herbert Marshall, Cary Grant.
Melodram. Helen gerät in eine vertrackte Situation: Um das Geld für die teure Operation ihres Ehemannes aufzutreiben, arbeitet sie wieder in ihrem alten Job als Nachtklubtänzerin und wird die Geliebte eines Mieslings. Daraufhin verläßt ihr Mann sie. Marlene Dietrich wird von Sternberg in der berühmten Licht-und-Schatten-Bildregie ausgeleuchtet.

Blonder Lockvogel / **
Decoy
USA 1946 – 76 Min. sw. – R: Jack Bernhard. D: Jean Gillie, Edward Norris, Herbert Rudley, Robert Armstrong.
Gangsterfilm. Der Gangsterboß ist eine Frau, schön und giftig wie eine Natter, eine Person, die über Leichen geht, am Ende ist sie selbst eine. Der rasante, pointierte Krimi mit schwarzer Lebensphilosophie bietet originelle optische Varianten zur Darstellung seines Themas.

Ein blonder Traum ***
D 1932 – 82 Min. sw. – R: Paul Martin. D: Lilian Harvey, Willy Fritsch, Willi Forst, Paul Hörbiger.
Zeitkritische Liebeskomödie. Zwei Fensterputzer leben mietfrei am grünen Stadtrand, eines Tages zieht ein reizender weiblicher Wandervogel ein; zu dritt beginnen die üblichen Beziehungskonflikte. Der musikalisch schmissige, ansehnlich gespielte und das Problemmilieu der 30er Jahre realistisch einbeziehende Film war zu Recht ein großer Ufa-Erfolg.

Blondinen bevorzugt / ** ½
Gentlemen Prefer Blondes
USA 1953 – 90 Min. – R: Howard Hawks. D: Marilyn Monroe, Jane Russell, Charles Coburn, Elliot Reid.
Liebeskomödie. Zwei attraktive Freundinnen auf der Jagd nach dem Millionär ihres Herzens. Ihre charakterliche Mischung aus Kampfkraft und Schwäche gibt Gelegenheit zu absurden Verwechslungen und Mißverständnissen, die Hawks (»Leoparden küßt man nicht«) zu filmischer Brillanz und die beiden Hauptdarstellerinnen zu komödiantisch erstaunlichen Leistungen nutzen.

Blood on the Sun
siehe: Spionage in Fernost

Bloody Mama / Bloody Mama ** ½
USA 1969 – 90 Min. – R: Roger Corman. D: Shelley Winters, Pat Hingle, Don Stroud, Diane Varsi, Bruce Dern, Robert De Niro.
Gangsterfilm. Um lockere Authentizität bemühte Verfilmung der Biographie einer neurotischen Mutter, die aus Rachegelüsten gegen die Gesellschaft der dreißiger Jahre mit ihren vier psychisch gestörten Söhnen eine Raub- und Mordkarriere beginnt; ideologisch überfrachteter, aktuell sozialkritischer Gangsterkrimi mit dramaturgischen Schwächen, die ein gutes Team nicht überspielen kann.

Blow up / Blow-Up ***
GB 1967 – 111 Min. Ⓥ MGM/UA. – R: Michelangelo Antonioni. D: David Hemmings, Vanessa Redgrave, Sarah Miles, Peter Bowles.
Milieukritischer Popfilm. Ein karrierebesessener Modefotograf glaubt, zufällig einem Verbrechen auf die Spur gekommen zu sein, aber die Tat ist nicht rekonstruierbar, es gibt keine Leiche und vielleicht auch keinen Mord. Antonioni erzählt diesen Kriminalfall beunruhigend aus der saturierten Popszene heraus, die im Farben-und-Formen-Rausch versinkt und soziale Tatsachen für Fiktion hält.

The Blue Angel
siehe: Der blaue Engel

Blue Blood **
GB 1973 – 90 Min. sw. OoU. – R: Andrew Sinclair. D: Oliver Reed, Derek Jacoby, Anna Gale.
Melodram. Auf einem alten Herrensitz erlebt eine deutsche Gouvernante, wie ein machtgieriger Butler seinen schwachen Herrn dominiert; spannendes Psychodrama, wenn auch weniger intensiv als Joseph Loseys »Der Diener«.

Blue Collar – Kampf am Fließband / Blue Collar ***
USA 1977 – 107 Min. – R: Paul Schrader. D: Richard Pryor, Harvey Keitel, Yaphet Kotto, Ed Begley jr., Lucy Saroyan.
Zeitdokument. Als drei Fließbandarbeiter einer Automobilfabrik in Detroit eines Tages den Entschluß fassen, die Kasse ihrer Gewerkschaft »anzuzapfen«, gelangen sie an wichtige Informationen. Zorniger Thriller über eine korrupte Gesellschaft – engagiert, mitreißend.

Blue Money
siehe: Die Jagd nach dem Schwarzgeld – Blue Money

Blues Brothers / Blues Brothers ***
USA 1979 – 133 Min. – R: John Landis. D: John Belushi, Dan Aykroyd, Kathleen Freeman, James Brown, Ray Charles, Aretha Franklin.
Musikkomödie. So cool wie die Brüder Blues ist niemand: Nach dem Knast organisieren sie ihre alte Band, und der Rock-and-Soul-Express geht los, der einen Naziparteivorstand und hundert Polizei-Chevys überrollt. Die beiden Hauptdarsteller spielen sich selbst in diesem mit hochkarätigen Musikern besetzten knalligen Kultfilm.

Bluff / Il grande bluff * ½
I 1975 – 105 Min. – R: Sergio Corbucci. D: Anthony Quinn, Adriano Celentano, Capucine, Corinne Cléry.
Gangsterkomödie. Ganoven unter sich, aber viel wissen sie daraus nicht zu machen. Ebensowenig die Regie von Italo-Altmeister Corbucci (»Django«). So schleppt sich diese Parodie durch Knast und Freiheit.

Blühende Zeiten / Blomstrande tider ***
S 1979 – 100 Min. – R: John Olsson. D: Krister Henriksson, Ake Lindström, Margret Weivers.
Sozialkritischer Film. Ein schwedischer UN-Soldat kehrt aus Zypern nach Hause zurück, hier findet der Mann der Friedenstruppe nur alltäglichen Kleinkrieg mit Personen und sozialen Verhältnissen vor; politische Ideale verschleißen schnell im Alltagskampf. Der Film porträtiert seinen Hauptdarsteller, dessen Umgebung und auch die schwedische Wirklichkeit der 70er Jahre mit hemmungslos genauem Blick; beeindruckend.

Blühender Blödsinn / Horse Feathers ***
USA 1932 – 64 Min. sw. OmU. – R:

Norman Z. McLeod. D: Groucho Marx, Harpo Marx, Chico Marx, Zeppo Marx, Thelma Todd.
Marx-Brothers-Groteske. Als Collegedirektor begünstigt Groucho schamlos seinen Filius und dessen Footballmannen. Im gnadenlos witzigen Kampf um Überlebenspunkte bleiben die chaotischen Marx-Brüder Sieger und lassen zu Bruch gehen, was nicht angeleimt ist. Ein frühes, funkelndes Filmperlenband an anarchistischen Einfällen.

Blumen des Schreckens / The Day of the Triffids ** ½
GB 1961 – 94 Min. auch OoU. – R: Steve Sekely. D: Howard Keel, Nicole Maurey, Janette Scott, Kieron Moore, Alexander Knox.
Science-fiction-Film. Meteorstrahlung läßt Menschen erblinden, fleischfressende Pflanzen wachsen zu Riesenexemplaren und beginnen zu wandern und zu jagen; wenig Handlung in einem Thriller der schön gruseligen Bilder.

Blut an den Lippen / Le rouge aux lèvres **
B/BRD/F 1970 – 90 Min. – R: Harry Kümel. D: Andrea Rau, Delphine Seyrig, John Karlen.
Vampirfilm. Ästhetisch verspielter, die Bilder, Effekte und Motive mixender phantastischer Horrorfilm um eine lesbische Vampirliebe und die Normalität von irdischem Sex.

Das Blut der schwarzen Schlange / La mano spietata della legge ** ½
I 1973 – 85 Min. – R: Mario Gariazzo. D: Philippe Leroy, Klaus Kinski, Tony Norton, Pia Giancaro, Adolfo Celi, Fausto Tozzi.
Thriller. Ein Mafiakiller erledigt schwierige Aufgaben mit Raffinesse und Kaltblütigkeit; ein Polizeioffizier versucht ihn zu packen; harter Actionfilm mit einem gewohnt nervigen Kinski.

Blut für Dracula / Dracula – Prince of Darkness * ½
GB 1965 – 90 Min. – R: Terence Fisher. D: Christopher Lee, Barbara Shelley, Andrew Keir, Francis Matthews.
Horrorfilm. Dracula, so scheint's, ist tot; daher besuchen zwei Ehepaare unbesorgt sein Karpatenschloß; einer der schwächeren Filme des Untergenres.

Blut im Schnee / Dangerous Mission **
USA 1954 – 75 Min. – R: Louis King. D: Victor Mature, Vincent Price, Piper Laurie, William Bendix.
Gangsterfilm. Das Mädchen Louise wird Zeuge eines Mordes in New York und versteckt sich daraufhin in den Bergen Montanas. Zwei Gangster und ein Detektiv sind hinter ihr her – gut gebauter Krimi.

Blüten, Gauner und die Nacht von Nizza / Le jardinier d'Argenteuil / Tulipe **
BRD/F 1966 – 89 Min. – R: Jean-Paul Le Chanois. D: Jean Gabin, Liselotte Pulver, Curd Jürgens, Pierre Vernier.
Gaunerkomödie. Schauplätze dieser flott erzählten Geschichte sind die Côte d'Azur und Paris, im Mittelpunkt steht ein naiver Maler und Rentner, der Falschgeld je nach Bedarf druckt. Glücksspiel, Rivalitäten und gesellschaftliche Verwicklungen – unterhaltsam präsentiert.

Blüten im Staub / Blossoms in the Dust ** ½
USA 1941 – 95 Min. sw. – R: Mervyn LeRoy. D: Greer Garson, Walter Pidgeon, Felix Bressart.
Melodram. Anrührendes, gefühlsstark interpretiertes Filmschicksal um eine junge Frau, deren Leben zum Dienst am Nächsten, sprich Waisenkindern, umschwenkt, als sie ihr eigenes Kind verliert. Perfekt und routiniert inszenierte Story.

Blutfeindschaft / House of Strangers **
USA 1949 – 101 Min. sw. – R: Josef L. Mankiewicz. D: Edward G. Robinson, Susan Hayward, Richard Conte, Debra Paget.
Schwarzes Melodram. Mit Stars besetzter Familienfilm über einen eisenharten Patriarchen, der bei einem faulen Bankgeschäft auffliegt und seinen Clan ruiniert. Das mörderische Happy-End, Jahre später, rundet den illusionslosen, aber genüßlich erzählten Film folgerichtig ab.

Blutgericht / La rivolta dei sette ✻✻
I 1964 – 85 Min. – R: Alberto de Martino. D: Tony Russel, Massimo Serato, Nando Gazzolo, Helga Liné.
Historienschinken. Der Herrscher von Sparta will ganz Griechenland; Rebellen durchkreuzen diese Pläne. Blut, Schweiß und Tränen sind die Folge, dazu mixt der farbechte, aber historisch ungenaue Film Liebe, Tod und Teufel in die Handlung; für Fans des Sandalengenres.

Bluthochzeit / Bodas de sangre ✻✻ ½
E 1981 – 67 Min. Ⓥ Taurus. – R: Carlos Saura. D: Antonio Gades, Christina Hoyos, Juan Antonio, Carmen Villena.
Tanzfilm. Das Eifersuchtsdrama von Federico García Lorca verwandelt sich in ein Gesamtkunstwerk aus Mimik, Tanz, Musik und Poesie. Der Film gilt als eine Art Vorstudie zu Sauras Welterfolg »Carmen«.

Blutige Diamanten / Rope of Sand ✻✻ ½
USA 1949 – 104 Min. sw. – R: William Dieterle. D: Burt Lancaster, Paul Henreid, Corinne Calvet, Peter Lorre.
Abenteuerfilm. Ein Dieb auf der Spur seiner versteckten Beute, andere Interessenten auf seinen Fersen; Diamantenfieber zerstört harte Schutzmaterialien und zarte Beziehungen; beachtliche Darsteller in einem straff inszenierten Film.

Blutige Hochzeit / Les noces rouges ✻✻✻
F 1973 – 92 Min. – R: Claude Chabrol. D: Stéphane Audran, Michel Piccoli, Claude Piéplu, Eliana de Santis, Clothilde Joano.
Zeitkritischer Liebesfilm. Ehe- und Eifersuchtstragödie in einer Provinzstadt, in der spontane Liebesgefühle nur versteckt gedeihen und deshalb Unheil hervorbringen. Chabrol (»Die Phantome des Hutmachers«) zieht alle Register seines bitterbösen, scharfsichtigen, ironischen und stets vollendeten Könnens.

Blutige Spur / Pour venger Pépère TV-Film
F – 90 Min. – R: Joël Seria. D: Feodor Atkine, Julien Guiomar, Gérard Zalcberg, Marcel Poitier.
An die »schwarzen« Kinofilme angelehnte Story von der Rache des Enkels für seinen kaltblütig ermordeten Großvater; hervorragend gespielt, gewalttätig und spannend.

Blutige Spur / Tell Them Willie Boy Is Here ✻✻ ½
USA 1969 – 96 Min. – Ⓥ CIC. – R: Abraham Polonsky. D: Robert Redford, Katharine Ross, Robert Blake, Susan Clark, Barry Sullivan.
Western. Ein Indianer will gegen die Bürger-Empörung seine weiße Freundin heiraten, deren Vater bedroht ihn, und er tötet ihn in Notwehr; er flieht mit seiner Geliebten, und der Sheriff jagt ihn; straff inszenierter Western nach klassischen Mustern, aber ohne gängige Klischees und mit neuen, unbequemen Inhalten. Der Film realisiert die US-Erfahrungen des Regisseurs Polonsky, der im McCarthy-Hollywood unter dem Bann der »Schwarzen Liste« stand.

Blutige Streiche / Bloody Kids ✻✻ ½
GB 1979 – 87 Min. – R: Stephen Frears. D: Derrick O'Connor, Gary Holton, Richard Thomas, Peter Clark.
Melodram. Ein blutiger Kinderstreich gibt authentische Einblicke in die eisige Welt eines englischen Armenviertels. Langeweile, Frust und tödliche Großstadtspiele vermittelt dieser zeitkritische Gegenwartsfilm.

Die blutigen Geier von Alaska ✻
BRD 1973 – 95 Min. – R: Harald Reinl. D: Doug McClure, Harald Leipnitz, Roberto Blanco.
Western. Ein Trapper macht sich auf, den Mörder eines Golddiggers aufzuspüren. Ein tüchtiger Hund leistet ihm dabei wertvolle Dienste. Dürftig.

Blutiger Freitag / Violenz contro violenz FLOP
BRD/I 1972 – 97 Min. – R: Rolf Olsen. D: Raimund Harmstorf, Gila von Weitershausen, Amadeus August.
Krimi. Versuch, die Welle von Banküberfällen in der Bundesrepublik Anfang der 70er Jahre filmisch zu bewältigen; sorglos zusammengeschusterte, spekulative Räu-

berpistole; unaufrichtig, brutal und schauspielerisch vom Dürftigsten; am interessantesten die Großaufnahmen von Harmstorfs Hosenlatz und einige Dialogstellen mit falscher Grammatik.

Blutiges Blei / Il prezzo del potere ** ½

I/E 1970 – 90 Min. – Ⓥ Polyband/Toppic. – R: Tonino Valerii. D: Giuliano Gemma, Van Johnson, Warren Vanders, Ray Sanders, Maria Cuadra, Fernando Rey.

Western. 1881 entgeht Präsident Garfield in Texas einem ersten Anschlag von Rassenfanatikern, beim zweiten zahlt er den im Originaltitel zitierten »Preis der Macht«; Politwestern mit starken, oft etwas wirren Actionelementen, die auf den Kennedy-Mord in Dallas anspielen.

Blutiges Öl / The Guns and the Fury *

USA 1981 – 90 Min. Ⓥ Jaguar. – R: Tony Zarindast. D: Peter Graves, Albert Salmi, Cameron Mitchell.

Agententhriller. Auseinandersetzungen um persisches Öl zwischen Briten und Russen um die Jahrhundertwende; spannungsarm.

Blutjung zur Lust verführt / Priester, du sollst nicht ohne Liebe leben / Il preto sposato ** ½

I/F 1970 – 79 Min. – R: Marco Vicario. D: Rossana Podestà, Lando Buzzanca, Salvo Randone, Barbara Bouchet, Luciano Salce.

Lustspiel. Ein sittenstrenger sizilianischer Priester kommt im Sündenbabel Rom in immer neue Versuchungen; spekulative und nicht immer geschmackvolle Farce um Zölibatsnöte, der skurriler klerikaler Witz nicht völlig fehlt.

Blutrache / The Corsican Brothers ** ½

USA 1941 – 115 Min. sw. – R: Gregory Ratoff. D: Douglas Fairbanks jr., Ruth Warrick, Akim Tamiroff, J. Carrol Naish.

Abenteuerfilm. Adaption von Alexandre Dumas' Mantel-und-Degen-Roman von der Feindschaft zweier korsischer Familien und einem Zwillingsbrüderpaar, das nach einem Überfall getrennt aufwächst und Jahre später in Rachedurst zusammenfindet (Fairbanks in einer sensationellen Doppelrolle); farbenfreudiges Actionspektakel, für die Entstehungszeit tricktechnisch ausgezeichnet umgesetzt.

Blutsverwandte / Last of the Mobile Hot Shots ** ½

USA 1969 – 110 Min. – R: Sidney Lumet. D: James Coburn, Lynn Redgrave, Robert Hooks, Perry Hayes.

Literaturverfilmung. Eine Heirat aus Jux vor der Fernsehkamera verbindet einen schwerkranken Farmer und eine kesse Biene mehr, als beide ahnen. Lumet inszenierte den Film als pausenlose Folge von Überraschungen und Besonderheiten des Milieus; nach Tennessee Williams.

Blutzoll / Portrait of a Heat Man *

USA 1980 – 90 Min. – R: Alan Buckhantz. D: Rod Steiger, Jack Palance, Bo Swenson.

Krimi. Als ein Killer den anonymen Auftrag erhält, seinen besten Freund zu töten, sucht er den Auftraggeber; wegen der Hauptdarsteller ansehbar.

BMX-Bandits / BMX Bandits **

AUS 1983 – 88 Min. Ⓥ Constantin. – R: Brian Trenchard-Smith. D: John Ley, David Argue, Nicole Kidman, James Lugton, Angelo D'Angelo.

Actionfilm. Einem Mädchen und zwei Jungen gelingt es, Walkie-talkie-Schmuggler hereinzulegen; flotter Jugendfilmspaß, der der BMX-Rad-Begeisterung Werbematerial nachliefert.

Bob, der Spieler

siehe: Drei Uhr nachts

Bobby Deerfield / Bobby Deerfield **

USA 1979 – 188 Min. – R: Sydney Pollack. D: Al Pacino, Marthe Keller, Anny Duperey.

Romanze. Porträt eines sensiblen Autorennfahrers, dessen Alfa Romeo in Le Mans in Brand gerät und der für eine todkranke Schweizerin entflammt. Schmonzette im fünften Gang; nach einem Roman von Erich Maria Remarque.

Bobby Dodd greift ein **

BRD 1959 – 92 Min. sw. – R: Géza von Cziffra. D: Walter Giller, Margit Nünke, Mara Lane, Karin Baal, Werner Peters.

Kriminalkomödie. Ein heruntergekommener Privatdetektiv setzt mit Pfiffigkeit und Phantasie drei Ganoven matt; von Michael-Jary-Musik begleitete parodistische Groteske.

Bobo ist der Größte / The Bobo ∗ ½
GB 1967 – 99 Min. – R: Robert Parrish. D: Peter Sellers, Britt Ekland, Rossano Brazzi, Adolfo Celi, Ferdy Mayne.
Lustspiel. Sellers muß Ekland in drei Tagen verführen, damit er, mieser Sänger und untalentierter Stierkämpfer, als singender Torero ins Showbusineß darf; trotz Sellers eher mißraten.

Der Bockerer ∗∗
BRD/A 1981 – 104 Min. – R: Franz Antel. D: Karl Merkatz, Ida Krottendorf, Alfred Böhm, Heinz Marecek, Georg Schluchter, Gustav Knuth.
Zeitkritische Komödie. Den Wiener Metzgermeister Bockerer trifft die Besetzung Österreichs durch Nazideutschland schwer. Dennoch wurstelt er sich unpolitisch durch. Tragikomischer Film im Volksstückstil.

Body Rock / Body Rock ∗ ½
USA 1984 – 93 Min. – R: Marcelo Epstein. D: Lorenzo Lamas, Vicky Frederick, Cameron Dye.
Tanzfilm. Als ein Breakdancer ins große Geschäft kommt, verleugnet er rasch die alten Kumpel und eine schmachtende Schönheit; da aber vor dem Fall bekanntlich Hochmut den Niedergang andeutet, geht in diesem Klischeefilmchen nach Selbstbesinnung einiges doch noch gut aus.

Bodycheck / Youngblood ∗∗
USA 1985 – 105 Min. Ⓥ Warner Home. – R: Peter Markle. D: Rob Lowe, Patrick Swayze, Ed Lauter, Cynthia Gibb, George Finn.
Eishockeyballade. Der junge Dean Youngblood ist ein begabter Eishockeyspieler und hat sich in den Kopf gesetzt, Profi zu werden; ehe er so weit kommt, muß er lernen, mit harten Bandagen zu kämpfen, denn Foul ist Trumpf im Sportalltag; die Tochter des Trainers ist der Lohn für den Erfolg. Brutale Aufsteigerstory im Rambostil, gebrochen durch die subtile Darstellung von Rob Lowe.

Bolero ∗∗
BRD 1983 – 99 Min. – R: Rüdiger Nüchtern. D: Katja Rupé, Michael König, Maxi Nüchtern, Kurt Raab, Paul Hubschmid.
Ehedrama. Weil seine Frau Lena als Galeristin erfolgreicher ist als er, komponiert Rockmusiker Pete aus lauter Trotz einen Bolero – olé! Schicke Popfabel um Liebe und Karriere.

Bomben auf Monte Carlo ∗∗
D 1931 – 101 Min. sw. – R: Hanns Schwarz. D: Hans Albers, Anna Sten, Heinz Rühmann, Ida Wüst.
Abenteuerkomödie. Ein Kreuzer-Kapitän weigert sich, eine Operettenprinzessin auf einer Vergnügungsfahrt zu begleiten, er steuert Monte Carlo an; hier erwarten ihn und seinen Ersten Offizier nicht nur beim Roulett überraschende Abenteuer. Schmissiger, musikalisch verfeinerter Unterhaltungsfilm (Albers singt »Das ist die Liebe der Matrosen«), thematisch von treudeutscher Harmlosigkeit.

Bomben auf Washington / Under Siege TV-Film
USA 1986 – 150 Min. – R: Robert M. Young. D: Peter Strauss, Mason Adams, Lew Ayres, George Grizzard, Hal Holbrook, E. G. Marshall, Beatrice Straight, Victoria Tennant.
Die Vereinigten Staaten stehen vor dem ersten Fall von großangelegtem Terrorismus von innen; spannender Thriller mit einfallsreichen Special Effects; ein gutes Team läßt Schwächen des geschwätzigen Drehbuchs vergessen.

Der Bomber / Bomber ∗∗
I 1982 – 98 Min. Ⓥ VPS. – R: Michele Lupo. D: Bud Spencer, Jerry Cala, Kalie Knoetze, Mike Miller.
Bud-Spencer-Film. Spencer, die Faust des Actionfilms, diesmal als Exboxer, der ein Nachwuchstalent gegen den Angstgegner trimmt. Hiebe und Witze immer knapp unter die Gürtellinie sind keine Seltenheit, wenn der Dicke auftritt. Sehenswert: die Boxkampfsequenzen. Für Spencer-Fans.

Bomber B-52 / Bombers B-52 ∗ ½
USA 1957 – 102 Min. – R: Gordon

Douglas. D: Natalie Wood, Karl Malden, Efrem Zimbalist jr., Marsha Hunt, Don Kelly.
Fliegerfilm. Ein Luftwaffenkommandant weiß nicht recht, was er will, da seine Tochter, der Liebe wegen, auch nicht weiß, was sie will; matte Story als Mantel für US-Air-Force-Reklame.

Bomber und Paganini ** ½
BRD 1976 – 105 Min. Ⓥ atlas. – R: Nicos Perakis. D: Mario Adorf, Tilo Prückner, Hannelore Schroth, Barbara Valentin, Margot Werner, Heinrich Schweiger.
Gangstergroteske. Zwei Gangster, Mitglieder des Syndikats, stellen sich beim Tresorknacken so schusselig an, daß die Sauerstoffflasche explodiert und die beiden zu Invaliden werden. Die Unterwelt lacht über sie, doch die beiden rächen sich. Eine Gangster-Krüppel-Komödie voller Witz, Phantasie und schwarzem Humor – der Film erhielt mehrere Preise.

Bombshell ** ½
USA 1933 – 90 Min. sw. OmU. – R: Victor Fleming. D: Jean Harlow, Lee Tracy, Frank Morgan, Franchot Tone.
Milieukomödie. Harlow als Hollywoodstar in amüsanter Satire aufs Filmgeschäft, Tracy ein skrupelloser Manager mit höllischer Energie. Turbulent, einfallsreich, tempogeladen.

Bonas große Liebe / Bona ** ½
Philippinen 1981 – 85 Min. – R: Lino Brocka. D: Nora Aunor, Phillip Salvador, Rustica Carpio, Venchito Galvez.
Psychogramm. Eine junge Filipina verliebt sich gegen den Willen der Eltern in einen eitlen Casanova und erlebt eine Enttäuschung; einfühlsame Studie aus der Welt der philippinischen Unterschicht.

Les bon débarras
siehe: Weg mit Schaden

Eine Bonner Affäre TV-Film
BRD 1988 – 90 Min. – R: Bernd Schadewald. D: Helmut Zierl, Gerhard Olschewski, Ursela Monn, Ulrich Pleitgen, Felix von Manteuffel, Monika Baumgartner, Hark Bohm.
Der persönliche Referent eines ehrgeizigen Politikers in Bonn gerät unversehens in die Schußlinie; er steht über Nacht unter Spionageverdacht, seine Freundin verläßt ihn, kalt eingefädelte Winkelzüge und Verdächtigungen im schmutzigen Politpoker ziehen ihm den Boden unter den Füßen weg; eine entscheidende Rolle spielt dabei das Wechselspiel zwischen Politik und Presse. Spannend inszenierte Fernsehunterhaltung, die einen Blick hinter die Kulissen der Macht in Bonn suggeriert.

Bonnie und Clyde / *** ½
Bonnie and Clyde
USA 1967 – 106 Min. Ⓥ Warner Home. – R: Arthur Penn. D: Warren Beatty, Faye Dunaway, Michael J. Pollard, Gene Hackman, Estelle Parsons, Gene Wilder.
Soziothriller. Balladesk strukturierter Film über ein Bankräuberpaar und seine Gang in der Depressionszeit; Anklänge des Robin-Hood-Motivs und stilisierte Filmzitate mildern die manifeste Gewalttätigkeit ebenso wie komödiantische Einschübe und Schnitte bei der TV-Version; trendsetzender Kultfilm.

Booker / Booker TV-Film
USA – 60 Min. – R: Avon Kirkland. D: Shavar Ross, Shelley Duvall, LeVar Burton.
Geschichte der Kindheit von Booker T. Washington, der zu den historischen Figuren der Sklavenbefreiung in den Südstaaten zählt; rührend, ohne Sentimentalität.

Das Boot ** ½
BRD 1981 – 145 Min. Ⓥ EuroVideo. – R, B: Wolfgang Petersen. D: Jürgen Prochnow, Herbert Grönemeyer, Klaus Wennemann, Günter Lamprecht, Otto Sander, Martin Semmelrogge.
Seekriegsfilm. Adaption des autobiographischen Bestsellers von Lothar-Günther Buchheim über einen dramatischen U-Boot-Einsatz 1941; leider gelingt es dem Film selten, wirkliche Anteilnahme am Schicksal der Männer zu wecken. Ein Ausstattungsfilm mit einem bemerkenswerten Team und herausragenden Einzelleistungen, darunter Jost Vacanos Kamera und Klaus Doldingers Musik. Dieses teuerste deutsche Kinospektakel lief auch als sechsteilige TV-Serie.

Das Boot ist voll ***
CH 1980 – 90 Min. sw. – R: Markus Imhoof. D: Tina Engel, Hans Diehl, Martina Walz, Curt Bois, Gerd David.
Zeitkritischer Problemfilm. Eine Gruppe jüdischer Flüchtlinge findet in einem Schweizer Grenzdorf Zuflucht; als die Schweiz 1942 die Grenzen schließt, werden die Verfolgten verraten und abgeschoben; bedrückender, engagierter Film über Flüchtlingsnot und Asylpraxis mit brisanten aktuellen Akzenten.

Boran – Zeit zum Zielen **
BRD 1986 – 93 Min. – R: Daniel Zuta. D: Bernhard Rud, Julien Schoenarts, Jean-Pierre Léaud, Renée Soutendijk, Pierre Boran.
Krimi. Ein Schauspieler glaubt sich auf der (vorläufigen) Höhe seines Ruhmes in Sicherheit, da holt ihn die dunkle Vergangenheit ein; sein Bruder, mit dem er eine lange Haftstrafe absaß, ist erschossen worden, nun ist es vorbei mit der Ruhe. Im Stil des »Film noir« erzählter Debütfilm, der als Genrebeispiel mit den Versatzstücken spielt.

Boris Godunow / Boris Godunov TV-Film
UdSSR/ČSSR/PL/BRD 1987 – 130 Min. – R, B: Sergej Bondartschuk. D: Sergej Bondartschuk, Jura Matjuchin, Adriana Bierdzinska, Anatoli Romaschin.
Monumentale TV-Adaption der historischen Tragödie von Alexander Puschkin über den Zaren Godunow (um 1600), der sein Erbe nicht sichern kann; Intrigen, Machtkämpfe, Schlachten sind die Folge – und das Volk bezahlt. Oberflächlicher Kostümfilm, dessen Wirkung von seinen Schauwerten und der expressiven Schauspielkunst Bondartschuks ausgeht.

Born to Kill / Born to Kill ** ½
USA 1947 – 92 Min. sw. OmU. – R: Robert Wise. D: Claire Trevor, Lawrence Tierney, Walter Slezak.
Schwarzer Krimi. Gewalttätiger Exboxer tötet in einem Wutanfall ein junges Liebespaar. Nach der Flucht heiratet der »Held« eine reiche Erbin, wird aber gleichzeitig von einer attraktiven Frau becirct. Der Film der »Schwarzen Serie« von Wise (»West Side Story«) kehrt das Unterste zuoberst, ein Morddrama der besonders zynischen Art.

Die Borneo-Reise TV-Film
ČSSR – 60 Min. – R: Pavel Hasa. D: Miloš Kopecký, Marta Vančurová, Blanka Bohdanová, Katerina Machaková.
Ein alter Schiffskoch arbeitet nun in einem gottverlassenen Wirtshaus. Der Kauf eines Autos bringt die Bekanntschaft mit einer jungen Frau, die ihm ihre heimlichen Träume offenbart.

Borsalino / Borsalino ***
F 1970 – 125 Min. – R: Jacques Deray. D: Jean-Paul Belmondo, Alain Delon, Michel Bouquet, Cathérine Rouvel.
Gangsterfilm. In den dreißiger Jahren versuchen zwei kleine Ganoven den Aufstieg an die Spitze mit Grips und exquisiten Klamotten anstelle von Kanonen; opulent und hintersinnig komisch.

Böse Anekdote / Skvernyi anekdot ***
UdSSR 1967 – 87 Min. sw. – R: Aleksander Alow, Wladimir Naumow. D: Jewgenij Jewstignejew, Viktor Sergatschow, Aleksander Grusinskij.
Satire. Ein »Tresorfilm« aus den Archiven des Sowjetfilms: frei nach Dostojewski erzählte Geschichte eines Generals in vorrevolutionärer Zeit, der nur nach Alkoholgenuß menschlich wird; die Gestalt verkörpert jene Apparatschiks des Sowjetsystems, die noch in der nachstalinistischen Breschnew-Ära das Sagen hatten. Brillant erzählt, erhellt der Film innerrussische Zustände und nimmt Glasnost-Gorbatschow als tragende Gestalt einer dringend notwendigen Geschichtskorrektur vorweg.

Die böse Saat / The Bad Seed ** ½
USA 1955 – 113 Min. sw. – R: Mervyn LeRoy. D: Patty McCormack, Nancy Kelly, Henry Jones.
Thriller. Adaption des Bühnenstücks von Maxwell Anderson über ein erblich belastetes Mädchen, das mehrere Menschen umgebracht hat; düsteres Psychodrama um Schuld und Sühne mit heute nicht mehr haltbaren Vererbungstheorien in der Tradition des Naturalismus; beein-

druckende, wenn auch stark melodramatisierte Charakterstudie.

Das Böse unter der Sonne / Evil Under the Sun * ½
GB 1981 – 108 Min. – R: Guy Hamilton. D: Peter Ustinov, Jane Birkin, Colin Blakely, James Mason.
Krimi. Ehemalige Broadway-Diva wird auf einsamer Insel ermordet, und Egghead Hercule Poirot muß seine grauen Zellen aktivieren, um den Mörder zu finden. Mit großem Aufwand im Art-deco-Stil der 30er Jahre realisiert; leider zu kopflastig, worunter die filmische Umsetzung leidet.

Der Boß / Hold-up ** ½
F/CDN 1985 – 102 Min. – R: Alexandre Arcady. D: Jean-Paul Belmondo, Guy Marchand, Jean-Pierre Marielle, Kim Cattrall.
Action-Starfilm. Zwei Millionen steuerfreie kanadische Dollar liegen in der Bank von Montreal; und Bankräuber Grimm (Belmondo) besitzt einen märchenhaften Plan, um an sie heranzukommen; als Clown verkleidet, landet er den genialsten Coup aller Zeiten, der Rest ist Flucht, Verfolgung, Action. Dieses Belmondo-Starvehikel ist mit seiner Mischung aus viel Handlung, wenig Gerede und einfallsreichen Gags akzeptabel; das war nicht immer so.

Der Boß aus dem Westen TV-Film
BRD: 1988 – 95 Min. – R: Vivian Naefe. B: Klaus Poche. D: Alexander Radszun, Barbara Auer, Stefan Reck, Petra Zieser, Eberhard Feik.
Jessica, Mitte Zwanzig, verlor wegen politischer Aufsässigkeit ihren Studienplatz in Ost-Berlin und arbeitet als Kranführerin; Harry reist als Manager aus Köln in den Osten. Mehr als eine Ost-West-Liebesromanze; sentimentale, liebevoll-ironische Begegnung zwischen zwei Menschen, die verschiedenen Welten angehören und nicht zusammenkommen können.

Der Boß hat sich was ausgedacht / Echappement libre **
F/I/E 1964 – 103 Min. sw. – R: Jean Becker. D: Jean-Paul Belmondo, Jean Seberg, Gert Fröbe, Wolfgang Preiss.
Gangsterfilm. Ein Journalist transportiert neben Nachrichten auch Gold und Diamanten. In einem Auto aus Gold verliert er zwar gegen die Gangsterkonkurrenz, gewinnt aber das Herz seiner Beifahrerin. Der amüsante, einfallsreiche Film verfolgt die Spur seiner heißen Reifen.

Der Boß kennt auch den Staatsanwalt / Bony a Klid ** ½
ČSSR 1987 – 91 Min. – R: Vit Olmer. D: Jan Potmesil, Roman Skamene, Veronika Jeniková, Josef Nedorost.
Zeitkritischer Film. Der Autoschlosser Martin aus Prag läßt sich falsche Dollars auf dem Schwarzmarkt andrehen; dabei gerät er in die Mühle des illegalen Geldgeschäfts. Eine temporeiche Studie über die unruhige Jugend im Sozialismus, die auch vor Gangstermethoden nicht zurückschreckt; modern, witzig, unsentimental.

Der Boß und sein Engel / Le caid **
F 1960 – 88 Min. sw. – R: Bernard Borderie. D: Fernandel, Barbara Laage, Georges Wilson, Claude Piéplu.
Gangstergroteske. Fernandel als schusseliger Philosophieprofessor wird unfreiwillig Zeuge eines Kassenraubs; damit gerät er in eine turbulente Verfolgungsjagd, an der sich Ganoven, Bullen und eine Gangsterbraut beteiligen; für Freunde des großen Komikers ein Spaß.

Boulevard der Dämmerung / Sunset Boulevard ***
USA 1950 – 115 Min. sw. – R: Billy Wilder. D: William Holden, Gloria Swanson, Erich von Stroheim, Lloyd Gough, Buster Keaton.
Melodram. Ein längst vergessener Stummfilmstar lebt in seiner Villa wie in einem Mausoleum. In diese abgestorbene Welt gerät ein Autor, der dem Star eine neue Rolle auf den Leib schreiben soll. Filmhommage von Wilder für das alte Hollywood, nicht ohne ironische Züge.

Boulevard der Mörder / Boulevard des assassins **
F 1982 – 102 Min. – R: Boramy Tioulong. D: Jean-Louis Trintignant, Victor Lanoux, Marie-France Pisier, Stéphane

Audran, Jacques Richard, Serge Marquand.
Kriminalfilm. Ein Schriftsteller erholt sich von Schicksalsschlägen am Mittelmeer: Seine Frau hat ihn verlassen, sein letztes Buch war ein Flop; zu allem Unglück schlittert er in einen Mordfall; Thriller, dem die Anfangsspannung allmählich abhanden kommt, da mysteriöse Intrigen alles überwuchern; solide und routiniert gespielt.

La Boum – die Fete / La Boum I ∗∗
F 1980 – 105 Min. – R: Claude Pinoteau. D: Claude Brasseur, Brigitte Fossey, Sophie Marceau.
Generationskomödie. Jung und alt in der Liebeskrise, Partnerwechsel wird ausprobiert; daß Eltern und Kinder gleichermaßen munter, witzig und dialogfreudig an die Sache herangehen, macht den Reiz dieses frisch-fröhlichen Familienalbums aus.

La Boum II – Die Fete geht weiter / La Boum II ∗ ½
F 1982 – 104 Min. – R: Claude Pinoteau. D: Claude Brasseur, Brigitte Fossey, Sophie Marceau, Denise Grey, Pierre Cosso.
Komödie. Dem lustig-frechen Familien-Party-Film »La Boum« schickte der Regisseur einen belanglosen zweiten Teil hinterher. Jubel, Trubel, Flirts, sogar die Oma will wieder heiraten.

Boxcar Bertha / Die Faust der Rebellen / Boxcar Bertha ∗∗ ½
USA 1972 – 85 Min. – R: Martin Scorsese. D: Barbara Hershey, David Carradine, Barry Primus, Bernie Casey, John Carradine.
Zeitkritischer Gangsterfilm. Schauplatz: Arkansas 1930. Bertha erlebt, wie Großgrundbesitzer ihren Vater in den Tod treiben; sie und ihre Freunde werden verhaftet – und können fliehen; danach nehmen sie sich mit Gewalt, was ihnen zusteht. Blutiges Gangstermelodram aus der Depressionszeit à la »Bonnie und Clyde«.

Der Boxer und die Lady / The Prizefighter and the Lady ∗∗∗
USA 1933 – 95 Min. sw. – R: W. S. Van Dyke II. D: Myrna Loy, Max Baer, Walter Huston, Jack Dempsey, Primo Carnera, Jess Willard, James J. Jeffries.
Boxerfilm. Ein Boxer verliebt sich in die Geliebte eines Supergangsters; einer der authentischsten Filme dieses Genres mit erregendem Finale; beachtliche (Boxprominenz-)Besetzung.

Boyfriend / Boyfriend ∗∗ ½
GB 1971 – 119 Min. – R: Ken Russell. D: Twiggy, Christopher Gable, Max Adrian, Bryan Pringle, Murray Melvin, Moyra Fraser.
Musical. Großes Musikspektakel nach Sandy Wilson mit Standardthema: Hauptdarstellerin einer Revue fällt aus, Nachwuchstalent nutzt die Chance. Diesmal ist die singende Bohnenstange Twiggy die Glückliche. Furios in Szene gesetzt, singt und tanzt sie wie ein Teenagerengel.

The Boys from Brazil / The Boys from Brazil ∗∗ ½
GB/USA 1978 – 123 Min. – R: Franklin J. Schaffner, D: Gregory Peck, Laurence Olivier, James Mason, Lilli Palmer, Bruno Ganz.
Thriller. Naziarzt Mengele will in Südamerika durch Genmanipulation ein »Viertes Reich« gründen; Adaption des Romans von Ira Levin, von zwiespältiger Spannung; Peck als Mengele eine groteske Fehlbesetzung; eindrucksvoll Olivier als jüdischer Gegenspieler in einem ausgewogenen Starteam.

Das Brandmal / Branded ∗∗
USA 1950 – 91 Min. – R: Rudolph Maté. D: Alan Ladd, Mona Freeman, Charles Bickford.
Western. Ganoven wollen einen Farmer um seinen Besitz bringen; sie veranlassen einen Tramp, sich als dessen Sohn auszugeben, doch dann verliebt der sich in die Farmerstochter; ein spannender Film mit unerwartetem Ausgang; schön fotografiert.

Brandmal der Rache / Fortune Hunter / The Outcast ∗∗
USA 1954 – 87 Min. – R: William Witney. D: John Derek, Joan Evans, Jim Davis, Catherine McLeod.
Western. Ein junger Outlaw erscheint mit

seinen Kumpanen in einer Kleinstadt Colorados, um mit seinem Onkel abzurechnen, von dem er sich um sein Erbe betrogen fühlt; routinierter Standard- und Rachewestern um Gut und Böse.

Brandmale ∗∗

BRD 1983 – 87 Min. – R: George Moorse. D: Anne Bennent, Gila von Weitershausen, Dieter Schidor.

Liebesfilm. Mit ungewöhnlichen dramaturgischen und filmsprachlichen Mitteln inszenierte Dreiecksgeschichte mit düsterem Hintergrund. Die Sprachlosigkeit der Personen nutzt Moorse (»Lenz«) zu kraftvollen, subtil ausgetüftelten Tableaus, die nur manchmal im Kunstgewerbe steckenbleiben.

Der Brandner Kaspar schaut ins Paradies ∗∗

BRD 1949 – 90 Min. sw. – R: Joseph von Baky. D: Paul Hörbiger, Carl Wery, Ursula Lingen, Georg Thomalla, Viktor Staal.

Komödie. Melancholisches Lustspiel um einen Siebzigjährigen, der noch nicht sterben will und den Tod zu überlisten gedenkt. Paraderollen für Hörbiger und Wery, die dem grantelnden kleinen Film das richtige Lokalkolorit geben.

Brannigan, ein Mann aus Stahl / Brannigan ∗∗ ½

USA 1974 – 105 Min. – R: Douglas Hickox. D: John Wayne, Richard Attenborough, Judy Geeson.

John-Wayne-Film. Polizeileutnant Brannigan, knochenhart und nett, zwischen den Fronten eines Kidnappings. Als polternder Macho mit weichem Kern spielt Wayne die zivile Bullenrolle souverän, aber ohne große Aufschwünge herunter.

The Brasher Doubloon ∗∗ ½

USA 1947 – 72 Min. sw. OmU. – R: John Brahm. D: George Montgomery, Nancy Guild, Conrad Janis, Fritz Kortner.

Detektivfilm. Privatschnüffler auf der Jagd nach einer Goldmünze gerät in einen Sumpf des Verbrechens. Ausgebuffte Dialoge und verrückte Typen (deutscher Reichs-Emigrant Kortner in einer sehenswerten Nebenrolle) machen diesen Film nach einem Chandler-Roman zu einem ungewöhnlichen Krimi.

Bratkartoffeln inbegriffen TV-Film

BRD 1967 – 105 Min. sw. – R: Fritz Umgelter, nach einem Stück von Arnold Wesker. D: Volkert Kraeft, Volker Lechtenbrink, Martin Lüttge.

Ein aufsässiger Soldat gilt als schwarzes Schaf der Kompanie; vorlagengetreu, überdurchschnittlich.

Die Braut kam per Nachnahme / The Bride Came C.O.D. ∗∗ ½

USA 1941 – 87 Min. sw. – R: William Keighley. D: James Cagney, Bette Davis, Stuart Erwin, Eugene Pallette, Jack Carson, George Tobias.

Komödie. Eine Millionenerbin will mit Geliebtem durchbrennen und heuert einen Piloten an, doch der ahnt die Chance vom größeren Geld und will sie (zunächst) zurückbringen; verwirrendes Verwechslungsspiel, das von den Typen der Handlung lebt und vor allem vom Witz der Davis und dem Harte-Burschen-Charme von Cagney.

Die Braut kann nicht warten / La sposa non può attendere ∗∗

I 1949 – 76 Min. sw. – R: G. Franciolini. D: Gina Lollobrigida, Gino Cervi.

Melodram. Auf dem Weg zu seiner Trauung rettet ein junger Mann ein lebensmüdes schwangeres Mädchen aus den Fluten des Flusses. Er bringt sie in ein Nonnenkloster, das führt später zu Konfusionen.

Die Braut mit den schönsten Augen / Godenizata s naikrassiwite otschi / Nevesta s nejkrasnejsima ocima ∗∗ ½

BG/ČSSR 1976 – 80 Min. – R: Jan Schmidt. D: Milen Knjezko, Elena Dimitrová, Bohumil Vávra, Zuzana Kacuriková.

Märchenfilm. Pischta liebt ein Huhn, das für eine Stunde am Tag Frauengestalt annimmt; um die Auserwählte zu bekommen, muß der Held viele Prüfungen auf sich nehmen, die es nur im Märchen gibt. Der verspielte, phantasievolle Film in guter Tradition der ČSSR-Filmmärchenfabrik präsentiert seine zauberhaften Figuren in realistisch-schöner Umgebung.

Die Braut trug Schwarz / La mariée était en noir ∗∗∗

F 1967 – 104 Min. – R: François Truffaut.

D: Jeanne Moreau, Serge Rousseau, Claude Rich, Jean-Claude Brialy, Michel Lonsdale, Charles Denner.
Psychothriller. Eine alberne Ballerei tötet einen frischgetrauten Ehemann; die junge Witwe wird zum Racheengel; ein facettenreicher, nuancierter Film; makabres Psychogramm und schwarzer Thriller von klassischer Strenge in einem; Truffauts deutlichste Hommage für Hitchcock.

Der Bräutigam aus Teheran / Afrikoi Völegeny ✱✱
H 1944 – 75 Min. sw. – R: Istvan Balogh. D: Kalman Labatar, Priscilla Vaszary.
Komödie. Postlagernde Liebesbriefe lösen eine Serie von Verwicklungen um einen arbeitslosen Schauspieler aus; Lustspielgroteske aus dem alten Ungarn für Freunde blühenden Blödsinns.

Der Bräutigam, die Komödiantin und der Zuhälter ✱✱
BRD 1968 – 25 Min. sw. – R, B: Jean-Marie Straub, Danièle Huillet. D: Lilith Ungerer, Rainer Werner Fassbinder, Hanna Schygulla.
Studie. Dreiecksgeschichte über die von Gefühlen geschönte enge Beziehung zwischen Prostitution und Kunst; zehnminütige Totale eines von Straub arrangierten Konzentrats der Fassbinder-Interpretation von Ferdinand Bruckners Schauspiel »Krankheit der Jugend«.

Bravados / The Bravados ✱✱ ½
USA 1958 – 90 Min. – R: Henry King. D: Gregory Peck, Joan Collins, Stephen Boyd.
Rachewestern. Atmosphärisch sehr dichter, aber handlungsarmer Western in buntstichigen, romantisierenden Farben um eine Rache, ihren Vollzug und die moralischen Folgen. Mit einem schnell ziehenden Peck.

Der brave Soldat Schwejk ✱✱ ½
BRD 1960 – 95 Min. sw. – R: Axel von Ambesser. D: Heinz Rühmann, Ernst Stankovski, Ursula Borsodi, Senta Berger.
Literaturverfilmung. Der brave Soldat, obwohl für dienstuntauglich erklärt, überlebt den Ersten Weltkrieg als Bursche von Oberstleutnant Lukas nicht nur, weil er furchtlos, einfältig und naiv ist, sondern wegen seiner Bauernschläue, die Dummheit nur vortäuscht. Daß Schwejk vor allem deshalb die schwierigsten Situationen übersteht, wird nicht immer klar; trotzdem eine Glanzrolle für Rühmann – nach dem Roman von Jaroslav Hašek.

Der brave Soldat Schweijk in Prag / Dobry vojak Švejk / Polušne klasim ✱✱✱
ČSSR 1956/57 – 105 Min. (1. Teil), 90 Min. (2. Teil) – R: Karel Steklý. D: Rudolf Hrušinský, Miloš Kopecký, Svatopluk Beneš, Božena Havličková, František Filipovský.
Literaturverfilmung. Adaption der Antikriegssatire von Jaroslav Hašek, die sich eng am Text und möglichst eng an den klassischen Illustrationen von Josef Lada orientiert; werkgetreueste Filmfassung des Klassikers der Weltliteratur.

Bravo George / Come on George ✱✱
GB 1939 – 86 Min. sw. – R: Anthony Kimmins. D: George Formby, Pat Kirkwood, Joss Ambler.
Groteske. Ein trotteliger Eisverkäufer wird irrtümlich als Jockey gehandelt. Das Lustspiel zeichnet seine Abenteuer mit umwerfender Situationskomik nach.

Breaker! Breaker! / Action forever / Breaker! Breaker! ✱✱
USA 1977 – 82 Min. – R: Don Hulette. D: Chuck Norris, Don Gentry, Terry O'Connor, George Murdock.
Truckerfilm. Texas-City wird von »Schutztruppen« eines Richters regiert; als ein Mann von den brutalen Polizisten malträtiert wird, ist Rache auf Rädern fällig. Zweihundert chromblitzende Trucks stellen sich zum Showdown gegen das Regime des Richters, und der rasante Film überschlägt sich in voller Aktion.

Breakin' / Breakin' ✱✱
USA 1984 – 80 Min. Ⓥ VMP/Cannon/VMP. – R: Joel Silberg. D: Lucinda Dikkey, Adolfo Quinones, Michael Chambers.
Tanzfilm. Auf der Straße, in Discos und

Tanzschulen machen sich die neuen Breakdance-Schritte und -Figuren breit; und auch die konservativsten Preisrichter eines Wettbewerbs müssen die Fähigkeiten einer Gruppe von Amateurtänzern aus Kalifornien akzeptieren. Filmischer Beitrag zur Straßentanzwelle, fetzig, aber inhaltlich harmlos.

Das brennende Bett / The Burning Bed TV-Film
USA 1984 – 90 Min. – R: Robert Greenwald. D: Farrah Fawcett, Paul LeMat, Grace Zabriskie, Richard Masur.
Zwölf Jahre lang hat Francine die bestialischen Grausamkeiten und Mißhandlungen ihres Mannes ausgehalten – jetzt wehrt sie sich endlich. In einer Kurzschlußhandlung versucht sie, dieser Hölle zu entkommen; die Atmosphäre latenter Bedrohung geht unter die Haut – authentisches Zeitdokument nach einem Buch von Faith McNulty.

Brennende Grenze / **
The Fabulous Texan
USA 1948 – 93 Min. sw. – R: Edward Ludwig. D: William Elliott, John Carroll, Catherine McLeod, Albert Dekker.
B-Western. Zwei Texaner werden nach ihrer Rückkehr aus dem Bürgerkrieg allmählich erbitterte Feinde; natürlich siegt der Vertreter von Recht und Ordnung; etwas reißerischer Texasranger-Western.

Brennender Sand **
BRD/Israel 1960 – 100 Min. – R: Raphael Nussbaum. D: Daliah Lavi, Gert-Günter Hoffmann, Abraham Eisenberg, Uri Zohar.
Zeitkritischer Film. Im Grenzgebiet zwischen Israel und Jordanien sucht eine Expedition nach biblischen Schriftrollen. Da passieren seltsame Dinge – der Film serviert sie vertrauenerweckend.

Brennendes Indien / **
Northwest Frontier / Flame Over India
GB 1959 – 110 Min. – R: J. Lee Thompson. D: Kenneth More, Lauren Bacall, Herbert Lom.
Road Movie. Die aufregende Fahrt mit der Eisenbahn führt einige tausend Meilen durch Nordindien, ein Gebiet, in dem die Rebellion tobt. Die Flüchtlinge werden in wilde, aber auch kuriose Abenteuer verstrickt; großartige Landschaftsaufnahmen.

Brenno, der Barbar / **
Brenno, der Herr des Schreckens / Brenno il nemico di Roma
I 1963 – 94 Min. – R: Giacomo Gentilomo. D: Gordon Mitchell, Tony Kendall, Ursula Davis.
Kolossalfilm. 391 v. Chr.: Das Heer des Galliers Brenno hinterläßt auf seinen siegreichen Feldzügen eine blutige Spur. Die schöne junge Priesterin Nissia droht ihm mit dem Zorn der Götter – und ihrem Sex-Appeal.

Brennpunkt Brooklyn / ***
The French Connection
USA 1971 – 98 Min. – R: William Friedkin. D: Gene Hackman, Fernando Rey, Roy Scheider, Tony LoBianco, Marcel Bozzuffi.
Drogenkrimi. Rauschgiftfahnder Doyle, ehrgeizig und kaltschnäuzig, jagt einen Drogentycoon; als dieser einen Killer auf ihn ansetzt, kommt es zu optisch wirkungsvollen Tumulten und zur spektakulärsten Verfolgungsjagd der Kinogeschichte. Der hart und formal rüde auf den Punkt inszenierte Thriller nutzt die Faszination des Ortes New York City für seine milieudichte und lakonisch-realistische Schilderung der Niederungen des kriminalistischen Großstadtalltags.

Brennt Paris? / ***
Paris, brûle-t-il?
F 1965 – 160 Min. sw. – R: René Clément. D: Orson Welles, Gert Fröbe, Kirk Douglas, Anthony Perkins, Glenn Ford, Charles Boyer, Leslie Caron, Jean-Paul Belmondo, Jean-Pierre Cassel, Hannes Messemer, Michel Piccoli, Jean-Louis Trintignant, Yves Montand, Simone Signoret, Alain Delon.
Zeitkritischer Film. Historischer Monumentalfilm mit einmaliger Besetzung. Französische und amerikanische Stars agieren im besetzten Paris von 1944 und machen engagiert die unterschiedlichen Fronten deutlich in der Frage der Auslöschung der Hauptstadt durch die Deutschen. Von Clément spektakulär und spannend, ohne politische Polemik, aber auch standpunktlos inszeniert.

Bretter, die die Welt bedeuten
siehe: Zwischen Ruhm und Liebe

Der Brief / The Letter ✱✱ ½
USA 1940 – 95 Min. – R: William Wyler. D: Bette Davis, Herbert Marshall, James Stephenson, Frieda Inescort, Gale Sondergaard.
Morddrama. Nach Somerset Maughams Vorlage mit Außenaufnahmen in Malaya inszeniertes Leidenschaftsdrama um eine besessene Frau und Mörderin und ihre Versuche, davonzukommen. Davis in einer ihrer berühmten unsympathischen Rollen als starkes Überweib.

Brief an Breshnew / Letter to Brezhnev ✱✱ ½
GB 1985 – 95 Min. Ⓥ VCL. – R: Chris Bernard. D: Alexandra Pigg, Margi Clarke, Peter Firth.
Zeitkritische Komödie. Liebesaffäre zwischen einer jungen Arbeitslosen aus Liverpool und einem russischen Matrosen, die Konflikte für beide Seiten bringt. Der phantasievolle, poetische, aber auch grimmig-ironische Film versteht es, das Leiden an der Gegenwart durch eine anrührende Erzählweise aufzufangen.

Der Brief an den Kreml / The Kremlin Letter ✱✱✱
USA 1970 – 115 Min. – R: John Huston, D: Bibi Andersson, Richard Boone, Patrick O'Neal, Orson Welles.
Spionagethriller. US-Geheimdienste packt das Entsetzen, da ein hochbrisanter Brief versehentlich in Moskau ankam; die Wiederbeschaffungsmaßnahmen wachsen sich zu einem tückischen Agentenkrieg aus; in einer unerhört verwickelten Handlung zitiert Huston u. a. aus seinem Klassiker »Die Spur des Falken«.

Ein Brief bei Tagesanbruch / Una lettera all'alba ✱✱
I 1949 – 91 Min. sw. – R: Giorgio Bianchi. D: Fosco Giachetti, Olga Villi, Jacques Sernas.
Melodram. Der gutsituierte Carlo erfährt von seiner Exgeliebten auf dem Sterbebett, daß er einen Sohn hat. Carlo verspricht, für den Jungen zu sorgen; der bekommt Probleme mit Drogen.

Brief einer Unbekannten / Letter from an Unknown Woman ✱✱ ½
USA 1948 – 90 Min. – R: Max Ophüls. D: Joan Fontaine, Louis Jourdan, Mady Christians, Marcel Journet.
Liebesromanze. Lebenslanges Verfallensein einer Frau – er ist Musiker und hat sie nur einmal flüchtig wahrgenommen. In romantischem Stil von Ophüls (»Lola Montez«) inszeniert, mit Lust an der feinen Irritation. Eine filmische Liebeserklärung an die Frauen.

Briefe aus dem Jenseits / The Lost Moment ✱✱ ½
USA 1947 – 83 Min. sw. – R: Martin Gabel. D: Robert Cummings, Susan Hayward, Joan Lorring.
Literaturverfilmung. Ein Verleger auf der Suche nach geheimnisvollen Liebesbriefen eines verstorbenen Dichters in einem venezianischen Palast erlebt Seltsames. Atmosphärisch gelungener Film mit Gruseltouch; nach Henry James' Novelle.

Briefe eines Toten / Pis'ma Mjortvogo Čeloveka ✱✱✱
UdSSR 1985 – 87 Min. – R: Konstantin Lopušanskij. D: Rolan Bykov, Josif Ryklin, Victor Michajlov, Aleksandr Sabinin.
Apokalypsefilm. Die letzten Tage der Menschheit, nach der Atomkatastrophe, und die Rettungsversuche in einen Tiefkeller, in dem die »Auserwählten« dreißig bis fünfzig Jahre vegetieren müssen, bevor sie wieder nach oben dürfen. Der schonungslose, weder mit Bildelementen noch akustischen oder handlungsbezogenen Mätzchen ablenkende Erstlingsfilm des Regisseurs zeigt die haarsträubenden Konsequenzen des Wahnsinns.

Brillanten und Kakerlaken / 11 Harrowhouse ✱✱ ½
USA 1974 – 98 Min. – R: Aram Avakian. D: Charles Grodin, Sir John Gielgud, Trevor Howard, Candice Bergen, James Mason.
Gaunerkomödie. Der geldgierige Chef des größten Brillantenkartells hat einen US-Händler hereingelegt, der sinnt auf Rache; Actionspaß mit Hintersinn.

Bringing Up Baby
siehe: Leoparden küßt man nicht

Britannia Hospital / * ½
Britannia Hospital
GB 1982 – 98 Min. Ⓥ VMP/Cannon. – R: Lindsay Anderson. D: Leonard Rossiter, Graham Crowden, Malcolm McDowell, Joan Plowright, Marsha Hunt.
Komödie. Zum 500. Gründungstag will ein britisches Hospital das »Frankenstein-Experiment« des Chefs vorführen, Besuch von Royals ist angesagt; irrwitzige Horrorsatire, die das thatcheristische England skelettiert.

Broadway Danny Rose / ***
Broadway Danny Rose
USA 1984 – 85 Min. sw. Ⓥ VCL. – R: Woody Allen. D: Woody Allen, Mia Farrow, Nick Apollo Forte, Sandy Baron, Jack Rollins, Milton Berle.
Milieukomödie. Geschichte des Künstleragenten Danny, der nur absonderliche Klienten vermittelt. Als er einen abgetakelten Schnulzensänger managt, bekommt er Schwierigkeiten mit der italienischen Verwandtschaft von dessen Freundin. Am Ende spannt er diese dem Sänger aus in einem liebevollen Milieufilm voller Skurrilitäten.

Broadway-Melodie 1936 / ***
Broadway Melody of 1936
USA 1935 – 98 Min. sw. – R: Roy Del Ruth. D: Jack Benny, Eleanor Powell, Robert Taylor.
Musikkomödie. Der Kolumnist Jack Benny versucht den Produzenten Robert Taylor aufs Kreuz zu legen auf dem Umweg über den Tanzstar Eleanor Powell, deren Soloeinlagen pures Vergnügen sind.

Brocks letzter Fall / **
Brock's Last Case
USA 1972 – 93 Min. – R: David Lowell Rich. D: Richard Widmark, Henry Darrow, Beth Brickell.
Polizeifilm. Gut gedoubelte Actionszenen für Altstar Widmark, der in dieser Story um einen ausgestiegenen Bullen und seinen Traum von einer Orangenplantage im sonnigen Kalifornien seine feinen Manierismen zeigt und die Klischees des Genrefilms hin und wieder durch Danebenstehen unterläuft. Deshalb übernimmt auch bald eine Nebenrolle die Hauptrolle: ein fatalistischer Indianer in einer von Weißen beherrschten Polizeiwelt.

Bronk: Auf eigene Faust / TV-Film
Bronk
USA 1975 – 70 Min. – R: Richard Donner. D: Jack Palance, Henry Beckman, Tony King, Dina Dusley.
Pilotfilm der 13teiligen TV-Serie »Bronk« um einen Bullen mit Verstand und Herz, der auch menschlich präsent ist und im Amt das Gesetz genau beachtet. Altstar Palance spielt diesen Mann, der hier vom Dienst suspendiert wird, weil die Vorgesetzten ihn am Tod eines Kollegen für mitschuldig befinden, mit dem Mackergestus des Genres, aber vielschichtiger und interessanter als seine Serien-Mittäter von der Krimifront.

Die bronzene Göttin / ** ½
The Velvet Touch
USA 1948 – 89 Min. sw. – R: John Gage. D: Rosalind Russell, Leo Genn, Claire Trevor, Leon Ames, Sydney Greenstreet.
Krimi. Eine raffiniert gebaute Mordgeschichte um einen Broadwaystar, der sich von seinem Manager unterdrückt fühlt: überraschendes Ende.

Das Brot des Bäckers ***
BRD 1976 – 120 Min. – R: Erwin Keusch. D: Bernd Tauber, Günter Lamprecht, Maria Lucca, Silvia Reize, Anita Lochner.
Genrefilm. Werner macht seine Erfahrungen als Lehrling beim Bäckermeister Baum in der Kleinstadt. In einem Beispiel für nicht entfremdete Arbeit schildert der Debütfilm von Keusch Menschen und Milieu auf sinnlich erfahrbare Weise; er zeigt zugleich, wie der Konkurrenzkampf in die Idylle eindringt und ein altes Handwerk und seine Traditionen zu zerstören droht. Kritisch, unterhaltsam und engagiert.

Brot, Liebe und Phantasie / Pane, amore e fantasia ** ½
I 1953 – 89 Min. sw. – R: Luigi Comencini. D: Gina Lollobrigida, Vittorio De Sica, Roberto Risso, Marisa Merlini.
Liebeskomödie. Eine freche Dreiecksgeschichte in neorealistischer Schwarzweiß-

dramaturgie mit der jugendlichen »Wildkatze« Lollo, die sich wegen des schmukken Gendarmen mit der Hebamme in die Haare kriegt. Liebe in einem Bergdorf – herzhaft, laut und temperamentvoll.

Brot und Schokolade / Pane e cioccolata **
I 1973 – 111 Min. – R: Franco Brusati. D: Nino Manfredi, Anna Karina, Johnny Dorelli, Paolo Turco.
Zeitkritische Komödie. Ein Süditaliener in der Schweiz zwischen Anpassung, Aufstieg und Ärger mit den Ausländerbehörden. Das ernste Thema wird hier leicht serviert, verliert sich manchmal in allzu selbstverliebtem Jux, behält jedoch genügend Schwergewicht bei den Problemen.

Brot und Spiele TV-Film
CH – 90 Min. – Schweizer Dialektfassung m. U. – R: Mark M. Rissi. D: Liselotte Pulver, Hans Gaugler, Henrik Rhyn.
Ein Großkonzern sucht Bauland im Emmental. Dem Widimattbauern wird die Pacht gekündigt. Will man die Schweiz endgültig zubetonieren? Engagiertes Umweltdrama.

The Brothers Rico **
USA 1957 – 92 Min. sw. OmU. – R: Phil Karlson. D: Richard Conte, Dianne Foster, Kathryn Grant, Larry Gates.
Gangsterfilm. Exgangster Rico, inzwischen cleverer Geschäftsmann, erhält vom Syndikat den Auftrag, seine Brüder zur Räson zu bringen. Der Thriller in »Film noir«-Tradition illustriert in realistischer Zeichnung die Ohnmacht des Individuums in einer terroristischen Gesellschaft.

Bruce Lee – Das Spiel des Todes / Enter the Game of Death * ½
Hongkong 1968 – 90 Min. Ⓥ. – R: Joseph Velasco. D: Bruce Lee, Yang Sze, Yung Man Chi.
Kung-Fu-Film. Ein junger chinesischer Widerständler auf der Spur japanischer Invasionspläne; für Freunde des Genres viele gut choreographierte Kampfszenen.

Bruce Lee gegen Supermänner / Bruce Lee Against Superman * ½
Hongkong 1975 – 85 Min. – R: Wu Chia-Chung. D: Bruce Lee, Lung Fei, Lu Lu Wen.
Kung-Fu-Film. Ein Wissenschaftler, der das Welternährungsproblem gelöst hat, wird entführt; Bruce Lee als Einzelkämpfer für die gute Sache; zum Teil unfreiwillig komisch.

Bruce Lee – König der Todeskralle / Dragon Bruce Lee **
Hongkong 1979 – 90 Min. Ⓥ. – R: Lee Tso Nam. D: Bruce Lee, Shai Lung, Yasuki Kurate.
Kung-Fu-Film. Bruce Lee, der Karate-Drache, in blendender Aktion gegen japanische »Frevler«. Für Fans der gewohnte Augenschmaus, für Nichteingeweihte sinnloses Brachialspektakel.

Bruchlandung im Paradies / The Last Flight of Noah's Ark **
USA 1980 – 94 Min. – R: Charles Jarrott. D: Elliott Gould, Geneviève Bujold, Ricki Schroder, Tammy Lauren.
Zivilisationskomödie. Eine junge Missionsschwester fliegt mit kleinem Hauszoo zu fernem Inselparadies; als die altersschwache Maschine notlanden muß, stoßen sie und der Pilot auf zwei japanische Soldaten, die vom Kriegsende nichts mitbekommen haben. Die am Strand von Waikiki gefilmte Komödie leistet sich die üblichen Disney-Sentimentalitäten von der Familie der Menschen, hält ihre Botschaften jedoch im unterhaltsamen Rahmen.

Die Brücke ***
BRD 1959 – 99 Min. Ⓥ forum/Toppic. – R: Bernhard Wicki. D: Folker Bohnet, Fritz Wepper, Michael Hinz, Frank Glaubrecht, Volker Lechtenbrink.
Antikriegsfilm. Kurz vor Kriegsende werden sieben Jungen im Volkssturm von der Wehrmacht verheizt. Der harte Film von Wicki (»Die Zitadelle«), der kompromißlos in die Heimatfilmverlogenheit der fünfziger Jahre einbrach, ist *der* Antikriegsfilm des deutschen Nachkriegskinos geblieben, ein inspiriertes, engagiertes, leidenschaftliches Manifest des Pazifismus.

Die Brücke von Arnheim / A Bridge too Far ** ½
GB 1976 – 157 Min. Ⓥ Warner Home. –

R: Richard Attenborough. D: Dirk Bogarde, Sean Connery, Gene Hackman, Laurence Olivier, Liv Ullmann, Maximilian Schell, Hardy Krüger, Robert Redford.
Kriegsfilm. Im September 1944 springen 35000 alliierte Fallschirmspringer hinter den deutschen Linien ab, um sechs Rheinbrücken zu erobern. In Arnheim kommt es zur blutigen Schlacht. Heroische Haudegenschnulze mit großem Staraufgebot.

Die Brücke von Remagen / ** ½
The Bridge at Remagen
USA 1968 – 112 Min. – R: John Guillermin. D: George Segal, Robert Vaughn, Ben Gazzara, Bradford Dillman, Peter van Eyck, Hans-Christian Blech, Joachim Hansen, Sonja Ziemann.
Kriegsfilm. Trotz gegenläufiger deutscher (Spreng-)Befehle kann die 9. Panzerdivision der US-Army 1945 die (letzte intakte Rhein-)Brücke von Remagen unzerstört erobern; präzis inszeniertes militärisches Sandkastenspiel mit einem eindrucksvollen Staraufgebot.

Die Brücke von Zupanja FLOP
BRD 1975 – 82 Min. – R: Harold Philipp. D: Christian Kohlund, Klaus Dahlen, Frank Rheinboldt, Sascha Hehn.
Kriegsfilm. Jugoslawische Partisanen lauern acht deutschen Soldaten auf, da sie für eine Brückensprengung Dynamit brauchen; unsägliche Landserepisode, die sich unsinnigerweise als »Antikriegsfilm« deklariert; darstellerisch völlig niveaulos.

Brückenschläge TV-Film
BRD 1983 – 90 Min. – R, B: Helmut Meewes. D: Ingrid Rossi, Uta Sax, Klaus Miedel, Manuel Vaessen, Engelbert von Nordhausen.
Nach dem Tod ihrer Mutter kommt eine leicht gehbehinderte, daher depressive sechzehnjährige Französin zu ihrem Berliner Onkel in eine von den Vorurteilen von 1870/71 geprägte Umwelt; sensibel gespielt.

Die Brüder Karamasow / ** ½
The Brothers Karamazov
USA 1957 – 146 Min. – R: Richard Brooks. D: Yul Brynner, Maria Schell, Claire Bloom, Lee J. Cobb, Richard Basehart.
Literaturverfilmung. Adaption von Dostojewskis Roman um Vatermord, Schuld, Sühne und intellektuelle Verantwortung; unangemessener Film voller Hollywoodklischees, dennoch von hohem Unterhaltungswert; Schell die einzige totale Fehlbesetzung.

Bruder Sonne, Schwester Mond / Brother Sun, Sister Moon **
GB/I 1972 – 130 Min. – R: Franco Zeffirelli. D: Alec Guinness, Graham Faulkner, Judy Bowker.
Heiligenbiographie. Der Krieger Francesco kehrt aus dem Krieg nach Assisi zurück, nach seiner Genesung ist er verändert. Fortan lebt er in selbstgewählter Armut, fern von den Annehmlichkeiten der Gesellschaft. Der romantische und undistanzierte Film beschreibt Franz von Assisis Weg zum Ordensstifter mit verklärtem Blick.

Der Brummbär / Il burbero **
I 1987 – 101 Min. Ⓥ VPS. – R: Castellano & Pipolo. D: Adriano Celentano, Debra Feuer, Jean Sorel, Angela Finochiare.
Klamotte. Ein Junggeselle und Anwalt macht die Bekanntschaft einer reizenden Dame, die von Gangstern bedrängt wird; er hilft ihr – auch menschlich. Celentano agiert nach bekanntem Muster, brummig und sympathisch, am Ende reif für die Liebe; für seine Fans eine Pflichtübung.

Brüssel Transit / ***
Bruxelles-Transit
B 1980 – 77 Min. sw. – Jiddisch mit dt. U. – R: Samy Szlingerbaum. D: Boris Leman, Hélène Lapiower, Micha Wald.
Exilantendrama. 1947 gelangt eine jüdische Familie aus Polen nach Belgien und baut sich im vermeintlichen Übergangsland unter größten Schwierigkeiten eine Existenz auf. Der originelle, mutige Film versteht sich als eine Art »Reiselied« und Hohelied auf eine mündlich überlieferte jiddische Kultur, die unaufhaltsam aus Europa verschwindet.

Brust oder Keule / **
L'aile ou la cuisse
F 1976 – 100 Min. – R: Claude Zidi. D:

Louis de Funès, Coluche, Julien Guiomar, Claude Gensac, Ann Zacharias.
Komödie. Oberflächliche Späße und Gags produziert Louis de Funès als Kochkünstler im Kampf gegen einen Hersteller von Fertiggerichten. Wenig Tiefsinn, viel Unsinn.

Brutale Schatten / ∗∗
Un homme est mort / Funérale à Los Angeles
F/I 1972 – 100 Min. Ⓥ Warner Home. – R: Jacques Deray. D: Jean-Louis Trintignant, Angie Dickinson, Ann-Margret, Roy Scheider.
Thriller. Ein französischer Syndikatskiller wird nach einem erfolgreichen Auftrag in Los Angeles selbst zum Gejagten; Trintignant macht den action- und spannungsgeladenen Katz-und-Maus-Film durch seine sensible Charakterstudie sehenswert und findet durch Scheider angemessene Unterstützung.

Buana, die weißen Löwen von Timbavati / White Lions ∗∗ ½
USA 1979 – 80 Min. – R: Mel Stuart. D: Michael York, Glynnis O'Connor, Lauri Lynn, Donald Moffat.
Tierfilm. Ein Tierforscher entschließt sich, zwei Löwenbabys, die wegen ihres weißen Fells keine Überlebenschance haben, aufzuziehen; Familienfilm mit außergewöhnlichen Tieraufnahmen.

Die Büchse der Pandora ∗∗∗
D 1928 – 131 Min. Stf. – R: Georg Wilhelm Pabst. D: Louise Brooks, Fritz Kortner, Franz Lederer, Carl Goetz, Alice Roberts.
Liebesdrama. Lulu, der schöne Vamp, bringt allen Männern Unglück, bevor sie selbst einem Frauenmörder zum Opfer fällt. Mit diesem Kolportagedrama verbindet Pabst eine atmosphärisch dichte Schilderung der Weimarer Republik nach Kriegsende. Meisterwerk des nachexpressionistischen Stummfilms, Brooks phantastisch in der Hauptrolle.

Die Bucht der Schmuggler / Fury at Smuggler's Bay ∗∗
GB 1960 – 89 Min. – R: John Gilling. D: Peter Cushing, John Fraser, Michèle Mercier, Bernard Lee.
Seeabenteuer. Im 18. Jahrhundert terrorisiert eine Piratenbande die Fischer an der britischen Küste. Mischung aus Kostümmoden, Degenduellen und Seemannsgarn.

Buck Rogers / ∗ ½
Buck Rogers
USA 1979 – 89 Min. Ⓥ CIC. – R: Dan Haller. D: Gil Gerard, Erin Gray, Pamela Hensley, Henry Silva.
Science-fiction-Film. Selbstironischer Pilotfilm einer Fernsehserie über den eckigen SF-Helden der dreißiger und vierziger Jahre, der im 25. Jahrhundert die Welt vor außerirdischen Gefahren bewahrt.

Der Bucklige
siehe: Die Abtenteuer des Chevalier de Lagadère

Der Bucklige von Soho ∗ ½
BRD 1966 – 90 Min. – R: Alfred Vohrer. D: Günter Stoll, Pinkas Braun, Eddi Arent, Monika Peitsch.
Edgar-Wallace-Verfilmung. Gangster entführen Millionenerbin und wollen per Doppelgängerin an ihr Vermögen; einer der schwächeren Filme der Serie.

Die Buddenbrooks ∗∗
BRD 1959 – 99 Min. (1. Teil), 107 Min. (2. Teil) sw. – R: Alfred Weidenmann. D: Liselotte Pulver, Nadja Tiller, Hansjörg Felmy, Lil Dagover, Werner Hinz.
Literaturverfilmung. Adaption des Romans von Thomas Mann über den Niedergang einer Lübecker Patrizierfamilie; anspruchsvolle, darstellerisch und als Bild einer Epoche nicht überzeugende Verfilmung, der die Visualisierung der Mannschen Ironie fast völlig mißlingt.

Buddy Buddy / ∗∗ ½
Buddy Buddy
USA 1981 – 92 Min. – R: Billy Wilder. D: Walter Matthau, Jack Lemmon, Paula Prentiss, Klaus Kinski.
Komödie. Kinski als Doktor spricht sächsisch, Paula Prentiss hat Jack Lemmon verlassen, der sich in einem Hotel das Leben nehmen will – ausgerechnet zu der Zeit, da Killer Matthau dort einen Auftrag zu erledigen hat. Remake von Edouard Molinaros Film »Die Filzlaus« (1973).

Buddy fängt nur große Fische
siehe: Sie nannten ihn Plattfuß

Buddy haut den Lucas / ∗∗
Chissà perché ... capitano tutte a me
I 1980 – 82 Min. Ⓥ marketing film. – R: Michele Lupo. D: Bud Spencer, Cary Guffey, Feruccio Amendola, Robert Hundar.
Bud-Spencer-Film. In Monroe/Texas ist der Bär los, denn Außerirdische haben sich dort ein Camp gebaut. Doch Sheriff Craft alias Spencer und sein extraterrestrischer Kumpel »H 7/25« wissen mit Faust und Stirn darauf eine schlagende Antwort im gewohnten Spencer-Hauruckstil und mit geistreichen Dreingaben.

Buddy in Hongkong
siehe: Plattfuß räumt auf

Buddy und das süße Leben / Come Blow Your Horn ∗∗ ½
USA 1962 – 105 Min. – R: Bud Yorkin. D: Frank Sinatra, Tony Bill, Lee J. Cobb, Jill St. John.
Komödie. Frankieboy als flottes Fabrikantensöhnchen führt ein Lotterleben in Manhattan, bis sein Bruder ihm Konkurrenz macht. Natürlich umrahmt Sinatra die witzige Unterhaltung nach einem Stück von Neil Simon auch mit dem Titelsong »Come Blow Your Horn«.

Buffalo Bill, der weiße Indianer / Buffalo Bill ∗∗
USA 1944 – 87 Min. – R: William A. Wellman. D: Joel McCrea, Maureen O'Hara, Anthony Quinn, Linda Darnell, Thomas Mitchell.
Indianerfilm. Wenig authentischer, routinierter Unterhaltungswestern um den Büffelschlächter William Cody, dessen Legende unbeschädigt bleibt.

Buffalo Bill und die Indianer / Buffalo Bill and the Indians or Sitting Bull's History Lesson ∗∗∗
USA 1976 – 123 Min. Ⓥ VPS. – R: Robert Altman. D: Paul Newman, Burt Lancaster, Geraldine Chaplin, Joel Grey, Kevin McCarthy.
Spätwestern. Der ehemalige Büffelschlächter William »Buffalo Bill« Cody beweihräuchert sich in einer großen Wildwestshow; der Film demontiert die Legende eines rassistischen, prahlerischen Pfaus, eines neurotischen Angebers, dessen Leben in infantilen Machoritualen zerrinnt, obgleich ihm Anflüge tragikomischer Verzweiflung nicht fremd sind; oft fast bis zur Monochromie verbleibende Farbe und Untertöne skurriler Ironie schaffen eine trügerische Realität voll aktueller Bezüge.

Die Buggy-Bumser / ∗∗
Flash and the Firecat
USA 1975 – 84 Min. – R, B: Ferd Sebastian, Beverly Sebastian. D: Roger Davis, Tricia Sembera, Dub Taylor, Richard Kiel.
Autofilm. Flash und Firecat geraten an das große Geld, müssen aber die Polizei abhängen. Ihre Flucht im Buggy durch die Wüste nimmt ein überraschendes Ende. Amüsantes, mit originellen Einfällen auftrumpfendes Road Movie.

Bugsy Malone / ∗∗ ½
Bugsy Malone
GB 1976 – 93 Min. – R: Alan Parker. D: Jodie Foster, Scott Baio, Florrie Dugger.
Krimiparodie. Die New Yorker Unterwelt funktioniert wie gewohnt, doch die MPs spritzen Eiscreme statt Blei, denn die Gangster und ihre Bräute werden von Kindern dargestellt; unterhaltender Spaß, besonders für Kenner des Genres.

Bühne frei für Marika ∗ ½
BRD 1958 – 89 Min. – R: Georg Jacoby. D: Marika Rökk, Johannes Heesters, Rudolf Platte, Carla Hagen, Harald Juhnke.
Musikfilm. Marika trennt sich von ihrem Mann, einem berühmten Komponisten, und findet über Umwege ins Showgeschäft; Heesters elegant, Rökk tanzt und singt keß Melodien von Franz Grothe, Handlung zäh.

Ein Bulle sieht rot / ∗∗ ½
Un condé
F/I 1970 – 92 Min. – R: Yves Boisset. D: Michel Bouquet, Anne Carrère, Françoise Fabian, John Garko, Rufus.
Kriminalfilm. Ein korrekter Polizist wird zum unnachgiebigen Racheengel, als sein Kollege und Freund erschossen wird; die nicht sehr originelle Handlung wird hart präsentiert und gewinnt durch überzeugende Darsteller.

Der Bulle von Hongkong
siehe: Das Geheimnis der 7 goldenen Nadeln

Bumerang ** ½
BRD 1959 – 89 Min. sw. – R: Alfred Weidenmann. D: Hardy Krüger, Mario Adorf, Horst Frank, Martin Held, Ingrid van Bergen.
Krimi. Ein Reißer mit eingebauter Gesellschaftskritik: Im Berlin der Nachkriegszeit planen drei Männer einen Einbruch in den Kassenraum des Arbeitsamtes. Der Coup scheint perfekt geplant, wenn nur private Gefühle wie Eifersucht nicht die Kalkulation über den Haufen werfen würden.

Das bumsfidele Internat / FLOP
Das bumsfidele Töchterinternat / Charleys Tante nackt
CH 1969 – 104 Min. – R: Norbert Terry. D: Vincent Gauthier, Barbro Hedstroem.
Lustspiel. Schwedin aus gutem Haus soll in Schweizer Internat trockengelegt werden, doch sie schmuggelt ihren Freund, als Freundin getarnt, ein; niveauloser Sexklamauk.

Bunny Lake ist verschwunden / Bunny Lake is Missing ** ½
GB 1965 – 107 Min. sw. – R: Otto Preminger. D: Laurence Olivier, Carol Lynley, Keir Dullea, Martita Hunt.
Thriller. Eine Vierjährige ist aus einem Kindergarten spurlos verschwunden, die Polizei muß klären, ob ein Verbrechen nur vorgetäuscht wurde; alptraumhafter, düsterer Schocker mit überraschender Pointe.

Der bunte Traum ** ½
BRD 1951 – 75 Min. – R: Géza von Cziffra. D: Vera Molnar, Josef Meinrad, Felicitas Busi, Walter Giller, Maxi und Ernst Baier mit ihrem Eisballett.
Revuefilm. Zwei junge Mädchen wollen beim Theater und bei einer Eisrevue Karriere machen, doch ohne Fleiß und Liebe kein Preis; einer der großen Ausstattungsfilme aus der Zeit der Sauberen Leinwand; Schnulze mit Niveau.

Ein bürgerliches Drama / **
Un drama borghese
I 1979 – 90 Min. – R: Florestano Vancini. D: Franco Nero, Dalila di Lazzaro, Lara Wendel.
Liebesfilm. Pikante, solide verfilmte Liebesgeschichte um einen Vater und seine sechzehnjährige Tochter, die in ein inzestuöses Verhältnis abdriften.

Burgtheater ** ½
A 1936 – 103 Min. sw. – R: Willi Forst. D: Werner Krauß, Olga Tschechowa, Hans Moser.
Theatermilieufilm. Charakterdarsteller um die Jahrhundertwende liebt außerhalb der Burgtheater-Bretter, die seine Welt bedeuten, eine Frau. Doch die Liebe bleibt unerwidert, und der Star kompensiert durch Theaterspiel. Gut besetztes und gespieltes Filmmelodram, dezent inszeniert von Forst (»Maskerade«).

Bus Stop / Bus Stop ***
USA 1956 – 91 Min. – R: Joshua Logan. D: Marilyn Monroe, Don Murray, Arthur O'Connell, Betty Field.
Starfilm. Marilyn Monroe ist die Tingeltangelsängerin Cherry, blond, tief dekolletiert und netzbestrumpft singt sie »That Black Old Magic«, spricht Hillbilly-Akzent und ist die Unschuld in Person. In einem Club in Phoenix/Arizona will ein verrückter Cowboy sie auf der Stelle heiraten. Marilyn versucht, dem ausgeflippten Rodeoreiter im Bus zu entkommen, was zu neuen Komplikationen führt. Eine temporeich inszenierte Geschichte, in der Marilyn Monroe ihren strengen Kritikern bewies, daß sie schauspielerisches Talent besitzt.

Der Buschpilot / L'Africain **
F 1983 – 96 Min. – R: Philippe de Broca. D: Catherine Deneuve, Philippe Noiret, Jean-François Balmer, Joseph Momo.
Abenteuerfilm. Ein getrenntlebendes Ehepaar trifft sich unvermutet in Ostafrika wieder, wo der Mann als Buschpilot einen rabiaten Kampf gegen skrupellose Tierhändler führt. Der spannende, gut besetzte, mit komödiantischen Tönen operierende Film erzählt seine Story routiniert und unterhaltsam.

Butch & Sundance – die frühen Jahre / Butch and Sundance: The Early Years ** ½
USA 1979 – 111 Min. auch OoU. – R:

Richard Lester. D: William Katt, Tom Berenger, Jeff Corey, Brian Dennehy.
Westernkomödie. Vorgeschichte zum Klassiker »Zwei Banditen«: Der gerade haftentlassene Butch Cassidy, ein Pferdedieb, lernt bei einer Saloonschießerei Sundance Kid kennen; reizvolle, teils witzige Unterhaltung mit guten Darstellern und dichter Atmosphäre, aber ohne echten Höhepunkt; daher hängt die Story streckenweise durch.

Butch Cassidy und Sundance Kid
siehe: Zwei Banditen

Bye Bye Brazil / Bye Bye Brazil ** ½
BR 1979 – 110 Min. – R: Carlos Diegues. D: Betty Faria, José Wilker, Fabio Junior, Zaira Zambelli.
Reisefilm. Ein phantastisches Trio zieht mit seinem fahrbaren Kleinzirkus den São Francisco hinunter. Die Reise durch ein ökologisch und kulturell schwer angeschlagenes Land zeichnet der Film mit Kritik einfallsreich nach.

C

C. C. und Company / ∗∗
C. C. and Company
USA 1970 – 82 Min. – R: Seymour Robbie. D: Joe Namath, Ann-Margret, William Smith.
Rockerfilm. Der Motorradmechaniker C. C. Rider hat sich der Gang »The Head» angeschlossen, was ihn schnell in Schwulitäten bringt; als die Rockerbande eine junge Fotografin überfällt und vergewaltigen will, greift er ein. Schräge Vögel, harte Attacken; Rockerfilm im Stil der »Wilden Engel« (»Wild Angels«).

Cabaret / Cabaret ∗∗∗ ½
USA 1972 – 119 Min. – R: Bob Fosse. D: Liza Minnelli, Michael York, Joel Grey, Helmut Griem, Fritz Wepper, Helen Vita, Ralf Wolter.
Musikalisch-dramatische Revue. Eine Dreiecksgeschichte in der Morgendämmerung des Dritten Reichs, die im Grauen endet; mitreißend und fast zu glamourös; acht Oscars, darunter für Minnelli, Grey und die Ausstattung von Rolf Zehetbauer.

Caesar und Cleopatra / ∗∗ ½
Cesar and Cleopatra
GB 1946 – 139 Min. – R. Gabriel Pascal. D: Claude Rains, Vivien Leigh, Cecil Parker, Stewart Granger, Flora Robson.
Historienfilm. Bekannte Verführungs- und Liebesgeschichte aus der Antike; Adaption von George Bernard Shaws Bühnenstück, unangemessen, da sich dessen böse Ironie und Geschichtspessimismus dem Rahmen des Monumentalfilms entziehen; die Schauwerte versöhnen mit Schwächen des Films.

Café Malaria
siehe: Malaria

Café New York
siehe: Weiß sie, wie man Kuchen backt?

Cal / Cal ∗∗ ½
GB 1984 – 99 Min. Ⓥ VCL. – R: Pat O'Connor. D: Helen Mirren, John Lynch, Donald McCann, John Kavanagh.
Politthriller. Ein Ire, gewissenszerrissenes Mitglied der IRA, verliebt sich in die Witwe eines Opfers; er gerät in immer tiefere existentielle Konflikte; ein wegen seiner Widersprüchlichkeit sehenswerter Film.

California / California ∗∗ ½
USA 1946 – 93 Min. – R: John Farrow. D: Ray Milland, Barbara Stanwyck, Barry Fitzgerald, Anthony Quinn.
Western. Gegen den Willen des Treckführers schließt sich eine etwas fragwürdige Schauspielerin dem Wagenzug an; sie steht ihre Frau; Milland und Stanwyck in Hochform in einem tempogeladenen Pioniersfrauen-Western.

California Highway / ∗∗ ½
The Hot One / Corvette Summer
USA 1978 – 102 Min. Ⓥ MGM/UA. – R: Matthew Robbins. D: Mark Hamill, Annie Potts, Eugene Roche, Kim Milford.
Komödie. Leicht melodramatische Love-Story um einen Collegeboy, der sich in ein leichtes Mädchen verknallt, während er in Las Vegas hinter einem Autodieb her ist. Spritzig, temporeich.

California Split / California Split ∗∗ ½
USA 1974 – 103 Min. – R: Robert Altman. D: George Segal, Elliott Gould, Ann Prentiss, Gwen Welles, Joseph Walsh.
Zockerfilm. Im realistischen Milieu angesiedelter, nervöser Film um den skurrilen Lebensstil von zwei gewieften Zockern, die ihre düstere Spielleidenschaft an den Rand des Abgrunds bringt. Von Altman (»Nashville«) als anspruchsvolles, unter die Haut gehendes Melodram inszeniert.

California Straight Ahead ∗∗
USA 1937 – 67 Min. sw. OmU. – R: Arthur Lubin. D: John Wayne, Louise Latimer, Robert McWade.

Truckerfilm. In einer Wettfahrt mit einem Güterzug und streikenden kalifornischen Arbeitern führt Schlachtroß Wayne einen Lkw-Konvoi durch Schnee, Eis und Wüste zum Sieg an die Westküste. Actiongeladener Vorläufer der heutigen Road Movies.

Camillo Castiglioni oder die Moral der Haifische TV-Film
A 1988 – 90 Min. – R: Peter Patzak. D: Ricardo de Torrebruna, Barbara Rudnik, Manfred Böll, Hans-Georg Nenning.
Im Polit- und Wirtschaftsfilz des Österreich nach dem Untergang der Donaumonarchie gelingt dem Kaufmann Castiglioni ein schneller Aufstieg, doch der Erfolg des Kriegsgewinnlers löst Neid aus; packendes Panorama einer authentischen Episode, garniert mit aktuellen Seitenhieben.

Camp der Verdammten *
BRD 1961 – 85 Min. – R: Ernst von Theumer. D: Ellen Schwiers, Hellmut Lange, Christiane Nielsen, Hermann Nelsen.
Abenteuerfilm. Einfältig inszenierte Story um eine Schatzsuche in Anatolien. Deutsche Gastabenteurer blamieren sich in der Türkei.

Canadian Pacific / Canadian Pacific **
USA 1949 – 95 Min. – R: Edwin L. Marin. D: Randolph Scott, Jane Wyatt, J. Carrol Naish, Nancy Olson, Victor Jory.
Western. Der Bauaufseher der »Canadian Pacific«-Bahn will eigentlich heiraten, doch ein Streit mit der Braut treibt ihn wieder zur Baustelle und zu Kämpfen mit Rothäuten und bösen Banditen; routinierte Unterhaltung mit einigen spannenden Höhepunkten.

Canaris ** ½
BRD 1954 – 108 Min. sw. – R: Alfred Weidenmann. D: O.E. Hasse, Martin Held, Adrian Hoven, Barbara Rütting, Wolfgang Preiss, Peter Mosbacher, Charles Regnier.
Geheimdienstmelodram. Der Chef der deutschen Spionageabwehr, Admiral Canaris, will sich nicht vom NS-Staat vereinnahmen lassen, schon 1937 durchschaut er die Konsequenzen der Eroberungspolitik Hitlers; wenig authentischer Kommentar zu einer Episode des Dritten Reichs; ein idealisierender Hasse in seiner bekanntesten Rolle in einem exzellenten Team; Bundesfilmpreis (bester Film, bestes Drehbuch) 1955.

Can-Can / Can-Can ** ½
USA 1959 – 129 Min. – R. Walter Lang. D: Shirley MacLaine, Frank Sinatra, Maurice Chevalier, Louis Jourdan, Juliet Prowse.
Musical. Heiter-frivoles Spiel um die Entstehung des lustigen Pariser Skandaltanzes; opulent ausgestattetes Starepos mit eindrucksvoller Choreographie.

Candy – Weekend with the Babysitter / Weekend with the Babysitter *
USA 1970 – 90 Min. – R: Don Henderson. D: George E. Carey, Susan Romen, James Almanzar, Luanne Roberts.
Drogenkrimi. Während ein Ehemann das Wochenende mit einer Babysitterin verbringt, fährt die Frau zu einem erpresserischen Dealer; unglaubwürdig.

Can't Stop the Music
siehe: Super Sound und flotte Sprüche

Caplan Agent Secret FX 18 / Uccidere agente segreto 777 – stop * ½
F/I/E 1964 – 90 Min. – R: Maurice Cloche. D: Ken Clark, Jany Clair.
Agentenfilm. Französischer Geheimagent auf den Spuren eines gegnerischen Spionagerings. Hübsche Mädchen, blaue Bohnen und Barmusik auf den Balearen bilden die exotische, aber klischierte Kulisse.

Capriccio **
D 1938 – 114 Min. sw. – R: Karl Ritter. D: Lilian Harvey, Paul Dahlke, Aribert Wäscher, Paul Kemp, Victor Staal.
Musikkomödie. Junge Frau flieht vor dem vorgesehenen Bräutigam und trifft den Mann ihrer Träume. Da sie sich inzwischen jedoch in Männerkleidung versteckt, gibt's Verwicklungen, die der überschäumende, mit grotesken Gags nicht sparende Film genüßlich zuspitzt.

Caprice / Caprice ** ½
USA 1966 – 93 Min. – R: Frank Tashlin. D: Doris Day, Richard Harris, Ray Walston, Jack Kruschen, Edward Mulhare.

Komödie. Alberne, aber muntere Komödie aus dem Kosmetikmilieu, als Doris-Day-Parodie von Wirbelwind Doris Day hübsch gespielt und von Jerry-Lewis-Regisseur Tashlin gekonnt spritzig in Szene gesetzt.

Caprona, das vergessene Land / The Land That Time Forgot ∗∗

GB 1975 – 78 Min. Ⓥ VMP/Cannon/VMP. – R: Kevin Connor. D: Doug McClure, John McEnery, Susan Penhaligon, Keith Barron.

Science-fiction-Film. Im Ersten Weltkrieg gerät ein deutsches U-Boot mit englischen Schiffbrüchigen statt in die USA zu einer paradiesischen Insel, die sich bald als Hölle erweist, in der prähistorische Monster und primitive Wilde angreifen; solide SF-Unterhaltung, die sich selbst zu ernst nimmt.

Captain Apache / Captain Apache ∗

GB 1970 – 94 Min. Ⓥ marketing film. – R: Alexander Singer. D: Lee Van Cleef, Carroll Baker, Stuart Whitman.

Western. Ein indianischer Offizier der Unionstruppen stellt sich dem Kampf gegen indianermordende Banditen; kaum Durchschnitt.

Carabinieri / Les carabiniers ∗∗ ½

F 1963 – 80 Min. sw. – R: Jean-Luc Godard. D: Marino Mase, Albert Juross, Geneviève Gallea.

Zeitkritischer Film. Historisierende Satire auf das Kriegsdenken, den Waffenwahn und die politischen Taschenspielertricks der Herrschenden. Von Godard (»Außer Atem«) als Collage aus Bildern und Tönen inszeniert.

Caravaggio / Caravaggio ∗∗∗

GB 1986 – 90 Min. – R: Derek Jarman. D: Nigel Terry, Sean Bean, Dexter Fletcher.

Malerbiographie: Bilder eines Lebens, das im Rückblick erzählt wird. Im Jahr 1610 liegt der Maler Caravaggio in der Toskana auf seinem Totenbett; sein bewegtes Leben läuft wie eine Fieberphantasie ab. Der avantgardistische Film versucht, sein Thema in Stil und Form der großen Tafelbilder des Meisters darzustellen, dabei gelingen ihm genialische Tableaus, getaucht in das berühmte Licht Caravaggios; eine Künstlerbiographie als Filmkunstwerk.

Carmen Jones / Carmen Jones ∗∗∗

USA 1954 – 98 Min. – R: Otto Preminger. D: Dorothy Dandridge, Harry Belafonte, Olga James.

Musikfilm. Filmische Adaption der berühmten Oper von Bizet ins Mileu der US-Army mit ausschließlich farbigen Darstellern: Corporal Jones erhält den Befehl, die rassige Carmen ins Gefängnis einzuliefern, doch sie verdreht ihm den Kopf und überredet ihn zur Desertation; eine der schönsten und eigenwilligsten Carmen-Verfilmungen.

Carnal Knowledge – Die Kunst zu lieben / Carnal Knowledge ∗∗∗

USA 1970 – 96 Min. – R: Mike Nichols. D: Jack Nicholson, Arthur Garfunkel, Candice Bergen, Ann-Margret, Rita Moreno.

Komödie. Zwei Collegefreunde völlig verschiedener Wesensart erzählen sich von ihren Frauengeschichten; eine analytische, bittere Farce; bedrückend und nachdenklich stimmend.

Car-napping ∗∗ ½

BRD 1979 – 86 Min. Ⓥ Ufa. – R: Wigbert Wicker. D: Bernd Stephan, Anny Duperey, Michel Galabru, Peter Kuhnert, Ivan Desny, Adrian Hoven.

Komödie. Parade der Traumautos Rolls-Royce, Maserati, Daimler, Bentley, Porsche in einer frechen Gaunerkomödie um drei tolldreiste Diebe.

Caroline tanzt aus der Reihe / Le boulanger de Surèsnes ∗∗ ½

F 1981 – 100 Min. – R: Jean-Jacques Goron. D: Jean-Marc Thibault, Cathérine Rouvel, Zoé Chauveau.

Melodram. Bilder aus der französischen Provinz: Im Mittelpunkt steht die standesbewußte Familie des Bäckers, dessen Tochter Caroline in das gehobene Bürgertum eines Brotfabrikanten einheiratet. Idylle mit sozialkritischen Untertönen, unterhaltsam inszeniert.

Carrasco, der Schänder / The Outrage ** ½
USA 1964 – 92 Min. sw. – R: Martin Ritt. D: Paul Newman, Edward G. Robinson, Claire Bloom, Laurence Harvey, William Shatner.
Western. Ein mexikanischer Bandit überfällt ein reisendes Ehepaar und bedrängt die Frau, am nächsten Tag kommt er vor Gericht. Die Rekonstruktion dessen, was geschah, erweist sich als schwierig, die Zeugenaussagen sind widersprüchlich. Martin Ritt (»Der Strohmann«) erzählt das Remake von Kurosawas »Rashomon« im Westernmilieu mit einem Hang zur Groteske, das bekommt dem philosophisch ambitionierten Thema nicht besonders. Dennoch unterhaltsam und sehenswert.

Carrera – Das Geheimnis der blonden Katze ** ½
BRD/E/I 1968 – 104 Min. – R: José Antonio De La Loma. D: Thomas Hunter, Gila von Weitershausen, Fernando Sancho, Erica Blanc, Dieter Augustin.
Actionfilm. Ein Exganove hat sich zum Rennfahrer-As gemausert, doch macht ihn eine junge Frau mit sanftem Druck zum rückfälligen Tresorknacker; bald schwant ihm Böses; gagreicher, turbulenter Thriller mit flotten Sprüchen, aber hausbackenem Sex.

Carrie – Des Satans jüngste Tochter / Carrie ** ½
USA 1976 – 94 Min. – R: Brian De Palma. D: Sissy Spacek, John Travolta, Piper Laurie.
Thriller. Psychologisch stimmiger, im Handlungsverlauf überzeugender und brillant gespielter Film, dessen Horror aus dem Alltag kommt: Ein unaufgeklärtes Mädchen erlebt seine erste Periode als Strafe Gottes. De Palma setzt auf gruselig-realistische Effekte.

Cartier Affäre / Cartier Affair **
USA 1985 – 91 Min. Ⓥ VCL. – R: Rod Holcomb. D: Joan Collins, David Hasselhoff, Telly Savalas.
Komödie. Ein Exhäftling schleicht sich unter Druck eines Unterweltbosses in das Vertrauen einer superreichen Filmdiva ein; um deren Freund zu beruhigen, tarnt er sich als Homosexueller: matte Scherzchen in einer Parodie auf Stargehabe, die vor allem Collins und dem platten Teenieidol Hasselhoff nicht recht gelingen.

Cartouche, der Bandit / Cartouche ***
F/I 1961 – 97 Min. – R: Philippe de Broca. D: Jean-Paul Belmondo, Claudia Cardinale, Odile Versois, Jess Hahn, Jean Rochefort, Marcel Dalio.
Abenteuerromanze. Ein Taschendieb mit dem Charme eines Robin Hood beklaut nur die Reichen. Eines Tages übernimmt er die Führung der Diebe von Paris und legt sich mit Adel, Klerus und Krone an. Daß dieser abenteuernde Idealheld bei den Frauen besonders gut ankommt, dafür sorgt schon Belmondo in der Paraderolle eines Films, der alle Register des frech-fröhlichen Mantel-undDegen-Genres zieht.

Casablanca / Casablanca *** ½
USA 1942 – 98 Min. sw. Ⓥ Warner Home. – R: Michael Curtiz. D: Humphrey Bogart, Ingrid Bergman, Paul Henreid, Claude Rains, Conrad Veidt, Sydney Greenstreet.
Kultfilm. Ein Liebes-, Abenteuer-, Spionage-, Antinazi- und Nostalgiefilm, der den Mythos Bogart begründete: der Kult- und Kitschfilm vom langen Abschied. Ingrid Bergman zerdrückt eine Träne am Flugplatz, Bogart sagt »Ich schau' dir in die Augen, Kleines«, und Sam spielt seinen berühmten Song »As Time Goes By«.

Casanova auf Schloß Dux TV-Film
DDR 1983 – 90 Min. – R: Martin Eckermann. B: Karl Gassauer. D: Wolf Kaiser, Marianne Wünscher.
Der alte Casanova wird als Bibliothekar auf das Schloß seines letzten Brotgebers bestellt; Glück und Frauen haben ihn verlassen; eine alternde ostpreußische Wäschebeschließerin, seine letzte Liebe, ermuntert ihn zu seinen Memoiren; kammerspielartiges Zweierstück mit deutlichen Längen über einen alternden Schwadroneur voller Freiheitsliebe.

Casanova 70 / Casanova 70 ∗ ½
I/F 1965 – 108 Min. – R: Mario Monicelli. D: Marcello Mastroianni, Virna Lisi, Michèle Mercier, Marisa Mell.
Liebesfilm. Ein Nato-Offizier scheut auf dem Schlachtfeld der Liebe keine Gefahr; nicht ganz reizlose Ausbeutung von Mastroiannis Restcharme als halbseidener Latin Lover.

C. A. S. H. – eine unaufhaltsame Karriere / C. A. S. H. – Die unaufhaltsame Karriere des Gefreiten Arsch / Whiffs ∗∗
USA 1974 – 90 Min. – R: Ted Post. D: Elliott Gould, Eddie Albert, Harry Guardino, Jennifer O'Neill.
Militärklamotte. Als Testperson eines Chemiekorps trägt ein GI schwere Schäden davon; doch mit Hilfe eines Komplizen plant er Rache; hintersinniger Klamauk über die Bedenkenlosigkeit entmenschter Militärbürokratien.

Die Cash und Carry GmbH / Touch and Go ∗∗ ½
AUS 1980 – 92 Min. OmU. – R: Peter Maxwell. D: Wendy Hughes, Chantal Contouri, Carmen Duncan, John Englisch.
Krimikomödie. Ein weibliches Ganoventrio verschenkt die Beute aus Bankräubereien für gute Zwecke, doch das erweist sich beim größten Coup als fatal; muntere Gaunerkomödie, unüblich wegen der weiblichen Akteure, die aber trotz spaßiger Einfälle recht konventionell bleibt.

Casino de Paris ∗∗
BRD/F/I 1957 – 99 Min. Ⓥ EuroVideo. – R: André Hunebelle. D: Caterina Valente, Vittorio De Sica, Gilbert Bécaud, Grethe Weiser, Rudolf Vogel.
Revuefilm. Ein frauenfroher Boulevardstückeschreiber will eine Tänzerin becircen, doch die hat Sicherungen eingebaut; mageres Musikfilmchen für Fans der Stars.

Cassidy, der Rebell / Young Cassidy ∗∗ ½
GB 1964 – 110 Min. – R: Jack Cardiff, John Ford. D: Rod Taylor, Maggie Smith, Michael Redgrave, Dame Edith Evans.
Zeitkritischer Film. Ein junger Ire kämpft zur Zeit des Ersten Weltkriegs für ein unabhängiges Irland, findet aber noch Zeit genug für eine intensive Liebesbeziehung; als Lebensbild des jugendlichen Dichters Sean O'Casey angelegter Film, der dessen sozialkritischer Radikalität nicht gerecht wird; überragender Rod Taylor.

Catch 22 – Bis zum bitteren Ende / Catch 22 ∗∗∗
USA 1970 – 115 Min. Ⓥ CIC. – R: Mike Nichols. D: Alan Arkin, Orson Welles, Anthony Perkins.
Kriegsgroteske. Bitterböser Antikriegsfilm voller satirischer und auch erschütternder Momente um einen kampfmüden Captain der US-Armee, der im Jahr 1944 aus dem Krieg aussteigen will und dabei alle Dienstvorschriften gegen sich hat.

Catlow – Leben ums Verrecken / Catlow ∗∗ ½
GB 1971 – 97 Min. – R: Sam Wanamaker. D: Yul Brynner, Richard Crenna, Leonard Nimoy, Daliah Lavi.
Western. Ein schlitzohriger Outlaw versucht immer neue, etwas fragwürdige Geschäfte zu machen; dabei kommen ihm Schönheiten und ein Marshal, ein alter Kriegskamerad, in die Quere; humoriger Spätwestern mit Spaß und Laune.

Cause for Alarm ∗∗ ½
USA 1951 – 74 Min. sw. OmU. – R: Tay Garnett. D: Loretta Young, Barry Sullivan, Bruce Cowling.
Schwarzes Melodram. Herzkranker, eifersüchtiger Ehemann malt sich in der Phantasie ein erotisches Verhältnis seiner Frau mit seinem Freund und Hausarzt aus. Seinen angekündigten Selbstmord schiebt er dem Paar in die Schuhe. Garnett (»Wenn der Postmann zweimal klingelt«) gelingt eine beeindruckende Filmstudie in Paranoia.

Cavalcade – Heimat unter heißer Sonne / Heimat unter heißer Sonne / Heimat unter fremden Sternen / Cavalcade ∗ ½
BRD/Argentinien 1958 – 87 Min. – R: Richard von Schenk. D: Ruth Niehaus, Helmuth Schneider, Felix Tortorelli, Albert Barcell, Lalla Dartell.

Südwestern. Eine Bande von Pferdedieben in Argentinien unterliegt Recht und Ordnung; routiniert heruntergespielte Moral, daß auch in der Pampa das Böse keine Chance hat.

Céleste ** ½

BRD 1982 – 105 Min. – R: Percy Adlon. D: Eva Mattes, Jürgen Arndt, Norbert Wartha.

Proust-Film. Adaption des Buchs »Monsieur Proust« von Céleste Albaret, des sensiblen Mädchens, das Marcel Proust in seinen letzten Jahren aufopferungsvoll pflegte; einfühlsam und genau.

Cervantes, der Abenteurer des Königs / Cervantes **

E/I/F 1966 – 90 Min. – R: Vincent Sherman. D: Horst Buchholz, Gina Lollobrigida, José Ferrer, Louis Jourdan.

Abenteuerfilm. Buntes Spektakel aus dem Spanien des 16. Jahrhunderts. Der Titelheld, später berühmt als Autor des Romans »Don Quichote«, versucht sich als Diplomat und Liebhaber. Origineller Stoff, solide erzählt.

César / César **

F 1936 – 121 Min. sw. OmU. – R: Marcel Pagnol. D: Jules Raimu, Pierre Fresnay, Orane Demazis, Fernand Charpin.

Komödie. Dritter Teil der Pagnol-Trilogie (nach »Marius« und »Fanny«) um eine Marseiller Familie und deren Umfeld; atmosphärisch dicht, voll praller Charaktere.

César und Rosalie / César et Rosalie ** ½

F/I/BRD 1972 – 104 Min. – R: Claude Sautet. D: Yves Montand, Romy Schneider, Sami Frey, Umberto Orsini.

Komödie. Als ihre Jugendliebe wieder-auftaucht, gerät die Beziehung einer Frau zu dem Mann, mit dem sie lebt, aus den Fugen; witzig-verspielte Auseinandersetzung mit der Verletzbarkeit von Gefühlen.

Challenge / The Asphyx **

GB 1972 – 83 Min. – R: Peter Newbrook. D: Robert Stephens, Robert Powell, Jane Laportaire, Alex Scott, Ralph Arliss, Fiona Walker.

Science-fiction-Film. Im vorigen Jahrhundert unternimmt ein Aristokrat und Experimentator metaphysische Tests, um die Seele zu »fotografieren«; Film von düsterem Horror, der manche Möglichkeiten des ausgefallenen Themas verschenkt.

La Chamade – Herzklopfen / La chamade * ½

F/I 1968 – 99 Min. – R: Alain Cavalier. D: Catherine Deneuve, Michel Piccoli, Roger van Hool, Irene Tunc.

Love-Story. Dreiecksverhältnis im Milieu der Superreichen; bemerkenswerte Schauspielleistungen lassen nicht die Banalität der Moral vergessen, daß es besser ist, reich zu sein als arm.

Der Champ / The Champ **

USA 1979 – 118 Min. Ⓥ MGM/UA. – R: Franco Zeffirelli. D: Jon Voight, Faye Dunaway, Ricky Schroder, Arthur Hill, Jack Warden.

Boxerfilm. Melodramatische und humorvolle Geschichte um das Comeback eines ehemaligen Boxweltmeisters, um seine beruflichen und privaten Konflikte und die Träume seines Sohnes. Von Zeffirelli (»Romeo und Julia«) gefühlvoll mit Sinn fürs Happy-End inszeniert.

Champagner aus dem Knobelbecher FLOP

BRD 1965 – 95 Min. – R: Franz Marischka. D: Axel Scholtz, Michael Hinz, Franz Muxeneder, Fred Stillkrauth.

Militärklamotte. Zwei Gefreite führen in der Normandie ein Leben wie Gott in Frankreich, bis 1944 die Alliierten einmarschieren; hübsche Mädchen verhelfen ihnen zu einer abenteuerlichen Flucht; verblödendes Loblied auf die Etappenhengste des Tötungshandwerks; altherrenwitzgetränkte Produktion auf schwindelerregend niedrigem Niveau.

Champagner-Mörder / Le scandale ** ½

F 1966 – 95 Min. – R: Claude Chabrol. D: Anthony Perkins, Maurice Ronet, Yvonne Furneaux.

Krimi. Eine Serie von Frauenmorden beunruhigt eine Stadt und schafft das Klima für eine perfide Intrige zwischen Geschäftspartnern. Chabrol (»Die Phantome des Hutmachers«) nutzt die Story zu einer bitterbösen Satire auf die feine Gesellschaft.

Der Champion / Casey's Shadow **
USA 1977 – 92 Min. Ⓥ RCA Columbia. – R: Martin Ritt. D: Walter Matthau, Andrew A. Rubin, Stephen Burnes, Michael Hershewe.
Komödie. Ein aufbrausender Halbjokkey, mit der Erziehung dreier Söhne etwas überfordert, steht zunächst kopf, als sein Jüngster statt eines Fohlens eine trächtige Mähre anschleppt; gute Familienunterhaltung mit dem speziellen Matthau-Humor.

Chan ist verschwunden / Chan Is Missing ** ½
USA 1981 – 74 Min. sw. – R: Wayne Wang. D: Wood Moy, Marc Hayashi, Laureen Chew, Judy Mihei.
Krimi. Chinesische Amateurdetektive auf der Suche nach einem Gauner, der sie um einige Tausender betrogen hat; Jagd nach asiatischer Art vor dem Hintergrund der Chinatown San Franciscos; Actionkomödie von trockenem Humor.

Chandar, der schwarze Leopard / Chandar, the Black Leopard of Ceylon ** ½
USA 1972 – 87 Min. – R: Winston Hibler. D: Frederick Steyne, Esram Jayasinghe, Joe Abeywickrema.
Tierfilm. Disney-Produktion um einen anhänglichen Leoparden, der einen Mönch und seinen Schüler aus Todesgefahr rettet. Faszinierende Tieraufnahmen in freier Wildbahn auf Ceylon.

Chaos am Gotthard TV-Film
CH 1988 – 80 Min. – R: Urs Egger. D: Nicolas Brieger, Katharina Kilchenmann, Rolf Zacher, Ingold Wildenauer.
Eine aparte Tramperin, die Hafturlaub hat, bringt einige Autofahrer in zwielichtige Situationen, besonders den Manager Roman, der gerade seine Frau im Süden besuchen will; zwischen zwei unterschiedlichen Menschen beginnt eine kurze, schmerzhafte Liebesaffäre; vor Ort in der Gotthard-Region gedreht; überdurchschnittlich.

Das Chaos-Duo / S.P.Y.S. ** ½
GB 1974 – 89 Min. – R: Irvin Kershner. D: Elliott Gould, Donald Sutherland, Zou Zou, Joss Ackland, Xavier Gélin.
Agentenkomödie. Zwei CIA-Agenten entpuppen sich als absolute Tölpel, die mit Panik, Hektik und Chaos ihre Feinde und die eigene Organisation in abenteuerliche Komplotte verstricken; parodistische Geheimdienstklamotte mit einigen einfallsreichen Gags; schauspielerisch eher dürftig.

Charade / Charade ** ½
USA 1963 – 109 Min. – R: Stanley Donen. D: Audrey Hepburn, Cary Grant, Walter Matthau, James Coburn, George Kennedy.
Krimikomödie. Einfallsreicher Film um einen mysteriösen Mord, eine zwielichtige Bande und Grant als den undurchsichtigen elegant-ironischen Beschützer der charmanten Hepburn; ein amüsantes Verwechslungsdrama allererster Güte.

Charleston / Charleston **
I 1976 – 85 Min. Ⓥ VPS. – R: Marcello Fondato. D: Bud Spencer, James Coco, Herbert Lom.
Gangsterklamotte. Zwei Ganoven versuchen sich gegenseitig aufs Kreuz zu legen, die Polizei ahnt nicht, welche Rolle ihr dabei zugedacht ist. Schlitzohr Bud Spencer mimt den Kunstexperten und legt mit einer Girltruppe eine Tanzrevue aufs Parkett; unterhaltsam und laut.

Charley's Onkel *
BRD 1969 – 88 Min. – R: Werner Jacobs. D: Gila von Weitershausen, Karl-Michael Vogler, Ingo Insterburg, Gustav Knuth, Rudolf Platte, Willy Millowitsch, Heinz Erhardt.
Komödie. Eine von liebeslustigen Schülern genervte Fahrlehrerin zieht sich in die Wohnung einer Freundin, eines Playgirls, zurück; einige Gags beleben die dürftige Klamotte.

Charleys Tante **
A 1963 – 87 Min. – R: Géza von Cziffra. D: Peter Alexander, Maria Sebaldt, Helli Servi, Alfred Böhm.
Klamotte. Ein sympathischer Onkel tritt einen Abend lang als Tante auf, seinem Neffen zuliebe. Lachstürme entfacht Alexander in der Hauptrolle nicht, auch wenn der Herr in Damenkleidern als Komödien-Dauerbrenner immer wieder komisch ist.

Charleys Tante nackt
siehe: Das bumsfidele Internat

Charlie Chan auf Kreuzfahrt / Charlie Chan's Murder Cruise ∗∗
USA 1940 – 75 Min. sw. – R: E. Forde. D: Sidney Toler, Victor Sen Yung, Montague Shaw.
Krimi. Der berühmte chinesische Detektiv mit den frappierenden Spruchweisheiten wird wieder einmal zu Hilfe gerufen, als Scotland Yard im dunkeln tappt. Diesmal geht es um den Mörder eines Richters.

Charlie Muffin / Charlie Muffin ∗∗∗
GB 1979 – 105 Min. – R: Jack Gold. D: David Hemmings, Pinkas Braun, Sam Wanamaker, Jennie Linden, Ian Richardson.
Agentenfilm. Ein Schweijk im britischen Secret Service, der als unterste, unterbezahlte, ewig unzufriedene Charge zu überleben lernte. Eines Tages setzt er zum großen Ost-West-Agentenfischzug an. Gold (»Der Mann aus Metall«) gewinnt seinen Figuren menschlich-tragische Dimensionen und seinem Film insgesamt so realistische Qualitäten ab, als spazierte Geheimagent 007-Bond durch die Tagesschau.

Charlie staubt Millionen ab / The Italian Job ∗∗ ½
GB 1969 – 101 Min. Ⓥ CIC. – R: Peter Collinson. D: Michael Caine, Noël Coward, Benny Hill, Raf Vallone, Rossano Brazzi.
Krimikomödie. Ein Superhirn brütet im Knast die Idee aus, gemeinsam mit Charlie, einen Goldraub durch ein riesiges Verkehrschaos zu verschleiern; gutes Spannungs- und Actionkino mit einem furiosen Finale, aber psychologisch wenig stimmig.

Charlie und die Schokoladenfabrik / Willy Wonka and the Chocolate Factory ∗ ½
USA 1971 – 86 Min. – R: Mel Stuart. D: Gene Wilder, Peter Ostrum, Jack Albertson, Michael Bollner.
Musikfilm. Ein kleiner Junge möchte die Belohnung des größten Süßigkeitenherstellers der Welt: lebenslange Versorgung mit Süßem. Altbackenes Musicalmärchen ohne viel musikalischen Schwung; die Ansätze zur Satire bleiben schwach.

Charlie und sein Feuerstuhl / Fast Charlie – The Moonbeam Rider ∗∗
USA 1979 – 94 Min. – R: Steve Carver. D: David Carradine, Brenda Vaccaro, L. Q. Jones.
Road Movie. David Carradine als Deserteur im Ersten Weltkrieg entschließt sich, einen Feuerstuhl zu besteigen und beim ersten Langstrecken-Motorradrennen mitzumachen; pittoreskes Zeitgemälde in einem rasanten Actionfilm, der zwischen Komödie und Melodram hin- und herpendelt.

Charlotte ∗∗
BRD/NL/GB 1980 – 92 Min. – R: Franz Weisz. D: Birgit Doll, Derek Jakobi, Elisabeth Trissenaar, Brigitte Horney.
Problemfilm. Das Schicksal einer jungen Jüdin 1939 in Berlin: Sie mußte sich von ihrem arischen Geliebten trennen und erleidet weitere Schikanen und Verfolgung. In Südfrankreich kann sie verhindern, daß ihre Großmutter Selbstmord verübt. Ausgezeichnet mit dem bayerischen Filmpreis.

Ein charmanter Hochstapler / The Great Imposter ∗ ½
USA 1960 – 107 Min. sw. – R: Robert Mulligan. D: Tony Curtis, Edmond O'Brien, Arthur O'Connell, Robert Crawford.
Episodenfilm. Als Hochstaplernaturtalent schlüpft ein Student schnell in verschiedene Berufsrollen; harmloses Vergnügen.

Ein charmanter Schwindler / Hard to Handle ∗∗ ½
USA 1939 – 95 Min. sw. – R: Mervyn LeRoy. D: James Cagney, Mary Brian, Ruth Donnelly, Gavin Gordon.
Melodram. James Cagney ist ein gerissener Bursche, der Marathon-Tanzveranstaltungen arrangiert und sich in die strahlende Siegerin verliebt. Dabei geht es nicht immer mit rechten Dingen zu. Komödiantisch perfekt.

Charro / Charro *
USA 1969 – 95 Min. – R: Charles M. Warren. D: Elvis Presley, Ina Balin, Victor French.
Elvis-Presley-Western. Schauspielerisch (zu) anspruchsvolle Rolle für den Rockstar, der, diesmal ohne Gitarre, als Exbandit um 1870 in einen Raub verwickelt wird. Schwache Handlung, schwacher Elvis.

The Chase ** ½
USA 1946 – 86 Min. sw. OmU. – R: Arthur Ripley. D: Michèle Morgan, Robert Cummings, Steve Cochran.
Psychodrama. Kriegsveteran wird Chauffeur bei Millionär und macht sich mit dessen unglücklicher Frau aus dem Staub. Fluchtversuche eines Paares, das sowohl von Malaria-Phantasien wie auch von realen Verfolgungen gejagt wird. In dieser düsteren Studie über monomanes Verhalten verschwimmen die Grenzen zwischen Realität und Alptraum.

Che! / Che! FLOP
USA 1969 – 93 Min. – R: Richard Fleischer. D: Omar Sharif, Jack Palance, Cesare Danova.
Zeitkritischer Film. Drei Episoden aus dem Leben des legendären Guerilleros, Politikers und Revolutionstheoretikers Ernesto Guevara bis zu seinem Tod im bolivianischen Urwald. Überdrehter und vereinfachender Film aus einer falsch verstandenen Medienperspektive, der die tatsächlichen Zusammenhänge außer acht läßt.

Cheech und Chongs heiße Träume / Cheech and Chong's Nice Dreams * ½
USA 1980 – 87 Min. Ⓥ RCA Columbia. – R: Thomas Chong. D: Richard »Cheech« Marin, Thomas Chong, Stacy Keach, Evelyn Guerrero, Paul Reubens.
Klamotte. Zwei Späthippies und Musiker sind groß im Drogengeschäft, aber Schwierigkeiten lassen nicht lange auf sich warten; als flippige Blödelei erträglich, als Kifferklamauk unerfreulich.

Der Chef / Un flic ***
F/I 1972 – 96 Min. – R: Jean-Pierre Melville. D: Alain Delon, Catherine Deneuve, Richard Crenna, Riccardo Cucciolla, Simone Valère.
Krimi. Formal perfekt inszeniertes Gangstermelodram im Stil des »Film noir«: Die Rollen von Jäger und Gejagtem sind dabei austauschbar; die schöne Blondine unterhält sowohl zum Gangsterboß als auch zum Kommissar eine Beziehung. Zu den Höhepunkten dieses schwarzen Krimis aus der Unterwelt von Paris gehört der nächtliche Überfall auf den Zug; fatalistischer Klassiker.

Der Chef schickt seinen besten Mann / Requiem per un agente segreto ** ½
BRD/E/I 1966 – 80 Min. – R: Sergio Sollima. D: Stewart Granger, Peter van Eyck, Daniela Bianchi.
Thriller. Stewart Granger wird vom britischen Geheimdienst von London nach Marrakesch geschickt, um einer Bande, die mit Raketenplänen handelt, das Handwerk zu legen. Spannend gemachter Reißer.

Chefarzt Dr. Pearson / The Young Doctors ** ½
USA 1961 – 100 Min. sw. – R: Phil Karlson. D: Fredric March, Ben Gazzara, Dick Clark, Ina Balin, George Segal.
Arztfilm. Die Ideale eines Chefpathologen sind im Kleinkrieg des New Yorker Großklinikalltags verlorengegangen; ein junger Arzt rebelliert; angemessene und schauspielerisch überzeugende Verfilmung eines Bestsellers von Arthur Hailey.

Cheyenne / Cheyenne Autumn *** ½
USA 1964 – 154 Min. – R: John Ford. D: Richard Widmark, Carroll Baker, Karl Malden, James Stewart, Edward G. Robinson, Sal Mineo, Dolores Del Rio, Ricardo Montalban.
Spätwestern. 1878 ziehen die letzten 286 überlebenden Cheyenne-Indianer aus der Reservation in Oklahoma zurück in ihre alte Heimat. Angegriffen von der US-Kavallerie, von Hunger und Kälte ständig bedroht, wird die Reise zu einem düsteren Todesmarsch. Ein Versuch der Rehabilitation des roten Mannes. John Fords letzter großer Western und zugleich sein Vermächtnis.

Chicago Deadline ∗∗
USA 1949 – 87 Min. sw. OmU. – R: Lewis Allen. D: Alan Ladd, Donna Reed, Arthur Kennedy.
Krimi. Journalist verliebt sich in ein totes Mädchen, übernimmt die Rolle des Detektivs, der in Rückblenden ihre Lebensgeschichte aufrollt. Ladds siegessicheres Auftreten verwischt die düsteren Akzente dieses klassischen »Film noir«.

Chicago – 12 Uhr Mitternacht / The City That Never Sleeps ∗∗
USA 1953 – 87 Min. sw. – R: John H. Auer. D: Gig Young, Mala Powers, Edward Arnold.
Gangsterfilm. In »Film noir«-Tradition inszenierter Krimi über einen Polizisten, der mit schöner Sängerin ins schnelle Karrieredenken abrutscht. Straff erzählter, handwerklich sauberer Film mit viel Schatten in den Bildern.

Chiffre Nr. 4575 TV-Film
GB – 55 Min. – R: Carrol Wisemann. B: Alan Clews. D: Julia McKenzie, Bernard Hepton.
Durch eine Chiffreanzeige lernt eine Witwe in mittleren Jahren einen smarten Mann kennen, der ganz nach ihren Vorstellungen ist; hervorragende Schauspieler in einer Handlung, die Sentiment und Witz gekonnt verbindet.

The Child / Chi l'ha vista morire ∗ ½
I 1972 – 100 Min. Ⓥ Starlight. – R: Aldo Lado. D: George Lazenby, Anita Strindberg, Adolfo Celi.
Mörderstory. Zwei kleine Mädchen sind spurlos verschwunden, und Robertas Vater, der Schönling George Lazenby, fühlt sich an ihrem Tod mitschuldig. Er beschließt zu handeln.

Chimären – Fiktion und Wirklichkeit TV-Film
BRD 1988 – 85 Min. – R: Nico Hofmann. D: Hans-Peter Hallwachs, Gerd Böckmann, Joana Maria Gorvin, Lisa Kreuzer.
Ein deutscher Genforscher soll den Nobelpreis bekommen, doch plötzlich ist er mit dem Vorwurf konfrontiert, eine Chimäre – halb Affe, halb Mensch – gezüchtet zu haben; eindrucksvoll gespielte, problemorientierte, fesselnde Darstellung eines aktuellen Themas.

China Blue bei Tag und Nacht / Crimes of Passion ∗∗ ½
USA 1984 – 102 Min. Ⓥ RCA Columbia. – R: Ken Russell. D: Kathleen Turner, Anthony Perkins, John Laughlin, Annie Potts, Bruce Davison.
Erotikfilm. Mit einleuchtenden Grafiken (u. a. von Beardsley und Hokusai) und gelegentlichen Wortwitzen (z. B. »Walt Pisney«) verzierte Sexklamotte aus dem Nuttenmilieu; absurdes, neonbeleuchtetes Geschlechterspiel, in dem Kathleen Turner den »Psycho«-Paten Perkins mühelos an die Wände ihres – zweitberuflich nächtlichen – Arbeitsplatzes spielt.

China Doll / China Doll ∗
USA 1958 – 98 Min. sw. – R: Frank Borzage. D: Victor Mature, Li Li Hua, Bob Mathias, Shu Whitman.
Melodram. Film über das Schicksal eines US-Fliegeroffiziers und seiner Familie zur Zeit des pazifischen Kriegs; naives Klischeekino zwischen Tränenseligkeit und Machismo aus John Waynes eigener (militanter) Produktionsküche.

China, mein Schmerz / Niu peng ∗∗∗
VR China 1988 – 90 Min. OmU. – R: Dai Si Jie, Shan Yan Zhu. D: Guo Liang Yi, Tieu Quan Nghieu.
Zeitkritisches Filmmärchen. Ein 14jähriger Junge wird zur Zeit der Kulturrevolution in eine Erziehungsanstalt gesteckt, weil er westliche Schallplatten hörte. Er begegnet einem alten taubstummen Mönch, der sich vom weltlichen Leben völlig abgewendet hat, dadurch wird sein Leben verändert. Der Debütfilm von Dai Si Jie, in Frankreich mit dem »Prix Jean Vigo« ausgezeichnet, besitzt Parabelcharakter und erzählt zugleich sinnlich von Anpassung und Widerstand in schweren politischen Zeiten.

China-Story / The Satan Never Sleeps ∗∗ ½
USA 1961 – 111 Min. – R: Leo McCarey. D: William Holden, Clifton Webb, France Nuyen, Weaver Lee.

Abenteuerfilm. Im chinesischen Bürgerkrieg gerät ein Missionar 1949 in abenteuerliche Verstrickungen, die unter anderem durch eine junge Chinesin ausgelöst werden; Holden als Pater wider Willen zwischen allen Stühlen; packender und harter Actionfilm.

Chinatown / Chinatown ∗∗∗
USA 1974 – 125 Min. – R: Roman Polanski. D: Jack Nicholson, Faye Dunaway, Perry Lopez, John Huston, Roman Polanski.
Politkrimi. Nicholson als archetypischer Privatdetektiv wird auf einen scheinbar harmlosen Fall angesetzt und gerät in einen Sumpf aus Korruption: Am Ende steht er mit aufgeschlitzter Nase in diesem modernen »Film noir«-Klassiker auf verlorenem Posten. Regisseur Polanski entlarvt den Mythos vom cleveren »Private eye«; er verfügt dabei über zwei große Darsteller, Nicholson als desolater Verlierer und John Huston als Drahtzieher des Bösen und Advocatus Diaboli.

Der Chinese TV-Film
CH 1980 – 96 Min. – R: Kurt Gloor. B: Helmut Pfleger, nach Friedrich Glauser. D: H. H. Moser, Klaus Steiger, Suzanne Thommen, Sylvia Jost.
Wachtmeister Studer, der Sherlock Holmes der Eidgenossen, ermittelt im Fall des »Toten auf dem Friedhof«. Der Fall wird immer rätselhafter, und der Film folgt präzise den Verwicklungen der literarischen Vorlage.

Ein Chinese sucht seinen Mörder ∗∗ ½
VR China/BRD 1986 – 106 Min. – R: Wu Yigong, Zhang Jianya. B: Ai Minzhi, Si Minsan, Hans Borgelt nach Motiven des Romans »Die Leichen des Chinesen in China« von Jules Verne. D: Chen Peisi, Rolf Hoppe, Joachim Tennstedt.
Krimikomödie. Ein scheinbar verarmter Chinese dingt einen Killer, dem er entkommen will, als er erfährt, daß er noch reich ist; Verwechslungskomödie, handfester Filmspaß mit einer umwerfenden akrobatischen Kung-Fu-Parodie.

Das chinesische Wunder ∗∗
BRD 1977 – 92 Min. Ⓥ Ufa. – R: Wolfgang Liebeneiner. D: Senta Berger, Peter Pasetti, Heinz Rühmann, Harald Leipnitz.
Melodram. Dr. Kristian Keller, kritischer Arzt, will in Hongkong mit der Frau seines korrupten Chefs ein neues Leben anfangen, da lernt er, in diesem zeitkritischen »Schwarzwaldklinik«-Vorläufer aus dem Weißkittelmilieu, einen merkwürdigen Mann kennen.

Chisum / Chisum ∗∗ ½
USA 1969 – 105 Min. – R: Andrew V. McLaglen. D: John Wayne, Forrest Tukker, Christopher George.
John-Wayne-Rancherfilm. Glaubwürdige, gut gespielte, mit viel Milieugenauigkeit inszenierte Ranchergeschichte aus dem Neumexiko des Jahres 1878. Ein spannender Präriestaub- und Rinderherdenwestern um einen reichen Viehzüchter und seine habgierigen Konkurrenten.

Chok und Cher ∗∗
UdSSR 1971 – 60 Min. – R: Kassymbek Kassymbekow. D: T. Ukimow, K. Walijew.
Jugendfilm. Geschichte der Zuneigung des Kasachenjungen Chok zu seinem Fohlen; ein stiller, sympathischer Film.

A Chorus Line / A Chorus Line ∗∗∗
USA 1985 – 113 Min. – R: Richard Attenborough. D: Michael Douglas, Yamil Borges, Sharon Brown, Gregg Burge, Audrey Landers, Charles McGowan, Michael Belvins.
Tanzfilm. Acht Tänzer und Tänzerinnen werden unter mehr als hundert Bewerbern für eine Broadway-Show ausgewählt; ein Spannungsverhältnis entwikkelt sich zwischen den Tänzern auf der Bühne und dem Regisseur im Zuschauerraum, das die Dimension eines Seelenstriptease annimmt. Brillant choreographierte Tanznummern, die hinreißende Musik von Marvin Hamlish, Songs und Showeinlagen und eine Love-Story in Rückblenden zeichnen diesen gekonnt inszenierten Musikfilm aus, der gleichzeitig den erbarmungslosen Konkurrenzkampf am Broadway enthüllt.

Choose me – sag ja / Choose Me ∗∗∗

USA 1984 – 102 Min. Ⓥ VCL. – R: Alan Rudolph. D: Geneviève Bujold, Keith Carradine, Lesley Ann Warren, Patrick Bauchau.
Psychodrama. Alle rufen Dr. Nancy Love an, denn sie erteilt Rat in allen Lebens- und Liebeslagen in ihrer Radiosendung; sich selbst aber kann sie nicht helfen, denn sie ist eine verklemmte, kopflastige Frau. Anders ihre Freundin Eve, die sich für Männer nur in der Praxis interessiert. Das Beziehungskarussell dreht sich schneller, als der verrückte Mickey auftaucht – Frauenherzen schlagen höher, und Träume werden wahr. Turbulente Mischung aus Liebe, Sex und Illusion; wunderschöne Musik und eine Glanzrolle für Keith Carradine.

Chotard und Co. / Chotard et Compagnie ∗∗∗
F 1932 – 90 Min. sw. – R: Jean Renoir. D: Fernand Charpin, Jeanne Lory, Georges Pomiés, Jeanne Boitel.
Komödie. Verwechslungsspaß um einen Ball von Kaufleuten mit aufschlußreichen Verkleidungen und köstlichem Rollentausch, kokettem Liebesgetändel und amüsanten Machtproben unter der Obrigkeit. Von Renoir (»Die Spielregel«) als schillernder Reigen der Eitelkeiten inszeniert.

Christine ∗∗ ½
F/I 1958 – 97 Min. – R: Pierre Gaspard-Huit. D: Romy Schneider, Alain Delon, Micheline Presle, Jean-Claude Brialy, Sophie Grimaldi.
Literaturverfilmung. Der junge Leutnant der k. u. k. Armee in Wien wollte eigentlich nur einen flotten Flirt ohne Folgen, doch dann kommt alles ganz anders; nicht genug, daß aus der Liebelei etwas ganz Ernstes wird, ein eifersüchtiger, in seiner Eitelkeit gekränkter Baron fordert ihn auch noch zum Duell. Liebeslegende voller Dramatik und Poesie mit tödlichem Ausgang; nach Arthur Schnitzler.

Christoph Columbus / Christopher Columbus ∗∗ ½
GB 1949 – 95 Min. – R: David Mcdonald. D: Fredric March, Florence Eldridge, Francis L. Sullivan, Kathleen Ryan, James Robertson Justice.
Historiengemälde. Gelungenes Genrebild des großen Seefahrers, Entdeckers und Abgesandten Spaniens; seriöse Wiedergabe des historischen Hintergrunds.

Christus kam nur bis Eboli / Christo si è fermato a Eboli ∗∗∗
I 1978 – 151 Min. – R: Francesco Rosi. D: Gian Maria Volonté, Paolo Bonacelli, Alain Cuny, Lea Massari, Irene Papas.
Ethnopolitischer Film. Adaption des autobiograhisch bestimmten Romans des Turiner Arztes und Schriftstellers Carlo Levi, den das Mussolini-Regime 1935 in ein süditalienisches Bergnest verbannte; in strengen, ausdrucksmächtigen Bildern entsteht das Erleben eines Wandels von kulturellem Mißtrauen zu einem behutsamen, verständnisvollen Versuch der Akkulturation; eindrucksvolles Plädoyer für Toleranz und Mitleiden.

Chronik armer Liebesleute / Cronache di poveri amanti ∗∗∗
I 1954 – 104 Min. sw. – R: Carlo Lizzani. D: Anna Maria Ferrero, Cosetta Greco, Antonella Lualdi, Marcello Mastroianni.
Milieufilm. Vorrangig am Beispiel dreier Frauen und ihrer Männer(umwelt) im Armenviertel von Florenz wird das Heraufkommen des italienischen Faschismus kommentiert; atmosphärisch dichte Gesellschaftsstudie.

Die Chronik der Anna Magdalena Bach ∗∗∗
BRD 1967 – 90 Min. sw. – R: Jean-Marie Straub. D: Gustav Leonhard, Christiane Lang, Andreas Pangritz, Kathrien Leonhardt.
Künstlerporträt. Der Film zeichnet nicht nur ein sehr subjektives, eigenwilliges Bach-Bild, er bietet darüber hinaus das subtile Schicksal einer Frau, die sich ganz dem Leben des genialen Mannes unterordnet.

Chronik einer Liebe / Cronica di un amore ∗∗∗
I 1950 – 100 Min. sw. – R: Michelangelo Antonioni. D: Lucia Bosé, Massimo Girotti, Ferdinando Sarmi, Gino Rossi.
Moderner Liebesfilm. Melancholisches Spiel um die Liebe und ihre Unmöglichkeit in bürgerlichen Verhältnissen. Ein Industrieller stellt Nachforschungen über

die Vergangenheit seiner Frau an: Mißtrauen und Eifersucht statt Zärtlichkeit. Antonioni (»Blow up«) hat den Stoff, aus dem die Leiden sind, mit großer Bildkraft und bestechender Schwarzweißgrafik intellektuell anspruchsvoll verfilmt.

Chronik eines angekündigten Todes ***

I/F 1986 – 106 Min. Ⓥ RCA Columbia. – R: Francesco Rosi. D: Rupert Everett, Ornella Muti, Gian Maria Volonté, Irene Papas, Anthony Delon.

Literaturverfilmung. Ein kleines verlorenes Dorf an der Karibikküste Kolumbiens: Mit einem prunkvollen Fest feiert Bayardo Hochzeit, doch bald macht die Schreckensnachricht die Runde: Angela war keine Jungfrau mehr; diese Schande muß sofort gesühnt werden. In hinreißenden Bildkompositionen rekonstruiert der Film durch einen Erzähler das zurückliegende Geschehen – ein Drama über Gewalt, Ehre und Tradition; nach Gabriel García Márquez.

Chronik einiger Liebesunfälle / Kronika wypadkow milosnych **

PL 1985 – 116 Min. – R: Andrzej Wajda. D: Piotr Wawrzynczak, Paulina Mlynarska, Tadeusz Konwicki, Jaroslaw Gruda.

Zeitkritischer Liebesfilm. Ein Gymnasiast erlebt 1939 bei Wilna seine erste große Liebe und den heraufziehenden Krieg; beide Ereignisse malt Wajda (»Asche und Diamant«) mit viel Gegenlicht und Weichzeichner, die offenbar historische Dimension filmisch ausdrücken sollen. Das gelingt selbst da nicht, wo der Tod höchstpersönlich aus den Kulissen ins Bild grinst; nicht Wajdas bester Film, trotz manch schöner, wehmütiger Sequenz.

Chubasco / Chubasco *

USA 1966 – 99 Min. – R: Allen H. Miner. D: Christopher Jones, Richard Egan, Susan Strasberg, Ann Sothern.

Melodram. Ein arbeitsloser Junge puertoricanischer Abstammung gerät in San Diego fast auf die schiefe Bahn, doch eine verständnisvolle Umgebung ermöglicht ihm Berufs- und Eheglück; unaufrichtige Sozialschmonzette, die demonstrieren soll, wie aufgeschlossen das weiße Amerika mit ethnischen Minderheiten umgeht; erreicht kaum das Niveau einschlägiger TV-Serien.

Chuka / Chuka ** ½

USA 1967 – 99 Min. – R: Gordon Douglas. D: Rod Taylor, Ernest Borgnine, John Mills.

Western. Der Scout Chuka erkundet einen bevorstehenden Indianerüberfall, doch der Fortkommandant trifft die falschen Maßnahmen, er will den Kampf und gefährdet vor allem zwei gerade gerettete Mexikanerinnen. Der vom politischen Klima der ausgehenden sechziger Jahre beeinflußte, routiniert inszenierte Film macht Angebote für den Rassenfrieden.

El Cid / El Cid ***

USA 1961 – 165 Min. – R: Anthony Mann. D: Charlton Heston, Sophia Loren, Raf Vallone, Geneviève Page, Herbert Lom.

Monumentalfilm. Episoden der Biographie des kastilischen Granden Rodrigo Diáz de Vivar (1043–99), genannt »El Cid« (nach arabisch »sayyid« [der Herr]), der im Kampf der Mauren und Christen im 11. Jahrhundert eine entscheidende Rolle spielte; Meisterwerk des Genres durch Prägnanz und Intelligenz des Drehbuchs und hervorragende Darstellerleistungen.

Cincinnati Kid und der Pokerkönig / The Cincinnati Kid ** ½

USA 1965 – 99 Min. Ⓥ MGM/UA. – R: Norman Jewison. D: Steve McQueen, Ann-Margret, Edward G. Robinson, Karl Malden, Tuesday Weld, Joan Blondell.

Zockerfilm. In New Orleans milieuecht angesiedeltes Drama um einen Poker-Newcomer, der im großen Spiel auf den Champ trifft und durch Trickintrigen verliert; mit Starbesetzung und Sinn für psychologische Charakterisierung und Spannungsdramaturgie, atmosphärisch dicht inszeniert.

Cinderellas silberner Schuh / The Slipper and the Rose ** ½

GB 1976 – 123 Min. – R: Bryan Forbes.

D: Richard Chamberlain, Gemma Craven, Margaret Lockwood, Annette Crosbie.
Musical. Das Märchen von Aschenputtel in einem aufwendigen Musikfilm, in dem jeder singt und tanzt, auch die älteren englischen Schauspieler. Gemma Craven als Cinderella/Aschenputtel ist liebreizend. Ein Märchen-Musical mit Prädikat.

Circus / Circus ∗∗∗ ½
USA 1926 – 69 Min. sw. Stf. – R: Charles Chaplin. D: Charles Chaplin, Merna Kennedy, Betty Morissey, Harry Crokker, Allan Garcia.
Chaplin-Komödie. Der Tramp gelangt auf der Flucht vor den Cops in einen Zirkus, wo er während der Vorstellung unerwarteten Erfolg hat. Charlie bleibt und verknallt sich sofort in eine schöne Zirkusreiterin, Probleme mit Rivalen und dem Direktor bleiben nicht aus. Chaplins letzter Stummfilm ist ein Höhepunkt der Situationskomik und zugleich ihre ironische Parodie. Viele Reminiszenzen an die Zeit der Keystone-Komödien machen das Werk zu einem Museum des Slapstick.

Circus der Vampire / Vampire Circus ∗∗ ½
GB 1971 – 87 Min. – R: Robert Young. D: Laurence Payne, John Moulder-Brown, Adrienne Corri, Lynne Frederick.
Horrorfilm. Vampire tarnen sich als Zirkusartisten, um ungestörter beißen zu können; schauerlich-schöne Vampirvariante mit vielen Ketchup-Effekten.

Circus-Welt / Circus World ∗∗ ½
USA 1964 – 135 Min. – R: Henry Hathaway. D: John Wayne, Rita Hayworth, Claudia Cardinale, Lloyd Nolan.
Zirkusfilm. Ein Zirkusdirektor will auf Europatournee die Mutter seiner umschwärmten Pflegetochter wiederfinden; ein etwas bürgerliches Bild vom Zirkusleben, routiniert in Szene gesetzt; effektvoller Höhepunkt ein Zirkusbrand.

Citizen Kane / Citizen Kane ∗∗∗∗
USA 1940 – 120 Min. sw. – R: Orson Welles. D: Orson Welles, Agnes Moorehead, Joseph Cotten, Ruth Warrick, Everett Sloane, Dorothy Comingore.
Zeitkritische Filmbiographie. Aufstieg und Fall des Zeitungszaren Kane, der äußerlich reich, aber innerlich arm in seinem Prunkschloß »Xanadu« stirbt. Ein epochaler Film als Ausstellung der Filmgeschichte, die an Stilen, Stimmungen, Perspektiven, Tricks, Gegenständen, Charakteren und Dekors alles enthält, was Hollywood bis dahin nur versprach und so komprimiert nicht wieder zeigte.

City Girl / Our Daily Bread ∗∗ ½
USA 1930 – 85 Min. sw. Stf. – R: Friedrich Wilhelm Murnau. D: Charles Farrell, Mary Duncan, David Torrence, Edith Yorke.
Melodram. Ein Bauernsohn wird von seinem Vater nach Chicago geschickt, um Korn zu verkaufen; der naive junge Mann verliebt sich in eine Kellnerin, heiratet sie und bringt sie mit nach Hause; das führt zu einem tragischen Vater-Sohn-Konflikt. Eine handwerklich geschlossene Arbeit, in der nur noch wenig zu spüren ist von Murnaus Vorliebe für das Übernatürlich-Phantastische (»Nosferatu«).

City Killer – Eine Stadt in Panik / City Killer ∗
USA 1984 – 93 Min. Ⓥ atlas video. – R: Robert Lewis. D: Gerald McRaney, Heather Locklear, Terence Knox, Peter M. Richman.
Katastrophenfilm. Als Liebesbeweis sprengt ein zunächst Unbekannter einer Frau zuliebe Wolkenkratzer; die Aufnahmen der in sich zusammensackenden Hochhäuser sind denn auch das Beste in einem Film, der eine glänzende Idee humorlos zur Polizeiparade unfähiger Schauspieler verkommen läßt.

Claire Berolina TV-Film
DDR – 90 Min. – R: Klaus Gendries. D: Maria Malle, Dorit Gäbler, Zuzana Kocúriková, Heinz Behling.
Einfühlsame, liebevolle Hommage für die Volkssängerin und Kabarettistin Claire Waldoff, die als unbedarfte Ruhrpottpflanze in Berlin ankam und mit – auch politischer – Ungeniertheit zur nationalen Institution aufstieg.

Der Clan / The Betsy ∗∗
USA 1978 – 120 Min. Ⓥ Warner Home. – R: Daniel Petrie. D: Laurence Olivier,

Robert Duvall, Katharine Ross, Tommy Lee Jones, Lesley-Anne Down.
Melodram. Intrigen und Machtkämpfe um den Patriarchen eines Autokonzerns, der seine große Familie durch Willkür und Launen in Schach hält. Glanzrolle für Olivier, nach einem Roman von Harold Robbins.

Der Clan, der seine Feinde lebendig einmauert / Confessione di un commissario di polizia al procuratore della repubblicà ***
I 1970 – 91 Min. – R: Damiano Damiani. D: Franco Nero, Martin Balsam, Marilù Tolò, Claudio Gora, Luciano Lorcas.
Mafiathriller. Ein Kommissar will einen Mafiaboß verhaften, doch der genießt höchste Protektion, da faßt der Kommissar einen illegalen Plan. Bittere Anklage gegen Mafiaterror und korrupte Behörden in einem Politkrimi in der klaren, kalten Bildersprache Damianis.

Der Clan der Sizilianer / Le clan des Siciliens ** ½
F 1969 – 125 Min. Ⓥ CBS/FOX. – R: Henri Verneuil. D: Jean Gabin, Alain Delon, Lino Ventura, Irina Demick, Amedeo Nazzari.
Gangsterfilm. Entsprungener Häftling entführt mit einem Clan ein mit Juwelen beladenes Flugzeug nach New York; zusätzliche Verwicklungen ergeben sich dadurch, daß er eine Liebesbeziehung mit der Schwiegertochter des Bandenchefs anfängt. Rasant inszenierter Gangsterfilm mit großer Starbesetzung; spannende Unterhaltung.

Der Clan des Höhlenbären / I Padroni del Mondo *
I 1983 – 80 Min. – R: Dirk Morrow. D: Sven Kruger, Sasha D'Arc, Maria Vittoria Garlanda.
Vorzeitfilm. Die Anführer von Höhlenmenschen der Steinzeit wollen ihre Stämme in den Krieg führen; Versuch, auf der Welle der Filme über die Menschwerdung mitzuschwimmen.

Clara Schumanns große Liebe / Song of Love **
USA 1947 – 117 Min. sw. – R: Clarence Brown. D: Katharine Hepburn, Paul Henreid, Robert Walker.
Melodram. Das langatmige Künstlerschicksal entfaltet sich zwischen Clara Schumann-Wieck, Herrn Brahms und Herrn Schumann. Die Hepburn verlieh der Pianistin seelenvoll-gequältes Profil.

Class / Class **
USA 1982 – 94 Min. Ⓥ VCL. – R: Lewis John Carlino. D: Jacqueline Bisset, Andrew McCarthy, Rob Lowe, Cliff Robertson.
Schülerfilm. Jonathan sammelt seine ersten Liebeserfahrungen im Fahrstuhl, und der geht rauf und runter. Die Dame seines Herzens ist doppelt so alt wie er und die Mutter seines Collegefreundes Skip, und das schafft angemessene Konfusionen.

Cleopatra / Cleopatra ***
USA 1934 – 95 Min. sw. – R: Cecil B. DeMille. D: Claudette Colbert, Warren William, Henry Wilcoxon.
Monumentalfilm. Cecil B. DeMille (»Die Zehn Gebote«) wurde berühmt durch seine opulenten Monumental- und Sittenbilder aus glanzvoller Vergangenheit. Seine Cleopatra-Version ist witzig, intelligent gemacht und unterhaltsam.

Cleopatra / Cleopatra **
USA 1962 – 180 Min. Ⓥ Domovideo. – R: Joseph L. Mankiewicz. D: Elizabeth Taylor, Richard Burton, Rex Harrison, George Cole, Pamela Brown.
Monumentalfilm. Sandalenepos, berühmt wegen der Affäre von Liz Taylor und Richard Burton, die bei den Dreharbeiten ihren Anfang nahm; reich an Schaueffekten. Obwohl der Schinken vier Oscars gewann, wurde er einer der teuersten Reinfälle der Kinogeschichte. Mäßig unterhaltend, platter Kitsch.

Cleopatra, die nackte Königin / Cleopatra, die Königin vom Nil / Una regina per Cesare * ½
I/F 1962 – 90 Min. – R: Piero Pierotti. D: Pascale Petit, George Ardisson, Corrado Pani, Gordon Scott.
Historiengemälde. Cleopatra, die Sumpfblüte vom Nil, mußte schon für manches Sandalenabenteuer herhalten. Diesmal führt sie Intrigen um die ägyptische Thronfolge. Bunte Abziehbilder.

Cleopatra Jones / Cleopatra Jones ∗∗
USA 1973 – 90 Min. – R: Jack Starrett. D: Tamara Dobson, Shelley Winters, Bernie Casey, Brenda Sykes.
Agentenparodie. Spezialagentin Cleopatra ist Drogenhändlern auf der Spur, doch die sind zunächst cleverer; bemühte und deshalb nicht sehr lockere 007-Parodie mit Frau als Superstar; einige Dobson/Winters-Szenen beachtlich.

Cleopatra Wong – Die Unüberwindliche / Cleopatra Wong ∗∗
Philippinen 1978 – 90 Min. – R: George Richardson. D: Marrie Lee, George Estgregan, Dante Varona.
Agentenfilm. Die unüberwindliche Interpolagentin Cleopatra im Einsatz gegen eine Falschmünzerbande in Asien. Naive Agentenkopie in Bond-Manier, die jedoch aus exotischem Milieu einigen Reiz bezieht.

Der Clou / The Sting ∗∗ ½
USA 1973 – 124 Min. Ⓥ CIC. – R: George Roy Hill. D: Paul Newman, Robert Redford, Robert Shaw, Harold Gould.
Gangsterfilm. Zwei smarte und clevere Jungs aus der Branche legen einen arroganten Großgangster aufs Kreuz. Nostalgisch eingefärbtes Schaustück fürs Kultkino, Newman–Redford brillant als Edelganoven, das Ganze einen Schuß zu sehr auf Sympathiefang getrimmt.

Cluny Brown auf Freiersfüßen / Cluny Brown ∗∗ ½
USA 1946 – 95 Min. sw. – R: Ernst Lubitsch. D: Jennifer Jones, Charles Boyer, Billy Bevan, Peter Lawford.
Komödie. Spritziges, mit frivolem Lubitsch-Touch inszeniertes Gesellschafts-Lustspiel um eine Klassenliebe in England zur Kriegszeit. Der dialogsichere Film läßt kein Tabu unangerührt und steuert über viele überraschende dramaturgische Hürden desto sicherer zum pfiffigen Happy-End.

Cocktail für eine Leiche / Rope ∗∗ ½
USA 1948 – 80 Min. Ⓥ CIC. – R: Alfred Hitchcock. D: James Stewart, John Dall, Farley Granger, Cedric Hardwicke.
Krimi. Kammerspiel in einem New Yorker Apartment, in dem zwei kapriziöse junge Männer einen Collegerivalen erwürgen. Der folgende Cocktailempfang wird zum Ratespiel, ob die Leiche unter dem kalten Büffet entdeckt wird oder nicht. Hitchcocks erster Farbfilm, in zehnminütigen Einstellungen aufgenommen; mit wachsender Spannung souverän erzählt.

Die Cocktailparty TV-Film
BRD 1964 – 120 Min. sw. – R: Ulrich Lauterbach. D: Erik Schuman, Anita Mey, Luitgart Im, Robert Meyn, Uwe Friedrichsen.
Adaption des Bühnenstücks von T. S. Eliot vom Mann, dessen unbekannter Partyüberraschungsgast unerfreulich viel über seine gescheiterte Ehe weiß; ein Stück über Verdrängung und Offenlegung, über Versteckspiel und Demaskierung; nuancenreich inszeniert und sensibel gespielt.

Coconuts / Coconuts ∗∗∗
USA 1929 – 93 Min. sw. OmU. – R: Robert Florey. D: Groucho Marx, Chico Marx, Harpo Marx, Margaret Dumont.
Marx-Brothers-Film. Erster großer Filmstreich der Chaos-Brüder: ein Hotel in finanzieller Klemme und das erbschleicherische Liebeswerben seines Besitzers Groucho gegenüber der göttlichen Walküre Dumont. Ein Film der anarchistischen Späße und tolldreisten Seitenhiebe gegen jeden und alles.

Cola, Candy, Chocolate FLOP
BRD 1979 – 95 Min. – R: Siggi Götz. D: Olivia Pascal, Ursula Buchfellner, Philippe Ricci.
Schmonzette. Münchener Mädel im Philippinen-Urlaub, beim Liebeständeln, am Strand und in der Disco – ein belangloser Lückenfüller mit seichtem Happy-End.

The Collector
siehe: Der Fänger

Die College-Gang / Fraternity Row ∗∗ ½
USA 1977 – 95 Min. – R: Thomas J. Tobin. D: Peter Fox, Gregory Harrison, Scott Newman, Nancy Morgan.
Melodram. Eine Art Fuchsmajor soll die Neulinge eines College auf Vordermann

bringen; um Authentizität bemühte Adaption eines tragisch endenden Falls; eindrucksvolle Auseinandersetzung mit Fragen der Persönlichkeitsentwicklung und Anpassung.

Colossus / Colossus: The Forbin Project / The Forbin Project * ½
USA 1969 – 95 Min. – R: Joseph Sargent. D: Eric Braeden, Susan Clark, Gordon Pinsent, William Schallert, Willard Sage.
Science-fiction-Film. Ein Nuklearwaffen beherrschender US-Computer und sein UdSSR-Pendant schließen sich zusammen, tricksen die Wissenschaftler aus und werden zur Gefahr; aufwendig inszenierter, nach »2001« schielender SF-Reißer von nervender Langeweile.

Ein Colt für hundert Särge / Una pistola per cento bare * ½
I 1968 – 84 Min. – R: Umberto Lenzi. D: Peter Lee Lawrence, John Ireland, Gloria Osuna, Julio Peña.
Italowestern. Ein Soldat findet nach Ende des Bürgerkriegs zu Hause Tod und Verwüstung vor; er will den Tod der Eltern rächen; einfallslose Verfolgungsjagd auf böse Gesetzlose.

Der Colt ist das Gesetz / Gunpoint ** ½
USA 1966 – 81 Min. – R: Earl Bellamy. D: Audie Murphy, Joan Stanley, Warren Stevens, Edgar Buchanan.
Western. Ein geldgieriger Deputy schießt seinen Sheriff an und will an seine Stelle treten; massiver Rachewestern, in dem Murphy als wilder Reiter und guter Schütze mit allen Tücken und Gegnern fertig wird.

Columbo: Lösegeld für einen Toten / Columbo: Ransom for a Dead Man **
USA 1970 – 91 Min. – R: Richard Irving. D: Peter Falk, Lee Grant, John Fink, Harold Gould.
Krimi. Knitter-Inspektor Falk ermittelt in einem mysteriösen Entführungsfall: Ein Ehemann verschwindet, die Frau erhält eine Lösegeldforderung. Doch Columbo wäre nicht himself, blieben ihm die wahren Zusammenhänge verborgen. Kurz vor dem Abgang vom Tatort setzt er seine definitiven Pointen. Das Drehbuch ist leicht verwirrend, aber die Sympathie der TV-Zuschauer für den Trench-Bullen rettet den Film.

Columbo: Momentaufnahme für die Ewigkeit / Columbo: Negative Reaction ** ½
USA 1974 – 91 Min. – R: Alf Kjellin. D: Peter Falk, Dick Van Dyke, Antoinette Bower, Don Gordon.
Krimi. Ein Fotograf mit Hang zu Seitensprüngen beseitigt seine lästige Ehefrau durch perfekten Mord – denkt er. Doch der harmlos auftretende Inspektor Columbo weist ihm das Gegenteil nach. Routinekrimi, nett gespielt, mit versierter TV-Regie, aber nur durch Peter Falk überdurchschnittlich.

Columbo: Mord nach Rezept / Columbo: Prescription Murder ** ½
USA 1967 – 95 Min. – R: Richard Irving. D: Peter Falk, Gene Barry, Katherine Justice, William Windom, Nina Foch.
Krimi. Ein erfolgreicher Psychiater hat sich einen raffinierten Plan ausgedacht, um sich seiner Frau zu entledigen. Mit einer Gehilfin täuscht er einen Raubmord vor. Doch Columbo stellt dem für ihn Alleinverdächtigen eine Falle. Peter Falk, hier noch ganz faltenlos, kitzelt die grauen Zellen der Zuschauer mit sympathisch verschrobener Gehirnakrobatik.

Columbo: Mord per Telefon / How to Dial a Murder ** ½
USA 1978 – 90 Min. – R: James Frawley. D: Peter Falk, Nicol Williamson, Joel Fabiani, Tricia O'Neal.
Krimi. Inspektor Columbo mit zerknautschtem Gesicht und ebensolchem Trenchcoat spielt sein hinterhältiges Verwirrspiel, um einen Psychologen und Filmliebhaber zu überführen, der seine Hunde darauf dressiert hat zu töten.

Columbo: Schwanengesang / Columbo: A Swan Song ** ½
USA 1974 – 94 Min. – R: Nicholas Colasanto. D: Peter Falk, Johnny Cash, Ida Lupino, Bonnie Van Dyke.
Krimi. Der Country-Sänger Johnny Cash wird von seiner Ehefrau, einer religiösen Fanatikerin, erpreßt. Da geht er bis zum

Äußersten. Peter Falk als listiger Inspektor Columbo mit zerknittertem Trenchcoat führt die Ermittlungen auf seine unkonventionelle Art. Spannung mit Musik.

Columbo: Wein ist dicker als Blut / Columbo: Any Old Port in a Storm ** ½
USA 1973 – 91 Min. – R: Leo Penn. D: Peter Falk, Donald Pleasence, Gary Conway, Julie Harris, Joyce Jillson.
Krimi. Kurz vor der Hochzeit mit einem hübschen Mädchen verunglückt ein Playboy tödlich. Columbo zweifelt sofort die Unfalltheorie an und bekommt recht. Peter Falk mit den gewohnten Manierismen, im kultischen Mantel und in besonderem Milieu: einer Weinkellerei. Fachsimpelei und Rezepte sind deshalb die Zutaten dieses amüsanten Krimis.

Columbo: Wenn der Schein trügt / Columbo: Now You See Him ** ½
USA 1975 – 84 Min. – R: Harvey Hart. D: Peter Falk, Jack Cassidy, Bob Dishy, Robert Loggia.
Krimi. Ein Zauberkünstler wird vom Nachtklubbesitzer erpreßt. Doch durch einen anscheinend perfekten Mord entledigt er sich dieser Probleme. Dann tritt Columbo – diesmal in einem neuen Mantel! – auf und schnüffelt die Wahrheit ans Licht. Gewohnt unterhaltsame Krimispannung mit dem unvergleichlichen Inspektor Falk, der hier alle Manierismen schon perfektioniert hat – und am Ende zum alten Trenchcoat greift.

Coma / Coma ** ½
USA 1977 – 110 Min. Ⓥ MGM/UA. – R: Michael Crichton. D: Geneviève Bujold, Michael Douglas, Elizabeth Ashley, Rip Torn, Richard Widmark.
Thriller. Eine junge Ärztin stößt in einer Klinik auf das Unfaßbare: künstlich in tiefer Bewußtlosigkeit gehaltene lebende »Leichen«, die für einen schwunghaften Handel mit Organen präpariert sind. Aus dem Medizinskandal wird in diesem haarsträubenden, jedoch die Tatsachen glaubwürdig präsentierenden Streifen ein Gruselkabinett.

Die Comancheros / The Comancheros ** ½
USA 1961 – 102 Min. – R: Michael Curtiz. D: John Wayne, Stuart Whitman, Ina Balin, Lee Marvin, Bruce Cabot.
Western. Film über das Entstehen einer Männerfreundschaft im Rahmen einer Law-and-Order-Handlung um den Kampf gegen die waffenschiebende Bande von Comancheros; Wayne wie fast immer der polternde, allem Fremden gegenüber zunächst voreingenommene Mann von Gesetz und Schießeisen; die ruhige, konsequente Regie hebt den Western über den Durchschnitt.

Come Back, Africa / Come Back, Africa ***
USA 1956 – 79 Min. – R: Lionel Rogosin. D: Miriam Makeba, Zacharia Makeba, Vinah Makeba.
Problemfilm. Als Zulu aus der Mine in Südafrika entlassen wird, bleibt ihm nur der Weg als Hausboy bei den Weißen oder der in die Slums. Ein Dokument über die Unmenschlichkeit des Apartheid-Regimes, mit versteckter Kamera gedreht. Die berühmte Sängerin Miriam Makeba durfte nach diesem Film nicht mehr in ihr Land zurück.

Come Live With Me ** ½
USA 1941 – 86 Min. OmU. – R: Clarence Brown. D: James Stewart, Hedy Lamarr, Ian Hunter, Verree Teasdale.
Komödie. Charmanter und romantischer Film um eine Zweckheirat und die daraus resultierende Liebe. Gut besetzt, straff inszeniert, anrührend.

Coming Home – Sie kehren heim / Coming Home ** ½
USA 1977 – 122 Min. – R: Hal Ashby. D: Jane Fonda, Jon Voight, Bruce Dern, Robert Carradine, Penelope Milford.
Vietnamfilm. Eine junge Frau, deren Mann in Vietnam kämpft, lernt als freiwillige Krankenschwester einen Vietnam-Invaliden kennen und lieben; ein engagierter, letztlich nicht sehr analytischer Film über die psychischen Zerstörungen durch den Krieg; Oscars für Fonda, Voight und Drehbuch.

Computer morden leise
siehe: Nur Computer morden leise

Das Concorde Inferno / Concorde Affaire ∗ ½
I 1978 – 90 Min. Ⓥ Starlight. – R: Ruggero Deodato. D: James Franciscus, Mimsy Farmer, Joseph Cotten, Van Johnson.
Katastrophenfilm. Mißgünstige Konkurrenten lassen ein Exemplar des Superjets »Concorde« vor Caracas ins Meer stürzen und wollen verhindern, daß ein Journalist ihnen auf die Schliche kommt; seichte Mischung aus Karibikkrimi, beachtlicher Apparatetechnik und dürftig fotografierter Unterwasser-Seifenoper; peinlicher Altstar Cotten als mühsam grimassierender Gangsterboß, der dümmliche Phrasen von sich gibt.

Condorman / Condorman ∗∗ ½
USA 1980 – 87 Min. Ⓥ Walt Disney. – R: Charles Jarrot. D: Michael Crawford, Oliver Reed, Barbara Carrera, James Hampton, Jean-Pierre Kalfon.
Agentenparodie. Da der Erfinder eines Supermanns alle Abenteuer seiner Comicfigur selbst testet, wird er sinnvollerweise gleich selbst Topagent; etwas alberne Bond-Paraphrase, da das packende Thema fehlt, doch reizt die Disney-Naivität die Lachmuskeln.

Convoy / Convoy ∗∗ ½
USA 1978 – 106 Min. Ⓥ VMP /Cannon / VMP. – R: Sam Peckinpah. D: Kris Kristofferson, Ali MacGraw, Ernest Borgnine, Madge Sinclair.
Actionfilm. Ein böswilliger Highway-Sheriff zieht sich den Zorn der PS-Heroen zu, und einer der Trucker wird zum charismatischen Anführer einer Rebellion; Versatzstück einer einfachen Fernfahrerstory von Freiheit und Solidarität.

Coogans großer Bluff / Coogan's Bluff ∗∗
USA 1968 – 100 Min. – R: Don Siegel. D: Clint Eastwood, Lee J. Cobb, Susan Clark, Tisha Sterling.
Actionfilm. Ein Gesetzesmann aus Arizona kommt nach New York, um den Cops zu zeigen, wie man einen gesuchten Mann dingfest macht. Vor Ort realistisch dicht gedreht, mit Ironie und viel Hansdampf-Gewalt.

Cordula ∗∗ ½
A 1950 – 90 Min. sw. – R: Gustav Ucicky. D: Paula Wessely, Attila Hörbiger, Jane Tilden.
Melodram. Ein k. u. k. Offizier läßt eine junge Kellnerin mit einem unehelichen Kind sitzen; konventionelle Geschichte von Klatsch und Bosheit, anrührend und ohne Sentimentalität gespielt; überzeugend Paula Wessely.

Corinna TV-Film
A – 60 Min. – R: Susanne Zanke. D: Katharina Manker, Michael Schottenberg, Dietrich Siegl, Rudolf Balla.
Adaption eines Romans von Elfriede Hammerl; eine junge Frau leidet darunter, daß ihr Freund sie ausnutzt; schwach und unecht.

Corleone – Boß der Bosse / Corleone ∗∗∗
I 1977 – 100 Min. – R: Pasquale Squitieri. D: Claudia Cardinale, Giuliano Gemma, Francesco Rabal, Stefano Satta Flores, Michele Placido.
Mafiafilm. Drei junge Mafiagegner lieben dasselbe Mädchen, einer wird von der ehrenwerten Gesellschaft umgedreht – und der spannende Film wird politisch, denn das Opfer ist bei der Gewerkschaft. Den Zusammenhang von privaten Bindungen und Geschäftsinteressen, von Familienfürsorge und sozialer Erpressung zeigt dieser mit dokumentarischer Schärfe gedrehte Film vorbildlich und mutig.

Cornered ∗∗ ½
USA 1945 – 102 Min. sw. OmU. – R: Edward Dmytryk. D: Dick Powell, Walter Slezak, Micheline Cheirel.
Politthriller. Dick Powell als Rächer seiner Frau in einem bitterbösen Antinazistreifen. Die Spur der Naziverbrecher führt nach Argentinien, und der Held verliert in der Schlußabrechnung die Kontrolle über sich; betroffen machender Film mit einem exzellenten Hauptdarsteller und erfindungsreichen filmischen Mitteln.

Countdown – Start zum Mond / Countdown ∗∗ ½
USA 1966 – 101 Min. – R: Robert Altman. D: James Caan, Joanna Moore,

Robert Duvall, Barbara Baxley, Charles Aidman.
Astronautenfilm. Darstellung des Aufholrennens der USA im Wettkampf um den ersten Mondflug; beeindruckende Showeffekte, straffes Buch, ein hervorragendes Team und die technische Kulisse geben dem Film Reiz und Spannung.

Countdown zur Hölle / Hongkong FLOP
USA 1979 – 90 Min. – R: Leroy Wallace. R: Gregory Ford, Chris Kennedy, Harry Randall.
Kriegsfilm. Sechs Männer im Vietnamkrieg melden sich freiwillig zu einem Todeskommando; billig heruntergedrehter Befehl-und-Gehorsam-Film mit einfallslosen Dialogen, zu denen saftlose Darsteller dumme Gesichter machen; ärgerliches Durchhalteepos.

Der Coup von Nizza / Les égouts du paradis * ½
F 1979 – 90 Min. – R: José Giovanni. D: Francis Huster, Jean-François Balmer, Lila Kedrova.
Bankräuberstory. Zwei Ganoven versuchen eine als sicher geltende Bank zu knacken und erkennen zu spät unüberbrückbare Differenzen zwischen sich; aufwendig gedrehter, routinierter Durchschnitt.

Cousin, Cousine / Cousin, Cousine ** ½
F 1975 – 94 Min. ⓥEuroVideo. – R: Jean-Charles Tacchella. D: Marie-Christine Barrault, Victor Lanoux, Marie-France Pisier, Guy Marchand, Sybil Maas.
Komödie. Zwei Menschen, von ihren Ehen enttäuscht, beschließen, zusammenzuleben, natürlich zum Entsetzen von Familie und Umfeld; Lustspiel mit Hintersinn, dessen melancholischer bis bissiger Witz Verhaltensweisen in brüchigen Beziehungskisten kommentiert.

Cousine Angélica / La prima Angélica ***
E 1973 – 105 Min. – R: Carlos Saura. D: José Luis Gomez, Lopez Vasquez, Lina Canalejas, Fernando Delgado, Maria Clara Fernandez de Loyaza, Lola Cardona.
Zeitkritischer Film. Ein Spanier besucht Erinnerungsstätten seiner Kindheit zur Zeit des Bürgerkriegs; ein resignativer Film über die Versteinerung und Verkrustung historischer Strukturen, die die Gegenwart verhängnisvoll mitbestimmen.

Der Cowboy, den es zweimal gab / Callaway Went Thataway ** ½
USA 1951 – 78 Min. sw. – R: Melvin Frank, Norman Panama. D: Fred MacMurray, Dorothy McGuire, Howard Keel, Jesse White.
Hollywood-Farce. Smoky Callaway gelangt als Kino-Cowboy zu neuem Ruhm, als seine alten Filme ins Fernsehen kommen; doch der Star ist abgewrackt, und ein Double wird in die Werbekampagnen geschickt. Tragikomische Handlung mit entlarvender Antishowbiz-Tendenz; Gastauftritte mehrerer MGM-Stars.

Die Cowboys / The Cowboys **
USA 1971 – 120 Min. – R: Mark Rydell. D: John Wayne, Roscoe Lee Browne, Bruce Dern.
John-Wayne-Film. Ein gegen die Klischees inszeniertes Viehtreiberepos, das den Mythos John Wayne feiert, indem es ihn scheinbar demontiert.

Crack-Up **
USA 1946 – 93 Min. sw. OmU. – R: Irving Reis. D: Pat O'Brien, Claire Trevor, Herbert Marshall, Wallace Ford.
Thriller. Ein Experte des New Yorker Metropolitan-Museums in einem Kreislauf krimineller Komplotte: Drogenhandel und Kunstdiebstahl. Daneben geht es in diesem unterschätzten Thriller um den Gegensatz von Schein und Wirklichkeit, Kunst und Politik.

Crazy Family
siehe: Eine total verrückte Familie

Crazy Movie – Das große Lachen / Double Take * ½
GB 1972 – 90 Min. – R: Harry Booth. D: Reg Varney, Norman Rossington, Sue Lloyd, Dennis Price.
Komödie. Durch Verwechslungsmechanismen werden zwei unfreiwillige Opfer von Gangstern verfolgt. Da die satirischen (Seiten-)Hiebe (unter anderem gegen die Kintoppwelt) nicht recht treffen, bleibt »das große Lachen« aus.

Crossfire ** ½
USA 1947 – 85 Min. sw. OmU. – R: Edward Dmytryk. D: Robert Young, Robert Mitchum, Robert Ryan, Gloria Grahame.
Psychodrama. Groß besetzter, sozialkritischer Film gegen den Antisemitismus; vier Soldaten toben sich im Urlaub aus, und einer tötet einen Juden. Der Film zeigt eine monströse Welt als Metapher für die menschlichen Verhältnisse.

Cry Danger **
USA 1951 – 79 Min. sw. OmU. – R: Robert Parrish. D: Dick Powell, Rhonda Fleming, William Conrad.
Gangsterfilm. Ein Mann kommt endlich aus dem Bau und schwört Rache. 100000 Dollar und die schlampige Freundin eines Kumpels stürzten ihn ins Unglück. Aber im Finale dieses harten, knapp auf den Punkt inszenierten »Film noir« tritt er aus dem Schatten und schüttelt die Vergangenheit ab.

Cuba Cabana * ½
BRD 1952 – 95 Min. sw. – R: Fritz Peter Buch. D: Zarah Leander, Paul Hartmann, O.W. Fischer, Hans Richter, Eduard Linkers.
Melodram. Eine Nachtklubsängerin gerät in Schwierigkeiten, als sie zwei Reportern, die in einem lateinamerikanischen Hafen in Unruhen verwickelt sind, durch Intervention beim Gouverneur helfen will; der angemessene Rahmen für die Spezialtalente der Leander ist in einem peinlichen Umfeld abgesteckt.

Culloden / Culloden TV-Film
GB 1967 – 80 Min. sw. – R: Peter Watkins.
Spielfilm in authentischer Manier, der die Schlacht von Culloden (1746), die die Thronansprüche des Hauses Stuart vereitelt, dokumentarisch genau rekonstruiert. Watkins realisierte den Film ausschließlich mit Amateurdarstellern.

Curse of the Crimson Altar
siehe: Die Hexe des Grafen Dracula

Cutters Way – Keine Gnade / Cutter's Way ** ½
USA 1981 – 105 Min. – R: Ivan Passer. D: Jeff Bridges, John Heard, Lisa Eichhorn, Ann Dusenberry.
Melodram. Ein verkrüppelter Vietnamveteran benutzt seinen Freund, um einen Mann zu jagen, der möglicherweise ein Mörder ist; der Rachedurst zerstört sein Leben; Krimi als Melodram mit gutem Blick für die Details eines kaputten Lebens.

Cyprienne oder Lassen wir uns scheiden! TV-Film
BRD 1965 – 85 Min. sw. – R: Wolfgang Glück. D: Peter Pasetti, Elfriede Kuzmany, Harald Juhnke, Herbert Tiede, Ina Peters.
Als die Scheidungsabsichten der Frau eines Ex-Casanovas immer deutlicher werden, findet er das plötzlich gar nicht mehr lustig; nett gespieltes, dialogisches Fernseh-Boulevardtheater.

Cyrano und D'Artagnan / Cyrano et D'Artagnan ***
F 1963 – 113 Min. – R: Abel Gance. D: José Ferrer, Jean-Pierre Cassel, Sylva Koscina, Daliah Lavi, Philippe Noiret.
Mantel-und-Degen-Film. Frankreich 1642: der König und sein Widersacher Richelieu, der in Wahrheit herrscht. Der intrigante Kardinal versucht die Königin zu entmachten. Cyrano de Bergerac, der Dichter mit der langen Nase, und die Musketiere kämpfen, obwohl miteinander befreundet, an verschiedenen Fronten, doch ihre Degengefechte klingen immer gleich. Eine schillernde Hommage für Kostümabenteuer, Alexandre Dumas und die übrigen »Musketier«-Filme.

D

D. P. / Displaced Persons TV-Film
AUS – 95 Min. – R: Geoffrey Nottage. D: John Wood, Annie Byron, Reg Gilliam.
Im November 1945 landen Flüchtlinge aus Europa in Sydney; alle hoffen auf ein neues Leben in Freiheit; doch plötzlich befindet sich ein Toter unter ihnen – die Regierung stellt die Ankömmlinge unter Quarantäne.

Da hast du noch mal Schwein gehabt / The Big Money * ½
GB 1958 – 90 Min. – R: John Paddy Carstairs. D: Ian Carmichael, Belinda Lee, Kathleen Harrison, James Hayter.
Gaunerkomödie. Zum Erstaunen des schwarzen Schafs einer Ganovenfamilie findet sich im gestohlenen Koffer eines Geistlichen nur Falschgeld; anspruchslose Unterhaltung.

Da steht der Freeway kopf / Honky Tonk Freeway ** ½
USA 1981 – 88 Min.ⓋVMP. – R: John Schlesinger. D: Beau Bridges, Hume Cronyn, Beverly D'Angelo, William Devane, George Dzundza, Teri Garr.
Komödie. Da einer Kleinstadt in Florida ein Autobahnanschluß fehlt, leidet der Fremdenverkehr; Protest eint die Bewohner zu einer spektakulären Aktion; rasant dargebotener Nonsens mit Hintersinn.

Das Dach / Il tetto ** ½
I 1955 – 97 Min. – R: Vittorio De Sica. D: Gabriella Pallotta, Giorgio Listuzzi, Gastone Renzelli, Angelo Bigioni.
Sozialkritischer Film. Ein junges Ehepaar findet im Nachkriegs-Rom keine Wohnung, also tritt es mit Freunden gegen die Absonderlichkeiten der Bauordnung an; neorealistischer Problemfilm, der Fragen menschlicher Würde mit Ernst und doch mit Humor und Komik darstellt.

Dach überm Kopf ** ½
DDR 1980 – 102 Min. – R: Ulrich Thein. D: Renate Geißler, Dieter Frank, Udo Schenk, Erika Dunkelmann, Helga Raumer, Bärbel Bolle, Helmut Bez, Wolfgang Dehler, Gudrun Ritter.
Tragikomödie. Eine Mittdreißigerin, Miteigentümerin einer Gaststätte auf Rügen, läßt sich auszahlen, macht in Berlin Karriere und kauft ein Haus, das sich als Bruchbude erweist; sie nimmt den Kampf gegen die Tücken der DDR-Umstände auf; ein Film von ernster Vergnüglichkeit.

Ein Dach überm Kopf ** ½
CH 1961 – 96 Min. sw. – R: Kurt Früh. D: Zarli Carigiet, Valerie Steinmann, Heinrich Gretler, Willy Fueter.
Sozialkritischer Film. Eine achtköpfige Familie wohnt in einem Obdachlosenviertel, wo nichts funktioniert. Bevor die Familie an den Verhältnissen zerbricht, macht ihr ein reicher Hausbesitzer ein erstaunliches Angebot. Der amüsante und betroffen machende Film zeigt ihren weiteren Weg.

Eine Dachkammer für zwei / Apartment for Peggy * ½
USA 1948 – 99 Min. – R: George Seaton. D: William Holden, Jeanne Crain, Edmund Gwenn.
Melodram. Peggy und Jason sind frisch verheiratet und suchen verzweifelt ein Zimmer auf dem Campus der Universität, wo sie dem lebensunlustigen Professor Barnes begegnen. Das lebensfrohe Paar erweckt den Professor wieder zum Leben; humorvoll, optimistisch.

Daddy Langbein / Daddy Long Legs ** ½
USA 1955 – 120 Min. – R: Jean Negulesco. D: Fred Astaire, Leslie Caron, Terry Moore, Thelma Ritter, Fred Clark.
Musical. Der alternde Playboy verliebt sich in das junge Mädchen, dessen Col-

lege-Erziehung er anonym finanziert. Glanzrolle für Fred Astaire, der als Sänger, Liebhaber und Tänzer brilliert. Nach dem bekannten Roman von Jean Webster.

Dagmar ∗∗
BRD 1985 – 89 Min. – R: Frank Strecker. D: Kathrin Fröhlich, Max Volker Martens, Heidrun Pollack.
Milieukritischer Jugendfilm. Generationskonflikt in der Schule: kritische, politisch engagierte Schülerin und vermuffter Spießerpädagoge im Clinch; der Lehrmeister ist in das muntere Mädchen verknallt. Der flotte, aber auch nachdenkliche Film zeigt das mit freundlicher Bissigkeit und spart nicht mit Peitschenknallen gegen die konservative Dressurschule.

Daheim sterben die Leut' ∗∗ ½
BRD 1984 – 109 Min. sw. – R: Klaus Gietinger, Leo Hiemer. D: Walter Neuber, Luise Zodel, Norbert Hauber, Annie Raps.
Zeitkritische Komödie. Ein Allgäuer Landwirt kämpft mit List und Tücke gegen die Zentralisierung der Wasserversorgung, Behördendummheit und Bauernschläue; Stadt gegen Land heißt die Devise. Der gewitzte, die Wirklichkeit der Provinz liebevoll und mit schwarzem Humor auffächernde Heimatfilm besticht durch Realitätsnähe und Originalität.

Daisy Miller / Daisy Miller ∗∗ ½
USA 1974 – 91 Min. – R: Peter Bogdanovich. D: Cybill Shepherd, Barry Brown, Mildred Natwick.
Literaturverfilmung. Nach dem Roman von Henry James visuell liebevoller, mit vielen Genrezitaten versetzter Film um die unbefangene Daisy, die ihre Erfolge in der konventionellen europäischen Männergesellschaft des späten 18. Jahrhunderts hart erkämpft und unbeschwert genießt.

Dakapo / Encore ∗∗∗
GB 1951 – 85 Min. sw. – R: Patrick Jackson, Anthony Pelissier, Harold French. D: Nigel Patrick, Roland Culver, Kay Walsh, Glynis Johns.
Episodenfilm. Drei spannende Geschichten aus England, in denen zwei Brüder, ein Artistenpaar und eine Schiffsreise eine Rolle spielen und die alle um das Thema kreisen, daß niemand das bekommt, was er verdient. Nach Erzählungen von Somerset Maugham, mit Einführungen des berühmten Romanciers.

Dakota / The Oklahoman ∗∗
USA 1956 – 80 Min. – R: Francis D. Lyon. D: Joel McCrea, Barbara Hale, Brad Dexter, Gloria Talbot.
B-Western. Auf einer Reise nach Westen bleibt ein Arzt in Oklahoma hängen. Dort wird Öl gefunden, Spekulanten betrügen Indianer und gefährden den Frieden. Der straffe, mit knappen Mitteln inszenierte, humane Film gefällt durch unspektakuläre Aktion.

Damals ∗∗ ½
D 1943 – 92 Min. sw. – R: Rolf Hansen. D: Zarah Leander, Hans Stüwe, Rossano Brazzi, Otto Graf, Jutta von Alpen.
Melodram. Eine angesehene Ärztin, einst von ihrem Mann wegen Ehebruchs unschuldig samt Tochter in die Fremde geschickt, gerät unter Mordverdacht; die Ermittlungen ergeben, daß sie unter falschem Namen lebt; eine typische Zarah-Rolle (Song von Lothar Brühne: »Einen wie dich könnt' ich lieben«) in einem reichlich konstruierten, doch spannenden Film.

Damals in Paris / The Last Time I Saw Paris ∗∗ ½
USA 1954 – 116 Min. – R: Richard Brooks. D: Elizabeth Taylor, Van Johnson, Donna Reed, Walter Pidgeon, Eva Gabor.
Literaturverfilmung. Freie Adaption der Erzählung »Babylon Revisited« von F. Scott Fitzgerald über die tränenselig-melodramatische Liebe eines US-Kriegskorrespondenten zu einer jungen Frau im Paris von 1945 mit zerbrechenden Ehen und einer Atmosphäre der Desillusion; routiniertes Produkt der MGM-Studios, die der Story Kanten und Ecken abschliffen.

Die Dame im See / The Lady in the Lake ∗∗ ½
USA 1947 – 99 Min. sw. – R: Robert Montgomery. D: Robert Montgomery, Leon Ames, Dick Simmons, Ellay Mord, Audrey Totter.

Krimi. Eine Frau ist verschwunden, und der Privatdetektiv hat seinen Fall: Philip Marlowe bleibt, von wenigen Spiegelszenen abgesehen, unsichtbar, denn der ganze Film ist mit subjektiver Kamera gefilmt. Stilistisch ungewöhnlicher »Film noir« nach dem Roman von Raymond Chandler.

Die Dame ohne Kamelien / La signora senza camelie ** ½

I 1953 – 98 Min. sw. – R: Michelangelo Antonioni. D: Lucia Bosé, Andrea Cecchi, Gino Cervi.

Liebesromanze. Aufstieg einer Verkäuferin zum Filmstar. Dann beginnen innere Konflikte und Probleme mit dem Privatleben. Antonionis (»Blow up«) früher Film zeigt in schön sortierten Bildern eine bewegende, auf jeden unnötigen Gefühlseffekt verzichtende, aber stets fesselnde Romanze.

Die Dame und der Killer / Heller in Pink Tights **

USA 1960 – 100 Min. – R: George Cukor. D: Sophia Loren, Anthony Quinn, Margaret O'Brien, Steve Forrest.

Westernkomödie. Farbiger Film um eine Wandertruppe und ihren weiblichen Star, der beim Pokern gegen einen Schurken verliert – und dessen Eigentum wird. Flott gespielt, mit Seitenhieben gegen das sture Weltbild der Machos dieses Genres.

Eine Dame verschwindet / The Lady Vanishes *** ½

GB 1938 – 92 Min. sw. – R: Alfred Hitchcock. D: Margaret Lockwood, Michael Redgrave, Dame May Whitty, Paul Lukas, Naunton Wayne, Basil Radford.

Thriller. In einem Zug verschwindet eine ältere Dame; eine junge Frau setzt mit Assistenz eines jungen Mannes eine nervenstrapazierende Suche in Gang; ein Film des schwarzen Humors, der Doppeldeutigkeiten und Verwechslungen; ein Spiel der (Gaukler-)Tricks und der realen Illusionen.

Die Dame vom Palast Hotel / Palace **

BRD/F 1984 – 87 Min. Ⓥ VMP. – R: Edouard Molinaro. D: Gudrun Landgrebe, Claude Brasseur, Daniel Auteuil, Jean-Pierre Castaldi.

Zeitkritisches Melodram. Eine deutsche Hotelbesitzerin und ein französischer Kriegsgefangener lieben sich in schlimmer Zeit: 1944. Humanität ist außer Kraft gesetzt. Psychologisch eindringlicher, jedoch die Zeitgeschichte allzu oberflächlich servierender Film zwischen Sentiment und Kritik.

Die Damen lassen bitten / Les bons vivants / Per favore **

F/I 1965 – 90 Min. – R: Gilles Grangier, Georges Lautner. D: Bernard Blier, Dominique Davray, Andréa Parisi, Louis de Funès.

Komödie. Am 12. April 1946 sollen per Gesetz alle Freudenhäuser in Frankreich geschlossen werden. Ein schwerer Tag für Madame Blanche und Monsieur Charles, die das beste daraus machen und ein wehmütig-beschwingtes Abschiedsfest für ihre Mädchen geben. Frivoler Spaß.

Die Damen vom Bois de Boulogne / Les dames du Bois de Boulogne ***

F 1945 – 90 Min. sw. OmU. – R: Robert Bresson. B (Dialoge): Jean Cocteau. D: Maria Casarès, Elina Labourdette, Paul Bernard, Jean Marchat.

Melodram. Eine Frau rächt sich an ihrem Geliebten, indem sie ihm eine Ehe arrangiert und dann zerstört. Verfilmung einer Novelle von Denis Diderot; quälende Intensität der Dialoge von Jean Cocteau.

Damenwahl **

BRD 1953 – 95 Min. – R: E. W. Emo. D: Grethe Weiser, Georg Thomalla, Willy Fritsch, Ingrid Pan, Rudolf Platte, Oskar Sima.

Melodram. Niemand hätte hinter Grethe Weiser die Inhaberin eines zwielichtigen Nachtklubs vermutet. Dann tauchen unvermutet ihr Töchterchen aus Amerika und der verschollene Ehemann auf – Grund zu weiteren Verwicklungen. Unterhaltung mit Witz und Herz.

Damenwahl und Männerjagd / Le quart d'heure Américain **

F 1982 – 90 Min. – R: Philippe Galland. D: Anémone, Gérard Jugnot, Véronique Barranet, Jean-Pierre Bisson, Brigitte Catillon.

Komödie. Zwei Pechvögel mit dem Talent, alles noch schlimmer zu machen, tun fast alles, um ihre Beziehung platzen zu lassen; schmissige, frivole, burleske Love-Story mit Rollentausch: der Mann als Sexobjekt; der Film opfert seine tragikomischen Möglichkeiten der Konstellation der Klamotte.

Damit ist die Sache für mich erledigt / Coup de tête ∗∗
F 1978 – 85 Min. Ⓥ marketing film. – R: Jean-Jacques Annaud. D: Patrick Dewaëre, France Dougnac, Corinne Marchand.
Komödie. Als ein hoffnungsfroher junger Nachwuchsfußballprofi als Ersatzbankhalter den Star verletzt, wirft man ihn aus der Mannschaft; als man ihn wieder braucht, muß man ihn aus dem Gefängnis holen; reichlich provinzielle Satire auf die Auswüchse des Profisports; die Realitäten hatten den Film bei Drehbeginn längst eingeholt.

Der Dämon der Insel / Le démon de l'île ∗∗
F 1982 – 95 Min. – R: Francis Leroi. D: Anny Duperey, Jean-Claude Brialy, Pierre Santini, Gabriel Cattland.
Psychothriller. Eine junge Ärztin läßt sich aus privaten Gründen auf eine einsame Insel im Ärmelkanal versetzen, dort geschehen höchst seltsame, grauenhafte Dinge. Beunruhigender Schocker, der es versteht, fremde Landschaft und dunkle Innenwelten in plausible Zusammenhänge zu bringen.

Der Dämon und die Jungfrau
siehe: Der Mörder von »Schloß Menliff«

Dämon Weib / The Temptress ∗∗ ½
USA 1926 – 100 Min. sw. Stf. – R: Fred Niblo. D: Greta Garbo, Antonio Moreno, Armand Kaliz, Mauritz Stiller.
Melodram. Großer Garbo-Film um eine unglückliche Liebe in Paris, eine Enttäuschung in Argentinien und ein Banditenabenteuer mit tödlichem Ausgang. Auf die Hauptdarstellerin zugeschnitten, die mit verschatteten Augen in eine engherzige Welt blickt.

Dämon Weib / The Gipsy and the Gentleman ∗∗
GB 1957 – 108 Min. – R: Joseph Losey. D: Melina Mercouri, Patrick McGoohan, Keith Michell, June Laverick.
Melodram. Ende des 18. Jahrhunderts verfällt ein durch seine Spielsucht ruinierter Lord den Reizen einer Zigeunerin, die er vor der Lynchjustiz gerettet hat; ein »schwacher Losey«, dem dennoch ein Rest subtilen Schauders eigen ist.

Dämonen der Südsee / The Seekers / Land of Fury ∗∗ ½
GB 1954 – 90 Min. – R: Ken Annakin. D: Jack Hawkins, Glynis Johns, Noël Purcell, Inia Te Wiata.
Abenteuerfilm. Liebesdrama aus der neuseeländischen Kolonialzeit; ein britischer Seemann verfällt einer schönen Maorifrau; gut gespieltes, stellenweise packendes Südseemelodram.

Dämonen im Garten / Demonios en el jardin ∗∗∗
E 1982 – 98 Min. – R: Manuel Gutiérrez Aragón. D: Angela Molina, Ana Bélen, Eucarna Paso, Eusebio Lazaro.
Zeitkritischer Generationsfilm. Spanien 1942: Links und rechts, jung und alt heißen die Fronten in der Militärdiktatur unter dem »Caudillo« Franco. Wie sich zwei Familien am Rand und in der Mitte der Gesellschaft behaupten, zeigt der feinfühlige, mit Andeutungen und Symbolen cineastisch überzeugend arbeitende Film am Beispiel eines Jungen, der zwischen den Parteien hin und her geschoben wird und einen speziellen Widerstand entwickelt.

Die Dämonischen / Invasion of the Body Snatchers ∗∗∗
USA 1956 – 80 Min. – R: Don Siegel. D: Kevin McCarthy, Dana Wynter, Larry Gates, King Donovan.
Kultfilm. Eine bedrohliche Stille liegt über der Stadt. Aus mysteriösen Samenkapseln entstehen schattenhafte Wesen, die über Nacht die Identität schlafender Menschen übernehmen. Handwerklich zwar altmodisch, aber ein richtungweisender Science-fiction-Horrorstreifen über Krisen und Lebensängste. Remake

1977 unter dem Titel »Die Körperfresser kommen«.

Danach / The Bed Sitting Room ** ½

GB 1968 – 91 Min. – R: Richard Lester. D: Rita Tushingham, Richard Warwick, Ralph Richardson, Peter Cook, Marty Feldman.

Groteske. Zwanzig Londoner haben einen Atomkrieg überlebt; der makabre Spaß schildert ihre Situation drei Jahre danach; absurde Gags lassen manchen Lacher im Hals steckenbleiben.

Danger Signal * ½

USA 1945 – 78 Min. sw. OmU. – R: Robert Florey. D: Faye Emerson, Zachary Scott, Dick Erdman, Mona Freeman.

Krimi. Ein Mann nimmt unglückliche Frauen aus. Als er gar eine Tote beraubt, zieht er unangenehme Verfolger auf sich. Der Ehemann der Verstorbenen tritt zusätzlich als Detektiv auf. Der verworrene Film mit komplizierten dramaturgischen Schlenkern ist Hitchcocks »Shadow of a Doubt« nachempfunden, ohne dessen Qualität zu erreichen.

Daniel TV-Film

BRD 1974 – 90 Min. – R, B: Pete Ariel. D: Hans-Günther Michelsen, Barbara Wetzel, Heinz Peter Scholz.

Verfilmung des Romans von Hans Frick über einen sensiblen Mann, der am Unfalltod seines Sohnes zu zerbrechen droht; leise, nachdenkliche Charakterstudie.

Daniel kehrt zurück TV-Film

H – 90 Min. – R: Pál Sandor. B: Zsuzsa Tóth, Zsuzsa Bíro, nach einer Erzählung von Andras Mezei. D: Peter Rudolf, Sandor Zsoter, Gyula Bodrogi.

Zeitkritisches Gesellschaftsstück aus dem aufständischen Ungarn von 1956: Am Budapester Ostbahnhof treffen Flüchtlinge zusammen, die aus unterschiedlichen Gründen das Land Richtung Österreich verlassen und sich später an der Grenze wiederbegegnen.

Der Dank des Vaterlandes / Tumbledown TV-Film

GB – 113 Min. – R: Richard Eyre. B: Charles Wood. D: Colin Firth, Paul Rhys, Barbara Leigh-Hunt, David Calder.

In den letzten Stunden des Falklandkrieges 1982 wird ein vom Kriegsdienst begeisterter junger Leutnant der englischen Truppen zum Krüppel geschossen; sein Überlebenskampf angesichts der Trümmer seiner Hoffnungen und Träume beginnt. Der Film nach einem authentischen Fall ergreift durch das intensive Spiel aller Beteiligten und das in den Sequenzen spürbare Unbehagen.

Dann ist nichts mehr wie vorher ** ½

BRD 1986 – 87 Min. – R: Gerd Roman Frosch. D: Zacharias Preen, Barbara Rudnik, Karin Baal, Heinz Hönig, Christoph M. Ohrt.

Modernes Melodram. Ein 18jähriger flieht in Kinoträume, doch eines Tages zerbricht die Welt seiner Illusionen; Erstlingsfilm mit feingesponnenem, unsicherem Netz aus Kinoträumen, cineastischen Mythen und Alltagsbanalität, die sich gegen Träumer kehrt; eindrucksvoll.

Danton ** ½

D 1931 – 86 Min. – R: Hans Behrendt. D: Fritz Kortner, Gustaf Gründgens, Lucie Mannheim, Alexander Granach.

Politischer Film. Darstellung des Machtkampfs zwischen Danton und Robespierre als Anlaß für ein Bekenntnis zur Weimarer Republik und zur gewaltfreien politischen Auseinandersetzung; große Rollen für Kortner und Gründgens.

Danton / Danton ***

F/PL 1982 – 131 Min. Ⓥ atlas film + av. – R: Andrzej Wajda. D: Gérard Depardieu, Wojciech Pszoniak, Patrice Chéreau, Angela Winkler.

Revolutionsfilm. Im September 1793 tritt die Revolution in Paris durch Robespierre in ihre blutigste Phase, Danton kehrt in die Hauptstadt zurück und nimmt eine humane Gegenposition ein, er wird verhaftet. Philosophisches Stück über Freiheit, Demokratie und Gewissenskonflikte, auf die politische Situation im Polen der achtziger Jahre zugeschnitten; nach einem Drama von Stanislawa Przybyszewska.

Dany, bitte schreiben Sie ∗∗
BRD 1956 – 95 Min. sw. – R: Eduard von Borsody. D: Sonja Ziemann, Rudolf Prack, Fita Benkhoff.
Liebesfilm. Die neue Sekretärin eines Modezaren wurde weniger zum Tippen engagiert, als um dem Kreativen schädliche Verehrerinnen fernzuhalten; ansehnliche Komödie.

The Dark Past ∗∗
USA 1948 – 74 Min. sw. OmU. – R: Rudolph Maté. D: William Holden, Nina Foch, Lee J. Cobb.
Psychodrama. Ein Psychiater wird als Geisel genommen und deckt dabei die tieferen Motive des Kidnappers auf. Holden liefert eine Charakterstudie als wölfischer Bösewicht und »tough guy«. Nacht-und-Nebel-Film mit stimmungsvollen Bildern.

Darling / Darling ∗∗ ½
GB 1965 – 124 Min. sw. – R: John Schlesinger. D: Julie Christie, Dirk Bogarde, Laurence Harvey, José Luis de Villalonga.
Callgirl-Film. Ein Model schläft sich skrupellos durch zerstörte Ehen zur Jetset-Nutte hoch und landet in einer desparaten Ehe mit einem italienischen Prinzen; ein Film über den Preis der Karriere; Julie Christie erhielt den Oscar.

Darling, laß dich scheiden
siehe: Ein Frosch in Manhattan

Das also ist New York / ∗∗
So This is New York
USA 1948 – 75 Min. – R: Richard Fleischer. D: Henry »Harry« Morgan, Virginia Grey, Donna Drake, Rudy Vallee.
Komödie. Ein Ehepaar aus der Provinz hat eine kleine Erbschaft gemacht; weshalb beide nun die Schwester der Ehefrau ausgerechnet in New York unter die Haube bringen wollen, bleibt ein Geheimnis, macht die Geschichte aber amüsant.

Das bringt's voll ... Dufte Typen in Jeans / Cheerings Section ∗
USA 1977 – 74 Min. – R: Harry Kerwin. D: Rhonda Fox, Tom Leindecker, Karyn Wagner, Greg D'Jah.
Klamotte. Rivalenkämpfe zwischen zwei Footballteams, in die auch die weiblichen Cheerleaders einbezogen sind; »Schulmädchen«-Klaumauk auf US-Art.

Das gibt's nie wieder – That's Entertainment / That's Entertainment! ∗∗ ½
USA 1974 – 124 Min. Farbe und sw.-Filmausschnitte. Synchronisierter O-Ton. – R: Jack Haley. Präsentation: Fred Astaire, Bing Crosby, Gene Kelly, Liza Minnelli, Frank Sinatra, James Stewart, Elizabeth Taylor u. a.
Musical-Geschichte. Ein Großaufgebot von Hollywood-Altstars präsentiert Höhepunkte aus Tanz- und Musikfilmen der MGM-Studios, darunter Raritäten aus kaum bekannten Filmen; auch filmhistorisch interessanter, gut getimter Zusammenschnitt; Fortsetzung: »Das gibt's nie wieder – Teil II«.

Das gibt's nie wieder – Teil II / That's Entertainment – II ∗∗ ½
USA 1976 – 126 Min. Farbe und sw.-Filmausschnitte. Z. T. synchronisierter O-Ton. R: Gene Kelly. Präsentation: Fred Astaire, Gene Kelly.
Musical-Geschichte. Fortsetzung der MGM-Zusammenfassung von Filmsequenzen. Komödien und Melodramen ergänzen die Musical-Ausschnitte; nicht ganz so flott wie der erste Teil, aber vor allem wegen der phantasievollen Vorspannsequenz sehenswert.

Das haut hin ∗∗
BRD 1957 – 93 Min. – R: Géza von Cziffra. D: Peter Alexander, Grethe Weiser, Gunther Philipp, Margit Nünke, Hans Olden, Wolfgang Lukschy.
Musikfilm. Zum Kummer der reichen Tante zieht es einen lustigen Neffen weniger in einen ernsten Beruf als an die Seite einer Zirkusartistin, die von Margit Nünke, Miß Germany 1955, niedlich verkörpert wird; sorgenfreie Unterhaltung mit Schlagern von Heinz Gietz.

Das ist die Liebe der Husaren
siehe: Ihr Korporal

Das ist die Liebe der Matrosen FLOP
A 1962 – 81 Min. – R: Franz Antel. D: Gunther Philipp, Ursula Borsodi, Hannelore Auer, Hubert von Meyerinck.

Klamotte. Filmattentat vom Fließbandregisseur Antel auf die Geduld des Zuschauers, dem in diesem Schenkelklopfer vor lauter peinlichen Entgleisungen das Hören und Sehen vergeht.

Das ist geschenkt / It's a Gift ** ½

USA 1934 – 65 Min. sw. OmU. – R: Norman Z. McLeod. D: W. C. Fields, Jean Rouverol, Julian Madison, Kathleen Howard.

Screwball-Komödie. Fields als vielgestreßter Lebensmittelhändler, der eine Orangenplantage besitzen will; typische Fields-Komödie mit quengelnden, nörglerischen Kommentaren zum Kleinbürgeralltag.

Das kann doch nicht der Winter sein... / Ça peut pas être l'hiver, on n'a même pas eu d'été **

CDN 1980 – 83 Min. – R: Louise Carré. D: Charlotte Boisjoli, Jacques Galipeau, Céline Lomez.

Generationsfilm. Eine Frau hat ihr ganzes Leben der Familie gewidmet; als ihr Mann stirbt, steht sie vor dem Nichts. Der Debütfilm von Carré beschreibt behutsam, mit Sympathie für seine Figuren und einfallsreich die Auswege aus der Misere.

Das kann jedem passieren **

BRD 1952 – 88 Min. sw. – R: Paul Verhoeven. D: Heinz Rühmann, Gisela Schmidting, Gustav Knuth, Alice Treff.

Lustspiel. Rühmann als pingeliger Steuerberater in seiner Idealrolle als kleiner Mann kommt in Konflikte, die ihm schnell über den Kopf wachsen. Doch das Schicksal meint es auch diesmal gut mit ihm – harmloses Märchen.

Das sind Kerle / Men of Boys Town **

USA 1941 – 106 Min. sw. – R: Norman Taurog. D: Spencer Tracy, Mickey Rooney, Bobs Watson, Larry Nunn.

Erziehungsheimmelodram. Tracy ist Pater Flanagan, der brutale Methoden in einer Besserungsanstalt aufdeckt. Eine Happy-End-Story mit Gefühl und Humor. Fortsetzung von »Draufgänger« (1940).

Das war Buffalo Bill / Buffalo Bill, le héros du Far West **

I/BRD/F 1964 – 92 Min. – R: J. W. Fordson. D: Gordon Scott, Jan Hendriks, Hans von Borsody, Ingeborg Schöner.

Western. Ein rachsüchtiger Colonel bricht den Frieden, den Präsident Grand mit den Indianern schloß, er fällt in die Hand von Häuptling »Gelbe Hand«; Buffalo Bill tritt auf. Der Durchschnittswestern vermeidet Klischees so gut es geht, entwickelt sich munter, bleibt jedoch letztendlich beliebig.

Das war der Wilde Westen / How the West Was Won ** ½

USA 1961 – 143 Min. – R: John Ford, Henry Hathaway, George Marshall. D: Karl Malden, James Stewart, Debbie Reynolds, Carroll Baker, Agnes Moorehead, Gregory Peck, George Peppard, John Wayne, Henry Fonda, Richard Widmark, Eli Wallach, Lee J. Cobb.

Monumentalwestern. Die Eroberung des »Wilden Westens« wird dokumentiert an einer bewegenden Siedlerfamiliensaga über drei Generationen hinweg. Stationen der Reise sind der große Fluß mit seinen Stromschnellen, Flußpiraten, Siedlertrecks, Indianerüberfällen, der Bürgerkrieg, der Bau der Eisenbahn und die Kämpfe mit den Revolverhelden. Pathetisch ausuferndes Epos, in dem dramatische Einzelschicksale im Strom der Geschichte aufgehen – die Mythen des Westens werden jedoch nur aneinandergereiht, weder vertieft noch komprimiert.

Das war Mord, Mr. Doyle / Crime and Passion **

USA 1957 – 85 Min. sw. – R: Gerd Oswald. D: Barbara Stanwyck, Sterling Hayden, Raymond Burr.

Krimi. Gut besetztes Kriminalmelodram mit einer Bombenrolle für die vitale und »schwarze« Stanwyck, die ihrem Mann das Heft aus der Hand nimmt und selbst vor Mord nicht zurückschreckt. Der »Film noir« läßt grüßen.

Das waren noch Zeiten / Good Times, Wonderful Times * ½

GB 1965 – 65 Min. sw. – R: Lionel Rogosin.

Antikriegsdokumentation. Eine Party als Gegenprojektion zu Kriegsgreueln und deutschen Vernichtungslagern; fragwürdige Zusammenschnitte.

Datterich TV-Film

BRD 1976 – 114 Min. – R: Robert Stromberger. D: Robert Stromberger, Günter Strack, J. Roether.

Bekanntes hessisches Volksstück um einen listigen Rentner und Lebenskünstler, der sich in jeder Lebenslage zurechtfindet. Niveauvoll, vergnüglich – nach dem Stück von E. Niebergall.

Dave – zu Haus in allen Betten / Sinful Davey ** ½

GB 1969 – 95 Min. – R: John Huston. D: John Hurt, Pamela Franklin, Nigel Davenport.

Gaunerkomödie. Schottland im frühen 19. Jahrhundert: Dave Haggart desertiert von seiner Truppe und führt fortan ein flottes Räuberleben. Auch junge Damen kommen ihm gerade recht.

David ***

BRD 1979 – 125 Min. – R: Peter Lilienthal. D: Mario Fischel, Valtr Taub, Irena Urklian, Eva Mattes.

Zeitkritisches Psychodrama. Geschichte einer jüdischen Familie in der Nazizeit bis zum Holocaust. Beklemmend Grundstimmung und Erzählweise, subtiles Spiel; ein Dokument auswegloser Angst in entmenschter Zeit.

David reißt aus / The Going Up of David Lev ** ½

USA 1973 – 74 Min. – R: James F. Collier. D: Brandon Cruz, Melvyn Douglas, Chaim Topol, Claire Bloom.

Zeitkritischer Film. Nach dem Drehbuch von Ephraim Kishon gedrehter Film um einen Jungen, der von zu Hause fortläuft, um den Tod seines Vaters aufzuklären. Der diffizile Beitrag zum Konflikt zwischen Arabern und Juden vermeidet starke Töne, plädiert für ein Miteinander zwischen Individuen, Rassen und Nationen und wirkt durch stille Freundlichkeit.

David und Bathseba / David and Bathseba **

USA 1951 – 116 Min. – R: Henry King. D: Gregory Peck, Susan Hayward, Raymond Massey, James Robertson Justice.

Bibelfilm. Monumentalisierung der alttestamentarischen Geschichte der Liebe Davids zur Ehebrecherin Bathseba; gute Darsteller in einem Film mit Showeffekten.

David und Goliath / Davide e Golia **

I 1959 – 92 Min. – R: Richard Pottier, Ferdinando Boldi. D: Orson Welles, Eleonora Rossi-Drago, Massimo Serato, Ivo Payer.

Historischer Monumentalfilm. 1000 v. Chr.: mächtige Herrscher Israels, opponierende Philister, mutige Kämpfer am Hofe Sauls und die legendenumwobenen Ereignisse, von denen die Bibel erzählt. Ein farbenprächtiger, detailgetreuer Film mit Mut zur Trivialität.

Davon träumen alle Mädchen *

BRD 1961 – 87 Min. Ⓥ Tristar. – R: Thomas Engel. D: Marion Michael, Harald Juhnke, Ursula Herking, Hubert von Meyerinck.

Komödie. Liebesspiel im Internat. Einige weibliche Zöglinge erobern die Herzen einer männlichen Combo. Was dabei herauskommt, ist für ein deutsches Klamauklichtspiel, vor allem wegen der süßen Marion Michael (»Liane – das Mädchen aus dem Urwald«), eben noch erträglich.

The Day of the Triffids

siehe: Blumen des Schreckens

Dazwischen ** ½

BRD 1981 – 85 Min. – R: Doris Dörrie/ Suse Reichel. D: Carmen Eckert, Rolf Berg, Nora Schwartz, Brigitte Röttgers, Wolfgang Krassnitzer.

Liebesfilm. Junge Leute erleben die Liebe. Dörrie (»Männer«) inszeniert das im Teenagermilieu von heute ganz direkt, mit viel Sinn für feine Komödie und leise Tragödie.

Deadlock ** ½

BRD 1970 – 87 Min. – R: Roland Klick. D: Mario Adorf, Anthony Dawson, Marquard Bohm.

Abenteuerfilm. Der neue deutsche Film produzierte auch Killergeschichten und Actionreißer: Drei Männer in der amerikanischen Wüste schlagen sich um die

Beute eines Bankräubers. Spannend, handwerklich perfekt.

Deadly Encounter
siehe: Treibjagd in den Wolken

Dealer Connection – Die Straße des Heroins / La via della droga *
I 1977 – 95 Min. Ⓥ EuroVideo. – R: Enzo G. Castellari. D: David Hemmings, Fabio Testi, Sherry Buchanan.
Actionkrimi. Serienprodukt der Brutalowelle um einen Dealer, der aus dem Knast in die römische »Szene« abwandert und Ärger mit der Drogenabteilung der Polizei bekommt. Statt plausibler Handlung fließt Blut.

Dear Mr. Wonderful ** ½
BRD 1981 – 111 Min. – R: Peter Lilienthal. D: Joe Pesci, Karen Ludwig, Evan Handler, Ivy Ray Browning.
Milieustudie. In der New Yorker Vorstadt lebt der Bowlingbahnbesitzer Ruby mit seiner Schwester und deren Sohn. Spekulanten wollen seinen Schuppen abreißen, aber in letzter Sekunde findet Ruby einen Ausweg; lyrisch, von objektiver Detailgenauigkeit.

Death Fighter / The Columbia Connection / Dead Wrong * ½
USA 1983 – 100 Min. Ⓥ Tristar. – R: Len Kowalewich. D: Britt Ekland, Winston Rekert, Jack Davies.
Drogenkrimi. Eine Ladung Rauschgift ist von Kolumbien nach Kanada unterwegs, und eine junge Agentin soll den Deal verhindern. Der actionhaltige Film verquickt die Liebesstory mit dem Agentenstoff und entscheidet sich für keins von beidem.

Debla – das Lied der Zigeuner / Debla – la virgen gitana * ½
E 1950 – 89 Min. – R: Roman Torrado. D: Paquita Rico, Alfredo Mayo, Lina Yergas, Lola Ramos.
Liebesfilm. Ein Zigeunermodell bringt Probleme in die Ehe eines Malers; pathetische Romanze in schönen Bildern.

Deep End / Deep End ** ½
BRD/USA 1970 – 87 Min. – R: Jerzy Skolimowski. D: Jane Asher, John Moulder-Brown, Karl-Michael Vogler, Christopher Sandford, Dieter Eppler.
Liebesdrama. Seine erste Anstellung in einer tristen Londoner Badeanstalt stürzt einen Fünfzehnjährigen in ein feuchtes Trauma, als er sich in die attraktive ältere Kollegin verliebt; pubertäre Zwänge und Verwirrungen enden in einem surrealen Amoklauf; Preis auf dem Festival in Venedig 1970.

Defekte TV-Film
BRD 1982 – 90 Min. – R: Diethard Klante. B: Leopold Ahlsen. D: Klaus Knuth, Hannelore Hoger, Harald Dietl, Anja Krettner.
Bei Recherchen in einem Mordfall geraten zwei befreundete Ermittler überraschend in einen heftigen Konflikt; subtiler Film über psychische, existentielle Krisen.

Dein Leben in meiner Hand / Woman in Hiding * ½
USA 1949 – 87 Min. sw. – R: Michael Gordon. D: Ida Lupino, Howard Duff, Stephen McNally.
Krimi. Eine Frau entdeckt, daß ihr Mann, vor dem ihr Vater sie warnte, ein Killer ist; überdramatisierte Handlung ohne letzte Glaubwürdigkeit.

Dein Mund verspricht mir Liebe * ½
BRD 1954 – 100 Min. sw. – R: Max Neufeld. D: Peter Pasetti, Hertha Feiler, Hans Leibelt, Inge Egger, Erwin Strahl.
Komödie. Irrungen, Masken und Wirrungen der besseren Gesellschaft; eine Ballnacht bringt die verwickelte Handlung in Schwung. Leichtes Lustspiel mit viel Musik.

Dein Partner ist der Tod / The Silent Partner ** ½
CDN 1978 – 101 Min. – R: Daryl Duke. D: Elliott Gould, Christopher Plummer, Céline Lomez, Susannah York.
Thriller. Ein Gangster überfällt eine Bank in Toronto – als Weihnachtsmann verkleidet, doch die Sache geht nicht glatt, es kommt zu einem unvorhergesehenen Duell; der sorgfältig geplante Coup korrespondiert mit einer ungewöhnlich perfekten Inszenierung, die den Film aus Kanada zu einem brillanten Beispiel des Action-Genres macht.

Dein Schicksal in meiner Hand / Sweet Smell of Success **

USA 1957 – 95 Min. – R: Alexander Mackendrick. D: Burt Lancaster, Tony Curtis, Susan Harrington, Jeff Donnell.
Theatermilieufilm. Dunkle Wolken am Theaterhimmel, Machtkämpfe zwischen Agent und Starkolumnist am Broadway: Eine Liebesaffäre soll unterbunden werden. Diffamierungen, Drogen, Kommunistenhatz – später »Film noir« aus der falschen Glitzerwelt des Showbiz.

Deine Braut gehört mir / Getting Married TV-Film
USA 1978 – 94 Min. – R: Steven Hilliard Stern. D: Richard Thomas, Bess Armstrong, Mark Harmon.
Flockige Romanze aus dem Fernsehstudio-Jet-set mit attraktiven Damen und Herren.

Delta Force / Delta Force * ½
USA 1986 – 123 Min. – R: Menahem Golan. D: Chuck Norris, Lee Marvin, Martin Balsam, Robert Forster, Hanna Schygulla, Susan Strasberg.
Actionfilm. Arabische Terroristen entführen eine US-Maschine und nehmen einige Geiseln, eine Spezialtruppe greift ein; spannungslose Hau-den-Lukas-Story à la Hollywoodreißer; Materialschlacht ohne viel Sinn.

Dem steht nichts im Wege / Nic nie stoi na przeszkodzie **
PL 1980 – 81 Min. – R: Hubert Drapella. D: Tadeusz Janczar, Magda Teresa Wójcik, Antonina Gordon-Górecka.
Familiendrama. Durch zunehmende Anforderungen aus dem Verwandtenkreis und berufliche Karriereaussichten kommt die Ehe eines Ingenieurs in eine schwere Krise; einfühlsame Schilderung familiärer Belastungen.

...denn der Wind kann nicht lesen / The Wind Cannot Read **
GB 1958 – 105 Min. – R: Ralph Thomas. D: Dirk Bogarde, Yoko Tani, John Fraser, Ronald Lewis, Anthony Bushell.
Kolonialfilm. Love-Story zwischen einem britischen Offizier und einer zarten Japanerin im Indien der vierziger Jahre; die Exotik der Basare, Paläste und einer fremden Welt verdeckt die langweilige Dramaturgie. Die Geschichte bezieht ihre Spannung aus dem feindlichen Verhältnis zwischen Engländern, Japanern und Indern; tragisches Melodram aus der fernen Kolonialzeit.

...denn keiner ist ohne Schuld / The Oscar **
USA 1965 – 116 Min. – R: Russell Rouse. D: Stephen Boyd, Elke Sommer, Milton Berle, Eleanor Parker, Tony Bennett, Joseph Cotten, Ernest Borgnine, Jill St. John, Walter Brennan, Broderick Crawford, Peter Lawford.
Filmmileumelodram. Frank Fane wartet auf seinen »Oscar«; in der Rückerinnerung, die breit ausgemalt wird, kommt sein Aufstieg aus dem billigen Sexshow-Milieu zur Sprache; besonders die Beziehungen zu Frauen waren seiner Karriere dienlich. Der Film blickt hinter die Kulissen der Traumfabrik, verliert jedoch manchmal seine Fakten zugunsten melodramatischer Effekte aus den Augen. Große Besetzung in einem großangelegten Film mit recht kleiner Botschaft.

Denn sie sollen getröstet werden / Cry, the Beloved Country ** ½
GB 1951 – 88 Min. sw. – R: Zoltan Korda. D: Canada Lee, Charles Carson, Lionel Ngakane, Sidney Portier, Joyce Carey.
Antirassismusfilm. Adaption des Romans von Alan Paton über die Freundschaft zwischen einem schwarzen Seelsorger und einem weißen Farmer im Apartheidsstaat Südafrika; von starkem religiösem Engagement geprägtes Versöhnungsmelodram.

Derek Flint – hart wie Feuerstein / In Like Flint * ½
USA 1966 – 110 Min. – R: Gordon Douglas. D: James Coburn, Lee J. Cobb, Jean Hale.
Agententhriller. Der Präsident der USA wird während eines Golfspiels gegen ein Double ausgetauscht. Der Falsche ist die Marionette einer weiblichen Verschwörung; langatmig.

Derek Flint schickt seine Leiche / Our Man Flint ** ½
USA 1965 – 102 Min. – R: Daniel Mann. D: James Coburn, Lee J. Cobb, Gila Golan, Edward Mulhare.
Agentenfilm. Er ist nicht ganz so smart

wie Flynn, steht aber drüber wie Flint; CIA-Coburn, in einer 007-Variante, noch rücksichtsloser und zynischer als der Secret-Service-Agent und noch männlicher bei Frauen. Ein Superwaffen-Superman-Knaller der unterhaltsamen Art.

Des Pudels Kern / The Horse's Mouth ***
GB 1958 – 91 Min. – R: Ronald Neame. D: Alec Guinness, Kay Walsh, Mike Morgan, Renee Houston, Robert Coote, Veronica Turleigh.
Exzentrikerkomödie. Ein schräges Malergenie ärgert die guten Bürger durch seine hartnäckig verfochtene Kunst und Lebenseinstellung. Eines Tages erhält der Künstler freie Fahrt, als er in einer Urlauberwohnung eine große, weiße Wand bemalen darf. Alec Guinness, der auch das Drehbuch verfaßte, nutzt die Stunde, malt und spielt, daß man ihn liebt und bewundert. Triumphaler Auftritt eines Stars von phänomenaler Gestaltungskraft; ein Film von Guinness-Format.

Desert Fury – Liebe gewinnt / Desert Fury **
USA 1947 – 92 Min. – R: Lewis Allen. D: John Hodiak, Lizabeth Scott, Burt Lancaster, Mary Astor.
Melodram. Eine aufmüpfige, kaum bezähmbare junge Frau kämpft gegen alle Konventionen; die Begegnung mit einem durchreisenden Spieler bringt die Krise; ein sehr direkter Film mit hervorragender Besetzung.

Der Deserteur / Desertir ** ½
UdSSR 1933 – 95 Min. sw. OmU. – R: Wsewolod Pudowkin. D: Boris Liwanow, Tamara Makarowa.
Revolutionsfilm. Avantgardistisches Filmzeugnis aus der revolutionären Phase der Sowjetunion um den Kampf eines Hamburger Hafenarbeiters. Die Dreharbeiten wurden bei Hitlers Machtergreifung unterbrochen, die Sowjetbehörden stuften den Film als zu experimentell ein.

Deshalb machen wir nicht Harakiri / E noi non faremo Ka-Rakiri ***
I 1981 – 96 Min. – R: Francesco Longo. D: Vittorio Mezzogiorno, Mara Venier, Piero Anchisi, Stefano Antonucci.
Melodram. Sensible Liebesgeschichte zwischen einem erfolglosen Drehbuchautor und einer Pädagogin; beide kennen sich aus der Studentenbewegung. Ein Problemfilm der feinen Zwischentöne, verspielt komödiantisch, ohne falsche Sentimentalität: Geschichte einer Außenseiterliebe.

Désirée / Désirée **
USA 1954 – 115 Min. – R: Henry Koster. D: Marlon Brando, Jean Simmons, Merle Oberon, Cameron Mitchell.
Historienfilm. Der farbenprächtige, historisch ungenaue Bilderbogen entfaltet die romantische Liebe der höheren Seidenhändlerstochter zu dem noch jugendlichen Napoleon Bonaparte, dargestellt von einem glänzend aufgelegten Marlon Brando. Nach dem Roman von Annemarie Selinko.

Desperado – der geheimnisvolle Rächer / Il magnifico Texano * ½
I 1967 – 98 Min. – R: Lewis King. D: Glenn Saxon, John Barracuda, Barbara Loy.
Italowestern. Weil der Richter in Santa Clara mit den Outlaws gemeinsame Sache macht, ist der Sheriff machtlos. Doch eines Tages erscheint Manuel Lopez auf der Bildfläche.

Desperado City ** ½
BRD 1980 – 95 Min. – R: Vadim Glowna. D: Siemen Rühaak, Beate Finckh, Vera Tschechowa, Karin Baal, Vadim Glowna.
Aussteigerfilm. Preisgekrönter Essay über die Unmöglichkeit zu fliehen; das junge Paar versucht den verzweifelten Ausbruchsversuch in einem Großstadtdrama, in dem trotz oder gerade wegen des Kneipen-, Nutten- und Ganovenmilieus so etwas wie menschliche Wärme spürbar wird.

Der Detektiv / The Detective ** ½
USA 1967 – 114 Min. – R: Gordon Douglas. D: Frank Sinatra, Lee Remick, Ralph Meeker, Jack Klugman, Tony Musante, Jacqueline Bisset.

Detektivfilm. Ein Cop handelt sich bei seiner nymphomanischen Frau und durch die Aufklärung eines Mordes im Homosexuellenmilieu auch bei seinen Chefs und Kollegen Schwierigkeiten ein; spannend und überzeugend inszeniert; nicht ohne Schwulenklischees, aber ohne aufdringliche Aggression; Sinatra und Remick in Glanzrollen.

Detective / Détective ***
F 1984 – 95 Min. – R: Jean-Luc Godard. D: Nathalie Baye, Claude Brasseur, Johnny Halliday, Jean-Pierre Léaud.
Godard-Film. Eine Frau will ihren Mann verlassen – er ist Pilot, manipuliert Boxkämpfe und macht Geschäfte mit der Mafia. Krimiromanze um Liebe, Geld, Detektive, Mord, Verbrechen und die Realität hinter der Realität: Film als Puzzlespiel, das sich nicht zusammensetzen läßt.

Die deutsche Sex-Partei
siehe: Hurra ... die deutsche Sex-Partei

Deutschland, bleiche Mutter **
BRD 1981 – 118 Min. – R: Helma Sanders-Brahms. D: Eva Mattes, Ernst Jacobi, Elisabeth Stepanek, Angelika Thomas.
Problemfilm. Schicksal einer deutschen Frau und Mutter zwischen 1939 und 1979; ihr Mann bleibt als Soldat im Krieg, ihre Tochter wächst vaterlos heran. Eindringliches Melodram über die Zerstörung der privaten und allgemeinen Verhältnisse.

Deutschland im Jahre Null / Germania, anno zero ** ½
I 1947 – 70 Min. sw. – R: Roberto Rossellini, Carlo Lizzani, Max Colpet. D: Edmund Moeschke, Franz Kruger, Barbara Hintz, Werner Pittschau.
Zeitkritischer Film. Ein Junge im besetzten Nachkriegs-Berlin vergiftet seinen Vater aus schierer Not, nicht aus niederen Motiven. Der neorealistische Film, überwiegend mit Laien vor Ort gedreht, schildert den Mord als Konsequenz eines finsteren Trümmermilieus mit psychologisch sorgfältig herausgearbeiteten Charakteren.

Deutschland-Tournee TV-Film
BRD 1984 – 90 Min. – R, B: Berengar Pfahl. D: Ulrike Kriener, Verena Plangger, Sascha Odendahl, Melanie Groh, Elmar Roloff, Hans Richter.
Zwei Ehemänner akzeptieren den Ausbruch ihrer Frauen in zeitlich begrenzten Tournee-Tingeltangel unter der Voraussetzung, daß sie die Kinder mitnehmen; die Frauen müssen sich bald ihrer Haut wehren; etwas gekünstelte Ausbruchskomödie, weder Frauen- noch kritischer Film; harmlos.

Die Deutschmeister **
A 1955 – 103 Min. – R: Ernst Marischka. D: Romy Schneider, Magda Schneider, Siegfried Breuer jr., Hans Moser, Gretl Schörg.
Lustspiel. Die Geschichte von der feschen Stanzi, die beim Heurigen ihren Korporal kennenlernt und Seine Majestät, den Kaiser, von den Kompositeurskünsten ihres Verlobten überzeugt: von ihm ist nämlich der Deutschmeister-Marsch. Wien, wie es tanzt, singt und komponiert.

Diagnose: Mord / McMillan and Wife: The Deadly Cure TV-Film
USA 1975 – 94 Min. – R: James Sheldon. D: Rock Hudson, Susan Saint James, Michael Constantine, Michael Tolan, Dick Sargent.
Ein Commissioner, mit einer Schußverletzung im Krankenhaus, beobachtet im Dämmerzustand vor seiner Operation einen Mord; bald widmen sich die Mörder auch ihm. Der Film, eine selbständige Folge der Serie »McMillan and Wife«, serviert routiniert spannende Fernsehkrimikost, überzeugt darüber hinaus jedoch durch dichte Dramaturgie ohne die üblichen Starmätzchen und durch schlagfertige Dialoge; überdurchschnittlich.

Der Dialog / The Conversation ***
USA 1973 – 109 Min. Ⓥ CIC. – R: Francis Ford Coppola. D: Gene Hackman, John Cazale, Allen Garfield, Frederic Forrest, Harrison Ford, Robert Duvall.
Thriller. Ein Abhörspezialist belauscht ein junges Paar, ein Mord scheint geplant; seine Lauschangriffe ziehen ihn

immer mehr in ein finsteres Gespinst undurchschaubarer Machenschaften; ein Film über die Einsamkeit und Verzweiflung des Aushorchers, der selbst im Netz der Überwachung landet und sein Selbst verliert; grandios Hackman.

Diamantenbillard **

BRD/F/I 1965 – 89 Min. – R: Nicolas Gessner. D: Elisabeth Flickenschildt, Claude Rich, Elsa Martinelli, Jean Seberg, Günther Ungeheuer, Werner Schwier.

Gaunerkomödie. Ein phantasievoller Bankkassierer will Geld nicht nur zählen, sondern besitzen; für einen raffinierten Plan braucht er die Unterstützung von Profis; gagreich und witzig.

Der Diamanten-Clou / Diamonds *

Israel 1978 – 97 Min. – R: Menahem Golan. D: Robert Shaw, Richard Roundtree, Shelley Winters.

Krimi. Ein Schränker will den Supersafe der Diamantenbörse von Tel Aviv knakken. Aus seiner Ankündigung und den Gegenmaßnahmen der Polizei bezieht der uneinheitlich inszenierte Film seine mäßige Spannung.

Der Diamantencoup / The Squeeze ** ½

I 1980 – 96 Min. – R: Anthony M. Dawson (Antonio Margheriti). D: Lee Van Cleef, Karen Black, Edward Albert, Robert Alda, Peter Carsten, Lionel Stander.

Kriminalfilm. Ein gealterter Juwelendieb soll sich noch einmal bewähren; er hat zwar nichts verlernt, doch die Sitten sind rauher geworden; auf Van Cleefs spröde Körpersprache und sein Raubvogelgesicht zugeschnittenes Gangsterdrama.

Diamantenfieber / Diamonds Are Forever ** ½

GB 1971 – 115 Min. – R: Guy Hamilton. D: Sean Connery, Jill St. John, Charles Gray, Joseph Furst.

James-Bond-Film. Der dreifachgängerische Gegenspieler des Superagenten ist ein gewisser Blofeld, angeblich totgesagt, in Wahrheit dabei, die Welt mit Laserkanonen ins Chaos zu stürzen. Ein Bond-Abenteuer mit schönen Frauen, Tricktechnik, grotesken Autostunts im grellen Las Vegas und vielen Gags; Parodie auf amerikanische Fortschrittsmythen.

Diamantenjagd im Land der Krokodile / Sie nannten ihn King / One Step to Hell / King of Africa *

USA 1969 – 98 Min. – R: Sandy Howard. D: Ty Hardin, Pier Angeli, Rossano Brazzi, George Sanders, Helga Liné.

Abenteuerfilm. Eine verbrecherische Bande entflohener Häftlinge will eine Diamantenmine unter Kontrolle bringen und nimmt eine Frau als Geisel, ein Alleskönner will sie befreien; unprofessionell heruntergekurbeltes Dschungelspektakel.

Das Diamantenquartett / The Great Ice Rip-Off **

USA 1974 – 74 Min. – R: Dan Curtis. D: Lee J. Cobb, Gig Young, Grayson Hall, Robert Waldon, Matt Clark.

Krimikomödie. Drei Männer und eine Frau sind hinter Diamanten her, und plötzlich fühlen sich zwei als betrogene Betrüger; flott inszenierter Gaunerthriller mit skurrilen Typen.

Diamond Hunters / Diamond Hunters **

Südafrika 1980 – 92 Min. Ⓥ EuroVideo. – R: Dirk de Villiers. D: David McCallum, Hayley Mills, John Cypher.

Melodram. Abenteuerliche Verwicklungen um einen reichen Minenbesitzer, der erfährt, daß er nur noch wenige Tage zu leben hat.

Diane – Kurtisane von Frankreich / Diane **

USA 1955 – 106 Min. – R: David Miller. D: Lana Turner, Roger Moore, Pedro Armendariz, Marisa Pavan, Sir Cedric Hardwicke.

Historienfilm. Die sexy blonde Kurtisane Diane (Lana Turner) erregt Neid, Eifersucht und Mißgunst der Katharina von Medici am Hofe von Frankreich: Das führt zu Schaukämpfen, Ritterduellen, Gift und Liebe – reich kostümiert und dekolletiert.

Dick und Doof im Wilden Westen
siehe: Zwei ritten nach Texas

Dicke Luft * ½

BRD 1962 – 81 Min. – R: Rolf von

Sydow. D: Willy Millowitsch, Ingrid van Bergen, Sabine Eggerth.
Lustspiel. Millowitsch kommt in Schwierigkeiten als Bikinifabrikant, und seine vier fast erwachsenen Kinder reagieren leicht meschugge. Klamauk.

Dicke Luft in Sacramento / * ½
Di tresette ce n'e uno
I 1974 – 93 Min. – R: Anthony Ascott. D: George Hilton, Chris Huerta, Tony Norton, Enzo Maggio.
Westernparodie. Ein Mann spielt verrückt und läßt sich ins Irrenhaus stecken, um zu verdecken, daß er den Schlüssel zum Banksafe hat. Belanglos.

Didi, der Doppelgänger **
BRD 1983 – 92 Min. – R: Reinhard Schwabenitzky. D: Dieter Hallervorden, Tilo Prückner, Hans-Joachim Grubel, Ruth-Maria Kubitschek, Barbara Nielsen.
Klamotte. Gaunerkomödie in Slapstickmanier um den Baulöwen Hans Immer, der sich aus Angst vor Kidnapping einen Doppelgänger anschafft und ihn nicht mehr los wird. Spaß für Didi-Fans.

Didi und die Rache der Enterbten **
BRD 1984 – 88 Min. Ⓥ Constantin. – R: Christian Rateuke, Dieter Hallervorden. D: Dieter Hallervorden, Wolfgang Kieling, Gerhard Wollner, Christoph Hofrichter, Karl Schulz.
Klamotte. Didi in sieben tragenden Rollen als glücklicher Erbe, dem die liebe Verwandtschaft nach der Kasse trachtet. Blödelknaller der stotternden Art, für Fans.

... die alles begehren / **
The Sandpipers
USA 1964 – 115 Min. – R: Vincente Minnelli. D: Elizabeth Taylor, Richard Burton, Eva Marie Saint, Charles Bronson.
Melodram. Ein Internatsleiter, verheirateter Geistlicher, wird wegen der Mutter eines schwierigen Schülers, einer flippigen Malerin, zum Ehebrecher; daraus entwickeln sich verlogene Liebes- und Glaubenskomplikationen, die durch die sehenswerte Küstenkulisse des kalifornischen Big Sur dramatisiert werden; hörenswert die oscarbelohnte Musik. Starvehikel für das spektakulärste (Kino-) Liebespaar Taylor–Burton.

Die den Hals riskieren / ** ½
The Gypsy Moths
USA 1969 – 103 Min. – R: John Frankenheimer. D: Burt Lancaster, Deborah Kerr, Gene Hackman, Scott Wilson.
Milieufilm. Drei Teufelskerle aus Kansas zeigen ihr Können am Fallschirm. Abenteuer und leidenschaftliche Liebe – dann kommt es zu einem tödlichen Unfall. Frankenheimers zupackende Regie macht aus dem sportlichen Freizeitgeschehen einen realistischen Thriller. Kino nach Maß.

Die den Tod nicht fürchten / ** ½
The Wreck of the Mary Deare
USA/GB 1959 – 101 Min. – R: Michael Anderson. D: Gary Cooper, Charlton Heston, Michael Redgrave, Emlyn Williams.
Abenteuerfilm. In einem seiner letzten Filme ist Cooper, schon mit verwitterten Zügen, als Kapitän angeklagt, den Untergang seines Schiffes aus Fahrlässigkeit verschuldet zu haben. In Rückblenden wird das tödliche Abenteuer enthüllt. Hochdramatisch.

Die durch die Hölle gehen / The Deer Hunter ***
USA 1978 – 115 Min. – R: Michael Cimino. D: Robert De Niro, John Savage, Meryl Streep, Christopher Walken.
Zeitkritischer Film. Drei Freunde vor ihrem Abflug nach Vietnam und danach mitten im Schlamassel. Wie der Krieg seelisch und körperlich verstümmelt, zeigt dieser mitreißende Kriegsfilm, der sich mutig dem Vietnamtrauma der Amerikaner stellt, allerdings die politische Gegenseite zugunsten spekulativer Actioneffekte verteufelt.

Die im Dreck krepieren / *
Gott mit uns / Dio è con noi
I 1964 – 85 Min. – R: Giuliano Montaldo. D: Franco Nero, Bud Spencer, Helmuth Schneider, Richard Johnson, Larry Aubrey.
Kriegsfilm. Deutsche Deserteure geraten 1945 in ein kanadisches Gefangenencamp; als sie von deutschen Gefangenen erkannt

werden, droht ihnen die Auslieferung; versponnenes Kriegsabenteuergarn.

... die keine Gnade kennen / Raid on Entebbe TV-Film
USA 1977 – 150 Min. – R: Irvin Kershner. D: Charles Bronson, Peter Finch, Horst Buchholz, Martin Balsam, John Saxon, Jack Warden, Sylvia Sidney, Yaphet Kotto.
Die Story ist authentisch: Palästinensische Flugzeugentführer halten vom 24. Juni bis 4. Juli 1976 103 israelische und nichtisraelische Airbus-Passagiere als Geiseln in Entebbe, Uganda, fest; bis eine Spezialeinheit der Israelis die Lage klärt. Einigen eindringlichen Charakterstudien stehen überwiegend flache bis karikaturistische gegenüber; trotz aller Opulenz und Ansätzen zu ernsterer Diskussion einer von zahlreichen Kommandounternehmen-Filmen; gute Darsteller.

Die mit den Wölfen heulen / The Hell with Heroes ∗∗
USA 1967 – 97 Min. – R: Joseph Sargent. D: Rod Taylor, Claudia Cardinale, Harry Guardino, Kevin McCarthy, Pete Deuel.
Abenteuerfilm. Der Teilhaber einer Luftfrachtlinie läßt sich wegen drohender Pleite mit einem Schmuggler ein und lernt zu allem Unglück auch noch eine wohlgeformte Schmuggelganovin kennen; routinierte Mixtur aus Abenteuer- und Liebesfilm.

Die mit der Liebe spielen
siehe: Das Abenteuer

Die zum Teufel gehen / La legione dei dannati / Battle of the Commandos ∗
BRD/I/E 1969 – 93 Min. Ⓥ VPS. – R: Umberto Lenzi. D: Jack Palance, Thomas Hunter, Curd Jügens, Wolfgang Preiss, Diana Lorys.
Kriegsfilm. Ein Colonel und eine Gruppe vorbestrafter Soldaten sollen 1944 bei der Invasion in der Normandie ein Kommandounternehmen durchführen; Krieg als Machospiel im Brutalostil.

Der Dieb, der nicht zu Schaden kam TV-Film
CH 1984 – 53 Min. – R: Volker Hesse. D: Giovanni Früh, Sibylle Courvoisier, Wolfgang Schwarz, Ingeborg Schöner.
Der Dieb wird zwar entdeckt, als er einbricht, doch weil der Hausherr gerade Ehebruch begeht, will er alles vertuschen. Immer mehr Personen werden in den Fall verwickelt, in dem es weniger um Liebe und Treue, sondern um das Privateigentum geht. Die Posse von Dario Fo übt unbarmherzige Kritik an der herrschenden Heuchelei.

Dieb hin, Dieb her / Ladro lui, ladra lei ∗∗ ½
I 1958 – 97 Min. sw. – R: Luigi Zampa. D: Alberto Sordi, Sylva Koscina, Ettore Mani, Alberto Bonucci.
Gaunerkomödie. Ein kleiner Dieb, der sich groß aufspielt, und eine hübsche Schickse mit knackiger Figur sind der Mittelpunkt dieses turbulenten, im Ansatz auch sozialkritischen Kommentars des ehemaligen Neorealisten Zampa zur Überlebenskunst kleiner Leute.

Der Dieb und die Blondine / Hold That Blonde ∗∗ ½
USA 1945 – 73 Min. sw. – R: George Marshall. D: Eddie Bracken, Veronica Lake, Albert Dekker, Frank Fenton.
Gesellschaftskomödie. Der hoffnungsvolle Junior einer Großbank hat einen besonderen Tick: Er klaut. Sein Psychiater rät ihm zur Liebe. Unter diesen besonderen Vorzeichen sind die sich anbahnenden Beziehungen turbulent, und der Filmspaß folgt dem Geschehen genüßlich.

Der Dieb von Bagdad / The Thief of Baghdad ∗∗∗ ½
GB/USA 1940 – 102 Min. – R: Ludwig Berger, Tim Whelan, Michael Powell. D: Conrad Veidt, Sabu, John Justin, June Duprez, Rex Ingram.
Abenteuerfilm. 1001-Nacht-Märchenmotive, darunter Sindbad, Flaschenteufel, als Rahmen für den Kampf des guten gegen den bösen Herrscher und Zauberer; perfekte Regie, engagierte Schauspielerei, stimmige Filmmusik und Kostüme, phantastische Filmtricks und die mit einem Oscar belohnte Technicolor-Fotografie ließen einen Klassiker des frühen Farbfilms entstehen; Remake des gleichnamigen Films von 1924 mit Douglas Fairbanks.

Der Dieb von Paris / Le voleur ∗∗ ½
F 1966 – 121 Min. – R: Louis Malle. D: Jean-Paul Belmondo, Geneviève Bujold, Marie Dubois, Françoise Fabian.
Ganovenballade. Ein erbschleicherischer Onkel und Vormund ließ einen jungen Mann aus Rache zum Meisterdieb werden, der die Pariser Gesellschaft beunruhigt; Paraderolle für Belmondo als charmanter Gauner mit Sinn für Stil, der auch den Regisseur der Belle-Epoque-Komödie auszeichnet.

Diebe haben Vorfahrt / Go to Blazes ∗ ½
GB 1961 – 105 Min. – R: Michael Truman. D: Dave King, Robert Morley, Daniel Massey.
Gaunerkomödie. Drei kleine Ganoven kommen auf den großartigen Einfall, ein Feuerwehrauto für ihre Flucht zu benutzen.

Diebe sind auch Menschen / Audace colpo dei soliti ignoti ∗ ½
I 1959 – 90 Min. – R: Nanni Loi. D: Vittorio Gassmann, Nino Manfredi, Renato Salvatori.
Gaunerkomödie. Pepe und seine Bande planen den großen Coup mit äußerster Präzision, dann geht doch alles schief. Harmlose Klamotte.

Diebe unter sich / Le tueur triste TV-Film
F 1984 – 85 Min. – R: Nicolas Gessner. B: Nicolas Gessner, Pierre Pélégri. D: Edwige Feuillère, Guy Marchand, Michel Créton, Béatrice Agenin.
Schwarze, amüsante Krimikomödie mit doppeltem Handlungsbogen um einen Schmuckraub und dessen Konsequenzen.

Diebe wie wir / Thieves Like Us ∗∗∗
USA 1973 – 120 Min. – R: Robert Altman. D: Keith Carradine, Shelley Duval, John Schuck, Louise Fletcher, Tom Skerritt.
Sozialkritischer Gangsterfilm. In der Depressionszeit im Südosten der USA angesiedelte Ballade von einem Gangstertrio, das von Bankraub lebt und aufgerieben wird. Mit brillanten Schauspielern in authentischem Milieu, dazu akustisch anspruchsvoll gedreht. Bitterer Kommentar zu »Bonnie und Clyde«.

Der Diener / The Servant ∗∗∗
GB 1963 – 110 Min. sw. – R: Joseph Losey. D: Dirk Bogarde, James Fox, Sarah Miles, Wendy Craig.
Psychodram. Einem skrupellosen Diener gelingt es – gegen den Widerstand von dessen Verlobter –, sich seinen jungen Herrn gefügig zu machen; eindringliche Studie von moralischem Verfall und institutionalisierter Dekadenz; Drehbuch von Harold Pinter.

Dienerin und Herrin / Servante et maîtresse ∗∗ ½
F 1977 – 86 Min. – R: Bruno Gantillon. D: Andréa Ferréol, Victor Lanoux, Evelyne Buyle, Gabriel Cattand.
Psychodrama. Eine Hausgehilfin erbt das Vermögen eines Verstorbenen, damit macht sie aus dem Enkel des Toten, der sie einst herrisch behandelte, ihren Exklusivdiener – Rache ist süß und vor allem teuer. Das dialogsichere Psychostück konstruiert »auf leisen Sohlen« daherkommend ein Klassendrama, das betroffen macht; genau typisierende Hauptdarsteller.

Dies rigorose Leben ∗∗ ½
BRD 1983 – 110 Min. – R: Vadim Glowna. D: Angela Molina, Jerzy Radziwilowicz, Vera Tschechowa, Viveca Lindfors.
Aussteigerfilm. Ein ungestümer Traum von Amerika, am Rand eines staubigen texanischen Highways geträumt. Dort betreibt eine Familie einen Truckstop, dort brodeln die Leidenschaften in der Wüstenhitze. Der grandiose Theaterdonner am Schluß verleiht dem intensiven, aber dramaturgisch uneinheitlichen Melodram einen starken Abgang.

Diese Zwei sind nicht zu fassen / Running Scared ∗∗∗
USA 1986 – 102 Min. Ⓥ IMV/MGM/UA. – R: Peter Hyams. D: Gregory Hines, Billy Crystal, Steven Bauer, Jimmy Smits.
Polizistenkomödie. Zwei lockere Cops kämpfen mit List, Brachial- und Waffengewalt und nicht zuletzt mit flottem Mundwerk gegen den Drogenboß von

Chicago: Ein Zwangsurlaub in Florida motiviert sie erst richtig fürs bizarre Finale, bei dem die Leiche des Erzschurken Rolltreppe fährt; die Autoverfolgungsjagd auf den Gleisen der Hochbahn von Chicago zählt zu den irrwitzigsten Sequenzen des Actionkinos.

Diesel ** ½

D 1942 – 105 Min. sw. Ⓥ Polyband/Toppic. – R: Gerhard Lamprecht. D: Willy Birgel, Hilde Weißner, Paul Wegener, Erich Ponto.

Biographie. Der nationalistische Ufa-Film schildert das Leben des Erfinders Rudolf Diesel, der gegen alle Rückschläge und Fehler unbeirrt an seiner Idee festhält. Das pathetische Melodram zählt zu den NS-Filmen über große deutsche Heroen- und Führerfiguren.

Dieser verrückte Mr. Jones / The Fuller Brush Man ** ½

USA 1947 – 93 Min. sw. – R: Sylvan S. Simon. D: Red Skelton, Janet Blair, Don McGuire, Adele Jergens.

Komödie. Ein übereifriger Handelsvertreter schlittert aus Dusseligkeit in einen Mordfall und klärt ihn schließlich selbst auf; Paraderolle für den Groteskkomiker Skelton; Fortsetzung: »Seine Frau hilft Geld verdienen« (1950).

Dieses Land ist mein Land / Bound for Glory ** ½

USA 1976 – 148 Min. – R: Hal Ashby. D: David Carradine, Ronny Cox, Melinda Dillon, Gail Strickland.

Aussteigerfilm. Der legendäre Folksänger Woody Guthrie klappert in Güterzügen, alten Kaleschen und zu Fuß Gottes eigenes Land ab, die Gitarre im Anschlag und einen Song parat, wenn es gilt, Leute für eine freie Gewerkschaft zu gewinnen. Der langsam-melancholische und melodische Film Ashbys (»Harold und Maude«) faßt seinen Weg in pittoreske Bilder.

Dieses Lied bleibt bei dir / Kabarett ** ½

BRD 1954 – 104 Min. sw. – R: Willy Forst. D: Paul Henreid, Eva Kerbler, Fritz Schulz, Dorit Kreysler, Elma Karlowa.

Liebesfilm. Eine junge Sängerin verliebt sich in einen, wie es scheint, unverbesserlichen Frauenheld; als der, ein Komponist, seinen Fehler erkennt, ist es zu spät; Melodram im traditionellen »Cabaret«-Milieu mit viel Hollywood-Sentimentalität; Coautor war Johannes Mario Simmel.

Dieses Mädchen ist für alle / This Property is Condemned **

USA 1965 – 106 Min. R: Sydney Pollack. D: Natalie Wood, Robert Redford, Charles Bronson, Kate Reid.

Literaturverfilmung. Das junge Mädchen leidet unter der Herrschsucht der Mutter und hofft auf einen Ausbruchsversuch mit Hilfe des Geliebten; schwüles Südstaatenmelodram, etwas klischeehaft, nach einem Einakter von Tennessee Williams.

Diesmal muß es Kavier sein ** ½

BRD/F 1961 – 96 Min. sw. – R: Géza von Rádványi. D: O. W. Fischer, Senta Berger, Werner Peters, Geneviève Kervine, Jean Richard, Victor de Kowa, Karl Schönböck.

Agentenkomödie. Fortsetzung von »Es muß nicht immer Kaviar sein«, des Simmel-Romans um den Agenten wider Willen mit den Hobbys Frauen und exquisite Küche; lockere, leichte Unterhaltung mit Pfiff.

Dieses obskure Objekt der Begierde / Cet obscure objet du désir ***

F/E 1977 – 103 Min. – R: Luis Buñuel. D: Fernando Rey, Carole Bouquet, Angela Molina, André Weber, Julien Bertheau.

Literaturverfilmung. Adaption eines Romans von Pierre Louys: Im Zug nach Paris erzählt ein älterer Herr einer seltsamen Gesellschaft von seiner Liebe zu einer spanischen Tänzerin, die den reichen Lüstling nicht erhörte; ein Film, der viele Haken schlägt; Reise als Allegorie des Lebens; Buñuels letzter Film, der mit leiser Ironie die Entlarvung der Bourgeoisie betreibt.

Dilan / Dilan TV-Film

Türkei/BRD 1987 – 90 Min. OmU. – R: Erden Kiral. D: Derya Arba, Hakan Balamir, Yilmaz Zafer.

Eine Dorfschönheit wird von einem armen Schäfer, den sie auch liebt, und dem

Sohn eines reichen Bey umworben; der Reiche stiftet seinen Stallknecht zu einer tödlichen Intrige an; die junge Frau willigt um der Ehre und der Versorgung der Familie willen in die Ehe mit dem jungen Bey ein und tötet ihn nach der Hochzeit; der Knecht verfällt paranoiden Halluzinationen; ein stiller, ruhiger Film über die Vorstellungswelt anatolischer Bauern.

Dim Sum – Etwas fürs Herz / Dim Sum – A Little Bit of Heart ***
USA 1984 – 84 Min. – R: Wayne Wang. D: Laureen Chew, Kim Chew, Victor Wong.
Komödie. Eine bewußt an Yasujiro Ozu orientierte Mutter-Tochter-Beziehung aus Chinatown in San Francisco und der Konflikt von Menschen, die zugleich Amerikaner und Chinesen sein wollen.

Diner / Diner ** ½
USA 1982 – 106 Min. – R: Barry Levinson. D: Steve Guttenberg, Daniel Stern, Mickey Rourke, Kevin Bacon.
Zeitkritischer Film. Vier dicke Freunde treffen sich regelmäßig im Neonlokal »Diner«, wo sie über Mädchen, Musik, Sport, Gott und Welt reden. Der Ort ist Baltimore und die Zeit 1950. Dennoch ist alles so aufregend von heute, daß der amüsante, melancholische Debütfilm die knapp vierzig Jahre mühelos überspringt.

Das Ding aus dem Sumpf / Swamp Thing ** ½
USA 1981 – 89 Min. – R: Wes Craven. D: Louis Jourdan, Adrienne Barbeau, Nicholas Worth, David Hess, Dick Durdock, Ray Wise.
Gruselgroteske. In den Sümpfen South Carolinas experimentiert ein Forscher an halbpflanzlichen Lebewesen; eine Regierungsbeamtin will ihn vor einem Finsterling warnen; comichafte Variante eines bekannten Science-fiction-Motivs; erheiternd; bemerkenswerte Farbregie.

Das Ding aus einer anderen Welt / The Thing / The Thing from Another World ***
USA 1951 – 81 Min. sw. – R: Christian Nyby. D: Kenneth Tobey, Margaret Sheridan, James Arness, Robert Cornthwaite.
Horrorfilm. Eine Polarexpedition entdeckt durch Zufall den Überlebenden eines UFO-Absturzes; als das Untersuchungsobjekt auftaut, setzt eine Serie gänsehauterregender Ereignisse ein; durch straffe Regie (an der Produzent Howard Hawks beteiligt war), exzellente Darstellung und die beachtliche Filmmusik von Dimitri Tiomkin ein Klassiker des Horrorgenres.

Das Ding ist geritzt / L'affaire est dans le sac ** ½
F 1932 – 45 Min. sw. OmU. – R: Pierre Prévert. B: Jacques Prévert. D: Julien Carette, Etienne Décroux.
Zeitgeschichtlicher Film. Buntschillernde, poetisch-groteske Zeitstudie um das zwischen links und rechts zerrissene Frankreich; mit alltäglichen Helden und einer Baskenmütze – dem »Béret Français«, der Kopfbedeckung der Faschisten – im Mittelpunkt.

Die Dinge des Lebens / Les choses de la vie ***
F 1970 – 91 Min. – R: Claude Sautet. D: Romy Schneider, Michel Piccoli, Lea Massari, Gérard Lartigan.
Melodram. Griechische Tragödie auf den Alltag eines Pariser Architekten von heute übertragen: Im Schnittpunkt zwischen seiner Familie, der Geliebten, dem Beruf und seinen Träumen entfalten sich die kleinen Dinge, die am Ende eines Lebens in der Erinnerung aufscheinen.

Dinner um acht / Dinner at Eight *** ½
USA 1933 – 113 Min. sw. OmU. – R: George Cukor. D: Marie Dressler, John Barrymore, Wallace Beery, Jean Harlow, Lionel Barrymore, Billie Burke.
Komödie. Die Frau eines kranken Reeders kurz vor der Pleite lädt zum Galadinner, das erst am Ende des Films nach den Selbstdarstellungen zahlreicher Society-Typen beginnt; böse Gesellschaftssatire nach einem Stück von George Kaufman und Edna Ferber mit Paraderollen für Harlow und Dressler als resolute Matrone.

Dionysos und die Bacchantinnen / Les bacchantes / Le bacchanti FLOP
I/F 1960 – 85 Min. – R: Giorgio Ferroni.

D: Taina Elg, Pierre Brice, Alberto Lupo, Akim Tamiroff.
Mythenfilm. Weingott Dionysos nimmt in Menschengestalt den Kampf gegen einen unrechtmäßigen Herrscher auf; Verballhornung antiker Mythen.

Der Dirigent / Dyrygent ** ½
PL 1979 – 96 Min. – R: Andrzej Wajda. D: John Gielgud, Krystyna Janda, Andrzej Seweryn.
Gesellschaftskritischer Liebesfilm. Dreiecksgeschichte aus dem Musikermilieu um eine polnische Violinistin, die im Ausland einen Stardirigenten kennenlernt und ihren Mann vernachlässigt. Wajda (»Asche und Diamant«) verknüpft die Amouren geschickt mit Attacken gegen die Staatssysteme.

Dirndljagd am Kilimandscharo *
BRD 1983 – 85 Min. Ⓥ Ufa. – R: Franz Marischka. D: Wolfgang Jansen, Bea Fiedler, Karl Dall, Dolly Dollar.
Komödie. Sich ausgeflippt gebende junge Urlauber in Kenia machen einige böse Erfahrungen mit ihrer eigenen Dummheit und mit Land und Leuten. Harmloser, aber überflüssiger Spaß.

Der Disco-Killer von New York / Trackdown: Finding the Goodbar Killer * ½
USA 1983 – 89 Min. – R: Bill Persky. D: George Segal, Barton Heyman, Shelley Hack, Steve Allie Collura, Alan North.
Krimi. Eine junge Lehrerin, die statt zur Schule lieber in Nachtbars geht, wird Opfer eines Triebtäters. Einem authentischen Fall mit Routine, aber ohne Einfall nachgestellt.

Disco Music Fever / Disco Superstar / Disco delirio *
I 1978 – 80 Min. – R: Oscar Roy. D: Dalida Baglioni, Ada Pometti, Maurizio Micheletti, Dario Bramante.
Tanzfilm. Zwei Cliquenchefs wollen mit ihren Partnerinnen ein Tanzturnier gewinnen, der Sieger gerät durch eine Nachfeier in Schwierigkeiten; streckenweise recht vulgäres Muskel- und Busenfilmchen mit dürftigem Drehbuch, dazu noch mit Discomusik für Schlummerfreunde.

Der diskrete Charme der Bourgeoisie / Le charme discret de la bourgeoisie ***
F 1972 – 101 Min. – R: Luis Buñuel. D: Fernando Rey, Michel Piccoli, Delphine Seyrig, Stéphane Audran, Bulle Ogier, Jean-Pierre Cassel.
Gesellschaftskritischer Film. Repräsentanten der Bourgeoisie eines fiktiven Landes entlarven sich als fühllose Charaktermasken; sie dealen auf Teufel komm raus mit Drogen und was auch immer, schustern sich wechselseitig die Mittel zur Machterhaltung zu und reagieren auf Ansätze von Opposition mit äußerster Brutalität; nur die ständigen Störungen ihrer Gourmetverabredungen verursachen ihnen Unbehagen; ein Film, der konventionelle Erwartungen bewußt enttäuscht.

Der Dissident *** ½
UdSSR 1988 – 105 Min. OmU. tlw. sw. – R: Valeriu Scheregi. D: Jewgeni Dworschezki, Irina Apeximowa, Ludmilla Sipilina.
Zeitkritischer Avantgardefilm. Ost-westliche Zustandsbeschreibung: Ein junger russischer Schriftsteller, dessen Manuskripte niemand veröffentlichen will, verläßt Frau und Heimat und geht in den Westen. Ist er unbegabt, unerwünscht, ein Dissident? Der Film hat keine chronologische Handlung, er reiht assoziativ Szenen aneinander, deren poetisch-sinnliche Kraft fasziniert; dabei wechselt er ständig die filmischen Erzählebenen; ein Zeitgeistwerk über Liebe, Literatur, Film, Wasser, Symbolismus, Realität und Fiktion: Alles ist möglich und doch nichts erlaubt.

Diva / Diva **
F 1982 – 105 Min. Ⓥ IMV. – R: Jean-Jacques Beineix. D: Wilhelmina Wiggins Fernandez, Frédéric Andrei, Richard Bohringer, Thuy An Luu.
Thriller. Die Verwechslung einer Opernarien-Kassette mit einem Gangster-Tonband bringt einen Postboten, Fan der Operndiva, in Lebensgefahr; spannend, verrückt und glatt inszeniert. Fast ein Kultfilm.

Eine Diva für alle / ** ½
La signora di tutti
I 1934 – 85 Min. sw. – R: Max Ophüls. D: Isa Miranda, Friedrich Benfer, Tatjana Pawlowa.
Liebesfilm. Von Ophüls (»Lola Montez«) melodramatisch erzählter Film um das traurige Leben einer Frau, die nach einem Selbstmordversuch Bilanz macht; Variante der großen Frauenfilme des Meisters der melancholischen und kritischen Liebeserzählungen.

Division Brandenburg *
BRD 1960 – 103 Min. sw. – R: Harald Philipp. D: Wolfgang Reichmann, Peter Neusser, Klaus Kindler.
Kriegsfilm. Die »Division Brandenburg« betrieb angeblich im Zweiten Weltkrieg Sabotage; die Männer in dieser hanebüchenen Story versuchen, in sowjetischen Uniformen hinter der Front eine Brücke in deutsche Hände zu bringen; unglaubhaft.

Divorce American Style
siehe: Scheidung auf amerikanisch

Django / Django ***
I/E 1966 – 82 Min. – R: Sergio Corbucci. D: Franco Nero, Loredana Nusciak, José Bodalo, Angel Alvarez.
Italowestern. Erster der Django-Filme; der Protagonist sorgt in einer unsäglich schmutzigen Umwelt mit einem MG für seine Ordnung; der Film stellte die Genretypologie des klassischen Western völlig auf den Kopf.

Django, dein Henker wartet / Non aspettare Django spara FLOP
I 1968 – 83 Min. – R: Edward G. Muller. D: Sean Todd, Pedro Sanchez, Rada Rassimov.
Italowestern. Rachefeldzug Djangos gegen den Mörder seines Vaters; dem Raubmörder hat längst dessen Sohn die Beute abgejagt; Schießorgie ohne Format.

Django, der Rächer / *
Texas, addio
I/E 1966 – 90 Min. – R: Ferdinando Baldo. D: Franco Nero, Cole Kitosch, Livio Lorenzon, José Suarez.
Italowestern. Texanischer Exsheriff in Begleitung eines Jungen auf der Jagd nach dem Mörder seines Vaters in Mexiko; dramaturgisch unbedarftes, handwerklich schwaches Brutalostück.

Django – Der Tag der Abrechnung / Quel maledetto giorno dei resa di conti * ½
I 1973 – 83 Min. – R: Sergio Garrone. D: George Eastman, Leo Widmark, Lee Burton.
Italowestern. Einem jungen Ranchersohn scheint sein Lebensplan zu gelingen; doch eines Tages zerstören Fremde die Illusion; mäßig spannender Western der brutaleren Art.

Django – die Nacht der langen Messer / Ciakmull – L'uomo della vendetta * ½
I 1970 – 95 Min. – R: E. B. Clucher. D: Leonard Mann, Woody Strode, Peter Martell.
Italowestern. Django hat das Gedächtnis verloren, als er aus dem Gefängnis entlassen wird. Nach und nach fällt ihm wieder ein, wer ihm übel mitgespielt hat.

Django, ein Sarg voll Blut / *
Il momento di uccidere
I/BRD 1968 – 92 Min. Ⓥ VPS. – R: Anthony Ascott. D: George Hilton, Walter Barnes, Loni von Friedl, Horst Frank.
Italowestern. Filmbrutalo in Serienmanier um einen Goldschatz, den eine wüste Desperadobande einsacken will, aber nicht kann, weil die rechtmäßigen Gesetzeshüter Django, den Rächer, auf ihrer Seite haben.

Django, eine Pistole für 100 Kreuze FLOP
I 1975 – 90 Min. – R: Lucky Moore. D: Tony Kendall, Marina Mulligan, Dick Palmer.
Italowestern. Bruder wird ermordet, Schwester sucht mit Hilfe eines geheimnisvollen Fremden den Mörder; einfallslos.

Django – ich will ihn tot / * ½
Lo voglio morte
I/E 1968 – 90 Min. Ⓥ VPS. – R: Paolo Bianchini. D: Craig Hill, Lea Massari, José Manuel Martin.
Italowestern. Django als Rächer seiner Schwester und eiskalter Schütze, der einem Waffenhändler das Handwerk legt.

Schauplatz: der amerikanische Bürgerkrieg.

Django – Melodie in Blei / ∗ ½
Uno di piu all'inferno
I 1968/69 – 97 Min. – R: Giovanni Fago. D: George Hilton, Paul Stevens, Claudie Lange.
Italowestern. Die alte Geschichte von den finsteren Halunken, die eine Stadt tyrannisieren und selbst vor dem Priester nicht haltmachen – da kann nur noch Django, der Rächer, helfen und seine Melodie in Blei spielen.

Django tötet leise / ∗
Bill il taciturno
I 1967 – 100 Min. Ⓥ Toppic. – R: Max Hunter. D: Edwin G. Ross, George Eastman, Liana Orfei.
Italowestern. Belangloser Rache-Brutalo aus Cinecittàs B-Küche um einen Revolvermann, der mit dem Ur-Django Sergio Corbuccis von 1966 nur den Namen gemein hat.

Djangos blutige Spur / ∗
La lunga cavalcata della vendetta
I 1972 – 90 Min. – R: Amerigo Anton. D: Richard Harrison, Anita Ekberg.
Italowestern. Ein Mann namens Django als Rächer seiner ermordeten Schwester in einem wenig spannenden Routine-Italo, der sich mit Brutalitäten zurückhält, als Ersatz dafür aber nur den großformatigen Altstar Ekberg (»Das süße Leben«) anbietet.

Doch das Leben geht weiter / La vie continue ∗∗
F 1981 – 89 Min. – R: Moshe Mizrahi. D: Annie Girardot, Jean-Pierre Cassel, Pierre Dux, Michel Aumont.
Frauenfilm. Nach dem Tod des Mannes bricht für eine Frau und ihre drei Kinder eine Welt zusammen; auch eine neue Beziehung scheitert; ein gefühlsbetonter, optimistischer Film mit einer überragenden Girardot.

Doktor ahoi / Doctor at Sea ∗∗
GB 1955 – 88 Min. – R: Ralph Thomas. D: Dirk Bogarde, Brigitte Bardot, James Robertson Justice, Maurice Denham.
Komödie. Der frischdiplomierte Arzt aus »Aber, Herr Doktor!« nun auf Südamerika-Schiffsreise; gagreich und frischfröhlich gespielt.

Dr. Black und Mr. Hyde / ∗ ½
Dr. Black, Mr. Hyde
USA 1976 – 87 Min. – R: William Crain. D: Bernie Casey, Rosalind Cash, Marie O'Henry, Ji-Tu Cumbuka, Fred Johnson.
Horrorfilm. Ein schwarzer Klinikarzt testet ein Serum und wird zum Monster; was schwarzer Humor hätte sein können, wurde zum Quotenregelungsfilm: »Jekyll/Hyde« endlich auch für farbige Schauspieler, fürs Drogen- und Nuttenmilieu; dazu noch ein »King Kong«-Finale.

Dr. Crippen an Bord ∗∗∗
D 1942 – 88 Min. sw. Ⓥ EuroVideo. – R: Erich Engel. D: Rudolf Fernau, René Deltgen, Anja Elkoff, Gertrud Meyen, O. E. Hasse, Ernst Waldow, Paul Dahlke.
Krimi. Ein geschäftlich erfolgloser Pharmazeut ermordet seine reiche Frau, doch die Polizei faßt ihn trotz dramatischer Flucht; ein spannender Filmklassiker mit sorgsamem, langsamem Aufbau und Timing und einigen exzellenten Charakterstudien.

Dr. Crippen lebt ∗ ½
BRD 1957 – 90 Min. sw. – R: Erich Engel. D: Elisabeth Müller, Peter van Eyck, Fritz Tillmann, Katharina Mayberg, Inge Meysel, Günter Pfitzmann.
Krimi. Superverbrecher Crippen, im Besitz wichtiger Formeln gegen das Curaregift, ist nicht, wie vermutet, tot, sondern auf Mordzug durch Europa; routinierte Unterhaltung.

Dr. Faustus ∗∗
BRD 1982 – 132 Min. – R: Franz Seitz. D: Jon Finch, Hanns Zischler, Marie-Hélène Breillat, Hans Korte, Margot Hielscher, Gerhard Polt.
Literaturverfilmung. Der Komponist Leverkühn schließt einen Pakt mit dem Teufel, um die Musik zu revolutionieren. Doch zahlt er einen hohen Preis dafür. Der Film nach Thomas Manns Roman verknüpft die alte Faustlegende mit deutscher Gegenwartsgeschichte bis zu Hitler, besitzt jedoch nicht die geniale Inspirationskraft der Romanhelden und bleibt

im altmodischen Faktenreferat stecken. Typisches Scheitern eines ängstlich an literarischer Vorlage klebenden Films (kleine Nebenrolle für den Kabarettisten Gerhard Polt).

Dr. Fischer aus Genf TV-Film
USA 1984 – 100 Min. – R: Michael Lindsay-Hogg. D: James Mason, Alan Bates, Greta Scacchi, Clarissa Kaye.
James Mason als Millionär geißelt die Geldgier seiner reichen Freunde, indem er sie regelmäßig beschenkt und dafür demütigt. Da verliebt sich eines Tages seine Tochter in einen armen Angestellten. Nach einem Roman von Graham Greene.

Doktor in Nöten / Doctor in Distress ** ½
GB 1963 – 102 Min. – R: Ralph Thomas. D: Dirk Bogarde, James Robertson Justice, Samantha Eggar, Barbara Murray, Donald Houston, Dennis Price.
Komödie. Seriendoktor Bogarde gerät ins Schleudern, da er außer mit den eigenen auch noch mit den Liebesproblemen seines Chefs konfrontiert ist; List und Tücke führen auf heiteren (Um-)Wegen zum klug arrangierten Happy-End.

Doktor Jack / Doctor Jack ***
USA 1922 – 79 Min. sw. Stf. – R: Fred Newmeyer. D: Harold Lloyd, Eric Mayne, Mildred Davis.
Harold-Lloyd-Film. Der bebrillte Artist und guterzogene Schüchterling Harold diesmal als Landarzt, der wegen seiner besonderen Behandlungsmethoden bei jung und alt einen guten Ruf besitzt. Lloyds Landleben zum Kichern.

Dr. Jekyll's unheimlicher Horrortrip / Dr. Jekyll e gentile signora * ½
I 1980 – 95 Min. – R: Steno. D: Paolo Villaggio, Edwige Fenech, Gordon Mitchell.
Horrorklamotte. Ein Gangstersyndikat beauftragt den Mörder Dr. Jekyll, ein Düngemittel mit Nebenwirkungen in Form von Kaugummi weiter unter die Menschen zu bringen, um das Böse in der Welt zu verbreiten; ein Film von brennender Aktualität.

Dr. Jekyll und Mr. Hyde / Dr. Jekyll and Mr. Hyde ***
USA 1931 – 80 Min. sw. – R: Rouben Mamoulian. D: Fredric March, Miriam Hopkins, Edgar Norton, Rose Hobart.
Horrorfilm. Die berühmte (Kino-)Fabel (nach R. L. Stevenson) vom experimentierfreudigen Doktor, der durch waghalsige Selbstversuche das Böse und Gute der menschlichen Seele vermeint, trennen zu können, und dabei zum Monster wird, wurde nie brillanter verfilmt; subjektive Kamera, tricktechnisch hervorragend; ebenfalls verfilmt mit Spencer Tracy in der Hauptrolle (»Arzt und Dämon«, 1940).

Dr. Jekyll und Mr. Hyde / Dr. Jekyll and Mr. Hyde TV-Film
GB 1975 – 80 Min. – R: David Winters. D: Kirk Douglas, Susan George, Donald Pleasence.
Musical-Adaption der Erzählung von Robert Louis Stevenson vom verwandlungssüchtigen Arzt mit der guten und der schlechten Seite; eigenwillige, intelligente und absurde Version des Stoffs.

Dr. Katzenbergers Badereise TV-Film
BRD 1978 – 90 Min. – R, B: G. Winkler. D: Alwin-Michael Rueffer, Jutta Speidel, Jörg Pleva, Peter Lakenmacher, Hans-Helmut Dickow, Witta Pohl.
Phantasievolle Adaption des Romans von Jean Paul um den Anatomieprofessor und Mißgeburtenforscher Katzenberger, der auf einer Kurreise seine Tochter, ihren Galan und seinen Intimfeind in die kuriosesten Situationen bringt; die Hintergründigkeit und anarchische Groteskerie der Vorlage bleibt weitgehend, wenn auch etwas oberflächlich, erhalten.

Dr. med. Fabian – Lachen ist die beste Medizin *
BRD 1969 – 105 Min. – R: Harald Reinl. D: Hans Joachim Kulenkampff, Martin Held, Maria Perschy, Elisabeth Flickenschildt.
Komödie. Arztklamotte mit Holzhammerhumor. Dr. Fabian ist so beliebt, weil er Lachen als Medizin verabreicht. Ein lächerliches Rezept.

Doktor Popaul / Docteur Popaul ** ½

F 1972 – 97 Min. – R: Claude Chabrol. D: Jean-Paul Belmondo, Mia Farrow, Laura Antonelli.

Krimigroteske. Draufgänger Belmondo hat sich den Spaß ausgedacht, nur häßliche Mädchen zu verführen. Er heiratet Mia Farrow, »erbt« dabei eine Privatklinik und eine schöne Schwägerin, hat jedoch die Rechnung ohne seine Frau gemacht. In dieser bissigen schwarzen Komödie nimmt Chabrol wieder einmal die französische Hautevolee auf die Schippe.

Doktor Schiwago / Doctor Zhivago ***

USA 1966 – 200 Min. Ⓥ MGM/UA. – R: David Lean. D: Omar Sharif, Julie Christie, Geraldine Chaplin, Tom Courtenay, Ralph Richardson, Rita Tushingham, Rod Steiger, Alec Guinness.

Zeitgeschichtlicher Monumentalfilm. Boris Pasternaks Geschichte des Arztes, Dichters und Liberalen Schiwago und seiner Familie, ihre Flucht in den Wirren der russischen Revolution, die Liebesleidenschaften Schiwagos und seine dichterischen Erfahrungen. Lean liefert Geschichten statt Geschichte, mit den schönsten Versatzstücken, die je einen Historienfilm ergaben.

Dr. Seltsam oder Wie ich lernte, die Bombe zu lieben / Dr. Strangelove or How I Learned to Stop Worrying and Love the Bomb ****

USA 1962 – 89 Min. sw. Ⓥ RCA/Columbia. – R: Stanley Kubrick. D: Peter Sellers, George C. Scott, Sterling Hayden, Keenan Wynn, Slim Pickens, Peter Bull.

Zeitkritische Groteske. Der nordamerikanische General Jack D. Ripper löst, um einem eingebildeten Sowjetangriff zuvorzukommen, den Atomkrieg aus. Eine Rettungsaktion – theoretisch unmöglich – hat nur beinah Erfolg. Kubrick (»Clockwork Orange«) nutzt die Story zu mehr als einem Film-Leitartikel über das Weltende. Auf das Kontrastprogramm zum herkömmlichen Umgang mit der Katastrophe kam es ihm an. So entstand eine Groteske, die schwarz ist wie der Aschenregen nach dem Super-GAU.

Der Doktor und das liebe Vieh TV-Film

GB – 90 Min. – R: Terence Dudley. D: Christopher Timothy, Robert Hardy, Peter Davidson, Carol Drinkwater.

Abschließender Einzelfilm der TV-Serie nach Erinnerungen des englischen Tierarztes James Herriot; nette Familienunterhaltung über die heile Welt auf dem Land mit menschlichen und tierischen Wehwehchen.

La Dolce Vita

siehe: Das süße Leben

Dolche in der Kasbah / Where the Spies Are FLOP

GB 1965 – 110 Min. – R: Val Guest. D: David Niven, Françoise Dorléac, Cyril Cusack, John Le Mesurier.

Agentenklamotte. Ein oldtimerbesessener Arzt wird vom britischen Geheimdienst von heute auf morgen mit einer Auto-Rarität geködert und bringt innerhalb von 48 Stunden die KGB-Apparatur in Beirut ins Schleudern; störend weniger die Unglaubwürdigkeit als deren stümperhafte Darbietung.

Ein Dollar zwischen den Zähnen / Un dollaro tra i denti *

I 1966 – 89 Min. – R: Vance Lewis. D: Tony Anthony, Jolanda Modio, Raf Baldassare.

Italowestern. Brutal-Italo um eine mexikanische Bande, US-Soldaten, einen Einzelgänger und einen Goldsegen; plump auf spektakuläre Wirkung inszeniert.

Die Dollarfalle TV-Film

BRD 1988 – 85 Min. – R: Thomas Koerfer. D: Uwe Ochsenknecht, Renate Schroeter, Babett Arens.

Ein spielverschuldeter Bankangestellter beteiligt sich an Geldwäscherei und kommt in die Bredouille; banale, uninspirierte Auseinandersetzung mit privaten und gesellschaftlichen Problemen; der Hauptdarsteller ein Totalausfall.

Dollmaker – Ein Traum wird wahr / The Dollmaker ** ½

USA 1983 – 138 Min. – R: Daniel Petrie. D: Jane Fonda, Levon Helm, Nikki Cresswell.

Liebesgeschichte. Mit Fonda hervorragend besetztes Drama um eine Familie, die im Zweiten Weltkrieg alles verliert und einen schwierigen Neuanfang versucht. Behutsam und überzeugend inszeniert, ein leiser Film der zeitgeschichtlichen Erkenntnisse.

Don Camillo und Peppone / Don Camillo / Le petit monde de Don Camillo ***
F/I 1951 – 102 Min. sw. – R: Julien Duvivier. D: Fernandel, Gino Cervi, Sylvie, Vera Talqui.
Gesellschaftskritische Komödie. Eine herzliche Freundfeindschaft verbindet in einer kleinen Stadt am Po den kommunistischen Bürgermeister mit dem Dorfpfarrer; ihre ideologischen Scharmützel, vor allem aber ihren praktischen, wenn auch kauzigen Alltagsverstand, mit dem sie ihre jeweiligen Schäfchen regieren, schildert der vortrefflich gespielte Film mit menschlicher Wärme und sprudelnder Situationskomik; nach dem bekannten Roman von Giovanni Guareschi.

Der Don ist tot / The Don is Dead *
USA 1973 – 98 Min. Ⓥ CIC. – R: Richard Fleischer. D: Anthony Quinn, Frederic Forrest, Al Lettieri, Angel Tompkins.
Gangsterfilm. Verwickelte Story um Mafiaclans in Las Vegas und das Erbe der Macht. Heimtückische Intrigen, bleihaltig serviert.

Don Juan 73 / Don Juan ou Et si Don Juan était une femme / Una donna come me **
F/I 1972 – 90. Min. – R: Roger Vadim. D: Brigitte Bardot, Maurice Ronet, Mathieu Carrière, Jane Birkin, Robert Hossein.
Liebesfilm. BB als männermordender weiblicher Don Juan; interessante, aber nicht sehr überzeugende Neuinterpretation des Machomythos; für Bardot-Fans allemal ein Spaß.

Don Louis, der Größenwahnsinnige
siehe: Die dummen Streiche der Reichen

Doña Rosita oder Die Sprache der Blumen TV-Film
BRD 1978 – 90 Min. – R: Ernst Wendt. D: Barbara Petritsch, Rosemarie Fendel, Christina Hammacher, Romuald Pekny, Claus Eberth.
Adaption des Bühnenstücks von Federico García Lorca von der jungen Frau, deren Verlobter schon bald nach Südamerika gerufen wird; sensible Darstellung eines stark lyrisch geprägten Stoffs.

Donatella / Donatella ** ½
I 1956 – 78 Min. – R: Mario Monicelli. D: Elsa Martinelli, Walter Chiari, Gabriele Ferzetti.
Liebesfilm. Die arme, aber schöne Elsa Martinelli erlebt das große Glück durch Ehrlichkeit sich selbst gegenüber. Gelungenes Liebesmärchen mit satirischen Untertönen.

Donauwalzer ***
BRD 1984 – 96 Min. – R, K: Xaver Schwarzenberger. D: Christiane Hörbiger, Jane Tilden, Axel Corti, Hans-Michael Rehberg, Hugo Gottschlich, Tilo Prückner.
Melodram. Ungarnaufstand 1956. Ein junges Paar auf der Flucht, doch nur die Frau kommt durch. Dreißig Jahre später ist der Mann auf der Suche nach der verlorenen Zeit – tragisches Schicksal unter dem Zwang politischer Verhältnisse. Hervorragende Schauspieler, visuelle Höhepunkte. Fassbinders Kameramann Schwarzenberger erhielt für diese Arbeit 1984 einen Preis auf den Filmfestspielen in Locarno.

Das Donkosakenlied *
BRD 1956 – 94 Min. – R: Géza von Bolvary. D: Paul Hörbiger, Sabine Bethmann, Gunnar Möller, Stefan Haar, Willy Fritsch, Claus Biederstaedt.
Musikfilm. Ein neunjähriger herzkranker Waisenjunge will einmal mit dem Donkosakenchor singen; peinliche Hitparade von Scheinproblemen.

Donner, Blitz und Sonnenschein ** ½
D 1936 – 90 Min. sw. – R: Erich Engel. D: Karl Valentin, Liesl Karlstadt, Hans Leibelt, Aribert Wäscher.
Karl-Valentin-Film. Deftiger Schwank um den kauzigen Schneider Huckebein und seine Frau, der von Valentin/Karlstadts Auftritten lebt. Das dürftige Drehbuch möbeln passable Chargen auf. Für Fans.

Donner über dem Indischen Ozean / Tonnerre sur l'océan Indien ** ½
F/I/E 1966 – 91 Min. – R: Sergio Bergonzelli. D: Gérard Barray, Antonella Lualdi, Terence Morgan, Geneviève Casile.
Piratenfilm. Der historische napoleonische Freibeuter Surcouf, dessen Kämpfe gegen die englische Flotte Legende wurden, operiert hemdsärmelig-elegant in Fernost; obgleich ohne den Hollywood-Apparat des Genres gedreht, hat der Film seinen Reiz.

Donner-Twens / Thunder Alley *
USA 1967 – 88 Min. – R: Richard Rush. D: Annette Funicello, Fabian, Diane McBain, Warren Berlinger, Jan Murra.
Karambolagefilm. Crashes sind Trumpf in einem Rennsportfilm bis zum bitteren Ende. Wilde Motoren, wilde Youngster, heiße Partys und ein Panavision-Knaller mit Stromlinientouch, aber ohne Tiefe.

Die Doppelgänger / Colpo maestro al servizio di sua maesta' Britannica **
I 1966 – 100 Min. – R: Michele Lupo. D: Richard Harrison, Adolfo Celi, Margaret Lee, Gerard Tichy, Charlie Lawrence.
Krimi. Spannende Agentenstory um einen Diamantenraub im Gangstermilieu, der zu einem überraschenden Ende führt. Solides Filmhandwerk mit Anleihen beim Hollywoodkrimi.

Ein Doppelleben / Mord in Ekstase / A Double Life ** ½
USA 1948 – 103 Min. sw. – R: George Cukor. D: Ronald Coleman, Signe Hasso, Edmond O'Brien, Shelley Winters.
Milieukritischer Film. Ein eleganter Bühnenschauspieler überschreitet ständig die Grenze zwischen Theater und Realität. Als Othello treibt ihn seine blonde Freundin zum Mord aus Eifersucht. Der theatralische, an Dialogwirkung orientierte Film gewinnt durch Intention, Licht und Interieur geheimnisvolle Wirkung.

Das Doppelleben der Sister George / The Killing of Sister George ** ½
GB 1968 – 135 Min. – R: Robert Aldrich. D: Beryl Reid, Susannah York, Carol Browne.
Melodram. Alternder Star einer TV-Serie stürzt in die Abgründe der Midlifecrisis und beginnt zu trinken, als die Einschaltquoten fallen. Das Thema weibliche Homosexualität als Hintergrund gab dem Film sensationellen Anstrich in den sechziger Jahren. Nach dem Stück von Frank Marcus.

Das Doppelleben des Dr. Clitterhouse / The Amazing Doctor Clitterhouse ** ½
USA 1939 – 84 Min. sw. – R: Anatole Litvak. D: Edward G. Robinson, Humphrey Bogart, Claire Trevor, Donald Crisp.
Gangstergroteske. Um die medizinischen Aspekte des Verbrechens empirisch zu untersuchen, betreibt der Arzt Dr. Clitterhouse als Chef einer Einbrecherbande Studien vor Ort. Alles läuft wie geschmiert, nur der finstere Ganove Rocks Valentine schöpft Verdacht. Verrückte Parodie auf den klassischen Gangsterfilm.

Das Doppelleben des Herrn Mitty / The Secret Life of Walter Mitty **
USA 1947 – 105 Min. – R: Norman Z. McLeod. D: Danny Kaye, Virginia Mayo, Boris Karloff.
Gruselkomödie. Das Muttersöhnchen Kaye, Chefkorrektor von Schauerromanen, flüchtet sich in Phantasien; gut gespielt, doch nicht so lustig geraten wie dem Stoff nach möglich.

Das Doppelleben des Wilfried E. TV-Film
BRD 1978 – 90 Min. – R: Wolfgang Storch. D: Siegfried Wischnewski, Elga Sorbas, Mathias Ponnier, Katharina Tüschen.
Ein älterer Lagerverwalter steigt aus und erfüllt sich seinen Jugendtraum: Er wird Maler; seichtes Problemstück.

Doppelliebe / Pitié pour les rats TV-Film
F 1984 – 90 Min. – R: Jacques Ertaud. D: Xavier Deluc, Roger Dumas, Geneviève Fontand.

Vater und Tochter auf Einbruchstour, in der Not hilft ihnen ein Unbekannter mit Vergangenheit. Der humorvolle und spannende Film zeigt in rasanter Manier ihre gemeinsame Schußfahrt ins komplizierte Happy-End.

Doppelstecker TV-Film
BRD 1987 – 80 Min. – R: Richard Blank. D: Eisi Gulp, Irene Clarin, Richard Blank.
Aussteiger Fridolin landet in der Negev-Wüste; als die Aussteigerin Marie dazustößt, wird aus der Einöde bald eine neue Zivilisation, die Fridolin jedoch in erneute Abhängigkeiten und Zwänge stürzt. Der mit amüsanten Beckett-Anspielungen (»Warten auf Godot«) nicht geizende Kammerspielfilm lebt vom intensiven Spiel seiner beiden Hauptakteure.

Der doppelte Mann / ✱✱
The Double Man
GB 1967 – 105 Min. – R: Franklin J. Schaffner. D: Yul Brynner, Britt Ekland, Clive Revill.
Agententhriller. Ein strammer CIA-Agent soll vom KGB umgedreht werden und wird in eine Falle gelockt. Malerische Naturaufnahmen der Alpen und knallharte Action machen den Film, der sich allerdings stilistisch nicht entscheidet, zum Unterhaltungsbonbon.

Doppeltes Dynamit / ✱✱ ½
Double Dynamite
USA 1951 – 78 Min. sw. – R: Irving Cummings. D: Frank Sinatra, Jane Russell, Groucho Marx, Don McGuire, Howard Freeman.
Lustspiel. Ein heiratswilliger Bankkassierer gerät durch unerwarteten Geldsegen in Betrugsverdacht, was die Heirat (nochmals) verzögert; mäßig lustige Komödie, die vor allem durch Groucho Marx dennoch Format bekommt.

Dorado – One Way ✱✱ ½
BRD 1983 – 85 Min. sw. tlw. Farbe. – R: Reinhard Münster. D: Uwe Schwalbe, Dominik Bender, Adriana Altaras.
Road Movie. Ein Jungfilmer plant ein Eifersuchtsdrama und führt es auch durch. Das aktionshaltige Geschehen mausert sich zu einem spannenden Aussteigerfilm, wie es im gegenwärtigen deutschen Kino wenige gibt.

Das Dorf Cerromaior / ✱✱ ½
Cerromaior
P 1981 – 90 Min. – R: Luis Filipe Rocha. D: Carlos Paulo, Titus de Faria, Elsa Walenkamp, Clara Joana.
Zeitkritischer Film. Realistisches Zeitgemälde: Aus dem Leben auf einem portugiesischen Gutshof bricht ein junger Mann aus; resigniert kehrt er wieder zurück. In seinem Handeln wird der Zustand der ländlichen Gesellschaft Portugals sinnfällig.

Das Dorf der ✱✱✱ ½
Verdammten / Village of the Damned
GB 1959 – 74 Min. sw. – R: Wolf Rilla. D: George Sanders, Barbara Shelley, Martin Stephens, Michael C. Gwynne, Laurence Naismith.
Science-fiction-Thriller. Die Bewohner eines englischen Dorfes fallen eines Tages in tiefe Bewußtlosigkeit; wenig später sind zwölf Frauen schwanger und bringen nach sieben Monaten Kinder zur Welt, die mit emotionsloser Intelligenz ihre Umgebung zu terrorisieren beginnen; ein Klassiker des Genres, in dem das Grauen auf leisen Sohlen einherkommt.

Das Dorf im Dschungel / ✱✱
Baddegama
Sri Lanka 1980 – 114 Min. – R: Lester James Peries. D: Joe Abeyawickrema, T. Ranasinghe, Malini Fonseka.
Melodram. Geschichte eines armen Bauern und seiner beiden Töchter; die drei sind 1944 ökonomischen und religiösen Zwängen ausgesetzt: Kolonialzeit-Epos.

Dorf im Wandel – Der ✱✱ ½
Rebell / Kaliyugaya / The Changing Village II
Sri Lanka 1982 — 80 Min. z. T. sw. – R: Lester James Peries. D: Punya Hiendeniya, Henry Jayasena, S. Gunathilake.
Generationsfilm. Sozialkritischer zweiter Teil der Dorftrilogie aus Sri Lanka um eine großbürgerliche Familie zwischen Traditions- und Karrieredenken; die schöne Nanda ist wohlhabend und kaltherzig geworden, aber ihre Kinder ziehen sich aus der Vorstellungswelt der Eltern, die von der britischen Kolonialmentalität

bestimmt ist, zurück; ein Film über das Altern und die Verhärtung gewohnter Vorstellungen.

Dorf im Wandel – Die schöne Nanda / Gamperaliya / The Changing Village I ∗∗∗
Sri Lanka 1965 – 105 Min. sw. – R: Lester James Peries. D: Punya Hiendeniya, Henry Jayasena, Malini Fonseka, Gamini Fonseka.
Gesellschaftskritischer Film. Erster Teil der Dorftrilogie aus Sri Lanka; die schönste Tochter eines grundbesitzenden Dorfoberen liebt ihren mittellosen Lehrer, beugt sich aber dem Willen der Familie, die sie einem reichen Erben verkuppelt; stimmungsvoller, nuancenreicher Film von vibrierender Spannung vor allem in den dialogarmen Teilen; intensives Bild der Divergenzen in der modernen Gesellschaft Sri Lankas.

Dorf im Wandel – Der Streik / Yagunthaya ∗∗ ½
Sri Lanka 1983 – 95 Min. – R: Lester James Peries. D: Punya Hiendeniya, Richard De Soysa, Malini Fonseka, Suwinitha Weerasinghe.
Generationsfilm. Letzter Teil der Dorftrilogie aus Sri Lanka; ein Enkel der ehemaligen Dorfschönen Nanda, der beim Studium in London Marxist wurde, organisiert einen Streik gegen den erbitterten Widerstand seines Vaters, eines einflußreichen Plantagen- und Fabrikbesitzers; kühle, fast dokumentarische Gestaltung von Szenen eines Arbeitskampfes in unpathetischer Bildsprache.

Das Dorf meiner frühen Liebe / Homecoming / Si shui liu nian ∗∗∗
VR China 1984 – 94 Min. – R: Yim Ho. D: Josephine Koo, Siqin Gaowa, Xie Weixiong, Zhou Yun.
Zeitkritischer Film. Aus dem hektischen Hongkong flüchtet Shan Shan in ihr stilles chinesisches Heimatdorf, aber auch dort ist sie nicht mehr zu Hause; zwei Kulturen, zwei Welten, prallen aufeinander; der Film gibt detailgetreu die Reibungen wieder; sehr menschlich, ohne Propaganda.

Das Dorf ohne Moral ∗ ½
A 1961 – 98 Min. – R: Rudolf Zehetgruber. D: Paul Löwinger, Else Rambausek, Franz Muxeneder, Sissi Löwinger.
Heimatfilm. Ein Erbschleichermelodram mit zwei feindlichen Parteien, von denen die eine mit einem geheimnisvollen Baby für Aufregung sorgt. Derbe Hausmannskost.

Das Dorf unterm Himmel ∗∗
BRD 1963 – 92 Min. sw. – R: Richard Häußler. D: Inge Egger, Robert Freitag, Renate Mannhardt, Peter Mosbacher, Heinrich Gretler.
Melodram. Ein Jurist will in einem Bergdorf heiraten, doch muß er erst das Geheimnis seiner Zukünftigen lüften; nicht sonderlich spannende, heimatfilmnahe Unterhaltung.

Der Dorfmonarch / So sind die Frauen ∗∗
BRD 1949 – 96 Min. sw. – R: Joe Stöckel. D: Elise Aulinger, Karin Hardt, Lucie Englisch, Adrian Hoven.
Dorfkomödie. Verwechslungsklamauk um einen bayrischen Bürgermeister und eine »Preußin«; handfester Bauernschwank, fröhlich und deftig.

Dorian Gray im Spiegel der Boulevardpresse ∗∗∗
BRD 1966 – 180 Min.ⓋCBS. – R: Ulrike Ottinger. D: Delphine Seyrig, Veruschka von Lehndorff, Toyo Tanaka, Tabea Blumenschein, Magdalena Montezuma.
Avantgardefilm. Die Chefin eines internationalen Pressekonzerns hat einen skrupellosen Plan: Sie will einen Menschen schaffen, den sie nach ihren Vorstellungen formen und führen kann – Dorian Gray; alptraumhafte Nachtfahrten und zauberhafte Opernaufführungen erlebt der naive Dorian, bis er das Opfer der Boulevardpresse wird.

Dormire TV-Film
BRD – 95 Min. – R: Niklaus Schilling. D: Sunnyi Melles, Sabina Trooger, Markus Hells, Antony Paul.
Kammerspiel um zwei Frauen, die sich in einem Zug kennenlernen und in einen Mordfall verwickelt sind. Von Kinoregisseur Schilling (»Rheingold«) mit spannender Theater-Dialogtechnik realisiert.

Dornröschen ∗∗
BRD 1955 – 70 Min. – R: Fritz Gen-

schow. D: Karin Hardt, Renée Stobrawa, Elfe Schneider, Angela von Leitner, Gert Reinholm.
Märchenfilm. Hübsche Verfilmung des Märchenstoffes um die unerreichbare Prinzessin und den Prinzen Frohgemut, von Jugendfilm-Spezialist Genschow einfühlsam und kindgerecht inszeniert.

Dort in der Wachau ∗∗
BRD 1957 – 94 Min.ⓋTaurus. – R: Rudolf Carl. D: Wolf Albach-Retty, Gerlinde Locker, Albert Rueprecht, Traute Wassler, Boy Gobert, Fritz Muliar.
Komödie. Ein Donaudampfschiffahrtsgesellschaftskapitän steht im Ruf, ein Don Juan zu sein; das interessiert auch die Presse; musikverbrämtes Verwirrspiel um Liebeleien und denkbare Vaterschaften; wenig originell, solide Fremdenverkehrswerbung.

Dort oben, wo die Alpen glüh'n ∗∗
BRD 1956 – 96 Min. – R: Otto Meyer. D: Ingmar Zeisberg, Albert Rueprecht, Lotte Ledl, Gerlinde Locker.
Heimatfilm. Eine Frau verlangt von ihrem Verlobten, der noch andere im Sinn hat, zum Liebesbeweis ein Edelweiß. Brav macht der sich auf zum Bergesgipfel. Herrliche Naturaufnahmen begleiten seine nicht ungefährliche Liebesgratwanderung.

Dosierter Mord / The Big Cube ∗
USA/MEX 1969 – 91 Min. – R: Tito Davidson. D: Lana Turner, George Chakiris, Richard Egan, Dan O'Herlily.
Thriller. Ein reicher Witwer heiratet eine Schauspielerin, ertrinkt auf einem Yachttörn, und ein Student will an das Geld der Witwe, seiner zukünftigen Schwiegermutter; reizloser LSD-Schocker voll unfreiwilliger Komik.

Dot und das Känguruh / Dot and the Kangaroo ∗∗
AUS 1977 – 75 Min. – R: Yoram J. Gross. B: John Palmer, Yoram J. Gross, nach einem Kinderbuch von Ethel Pedley.
Zeichentrickfilm. Ein menschenfreundliches Känguruh rettet ein im australischen Busch verirrtes Mädchen; heiterer Tierfilm für Kinder.

Down by Law / Down by Law ∗∗∗ ½
USA 1986 – 102 Min. sw. – R: Jim Jarmusch. D: Tom Waits, John Lurie, Roberto Benigni, Nicoletta Braschi, Ellen Barkin.
Aussteigerfilm. Ein Zuhälter und ein Tagträumer landen wegen fauler Tricks undurchsichtiger Hintermänner im Knast, dort wird auch ein Italiener eingeliefert, der einen Mann aus Notwehr mit einer Billardkugel erschlug. Zusammen entkommt das Wahnsinnstrio aus dem Gefängnis, türmt durch die Sümpfe im Mississippidelta und erlebt am Ende ein schieres Wunder. Die ideal besetzten Rollen, süffige Musik von Waits und Lurie und bestechende Fotografie machen den Streifen zu einem lakonischen Trip ins Märchenreich der Phantasie; bereits ein Kultfilm.

Drachenfutter ∗∗ ½
BRD 1987 – 79 Min. sw. – R: Jan Schütte. D: Bhasker, Ric Young, Buddy Uzzaman, Ulrich Wildgruber, Wolf-Dieter Sprenger.
Melodram. Ein pakistanischer Asylbewerber und ein chinesischer Kellner planen den Aufbau einer Existenz in der neuen Heimat; als sie ihr Restaurant eröffnen, wird der Pakistani abgeschoben; preisgekrönter Film über Flüchtlingsprobleme, ein Film von stillem, bitterem, melancholischem Humor in poetischen Bildern.

Der Drachentöter / Welcome Danger ∗∗ ½
USA 1929 – 84 Min. sw. – R: Clyde Bruckman, Mal St. Clair. D: Harold Lloyd, Barbara Kent, Noah Young, Charles Middleton, James Wang.
Harold-Lloyd-Film. In seinem ersten Tonfilm gerät Harold Lloyd als weltfremder Botaniker mit der drogenhandelnden chinesischen »Drachen«-Bande aneinander; spritzig, artistisch und gagreich, doch ohne die zähe Virtuosität vieler seiner anderen Rollen; seinerzeit ein Sensationserfolg.

Der Drachentöter / Dragonslayer ∗∗∗
USA 1981 – 105 Min. – R: Matthew

Robbins. D: Peter MacNicol, Caitlin Clarke, Sir Ralph Richardson, John Hallam, Peter Eyre.
Fantasyfilm. Im Reich des Königs Casiodorus gibt es Menschenopfer. Wagemutige Männer ziehen gegen den Blutdrachen zu Felde, ein Zauberlehrling wagt schließlich das letzte Gefecht. Der mit viel Phantasie, Slapstickeinlagen und mittelalterlicher Milieuschilderung unterhaltende, in Großbritannien realisierte US-Film unterläuft das sonst mit Effekten protzende Genre durch Einfallsreichtum und mit einer hübschen Pointe.

Dracula / Dracula *** ½
USA 1931 – 72 Min. sw. – R: Tod Browning. D: Bela Lugosi, Dwight Frye, Helen Chandler, Edward Van Sloan.
Horrorklassiker. Filmversion des Romans von Bram Stoker über den transsylvanischen Grafen, der blutsaugend London unsicher macht; der Film etablierte die klassische Ikonographie des Genres; Bela Lugosi in der Rolle seines Lebens als Inkarnation des Bösen in untadeligem Habit und mit morbidem Charme.

Dracula / Dracula / Horror of Dracula ***
GB 1958 – 78 Min. – R: Terence Fisher. D: Peter Cushing, Christopher Lee, Melissa Stribling, Michael Gough.
Gruselklassiker. Remake der Stoker-Verfilmung von 1931, geglättet, weniger dramatisch als darstellerisch eindrucksvoll; Lee gestaltete die Rolle des Vampirs neu; diese britische Version des blutsaugerischen Grafen gilt als literarisch korrekt.

Dracula im Schloß des Schreckens * ½
BRD/I/F 1971 – 90 Min. – R: Anthony M. Dawson. D: Anthony Franciosa, Michèle Mercier, Klaus Kinski.
Horrorfilm. In der Villa Providence spuken die Toten, alle sind auf gewalttätige Weise umgekommen. Seichte Horrorklischees.

Dracula jagt Frankenstein **
BRD/I/E 1969 – 85 Min. – R: Tulio Demicheli. D: Michael Rennie, Karin Dor, Craig Hill, Angel Del Pozo.
Horrorfilm. Eine außerirdische Macht beauftragt einen Wissenschaftler, Monster des klassischen Gruselfilms neu zu beleben; Ziel sind Weltherrschaftsträume; ein Horrorspaß, dessen parodistische Ansätze nicht voll zur Geltung kommen.

Dracula und seine Bräute / The Brides of Dracula ** ½
GB 1960 – 82 Min. – R: Terence Fisher. D: Peter Cushing, Martita Hunt, David Peel, Yvonne Monlaur, Freda Jackson.
Horrorfilm. Die Baronin haust nicht allein im Schloß – tief im Kellerverlies hat sie ihren Sohn versteckt; leider sind ihr mit ihm ein paar Erziehungsfehler passiert, die sich nun blutig rächen, als eine flotte Französin den Jungen befreit. Tempo, Witz, rasantes Blutsaugerspiel um ein klassisches Thema.

Draculas Todesrennen / Crash * ½
USA 1976 – 86 Min. – R: Charles Band. D: José Ferrer, Sue Lyon, John Ericson, Leslie Parrish.
Katastrophenfilm. Ein führerloser Camaro-Sportwagen rast in Amoklaune durch diverse Städte, dabei gehen unter anderem fünfzig Straßenkreuzer zu Bruch. Spektakuläres, aber durch Wiederholungen eintöniges Schrott-Movie.

Der Draufgänger / Boom Town ** ½
USA 1940 – 106 Min. sw. – R: Jack Conway. D: Clark Gable, Spencer Tracy, Claudette Colbert, Hedy Lamarr, Frank Morgan.
Abenteuerfilm. Spannendes Actionabenteuer um Ölbohrer in Texas, ihre Rivalitäten und Liebeshändel. Staraufgebot, straffe Inszenierung, amüsante Charaktere.

Der Draufgänger / Der Erbe / L'héritier **
F 1972 – 106 Min. – R: Philippe Labro. D: Jean-Paul Belmondo, Charles Denner, Carla Gravina, Jean Rochefort.
Thriller. Der Erbe eines Großkonzerns stellt fest, daß sein Vater erpreßt und ermordet wurde, nun ist er selbst das Opfer der Erpresser; Reißer im Jet-set-Milieu mit sozialkritischer Komponente; Belmondo in Hochform.

Ein Draufgänger in New York / My Favorite Year **
USA 1982 – 91 Min. – R: Richard Benjamin. D: Peter O'Toole, Mark Linn-Baker, Jessica Harper, Joseph Bologna.
Komödie. Gagschreiber Stone ist begeistert davon, daß sein Idol Alan Swann jede Woche live in seiner TV-Show auftreten will. Doch der trinkfreudige Stargast dämpft bald seinen Enthusiasmus. Witzige Parodie auf das Showgeschäft.

Dream Baby / Dream Baby TV-Film
GB 1989 – 88 Min. – R: Angela Pope. B: David Kane. D: Jenny McCrindle, Mandy Matthews, Kevin McNally, Peter Capaldi, Janette Foggo.
Schauplatz: ein proletarischer Vorort im Edinburgh von heute. Die hübsche und arbeitslose Annie möchte nicht wie ihre Mutter bald verhärmt aussehen; um mit ihrer Freundin auf eine Trampreise gehen zu können, heckt sie den Plan aus, ihre beiden Liebhaber durch eine vorgetäuschte Schwangerschaft zur Kasse zu bitten; doch die »Väter« verhalten sich anders als erwartet; atmosphärisch dicht, mit schnoddrigem Dialogwitz.

Dreckige Hunde / Dog Soldiers ** ½
USA 1977 – 120 Min. – R: Karel Reisz. D: Nick Nolte, Ray Sharkey, Tuesday Weld, Anthony Zerbe.
Actionfilm. Ein Heroin schmuggelnder Vietnam-Kriegsberichter bekommt die doppelte Moral der Nachkriegsgesellschaft zu spüren. Handlungsreicher Verfolgungskrimi mit Antikriegsstimmung.

Dreckiges Gold / The Train Robbers **
USA 1973 – 90 Min. Ⓥ Warner Home. – R: Burt Kennedy. D: John Wayne, Ann-Margret, Rod Taylor, Ben Johnson.
Abenteuerwestern. Der Goldschatz einer Witwe und ein Trupp unverwüstlicher Kerls stehen im Mittelpunkt dieses langatmigen, manchmal spannenden, am Ende im Shootdown sich dramaturgisch aufhellenden Western, in dem John Wayne blaß bleibt.

Der Dreckspatz und die Königin / The Mudlark ** ½
USA 1950 – 105 Min. sw. – R: Jean Negulesco. D: Irene Dunne, Alec Guinness, Andrew Ray, Beatrice Campbell.
Sozialkritischer Film. Waisenjunge wird zum Mittelpunkt des Königspalastes in dieser frechen und rührseligen, zu Herzen gehenden Klassenkomödie mit dem Appell an die Versöhnungsbereitschaft.

Dreh'n wir noch'n Ding / Let's Do It Again ** ½
USA 1975 – 109 Min. – R: Sidney Poitier. D: Sidney Poitier, Bill Cosby, Calvin Lockhart, John Amos.
Komödie. Zwei vom Schicksal Benachteiligte brüten einen Plan aus, um an Geld zu kommen; sie bauen durch Hypnose einen fünftklassigen Boxer auf; action- und gagreicher Film voll flippiger Einfälle; durch Poitier/Cosby ein sehenswerter Beitrag zum »schwarzen Humor«.

Dreht euch nicht um – der Golem geht um TV-Film
BRD 1971 – 135 Min. (2 Teile) – R: Peter Beauvais. B: Dieter Waldmann. D: Martin Benrath, Hannelore Elsner, Katrin Schaake.
Eine Science-fiction-Story mit Hintergrund: Im Jahr 2249 ist das Zeitalter der Muße, Freizeit und totalen Technik angebrochen. Phantastische Parabel über die Welt von morgen.

Drei auf einer Couch / Three on a Couch ** ½
USA 1965 – 109 Min. – R: Jerry Lewis. D: Jerry Lewis, Janet Leigh, Mary Ann Mobley, Gila Golan, James Best.
Komödie. Die Freundinnen einer Psychotherapeutin sind dem Männerhaß verfallen; ihr Freund, ein Kunstmaler, opfert sich für den Heilungsprozeß; gagreiche, witzige, verspielte Parodie auf Psychomarotten mit Lewis in fünf Rollen.

Drei D **
BRD 1987 – 50 Min. sw. – R: Sönke Wortmann. D: Michael Schreiner, Katharina Müller-Elmau, Claus-Peter Seifert.
Milieukomödie. Ein Absolvent der Filmhochschule realisiert seinen Abschlußfilm, doch während der Arbeit geht alles schief, er verliebt sich in seine Hauptdarstellerin; der experimentelle Film des Hochschulabsolventen Wortmann jongliert geschickt mit Erlerntem und Aus-

probiertem und vermeidet allzu kopflastige Insiderproblematik.

Die drei Dorfheiligen ** ½

BRD 1949 – 90 Min. sw. – R: Ferdinand Dörfler. D: Joe Stöckel, Beppo Brem, Erhard Siedel, Willy Reichert, Melanie Webelhorst, Liesl Karlstadt, Walter Sedlmayr.

Bauernschwank. Die Reputation der Titelhelden ist in Gefahr, denn Briefe an die ehemalige Dorfschöne könnten den Verdacht nähren, diese habe ein Kind von einem der drei; lustvoll-derbe Unterhaltung.

Drei Frauen / Three Women ***

USA 1976 – 120 Min. – R: Robert Altman. D: Shelley Duvall, Sissy Spacek, Janice Rule, Robert Fortier, Ruth Nelson.

Zeitkritischer Film. Schauspielerregisseur Altman führt seine drei Hauptdarstellerinnen in einer phantasievollen, filmsprachlich exzellenten Beziehungskonstellation zu Höchstleistungen. Für sensible, anspruchsvolle Altman-Fans.

Drei Fremdenlegionäre / Beau Geste * ½

USA 1966 – 98 Min. – R: Douglas Heyes. D: Guy Stockwell, Telly Savalas, Doug McClure, Leslie Nielsen, Leon Gordon.

Abenteuerfilm. Dritte Adaption des Romans von Percival Christopher Wren vom menschenschinderischen Legionssergeanten, der nach einer anonymen Morddrohung ausrastet; einfältiges Machospektakel mit gewissem exotischem Reiz; Savalas darf beweisen, daß ein Mann tun muß, was ein Mann tun muß, und seinem eher milden Grinsen fehlt nur der Kojak-Lolly.

Drei gegen Amerika * ½

BRD 1961 – 77 Min. sw. – R: Harald Philipp. D: Günter Pfitzmann, Joachim Fuchsberger, Werner Peters, Gert Fröbe, Elke Sommer, Heinz Weiss, Margot Eskens.

Komödie. Drei Deutschamerikaner landen in der deutschen Wehrmacht, gegen Kriegsende erhalten sie einen Sabotageauftrag in den USA; mäßiger Klamauk mit seltsamem Witz; beachtlich Fröbe als italienischer Sänger.

Die drei Gesetzlosen *

USA 1977 – 80 Min. – R: Bruce Kessler. D: Dennis Weaver, Diana Muldaur, Greg Mullavey.

Krimi. Nach langer Haft wollen sich zwei Bankräuber an einem Sheriff rächen; routinierte Abrechnungsstory.

Drei Halunken erster Klasse **

I/F/E 1973 – 90 Min. – R: Sergio Corbucci. D: Giuliano Gemma, Tomas Milian, Eli Wallach.

Italowestern. Zwei Westerner und ein Samurai auf der Suche nach dem heiligen Pony asiatischer Siedler; östliche Kampfkunst veralbert die Rituale des traditionellen Westens.

Drei Mädels vom Rhein * ½

BRD 1955 – 98 Min. – R: Georg Jacoby. D: Fita Benkhoff, Gardy Granass, Margit Saad, Topsy Küppers.

Liebesschmonzette. Die »Lindenwirtin« bekommt Konkurrenz durch ein Großhotel. Aber jenseits der Geschäftsebene verbinden sich bereits die Herzen der jungen Generation, was zu einem glücklichen Ausgleich der Interessen führt. Konventioneller Heimatfilm mit leichten Problemanflügen.

Drei Mäderl um Schubert * ½

A 1936 – 90 Min. sw. – R: E. W. Emo. D: Paul Hörbiger, Gustav Waldau, Julia Serda, Gretl Theimer, Maria Andergast.

Musikerbiographie. Auf Heurigengefühligkeit heruntergebrachte Liebesschmonzette mit Musik um das Notengenie, mit der im deutschsprachigen Kintopp gewohnten Sichtweise vom unbegreiflichen und unglücklichen Genie und Wunderkind, dessen Herz neunzig Minuten lang überquillt.

Drei Mann in einem Boot / Three Men in a Boat ** ½

GB 1956 – 90 Min. – R: Ken Annakin. D: Laurence Harvey, Jimmy Edwards, David Tomlinson, Jill Ireland.

Komödie. Adaption der bekannten Erzählung von Jerome K. Jerome über die heitere Bootstour dreier Männer auf der Themse; Unterhaltung, die viel britische Lebensart transportiert.

Drei Mann in einem Boot ∗∗
BRD/A 1961 – 87 Min. – R: Helmut Weiss. D: Heinz Erhardt, Hans Joachim Kulenkampff, Walter Giller, Loni Heuser.
Komödie. Turbulenter Urlaubsspaß um ein Männertrio und sein Glück/Unglück bei den Frauen. Von den drei Starentertainern des bundesdeutschen Films jener Tage amüsant gespielt.

Drei Männer im Schnee ∗∗ ½
A 1955 – 93 Min. sw. – R: Kurt Hoffmann. D: Paul Dahlke, Claus Biederstaedt, Günther Lüders, Margarete Haagen, Nicole Heesters, Hans Olden, Fritz Imhoff, Elfie Pertramer.
Komödie. Winterabenteuer eines sich als armen Mann ausgebenden Millionärs, seines Dieners und eines Werbefachmanns, der sich ins Millionärstöchterchen verliebt; Verfilmung der Erich-Kästner-Erzählung nach dessen Drehbuch; amüsante Unterhaltung mit einem überragenden Günther Lüders in der Rolle des Dieners.

3 Männer und ein Baby / ∗∗ ½
Trois hommes et un couffin
F 1985 – 102 Min. – R, B: Colline Serreau. D: Michel Boujenah, Roland Giraud, André Dussollier, Dominique Lavanant, Philippine Leroy-Beaulieu, Gwendoline Mourlat, Jennifer Moret.
Komödie. Eine alleinlebende und -erziehende Mutter knallt zwei ratlosen Männern ein Baby vor die Nase, das sie vom dritten Mann im Bunde hat, doch der ist als Airliner ständig unterwegs; da im Babykorb auch Drogen waren, bekommen die allmählich perfekten Drittelväter massiven Ärger mit Dealern und Polizei; liebenswert-urkomische Rollentauschgeschichte für Nachdenkliche.

Drei Münzen im Brunnen / ∗∗∗
Three Coins in the Fountain
USA 1954 – 102 Min. – R: Jean Negulesco. D: Dorothy McGuire, Jean Peters, Maggie McNamara, Clifton Webb.
Komödie. Drei junge Frauen erhoffen durch Münzenwurf in die Fontana di Trevi das große Liebes(abenteuer)glück; witzig und spritzig; Oscars für Fotografie und den Titel-Evergreen.

Die drei Musketiere / ∗∗ ½
The Three Musketeers
USA 1948 – 121 Min. – R: George Sidney. D: Lana Turner, Gene Kelly, June Allyson, Van Heflin, Angela Lansbury, Vincent Price.
Abenteuerfilm. Im Frankreich des Jahres 1625 reitet der junge Bauernsohn D'Artagnan nach Paris und wird Rekrut bei den Musketieren des Königs, gemeinsam mit drei weiteren Haudegen bekommt er Gelegenheit, Intrigen zu durchkreuzen und eine flotte Klinge zu schwingen; auch die Damen mögen ihn; der unbeschwerte Abenteuerfilm läßt historische Fakten beiseite und erfreut mit Actionspaß im Mantel-und-Degen-Genre.

Die drei Musketiere / ∗∗ ½
The Three Musketeers
GB/Panama 1973 – 103 Min. Ⓥ EuroVideo. – R: Richard Lester. D: Michael York, Oliver Reed, Richard Chamberlain, Frank Finley, Raquel Welch, Faye Dunaway, Charlton Heston, Christopher Lee, Geraldine Chaplin.
Abenteuerfilm. Bombenbesetzung in einem explosiven Mantel-und-Degen-Film um die drei sympathischen Schlagetots des französischen Königs, die einen Zuwachs bekommen. Ein buntgemischter Film: aus Stilen, Genreteilen, Komik, Groteske und tieferer Bedeutung.

Die drei Musketiere (1): Haudegen der Königin / Les trois mousquetaires: 1) Les ferrets de la reine ∗∗
F/I 1961 – 98 Min. – R: Bernard Borderie. D: Gérard Barray, Georges Descrières, Mylène Demongeot, Jacques Toja, Bernard Woringer.
Abenteuerfilm. Erster Teil einer Adaption von Dumas' Musketierroman: D'Artagnan findet Freunde am Hof Ludwigs XIII.; solides Kostümfest mit Action.

Die drei Musketiere (2): Ohne Furcht und Tadel / Les trois mousquetaires: 2) La vengeance de Milady ∗∗
F/I 1961 – 94 Min. – R: Bernard Borderie. D: Gérard Barray, Georges Descrières, Mylène Demongeot, Jacques Toja, Bernard Woringer.
Abenteuerfilm. Zweiter Teil der Dumas-

Adaption: Die Intrigen Kardinal Richelieus werden raffinierter; auch dies ein solides Actionspektakel mit etlichen Gags.

Drei Nüsse für Aschenbrödel / Tři oříšky pro popelku ** ½
ČSSR/DDR 1973 – 95 Min. – R: Václav Vorliček. D: Libuše Šafranková, Pavel Trávníček, Rolf Hoppe, Karin Lesch, Carola Braunböck.
Märchenfilm. Auch in Böhmen ist das Aschenbrödel bekannt und beliebt, dort darf es schießen, reiten und auf Bäume klettern. Originelle Bearbeitung eines Märchenklassikers.

Drei Rivalen / The Tall Men **
USA 1955 – 122 Min. – R: Raoul Walsh. D: Clark Gable, Jane Russell, Robert Ryan, Cameron Mitchell.
Western. Auf einem Viehtreck werden drei Männer zu erbitterten Rivalen um die Gunst der wunderschönen Russell; simple Story gut gespielt.

Die drei Scheinheiligen * ½
BRD 1964 – 90 Min. – R: Hans Schott-Schöbinger. D: Willy Millowitsch, Harald Juhnke, Walter Groß, Willy Reichert.
Klamotte. Voralpen-Klamauk um drei heiratslustige Kerls, die Liebe mit Geschäftsgeist zu verbinden verstehen. Passable Situationskomik, meist jedoch völlig überzogener Humor ohne Timing.

Drei schräge Vögel **
CH 1960 – 85 Min. – R: Kurt Früh. D: Max Haufler, Ruedi Walter, Zarli Carigiet, Grit Boettcher, Horst Janson.
Märchenposse. Der Teufel in Gestalt eines Buchhalters visitiert die Erde und freut sich an ihrem Unglück. Nur drei arme Vagabunden passen ihm nicht ins Konzept, sie führen in diesem spaßigen, kauzigen und märchenhaften Unterhaltungsfilm mit bissig-satirischen Tönen den Beweis, daß der Planet doch nicht des Teufels ist.

Drei Schritte vor der Hölle / Slaughter on Tenth Avenue ***
USA 1957 – 99 Min. sw. – R: Arnold Laven. D: Richard Egan, Jan Sterling, Dan Duryea, Julia Adams, Walter Matthau.
Justizfilm. Ein Mord im Dockermilieu, aber die Arbeiter schweigen aus Angst; nach der Autobiographie eines Staatsanwalts gedrehte Story über den Terror krimineller Hafengewerkschafter in New York; packend inszeniert und eindrucksvoll gespielt; als sozialkritisches Zeitdokument authentischer und direkter als »Die Faust im Nacken«.

Drei Schwestern aus Montana / The Sisters ***
USA 1938 – 98 Min. sw. – R: Anatole Litvak. D: Errol Flynn, Bette Davis, Anita Louise, Ian Hunter, Donald Crisp, Beulah Bondi, Jane Bryan.
Liebesfilm. Drei Schwestern haben um die Jahrhundertwende Probleme mit ihren Männern, am meisten Davis mit Flynn; atmosphärisch dichtes, packend inszeniertes Melodram mit Szenen von köstlicher Komik.

Drei Teufelskerle machen alles nieder / Mettetemi in galera **
I 1981 – 85 Min. – R: Herb Al Bauer. D: Robert Widmark, Tarik Akan, John Gordon.
Klamotte. Kerls in Weiberkleidern, da lacht, wer Lust hat. Diesmal sind's drei gerissene Gauner, die eine Gang reinlegen wollen. Mit Pfiff, ganz witzigen Dialogen und schnellen Schießeisen gelingt das auch.

Drei Uhr nachts / Bob, der Spieler / Bob le flambeur ** ½
F 1956 – 95 Min. sw. – R: Jean-Pierre Melville. D: Roger Duchesne, Isabel Corey, Daniel Cauchy.
Krimi. Seine Spielleidenschaft und die Freundin seines Komplizen bedrohen den Plan eines Einbrechers, das Spielkasino von Deauville zu plündern; präzis inszeniert und effektvoll fotografiert.

Drei Walzer / Les trois valses **
F 1938 – 101 Min. sw. OmU. – R: Ludwig Berger. D: Yvonne Printemps, Pierre Fresnay, Henri Guisol, Boucot.
Melodram. Große Familiengeschichte aus Frankreich um Liebe, Karriere und Verzicht über drei Generationen. Der Bogen des sentimentalen Reigens spannt sich von der Mitte des 19. Jahrhunderts

bis zum Ausbruch des Zweiten Weltkriegs.

Drei weiße Birken FLOP
BRD 1961 – 90 Min. Ⓥ Toppic. – R: Hans Albin. D: Erika Remberg, Helmuth Schneider, Gunnar Möller, Lucie Englisch, Beppo Brem.
Klamotte. In bayrischen Dickschädeln bricht Kampf zwischen »Tradition« und »Fortschritt« aus; doch dann heiraten die Töchter der Streithähne »Zuagroaste«; alberne Mischung aus Heimat- und Schlagerschnulze.

Ein dreifach Hoch dem Sanitätsgefreiten Neumann
siehe: Mit Grapsch und Gloria

Das dreifache Echo / ** ½
The Triple Echo
GB 1973 – 89 Min. – R: Michael Apted. D: Glenda Jackson, Brian Deacon, Oliver Reed.
Liebesromanze. Problematisches Verhältnis einer Bäuerin und eines jungen Soldaten, der nicht zu seiner Einheit zurückkehrt und sich, in Frauenkleidern getarnt, als Schwester der Bäuerin ausgibt. Die ungleichen Menschen suchen den Alltag, müssen aber lernen, daß es den in Kriegszeiten nicht gibt. Der genau beobachtete Film zeigt das in bewegenden Sequenzen.

Das Dreimäderlhaus * ½
A 1958 – 98 Min. – R: Ernst Marischka. D: Karlheinz Böhm, Gustav Knuth, Magda Schneider, Johanna Matz, Helga Neuner, Rudolf Schock.
Romanze. Der Komponist Franz Schubert verliebt sich in ein süßes Mäderl und verliert es durch Tapsigkeit an einen Freund; Liebe, Leid und biedermeierlicher Operettenkitsch, von Schubert-Liedern umrahmt.

Dreimal Hochzeit * ½
D 1941 – 93 Min. sw. – R: Géza von Bolvary. D: Willy Fritsch, Marte Harell, Theo Lingen, Hedwig Bleibtreu.
Liebesromanze. Das Ambiente des zaristischen Rußland, wie das Klischee (besonders im Film des Dritten Reichs) es liebt: exotische Samowars, Schlittenfahrten und Rührseligkeiten in Geschichten zwischen Fürsten und Bürgerfräulein.

Dreimal Liebe täglich / **
Doctor in Love
GB 1960 – 95 Min. – R: Ralph Thomas. D: Michael Craig, Virginia Maskell, James Robertson Justice, Carole Leslie, Leslie Phillips.
Komödie. Vierter Film der »Doktor«-Serie (»Aber, Herr Doktor!«), deren Held diesmal selbst darniederliegt, was ihm in Anbetracht der Krankenschwester schwerfällt; deftig-frivoler Ulk.

Dreimal nach Mexiko / **
Marriage on the Rocks
USA 1965 – 120 Min. – R: Jack Donohue. D: Frank Sinatra, Deborah Kerr, Dean Martin, Nancy Sinatra, Cesar Romero.
Liebeskomödie. Auf ihrer zweiten Hochzeitsreise nach Mexiko entstehen für einen Werbemenschen und seine Frau unvorhergesehene komische Verwicklungen, die ein herbeigerufener Freund nur noch steigert. Das verwirrende Dreieck entwickelt Rasanz, die durch die hochkarätigen Darsteller jedoch besser hätte genutzt werden können.

30 Winchester für El Diabolo / 30 Winchester per El Diabolo *
I 1965 – 85 Min. – R: F. G. Caroll. D: Carl Möhner, Anthony Garuf, John Heston.
Italowestern. Mexikanische Viehdiebe terrorisieren eine Stadt, bis ein Rancher zur Gegenwehr schreitet. Der billige und blutige Routine-Italo rührt altbekannte Westerngerichte mit Spaghettisauce an und präsentiert das Ganze als neue Pferdeoper-Filmspeise.

Die 3000-Meilen-Jagd / * ½
The 3000 Mile Chase
USA 1977 – 95 Min. Ⓥ CIC. – R: Russ Mayberry. D: Cliff DeYoung, Glenn Ford, Priscilla Pointer.
Actionfilm. Der Zeuge eines Rauschgiftprozesses unterwegs nach New York. Was ihm dabei zustoßen kann, wenn er Feinde hat, zeigt diese passabel gespielte, mäßig spannende, routinierte Verfolgungsgeschichte.

23 Schritte zum Abgrund / **
23 Paces to Baker Street
USA 1956 – 95 Min. – R: Henry Hathaway. D: Van Johnson, Vera Miles, Cecil Parker, Patricia Laffan.

Psychokrimi. Van Johnson als blonder, aber blinder Schriftsteller in London kommt durch Zufall einem geplanten Verbrechen auf die Spur; da ihm die Polizei nicht glaubt, tappt er als Blinder allein im dunkeln; routinierte Suspense-Story.

Dreizehn kleine Esel und der Sonnenhof * ½

BRD 1958 – 100 Min. – R: Hans Deppe. D: Hans Albers, Marianne Hoppe, Karin Dor, Gunnar Möller, Günther Lüders, Joseph Offenbach.

Familienfilm. Weltenbummler Albers' Heimkehr auf den »Sonnenhof«, das von seiner Frau geleitete Kinderheim, löst allerlei Turbulenzen aus; routiniert gemachte, harmlose Unterhaltung.

13 Stühle ** ½

D 1938 – 84 Min. sw. – R: E. W. Emo. D: Heinz Rühmann, Hans Moser, Annie Rosar, Inge List, Hedwig Bleibtreu.

Lustspiel. Deutsche Adaption der Sozialismus-Groteske »Zwölf Stühle« der Sowjetautoren Ilja Ilf und Jewgeni Petrowitsch Petrow – ins bieder Kleinbürgerliche gewendet; Rühmann als Barbier auf der Jagd nach einem Vermögen in einem der 13 geerbten Stühle, die er an einen Trödler verkaufte; nicht ohne Witz, aber ohne die Aggressivität der – verleugneten – Vorlage.

Die dritte Dimension / Le couteau dans la plate ** ½

F/I 1962 – 105 Min. sw. – R: Anatole Litvak. D: Sophia Loren, Anthony Perkins, Gig Young.

Psychothriller. Hintergründiges und geschickt erzähltes Spiel um eine gescheiterte Ehe und die freigesetzten Emotionen, die zu mysteriösen Handlungen Anlaß geben. Bis alle Geheimnisse gelüftet sind, ziehen die Protagonisten alle Register ihres Könnens.

Der Dritte im Hinterhalt / Marlowe **

USA 1969 – 95 Min. – R: Paul Bogart. D: James Garner, Rita Moreno, Gayle Hunnicutt.

Krimi. Privatschnüffler Marlowe sucht nach dem verschwundenen Bruder einer Auftraggeberin. Er findet ihn mit einem Eispickel im Hinterkopf. Dann geht's noch schneller bergab, Tote häufen sich, der einfache Fall wird undurchsichtig. Der nach dem Roman »Die kleine Schwester« von Raymond Chandler realisierte Film überzeugt durch lakonisches Spiel der Darsteller, realistisches Milieu und routinierte Regie, besitzt jedoch weniger Atmosphäre als andere Chandler-Verfilmungen.

Der dritte Mann / The Third Man ****

GB 1949 – 99 Min. sw. – R: Carol Reed. D: Joseph Cotten, Orson Welles, Trevor Howard, Paul Hörbiger, Ernst Deutsch, Erich Ponto, Alida Valli.

Zeitkritischer Thriller. Optisch und atmosphärisch brillanter, im stilisierten Realismus des »Film noir« gehaltener Trümmerfilm, vor Ort im geteilten Wien gedreht, um den Viermächte-Alltag und die Überlebenstricks der Kleinen und Großen. Darin eingebettet die Krimihandlung um einen Penicillin-Schieber im Untergrund und seinen naiven Freund aus den USA, der ihm auf die Schliche kommt. Mit der verfremdeten Zithermusik von Anton Karas und grandiosem Showdown in den Abwässerkanälen Wiens. Nach dem Roman von Graham Greene.

Die Dritte von rechts ** ½

BRD 1950 – 90 Min. sw. – R: Géza von Cziffra. D: Vera Molnar, Robert Lindner, Peter van Eyck, Grethe Weiser, Paul Kemp, Oskar Sima, Rudolf Platte, Arno Paulsen.

Revuefilm. Reichlich mit Michael-Jary-Schlagern der Zeit bestückter, flott inszenierter Musik- und Tanzfilm; eine weibliche Ballettriege rutscht in einen Schmuggelschlamassel hinein – und mit typisch deutscher Nachkriegsfröhlichkeit auch wieder heraus; Prototyp des Unterhaltungsfilms der Adenauer-Ära.

Driver / The Driver ** ½

USA 1978 – 91 Min. Ⓥ Star Selection. – R: Walter Hill. D: Ryan O'Neal, Bruce Dern, Isabelle Adjani, Ronee Blakley.

Autokrimi. Ein Fahrer, den man für Fluchtautos mietet, gerät zwischen Killer und Cops. In Neon-City muß er kräftig

Gas geben, um am Ende zu überleben; moderne Unterweltballade im Großstadtwesternformat.

Drohende Schatten / Shadow on the Wall ** ½

USA 1950 – 80 Min. – R: Patrick Jackson. D: Ann Sothern, Zachary Scott, Nancy Davis (Reagan), Gigi Perreau, Kristine Miller, John McIntire.

Krimi. Zwei Paare sind über Kreuz verliebt, die Ehen am Ende; die intrigenspinnende Tante meuchelt ihre Schwester und bedroht die einzige Zeugin als Stiefmutter an Leib und Seele; düster und spannend.

Der Drücker TV-Film

BRD – 105 Min. – R: Uwe Frießner. B: Bernhard Pfletschinger. D: Andreas Buttler, Heinz Hönig-Honigbaum, Herbert Raule, Uli Krohm.

Mit Laiendarstellern nach dem Roman von A. Blechner gedrehter milieukritischer Film um das harte Geschäft der Zeitschriftenwerber, die von Tür zu Tür tingeln und brutal von ihren Einsatzleitern geknebelt werden.

Drum prüfe, wer sich ewig bindet / Fools Rush In ***

GB 1949 – 82 Min. sw. – R: John Paddy Carstairs. D: Sally Ann Howes, Guy Rolfe, Nora Swinburne.

Lustspiel. Eine junge Braut, vom Eheversagen in ihrer Familie geschockt, befolgt am Hochzeitsmorgen den Rat der Mutter, noch einige Testmechanismen zu erproben; muntere Vorehe- und Liebeskomödie mit britischem Humor.

Drunter und Drüber / It's a Wonderful World ** ½

USA 1939 – 83 Min. sw. – R: W. S. Van Dyke. D: Claudette Colbert, James Stewart, Guy Kibbee, Nat Pendleton, Edgar Kennedy.

Komödie. Claudette Colbert ist eine ausgerissene Poetin und James Stewart ein Privatdetektiv auf der Flucht – verfolgt werden sie von zwei seltsamen Polizisten in dieser spritzigen Srewball-comedy voller Wortwitz und Überraschungen.

Drunter und Drüber TV-Film

BRD 1989 – 90 Min. – R: Franz Josef Gottlieb. B: Wolf Gremm. D: Herbert Herrmann, Susanne Uhlen, Manfred Zapatka, Hans Clarin, Svenja Pages, Manfred Lehmann.

Als Reparaturdienst getarnt, dringen zwei Ganoven ins Haus der Familie des Polizisten ein, wo deftige Überraschungen sie erwarten. Man küßt und betrügt sich, die Seitensprünge überschlagen sich; nach dem Stück »Desperate Hours« von John Graham.

Dschungel der tausend Gefahren / Swiss Family Robinson TV-Film

USA 1960 – 122 Min. Ⓥ Walt Disney. – R: Ken Annakin. D: John Mills, Dorothy McGuire, James MacArthur.

Schweizer Aussiedler im 19. Jahrhundert retten sich unter großen Strapazen auf eine einsame Insel, indem sie einem Unwetter und einer Schiffskatastrophe trotzen. Dramatisches Abenteuer für die ganze Familie.

Das Dschungelbuch / The Jungle Book ** ½

USA 1942 – 105 Min. – R: Zoltan Korda. D: Sabu, Joseph Calleia, John Qualen, Rosemary DeCamp.

Disney-Film. Farbiges Märchen um einen Jungen, der von einem Wolf erzogen wurde; aufregend und phantastisch, nach dem Buch von Rudyard Kipling.

Das Dschungelbuch / The Jungle Book ***

USA 1967 – 78 Min. – R: Wolfgang Reitherman.

Zeichentrickfilm. Der Junge Mowgli ist unter Wölfen aufgewachsen und hat nie ein menschliches Wesen gesehen. Sein großer Feind ist Tiger Shir Khan, aber die Freunde Baghira, der Panther, und Baloo, der Bär, schützen Mowgli. Auf dem Weg zu den Menschen erlebt der Junge lustige und gefährliche Abenteuer, und als ihm auch noch ein hübsches Mädchen über den Weg läuft, ist Mowglis Aufnahme bei den rettenden Menschen gesichert; dennoch trauert der halbe Dschungel über den Weggang des Jungen. Disney-Trickfilmklassiker mit legendären Figuren, amüsant, mit akzeptablen Gewaltdarstellungen; nach der literarischen Vorlage von Rudyard Kipling.

Dschungel-Olympiade / Animalympics ∗∗
USA 1979 – 75 Min. – R, B: Steven Lisberger.
Zeichentrickfilm. Elefanten, die sich trompetend durch den Dschungel bewegen, bedeuten in diesem rasanten, tricktechnisch perfekten Film keine unmittelbare Gefahr. Ihnen geht's allein um den olympischen Ruhm, also um Spiel und Spaß. Alle anderen Vierbeiner machen mit.

Dschungeltrip ins Chaos / She'll Be Sweet ∗∗
AUS 1978 – 92 Min. – R: Gene Levitt. D: Sally Kellerman, Tony LoBianco, Anne Semler, Rod Mullinar.
Actionfilm. Ein Reeder will einem mit Raten säumigen Kapitän den Frachter pfänden, doch der kidnappt das Töchterchen seines Gläubigers und begibt sich mit ihr auf einen irren Trip; actiongeladene Abenteuer- und Liebesstory im australischen Busch.

Du bist Musik für mich
siehe: Liebe nach Noten

Du bist so leicht zu lieben / Easy to Love ∗∗ ½
USA 1953 – 92 Min. – R: Charles Walters. D: Esther Williams, Van Johnson, Tony Martin, John Bromfield, Carroll Baker.
Revuefilm. Ein Schwimmstar weiß die Eifersucht des erfolglos Angebeteten zu wekcken; opulentes Hollywoodspektakel mit grandiosem Wasserskifinale; Busby Berkeley choreographierte die Wasserballette.

Du bist wunderbar ∗ ½
BRD 1959 – 95 Min. – R: Paul Martin. D: Caterina Valente, Rudolf Prack, Dietmar Schönherr, Rudolf Vogel, Silvio Francesco, Trude Herr.
Schlagerfilm. Ein Mädchen aus Paris reist nach Hamburg, um den verschwundenen Verlobten zu suchen; unterwegs bietet der kunterbunte, dramaturgisch unzusammenhängende Film viele Einblicke in die Einfallslosigkeit deutscher Schlagerproduktion der fünfziger Jahre. Lichtblick: Valente.

Du darfst nicht länger schweigen ∗∗
BRD 1955 – 92 Min. sw. – R: R.A. Stemmle. D: Heidemarie Hatheyer, Ernst Wilhelm Borchert, Werner Hinz, Ingrid Andree.
Dreiecksgeschichte. Drama eines Mannes, der als verschollen gilt, dann wieder auf der Bildfläche erscheint. Zwei Frauen danken es ihm. Edelschnulze mit Herz und Anspruch.

Du kannst anfangen zu beten / Bei Bullen singen Freunde nicht / Adieu l'ami ∗∗
F/I 1968 – 110 Min. Ⓥ Taurus. – R: Jean Herman. D: Alain Delon, Charles Bronson, Brigitte Fossey, Bernard Fresson.
Krimi. Zwei Zufallskumpel knacken einen Tresor, im Hintergrund wartet ihre attraktive Auftraggeberin. Der Job wird immer schwieriger, die Filmspannung des gut besetzten Streifens wächst bis zur fälligen Lösung zu langsam, aber stetig.

Du kannst mich mal / Pour 100 briques t'as plus rien ∗∗ ½
F 1982 – 90 Min. – R: Edouard Molinaro. D: Daniel Auteuil, Gérard Jugnot, Anémone, Georges Géret.
Krimikomödie. Zwei Freunde wollen sich mit einem weihnachtlichen Bankraub sanieren; leider fehlen ihnen einschlägige Erfahrungen; doch eine »professionelle« weibliche Geisel hilft mit ihren Erfahrungen; temporeicher Film mit schlagendem Witz.

Du lebst noch 105 Minuten / Sorry, Wrong Number ∗∗ ½
USA 1948 – 89 Min. sw. – R: Anatole Litvak. D: Barbara Stanwyck, Burt Lancaster, Wendell Corey.
Psychothriller. Eine herzkranke Frau hört in ihrem Apartment bei einer Fehlverbindung zufällig einen Mordplan mit; es dämmert ihr, daß er ihr gilt. Hilflos sieht sie später den Schatten ihres Mörders die Treppe hochkriechen. Psychokammerspiel nach einem Hörspiel, nichts für schwache Nerven.

Du lebst nur einmal / You Only Live Once ∗∗∗
USA 1937 – 86 Min. sw. – R: Fritz Lang. D: Henry Fonda, Sylvia Sidney, William Gargan, Ward Bond.

Gesellschaftskritisches Melodram. Exsträfling versucht wieder Fuß zu fassen, muß jedoch bitteres Lehrgeld zahlen. Eindringlicher Gerechtigkeitsappell von Lang (»Die Frau im Fenster«) mit Anleihen beim »Bonnie und Clyde«-Mythos, straff erzählt, mit glänzenden Schauspielern besetzt.

Du lumpiges Leben / Te rongyos élet ** ½

H 1983 – 107 Min. – R: Peter Bacso. D: Dorottya Udvaros, Andras Kern, Ödön Rubold.

Tragikomödie. Die junge Lucy war einst mit einem Grafen verheiratet; das genügt, um sie im Ungarn der 50er Jahre aufs Land zu verbannen. Bei der Maisernte läßt sie ihr Leben Revue passieren. Der klug zwischen Ironie und Entsetzen balancierende Film versteht es, die tragischen Widersprüche der stalinistischen Epoche sinnfällig zu machen.

Du mein stilles Tal **

BRD 1955 – 90 Min. – R: Leonard Stekkel. D: Curd Jürgens, Winnie Markus, Ingeborg Schöner, Bernhard Wicki, Leonard Steckel, Paul Hörbiger, Ernst Schröder.

Melodram. Ehe als Achterbahn: Auf und ab rast der Wagen von Liebe und Leid. Der lange Atem des Films verfolgt ein Paar über dreißig Jahre seines Lebens und kann sogar fesseln, nicht zuletzt wegen hervorragender Besetzung.

Du oder beide / Shoot the Moon ** ½

USA 1982 – 118 Min. Ⓥ MGM/UA. – R: Alan Parker. D: Diane Keaton, Albert Finney, Peter Weller.

Melodram. Eine Krise bricht herein über das Schriftstellerehepaar, das mit vier reizenden Töchtern in einem Haus in Kalifornien lebt. Tragikomödie mit Einfühlungsvermögen über das Scheitern einer Ehe.

Du sollst nicht begehren * ½

D 1933 – 75 Min. sw. – R: Richard Schneider-Edenkoben. D: Paul Klinger, Friedel Pisetta, Walter Griep, Frida Richard.

Melodram. Eine Dreiecksgeschichte auf altdeutsch: Nelly kann sich zwischen zwei Brüdern nicht entscheiden, obwohl sie einem bereits »versprochen« ist. Das muß zur Katastrophe führen.

Du stirbst um sechs in Tetuan / La lunga sfida * ½

BRD/I 1968 – 80 Min. – R: Robert Andrews. D: George Ardisson, Sieghart Rupp, Kathrin Schaake, Luigi Pistilli.

Actionfilm. Ein Drogenhändler schreckt im Kampf um Marktanteile vor Kidnapping nicht zurück, der Vater des entführten Jungen nimmt den Kampf auf; unglaubwürdiger, routiniert heruntergespulter Reißer.

Du träumst ja, mein Lieber / C'est grand chez toi ***

F 1979 – 82 Min. – R: Patrick Jamain. D: Georges Géret, Marcel Bozzuffi, Agnès Soral, Cathérine Samie, Jacques Chailleux.

Liebeskomödie. Liebevoll, dabei witzig erzählte Geschichte um ein ungleiches Liebespaar, die sich zum ironischen Porträt einer Kleinstadtgesellschaft ausweitet.

Du warst nie berückender / You Were Never Lovelier ** ½

USA 1942 – 100 Min. sw. – R: William A. Seiter. D: Fred Astaire, Rita Hayworth, Adolphe Menjou, Leslie Brooks, Adele Mara.

Tanzfilm. Musical mit der Musik von Jerome Kern um einen Vater, der seiner Tochter in lauterer Absicht Liebesbriefe schreibt. Nicht deswegen jedoch ist dieser Film berühmt geworden, sondern wegen seiner choreographisch packenden Tanznummern, die leicht verschmerzen lassen, daß Astaire einmal nicht mit Standardpartnerin Ginger Rogers auftritt, sondern mit dem exzellenten »Covergirl« Hayworth fremdgeht.

Duell / Duel ** ½

USA 1972 – 87 Min. Ⓥ CIC. – R: Steven Spielberg. D: Dennis Weaver, Jacqueline Scott, Tim Herbert, Charles Seel.

Thriller. Ein Geschäftsreisender auf der Heimfahrt erlebt im Auto den Horror seines Lebens: Ein anonymer Truck versucht ihn auf der Landstraße zu überrollen. Spielberg (»Der weiße Hai«) inszenierte das Geschehen mit technischer Perfektion und hintergründigem Thrill.

Duell am Missouri / The Missouri Breaks ∗∗∗
USA 1975 – 117 Min. – R: Arthur Penn. D: Marlon Brando, Jack Nicholson, Randy Quaid, Kathleen Loyd, Frederic Forrest.
Spätwestern. Montana um 1880: Um sich einen Viehdieb vom Hals zu schaffen, engagiert der Großrancher einen Killer, der eiskalt mit Fernrohr und allen psychologischen Tricks arbeitet. Fulminantes Duell auf Leben und Tod zwischen zwei großen Hollywood-Mimen, dem weißhaarigen, bösartigen Marlon Brando, schmierig mit exzessiver Körpersprache agierend, und dem schlitzohrig-grotesken Jack Nicholson als »Lonesome Kid«: alles eingebettet in eine Landschaft voller Poesie und Weite.

Duell am Steuer / Hell Drivers ∗∗
GB 1957 – 108 Min. sw. – R: Cy Endfield. D: Stanley Baker, Herbert Lom, Peggy Cummins, Patrick McGoohan.
Truckerfilm. Ein entlassener Sträfling muß für einen brutalen Lkw-Unternehmer zwölf Fuhren pro Tag über holprige Straßen und gegen mißgünstige Konkurrenten fahren. Am Ende dieses rasanten Actionfilms ist der Fahrer sie los und plaziert seine Ladung dort, wo ihn optimaler Lohn erwartet.

Duell am Wind River / The Mountain Men ∗∗
USA 1979 – 102 Min. Ⓥ RCA Columbia. – R: Richard Lang. D: Charlton Heston, Brian Keith, Victoria Racimo, Stephen Macht.
Western. Trapper im Kampf gegen Indianer, die ihre Bibergebiete verteidigen; der Einbruch der Zivilisation mit seinen Konsequenzen für das Leben in Freiheit bringt zusätzliche Probleme; melancholischer Indianerwestern mit eindrucksvollen Landschaftsaufnahmen und Stunts, aber auch einigem Leerlauf.

Duell bis zum Verrecken / Trip with the Teacher FLOP
USA 1973 – 79 Min. – R: Earl Barton. D: Zalman King, Robert Porter, Robert Gribbin.
Rockerfilm. Zwei Motorradrocker kapern einen Kleinbus und machen sich über die Ladung blutjunger Wüstentouristinnen her. Mit Sadismus aus dem Brutalogenre und einem kaltschnäuzigen Rächer am Ende nimmt der holprige Film seinen Lauf.

Duell der Gringos / The Pistolero of the Red River ∗∗ ½
USA 1966 – 92 Min. – R: Richard Thorpe. D: Glenn Ford, Angie Dickinson, Chad Everett.
Western. Glenn Ford als Sheriff und Meisterschütze hat eine dunkle Vergangenheit und die Saloonblume Liza als Freundin. Da kommt eines Tages der junge Heißsporn, der es genau wissen will. Western mit Pep.

Duell im Atlantik / The Enemy Below ∗∗ ½
USA 1957 – 98 Min. Ⓥ CBS/FOX. – R: Dick Powell. D: Robert Mitchum, Curd Jürgens, Al (David) Hedison, Theodore Bikel.
Seekriegsfilm. Der unbeliebte Kapitän eines US-Zerstörers jagt ein deutsches U-Boot mit Geheimauftrag; konventionelle Kriegsverharmlosung, bemerkenswerte Seegefecht-Spezialeffekte.

Duell im Dschungel / Duel in the Jungle ∗∗
USA 1954 – 95 Min. – R: George Marshall. D: Jeanne Craine, Dana Andrews, David Farrar.
Krimiabenteuer. Ein Diamantenhändler ist spurlos verschwunden, und die Versicherung schnüffelt nun im Dschungel herum. Dunkle Geschäfte, helle afrikanische Nächte, Liebe und Action sind die Folge in dieser routinierten, passabel spannenden Studiosafari.

Duell im Morgengrauen / Gunman's Walk ∗∗∗
USA 1958 – 98 Min. – R: Phil Karlson. D: Van Heflin, Tab Hunter, James Darren, Kathryn Grant, Mickey Shaughnessy, Ray Teal.
Western. Ein alter Haudegen liebt seinen ungebärdigen älteren Sohn mehr als dessen ungleichen Bruder; als der Ältere zum Mörder wird, versucht ihn der einflußreiche Vater zu retten; mit Spannung und gutem Timing inszenierter Spätwe-

stern, dessen eindrucksvolle Charakterstudie ihn zu einem Schlüsselfilm des Genres in den fünfziger Jahren werden ließen.

Duell im Sattel / The Brass Legend ∗∗
USA 1956 – 79 Min. sw. – R: Gerd Oswald. D: Hugh O'Brian, Nancy Gates, Raymond Burr.
Western. Verrat, Liebe, Rache und die unvermeidliche Arbeit des Sheriffs, der weiß, was ein Sheriff tun muß. Dazu ein Schuß Psychologie und Spannung.

Duell in den Wolken / The Tarnished Angels ∗∗∗
USA 1957 – 90 Min. sw. – R: Douglas Sirk. D: Rock Hudson, Robert Stack, Dorothy Malone, Jack Carson.
Literaturverfilmung. Spannende Geschichte um eine Fliegertruppe, die in New Orleans eine Luftschau abzieht. Zwei Männer und eine Frau in einem Drama halsbrecherischer Leidenschaften. Hervorragende Stunts und Special Effects. Nach dem Roman »Pylon« von William Faulkner.

Duell in der Sonne / Duel in the Sun ∗∗ ½
USA 1946 — 125 Min. – R: King Vidor. D: Jennifer Jones, Joseph Cotten, Gregory Peck, Lionel Barrymore, Lillian Gish.
Western. Liebesdrama in Texas vor der Jahrhundertwende; zwei Brüder, der eine so entsetzlich gut wie der andere böse, kämpfen um ein schönes, leidenschaftliches Halbblut; der Kampf endet tödlich; ein Film der großen Gefühle in großen Landschaften und ein Western mit einem weiblichen Helden; doch gleitet das kolossale Melodram durch Coautor-Produzent David O. Selznick ins Bombastische.

Duell in Socorro / Dawn at Socorro ∗∗
USA 1954 – 79 Min. – R: George Sherman. D: Rory Calhoun, Piper Laurie, David Brian.
Western. Der Revolvermann und Spieler Brett Wade kehrt in seine Heimat South Carolina zurück, in der Absicht, seinen »Beruf« an den Nagel zu hängen. Doch finstere Kerle zwingen ihn dazu, wieder zum Colt zu greifen. Spannendes Showdown; gute Darsteller.

Duell in Vaccares / Caravan to Vaccares ∗∗
GB/F 1973 – 94 Min. – R: Geoffrey Reeve. D: Charlotte Rampling, David Birney, Michael Londsdale, Marcel Bozzuffi.
Thriller. Ein Amerikaner, der einen ungarischen Professor in die USA schleusen soll, verliebt sich in eine Fotografin; beide geraten in ein Komplott von Mord, Entführung und Erpressung; recht spannend und nicht ohne Ironie.

Duell mit dem Teufel / The Man from Bitter Ridge ∗ ½
USA 1955 – 80 Min. – R: Jack Arnold. D: Lex Barker, Mara Corday, Stephen McNally.
Western. Der Detektiv und das Mädchen, das Schafe züchtet, entlarven die maskierten Banditen, die der Postkutschengesellschaft Ärger bereiten. Routiniert in Szene gesetzt.

Duell ohne Gnade / La diagonale du fou ∗∗
F 1983 – 100 Min. – R, B: Richard Dembo. D: Michel Piccoli, Alexandre Arbatt, Liv Ullmann, Leslie Caron, Daniel Olbrychski.
Thriller. Vordergründig geht es um die Schachweltmeisterschaft zwischen einem Originalrussen und einem Emigranten, in Wahrheit um Systemkritik und politische Machtstrukturen; ambitioniert, aber allzu glatt angelegt.

Duell vor Sonnenuntergang / Sparate a vista su killer kid ∗ ½
BRD/YU/I 1965 – 95 Min. – R: Leopold Lahola. D: Peter van Eyck, Carola Gray, Wolfgang Kieling, Mario Girotti.
Western. Viehtriebwestern um zwei Brüder, deren Rivalitäten beim großen Treck aufbrechen. Passabel konstruierte, aber zu routinierte, Westernklischees abnudelnde Story. Interessante Besetzung.

Ein Duft von Blumen TV-Film
BRD 1967 – 90 Min. sw. – R: Peter Beauvais. B: James Saunders. D: Ulrich Schamoni, Martin Rosenstil, Sabine Sinjen, Gerd Böckmann.

Eine Achtzehnjährige begeht Selbstmord, inmitten ihrer Trauergemeinde erlebt sie ihre Vergangenheit; Experimentalstück in avantgardistischer Filmsprache.

Die dummen Streiche der Reichen / Don Louis, der Größenwahnsinnige / La folie des grandeurs ∗ ½
F/I/E/BRD 1971 – 103 Min. – R: Gérard Oury. D: Louis de Funès, Alberto de Mendoza, Yves Montand, Karin Schubert.
Gesellschaftskomödie. Louis de Funès strampelt sich als gieriger Steuereintreiber des spanischen Königs durch diese langatmige Kostümklamotte.

Dunja ∗
A 1955 – 98 Min. – R: Josef von Baky. D: Eva Bartok, Ivan Desny, Karlheinz Böhm, Walter Richter.
Melodram. Dem eitlen Offizier Minski gefällt die schöne Tochter des Postmeisters, er nimmt sie mit nach St. Petersburg, aber nicht als Frau, sondern als Geliebte. Als ihr Vater das erfährt, dreht er durch. Remake des Films »Der Postmeister« (mit Hilde Krahl und Heinrich George) von 1940 nach Puschkins gleichnamiger Novelle; überflüssige Filmmeter.

Das Dunkel am Ende der Treppe / The Dark at the Top of the Stairs ∗∗ ½
USA 1960 – 117 Min. – R: Delbert Mann. D: Robert Preston, Dorothy McGuire, Shirley Knight, Angela Lansbury.
Melodram. Ein Mann versucht aus Arbeitslosenalltag und kaputter Ehe auszubrechen. Seine Flucht verfolgt dieser ernsthafte, um psychosozialen Realismus bemühte Film mit sensibler Personenführung und differenzierter Zeitkritik. Nach einem Theaterstück von William Inge.

Dunkle Kanäle / Le manteau de Saint-Martin TV-Film
F 1985 – 83 Min. – R: Gilles Behat. D: Jean-Claude Dauphin, Corinne Dacla, Robert Dhéry, Colette Brosset.
Befreiungsaktion in terroristischem Umfeld und die melancholische Liebe einer Aktivistin zu einem der Entflohenen, dem sie über dunkle Kanäle Fluchtmittel verschafft: düsterer Krimi der »Série noire« mit überzeugenden Darstellern.

Die dunkle Macht des Sonnengottes / Die Überlebenden der Totenstadt / I sopravvissuti della città morta ∗ ½
I 1983 – 92 Min. – R: Anthony M. Dawson. D: David Warbeck, John Steiner, Susie Sudlow.
Abenteuer. Zwischen einem Geheimagenten und Scheich Abdullahs Mannen kommt es zum Kampf um einen alten Grabschatz. Gags und Actionmischung aus James Bond und Indiana Jones.

Dunkle Spur / Keeper of the Flame ∗∗ ½
USA 1942 – 90 Min. sw. – R: George Cukor. D: Spencer Tracy, Katharine Hepburn, Richard Whorf, Forrest Tucker.
Melodram. Tracy als Reporter auf Wahrheitssuche ermittelt gegen die Hepburn, die das Geheimnis bewahren will, daß ihr berühmter toter Gatte ein Faschist war. Seifenoper mit zeitkritischem Akzent.

Der dunkle Stern ∗ ½
BRD 1955 – 95 Min. sw. – R: Hermann Kugelstadt. D: Toxi, Ilse Steppat, Victor Staal, Hansi Knoteck, Gert Fröbe, Edith Schultze-Westrum.
Generationsfilm. Ein Mischlingskind wächst als Waise in Oberbayern auf. Beim Zirkus hofft man das Mädchen unterzubringen, um ihm Demütigungen wegen seiner Hautfarbe zu ersparen. Der bemühte und gutgemeinte, aber biedere Film überzeugt nicht in Charakterzeichnung und Problembehandlung, nur die Zirkusnummern versöhnen.

Duo Valentianos ∗∗ ½
BRD 1984 – 90 Min. – R: Gertrud Pinkus. D: Gilles Lotthé, Margarete Wiedstruck, Angelika Bartsch.
Zeitkritischer Milieufilm. Das Berlin der dreißiger Jahre mit seiner Varietétradition wird lebendig in diesem vielschichtigen, nostalgischen und halbdokumentarischen Spielfilm um einen Artisten, der die Vergangenheit rekonstruiert und dabei auch auf den Alltag im Nationalsozialismus stößt.

Durch die Wälder, durch die Auen ∗∗

BRD 1956 – 100 Min. Ⓥ Toppic. – R: Georg Wilhelm Pabst. D: Eva Bartok, Karl Schönböck, Peter Arens, Joe Stökkel, Rudolf Vogel.
Romanze. Eine historische Schmonzette um den Komponisten Carl Maria von Weber und seine junge Braut, die, ein Anschlag des verschmähten Grafen, von Räubern verschleppt wird. Harmlosnette, unterhaltende Postkutschenfahrt.

Durchbruch im Morgengrauen / Dvoboj za juznu prugu * ½
YU 1978 – 90 Min. – R: Zdravcko Velimirović. D: Dragomir Bojanič-Gidra, Vojislav Mirić, Nadfa Vojnović.
Partisanenfilm. Schilderung des jugoslawischen Kampfes unter Tito gegen deutsche und italienische Besatzer; konventionell und klischeebeladen.

Durchs wilde Kurdistan ** ½
BRD 1965 – 98 Min. – R: Franz J. Gottlieb. D: Lex Barker, Marie Versini, Ralf Wolter, Dieter Borsche, Chris Howland, Wolfgang Lukschy.
Karl-May-Verfilmung. Kara Ben Nemsi und Hadschi Halef Omar auf seiten des und der Guten; ein aufwendiger Eastern mit humorigem Unterton.

Durst / Törst ** ½
S 1949 – 80 Min. sw. – R: Ingmar Bergman. D: Eva Henning, Birger Malmsten, Birgit Tengroth, Mimi Nelson.
Melodram. Innere Einsamkeit und Leere im (Seelen-)Leben von Frauen mit Selbstzweifeln als Anlaß für eine seziererische Reise in die Innenwelt; düstere Paraphrasen von Novellen von Birgit Tengroth; ein Meilenstein im Schaffen Bergmans.

Düsenjäger / Jet Pilot *
USA 1957 – 112 Min. – R: Josef von Sternberg. D: John Wayne, Janet Leigh, Jay C. Flippen, Paul Fix, Richard Rober, Roland Winters.
Fliegerfilm. Zu Recht sieben Jahre zurückgehaltenes Produkt (1949/50 gedreht) aus Howard Hughes' Fliegerfilmküche; Kalter-Kriegs-Background in einer abstrusen Agenten-Love-Story verhilft John Wayne wieder einmal zu unfreiwilliger Komik.

Das düstere Haus / Fanatic / Die! Die! My Darling! ** ½
GB 1965 – 97 Min. – R: Silvio Narizzano. D: Tallulah Bankhead, Stefanie Powers, Peter Vaughn, Maurice Kaufman, Yootha Joyce, Donald Sutherland.
Horrorfilm. Eine religiöse Fanatikerin will die Exfreundin ihres verunglückten Sohnes, die sie in ihrem einsamen Haus besucht, töten; überragend Bankhead in einem Film, der mit Effekten überladen und dadurch um einen Teil seiner Wirkung gebracht wurde.

E

Earthquake – Flammendes Inferno in Tokio / Earthquake ∗ ½
J 1981 – 87 Min. – R: Kenjiro Ohmori. D: Francis Smith, Hiroshi Katsuno, William Willms, Ted Fisher, Toshiyuki Nagashima.
Katastrophenfilm. Aus Sorglosigkeit und Konsumdenken werden Erdbebenwarnungen nicht ernst genommen, Tokio wird zerstört; Sozialkritik tritt hinter mäßige Special Effects zurück.

Easy Flyer / Dance of the Dwarfs ∗
USA 1982 – 89 Min. – R: Gus Trikonis. D: Peter Fonda, Deborah Raffin, John Amos, Carlos Palomino, Arthur »Turko« Cervantes.
Abenteuerfilm. Ein alkoholkranker Urwaldpilot und Exkampfflieger rettet eine US-Anthropologin vor Guerillas und anderem Bösen; plattes Spektakel, dessen ärgerlicher deutscher Verleihtitel spekulierend auf »Easy Rider« hinweist.

Easy Rider / Easy Rider ∗∗∗
USA 1968 – 95 Min. Ⓥ RCA Columbia. – R: Dennis Hopper. D: Peter Fonda, Dennis Hopper, Jack Nicholson, Karen Black.
Road Movie. Zwei Drogenfreaks fahren mit Hochlenkermotorrädern quer durch die USA nach New Orleans; in der Provinz werden sie von Spießern belästigt und schließlich von einem Landarbeiter abgeknallt. Der erste authentische Rockmusik- und Straßenfilm, als historisches Dokument der Blumenkinder-Epoche inszeniert, erschloß dem Kino die »angemachte« Welt der Woodstock-Generation.

Eaux D'artifice / Eaux D'artifice ∗∗∗
USA 1953 – 10 Min. – R: Kenneth Anger.
Avantgardefilm. Ein visuelles Versteckspiel zur Musik Vivaldis im Park der Villa d'Este bei Rom; Wasserfontänen und -kaskaden, Plastiken und Grün, dazwischen ein schemenhafter, geheimnisvoller Jüngling, der mit dem Park verschmilzt. Angers hohe Kunst der Film-Fuge und einer der schönsten Kurzfilme der Kinogeschichte.

echt tu matsch TV-Film
BRD 1984 – 88 Min. – R: Claus Strigel, Bertram Verhaag. D: Mine Gruber, Ulrike Neumann, Michael Gahr, Astrid Boner.
Nach dem Prinzip »Verkehrte Welt« dürfen Schüler Lernziele und Lernlust selbst bestimmen; trotz lustiger Effekte werden viele Pointen verschenkt.

Ed Murrow – Reporter aus Leidenschaft TV-Film
USA/GB 1986 – 108 Min. – R: Jack Gold. D: Daniel J. Travanti, Dabney Coleman, Edward Herrman, John McMartin.
Geschichte des Starreporters von CBS, sein Aufstieg durch Kriegsberichte aus London, sein Kampf gegen den Kommunistenjäger McCarthy und sein Scheitern am Kommerzdenken seines Senders; exzellente Studie über politische Aspekte von Medienarbeit.

Eddie and the Cruisers / Eddie and the Cruisers ∗∗
USA 1983 – 95 Min. Ⓥ VCL. – R, B: Martin Davidson. D: Tom Berenger, Michael Paré, Helen Schneider, Matthew Laurance, David Wilson.
Musikerfilm. Exmitglieder einer Rockband der sechziger Jahre kommentieren in Erinnerungen Aufstieg und Auseinanderbrechen der Band; ein Film, der allzu glatt und schlüssig Zwänge für den Zerfall einer Gruppe verantwortlich macht.

Eddie krault nur kesse Katzen / Les femmes d'abord ∗∗
F 1962 – 89 Min. – R: Raoul André. D:

Eddie Constantine, Bernadette Lafont, Mischa Auer, Dario Moreno.
Krimikomödie. Eddie als FBI-Drogenfahnder in Normalform und Habachtstellung, das heißt eine Faust an Mädchentaillen, die andere auf des Gegners Auge; routinierte Unterhaltung.

Eddie Macons Flucht / Eddie Macon's Run **
USA 1983 – 90 Min. – R: Jeff Kanew. D: Kirk Douglas, John Schneider, Leah Ayres.
Fluchtfilm. Ein unschuldig Einsitzender ist zum zweitenmal geflohen; ein gnadenloser Bulle ist ihm auf den Fersen; der Zweikampf der Männer, nicht als Kritik an den Strafverfolgungsbehörden, sondern als knallharter Actionstreifen serviert, endet bleihaltig und mit einer überraschenden Auflösung.

Eddie schafft alle / SOS Pacific ** ½
GB 1959 – 84 Min. sw. – R: Guy Green. D: Eddie Constantine, Pier Angeli, Eva Bartok, Richard Attenborough, Gunnar Möller.
Agentenfilm. Eddie ist müde geworden, seine Witze und Fausthiebe heben kaum noch jemanden aus den Schuhen; dennoch ein Film für Eddie-Fans, dem nach einer Notlandung ein schönes Mädchen auf einsamer Insel in die Hände fällt; Eddie nutzt die Chance.

Ede und das Kind TV-Film
BRD 1988 – 95 Min. – R: Jörg Grühler. B: Felix Huby. D: Carl-Heinz Schroth, Heinz Reincke, Judith Kernke, Ursela Monn.
Ohne es zu wollen, wird der harmlose Taschendieb Ede zum Kidnapper; denn als er gerade die Tasche aus einem Luxusauto klauen will, scheucht ihn ein Polizist aus dem Halteverbot. Und auf dem Rücksitz befindet sich die kleine Petra. Hintersinnig-vergnügliche Komödie um ein inzwischen ausgereiztes Thema.

Der Edelweißkönig FLOP
BRD 1975 – 81 Min. – R: Alfred Vohrer. D: Robert Hoffmann, Adrian Hoven, Ute Kittelberger, Werner Umberg, Monika Dahlberg.
Heimatfilm. Vierte Adaption des Ganghofer-Romans; sorglos zusammengeschustertes, darstellerisch indiskutables Alpenspektakel um Verführung und Totschlag im Bergbauernmilieu.

Eden End / Eden End TV-Film
GB – 85 Min. – R: Donald McWhinnie. D: Eileen Atkins, Robert Stephans.
Eine junge Frau, die als Schauspielerin Karriere machte, kehrt in die Provinzwelt zu ihrer Familie nach Eden End, ans »Ende der Welt«, zurück. Melancholisch, nach einem Theaterstück von John Priestley.

Edouard, der Herzensbrecher / Le cavaleur ** ½
F 1978 – 98 Min. – R: Philippe De Broca. D: Jean Rochefort, Nicole Garcia, Cathérine Alric, Cathérine Leprince, Annie Girardot.
Liebeskomödie. Ein vielbegehrter Pianist hat auch Erfolg bei den Frauen. Doch eines Tages verpaßt er den Terminwechsel von einer zur anderen. Der witzige, gut gespielte Film von De Broca (»Abenteuer in Rio«) unterlegt das Playboy-Schelmenstück mit besinnlichen Tönen.

Edouard und Caroline / Edouard et Caroline ** ½
F 1951 – 88 Min. sw. – R: Jacques Bekker. D: Anne Vernon, Daniel Gélin, Jean Galland.
Melodram. »Klassenliebe«: Geschichte eines Ehepaars aus unterschiedlichen Gesellschaftsschichten; kapriziös und erlesen inszeniert; sorgfältige Milieu- und Charakterstudien; humorvolle Handlungsführung.

Edvige Scimitt TV-Film
BRD 1985 – 90 Min. – R, B: Matthias Zschokke. D: Ingrid Kaiser, Fritz Schediwy, Wolfgang Michael, Klaus Völker.
Die Geschichte eines Dienstmädchens; eigenwillige Dialoge und Bildideen, skurril, phantastisch. Erhielt auf der Berlinale 1986 den Preis der deutschen Filmkritik.

Effie Briest TV-Film
DDR 1968 – 115 Min. Ⓥ atlas. – R: Wolfgang Luderer. D: Angelica Domröse, Horst Schulze, Dietrich Körner.
Gelungene, im Geist Fontanes inszenierte Fernsehfassung des Romans um

die tragische Geschichte der 17jährigen Effie, die mit einem Adligen verheiratet wird, dessen Gefühlskälte und Karrieresucht sie zum Opfer fällt.

Die Ehe der Maria Braun *** ½
BRD 1978 – 116 Min. Ⓥ atlas. – R: Rainer Werner Fassbinder. D: Klaus Löwitsch, Hanna Schygulla, Gisela Uhlen, Ivan Desny, Gottfried John.
Zeitkritischer Liebesfilm. Liebes- und Ehegeschichte in Krieg und Nachkrieg: Eine Frau stellt sich die Frage, ob sie ihren Mann noch will oder nicht; sie findet es heraus. Ein schön fotografierter, dramaturgisch straffer, blendend besetzter und gespielter Fassbinder-Film, der überflüssige Manierismen vermeidet. Das Genie des Regisseurs unterwirft sich hier ganz der Handlung; einer der hundert besten Filme aller Zeiten, ein Kinoklassiker.

Die Ehe des Dr. med. Danwitz * ½
BRD 1956 – 95 Min. sw. – R: Arthur Maria Rabenalt. D: Marianne Koch, Karlheinz Böhm, Heidemarie Hatheyer, Paul Dahlke, Maximilian Schell.
Liebesfilm. Romanze aus dem Berufsleben um ein Ex-Mannequin und einen Assistenzarzt, ihre Überlebenssorgen und die Härte des Arbeitsalltags; aufrichtig gemeint, aber oberflächlich in der milieukritischen Konfliktzeichnung.

Ehe im Schatten ** ½
D 1947 – 100 Min. sw. – R: Kurt Maetzig. D: Paul Klinger, Ilse Steppat, Alfred Balthoff, Claus Holm.
Zeitkritischer Liebesfilm. Berufsverbot für eine jüdische Schauspielerin im Jahr 1933; ein Kollege heiratet die Schutzlose, doch der Druck der Nazis wird stärker. Das nach einem authentischen Fall von Autor Hans Schweikart nachgezeichnete Geschehen zeigt handwerklich zurückhaltend menschliche Katastrophen in der NS-Zeit und appelliert stark ans Nichtvergessen. Erschütterndes filmisches Mahnmal.

Ehe mit Hindernissen / Wie sagen wir es unseren Kindern? **
D 1945 – 86 Min. sw. – R: Hans Deppe. D: Leny Marenbach, Mathias Wiemann, Hilde Körber, Ernst Waldow.
Zeitkritischer Liebesfilm. Zwischen den beiden (verliebten) Kindern von zwei nicht mehr Verheirateten herrscht Krieg. Als es zu einer Aussprache kommt, stellen auch die Elternteile ihre Zuneigung fest – Liebe zwischen den Generationen, einmal umgekehrt zum Romeo-und-Julia-Stoff. Der bei Kriegsende realisierte Film präsentiert einen Schauplatz von einzigartigem historischem Wert: das noch unzerstörte Dresden; nicht ganz so beeindruckend entwickelt sich das Liebesgeplänkel der Akteure.

Eheinstitut Aurora *
BRD 1961 – 104 Min. sw. – R: Wolfgang Schleif. D: Eva Bartok, Carlos Thompson, Claus Holm, Elisabeth Flickenschildt.
Krimi. Eine unschuldig wegen Gattenmordes Verurteilte nutzt einen Hafturlaub, um den Mörder zu überführen; gemütvoller, aber kaum spannender Krimi.

Der Ehekäfig / La cage ** ½
F 1974 – 90 Min. – R: Pierre Granier-Deferre. D: Lino Ventura, Ingrid Thulin, Sophie Sam.
Ehedrama. Geschlechterkrieg in einem alten Stadthaus; die Ehefrau lockt ihren untreuen Mann in eine Falle und hält ihn bis auf Widerruf in einem Käfig gefangen. Eine drastische, konsequente filmische Dialogstudie über Besitzverhältnisse in der Liebe.

Ehekomödie / That Uncertain Feeling ** ½
USA 1941 – 83 Min. sw. OmU. – R: Ernst Lubitsch. D: Merle Oberon, Melvyn Douglas, Burgess Meredith, Alan Mowbray, Eve Arden.
Komödie. Adaption eines Boulevardstückes über eine Frau, die sich in einer eigentlich glücklichen Ehe erst freischwimmen muß; ein amüsantes Star-Paar und leichthändige Regie in einer intelligenten Ehekomödie.

Ehemänner / Husbands ** ½
USA 1970 – 130 Min. sw. – R: John Cassavetes. D: Ben Gazzara, Peter Falk, John Cassavetes, Jenny Runnacre.
Milieukomödie. Drei Mittelklasse-Männer in der Midlife-crisis machen einen Trip nach Europa, als ihr bester Freund

gestorben ist; in beweglichem, assoziationsreichem und spontanem Inszenierungsstil serviert, mit glänzenden Schauspielerpersönlichkeiten und intensiven Dialogen; eine amüsante Studie orientierungslos wuselnder Sympathieträger.

Ehemänner in Gefahr / ∗∗
Mariti in pericolo
I 1961 – 90 Min. – R: Mauro Morassi. D: Sylva Koscina, Mario Carotenuto, Memmo Carotenuto.
Komödie. Eine attraktive Urlaubsbekanntschaft bringt Verwirrung in das Leben zweier Brüder und ihrer Ehefrauen, da sie munter über weibliche Tricks plaudert; turbulenter Film um Mißverständnisse, Verwechslungen und Eifersucht auf italienisch.

Eheposse / Skylark ∗∗∗
USA 1941 – 90 Min. sw. – R: Mark Sandrich. D: Claudette Colbert, Ray Milland, Brian Aherne.
Ehekomödie. Nach fünf Ehejahren fühlt sich eine Frau von ihrem karrieresüchtigen Mann an den Rand gerückt und beschließt, ihn eifersüchtig zu machen; witzig und spritzig inszeniert, schlagfertige Dialoge und flotte Schauspielerei.

Ehesanatorium
siehe: Ja, so ist das mit der Liebe

Das Ehesanatorium ∗ ½
A 1954 – 105 Min. sw. – R: Franz Antel. D: Adrian Hoven, Maria Erna, Paul Hörbiger, Hans Moser.
Eheklamotte. Ein Professor heilt kaputte Ehen; zwei Journalisten kommen ihm auf die Schliche; vor allem wegen Moser sehenswert.

Der ehrbare Bigamist / ∗∗
The Remarkable Mr. Pennypacker
USA 1959 – 84 Min. – R: Henry Levin. D: Clifton Webb, Dorothy McGuire, Charles Coburn.
Komödie. Ein Mann heiratet zweimal, in beiden Fällen mit ordentlicher Familie, Heim und Kindern, die er auch versorgt – nur an zwei völlig verschiedenen Orten; als der Schwindel auffliegt, präsentiert der Film eine überraschende Lösung. Leider etwas schwerfällig inszeniert.

Die Ehre der Prizzis / ∗∗ ½
Prizzi's Honor
USA 1985 – 124 Min. Ⓥ Vestron. – R: John Huston. D: Jack Nicholson, Kathleen Turner, Robert Loggia, John Randolph, William Hickey.
Gangsterfilm. Charly Partanna, Kronprinz des Mafiaclans, verliebt sich hemmungslos in eine fremde Frau, ohne zu ahnen, welche Viper er sich damit an den Hals setzt. Die Mischung aus Sentiment, Ironie und Grausamkeit demaskiert auf zynische Weise den Mafiamythos.

Das Ehrenmal / The Arch / ∗∗ ½
Tung Fu-Jen
Hongkong 1976 – 90 Min. – R, B: T'ang Shu-hsuan. D: Lisa Lu, Wen-Hsiu, Chou-Hsuan.
Zeitkritischer Film. Beeindruckend stilisierende, poetische Geschichte aus dem China des 17. Jahrhunderts; durch Legendentöne und sensible Bildgestaltung fesselndes fernöstliches Filmdokument.

Ehrlich lohnt sich nicht / ∗∗ ½
It Doesn't Pay to Be an Honest
USA 1984 – 75 Min. – R: Jacob Burckhardt. D: Reed Bye, Allen Ginsberg, William Burroughs, Bill Rice.
Zeitdokument. Ein Filmemacher wird beraubt und verliert dabei nicht nur vierzig Dollar, sondern auch eine wertvolle Filmrolle; daraufhin treibt er sich Tage und Nächte in New York herum, wo er Intellektuelle, Trinker und Künstler trifft; ungewöhnlicher Avantgardefilm.

Eifersucht auf italienisch / ∗∗ ½
Dramma della gelosia – tutti i particolari in cronaca
I/E 1969 – 102 Min. – R: Ettore Scola. D: Marcello Mastroianni, Monica Vitti, Giancarlo Giannini.
Komödie. Ein Ehemann flüchtet vor seiner streit- und eifersüchtigen Frau in eine leidenschaftliche Beziehung, doch gibt ihm die Auserwählte bald selbst Grund zur Eifersucht; eine heitere, nuancierte Verhaltensstudie; bissiger Kommentar zum Machismo.

Die eigenen vier Wände TV-Film
BRD 1965 – 105 Min. sw. – R: Wolfgang Glück. B: Curth Flatow. D: René Deltgen, Inge Meysel, Christoph Quest, Ronald Delme.
Eine resolute Frau mittleren Alters ver-

ordnet sich und ihrer Familie ein radikales Sparprogramm, um an ein eigenes Haus zu kommen; humorvolles Volksstück um das immer neue Problem des Hausbaus.

Der Einbrecher / Wslomschtschik ***

UdSSR – 84 Min. – R: Valerij Ogorodnikow. D: Oleg Yelykomow, Konstantin Kinchew.

Zeitkritischer Film. Die Geschichte von Semjon, einem 15jährigen, dessen Familie zerrüttet ist. Sein Bruder spielt in einer Popband, kann aber mit Semjon nichts anfangen. Um Aufmerksamkeit zu erringen, geht der Junge einen Schritt zu weit: Um den Preis der intakten Familie ist er bereit, in die Kleinkriminalität abzurutschen. Das Spielfilmdebüt von Ogorodnikow, in der Sowjetunion gefeiert, liefert ein eindrucksvolles Porträt moderner Jugendlicher und des »inneren« Zustands der Gesellschaft.

Ein Tag ist schöner als der andere *

BRD 1969 – 90 Min. – R: Kurt Hoffmann. D: Vivi Bach, Ingrid Braut, Siegfried Siegert.

Feriengeschichte. Wenn Mutti in Urlaub geht, kommt Tante Vivi aus Dänemark und spielt mit den Kleinen; verlogene heile Welt.

Eine hübscher als die andere **

BRD 1961 – 85 Min. – R: Axel von Ambesser. D: Heidi Brühl, Peter Nestler, Gustav Knuth, Rudolf Platte.

Komödie. Ein Playboy, der aus Amerika in sein Kaff zurückkommt, findet die Heimat plötzlich sehr reizvoll; es beginnt ein Bäumchen-wechsle-dich-Spiel, dem der einfallsreiche Film mit munteren Bocksprüngen folgt.

Eine zuviel im Bett / Move Over, Darling ** ½

USA 1963 – 103 Min. – R: Michael Gordon. D: Doris Day, James Garner, Polly Bergen, Thelma Ritter, Edgar Buchanan.

Komödie. Eine nach Flugzeugabsturz Verschollene taucht wieder auf, als Mann mit Zweitfrau in die Flitterwochen will; temperamentvolles Day-Spektakel; überragend Buchanan als verunsicherter Richter.

Einer fehlt beim Kurkonzert TV-Film

BRD 1968 – 75 Min. sw. – R: Jürgen Roland. D: Hans Putz, Jana Novakova, Lale Andersen, Karin Hardt, Carsta Löck, Ralf Wolter.

Komödiantischer Krimi auf einer Nordseeinsel; in einer Pension wird ein ermordeter Lebemann gefunden, und die Polizei krempelt die Idylle um; Buchvorlage von Hansjörg Martin.

Einer flog über das Kuckucksnest / One Flew Over the Cuckoo's Nest *** ½

USA 1975 – 128 Min. – R: Milos Forman. D: Jack Nicholson, Louise Fletcher, Brad Dourif, Will Sampson.

Literaturverfilmung. Der Strafgefangene McMurphy läßt sich in eine Nervenheilanstalt einweisen, um dem Gefängnis zu entgehen; dort wiegelt der Simulant die Insassen auf – nicht ungestraft. Psychiatriefilm als Parabel: Die Welt spiegelt sich im Mikrokosmos eines Irrenhauses. Der Film gewann fünf Oscars. Nach dem gleichnamigen Roman von Ken Kesey.

Einer mit Herz / One From the Heart ***

USA 1981 – 92 Min. Ⓥ RCA Columbia. – R: Francis Ford Coppola. D: Frederic Forrest, Teri Garr, Raul Julia, Nastassja Kinski.

Musicalphantasie. Ganze Straßenzüge, einen Schrottplatz, einen Flughafen und ein Kulissen-Las-Vegas ließ Regisseur Coppola (»Apocalypse Now«) in seinen Zoetrope-Studios nachbauen, um eine Künstlichkeit zu gewinnen, die an Filme aus den 50er Jahren erinnert. Die Handlung: Ein Paar trennt sich und macht sich auf die Suche nach Traumpartnern; als sie sich einander wieder annähern, ist es zu spät. Die konventionelle Story gewinnt durch den konsequenten Einsatz von Videoästhetik; Ausstattungsklischees nutzt Coppola zu ungewöhnlichen Traumfabrikeffekten.

Einer spinnt immer *

BRD/A 1971 – 84 Min. – R: Franz Antel.

D: Georg Thomalla, Terry Torday, Elfie Pertramer, Gunther Philipp, Uwe Friedrichsen.
Lustspiel. Ein Bäckermeister bekommt es mit der Existenzangst wegen eines neuen Supermarktes, doch dann erbt er und scheint aller Sorgen ledig; konventionelle Klamotte der dümmlicheren Art.

Einer trage des anderen Last ** ½
DDR 1987 – 114 Min. – R: Lothar Warnecke. D: Jörg Pose, Manfred Möck, Susanne Lüning, Karin Gregorek, Heinz-Dieter Knaup.
Zeitkritischer Film. In einem abgelegenen Sanatorium treffen sich der ideologisch gefestigte Leutnant Heiliger und der Vikar Koschenz; dabei wird auf komödiantischer Ebene das Verhältnis zwischen Kirche und Staat, Christentum und Kommunismus durchgespielt. Der Film läßt in seiner Kritik die Wende voraussahnen; er sollte bereits Ende der 70er Jahre realisiert werden, passierte aber damals nicht die Zensur. »Silberner Bär« für die beiden Hauptdarsteller auf der Berlinale 1988.

Einer von sieben TV-Film
BRD 1960 – 60 Min. sw. – R: John Olden. B: Gerd Oelschlegel. D: Hans Söhnker, Richard Münch, Karin Hardt, Benno Sterzenbach, Ethel Reschke.
Ein Mann versucht die Todesursache seines Bruders herauszufinden; der angeblich im Krieg Gefallene könnte ermordet worden sein; ein sehenswerter lakonischer Film mit guter Besetzung.

Einer von uns beiden ** ½
BRD 1973 – 100 Min. – R: Wolfgang Petersen. D: Jürgen Prochnow, Klaus Schwarzkopf, Kristina Nel, Claus Theo Gärtner, Elke Sommer.
Psychothriller. Ein Professor fällt einem Erpresser zum Opfer; die erzwungene Beziehung wird immer enger und verhängnisvoller; effektvolle Spannung eines Kampfes um Leben und Tod; Buchvorlage von -ky.

Einer zuviel an Bord ** ½
D 1935 – 80 Min. sw. – R: Gerhard Lamprecht. D: Albrecht Schoenhals, Lida Baarova, Ernst Karchow, René Deltgen, Willy Birgel, Jupp Hussels, Rudolf Platte, Grethe Weiser.
Krimimelodram. Ein Schiffsoffizier, der das Foto seiner Braut in der Kajüte des Kapitäns entdeckt, gerät in Mordverdacht, als der verschwindet; kompliziert angelegter, routinierter Film mit großer Besetzung.

Eines Tages in Galiläa / The Nativity TV-Film
USA 1978 – 95 Min. – R: Bernard L. Kowalski. D: John V. Shea, Madeline Stowe, Jane Wyatt, Audrey Totter.
Biblische Geschichte bis zur Geburt Jesu; schwache, deklamatorisch steife Verfilmung eines Romans von Marjorie Holmes.

Das einfache Mädchen **
BRD 1957 – 90 Min. – R: Werner Jacobs. D: Caterina Valente, Rudolf Prack, Ruth Stephan.
Musikkomödie. Eine begabte Nachwuchsschauspielerin läßt sich allerhand einfallen, um Erfolg zu haben; Starvehikel für Caterina Valente, die in dieser munteren Verwechslungskomödie nicht schlecht unterhält.

Der einfältige Mörder / Den enfaldige mördaren ** ½
S 1981 – 103 Min. – R, B: Hans Alfredson. D: Stellan Skarsgaård, Hans Alfredson, Maria Johannson, Per Myrberg.
Zeitkritischer Film. Die Geschichte eines durch eine Hasenscharte behinderten Jungen, der auf dem Land in Schweden auf unerträgliche Weise erniedrigt wird. Das Unglück eines »Narren« in symbolhaft-poetischen Bildern. Erzählt in einer großangelegten Rückblende und kitschig-grandiosen Sequenzen. Mit einem überragenden Hauptdarsteller.

Die Einladung / L'invitation TV-Film
CH/F 1972 – 94 Min. – R: Claude Goretta. D: Michel Robin, Jean-Luc Bideau, Jean Champion.
Der scheue Monsieur Placet gibt im Garten seines Hauses für seine ehemaligen Bürokollegen eine Wiedersehensparty; was als heiteres Fest geplant war, führt zu desillusionierenden Enthüllungen.

Einladung zum Tanz / Invitation to the Dance ** ½

USA 1956 – 90 Min. – R: Gene Kelly. D: Gene Kelly, Carol Haney, David Kasday.
Tanzfilm. Drei Episoden aus der Welt des Tanzes, von Kelly (»Ein Amerikaner in Paris«) mit inszenatorischem Geschick und choreographischer Phantasie vorgetanzt.

Einmal der liebe Herrgott sein ***
D 1942 – 86 Min. sw. – R: Hans H. Zerlett. D: Hans Moser, Irene von Meyendorff, Ivan Petrovich, Margit Symo, Joseph Offenbach.
Hans-Moser-Film. Der Hausdienertraum, einmal Chefportier (der »liebe Herrgott«) zu sein, erfüllt sich, und Moser nuschelt sich mit viel Situationskomik durchs Hotel zum Happy-End.

Einmal kehr ich wieder * ½
BRD/YU 1953 – 105 Min. – R: Géza von Bolvary. D: Paul Dahlke, Helen Stanley, Adelheid Seeck, Elma Karlowa, Heinz Drache.
Melodram. Ein buntes Gemälde von Schicksal, Aufstieg und Zufall; ein Jugoslawe in Amerika wird Millionär und kehrt in seine Heimat zurück.

Einmal Ku'damm und zurück * ½
BRD 1985 – 92 Min. – R: Herbert Ballmann. D: Ursela Monn, Christian Kohlund, Peter Schiff, Evelyn Meyka, Brigitte Mira, Walo Lüönd, Volker Brandt.
Berlin-Film. Schweizer Botschaftskoch transportiert mehrfach VEB-Sekretärin im Kofferraum in den Westen, wo sie zu staunen beginnt; nette Unterhaltung mit routinierter Besetzung.

Einmal noch die Heimat seh'n *
A 1958 – 90 Min. – R: Otto Meyer. D: Rudolf Lenz, Anita Gutwell, Jürgen Holl.
Heimatfilm. Aus verschmähter Liebe schwört ein Förster einen Meineid; Schnulze.

Einmaleins der Ehe ** ½
BRD 1949 – 85 Min. – R: Rudolf Jugert. D: Hans Söhnker, Irene von Meyendorff, Viktor Staal, Grethe Weiser, Gustav Knuth.
Komödie. Ein Anwalt wettet mit seiner Braut, daß drei Ehepaare, die im Radio über ihr Glück sprechen, schwindeln; er lernt selbst das »Einmaleins der Ehe«, doch dazu muß er turbulente Verwicklungen überstehen; routiniertes Lustspiel mit Grethe Weiser in einer vergnüglichen Rolle.

Das Einmaleins der Liebe ** ½
D 1935 – 90 Min. sw. – R: Carl Hoffmann. D: Luise Ullrich, Paul Hörbiger, Lee Parry, Theo Lingen, Paul Henckels, Oskar Sima.
Verwechslungskomödie. In diesem »Spiel aus alter Zeit« wirbelt Irrwisch Ullrich (in einer Hosenrolle) durcheinander, was sich dann zum Happy-End fügt; Musik von Theo Mackeben.

Eins plus eins / One plus One ***
GB/F 1968 – 100 Min. – R: Jean-Luc Godard. D: Anne Wiazemsky, Ian Quarrier, »The Rolling Stones«.
Godard-Film. Filmische Bestandsaufnahme der kulturrevolutionären Stimmung Ende der sechziger Jahre. Dritte-Welt-Pathos, Konsumkritik, Straßenrevolte und Rockmusik als subversive Akte, spielerisch im Bild-und-Ton-Puzzle zusammengelegt von Godard (»Außer Atem«), der den »Stones« viel Zeit gibt, im Studio Kreativität zu demonstrieren.

1 + 1 = 3 ***
BRD 1979 – 82 Min. – R: Heidi Genée. D: Adelheid Arndt, Dominik Graf, Christoph Quest.
Frauenfilm. Die junge Schauspielerin Katarina ist seit acht Jahren mit einem Juristen liiert, als sie schwanger wird; intelligenter Film um eine moderne Frau, die unabhängig bleiben will. Deutscher Filmpreis 1980.

Einsam sind die Tapferen / Lonely Are the Brave ** ½
USA 1961 – 102 Min. sw. – R: David Miller. D: Kirk Douglas, Walter Matthau, Gena Rowlands, Michael Kane, George Kennedy.
Western. Ein Cowboy will einen inhaftierten Freund befreien und kämpft schließlich allein gegen eine hochtechnisierte Polizeitruppe, Tragödie eines Mannes,

der sich in seiner Zeit nicht mehr zurechtfindet; eindrucksvoller Spätwestern nach einem Drehbuch von Dalton Trumbo; spannendes Darstellerduell Douglas/Matthau.

Der Einsame / **
The Lonely Man
USA 1957 – 85 Min. sw. – R: Henry Levin. D: Anthony Perkins, Jack Palance, Elaine Aiken, Neville Brand.
Generationsfilm. Im Westernmilieu angesiedeltes Drama um den Verdacht eines Sohnes, sein Vater sei am Tod der Mutter schuld; seelische Enge und landschaftliche Weite bilden in dem gut gespielten Film einen reizvollen Kontrast.

Der einsame Job / Report to the Commissioner **
USA 1975 – 112 Min. – R: Milton Katselas. D: Michael Moriarty, Yaphet Kotto, Susan Blakely.
Krimi. Ein junger Polizeidetektiv gerät unter Mordverdacht: Die Tochter eines Politikers, die er schützen sollte, ist tot; zwischen zwei Fronten stehend, muß er handeln; der Film assistiert ihm dabei mit rasanter Erzählweise.

Der einsame Puma / **
Charlie the Lonesome Cougar
USA 1968 – 86 Min. – R: Winston Hibler. D: Ron Brown, Clifford Peterson, Brian Russell, Lewis Sample.
Tierfilm. Ein Holzfäller nimmt sich eines jungen Pumas an, der im Camp Furore macht; unbeschwerte Walt-Disney-Unterhaltung.

Der einsame Zotti / **
The Shaggy Dog
USA 1959 – 98 Min. – R: Charles T. Barton. D: Fred MacMurray, Jean Hagen, Tommy Kirk, Annette Funicello, Tim Considine.
Hundegeschichte. Willibald verwandelt sich durch einen Zauberring zeitweilig in einen Zottelhund. In dieser »Verwandlung« kommt er zufällig einem Spionagering auf die Spur; unterhaltsame Jugendkomödie aus dem Walt-Disney-Studio mit Slapstickeinlagen.

Ein einsamer Ort / In a Lonely Place ** ½
USA 1950 – 94 Min. sw. – R: Nicholas Ray. D: Humphrey Bogart, Gloria Grahame, Frank Lovejoy, Jeff Donnell.
Psychodrama. Bogart als trinkender, gewalttätiger Schreiberling gerät in Mordverdacht; eine liebende Frau versucht, ihm zu helfen, doch seine Seele ist so angeknackst, daß er in dieser düsteren Romanze des Regieaußenseiters Ray allein zurückbleibt.

Die Einsamkeit des Langstreckenläufers / The Loneliness of the Long Distance Runner ***
GB 1962 – 103 Min. sw. – R: Tony Richardson. D: Tom Courtenay, Michael Redgrave, Avis Bunnage.
Sozialkritische Studie. Der junge Colin wird in der Erziehungsanstalt freundlich aufgenommen, als sich herausstellt, daß er ein Lauf-As ist. Für das Team soll er einen Wettbewerb gewinnen. Er trainiert in einsamen Geländeläufen, dabei holt ihn seine Vergangenheit ein; dramaturgisch hervorragend – Sportfilm als Psychostudie.

Einsatzkommando Seewölfe / Highest Honour * ½
AUS/J 1982 – 90 Min. Ⓥ Ufa. – R: Peter Maxwell. D: John Howard, Tonny Bonner, Stuart Wilson, Kinji Kitaoji.
Kriegsfilm. Ein Spezialkommando der Alliierten versenkt im Zweiten Weltkrieg japanische Kriegsschiffe; eine weitere Aktion mißlingt, die Überlebenden tragen die Konsequenzen ihres Patriotismus. Spannendes, aktionsgeladenes, aber mit falschen Heldentönen nicht geizendes Kriegsabenteuer.

Einst kommt der Tag / **
On a Clear Day You Can See Forever
USA 1970 – 125 Min. – R: Vincente Minnelli. D: Barbra Streisand, Yves Montand, Bob Newhart, Jack Nicholson.
Psychomelodram. Montand als Psychiater versetzt Streisand als ideales Medium an den englischen Hof von 1814; was sie dort – in diesem facettenreichen, modern gedachten, amüsant nachempfundenen Unterhaltungsfilm – erlebt, weckt vor allem durch Streisands Anteilnahme.

Der Einstand TV-Film
BRD 1977 – 90 Min. – R: Reinhard Schwabenitzky. B: Gernot Wolfgruber.

D: Christian Walz, Erwin Leder, Elisabeth Orth, Helma Gautier.
Wegen eines Bagatelldiebstahls erlebt ein Lehrling die demütigende Situation des Vorbestraften; ein problembewußter, realistischer Film, sensibel gespielt und voller Aufbegehren.

Die Einsteiger (Supernasen III) **
BRD 1985 – 99 Min. Ⓥ VMP. – R: Siggi Götz. D: Thomas Gottschalk, Mike Krüger, Werner Kreindl, Anja Kruse.
Komödie. Tommy und Mike teilen sich eine Junggesellenbude in München; dank einer unwahrscheinlichen Erfindung können sie mit Hilfe ihres Videogeräts in jeden Film einsteigen. So tummeln sie sich an der blauen Lagune, im Harem oder auf Draculas Schloß. Blödelspaß des neudeutschen Komiker-Traumpaares.

Einstweilen wird es Mittag oder Die Arbeitslosen von Marienthal TV-Film
A/BRD 1988 – 90 Min. – R: Karin Brandauer. B: Heide Kouba, Karin Brandauer. D: Franziska Walser, Nicolas Brieger, Stefan Suske.
Eine junge Wissenschaftlerin will den durch Arbeitslosigkeit bedingten Niedergang eines Industriestädtchens 1932/33 dokumentieren; subtile, bewegende sozialpsychologische Studie.

Eintausend Milliarden *
BRD 1974 – 90 Min. – R: Dieter Wedel. D: Martin Benrath, Klaus Schwarzkopf, Peter Ehrlich.
Politthriller. Zwei Wochen vor Kanzler Willy Brandts Rücktritt ist die Republik durch Ölkrise u. a. in einer wirtschaftlichen Zwickmühle; fragwürdig.

Der Einzelgänger / The Outsider * ½
USA 1967 – 92 Min. – R: Michael Ritchie. D: Edmond O'Brien, Darren McGavin, Anna Hagan, Sean Garrison.
Kriminalfilm. Pilotfilm einer mittelmäßigen Serie um einen Detektiv (McGavin), der in die branchenüblichen Schwulitäten gerät; nicht sehr einfallsreich.

Der Einzelgänger / Violent Streets / Le solitaire **
USA 1981 – 119 Min. – R: Michael Mann. D: James Caan, Tuesday Weld, Robert Prosky, Willie Nelson.
Krimi. Am »Film noir« orientierter Rachekrimi um einen Schränker, dem kein Tresor zu schwierig ist, der in Abhängigkeit von einem Syndikat gerät und dessen falsches Spiel sich blutig rächt. Stimmungsvoll als Nacht-und-Neon-Ballade mit der Musik von »Tangerine Dream« und einem vereinfachten Ende inszeniert. Caan exzellent als gehetztes Opfer von korrupten Polizisten und Killern.

Einzelzimmer TV-Film
BRD 1979 – 105 Min. – R: Wolfgang Panzer. B: Johannes Reben. D: Rudolf Platte, Tilli Breidenbach, Brigitte Horney.
Ein pensionierter Eisenbahner hat Anpassungsprobleme im Altersheim; zwei Frauen kümmern sich verständnisvoll um ihn; eindringlicher Film über Altern und Altersliebe.

Eis am Stiel I / Eskimo Limon / Lemon Popsicle ** ½
Israel 1977 – 84 Min. Ⓥ Ufa. – R: Boaz Davidson. D: Jesse Katzur, Anat Atzmon, Jonathan Segal.
Teeniekomödie. Eine vertrackte Liebesgeschichte unter Jugendlichen, laut, frech, entwaffnend offen; »American Graffiti« israelisch.

Eis am Stiel II – Feste Freundin / Going Steady / Lemon Popsicle II **
BRD/Israel 1978 – 90 Min. Ⓥ VMP. – R: Boaz Davidson. D: Jesse Katzur, Zachi Noy, Jonathan Segal.
Teeniekomödie. Fortsetzung des Dauerlutschers um das Trio Infernal am Strand von Tel Aviv, die Freuden des Voyeurismus beim Erwachsenwerden und die Nöte mit den Mädchen. Klamottig, aber mit Pfiff.

Eis am Stiel III – Liebeleien / Shifshuf naim / Lemon Popsicle III *
BRD/Israel 1981 – 95 Min. Ⓥ Ufa. – R: Boaz Davidson. D: Jesse Katzur, Zachi Noy, Jonathan Segal, Sibylle Rauch.
Teeniekomödie. Eine blonde Deutsche bringt die Clique israelischer Freunde auf

Trab; recht witzlos; für Freunde der Serie.

Eis am Stiel IV – Hasenjagd / Private Popsicle / Lemon Popsicle IV * ½
BRD/Israel 1983 – 91 Min. Ⓥ VMP. – R: Boaz Davidson. D: Jesse Katzur, Zachi Noy, Jonathan Segal.
Teeniekomödie. Noch eine Fortsetzung des Schwanks um ersten Liebesspaß Heranwachsender, diesmal im Militärmilieu angesiedelt. Gewohnt klamottig und barbusig serviert, mit interessanten Einblikken in die »Kampf«-Moral junger Israelis.

Eis am Stiel V – Die große Liebe / Baby Love / Lemon Popsicle V *
BRD/Israel 1983 – 80 Min. Ⓥ VMP. – R: Boaz Davidson. D: Jesse Katzur, Zachi Noy, Jonathan Segal.
Teeniekomödie. Die Teenies kommen vom Militärdienst zurück und lümmeln am Strand herum auf der Suche nach Mädchen und Abenteuer. Wie bei allen Serienfilmen läßt auch in dieser israelischen Klamotte die Qualität nach und nach nach.

Eis am Stiel VI: Ferienliebe / Lemon Popsicle VI *
BRD/Israel 1985 – 90 Min. Ⓥ CBS/FOX. – R: Dan Wolman. D: Zachi Noy, Jesse Katzur, Yehuda Affroni, Petra Kogelnik.
Teeniekomödie. Wieder einmal richtet »Herzensbrecher« Johnny mit Liebesaffären Verwirrungen an; alberne Klamotte.

Eisenhans ** ½
BRD 1982 – 107 Min. – R: Tankred Dorst. D: Gerhard Olschewski, Susanne Lothar, Hannelore Hoger, Michael Habeck, Hans-Michael Rehberg.
Zeitkritisches Melodram. In einer Atmosphäre von Düsternis und Lethargie in einem fränkischen Dorf an der deutschdeutschen Grenze entfaltet sich ein inzestuöses Drama von elementarer Kraft: Der bärenstarke Vater liebt seine von allen gehänselte Tochter. Expressionistische Tragödie über eine lieblos-kalte Welt; Tankred Dorsts erster preisgekrönter Kinofilm.

Der eiserne Gustav **
BRD 1958 – 100 Min. – R: Georg Hurdalek. D: Heinz Rühmann, Lucie Mannheim, Karin Baal, Ingrid van Bergen.
Komödie. Amüsantes Rühmann-Vehikel mit viel schnoddrig-kauzigem Witz um einen Droschkenkutscher, der aussteigt: Sein Ziel ist Paris, weil zu Hause nichts mehr richtig läuft.

Die eiserne Maske / Le masque de fer / L' uomo dalla maschera di ferro **
F/I 1962 – 109 Min. – R: Henri Decoin. D: Jean Marais, Enrico Maria Salerno, Claudine Auger, Giselle Pascal.
Kostümfilm. Musketier D'Artagnan soll den von Jugend an verbannten Zwillingsbruder von Ludwig XIV. im Auftrag von Kardinal Mazarin nach Paris bringen und gerät in finstere Machthändel; wenig inspirierte, stellenweise dennoch witzig-unterhaltsame Mantel-und-Degen-Story nach dem Roman von Cecil Saint-Laurent mit einem schwunglosen Marais. (Derselbe Stoff liegt den Dumas-Verfilmungen »Der Mann mit der eisernen Maske« von 1939 und 1976 zugrunde.)

Der eiserne Präfekt / Il prefetto di ferro ***
I 1977 – 114 Min. – R: Pasquale Squitieri. D: Giuliano Gemma, Claudia Cardinale, Stefano Satta Flores.
Mafiafilm. Palermo 1925: Giuliano Gemma mit Monokel und schwarzem Bärtchen kommt auf Sizilien an, um mit der Mafia aufzuräumen; er kehrt mit eisernem Besen aus, erledigt zuerst die Briganten, doch als er die Köpfe der Mafia ermittelt hat, führt die Spur zum Innenminister nach Rom, wo sich gerade die Faschisten etablieren. Spannender Politthriller, nicht ohne Pathos, aber mit Tiefgang.

Der eiserne Ritter von Falworth / The Black Shield of Falworth **
USA 1954 – 95 Min. – R: Rudolph Maté. D: Tony Curtis, Janet Leigh, David Farrar, Barbara Rush.
Ritterfilm. Ein junger Bauer erfährt, daß er eigentlich des Grafen Sohn ist. Er versucht die Ehre seiner alten Familie wiederherzustellen und verhilft dabei Heinrich IV. zum sicheren englischen Thron. Kriegerisches Gebaren und

stolze Stars in einem fahnengeblähten, knallbunten und am historischen Detail orientierten Abenteuer.

Der eiserne Unterrock / The Iron Petticoat * ½
GB 1956 – 91 Min. – R: Ralph Thomas. D: Bob Hope, Katharine Hepburn, James Robertson Justice, Robert Helpmann, David Kossoff.
Komödie. »Ninotschka«-Aufguß auf mittelmäßigem Niveau; Ost-West-Geschehen mit sich verselbständigenden Komiknummern des rotzigen Hope und platter Ideologie aus mangelnder Selbstironie.

Eisfieber / Ice Castles * ½
USA 1978 – 109 Min. Ⓥ RCA Columbia. – R: Donald Wyre. D: Lynn-Holly Johnson, Robby Benson, Colleen Dewhurst, Tom Skerritt.
Melodram. Eine junge Eisprinzessin verliert durch einen Unfall fast völlig das Augenlicht, schafft aber durch Disziplin ein Comeback; sentimental-melodramatischer Sportfilm mit unterdurchschnittlichen Darstellern.

Der eiskalte Engel / Le Samourai *** ½
F 1967 – 103 Min. Ⓥ atlas. – R: Jean-Pierre Melville. D: Alain Delon, Nathalie Delon, François Périer, Cathy Rosier, Michel Boisrond.
Gangsterfilm. Ein Killer verschafft sich ein lupenreines Alibi und führt die Tat gegen Bezahlung eiskalt aus; doch dann geht alles schief; von zwei Seiten gehetzt, geht er am Ende in eine selbstgestellte Falle. Die Studie in Einsamkeit und Härte lebt von Delons schauspielerischem Understatement, unerbittlich fatalistischer Logik und tragischer Stilisierung des Gangsters in einer konservativen Kommerzgesellschaft. Kinoklassiker.

Der eiskalte Tod / A Cold Night's Death ** ½
USA 1973 – 71 Min. – R: Jerrold Freedman. D: Robert Culp, Eli Wallach, Michael C. Gwynne.
Psychothriller. Auf einer Forschungsstation im ewigen Eis finden Wissenschaftler eine Leiche, deren Gesicht im Todesschrecken verzerrt ist; das Geheimnis des Todes klärt sich langsam nach mysteriösen Unfällen auf. Der spannende Film entwikkelt seine unheimliche Handlung bis zur Schlußpointe; für Fans von Filmen für Kopf und Bauch.

Eiskalte Typen auf heißen Öfen / Uomini si nasce, poliziotti si muore FLOP
I 1975 – 89 Min. – R: Ruggero Deodato. D: Marc Porel, Ray Lovelock, Adolfo Celi.
Motorradfilm. Spezialeinheit der römischen Polizei auf pfeilschnellen Motorrädern rechnet mit der Unterwelt ab; das Dröhnen der Obrigkeit bringt in diesem gewaltverherrlichenden Brutalo die bösen Buben zum Verstummen.

Das Eismeer ruft ** ½
DDR 1984 – 85 Min. – R: Jörg Foth. D: Oliver Karsitz, Alexander Rohde, Viviane Schmidt, Thomas Gutzeit, Oliver Peuser.
Jugendfilm. Vier Kinder aus Prag wollen 1935 einem russischen Eisbrecher helfen, der im Polarmeer festsitzt; wie sie dieses tollkühne Unternehmen zu bewerkstelligen gedenken, zeigt dieser abenteuerliche, spannende Film mit viel Einfühlung in kindliche Träume.

Eisstation Zebra / Ice Station Zebra ** ½
USA 1967 – 139 Min. Ⓥ MGM/UA. – R: John Sturges. D: Rock Hudson, Patrick McGoohan, Ernest Borgnine, Jim Brown.
Spionagethriller. Der Kommandant eines US-Atom-U-Boots ortet im Eismeer einen sowjetischen Satelliten mit Fotos geheimer Verteidigungsanlagen; die skurrile Agentenstory überzeugt durch technische Raffinesse.

Der Eisvogel TV-Film
GB – 95 Min. – R: James Cellan Jones. B: William D. Home. D: Rex Harrison, Wendy Hiller, Cyril Cusack.
Ein alternder englischer Adliger wirbt erneut um seine Jugendliebe; nostalgisch.

El Dorado / El Dorado *** ½
USA 1966 – 119 Min. – R: Howard Hawks. D: John Wayne, Robert Mitchum, James Caan, Charlene Holt, Michele Carey, Arthur Hunnicutt, Edward Asner.

Spätwestern. Es gibt keine strahlenden Helden mehr, aber die Männer sind Profis, die trotz Krücken, Trunksucht und anderer Handicaps ihr Handwerk verstehen. In seiner klassischen Mischung aus Action, Psychologie und Komik variiert der Film auf witzige Weise das Grundmuster eines anderen berühmten Hawks-Western, »Rio Bravo«, den Kritiker zu den zehn besten Filmen der Welt zählen. Brillant Robert Mitchum als abgewrackter Sheriff.

El Hakim ∗∗

BRD 1957 – 105 Min. – R: Rolf Thiele. D: O. W. Fischer, Nadja Tiller, Charles Regnier, Elisabeth Müller, Robert Graf.

Melodram. O. W. Fischer erzeugt Verfremdungseffekte als Arzt und Araber in Kairo; Nadja Tillers dunkler Teint ist dagegen hübsch anzusehen in diesem Schicksalsdrama vom Nil nach einem Roman von John Knittel.

El Khobar – Schrecken der Wüste / The Desert Song ∗

USA 1953 – 106 Min. – R: H. Bruce Humberstone. D: Kathryn Grayson, Gordon McRae, Steve Cochran, Raymond Massey.

Musical. Ein arabischer Robin Hood narrt seine Gegner unter Rif-Kabylen und Fremdenlegionären; Orientmärchen der dürftigen Art, voller Peinlichkeiten à la Hollywood.

El Rocho – Der Töter / El Rojo FLOP

I/E 1967 – 84 Min. – R: Leo Colman. D: Richard Harrison, Nieves Navarro, Mirko Ellis, Annie Gorassini.

Italowestern. Blutrünstige Rachestory um einen Außenseiter, der dem Mord an seinen Eltern nachgeht. Anhäufung von Gewalttaten statt filmischer Erzählvorgänge.

Ein Elefant irrt sich gewaltig / Un éléphant ça trompe énormément ∗∗∗

F 1976 – 102 Min. – R: Yves Robert. D: Jean Rochefort, Claude Brasseur, Guy Bédos, Danièle Delorme, Anny Duperey.

Komödie. Vier Freunde kämpfen mit Jugendlichkeitssehnsucht gegen ihre Krise der mittleren Lebensjahre; ihr Sympathie erweckendes Scheitern wird von einer witzigen Kamera als, gelegentlich frivol kommentiertes, Eintrittsritual in ein neues Lebensalter beobachtet; daß einer der Helden statt mit der Haut der Verehrten mit einem Pariser Wohnblock als Außenhaut vorliebnehmen muß, interpretiert den Originaltitel, demzufolge sich der gewaltig irrt, der sich für einen »Elefanten« hält.

Elefantenboy / Elephant Boy ∗∗∗

GB 1937 – 77 Min. sw. – R: Robert Flaherty, Zoltan Korda. D: Sabu, W. E. Holloway, Walter Hudd.

Abenteuerfilm. Ein kleiner Junge und ein großer Elefant werden Freunde; prächtiges Dschungelabenteuer aus Indien von dem Meister des Dokumentar-Dramas Flaherty, nach einer Erzählung von Rudyard Kipling.

Der Elefantenmensch / The Elephant Man ∗∗∗ ½

GB 1980 – 124 Min. sw. Ⓥ Cannon. – R: David Lynch. D: Anthony Hopkins, John Hurt, Anne Bancroft, John Gielgud.

Melodram. Auf den Aufzeichnungen des Londoner Arztes John Merrick beruhende, authentische Geschichte eines grausam verunstalteten Mannes, der um die Jahrhundertwende einen Sensibilisierungs- und Kultivierungsprozeß durchlief und doch an der Roheit der Durchschnittsbürger zugrunde ging; zartfühlend und engagiert inszeniert; auch ein viktorianisches Zeitbild von hohem Rang; exzellente Schwarzweißfotografie.

Elefantenpfad / Elephant Walk ∗ ½

USA 1953 – 91 Min. – R: William Dieterle. D: Elizabeth Taylor, Peter Finch, Dana Andrews.

Abenteuerfilm. Ruth heiratet einen Plantagenbesitzer und folgt ihm in ihre neue Heimat Ceylon; dort erlebt sie tierische Überraschungen; Liz Taylor ist schön in taufrischer Jugend.

Elegie / Banka ∗∗ ½

J 1957 – 112 Min. sw. – R: Heinosuke Gosho. D: Yoshiko Kuga, Masayuki Mori, Mieko Takamine.

Romanze. Eine junge Japanerin verliebt sich in einen Architekten und sucht gleichzeitig die Freundschaft seiner Frau; als diese das Spiel durchschaut, nimmt sie sich das Leben; sentimentale, bittersüße Liebesgeschichte in eindringlichen Bildern.

Der elektrische Reiter / The Electric Horseman ** ½

USA 1979 – 120 Min. – R: Sidney Pollack. D: Jane Fonda, Robert Redford, Valerie Perrine, Willie Nelson, John Saxon.

Zeitkritischer Milieufilm. Ein nicht ganz astreiner Cowboy, der sich und sein Pferd aus einer dümmlichen Werbekampagne in die Berge rettet, auf der Flucht vor der Staatsgewalt; der letzte Idealist zu Pferde und seine spröde Liebe zu einer Journalistin, die ihm beistehen will; von Pollack (»Jenseits von Afrika«) melancholisch und visuell beeindruckend inszeniert.

The Element of Crime – Spuren des Verbrechens / Forbrydelsens element ***

DK 1984 – 104 Min. OmU. – R: Lars von Trier. D: Michael Elphick, Esmond Knight, Me Me Lei, Jerold Wells.

Avantgardekrimi. Ein hartgesottener Bulle zieht den kürzeren bei der Aufklärung geheimnisvoller Morde in einem Science-fiction-Europa, das in einem monochromen Ockertönen gehaltenen Alptraum dem Untergang geweiht ist; von Trier erzählt mit ungewöhnlicher Technik und unvergeßlichen Bildern.

Die Elenden

siehe: Die Miserablen

Elf Jahre und ein Tag **

BRD 1963 – 96 Min. sw. – R: Gottfried Reinhardt. D: Ruth Leuwerik, Bernhard Wicki, Paul Hubschmid, Margot Trooger.

Ehefilm. Er ist erfolgreicher Rechtsanwalt, sie ist ein reizendes, nicht mehr junges »Kind«. Eines Tages erliegt sie dem Charme eines Sonnyboys. Es kommt zur Ehekrise. Der gut besetzte Film versucht sorgsam, Sentimentalitäten zu vermeiden, klebt aber an Moralvorstellungen von gestern.

Elf Uhr nachts / Pierrot le fou ****

F/I 1965 – 105 Min. – R: Jean-Luc Godard. D: Jean-Paul Belmondo, Anna Karina, Dirk Sanders, Raymond Devos, Samuel Fuller.

Godard-Film. Nach einer öden Party trifft Ferdinand Marianne, verbringt die Nacht mit ihr und findet am anderen Morgen eine Leiche in der Wohnung; er beschließt, mit dem Mädchen zu fliehen. Ein Film über die romantische Liebe und den Tod, über Werbung und Gesellschaft – mit Zitaten aus Literatur, Kino, Malerei; ein Werk der Farben, Formen, Ideen und Stimmungen.

Der Elfenbeinturm TV-Film

GB – 80 Min. – R: Robert Knights. B: John Mortimer nach einem Roman von John Fowles. D: Laurence Olivier, Roger Rees, Greta Scacchi, Toyah Willcox.

Ein ehedem berühmter Maler lebt zurückgezogen in der französischen Provinz, mit ihm zwei Kunststudentinnen, die nachdenkliche »Maus« und die sehr punkige »Freak«; ein vorurteilsbeladener Kunstkritiker stört die Idylle; amüsante kleine Studie über Kunst und Künstler, mit schauspielerischen Kabinettstückchen.

Elfmeter für den Superbullen / Delitto a Porta Romana *

I 1980 – 90 Min. – R: Bruno Corbucci. D: Tomas Milian, Olimpia di Nardo.

Superbullenfilm. Die Verhaftung eines Ganoven zwingt Polizeimarschall Giraldi zur Unterbrechung des Urlaubs; Durchschnitt, für Fans des Genres.

Elfriede TV-Film

BRD 1978 – 90 Min. – R: Wolfgang Panzer. D: Verenice Rudolph, Nikol Voigtländer, Kai Fischer, Erwin Kohlund.

Eine Frau glaubt ihren Traummann gefunden zu haben, doch es gibt ein böses Erwachen; ein Film über die Lebenslügen verunsicherter Menschen, der in ruhigen, melancholischen Bildern von sanftem Schauder zum makabren Horror der schwärzesten Art gleitet und der vor allem von der sensiblen Schönheit des Gesichts der Hauptdarstellerin lebt; ihr gelingt der perfekte Mord.

Das elfte Opfer / 11th Victim **

USA 1979 – 92 Min. – R: Jonathan Ka-

plan. D: Bess Armstrong, Max Gail, Eric Burdon, Pamela Ludwig.
Kriminalfilm. Die Schwester des elften Opfers einer Serie von Prostituiertenmorden stellt sich als Köder zur Verfügung; solide Krimiunterhaltung, spannend und gut besetzt.

Elisa, mein Leben / Elisa vida mia ** ½
E 1977 – 130 Min. – R: Carlos Saura. D: Fernando Rey, Geraldine Chaplin, Norman Briski, Ana Torrent.
Gesellschaftskritischer Film. Eine unglücklich verheiratete Frau besucht mit ihrer Schwester ihren Vater; die Erinnerungen werden zu einer assoziativen Reise durch die Zeit, in der persönliche und politische Konstellationen zueinander in Beziehung gesetzt werden; vielschichtiger Kommentar zum Franco- und Nach-Franco-Spanien.

Elliott – Das Schmunzelmonster / Pete's Dragon **
USA 1977 – 102 Min. – R: Don Chaffey. D: Sean Marshall, Charles Tyner, Shelley Winters, Mickey Rooney.
Kinderfilm. Ein Waisenjunge findet in Elliott, einer Zeichentrickfigur in Gestalt eines Drachens mit Herz, einen abenteuerlustigen Freund; am Rand der Rührseligkeit, aber starke Special Effects.

Die Eltern TV-Film
BRD 1973 – 95 Min. – R: Hans W. Geissendörfer. D: Anne Bennent, Heinz Bennent, Gunther Malzacher, Diane Bennent, Barbara Rütting.
Die enttäuschten Eltern erfahren, daß Großmutter die zehnjährige Anne zur Alleinerbin ihres Millionenvermögens eingesetzt hat; sie inszenieren einen »Unfall« und hoffen, damit das Kind um den Verstand zu bringen.

Elvis on Tour / Elvis on Tour ***
USA 1972 – 67 Min. – R: Robert Abel, Pierre Adidge. D: Elvis Presley, seine Band, seine Roadies, Publikum.
Elvis-Presley-Dokumentation. Ein Film mit »Elvis« (fast ohne) »the Pelvis«, der durch oft zwei- oder dreigeteiltes Bild beweist, daß der Star auch zu seiner besten Zeit mehr als ein Heros kreischender Teenies war; ein Elvis, der trotz gelegentlich stampfenden linken Sex-Beins seine Wurzeln im Gospel und im Dixieland ahnen läßt.

Elvis – The King / Elvis – The Movie TV-Film
USA 1979 – 105 Min. OmU. – R: John Carpenter. D: Kurt Russell, Shelley Winters, Pat Hingle, Season Hubley.
Der Film schildert in leidenschaftlicher Form die Lebensgeschichte des berühmten Popstars und Entertainers vom Beginn seiner Karriere bis zu seinem ersten Comeback-Versuch in Las Vegas. Kurt Russell verkörpert Elvis Presley mit verblüffender Authentizität – außergewöhnliches Dokument einer Legende. Formal perfekt, doch ohne analytisches Moment.

Embryo – Frucht des Schreckens / Embryo * ½
USA 1976 – 100 Min. – R: Ralph Nelson. D: Rock Hudson, Barbara Carrera, Diana Ladd.
Horrorfilm. Ein Arzt rettet einen Embryo, zieht ihn zu einer Superfrau auf und verliebt sich in diese; damit fangen auch die Probleme dieses Science-fiction-Schockers an, der mit Geheimnissen und Effekthascherei jongliert.

En Passant TV-Film
BRD 1984 – 75 Min. sw. – R, B: Michael Klier. D: Stephan Samuel, Simone Nikkele, Oliver Richter.
»Video« um drei Großstadtteens: einem Mädchen mit dem Traum von der Karriere als Sängerin und zwei arbeitslosen Jungen; einfühlsame, sensible, genau beobachtende Studie voll leiser Melancholie.

Das Ende / Assault – Anschlag bei Nacht / Assault on Precinct 13 ** ½
USA 1977 – 91 Min. – R: John Carpenter. D: Austin Stoker, Laurie Zimmer, Darwin Joston.
Streetfighterfilm. Der Western als Großstadtthriller; Polizisten und Kriminelle verteidigen gemeinsam eine Polizeistation nebst Gefängnis gegen eine Gang – »Rio Bravo« läßt grüßen; zweite Regiearbeit von Carpenter und seine beste.

Das Ende der Welt / End of the World **
USA 1977 – 82 Min. Ⓥ Tristar. – R: John

Hayes. D: Christopher Lee, Kirk Scott, Sue Lyon, Lew Ayres.
Science-fiction-Film. Außerirdische wollen die Erde in die Luft sprengen und fangen mit einem Kaffeehaus an; die zu Beginn spannende und gut gebaute Story wird gegen Ende langweilig, weil Überraschungen rar sind; Kleinkatastrophen bestimmen das Ende.

Ende einer Dienstfahrt TV-Film
BRD 1971 – 90 Min. – R: Hans-Dieter Schwarze. D: Alois Maria Giani, Heinrich Huber, Wolfgang Büttner, Günter Strack.
Adaption der Erzählung von Heinrich Böll über Vater und Sohn, die einen Bundeswehr-Jeep als demonstratives Ende einer sinnlosen Dienstfahrt verbrennen; vergröberte Satire, gute Darsteller.

Das Ende einer Odyssee / ∗ ½
Galactica III – Conquest of the Earth
USA 1981 – 96 Min. Ⓥ CIC. – R: Sidney Hayers, Sigmund Neufeld, Barry Crane. D: Kent McCord, Robyn Douglas, Lorne Greene.
Science-fiction-Film. Auf der Flucht vor den mörderischen Zyklonen hat der Riesenraumer Galactica endlich den sagenhaften Planeten Erde erreicht; Ende des Zusammenschnitts der US-Serie »Kampfstern Galactica«.

Das Ende einer Reise / ∗∗
The Interrupted Journey
GB 1949 – 80 Min. sw. – R: Daniel Birt. D: Richard Todd, Valerie Hobson, Tom Walls, Ralph Truman, Christine Norden.
Kriminalfilm. Ein verheirateter Schriftsteller wird von der Verlegersgattin becirct; als er ihr davonläuft, gerät er in tödliche Verwicklungen und Mordverdacht; konventioneller Reißer.

Ende im Morgengrauen / ∗∗
The Sun Sets at Dawn
USA 1951 – 70 Min. sw. OmU. – R: Paul H. Sloane. D: Sally Parr, Philip Shawn, Walter Reed, Lee Fredericks.
Melodram. Morddrama um eine Hinrichtung auf dem »elektrischen Stuhl«; nicht nur die Technik versagt, auch die Unschuld des Täters ist am Ende nicht mehr zu übersehen. Tränendrücker im semidokumentarischen Stil.

Das Ende vom Anfang TV-Film
BRD 1984 – 90 Min. – R: Helmut Chr. Goerlitz. D: Michael Fass, Michael Schaaf, Gaston Frecot, Andrea Stedtler.
Ben muß ins Jugendheim, wo er unter der strengen Hierarchie leidet. Nach der Entlassung beginnt er eine Lehre, haut ab, landet wieder im Heim. Sein beschädigtes Leben ist ohne Ausweg. Der Film deutet dabei kritisch auf die Verantwortung der Erzieher.

Endlich sind wir reich / ∗∗ ½
Rich and Strange
GB 1932 – 80 Min. sw. – R: Alfred Hitchcock. D: Henry Kendall, Joan Barry, Percy Marmont, Betty Amann.
Liebeskomödie. Frustrierter Büroangestellter, dem im verregneten London längst Job und Ehe verleidet sind, kommt überraschend an das Geld eines Onkels; mit seiner Frau bricht er zu einer Weltreise auf, um das Leben der Reichen zu erkunden. Hitchcock zeigt amüsant ironisch, mit lakonischen Darstellern in betontem Kulissenambiente und mit Anleihen bei der soeben beendeten Stummfilmära, wie sich das Paar, des sozialen Drucks entledigt, die bürgerlichen Normen vom Hals schafft. Entlarvendes Verwechslungsspiel aus der zu selten geöffneten Komödienküche des Krimimeisters.

Der endlose Horizont / ∗∗∗
The Sundowners
GB 1959 – 128 Min. – R: Fred Zinnemann. D: Robert Mitchum, Deborah Kerr, Michael Anderson jr., Peter Ustinov.
Pionierfilm. Die Familie Carmody führt ein unstetes Leben auf ihrer Wanderschaft durch Australien, sie träumt davon, endlich auf einer Farm seßhaft zu werden. Schaftreiber-Saga mit Starbesetzung; Mitchum als tragikomischer Held einer Schafschur-Wette.

Endstation ∗∗
D 1935 – 84 Min. sw. – R: E. W. Emo. D: Paul Hörbiger, Maria Andergast, Hans Moser, Etta Klingenberg.
Vorstadtmelodram. Der selbstbewußte Straßenbahnschaffner Hörbiger soll die Tochter des Zuckerbäckers heiraten, ver-

liebt sich aber in eine kleine Modistin. Verwicklungen und Mißverständnisse in einer Romanze aus dem Wiener Kleinbürgermilieu; mit Humor und Gesang.

Endstation Hölle / Skyjacked * ½
USA 1972 – 95 Min. Ⓥ MGM/UA. – R: John Guillermin. D: Charlton Heston, Yvette Mimieux, James Brolin.
Actionthriller. Ein seit seinem Versagen bei einem Einsatz nervenkranker Sergeant will zum Beweis seiner Leistungsfähigkeit ein gekapertes Flugzeug den Russen ausliefern; gut gespielt und technich hervorragend, aber klischeebeladen und zerfahren; unglaubwürdig.

Endstation Liebe **
BRD 1957 – 80 Min. sw. – R: Georg Tressler. D: Horst Buchholz, Barbara Frey, Karin Hardt, Franz Nicklisch.
Liebesfilm. Der Fabrikarbeiter Mecky wettet mit seinen Freunden, daß er es schafft, mit Christa zu schlafen; milieugerechte Love-Story ohne Zuckerguß.

Endstation Paradies TV-Film
BRD 1977 – 85 Min. – R: Thomas Engel. B: Gerda Thiele-Malwitz. D: Inge Meysel, Maria Sebaldt, Erna Sellmer, Verenice Rudolph.
Eine alternde Frau wird von der Inhaberin des Spielzeugladens »Paradies« und deren herrschsüchtiger Mutter ausgenutzt und schikaniert; deren Unfalltod berührt sie dennoch sehr; Tränendrüsenfilmchen.

Endstation Schafott / ** ½
Deux hommes dans la ville
F/I 1973 – 94 Min. – R: José Giovanni. D: Jean Gabin, Alain Delon, Mimsy Farmer, Michel Bouquet.
Gangsterfilm. Ein Strafgefangener versucht nach seiner Entlassung eine neue Existenz aufzubauen und gerät dabei in ein Räderwerk aus Zufall und Verstrikkung – den Rest besorgt die Polizei. Gut gebauter Actionfilm mit kritischen Einlassungen zu den Themen Justizvollzug und Todesstrafe; effektvoll inszeniert.

Endstation Sehnsucht / *** ½
A Streetcar Named Desire
USA 1951 – 122 Min. sw. – R: Elia Kazan. D: Vivien Leigh, Marlon Brando, Kim Hunter, Karl Malden.
Literaturverfilmung. Adaption des Stükkes von Tennessee Williams über die hochsensibel-hysterische Tochter aus einer heruntergekommenen Südstaatenfamilie, die an ihrer fragwürdigen Vergangenheit ebenso zerbricht wie an der Roheit und Direktheit ihres Schwagers; machtvolles und zugleich subtiles Melodram in einer unerreichten Kombination von Bühnen- und Filmeffekten; Oscars für Leigh, Malden und Hunter.

Engel / Angel ***
USA 1937 – 88 Min. sw. – R: Ernst Lubitsch. D: Marlene Dietrich, Melvyn Douglas, Herbert Marshall.
Komödie. Marlene Dietrich als Diplomatengattin in Paris stürzt sich in ein delikates Abenteuer für eine Nacht – um am Morgen festzustellen, daß ihr Liebhaber ein alter Freund ihres Mannes ist. Frivole Dreiecksgeschichten wie diese – voller Witz und Anspielungsreichtum – begründeten Lubitschs Ruhm.

Ein Engel auf Erden **
BRD 1959 – 87 Min. – R: Géza von Rádványi. D: Romy Schneider, Henri Vidal, Jean-Paul Belmondo, Michèle Mercier.
Liebeskomödie. Ein erfolgreicher Rennfahrer will eine Prinzessin ehelichen, aber die brennt mit einem Stierkämpfer durch; knapp vor dem Selbstmord wird der Verlassene jedoch von einem Schutzengel gerettet. Der leichte, sich genüßlich in der Rivierasonne tummelnde Film erzählt die Story augenzwinkernd.

Ein Engel auf Erden / **
Highway to Heaven
USA 1984 – 90 Min. – R, B: Michael Landon. D: Michael Landon, Victor French, John Bleifer, Mary McCusker.
Komödie. Der Engel Jonathan wird auf die Erde geschickt, um in Not geratenen Menschen zu helfen; sein erster Auftrag führt ihn in ein Altersheim, sein Kumpel ist ein humoriger Expolizist; Pilotfilm zu einer TV-Serie.

Engel aus Eisen ** ½
BRD 1961 – 90 Min. sw. – R: Thomas Brasch. D: Ulrich Wesselmann, Hilmar Thate, Ilse Page, Karin Baal.
Zeitbild. Ein 17jähriger sichert sich z.Zt.

der Berliner Luftbrücke mit Hilfe eines Ex-Strafrichters eine Führungsposition auf dem Schwarzmarkt; intensiv inszeniert und gespielt; Bayerischer Filmpreis 1982.

Engel aus Staub / ***
Poussière d'ange
F 1987 – 89 Min. Ⓥ VCL. – R: Edouard Niermans. D: Bernard Giraudeau, Fanny Bastien, Fanny Cottençon, Jean-Pierre Sentier, Michel Aumont, Gérard Blain.
Thriller. Einem Polizisten ist die Frau davongelaufen, im Suff findet er Trost; eines Nachts lernt er eine reizvolle und rätselhafte junge Frau kennen, die jedoch in eine Reihe von Morden verstrickt ist. Der in der Tradition des »Film noir« und von Hollywoods »Schwarzer Serie« stehende preisgekrönte Ausnahmethriller besticht durch seine Neonästhetik; rundum gelungen.

Engel aus zweiter Hand / ** ½
The Shopworn Angel
USA 1938 – 85 Min. – R: H. C. Potter. D: James Stewart, Margaret Sullivan, Walter Pidgeon, Hattie McDaniel.
Komödie. Liebe zwischen einem naiven Soldaten und einem weiblichen Showtalent, das zunehmend unter seinen Einfluß gerät. Situationskomisch, mit gepfefferten Dialogen untermauert. Brillante Eröffnung durch eine Montage von Szenen aus dem Ersten Weltkrieg.

Der Engel, der ein Teufel war / Voici le temps des assassins **
F 1956 – 110 Min. sw. – R: Julien Duvivier. D: Jean Gabin, Danièle Delorme, Lucienne Bogaert, Gérard Blain.
Film noir. Ein Teufel kommt selten allein: In Gabins Feinschmeckerlokal taucht eine junge Frau auf, die sich als uneheliche Tochter seiner geschiedenen, angeblich verstorbenen Frau ausgibt. In Wahrheit lebt die Frau und steckt hinter dem abgefeimten Komplott; atmosphärisch dicht; greller übersteigerter Schluß in einem Totschlag-Psychokrimi.

Engel der Gejagten / ***
Rancho Notorious
USA 1951 – 85 Min. – R: Fritz Lang. D: Marlene Dietrich, Arthur Kennedy, Mel Ferrer, Gloria Henry, Lloyd Gough, Jack Elam.
Western. Balladeske Pferdeoper um eine geschäftstüchtige Bandenchefin und zwei Verehrer, eine Mordspur und den Lauf der Zeit; von Lang als letzter seiner US-Western melodramatisch, romantisch-elegisch und psychologisch eindrucksvoll inszeniert.

Der Engel, der seine Harfe versetzte **
BRD 1958 – 95 Min. sw. – R: Kurt Hoffmann. D: Matthias Fuchs, Ullrich Haupt, Nana Osten, Henry Vahl.
Komödie. Eine geflügelte Blonde kommt ins Pfandhaus und setzt ein Karussell lustiger Liebesverwicklungen in Gang; der harmlose, aber für deutsche Lustspielverhältnisse passable Film Hoffmanns (»Das Wirtshaus im Spessart«) ist situationskomisch, ohne klamottig zu werden.

Die Engel des Satans / FLOP
Wild Rebels
USA 1967 – 88 Min. – R: William Grefe. D: Steve Alaimo, Willie Pastrano, John Vella, Jeff Gillen.
Rockerfilm. Im motorisierten Hell's-Angels-Milieu übt man sich in Bankeinbrüchen. Durch einen V-Mann der Polizei fliegen die »Engel« auf; teils landen sie in der Hölle, teils im Knast; der wenig phantasievolle Film zeigt das gelangweilt.

Engel, die ihre Flügel verbrennen * ½
BRD 1970 – 93 Min. – R: Zbynek Brynych. D: Nadja Tiller, Werner Kreindl, Jan Koester, Susanne Uhlen, Jochen Busse.
Reißer. Ein Fünfzehnjähriger erschlägt den Liebhaber seiner Mutter; ein junges Mädchen beobachtet den Mord und zieht Schlüsse; Resultat: ein zweiter Mord. Kolportagekrimi im Milieu eines schmucken Appartementhochhauses, stilistisch ebenso steril.

Engel im Abendkleid **
BRD 1951 – 92 Min. – R: Akos von Ratony. D: Rudolf Prack, Bruni Löbel, Paul Kemp, Rudolf Platte, Hubert von Meyerinck.
Lustspiel. Wer ist der geheimnisvolle Engel, dem Rudolf Prack begegnet, als er aus Amerika zurückkehrt, um eine Schloßruine zu erben? Jedenfalls zeigt

ihm die Dame zunächst die kalte Schulter, während große Erbschaftstransaktionen laufen, an denen sich die gesamte deutsche Komikergarde beteiligt. Nette Unterhaltung.

Der Engel mit dem Flammenschwert * ½
BRD 1954 – 125 Min. sw. – R: Gerhard Lamprecht. D: Martin Benrath, Gertrud Kückelmann, Petra Peters, Maria Wimmer.
Melodram. Filmversion eines seinerzeit bekannten Illustriertenromans um einen erfolgreichen Werbemann, der anonym beschuldigt wird, seine leibliche Schwester geheiratet zu haben; trotz bemühter Regie ein Griff in die Pseudoproblemkiste.

Der Engel mit der Mörderhand / Pretty Poison ** ½
USA 1967 – 86 Min. – R: Noel Black. D: Anthony Perkins, Tuesday Weld, Beverly Garland.
Psychodrama. Der nach dreißig Jahren entlassene Häftling hat Probleme mit dem Leben und seiner Umwelt; er lernt die 17jährige Sue Ann kennen und zettelt mit ihr einen Sabotageakt an; spätestens da merkt man, daß er ein Psychopath ist; gelungene Mischung aus Krimi und Horrorkino.

Ein Engel namens Levine / The Angel Levine ***
USA 1970 – 104 Min. – R: Ján Kádár. D: Zero Mostel, Harry Belafonte, Ida Kaminska, Eli Wallach.
Melodram. Der farbige Engel Levine hat Ärger im Himmel; also beschließt er, einem armen jüdischen Schneider zu helfen; ein anrührender Film, vor allem durch Belafontes heiter-traurige Noblesse.

Engel überm Broadway / Angels Over Broadway ** ½
USA 1940 – 80 Min. sw. – R: Ben Hecht, Lee Garmes. D: Rita Hayworth, Douglas Fairbanks jr., Thomas Mitchell, John Qualen, George Watts.
Spielerfilm. Der Zufall führt vier Spieler in ein Broadway-Café, in dem eine attraktive Entertainerin zum Spiel mit gezinkten Karten verführen soll; düstere Fotografie in einem Film, der vor allem von Hayworths Charme und Sex lebt.

Engel unter Sündern / The Mating Game ** ½
USA 1959 – 93 Min. – R: George Marshall. D: Debbie Reynolds, Tony Randall, Paul Douglas, Una Merkel.
Familienkomödie. Mißgünstige Nachbarn schicken der Familie Larkin eine überaus hartnäckige Steuerfahndung auf den Hals, doch die freche Tochter Mariette schafft es, den korrekten Beamten den Schneid abzukaufen; der Film erzählt das in einer reizvollen Mischung aus Märchen, Parodie und Komödie; ein dialogsicheres Drehbuch assistiert dabei.

Die Engel von St. Pauli * ½
BRD 1969 – 108 Min. – R: Jürgen Roland. D: Horst Frank, Werner Pochath, Herbert Fux, Karl Lieffen, Günther Neutze.
Krimi. Ein Wiener Strizzi will einem deutschen Unterweltking einen Mord anhängen, was ihm nicht gelingt; solides Handwerk.

Engelsgesicht / Angel Face ** ½
USA 1953 – 91 Min. sw. – R: Otto Preminger. D: Robert Mitchum, Jean Simmons, Mona Freeman, Herbert Marshall.
Psychokrimi. Ein Fall von Klassenliebe: das reiche Mädchen und der Krankenwagenfahrer; Sportwagen, Hysterie, kaltes Kalkül, Kamikaze-Mentalität; die Beziehungen zwischen den Personen dieses klassischen »Film noir« schaffen einen geschlossenen Kreislauf, in dem auch das Schlimmste zwangsläufig scheint: Simmons als Todesengel für die, die sie lieben.

Die englische Heirat ** ½
D 1934 – 93 Min. sw. – R: Reinhold Schünzel. D: Adele Sandrock, Fritz Odemar, Georg Alexander, Hans Richter, Renate Müller, Adolf Wohlbrück.
Komödie. Die unerwartete Heirat zwischen einer kessen Berliner Fahrlehrerin und einem verqueren englischen Lord kann nur zur Katastrophe führen; ehe es soweit ist, greift ein Kavalier ein; amüsant.

Ente auf Orange / L'anatra all'arancia ** ½

I 1975 – 95 Min. – R: Luciano Salce. D: Monica Vitti, Ugo Tognazzi, Barbara Bouchet, John Richardson.
Liebeskomödie. Liebesgeplänkel im gehobenen Mittelklasse-Milieu, einer will, die anderen auch; am Ende ist in diesem spritzigen, selbstironischen und einfallsreichen Filmspaß jeder am richtigen Platz und in der geeigneten Beziehung.

Die Ente klingelt um halb acht ∗∗
BRD/I 1968 – 85 Min. – R: Rolf Thiele. D: Heinz Rühmann, Hertha Feiler, Graziella Granata, Charles Regnier.
Komödie. Rühmann als Hobbykoch und Computerspezialist, der das eine mit dem anderen durcheinanderbringt und die Alltagsordnung auf den Kopf stellt; beachtliche Parodie auf den Technikwahn mit witzigen Anleihen bei Monsieur Hulot.

Entfesselte Unterwelt / Finger Man ∗∗ ½
USA 1955 – 77 Min. sw. – R: Harold Schuster. D: Frank Lovejoy, Forrest Tucker, Peggy Castle, Timothy Carey.
Gangsterfilm. Ein Straftäter soll Haftverschonung erhalten, wenn er sich in eine Alkoholschmugglerbande einschleusen läßt; spannender, wenn auch konventioneller Thriller mit einem guten Darstellerteam.

Die Entführer lassen grüßen / L'aventure, c'est l'aventure ∗∗ ½
F 1971 – 100 Min. – R: Claude Lelouch. D: Jacques Brel, Lino Ventura, Charles Denner, Charles Gérard, Johnny Hallyday.
Gangsterkomödie. Schlechte Zeiten für Gangster; müssen sie doch einen veritablen Popsänger zwecks Lösegeld entführen, und der hat diesen Werbegag sogar selbst bestellt; spritziges Ganovenstück mit gutgelaunter Besetzung.

Entführt – Die Abenteuer des David Balfour / Kidnapped ∗∗
USA 1960 – 88 Min. – R: Robert Stevenson. D: James MacArthur, Peter Finch, Peter O'Toole.
Abenteuerfilm. Actionhaltiger Unterhaltungsfilm um einen Erben, der sich gegen Betrüger aus der eigenen Familie mit Säbel und Degen sein Recht holen muß. In Disney-Manier mit perfekter Inszenierung, aber allzu glatt vorgeführt.

Der entführte Prinz ∗∗ ½
DDR 1978 – 66 Min. – R: Wolfgang Hübner. D: Katharina Fiedler, Daniel Klaaß, Ursula Karusseit.
Märchenfilm. Durch das Fernsehen erfährt ein Mädchen, daß ein Prinz von einer Riesin entführt wurde; sie beschließt, ihn zu befreien; intelligente Transponierung der Form des Märchens ins TV-Zeitalter; lehrreich auch für Erwachsene.

Entführung ins Chaos – Top Crack / Top Crack ∗∗
I 1966 – 80 Min. – R: Luigi Compi, Mario Russo. D: Terry Thomas, Gastone Moschin, Christiane Maybach, Didier Haudepin.
Abenteuerkomödie. Zwei Gentleman-Ganoven, ein englischer und ein deutscher, verabscheuen Gewalt, geraten dadurch in finanzielle Sorgen und planen, sich durch die Entführung eines italienischen Milliardärs zu sanieren; der Weg nach Rom ist mit einer Serie teils aberwitziger, teils alberner Abenteuer und Gags gepflastert.

Eine entheiratete Frau / An Unmarried Woman ∗∗∗
USA 1977 – 124 Min. – R, B: Paul Mazursky. D: Jill Clayburgh, Alan Bates, Michael Murphy, Pat Quinn.
Liebesfilm. Amüsante Story um eine emanzipierte Frau, die ohne Mann neue Orientierungen versucht; in New York vor Ort im Spontanstil gedreht mit äußerst lebendigen Figuren, sehr geeignete Schauspieler, exzellentes Drehbuch.

Entscheidung am Fluß / Roseanna McCoy ∗∗ ½
USA 1949 – 89 Min. sw. – R: Irving Reis. D: Farley Granger, Joan Evans, Charles Bickford, Raymond Massey, Marshall Thompson.
Western. Die Liebe eines jungen Paares zwischen den Fehden der Familien; romantischer Western mit Romeo-und-Julia-Motiv, sorgfältig und einfühlsam inszeniert.

Entscheidung vor Morgengrauen / Decision Before Dawn ∗∗ ½
USA 1951 – 111 Min. sw. – R: Anatole Litvak. D: Richard Basehart, Oskar Wer-

ner, Hildegard Knef, O. E. Hasse, Gary Merrill.
Agentenfilm. Reißerisch angelegter Kriegsfilm aus dem Jahr 1944, in dem drei Agenten nach Nazi-Deutschland eingeschleust werden, um das »Dritte Reich« zu destabilisieren. Eine Liebesgeschichte gibt der spannenden, gut besetzten Story den Rest an süffiger Melodramatik.

Entscheidung in Cartagena / Tre giorni a tropici ∗∗
I 1986 – 90 Min. – R: Tommaso Dazzi. D: Barbara De Rossi, Franco Nero, Galo Ahumada.
Abenteuerfilm. Junge Frau erbt Schürfrechte an einer Diamantenmine. Als sie in Kolumbien ankommt, trifft sie auf Mißtrauen und Feindschaft. Mit Hilfe eines Helden kämpft sie in diesem flotten, actionhaltigen Film um ihr Recht.

Entscheidung in der Sierra / High Sierra ∗∗ ½
USA 1940 – 95 Min. sw. – R: Raoul Walsh. D: Humphrey Bogart, Ida Lupino, Alan Curtis, Arthur Kennedy, Cornel Wilde.
Gangsterfilm. Bogart in seiner ersten Starrolle als angeknackster Gangster, der das Gefühl vermittelt, die wirklich Schuldigen stünden auf der anderen Seite; melancholisches Drama, actionhaltig mit gesellschaftskritischen Tönen serviert; Wilde in einer frühen Nebenrolle.

Die Entwaffnung TV-Film
BRD 1969 – 60 Min. sw. – R: Lutz Büscher. B: Alfred Andersch. D: Stefan Wigger, Uta Hallant, Wolfgang Reichmann, Nino Grover.
Ein junger Mann versucht aus seinem Alltag auszubrechen; die Entdeckung des »russischen Rouletts« erschließt ihm eine Welt riskanter Gefährdung; ein dichter, präziser Film um Lebensmut und -übermut.

Episode ∗∗ ½
A 1935 – 90 Min. sw. – R: Walter Reisch. D: Paula Wessely, Carl Ludwig Diehl, Otto Treßler, Erika von Wagner.
Melodram. Ein reicher Gönner bringt eine verarmte Kunststudentin in einen rufschädigenden Verdacht; Wessely in einer der kühl unterspielten, reizvollen Charakterrollen, die sie berühmt machten.

Er TV-Film
BRD – 40 Min. – Musik, Text und Realisation: Mauricio Kagel. D: Gert Haucke.
In diesem »Fernsehspiel nach einer Radiophantasie« sitzt ein Mann an einem Tisch, ißt und hört Radio; nebenbei gibt er mürrische Kommentare; karg und experimentell.

Er kann's nicht lassen ∗∗ ½
BRD 1962 – 90 Min. sw. – R: Axel von Ambesser. D: Heinz Rühmann, Lina Carstens, Ruth-Maria Kubitschek, Rudolf Forster, Siegfried Wischnewski.
Pater-Brown-Krimi. Von der Amtskirche auf eine Insel verbannter Seelenhirte betreut seine Gemeinde unkonventionell; vor allem seine kriminalistischen Neigungen sorgen für Schlagzeilen. Pater Brown, der Detektiv im Priesterkleid, klärt Gemäldediebstahl und sogar Mord auf, und Heinz Rühmann von der unscheinbaren Gestalt verkörpert diese Figur mit unnachahmlicher Pfiffigkeit.

Er Moretto – Von der Liebe leben ∗∗ ½
I 1983 – 85 Min. – R: Simon Bischoff. D: Alevino di Silvio, Vinicio Diamanti.
Homosexuellenfilm. Ein junger Römer verläßt sein Zuhause, setzt sich im halbkriminellen Strichjungenmilieu durch und steigt dann aus; ein semidokumentarischer Film, der Mechanismen der Homoszene offenlegt, auch ein Film über Versuche zu vergessen und über Vergangenheitsbewältigung.

Er – Sie – Es ∗∗ ½
BRD 1988 – 102 Min. – R: Sven Severin. D: Renan Demirkan, Helmut Berger, Lotti Huber, Vadim Glowna.
Gegenwartskomödie. Die Biologiestudentin Meike bekommt einen tollen Job, doch ihr Ehemann schwängert sie – Abtreibung ja oder nein? Die folgenden Turbulenzen schildert der realistische Film mit Witz und menschlicher Wärme.

Eraserhead / Eraserhead ∗∗∗
USA 1977 – 90 Min. sw. – R: David Lynch. D: Jack Nance, Charlotte Stewart, Allen Joseph, Jeanne Bates.

Horrorfilm. Eine Frühgeburt, die eher einem Kalbsfötus denn einem Baby gleicht, treibt den Helden zum Wahnsinn, und seine düstere, industrielle Umwelt tut ein übriges. Der erste Spielfilm Lynchs (»Blue Velvet«) verweigert sich der Interpretation, er erforscht die Gefilde des Unterbewußtseins. Elemente aus Alptraum und Science-fiction zeichnen diesen beunruhigenden Film aus, der zum größten Teil auf dem Dachboden eines Hauses in Beverly Hills entstand.

Der Erbe
siehe: Der Draufgänger

Das Erbe der Ferramonti / L'eredità Ferramonti **

I 1976 – 94 Min. – R: Mauro Bolognini. D: Anthony Quinn, Dominique Sanda, Fabio Testi.

Melodram. Quinn, durch Spekulationen reich geworden, verliebt sich unglücklich in seine schöne Schwiegertochter; Familiendrama auf italienisch.

Das Erbe von Björndal **

A 1960 – 89 Min. – R: Gustav Ucicky. D: Joachim Hansen, Maj-Britt Nilsson, Brigitte Horney, Ellen Schwiers, Hans Nielsen, Carl Lange, Gertraud Jesserer.

Heimatfilm. Der alte Dag ist tot, der junge versöhnt sich mit den von Galls, und die Wälder singen weiter; die Natur ist majestätisch; Fjorde, Berge, Schneestürme stehen als Synonym für die menschlichen Schicksalsschläge, deren einer den anderen jagt; die blonde Ehefrau ist die Brave, die schwarze Magd die Heimtückische; stirbt ein Kind, zeugt man ein neues, doch der Strom reißt alles fort. Zähes Nordlichtdrama, Fortsetzung von »Und ewig singen die Wälder« (1959) nach dem Roman von Gulbransson.

Die Erbin / The Heiress ***

USA 1949 – 111 Min. sw. – R: William Wyler. D: Olivia de Havilland, Montgomery Clift, Ralph Richardson, Miriam Hopkins, Vanessa Brown.

Liebesfilm. Die einzige Tochter eines reichen Witwers leidet unter der Kälte, die der Vater ihr entgegenbringt. Hals über Kopf verliebt sie sich in einen jungen Mann, der sie heiraten will, doch der Vater ist dagegen. Der mit fünf Oscars ausgezeichnete Film nach dem Roman »Washington Square« von Henry James glänzt mit sorgfältiger Regie und großen Stars. Clift in einer frühen Rolle als Glücksjäger.

Die Erbschaft / Arven ***

N 1979 – 92 Min. – R: Anja Breien. D: Espen Skjønberg, Anita Björk, Häge Juve, Jan Harstad.

Familiendrama. Ein Reeder hinterläßt seiner Familie ein großes Vermögen mit der Auflage, daß es gemeinsam ohne Mißgunst verwaltet werden muß; als sein Bruder auf sein Erbteil verzichtet, kommt es zur Krise; schonungslose Auseinandersetzung mit den Funktionsmechanismen der bürgerlichen Familie.

Die Erbschaft TV-Film

BRD 1987 – 95 Min. – R: Wolfgang Luderer. D: Inge Meysel, Günter Lamprecht, Claudia Amm, Anke Sevenich, Hans-Peter Korff, Angelika Bender, Martin May, Jörg Pleva.

Deutsch-deutscher Familienstreit um eine Erbschaft in der Mark Brandenburg. Die bekannten Gegensätze, hier Mercedes-Angeberei, dort ideologische Rechthaberei, treffen sich in gemeinsamem Spießertum; allein die Oma und die Kinder haben menschliche Züge. Witzig-kritisches Zeitstück über deutsche Vergangenheit und Gegenwart.

Die Erbschaft in Oregon / Across the Great Divide **

USA 1980 – 94 Min. – R: Stewart Raffill. D: Heather Rattray, Robert Logan, Mark Edward Hall.

Abenteuerfilm. Harmloses Märchen von dem schweren Jungen und den beiden widerborstigen Waisen, die darauf bestehen, quer durch den Westen nach Oregon zu reisen; eine Menge Pferde, Bären und Rehe reichern die Szenerie an; unterhaltsam.

Erdbeben / Earthquake **

USA 1974 – 117 Min. Ⓥ CIC. – R: Mark Robson. D: Charlton Heston, Ava Gardner, Lorne Greene, Geneviève Bujold, George Kennedy.

Katastrophenfilm. Infernofilm made in Hollywood; perfekt gemacht, großartige Stunts und Spezialeffekte, aber oberflächlich – pures Action-Angstschweiß-Kintopp.

Das Erdbeben in Chili TV-Film
BRD – 90 Min. – R: Helma Sanders. D: Julia Peña, Victor Alcazar, Juan Amigo, Marie Vico, Angel Alvarez.
Heinrich von Kleists Novelle von den unglücklich Liebenden, die der Verfolgung durch die Kirche nur entgehen, weil eine Naturkatastrophe sie vorerst rettet, hier in einer adäquaten filmischen Umsetzung mit Bildern und Sequenzen voller Naturlyrik; spannend und eindrucksvoll dargestellt.

Die Erde bebt / La terra trema ****
I 1948 – 95 Min. sw. OmU. – R: Luchino Visconti. D: Einwohner des Dorfes Acitrezza im Nordosten Siziliens.
Zeitkritischer Generationenfilm. Eine Rebellion der armen Fischer von Acitrezza gegen die Unternehmer schlägt fehl, ihr Anführer, Sohn einer Fischerssippe, muß ins Gefängnis; nach weiteren Schicksalsschlägen ist der Familienverband zerstört und muß sich elend verdingen; die neorealistische Filmsymphonie von Visconti (»Tod in Venedig«) zeigt die soziale Wirklichkeit mit grandiosen Außenaufnahmen, verblüffender Erzähltechnik, naturalistischem Licht und Bildern, die am sozialen Rhythmus der Gemeinschaft orientiert sind.

Erde in Flammen
siehe: Tulsa

Die Erde ist unser sündiges Lied / Maa on syntinen laulu ** ½
SF 1974 – 100 Min. – R: Rauni Mollberg. D: Maritta Viitamäki, Pauli Jauhojärri, Aima Saukko.
Melodram. Weil sich ein lebenshungriges junges Mädchen auf dem Dorf in einen Lappländer verliebt und schwanger wird, droht der Vater, sie umzubringen; Volksstück um Triebe, Ehre und Tradition.

Erdsegen TV-Film
A 1986 – 95 Min. – R: Karin Brandauer. D: Dietrich Siegl, Alexander Wagner, Barbara Petritsch, Gudrun Trummer, Karl Pongratz, Christian Spatzek.
Im Wien von 1910 gibt ein Journalist seine Stellung auf, um sich ein Jahr als Knecht zu verdingen; Verfilmung des Rosegger-Romans; ein Film über das Aussteigen, über Behauptungswillen und Krisenbewältigung; einfühlsam.

Erebos TV-Film
BRD 1988 – 90 Min. – R, B: Nicos Ligouris. D: Chryssoula Diavati, Dimitris Poulikakos, Rosemarie Fendel, Pia Podgornik, Bernd Volbrecht.
Ein Grieche in Berlin betreibt eine Schneiderei, er liebt seine Familie und fast mehr noch das Geld; Identitätskrisen und Ausbruchsphantasien bestimmen den Alltag mit; eines Tages dreht er durch und näht Geldscheine zusammen, damit scheint er seinen wahren Beruf gefunden zu haben; bittere Satire auf eine Gesellschaft, die den Wahn zur Hölle (griech. »Erebos«) werden läßt.

Der Erfinder ** ½
CH 1980 – 95 Min. – R: Kurt Gloor. D: Bruno Ganz, Walo Lüönd, Verena Peter, Oliver Diggelmann.
Milieukomödie. Kleinbürgerlicher Erfinder müht sich um das »Auto mit Straße«, das 1916, mitten im Ersten Weltkrieg, die Schweiz erobern soll; skurrile Milieukomödie mit scharfgezeichneten Charakteren.

Die Erfindung des Verderbens / Vynalez zkazy **
ČSSR 1958 – 77 Min. – R: Karel Zeman. D: Arnost Navrátil, Miloslav Holub, Lubomir Tokos.
Abenteuerfilm. Ein Bösewicht entführt zwei Wissenschaftler auf eine einsame Insel, wo sie für ihn die entscheidenden Erfindungen zur Weltbeherrschung machen sollen. Der naive, für Jugendliche und Erwachsene gleichermaßen aufregende Film nach Jules Verne fesselt durch unkomplizierte Spiel- und Schaulust.

Erfolg TV-Film
BRD 1987 – 45 Min. sw. – R, B: Monika Schmid. D: Dagmar Gassens, Beatrice Manowski.
Zwischen zwei Schauspielerinnen, die zusammenwohnen, kommt es wegen einer Rollenvergabe zu komischen Konflikten; ein sensibler Debütfilm über die Gefährdung menschlicher Beziehungen.

Ein erfolgreicher Blindgänger / Charlie Bubbles ** ½
GB 1968 – 90 Min. – R: Albert Finney. D: Albert Finney, Colin Blakely, Billie Whitelaw, Liza Minnelli.
Milieustudie. Der Schriftsteller Charlie langweilt sich in seinem Luxusleben; da besucht er Ex-Frau und Kinder in England; Märchen von der verlorenen Realität.

Erinnerung – Sicaron TV-Film
BRD 1982 – 75 Min. – R: Horst Schier. B: Richard Blank. D: Hannelore Schroth, Abraham Ronai, Raphael Klachkin, Natan Kogan.
Auf der Suche nach ihrem alten Regisseur trifft eine Schauspielerin in Israel auf zwei Männer mit zwiespältigen Gefühlen gegenüber Deutschland; eine Studie, die die Ambivalenz von Verhaltensweisen und die Zwiespältigkeit von Erinnerung offenlegt.

Erinnerungen an die Vergangenheit / Ghosts That Still Walk * ½
USA 1977 – 99 Min. – R: J. T. Flocher. D: Matt Boston, Ann Nelson, Jerry Jensen.
Horrorfilm. Ein Mann wird von geheimnisvollen Mächten beherrscht – Dr. Stills, der Experte für übersinnliche Wahrnehmungen, schaltet sich ein.

Erinnerungen an einen Sommer in Berlin TV-Film
BRD – 85 Min. sw. – R: Rolf Hädrich. D: Burt Nelson, Franziska Bronnen, Moritz Milar.
Ein vor Ort verfilmtes Kapitel aus Thomas Wolfes autobiographischem Roman »Es führt kein Weg zurück«: Der Schriftsteller in Nazi-Berlin beobachtet die politischen Veränderungen, ohne sich zu engagieren; halbdokumentarisch, mit vielen interessanten Zeitzeugen; Nelson fehlbesetzt.

Erinnerungen an meine Kindheit / Tong nien wang shi ** ½
Taiwan 1985 – 132 Min. – R: Hou Hsiao-Hsien. D: Yiu Ann-Shuin, Tien-Feng, Mei-Feng, Tang Yu-Yuen.
Familiendrama. Die Menschen leben arm und einfach auf der großen Insel; der junge Ah-ha wächst unbeschwert im Kreis seiner Familie heran, doch nach und nach verändert sich sein Leben, das wie ein ruhiger Fluß dahinzog: Die Großmutter stirbt, deren Liebling er war, später sterben Vater und Mutter. Episches Melodram in ruhigen, langen Einstellungen aus einer fremden Alltagswelt.

Ermittlungen gegen einen über jeden Verdacht erhabenen Bürger / Indagine su un cittàdino sopra di ogni sospetto ***
I 1969 – 115 Min. Ⓥ RCA Columbia. – R: Elio Petri. D: Gian Maria Volonté, Florinda Bolkan, Gianni Santucci, Orazio Orlando.
Politthriller. Ein psychisch gestörter römischer Polizeibeamter lenkt nach dem Mord an seiner Geliebten den Verdacht auf sich und zeigt sich schließlich selbst an; ein Film über Macht und den Preis für ihre Korrumpierung bzw. Unanfechtbarkeit; Volonté grandios in einem entlarvenden Psychogramm; 1970 in Cannes mehrfach preisgekrönt.

Ermittlungen gegen Unbekannt TV-Film
BRD 1974 – 120 Min. sw. – R: Roland Gall. D: Vadim Glowna, Dieter Laser, Friedhelm Ptok.
Ein Teilnehmer einer Demonstration wird verletzt und stirbt; der Bruder des Toten und der Staatsanwalt kommen bei ihren Ermittlungen zu unterschiedlichen Ergebnissen; zeitkritisch dokumentarisches Psychogramm – Drehbuch von Wallraff.

Die Ermordung eines chinesischen Buchmachers / Mord an einem chinesischen Buchmacher / The Killing of a Chinese Bookie ** ½
USA 1976 – 129 Min. – R: John Cassavetes. D: Ben Gazzara, Timothy Carey, Seymor Cassel, Azizi Johari, Meade Roberts.
Kriminalfilm. Ein italoamerikanischer Korea-Veteran hat mühsam einen schmuddeligen Stripteaseschuppen schuldenfrei gemacht, feiert den Erfolg und gerät durch leichtfertige Spielschulden in die Fänge der Mobster von Los Angeles, sein Triumph ist zugleich sein Ende; ein zurückhaltender, eher melancholischer Film über einen Verlierertyp – von Gazzara nervös und sensibel gespielt – und

das organisierte Verbrechen; Glanzrolle für Roberts als Mr. Sophistication; die sorglose Synchronisation zerstört allerdings die im US-Original spürbare Atmosphäre allgegenwärtiger Bedrohung.

Die Ermordung Matteottis / Il delitto Matteotti ***
I 1973 – 113 Min. – R: Florestano Vancini. D: Damiano Damiani, Mario Adorf, Riccardo Cucciolla, Vittorio De Sica, Franco Nero.
Politthriller. Kurz nach einer großen Parlamentsrede, in der er die Faschisten der Wahlfälschung beschuldigt hat, wird 1924 der Sozialist Giacomo Matteotti ermordet; eindrucksvolle Studie über die Etablierung des Faschismus durch Desinteresse oder stille Duldung in Bürgertum, Adel, Industrie, Monarchie und Kurie; Adorf sehenswert als Mussolini.

Ernst sein ist alles / The Importance of Being Earnest ** ½
GB 1952 – 90 Min. – R: Anthony Asquith. D: Michael Redgrave, Joan Greenwood, Dorothy Tutin, Michael Denison, Edith Evans, Margaret Rutherford.
Literaturverfilmung. Flirten ist alles – und Ernst ist ein Meister darin: Zwei Lebemänner aus dem viktorianischen England erfinden einen Unbekannten, mit dem ihre Angebeteten Cecily und Gwendolin verlobt zu sein glauben; dieser Trick eröffnet den Dandys alle Freiheiten bei ihren amourösen Abenteuern; sarkastische Dialoge, geistreiche Pointen – nach Oscar Wildes Stück »Bunbury«.

Eroberung vom Planet der Affen / Conquest of the Planet of the Apes **
USA 1972 – 87 Min. – R: J. Lee Thompson. D: Roddy McDowall, Don Murray, Ricardo Montalban.
Fantasyfilm. Ein Affe ruft seine Artgenossen zur Revolution auf und wird neuer Imperator über die Menschen in einem Reich, in dem mehr Barmherzigkeit herrscht; alle Themen werden bunt gemischt: Klassenkampf, Philosophie, Religion – diese Fortsetzung der Planet-der-Affen-Serie ist nicht mehr so originell und witzig wie die früheren; aber immer noch unterhaltsam.

Die Eroberung von Mykene
siehe: Der Moloch

Eroica Polen 44 / Eroica ***
PL 1957 – 90 Min. sw. – R: Andrzej Munk. D: Edward Dziewonski, Barbara Polomska, Jozef Nowak.
Zeitkritischer Film. Nüchterne Bilder von den letzten Kriegstagen in Polen. Ein kleiner Schwarzhändler wird, ohne es zu ahnen, in den Widerstand verwickelt; in einem Lager verstecken die Insassen einen Mann auf der Flucht; das Groteske mischt sich mit dem Grauen.

Erotikon ***
S 1920 – 90 Min. sw. Stf. – R: Mauritz Stiller. D: Anders de Wahl, Tora Teje, Karin Molander, Vilhelm Bryde.
Komödie. Eine Frau wird von zwei Männern begehrt; Eifersucht und Irritationen sind die Folgen; Klassiker des erotischen Films, der in metaphorischen Bildern ironisch gesellschaftliche Verhältnisse kommentiert.

Die erotischen Träume einer Frau / The Erotic Dreams of a Lady FLOP
I 1980 – 88 Min. – R: Andrew White. D: Nicole Seynaud, Lise Pinson, Pauline Teutscher.
Erotikfilm. Eine betrogene Frau betrügt zurück: zumindest in Träumen und auf einer Insel; phantasieloser Softporno.

Der Erpresser von L. A. / House of the Rising Sun ** ½
USA 1987 – 86 Min. – R: Greg Gold. D: Frank Amnese, Janie Barret, Tawny Moyer.
Kriminalfilm. Ein Psychopath bedroht ein Callgirl, über das eine Journalistin eine Story recherchiert; konventioneller Thriller, der durch die Musik von Tina Turner und Brian Ferry gewinnt.

Erpressung / Blackmail ***
GB 1929 – 75 Min. sw. – R: Alfred Hitchcock. D: Anny Ondra, John Longden, Sara Allgood, Charles Paton, Donald Cathrop.
Kriminalfilm. Eine Frau tötet in Notwehr und verschweigt die Tat ihrem Verlobten, dem Kriminalbeamten, der den Fall lösen soll; doch bald ist Erpressung im Spiel; als Stummfilm begonnener erster briti-

scher Tonfilm, in dessen etwas sorgloser Konstruktion Hitchcock schon virtuos seine Suspense-Techniken demonstriert.

Erpressung durch Scorpio / Scorpio Letters **

USA 1966 – 92 Min. – R: Richard Thorpe. D: Alex Cord, Shirley Eaton, Laurence Naismith, Oskar Beregi.

Agentenfilm. Ermittlungen wegen des Selbstmords eines Kollegen bringen einen Agenten auf die Spur eines Erpresserrings; routinierter, nicht sehr spannender Actionfilm.

Das 1. Evangelium Matthäus / Il vangelo secondo Matteo *** ½

I 1964 – 131 Min. sw. – R, B: Pier Paolo Pasolini. D: Marcello Morante, Enrique Irazoqui, Mario Socrate, Otello Sestili, Susanna Pasolini, Margherita Caruso.

Religiöser Film. Visualisierung des Bibeltextes; eine eindringliche, textgetreue, von begabten Laien belebte Darstellung des Lebens eines keineswegs friedfertigen, immer unerbittlich konsequent mahnenden Jesus durch den Marxisten Pasolini; die kargen Landschaften und Sakralmusik aus mehreren Epochen schaffen ein Bild visionärer Realität.

Die erste Fahrt zum Mond / First Men in the Moon ** ½

GB 1964 – 103 Min. Ⓥ RCA Columbia. – R: Nathan Juran. D: Edward Judd, Martha Hyer, Lionel Jeffries, Erik Chitty.

Science-fiction-Film. Adaption des SF-Romanklassikers von H. G. Wells über einen Mondflug 1899; humorvolle, gagreiche Mondfahrerstory mit berühmten Special Effects von Ray Harryhausen.

Der erste große Eisenbahnraub

siehe: Der große Eisenbahnraub

Die erste Kugel trifft / The Fastest Gun Alive ***

USA 1956 – 86 Min. sw. – R: Russell Rouse. D: Glenn Ford, Jeanne Crain, Broderick Crawford, Russ Tamblyn, Leif Erickson.

Western. Der nette und friedfertige Drugstore-Besitzer Temple entpuppt sich eines Tages als »schnelle Hand«, damit bringt er unbeabsichtigt Ärger nach Cross Creek. Der am Reißbrett entworfene, nach bewährtem Rezept dramatisierte Western enthält zur Freude der Genre-Fans dennoch alles, inklusive Atmosphäre, was einen nordamerikanischen Heimatfilm ausmachen sollte, meist jedoch nicht ausmacht; sogar Zwischentöne und eine malerische Zeichnung des Westernalltags finden ihren Platz; ein Leckerbissen.

Erste Liebe / First Love ** ½

CH/BRD 1970 – 86 Min. – R: Maximilian Schell. D: John Moulder-Brown, Dominique Sanda, Maximilian Schell, Valentina Cortese, Marius Goring.

Liebesfilm. Zu Beginn des 20. Jahrhunderts verliebt sich der junge Alexander in die geheimnisvolle Tochter einer verarmten Adelsfamilie. Nach Turgenjews Vorlage schuf Schell in seinem Regie-Erstling einen Film schöner Bilder, elegischer Stimmungen, avantgardistischer Tableaus. Preisgekrönt u. a. mit dem Bundesfilmpreis.

Das erste Mal ... / Let's Do It TV-Film

USA 1982 – 82 Min. Ⓥ Gloria Video. – R: Bert I. Gordon. D: Greg Bradford, Britt Helfer, Amanda Cleveland.

Komödie. Ein Mädchen möchte gern zum 18. Geburtstag entjungfert werden; ihr Freund hat – uneingestanden – dasselbe Problem und tolpatscht auf Erfahrungssuche von Fettnapf zu Fettnapf; ein anfangs frecher, pfiffiger Teeniefilm mit einigen beachtlichen Gags; leider sind weder Regie noch Darsteller den Möglichkeiten gewachsen, und das Ganze endet in dümmlichen Vulgaritäten.

Die erste Polka **

BRD 1978 – 95 Min. Ⓥ EuroVideo. – R: Klaus Emmerich. D: Maria Schell, Erland Josephson, Guido Wieland.

Zeitgeschichtlicher Liebesfilm. Gleiwitz in Oberschlesien 1939: Eine große Familie bricht zusammen, eine Hochzeit wird vorbereitet, die Schrecken des Krieges drohen. Der epische Film nach einem Roman von Horst Bienek verbindet das kleine Ereignis mit weltpolitischen Zusammenhängen geschickt, aber nicht immer glücklich.

Erste Sehnsucht / Premiers désirs * ½
F 1983 – 86 Min. – R: David Hamilton. D: Anja Schüte, Emmanuelle Béart, Monica Broeke, Inge Maria Granzow, Bruno Guillain.
Teeniefilm. Drei junge Mädchen auf der Suche nach dem ersten Abenteuer; schleimweichgezeichnete Voyeursklamotte des Erotikspekulanten Hamilton.

Der erste Tag der Freiheit / Pierwszuy dzien wolnosci * * *
PL 1964 – 90 Min. sw. – R: Aleksander Ford. D: Tadeusz Lomnicki, Beata Tyszkiewicz, Tadeusz Fijewski.
Kriegsdrama. Fünf polnische Offiziere, gegen Ende des Zweiten Weltkriegs aus einem Lager befreit, treffen in einer verlassenen deutschen Kleinstadt auf einen Arzt und seine Töchter; um sie vor Mißhandlungen zu schützen, nimmt sich einer der fünf ihrer an; eindringlicher Film um Leid und den Versuch zu vergeben, ohne zu vergessen.

Die erste Vorstellung / Opening Night * * ½
USA 1977 – 144 Min. – R: John Cassavetes. D: Gena Rowlands, Ben Gazzara, Joan Blondell, John Cassavetes.
Psychodrama. Eine alternde Schauspielerin bekämpft Midlife-Probleme mit Alkohol, vor einer wichtigen Premiere droht eine Katastrophe; erfolgreiche Wiederbelebungsversuche führen zu einem faden Happy-End; hervorragend besetzte Studie aus dem Theatermilieu mit einer etwas seichten Handlung, gemischt aus Realität und Fiktion, nach einem Drehbuch von Schauspieler-Regisseur Cassavetes (»Gloria«).

Erste Werke / Opera prima * * *
E/F 1980 – 90 Min. – R: Fernando Trueba. D: Oscar Ladoire, Paula Molina, Antonio Resines, Luis Gonzales Regueral, Kitty Manver, Alejandro Serna.
Komödie. Ein verheirateter, aber von seiner Frau getrennt lebender Journalist verliebt sich in seine Cousine, geht ihr mit intellektuellem Gewäsch auf die Nerven und verzweifelt an ihrem Selbstbewußtsein; ein Spiel voller Witz, Ironie und Situationskomik, das die Lage der spanischen Intelligenz nach Franco treffend kommentiert.

Erster Sieg / In Harm's Way * *
USA 1965 – 153 Min. sw. – R: Otto Preminger. D: John Wayne, Kirk Douglas, Patricia Neal, Tom Tryon, Paula Prentiss.
Kriegsfilm. Ein frischgebackener US-Admiral opfert im Kampf gegen die Japaner zahlreiche Soldaten; mit Love-Stories versetzte Routineproduktion, Wayne als patriotisch-loyaler Eisenfresser.

Das Erwachen / The End of August *
USA 1981 – 96 Min. – R: Bob Graham. D: Sally Sharp, Lilia Skala, David Marshall Grant, Paul Shenar.
Emanzipationsfilm. Um die Jahrhundertwende: Während eines Urlaubs in New Orleans mit Mann und Kindern läßt sich eine Frau auf Affären ein; schöne Bilder als Rahmen für eine schwache Handlung.

Das Erwachen der Sphinx / The Awakening * ½
GB/USA 1979 – 100 Min. Ⓥ VMP/Cannon/VMP. – R: Mike Newell. D: Charlton Heston, Susannah York, Jill Townsend, Stephanie Zimbalist.
Gruselfilm. Ein Archäologe entdeckt ein Pharaonengrab; das Öffnen der Mumienhülle einer Königin hat später Konsequenzen für seine Tochter, die zu dem Zeitpunkt des Fundes geboren wurde; wirres Gebräu aus Grabräuberkrimi, Kulten, Mythen und Esoterik; für Fans der unfreiwilligen Komik.

Die Erwählten / The Chosen * * ½
USA 1981 – 103 Min. – R: Jeremy Paul Kagan. D: Maximilian Schell, Rod Steiger, Barry Miller, Robby Benson, Hildy Brooks.
Jüdische Milieustudie. Ein orthodoxer und ein fortschrittlicher Jude prallen anfangs unversöhnlich, dann jedoch mit Verständnis aufeinander. Ihre Lernprozesse im New York des Jahres 1944 erzählt der großartig besetzte Film, nach einer Novelle von Chaim Potok, in ruhigen Bildern, dialogintensiv, voll authentischer Details.

Erwartungen und Enttäuschungen / Looks and Smiles ** ½
GB 1981 – 100 Min. sw. – R: Kenneth Loach. D: Graham Greene, Carolyn Nicholson, Tony Pitts.
Sozialkritischer Generationsfilm. Schulabgänger im englischen Sheffield; Arbeitslose, Suchende, Scheiternde, Flüchtende; die realistische Studie mit halbdokumentarischem Touch folgt ihren Handlungen hautnah und erzählt ihre Geschichte mit Sympathie für die kleinen Veränderungen.

Erzähl mir nichts * ½
BRD 1964 – 90 Min. Ⓥ Ufa. – R: Dietrich Haugk. D: Heidelinde Weis, Karl Michael Vogler, Georg Thomalla.
Liebeskomödie. Munteres Verwirrspiel um Liebe und Traualtar; im Geplänkel geht der Sinn des Ganzen bald verloren.

Erzählungen eines Nachbarn / Nagaya Shinshiroku ***
J 1947 – 70 Min. sw. – R: Yasujiro Ozu. D: Choko Iida, Chishu Ryu, Hohi Aoki.
Problemfilm. In Form einer tragikomischen Geschichte erzählt Ozu das Schicksal eines Mädchens im Nachkriegs-Tokio, das von einer Witwe aufgenommen wird; parabelhaftes Zeitdokument.

Erzherzog Johanns große Liebe **
A 1950 – 88 Min. sw. – R: Hanns Schott-Schoebinger. D: O. W. Fischer, Marte Harell, Franz Pfaudler.
Melodram. Darstellung einer »unstandesgemäßen« Hochadelsromanze; großer Kinoerfolg.

Erziehung durch Dienstmädchen TV-Film
BRD 1975 – 90 Min. – R: Klaus Emmerich. B: Herbert Knapp nach dem Roman von Robert W. Schnell. D: Claudius Kracht, Franz Rudnick, Vera Borek, Margot Leonhard, Dorian Kracht.
Durch die Hauptbezugsperson seiner Kindheit, das Dienstmädchen, lernt der kleine Sohn eines konservativen Bankers Sozialisten kennen; im Ruhraufstand steht der Junge an deren Seite; engagierte Gesellschaftskritik im Gewand eines Bildungs- und Erziehungs-»Romans«; eindrucksvoll C. Kracht.

Es begann in Neapel / It Started in Naples ** ½
USA 1959 – 100 Min. – R: Melville Shavelson. D: Clark Gable, Sophia Loren, Vittorio De Sica, Marietto, Paolo Carlini.
Komödie. Ein amerikanischer Anwalt will seinen Neffen aus Neapel zurückholen, doch die energische Witwe seines verstorbenen Bruders weiß sich zu wehren; Bombenrolle für Loren, die Gable an die Wand spielt.

Es begann mit einem Kuß / The Big Lift ** ½
USA 1950 – 95 Min. sw. OmU. – R: George Seaton. D: Montgomery Clift, Paul Douglas, Cornell Borchers, O. E. Hasse, Bruni Löbel.
Nachkriegsromanze. Als die sowjetische Armee die ehemalige deutsche Hauptstadt 1948 abriegelte, entstand die Berliner Luftbrücke. Flugzeuge der Alliierten landeten in Tempelhof, um die Berliner nicht verhungern zu lassen; US-Air-Force-Pilot Danny verliebt sich dabei in eine junge deutsche Soldatenwitwe und muß eine bittere Erfahrung machen; der authentisch wirkende Film vermittelt hautnah das Klima jener Zeit.

Es brennt an allen Ecken / Fire Sale FLOP
USA 1976 – 87 Min. – R: Alan Arkin. D: Alan Arkin, Vincent Gardenia, Kay Medford.
Klamaukfilm. Ein Kaufmann hat Familienärger, und sein Textilgeschäft ist pleite; geschmacklose Klamotte.

Es geht um mein Leben **
D 1936 – 96 Min. sw. – R: Richard Eichberg. D: Theo Lingen, Eva Tinschmann, Alice Treff.
Kriminalfilm. Ein Mord vor dem Hintergrund einer Liebesaffäre, ein mit betroffener Verteidiger sucht die Lösung; routiniert, aber ohne eigentliche Spannung; Lingen in einer zwielichtigen Rolle.

Es geschah am hellichten Tag *** ½
BRD/CH 1958 – 95 Min. sw. – R: Ladislao Vajda. D: Heinz Rühmann, Michel Simon, Ewald Balser, Gert Fröbe, Berta Drews.

Krimi. Kommissar Matthäi glaubt nicht an die Schuld des arretierten Kindesmörders; er verfolgt eine andere Spur; subtiler, atmosphärisch dichter Kriminalfall aus der Schweizer Provinz, mit Starbesetzung, nach einer Romanvorlage von Friedrich Dürrenmatt.

Es geschah in Athen / It Happened in Athens **

USA 1962 – 88 Min. – R: Andrew V. Marton. D: Jayne Mansfield, Trax Colton, Maria Xenia, Nico Minardos, Bob Mathias, Brad Harris.

Komödie. Ein Schafhirte schafft bei den I. Olympischen Spielen der Neuzeit 1896 die Zulassung zum Marathonlauf durchs Hintertürchen, eine Schauspielerin will den Sieger durch ein Eheversprechen belohnen; routinierte Unterhaltung mit Seriengags.

Es geschah in der Stille der Nacht / Wśrod Nócnej Ciszy ***

PL 1978 – 117 Min. – R: Tadeusz Chmielewski. D: Tomasz Zaliwski, Piotr Lysak, Mirosław Konarowski, Henryk Bista, Teresa Lipowska, Jerzy Bonczak.

Psychothriller. Die Suche nach einem mehrfachen Kindesmörder in einer polnischen Kleinstadt legt menschliche Tragödien offen; die Spannung entsteht weniger durch die Kriminalhandlung, die eher konventionell ist, als durch ein kunstvoll entwickeltes Beziehungsraster, das Verbrechen als gefährliche Bedrohung zeigt.

Es geschah in diesem Sommer / The Greengage Summer **

GB 1961 – 98 Min. Ⓥ RCA Columbia. – R: Lewis Gilbert. D: Danielle Darrieux, Kenneth More, Susannah York, Maurice Denham.

Liebesfilm. Eine enttäuschende Romanze läßt eine 16jährige zur Frau reifen; obwohl dies nicht so selten geschieht, spielt Susannah York die Rolle recht eindrucksvoll; das Interesse des Betrachters hält jedoch nicht lange an.

Es geschah in einer Nacht / Pete Kelly's Blues ** ½

USA 1955 – 93 Min. – R: Jack Webb. D: Jack Webb, Janet Leigh, Jayne Mansfield, Edmond O'Brien, Peggy Lee, Lee Marvin.

Musikfilm. Krimimusical um eine Jazzband der »Wilden Zwanziger«, die von einem Gangsterboß erpreßt wird; lässige Gangsterballade und Hommage für eine große Zeit des Jazz mit Beiträgen u. a. von Ella Fitzgerald, die als einzige in diesem Film wirklich swingt.

Es herrscht Ruhe im Land ***

BRD 1975 – 100 Min. – R: Peter Lilienthal. D: Charles Vanel, Mario Pardo, Eduardo Duran, Zita Duarte.

Politthriller. In einer fiktiven lateinamerikanischen Stadt wird der Ausnahmezustand ausgerufen, politische Gefangene werden gefoltert und Bürgerrechtler unterdrückt; Lilienthals bedrückende Abrechnung mit Pinochets Chile; Vanel in einer eindrucksvollen Rolle.

Es ist Frühling / E primavera **

I 1949 – 87 Min. sw. – R: Renato Castellani. D: Donato Donati, Elena Varzi, Irene Genna.

Liebeskomödie. Ein Herzensbrecher beim Militär bekommt Schwierigkeiten mit Vorgesetzten und moralisierenden Einwohnern auf Sizilien; der heitere Film beschreibt am Beispiel der Nöte des Mannes überzeugend die moralische Situation des rückständigen Teils Italiens.

Es kommt ein Tag **

BRD 1950 – 85 Min. sw. – R: Rudolf Jugert. D: Maria Schell, Dieter Borsche, Lil Dagover, Gustav Knuth.

Problemfilm. Liebe und Krieg im Frankreichfeldzug 1870; ein deutscher Korporal verliebt sich in eine schöne Französin – pschologisch-moralische Konflikte stehen an, als sie erfährt, daß er im Kampf ihren Bruder getötet hat; Versuch der Vergangenheitsbewältigung; nach einer Novelle von Ernst Penzoldt.

Es lebe die Freiheit / A nous la liberté ***

F 1931 – 80 Min. sw. OmU. – R: René Clair. D: Raymond Cordy, Henri Marchand, Rolla France, Germaine Aussey.

Zeitkritischer Film. Hintersinnig phantastische und realistische Komödie um zwei Strafgefangene und ihre abweichenden Karrieren in der Freiheit; straff inszeniert, milieuechte Charaktere, gesellschaftskritisch und unterhaltsam. Kinoklassiker.

Es lebe die Liebe **
D 1943 – 87 Min. sw. – R: Erich Engel. D: Johannes Heesters, Lizzi Waldmüller, Hilde Seipp, Heini Handschumacher.
Lustspiel. Berlin und Barcelona sind Schauplätze der Liebesständeleien zwischen einem aufgeblasenen Operettentenor und einer flotten Ballettänzerin. Leicht gestrickte Musikrevue mit den üblichen Versatzstücken: Liebe, Karriere, Ehe und Übermut.

Es lohnt zu leben / A Reason to Live TV-Film
USA 1984 – 95 Min. – R: Peter Levin. D: Peter Fonda, Ricky Schroder, Deirdre Hall, Tracey Gold.
Ein Sohn stellt fest, daß er fast zu spät die Selbstmordabsichten seines Vaters erkannt hat, und kämpft einen verzweifelten Kampf gegen die Zeit; glatt und eher plakativ als eindringlich inszeniert.

Es muß nicht immer Kaviar sein ** ½
BRD/F 1961 – 99 Min. sw. – R: Géza von Rádványi. D: O. W. Fischer, Eva Bartok, Senta Berger, Jean Richard, Geneviève Cluny, Victor de Kowa.
Agentenkomödie. Ein kleiner Bankangestellter mit den Hobbys Frauen und exquisite Küche gerät als Geheimagent unfreiwillig zwischen alle Fronten; lockere Verfilmung des Simmel-Romans mit einem gelöst agierenden Team.

Es steht schweigend der Wald TV-Film
DDR – 85 Min. – R: Wolfgang Hübner. D: Henry Hübchen, Ulrike Kunze, Lissy Tempelhof, Dietrich Körner.
Liebesromanze zwischen dem Förster Rudolf und der liebreizenden Anna, die durch psychische Probleme des Waldhüters belastet wird. Genaue Milieuzeichnung und Einblendung des Hintergrunds charakterisieren diese Verfilmung der Theodor-Storm-Novelle »Schweigen«.

Es tanzt die Göttin / Cover Girl ** ½
USA 1944 – 107 Min. – R: Charles Vidor. D: Rita Hayworth, Gene Kelly, Lee Bowman, Phil Silvers.
Tanzfilm. Die Hayworth in einem beschwingten, choreographisch ansehnlichen Musical mit Gershwin-Melodien und professionellen Kelly-Nummern vom Besten; gelungene Mixtur aus unterhaltsamen Zutaten aller Richtungen.

Es war / Flesh and the Devil ** ½
USA 1926 – 109 Min. sw. Stf. – R: Clarence Brown. D: Greta Garbo, John Gilbert, Lars Hanson, Barbara Kent.
Melodram. Die Garbo als Femme fatale mit verhangenem Blick in ihrer verführerischsten Rolle zerstört eine lebenslange Männerfreundschaft; am Ende, während sich die beiden Herren duellieren, ertrinkt sie im Fluß; nach einem Roman von Hermann Sudermann.

Es war die erste Liebe **
BRD 1958 – 90 Min. sw. – R: Fritz Stapenhorst. D: Richard Häußler, Marion Michael, Christian Wolff, Fritz Tillmann.
Liebesfilm. Trauriges Rührstück um ein junges Paar, das an Konventionen und Erziehungsmechanismen scheitert; schöne Bilderstimmung, nachvollziehbare Charaktere und das junge Traumpaar des ernsten Unterhaltungsfilms Michael/Wolff machen diesen Film, der beweist, daß Heimatschnulzen auch seriös sein können, sehenswert.

Es war einmal der Jazz / Byl jazz ** ½
PL 1981 – 97 Min. – R: Feliks Falk. D: Michael Bajor, Andrzej Grabarczyk, Božena Adamkowna.
Politischer Film. Ein Student gründet Anfang der Fünfziger eine Band, die heimlich Jazz spielt; das führt zu Komplikationen mit den stalinistischen Funktionären; tragikomische Geschichtsaufarbeitung.

Es war nicht die Nachtigall
siehe: Die Nichte der O.

Escalation / Escalation *
I 1967 – 90 Min. – R: Roberto Faenza. D: Claudine Auger, Lino Capolicchio, Gabriele Ferzetti, Paola Corinti.
Komödie. Arbeitsscheuer Großindustriellensohn steigt aus; eine bildhübsche, kühle Psychologin soll ihn auf den rech-

ten Weg bringen; viel Aufwand für ein mäßiges Ergebnis.

Der Etappenheld / The Secret War of Harry Frigg *

USA/GB 1967 – 101 Min. – R: Jack Smight. D: Paul Newman, Sylva Koscina, Andrew Duggan, Tom Bosley.

Militärklamotte. Fünf alliierte Generäle in italienischem Hausarrest erhoffen Rettung von einem ausgeflippten Ausbrecherkönig; billiger Klamauk, schwach inszeniert.

Eternally Yours

siehe: Liebestournee

Die Eule und das Kätzchen / The Owl and the Pussycat **

USA 1969 – 93 Min. – R: Herbert Ross. D: Barbra Streisand, George Segal, Robert Klein, Roz Kelly.

Liebeskomödie. Bordsteinschwalbe Streisand als rotzfreche, aber weichherzige Bedrängerin eines schüchternen Schriftstellers, in einem urkomischen, vom Talent Streisands und Segals getragenen Kammerspiel um laute Worte und leise Gefühle.

Die Europäer / The Europeans ** ½

USA/GB 1979 – 88 Min. – R: James Ivory. D: Lee Remick, Tim Woodward, Lisa Eichhorn, Robin Ellis, Wesley Addy.

Literaturverfilmung. 1850 kommt ein Geschwisterpaar aus dem englischen Boston nach Neu-England; zwei Kulturen treffen aufeinander; nach dem Roman von Henry James; es gelingt Ivory, die Spannung zwischen alter und neuer Welt, ihre Werte und Vorurteile sichtbar zu machen an kleinen Nebensächlichkeiten, Gesten, Worten, Verhaltensweisen, Kostümen; ein schöner, ruhiger, genauer und melancholischer Film.

Eva / Eva ** ½

I/F 1962 – 101 Min. sw. – R: Joseph Losey. D: Jeanne Moreau, Stanley Baker, Giorgio Albertazzi, Virna Lisi.

Liebesfilm. Eine Edelprostituierte macht sich einen Schriftsteller immer mehr hörig; Geschichte eines Persönlichkeitsverfalls, die in kunstvollen Bildarrangements erzählt wird.

Eva erbt das Paradies **

A 1951 – 100 Min. sw. – R: Franz Antel. D: Maria Andergast, Josef Meinrad, Annie Rosar, Gunther Philipp.

Komödie. Verkäuferin Eva erbt das heruntergekommene Hotel »Paradies« und beginnt mit Hilfe von Freund(inn)en resolut mit dem Neuaufbau; der Konkurrenzkampf mit einem Luxushotel endet erwartungsgemäß happy; sympathische Durchschnittsunterhaltung.

Evelyn und die Männer oder »Wie Hund und Katz« TV-Film

BRD 1987 – 60 Min. – R: Rolf von Sydow. D: Evelyn Hamann, Vico von Bülow (Loriot), Ruth-Maria Kubitschek, Dagmar Berghoff, Hans Clarin.

Evelyn ist frisch geschieden und enttäuscht, aber ihre Lust aufs starke Geschlecht noch nicht erloschen. Ihre Odyssee durch die Männerwelt ist halb Satire, halb Verwirrspiel – unterhaltsame Nummernrevue.

Evita Peron / Evita Perón * ½

USA 1981 – 220 Min. (zweiteilige TV-Fassung) – R: Marvin J. Chomsky. D: Faye Dunaway, James Farentino, Pedro Armendariz jr., Rita Moreno.

Politmelodram. Verfilmung des Lebenslaufs der ehrgeizigen, skrupellosen Eva Duarte (1919–1952), die von der talentlosen Schauspielerin zur argentinischen First Lady und zum »Engel der Armen« Evita Perón aufstieg; Politkitsch à la Hollywood ohne soziale Verve.

Die ewige Eva / It Started With Eve ** ½

USA 1941 – 90 Min. – R: Henry Koster. D: Deanna Durbin, Charles Laughton, Robert Cummings, Guy Kibbee.

Liebeskomödie. Romantisch angelegtes Gesellschaftsstück um ein junges Brautpaar, das die Widerstände der Eltern des Mannes beseitigen muß; als Lustspiel serviert, mit feinen Seitenhieben auf Geld und Moral.

Der ewige Klang * ½

D 1943 – 82 Min. sw. – R: Günther Rittau. D: Ernst Wilhelm Borchert, Rudolf Prack, Olga Tschechowa.

Musikermelodram. Melodisches Geschick mit Mißklängen um zwei Brüder, die das Geigenspiel lieben; trotz des ewig schönen Klangs der Musik werden beide nicht glücklich in der Welt schriller Töne und unharmonischer Liebe.

Das ewige Spiel ∗∗
BRD 1951 – 94 Min. sw. – R: Franz Cáp. D: Cornell Borchers, Willy Birgel, Will Quadflieg, Margarethe Haagen, Otto Gebühr.
Melodram. Eine Frau steht zwischen zwei Männern; sie läßt sich die Zukunft vorhersagen und erlebt in drei Visionen tragisch endende Variationen ihres Schicksals; ästhetisch gelungenes, aber wenig inspiriertes Drama um Liebe und Leid.

Der ewige Traum ∗∗ ½
D 1934 – 80 Min. sw. – R: Dr. Arnold Fanck. D: Sepp Rist, Brigitte Horney, Ernst von Winterstein, Ernst Nansen.
Bergfilm. Ende des 18. Jahrhunderts behaupten die Legendenerzähler, auf dem Montblanc liege Gold. Die zwei Männer, die den geheimnisvollen Berg erstbesteigen, finden jedoch nur Schnee – und Ruhm. Der stimmungsvolle, mit romantischen Tönen und realistischen Aufnahmen überzeugende Film erzählt seine Geschichte mit dem Tatort-Touch des Vor-Ort-Dramas.

Die ewigen Gefühle TV-Film
BRD – 100 Min. – R: Peter Beauvais. D: Michael Degen, Gila von Weitershausen, Christine Merthan, Jörg Gudzun, Herbert Grönemeyer.
Ein verheirateter Mann trifft seine ebenfalls verheiratete Jugendliebe wieder, beide wollen es noch einmal wissen. Melancholische Liebesromanze nach dem Roman von Bernard von Brentano, mit klassischer Musikinterpretation des heutigen Rockstars Grönemeyer.

The Executor – Der Vollstrecker / Sterminatori del Anno 3000 ∗
I 1983 – 88 Min. – R: Jules Harrison. D: James Clayton, Robert Warner, Beryl Cunningham.
Apokalypsefilm. Nach der atomaren Katastrophe machen sich ein paar skurrile Überlebende auf die Suche nach dem letzten Wasserdepot; futuristische Waffen und Vehikel begünstigen ihre Arbeit in einer trostlos inszenierten Mad-Max-Filmlandschaft.

Exklusiv / Exclusive ∗∗
USA 1937 – 75 Min. sw. – R: Alexander Hall. D: Fred MacMurray, Frances Farmer, Charlie Ruggles.
Krimi. Ein Gangster, dem man nie etwas nachweisen kann, wird von zwei engagierten Journalisten in mühsamer Kleinarbeit zur Strecke gebracht.

Exklusiv! TV-Film
BRD 1969 – 95 Min. – R: Peter Schulze-Rohr. B: Friedhelm Werremeier. D: Heinz Bennent, Monika Mindzenty, Wolfgang Reichmann, Walter Richter, Heinz Schubert.
Psychokrimi um einen Banker, der eine Million stiehlt und dann bei der Polizei behauptet, seinerseits beklaut worden zu sein, wofür er mit fünf Jahren davonzukommen hofft. Doch dann kommt manches anders als gedacht, in einem gut gespielten, spannenden Pilotfilm für die spätere »Tatort«-Serie mit Kommissar Trimmel.

Exodus / Exodus ∗∗ ½
USA 1960 – 213 Min. – R: Otto Preminger. D: Paul Newman, Eva Marie Saint, Ralph Richardson, Peter Lawford, Lee J. Cobb.
Filmepos. Freiheitskampf jüdischer Flüchtlinge Mitte der vierziger Jahre; Verfilmung des Romans von Leon Uris über die Gründung des Staates Israel; aufwendiges und streckenweise grandioses Kino, doch wirken Stereotypen und Klischees fragwürdig; überzeugend Newman als Retter und Widerstandsführer.

Die Explosion erfolgt um fünf / Vybuch bude v pet ∗∗ ½
ČSSR 1984 – 75 Min. – R: Josef Pinkava. D: Oldrich Slavik, Zdena Hadrbolcová, Robert Nespor, Mahulena Bocanová.
Jugendfilm. Ludvik ist ein aufgeweckter Schüler, der aber von einer Katastrophe in die andere schlittert – er kann einfach seine physikalischen Experimente nicht lassen.

Explosion in Cuba / Cuba ∗∗ ½
USA 1979 – 116 Min. – R: Richard Le-

ster. D: Sean Connery, Brooke Adams, Jack Weston, Hector Elizondo.
Politmelodram. Farbiges Bild der ultrarechten Schmarotzergesellschaft im Kuba Battistas; Anti-Castro-Söldner Connery erlebt Neubeginn und Ende einer zärtlichen Liebe; witzig, gagreich und satirisch, wenn auch viel schwächer als andere Lester-Filme.

Extrablatt / The Front Page ***
USA 1974 – 99 Min. – R: Billy Wilder. D: Jack Lemmon, Walter Matthau, Susan Sarandon, Vincent Gardenia, David Wayne.
Komödie. Ein Chefredakteur in Sorge um die Heiratswilligkeit und Berufsunlust seines Starreporters, der plötzlich Blut leckt, da er die Chance seines Lebens wittert; turbulenter, frecher Jux mit Wilders aggressiv-komödiantischem Irrwitz und dem furiosen Gespann Lemmon/Matthau.

F

F wie Fälschung / F for Fake / Nothing But the Truth ***

F/Iran/BRD 1973 – 90 Min. – R, B: Orson Welles. D: Orson Welles, Oja Kodar, Elmyr de Hory, Clifford und Edith Irving.

Filmessay. Der Bilderfälscher Elmyr de Hory als Zentralfigur eines hintergründig-intellektuellen Spiels um Echtheit und Fälschung; Kunst als Spiegel des Lebens auf unerwartete Art, voll subversiver Ironie und mit augenzwinkerndem Witz präsentiert.

Fahr zur Hölle, Liebling / Farewell, My Lovely ** ½

USA 1975 – 97 Min. – R: Dick Richards. D: Robert Mitchum, Charlotte Rampling, John Ireland, Harry Dean Stanton, Sylvester Stallone.

Krimi. Dritte Verfilmung des Chandler-Romans, abgewandelt und von epischem Zauber; ein Knastentlassener sucht nach sieben Jahren seine Braut und hinterläßt jede Menge Leichen; Privatdetektiv Philip Marlowe setzt sich stoisch wie die Helden des Vierziger-Jahre-Krimis auf seine Fersen; der Film übersetzt die schwarzweiße Depressionsstimmung von damals in bunte, effektvoll-melancholische Glanzbilder.

Fähre nach Hongkong / Ferry to Hong Kong **

GB 1959 – 99 Min. – R: Lewis Gilbert. D: Curd Jürgens, Orson Welles, Sylvia Syms, Jeremy Spenser, Noel Purcell.

Abenteuerfilm. Ein vollfetter Kapitän auf einem heruntergekommenen Fährschiff im bärbeißigen Fight mit einem versoffenen, staatenlosen Dauerpassagier; routinierter Actionreißer mit viel Taifun, Piraterie und einer Liebesgeschichte als Zugabe.

Fahrenheit 451 / Fahrenheit 451 ***

GB 1967 – 111 Min. – R: François Truffaut. D: Julie Christie, Oskar Werner, Cyril Cusack.

Science-fiction-Film. Truffauts futuristische Vision einer Menschheit, aus der alle Bücher verbannt sind, in der die Überwachung total geworden ist; eine kleine Gruppe probt den Widerstand; nach dem Roman von Ray Bradbury.

Fahrkarte ins Jenseits / Decision at Sundown ** ½

USA 1957 – 75 Min. – R: Budd Boetticher. D: Randolph Scott, John Carroll, Noah Beery jr., Karen Steele.

Western. Einer der besten B-Western des erfolgreichen Gespanns Boetticher/Scott. Wohldosierte Aktion mit kritischen Tendenzen gegenüber Law-and-Order-Denken des Western-Genres.

Das Fahrrad TV-Film

BRD 1967 – 70 Min. sw. – R: Gustav Burmester. B: Dieter Waldmann. D: Karin Remsing, Herbert Stass, Michael Nowka, Dorothea Thiess.

Ein von berufstätigen Eltern vernachlässigtes Schlüsselkind hat nur einen großen Wunsch: ein eigenes Fahrrad; problembewußt, aber nicht voll überzeugend.

Fahrraddiebe / Ladri di biciclette *** ½

I 1948 – 90 Min. sw. – R: Vittorio De Sica. D: Lamberto Maggiorani, Lianella Carell, Gino Saltamarenda, Giulio Chiari.

Zeitkritischer Film. Ein Arbeitsloser bekommt im Nachkriegs-Mailand einen Job, den er nur mit einem Fahrzeug bewältigen kann; er löst sein Fahrrad aus dem Pfandhaus aus, doch am nächsten Tag wird es ihm gestohlen; Film des Neorealismus, in dem Alltag nüchtern und ungeschminkt wiedergegeben wird; mit romantischen Obertönen, klar komponiert, sozialkritisch; Filmklassiger; zahlreiche Preise, darunter ein Oscar.

Fahrstuhl des Schreckens / The Elevator ∗∗
USA 1974 – 70 Min. – R: Jerry Jameson. D: James Farentino, Don Stroud, Myrna Loy.
Katastrophenfilm. Nach einem Gangsterüberfall klemmt der Fahrstuhl; die Täter erleiden klaustrophobische Schocks; die Zuschauer nicht, denn die in billiger TV-Serienmanier servierte Unterhaltungskost ist zwar spannend, aber bei weitem kein Hitchcock.

Fahrstuhl zum Schafott / L'ascenseur pour l'échafaud ∗∗ ½
F 1957 – 87 Min. sw. – R: Louis Malle. D: Maurice Ronet, Jeanne Moreau, Lino Ventura.
Krimi. Eine absurde Story: Ein ehemaliger Indochinaaktivist ermordet seinen Chef, einen Waffenhändler, um mit dessen Frau ein neues Leben anzufangen; doch ein Fahrstuhl und ein Gangster bereiten ihm Probleme; Frühwerk der Nouvelle Vague.

Die Fahrt in den Abgrund / The Long Haul ∗ ½
GB 1957 – 101 Min. sw. – R: Ken Hughes. D: Victor Mature, Diana Dors, Patrick Allen.
Truckerfilm. Exsoldat übernimmt Lkw-Job und landet in einer Transportbande; nach einigen Manövern, die in Sackgassen enden, wirft er das Steuer herum und verläßt das abschüssige Gelände in diesem dramaturgisch kraftlos inszenierten Film.

Fahrt ins Blaue / Voyage-Surprise ∗∗
F 1947 – 105 Min. sw. OmU. – R: Pierre Prévert. B: Jacques Prévert. D: Sinoël, Maurice Baquet, Jacques-Henry Duval, Martine Carol.
Komödie. Um aus seinen unverschuldeten Konkursproblemen herauszukommen, organisiert ein Fuhrunternehmer eine Fahrt ins Blaue, die turbulent verläuft; Unterhaltung mit (linken) politischen Pointen.

Die Fahrt nach Bamsdorf ∗∗ ½
DDR 1956 – 37 Min. sw. – R: Konrad Petzold. D: Charlotte Küter, Bernd Kruss, Peter Schmidt, Petra Kyburg, Klaus Böhme.
Kinderfilm. Ein kleines Geschwisterpaar darf allein zur Großmutter aufs Land fahren und erlebt allerlei selbstverschuldete Unannehmlichkeiten; einfach und gradlinig erzähltes Kinderabenteuer; Fortsetzung: »Abenteuer in Bamsdorf«.

Die Fahrt zum Leuchtturm / To the Lighthouse TV-Film
GB – 110 Min. – R: Colin Gregg. B: Hugh Stoddart. D: Rosemary Leach, Michael Gough, Suzanne Bertish.
Eine Familie verbringt den Sommerurlaub in ihrem Landhaus am Meer; der Mann, ein intellektueller Exzentriker, sorgt für Konflikte; anspruchsvoller, aber vergeblicher Versuch, die gläserne Zerbrechlichkeit von Virginia Woolfs Romanprosa zu visualisieren.

Die Fahrten des Odysseus / Odyssee / Ulisse ∗∗ ½
I 1954 – 100 Min. – R: Mario Camerini. D: Kirk Douglas, Silvana Mangano, Jacques Dumesnil, Ludmilla Dudarová, Rossana Podestà, Anthony Quinn, Daniel Ivernel.
Monumentalfilm. Odysseus gelingt es mit der Kriegslist des Trojanischen Pferdes, den zehnjährigen Kampf zwischen Griechen und Trojanern zu beenden. Doch für den mythischen Helden beginnt nun ein rastloses Reiseleben. Der seinerzeit teuerste Farbfilm (10 Millionen Dollar Herstellungskosten) bietet den Odysseus-Mythos als aufwendige, mit hervorragenden Spezialeffekten arbeitende Kintoppfabel.

Der Fall Bachmeier – Keine Zeit für Tränen ∗∗
BRD 1984 – 95 Min. – R: Hark Bohm, D: Marie Colbin, Michael Gwisdek, Christine Limbach, Angela Schmidt.
Mordmelodram. Der sauber konstruierte Film versucht die Motive und inneren Beweggründe in dem authentischen Kriminalfall Marianne Bachmeier subtil nachzuzeichnen. Die junge Frau verliert die Nerven, als ihre über alles geliebte Tochter ermordet wird: Sie erschießt den Mörder während der Gerichtsverhandlung. Ein Fall, aus dem Leben gegriffen.

Der Fall Bundhund TV-Film
BRD – 95 Min. – R: Eberhard Hauff. D:

Jörg Hube, Harald Kuhlmann, Karl Striebeck, Tana Schanzara.
Der Titelheld kehrt mit einem zerschossenen Bein aus dem Ersten Weltkrieg zurück und versucht wieder »Fuß zu fassen«. Als er stempeln geht, gerät er auf groteske Weise in die Mühle der Verwaltung. Regisseur Hauff (»Messer im Kopf«) erzählt das Milieu der 20er Jahre, unspektakulär und mit Lerneffekten.

Der Fall Cicero / Five Fingers ** ½
USA 1951 – 103 Min. sw. – R: Joseph L. Mankiewicz. D: James Mason, Danielle Darrieux, Michael Rennie, Walter Hampden, Oscar Karlweis.
Spionagefilm. Nach dem tatsächlichen Spionagefall um den Kammerdiener des britischen Botschafters in Ankara, der Geheimmaterial an Hitler-Deutschland verschacherte, entstand dieser spannende, das Zeitgeschehen in düsteren, atmosphärischen Bildern verdichtende und hervorragend besetzte Film.

Der Fall Deruga ** ½
D 1938 – 83 Min. sw. – R: Fritz Peter Buch. D: Willy Birgel, Geraldine Katt, Dagny Servaes, Käte Haack, Georg Alexander.
Literaturverfilmung. Ein Testament wird im letzten Augenblick geändert, eine Leiche exhumiert; alle Umstände sprechen dafür, daß Willy Birgel seine Gattin ermordet hat; ein spektakulärer Prozeß um die Fragwürdigkeit des Indizienbeweises; nach dem Roman von Ricarda Huch.

Der Fall des Lieutenant Morant / Breaker Morant ** ½
AUS 1979 – 103 Min. – R: Bruce Beresford. D: Edward Woodward, Bryan Brown, Lewis Fitz-Gerald, Alan Cassell, Terence Donovan, Jack Thompson.
Zeitkritischer Film. Historisches Drama um die australische Legende »Breaker« Morant, der im südafrikanischen Burenkrieg für das britische Empire kämpfte und 1901 vor ein Kriegsgericht kam; spannender, reißerischer, authentischer Film aus dem Filmnachwuchsland Australien mit ironischen Elementen, Action und Dialogdramatik.

Der Fall Feldmann / Feldmann saken ** ½
N 1987 – 85 Min. – R: Bente Erichsen. D: Bjørn Sundquist, Sverre A. Ousdal, Ingerid Vardund, Finn Kvalem.
Zeitkritischer Krimi. Ein jüdisches Ehepaar will 1942 von Oslo nach Schweden fliehen. Tage später findet man es tot. Erst fünf Jahre später kommt es zu einer Untersuchung, die dramatische Hintergründe entlarvt. Ein Reporter rollt den Fall auf. Tragischer und erschütternder Film über eine dunkle Epoche der europäischen Geschichte.

Ein Fall für Braker / Braker * ½
USA 1985 – 71 Min. – R: Victor Lobl. D: Carl Weathers, Joseph Bottoms, Anne Shedeen, Alex Rocco.
Krimi. Ein neuer Bulle, der hartgesottene Detective Braker, sollte mit dem farbigen Star Carl Weathers, der im Kino als »Action Jackson« für Furore sorgte, für eine TV-Serie etabliert werden. Weathers löst zwar den Mordfall, die Serie kam aber über diesen Pilotfilm nicht hinaus.

Ein Fall für Harper / Harper – The Moving Target ***
USA 1966 – 116 Min. – R: Jack Smight. D: Paul Newman, Lauren Bacall, Julie Harris, Shelley Winters, Robert Wagner.
Krimi. Paul Newman, als Privatdetektiv in einer Superrolle, wird von Lauren Bacall beauftragt, nach ihrem verschwundenen Mann zu suchen; ein mysteriöser Fall, der tief in die Vergangenheit zurückreicht. Ein schillerndes Milieu; effektvolle Auftritte für Newman, unterstützt durch souveräne Nebenrollen.

Ein Fall für Onkel TV-Film
BRD 1989 – 90 Min. – R: Ulrich Stark. B: Hans Werner Kettenbach. D: Willy Millowitsch, Anaid Iplicjian, Dietmar Baer, Janine Münch, Heinz Schubert, Hermann Lause.
Krimi aus dem Kölner »Milieu«, in dem der pensionierte Hauptkommissar Millowitsch immer noch zu Hause ist. Ein Trödler wird ermordet, der Ganove Rudi will den Alten sprechen: »Onkel« dringt nun immer tiefer in Bars, Hinterzimmer und dunkle Schiebergeschäfte der Dom-

städter Mafia ein, worin seine »Freundin« ebenfalls verstrickt scheint: liebevolle Hommage für den großen alten Volksschauspieler und Komiker.

Fall Guy ∗∗

USA 1947 – 64 Min. sw. OmU. – R: Reginald LeBorg. D: Clifford Penn, Teala Loring, Robert Armstrong, Elisha Cook jr.

Krimi. Harmloser junger Mann wird in einen Mordfall verwickelt, doch mit Hilfe seines Polizisten-Freundes und seines Mädchens kommt er noch einmal davon; B-»Film noir«, glatt und routiniert erzählt, nach der Kurzgeschichte »Cocaine« von Cornell Woolrich.

Der Fall ist abgeschlossen ∗∗

BG 1984 – 86 Min. – R: Krassimir Spassow. D: Zwetana Manewa, Lubomir Kabaktschiew, Boris Lukanow.

Zeitkritischer Film. Der junge bulgarische Untersuchungsrichter übernimmt einen Fall von seinem Vorgänger. Mit Erstaunen stellt er fest, daß wichtiges Beweismaterial der Anklage verschwunden ist; er beginnt erneut mit den Recherchen.

Der Fall Jägerstätter TV-Film

A 1971 – 90 Min. sw. – R: Axel Corti. B: Helmut Andics. D: Kurt Weinzierl, Julia Geschnitzer, Helmut Wlasak, Fritz Schmiedel.

Der Landwirt Franz Jägerstätter verweigerte im Dritten Reich den Wehrdienst aus religiösen Gründen und wurde 1943 hingerichtet; eindrucksvoll inszeniertes und gespieltes preisgekröntes Dokumentarspiel, das auf genauen Recherchen aufbaut.

Der Fall Mattei / Il caso Mattei ∗∗∗

I 1972 – 110 Min. – R: Francesco Rosi. D: Gian Maria Volonté, Luigi Squarzina, Peter Baldwin, Renato Romano.

Politthriller. Eine Privatmaschine stürzt beim Anflug auf Mailand unter mysteriösen Umständen ab. In den Trümmern findet man die Leiche des mächtigen Wirtschaftsbosses Mattei; brillante Mischung aus Spiel und Dokumentation über die korrupte italienische Gesellschaft; gewann 1972 in Cannes die Goldene Palme.

Der Fall Paradin / The Paradine Case ∗∗

USA 1947 – 110 Min. sw. – R: Alfred Hitchcock. D: Gregory Peck, Ann Todd, Charles Laughton, Charles Coburn, Alida Valli, Ethel Barrymore.

Thriller. Eine Frau steht unter der Anklage, ihren blinden Mann vergiftet zu haben; ihr Anwalt verliebt sich in sie und kommt in Teufels Küche; die Redseligkeit des Films mindert die Spannung.

Der Fall Serrano / Mort d'un pourri ∗∗

F 1977 – 120 Min. – R: Georges Lautner. D: Alain Delon, Ornella Muti, Stéphane Audran, Maurice Ronet, Klaus Kinski.

Krimi. Im noblen Finanzweltmilieu angesiedelter, von Delon klug produzierter und smart gespielter Rachekrimi mit politisch-wirtschaftlichem Hintergrund und kinogerechten Schauwerten.

Der Fall Winslow / The Winslow Boy ∗∗∗

GB 1950 – 102 Min. sw. – R: Anthony Asquith. D: Robert Donat, Margaret Leighton, Cedric Hardwicke, Francis L. Sullivan, Neil North, Frank Lawton, Basil Radford.

Justizmelodram. Adaption eines Stückes von Terence Rattigan; der Vater eines (fälschlich?) wegen Kameradendiebstahls von einer Kadettenanstalt verwiesenen Jungen setzt sich gegen die Militärjustiz zur Wehr; spannend und von wachsender atmosphärischer Dichte; grundsätzliche Fragen nach Gerechtigkeit und Recht vor dem Hintergrund nuancenreichen Zeitkolorits; Donat glänzend als Anwalt des Falles Winslow gegen die Krone.

Die Falle am Snake River / Fury River ∗ ½

USA 1958 – 72 Min. – R: Jacques Tourneur. D: Keith Larsen, Buddy Ebsen, Don Burnett.

Kriegswestern. Anekdote aus dem englisch-französischen Kolonialkrieg in Nordamerika: Ein britischer Major und ein Haufen Abenteurer brechen zu einem Stoßtruppunternehmen mit ungewissem Ausgang auf. Von Regisseur Tourneur (»Cat People«) aus seiner 26teiligen TV-Serie nach dem Roman »Northwest Passage« von Kenneth Roberts zusammengeschnittene Billigversion der Sage vom heldenmütigen Kampf bei den Geburtswehen der Nation.

Eine Falle für den Playboy / Nur dies eine Mal / Just This Once ∗∗ ½

USA 1951 – 85 Min. sw. – R: Don Weis. D: Janet Leigh, Peter Lawford, Lewis Stone, Marilyn Erskine, Richard Anderson.

Komödie. Ein exaltierter Playboy versucht mit Feuereifer sein Vermögen zu verbraten, doch dann tritt eine attraktive Vermögensverwalterin auf den Plan; die simple, altbekannte Geschichte wird mit Charme und Spielwitz dargeboten, das Happy-End scheint unvermeidlich.

Eine Falle für die Braut / Easy to Wed ∗ ½

USA 1946 – 106 Min. – R: Edward Buzzell. D: Van Johnson, Esther Williams, Lucille Ball.

Komödie. Verwicklungen und Intrigen um einen Sonnyboy aus dem Zeitungsmilieu mit der Badenixe Esther Williams; schwaches Remake von »Libelled Lady« mit Jean Harlow aus dem Jahr 1936.

Die Falle schnappt zu / No Room to Run ∗∗ ½

AUS 1978 – 90 Min. – R: Robert Michael Lewis. D: Richard Benjamin, Paula Prentiss, Barry Sullivan, Noel Ferrier.

Wirtschaftskrimi. Sydney und die kühne Architektur seines Opernhauses bilden den Hintergrund zu diesem Actionthriller, in dem ein kleiner Angestellter die dunklen Machenschaften eines multinationalen Konzerns aufdeckt; teilweise spannungsgeladen.

Die Falle von Tula / The Trap ∗∗ ½

USA 1958 – 80 Min. – R: Norman Panama. D: Richard Widmark, Lee J. Cobb, Tina Louise.

Thriller. Love-Story in der Wüste unter der Patenschaft von Gangstern; der harte, aktionsgeladene und schweißtreibende Film benutzt die Flucht eines Gangsterbosses mit Geiseln zu einer alptraumhaften Kinoreise durch extreme Situationen und Gefühle.

Fallen Angel ∗∗ ½

USA 1946 – 98 Min. sw. OmU. – R: Otto Preminger. D: Alice Faye, Dana Andrews, Linda Darnell, Bruce Cabot, John Carradine.

Mordmelodram. Ein Mann schwankt zwischen reicher Blonden und attraktiver Dunklen; als er das Geld heiratet, wird die Schönheit ermordet; Preminger (»Laura«), Spezialist für »schwarze« Liebesgeschichten, bringt optisch reizvolle Details ins Bild und erzählt effektvoll.

Der fallende Stern ∗∗ ½

BRD 1950 – 102 Min. sw. – R: Harald Braun, D: Maria Wimmer, Werner Krauß, Dieter Borsche, Paul Dahlke.

Melodram. Kindheitserinnerungen haben eine Sozialarbeiterin lebensunfähig werden lassen; als sie mit ihrer Vergangenheit konfrontiert wird, findet sie neuen Lebensmut; vor allem in den Traumsequenzen eindrucksvoll fotografierter Film um Fragen von Menschlichkeit und Lebensgestaltung.

Falling in Love Again / Falling in Love Again ∗ ½

USA 1980 – 103 Min. – R: Steven Paul. D: Elliott Gould, Susannah York, Kaye Ballard, Michelle Pfeiffer.

Melodram. Ein Mann reist mit Frau und Kindern nach New York zu einem Klassentreffen. Er schwelgt in Wehmut, doch seine Frau hält nichts davon. Der Filmerstling des Regisseurs Paul versucht, den Mangel an dramaturgisch sinnvollen Erzähllinien durch Effekte zu ersetzen; mittelmäßig.

Der Fallschirmspringer / Le dernier saut ∗∗

F 1974 – 90 Min. – R: Edouard Luntz. D: Maurice Ronet, Michel Bouquet, Cathy Rosier, Eric Penet.

Krimi. Ein Fallschirmjäger verläßt heimlich seine Garnison, ertappt seine Frau in flagranti, ermordet den andern und besorgt sich ein Alibi; er freundet sich mit dem untersuchenden Kripomann an; Film, der unter seinen Möglichkeiten bleibt.

Falsche Bewegung ***
BRD 1975 – 103 Min. – R: Wim Wenders. D: Rüdiger Vogler, Hanna Schygulla, Nastassja Kinski, Hans-Christian Blech, Peter Kern, Ivan Desny, Marianne Hoppe, Elisabeth Kreuzer.
Reisefilm. Ein Möchtegern-Schriftsteller grübelt sich von Glückstadt zur Zugspitze quer durch ein versteinertes Deutschland, in dem die Angst den Leuten, die er trifft, im Nacken sitzt. In bestechenden Sequenzen, die Melancholie und Bildwitz vereinen, erzählt Wenders das deutsche Road Movie; frei nach Goethe und nach einem Drehbuch von Peter Handke.

Die falsche Braut **
D 1944 – 77 Min. sw. – R: Joe Stöckel. D: Elfriede Datzig, Josef Eichheim, Joe Stöckel, Albert Janschek, Hans Fritz, Margarethe Haagen, Maria Stadler.
Lustspiel. Um den Hof des Vaters zu retten, soll ein Bauernsohn die Tochter eines Großbauern heiraten, er befürchtet das Schlimmste; humorige Verwechslungskomödie und Dorfstück nach bewährtem Muster.

Der falsche General / Il generale della Rovere ***
I 1959 – 127 Min. sw. – R: Roberto Rossellini. D: Vittorio De Sica, Hannes Messemer, Giovanna Ralli, Sandra Milo, Anne Vernon.
Kriegsdrama. Deutsche SS-Verbände terrorisieren im Winter 1942 italienische Antifaschisten. Ein bauernschlauer Gauner schleicht sich im Auftrag der Nazis bei den Partisanen ein, Opportunismus regiert. Der engagierte und unerbittlich genaue Film von Rossellini, einem der Begründer des Neorealismus (»Rom, offene Stadt«), besticht durch den leidenschaftlichen Standpunkt und die präzise Regie – trotz Schwächen des Drehbuchs.

Das falsche Gewicht ***
BRD 1971 – 140 Min. – R: Bernhard Wicki. D: Helmut Qualtinger, Agnes Fink, Johannes Schaaf.
Historiendrama. Eindrucksvolle Verfilmung der Joseph-Roth-Erzählung vom harten, aber korrekten k.u.k. Eichmeister Eibenschütz, der in einer Welt voll Armut, Neid, Haß und Betrug verkommt und umkommt; Glanzrolle für Qualtinger.

Der falsche Mann / The Wrong Man ** ½
USA 1956 – 100 Min. Ⓥ Warner Home. – R: Alfred Hitchcock. D: Henry Fonda, Vera Miles, Anthony Quayle.
Krimi. Unschuldig Verfolgter wird des Mordes angeklagt, alle Indizien sprechen gegen ihn, seine Frau landet in der Irrenanstalt; Hitchcocks Lieblingsthema, nach einem authentischen Fall, als beklemmender, schwarzer Thriller.

Der Fälscher TV-Film
BRD 1987 – 88 Min. – R: Rolf von Sydow. D: Carl-Heinz Schroth, Simone Rethel, Michael Lesch, Eleonore Weisgerber, Peter Pasetti.
Komödie um eine raffinierte Rubens-Fälschung mit Fehlurteil, Skandal und einem spannenden Prozeß; Drehbuch von Lida Winiewicz.

Der Fälscher von London **
BRD 1961 – 90 Min. sw. – R: Harald Reinl. D: Hellmut Lange, Robert Graf, Karin Dor, Siegfried Lowitz, Mady Rahl, Walter Rilla, Joseph Offenbach, Eddi Arent, Victor de Kowa.
Edgar-Wallace-Film. Banknotenfälschung großen Stils und Mord vor düster-romantischer Herrensitzkulisse; flott gespielt und nicht ohne Witz.

Falsches Spiel / Piège à flics TV-Film
F 1983 – 95 Min. – R: D. Othenin-Girard. D: Wadeck Stanczak, Jean-Philippe Ecoffey, Elise Caron.
Schwarzer Krimi aus der »Série noire« um eine Reihe von Supermarkteinbrüchen und eine hinterhältige Erpressung; Erotik und Spannung machen diesen Film zu einer angenehmen, mit Gewalt geizenden Unterhaltung.

Falschmünzer am Werk *
BRD 1951 – 94 Min. sw. – R: Louis Agotay. D: Paul Klinger, Paul Dahlke, Walter Giller, Leonore Aubert, Harald Paulsen.
Krimi. In der Republik werden Autos geklaut, über die Grenze verschoben und mit Falschgeld aus Paris bezahlt. Ein Polizeifahnder und ein Reporter nehmen –

als Landstreicher verkleidet – die Spur auf. Hanebüchen.

Die Falschspielerin / The Lady Eve ** ½

USA 1941 – 97 Min. sw. – R: Preston Sturges. D: Barbara Stanwyck, Henry Fonda, Charles Coburn.

Komödie. Auf einem Luxusdampfer ist eine Clique von Kartenbetrügern an der Arbeit, zu denen auch die attraktive Jean (Stanwyck) gehört; ein angeblich trotteliger junger Mann (Fonda) mit reicher Erbschaft ist ihr Opfer; die blendend besetzte, dialogsichere und dramaturgisch plausible Screwball-Komödie zeigt Sieger und Besiegte in amüsanter Spiellaune.

Die Fälschung ** ½

BRD 1981 – 104 Min. – R: Volker Schlöndorff. D: Bruno Ganz, Hanna Schygulla, Gila von Weitershausen, Jerzy Skolimowski.

Zeitkritischer Film. Nach dem Roman von Nicolas Born werkgetreu und atemberaubend authentisch verfilmter Libanon-Report um einen Sensationsreporter und seine Versuche, das brennende Beirut als Thema auf dem übersättigten und gelangweilten Medienmarkt zu verkaufen; Glanzleistung: der mutige Bruno Ganz in einem erschütternden, manchmal auch reißerischen Kriegsdokument.

Fame – Der Weg zum Ruhm / Fame ***

USA 1980 – 130 Min. Ⓥ MGM/UA. – R: Alan Parker. D: Irene Cara, Lee Curreri, Eddie Barth, Laura Dean, Paul McCrane, Barry Miller, Maureen Teefy.

Zeitfilm. Ein Musik-Tanz-Performance-Epos über eine New Yorker Hochschule – Träume, Hoffnungen, Rhythmen, Kämpfe und Niederlagen; aus dem hektischen Menschengewimmel der Highschool schälen sich nacheinander einzelne Charaktere, Schicksale, Lebensläufe heraus. Beeindruckend; der mit zwei Oscars ausgezeichnete Film wurde zu einer TV-Serie verarbeitet.

Familie TV-Film

BRD 1962 – 100 Min. sw. – R: Peter Beauvais. B: Gert Weymann. D: Robert Müller, Ernst Sladeck, Heidemarie Hatheyer.

Ein erfolgreicher Verkaufsleiter steht vor dem Problem, daß seine Schwester die Pflege des Vaters auf ihn abwälzen will; realistische zeitkritische Studie.

Die Familie / La famiglia ***

I 1987 – 127 Min. Ⓥ VCL. – R: Ettore Scola. D: Vittorio Gassmann, Fanny Ardant, Stefania Sandrelli.

Generationsfilm. Eingerahmt von zwei Standfotos am Anfang und Ende des Films, zwischen denen achtzig Jahre liegen, präsentiert das Werk von Scola (»Le Bal – Der Tanzpalast«) eine Familienchronik, in der jeder Zuschauer seine eigene mehr oder weniger wiederfinden soll. Achtzig Jahre Liebe, Leid, Krankheit, Karriere, Tod, konzentriert auf die schönen Innenräume einer italienischen Bürgervilla und auf das Spiel interessanter Charaktere; außerhalb der Wohnung dieser Familie existiert nichts, drinnen wird es dafür um so lebendiger.

Familie Buchholz ** ½

D 1943 – 91 Min. sw. – R: Carl Froelich. D: Henny Porten, Paul Westermeier, Käthe Dyckhoff, Marianne Simpson, Gustav Fröhlich, Grethe Weiser, Elisabeth Flickenschildt.

Familienstory. Eine robust-gutherzige Kaufmannsfrau plant für ihre Töchter Ehen voraus, doch kommt alles anders, als sie hofft; ein Film des Biedersinns und zugleich ein heiteres Panorama aus dem alten Berlin; hervorragende Besetzung.

Die Familie mit umgekehrtem Düsenantrieb / Gyakufunsha-kazoku ** ½

J 1984 – 103 Min. – R: Sogo Ishii. D: Katsuya Kobayashi, Mitsuko Baisho, Yoshiki Arizono, Yuki Kudo.

Schwarze Komödie. Eine Familie bezieht ihr Haus am Stadtrand von Tokio; dort stellt sich heraus, daß der Platz nicht ausreicht; doch die dynamische Familie erweitert mit ungewöhnlichen Mitteln ihren Lebensraum. Regisseur Ishii macht aus sozialkritischen Ansätzen zündenden Witz.

Familienfest / La communion solennelle ** ½

F 1976 – 99 Min. – R: René Feret. D: Marcel Dalio, Christian Drilland, Marief

Guittier, Véronique Silver, Claude Bouchery.
Zeitkritischer Film. Amüsantes Familienepos um eine Sippe aus Nordfrankreich, ihre Generationskonflikte, Lieben, Geschäfte; in der Vielfalt der Geschichten geht manchmal der Zusammenhang dieser in Rückblenden verschachtelten Filmballade verloren.

Familiengrab / Family Plot ***
USA 1976 – 115 Min. Ⓥ CIC. – R: Alfred Hitchcock. D: Karen Black, Bruce Dern, Barbara Harris, William Devane, Cathleen Nesbitt.
Krimikomödie. Ironisch das eigene virtuose Werk zitierende Krimipersiflage des Altmeisters der Spannung, Hitchcock, um eine angebliche Hellseherin und ihre Verwicklung in eine mysteriöse Erbschaftsaffäre.

Familienschande TV-Film
BRD 1987 – 134 Min. – R: Franz Peter Wirth. D: Hannes Jaenicke, Constanze Engelbrecht, Friedrich von Thun, Liane Hielscher.
Ein standesbewußter Familienclan aus New York intrigiert gegen die Heirat ihres Adoptivsohns mit einer Frau, deren Vergangenheit nicht weißgewaschen ist. Plötzlich gibt es einen Mord, und die Situation wird verworren. Die Polizei ermittelt, Intrigen häufen sich. Der weit ausholende Fernsehfilm, in München und New York gedreht, orientiert sich an den US-Familienclan-Serien, um ein böses Gesellschaftspanorama zu entfalten.

Familienspiele / Kazoku Gaimu **
J 1983 – 102 Min. – R: Yochimitsu Morita. D: Ichirota Miyagawa, Junichi Tsujita, Juzo Itami.
Zeitkritischer Film. Ein Hauslehrer drillt einen schwachen Schüler zu Abschlußleistungen. Doch unter dem Leistungsstreß der modernen Gesellschaft, der sich bis in die Familie fortsetzt, ist Erfolg fragwürdig. Regisseur Morita inszenierte das moderne Drama kraftvoll und straff als darstellerisch gutes Kammerspiel.

Fanfan der Husar / Fanfan la tulipe ***
F/I 1951 – 96 Min. sw. – R: Christian-Jaque. D: Gérard Philipe, Gina Lollobrigida, Geneviève Page, Marcel Herrand.
Liebesabenteuer: Ein Herzensbrecher und Schwerenöter in der Armee Ludwigs XV. erlebt Abenteuer des Herzens und des Degens gleichermaßen; der rasante, brillant choreographierte und gespielte, von Witz und Lebenslust sprühende Film erzählt seine Geschichte mit Finten, Attacken und Ausfällen gegen alles und jeden.

Der Fänger / The Collector ** ½
USA 1965 – 119 Min. OmU. – R: William Wyler. D: Terence Stamp, Samantha Eggar, Maurice Dallimore, Mona Washbourne.
Thriller. Ein manischer junger Mann, durch exzessives Schmetterlingssammeln der Welt entfremdet, entführt eine junge Frau und hält sie im Keller gefangen in der Hoffnung, sie werde ihn lieben lernen; routinierter Schocker, in dem Gänsehauteffekte das Psychodrama überlagern.

Der Fangschuß ** ½
BRD 1976 – 93 Min. sw. – R: Volker Schlöndorff. D: Margarethe von Trotta, Matthias Habich, Rüdiger Kirschstein, Mathieu Carrière, Valeska Gert.
Zeitkritischer Film. Krieg und Nachkrieg im Baltikum um 1919, erzählt am Beispiel einer Adels-Restfamilie, die zwischen rechten Freikorps und linken Rotgardisten aufgerieben wird. Ein beklemmender, manchmal zu sehr aus dem Kopf heraus inszenierter, jedoch in Details überzeugender Beitrag zur Geschichte der Deutschen im Osten.

Fanny / Fanny ** ½
F 1932 – 91 Min. sw. – R: Marc Allégret. D: Jules Raimu, Pierre Fresnay, Orane Demazis, Fernand Charpin.
Komödie. Nach »Marius« und vor »César« zweiter Teil der Trilogie um die Familie eines Marseiller Kneipenwirts nach einem Bühnenstück von Marcel Pagnol, das sprachlich und auch visuell adäquat verfilmt wurde.

Fanny / Fanny ** ½
USA 1960 – 129 Min. – R: Joshua Logan. D: Leslie Caron, Maurice Chevalier, Charles Boyer, Horst Buchholz.

Komödie. Heitere Unterhaltungsschnulze mit großer Besetzung nach Marcel Pagnol; alles dreht sich um die Liebe im Hafen; Fanny flirtet mit einem andern, um Marius eifersüchtig zu machen, doch den jungen Mann lockt die See.

Fanny Elßler ** ½
D 1937 – 88 Min. sw. – R: Paul Martin. D: Lilian Harvey, Rolf Moebius, Willy Birgel, Paul Hoffmann, Ernst Karchow, Liselotte Schaak, Hubert von Meyerinck.
Melodram. Verfilmung der kurzen, tragischen Liebe des Herzogs von Reichstadt, Sohn Napoleons, zu der gefeierten Ballerina Elßler; ein historisch sehr frei gestalteter Ausstattungs-, Musik-, Tanz- und Starfilm.

Fanny Hill / Fanny Hill ** ½
GB 1983 – 93 Min. – R: Gerry O'Hara. D: Lisa Raines, Oliver Reed, Wilfrid Hyde-White, Shelley Winters.
Literaturverfilmung. Adaption des Romans »Fanny Hill – Die Memoiren eines Freudenmädchens« von John Cleland; augenzwinkernd in schöne, oft opulente Bilder umgesetzte, geschmackvoll und witzig erzählte Lebensgeschichte einer Edelhure von geschäftsfördernder Naivität.

Fanny und Alexander / Fanny och Alexander *** ½
S/BRD/F 1982 – 181 Min. – R: Ingmar Bergman. D: Pernilla Allwin, Bertil Guve, Allan Edwall, Ewa Fröling, Gun Wallgren, Jarl Kulle, Mona Malm, Jan Malmsjö.
Familiensaga. Bürgerliches Milieu in Schweden um 1907; nach dem Tod des Vaters heiratet die Mutter einen Bischof, der mit seinem zynisch-kalten Machtstreben die Frau und die beiden Kinder tyrannisiert; Liebe, Tod, Glaube, Vertrauen, Verzweiflung, Einsamkeit – alle Themen Bergmans treten in diesem düsteren Bilderbogen in vielschichtiger Weise noch einmal hervor; der Film wurde als vierteilige Serie fürs Fernsehen gedreht; Oscar als bester ausländischer Film 1983.

Die Fantome des Hutmachers / Les fantômes du chapelier ***
F 1982 – 115 Min. Ⓥ Mike Hunter. – R: Claude Chabrol. D: Michel Serrault, Charles Aznavour, Monique Chaumette, Aurore Clément.
Krimi. Ein biederer Bürger, Hutmacher und Frauenwürger, hat Frau und sechs ihrer Freundinnen umgebracht; seine Glückssträhne reißt; nicht nur, daß die siebte Auserwählte bereits tot ist, ein schüchternes Schneiderlein könnte Zeuge sein; virtuose Milieu- und Charakterstudie von makabrem Humor. Nach dem Roman von Georges Simenon.

Die Farbe des Geldes / The Color of Money ** ½
USA 1986 – 119 Min. – R: Martin Scorsese. D: Paul Newman, Tom Cruise, Mary Elizabeth Mastrantonio, Helen Shaver.
Spielerfilm. Ein ehemaliger Pool-Billard-Champion und das von ihm betreute Nachwuchstalent räumen am grünen Tisch ab. Eine sechswöchige Tournee, die nach Atlantic City führt, geht jedoch schief, und der Altmeister des Queues wird selbst noch einmal aktiv. Der Film von Scorsese (»Taxi Driver«) knüpft an »Haie der Großstadt« (1961; R: Robert Rossen) an und verläßt sich sowohl aufs Milieu der Spielhallen als auch auf seine beiden brillanten Stars.

A Farewell to Arms
siehe: In einem anderen Land

Farinet / Farinet ou l'or dans la montagne *** ½
CH 1938 – 86 Min. sw. Französisches OmU. – R: Max Haufler. D: Jean-Louis Barrault, Suzy Prim, Janine Crispin.
Melodram. Der junge Farinet, ein Freiheitsfanatiker, hat eine Goldader entdeckt und prägt eigene Münzen; er wird inhaftiert, flieht und gerät in immer tiefere Verstrickungen; ein Film der stimmigen holzschnittartigen Charakterisierungen, dessen Hauptmotiv die Sehnsucht nach schrankenloser Freiheit ist; grandios fotografiert; Kultfilm der Schweizer Cineasten.

Die Farmerstochter / The Farmer's Daughter ***
USA 1947 – 97 Min. sw. – R: H. C. Potter. D: Loretta Young, Joseph Cotten, Ethel Barrymore, Charles Bickford,

Rose Hobart, Harry Davenport, Lex Barker.
Komödie. Eine starrköpfige junge Schwedin kämpft gegen den Mann, den sie liebt, um einen Sitz im Kongreß; hervorragendes Team, von Young, die den Oscar bekam, übertroffen.

Farrébique / Farrébique ***
F 1944/46 – 75 Min. sw. – R: Georges Rouquier. D: Familie Farrébique.
Dokumentarspielfilm. Ein Jahr auf dem Bauernhof, ein Jahr Dokumentation einer Bauernfamilie im Massif Central, heute eher schon nostalgische Erinnerung an das Leben auf dem Lande; ein Klassiker des Genres.

Fasching ** ½
D 1939 – 90 Min. sw. – R: Hans Schweikart. D: Karin Hardt, Hans Nielsen, Hilde Körber, Ernst Fritz Fürbringer.
Komödie. Im Zug nach München verlieben sich zwei und verabreden ein Wiedersehen; beide haben nicht mit dem Trubel des Faschings gerechnet; flott inszenierte Unterhaltung.

Die Fastnachtsbeichte ** ½
BRD 1960 – 94 Min. – R: William Dieterle. D: Hans Söhnker, Götz George, Berta Drews.
Literaturverfilmung. Adaption der Zuckmayer-Novelle über einen Mordfall im Mainzer Dom zur Fastnachtszeit 1913; er wird einer Familie zum Schicksal; etwas plakativ.

Faust ***
D 1926 – 109 Min. sw. Stf. Ⓥ atlas film + av. – R: Friedrich Wilhelm Murnau. D: Gösta Ekman, Emil Jannings, Camilla Horn, Frieda Richard, Wilhelm Dieterle.
Kinoklassiker. Der Faustfilm von Murnau war seinerzeit bei der Kritik umstritten, heute zählt er zu den Klassikern des deutschen Stummfilms. Faust will seine Heimatstadt vor der Pest bewahren und verschreibt seine Seele für einen Tag dem Teufel; nach Motiven von Goethe, Christopher Marlowe und der alten Volkssage.

Die Faust der Rebellen
siehe: Boxcar Bertha

Die Faust im Nacken / ***
On the Waterfront
USA 1954 – 108 Min. sw. – Ⓥ RCA Columbia. – R: Elia Kazan. D: Marlon Brando, Eva Marie Saint, Karl Malden, Lee J. Cobb, Rod Steiger.
Sozialkritischer Krimi. Der junge Terry, Bruder eines Dock-Gangsters im Dienst des Mafiabosses, muckt auf; allein gegen alle, verliert er zwar den entscheidenden Kampf am Pier, gewinnt jedoch durch seinen Mut die Hafenarbeiter für sich; Kazan (»Jenseits von Eden«) erzählt das in hartem Schwarzweiß, milieugesättigt, als Soziothriller der spannendsten Art; mit einem unvergeßlichen Brando.

Fäuste aus Stein / L'uomo **
della pelle dura / Tough Guy / Ripped Off / The Boxer
I 1971 – 83 Min. – R: Franco Prosperi. D: Robert Blake, Cathérine Spaak, Ernest Borgnine, Tomas Milian.
Boxerfilm. Ein Boxer wird zu Unrecht des Mordes an seinem korrupten Manager verdächtigt und sucht den Mörder; solides Handwerk.

Faustrecht der Großstadt / ** ½
Where the Sidewalk Ends
USA 1950 – 95 Min. sw. – R: Otto Preminger. D: Dana Andrews, Gene Tierney, Gary Merrill.
Polizeifilm. Blindwütiger Cop ermordet beim Verhör einen Verdächtigen und stellt die Tat als Racheakt eines Gangsters hin; doch als er bereits entlastet ist, gesteht er die Tat – aus Liebe zu einer Frau; Premingers atmosphärisch dichter Film betont die dunklen Seiten des Lebens und der Seele.

Faustrecht der Prärie / ***
Tombstone / My Darling Clementine
USA 1946 – 92 Min. sw. – R: John Ford. D: Henry Fonda, Victor Mature, Linda Darnell, Walter Brennan, Ward Bond.
Klassischer Western. In Tombstone wird ein Junge ermordet, und Wyatt Earp nimmt das Amt des Marshals an, um den Mörder seines Bruders zu finden; er trifft auf Doc Holliday, einen heruntergekommenen Arzt und Säufer; es geht um Freundschaft, Liebe, Rache und Rinder, Docs indianische Geliebte und seine Freundin Clementine, die aus dem Osten angereist kommt, auch um den großen

Showdown am O. K. Corral. Die Geschichte der legendären Earp und Holliday in einem der packendsten Western.

Faustrecht in Minnesota / Woman of the North Country **

USA 1952 – 90 Min. sw. – R: Joe Kane. D: Rod Cameron, Ruth Hussey, John Agar, Jim Davis.

Western. Bergwerkserbin versucht Konkurrenten durch Eheschließung matt zu setzen; das Ende ist absehbar, doch es wird listig vorbereitet.

Der Favorit / The Racers * ½

USA 1955 – 90 Min. – R: Henry Hathaway. D: Kirk Douglas, Bella Darvi, Gilbert Roland, Cesar Romero, Lee J. Cobb, Katy Jurado.

Rennsportfilm. Männer, Mädchen und Motoren im großen Stil; während die Helden am Steuer starr geradeaus sehen, blicken ihnen die Frauen voller Sorge und Bewunderung nach; der rasant dröhnende Film von den großen Rennstrekken Italiens, Belgiens und Frankreichs erzählt seine Story als Blut-Schweiß-Benzin-Gemisch.

Der Favorit der Kaiserin **

D 1936 – 78 Min. sw. – R: Werner Hochbaum. D: Olga Tschechowa, Anton Pointner, Trude Marlen, Willy Eichberger, Heinz von Cleve, Adele Sandrock.

Ausstattungsfilm. Nach dem Zerwürfnis mit ihrem Kanzler und Galan Fürst Potozky wird bald klar, daß ein junger Fähnrich der neue Favorit der Zarin Elisabeth ist; Liebes- und Politgerangel, Doppel- und Intrigenspiele in einem aufwendigen Spektakel, dem Hollywood Vorbild war.

FBI jagt Phantom / The Human Duplicators * ½

USA 1965 – 89 Min. – R: Hugo Grimaldi. D: George Nader, Barbara Nichols, George Macready, Dolores Faith.

Agentenfilm. Geheimagenten kommen einer Macht auf die Spur, die menschliche Roboter in hohe Positionen der US-Regierung bringt; für Freunde des Agenten- und Gruselgenres.

Der FBI-Mann / G-Men *** ½

USA 1935 – 83 Min. sw. – R: William Keighley. D: James Cagney, Ann Dvorak, Margaret Lindsay, Robert Armstrong, Lloyd Nolan.

Gangsterfilm. Ein junger Anwalt verdankt seine Ausbildung einem Gangsterboß; als ein Freund ermordet wird, geht er zum FBI und muß gegen das Mißtrauen von zwei Seiten kämpfen; ein erregender Thriller, durch exzellente Fotografie und Cagney in einer seiner Paraderollen ein Klassiker des Genres.

FBI sucht Lemmy Caution / Cet homme est dangereux **

F 1953 – 87 Min. sw. – R: Jean Sacha. D: Eddie Constantine, Gregoire Aslan, Colette Rereal.

Eddie-Constantine-Film. FBI-Agent Lemmy Caution lebte zwei Jahre im Untergrund, um Kontakt zu einer Gangsterbande aufzunehmen; doch nun gibt es wieder Niederschläge; Eddie serviert blaue Bohnen, und zum Nachtisch gibt's rote Lippen; ein Fest für Eddie-Fans.

Fear in the Night **

USA 1947 – 71 Min. sw. OmU. – R: Maxwell Shane. D: Paul Kelly, DeForest Kelley, Ann Doran.

Krimi. Mord im Spiegelzimmer, zwei Männer schlugen sich, eine Frau im Hintergrund – war alles ein Traum? Aber den Helden verwirren merkwürdige, realistische Details. Ein Fall von Hypnose, in einem spannenden B-Film nach der Kurzgeschichte »Nightmare« von Cornell Woolrich.

Ein feiner Herr / Jimmy the Gent ** ½

USA 1934 – 67 Min. sw. – R: Michael Curtiz. D: James Cagney, Bette Davis, Alice White, Allen Jenkins.

Komödie. Zwei rivalisierende Anwälte treiben, oft etwa jenseits der Legalität, vermißte Erben auf; sie verlieben sich in dieselbe junge Frau; pfiffiges Konkurrentenlustspiel mit einer witzigen Davis und einem Cagney, der mühelos den frohgemuten Charmeur mimt.

Fellinis Casanova / Il Casanova di Fellini ***

I 1976 – 154 Min. – R: Federico Fellini. D: Donald Sutherland, Tina Aumont, Mary Marquet, Margaret Clementi.

Filmbiographie. Casanova, als tragikomischer Leistungssportler des Sex gesehen, wird auf seinen zahlreichen Fluchten, angefangen bei der aus den Bleikammern Venedigs, von Fellinis mal dezenter, mal voyeuristischer Kamera verfolgt; Darstellungen seines Lebens, in kunstvoll arrangierten Bildfolgen und Szenerien, als Flucht vor Ängsten und (selbstauferlegten) Zwängen, als Ritual des Fliehens vor Alter und Tod; eindrucksvoll Sutherland.

Fellinis Roma / Roma / Fellini – Roma ***

I/F 1971 – 119 Min. – R: Federico Fellini. D: Peter Gonzales, Fiona Florence, Britta Barnes, Marcello Mastroianni, Anna Magnani, Federico Fellini.

Stadtporträt. Fellinis subjektives Bild von Rom, einer Stadt voller Vitalität und Dekadenz; grandios in Szene gesetztes, kaleidoskopisches Psychogramm einer Stadt; ein formensprengendes Seherlebnis voll liebevoller Sentimentalität, Ironie und hintersinniger Komik.

Fellinis Satyricon / Satyricon ***

I 1969 – 129 Min. – R: Federico Fellini. D: Martin Potter, Hiram Keller, Max Born, Salvo Randone.

Panoptikum. Freie Adaption des »Gastmahls des Trimalchio« von Petronius, die auf ein satirisches Panorama eines Hedonismus in der Phase der Dekadenz zielt; Dolce vita à la Antik-Rom mit zeitkritischer Komponente; eine satirische Sonderschau von Groteskerien; voyeuristisch und distanziert zugleich.

Fellinis Schiff der Träume / E la nave va *** ½

I/F 1983 – 122 Min. (davon 6¾ Min. sw. und z. T. Stf.) Ⓥ VMP. – R: Federico Fellini. D: Freddie Jones, Barbara Jefford, Victor Poletti.

Untergangsparabel. Fellinis obskures Kaleidoskop filmischer Möglichkeiten; »Titanic« als Jahrmarkt der Eitelkeiten mit dem durchgehenden Motiv der Vanitas, der Vergeblichkeit und des Scheiterns; Film als große Oper.

Das Fenster zum Hof / Rear Window ***

USA 1954 – 112 Min. Ⓥ CIC. – R: Alfred Hitchcock. D: James Stewart, Grace Kelly, Wendell Corey, Thelma Ritter, Raymond Burr.

Thriller. Ein Fotoreporter im Rollstuhl beobachtet die Geschehnisse um einen Mord im Hinterhof. Er weiht seine Freundin, die Haushälterin und einen Polizisten in seine passive Recherche ein; die Eingeweihten können jedoch nicht die Attacke des Mörders auf den Mann mit dem Gipsbein verhindern. In liebevollen Milieu-Details gezeichneter, sorgfältig die Spannung aufbauender Film.

Ferien auf Immenhof * ½

BRD 1957 – 90 Min. – R: Hermann Leitner. D: Angelika Meissner, Heidi Brühl, Margarete Haagen, Paul Klinger.

Heimatfilm. Letzter Teil der Immenhof-Trilogie; immer mehr Paare treten auf, die Späße werden dümmlicher, arten in Klamauk aus; Hillbilly-Musik, Wirtschaftswunder, fröhliche Kinderscharen; und Heidi Brühl will nicht erwachsen werden; der Immenhof ist zum Pony-Hotel verkommen.

Ferien auf Saltkrokan / Tjorven, Båtsman och Moses **

S 1964 – 90 Min. – R: Olle Hellbom. D: Torsten Lilliecrona, Louise Edlind, Maria Johansson.

Jugendfilm. Kinder und Tiere und der Konflikt zwischen jung und alt stehen in diesem Ferienfilm im Mittelpunkt; nach einer Erzählung von Astrid Lindgren.

Ferien auf Saltkrokan – Das Trollkind / Tjorven och Skrållan **

S 1965 – 90 Min. – R: Olle Hellbom. D: Torsten Lilliecrona, Louise Edlind, Björn Söderbäck, Urban Straud.

Jugendfilm. Auf der Insel Saltkrokan stellt die kleine Skrållan mit ihrem Großvater allerlei an und auch sonst alles auf den Kopf; ihr Verschwinden macht eine Suchaktion nötig; ein übermütiger Film nach Astrid Lindgren.

Die Ferien des Monsieur Hulot / Les vacances de Monsieur Hulot ****

F 1951 – 84 Min. sw. – R: Jacques Tati. D: Jacques Tati, Louis Perrault, André Dubois.

Komödie. Der unfreiwillig schusselige Hulot stiftet Verwirrung und Konfusion unter den biederen Sommergästen eines

Hotels in der Bretagne; ein Feuerwerk an Gags und witzigen Einfällen macht diese Slapstickkomödie zu einem Glanzstück der Filmgeschichte.

Ferien für eine Woche / Une semaine de vacances ***

F 1980 – 99 Min. – R: Bertrand Tavernier. D: Nathalie Baye, Gérard Lanvin, Michel Galabru, Philippe Noiret.

Psychostudie. Ein vom Arzt verordneter Erholungsurlaub zwingt eine Lehrerin zur Rechenschaft über ihre Berufsauffassung und ihr Privatleben; außergewöhnlich einfühlsamer, undoktrinärer Film; Hommage für die sensibleren Vertreterinnen eines Berufs.

Ferien in Amerika / Vacanze in America * ½

I 1985 – 85 Min. Ⓥ Embassy. – R: Carlo Vanzini. D: Jerry Cala, Christian De Sica, Claudio Amendola, Antonella Interlenghi.

Schülerfilm. Eine von einem Pfarrer und der Mutter eines Schülers begleitete Schülergruppe erlebt bei US-Ferien Enttäuschendes; mit Klischees beladen.

Ferien in Tirol * ½

BRD 1956 – 95 Min. sw. – R: Wolfgang Schleif. D: Hans Söhnker, Edith Mill, Therese Giehse, Michael Ande.

Heimatfilm. Ein netter Stadtjunge aus reichem Haus lernt in den Bergen seinen Doppelgänger kennen, mit dem er die Rollen tauscht; der unbeschwerte, Klassenkritik sorgsam vermeidende Unterhaltungsfilm serviert die Verwechslungen mit Spaß am Spiel.

Ferien mit einer Madonna TV-Film

PL 1983 – 80 Min. – R: Jerzy Kolodziejczyk. D: Martas Klubowicz, Krzysztof Kiersznowski, Marta Stebnicka, Maria Stokowska.

Die Abiturientin und der Kunststudent beginnen einen Flirt und beschließen, gemeinsam in Urlaub zu fahren. Der junge Mann muß in der Pfarrei des Feriendorfes eine barocke Madonna restaurieren – das führt zu unerwarteten Komplikationen.

Ferien mit Papa / Raising a Riot *

GB 1957 – 105 Min. – R: Wendy Toye. D: Kenneth More, Sheelah Fraser, Mandy Miller.

Familienklamotte. Vater muß, da Mutter verreist, drei nervtötende Sprößlinge im Zaum halten; nichts Neues.

Ferien mit Piroschka *

BRD/A 1965 – 90 Min. – R: Franz Josef Gottlieb. D: Götz George, Marie Versini, Dietmar Schönherr, Gisela Uhlen.

Liebesfilm. Ein junger Playboy und seine anhängliche Freundin bilden ein ansehnliches Duett, obwohl er sie loswerden will; der anspruchslose, muntere Film folgt ihren Spuren bis in die ungarische Pußta und wieder zurück.

Ferien vom Ich * ½

BRD 1963 – 87 Min. – R: Hans Grimm. D: Walter Reyer, Geneviève Cluny, Monika Dahlberg, Hans Holt, Grethe Weiser, Paul Hörbiger, Elisabeth Flickenschildt.

Heimatfilm. Im Salzburger Land ist alles möglich, sogar ein Ferienheim, in dem jeder das tun kann, was er im Alltag nie tun darf. Als der Stifter des Etablissements, ein US-Flugzeugkonzernboß, sich selbst dorthin begibt, begegnet er seiner Exfrau und seinem Sohn. Sofort beginnt er zu tun, was er sonst nie tat. Anspruchsloser Heimatstreifen mit Österreich-Folklore im Heurigenstil; dritter Aufguß des Romans von Paul Keller (1873–1932).

Ferien wie noch nie * ½

BRD 1962 – 90 Min. – R: Wolfgang Schleif. D: Carlos Thompson, Eva Bartok, Corny Collins, Peter Vogel.

Italienfilm. Ein Berliner Banker steigt aus, schlägt sich in Rom in allerlei Jobs durch und erlebt, was sich Spießbürger unter Amore vorstellen; harmloser Reisebürofilm, der die Teutonisierung Italiens etwas vorantrieb.

Das Ferienkind **

A 1943 – 90 Min. sw. – R: Karl Leitner. D: Hans Moser, Lizzi Holzschuh, Harry Hardt, Franz Päßler.

Verwechslungskomödie. Der Pensionär Panigl ist in Oberbayern als Kinderfeind verschrien. Eines Tages kommen Ferienkinder aus der Stadt, und der alte Grantler Moser soll seinen Enkel aufnehmen.

Das kann nicht gutgehen. Oder doch? Der konventionell komische, den mosernden Moser feiernde Film bietet 90 Minuten seichte Unterhaltung mit kalauernden Höhepunkten.

Die fernen Tage meiner Kindheit / Fengkuei-Lai-Te Jen ** ½

Taiwan 1983 – 95 Min. – R: Hou Hsiaohsien. D: Niu Ch'eng-tse, Chang Shih, Chao P'eng-chü.

Moderner Liebesfilm. Die Geschichte einer Generation von jungen Taiwanesen, die mit Übermut und Einfallsreichtum gegen die Langeweile ihres Alltags angehen, erste Liebe und Enttäuschungen erleben – als Erinnerungsarbeit in schöne Bilder gefaßt. Ein Stück ferne Welt, cinematographisch nahegebracht.

Fernseh-Grüße von West nach Ost TV-Film

BRD 1986 – 45 Min. – R, B: Michaela E. Büscher, Gerd Conradt.

Fünfzehn Videoepisoden über private »Fernsehpostkarten«-Grüße von DDR-Aussiedlern, darunter Nina Hagen; eindrucksvolle Momentaufnahmen deutsch/deutscher Probleme.

Feroz / Wild ** ½

E 1983 – 95 Min. – R: Manuel Gutiérrez Aragón. D: Fernandoz Fernan Gomez, Frederic de Pasquale, Julio César Sanz, Javier Garcia, Elena Lizarralde.

Fantasyfilm. Der Psychologe Luis rettet im Wald den Jungen Pablo vor einer wilden Hundemeute; Luis vermutet, daß sich ein reißendes Tier in ihm verbirgt. Tatsächlich tritt nach dem ersten Schneefall ein mächtiger Bär auf – Luis will ihn in der Stadt »erziehen« und muß mit ansehen, wie der Bär Pablo zarte Gefühle für die hübsche Klavierlehrerin entwickelt. Zeitgemäßes Märchen mit überraschenden Wendungen und Einsichten.

Der fesche Hubert / Fešak Hubert ** ½

ČSSR 1984 – 86 Min. – R: Ivo Novak. D: Karel Hermanek, Petř Kostka, Oto Lakovič.

Gaunerkomödie. Ein kleiner Ganove, Liebling eines Arbeitsviertels im Prag der frühen 30er Jahre, übertölpelt ständig frustrierte Gesetzeshüter; ein Kommissar rückt ihm aufs mit allen Wassern gewaschene Fell; sympathische Räuber/Gendarm-Pistole voll Mitgefühl mit den kleinen Leuten.

Ein Fest für Henriette / La fête à Henriette ** ½

F 1952 – 105 Min. sw. – R: Julien Duvivier. D: Dany Robin, Michel Auclair, Henri Cremieux, Louis Seigner, Hildegard Knef.

Liebesfilm. Nach dem Mißlingen ihres letzten Drehbuchs wollen zwei Autoren einen neuen Film schreiben, eine Romanze mit ganz normalen Helden; heiterer Film, der den Trubel des französischen Nationalfeiertags einbezieht.

Fest im Sattel / King of the Wild Stallions **

USA 1959 – 74 Min. – R: R. G. Springsteen. D: George Montgomery, Diane Brewster, Edgar Buchanan, Emile Meyer.

Pferdewestern. Eine Farmerswitwe muß 500 Dollar Pacht auftreiben, um das Anwesen zu retten; ein Viehbaron will das verhindern. Da fängt der Sohn der Witwe ein prachtvolles Wildpferd ein. Der im Westernmilieu spielende Film für gemäßigte Ansprüche stellt das Pferd zunehmend in den Mittelpunkt des Interesses und gruppiert die Konfliktparteien locker um diese Hauptfigur.

Fett schwimmt oben / Au bon beurre TV-Film

F – 95 Min. – R: Edouard Molinaro. D: Roger Hanin, Andréa Ferréol, Jean-Claude Dauphin, Christine Pascal.

Bedrückend-präzise Verfilmung des Romans von Jean Dutourd über die miesen und desto erfolgreicheren Überlebenstechniken einer Lebensmittelhändlerfamilie zur Zeit der deutschen Besetzung und danach; sarkastisch bis hin zur bösen Parodie auf Marschall Pétain; gnadenlose Abrechnung mit der Kleinbürger-Ideologie.

Feuer für den großen Drachen TV-Film

BRD – 105 Min. – R: Eberhard Itzenplitz. B: Eberhard Itzenplitz nach dem Krimi von -ky. D: Peter Sattmann, Ulrike Luderer, Evdan Merdal, Jürgen Kluckert.

Ausländerfeindlichkeit als Krimithema; in Berlin-Kreuzberg, wo der Anteil der türkischen Bevölkerung sehr hoch ist, arbeiten Deutsche für Völkerverständigung, aber der Terror rechtsradikaler Gewalttäter macht ihre Arbeit zunichte.

Feuer im Blut / Hot Blood ∗∗
USA 1955 – 85 Min. – R: Nicholas Ray. D: Jane Russell, Cornel Wilde, Luther Adler, Joseph Calleia.
Melodram. Ein sterbender Zigeunerkönig verheiratet seinen Problembruder mit einer tambourinschwingenden Glutäugigen; daraus ergeben sich manche, gelegentlich komische, Verwicklungen, und Cornel Wilde schmachtet wie selten.

Feuer und Flamme / Tout feu, tout flamme ∗∗
F 1981 – 105 Min. – R: Jean-Paul Rappeneau. D: Yves Montand, Isabelle Adjani, Lauren Hutten, Alain Souchon, Jean-Luc Bideau.
Komödie. Papa Montand setzt sich zur Ruhe und bringt Konfusion ins Haus seiner Töchter; Isabelle Adjani ist eine bürokratische Karrierefrau, die der charmante Vater zur Verzweiflung bringt; furiose Gangstergroteske, nicht immer geglückt.

Feuer und Sturm / The Tiger and the Flame ∗∗ ½
Indien 1952 – 93 Min. – R: Sohrab Modi. D: Mehtab, Baby Shikha, Sohrab Modi, Mubarek.
Melodram. Die graue Eminenz am Hof sucht für den jungen König eine geeignete Ehefrau, die schöne Manu erfüllt diese Aufgabe und kämpft später heldenhaft gegen die britische Kolonialmacht. Schicksals- und Königsdrama aus Indiens farbenprächtiger Vergangenheit; erster indischer Farbfilm; nach historischen Tatsachen.

Feuerball / Thunderball ∗∗ ½
GB 1965 – 125 Min. Ⓥ Warner Home. – R: Terence Young. D: Sean Connery, Claudine Auger, Adolfo Celi, Luciana Paluzzi, Bernard Lee.
James-Bond-Film. Brillanter dialog- und treffsicherer Agentenfilm um den mit dem selbstironischen Connery ideal besetzten Helden der westlichen Welt, der diesmal auf den Bahamas Atombomben gegen Diamanten eintauschen soll; mit allen Schauwerten der 007-Serie (gute Unterwasserszenen).

Feuerberg TV-Film
BRD 1985 – 90 Min. – R: Herbert Brödl. D: Delia Boccardo, Carlo Cecchi, Leopoldo Trieste.
Die in Hamburg lebende Italienerin Lia erfährt vom Tod ihrer Freundin und kehrt vorübergehend nach Stromboli zurück; vieles hat sich in ihrer Heimat verändert – ein Kaleidoskop kurioser Figuren und Situationen.

Feuerdrache / A Girl Called Fathom ∗∗ ½
USA 1967 – 95 Min. – R: Leslie H. Martinson. D: Raquel Welch, Tony Franciosa, Ronald Fraser.
Thriller. Raquel Welch als hochexplosive Fallschirmspringerin verursacht ein köstliches Chaos, als sie von zwei »Agenten« entführt wird; Thriller als Fallstudie; vergnüglich auch für Freunde z. T. hanebüchen alberner Gags.

Feuerkäfer / Bug ∗∗
USA 1975 – 95 Min. – R: Jeannot Szwarc. D: Bradford Dillman, Joanna Miles, Richard Gilliland, Jamie Smith Jackson, Patricia McCormack.
Horrorfilm. Ein Erdbeben befördert in einer kalifornischen Kleinstadt aschefressende und feuerspeiende Käfer ans Tageslicht; Special Effects schaffen beklemmende Spannung.

Feuerkopf / Red Headed Woman ∗∗ ½
USA 1932 – 76 Min. sw. – R: Jack Conway. D: Jean Harlow, Chester Morris, Charles Boyer.
Emanzipationskomödie. Lil Andrews hat ihren Chef wegen dessen Bankkonto geheiratet. Mit harten Bandagen will sie ihren Weg in den Erfolg gehen. Schon hält sie nach neuen Opfern Ausschau, da gerät sie an den absolut Falschen. Jean Harlow, hier noch als Rotschopf, bevor Platinblond ihr Markenzeichen wurde, sündigt sich herrlich offenherzig durch eine zynische Liebeskomödie mit viel Kritik an kapitalistischer Moral.

Der Feuerkopf von Wyoming / The Redhead from Wyoming **
USA 1952 – 78 Min. – R: Lee Sholem. D: Maureen O'Hara, Alex Nicol, William Bishop, Stacey Harris.
Melodram. Mischung aus Gesellschaftsdrama, Abenteuer und Wildwest: die Geschichte eines skrupellosen Aufsteigers, dem jedes Mittel recht ist, um Gouverneur von Wyoming zu werden; farbiges Actionkino.

Die feuerrote Baronesse * ½
BRD 1958 – 100 Min. sw. – R: Rudolf Jugert. D: Dawn Addams, Joachim Fuchsberger, Wera Frydtberg, Paul Dahlke, Hans Nielsen.
Spionagefilm. Ein britischer Offizier soll hinter den Linien herausfinden, wie weit die Deutschen mit der Atombombe sind; das Fallschirmabenteuer gibt Anlaß zu Sex und Freud; ein uninspirierter Pseudothriller mit lustlosen Darstellern.

Das Feuerschiff ** ½
BRD 1962 – 81 Min. sw. – R: Ladislao Vajda. D: James Robertson Justice, Helmut Wildt, Dieter Borsche, Pinkas Braun, Michael Hinz, Georg Lehn, Wolfgang Völz, Sieghardt Rupp.
Literaturverfilmung. Es geht um die Frage von politischer Moral und individueller Verantwortung, um Gehorsam und Widerstand in diesem Hochseemelodram, in dem drei Bankräuber Schiffbruch erleiden und anschließend die Besatzung eines Feuerschiffes terrorisieren; nach einer Erzählung von Siegfried Lenz.

Das Feuerschiff / The Lightship ** ½
USA 1985 – 84 Min. Ⓥ IMV/MGM/UA. – R: Jerzy Skolimowski. D: Klaus Maria Brandauer, Robert Duvall, Tom Bower, Robert Constanzo, Badja Djola.
Literaturverfilmung. Adaption der Erzählung von Siegfried Lenz über drei flüchtige Bankräuber, die die Besatzung eines Feuerschiffs terrorisieren und den Kapitän zur Positionsänderung zwingen wollen; auf Thrillereffekte zielende Verfilmung einer Parabel um Standpunkte menschlichen Lebens.

Feuertanz / Svegliati e uccidi * ½
I/F 1966 – 110 Min. – R: Carlo Lizzani. D: Robert Hoffmann, Lisa Gastoni, Gian Maria Volonté.
Kriminalfilm. Aus Liebe zu seiner Frau wird ein junger Gelegenheitsdieb zum Superdieb; halb Gangsterfilm, halb Psychothriller.

Feuertaufe / Between Heaven and Hell *
USA 1956 – 94 Min. – R: Richard Fleischer. D: Robert Wagner, Terry Moore, Broderick Crawford, Buddy Ebsen.
Kriegsfilm. Zwei GIs, wegen guter Führung im Militärknast zu einer Bewährungseinheit versetzt, erleben Schinderdrill, aber auch Kameradschaft über Rassen und Klassen hinweg; verlogene Barrasschmonzette, die den Kriegsdienst als Schule der Nation stilisiert.

Feuertaufe Invasion / Thunderbirds * ½
USA 1952 – 78 Min. – R: John H. Auer. D: John Derek, John Barrymore jr., Mona Freeman, Gene Evans.
Kriegsfilm. Während der Fliegerausbildung in Oklahoma 1940 verlieben sich zwei GIs, die wenig später in Europa erste Einsätze erleben; glatte Kriegsfilmroutine mit den üblichen Romanzen.

Die Feuerwalze / Firewalker FLOP
USA 1986 – 99 Min. Ⓥ VMP/Cannon/VMP. – R: J. Lee Thompson. D: Chuck Norris, Louis Gossett jr., Melody Anderson, Will Sampson.
Abenteuerfilm. Schatzsucher im südamerikanischen Dschungel geraten mit ihrer Auftraggeberin zwischen alle Fronten; ein phantasieloser Film mit billigsten Witzchen.

Der Feuerwehrball / Anuschka – es brennt mein Schatz / Hoří, má panenko ***
ČSSR/I 1967 – 70 Min. – R: Miloš Forman. D: Václav Stöckel, Josef Svět, Jan Vostrcil, Josef Kolb, Josef Šebanek.
Farce. Ein böhmisches Dorf feiert den Feuerwehrball mit Wahl der »Miß Feuerwehr«; doch das Programm kommt nicht so recht voran; mild satirische und gerade deshalb eher liebevolle Studie menschlichen Dumpfsinns, die ihre Wirkung aus

der präzisen Beobachtung der kleinen und großen Schwächen unterschiedlichster Typen bezieht; der raffinierte, turbulente Zusammenschnitt gibt dem Film Schwung und wohlkalkuliertes Timing; ein kleines Meisterwerk des mehrfachen Oscar-Preisträgers Forman.

Feuerwerk ** ½

BRD 1954 – 94 Min. – R: Kurt Hoffmann. D: Lilli Palmer, Karl Schönböck, Romy Schneider, Claus Biederstaedt, Rudolf Vogel, Werner Hinz, Liesl Karlstadt, Käte Haack, Lina Carstens.

Komödie. Erste Verfilmung der Musikkomödie von Erik Charell und Jürg Amstein (Musik: Paul Burkhardt, Franz Grothe, mit den Evergreens »Oh, mein Papa« und »Ponylied«); Unterhaltungsvergnügen der heiter-besinnlichen Art mit einem Großaufgebot deutscher Kinostars.

Feuerwerk ** ½

BRD 1976 – 110 Min. – R: Franz Josef Wild. D: Susi Nicoletti, Erik Frey, Cornelia Köndgen, Erika Pluhar.

Musical. Glänzende Inszenierung des bekannten Musicals von Erik Charell um den Zirkusdirektor und seine zauberhafte Frau; mit den beliebten Evergreens »Oh, mein Papa« und »Ich hab' nur ein süßes kleines Pony«.

Die Feuerzangenbowle *** ½

D 1944 – 94 Min. sw. – R: Helmut Weiss. D: Heinz Rühmann, Karin Himboldt, Erich Ponto, Paul Henckels, Hilde Sessak.

Pennälerfilm. Weil der Schriftsteller Dr. Pfeiffer einen Privatlehrer hatte, kann er auf keine Pennälerstreiche zurückblicken – diese Gedächtnislücke will er jetzt gründlich schließen; eine Glanzrolle für Heinz Rühmann, der die Spoerl-Figur facettenreich zwischen verschmitzt und tolpatschig, heiter und frech anlegt; spaßig auch das parodistisch überzogene Lehrerkollegium; gelungene deutsche Komödie, ein Kinoklassiker.

Die Feuerzangenbowle * ½

BRD 1970 – 100 Min. – R: Helmut Käutner. D: Walter Giller, Uschi Glas, Theo Lingen.

Pennälerfilm. Alexander Spoerls Roman der Geschichte vom Privatdozenten Pfeiffer, der die Streiche der Pennälerzeit nachholt, wurde mehrmals verfilmt; Käutner hatte damit keine glückliche Hand, und Walter Giller kann nie über den Schatten des großen Vorbilds Heinz Rühmann springen.

Die feurige Isabella / ***
Genevieve

GB 1953 – 82 Min. – R: Henry Cornelius. D: John Gregson, Dinah Sheridan, Kay Kendall.

Komödie. Zwei Freunde nehmen ihre Gefährtinnen mit zum alljährlichen Oldtimer-Erinnerungsrennen; bald kommt es zu Eifersüchteleien; 1953 ausgezeichnet als bester englischer Film; mit umwerfenden Schmunzeleffekten und der Musik des Harmonikavirtuosen Larry Adler.

Der feurige Pfeil der **
Rache / Das Engelsgesicht /
L'Arcière di Sherwood

I/E/F 1971 – 90 Min. Ⓥ VPS. – R: Giorgio Ferroni. D: Giuliano Gemma, Mario Adorf, Mark Damon, Silvia Dionisio.

Historienfilm. Actionreiches Robin-Hood-Abenteuer um den legendären Helden aus dem Sherwood Forest mit Westernstar Giuliano Gemma als Titelfigur; witzig, parodistisch.

Fiakerlied **

A 1936 – 84 Min. sw. – R: E. W. Emo. D: Paul Hörbiger, Gusti Huber, Franz Schafheitlin, Erika Dannhoff, Hermann Erhardt, Else Reval.

Melodram. Ein Fiaker kümmert sich um eine junge Artistin und gerät in eine Serie von Verstrickungen; mit Genreklischees aus k. u. k.-Unterhaltung, Liebes- und Kriminalfilm und überladenes Alt-Wiener Volksstück, das durch das sensible Spiel von Hörbiger gerettet wird; Musik von Nico Dostal.

Der fidele Bauer **

A 1951 – 96 Min. sw. – R: Georg Marischka. D: Paul Hörbiger, Erich Auer, Heinrich Gretler, Rudolf Carl, Marianne Wischmann.

Musikfilm. Adaption der Operette von Leo Fall mit ihrem auf Jung/Alt- u. a. Gegensätze zielenden volkstümlichen Humor; mäßig unterhaltend.

Die fidele Tankstelle *
BRD 1950 – 95 Min. – R: Joe Stöckel. D: Joe Stöckel, Beppo Brem, Hansi Knoteck, Otto Wernicke, Willy Reichert.
Klamotte. Ein Hinterwäldlerwirt will ins große Tankstellengeschäft und schreckt dabei nicht vor recht rauhen Späßen zurück; die Riege der deutschen Filmblödelinnung hilft ihm dabei oder muckt dagegen auf; dem munteren, aber oberflächlichen Knaller nutzt weder das eine noch das andere.

Die fidelen Detektive * ½
BRD 1957 – 89 Min. – R: Hermann Kugelstadt. D: Joe Stöckel, Beppo Brem, Lucie Englisch.
Klamotte. Zwei pensionierte Polizisten als Detektive stellen sich bei der Verfolgung von Antiquitätendieben recht schusselig an; mehr banal als fidel.

Fieber im Blut / Splendor in the Grass ***
USA 1961 – 119 Min. – R: Elia Kazan. D: Natalie Wood, Warren Beatty, Pat Hingle, Audrey Christie.
Melodram. Ende der Zwanziger zwingt ein Öltycoon aus dem Mittelwesten seinen Sohn zum Abbruch einer Beziehung zu einem Mädchen, das nach einem Selbstmordversuch sein Leben neu aufbaut; ein Film der großen Gefühle, oft am Rande der Sentimentalität; großartig inszeniert und gespielt; Drehbuchautor William Inge (nach eigenem Bühnenstück) bekam dafür einen Oscar.

Fifi, die Feder / Fifi la plume ***
F 1965 – 74 Min. sw. – R: Albert Lamourisse. D: Philippe Avron, Henri Lambert, Mireille Negre.
Fantasyfilm. Der Uhrendieb Fifi versteckt sich auf der Flucht vor der Polizei in einem Zirkus; dort wachsen ihm unerwartet Flügel; poetische Phantasie in Schwarzweiß – auf dem Festival in Cannes ausgezeichneter Jugendfilm.

The Fighter / The Fighter **
USA 1952 – 83 Min. – R: Herbert Kline. D: Richard Conte, Vanessa Brown, Lee J. Cobb.
Abenteuerfilm. Ein Boxer kauft Waffen für die Revolution in Mexiko, um damit einen Mord zu rächen; Widerstandsepos.

Film ohne Titel ***
D 1947 – 96 Min. sw. – R: Rudolf Jugert. D: Hans Söhnker, Hildegard Knef, Fritz Odemar, Willy Fritsch, Peter Hamel.
Nachkriegsfilm. Ein Regisseur, ein Drehbuchautor und ein Schauspieler suchen nach einem Stoff; sie variieren die Liebesgeschichte eines Malers und einer Bauerntochter; nach einem intelligenten, witzigen Konzept von Helmut Käutner formal exzellent inszenierter Liebesfilm, dessen ironische Brechungen die Provisorien des Lebens erkennbar machen; ein Klassiker des deutschen Nachkriegskinos.

Der Filmamateur / Amator ** ½
PL 1979 – 112 Min. – R: Krzysztof Kieslowski. D: Jerzy Stuhr, Malgorzata Zabkowska, Jerzy Nowak.
Satire. Filmsatire über das Polen von heute, die Rolle des Künstlers in der sozialistischen Leistungsgesellschaft und die Möglichkeiten des Films als Medium der ästhetischen Spiegelung; am Beispiel eines offiziellen Auftrags aus Anlaß eines Betriebsjubiläums bissig-komisch serviert.

Filmriß TV-Film
BRD 1975 – 135 Min. – R: Hans Bachmüller. D: Michael Degen, Renate Schroeter, Johanna Liebeneiner.
Ein Journalist kämpft gegen die Folgen einer Erinnerungslücke; seine Suche nach der Antwort auf die Frage, ob er ein Mörder ist, gerät eher zäh und langatmig.

Der Filou / Peccato veniale * ½
I 1973 – 96 Min. – R: Salvatore Sampieri. D: Laura Antonelli, Alessandro Momo, Olazio Orlando.
Komödie. In Abwesenheit des Ehemanns sieht sich die attraktive Hausfrau den Verführungskünsten ihres Schwagers ausgesetzt; sie schwankt zwischen Frust und Lust. Vulgäre Sexkomödie für Voyeure.

Die Filzlaus / L'émmerdeur / Il rompiballe ***
F/I 1973 – 81 Min. – R: Edouard Molinaro. D: Lino Ventura, Jacques Brel, Caroline Cellier, Nino Castelnuovo.
Krimikomödie. Groteske, witzige Komödie um einen Killer und seinen Zufallsbekannten, die sich immer besser verste-

hen; Starrollen für Ventura und Brel; sarkastische Melancholie, brillantes Dialogfeuerwerk, ironisch zitierte Actionsequenzen.

Finale in Berlin / Funeral in Berlin ∗∗

GB 1966 – 98 Min. Ⓥ CIC. – R: Guy Hamilton. D: Michael Caine, Paul Hubschmid, Oscar Homolka, Eva Renzi.

Thriller. Ein britischer Agent will einen Sowjet-Obersten in den Westen lotsen. Ein Fluchthelfer-Spionage-Action-Film mit schnellen Schnitten und flotten Dialogen.

Die Finanzen des Großherzogs ∗∗ ½

D 1934 – 79 Min. sw. – R: Gustaf Gründgens. D: Victor de Kowa, Hilde Weissner, Paul Henckels, Heinz Rühmann, Theo Lingen, Fritz Alberti.

Komödie. Der Souverän eines mediterranen Herzogtums ist so verschuldet, daß nur die Ehe mit einer vermeintlich russischen Großfürstin das Geld bringt, den Staatsstreich eines Erzschurken zu vereiteln; ein gelöst aufspielendes Schauspielerteam wird durch eine raffinierte Regie wirkungsvoll in Szene gesetzt.

Die Findelmutter / Bachelor Mother ∗∗∗

USA 1939 – 82 Min. sw. auch OoU. – R: Garson Kanin. D: Ginger Rogers, David Niven, Charles Coburn, Frank Albertson.

Komödie. Durch die Fürsorge für ein ausgesetztes Baby kommt eine Frau in den Verdacht, ledige Mutter zu sein; spritzige Komödie mit melancholischem Touch; Glanzrollen für die Stars.

Finger weg von meiner Frau / Not With My Wife, You Don't! ∗∗ ½

USA 1966 – 118 Min. – R: Norman Panama. D: Tony Curtis, Virna Lisi, George C. Scott, Carroll O'Connor.

Komödie. Dreiecksgeschichte um zwei Fliegeroffiziere, die sich in Korea in dieselbe Krankenschwester verlieben, einer heiratet sie; als der andere nach Jahren das Paar wiedertrifft, gibt es Komplikationen; etwas überdehnt, aber unterhaltend.

Finnegan, fang noch mal an! TV-Film

GB/USA 1985 – 120 Min. – R: Joan Micklin Silver. D: Mary Tyler Moore, Robert Preston, Sam Waterston, Sylvia Sidney.

Ein alternder Journalist, zur »Briefkastentante« degradiert, sieht einen Neuanfang, als er einer Witwe helfen kann; optimistisch und heiter.

Finsterer Stern / Dark Star ∗∗∗

USA 1974 – 80 Min. Ⓥ altas. – R: John Carpenter. D: Brian Narelle, Andreijah Pahich, Carl Kuniholm, Dan O'Bannon, Joe Sanders.

Science-fiction-Satire. Nach zwanzig Jahren Weltraumkreuzfahrt brechen vier Astronauten fast unter der Last totaler Langeweile zusammen, da macht sich eine sprechende Bombe selbständig; Low-Budget-Erstlingsfilm Carpenters, der als Parodie auf Kubricks »2001: Odyssee im Weltraum« (1968) zum Kultfilm wurde.

Firebird-Tornado / Junkman ∗∗ ½

USA 1982 – 73 Min. Ⓥ neue altas. – R: H. B. Halicki. D: H. B. Halicki, Christopher Stone, Susan Shaw, Lang Jeffries, Hoyt Axton, Lynda Day George.

Actionfilm. Neider allüberall im Umfeld eines resoluten Selfmademan, und der wehrt sich beharrlich mit Phantasie und skurrilen Einfällen gegen Mordanschläge; ein rasantes Jagdspektakel, das in einer stuntreichen Schrottorgie mit zahllosen Autoleichen gipfelt.

Der Fischer vom Heiligensee ∗

BRD 1955 – 90 Min. Ⓥ Toppic. – R: Hans H. König. D: Edith Mill, Lil Dagover, Albert Lieven, Siegfried Lowitz.

Heimatfilm. Verkitschte Gefühlsschmonzette um eine Jugendliebe und den Zahn der Zeit, angesiedelt im trauten Binnenfischermilieu, mit bezaubernden Landschaften und leuchtenden Abendhimmeln.

Die Fischer von Louisiana / Toast of New Orleans ∗∗

USA 1950 – 95 Min. – R: Norman Taurog. D: Mario Lanza, David Niven, Pepe Duvalle, Suzette Micheline.

Musikfilm. Karrierelichtspiel um den steilen und mühseligen Aufstieg eines talentierten Sängers; mit Startenor Lanza, vielen Hollywood-Schönheiten, farbigem New-Orleans-Zauber und matter Handlung.

Die Fischerin vom Bodensee *

BRD 1956 – 88 Min. – R: Harald Reinl. D: Marianne Hold, Gerhard Riedmann, Annie Rosar, Joe Stöckel.

Heimatfilm. Die arme blonde anständige Maid zieht einen dicken Fisch an Land, den Sohn des reichen Fischzüchters; sentimental, kitschig und besonders realitätsfern; der Titelsong dieser Heimatschnulze wurde ein bekannter Schlager der fünfziger Jahre.

F.I.S.T. – Ein Mann geht seinen Weg / F.I.S.T. ***

USA 1977 – 125 Min. – R: Norman Jewison. D: Sylvester Stallone, Rod Steiger, Peter Boyle, Melinda Dillon.

Melodram. Der Sohn ungarischer Einwanderer in Cleveland steigt vom Handlanger zum Chef der Fernfahrergewerkschaft auf. Seine Machenschaften mit Gangstern bringen ihn in den fünfziger Jahren vor einen Senatsausschuß; semidokumentarischer Fall als Zeitkritik – atmosphärisch dicht und spannend inszeniert.

Fitzcarraldo ***

BRD 1978/82 – 148 Min. – R: Werner Herzog. D: Klaus Kinski, Claudia Cardinale, Paul Hiltscher, Miguel Angel Fuentes.

Abenteuerfilm. Peru um 1900: Der besessene Träumer Fitzcarraldo will in der Zeit des Kautschuk-Booms ein Opernhaus am Amazonas bauen; Indianer müssen dafür einen riesigen Dampfer über einen Berg schleppen; ein Moskito-Fieber-Melodram voll schillernder Wahnbilder.

Five Easy Pieces / Five Easy Pieces ** ½

USA 1970 – 98 Min. – R: Bob Rafaelson. D: Jack Nicholson, Karen Black, Billy »Green« Bush, Lois Smith.

Aussteigerfilm. Ein Mann auf der Suche nach sich selbst verläßt den Süden im Auto in Richtung Nordwesten, um seine Familienverhältnisse zu ordnen; doch die im Leerlauf dröhnenden nordamerikanischen Zustände bringen ihn von seinem Vorhaben ab; der melancholisch-schöne gesellschaftskritische Film folgt seiner Spur mit inszenatorischem Geschick.

Flächenbrand TV-Film

BRD 1981 – 125 Min. – R: Alexander von Eschwege. B: Max von der Grün, nach seinem Roman. D: Horst Frank, Renate Küster, Nina Hoger, Manfred Krug.

Ein Arbeitssuchender gerät über dunkle Waffengeschäfte an Rechtsradikale; eindringlicher, sehenswerter Film über die politischen Mechanismen am rechten Rand, mit überzeugenden Darstellern.

Der Flachsacker / De Vlaschaard ***

B 1983 – 84 Min. – R: Jan Gruyaert. D: Vic Moeremans, Dora van der Groen, René van Sambeek, Gusta Gerritsen.

Bauerndrama. Die Familie eines flandrischen Patriarchen zerbricht fast am Aufbegehren des Sohnes gegen den unbeugsamen Großbauern; kraftvolle Verfilmung von Stijn Streuvels Bauernepos; von beträchtlicher Werktreue und Detailgenauigkeit; bei aller Dramatik nicht ohne listigen Humor.

Flachskopf / De Witte ** ½

B 1980 – 102 Min. – R: Robert de Hert. D: Eric Clercks, Paul s'Jongers, Willy Vandermeulen, Blanka Heirman.

Melodram. In einem flämischen Dorf um die Jahrhundertwende lebt ein pfiffiger, aufmüpfiger Junge, der sich nicht der väterlichen Autorität fügen will. Gelungenes Erziehungsdrama nach einem Roman von Ernest Claes.

Die Flamme von Arabien / Flame of Araby **

USA 1951 – 70 Min. – R: Charles Lamont. D: Maureen O'Hara, Jeff Chandler, Maxwell Reed, Susan Cabot.

Kostümfilm. In diesem Abenteuer aus Tausendundeiner Nacht reitet Maureen O'Hara, reizend anzusehen als Prinzessin Tanya, durch die weiten Ebenen Arabiens, um den Hengst Shazada einzufangen; eine windige Rolle spielt auch der Beduine Tamerlane.

Die Flammen meiner Liebe / Waga koi wa moenu ***
J 1949 – 80 Min. sw. – R: Kenji Mizoguchi. D: Kinuyo Tanaka, Shinobu Araki, Eitaro Ozawa.
Frauenrechtsfilm. Eindrucksvoller Klassiker um Liebe und Kampf um Emanzipation; faszinierende Bildersprache.

Flammen über Fernost / The Purple Plain ** ½
GB 1955 – 98 Min. – R: Robert Parrish. D: Gregory Peck, Win Min Than, Maurice Denham, Lyndon Brook, Bernard Lee.
Weltkriegsfilm. Der Amerikaner Peck agiert unbritisch als durch einen Absturz traumatisierter Pilot zur Zeit der Rückeroberung des japanisch besetzten Birma durch die Briten; die Nuancen von (Drehbuchautor) Eric Amblers Sprachduktus fallen der Synchronisation zum Opfer.

Flammende Herzen ** ½
BRD 1978 – 95 Min. – R: Walter Bockmayer. D: Peter Kern, Barbara Valentin, Enzi Fuchs, Kajta Rupé, Evelyn Künneke.
Komödie. Ein Kioskbesitzer aus Bayern träumt von der großen weiten Welt. Eines Tages gewinnt er eine Reise nach New York und lernt dort die Frau seiner Träume kennen. Der originell besetzte, geschriebene und im Stil eines Melodrams und seiner eigenen Parodie inszenierte Film amüsiert durch allzu menschliche Töne.

Flammender Stern / Flaming Star ** ½
USA 1960 – 89 Min. – R: Don Siegel. D: Elvis Presley, Dolores Del Rio, Barbara Eden, Steve Forrest, John McIntire.
Elvis-Film. Elvis als Halbblut zwischen allen Fronten; schauspielerisch überzeugend, kein eigentlicher Musikfilm und dennoch eine Delikatesse nicht nur für Fans.

Flammenzeichen TV-Film
BRD 1985 – 80 Min. – R: Franz Seitz. D: Dietrich Mattausch, Hans Reinhard Müller, Toni Berger.
Dokumentarischer Spielfilm über Leben und Leiden des Jesuitenpaters Rupert Mayer, eines großen Priesters, der in der Nazizeit konsequent für Glaube und Kirche eintrat und von Hitler dafür die Quittung erhielt: Verhaftung, KZ, Verbannung.

Flashdance / Flashdance ** ½
USA 1983 – 96 Min. Ⓥ CIC. – R: Adrian Lyne. D: Jennifer Beals, Michael Nouri, Lilia Skala, Sunny Johnson, Kyle T. Heffner.
Tanzfilm. Eine junge Frau träumt von einer Ballettkarriere und erlebt auf ihrem Weg Hilfe und Hindernisse; aufgeblähtes, auf ein großes Publikum hin gestyltes Rockvideo mit einem Titelsong, für den Giorgio Moroder einen Oscar erhielt; Kultfilm, ansonsten überschätzt.

Die Fledermaus **
A 1961 – 90 Min. Ⓥ Videbox. – R: Géza von Cziffra. D: Peter Alexander, Marika Rökk, Hans Moser, Willy Millowitsch.
Musikfilm. Freie Adaption der Johann-Strauß-Operette als Alexander/Rökk-Vehikel; professionelle Unterhaltung.

Fleisch TV-Film
BRD 1979 – 109 Min. – R, B: Rainer Erler. D: Jutta Speidel, Herbert Herrmann, Wolf Roth, Charlotte Kerr.
Ein harmloses junges Paar auf Hochzeitsreise in den USA wird plötzlich verfolgt; ein Psychothriller beginnt. Der in Monte Carlo 1980 auf dem »Internationalen Fernsehfestival« ausgezeichnete Film spielt mit dem Schrecken vor den Machenschaften einer Mafia, die mit menschlichen Organen handelt – der grandiosen Grundidee folgen jedoch wenig filmische Taten; durchschnittlicher, aber stellenweise spannender Krimi.

Das Fleisch der Orchidee / La chair de l'orchidée ** ½
F/BRD/I 1974 – 109 Min. – R: Patrice Chéreau. D: Charlotte Rampling, Bruno Cremer, Edwige Feuillère, Simone Signoret, Hans-Christian Blech, Alida Valli.
Kriminalfilm. Eine Milliardenerbin wird von ihrer geldgierigen Tante in eine Irrenanstalt gesteckt, kann fliehen und trifft einen von Killern Verfolgten, dessen dramatischen Fluchtweg sie teilt; mörderisch spannender Psychothriller mit hochkarätiger Besetzung.

Die Fliege / The Fly ** ½
USA 1958 – 94 Min. – R: Kurt Neumann. D: Al Hedison, Patricia Owens, Vincent Price.
Horrorfilm. Ein Mann experimentiert im Labor und kann sich nach seiner Verwandlung in ein Insekt nicht mehr kontrollieren; das alte Jekyll/Hyde-Thema im SF-Kostüm, sauber konstruiert, tricktechnisch auf beachtlichem Niveau.

Das fliegende Klassenzimmer **
BRD 1973 – 87 Min. – R: Werner Jacobs. D: Joachim Fuchsberger, Heinz Reincke, Diana Körner, Otto Bolesch.
Klamotte. Die Kästner-Erzählung von der Dauerfehde zwischen Gymnasiasten und Realschülern und ihre Zuspitzung in den Ferien übersetzt der Film in die moderne Masche, mit schnellem Witz eine klapprige Regie zu verdecken. Dennoch bleibt genug vom Charme der Vorlage übrig, um den Film zu einer verklärten Reise in die Idylle des Jungseins zu machen. Das Klassenzimmer als Vorbild für die Überwindung von Klassenschranken.

Der fliegende Pauker / The Absent-Minded Professor **
USA 1960 – 92 Min. sw. Ⓥ EuroVideo. – R: Robert Stevenson. D: Fred MacMurray, Nancy Olson, Keenan Wynn, Elliot Reid.
Komödie. Ein zerstreuter Professor macht die Entdeckung seines Lebens: eine energiespendende Gummimasse, mit der er fliegen kann. Doch schon ist ihm der Kapitalist Alonzo auf den Fersen, um Profit aus der Erfindung zu schlagen. Der Film aus der Walt-Disney-Werkstatt versucht im Stil der »Herbie«-Filme die böse Welt durch Herzenshumor aufs Kreuz zu legen, teilweise mit Erfolg.

Die fliegenden Monster von Osaka / Rodan FLOP
J 1957 – 65 Min. – R: Inoshiro Honda. D: Kenji Sawara, William Scotty, John Garry.
Science-fiction-Film. Mysteriöse Unfälle beunruhigen ein Bergwerk nahe Osaka; sinnlos und mit handwerklichen Mängeln.

Flieh oder stirb / You Have to Run Fast **
USA 1961 – 71 Min. sw. – R: Edward L. Cahn. D: Craig Hill, Elaine Edwards, Grant Richards, Shepherd Sanders.
Krimi. Zwei Killer bringen einen Schwerverletzten zu einem Arzt; als er stirbt, flieht der Mediziner vor den Tätern. Der mit kleinem Budget handwerklich solide gedrehte Film macht keine Faxen und erzählt das in Bild und Ton unbedingt Notwendige.

Ein fliehendes Pferd TV-Film
BRD 1984 – 80 Min. – R: Peter Beauvais. B: Ulrich Plenzdorf, Peter Beauvais, Martin Walser, nach seiner Novelle. D: Vadim Glowna, Rosel Zech, Dietmar Mues, Marita Marschall.
Zufällig treffen sich zwei grundverschiedene Schulfreunde und ihre Frauen im Urlaub wieder; der Ferienalltag wird teils schwungvoll, teils rabiat, teils behutsam ins Bild gesetzt; dabei unterhaltsam und Walsers Meisternovelle fast ebenbürtig.

Flipper / Flipper **
USA 1962 – 90 Min. – R: James Clark. D: Chuck Connors, Luke Halpin, Kathleen Maguire, Connie Scott.
Tierfilm. Originalversion des halbdokumentarischen Films mit seichter Spielhandlung um den gelehrigen Delphin und seine Abenteuer an der Wasseroberfläche; Familienfilm mit Schaueffekten, in TV-Manier inszeniert.

Flirt mit dem Tod / L'indiscretion ** ½
F 1982 – 94 Min. – R: Pierre Lary. D: Jean Rochefort, Jean-Pierre Marielle, Dominique Sanda.
Thriller. Der Computerexperte trifft, von der Nordseeölbohrinsel kommend, in Paris ein, um dort Urlaub zu machen. Die Frau, die er zufällig kennenlernt, scheint eine merkwürdige Verbindung zu seinem Nachbarn zu unterhalten; bald kristallisiert sich alles als raffinierte Doppelgängergeschichte heraus, die als Krimi geschickt verpackt ist.

Flitterwochen mit Hindernissen / Tell It to the Judge **
USA 1949 – 84 Min. sw. – R: Norman Foster. D: Rosalind Russell, Robert

Cummings, Marie McDonald, Gig Young.
Komödie. Eine Anwältin heiratet, um Richterin zu werden, ihren Ex-Mann wieder; als der Scheidungsgrund wieder auftaucht, beginnt ein munteres Eifersuchtsspiel; temporeich, aber ermüdend.

Flitterwochen zu dritt / ** ½
Thrill of a Romance
USA 1945 – 99 Min. – R: Richard Thorpe. D: Esther Williams, Van Johnson, Frances Gifford, Henry Travers, Spring Byington, Lauritz Melchior.
Revuefilm. Da ihr frisch angetrauter Ehemann sich mehr fürs Geschäft interessiert, verliebt sich Wasserratte Williams in einen All-American-Boy; Schwimmakrobatik und die Musik von Tommy Dorsey und Xavier Cugat bringen die konventionelle Romanze in Schwung.

Flohr und die Traumfrau TV-Film
BRD 1987 – 90 Min. – R: Günter Gräwert. B: Oliver Storz. D: Siegfried Lowitz, Heidelinde Weis, Tilo Prückner, Hannelore Cremer, Iris Berben.
Nach zwanzig Jahren trifft ein Anwalt die Liebe seines Lebens wieder, die sich früher für einen Rivalen entschied; ein nachdenklicher Film von stiller Heiterkeit.

Florence Nightingale – ein Leben für den Nächsten / ** ½
The Lady With a Lamp
GB 1951 – 100 Min. sw. – R: Herbert Wilcox. D: Anna Neagle, Michael Wilding, Felix Aylmer, Gladys Young.
Biographischer Film. Episoden aus dem Leben der britischen Krankenschwester (1820–1910), die sich um die Betreuung verletzter Soldaten (vor allem im Krim-Krieg) verdient machte und sich für eine Verbesserung der militärischen und zivilen Krankenpflege einsetzte; rührselig bis zur Grenze zum Schnulzigen, aber sympathisch.

Der Florentiner Hut ** ½
D 1939 – 91 Min. sw. – R: Wolfgang Liebeneiner. D: Heinz Rühmann, Herti Kirchner, Christl Mardayn, Hansgeorg Laubenthal, Paul Henckels.
Lustspiel. Sehr freie Adaption der Burleske von Eugène Labiche um die Abenteuer, in die eine Hochzeitsgesellschaft gerät, als sie sich auf die Suche nach Ersatz für einen von einem knabbernden Pferd schwer beschädigten Hut macht; der junge Rühmann fidel wie selten in einem turbulenten Film, zu dem Michael Jary adäquate Musik schrieb.

Die flotte Pariserin / ***
The Rage of Paris
USA 1938 – 74 Min. sw. auch OoU. – R: Henry Koster. D: Danielle Darrieux, Douglas Fairbanks jr., Louis Hayward, Helen Broderick, Mischa Auer.
Salonkomödie. Die Geschichte der armen Nicole, die einen Millionär um den Finger wickeln will und dabei seinem besten Freund in die Hände fällt – und der ist natürlich genauso steinreich; geistreich mit spritzigen Dialogen serviert, eine Glanzrolle für Danielle Darrieux.

Flotte Sprüche auf Kanal 9 / Handle With Care **
USA 1977 – 95 Min. – R: Jonathan Demme. D: Paul LeMat, Candy Clark, Ann Wedgeworth, Marcia Rodd, Charles Napier.
Komödie. Die Story kreist um den verrückten Paul LeMat und seinen Kurzwellenwahn; zum Totlachen der Truckdriver als Bigamist; die kuriosen Figuren gleichen Schwächen in der Dramaturgie aus.

Flotte Teens beim Militär / *
Les bidasses au pensionat
F 1978 – 103 Min. – R: Michel Vovorèt. D: Jean-Marc Thibault, Jacques Chazot, Sylvia Green, Corinne Corson.
Klamotte. Die Soldaten einer NATO-Kaserne am Rande von Paris graben einen unterirdischen Gang in das Mädchenpensionat nebenan; banaler Klamauk.

Flotte Teens im Schnee / *
Girls Will Be Girls
I 1981 – 90 Min. – R: Mariano Laurenti. D: Anna Maria Rizzoli, Gianfranco D'Angelo.
Sexlustspiel. Routinierter Softporno mit komischen Einlagen um den Betriebsausflug einer Belegschaft, der mitten im Winter für heiße Affären sorgt. Filmisch belanglos, hübsche Schauwerte.

Flotte Teens in Amerika / *
Sunset Love
USA 1979 – 73 Min. – R: Al Adamson.

D: John Carradine, John Dureen, Shirley Ann Broger, Ray Andrews, Karen Fredrik.
Teeniekomödie. Malibu Beach soll für Drachenflieger gesperrt und zugebaut werden; dagegen setzen sich College-Boys und -Girls zur Wehr; die kritischen Aspekte gehen aber in unsäglich niveaulosem Klamauk und albernen Sexspielchen unter.

Flotte Teens jetzt ohne Jeans / Liceale nella classe dei ripetenti *
I 1978 – 90 Min. – R: Mariano Laurenti, Michele Massimo Tarantini. D: Gloria Guida, Alvaro Vitali, Rudolfo Bigotti.
Schülerfilm. Ein Schülerpärchen muß eine Klasse wiederholen; in der neuen Klasse spielen sie den Lehrern Streiche; ziemlich phantasielos.

Flotte Teens – runter mit den Jeans / La liceale al mare con l'amica di papà * ½
I 1980 – 86 Min. – R: Marino Girolami. D: Renzo Montagnani, Marisa Mell, Alvaro Vitali, Gianni Ciardo.
Komödie. Weil das junge Fräulein durchs Abitur gefallen ist, besorgt Mutti eine Nonne als Nachhilfe, doch Papa gefällt die Lösung nicht; er schleust heimlich seine Freundin Laura ein; Pubertätsklamotte.

Flotte Teens und der Staatsanwalt / Scusi, lei è normale? *
I 1979 – 86 Min. – R: Umberto Lenzi. D: Ray Lovelock, Renzo Montagnani, Anna Maria Rizzoli.
Klamotte. Ein junger Homosexueller hat weniger Ärger mit angreifenden Verehrerinnen als mit seinem Onkel, einem Staatsanwalt, der Schwule jagt; albern und chauvinistisch.

Flotte Teens und die neue Schulmieze / L'insegnante va in collegio *
I 1978 – 85 Min. – R: Mariano Laurenti. D: Gloria Guida, Edwige Fenech, Gianfranco D'Angelo, Gisela Sofia.
Klamotte. Sitzenbleiber sollen in einem kirchlichen Internat auf Sittenstrenge und Lerninhalte getrimmt werden, doch ein Kaplan hat sich verrechnet; deftiger Sexklamauk auf italienisch.

Flotte Teens und heiße Jeans / La liceale *
I 1975/78 – 82 Min. – R: Michele Massimo Tarantini. D: Giuseppe Pambieri, Gianfranco D'Angelo, Gloria Guida.
Liebesfilm. Eine italienische Abiturientin und ein amerikanischer College-Boy mit Macho-Manieren verknallen sich ineinander; der interkulturelle Konflikt spielt dabei in diesem oberflächlichen Film aber keine Rolle.

Flotte Teens und heiße Typen / Quella età maliziosa *
I 1975 – 82 Min. – R: Silvio Amadio. D: Gloria Guida, Richard Singar, Anita Sanders.
Erotische Klamotte. Ein geplagter Ehemann nimmt einen Ferienjob auf Elba an und gerät dort ins Visier von Chefin nebst Tochter. Harmlos, mit hübschen Kurven an Frauen und auf sie abfahrenden Kerls.

Flotte Teens und Sex nach Noten / L'insegnante balla ... con tutta la classe *
I 1978 – 77 Min. – R: Mariano Laurenti. D: Nadia Cassini, Renzo Montagnani, Alvaro Vitali.
Softsex-Filmkomödie. Eine Gymnastiklehrerin bringt ihren Schülern Sex und Schwof bei; was emanzipiert beginnt, endet – trotz der ansehnlichen Nadia Cassini – schnell in dramaturgischem Schwachsinn.

Der Fluch der Mumie / The Mummy's Shroud **
GB 1967 – 90 Min. – R: John Gilling. D: André Morell, John Phillips, David Bucks, Elizabeth Sellars, Maggie Kimberley.
Horrorabenteuer. Eine archäologisch glaubwürdige Filmreise auf der Suche nach einer 4000 Jahre alten Pharao-Mumie mit spannendem Höhepunkt.

Der Fluch der Tempelgötter / White Savage ** ½
USA 1943 – 75 Min. – R: Arthur Lubin. D: Maria Montez, Jon Hall, Sabu.
Südsee-Abenteuer. Eine Inselprinzessin in unberührter Natur hütet die Schätze ihres Volkes und vertreibt juwelengierige Eindringlinge; mit dem Traumpaar des

Südsee-Abenteuerfilms der vierziger Jahre Montez/Hall; ein farbenprächtiger, phantasievoller und spannender Trivialfilm für Kultfans von Maria Montez, der »Königin des Technicolor«.

Fluch des Blutes / Devil's Doorway ∗∗∗
USA 1950 – 84 Min. sw. – R: Anthony Mann. D: Robert Taylor, Louis Calhern, Paula Raymond.
Western. Ein Indianer, der sich im Bürgerkrieg ausgezeichnet hat, kämpft nach seiner Heimkehr gegen rassistische Diskriminierung; eindrucksvoller, dramatischer Film mit einem hervorragenden Taylor als Indianer.

Fluch des Goldes / La nuit du flingueur TV-Film
F 1984 – 95 Min. – R: Pierre Grimblad. D: Victor Lanoux, Véronique Genest, Jean-Marie Rivière.
Ein Mann wird angeschossen, als er einen Einbruch verübt; im Krankenhaus hört er von einem Goldtresor und plant mit der attraktiven Krankenschwester einen neuen Coup. Krimi aus der »Série noire«.

Der Fluch des Pharao / Il sepolcro dei re ∗
I 1960 – 95 Min. Ⓥ Arcade. – R: Fernando Cerchio. D: Debra Paget, Ettore Manni, Corrado Pani.
Abenteuerfilm. Liebeskonflikte am Hof des Pharao Nemurat um die syrische Prinzessin Sheila, die den falschen Mann liebt; der bunte Kolossalschinken mit reichen Dekors läßt glaubwürdiges Spiel und stimmige Handlung vermissen.

Der Fluch des Pharao / The Curse of the Mummie's Tomb ∗
GB 1964 – 81 Min. – R: Michael Carreras. D: Terence Morgan, Ronald Howard, Fred Clark, Jeanne Roland.
Gruselfilm. Die Ausgrabung einer Mumie führt zu einigen Todesfällen; platt.

Der Fluch des rosaroten Panthers / Curse of the Pink Panther ∗∗
USA 1983 – 106 Min. – R: Blake Edwards. D: Ted Wass, David Niven, Robert Wagner, Herbert Lom, Capucine.
Krimikomödie. Muntere Fortsetzung der Serie, mit gutgetimten Slapstick-Einlagen, einer aberwitzigen Handlungsführung, nicht ernst gemeinten Problemen als Genreparodie und einigen Schauwerten. Ted Wass als Sellers-Ersatz erinnert an Harold Lloyd.

Der Fluch des schwarzen Rubins ∗∗
BRD/I 1965 – 95 Min. – R: Manfred R. Köhler. D: Thomas Alder, Peter Carsten, Horst Frank, Yu Sam.
Abenteuerfilm. Trivialabenteuer in Thailand: Ein Prinzenhalsband verschwindet, und ein Actionheld voller Saft und Kraft findet es. Zwischendurch gibt es Schleiererotik, Neckermann-Exotik und reizvolle Blicke in die thailändische Obergesellschaft.

Fluch des Südens / The Sound and the Fury ∗∗∗
USA 1959 – 115 Min. – R: Martin Ritt. D: Yul Brynner, Joanne Woodward, Margaret Leighton, Stuart Whitman, Ethel Waters.
Literaturverfilmung. Adaption des Romans »Schall und Wahn« von William Faulkner über eine Südstaatenfamilie, die nur mühsam, wenn überhaupt, ihren inneren Verfall übertünchen kann; der Film zeichnet die Galerie irregehender, morbider oder debiler Charaktere milder als die Vorlage und läßt ein Happy-End denkbarer erscheinen als der Roman.

Der Fluch des Tut-ench-Amun / The Curse of King Tut's Tomb ∗∗
USA 1979 – 94 Min. – R: Philip Leacock. D: Robin Ellis, Eva Marie Saint, Harry Andrews, Raymond Burr.
Abenteuerfilm. Im Tal der Könige geschehen merkwürdige Dinge; ein Pharaonengrab wird entdeckt, und Menschen sterben; der rasante Kolonialfilm serviert geschickt seine Fakten und zieht daraus Kinoschlüsse, die mit Genreerwartungen lustvoll spielen.

Der Fluch von Siniestro / The Curse of Siniestro ∗∗
GB 1961 – 87 Min. – R: Terence Fisher. D: Oliver Reed, Clifford Evans, Yvonne Romain, Catherine Feller, Anthony Dawson, Hira Talfrey.
Horrorfilm. Im Spanien des 18. Jahrhunderts angesiedelte wilde Variante des

Werwolfmotivs; düsteres Gruselmelodram.

Flucht aus China / China Behind ***
Hongkong 1974 – 88 Min. – R: Shu Shuen. D: Shao Hsiao Ling, Feng Pao Yen, Tseng Chi Lu.
Problemfilm. Während der Kulturrevolution 1966 in China sehen vier junge Menschen für ihr persönliches Glück nur den Ausweg in der Flucht; ihre Motive sind unterschiedlich, ihr Ziel ist identisch: Hongkong; bedrückende Studie über die junge Generation Chinas.

Flucht aus dem Dunkel / Guns of Darkness * ½
GB 1962 – 102 Min. sw. – R: Anthony Asquith. D: David Niven, Leslie Caron, James Robertson Justice, David Opatoshu.
Abenteuerfilm. Ein britisches Ehepaar bringt ohne besondere politische Interessen einen südamerikanischen Exdiktator außer Landes; spannungsloses Politabenteuer mit melodramatischen Sequenzen.

Flucht aus der Taiga / The Desperate Ones * ½
USA/E 1967 – 91 Min. – R: Alexander Ramati. D: Maximilian Schell, Raf Vallone, Irene Papas, Theodore Bikel.
Abenteuerfilm. Zwei Polen werden 1939 nach Sibirien verschleppt; ein Film um Kriegsabenteuer, Liebe, Flucht; mäßig spannend.

Die Flucht aus Zahrain / Escape from Zahrain **
USA 1961 – 93 Min. – R: Ronald Neame. D: Yul Brynner, Sal Mineo, Jack Warden, James Mason.
Abenteuerfilm. Ein nationalistischer arabischer Rebell flüchtet mit Begleitern in einem Ambulanzwagen; die Crew wird im Sandsturm dezimiert; recht oberflächlich heruntergespultes Wüstengarn ohne viel Spannung.

Die Flucht der Pumas / Run, Cougar, Run **
USA 1972 – 86 Min. – R: Jerome Courtland. D: Alfonso Arau, Stuart Whitman, Douglas V. Fowley.
Tierfilm. Ein professioneller Jäger will eine Pumafamilie jagen, um sie in ein anderes Revier zu bringen, wo sie von Amateuren erlegt werden kann. Walt-Disney-Film mit prachtvollen Tieraufnahmen.

Flucht im Kreis / Le gang des otages * ½
I/F 1972 – 90 Min. – R: Edouard Molinaro. D: Bulle Ogier, Daniel Cauchy, Gilles Segal, Maurice Travail.
Krimi. Gilbert sitzt wegen Mordverdachts in U-Haft, seine Frau schmuggelt Waffen in den Justizpalast, und der Gefangene hält damit den Untersuchungsrichter in Schach; reißerischer Actionfilm über eine Geiselnahme.

Flucht in den Tod / The Arrogant * ½
USA 1987 – 83 Min. – R: Philippe Blot. D: Sylvia Kristel, Gary Graham, Leigh Wood, Joe Condon.
Kriminalfilm. Ein Italoamerikaner hat Probleme mit seiner rachsüchtigen Familie, denn er hat nicht nur seine Schwägerin verführt, sondern auch den Schwiegervater ermordet; selbst auf der Flucht schlittert er von Frau zu Frau, was der Betrachter dieses Erotikthrillers von Mal zu Mal weniger versteht.

Flucht in die Tropennacht *
BRD 1956 – 101 Min. – R: Paul May. D: Claus Holm, Bernhard Wicki, Erica Beer, Michael Janisch.
Abenteuerfilm. Ein amerikanischer Geschäftsmann hat seine erste Frau ermordet; um einen Erpresser zu bezahlen, muß er an die Lebensversicherungsprämie für seine zweite Frau herankommen; völlig zu Recht endet er auf einer Safari als Raubtierfutter; die Safarilandschaften sind das einzig Ansehnliche an dieser konstruierten Klamotte.

Flucht in die Zukunft / Time After Time ** ½
USA 1978 – 112 Min. – R: Nicholas Meyer. D: Malcolm McDowell, David Warner, Mary Steenburgen, Charles Cioffi.
Science-fiction-Fantasyfilm. H. G. Wells, Erfinder der »Zeitmaschine« und berühmter Schriftsteller, muß seinem ehemaligen Freund Stevenson hinterher, der

nach einer Mordserie in die Zukunft fliehen will; amüsantes, phantasievolles SF-Satire-Unternehmen mit einer Fülle von Anspielungen auf verschiedene Genres; ein Film für offene Augen und Ohren.

Flucht in Ketten / The Defiant Ones ***

USA 1958 – 95 Min. sw. – R: Stanley Kramer. D: Tony Curtis, Sidney Poitier, Theodore Bikel, Cara Williams, Charles McGraw, King Donovan.

Melodram. Der Unfall eines Gefangenentransports ermöglicht einem lakonischen Schwarzen und einem großmäuligen Weißen die Flucht, doch sind sie auf Gedeih und Verderb aneinandergefesselt; ausdrucksstarke, antirassistische Parabel über die Überwindung von Vorurteilen durch Menschlichkeit; nicht ohne einige Rührseligkeiten.

Flucht nach Burma / Escape to Burma * ½

USA 1955 – 83 Min. – R: Allan Dwan. D: Barbara Stanwyck, Robert Ryan, David Farrar, Murvyn Vye, Lisa Montell.

Abenteuerfilm. Im Dschungel Burmas verliebt sich die Teeplantagenbesitzerin Gwen in einen undurchsichtigen Abenteurer; das geht promt schief, als er unter Mordverdacht gerät; banal-gruseliges Wildnisabenteuer.

Flucht nach Nevada / Four Faces West **

USA 1948 – 84 Min. sw. – R: Alfred E. Green. D: Joel McCrea, Charles Bickford, Frances Dee.

Western. Ein von der Story her ungewöhnlicher Western: Auf der Flucht nach einem Raub lernt McEwen ein Mädchen kennen, das seinem Leben eine neue Wendung gibt.

Flucht nach vorn **

BRD 1983 – 75 Min. – R: Heidi Genée. D: Nina Hoger, Magdalena Ritter, Rainer Goernemann, Kelle Riedl.

Frauenfilm. Zwei junge Frauen, die eine Azubi, die andere Studentin, finden über ihr Faible für Motorräder durch Zufall zusammen; gut besetzte Studie (Bundesfilmpreis für Nina Hoger) über fragile Beziehungen; Schwächen von Buch und Regie mindern die Wirkung.

Flucht ohne Ausweg / Raw Deal ** ½

USA 1948 – 79 Min. sw. – R: Anthony Mann. D: Dennis O'Keefe, Claire Trevor, Marsha Hunt, John Ireland, Raymond Burr.

Gangsterfilm. Entsprungener Sträfling verschleppt junge Frau, die mit ihm korrespondierte; als Geisel wechselt sie auch innerlich auf seine Seite; der ambivalente Film über eine Welt der Gewalt, in die das Gesetz nur lange Schatten wirft, überzeugt durch differenzierte Charaktere und moralische Offenheit.

Flucht vom Planet der Affen / Escape from the Planet of the Apes ** ½

USA 1971 – 96 Min. – R: Don Taylor. D: Roddy McDowall, Kim Hunter, Bradford Dillman.

Fantasyfilm. Schimpansen mit hohem Intelligenzquotienten aus der Zukunft kommend werden zu Publikumslieblingen in Amerika, ehe man sie durch die CIA erschießen läßt, weil sie der Menschheit ihre künftige Entwicklung auf frappierende Weise vorhersagen. Fortsetzungsfilm von »Planet der Affen«, satirisch und medienkritisch.

Die Flucht von Alcatraz / Escape from Alcatraz ** ½

USA 1979 – 105 Min. Ⓥ CIC. – R: Don Siegel. D: Clint Eastwood, Patrick McGoohan, Roberts Blossom, Jack Thibeau, Fred Ward.

Gefängnisfilm. Nach dem Tatsachenbericht von J. Campbell Bruce gedrehter, knallharter Actionfilm um einen Ausbruch von der berüchtigten Sträflingsinsel bei San Francisco; reißerisch, aber mit glaubwürdiger Dramaturgie, kritischer Situationsschilderung und identifikationsträchtigen Helden realisiert.

Flucht vor dem Feuer / The Blazing Forest ** ½

USA 1952 – 87 Min. – R: Edward Ludwig. D: John Payne, William Demarest, Agnes Moorehead.

Abenteuerfilm. Liebesglut und Waldbrände im Norden Kanadas; was die Herzen der schwer schuftenden Holzfäller nicht verbrennt, vernichtet einen ganzen

Wald; spannend und melodramatisch, mit hervorragenden Dokumentaraufnahmen gewürztes Abenteuer.

Flucht vor dem Tode / * ½
The Cimarron Kid
USA 1952 – 84 Min. – R: Budd Boetticher. D: Audie Murphy, Yvette Dugey, Beverly Tyler, John Hudson.
Western. Kaum aus dem Zuchthaus, ist Cimarron Kid schon wieder am Anfang einer Outlaw-Karriere; dann naht die liebende Frau; spannungslos.

Die Flucht vor Scotland Yard / Whitechapel / It Always Rains on Sunday ** ½
GB 1948 – 92 Min. sw. – R: Robert Hamer. D: Googie Withers, John McCallum, Jack Warner, Edward Chapman.
Sozialkritischer Krimi. Ein entflohener Sträfling findet einen Tag Zuflucht bei einer verheirateten Exgeliebten; Krimi, Justizfilm und Milieumelodram in einem; authentisch und rührend.

Flucht zu dritt / ** ½
Mrs. Soffel
USA 1985 – 107 Min. Ⓥ MGM/UA. – R: Gillian Armstrong. D: Diane Keaton, Mel Gibson, Matthew Modine, Edward Herrman.
Gefängnisfilm. Die Frau des Gefängnisaufsehers verliebt sich in einen Todeskandidaten und verhilft ihm zur Flucht; sensible Darstellung einer Beziehung von zwei Menschen mit unterschiedlicher Prägung – mit blutigem Ausgang; nach einer wahren Begebenheit.

Flüchtige Begegnung / *
Brief Encounter
GB 1974 – 100 Min. – R: Alan Bridges. D: Sophia Loren, Richard Burton, Jack Hedley, Rosemary Leach.
Romanze. Zwei Verheiratete verlieben sich und arrangieren heimliche Treffs; ein Gewissenskonflikt kann nicht ausbleiben; selbst den Stars gelingt es nicht, die Schwäche der Herz-Schmerz-Klamotte von Noël Coward zu übertünchen; peinlich.

Flüchtige Liebe / TV-Film
Sweet As You Are
GB 1988 – 69 Min. – R: Angela Pope. D: Miranda Richardson, Liam Neeson, Alex Pakenham.
Das Glück einer Familie wird zerstört, als der Ehemann nach einer kurzen Liaison mit dem Aids-Virus infiziert ist. Neben den gesundheitlichen Problemen beginnen nun die psychologischen. Der unbarmherzig genaue Fernsehfilm entläßt den Zuschauer nicht, bevor dieses Alltagsdrama ihn völlig angesteckt hat.

Die Flüchtigen / ** ½
Les Fugitifs
F 1986 – 89 Min. Ⓥ VPS. – R: Francis Veber. D: Pierre Richard, Gérard Depardieu, Jean Carmet, Anaïs Bret.
Gangsterkomödie. Ein knallharter Bankräuber und ein trotteliger Arbeitsloser treffen zufällig in einer Bank zusammen. Der Trottel nimmt den inzwischen reuigen Gangster als Geisel, seine eigene kleine Tochter komplettiert das Chaostrio. Die Flucht vor der Polizei wird zu einer Revue von Lachknallern, die Stars ergänzen sich aufs beste.

Fluchtpunkt Las Vegas / TV-Film
Nowhere to Run
USA 1980 – 90 Min. – R: Richard Lang. D: David Janssen, Stefanie Powers, Allen Garfield, Linda Evans.
Ein Mann fingiert einen Selbstmord, um sich mit der Geliebten vor Ehe und Familie zu drücken. In Las Vegas will er absahnen, doch ausgerechnet dort läuft ihm der clevere Detektiv Herbie über den Weg. Der fernsehgerecht Spannung an der Oberfläche produzierende Krimi setzt auf routinierte Darsteller; überdurchschnittlich.

Fluchtpunkt Marseille / ** ½
The Marseille Contract
GB/F 1974 – 89 Min. – R: Robert Parrish. D: Michael Caine, Anthony Quinn, James Mason, Maureen Kerwin.
Drogenthriller. Leiter der US-Rauschgiftbehörde in Paris kann Drogenkönig nicht überführen; als sein Freund ermordet wird, engagiert er einen Killer. Der stark emotionale Krimi liefert harte Action in einem knallharten Milieu; gute Außenaufnahmen in Paris.

Fluchtpunkt San Francisco / Vanishing Point ** ½
USA 1970 – 99 Min. Ⓥ CBS/FOX. – R: Richard C. Sarafian. D: Barry Newman,

Cleavon Little, Dean Jagger, Victoria Medlin.
Fluchtfilm. Im weißen Dodge Challenger rast ein frustrierter Aussteiger mit 200 Stundenkilometern quer durchs Land; sein Freiheitstraum läßt sich am Ende nur im Tod realisieren; kritisches, melancholisches Road Movie.

Fluchtversuch ***
BRD 1975 – 95 Min. – R: Vojtech Jasny. D: Tomislav Savić, Hermina Pipinić, Iliya Ivezić, Hansjörg Felmy.
Zeitkritischer Film. Der zwölfjährige Sohn eines jugoslawischen Gastarbeiters fühlt sich durch die feindselige Umwelt in Wien bedroht und versucht eine abenteuerliche Flucht in seine Heimat; spannende, unter die Haut gehende Problemstory, einfühlsam inszeniert.

Flug aus der Hölle / Last Plane Out *
USA 1982 – 92 Min. – R: David Nelson. D: Jan-Michael Vincent, Julie Carmen, Mary Crosby, David Huffman.
Actionfilm. Ein US-Journalist bereist Ende der 70er Jahre Nicaragua, über General Somoza lernt er eine Sympathisantin der Sandinisten kennen; entstellende bis verlogene, billige Politkolportage; nur als Lehrstück für Geschichtsfälschung kein Flop.

Der Flug des Phönix / The Flight of the Phoenix ** ½
USA 1965 – 130 Min. – R: Robert Aldrich. D: James Stewart, Peter Finch, Ernest Borgnine, Hardy Krüger.
Actionfilm. Starbesetzter Film mit Psychoproblematik um ein in der Wüste notgelandetes Flugzeug und den Überlebenskampf der Crew; geschickt gebaut, brillant fotografiert, spannend erzählt.

Der Flug des Schreckens / The Doomsday Flight **
USA 1966 – 85 Min. – R: William A. Graham. D: Jack Lord, Edmond O'Brien, Van Johnson, Katherine Crawford, John Saxon.
Katastrophenfilm. Ein Horrorflug kann nicht abgebrochen werden, da bei Rückruf der Maschine eine Bombe zündet; mäßig spannender Luftterrorthriller.

Flug in Gefahr TV-Film
BRD 1964 – 70 Min. – R: Theo Mezger. D: Hanns Lothar, Ingmar Zeisberg, Benno Sterzenbach, Heinz Weiss.
Eine Fischvergiftung schafft tödliche Konflikte auf dem Flug nach Vancouver; doch der ehemalige Jagdflieger und die hübsche Stewardeß verhindern die Katastrophe in diesem trivialen Melodram nach einem Roman von Arthur Hailey.

Flug 413 nach Rio meldet sich nicht / Terror in the Jungle * ½
USA 1968 – 90 Min. – R: Tom de Simone. D: Robert Burns, Fawn Silver.
Katastrophenfilm. Nach Flugzeugabsturz am Amazonas kämpfen Überlebende auf Leben und Tod.

Flugalarm in San Francisco / San Francisco International **
USA 1970 – 90 Min. – R: John L. Moxey. D: Pernell Roberts, Clu Gulager, Van Johnson, David Hartman, Nancy Malone, Tab Hunter.
Kriminalfilm. Gangster erpressen wegen einer Dreimilliardenbeute einen Piloten, ein Junge ist mit einem Sportflugzeug in der Luft und kann nicht landen, andere Katastrophen treten ein, aber alles endet gut; überdehnte TV-Serienfolge, thematisch ziemlich beliebig.

Flügel mit Fesseln **
BRD/F 1984 – 103 Min. – R: Helma Sanders-Brahms. D: Brigitte Fossey, Hildegard Knef, Ivan Desny, Camille Raymond, Hermann Treusch.
Melodram. Filmstar Isabelle reist in die Bretagne, um ihr Kind bei den Großeltern zu besuchen. Der Generationskonflikt zwischen Mutter und Tochter wird besonders durch die megärenhafte Knef zugespitzt; Liebe-Haß-Beziehung zwischen Kunst und Leben als bürgerliches Schmierenstück.

Flughöhe Null / Ceiling Zero ***
USA 1935 – 90 Min. sw. – R: Howard Hawks. D: James Cagney, Pat O'Brien, June Travis, Stuart Erwin.
Fliegerfilm. Einmotorige Postmaschinen und tollkühne Flieger sind die »Stars« dieses dramatischen, von starkem Aufwind auch der Gefühle getragenen Films:

Ein Pilot verknallt sich in die Braut eines Kollegen, steigt aus der Maschine – und der Ersatzflieger stürzt ab. Der Abenteurer ist daraufhin ein gebrochener Mann, doch dann kommt noch einmal die große Chance. Typischer Hawks-Actionfilm voller Lakonismen; eine von Cagneys besten Rollen.

Flugzeugträger U.S.S. Georgetown / Supercarrier TV-Film
USA 1988 – 55 Min. ⓥVPS. – R: William A. Graham. D: Robert Hooks, Dayle Dye, Ken Olandt, Cec Verrell.
Pilotfilm zu einer glorifizierenden TV-Serie über die US-Marine; militärischer Verlautbarungsjournalismus, als Fernsehspektakel getarnt.

Fluß der Mörderkrokodile / Il fiume del grande caimano * ½
I 1980 – 85 Min. ⓥ Ufa. – R: Sergio Martino. D: Barbara Bach, Claudio Cassinelli, Mel Ferrer.
Horrorfilm. Ein Urwaldhotel soll in einer subtropischen Gegend am Strand einer Lagune gebaut werden, als eine schöne Frau spurlos verschwindet; Trommeln in einer schwarzen Nacht – primitiv inszeniert.

Fluß ohne Wiederkehr / River of No Return ** ½
USA 1954 – 88 Min. – R: Otto Preminger. D: Marilyn Monroe, Robert Mitchum, Rory Calhoun, Tommy Rettig.
Abenteuerfilm. Biederer Farmer wird von einem Spielerpärchen geprellt, doch der Bursche gibt nicht auf. Marilyn haucht mit Flüsterstimme den Titelsong und muß mit Robert Mitchum in den Stromschnellen eine verwegene Floßfahrt bestehen; sie ist jung und taufrisch; mitreißender Abenteuer-Kultfilm.

Die Flußpiraten vom Mississippi * ½
BRD 1963 – 99 Min. – R: Jürgen Roland. D: Hansjörg Felmy, Horst Frank, Sabine Sinjen.
Western. Kelly und seine Banditen sind gefürchtete Bösewichter am Mississippi; da wird der aufrechte Bursche Felmy, dessen Braut von den Piraten ermordet wurde, zum Sheriff gewählt; deutscher Rachewestern nach dem Roman von Gerstäcker.

Flüsternde Schatten / Chase a Crooked Shadow ***
USA 1958 – 83 Min. sw. – R: Michael Anderson. D: Anne Baxter, Richard Todd, Herbert Lom.
Thriller. Eines Tages kommt ein Fremder in das Haus der Millionenerbin Kimberley Prescott und behauptet, ihr Bruder zu sein; alle Versuche, ihn loszuwerden, scheinen zum Scheitern verurteilt; Psychokrimi der Sonderklasse.

Flüsternde Wände / The Whisperers ** ½
GB 1966 – 107 Min. sw. – R: Bryan Forbes. D: Dame Edith Evans, Eric Portman, Nanette Newman, Gerald Sim, Ronald Fraser.
Melodram. Ein suchtkranker Mann verläßt seine Frau, die allmählich in eine Welt zwischen Phantasie und Wirklichkeit abgleitet; erschütternd eindringlich gestaltete Studie über Alter und Einsamkeit; überragend Edith Evans, die britische Theaterlegende.

Die Flut bricht los / Flood * ½
USA 1976 – 94 Min. – R: Earl Bellamy. D: Robert Culp, Carol Lynley, Martin Milner, Richard Basehart, Barbara Hershey, Teresa Wright, Cameron Mitchell.
Katastrophenfilm. Nach schweren Regenfällen droht in Brownsville ein Damm zu brechen; noch während sich die Verantwortlichen in Kompetenzstreit ergehen, bricht die Katastrophe herein. Der tricktechnisch ordentliche, allerdings reichlich routiniert heruntergedrehte Film bleibt im Rahmen der üblichen Genrespannung.

Flying Leathernecks
siehe: Jagdgeschwader Wildkatze

The Fog – Nebel des Grauens / The Fog ***
USA 1979 – 87 Min. – R: John Carpenter. D: Adrienne Barbeau, Jamie Lee Curtis, Hal Holbrook, Janet Leigh.
Horrorfilm. Gruselepos um gespenstische Mordwesen im tödlichen Nebel eines kalifornischen Fischerdorfes; ein Meilenstein des modernen Horrorkinos; Entsetzen, Tod und Grauen in ausgefeilten Einstellungen.

Föhn – Sturm in der Ostwand **
BRD 1950 – 85 Min. sw. – R: Rolf Hansen. D: Hans Albers, Liselotte Pulver, Adrian Hoven.
Melodram. Ein junges, draufgängerisches Paar will einen Berg bezwingen, und Albers als besorgter Bergsteiger, dessen Frau dort tödlich verunglückte, begleitet beide; der schön fotografierte Heimatfilm bietet dem blonden Hans Gelegenheit zu einer Darstellung jenseits von prahlerischer Männlichkeit.

Follow the Fleet *** ½
USA 1936 – 110 Min. sw. – R: Mark Sandrich. D: Fred Astaire, Ginger Rogers, Randolph Scott, Betty Grable, Harriet Hilliard.
Musical. Zwei Matrosen verlieben sich in zwei junge Frauen; viel mehr geschieht nicht, aber wie es geschieht, macht den Film zum vergnüglichen Genreklassiker mit berühmten Songs von Irving Berlin.

Die Folterkammer des Dr. Fu Man Chu * ½
BRD/E/I 1969 – 85 Min. – R: Jess Franco. D: Christopher Lee, Günther Stoll, Richard Greene, Maria Perschy, Tsai Chin.
Horrorkrimi. Der asiatische Superverbrecher will diesmal den Meerwasservorrat der Erde manipulieren, um die Weltherrschaft zu gewinnen; selbst Vampirstar Lee kann mit augenzwinkernd-versteinertem Spiel die beträchtlichen handwerklichen Mängel des Films nicht vergessen machen; spannungsarm, trotz beachtlichen pyrotechnischen Finales.

Fontamara / Fontamara ** ½
I 1980 – 135 Min. – OmU. – R: Carlo Lizzani. D: Michele Placido, Antonella Murgia, Marina Confalone, Armando Bandini.
Literaturverfilmung. Adaption des Romans von Ignazio Silone über den Kampf italienischer Kleinbauern gegen die Unterdrückungspraxis des faschistischen Regimes 1927, das den Großgrundbesitz bevorteilte; ein harter, unprätentiöser politischer Film, der sich jenseits alles Reißerischen bewegt.

Fontäne der Lust / Fountains of Love *
GR 1978 – 89 Min. – R: George Papacostas. D: Giselle Dali, Dora Douma, George Moustios, Elias Conway.
Sexfilm. Ein liebesschwacher italienischer Graf sucht Heilung durch eine griechische Wunderquelle, doch der Körpereinsatz der Hotelbesitzerin bewirkt mehr; einfallslose Sexklamotte.

Footloose / Footloose ** ½
USA 1984 – 107 Min. Ⓥ CIC. – R: Herbert Ross. D: Kevin Bacon, Lori Singer, John Lithgow, Dianne Wiest, Christopher Penn, Sarah Jessica Parker.
Musikfilm. Ein Stadtjunge bricht in die Biederkeit eines Provinznests ein, in dem Breakdance und Rock verboten sind; ausgerechnet in der Tochter des »Höllenzorn«-Priesters der Kleinstadt findet er eine Gleichgesinnte; Kultfilm für Fans, u. a. von Kevin Bacon.

For Eyes Only **
DDR 1961 – 100 Min. – R: Janos Veiczi. D: Alfred Müller, Christine Laszar, Helmut Schreiber, Ivan Palec, Marion van de Kamp, Hans Lucky, Eva-Maria Hagen.
Agentenfilm. Ein DDR-Agent darf seine Intelligenz und Kaltblütigkeit in der BRD erproben; Routine und ein gutes Team machen den Film zu einem Beitrag besonderer Art zu deutsch-deutschen Problemen.

Formel-Eins-Film TV-Film
BRD 1985 – 97 Min. Ⓥ Constantin. – R: Wolfgang Büld. D: Sissy Kelling, Frank Meyer-Brockmann, Ingolf Lück, Dietmar Bär, Peter von Strombeck; als Gäste Klaus Lemke, Hans Noever, Enno Patalas.
Tina ist Automechanikerin und träumt von einer Karriere als Schlagersängerin; Blick hinter die Kulissen einer Fernsehshow, Hits in Handlung umgesetzt.

Formel 1 – In der Hölle des Grand Prix / Formula 1 – Nell'inferno del Grand Prix * ½
I 1970 – 83 Min. – R: James Reed. D: Brad Harris, Olinka Bérová, Hans von Borsody, Marianne Hoffmann, Franco Ressel.
Rennfahrerfilm. Rivalitäten in Rennställen und Kampf um Starterlaubnis und

-plätze als Füller einer Rennfahrersaga; Grand-Prix-Werbefilm mit den Expiloten Giacomo Agostini und Graham Hill in Chargenrollen.

Formel 1 und heiße Mädchen / Delitto in formula uno *

I 1983 – 93 Min. – R: Bruno Corbucci. D: Tomas Milian, Dagmar Lassander, Bambolo.

Krimi. Superbulle Makkaroni sucht in der Formel-1-Society einen Mörder; für Fans des Superbullengenres.

Formicula / Them! ***

USA 1954 – 94 Min. sw. – R: Gordon Douglas. D: James Whitmore, Edmund Gwenn, Joan Weldon, James Arness.

Science-fiction-Thriller. Eine Gemeinde im Südwesten der USA wird von mutierten Ameisen angegriffen; intelligentes Buch, außergewöhnliche Regie, gutes Team und ein beachtliches Finale ließen den Film zum Genreklassiker werden.

Das Forschungsobjekt TV-Film

GB – 55 Min. – R: Roger Tuckler. D: Stuart McGugan, Morag Hood.

Die junge Kinderbuchautorin Dorothy will über die Probleme der 40jährigen schreiben und gibt deshalb eine Anzeige auf; Ingenieur John stellt sich als »Objekt« zur Verfügung.

Der Förster vom Silberwald **

A 1954 – 88 Min. Ⓥ Videobox. – R: Alfons Stummer. D: Rudolf Lenz, Anita Gutwell, Karl Ehmann, Erik Frey.

Heimatfilm. Eine Gemeinde in der Steiermark will ihren Wald abholzen lassen – aus purer Profitgier; da schaltet der Herr Oberförster den Herrn Hofrat ein, der zudem eine süße Enkelin hat; Umweltschnulze der frühen Jahre.

Die Försterchristl ** ½

BRD 1952 – 99 Min. sw. – R: Arthur Maria Rabenalt. D: Karl Schönböck, Johanna Matz, Oskar Sima, Will Quadflieg, Käthe von Nagy, Viktor Afritsch.

Lustspiel. Österreich 1850: Eine Försterstochter verhaftet einen Wilderer, sie ahnt nicht, daß es Kaiser Franz Joseph ist; ein munteres Spiel mit melancholischem Touch beginnt; Romanze nach der Operette von Georg Jarno.

Die Försterchristel * ½

BRD 1962 – 104 Min. – R: Franz Josef Gottlieb. D: Sabine Sinjen, Peter Weck, Sieghardt Rupp, Gerlinde Locker.

Heimatfilm. Remake der Schwarzweißversion von 1952 der Operette von Georg Jarno und Bernhard Buchbinder über die Liebe zwischen Kaiser Franz Joseph und der schönen Försterstochter; »Sissi«-ähnliche Schmonzette.

Försterliesel FLOP

BRD 1956 – 95 Min. – R: Herbert B. Fredersdorf. D: Anita Gutwell, Rudolf Lenz, Rudolf Carl.

Dorflustspiel. Tochter des alten Försters verknallt sich in neuen Förster, da taucht eine mondäne weibliche Konkurrenz auf. Diesen mäßigen Grundeinfall baut der Heimatfilm auf Operettenniveau nicht aus und langweilt deshalb auch Gutgesinnte.

Das Forsthaus in Tirol * ½

BRD 1955 – 84 Min. sw. – R: Hermann Kugelstadt. D: Albrecht Schoenhals, Dorothea Wieck, Wera Frydtberg, Christian Doermer, Charles Regnier, Beppo Brem.

Heimatfilm. Ein ehemaliger Filou, der seinen Chef beklaut hat, kehrt zwanzig Jahre später aus Afrika in die Heimat zurück. Dort rauschen die Wälder, und die Sennerin lächelt ihm freundlich entgegen; trotz des Staraufgebots wenig überzeugender »Heimatkrimi«.

Fort Laramie / Revolt at Fort Laramie ** ½

USA 1956 – 70 Min. – R: Lesley Selander. D: John Dehner, Gregg Palmer, Frances Helm, Don Gordon.

B-Western. Der Ausbruch des Bürgerkriegs spaltet die Besatzung von Fort Laramie; dennoch halten Nord- und Südstaatler gegen die Indianer zusammen; ein spannender Soldatenwestern, der eine einfache Geschichte nachdenklich erzählt.

The Fox / The Fox ** ½

USA 1967 – 110 Min. – R: Mark Rydell. D: Sandy Dennis, Anne Heywood, Keir Dullea.

Liebesfilm. Die Idylle zweier junger Frauen, die eine abgelegene Farm in Kanada bewirtschaften, wird von einem hühnerlüsternen Fuchs, dann noch vom plötzlich auftauchenden Sohn des Exbesitzers bedroht; die gelegentlich aufdringliche Metaphorik mindert etwas die Dezenz der Auseinandersetzung mit Problemen dramatischer Liebesbeziehungen.

Fracasse, der freche Kavalier / Le capitaine Fracasse ***

F 1942 – 96 Min. sw. – R: Abel Gance. D: Fernand Gravey, Assia Noris, Jean Weber, Roland Toutain.

Liebesfilm. Der letzte Sproß eines ehemals berühmten Adelsgeschlechts schließt sich Wanderschauspielern an und verknallt sich in die »jugendliche Liebhaberin«. Auch ein Herzog hat ein Auge auf die Dame geworfen, es darf in Feudalmanier um sie gekämpft werden. Der mit leichter Hand von Gance (»Napoleon«) skizzierte Film erzählt seine Story in visueller Raffinesse.

Fracasse, der freche Kavalier / Le capitaine Fracasse **

F/I 1961 – 95 Min. – R: P. Gaspard-Huit. D: Jean Marais, Geneviève Grad, Luis de Funès, Philippe Noiret, Gérard Barray.

Mantel-und-Degen-Film. Farbenprächtiges Kostümabenteuer aus Frankreichs großer Zeit mit den Weltstars Marais und de Funès; mit bezaubernden Frauen, Liebe, Abenteuern und dem Glanz der ruhmreichen Vergangenheit.

Framed **

USA 1947 – 82 Min. sw. OmU. – R: Richard Wallace. D: Glenn Ford, Janis Carter, Barry Sullivan.

Krimi. Ein stellungsloser Mineningenieur arbeitet als Lastwagenfahrer und läßt sich von einer Frau umgarnen; sie will ihn zunächst nur benutzen, verknallt sich dann aber in den netten Jungen und läßt ihren Freund über die Klinge springen; moralisch makabrer B-Film mit einigen guten Actionmomenten.

Francesca ** ½

BRD 1986 – 94 Min. – R, B: Verena Rudolph. D: Eva Lissi, Dorothea Neff, Bernhard Wosien, Ruth Drexel, Marianne Hoppe, Bernhard Minetti.

Literarischer Film. Viele Menschen erinnern sich an Francesca, das Waisenmädchen, das als Künstlerin Karriere gemacht hat: die Schwestern des Klosters, in dem sie aufwuchs, Schauspieler, Sänger, Zirkusartisten. Aus Erinnerungen, Zeugnissen und Sehnsüchten entsteht die fiktive Figur eines jungen Mädchens – sie ist ein Spiegel der Träume ihrer Zeitgenossen; 1987 mit dem Max-Ophüls-Preis, dem Deutschen Filmpreis in Gold und dem Filmband in Silber ausgezeichneter Debütfilm.

Frank Patch – Deine Stunden sind gezählt / Death of a Gunfighter ** ½

USA 1968 – 94 Min. – R: Robert Totten, Don Siegel (Pseudonym: Allen Smithee). D: Richard Widmark, Lena Horne, John Saxon, Michael McGreevey.

Western. Der Titelheld war 20 Jahre Sheriff einer Kleinstadt; als er sich gegen die Herren wendet, die das Sagen haben, sind seine Stunden gezählt; den einsamen Kampf ums Überleben spielt Widmark gekonnt. Regisseur Siegel (»Dirty Harry«) übernahm nach 25 Drehtagen das Kommando von Robert Totten, in den Credits erscheint manchmal der fiktive Name Smithee.

Frankenstein / Frankenstein *** ½

USA 1931 – 64 Min. sw. – R: James Whale. D: Boris Karloff, Colin Clive, Mae Clarke, John Boles, Edward Van Sloan.

Horrorfilm. Meilenstein des Grusel-Genres und sein schönstes, phantasievollstes, poetischstes, grausamstes Beispiel: die Geschichte um den besessenen Dr. Frankenstein, der aus Leichenteilen einen neuen Menschen schaffen will und dabei das unglückliche Monster kreiert, das wider Willen mordet; Karloff auch nach fünfzig Jahren noch ein Superstar, der mitfühlen läßt; ein Klassiker der Filmgeschichte.

Frankenstein / Casts and Credits for Frankenstein **

USA 1973 – 124 Min. – R: Glenn Jordan. D: Robert Foxworth, Susan Strasberg, Bo Svenson, Heidi Vaughn.

Horrorfilm. Die Studenten des Nachwuchswissenschaftlers Frankenstein sind geschockt: Der Meister erschafft einen Homunkulus, der zunächst nicht sprechen kann; als er sich auszudrücken vermag, verlangt er als erstes ein weibliches Pendant; der intelligente Ansatz zur Travestie wird leider weitgehend verschenkt.

Frankenstein / Frankenstein ** ½
USA 1984 – 90 Min. OoU. – R: James Woodhouse. D: Robert Powell, Carrie Fisher, David Warner.
Horrorfilm. Eines der Remakes des Gruselklassikers nach Mary Wollstonecraft Shelleys Roman (1818); werkgetreue Adaption, anrührend gespielt, aber ohne den visuell abstrahierenden Reiz der Version von 1931 mit Boris Karloff als Frankensteins Geschöpf.

Frankenstein muß sterben / ** ½
Frankenstein Must Be Destroyed
GB 1969 – 97 Min. – R: Terence Fisher. D: Peter Cushing, Veronica Carlson, Freddie Jones, Simon Ward.
Horrorfilm. Frankenstein entführt einen Spezialisten für Hirntransplantationen, der in der Klapsmühle landete, und überträgt dessen Gehirn, das hat böse Folgen; Variante des spannenden Gruselmärchens, mit Augenzwinkern erzählt.

Frankenstein schuf ein * ½
Weib / Frankenstein Created a Woman
GB 1966 – 90 Min. – R: Terence Fisher. D: Peter Cushing, Susan Denberg, Thorley Walters.
Horrorfilm. Ein im Frankenstein-Look mit den Gebeinen von Gehenkten und Selbstmördern hantierender Dr. Hertz bastelt den Neuen Menschen, der aber lange nicht so aufregend ist wie seine Laborvorgänger.

Frankensteins Braut / ***
Bride of Frankenstein
USA 1935 – 75 Min. sw. – R: James Whale. D: Boris Karloff, Colin Clive, Valerie Hobson, Ernest Thesiger, Elsa Lanchester, Una O'Connor, E. E. Clive.
Horrorfilm. Das künstliche Monster bekommt eine schrecklich-schöne, wenn auch hysterische Braut; Fortsetzung von »Frankenstein« (1931), die sich mit dem Vorläufer in puncto Schauereffekte, romantische Schocks, Schauspielerleistung und unterhaltsame Anspielungen auf das Genre durchaus messen kann.

Frankensteins Rache / ** ½
The Revenge of Frankenstein
GB 1958 – 89 Min. Ⓥ RCA Columbia. – R: Terence Fisher. D: Peter Cushing, Francis Matthews, Eunice Gayson, Michael Gwynn.
Horrorfilm. Der unsterbliche Dr. (Franken-)Stein ist wieder am Werk, den perfekten neuen Menschen zu schaffen, auch dieser Anlauf mißlingt; das bekannte Sujet klinisch kühl abgewandelt, was weniger animalisches als geschniegeltes Grauen erzeugt, dies aber recht nachhaltig.

Frankensteins Sohn / Son ** ½
of Frankenstein
USA 1939 – 93 Min. sw. – R: Rowland V. Lee. D: Basil Rathbone, Boris Karloff, Bela Lugosi, Lionel Atwill, Josephine Hutchinson.
Horrorfilm. Dritter Film der Frankenstein-Trilogie und nicht der schlechteste; mit bizarren Dekors, romantischer Stimmung, explosiver Handlung und exzellenten Darstellern (Karloffs letzter Frankenstein-Auftritt); Frankenstein wird unsterblich.

Frankensteins *
Spukschloß
BRD 1975 – 94 Min. – R: Ivan Passer. D: Omar Sharif, Karen Black, Bernhard Wicki.
Horrorkomödie. Mißlungene Mixtur aus Elementen des Krimi- und Gruselgenres um die seltsamen Praktiken eines Multimillionärs, der sich eines schwarzen Tages eine Frau »kauft«, die nicht so will wie er.

Frankensteins Todes- ** ½
Rennen / Death Race 2000
USA 1975 – 80 Min. – R: Paul Bartel. D: David Carradine, Simone Griffeth, Sylvester Stallone.
Apokalypsefilm. Im Jahr 2000 sind die USA eine Diktatur; am Tag des 20. transkontinentalen Autorennens, einer mörderischen Raserei, tötet der regimekritische Held, ein halbkünstliches Fahrerwesen, den Präsidenten und ist als Demokrat fürs Tempolimit; origineller Stoff, spannend umgesetzt, politisch plausibel.

Frankfurt »Kaiserstraße« *
BRD 1981 – 86 Min. – R: Roger Fritz. D: Michaela Karger, Dave Balko, Kurt Raab, Gene Reed.
Straßenmädchenfilm. Ein triviales Sittenbild vom »Milieu« der Frankfurter Halbwelt, in das ein Mädchen vom Land stolpert; nicht einmal gute Unterhaltung.

Frankie und seine Spießgesellen / Ocean's Eleven **
USA 1960 – 127 Min. – R: Lewis Milestone. D: Frank Sinatra, Dean Martin, Sammy Davis jr., Peter Lawford, Angie Dickinson, Akim Tamiroff.
Krimikomödie. Danny Oceans Elfmann-gang will gleichzeitig fünf Las-Vegas-Kasinos ausrauben; Sinatras »Rattenpack« agiert recht fidel; mit einem überraschenden Schluß.

Franta ** ½
BRD 1989 – 96 Min. – R: Mathias Allary. D: Jan Kurbjuweit, Nicole Ansari, Ben Hecker.
Literaturverfilmung: Franta, ein schöner junger Mann, der die Liebe liebt, muß in den Krieg ziehen und verliert durch eine Verletzung seine Männlichkeit. Trotzdem tut Mascha alles für ihn. Der ambitionierte Avantgardefilm kommt über weite Strecken ohne Dialoge aus, baut ganz auf Farben und Stimmungen; nach einer Novelle von Ernst Weiß.

Franz – Der leise Weg TV-Film
BRD 1980 – 80 Min. – R, B: Josef Rödl. D: Josef Schießl, Elfriede Bleisteiner, Georg Schmidt.
Die Ehe einer wohlhabenden Frau mit einem Behinderten stellt ihre Umwelt und sie selbst vor Probleme; eindringlicher Außenseiterfilm.

Franz von Assisi / Francis of Assisi ** ½
USA 1961 – 111 Min. – R: Michael Curtiz. D: Bradford Dillman, Dolores Hart, Stuart Whitman, Cecil Kellaway, Pedro Armendariz.
Legendenfilm. Adaption der Lebensgeschichte des Heiligen, die die Legende der historischen Wirklichkeit überordnet; nicht völlig gelungener Versuch des Regisseurs auf dem Gebiet des religiösen Films.

Franza TV-Film
BRD – 90 Min. – R: Xaver Schwarzenberger. D: Elisabeth Trissenaar, Gabriel Barylli, Armin Mueller-Stahl.
Adaption des Romans »Der Fall Franza« von Ingeborg Bachmann vom Mädchen vom Land, das einen Modearzt in Wien heiratet und dem Unglück der Ehe zu entfliehen versucht; geschmäcklerische Visualisierung zerbrechlicher Sprachstrukturen.

Franziska / Francisca ***
P 1981 – 150 Min. – R: Manoel de Oliveira. D: Teresa Menenez, Diego Dória, Mário Barroso, Rui Mendes, Silvia Rato.
Literaturverfilmung. Opulentes, vielschichtiges Gemälde der portugiesischen Adelsgesellschaft im 19. Jahrhundert; im Mittelpunkt steht eine tragische Liebesgeschichte in zarten, pastellfarbenen Tönen; im Kontrast dazu vermitteln scharfe, intellektuelle Auseinandersetzungen Ansichten einer untergehenden Kultur. Nach dem Roman »Fanny Owen« von Augustina Bessa Luis.

Franziskus, der Gaukler Gottes / Francesco, giullare di Dio ** ½
I 1950 – 85 Min. sw. – R: Roberto Rossellini. D: Aldo Fabrizi, Arabella Lemaitre, Laien.
Heiligenbiographie. Poetisch-realistischer, liebevoll besetzter Film über den heiligen Ordensstifter; in elf Episoden erzählter Zyklus aus der Welt des inbrünstigen, religiösen Gefühls und der verschworenen Religionsgemeinschaft, vom Meister des Neorealismus.

Die Französin TV-Film
USA 1983 – 85 Min. – John Glenister. D: Bob Sherman, Claudine Auger, Katherine Kath.
Eine mit einem New Yorker verheiratete Französin trifft nach Jahren in Paris ihren Exgeliebten wieder; routiniertes Melodram nach einer Vorlage von Irwin Shaw.

Das französische Fräulein / A French Mistress **
GB 1960 – 98 Min. sw. – R: Roy Boulting. D: Cecil Parker, James Robertson Justice, Ian Bannen, Agnes Laurent.
Schulkomödie. Der Sohn eines Internatsleiters verliebt sich in die junge Franzö-

sischlehrerin, muß allerdings von seinem Vater hören, daß die Auserwählte vermutlich seine Schwester ist; klamottennaher Collegefilm, an dessen altbekannten Gags auch die Schüler beteiligt sind.

Französischunterricht ** ½
UdSSR 1978 – 79 Min. – R, B: Jewgeni Taschkow. D: Mischa Jegerow, Tatjana Wassiljewa, Valentina Talysina, Boris Nowikow, Wadim Jakowlew.
Kinderfilm. Ein Junge muß weit von zu Hause zur Schule gehen; Hunger gehört zu seinem Alltag; eine Lehrerin gewinnt das Vertrauen des verschlossenen Kindes; rührend und sympathisch; 1978 Prix Italia.

Die Fratze / Fright * ½
GB 1971 – 90 Min. – R: Peter Collinson. D: Susan George, Honor Blackman, Ian Bannen.
Horrorfilm. Eine junge Babysitterin fällt in die Hände eines Geisteskranken, der sie für seine Frau hält; mit einigen wirkungsvollen Schockszenen.

Die Frau am Fenster / ** ½
Une femme à sa fenêtre
BRD/F/I 1976 – 104 Min. Ⓥ VPS. – R: Pierre Granier-Deferre. D: Romy Schneider, Philippe Noiret, Victor Lanoux, Umberto Orsini, Delia Boccardo.
Liebesfilm. Zeitkritisches, intensiv gespieltes Melodram um eine attraktive Frau, die am Vorabend des Zweiten Weltkriegs in Griechenland eine neue Liebe erfährt, die von den politischen Wirren geprägt ist und ihr Leben verändert.

Frau am Steuer ** ½
D 1939 – 80 Min. sw. – R: Paul Martin. D: Lilian Harvey, Willy Fritsch, Lotte Spira, Ingolf Kuntze.
Liebesfilm. Liebes- und Ehegeplänkel mit heiteren und ernsten Tönen um ein Paar und seine Gefährdungen; letzter gemeinsamer Film des Star-Duos Harvey/Fritsch, hier noch einmal vereint zum leichten, aber nicht albernen Spiel, in dem auch schauspielerisch Lichter funkeln.

Die Frau am Strand / ***
The Woman on the Beach
USA 1946 – 71 Min. – R: Jean Renoir. D: Joan Bennett, Robert Ryan, Charles Bickford, Nan Leslie.
Dreiecksgeschichte. Die Frau eines Malers wendet sich einem Liebhaber zu, der ihr in erotischer Besessenheit verfällt; Liebesdrama als streng durchkomponiertes Meisterwerk inszeniert, in dem die Charaktere der Figuren und die expressive Küstenlandschaft sich dramatisch ergänzen.

Die Frau aus dem Nichts / ** ½
Secret Ceremony
USA 1968 – 104 Min. – R: Joseph Losey. D: Elizabeth Taylor, Mia Farrow, Robert Mitchum, Peggy Ashcroft.
Melodram. Ein reiches junges Mädchen steigert sich in die fixe Idee hinein, in einer Prostituierten ihre Mutter zu sehen; diese wächst nach und nach in diese Rolle hinein; die Projektion wird gestört, als der böse Stiefvater des Mädchens aus Amerika zurückkommt; tiefenpsychologischer Thriller mit tödlichen Komplikationen, leicht abstrus.

Eine Frau aus Paris
siehe: Die Nächte einer schönen Frau

Die Frau aus zweiter Hand * ½
I 1979 – 90 Min. – R: Flavio Mogharini. D: Mel Ferrer, Ray Milland, Michele Placido, D. di Lazarro.
Gesellschaftskritischer Film. Eine Frau wurde ermordet: In Rückblenden wird die Lebensgeschichte eines jungen Fotomodells erzählt; konventionell.

Frau Cheneys Ende **
BRD/F 1961 – 93 Min. – R: Franz Josef Wild. D: Lilli Palmer, Carlos Thompson, Martin Held, Françoise Rosay, Maria Sebaldt.
Lustspiel. Eine Juwelendiebin und ihr Partner haben an der Côte d'Azur eine perfekte Tarnung innerhalb einer Meute reicher Taugenichtse aufgebaut, doch die Tarnung scheint durch einen Verehrer zu scheitern; etwas angestaubte Gaunerkomödie mit dem Ehepaar Palmer/Thompson als lustlosen Darstellern eines verfilmten Boulevardstücks.

Die Frau des Bäckers / ***
Des andern Weib / La femme du boulanger

F 1938 – 119 Min. sw. – R: Marcel Pagnol. D: Jules Raimu, Ginette Leclerc, Charpin, Robert Vattier.
Literaturverfilmung. Von Pagnol nach einer Erzählung von Jean Giono umgesetzte Komödie vom unansehnlichen, verzweifelten Bäcker, der sich zum Ärger provençalischer Dörfler weigert, Brot zu backen, da seine junge Frau mit dem schönen Schäfer durchbrannte; geschliffener, deftiger Dialogwitz in einem Film von erlesener Schwarzweiß-Dramaturgie, der die moralische Qualität des Frivolen feiert.

Die Frau des Botschafters FLOP
BRD 1955 – 90 Min. sw. – R: Hans Deppe. D: Antje Weisgerber, Paul Hubschmid, Ingrid Andree, Hans Stüwe, Charles Regnier, Laya Raki.
Melodram. Die Frau eines Botschafters ist mit einem als Kunsthändler getarnten Spion befreundet; nach Jahren verliebt der sich in die Botschaftertochter aus erster Ehe; Spionageschnulze mit unsäglichen Dialogen.

Die Frau des Fährmanns / Xian Yin ∗∗∗
VR China 1984 – 85 Min. – R: Hu Bingliu. D: Zhan Weixin, Liu Yan, Zhao Yue.
Familiendrama. Ein traditionell denkender, dem Unbekannten gegenüber mißtrauischer Fährmann verzögert die ärztliche Behandlung seiner krebskranken Frau; ein Film aus dem China nach der Kulturrevolution, auf anrührende Art naiv und konventionell, voll Menschlichkeit und Optimismus; Mensch und Umwelt auf dem Weg zur Einheit.

Die Frau des Fliegers / La femme de l'aviateur ∗∗ ½
F 1981 – 102 Min. – R, B: Eric Rohmer. D: Philippe Marlaud, Marie Rivière, Mathieu Carrière, Anne-Laure Meury.
Liebesfilm. Moralische Geschichte um zwei Paare, die im heutigen Frankreich ihre Liebe nicht von ihrem Alltagsverhältnis trennen wollen; genaue psychologische Studie, amüsant und melancholisch.

Die Frau des Jahres / Woman of the Year ∗∗ ½
USA 1976 – 93 Min. – R: Judd Taylor. D: Renée Taylor, Joseph Bologna, Dick O'Neill, Anthony Holland.
Liebesfilm. Eine erfolgreiche Journalistin legt sich mit einem Sportreporter an; anläßlich eines Waffenstillstands lernen sich beide kennen und verlieben sich. Nach der Heirat gibt es jede Menge Probleme mit Liebe, Karriere, Selbständigkeit. Der Film in der erfolgreichen Tradition von Hollywoods Ehedramen (S. Tracy/K. Hepburn spielten die Story bereits) behauptete sich unspektakulär als dialogsicheres Kammerspiel; überdurchschnittlich, mit spezieller TV-Wirkung.

Die Frau des Reporters TV-Film
A 1986 – 100 Min. Ⓥ KFW. – R, B: Heide Pils. D: Marthe Keller, Miguel Ehrenburg, Alejandro Parodi.
Ein politisch engagierter Reporter wird Opfer des Bürgerkriegs in San Salvador; seine Frau kommt aus Österreich, um ihn zu identifizieren; sie forscht nach den Hintergründen seines Todes; Studie von beklemmender Intensität und Aktualität.

Eine Frau, die alles kennt / Desk Set ∗∗∗
USA 1957 – 98 Min. – R: Walter Lang. D: Spencer Tracy, Katharine Hepburn, Joan Blondell, Gig Young.
Komödie. Ein Computerexperte soll die Forschungsabteilung einer TV-Station mit einer »Denkmaschine« bestücken, und bald beginnt ein munterer Liebes- und Leidenskampf zwischen ihm und der Abteilungschefin; ein Großangriff auf die Lachmuskulatur mit einem spritzigen Duo Tracy/Hepburn.

Die Frau, die weint / La femme qui pleut ∗∗ ½
F 1978 – R: Jacques Doillon. D: Dominique Laffin, Haydée Politoff, Jacques Doillon.
Psychodrama. Geschichte eines Ehebruchs als Kammerspiel im Stil der »neuen Natürlichkeit«: zwei Frauen, ein Mann und ein Kind im emotionalen Clinch; realistisch inszenierter Film, der die gängigen Klischees einer Dreiecksgeschichte ausspart.

Eine Frau, die weiß, was sie will ∗∗ ½
BRD 1957 – 100 Min. – R: Arthur Maria

Rabenalt. D: Lilli Palmer, Peter Schütte, Maria Sebaldt, Rudolf Vogel.
Musikkomödie. Lilli Palmer in einer delikaten Doppelrolle als spießige kleine Lehrerin in der Provinz und als ihre eigene Großmutter, die skandalumwitterte Diseuse »Cavalini«; gefällig inszeniert nach der Operette von Oscar Strauß.

Eine Frau für den Marshal / The Woman of the Town ∗∗∗
USA 1943 – 84 Min. sw. – R: George Archainbaud. D: Claire Trevor, Albert Dekker, Barry Sullivan.
Western. Spannend inszenierte Pferdeoper mit Albert Dekker als bedrohter Marshal, der wählen muß zwischen der Liebe zu der Saloon-Tänzerin Claire Trevor und Gesetz und Ordnung.

Eine Frau für zwei Millionen / Cash McCall ∗∗ ½
USA 1959 – 102 Min. – R: Joseph Pevney. D: James Garner, Natalie Wood, Nina Foch, Dean Jagger.
Komödie. Im großen Deal um Fusionen und Transaktionen spielt auch die Liebe des Finanzexperten McCall zum Töchterchen eines Konzernherrn eine Rolle; witzige Love-Story, die das Gehabe amerikanischen Geldadels kommentiert.

Die Frau gegenüber ∗∗ ½
BRD 1978 – 98 Min. – R: Hans Noever. D: Franciszek Pieczka, Petra Maria Grühn, Agnes Dünneisen, Brigitte Mira.
Komödie. Der maßlos eifersüchtige Schmidt führt absichtlich eine verführerische Situation herbei, um seine Frau auf die Probe zu stellen; leichtgestrickte Psychokiste.

Die Frau Gerti TV-Film
A – 70 Min. – R: Otto Anton Eder. B: Florian Kalbeck. D: Ingrid Burkhard, Susi Baumgartner, Maria Englstorfer.
Eine lebensüberdrüssige Frau findet durch die Begegnung mit einem jungen Mädchen neuen Lebensmut; einfühlsam und analytisch.

Eine Frau hat Erfolg / What A Woman! ∗∗
USA 1943 – 94 Min. sw. – R: Irving Cummings. D: Rosalind Russell, Brian Aherne, Willard Parker, Alan Dinehart, Ann Savage.
Komödie. Professoraler Bestsellerautor soll Hollywoodstar werden; beschwingt inszeniert, mit einigen Glanzlichtern.

Frau Holle ∗∗
BRD 1954 – 75 Min. Ⓥ Taurus. – R: Fritz Genschow. D: Renée Stobrawa, Rita-Maria Nowottny, Erika Petrick.
Märchenfilm. Version des Grimm-Märchens vom faulen und vom fleißigen Mädchen, der Gold- und der Pechmarie; Geschichte mit Moral in unauffälliger Verpackung; unterhaltsam.

Frau im besten Mannesalter ∗ ½
BRD 1958 – 95 Min. sw. – R: Axel von Ambesser. D: Marianne Koch, Johannes Heesters, Bernhard Wicki, Lore Hartling, Christiane Nielsen, Ursula Herking, Boy Gobert.
Komödie. Verlegersgattin will ihre (finanzielle) Selbständigkeit beweisen; ihr Gatte reagiert eifersüchtig, ein Topautor ist interessiert; viel Lärm um nichts.

Die Frau im goldenen Cadillac / The Solid Gold Cadillac ∗∗ ½
USA 1956 – 99 Min. sw. – R: Richard Quine. D: Judy Holliday, Paul Douglas, Fred Clark, John Williams.
Komödie. Eine gewitzte Kleinaktionärin wirft den Managern eines Unternehmens so lange vor, sich selbst zu hohe Gehälter zu genehmigen, bis diese den Quälgeist in der Firma anstellen; damit beginnen allerdings erst die Verwicklungen, die der Film als mild satirische Kapitalismuskritik anbietet; vergnüglich Judy Holliday als schlagfertige Scheinnaive.

Die Frau im Hermelin / The Lady in Ermine ∗∗∗ ½
USA 1948 – 86 Min. – R: Ernst Lubitsch. D: Betty Grable, Douglas Fairbanks jr., Cesar Romero, Harry Davenport.
Filmoperette. Eher konventionelle Husarenkomödie mit glänzenden Doppelrollen für die Stars, wird durch ungewöhnliche Special Effects und einige hintersinnige Gags belebt; ein schönes Spiel mit Zeitebenen und den Möglichkeiten der Liebe; nach Lubitschs Tod vollendete Otto Preminger den Film.

Die Frau im Mond ∗∗ ½
D 1929 – 103 Min. sw. Stf. – R: Fritz

Lang. D: Willy Fritsch, Gerda Maurus, Gustav von Wangenheim, Fritz Rasp.
Science-fiction-Film. Willy Fritsch als altdeutscher Weltraumfahrer sieht erstaunlich modern aus in seinem kuriosen Anzug; blinde Passagiere begleiten ihn in diesem etwas langatmigen SF-Klassiker.

Die Frau im weißen Kittel / ** ½
L'examen
F 1980 – 86 Min. – R: Jean-Daniel Simon. D: Myriam Boyer, Philippe Rouleau, Daniel Langlet, Laurence Mercier, Raymond Paquet.
Zeitkritischer Film. Die idealistische junge Frau hat zwar Medizin studiert, aber kein Examen abgelegt: Sie praktiziert mit Erfolg als Ärztin; ihr neidischer Ehemann will aber alles aufdecken. Subtil erzählte Geschichte über einen konservativen Berufsstand, der Formalismus und Rituale über echte Leistungen stellt – nach einer wahren Begebenheit.

Die Frau in den Dünen / ** ½
Suna no onna
J 1964 – 119 Min. sw. – R: Hiroshi Teshigahara. D: Eiji Okada, Kyoto Kishida.
Problemfilm. In einem abgeschiedenen Dorf wird ein Wissenschaftler in den Kampf einer Witwe gegen Wanderdünen hineingezogen; sie kann und will ihre Hütte nicht verlassen; eindringlicher, analytischer Film über Vergeblichkeit und Willenskraft.

Frau in Fesseln / ** ½
Perempuan dalam pasugan
Indonesien 1980 – 105 Min. – R: Ismail Soebardjo. D: Frans Tumbuan, Nungki Kusumastuti.
Sozialkritischer Film. Realistischer, engagierter Film aus Java, wo eine junge Frau den Konflikt zwischen patriarchalischen Verhältnissen auf dem Land und scheinbar freiheitlichen Verlockungen in der Stadt nicht aushält; in ihrem Verhalten wird der Grundkonflikt ihrer Gesellschaft deutlich.

Frau in Gefahr / The Last Song TV-Film
USA 1980 – 96 Min. – R: Alan J. Levi. – D: Lynda Carter, Ronny Cox, Paul Rudd, Nicholas Pryor.
Eine Frau und ihre Tochter geraten in eine üble Affäre, die durch inkriminierte Tonbänder und ausgedehnte Dialoge über drohende Gefahren nicht durchsichtiger wird; durchschnittliche Spannung.

Frau in Notwehr / ** ½
Vergewaltigt / The Accused
USA 1949 – 101 Min. sw. – R: William Dieterle. D: Loretta Young, Robert Cummings, Wendell Corey, Sam Jaffe.
Psychokrimi. Junge Professorin tötet in Notwehr einen Studenten, als sie sich seiner Verführung erwehren muß; spannender »Film noir« mit düster-moralischem Weltbild.

Die Frau in Rot / ** ½
The Woman in Red
USA 1984 – 83 Min. Ⓥ VCL. – R: Gene Wilder. D: Gene Wilder, Kelly LeBrock, Judith Ivey, Charles Grodin.
Komödie. Teddy ist ungeübt in der Technik des Seitensprungs; das Leben des harmlos-netten Ehemanns wird chaotisch, als ihm eine aufregende Frau im roten Kleid begegnet; Remake des französischen Films »Ein Elefant irrt sich gewaltig« (1977).

Eine Frau ist eine Frau / ***
Une femme est une femme
F 1961 – 80 Min. – R: Jean-Luc Godard. D: Anna Karina, Jean-Paul Belmondo, Jean-Claude Brialy.
Liebeskomödie. Freche Dreiecksgeschichte um eine Frau, die von ihrem Freund oder vom Freund ihres Freundes ein Baby will; Godard (»Außer Atem«) machte daraus eine ungewöhnlich inszenierte, moderne Serenade zu dritt, die zwischen Lakonie, Heiterkeit und Wehmut klug pendelt.

Frau Jenny Treibel TV-Film
BRD 1982 – 130 Min. – R: Franz Josef Wild. B: Walter Jens. D: Maria Schell, Rolf Schult, Dietlinde Turban, Christian Berkel, Karin Anselm, Rainer Hunold, Hannes Messemer, Hilde Sessak.
Mit Erfolg um Werktreue bemühte Inszenierung des Romans von Theodor Fontane über gesellschaftlichen Ehrgeiz und seine Folgen; der Film vermittelt die Atmosphäre einer Epoche; Maria Schell schönt die selbstsichere Biestigkeit der Hauptfigur.

Frau Juliane Winkler TV-Film
BRD – 100 Min. – R: Michael Günther. D: Inge Meysel, Axel von Ambesser, Maria Sebaldt.
Eine resolute Seniorin zieht vom verstockten Altersheim in eine gemütliche Pension und begegnet einem rüstigen Witwer; beide beschließen, noch einmal anzufangen; dialogintensives Kammerspiel mit Großelternfrische.

Die Frau meines Lebens / ** ½
La femme de ma vie
BRD/F 1986 – 102 Min. Ⓥ Starlight. – R: Régis Wargnier. D: Christoph Malavoy, Jane Birkin, Jean-Louis Trintignant, Béatrice Agenin.
Melodram. Ein alkoholkranker Violinvirtuose erlebt den Zusammenbruch und das Aufkeimen neuer Hoffnung durch einen Extrinker; intensive Auseinandersetzung mit dem Suchtproblem; der von TV-Anstalten mitfinanzierte Film erhielt 1987 den »César«, den Fernseh-Oscar.

Die Frau mit dem roten Hut * ½
J/BRD 1982 – 84 Min. – R: Tatsumi Kumashiro. D: Kristina van Eyck, Toshiyuki Nagashima, Shigeru Izumiya, Bernd Stephan, Erhard Hartmann.
Liebesfilm. Ein japanischer Schriftsteller verfällt in München einer Frau, deren zahlreiche Liebhaber umkommen; interkulturelle Sex-and-Crime-Klamotte; eher langweilig.

Die Frau mit der Narbe / ***
A Woman's Face
USA 1941 – 102 Min. sw. – R: George Cukor. D: Joan Crawford, Melvyn Douglas, Conrad Veidt, Albert Bassermann.
Melodram. Eine junge Frau ist nach einer Schönheitsoperation entstellt und gerät in Mordverdacht; eine der besten Crawford-Rollen; Paradeschurke Veidt verstärkt die Thrillerelemente im menschlichen Drama, das die Gerichtsverhandlung enthüllt.

Frau mit Herz **
BRD 1950 – 88 Min. sw. – R: Rudolf Jugert. D: Olga Tschechowa, Gustav Knuth, Susi Nicoletti, Rudolf Prack, Siegfried Breuer.
Lustspiel. Liebesfreud, Liebesleid und Eifersucht in und hinter den Kulissen eines Warenhauses; muntere Unterhaltung.

Eine Frau mit Unternehmungsgeist / Roughly Speaking ** ½
USA 1945 – 117 Min. – R: Michael Curtiz. D: Rosalind Russell, Jack Carson, Robert Hutton, Jean Sullivan.
Liebeskomödie. Starvehikel für die patente Russell in einem munteren Familienfilm um Geld und Pleiten, Alltage und Sonntage; routiniert inszeniert.

Die Frau nebenan / ***
La femme d'à côté
F 1981 – 100 Min. – R: François Truffaut. D: Gérard Depardieu, Fanny Ardant, Henri Garcin, Michèle Baumgartner.
Liebesfilm. Seziererischer Film um eine wiederentflammte, fatale Leidenschaft, der wie beiläufig zum Psychogramm einer gehobenen Provinzgesellschaft gerät.

Elne Frau ohne Bedeutung **
D 1936 – 75 Min. sw. – R: Hans Steinhoff. D: Käthe Dorsch, Friedrich Kayßler, Julia Serda, Gustaf Gründgens, Hans Leibelt, Albert Lieven, Marianne Hoppe.
Melodram. Standesunterschiede verhindern die Heirat zwischen Lord und Pfarrerstochter; zwanzig Jahre später nimmt die tragische Romanze eine seltsame, rührselige Wendung; routiniert inszenierte Durchschnittskost mit Starbesetzung aus Nazi-Deutschland.

Frau ohne Gewissen / ***
Double Indemnity
USA 1944 – 101 Min. sw. – R: Billy Wilder. D: Barbara Stanwyck, Fred MacMurray, Tom Powers, Edward G. Robinson.
Psychokrimi. Mörderischer Charme der Frauen, eitle Schwäche der Männer, morbide Rückblenden-Story, schwarze Moral, glänzende Stars – alle Fallen sind aufgestellt, in die sich die Opfer verfangen; Drehbuch Raymond Chandler nach einem Krimi von James M. Cain; Klassiker der Schwarzen Serie.

Die Frau ohne Herz / ** ½
The Wicked Lady
GB 1945 – 103 Min. sw. – R: Leslie Arliss. D: Margaret Lockwood, James Mason, Patricia Roc, Griffith Jones.

Kriminalfilm. Eine Adlige des 17. Jahrhunderts verliebt sich in einen Straßenräuber und wird selbst zur Räuberin und Mörderin; effektreiches Krimidrama in suggestiven Schwarzweißbildern; seinerzeit ein Sensationserfolg.

Die Frau ohne Körper und der Projektionist TV-Film

BRD 1984 – 100 Min. – R: Niklaus Schilling. D: Liane Hielscher, Gabriel Barylli, Gunther Malzacher, Elke Haltaufderheide.

Die Geschichte eines Videopiraten; gefeierte Telejournalistin verliebt sich in einen Filmvorführer; ungewöhnliche Leidenschaft, spannend, trivial, milieuecht; auf Video gedreht.

Die Frau ohne Vergangenheit **

D 1939 – 83 Min. sw. – R: Nunzio Malasomma. D: Sybille Schmitz, Albrecht Schoenhals, Maria von Tasnady, Hans Leibelt, Bernhard Minetti.

Kriminalfilm. Ein Arzt bemüht sich um eine Unfallpatientin, die ihr Gedächtnis verloren zu haben scheint; das Mißtrauen seiner Schwester löst die Verwicklungen aus, die für *die* Art solider Spannungen reichten, die das Genre im damaligen Deutschland prägte.

Frau Sixta **

D 1938 – 100 Min. sw. – R: Gustav Ucicky. D: Franziska Kinz, Ilse Werner, Gustav Fröhlich, Eduard Köck, Heidemarie Hatheyer.

Melodram. Eine Bergbauernwitwe verliebt sich in einen Offizier, der ihr auf dem Hof hilft; doch der liebt ihre Tochter; Rivalinnendrama, dezent inszeniert.

Frau und Frau / Kobieta i kobieta ** ½

PL 1979 – 95 Min. – R: Janusz Dymek, Ryszard Bugajski. D: Anna Romantowska, Halina Labonarska, Witold Debicki.

Zeitkritischer Film. Geschichte um die alte und neue Freundschaft von zwei Frauen, an deren Beziehung der Stand der sozialistischen Verhältnisse im heutigen Polen exemplarisch ablesbar wird.

Eine Frau unter Einfluß / A Woman Under Influence ***

USA 1974 – 139 Min. – R: John Cassavetes. D: Peter Falk, Gena Rowlands, Katherine Cassavetes, Lady Rowlands.

Schauspielerfilm. Eine Frau und Mutter von drei Kindern bricht aus ihrem Alltag aus, der sie an der Selbstverwirklichung hindert. Am Ende bleibt ihr nur der Selbstmord. Teilweise improvisierter, von Regisseur Cassavetes (»Gloria«) in gewohnter Weise avantgardistisch gebauter Film, der von großen Schauspielern eindrucksvoll getragen wird.

Die Frau vom Meere TV-Film

BRD 1980 – 124 Min. – R: Per Bronken. D: Finn Kvalem, Liv Ullmann, Marie Louise Tank.

Etwas theaterhafte Adaption des Ibsen-Dramas, in dem sich das Mädchen Ellida in einen Seemann verliebt, der verschwindet; danach heiratet sie einen langweiligen Arzt; doch eines Tages taucht der »Fremde« auf.

Frau von Bebenburg TV-Film

BRD 1974 – 84 Min. – R: Eberhard Itzenplitz. D: Judy Winter, Matthias Ponnier, Helge Hennig.

Daß ihr Gemahl im Duell getötet wurde, erfährt die laszive Gräfin von Bebenburg von dem flotten Leutnant von Kauenhofen, für den sie in Leidenschaft entbrennt; Courths-Mahler läßt grüßen – die Motive lieferte allerdings Arthur Schnitzler.

Eine Frau von heute **

BRD 1954 – 92 Min. sw. – R: Paul Verhoeven. D: Luise Ullrich, Curd Jürgens, Carsta Löck.

Melodram. Eine unsentimentale Kriegsheimkehrergeschichte, gut gestaltet gegen den Strich; als Heinz heimkehrt, hat sich seine Frau Toni zwar wacker geschlagen, aber die Zukunft ist voller Überraschungen.

Frau Warrens Gewerbe **

BRD/CH 1959 – 100 Min. – R: Akos von Rathony. D: Lilli Palmer, O. E. Hasse, Rudolf Vogel, Johanna Matz.

Literaturverfilmung. Wohlhabende Dame bekommt Ärger mit ihrer gebildeten Tochter, als diese herausfindet, daß Mutters Reichtum aus dem Bordellgeschäft stammt. Das sozialkritische Drama von

George Bernard Shaw war seinerzeit (1893) ein Skandal, auch der Film sorgte in den sauberen Fünfzigern für Überraschung, heute erregen nur noch die hervorragenden Schauspieler Aufmerksamkeit.

Eine Frau wie Du ** ½

D 1939 – 87 Min. sw. – R: Viktor Tourjansky. D: Brigitte Horney, Joachim Gottschalk, Charlotte Susa, Kurt Meisel, Albert Florath.

Liebesfilm. Ein Mann zwischen zwei Frauen, deren eine zwischen zwei Männern; ein altes Thema, das mit Takt und Witz erzählt wird; gute Darsteller in einer sensiblen Inszenierung.

Eine Frau wie ein Fisch / La truite ** ½

F 1982 – 98 Min. – R: Joseph Losey. D: Isabelle Huppert, Jean-Pierre Cassel, Jeanne Moreau, Daniel Olbrychski.

Problemfilm. Frédérique in vielen Masken und Verwandlungen als zielstrebig kalte Frau, die unbeirrt ihren zerstörerischen Weg geht. Sie heiratet ihren Jugendfreund, treibt ihn in den Alkoholismus, ruiniert einen Geschäftsmann und vollendet ihr Werk in Tokio mit einem anderen. Großartige Charakterstudie von Isabelle Huppert.

Frau Wirtin bläst auch gern Trompete *

BRD/A/I 1969 – 90 Min. – R: Franz Antel. D: Terry Torday, Harald Leipnitz, Glenn Saxson, Rudolf Prack, Jacques Herlin, Paul Löwinger, Willy Millowitsch.

Klamotte. Frau Wirtin und ihr Gefährte entkommen napoleonischen Soldaten; auf dem Land eines geldgierigen ungarischen Barons betreiben sie eine Kneipe und wollen sich um Steuern drücken; matter, witzloser Sexklamauk.

Frau Wirtin hat auch eine Nichte *

BRD/A/I – 90 Min. – R: Franz Antel. D: Terry Torday, Heinrich Schweiger, Harald Leipnitz, Claudio Brook, Karl-Michael Vogler, Ralf Wolter.

Sexklamotte. Die Nichte ist die Wirtin: Susanne reist als Chefin einer Schauspielertruppe nach Paris zu Napoleon, um ihren verhafteten Kutscher freizukaufen, ihr Preis ist ihr Körper; bei Hofe ergeben sich seltsame Spiele und Verwechslungen; alberner Film für unaufgeklärte Schmuddelkinder, die Vergnügen am Zotenreißen haben.

Frau Wirtin hat auch einen Grafen *

BRD/A/I 1968 – 95 Min. – R: Franz Antel. D: Terry Torday, Pascale Petit, Jeffrey Hunter, Harald Leipnitz.

Klamotte. Die »Wirtin von der Lahn« treibt hier mehr oder weniger oft mit mehr oder weniger nackten Geschlechtsgenossinnen 1809 in Gießen ihr Unwesen, auch mit Napoleon; zotiger Sexklamauk.

Frau Wirtin treibt es jetzt noch toller *

BRD/A 1970 – 82 Min. – R: Franz Antel. D: Terry Torday, Glenn Saxon, Gunther Philipp, Paul Löwinger, Fritz Muliar.

Klamotte. Die sexerprobte Wirtin soll diesmal durch Zwangsheirat um ihr Geld gebracht werden; phantasieloses Sexfilmchen an der Grenze zum Ordinären.

Frau Wirtins tolle Töchterlein *

BRD 1972 – 82 Min. – R: Franz Antel, D: Terry Torday, Gabriele Tinti, Margot Hielscher, Femy Benussi, Franz Muxeneder.

Lustspiel. Eine verwitwete Gräfin, die Lahn-Wirtin, lacht sich im Wortsinn zu Tod, als sie einen liebestollen Leichenbestatter beobachtet; ihre unehelichen Töchter sollen erben, der Testamentsvollstrecker beginnt die Suche nach ihnen; sechste Sexklamotte Antels mit einfallslosen Varianten des Themas.

Eine Frau zwischen Hund und Wolf / Een vrouw tussen hond en wolf / Femme entre chien et loup ** ½

B/F 1979 – 110 Min. – R: André Delvaux. D: Marie-Christine Barrault, Rutger Hauer, Roger van Hool.

Zeitkritischer Film. Eine Frau gerät im von deutschen Truppen besetzten Belgien des Jahres 1940 zwischen die Fronten; Liebe und politische Verantwortung sind für sie schwer zu vereinbaren; pakkende Story, sensibel realisiert, gut gespielt.

Die Frauen / The Women ∗∗∗
USA 1939 – 128 Min. sw. teilw. Farbe. – R: George Cukor. D: Norma Shearer, Joan Crawford, Rosalind Russell, Paulette Goddard, Joan Fontaine.
Melodram. Jede der Damen spielt eine individuell ausgeprägte Rolle in diesem Zirkus der Niedertracht und Intrigen, der Gefühle, Scheidungen und Rivalitäten; besonders biestig Joan Crawford in einem ihrer besten Filme; nach einem Stück von Clare Booth.

Frauen als Köder für CD 7 / Un colpo da mille miliardi ∗∗
F/I/E 1966 – 95 Min. – R: Paolo Heusch. D: Rik van Nutter, Marilù Tolò, Eduard Fajardo.
Thriller. Spezialagent Ted Fraser soll einen wahnsinnigen Reeder daran hindern, aus Profitgier ein atomkraftbetriebenes Schiff in die Luft zu jagen; spannender Actionfilm.

Frauen, die durch die Hölle gehen ∗ ½
A/I/E 1966 – 110 Min. – R: Rudolf Zehetgruber. D: Anne Baxter, Maria Perschy, Christa Linder, Rossella Como.
Western. Den Überfall auf einen Siedlertreck überleben sieben Frauen, doch der Weg durch die Wüste zum rettenden Fort ist weit, und die Ladies werden von bösen Indianern verfolgt. Frauenwestern als Melodram.

Frauen sind für die Liebe da / Schütze Lieschen Müller / Frauenparade FLOP
BRD 1956 – 90 Min. – R: Hans. H. König. D: Maria Sebaldt, Hans Richter, Carla Hagen, Helmuth Schneider.
Klamotte. Frauen berufen ein Phantasieheer ein, die Machos als Hausmänner drehen durch; Film, der Geschmacklosigkeiten als Komik und Schwachsinn als Humor verkauft und sich an dem berühmten »Lysistrata«-Stoff des Aristophanes um die kriegsmüden Frauen im Ehestreik vergreift, den er ins Gegenteil verkehrt.

Frauen sind keine Engel ∗∗ ½
D 1943 – 85 Min. – R: Willi Forst. D: Marthe Harell, Axel von Ambesser, Curd Jürgens, Margot Hielscher.
Lustspiel. Drehbuchautorin gewinnt Filmregisseur mit List und Phantasie für ihr Projekt. In typischer Forst-Manier mit leichter Hand, Musik und selbstironischem Erzählstil, sozusagen als leichter Cocktail inszeniert.

Frauen um Richard Wagner / Magic Fire ∗
USA 1955 – 108 Min. – R: William Dieterle. D: Alan Badel, Yvonne de Carlo, Rita Gam, Valentina Cortese, Gerhard Riedmann, Carlos Thompson.
Musikerbiographie. Aufwendige Verfilmung des erotischen Lebens von Wagner; ein Leinwandopus von erschreckender Dürftigkeit; der Schlußdialog mit Liszt ist ein Meisterwerk unfreiwilliger Groteskerie; ein Festessen für Wagner-Feinde.

Die Frauen von San Quentin / Women of San Quentin TV-Film
USA 1983 – 95 Min. – R: William A. Graham. D: Stella Stevens, Debbie Allen, Amy Steel, Yaphet Kotto, Hector Elizondo.
Im härtesten Männerzuchthaus Amerikas gibt es angeblich auch Frauen als Wärterinnen, und die beweisen bei einer Revolte, daß sie ihren Mann stehen; sentimental, glatt, routiniert im Stil der TV-Serie.

Die Frauen von Stepford / The Stepford Wives ∗∗ ½
USA 1975 – 105 Min. – R: Bryan Forbes. D: Katharine Ross, Paula Prentiss, Peter Masterson, Patrick O'Neal.
Gesellschaftskritischer Film. Katharine Ross zieht mit ihrer Familie aus New York in die ländliche Idylle Stepfords. Die Frauen reden dort in Sprechblasen, sie sind puppenhaft aufgedonnert und bewegen sich wie aufgezogen – dann geht auch mit ihrer einzigen Freundin im Ort eine grauenhafte Veränderung vor sich. Subtiler Horrorfilm über die mächtigen Machos und den Sauberkeitswahn.

Frauenarzt Dr. Bertram FLOP
BRD 1957 – 90 Min. – R: Werner Klingler. D: Willy Birgel, Winnie Markus, Antje Geerk, Dietmar Schönherr, Sonja Ziemann.
Arztfilm. Kriegsgefangenschaftsgeschädigter Gynäkologe muß erfahren, daß

seine erste Braut in einer Bombennacht starb; ein Mädchen, das ihn an sie erinnert, bittet ihn um eine Abtreibung; verklemmte Schnulze aus der Zeit der »Sauberen Leinwand.«

Frauenarzt Dr. Prätorius ** ½

BRD 1950 – 90 Min. sw. – R: Curt Goetz. D: Curt Goetz, Valerie von Martens, Erich Ponto, Bruno Hübner, Albert Florath.

Arztfilm. Der renommierte Frauenarzt Prätorius versucht einer Studentin, die in ungewollte Schwangerschaft geraten ist, zu helfen; der von Goetz auch geschriebene Film transportiert die Vorstellung vom »Gott in Weiß«, doch sehr zurückhaltend und problemgerecht. 1964 belangloses Remake von Kurt Hoffmann: »Dr. med. Hiob Prätorius«.

Frauengefängnis / Verlorene Frauen / Caged ** ½

USA 1950 – 97 Min. sw. – R: John Cromwell. D: Eleanor Parker, Agnes Moorehead, Ellen Corby, Jan Sterling.

Gefängnisfilm. Daß Strafgefangene erst im Knast zu Kriminellen werden, belegt dieser halbdokumentarische, in seinen Spielsequenzen melodramatische Frauenfilm um eine Gefangene, der nach der Entlassung nur der Strich bleibt. Kritische Auseinandersetzung mit dem amerikanischen Strafvollzug; spannende Dramaturgie.

Der Frauenheld / Lady Killer ** ½

USA 1953 – 73 Min. sw. – R: Roy del Ruth. D: James Cagney, Mae Clarke, Leslie Fenton.

Gangsterfilm. Eine scharf gewürzte Gangsterstory mit James Cagney, der als Mobster und Hollywoodschauspieler zwischen zwei Berufen hin- und hergerissen wird. Mae Clarke behandelt er recht biestig.

Ein Frauenherz vergißt nie / Lydia **

GB 1941 – 90 Min. sw. – R: Julien Duvivier. D: Merle Oberon, Edna Mary Olivier, Alan Marshall, Joseph Cotten.

Melodram. Nach vielen Jahren trifft Lydia vier Männer wieder, die in ihrem Leben eine entscheidende Rolle gespielt haben; einfühlsam und routiniert gestaltet.

Der Frauenmörder von Boston / The Boston Strangler **

USA 1968 – 111 Min. – R: Richard Fleischer. D: Tony Curtis, Henry Fonda, George Kennedy, Sally Kellerman.

Thriller. Beklemmende, aber filmisch dürftige Story um einen geheimnisvollen Würger und seine zitternden Opfer; nach Tatsachen psychologisch glaubwürdig recherchiert.

Der Frauenmörder von Paris / Landru ***

F 1962 – 90 Min. – R: Claude Chabrol. D: Charles Denner, Michèle Morgan, Danielle Darrieux, Hildegard Knef.

Blaubartfilm. Monsieur Landru, ein Kavalier alter Schule, becirct naive wie erfahrene Frauen; allmählich quillt sein Haus über von Frauenleichen; ein Film von leiser Spannung und voll rabenschwarzen Humors.

Frauennot – Frauenglück ***

CH 1929 – 56 Min. sw. Stf. – R: Eduard Tissé. D: Johannes Steiner, Laien. Künstlerische Leitung: Sergej S. Eisenstein.

Problemfilm. Drei schwangere Frauen, die auf der Besetzungsliste dieses Films anonym bleiben, kämpfen um ihren guten Ruf und um ihre Kinder. Der legendäre Film legendärer Macher verdeutlicht eindringlich die doppelte Moral einer engstirnigen Gesellschaft; auch formal überzeugend.

Frauenparade

siehe: Frauen sind für die Liebe da

Das Frauenparadies **

A 1936 – 80 Min. sw. – R: Arthur Maria Rabenalt. D: Hortense Raky, Ivan Petrovich, Leo Slezak.

Komödie. Ein Filou und Luftikus erbt ein Modehaus, das vor dem Bankrott steht. Die weiblichen Angestellten entschließen sich daraufhin zur Selbsthilfe. Solide inszenierter und munterer Film um Träume und Tatkraft von Frauen.

Frauensee **

A 1958 – 89 Min. – R: Rudolf Jugert. D: Ivan Desny, Bernhard Wicki, Barbara Rütting, Nina Sandt, Dietmar Schönherr.

Liebesfilm. Die testamentbedingte Zweckehe zwischen einer Industriellentochter und einem Techniker nimmt ungeahnte Wendungen, die allerdings niemanden überraschen; schnulzige Heimatfilmversion eines mißbrauchten Zuckmayer-Romans.

Frauenträume / ✱✱
Kvinnodröm
S 1955 – 84 Min. sw. – R: Ingmar Bergman. D: Eva Dahlbeck, Harriet Andersson, Gunnar Björnstrand, Ulf Palme.
Liebesfilm. Eine Fotografin und ihr Modell auf der Fahrt nach Göteborg. Dort angekommen, ergeben sich denkwürdige Begegnungen mit alten und neuen Liebhabern. Bergman läßt in diesem mit lokkerer Hand hingeworfenen Film aus seiner frühen Schaffensphase das Psychodrama aus und konzentriert sich auf angenehme Unterhaltung. Kein Muß für Bergman-Fans.

Fraulein TV-Film
BRD – 110 Min. teilw. sw. – R: Michael Haneke. D: Angelica Domröse, Peter Franke, Lou Castel, Mareile Geisler, Chris Howland, Michael Klein.
Mit Kinoeffekten arbeitendes, virtuos geschnittenes Nachkriegsmelodram um einen Spätheimkehrer und seine ihm skeptisch begegnende Familie.

Das Fräulein TV-Film
BRD 1967 – 90 Min. sw. – R: Hans Bachmüller. B: Dieter Waldmann. D: Antje Hagen, Heinz Schimmelpfennig, Eva Brumby, Erna Sellmer.
Eine junge Lehrerin muß lernen, sich an ihrem neuen Dienstort, einem konservativen, abgelegenen Dorf, durchzusetzen; klischeehafte Studie.

Fräulein Bimbi
siehe: Ein unmögliches Mädchen

Fräulein Casanova ✱ ½
A 1952 – 105 Min. sw. – R: E. W. Emo. D: Angelika Hauff, Gertrud Kückelmann, Josef Meinrad.
Komödie. Liebesfilm mit Herz, Schmerz, Generationskonflikt und Infarktgefahr wegen Kreislaufschwächen – die auch diesen Film bedrohen.

Ein Fräulein in Nöten / ✱✱ ½
A Damsel in Distress
USA 1937 – 97 Min. sw. – R: George Stevens. D: Fred Astaire, George Burns, Joan Fontaine, Gracie Allen.
Musical. Ein Tanzstar erobert die umschwärmte britische Adlige, und dies geht nicht ohne Spaß, Spiel und Tanz zu Gershwin-Musik ab; ein Film der Evergreens (unter anderem »Stiff Upper Lip«) und einer oscarbelohnten Choreographie von Hermes Pan.

Fräulein Marie TV-Film
ČSSR – 45 Min. – R: Pavel Hasa. B: Jana Dudková, nach einer Erzählung von Jan Neruda. D: Zdenka Hadrbolcová, Petř Kostka, Vaćlav Pastranecky.
Eine stille Frau freut sich über die Annäherungsversuche zweier Herren, die eigentlich nur einen Scherz beabsichtigen; doch der Scherz hat unerwartete Folgen, und letztlich behauptet sich Fräulein Marie; die leichtschwebende Heiterkeit transportiert die Hintersinnigkeit Nerudas angemessen.

Das Fräulein und der Vagabund ✱ ½
BRD 1949 – 85 Min. sw. – R: Albert Benitz. D: Eva-Ingeborg Scholz, John Pauls-Harding, Dietmar Schönherr, Hardy Krüger.
Melodram. Eine junge Lehrerin muß sich zwischen zwei Männern entscheiden, ihrem Verlobten, einem trockenen Streber, und dem charmanten Herumtreiber; im Ton lehrhaft, im Stil kitschig-romantisch.

Das Fräulein vom Amt / ✱✱
Service de nuit
F 1944 – 90 Min. sw. – R: Jean Faurez. D: Gaby Morlay, Jacques Dumesnil, Louis Seigner.
Melodram. Eine Telefonistin nutzt ihre Mithörmöglichkeiten dazu, ihren leid- und kummergeplagten Mitmenschen zu helfen, und wird dabei von einem Arzt unterstützt; ein Film über die Probleme der kleinen oder größeren Menschen in der Provinz.

Das Fräulein von Barnhelm ✱✱ ½
D 1940 – 92 Min. sw. – R: Hans Schweikart. D: Käthe Gold, Ewald Balser, Fita Benkhoff, Paul Dahlke, Erich Ponto.
Literaturverfilmung. Lessings Komödie

mit gesellschaftskritischen Seitenhieben um die Liebe zweier Adliger im feudalistischen Kriegsklima des 18. Jahrhunderts, mit Staraufgebot und viel Filmphantasie; dialogsicherer, amüsanter Kinospaß.

Die Fräulein von damals TV-Film
BRD 1985 – 102 Min. – R: Dietrich Haugk. D: Horst Buchholz, Doris Kunstmann, Judy Winter, Karin Baal.
Der Literaturprofessor Peter Warren kehrt nach fünfundzwanzig Jahren zu einem Hesse-Symposium nach Hamburg, in die Stadt seiner Jugend, zurück und trifft seine Freundinnen von damals wieder; ein Film darüber, »wie Frauen und Männer unterschiedlich altern«.

Das Fräulein von Scuderi TV-Film
BRD 1976 – 90 Min. – R: Lutz Bücher. D: Angela Salloker, Hannes Messemer, Wolfram Weniger, Iris Berben.
Es geht um edlen Schmuck in dieser brillant verschachtelten Kriminalgeschichte aus dem Paris Ludwigs XIV., um einen unschuldigen jungen Goldschmied, der in Mordverdacht gerät; milieugerecht, mit geschliffenen Dialogen, spannend bis zum Schluß; Vorläufer der »Tatort«-Krimis; nach E. T. A. Hoffmann.

Freaks / Freaks ***
USA 1932 – 60 Min. sw. – R: Tod Browning. – D: Laila Hyams, Wallace Ford, Olga Baclanova, Henry Victor, Johnny Eck, Daisy und Violet Hilton, Harry Earles, Randion.
Horrorfilm. Monströse Mißgeburten aus allen Zirkusarenen der Welt, in einem gruseligen Spielfilm, dessen Horror atmosphärisch dicht mit den Äußerlichkeiten der Freaks operiert, um diese dann als die menschlichsten Wesen in die freie Phantasie des Zuschauers zu entlassen; packender, rührender, humaner Horror-Ausnahme-Film, der nur noch in einer verstümmelten Fassung existiert.

Frech und verliebt * ½
D 1944 – 88 Min. – R: Hans Schweikart. D: Johannes Heesters, Gabriele Reismüller, Ernst Waldow, Paul Kemp.
Johannes-Heesters-Komödie. Übereifer bringt ein Detektiv-Greenhorn in die Bredouille; flott inszeniert, wegen Heesters als Jungcharmeur sehenswert.

Der freche Kavalier
siehe: Gentleman Jim, der freche Kavalier.

Das freche Mädchen / ** ½
L'effrontée
F 1985 – 93 Min. – R: Claude Miller. D: Charlotte Gainsbourg, Bernadette Lafont, Jean-Claude Brialy, Raoul Billery.
Melodram. Ernsthaftes Rollenspiel um die Sehnsüchte und Pubertätsnöte einer Vierzehnjährigen, die sich für Männer noch nicht und ihre Puppen nicht mehr interessiert; mit Witz und Feingefühl inszeniert.

Die frechen Teens dreh'n *
ein neues Ding / Classe mista
I 1976 – 85 Min. – R: Mariano Laurenti. D: Dagmar Lassander, Gabriele Di Giulio, Alfredo Pea, Gianfranco D'Angelo.
Sexklamotte. Als die attraktive Lehrerin Daniela versetzt wird, muß sie sich mit lüsternen Schülern und einem schmierigen Lehrer auseinandersetzen. Der derbe Spaß ist nur gelegentlich erträglich, meist banal.

Freddy, die Gitarre und * ½
das Meer
BRD 1958 – 90 Min. sw. – R: Wolfgang Schleif. D: Freddy Quinn, Christian Machalet, Corny Collins.
Freddy-Film. Der singende Seemann als blinder Passagier, bis er in Hamburg ankommt, wo seine Suche nach dem Glück Erfolg hat. Dramaturgisch und filmisch verknöchert, für Freddy-Fans allerdings ein musikalischer Leckerbissen.

Freddy, Tiere, ** ½
Sensationen
BRD 1964 – 90 Min. – R: Karl Vibach. D: Freddy Quinn, Josef Albrecht, Erna Sellmer, Marisa Solinas, Rudolf Platte.
Zirkusfilm. Ein Trapezstar verzichtet auf US-Karriere, um den kriselnden Zirkus seiner Eltern zu retten; auf nationale Tränendrüsen zielender Film, den die artistischen Talente des Schmachtsängers Freddy sehenswert machen.

Freddy und das Lied der **
Südsee
BRD 1962 – 93 Min. Ⓥ Toppic. – R: Werner Jacobs. D: Freddy Quinn, Gunnar Möller, Ralf Wolter, Jacqueline Sassard, Albert Lieven.

Freddy-Film. Freddy-Vehikel um einen Schatz und ein geerbtes Haus in der Südsee; unser melancholischer Matrose wäre nicht Freddy, würde er nicht jede Gelegenheit nutzen, zur Gitarre zu greifen und die Sterne anzusingen; für Fans der Film- und Freddy-Schnulze.

Freddy und die Melodie der Nacht *

BRD 1960 – 90 Min. sw. – R: Wolfgang Schleif. D: Freddy Quinn, Heidi Brühl, Grethe Weiser, Kai Fischer.

Freddy-Film. Taxifahrt mit biederem Blick aus dem Frontfenster auf die Nachtschwärmer der Berliner Szene; brav und harmlos, aber Freddy singt dazu: »Irgendwann gibt's ein Wiedersehn«.

Frei wie der Wind / Changes *

USA 1969 – 90 Min. – R: Hall Bartlett. D: Kent Lane, Michele Carey, Manuela Thiess, Marcia Strassmann, Jack Albertson.

Teeniefilm. Ein junger Sohn reicher Eltern bricht aus der Familie aus und fährt tagelang mit seinem Sportwagen durch Kalifornien; warum, wird nicht ganz klar, aber er kann es sich leisten; schwaches Road Movie.

Frei zum Abschuß TV-Film

BRD 1989 – 105 Min. – R, B: Manfred Grunert. D: William Mang, Marie-Charlott Schüler, Hilmar Thate, Vera Tschechowa, Gunnar Möller.

Vordergründig geht es um die Geschichte eines Polizisten, der seine Entlassung provoziert, um danach gutbezahlter Leibwächter eines Waffenhändlers zu werden. Spannender Trivialfilm, der zeitkritische Akzente zu setzen versucht in den Feldern Manipulation, Korruption, Lebenskrisen.

Der Freibeuter / The Master of Ballantrae ** ½

USA 1953 – 89 Min. – R: William Keighley. D: Errol Flynn, Roger Livesey, Anthony Steel, Yvonne Furneaux.

Kostümfilm. Flynn in einer Paraderolle als schottischer Held im Kampf von Bonnie Prince Charlie 1745 gegen England; z.T. an Originalschauplätzen gedrehte Verfilmung einer Story von Robert Louis Stevenson.

Freibeuter des Todes / The Island FLOP

USA 1979 – 108 Min. Ⓥ CIC. – R: Michael Ritchie. D: Michael Caine, David Warner, Angela Punch McGregor, Frank Middlemass, Don Henderson, Jeffrey Frank.

Horrorfilm. Ein Sensationsreporter will das Verschwinden einer Luxusyacht im Bermuda-Dreieck klären: Er gerät mit seinem Sohn an vampirähnliche Piraten; weniger spekulatives als völlig absurdes Horrorabenteuer, mit unsäglicher Besetzung ohne Spannung und Niveau inszeniert.

Der Freibeuter von Louisiana / The Buccaneer ** ½

USA 1938 – 118 Min. sw. – R: Cecil B. DeMille. D: Fredric March, Franciska Gaal, Margot Grahame, Akim Tamiroff, Walter Brennan, Anthony Quinn.

Mantel-und-Degen-Film. Prächtige Ausstattung, Degenduelle und eine spannende Story liefert das Piratenabenteuer um den Freibeuterkapitän Jean Lafitte, der im Seekrieg von 1812 zum Nationalhelden wurde; 1958 noch einmal verfilmt unter dem Titel »König der Freibeuter«.

Die Freibeuterin / The Spoilers ** ½

USA 1942 – 85 Min. sw. – R: Ray Enright. D: Marlene Dietrich, John Wayne, Randolph Scott, Harry Carey.

Liebesromanze. Marlene als Chefin eines Spielcasinos zwischen zwei Männern; vom einen geliebt, vom anderen verlassen, setzt sie sich mit halbverwischtem Dauerlächeln, Augenaufschlägen, resolutem Verhalten und halbmännlichen Gesten durch in einem amüsanten, von üppiger Ausstattung lebenden Film.

Freigestellt TV-Film

BRD – 96 Min. – R: Helmut Kissel. B: Manfred Grunert. D: Franz Boehm, Veronika Fitz, Elisabeth Schraml, Christiane Eibl.

Ein Maschinenschlosser verpaßt den Anschluß an technische Neuheiten und wird entlassen; zu Hause will er den Frust des Arbeitslosen abreagieren, stößt aber auf den Widerstand der Familie. In dem Psychospiel um sein geknicktes Selbstbewußtsein sammelt sich immer mehr Konfliktstoff an.

Freiheit, die Nacht / Liberté, la nuit ***
F 1983 – 80 Min. sw. OmU. – R: Philippe Garrel. D: Emmanuelle Riva, Maurice Garrel, Christine Boisson.
Zeitkritischer Film. Mit kinosprachlich unverbrauchten Mitteln sensibel gedrehter, frankreichkritischer Film aus der Zeit des Algerienkrieges; aufrichtiges, gegen das glatte Unterhaltungs- und Erklärungskino realisiertes, engagiertes Filmkunstwerk mit intensiven Passagen.

Freitag und Robinson / Man Robinson ** ½
GB 1975 – 111 Min. – R: Jack Gold. D: Peter O'Toole, Richard Roundtree, Peter Cellier, Christopher Cabot.
Komödie. Bissig-humorvolle Variante des »Robinson«-Stoffs aus der Sicht des Eingeborenen, der die arrogant-elitären Erziehungsrituale des Weißen kontert; polemische Abrechnung mit der kolonisatorischen Pädagogik und ihrer Selbstgerechtigkeit.

Die Freitreppe TV-Film
BRD 1987 – 90 Min. sw. – R, B: Klaus Weise. D: Michael Greiling, Heidi Stroh, Jutta Masurath, Gerd Braese.
Strafentlassener glaubt in der medikamentensüchtigen Frau seines Arbeitgebers die Erfüllung seines armseligen Lebens gefunden zu haben; eine gute Idee wird zerdehnt und verschenkt.

Fremde Bettgesellen / Strange Bedfellows * ½
USA 1964 – 95 Min. – R: Melvin Frank. D: Gina Lollobrigida, Rock Hudson, Gig Young.
Ehekomödie. Rock Hudson turnt ein weiteres Mal durch Betten, Flitterwochen und Ehekrisen – diesmal mit der feurigen Lollo.

Das fremde Mädchen TV-Film
ČSSR – 65 Min. – R: Ludvig Raza. D: Lucie Matousková, Zelina Hadrbolcová, Jana Preissová, Jiři Stepnicka.
Eine Halbwaise kommt wegen mangelnder Aufsichtspflicht der Mutter in ein Kinderheim. Weil sie ein liebenswertes Kind ist, wird sie schnell für eine Adoption vorgeschlagen und ist dadurch dem Neid der Heimkinder ausgesetzt. Der Film schildert leise und einfühlsam die Heimrealität der verletzten Gefühle.

Der Fremde im Regenwald / Afurika Monogatari / A Tale of Africa *
J 1981 – 100 Min. – R: Susumu Hani. D: James Stewart, Philip Sayer, Eleonora Vallone.
Abenteuerfilm. Ein Flugzeug stürzt im Dschungel Afrikas ab, der gerettete Pilot trifft dort auf Großvater James Stewart und seine liebreizende Enkelin; tristes Abenteuer – japanisch gefilmt in Kenia.

Der Fremde im Zug
siehe: Verschwörung im Nordexpreß

Ein Fremder auf der Flucht / Stranger on the Run ** ½
USA 1967 – 93 Min. – R: Don Siegel. D: Henry Fonda, Anne Baxter, Michael Parks, Dan Duryea, Sal Mineo.
Actionfilm. Ein zu Unrecht des Mordes Verdächtigter auf der Flucht vor den »legalen« Killern einer Eisenbahngesellschaft. Der dramatische, gut gebaute Film geht der Frage nach, warum Tötungsinstinkte sich im Gewand von Recht und Ordnung so erfolgreich austoben können.

French Can-Can / French Can Can ** ½
F/I 1955 – 95 Min. – R: Jean Renoir. D: Jean Gabin, Françoise Arnoul, Maria Felix, Michel Piccoli.
Kostümfilm. Allen Intrigen zum Trotz schafft ein unbemittelter Impresario die Gründung des »Moulin Rouge«; opulente Fotografie verdeckt das Konventionelle des Musikfilms mit seinen frechen Tanzszenen.

The French Connection
siehe: Brennpunkt Brooklyn

French Connection II / The French Connection II ** ½
USA 1975 – 119 Min. Ⓥ CBS/FOX. – R: John Frankenheimer. D: Gene Hackman, Fernando Rey, Bernard Fresson, Jean-Pierre Castaldi, Charles Millot.
Drogenkrimi. Rauschgift-Cop Doyle auf dem Weg nach Marseille, um dem Dro-

genboß den Garaus zu machen; spannender Aufguß des ersten Action-Abenteuers in New York, dessen Rasanz und ungewöhnliche Milieudichte dieser zweite Teil nur manchmal erreicht; doch gehört Doyles Privat-Jagd nach der Privat-Yacht zu den Höhepunkten des Actionkinos.

Frenzy / Frenzy ****
GB 1972 – 115 Min. Ⓥ CIC. – R: Alfred Hitchcock. D: Jon Finch, Alec McCowen, Barry Foster, Barbara Leigh-Hunt, Anna Massey.
Krimi. Eine nackte Frauenleiche wird ans Ufer der Themse geschwemmt, und man sucht den »Krawattenmörder«; doch der Verdächtige ist wie immer der Falsche; Hitchcocks vorletzter Film versammelt noch einmal alle Themen, Motive und Schockeffekte des großen Magiers in einem Thriller voller Verdrängungen und Obsessionen.

Eine Fresse zum Verlieben / Gueule d'amour ** ½
F 1937 – 90 Min. sw. – R: Jean Grémillon. D: Jean Gabin, Mireille Balin, René Lefèvre, Marguerite Deval.
Liebesfilm. Als ein schürzenjagender Korporal einer Frau zuliebe den Waffenrock an den Nagel hängt, verläßt ihn das Glück; Klassiker des »poetischen Realismus«, mit dem sich Gabin als »proletarischer Held« etablierte.

Ein Fressen für die Fische / The Gift Horse * ½
GB 1952 – 90 Min. sw. – R: Compton Bennett. D: Trevor Howard, Richard Attenborough, Sonny Tufts.
Seekriegsfilm. Zerstörer »Gift Horse« wird bei Geheimauftrag zu Zwischenaufenthalt gezwungen; die strenge Bestrafung einiger Besatzungsmitglieder nach einer Prügelei beim Landgang vertieft den Haß auf den Commander; konventionell.

Ein Fressen für die Geier / Two Mules for Sister Sara ** ½
USA 1970 – 105 Min. – R: Don Siegel. D: Clint Eastwood, Shirley MacLaine, Manolo Fabregas, Alberto Morin.
Liebesfilm. Hartgesottener Held hilft Nonne durch die Wüste in einem schön fotografierten, gut gespielten und amüsanten Beziehungskistenfilm. Spannende und gewalttätige Steigerung am Schluß. Nach einer Story von Budd Boetticher.

Ein Fressen für Django / W Django! FLOP
I 1972 – 78 Min. – R: Edward G. Muller. D: Anthony Steffen, Stelio Candelli, Glauco Onorato.
Italowestern. Der Weg Djangos zum Mörder seiner Frau führt über Leichenberge; dümmlicher Schießfilm.

Das Frettchen TV-Film
BRD 1981 – 60 Min. – R: Guy Kubli. D: Kyra Mladeck, Anja Miller, Erika Wakkernagel.
Geschichte eines verwahrlosten Mädchens, das bei seiner alkoholsüchtigen Tante aufwächst. Eines Tages interessiert sich eine Lehrerin für sie. Gelungene Verfilmung der Erzählung von Fanny Morweiser.

Freud / Freud **
USA 1961 – 120 Min. – R: John Huston. D: Montgomery Clift, Susannah York, Larry Parks, Susan Kohner.
Biographischer Film. Intelligenter, Kompliziertes in einfache Bildersprache übersetzender Film um den Begründer der Psychoanalyse in den ersten Jahren seiner Praxis; authentisches Zeitpanorama Wiens um 1900. Spannend und lehrreich für Freunde spektakulärer Lebensgeschichten.

Die freudlose Gasse ****
D 1925 – 110 Min. sw. Stf. – R: Georg Wilhelm Pabst. D: Greta Garbo, Jaro Fürth, Loni Nest, Asta Nielsen, Werner Krauß, Valeska Gert.
Gesellschaftsmelodram. Zur Zeit der Inflation treibt ein standesbesessener Wiener Hofrat seine Töchter ins Unglück; sozialkritisches Zeitdokument von hohem Rang; Klassiker des Stummfilms; mit Originalmusik unterlegte restaurierte Fassung.

Die freudlose Straße / La Romana ** ½
I 1954 – 90 Min. sw. – R: Luigi Zampa. D: Gina Lollobrigida, Daniel Gélin, Franco Fabrizi, Raymond Pellegrin.
Melodram. Aus enttäuschter Liebe landet eine schöne Römerin in der Prostitution, lernt dann aber einen jungen Anar-

chisten kennen, in den sie sich verliebt. Glaubwürdige Milieu- und Charakterstudie; gute Besetzung.

Freund mit Rolls-Royce ∗∗
BRD 1984 – 90 Min. – R: Georg Tressler. D: Inge Meysel, Edith Volkmann, Eberhard Feik.
Komödie. Inge Meysel zieht als Londoner Putzfrau in den Wahlkampf und wird ins Unterhaus gewählt; eigentlich war sie nur als Marionette eines Politikers vorgesehen, aber dann kommt alles anders; Märchen aus der Weihnachtszeit.

Freunde bis zum Letzten
siehe: Die Harfe von Burma

Die Freunde von Eddie Coyle / The Friends of Eddie Coyle ∗∗ ½
USA 1973 – 98 Min. – R: Peter Yates. D: Robert Mitchum, Peter Boyle, Richard Jordan, Steven Keats, Alex Rocco.
Gangsterfilm. Ein alternder Gauner mittleren Formats setzt sich zwischen alle Stühle; seine Kontakte zu einem dubiosen Zivilfahnder enden in einer tödlichen Falle; lakonisches Gangstermelodram mit einem verlorenen Helden in einer fahlen Umwelt, deren düstere Farben den Bezug auf die »Schwarze Serie« signalisieren; Mitchum in einer sensiblen Charakterstudie.

Eines Freundes guter Traum ∗∗ ½
BRD 1985 – 85 Min. sw. – R: Burkhard Steger. D: Daniele Leglar, Jean-Luc Bideau, Roberto Widmer, Luciano Simioni.
Zeitkritischer Film. Mitte der dreißiger Jahre in Zürich treffen sich Exilanten aus Deutschland und Italien und versuchen, in der Fremde zu überleben; ihren seelischen Zustand zwischen Angst und Hoffnung drückt dieser Spielfilmerstling in Form einer gelungenen historisch-experimentellen Collage mit faszinierender Stimmung aus.

Die Freundinnen / Le amiche ∗∗∗
I 1955 – 98 Min. – R: Michelangelo Antonioni. D: Eleonora Rossi-Drago, Valentina Cortese, Gabriele Ferzetti.
Literaturverfilmung. Eine junge Frau, die in Turin einen Modesalon einrichten soll, gerät schnell in die Affären der High-Society; ein Film über die Leere und Beziehungslosigkeit des modernen Menschen. Nach einer Novelle von Cesare Pavese.

Frida Kahlo – Es lebe das Leben / Frida – naturaleza viva ∗∗∗
MEX 1983/84 – 103 Min. OmU. – R: Paul Leduc. D: Ofelia Medina, Juan José Gurrola, Salvador Sanchez.
Künstlerbiographie. Leben und Werk der mexikanischen Malerin Frida Kahlo, die sich früh politisch engagiert, nach einem Unfall mit lebenslanger Krankheit zu kämpfen hat, den Revolutionsmaler Diego Rivera heiratet, sich von ihm trennt und ihn wieder heiratet. Sie wurde die Symbolfigur der Frauenrebellion für eine neue Ästhetik – damals wie heute. Der Film kommt fast ohne Sprache aus und führt den Zuschauer mit großer Suggestivkraft in die inneren Bereiche der Kunst und eines leidenschaftlichen Lebens.

Fridolin TV-Film
BRD – 80 Min. – R, B: Richard Blank. D: Eisi Gulp, Hannelore Schroth, Gabriele Isakian, Otto Stern, Matthias Hell.
Phantastisch-surreales Lustspiel um ein abgewracktes Nobelhotel und seine skurrilen Betreiber. Starvehikel für den Artisten Gulp, der einige rahmensprengende Kunststückchen zum besten gibt in einer dramaturgisch uneinheitlichen, aber amüsanten schwarzen Komödie.

Die Friedenmacher TV-Film
BRD 1984 – 130 Min. – R: Stanislav Barabas. D: Richard Münch, Friedrich Georg Beckhaus, Günter Mack, Walter Schmidinger.
Filmische Rekonstruktion der Friedensbemühungen des britischen Premiers Chamberlain, der sich gegen eine gemeinsame Front der Westmächte gegen Hitler wandte; sehenswerte Geschichtslektion, packend gespielt.

Friedhof ohne Kreuze / Une corde, un colt ∗∗
F/I 1968 – 84 Min. Ⓥ Arcade. – R: Robert Hossein. D: Michèle Mercier, Robert Hossein, Anne-Marie Balin.
Italowestern. Rachestory um eine Witwe und ihren ehemaligen Geliebten, die einer reichen Familie erlittenes Unrecht

zurückzahlen; von Hossein mit Sinn für düstere Stimmungen und leidenschaftliche Ausbrüche passabel inszeniert.

Frisch, fromm, fröhlich, frei ∗∗
BRD 1969 – 96 Min. – R: Rolf Thiele. D: Monika Berg, Maria Brockerhoff, Ingrid Simon, Horst Frank.
Klamotte. Familienvater wird durch erste Abenteuer des Sohnes an eigene Love-Story erinnert, die der Film rückblendend nicht allzu geschmackvoll ins Bild setzt; für Freunde von Sexschwänken.

Fritz und Friederike ∗∗ ½
BRD 1952 – 90 Min. sw. – R: Géza von Bolvary. D: Liselotte Pulver, Albert Lieven, Otto Gebühr, Margarethe Haagen, Loni Heuser.
Komödie. Friederike fühlt sich als reitender, fechtender, trinkender und fluchender Kavallerist viel wohler, doch nur, bis die Liebe zuschlägt; konventioneller Militärschwank mit einer übermütigen Lilo Pulver in einer Hosenrolle.

Frohe Weihnachten / Drop-Out Father TV-Film
USA 1983 – 92 Min. – R: Don Taylor. D: Dick Van Dyke, Mariette Hartley, Martha Byrne, Charles Bloom, Michael Cummings.
Nach dem Herzinfarkt eines Kollegen steigt ein Werbemanager aus und sucht Lebensinhalte im Privaten; doch das ist nicht so einfach; unterhaltsam-nachdenkliche Weihnachtskomödie mit bissigen Seitenhieben auf Busineß- und Familienwelt.

Frohe Weihnachten, Mrs. Kingsley / Christmas Eve ∗∗ ½
USA 1986 – 93 Min. – R: Stuart Cooper. D: Loretta Young, Trevor Howard, Arthur Hill.
Melodram. Als eine reiche Wohltäterin von ihrer unheilbaren Krankheit erfährt, versucht sie, ihre zerstrittene Familie zu versöhnen; Golden Globe für Loretta Young.

Das fröhliche Dorf ∗∗
BRD 1955 – 90 Min. – R: Rudolf Schündler. D: Carl Hinrichs, Hannelore Bollmann, Gerhard Riedmann, Gardy Granass, Peter Carsten, Günther Lüders, Carla Hagen.
Lustspiel. Remake des klassischen (Bühnen- und) Filmschwanks »Krach um Jolanthe« von 1934 (mit Marianne Hoppe) um den Ärger eines durchtriebenen Bauern, dessen preisgekrönte Zuchtsau gepfändet wird; der bauernschlaue Witz des Originals fällt gröberen Elementen der Heimatfilmerei zum Opfer.

Die fröhliche Wallfahrt ∗∗ ½
BRD 1956 – 88 Min. – R: Ferdinand Dörfler. D: Hanna Hutten, Bert Fortell, Paula Braend, Richard Romanowsky, Margarethe Haagen, Beppo Brem, Fritz Strassner.
Komödie. Eine hübsche Serviererin will einen Kurzurlaub für eine Wallfahrt nutzen, doch die wird nicht so fromm wie geplant; muntere Posse mit unverbrauchten Gesichtern und gelassener Fröhlichkeit; Lichtblick im Heimatfilm-Einerlei.

Der fröhliche Wanderer ∗
BRD 1955 – 95 Min. – R: Hans Quest. D: Rudolf Schock, Elma Karlowa, Waltraut Haas, Willy Fritsch, Paul Hörbiger.
Musikfilm. Schock als Westentaschen-Caruso in einem ländlichen Internat, der ganze Film als Resonanzboden seiner Stimme; lautstark tönen die Lieder, der Rest ist Schweigen.

Die fröhlichen Schneider TV-Film
BRD 1983 – 80 Min. – R, B: Ilan Eldad. D: Yonatan Segal, Nitza Saul, Michael Schneider.
Nach dem auf die jiddischen Purimspiele des 16. Jahrhunderts zurückgreifenden Singspiel »Megilleh« von Haim Hefer und Dov Selzer gestaltete Darstellung der Geschichte von Esther, die ihr Volk in der Babylonischen Gefangenschaft vor der Vernichtung bewahrte; phantasievoll, einfühlsam und anrührend.

Der Frontgockel ∗
BRD 1955 – 100 Min. – R: Ferdinand Dörfler. D: Peter Pasetti, Herbert Hübner, Günther Lüders.
Kriegsklamotte. Soldatenschwank auf niederstem Niveau um ein Huhn, das versehentlich verspeist wird und als Maskottchen dienen sollte.

Ein Frosch in Manhattan / Darling, laß dich scheiden / The April Fools ∗∗

USA 1969 – 91 Min. – R: Stuart Rosenberg. D: Jack Lemmon, Catherine Deneuve, Peter Lawford, Jack Weston, Myrna Loy, Charles Boyer, Sally Kellerman.
Komödie. Auf der Party lernt Lemmon eine Blondine kennen und ahnt nicht, daß es die Frau seines Chefs ist; der Versuch, chaplinesken Witz in dem mit Stars gespickten Film zu entfalten, gelingt selten. Harmlose Unterhaltung.

Der Frosch mit der Maske / Froen Med Masken * ½
DK 1959 – 89 Min. sw. – R: Harald Reinl. D: Siegfried Lowitz, Joachim Fuchsberger, Jochen Brockmann, Eva Anthes.
Edgar-Wallace-Krimi. Immer steckt hinter einer eiskalten Verbrecherbande, die sich in den finsteren Gassen Londons tummelt, ein Geheimnis – oder ein ungreifbarer Anführer. Mäßig spannende Bearbeitung eines Romans des englischen Kriminalschriftstellers.

Frösche / Frogs **
USA 1972 – 95 Min. – R: George McCowan. D: Ray Milland, Sam Elliott, Joan Van Ark.
Öko-Horrorfilm. Die drangsalierte Natur schlägt zurück, Riesenfrösche sind ihre Krieger, eine harmlose Familie auf einer Insel die ersten Opfer; der dramaturgisch dünne, aber geschickt operierende Film bleibt bei traditionellem Grusel, deutet aber den ökologischen Hintergrund des Geschehens immerhin an.

Ein Froschmann an der Angel / The Big Mouth ** ½
USA 1967 – 108 Min. – R: Jerry Lewis. D: Jerry Lewis, Susan Bay, Harold J. Stone, Buddy Lester, Del Moore, Paul Lambert.
Komödie. Ein Angler zieht einen Froschmann an Land; sein Pech, daß er ihm sehr ähnlich sieht, denn die Beute wird von zwei Banden gejagt; Komödie zwischen abgehobenem Blödeln und aberwitziger Action.

Frost – Der Frauenmörder / Early Frost * ½
AUS 1981 – 81 Min. – R: David Hannay. D: Diana McLean, David Franklin, Janet Kingsbury, Kit Taylor.
Kriminalfilm. Ein Privatdetektiv sucht einen Frauenmörder unter den Mitgliedern zweier unbescholtener Familien; Krimi, der seltsame, spannungsmindernde Wege geht; schwach auch die Darsteller.

Frou-Frou – Die Pariserin / Frou-Frou * ½
F 1955 – 102 Min. – R: Augusto Genina. D: Dany Robin, Louis de Funès, Gino Cervi, Ivan Desny, Philippe Lemaire.
Komödie. Vier reiche ältere Herren umwerben ein Blumenmädchen, das sich zwischen Geld und Neigung entscheiden muß; nicht sonderlich originell, aber lustig und übermütig.

Die Frucht des Tropenbaums / The Tamarind Seed ** ½
USA 1974 – 118 Min. – R: Blake Edwards. D: Julie Andrews, Omar Sharif, Anthony Quayle.
Thriller. Die abgerundete Spionageaffäre, kombiniert mit Liebe und Exotik, demonstriert, wozu ein erfinderischer Geist fähig ist; spielt in Paris, London und auf den Barbados.

Früchte des Zorns / The Grapes of Wrath *** ½
USA 1940 – 110 Min. sw. – R: John Ford. D: Henry Fonda, Jane Darwell, Russell Simpson, Zeffie Tilbury.
Literaturverfilmung. Ein Mann kehrt nach vierjähriger Haftstrafe aus dem Zuchthaus zu seiner Familie in den Mittelwesten zurück; doch die Farmer dort haben ihr Pachtland an Spekulanten verloren; auf der Flucht vor dem Elend machen sich alle nach Kalifornien auf; Ford (»Cheyenne«) inszenierte die melancholisch-kritische Farmerballade aus dem nicht mehr wilden, sondern ungerechten Westen; nach dem Roman von John Steinbeck.

Früh auf, spät nieder TV-Film
BRD 1987 – 45 Min. sw. – R, B: Susanne Abel, Rudolf Oshege. D: Dietmar Bär, Monika Fink.
Ein gelernter Metzger wird nach seiner exzellenten Gesellenprüfung vom Meister entlassen; eine Liebesbeziehung scheitert; intensiver und engagierter Debütfilm.

Früher Frost / An Early Frost TV-Film
USA 1985 – 94 Min. – R: John Erman. D: Aidan Quinn, Gena Rowlands, Ben Gazzara, Sylvia Sidney, D. W. Moffett, John Glover, Sydney Walsh.
Ein junger Homosexueller erkrankt an Aids, trennt sich von seinem untreuen Freund und fährt zu seinen Eltern nach Boston; für die bricht eine Welt zusammen; unsentimentaler, eindrucksvoller Film um die komplexen Fragen einer stigmatisierenden Krankheit; sechs Emmy Awards.

Frühling in Baden-Baden * ½
BRD 1967 – 95 Min. – R: R. A. Stemmle. D: Peer Schmidt, Günther Schramm, Fita Benkhoff.
Komödie. Ein Playboy und ein Baron im Baden-Baden vor dem Ersten Weltkrieg sind in eine amüsante Romanze verstrickt mit Plüsch und Musik.

Frühling in Berlin * ½
BRD 1957 – 105 Min. – R: Arthur Maria Rabenalt. D: Walter Giller, Sonja Ziemann, Martha Eggerth, Gardy Granass.
Romanze. Berlin im Frühling ist nicht der geeignete Ort, um sich scheiden zu lassen; schöne Ansichten von der alten Hauptstadt, kombiniert mit belanglosen Geschichten.

Frühlingsfluten TV-Film
BRD 1974 – 90 Min. – R: Vojtech Jasny. D: Dan Mastacan, Senta Berger, Sabine Wienand.
Dmitrij Sanin macht in Weimar Station und begegnet der zauberhaften Gemma; nach einer Novelle von Turgenjew.

Frühlingssinfonie ** ½
BRD/DDR 1985 – 104 Min. Ⓥ atlas. – R: Peter Schamoni. D: Nastassja Kinski, Rolf Hoppe, Herbert Grönemeyer, Anja-Christine Preussler, Edda Seippel, André Heller.
Melodram. Die Liebesgeschichte zwischen Clara Wieck und Robert Schumann ist gekoppelt an eine Haßliebe zwischen Schumann und Friedrich Wieck, dem Vater des Mädchens; an den historischen Schauplätzen in Sachsen gedreht – mit einer subtil agierenden Nastassja Kinski.

Die Frühreifen **
BRD 1957 – 90 Min. sw. – R: Josef von Baky. D: Christian Doermer, Paul Esser, Heidi Brühl, Peter Kraus, Sabine Sinjen.
Szenefilm. Rührstück über Probleme von Jugendlichen zwischen Nachkriegsarmut und Wirtschaftswunderprotzerei; unaufrichtig, aber als Zeitdokument interessant.

Frühstück bei Tiffany / Breakfast at Tiffany's ***
USA 1961 – 115 Min. Ⓥ CIC. – R: Blake Edwards. D: Audrey Hepburn, George Peppard, Buddy Ebsen, Mickey Rooney.
Moderner Liebesfilm. Amüsante und originell ins Bild gesetzte Story um ein kapriziöses junges Ding, das einen Millionär angeln will und an einem Dachstubenpoeten hängenbleibt; mit der besten Hepburn aller Zeiten und Henry Mancinis wunderschöner Musik (»Moon River«).

Frühstück für Feinde TV-Film
BRD – 94 Min. – R: Jochen Baier, Norbert Kerkhey. D: Niels Hansen, Nadja Engelbrecht, Jürgen Schornagel, Martin Ankermann, Wolf Seesemann.
Sozialtechnologie und »Gesellschaftsentsorgung«: abstrakte Themen, die der Fernsehfilm dennoch zu einem spannenden Thriller umpolt. Ein ehemaliger Institutsbesitzer erhält den Forschungsauftrag, die Welt von morgen auszukundschaften, genauer: zu recherchieren, wann in Großstädten bei zunehmenden Katastrophen zukünftig eine Panik ausbrechen könnte. Er stößt auf merkwürdige Zusammenhänge und lernt seltsame Menschen kennen; spannend inszenierter Faktenkrimi.

Frühstück im Doppelbett *
BRD 1963 – 93 Min. sw. – R: Axel von Ambesser. D: Liselotte Pulver, O. W. Fischer, Lex Barker, Ann Smyrner, Ruth Stephan.
Ehekomödie. Verklemmter Filmspaß um ein langgedientes Ehepaar, das sich Seitensprünge leistet. Im Andeuten offene, im Zeigen biedere, im Dialog kalauernde Filmfrivolitäten; Erotik made in Germany zum Abgewöhnen. Nur die Besetzung macht Spaß.

Das Frühstück im Grünen / Le déjeuner sur l'herbe ***
F 1959 – 88 Min. – R: Jean Renoir. D: Paul Meurisse, Cathérine Rouvel, Fernand Sardou, Jacqueline Morane.
Zeitkritische Komödie. Die Industriegesellschaft fährt in die Ferien, die einen auf ihren Landsitz, die anderen auf Campingplätze; ein illustrer Biologe feiert bei der Gelegenheit seine Verlobung vor der geladenen Weltpresse und verfällt danach dem Rausch der Sinnenlust mit einer anderen Frau; Natur, Eros und Vernunft tanzen einen Reigen in diesem Renoir-Werk des reinen Vergnügens.

Frühstück in der Todeszelle / The Ceremony **
GB 1964 – 107 Min. sw. – R: Laurence Harvey. D: Laurence Harvey, Robert Walker jr., Sarah Miles, John Ireland, Ross Martin.
Kriminalmelodram. Eine Nacht vor dessen Hinrichtung versucht ein Gangster seinen Komplizen zu retten, indem er ihn, als Priester verkleidet, in der Todeszelle besucht; spannend, aber ohne viel Substanz.

Frühstück mit dem Killer / Geier können warten / Les étranges **
BRD/F 1969 – 90 Min. – R: Jean-Pierre Desagnat. D: Senta Berger, Michel Constantin, Julian Mateos.
Krimi. Vier Parteien auf der Jagd nach gestohlenen Diamanten, Ingenieur mit seinem Liebchen, Bankräuber, Syndikat und Polizei. Routiniert gedreht.

Der Fuchs geht in die Falle / For Love or Money **
USA 1962 – 102 Min. – R: Michael Gordon. D: Kirk Douglas, Mitzi Gaynor, Gig Young, Thelma Ritter, Leslie Parrish.
Komödie. Eine exzentrische Millionärswitwe stellt einen Rechtsanwalt an, der für hohe »Kopfprämien« reiche Ehemänner für ihre Töchter suchen soll, doch der Junggeselle ist selbst begehrt; nicht sehr aufregende Komödie ohne Schwung.

Der Fuchs von Paris **
BRD 1957 – 94 Min. sw. – R: Paul May. D: Martin Held, Paul Hartmann, Hardy Krüger, Marianne Koch, Peter Mosbacher, Viktor Staal.
Kriegsfilm. Zwei deutsche Offiziere wollen angesichts der drohenden Niederlage 1944 an der französischen Front mit den Alliierten kooperieren, um Leben zu retten. Ein riskantes, dramatisches Spiel mit wechselnden Koalitionen beginnt; gut gespielter, ehrlicher und sorgsam bemühter Kriegsfilm, nicht ohne Längen.

Der Führerschein TV-Film
BRD 1978 – 80 Min. – R, B: Irina Korschunow. D: Witta Pohl, Klaus Herm, Dieter Kirchlechner.
Eine junge Hausfrau und Mutter von zwei Kindern fühlt sich in der Neubausiedlung isoliert. Ihr entschiedener Wunsch, den Führerschein zu machen, stößt zunächst auf Unverständnis bei ihrem Ehemann.

Fuhrmann Henschel * ½
BRD/A 1956 – 105 Min. – R: Josef von Baky. D: Walter Richter, Käthe Braun, Nadja Tiller, Camilla Spira, Wolfgang Lukschy.
Literaturverfilmung. Adaption des naturalistischen Schauspiels von Gerhard Hauptmann vom gutmütig-naiven Fuhrmann, der nach dem Tod seiner Frau einer besitzbesessenen Magd verfällt und daran zerbricht; der Verfilmung fehlt in jeder Hinsicht Saft und Kraft der Vorlage.

Fünf gegen Casablanca **
BRD/I 1967 – 83 Min. – R: Umberto Lenzi. D: Ken Clark, Carlo Hintermann, Horst Frank, Hardy Reichelt.
Agentenfilm. 1943 in Casablanca: Humphrey Bogart alias Rick Blaine ist so fern wie die Marx Brothers, aber Churchill, Stalin und Roosevelt bereiten ihre Friedenskonferenz vor; das soll ein deutscher Kommandotrupp verhindern, und schon ist die schönste Agentenplotte im Gange.

Fünf Gräber bis Kairo / Five Graves to Cairo ***
USA 1943 – 93 Min. – R: Billy Wilder. D: Erich von Stroheim, Akim Tamiroff, Franchot Tone, Anne Baxter, Peter van Eyck.
Kriegsabenteuer. Ein britischer Korporal gerät in der Sahara hinter die deutschen Linien; er verkleidet sich und versucht, Rommel auszuspionieren. Eine kompli-

zierte Liebesgeschichte zwischen einer Französin, einem Deutschen und dem Engländer steht im Kontrast zu den Kriegsereignissen.

Die fünf Karnickel *

A 1953 – 93 Min. sw. – R: Kurt Steinwendner. D: Ingrid Lutz, Josef Menschik, Rudolf Carl, Paul Löwinger.

Klamotte. Da eine Skatrunde »Fünf Karnickel« in einer Tanzbar besichtigen will, drehen ihre Frauen durch; witzlose Albernheit.

Fünf letzte Tage ** ½

BRD 1982 – 108 Min. – R: Percy Adlon. D: Irm Hermann, Lena Stolze, Will Spindler, Hans Hirschmüller, Philip Arp.

Zeitkritischer Film. Die Buchhalterin Else Gebel erlebte als Zellengenossin Sophie Scholls die letzten fünf Tage der Studentin, die wegen »Hochverrats« von den Nazis ermordet wurde. Sensible Charakterstudie als politisches Dokument.

Fünf Millionen suchen einen Erben **

D 1938 – 84 Min. sw. – R: Carl Boese. D: Heinz Rühmann, Leny Marenbach, Vera von Langen, Oskar Sima.

Verwechslungskomödie. Ein Mann soll eine Riesenerbschaft machen, vorausgesetzt, er ist glücklich verheiratet. Das läßt sich – wegen der Dollars – schnell bewerkstelligen, oder nicht? Angestrengter Unterhaltungsfilm aus der NS-Zeit, mit konventioneller Dramaturgie, stereotypen Mißverständnissen und einem Amerika-Bild für rassistische Durchschnittsdeutsche, die im Farbigen den typischen Domestiken sehen. Rühmann fühlt sich in einer Doppelrolle wohl, singt und pfeift »Ich brech' die Herzen der stolzesten Frau'n« und turnt an einer Wolkenkratzerfassade.

Fünf Perlen / O'Henry's Full House ** ½

USA 1952 – 113 Min. – R: Henry King, Henry Hathaway, Henry Koster, Jean Negulesco, Howard Hawks. D: Charles Laughton, Marilyn Monroe, Dale Robertson, Richard Widmark.

Episodenfilm. Nach Kurzgeschichten des US-Schriftstellers O'Henry, dessen zarte, magische Alltagsdarstellung gut getroffen wird.

Die fünf Vogelfreien / Firecreek **

USA 1967 – 100 Min. – R: Vincent McEveety. D: James Stewart, Henry Fonda, Inger Stevens, Gary Lockwood.

Western. In dem verschlafenen Nest Firecreek ist plötzlich der Teufel los, und der privatisierende Sheriff muß zur Waffe greifen. Allein gegen alle bringt er den Showdown zu Ende. Zerdehnte »High Noon«-Variante erst am Schluß mit zugespitztem Tempo und James Stewart fast mit Gary-Cooper-Format.

Fünf vor zwölf in Caracas / Inferno a Caracas *

BRD/I/F 1966 – 92 Min. – R: Marcello Baldi. D: George Ardisson, Pascale Audret, Harald Leipnitz, Horst Frank, Christa Linder.

Agentenfilm. Der flotte Geheimagent befreit die Millionärstochter aus den Händen der Rauschgiftbande; wilde Schußwechsel, blinder Nervenkitzel.

585 Kilohertz TV-Film

BRD – 60 Min. – R, B: Heiko Schuer. D: Clemens Füsers, Monika Dietl, Angelika Harnisch, Christian Zertz.

Ein junger Mann will auf ein Stichwort in der Sendung einer Radiosprecherin warten, das ein Rendezvous signalisiert; doch er schläft in einem öffentlichen Bad ein und wird übers Wochenende eingesperrt; ein schwungvoll inszenierter, liebenswerter kleiner Film über das Problem Liebe und Zufall; mit Musik von Piet Klocke.

Das fünfte Gebot **

BRD 1977 – 108 Min. Ⓥ Ufa. – R: Duccio Tessari. D: Helmut Berger, Rainer Will, Peter Hooten, Michael Weidelt, Udo Kier, Umberto Orsini.

Krimi. Ende der zwanziger Jahre geraten zwei Jungen im Ruhrgebiet immer mehr auf die schiefe Bahn; ein SA-Sturmführer benutzt sie, um Unruhe zu schüren; historische Vorlage authentisch verfilmt.

Die fünfte Kolonne / Foreign Intrigue ** ½

USA 1955 – 96 Min. – R: Sheldon Reynolds. D: Robert Mitchum, Geneviève Page, Ingrid Thulin, Frederick O'Brady.

Politkrimi. Als der Millionär Denmore

stirbt, beginnt sein Sekretär die geheimnisvolle Vergangenheit seines Exchefs zu durchforsten. Dabei entdeckt er, daß Denmore Kollaborateure Hitlers aus den Kriegsjahren erpreßt hat; Robert Mitchum macht in einer Glanzrolle gute Figur im Trenchcoat.

55 Tage in Peking / Fifty-five Days in Peking ** ½
USA 1962 – 145 Min. – R: Nicholas Ray. D: Charlton Heston, Ava Gardner, David Niven, Flora Robson, John Ireland.
Historiengemälde. Das Reich der Mitte um die Jahrhundertwende zur Zeit des Boxeraufstands; chinesische Geheimbünde und die Weltmächte kämpfen um die Vorherrschaft in China. Ein gewaltiges Aufgebot an Stars und Komparsen bevölkert dieses wirre, nicht ganz gelungene Spätwerk von Nicholas Ray.

Die 5000 Finger des Dr. T / The 5000 Fingers of Dr. T. ** ½
USA 1953 – 86 Min. OmU. – R: Roy Rowland. D: Tommy Rettig, Hans Conried, Peter Lind Hayes, Mary Healy.
Phantastisches Musical. Exzentrischer, grotesk-komischer Film um einen Klavierschüler und seinen musikalischen Foltermeister; in Traumsequenzen von explodierender Phantastik probt der Junge den Aufstand, und die Musik von Friedrich Hollaender unterstützt ihn dabei mit ungewöhnlicher technischer und dramaturgischer Bravour.

Die 25. Stunde / La 25ième heure ** ½
F 1966 – 114 Min. – R: Henri Verneuil. D: Anthony Quinn, Virna Lisi, Michael Redgrave, Serge Reggiani.
Literaturverfilmung. Adaption des Romans von Constantin V. Gheorghiu über das harte Los eines jüdisch-rumänischen Bauern in und nach dem Zweiten Weltkrieg. Eindrucksvoll, doch ohne die leisen Verweise auf die bittere Ironie des Schicksals, die die literarische Vorlage enthält.

Funny Girl / Funny Girl ***
USA 1968 – 155 Min. Ⓥ RCA Columbia. – R: William Wyler. D: Barbra Streisand, Omar Sharif, Kay Medford, Anne Francis, Walter Pidgeon.
Musical. Ein Varietéstar verliebt sich leidenschaftlich, aber nicht unbedingt glücklich in einen Glücksspieler; nicht sehr authentische Biographie der singenden Komödiantin Fanny Brice (1891–1951), doch schwungvoller Musikfilm, für den Barbra Streisand den Oscar bekam; begeisterndes Finale.

Funny Lady / Funny Lady ** ½
USA 1975 – 137 Min. – R: Herbert Ross. D: Barbra Streisand, James Caan, Omar Sharif, Roddy McDowall, Ben Vereen, Carolle Wells.
Musikfilm. Fortsetzung von »Funny Girl«; die singende Komödiantin Fanny Brice auf dem Höhepunkt ihrer Karriere; ebenso opulent wie der erste Film, doch mit schlechterem Drehbuch, gegen das ein überzeugendes Team mühsam anspielt.

Für eine Handvoll Geld / The Big Trees * ½
USA 1952 – 95 Min. – R: Felix Feist. D: Kirk Douglas, Eve Miller, Patricia Wymore, Edgar Buchanan.
Milieukritischer Film. Macht- und Erfolgsstreben im guten, alten Hollywood-Gewand, als Melodram und persönliche Auseinandersetzung zwischen zwei ehemaligen Freunden; klassisches Beispiel einer aus individuellem Horizont verengten und filmisch scheiternden Erzählperspektive.

Für Elise TV-Film
DDR – 75 Min. – R: Peter Hagen. D: Angelika Waller, Beatrice Oberhof, Gert-Hartmut Schreier, Werner Dissel.
Ein Taxifahrer und eine Gemeindeschwester leben zusammen, die fünfjährige Tochter der Frau stammt aus einer früheren Verbindung. Das diffizile Alltagsleben der drei zwischen Liebe, Arbeit, Karriere erzählt der auf optische Wirkung setzende Film mit Sinn für stimmige Details.

Für Gesetz und Ordnung / Law and Order ** ½
USA 1976 – 142 Min. – R: Marvin J. Chomsky. D: Darren McGavin, Suzanne Pleshette, Art Hindle, Will Geer, Keir Dullea.
Polizeifilm. Erst auf Drängen seines Soh-

nes nimmt ein aufrechter New Yorker Chefinspektor Presseberichte über Korruption unter seinen Kollegen ernst; auf individuelle Konflikte angelegter, daher etwas zerdehnter, dramaturgisch verwirrender Film, der die gesellschaftlichen Hintergründe von Bestechlichkeit vernachlässigt.

Für König und Vaterland / King and Country ∗∗∗
GB 1964 – 85 Min. sw. – R: Joseph Losey. D: Dirk Bogarde, Tom Courtenay, Leo McKern, Barry Foster, James Villiers.
Antikriegsstück. Im Ersten Weltkrieg ist in Belgien ein britischer Soldat desertiert; er wird vor ein Kriegsgericht gestellt und zum Tode verurteilt, obwohl er die Umstände seiner Fahnenflucht begründet; all seine einstigen Kameraden sind gefallen, zu Hause ist ihm die Frau untreu geworden, er leidet an Durchfall und Schlaflosigkeit. Ein formal strenges Werk, das Loseys Themen, den Pessimismus und die Vergeblichkeit, spiegelt.

Fürchte dich nicht, Jakob! ∗∗ ½
BRD 1981 – 98 Min. – R: Radu Gabrea. D: André Heller, Aviva Gaire, Pedro Efé, Dan Nutzu, João Guedes, Pisany Burnay.
Zeitkritischer Problemfilm. Ein junger Jude flieht um 1900 mit seiner schwangeren Frau vor Judenpogromen aus Rußland. Sein früherer Knecht hat geschworen, ihn in der Osternacht zu ermorden. In dieser Grundspannung, die gesellschaftliche Problematik mit Abenteuerstimmung auf heikle, aber glaubwürdige Weise verbindet, treibt der fesselnde Film seine Erzählung psychologisch fundiert voran. In der Hauptrolle beeindrukkend: André Heller.

Der furchtlose Rebell / Vanina Vanini ∗∗ ½
I/F 1961 – 110 Min. – R: Roberto Rossellini. D: Sandra Milo, Martine Carol, Laurent Terzieff, Jean-Claude Brialy, Paolo Stoppa.
Historischer Liebesfilm. Die leidenschaftliche Liebe einer Adligen zu einem verfolgten Patrioten. Nach Stendhals Novelle von Rossellini (»Paisà«) unter weitgehendem Verzicht auf kritischen Realismus als romantische, das Ambiente betonende Love-Story inszeniert.

Die Furchtlosen von Parma / La strada dei giganti ∗ ½
I 1960 – 83 Min. – R: Guido Malatesta. D: Don Megowan, Hildegard Knef, Chelo Alonso, Ivo Garrani.
Abenteuerfilm. Bösewichter sabotieren 1859 den Bau einer Bahnlinie in Norditalien; einfallslose Story mit einer aufgesetzten Liebesromanze zwischen US-Ingenieur und einer Hochadligen.

Fürs Vaterland zu sterben / Friendly Fire ∗∗ ½
USA 1979 – 135 Min. – R: David Greene. D: Carol Burnett, Ned Beatty, Dennis Erdman.
Antikriegsfilm. Deprimierender Film aus dem Vietnamkrieg um einen jungen Sergeanten, der von der eigenen Artillerie getötet wird. In seinen Briefen an die Eltern und durch das unmenschliche Geschehen vor Ort entsteht ein umbarmherziges schmerzhaftes Abbild der Kriegswirklichkeit.

Furyo – Merry Christmas, Mr. Lawrence / Furyo / Merry Christmas, Mr. Lawrence ∗∗ ½
GB/J 1982 – 114 Min. Ⓥ marketing film. – R: Nagisa Oshima. D: David Bowie, Tom Conti, Riuichi Sakamoto.
Kriegsfilm. Im Zweiten Weltkrieg stehen sich 1942 auf Java, in einem Kriegsgefangenenlager, der japanische Kommandant und ein britischer Gefangener gegenüber. Die in sich geschlossenen Rituale einer verhärteten Männerwelt führen auf persönlicher Ebene zu brutaler Konfrontation. Der Film von Oshima (»Im Reich der Sinne«) betont die Unversöhnlichkeit individueller Emotionen in einer historischen »Großepoche«.

Füsilier Wipf ∗∗
CH 1938 – 110 Min. sw. – R: Leopold Lindtberg, Hermann Haller. D: Paul Hubschmid, Heinrich Gretler, Zarli Carigiet, Elsie Attenhofer.
Militärfilm. Ein schüchterner Friseurgehilfe muß im Ersten Weltkrieg einrücken; der Spott seiner Kameraden läßt ihm den

Dienst fürs Vaterland als Qual erscheinen; ein Film über militärische Hierarchien, die zu Schulen der Nationen stilisiert werden.

Der Fußgänger ✱✱

BRD 1973 – 94 Min. – R: Maximilian Schell. D: Gustav Rudolf Sellner, Ruth Hausmeister, Maximilian Schell, Elsa Wagner, Gila von Weitershausen.

Zeitkritischer Film. Ein Industrieller verliert nicht nur seinen Sohn, sondern auch die weiße Weste: Seine Nazivergangenheit kommt ins Gerede. Schells differenzierter Film, der nicht einseitig Propaganda betreibt, sondern den Menschen folgt, handelt dennoch die Zeitproblematik allzusehr nach dem Rezept berühmter Vergangenheitsbewältigung ab, das Engagement wird nicht plausibel.

Futureworld / Das Land von übermorgen ✱✱ ½

USA 1976 – 104 Min. – R: Richard T. Heffron. D: Peter Fonda, Blythe Danner, Yul Brunner.

Science-fiction-Film. Zwei Journalisten wollen etwas über das Urlaubsparadies »Delos« berichten und stoßen bei diesem Auftrag auf merkwürdige Wesen, halb Roboter, halb Replikant; eine SF-Groteske mit wenig Action, aber viel Unterhaltung und Spannung.

Fuzzy, halt die Ohren steif / Tequila FLOP

I/E 1973 – 80 Min. – R: Tulio di Micheli. D: Roberto Camardiel, Anthony Steffen, Eduardo Fajardo.

Italowestern. Blödelcowboy Fuzzy und Revolvermann Tequila haben erst nach einigen Anläufen Erfolg mit einem Banküberfall; reizlos.

G

Gabilan, mein bester Freund / Das letzte Wort hat Tilby / The Red Pony TV-Film
USA 1973 – 86 Min. – R: Robert Totten. D: Henry Fonda, Maureen O'Hara, Clint Howard, Ben Johnson, Jack Elam.
Henry Fonda als schroffer Vater liebt seinen Sohn auf distanzierte Art, die diesem jedoch gar nicht gefällt; Jody rebelliert, als ihm der Alte eines Tages ein Pferd schenkt; Psychowestern von spröder Schönheit nach einem Roman von John Steinbeck.

Gabriela ***
BRD 1950 – 89 Min. sw. – R: Géza von Cziffra. D: Zarah Leander, Carl Raddatz, Vera Molnar, Grethe Weiser, Käte Haack, Arno Assmann, Gunnar Möller, Albert Florath, Siegfried Breuer.
Psychogramm. Eine Nachtklubsängerin taucht mit ihrer kleinen Tochter, die durch Scheidung dem ungeliebten Mann zugesprochen wurde, unter; als die Tochter erwachsen ist, beginnen neue Verwicklungen; gut motivierter, gekonnt inszenierter Film mit überdurchschnittlicher Besetzung; Zarah Leander mit Liedern von Michael Jary in ihrem besten Nachkriegsfilm.

Gaily, Gaily – die Unterwelt von Chicago / Chicago, Chicago * ½
USA 1969 – 90 Min. – R: Norman Jewison. D: Beau Bridges, Melina Mercouri, Brian Keith.
Melodram. Ein Bursche aus der Provinz versucht 1910 in Chicago durch provokante Zeitungsartikel Karriere zu machen; unglaubwürdig.

Galax – Der gefühlvolle Roboter ** ½
R 1982 – 80 Min. – R: Ion Popescu-Gopo. D: Mariana Cabanov, George Constantin, Radu Buznea, Angela Ioan.
Science-fiction-Persiflage. Ein von Studenten gebauter Roboter bekommt Frühlingsgefühle und gesteht einer Studentin seine Liebe; bevor er wieder planmäßig zerlegt werden soll, geschieht Sonderbares; witziges, intellektuelles Spiel um die Möglichkeiten des Unmöglichen.

Der Galgenbaum / The Hanging Tree ** ½
USA 1958 – 103 Min. – R: Delmer Daves. D: Gary Cooper, Maria Schell, Karl Malden, Ben Piazza, George C. Scott.
Melodram. Western als Love-Story: Cooper haust in einem einsamen Goldgräberlager in der Wildnis von Montana – dorthin kommt das nach einem Postkutschenüberfall erblindete Mädchen, das er zwar gesundpflegt, aber nicht lieben will. Schauspielerisch brillant: Maria Schell.

Die Galgenvögel / Wheels of Terror * ½
USA 1986 – 100 Min. – R: Gordon Hessler. D: Oliver Reed, David Carradine, Bruce Davison, David Patrick Kelly.
Kriegsfilm. Eine deutsche Strafkompanie 1943 im Rußlandfeldzug und ihre Probleme mit Gehorsam und Überlebenswillen; ziemlich spektakulär und völlig verlogen.

La Gammick **
CDN 1974 – 100 Min. – R: Jacques Godbout. D: Marc Legault, Pierre Gobeil, Serge Pheriault.
Gangsterfilm. Der Tod des Mafiabosses in New York droht einen Krieg in der Unterwelt auszulösen; die Spur führt nach Montreal in diesem Killerspektakel.

Gandhi / Gandhi ***
GB 1982 – 180 Min. Ⓥ RCA Columbia. – R: Richard Attenborough. D: Ben Kingsley, Candice Bergen, Edward Fox, John Gielgud, Trevor Howard, John Mills.
Historienfilm. Die Geschichte des indischen Rechtsanwalts Gandhi, der erst in Südafrika, dann in seinem Heimatland

für die Rechte seiner Landsleute kämpft und das englische Kolonialsystem zu Fall bringt. Regisseur Attenborough (»Der Schrei nach Freiheit«) legt das Leben des Apostels der Gewaltlosigkeit in jeder Beziehung groß an. Zur Musik von Ravi Shankar bestechen die Bilder, die Schauplätze, der epische Atem und das Spiel des Titelhelden Ben Kingsley.

The Gangster / The Gangster ∗∗

USA 1947 – 84 Min. sw. OmU. – R: Gordon Wiles. D: Barry Sullivan, Belita, Joan Lorring, Akim Tamiroff, John Ireland.

Gangsterfilm. Ein Erpresser wird müde und will aussteigen; aber seine Gangsterkreise schicken ihn vom Regen in die Traufe; Aufstieg und Fall eines Außenseiters, lyrisch stilisiert, melodramatisch und konsequent erzählt.

Gangster im OP / The Hostage Heart ∗∗

USA 1977 – 90 Min. – R: Bernard McEveety. D: Bradford Dillman, Loretta Swit, Cameron Mitchell.

Thriller. Mitten in eine Herzoperation platzen Terroristen und verlangen zehn Millionen Dollar Lösegeld für die Geiseln. Aus dieser konfliktgeladenen Grundsituation im OP entwickelt der Film solide Spannung, kann jedoch die Charaktere nicht differenzieren.

Gangster in Key Largo

siehe: Hafen des Lasters

Gangster unter sich / Behave Yourself! ∗∗

USA 1951 – 80 Min. – R: George Beck. D: Farley Granger, Shelley Winters, William Demarest.

Krimikomödie. Der Hund Archie ist im festen Besitz einer Gangsterbande; das ahnt ein frischverheiratetes Paar nicht und nimmt das kriminelle Tier in Obhut; der Rest dieses nicht übermäßig einfallsreichen Filmspaßes besteht aus turbulenten Verwicklungen.

Der Gangsterboß von New York / Lepke ∗∗

USA 1975 – 116 Min. – R: Menahem Golan. D: Tony Curtis, Anjanette Comer, Michael Callan.

Gangsterfilm. Jüdischer Underdog aus den New Yorker Slums will nach oben und arrangiert sich mit den Syndikaten. Der zwischen Dokumentation und Fiktion im Stil des Gangsterfilms der dreißiger und vierziger Jahre klug ausgleichende Streifen erzählt seine Story ohne Pathos und Sentiment.

Die Gangsterschlacht von Kansas City / The Kansas City Massacre TV-Film

USA 1975 – 100 Min. – R: Dan Curtis. D: Dale Robertson, Bo Hopkins, Robert Walden, Scott Brady.

Der berühmte G-Man Melvin Purvis stapft zigarrenvernichtend durch eine Ansammlung klassischer Gangstergrößen der dreißiger Jahre, u. a. Baby Face Nelson und Staatsfeind Nr. 1, John Dillinger; es geht um Knastausbruch, Bankeinbruch und das FBI – Folge: siehe Filmtitel; zupackende Regie schafft ein ironisch distanziertes, actionreiches Panorama der Zeit der Bandenkriege.

Ganoven rechnen ab / La métamorphose des cloportes / Sotto il tallone ∗∗ ½

F/I 1965 – 100 Min. sw. – R: Pierre Granier-Deferre. D: Lino Ventura, Charles Aznavour, Irina Demick, Maurice Biroud.

Thriller. Ein Profigangster wird von kleinen Ganoven hereingelegt und beginnt einen mörderischen Rachefeldzug; intensiv und schnörkellos inszeniertes Rachemelodram, in dem Ventura seinen Mythos des einsamen Wolfs pflegt.

Ganovenbraut / Hold Your Man ∗ ½

USA 1935 – 83 Min. sw. – R: Sam Wood. D: Jean Harlow, Clark Gable, Dorothy Burgess, Stuart Erwin.

Liebeskomödie. Die lebenslustige Ruby findet eines Tages einen Ganoven in ihrem Badezimmer. Das hat Folgen: Ruby landet in einer Besserungsanstalt und ist außerdem noch schwanger. Das wiederum nötigt den Gangster auf der Flucht zur inneren Einkehr. An diesem Punkt kippt der Film mit dem Starduo Harlow/Gable ins Melodramatische um. Für Fans der beiden Stars.

Die Gans von Sedan ∗∗
BRD 1959 – 90 Min. – R: Helmut Käutner. D: Hardy Krüger, Jean Richard, Dany Carrel.
Kriegskomödie. Vor Sedan treffen sich 1870 ein deutscher und ein französischer Soldat beim Versuch der Nahrungsbeschaffung; da sie nach einem Bad die Uniformen verwechseln, kommt es zu ernsteren Verwicklungen; ein sympathischer Film gegen den Widersinn des Krieges.

Die Gänsehirtin am Brunnen ∗∗ ½
DDR 1979 – 57 Min. – R: Ursula Schmanger. D: Jaroslava Schallerová, Christine Schorn, David Schneider.
Märchenfilm. Freie Adaption des Grimm-Märchens vom jungen Schmied, der eine verstoßene Prinzessin sucht; geradlinig erzählter Film mit hintersinnigen Aktualitätsbezügen.

Die Gänsemagd ∗∗ ½
BRD 1957 – 75 Min. – R: Fritz Genschow. D: Renée Stobrawa, Rita-Maria Nowotny, Renate Fischer, Wolfgang Draeger.
Märchenfilm. Um ihren Prinzen auf die Probe zu stellen, tauscht Prinzessin Rosemargret die Rolle mit ihrer Zofe; das hätte sie besser nicht getan; mit Witz und Humor inszeniert.

Ein ganz frivoles Nummernkonto / Get Charlie Tully ∗∗
GB 1972 – 93 Min. – R: Cliff Owen. D: Dick Emery, Derren Nesbitt, Ronald Fraser, Pat Coombs.
Lustspiel. Zwei Gauner klauen Mafiageld und bringen es in die Schweiz in Sicherheit; als einer der beiden ermordet wird, sucht sein Partner, ein Luftikus, auf vier Damenpos nach den Nummern der Konten; mit einigen listigen Gags verzierte Sexklamotte im Stil von Actionfilmen; wenig lustig.

Ein ganz gewöhnlicher Tag / Ekdin Pratidin ∗∗ ½
IND 1980 – 85 Min. – R: Mrinal Sen. D: Satya Banerjee, Cita Sen, Mamata Shankar, Sreela Majumdar.
Generationsfilm. Am Beispiel alltäglicher Geschehnisse im Verlauf von 24 Stunden, in denen sich für eine Familie alles verändert, wird sozialkritisch das Leben von Durchschnittsbürgern Kalkuttas durchleuchtet; ein leiser Film der geduldigen Beobachtung menschlicher Tragödien.

Das ganz große Ding / Jeune fille libre le soir / Babysitter ∗∗ ½
F/I/BRD 1975 – 110 Min. – R: René Clément. D: Sydne Rome, Maria Schneider, Vic Morrow, Robert Vaughn, Nadja Tiller, Carl Möhner, Georg Marischka.
Kriminalfilm. Ein Starlet gerät in eine Krise, die die Karriere beendet; mit Hilfe einiger zwielichtiger Gauner entführt sie aus Rachsucht den Sohn ihres reichen Exliebhabers, ein mörderisches Spiel beginnt; verzwickt konstruierter Verwirrkrimi mit einigen ausgefallenen Charakterstudien; von düsterer Spannung.

Ein ganz natürlicher Mord / Murder by Natural Causes ∗∗ ½
USA 1979 – 92 Min. – R: Robert Day. D: Hal Holbrook, Katharine Ross, Richard Anderson, Barry Bostwick.
Kriminalfilm. Um ein Luxusleben mit ihrem Geliebten führen zu können, plant eine junge Frau, den Tod ihres herzkranken Ehemannes durch heftige Schocks zu beschleunigen; Serien von Gags und Überraschungen in einem flotten Krimi.

Ganz so schlimm ist es auch nicht / Pas si méchant que ça ... ∗∗ ½
F/CH 1974 – 105 Min. – R: Claude Goretta. D: Marlène Jobert, Gérard Depardieu, Dominique Lafont, Philippe Léotard.
Zeitkritischer Film. Um seine Möbelschreinerei vor dem Ruin und seine Schreiner vor der Arbeitslosigkeit zu bewahren, verübt ein junger Unternehmer Banküberfälle. Sozialkritisches Melodram, in dem das traditionelle Bild des Kapitalisten auf den Kopf gestellt wird.

Ein ganz verrückter Freitag / Freaky Friday ∗∗
USA 1977 – 92 Min. – R: Gary Nelson. D: Barbara Harris, Jodie Foster, John Astin.
Walt-Disney-Film. Mutter und Tochter wechseln für einen Tag auf magische Weise ihre Identität; wundersame Mischung aus Märchen und verrücktem Slapstick.

Eine ganze Nacht / Toute une nuit ** ½
B 1981/82 – 90 Min. – R: Chantal Akerman. D: Aurore Clément, Pierre Forget, Michel Lussan.
Liebesfilm. Geschichten von Gefühlen, von heftigen Begegnungen und raschen Trennungen im Verlauf einer Sommernacht; Bruchstücke leiser Liebesgeschichten; Eros durchs Kaleidoskop gesehen.

Die ganze Wahrheit / Keeper of the Flame ** ½
USA 1942 – 97 Min. sw. – R: George Cukor. D: Spencer Tracy, Katharine Hepburn, Forrest Tucker.
Melodram. Journalist recherchiert über einen getöteten Politiker und stößt bei dessen Witwe auf ein düsteres Geheimnis. Straffer Film mit engagierten Tönen zu Beginn des Eintritts der USA in den Krieg gegen den Faschismus. Mit dem Idealpaar Hepburn/Tracy und einem mutigen Drehbuch.

Gardenia – Eine Frau will vergessen / The Blue Gardenia ***
USA 1953 – 84 Min. sw. – R: Fritz Lang. D: Anne Baxter, Raymond Burr, Richard Conte, Ann Sothern, Nat »King« Cole.
Kriminalfilm. Eine junge Frau wird vom Verlobten verlassen, betrinkt sich und gerät in eine finstere Mordgeschichte; stimmungsvoller, konsequent inszenierter Psychothriller mit eindrucksvollen Darstellern; ein Klassiker des Genres.

Der Garten Allahs / The Garden of Allah ** ½
USA 1936 – 75 Min. – R: Richard Boleslawski. D: Marlene Dietrich, Charles Boyer, Alan Marshall, John Carradine, Basil Rathbone.
Romanze. Eine reiche Erbin sucht in der nordafrikanischen Wüste Vergessen und Frieden; sie heiratet, ohne es zu wissen, einen entlaufenen Trappistenmönch, der am Bruch des Gelübdes leidet; die opulente Technicolorfotografie überdeckt die Rührseligkeiten.

Garten des Bösen / Garden of Evil ***
USA 1954 – 96 Min. – R: Henry Hathaway. D: Gary Cooper, Susan Hayward, Richard Widmark, Hugh Marlowe, Cameron Mitchell.
Western. In einem mexikanischen Fischerdorf heuert eine attraktive junge Frau drei Glücksritter an, um ihren Mann aus einer verschütteten Goldmine zu retten; sie müssen dabei den »Garten des Bösen«, heiliges Indianerland, durchqueren; philosophischer Western über die Brüchigkeit von Beziehungen – trotzdem abenteuerlich und spannend.

Gaslicht und Schatten / Fanny by Gaslight ** ½
GB 1945 – 98 Min. – R: Anthony Asquith. D: Phyllis Calvert, James Mason, Stewart Granger, Wilfrid Lawson, John Laurie.
Melodram. Im viktorianischen England verteidigt die uneheliche Tochter eines Ministers ihre nicht standesgemäße Liebe gegen alle Angriffe bigotter Bürger; atmosphärisch dichtes Gesellschaftsbild einer moralbestimmten Epoche; glänzend Mason als gewissenloser Lebemann.

Der Gasmann **
D 1941 – 83 Min. sw. – R: Carl Froelich. D: Heinz Rühmann, Anny Ondra, Will Dohm, Hans Leibelt.
Literaturverfilmung. Durch kuriose Ereignisse kommt ein kleiner Mann überraschend ans große Geld; Rühmann ist als Biedermann in seinem Element, kommt in Stolpersituationen, die ihm liegen; nach einem Roman von Alexander Spoerl.

Gas-Oil / Gas-Oil **
F 1955 – 86 Min. sw. – R: Gilles Grangier. D: Jean Gabin, Jeanne Moreau, Ginette Leclerc, Roger Hanin.
Truckerfilm. Ein Fernfahrer fährt in Südfrankreich gemütlich geradeaus, bis er eines Nachts einen Mann überfährt, der jedoch schon vorher tot war; eine Gangsterbande verfolgt seine Spur, und der Trucker muß in diesem frühen, spannenden Road Movie Gas geben, um Sieger zu werden.

Gasparone **
D 1937 – 88 Min. sw. – R: Georg Jacoby. D: Marika Rökk, Johannes Heesters, Leo Slezak, Oskar Sima.

Operettenfilm. Marika Rökk tanzt und turtelt durch die romantische Millöcker-Operette um den vermeintlichen Räuberhauptmann Gasparone; flotte Unterhaltung mit Gesang.

Der Gast TV-Film
BRD 1982 – 105 Min. – R, B: Wolfgang Mühlbauer. D: Rolf Zacher, Monika Baumgartner, Peter Sattmann, Claus Theo Gärtner.
Zwei vorurteilslose junge Leute nehmen einen Verwahrlosten, einen Exhäftling, bei sich auf; er entpuppt sich als strapaziöse Nervensäge; hervorragend gespielte Tragikomödie mit exakt getimtem Witz.

Der Gast TV-Film
Afrika – 100 Min. – R: Ross Devenish. B: Athol Fugard. D: Athol Fugard, Marius Wayers, Gordon Vorster.
Darstellung einer Episode aus dem Leben des Afrikaans-Lyrikers und -Erzählers Eugène Marais; eindrucksvoll.

Das Gasthaus an der Themse * ½
BRD 1962 – 92 Min. sw. – R: Alfred Vohrer. D: Joachim Fuchsberger, Brigitte Grothum, Richard Münch, Elisabeth Flickenschildt, Klaus Kinski.
Edgar-Wallace-Krimi. Schwarz glitzert die Themse in der Nacht, und auch die Polizei tappt im dunkeln im Fall des mordenden Diamantenschmugglers; doch nach und nach geht Inspektor Fuchsberger ein Licht auf.

Der Gauner / The Reivers ** ½
USA 1968 – 103 Min. – R: Mark Rydell. D: Steve McQueen, Sharon Farrell, Rupert Crosse, Will Geer, Mitch Vogel.
Literaturverfilmung. Jefferson/Mississippi 1905: Alle warten gespannt auf die Ankunft des ersten Automobils. Dann ist es soweit, Steve McQueen als charmanter Ganove geht mit einem elfjährigen Jungen und einem Neger auf abenteuerliche Fahrt: farbige Charaktere, lebensvolle Episoden. Nach einem Roman von William Faulkner.

Gauner, Gags und Geldgeschäfte / Pouic-Pouic **
F 1956 – 85 Min. sw. – R: Jean Girault. D: Louis de Funès, Mireille Darc, Jacqueline Maillan.
Klamotte. Turbulenter Spaß um die Nöte eines hektischen Börsenhais: Das Familienleben läuft nicht so, wie Papa es will; Nervenbündel de Funès auf Hochtouren.

Gauner, Kronen und Juwelen / Crooks and Coronets **
GB 1968 – 120 Min. – R: James O'Connolly. D: Telly Savalas, Edith Evans, Warren Oates, Cesar Romero.
Diebeskomödie. Zwei US-Gangster sollen das Schloß einer alten Lady ausräumen, schwenken jedoch auf ihre Linie ein; als der Big Boss über den Teich kommt, treten sie gegen die alte Gang an; amüsanter, überraschend konstruierter Gaunerfilm.

Der Gauner und das Mädchen / Donovan's Kid ** ½
USA 1978 – 82 Min. – R: Bernard McEveety. D: Darren McGavin, Mickey Rooney, Shelley Fabares, K. Kurtzman.
Abenteuerfilm. San Francisco um die Jahrhundertwende: Der Ganove Donovan trifft nach Jahren seine Familie wieder und erzählt seiner Tochter von seinem abenteuerlichen Leben; als er mit seinem Kumpel Old Bailey weiterzieht, hat sich das Mädchen in der Kutsche versteckt; das zieht Verwicklungen, Action und einen wilden Boxkampf nach sich.

Der Gauner von Bagdad / Il ladro di Bagdad / The Thief of Baghdad **
I/USA 1960 – 88 Min. – R: Arthur Lubin, Bruno Vailati. D: Steve Reeves, Georgia Moll, Edy Vessel, Arturo Dominici, Daniele Vargas.
Abenteuerfilm. Variante der »Dieb von Bagdad«-Filme: Gerechtigkeitsliebender Held findet zur Zauberblume und zum Herzen der Sultanstochter, die einem Prinzen versprochen war; opulentes, farbenprächtiges Orientabenteuer mit einfallsreichen Kampfszenen, zum guten Schluß darf der (selbstironische) Muskelprotz Reeves den Schurken windelweich klopfen; für kindliche Gemüter.

Die Gauner von der Copacabana / Parceiros de aventura ** ½
Brasilien 1980 – 87 Min. – R: José Arujo de Madeiros. D: Isabel Ribeiro, Milton

Gonçalves, Marcus Vinicius, Procópio Mariano.
Gaunermelodram. Ein Kleinganove versucht Kokaingeschäfte auf eigene Faust; sein Freund soll ein Auto beschaffen und entführt dabei versehentlich eine Unternehmerstochter; ein einfühlsamer, detailgenauer Film mit Sympathie für die Underdogs.

Gaunerlehre / L'apprenti salaud ∗∗
F 1977 – 90 Min. – R: Michel Deville. D: Robert Lamoureux, Christine Dejoux, Claude Piéplu.
Gaunerkomödie. Ein alternder Verkäufer läßt sich auf abenteuerliche Finanzunternehmen und mit einer jungen Komplizin ein; witziges Verkleidungslustspiel.

Gazel, der Wüstenkrieger / Tuareg – Die tödliche Spur / Tuareg – Il guerriero del deserto ∗∗ ½
I/E 1984 – 87 Min. – R: Enzo G. Castelloni. D: Mark Harmon, Luis Prendes, Rita Brown, Paolo Malco.
Abenteuerfilm. Als eine Militärpatrouille das Gastrecht eines Tuareg verletzt und zwei Flüchtige verschleppt hat, sinnt der stolze Beduine auf Rache; buntes, spannendes Wüstenabenteuer.

Geächtet, gefürchtet, geliebt – Billy, the Kid / Billy the Kid ∗∗ ½
USA 1930 – 90 Min. sw. – R: King Vidor. D: Wallace Beery, Johnny Mack Brown.
Western. Die alte Mär von Billy und Pat Garrett, die zu einem bleihaltigen Ende kommt. Hier, in der frühen schwarzweißen Version, halten realistische Töne den Mythos frei von falschen Romantizismen. Das macht diesen Western zu einer Perle des Genres.

Geachtet, gehaßt, gefürchtet / The Broken Sabre ∗∗ ½
USA 1965 – 86 Min. – R: Bernard McEveety. D: Chuck Connors, Kamala Devi, Macdonald Carey, John Carradine.
Western. Präsident Grant gibt 1871 einem wegen Feigheit aus der Armee Entlassenen die Chance der Bewährung; intensiv gespielte Geschichte einer Charakterentwicklung im Gewand eines exzellent fotografierten Western.

Geblendeter Augenblick TV-Film
A 1986 – 130 Min. – R, B: Gert Jonke. D: Peter Fitz, Stuart Qudin, Rudolf Wessely, Peter Simonicek.
Im Herbst 1945 erschießt ein GI einen Zivilisten, der während der Sperrstunde vor dem Haus eine Zigarette raucht; der Getötete ist der avantgardistische Komponist Anton Webern; ein dokumentarischer Film über die Sinnlosigkeit von sturem Gehorsam und den Zufall, der über Tod oder Leben entscheiden kann.

Geborgtes Glück / Invitation ∗∗ ½
USA 1951 – 82 Min. sw. – R: Gottfried Reinhardt. D: Van Johnson, Dorothy McGuire, Ruth Roman, Louis Calhern.
Gesellschaftsfilm. Todkranke Frau liebt jungen Architekten, ihr reicher Daddy glaubt, mit Geld eine Heirat erzwingen zu können; doch das gekaufte Glück ist anfällig. Das gute Drehbuch des melodramatischen Films entbehrt nicht des Kitsches, dennoch ein engagiertes Werk der Extreme.

Gebrandmarkt / Forfeiture ∗∗ ½
F 1937 – 95 Min. sw. – R: Marcel L'Herbier. D: Victor Francen, Lise Delamare, Sessue Hayakawa, Lucas Gridoux.
Melodram. Eine Straße wird durch die Mongolei gebaut, Ingenieur Moret führt die Aufsicht. Spielschulden seiner Frau schaffen eine prekäre Lage, ein Prinz mischt sich ein, später wird er ermordet aufgefunden: Für Action ist gesorgt. Der mit exotischen Reizen nicht geizende Film versteht es, Drama und Stimmung zu verbinden. Abenteuer-Unterhaltung im besten Sinne.

Gebrochene Blüten / Broken Blossoms ∗∗∗
USA 1919 – 68 Min. sw. Stf. – R: David Wark Griffith. D: Lillian Gish, Richard Barthelmess, Donald Crisp.
Melodram. Ein Chinese (Barthelmess) rettet ein junges Mädchen vor dem Pfad der Untugend; stimmungsvoller Film mit einfühlsamen Darstellern; (neu bearbeitete) Originalpartitur von Ferdinand Gottschalk.

Die gebrochene Lanze / Broken Lance ∗∗ ½
USA 1954 – 92 Min. – R: Edward Dmy-

tryk. D: Spencer Tracy, Robert Wagner, Richard Widmark, Jean Peters, Katy Jurado.
Melodram. Rachedrama um eine Rancherfamilie im Südwesten der USA, deren Fehden gleichermaßen menschliche Bindungen und Besitz zerstören; Starbesetzung und glaubwürdige Psychologie in diesem spannenden Film.

Der gebrochene Pfeil / ***
Broken Arrow
USA 1950 – 89 Min. – R: Delmer Daves. D: James Stewart, Jeff Chandler, Debra Paget, Arthur Hunnicut.
Western. Ein Westmann will den bedrohten Frieden zwischen den Siedlern und den Apachen des Häuptlings Cochise retten und verliebt sich in dessen Tochter; erster bedeutender Western über die Indianerfrage mit Indianern, die als ernst zu nehmende Verhandlungspartner erscheinen; um Authentizität bemüht; trotz vieler Action ein sehr ruhiger, gelassener Film.

Die Geburt einer Nation / ***
The Birth of a Nation
USA 1914/15 – 212 Min. sw. Stf. OmU. – R: David W. Griffith. D: Henry B. Walthall, Miriam Cooper, Ralph Lewis, Lillian Gish, George Siegman, Walter Long.
Zeitkritisches Melodram. Geschichte zweier verfeindeter Familien im amerikanischen Bürgerkrieg 1861 bis 1865, die erst am Ende durch eine doppelte Verlobung wie die kriegführenden Lager der Nation versöhnt werden; der aufwendige, für die Kindertage des Kinos gewaltige, im filmischen Bereich grandios inszenierte und innovative Film diskutiert die Sklavenfrage aus Südstaaten-Sicht, ist nicht frei von – unfreiwilligem – Rassismus, imponiert jedoch durch tiefe Humanität in der Personenzeichnung; Filmklassiker.

Gedächtnis – Ein Film für Curt Bois und Bernhard Minetti TV-Film
BRD 1985 – 80 Min. – R: Bruno Ganz, Otto Sander. D: Curt Bois, Bernhard Minetti, Bruno Ganz, Otto Sander.
Hommage »für Curt Bois und Bernhard Minetti«, ein Film zweier junger Schauspieler über zwei der großen Alten; ein auf Gesprächen beruhendes, einfühlsam-respektvolles Porträt, das zwei Schauspielergenerationen charakterisiert.

Gedenktag TV-Film
BRD 1970 – 115 Min. sw. – R, B: Dieter Wedel. D: Wolfgang Hagemeister, Walter Riß, Joachim Wolff, Claus Eberth.
Versuch, die realen Hintergründe des DDR-Aufstands vom 17. Juni 1953 zu rekonstruieren; voller Pathos im Unpathetischen.

Geerbte Todesangst / * ½
Brainwaves
USA 1982 – 78 Min. – R: Ulli Lommel. D: Keir Dullea, Suzanna Love, Tony Curtis, Percy Rodriguez, Vera Miles.
Thriller. Ein Gehirnchirurg will einer Schwerverletzten durch eine revolutionäre Heilmethode helfen, richtet damit zunächst aber nur Unheil an; mittelmäßiger Schocker, kaum über Seifenopernniveau; Tony Curtis hatte als moderner Dr. Frankenstein vermutlich eine Reihe rabenschwarzer Drehtage.

Gefahr aus dem Dunkel / ** ½
The Quiller Memorandum
GB 1966 – 93 Min. – R: Michael Anderson. B: Harold Pinter. D: George Segal, Alec Guinness, Max von Sydow, Senta Berger, George Sanders.
Agententhriller. Aufstieg und Scheitern eines britischen Geheimagenten, der in Berlin die Stärke der Gegner unterschätzt; in blendender Genremanier und mit Starbesetzung inszeniert, bringt der auf raffiniert-langsame Weise spannende Reißer sowohl das Milieu als auch die Erkenntnis zur Sprache, daß Geheimdienste rundum kriminell sind.

Gefahr aus dem Weltall / ** ½
It Came From Outer Space
USA 1953 – 81 Min. – R: Jack Arnold. D: Richard Carlson, Barbara Rush, Charles Drake, Russell Johnson.
Science-fiction-Film. Nach einer Ray-Bradbury-Story gedrehte Filmutopie um Außerirdische, die in Arizona abstürzen, in die äußere Gestalt der Provinzbewohner schlüpfen und dort unerkannt Böses tun; straffer, tricktechnisch beachtlicher SF-Schocker mit Klischees aus dem kalten Krieg.

Gefahr im Tal der Tiger / Maya ** ½
USA 1965 – 87 Min. – R: John Berry. D: Clint Walker, Jay North, I. S. Johar, Sajid Kahn, Jairaj.
Abenteuerfilm. Terry aus Amerika besucht seinen Vater, einen Großwildjäger, in Indien. Ihr Verhältnis entwickelt sich negativ, Terry flieht in den Dschungel, wo er in Lebensgefahr gerät; ein indischer Junge rettet ihn. Der jugendgerecht inszenierte Film fesselt durch schöne Landschaftsaufnahmen und bietet solide Abenteuerspannung.

Gefahr im Verzug / Péril en la demeure ***
F 1984 – 97 Min. Ⓥ VPS. – R: Michel Deville. D: Christophe Malavoy, Nicole Garcia, Michel Piccoli, Anémone, Richard Bohringer.
Erotischer Krimi. Ein Musiklehrer in Diensten Begüterter gerät in einen verwirrenden Strudel seltsamer Ereignisse; als ihn auch noch ein Killer aufsucht, nachdem die Dame des Hauses ihn verführt hat, versteht der Musikus die Welt nicht mehr. Das vergnügliche, intelligente Kammerspiel präsentiert seine schillernde Welt mit Lust an dunklen Tönen.

Gefahr in Frisco / Thieves' Highway ** ½
USA 1949 – 94 Min. sw. – R: Jules Dassin. D: Richard Conte, Valentina Cortese, Lee J. Cobb, Jack Oakie, Barbara Lawrence.
Krimi. Ein Kriegsheimkehrer findet seinen Vater verkrüppelt vor, die Gründe seines Unfalls liegen im dunkeln; aber bald stößt der Held auf die Hintermänner vom Syndikat und rechnet ab; geschickt verknüpft der spannende Film Krimi und dokumentarische Sozialstudie aus dem Milieu der Großmärkte.

Gefahr in Havanna / Pier 5 Havana * ½
USA 1959 – 65 Min. sw. – R: Edward L. Cahn. D: Cameron Mitchell, Allison Hayes, Logan Field.
Krimi. Die Nachwehen von Fidel Castros kubanischer Revolution als peinlicher Hintergrund einer Mann-sucht-Freund-Story; für Freunde des Regisseurs.

Gefahr über den Wolken / Crisis in Mid-air TV-Film
USA 1979 – 100 Min. – R: Walter Grauman. D: George Peppard, Karen Grassle, Desi Arnaz jr., Don Murray.
Ein alternder, von privaten und beruflichen Krisen geplagter Fluglotse muß sich in einer kritischen Situation bewähren; routinierte Serienware.

Gefährliche Abenteuer – Ein Cowboy in Afrika / Africa – Texas-Style! **
GB/USA 1967 – 101 Min. – R: Andrew V. Marton. D: Hugh O'Brian, John Mills, Nigel Green, Adrienne Corri.
Abenteuerfilm. Was tut ein Cowboy auf dem schwarzen Kontinent? Er züchtet Vieh, in diesem Fall Großwild; das geht nicht ohne Konflikte mit dem Urwaldnachbarn ab. Großartige Tieraufnahmen in einem exotischen Abenteuer.

Gefährliche Begegnung / The Woman in the Window *** ½
USA 1944 – 94 Min. sw. – R: Fritz Lang. D: Edward G. Robinson, Joan Bennett, Raymond Massey, Dan Duryea.
Psychodrama. Ein alternder Professor für Kriminalpsychologie verliebt sich in das Bild einer geheimnisvollen Frau und ist im Innersten aufgewühlt, als er der Schönen nachts begegnet; obwohl sich am Ende alles als Traum herausstellt, bleibt die Bedrohung seiner Existenz durch erotische Begierden.

Gefährliche Beichte / True Confessions **
USA 1981 – 104 Min. – R: Ulu Grosbard. D: Robert DeNiro, Robert Duvall, Charles Durning, Ed Flanders.
Krimi. Polizist stößt bei Ermittlungen um den Mord an einer »Bordsteinschwalbe« auf einen Mann, zu dem sein Bruder heikle Beziehungen unterhält; der spannende Film zeigt ein Netz gesellschaftlicher Verflechtungen und entlarvt mutig ein korruptes Milieu.

Gefährliche Leidenschaft / Gun Crazy ***
USA 1950 – 87 Min. sw. – R: Joseph H. Lewis. D: Peggy Cummings, John Dall, Berry Kroeger, Morris Carnovsky.
Liebeskrimi. Ein Waffennarr und eine

Kunstschützin in einer Amour fou, die in Bonnie-und-Clyde-Manier zu rücksichtsloser Freiheit und leidenschaftlicher Gewalt führt; schnelles Leben, erbarmungsloser Tod – der grandiose Film brennt ab mit technischem Feuer und subversiver Stimmung.

Gefährliche Mitwisser / ∗∗
Dangerous to Know
USA 1938 – 71 Min. sw. OmU. – R: Robert Florey. D: Akim Tamiroff, Anna May Wong, Gail Patrick, Lloyd Nolan, Anthony Quinn.
Krimi. Knallharte, routiniert heruntergedrehte, aber handwerklich saubere Billigplotte um einen Gangster, der einer Frau aus besseren Kreisen hinterhersteigt; gute B-Kost; Quinn in einer frühen, interessanten Nebenrolle.

Gefährliche Ruhe / Spokoj ∗∗ ½
PL 1976 – 82 Min. – R: Krzysztof Kieslowski. D: Jerzy Stuhr, Danuta Ruksza, Jerzy Trela, Izabella Olszewska.
Zeitkritischer Film. Beklemmend realistischer, dokumentaristisch angelegter Spielfilm um einen vorbestraften jungen Arbeiter, der zwischen Solidarität und Widerstand im Polen von heute zerrieben wird.

Das gefährliche Spiel von Ehrgeiz und Liebe / ∗∗
La part du feu
F 1977 – 120 Min. – R: Etienne Périer. D: Michel Piccoli, Claudia Cardinale, Jacques Perrin.
Psychostudie. Eine Ehefrau, deren Mann seinen Erfolg größtenteils ihr verdankt, leidet; sie nimmt sich den Vertrauten ihres Mannes zum Geliebten; der durchschaut das Spiel und treibt es weiter; die subtile Berechnung von Situationen bestimmt auch die Dramaturgie.

Das gefährliche Spielzeug / Il giocattolo ∗∗ ½
I 1979 – 118 Min. – R: Giuliano Montaldo. D: Nino Manfredi, Marlène Jobert, Arnoldo Foà, Pamela Villoresi.
Zeitkritischer Actionfilm. Rachestory im Bürgermilieu um einen Waffenfetischisten, der wider Willen zum Kriminellen wird; von Politthriller-Spezialist Montaldo effektsicher, präzise und satirisch scharf als Studie der frustrierten Mittelstandsgesellschaft Italiens aufbereitet.

Die gefährlichen Abenteuer des Jerry Parker / ∗
The Fickle Finger of Fate
E 1967 – 90 Min. – R: Richard Rush. D: Tab Hunter, Luis Prendes, Gustavo Rojo.
Abenteuerfilm. Ein amerikanischer Ingenieur begibt sich ungewollt auf Abwege; als Schmuggler von Kunstobjekten hat er weniger Erfolg, als ihm lieb ist; der nicht ganz ernstgemeinte Thriller schwankt wankelmütig zwischen verschiedenen Stilarten.

Ein gefährlicher Auftrag / ∗ ½
Treasure of the Lost Desert
USA 1983 – 100 Min. – R: Tony Zarindast. D: Bruce Miller, Susan West, Larry Finch
Abenteuerfilm. Der Captain der Green Berets, Claude Servan, übernimmt einen gefährlichen Auftrag; mit vier Freiwilligen soll er eine Terrororganisation bekämpfen.

Gefährlicher Ruf / Call to Danger ∗∗
USA 1972 – 75 Min. – R: Tom Gries. D: Peter Graves, Diana Muldaur, John Anderson, Clu Gulager.
Gangsterfilm. Spannender Thriller um einen entführten Mafioso und die Jagd nach ihm; realistisches Ambiente, psychologisch glaubhafte Charaktere, solide Darsteller in einem handwerklich geschickt gemachten Dutzendfilm.

Gefährliches Blut
siehe: Gesetzlose Brut

Gefährliches Dreieck / ∗∗
Exposed
USA 1983 – 94 Min. – R: James Toback. D: Nastassja Kinski, Rudolf Nurejew, Harvey Keitel, Bibi Andersson, Ron Randall.
Thriller. Eine blutjunge Provinzlerin macht in New York Karriere als Fotomodell. Der Violinvirtuose Daniel macht sich an sie heran und verstrickt die Unerfahrene in ein Verwirrspiel um Terrorismus, Intrigen und Mord. Der schön fotografierte, durch Weichzeichner dahinschmelzende Film romantisiert das Ge-

schehen mit Erfolg, bleibt im Konzept aber kalt und berechnend; melodramatischer Aufwand, kleine Wirkung.

Gefährliches Erbe / Campbell's Kingdom **

GB 1958 – 110 Min. – R: Ralph Thomas. D: Dirk Bogarde, Stanley Baker, Barbara Murray.

Abenteueraction. Ein unheilbar kranker Mann erbt reiches Land in den Rockys; dort will er nach Öl bohren, muß sich jedoch gegen gierige Unternehmer wehren; Routinefilm aus dem Westernmilieu von heute; grandiose Naturaufnahmen, gefällige Handlung.

Gefährten des Todes / The Deadly Companions ** ½

USA 1961 – 90 Min. – R: Sam Peckinpah. D: Maureen O'Hara, Brian Keith, Steve Cochran.

Western. Ein Revolverheld begleitet eine Tänzerin durch Apachenland und kann sich schließlich an seinem Todfeind aus Bürgerkriegstagen rächen; zupackendes Westerndebüt Peckinpahs mit überdurchschnittlichem Buch und überzeugenden Darstellern.

Gefangen / Caught ** ½

USA 1949 – 88 Min. sw. – R: Max Ophüls. D: James Mason, Barbara Bel Geddes, Robert Ryan, Curt Bois.

Schwarzes Melodram. Ein apartes Mädchen steigt über die »Charme-Schule« zur Ehefrau eines Millionärs auf; der entpuppt sich allerdings als Paranoiker; ihre Flucht gelingt nicht ganz. Ophüls entwirft in diesem ästhetisch überragenden, mit alptraumhafter Sicherheit inszenierten Film ein weiteres seiner großen Frauenbilder.

Gefangen in der Tiefe / La grande speranza *

I 1954 – 93 Min. – R: Duilio Coletti. D: Renato Baldini, Lois Maxwell, Folco Lulli.

Kriegsfilm. Ein Kapitän rettet die Überlebenden von ihm torpedierter Schiffe; wenig glaubwürdige Saga vom edlen Marineoffizier.

Gefangen in Jackson County / Jackson County Jail **

USA 1976 – 80 Min. – R: Michael Miller. D: Yvette Mimieux, Tommy Lee Jones, Robert Carradine.

Milieukritischer Film. Eine Frau, die nach der Trennung von festen Bindungen allein unterwegs ist, landet im Knast eines geilen Provinzsheriffs; der bestürzende, dramatisch zugespitzte Film nimmt die sexistische Machtmentalität einer gewissen Obrigkeit aufs Korn, kann aber spekulative Klischees nicht ganz vermeiden.

Gefangene der Liebe **

BRD 1954 – 100 Min. sw. – R: Rudolf Jugert. D: Curd Jürgens, Annemarie Düringer, Bernhard Wicki, Mady Rahl, Paul Esser, Brigitte Horney.

Melodram. Annehmbares Nachkriegsdrama um eine Heimkehrerin mit unehelichem Kind, deren Mann erst nach langen Seelenkämpfen zu ihr hält; Horney in herber Ärztin-Nebenrolle eines durchgehend gut besetzten, aber unsicher inszenierten Films.

Die Gefangene der Sarazenen / I reali di Francia * ½

I 1959 – 80 Min. – R: Mario Costa. D: Chelo Alonso, Rik Battaglia.

Historischer Abenteuerfilm. Im Spanien des 12. Jahrhunderts gerät eine Eskorte des französischen Thronerben in den Krieg zwischen Christen und Mauren. Der actionhaltige Film kümmert sich dabei mehr ums Säbelrasseln als um historische Genauigkeit, ist aber handwerklich solide.

Gefangene der Wildnis / Silence of the North ** ½

CDN 1981 – 90 Min. – R: Allan Winston King. D: Ellen Burstyn, Tom Skerritt, Gordon Pinsent, Jennifer McKinney, Arthur Herriott.

Abenteuerfilm. Olive heiratet ihre große Liebe, den Trapper Walter Renner; sie zieht mit ihm in den Norden Kanadas, wo Bären, Wölfe und Schneestürme das Leben unwirtlich gestalten; als ihr Mann stirbt, muß sie allein für die Kinder sorgen; Schicksalsdrama mit grandiosen Landschaftsbildern, einer Violine in der Stille der Einsamkeit und stolzen, herrischen Menschen.

Die Gefangene des Maharadscha *
BRD 1953 – 118 Min. – R: Veit Harlan. D: Kristina Söderbaum, Willy Birgel, Adrian Hoven, Hermann Schomberg.
Abenteuerfilm. Die blonde Zirkusreiterin Yridi ist auf das Schloß des Maharadschas entführt worden und liegt in Fieberträumen; Fortsetzung von »Sterne über Colombo«, übertrifft dessen Kitsch aber bei weitem.

Gefangene des Stroms / The Bottom of the Bottle * ½
USA 1955 – 88 Min. – R: Henry Hathaway. D: Joseph Cotten, Van Johnson, Ruth Roman, Jack Carson.
Fluchtmelodram. Ein angesehener Anwalt wird in die abenteuerliche Flucht seines alkoholkranken Bruders aus dem Gefängnis hineingezogen; trotz einiger Höhepunkte eher schwach.

Gefangene des Universums / Prisoners of the Lost Universe TV-Film
GB 1983 – 86 Min. – R: Terry Marcel. D: Richard Hatch, Kay Lenz, John Saxon.
Kosmosreisende geraten in ein Universum mit mittelalterlichen Spiel- und Verhaltensweisen; Fantasyfilm für Kinder, nicht empfehlenswert.

Der Gefangene von Alcatraz / The Birdman of Alcatraz ***
USA 1961 – 142 Min. sw. – R: John Frankenheimer. D: Burt Lancaster, Karl Malden, Thelma Ritter, Betty Field, Edmond O'Brien, Telly Savalas.
Justizfilm. Ein wegen Totschlags Inhaftierter wird zum Tode verurteilt, weil er einen Wärter getötet hat; nach seiner Begnadigung beginnt eine unerwartete charakterliche Veränderung; er entwickelt sich zum renommierten Ornithologen; ein nachdenklicher Film über Schuld und Sühne, Todesstrafe und menschliche Wandlungsfähigkeit.

Der Gefangene von Zenda / The Prisoner of Zenda ***
USA 1937 – 100 Min. sw. – R: John Cromwell. D: Ronald Colman, Madeleine Carroll, David Niven, Douglas Fairbanks jr., Mary Astor.
Kostümfilm. Ein britischer Tourist spielt den Doppelgänger eines mordbedrohten Thronerben und gerät in gefährliche Abenteuer; Hollywoodklassiker des Genres.

Der Gefangene von Zenda / The Prisoner of Zenda ** ½
USA 1952 – 101 Min. – R: Richard Thorpe. D: Stewart Granger, Deborah Kerr, Jane Greer, James Mason.
Kostümfilm. Remake des Klassikers von 1937 (in dem Ronald Colman die Hauptrolle spielte) um einen Reisenden, der in einem kleinen europäischen Land in eine mysteriöse Macht-und-Mord-Geschichte verwickelt wird; respektabel gespielt, schöne Schauwerte.

Der Gefangene von Zenda / The Prisoner of Zenda * ½
USA 1978 – 104 Min. – R: Richard Quine. D: Peter Sellers, Harry Wüstenhagen, Lynne Frederick, Lionel Jeffries, Elke Sommer.
Klamotte. Amüsantes Katz-und-Maus-Spiel im Königreich von Ruritania um einen Thronfolger und seinen Doppelgänger; Remake des beliebten Abenteuerromans von Anthony Hope, das an seine Vorgänger von 1937 und 1952 nicht heranreicht.

Gefreiter Schlitzohr / Le caporal épinglé ** ½
F 1961 – 92 Min. sw. – R: Jean Renoir. D: Jean-Pierre Cassel, Claude Brasseur, Claude Rich, Cornelia Froboess, O. E. Hasse.
Zeitkritischer Kriegsfilm. Im Jahr 1940 hat die deutsche Wehrmacht die französische Armee besiegt, und zwei Millionen Gefangene wandern in die Lager, unter ihnen befindet sich ein Gefreiter, der nur an Flucht denkt. Sein Vorgehen im Milieu der Kriegsgefangenenwelt beschreibt Renoir (»Die große Illusion«) detailliert, aber ohne Konzentration auf das Wesentliche; ein Film ohne Appell, aber »ein Renoir«.

Das gefrorene Herz ** ½
CH 1979 – 90 Min. Schwyzerdütsch mit dt. Untertiteln. – R: Xavier Koller. D: Sigfrit Steiner, Paul Bühlmann, Emilia Krawkowska, Günter Lamprecht.
Schwank. Im verschneiten Bergwald fin-

det ein Korbmacher seinen toten Kumpan, einen Schirmflicker; mit der Beerdigung gibt es gewisse Schwierigkeiten; deftiger Bauernspaß.

Gefundenes Fressen ** ½

BRD 1977 – 95 Min. – R: Michael Verhoeven. D: Heinz Rühmann, Mario Adorf, Elisabeth Volkmann, René Deltgen.

Milieukomödie. Ein Penner in München, der schon mal lange Finger macht, aber eine Seele von Mensch ist, lernt einen Streifenpolizisten kennen; zwischen den beiden ungleichen Typen entwickelt sich eine merkwürdige Beziehung; Schauspielerfilm mit Prachtrollen, aufgeweckt gespielt und couragiert inszeniert.

Gegen alle Flaggen / *** Against All Flags

USA 1952 – 80 Min. – R: George Sherman. D: Errol Flynn, Maureen O'Hara, Anthony Quinn, Alice Kelly, Mildred Natwick.

Piratenfilm. Ein wagemutiger britischer Seeoffizier im Seeräubernest zwecks Sabotage: feingesponnenes Garn um Abenteurer der Meere im Streit um Ehre, Macht und Frauen; Quinn ein legerer Schurke, O'Hara eine degengewandte, pfiffige Freibeuterin und Liebende und Flynn mit dem Charme des alternden Draufgängers; ein bis in die Nebenrollen gut besetzter Klassiker des Genres.

Gegen alle Gewalten / * ½ I Died a Thousand Times

USA 1955 – 109 Min. – R: Stuart Heisler. D: Jack Palance, Shelley Winters, Lee Marvin, Lori Nelson, Lon Chaney jr.

Krimi. Ein manischer Killer kommt nicht von seinem Umfeld von Gewalt los; die schauspielerischen Leistungen versöhnen mit der fragwürdigen Tendenz.

Gegen die Regel TV-Film

BRD 1986 – 101 Min. – R: Michael Verhoeven. B: Daniel Christoff. D: Günter Lamprecht, Helmut Zierl, Claudia Amm, Michael Klein.

Wie weit kann die Polizei in ihrer Amtsanmaßung, Willkür und der Unverhältnismäßigkeit ihrer Mittel gehen? Müssen »Entgleisungen« vertuscht werden? Ohne Schwarzweißmalerei zeigt die Story, *wie* weit Anpassung gehen kann; nach einem authentischen Fall.

Gegenspionage / ** ½ Springfield Rifle

USA 1952 – 89 Min. – R: André de Toth. D: Gary Cooper, Phyllis Thaxter, David Brian, Lon Chaney jr.

Western. Ein scheinbar unehrenhaft entlassener Major als Undercover-Agent im Bürgerkrieg; zweites Leitmotiv: die Vorführung des halbautomatischen Springfield-Gewehrs; pointierter, spannender Militärwestern.

Geh', mach dei Fensterl auf **

BRD/A 1953 – 90 Min. sw. – R: Anton Kutter. D: Gunther Philipp, Peter Pasetti, Elisabeth Stemberger, Hans Olden, Gustl Gstettenbaur.

Komödie. Musikalischer Dorfklamauk mit Rollentausch und Verwechslungsspielchen; munter gespielter Beitrag zur süddeutsch-österreichischen Folklore.

Geheimagent / Secret Agent ** ½

GB 1936 – 81 Min. – R: Alfred Hitchcock. D: John Gielgud, Madeleine Carroll, Peter Lorre, Robert Young, Lilli Palmer.

Thriller. Ein Geheimagent wird in die Schweiz geschickt, um einen Spion zu töten, und erwischt den Falschen; Hitchcock selbst hielt seinen Film für nicht ganz geglückt; nach Somerset Maugham.

Geheimagent Barry greift ein / The Satan Bug ***

USA 1964 – 110 Min. – R: John Sturges. D: George Maharis, Richard Basehart, Richard Bull, Anne Francis, Dana Andrews.

Thriller. Außergewöhnliche, nervtötend spannende Jagd auf einen Irren, der Flaschen mit Todesviren gestohlen hat; frei nach einem Roman von Alistair MacLean, James Clavell schrieb am Drehbuch mit; exzellente Kameraarbeit in kühlen Sets.

Geheimagent in Wild West / Dakota Lil **

USA 1950 – 90 Min. – R: Lesley Selander. D: George Montgomery, Marie Windsor, Rod Cameron, Wallace Ford.

Western. Ein Geheimagent will einer Bande geraubtes Geld abjagen; dabei hilft ihm die geheimnisumwitterte Dakota Lil; behäbig inszeniert, mit einer sehr vitalen Marie Windsor.

Geheimagent John Smith: Spion zum Austausch / Foreign Exchange TV-Film
USA 1969 – 72 Min. – R: Roy Ward Baker. D: Robert Horton, Sebastian Cabot, Jill St. John, Dudley Foster, Eric Pohlman.
Mit Erpressung wird ein britischer Exagent zur Mitarbeit an einer Austauschaktion von Spionen gezwungen; unglaubwürdiger und wirrer Folgefilm von »Geheimagent John Smith: Zur Spionage erpreßt«.

Geheimagent John Smith: Zur Spionage erpeßt / The Spy Killer TV-Film
USA 1969 – 72 Min. – R: Roy Ward Baker. D: Robert Horton, Sebastian Cabot, Jill St. John, Barbara Shelley.
Exagent und Privatdetektiv gerät in Mordverdacht und wird zu Geheimdienstarbeit erpreßt; wirre, unglaubwürdige Story in dürftigstem Stil.

Geheimagent T / T-Men ∗∗
USA 1947 – 92 Min. sw. – R: Anthony Mann. D: Dennis O'Keefe, Alfred Ryder, Mary Meade, Wallace Ford, June Lockhart.
Gangsterfilm. Zwei Geheimagenten lassen sich in einen Falschmünzerring einschleusen; ihren Kampf auf Leben und Tod übersteht nur einer; das halbdokumentarisch angelegte Werk preist die knochenharte Arbeit der Geheimdienste im Clinch mit dem organisierten Verbrechen.

Geheimagenten TV-Film
BRD 1972 – 55 Min. – R: Eberhard Fechner. D: Klaus Herm, Cordula Trantow, Hans-Christian Blech, Helga Feddersen, Uwe Dallmeier.
Komödie um einen Agenten und seine neuen Kunden, ein harmloses Gastwirtehepaar; mit viel grotesker Situationskomik nimmt Fechner das martialische Agentengewerbe aufs Korn.

Geheimakte M / Man on a String / Ten Years a Counterspy ∗∗ ½
USA 1959 – 92 Min. sw. – R: André de Toth. D: Ernest Borgnine, Kerwin Mathews, Alexander Scourby, Colleen Dewhurst, Eva Pflug, Friedrich Joloff.
Agentenfilm. Halbdokumentarischer Lebensbericht des Doppelagenten Boris Morros, der im kalten Krieg eine Rolle spielte; harte, spannende Action und Borgnines sensible Darstellung eines Gehetzten heben den Film über den Durchschnitt des Genres.

Geheimaktion Crossbow / Operation Crossbow ∗∗
GB 1964 – 110 Min. Ⓥ MGM/UA. – R: Michael Anderson. D: Sophia Loren, George Peppard, Trevor Howard, Lilli Palmer, Barbara Rütting.
Agentenfilm. Gut getimter Spannungsfilm aus dem Zweiten Weltkrieg um drei Agenten der Alliierten, die deutsche Raketen außer Gefecht setzen sollen. Glaubwürdig in Handlung, Milieu und Feindbildzeichnung.

Geheimauftrag CIA – Istanbul 777 / Coplan FX casse tout ∗
F/I 1965 – 95 Min. – R: Riccardo Freda. D: Robert Favart, Richard Wyler, Gil Delamare.
Agentenschmonzette. Rotchina plant die Vernichtung von New York, die CIA weiß das zu verhindern.

Geheimbund Schwarze Legion / Black Legion ∗∗ ½
USA 1936 – 80 Min. sw. – R: Archie L. Mayo. D: Humphrey Bogart, Erin O'Brien-Moore, Dick Foran, Ann Sheridan.
Gesellschaftskritischer Krimi. Ein Arbeiter wird bei einer Beförderung übergangen und tritt einem terroristischen Geheimbund bei, der ihn zu einem Kollegenmord zwingen will; ein kaum verschleierter Angriff auf den Ku-Klux-Klan, kraftvoll und konsequent inszeniert.

Die geheime Seite der Stadt / Hidden City TV-Film
GB 1987 – 125 Min. z. T. sw. – R: Stephen Poliakoff. D: Charles Dance, Cassie Stuart, Tusse Silberg.
Ein durch Ehekrise und rätselhafte

Träume verunsicherter Wissenschaftsautor wird von einer beharrlichen jungen Frau in gefährliche Recherchen gelockt (durch vertauschte Filmrollen geriet er an einen brisanten historischen Vorfall); er lernt ein geheimnisvolles London kennen; mit Videoeffekten (Falschfarben, Trickschnitte usw.) makabre Spannung erzeugender Thriller, dessen Finale etwas matt ist; eindrucksvoll Cassie Stuart.

Das Geheimnis der Amaryllis / The Eyes of the Amaryllis **

USA 1982 – 90 Min. – R: Frederick King Keller. D: Ruth Ford, Martha Byrne, Guy Boyd, Jonathan Bolt.

Mysterienfilm. Eine Großmutter und ihr Enkelkind warten auf ein Zeichen des vor dreißig Jahren mit einem Schiff untergegangenen Großvaters; geheimnisvolle Begebenheiten schaffen eine unheimliche Stimmung. Der mit Schockeffekten sparsam umgehende Nervenkitzler inszeniert den Schrecken solide.

Das Geheimnis der Blutinsel / The Secret of Blood Island * ½

GB 1955 – 84 Min. – R: Quentin Lawrence. D: Barbara Shelley, Jack Hedley, Charles Tingwell.

Gefangenendrama. Auf der »Blutinsel« Malaya werden britische Kriegsgefangene von Japanern schikaniert; eines Tages stürzt ein Flugzeug über der Insel ab, und nur die Geheimagentin Elaine überlebt.

Das Geheimnis der Burg in den Karpaten / Tajemstvi hradůn v Karpatech ***

ČSSR 1981 – 94 Min. – R: Oldřích Lipský. D: Michael Dočolomanský, Jan Hartl, Miloš Kopecký, Rudolf Hrušinský, Vlastimil Brodský.

Literaturverfilmung. Parodistische Adaption des auch unter dem Titel »Das Karpatenschloß« bekannten Romans von Jules Verne vom liebeskranken Tenor und Grafen, der die entführte Geliebte, eine Operndiva, im Schloß eines weiteren Verehrers sucht; witzige, herrlich bizarre, hervorragend synchronisierte Version der eher wissenschaftlich-trockenen Vorlage; ironisch-distanzierte Präsentation von Science-fiction-Elementen, dazu ein Touch von Polanskis »Tanz der Vampire«; einfallsreiche musikalische Gags.

Das Geheimnis der Dame in Schwarz / Portrait in Black * ½

USA 1960 – 108 Min. – R: Michael Gordon. D: Lana Turner, Anthony Quinn, Richard Basehart, Sandra Dee, John Saxon.

Psychodrama. Melodramatisches Gesellschaftsstück im Reicheleutemilieu mit tödlichem Ausgang; spannend, aber zu bieder inszeniert.

Das Geheimnis der falschen Braut / La sirène du Mississippi ***

F/I 1969 – 115 Min. – R: François Truffaut. D: Jean-Paul Belmondo, Catherine Deneuve, Michel Bouquet.

Melodram. Eine schmucke Braut und ausgekochte Betrügerin ist die Deneuve, doch damit kommt sie bei Belmondo gerade an den Richtigen; Krimispannung in einem Drama menschlicher Leidenschaften.

Das Geheimnis der fliegenden Teufel / Without Warning *

USA 1979 – 91 Min. – R: Greydon Clark. D: Jack Palance, Martin Landau, Tarah Nutter, Sue Ann Langdon, Cameron Mitchell.

Horrorfilm. Obwohl sie gewarnt wurden, begeben sich der Jäger, sein Sohn und die Pfadfindergruppe auf eine Wanderung an den idyllischen See im Wald; prompt werden sie von quallenartigen Monstern angegriffen. Groteskes Spektakel um ein paar außerirdische Saugwürmer; banale Mischung aus Science-fiction und Horror.

Das Geheimnis der Frau in Weiß / The Woman in White **

USA 1948 – 105 Min. sw. – R: Peter Godfrey. D: Eleonor Parker, Alexis Smith, Gig Young, Sydney Greenstreet, Agnes Moorehead, John Emery.

Romantikthriller. Hinter der zur Schau gestellten feudalen Fassade sind die Herrschaften dekadent, intrigant und geldgierig; Sydney Greenstreet spielt den abgefeimten Schurken mit Bravour, um ihn herum tummeln sich Mitgiftjäger, Erbschleicher, ein Maler und die schöne Laura, die eine Doppelgängerin hat, die »Frau in Weiß«. Hintergründig-romantischer Kitsch aus dem Viktorianischen England; nach dem Roman von Wilkie Collins.

Das Geheimnis der fünf Gräber / Backlash ✱✱ ½
USA 1956 – 81 Min. – R: John Sturges. D: Richard Widmark, Donna Reed, William Campbell, John McIntire.
Western. Vater-Sohn-Konflikt, in eine klassische Pferdeoper verpackt. Fünf Tote werden in der Prärie gefunden, ein Mann und eine große Geldsumme sind verschwunden. Richard Widmark trifft am Tatort eine Frau, verfolgt die Spur, es endet in einem ödipalen Revolverduell.

Das Geheimnis der gelben Narzissen / The Devil's Daffodil ✱✱
GB/BRD 1961 – 91 Min. sw. – R: Akos von Rathony. D: Joachim Fuchsberger, Sabina Sesselmann, Klaus Kinski, Christopher Lee, Ingrid van Bergen, Albert Lieven.
Krimi. Eine Mordserie an Barmädchen gibt Interpol Rätsel auf; in allen Fällen findet man eine Narzisse bei der Leiche. Mit nicht ganz plausiblen Recherchen kommt der Polizist auf eine heiße Spur. Wie immer bei den Filmen der Edgar-Wallace-Serie gibt es viel Ungereimtes und unfreiwillig Komisches, aber die Story schreitet trotz Klischees doch munter voran.

Das Geheimnis der grauen Limousine / Monsieur La Souris ✱✱
F 1942 – 92 Min. sw. – R: Georges Lacombe. D: Raimu, Aimé Clariond, Bergeron, Paul Amiot.
Krimi. Ein »Edelclochard« gerät unfreiwillig in einen undurchsichtigen Mordfall; der unterhaltsame und hintergründige Krimi mit komischen Akzenten türmt Rätsel auf Rätsel.

Das Geheimnis der grünen Stecknadel ✱ ½
BRD/I 1971 – 90 Min. – R: Massimo Dallamano. D: Joachim Fuchsberger, Karin Baal, Fabio Testi.
Edgar-Wallace-Krimi. Kommissar Fuchsberger tappt zunächst im dunkeln, als er rätselhafte Morde in einem Londoner Mädchencollege aufklären soll; verworrener Krimi.

Das Geheimnis der Indianerin
siehe: Der weite Himmel

Das Geheimnis der Inkas / The Secret of the Incas ✱✱
USA 1954 – 102 Min. – R: Jerry Hooper. D: Charlton Heston, Robert Young, Nicole Maurey.
Schatzsucherabenteuer. Das Reich der Inkas wird wieder einmal umgegraben, diesmal von goldlüsternen Abenteurern von heute; annehmbares Ambiente, spannende Story, gute Darsteller.

Das Geheimnis der Lederschlinge / I misteri della giungla nera ✱✱
BRD/I 1964 – 85 Min. – R: Luigi Capuano. D: Peter van Eyck, Ivan Desny, Ingeborg Schöner, Guy Madison.
Abenteuerfilm. Ein indischer Rebellenführer hat die Tochter eines britischen Captains entführt, dieser soll 15 Jahre später eine Strafexpedition gegen die Aufständischen leiten; konventionelles Dschungelabenteuer mit einigen opulenten Passagen.

Das Geheimnis der leeren Urne / Něčo je ve vzuduchu ✱✱ ½
ČSSR 1980 – 80 Min. – R: Ludvik Ráza. D: Zlata Adamsková, Vladimír Dlouhy, Ivan Mistrík, Zdena Hadrboločová.
Science-fiction-Travestie. Ein Studentenpärchen baut eine Zeitmaschine und reist zurück in die frühe Nachkriegszeit; eine leise ironische, aber mit wissenschaftlichem, philosophischem und politischem Ballast überfrachtete Zeitreise, die durch die thematische Überfülle sowohl fasziniert als auch verwirrt; nostalgischer Film über Erinnerungsebenen und -möglichkeiten.

Das Geheimnis der Liebe / Connecting Rooms ✱ ½
GB 1971 – 103 Min. – R: Franklin Gollings. D: Bette Davis, Sir Michael Redgrave, Alexis Kanner, Kay Walsh.
Melodram. Ein nach Rufmord gefeuerter Lehrer und eine alternde Cellistin lernen sich in einem Londoner Mietshaus kennen und lieben; kitschige Schmonzette nach Romanzenrezept; Bette Davis' Gesicht rettet einiges.

Das Geheimnis der roten Katze ∗ ½
BRD 1949 – 95 Min. sw. – R: Helmut Weiss. D: Heinz Rühmann, Gustav Knuth, Angelika Hauff, Trude Hesterberg.
Klamotte. Krimiparodie um einen geheimnisvollen Diamanten und den komischen Schauspieler André (Rühmann), der ihn haben will; nicht ernstgemeintes und nicht gut gemachtes Ulkabenteuer.

Das Geheimnis der Sahara / Il segredo del Sahara TV-Film
I/CH/BRD 1988 – 88 Min. – R: Alberto Negrin. D: Michael York, Ben Kingsley, James Farentino, Andie MacDowall, Daniel Olbrychski, Jean-Pierre Cassel, David Soul.
Pilotfilm zu einer fünfteiligen TV-Serie mit hochkarätiger Besetzung und der Musik von Ennio Morricone; viel Abenteuer, Action, Liebe und Intrige um das Geheimnis des sagenumwobenen »sprechenden Berges« in der Sahara. Buntes Fernsehkino für jung und alt, nicht mehr – aber auch nicht weniger.

Das Geheimnis der schwarzen Witwe / Arana negra ∗∗ ½
BRD/E 1963 – 90 Min. sw. – R: Franz Josef Gottlieb. D: O. W. Fischer, Karin Dor, Eddi Arent, Klaus Kinski, Werner Peters, Doris Kirchner.
Kriminalfilm. Ein Journalist versucht, eine rätselhafte Giftmordserie zu klären; konventionelle Krimistory im Stil der Edgar-Wallace-Serie mit einer Besonderheit: der unfreiwilligen Komik von Fischer als versoffenem Reporter.

Das Geheimnis der 7 goldenen Nadeln / Der Bulle von Hongkong / Golden Needles ∗ ½
USA 1974 – 82 Min. – R: Robert Clouse. D: Joe Dan Baker, Burgess Meredith, Elizabeth Ashley, Ann Sothern.
Thriller. Ein Abenteurer auf der Jagd nach einer Statuette mit goldenen Akupunkturnadeln, deren Besitz ewige Jugend verleihen soll; US-Variante der Hongkong-Thriller.

Das Geheimnis des steinernen Monsters / The Monolith Monsters ∗∗
USA 1957 – 74 Min. – R: John Sherwood. D: Grant Williams, Lola Albright, Les Tremayne, Phil Harvey.
Science-fiction-Film. Ungehemmt wachsende Monolithen bedrohen eine Stadt; ein Wissenschaftler greift ein; genretypische Mixtur aus SF-, Horror- und Katastrophenfilm.

Das Geheimnis der Todesinsel ∗
BRD/E 1965 – 85 Min. – R: Mel Welles. D: Cameron Mitchell, Elisa Montez, George Martin, Kai Fischer.
Gruselfilm. Aus Versatzstücken des Krimi-, Horror- und Gruselkintopps zusammengeschusterter Streifen um eine fleischfressende Pflanze; ohne die von dem Genre zu erwartende Spannung.

Das Geheimnis der weißen Nonne / The Trygon Factor ∗ ½
GB 1966 – 87 Min. sw. Ⓥ Videbox. – R: Cyril Frankel. D: Stewart Granger, Susan Hampshire, Brigitte Horney.
Krimi. Ein dürftiger Scotland-Yard-Krimi, in dem es um einen Polizistenmord, Juwelenraub und ein Nonnenkloster geht; Spannung will nicht recht aufkommen.

Das Geheimnis des blauen Diamanten / Treasure of the Amazone ∗∗
USA 1984 – 94 Min. Ⓥ Geiselgasteig. – R: René Cardon jr. D: Donald Pleasence, Stuart Whitman, John Ireland, Ann Sidney.
Abenteuerfilm. Im Sumpfgebiet des Amazonas suchen ein paar Weltenbummler den geheimnisvollen Diamanten; Indianer, wilde Tiere und eine exotische Landschaft geben dem Ganzen Farbe.

Das Geheimnis des blauen Zimmers ∗ ½
D 1932 – 70 Min. sw. – R: Erich Engels. D: Theodor Loos, Else Elster, H. A. Schlettow, Wolfgang Staudte.
Gruselfilm. Schloßherrenspuk und Schauerromantik um das rätselhafte »blaue Zimmer«, in dem drei Menschen auf unerklärliche Weise umkamen; Horror auf altdeutsch.

Das Geheimnis des blinden Meisters / The Silent Flute ∗∗ ½

USA 1977 – 92 Min. – R: Richard Moore. D: David Carradine, Jeff Cooper, Eli Wallach, Christopher Lee.
Fantasy. David Carradine bewältigt mehrere Rollen, er kann als »Affenmensch«, »der Blinde« oder als »Tod« seine ganze Schauspielkunst entfalten; der Kämpfer Cord begibt sich in eine geheimnisvolle Welt, um das »Buch der Wahrheit« zu finden, und hat harte Mutproben zu bestehen.

Das Geheimnis des Rubins / L' Étoile du Nord ***
F 1980 – 123 Min. – R: Pierre Granier-Deferre. D: Phillipe Noiret, Simone Signoret, Fanny Cottençon, Julie Jézéquel.
Kriminalfilm. Adaption eines Romans von Georges Simenon vom flüchtigen Mörder, der auf der Suche nach Geborgenheit eine eigenwillige Pensionswirtin kennenlernt; dank stimmiger Details, atmosphärischer Dichte und sensibler Psychogramme eine der besten Simenon-Verfilmungen.

Das Geheimnis des schwarzen Tankers / Un solitario e mezzo **
I 1985 – 80 Min. – R: Tommaso Dazzi. D: Franco Nero, Galo Ahumada, Francisco Rabal.
Jugendfilm. Der Einhandsegler Nick wird auf offener See von einem Tanker gerammt und versenkt, Nick kann sich retten. In Cartagena macht er die Entdeckung, daß das Schiff dem kleinen Paco gehört.

Das Geheimnis des Wachsfigurenkabinetts / Mystery of the Wax Museum ** ½
USA 1933 – 75 Min. – R: Michael Curtiz. D: Lionel Atwill, Glenda Farrell, Fay Wray.
Horrorfilm. Die Wachsfiguren des verrückten Bildhauers werden ein Raub der Flammen, doch als Leichen von Mordopfern verschwinden, kommt ein entsetzliches Geheimnis ans Tageslicht. Lange verloren geglaubtes Juwel des Horrorfilms; gefilmt in Zweifarben-Technicolor.

Geheimnis eines alten Hauses ** ½
D 1936 – 82 Min. sw. – R: Rudolf von der Noß. D: Wolf Albach-Retty, Grethe Weiser, Magda Schneider, Kurt Vespermann, Käte Haack, Ernst Waldow.
Komödie. 1736 hinterlegte ein Kaufmann aufgrund einer Wette einen Betrag, der mit Zinseszins zweihundert Jahre später fällig werden soll, Bedingung: Sein Haus darf nicht renoviert werden. Ahnungslosigkeit führt in dieser Liebeskomödie zu Verwicklungen, die ein gutes Team heiter bewältigt.

Geheimnis hinter der Tür / Secret Beyond the Door ** ½
USA 1948 – 98 Min. – R: Fritz Lang. D: Joan Bennett, Michael Redgrave, Anne Revere, Barbara O'Neil.
Kriminalfilm. Liebe auf den ersten Blick führt zu einer Blitzheirat, doch bald glaubt die reiche Erbin im angetrauten Architekten einen geisteskranken Mörder sehen zu müssen; Lang, nur teilweise erfolgreich auf Hitchcocks Spuren, irrt etwas orientierungslos umher zwischen Psychokrimi und Thriller; die exzellente Kamera macht manche Schwäche wett.

Geheimnis in Cornwall TV-Film
BRD – 90 Min. – R: Michael Mackenroth. B: Peter Scheibler, nach einer Idee von Carola Stoll. D: Silke Dornow, Christine Wodetzky, Peter Sattmann.
In einem englischen Landhaus geschehen geheimnisvolle Dinge; Gardinen blähen sich, Kerzen flackern, ein Hund heult, und zwei Menschen sterben; in diese düstere Nebelstimmung bringt erst die überraschende letzte Minute des spannenden Klischeefilms Aufklärung.

Das Geheimnis vom Bergsee / La fille au fort FLOP
BRD/CH/F 1952 – 90 Min. sw. – R: Jean Dréville. D: Lil Dagover, Harriet Gessner, Michel Barbey, Howard Vernon.
Action-Liebesfilm. Verworrenes Bergdrama nach einem Roman von Ernst Zahn um eine Dreiecksliebe, die zu Bruch geht; lange vorher schon siecht die Glaubwürdigkeit dieses schwülstigen Films dahin.

Das Geheimnis von Centreville / Strange Invaders **
USA 1983 – 91 Min. – R: Michael Laughlin. D: Paul LeMat, Nancy Allen, Diana Scarwid, Michael Lerner.

Horrorfilm. Eine Frau bekämpft glibbrige Extraterrestrier, die sich gekonnt maskieren; Monsterspektakel von haarsträubender unfreiwilliger Komik, insofern sehenswert.

Das Geheimnis von Lismore Castle TV-Film
BRD – 95 Min. – R, B: Franz Josef Gottlieb. D: Carl-Heinz Schroth, Vera Tschechowa, Christian Wolff, Tilly Lauenstein, Hans Clarin.
Wallace-Aufguß mit den üblichen Zutaten: Schloß, Nebel, Hundegeheul, undurchsichtige Gäste; die Starbesetzung macht den Grusel nicht weniger diffus, einzig die Originalaufnahmen an der schottischen Küste versöhnen mit dieser dunklen Geschichte um einen alten Burgherrn und der Jugendliebe seiner Ehefrau.

Das Geheimnis von Monte Christo / The Treasure of Monte Christo **
GB 1960 – 82 Min. – R: Roy S. Baker, Monty Berman. D: Rory Calhoun, John Gregson, Patricia Bredin, Peter Arne, Francis Matthew.
Abenteuerfilm. Ein Film, der den Monte-Christo-Mythos nutzt, um ein Spätfeuerwerk im Andenken an den sagenhaften Inselschatz abzubrennen; ohne die Vorgaben des bekannten Stoffes ein beliebiger Schatzsucherstreifen, routiniert inszeniert, mit passablen Sandalenschauspielern.

Das Geheimnis von Oberwald / Il mistero di Oberwald TV-Film
I 1979 – 128 Min. – R: Michelangelo Antonioni. D: Monica Vitti, Paolo Bonacelli, Franco Branciaroli.
Nach der Ermordung ihres Mannes durch einen Attentäter führt eine junge Königinwitwe ein Wanderleben, um ihren Erinnerungen und ihrer Todessehnsucht zu entgehen; eindrucksvolle Verfilmung des Bühnenstücks »L'Aigle à deux têtes« von Jean Cocteau.

Geheimnisse einer Seele ***
D 1926 – 95 Min. sw. Stf. – R: G. W. Pabst. D: Werner Krauß, Ruth Weyher, Jack Trevor, Pawel Pawlow.
Melodram. Ein Mord in der Nachbarschaft löst bei einem Mann die Wahnvorstellung aus, seine Frau erdolchen zu müssen; in seiner Verzweiflung wendet er sich an einen Psychiater; expressionistisches Seelendrama mit starken Licht-und-Schatten-Effekten.

Der Geheimnisträger * ½
BRD 1975 – 80 Min. – R: Franz Josef Gottlieb. D: Willy Millowitsch, Gunther Philipp, Brigitte Mira, Jutta Speidel.
Klamotte. Ein kleiner Buchhalter befördert ahnungslos auf seinem Allerwertesten eine Geheimformel und zieht so Geheimagenten magisch an; nach einem Konsalik-Roman, mit Musik von Mikis Theodorakis; Millowitsch in üblicher Form.

Der geheimnisvolle Cavaliere / Il cavaliere misterioso ** ½
I 1948 – 91 Min. sw. – R: Riccardo Freda. D: Vittorio Gassmann, Maria Mercader, Elli Parvo, Yvonne Sanson.
Melodram. Casanova, aus der Verbannung nach Venedig zurückgekehrt, kümmert sich um seinen Bruder Antonio Morin. Der lyrische Film voller Anspielungen fängt die Stimmung der Lagunenstadt ein und schwelgt mit seinem Helden in abenteuerlicher Liebestrance.

Der geheimnisvolle Engel / The Hideaways ** ½
USA 1973 – 105 Min. – R: Fielder Cook. D: Ingrid Bergman, Sally Prager, Johnny Doran.
Jugendfilm. Zwei kleine Ausreißer verstecken sich im New Yorker Metropolitan Museum und versuchen mit Hilfe einer etwas schrulligen Dame ein Kunstgeheimnis zu lösen; ein phantasievoller Film über das Bauen von Traumwelten.

Geheimnisvolle Erbschaft / Great Expectations *** ½
GB 1946 – 113 Min. sw. – R: David Lean. D: John Mills, Valerie Hobson, Bernard Miles, Francis L. Sullivan, Martita Hunt, Alec Guinness, Jean Simmons.
Abenteuerfilm. Eine Waise wird durch einen mysteriösen Wohltäter zum reichen Gentleman; sehr werkgetreue Verfilmung des Dickens-Romans mit viel viktorianischem Ambiente und einer exzellenten Besetzung; ein Genreklassiker.

Der geheimnisvolle Fremde / Raggedy Man ** ½
USA 1981 – 90 Min. – R: Jack Fisk. D: Sissy Spacek, Eric Roberts, Sam Shepard, Tracy Walter.
Melodram. Im Texas um 1944 lebt Nita, von ihrem Mann verlassen, in einer miefigen Kleinstadt mit ihren zwei Kindern als Telefonistin; sie lernt einen Matrosen kennen, wird von zwei Männern sexuell belästigt und von dem geheimnisvollen Fremden gerettet; dichte Bilder, stimmungsvolle Dramaturgie.

Der geheimnisvolle Fremde TV-Film
BRD/A/USA – 85 Min. – R: Peter H. Hunt. B: Julian Mitchell. D: Chris Makepeace, Lance Kerwin, Bernhard Wicki.
Phantastische Filmreise durch die Jahrhunderte, die ein Lehrling eines Nachts im Schlaf erlebt, als er im 15. Jahrhundert in einem österreichischen Schloß »aufwacht«. Nach Mark Twain.

Der geheimnisvolle Ritter von Montserrat
siehe: Der schwarze Capitano

Geheimpolizist Christine Miller / Undercover Girl **
USA 1951 – 80 Min. sw. – R: Joseph Pevney. D: Alexis Smith, Scott Brady, Richard Egan, Gladys George.
Thriller. Um den Tod ihres Vaters, eines Drogenfahnders, zu rächen, wird eine junge Frau Geheimpolizistin; halbdokumentarisch, hart und spannend.

Geheimring 99 / The Big Combo ** ½
USA 1955 – 89 Min. sw. – R: Joseph H. Lewis. D: Cornel Wilde, Richard Conte, Brian Donlevy.
Gangsterfilm. Ein übereifriger Polizist und ein zynischer Gangster in einem gegenseitigen Verhältnis aus Haß, Verfolgungswahn und insgeheimer Bewunderung, das sich in ihrer Beziehung zu einem attraktiven Societygirl manifestiert; düsterer, ästhetisch aber glanzvoller »Film noir«.

Geheimsache Hangar 18 / Hangar 18 *
USA 1980 – 89 Min. – R: James L. Conway. D: Darren McGavin, Robert Vaughn, Garry Collins, James Hampton.
Science-fiction-Krimi. Zwei Astronauten suchen ein verschwundenes Ufo, das von der US Air Force zur Geheimsache erklärt wurde; abenteuerlich abstruser Film mit Begegnungen der peinlichsten Art.

Geheimsache Schweinebacke / Not for Publication **
USA 1985 – 83 Min. – R: Paul Bartel. D: Nancy Allen, David Naughton, Laurence Luckinbill, Alice Ghostley.
Komödie. Mit der Zeit wird ruchbar, daß eine ehrenwerte freiwillige Helferin im Büro des New Yorker Bürgermeisters auch Reporterin eines Skandalblattes ist; als sie mit einem Fotografen an einer orgiastischen Party teilnimmt, fallen viele Schuppen von den Augen; zu viele Fettnäpfchen zerstören gute Ansätze von Witz und Satire.

Geheimzentrale Lissabon / Lisbon **
USA 1956 – 90 Min. – R: Ray Milland. D: Ray Milland, Maureen O'Hara, Claude Rains, Yvonne Furneaux.
Agentenfilm. Ohne Begeisterung stimmt eine junge Frau dem Plan zu, ihren Gatten, einen schwerreichen Gruftie, aus dem Ostblock herauszuholen; von nun an paßt sich Regisseur Milland in der Rolle des Ex-Marineoffiziers und Schmugglers an den dürftigen Darstellerleistungen des Teams an.

Gehetzt / You Only Live Once ** ½
USA 1936 – 82 Min. sw. – R: Fritz Lang. D: Henry Fonda, Sylvia Sidney, Barton MacLane, Jean Dixon.
Kriminalfilm. Ein Vorbestrafter wird durch einen Justizirrtum wirklich zum Verbrecher; düsterer Thriller mit melodramatischen Akzenten und viel Atmosphäre, mit einem eindrucksvollen Fonda.

Der Gehetzte / The Juggler **
USA 1953 – 86 Min. sw. – R: Edward Dmytryk. D: Kirk Douglas, Milly Vitale, Paul Stewart, Alf Kjellin.
Melodram. Ein jüdischer Künstler, Verfolgter des Naziregimes, dreht durch, als man ihn bei der Einreise 1949 in Israel in ein Lager einweisen will; der optimistisch angelegte Film folgt den psychischen Ver-

änderungen des Protagonisten eindrucksvoll, doch auch sentimental und aufdringlich.

Der Gehilfe TV-Film
BRD – 90 Min. – R: Ludwig Cremer. D: Marius Müller-Westernhagen, Shmuel Rodensky, Ruth Hausmeister.
Ein jüdischer Händler wird in den dreißiger Jahren in einer nordamerikanischen Großstadt überfallen; antisemitische Hetze verunsichert die Menschen; nach dem Roman von Bernard Malamud.

Geier kennen kein Erbarmen / Cahill, US-Marshal ** ½
USA 1973 – 98 Min. – R: Andrew V. McLaglen. D: John Wayne, George Kennedy, Gary Grimes, Neville Brand, Marie Windsor.
Western. Schlachtroß Wayne in einem seiner letzten Filmritte, hier als Marshal, dessen Söhne in einen Bankraub verwikkelt sind; routinierte Kost vom Wayne-Freund und -Lieblingsregisseur McLaglen (»Chisum«); handwerklich brauchbar, aber dramaturgisch und visuell bieder; Wayne, im üblichen Outfit, kennt kein Erbarmen mit dem dünnen Drehbuch und spielt sich mal wieder selbst.

Geier können warten
siehe: Frühstück mit dem Killer

Die Geier warten schon / Showdown ** ½
USA 1972 – 84 Min. – R: George Seaton. D: Rock Hudson, Dean Martin, Susan Clark, John McLiam.
Spätwestern. Der Westen ist längst in den Händen des Kapitals; der Sheriff kauft seiner Frau Modellkleider, eine mechanische Waschmaschine und ein Kurbelgrammophon; doch dann muß er noch einmal auf Menschenjagd, er verfolgt einen Freund; ein melancholischer Western mit präzisen Charakteren und einem außergewöhnlichen Showdown.

Die Geierwally ** ½
D 1940 – 100 Min. sw. – R: Hans Steinhoff. D: Eduard Köck, Heidemarie Hatheyer, Sepp Rist, Winnie Markus, Leopold Esterle.
Alpendrama. Weil sie den Bären-Sepp liebt und sich weigert, den reichen Bauern zu heiraten, wird die wilde Wally auf die Hochalm verbannt. Sie tötet einen Geier und zieht das Junge auf; Heidemarie Hatheyer wurde mit dieser Rolle als Verfemte der Berge berühmt; dennoch ist die gelungenste Version der Stummfilm von E. A. Dupont mit Henny Porten (1921).

Die Geierwally * ½
BRD 1956 – 89 Min. – R: Franz Cáp. D: Barbara Rütting, Franz Pfaudler, Carl Möhner.
Alpendrama. Müder Aufguß des bekannten Bergmelodrams von der schönen Wally, die Stimmen hört und einen Raubvogel tötet. Harmlose Gebirgsfolklore.

Geierwally ** ½
BRD 1987 – 87 Min. Ⓥ Ufa. – R: Walter Bockmayer. D: Samy Orfgen, Christoph Eichhorn, Gottfried Lackmann, Ortrud Beginnen.
Heimatfilmsatire. Die Geschichte von der verfemten Bergmaid, die Stimmen hört und einen Raubvogel zähmt, ist bekannt. Bockmayer macht daraus einen schrillen Ulk, in dem alles vorkommt, was die Bergschnulze kennzeichnet: Fingerhakeln, Fensterln und (künstliche) Kühe. Mischung aus Klamotte und Kabarett mit dem »Almdudel-Twist« als Discohit.

Die Geisel / The Hostage * ½
USA 1967 – 84 Min. – R: Russell S. Doughton jr. D: Don O'Kelly, John Carradine, Harry Dean Stanton, Danny Martins, Jennifer Lea.
Krimi. Ein kleiner Junge wird in einem Möbelwagen eingeschlossen, in dem die Packer eine Leiche, die verschwinden soll, versteckt haben; anfängliche Spannung fällt bald ab.

Das Geisterhaus / The House That Would Not Die **
USA 1970 – 72 Min. – R: John Llewellyn Moxey. D: Barbara Stanwyck, Richard Egan, Katherine Winn.
Horrorfilm. Barbara Stanwyck hat ein altes Gemäuer geerbt, und als sie mit ihrer jungen Nichte dort einzieht, geht der Spuk los; doch die Frauen lassen sich nicht verhexen.

Der Geisterjäger / Spirit Chaser ** ½
AUS 1985 – 89 Min. Ⓥ VCL/Media. –

R: Brian Trenchad-Smith. D: Henry Thomas, Tony Barry, Rachel Friend, Tamsin West, Dempsey Knight, John Ewart.
Abenteuerfilm. Ein 14jähriger macht mit zwei Freundinnen eine mysteriöse Entdeckung; der eingeborene Weise, den er um Rat fragt, fordert eine Mutprobe; spannendes australisches Jugendabenteuer, das die Geheimnisse der Naturreligion der Aborigines einbezieht.

Die Gejagten der Sierra Nevada *
BRD/E/I 1964 – 76 Min. – R: Alfonso Balcazar. D: Robert Wood, Maria Sebaldt, Jack Stewart.
Western. Der Spieler Jeff gewinnt beim Pokern eine Farm, hat aber wenig Freude daran. Rettungs- und Racheaktionen von mäßiger Spannung.

Gejodelt wird zu Hause **
CH 1970 – 95 Min. – R: Erwin Strahl. D: Waltraut Haas, Rudolf Strobl, Hubert von Meyerinck.
Komödie. Viele Wandlungen macht Waltraut Haas durch; um ihre Ehe zu retten, spielt sie ein altes Mütterchen, eine Sängerin, ein Zimmermädchen und – einen Playboy; »Hubsi« ist so urkomisch wie immer.

Der gekaufte Ehemann TV-Film
DDR – 100 Min. – R: Jörg Wilbrandt. D: Martin Seifert, Constanze Roeder, Monika Lennartz, Wilfried Ortmann.
Mitte letzten Jahrhunderts erwartet eine junge Baronesse ein Kind; da der adlige Vater sie nicht heiratet, wird ein ehrgeiziger junger Mann aus ärmlichen Verhältnissen gekauft, der sich als Abenteurer und Spekulant erweist; überzeugende, stimmige Verfilmung der Zola-Erzählung »Nantas«.

Der gekaufte Tod / Death Watch ** ½
BRD/F 1979 – 113 Min. – R: Bertrand Tavernier. D: Romy Schneider, Harvey Keitel, Harry Dean Stanton, Max von Sydow, Bernhard Wicki.
Science-fiction-Film. Im 21. Jahrhundert sind alle Krankheiten besiegt; doch das Undenkbare geschieht: Eine Schriftstellerin ist unheilbar krank und erlaubt einem TV-Team, ihre letzten Tage zu filmen; spektakuläres Melodram, irrlichternd und alptraumhaft.

Gelati und Amore / Sapore di mare * ½
I 1983 – 85 Min. – R: Carlo Vanzina. D: Marina Suma, Jerry Cala, Virna Lisi.
Teenie-Ulk. Eine Bande Jugendlicher erlebt am Strand von Viareggio ihre ersten Flirts und erotischen Abenteuer; leichte Unterhaltung.

Die gelbe Hölle / The Camp on Blood Island **
GB 1958 – 77 Min. sw. – R: Val Guest. D: Carl Möhner, André Morell, Edward Underdown, Walter Fitzgerald, Phil Brown, Barbara Shelley.
Kriegsfilm. Im Falle des Siegs der Alliierten wollen die Japaner die britischen Insassen eines Todeslagers in Siam erschießen, ein junger Gefangener hat eine Idee; routinierter Film über Lagerhaft und kreative Überlebenskraft; realistisch, aber unkonventionell.

Die Gelbe Rose lebt gefährlich * ½
R 1982 – 90 Min. – R: Doru Nastase. D: Florin Piersic, Marga Barbu, Traian Stanescu.
Abenteuerfilm. Fortsetzung von »Der weite Ritt der Gelben Rose«; der Geheimbund kämpft weiter für den Sieg der Gerechtigkeit; schwächer als der erste Teil.

Die Gelbe Rose und das Geheimnis von Budapest **
R 1983 – 105 Min. – R: Doru Nastase. D: Florin Piersic, Marga Barbu, Scek Szabolcs.
Abenteuerfilm. Der Freiheitskämpfer Margelatu agiert in der österreichisch-rumänischen Unterwelt als 007 des vergangenen Jahrhunderts; der Film spielt mit der Historie genauso wie mit Genres und Kinoerwartungen; amüsant und souverän.

Gelbe Sorte TV-Film
BRD 1987 – 87 Min. – R, B: Robert Bramkamp. D: Josef Drees, Christin König, Andreas Piper.
Ein Bauernhof soll saniert werden durch betrügerische Transaktionen; in einer

Liebesgeschichte sollen Bilder der chinesischen Kulturrevolution erzählerische Funktion übernehmen; ambitionierter (Landwirt-)Film aus der Reihe »Das kleine Fernsehspiel«.

Der gelbe Strom / Blood Alley ✱✱

USA 1955 – 120 Min. – R: William A. Wellman. D: John Wayne, Lauren Bacall, Paul Fix, Anita Ekberg.

Abenteuerfilm. Rotchinesen wollen nach Hongkong flüchten und bedienen sich eines amerikanischen Haudegens, der die Wege in die »Freiheit« kennt; propagandistische Töne nicht vermeidender, aber versiert erzählter Actionfilm von Altmeister Wellman.

Der gelbe Teppich TV-Film

I 1985 – 85 Min. – R: Carlo Lizzani. B: Lucio Battistrada, Filiberto Bandini. D: Erland Josephson, Béatrice Romand, Vittorio Mezzogiorno.

Thriller um ein junges Ehepaar, das einen Verkauf tätigen will und die Machenschaften eines Betrügers kennenlernt; spannendes, unter die Haut gehendes Liebesdrama mit zeitkritischen Elementen.

Das Geld / L'argent ✱✱✱ ½

F/CH 1982 – 81 Min. – R: Robert Bresson. D: Christian Patey, Silvie van den Elsen, Michel Briguet, Caroline Lang.

Gesellschaftskritischer Film. Ein falscher Geldschein zerstört das Leben eines jungen Arbeiters und aller, die ihm helfen wollen; Parabel vom Geld als zerstörerische Kraft in einer orientierungslosen Gesellschaft ohne tragfähige Wertvorstellungen; pessimistische Gesellschaftssicht, die in Bildern von radikaler Einfachheit deutlich wird.

Geld bei Lieferung / Cash on Delivery ✱✱

USA 1956 – 92 Min. – R: Muriel Box. D: Shelley Winters, John Gregson, Peggy Cummings.

Melodram. Ein Showgirl erbt zwei Millionen Dollar, doch das Testament enthält eine Falle; der spannende, melodramatische Film setzt ganz auf Einfühlung in die von Winters bravourös gemeisterte Hauptfigur.

Das Geld bleibt unter uns / Une jeunesse ✱✱ ½

F 1983 – 101 Min. – R: Moshe Mizrahi. D: Jacques Dutronc, Michel Lonsdale, Patrick Norbert, Ariane Lartéguy, Charles Aznavour.

Liebesfilm. Ein Mann erinnert sich am 35. Geburtstag seiner Frau an die Anfänge ihrer Liebe, an Heirat, Karriere, seltsame Umwege bei der unermüdlichen Suche nach dem Glück – der Film erzählt das in der Balance einer traurigen Komödie; filmische Poesie mit viel Charme; nach der Erzählung von Patrick Modiano.

Das Geld liegt auf der Straße / Fun with Dick and Jane ✱✱ ½

USA 1975 – 90 Min. – R: Ted Kotcheff. D: George Segal, Jane Fonda, Ed McMahon, Dick Gautier, Hank Garcia.

Gaunerkomödie. Ein Ehepaar der oberen Mittelklasse sieht seinen Wohlstand bedroht, als der Mann seine Arbeit verliert; der Not gehorchend werden sie zum erfolgreichen Ganovenduo; das Gespann Segal/Fonda persifliert gekonnt die Marotten des US-Mittelstands, doch löst sich die denkbare kritisch-satirische Analyse in turbulentem Gaunerklamauk auf.

Geld macht nicht glücklich / Beautiful Stranger ✱✱

GB 1954 – 90 Min. sw. – R: David Miller. D: Ginger Rogers, Stanley Baker, Herbert Lom, Jacques Bergerac.

Liebesfilm. Die Geliebte eines Ganoven-Geschäftsmanns trennt sich von ihm, da er sich nicht scheiden läßt; ehe sie bei einem jungen Maler landet, muß sie vor Riviera-Traumkulisse viel Böses und Gefährliches erleben; der Zuschauer weiß nur nicht recht, warum.

Geld oder Leben / La bourse ou la vie ✱✱ ½

BRD/F/I 1965 – 88 Min. – R: Jean-Pierre Mocky. D: Fernandel, Heinz Rühmann, Marielù Tolò, Michel Galabru.

Komödie. Der pedantische Buchhalter Rühmann und der robuste Kassierer Fernandel machen Jagd auf ihren betrügerischen Chef; zwei große Komödianten in Hochform.

Geld oder Leber! * ½
BRD 1986 – 85 Min. Ⓥ Starlight. – R: Dieter Pröttel. D: Mike Krüger, Ursela Monn, Raimund Harmstorf, Klaus Büchner, Hans Clarin, Falco.
Musikklamotte. Ein Gaunerpärchen kommt eines Tages an den großen Schmuck, versteckt ihn in einer Gans und muß dem Federvieh in der Folge hinterher. Nasenbär Mike Krüger spielt das gewohnt sarkastisch, trottelt der tolpatschigen Handlung mit Sprüchen und Kalauern vorneweg, ganz Sympathieträger; Musik von Falco und »Erste Allgemeine Verunsicherung«.

Geld regiert die Welt TV-Film
S – 75 Min. – R: Lars Molin. D: Pierre Lindstedt, Lars Hansson, Eva Gröndahl, Helge Skoog.
Zwei ungewöhnliche Freunde finden nach einer Zechtour im unverschlossenen Safe einer unbewohnten Villa ein Vermögen; zunächst geht ihr Traum vom Leben im Reichtum auf, doch dann gerät einer der beiden in Gewissenskonflikte; ein leiser Film von stiller Heiterkeit mit einem Schluß, der Ironie und Melancholie verbindet.

Geliebt bis in den Tod / Dance With a Stranger ***
GB 1985 – 98 Min. – R: Mike Newell. D: Miranda Richardson, Rupert Everett, Ian Holm, Tom Chadbon.
Schwarze Liebesromanze. Ruth managt den Londoner »Little Club«, dort lernt sie den reichen Playboy David kennen; doch die Klassengesellschaft intrigiert gegen die Liaison, und am Ende ereignet sich deshalb ein blutiger Mord: Ruth erschießt David. Der galant-glamouröse, in exzentrischen Dekors schwelgende und in seiner Story zynisch düstere Film serviert das authentische Schicksal der 1955 in England als letzte Frau hingerichteten Ruth Ellis mit Genuß an bizarren Details.

Geliebt in Rom TV-Film
BRD 1963 – 99 Min. sw – R: Paul Verhoeven. D: Robert Graf, Ingrid Andree, Stefan Schnabel.
Emigrantenschicksal im Zweiten Weltkrieg: Der Architekt Robert und die Tänzerin Anna sind beim Einmarsch der deutschen Truppen von Prag nach Rom geflüchtet, doch im Winter 1944 wird auch Rom von den Nazis besetzt.

Geliebte Anna / Anna ** ½
H 1981 – 90 Min. – R: Márta Mészáros. D: Marie José Nat, Jan Nowicki, László Gálffy.
Melodram. Eine Ungarin glaubt in der Tochter eines Pariser Ehepaares ihr Kind wiedergefunden zu haben, das in den Wirren des Ungarnaufstands 1956 verlorenging; gefühlvoll inszeniert.

Geliebte Brigitte / Dear Brigitte **
USA 1965 – 95 Min. – R: Henry Koster. D: James Stewart, Glynis Johns, Cindy Carol, Billy Mumy, Brigitte Bardot.
Komödie. Der achtjährige mathematisch begabte Sohn eines musisch-monomanischen Professors schreibt heimlich Liebesbriefe an Brigitte Bardot; die ordentliche Familie in diesem glänzend besetzten Filmspaß erlebt daraufhin Kopfschmerzen; das wiederum garantiert unterhaltsame 95 Minuten.

Die Geliebte des anderen / Qui? / Il cadavere dagli artigli d'acciaio ** ½
F/I 1970 – 78 Min. – R: Léonard Keigel. D: Romy Schneider, Maurice Ronet, Gabriele Tinti, Simone Bach.
Kriminalfilm. Eine Frau überlebt den rätselhaften Autounfall, bei dem der Fahrer verschwunden bleibt; der straff konstruierte Psychokrimi spürt dem Verdacht nach, die Gerettete könnte eine Mörderin sein.

Die Geliebte des französischen Leutnants / The French Lieutenant's Woman **
USA 1980 – 119 Min. – R: Karel Reisz. D: Meryl Streep, Jeremy Irons, Lynsey Baxter, Hilton McRae, Emily Morgan.
Melodram. Liebesromanze in Moll um einen jungen Wissenschaftler und eine Frau mit Vergangenheit, die im Jahre 1860 unter viktorianischer Moral leiden; viel optische und schauspielerische Brillanz, aber reichlich dünne Story.

Die Geliebte des Präsidenten / The President's Mistress FLOP
USA 1978 – 100 Min. – R: John Llewel-

lyn Moxey. D: Beau Bridges, Karen Grassle, Susan Blanchard, Larry Hagman.
Klamotte. Präsidentenliebchen, als KGB-Agentin verdächtigt, ist tot; Präsidentenbruder versucht gegen Geheimdienste Aufklärung; ärgerlich-dümmliche Spekulation auf die Kennedy-Monroe-Affäre.

Geliebte Feindin * ½
BRD 1954 – 98 Min. sw. – R: Rolf Hansen. D: Werner Hinz, Ruth Leuwerik, Theo (Thomas) Holtzmann, Brigitte Stanzel.
Abenteuerromanze. Die aparte Gattin des britischen Konsuls in Kairo lernt aus Anlaß einer Revolte den schmucken Legionär Brown kennen. Das führt zu einer holprigen Ehe-, Liebes- und Spionagegeschichte.

Geliebte Hexe / Mia moglie è una strega ** ½
I 1981 – 86 Min. – R: Castellano und Pipolo. D: Renato Pozzetto, Eleonora Giorgi, Helmut Berger.
Satire. Eine wunderschöne Hexe erwacht aus ihrem mittelalterlichen Schlaf und will sich am Nachfahren des Papstes, einem Börsenmakler, rächen; toller Spaß und Spuk.

Geliebte Sena / Eutanasia di un' amore * ½
I 1978 – 90 Min. – R: Mario Salerno. D: Ornella Muti, Mario Scaccia, Tony Musante, Laura Trotter.
Melodram. Die Romanze zwischen dem noch jugendlichen Professor und der gutgebauten Studentin Ornella Muti, Sexbombe des italienischen Kinos, läuft so lange, bis das Mädchen verschwindet; unterhaltsam.

Geliebter Giorgio / Yes, Giorgio * ½
USA 1982 – 105 Min. – R: Franklin J. Shaffner. D: Luciano Pavarotti, Kathryn Harrold, Eddie Albert, Pado Borboni.
Romanze. Ein Opernstar verfolgt seine Liebe, eine selbstbewußte junge Ärztin, quer durch Amerika; die altmodische Schnulze können auch die Lieder von Pavarotti nicht retten.

Geliebter Rebell / Beloved Enemy ** ½
USA 1936 – 86 Min. sw. – R: H.C. Potter. D: Merle Oberon, Brian Aherne, David Niven, Karen Morley, Donald Crisp.
Liebesfilm. Ein Erzbrite (Niven) ist sterblich in eine Diplomatentochter verliebt, doch die hat sich für einen irischen Rebellen (Aherne) entschieden; exzellent fotografierte und gespielte Typenstudie aus dem Irland der Freiheitskämpfe Anfang der zwanziger Jahre.

Geliebter Spinner / Billy Liar **
GB 1963 – 95 Min. sw. – R: John Schlesinger. D: Tom Courtenay, Julie Christie, Wilfried Pickels, Mona Washbourne.
Psychokomödie. Ein Angestellter eines Leichenbestatters hat seltsame Visionen, die ihn seiner alltäglichen Umwelt entfremden; aber er findet eine sensible Frau, die ihn versteht. Schlesinger hat diese skurrile Liebesgeschichte am Rande des Seelendramas gekonnt auf seine humorvollen Aspekte hin inszeniert.

Geliebtes Scheusal TV-Film
BRD 1972 – 90 Min. – R: Jürgen Goslar. D: Peter Pasetti, Eva-Ingeborg Scholz, Detlev Eckstein, Ernst Stankovski.
Eifersüchtige Gattin hält Freundin des Sohnes für die Geliebte des Gatten und sinnt auf Rache; oberflächliches Boulevardmärchen für Freunde des Altherrencharmes von Pasetti.

Der Gemeindepräsident ** ½
CH 1983 – 90 Min. sw. Schweizer Original mit dt. Untertiteln. – R: Bernhard Giger. D: Mathias Gnädinger, Peter Freiburghaus, Paul Born, Eva Schär.
Lehrstück. Der Gemeindepräsident Sturzenegger ist ein angesehener und beliebter Mann im Ort, doch eines Tages treten schwerwiegende Konflikte auf, die sein politisches Selbstvertrauen erschüttern; ironische Zeitkritik.

Der Gendarm vom Broadway / Le gendarm à New York ** ½
F/I 1965 – 97 Min. – R. Jean Girault. D: Louis de Funès, Michel Galabru, Jean Lefèbvre, Geneviève Grad, Christian Marin, Grosso, Modo.

Komödie. Auf dem Dienstweg geraten der St.-Tropez-Polizist und seine Truppe nach New York; die Komplikationen beginnen schon während der Anreise; die Tochter taucht als blinder Passagier auf; Klamauk, der durch das Verhalten der französischen Provinzgendarmen in den USA auf Trab kommt.

Der Gendarm von Saint-Tropez / Le gendarme de Saint-Tropez ** ½

F/I 1964 – 91 Min. tlw. sw. Ⓥ marketing film. – R: Jean Girault. D: Louis de Funès, Geneviève Grad, Michel Galabru, Christian Marin, Jean Lefèbvre.

Komödie. Gendarmerie-Brigadier Cruchot, wegen Übereifers ins Sündenbabel »Saint-Trop« abgeschoben, im hektischen Windmühlenflügelkampf gegen das süße Leben seiner Truppe, die Flausen seiner Tochter und die FKK-Fans; mäßiges Drehbuch, das durch die groteske Komik der Funès-Körpersprache gewinnt.

Gene Autry – Gitarren, Colts und gute Freunde / Guns and Guitars ** ½

USA 1937 – 47 Min. sw. – R: Joseph Kane. D: Gene Autry.

Western. Der »singende Cowboy« im Kampf gegen einen üblen Rancher; die Hollywoodlegende Autry singt »Guns and Guitars« und »Ridin' All Day«; ein Muß für Westernfans.

Der General / The General ****

USA 1926 – 84 Min. sw. Stf. – R: Buster Keaton, Clyde Bruckman. D: Buster Keaton, Marion Mack, Charles Smith, Frank Barnes.

Komödie. Die Lok und die Verlobte eines Südstaatlers werden geraubt, und er holt beide im Alleingang von den Yankees zurück; Keaton inszeniert und spielt das historisch verbürgte Abenteuer aus dem Bürgerkrieg 1862 mit artistischer Präzision, Gespür für das ästhetische Tableau, brillanter Körperkomik und feinem Kommentar zum Kriegsgeschehen; ein einmaliges Filmkunststück an Stunts und zirzensischen Nummern, ein Filmklassiker.

General Pfeifendeckel / Unternehmen Pappkamerad / On the Double ** ½

USA 1960 – 89 Min. – R: Melville Shavelson. D: Danny Kaye, Dame Margaret Rutherford, Dana Wynter, Wilfrid Hyde-White, Diana Dors.

Komödie. Hinter einem britischen General sind die Deutschen her, deshalb darf ihn ein imitatorisch begabter Soldat – unwissentlich – doubeln; grandioser Doppelrollenspaß mit einem entfesselten Kaye.

Genosse Don Camillo / Il compagno Don Camillo ** ½

I 1965 – 105 Min. sw. – R: Luigi Comencini. D: Fernandel, Gino Cervi, Saro Urzi, Graziella Granata.

Komödie. Eine Delegation des kommunistischen Stadtrats von Brescello soll nach Moskau reisen. Don Camillo ist wie immer besorgt um das Seelenheil seiner Schäfchen und reist als »Genosse« mit. Letzter Film der Camillo-Serie; köstliche Typisierungen, dralle Situationskomik, wunderbares Pferdegrinsen Fernandels.

Genosse Münchhausen ** ½

BRD 1962 – 90 Min. sw. – R, B: Wolfgang Neuss. D: Wolfgang Neuss, Peer Schmidt, Corny Collins, Wolfgang Wahl, Ingrid van Bergen.

Satire. Ein Rundumschlag des Kabarettisten Neuss, der den Film als »Mann mit der Pauke« begleitet; Großangriff auf die Tabus der späten Adenauer-Zeit.

Gentleman Jim, der freche Kavalier / Gentleman Jim ***

USA 1942 – 86 Min. sw. – R: Raoul Walsh. D: Errol Flynn, Alexis Smith, Jack Carson, Alan Hale, John Loder.

Boxsportfilm. Boxstory um den tolldreisten kleinen Angestellten Jim Corbett, der sich zum Weltmeister im Ring und bei den Frauen emporkämpft; nach einer auf Tatsachen beruhenden Lebensgeschichte des ersten Boxweltmeisters im neuen Kampfstil, spritzig und amüsant erzählt, ohne das heutige chauvinistische Rocky-Pathos; sympathisch frech von Flynn gespielt.

Der Gentleman-Killer / Kid Glove Killer ** ½

USA 1942 – 71 Min. sw. – R: Fred Zinnemann. D: Van Heflin, Marsha Hunt, Lee Bowman, Samuel S. Hinds.
Zeitkritischer Krimi. Kampf eines Polizisten gegen Korruption in Politik und öffentlichem Leben; einer gegen alle – Sheriff Will Kane (»Zwölf Uhr mittags«) läßt grüßen in dieser sauberen, flotten, hart auf den Punkt inszenierten ersten Regiearbeit von Zinnemann.

Gentlemenkillers / The Wrong Arm of the Law ∗∗
GB 1962 – 90 Min. sw. – R: Cliff Owen. D: Peter Sellers, Nanette Newman, Lionel Jeffries, Bernard Cribbins.
Gaunerkomödie. Gentlemanganove und Chef einer Einbrechergewerkschaft schließt Waffenstillstand mit Scotland Yard, um sein Revier zu sichern; einige gelungene Typen retten das mäßig amüsante Lustspiel mit einem eher schwachen Sellers.

Geraubte Küsse / Baisers volés ∗∗∗
F 1968 – 91 Min. – R: François Truffaut. D: Jean-Pierre Léaud, Claude Jaude, Daniel Ceccaldi, Michel Lonsdale, Delphine Seyrig.
Liebeskomödie. Aus der Armee unehrenhaft entlassen, versucht sich Antoine als Privatdetektiv in Paris. Dabei folgt er nicht nur kriminalistischen Spuren, sondern auch den Frauen, die ihm Zärtlichkeit, Erotik und Glück versprechen. Mit der Gattin seines Chefs im Schuhsalon bleibt es eine erotische Inszenierung, mit Christine könnte es eine Fahrt ins (bürgerliche) Glück werden. Im Gegensatz zu dem Film »Sie küßten und sie schlugen ihn«, der Antoines düstere Jugend schildert und den Antoine-Doinel-Zyklus eröffnet, breitet dieses Truffaut-Werk elegant und nonchalant sein Zeitkolorit aus.

Geraubtes Gold / The Badlanders ∗∗ ½
USA 1958 – 80 Min. – R: Delmer Daves. D: Alan Ladd, Ernest Borgnine, Katy Jurado.
Western. Geschichte einer Knastfreundschaft, die in Freiheit schwer geprüft und von Goldgier geblendet wird; Routinearbeit des liberalen Daves (»Der gebrochene Pfeil«) mit gestandenen Westernstars und weiten Ritten durchs schöne Land.

Gerechtigkeit für Kate / Invasion of Privacy TV-Film
USA – 95 Min. – R: Mel Damski. B: Elaine Mueller, nach Joan Tayler. D: Valerie Harper, Cliff De Young.
Eine von ihrem Mann geschiedene Künstlerin zieht mit ihrer kleinen Tochter auf eine Insel, doch deren Bewohner haben etwas gegen die Fremde; nach einer Vergewaltigung wird es für Kate unerträglich; ein Spießrutenlaufen beginnt, und Kate muß sich wehren.

Das geregelte Leben der Gertie H. TV-Film
BRD 1988 – 60 Min. – R: Franz Josef Wild. D: Christa Berndl.
Gertie war als Sekretärin immer eine fleißige, unauffällige Frau; jetzt im Angesicht des Todes läßt sie noch einmal ihr Leben Revue passieren. Bravouröse Leistung von Christa Berndl in einem Einpersonenstück von Allan Bennett.

German Dreams TV-Film
BRD 1985 – 88 Min. – R: Lienhard Wawrzyn. D: Angela Leiberg, Ilona Lewanowski, Hans-Henning Borgelt.
Mutter, nach gescheitertem Fluchtversuch und Knast, und Tochter dürfen aus der DDR ausreisen; vom Westen haben sie Traumvorstellungen; die Komödie erzählt von ihren Erlebnissen im real existierenden Kapitalismus.

Germanicus in der Unterwelt / Maciste contro i mostri ∗ ½
I 1963 – 83 Min. – R: Guido Malatesta. D: Reg Lewis, Margaret Lee, Luciano Marin.
Historienfilm. Sandalenepos aus germanisch grauer Vorzeit, in dem wilde Stämme Frauen rauben; gewöhnliche Mischung aus Athleten- und Liebeskult.

Gesche Gottfried TV-Film
BRD 1978 – 90 Min. – R: Karl Fruchtmann. D: Sabine Sinjen, Tilo Prückner, Wolf Roth, Rolf Becker.
Die authentische Geschichte der Bremer Giftmischerin, die durch eine »gute Partie« unglücklich wird, ihre Familie aus-

rottet und ein unauffälliges Leben führt, bis sie 1831 gefaßt wird; eine spröde Sabine Sinjen in einem dezent eindringlichen Film.

Ein Geschenk des Himmels / Father's Little Dividend ***
USA 1951 – 82 Min. sw. – R: Vincente Minnelli. D: Spencer Tracy, Elizabeth Taylor, Joan Bennett, Don Taylor.
Komödie. In der Fortsetzung von »Vater der Braut« hofft Tracy auf ein geruhsames Leben, doch Familiennachwuchs sorgt für weitere Turbulenzen; auch hier amüsante Einblicke in den American way of life.

Die Geschichte der Adele H. / L'Histoire d'Adèle H. ** ½
F 1975 – 97 Min. – R: François Truffaut. D: Isabelle Adjani, Bruce Robinson, Sylvia Marriott, Reubin Dorey.
Liebesdrama. Eine junge psychisch angeknackste Frau stürzt sich 1863 in Halifax in eine Affäre, aus der sie als Geisteskranke hervorgeht; die authentische Story der Adèle Hugo, die 1915 starb, inszenierte Truffaut (»Jules und Jim«) aus einer exemplarischen Situation heraus als Melodram mit Thrillerelementen.

Geschichte der Laura M. / Laura, les ombres d l'été *
F 1979 – 85 Min. – R: David Hamilton. D: Dawn Dunlap, Maud Adams, James Mitchell, Pierre Londiche.
Künstlerschnulze. Bildhauerglück wird durch ein pubertäres Modell fast zum Künstlerpech; softporniertes Produkt von Kuschelweichzeichner Hamilton mit viel Mädchenhaut und -haar.

Die Geschichte der Molly X / The Story of Molly X ** ½
USA 1949 – 80 Min. sw. – R: Crane Wilbur. D: June Havoc, John Russell, Dorothy Hart, Charles McGraw, Connie Gilchrist.
Gangsterfilm. Die Witwe eines Bandenchefs übernimmt 1945 in Kansas City die Gang ihres Mannes; dann geht alles schief; lakonische, spannende und genrewirksame Gangsterstory um schwere Jungs, leichte Mädchen und die sozialisierenden Wirkungen des Reformknasts.

Die Geschichte der Nana S. / Vivre sa vie *** ½
F 1962 – 76 Min. sw. – R: Jean-Luc Godard. D: Anna Karina, André S. Labarthe, Peter Kassowitz, Sady Rebbot.
Godard-Film. Rondo um eine Prostituierte in »zwölf Bildern«, die mit Pistolenschüssen eingeleitet werden; ein Filmessay mit literarischen Querverweisen und zugleich eine dramatische Story über Liebe, Tod und Verbrechen in Paris.

Geschichte der Wände / Panel Story ** ½
ČSSR 1979 – 95 Min. – R: Vera Chytilová. D: Lukas Bech, Antonin Vanha.
Problemfilm. Eine Trabantenstadt am Rande von Prag: Soziogramm einer Siedlung, in der jede Kommunikation erstorben ist; Menschen hinter Wänden, abgekapselt, verbarrikadiert in ihrem erstickten Leben.

Die Geschichte des Rittmeisters Schach von Wuthenow TV-Film
BRD 1966 – 85 Min. sw. – R: Hans Dieter Schwarze. B: Dieter Meichsner. D: Karl-Michael Vogler, Peter Schütte, Claus Biederstaedt, Dagmar Altrichter.
Adaption der Fontane-Erzählung vom preußischen Offizier, der nach der Zwangsehe mit einer Bürgerlichen nicht mehr hoffähig ist; glanz- und einfallslose Inszenierung, der Vorlage nicht angemessen.

Geschichte einer Nonne / The Nun's Story ** ½
USA 1959 – 85 Min. – R: Fred Zinnemann. D: Audrey Hepburn, Peter Finch, Dean Jagger.
Melodram. Eine Glanzrolle für Audrey Hepburn, die unter der weißen Haube schön und rein wirkt, aber nicht bereit ist, die strenge Klosterdisziplin zu ertragen, als sie einem Arzt in Afrika begegnet.

Die Geschichte einer Vielgeliebten TV-Film
A 1983 – 100 Min. – R: Walter Davy. D: Krista Stadler, Helmut Lohner, Jochen Brockmann, Wolfgang Hübsch, Mijou Kovacs.
Eine lebenslustige Wienerin zerbricht an der Intensität ihrer Beziehungen zu meh-

reren Männern; anspruchsvolle Verfilmung des Romans »Die Vielgeliebte« von Jörg Mauthe.

Geschichte eines Verrats / Naming the Names TV-Film
GB – 85 Min. – R: Stuart Bruge. B: Anne Devlin. D: Sylvestra Le Touzel, Mick Ford, Michael Maloney, Ian McElhinney.
Der hochdramatische Rückblendenfilm verknüpft in einer Verhörsituation eine Liebesgeschichte mit einem Politdrama, das die Heldin schließlich in den Wahnsinn treibt. Hat sie den Mann, den sie liebte, wissentlich in den Tod geschickt? Die Hauptrolle ist mit Sylvestra Le Touzel glänzend besetzt.

Die Geschichte vom guten alten Herrn und dem schönen Mädchen TV-Film
BRD 1985 – 105 Min. – R, B: Margit Saad. D: Peter Pasetti, Leslie Malton, Dunja Lock, Klaus Schwarzkopf.
Der alternde Mann versucht sich durch die Liebe zu einem Mädchen zu verjüngen. In dieser feinsinnigen Geschichte nach einer Novelle von Italo Svevo scheitert der Herr an dem Zwiespalt zwischen seiner Begierde und dem Gewissen.

Die Geschichte von Adrien / L'Histoire d'Adrien **
F 1980 – 95 Min. – R: Jean-Pierre Denis. D: Bertrand Sautereau, Serge Dominique, Pierre Dienade.
Zeitkritischer Film. Ein uneheliches Bauernkind wächst Anfang des Jahrhunderts in Okzitanien auf und erlebt Gemeinschaft, Unterdrückung, Haß und die Versuche des Staates, das Land zu »modernisieren«. Im Erzählrhythmus uneinheitlicher, aber milieugenauer Erstlingsfilm.

Geschichten aus zwölf und einem Jahr TV-Film
BRD 1985 – 95 Min. sw. – R, B: Manfred Stelzer.
Szenische Dokumentation über die erste Berliner Hausbesetzung 1971 und die Aufdeckung der Träume der Besetzer dreizehn Jahre später; politisch engagiert und lebhaft-lebensnah.

Geschichtsunterricht ** ½
BRD 1972 – 85 Min. – R: Jean-Marie Straub, Danièle Huillet, D: Gottfried Bold, Johann Unterpertinger, Henri Ludwig.
Kunstfilm. Ein junger Mann taucht auf der Fahrt durch Rom in die Historie ein; er begegnet vier Zeitgenossen Cäsars; ein Werk von architektonisch strenger Schönheit.

Das Geschlecht der Falken / The Hawk ** ½
R 1965 – 111 Min. – R: Mircea Drăgan. D: Mihai Boghită, Ana Maria Nicolau, Dina Cocea, Ştefan Ciobotăraşu.
Historienfilm. Im unruhigen Rumänien des 17. Jahrhunderts kämpfen drei Freunde um Ruhm und schöne Frauen; farbenfrohe Variante der »Drei Musketiere«, ein episch breites Zeitbild.

Der geschmuggelte Henry TV-Film
BRD 1985 – 100 Min. – R, B: Franz Josef Gottlieb. D: Inge Meysel, Edith Volkmann, Gerrit Schmidt-Foss, Gila von Weitershausen, Peter Bongartz, Wolfgang Preiss.
Der dritte Film, in dem Inge Meysel als Ada Harris, Putzfrau aus London, das Herz am rechten Fleck hat, einem Jungen den Vater sucht und für Verwirrung sorgt.

Geschossen wird ab Mitternacht / The Cheyenne Social Club ** ½
USA 1970 – 103 Min. – R: Gene Kelly. D: James Stewart, Henry Fonda, Shirley Jones, Sue Ann Langdon.
Western. Zwei Cowboys im Rentenalter wollen sich auf des einen ererbtes Altenteil zurückziehen, müssen aber feststellen, daß es sich um ein Bordell handelt; zwei humorige Altstars in unbeschwerten Rollen.

Die Geschwister Oppermann TV-Film
BRD 1983 – 245 Min. – R: Egon Monk. D: Wolfgang Kieling, Rosel Zech, Michael Degen, Ilona Grübel.
Berlin 1932, die Staatskrise in der vorfaschistischen Weimarer Republik steuert auf die Katastrophe zu; hellsichtige Juden wie die Brüder Oppermann sehen düstere Zeiten voraus. Ein Meisterwerk des engagierten kritischen Fernsehregisseurs Monk.

Die Gesegneten TV-Film
S – 80 Min. – R: Ingmar Bergman. D: Harriet Andersson, Per Myrberg, Christina Schollin, Irma Christenson.
Eine scheinbar starke Frau und ein selbstmordgefährdeter junger Mann heiraten und verleben sieben glückliche Jahre; plötzlich bricht bei der Frau eine psychische Krankheit aus, sie kommt in eine Heilanstalt. Die Geschichte dieses Wahnsinns und seiner Voraussetzung – das Leben zu zweit – schildert der Bergman-Fernsehfilm mit quälender Genauigkeit.

Das Gesetz bin ich / ** ½
Mr. Majestyk
USA 1974 – 94 Min. – R: Richard Fleischer. D: Charles Bronson, Al Lettieri, Linda Cristal, Alejandro Rey.
Actionfilm. Ein Exhäftling will sich nach einer Gefängnisstrafe eine Melonenplantage aufbauen. Doch neben der Polizei will auch ein Gangster seinen Absprung in die bürgerliche Existenz verhindern. Charles Bronson als Mr. Majestyk legt sich beängstigend ins Zeug, um die Drehbuchvorgaben zu erfüllen; sauberer Actionknaller.

Das Gesetz der Gesetzlosen / The Law of the Lawless **
USA 1963 – 83 Min. – R: William F. Claxton. D: Dale Robertson, Yvonne de Carlo, William Bendix, Bruce Cabot, John Agar.
B-Western. Ein Richter mit Revolverhelden-Vergangenheit versucht, in einer kleinen Stadt in Kansas das Gesetz auch gegen die herrschenden Reichen durchzusetzen; Problemwestern ohne viel Action, der das originelle Thema der Gerechtigkeit für alle in zähen Dialogen zerredet; einige gute Darsteller versöhnen.

Das Gesetz der Liebe **
D 1945 – 75 Min. sw. – R: Hans Schweikart. D: Hilde Krahl, Ida Wüst, Paul Hubschmid, Ferdinand Marian.
Spionagefilm. Eine historische Romanze aus dem Jahr 1806; die junge Opernsängerin wird in einen Spionagefall zwischen Deutschland und Frankreich verwickelt; Liebe und Verrat in napoleonischer Zeit.

Das Gesetz des Schweigens / E venne il giorno dei limoni neri ** ½
I 1970 – 95 Min. – R: Camillo Bazzoni. D: Antonio Sabato, Florinda Bolkan, Peter Carstens, Silvano Tranquilli.
Thriller. Ein Exmafioso rächt sich an der Organisation, da sie seine Frau töten ließ, während er in Haft war; konventionelles, dennoch spannendes Mafiaspektakel mit Kidnappingmotiv »verkehrt herum«.

Gesetzlose Brut / ** ½
Gefährliches Blut / The Lawless Breed
USA 1952 – 81 Min. – R: Raoul Walsh. D: Rock Hudson, Julia Adams, Mary Castle, Lee Van Cleef.
Western. Story mit Pokerspiel, Liebe, Verfolgung und Revolverduellen; der Film erzählt die Legende des schießenden Spielers John Wesley Hardin, eines Helden, der wirklich gelebt hat, in zarten Pastellfarben und auf ungewöhnliche Weise.

Das Gesicht hinter der Maske / The Face Behind the Mask ** ½
USA 1941 – 69 Min. sw. – R: Robert Florey. D: Peter Lorre, Evelyn Keyes, Don Beddoe.
Horrorfilm. Ein Mann mit verunstaltetem Gesicht sinkt ab in die Kriminalität; bitterböser Film mit zeitkritischen Zügen, dessen Horror genau kalkuliert und plausibel ist.

Das Gesicht im Dunkeln * ½
BRD/I 1969 – 80 Min. Ⓥ Videbox. – R: Riccardo Freda. D: Klaus Kinski, Margaret Lee, Christiane Krüger, Günther Stoll.
Krimi. Die Millionenerbin ist tödlich verunglückt; ihr Ehemann, der gutgekleidete Bösewicht vom Dienst Klaus Kinski, scheint der Mörder zu sein; Psychostudie von mäßigem Niveau.

Gesichter / Faces ** ½
USA 1968 – 125 Min. sw. OmU. – R, B: John Cassavetes. D: John Marley, Gena Rowlands, Lyn Carlin, Seymour Cassel.
Ehedrama. Der Mann kommt nach einem heißen Flirt in einer Bar nach Hause und bricht einen Ehekrach vom Zaun; die Frau rächt sich mit einem Gigolo.

Eindringliche Studie über Einsamkeit und kaputte Beziehungen, im Stil manchmal allzu überzogen, hysterisch, exzessiv; der Film erhielt drei Oscars.

Gesichter im Schatten TV-Film
GB – 80 Min. – R: Jim O'Brian. D: Macrea Clarke, May Friel, Joe McPartland.
Unter den Bedingungen des irischen Bürgerkriegs entwickelt sich eine problembelastete Freundschaft zwischen einem kleinen Jungen und einer Lehrerin; einfühlsam.

Ein Gespenst auf Freiersfüßen / The Ghost and Mrs. Muirr ***
USA 1947 – 101 Min. sw. – R: Joseph L. Mankiewicz. D: Gene Tierney, Rex Harrison, George Sanders, Natalie Wood.
Spukkomödie. Eine Witwe zieht mit Tochter und Hausangestellter in ein altes Seefahrerhaus, in dem es spukt. Eines Tages taucht der Geist des Kapitäns leibhaftig auf und engagiert die Frau als »Ghostwriter« seiner Memoiren. Phantastische, unbekümmerte charmante Komödie, schöne Musik von Bernard Herrmann.

Das Gespenst der Freiheit / Le fantôme de la liberté ***
F 1974 – 103 Min. – R: Luis Buñuel. D: Michel Piccoli, Jean-Claude Brialy, Adriana Asti, Julien Bertheau, Adolfo Celi.
Episodenfilm. Kaleidoskopisches Gesellschaftsbild, das Freiheit nur als Phantom kennt; die Angst der Bourgeoisie vor der Freiheit wird in Bildern wie solchen vom Eiffelturm als Pornomotiv, autogrammgebenden Mördern und pokernden Mönchen offengelegt und kommentiert; ein Film, der dramaturgische Ordnungen anarchisch auflöst.

Ein Gespenst geht nach Amerika / The Ghost Goes West ** ½
GB 1936 – 78 Min. sw. – R: René Clair. D: Robert Donat, Jean Parker, Eugene Pallette, Elsa Lanchester.
Komödie. Ein Konservenfabrikant verfrachtet ein schottisches Schloß inklusive werbewirksamen Gespensts in die USA; der Geist hegt Rachegedanken gegen einen alten Feind. Reizvolle Gespensterkomödie, die ihren Charme auch aus den kulturellen Gegensätzen zwischen der Alten und der Neuen Welt bezieht.

Das Gespensterhaus **
CH 1942 – 100 Min. sw. – R: Franz Schnyder. D: Blanche Aubry, Therese Giehse, Emil Hegetschweiler, Alfred Rasser.
Horrorfilm. In einem alten Haus in Bern spukt es angeblich; der junge Jurastudent verbringt eine Nacht in dem Gemäuer und schreibt darüber eine gruselige Reportage in der Zeitung. Das ärgert die Hausbesitzerin, die ihn verklagt. Horrorkomödie auf schwyzerdütsch.

Gespensterparty / Munster Go Home * ½
USA 1966 – 95 Min. – R: Earl Bellamy. D: Fred Gwynne, Yvonne De Carlo, Butch Patrick, Al Lewis, Debbie Watson.
Horrorgroteske. Eine amerikanische Gespensterfamilie, Nachfahren der Frankensteins, hat Schloß und Adelstitel in England geerbt. Die Reise auf die grüne Insel ist begleitet von allerlei Gruselklamauk.

Der gespenstische Nachbar / The Neighbour Downstairs TV-Film
GB 1982 – 65 Min. – R: A. Gosling. D: Mike Gwylim, Cyril Cusack, Jonathan Byatt.
Geschichte eines ehrgeizigen Anwaltsgehilfen, der ein Vermögen und einen Teil seiner Lebensjahre opfert, um seine Kindheit zu rekonstruieren. Viktorianische Parabel nach einer Story von Leon Garfield; symbolhaft, in meist düsteren (Bühnen-)Bildern.

Das Gespinst TV-Film
BRD 1985 – 90 Min. – R: Ilse Hofmann. B: Karl-Heinz Willschrei. D: Heiner Lauterbach, Wolfgang Reichmann, Georges Claisse, Dagmar Cassens.
Ein Astronaut hat ein Ufo fotografiert und glaubt im Gegensatz zu seinem Vater, einem Astrophysiker, einer Gefahr auf der Spur zu sein; intelligente SF-Utopie mit gut getimter Spannung.

Gespräche mit Max / La palabras de Max ** ½
E 1977 – 97 Min. – R: Emilio Martinez-

Lázaro. D: Ignacio Fernandez de Castro, Gracia Querejeta, Miriam Maeztu, Cecilio Viuarrean, Héctor Alterio.
Melodram. Ein Schriftsteller glaubt sich in einer Krise, doch er genießt seine Ratlosigkeit, die er in seiner Familie genüßlich-egoistisch auslebt; preisgekrönter Film um Kommunikationslosigkeit und Einsamkeit.

Das Geständnis / L'aveu ∗∗∗ ½
F/I 1969 – 130 Min. – R: Constantin Costa-Gavras. D: Yves Montand, Simone Signoret, Gabriele Ferzetti, Michel Vitold.
Politthriller. Authentische Darstellung der Leiden des ehemaligen tschechoslowakischen Außenministers Artur London, der stalinistischen Folterknechten zum Opfer fiel; aufwühlend, schockierend und von äußerster Intensität.

Geständnis unter vier Augen ∗∗ ½
BRD 1954 – 94 Min. sw. – R: André Michel. D: Hildegard Knef, Carl Raddatz, Ivan Desny, Werner Hinz.
Kriminalfilm. Eine Rumäniendeutsche und erfolgreiche Journalistin auf der Suche nach ihrem Vater, von dem sie 1939 getrennt wurde; spannende Krimikolportage, straff inszeniert und eindrucksvoll gespielt.

Gestehen Sie, Dr. Corda! ∗∗
BRD 1958 – 93 Min. sw. – R: Josef von Baky. D: Hardy Krüger, Lucie Mannheim, Fritz Tillmann.
Krimi. Spannender Mordfall nach dem authentischen Geschehen um den Prozeß »Dr. Hoflehner« (Buch: R. A. Stemmle). Narkosearzt Dr. Corda unterhält ein Verhältnis zu einer Narkoseschwester, die eines Tages tot aufgefunden wird. Corda findet die Leiche, der Indizienprozeß beginnt. Mit sorgfältiger Rekonstruktion fesselt der Film die Aufmerksamkeit der Zuschauer.

Gestern waren wir noch Kinder / Just Pals ∗∗
USA 1982/83 – 45 Min. – R: Randa Haines. D: Byron Thames, Heather McAdam, Arthur Peterson, Richard McKenzie.
Jugendfilm. Als die Freundin eines Dreizehnjährigen von einer Europareise zurückkehrt, sieht sie Jungen in einem anderen Licht; das verwirrt ihren Freund. Sympathischer kleiner Film um Pubertätsprobleme.

Der gestiefelte Kater ∗∗ ½
BRD 1955 – 70 Min. – R: Herbert Oenicke. D: Harry Wüstenhagen, Günter Hertel, Martin Volkmann, Margitta Sonke.
Märchenfilm. Adaption des Grimm-Märchens vom Kater Hinz, der dem Sohn des armen Müllers zu Wohlstand verhelfen will; pfiffige Unterhaltung für jung und alt.

Gestohlene Herzen / Bugie Bianche ∗∗ ½
I 1980 – 92 Min. – R: Stefano Rolla. D: Max von Sydow, Virna Lisi, Ronni Valente.
Melodram. Ein junger Ausreißer macht sich in Venedig auf die Suche nach passenden Eltern; mit Charme, Witz und faustdicken Lügen erobert er die Herzen eines wohlsituierten Ehepaars – ein heiterer Traum vom Glück.

Gesucht – Die Frau des Banditen S. / Wanted: The Sundance Woman ∗
USA 1976 – 89 Min. – R: Lee Philips. D: Katharine Ross, Steve Forrest, Stella Stevens, Hector Elizondo.
Western. Die Geliebte des Banditen Sundance Kid wird verfolgt; als ihr Beschützer verhaftet wird, sucht sie Hilfe bei Pancho Villa; naive, phantasielose, spekulative Fortsetzung des Kultwesterns »Zwei Banditen« mit Redford/Newman.

Gesucht wird: Johnny / Proteful, aurul si ardelini ∗∗
R 1979 – 97 Min. – R: Mircea Veroiu. D: Ilarion Ciobanu, Ovidiu Iuliu Moldovan, Mircea Diaconu.
Westernkomödie. Zwei Brüder aus Siebenbürgen reisen 1870 in den Wilden Westen, um ihren Bruder zu suchen; fürs erste sehen sie ihn nur auf zahllosen Steckbriefen; streckenweise lustige Genreparodie aus dem Osten; Fortsetzung: »Johnny schießt quer«.

Gesucht wird Majora ∗∗
BRD 1949 – 90 Min. sw. – R: Hermann

Pfeiffer. D: Lotte Koch, Hermann Speelmans, Camilla Horn, Harald Paulsen, Paul Henckels, Willy Millowitsch, Heinz Erhardt.
Krimi. Hinter dem geheimnisvollen chemischen Präparat »Majora« sind viel zu viele her, doch zum Schluß siegen die Guten; Krimi mit Akzenten des Abenteuerfilms; beachtlich, wenn auch heute reichlich hausbacken.

Gesundheit TV-Film
BRD 1978 – 80 Min. – R: Peter Patzak. B: Dieter Forte. D: Ralf Schamula, Hans Kraemer, Rita Leska, Manfred Böhm.
Ein Mann wird durch eine schwere Krankheit zum Außenseiter, der versucht, sich seiner verständnislosen Umwelt anzupassen; ein Film über die lebensbestimmende und -verändernde Rolle von Krankheit, intensiv inszeniert und engagiert gespielt.

Der Gesundheitskongreß / Health **
USA 1980 – 94 Min. – R: Robert Altman. D: Glenda Jackson, Carol Burnett, James Garner, Lauren Bacall, Paul Dooley.
Politsatire. Eine Gesundheitsorganisation (Health Food) wählt in einem Hotel in Florida ihren Präsidenten. Zwei Frauen gehen auf Stimmenfang; skrupellos wird der Wahlkampf geführt. Der Film baut auf exzellente Darsteller, überzeichnet aber seine Kritik; nicht Altmans bester.

Getaway / The Getaway ***
USA 1972 – 118 Min. Ⓥ Atlas Video. – R: Sam Peckinpah. D: Steve McQueen, Ali MacGraw, Ben Johnson, Al Lettieri.
Actionkrimi. Nach dem Krimi von Jim Thompson mit Sinn für ritualisierte, zweckgebundene, sinnlose Gewalt realisierte Fabel vom Gangsterpärchen, das wie durch ein Wunder entkommt; McQueen als disziplinierter Doc McCoy, MacGraw als einfallsreiche Freundin.

Getrennt von Tisch und Bett / Separate Tables ***
USA 1958 – 99 Min. sw. – R: Delbert Mann. D: Rita Hayworth, Burt Lancaster, Deborah Kerr, David Niven, Wendy Hiller, Rod Taylor.
Melodram. In einem Mittelklassehotel in Bournemouth treffen sich Menschen verschiedener Wesens- und Lebensart, vor allem ein Paar, dessen Ehe dem Zerstörungsprozeß durch Selbstzerfleischung unterworfen war. In sorgfältig arrangierten Einstellungen werden intensivere Charakterbilder offenbar als in aufwendigeren »Grand-Hotel«-Filmen; kammerspielartig und eindringlich, nach einem Stück von Terence Rattigan; Oscars für Niven und Hiller.

Gevatter Tod TV-Film
DDR 1980 – 73 Min. – R: Wolfgang Hübner. D: Dieter Franke, Jan Spitzer, Hannes Fischer, Janina Hartwig.
Adaption des Grimmschen Märchens vom Bauernsohn, der den Tod überlisten will; nachdenkliche, adäquate Verfilmung der Vorlage.

Gewagtes Alibi / Criss Cross ** ½
USA 1949 – 88 Min. sw. – R: Robert Siodmak. D: Burt Lancaster, Yvonne De Carlo, Dan Duryea, Stephen McNally, Tony Curtis.
Gangsterfilm. Aussichtsloser Kampf eines Mannes, der sein Glück in Gestalt einer Frau mit Gewalt wiederfinden will. Siodmak inszenierte den fatalistischen Film mit formaler Brillanz, realistischen Außenaufnahmen und einer komplexen Erzählweise.

Gewagtes Spiel / Stacy's Knights **
USA 1982 – 90 Min. – R: Jim Wilson. D: Andra Millian, Kevin Costner, Eve Lilith, Mike Reynolds, Ed Semenza.
Spielerkrimi. Eine junge Frau entdeckt in Reno ihr Naturtalent für Black Jack; ein Profispieler bringt ihr alle Tricks bei; beide werden zum Schrecken der Casinos, bis der Mann ermordet wird; ziemlich zähe Studie aus dem Zockermilieu, die Atmosphäre nur andeutet.

Gewalt – Die fünfte Macht im Staat / La violenza: Quinto potere * ½
I 1972 – 85 Min. Ⓥ VPS. – R: Florestano Vancini. D: Mario Adorf, Enrico Maria Salerno, Gastone Moschin, Riccardo Cucciolla.
Mafiafilm. Ein Schauprozeß gegen rivalisierende Mafiosi auf Sizilien scheitert an

der durch Angst erzwungenen Omertà, dem Schweigen der Zeugen; effektsicherer Justizfilm, dem es an Analyse und Spannung fehlt.

Gewalt und Leidenschaft / Gruppo di famiglia in un interno / Violence et passion ∗∗∗
I/F 1974 – 121 Min. Ⓥ Polyband/Toppic. – R: Luchino Visconti. D: Burt Lancaster, Silvana Mangano, Helmut Berger, Claudia Marsani.
Literaturverfilmung. Ein Professor in Rom geht in vornehmer Einsamkeit in seinen Studien auf; eines Tages nistet sich bei ihm ein Clan ein, der sein Leben umkrempelt. Der farbenprächtige Film von Visconti (»Der Leopard«) nimmt sein Thema zum Anlaß, über den Konflikt von Geist und Gewalt zu meditieren; großartige Schauspieler und eine erlesene Kamera unterstützen dieses Bemühen.

Die Gewaltigen / The War Wagon ∗∗∗
USA 1967 – 97 Min. – R: Burt Kennedy. D: John Wayne, Kirk Douglas, Howard Keel, Bruce Cabot.
Western. Schlachtroß Wayne überfällt mit Helfern einen gepanzerten Goldtransport, um eine alte Rechnung zu begleichen; ein professioneller Spätwestern zum Schmunzeln mit einem akrobatischen Douglas.

Das Gewand / The Robe ∗∗ ½
USA 1953 – 127 Min. – R: Henry Koster. D: Richard Burton, Victor Mature, Jean Simmons, Michael Rennie, Jay Robinson, Dean Jagger.
Historienfilm. Die Begegnung mit Jesus Christus, den er als Tribun zum Kreuz führt, verändert das Leben von Marcellus; er versucht, die Christen zu verstehen, und liebt eine der ihren. Als Hüter des Christus-Gewandes wird er zu einem der Verfolgten. Der erste CinemaScope-Film glänzt durch prächtige Farben und Kulissen, große Stars und romantisiertes Zeitkolorit.

Gewehr über! / Shoulder Arms ∗∗∗
USA 1918 – 36 Min. sw. Stf. – R: Charlie Chaplin. D: Charlie Chaplin, Edna Purviance, Sydney Chaplin, Henry Bergman.
Chaplin-Slapstick. In einem Lager für Rekrutenausbildung träumt Charlie von Heldentaten, in Wirklichkeit machen ihm Ausbilder und Mitsoldaten das Leben sauer. Chaplins Groteske gegen den menschenschinderischen Irrsinn des Barras arbeitet mit anarchistischem Witz und ist politisch im Einsatz des Lachens.

Die Gewehre / Os fuzis ∗∗∗ ½
Brasilien 1964 – 108 Min. – R: Ruy Guerra. D: Atila Iório, Maria Gladys, Nelson Xavier, Leonidas Bayer.
Politischer Film. Regierungssoldaten sollen nach einer Dürrekatastrophe Lebensmittelvorräte schützen; ein Wanderprediger löst schwere Auseinandersetzungen aus, da er schonungslos das brüchige Ungleichgewicht der Verhältnisse vollends aus der Balance bringt; als engagiertes Plädoyer für eine neue Gesellschaft eines der wichtigsten Zeugnisse des brasilianischen »Cinema Novo«.

Gewehre zum Apachenpaß / Forty Guns to Apache Pass ∗∗ ½
USA 1966 – 93 Min. – R: William Whitney. D: Audie Murphy, Michael Burns, Kenneth Tobey, Laraine Stephens.
Western. Ein verräterischer Corporal will den Indianern moderne Gewehre liefern, sein Captain verfolgt ihn und sieht sich mit Feigheit und Unfähigkeit konfrontiert; melancholischer Western, dessen Action nicht Selbstzweck ist.

Der gewisse Kniff / The Knack, and How to Get It ∗∗∗ ½
GB 1965 – 84 Min. sw. – R: Richard Lester. D: Rita Tushingham, Ray Brooks, Michael Crawford, Donal Donnelly.
Komödie. Ein schüchterner Lehrer bittet seinen Hausgenossen, einen Frauenhelden, um Nachhilfeunterricht und gerät an ein ebenso schüchternes Entchen; Tushingham in einer Musterrolle für ihren spröden Charme; ein Film, in dem sich warme Menschlichkeit und umwerfende Komik zu einer Story von seltener Schlüssigkeit verbinden.

Ein gewisser Tag / ** ½
Un certo giorno
I 1968 – 95 Min. – R: Ermanno Olmi. D: Brunetto del Vita, Lidia Fuortes, Vitaliano Damioli.
Zeitkritischer Milieufilm. Aufstieg eines Angestellten in einer Werbeagentur – bis zu einem von ihm verschuldeten Verkehrsunfall; Höhen und Tiefen moderner Alltagscharaktere im erbarmungslosen Arbeitskampf. Der Film packt psychologisch einsichtig und kritisch an, was Arbeitsmarktstrategen verschweigen.

Ein gewisses Lächeln / * ½
A Certain Smile
USA 1958 – 106 Min. – R: Jean Negulesco. D: Rossano Brazzi, Joan Fontaine, Bradford Dillman, Christine Carère.
Romanze. Verfilmung der Sagan-Erzählung von einer Studentenliebe, die durch einen Senior Lover in Probleme gerät; ohne den melancholischen Charme der Vorlage.

Gezählte Stunden / ** ½
The Hasty Heart
USA 1949 – 110 Min. sw. – R: Vincent Sherman. D: Ronald Reagan, Patricia Neil, Richard Todd, Orlando Martins.
Melodram. Die Freundschaft seiner Kameraden erleichtert einem tödlich verwundeten Soldaten das Sterben; eindringliche Psychostudie, die das heikle Thema Tod sensibel und nicht ohne einen Anflug von Humor bewältigt.

Gezähmte Spur / TV-Film
Les noces de plomb
F 1987 – 95 Min. – R: Pierre Grimblat. D: Christine Boisson, Jean-Luc Boutte, Jean-François Stévenin.
Eine Versicherungsgesellschaft will einen Mörder überführen und setzt eine junge Agentin auf ihn an; konventioneller Versicherungskrimi mit konventionellen Spannungseffekten; schwächerer Film in der Tradition der »Schwarzen Serie«.

Der gezähmte Widerspenstige / Il bisbetico domato * ½
I 1980 – 105 Min. Ⓥ EuroVideo. – R: Castellano & Pipolo. D: Adriano Celentano, Ornella Muti, Edith Peters.
Komödie. Frauenhasser und Großbauer Celentano wird von einer attraktiven Dame aus der Großstadt gezähmt; das komödiantische Talent des Hauptdarstellers macht die dümmlich-chauvinistischen Sprüche noch erträglich.

Gezeichnet: Charlotte / **
Signé Charlotte
F 1984 – 89 Min. – R: Caroline Huppert. D: Isabelle Huppert, Niels Arestrup, Christine Pascal.
Komödie. Dreiecksgeschichte um eine biestig-flippige junge Frau, die in die Beziehung eines verflossenen Liebhabers hineinfunkt; turbulent, etwas wirr.

Die Gezeichneten / ***
The Search
USA 1948 – 100 Min. sw. – R: Fred Zinnemann. D: Montgomery Clift, Ivan Jandl, Jarmila Novotna, Wendell Corey.
Zeitdokument. Der Film schildert die Geschichte eines US-Soldaten, der 1945 im zerstörten Deutschland das Vertrauen eines kleinen tschechischen Jungen gewinnt. KZ-Erinnerungen, Ruinenfelder, Kriegstrauma, Entwurzelte und Geschlagene zeichnet dieser um Menschlichkeit bemühte Film mit realistischer Härte.

Giant Killer
siehe: Las Vegas Killer

Gib dem Affen Zucker / ** ½
Innamorato pazzo
I 1982 – 97 Min. Ⓥ VPS. – R: Castellano & Pipolo. D: Adriano Celentano, Ornella Muti, Adolfo Celi.
Klamotte. Die zuckersüße Prinzessin begegnet bei ihrem Rom-Besuch dem ausgeflippten Busfahrer mit der rauhen Stimme, der sich vor verrückten Einfällen überschlägt, um ihr Herz zu gewinnen; damit begann die Karriere des Sängers Adriano Celentano als Kinospaßvogel; das Spektakel erinnert leise an »Ein Herz und eine Krone«.

Gib einem Trottel nie eine Chance / Never Give a Sucker an Even Break ***
USA 1941 – 71 Min. sw. OmU. – R: Edward Cline. D: W. C. Fields, Gloria Jean, Leon Errol, Susan Miller, Franklin Pangborn, Margaret Dumont.
Komödie. Letzte große Komödie von Fields, der sich selbst spielt, mit vielen köstlichen Improvisationen, einer locke-

ren Filmdramaturgie und unerschöpflichem Einfallsreichtum; wunderschöner Epitaph eines legendären Komikers.

Gib Gas, Dicker! / Wo, bitte, geht's zum nächsten Friedhof? / Pas de problème! **

F 1975 – 103 Min. – R: Georg Lautner. D: Miou-Miou, Jean Lefèbvre, Bernard Menez, Anny Duperey.

Komödie. Ohne sein Wissen transportiert ein Mann eine Leiche im Kofferraum, die einigen jungen Leuten Probleme schafft; eine alte Story, mit mäßigem Witz auf neu getrimmt.

Gib Gas, Joe! / Excuse my Dust **

USA 1951 – 80 Min. – R: Roy Rowland. D: Red Skelton, Sally Forrest, Monica Lewis, Macdonald Carey.

Komödie. Ein unkonventioneller Erfinder schockiert seine Heimatgemeinde immer wieder mit neuen Eingebungen. Eines Tages meldet er ein »Gasomobil« an, später auch als Auto bekannt, und gewinnt neben einem Rennen auch das Herz seiner Angebeteten. Komiker Skelton spielt das mit gewohnt grotesker Motorik und vielen Slapstick-Pointen.

Gib mir meine Haut zurück / Rendez-moi ma peau ** ½

F 1980 – 87 Min. Ⓥ neue atlas/atlas video. – R: Patrick Schulman. D: Bee Michelin, Erik Colin, Chantal Neuwirth, Alain Flick.

Komödie. Eine Hexe verhext ein junges Paar, das durch den Zauber die Körper tauscht; die Märchenelemente werden leichthändig mit ironischen Kommentaren zum geschlechtertypischen Verhalten verquickt; ein heiteres Spiel mit zurückhaltend lehrhaftem Touch.

Gibbi – Westgermany **

BRD 1979 – 95 Min. – R: Christel Buschmann. D: Jörg Pfennigwerth, Eva-Maria Hagen, Kiev Stingl, Eric Burdon.

Problemfilm. In der kalten Neonwelt der Wohlstandsgesellschaft versucht Gibbi die Liebe seiner Mutter zu gewinnen; Probleme der modernen Jugend in einem exzessiven Melodram.

Gideons Paukenschlag / Gideon's Trumpet TV-Film

USA 1979 – 100 Min. – R: Robert Collins. D: Henry Fonda, José Ferrer, John Houseman, Fay Wray.

Die Geschichte eines alten Gelegenheitsarbeiters, der 1961 in Florida unschuldig wegen Einbruchs verurteilt wurde; der authentische Justizfilm rollt mit präzis eingesetzten Mitteln den Fall auf und bezieht engagiert Stellung.

Gier nach Gold / The Trail Beyond **

USA 1934 – 90 Min. sw. – R: R. N. Bradbury. D: John Wayne, Noah Beery jr., Verna Hillie, Iris Lancaster.

Western. Spannender Abenteuerwestern aus der Frühphase dieses Genres um einen Mord an einem Goldgräber und ein verschwundenes Mädchen; zwei Männer lösen den Fall mit viel Pferdewettläufen und Pulverdampf in der grandiosen Landschaft der kanadischen Wälder.

Gier nach Ruhm / Call for Glory *

USA 1983 – 92 Min. Ⓥ CIC. – R: Thomas Carter, D: Craig T. Nelson, Cindy Pikkett, Elisabeth Shue, David Hollander.

Kriegsfilm. Vor sentimentaler Familienstaffage rollen die Einsätze einer US-Luftspionageeinheit zur Zeit der Kubakrise ab; verlogenes Harte-Männer-Melodram der chauvinistischen Art; Pilotfilm der TV-Serie »Airforce«.

Gier – So oder so ist das Leben *

BRD 1976 – 95 Min. – R: Veit Relin. D: Margot Werner, Maria Schell, Reinhard Kolldehoff, Ellen Umlauf, Christine Schubert.

Melodram. Film über das Scheitern von Liebesbeziehungen; kolportagehaft trotz guter Besetzung.

Der Giftzwerg

siehe: Louis taut auf

Giganten / Giants ***

USA 1955 – 188 Min. Ⓥ Warner Home. – R: George Stevens. D: Elizabeth Taylor, James Dean, Rock Hudson, Jane Withers, Chill Wills, Mercedes McCambridge, Carroll Baker, Dennis Hopper.

Familienepos. Der Ranchgehilfe Jett erbt ein Fleckchen Land und findet dort Erdöl. Er wird reich, macht sich Feinde, kämpft gegen einen arroganten Clan. Der Film, nach James Deans Tod zurückgehalten und erst 1956 aufgeführt, entwickelte sich zu einem der größten Hits der Filmgeschichte. Deans mit quälender Eindringlichkeit gestaltete Rolle, die große übrige Besetzung, unvergeßliche Bilder und dramatische Situationen wirken auch heute noch, selbst auf dem TV-Schirm.

Giganten am Himmel / Airport 1975 ∗∗
USA 1974 – 102 Min. – R: Jack Smight. D: Charlton Heston, Karen Black, George Kennedy, Susan Clark, Helen Reddy, Gloria Swanson.
Katastrophenfilm. Eines der zahlreichen Jet-set-Flugzeugabsturz-Epen mit großer Starbesetzung; technisch raffiniert und spannend; Gloria Swanson spielt sich selbst in ihrem letzten Film.

Gigot, der Stumme von Montmartre / Gigot ∗∗ ½
USA 1961 – 105 Min. – R: Gene Kelly. D: Jackie Gleason, Diane Gardner, Catherine Kath, Jean Lefèbvre.
Melodram. Ein von seiner Umwelt verspotteter Stummer nimmt eine Prostituierte und ihr Kind bei sich auf; ein leiser Film um Mitgefühl und Dankbarkeit mit Gleason in einer anrührenden Rolle; er schrieb auch die Erzählung, die dem nicht sehr originellen Drehbuch dieser Tragikomödie zugrunde liegt.

Gikor und die große Stadt ∗∗
UdSSR – 79 Min. – R: Sergej Israeljan. D: Albert Gulinjan, Soss Sarkissjan, Schenja Awetissjan.
Kinderfilm. Ein Bauer will seinem Sohn eine gute Ausbildung ermöglichen und bringt ihn in die Stadt, doch dort bahnt sich Unglück an; unsentimentale Geschichte in schönen Bildern.

Gilberte de Courgenay ∗∗
CH 1941 – 110 Min. sw. – R: Franz Schnyder. D: Anne-Marie Blanc, Hélène Dalmet, Heinrich Gretler.
Melodram. Eine junge Frau nimmt sich während des Ersten Weltkriegs der Sorgen der stationierten Soldaten an; einfühlsam und engagiert.

Gilda / Gilda ∗∗ ½
USA 1946 – 110 Min. sw. – R: Charles Vidor. D: Rita Hayworth, Glenn Ford, George Macready, Joseph Calleia.
Schwarzes Melodram. Nacht in Buenos Aires, und zwei Spieler freunden sich an; als die schöne Rita auftaucht, wird daraus schnell eine psychopathische Dreiecksbeziehung; Liebe, Haß und Eifersucht tränken die Stimmung dieses glamourösen »Film noir«, dessen Story der Logik des Wahrscheinlichen Hohn spricht.

Gilsodom – Zerrissenes Land / Kilsottum ∗∗ ½
Korea 1985 – 96 Min. – R: Im Kwon-Taek. D: Kim Ji-Mi, Sin Song-Il, Han Ji-Il, Kim Ji-Yong.
Melodram. Flüchtlingsschicksal im geteilten Korea; eine Mutter sucht dreißig Jahre nach dem Koreakrieg ihren Sohn; ein beeindruckender, berührender Film ohne Sentimentalität.

Ginger und Fred / Ginger e Fred / Ginger et Fred ∗∗∗
BRD/I/F 1985 – 120 Min. Ⓥ VMP/Cannon. – R: Federico Fellini. D: Guilietta Masina, Marcello Mastroianni, Franco Fabrizi, Friedrich von Ledebur.
Tanzsatire. Zwei gealterte Tänzer feiern nach dreißig Jahren in einer TV-Sendung ein turbulentes Comeback. Fellinis Hommage für das berühmte Hollywood-Tanzpaar der dreißiger Jahre, Ginger Rogers und Fred Astaire, ist zugleich eine wehmütige Paraphrase auf die Unkultur des Massenmedienzeitalters.

Gino ∗∗ ½
BRD 1960 – 60 Min. sw. – R: Ottomar Domnick. D: Eleonore von Hoogstraten, Kurt Haars, Jörg Pleva.
Melodram. Was als Spiel begann, steigert sich zu einem Fall von Liebe; als der eifersüchtige Exgatte einen Jüngling beauftragt, seiner Frau schöne Augen zu machen, erlebt er eine böse Überraschung.

Der Gipfel / Werschina ∗∗ ½
UdSSR 1976 – 82 Min. – R: Merab Kokotschaschwili. D: Dmitri Dangadse, David Tschubinischwili, Merab Kokotschawili, Surab Kirikaschwili.

Bergsteigerdrama. Ein Gipfel im Pamir-Gebirge lockt sowjetische Bergsteiger ebenso wie eine britische Gruppe; als diese in Not gerät, setzen die anderen den Erfolg aufs Spiel; dramatische Aufnahmen in einem packenden Film mit humaner Botschaft.

Giovanni oder die Fährte der Frauen TV-Film
BRD 1989 – 90 Min. – R, B: Jochen Richter. D: Jörg Richter, Anja Kruse, Jurai Kukura, Katja Flint, Alfred Edel, Billie Zöckler.
Mozarts Oper »Don Giovanni« ist der literarisch-dramatische Bezugspunkt in dieser nächtlichen Geschichte um einen Münchner Taxifahrer; in seiner Phantasie verwandeln sich seine weiblichen Fahrgäste in Operngestalten – Donna Anna, Elvira, Zerlina ... bis sich für den Tagträumer und Nachtschwärmer die Welten vermischen, er Realität und Leben nicht mehr auseinanderhalten kann.

The Girl from Missouri ** ½
USA 1934 – 75 Min. sw. OmU. – R: Jack Conway. D: Jean Harlow, Lionel Barrymore, Franchot Tone.
Liebesfilm. Ein gutes Mädchen will einen Millionär gewinnen, ohne sich dabei verkaufen zu müssen. Harlow als moderne Fee in einem moralischen Balanceakt; spannend und amüsant.

Girlfriends / Girlfriends ** ½
USA 1978 – 88 Min. – R: Claudia Weill. D: Melanie Mayron, Anita Skinner, Eli Wallach, Viveca Lindfors.
Frauenfilm. Als ihre Zimmergenossin und Freundin heiratet, gerät eine junge Frau in eine Krise, sie fühlt sich verlassen; das eindringliche Spiel von Mayron rettet den unentschlossenen Film, der zwischen Ernst und Witz schwankt.

Girls – Die kleinen Aufreißerinnen **
BRD/F/CDN 1980 – 89 Min. – R: Just Jaeckin. D: Isabelle Majias, Charlotte Walior, Zoë Chaveau, Anne Parillaud.
Erotischer Film. Von Eros-Regisseur Jaeckin (»Die Geschichte der O.«) gekonnt flapsig, heiter und liebevoll aus der Perspektive seiner Mädchen inszenierter Jugendfilm um eine Mädchenclique, die zu ersten sexuellen Abenteuern ausschwärmt; allzu glatt und problemlos.

Die Gisli Saga / Utlaggin ** ½
Island 1981 – 101 Min. – R: Agust Gudmundsson. D: Benedikt Sigurdsson, Arnar Jónsson, Kristján J. Jónsson, Thráinn Karlsson.
Historisches Drama. Island im 10. Jahrhundert, Mord und Blutrache beherrschen zwei Familien; im Sog des tragischen Gesetzes geht ein Liebespaar zugrunde. Der spannende, am Alltagsleben der Menschen interessierte Film erzählt in grandiosen Bildern vom Überleben in Gesellschaft und Natur.

Gitarren der Liebe * ½
BRD 1954 – 86 Min. – R: Werner Jacobs. D: Vico Torriani, Annunzio Mantovani, Elma Karlowa.
Musikkomödie. Kitschdokument der neuentflammten deutschen Italiensehnsucht nach dem Zweiten Weltkrieg; Italien als Orangenhain, musikalisch versüßt, aber überzuckert.

Gitarren klingen leise durch die Nacht **
A 1959 – 85 Min. – R: Hans Deppe. D: Fred Bertelmann, Margit Nünke, Vivi Bach, Walter Groß, Peter Weck.
Musikfilm. Ein entlobter Sänger flieht nicht ohne frohen Mut nach Sizilien und verliebt sich dort gnadenlos; nettes Unterhaltungsfilmchen mit heute kaum noch bekannten Schlagern.

Der Gladiator / Slezy kapali ** ½
UdSSR/BRD 1982/83 – 79 Min. – R: Georgij Danelija. D: Jewgeni Leonow, Ija Sawwina, Olga Maschnaja.
Filmparabel. Die Splitter eines Zauberspiegels, der nur das Böse und Häßliche wiedergibt, verteilen sich millionenfach über die Erde und zeigen jedem, der einen davon ins Auge bekommt, nur noch das Negative; als ein Betroffener weint, geschieht ein Wunder. Bitterböse Parabel, ein Erwachsenenmärchen in schönen Bildern und nicht ohne Komik.

Die Gladiatoren / Demetrius and the Gladiators ** ½
USA 1954 – 97 Min. – R: Delmer Daves. D: Victor Mature, Susan Hayward, Mi-

chael Rennie, Debra Paget, Anne Bancroft, Ernest Borgnine.
Historienfilm. Fortsetzung von »Das Gewand« (R: Henry Koster, 1953) auf der CinemaScope-Leinwand (für das Fernsehen deshalb nur bedingt geeignet). Die Story des Römers Demetrius und seiner wechselvollen Lebensgeschichte zwischen römischer Macht und christlichem Glauben, von Delmer Daves mit historischem Pomp und actiongeladen inszeniert; große Stars, prächtige Kulissen.

Glanz und Elend eines kleinen Kinounternehmers / ∗∗ ½
Grandeur et décadence d'un petit commerce de cinéma
F 1986 – 90 Min. OmU. – R: Jean-Luc Godard. D: Jean-Pierre Léaud, Jean-Pierre Mocky, Maria Valera.
Filmessay. Ein Filmregisseur liest einen Roman von James H. Chase und denkt daran, einen Film daraus zu machen. Godards Reflexion in überraschenden Bildfolgen über das Kino von gestern und morgen.

Das Glas Wasser ∗∗ ½
BRD 1960 – 83 Min. – R: Helmut Käutner. D: Gustaf Gründgens, Liselotte Pulver, Hilde Krahl, Sabine Sinjen, Horst Janson.
Lustspiel. Adaption des Bühnenstücks von Augustin Eugène Scribe über eine Hofintrige im England von 1710; theaternah inszeniert, augenzwinkernd gespielte leichte Komödie mit einem fröhlichen Gründgens.

Das gläserne Netz / ∗∗
The Glass Web
USA 1954 – 79 Min. sw. – R: Jack Arnold. D: Edward G. Robinson, John Forsythe, Kathleen Hughes.
Krimi. In einer TV-Serie über ungewöhnliche Mordfälle vermischen sich Fiktion und Realität; zwei Journalisten kommen sich in die Quere, und in der Schlußeinstellung flimmert die Entlarvung des Mörders live über den Bildschirm; handwerklich gut, im Stil der Schwarzen Serie.

Der gläserne Pantoffel / ∗∗ ½
The Glass Slipper
USA 1955 – 91 Min. – R: Charles Walters. D: Leslie Caron, Michael Wilding, Keenan Wynn, Estelle Winwood, Elsa Lanchester.
Märchenfilm. Die arme Cinderella wird von der Stiefmutter und den Schwestern gehänselt – da lernt sie im Waldsee einen Prinzen kennen. Songs und Tanzsequenzen lockern das Märchen auf; Glanzrolle für Leslie Caron.

Der gläserne Schlüssel / ∗∗∗
The Glass Key
USA 1935 – 75 Min. sw. OmU. – R: Frank Tuttle. D: George Raft, Claire Dodd, Edward Arnold, Ray Milland.
Krimi. Ein Politiker gerät in einen mysteriösen Mordfall; glänzend gespielte, handfeste Dashiell-Hammett-Geschichte.

Der gläserne Schlüssel / ∗∗∗ ½
The Glass Key
USA 1942 – 82 Min. sw. – R: Stuart Heisler. D: Veronica Lake, Alan Ladd, Brian Donlevy, William Bendix.
Krimi. Tempogeladenes Remake des Films von 1935 nach Dashiell Hammett; überzeugend besetzter Klassiker der Schwarzen Serie Hollywoods.

Das gläserne Wappen TV-Film
A/BRD 1983 – 110 Min. – R: Susanne Zanke. D: Michaela Rosen, Michaela Bogner, Biseka Cvejič.
Eine Frau in der Krise ihrer mittleren Lebensjahre wird am Ort ihrer Kindheit von Erinnerungen eingeholt; ein assoziativer, poetischer Film über Lebensbewältigung.

Die gläserne Zelle ∗∗∗
BRD 1978 – 90 Min. – R: Hans W. Geissendörfer. D: Helmut Griem, Walter Kohut, Brigitte Fossey.
Psychostudie. Nach fünf Jahren Gefängnis entdeckt ein unschuldig Verurteilter, daß seine Frau ein Verhältnis mit seinem Freund hat; die psychischen Schäden der Haft zwingen ihn immer mehr in eine gläserne Zelle aus Lebensangst, Eifersucht und Einsamkeit. Einfühlsame und eindringliche Studie über Ängste und Neurosen, Schuld und Unschuld und die Vergeblichkeit von Weltflucht.

Glaskäfige ∗∗ ½
F 1979 – 110 Min. – R: Bertrand van

Effenterre. D: Geraldine Chaplin, Brigitte Fossey.
Frauenfilm. Zwei Frauen versuchen sich in der Männerwelt durchzusetzen, um Selbstsicherheit zu gewinnen; doch sie geraten in neue Rollenzwänge und Gefühlsverwirrungen; gut gespielte Charakter- und Gesellschaftsstudie.

Die Glas-Menagerie / ***
The Glass Menagerie
USA 1950 – 103 Min. sw. – R: Irving Rapper. D: Jane Wyman, Kirk Douglas, Arthur Kennedy, Gertrud Lawrence.
Literaturverfilmung. Tennessee Williams' berühmtes Stück über die scheue behinderte Laura und ihre verhärmte Mutter, die ständig einen Mann für sie sucht, ist hier mit poetischer Intensität umgesetzt; Südstaaten-Drama mit feinen Nuancen.

Gleich wirst du singen, Vögelein / Mission spéciale à Caracas / Missione Caracas / Mission especial en Caracas *
F/I/E 1965 – 77 Min. – R: Raoul André. D: Rod Carter, Mirella Manni, Jany Clair, Alain Gottvalles.
Agentenfilm. Agenten, Gauner und Girls auf der Jagd nach einem Koffer mit Plänen für eine Spezialbombe und Juwelen; dümmliche Actionschmonzette.

Gleisdreieck **
D 1936 – 80 Min. sw. – R: R. A. Stemmle. D: Gustav Fröhlich, Heli Finkenzeller, Otto Wernicke.
Liebesfilm. Ein junger U-Bahn-Beamter rettet eine verzweifelte junge Frau vor dem Selbstmord; melodramatische Romanze mit guten Darstellern.

Gleißende Sonne / ***
Deng-Byod
Südkorea 1984 – 95 Min. – R: Hah Myong-Jung. D: Hah Myong-Jung, Cho Yong-Won.
Zeitkritisches Melodram. Während der japanischen Besetzung Koreas Ende der dreißiger Jahre verläßt ein junger Mann aus Verzweiflung über die Lebensumstände seine todkranke Frau. Das mehrfach prämiierte Melodram stellt vor allem deren Leidensgeschichte grell und dramatisch dar, aber auch den Kreislauf von sozialem Elend und Aufruhr; der Fieberwahn der Frau symbolisiert den Zustand eines geschundenen Volkes.

Die Glenn-Miller-Story / ** ½
The Glenn Miller Story
USA 1954 – 116 Min. Ⓥ CIC. – R: Anthony Mann. D: James Stewart, June Allyson, Charles Drake, George Tobias.
Musikfilm. Erzählt wird die tragische Story der Glenn-Miller-Band, ihres Auf- und Abstiegs; überzeugend in der Titelrolle James Stewart; hinreißender Jazz mit bekannten Stars, Bands und Solisten wie Louis Armstrong, Gene Krupa und Ben Pollack.

Glitzernder Asphalt / **
Street Smart
USA 1987 – 92 Min. – R: Jerry Schatzberg. D: Christopher Reeve, Kathy Baker, Mimi Rogers, Morgan Freeman, Jay Petterson, André Gregory.
Thriller. Da ein ehrgeiziger Reporter nicht an Insiderinformationen über die Prostituiertenhochburg New Yorks, den Times Square, herankommt, erfindet er eine Story, die ihm Polizei, Justiz und Zuhälter zugleich auf den Pelz bringt; mittelmäßiger Reißer mit guten Milieuskizzen.

Die Glocke ruft *
A 1960 – 85 Min. – R: Franz Antel. D: Hans Holt, Sieghardt Rupp, Annie Rosar, Oskar Sima.
Heimatfilm. Die Werbemethoden eines Kinobesitzers rufen den Dorfpfarrer auf den Plan; unsägliche Schnulze aus der Zeit der »Sauberen Leinwand«.

Die Glocken von St. Marien / **
The Bells of St. Mary's
USA 1945 – 96 Min. sw. – R: Leo McCarey. D: Bing Crosby, Ingrid Bergman, Henry Travers.
Starfilm. Die Klosterschule, das Sorgenkind des Paters, wird von Oberschwester Benedicta geleitet; Pater und Schwester haben einige handliche Konflikte auszutragen, ehe Bing Crosby sein Lied singt und die Glocken wieder hell erklingen dürfen; Ingrid Bergman festigte hiermit ihr Image als reine Unschuld Hollywoods.

Der Glockengießer von Tirol * ½
BRD 1956 – 94 Min. – R: Richard Häuß-

ler. D: Heinrich Gretler, Nicole Heesters, Claus Holm, Lucie Englisch.
Melodram. Die beiden Gesellen des Glockengießers haben sich in die Tochter des Meisters verliebt; ein Unfall steigert die tragischen Verwicklungen dieser Heimatschnulze.

Der Glöckner von Notre-Dame / ∗∗ ½
The Hunchback of Notre Dame
USA 1939 – 115 Min. sw. – R: William Dieterle. D: Charles Laughton, Maureen O'Hara, Sir Cedrick Hardwicke, Thomas Mitchell, Edmond O'Brien.
Literaturverfilmung. Zweite und gelungenste Verfilmung von Victor Hugos Roman mit einem überragenden Laughton als buckliger Glöckner im Turm von Notre-Dame, dem die schöne Zigeunerin Esmeralda Mitleid entgegenbringt; einfühlsame Regie und überzeugende Besetzung in einem effektsicheren Klassiker der Romanverfilmung und des Kostümabenteuers.

Der Glöckner von Notre-Dame / Notre-Dame de Paris ∗∗ ½
F 1956 – 114 Min. Ⓥ EuroVideo. – R: Jean Delannoy. D: Gina Lollobrigida, Anthony Quinn, Jean Danet.
Kostümabenteuer. Die berühmte Geschichte von Quasimodo, dem buckligen Monster, das sich in das schöne Zigeunermädchen verliebt und die Glocken von Notre-Dame zum Klingen bringt, wurde mit dem brillanten Anthony Quinn als Titelfigur zum drittenmal verfilmt; folkloristisch-bunt mit Glanzeffekten, nach dem Roman von Victor Hugo.

Der Glöckner von Notre-Dame / The Hunchback of Notre Dame TV-Film
USA 1982 – 90 Min. – R: Michael Tuchner. D: Anthony Hopkins, Derek Jacobi, Sir John Gielgud, Lesley-Anne Down, Robert Powell.
Fernsehadaption des Romans von Victor Hugo, detailgenau und faszinierend, obwohl eher kalt und ohne viel Atmosphäre; der zum Grimassieren neigende Hopkins erhielt eine Nominierung für den »Emmy Award«, den TV-Oscar.

Gloria / Gloria ∗∗∗
USA 1980 – 115 Min. Ⓥ RCA Columbia. – R: John Cassavetes. D: Gena Rowlands, Juan Adams, Buck Henry, Julie Carmen.
Krimi. Eine ehemalige Gangsterbraut mit einem sechsjährigen Waisenjungen auf der Flucht durch New York vor Killern der Mafia; filmischer Realismus, harte Actionszenen, glaubwürdige Dramaturgie, lebendige Charaktere und das großartige Spiel von Cassavetes-Ehefrau Rowlands machen den spannenden Film zu einer Perle unter den Actionstreifen.

Gloria / Gloria TV-Film
H – 110 Min. – R: Eva Zsurzs. D: Kati Zsurzs, Margit Lankács, Kati Berek, Janos Körmendi, Gabor Harsányi.
Zeitkritische Geschichte um eine Novizin, die nach der Auflösung aller Klöster im revolutionären Ungarn von 1948 in eine Welt entlassen wird, in der sie sich nicht zurechtfinden kann.

Glorifying the American Girl ∗∗ ½
USA 1929 – 111 Min. sw. OoU. – R: Millard Webb, John Harkrider. D: Mary Eaton, Dan Healy, Edward Crandall, Eddie Cantor.
Musikfilm. Eine Ballettratte verzichtet auf ihre Liebe, um Karriere zu machen; gesang- und tanzreicher Ausstattungsfilm; eine Hommage für die Ära der »Ziegfeld-Girls«; deren Gründer Florenz Ziegfeld wirkte beratend mit.

Die glorreichen Reiter / ∗∗
The Glory Guys
USA 1965 – 115 Min. – R: Arnold Laven. D: Tom Tryon, Harve Presnell, Senta Berger, Andrew Duggan.
Kavalleriewestern. Nach dem Drehbuch von Sam Peckinpah (»The Wild Bunch«) entstandener Film um eine Episode aus den Indianerkriegen des 19. Jahrhunderts und die Rivalität eines Scouts und eines Captains im Kampf um die schöne Lou; routiniert inszeniertes, schön fotografiertes Durchschnittsgenre.

Die glorreichen Sieben / ∗∗∗ ½
The Magnificent Seven
USA 1960 – 121 Min. – R: John Sturges. D: Yul Brynner, Eli Wallach, Steve McQueen, Horst Buchholz, Charles Bronson, James Coburn, Rosenda Monteros.

Edelwestern. Das Häuflein der sieben aufrechten Abenteurer verteidigt ein mexikanisches Dorf gegen eine mordgierige Räuberbande. Gelungene Western-Umsetzung des japanischen Klassikers »Die sieben Samurai« mit Action, Spannung, Psychologie und einer großen Starbesetzung; der Film wurde immer wieder kopiert – aber nie mehr erreicht.

Glück bei Frauen ** ½

A 1944 – 87 Min. sw. – R: Peter Paul Brauer. D: Johannes Heesters, Hertha Mayen, Lotte Lang, Jane Tilden, Hans Olden, Oskar Sima.

Komödie. Nach einem Bootsunfall geht ein Startenor als Scheintoter auf Tauchstation, die Bekanntschaft mit einer jungen Sängerin erlaubt ihm einen unverhofften Neuanfang; unbeschwerte Unterhaltung, halb Musikfilm, halb heiterer Liebesfilm.

Das Glück beim Händewaschen ** ½

A/BRD 1982 – 117 Min. sw. – R: Werner Masten. D: Mario Baumgartner, Anna Purcher, Peter Gamper, Martin Alram, Inge Pohl.

Literaturverfilmung. Adaption des autobiographischen Romans von Josef Zoderer, der wegen des Hitler-Mussolini-Pakts 1939 seine Südtiroler Heimat verlassen mußte und in der Fremde ein neues Zuhause und eigene Identität sucht; Studie von überzeugender Schlichtheit und Authentizität; 1983 Adolf-Grimme-Preis mit Gold.

Glück im Hinterhaus **

DDR 1979 – 115 Min. – R: Hermann Zschoche. D: Dieter Mann, Jutta Wachowiak, Ute Lubosch.

Ehefilm. Ein normaler Berufsmensch und Familienvater erlebt einen zweiten Frühling und bricht aus dem Alltag aus; der genau erzählende Film verfolgt den psychischen Prozeß seiner Wandlung mit interessanten Einblicken in die Innenwelt des sozialistischen Alltags.

Das Glück in seinen Armen / Stolen Hours ** ½

GB 1962 – 93 Min. – R: Daniel Petrie. D: Susan Hayward, Michael Craig, Diana Baker, Edward Judd.

Melodram. Starvehikel um ein reiches Playgirl, auf das ein tragisches Schicksal wartet.

Glück muß man haben / *

Turned Out Nice Again

GB 1941 – 90 Min. sw. – R: Marcel Varnel. D: George Formby, Peggy Bryan, Elliot Mason.

Komödie. Selbst durch Heirat kann sich ein junger Mann nicht dem Einfluß seiner resoluten Mutter entziehen; harmlos.

Glück muß man haben / * ½

Operettenklänge

BRD 1948 – 84 Min. sw. – R: Theo Lingen. D: Paul Hörbiger, Hans Holt, Margot Jahnen, Max Höller, Theo Lingen, Hilde Hildebrand.

Romanze. Ein Fall von Liebe und Leid aus dem alten Wien; der Komponist Millöcker gibt einem jungen Mann Rat, wie er seine Angebetete doch noch erobern kann; harmlose Unterhaltung mit Musik.

Eine glückliche Familie / **

Xi Ying Men

VR China 1981 – 100 Min. – R: Zhao Huanzhang. D: Wen Yujuan, Ma Xiaowei, Zhang Liang.

Generationsfilm. Eine Großfamilie im China von heute und ihr Alltag zwischen sozialer und privater Situation; in einer ländlichen Region humorvoll und flott als Lehrstück für diejenigen gedreht, die aus den Generationskonflikten wirklich lernen wollen.

Glückliche Reise * ½

BRD 1954 – 90 Min. sw. – R: Thomas Engel. D: Paul Hubschmid, Inge Egger, Peer Schmidt, Ina Peters, Paul Klinger.

Musikkomödie. Zwei deutsche Wissenschaftler in der Südsee packt die Sehnsucht nach deutschen Frauen – deshalb nehmen sie per Anzeige Kontakt mit der Heimat auf. Verwirrung entsteht, als sich herausstellt, daß »Eva« von Monika dazuerfunden wurde; banale Verwechslungsklamotte.

Die glücklichen Jahre der Thorwalds * ½

BRD 1962 – 85 Min. sw. – R: John Olden, Wolfgang Staudte. D: Elisabeth Bergner, Hansjörg Felmy, Dietmar

Schönherr, Johanna von Friedl, Dieter Borsche, Robert Graf.
Familienchronik. Geschichte des Niedergangs einer großbürgerlichen Familie nach J. B. Priestleys Stück »The Time and the Conways«; viel vertane Liebesmüh.

Die glücklichen Jahre meines Vaters / Apam nehany boldog eve ** ½
H 1977 – 90 Min. – R, B: Sándor Simó. D: Loránd Lohinszky, Eszter Szakács, Péter Hollo, Judit Meszléry.
Zeitbild. Aus dem Blickwinkel des Sohnes wird die Geschichte eines Pharmaunternehmers erzählt, der so lange erfolgreich war, bis 1945 die ungarischen Banken verstaatlicht wurden; Geschicke einer Familie, mit heiterer Melancholie ins Bild gesetzt.

Der Glückspilz / The Fortune Cookie ** ½
USA 1965 – 115 Min. – R: Billy Wilder. D: Jack Lemmon, Walter Matthau, Ron Rich, Cliff Osmond, Judi West, Lurene Tuttle.
Komödie. Spritzige, glänzend gespielte (Oscar für Matthau) und dialogsichere Komödie um zwei Schwäger, die nach einem Sportunfall einen Versicherungsbetrug durchziehen; ein Volltreffer des Billy-Wilder-Humors.

Glücksucher TV-Film
BRD 1979 – 115 Min. – R: Peter Beauvais. B: Dieter Wellershoff. D: Martin Benrath, Judy Winter, Ilse Strambowski, Bernhard Wicki.
Ein Schriftsteller gerät in eine Midlifecrisis und versucht, aus seiner Familie auszubrechen; intensives Spiel exzellenter Schauspieler.

Glut **
CH 1983 – 105 Min. – R: Thomas Koerfer. D: Armin Mueller-Stahl, Katharina Thalbach, Matthias Habich.
Zeitkritischer Film. Ein Schweizer Waffenfabrikant machte dicke Geschäfte mit den Nazis; vierzig Jahre später trifft er ein Opfer von damals wieder. Handwerklich brillanter, aber zu distanziert aus dem Kopf heraus inszenierter Problemfilm. Große Schauspieler.

Glut unter der Asche / Peyton Place ***
USA 1957 – 90 Min. – R: Mark Robson. D: Lana Turner, Diane Varsi, Hope Lange, Arthur Kennedy, Lee Philips.
Melodram. Gelungene Verfilmung des Romans von Grace Metalious über das öde Leben in einer spießigen Kleinstadt in Neuengland; Allison hat Streit mit ihrer ehrpusseligen Mutter, der trunksüchtige Stiefvater vergewaltigt ihre Freundin – da kommt es zum Mord; ausgezeichnet die Filmmusik von Franz Waxman.

Gnadenlos gehetzt / The Lawless ***
USA 1949 – 75 Min. sw. – R: Joseph Losey. D: Macdonald Carey, Lalo Rios, Gail Russell, John Sands.
Sozialkritischer Film. Ein mexikanischer Gastarbeiterssohn bedroht während einer provozierten Schlägerei ohne Absicht einen Polizisten, daraufhin veranstalten die guten Bürger des Landstrichs eine Lynchjagd auf den Jungen. Losey spießt das bedrückende kalifornische Grenzklima zwischen Alltag und Extremen haargenau auf und rechnet schonungslos mit Hurra-Amerika ab.

Der gnadenlose Rächer / Young Billy Young ** ½
USA 1969 – 85 Min. – R: Burt Kennedy. D: Robert Mitchum, Robert Walker jr., Angie Dickinson, David Carradine.
Western. Ein alternder Marschall soll einem betrügerischen Steuereintreiber das Handwerk legen, doch er sucht vor allem den Mörder seines Sohnes; ein junger Helfer motiviert ihn unversehens neu; beachtlicher Psychowestern mit einer ansehnlichen Variante des Rachemotivs.

Godzilla / Godzilla – das Ungeheuer aus dem Meer / Godzilla – King of the Monsters / Gojira ***
J 1954 – 90 Min. sw. – R: Terry Morse, Inoshiro Honda. D: Raymund Burr, Takashi Shimura, Momoko Kochi, Akira Takarada, Akihiko Hirata.
Horrorfilm. Atomversuche verstören ein prähistorisches Monster, das sich anschickt, Tokio zu zerstören; ein mehrfach »zurechtgeschnittener« Horrorklassiker (die heutige Fassung entstand 1956) mit genreprägenden Special Effects.

Das Go! Projekt TV-Film
BRD – 90 Min. – R: Oliver Hirschbiegel. D: Diego Wallraff, Hans-Peter Hallwachs, Dorothee Berghaus, Svenja Rossa, Hark Bohm.
Science-fiction aus der nahen Zukunft um einen Bio-Computer, der Leben simuliert und die Konkurrenzkämpfe in einer krisengeschüttelten Industriewelt, die gerade erst begonnen hat.

Das Go-Go-Girl vom Blow up / Ich betone – oben ohne *
BRD/CH 1968 – 95 Min. – R: Rolf Olsen. D: Eddi Arent, Gunther Philipp, Beppo Brem, Monika Lundi, Fritz Wepper.
Lustspiel. Landrat soll Oben-ohne-Schuppen schließen, er findet dort unter anderem seine Nichte vor; einfältige Schnulze.

Gold ** ½
D 1934 – 103 Min. sw. – R: Karl Hartl. D: Hans Albers, Brigitte Helm, Michael Bohnen, Lien Deyers, Friedrich Kayßler, Rudolf Platte.
Science-fiction-Abenteuer. Eine fremde Macht versucht über einen jungen Wissenschaftler das Geheimnis des Goldmachens aus Blei zu entschleiern, doch der will nur seinen bei einer Sabotageaktion vermutlich ermordeten Professor rächen; aufwendiger, utopischer Industriekrimi mit schwachen Anklängen an Fritz Langs »Metropolis«; ein unterkühlter Albers in einem Film mit britenfeindlichem Touch.

Gold / Gold ***
GB 1974 – 123 Min. Ⓥ RCA Columbia. – R: Peter Hunt. D: Roger Moore, Susannah York, Ray Milland, Sir John Gielgud.
Abenteuerfilm. Verbrecherische Spekulanten wollen weltweit den Goldpreis manipulieren und unternehmen weitreichende Manöver; einem Superman gelingt eine meisterhafte technische Rettungstat; großangelegte, trotz der Länge spannende Südafrika-Abenteuerstory.

Gold aus heißer Kehle / Loving You **
USA 1957 – 98 Min. – R: Hal Kanter. D: Elvis Presley, Lizabeth Scott, Wendell Corey, Dolores Hart, James Gleason.
Musikfilm. Eine Hillbilly-Band überredet den Jungen aus der Provinz, der an einer Tankstelle seine Tage verbringt, zu singen: Elvis steigt zum Star auf und bringt einige seiner schönsten Songs wie »Hound Dog« oder »Let Me Be Your Teddy Bear«. Ein Spaß für Elvis-Fans.

Das Gold der Cäsaren / Oro per i cesari * ½
I 1962 – 84 Min. – R: André de Toth. D: Jeffrey Hunter, Mylène Demongeot, Massimo Girotti.
Sandalenfilm. 96 n. Chr. macht sich der Prokonsul Hoffnung, römischer Kaiser zu werden; deshalb läßt er die Kelten niederprügeln und ihr Gold rauben; Liebesschwüre und antike Schandtaten.

Das Gold der Daker * ½
R 1980 – 100 Min. – R: Gheorghe Vitandis. D: George Constantin, Ion Dichiseanu, Emanoil Petrut.
Monumentalfilm. Das Machtstreben des römischen Kaisers macht auch vor Persien und Afrika nicht halt; Sandalenepos auf rumänisch.

Das Gold der Madonna / Desperate Mission ** ½
USA 1970 – 93 Min. – R: Earl Bellamy. D: Ricardo Montalban, Slim Pickens, Roosevelt Grier, Jim McMullan, Earl Holliman.
Western. Eine reiche Spanierin transportiert eine goldene Madonnenstatue, und zwei Freunde, die sie eskortieren, werden ihretwegen zu erbitterten Feinden; anspruchsvoller Abenteuerwestern, der nicht alles hält, was er anfangs an Spannung verspricht.

Gold in Lappland TV-Film
SF – 93 Min. – R: Virke Lehtinen. D: Pekka Räty, Vesa Veijalainen, Marko Pohjanrinne, Tiina Harpf.
Als in Lappland Gold gefunden wird, brechen die Finnen nach Norden auf. Man schreibt das Jahr 1870, und auch drei Freunde werden vom Goldrausch gepackt. Der realistische, jedes Spektakel vermeidende, beinahe stille Film erzählt ihre Story mit viel Seele.

Gold in Neuguinea / New Guinea Gold **
USA 1951 – 85 Min. – R: Lewis R.

Forster. D: John Payne, Rhonda Fleming, Forrest Tucker, Alan Mowbray.
Abenteuerfilm. Ein Mann kommt unschuldig ins Gefängnis und verliert sein Boot, für seine Rache ist ihm so mancher Trick recht; munter erzählte Abenteuer vor exotischer Kulisse.

Das Gold von Sam Cooper / Ognuno per se **
I/BRD 1966 – 102 Min. – R: George Holloway. D: Van Heflin, Klaus Kinski, Gilbert Roland, George Hilton.
Goldgräberwestern. Abenteuerliche Story um eine Goldader und die Versuche ihres Entdeckers, sie gegen seine eigenen Kumpel zu verteidigen; lakonisch erzählt, mit geschickt eingebauten dramaturgischen Wendungen.

Die Golddukaten des Gespenstes / Kisértet lublón **
H 1976 – 95 Min. – R: Róbert Bán. D: György Czerhalmi, Irén Bordán, Dezsö Garas.
Mysteryfilm. Im 19. Jahrhundert soll ein Inspektor in der ungarischen Provinz einen Falschmünzer überführen; spannend und mit viel Lokalkolorit.

Goldene Erde Kalifornien / Gold is Where You Find it ** ½
USA 1938 – 95 Min. – R: Michael Curtiz. D: Claude Rains, George Brent, Olivia de Havilland.
Abenteuerfilm. Goldgräber finden ihre Schätze ausgerechnet dort, wo die Farmer ihre besten Weizenfelder haben; rauhes Abenteuer, rasant inszeniert von Actionspezialist Michael Curtiz.

Die goldene Galeere / Underwater **
USA 1954 – 85 Min. OmU. – R: John Sturges. D: Jane Russell. Gilbert Roland, Richard Egan, Lori Nelson.
Abenteuerfilm. Schatzsucher in einem gesunkenen Wrack erleben die Enttäuschung ihres Lebens, denn der Schatz versinkt kurz vor der Bergung; B-Film mit viel Taucherfotografie und einer lustlosen Jane Russell.

Die goldene Göttin vom Rio Beni *
BRD/E/F 1964 – 91 Min. – R: Eugenio (Eugen) Martin. D: Pierre Brice, René Deltgen, Harald Juhnke, Emma Pennella, Hans von Borsody.
Abenteuerfilm. Ein Schatzsucher ist im Amazonasgebiet verschollen; zwei Freunde fallen auf der Suche nach ihm in die Hände von Kopfjägern; plattes, ziemlich schwungloses Dschungelabenteuer.

Der goldene Käfig TV-Film
BRD 1986 – 95 Min. – R: Heidi Genée. D: Heike Faber, Gertrud Roll, Dietrich Mattausch, Monika Schwarz, Martin Lüttge.
Eine 19jährige glaubt, über ihren Körper zu triumphieren, indem sie ihn kasteit; psychologische Bearbeitung des Themas Magersucht in der Reihe »Notsignale«.

Die goldene Karosse / Le carosse d'or / La carrozza d'oro ***
F/I 1953 – 95 Min. – R: Jean Renoir. D: Anna Magnani, Duncan Lamont, Ricardo Rioli.
Filmklassiker. Hintergründige Filmperle von Altmeister Renoir (»Die Spielregel«) um ein Staatsgeschenk, das zum Skandal wird, um eine Schauspielerin und die heuchlerische Gesellschaft von Bürgertum und Adel.

Der goldene Regenbogen / Finian's Rainbow ***
USA 1967 – 135 Min. – R: Francis Ford Coppola. D: Fred Astaire, Petula Clark, Tommy Steele.
Musical. Gelungene Verfilmung eines bekannten Broadway-Musicals mit Fred Astaire als eigenwilliger Ire in Amerika.

Der goldene Schlüssel / L'homme qui valait des milliards **
F 1967 – 85 Min. – R: Michel Boisrond. D: Frederick Stafford, Raymond Pellegrin, Peter van Eyck, Anny Duperey.
Thriller. Routiniert gemachter Reißer um einen Gefangenen, der nach zwanzig Jahren Knast fliehen kann; 1944 hatte er nach einem Flugzeugabsturz ein paar Millionen Dollar in seinem Palast in Marokko versteckt, jetzt wird er von Geheimagenten gejagt.

Das goldene Schwert / The Golden Blade **
USA 1953 – 78 Min. – R: Nathan Juran. D: Rock Hudson, Steven Geray, Piper Laurie, Edgar Barrier.

Abenteuerfilm. In Bagdad ist alles möglich; selbst ein Schwert mit Zauberkräften kann ein Kaufmannssohn erstehen und damit die Mörder seines Vaters rächen; viel Märchenstimmung und Farbenpracht in einem unterhaltsamen, nicht ganz ernst zu nehmenden Film.

Das Goldene Zeitalter / L'age d'or ****

F 1930 – 60 Min. sw. OmU. – R: Luis Buñuel. B: Salvador Dalí, Luis Buñuel. D: Gaston Modot, Lya Lys, Pierre Prévert, Max Ernst.

Avantgardefilm. Einer der Höhepunkte des surrealistischen Films und eine Attacke auf die bürgerlichen Werte. Besonders der beißende Spott auf die herkömmliche Moral inspiriert die Macher der wunderschönen, makabren und ironischen Bildmetaphern. Das Werk, das am konsequentesten in der Filmgeschichte die Lügen entlarvt.

Goldenes Gift / Out of the Past ***

USA 1947 – 97 Min. sw. auch OoU. – R: Jacques Tourneur. D: Robert Mitchum, Jane Greer, Kirk Douglas, Rhonda Fleming, Steve Brodie.

Schwarzer Liebesfilm. Komplizierter Rückblendenfilm um einen eiskalten Gangster, eine undurchsichtige Frau und einen Detektiv auf verlorenem Posten; Tourneur gestaltet die denkwürdige Story um Liebe und Betrug als Rutschpartie, in der die Protagonisten und die Zuschauer gleichermaßen den Boden der gewohnten Realität unter den Füßen verlieren.

Goldface / Goldface, il fantastico superman FLOP

I/E 1969 – 100 Min. – R: Stanley Mitchell. D: Robert Anthony, Eva Marandi, Micaela Pignatelli, Manuel Monroy.

Thriller. Terrororganisation will die Weltherrschaft, der Titelheld verhindert dies; albern, mit schlecht choreographierten Prügeleien.

Die Goldfalle / The Money Trap **

USA 1964 – 92 Min. sw. – R: Burt Kennedy. D: Glenn Ford, Elke Sommer, Rita Hayworth, Joseph Cotten.

Krimimelodram. Ein Detektiv der Mordkommission kommt in finanzielle Schwierigkeiten; die will er mit Syndikatsgeldern beseitigen; konventioneller Thriller ohne besonderen Pfiff.

Goldfieber / Mother Lode **

USA 1982 – 90 Min. – R: Charlton Heston. D: Charlton Heston, Nick Mancuso, Kim Basinger, John Marley.

Abenteuerfilm. Düstere Goldsucherballade um einen unentwegten Abenteurer und seine Obsessionen; passable Regie Hestons, der hier als Star, hinter einem wilden Bart versteckt, seine grimmigen Blitze schleudert wie weiland als Moses (»Die Zehn Gebote«).

Goldfieber in Alaska / Call of the Wild ** ½

USA 1935 – 76 Min. sw. – R: William A. Wellman, D: Clark Gable, Loretta Young, Jack Oakie.

Abenteuerfilm. Zwei Männer, eine Frau und ein Hund auf der Suche nach der Goldader, die sie in der Wildnis Alaskas nach erst in der zweiten Filmhälfte spannenden Abenteuern finden; actionarmer, aber romantischer, humorvoller Film nach Jack London.

Goldfinger / Goldfinger ** ½

GB 1964 – 106 Min. – R: Guy Hamilton. D: Sean Connery, Gert Fröbe, Honor Blackman, Shirley Eaton.

Agententhriller. Gert Fröbe als Erzschurke und Gegenspieler von James Bond 007 arbeitet mit Laserstrahlen; Gold ist seine Leidenschaft, er raubt das Edelmetall und vergoldet selbst Frauen; Bond fährt seinen berühmten Aston Martin mit Schleudersitz, MG und Radarschirm und muß damit einfach als Sieger durchs Ziel gehen; die Filmmusik wurde ein Hit.

Ein Goldfisch an der Leine / Man's Favorite Sport? ** ½

USA 1964 – 115 Min. – R: Howard Hawks. D: Rock Hudson, Paula Prentiss, Maria Perschy, Charlene Holt.

Komödie. Amüsante Variante von Hawks' »Leoparden küßt man nicht«; ein Bestsellerautor, der über Angeln schrieb, aber nie einen Versuch in dieser Sportart machte, muß an einem Angelturnier teilnehmen; Film mit witzigem erotischem Touch, voller Slapstick und hintersinniger Gags.

Goldgräber von 1933 / Golddiggers of 1933 ***
USA 1933 – 96 Min. sw. – R: Mervyn LeRoy. D: Joan Blondell, Ruby Keeler, Aline MacMahon, Dick Powell, Ginger Rogers.
Tanzfilm. Von Choreograph Busby Berkeley zündend eingerichtetes Tanzspektakel um die Vorbereitung einer Broadwayshow und die üblichen Kulissenkonflikte; mit glänzenden Tanzszenen (Blondell: »Forgotten Man«, Rogers: »We're in the Money«) und dramaturgisch plausibel inszeniert von Regisseur LeRoy (»Der kleine Cäsar«).

Goldgräber-Molly / The Unsinkable Molly Brown **
USA 1963 – 123 Min. – R: Charles Walters. D: Debbie Reynolds, Harve Presnell, Ed Begley.
Musical. Im Westen wird die zierliche Molly Brown zuerst Saloonsängerin, dann heiratet sie und macht Karriere in Paris in schicken Abendkleidern und mit Mikrofon; prächtige Rolle für Debbie Reynolds.

Goldjunge **
BRD 1988 – 99 Min. – R: Sven Severin. D: Helmut Zierl, Vitus Zeplichal, Rosemarie Fendel, Peter Schlesinger, Walo Lüönd.
Posse. Frau Pfeiffer glaubt, daß ihr Sohn als erfolgreicher Busineßmann um die Welt reist, aber er sitzt im Knast. Als Freigänger taucht er hin und wieder zu Hause auf und erfährt von großen Plänen seiner Mutter; jetzt muß er handeln. Die Hochstaplerposse ist zu bieder, um zu gefallen, andrerseits zumindest teilweise spaßig.

Goldkronach TV-Film
BRD 1986 – 85 Min. – R: Helmut Kissel. D: George Meyer-Goll, Hildegard Krekel, Hanswalter Gossmann, Sofie Keeser.
Nach einer tatsächlichen Begebenheit gedrehtes Schelmenstück vom Pfiffikus, der in der Kleinstadt bei Bayreuth ein Goldfieber auslöste; von listiger Unbekümmertheit.

Goldrausch / The Gold Rush ****
USA 1924 – 74 Min. sw. Stf. – R: Charles Chaplin. D: Charles Chaplin, Mack Swain, Tom Murray, Georgia Hale.
Slapstickkomödie. Tramp Charlie erlebt als Goldsucher in der eisigen Winterlandschaft des Klondike absurde, haarsträubende Abenteuer in weltberühmten Szenen (u. a.: Der ausgehungerte Charlie versucht seinen alten Schuh zu verspeisen; Charlie zappelt mit der Blockhütte über dem Abgrund). Kommentar zum amerikanischen Mythos vom Reichtum; ein Kinoklassiker, von Chaplin 1942 mit Text und Musik versehen.

Goldrunner / Goldrunner FLOP
USA 1982 – 90 Min. – R: Roger Clark. D: Richard Losee, Kristin Kelly, Dahl Gleave.
Actionfilm. Ein Hobbyrennfahrer mischt sich in einen Entführungsfall und jagt die Gangster per Porsche durch Utah; langweilig.

Der Goldschatz von Matecumbe / Treasure of Matecumbe ** ½
USA 1976 – 115 Min. – R: Vincent McEveety. D: Robert Foxworth, Joan Hakkett, Peter Ustinov.
Abenteuerfilm. Schatzsuche in den Sümpfen Floridas, ein Terrain, in dem nicht nur besondere Gefahren lauern, sondern auch effektvolle Bildwirkungen garantiert sind, wie dieser schön fotografierte und spannende Film beweist.

Die Goldsucher von Arkansas *
BRD/I/F 1964 – 98 Min. – R: Paul Martin. D: Brad Harris, Mario Adorf, Dieter Borsche, Marianne Hoppe, Horst Frank.
Abenteuerfilm. Eine Goldader ist entdeckt worden, und Schürfer, Glückssucher und Desperados machen sich auf die Jagd nach dem Edelmetall. Der Deutschwestern versucht die Stimmung des amerikanischen Abenteuer-Heimatfilms einzufangen, scheitert aber an Drehbuchklischees und chargierenden Darstellern.

Goldtransport durch Arizona / Arizona Raiders * ½
USA 1964 – 88 Min. OoU. – R: William Witney. D: Audie Murphy, Ben Cooper, Michael Dante, Fred Graham.

Western. Zwei Exverbrecher wollen den Gesetzeshütern helfen, ihre ehemaligen Komplizen zu fassen; schwacher B-Western ohne Spannung und Schwung.

Goliath – Der Kampf der Makkabäer / Il vecchio testamento * ½

I 1962 – 109 Min. – R: Gianfranco Parolini. D: Brad Harris, John Heston, Margaret Taylor, Mara Lane.

Historienfilm. Freie Verfilmung der biblischen Makkabäer-Geschichte um 142 v. Chr.; ein Sandalenepos um Liebe, Kampf und Heldentum in der Wüste.

Good Morning Babylon / Good Morning Babilonia ** ½

USA/I 1987 – 112 Min. Ⓥ Taurus. – R: Paolo und Vittorio Taviani. D: Vincent Spano, Joaquin de Almeida, Greta Scacchi, Désirée Nosbusch-Becker.

Milieufilm. Zwei Steinmetze aus Italien schiffen sich 1911 nach Hollywood ein, wo Dollars zu machen sind. Bei dem Filmpionier David Wark Griffith, der für sein Mammutwerk »Intolerance« naturgetreue weiße Gipselefanten will, steigen sie ins Filmgeschäft ein. Der erste Hollywoodfilm der Tavianis beschreibt ihren Weg mit epischem Atem, mal detailverliebt, mal gerafft, manchmal umständlich, aber immer mit Enthusiasmus für die Traumfabrik. Nur der Schluß ist mißglückt.

Goodbye, Charlie / Goodbye Charlie * ½

USA 1964 – 117 Min. – R: Vincente Minnelli. D: Pat Boone, Tony Curtis, Debbie Reynolds, Walter Matthau.

Komödie. Ein versoffener, schürzenjagender Schriftsteller wird von einem eifersüchtigen Ehemann erschossen; nach der Trauerrede erscheint er in Person einer jungen Frau wieder; dümmliche, wenig geschmackssichere Version eines alten Filmthemas, die schlaffe Zynismen als schwarzen Humor verkauft.

Goodbye und Amen ** ½

I 1978 – 105 Min. Ⓥ VPS – R: Damiano Damiani. D: Tony Musante, Claudia Cardinale, John Forsythe, John Steiner.

Thriller. Nachdem er zwei Männer erschossen hat, nimmt ein Unbekannter in einem römischen Hotel zwei Geiseln; dubiose Aktivitäten des US-Geheimdienstes in Italien; spannend, wirklichkeitsnah.

Gor / Gor **

USA 1987 – 90 Min. Ⓥ VMP/Cannon/VMP. – R: Fritz Kiersch. D: Urbano Barberini, Rebecca Ferratti, Oliver Reed, Paul S. Smith, Jack Palance.

Fantasyfilm. Ein Wissenschaftler erlebt, daß seine Theorien von Gegenwelten sich konkretisieren, in einem Barbarenland kommt er in Lebensgefahr; wirres Science-fiction-, Action- und Fantasyabenteuer mit einigen Schaueffekten.

Gordian, der Tyrann **

D 1937 – 95 Min. sw. – R: Fred Sauer. D: Weiß-Ferdl, Paul Richter, Michael von Newlinski, Trude Haefelin, Ellen Hille.

Verwechslungskomödie. Weiß-Ferdl in einer Doppelrolle als grimmiger Landeshauptmann eines Kleinfürsten und dessen Doppelgänger in Gestalt eines Theaterdirektors. Kurios-kauzige Dialektkomödie um Autorität, Unterwürfigkeit und den Mief der Amtsstuben.

Gorgo / Gorgo **

GB 1959 – 90 Min. Ⓥ Atlas Video – R: Eugène Lourié. D: Bill Travers, William Sylvester, Vincent Winter, Bruce Seton.

Horrorfilm. Science-fiction-Katastrophen-Story um ein Fabelwesen-Baby, das im Londoner Zirkus von seinen furchteinflößenden Sauriereltern besucht wird; akzeptable Spezialeffekte.

Der Gorilla begleicht die Rechnung / Vai gorilla * ½

I 1976 – 90 Min. – R: Tonino Valerii. D: Fabio Testi, Renzo Palmer, Al Lettieri.

Krimi. Ein berufsunfähiger Stuntman wird Leibwächter eines Industriellen, der ihn ständig demütigt, nach einiger Zeit erhält der Unternehmer Drohbriefe; mäßig spannende, mit Brutalitäten nicht geizende Durchschnittsunterhaltung mit dürftig motivierten Autostunts, die solide, aber ohne Aufschwünge präsentiert wird.

Der Gorilla von Soho * ½

BRD 1968 – 90 Min. – R: Alfred Vohrer. D: Horst Tappert, Uschi Glas, Uwe Friedrichsen.

Edgar-Wallace-Krimi. Ein platt gemachter Soho-Schocker um rätselhafte Morde an reichen Junggesellen; ein als Gorilla maskierter Gangster führt seine Opfer zunächst aus, ehe er sie ermordet.

Gorky Park / Gorky Park ∗∗∗
USA 1983 – 124 Min. Ⓥ VCL – R: Michael Apted. D: William Hurt, Lee Marvin, Brian Dennehy, Joanna Pacula.
Thriller. In einem Park in Moskau werden drei verstümmelte unidentifizierbare Leichen gefunden; Kommissar Renko stößt bei seinen Ermittlungen auf Lügen und tödliche Fallstricke. Hat der KGB die Hand mit im Spiel, und welche Rolle spielt die mysteriöse Studentin, die dem Kommissar so gut gefällt? Dichte Atmosphäre, rasante Schnitte und eine Glanzrolle für William Hurt.

Gösta Berling / Gösta Berlings Saga ∗∗∗
S 1924 – 160 Min. sw. Stf. – R: Mauritz Stiller. D: Lars Hanson, Greta Garbo, Gerda Lundequist-Dahlström.
Literaturverfilmung. Der erste bedeutende Film mit Greta Garbo; die spätere tragische Diva spielt hier allerdings eine heitere Rolle; beeindruckend die Vertreibung des trunksüchtigen Priesters und der Brand von Ekeby Manor; Adaption des Romans von Selma Lagerlöf; der Film besteht aus zwei Teilen.

Gotcha – ein irrer Typ
siehe: Schüsse, Küsse und Spione

Gott braucht Menschen / Dieu a besoin des hommes ∗∗ ½
F 1950 – 97 Min. sw. – R: Jean Delannoy. D: Pierre Fresnay, Madeleine Robinson, Daniel Gélin, Andrée Clément.
Priesterfilm. Halsstarrigkeit und Bosheit der Bewohner einer bretonischen Insel haben den letzten Priester vertrieben, und der Sakristan maßt sich immer mehr priesterliche Vollmachten an; mit (kirchlichen) Preisen bedachter Film um (kirchliche) Gewissensnöte; Fresnay mit einer beachtenswerten Darstellung.

Gott mit uns
siehe: Die im Dreck krepieren

Gott schützt die Liebenden ∗∗
BRD 1973 – 115 Min. Ⓥ Taurus. – R: Alfred Vohrer. D: Harald Leipnitz, Gila von Weitershausen, Andrea Jonasson.
Agentenmelodram. Nach bewährten Simmel-Rezepten zusammengekochtes Krimisüppchen mit Liebe, Leichen, Politik und unsauberen Rauschgiftgeschäften, von Routinier Vohrer einfühlsam und scharf gepfeffert serviert.

Eine Göttin auf Erden / Down to Earth ∗∗
USA 1947 – 95 Min. – R: Alexander Hall. D: Rita Hayworth, Larry Parks, Marc Platt.
Revuefilm. Eine Muse des Tanzes beobachtet aus den Wolken das irdische Treiben eines Broadwayregisseurs, steigt zornig herab und tanzt allen was vor; die göttliche Hayworth wäre nicht sie selbst, wenn sie in diesem amüsanten, gutgetanzten Film nicht auch den Männern den Kopf verdrehen würde.

Die göttliche Jette ∗∗
D 1937 – 88 Min. sw. – R: Erich Waschneck. D: Grethe Weiser, Victor de Kowa, Marina von Ditmar.
Komödie. Die kesse Jette tritt im Alt-Berliner Amor-Theater auf, ihre Verehrer wetteifern immer wilder um ihre Gunst. Eines Tages kommt es zu komischen Verwicklungen, denn die Konkurrenz spitzt sich zu. Jette löst die Probleme in diesem Starvehikel für die überschäumende Grethe Weiser frech auf ihre Art.

Ein göttliches Geschöpf / Divina creatura ∗∗
I 1976 – 109 Min. – R: Giuseppe Patroni Griffi. D: Laura Antonelli, Terence Stamp, Marcello Mastroianni.
Melodram. Die schöne Manuela ist keineswegs so naiv und engelhaft, wie sie wirkt; eine dekadente Dreiecksgeschichte aus dem Italien des aufziehenden Faschismus.

Götz von Berlichingen ∗ ½
BRD 1978 – 98 Min. – R: Wolfgang Liebeneiner. D: Raimund Harmstorf, Silvia Reize, Klausjürgen Wussow.
Literaturverfilmung. Aufwendiger Kostümfilm um den Ritter mit der eisernen Faust und seine kernigen Feinde. Solide, in Abenteuermanier heruntergespielt. Nach dem Stück von J. W. Goethe.

Das Grab der blutigen Mumie / ** ½
Blood from the Mummy's Tomb
GB 1972 – 89 Min. – R: Seth Holt. D: Andrew Keir, Valerie Leon, James Villiers, Hugh Burden, George Coulouris, Mark Edwards.
Horrorfilm. Britische Archäologen öffnen das Grab der ägyptischen »Königin der Dunkelheit«; die nach London gebrachte Mumie erwacht als Reinkarnation einer Professorentochter; ziemlich wirrer Gruselschocker, für Freunde stilisierter Bilder sehenswert.

Das Grab der lebenden Puppen / Dark Places ** ½
GB 1973 – 85 Min. – R: Don Sharp. D: Christopher Lee, Joan Collins, Robert Hardy, Herbert Lom, Jane Birkin.
Horrorfilm. Daß ein psychisch Gefährdeter nicht nur irdische Reichtümer, sondern auch geistige Defekte »erben« kann, bringt einen Ex-Anstaltsinsassen in Schwierigkeiten; ein Grusler »auf Samtpfoten« mit einigen Schockeffekten.

Graf Bobby, der Schrecken des Wilden Westens **
A 1965 – 89 Min. – R: Paul Martin. D: Peter Alexander, Gunther Philipp, Olga Schoberova, Hanne Wieder.
Klamotte. In Devil's Town, Wilder Westen, will man vom verarmten Austria-Adel nichts wissen; doch Graf Bobbys Charme und Spürsinn beseitigen in dieser passabel-witzigen Westernklamotte alle Hindernisse.

Der Graf mit der eisernen Faust / Les mystères de Paris / I Misteri di Parigi ** ½
F/I 1962 – 100 Min. – R: André Hunebelle. D: Jean Marais, Dany Robin, Jill Haworth, Raymond Pellegrin.
Literaturverfilmung. Adaption des Romans von Eugène Sue vom Grafen, der ein Unrecht wiedergutmachen will; spannungsreiche Verfilmung der Pariser Unterweltkolportage; reizvolles Zusammenspiel des strengen Marais und der schönen Robin.

Der Graf von Monte Christo / Le comte de Monte Christo ***
F 1954 – 97 Min. – R: Robert Vernay. D: Jean Marais, Lia Amanda, Roger Pigaut, Folco Lulli, Jacques Catelot.
Abenteuerfilm. Zehnte und erste farbige Verfilmung des Romanklassikers von Alexandre Dumas d. Ä., der Jean Marais in der Rolle des zu Unrecht eingekerkerten Edmond Dantès durch den herben Charme seiner Persönlichkeit und die düstere Weltverachtung seines mild-finsteren Gesichtsausdrucks das Gepräge gibt; ein Klassiker des Genres.

Der Graf von Monte Christo / Le comte de Monte Christo **
F/I 1961 – 144 Min. Ⓥ EuroVideo. – R: Claude Autant-Lara. D: Louis Jourdan, Yvonne Fourneaux, Pierre Mondy, Bernard Dhéran.
Abenteuerfilm. Alexandre Dumas' berühmter Roman um den tragischen Grafen, dem Salonschurken und nachnapoleonische Intrigen übel mitspielen, so daß er erst nach 18 Jahren aus der Kerkerhaft fliehen kann, wurde nicht weniger als fünfzehnmal verfilmt (die schönste Version ist die von 1954). Louis Jourdan gibt hier sein Bestes in einem durchschnittlichen Mantel-und-Degen-Abenteuer, das etwas zu lang geraten ist.

Der Graf von Monte Christo / The Count of Monte Christo ** ½
GB 1974 – 99 Min. – R: David Greene. D: Richard Chamberlain, Tony Curtis, Trevor Howard, Louis Jourdan, Donald Pleasence, Taryn Power.
Abenteuerfilm. Akzeptable Neuverfilmung des unverwüstlichen Filmklassikers um den Rachegrafen, der 1829 nach langer Kerkerhaft als Reicher nach Paris zurückkehrt; große Schauspieler, einfallsreiches Ambiente, sonst nichts Neues.

Graf Zaroff – Genie des Bösen / The Most Dangerous Game ** ½
USA 1932 – 60 Min. sw. – R: Ernest B. Schoedsack, Irving Pichel. D: Leslie Banks, Joel McCrea, Fay Wray.
Abenteuerfilm. Kosakenführer Zaroff hat sich nach den Revolutionswirren auf einer einsamen Insel versteckt und lockt dort Schiffbrüchige auf sein Schloß. Dann treibt er ein grausiges Spiel mit ihnen; Horrorklassiker.

Graffiti / Wild Style ∗∗ ½
USA 1982 – 79 Min. – R: Charlie Ahearn. D: »Lee« Georges Quinones, Frederick Brathwaite, Sandra Fabara, Patti Astor, Andrew Witten, Grand Master Flash, Chief Rocker Busy Bee.
Szenefilm. Der Sprayer »Zorro« verwandelt nachts U-Bahnen in rollende Kunstwerke, doch alle möglichen Gegner machen ihm das Leben sauer. Der originelle, unter Mitwirkung authentischer Künstler der New Yorker Undergroundszene entstandene, mit Rapmusik aufgeheizte Film liefert ein spannendes Bild des bis dahin unbekannten Milieus.

Die Gräfin und ihr Oberst / FLOP
The Adventures of Gerard
GB/I/CH 1970 – 87 Min. – R: Jerzy Skolimowski. D: Claudia Cardinale, Peter McEnery, Eli Wallach.
Historienfilm. Eine patriotische spanische Gräfin verliebt sich in einen Kurier des Erzfeindes Napoleon; spannungs- und einfallslos.

Die Gräfin von Hongkong / ∗∗
A Countess from Hongkong
GB 1967 – 108 Min. – R: Charles Chaplin. D: Marlon Brando, Sophia Loren, Sydney Chaplin, Tippi Hedren, Margaret Rutherford, Charles Chaplin.
Komödie. Romantisches Gesellschaftsstück auf einem Ozeanriesen, um eine Gräfin und einen Diplomaten; von Chaplin, der auch eine kleine Nebenrolle spielt, ohne seinen früheren Biß und filmisch flach inszeniert; sein Schwanengesang, nicht besonders melodisch, aber immerhin ein Chaplin.

Gran Canaria TV-Film
BRD 1972 – 75 Min. – R, B: Jörg-Michael Baldenius. D: Klaus Schwarzkopf, Gerda Schöneich, Herbert Mensching, Ilse Zielstorff, Anita Lochner.
Zwei Kleinstadthonoratioren träumen vom besseren Leben; eines Tages sind sie verschwunden; Krimi ohne besondere Einfälle.

Grand Prix / Grand Prix ∗∗
USA 1966 – 176 Min. – R: John Frankenheimer. D: Yves Montand, James Garner, Eva Marie Saint, Toshiro Mifune, Françoise Hardy.
Rennsportfilm. Leben, Liebe und Leid der Formel-1-Klassefahrer im 250-Kilometer-Tempo; aber während sich die Rennen zwischen Monte Carlo und Monza hinreißend, halbdokumentarisch, steigern, ermüden die fiktiven Psychoprobleme der Piloten zunehmend; die spektakulären Breitwand-Effekte kommen im TV kaum zur Geltung.

Der Granitkopp TV-Film
BRD 1984 – 89 Min. – R, B: Helmut Kissel. D: Claus Berlinghof, Sofie Engelke, Jochen Nix, Ingeborg Schöner.
Als ernsthafte Bauernkomödie wurde dieser zeitgemäße Heimatfilm apostrophiert. Betrugsgeschichten muß sich Bauer Scholz auf seine alten Tage nachsagen lassen: Er soll eine EG-Verordnung mißbraucht haben, außerdem ist seine Scheune in Flammen aufgegangen, als sein Acker »enteignet« werden sollte; Szenen aus der Alltagsrealität bundesdeutscher Bauern.

Der grauenvolle Mr. X / ∗∗∗
Tales of Terror
USA 1961 – 88 Min. – R: Roger Corman. D: Vincent Price, Peter Lorre, Basil Rathbone, Debra Paget, Maggie Pierce.
Horrorfilm. Freie Adaption von vier Gruselgeschichten Edgar Allan Poes, die kaleidoskopartig verbunden werden; der Klassiker des Horrorkinos Corman prägt die Episoden durch sein spezielles Repertoire an milden Schauereffekten.

Grausame Hände / ∗ ½
Les grands chemins / Il baro
F/I 1962 – 87 Min. – R: Christian Marquand. D: Robert Hossein, Anouk Aimée, Jean Lefèbvre, Renato Salvatori, Fernand Sardou.
Spielerfilm. Ein Spieler nimmt in der französischen Provinz Pokeramateure aus; als ihn drei beim Falschspielen erwischen, brechen sie ihm die Hände; er beschließt, sich zu rächen; klischeebeladenes spätexistentialistisches Zockermelodram, in dem Hossein als halbwegs gewissenloser »einsamer Wolf« herumstolpert und allen auf die Nerven geht; intelligent angelegt, aber ohne Spannung.

Grausames Spiel / ∗∗ ½
Un jeu brutal

F 1983 – 90 Min. – R: Jean-Claude Brisseau. D: Bruno Cremer, Emmanuelle Debever, Liza Heredia, Albert Pigot.
Psychothriller. Das Szenarium ist ungewöhnlich, die Story unsentimental: Der Mikrobiologe holt seine behinderte Tochter aus dem Heim zu sich, um sich um sie zu »kümmern«; auf ihre Wutausbrüche reagiert er mit Härte. Eines Tages macht das Mädchen eine schreckliche Entdekkung. Brisseaus Debütfilm zeichnet sich durch strenge Dramaturgie und Milieukenntnis aus.

Grease II / Grease 2 ∗ ½
USA 1982 – 114 Min. Ⓥ CIC. – R: Patricia Birch. D: Maxwell Caulfield, Michelle Pfeiffer, Adrian Zmed, Lorna Luft, Tab Hunter, Didi Conn.
Tanzfilm. Schwache Fortsetzung des Kinohits »Schmiere« (1978), auf der ganzen Linie weniger inspiriert; kann als (Vergleichs-)Dokument interessieren.

Der Greifer ∗∗ ½
D 1930 – 88 Min. sw. – R: Richard Eichberg. D: Hans Albers, Eugen Burg, Harry Hardt, Margot Walter, Charlotte Susa, Karl Ludwig Diehl, Hermann Blass, Erich Schoenfelder.
Krimi. Scotland-Yard-Detektiv a. D. auf Verbrecherjagd im Nachtklubmilieu, wobei er einen Barbesitzer als Diebesbandenchef entlarvt; deutschsprachige Version des britischen Films »Night Birds«; Albers als draufgängerischer Frauenheld; schwungvolle Musik von Hans May zu den Revueszenen.

Der Greifer / L'alpagueur ∗ ½
F 1975 – 96 Min. Ⓥ marketing film. – R: Philippe Labro. D: Jean-Paul Belmondo, Bruno Cremer, Jean Negroni, Patrick Fièrry, Jean-Pierre Jorris.
Actionkrimi. Er arbeitet als Kopfgeldjäger für die französische Regierung, doch eines Tages gerät er zwischen zwei Stühle: Der Greifer alias Belmondo wird vom Jäger zum Gejagten. Diesen bekannten Topos aus der Krimikiste macht Belmondo mit darstellerischen Stereotypen glaubhaft; er verhindert jedoch nicht, daß im Action-Stakkato der Sinn fürs Ganze verlorengeht: Je größer die Kaliber, desto dürftiger die Einfälle; schade um den Knautschkopf mit Charme.

Grenzpatrouille / The Border ∗∗ ½
USA 1981 – 105 Min. Ⓥ CIC. – R: Tony Richardson. D: Jack Nicholson, Harvey Keitel, Valerie Perrine, Warren Oates.
Starfilm. Ein Actionfilm über die Problematik der illegalen Einwanderer aus Mexiko, mit denen ein amerikanischer Grenzpolizist Probleme hat; Blut und Terror; Glanzrolle für Jack Nicholson.

Der Grenzwolf / Borderline ∗∗
USA 1980 – 94 Min. Ⓥ CBS/FOX. – R: Jerrold Freedman. D: Charles Bronson, Bruno Kirby, Ed Harris, Bert Remsen, Michael Lerner.
Actionfilm. Der Chef einer Polizeistation an der mexikanischen Grenze macht Jagd auf Menschenschmuggler, die Saisonarbeiter illegal in die USA holen; routinierter Polizeifilm mit dem »einsamen Wolf« als Hauptfigur, der, von Bronson verkörpert, die subtileren sozialen Aspekte des Themas glattbügelt.

Gretchens Faust TV-Film
BRD 1985 – 99 Min. – R: Joachim Roering. D: Bruni Löbel, Regine Lamster, Gernot Endemann, Hans Korte.
Gretchen, nicht wahnsinnig, sondern verwitwet, will ihr Haus verkaufen, um nicht ein Leben lang abzahlen zu müssen; eine Schmunzelkomödie.

Der Greuel von Frankenstein / The Horror of Frankenstein ∗ ½
GB 1970 – 91 Min. – R: Jimmy Sangster. D: Ralph Bates, Kate O'Mara, Graham James, Veronica Carlson.
Horrorfilm. Der skrupellose Frankenstein schafft nach dem Antritt des väterlichen Erbes ein bedrohliches Monster; uninspiriertes Gruselspektakel mit einigen guten Sequenzen.

Grieche sucht Griechin ∗∗
BRD 1966 – 89 Min. – R: Rolf Thiele. D: Heinz Rühmann, Irina Demick, Hannes Messemer, Hanne Wieder.
Literaturverfilmung. Adaption von Dürrenmatts Prosakomödie vom Spießer mit Vorliebe für die alten Griechen, der sich aus Versehen in eine stadtbekannte Pro-

stituierte verliebt; ohne die Boshaftigkeit der Vorlage, aber unterhaltsam-satirisch.

Griff aus dem Dunkel / Night Must Fall ★★
GB 1963 – 95 Min. sw. – R: Karel Reisz. D: Albert Finney, Susan Hampshire, Mona Washbourne.
Psychothriller. Ein junger Kellner, manisch-depressiv, wird aus übersteigerter Geltungssucht zum Mörder; der spannende Film zeigt das als passable Milieustudie, in der hin und wieder Hände spektakulär aus dem Dunkel greifen.

Grille und Ameise TV-Film
BRD 1979 – 90 Min. – R: Thomas Engel. D: Harald Leipnitz, Petra-Verena Milchert, Xenia Pörtner.
Die Idylle eines Lebenskünstlers, der mit Kindern und einem mittleren Zoo ein Haus bewohnt, wird von seiner Frau bedroht, die ihn verlassen hatte; amüsante Komödie voll Witz und Situationskomik.

Griseldis TV-Film
BRD – 110 Min. – R: Peter Beauvais. D: Sabine Sinjen, Klaus Barner, Tatjana Iwanow.
Nach Courths-Mahler entstandenes triviales Melodram um einen unschuldig verurteilten Grafen und seine leidenschaftliche Anbeterin; in Gefühlen schwelgende Sittengeschichte ohne gesellschaftlichen Hintergrund.

Die Grissom Bande / The Grissom Gang ★★★
USA 1971 – 110 Min. – R: Robert Aldrich. D: Kim Darby, Scott Wilson, Irene Dailey, Tony Musante, Robert Lansing
Thriller. Eine verlotterte Gangsterfamilie kidnappt zur Prohibitionszeit eine reiche Erbin, in die sich der Anführer verliebt. Harter, gewalttätiger Film voll grotesker Charaktere, mit Comictypologie, die Aldrichs rabenschwarzen Humor transportiert; nach dem Roman von James Hadley Chase; mit einer hervorragenden Besetzung, in der Dailey als Gangster-Ma brilliert.

Gritta vom Rattenschloß ★★ ½
DDR 1985 – 79 Min. – R: Jürgen Brauer. D: Nadja Klier, Hermann Beyer, Fred Delmare, Suher Saleh.
Kinderfilm. Adaption des Märchens von Bettina und Gisela von Arnim; ein Mädchen lebt unbeschwert auf einem Schloß, bis eine Stiefmutter auftaucht und alles ändern will; ein frech-fröhlicher Film der munteren, anarchischen Gags.

Grog / Grog TV-Film
I – 90 Min. – R: Francesco Laudadio. D: Franco Nero, Gabriele Ferzetti, Omero Antoniotti.
Ausbruchsdrama im Italien von heute; zwei Gefängnisinsassen nehmen Geiseln; das Haus ihrer Zuflucht wird von Polizei umstellt; das Geschehen spitzt sich konsequent zu.

Großalarm / Red Alert ★★ ½
USA 1977 – 90 Min. – R: Billy Hale. D: William Devane, Michael Brandon, Adrienne Barbeau.
Atomthriller. Reißer um einen Atomreaktor, dessen Kühlsystem versagt; aus Sicherheitsgründen werden zehn verstrahlte Arbeiter eingeschlossen; packender Problemfilm an die Adresse der Atombefürworter.

Das große Abenteuer im Ballon / The Great Balloon Adventure / Olly, Olly, Oxen Free ★★
USA 1978 – 90 Min. – R: Richard A. Colla. D: Katharine Hepburn, Kevin McKenzie, Dennis Dimster.
Generationsabenteuer. Zwei Freunde und die schrullige, patente Miss Pudd reparieren einen Heißluftballon und heben ab zum großen Flug; der Film übermittelt ihr sichtliches Vergnügen angemessen.

Der große Atlantik – der Kampf ums nackte Überleben / The Cruel Sea ★★★
GB 1953 – 117 Min. sw. Ⓥ Videbox. – R: Charles Frend. D: Jack Hawkins, Donald Sinden, Denholm Elliott.
Seekriegsfilm. Ein britisches Kriegsschiff in der Alltagsroutine des Konvoischützens; semidokumentarische, fesselnde Bewältigung der genretypischen Motive; auch künstlerisch anspruchsvoll; ohne Klischees.

Die große Attraktion / The Big Show ★★
USA 1960 – 113 Min. – R: J. B. Clark. D: Esther Williams, Cliff Robertson, Nehe-

miah Persoff, Robert Vaughn, Margia Dean, Renate Mannhardt, Peter Capell.
Zirkusfilm. Bruderrivalitäten mit Mordvorwürfen zwischen zwei Artisten; durchschnittliche Unterhaltung mit Esther Williams als Erinnerung an sie selbst.

Der große Blonde kehrt zurück / Le retour du grand blond ** ½
F 1974 – 84 Min. – R: Yves Robert. D: Pierre Richard, Mireille Darc, Jean Rochefort, Jean Carmet.
Komödie. Der große Blonde geigt diesmal in Rio und verliebt sich in eine Geheimagentin, ohne zu ahnen, was er damit anrichtet.

Der große Blonde mit dem schwarzen Schuh / Le grand blond avec une chaussure noire ** ½
F 1972 – 87 Min. Ⓥ marketing film. – R: Yves Robert. D: Pierre Richard, Bernard Blier, Mireille Darc.
Komödie. Der große Blonde ist Geiger im Symphonieorchester und bringt durch seine Zerstreutheit den Geheimdienst auf Trab; Slapsticks, Gags und Späße am laufenden Band.

Der große Bluff / Destry Rides Again ** ½
USA 1939 – 94 Min. – R: George Marshall. D: Marlene Dietrich, James Stewart, Charles Winninger, Brian Donlevy, Irene Hervey.
Westernkomödie. Marlene als Flittchen in einem Tanzlokal des Wilden Westens zeigt Beine, veranstaltet eine robuste Keilerei und singt einige unvergeßliche Songs (»The Boys in the Backroom«); als der schlaksige und urkomische Stewart dazukommt, ist das netteste Paar des Westerngenres geboren.

Der große Bluff im Sperrbezirk / The Red-Light Sting **
USA 1984 – 92 Min. – R: Rod Holcomb. D: Harold Gould, Beau Bridges, Farrah Fawcett, Paul Burke, Katherine Cannon.
Gangsterkomödie. Die Polizei verkauft ein Bordell in San Francisco, um einen Gangsterboß zu ködern. Wenn er »Schutzgelder« fordert, soll er von einem Sonderbeamten hochgenommen werden; Obernutte Kathy merkt sofort, daß an der Sache was faul ist. Exzellente Schauspieler, hübsche Gags, aber allzu glattes Drehbuch ohne Ecken und Kanten.

Große braune Augen / Big Brown Eyes **
USA 1936 – 75 Min. sw. OmU. – R: Raoul Walsh. D: Joan Bennett, Cary Grant, Walter Pidgeon, Isabel Jewell, Lloyd Nolan.
Gangsterfilm. Eine flotte New Yorker Maniküre geht mit Detektiv Cary Grant auf die Jagd nach einer Gangsterbande; mysteriöse Romanze.

Der große Caruso / The Great Caruso **
USA 1951 – 109 Min. – R: Richard Thorpe. D: Mario Lanza, Ann Blyth, Jarmila Novotna, Dorothy Kirsten.
Sängerbiographie. Weitgehend frei erfundene, nur an Jahreszahlen orientierte Geschichte des legendären Tenors, unterhaltsam geschönt; gute Musikszenen und Showteile versöhnen mit einigen Klischees.

Die große Chance * ½
BRD 1957 – 99 Min. – R: Hans Quest. D: Walter Giller, Gardy Granass, Robert Freytag, Michael Cramer, Wera Frydtberg, Freddy Quinn.
Musikfilm. Alt-Heidelberger Jazzclub als Kulisse für einen unaufrichtigen Studenten- und (Pseudo-)Jazzfilm: Armer Ingenieurstudiosus verzichtet auf Trompeterkarriere und kriegt statt dessen Industriellentöchterlein; erster Filmauftritt von Freddy Quinn; für Jazzfans ein Kurzauftritt des Klarinetten-Grandseigneurs Albert Nicholas.

Der große Coup / Charley Varrick ** ½
USA 1973 – 105 Min. – Ⓥ CIC. – R: Don Siegel. D: Walter Matthau, Joe Don Baker, Felicia Farr.
Gangsterfilm. Routiniert erzählte Story eines Kleingangsters, der unvermutet an heißes Mafiageld gerät; spannende Dramaturgie, gute Schauspieler, harte Actionszenen.

Der große Diktator / The Great Dictator ****
USA 1940 – 119 Min. sw. Ⓥ atlas film + av. – R: Charles Chaplin. D: Charlie Chaplin, Paulette Goddard, Jack Oakie,

Reginald Gardiner, Henry Daniell, Billy Gilbert.
Chaplin-Groteske. Tomanien wird von dem infantilen und größenwahnsinnigen Diktator Hynkel beherrscht, der dem jüdischen Getto-Friseur Charlie zum Verwechseln ähnlich sieht. Der kleine Mann wird, nach endlosen Verwicklungen, für Hynkel gehalten, enttarnt sich und hält einen glühenden Friedensappell. Mit diesem Film wurde Chaplins großer Spaß große Kunst. Ein Werk der Glanznummern; und die Kinorealität besiegt das Grauen der Nazizeit.

Das große Dings bei Brinks / The Brink's Job ∗∗ ½
USA 1978 – 100 Min. – R: William Friedkin. D: Peter Falk, Peter Boyle, Allen Goorwitz, Warren Oates, Gena Rowlands.
Gaunerposse. Eine skurrile Gangsterclique dreht das große Ding; nach einem authentischen Fall, der 1950 die USA erregte, verfolgt Friedkin die Geschichte der Bande über dreißig Jahre hinweg, wobei auch die reiche Gesellschaft in diesem witzigen und eigenwilligen Film ihr Fett abkriegt.

Der große Edison / Edison, the Man ∗∗∗
USA 1940 – 103 Min. sw. – R: Clarence Brown. D: Spencer Tracy, Rita Johnson, Lynne Overman, Charles Coburn.
Filmbiographie. Am 50. Geburtstag der Glühlampe, im Jahre 1929, erinnert sich ihr Erfinder Edison an die Anfänge seiner Laufbahn. Der großangelegte Film versteht es, mit epischem Atem ein halbes Jahrhundert zu umreißen; im Spiel der großartigen Darsteller werden die Zeugen dieser Zeit lebendig. Ein Stück Zeitgeschichte im Filmformat.

Der große Eisenbahnraub / The First Great Train Robbery ∗∗ ½
USA 1978 – 106 Min. – R: Michael Crichton. D: Sean Connery, Donald Sutherland, Lesley-Anne Down, Alan Webb.
Gaunerkomödie. England im Krimkrieg 1855: Daß Queen Victoria pures Gold mit einem Expreßzug an die Front schickt, reizt zwei Edelganoven doch sehr; unterhaltsames Kostümabenteuer; die Urfassung »The Great Train Robbery« (1903) von Edwin S. Porter ging als einer der ersten Zelluloidstreifen in die Kinogeschichte ein.

Eine große Familie TV-Film
BRD 1970 – 120 Min. sw. – R: Peter Beauvais. D: Kurt Ehrhardt, Gunnar Möller, Gerd Westphal.
Der mehrfach ausgezeichnete Film schildert das Auseinanderbrechen eines autoritär geführten Großunternehmens durch soziale Konflikte.

Große Ferien ∗∗ ½
Taiwan – 95 Min. – R: Hou Hsiao Hsien. D: Wang Qiguang, Gun Jun, Mei Fang, Lin Xiuling.
Melodram. Eine Geschichte aus dem Taiwan von heute. Die Mutter muß überraschend ins Krankenhaus, deshalb schickt sie den zwölfjährigen Dong-Dong mit seiner kleinen Schwester zu den Großeltern. Ein Film von großer Ruhe – mit interessanten Einblicken in das »kapitalistische« China.

Das große Finale / The Competition ∗∗ ½
USA 1980 – 129 Min. – R: Joel Oliansky. D: Richard Dreyfuss, Amy Irving, Lee Remick, Ty Henderson, Sam Wanamaker.
Komödie. Nachwuchspianist liebt ebensolche Pianistin, doch die Umstände zwingen die beiden in einen vergnüglichen Konkurrenzkampf; auch als Musikfilm beachtlich.

Große Freiheit Nr. 7 ∗∗∗ ½
D 1944 – 105 Min. – R: Helmut Käutner. D: Hans Albers, Ilse Werner, Hans Söhnker, Gustav Knuth, Hilde Hildebrand.
Musikmelodram. Einer der stimmungsvollsten Filme um den größten deutschen Volksschauspieler, den blonden Recken Hans Albers, der hier sein Mädel dem Rivalen überlassen muß; mit melancholischen Tönen, aber um so überzeugender; ein Hauch von Poesie und St.-Pauli-Zauber.

Das große Fressen / La grande bouffe / La grande abbuffata ∗∗∗
F/I 1973 – 123 Min. Ⓥ marketing film. – R:

Marco Ferreri. D: Marcello Mastroianni, Ugo Tognazzi, Michel Piccoli, Philippe Noiret, Andréa Ferréol.
Gesellschaftskritische Groteske. Vier Freunde, saturiert und frustriert, treffen sich zu einer Schlemmerorgie von rabiater Konsequenz, die einige Prostituierte in die Flucht schlägt; eine Lehrerin, die zu der Gesellschaft stößt, zeigt sich der Freßgier und Sinnlichkeit der Männer mehr als gewachsen; grandiose Saturnalie, die das Tödliche eines jeden Zuviel wenig zimperlich und mit gezielten Geschmacklosigkeiten ins Bild setzt; die bedingungslose Reduktion aller Lebensäußerungen auf das Kreatürliche drängt den Betrachter in Ratlosigkeit; die Sarkasmen, Zynismen und die Sequenzen teils leiser, teils greller Ironie enden in lähmender Stille; makabrer Filmkommentar zur Selbstzerstörung einer dekadenten Konsumelite.

Der große Gatsby / ∗∗∗
The Great Gatsby
USA 1974 – 135 Min. Ⓥ CIC. – R: Jack Clayton. D: Robert Redford, Mia Farrow, Bruce Dern, Karen Black.
Literaturverfilmung. Dritte Adaption des Romans von F. Scott Fitzgerald über den nachdenklichen, introvertierten Aufsteiger, der sich hinter der Aura rauschender Feste für die oberen Zehntausend New Yorks versteckt und ganz seinem unerschütterlichen Glauben an die große Liebe seines Lebens lebt; glamouröse Hochglanzbilder einer gedankenlosen, moralisch fragwürdigen Geldkaste der »Roaring Twenties«; ein Film, der in modischem Design das Melodramatische der gesellschaftskritischen Vorlage stark herausarbeitet.

Das große Geheimnis des Marcellino / Marcellino, pan y vino ∗∗
E 1954 – 87 Min. – R: Ladislao Vajda. D: Pablito Calvo, Rafael Rivelles, Antonio Vico, Juan Calvo.
Mysterienfilm. Adaption der spanischen Legende vom Jungen, der ein Christuswunder erlebt; Film von eher konfessionell-religiöser als künstlerischer Bedeutung.

Die große Illusion / ∗∗∗
La grande illusion
F 1937 – 107 Min. sw. – R: Jean Renoir. D: Jean Gabin, Pierre Fresnay, Erich von Stroheim, Marcel Dalio, Dita Parlo, Gaston Modot.
Zeitkritischer Film. Am Beispiel dreier Kriegsgefangener des Ersten Weltkriegs demonstriert Renoir (»Die Spielregel«) den nationalen Irrsinn des Krieges, der die Menschen zwingt, ihre Ideale zu verraten; glänzende Besetzung, großangelegte Erzählgeste und dichte Inszenierung machen das Werk zu einem Ausnahmefilm.

Der große Irrtum / ∗∗∗ ½
Il conformista / Le conformiste
I/F 1969 – 105 Min. – R: Bernardo Bertolucci. D: Jean-Louis Trintignant, Stefania Sandrelli, Dominique Sanda, Gastone Moschin.
Literaturverfilmung. Marcello hat in seiner Jugend auf einen Schwulen geschossen und flüchtet sich vor seinen Neurosen in die Sicherheit der bürgerlichen Welt; er heiratet, wird Beamter und läßt sich 1938 von den Faschisten benutzen, einen linken Emigranten zu ermorden. Ein Film über politische Gewalt, Faschismus, Konspiration und geistig-moralische Anpassung, in dessen komplexer Rückblendenstruktur private und gesellschaftliche Realität zur Deckung kommen; nach einem Roman von Alberto Moravia.

Der große Krieg der Planeten / ∗
Wakusei daisenso / The War in Space
J 1977 – 79 Min. Ⓥ Ufa. – R: Jun Fukuda. D: Kensaku Morita, Ryo Ikebe, William Ross, Yuko Asano.
Science-fiction-Film. Ufos bedrohen die Erde, vor allem Japan; naives Sternenkriegsabenteuer.

Die große Kür ∗∗
BRD/A 1964 – 90 Min. – R: Franz Antel. D: Marika Kilius, Hans-Jürgen Bäumler, Peter Kraus, Paul Hörbiger, Mady Rahl, Peter Fröhlich.
Revuefilm. Sinnfällig umgesetzte Story des einstigen Eislauf-Traumpaars Kilius/Bäumler, die anders als im wirklichen Leben happy endet; Traumfabrik à la Boulevardpresse mit viel Gefühl und Klischee; unterhaltsam auch durch Grauhaardackel Lumpi, eine ausdrucksvolle Tiercharge.

Die große Leidenschaft / The Passionate Friends ** ½
GB 1949 – 88 Min. sw. – R: David Lean. D: Trevor Howard, Ann Todd, Claude Rains.
Melodram. Dreiecksgeschichte um eine Frau, die ihren Jugendgeliebten nach Jahren wiedertrifft, aber zunächst nicht bereit ist, die Sicherheit ihrer Ehe aufzugeben; gelungene Verfilmung des Romans von H. G. Wells.

Die große Liebe meines Lebens / An Affair to Remember **
USA 1957 – 115 Min. – R: Leo McCarey. D: Cary Grant, Deborah Kerr, Richard Denning, Neva Patterson.
Melodram. Der Flirt eines Playboys mit einer Barsängerin auf einem Luxusdampfer entwickelt sich zur großen Liebe, die sie durch Trennung erproben wollen; doch ein Unfall fesselt die Frau an den Rollstuhl. Ein Film, der als reizvolle Komödie beginnt und ins Reich der Tränendrüsen-Seifenoper abgleitet.

Der große Liebhaber / The Great Lover ** ½
USA 1949 – 80 Min. sw. – R: Alexander Hall. D: Bob Hope, Rhonda Fleming, Roland Young, Roland Culver, George Reeves.
Komödie. Auf der Passage nach den USA will ein Journalist nachholen, was er in Paris versäumt hat, doch sein plötzlicher Erfolg bei Frauen beruht auf einer Verwechslung; eine der besten Hope-Komödien mit einem aufgedrehten Star und einer schlagfertigen Fleming.

Die große Lüge / A Stolen Life ** ½
USA 1946 – 103 Min. sw. – R: Curtis Bernhardt. D: Bette Davis, Glenn Ford, Dane Clark, Walter Brennan.
Melodram. Zwillingsschwestern verlieben sich in denselben Mann; eine heiratet ihn, ertrinkt während einer Bootsfahrt – und die andere tritt an ihre Stelle. Traumrolle für die großartige Bette Davis in einer Seifenoper mit gut getimten Stimmungen.

Die große Lüge / The Legend of Lylah Clare **
USA 1968 – 125 Min. – R: Robert Aldrich. D: Kim Novak, Peter Finch, Ernest Borgnine, Milton Selzer.
Milieufilm. Ein Blick hinter die Kulissen der Traumfabrik: Ein Regisseur modelt eine junge Frau nach seinen Star-Vorstellungen um, das Drama nimmt seinen Lauf; melodramatisch, satirisch, reißerisch.

Der große Mandarin **
BRD 1949 – 88 Min. sw. – R: Karl-Heinz Stroux. D: Paul Wegener, Hubert von Meyerinck, Friedrich Siemers, Christiane Felsmann.
Parabel. Die chinesische Parabel von sieben Bauern, die bei der Zählung ein Schwein unterschlagen, inszenierte Theaterregisseur Stroux hier mit Wegener als Mandarin; ein Kommentar zur Nachkriegszeit; nicht ganz gelungen.

Das große Manöver / Les grandes manœuvres **
F/I 1955 – 120 Min. – R: René Clair. D: Michèle Morgan, Gérard Philipe, Jean Desailly, Brigitte Bardot.
Komödie. Um 1910 wetten Offiziere einer französischen Garnison darum, daß es einem Charmeur gelingt, eine durch Los zu bestimmende Frau zu verführen; ein flotter Degen- und Schürzenjägerfilm mit satirischen Spitzen.

Der große McGinty / The Great McGinty ***
USA 1940 – 79 Min. sw. – R: Preston Sturges. D: Brian Donlevy, Muriel Angelus, Akim Tamiroff, William Demarest.
Politsatire. Ein abgebrannter Kommunalpolitiker verkauft seine Stimme und erregt damit die Aufmerksamkeit eines Gangstersyndikats. Durch die Unterstützung der Unterwelt macht er eine kometenhafte Karriere. Die das politische Gemeinwesen der USA entlarvende Satire von Sturges bietet neben aufschlußreichen Einblicken in die Demokratie an der Basis rundum wohlfeile Unterhaltung vom Besten.

Die große Metro-Lachparade / MGM's Big Parade of Comedy ** ½
USA 1963 – 95 Min. sw.
Robert Youngson brachte fünfzig große

Stars zu einem glanzvollen Slapstick- und Glamourpotpourri zusammen. Die schönsten Szenen aus berühmten Komödien von der Stummfilmzeit bis in die späten vierziger Jahre mit Jean Harlow, Greta Garbo, Laurel und Hardy, Buster Keaton, Clark Gable und den Marx Brothers – und vielen anderen unvergeßlichen Leinwandgrößen.

Der große Minnesota-Überfall / The Great Northfield Minnesota Raid ***
USA 1971 – 87 Min. Ⓥ CIC. – R: Philip Kaufman. D: Cliff Robertson, Robert Duvall, John Pearce, Matt Clark.
Spätwestern. Die berühmte Younger-James-Bande versucht 1876 die Bank von Northfield auszurauben. Halbdokumentarischer Western, der Realität und Mythos reflektiert und ein glänzendes Bild der ausgehenden Pionierzeit zeichnet.

Der Große mit seinem außerirdischen Kleinen / Uno sceriffo extraterrestre poco extra e molto terrestre *
I 1978 – 88 Min. Ⓥ marketing film. – R: Michele Lupo. D: Bud Spencer, Cary Guffey, Raimund Harmstorf, Joe Bugner.
Bud-Spencer-Film. Sentimentaler Prügelfilm, in dem weder Harmstorf noch Exboxer Joe Bugner Terence Hill ersetzen können; selbst als Science-fiction-Parodie mißlungen.

Der große Regen / The Rains of Ranchipur **
USA 1955 – 99 Min. – R: Jean Negulesco. D: Lana Turner, Richard Burton, Fred MacMurray, Joan Caulfield, Michael Rennie.
Literaturverfilmung. Farbenprächtiges Indien zur Kolonialzeit: Nach der Tigerjagd bei der Maharani von Ranchipur kommen der große Regen, Erdbeben und Seuchen und stellen die ehebrecherische Liebe zwischen dem edlen indischen Arzt und der blonden englischen Skandallady auf eine harte Probe; nach einem Roman von Louis Bromfield.

Das große Rennen rund um die Welt / The Great Race **
USA 1964 – 160 Min. – R: Blake Edwards. D: Jack Lemmon, Tony Curtis, Natalie Wood, Peter Falk, Keenan Wynn.
Reisefilm. New York 1908: Das 170-Tage-Rennen nach Paris ist gestartet; mit diesem historischen Datum hat die Superklamotte von Edwards (»Frühstück bei Tiffany«) nur oberflächlich zu tun, aber dafür schließt die Hatz über ausgefallene Schauplätze eine amüsante Reise durch die Filmgeschichte ein.

Der große Santini / The Great Santini **
USA 1980 – 111 Min. – R: Lewis John Carlino. D: Robert Duvall, Blythe Danner, Michael O'Keefe, Lisa Jane Persky.
Militärfilm. Ein US-Fliegeras gilt als Rekrutenschinder; selbst seine Familie muß exerzieren und parieren; am neuen Wohnsitz kommt es zu einer Konfrontation mit seinem Sohn. Die Hauptrolle von Robert Duvall überzeugend eklig gespielt, dramaturgisch ein Film mit Durchhängern, interessant in der Problematik.

Die große Sause / La grande vadrouille / The Big Spree ** ½
F/GB 1966 – 101 Min. – R: Gérard Oury. D: Louis de Funès, André Bourvil, Claudio Brook, Andréa Parisy, Colette Brosset, Benno Sterzenbach.
Komödie. Der Stardirigent der Pariser Oper und ein Anstreicher retten drei alliierte Bruchpiloten vor den deutschen Besatzern; zwei große Komödianten in einer gagreichen Actionburleske.

Der große Schatten ** ½
D 1942 – 92 Min. sw. – R: Paul Verhoeven. D: Heinrich George, Heidemarie Hatheyer, Will Quadflieg, Ernst Schröder, Marina von Ditmar.
Melodram. Will Quadflieg als Charmeur und Frauenheld im Leben wie auf der Bühne begegnet an einem Provinztheater dem berühmten Mimen von einst wieder, dessen Tochter er verführte. Spiel und Realität durchdringen sich in einem Moraldrama, in dem die Kraft der Versöhnung entscheidet; Charakterrolle für George.

Die große Schlacht
siehe: Iwo-Jima – die große Schlacht

Die große Schlacht des Don Camillo / Don Camillo e l'onorevole Peppone ** ½
I 1955 – 97 Min. sw. – R: Carmine Gallone. D: Fernandel, Gino Cervi, Claudia Sylvain.
Zeitkritische Komödie. Die Dauerfehde zwischen dem kommunistischen Bürgermeister und dem streitbaren Kirchenmann spitzt sich vor den Wahlen zu. Beide intrigieren mit immer neuen Einfällen und freundlichen Gemeinheiten, an deren Ende die Gemeinde einen neuen Kirchturm besitzt. Klamaukiger und weltanschaulich weniger subtil als seine beiden Vorgänger, garantiert der Film jedoch absolute Lacher.

Der große Schweiger / The Stalking Moon ** ½
USA 1967 – 109 Min. – R: Robert Mulligan. D: Gregory Peck, Eva Marie Saint, Robert Forster, Noland Clay, Russell Thorson, Frank Silvera.
Western. Ein schweigsamer Söldner gewährt einer Frau und deren Kind, einem Halbblut, Schutz, obwohl er weiß, daß ihn ein Apachenkrieger, der Vater des Kindes, mit tödlichem Haß verfolgen wird; traditionsorientierter, lakonischer Western um Selbstbehauptung und Einzelgänger-Mut.

Der große Schwindler / The Big Operator ** ½
USA 1959 – 87 Min. sw. – R: Charles Haas. D: Mickey Rooney, Steve Cochran, Mamie Van Doren, Mel Thormé, Ray Danton.
Kriminalfilm. Arbeiter organisieren sich allmählich gegen die brutalen Methoden eines korrupten Gewerkschaftsbosses; harter Thriller mit Elementen der »Schwarzen Serie«.

Der große Stau / L'ingorgo – una storia impossibile **
I/F/E/BRD 1978 – 95 Min. – R: Luigi Comencini. D: Alberto Sordi, Annie Girardot, Fernando Rey, Marcello Mastroianni.
Satire. Eine dichtbefahrene Ausfallstraße vor den Toren Roms; der Verkehrsfluß kommt jäh zum Erliegen, der Stau wird immer unüberschaubarer; Aggressionen, Langeweile breiten sich aus – ein apokalyptisches Welttheater.

Die große Treibjagd / Il mercenario ** ½
BRD/I/E 1968 – 77 Min. – R: Dieter Müller. D: Ray Danton, Pascale Petit, Günther Stoll, Georges Rigaud, Carl Möhner.
Abenteuerfilm. Gangster bedrohen einen Minenbesitzer, um sein Bergwerk in ihre Gewalt zu bekommen; der heuert den Exsöldner Marco an, der als Einzelkämpfer gegen Vorurteile, Intrigen und eine Übermacht zu Felde zieht; eine Atmosphäre düsterer Gewalttätigkeit hebt das Routineabenteuer über den Durchschnitt.

Der große Trick / The Big Fix *** ½
USA 1978 – 110 Min. Ⓥ CIC. – R: Jeremy Paul Kagan. D: Richard Dreyfuss, Bonnie Bedelia, Susan Anspach.
Detektivfilm. Ein resignierender Nach-68er-Detektiv gerät in undurchschaubare und unfaßbare politisch-finanzielle Intrigen, aus denen er zwar ziemlich unbeschadet, aber mit leeren Händen hervorgeht; ein Film mit einem neuen Detektivtypus und einem neuen Amerikabild.

Der große Trubel um Georgies und Bonnies Bilder / Hullabaloo Over Georgie and Bonnie's Pictures ** ½
GB 1978 – 80 Min. – R: James Ivory. D: Victor Banerjee, Aparna Sen, Larry Pine.
Komödie. Zwei Leute interessieren sich für die kostbaren Miniaturen des Maharadschas von Tasveer, eine schrullige Lady und ein junger Amerikaner; der Fürst hat nicht vor zu verkaufen, seine Schwester Bonnie denkt da anders.

Die große Versuchung **
BRD 1952 – 92 Min. sw. – R: Rolf Hansen. D: Dieter Borsche, Ruth Leuwerik, Carl Wery, Claus Biederstaedt, Erich Ponto.
Melodram. Dieter Borsche als ehemaliger Sanitäter der deutschen Wehrmacht verschafft sich nach dem Krieg einen Posten als Oberarzt, obwohl er kein abgeschlossenes Studium hat; eine Operation,

Schuld und Sühne und eine tapfer liebende Frau prägen dieses Schicksalsdrama der Nachkriegszeit.

Große Vögel – kleine Vögel / Uccellacci e uccellini ∗∗∗ ½

I 1965 – 86 Min. sw. – R: Pier Paolo Pasolini. D: Totò, Ninetto Davoli, Femi Benussi.

Gesellschaftsparabel. Vater und Sohn aus der »Straße des Hungers« treffen den sprechenden Raben aus der »Karl-Marx-Straße« des Landes »Ideologie«, der »ein Intellektueller aus der Zeit vor Palmiro Togliatti« (dem stalinistischen KPI-Chef) ist; er führt sie ins Mittelalter, und sie bekommen vom hl. Franziskus einen seltsamen Auftrag; poetischer Neorealismus vor den Hoch- und Tiefbauruinen der römischen Bodenspekulation; visualisierte Dialektik und ein Schuß Ironie (Belcanto gesungener Vorspann, Musik Ennio Morricone) belegen, daß Belehrung auch vergnüglich sein kann.

Das große Wagnis / The Big Gamble ∗∗

USA 1961 – 91 Min. – R: Richard Fleischer. D: Stephen Boyd, Juliette Gréco, David Wayne.

Abenteuerfilm. Träume vom Abhauen und der Karriere im fernen Land träumt dieser temporeiche, mit Schauwerten nicht geizende Film um ein abenteuerlustiges Ehepaar, das in Afrika das große Glück sucht. Realismus zum Abschalten vom Alltag.

Die große weiße Hoffnung / The Great White Hope ∗∗∗

USA 1970 – 103 Min. – R: Martin Ritt. D: James Earl Jones, Jane Alexander, Marlene Warfield, Lon Gilbert.

Boxerfilm. 1905 gewinnt mit Jack Jefferson erstmals ein Farbiger eine Boxweltmeisterschaft, dies und seine weiße Freundin provozieren die Rassisten; stark melodramatischer, aber gut motivierter und exzellent gespielter Antirassismusfilm mit viel Spannung und Action.

Der große Zapfenstreich ∗∗

BRD 1952 – 100 Min. – R: George Hurdalek. D: Jan Hendriks, Johanna Matz, O.E. Hasse, Harry Meyen, Friedrich Domin, Paul Hartmann.

Gesellschaftskritischer Film. Adaption des Bühnenstücks »Der Zapfenstreich« von Franz Adam Beyerlein über Glück und Unglück nichtstandesgemäßer Liebschaften von Offizieren im Ersten Weltkrieg; engagiertes, etwas zähflüssiges Melodram mit Zeigefingermoral.

Der große Zug nach Santa Fé / Cattle Drive ∗∗ ½

USA 1951 – 75 Min. – R: Kurt Neumann. D: Joel McCrea, Dean Stockwell, Chill Wills, Leon Ames.

Viehwestern. Die Geschichte eines verwöhnten Sohns reicher Eltern, der auf einen Rindertrail mitgenommen wird und dabei das harte Leben der Cowboys kennenlernt. Ohne spektakuläre Momente und Brutalszenen auskommendes Erzählkino, das in prächtigen Bildern die Männerfreundschaft der Westerngemeinschaft feiert.

Die großen Kinder / Les grands enfants ∗∗ ½

CDN 1979 – 79 Min. – R: Paul Tana. D: François Gagné, Gilbert Sicotte, Julie Vincent, Robert Gravel, Marielle Bernard.

Zeitkritischer Film. François lebt inmitten seiner Freunde allein im winterlichen Montreal gegen die bürgerlichen Normen; eines Tages lernt er in diesem melancholischen und ehrlichen Debütfilm des Frankokanadiers Tana die italienische Blumenhändlerin Jeanne kennen; eine spröde Liebesbeziehung mit offenem Ausgang beginnt.

Die großen Wallendas / The Great Wallendas ∗∗

USA 1978 – 87 Min. – R: Larry Elikann. D: Lloyd Bridges, Britt Ekland, Taina Elg.

Artistenbiographie. Die deutsche Zirkusfamilie mit der höchsten Pyramide auf dem Seil und dem höchsten Risiko; in ihren Generationskonflikten und atemberaubenden lebensgeschichtlichen Momenten vermittelt dieser dokumentarisch orientierte Spielfilm atmosphärische Dichte, ist aber dramaturgisch nicht überzeugend.

Großer, laß die Fetzen fliegen / Rugantino ∗∗

I 1973 – 92 Min. Ⓥ EuroVideo. – R:

Sergio Corbucci. D: Adriano Celentano, Claudia Mori.
Starfilm. Ein Gangsterfilm mit dem Sänger mit der rauhen Kehle, der im Kittchen landet und dem Verräter Rache schwört; unterhaltsam.

Ein großer und ein kleiner Gauner / Le grand escogriffe *
F 1976 – 97 Min. – R: Claude Pinoteau. D: Yves Montand, Claude Brasseur, Agostina Belli, Adolfo Celi.
Gaunerkomödie. Drei Ganoven wollen an das große Geld, doch die Erpressung eines Ölmagnaten verläuft anders als erhofft; nicht sehr einfallsreich.

Großmutters Liebling / Grandma's Boy ***
USA 1922 – 81 Min. sw. Stf. – R: Fred Newmeyer. D: Harold Lloyd, Mildred Davis, Anna Townsend, Noah Young.
Komödie. Der Held als unscheinbarer Versager, den Großmutters Erzählungen von der Familientradition zum Kämpfer werden lassen; Lloyds erster großer Erfolg.

Die größte Geschichte aller Zeiten / The Greatest Story Ever Told ** ½
USA 1965 – 184 Min. – R: George Stevens. D: Max von Sydow, Dorothy McGuire, Charlton Heston, Claude Rains, Telly Savalas.
Monumentalfilm. Eindrucksvolle Verfilmung des Lebens Jesu, die zwischen Glaubwürdigkeit und Lächerlichkeit (John Wayne als römischer Offizier!) schwankt.

Der größte Liebhaber der Welt / The World's Greatest Lover **
USA 1977 – 86 Min. – R: Gene Wilder. D: Gene Wilder, Carol Kane, Dom DeLuise, Fritz Feld.
Komödie. Ein Bäckergeselle aus der Provinz wird von seiner Frau wegen seines Rudolfo-Valentino-Ticks verlassen und will in Hollywood seine Möglichkeiten testen; mehr Klamauk als Parodie.

Die größte Schau der Welt / The Greatest Show on Earth ***
USA 1951 – 142 Min. – R: Cecil B. DeMille. D: Betty Hutton, Cornel Wilde, Charlton Heston, James Stewart, Dorothy Lamour, Edmond O'Brien, Bing Crosby, Bob Hope.
Zirkusfilm. Actiondrama unter Trapezartisten in Haßliebe; atmosphärisch recht authentische, opulente Monumentalschau mit einem Großaufgebot an Superstars; spannend und bunt inszeniert.

Die größten Gauner weit und breit / Loot * ½
GB 1970 – 85 Min. – R: Silvio Narizzano. D: Lee Remick, Richard Attenborough, Hywel Bennett, Milo O'Shea.
Krimikomödie. Trotz guter Besetzung nur ein mittelmäßiger, in der Komik überzogener und nicht besonders aufregender Film um einen Banküberfall und den damit verbundenen Knalleffekt; Hauptrolle: ein Sarg und sein besonderer Inhalt. Nach einem Theaterstück von Joe Orton.

Ground Zero / Ground Zero **
USA 1975 – 95 Min. – R: James T. Flocker. D: Melvin Belli, Ron Casteel.
Thriller. Terrorgeschichte um zwei eingesperrte Führer eines Verbrechersyndikats und die Versuche ihrer Kumpane, sie mittels einer gestohlenen Atombombe (!) freizupressen; minutiös rekonstruiert, spannend.

Die Gruft mit dem Rätselschloß **
BRD 1964 – 90 Min. sw. – R: Franz Josef Gottlieb. D: Harald Leipnitz, Rudolf Forster, Judith Dornys, Werner Peters, Ernst Fritz Fürbringer, Vera Tschechowa, Harry Meyen, Ilse Steppat, Klaus Kinski, Eddi Arent.
Edgar-Wallace-Krimi. Mit List, Verrat und Gewalt versuchen verschiedene Ganoven einen trickreich gesicherten Safe zu knacken; doch Scotland Yard wacht; einfallsreich und nicht ohne Witz.

Grummetzeit TV-Film
A 1984 – 98 Min. – R: Josef Feichtinger. D: Hermann Ortler, Maria Winkler, Ernst Peer, Barbara Schweiger.
Ein Volksstück aus Österreich über einen verlassenen Hof: Die Kinder verlassen die Heimat, der Ziehsohn säuft, der Bauer erleidet einen Schlaganfall. Ein Heimatfilm über Niedergang und Verfall.

Grün ist die Heide *
BRD 1972 – 82 Min. Ⓥ Taurus. – R: Harald Reinl. D: Roy Black, Monika Lundi, Rainer Rudolph, Peter Millowitsch, Heidi Kabel, Ralf Wolter.
Heimatfilm. Ferienwirrwarr in der Lüneburger Heide inklusive Flirtübungen; Löns, von einigen Liedern abgesehen, ziemlich unbeteiligt; banaler Langweiler.

Grund zur Aufregung / Cause for Alarm **
USA 1951 – 70 Min. sw. – R: Tay Garnett. D: Loretta Young, Barry Sullivan, Bruce Cowling.
Psychokrimi. Spannende Ehegeschichte um einen Selbstmord, der wie Mord aussehen soll, Paranoia und die dunklen Drohungen der Nacht; effektvoll schlicht und straff inszenierte und gespielte Studie in Klaustrophobie.

Grüne Augen in der Nacht / Eye of the Cat ** ½
USA 1969 – 102 Min. – R: David Lowell Rich. D: Michael Sarrazin, Gayle Hunnicutt, Eleanor Parker, Tim Henry.
Thriller. Eine steinreiche kranke Katzenliebhaberin soll von einem ihrer Neffen und dessen Geliebter ermordet werden, was dank eines anderen Neffen und einiger Katzen mißlingt; spannend, mit einigen bemerkenswerten Höhepunkten.

Das grüne Blut der Dämonen / Five Million Years to Earth ** ½
GB 1967 – 98 Min. – R: Roy Ward Baker. D: James Donald, Barbara Shelley, Andrew Keir, Julian Glover, Maurice Good.
Science-fiction-Film. Seltsame Lebewesen gelangen zur Erde; bemerkenswerter B-Film über Außerirdische im Neuzeit-London; subtile, spannende Handlung.

Der grüne Bogenschütze **
BRD 1961 – 88 Min. sw. – R: Jürgen Roland. B: Wolfgang Menge, Wolfgang Schnitzler. D: Gert Fröbe, Karin Dor, Klausjürgen Wussow, Eddi Arent, Harry Wüstenhagen.
Edgar-Wallace-Krimi. Ein Bogenschütze meuchelt aus undurchsichtigen Motiven; die Kinostarriege von '61 führt vor, was es heißt, ein Serienprodukt für ein Kultfilmpublikum von Anno '81 zu fabrizieren.

Das grüne Leuchten / Le rayon vert ***
F 1986 – 94 Min. Ⓥ VPS. – R: Eric Rohmer. D: Marie Rivière, Beatrice Romand, Vincent Gauthier, Irène Skobline, Dominique Rivière.
Komödie. Weil sie von ihrer Freundin kurz vor einer gemeinsam geplanten Griechenlandreise versetzt wird, reist Delphine kurz entschlossen allein durch Frankreich. Sie hat zahlreiche Begegnungen, doch in Biarritz erlebt sie ein Wunder. Rohmer versteht es, sein Spiel mit leichter Hand in Szene zu setzen und tiefe Einsichten zu vermitteln. In Venedig 1986 preisgekrönt.

Der grüne Mann / The Green Man ***
GB 1956 – 76 Min. sw. – R: Robert Day. D: Alastair Sim, George Cole, Jill Adams, Avril Angers, Terry-Thomas.
Komödie. Ein scheinbar harmloser und zurückhaltender Uhrmacher hat eine befriedigende Nebentätigkeit als Profikiller, und selbst im Alter hat er Erfolgserlebnisse; Screwball-comedy der Sonderklasse mit einem umwerfend komischen Star.

Der grüne Sturzhelm / The Green Helmet **
GB 1960 – 87 Min. sw. – R: Michael Forlong. D: Bill Travers, Ed Begley, Sidney James.
Rennsportfilm. Sechzig blitzblanke Formel-1-Boliden rasen über die Rennstrecke von Le Mans; ein Fahrer erlebt dabei ein Desaster, nach dem er nur noch als Testfahrer eingestellt wird; der Film schildert seine psychischen und sozialen Probleme engagiert und actionhaltig.

Der grüne Vogel TV-Film
BRD 1981 – 85 Min. – R, B: István Szabó. D: Hannelore Elsner, Peter Andorai, Kristina Janda, Johanna Elbauer, Rolf von Sydow.
Auf einem Ärztekongreß verlieben sich ein polnischer Arzt und eine Tübinger Kollegin; überzeugende Darsteller retten nicht die melodramatische, ost-west-konfliktbeladene Geschichte.

Grüne Witwen sind sie alle TV-Film
A 1988 – 60 Min. – R: Heide Pils. B: Silke Schwinger. D: Inge Maux, Justus Neumann, Oliver Babicky, Rainer von Artenfels.
Ein TV-Team dringt rücksichtslos in das glückliche Leben einer jungen Hausfrau ein; ein hintergründiger Film voller grotesker Einfälle.

Das grüne Zimmer / La chambre verte ***
F 1978 – 90 Min. – R: François Truffaut. D: François Truffaut, Nathalie Baye, Jane Lobre.
Liebesfilm. Zwei in der Erinnerung an geliebte Tote lebende Menschen begegnen sich unter besonderen Umständen; der Film von Truffaut, der auch die Hauptrolle spielt, erzählt sensibel und behutsam vom Psychokosmos in extremer Situation.

Die grünen Teufel von Monte Cassino FLOP
BRD 1958 – 94 Min. sw. – R: Harald Reinl. D: Joachim Fuchsberger, Ewald Balser, Antje Geerk, Dieter Eppler, Harald Juhnke, Elma Karlowa.
Kriegsfilm. Der Film schildert in klischeehaftem Stil den Kampf einer deutschen Fallschirmjägertruppe im Zweiten Weltkrieg um das bekannte Kloster Monte Cassino in Italien.

Grünes Feuer / Green Fire ** ½
USA 1954 – 100 Min. – R: Andrew V. Marton. D: Stewart Granger, Grace Kelly, Paul Douglas.
Abenteuerfilm. In Kolumbien stößt ein Diamantenjäger auf einen Smaragdschatz, hat aber nicht lange Freude daran in diesem schweißtreibenden, spannenden Regenwaldfilm, der viel authentisches Landschaftskolorit mit abenteuerlicher Handlung verbindet.

Die Grünstein-Variante ** ½
BRD 1985 – 101 Min. – R: Bernhard Wicki. B: Wolfgang Kohlhaase, Bernhard Wicki. D: Fred Düren, Klaus Schwarzkopf, Jörg Gudzuhn, Rolf Hoppe.
Schachfilm. 1939 müssen drei Männer in einem Pariser Untersuchungsgefängnis miteinander leben; sie formen aus Brotkrumen Schachfiguren, und ein genialer Anfänger schlägt den überragenden Könner, der sich von dieser Niederlage nicht mehr erholt, obgleich sich sein Schicksal zum Besseren wendet; eine tragikomische Geschichte, preisgekrönt.

Grunt! The Wrestling Movie / Grunt! The Wrestling Movie FLOP
USA 1985 – 90 Min. – R: Allan Holzman. D: Jeff Dial, Robert Glaudin, Marilyn Dodds Farr, Greg »Magic« Schwartz.
Catcherfilm. Pseudodokumentarische Spurensuche nach der rätselhaften Todesursache von Catcher-King »Mad Dog« Joe DeCurso; letztlich nur Beweis für die US-Catchomanie der achtziger Jahre.

Gruß und Kuß vom Tegernsee **
BRD 1957 – 110 Min. Ⓥ Taurus Video. – R: Rudolf Schündler. D: Elma Karlowa, Bert Fortell, Harald Juhnke.
Komödie. Musikstudentin mimt auf der Hotelfachschule eine Dollarprinzessin, die lieber das süße Leben als das Studium genießt; als der Schwindel aufzufliegen droht, kommt der flott gespielte, muntere Unterhaltungsfilm richtig in Schwung.

Guerillas in Pink Lace / Guerillas in Pink Lace **
USA 1967/70 – 85 Min. Ⓥ Mike Hunter. – R: George Montgomery. D: George Montgomery, Joan Shawlee, Robin Grace.
Kriegsfilm. Abenteurer bildet Partisanen aus, die die Schmach der USA – 27 Tage nach dem Pearl-Harbor-Debakel vom 7. 12. 41 – im japanischen Untergrund rächen sollen; strammes Kriegsspiel.

The Guilty / The Guilty **
USA 1947 – 71 Min. sw. OmU. – R: John Reinhardt. D: Bonita Granville, Don Castle, Wally Cassell.
Krimi. Geschichte von der guten und der bösen Zwillingsschwester und vom Tod der guten; in Rückblenden erzählt, als »schwarzer« Film mit viel Atmosphäre und überraschenden Wendungen.

Gülibik TV-Film
BRD/Türkei 1982/83 – 105 Min. Ⓥ KFW. – R: Jürgen Haase. B: Jürgen Haase u. a.

D: Murat Güler, Nursim Demir, Ejder Akisik, Harun Yesilyurt.
Ein anatolischer Junge überlistet seinen Vater, der des Jungen ganzen Stolz, seinen Hahn Gülibik, verkaufen will; ein sehenswerter Kinderfilm, der spannend eine auch für Erwachsene gültige Moral vermittelt.

Günstling einer Königin / *** ½
The Private Lives of Elizabeth and Essex
USA 1939 – 106 Min. – R: Michael Curtiz. D: Bette Davis, Errol Flynn, Olivia de Havilland, Vincent Price.
Kostümfilmklassiker. Farbenprächtige, nicht historische Geschichte vom Scheitern einer Liebe von Elizabeth I.; Glanzrollen für Davis und Flynn in einem Film der großen Gesten.

Die Günstlinge des Mondes / Les favoris de la lune ***
F 1984 – 100 Min. – R: Otar Iosseliani. D: Alix de Mountaigu, Pascal Aubier, Gaspard Flori.
Zeitkritische Komödie. Episodenfilm um eine Reihe von sehr unterschiedlichen Figuren aus dem heutigen Paris, die zufällig oder geplant miteinander in Beziehung treten. Der poetische, einfallsreiche Reigen des georgischen Regisseurs blättert die Welt als liebevolles Lustspiel auf.

Gustav Adolfs Page **
BRD/A 1960 – 88 Min. – R: Rolf Hansen. D: Liselotte Pulver, Curd Jürgens, Axel von Ambesser, Ellen Schwiers.
Historienfilm. Adaption einer Novelle von Conrad Ferdinand Meyer über das Mädchen, das sich als Page verkleidet, um dem Feldherrn-König des Dreißigjährigen Kriegs nahe zu sein; naiv, der Vorlage unangemessen, aber nicht unsympathisch.

Die gute alte Zeit / ** ½
The Oldfashioned Way
USA 1934 – 69 Min. sw. OmU. – R: William Beaudine. D: W. C. Fields, Joe Morrison, Judith Allen, Jan Duggan.
Screwball-Komödie. Fields als Chef eines Wandertheaters in der Rolle des nörgelnden Polterers in ständigen Geldnöten; hintersinnig und spannend.

Die gute Erde / The Good Earth ** ½
USA 1937 – 135 Min. sw. – R: Sidney Franklin. D: Paul Muni, Luise Rainer, Walter Connolly, Tilly Losch.
Zeitkritischer Film. China um die Jahrhundertwende; wer arm ist, bleibt arm; ein Ehepaar schlägt sich durch das schöne, von sozialen Gegensätzen und kolonialem Haß gezeichnete Land; der spannende, traurige Film zeigt ihre Suche nach persönlichem Glück und Auskommen sehr langatmig, aber mit Sinn für Atmosphäre und Charaktere; bemerkenswerte Kamera von Karl Freund.

Gute Reise TV-Film
BRD 1981 – 70 Min. – R, B: Norbert Bartnik, Wilfried Dotzel. D: Siegfried Kernen, Rose Renée Roth, Monika Gabriel, Stephan Orlac.
Im Zug packt ein Reisender Delikatessen aus; ein Gaskocher könnte die Zubereitung erleichtern; gagreich und witzig.

Der gute Victor / ** ½
Cher Victor
F 1978 – 98 Min. – R: Robin Davis. D: Alida Valli, Jacques Dufilho, Bernard Blier.
Kammerspiel. Zwei Rentner leben in Paris glücklich zusammen, der eine kocht, der andere geht geistigen Interessen nach, bis sich beide in dieselbe Frau verlieben; schauspielerisch brillant.

Guten Morgen / Ohayo ** ½
J 1959 – 90 Min. sw. – R: Yasujiro Ozu. D: Koji Shidara, Masahiko Shimazu, Chishu Ryu, Kuniko Miyake.
Familienkomödie. Im engen Tokio lebt eine Familie im Streit mit sich – wozu der Protest der Söhne beiträgt – und den Nachbarn; durch die Feinheit des szenischen Aufbaus hintersinnig verschleierte Analyse japanischen Alltagslebens.

Guten Morgen, Miss Fink / **
Good Morning, Miss Dove
USA 1955 – 101 Min. – R: Henry Koster. D: Jennifer Jones, Robert Stack, Kipp Hamilton.
Melodram. Eine ältliche Kleinstadtlehrerin ist nicht gerade beliebt; durch eine Erkrankung ändert sich dies; rührend.

Gwangis Rache / Valley of Gwangi ** ½
USA 1969 – 95 Min. – R: James O'Con-

nolly. D: James Franciscus, Gila Golan, Richard Carlson, Laurence Naismith, Gustavo Rojo.
Actionfilm. Ein bunt zusammengewürfelter Trupp stößt 1912 in Mexiko auf Urtiere, die als seit Jahrmillionen ausgestorben gelten. Sie eignen sich zwar nicht, wie vorgesehen, als Zirkusattraktionen, dafür stiftet ein fleischfressendes Untier Unheil; verwirrende, doch faszinierende Mixtur aus King-Kong-Mythen, Horrorspektakel, Western und Fantasy; überragend die Special Effects von Ray Harryhausen.

Gypsy – Königin der Nacht / Gypsy **

USA 1962 – 92 Min. – R: Mervyn LeRoy. D: Natalie Wood, Rosalind Russell, Karl Malden, James Milhollin, Paul Wallace.
Musikfilm. Adaption des Broadwaymusicals »Gypsy« über eine vom Ehrgeiz der Mutter in eine Stripteasekarriere gedrängte junge Frau; ein Film ohne musikalischen Pfiff und mit seltsam steif agierenden Darstellern; nach den Erinnerungen der berühmten Stripperin Rose Lee.

H

Ein Haar in der Suppe / ** ½
Next Stop, Greenwich Village
USA 1975 – 111 Min. – R: Paul Mazursky. D: Lenny Baker, Shelley Winters, Mike Kellin, Ellen Green.
Komödie. Ein junger Mann in Greenwich Village will Schauspieler werden; doch in der Suppe schwimmt mehr als ein Haar; sympathische, halb melancholische, halb ironische Darstellung eines Prozesses der Selbstfindung.

Die haarsträubende Reise in einem verrückten Bus / **
The Big Bus
USA 1976 – 84 Min. Ⓥ CIC. – R: James Frawley. D: Joseph Bologna, Harold Gould, Stockard Channing.
Klamotte. Professor Baxter hat einen atomgetriebenen Superbus mit 32 Rädern entwickelt; leider kommt jedoch Sand ins Getriebe – natürlich Sabotage. Parodie auf das allseits beliebte Katastrophenkino.

Hab mich lieb **
D 1942 – 88 Min. sw. – R: Harald Braun. D: Marika Rökk, Viktor Staal, Hans Brausewetter, Mady Rahl, Aribert Wäscher, Ursula Herking, Günther Lüders.
Musikfilm. Tänzerin Monika kommt zu spät zur Premiere und wird gefeuert, doch nach Liebes- und Eifersuchtswirren steigt sie zum Revuestar auf. Der schmissige Film mit eingängigen Evergreens von Franz Grothe und erheiternden Rökk-Tanznummern und -Liedern (»Sing mit mir, tanz mit mir«) trifft zwar nicht ins Herz, zielt aber auf die Beine.

La Habanera ***
D 1937 – 98 Min. sw. – R: Detlef Sierck. D: Zarah Leander, Julia Serda, Ferdinand Marian, Karl Martell, Paul Bildt.
Melodram. Eine Heimwehkranke zwischen zwei Männern, ihrem reichen, zynischen puertoricanischen Ehemann und dem aufopfernden Medizinmann, ihrem Jugendfreund; ein Werk des späteren Hollywoodregisseurs Douglas Sirk, ein Film der großen, gerade noch glaubhaften Gefühle; auch ein antikapitalistischer Film; unter den Evergreens »Der Wind hat mir ein Lied erzählt«.

Haben und Nichthaben / ***
To Have and Have Not
USA 1944 – 97 Min. sw. Ⓥ Warner Home. – R: Howard Hawks. D: Humphrey Bogart, Walter Brennan, Lauren Bacall, Dolores Moran, Marcel Dalio.
Abenteuerfilm. Kleinbarkassenbesitzer Bogart schippert um Martinique herum und gerät zwischen die Fronten von Faschismus und Widerstand; sein erst widerwilliges, dann entschlossenes Engagement macht den Film von Hawks (»Hatari!«) zu einer sanften politischen Studie, und das Spiel von Bogart/Bacall als sprödes, aber romantisches Liebespaar ist ansehnlich noch nach 40 Jahren.

Hafen des Lasters / ** ½
Gangster in Key Largo / Key Largo
USA 1948 – 100 Min. sw. Ⓥ Warner Home. – R: John Huston. D: Humphrey Bogart, Edward G. Robinson, Lauren Bacall, Lionel Barrymore, Claire Trevor, Thomas Gomez.
Schwarzes Melodram. Bogart als Kriegsveteran besucht die Familie seines toten Kameraden in einem abgelegenen Hotel Floridas; Gangster halten das Haus besetzt und terrorisieren zunehmend die Anwesenden. Huston schafft in seinem desillusionierenden Film ein Klima von Fatalismus und Bedrohung, in dem sich der Held am Ende jedoch bewähren darf.

Hafen im Nebel / *** ½
Quai des brumes
F 1938 – 87 Min. sw. – R: Marcel Carné. D: Jean Gabin, Michèle Morgan, Michel Simon, Pierre Brasseur.
Melodram. Auf der Flucht in die Freiheit trifft ein Deserteur ein Blumenmädchen,

was ihn in neue unlösbare Konflikte stürzt; ein Drama aus der düsteren Welt der Außenseiter und Verlierer – der Filmklassiker gilt als einer der Höhepunkte des »poetischen Realismus« in Frankreich; das Drehbuch schrieb der Dichter Jacques Prévert.

Die Hafenkneipe von Tahiti / Donovans' Reef ***
USA 1962 – 90 Min. – R: John Ford. D: John Wayne, Lee Marvin, Elizabeth Allen, Jack Warden.
Komödie. Zwei alte Marine-Haudegen sind nach dem Weltkrieg in der Südsee hängengeblieben; hier liefern sich die unverwüstlichen Kumpel Saufgefechte und Schlägereien, daß die Hafenkneipe wakkelt. Aber eines Tages wird ihr weiches Herz unter der rauhen Schale für die Liebe anfällig.

Hafenstadt / Hamnstad ** ½
S 1948 – 95 Min. sw. – R: Ingmar Bergman. D: Nine-Christine Jönsson, Bengt Eklund, Nils Hallberg, Mimi Nelson.
Neorealistischer Film. In einer Erziehungsanstalt von Göteborg lehnen sich Jugendliche gegen eine verständnislose Erwachsenenwelt auf. Das im dokumentarischen Stil gedrehte, an Rossellini und De Sica orientierte Frühwerk Bergmans ist stilistisch und erzählerisch noch auf der Suche nach Bergman; dennoch eindringlich.

Haferbrei macht sexy / Every Home Should Have One **
GB 1970 – 100 Min. – R: Jim Clark. D: Marty Feldman, Judy Cornwell, Shelley Berman.
Satire. Die Ehe eines Werbemannes droht an unterschiedlichen Strategien für Haferbrei-Werbung zu zerbrechen. Der muntere, nicht mit Seitenhieben gegen Englands heilige Kühe geizende Filmspaß serviert seine Pointen geistreich und überlegen.

Der Haflinger Sepp **
BRD 1953 – 84 Min. sw. – R: Paul May. D: Hans Brenner, Heinrich Gretler, Lore Frisch, Bernhard Wicki.
Jugendfilm. Ein frühverwaister Junge übernimmt den Bauernhof der Eltern samt der Haflinger-Zucht; sympathischer Film über Tierliebe und frühe Verantwortung.

Der Haftbefehl / Nobody Runs Forever / The High Commissioner * ½
GB 1968 – 90 Min. – R: Ralph Thomas. D: Rod Taylor, Christopher Plummer, Lilli Palmer, Daliah Lavi.
Krimi. Langweilige Spionagegeschichte um einen Diplomaten, dem ein Mord angehängt werden soll; Kalter-Kriegs-Film ohne Witz; Besetzung hervorragend.

Hai / Shark / Maneater **
USA/MEX 1969 – 92 Min. – R: Samuel Fuller. D: Burt Reynolds, Arthur Kennedy, Barry Sullivan, Silvia Pinal.
Abenteuerfilm. Ein abenteuerlustiger junger Mann bemerkt rasch, daß das als Forscherduo getarnte Paar, auf dessen Schiff er arbeitet, im Roten Meer einen Schatz sucht; als er beteiligt werden will, soll's ihm an den Kragen gehen; langatmig, aber wegen effektvoller Unterwasseraufnahmen sehenswert.

Haie der Großstadt / The Hustler *** ½
USA 1961 – 129 Min. sw. – R: Robert Rossen. D: Paul Newman, George C. Scott, Piper Laurie, Jackie Gleason.
Spielerfilm. Ein junger Poolbillard-Star fordert Champion Minnesota Fats heraus, und das halbkriminelle Milieu verhilft ihm zu einem verzweifelten Sieg über sich selbst; ein Film von beklemmender Spannung über Ehrgeiz und Ehre, Professionalismus und Betrug, vor allem über die Psyche der Pool-Spieler in schäbigen New Yorker Spielsalons; mehrfach ausgezeichnet, zwei Oscars.

Hair / Hair ***
USA 1979 – 116 Min. – R: Milos Forman. D: John Savage, Treat Williams, Beverly D'Angelo, Annie Golden.
Musical. Verfilmung des Broadway-Welterfolgs vom Mann auf dem Weg zum Wehrdienst, der in die Welt der New Yorker Hippies der Sechziger gerät; Szenefilm mit glänzenden Musikteilen und großenteils exzellenter Choreographie.

Halbe-Halbe ** ½
BRD 1978 – 95 Min. sw. – R: Uwe Brandner. D: Hans Peter Hallwachs, Bernd Tauber, Agnes Dünneisen.

Moderner Liebesfilm. Ohne Sentimentalitäten erzählter Film über die spröde Freundschaft zwischen zwei desillusionierten, freigestrampelten Männern und den mühsamen Gang durch die moderne Geldgesellschaft. Gut besetzt, milieusicher, exzellente Kamera.

Die Halbzarte ** ½
A 1958 – 87 Min. – R: Hans Jacoby. D: Romy Schneider, Magda Schneider, Josef Meinrad, Carlos Thompson.
Komödie. Ein junges Mädchen aus Wien schreibt heimlich Dramen. Eines Tages wird ihr unmoralisches Stück vom Hoftheater angenommen und ein Riesenerfolg. Beschwingter Film mit ansprechenden Gags. Romy Schneiders erster zaghafter Versuch, ihr biederes Sissi-Image mit etwas Verworfenheit zu unterlaufen.

Hälfte des Lebens ** ½
DDR 1985 – 98 Min. – R: Herrmann Zschoche. D: Ulrich Mühe, Jenny Gröllmann, Michael Gwisdek, Swetlana Schönfeld, Rolf Hoppe.
Künstlerbiographie. Geschichte des Dichters Hölderlin, der 1796 eine Stelle als Hauslehrer bei einem Frankfurter Bankier antritt und sich in die Frau seines Arbeitgebers verliebt (Vorbild für seine »Diotima«). Das folgende Drama erzählt der romantisch gestimmte, aber nicht sentimentale Film mit kritischem Zeitgeist; exzellente Schauspieler.

Halleluja, der Teufel läßt euch grüßen / Faccia a faccia **
I/E 1968 – 106 Min. – R: Sergio Sollima. D: Gian Maria Volonté, Tomas Milian, William Berger, Jolanda Modio.
Italowestern. Ein junger Uniprofessor muß aus Gesundheitsgründen einen Klimawechsel vornehmen und zieht in den Süden zu den Banditen; ungewöhnlich und spannend.

Ein Halleluja für Camposanto / Gli fumavano le colt ... lo chiamavano Camposanto * ½
I 1971 – 95 Min. – R: Anthony Ascott. D: Gianni (»John«) Garko, William Berger, Christopher Chitell.
Italowestern. Zwei Collegeboys wollen ihrem Vater gegen Banditen helfen, müssen aber erst noch dazulernen; spaßig.

Ein Halleluja für Spirito Santo / Uomo avvisato mezzo ammazzato * ½
I/E 1971 – 77 Min. – R: Anthony Ascott. D: John Garko, Chris Huerta, Pilar Velasquez, Paul Stevens.
Italowestern. Bemühter Politwestern, der seine Wirkung durch Einfallslosigkeit, Naivität und billige Spekulation auf Genreeffekte zerstört.

Ein Halleluja für zwei linke Brüder / Due fratelli *
I 1972 – 110 Min. – R: James London. D: Richard Harrison, Donald O'Brien, Anna Zinneman, George Wang.
Komödie. Zwei ungleiche Brüder erben Land, auf dem Gold gefunden wird; der eine möchte damit eine Kirche, der andere ein Bordell bauen; zerdehnter Witz.

Hallo Fräulein *
D 1949 – 100 Min. sw. – R: Rudolf Jugert. D: Margot Hielscher, Hans Söhnker, Peter van Eyck, Bobby Todd.
Musikfilm. Eine Musikstudentin und Bandleaderin schwankt 1945 zwischen einem US-Captain und Jazzfan und einem deutschen Ingenieur; der Titel des Films, zur Zeit des Fraternisierungsverbots Schlachtruf der GIs, bereitet auf einige erbarmungswürdige Witze und eine Musik vor, die mit Jazz nichts zu tun hat.

Hallo – ich mag dich / Cause toujours – tu m'interesses ** ½
F 1979 – 80 Min. – R: Edouard Molinaro. D: Annie Girardot, Jean-Pierre Marielle, Christian Marquand, Jacques François.
Komödie. Telefon-Liebesgeschichte um zwei einsame Herzen, deren Vorstellungen voneinander nach dem ersten Treffen turbulent durcheinandergeraten.

Hallo, nehmen Sie mich mit? / A contratiempo ***
E 1981 – 103 Min. – R: Oscar Ladoire. D: Oscar Ladoire, Mercedes Resino, Almudena Grandes, Hellos Manriques, Paco Lobo.
Love-Story. Auf einer kurzen Erholungsreise gerät ein Erfolgsregisseur an eine fünfzehnjährige Ausreißerin, die all seine Versuche, sie loszuwerden, beharrlich torpediert; zunehmend fasziniert ihn die

Kindfrau. Ein einfallsreicher, menschlicher Film um eine unerfüllbare Liebe, der mit dem schlitzohrigen Satz des Mädchens endet, sie werde ihn schon noch kriegen.

Hallo, Taxi ∗∗
A 1958 – 90 Min. sw. – R: Hermann Kugelstadt. D: Hans Moser, Gerlinde Locker, Paul Hörbiger, Oskar Sima, Lucie Englisch, Thomas Hörbiger.
Komödie. Wehmütig-humoriger Wien-Film um eine gefährdete Fiaker-Existenz; der ewig mosernde Moser und Grantlhuber Hörbiger in Paraderollen.

Hals über Kopf / Head Over Heels ∗∗∗
USA 1979 – 95 Min. – R: Joan Micklin Silver. D: John Heard, Mary Beth Hurt, Peter Riegert, Kenneth McMillan, Gloria Grahame.
Liebesfilm. Der Held hat eine kaputte Brille, eine selbstmordsüchtige Mutter und einen sonderbaren Freund; in einer langen Rückblende erzählt er seine Obsession für Laura, in die er sich einst Hals über Kopf verliebte, leider wollte sie unbedingt zu ihrem Mann zurück; genau beobachtete Romanze mit kuriosen Details und witzigen Dialogen.

Halt mal die Bombe, Liebling / Che gioia vivere ∗∗ ½
I/F 1960 – 111 Min. sw. – R: René Clément. D: Alain Delon, Barbara Lass, Gino Cervi, Ugo Tognazzi.
Zeitkritische Komödie. Ein schöner Filou läßt sich 1921 in Rom von Mussolinis Faschisten anheuern; um aber bei den Frauen bestehen zu können, gibt er sich als Anarchist aus. Der satirische, die Politik auf die Schippe nehmende Film amüsiert durch ein Feuerwerk von Einfällen.

Hamlet ∗∗∗
D 1920 – 136 Min. sw. Stf. – R: Svend Gade, Heinz Schall. D: Asta Nielsen, Paul Conradi, Mathilde Brandt, Eduard von Winterstein, Heinz Stieda, Hans Junkermann, Anton de Verdier, Lilly Jacobson.
Shakespeare-Verfilmung. Spätexpressionistische Interpretation des Hamlet-Stoffs in exquisiten Dekors und mit elaboriertem Bildaufbau; die Besetzung der Hauptrolle mit Asta Nielsen hat auch noch viele Jahre nach dem großen Kassenerfolg die seinerzeit monierten Befremdlichkeiten.

Der Hammel mit den fünf Beinen / Das Kalb mit den fünf Füßen / Le mouton à cinq pattes ∗∗ ½
F 1954 – 90 Min. sw. – R: Henri Verneuil. D: Fernandel, Françoise Arnoul, Louis de Funès.
Komödie. Männliche Fünflinge haben das Städtchen berühmt gemacht, allerdings hätte der Vater viel lieber eine einzige Tochter gehabt. Der große Komiker Fernandel beweist in sechs verschiedenen Rollen seine überragende Verwandlungskunst.

Hammersmith ist raus / Hammersmith is Out ∗∗ ½
USA 1972 – 110 Min. – R: Peter Ustinov. D: Richard Burton, Elizabeth Taylor, Peter Ustinov, Beau Bridges, Leon Ames, Leon Askin, George Raft.
Komödie. Herrlich blödsinnige, satirische Parabel auf Macht, Reichtum und Politik, über einen Anstaltsirren und seine gesund-geistesgestörten, falschen Freunde »draußen«, die über ihn zu Ruhm kommen wollen. Ein vor Einfällen überschäumendes Filmspektakel mit Starbesetzung.

Hammett / Hammett ∗∗∗
USA 1978–82, 92 Min. – R: Wim Wenders. D: Frederic Forrest, Peter Boyle, Marilu Henner, Roy Kinnear, Elisha Cook jr., Lydia Lei.
Krimi. Erpressergeschichte nach Dashiell-Hammett-Motiven aus einem Chinesenviertel der zwanziger Jahre: Ballermänner und Bordelle, coole Frauen und eiskalte Typen, Verbrechen und Gewalt; Wenders erzählt die mit Zitaten der Schwarzen Serie Hollywoods überladene Geschichte als Liebeserklärung an den atmosphärisch dichten, straffen Gangsterfilm der 40er Jahre mit reizvollem Hang zur Filmepik.

Die Hand am Colt / Law and Order ∗ ½
USA 1953 – 79 Min. – R: Nathan Juran. D: Ronald Reagan, Dorothy Malone, Preston Foster.

Western. Reagan als Marshal von Tombstone will Farmer werden und heiraten, muß aber vorher noch für Recht und Ordnung sorgen. Schwaches Remake des Western »Law and Order« aus dem Jahr 1932 von Edward L. Cahn.

Hände hoch, Old Boy! / Red Desert * ½

USA 1949/53 – 57 Min. sw. – R: Ford Beebe. D: Don Barry, Tom Neal, Jack Holt.

Western. Ein Spezialagent macht Jagd auf den berühmten Pecos Kid; ambitioniert, aber wenig überzeugend.

Die Hände über der Stadt / Le mani sulla città ***

I 1963 – 96 Min. sw. – R: Francesco Rosi. D: Rod Steiger, Salvo Randone, Carlo Fermariello, Guido Alberti.

Zeitkritischer Film. Bei Abbrucharbeiten stürzt ein noch unbewohntes Haus ein. Eine Untersuchungskommission wird eingesetzt, und ein Baulöwe gerät ins Zwielicht. Der leidenschaftlich um Aufklärung bemühte, im halbdokumentarischen Stil gedrehte Film von Rosi (»Augenblick der Wahrheit«) beschreibt spannend das Geschehen und ruft zu sozialer Verantwortung auf.

Hände voller Blut / Hands of the Ripper ** ½

GB 1971 – 82 Min. – R: Peter Sasdy. D: Eric Porter, Angharad Rees, Jane Merrow, Keith Bell, Derek Godfrey, Dora Bryan.

Horrorfilm. Ein früher Freud-Schüler will der Tochter von Jack the Ripper helfen, die zunehmend ererbtem Mordzwang unterliegt; intelligente, leider etwas geschwätzige Gruselunterhaltung voller Trivialpsychologie.

Hände weg, Johnny! / Wicked Woman * ½

USA 1954 – 77 Min. sw. – R: Russell Rouse. D: Richard Egan, Beverley Michaels, Percy Helton, Evelyn Scott.

Melodram. Eine verworfene blonde Tingeltangeltänzerin hat nur Geld im Kopf und macht einige Männer fertig; wer mag, soll schmunzeln.

Hände wie Samt / Mani di velluto ** ½

I 1979 – 96 Min. – R: Castellano und Pipolo. D: Adriano Celentano, Eleonora Giorgi, John Sharp.

Komödie. Publikumsrenner mit viel Situationskomik und Dialogwitz um einen Millionär, dem die Erfindung von bruchsicherem Fensterglas viel Konkurrenz auf den Hals hetzt; Celentano in Prachtform hält quirlig dagegen.

Ein Händedruck des Teufels / Shake Hands with the Devil ***

GB/USA 1959 – 100 Min. sw. – R: Michael Anderson. D: James Cagney, Don Murray, Dana Wynter, Glynis Johns, Michael Redgrave, Cyril Cusack, Sybil Thorndike, Richard Harris.

Historischer Film. Ein amerikanischer Student wird durch die Umstände des irischen Freiheitskampfes 1921 in eine Konfrontation mit einem Führer der Aufständischen getrieben; erregende, authentische Studie des irischen Aufstands und des Lebens unter den Bedingungen des Untergrundkampfes.

Der Handlanger / Légitime violence * ½

F 1982 – 92 Min. – R: Serge Leroy. D: Claude Brasseur, Véronique Genest, Thierry Lhermitte, Michel Aumont.

Thriller. Ein Mann sieht rot und greift zur Selbstjustiz, als seine ganze Familie Opfer eines politischen Terroranschlags wird; konventioneller Actionreißer.

Eine Handvoll blanker Messer / I coltelli del vendicatore ** ½

I 1965 – 79 Min. – R: John Hold. D: Cameron Mitchell, Fausto Tozzi, Luciano Pollentin, Mike Moore, Jack Rossi Stuart.

Abenteuerfilm. Ein Wikingerfürst wird für tot gehalten, ein Thronräuber will seine Frau entführen; der Allerweltsstoff des Pseudohistorienfilms entpuppt sich als actionreiches, sorgfältig arrangiertes und fotografiertes Machoabenteuer, als wohlgetimter Wikingerwestern, zu dessen Spannung Westernhüne Mitchell als virtuoser Messerwerfer beträchtlich beiträgt.

Eine Handvoll Dreck / Somebody up There Likes Me ** ½

USA 1956 – 109 Min. sw. – R: Robert

Wise. D: Paul Newman, Pier Angeli, Sal Mineo, Everett Sloane.
Sportfilm. Ein Junge wächst in den Slums von New York auf, wo er Gewalt, Elend und den Knast früh kennenlernt. Eines Tages entdeckt ein Boxmanager, was wirklich in ihm steckt; brillant inszenierte Lebensgeschichte des Boxweltmeisters Rocky Graziano.

Eine Handvoll Paradies / Bir Avuc Cennet ∗∗ ½
Türkei/S 1985 – 93 Min. OmU. – R: Muammer Özer. D: Tarik Akan, Hale Soygazi, Baris Adali, Revnak Güzel.
Sozialkritischer Film. Eine türkische Familie verläßt ihr Dorf, bleibt in Istanbul und verwandelt einen alten Autobus neben einer Müllkippe in ein »Paradies«; obwohl der Mann Arbeit findet, ist ihr kleines Glück stets bedroht. Ein schöner Film in verblüffend einfacher Bildersprache über die Nöte des Alltags; schlichte Gesten werden zu Metaphern.

Hängt ihn höher / Hang 'em High ∗∗
USA 1968 – 120 Min. – R: Tod Post. D: Clint Eastwood, Inger Stevens, Ed Begley, Pat Hingle.
Western. Lynchjustiz von Viehbaronen, aber der eisenharte Cooper wird gerettet und jagt seinerseits die wirklichen Banditen; straffer, lakonischer Western mit viel Action.

Hanna von acht bis acht TV-Film
BRD 1983 – 95 Min. – R: Egon Günther. B: Klaus Poche. D: Angelica Domröse, Franziska Bronnen, Anja Jaenicke, Walter Schmidinger.
Bardame Hanna führt den traurigen Kampf gegen sich und ihre Klientel; beachtliche Schauspieler in einem zerfahrenen Melodram.

Hannerl und ihre Liebhaber ∗∗
A 1936 – 81 Min. sw. – R: Werner Hochbaum. D: Olly von Flint, Albrecht Schoenhals, Olga Tschechowa, Hans Moser, Jane Tilden, Anton Pointner.
Komödie. Ein hübsches, lebenslustiges Wiener Madel gerät in den Verdacht der Werkspionage; mäßig amüsantes Lustspiel mit Krimielementen.

Hannibal / Annibale ∗ ½
I 1959 – 90 Min. – R: Carlo L. Bragaglia. D: Victor Mature, Rita Gam, Gabriele Ferzetti, Milly Vitale, Rik Battaglia.
Monumentalfilm. Buntes Bilderbuch um den Feldherrn der Karthager und seine legendäre Alpenüberquerung, ohne Anspruch auf historische Genauigkeit; gute Elefantendressuren.

Hannie Caulder
siehe: In einem Sattel mit dem Tod

Hans Christian Andersen und die Tänzerin / Hans Christian Andersen ∗∗ ½
USA 1952 – 104 Min. – R: Charles Vidor. D: Danny Kaye, Farley Granger, Zizi Jeanmaire, Roland Petit, John Qualen.
Musical. Frei ausgestaltetes musikalisches Märchen um die Biographie des dänischen Märchendichters Andersen, die à la Hollywood stark geglättet wurde; eingängige Musik von Frank Loesser.

Hans – ein Junge aus Deutschland TV-Film
BRD 1985 – 90 Min. sw. – R: Sohrab Shalid Saless. D: Matin Pasko, Imke Barnstedt, Yane Bittlová, Irina Barásová.
Nach dem Roman »Die blaue Stunde« von Hans Frick gedrehter genauer Film um den unehelichen Sohn eines Juden, der 1944 in Frankfurt die politischen Realitäten erkennt; ohne falsche Töne und filmischen Schnickschnack realisiertes Zeitdokument.

Hänschens Spielzeuge TV-Film
ČSSR – 50 Min. – R: Radin Cvrček. D: Daniel Vychopen, Barbara Uhereková, Roman Tkadleček.
Ein Holzschnitzer wird todkrank, und kurz vor Weihnachten gehen der Familie die Vorräte an Spielzeugschnitzereien aus, von deren Verkauf sie leben; doch der kleine Sohn des Kranken hat eine Idee. Ein reizvoller, kleiner Weihnachtsfilm.

Happy Birthday, Harry / Febbre a 40 ∗ ½
BRD/I 1980 – 78 Min. – Ⓥ G. L. Video. – R: Marius Mattei. D: John Richardson, Carole André, Marisa Mell, Terry-Thomas.

Komödie. Ein Playboy kurz vor dem Vierzigsten und mit Selbstzweifeln angesichts bevorstehender Midlife-crisis muß wegen einer Erbschaftsklausel bis zum Geburtstag verheiratet sein; alberne Machokomödie ohne Schwung.

Happy-End am Wörthersee / Happy-End am Attersee *
BRD/A 1964 – 85 Min. – R: Hans Hollmann. D: Gunther Philipp, Rudolf Prack, Paul Hörbiger, Waltraut Haas, Peter Kraus.
Komödie. Klamotte um drei Hausmänner, die als Selbstversorger durch ihren Villenalltag stolpern. Anno '64 war das noch saukomisch, heute interessiert nur noch das Auftreten des Altrocksofties Peter Kraus, der für Trubel sorgt.

Happy-End für eine Ehe / The Happy Endings **
USA 1969 – 110 Min. – R: Richard Brooks. D: Jean Simmons, John Forsythe, Shirley Jones, Lloyd Bridges, Teresa Wright.
Ehedrama. Nach sechzehnjähriger Ehe klappt es zwischen Mary und Fred nicht mehr wie gewohnt; am Hochzeitstag verschwindet Mary einfach; danach folgt eine turbulente, den Ehekriegsalltag ironisch kommentierende Story, die Brooks unterhaltsam zubereitet hat.

Happy-End in St. Gilgen / 00Sex am Wolfgangsee *
A 1966 – 90 Min. – R: Franz Antel. D: Waltraut Haas, Erwin Stahl, Hans-Jürgen Bäumler, Helga Anders.
Klamotte. Turbulente Klamotte um Mädchen, Musik, Agenten und Amouren; glatte Oberfläche, null Tiefe, für Österreich-Sommerurlauber.

Happy Weekend FLOP
BRD 1983 – 82 Min. Ⓥ Ufa. – R: Murray Jordan. D: Alfons Haider, Ingrid Richter, Petra Drechsler, Herbert Fux.
Lustspiel. Zillertaler Jeunesse dorée muß erst unbedarfte Polizisten völlig lächerlich machen, ehe ein sittenstrenger Bürgermeister eine Disco genehmigt; ein in jeder Hinsicht unsäglicher Film.

Die Harfe von Burma / Freunde bis zum Letzten / Biruma no tatekoto ** ½
J 1955 – 87 Min. sw. – R: Kon Ichikawa. D: Rentaro Mikuni, Shoji Yasui, Tatsuya Mihashi, Taniye Kitabayashi.
Antikriegsfilm. Ein japanischer Kriegsgefangener entkommt als Mönch verkleidet, bleibt aber in Burma, um Kameraden zu helfen und Tote zu bestatten; in Bilder von hoher Aussagekraft gefaßtes Plädoyer für Menschlichkeit und Gewaltlosigkeit.

Harley Davidson 344 / Electra Glide in Blue * ½
USA 1973 – 114 Min. – R: James William Guercio. D: Robert Blake, Billy »Green« Bush, Jeannie Riley, Elisha Cook jr., Mitchell Ryan.
Motorradfilm. Ein amerikanischer Streifenpolizist, der seinen langweiligen Benzinalltag satt hat und sich deshalb als Möchtegernprivatschnüffler verdingt, wird in einen Mordfall verwickelt und aus Versehen erschossen. Die Story wird von diesem Routinefilm kaltschnäuzig und lakonisch abgehandelt.

Harley Riders – Sie kannten kein Erbarmen / L'ambizioso **
I 1975 – 88 Min. – R: Pasquale Squitieri. D: Joe Dalessandro, Raymond Pellegrin, Stefania Casini, Benito Artesi.
Actionfilm. Als sich ein Aufsteiger im Drogengeschäft selbständig macht, kriegt er's mit dem Boß zu tun; brutale Motorrad- und Rockerstory mit interessanten Motiven des Rauschgift- und Erpresserkrimis; nicht allzu sorgfältig inszeniert.

Harold und die Stripperin / Streptoe and Son ** ½
GB 1972 – 91 Min. – R: Cliff Owen. D: Wilfrid Brambell, Harry H. Corbett, Carolyn Seymor, Arthur Howard.
Komödie. Auf der Suche nach einer Frau landet ein junger Mann Hals über Kopf bei einer knackigen Stripperin, doch zum chaotischen Haushalt gehört noch der Vater; routinierte, flotte Unterhaltung mit einigen knalligen Gags.

Harold und Maude / Harold and Maude *** ½
USA 1971 – 88 Min. Ⓥ CIC. – R: Hal Ashby. D: Bud Cort, Ruth Gordon, Vivian Pickles, Cyril Cusack, Charles Tyner, Ellen Geer.

Generationskomödie. Der zwanzigjährige arme reiche Harold liebt das Makabre – und die fast sechzig Jahre ältere Maude. Ihre kapriziöse Beziehung erzählt Ashby (»Willkommen, Mr. Chance«) mit unerschöpflichem Einfallsreichtum, schwarzem Humor und satirischer Überspitzung. Daß die beiden Hauptdarsteller diesen Balanceakt zu tragen vermögen, machte sie zum Kultliebespaar des modernen Films.

Harry mit den langen Fingern / Harry in Your Pocket ** ½

USA 1973 - 98 Min. – R: Bruce Geller. D: James Coburn, Walter Pidgeon, Michael Sarrazin, Trish Van Devere.

Gaunerkomödie. Zwei Taschendiebe lernen zwei Jungtalente an, um den Umsatz zu steigern; witzig inszeniert; mit einem überragenden Pidgeon.

Harry Palmer: Das Milliarden-Dollar-Gehirn / Billion Dollar Brain ** ½

GB 1967 – 105 Min. – R: Ken Russell. D: Michael Caine, Karl Malden, Oscar Homolka, Françoise Dorléac.

Agententhriller. Der bebrillte Agent des Secret Service Harry Palmer im Einsatz gegen einen paranoiden texanischen Multimillionär, der mit einem Supercomputer den Russen den Krieg erklären will; zum Glück findet Palmer in diesem Debütfilm von Russell mit gebremster Action eine »Spielgefährtin« und auch den Computer und sorgt für einen guten Ausgang.

Harry & Son / Harry and Son * ½

USA 1983 – 112 Min. Ⓥ VCL. – R: Paul Newman. D: Paul Newman, Robby Benson, Joanne Woodward, Ellen Barkin.

Vater-Sohn-Film. Das prächtige Verhältnis zwischen Vater und Sohn wird durch Arbeitslosigkeit und andere soziale Probleme fast zerstört. Ein nicht unsympathischer, aber zu sentimentaler Film des Familienunternehmens Newman/Woodward.

Harry und Tonto / Harry and Tonto ** ½

USA 1974 – 111 Min. – R: Paul Mazursky. D: Art Carney, Ellen Burstyn, Larry Hagman, Chief Dan George.

Road Movie. Der pensionierte Lehrer wird mit seinem rotbraunen Kater aus einem Abbruchhaus in Manhattan vertrieben. Er und seine Katze machen eine abenteuerliche Reise. Art Carney gewann einen Oscar für die Hauptrolle.

Hart am Wind / Twilight for the Gods * ½

USA 1958 – 115 Min. – R: Joseph Pevney. D: Rock Hudson, Cyd Charisse, Arthur Kennedy.

Melodram. Schwülstiges Melodram um Kämpfe und Konflikte einer Gruppe von Menschen, die auf dem Weg nach Mexiko in eine Schiffskatastrophe geraten.

Hart wie ein Diamant / Le cimetière des churs TV-Film

CH/F/I 1976 – 88 Min. – R: Yvan Butler. D: Jérôme Angé, Marianne Basler, Roger Jendly, Jean-Pierre Kalfon, Christian Rauth, Anne-Laure Luisoni, Claude-Inga Barbey.

In Genf berauben Profiganoven einen Diamantenschmuggler, werden aber von einer Nachwuchsbande selbst bestohlen; beide Gangs landen im selben Gefängnis, doch zwei können fliehen; verzwickt konstruierte, harte Kriminalstory mit ständig steigender Spannung und Gefängnisszenen von grausiger Groteskerie; ein später Klassiker der »Série noire«.

Harte Männer – heiße Mädchen

siehe: Mädchen und Männer

Haruschi, das blanke Schwert der Rache / Desperate Chase *

Hongkong 1973 – 74 Min. – R: Kao Pao Shu. D: Chiao Chiao, Yang Yang, Wang Yu Teng.

Schwertkampffilm. Ein Mandarin der mittelalterlichen Yuan-Dynastie soll gestürzt werden. Fans kommen durch zahllose Kampfszenen auf ihre Kosten.

Hasch mich, ich bin der Mörder / Jo ** ½

F 1971 – 82 Min. – R: Jean Girault. D: Louis de Funès, Claude Gensac, Michel Galabru, Bernard Blier.

Komödie. Antoine ist leicht meschugge, aber als Krimiautor recht erfolgreich; eines Tages findet er eine Leiche in seinem Heim, was Verwicklungen, Klamauk, Karambolagen zur Folge hat. Die Broadway-Komödie wurde 1959 schon einmal unter dem Titel »Die Nervensäge« mit Glenn Ford verfilmt.

Der Hasenhüter TV-Film
DDR 1976 – 45 Min. – R: Ursula Schmenger. D: Jaroslowa Schallerowá, Jan Spitzer, Erik S. Klein.
Märchen vom Schäfer, der um ein Königstöchterlein wirbt und zur Bewährung einen Tag lang den Hasen des Königs hüten muß; er begegnet den Tücken des Hasen mit List und Witz; amüsant und lehrreich.

Haß ohne Gnade * ½
BRD 1961 – 89 Min. sw. – R: Ralph Lothar. D: Maria Perschy, Horst Frank, Dietmar Schönherr, Dorothee Parker, Otto Storr.
Melodram. Der Einfachheit halber verführt ein Dirigent nicht nur eine Pianistin, sondern auch deren Zwillingsschwester, die daraufhin von der Pianistin ermordet wird; konventioneller Verwechslungsreißer, den die Regie langatmig serviert.

Der häßliche Amerikaner / The Ugly American ** ½
USA 1963 – 115 Min. – R: George Englund. D: Marlon Brando, Eiji Okada, Sandra Church, Pat Hingle.
Kalter-Kriegs-Film. Ein US-Botschafter in einem fiktiven ostasiatischen Land, der früher mit einem der antiamerikanischen Führer befreundet war, macht schwere politische Fehler; Film über den Prototyp des unfähigen, falsch beratenen US-Diplomaten, der seinem Land, ohne es zu wollen, Schaden zufügt.

Hat jemand meine Braut gesehn? / Has Anybody Seen My Gal? **
USA 1952 – 86 Min. – R: Douglas Sirk. D: Rock Hudson, Piper Laurie, Charles Coburn, James Dean.
Melodramatische Komödie. Satirischer Film über ein Millionärsleben, wo Gefühle teuer bezahlt werden, und das einfache, süße Leben der Kleinbürger, melodramatisch-komödiantisches Routinewerk von Altmeister Sirk. Delikatesse: James Dean in seinem dritten (zehnsekündigen) Filmauftritt als Eisbarbesucher mit Hut, kurz vor seiner Starkarriere.

Hatari! / Hatari! ***
USA 1961 – 151 Min. Ⓥ CIC. – R: Howard Hawks. D: John Wayne, Hardy Krüger, Elsa Martinelli, Red Buttons, Bruce Cabot, Michèle Girardon.
Großwildfilm. Eine verschworene Gemeinschaft von Tierfängern gerät durch das Auftauchen einer hübschen Fotografin in Verwirrung. Virtuos fotografierte Jagdsequenzen und die miterlebbare Atmosphäre von Gefahr leiden unter der Gedehntheit der Spielszenen. Musik von Henry Mancini.

Ein Hauch von Nerz / That Touch of Mink **
USA 1962 – 94 Min. – R: Delbert Mann. D: Cary Grant, Doris Day, Gig Young.
Komödie. Die honigblonde Kühlschrankschönheit Doris Day als arme Sekretärin wird von dem Charmeur Cary Grant umworben und treibt ihren Lieblingssport (wie angelt man sich einen Millionär?). Eine Portion Nichts in quirligem Schaum verpackt.

Ein Hauch von Sinnlichkeit / The Appointment **
USA 1969 – 110 Min. – R: Sidney Lumet. D: Omar Sharif, Anouk Aimée, Lotte Lenya, Fausto Tozzi.
Melodram. Suspensegeschichte um ein Liebespaar, dessen weiblicher Teil im Verdacht steht, ein Exklusiv-Callgirl zu sein. Nach der Heirat steigert sich das Mißtrauen des Ehemannes. Faszinierende Grundstimmung aus Liebe, Eifersucht und Argwohn, geschickt auch optisch in der Schwebe gehalten.

Ein Hauch von Zärtlichkeit / Si c'était à refaire **
F 1976 – 95 Min. – R: Claude Lelouch. D: Catherine Deneuve, Anouk Aimée, Charles Denner, Jean-Jacques Briot.
Romantische Liebeskomödie. Die schöne Cathérine wird nach 16 Jahren Haft wegen Beihilfe zum Mord entlassen, sie lernt ihren Sohn kennen, der von seiner Mutter bisher nichts wußte; prompt verliebt er sich in sie. Ein Film der roman-

tisch gezeichneten Gegenwart, in die die böse Vergangenheit immer wieder einbricht. Ein tragfähiger Stoff, von hervorragenden Schauspielern engagiert gespielt, aber im Endeffekt doch nur ein weichgezeichnetes Stück sozialen Edelkitsches.

Ein Hauch von Zen – Das tödliche Geheimnis / Hsia Nu ** ½
Taiwan 1969 – 170 Min. – R: King Hu. D: Hsu Feng, Shih Chun, Pai Ying, Chang Ping-Yu.
Kung-Fu-Film. Junger Gelehrter hilft einer Gruppe Geächteter gegen Häscher des kaiserlichen Obereunuchen. Die perfekt choreographierten Schwert- und Faustkämpfe sind Bestandteil und Rahmen einer eher zurückhaltenden Fabel von Gut und Böse, die sanft in den Bann einer Welt traumhafter Bilder zieht; nach einer klassischen chinesischen Erzählung.

Ein Haufen Lügen / Pack of Lies ** ½
USA 1987 – 96 Min. – R: Anthony Page. D: Daniel Benzali, Teri Garr, Ronald Hines, Ellen Burstyn, Sammi Davis, Alan Bates.
Psychokrimi. Zwei Ehepaare pflegen eine enge Freundschaft, bis die Polizei auftaucht und gegen das eine wegen Spionage ermittelt. Der Film, der die zu recherchierende Wahrheit geschickt als Spannungsdramaturgie nutzt, lebt vom hervorragenden Drehbuch nach einem Drama von Hugh Whitemore und dem Spiel Ellen Burstyns als zutiefst geschockte Freundin.

Ein Haufen schwarzer Schafe / Baa Baa, Black Sheep TV-Film
USA 1976 – 90 Min. – R: Russ Mayberry. D: Robert Conrad, Simon Oakland, Dana Elcar, James Whitmore jr.
Pilotfilm zur Serie »Pazifik Geschwader 214« über eine chaotische US-Fliegerstaffel mit Führungs- und Vorgesetztenproblemen; übliche Serienroutine mit Machotouch.

Ein Haufen toller Hunde / The Hill ***
GB 1964 – 122 Min. sw. – R: Sidney Lumet. D: Sean Connery, Harry Andrews, Ian Bannen, Ossie Davis, Michael Redgrave.
Militärfilm. Ein Straflagerhäftling ist brutalster Schinderei ausgesetzt; ein Soldat weigert sich, dessen Tod als Unfall zu kaschieren. Aufwühlend und von schokkierender Gnadenlosigkeit.

Ein Haufen verwegener Hunde / Quel maledetto treno blindato **
I 1959 – 87 Min. – R: Enzo Castellari. D: Raimund Harmstorf, Bo Svenson, Fred Williamson.
Kriegsfilm. »Seewolf« Harmstorf als Weltkriegskämpfer in einer mäßig spannenden frühen Stahlgewitterballade; (Negativ-)Vorbild für folgende Söldnerstreifen.

Der Hauptmann von Kastilien / Captain from Castile ** ½
USA 1947 – 135 Min. – R: Henry King. D: Tyrone Power, Jean Peters, Cesar Romero, Lee J. Cobb.
Mantel-und-Degen-Film. Don Pedro schützt die Unterdrückten und wird dafür in den Kerker geworfen; Fremde helfen ihm zur Flucht; in Mexiko auf Schatzsuche unter Cortez erlebt er sagenhafte Abenteuer. Romanze in Farbe für den Hochglanzhelden und Frauenliebling Tyrone Power.

Der Hauptmann von Köpenick ** ½
D 1931 – 85 Min. sw. – R: Richard Oswald. D: Max Adalbert, Käte Haack, Paul Wagner, Gerhard Bienert, Albert Florath, Leonard Steckel.
Tragikomödie. Erste Verfilmung von Zuckmayers Tragikomödie um den vorbestraften Schuhmacher, der keine Arbeit findet und das Rathaus von Köpenick besetzt. Die sozialkritischen Töne des traurigen Schicksals von Wilhelm Voigt überwiegen in diesem schlichten, sympathischen Film.

Der Hauptmann von Köpenick **
BRD 1956 – 95 Min. – R: Helmut Käutner. D: Heinz Rühmann, Hannelore Schroth, Martin Held, Erich Schellow.
Tragikomödie. Neuverfilmung des Zuckmayer-Stücks, ganz auf Rühmanns Humor zugeschnitten. Schwächer als die

Version von 1931, aber gute, routinierte Unterhaltung.

Der Hauptmann von Peshawar / King of the Khyber Rifles ** ½
USA 1953 – 105 Min. – R: Henry King. D: Tyrone Power, Terry Moore, Michael Rennie, John Justin.
Abenteuerfilm. Tyrone Power als Kommandant King, der im Indien des Jahres 1855 die Khyber Rifles beherrscht. Er beginnt eine Affäre mit der Tochter des Generals, was die konservativen Briten erregt, denn er ist Mischling. Die Konflikte steigern sich in der Auseinandersetzung mit den Indern, die von Kings Adoptivbruder angeführt werden. Der naive, Kolonialkritik nur vorsichtig äußernde Abenteuerfilm besitzt schöne Erzählstimmung, einen gutgelaunten Titelhelden und imposante Bilder.

Das Haus am Strand / The Female on the Beach **
USA 1955 – 93 Min. sw. – R: Joseph Pevney. D: Joan Crawford, Jeff Chandler, Jan Sterling, Cecil Kellaway.
Krimi. Ein als schwüles Melodram verkleideter Psychoreißer um eine Liebesbeziehung am Meer und eine geheimnisvolle Tote, die zwischen den Liebenden steht; »Film noir« aus dem sonnigen Kalifornien.

Haus der Frauen TV-Film
BRD 1977 – 85 Min. – R: Krzysztof Zanussi. D: Lina Carstens, Cordula Trantow, Brigitte Horney, Karin Baal.
Im Polen der dreißiger Jahre bringt ein junges Mädchen Unruhe in das Leben von sechs Frauen, die die Erinnerung an bessere Zeiten aufrechterhält. Verfilmung eines Schauspiels von Zofia Nalkowska; hervorragend besetzt.

Das Haus der Lady Alquist / Gaslight ** ½
USA 1944 – 109 Min. – R: George Cukor. D: Ingrid Bergman, Charles Boyer, Joseph Cotten, May Whitty, Angela Lansbury.
Thriller. Bergman als eine von Angst besessene Frau, die von ihrem wahnsinnigen Ehemann ermordet werden soll. Das Klima von Hysterie und Bedrohung faßt der spannende Film in suggestive Bilder und Leitmotive. Die Bergman erhielt dafür einen Oscar.

Das Haus der sieben Sünden / Seven Sinners ** ½
USA 1940 – 88 Min. sw. – R: Tay Garnett. D: Marlene Dietrich, John Wayne, Albert Dekker, Broderick Crawford.
Starkomödie. Ironische und spritzige Geschichte einer Tingeltangelsängerin, die in der Südsee auf die US-Navy und den härtesten Macho trifft.

Das Haus des Bösen / Something Evil TV-Film
USA 1972 – 72 Min. – R: Steven Spielberg. D: Sandy Dennis, Darren McGavin, Johnnie Whitaker, Ralph Bellamy.
Fürs Fernsehen gedrehter Spielfilm um die Schrecken eines Landhauses, in dem eine Familie ein düsteres Geheimnis entdeckt. Von Spielberg (»Duell«) mit gewohnt sicherer Hand für Horror mit Format serviert.

Das Haus im Kreidegarten / The Chalk Garden **
USA 1963 – 102 Min. – R: Ronald Neame. D: Deborah Kerr, Hayley Mills, John Mills, Dame E. Evans, Elizabeth Sellars.
Psychologisches Kammerspiel. Eine Erzieherin mit geheimnisvoller Vergangenheit reift an der Auseinandersetzung mit dem ihr anvertrauten aufmüpfig-verstörten Mädchen, in dem sie sich als Jugendliche wiedererkennt; routiniert in Szene gesetzt, unterhaltsam.

Das Haus im Nebel TV-Film
BRD 1987 – 103 Min. – R: Oswald Döpke. D: Peter Sattmann, Daniela Ziegler, Sissy Höfferer, Wolfgang Müller, Peter Böhlke.
Auf der Flucht vor der Polizei dringt ein junges Paar bei Nacht und Nebel in ein abgelegenes Landhaus in Südengland ein; der blinde Arzt und seine Frau nehmen sich der beiden freundlich an, doch bald ergeben sich dramatische Spannungen in diesem kammerspielartigen Psychokrimi. Nach dem Theaterstück »Time to Speak« von Sylvia Rayman.

Das Haus in Montevideo ***
BRD 1951 – 106 Min. sw. – R: Curt Goetz. D: Curt Goetz, Valerie von Martens, Ruth Niehaus.

Komödie. Um eine Erbschaft zu machen, muß der ehrpusselige Professor einen »Fehltritt« in der Familie nachweisen. Unterhaltsam und originell stellt dieser Klassiker des subtilen Witzes die gängigen Moralbegriffe auf den Kopf.

Haus ohne Hüter TV-Film
BRD 1975 – 105 Min. – R: Rainer Wolffhardt. D: Johannes Wolffhardt, Werner Lier, Renate Schroeter, Karin Baal.
Einfühlsame Bewältigung von Nachkriegsproblemen nach dem Roman von Heinrich Böll; überdurchschnittlich.

Das Haus unter den Bäumen / La maison sous les arbres ** ½
F/I 1971 – 92. Min. – R: René Clément. D: Faye Dunaway, Frank Langella, Barbara Parkins, Karen Blanguernon, Patrick Vincent.
Psychokrimi. Ein brillanter US-Mathematiker sucht in Frankreich einen Neuanfang; als er die Aufforderung zur Industriespionage mißachtet, werden seine Kinder entführt; harter, spannender Thriller, dessen visuelles Raffinement von Gilbert Bécauds Musik unterstützt wird; Dunaway überzeugt als Frau am Rande des Wahns.

Der Hausbesitzer / The Landlord ***
USA 1970 – 100 Min. – R: Hal Ashby. D: Beau Bridges, Pearl Bailey, Diana Sands, Lee Grant, Louis Gossett jr.
Milieusatire. Ein Sohn aus reichem Haus hat das Nichtstun satt, er kauft ein schäbiges Mietshaus und will es zu einem architektonischen Kunstwerk umbauen; die Gettobewohner flippen aus. Ashbys übermütige Satire auf die Klassengesellschaft (sein Erstling) wirft ein Schlaglicht auf Brooklyn-Probleme und ergeht sich genüßlich in Situationskomik.

Hausbesuche / House Calls *** ½
USA 1978 – 94 Min. – R: Howard Zieff. D: Walter Matthau, Glenda Jackson, Art Carney, Richard Benjamin, Candice Azzarra, Dick O'Neill.
Screwball-Komödie. Ein verwitweter Arzt versucht, sich als Spätplayboy für Versäumtes schadlos zu halten, gerät aber bald in die Fänge der Falschen, d. h. der Richtigen; eine Komödie von seltener Heiterkeit; Carney als bescheuerter Chefchirurg: zwerchfellerschütternd; Musik von Henry Mancini, mit Songs der Beatles und von Frankie Lane.

Hausboot / Houseboat ** ½
USA 1958 – 105 Min. – R: Melville Shavelson. D: Cary Grant, Sophia Loren, Martha Hyer, Charles Herbert.
Familienkomödie. Ein Witwer braucht für sich und seine drei Kids dringend eine Wohnung und steigt auf ein altes Hausboot um. Mit an Bord geht eine heißblütige Italienerin, und die erotische Bootspartie kann beginnen. Der spritzige Unterhaltungsfilm mit Starbesetzung und mit der Musik von Sam Cooke (»Bing bang bong«) liegt gut im Wind des unbeschwerten Vergnügens.

Hausfreunde sind auch Menschen / The Bliss of Mrs. Blossom ** ½
USA 1967 – 93 Min. – R: Joseph McGrath. D: Shirley MacLaine, Richard Attenborough, James Booth, Bob Monkhouse.
Komödie. Der Frau eines BH-Fabrikanten gelingt es, jahrelang einen Hausfreund zu verstecken; mäßig witzig, aber wegen MacLaines umwerfender Komik sehenswert.

Die Haut des anderen / Avec la peau des autres ** ½
F/I 1966 – 90 Min. – R: Jacques Deray. D: Lino Ventura, Jean Bouise, Wolfgang Preiss, Jean Servais, Adrian Hoven.
Krimi. Ein Spezialagent kommt nach Wien, wo er einen »Maulwurf« im französischen Geheimdienst aufspüren soll; ein Routinejob, der sich jedoch als persönliche Herausforderung ersten Ranges herausstellt. Der nüchterne, straff erzählte Agentenkrimi von Deray zeichnet ein Alltagsbild der Branche, abseits abenteuerlicher 007-Attraktionen.

Hautnah TV-Film
BRD 1985 – 115 Min. – R: Peter Schulze-Rohr. B: Norbert Ehry. D: Armin Mueller-Stahl, Wolf-Dietrich Berg, Brigitte Karner, Walter Tschernich.
Ein Fernsehkrimi über einen Video-Abhörspezialisten, der eines Tages den Auftrag erhält, den Boß des Bahnhofsviertels

zu observieren; dabei erprobt er skrupellos modernste elektronische Spitzeltechniken. Der Film wurde mehrfach preisgekrönt.

Der Havarist TV-Film
BRD 1985 – 85 Min. – R: Wolf-Eckart Bühler. D: Burkhard Driest, Rüdiger Vogler, Hannes Wader, Kristina van Eyck.
Ein Hollywoodstar kehrt nach dem Zweiten Weltkrieg in die Traumstadt zurück und gerät in die Mühlen des McCarthy-Ausschusses für unamerikanische Umtriebe; aus Bequemlichkeit und um seinen Erfolg nicht zu gefährden, wird er zum Verräter. Nach dem Roman »Wanderer« von Sterling Hayden.

Hawaii / Hawaii ** ½
USA 1966 – 134 Min. – R: George Roy Hill. D: Julie Andrews, Max von Sydow, Richard Harris, Gene Hackman.
Filmepos. Großangelegte Verfilmung des Romans von James Mitchener über die Missionierung Hawaiis; von eindrucksvoller Opulenz und mit einem starken Team.

Heartbreak House ** ½
GB 1952 – 90 Min. OoU. – R: Anthony Page. D: Rex Harrison, Amy Irving, Rosemarie Harris.
Komödie. Zwei junge Frauen geraten in den Bann eines alten zerzausten Seebären, der ihre Ansichten über sich und die Welt zur Zeit des Ersten Weltkrieges korrigiert; dramatisch zugespitzter Film über die Desillusionierung der britischen Oberklasse durch den Kriegsausbruch.

The Heartbreakers * ½
BRD 1982 – 90 Min. – R: Peter F. Bringmann. D: Sascha Disselkamp, Mary Ketikidou, Uwe Enkelmann, Rolf Zacher.
Beatfilm. Mitte der sechziger Jahre im Ruhrgebiet; viele kleine Beatbands wollen nach oben; für Freunde der Szene.

Heat – Nik der Killer / Heat * ½
USA 1987 – 95 Min. auch OoU. Ⓥ VMP/Cannon/VMP. – R: R. M. Richards. D: Burt Reynolds, Karen Young, Peter MacNicol, Howard Hesseman, Neil Barry.
Actionfilm. Ein Privatgorilla und Spieler legt sich mit der Mafia an, als seine Freundin vergewaltigt worden ist; er säuft und prügelt sich durch Las Vegas, vermittelt einem Jungen seine Tricks, und beim Showdown weiß niemand mehr, wozu das alles; deftiger Thriller für Reynolds-Fans.

Heaven's Gate – Das Tor zum Himmel / Heaven's Gate ****
USA 1980 – 206 Min. Farbe z. T. mit Sepia getönt. Ⓥ Warner Home (Originalfassung). – R: Michael Cimino. D: Kris Kristofferson, Christopher Walken, John Hurt, Isabelle Huppert, Sam Waterston, Brad Dourif, Joseph Cotten, Jeff Bridges.
Spätwestern. Viehbarone rüsten zum Schlachtfest an osteuropäischen Immigranten; als es den Opfern gelingt, den Spieß umzudrehen, schützt die US-Army die Killerhorde der Agrarkapitalisten; mit von der Partie zwei Harvard-Absolventen auf Gegenkurs, der eine zum versoffenen Geldadvokaten verkommen, der andere, der Marshal wurde, muß seine politischen Ideale und die Liebe seines Lebens begraben; als dritter der Chefkiller als betrogener Betrüger; der Wilde Westen als Bodenspekulationsobjekt der reichen Zyniker im Club und der hoffnungsfrohen Zuwanderer in ihrem Großzelt »Heaven's Gate«; virtuos fotografiertes, resignatives Bild der späten Pionierzeit.

Hector, der Ritter ohne Furcht und Tadel / Il soldato di ventura / La grande bagarre * ½
I/F 1975 – 90 Min. Ⓥ EuroVideo. – R: Castellano & Pipolo. D: Bud Spencer, Andréa Ferréol, Philippe Leroy.
Historienfilm. Bud Spencer schwingt seine Fäuste – diesmal nicht im Wilden Westen, sondern im spanisch-französischen Krieg von 1504; die Ritterrüstungen prallen krachend aufeinander.

Hedda Gabler / Hedda ** ½
GB 1975 – 102 Min. – R: Trevor Nunn. D: Glenda Jackson, Peter Eyre, Timothy West, Patrick Stewart, Jennie Linden.
Literaturverfilmung. Adaption von Henrik Ibsens Schauspiel von der unglücklich verheirateten Frau, die ihren Liebhaber ins Unglück stürzt; eindrucksvolles Spiel

um die Macht von Konventionen, letztlich zu stilisiert, um tiefer unter die Oberfläche zu gelangen.

Heidelberger Romanze ✱✱

BRD 1951 – 97 Min. – R: Paul Verhoeven. D: O. W. Fischer, Liselotte Pulver, Gardy Granass, Gunnar Möller.

Heidelberg-Film. Ein US-Millionär will Erinnerungen an Old Heidelberg auffrischen; indessen gerät sein Töchterchen in Liebesnöte; viel Romantik um mystifizierte Burschenherrlichkeit; Heidelberg, wie es nie war, als Traumkulisse; brave Schauspielerleistungen.

Heidemarie / S'Waisechind vo Engelberg ✱ ½

CH 1956 – 98 Min. – R: Hermann Kugelstadt. D: Gustav Knuth, Hannes Schmidhauser, Eveline Grüneisen, Marianne Matti.

Literaturverfilmung. Onkel Knuth würde das arme mißhandelte Waisenkind gern adoptieren; aber weil er unverheiratet ist, machen die Behörden Ärger. Schnulze nach einer Erzählung von Johanna Spyri.

Heideschulmeister Uwe Karsten ✱✱

BRD 1954 – 92 Min. – R: Hans Deppe. D: Barbara Rütting, Claus Holm, Hans Quest, Carola Höhn, Wolfgang Lukschy, Heidi Brühl, Günther Lüders, Käthe Itter.

Heimatfilm. Eine junge Frau aus großbürgerlichem Hamburger Haus läßt die Heirat mit dem Geschäftspartner ihres Vaters platzen, daraufhin nimmt sich der verschmähte Bräutigam das Leben, und die Braut zieht sich in die Heide zurück, wo sie einem romantischen Dorflehrer begegnet; Standeskonflikte sind vorprogrammiert. Die Schönheit der Landschaft webt eine hübsche Gloriole um die Figuren, die Handlung leidet jedoch sehr unter einem tranigen Weltbild von Schuld und Sühne.

Heidi ✱✱

A 1965 – 85 Min. – R: Werner Jacobs. D: Eva Maria Singhammer, Gustav Knuth, Gertraud Mittermayer, Margot Trooger.

Kinderfilm. Heidi lebt nach dem Tod der Eltern beim Großvater in der Schweiz, bis schließlich die Tante auftaucht. Die dritte Verfilmung des Johanna-Spyri-Romans, unterhaltsam, liebenswert, mit Herz und Verstand interpretiert.

Heidi kehrt heim / Heidi ✱✱ ½

BRD/USA 1967 – 96 Min. – R: Delbert Mann. D: Maximilan Schell, Jean Simmons, Jennifer Edwards, Peter van Eyck, Walter Slezak.

Literaturverfilmung. Die Tante bringt Heidi in die Schweizer Berge zum Großvater, dort hat es das Waisenkind zunächst nicht leicht. Doch der grantige Opa taut langsam auf, und als die Enkelin nach Frankfurt muß, fällt der Abschied schwer. Der hübsche, in Aufnahmen und Spiel überdurchschnittliche Film erzählt die bekannte Geschichte von Johanna Spyri flüssig.

Heidi und ihre Freunde ✱

BRD 1954 – 92 Min. sw. – R: Hans Albin. D: Oliver Grimm, Elsbeth Sigmund, Elisabeth Lauber, Martin Andreas.

Kinderfilm. Ein sechsjähriges Klavierwunderkind muß nach Konzertstrapazen zur Kur; dort lernt der Junge Heidi kennen; harmlose Unterhaltung.

Die heidnische Madonna / A pogany madonna ✱✱

H 1980 – 87 Min. – R: Gyula Mészáros. D: István Bujtor, András Kern, Ferenc Kallai, Maria Gor Nagy.

Krimi. Ein ungewöhnlicher Polizeidetektiv, Freund von Alkohol, Rauferei à la Bud Spencer und Frauen, auf der Spur eines Madonnendiebstahls; witzig und gagreich, in den verschiedenen Welten eines Klostermuseums und des Gaunermilieus angesiedelt.

Der heilige Berg ✱✱✱

D 1925/26 – 80 Min. sw. Stf. – R: Dr. Arnold Fanck. D: Luis Trenker, Leni Riefenstahl.

Bergfilm. Eine Frau zwischen zwei Männern, eigentlich ein Mißverständnis; Naturgewalten sprühen und toben: Föhn, Sturm, Lawinen; zwei Männer unterliegen im Kampf gegen den Mythos des »heiligen Berges« – Treue bis in den Tod, brennende Fackeln, Überblendungen. Die Kraft dieses Stummfilms liegt in seinen grandiosen Außenaufnahmen, die Story ist trivial. Fancks Ästhetik des Übermenschlichen bildet eine Vorwegnahme der Nazifilmsprache.

Die heilige Lüge *

BRD 1955 – 100 Min. sw. – R: Wolfgang Liebeneiner. D: Hans Quest, Karlheinz Böhm, Ulla Jacobsson, Erwin Strahl, Franca Parisi.

Liebesfilm. Ein Fabrikantensohn steckt ständig in Geldschwierigkeiten, da seine Freundin ihn ausnimmt, dann naht ein herzensgutes Hausmädchen; verlogener Kitsch.

Heimat * ½

D 1938 – 94 Min. sw. – R: Carl Froelich. D: Zarah Leander, Heinrich George, Ruth Hellberg, Paul Hörbiger, Franz Schafheitlin, Lina Carstens.

Literaturverfilmung. Zarah kehrt als verlorene Tochter ins Haus ihres Vaters zurück, um ein Drama um Ehre, Stolz und Heimattreue auszutragen; der Film ist als Verächtlichmachung der Bourgeoisie der Weimarer Zeit und Lob der neuen Nazi-Familie zu verstehen. Zarah Leander singt ihren Evergreen »Eine Frau wird erst schön durch die Liebe«. Blut-und-Boden-Schnulze mit Starbesetzung nach einem Bühnenstück von Hermann Sudermann.

Heimat – deine Lieder * ½

BRD 1959 – 87 Min. – R: Paul May. D: Sabine Bethmann, Rudolf Lenz, Ingeborg Schöner, Ursula Herking, Peter Vogel.

Heimatfilm. Ein Sportwagenfahrer verursacht einen Zwischenfall in einem SOS-Kinderdorf in der Lüneburger Heide; verlogener Heile-Welt-Film mit vielen Volksliedern.

Heimat, süße Heimat / * * *
Vesničko má Středisková

ČSSR 1985 – 97 Min. – R: Jiří Menzel. D: Janos Bán, Marian Labuda, Rudolf Hrušinsky sen., Libuse Safransková, Jan Hartl, Milena Dvorská.

Komödie. Eine Ansammlung schrulliger Typen in einem tschechischen Dorf der Gegenwart, allen voran die Freunde Otik und Pavek, liefern ein pointiert-komisches Bild des sozialistischen Landlebens in der Tschechoslowakei; Otik, ein Unschuldsengel mit Segelohren, stürzt als Tölpel vom Dienst den Lastwagenfahrer Pavek von einer Verlegenheit in die andere; unterhaltsam, voller Witz und satirischer Wehmut: zeitkritische Heimatidylle, preisgekrönt.

Heimat unter fremden Sternen

siehe: Cavalcade – Heimat unter heißer Sonne

Heimat unter heißer Sonne

siehe: Cavalcade – Heimat unter heißer Sonne

Heimatglocken * *

BRD 1952 – 90 Min. sw. – R: Hermann Kugelstadt. D: Hansi Knoteck, Armin Dahlen, Ernst Waldow.

Heimatfilm. Krimi in den Bergen; ein Bergbauer, des Mordes verdächtigt, löst den Fall auf eigene Rechnung, dazu schweigen die Wälder und bimmeln die Heimatglocken schön fotografiert, sentimental, aber spannend und mit Waldow sogar komisch.

Heimatland * * ½

D 1939 – 70 Min. sw. – R: Ernst Martin. D: Hansi Knoteck, Wolf Albach-Retty, Bruni Löbel, Christian Gollong, Ursula Herking.

Heimatfilm. Adaption von Nico Dostals Operette »Monika« um die Liebe einer jungen Bäuerin zu einem Stadtmenschen; trotz Biederkeit und Rührseligkeit stimmungsvolle Unterhaltung.

Die heimliche Gräfin * *

A 1942 – 90 Min. sw. – R: Géza von Bolváry. D: Marte Harell, Wolf Albach-Retty, Elfriede Datzig, Oskar Sima, Paul Hörbiger.

Komödie. Im Österreich der Jahrhundertwende reist eine Frau als falsche Gräfin, um der echten einen Flirt zu ermöglichen; munter und amüsant.

Die heimlichen Wünsche / * * ½
Los deseos concebidos

Chile 1980–82 – 120 Min. OmU. – R: Christián Sánchez. D: Andres Aliaga, Andres Quintana, Marcela González.

Melodram. Darstellung des Schicksals eines jugendlichen Außenseiters, der mit der Kälte der Erwachsenenwelt in einer moralisch korrupten Gesellschaft nicht zurechtkommt; Ansichten der chilenischen Militärdiktatur.

Heimweh / Lassie, Come Home ✱✱
USA 1943 – 85 Min. – R: Fred M. Wilcox. D: Roddy McDowall, Donald Crisp, Dame May Whitty, Nigel Bruce, Elizabeth Taylor.
Tierfilm. Der Vater der armen Familie muß den Hund verkaufen, der den kleinen Joe immer von der Schule abgeholt hat; dieses Unglück ist nicht zu verkraften, doch auch das Tier hat Heimweh und kommt immer wieder zurück. Rührend, schmalzig, mit einer netten Kinderrolle für Liz Taylor.

Heimweh – dort, wo die Blumen blühn ✱ ½
A 1957 – 86 Min. – R: Franz Antel. D: Sabine Bethmann, Hans Holt, Rudolf Prack, Paul Hörbiger.
Heimatfilm. Renate will sich aus Liebeskummer von der Donaubrücke stürzen, findet aber Trost in einem Kloster; Rührstück – untermalt von den Wiener Sängerknaben.

Heimweh nach Deutschland ✱✱ ½
BRD 1954 – 80 Min. sw. – R: Bernhard Radetzki. D: Albert Lieven, Ingrid Lutz, Petra Peters, Arno Assmann, Käte Haack.
Kriminalfilm. Ein Soldat des Afrikakorps gerät auf der Flucht aus britischer Gefangenschaft an einen Dunkelmann des Rauschgifthandels; straff inszenierter, spannender Reißer mit einigen schwachen Übergängen.

Heimweh nach dir, mein grünes Tal ✱ ½
A 1960 – 88 Min. Ⓥ Taurus. – R: Hermann Leitner. D: Rudolf Lenz, Anita Gutwell, Carl Wery, Sieghardt Rupp.
Heimatfilm. Eine junge Tierärztin findet in einem Remigranten einen Helfer gegen den betrügerischen Verwalter des großväterlichen Hofs; Herz-Schmerz- und Alpenschnulze von der Stange.

Heinrich ✱✱✱
BRD 1977 – 130 Min. – R, B: Helma Sanders-Brahms. D: Heinrich Giskes, Grischa Huber, Hannelore Hoger, Heinz Hönig, Lina Carstens.
Kleist-Film. Im November 1811 werden in Berlin der Dichter Heinrich von Kleist und seine Freundin Henriette Vogel tot aufgefunden; Rückblenden auf das Leben der beiden suchen nach Motiven für den Selbstmord; ein Film von rarer Einfühlsamkeit, der eine Gratwanderung am Rande des Todes in Bilder von betäubender Schönheit faßt; Bundesfilmpreis und Filmband in Gold für das Drehbuch.

Heintje – ein Herz geht auf Reisen ✱ ½
BRD 1969 – 89 Min. – R: Werner Jacobs. D: Heintje, Heinz Reincke, Gerlinde Locker.
Schnulze. Die glockenhelle Stimme von Heintje als Vollwaise soll das Herz der Tante erweichen; Tränendrücker.

Heintje – einmal wird die Sonne wieder scheinen ✱ ½
BRD 1969 – 88 Min. – R: Hans Heinrich. D: Heintje, Heinz Reincke, Gerlinde Locker, Paul Dahlke.
Schnulze. Der kleine Heintje betätigt sich als Detektiv, nachdem sein Vater unschuldig im Kittchen landete; Kitsch.

Heintje – mein bester Freund ✱ ½
BRD 1970 – 90 Min. – R: Werner Jacobs. D: Heintje, Heinz Reincke, Gudrun Thielemann, Ralf Wolter.
Schnulze. Ein lieber und guter Junge ist Heintje, der beschlossen hat, seine zerstrittenen Eltern wieder zu versöhnen; Herz-Schmerz-Geschichte.

Die Heinzelmännchen ✱✱ ½
BRD 1956 – 72 Min. – R, B: Erich Kobler. D: Bobby Todd, Nora Minor, Ado Riegler, Heini Göbel, Toni Straßmeier, Klaus Havenstein.
Märchenfilm. Heiter-nachdenkliches Musikspiel von den hilfsbereiten Wichten, ihren Freunden und Feinden; die beschwingte Choreographie überdeckt die Biederkeit der Moral.

Die Heirat / Ženitba ✱✱
UdSSR 1977 – 94 Min. – R: Witali Melnikow. D: Swetlana Krjutschkowa, Alexej Petrenko, Jewgeni Leonow.
Komödie. Sechs Freier bewerben sich um die reiche Agafia, von Liebe ist dabei nicht die Rede; die Bewerbung wird zum reinen Handel. Nach Gogols Erzählung.

Heirat ausgeschlossen / Blume in Love ** ½
USA 1973 – 117 Min. – R: Paul Mazursky. D: George Segal, Susan Anspach, Kris Kristofferson, Shelley Winters.
Komödie. Ein Scheidungsanwalt verkraftet nicht, daß ihn seine Frau verlassen hat; er beschließt, sie auf Teufel komm raus zurückzuholen; treffende, ironische Studie über die Beziehungskiste, mit einigen herrlich herausgearbeiteten Typen.

Heirate mich nicht, Chérie / L'année prochaine si tout va bien **
F 1981 – 90 Min. – R: Jean-Loup Hubert. D: Isabelle Adjani, Thierry Lhermitte, Antoinette Moya, Fred Personne, Maria-Anna Chazel.
Melodram. Moderne Beziehungsgeschichte über ein unangepaßtes Paar: Es geht um Verhaltensfragen, Kinderwünsche, Ehe oder nicht? Unterhaltsam und humorvoll.

Heirate nie beim ersten Mal / Forsaking All Others ** ½
USA 1934 – 80 Min. sw. – R: W. S. Van Dyke II. D: Joan Crawford, Clark Gable, Robert Montgomery, Rosalind Russell, Charles Butterworth.
Komödie. Eine junge Frau steht am Hochzeitstag unverhofft ohne Bräutigam da; die beharrliche Liebe eines alten Freundes könnte Abhilfe schaffen; etwas steifer Witz in einem munteren Spiel mit überraschendem Happy-End.

Heirate nie in Monte Carlo / Loser Takes All * ½
GB 1956 – 88 Min. – R: Ken Annakin. D: Rossano Brazzi, Glynis Johns, Robert Morley.
Komödie. Zwei Flitterwöchner versuchen ihr Glück mit dem vollkommenen Roulettesystem; harmlose Unterhaltung.

Heirate niemals einen Fremden / When Strangers Marry / Betrayed ***
USA 1944 – 65 Min. sw. – R: William Castle. D: Kim Hunter, Dean Jagger, Robert Mitchum, Neil Hamilton.
Krimi. Eine junge Frau fragt sich nach einer schnellen Hochzeit, ob ihr Mann nicht ein Raubmörder ist; ein verwirrender Film und ein Überraschungsfilm der Schwarzen Serie; Mitchums erste größere Rolle.

Heiraten will gelernt sein / Love and Kisses **
USA 1965 – 84 Min. – R: Ozzie Nelson. D: Ricky Nelson, Kristin Nelson, Jack Kelly, Jerry Van Dyke.
Musikkomödie. Kurz vor seinem High-School-Abschluß heiratet Buzzy die blonde Rosemary; darüber sind seine Eltern wenig erfreut; konventionelle Musikrevue mit spaßigen Gags.

Die Heiratsmaschine / The Honeymoon Machine **
USA 1961 – 85 Min. – R: Richard Thorpe. D: Steve McQueen, Brigid Bazlen, Jim Hutton.
Krimikomödie. Ein unkonventioneller Offizier will mit Hilfe eines Computers eine Spielbank knacken. Der zwischen Krimi und Komödie schwankende Film verfolgt sein Handeln amüsant, auf Grundlage eines gut geschriebenen Drehbuchs.

Die Heiratsvermittlerin / The Matchmaker ***
USA 1958 – 101 Min. sw. – R: Joseph Anthony. D: Shirley Booth, Anthony Perkins, Shirley MacLaine, Paul Ford.
Komödie. Ein geiziger verwitweter Firmenchef sucht eine Heiratsvermittlerin auf, doch diese plant anders, als er vermutet; schmissige Verführungskomödie nach einem Stück von Thornton Wilder; als Musical »Hello Dolly« wurde der Stoff bekannter.

Heiß über Afrikas Erde / La battaglia del deserto *
I/E 1969 – 84 Min. – R: Mino Loy. D: Robert Hossein, George Hilton, Frank Wolff.
Kriegsfilm. Versprengte deutsche und englische Landser schlachten sich in der Wüste gegenseitig ab; brutal und zynisch.

Heiße Colts in harten Fäusten / Return of the Gunfighter ** ½
USA 1966 – 89 Min. – R: James Neilson. D: Robert Taylor, Ana Martin, Lyle Bettger, Michael Pate.
Rachewestern. Mord an einem Farmerehepaar, das Töchterchen ist heimliche

Augenzeugin; zusammen mit einem ehemaligen Revolverhelden verfolgt sie die Mörder. Robert Taylor, in einer seiner letzten Rollen, macht den müden Helden, der noch einmal aufrüstet, plausibel. Dramaturgisch geschickt verknüpfter Standardwestern.

Heiße Computerliebe / Electric Dreams ** ½
USA/GB 1984 – 91 Min. Ⓥ VMP/Cannon/VMP. – R: Steve Barron. D: Lenny Von Dohlen, Virginia Madsen, Maxwell Caulfield, Don Fellows.
Popmärchen. Ein junger Architekt ist mit seinem Computer ein Herz und eine Seele, doch dann verliebt sich der elektronische Casanova in des Architekten Verehrte; bizarres »Lust«spielchen als Werbeträger für die Musik von Boy George and Culture Club, Heaven 17 und anderen.

Heiße Diamanten, kalte Herzen / Quincy: Hot Ice, Cold Hearts **
USA 1977 – 69 Min. – R: Bruce Kessler. D: Jack Klugman, Lynette Mettey, Andrew Prince, Marina Hill.
Krimi. Eigentlich wollte Detektiv Quincy mit seiner Freundin ein gemütliches Wochenende verbringen, doch der mysteriöse Tod eines Tauchers bringt ihn auf die Spur eines Gangster-Syndikats. Routinierte Unterhaltung.

Heiße Erde / Island in the Sun * ½
USA 1957 – 110 Min. – R: Robert Rossen. D: Harry Belafonte, James Mason, Joan Fontaine, Joan Collins.
Melodram. Konflikte zwischen Schwarzen und Weißen auf der Karibikinsel Santa Marta; mißglückte Verfilmung des Romans von Evelyn Waugh.

Heiße Ernte *
BRD 1956 – 88 Min. – R: Hans H. König. D: Edith Mill, Erik Schuman, Hanna Rucker, Robert Freytag, Michl Lang.
Heimatfilm. Liebesabenteuer bei schwerer Hopfenernte in den Tettnanger Bergen; die Heimat grüßt mit schönen Bildern und belanglosen Problemen.

Heiße Ferien in Amerika / Vacanze in America * ½
I 1985 – 75 Min. – R: Carlo Vanzina. D: Edwige Fenech, Jerry Cain, Christian De Sica, Claudio Amendola, Antonella Interlenghi.
Twenkomödie. Die Reisebegleiter einer römischen Studentengruppe engen den Erfahrungshorizont ihrer Schützlinge beträchtlich ein; sie lassen so viel lockere Leine, daß einige dürftige Witzchen möglich werden.

Heiße Fracht nach London / **
GB 1954 – 85 Min. sw. – R: Harold French. D: Nigel Patrick, Terence Morgan, Elizabeth Sellars, Jack Warden.
Kriminalfilm. Britische Zollfahnder im Kampf gegen einen Ring internationaler Drogendealer; konventionelle, spannende Unterhaltung für Krimifreunde.

Heiße Grenze / The Wonderful Country ** ½
USA 1959 – 92 Min. – R: Robert Parrish. D: Robert Mitchum, Julie London, Gary Merrill, Pedro Armendariz, Jack Oakie, Albert Dekker.
Western. Mitchum flieht vor seiner Vergangenheit nach Mexiko. Als er für einen zwielichtigen Politiker Waffen kaufen soll und sich in die Frau eines anderen verliebt, gerät er zwischen alle Fronten. Stimmungsvolles Prärie-Melodram, das ganz von der Präsenz Robert Mitchums lebt.

Heiße Hölle Acapulco / Sunburn **
USA 1979 – 96 Min. – R: Richard C. Sarafian. D: Charles Grodin, Farrah Fawcett, Art Carney, Joan Collins.
Actionfilm. Ein Geschäftsmann ist tot, und ein Privatschnüffler verfolgt am Strand von Acapulco seine Spur; er entdeckt hübsche Mädchen und ein Mordkomplott. Wilde Verfolgungsjagden und aufregende Badeanzüge bietet der flotte, humorvolle Actionfilm ebenso wie dramaturgische Klischees, die als Krimiparodie nicht deutlich werden.

Heiße Katzen / Deadlier Than the Male **
GB 1966 – 97 Min. – R: Ralph Thomas. D: Richard Johnson, Elke Sommer, Sylva Koscina, Nigel Green.

Agentenparodie. Böser Ölboß will ans ganz große Geld und an die Weltmacht. Zwei flotte Killerkatzen sollen seine Pläne vorbereiten. Doch die Fronten dieses 007-Knallers mit Blondinen sind kompliziert, einige Überraschungen warten. Der einfallsreiche und perfekt parodierende Film unterhält sowohl die Freunde als auch die Feinde des Genres.

Die heiße Nacht / All Night Long ** ½

GB 1961 – 90 Min. sw. – R: Basil Dearden. D: Richard Attenborough, Betsy Blair, Patrick MacGoohan.

Literaturverfilmung. Moderne Adaption des »Othello«-Stoffes im Jazzmilieu; experimenteller Film, der durch den Jazz u. a. von Dave Brubeck und Charlie Mingus Tiefe und Frische bekommt.

Die heiße Spur / Night Moves ***

USA 1975 — 95 Min. – R: Arthur Penn. D: Gene Hackman, Susan Clark, Jennifer Warren, Edward Binns.

Krimi. Ein Detektiv führt den Auftrag, ein entlaufenes Hollywood-Nymphchen zu finden, routiniert aus und gerät in tückische, mörderische Geschehnisse; verwirrend und von gut getimter Spannung.

Heiße Ware – kalte Füße / Spylarks **

GB 1965 – 90 Min. – R: Robert Asher. D: Eric Morecambe, Ernie Wise, April Olrich.

Spionagefilm. Der Inhaber einer Espressobar und sein tölpelhafter Assistent werden unversehens vom britischen Geheimdienst verpflichtet und sollen einen Attentäter entlarven. Agentenparodie mit netten Gags.

Heiße Zeiten / Hot Times FLOP

USA 1974 – 76 Min. – R: Jim McBride. D: Henry Cory, Gail Lorber, Anny Farber, Bob Lesser, Steve Curry.

Klamotte. Student auf Suche nach Sex zum Jahreswechsel, doch zu Silvester ist Naschwerk rar; ein Film, je nach Temperament, zum Ärgern oder Gähnen.

Ein heißer November / Un bellissimo novembre ***

I/F 1968 – 87 Min. – R: Mauro Bolognini. D: Gina Lollobrigida, Gabriele Ferzetti, André Lawrence, Paolo Turco.

Sozialkritischer Familienfilm. Eine sizilianische Großfamilie zelebriert eine Totengedenkfeier; hinter der saturierten Fassade brechen bald Besitzgier, Korruption und sexuelle Frustration auf; die Affäre zwischen dem 17jährigen Nino und seiner doppelt so alten Tante zerstört schließlich die Herrschaftsmoral; hintergründiger und die Gesellschaftskritik in filmische Gestaltung auflösender Liebesfilm mit skandalösen Absichten.

Heißer Sand TV-Film

BRD 1970 – 114 Min. – R: Günter Gräwert. D: Joachim Fuchsberger, Andrea Jonasson, Sieghardt Rupp.

Blacky als Wüstenfuchs verschwindet in einem Sandsturm in der Sahara. Exotisches Abenteuer mit überraschenden Wendungen; Drehbuch Georg Althammer und Karl-Heinz Willschrei.

Heißer Tatort Tripolis / Password: Uccidete l'agente Gordon FLOP

I/E 1967 – 100 Min. – R: Terence Hathaway. D: Roger Browne, Helga Liné, Michael Rivers.

Agentenfilm. Brutalaufguß der Agentenschwemme im Film; diesmal mit einem 007-Macho von der CIA, der es mit gesellschaftlichen »Weichlingen« und Waffenschiebern zu tun hat und alle niedermacht; humorlos.

Heißes Blut * ½

D 1936 – 85 Min. sw. – R: Georg Jacoby. D: Marika Rökk, Hans Stüwe, Ursula Grabley, Paul Kemp.

Musikfilm. Was macht eine feurige Baronesse aus der Pußta, um das Herz ihres geliebten Husarenleutnants zu erobern? Sie reitet, singt und flirtet auf Teufel komm raus; sehr leichte Unterhaltung.

Heißes Eisen / The Big Heat ***

USA 1953 – 85 Min. sw. – R: Fritz Lang. D: Glenn Ford, Gloria Grahame, Jocelyn Brando, Lee Marvin.

Polizeifilm. Ein Polizeisergeant auf der Spur einer Gangsterbande ermittelt auf eigene Faust, nachdem seine Frau einem Attentat zum Opfer gefallen ist. Harter, düsterer Film über Motivationen von

Rachsucht in einer Gesellschaft voller Korruption und Gewalt; Marvin als überzeugend brutaler Bösewicht; Klassiker der Schwarzen Serie.

Heißes Gold aus Calador / One More Train to Rob * ½

USA 1970 – 105 Min. – R: Andrew V. McLaglen. D: George Peppard, Diana Muldaur, John Vernon, France Nuyen.

Western. Eisenbahnraub 1880 in Kalifornien; einer der Banditen ist ein Verräter, doch Peppard zahlt mit erbarmungsloser Härte zurück; Mischung aus Western, Krimi und Klamauk.

Heißes Pflaster / Rogue Cop ***

USA 1954 – 88 Min. sw. – R: Roy Rowland. D: Robert Taylor, Janet Leigh, George Raft, Steve Forrest.

Kriminalfilm. Der ehrliche Polizistenbruder eines korrupten Cop wird ermordet, und der Bestechliche macht sich daran, den Boß der Mörderbande zu überführen, wobei ihm eine Bardame hilft; dramatischer Polizeikrimi von einer Spannung, die gutes Timing verrät; exzellent Raft als Gangsterboß.

Heißes Pflaster / Peau de banane **

F/I 1963 – 95 Min. sw. – R: Marcel Ophüls. D: Jeanne Moreau, Jean-Paul Belmondo, Gert Fröbe, Claude Brasseur, Charles Regnier.

Krimi. Der Rachefeldzug eines geschiedenen Paares gegen Gauner, die den Vater der Frau ruinierten, macht beide zu Spezialisten für krumme Touren. Hervorragende Schauspieler, streckenweise langatmige Regie.

Heißhunger / Kate's Secret TV-Film

USA 1986 – 100 Min. – R: Arthur Allan Seidelman. D: Meredith Baxter Birney, Edward Asner, Shari Belafonte-Harper, Ben Masters.

Eine junge Frau leidet unter Bulimie, der »Freßsucht«; der Fernsehfilm kommt dem Problem in keiner Weise bei; darstellerisch nicht schlecht: Birney.

Held der Arena / Circus World ** ½

USA 1963 – 134 Min. – R: Henry Hathaway. D: John Wayne, Claudia Cardinale, Rita Hayworth, Lloyd Nolan, Richard Conte.

Zirkusfilm. Ein Zirkusdirektor sucht auf einer Europatournee die Mutter seiner Pflegetochter und ehemalige Partnerin eines tödlich verunglückten Artisten; das Zusammentreffen läßt alte und neue Konflikte aufbrechen; melodramatische Liebesgeschichte, die von einem guten Team sympathisch unsentimental dargestellt wird.

Held des Jahres / Bohater roku ** ½

PL 1986 – 112 Min. – R: Feliks Falk. D: Jerzy Stuhr, Mieczyslaw Franaszek, K. Kozak-Paszkowska, Piotr Machalica.

Zeitkritischer Film. Ein in Ungnade gefallener Entertainer sucht nach einer neuen Show und benutzt einen mutigen Alltagshelden als Zugnummer. Der mehrfach ausgezeichnete Film wirft ein Schlaglicht auf das Sensationsbedürfnis (auch) in einer sozialistischen Mediengesellschaft. Schonungsloser Realismus aus Polen.

Der Held des Tages / The Kid from Brooklyn **

USA 1946 – 109 Min. sw. – R: Norman Z. McLeod. D: Danny Kaye, Virginia Mayo, Vera-Ellen, Steve Cochran.

Komödie. Ein schüchterner Milchmann wird aus Versehen und gegen seinen Willen zum Boxchampion; Groteske, die vor allem durch die augenzwinkernde Clownerie von Danny Kaye wirkt.

Der Held vom Mississippi / The Mississippi Gambler **

USA 1953 – 100 Min. – R: Rudolph Maté. D: Tyrone Power, Piper Laurie, Julia Adams, John McIntire.

Zockermelodram. Ein cleverer, charmanter Pokerspieler will in New Orleans einen Spielsalon eröffnen, muß sich jedoch mit Konkurrenten und schönen Frauen beschäftigen, die ihn davon abhalten; in üppigen Bildern und betörenden Farben inszeniert.

Helden aus der Hölle / Three Godfathers ***

USA 1936 – 82 Min. sw. – R: Richard Boleslawski. D: Chester Morris, Lewis Stone, Walter Brennan, Irene Hervey,

Robert Livingston, Willard Robertson, Sidney Toler.
Abenteuerfilm. Das Versprechen dreier flüchtender Desperados, das Neugeborene einer sterbenden Mutter aus der Wüste zu retten, führt sie in bedrohliche Situationen; ein herrlich fotografierter, rührender, doch nie sentimentaler Film über das Gute in den Bösen; nach dem Roman von Peter B. Kyne.

Heldinnen FLOP
BRD 1960 – 98 Min. – R: Dietrich Haugk. D: Marianne Koch, Johanna von Koczian, Paul Hubschmid, Walter Giller.
Komödie. Vergeblicher Versuch, Lessings »Minna von Barnhelm« als Musical zu bewältigen; peinlich.

Hellingers Gesetz / Hellinger's Law TV-Film
USA 1980 – 92 Min. – R: Leo Penn. D: Telly Savalas, Lisa Blake Richards, James Sutorius, Rod Taylor.
Routinierte Kost mit dem professionellen Macho Savalas alias Kojak, der hier als gewiefter Strafverteidiger einen Syndikat-Mordfall fintenreich bearbeitet.

Hello, Dolly! / Hello, Dolly! ** ½
USA 1969 – 118 Min. – R: Gene Kelly. D: Barbra Streisand, Walter Matthau, Michael Crawford, Marianne McAndrew.
Musical. Opulente Verfilmung des Broadwayhits vom erfolgverwöhnten Mädchen aus dem Volk, das lange braucht, um sich im Leben sinnvoll einzurichten; nicht sehr zupackend inszeniertes, in Einzelszenen zerfallendes Liebesdrama nach einer Vorlage von Thornten Wilder; mit zwei Oscars belohnt; am erinnernswertesten Louis Armstrongs Interpretation des Titelsongs.

Hello – Goodbye / Hello – Goodbye **
GB 1969 – 97 Min. – R: Jean Negulesco. D: Michael Crawford, Curd Jürgens, Geneviève Gilles, Ira von Fürstenberg.
Liebesfilm. Ein Autohändler kauft geldverlegenen Spielern Autos ab; eine Anhalterin entpuppt sich nach einiger Zeit als Millionärsgattin; mäßig launige Love-Story aus dem Jet-set-Milieu.

Hell's Angels 70 / Hell's Angels 69 **
USA 1969 – 96 Min. – R: Lee Madden. D: Tom Stern, Jeremy Slate, Conny Van Dyke, Steve Sandor.
Rockerfilm. Zwei reiche Bürschchen schleichen sich bei den Hell's Angels ein, um als Rocker ein Spielcasino zu erleichtern; der Coup gelingt, die Verkleidung nicht; in der Wüste werden die Galgenvögel von den echten Rockern gestellt. Einer der wenigen Pro-Rocker-Filme; die »Höllenengel« aus Oakland sorgen für anarchisches Milieu.

Hemingways Abenteuer eines jungen Mannes / Adventures of a Young Man / Hemingway's Adventures of a Young Man **
USA 1961 – 145 Min. – R: Martin Ritt. D: Richard Beymer, Diane Baker, Paul Newman, Corinne Calvet, Arthur Kennedy, Ricardo Montalban, Susan Strasberg, Eli Wallach.
Literaturverfilmung. Lockere Adaption von Motiven aus Hemingway-Erzählungen; ein Arztsohn kehrt verwundet aus dem Krieg zurück, doch erträgt er die Atmosphäre der Heldenverehrung in seiner Heimatstadt nicht; eine tragische Liebesbeziehung macht den filmischen Mischmasch nicht viel erträglicher.

Hemmungslose Liebe / Possessed ** ½
USA 1947 – 108 Min. sw. – R: Curtis Bernhardt. D: Joan Crawford, Van Heflin, Raymond Massey.
Melodram. Eine Frau wird in der Morgendämmerung aufgegriffen und in ein Krankenhaus eingeliefert. Dort erzählt sie ihre konfuse Lebensgeschichte mit langweiligem Ehemann und unzuverlässigem Liebhaber, den sie erschossen hat; Bernhardt inszenierte das mit dramatischen Mitteln als Filmblick in Abgründe menschlicher Leidenschaften.

Hemmungslose Manon / Manon 70 * ½
BRD/F/I 1968 – 90 Min. – R: Jean Aurel. D: Catherine Deneuve, Sami Frey, Jean-Claude Brialy, Elsa Martinelli.
Literaturverfilmung. Eine frivole Liebesgeschichte, die auf dem Flugplatz von

Tokio unbekümmert einsetzt und einige leidenschaftliche Loopings erlebt. Frei nach einem Roman von Abbé Prévost.

Der Henker / **
The Hangman
USA 1959 – 86 Min. sw. – R: Michael Curtiz. D: Robert Taylor, Tina Louise, Jack Lord, Fess Parker.
Western. Ein Sheriff will einen mutmaßlichen Banditen hängen lassen; die schlechte Beweislage und eine Frau, die er liebt, bewirken die Wende; ein melancholischer Taylor in einem sympathischen Routinewestern.

Der Henker nimmt Maß / **
House of Numbers
USA 1957 – 92 Min. sw. – R: Russell Rouse. D: Jack Palance, Barbara Lang, Harold J. Stone.
Krimi. Ein Gangster plant mit Hilfe seines Zwillingsbruders seinen Ausbruch; spannend, mit einer beachtlichen Doppelrolle für Palance.

Der Henker von London **
BRD 1963 – 90 Min. sw. – R: Edwin Zbonek. D: Hansjörg Felmy, Maria Perschy, Dieter Borsche, Wolfgang Preiss.
Edgar-Wallace-Film. Ein selbsternannter »Henker« treibt im nebelverhangenen London sein Unwesen; er tötet Menschen, die schuldig durch die Maschen der Gesetze schlüpften; ein Wallace-Krimi, bei dem die der Serie eigene komisch-ironische Distanz unterentwickelt bleibt.

Der Henker von Venedig / ** ½
Il boia di Venezia
I 1963 – 87 Min. Ⓥ VPS. – R: Luigi Capuano. D: Lex Barker, Guy Madison, Sandra Panaro, Mario Petri.
Abenteuerfilm. Verwirrende Intrigen, Rührszenen und atmosphärischer Schauer, verbunden mit venezianischem Lokalkolorit um einen geheimnisvollen Rächer, den liebenden Pflegesohn des Dogen und eine schöne Frau; die richtige TV-Mixtur für einen verregneten Nachmittag.

Her mit den Jungs / * ½
A nous les garçons
F 1984 – 101 Min. Ⓥ VCL. – R: Michel Lang. D: Sophie Carle, Valérie Allain, Jean-Noël Broute, Franck Dubosc.
Teeniefilm. Regisseur Lang drehte den Spieß, der »Her mit den kleinen Engländerinnen« zum Erfolg piekste, um; nun sind kesse Mädchen auf der Jagd; ideenarme Teenagerkomödie.

Her mit den kleinen Engländerinnen / A nous les petites anglaises ** ½
F 1975 – 108 Min. – R: Michel Lang. D: Rémi Laurent, Stéphane Hillel, Véronique Delbourg, Sophie Barjac.
Teeniefilm. Ein verpatztes Abitur veranlaßt Eltern, zwei junge Franzosen zum Sprachkurs nach England zu schicken, doch die sind eher an Romanzen interessiert; klug beobachtender Film über Schülerliebelei und Liebesproblemchen; amüsante Unterhaltung mit Szenen von spröder Erotik.

Her mit den kleinen Schweinchen *
BRD 1984 – 82 Min. – R: Otto W. Retzer. D: Wolfgang Fierek, Bea Fiedler, Wolfgang Jansen, Julie Romero, Franz Marischka.
Komödie. Frauen und Männer auf der Hatz nach Sex, mit Verwicklungen, Verwechslungen und dümmlichen, diskriminierenden Gags.

Die Herausforderung
siehe: The Wild Bunch

Herausforderung zum Grand Prix / The Challengers **
USA 1968 – 96 Min. – R: Leslie H. Martinson. D: Sean Garrison, Nico Minardos, Darren McGavin, Richard Conte, Farley Granger, Anne Baxter.
Rennsportfilm. Drei Männer, mehrere Frauen und eine Vielzahl von Rennautos beherrschen diesen Film, in dem Nervenkitzel weniger gefragt ist als moralische Erbauung; sogar der Weltmeister läßt schließlich ab von der mörderischen Raserei und nimmt auf dem Sofa seiner Angebeteten Platz.

Die Herberge zum Drachentor / Lung Men K'O Chan / Dragon Inn **
Taiwan 1966 – 107 Min. – R: King Hu. D: Shangguan Lingfeng, Shi Jun, Bo Ying, Tsao Jian, Xue Han.
Historienfilm. Intrigen und Ränke zur Zeit der chinesischen Ming-Dynastie im 15.

Jahrhundert. Eine Familie setzt sich gegen Ungerechtigkeit zur Wehr. Der farbenprächtige, nach einer wahren Begebenheit realisierte Film befriedigt durch gelungene Action-Choreographie, weniger durch historische Differenziertheit.

Herbie dreht durch / Herbie Goes Bananas **

USA 1980 – 92 Min. – R: Vincent McEveety. D: Clovis Leachman, Charles Martin Smith, John Vernon.

Autofilm. Ein VW-Käfer, Baujahr '62, namens Herbie hat unter dem Kotflügel ein Herz aus Gold. Der liebenswerte eigentliche Star dieser amüsanten, aber klamottigen Serienfortsetzung um VWs liebstes Kind kämpft gegen Stiere, verfolgt Flugzeuge, schwimmt durch den Panamakanal und tritt für Bedürftige ein.

Herbie groß in Fahrt / Herbie Rides Again **

USA 1973 – 88 Min. Ⓥ Walt Disney. – R: Robert Stevenson. D: Helen Hayes, Ken Berry, Stefanie Powers.

Autofilm. Oma Steinmetz wird von einem Spekulanten überfallen, und Herbie beweist, daß ein VW-Käfer, Baujahr '62, ein guter Mensch ist; und weil er aus der Disney-Werkstatt kommt, demonstriert er auch seine Qualitäten als Sorgenbrecher der Saison '73.

Der Herbst der Familie Kohayagawa / Kohayagawa ke no aki ***

J 1961 – 90 Min. – R: Yasujiro Ozu. D: Ganjiro Nakamura, Michiyu Aratama, Setsuko Hara.

Generationsfilm. Als sich das traditionsbewußte Oberhaupt einer Familie nach dem Tod der Frau wieder seine alte Geliebte nimmt und die Töchter nach alter Sitte verheiraten will, brechen Konflikte aus; facettenreiche Studie einer Gesellschaft im Umbruch.

Ein Herbstnachmittag / Samma no aji ***

J 1962 – 110 Min. – R: Yasujiro Ozu. D: Chishu Ryu, Shima Iwashita, Eijiro Tohno.

Melodram. Ozus letzter Film zeichnet ein eindrucksvolles Bild vom sozialen Wandel im Nachkriegsjapan; einfache und klare Bildkompositionen.

Herbstromanze *

BRD 1980 – 91 Min. Ⓥ Ufa. – R: Jürgen Enz. D: Rudolf Lenz, Anke Syring, Simone Brahmann, Uschi Zech, Werner Steck.

Heimatfilm. Attraktive Witwe mit Finanzproblemen trifft wohlhabende, gutsbesitzende Jugendliebe; nebenbei gewinnt ein Mädchen die Stimme wieder; sentimentaler sauerländischer Spätausläufer der Heimatschmonzetten.

Die Herde / Sürü ***

Türkei 1978 – 116 Min. – R: Zeki Ökten. B: Yilmaz Güney. D: Tuncel Kurtzi, Tarik Akan, Melike Demirağ, Levent Inanir, Yaman Okay.

Sozialkritischer Film. Ein Paar aus zwei verfeindeten Stämmen in Anatolien fährt nach Ankara, damit die junge, unfruchtbare Frau zum Arzt gehen kann – ein Akt der Auflehnung gegen herrschende Zwänge. Auf der Fahrt dorthin und in der Hauptstadt wird der politisch-moralische Verfallszustand des Landes erschreckend erkennbar. Zum Terror von Familienclans und Großgrundbesitz gesellt sich der politische Staatsterrorismus. Yilmaz Güney (»Yol – Der Weg«) schrieb das Buch zu diesem erschütternden und dennoch betörend schönen Film im Gefängnis.

Herkules, der Schrecken der Hunnen / Il terrore dei barbari **

I 1959 – 85 Min. – R: Carlo Campogalliani. D: Steve Reeves, Chelo Alonso, Giulia Rubini.

Kolossalfilm. Steve Reeves als einer der eindrucksvollsten Sandalenhelden ficht mit seinem Haufen gegen die barbarischen Hunnen, daß es nur so blitzt und kracht.

Herkules, der Sohn der Götter / Ulisse contro Ercole * ½

I/F 1961 – 105 Min. – R: Mario Caiano. D: Georges Marchal, Michael Lane, Alessandra Panaro.

Monumentalfilm. Zeus, wegen Polyphems Blendung erzürnt, setzt Herkules auf Odysseus an; doch aus der Rache der Götter wird nichts; beachtliche Kampf- und Actionszenen.

Herkules erobert Atlantis / Ercole alla conquista di Atlantide ** ½
I/F 1961 – 120 Min. – R: Vittorio Cottafavi. D: Reg Park, Fay Spain, Laura Altan, Ettore Manni.
Sandalenfilm. Herkules befreit den König von Theben aus Feindeshand; auf der sagenhaften Insel Atlantis erlebt er phantastische Abenteuer. Monumentaler tricksicherer Film.

Herkules in New York / Herkules FLOP
I/USA 1982 – 87 Min. – R: Arthur A. Seidelman. D: Arnold Schwarzenegger, Deborah Loomis, James Karen.
Bodybuilderfilm. Halbgott Herkules tauscht den Olymp gegen New York, tut Gutes und wird von rachsüchtigen Götterkollegen verfolgt; ein Produkt von seltener Dümmlichkeit.

Herkules, Samson und Odysseus / Ercole sfida Sansone FLOP
I 1963 – 85 Min. – R: Pietro Francisci. D: Kirk Morris, Richard Lloyd, Enzo Cerusico.
Bodybuilderfilm. Drei antike Muskelprotze kämpfen zunächst untereinander, dann gegen Bösewichte; erschütternd einfältig.

Herodes – Blut über Jerusalem / Erode il Grande FLOP
I/F 1958 – 85 Min. Ⓥ Toppic. – R: Arnaldo Genoino. D: Edmund Purdom, Sylvia Lopez, Sandra Milo.
Monumentalfilm. Phantasielos heruntergekurbeltes Sandalenepos um den aus rasender Eifersucht wild mordenden Herodes.

Ein Herr aus besten Kreisen / Le gentleman d'Epsom **
F/I 1962 – 105 Min. sw. – R: Gilles Grangier. D: Jean Gabin, Madeleine Robinson, Louis de Funès.
Komödie. Das Wiedersehen mit einer Jugendgeliebten wird für den wettbesessenen Kavallerieoberst a. D. Gabin zu einer Offenbarung in zweifacher Hinsicht; er muß seine Liebe und seine finanziellen Pleiten offenbaren. Paraderolle für Gabin, der mit vornehmem und schlitzohrigem Gebaren diese Komödie mit Tiefgang mühelos über die Runden bringt.

Der Herr der sieben Meere / The Sea Hawk ***
USA 1940 – 127 Min. sw. – R: Michael Curtiz. D: Errol Flynn, Brenda Marshall, Claude Rains, Donald Crisp, Flora Robson.
Abenteuerfilm. Ein Freibeuterkapitän in Diensten von Elisabeth I. im Machtgerangel mit Spanien und im Kampf um Ehre und eine schöne Frau; auf einer Kaperfahrt fällt ihm der spanische Gesandte in die Hände, von da an zeigt der Film, was im 16. Jahrhundert zu Wasser und zu Lande alles möglich war. Flynn als sieggewohnter Haudegen in der Rolle seines Lebens; dank der Ausgewogenheit zwischen Piraten-, Kostüm-, Mantel-und-Degen-Film und Liebesromanze ein Klassiker des Kinos.

Herr der Sterne
siehe: Star Knight – Herr der Sterne

Herr der Unterwelt / The Crooked Way **
USA 1949 – 87 Min. sw. – R: Robert Florey. D: John Payne, Sonny Tufts, Ellen Drew.
Kriegsheimkehrerfilm. Hochdekorierter Held kehrt aus dem Feld der Ehre heim und hat sein Gedächtnis verloren; er macht sich in Los Angeles daran, seine Identität wiederzufinden. In stimmungsvollen Bildern thematisiert der spannende Film die Frage von Schuld und Amnesie.

Herr der Wüste / Lo sceicco rosso * ½
I 1962 – 110 Min. – R: Fernando Cerchio. D: Channing Pollock, Luciana Gilli, Mel Welles.
Abenteuerfilm. Rivalisierende Stämme: Fehden, Morde, Massaker im Marokko des Jahres 1865; verstrickt in dieses Wüstendrama ist ein spanischer Architekt, der den Widerstand am Fürstenhof Hassans organisiert.

Der Herr des Wilden Westens / Dodge City **
USA 1939 – 102 Min. – R: Michael Curtiz. D: Errol Flynn, Olivia de Havilland, Ann Sheridan, Bruce Cabot, Alan Hale.
Western. Der aufrechte Cowboy stolpert in der wüsten Spielerstadt Dodge City über den Anführer einer Killerbande,

läßt sich aber nicht unterkriegen. Die Bürger der Stadt machen den unerschrockenen Helden zum Sheriff, und Errol Flynn hält, was sein Ruf verspricht: Sein Colt rettet die Guten, und Olivia de Havilland gehört ihm am Happy-End als Lohn.

Herr Herr TV-Film
CH 1982 – 95 Min. – R: Nicolas Gessner. D: Rudolf Bissegger, Katja Rupé, César Kaiser, Helmut Förnbacher.
Als die Schweizer Schokoladenfabrik Nägeli in Schwierigkeiten kommt, erwirbt Herr die Aktienmehrheit; dann greift er ins Zentrum der Macht; spannender Wirtschaftskrimi.

Der Herr Kanzleirat ∗ ½
A 1948 – 103 Min. sw. – R: Hubert Marischka. D: Hans Moser, Susanne von Almassy, Fred Kraus.
Lustspiel. Hans Moser als eingefleischter, nicht mehr ganz taufrischer Junggeselle gerät völlig von der Rolle, als er zum linkischen Liebhaber wird; belanglos.

Herr Oberst haben eine Macke / Il colonnello Buttiglione diventa generale ∗ ½
I 1974 – 100 Min. Ⓥ Starlight. – R: Mino Guerrini. D: Jacques Dufilho, Aldo Maccione, Marius Marenco.
Militärklamotte. Witzige Parodie auf Kasernendrill um ein Regiment, das aufsteigen soll und deshalb auf Trab gebracht wird. Gagbesessene Regie, die den Antimilitarismus verspielt.

Ein Herr ohne Kleingeld / Le baron de l'écluse ∗∗ ½
F 1960 – 90 Min. sw. – R: Jean Delannoy. D: Jean Gabin, Micheline Presle, Jean Desailly, Blanchette Brunoy.
Komödie. Bilderbuchrolle für den alten Schwerenöter Gabin, der in diesem amüsanten und schwebend leichten Gesellschaftslustspiel als bankrotter Baron den Leuten das Geld aus der Tasche zieht. Ein charmanter »kleiner« Film.

Herr Satan persönlich / Mr. Arkadin / Confidental Report ∗∗∗
USA 1955 – 98 Min. sw. – R: Orson Welles. D: Orson Welles, Paola Mori, Robert Arden, Michael Redgrave, Patricia Medina, Peter van Eyck, Gert Fröbe, Eduard Linkers.
Kriminalfilm. Ein geheimnisumwitterter Tycoon gibt dem Verehrer seiner Tochter den Auftrag, seine skandalumwitterte Vergangenheit offenzulegen; flexibel, meist rasch und episodisch geschnittener Thriller, durch nicht weitergeführte Handlungsstränge und erzählerische Sackgassen verwirrend; raffinierte Spurensuche als unlösbares Lebenspuzzle.

Die Herren Einbrecher geben sich die Ehre / The League of Gentlemen ∗∗ ½
GB 1960 – 109 Min. – R: Basil Dearden. D: Jack Hawkins, Nigel Patrick, Roger Livesey, Richard Attenborough, Bryan Forbes, Kieron Moore.
Krimikomödie. Eine Rotte von unbefriedigten Exsoldaten will die Bank von England um eine Million Pfund erleichtern. Streng militärisch geplant und ausgeführt, gelingt der Coup, und der Film gerät zur köstlichen Attacke auf Soldatenbrauch und Offiziersgeist.

Die Herren mit der weißen Weste ∗∗ ½
BRD 1970 – 101 Min. – R: Wolfgang Staudte. D: Martin Held, Mario Adorf, Walter Giller.
Ganovenstück. Bruno will endlich wieder ein Ding drehen, aber das geht nicht allein. Scharfe Satire mit Witz und Charme; Glanzrolle für Held.

Herrenjahre TV-Film
A/BRD 1983 – 122 Min. – R: Axel Corti. D: Peter Simonischek, Josefin Platt, Lore Krainer, Hermine Czillinger, Johannes Silberschneider.
Lehrjahre sind keine Herrenjahre; der Schreinergeselle stolpert in die Enge seines sozialen Schicksals: Frühehe, Kinder, Fabrikarbeit, überraschender Tod der Frau; eindrucksvoll inszenierte Ausweglosigkeit.

Herrenpartie ∗∗∗
BRD/YU 1963 – 103 Min. – R: Wolfgang Staudte. D: Götz George, Hans Nielsen, Rudolf Platte, Gerlach Fiedler.
Problemfilm. Eine Autopanne führt deutsche Touristen in ein abgelegenes Dorf in Jugoslawien; die Menschen dort

haben die Wehrmacht nicht vergessen, die hier vor zwanzig Jahren am Ende des Krieges eine sinnlose Exekution veranstaltete. Kritischer Versuch deutscher Vergangenheitsbewältigung.

Die Herrenreiterin ∗ ½
BRD/I 1986 – 88 Min. Ⓥ Ufa. – R: Mario Lanfranchi. D: Senta Berger, Bruno Zanin, Maurizio Arena, Erica Blanc, Barbara Nascimbe.
Komödie. Eine lebenslustige Witwe bringt den Käufer ihrer Ländereien und dessen Sohn auf Trab; ziemlich fade Sexposse.

Herrin der Welt ∗ ½
BRD/I/F – 85 Min. – R: William Dieterle. D: Martha Hyer, Carlos Thompson, Micheline Presle, Lino Ventura.
Thriller. Wieder einmal geht es bei der Entführung zweier Physiker um eine geheime Formel zur Vernichtung der Welt; ein Sonderagent schaltet sich ein und die Gegner aus. Zweiteiler.

Die Herrin vom Salzerhof / Wetterleuchten am Dachstein ∗∗
A 1953 – 95 Min. sw. – R: Anton Kutter. D: Gisela Fackeldey, Marianne Koch, Eduard Köck, Pero Alexander.
Heimatdrama. Knorrige Menschen auf Bergeshöh'n, wo der Wind der Veränderung ihnen bereits ins Gesicht bläst. In diesem süßliche Töne fast vermeidenden Film um einen abbruchreifen Großhof nimmt das Drama einiger hart lebender und arbeitender Bergler besonders unbarmherzig seinen Lauf; aber die Liebe siegt.

Die Herrin von Thornhill / Far from the Madding Crowd ∗∗ ½
GB 1967 – 155 Min. – R: John Schlesinger. D: Julie Christie, Peter Finch, Terence Stamp, Alan Bates.
Historienfilm. Aufwendiger Starfilm um Titelheldin, die erst im dritten Anlauf den Richtigen findet; überzeugt weniger durch Schauspielerleistungen (Ausnahme Finch) als durch die authentische Darstellung des Lebens des Yorkshire-Landadels des 18. Jahrhunderts; nach Thomas Hardys Roman.

Herrliche Zeiten ∗∗ ½
BRD 1950 – 95 Min. – R: Erik Ode, Günter Neumann. D: Willi Fritsch, Hans Albers, Bruno Fritz, Edith Schollwer, Tatjana Sais, Erik Ode.
Satire. Kleinbürger Schulz führt den Zuschauer durch die ersten fünfzig Jahre des Jahrhunderts, die Kaiser Wilhelm II. als »herrliche Zeiten« gesehen hatte; durch kabarettistische Glanzleistungen, Neumanns Chansons und dokumentarische Einschübe noch immer sehenswertes satirisches Zeitbild.

Herrliche Zeiten im Spessart ∗∗
BRD 1967 – 105 Min. Ⓥ Videbox. – R: Kurt Hoffmann. D: Liselotte Pulver, Harald Leipnitz, Willy Millowitsch, Hubert von Meyerinck, Hannelore Elsner.
Komödie. Die Komteß Anneliese verliebt sich in den Amerikaner Frank und will ihn heiraten; doch der muß in die Staaten zurück; da hilft nur noch die Rakete der Spessartgeister. Nicht ganz so lustig wie »Das Wirtshaus im Spessart«.

Die herrlichen 7 Todsünden / The Magnificent 7 Deadly Sins ∗∗
GB 1971 – 103 Min. – R: Graham Stark. D: Bruce Forsyth, Harry Secombe, Leslie Philipps, Paul Whitsun-Jones, Harry H. Corbett.
Episodenfilm. Todsünden als Genußmittel und Freudenspender in sieben komischen Episoden; leicht »staubiger« trokkener britischer Humor.

Herrn Josefs letzte Liebe ∗∗ ½
BRD 1958 – 86 Min. sw. – R: Hermann Kugelstadt. D: Hans Moser, Gerlinde Locker, Wolf Albach-Retty, Lucie Englisch, Adrienne Gessner.
Volksstück. Ein alter Diener findet in der Liebe zu einem zugelaufenen Hund, den er gegen die Freundin seines Herrn verteidigen muß, neuen Lebenssinn; ein melancholischer, weniger als gewohnt grantelnder Moser in einem gemütvollen Film.

Herrscher der Insel / The Hawaiians ∗∗ ½
USA 1970 – 126 Min. – R: Tom Gries. D: Charlton Heston, Geraldine Chaplin, Tina Chen, John Philip Law.

Abenteuerfilm. Ein rauhbeiniger Kapitän läßt sich seiner Frau zuliebe auf Hawaii nieder und kämpft sich skrupellos nach oben; Fortsetzung von »Hawaii«, ebenfalls nach der Romanvorlage von James A. Michener, deren Dichte der Film nicht erreicht.

Herrscher einer versunkenen Welt / L'île mystérieuse ✱✱
F/I/E 1973 – 100 Min. – R: Juan Antonio Bardem. B: Henri Colpi. D: Omar Sharif, Philippe Nicaud, Gerard Tichy.
Abenteuerfilm. Nach dem Jules-Verne-Roman »Die geheimnisvolle Insel« gedrehtes Seeabenteuer um fünf Flüchtlinge des US-Bürgerkrieges, die auf einem unbewohnten Eiland dem geheimnisvollen Käpt'n Nemo und seiner »Nautilus« begegnen. Im Tonfall naiven Märchenkinos technisch allzu einfallslos, aber amüsant erzählt.

Herrscher ohne Krone ✱✱ ½
BRD 1956 – 106 Min. – R: Harald Braun. D: O. W. Fischer, Odile Versois, Horst Buchholz.
Historienfilm. Aufstieg des deutschen Arztes Struensee zum Berater des Dänenkönigs Christian VI. und zum Geliebten der Königin und sein Fall; opulentes Melodram nach Motiven des Romans »Der Favorit der Königin« von Robert Neumann.

Der Herrscher von Cornwall / Jack the Giant Killer ✱✱ ½
USA 1960 – 91 Min. – R: Nathan Juran. D: Kerwin Mathews, Judi Meredith, Torin Thatcher, Walter Burke.
Mantel-und-Degen-Film. Die Prinzessin wird von Zauberern entführt, überhaupt ist ganz Cornwall verhext. Ein junger Draufgänger liebt die Schöne und will sie befreien. Gelungene Spezialeffekte, Abenteuer mit Fantasyelementen.

Der Herrscher von Kansas / The Jawhawkers ✱ ½
USA 1959 – 105 Min. – R: Melvin Frank. D: Fess Parker, Jeff Chandler, Nicole Maurey.
Western. Terrorismus nach Art des Wilden Westens: ein psychologischer Abenteuerfilm um einen Guerillero, der als Gentlemanverbrecher auftritt; mäßig spannend.

Herschel und die Musik der Sterne TV-Film
BRD 1985 – 100 Min. – R, B: Percy Adlon. D: Josef Meinrad, Rolf Illig, Edgar Selge, Karin Anselm.
Um in der Muttersprache plaudern zu können, besucht Haydn 1792 in London den Astronomen Wilhelm Herschel und dessen Observatorium; der Blick auf die Größe des Alls wird Anlaß zur Arbeit Haydns an der »Schöpfung«; ein vielschichtiger Film voller Phantasie, Poesie und Spannung, mit ungewöhnlichen Videoeffekten; Collagen von Eduardo Paolozzi als Szenenbilder.

Das Herz aller Dinge / The Heart of the Matter ✱✱ ½
GB 1953 – 100 Min. sw. – R: George More O'Ferrall. D: Trevor Howard, Elizabeth Allan, Maria Schell, Peter Finch.
Zeitkritisches Melodram. Eine Kriegsliebe, die nicht gutgeht, zwischen einem katholischen verheirateten Major und einer mittellosen Emigrantin. Gute Darstellung, dichte Atmosphäre, der Puls der Kriegszeit mit seiner eigenen Moral in einem ehrlichen Film.

Das Herz der Königin ✱✱
D 1940 – 102 Min. sw. – R: Carl Froelich. D: Zarah Leander, Maria Koppenhöfer, Willy Birgel, Axel von Ambesser.
Historisches Melodram. Geschichte Maria Stuarts aus dem 16. Jahrhundert, von den Thronambitionen bis zu ihrem tragischen Scheitern. Von Zarah Leander ergreifend gespielt, als Kostümfilm authentisch, aber überladen.

Herz der Welt ✱✱ ½
BRD 1951 – 110 Min. sw. – R: Harald Braun. D: Hilde Krahl, Dieter Borsche, Werner Hinz, Mathias Wieman, Heinrich Gretler.
Antikriegsfilm. Adaption der Biographie der pazifistischen Schriftstellerin Bertha von Suttner (»Die Waffen nieder«), die 1905 den Friedensnobelpreis bekam; nicht frei von Sentimentalitäten, aber ethisch überzeugend und als Zeitbild achtbar; hervorragende Schauspielerleistungen.

Das Herz ist ein einsamer Jäger / The Heart Is a Lonely Hunter ✱✱

USA 1968 – 119 Min. – R: Robert Ellis Miller. D: Alan Arkin, Sondra Locke, Laurinda Barrett, Stacy Keach.
Literaturverfilmung. Alan Arkin rettet die etwas wirre Verfilmung des Romans von Carson McCullers vor dem Absinken ins Unverbindliche.

Ein Herz kehrt heim * ½
BRD 1956 – 80 Min. sw. – R: Eugen York. D: Willy Birgel, Maximilian Schell, Maria Holst, Hans Nielsen, Hertha Martin, Charles Regnier.
Melodram. Maximilian Schell muß sich entscheiden zwischen Pflicht und Neigung, und damit für oder gegen die zierliche Tänzerin; Eltern kämpfen um ihr Kind, eine Frau steht zwischen zwei Männern – Liebe, Kunst und Karriere bestimmen dieses schwülstige Melodram.

Herz – modern möbliert **
D 1940 – 94 Min. sw. – R: Theo Lingen. D: Hilde Krahl, Gusti Huber, Gustav Fröhlich, Theo Lingen.
Lustspiel. Eine spröde Innenarchitektin taut auf, als sie den Mann ihrer Träume kennenlernt; nicht allzu schwungvolle Verwechslungskomödie; Musik von Peter Igelhoff.

Ein Herz schlägt für Erika * ½
BRD 1956 – 97 Min. sw. – R: Harald Reinl. D: Grethe Weiser, Christine Kaufmann, Gert Fröbe.
Melodram. Christine Kaufmann ist blutjung und hat ihre Karriere noch vor sich, Grethe Weiser mit ihrer Berliner Kodderschnauze hat den Wunsch, ein Mädchen zu adoptieren. Erträgliche Schnulze.

Ein Herz spielt falsch **
BRD 1953 – 105 Min. – R: Rudolf Jugert. D: O. W. Fischer, Ruth Leuwerik, Gertrud Kückelmann.
Melodram. Die reiche Erbin Ruth Leuwerik ist unheilbar krank, als ihr der undurchsichtige Abenteurer O. W. Fischer begegnet. Lebensnahes Melodram um Liebe, Tod und Täuschungen.

Herz über Kopf TV-Film
BRD – 103 Min. – R, B: Martin Theo Krieger. D: Michael Rademacher, Adriana Altaras, Dominik Bender, Helga Pedross.
Acht Kandidaten treten in einer fiktiven Quizsendung des Fernsehens zu Partnerspielen an; anfangs erinnert alles an Bekanntes, doch dann stürzt die Sache ins Groteske ab; Regisseur Krieger nimmt das TV-Showgeschehen einer kaum noch als fern zu bezeichnenden Zukunft bissigsatirisch aufs Korn.

Ein Herz und eine Krone / Roman Holiday ** ½
USA 1953 – 114 Min. sw. – R: William Wyler. D: Gregory Peck, Audrey Hepburn, Eddie Albert, Hartley Powers.
Melodram. Erster Filmerfolg Hepburns als Thronfolgerin auf Urlaub, die einen hartgesottenen Journalisten zum Schmelzen bringt. Mit drei Oscars gekrönte bittersüße Love-Story.

Ein Herz und eine Seele / ... und wer küßt mich? * ½
A 1956 – 81 Min. – R: Max Nosseck. D: Hans Moser, Johannes Heesters, Grethe Weiser, Theo Lingen, Gunther Philipp.
Lustspiel. Eine Tageszeitung »verlost« im Rahmen einer Veranstaltung für notleidende Künstler für einen Abend Filmstars; die oben erwähnten Stars spielen sich selbst in für sie typischen Rollen in dieser langatmigen Klamotte.

Ein Herz voll Musik *
BRD 1953 – 90 Min. – R: Robert A. Stemmle. D: Vico Torriani, Fita Benkhoff, Boy Gobert, Rudolf Vogel.
Schlagerfilm. Verwechslungskomödie um einen Kellner, der eigentlich Sänger ist. Als Starfilm über Torriani passabel gemacht, als eigenständiges Filmwerk ein Abdröhner.

Das Herz von St. Pauli **
BRD 1957 – 95 Min. – R: Eugen York. D: Hans Albers, Hansjörg Felmy, Gert Fröbe, Carla Hagen, Ernst Waldow.
Hans-Albers-Film. Melodramatische Geschichte um den abgemusterten Seebären Albers, seinen leichtlebigen Sohn und eine verschuldete Seemannskneipe. Viel Hafenmilieu, echt und sentimental, mit wiegendem Schritt von Käpt'n Ahoi abgeschritten in einem unterhaltsamen Film ohne Tiefgang.

Herzchirurg Dr. Vrain / Threshold ** ½
CDN 1981 – 94 Min. – R: Richard

Pearce. D: Donald Sutherland, Jeff Goldblum, Mare Winningham.
Arztfilm. Ein genialer Herzspezialist steht vor der Wahl, die riskante Operation mit einem Kunstherzen durchzuführen oder die hübsche junge Patientin sterben zu lassen; Problemfilm über Rollen- und Selbstverständnis der Medizin.

Herzen im Fieber / Torch Song ** ½
USA 1953 – 85 Min. – R: Charles Walters. D: Joan Crawford, Michael Wilding, Gig Young, Marjorie Rambeau.
Melodram. Ein aufbrausender Revuestar, dem der Erfolg zu Kopf gestiegen ist, reagiert wütend auf die Kritik des neuen Pianisten, eines Blinden, der mit beharrlichem Sanftmut seinen Willen durchsetzt; Paraderolle für die Crawford in einem konventionellen Bühnendrama.

Herzen im Sturm **
BRD 1951 – 84 Min. sw. – R: Jürgen von Alten. D: Paul Westermeier, Barbro Kollberg, Kurt Kreuger, Karl Martell.
Liebesfilm. Drei Jugendfreunde sind unzertrennlich, bis durch Liebe aus der Freundschaft Haß wird; intensive Darstellerleistungen in einem durchschnittlichen Melodram.

Der Herzensbrecher / The Heartbreak Kid ** ½
USA 1972 – 104 Min. – R: Elaine May. D: Charles Grodin, Cybill Shepherd, Jeannie Berlin, Eddie Albert.
Komödie. Nachdem ein jüdischer Casanova eine Frau, die anders nicht zu erobern war, geheiratet hat, trifft er ein All-American-Traumgirl; gekonnt inszenierter Film, bei dem das Lachen oft im Hals steckenbleibt.

Hetzjagd / Hell Is a City **
GB 1959 – 88 Min. sw. – R: Val Guest. D: Stanley Baker, Joan Crawford, Donald Pleasence, Maxime Audley.
Kriminalfilm. Ein Ausbrecher begeht einen Raubmord, er wird von der Polizei gejagt; routinierter, spannender Fluchtkrimi.

Hetzjagd in San Lucas / Downtwisted *
USA 1986 – 84 Min. Ⓥ VMP/Cannon/VMP. – R: Albert Pyun. D: Carey Lowell, Charles Rocket, Trudi Dochtermann, Thom Matthews, Norbert Weisser.
Abenteuerfilm. Ein undurchschaubarer Helfer steht einer jungen Frau bei, deren Freund seinen Verrat an einem Gangsterboß mit dem Leben bezahlt hat und die nun selbst verfolgt wird; schwer zu entwirrende Verfolgungsstory ohne deutliche Handlungsstränge; chaotisch, motivüberladen und spannungsarm.

Die Heulboje / The Patsy * ½
USA 1964 – 92 Min. – R: Jerry Lewis. D: Jerry Lewis, Peter Lorre, Keenan Wynn, John Carradine.
Komödie. Ein Liftboy soll zum Nachfolger eines Hollywoodstars aufgebaut werden; trotz Topbesetzung eher mäßiger Jerry-Lewis-Klamauk.

Der Heuler TV-Film
BRD 1982 – 90 Min. – R, B: Rosemarie Fendel. D: Heidelinde Weis, Matthias Ponnier, Töns-Heinrich Grevel, Uwe Friedrichsen.
Ein Zehnjähriger leidet unter den Streitereien seiner Eltern und wendet sich eines Tages einem Seehundbaby zu, mit dem er ausbüchst.

... heute abend bei mir ** ½
D 1934 – 84 Min. sw. – R: Carl Boese. D: Jenny Jugo, Paul Hörbiger, Fritz Odemar, Theo Lingen, Lissy Arna.
Komödie. Ein Baron will seine flippige Freundin loswerden, eine Verkäuferin soll seine Braut spielen; flottes Verwirrspiel mit der quirlig-koketten Jugo und dem lässigen Hörbiger.

Heute heiratet mein Mann ** ½
BRD 1956 – 93 Min. sw. – R: Kurt Hoffmann. D: Liselotte Pulver, Johannes Heesters, Paul Hubschmid, Gustav Knuth, Charles Regnier.
Komödie. Thesi liebt noch immer ihren Exmann und verhindert mit raffinierten Kniffen und viel Charme, daß er sich wieder verheiratet; Glanzrolle für Lilo Pulver.

Heute nacht oder nie / Her Lucky Night **
USA 1945 – 62 Min. sw. OmU. – R: Edward Lilley. D: The Andrew Sisters, Martha O'Driscoll, Noah Beery jr.

Komödie. Männer sind knapp am Ende des Krieges, doch das bezaubernde Gesangstrio weiß sich zu helfen und findet sein Glück.

Die Hexe des Grafen Dracula / Curse of the Crimson Altar / The Crimson Cult ** ½
GB 1968 – 86 Min. OoU. – R: Vernon Sewell. D: Mark Eden, Virginia Wetherell, Christopher Lee, Boris Karloff, Barbara Steele.
Horrorfilm. Ein Hexennachkomme will seine im Mittelalter verbrannte Ahnin rächen, was ihm nur unzulänglich gelingt; durchschnittlicher Hexenthriller, für Fans des Genres ein vergnügliches Seherlebnis.

Hexe ohne Besen / A Witch Without the Broom *
USA 1967 – 78 Min. – R: Joe Lacy (José Maria Elorrita). D: Jeff Hunter, Maria Perschy, Gustavo Rojo.
Komödie. Eine Studentin mit Hexenkraft verführt ihren Professor zu einer Zeitreise; einfältig und witzlos.

Die Hexe und der Zauberer / The Sword in the Stone ** ½
USA 1963 – 80 Min. – R: Wolfgang Reitherman.
Zeichentrickabenteuer. Englands Thron ist leer, als König Uther stirbt. Zur gleichen Zeit begegnet der Junge Wart dem Zauberer Merlin – Wart soll König Artus werden. Der amüsante und hintergründige Trickfilm, in den USA zunächst sehr erfolgreich, dann fast vergessen (Kinotitel: »Merlin und Mim«), referiert auf kinderspezifische Weise über den Spaß der Jugend und die Pflichten des Alters und nutzt dabei die Psychologie des Zeichentrickensembles klug für sanfte Belehrung.

Die Hexe von Laupstad / Forftolgelsen ***
N/S 1981 – 90 Min. – R: Anja Breien. D: Lil Terselius, Bjørn Skågestad, Anita Bjørk, Erik Mtork, Ella Hval, Espen Skjønberg, Eilif Armand.
Psychodram. Eine eigenwillige und eigenständige Zuwanderin gerät in einem norwegischen Dorf in den Verdacht der Hexerei; eine ruhig aufgebaute Studie über Mechanismen psychischer Deformierungen und die Gründe der Hexenprozesse des 17. Jahrhunderts; Bilder von strenger, karger Schönheit; mehrfach preisgekrönt.

Die Hexenjagd / Kladivo na čarodějnice ***
ČSSR 1969 – 90 Min. sw. – R: Otakar Vávra. D: Vladimír Šmeral, Elo Romančik, Lola Skrbková, Eduard Cupák, Marie Nademlejnská.
Inquisitionsdrama. Freie Adaption (mit Hilfe von Prozeßprotokollen) eines Romans über die letzten Hexenprozesse in Böhmen 1678–95; ein Inquisitor steigt kraft eigener Machtvollkommenheit zum unkontrollierbaren Religionsanwalt auf; eindrucksvolle Auseinandersetzung auch mit den sexistischen und (wirtschafts)politischen Hintergründen des Hexenwahns; auch Abrechnung mit der Stalin-Ära.

Hexenkessel / Mean Streets *** ½
USA 1973 – 112 Min. – R: Martin Scorsese. D: Robert De Niro, Harvey Keitel, Anny Robinson, David Proval, Richard Romanus, Cesare Danova, Robert Carradine, David Carradine.
Sozialkritischer Film. Ein Freundestrio und seine Kumpel im Dschungel von New Yorks »Little Italy«; virtuose Studie, die kleine und etwas größere Ganoven schonungslos als Rädchen eines sozialen Getriebes entlarvt, das zwar knirscht, wenn einzelne Teile nicht funktionieren, das aber unerbittlich weiterarbeitet; die Musik von Mick Jagger, Keith Richards und Eric Clapton unterstützt das intensive Spiel eines grandiosen Teams.

Hexenschuß TV-Film
BRD 1987 – 60 Min. – R: Franz Josef Gottlieb. D: Herbert Herrmann, Birte Berg, Helmut Fischer, Susanne Uhlen.
Als der Ehemann unerwartet nach Hause kommt und den Hausfreund in der Badewanne ein Hexenschuß ereilt, gibt es Turbulenzen; satirisch überzeichnete Komödie von Wolf Gremm nach dem gagreichen Stück des Londoner Erfolgsautors John Graham.

Der Hexer ** ½
BRD 1964 – 82 Min. sw. – R: Alfred

Vohrer. D: Heinz Drache, Joachim Fuchsberger, Sophie Hardy, Siegfried Lowitz, Margot Trooger, René Deltgen.
Edgar-Wallace-Krimi. Ein Inspektor versucht, angedrohte Akte von Selbstjustiz zu verhindern, doch sein Antagonist ist ein spezieller Fall; viele spannungsfördernde Gags, gutes Team und routiniertes Drehbuch von Herbert Reinecker.

Hi Diddle Diddle ** ½
USA 1943 – 90 Min. OoU. – R: Andrew L. Stone. D: Pola Negri, Adolphe Menjou, Dennis O'Keefe.
Komödie. Jungverheiratete geraten durch ihre nicht ganz hasenreine Verwandtschaft in ein Verwirrspiel, in dem es auch um gestohlene Juwelen geht; spritziger Spaß, den Menjous Image des superkorrekten Lovers etwas lähmt.

Hier bin ich – hier bleib' ich * ½
BRD 1958 – 93 Min. – R: Werner Jacobs. D: Caterina Valente, Wolfgang Müller, Hans Holt, Boy Gobert.
Musikfilm. Caterina Valente krempelt hier als singende Kellnerin eine ganze Adelssippe um.

Hier irrte Scotland Yard / **
The Verdict
USA 1946 – 82 Min. – R: Don Siegel. D: Peter Lorre, Sydney Greenstreet, Joan Lorring, George Coulouris.
Krimi. Amüsante Story um ein ungleiches Paar und das »perfekte Verbrechen«; Siegels erste Arbeit als Regisseur ist eine glänzend gespielte Krimi-Unterhaltung zum Thema Indizienbeweis.

High Flight
siehe: Kameraden der Luft

High School USA / FLOP
High School USA
USA 1985 – 92 Min. Ⓥ VCL. – R: Rod Amateau. D: Michael J. Fox, Nancy McKeon, Todd Bridges, Angela Cartwright.
Teenagerkomödie. Schülerkrieg im Mittelwesten: Eine Schülerliebe droht die Gruppenstrukturen einer Schule zu sprengen; alberne Klischees in einem Serien-Pilotfilm; die Serie wurde nicht gedreht.

The High Wall / The High Wall **
USA 1947 – 100 Min. sw. OmU. – R: Curtis Bernhardt. D: Robert Taylor, Audrey Totter, Herbert Marshall.
Schwarzes Melodram. Ein Expilot der Air Force wird bewußtlos neben seiner toten Frau gefunden und des Mordes angeklagt; aus der psychiatrischen Klinik kann er entkommen. Liebe, Mord und Amnesie in einem soliden »Film noir«.

Highlander – Es kann nur einer leben / Highlander ** ½
GB 1986 – 111 Min. Ⓥ VMP/Cannon/VMP. – R: Russell Mulcahy. D: Christopher Lambert, Sean Connery, Roxanne Hart, Clancy Brown.
Fantasyfilm. »Unsterbliche« Krieger, seit Jahrhunderten in Schwertkämpfe verwikkelt, streifen über die Erde; zwei Repräsentanten dieser Phantasiemythen treffen sich im Manhattan des 20. Jahrhunderts zum Endkampf; ein Märchenfilm, mit klug motivierten Liebesgeschichten garniert, daneben viele Tötungsrituale in Farben zwischen düsterem Pop und grellem Pep; virtuose Special Effects.

Die Highschool-Fete / * ½
Getting It On
USA 1983 – 87 Min. Ⓥ VPS. – R: William Olsen. D: Martin Yost, Jeff Edmond, Heather Kennedy, Kathy Brickmeier.
Teeniefilm. Ein High-School-Boy beschließt, einen Softporno mit Schülerinnen zu drehen; für die Darstellerinnen soll ein Freund sorgen; ziemlich öder Sexstreifen, ohne viele »Stellen«.

Highway Chaos / **
The Great American Traffic Jam
USA 1979 – 88 Min. – R: James Frawley. D: Desi Arnaz jr., John Beck, René Enriquez, Phil Forster.
Autofilm. Auf dem Highway ist die Hölle los, der Verkehrscomputer spielt verrückt, Stau ist programmiert; das gibt den Bewohnern von Los Angeles Gelegenheit, sich in diesem gutgemeinten Film menschlich näherzukommen.

Highway nach Nashville / **
Smokey and the Goodtime Outlaws
USA 1985 – 85 Min. – R: Alex Grashoff. D: Jesse Turner, Dennis Timple, Slim Pickens, Dianne Sherrill.
Musikfilm. Zwei Cowboys glauben an ihr Talent fürs Showgeschäft, doch der Weg

nach oben ist schwer; klamottiges Lustspiel um Rockstar Turner.

Hilde Breitner TV-Film
BRD 1975 – 95 Min. – R: Peter Beauvais. D: Margret Homeyer, Hans Beerhenke, Britta Fischer.
Als ihr Mann stirbt, ändert sich das Leben der älteren Arbeiterin, die sich ihrer Situation bewußt wird. Widersprüchliche Figuren in einem Fernsehspiel, das routiniert in Szene gesetzt ist.

Hilde, das Dienstmädchen ∗∗
DDR 1986 – 94 Min. – R: Günther Rükker, Jürgen Brauer. D: Jana Krausová-Pehrová, Peter Kunev, Achim Wolf, Heide Kipp.
Liebesfilm. Eine junge Deutsche folgt in unsicheren Zeiten, 1937, ihrem tschechischen Freund ins Ausland; als dieser wegen Kurierdiensten für eine Geheimorganisation sterben muß, bricht für Hilde die Welt zusammen. Nach wahren Erlebnissen der noch lebenden Titelheldin gedrehter Film, der private Liebesleidenschaft und Zeitpolitik gekonnt zusammenfügt; atmosphärisch eindringlich.

Hilfe, der Doktor kommt! / Doctor at Large ∗∗ ½
GB 1956 – 95 Min. – R: Ralph Thomas. D: Dirk Bogarde, Muriel Pavlow, Donald Sinden, James Robertson Justice.
Komödie. Der junge Arzt der Serie »Aber, Herr Doktor!« tritt in ein tiefes Fettnäpfchen; als Stellvertreter eines Modearztes für reiche Neurotikerinnen umschifft er erste Existenzprobleme; köstliche Einblicke in die Welt der britischen Snobiety.

Hilfe, die Verwandten kommen ∗ ½
BRD 1971 – 79 Min. – R: Franz Josef Gottlieb. D: Uschi Glas, Horst Janson, Beppo Brehm, Theo Lingen, Ilja Richter, Eddi Arent, Claudia Höll.
Klamotte. Die noch möbelleere Wohnung eines jungen Ehepaares löst Verwandtenbesuch aus; trotz netter Chargenrollen mit bekannten Gags eher billiger Klamauk.

Hilfe, ich bin Millionär / Brewster's Millions ∗∗ ½
USA 1944 – 75 Min. sw. – R: Allan Dwan. D: Dennis O'Keefe, Eddie »Rochester« Anderson, Gail Patrick, Mischa Auer.
Komödie. Ein spleeniger Onkel vererbt seinem Neffen Millionen, doch dieser muß innerhalb von zwei Monaten eine Million ausgeben, ohne damit Profit zu machen. Damit kommt diese turbulente Komödie nach dem Stück von Winchell Smith richtig in Fahrt; einige Längen, dennoch lacht man Tränen; 1985 neu verfilmt (»Zum Teufel mit den Kohlen«).

Hilfe, ich liebe Zwillinge ∗ ½
BRD 1969 – 105 Min. Ⓥ Ufa. – R: Peter Weck. D: Roy Black, Uschi Glas, Georg Thomalla.
Klamotte. Roy Black als smarter Modefotograf verknallt sich in ein kapriziöses Mannequin, nicht ahnend, daß es eine Zwillingsschwester hat.

Hilfe, mein Mann ist schwanger / Die Umstandshose / L'événement le plus important depuis que l'homme a marché sur la lune ∗∗ ½
F 1972 – 95 Min. – R: Jacques Démy. D: Catherine Deneuve, Marcello Mastroianni, Micheline Presle.
Komödie. Ein eleganter Herr klagt über Leibschmerzen, der Arzt stellt eine Schwangerschaft fest; die Modeindustrie stürzt sich auf diese evolutionäre Sensation, während sich Frau Irene amüsiert gibt.

Hilfe, mich liebt eine Jungfrau ∗
BRD/F 1969 – 83 Min. – R: Arthur Maria Rabenalt. D: Gundolf Willer, Yvonne ten Hoff, Veronique Vendell, Rudolf Schündler, Ralf Wolter.
Klamotte. Genreübliche Schwierigkeiten behindern ein junges Liebespaar, denn ein Bankiersparvenu hat den Drang zum Adel; dümmlicher Kostümfilm mit Sexwitzchen.

Hilfe, sie liebt mich nicht! / Doctor in Clover / Carnaby, M. D. ∗∗
GB 1966 – 101 Min. – R: Ralph Thomas. D: Leslie Phillips, James Robertson Justice, Shirley Ann Field, Joan Sims.
Komödie. Ein alter Arzt und Schwerenöter will seine Fachkenntnisse auffrischen, verliebt sich aber im Hospital sofort und

kriegt Ärger; matter Nachschlag zu den »Doktor«-Filmen mit Dirk Bogarde (»Aber, Herr Doktor!«-Serie).

Himbeercocktail ∗∗
ČSSR 1982 – 70 Min. – R: Ladislava Sieber. B: Jana Novothá. D: Vetta Cornová, Jana Kretschmerková, Marek Brodski, Jiří Kodes.
Jugendfilm. Eine junge Frau zieht schnelles Geld durch Kneipenjob einer seriösen Berufsausbildung vor und bemerkt fast zu spät ihren Irrtum; lehrhaft, lebendig gespielt.

Himmel auf Erden ∗∗ ½
A 1935 – 85 Min. sw. – R: E. W. Emo. D: Heinz Rühmann, Hans Moser, Theo Lingen, Adele Sandrock.
Komödie. Himmlisch alberne Klamotte mit dem Starquartett des deutschen Kintopps der Nazi-Zeit. Selten ergänzten sich Schauspieler in komischen Rollen so gut, daß die Story in ihrer hanebüchenen Dürftigkeit dem Film nicht schadet.

Der Himmel ist schon ausverkauft / Les vieux de la vieille ∗∗∗
F/I 1960 – 89 Min. sw. – R: Gilles Grangier. D: Jean Gabin, Pierre Fresnay, Noël-Noël, Mona Goya.
Komödie. Drei alte, kauzige Sonderlinge, die durch dick und dünn gehen, müssen bittere Erfahrungen mit den Vorurteilen ihrer Dorfgemeinschaft und den strengen Regeln eines Altersheims machen. Aber sie wissen sich in diesem umwerfend komischen, rührenden und melancholisch-menschlichen Filmspaß zu wehren.

Himmel ohne Sterne ∗∗ ½
BRD 1955 – 109 Min. sw. – R, B: Helmut Käutner. D: Erik Schuman, Eva Kotthaus, Horst Buchholz, Georg Thomalla, Gustav Knuth.
Melodram. Die Liebe zwischen einer DDR-Arbeiterin und einem BRD-Grenzschützer endet an der deutsch-deutschen Grenze tödlich; viel Kalte-Kriegs-Rhetorik in einem Film, der durch sensible Regie und überzeugende Darsteller wirkt.

Himmel, Scheich und Wolkenbruch / Traumschiff FLOP
BRD 1978 – 89 Min. Ⓥ Polyband/Topic. – R: Dieter Böttger. D: Peter Wyngarde, Marlène Charell, Eddi Arent, Felix Dvorak, Alfons Haider, Rudi Carrell.
Klamotte. Tiroler Gastwirtssohn gewinnt Ferienreise, und Vater will mitreisen; das alles führt zu Verwicklungen, die kaum jemand richtig komisch finden kann; Unterhaltung am Rand des Schwachsinns.

Der Himmel soll warten / Heaven Can Wait ∗∗ ½
USA 1978 – 97 Min. Ⓥ CIC. – R: Warren Beatty. D: Warren Beatty, James Mason, Julie Christie, Jack Warden.
Komödie. Durch einen »himmlischen« Irrtum wurde ein Footballidol zu früh zum Engel; er darf zur Erde zurückkehren, aber in eine andere, ungewohnte Hülle schlüpfen; Remake von »Urlaub vom Himmel« als respektables Starvehikel für Beatty.

Himmel über den Sümpfen / Cielo sulla palude ∗∗ ½
I 1949 – 90 Min. sw. – R: Augusto Genina. D: Ines Orsini, Mauro Matteucci, Giovanni Martella, Assunta Ratica.
Melodram. Erzählt wird das Schicksal der späteren heiligen Maria Goretti aus einer armen Landarbeiterfamilie in den italienischen Sümpfen, die als Zwölfjährige ermordet wurde. Der sozialkritische Blick schlägt schnell um in eine Gott-ist-mit-den-Armen-Haltung. Eindringliche Bilder, spröde Landschaften, Liebe, Triebe und göttliche Erleuchtung in einer dramatischen Glaubensschnulze.

Himmel und Hölle / State buoni se potete ∗∗ ½
I 1983 – 110 Min. – R: Luigi Magni. D: Johnny Dorelli, Philippe Leroy, Mario Adorf, Rodolfo Bigotti, Federica Mastroianni, Eurilla Del Bona, Angelo Branduardi.
Kostümmelodram. Das groteske Melodram, mit Elementen des Grusel- und Fantasyfilms durchsetzt, erzählt die Geschichte des großherzigen Priesters Filippo Neri, der als Praktiker der Nächstenliebe in einem Kloster arme Straßenkinder betreut; sehenswert.

Himmel vorhanden – Engel gesucht / This Wife for Hire ∗∗ ½
USA 1984 – 91 Min. Ⓥ All-Video. – R:

Jim Drake. D: Pam Dawber, Robert Klein, Ann Jillian, Sam J. Jones, Dick Gautier.
Komödie. Eine Hausfrau entdeckt eine Marktlücke: Sie vermietet sich als haushaltführende »Teilzeitfrau« an desolat organisierte Singles, das nervt den Gatten; durchschnittlicher Schwank, der viele Möglichkeiten verschenkt.

Das Himmelbett TV-Film
BRD 1963 – 95 Min. sw. – R: Hans Quest. B: Jan de Hartog. D: Ingrid Andree, Hanns Lothar.
Ein mächtiges Himmelbett begleitet ein Ehepaar durch alle Freuden und Krisen eines gemeinsamen Lebens; einfühlsam.

Ein Himmelhund von einem Schnüffler / O Heavenly Dog ** ½
USA 1979 – 100 Min. – R: Joe Camp. D: Chevy Chase, Jane Seymour, Omar Sharif, Robert Morley.
Krimiparodie. Spannende und überraschend pointierte Privatdetektivstory um einen Mord und noch einen, und schließlich kann der Schnüffler sogar bellen; einfallsreich und ungewöhnlich.

Ein himmlischer Schwindel / Change of Habit * ½
USA 1969 – 89 Min. – R: William Graham. D: Elvis Presley, Mary Tyler Moore, Barbara McNair, Edward Asner.
Elvis-Film. Ein Slumdoktor verliebt sich in eine stets fröhlich-hilfsbereite Schwester, ohne zu wissen, daß sie Nonne ist und zeitweise ohne Ordenshabit arbeitet; Elvis' letzter Film, in dem weder die komödiantischen noch die ernsteren Möglichkeiten des Themas recht zur Geltung kommen.

Ein himmlischer Sünder / Heaven Can Wait ***
USA 1943 – 112 Min. – R: Ernst Lubitsch. D: Gene Tierney, Don Ameche, Charles Coburn.
Komödie. Märchenkino von Meisterhand: Lubitsch erzählt seine Geschichte aus dem Vorraum zur Hölle mit Seiner Exzellenz, dem Teufel, und verwirrenden Liebesabenteuern anhand der erotischen Biographie eines Mannes; elf Episoden von inszenatorischer Genialität und gekonnter Farbkomposition.

Ein himmlischer Walzer * ½
D 1948 – 90 Min. sw. – R: Géza von Cziffra. D: Elfie Mayerhofer, Paul Hubschmid, Curd Jürgens.
Komödie. Ein Engel kommt zur Erde, um Modekollektionen für den Himmel zu studieren. Modemacher Weidenauer stutzt sofort dessen Flügel zurecht. Damit beginnen für das nun fluguntüchtige Modeobjekt schwere Zeiten – in einer leichten, harmlosen Nachkriegskomödie.

Himmo – König von Jerusalem / Himmo melech Yerushalaim ** ½
Israel 1987 – 87 Min. – R: Amos Gutman. D: Alona Kimchi, Dov Navon, Amiram Gabriel, Amos Lavi, Ofer Shikartsi.
Problemfilm. Hamutal wird während der Belagerung von Jerusalem 1948 freiwillig Krankenschwester in einem Militärlazarett. Viele der Verwundeten sind verstümmelt, am schlimmsten Himmo, der einst ein gutaussehender Jüngling war. Deprimierender, kruder, mit Akribie gestalteter Report über die Schrecken des Krieges.

Die Hindenburg / The Hindenburg ***
USA 1975 – 109 Min. Ⓥ CIC. – R: Robert Wise. D: George C. Scott, Anne Bancroft, Gig Young, Alan Oppenheimer, René Auberjonois.
Katastrophenfilm. Eine Amerikanerin hat die Vision von Sabotageakten gegen das deutsche Luftschiff »Hindenburg«; aus völlig anderen Gründen kommt es am 6. Mai 1937 bei der Landung in Lakehurst/USA zur Katastrophe; sorgfältig inszenierte, halbdokumentarische Rekonstrukion des nie aufgeklärten Geschehens von bestechender technischer Brillanz; mit eingearbeitet in melodramatischer Hollywoodmanier ist das Gerücht von antinazistischer Sabotage.

Die Hinrichtung * ½
BRD/Israel 1975 – 86 Min. – R: Reza S. Badiyi. D: Hardy Krüger, Gila Almagor, Jason Robards jr.
Krimi. Ein verständigungsbereiter Geschäftsmann, Halbjude und KZ-Waise, wird von einer palästinensischen Terrori-

stin, die er liebt, erschossen; Nahostklischees in einer spannungslosen Kolportage.

Hinrichtung eines Lehrers / Martin ** ½

N 1980 – 75 Min. – R: Leidulv Risan. D: Björn Skagestad, Nina Hart, Kuni Evjen, Jon Eikemo.

Zeitkritischer Film. Bitteres, realistisch ausgemaltes Porträt einer norwegischen Provinzstadt, von deren moralischer Engstirnigkeit ein junger Lehrer, der sich angeblich einem Schüler unsittlich genähert haben soll, ruiniert wird. Ein betroffen machender, ehrlicher Film aus dem Norden.

Hinter den Felsen lauert der Tod / L'arme au bleu ** ½

F 1981 – 101 Min. – R: Maurice Frydland. D: Pierre Arditi, Jean-Michel Dupuis, Maurice Vandaux, Gilles Laurent.

Kriegsfilm. Probleme bekommen französische Soldaten, als sie sechs Gefangene durch die Wüste transportieren sollen; psychologischer Actionfilm über die Problematik des Algerienkrieges.

Das Hintertürl zum Paradies TV-Film

BRD/A 1987 – 90 Min. – R, B: Reinhard Donga. D: Elmar Wepper, Michaela May, Max Griesser, Franz Xaver Kroetz, Hans Stadtmüller, Christoph Moosbrugger.

Adaption eines Romans von Jürgen König vom Stadtmenschen, der einen ererbten Bauernhof partout behalten will; witzig-freche »dörfliche Komödie«, gut besetzt und listig inszeniert.

The Hitch-Hiker / The Hitch-Hiker **

USA 1953 – 71 Min. sw. OmU. – R: Ida Lupino. D: Edmond O'Brien, Frank Lovejoy, William Talman.

Thriller. Ein psychopathischer, körperlich deformierter Killer, der als Anhalter Autofahrer ermordet, steht in diesem makabren Film als Exponent einer gefährdeten und korrupten Gesellschaft.

Hitcher – Der Highway-Killer / The Hitcher * ½

USA 1985 – 92 Min. – R: Robert Harmon. D: Rutger Hauer, C. Thomas Howell, Jennifer Jason Leigh, Jeffrey DeMunn.

Thriller. Ein seltsamer, gewalttätiger Anhalter bringt einen spätpubertären Jüngling in Lebensgefahr und vor die Läufe der Polizeiwaffen; ein Mädchen spielt zeitweise eine Rolle; wirre Mixtur aus Psychothriller und dürftigem Road Movie, die Serienbrutalitäten als Action verkauft; Story vom Milchbart contra Pseudo-Rambo mit der Moral, daß man mit Lynchjustiz nicht früh genug beginnen kann.

Hitze und Staub / Heat and Dust ***

USA 1982 – 124 Min. – R: James Ivory. D: Julie Christie, Christopher Cazenove, Greta Shashi, Sashai Kapoor, Zakir Hussai.

Indienfilm. Eine junge Engländerin erlebt Indien auf den Spuren ihrer Großtante, lebt deren Leben nach, entscheidet sich aber in der Konsequenz ihrer Erfahrungen anders; einer der schönsten Indienfilme mit überzeugender Kontrastierung zweier Kulturwelten; unsentimental nostalgisch.

Ho! / Die Nummer 1 bin ich! / Ho! ** ½

F/I 1968 – 94 Min. – R: Robert Enrico. D: Jean-Paul Belmondo, Joanna Shimkus, Sydney Chaplin.

Krimi. Ein Mann, als Rennfahrer erfolglos, wird Chauffeur einer Gangsterbande; als sein Boß tödlich verunglückt, sieht er Karrierechancen; Gangstermelodram nach traditionellem Strickmuster.

Hoch drob'n auf dem Berg * ½

BRD 1957 – 98 Min. – R: Géza von Bolvary. D: Gerhard Riedmann, Margot Hielscher, Gunther Philipp, Lucie Englisch, Gardy Granass.

Heimatfilm. Zwischen zwei Frauen muß sich der Holzfäller Toni entscheiden, und die Musik spielt dazu. Eine alte Zahnradbahn, ein Sportflugzeug und Tirols Kirchtürme und Berggipfel runden die heile Welt ab.

Hoch klingt der Radetzkymarsch **

A 1958 – 97 Min. – R: Géza v. Bolvary. D:

Johanna Matz, Paul Hörbiger, Walther Reyer, Chariklia Baxevanos, Boy Gobert. *Komödie.* Mitte des letzten Jahrhunderts wetten drei Offiziere um die Liebeserfolge eines der ihren, eines Frauenhelden; k.u.k. Launigkeit und leichte, routinierte Unterhaltung.

Die Hochmütigen / Les orgueilleux ** ½
F/MEX 1953 – 80 Min. sw. – R: Yves Allégret. D: Gérard Philippe, Michèle Morgan, C. L. Moctezuma.
Liebesfilm. Ein durch Alkohol heruntergekommener Arzt erlebt durch den Ausbruch einer Seuche in Mexiko und durch die Bekanntschaft mit einer attraktiven Frau einen neuen Start in bessere Zeiten. Atmosphärisch starker Milieufilm mit konventionellem Plot, aber großen Darstellern.

Höchster Einsatz in Laredo / A Big Hand For a Little Lady **
USA 1966 – 91 Min. – R: Fielder Cook. D: Henry Fonda, Joanne Woodward, Jason Robards jr.
Western. Henry Fonda erleidet eine Herzattacke, als er zu hoch pokert, seine blonde Frau spielt für ihn weiter – und gewinnt. Spielerfilm als Komödie – kurios, leicht kitschig.

Der Hochtourist **
BRD 1961 – 84 Min. sw. – Ulrich Erfurth. D: Willy Millowitsch, Claude Farell, Beppo Brem, Marlies Behrens.
Komödie. Ein Theaterbesessener, den seine Familie permanent beim Bergsteigen wähnt, rettet einen Musentempel; doch sein Auftritt als Wilhelm Tell löst eine mittlere Katastrophe aus; schwungvoll und recht witzig.

Hochwürden dreht sein größtes Ding / The Great Bank Robbery * ½
USA 1968 – 98 Min. – R: Hy Averback. D: Zero Mostel, Kim Novak, Clint Walker, Akim Tamiroff.
Gangsterfilmparodie. Ein falscher Priester, ein mexikanischer Banditenführer und andere Outlaws konkurrieren miteinander beim Ausrauben einer Bank. Wenig originelle Persiflage.

Eine Hochzeit / A Wedding ** ½
USA 1978 – 120 Min. – R: Robert Altman. D: Carol Burnett, Mia Farrow, Amy Stryker, Vittorio Gassmann, Paul Dooley, Geraldine Chaplin, Lillian Gish.
Gesellschaftsstudie. Eine Hochzeit in einer neureichen Familie geht durch Intrigen, persönliche Defizite und den Tod der Großmutter ziemlich daneben; großangelegte sozialkritische Studie, streckenweise amüsant, witzig und bissig, aber ohne Brillanz.

Hochzeit auf Bärenhof **
D 1942 – 92 Min. sw. – R: Carl Froelich. D: Heinrich George, Paul Wegener, Ilse Werner, Ernst von Klipstein.
Familiendrama. Eine Romeo-und-Julia-Romanze aus altdeutschen Landen mit zwei verfeindeten Baronen, polternden Herrenmenschen, einem Streit um eine Wiese, Blasmusik, Idylle, einem jungen Leutnant und dem großmütig verzichtenden »Onkel« Heinrich George.

Hochzeit auf Immenhof **
BRD 1956 – 91 Min. – R: Volker von Collande. D: Angelika Meissner, Heidi Brühl, Paul Klinger, Margarete Haagen, Hans Nielsen, Paul Henckels.
Ponyferienfilm. Ein altes Landgut soll unter den Hammer kommen, doch fröhliche Menschen packen an und bauen auf: mit Cowboyliedern, Dorfdoktoren, Reitzirkus, Liebeskarussell und einer Heidi Brühl, die noch Babyspeck hinter den Ohren hat; Fortsetzung von »Die Mädels vom Immenhof«.

Hochzeit im Grünen / Le jour de noces ** ½
CH 1970 – 70 Min. – R: Claude Goretta. D: Arnold Walter, Dora Doll, Martine Garrel, André Schmidt.
Melodram. Die Familie Dufour macht eine Landpartie und trifft in einem Gasthof auf eine Hochzeitsgesellschaft; der Sohn der Familie verliebt sich dabei in die Braut. Eigenwillige Bilder aus der Schweizer Provinz.

Hochzeitsmarsch / The Wedding March ***
USA 1928 – 132 Min. tw. F. – R: Erich von Stroheim. D: Erich von Stroheim, Fay Wray, George Fawcett, Maude George, Cesare Gravina, ZaSu Pitts.
Liebesdrama. Ein Prinz verliebt sich in

ein Serviermädchen, muß aber eine reiche Frau heiraten, die später stirbt. Nach dem fünfstündigen Original von 1928 im Jahr 1954 von Stroheim rekonstruierte, mit Musik versehene Fassung, die seinen schönsten und mitreißendsten Film konsumierbar macht.

Hochzeitsnacht ∗

D 1941 – 75 Min. sw. – R: Carl Boese. D: Heli Finkenzeller, Geraldine Katt, Hans Fidesser.

Komödie. Da die Tochter eines Bürgermeisters nicht den Favoriten des Herrn Papa ehelichen will, wird sie kurzerhand unter Hausarrest gestellt; mäßig komisch.

Hochzeitsnacht im Paradies ∗ ½

A 1962 – 110 Min. – R: Paul Martin. D: Peter Alexander, Marika Rökk, Waltraut Haas, Gunther Philipp, Hubert von Meyerinck.

Revuefilm. Operettentenor Dr. Hansen will eine Industriellentochter heiraten, doch Vater ist dagegen sehr. Auch die eifersüchtige Bühnenpartnerin des Operettenhelden sperrt sich gegen die Verbindung. Was dabei herauskommt, zeigt dieser vom Komödienroutinier Martin (»Ein blonder Traum«) mit gewohnter Sangesbesetzung heruntergedrehte Film nach der gleichnamigen Operette mit mäßigem Unterhaltungswert (Erstverfilmung 1950 mit Johannes Heesters).

Hochzeitsparade / Here Comes the Groom ∗∗ ½

USA 1951 – 114 Min. – R: Frank Capra. D: Bing Crosby, Jane Wyman, Alexis Smith, Franchot Tone, James Barton.

Komödie. Ein leicht ausgeflippter Journalist bringt zwei französische Kriegswaisen in die USA; doch inzwischen hat sich die als Mutter eingeplante Dauergeliebte verlobt; ein witzig synchronisierter Film voll skurriler Typen, die pflastergestrandet sind; ein knochentrockener Crosby treibt die pummelige Schönheit Wyman zu komödiantischen Höchstleistungen, und wenn »Bing & Satch« (Gaststar Louis Armstrong) fröhlich krähen, ist das schwache Drehbuch vergessen.

Der Hochzeitstag TV-Film

BRD 1985 – 90 Min. – R: Konrad Sabrautzky. B: Irina Korschunow. D: Dieter Kirchlechner, Witta Pohl, Nina Hoger, Maja Maranow, Michael Tanneberger.

Eine Eröffnung am Hochzeitstag (Mann hat Freundin und bittet um Konzilianz der Frau) führt zu einer Ehekrise; kitschige Kolportage.

Hoffmann / Hoffman ∗∗ ½

GB 1970 – 107 Min. – R: Alvin Rakoff. D: Peter Sellers, Sinead Cusack, Ruth Dunning, Jeremy Bulloch.

Komödie. Ein Mann, hoffnungslos in seine Sekretärin verliebt, erpreßt diese zu gemeinsamem Probewohnen, als er von fragwürdigen Geschäften ihres Freundes erfährt; aber alles endet anders als geplant; etwas wirres Sellers-Lustspiel, der den Wandel vom Opportunisten zum Gentleman einigermaßen glaubhaft darstellt.

Hoffnung / L'éspoir ∗∗∗ ½

F 1938 – 70 Min. sw. OmU. – R: André Malraux. D: José Sempere, André Mejuto, Julio Peña.

Kriegsdokument. Malraux' halbdokumentarischer Spielfilm aus dem spanischen Bürgerkrieg: Ein republikanisches Flugzeug greift die Faschisten an, nach dem Absturz rettet sich die Besatzung durch ödes Gelände und die feindlichen Linien. Ein Dokument von tragischer Größe.

Hoffnung für Julian / Forever and Beyond ∗∗

USA 1981 – 73 Min. – R: Thomas Flood. D: John Snee, Terence O'Conner, Dixie Wade, Herbert Rudley.

Psychodrama. Ein Siebenjähriger leidet an Leukämie; die Eltern sind verzweifelt, doch der Junge erhält sich seine kindliche Unbefangenheit; Film um ein aktuelles Thema, das nur mäßig umgesetzt wird.

Ein hoffnungsloser Fall ∗∗

D 1939 – 92 Min. sw. – R: Erich Engel. D: Jenny Jugo, Hannes Stelzer, Karl Ludwig Diehl, Hans Richter, Axel von Ambesser.

Komödie. Im Mittelpunkt steht die selbständige, etwas verwöhnte Studentin, die sich nicht nur in den Kommilitonen Hans, sondern auch in ihren Professor verliebt hat; sie läßt sich jedoch von den Männern nicht unterkriegen und erlebt schließlich während einer Schiffsreise nach Südamerika das glückliche Happy-End; sehenswert die erfrischende Jenny Jugo.

Der Hofnarr / The Court Jester ***

USA 1956 – 97 Min. – R: Norman Panama, Melvin Frank. D: Danny Kaye, Glynis Johns, Basil Rathbone, Angela Lansbury, Cecil Parker.

Farce. Der Usurpator hat die Königsfamilie getötet und die Macht an sich gerissen; Danny Kaye gelingt es, als Hofnarr auf das Schloß zu gelangen, um den Thronfolger zu retten. Hofintrigen, eine Romanze und köstlich-komische Situationen geben Kaye Gelegenheit, sein großes Komikertalent voll zu entfalten.

Hoheit lassen bitten * ½

BRD 1954 – 93 Min. – R: Paul Verhoeven. D: Hans Söhnker, Friedl Loor, Anne-Marie Blanc, Eva Probst, Gunnar Möller, Annie Rosar.

Liebesfilm. Skandal bei Hofe, denn ein verschuldeter Graf liebt eine Operettendiva, die manches tun muß, um ihm aus der Klemme zu helfen; Routineromanze mit Willi-Kollo-Musik zu Verwechslungsspielchen.

Höhenfeuer ***

CH 1985 – 115 Min. Schwyzerdt. m. U. – R, B: Fredi M. Murer. D: Thomas Nock, Johanna Lier, Dorothea Moritz, Rolf Illig, Tilli Breidenbach, Jörg Odermatt.

Heimatfilm. Ein modernes Melodram aus den Schweizer Bergen, das heiter beginnt und tragisch endet. Vier Menschen in der kargen Alpenregion: Der Vater haßt die Menschen im Tal, die Mutter bleibt blaß, der Sohn ist taubstumm, die Tochter versucht, sich in ihn einzufühlen. Strenge Bilder von poetischer Kraft; Preis auf dem Festival von Locarno 1985.

Höhenrausch / High and Dizzy ***

USA 1920 – 31 Min. – R: Hal Roach. D: Harold Lloyd, Mildred Davis.

Harold-Lloyd-Kurzfilm. Früher Film um den artistischen Meister schwindelerregender Situationen, der von einem Dilemma ins andere stürzt und alle löst; ununterbrochene Folge zirzensischer und komischer Glanznummern.

Hokuspokus **

BRD 1953 – 85 Min. sw. – R: Kurt Hoffmann. D: Curt Goetz, Valerie von Martens, Hans Nielsen, Ernst Waldow.

Krimikomödie. Verfilmung von Goetz' Boulevardstück um eine indizienbelastete Angeklagte, die durch eine Gerichtssensation entlastet wird; mit leichter Hand inszeniert und sympathisch gespielt; Goetz' letzter Film.

Hold Your Man ** ½

USA 1933 – 89 Min. sw. OmU. – R: Sam Wood. D: Jean Harlow, Clark Gable, Stuart Erwin.

Melodram. Die Story einer Liebesleidenschaft, die von der Komödie zum Drama wechselt. Kluges Drehbuch, geschmackvolle Fotografie und das Starduo Harlow/Gable auf dem Höhepunkt seiner darstellerischen Leistung.

Holiday Inn / Nur freitags geöffnet / Holiday Inn ** ½

USA 1942 – 101 Min. sw. OmU. – R: Mark Sandrich. D: Bing Crosby, Fred Astaire, Marjorie Reynolds, Virginia Dale.

Musical. Film ohne wesentliche Handlung, doch die wird auch nicht vermißt, denn Crosby singt (erstmals im Film) »White Christmas«, und Astaire tanzt nach Songs von Irving Berlin.

Die Hölle am Gelben Fluß / Apocalisse sul fiume giallo *

I 1959 – 84 Min. – R: Renzo Merusi. D: Anita Ekberg, George Marshall, Franca Bettoja.

Bürgerkriegsfilm. 1949 wollen Nationalchinesen einen Damm am Gelben Fluß sprengen; ein US-Reporter hält die Information zurück, um eine Exklusivstory zu bekommen; einfallslos und unglaubwürdig.

Hölle in der Stadt / Nella città l'inferno ***

I 1958 – 95 Min. sw. – R: Renato Castellani. D: Anna Magnani, Giulietta Masina, Miriam Bru.

Milieustudie. Im Frauengefängnis von Rom werden die unterschiedlichen Lebenswege und Einstellungen zweier

Frauencharaktere exemplarisch dargestellt; Episodenfilm, eines der fast vergessenen Meisterwerke des Neorealismus.

Hölle 36 / Private Hell 36 ∗∗
USA 1954 – 89 Min. – R: Don Siegel. D: Ida Lupino, Steve Cochran, Howard Duff, Dorothy Malone.
Polizeifilm. Zwei Beamte sollen das Geld aus einem Überfall wiederbeschaffen und werden schwach, als sie die 80 Mille in der Tasche spüren; zwischen bösen und guten Bullen entfaltet der routinierte und straffe Film seinen Krimikonflikt.

Die Hölle sind wir / Hell in the Pacific ∗∗ ½
USA 1968 – 97 Min. – R: John Boorman. D: Lee Marvin, Toshiro Mifune.
Kriegsfilm. Ein US-Soldat und ein Japaner stranden im Zweiten Weltkrieg auf einer unbewohnten Pazifikinsel; die Kriegsgegner lernen langsam, gemeinsam zu überleben. Intelligente Kriegsparabel von Boorman, glänzend gespielt.

Die Hölle von Algier / L'insoumis / Il rebelle di Algeri ∗∗ ½
F/I 1964 – 96 Min. – R: Alain Cavalier. D: Alain Delon, Lea Massari, Georges Géret, Maurice Garrel, Robert Castel.
Actionfilm. Ein kriegsgeschockter Legionär desertiert 1961 in Algerien und wird bei der Flucht schwer verletzt; er sucht Schutz und Hilfe; exzellent fotografierter Routinethriller mit eigenwilligem Finale.

Die Hölle von Borneo / Hell of Borneo ∗∗
USA 1966 – 81 Min. – R: George Montgomery. D: George Montgomery, Julie Gregg, Torin Thatcher.
Abenteuerfilm. Kolportagefilm um einen Inselbesitzer im Malaiischen Archipel, der seinen Besitz gegen einen skrupellosen Businessman verteidigen muß; bunt, kitschig, unterhaltsam.

Die Hölle von Macao FLOP
BRD/F/I 1966 – 90 Min. – R: Frank Winterstein. D: Robert Stack, Elke Sommer, Nancy Kwan, Christian Marquand.
Abenteuerfilm. Fotoreporter sucht legendären chinesischen Kaiserschatz, doch sind im Spielerparadies Macao auch andere hinter dem Medaillon, dem Schlüssel zum Schatz, her; Exotisches als Kulisse für Brutalitäten und ärgerliche Banalitäten.

Die Hölle von Manitoba / Un lugar namada ∗ ½
BRD/E 1965 – 90 Min. – R: Sheldon Reynolds. D: Lex Barker, Pierre Brice, Marianne Koch, Hans Nielsen, Wolfgang Lukschy.
Teutonenwestern. Die beiden Karl-May-Stars als Gunfighter, die Freunde wurden und – statt wechselseitig auf sich – auf böse Buben schießen; natürlich wartet ein Rancherstöchterlein als Lohn; als Western nichts Halbes und nichts Ganzes; bieder.

Die Hölle von Okinawa / Halls of Montezuma ∗∗ ½
USA 1950 – 110 Min. – R: Lewis Milestone. D: Richard Widmark, Jack Palance, Reginald Gardiner, Robert Wagner, Karl Malden, Jack Webb.
Kriegsfilm. Starbesetzung in einer soliden Filmstory aus dem Zweiten Weltkrieg: Marineoffizier soll mit seiner Kompanie Japaner festsetzen und verhören; die Spannungen im Kommando sind unüberbrückbar, da greifen die Japaner an; viel Action im Pazifik, stereotypes Weltkriegsbild, aber spannend.

Die Hölle von Oklahoma / War of the Wildcats in Old Oklahoma ∗∗
USA 1945 – 90 Min. sw. – R: Albert S. Rogell. D: John Wayne, Martha Scott, Albert Dekker.
Western. Höhepunkt in diesem Öl-Western ist eine gewaltige Prügelei zwischen dem Cowboy John Wayne und seinem Widersacher Dekker, dem er außerdem auch das Mädchen wegheiratet.

Hölle, wo ist dein Schrecken? / In Love and War ∗∗
USA 1958 – 107 Min. – R: Philippe Dunne. D: Robert Wagner, Dana Wynter, Jeffrey Hunter, Hope Lange.
Kriegsfilm. Der Weg dreier Soldaten im Pazifikkrieg; sympathische Studien verschiedener Charaktere; intensiv Wagner, der zum Kriegshelden wird; dennoch einer der zahlreichen Krieg-als-Abenteuer-Filme.

Hölle, wo ist dein Sieg? / ∗∗ ½
All This and Heaven Too
USA 1939 – 90 Min. sw. – R: Anatole Litvak. D: Charles Boyer, Bette Davis, Barbara O'Neil, Virginia Weidler.
Melodram. Die junge Erzieherin im Hause eines französischen Herzogs Mitte des 19. Jahrhunderts löst eine möderische Dreieckstragödie aus; Boyer und Davis überragend als romantisches Paar in einem intensiv inszenierten Film nach Rachel Fields Bestseller.

Höllenfahrt nach Santa Fé / Ringo / Stagecoach ∗∗∗∗
USA 1939 – 95 Min. sw. – R: John Ford. D: John Wayne, Claire Trevor, John Carradine, Andy Devine, Thomas Mitchell, Louise Platt.
Western. Dieser Kinoklassiker enthält alle Topoi des Genres – den Sheriff und die Banditen, Indianerüberfall, Verfolgung, Showdown, Liebe und Rache; Schauplätze sind die unendliche Prärie und die Urweltfelsen des Monument Valley. Das Meisterwerk von John Ford ist mehr als ein Western; die Fahrt der »Stagecoach« steht als Metapher einer Lebensreise, sie bringt Geburt und Tod.

Höllenflieger / Hell's Angels ∗∗∗
USA 1930 – 120 Min. sw. – R: Howard Hughes. D: Ben Lyon, James Hall, Jean Harlow, Carl von Haartman.
Fliegerfilm. In seinen grandiosen Luftaufnahmen einer der unerreichten Fliegerfilme des frühen Kintopps; die Story aus dem Ersten Weltkrieg ist allerdings eher trivial. Jean Harlow mehrte mit diesem luftigen Actiondrama ihren Ruhm.

Höllenhunde bellen zum Gebet / Con la rabbia agli occhi ∗ ½
I 1976 – 98 Min. – R: Anthony M. Dawson. D: Yul Brynner, Massimo Ranieri, Barbara Bouchet, Martin Balsam.
Gangsterfilm. Ein Profikiller der US-Mafia soll in Neapel einen Verräter ermorden; statt dessen verliebt er sich in eine Italoschönheit, und ein karrieresüchtiger Nachwuchskiller will seinen Auftrag erledigen; viel Action, wenig Spannung.

Die Höllenhunde des Pazifik / Hellcats of the Navy ∗∗
USA 1957 – 81 Min. sw. – R: Nathan Juran. D: Ronald Reagan, Nancy Davis, Arthur Franz, Robert Arthur, William Leslie.
Kriegsfilm. Ein U-Boot-Kommandant verliert bei einem Einsatz einen Matrosen; er gerät in eine Verantwortungskrise; indes wartet an Land seine Freundin auf den erhofften Heiratsantrag; durchschnittliches Seekriegsmelodrama; einziger Film, in dem das spätere Ehepaar Reagan gemeinsam auftrat.

Höllenjagd bis ans Ende der Welt / High Road to China ∗∗ ½
USA 1982 – 89 Min. Ⓥ marketing film. – R: Brian G. Hutton. D: Tom Selleck, Bess Armstrong, Jack Weston, Wilford Brimley, Robert Morley.
Abenteuerfilm. Ein leicht alkoholgetränkter Pilot hilft einer Millionärstochter, das Erbe ihres verschollenen Vaters vor dessen Partner zu retten; schießfreudige Verfilmung eines Romans von Jon Cleary, dessen Anflug von Humor weitgehend erhalten bleibt.

Das Höllenriff / Beneath the 12-Mile-Reef ∗∗
USA 1953 – 98 Min. auch OoU. – R: Robert D. Webb. D: Robert Wagner, Terry Moore, Gilbert Roland, J. Carrol Naish.
Abenteuerfilm. Ein erbitterter Konflikt zwischen englischen und griechischen Schwammfischern entspinnt sich vor der Küste von Florida; garniert mit einer Liebesgeschichte.

Höllenschlacht der Tataren / Die Horden des Khan / Ursus e la ragazza tartara ∗ ½
F/I 1962 – 80 Min. – R: Remigio del Grosso. D: Ettore Manni, Akim Tamiroff, Yoko Tani, Roland Lesaffre.
Phantastischer Historienfilm. Kintopp als Kinderstube; der strahlende Held Ursus und der finstere Bösewicht Khan fechten um 1700, stellvertretend für den Rest der Welt, den weiteren Gang des Schicksals aus; ein Film so harmlos wie naiv, aber rührend verspielt.

Das Höllentor / Jigokumon ∗∗∗
J 1953 – 83 Min. – R: Teinosuke Kinugasa. D: Kazuo Hasegawa, Machiko Kyo, Isao Yamagata.

Samurai-Epos. Als Belohnung für seine Tapferkeit bittet der edle Samurai um die Hand der Hofdame und ahnt nicht, daß sie schon verheiratet ist; tödliche Leidenschaften bestimmen eine präzise Studie der Denkweisen des japanischen Mittelalters; brillante Farbdramaturgie.

Höllenzug / Le train d'enfer ** ½
F 1984 – 85 Min. – R: Roger Hanin. D: Karim Allaoui, Roger Hanin, Christine Pascal.
Politthriller. Thematisiert wird der Rassenkonflikt zwischen Franzosen und Algeriern in Frankreich. Die Rechten provozieren mit rassistischen Hetzparolen ein Klima von Haß und Gewalt, das durch die Mobilisierung von Vorurteilen in der Bevölkerung noch mehr angeheizt wird. Dieses hochaktuelle Problem bereitet der Film in Form eines spannend gemachten konventionellen Thrillers auf: Drei französische Rassisten mißhandeln und ermorden im Zug einen Araber, einzige Zeugin ist eine mutige junge Frau. Die blutige Auseinandersetzung zwischen den organisierten Rassisten und dem aufrechten Polizeikommissar geht am Ende allzu glatt auf.

Hollywood in Bombay / **
Bombay Talkie
Indien 1980 – 106 Min. – R: James Ivory. D: Jennifer Kendal, Shashi Kapoor, Aparna Sen.
Romanze. Eine west-östliche Dreiecksgeschichte um eine neurotische englische Schriftstellerin und einen indischen Filmstar. Die Verbindung von indischer Tradition und westlicher Dekadenz gelingt nicht.

Hollywood Kantine / * ½
Hollywood Canteen
USA 1944 – 123 Min. sw. – R: Delmer Daves. D: Robert Hutton, Joan Leslie, Dane Clark, Janis Paige, Bette Davis.
Komödie. Ein in einen Star verliebter GI muß in einer Kantine von Hollywood manchen Rückschlag erdulden, bis er die Angebetete treffen und becircen kann; Werbefilm für moralische Aufrüstung durch Truppenbetreuung.

Hollywood-Monster ** ½
BRD 1987 – 86 Min. Ⓥ VCL. – R: Roland Emmerich. D: Jason Lively, Tim McDaniel, Jill Whitlow, Paul Gleason.
Gruselkomödie. Genau zwischen Mitternacht und halb eins erscheint Louis, in seinem früheren Leben Butler, der an vergiftetem Wein starb. Am Ende bleibt er jedoch für immer weg: Sein Urahn ruft. Regisseur Emmerichs Hauptdarsteller, ein kleinerer Bruder von E. T. und ein Monster mit dem Gruselcharme eines Staubwedels, trägt den amüsanten und rührenden Film, der handwerklich solide seine allerdings eingleisige Geschichte erzählt.

Hollywood Out-Takes / **
Hollywood Out-Takes and Rare Footage
USA 1983 – 85 Min. – Zusammenstellung: Ron Blackman, Bruce Goldstein.
Episodenfilm. Zusammenschnitt von Pleiten und Pannen, Versprechern und Stolpereien von über hundert Leinwandgrößen wie Marilyn Monroe, Ronald Reagan, Elizabeth Taylor, Frank Sinatra usw.; die nicht sehr durchstrukturierte Sammlung bietet einige Lacher.

Hollywood Party / ** ½
Hollywood Party
USA 1934 – 68 Min. tw. sw. – R: Richard Boleslawski, Allan Dwan, Roy Rowland. D: Jimmy Durante, Jack Pearl, Lupe Velez, Stan Laurel, Oliver Hardy, George Givot.
Musikkomödie. Alles dreht sich um Entertainer Jimmy Durante, der auf einer Galaparty als »Schnarzan der Eroberer« mit zahnlosen Löwen kämpft; dann zaubert Münchhausen eine paar wilde Löwen aus dem Ärmel in dieser Starrevue des alten Hollywood. Nicht geklärt ist bis heute, welcher der drei Regisseure für den Film letztendlich verantwortlich zeichnet.

Hollywood-Story / The Big Knife ** ½
USA 1955 – 113 Min. sw. – R: Robert Aldrich. D: Jack Palance, Ida Lupino, Wendell Corey, Rod Steiger.
Melodram. Ein Star wird zur Unterschrift eines Vertrags gezwungen und begeht Selbstmord; klischeebeladener, kolportagehafter, durch die darstellerischen Leistungen dennoch überzeugender Film

über die Schattenseiten des Starruhms und die Praktiker der Manager.

Home Movies / Wie du mir, so ich dir / Home Movies ** ½

USA 1979 – 84 Min. – R: Brian De Palma. D: Kirk Douglas, Nancy Allen, Vincent Gardenia, Mary Davenport, Keith Gordon.

Komödie. Eine junge Frau besucht ihre zukünftigen Schwiegereltern und stellt fest, daß die ganze Familie von und mit abstrusen Macken lebt, die zudem noch per Video festgehalten werden; spritziger Ulk über Familienkatastrophen, Starallüren und Absonderlichkeiten aller Art.

Honigblüten / Les fleurs du miel ** ½

F 1976 – 90 Min. OmU. – R: Claude Faraldo. D: Brigitte Fossey, Gilles Segal, Claude Faraldo, Mireille Pame.

Melodram. Eine Frau, von ihrem Mann, einem angeberischen Filmkritiker, betrogen, droht mit Selbstbestimmungsgelüsten, die der Gatte handgreiflich verhindern will; in diese Situation platzt ein Weinhändler, der sich bald in einer Dreiecksgeschichte für eine Nacht findet; Film um Liebe, die in Haß umschlägt, und ein voyeuristisch inszeniertes Spiel um Emanzipationsmöglichkeiten.

Hoppla, hier kommt Merton! / Merton of the Movies **

USA 1947 – 79 Min. sw. – R: Robert Alton. D: Red Skelton, Virginia O'Brien, Leon Ames, Alan Mowbray.

Komödie. Der Platzanweiser eines Provinzkinos fühlt sich reif für eine Filmkarriere; als komische Nudel, ganz anders als erträumt, erobert er tatsächlich die Leinwand. Eine Frau steht ihm tatkräftig zur Seite; das spaßige Entertainment des Komikers Skelton versöhnt mit konventioneller Dramaturgie.

Hoppla, jetzt kommt Eddie * ½

BRD 1958 – 90 Min. sw. – R: Werner Klingler. D: Eddie Constantine, Maria Sebaldt, Günther Lüders, Margit Saad.

Krimiklamotte. Die Töchter eines Erfinders von Benzinersatz fallen Erpressern in die Hände; wegen Eddie Constantines pfiffiger Schlitzohrigkeit erträglich.

Die Horden des Khan

siehe: Höllenschlacht der Tataren

Horizont in Flammen / Fire **

USA 1977 – 94 Min. – R: Earl Bellamy. D: Ernest Borgnine, Vera Miles, Patty Duke Astin, Alex Cord, Lloyd Nolan.

Katastrophenfilm. Ein Häftling legt Feuer für seine Flucht und bedroht damit einen ganzen Ort. Ernest Borgnine als mutiger Retter in der Not bändigt das Furioso des Feuers, aber zuvor ergeht sich der Film in geschickt aufgebauten pyromanischen Exzessen; kein ruhiger Filmabend für Feuerwehrleute.

Horror Express / Horror Express / Panico en el Transiberiano **

GB/E 1972 – 88 Min. – R: Eugenio Martin. D: Christopher Lee, Peter Cushing, Telly Savalas, Silvia Tortosa.

Horrorfilm. Ein prähistorischer Affenmensch im Kühlschrank bringt den Reisenden das Gruseln bei; Mischung aus Road Movie, Sciencefiction und blutigem Schocker.

Horse Feathers

siehe: Blühender Blödsinn

Die Hose ** ½

D 1927 – 90 Min. sw. Stf. – R: Hans Behrend. D: Christian Bummerstaedt, Rudolf Forster, Werner Krauß, Jenny Jugo.

Komödie. Luise Maske verliert beim Spaziergang die Spitzenunterhose und setzt damit einen Skandal in Gang. Der nach dem Theaterstück von Carl Sternheim realisierte Stummfilm benutzt den Vorfall zu einem glänzend gespielten, mit viel authentischem Kleinbürgermilieu durchsetzten, bissig-bösen und satirischen Ausfall gegen Doppelmoral und autoritäres Gebaren der »ordentlichen« Leute.

Die Hose TV-Film

BRD 1985 – 114 Min. – R: Otto Schenk. D: Hilmar Thate, Angelica Domröse, Sabine Sinjen.

Das bürgerliche Lustspiel von Carl Sternheim stellt den Spießer und Beamten Maske zur Schau, dessen Gattin beim Einkaufen ihr Höschen verlor – ausgerechnet vor der Kaiserlichen Majestät;

das hat Folgen. Köstliche Fernsehinszenierung eines Theaterklassikers.

Hot Dogs auf Ibiza *

BRD/F 1979 – 90 Min. – R: Max Pécas. D: Ursula Buchfellner, Claus Obalski, Sylvain Green, Marco Perrin.

Klamotte. Ein frustrierter Verlagsvertreter macht als Animateur auf Ibiza Sexkarriere; dümmliche Aufreißerschmonzette.

Das Hotel / Hotel **

USA 1967 – 124 Min. – R: Richard Quine. D: Rod Taylor, Cathérine Spaak, Karl Malden, Melvyn Douglas.

Melodram. Verfilmung des Bestsellers von Arthur Hailey über den Machtkampf um ein renommiertes Hotel in New Orleans; monumental und routiniert mit einem überragenden Douglas.

Hotel du Commerce TV-Film

BRD 1969 – 85 Min. sw. – R: Hans Lietzau. B: Fritz Hochwälder. D: Richard Münch, Gisela Uhlen, Siegmar Schneider, Petra Fahrnländer, Hans Korte, Carla Hagen, Klaus Schwarzkopf.

Adaption der Erzählung »Boule de suif« von Guy de Maupassant über eine »Dame« in einer Reisegesellschaft 1870, die Probleme mit preußischen Offizieren bekommt; ernst-vergnügliche Episode mit Seitenhieben auf Scheinmoral und Selbstgerechtigkeit.

Hotel International / The V.I.P.'s * ½

GB 1963 – 113 Min. – R: Anthony Asquith. D: Elizabeth Taylor, Richard Burton, Louis Jourdan, Elsa Martinelli, Maggie Smith, Margaret Rutherford, Orson Welles.

Melodram. Eine nebelbedingte Flugverzögerung hält Menschen verschiedener Charaktere in einem Hotel fest; einfältige, geschwätzige Grandhotel-Klamotte; rührselig und verlogen; Lichtblicke durch Maggie Smith, Orson Welles und Margaret Rutherford, die den Oscar bekam.

Hotel Paradiso / Hotel Paradiso ** ½

GB 1966 – 95 Min. – R: Peter Glenville. D: Alec Guinness, Gina Lollobrigida, Robert Morley, Peggy Mount, Akim Tamiroff.

Liebeskomödie. Nach dem Stück von Georges Feydeau inszenierter Film um einen liebestollen Ehemann, der auf ein Schäferstündchen mit der attraktiven Nachbarin hofft. Als er scheinbar am Ziel ist, erweist sich das Liebesnest als Falle. Der irrlichternde Fall von Galanterie wird grandios aufgerollt; amüsante Farce.

Hotel Sacher **

D 1939 – 90 Min. sw. Ⓥ ERF. – R: Erich Engel. D: Willy Birgel, Sybille Schmitz, Wolf Albach-Retty, Elfie Mayerhofer.

Spionagefilm. Am Silvesterabend 1913 gerät ein Beamter in Wien, der sich in eine schöne russische Agentin verliebt hat, in Spionageverdacht. Das Melodram endet mit seinem Selbstmord. Routinierter Unterhaltungsfilm, dem es trotzdem gelingt, die mit Haß aufgeladene Atmosphäre kurz vor Ausbruch des Ersten Weltkriegs glaubhaft zu machen.

Houdini, der König des Varieté / Houdini ** ½

USA 1953 – 102 Min. – R: George Marshall. D: Tony Curtis, Janet Leigh, Sig Ruman, Torin Thatcher, Angela Clark.

Artistenfilm. Biographie des amerikanischen Magiers Harry Houdini (1874–1926), der vor allem durch seine verblüffenden Entfesselungskunststücke weltberühmt wurde; gemächlicher, sympathischer Unterhaltungsfilm mit einigen Höhepunkten.

House on 92nd Street / House on 92nd Street **

USA 1945 – 89 Min. sw. OmU. – R: Henry Hathaway. D: William Eythe, Lloyd Nolan, Signe Hasso.

Agentenfilm. Fall eines Doppelagenten, der, von den Nazis eingekauft, für die Amerikaner arbeitet; nach Ausbruch des Zweiten Weltkriegs muß er einen Atomverräter enttarnen. Im realistischen Stil der US-Wochenschau »March of Time« routiniert inszeniert.

Hubertusjagd * ½

BRD 1959 – 90 Min. Ⓥ Ufa. – R: Hermann Kugelstadt. D: Wolf Albach-Retty, Angelika Meissner, Lucie Englisch.

Heimatfilm. Gutsbesitzer und Pferdenarr Dahlhoff wird von einem Freund schwerer Jagdvergehen bezichtigt, die Freundschaft zerbricht. Doch als sich die Kinder der beiden lieben, nimmt das Drama auf dem Gestüt eine Wendung – schwerfällig und scheinproblematisch, aber immerhin.

Hübsche Mädchen explodieren nicht / Nice Girls Don't Explode ** ½
USA 1987 – 78 Min. Ⓥ New Vision. – R: Chuck Martinez. D: Barbara Harris, Michelle Meyrink, William O'Leary, Wallace Shawn.
Komödie. Wenn sich die attraktive April verliebt, sorgen ihre telekinetischen Fähigkeiten für loderndes Feuer; das bringt ihr ziemliches Ungemach, doch dann taucht ein besonders hartnäckiger Schwarm auf; ausgefallene, gelegentlich deftige Komödie voller Witz und Gags.

Hübscher als die Polizei erlaubt / Comment réussir en amour ** ½
F 1962 – 84 Min. sw. – R: Michel Boisrond. D: Dany Saval, Jean Poiret, Noël Roquevert, Michel Serrault.
Komödie. Freches Verwirrspiel um eine verschwundene Kaufhaustraumfrau und einen schüchternen Liebhaber, der sie atemlos verfolgt.

Ein hübscher kleiner Strand / Une si jolie petite plage ***
F 1948 – 87 Min. sw. – R: Yves Allégret. D: Gérard Philipe, Madeleine Robinson, Jane Marken.
Film noir. Ein verstört wirkender junger Mann erscheint an einem regnerischen Winterabend in einem einsamen Hotel am Meer; eine Tragödie der Hoffnungslosigkeit in einem schwarzen Film mit einer großartigen Rolle für Gérard Philipe.

Hügel des Schreckens / The Angry Hills * ½
GB 1959 – 105 Min. – R: Robert Aldrich. D: Robert Mitchum, Stanley Baker, Elisabeth Müller, Gia Scala, Theodore Bikel.
Kriegsfilm. Ein US-Korrespondent in Griechenland soll ein wichtiges Dokument nach England in Sicherheit bringen; eine junge Griechin riskiert für ihn ihr Leben; spekulativer, kolportagehafter Actionthriller nach einem Roman von Leon Uris, verkrampft und auf Heldentum getrimmt.

Hühnchen in Essig / Poulet au vinaigre ** ½
F 1984 – 105 Min. – R: Claude Chabrol. D: Jean Topart, Joséphine Chaplin, Michel Bouquet, Stéphane Audran.
Krimi. Grundstücksspekulation und verwickelte Liebesbeziehungen in einer französischen Kleinstadt. Die gelähmte Madame Cuno und ihr gewitzter Sohn wehren sich geschickt in einem mit Gaumenleckerbissen und schwarzem Humor gewürzten Chabrol-Psychokrimi.

Hula-Hopp, Conny * ½
BRD 1958 – 90 Min. – R: Heinz Paul. D: Cornelia Froboess, Susi Nicoletti, Rudolf Vogel, Rex Gildo.
Musikkomödie. Ein Mädchen muß Junge spielen, um die große Chance im Musikgeschäft zu bekommen; Conny Froboess macht das tadellos.

Der Hund von Baskerville / The Hound of the Baskervilles ***
GB 1958 – 84 Min. – R: Terence Fisher. D: Peter Cushing, André Morell, Christopher Lee.
Gruselfilm. Adaption des Conan-Doyle-Klassikers; Sherlock Holmes auf der Spur eines entsetzenerregenden Untiers; spannend und atmosphärisch dicht; Cushing prägte die Holmes-Rolle neu.

Der Hund von Baskerville / The Hound of the Baskervilles * ½
USA 1972 – 71 Min. – R: Barry Crane. D: Stewart Granger, William Shatner, Bernard Fox, John Williams, Jane Morrow.
Gruselfilm. Der junge Erbe der Baskervilles muß befürchten, daß seine Vorfahren dem berüchtigen Geisterhund zum Opfer fielen; er engagiert deshalb Meisterdetektiv Sherlock Holmes. Stewart Granger hat in dieser Rolle gegen Schatten und übermächtige Vorbilder anzukämpfen. Trivialschocker für Masochisten; Musik von Hitchcock-Komponist Bernard Herrmann (u. a. »Psycho«).

Der Hund von Baskerville / The Hound of the Baskervilles ** ½
GB 1983 – 96 Min. – R: Douglas Hickox.

D: Ian Richardson, Donald Churchill, Denholm Elliott, Martin Shaw.
Sherlock-Holmes-Film. Der berühmte Detektiv als Beschützer eines englischen Peers, dem ein Untier Böses will; stimmungsvolle Gruseleffekte.

Der Hund von Blackwood Castle *
BRD 1967 – 85 Min. – R: Alfred Vohrer. D: Heinz Drache, Karin Baal, Mady Rahl, Hans Söhnker, Horst Tappert.
Wallace-Gruselkrimi. Ein verfallenes Schloß ist die Haupt»gestalt« dieses Routinefilms nach deutschem Krimiverständnis: Die junge Jane erbt das Gemäuer, in dem sich mysteriöse Geheimnisse verbergen. Auch dem Zuschauer bleibt das Geschehen bis zum Schluß uneinsichtig, desto triumphierender zieht die Inszenierung den Täter endlich aus dem Regie-Zylinder. Nachläufer der Wallace-Welle, mit viel Kunsteis-Nebel statt Ideen.

Ein Hundeleben / A Dog's Life ***
USA 1918 – 40 Min. sw. Stf. Ⓥ atlas forum. – R: Charles Chaplin. D: Charles Chaplin, Edna Purviance, Tom Wilson, Sydney Chaplin, Albert Austin.
Chaplin-Slapstick. Der Tramp freundet sich mit dem Hund »Scraps« an, die Sängerin Edna wird die Dritte im Bunde; der kuriose, artistisch perfekte und urkomische Film enthält ein im Chaplin-Werk seltenes Happy-End.

Hunderennen **
CH 1983 – 90 Min. – R: Bernard Safarik. D: Joseph Charvát, Pavel Landovský, Walo Lüönd.
Komödie. Humorige Geschichte um zwei Emigranten in der Schweiz, die sich mit unterschiedlichem Erfolg in der neuen Heimat einleben.

Hundert Fäuste und ein Halleluja / Hundert Fäuste und ein Vaterunser / Alleluja e Sartana figli di Dio FLOP
BRD/I 1972 – 85 Min. – R: Mario Siciliano. D: Ron Ely, Uschi Glas, Robert Widmark, Angelica Ott.
Italowestern. Peinlich posaunendes und dramaturgisch einfallsloses Filmchen aus der Italo-Küche, schwer versalzen durch falsche Sprüche, fade Ideologie und klapprige Aktion.

Hundert Gewehre / 100 Rifles ** ½
USA 1969 – 105 Min. – R: Tom Gries. D: Jim Brown, Raquel Welch, Burt Reynolds, Fernando Lamas.
Western. Im Mexiko von 1912 kämpfen Yaqui-Indianer gegen einen General; als ein Halbblut mit geraubtem Geld für sie Waffen besorgt, hat es bald nicht nur den farbigen US-Sheriff auf seiner Spur; Western mit Spannung, Verve, sozialkritischen Aspekten und viel raffiniert inszenierter Action; Brown/Reynolds in Topform.

Hundert Millionen im Eimer? / Cent briques et des tuiles ** ½
F/I 1964 – 84 Min. sw. – R: Pierre Grimblat. D: Jean-Claude Brialy, Marie Laforêt, Jean-Pierre Marielle, Albert Rémy.
Krimi. Der Boß der Bande hat die Kasse verspielt, ein Überfall auf das Kaufhaus Lafayette bringt frischen Kies unter die Kumpel, doch auch ungeahnte Schwierigkeiten; slapstickartige Krimipersiflage mit originellen Gags.

Die hundert Tage von Palermo / Cento giorni a Palermo / Cent jours à Palerme * ½
I/F 1984 – 95 Min. Ⓥ VMP. – R: Giuseppe Ferrara. D: Lino Ventura, Terence Hill, Giuliana de Sio.
Mafiafilm. Ventura mimt einen starken Polizeichef, der vor seiner Pensionierung mit der Mafia aufräumen will; klischeehaft, ohne Pep.

100000 Dollar in der Sonne / Cent mille Dollars au soleil **
F/I 1963 – 108 Min. sw. – R: Henri Verneuil. D: Jean-Paul Belmondo, Lino Ventura, Reginald Kernan, Andréa Parisi, Gert Fröbe, Bernard Blier.
Gangsterfilm. Ein Lkw soll durch die Sahara nach Nigeria Waffen für einen rebellischen Stamm an der Grenze transportieren; ein Einzelgänger klaut das Auto, und die Verfolgungsjagd beginnt; kurz vor dem Ziel lacht als dritte die schöne Pepa, die nun in diesem actiongeladenen Road Movie die 100000 Dollar Belohnung verdient.

Hundstage * ½
A 1944 – 84 Min. sw. – R: Géza von

Cziffra. D: Maria Holst, Olly Holzmann, Rolf Wanka, Wolf Albach-Retty.
Komödie. Ein Venedig-Urlaub und die Krise zwischen Frischvermählten fallen zusammen, doch Gott sei Dank hat sich der Freund zu Hause in die Exgeliebte des Mannes verknallt; leichtgewichtige Unterhaltung mit Foxterrier.

Hundstage / Dog Day Afternoon ∗∗∗ ½
USA 1975 – 120 Min. – R: Sidney Lumet. D: Al Pacino, John Cazale, Chris Sarandon.
Großstadtkrimi. Bankraub mit Geiselterror und Polizeigroßeinsatz. Genau beobachtete Details der US-Realität und -Mentalität machen den Film über Solidarisierungsprozesse in einer kalten Gesellschaft zu einem packenden New-York-Dokument.

Hunger / Sult ∗∗∗
S 1966 – 110 Min. sw. – R: Henning Carlsen. D: Per Oscarsson, Gunnel Lindblom, Brigitte Federspiel, Knud Felix.
Literaturverfilmung. Der mittellose junge Schriftsteller in Oslo versucht vergebens, sich durch kleine Aufträge über Wasser zu halten. Zum Betteln zu stolz, rebellisch, unangepaßt in einer gleichgültigen Gesellschaft, verliert er allmählich vor Hunger den Verstand; formal strenge Umsetzung des Romans von Knut Hamsun.

Hungerjahre – in einem reichen Land TV-Film
BRD 1980 – 115 Min. sw. – R: Jutta Brückner. D: Britta Pohland, Sylvia Ulrich, Claus Jurichs.
Kritische Aufarbeitung der fünfziger Jahre aus der Sicht eines jungen Mädchens im Verhältnis zu seinen Eltern.

Hurra... die deutsche Sex-Partei / Die deutsche Sex-Partei FLOP
BRD 1974 – 79 Min. – R: Hans D. Bornhauser. D: Lisa Lotz, Michael Conti, Johannes Buzalski, Angela Adams.
Lustspiel. Die Chefin einer neuen Partei für freieren Sex wird von einem übereifrigen Polizisten mißtrauisch observiert; Klamotte der dümmsten Art, von einem unfähigen Team zusätzlich verhunzt.

Hurra, die Knochenbrecher sind da / Monkey Kung Fu ∗∗ ½
Hongkong 1978 – 82 Min. – R: Lo Mar. D: Cheng Hsiao-Tung, Hou Chao-Sheng, Ching Tao-Chang.
Actionkomödie. Ein junger Kämpfer trifft im Gefängnis einen greisen Kung-Fu-Meister, der ihm kurz vor der Hinrichtung die eine Hälfte eines Medaillons schenkt; mit einem Zellengenossen flieht der Junge und gerät auf der Suche nach der zweiten Medaillonhälfte in haarsträubende Abenteuer; ein Film weitgehend ohne die genreüblichen Brutalitäten, der auf absurden akrobatischen Witz setzt und Sinn und Härte der Trainingsmethoden demonstriert.

Hurra, die Schule brennt! ∗
BRD 1969 – 94 Min. – R: Werner Jacobs. D: Peter Alexander, Heintje, Hansi Kraus, Theo Lingen.
Klamotte. Zweite Ausgabe der »Lümmel von der ersten Bank«, des holprigen Pennälerfilms; Peter Alexander hat sich hier als falscher Austauschlehrer eingeschmuggelt, um eine Sozialreportage zu schreiben. Doch vom Problemfilm ist dieser Schulbanklangweiler weit entfernt; die Kalauer reduzieren ihn auf Erstkläßlerniveau.

Hurra, wir sind mal wieder Junggesellen FLOP
BRD 1970 – 95 Min. – R: Harald Philipp. D: Georg Thomalla, Terry Torday, Peer Schmidt, Hannelore Elsner.
Klamotte. Nach der Scheidung vom selben Mann hecken die Verflossenen einen Rachefeldzug aus. Wie im deutschen Lustspiel-Pleitekino üblich, geht dabei mit etwas Porzellan die ganze simple Dramaturgie zu Bruch.

Hurrah, ich bin Papa ∗
D 1939 – 81 Min. sw. – R: Kurt Hoffmann. D: Heinz Rühmann, Albert Florath, Walter Schuller, Carola Höhn, Ursula Grabley, Marianne Stanior.
Lustspiel. Die Geschichte ist albern und konstruiert: Der ein Lotterleben führende Student Rühmann wird über Nacht zum fürsorglichen Vater, als er einen dreijährigen Jungen in seinem Bett findet. Nun muß der gewandelte Playboy nur noch die dazugehörige Frau und Mutter finden. Verquaster reichsdeutscher Seelenkitsch; Drehbuch Thea von Harbou.

Hurricane / The Hurricane * ½
USA 1978 – 119 Min. – R: Jan Troell. D: Jason Robards jr., Mia Farrow, Max von Sydow, Trevor Howard, Dayton Ka'ne.
Abenteuerfilm. Mißglücktes Remake des Klassikers von 1937 um eine idyllische Insel in der Südsee, die leidenschaftliche Liebe zwischen der Tochter des US-Gouverneurs und einem Insulaner und die grandiosen, zerstörerischen Gewalten der Natur. Ohne die Wucht der Vorlage.

Husarenmanöver
siehe: Ihr Korporal

Hut ab vor Mister Hallam / The Pride of Jesse Hallam TV-Film
USA 1980 – 90 Min. – R: Gary Nelson. D: Johnny Cash, Brenda Vaccaro, Eli Wallach.
Um seiner kranken Tochter zu helfen, verkauft ein Witwer seine Farm und geht in die Großstadt; vor dem Analphabeten türmen sich enorme Probleme auf; ein bescheidener Film, der betroffen macht.

Der Hut des Brigadiers **
DDR 1986 – 88 Min. – R: Horst E. Brandt. D: Roman Kaminski, Peter Sodann, Reiner Heise, Manuel Soubeyrand, Joachim Unger.
Gesellschaftskritischer Film. Ein aufsässiger Arbeiter wird auf eine Großbaustelle in Berlin versetzt; auch dort eckt der kritische Mann an. Als ein Brigadier tödlich verunglückt, ist er dennoch einer der Kandidaten für die Nachfolge. Der im Arbeitsmilieu angesiedelte und für actiongewöhnte Westnerven konsequent langweilige Film liefert Einsichten über die Basis des ehemals real existierenden Sozialismus.

Der Hüter des magischen Schwertes / Hawk, the Slayer **
USA 1980 – 90 Min. – R: Terry Marcel. D: John Terry, Jack Palance, Bernard Bresslaw, Ray Charleston.
Fantasyfilm. Bruderzwist zwischen Gut und Böse; mit einem magischen Schwert soll ein Vatermord gerächt werden; wirres Abenteuer mit Gruseleffekten und einigen guten Actionszenen.

Hyänen der Straße / The Brothers Rico ** ½
USA 1957 – 92 Min. sw. – R: Phil Karlson. D: Richard Conte, Diana Foster, Kathryn Grant, Larry Gates.
Gangsterfilm. Adaption einer Erzählung von Georges Simenon vom Exgangster, der beim Versuch, seine Brüder zu retten, selbst in Lebensgefahr kommt; präzise und logisch gebautes Gangsterdrama mit Simenon-typischen Charakterstudien.

I

I Wake Up Screaming / I Wake up Screaming ∗∗
USA 1942 – 82 Min. sw. OmU. – R: H. Bruce Humberstone. D: Betty Grable, Victor Mature, Carole Landis, Elisha Cook jr.
Krimi. Verquere Handlung: Ein verbohrter Bulle verfolgt einen angeblichen Mörder, obwohl er dessen Unschuld kennt. Am Ende löst der Verfolgte den Fall. Der Film, mit einem bemerkenswerten, traumhaften Schluß, ist ein frühes Beispiel für den zynisch-realistischen »Film noir« der 40er Jahre.

I – wie Ikarus / I ... comme Icare ∗∗ ½
F 1979 – 119 Min. – R: Henri Verneuil. D: Yves Montand, Michel Etcheverry, Jacqueline Staub, Georges Staquet.
Politthriller. Der französische Generalstaatsanwalt ermittelt auf eigene Faust gegen den Willen anderer hoher Behörden im Fall des Präsidentenmordes und kommt dem eigenen Geheimdienst auf die Spur; Politlehrstück mit raffinierter Pointe; Montand inszeniert grandios sich selbst.

Ibras Heimkehr TV-Film
BRD 1986 – 105 Min. – R: Eberhard Itzenplitz. B: Heinz-Werner John. D: Abdonlaye Ndongo, Ndeye Sall, Elhadji Massamba Seck, Elhadji Abdonlaye Seck, Rama Seck.
Nach dem Landwirtschaftsstudium in der BRD kehrt ein Senegalese in die Heimat zurück und steht plötzlich vor dem Problem, zwei Weltsichten zu vereinbaren. Eine ernste und doch keineswegs humorlose Darstellung des Aufeinandertreffens von europäischer und afrikanischer Denk- und Lebensweise; auch ein Film über Verhaltensnormen.

Ich atme mit dem Herzen / A Winter Tan ∗∗ ½
CDN 1987 – 90 Min. Ⓥ VCL. – R: Jackie Burroughs, Louise Clark, John Frizzell, John Walker, Aerlyn Weissman. D: Jakkie Burroughs, Ernando Gonzales, J. Torres Zarragoza, Diane D'Aquila.
Frauenfilm. Die Feministin und Dozentin Maryse reist von New York nach Mexiko und verfällt dort auf der Suche nach Liebe und Erotik in zwanghafter Selbstzerstörungsmanie dem Alkohol und den Männern; der Filmstoff basiert auf den authentischen Briefen, die Maryse Holder während ihres Mexiko-Aufenthalts an eine Freundin schrieb.

Ich beichte / I Confess ∗∗ ½
USA 1952 – 95 Min. sw. Ⓥ Warner Home. – R: Alfred Hitchcock. D: Montgomery Clift, Anne Baxter, Karl Malden, Brian Aherne, Dolly Haas, O. E. Hasse.
Kriminalfilm. Da er das Beichtgeheimnis schützen will, gerät ein junger Priester selbst in Mordverdacht; einer der weniger straff inszenierten Hitchcocks, ziemlich typisierend, aber dennoch fesselnd bis zum nicht sehr überzeugenden Finale.

Ich betone – oben ohne
siehe: Das Go-Go-Girl vom Blow up

Ich bin ein Elefant, Madame TV-Film
BRD 1968 – 96 Min. – R: Peter Zadek. B: Wolfgang Menge, Robert Müller, Peter Zadek. D: Wolfgang Schneider, Günther Lüders, Margot Trooger.
Komödie um Versuche von Schülern, eine Bremer Schule zu demokratisieren; präzise Zeitkritik am Ende der sechziger Jahre.

Ich, Chiara und der Finstere / Io, Chiara e Lo Scuro ∗∗∗
I 1982 – 100 Min. – R: Maurizio Ponzi. D: Francesco Nuti, Giuliana de Sio, Marcello Lotti.
Spielerfilm. Francesco ist Hotelportier und besessener Billardspieler; das bringt ihn in die Bredouille, als er auf einen ausgekochten Profi hereinfällt. Seine

Freundin Chiara spielt hinreißend Saxophon und steht mit beiden Beinen im Leben. Variation zu dem Spielerfilm »Haie der Großstadt« mit Paul Newman. Auch ein Film über Raumverhältnisse, die an Interieurs und Billardstrategien verdeutlicht werden.

Ich dachte, ich wäre tot **

BRD 1973 – 75 Min. – R: Wolf Gremm. D: Y Sa Lo, Reinhard Bock, Alexander Bzik.

Zeitkritischer Film. Im Mittelpunkt steht ein siebzehnjähriges Mädchen, das an den sturen Erziehungsnormen seiner Eltern zu zerbrechen droht und einen Selbstmordversuch unternimmt. Einfühlsam inszeniert, mit feinem Gespür für die heutigen Zeitströmungen.

Ich denk', mich tritt ein Pferd * ½

BRD 1965 – 86 Min. – R: Theo Maria Werner. D: Uschi Glas, Michael Cramer, Susi Engel, Herbert Fux.

Spät-Heimatfilm. Einfallsreiches Töchterchen behindert Liebe zwischen Gestütsbesitzer und Boutiquenbesitzerin; gequält humorvoll und steif gespielt.

Ich denke oft an Piroschka **

BRD 1955 – 95 Min. – R: Kurt Hoffmann. D: Liselotte Pulver, Gunnar Möller, Wera Frydtberg, Gustav Knuth, Rudolf Vogel.

Folklorelustspiel. Deutscher Student verliebt sich in seinen Ferien in die radebrechende pfiffige Tochter des Stationsvorstehers. Dorf- und Pußtazauber und eine spielfreudige Lilo Pulver machen die Heile-Welt-Idylle erträglich.

Ich erschoß Jesse James / I Shot Jesse James ***

USA 1949 – 78 Min. sw. – R: Samuel Fuller. D: Preston Foster, Barbara Britton, John Ireland, Reed Hadley, J. Edward Bromberg.

Western. Nach einem Zeitungsartikel entstandener B-Western um Robert Ford, der 1882 wegen einer Kopfprämie seinen Exfreund Jesse James hinterrücks erschoß; Fullers eindrucksvolles Filmdebüt, das seine seziererische Auseinandersetzung mit der Fragwürdigkeit von Gewalt und Moral vorbereitet.

Ich fahre Patschold TV-Film

BRD 1964 – 90 Min. sw. – R: Peter Beauvais. B: Horst Lommer. D: Walter Jokisch, Wera Frydtberg, Uwe Friedrichsen.

Geschichte eines senkrechtstartenden Maklers und Bauunternehmers, der in eine plötzliche Krise gerät; amüsant und voller zeitkritischer Seitenhiebe aus der Sicht seines Fahrers erzählt.

Ich folgte einem Zombie / I Walked with a Zombie ***

USA 1943 – 70 Min. sw. – R: Jacques Tourneur. D: James Ellison, Frances Dee, Christine Gordon, Tom Conway.

Horrorfilm. Mit wenig Mitteln gemachter B-Filmklassiker um den haitianischen Zombie-Zauber, der Melodram und Voodoo-Faszination zu leisem Grauen ohne Schockeffekte mixt. Unheimliche Stimmung, aufregende Musik, glaubwürdiger Grusel.

Ich fühle was, was Du nicht fühlst TV-Film

BRD – 90 Min. – R: Helga Krauss. D: Yves Jansen, Donata Höffer, Gabriele Violet, Doris Buchrucker, Helga Köhler, Agnes Dünneisen.

Ehekomödie um eine Trennung und die Versuche des rausgeworfenen Mannes, wieder Anschluß zu finden.

Ich habe Angst / Io ho paura ***

I 1977 – 113 Min. – R: Damiano Damiani. D: Gian Maria Volonté, Erland Josephson, Mario Adorf, Angelica Ippolito.

Thriller. Ein Polizeibeamter wird zufällig Zeuge eines Attentats auf einen Richter und damit unfreiwillig in einen Fall verwickelt, der ihm über den Kopf wächst. Themen sind Neofaschismus, Terror und korrupte Volksvertreter; der Film erzeugt in stringenten Kompositionen eine Atmosphäre aus Enge, Angst und Ausweglosigkeit.

Ich habe sie gut gekannt / Io la conoscevo bene / Je la connaissais bien ** ½

I/BRD/F 1965 – 97 Min. sw. – R: Antonio Pietrangeli. D: Stefania Sandrelli, Mario Adorf, Ugo Tognazzi, Karin Dor, Joachim Fuchsberger.

Gesellschaftskritischer Film. Eine lebenslustige Naive aus der Provinz wandert in der Großstadt von Bett zu Bett und begeht schließlich Selbstmord; ein Film, der die Kritik an den Umständen, die zu einem verlorenen Leben führen, weitgehend unterdrückt, dies aber durch sensible Charakterstudien wettmacht.

Ich habe von dir geträumt * ½

D 1944 – 75 Min. sw. – R: Wolfgang Staudte. D: Fita Benkhoff, Else von Möllendorff, Karl Schönböck.

Liebesfilm. Eine gefeierte Sängerin träumt von ihrem Traummann, lernt ihn dann auch kennen und kämpft gegen sein Desinteresse; belanglos, aber ganz lustig.

Ich heirate meine Frau / *
That Certain Feeling

USA 1956 – 97 Min. – R: Norman Panama, Melvin Frank. D: Bob Hope, George Sanders, Eva Marie Saint, Pearl Bailey.

Komödie. In diesem turbulenten Bob-Hope-Lustspiel gehen einem neurotischen Comic-Autor angeblich die Einfälle aus; dasselbe kann man vom Drehbuch behaupten. Pearl Bailey singt den Titelsong dazu.

Ich heiße An-Magritt / ***
An-Magritt

N 1969 – 96 Min. – R: Arne Skouen. D: Liv Ullmann, Per Oscarsson, Wolf von Gersum, Claes Gill.

Historienfilm. Um 1660 in Norwegen arbeitet die 16jährige An-Magritt nach dem Selbstmord ihrer Mutter in einer Erzgrube. Sie ist die einzige Frau unter harten Kerlen. Verfilmung des in Skandinavien berühmten Romans »Das Brot der Nacht« von Johan Falkberget.

Ich heiße Niki * ½

BRD 1952 – 90 Min. – R: Rudolf Jugert. D: Paul Hörbiger, Aglaja Schmid, Claus Hollmann, Hardy Krüger, Lina Carstens, Charles Regnier.

Familienkomödie. Ein Steuerbeamter und eingefleischter Junggeselle wird unverhofft zum Fürsorger eines Waisenjungen; sympathisch, aber recht sentimental.

Ich kämpfe niemals wieder / TV-Film
I Will Fight No More Forever

USA 1975 – 103 Min. – R: Richard T. Heffron. D: James Whitmore, Sam Elliott, Ned Romero, Linda Redfearn, Emilio Delgado, John Kauffman, Nick Ramus.

Ungewöhnlich aufrichtiger Film über eine Episode der Indianerkriege, die strategisch eindrucksvollen Rückzugsgefechte des Nez-Percé-Chiefs Joseph; mit Auszügen aus seiner berühmten Rede; Lehrfilm des US-Schul-TV.

Ich kämpfe um dich / ** ½
Spellbound

USA 1942 – 107 Min. sw. – R: Alfred Hitchcock. D: Gregory Peck, Ingrid Bergman, John Emery, Jean Acker, Rhonda Fleming.

Psychothriller. Sehr ambitionierter Hitchcock, der die Psychoanalyse auf die Leinwand bringen wollte, aber nur einen komplizierten und reichlich naiven, doch äußerst spannenden Effekteschocker zustande brachte.

Ich kämpfe um mein Kind / * ½
Cathy's Child

AUS 1979 – 100 Min. – R: Donald Crumbie. D: Michele Fawdon, Alan Cassell, Bryan Brown, Arthur Dignam.

Melodram. Die Ehe eines griechischen Paares in Australien scheitert; der Mann nimmt die gemeinsame Tochter gegen den Willen der Frau mit sich, sie hofft auf die Hilfe der Presse. Gesellschaftsstudie, der ein authentischer Fall zugrunde liegt.

Ich kann nicht länger schweigen * ½

BRD 1961 – 90 Min. – R: Jochen Wiedermann. D: Paul Klinger, Barbara Frey, Charles Regnier.

Arztdrama. Drei §-218-Fälle. Eine junge Frau stirbt an den Folgen einer Abtreibung, der Arzt bestreitet seine Schuld; sehenswert wegen eines gewohnt einfühlsamen Regnier.

Ich kenn' dich nicht und liebe dich **

D 1934 – 96 Min. sw. – R: Géza von Bolvary. D: Willi Forst, Magda Schneider, Theo Lingen, Trude Haefelin, Max Gülstorff.

Komödie. Ein junger Operettenkomponist stellt die heimliche Geliebte auf die Probe; konventionelle Romanze mit fröhlichen Akteuren, die sich der Musik von Franz Grothe anpassen.

Ich komme vom Ende der Welt / L'avventuriero ** ½

I 1967 – 90 Min. – R: Terence Young. D: Anthony Quinn, Rosanna Schiaffino, Rita Hayworth, Richard Johnson, Luciano Rossi.

Literaturverfilmung. Freie Adaption des Romans »Der Freibeuter« von Joseph Conrad vom blockadebrechenden französischen Piraten, der seine Loyalität zur Republik beweisen will; melancholische Heldenballade, die die melodramatische Spannung der Vorlage überraschend beängstigend vermittelt.

Ich küsse Ihre Hand, Madame

siehe: Kaiserwalzer

Ich liebe dich ** ½

D 1938 – 81 Min. sw. – R: Herbert Selpin. D: Luise Ullrich, Victor de Kowa, Olga Limburg.

Kammerspiel. Weil dem Amerikaner Percy nur wenige Stunden bis zur Abreise nach Amerika bleiben, um Eva seine Liebe zu erklären, entführt er die Dame kurzerhand. Optische Einfälle, Wortwitze, Gags und eine lockere Flirtatmosphäre machen den besonderen Charme dieser romantischen Liebesgeschichte aus, die zu den gelungenen Komödien des deutschen Films zählt. Ein Adam-und-Eva-Märchen.

Ich liebe dich – I Love You – Je t'aime / A Little Romance ** ½

USA 1979 – 104 Min. – R: George Roy Hill. D: Laurence Olivier, Diane Lane, Thelonius Bernard, Sally Kellerman.

Romanze. Charmante Komödie um eine verliebte junge Amerikanerin in Paris, die von einem skurrilen Verwandten, dem Hochstapler Laurence Olivier, beaufsichtigt wird. Pariser Geschichten, nett.

Ich liebe dich seit langem / Il y a longtemps que je t'aime ** ½

F 1979 – 93 Min. – R: Jean-Charles Tacchella. D: Jean Carmet, Marie Dubois, Alain Doutey, Rachel Jenevein.

Moderner Liebesfilm. Ein Ehepaar schockiert am Tag der Silberhochzeit die Familie mit der Ankündigung seiner Trennung, doch die beiden kommen nicht voneinander los – ganz im Sinn des im Originaltitel zitierten Refrains eines französischen Lieds, der mit der Zeile »...jamais je ne t'oublierai« – (»...ich werde dich nie vergessen«) endet; ein behutsamer Film von stiller Heiterkeit.

Ich mach' dich glücklich **

BRD 1949 – 80 Min. sw. – R: Alexander von Szlatinay. D: Heinz Rühmann, Hertha Feiler, Karl Schönböck, Dorit Kreysler.

Komödie. Heinz Rühmann als pfiffiger Reporter Peter Krüger ist immer da, wo etwas passiert. Doch an diesem Tag hat er Pech: Die Tochter des Chefs überreicht ihm einen Preis, doch der Vater setzt ihn vor die Tür. Turbulente Verwicklungen mit zwei eifersüchtigen Damen.

Ich melde einen Selbstmord TV-Film

BRD 1988 – 95 Min. – R: Gerhard Klingenberg. D: Judy Winter, Volker Brandt, Karl-Walter Diess, Almut Eggert, Marina Krauser.

Kriminalstück mit abgefeimten Charakteren aus dem Theatermilieu: Was tut eine gefeierte, aber nicht mehr ganz taufrische Schauspielerin, wenn sie nach der Premiere erfährt, daß ihr Ehemann, Autor und Regisseur sich eine junge Bühnenbildnerin zur Geliebten genommen hat? Zündschnurartige Spannung, reißerische Dialoge, überraschende Handlungsumschwünge in einem grellen Mörderspiel nach einem Stück von Joseph Hayes.

Ich, Nathalie / Me, Nathalie **

USA 1968 – 107 Min. – R: Fred Coe. D: Patty Duke, James Farentino, Martin Balsam.

Melodram. Spießbürgerliche Enge treibt Nathalie früh aus dem elterlichen Haus. Sie nimmt sich ein Apartment in Greenwich Village, lernt einen Architekten kennen, verliebt sich in ihn und stellt leider etwas spät fest, daß er bereits verheiratet ist; Ausbruchsversuche einer jungen Frau, in der Durchführung etwas klischeehaft.

Ich nenn' es Liebe / It's My Turn ** ½
USA 1980 – 87 Min. – R: Claudia Weill. D: Jill Clayburgh, Michael Douglas, Charles Grodin, Beverly Garland.
Komödie. Eine moderne Dreiecksgeschichte um eine junge Professorin, die auf der Hochzeit ihres Vaters einen anderen Mann kennenlernt. Kühle Romanze einer emanzipierten Frau, die ihr Leben zwischen Gefühl und Karriere in der Balance hält.

Ich pfeif' auf eure Hilfe / Täättä, lullaan, elämä! ** ½
SF 1980 – 112 Min. – R: Tapio Suominen. D: Esa Niemalä, Toni Holmström, Kati Outinen, Pertti Reponen.
Zeitdokument. Eine Gruppe schwer erziehbarer Jugendlicher wird von einem engagierten Pädagogen betreut; sie macht Stunk und eckt überall an. Exakte Studie über soziale Verhältnisse im modernen Finnland – scharf beobachtet.

Ich suche dich * ½
BRD 1953 – 91 Min. sw. – R: O. W. Fischer. D: O. W. Fischer, Anouk Aimée, Nadja Tiller, Paul Bildt.
Arztfilm. Ein fanatischer Arzt arbeitet verbissen an einem Serum zum Heil der Menschheit, eine gutaussehende, gläubige Kollegin zeigt ihm seine Grenzen; nicht ohne Spannung, aber ohne Tiefgang.

Ich suche einen Mann **
BRD 1965 – 84 Min. – R: Alfred Weidenmann. D: Ghita Nörby, Walter Giller, Brigitte Horney, Georg Thomalla, Paul Hubschmid.
Liebesfilm. Selbst der Einsatz von Computern eines Eheinstituts bringt eine heiratswillige Schönheit nicht weiter; doch bald ist ein Kandidat in Sicht; harmloses Komödchen, nach einem Illustriertenbericht gedreht.

Ich tanze nur für dich / Dancing Lady ** ½
USA 1933 – 88 Min. sw. – R: Robert Z. Leonard. D: Joan Crawford, Clark Gable, Franchot Tone, Fred Astaire, Nelson Eddy.
Revuefilm. Eine Stripteasetänzerin will Broadwaystar werden, doch der Revueregisseur läßt sie abblitzen; ein reicher Smartie hilft der kurvenreichen Nachwuchshoffnung. Amüsanter Tanzfilm, mit einer singenden und steppenden Crawford in romantischer Inszenierung; Astaires Debütfilm.

Ich traf ihn in Paris / I Met Him in Paris **
USA 1937 – 83 Min. – R: Wesley Ruggles. D: Claudette Colbert, Melvyn Douglas, Robert Young.
Komödie. Ferien in Paris für die sprühende Kay (Colbert), die allen Männern den Kopf verdreht und die Welt für eine Party hält. Als sie im Ausland zwei Landsleute trifft, wird es noch turbulenter in einer ohnehin überschäumenden Komödie.

Ich und du **
BRD 1953 – 92 Min. sw. – R: Alfred Weidenmann. D: Hardy Krüger, Liselotte Pulver, Doris Kirchner, Lucie Mannheim, Peer Schmidt.
Komödie. Ein junges Paar streitet sich nach vielen Mißverständnissen wieder zusammen; recht flottes Lustspiel mit den Humorzutaten der fünfziger Jahre.

Ich und Katharina / Io e Caterina ***
I 1981 – 101 Min. – R: Alberto Sordi. D: Alberto Sordi, Cathérine Spaak, Rossano Brazzi.
Robotersatire. Italienischer Macho, von Pleiten bei emanzipierten Frauen genervt, beschafft sich einen femininen Roboter; urkomisch seine larmoyante Melodramatik, als der erotisierte Roboter ausflippt; hintersinniger Ulk von Format.

Ich und meine Frau **
A 1953 – 98 Min. sw. – R: Eduard von Borsody. D: Paula Wessely, Attila Hörbiger, Nicole Heesters, Jane Tilden.
Melodram. Als Komödie zu tragisch und als Drama zu heiter ist diese geschmackvolle Familiengeschichte, in der Papa Hörbiger als Haustyrann doch nichts zu sagen hat, weil Mutter Wessely die Überlegene ist und eigentlich die Hosen anhat.

Ich und meine Schwiegersöhne *
BRD 1956 – 82 Min. sw. – R: Georg Jacoby. D: Grethe Weiser, Walter Giller, Gisela Tantau, Bibi Johns, Bully Buhlan, Oskar Sima, Ursula Herking.
Klamotte. Schwiegermama mischt sich in alles ein, was sie nichts angeht, behandelt die Töchter wie Babys und die Jungen wie Deppen, wird aber trotzdem geliebt (!). Dazu Musikrevuen, Schlager, Intrigen, Lügen, Späße, die an Schwachsinn nicht zu überbieten sind. Fünfziger-Jahre-Ulk pur mit großem Staraufgebot.

Ich vertraue dir meine Frau an **
D 1943 – 85 Min. sw. – R: Kurt Hoffmann. D: Heinz Rühmann, Lil Adina, Paul Dahlke.
Komödie. Tolpatschiger Junggeselle bewacht die Frau seines untreuen Freundes und gewinnt in diesem biederen Lustspiel ihr Herz. Köstliche Situationskomik.

Ich war eine Ladendiebin / I Was a Shoplifter **
USA 1950 – 71 Min. sw. OmU. – R: Charles Lamont. D: Scott Brady, Mona Freeman, Andrea King, Tony Curtis, Charles Drake.
B-Krimi. Die junge und hübsche Tochter eines bekannten Richters leidet unter Kleptomanie, und Polizeidetektiv Jeff will herausfinden, was dahintersteckt. Knallige, spannende B-Film-Psychologie.

Ich war eine männliche Kriegsbraut / I Was a Male War Bride ***
USA 1948 – 101 Min. sw. – R: Howard Hawks. D: Cary Grant, Ann Sheridan, Marion Marshall, Randy Stuart, Eugene Gericke.
Kriegssatire. Bissige, mit Situationskomik und Wortwitz gespickte Komödie um eine Armee-Liebe im besetzten Nachkriegsdeutschland, die seltsame Umwege nimmt. Der Herr als Dame: diesmal nicht als denunziatorische Posse gegen die Frauen, sondern als Aufklärungssketch mit Tiefsinn über die offizielle Moral in Kriegszeiten, von Altmeister Hawks (»Tote schlafen fest«) genüßlich ausgebreitet.

Ich war neunzehn ***
DDR 1969 – 112 Min. sw. Ⓥ Verlag Das Freie Buch. – R: Konrad Wolf. D: Jaecki Schwarz, Wassili Liwanow, Alexei Ejboshenko, Calina Polskich.
Zeitkritischer Kriegsfilm. Ende des Zweiten Weltkriegs marschiert der ausgewanderte Sohn deutscher Eltern mit sowjetischen Truppen nach Berlin; dramatische, tragische und anrührende Ereignisse zuhauf begleiten die letzten Schlachten. Der Film zügelt seinen Zorn auf die Nazi-Kriegsmaschinerie zugunsten der realistischen Wahrnehmung von Opfern und Tätern gleichermaßen; ein wichtiges Zeitzeugnis.

Ich weiß, daß du weißt, daß ich weiß / Io so che tu sai che io so ** ½
I 1982 – 105 Min. – R: Alberto Sordi. D: Alberto Sordi, Monica Vitti, Isabella de Bernardi, Ivana Monti, Micaela Pignatelli.
Ehekomödie. Die Tatsache, daß ein Mann bemerkt, daß seine Frau von einem Detektiv beschattet wird, hat ungeheure Konsequenzen; Sordi in seiner Rolle als Macho mit Knacks neben einer quirligen Vitti in einem pfiffigen Film.

Ich werde Dich töten, Wolf TV-Film
BRD 1970 – 60 Min. sw. – R, B: Wolfgang Petersen. D: Ursula Sieg, Wolf Roth, Tilly Zinner, Ingrid Oppermann.
In Rückblenden erzählte Geschichte einer Frau auf dem Weg zum Mord an ihrem Geliebten; phantasievolles Psychospiel von strenger Schönheit.

Ich will leben TV-Film
BRD 1990 – 90 Min. – R, B: Wolf Gremm. D: Ruth-Maria Kubitschek, Christina Plate, Robert Atzorn, Ferdy Mayne.
Die Professorin altert nicht mehr, nachdem ihr der Wissenschaftler das Unsterblichkeitsserum gespritzt hat (siehe: »Dem Tod auf der Spur«); als ihre Pflegetochter an Leukämie erkrankt, versucht sie, wieder an das Serum heranzukommen; Science-fiction-Thriller um Liebe, Tod und ewiges Leben.

Ich will, daß du mich liebst / Lucy Gallant / Oil Town ∗∗
USA 1955 – 105 Min. – R: Robert Parrish. D: Charlton Heston, Jane Wyman, Claire Trevor, Thelma Ritter.
Frauendrama. Eine erfolgreiche Geschäftsfrau der Modebranche liebt einen texanischen Ölmagnaten, doch sie entscheidet sich für die Karriere; Adaption eines Bestsellers von Margaret Cousins, die ein recht modernes Frauenbild vermittelt; sorgfältige Milieu- und Charakterzeichnung, dramaturgisch etwas langatmig.

Ich will mein Kind behalten / I Want to Keep My Baby TV-Film
USA 1976 – 85 Min. – R: Jerry Thorpe. D: Mariel Hemingway, Herb Williams, Jamie Newcomb, Mary Monahan, Gentry Claussen.
Eine 16jährige entscheidet sich gegen den Willen der Eltern für ihr uneheliches Kind und versucht, letztlich erfolglos, für sich und das Kind ein sinnvolles Leben einzurichten; ernsthafter, engagierter, sozialkritischer TV-Film.

Ich will nichts hören / Nechci nic slyšet ∗∗∗
ČSSR 1978 – 78 Min. – R: Ota Koval. D: Filip Renč, Dagmar Bláhová, Jiři Zahasky.
Jugendfilm. Mareks Eltern sind bei einem Autounfall ums Leben gekommen. Durch den Schock hat der Junge die Sprache verloren und sich in autistische Isolation geflüchtet. Er lernt eine Studentin kennen, und eine Zirkustruppe mit einer blonden »Aufziehpuppe« spielt auf der Wiese vor dem Haus. Poetisch-zarter, einfühlsamer Jugendfilm.

Ich zähle täglich meine Sorgen ∗∗
BRD 1960 – 105 Min. Ⓥ Tristar. – R: Paul Martin. D: Peter Alexander, Ingeborg Schöner, Gunther Philipp, Loni Heuser.
Klamotte. US-Modehai will seine hübsche Tochter aus geschäftlichen Gründen verheiraten. Die deutsche Kino-Klamaukszene weiß das mit Musik und mattem Witz zu verhindern.

Ideale Frau gesucht ∗ ½
A 1952 – 96 Min. – R: Franz Antel. D: Inge Egger, Wolf Albach-Retty, Jeanette Schultze, Waltraut Haas, Susi Nicoletti.
Komödie. Eine Frauenzeitschrift findet die als Werbegag gesuchte »ideale Frau« natürlich in der eigenen Redaktion; niedliche Besetzung übertüncht den Mangel an Witz nur dürftig.

Ein ideales Paar / Made for Each Other ∗∗ ½
USA 1939 – 87 Min. – R: John Cromwell. D: Carole Lombard, James Stewart, Charles Coburn.
Liebeskomödie. Die Ehe als Ort erfüllter Partnerschaft, Rendezvous nur noch in den eigenen vier Wänden. Doch bis es dazu kommt, entwickelt dieser pfiffig gespielte Film komödiantische und freche Brillanz und liebenswürdigen Witz, die für das biedere Ende entschädigen.

Identifikation einer Frau / Identificazione di una donna ∗∗ ½
I/F 1982 – 125 Min. – R: Michelangelo Antonioni. D: Tomas Milian, Daniela Silverio, Christine Boisson, Marcel Bozzuffi.
Moderner Liebesfilm. Ein krisengeschüttelter Filmregisseur auf sexuellen Abwegen durch die mondäne italienische Oberklasse. Von Antonioni (»Blow up«) bedeutungsschwer und tiefschürfend gestaltet, mit Ausflügen in die Existenzphilosophie erzählt und ausgesucht erlesen bebildert.

Der Idiot / L'idiot ∗ ½
F 1946 – 92 Min. sw. – R: Georges Lampin. D: Gérard Philipe, Edwige Feuillère, Nathalie Nattier, Lucien Rogoshin.
Literaturverfilmung. Adaption des Dostojewski-Romans um den Fürsten, der sein Leben in christlicher Einfalt gestaltet; Philipe in einer unangemessenen Rolle.

Idole TV-Film
BRD 1976 – 86 Min. – R: Klaus Lemke. D: Cleo Kretschmer, Judith Armbruster, Wolfgang Fierek, Lothar Meid.
Das erste bayerische Popstarmärchen von Klaus Lemke mit der naiven unvergleichlichen »Cleo« Kretschmer. Ihr Ausflug vom Dorf in die Großstadt Mün-

chen ist gleichzeitig ein Einführungskurs in die Schmink- und Make-up-Kunst: Cleo übt Schmollmund, Schlafzimmerblick und andere Techniken, die eine Frau heute kennen muß.

Ihr erstes Erlebnis *

D 1939 – 84 Min. sw. – R: Josef von Baky. D: Ilse Werner, Johannes Riemann, Volker von Collande, Margarethe Schön.

Liebesfilm. Adaption des Susanne-Kerckhoff-Romans »Tochter aus gutem Haus«, die in Berliner Studentenkreise kommt; betuliches Filmchen, selbst mit Ilse Werner ohne Pfiff.

Ihr größter Sieg / Blue Fire Lady * ½

AUS 1978 – 90 Min. – R: Ross Dimsey. D: Cathryn Harrison, Mark Holden, Peter Cummins.

Pferdesportfilm. Ein gerade volljährig gewordenes Mädchen betreibt mit Energie und Witz eine Karriere als Rennreiterin; sympathisch und optimistisch, rasant fotografiert.

Ihr Korporal / Husarenmanöver / Das ist die Liebe der Husaren *

A 1956 – 90 Min. – R: E. W. Emo. D: Paul Hörbiger, Traute Wassler, Peter Weck.

Militärklamotte. Der ungarische k.u.k. Korporal Fekete will seine Heißgeliebte erobern; nach bekannten Verwicklungen kommt es zur Doppelverlobung; ziemlich albern, aber routiniert.

Ihr Leibhusar * ½

H 1937 – 95 Min. sw. – R: Hubert Marischka. D: Magda Schneider, Pál Kemp, Paul Javor, Lucie Englisch.

Husarenklamotte. Spielschuldengeplagter Exhusar muß Ahnenschloß zum Verkauf anbieten; natürlich naht eine Dollarprinzessin; harmlos operettenhaft.

Ihr schönster Tag **

BRD 1962 – 88 Min. sw. – R: Paul Verhoeven. D: Inge Meysel, Rudolf Platte, Sonja Ziemann, Götz George, Brigitte Grothum.

Lustspiel. Eine Berliner Portiersfrau lebt glücklich mit ihrer Familie zusammen. Besonders stolz ist sie auf ihre Tochter in Amerika; als die eines Tages anreist, weil sie Schiffbruch erlitt, will die Mutter, der man das Unglück zunächst verheimlicht, davon nichts wissen; doch sie ist lernfähig. Paraderolle für die Meysel, auch sonst gut besetzt, auf der Problemebene aber harmlos.

Ihr sehr ergebener... / Sincerely Yours **

USA 1955 – 96 Min. – R: Gordon Douglas. D: Liberace, Joanne Dru, Dorothy Malone, Alex Nicol.

Musikerfilm. Taubheit scheint die Karriere eines Pianisten zu zerstören, doch nach anderen Aufgaben als Lebensinhalt rettet ihn eine Operation; naives Melodram als Vehikel für eine Präsentation der Extravaganzen des Stars Liberace.

Ihr Verbrechen war Liebe / Douze heure d'horloge * ½

BRD/F 1959 – 96 Min. sw. – R: Géza von Rádványi. D: Eva Bartok, Hannes Messemer, Gert Fröbe, Lino Ventura.

Krimi. Drei Ausbrecher versuchen mit Hilfe eines Mädchens Geld und Papiere für die weitere Flucht zu bekommen; die lustlose Regie färbt auf die Darsteller ab.

Ihre Chance war gleich null / Adam's Woman / Return of the Boomerang ** ½

AUS 1970 – 109 Min. – R: Philip Leacock. D: Beau Bridges, Jane Merrow, James Booth.

Abenteuerfilm. Ein junger Amerikaner wird in Australien Opfer eines Justizirrtums, doch trotz Anfeindungen gelingt ihm mit Hilfe eines verständnisvollen Kolonialoffiziers und einer jungen Frau die Rückkehr in die bürgerliche Gesellschaft; ein bemüht sozialkritischer Actionfilm.

Ihre Hoheit befiehlt ** ½

D 1931 – 90 Min. sw. – R: Hanns Schwarz. D: Käthe von Nagy, Willy Fritsch, Paul Hörbiger, Reinhold Schünzel.

Musikkomödie. Verwirrspiel um adlige Herrschaften, die in die Niederungen eines Gesindeballs hinabsteigen und dort prompt die Liebe ihres Lebens finden. Hinter der flott gespielten Operettenkomödie verbirgt sich eine köstliche Parodie auf Hofetikette und Untertanengeist – Drehbuch Billy Wilder.

Ihre letzte Chance / Independence Day ** ½

USA 1982 – 110 Min. – R: Robert Mandel. D: Kathleen Quinlan, David Keith, Frances Sternhagen, Dianne Wiest.

Frauendrama. Eine Frau in einer Stadt des Westens zwischen Liebe und Karriere; sie entscheidet sich angesichts der Probleme zweier anderer Frauen für die »Chance«; nicht sehr zwingend inszeniertes Melodram, als Abbild amerikanischen Provinzlebens gelungener.

Il Nero – Haß war sein Gebet / L'odio e il mio Dio * ½

I/BRD 1967 – 93 Min. – R: Claudio Gora. D: Tony Kendall, Carlo Giordano, Herbert Fleischmann.

Western. Rache um einen unschuldig Gehenkten: Der Bruder des Toten jagt drei Männer, die inzwischen eine steile Karriere im bürgerlichen Milieu gemacht haben; mäßig spannend.

Illusion * ½

D 1941 – 85 Min. sw. – R: Viktor Tourjansky. D: Brigitte Horney, Johannes Heesters, O. E. Hasse, Hilde Sessak.

Melodram. Brigitte Horney ist eine junge Schauspielerin, der ihr Gönner nicht nur ein Engagement in Wien verschafft, sondern auch einen kleinen Landsitz. Doch sie verirrt sich auf den Nachbarhof. Edle Romanze als Seelenkitsch angerichtet.

Im Alleingang / Solo Voyage / Odinochnoye plavanniye **

UdSSR 1986 – 76 Min. Ⓥ VMP/Cannon/VMP. – R: Michail Tumanischwili. D: Michail Noschkin, Alexander Fatjuschin, Sergej Nassibow.

Actionfilm. Ein Sowjetmajor im Kampf gegen Geheimdienste und Waffenschieber, die den dritten Weltkrieg auslösen wollen; routiniertes Einzelkämpferepos à la Hollywood, ohne viel Neues fürs Genre.

Im Auftrag der Cosa Nostra / Cose di Cosa Nostra * ½

I 1971 – 90 Min. – R: Steno. D: Carlo Giuffre, Jean-Claude Brialy, Pamela Tiffin, Mario Feliciani, Vittorio De Sica.

Mafiafilm. Ein italienischer Immigrant weiß nicht, daß er seinen Job der Cosa Nostra verdankt; eines Tages soll er die offene Rechnung durch einen Mord begleichen; konventionell, aber mit guter Besetzung.

Im Auftrag des Drachen / The Eiger Sanction *

USA 1974 – 128 Min. Ⓥ CIC. – R: Clint Eastwood. D: Clint Eastwood, George Kennedy, Vonetta McGee, Jack Cassidy, Heidi Brühl.

Agentenfilm. Bond-Plagiat um den guten westlichen Helden und die böse Ostmacht, mit Action-Höhepunkten am Ende, die mit Fehlern und Schwächen der Regie nicht versöhnen.

Im Banne der roten Hexe / Wake of the Red Witch **

USA 1948 – 109 Min. sw. – R: Edward Ludwig. D: John Wayne, Gail Russell, Adele Mara, Luther Adler, Gig Young.

Abenteuerfilm. Ein Schiffseigner und ein Kapitän kämpfen vor Ostindien um einen Schatz und eine Frau; ein Actionfilm nicht ohne Melancholie und Poesie.

Im Banne des Teufels / The Iron Mistress ** ½

USA 1952 – 100 Min. – R: Gordon Douglas. D: Alan Ladd, Virginia Mayo, Joseph Calleia, Phyllis Kirk.

Actionabenteuer. New Orleans Mitte des 19. Jahrhunderts: Farmer Bowie, dessen berühmtes Messer und die schöne Kreolin Judalon, um die er ebenso buhlt wie um Ehre und Macht, stehen im Mittelpunkt des zeitkritischen Films im Südwesternmilieu; ein Killer, Politiker und aufrechte Männer bewerben sich um die Gunst des Publikums, die ordentliche Regie läßt sie in Bilderbuchmanier aufmarschieren; Glanzrolle für Ladd.

Im Banne der roten Tigerin / Rampage * ½

USA 1964 – 94 Min. – R: Phil Karlson. D: Robert Mitchum, Elsa Martinelli, Jack Hawkins, Sabu.

Großwildjägerfilm. Ein Tierfänger soll die Königin der Wildnis, eine imaginäre Kreuzung zwischen Tiger und Leopard, fangen. Der passable, uneinheitlich inszenierte Film bietet gute Jagdszenen und eine melodramatische Dreiecksgeschichte, hängt aber dramaturgisch durch.

Im Banne des Kalifen / Arabian Adventure ∗∗∗
GB 1979 – 94 Min. Ⓥ Cannon. – R: Kevin Connor. D: Christopher Lee, Milo O'Shea, Oliver Tobias, Peter Cushing, Capucine, Mickey Rooney.
Filmmärchen. Der böse Kalif will Beherrscher der Welt werden; 1001-Nacht-Motive in einem farbenprächtigen Film voller Märchenabenteuer; fein stilisierte, traumhafte Dekorationen, elaborierte Special Effects und grandiose Actionchoreographie.

Im Banne des Unheimlichen ∗
BRD 1968 – 85 Min. – R: Alfred Vohrer. D: Joachim Fuchsberger, Siv Mattson, Wolfgang Kieling, Pinkas Braun, Hubert von Meyerinck.
Krimi. Inspektor auf der Spur geheimnisvoller Giftmorde nach dem vermuteten Tod eines Reichen; vergeblicher Versuch, die schwarzweißen Edgar-Wallace-Grusicals wiederzubeleben.

Im Banne von Shanghai / The Shanghai Gesture ∗∗ ½
USA 1941 – 106 Min. sw. – R: Josef von Sternberg. D: Gene Tierney, Walter Huston, Victor Mature, Albert Bassermann.
Unterweltsdrama. Verbrechen, Hurenhäuser, Spielhöllen, nächtliche Visionen: die Filmwelt Sternbergs (»Die Docks von New York«) als Einstieg in die »Schwarze Serie« Hollywoods. Atmosphärischer Studio-Realismus in einem melodramatischen Film.

Im Dienste der spanischen Frau / Al servicio de la mujer española ∗∗ ½
E 1978 – 93 Min. – R: Jaime de Armiñán. D: Marilina Ross, Adolfo Marsillach, Amparo Baro.
Zeitkritischer Film. Eine konservative Briefkastentante im Rundfunk wird von einem Zyniker aufs Korn genommen. Welche Wandlungen erfährt eine Frau durch die Liebe? Disput um die Rolle der Geschlechter im modernen Spanien.

Im Dschungel ist der Teufel los ∗
BRD 1982 – 95 Min. Ⓥ VPS. – R: Harald Reinl. D: Jim Mitchum, René Strickler, Alexander Grill, Tommi Ohrner, Jenny Jürgens.
Abenteuerfilm. Der Chef einer Charterfluglinie plant beim Versicherungsbetrug durch den Absturz eines schrottreifen Flugzeugs Menschenopfer ein; mäßig.

Im Dunkel der Nacht / Nightmare ∗∗
USA 1956 – 89 Min. – R: Maxwell Shane. D: Edward G. Robinson, Kevin McCarthy, Connie Russell.
Psychokrimi. Ein Mann wird in einem Spiegelkabinett ermordet, doch der Täter hält alles für einen Alptraum. Ein Polizist bestätigt ihn darin, doch seltsame Details beweisen das Gegenteil. Aufwendiges Remake des gelungenen B-Films »Fear in the Night« (1947) vom selben Regisseur.

Im Fadenkreuz / Keeping Track ∗∗
USA 1985 – 98 Min. – R: Robin Spry. D: Margot Kidder, Michael Sarrazin, Alan Scarfe.
Agentenkrimi. Ein Pärchen wird zufällig Zeuge von Agentenaktionen an der kanadisch-amerikanischen Grenze und gerät zwischen die Fronten der Geheimdienste. Der genau beobachtende, exzessive Gewaltdarstellung vermeidende Thriller gewinnt seine Spannung aus der detaillierten Recherche.

Im fernen Westen
siehe: Zwei ritten nach Texas

Im Geheimdienst Ihrer Majestät / On Her Majesty's Secret Service ∗∗∗
GB 1969 – 128 Min. – R: Peter Hunt. D: George Lazenby, Diana Rigg, Telly Savalas, Ilse Steppat, Gabriele Ferzetti, Lois Maxwell.
James-Bond-Film. Superagent auf den Spuren des Böslings Blofeld, der die Welt mit Viren verseuchen will; skurrilster, einfallsreich fotografierter Film der Serie; harter Actionthriller mit Ruhepausen für flotte Bond-Flirts, begleitet von Louis Armstrongs »We Have All the Time in the World«; rasante Ski-Stunts von Willy Bogner; die Stunts in der Bobbahn gehören zu den irrwitzigsten Actionszenen des Kinos; Lazenby besser als oft eingeschätzt.

Im Hafen von New York / Docks of New York ***
USA 1928 – 74 Min. sw. Stf. OmU. – R: Josef von Sternberg. D: George Bancroft, Betty Compson, Olga Baclanova.
Melodram. Sozialkritische Studie über die Liebe eines Schiffsheizers zu einem lebensmüden Straßenmädchen. Eindrücklich und anrührend dargestellt, visuell überragend.

Im Herzen des Wilden Westens / Hearts of the West **
USA 1975 – 99 Min. – R: Howard Zieff. D: Jeff Bridges, Alan Arkin, Blythe Danner, Andy Griffith, Donald Pleasence.
Westernparodie. Ein Greenhorn und Amateurschreiber landet auf der Suche nach dem »wahren Westen« als Darsteller in Billigstwestern; streckenweise komisch, eher harmlose Unterhaltung.

Im Himmel ist die Hölle los **
BRD 1985 – 85 Min. Ⓥ VPS. – R: Helmer von Lützelburg. D: Billie Zöckler, Dirk Bach, Barbara Valentin, Cleo Kretschmer, Walter Bockmayer, Harry Baer.
Medienklamotte. Ein TV-Privatsender strahlt die Supermusikshow mit Willi Wunder aus, eines Tages wird eine neue Assistentin gesucht. Damit wird aus dem Medienereignis vollends eine Vorstellung in Unterhaltungsschwachsinn; der Film orientiert sich dabei an gängigen Schlagerinszenierungen von heute. Schwarzer Nonsens und überdrehte Blödelei (ohne Rückkoppelung auf den fernsehgerechten »Bildungsauftrag«) einfallsreich inszeniert.

Im Innern des Wals ** ½
BRD 1985 – 99 Min. – R, B: Doris Dörrie. D: Janna Marangosoff, Eisi Gulp, Peter Sattmann, Silvia Reize, Ulrike Kriener.
Frauenfilm. Eine Fünfzehnjährige begibt sich nach mehrfachen Konflikten mit ihrem Vater auf die Suche nach ihrer Mutter; ein Film, der in nervösen Bildern den Versuch einer Selbstfindung problematisiert.

Im Jahr des Drachen / Manhattan Massaker / Year of the Dragon ***
USA 1985 – 134 Min. Ⓥ VMP/Cannon/VMP. – R: Michael Cimino. D: Mickey Rourke, John Lone, Ariane, Leonard Termo, Ray Bary.
Thriller. Ein hochdekorierter New Yorker Polizeicaptain erhält den Auftrag, gegen die »gelbe« Mafia in Chinatown vorzugehen; er gerät in eine Welt der Spielhöllen, Bordelle und ominösen Clubs mit von seinen eigenen völlig verschiedenen Vorstellungen von Macht, Gewalt und Loyalität; nur in einem gleicht er, der Vietnamveteran, seinem direkten Gegner: in der Wahllosigkeit seiner brutalen Methoden, die er in einem privaten Rachefeldzug gegen Heroindealer anwendet; ein gewalttätiger Film, der Gewaltmechanismen offenlegt, zugleich ein facettenreiches Psychodrama der seelisch defekten Vietnamgeneration als Teil einer gewaltbereiten Gesellschaft.

Im Kittchen ist kein Zimmer frei / Archimède, le clochard ***
F/I 1959 – 81 Min. sw. – R: Gilles Grangier. D: Jean Gabin, Darry Cowl, Bernard Blier, Julien Carette.
Komödie. Schwarze Komödie um einen Clochard, der gern im Kittchen überwintern will. Mit Raffinesse und Witz erzählt, von Gabin unnachahmlich gemimt. Eine Filmperle des augenzwinkernden Humors.

Im Kreuzfeuer / Crossfire ** ½
USA 1947 – 82 Min. sw. – R: Edward Dmytryk. D: Robert Mitchum, Robert Young, Robert Ryan, Gloria Grahame, Paul Kelly.
Krimi. Kurz nach dem Kriegsende wird ein jüdischer Soldat ermordet; ein Polizist will dem Mörder eine Falle stellen; straff inszenierter kritischer Thriller, der den latenten Antisemitismus thematisiert.

Im Land der langen Schatten / Ombre bianche / The Savage Innocents **
I/F/GB 1959 – 103 Min. Ⓥ Polyband/Toppic. – R: Nicholas Ray. D: Anthony Quinn, Yoko Tani, Peter O'Toole, Carlo Giustini, Andy Ho, Marie Yang.
Abenteuerfilm. Für ein Eskimopaar bringt das Auftauchen eines Missionars

den Zusammenbruch der traditionellen Werte; halbdokumentarische Auseinandersetzung mit einem Kulturkampf zwischen Naturvolk und Zivilisation, eindrucksvoll fotografiert und mit Studioaufnahmen kombiniert.

Im letzten Moment / Alpha Caper ** ½
USA 1973 – 70 Min. – R: Robert Michael Lewis. D: Henry Fonda, Leonard Nimoy, James McEachin, Elena Verdugo, Larry Hagman.
Komödie. Ein Bewährungshelfer kurz vor der Pensionierung nutzt die Gunst der letzten Stunde und plant mit drei Exschützlingen den großen Goldraub; solider Gaunerschwank ohne besondere Spannung, aber mit guter Besetzung.

Im letzten Sommer des Krieges / Les enfants pillards * ½
F 1979 – 87 Min. – R: Bernard Dubois. D: Julien Dubois, Igor Novitzki, Marc-Olivier Barthélémy.
Jugendfilm. In den Sommerferien 1918 beschäftigen sich Kinder auf Räuber-und-Gendarm-Art mit Kriegsspielen; das Auffinden echter Waffen läßt aus Spiel Ernst werden; fragwürdige Tendenz.

Im Lauf der Zeit ***
BRD 1976 – 176 Min. sw. – R: Wim Wenders. D: Rüdiger Vogler, Hanns Zischler, Lisa Kreuzer, Rudolf Schündler, Marquard Bohm, Patrick Kreuzer.
Road Movie. Ein Kinomechaniker und ein Kinderpsychologe fahren in einem Laster durch die deutsche Provinz an der DDR-Grenze entlang. Beide, obwohl Mittdreißiger, haben ihren Platz noch nicht gefunden und vermischen Fiktion mit der Wirklichkeit. Der Film von Wenders beschreibt authentisch ihren inneren Zustand und schildert deutsche Landschaften und Menschen – Landvermessung als Filmpoesie.

Im Namen des Gesetzes / In nome della legge ** ½
I 1949 – 89 Min. sw. – R: Pietro Germi. D: Massimo Girotti, Charles Vanel, Camillo Mastrocinque.
Mafiafilm. Ein neuer Richter in einem sizilianischen Dorf bricht mit der Tradition, Morde ungesühnt zu lassen; eine der ersten überzeugenden Auseinandersetzungen mit der Mafia.

Im Namen des Volkes ** ½
BRD 1974 – 90 Min. – R: Ottokar Runze. D: Insassen der Strafanstalt Hamburg-Fuhlsbüttel.
Dokumentarischer Film. Häftlinge spielen einen fiktiven Mordprozeß nach; dadurch werden bedrückende Aspekte der Strafverfolgung deutlich; u. a. mit dem »Silbernen Bären« und dem Bundesfilmpreis ausgezeichnet.

Im Nest der Gelben Viper – Das FBI schlägt zu / FBI-Operazione vipera gialla *
BRD/I 1964 – 90 Min. – R: Wolfgang Schleif. D: Hellmut Lange, Peer Schmidt, Adeline Wagner.
Krimi. Bis nach Kapstadt verfolgt der eiskalte FBI-Mann eine Gang, die mit tödlichem Schlangengift Geschäfte macht; simpel, klischeehaft.

Im Netz der Angst / Memories Never Die **
USA 1982 – 90 Min. – R: Sandor Stern. D: Lindsay Wagner, Gerald McRaney, Melissa Michaelson.
Psychodrama. Nach psychiatrischer Klinikbehandlung kehrt eine Ehefrau und Mutter in die Familie zurück und stößt auf einiges Desinteresse. Ihre Krise beginnt jetzt erst. Der Film startet eindringlich, behält seine Spannung jedoch nicht. Dennoch ein passabler Versuch, Seelenkonflikte ohne Thrill und Spekulation filmisch umzusetzen.

Im Netz der Gewalt / Short Eyes ***
USA 1977 – 94 Min. – R: Robert M. Young. D: Bruce Davison, José Perez, Joseph Carberry, Bob Maroff.
Gefängnisfilm. Vorurteile, Haß, Denunziation und Lynchjustiz hinter den Mauern eines New Yorker Gefängnisses. Realistisches Drama über die Hierarchie der Verfemten, die jener der bürgerlichen Gesellschaft haarscharf gleicht. Nach einem Theaterstück von Miguel Piñero.

Im Netz der goldenen Spinne / Missione speciale Lady Chaplin / Operation Lady Chaplin **

I/F/E 1966 – 97 Min. – R: Alberto de Martino. D: Ken Clark, Daniela Bianchi, Evelyn Stewart, Jacques Bergerac.
Agentenfilm. Die CIA setzt Agenten auf die Spur eines verschwundenen Atom-U-Boots; sie geraten an zwei geheimnisvolle Frauen; routiniert, mit einer sehenswerten Bianchi.

Im Netz der Leidenschaften
siehe: Die Rechnung ohne den Wirt

Im Paradies verdammt / ** ½
The Beachcomber
GB 1955 – 82 Min. – R: Muriel Box. D: Robert Newton, Glynis Johns, Donald Sinden, Donald Pleasence.
Südseeabenteuer. Ein Alkoholiker und Pazifiktramp steht in der Stunde der Bewährung seinen Mann, wobei ihm eine Missionarin hilft; eindrucksvolle Adaption einer Erzählung von W. Somerset Maugham und Remake einer Filmversion von 1931 (mit Charles Laughton).

Im Prater blüh'n wieder die Bäume * ½
A 1958 – 91 Min. – R: Hans Wolff. D: Johanna Matz, Gerhard Riedmann, Nina Sandt, Theo Lingen, Albert Rueprecht.
Liebesromanze. Im Hotel Sacher begegnet eine Hofratstochter dem Erzherzog Ferdinand. Der Rest schmeckt wie eine Filmtorte nach echt wienerischem Rezept: süßlich.

Im Reich der weißen Berge / Striker's Mountain TV-Film
CDN/GB/BRD – 90 Min. – R: Alan Simmonds. D: August Schellenberg, Leslie Nielsen, Bruce Greenwood.
Ein Millionär wittert seine Chance, als ein Helikopter-Skizirkus in finanzielle Schwierigkeiten gerät; aufdringliche Umweltintrige, visuell eindrucksvoll.

Im Reich des silbernen Löwen * ½
BRD/E 1965 – 88 Min. – R: Harald Reinl. D: Lex Barker, Marie Versini, Ralf Wolter.
Karl-May-Film. Der edle Kara Ben Nemsi Effendi muß sich mit dem heimtückischen Machredsch von Mossul herumschlagen, weil dieser es auf einen Schatz abgesehen hat und ein Mädchen entführt. Wüstenkitsch.

Im Schatten der Erinnerung / Ascendancy ** ½
GB 1982 – 82 Min. – R: Edward Bennett. D: Julie Covington, Ian Charleson, John Phillips.
Zeitkritik. Geschichte einer Frau, die im irischen Bürgerkrieg zwischen Protestanten und Katholiken durch den Tod ihres Bruders einen psychischen Schock erlitten hat. Der Film wurde 1983 in Berlin preisgekrönt.

Im Schatten der Macht / ** ½
Pouvoir intime
CDN 1986 – 87 Min. – R: Yves Simoneau. D: Marie Tifo, Pierre Curti, Jacques Godin, Robert Gravel, Jean-Louis Millette, Yvon Ponton.
Gangsterfilm. Ein Geldtransporter soll geknackt werden, doch statt auf den bestochenen Wachmann treffen die Gangster auf dessen Bruder, der das Spiel nicht mitspielt; ein harter Film, der für die einen in einer Gewaltorgie, für zwei am Rande Beteiligte in einem melancholischen Happy-End gipfelt.

Im Schatten der Nacht / ***
Sie leben bei Nacht / They Live by Night
USA 1947 – 92 Min. sw. – R: Nicholas Ray. D: Farley Granger, Cathy O'Donell, Howard da Silva.
Gangsterfilm. Der Held bricht aus dem Zuchthaus aus, ist in einen Banküberfall verwickelt und wird dabei verletzt; er begegnet einem schönen Mädchen, das ihn gesundpflegt. Der Versuch des Paares, ins bürgerliche Leben zurückzukehren, scheitert an den desolaten Verhältnissen. Nicholas Rays erster Film ist sensibel inszeniert, er vermeidet Klischees und die übliche Gangsterfilm-Dramaturgie. Das Melodram nach dem Roman »Diebe wie wir« von Edward Anderson wurde unter dem Originaltitel 1974 nochmals verfilmt.

Im Schatten des Galgens / **
Run for Cover
USA 1955 – 93 Min. – R: Nicholas Ray. D: James Cagney, Viveca Lindfors, John Derek, Jean Hersholt, Ernest Borgnine.
Western. Exsträfling wird umstrittener Sheriff, sein junger Kumpel bleibt auf

der anderen Seite des Gesetzes; sein väterlicher Freund erschießt ihn wegen eines Mißverständnisses; eher konventioneller Film über eine problematische Männerfreundschaft.

Im Schatten des Korsen / ** ½
Sea Devils
GB 1953 – 90 Min. – R: Raoul Walsh. D: Yvonne De Carlo, Rock Hudson, Maxwell Reed, Gérard Oury.
Abenteuerfilm. Eine antinapoleonische Spionin wird gefaßt, ein unternehmungslustiger Schmuggler will sie retten; spannungs- und actionreiches, buntes Abenteuer.

Im Schatten des Zweifels / ** ½
Shadow of a Doubt
USA 1943 – 108 Min. sw. – R: Alfred Hitchcock. D: Teresa Wright, Joseph Cotten, Macdonald Carey, Henry Travers.
Psychokrimi. Der charmante Onkel, der zu Besuch kommt, ist ein langgesuchter Witwenkiller, und nur die kleine Nichte begreift das. Seine Versuche, sie deshalb umzubringen, scheitern. Hitchcock serviert das mit süffiger Ironie, gutgetimter Spannung und einer überraschenden Auflösung.

Im Schatten einer Toten / TV-Film
Mistress of Paradise
USA 1981 – 100 Min. – R: Peter Medak. D: Geneviève Bujold, Chad Everett, Anthony Andrews, Olivia Cole.
Horrorfilm. Nordstaatlerin gerät durch ihre Ehe mit einem Plantagenbesitzer in Voodoo-Grusel, denn der Mann hängt der Liebe zu einer Verstorbenen nach; mäßig spannend.

Im Schlepptau / ***
Schlepptaue / Remorques
F 1941 – 90 Min. sw. – R: Jean Grémillon. B: Jacques Prévert, André Cayatte. D: Jean Gabin, Madeleine Renaud, Michèle Morgan.
Melodram. Gabin als Kapitän liebt die See und Michèle Morgan, seine Frau geht zugrunde, die Geliebte verläßt ihn, was bleibt, ist Wehmut; einfache Geschichte in grandiosen Bildern.

Im singenden Rößl am Königssee * ½
A 1963 – 105 Min. – R: Franz Antel. D: Peter Weck, Waltraut Haas, Ingeborg Schöner, Gunther Philipp, Oskar Sima.
Musikkomödie. Angesiedelt ist die Story dieses billigen Schwanks in einem Hotel im Salzkammergut. Da geht es um Liebe, Gesang, Erbschleicherei, Verwechslungen und das unvermeidliche Happy-End.

Im Sold des Satans / **
The Damned Don't Cry
USA 1950 – 103 Min. sw. – R: Vincent Sherman. D: Joan Crawford, David Brian, Steve Cochran.
Psychodrama. Ölbohrtürme als soziales Signal und Kulisse für die Geschichte eines Proletariermädchens, das ihrem Mann und ihrer Klasse entkommen will. Ihre Flucht als Gangsterliebchen in die New Yorker Unterwelt endet so perspektivlos, wie es das Gesamtklima dieses fatalistischen »Film noir« ist.

Im Staub der Sonne / FLOP
Spara, Gringo, spara
I 1970 – 88 Min. – R: Frank B. Corlish. D: Brian Kelly, Keenan Wynn, Rik Battaglia, Fabrizio Moroni.
Italowestern. Zwei Schießhelden beweisen sich ständig, daß sie die Größten sind; statt sich umzubringen, werden sie Freunde; gute Idee einfallslos verschenkt.

Im Tempel der Sünde / *
The Prodigal
USA 1955 – 108 Min. – R: Richard Thorpe. D: Lana Turner, Edmund Purdom, Louis Calhern.
Historienfilm. Die leichtgeschürzte, mit antikem Schmuck behängte Hollywood-Sexbombe Lana Turner lockt als heidnische Baal-Priesterin einen biederen Juden in den Sündenpfuhl; monströser Kitsch.

Im Visier / The Walking Target * ½
USA 1960 – 70 Min. – R: Edward L. Cahn. D: Joan Evans, Ronald Foster, Merry Anders.
Gangsterfilm. B-Picture um einen Exhäftling, der nach der Entlassung aus dem Zuchthaus die Beute aus dem Versteck holen will und dabei von verschiedenen Figuren belauert wird; routiniert.

Im Visier des Falken / ∗∗ ½
Figures in a Landscape
USA 1969 – 92 Min. – R: Joseph Losey. D: Robert Shaw, Malcolm McDowell, Henry Wolff, Christopher Malcolm, Pamela Brown.
Abenteuerfilm. Zwei Häftlinge töten beim Ausbruch einen Aufseher und sind von nun an auf der Flucht; bis zur rettenden Grenze müssen noch 400 Meilen bewältigt werden. Beklemmender Alptraum einer nicht endenden Verfolgungsjagd, die existentielle Dimensionen annimmt.

Im Wald, da sind... / If You ∗∗ ½
Go Down in the Woods Today
GB 1981 – 77 Min. – R: Eric Sykes. D: Eric Sykes, Robin Bailey, Fulton Makkay, Norman Bird.
Komödie. Herrlich blöder Pfadfinderfilmspaß um einen »Scout«-Trupp, der im Wald mit allerlei ungewöhnlichen Gefahren konfrontiert wird. Von und mit dem urkomischen und für den Bildwitz eminent begabten Eric Sykes.

Im weißen Rößl ∗∗
BRD 1952 – 91 Min. – R: Willi Forst. D: Johanna Matz, Johannes Heesters, Walter Müller, Paul Westermeier, Rudolf Forster.
Musikfilm. Adaption der Operette von Ralph Benatzky um die »Rößl«-Wirtin und ihren liebestrunkenen Kellner; bunt und unterhaltsam mit einer niedlichen Hauptdarstellerin.

Im Weißen Rößl FLOP
A 1960 – 103 Min. – R: Werner Jacobs. D: Peter Alexander, Waltraut Haas, Gunther Philipp.
Filmoperette. Der Kirchturm St. Wolfgangs und der Charakterkopf Alexanders sind das Auffälligste an dieser filmmusikalischen Nervensäge, deren Klänge wie ein Wildbach rauschen, den eine Kunststoffindustrie biologisch verseuchte. Da rettet auch der Dialogkrampf deutscher Blödelkunst nichts.

Im Westen nichts Neues / ∗∗∗
All Quiet On the Western Front
USA 1929/30 – 135 Min. sw. – R: Lewis Milestone. D: Lew Ayres, Louis Wolheim, John Wray, Slim Summerville, Arnold Lucy.
Antikriegsfilm. Rekonstruierte und neu synchronisierte Fassung (Jürgen Labensky und Ottokar Runze) des Klassikers unter den filmischen Friedensappellen. Die Wucht des dargestellten Kriegsgeschehens ist noch immer unmittelbar spürbar, die Grabenkämpfe empörend sinnlos, das Pathos der Kriegsideologen provokativ hohl; eine einzigartige Anthologie von Details des Kriegsirrsinns.

Im Zeichen der Lilie / ∗∗ ½
Le miracle des loups
F/I 1961 – 101 Min. – R: André Hunebelle. D: Jean Marais, Rosanna Schiaffino, Jean-Louis Barrault, Roger Hanin, Albert Lambert fils, Guy Delorme.
Abenteuerfilm. Ein Edelmann Ludwigs XI. kämpft um seine Geliebte und daher gegen die Intrigen des Burgunderherzogs Karls des Kühnen; prächtiger Ausstattungsfilm mit beachtlichem Drehbuch; die Hast vieler Sequenzen mindert die Spannung, auch die des »Wolfswunders«, auf das sich der Originaltitel bezieht.

Im Zeichen der Vier / ∗∗ ½
The Sign of the Four
GB 1983 – 91 Min. – R: Desmond David. D: Ian Richardson, David Healy, Thorley Walters, Cherie Lunghi.
Krimi. Vier ehemalige Häftlinge auf Rachetour gegen einen Major, der sie um Beute betrog. Sherlock Holmes wird eingeschaltet. Indizienakribie, geheimnisvolle Akteure, mysteriöse Schauplätze und das scharfe Denken des Meisters sorgen für Krimispannung.

Im Zeichen des Bösen / ∗∗∗ ½
Touch of Evil
USA 1957/58 – 97 Min. sw. – R: Orson Welles. D: Orson Welles, Charlton Heston, Janet Leigh, Akim Tamiroff, Dennis Weaver, Marlene Dietrich, Mercedes McCambridge, Joseph Cotten, Zsa Zsa Gabor.
Film noir. In der mexikanisch-nordamerikanischen Grenzstadt Los Robles werden der frischverheiratete mexikanische Rauschgiftdetektiv Vargas und seine Frau in eine Mordaffäre hineingezogen, in die auch der korrupte Sheriff Quinlan (Welles) verwickelt ist. Welles inszenierte

das düstere Geschehen als Schlag gegen herrschende Moralvorstellungen, als Genrezertrümmerung und als rigorosesten Krimi der Filmgeschichte.

Im Zeichen des Löwen / ∗∗
Rogue Lion
USA 1977 – 90 Min. – R: Sven Parson. D: Brian O'Shaugnessy, Bruce Miller, Tessa Riegler.
Abenteuerfilm. Als Landbesitzer in einem afrikanischen Tierreservat einen Löwen töten wollen, stellen sich Wildhüter gegen sie; Savannenabenteuer mit schönen Landschafts- und Tieraufnahmen.

Im Zeichen des schwarzen Pfeils / Black Arrow TV-Film
GB 1984 – 89 Min. – R: John Hough. D: Oliver Reed, Fernando Rey, Benedict Taylor, Stephan Chase, Donald Pleasence.
England im 15. Jahrhundert, zur Zeit der Rosenkriege: Der böse Sir Brackley hat Black Arrow verleumdet, als dieser in Frankreich weilte. Unterhaltsames, farbenprächtiges Abenteuer nach dem Roman von Robert Louis Stevenson.

Im Zeichen Roms / ∗∗
Nel signo di Roma
I 1958 – 105 Min. Ⓥ USA Video. – R: Guido Brignone. D: Anita Ekberg, Georges Marchal, Folco Lulli.
Kolossalfilm. Ein Sandalenepos aus Rom, wo sich wieder einmal die Syrer gegen das Imperium auflehnen. Western auf römisch, ein Vorläufer des Italo.

Im Zirkus der drei Manegen / Der Zirkusclown / ∗ ½
Three Ring Circus
USA 1954 – 103 Min. – R: Joseph Pevney. D: Jerry Lewis, Dean Martin, Joanne Dru, Zsa Zsa Gabor.
Zirkusfilm. Um ein großer Clown zu werden, nimmt Jerry (Lewis) mit seinem Freund zunächst auch Aushilfsjobs im Zirkus an und wartet auf seine Chance, die natürlich unerbittlich kommt; Rührung geht nahtlos in Langeweile über.

Immer Ärger mit den Mädchen / The Trouble With Girls ∗∗
USA 1969 – 96 Min. – R: Peter Tewksbury. D: Elvis Presley, Marlyn Mason, Sheree North, Nicole Jaffe, John Carradine.
Elvis-Presley-Film. Elvis in weißem Anzug und mit weißem Sombrero bekommt als Boß einer Wandershow in der Provinz Ärger mit Angestellten, Anwohnern und einer Frau; mit Schwung, Rock und Swing meistert er einen Mordfall und eine aufregende Affäre; für Presley-Fans.

Immer Ärger mit den Paukern ∗ ½
BRD 1968 – 90 Min. Ⓥ Ufa. – R: Harald Vock. D: Roy Black, Uschi Glas, Peter Weck.
Klamotte. Peter geht für seinen Freund aufs Internat, doch der Schwindel droht aufzufliegen. Viel Lärm um ein paar Schülerwitze.

Immer Ärger mit Harry / ∗∗∗
The Trouble With Harry
USA 1955 – 99 Min. – R: Alfred Hitchcock. D: Shirley MacLaine, John Forsythe, Edmund Guenn.
Krimikomödie. Eine Leiche mit roten Socken liegt im schönsten Neuengland aller Hitchcock-Filme und kein Mörder weit und breit; ein skurriler, hintergründiger, rabenschwarzer – untypischer und verkannter – Hitchcock.

Immer auf die Kleinen / ∗∗
Smorgasbord / Cracking Up
USA 1983 – 83 Min. – R: Jerry Lewis. D: Jerry Lewis, Herb Edelman, Budd Lester, Sammy Davis jr.
Komödie. Ein Psychiater versucht die Mosaiksteinchen des Pechvogelcharakters seines Patienten Jerry Lewis zusammenzusetzen; Qualitätsansätze werden nicht durchgehalten.

Immer die verflixten Frauen / Ask Any Girl ∗∗ ½
USA 1959 – 95 Min. sw. – R: Charles Walters. D: David Niven, Shirley MacLaine, Gig Young, Rod Taylor.
Liebeskomödie. Eine Landpomeranze erobert die Großstadt und den Bruder ihres Chefs; doch das erweist sich zunächst als nicht so einfach, sie trifft auf Schlitzohrigkeit und Trickreichtum. Die köstliche MacLaine knackt eine schwere Nuß nach der anderen in diesem liebenswerten, nach Motiven des klassischen Pygmalion-Stoffes gestrickten Film.

Immer die verflixten Weiber * ½
CH 1971 – 95 Min. – R: Toni Stubhan. D: Beppo Brem, Mady Rahl, Alfred Rasser.
Lustspiel. Beppo Brem als Gemeinderatspräsident Stirnimann wird aus enttäuschter Liebe von den Frauen des Ortes gekidnappt; treibende Kraft ist die Hebamme Spyri.

Immer geradeaus TV-Film
BRD 1979 – 70 Min. – R, B: Karlheinz Rehbach.
»Kamerafilm«, der bei überwiegend starren Einstellungen (Fast-)Kinder und junge Menschen von ihren Karrierewünschen, -vorstellungen und -träumen erzählen läßt; ein Film, der durch schlichte Dokumentation Illusionen böse entlarvt.

Immer jagte er Blondinen / The Human Jungle **
USA 1954 – 80 Min. sw. – R: Joseph M. Newman. D: Emile Meyer, Gary Merrill, Chuck Connors, Jan Sterling.
Krimi. Dokumentarisch angelegter, flotter Spielfilm über einen Tag in einem Polizeirevier. Mord und Totschlag als nett servierter Alltagsvorgang.

Immer mit einem anderen / What a Way to Go ** ½
USA 1964 – 102 Min. – R: J. L. Thompson. D: Shirley MacLaine, Bob Cummings, Dick Van Dyke, Paul Newman, Gene Kelly, Robert Mitchum, Dean Martin.
Komödie. So kann das Leben spielen: Das zuckersüße Mädchen vom Land verbraucht vier millionenschwere Ehemänner und weiß nicht, wie ihr geschieht. Witzige, turbulente, vor Einfällen sprühende Groteske mit Starbesetzung.

Immer nur deinetwegen / Who's Got the Action? ** ½
USA 1962 – 89 Min. – R: Daniel Mann. D: Dean Martin, Lana Turner, Eddie Albert, Walter Matthau.
Komödie. Ein glücklich verheirateter Staranwalt verhält sich plötzlich sonderbar; die Ehefrau vermutet einen Seitensprung; lockere Eheposse mit gutgelaunten Darstellern; Matthau in einer komischen Chargenrolle.

Immer nur du
siehe: Man müßte Klavier spielen können

Immer wenn das Licht ausgeht / Pot-Bouille ** ½
F/I 1957 – 101 Min. – R: Julien Duvivier. D: Gérard Philipe. Danielle Darrieux, Dany Carrel, Jacques Duby.
Komödie. Ein Provinzcharmeur kümmert sich (zunächst) mehr um die Gunst seiner Arbeitgeberin als um die Liebe seines Lebens; Zolas bittere Studie als Komödie voller Witz.

Immer wenn der Tag beginnt ** ½
BRD 1957 – 89 Min. – R: Wolfgang Liebeneiner. D: Ruth Leuwerik, Hans Söhnker, Hans Reiser.
Melodram. Ruth Leuwerik als humane und fortschrittliche Studienrätin hat Schwierigkeiten mit der verknöcherten Bürokratie. Erstaunliche Zeitstudie.

Immer wenn ich glücklich bin ** ½
A 1938 – 95 Min. sw. – R: Carl Lamac. D: Martha Eggerth, Paul Hörbiger, Fritz van Dongen, Lucie Englisch, Hans Moser, Theo Lingen.
Komödie. Ein Revuestar verzichtet aus Liebe auf die Karriere; als das Theater vor der Pleite steht, ergeben sich Probleme; Musikrevue mit großem Staraufgebot, deftiger Komik und der eingängigen Musik von Franz Grothe.

Das Imperium schlägt zurück / The Empire Strikes Back ** ½
USA 1980 – 124 Min. Ⓥ CBS / FOX. – R: Irvin Kershner. D: Mark Hamill, Harrison Ford, Carrie Fisher, Billy Dee Williams, Anthony Daniels, David Prowse, Kenny Baker, Frank Oz, Alec Guinness.
Fantasyfilm. Fortsetzung von »Krieg der Sterne«: Die Rebellen gegen Darth Vader und die von ihm repräsentierten finsteren Mächte kämpfen mit langem Atem gegen die zunehmende Langeweile des Zuschauers; ein Großangebot ebenso faszinierender wie zermürbender Special Effects fand seinen Lohn in einem Spezial-Oscar; Fortsetzung: »Die Rückkehr der Jedi-Ritter«.

In den Fängen der Madame Sin / Madame Sin **
USA 1971 – 86 Min. – R: David Greene. D: Bette Davis, Robert Wagner, Den-

holm Elliot, Catherina von Schell, Gordon Jackson.
Abenteuerfilm. Ein weiblicher Bösewicht will die Weltherrschaft und kidnappt einen Ex-Spezialagenten als Geisel zwecks Kontrolle über ein Polaris-Atom-U-Boot; eigentlich nur wegen Bette Davis sehenswert.

In Acht und Bann / At Gunpoint * ½
USA 1955 – 80 Min. – R: Alfred L. Werker. D: Fred MacMurray, Dorothy Malone, Walter Brennan.
Western. Noch einmal wird das Thema von »Zwölf Uhr mittags« aufgeblättert, aber der friedliebende Held muß den Banditen diesmal nicht allein gegenübertreten.

In angenehmer Gesellschaft / The Pleasure of His Company ** ½
USA 1961 – 115 Min. – R: George Seaton. D: Fred Astaire, Debbie Reynolds, Lilli Palmer, Tab Hunter.
Gesellschaftskomödie. Ein lebenslustiger Globetrotter stiftet bei einem seiner seltenen Heimataufenthalte Verwirrung bei Heiratswilligen und anderen; charmant und pointiert, mit einem routinierten Singer-Dancer Astaire.

In Beirut sind die Nächte lang / Twenty-Four Hours to Kill *
GB 1965 – 95 Min. – R: Peter Bezencenet. D: Lex Barker, Mickey Rooney, Helga Sommerfeld.
Thriller. Wegen eines Maschinenschadens muß Captain Jones in Beirut zwischenlanden und gerät in ein finsteres Komplott. Ohne Spannung.

In brutalen Händen / Cry Terror **
USA 1958 – 95 Min. sw. – R: Andrew L. Stone. D: James Mason, Rod Steiger, Inger Stevens.
Krimi. Ein Ehepaar gerät mit seiner Tochter in die Falle einer brutalen Erpressung, die von einem früheren Kriegskumpel des Mannes angezettelt wird. Überdurchschnittlicher Spannungsfilm mit kritischen Akzenten, brillant gespielt.

In den Adern heißes Blut / Una estate in quattro **
I 1968 – 87 Min. – R: Florestano Vancini. D: Giuliano Gemma, Bibi Andersson, Gunnar Björnstrand.
Krimi. Auf einem Inselurlaub lernen sich zwei Paare kennen; alles beginnt vielversprechend, bis einer der Männer tot aufgefunden wird. Spannend inszenierter Psychoschocker.

In den Kerkern von Marokko / Yankee Pasha **
USA 1954 – 81 Min. – R: Joseph Pevney. D: Jeff Chandler, Rhonda Fleming, Lee J. Cobb, Philip Van Zandt.
Abenteuerfilm. Ein Trapper verliebt sich in eine Rotblonde, reist ihr von Amerika nach Europa nach und muß erfahren, daß seine Flamme nach Marokko verschleppt wurde. Der Mann sieht Rot. Viel Abenteuer-Action, hübsche Studio-Schauplätze und sehenswerte Stars machen den Film zu anspruchsloser Unterhaltung aus der Kintoppkiste.

In den Klauen der Borgia / Prince of Foxes ** ½
USA 1949 – 114 Min. sw. – R: Henry King. D: Tyrone Power, Orson Welles, Wanda Hendrix, Everett Sloane.
Monumentalfilm. Geschichte der Bekehrung eines meuchelmörderischen Komplizen von Cesare Borgia durch die Liebe einer Schönen; wenig authentischer Historienschinken mit allen Schauwerten großer Hollywood-Produktionen.

In den Schlingen von Scotland Yard / Confession * ½
GB 1955 – 90 Min. sw. – R: Ken Hughes. D: Sydney Chaplin, Audrey Dalton, Peter Hammond.
Krimi. Ein Gangster gerät in Gewissensnot, als er den unschuldigen Freund seiner Schwester erschießt, und wendet sich an einen Priester; ernsthaft, aber etwas zu routiniert.

In den Schuhen des Fischers / The Shoes of the Fisherman **
USA 1968 – 148 Min. – R: Michael Anderson. D: Anthony Quinn, Oskar Werner, Vittorio De Sica, Laurence Olivier.
Starfilm. Anthony Quinn als russischer Kirchenführer verhindert einen Krieg zwischen Chinesen und Russen und verschenkt das Vermögen der Kirche an die Armen. Schön erbaulich und monumen-

tal, mit bombastischer Musik: ein Kirchenmärchen mit Längen. Nach dem Roman von Morris L. West.

In den Stromschnellen / ** ½
Meiyou hangbiao de heliu
VR China 1984 – 85 Min. – R: Wu Thianming. D: Li Wei, Hu Ronghua, Tang Quingming, Li Shulan.
Gesellschaftskritischer Film. Eine junge Chinesin, die einen ungeliebten Mann heiraten soll, flieht zu einem Freund, der als Flößer arbeitet; das Floß wird Zufluchtsort vor der Willkür der Roten Garden der »Kulturrevolution«; ein routinierter Film von unaufdringlicher Lehrhaftigkeit.

In den Sümpfen Floridas / ** ½
Joe Panther
USA 1976 – 110 Min. – R: Paul Krasny. D: Brian Keith, Ricardo Montalban, Ray Tracey.
Jugendfilm. Ein junger Seminole bemüht sich um Anerkennung in der Welt der Weißen; gute Familienunterhaltung, humane Erzählperspektive.

In den wilden Bergen / Ye Shan ***
VR China 1985 – 96 Min. – R: Yan Xueshu. D: Du Yuan, Yue Hong, Xin Ming.
Komödie. Die dramatische Geschichte zweier Bergbauern, die zuerst Freunde sind und im Lauf der Zeit zu erbitterten Feinden werden; denn in einem verkörpert sich die Tradition und im anderen der Fortschritt, der gewagte Experimente und Risiken fordert, am Ende aber Erfolg bringt. Die lebendig und farbenfroh inszenierte Story, in der die Frauen dominieren, kreist um die Gegensätze von Arm und Reich, Stadt und Land und das Rollenverständnis in einem Dorf. Verblüffende Details über das moderne China im Wandel.

In den Wind gepfiffen / ** ½
...woher der Wind weht / Whistle Down the Wind
GB 1961 – 99 Min. sw. – R: Bryan Forbes. D: Alan Bates, Hayley Mills, Bernard Lee, Norman Bird.
Religiöser Film. Drei Bauernkinder helfen auf einem einsamen Hof heimlich einem flüchtigen Mörder, da sie ihn für Christus halten; eindringliche Studie über kindliche Unschuld mit einem eindrucksvollen Bates in der »Christus«-Rolle.

In der Glut des Südens / ***
Days of Heaven
USA 1978 – 90 Min. Ⓥ CIC. – R: Terrence Malick. D: Richard Gere, Brooke Adams, Linda Manz, Sam Shepard.
Melodram. Ein junges Paar findet um die Jahrhundertwende bei einem reichen Farmer Arbeit; es entspinnt sich eine melodramatische Dreiecksgeschichte; ein Film der großen, berauschend schönen Bilder; Oscar für die Kameraarbeit.

In der Hitze der Nacht / ***
In the Heat of the Night
USA 1967 – 105 Min. – R: Norman Jewison. D: Sidney Poitier, Rod Steiger, Warren Oates, Lee Grant, James Patterson.
Rassendrama. Im Süden der USA recherchiert der neue weiße Polizeichef in einer Mordsache. Auch ein Farbiger wird verhaftet, der jedoch, wie sich herausstellt, Polizist ist. Zwischen Freund und Feind eingekeilt, ermittelt dieser in der Folge weiter. Das mit fünf Oscars preisgekrönte Meisterwerk von Jewison (»Thomas Crown ist nicht zu fassen«) verbindet den traditionellen »Buddy-Film« mit Rassenproblematik und gehört damit zu den gelungensten Wegbereitern eines erfolgreichen Genres (»Mississippi Burning«, »Nur 48 Stunden« usw.).

In der Hitze des Zorns / ** ½
Heatwave
AUS 1981 – 90 Min. – R: Philip Noyce. D: Judy Davis, Richard Moir, Chris Haywood, John Gregg, Ann Jamison.
Zeitkritischer Film. In Sydney protestieren Bürger gegen die Abrißmethoden eines Spekulanten. Zwei Menschen sterben auf mysteriöse Weise, und die Aufdeckung der Umstände führt in einen Sumpf von Korruption und Gewalt. Australische Variante eines Mafiathrillers, engagiert und packend, mit einem bösen, makabren Finale.

In der Hölle ist noch Platz FLOP
BRD 1961 – 83 Min. sw. – R: Ernst

Ritter von Theumer. D: Barbara Valentin, Hermann Nehlsen, Paul Glawion, Maria Vincent, Fikret Hakan.
Actionfilm. In der Drogenszene Istanbuls jagen und bekämpfen sich Dealer und Agenten; einer verguckt sich sogar in Blondhaar und Busen Barbara Valentins; technisch und dramaturgisch mißratener Mord-und-Totschlag-Film.

In der Hölle von Missouri / ∗∗
California Passage
USA 1950 – 86 Min. sw. – R: Joe Kane. D: Forrest Tucker, Adele Mara, Estellita Rodriguez, Jim Davis.
B-Western. Auf dem Treck nach Kalifornien erschießt ein Spieler einen Bösewicht, dann rettet er dessen hübsche Schwester; routinierter Gut/Böse-Western.

In der Klemme / ∗∗ ½
Desperate
USA 1947 – 73 Min. sw. – R: Anthony Mann. D: Steve Brodie, Audrey Long, Raymond Burr, Jason Robards.
Schwarzes Melodram. Aus kleinem Unglück wird ein Fall auf Leben und Tod, ein Opfer flieht vor einer rüden Gangsterbande. Manns erster Film der »Schwarzen Serie« verhöhnt die Werte der nordamerikanischen Mittelklasse.

In der Mittagsglut / ∗∗ ½
Noon Wine
USA 1985 – 80 Min. – R: Michael Fields. D: Fred Ward, Pat Hingle, Stellan Skarsgard.
Literaturverfilmung. Die Kurzgeschichte von Katherine Anne Porter spielt in Texas um das Jahr 1896 und erzählt von einem jungen Sonderling mit Namen Olaf, der auf der Farm von Earle Thompson arbeitet. Neun Jahre später kommt sein Geheimnis ans Tageslicht... Stimmungsvolle Landschaftsbilder geben der Geschichte Farbe und Kolorit.

In der Sache I. Robert Oppenheimer TV-Film
BRD 1964 – 120 Min. sw. – R: Gerhard Klingenberg. B: Heinar Kipphardt. D: Charles Regnier, Hans-K. Friedrich, Carl Lange, Georg Peter Pilz, Siegfried Wischnewski.
Als der Atomphysiker Oppenheimer gegen die Atombombe protestiert, muß er 1954 in Washington vor Gericht; der eindrucksvolle »szenische Bericht« erhielt den Fernsehpreis der Deutschen Akademie der Darstellenden Künste.

In der Sackgasse ∗∗ ½
BRD 1983 – 120 Min. – R: Rolf Busch. D: Leslie Malton, Heinz Baumann, Ida Krottendorf, Udo Vioff, Gert Baltner.
Historisches Drama. Episch breit angelegte Schilderung des Bürgerkriegs auf der Krim 1919 zwischen Weiß- und Rotgardisten. Konfliktreiches Schicksal einer Arztfamilie in einer Phase des politischen Umbruchs – nach einem Roman von Wikentij Weressajew.

In der Stille der Nacht / ∗∗
Still of the Night
USA 1982 – 90 Min. – R: Robert Benton. D: Roy Scheider, Meryl Streep, Joe Grifasi.
Psychothriller. Raffiniertes Spiel in der New Yorker Oberschicht um einen Psychiater und eine attraktive Frau; es geht um Mord und das Vertrauen in der Liebe. Cooles, an Hitchcock gemahnendes Regiewerk.

In der Strömung des reißenden Flusses TV-Film
UdSSR – 115 Min. – R: Sinowi Roisman. B: Dskassur Isschakow. D: Matljuba Alimowa, Rustam Sagdullajew, Schawkat Gasijew.
Zwei junge Geologen werden von einer jungen Frau aus Lebensgefahr gerettet; sie verliebt sich in einen der beiden; Abenteuer- und Love-Story.

In die Enge getrieben / ∗∗ ½
Tight Spot
USA 1955 – 95 Min. sw. – R: Phil Karlson. D: Edward G. Robinson, Ginger Rogers, Brian Keith, Lorne Greene.
Gangsterfilm. Ginger Rogers, einmal nicht an Astaires Arm tanzend, als glänzende Schauspielerin in einem dramatischen, straff inszenierten Gangsterfilm um einen Prozeß und die wichtigste Zeugin.

In die Falle gelockt / ∗∗ ½
The Westerner
USA 1940 – 90 Min. sw. – R: William Wyler. D: Gary Cooper, Walter Brennan, Fred Stone, Doris Davenport.

Western. Eine der Filmerzählungen um den berüchtigten Richter Roy Bean, der mit Rechtsbrüchen das Gesetz vertrat. In Gestalt Gary Coopers tritt dem falschen Richter jedoch ein Mann gegenüber, der das Recht auf seiner Seite weiß. Die Folgen sind Rededuelle und Kugelhagel, die der Film genüßlich ausmalt und ironisch kommentiert. Ein Western von altem Schrot und Korn. Walter Brennan wurde für die Rolle des Richters mit einem Oscar belohnt.

In einem anderen Land / A Farewell to Arms * ½

USA 1957 – 152 Min. auch OoU. – R: Charles Vidor. D: Rock Hudson, Jennifer Jones, Vittorio De Sica, Alberto Sordi, Oskar Homolka.

Antikriegsfilm. Adaption des Hemingway-Romans über die Liebe eines US-Leutnants des Ersten Weltkriegs zu einer Krankenschwester; ein Film der Fehlbesetzungen; Hollywood bügelte den Pazifismus der Vorlage zum Melodram platt.

In einem Sattel mit dem Tod / Hannie Caulder ** ½

GB 1972 – 85 Min. OoU. – R: Burt Kennedy. D: Raquel Welch, Robert Culp, Ernest Borgnine, Jack Elam, Strother Martin, Christopher Lee, Diana Dors.

Spätwestern. Drei flüchtende Bankräuber töten einen Poststationshalter und vergewaltigen seine Frau, sie beginnt einen gnadenlosen Rachefeldzug; originell besetzter, eigenwilliger, emanzipatorischer Western, blutrünstig und hart; Welch ist ihrer Paraderolle nicht ganz gewachsen, füllt sie aber kurvenreich, wenn auch ponchobehangen, aus.

In einer langen, kalten Nacht TV-Film

SF – 60 Min. – R: Juhani Tiikainen. B: Arvi Anvinen. D: Kaarina Vaktonen, Martti Järvinen, Marjatta Rinne.

Die Mitglieder einer Familie verabreden, die verwitwete Großmutter, die nicht in die Stadt ziehen will, nach verabredetem Plan zu versorgen; als sie erkrankt, findet niemand Zeit; eine unsentimentale Stellungnahme zu Grundfragen des (Zusammen-)Lebens.

In Freundschaft verbunden / Old Acquaintance **

USA 1943 – 107 Min. sw. – R: Vincent Sherman. D: Bette Davis, Miriam Hopkins, Gig Young, John Loder, Dolores Moran.

Melodram. Die Freundschaft zweier Erfolgsschriftstellerinnen scheint unverbrüchlich, doch dann verliebt sich die eine in den Mann der anderen; die nationale Stimmung zur Zeit des Kriegseintritts der USA 1941 trägt zur Versöhnung bei; Davis als Sinnbild der Hochherzigkeit in einer starken Frauenrolle.

In Frieden leben / Vivere in pace ** ½

I 1947 – 95 Min. sw. – R: Luigi Zampa. D: Aldo Fabrizi, Mirella Monti, Gar Moore, John Kitzmiller, Heinrich Bode.

Kriegsmelodram. Ein italienischer Bauer gewährt zwei entflohenen amerikanischen Kriegsgefangenen Unterschlupf; ein deutscher Gefreiter kommt ihm auf die Schliche; ein schlichter Film über einfache Menschlichkeit.

In jenen Tagen ** ½

D 1947 – 98 Min. sw. – R: Helmut Käutner. D: Gert Schaefer, Erich Schellow, Winnie Markus, Karl John, Werner Hinz, Alice Treff, Hans Nielsen, Carl Raddatz.

Zeitkritischer Film. Einer der ersten – und besten – deutschen Nachkriegsfilme. Schicksale während der Naziherrschaft, Trümmerstimmung und Aufbruchsbewußtsein tragen die sieben Episoden um ein Auto und seine Besitzer. Hervorragende Schauspieler, realistisches Pathos.

In Ketten zum Schafott / Il fornaretto di Venezia **

I/F 1963 – 88 Min. – R: Duccio Tessari. D: Michèle Morgan, Enrico M. Salerno, Sylva Koscina, Stefania Sandrelli, Fred Williams.

Historischer Abenteuerfilm. Ein armer Bäckerjunge wird gefoltert und irrtümlich zum Tode verurteilt. Ein spannender Kostümfilm mit politischem Hintergrund.

In letzter Sekunde / Clockwise ** ½

GB 1986 – 92 Min. Ⓥ VMP/Cannon/VMP.

– R: Christopher Morahan. D: John Cleese, Penelope Wilton, Alison Steadman, Sharon Maiden, Stephen Moore.
Groteske. Ein pflichtbesessener (»Recht so!«-)Schulleiter kennt nichts als Ordnung und Pünktlichkeit; als er Präsident der Rektorenkonferenz wird, sitzt er im »rechten«, aber falschen Zug nach Norwich; seine Odyssee zur Eröffnungsrede, eine Aufholjagd ohnegleichen, wird zu einer wohlgetimten, turbulenten, lehrreichen Screwball-comedy der Sonderklasse.

In Liebe eine 1 / Take Her, She's Mine ∗∗
USA 1963 – 93 Min. – R: Henry Koster. D: James Stewart, Sandra Dee, Philippe Forquet.
Komödie. James Stewart spielt den geplagten Vater eines attraktiven wilden Teenager-Töchterchens, das ihn von einer Schwierigkeit in die andere stürzt: statt zu studieren, geht sie auf Demonstrationen. Verfilmung eines erfolgreichen Broadway-Stückes.

In meiner Wut wieg' ich vier Zentner / Blood Money ∗ ½
I/E 1975 – 95 Min. – R: Anthony M. Dawson. D: Lee Van Cleef, Lo Liek, Julian Upgarte, Patty Sheppard.
Actionfilm. Ein waffengewandter Spieler und ein chinesischer Karatekämpfer tun sich zusammen, um den Schatz des verstorbenen Onkels des Chinesen zu suchen, der Hinweise auf dem Hinterteil seiner diversen Geliebten hinterließ; die satirischen Ansätze in Richtung auf Spätwestern bzw. -eastern gehen in Massakern und Vulgaritäten unter.

In München steht ein Hofbräuhaus ∗ ½
BRD 1951 – 106 Min. sw. – R: Siegfried Breuer. D: Fita Benkhoff, Paul Kemp, Carl Wery, Liesl Karlstadt.
Klamotte. Deftig gespielte Komödie um ein verfeindetes Vetternpaar, das wegen einer Erbschaft zusammenhalten muß. Viel Bierdunst und verschwitztes Bayernkolorit in einem solide inszenierten Film aus dem anspruchslosen Filmniemandsland der Nachkriegsjahre.

In schlechter Gesellschaft / Bad Company ∗∗∗ ½
USA 1972 – 93 Min. – R: Robert Benton. D: Jeff Bridges, Barry Brown, Jim Davis, John Savage.
Spätwestern. Der junge Drew flieht vor dem Militärdienst 1863 aus Ohio in den Westen und trifft dort einen anderen Herumtreiber mit Namen Jake. Sie erleben triste und haarsträubende Abenteuer in einer desolaten Welt; ein Film über die Entmythologisierung des Westens; Bentons vielbeachtetes filmisches Debüt mit einer großartigen Pianofilmmusik von Harvey Schmidt.

In silenzio – In aller Stille TV-Film
I 1981 – 90 Min. – R, B: Roger Grenier, Luigi P. D'Amico. D: Malto Gazzola, Jerome Bellavista, Karina Verlier.
Ein 17jähriger erzieht seinen Bruder, da die Mutter bei dessen Geburt starb; eines Tages kehrt der Vater zurück; einfühlsames Spiel um frühe Verantwortung; nach Luigi Pirandello.

In Zeiten wie diesen TV-Film
A 1983 – 90 Min. – R: Wolfgang Bauer. D: Towje Kleiner, Maresa Hörbiger, David Ungar-Klein.
Ein Wiener Maler mit dem beziehungsvollen Namen Oskar Koschka gerät in Geldnöte, seine Frau erwartet ihr zweites Kind; da bietet ihm ein alter Schulfreund an, in Graz eine Ausstellung zu organisieren. Die Pointen des Theaterautors Bauer sind aber diesmal dünn gesät.

India Song / India Song ∗∗ ½
F 1974 – 90 Min. – R: Marguerite Duras. D: Delphine Seyrig, Mathieu Carrière.
Liebesromanze. Eine leidenschaftliche Frau, verheiratet mit dem französischen Botschafter in Kalkutta, und ihre Liebe zu einem anderen während des Monsunregens 1937. Ein schwüles Indien der Phantasie und den dekadenten Charme einer unwirklichen westlichen Kultur breitet Duras (»Le Camion«) avantgardistisch durch das Zusammenspiel von Musik, Dialog und Bild aus.

Indianapolis / Winning ∗∗
USA 1968 – 122 Min. Ⓥ CIC. – R: J. Goldstone. D: Paul Newman, Joanne Woodward, Robert Wagner, Richard Thomas.

Rennsportfilm. Während der 500 Meilen auf der schwersten Rennstrecke der Welt denken die Fahrer nur an den Sieg und ihre Bräute nur an die Liebe. Am Schluß dieses spektakulären Autokrachers fällt beides zusammen: Der Beste gewinnt die Beste.

Die Indianer sind noch fern / Les indiens sont encore loin ** ½

CH/F 1976 – 95 Min. OmU. – R: Patricia Moraz. D: Isabelle Huppert, Christine Pascal, Mathieu Carrière, Chil Boiscuille.

Zeitkritischer Film. Freitod eines jungen Mädchens. In der Rückschau zeigt dieser unbarmherzig genaue, das Gefühlsklima unserer Tage präzis beschreibende Film, woran sie starb.

Das indische Grabmal **

BRD/F 1958 – 100 Min. – R: Fritz Lang. D: Debra Paget, Paul Hubschmid, Claus Holm, Sabine Bethmann.

Abenteuerfilm. Den deutschen Ingenieur und die schmucke Tempeltänzerin benutzt der machtgeile Maharadscha für seine dunklen Machenschaften; exotische Dekors und Schauerromantik bestimmen den zweiten Teil von »Der Tiger von Eschnapur« in der Neuverfilmung von Fritz Lang.

Das indische Tuch **

BRD 1963 – 82 Min. sw. – R: Alfred Vohrer. D: Heinz Drache, Corny Collins, Klaus Kinski, Gisela Uhlen, Elisabeth Flickenschildt.

Edgar-Wallace-Krimi. Ein englischer Lord wird mit einem Halstuch ermordet und hinterläßt nervöse Erben, die auf seinem Landsitz in eine Kette weiterer Verbrechen verwickelt werden. Makaber, spaßig, klischeehaft serviert.

Indiskret / Indiscreet ** ½

USA 1958 – 95 Min. – R: Stanley Donen. D: Cary Grant, Ingrid Bergman, Cecil Parker.

Komödie. Der amerikanische Playboy kann seine Romanze mit der berühmten Schauspielerin nicht vergessen. Nach einem Bühnenstück von Norman Krasna.

Das indiskrete Zimmer / The L-Shaped Room ***

GB 1962 – 123 Min. sw. – R: Bryan Forbes. D: Leslie Caron, Tom Bell, Brock Peters, Bernard Lee, Emlyn Williams.

Melodram. Eine junge Französin erwartet in der schäbigen Umgebung einer Londoner Vorstadtpension die Geburt ihres unehelichen Kindes aus einer flüchtigen Affäre; einfallsreiche und doch dezente Kameraführung und die darstellerische Kraft besonders von Leslie Caron schaffen eine Atmosphäre von Betrübnis, Desillusion und stiller, hoffnungsbereiter Verzweiflung, die von der Musik von Brahms begleitend kommentiert wird.

Infam / The Children's Hour * ½

USA 1961 – 108 Min. sw. – R: William Wyler. D: Audrey Hepburn, Shirley MacLaine, James Garner, Miriam Hopkins.

Melodram. Wylers Remake seines Films »Infame Lügen« von 1936, dessen Dichte und Ausdruckskraft weder dramaturgisch noch darstellerisch erreicht werden.

Infame Lügen / These Three ***

USA 1936 – 93 Min. sw. – R: William Wyler. D: Miriam Hopkins, Merle Oberon, Joel McCrea, Bonita Granville, Catherine Doucet, Walter Brennan.

Literaturverfilmung. Eine subtile Dreiecksgeschichte aus der amerikanischen Provinz um zwei Lehrerinnen, die ein eigenes Mädchenpensionat leiten und sich in denselben Mann verlieben; eine frühreife bösartige Schülerin zerstört durch Lügen das Leben der Freundinnen; der Film beschreibt ein spießiges Zeitklima und den Mut dreier außergewöhnlicher Menschen milieugenau und atmosphärisch dicht, mit hervorragender Besetzung; Psychodrama nach dem Stück »The Children's Hour« von Lillian Hellman; Wyler verfilmte die Story 1961 zum zweitenmal (»Infam«).

Inferno / Hell and High Water **

USA 1954 – 103 Min. – R: Samuel Fuller. D: Richard Widmark, Victor Francen, Bella Darvi, Cameron Mitchell, Gene Evans.

Kriegsfilm. Einige reiche Kommunistenfresser machen der US-Armee Konkurrenz, indem sie sowjetische Kriegsvorbereitungen in Alaska verhindern; naives »Kalter-Kriegs«-Epos ohne Spannung und Witz, aber mit sicherem Instinkt für Action, Spionagegags und Abenteurertum.

Inferno am Fluß / Blue ∗ ½
USA 1967 – 108 Min. – R: Silvio Narizzano. D: Terence Stamp, Joanne Pettet, Karl Malden, Ricardo Montalban.
Western. Der blonde Junge »Blue« mit den strahlend blauen Augen wird entführt und wächst bei mexikanischen Banditen auf. Für die Wandlung des schweigsamen Helden ist eine junge Arzttochter verantwortlich; bedeutungsschwangeres Psychodrama um Liebe und Tod – als Western kaschiert.

Inferno und Ekstase
siehe: Michelangelo

Inferno 2000 / The Chosen / Holocaust 2000 ∗∗
GB/I 1977 – 103 Min. – R: Alberto de Martino. D: Kirk Douglas, Agostina Belli, Simon Ward, Anthony Quayle, Virginia McKenna, Adolfo Celi.
Thriller. Ein US-Konstrukteur plant ein riesiges Atomkraftwerk in der Sahara; eine Journalistin warnt ihn vor teuflischen Mächten; spannungsarme Mixtur aus Horror-, Science-fiction- und Fantasyfilm mit beachtlicher futuristisch gestylter Ausstattung.

Inflation im Paradies TV-Film
BRD – 90 Min. – R: Niki Müllerschön, Konrad Lang, Richard L. Wagner, Susanne Blänkler. D: Ian Moorse, Anja Schüte, Alexandra Curtis, Dieter Rozowski, Christine Kaufmann, Karlheinz Böhm.
Episodenfilm um Beziehungskisten in und um das Schwabinger Szene-Café »Capri«. Pfiffig und dialogsicher inszeniert.

Innenleben / Interiors ∗∗∗
USA 1978 – 90 Min. – R: Woody Allen. D: Diane Keaton, Kristin Griffith, Mary Beth Hurt, Richard Jordan.
Melodram. Eine New Yorker Mittelstandsfamilie schlittert in die Krise, als der 63jährige Vater beschließt, seine Frau und die drei Töchter zu verlassen. Einblicke in Konflikte und die Brüchigkeit moderner Großstadtexistenzen. Ein Melodram über Liebe, Tod und Einsamkeit.

L'innocenza
siehe: Die Unschuld

Insel am Ende der Welt / The Island at the Top of the World ∗∗
USA 1974 – 85 Min. Ⓥ Walt Disney. – R: Robert Stevenson. D: Donald Sinden, David Gwillim, David Hartman, Jacques Marin.
Abenteuerfilm. Ein Forscher sucht im ewigen Eis nach seinem verschollenen Sohn und stößt statt dessen auf eine unbekannte Wikinger-Siedlung. Der einfallsreiche und amüsante Film zeigt, was 1907 in der Arktis alles möglich war.

Die Insel der blauen Delphine / The Island of the Blue Dolphins ∗ ½
USA 1964 – 90 Min. – R: James B. Clark. D: Celia Kaye, Larry Domasin, Ann Daniel.
Indianer-Abenteuerfilm. Rührselige Story um ein Indianermädchen im Einklang mit der Natur, dessen Familie und Stamm von weißen Otterjägern ermordet werden. Gut gemeint, humane Botschaft, aber zu betulich erzählt.

Insel der Leidenschaft / Flame of the Islands ∗∗
USA 1955 – 82 Min. – R: Edward H. Ludwig. D: Yvonne De Carlo, Howard Duff, Zachary Scott, Kurt Kasznar, James Arness.
Melodram. Eine skrupellose Barsängerin mogelt sich listig in die High Society, doch ihr Aufstieg wird jäh gebremst; Karibik als Kulisse für die schöne Yvonne De Carlo – und auch sonst nichts Neues.

Insel der Liebe / A Ilha dos Amores ∗∗∗
P 1982 – 118 Min. – R: Paulo Rocha. D: Luis Miguel Cintra, Clara Joana, Zita Duarte, Jorge Silva Melo.
Biographischer Film. Der Schriftsteller und Journalist Wenceslau de Moraes (1854–1929) kommt aus den afrikanischen Kolonien nach Portugal zurück; doch das ist nur der filmische Beginn

eines langen abenteuerlichen Reiselebens. Die Geschichte entführt den Zuschauer in exotische Welten, tragische Leidenschaften, diplomatische Intrigen; bestechend die optische Qualität des sorgfältig inszenierten, an Fakten orientierten Films.

Insel der neuen Monster / *
L'isola degli uomini pesce
I 1978 – 90 Min. – R: Sergio Martino. D: Barbara Bach, Claudia Cassinelli, Richard Johnson, Joseph Cotten.
Horrorfantasy. Ein verrückter Wissenschaftler verwandelt Schiffbrüchige in Fischmonster. Ohne Schwung und einfallslos heruntersinszeniert.

Die Insel der Silberreiher TV-Film
DDR/ČSSR 1976 – 80 Min. – R: Jaromil Jireš. D: Erwin Geschonneck, Günter Naumann, Vladimír Dlouhý, Michal Vavruša, Petř Voříšek.
Die poetische und spannende Geschichte eines 13jährigen adligen Jungen, der nach und nach erfährt, daß sein Vater im Ersten Weltkrieg nicht in »heldenhafter Pflichterfüllung«, sondern ganz anders starb.

Insel der zornigen Götter / **
Bird of Paradise
USA 1951 – 102 Min. auch OoU. – R: Delmer Daves. D: Jeff Chandler, Louis Jourdan, Debra Paget, Maurice Schwartz, Everett Sloane.
Abenteuerfilm. Die Liebe eines Weißen zu einer polynesischen Prinzessin bringt Unruhe auf eine paradiesische Südseeinsel; wenig originelle, jedoch eindrucksvoll fotografierte Love-Story vor exotischer Kulisse.

Die Insel des Dr. Moreau / ** ½
The Island of Dr. Moreau
USA 1976 – 104 Min. – R: Don Taylor. D: Burt Lancaster, Michael York, Nigel Davenport, Barbara Carrera, Richard Basehart.
Thriller. Adaption einer Erzählung von H. G. Wells. Ein irrer Arzt züchtet auf einer einsamen Insel halbmenschliche Wesen; gänsehauterregend spannend.

Inseln im Strom / Islands in the Stream **
USA 1976 – 105 Min. – R: Franklin J. Schaffner. D: George C. Scott, David Hemmings, Gilbert Roland, Claire Bloom.
Literaturverfilmung. Adaption der postum erschienenen Hemingway-Erzählung vom Künstler, den die Konfrontation mit seiner persönlichen Vergangenheit kämpferisch in den Tod treibt; trotz eines exzellenten Scott eine eher schwache Hemingway-Bewältigung.

Inside ** ½
CH 1987 – 85 Min. – R: Peter Ramseier. D: H. U. Keller, Esther Schneider, Richard Seiler, Silvia Rissi.
Experimentalfilm. In fünfjähriger Freizeitarbeit gedrehtes »Protokoll einer Traumreise in Klang und Bild«, das psychedelische Innenwelten in ausdrucksstarken, bezwingenden Bildern entstehen läßt; die experimentelle Musik von Joel Vandroogenbrook und seiner Gruppe »Brainticket« verwischt die Grenzen zwischen Traum, Alptraum und Wirklichkeit.

Inside Man – Der Mann aus der Kälte / Slagskämpen ** ½
S/GB 1984 – 90 Min. Ⓥ VCL. – R: Tom Clegg. D: Hardy Krüger, Dennis Hopper, Cory Molder, Leif Ahrle, Gösta Ekman.
Krimi. Ein schwedischer Wissenschaftler hat eine Laserwaffe entwickelt; als das Modell verschwindet, gerät er in Verdacht, doppeltes Spiel zu betreiben; routinierte Agentenstory mit Tiefgang, die auch moralische Fragen anspricht.

Insignificance – Die verflixte Nacht / Insignificance ***
GB 1985 – 104 Min. Ⓥ VCL. – R: Nicolas Roeg. D: Michael Emil, Theresa Russell, Tony Curtis.
Milieukomödie. Diese Nacht hat es in sich, denn Albert Einstein meets Marilyn, das ärgert deren Mann, den Baseballstar; als auch noch der Kommunistenfresser (McCarthy) das Hotelzimmer des schüchternen Professors betritt, erhält die Relativitätstheorie ihre praktische Taufe. Brillante Filmidee des Tüftlers Roeg (»Der Mann, der vom Himmel fiel«), originell inszeniert; ein phantastisches Denkspiel, sinnenfroh und witzig umgesetzt; Ironie für Insider.

Der Inspektor / The Inspector * ½

GB 1962 – 111 Min. – R: Philipp Dunne. D: Stephen Boyd, Dolores Hart, Leo McKern, Hugh Griffith, Donald Pleasence.

Psychodrama. Ein niederländischer Inspektor, dessen Verlobte in Auschwitz umkam, kämpft gegen einen Exgestapomann und Mädchenhändler; trotz respektabler Darsteller und Regie ein etwas schaler Politkolportagekrimi.

Inspektor Clouseau / Inspector Clouseau * ½

GB 1967 – 91 Min. – R: Bud Yorkin. D: Alan Arkin, Delia Boccardo, Frank Finlay, Patrick Cargill.

Krimiklamotte. Der unheilverbreitende Meisterdetektiv soll im Auftrag von Scotland Yard einen Supercoup vereiteln; ein wenig witziger Film, der zudem darunter leidet, daß Arkin das Peter-Sellers-Image des Inspektors der »Rosarote Panther«-Filme nicht vergessen macht.

Inspektor Lavardin oder Die Gerechtigkeit / Inspecteur Lavardin **

F/CH 1985 – 100 Min. – R: Claude Chabrol. D: Jean Poiret, Jean-Claude Brialy, Bernadette Lafont, Jean-Luc Bideau.

Krimi. Zweites Opus (nach »Hühnchen in Essig«) um den Inspektor im Milieu der guten Bürger, der mit seinem komödiantischen Spürsinn die Fassade der Ordnung und Wohlanständigkeit gefährdet. Ironisch akzentuiert, mit Liebe zum Detail, aber die Schärfe früherer Chabrol-Meisterkrimis wird nicht erreicht.

Inspektor Perrak greift ein / Perrak *

BRD 1970 – 90 Min. – R: Alfred Vohrer. D: Horst Tappert, Erika Pluhar, Judy Winter, Werner Peters, Walter Richter.

Krimi. Moralisch angesäuerter Actionkrimi um Sittenverbrechen und die besseren Kreise der Gesellschaft. Bemüht aufklärerisch, aber klischeehaft in Denken, Spiel und Inszenierung. Von Wallace-Routinier Vohrer.

Intermezzo / Intermezzo ** ½

USA 1939 – 70 Min. sw. – R: Gregory Ratoff. D: Ingrid Bergman, Leslie Howard, Edna Best, Cecil Kellaway.

Liebesromanze. Eine der gefühlvollsten Liebesgeschichten des Kinos um einen verheirateten Violinvirtuosen und seine Schülerin. Bergmans erster Hollywoodfilm, mit dem sie Metro-Goldwyn-Mayer und den US-Zuschauer eroberte. Die Bergman, das Pin-up des Herzens, ist jedoch nicht der einzige Glanzpunkt in dieser von Kameramann Gregg Toland (»Citizen Kane«) exklusiv eingefangenen und melodramatisch inszenierten schönen Edelschnulze.

Interpol ruft Berlin / The Vicious Circle / The Circle ** ½

GB 1957 – 85 Min. sw. – R: Gerald Thomas. D: John Mills, Derek Farr, Noëlle Middleton, Lionel Jeffries, Lisa Daniels.

Krimi. Ein Londoner Modearzt holt für seinen Freund eine Frau vom Flughafen ab; als ihre Leiche gefunden wird, wird er verdächtigt, doch er ist einem Drogenboß aufgesessen; intensive Spannung in einem gutgespielten Reißer der britischen Art nach der Francis-Durbridge-Serie »Der Messingleuchter«.

Intime Distanzen TV-Film

A/BRD 1986 – 65 Min. – R, B: Manfred Kaufmann. D: Eva Linder, Smirna Komad, Erwin Leder, William Mang.

Zwei Freundinnen, zwei Freunde im Urlaub, ein dritter will nachkommen; ungewöhnliche Love-Story um die Verbindlichkeit oder Unverbindlichkeit von Beziehungen.

Eine intime Geschichte / An Intimate Story **

Israel 1981 – 85 Min. – R: Nadav Lewytan. D: Chava Alberstein, Alex Pelek, Shmuel Shilo, Shmuel Wolf.

Ehefilm. Kinderlosigkeit bringt die Ehe eines jungen Paares in eine Krise; einfühlsame Darstellung des Kibbuzlebens mit seinen individuellen und sozialen Spannungen.

Intoleranz / Die Tragödie der Menschheit / Intolerance ****

USA 1916 – 210 Min. sw. Stf. – R: David W. Griffith. D: Lillian Gish, Mae Marsh, Miriam Cooper, Robert Harron, Howard Gaye, Lillian Langdon.

Monumentalfilm. Ein Meilenstein der

Kinogeschichte: vier Epochen Menschenleben in einem Kolossalwerk über den ewigen Kampf von Gut und Böse. »Die Mutter und das Gesetz«, »Die jüdische Episode«, »Die mittelalterliche Episode«, »Die babylonische Episode«, so heißen die Teile, die ursprünglich acht Stunden Spielzeit ausmachten. Der teuerste Film seiner Zeit, Anfang der 80er Jahre restauriert, besticht noch immer durch den Gegensatz von Monumentalität und Detailgenauigkeit.

Die Intriganten / Executive Suite ∗∗∗

USA 1954 – 105 Min. sw. – R: Robert Wise. D: William Holden, June Allyson, Barbara Stanwyck, Fredric March, Walter Pidgeon, Shelley Winters.

Milieuthriller. Ein Konzernchef stirbt; der Führungsstab des Industrieunternehmens kämpft erbarmungslos um die Nachfolge. Diesen in der Sphäre »Wirtschaft und Soziales« alltäglichen Vorgang nutzt der Regisseur Wise (»West Side Story«) zu einer millimetergenauen Studie über die Psychologie der Macht; Spitzenbesetzung, minutiöse Regie, ausgefeiltes Drehbuch.

Invasion vom Mars / Invaders from Mars ∗∗ ½

USA 1953 – 79 Min. – R: William Cameron Menzies. D: Helena Carter, Arthur Franz, Jimmy Hunt, Leif Erickson.

Science-fiction-Film. Der zwölfjährige Sohn eines Armeewissenschaftlers beobachtet die Landung einer Weltraumfähre, die unter der Erde verschwindet; die Invasoren ziehen immer mehr Erdbewohner in ihr neuerrichtetes Reich; gekonnte Unterhaltung für Fans des Genres.

Invasion vom Mars / Invaders from Mars ∗∗ ½

USA1985–91Min.ⓥVMP/Cannon/VMP. – R: Tobe Hooper, D: Karen Black, Hunter Carson, Timothy Bottoms, Lardine Newman, Louise Fletcher.

Science-fiction-Film. Ein kleiner Junge beobachtet, wie sich nächtens ein Raumschiff in die Erde bohrt; er stößt auf Unglauben, bis Seltsames geschieht; ansehnliches Remake des Films von 1953.

Ipcress – streng geheim / The Ipcress File ∗∗ ½

GB 1964 – 103 Min. – R: Sidney J. Furie. D: Michael Caine, Nigel Green, Gordon Jackson.

Agententhriller. Harry Palmer, Romanautor Len Deightons intellektueller Anti-Bond, in einer verwirrenden Gehirnwäsche- und Spionageintrige; formal beeindruckend, stellenweise auch beängstigend.

Iphigenie ∗ ½

GR 1977 – 124 Min. – R: Michael Cacoyannis. D: Irene Papas, Costas Kazakos, Tatiana Papamoskou, Costas Carras.

Mythenfilm. Letzter und schwächster Teil der Mythen-Trilogie von Cacoyannis (»Elektra«, »Die Troerinnen«); Orakelspektakel mit wenig Substanz.

Irezumi – Der Geist der Tätowierung / Irezumi – settka tomuraizashi ∗∗∗

J 1981 – 97 Min. OmU. – R: Yoichi Takabayashi. D: Masayo Utsunomiya, Yuhsuke Takita, Tomisaburo Wakayama.

Erotikstudie. Da tätowierte Haut die Begierde ihres Geliebten steigert, unterzieht sich eine Frau dem lust- und schmerzvollen Ritual der Ganzkörpertätowierung; ein vielschichtiger, irritierender Film über die Beziehungen zwischen Eros und Kunst, die sich in makellosen Bildern enthüllen.

Irgendwo in der Nacht / Somewhere in the Night ∗∗ ½

USA 1946 – 110 Min. sw. – R: Joseph L. Mankiewicz. D: John Hodiak, Nancy Guild, Lloyd Nolan, Richard Conte.

Kriegsheimkehrerfilm. Ein Exmarinesoldat hat sein Gedächtnis verloren, er ist auf der Suche nach einem Mörder. Je tiefer er in den Fall eindringt, desto deutlicher wird, daß er offensichtlich selbst der Gesuchte ist; zum Glück stellt sich heraus, daß er den Mord doch nicht begangen hat. In einer Nebenrolle dieses spannenden, mit starken Gefühlen operierenden Films kolportiert Deutschland-Emigrant Fritz Kortner souverän die Haltung eines rüden Gangsters.

Irgendwo in Europa / Valahol Europaban ∗∗
H 1947 – 97 Min. sw. – R: Géza von Radványi. D: Miklos Gábor, Zsuzsa Banki, Ladislas Horváth, Arthur Somlay.
Jugendfilm. Die Zeit kurz nach dem Zweiten Weltkrieg: Eine verwahrloste Bande Jugendlicher zieht stehlend durchs Land; in einer alten Burgruine finden die Kinder einen Engel in Gestalt eines Komponisten; sentimentale, neorealistische Nachkriegsballade.

Irisches Intermezzo / Un taxi mauve ∗∗ ½
F/I/Irland – 115 Min. – R: Yves Boisset. D: Charlotte Rampling, Philippe Noiret, Peter Ustinov, Fred Astaire.
Psychodrama. In der Einsamkeit des Südwestens von Irland treffen fünf Personen aufeinander, die gegensätzlicher nicht sein könnten. Konflikte sind deshalb vorprogrammiert, und der spannende Dialogfilm beobachtet sie genau. Schöne Landschaftsaufnahmen konterkarieren das zwischenmenschliche Drama.

Der irre Flic mit dem heißen Blick / Revenge of the Pink Panther ∗ ½
GB 1978 – 94 Min. – R: Blake Edwards. D: Peter Sellers, Herbert Lom, Dyan Cannon, Robert Webber.
Klamotte. Ein verrückter Inspektor macht noch keine Krimiparodie, auch wenn sich der Regisseur vorgenommen hat, den Paten, Kapitän Ahab und andere Kinolegenden zu verulken.

Eine irre Safari / Safari 3000 ∗
USA 1982 – 88 Min. – R: Harry Hurwitz. D: David Carradine, Stockard Channing, Christopher Lee, Hamilton Camp.
Auto-Actionfilm. Ein fanatischer Graf will eine Afrika-Rallye gewinnen. Skrupellos geht er ans Werk. Doch die Konkurrenz schläft nicht. Der im Getriebe reichlich verklemmte Film beschreibt die rasanten Ereignisse mehrere Gänge zu niedrig; Autofilme röhrten schon interessanter über die Mattscheibe. Auch die hervorragende Besetzung schafft den Sieg beim Zuschauer nicht.

Die Irre von Chaillot / The Madwoman of Chaillot ∗
USA 1969 – 90 Min. – R: Bryan Forbes. D: Katharine Hepburn, Charles Boyer, Claude Dauphin, John Gavin, Paul Henreid, Oscar Homolka, Giulietta Masina, Richard Chamberlain, Yul Brynner, Donald Pleasence, Danny Kaye.
Literaturverfilmung. Trotz oder wegen des ansehnlichen Staraufgebots mißlungene Verfilmung des Giraudoux-Stücks; ohne Überzeugungskraft.

Ein irrer Typ / L'animal ∗∗ ½
F 1977 – 96 Min. – R: Claude Zidi. D: Jean-Paul Belmondo, Raquel Welch, Dany Saval, Raymond Gerôme, Charles Gérard.
Actionfilm. Ein Stuntman und ein Stuntgirl landen nach einem realen Crash im Krankenhaus; es kommt zu einer längeren Trennung; witzig und routiniert, mit Belmondos abenteuerlichsten Sensationsdarstellungen.

Ein irres Feeling FLOP
BRD 1984 – 90 Min. – R: Nicki Müllerschön. D: Sini Karven, Alexandra Beau, Henriette Linn.
Sexklamotte. Drei weibliche Teenies auf Männeranmache; Verschwendung von Filmmaterial trotz der Kurzauftritte von Liane Hielscher und Karl Dall.

Ein irres Klassentreffen / Amici miei ∗∗ ½
I 1975 – 72 Min. – R: Mario Monicelli. D: Ugo Tognazzi, Philippe Noiret, Gastone Moschin, Adolfo Celi, Bernard Blier, Milena Vukotić.
Komödie. Fünf respektable Männer versuchen ihre Midlife-crisis durch wiederentdeckte Jugendstreiche mehr oder weniger derber Art zu bewältigen; eine zwischen flottem, forschem Ulk und melancholisch-elegischer Stimmung schwankende Verhaltensstudie mit Paraderollen für die beteiligten Erzkomödianten.

Das Irrlicht / Le feu follet ∗∗ ½
F 1963 – 105 Min. sw. – R: Louis Malle. D: Maurice Ronet, Lena Skerla, Bernard Noel.
Alkoholikerschicksal. Ein Explayboy hat eine Entziehungskur hinter sich; das Wiedersehen mit alten Freunden steigert

seinen Lebensüberdruß zur Selbstmordabsicht; ein eindrucksvoller, ernster Film von strenger visueller Schönheit.

Der Irrtum / La faute TV-Film
F – 75 Min. – R: André Cayatte. D: Michel Duchaussoy, France Dougnac, Jean-Marc Bory.
Milieukritischer Film aus der Medizinerszene über eine Fehldiagnose und die tödlichen Folgen. Spannend und spektakulär.

Irrtum des Herzens *
D 1939 – 85 Min. sw. – R: Bernd Hofmann. D: Paul Hartmann, Leny Marenbach, Hans Söhnker, Karl Ludwig Schreiber.
Melodram. Weißkittel-Drama um eine Operationsschwester, die das Geschwür ihrer Liebe zum Oberchirurgen herausoperieren möchte, dann den Schnitt aber doch nicht wagt und sich darüber mit ihrem neuen Flirt, einem Flugkapitän, auseinandersetzt. Klischeekintopp im Arztmilieu, das in den fünfziger Jahren etliche ambitionierte Nachfolger fand.

Irrungen – Wirrungen TV-Film
BRD – 100 Min. sw. – R: Rudolf Noelte. D: Cordula Trantow, Christoph Bantzer, Mila Kopp, Katharina Brauren.
Melodram nach Fontane um ein Mädchen aus dem Volk, das sich in einen arroganten jungen Offizier verliebt. Streng wie auf einer Theaterbühne inszeniert.

Isola Bella **
BRD 1961 – 94 Min. – R: Hans Grimm. D: Monika Dahlberg, Marianne Hold, Paul Hubschmid, Willy Fritsch.
Verwechslungskomödie. Die Tochter tarnt sich als Zofe im reichen Villenhaushalt im Tessin, weil Papa sie im Urlaub verkuppeln will; auch eine Möglichkeit, sich zu emanzipieren.

Ist das Leben nicht schön? / It's a Wonderful Life ***
USA 1947 – 125 Min. sw. – R: Frank Capra. D: James Stewart, Donna Reed, Lionel Barrymore, Thomas Mitchell, Henry Travers, Ward Bond, Beulah Bondi.
Melodram. Einem lebensmüden Sparkassenleiter, der vor dem Ruin steht, wird ein Engel zu Hilfe geschickt; ein bissig-ironischer Film gegen Ausbeutung und Herzenskälte, dessen Sentimentalitäten leicht von heiterem Optimismus absorbiert werden.

Ist das nicht mein Leben? / Whose Life is it Anyway? ** ½
USA 1981 – 115 Min. Ⓥ MGM/UA. – R: John Badham. D: Richard Dreyfuss, John Cassavetes, Christine Lahti, Bob Balaban.
Melodram. Dramatischer und rührseliger, aber doch überzeugender Film um den Kampf eines querschnittsgelähmten Patienten gegen seine Ärzte, die Sterbehilfe verweigern. Gute Schauspieler (Dreyfuss), von Regisseur Badham wie in einem Psychothriller in Szene gesetzt.

Ist es leicht, jung zu sein? / Vai vegli but jaunam? ***
UdSSR 1986 – 86 Min. – R: Juris Podnieks. D: Laien.
Dokumentarfilm. Bei einem Rockkonzert gab es 1985 in Riga einen Aufstand. Der Film nimmt sich des Vorfalls an, um Hintergründe und Folgen zu recherchieren. Die befragten Jugendlichen spielen sich selbst. Der Tabugrenzen rücksichtslos überschreitende, in der Sowjetunion preisgekrönte Film besticht durch ungeschönte Direktheit; ein Zeitdokument der »Glasnost-Ära«.

Ist ja irre – Agenten auf dem Pulverfaß / Carry on Spying ** ½
GB 1964 – 84 Min. sw. – R: Gerald Thomas. D: Kenneth Williams, Charles Hawtrey, Barbara Windsor, Bernard Cribbins.
Agentenkomödie. Die chemische Geheimformel, die eine Untergrundorganisation gestohlen hat, ist der Schatz, den alle, rund um die Weltkugel, in dieser herrlich blöden Bond-Parodie suchen, finden und verlieren.

Ist ja irre – Alarm im Gruselschloß / Carry on Screaming * ½
GB 1966 – 93 Min. – R: Gerald Thomas. D: Kenneth Williams, Jim Dale, Angela Douglas, Harry H. Corbett, Peter Butterworth.
Gespensterklamotte. Alte und gelegentlich neue Gags unter anderem über die

Frage, wie und warum man aus jungen Frauen Schaufensterpuppen macht; die Kumulation zahlloser Klischees des Genres ermüdet.

Ist ja irre – der Schiffskoch ist seekrank / Carry on Cruising * ½

GB 1962 – 85 Min. – R: Gerald Thomas. D: Sidney James, Kenneth Williams, Kenneth Connor.

Slapstickkomödie. Die Mannschaft ist neu auf dem Kreuzfahrtdampfer, aber die Späße sind einfallslos und alt. Holzhammerklamauk für Anspruchslose.

Ist ja irre – diese müden Taxifahrer / Carry on Cabby *

GB 1963 – 88 Min. sw. – R: Gerald Thomas. D: Sidney James, Hattie Jacques, Kenneth Connor.

Slapstickklamotte. Eine Taxifahrerfrau, des Wartens auf den Gatten müde, gründet eine Fahrerinnenfirma und wird entführt; lahme Taxijagden wechseln mit lahmen Witzen ab.

Ist ja irre – diese strammen Polizisten / Carry on Constable **

GB 1960 – 83 Min. sw. – R: Gerald Thomas. D: Sidney James, Charles Hawtrey, Kenneth Williams, Kenneth Connor.

Groteske. Bei den Patrouillen der neuen Ersatz-Bobbys geht manches zu Bruch, und das Revier amüsiert sich. Die situationskomische, mit schwarzem Humor angereicherte Komödie entlarvt auf leichte Weise den strammen Polizistenalltag als Psychotheater.

Ist ja irre – in der Wüste fließt kein Wasser / Carry on – Follow that Camel ** ½

GB 1967 – 89 Min. – R: Gerald Thomas. D: Kenneth Williams, Jim Dale, Charles Hawtrey, Phil Silvers.

Komödie. Ein Gentleman wird des Cricket-Schwindels bezichtigt, daraufhin bleibt ihm nur die Flucht in die Fremdenlegion. Lange kann er jedoch nicht untertauchen, seine irrwitzig komischen Freunde entdecken ihn in mißlicher Lage; vor Laune übersprudelnder Film.

Ist ja irre – lauter liebenswerte Lehrer / Carry on Teacher * ½

GB 1959 – 83 Min. – R: Gerald Thomas. D: Kenneth Williams, Kenneth Connor, Charles Hawtrey, Hattie Jacques, Joan Sims.

Klamotte. In einer Privatschule in London sind die Lehrer konfus, die Schüler drehen durch, ein Psychologe sorgt zusätzlich für Aufregung. Uralte Gags und Ulk aus dem Klassenzimmer.

Ist ja irre – 'ne abgetakelte Fregatte / Carry on Jack! * ½

GB 1964 – 88 Min. – R: Gerald Thomas. D: Kenneth Williams, Charles Hawtrey, Bernard Cribbins, Juliet Mills.

Seekriegsposse. Tolpatschiger Leutnant verliebt sich und kommt fast um Heldenruhm; zerdehnte Klischees, doch nicht ohne einige amüsante Gags.

Ist ja irre – nur nicht den Kopf verlieren / Carry on – Don't Lose Your Head **

GB 1966 – 88 Min. – R: Gerald Thomas. D: Sidney James, Kenneth Williams, Jim Dale, Charles Hawtrey.

Historische Komödie. Ausgeflippter englischer Adel im Kampf gegen den französischen Geheimdienst der Revolutionszeit. Ihr Emblem, der »schwarze Fingernagel«, Symbol der (schmuddeligen) Puder-und-Perücken-Kaste, ist hier ein Signal für fröhliche Aktion und knalligen Humor.

Ist ja irre – unser Torpedo kommt zurück / Carry on – Watch Your Stern **

GB 1960 – 86 Min. sw. – R: Gerald Thomas. D: Kenneth Connor, Joan Sims, Hattie Jacques, Eric Parker, Ed Devereaux, Noël Purcell.

Marineklamotte. Ein neues Torpedo funktioniert nicht; ein als Elektronikerin getarnter Matrose führt die Admiralität an der Nase herum; nicht durchweg komisch, aber mit erheiternden Running Gags.

Ist Mama nicht fabelhaft? **

BRD 1958 – 91 Min. sw. – R: Peter Beauvais. D: Luise Ullrich, Gunnar Möller, Charles Brauer, Harald Martens, Paul Klinger.

Familienkomödie. Drei erwachsene Söhne auf die richtige Lebensbahn zu schieben ist das Bemühen einer attraktiven Witwe – erst dann kommt sie selbst dran. Luise Ullrich verkörpert die resolute Mutter perfekt, und der solide Film als Starvehikel unterstützt sie dabei nach Kräften.

Istanbul-Expreß / Istanbul-Express ∗∗
USA 1968 – 102 Min. – R: Richard Irving. D: Gene Barry, John Saxon, Senta Berger, Tom Simcox, Mary A. Mobley.
Agententhriller. In der Stadt am Bosporus soll ein amerikanischer Kunsthändler im Auftrag der Regierung Geheimdokumente an sich bringen; daran wird er durch die Gegenseite und eine attraktive Frau gehindert. Flott inszenierter Agentenfilm, präzis, spannend, mit ein paar netten Einfällen.

It's my turn – Ich nenn' es Liebe / It's my Turn ∗∗ ½
USA 1980 – 91 Min. Ⓥ RCA Columbia. – R: Claudia Weill. D: Jill Clayburgh, Michael Douglas, Charles Grodin, Beverly Garland.
Liebeskomödie. Eine Mathematikprofessorin lernt beim Besuch ihres Vaters den Sohn der Stiefmutter kennen, einen Exbaseballstar, der Arzt werden will; unterhaltsame Romanze mit überzeugender Besetzung.

Ivanhoe – der schwarze Ritter / Ivanhoe ∗∗ ½
USA 1952 – 102 Min. Ⓥ MGM/UA. – R: Richard Thorpe. D: Robert Taylor, Elizabeth Taylor, Joan Fontaine, George Sanders, Robert Douglas.
Ritterfilm. Gut besetztes, farbenprächtiges und historisch glaubwürdiges Abenteuerstück aus der Zeit, als König Richard Löwenherz die Herzen seiner Anhänger höherschlagen ließ. Einer der wenigen Ausstattungsschinken, die dramaturgisch nicht durchhängen.

Ivy / Ivy ∗∗ ½
USA 1947 – 90 Min. – R: Sam Wood. D: Joan Fontaine, Patric Knowles, Herbert Marshall.
Krimi. Eine mörderische Lady und ein perfekter Mordplan, der bei der Ausführung aber seine Schwachstellen offenbart. Routinierter Reißer, gute Schauspieler.

Iwan der Schreckliche / Iwan Grosny ∗∗∗∗
UdSSR 1941–46 – Teil 1: 99 Min., Teil 2: 85 Min. tlw. F. OmU. – R: Sergej M. Eisenstein. D: Nikolaj Tscherkassow, Ludmilla Selikowskaja, Serafina Birman, Michail Nazwanow, Andrej Abrikossow, Wsewolod Pudowkin.
Zeitkritische Biographie. Aufstieg des Großfürsten von Moskau zum großrussischen Herrscher, seine Kämpfe gegen den bornierten Erbadel, seine Machtpolitik: die Entstehung der Nation Rußland. Im zweiten – farbigen – Teil verselbständigt sich die Gewalt, Bruderkämpfe und Bürgerkriege bestimmen den Film getreu historischem Vorbild. Das Werk Eisensteins, unter schwierigen Bedingungen hergestellt und veröffentlicht, zeigt beispielhaft, in realistischer und expressionistischer Manier, wie Geschichte im Film dargestellt werden kann.

Iwans Kindheit / Iwanowa detstwo ∗∗∗
UdSSR 1962 – 91 Min. sw. – R: Andrej Tarkowskij. D: Kolja Burjajew, Wladimir Subkow, Sergej Krylow.
Antikriegsfilm. Das Schicksal eines Zwölfjährigen, der im Zweiten Weltkrieg einen einsamen Kampf gegen die Deutschen führt; eindringliche Visualisierung der auch psychischen Zerstörungen durch den Krieg. Tarkowskijs erster Spielfilm.

Iwo-Jima – die große Schlacht / Sands of Iwo Jima ∗∗ ½
USA 1949 – 87 Min. sw. – R: Allan Dwan. D: John Wayne, John Agar, Adele Mara, Forrest Tucker.
Kriegsfilm. In einem neuseeländischen Ausbildungslager schleift 1943 ein verhaßter Sergeant Marineinfanteristen vor dem Einsatz gegen Japan; der Film, der durch eindrucksvolle Schlachtszenen besticht und der Wayne eine Oscar-Nominierung eintrug, wirkt heute eher bieder patriotisch.

J

J. D., der Killer / The Rise and Fall of Legs Diamond ∗∗∗
USA 1960 – 101 Min. sw. – R: Budd Boetticher. D: Ray Danton, Karen Steele, Elaine Stewart, Jesse White, Warren Oates.
Thriller. Schwungvoll inszenierte Biographie eines Gangsters zur Zeit der Weltwirtschaftskrise, ein Leben zwischen Schießereien und schönen Frauen; außergewöhnliche Fotografie.

Ja, ja, die Liebe in Tirol ∗ ½
BRD 1955 – 98 Min. – R: Géza von Bolvary. D: Gerhard Riedmann, Hans Moser, Doris Kirchner, Carla Hagen, Gunther Philipp.
Komödie. Von zwei Schwestern darf die liebliche Maid erst heiraten, wenn die Kratzbürste gezähmt ist; das alte, phantasielos heruntergeleierte Sujet gewinnt auch durch Mosers Grantln nichts.

Ja, so ist das mit der Liebe / Ehesanatorium ∗
A 1954 – 80 Min. – R: Franz Antel. D: Adrian Hoven, Maria Emo, Gunther Philipp, Margit Saad, Hans Moser.
Lustspiel. Ein Journalist recherchiert in einem Sanatorium für zerstrittene Ehen; alberne Verwechslungskomödie mit weit unter ihrem Niveau agierenden Darstellern.

Jack Dempsey – Ein Mann wird zur Legende / Dempsey ∗∗ ½
USA 1983 – 138 Min. – R: Gus Trikonis. D: Treat Williams, Sam Waterston, Sally Kellerman, Victoria Tennant.
Boxerfilm. Er begann ganz unten in den Kneipen von New York, doch die Bekanntschaft mit dem cleveren Manager Kearns brachte ihn an die Spitze: 1919 wurde Dempsey Boxweltmeister. Der Film erzählt in ruhigen, unspektakulären Bildern Aufstieg und Schicksal eines ungewöhnlichen Mannes; die Niederlagen, die der Erfolg mit transportiert, Krisen, gescheiterte Ehen und die alte Regel des Boxsports: They never come back.

Jack Grant geht seinen Weg / Boy in the Bush TV-Film
GB/AUS 1983 – 188 Min. (2 Teile) – R: Rob Stewart. D: Kenneth Branagh, Stephen Bisley, Lou Brown, Richard Morgan, John Blake.
Adaption des Romans »Jack im Buschland« von D. H. Lawrence vom Veterinärstudenten, der nach einem deftigen Unistreich nach Australien kommt und dort den Feind und Rivalen seines Lebens trifft; buntes, actionreiches Abenteuer.

Jack the Ripper in Arizona / Terror at London Bridge ∗ ½
USA 1986 – 92 Min. – R: E. W. Swackhamer. D: David Hasselhoff, Stefanie Kramer, Randolph Mantooth, Adrienne Barbeau, Clu Gulager.
Horrorfilm. Als die London Bridge hundert Jahre nach dem Tod des »Rippers« in Arizona wieder aufgebaut wird, geschieht Seltsames; ein Detektiv schaltet sich ein; naiver Schocker mit einigen guten Effects, die die Unfähigkeit des Teenieidols Hasselhoff notdürftig kaschieren.

Jack und die Wunderbohnen / Jack and the Beanstalk ∗∗
USA 1965 – 50 Min. – R: Gene Kelly. D: Gene Kelly, Bobby Riha, Marian McKnight.
Kinderfilm. Schwungvolles Musical-Märchen von den Bohnen, die eine Kletterpartie bis in den Himmel ermöglichen; heitere Unterhaltung.

Die Jagd / Pursuit ∗∗
USA 1981 – 96 Min. – R: Roger Spottiswoode. D: Robert Duvall, Treat Williams, Kathryn Harrold.
Fluchtfilm. Ex-Green-Beret kapert ein Flugzeug mit Lohngeldern und springt

über der Wildnis von Oregon ab: Eine Verfolgungsjagd mit der Polizei zu Fuß, zu Wasser, im Flugzeug und im Auto beginnt. Aus dem Gangsterstück wird das Camel-Trophy-Abenteuer harter Männer. Effektvoller Reißer vom ehemaligen Cutter Sam Peckinpahs.

Jagd auf den Kino-Mörder / The Movie Murderer ** ½

USA 1970 – 94 Min. – R: Boris Sagal. D: Arthur Kennedy, Warren Oates, Tom Selleck, Robert Webber.

Krimi. Ein alternder Versicherungsagent soll abgelöst werden; eine Reihe von Brandstiftungen gibt ihm noch eine Chance; Thriller, der Zurückhaltung und gutgetimte Spannung auf einen Nenner bringt; überzeugend vor allem Arthur Kennedy.

Jagd auf Jeff / Addio Jeff ** ½

I/F 1968 – 87 Min. – R: Jean Herman. D: Alain Delon, Mireille Darc, Georges Rouquier, Suzanne Flon.

Thriller. Als die Beute eines Millionencoups verteilt werden soll, sind Boß und Beute verschwunden; der Vertraute des Chefs und dessen Freundin setzen sich auf seine Spur; ein harter Film von ausgeklügelter Spannung.

Jagd auf Männer / La chasse à l'homme **

F/I 1964 – 87 Min. sw. – R: Edouard Molinaro. D: Jean-Paul Belmondo, Jean-Claude Brialy, Catherine Deneuve, Françoise Dorléac.

Komödie. Heiteres Boulevardstück ohne Tiefgang mit Starbesetzung. Antoine steht kurz vor seiner Hochzeit, eine Falle wird gestellt, und eine Kreuzfahrt nach Griechenland lockt.

Jagd durchs Feuer / The Firechaser **

GB 1970 – 98 Min. – R: Sidney Hayers. D: Chad Everett, Anjanette Comer, Keith Barron, Joanne Dainton.

Brandstifterkrimi. Jemand legt immer wieder Feuer im Londoner Hafenviertel; Versicherungsdetektiv und Lokalreporterin klären den Fall und kommen sich dabei näher; Action und sehenswerte Illuminationen.

Jagd im Nebel / Confidential Agent **

USA 1945 – 114 Min. sw. – R: Herman Shumlin. D: Charles Boyer, Lauren Bacall, Victor Francen, Peter Lorre.

Zeitkritischer Agentenfilm. Ein Agent der linkssozialistischen spanischen Volksfront soll 1937 in London verhindern, daß die Franco-Faschisten Kohle-Nachschub erhalten. Im Dickicht von Gegenagenten und Spionen hält nur eine Frau zu ihm. Als in seinem Hotel eine Sympathisantin ermordet wird, ist die politische Gefahr augenfällig. Der Film läßt die politischen Hintergründe dezent einfließen, verknotet jedoch durch umständliche Regie die Handlungsfäden unentwirrbar. Trotz starker Momente und attraktiver Darsteller nur Durchschnitt.

Die Jagd mit dem roten Auto / Pohischteje vav jatto **

BG 1980 – 70 Min. – R: Marianne Ewstatiewa-Biolchewa. D: Iwajlo Wakawliew, Martin Stojanow, Emilia Grujewa.

Kinderfilm. Freunde machen sich auf die Suche nach einem vermutlich entführten Jungen; bemerkenswert die zurückhaltende Regie, die die Natürlichkeit der kleinen Akteure stützt.

Die Jagd nach dem großen Diamanten / Breaking All the Rules **

CDN 1985 – 91 Min. Ⓥ VCL. – R: James Orr. D: Carl Marotte, Carolyn Dunn, Rachel Hayward.

Komödie. Durch Zufall gerät ein Junge zwischen Polizei und Gangster, die in einem Vergnügungspark einen Preis geklaut haben; halbwegs spaßiges Punk- und Actionspektakel.

Die Jagd nach dem Leben / I'm Dancing as Fast as I can ** ½

USA 1982 – 100 Min. – R: Jack Hofsiss. D: Jill Clayburgh, Nicol Williamson, Geraldine Page, Dianne Wiest.

Drogenfilm. Kein scharfer Zoom auf die Drogenszene, sondern ein authentischer Einzelfall von Tablettensucht; die ehrgeizige New Yorker Fernsehreporterin, dem Streß nicht gewachsen, flüchtet in Valium-Träume und stürzt in die Katastrophe. Gute schauspielerische Leistung von

Jill Clayburgh; nach der Autobiographie von Barbara Gordon.

Die Jagd nach dem Schwarzgeld – Blue Money / Blue Money TV-Film
GB 1985 – 81 Min. – R: Colin Bucksey. D: Tim Curry, Debbie Bishop, Billy Connolly, Dermot Crowley, Frances Tomelty.
Ein erfolgloser Musiker hält sich mit Taxifahren über Wasser, eines Tages vergißt ein Fahrgast eine Viertelmillion »heißes« Geld; temporeiche Gaunerkomödie mit Witz, Tricks und britischen Spezialgags.

Jagd nach Millionen / Body and Soul *** ½
USA 1947 – 102 Min. sw. – R: Robert Rossen. D: John Garfield, Lilli Palmer, Hazel Brooks, Anne Revere.
Boxerfilm. Klassische Story vom Boxer, der bereit ist, zweifelhaften Promotern Leib und Seele zu verkaufen, um Champion zu werden, und eines Tages aus seinen manipulierten Träumen erwacht. Brillant fotografierte Parabel über die Korrumpierbarkeit von Menschen um des bedingungslosen Erfolgs willen; Klassiker des Genres und der Schwarzen Serie.

Jagdgeschwader Wildkatze / Stählerne Schwingen / Flying Leathernecks **
USA 1951 – 98 Min. – R: Nicholas Ray. D: John Wayne, Robert Ryan, Don Taylor.
Kriegsfilm. Ein Kampffilm aus dem Zweiten Weltkrieg mit dem knochenharten John Wayne als Major Kirby, der aus seinen Männern das Letzte herausholt. Tödliche Aktion im Pazifik.

Jägerblut *
BRD 1957 – 87 Min. Ⓥ Polyband/Toppic. – R: Hans H. König. D: Edith Mill, Elisabeth Terval, Armin Dahlen, Ernst Waldow, Helmuth Schneider, Willy Rösner.
Heimatfilm. Der alte Förster Aiblinger hat es mit Wilderern und Schmugglern zu tun; er gibt sein Amt an einen jungen Nachfolger weiter; eines Nachts liegt dieser angeschossen im Wald, und aus dem Heimatproblem wird ein Kriminalfall. Der konventionelle, nur durch Willy Rösners knorriges Spiel glaubwürdige Film spart sich jeden kritischen Blick hinter den Nebel in den schönen Bergen.

Jagt den Fuchs! / Caccia alla volpe ** ½
I/USA 1965 – 99 Min. – R: Vittorio De Sica. D: Peter Sellers, Victor Mature, Britt Ekland, Martin Balsam.
Krimikomödie. Schlauer Gaunerboß tarnt Goldraub als Filmproduktion; gagreich und turbulent, fast zuviel von allem.

... jagt Dr. Sheefer / The President's Analyst ** ½
USA 1967 – 100 Min. – R: Theodore J. Flicker. D: James Coburn, Godfrey Cambridge, Severn Darden.
Komödie. James Coburn in der Rolle eines Psychoanalytikers, der als Patienten keinen Geringeren als den Präsidenten der USA betreut. Damit wird er zum hochgradigen Geheimnisträger. Persiflage auf Agententhriller und Amerikas Neurosen.

Jaguar lebt! / Jaguar Lives! *
USA 1979 – 90 Min. Ⓥ neue atlas. – R: Ernest Pintoff. D: Joe Lewis, Christopher Lee, Donald Pleasence, Capucine, John Huston.
Agentenfilm. Ein Karatechamp als Spezialagent der Drogenfahndung; spannungsloses Großstadtabenteuer, trotz Superbesetzung fast ein Flop.

Ein Jahr als Robinson / My Side of the Mountain ** ½
USA 1969 – 95 Min. – R: James B. Clark. D: Teddy Eccles, Theodore Bikel, Trudi Wiggins, Frank Perry.
Jugendfilm. Ein 13jähriger reißt von zu Hause aus, um in der kanadischen Wildnis mit seinem Waschbären zu leben. Schöne Landschaftsaufnahmen, unterhaltsames Tier-Mensch-Verhalten und das für Jugendliche spannende Spiel des Hauptdarstellers machen den Film interessant.

Ein Jahr der ruhenden Sonne / A Year of the Quiet Sun ** ½
BRD/PL 1984 – 105 Min. – R: Krzysztof Zanussi. D: Maja Komorowska, Scott Wilson, Daniel Webb, Ewa Dalkowska, Vadim Glowna.

Zeitkritischer Liebesfilm. 1946 im zerstörten Polen: eine Liebesgeschichte zwischen einem amerikanischen Soldaten und einer polnischen Malerin; am falschen Ort und zur falschen Zeit. Aber Zanussis behutsamer, die Zeitgeschichte klug und visuell glaubhaft einbeziehender Film zeigt, daß Liebe zwischen zwei Menschen jederzeit eine Chance hat.

Ein Jahr in der Hölle / The Year of Living Dangerously ** ½
AUS/USA 1982 – 110 Min. – R: Peter Weir. D: Mel Gibson, Sigourney Weaver, Linda Hunt, Bill Kerr.
Zeitkritischer Liebesfilm. Dramaturgisch nicht ganz sichere, von Hauptdarsteller Gibson (»Mad Max«) blaß, von Weaver (»Alien«) hübsch und von Linda Hunt (in einer Männerrolle) glänzend gespielte Love-Story vor dem Hintergrund des Sukarno-Sturzes und Bürgerkriegs 1965 in Indonesien. Passabel ausbalanciertes politisches Panorama und kritische Töne aus Dritte-Welt-Perspektive machen den spannenden Film von Weir (»Picknick am Valentinstag«) zu einem ansehnlichen Politmelodram.

Jahrmarkt / Carny ** ½
USA 1980 – 102 Min. – R: Robert Kaylor. D: Gary Busey, Jodie Foster, Robbie Robertson, Meg Foster.
Milieufilm. Im Schaubudenmilieu angesiedeltes realistisches Melodram, das vom Leben gerissener Kleinkünstler erzählt. Mit Robertson, dem ehemaligen Leadgitarristen von »The Band«.

Jaipur Junction ** ½
BRD 1982 – 86 Min. – R: W. Werner Schaefer. D: Herbert Knaup, Susanne Herlet, Victor Banerjee, Neena Gupta, Robert Niethak.
Politkrimi. Der junge Facharbeiter Max soll in Indien den Bau einer Wohnkolonie überwachen, doch der Monsun schwemmt die Anlage fort. Erst später dämmert ihm, daß alles kein Zufall war. Authentisches Zeitdokument über skrupellose Ausbeutungsmethoden in der Dritten Welt; mit Laiendarstellern und viel Engagement von Filmhochschulabsolvent Schaefer realisiert.

Jake Speed / Jake Speed * ½
USA 1985 – 90 Min. Ⓥ Starlight. – R: Andrew Lane. D: Wayne Crawford, Dennis Christopher, Karen Kopins, John Hurt, Millie Perkins, Roy London.
Abenteuerkomödie. Groschenbuch-Serienheld »Jake Speed« und sein etwas schwachbrüstiger Mitarbeiter werden lebendig und helfen einer jungen Amerikanerin bei der Suche nach ihrer gekidnappten Schwester in Afrika; wenig inspirierte Actionklamotte mit rassistischen Untertönen; langatmige Dialoge vergeben alle Chancen zur Comicparodie und Groteske.

Jakob von Gunten TV-Film
BRD 1971 – 98 Min. – R: Peter Lilienthal. D: Hanna Schygulla, Alexander May, Peter Kern, Reinhard Hauff.
Die asketisch-düstere Geschichte von Jakob, Sohn eines Schweizer Großrates, der 1917 Zögling einer Dienerschule wird. Von Peter Lilienthal bearbeitet nach dem Roman von Robert Walser.

Jakobine ***
BRD/Brasilien 1978 – 102 Min. – R: Wolf Gauer, Jorge Bodanzky. D: Marlies Saueressig, José Lewgoy, Paulo César Pereio, Ricardo Hoepper.
Zeitkritischer Historienfilm. Im späten 19. Jahrhundert kommt es in Brasilien zum Aufstand gegen eine Kolonie von eingewanderten Deutschen; diese sogenannten »Mucker« sind den Einwohnern durch ihre wirtschaftliche Autonomie und ihr fortschrittliches Sozialmodell ein Dorn im Auge. Der vor Ort, im Hinterland des brasilianischen Hafens Porto Alegre, gedrehte Film liefert ein melancholisches und resignatives Zeitbild, das von einem authentischen, halbdokumentarischen Erzählstil lebt; in Brasilien mehrfach preisgekrönt.

Jakobowsky und der Oberst / Me and the Colonel **
USA 1958 – 105 Min. sw. – R: Peter Glenville. D: Danny Kaye, Curd Jürgens, Nicole Maurey, Françoise Rosay.
Komödie. 1940 in Paris treffen in einem Hotel ein polnischer, antisemitisch eingestellter Oberst und der jüdische Zivilist Jakobowsky zusammen, was über kon-

fuse und dramatische Situationen zur Freundschaft führt. Satire nach dem Stück von Franz Werfel.

James Bond – 007 jagt Dr. No / Dr. No ** ½
GB 1962 – 106 Min. Ⓥ Warner Home. – R: Terence Young. D: Sean Connery, Joseph Wiseman, Ursula Andress.
James-Bond-Film. Die schillernde Gestalt des Geheimagenten 007, der aus jeder Gefahr als Sieger hervorgeht, betrat hier erstmals die Szene. Mit Witz, Raffinesse und technischen Tricks avancierte er zu einer Kultfigur des Actionfilms.

James Bond 007 – In tödlicher Mission / For Your Eyes Only ** ½
GB 1981 – 121 Min. Ⓥ Warner Home. – R: John Glen. D: Roger Moore, Carole Bouquet, Chaim Topol, Lynn-Holly Johnson.
James-Bond-Film. Wie immer ist der Weltfrieden bedroht, spielt Bond mit schnellen Autos, hübschen Mädchen und Wunderwaffen; flotte Stunts, Gags und Slapsticks lockern das Ganze auf.

James Bond 007 – Moonraker / Moonraker ** ½
GB 1979 – 126 Min. Ⓥ Warner Home. – R: Lewis Gilbert. D: Roger Moore, Lois Chiles, Michel Lonsdale, Richard Kiel, Bernard Lee.
James-Bond-Film. Der berühmte Geheimagent muß diesmal ein Space Shuttle wiederfinden, das der Drahtzieher des Bösen entführt hat, um auf einer Raumstation eine neue Menschenrasse zu züchten; furiose Eröffnungssequenz, in der sich Bond und »Beißer« in den Lüften um einen Fallschirm prügeln.

Die James Dean Story / James Dean * ½
USA 1987 – 98 Min. Ⓥ Highlight. – R: Robert Butler, D: Stephen McHattie, Candy Clark, Amy Irving, Michael Brandon.
Filmbiographie. Halbdokumentarisches Lebensbild des Stars und Jugendidols, das allzu deutlich ins Glorifizierende abgleitet; der hochgelobte Dean-Darsteller McHattie beweist nur die Einmaligkeit der Hollywood-Legende.

James jr. schlägt zu / The London Connection *
GB 1979 – 81 Min. – R: Robert Clouse. D: Jeffrey Brown, Roy Kinnear, Nigel Davenport, Larry Cedar.
Agentenpersiflage. Pfeile aus dem Naßrasierer, Fernglas in der Haarbürste, Bonbons zum Ausrutschen: Die Figuren sind so albern und langweilig wie die Einfälle in dieser mißglückten James-Bond-Parodie.

Jane Austen in Manhattan / Jane Austen in Manhattan * ½
USA 1980 – 107 Min. – R: James Ivory. D: Anne Baxter, Robert Powell, Michael Wagner, Tim Choate, Kurt Johnson.
Komödie. Eine Schauspiellehrerin und ihr Exgeliebter, ein avantgardistischer Theaterleiter, streiten sich vehement um die Aufführungsrechte eines neu entdeckten Stücks von Jane Austen; großenteils mißratene Satire auf den Broadway-Kulturbetrieb.

Die Janis Joplin Story / Janis ** ½
USA 1975 – 96 Min. – R: Howard Alk, Seaton Findlay.
Dokumentarfilm. Rekonstruktion des Lebens der Rockmusikerin, die 1970 den Drogentod starb; wegen Mitarbeit der Familie ziemlich geschönte, dennoch eindrucksvolle Studie aus der Welt des Rock; Zusammenschnitt von Interviews und Konzerten mit u. a. Big Brother and The Holding Company und Kozmic Blues Band.

Jazz-Ekstase / The Gene Krupa Story ** ½
USA 1959 – 100 Min. sw. – R: Don Weis. D: Sal Mineo, Susan Kohner, James Darren, Susan Oliver.
Musikerbiographie. Film über die Lebensstationen des drogensüchtigen Schlagzeugers Gene Krupa; um Authentizität bemühter Jazzfilm, sehenswert für Fans, hörenswert auch für Einsteiger.

The Jazz Singer * ½
GB/USA 1980 – 110 Min. Ⓥ Cannon. – R: Richard Fleischer. D: Neil Diamond, Laurence Olivier, Lucie Arnaz, Catlin Adams.
Melodram. Der Aufstieg des jüdischen

Kantor-Sohns Neil Diamond zum Showstar in New York geht allzu schnell. Mit Jazz haben seine musikalischen Darbietungen auch nichts zu tun. Zweites Remake des ersten Tonfilms mit Al Jolson aus dem Jahr 1927.

Je länger, je lieber / Tall Story **

USA 1960 – 91 Min. sw. – R: Joshua Logan. D: Anthony Perkins, Jane Fonda, Ray Walston.

Komödie. Eine männermordende Studentin stürzt durch Aufdringlichkeit den schüchternen Basketballstar des College in Examens- und Formkrise, ausgerechnet, als ein Spiel gegen ein Sowjetteam ansteht; Fonda in ihrer ersten Rolle; recht witzig, aber ziemlich nichtssagend.

Jeanies Clique / Foxes **

USA 1979 – 106 Min. – R: Adrian Lyne. D: Jodie Foster, Cherie Currie, Marilyn Kagan, Kandice Stroh.

Teeniefilm. Eine Gruppe von kalifornischen Mittelstandsgirls fühlt sich von ihren Familien allein gelassen; sie flüchten in Alkohol, Drogen und Sex; gut gespielt, sonst eher konventionell.

Jeans TV-Film

BRD 1981 – 110 Min. – R: Hartmut Griesmayr. D: Hans-Georg Panczak, Agnes Dünneisen, Dieter Kirchlechner.

Gabi und Jochen werden von einer Berliner Firma in die Dritte Welt geschickt, um einen Zweigbetrieb aufzumachen. Der Film, der wirtschaftliche Zusammenhänge deutlich zu machen versucht, geriet zu einem faden Lehrstück.

Jede Frau braucht einen Engel / The Bishop's Wife **

USA 1947 – 104 Min. sw. – R: Henry Koster. D: Cary Grant, Loretta Young, David Niven.

Weihnachtsmärchen. Cary Grant kommt als mildtätiger Engel vom Himmel, um dem Bischof und seiner Frau Geld für eine neue Kirche zu verschaffen. Sympathisch.

Jede Menge Kohle ** ½

BRD 1981 – 100 Min. Ⓥ VMP. – R: Adolf Winkelmann. D: Delle Quandt, Uli Heucke, Hermann Lause, Tana Schanzara.

Zeitkritischer Film. Ein Ausgeflippter besinnt sich wieder und packt seine heißen Eisen an. Winkelmann (»Super«) erzählt das mit unverbildeten Schauspielern, die er glänzend führt, und mit bissiger Ironie gegenüber der sogenannten Wirklichkeit von heute.

Jede Woche neu / It Happens Every Thursday ** ½

USA 1953 – 78 Min. sw. – R: Joseph Pevney. D: Loretta Young, John Forsythe, Frank McHugh, Edgar Buchanan, Gladys George.

Komödie. Ein New Yorker Journalistenehepaar will eine dahinsiechende Provinzzeitung hochpäppeln, der schwungvoll inszenierte Film verfolgt den Weg der beiden von Mißerfolg zu Mißerfolg und von Fettnäpfchen zu Fettnäpfchen bis zum Happy-End; Young/Forsythe ein ideales Paar in einem vor Witz und Einfallsreichtum sprudelnden B-Film über die sympathischen Seiten von Middle America.

Jedem seine Hölle / A chacun son enfer **

F 1977 – 90 Min. – R: André Cayatte. D: Annie Girardot, Bernard Fresson, Stéphane Hillel, Hardy Krüger.

Melodram. Die Entführung der kleinen Tochter zerstört das glückliche Familienleben zweier Durchschnittsbürger ebensosehr wie das ungebetene Eingreifen kalter Polizeitaktiker; eindrucksvoll und engagiert.

Jeden Mittwoch / Any Wednesday ** ½

USA 1966 – 109 Min. – R: Robert Ellis Miller. D: Jane Fonda, Jason Robards jr., Dean Jones.

Komödie. Schlafzimmerromanze um einen New Yorker Manager, der sechs Tage den braven Ehemann spielt, doch am siebten das firmeneigene Apartment für erotische Eskapaden umfunktioniert.

Jeder für sich und Gott gegen alle *** ½

BRD 1974 – 106 Min. – R: Werner Herzog. D: Bruno S., Walter Ladengast, Brigitte Mira, Hans Musäus, Willy Semmelrogge.

Kaspar-Hauser-Film. 1828 taucht in

Franken ein Findelkind auf; der junge Mann rätselhafter Herkunft macht einen Zivilisationsprozeß durch; er fällt schließlich einem Mordanschlag zum Opfer. Ein einfühlsamer Film, hinter dessen »schönen« Bildern das Grauen des Unfaßbaren lauert; Gesellschaftskritik als Parabel des Fremdseins.

Jeder Kopf hat seinen Preis / The Hunter ** ½
USA 1980 – 98 Min. Ⓥ CIC. – R: Buzz Kulik. D: Steve McQueen, Eli Wallach, Kathryn Harrold.
Krimi. Ein moderner Kopfgeldjäger wird von einem Süchtigen bedroht; ritualisierte Jagd als nostalgische Erinnerung an die Mythen des Western.

Jeder zahlt für seine Schuld / The Bramble Bush * ½
USA 1959 – 105 Min. – R: Daniel Petrie. D: Richard Burton, Barbara Rush, Tom Drake, Angie Dickinson.
Arztfilm. Ein Arzt leistet Sterbehilfe bei seinem schmerzgepeinigten Freund, gerät aber ins Zwielicht, da er dessen Frau liebt; verlogenes Melodram, sentimental bis zur Kitschgrenze; die Darsteller retten einiges durch gute Leistungen.

Jenny und der Herr im Frack **
D 1941 – 85 Min. sw. – R: Paul Martin. D: Johannes Heesters, Gusti Huber, Hilde Hildebrand, Paul Kemp.
Krimikomödie. Heesters ist Versicherungsagent und singt ein Lied von Liebe, Gusti Huber mit Kulleraugen und viel Temperament konkurriert zuerst beruflich mit ihm, erliegt aber dann doch seinem berühmten Charme. Unkompliziert, mit musikalischer Untermalung.

Jenseits allen Zweifels / Beyond a Reasonable Doubt ** ½
USA 1956 – 80 Min. sw. – R: Fritz Lang. D: Dana Andrews, Joan Fontaine, Sidney Blackmer.
Schwarzes Melodram. Ein Verleger und sein Autor planen einen Coup gegen die Todesstrafe. Mit angeblich fingierten Beweisen läßt sich der Autor als Mörder verurteilen, sitzt dann jedoch in der selbstgestellten Falle. Er ist ein Mörder. Eine schwarze Story und ein »Film noir« ohne positive Identifikationsfiguren.

Jenseits der Angst / Au-delà de la peur ** ½
F/I 1974 – 87 Min. – R: Yannick Andrei. D: Michel Bouquet, Marilù Tolò, Michel Constantin, Michel Créton, Jean-Pierre Darras, Moustache.
Krimi. Ein Stargangster macht den Fehler, einen unbelasteten Normalbürger anstelle eines Safeknackerstars in einen Coup einzuweihen, dem Zufallsopfer gelingt die Flucht; packende Variante des Thrillerthemas vom »falschen Mann«.

Jenseits Mombasa / Beyond Mombasa **
USA 1956 – 85 Min. – R: George Marshall. D: Cornel Wilde, Donna Reed, Leo Genn, Ron Randall, Christopher Lee.
Abenteuerfilm. Ein Erzprospektor jagt im afrikanischen Dschungel die Bande der »Leopardenmenschen«, die seinen Bruder ermordete; natürlich ist eine schöne Frau im gefährlichen Spiel; routinierte Urwaldjagd mit exotischen Zutaten.

Jenseits von Afrika / Out of Africa ***
USA 1985 – 155 Min. Ⓥ CIC. – R: Sydney Pollack. D: Meryl Streep, Robert Redford, Klaus Maria Brandauer, Michael Kitchen, Malick Bowens.
Melodram. Die Weite der afrikanischen Landschaft, die grün und braun gefilmten Hügel und Ebenen mit ihren wilden Tieren und Wasserfällen geben dem epischen Erzählfluß Dramatik und Kolorit. Die dänische Dichterin Tania Blixen berichtet in einer großangelegten Rückschau vom Leben auf ihrer Kaffeeplantage in Kenia am Fuß der Ngongberge, ihrer belanglosen Ehe mit dem windigen Baron Blixen und ihrer großen Liebe zu dem Großwildjäger Dennis Finch; wehmütig aufgemöbelte Literaturverfilmung aus der exotischen Hochglanzwelt eines fernen Kolonial-Afrika, in dem die Weißen die Herren waren. Starbesetzung; mit sieben Oscars ausgezeichnet.

Jenseits von Eden / East of Eden ** ½
USA 1955 – 110 Min. Ⓥ Warner Home. – R: Elia Kazan. D: James Dean, Julie Harris, Raymond Massey, Burl Ives.

Melodram. Der erste jener drei berühmten Filme, die den Mythos Dean begründeten. Der Vater-Sohn-Konflikt als ideales Vehikel für den Aufmüpfigen, Unangepaßten, sein rebellisches Potential zu entfalten. Stellenweise rührselig bis kitschig; der Film, nach dem Roman von John Steinbeck, erhielt zahlreiche Auszeichnungen.

Jeremiah Johnson / Jeremiah Johnson *** ½
USA 1971 – 108 Min. – R: Sydney Pollack. D: Robert Redford, Will Geer, Stefan Gierasch, Josh Ashbee.
Spätwestern. Ein Trapper, Exsoldat, erlernt die Überlebenstechniken der Mountain Men; ein Schicksalsschlag macht ihn zum Indianertöter. Ein Film, in dem Ausbrüche von Brutalität und barbarischer Wildheit mit Sanftheit und derbem Humor kontrastieren; letztendlich ein Hohelied des Mutes und der Freiheitsliebe in außergewöhnlichen Bildern.

Jeremy / Jeremy ** ½
USA 1973 – 85 Min. – R: Arthur Barron. D: Robby Benson, Glynnis O'Connor, Leonardo Cimino.
Liebesromanze. Erste Liebe zwischen einem Cellisten und einer Ballettratte in New York. Mit viel Stadtrealismus, spritzig und sehr einfühlsam geschildert. Ein »kleiner«, starker Film.

Jeremy Rodack – Mein Wille ist Gesetz / Tribute to a Bad Man **
USA 1955 – 90 Min. – R: Robert Wise. D: James Cagney, Irene Papas, Don Dubbins, Stephen McNally.
Western. Der junge Steve rettet dem Rancher Rodack das Leben, doch dieser ist ein tyrannischer Mann, der ohne Federlesen einen Pferdedieb hängen läßt; das schockiert Steve, der sich inzwischen in Rodacks exotische Freundin Jo verliebt hat; psychologischer Western ohne die üblichen Revolverduelle.

Jerry, der Herzpatient / Hook, Line and Sinker ** ½
USA 1969 – 92 Min. Ⓥ RCA Columbia. – R: George Marshall. D: Jerry Lewis, Peter Lawford, Anne Francis, Pedro Gonzales-Gonzales, Jimmy Miller, Jennifer Edwards.
Komödie. Arzt und Ehefrau eines Versicherungsangestellten haben ein Verhältnis; sie erklären ihn für schwer herzkrank, und er macht sich auf, seine letzten Tage zu genießen; Klamauk, dem nur einige Lewis-Szenen Schwung und Niveau geben.

Jerry, der total beknackte Cop / Retenez moi ... ou je fais un malheur! / Defective Detective *
F 1983 – 88 Min. – R: Michel Gérard. D: Jerry Lewis, Michel Blanc, Charlotte de Turckheim.
Klamotte. Ein Polizist besucht seine Exfrau samt neuem Gatten, die ihn für ihre Zwecke einspannen wollen; selbst für Lewis-Fans kaum erträglich.

Jesse James – Mann ohne Gesetz / Jesse James ***
USA 1939 – 105 Min. – R: Henry King. D: Tyrone Power, Henry Fonda, Nancy Kelly, Randolph Scott, John Carradine, Donald Meek, Brian Donlevy.
Western. Bankagenten zwingen Farmer zum Verkauf und damit in den Ruin; die James' kämpfen um ihren Besitz, die Mutter wird dabei getötet; die Brüder James schwören Rache. Herausragender Western über den Zwiespalt zwischen altem Grundbesitz und anonymer Kapitalmacht; ein Klassiker des Genres mit überzeugender Besetzung.

Jesus von Nazareth / Gesù di Nazareth TV-Film
I/GB 1976 – 360 Min. – R: Franco Zeffirelli. D: Robert Powell, Anne Bancroft, Ernest Borgnine, Claudia Cardinale, Stacy Keach, James Mason, Sir Laurence Olivier, Christopher Plummer, Donald Pleasence, Rod Steiger, Michael York.
Monumentale TV-Produktion über Stationen des Lebens Jesu, an deren Drehbuch u. a. Anthony Burgess (»Uhrwerk Orange«) mitarbeitete; im aufwendigen Historienbilderbogen wird gelegentlich ein sehr modernes Christusbild erkennbar, doch fehlen dem popularistischen, oft nicht sehr geschmackssicheren Sechsstunden-Opus auch nicht Passagen von aufdringlicher Rührseligkeit.

Jetzt dreht die Welt sich nur um dich ∗∗
A 1964 – 89 Min. – R: Wolfgang Liebeneiner. D: Rex Gildo, Gitte Haenning, Gustav Knuth, Ruth Stephan, Gunther Philipp, Hans Söhnker, Claus Biederstaedt.
Musikfilm. Ein Student rettet die Tochter eines dänischen Zeitungstycoons vor den unbeholfenen Verführungskünsten eines Heidelberger Provinzplayboys; Philipp als Möchtegerncasanova sehenswert in einem bunten Schlagerlustspiel auf Schnulzenniveau.

Jetzt schlägt's 13 ∗∗
BRD 1950 – 88 Min. sw. – R: E. W. Emo. D: Theo Lingen, Hans Moser, Josef Meinrad, Susi Nicoletti.
Komödie. Die beiden Diener Max und Ferdinand im Hause des Schriftstellers Jaconis halten sich gegenseitig für Mörder. Verulkung der Justiz in einer leichten Krimiklamotte mit dem nuschelnden Moser und dem näselnden Lingen, die jeden Film allein tragen.

Jigsaw ∗∗ ½
GB 1962 – 90 Min. sw. OoU. – R: Val Guest. D: Jack Warner, Ronald Lewis, Michael Goodliffe.
Krimi. Adaption eines Bühnenstücks von Herman Waugh: Die Polizei von Brighton sucht den Mörder einer Frau, deren Leiche in einem abgelegenen Landhaus gefunden wurde, und versucht, weitere Morde zu verhindern; routinierte, dialogsichere und streckenweise spannende Krimiunterhaltung, nicht ohne melodramatische Akzente; das Zusammensetzen des (»Jigsaw«-)Puzzles bestätigt das Bild des geduldig und hart arbeitenden britischen Kriminalisten.

Jimmy Allegretto TV-Film
BRD 1985 – 103 Min. – R, B: Berengar Pfahl. D: Volker Lippmann, Sona McDonald, Guido Gagliardi, Judy Winter, Ivan Desny.
Ein junger Frankfurter Musiker hat ein Musical geschrieben, für das sich ein Filmproduzent in Rom interessiert. Machtkämpfe im Showbusineß. Zeitkritisch; aktuell, melodramatisch.

Jimmy und die Piraten / The Boy and the Pirates ∗∗ ½
USA 1960 – 81 Min. – R: Bert I. Gordon. D: Charles Herbert, Susan Gordon, Murvyn Vye.
Piraten- und Jugendfilm. In seinem Versteck träumt der zehnjährige Jimmy von einem Schiff, das ihn in ferne Länder bringt. Der Flaschengeist Abu zaubert ihn auf ein Piratenschiff. Phantasievolles Kintopp.

Der Job / Il posto ∗∗∗ ½
I 1961 – 89 Min. sw. – R: Ermanno Olmi. D: Loredana Detto, Sandro Panzeri.
Problemfilm. Unaufdringlich, geradlinig und schmucklos erzählt der Film die Geschichte eines jungen Mannes aus der Provinz, der in Mailand Arbeit sucht. Der Tristesse und Kälte der Großstadt stehen menschliche Wärme und Humor gegenüber. Größtenteils mit Laiendarstellern gedreht.

Joe Dancer: Ein Auftrag für den Affen / The Monkey Mission ∗∗
USA 1981 – 89 Min. – R: Burt Brinckerhoff. D: Robert Blake, Mitchell Ryan, Keenan Wynn, Sondra Blake.
Krimi. Privatdetektiv Dancer erhält einen seltsamen Auftrag, er soll eine echte »Medici-Vase« entführen und gegen die Kopie austauschen. Bei dem raffiniert ausgedachten Einbruch in ein Museum spielt ein Affe die Hauptrolle.

Joe Dancer: Ein harter Brocken / Joe Dancer: The Big Black Pill ∗∗
USA 1981 – 89 Min. – R: Reza Badiyi. D: Robert Blake, Jobeth Williams, Eileen Heckart.
Krimi. Ein leichter Auftrag für Privatdetektiv Dancer, aus dem schnell ein schwerer Fall von Mord, Betrug und Intrige wird. Joe gerät in ein Räderwerk politischer Machenschaften, was für ihn tragisch endet, weil er zu seiner Klientin mehr als nur geschäftliche Beziehungen unterhält.

Joe Dancer: Tote Zeugen nützen nichts / Joe Dancer: The Big Trade ∗∗
USA 1981 – 87 Min. – R: Reza Badiyi. D: Robert Blake, Sondra Blake, Robin Dearden.
Krimi. Privatschnüffler Dancer beseitigt – schuldlos – den einzigen Zeugen eines Mordes und muß sich danach selbst auf

die Socken nach dem Hollywood-Mörder machen. Spannende, gut konstruierte Fortsetzung der Dancer-Krimis.

Johann Strauß – der König ohne Krone ∗∗

A/BRD/F 1986 – 110 Min. – R: Franz Antel. D: Oliver Tobias, Mary Crosby, Audrey Landers, Mathieu Carrière, Karin Dor, Zsa Zsa Gabor, Rolf Hoppe, David Cameron.

Musikerbiographie. Stationen aus dem Leben des Wiener Walzerkönigs: seine Kompositionen, Affären, Triumphe und Niederlagen. Wen das zum wiederholten Male bis heute interessiert, der wird von diesem Film nicht schlecht bedient. Ein filmisches Bilderbuch der Wien- und Operettenseligkeit; mit bemerkenswerten Gastauftritten berühmter Filmstars.

Johanna von Orleans / Joan of Arc ∗∗ ½

USA 1948 – 134 Min. Ⓥ VCL. – R: Victor Fleming. D: Ingrid Bergman, José Ferrer, Francis L. Sullivan, Ward Bond.

Literaturverfilmung. Die Geschichte des Mädchens Johanna, das glaubt, von Gott den Auftrag erhalten zu haben, das Land von den Engländern zu befreien. Große Rolle für Ingrid Bergman, nach dem Theaterstück von Maxwell Anderson.

Johannes und die 13 Schönheitsköniginnen FLOP

BRD 1951 – 95 Min. – R: Alfred Stöger. D: Sonja Ziemann, Rudolf Prack, Hans Richter.

Revuefilm. Tanz auf den Nerven der Zuschauer. Starduo Prack/Ziemann langweilt trotz verbissenster Bemühung.

Johannisnacht ∗∗

BRD 1956 – 89 Min. Ⓥ Taurus. – R: Harald Reinl. D: Willy Birgel, Hertha Feiler, Erik Schuman, Sonja Sutter.

Heimatfilm. Eine Sängerin kehrt heim in die Berge und Wälder zu dem feinen graumelierten Herrn, gibt sich aber nicht zu erkennen. Das Liebeskarussell dreht sich, ein netter Alpenkitsch für »Heimatfreunde«.

John und Mary / John and Mary ∗∗ ½

USA 1969 – 90 Min. – R: Peter Yates. D: Dustin Hoffman, Mia Farrow, Michael Tolan, Sunny Griffin.

Moderner Liebesfilm. Frech drauflos inszenierte Love-Story der Berkeley-Generation um die Differenz von Liebe und Begierde und das Schicksal von Gefühlen in einer undurchsichtigen Welt. Munter gespielt, mit rasantem Tempo dramaturgisch klug bewältigt.

Johnny Belinda / Johnny Belinda TV-Film

USA 1982 – 100 Min. – R: Anthony Harvey. D: Richard Thomas, Rosanna Arquette, Dennis Quaid, Candy Clark, Roberts Blossom.

Heilsarmist lernt eine taube Frau kennen, die er die Zeichensprache lehrt; ihre Zuneigung ignoriert er, ebenso die einer befreundeten Krankenschwester. Dann überstürzen sich die emotional aufgeheizten Ereignisse der tragisch-melodramatischen Handlung. Remake des Klassikers von 1948 mit einigen glaubhaften Änderungen (keine Gerichtsszenen) und stimmiger Besetzung; nach dem Stück von Elmar Harris.

Johnny Eager ∗∗

USA 1942 – 102 Min. sw. OmU. – R: Mervin LeRoy. D: Robert Taylor, Lana Turner, Edward Arnold, Van Heflin.

Gangsterfilm. Ein Gangster, der sich wandelt: Am Ende rennt er in die regennasse Nacht hinaus und will sterben. Umgeben von merkwürdigen Figuren, die das ungewisse Klima dieses vielschichtigen Films verstärken, erliegt er zwangsläufig einem tragischen Schicksal.

Johnny O'Clock / Johnny O'Clock ∗∗

USA 1947 – 95 Min. sw. – R: Robert Rossen. D: Dick Powell, Evelyn Keyes, Lee J. Cobb, Nina Foch.

Gangsterfilm. Dem Mitbesitzer eines New Yorker Spielcasinos hat die Stunde geschlagen. Als seine Freundin tot aufgefunden wird, gerät er unter Mordverdacht. Die Schwester der Toten steht auf seiner Seite. Powell als angeknackster *tough guy* in der ersten Regiearbeit von Rossen, dessen Film »Body and Soul« zu den Höhepunkten des Films der 40er Jahre zählte. Dieser Film kündigt sein Talent an.

Johnny schießt quer / Arista dolari si ardeleni *
R 1979 – 71 Min. – R: Mircea Veroiu. D: Ilarion Ciobanu, Ovidiu Iulio Moldovan, Mircea Diaconu.
Westernkomödie. Fortsetzung von »Gesucht wird: Johnny«; die rumänischen Brüder setzen sich im Wilden Westen zwischen alle Stühle; nicht sehr gelungene Westernparodie; schwache Regieleistung.

Johnny West **
BRD 1977 – 105 Min. – R: Roald Koller. D: Rio Reiser, Kristina van Eyck, Melwin »Candy« Canady.
Musikerfilm. Ein Roadie einer Rockgruppe träumt von der eigenen Karriere; Film mit einigen interessanten Einblikken in die Schattenseiten des Showbusineß; beachtlich Reiser.

Johnny zieht in den Krieg / Johnny Got His Gun *** ½
USA 1971 – 114 Min. Ⓥ atlas film + av. – R: Dalton Trumbo. D: Timothy Bottoms, Kathie Fields, Donald Sutherland, Marsha Hunt, Jason Robards jr.
Antikriegsfilm. Ein 17jähriger GI wird im Ersten Weltkrieg so schwer verletzt, daß nur sein Gehirn noch lebt; seine subjektiven Reaktionen auf sein Schicksal, die in makabren Montagen vermittelt werden, und das ratlose Erstaunen der Ärzte über sein Verlangen nach Sterbehilfe machen den Film zu einem erschütternden Klassiker des Genres.

Der Joker * ½
BRD 1986 – 94 Min. Ⓥ Starlight. – R: Peter Patzak. D: Peter Maffay, Tahnee Welch, Elliott Gould, Michael York, Armin Mueller-Stahl.
Krimi. Gewalt, Sex, Drogen und eine Mafia-Schutzgelderpressung führen zum Mord an dem italienischen Restaurantbesitzer Santini; Kommissar Peter Maffay wird bei dem Anschlag querschnittsgelähmt. Als Behinderter aber wächst er über sich hinaus; Besetzung hochkarätig, Inszenierung und Dialoge mäßig: manierierte Rollstuhlrächerstory.

Jonas *** ½
BRD 1957 – 81 Min. sw. – R, B: Ottomar Domnick. D: Robert Graf, Dieter Eppler, Elisabeth Bohaty, Willy Reichmann.
Avantgardefilm. Die innere Situation eines Menschen spiegelt sich in der Außenwelt. Ein Mann wird nicht fertig mit seiner Schuld, Stimmen verfolgen ihn. Ein abstrakter Film ohne Handlung, in dem Gitter, Treppen, Brücken, Korridore seelische Zustände beschreiben: Schattenspiele, Mehrfachüberblendungen, innere Monologe – Bilder von strenger Grafik, von der Musik Duke Ellingtons skandiert. Ein kafkaeskes Psychogramm des Menschen der Nachkriegszeit, der von seiner Vergangenheit verfolgt wird; mehrfach preisgekrönt.

Jonas, der im Jahre 2000 25 Jahre alt sein wird / Jonas qui aura 25 ans en l'an 2000 ***
F/CH 1976 – 110 Min. – R: Alain Tanner. D: Jean-Luc Bideau, Myriam Mezières, Rufus, Myriam Boyer.
Gesellschaftskritischer Film. Studie über die Wege und Entwicklungen von acht Menschen verschiedener Wesensart und aus verschiedenen Berufen, sie haben gemeinsam, daß ihre Kinder das nächste Jahrhundert mitbestimmen werden; ein Film, der weniger darstellt als anregt; intellektuelle Parabel voll Hintersinn und poetischem Witz.

Jonathan – Vampire sterben nicht **
BRD 1969 – 98 Min. – R: Hans W. Geissendörfer. D: Jürgen Jung, Paul Albert Krumm, Ilse Künkele.
Vampirfilm. Mitte des 19. Jahrhunderts haust eine Vampirsippe in einem alten Schloß; der Film folgt ihren makabren Ritualen durch reizvolle Absurdität der Inszenierung, die jedoch durch dürftige Kamera und Schauspieler zuschanden wird.

Jonny Madoc / Due once di piombo / Il mio nome è Pecos *
I 1966 – 81 Min. – R: Maurizio Lucidi (M. A. Bright). D: Robert Woods, Norman Clarck, Peter Carsten.
Italowestern. Eine üble Bande überfällt eine Postkutsche, einer der Banditen verduftet mit der Beute; während der Verfolgungsjagd erkennt der Titelheld im Anführer den Mörder seiner Eltern; aus Versatzstücken des zur Entstehungszeit

gerade geborenen Genres zusammengestückelter Italoschrott; für sehr Anspruchslose.

Jonny Madoc rechnet ab / Pecos e qui: prega a muori *

I 1967 – 83 Min. – R: Maurizio Lucidi. D: Robert Woods, Enrico Crisa, Luciana Gilli, Pedro Sanchez.

Italowestern. Drei Wegelagerer erfahren vom Lageplan eines Goldschatzes und wollen einen wegen seiner Schießkünste berühmten jungen Mexikaner anheuern; schwache Inszenierung mit schwacher Besetzung.

Jonny rettet Nebrador **

BRD 1953 – 90 Min. sw. – R: Rudolf Jugert. D: Hans Albers, Margot Hielscher, Peter Pasetti, Trude Hesterberg.

Hans-Albers-Film. Der blonde Hans erbt eine Ranch in einem Phantasie-Abenteuerland und erlebt dort die unglaublichsten Dinge. Starvehikel für Hansdampf, dramaturgisch reines Kasperletheater – sehr unterhaltsam.

Jons und Erdme / (Die Frau des anderen) ** ½

BRD/I 1959 – 96 Min. sw. – R: Victor Vicas. D: Giulietta Masina, Carl Raddatz, Richard Basehart, Agnes Fink, Karin Baal, Gert Fröbe, Werner Peters, Berta Drews.

Literaturverfilmung. Nach der naturalistischen Novelle von Hermann Sudermann realisiertes Drama um ein Paar, das sich im Moor eine bescheidene Existenz aufbaut, die jedoch von außen her bedroht ist. Der eindrucksvolle Film lebt von Gesichtern und Landschaften, balanciert zwischen Poesie und Realismus und hat in der Masina eine Art junge Inge Meysel aus Italien, die diffizile Gefühlsprobleme auf einen bodenständigen Nenner bringt.

Die Joseph-Schmidt-Story

siehe: Ein Lied geht um die Welt

Josépha / Josépha **

F 1982 – 116 Min. – R: Christopher Frank. D: Miou-Miou, Claude Brasseur, Bruno Cremer, Cathérine Allégret.

Beziehungsfilm. Nach einer langen Liebesbeziehung trennen sich zwei Schauspieler; Joséphas neue Beziehung entwickelt sich außergewöhnlich; einfühlsame Darstellungen.

Josephine und die Männer / Josephine and the Men * ½

GB 1955 – 105 Min. – R: Roy Boulting. D: Glynis Johns, Jack Buchanan, Peter Finch, Donald Sinden.

Komödie. Eine Schöne in der Qual der Wahl zwischen einem armen und einem reichen Liebhaber. Mit spärlichem Witz und herkömmlicher Moral entscheidet der Film für sie.

Josephs Tochter TV-Film

BRD/E 1983 – 83 Min. – R: Gustav Ehmck. D: Linda Manz, Walt Davis, Marie-Christine Barrault.

Die 15jährige Linda lehnt sich gegen die brutale Unterdrückung durch ihren Vater, den Steinbrucharbeiter Joseph, auf. Wohlmeinender, aber einfallslos inszenierter Problemfilm. Nach dem Roman »Das Geschlecht der Gedanken« von Jutta Heinrich.

Juanitos großer Freund / Run for the Roses ** ½

USA 1978 – 90 Min. – R: Henry Levin. D: Vera Miles, Stuart Whitman, Sam Groom, Panchito Gomez.

Jugendfilm. Ein junger Puertoricaner bekommt ein lahmendes Fohlen; als es sich zum Rennpferd entwickelt, erlebt er den Neid der Umwelt; routinierte Unterhaltung, an der auch Erwachsene Vergnügen haben können.

Jubel, Trubel, Heiterkeit / Jubel, Trubel, Sensationen / Days of Thrills and Laughter ** ½

USA 1961 – 93 Min. sw. – R: Robert Youngson.

Kompilationsfilm. Zusammenschnitt zahlreicher Stummfilmszenen mit Charles Chaplin, Douglas Fairbanks, Harry Houdini, Harry Langdon, Oliver Hardy, Stan Laurel; für Cineasten und Filmhistoriker interessanter als für allgemein Komik-Interessierte.

Die Judenbuche TV-Film

BRD 1980 – 105 Min. – R, B: Rainer Horbelt. D: Barbara Morawiecz, Roland Teubner, Eberhard Feik.

Adaption der Novelle von Annette von Droste-Hülshoff vom Leben eines mordbelasteten Selbstmörders; feinfühlig inszeniert und interpretiert.

Judex / Judex ***

F 1963 – 94 Min. sw. – R: Georges Franju. D: Channing Pollock, Francine Bergé, Sylva Koscina.

Gruselmärchen. Trivialversion des Uraltthemas vom geheimnisvollen Rächer der Enterbten, der den Reichen nimmt und den Armen gibt. In wunderschönen Sequenzen gefilmt, eine traum-hafte Story, die an unterbewußte Bilder rührt. Remake der Stummfilmserie von L. Feuillade aus der Zeit des Ersten Weltkriegs.

Judy erobert Hollywood / It's a Great Feeling ** ½

USA 1949 – 85 Min. – R: David Butler. D: Doris Day, Dennis Morgan, Jack Carson.

Musikkomödie. Ein Möchtegernregisseur verspricht einer filmbesessenen Kellnerin eine Rolle, wenn sie einen »Superstar« zur Mitarbeit gewinnt; milde Hollywood-Verschaukelung, an der sich das halbe Warner-Bros.-Studio beteiligte (darunter Joan Crawford, Gary Cooper, Jane Wyman, Ronald Reagan); viele Day-Evergreens.

Judy Garland – Lehrjahre eines Hollywood-Stars / Rainbow TV-Film

USA 1978 – 94 Min. OoU. – R: Jackie Cooper. D: Piper Laurie, Andrea McArdle, Don Murray, Martin Balsam.

Darstellung des Aufstiegs von Judy Garland (1922–1969), die von ihrer ehrgeizigen Mutter in eine frühe und steile Hollywoodkarriere getrieben wurde; nicht sonderlich bewegend.

Jugend einer Studienrätin TV-Film

BRD 1972 – 105 Min. – R: Rainer Wolffhardt. B: Thomas Valentin. D: Regine Lamster, Heinz Weiss, Eva Kotthaus, Hans-Rolf Radula.

Ein wohlbehütetes Bürgerstöchterchen beginnt den Ernst der Jahre zwischen 1940 und '44 zu begreifen, als der Vater einberufen wird; stimmig, atmosphärisch genaues Zeitbild, zurückhaltend analytisch und überzeugend.

Jugend von heute / Rendez-vous de juillet **

F 1949 – 95 Min. sw. – R: Jacques Bekker. D: Brigitte Auber, Nicole Courcel, Daniel Gélin, Maurice Ronet.

Szenefilm. Schilderung des Lebens einer Gruppe von Studenten, Schauspieleleven und anderer junger Leute im Nachkriegsfrankreich; eine teils ernste, teils amüsante Darstellung von Berufsnöten, Liebe und Lebensbewältigung.

Eine Jugendliebe TV-Film

BRD 1977 – 90 Min. – R: Rainer Wolffhardt. B: Thomas Valentin. D: Christian Berkel, Cornelia Köndgen, Alexander Radszun, Dominique Horwitz, Sigfrit Steiner.

Der Ausbruch des Zweiten Weltkriegs wirft Schatten auf die erste große Liebe eines 17jährigen; subtile, ehrliche, ernsthafte Auseinandersetzung mit den Problemen Heranwachsender, noch dazu in politisch kritischer Zeit.

Die Jugendstreiche des Knaben Karl **

BRD 1977 – 85 Min. – R: Franz Seitz. D: Robert Seidl, Walter Sedlmayr, Eva-Maria Meineke, Gustl Bayrhammer, Beppo Brem, Alexander Golling.

Komödie. München um die Jahrhundertwende: Der junge Karl Valentin beginnt, das Zwerchfell seiner Zeitgenossen zu kitzeln. Der heitere, freche Film zeigt das mit viel Bild-und-Ton-Wehmut nach der guten, alten Komikerzeit.

Jules und Jim / Jules et Jim ****

F 1961 – 107 Min. sw. – R: François Truffaut. D: Jeanne Moreau, Oskar Werner, Henri Serre, Marie Dubois, Boris Bassiak.

Zeitkritischer Liebesfilm. Ein deutscher Poet und ein französischer Literat begegnen im unbeschwerten Paris vor dem Ersten Weltkrieg der bezaubernden Cathérine. Die wechselvolle und amüsante Geschichte ihrer Liebe bis zum Beginn der Nazi-Ära verfolgt der Film Truffauts als Hommage für die Romanvorlage von Henri-Pierre Roché mit satter Erzähllust. Ein charmanter, unbeschwerter, aber nicht leichter Film, der von der Lebendigkeit seiner Figuren lebt.

Jules und Juju / Jules et Juju ∗∗ ½
F 1981 – 60 Min. – R: Yves Ellena. D: Fernand Ledoux, Robert Dalban, Jacques Alric.
Seniorenfilm. Zur Beerdigung der Frau des alten Juju kommt sein ebenso betagter Verwandter Jules; die beiden Rentner tauschen Erinnerungen aus und denken über ihr weiteres Leben nach; ein nostalgischer Film von stiller, wehmütiger Heiterkeit.

Julia TV-Film
BRD 1984 – R: Wolfgang Glück. D: Rosel Zech, Michael Degen, Pascal Breuer, Beat Knoll.
Julia, der Theaterstar, ist glücklich verheiratet mit dem Dramatiker Michael – bis er ihr eines Tages mitteilt, daß sie für die nächste Titelrolle zu alt sei. Spritzige Komödie um Liebe und Altern aus dem Theatermilieu von Marc-Gilbert Sauvajon nach Somerset Maugham.

Julia / Julia ∗∗∗ ½
USA 1977 – 115 Min. – R: Fred Zinnemann. D: Jane Fonda, Vanessa Redgrave, Jason Robards jr., Maximilian Schell, Meryl Streep.
Politthriller. Melodramatische Geschichte einer Frauenfreundschaft, in Rückblenden erzählt als Widerstandsdrama im von den Nazis unterwanderten Wien der dreißiger Jahre. Nach einer autobiographischen Story von Lillian Hellman spielen Jane Fonda die Autorin und Jason Robards ihren Lebensgefährten Dashiell Hammett: Der subtile Film mit feinen Zwischentönen gewann drei Oscars, einen erhielt Vanessa Redgrave für ihre schauspielerische Leistung. Debütfilm von Meryl Streep.

Julia und die Geister / Giulietta degli spiriti ∗∗∗ ½
I/F/BRD 1965 – 137 Min. – R: Federico Fellini. D: Giulietta Masina, Mario Pisu, Valeska Gert, Sandra Milo.
Fellini-Film. Zweifel an der Treue ihres Mannes rauben Giulietta die Fassung. In ihrer Villa am Meer flüchtet sie sich in Träume und Wahnideen, beauftragt einen Privatdetektiv, bespricht sich mit einer Psychoanalytikerin. Fellini entfaltet eine suggestive Bilderflut aus Erinnerungen, gespensterhaften und absurden Phantasiefiguren.

Julia und Julia / Giulia e Giulia ∗∗ ½
I 1987 – 97 Min. Ⓥ CBS/FOX. – R: Peter Del Monte. D: Kathleen Turner, Sting, Gabriel Byrne, Gabriele Ferzetti, Angela Goodwin.
Okkulter Thriller. Nach romantischer Hochzeit am Meer stirbt der junge Ehemann bei einem Autounfall. Jahre später hat die Witwe das Unglück noch immer nicht verwunden, bekommt Halluzinationen – und plötzlich ist ihr toter Mann wieder da. Ein Alptraum zwischen unverhofftem Glück und Angst beginnt, Julia beschließt, diesen Zustand gewaltsam zu beenden. Der ungewöhnliche Thriller wurde mit elektronischen Videokameras realisiert, technisch gelungen, mit einer Stimmung, die eine Zukunft aus Geheimnis und zivilisatorischem Fortschritt beschwört.

Julius Cäsar / Julius Caesar ∗∗ ½
USA 1953 – 116 Min. sw. – R: Joseph L. Mankiewicz. D: Marlon Brando, James Mason, John Gielgud, Louis Calhern, Edmond O'Brien, Greer Garson, Deborah Kerr.
Literaturverfilmung. Historisches Drama nach Shakespeare aus dem Rom um 44 vor Christus: Cäsar wird ermordet, und der Kampf um die Nachfolge entbrennt. Gelungene filmische Adaption des Dialogdramas, mit Kolossalaufwand und glänzenden Schauspielern, allen voran der junge Marlon Brando als Mark Anton.

Jung und rücksichtslos / Reckless ∗∗∗
USA 1984 – 90 Min. – R: James Foley jr. D: Aidan Quinn, Daryl Hannah, Kenneth McMillan, Adam Baldwin.
Melodram. Der rebellische Arbeitersohn Johnny ist Außenseiter in der Schule, und bei der reichen Bürgerstochter Tracey kommt er anfangs nicht an, aber mit kämpferischem Mut behauptet er den Platz, den ihm niemand nehmen kann. Sozialkritisches Jugenddrama aus einer

amerikanischen Bergarbeiterstadt mit einer hochtourigen Liebesgeschichte, spannend und effektvoll inszeniert.

Der Junge, der mit den Tieren sprach / The Boy Who Talked to Badgers ** ½
USA 1975 – 86 Min. – R: Gary Nelson. D: Christian Juttner, Carl Betz, Stewart Lee, Salome Jens, Robert Donner.
Kinderfilm. Ein in sich gekehrter Junge kommt mit Tieren besser aus als mit Menschen; seine Freundschaft mit einem Dachs rettet ihm in einem Unwetter das Leben; Walt-Disney-Film mit schönen Landschaften und optimistischer Moral.

Der junge Freud TV-Film
A/BRD 1976 – 90 Min. – R: Axel Corti. B: Georg Stefan Troller. D: Karl-Heinz Hackl, Silvia Haider, Brigitte Swoboda.
In dokumentarischen Spielszenen erinnert sich der 80jährige Sigmund Freud an seine schwierigen Anfänge als »Vater der Psychoanalyse«; exzellente, informative Dokumentation.

Der Junge im Baum / Zeppelin ** ½
N 1981 – 81 Min. – R: Lasse Glomm. D: Silvia Myhre, Preben Skjonsberg, Vibeke Lunquist, Roy Hansen.
Jugendfilm. Nina ist mit ihren Eltern ins Ferienhaus gefahren, wo ihr Vater entdeckt, daß jemand im Zimmer des Mädchens geschlafen hat. Der Eindringling heißt Zeppelin, ist von zu Hause ausgerissen und mit Nina bald befreundet. Vergnügliches Abenteuer.

Junge Kriminelle / Shao Nianfan ** ½
VR China 1986 – 99 Min. – R: Zhang Liang. D: Zhu Manfang, Shen Guangwei, Lu Bin, Jiang Jian.
Gefängnisfilm. Die Insassen einer Strafanstalt in Shanghai proben den Aufstand: Jugendkriminalität und Resozialisierung im China von heute.

Junge Leute brauchen Liebe **
A 1961 – 84 Min. – R: Géza von Cziffra. D: Conny Froboess, Johannes Heesters, Peter Weck, Waltraut Haas, Senta Berger, Bill Ramsey.
Musikfilm. Jazzer liebt Modistin, doch die sieht zunächst nur ihren Playboy-Chef; sangesfrohes Routinelustspiel.

Junge Leute in der Stadt ** ½
DDR 1985 – 88 Min. z. T. sw. – R: Karl-Heinz Lotz. D: Mirko Haninger, Ulrike Krumbiegel, Maria Probosz, Beata Maj-Dobal, Sylvester Groth.
Liebesfilm. Mit Dokumentarszenen unterlegter Film über die Liebe zweier junger Menschen, deren Lebensträume zur Zeit der Weltwirtschaftskrise Ende der zwanziger Jahre zunichte werden; präzises Stimmungsbild und eindrucksvolles Zeitpanorama vor dem Hintergrund des Untergangs der Weimarer Republik; nach einem Roman von Rudolf Braune.

Das junge Mädchen / La joven ** ½
MEX 1960 – 105 Min. sw. – R: Luis Buñuel. D: Key Meersman, Zachary Scott, Bernie Hamilton, Crahan Danton.
Melodram. Ein junger Farbiger flieht auf eine Insel vor der amerikanischen Südküste, und das Gerücht kommt auf, daß er eine weiße Frau vergewaltigt haben soll. Diffiziles Psychodrama um Rassismus; nach einer Erzählung von Peter Matthiessen.

Der junge Mr. Lincoln / Young Mr. Lincoln *** ½
USA 1939 – 100 Min. sw. – R: John Ford. D: Henry Fonda, Alice Brady, Marjorie Weaver, Donald Meek, Richard Cromwell, Eddie Quillan, Ward Bond.
Amerikafilm. Abraham Lincoln läßt sich als mittelloser Anwalt nieder; die rauhen Umstände zwingen ihn, sich für das Gesetz und die junge Demokratie zu engagieren; ein nachdenklicher, optimistischer Film von stiller Schönheit mit einem beeindruckenden Fonda; Fords überzeugendstes Plädoyer für den amerikanischen Traum; Eisensteins Lieblings-Hollywoodfilm.

Der Junge mit dem großen schwarzen Hund **
DDR 1986 – 75 Min. – R: Hannelore Unterberg. D: Niels Anschütz, Dagmar Manzel, Horst Hiemer.
Kinderfilm. Dem zehnjährigen Ulf läuft ein schwarzer Neufundländer nach, ein wunderschönes Tier, das der Junge lieb-

gewinnt und seinen Freunden vorführt – dann bringen die Eltern den Hund heimlich ins Tierheim; konfliktreiche Unterhaltung.

Der Junge mit dem Jeep TV-Film
BRD 1986 – 105 Min. – R: Michael Meyer. B: Klaus Poche. D: Richy Müller, Sabine Kaack, Matthias Ponnier, Klaus Schwarzkopf, Christina Plate.
Ein Endzwanziger bereut seine frühe Ehe; nach Versuchen, die Vergangenheit wiederzubeleben, lernt er ein Mädchen kennen; unbequemer Aussteigerfilm mit überzeugenden Darstellern.

Der Junge mit den grünen Haaren / The Boy with Green Hair ** ½
USA 1948 – 82 Min. – R: Joseph Losey. D: Dean Stockwell, Pat O'Brien, Barbara Hale, Robert Ryan.
Psychogramm. Während des Zweiten Weltkriegs wird in der englischen Provinz ein verwirrter, kahlgeschorener Junge aufgegriffen; Loseys Debütfilm folgt der Ent- und (Wieder-)Verschleierung extremer Situationen mit analytischer Neugier selbst in den Bereich des Traumhaften.

Der Junge mit der Rikscha / Lou tou xiangzi **
VR China 1982 – 115 Min. – R: Link Zifing. D: Zhang Fengyi, Siquin Gaowa, Yan Bide.
Moderner Liebesfilm. Ein junger Rikschakuli hat nur ein Ziel: eine eigene Rikscha. Da kommt ihm eine Liebesaffäre in die Quere. Der Film verbindet geschickt die Einzelgeschichte mit dem bunten Panorama des Denkens und Fühlens im Reich der Mitte.

Junge Scharfschützen / The Storm **
USA 1987 – 95 Min. – R: David Winning. D: Stan Kane, Harry Freedman, Laurence Elion, David Paly, Tom Schoiler.
Kriminalfilm. Drei Haftentlassene wollen nach vierzig Jahren die Beute teilen; sie zerstreiten sich und geraten an zwei Studenten, die sich als Scharfschützen sehen; Krimiroutine mit Darstellerstärken und Spannungsschwächen.

Der junge Tom Edison / Young Tom Edison **
USA 1940 – 82 Min. sw. – R: Norman Taurog. D: Mickey Rooney, George Bancroft, Fay Bainter.
Filmbiographie. Der hochbegabte Sprößling einer ungewöhnlichen Familie bei seinen ersten abenteuerlichen Experimenten mit der Naturwissenschaft. Lebendig erzählt, humorvoll angelegt, lehrreich.

Der Junge und sein Hund / A Boy and his Dog / Apocalypse 2024 * ½
USA 1975 – 88 Min. OoU. – R: L. Q. Jones. D: Don Johnson, Suzanne Benton, Alvy Moore, Jason Robards jr.
Katastrophenfilm. In einem fiktiven nachnuklearen Amerika herrschen Sex & Crime; einem Heranwachsenden wird ein Hund zum Menschenersatz; spekulative Zustandsbeschreibung, die der streckenweise ironisch kommentierten Zukunft wenig Perspektiven gibt.

Die jungen Krieger der Nunundaga / Tales of Nunundaga **
USA 1976 – 65 Min. – R: John Llewellyn Moxey. D: Ned Romero, Guillarmo San Juan, John War Eagle.
Jugendfilm. Erlebnisse eines Indianerjungen, dessen Stamm noch nie Weiße gesehen hat; unterhaltsam und lehrreich.

Die jungen Löwen / The Young Lions ***
USA 1958 – 150 Min. sw. – R: Edward Dmytryk. D: Marlon Brando, Montgomery Clift, Barbara Rush, Dean Martin, May Britt, Maximilian Schell.
Kriegsfilm. Drei Soldatenschicksale im Zweiten Weltkrieg, auf beiden Seiten der Front. Der epische, weit ausholende und von pathetischer Demonstration der Sinnlosigkeit des Krieges getragene Film erzählt bewegende Storys, liefert glaubwürdige Charaktere, zeigt Schlachtenrealismus mit harter Regiehand; nach dem Roman von Irwin Shaw; große Besetzung.

Die jungen Wilden / The Young Savages ** ½
USA 1960 – 103 Min. sw. – R: John Frankenheimer. D: Burt Lancaster, Dina Merrill, Shelley Winters, Edward Andrews, John David.
Justizfilm. Ein Bandenkrieg in Harlem

endet mit einem Mord; als Zweifel an der Schuldfrage auftauchen, setzt der Anklagevertreter seine Karriere aufs Spiel; als Justizfilm nicht ohne Klischees; seinerzeit ein harter Schocker.

Jungenstreiche – Zwei unzertrennliche Freunde **
GB – 50 Min. – R: Paul Turner. D: Aled Williams, Llyr Hughes, Meredith Edwards, Dominic Pitcher, Dyfan Roberts.
Kinderfilm. Ein aufmüpfiger kleiner Waliser stört die Ordnung in seinem Heimatdorf und legt sich sogar mit den Schuloberen an; ein lustiger Film über junge Frechdachse.

Junges Glück im April / April Love ** ½
USA 1957 – 97 Min. – R: Henry Levin. D: Pat Boone, Shirley Jones, Dolores Michaels, Arthur O'Connell.
Musikfilm. Ein junger Mann soll die Strafe für ein Verkehrsvergehen auf der Farm des Onkels abarbeiten; aber statt der Pferde dort interessiert ihn mehr Nachbars Töchterlein; muntere Teenagerromanze; Boone hatte mit dem Titelsong einen internationalen Hit.

Ein junges Mädchen – ein junger Mann
siehe: Knock out

Ein junges Mädchen weiß zuviel / La vedova del Trullo **
I 1979 – 95 Min. – R: Franco Bottari. D: Rosa Fumetto, Renzo Montagnani, Mario Carotenuto.
Liebesromanze. Der Eisverkäufer veranstaltet jedes Jahr ein großes Feuerwerk, denn alle glauben, er sei in Amerika reich geworden. Doch diesmal geht es tödlich für ihn aus – allerdings hinterläßt er eine bildhübsche, lebenshungrige Witwe.

Die Jungfrau auf dem Dach / The Moon Is Blue * ½
BRD/USA 1952 – 90 Min. sw. – R: Otto Preminger. D: Johanna Matz, Hardy Krüger, Johannes Heesters, Tom Tully, Dawn Addams.
Komödie. Deutsche Parallelfassung von Premingers US-Erfolg »Wolken sind überall«; schwächer, plumper und ohne den geschliffenen Dialogwitz der amerikanischen Fassung.

Die Jungfrau und das Ungeheuer / Panna a Netvor **
ČSSR 1978 – 90 Min. – R: Juraj Herz. D: Zdena Studénková, Vlastimil Harapes, Zuzana Kocúricová.
Gruselmärchen. Variante von »La Belle et la Bête« auf slawisch: noch märchenhafter und unheimlicher, wenn auch weniger im Visuellen bestechend. Schönes Märchenkino für gruselgewohnte Erwachsene.

Jungfrau von Samoa / Tabu: La vergine di Samoa / The Drums of Tabu *
I/E 1985 – 84 Min. – R: Javier Seto. D: James Philbrook, Seyna Seyn, Francisco Moran, Franco Fantasia.
Abenteuerfilm. Ein Koreaveteran sucht auf einer Südseeinsel Vergessen und findet eine verfolgte Schönheit; anspruchslose Pazifikklamotte.

Die Jungfrauen von Rom / Le vergini di Roma **
I/F 1960 – 87 Min. – R: Vittorio Cottafavi, Carlo Bragaglia. D: Louis Jourdan, Nicole Courcel, Sylvia Syms, Jean Chevrier, Ettore Manni, Michel Piccoli.
Historienfilm. Dreihundert Mädchen befinden sich in Gefangenschaft, werden bedrängt, können fliehen. Schlachten und Intrigen sind die Folge. Der weit ausholende, sich oft verfranzende Schinken bietet dennoch passable Abenteuerschauwerte.

Der Jungfrauenkrieg **
BRD 1957 – 90 Min. – R: Hermann Kugelstadt. D: Heinrich Gretler, Mady Rahl, Oskar Sima, Lucie Englisch.
Komödie. Ein konservativer Frauenverein und der Bürgermeister befehden die Festspielpläne eines reichen Dorfwirts; dabei geht es bauernpossierlich derb, aber auch heimatschnulzig zu.

Die Jungfrauenquelle / Jungfrukaellan ***
S 1959 – 86 Min. sw. – R: Ingmar Bergman. D: Max von Sydow, Birgitta Valberg, Gunnel Lindblom, Axel Düberg, Tor Isedal.
Parabel. Die Tochter eines reichen Bauern wird im Namen Wotans von ihrer Adoptivschwester verflucht und kurz

darauf vergewaltigt und getötet; am Tatort entspringt eine Quelle. Der in unerhört intensiven und realistischen Bildern erzählte Film zeichnet ein individuelles Schicksal ebenso einfühlsam nach, wie er den universellen Kampf des Guten gegen das Böse thematisiert. Auf beiden Ebenen inszeniert Bergman aufsehenerregend.

Die Junggesellenfalle * ½

BRD 1952 – 98 Min. sw. – R: Fritz Böttger. D: Oskar Sima, Rudolf Platte, Rudolf Carl, Franz Muxeneder, Maria Andergast, Ina Halley.

Klamotte. Ein Amtsdiener rächt sich an drei Junggesellen für einen bösen Scherz; platter Humor in einem mäßigen Lustspielchen.

Die Junggesellenparty / The Bachelor Party ** ½

USA 1957 – 90 Min. sw. – R: Delbert Mann. D: Don Murray, E. G. Marshall, Jack Warden, Philipp Abbott, Carolyn Jones, Patricia Smith.

Psychodrama. New Yorker begießen den Heiratsentschluß eines Kollegen, ihre anfangs lockere Sauftour endet in Schrekkensvorstellungen desolater Existenzen; exzellente kritische Studie über Sozialverhalten und psychische Defekte.

Der jüngste Tag / When Worlds Collide ** ½

USA 1951 – 81 Min. – R: Rudolph Maté. D: Richard Derr, Barbara Rush, John Hoyt, Larry Keating, Hayden Rorke.

Science-fiction-Film. Zwei Planetoiden bedrohen die Erde, die Kollision scheint kaum vermeidbar; Wissenschaftler bauen eine »Weltraumarche«, um eine zivilisierte Elite zu retten. Im Laufe der Jahre angestaubtes, behäbig inszeniertes, naives, sympathisches (weil nicht sehr spekulatives) Endzeitspektakel (Oscar für Special Effects); als Thesenfilm über Extremverhalten eher schmunzelerregend.

Jürgen Rolands St.-Pauli-Report **

BRD 1971 – 87 Min. – R: Jürgen Roland. D: Helen Vita, Günther Jerschke, Hans Putz, Rudolf Schündler.

St.-Pauli-Film. Dokumentarspielartiger Episodenfilm um den Reeperbahnalltag; flotte, kabarettnahe Zwischentexte des Regisseurs verbinden die Handlungsstränge.

Junior Bonner / Junior Bonner ***

USA 1971 – 95 Min. – R: Sam Peckinpah. D: Steve McQueen, Robert Preston, Ida Lupino, Ben Johnson.

Rodeofilm. Leiser, folkloristischer Western von heute, der Psychogramme von angeknacksten »Sporenstiefelträgern« liefert. Ein besessener, aber desillusionierter Rodeoreiter sieht seine Familie zerfallen; zurückhaltend: McQueen, mit ausgezeichneten Stunts.

Justine / Marquis de Sade: Justine *

BRD/I 1969 – 85 Min. – R: Jess Franco. D: Klaus Kinski, Romina Power, Harald Leipnitz, Maria Rohm, Jack Palance.

Literaturverfilmung. Adaption eines De-Sade-Romans über zwei ungleiche Schwestern, deren eine unter anderem in einem Bordell Männer sammelt und schließlich sogar ihrer zurückhaltenden Schwester helfen kann; die moralische Komponente der Vorlage kommt in dieser blamablen Sexschnulze nicht zu ihrem Recht.

K

Kabarett
siehe: Dieses Lied bleibt bei dir

Das Kabinett des Dr. Barsch FLOP
BRD 1987 – 90. Min. sw. – R: Gerald Störteberger. D: Eva Schwarz, Daniel Simmes, Karl-Dietrich Dollar, Roland Pfeiffer-Belli.
Horrorgroteske. Ein geistesgestörter Mann verwandelt heimlich das öffentliche Krankenhaus in eine Brutstätte des Schreckens, in der er seine eingebildeten Feinde terrorisiert; dramaturgisch anfängerhaft, filmisch mißlungen.

Das Kabinett des Dr. Caligari ****
D 1919 – 83 Min. sw. Stf. Ⓥ atlas. – R: Robert Wiene. D: Werner Krauß, Conrad Veidt, Lil Dagover, Friedrich Fehér, Heinrich von Twardowski.
Horrorfilm. Film als Schauergeschichte: Der Hypnotiseur Caligari führt auf dem Rummelplatz sein Medium Cesare vor. Caligari gerät in Mordverdacht, doch als man ihn zu überführen versucht, entpuppt er sich als Direktor des Irrenhauses – die Welt als Wahngebilde; ein Höhepunkt des deutschen Film-Expressionismus.

Das Kabinett des Professor Bondi / The House of Wax ***
USA 1953 – 88 Min. – R: André de Toth. D: Vincent Price, Frank Lovejoy, Phyllis Kirk, Carolyn Jones, Paul Picerni.
Horrorfilm. Ein Wachsfigurenkabinett wird durch Brandstiftung zerstört, sein Besitzer für tot gehalten; doch dann verschwinden Ermordete, und Wachsfiguren tauchen auf; ein schaurig-schöner Gruselklassiker und ein Klassiker des 3-D-Films.

Kadmos, Tyrann von Theben / Arrivano i titani * ½
I/F 1961 – 111 Min. – R: Duccio Tessari. D: Pedro Armendariz, Giuliano Gemma, Antonella Lualdi.
Monumentalfilm. Weil der Tyrann Kadmos sich an Gottes Stelle setzt, will ihm ein schlagkräftiger Titan (Gemma) Manieren beibringen. Was als Persiflage gedacht war, wurde zu einer augenrollenden Klopperei.

Ein Käfer auf Extratour * ½
BRD 1973 – 95 Min. – R: Rudolf Zehetgruber. D: Robert Mark, Sal Borgese, Kathrin Orginski, Walter Giller, Carl Möhner.
Autofilm. Dudu, der gelbe Wunderkäfer, kann alles. Mit gefederten Stoßstangen, Sicherheitssitzen, Airbag, Knautschzonen rundum, Armaturenpolsterung und Spezialfeuerlöscher ist er auch das Traumauto für Rote-Kreuz-Samariter. Und da er sogar Liebe machen kann, ist der Nachwuchs dieser halbwegs amüsanten Auto-Trick-Blödelei garantiert.

Ein Käfer geht aufs Ganze **
BRD 1971 – 92 Min. ⓋJoy Home. – R: David Mark (eigtl. Rudolf Zehetgruber). D: Richard Lynn, Kathrin Orginski, Jim Brown.
Autofilm. In Ben findet VW Dudu den Freund fürs Leben. An der Afrika-Rallye nehmen beide als Servicewagen für ein Luftkissenboot teil und gewinnen auf Umwegen in diesem tricktechnisch beachtlichen deutschen Ableger der US-Herbie-Serie um den goldigen VW-Käfer.

Ein Käfer gibt Vollgas * ½
BRD/CH 1972 – 91 Min. Ⓥ Joy Home. – R: Rudolf Zehetgruber. D: Joachim Fuchsberger, Robert Mark, Kathrin Orginski, Heinz Reincke.
Autofilm. Dudu, der VW-Wunderkäfer mit Herz und Computer, schwimmt von Afrika nach Europa. Hier begibt er sich, mit Karateschlägen, auf Gangsterjagd, rettet seinen Freund und Fahrer aus Lebensgefahr – und schwimmt weiter.

Aufguß des Serienvorreiters »Ein Käfer geht aufs Ganze«.

Kagemusha – Der Schatten des Kriegers / Kagemusha ∗∗∗ ½
J 1979 – 152 Min. – R: Akiro Kurosawa. D: Tatsuya Nakadai, Tsutomu Yamazaki, Kenichi Hagiwara, Kota Yui.
Historienfilm. Ein gewaltiges Epos aus dem Japan des 16. Jahrhunderts über den Untergang der Samurai-Tradition. Als der Fürst stirbt, versucht der Familienclan die Macht durch einen Doppelgänger zu retten, was sich als Trugschluß erweist. Götterdämmerung japanisch – leider ist die meisterliche Bildästhetik auf das Fernsehbild nicht übertragbar.

Kaiser Jones / The Emperor Jones ∗∗
USA 1933 – 72 Min. sw. OmU. – R: Dudley Murphy. D: Paul Robeson, Dudley Digges, Frank Wilson.
Abenteuerfilm. Ein mordverdächtiger farbiger Schlafwagenschaffner wird König einer Karibikinsel, muß aber bald erneut fliehen. Konstruiert, aber wegen Paul Robesons intensiven Spiels sehenswert.

Kaiser Joseph und die Bahnwärterstochter ∗∗ ½
A 1962 – 80 Min. sw. – R: Axel Corti. D: Inge Konradi, Hans Moser, Hans Holt, Franz Muxeneder, Paula Pfluger.
Komödie. Als Kaiser Joseph II. inkognito seine Eisenbahn inspiziert, fällt er unter die Räuber, eine couragierte Bahnwärterstochter rettet ihn; milde Parodie auf die vergnüglichen Seiten des alten österreichischen Kaiserreichs.

Kaiser und eine Nacht ∗∗ ½
BRD/CH 1985 – 90 Min. – R: Markus Fischer. D: Emil Steinberger, Brigitte Karner, Rolf Hoppe, Rosemarie Fendel.
Komödie. Emil als Kinderbuchverleger verpaßt auf dem Weg nach Bologna seinen Zug und wird von dem Mädchen Sandra in ihrem wackeligen Kabinenroller mitgenommen – dabei landet er in einem skurrilen Hotel mit kuriosen Figuren. Ein Spaß für Emil-Fans.

Der Kaiser von Kalifornien ∗∗ ½
D 1936 – 87 Min. sw. – R: Luis Trenker. D: Luis Trenker, Viktoria von Ballasko, Werner Kunig, Bernhard Minetti.
Abenteuerfilm. 1836 zog der Buchdrukker Suter aus der Schweiz in den Goldenen Westen und wurde »Kaiser von Kalifornien«; der Goldrausch brachte ihn um alles; ein eindrucksstarker, sozialkritischer Film. Von Luis Trenker nach einem authentischen Fall mit Engagement inszeniert.

Kaiserball ∗∗
A 1956 – 96 Min. Ⓥ Arcade. – R: Franz Antel. D: Sonja Ziemann, Hannelore Bollmann, Maria Andergast, Rudolf Prack, Hans Olden, Jane Tilden, Bully Buhlan, Hans Moser.
Komödie. Durch Zufall darf eine Näherin, die ein Ballkleid abliefern soll, mit faszinierten Adligen bei Hofe kaiserwalzen; operettenhafte k.u.k. Liebes- und Verwechslungskomödie mit guter Besetzung.

Kaiserhofstraße 12 TV-Film
BRD 1980 – 98 Min. – R: Rainer Wolffhardt. D: Christoph Eichhorn, A. Ruppert, Doris Schade, Monika Baumgartner.
Nach Motiven des gleichnamigen Romans von Valentin Senger entstandener Fernsehfilm; eine Autobiographie aus dem Kriegsjahr 1944: Der Held transportiert seine tote Mutter aus dem Evakuierungsort zurück in die Heimatstadt Frankfurt, wo die jüdische Familie vor dem Krieg lebte. In der Erinnerung des Autors werden die Ereignisse und Stimmungen jener Jahre beklemmende Wirklichkeit.

Die Kaiserin von China ∗∗
BRD 1953 – 79 Min. sw. – R: Steve Szekely. D: Grethe Weiser, Ernst Waldow, Nadja Tiller, Joachim Brennecke.
Lustspiel. Grethe Weiser läßt ihr schnodderiges Mundwerk ohne Pause gehen und nistet sich im Haus ihres Bruders, eines Nervenarztes, ein. Die Geschichte wird umrahmt von Ulk, Musik und Tanzrevuen und mündet im Finale in ein dreifaches Happy-End.

Kaiserjäger ∗∗
A 1956 – 83 Min. – R: Willi Forst. D: Erika Remberg, Adrian Hoven, Judith

Holzmeister, Rudolf Forster, Attila Hörbiger, Gunther Philipp, Oskar Sima.
Komödie. Ein militärbesessener Graf hat seine Enkelin als Jungen erzogen; ein Kaisermanöver löst die Komplikationen dieses Gesangs- und Verwechslungslustspiels aus, das ohne den platten Humor üblicher Produktionen auskommt.

Kaiserwalzer / Ich küsse Ihre Hand, Madame / The Emperor Waltz ** ½
USA 1947 – 101 Min. – R: Billy Wilder. D: Bing Crosby, Joan Fontaine, Roland Culver, Richard Haydn, Sig Rumen.
Musikkomödie. Witziges Intermezzo am Wiener Kaiserhof; ein amerikanischer Vertreter dringt bei Hofe ein, um eine schöne Gräfin zu verführen. Versnobter k.u.k. Hochadel gegen hemdsärmeligen US-Business-Geist, am Ende siegt die Liebe. Wilders liebevoll-bissige Hommage für seine Heimat und ihre glanzvolle Tradition.

Kajak
siehe: Palos Brautfahrt

Ein Kaktus ist kein Lutschbonbon *
BRD 1980 – 80 Min. – R: Rolf Olsen. D: Jürgen Drews, Babsi Mai, Heinz Eckner, Corinna Gillwald.
Sexfilm. Ein Werbegraphiker löst durch vielfältige Späßchen ein Chaos aus, in das auch ein Pfarrer hineingerät; wirre, phantasielose Klamotte.

Kalamitäten / Kalamita **
ČSSR 1980 – 92 Min. – R: Věra Chytilová. D: Boleslav Polivka, Dagmar Bláhová, Jaroslava Kreschmerová.
Gesellschaftskritische Komödie. Ein regimekritischer Student kehrt in seinen Heimatort zurück, eckt bei den Autoritäten der Provinzverwaltung jedoch überall an. In der Liebe ist er aber tüchtig, und so hat er in diesem ironisch-satirischen und einfallsreichen Film wenigstens die eine Hälfte der sozialistischen Mitmenschen auf seiner Seite, nämlich die weibliche.

Das Kalb mit den fünf Füßen
s.: Der Hammel mit den fünf Beinen

Kaliber 38 – Genau zwischen die Augen / Quelli del calibro 38 * ½
I 1976/77 – 97 Min. – R: Massimo Dallamano. D: Marcel Bozzuffi, Ivan Rassimov, Carole André.
Gangsterfilm. Eine Gangsterbande und ein rigoroser Inspektor im Clinch um alte Rechnungen und neue Wechsel. Actiongeladen, spannend, aber ziemlich grobschlächtig inszeniert.

Kalle und das geheimnisvolle Karussell / Rasmus, Pontus och toker ** ½
S 1956 – 78 Min. sw. – R: Stig Olin. D: Eskil Dalenius, Sven Almgren, Elof Ahrle, Pia Skoglond.
Jugendfilm. Adaption des Astrid-Lindgren-Buchs über zwei junge Freunde, die sich auf verschiedenste Arten detektivisch betätigen. Heiter und spannend.

Kaltblütig / In Cold Blood ** ½
USA 1967 – 129 Min. – R: Richard Brooks. D: Robert Blake, Scott Wilson, John Forsythe, Paul Stewart, Gerald S. O'Loughlin.
Kriminaldrama. Verfilmung des Überfalls zweier Exhäftlinge auf eine amerikanische Familie; der authentische Fall wurde von Truman Capote detailgenau aufgezeichnet und entwirft ein mörderisches Soziogramm von großer Eindringlichkeit.

Die kalte Hand des Schicksals / Desperate Women TV-Film
USA 1978 – 100 Min. – R: Earl Bellamy. D: Susan Saint James, Ronee Blakeley, Ann Dusenberry, Randy Powell, Dan Haggerty.
Drei weibliche Häftlinge drohen in der Wüste umzukommen, nach ihrer Rettung geraten sie in alle erdenklichen Zwickmühlen; als Westernkomödie angekündigter Film, über den wohl kaum jemand so recht lachen kann.

Kalte Heimat **
BRD 1978 – 105 Min. sw. – R: Peter Steinbach, W. Werner Schaefer. D: Nikolaus Cohnen, Nikolaus Lansky, Barbara Adolph.
Zeitkritisches Melodram. DDR-Flüchtlinge im »goldenen Westen« 1954. Der Film von Steinbach (»Die Stunde Null«) versucht, mit leisen Tönen und filmisch unspektakulären Mitteln, ihre Situation von innen heraus darzustellen.

Das kalte Paradies ∗∗ ½
CH 1986 – 90 Min. Ⓥ atlas film + av. – R: Bernard Safarik. D: Nohemi Dragonne, Julius Effenberger, Berta Alig.
Asylantenfilm. Auch die Schweiz kann kalt sein, wenn es um Asylanten geht. Elba aus Lateinamerika und Jan aus einem östlichen Land haben sich im Schokoladenländle ineinander verliebt. Obwohl die Frau ein Kind erwartet, wird ihr Freund abgeschoben. Der Film wurde 1987 mit dem Max-Ophüls-Preis ausgezeichnet.

Der kalte Sommer '53 / Cholodnoje leto pjatdesjat tretjego ∗∗∗ ½
UdSSR 1987 – 98 Min. – R: Alexander Proschkin. D: Valeri Prijomychow, Anatoli Papanow, Viktor Stepanow, Soja Burjak, Juri Kusnezow, Wladimir Golowin.
Zeitkritischer Film. – Ort: eine einsame Grenzstation am großen Fluß irgendwo im Norden Rußlands. Zeit: der Sommer 1953, die politischen Umwälzungen nach Stalins Tod. Berija hat eine Amnestie für alle Kriminellen erlassen, nicht aber für politische Gefangene, von denen zwei an diesen abgelegenen Ort verbannt sind. Als marodierende Banditen einfallen, kommt es zu menschlichen Tragödien. Die Personen sind psychologisch präzise gezeichnet in diesem kleinen Szenario, das, spannend in bester realistischer Erzähltradition, mit überraschenden »Django«-Anklängen, einen kleinen symbolischen Ausschnitt aus der Nach-Stalin-Ära spiegelt.

Kalte Sonne TV-Film
BRD 1988 – 80 Min. – R,B: Lars Becker. D: Ronnie Mkwanazi, Manuela Brandenstein, Ulrich Wildgruber, Jörg Pfennigwerth, Themba Ndlovu.
Der schwarze Südafrikaner Desmond lebt mit einer Deutschen in Hamburg. Gemeinsam spielen sie in der Musikgruppe »Drama Stars«, doch weil das zum Leben nicht reicht, arbeitet Desmond nachts noch in einer Bar. Dabei wird er von zwei Killern bedroht. Afrikanische Kultur und deutsche Realität in einen Krimi verpackt.

Kalter Engel TV-Film
DDR – 90 Min. – R: Peter Vogel. D: Petra Barthel, Wilfried Pucher, Ernst Kahler, Hans Teuscher.
Nach einem Buch des Regisseurs und von Lothar Dutombé in einer Holzschnitzergemeinde im Erzgebirge vor Ort gedrehter Dialekt-Milieu-Film um eine Kellnerin und ihren Freund, die Kunstklau praktizieren. Der realistische Film, der geschickt Amateurschauspieler und Profis agieren läßt, gewährt spannende Einblicke in die Situation der Schnitzer von Lößnitz bei Aue und in den einstigen DDR-Alltag allgemein.

Kalter Hauch / The Mechanic ∗∗
USA 1972 – 96 Min. – R: Michael Winner. D: Charles Bronson, Jan-Michael Vincent, Keenan Wynn, Jill Ireland, Linda Ridgeway.
Gangsterfilm. Charles Bronson als eiskalter Killer wirkt überzeugend, doch sein Partner ist noch skrupelloser als er; ausgeklügelte Mordfälle, aufwendige Dekors, brillante Kameraführung.

Kalter Schweiß / De la part des copains ∗∗
F/I 1970 – 83 Min. – R: Terence Young. D: Charles Bronson, Liv Ullmann, James Mason, Yannick Delulle, Jean Topart.
Thriller. Nach sieben Jahren tauchen überraschend die Exkumpel des Gangsters Bronson an der Côte d'Azur auf, entführen ihm Frau und Kind und machen ihn sauer; Actionszenen, Verfolgungsjagden, Schußwechsel, Sensationskino – routiniert zubereitet von Bond-Regisseur Terence Young.

Ein kalter Tag im Park / A Cold Day in the Park ∗∗
USA 1969 – 90 Min. – R: Robert Altman. D: Sandy Dennis, Michael Burns, Susanne Benton, John Garfield jr., Luana Anders.
Moderner Liebesfilm. Eine wohlhabende, einsame, sexuell frustrierte Frau nimmt eine Zufallsbekanntschaft bei sich auf; ihre Ängste treiben sie in weitere psychische Krisen und zu einem Mord; mit skurriler Trivialpsychologie überladenes Drama über Kommunikationsmängel und Zwänge, die durch Angst entstehen.

Ein Kamel im Wilden Westen / One Little Indian ** ½
USA 1973 – 88 Min. – R: Bernard McEveety. D: James Garner, Vera Miles, Clay O'Brien, Pat Hingle.
Westernkomödie. Ein Corporal der US-Kavallerie flieht nach einem Akt des Widerstands aus dem Fort; in seinem Schlepptau: das Mutterkamel Rosie mit Nachwuchs. Bei einer blonden Witwe findet die Karawane Unterschlupf vor den Verfolgern. Der originelle Western überzeugt durch gutplacierte Komik, während sich die Handlung dürftig dahinschleppt; gute Darsteller.

Die Kameliendame ** ½
BRD 1987 – 122 Min. – R: John Neumeier. D: Marcia Haydée, Ivan Liska, François Klaus, Coleen Scott.
Ballettfilm. Die Choreographie ist von John Neumeier, die Musik von Frédéric Chopin und die literarische Vorlage von Alexandre Dumas in diesem tragischen Liebestanz um einen jungen Mann aus gutem Haus, der hinausgeht und sich in eine Kurtisane verguckt; glanzvolle Ausstattung; virtuos getanzt.

Kameraden der Luft / High Flight *
GB 1957 – 102 Min. OoU. – R: John Gilling. D: Ray Milland, Bernard Lee, Kenneth Haigh, Anthony Newley.
Militärfilm. Ein begabter, aber sturer Fliegerkadett im Konflikt mit seinem Ausbilder, der im Krieg den Tod seines Vaters verschuldet hat; dürftiger Reklamefilm für die Royal Air Force.

Kameradschaft ** ½
D / F 1931 – 85 Min. sw. – R: Georg Wilhelm Pabst. D: Alexander Granach, Fritz Kampers, Ernst Busch, Elisabeth Wendt.
Zeitkritischer Milieufilm. In einer französischen Kohlengrube an der deutschen Grenze ereignet sich eine Schlagwetterexplosion. Ohne Vorurteile eilen auch deutsche Kumpel zu Hilfe. Der humane, engagierte Film schildert detailgetreu die Situation der Bergleute und ihre schwere Arbeit.

Kamikaze 1989 **
BRD 1982 – 101 Min. – R: Wolf Gremm. D: Rainer Werner Fassbinder, Günther Kaufmann, Boy Gobert, Nicole Heesters.
Science-fiction-Krimi. Düsterer und beklemmender, aber von Regisseur Gremm nicht überzeugend gehandhabter Blick in die Zukunft der BRD, in der das politische System verfestigt ist und das Volk mit niederen Bedürfnissen abgespeist wird. Die wenigen Intellektuellen sitzen im obersten Stock eines Medienkonzerns und arbeiten für den Papierkorb. In dieser Situation recherchiert der zynische, aber sensible Polizist Jansen (Fassbinders letzter Auftritt) eine Morddrohung.

Kaminsky **
BRD 1984 – 86 Min. Ⓥ VPS. – R: Michael Lähn. D: Klaus Löwitsch, Alexander Radszun, Hannelore Elsner, Beate Finck, Horst Pinnow.
Polizeifilm. Ein strafversetzter Polizist reagiert auf seine auch private Krise mit Zynismus und Machtmißbrauch; beachtlich Löwitsch als frustrierter Macho in einem harten Psychothriller mit eher schwacher Regie.

Kampf **
D 1932 – 87 Min. sw. – R: Erich Schönfelder. D: Manfred von Brauchitsch, Lucie Höflich, Kurt Vespermann, Alfred Abel.
Rennsportfilm. Beim Nürburgrennen entscheidet sich der Ausgang des Kampfes zweier Freunde und Konkurrenten um Sieg und Niederlage auch bei der gemeinsamen Geliebten. Am Ende verliert der Glückliche, und der Edle siegt in einem honorig-bemühten, von authentischen Rennsequenzen aufgewerteten Film.

Der Kampf / The Long Duel ** ½
GB 1967 – 110 Min. – R: Ken Annakin. D: Yul Brynner, Trevor Howard, Harry Andrews, Charlotte Rampling.
Zeitkritischer Film. Freiheitskampf eines Bergvolkes unter seinem heldenhaften Anführer Sultan gegen die Zwangsmaßnahmen der britischen Kolonialherren. Nach authentischen Ereignissen als spannender Unterhaltungsfilm ohne historische Tiefe, aber mit viel parteiischem Engagement inszeniert.

Kampf der Titanen / Clash of the Titans **

GB 1981 – 114 Min. MGM/UA. – R: Desmond Davis. D: Harry Hamlin, Laurence Olivier, Judi Bowker, Ursula Andress.
Fantasyfilm. Großformatiges Filmmärchen um Götter, Halbgötter, Menschen und Monster, die, in Machtkämpfe verstrickt, von schönster Tricktechnik und trivialem Drehbuch in Bewegung gesetzt werden, um der Filmphantasie zu geben, was sie verlangt.

Der Kampf einer Mutter / La louve TV-Film

F 1987 – 90 Min. – R: José Giovanni. D: Mimsy Farmer, Jean-Jacques Moreau, Georges Corraface, Marc Stokle.
Die Hilflosigkeit der Polizei treibt die Mutter eines entführten Jungen zu eigenen mörderischen Aktivitäten; harter, drastischer Krimi der »Série noire«.

Kampf in den Bergen / The Trail of the Lonesome Pine ** ½

USA 1936 – 95 Min. OmU. – R: Henry Hathaway. D: Fred MacMurray, Henry Fonda, Sylvia Sidney.
Abenteuermelodram. Spannendes, mit packenden Naturaufnahmen gespicktes Liebesdrama um den Zwist zweier Familienclans, in den ein Bergbauingenieur verwickelt wird. Erster außerhalb Studiodekorationen realisierter Technicolor-Farbfilm.

Kampf um den Piratenschatz / Blackbeard the Pirat * ½

USA 1952. – 96 Min. – R: Raoul Walsh. D: Robert Newton, Linda Darnell, William Bendix.
Piratenabenteuer. Aus filmischen Zitaten des Piratengenres zusammengebasteltes Seeabenteuer um Liebe, Tod und Teufel. Kintopp für Fans.

Der Kampf um die grüne Lagune / A Flash of Green ** ½

USA 1984 – 117 Min. – R,B: Victor Nunez. D: Ed Harris, Blair Brown, Richard Jordan, George Coe.
Problemfilm. Die grüne Bucht am Rande der City, eine artenreiche Lagune, soll von profitgierigen Machern zubetoniert und in eine Ferieninsel verwandelt werden. Ein Häufchen Umweltschützer kämpft dagegen – zwischen ihnen der zunächst opportunistische Reporter Jim Wing, der zu den »Grünen« überwechselt, als die Bauspekulanten vor Gewalt und Terror nicht zurückschrecken; engagiertes Umweltmelodram.

Kampf um Rom / La vendetta dei barbari *

I 1960 – 85 Min. – R: Giuseppe Vari. D: Daniella Rocca, Anthony Steel, Robert Alda.
Historischer Abenteuerfilm. Im Jahr 410 n. Chr. belagern die Goten Rom; mit Intrigen, List und Liebe leisten die Römer Widerstand. Der kitschbunte Film präsentiert Historie als Hintertreppengeschichte; miserable Darsteller in Billigstkulissen.

Der Kampf um Troja / La guerra di Troia *

I/F 1961 – 95 Min. – R: Giorgio Ferroni. D: Steve Reeves, Juliette Mayniel, John Drew Barrymore.
Historienfilm. Etwas platt und oberflächlich wird griechischer Geschichtsunterricht mit trivialen Einfällen garniert.

Der Kampf ums goldene Tor / Ilja Muromez ** ½

UdSSR 1956 – 89 Min. – R: Alexander Ptuschko. D: Boris Andrejew, N. Myschkowa, A. Abrikossow, A. Schworin.
Abenteuerfilm. Adaption der russischen Volkssage vom Bauernsohn, der im 10. Jahrhundert Kiew vor den Tataren rettet; buntes Actionsspektakel von beachtlichem Unterhaltungswert.

Der Kampfschwimmer TV-Film

BRD 1985 – 105 Min. – R: Alexander von Eschwege. B: Gert Loschütz. D: Peter Lohmeyer, Holger Schulzendorf, Gerhard Olschewski.
Udo lernt Heinz, der nach einem Unfall an den Rollstuhl gefesselt ist, im Schwimmbad kennen. Udo träumt davon, Kampfschwimmer zu werden, sein Freund feuert ihn auf fatale Weise an. Handwerklich gut gemacht.

Kampfstern Galactica / Battlestar Galactica **

USA 1978 – 122 Min. Ⓥ CIC. – R: Richard A. Colla. D: Richard Hatch, Dirk Benedict, Lorne Greene, Ray Milland.

Science-fiction-Film. Mit raffinierter Tricktechnik ausgestattete Endzeitvision vom Kampf einer dezimierten Menschheit gegen außerirdische Bedrohung.

Kanakerbraut ** ½

BRD 1983 – 55 Min. – R: Uwe Schrader. D: Peter Franke, Brigitte Janner, Gerhard Olschewski.

Milieufilm. Paul lebt im tristen, aber aufregend vitalen Kreuzberg, hält sich mit Gelegenheitsjobs über Wasser und hofft auf bessere Zeiten. Eine Beziehung zu einer sozialgeschädigten Frau scheitert, und Paul wurstelt weiter. Vor Ort gedreht, als Abschlußfilm eines Filmakademie-Jahrgangs; atemberaubend milieudichte Studie über den Kiez und seinen sozialen und psychischen Nährboden. Paraderolle für Franke inmitten von Originalen.

Der Kanal / Kanal ***

PL 1956 – 100 Min. – sw. OmU. – R: Andrzej Wajda. D: Wienczyslaw Gliński, Teresa Tźewska, Tadeusz Janczar.

Zeitkritischer Film. Eine Truppe Partisanen und Soldaten flüchtet 1944 aus dem besetzten und umkämpften Warschau. Der Film, als zweiter Teil von Wajdas Widerstandstrilogie (»Die Generation«, »Kanal«, »Asche und Diamant«), schildert die Flucht in beklemmenden Bildern mit realistischem Zugriff und einem differenzierten Menschenbild.

Der Kandidat / The Best Man **

USA 1963 – 100 Min. sw. – R: Franklin J. Schaffner. D: Cliff Robertson, Henry Fonda, Lee Tracy.

Zeitkritischer Politfilm. Realistisches Kammerspiel über den Kampf zweier Männer um die Nominierung zur Präsidentschaftskandidatur in den USA. Brillant gespielt (Fonda!), mit einem Hang zur Melodramatisierung von soziopolitischen Strukturen.

Der Kandidat TV-Film

BRD 1986 – 95 Min. – R, B: Thomas Engel. D: Klaus Schwarzkopf, Chariklia Baxevanos, Christiane Biniasch, Constanze Harpen, Harald Leipnitz, Christian Reiner, Giovanni Früh.

Ein reicher Pensionär ohne politische Überzeugung will Abgeordnetenkarriere machen; nach Gustave Flauberts Komödie inszenierte bitterböse Satire auf Heuchelei und Korruption, die Politik als Geschäftsmanöver entlarvt.

Kanonen für Cordoba / Cannon for Cordoba **

USA 1969 – 96 Min. – R: Paul Wendkos. D: George Peppard, Raf Vallone, John Russell.

Abenteueractionfilm. Spannend erzählte, tempogeladene Episode aus den mexikanisch-texanischen Scharmützeln von 1912 um eine Bande von Kanonendieben und die Kommandos patriotischer Soldaten. Als Actionabenteuer handgreiflich zugespitzt.

Die Kanonen von Navarone / The Guns of Navarone ***

GB 1960 – 149 Min. Ⓥ RCA Columbia. – R: J. Lee Thompson. D: Gregory Peck, David Niven, Anthony Quinn, Stanley Baker, Anthony Quayle, Irene Papas, Gia Scala, James Robertson Justice, Richard Harris, James Darren.

Kriegsfilm. Ein Trupp von Spezialisten soll im 2. Weltkrieg eine meeresbeherrschende Batterie von deutschen Riesenkanonen zerstören, um eingeschlossene britische Truppen zu retten; ein Film über Männerfreund- und -feindschaften, melodramatische Liebe, Verrat und Patriotismus; aufwendiges Abenteuerspektakel mit Starbesetzung und einem großen pyrotechnischen Finale.

Die Kapelle des heiligen Christophorus TV-Film

H – 95 Min. – R: László Nemere. D: Antal Páger, Erika Bodnár, Hedi Temessy, Hilda Gobbi.

Die junge Zsofia kann das Vertrauen eines alten Pfarrers gewinnen. Der erzählt ihr daraufhin ein Geheimnis, das er bislang sorgsam gehütet hat, und der Film kommt in Fahrt.

Der Kapitän * ½

BRD 1971 – 89 Min. – R: Kurt Hoffmann. D: Heinz Rühmann, Johanna Matz, Terry Torday, Horst Tappert, Ernst Stankovski, Hans Korte, Günter Pfitzmann, Joseph Offenbach.

Kreuzfahrtfilm. Rühmann als Kapitän eines frühen »Traumschiffs« mit allen Jahrhundertproblemen des Genres; einfallslos.

Kapitän Seekrank / All at Sea ∗∗ ½
GB 1957 – 80 Min. sw. – R: Charles Frend. D: Alec Guinness, Irene Brown, Maurice Denham.
Komödie. Sympathischer Seeheld mit Macke erfüllt sich seine Marotten auf eigene Weise, indem er ein Schiff auf Land steuert. Komödiantische Kreuzfahrt durch die Heiligtümer der Seefahrernation England mit Witz, Stolz und Selbstironie, typisch britisch, typisch Guinness.

Käpt'n Blackbeard's Spuk-Kaschemme / Blackbeard's Ghost ∗
USA 1967 – 103 Min. Ⓥ Walt Disney. – R: Robert Stevenson. D: Dean Jones, Elsa Lanchester, Joby Baker, Peter Ustinov, Suzanne Pleshette.
Komödie. Der Geist eines Piratenkapitäns kann erst durch eine gute Tat Ruhe finden; mit Hilfe eines Leichtathletiktrainers versucht er, über selbstgelegte Fallstricke sein Ziel zu erreichen; alberne Spukklamotte ohne viel Witz.

Käpt'n China / Captain China ∗∗
USA 1949 – 92 Min. sw. – R: Lewis R. Foster. D: John Payne, Gail Russell, Jeffrey Lynn, Lon Chaney jr.
Abenteuerfilm. Ein Exkapitän auf der Suche nach einem Mädchen, das ihn enttäuscht, und einem Verräter, der ihn um sein Patent gebracht hat; solides, actionreiches Seemannsabenteuer.

Käpt'n Rauhbein aus St. Pauli FLOP
BRD 1971 – 90 Min. Ⓥ VPS. – R: Rolf Olsen. D: Curd Jürgens, Heinz Reincke, Johanna von Koczian, Herbert Fleischmann.
Starfilm. Ein Kapitän wird in Südamerika als Drogenhändler inhaftiert, doch seine Mannschaft hält zu ihm; Jürgens wollte eine Rolle, in der er die Leute zum Lachen bringt; gelungen.

Karambolage TV-Film
BRD 1989 – 100 Min. – R: Franz Peter Wirth. B: Renate Garber. D: Volkert Kraeft, Iris Berben, Peter Sattmann, Constanze Engelbrecht, Karlheinz Lemken.
Feuilletonisch flott inszenierte Ost-West-Geschichte um zwei Ehepaare, die sich nach einem Auto-Crash am Chiemsee näher kennenlernen. Das Bemühen, alte Klischees zu vermeiden, produziert neue. Der Westler: reich, großkotzig; der Ostler: kleinkariert, verbissen. Der Westler flirtet ungeniert mit der Frau von drüben. Ein weiterer Versuch, ein schweres Thema in den leichten Griff zu kriegen.

Die Karate-Killer / The Karate Killers ∗∗ ½
USA 1966 – 88 Min. Ⓥ IMV/MGM/UA. – R: Barry Shear. D: Robert Vaughn, David McCallum, Curd Jürgens, Jill Ireland, Telly Savalas, Joan Crawford, Herbert Lom, Leo G. Carroll.
Actionfilm. Zwei Superagenten bekämpfen ein Syndikat, das die Weltwirtschaft ruinieren will; teils parodistische Gangsterstory, actionreich und turbulent, mit den Stars der TV-Serie »Solo für O.N.C.E.L.«.

Karawane der Frauen / Westward the Women ∗∗∗
USA 1951 – 105 Min. sw. – R: William A. Wellman. D: Robert Taylor, John McIntire, Denise Darcel, Marilyn Erskine, Hope Emerson.
Western. Der Bürgermeister einer frauenlosen kalifornischen Gemeinde verspricht, von einer Reise in den Osten hundert heiratswillige Frauen mitzubringen; nach unendlichen Strapazen stehen am Ende ein Triumphzug und eine Massentrauung. Ein Film von rauhem Charme über den Beitrag zäher Frauen zur Eroberung des Westens; packend inszeniert mit einem ständigen Wechsel zwischen Qual und Witz.

Karlas Ehen / Karline manželstvá ∗∗ ½
ČSSR 1980 – 87 Min. – R: Vladimir Kavciak. D: Ewa Dalkowská, Zdenek Hradilak, Vlado Müller.
Melodram. Bewußtwerdungsprozeß eines jungen Mädchens aus der tschechischen Provinz: Nach einer wohlbehüteten Jugend heiratet sie zuerst einen Jun-

gen vom Dorf und nach dessen Tod einen labilen Musiker. Intensives Spiel.

Karlsson auf dem Dach ** ½
S – 96 Min. – R: Olle Hellblom. D: Mats Wikström, Lars Söderdahl, Catrin Westerlund.
Jugendfilm. Als der neunjährige Lillebror auf dem Dach Herrn Karlsson trifft, ändert sich sein Leben schlagartig. Denn Karlsson kann fliegen. Bunte Mischung aus Fantasy und Alltag; nach dem Buch von Astrid Lindgren.

Karneval der Killer / ** ½
Le carnaval des barbouzes
A/F 1966 – 100 Min. – R: Sheldon Reynolds, Alberto Cardone, Robert Lynn. D: Stewart Granger, Lex Barker, Pierre Brice, Karin Dor.
Krimi. Originell erzählter Film um einen Professor, in dessen Wohnung eines Tages ein verfolgter Ganove eindringt. Um ihn hinzuhalten, erzählt der Professor ihm drei lehrhafte Episoden aus dem Polizeialltag. Der Film setzt die verschiedenen Handlungsebenen geschickt verzahnt ins Bild.

Karpo Godinas Floß der Medusa / Splav Meduse **
YU 1980 – 90 Min. – R: Karpo Godina. D: Olga Kaćjan-Srdić, Vladislava Milosavljević, Boris Kommenić.
Künstlerfilm. Zwei junge Lehrerinnen schließen sich in den zwanziger Jahren Belgrader Avantgardisten mit gesellschaftskritischen Ideen an; feinfühlig.

Karriere durch alle Betten / The Lonely Lady FLOP
USA 1983 – 92 Min. – R: Peter Sasdy. D: Pia Zadora, Lloyd Bochner, Bibi Besch, Jared Martin.
Hollywoodfilm. Eine junge High-School-Absolventin will als Drehbuchautorin Karriere machen, bemerkt aber schnell, daß dies nicht durch Bettgeflüster klappt, denn die (potentiellen) Lover klauen ihr aus Prinzip ihre Ideen; was eine Abrechnung mit Hollywoodsitten hätte werden können, erstickt in dilettantisch dargebotenen Klischees.

Die Kartause von Parma / ** ½
La chartreuse de Parme
F/I 1947 – 165 Min. sw. – R: Christian-Jaque. D: Gérard Philipe, Renée Faure, Maria Casarès, Louis Salou.
Literaturverfilmung. Nach Stendhals großem Roman vertretbar gedrehter Film um den jungen Geistlichen Fabricio, der 1821 aus politischen und amourösen Gründen in den Kerker geworfen wird, wo er anfängt, über sein Leben nachzudenken. Kostümfilm in glänzenden Lackbildern (schwarzweiß), mit einem energiesprühenden Hauptdarsteller.

Das Kartenhaus TV-Film
DDR 1985 – 90 Min. – R: Hans Werner. D: Angelika Waller, Walter Plathe, Lotte Löbinger, Evelyn Opoczynski.
Ein Mann, der sich fälschlicherweise für einen Mörder hält, versteckt sich jahrelang bei seiner Geliebten; das Zusammenleben zerstört beide. Schauspielerisch überzeugend, sonst eher konventionell und spannungslos.

Das Kartenspiel TV-Film
BRD 1961 – 90 Min. sw. – R: Edward Rothe. B: Reginald Rose. D: Leonard Steckel, Werner Hinz, Bernhard Minetti, Richard Häußler, Walter Janssen.
Fünf Briten ertragen die Monotonie ihres Alltags nicht länger, ein Mord könnte ihr Problem lösen; das Problem des Fernsehfilms bleibt: Selbst große Mimen machen aus Deutschen keine englischen Gentlemen.

Karthago in Flammen / * ½
Cartagine in fiamme
I/F 1959 – 106 Min. – R: Carmine Gallone. D: Pierre Brasseur, Daniel Gélin, Anne Heywood.
Historischer Kostümfilm. Als Plotte aus dem Fundus der Ausstatter erzählter Filmbombast um den dritten Punischen Krieg und die Umzingelung Karthagos durch die Römer. Viel Action, Blut und Tränen, als hätte Nero höchstpersönlich inszeniert.

Karussell **
D 1937 – 90 Min. sw. – R: A. Elling. D: Marika Rökk, Paul Henckels, Richard Korn.
Komödie. Eine junge Frau nimmt den Kampf gegen die Marotten des frauenfeindlichen Onkels ihres Bräutigams, eines eingefleischten Junggesellen, auf; ein temperamentvolles kleines Lustspiel mit einer tanzenden und singenden Marika

Rökk, die aber schauspielerisch wenig überzeugt.

Die Käserei in der Vehfreude ∗∗

CH 1958 – 105 Min. sw. – R: Franz Schnyder. D: Heinrich Gretler, Hedda Koppe, Franz Matter.

Milieukritischer Heimatfilm. Eine Käserei in den Alpen spaltet ein Dorf in zwei Lager. Der realistische Heimatfilm ruht sich nicht auf dem schönen Alpenglüh'n aus, sondern bezieht den Arbeitsalltag der Landleute in seine Darstellung ein.

Kaspa, der Löwenmann / King of the Jungle ∗∗ ½

USA 1933 – 69 Min. sw. OmU. – R: H. Bruce Humberstone, Max Marcin. D: Larry »Buster« Crabbe, Frances Dee, Douglas Dumbrille.

Tarzan-Imitation. Kaspa, der Löwenmann und Dschungelkönig, wird gegen seinen Willen in die Zivilisation verschleppt; im Vergleich zu den Weissmuller-Filmen nicht ohne Reiz durch Kultstar Crabbe; grandiose Tieraufnahmen.

Kassensturz ∗∗ ½

BRD 1983 – 85 Min. – R: Rolf Silber. D: Christoph M. Ohrt, Britta Pohland, Tilo Prückner, Kai Fischer, Thorsten Becker, Martin Ankermann, Reno Nonsens.

Komödie. Ein gelangweilter junger Banker lernt eine flippige Theaterelevin kennen, zwei Welten – eine Liebe. Durch diese Konfrontation gelingt es dem Berliner Film-Hochschulabsolventen Silber in seinem ersten Spielfilm, ein amüsantes und glaubwürdiges Bild der jungen Generation von heute zu liefern.

Kate Bennett, Reporterin / This is Kate Bennett TV-Film

USA 1981 – 78 Min. – R: Harvey Hart. D: Janet Eilber, Greg Mullavey, Granville Van Dusen, Garret Pearson.

Eine Fernsehreporterin macht einen Bericht über einen Amokläufer, der vier Krankenschwestern erschossen hat. Ihre engagierte Recherche über den Sozialfall bringt sie selbst in Lebensgefahr. Der Pilotfilm für eine Serie, die nie realisiert wurde, erzählt eine spannende Story, jedoch uninspiriert und hölzern; ängstliches TV-Produkt.

Das Käthchen von Heilbronn oder: Die Feuerprobe TV-Film

BRD 1981 – 120 Min. – R: Peter Beauvais. D: Dietrich Fischer-Dieskau, Manfred Zapatka, Marita Marschall, Günter Lamprecht, Cornelia Froboess.

Das Bürgerfräulein liebt den edlen Herrn Grafen – das kann nur Konflikte bringen. Die Verfilmung des berühmten Kleist-Dramas lebt von der großartigen Darstellungskunst des Schauspielerensembles.

Käthe Kollwitz ∗∗∗

DDR 1986 – 93 Min. – R: Rolf Kirsten. D: Jutta Wachowiak, Fred Düren, Carmen Maya Antoni, Walfriede Schmitt, Axel Werner.

Künstlerbiographie. Episoden aus dem Leben der sozial engagierten Malerin und Bildhauerin Käthe Kollwitz über drei Jahrzehnte. Der intensiv gespielte (Jutta Wachowiak), geschickt Leben und Werk verbindende Film versteht es überzeugend, künstlerische Antriebe zu visualisieren sowie deren Einbettung ins Zeitklima verständlich zu machen.

Katholiken / Catholics ∗∗

USA 1973 – 85 Min. – R: Jack Gold. D: Trevor Howard, Martin Sheen, Andrew Keir, Cyril Cusack, Raf Vallone.

Religiöser Film. Adaption eines Romans von Brian Moore über innerkirchliche Konflikte zwischen Progressiven und Traditionalisten nach einem fiktiven Konzil Ende des Jahrhunderts; wortreicher Thesenfilm mit solider Besetzung.

Katja, die ungekrönte Kaiserin / Katja ∗∗

F 1959 – 94 Min. – R: Robert Siodmak. D: Romy Schneider, Curd Jürgens, Pierre Blanchard, Monique Melinand, Françoise Brion.

Melodram. Romanze zwischen Zar Alexander II. und dem österreichischen Internatszögling Katja, die sich am russischen Hof zwischen Intrigen, Eifersucht und politischem Komplott behaupten muß. Altmeister Siodmak (»Die Wendeltreppe«) machte aus der Schmonzette einen passablen Kostüm- und Ballsaalfilm, um eine entzückende Romy Schneider heruminszeniert.

Das Kätzchen / ** ½
Le téléphone rose
F 1975 – 90 Min. – R: Edouard Molinaro. D: Mireille Darc, Pierre Mondy, Françoise Prévost, Michel Londsdale.
Liebesfilm. Ein Fabrikant muß seinen Konzern US-Kapitalisten offerieren und wird dabei von einer Schönen becirct, die im Interesse seiner Konkurrenten handeln soll. Der turbulente, traurig-komische und temporeich erzählte Film versteht es, Sympathien unaufdringlich zu verteilen. Trivialfilm mit Niveau.

Die Katze / Le chat ***
F 1971 – 90 Min. – R: Pierre Granier-Deferre. D: Jean Gabin, Simone Signoret, Annie Cordy.
Psychogramm. Die große Liebe eines alternden Paares in einem verwahrlosten Haus ist erloschen; die Zärtlichkeit des Mannes gilt der Katze, die Frau erschießt das Tier; ein atmosphärisch dichter Film über das Altern, über Mißtrauen und das Erwachen von Bosheit und Haß; Glanzrollen für Gabin und Signoret.

Die Katze auf dem heißen Blechdach / Cat on a Hot Tin Roof ***
USA 1958 – 108 Min. – R: Richard Brooks. D: Elizabeth Taylor, Paul Newman, Burt Ives, Jack Carson, Judith Anderson, Madeleine Sherwood, Larry Gates.
Melodram. Mit Ausnahme eines Sohnes, den die eigene Frau für einen Versager hält, reißt sich ein ganzer Clan um den Besitz eines sterbenden Südstaatenpatriarchen; Tennessee Williams' etwas geglättete klassische Studie über Verlogenheit von einem durchweg hervorragenden Team präsentiert.

Die Katze aus dem Weltraum / The Cat from Outer Space **
USA 1977 – 95 Min. – R: Norman Tokar. D: Ken Berry, Sandy Duncan, Roddy McDowall.
Jugend-SF-Film. Walt-Disney-Produktion der phantasievollen Art, um einen schlauen außerirdischen Kater und seine Abenteuer auf der Alltagserde.

Die Katze im Sack TV-Film
BRD – 85 Min. – R: Jürgen Roland. B: Wolfgang Menge. D: Hanns Lothar, Hanne Wieder, Renate Ewert, Helmut Förnbacher, Karl Lieffen.
Zwei Privatschnüffler in Paris sollen herausfinden, ob die Schwester einer Millionärin erpreßt wird, und stoßen dabei auf ein mysteriöses Verbrechen. Vom Tatort-Erfolgsteam.

Die Katze kennt den Mörder / The Late Show ***
USA 1977 – 89 Min. – R: Robert Benton. D: Art Carney, Lily Tomlin, Bill Macy, Howard Duff, John Considine.
Thriller. Mit lakonischem Witz erzählte harte Story von einem alternden Detektiv, den eine leicht ausgeflippte Katerbesitzerin unterstützt: Anklänge an Chandler und Hammett.

Die Katze läßt das Mausen nicht TV-Film
CH – 85 Min. – R, B: Joseph Schneidegger. D: Christian Kohlund, Elisabeth Volkmann, Irene Schiesser.
Ganovenstory um einen charmanten Hochstapler, der in einer Schweizer Offiziersuniform Erfolge feiert. Amüsant.

Die Katzengöttin / The Cat Creature TV-Film
USA 1973 – 71 Min. – R: Curtis Harrington. D: Meredith Baxter, David Hedison, Gale Sondergaard.
Ungewöhnlich spannender Horrorfilm um eine Katzenfrau, die hinter goldenen Amuletts her ist. Ein Mordsspaß.

Katzenjammer Kids **
BRD 1986 – 90 Min. – R: Waltraud Ehrhardt. D: Ravi Karmalker, Angela Fischer, Lotte Audor.
Generationsfilm. Felix fährt durch die USA auf den Spuren James Deans, Gwendoline sucht ihren verschwundenen Vater, einen schwarzen Soldaten. Als die beiden sich begegnen, gehen sie ein Stück des Weges ins Erwachsenwerden gemeinsam. Zwischen Problemstudie und beschwingtem Road Movie hübsch balancierender Film.

Katzenmenschen / Cat People ***
USA 1943 – 70 Min. sw. – R: Jacques Tourneur. D: Ken Smith, Simone Simon, Tom Conway, Jane Randolph.
Filmklassiker. Hollywood-Horror vom Besten. Tourneurs erster US-Film, der

Grusel eher andeutet als zeigt und seine perfekte Stimmung der Verstörung durch geschicktes Licht- und Schattenspiel erreicht.

Kautschuk ***

D 1938 – 96 Min. sw. Ⓥ Polyband/Toppic. – R: Eduard von Borsody. D: René Deltgen, Gustav Dießl. Vera von Langen, Hans Nielsen.

Historischer Abenteuerfilm. Im Jahr 1876 bricht ein junger Engländer das brasilianische Kautschukmonopol, er bringt das Saatgut illegal außer Landes. Eine Menge Ärger und Action sind die Folge. Der packende, mit Außenaufnahmen an Originalschauplätzen überzeugende Film ist ein Glücksfall im Filmschaffen der Naziära.

Kavik, der Schlittenhund / Kavik, the Wolf Dog **

USA 1980 – 84 Min. – R: Peter Carter. D: Ronny Cox, John Ireland, Andrew Ian McMillan.

Abenteuerfilm. Nach dem Absturz einer Privatmaschine wird der Schlittenhund schwer verletzt gefunden. Harmloses Märchen vom Jungen und seinem treuen Gefährten, auch für Kinder geeignet.

Kehr zurück, kleine Sheba / Come Back Little Sheba ** ½

USA 1953 – 95 Min. sw. – R: Daniel Mann. D: Burt Lancaster, Shirley Booth, Terry Moore, Richard Jaeckel.

Melodram. Ein junges Mädchen verändert die gescheiterte Ehe eines alkoholkranken Arztes und seiner verkommenen Frau; differenzierte Psychogramme in einem Film mit dramaturgischen Schwächen nach einem Stück von William Inge; Oscar für Shirley Booth.

Kehraus ***

BRD 1983 – 88 Min. – R: Hanns Christian Müller. D: Gerhard Polt, Gisela Schneeberger, Nikolaus Paryla, Dieter Hildebrandt, Jochen Busse.

Faschingssatire. Ein von einem Versicherungsvertreter hereingelegter Gabelstaplerfahrer will Verträge annullieren und gerät an den grauenerregenden Ernst und Zynismus deutscher Faschingsfröhlichkeit; unerbittliche Analyse der Angestelltenmentalität.

Kein Frieden unter den Olivenbäumen / Non c'è pace tra gli ulivi * ½

I 1950 – 101 Min. sw. – R: Giuseppe De Santis. D: Raf Vallone, Lucia Bosé, Folco Lulli, Maria Grazia Francia.

Sozialkritischer Film. Ein Kriegsheimkehrer findet seine Familie um Hab und Gut bestohlen; er kämpft als Bandit gegen die Mächtigen; ein hölzerner Vallone in einem peinlich naiven sozialen Melodram.

Kein Glück mit Frauen TV-Film

BRD 1987 – 65 Min. – R, B: Norbert Ehry. D: Jürgen Arndt, Jessica Kosmalla, Helga Grimme, Martin Schwab.

Ein Polizist hat kein Glück. Im Drogendezernat fliegt er wegen angeblicher Unregelmäßigkeiten, da läßt er aus Rache Rauschgift mitgehen, um damit für die Zukunft vorzusorgen.

Kein Koks für Sherlock Holmes / The Seven-per-Cent Solution ** ½

GB 1976 – 109 Min. – R: Herbert Ross. D: Alan Arkin, Vanessa Redgrave, Robert Duvall, Nicol Williamson, Laurence Olivier.

Detektivfilmparodie. Der deprimierte und kokainsüchtige Sherlock Holmes begibt sich zu Sigmund Freud in Wien in Behandlung; einen gewissen Moriarty hält er für das Böse schlechthin. Ungewöhnlich skurrile Parodie des Detektivmythos mit eleganten Darstellerleistungen von komödiantischer Intelligenz.

Kein Land ** ½

BRD 1982 – 85 Min. – R: Karsten Wichniarz/Rigo Manikofski. D: Karsten Wichniarz, Birgit Anders, Jürgen Steinhäuser.

Moderner Liebesfilm. Gelungenes Debüt der Film- und Fernsehabsolventen Wichniarz/Manikofski mit glaubwürdiger Milieuzeichnung aus der Puffszene und mit gut dosierter Action.

Kein Platz für Eltern / Make Way for Tomorrow ** ½

USA 1937 – 88 Min. sw. – R: Leo McCarey. D: Victor Moore, Beulah Bondi, Fay Bainter, Thomas Mitchell.

Generationsfilm. Ein altes Ehepaar muß sein Haus aufgeben und macht kritische Erfahrungen mit den erwachsenen Kindern. Der melancholische und zugleich amüsante Film schildert einfühlsam den holprigen Weg von Einzelschicksalen in einer Wegwerfgesellschaft.

Keine Angst vor großen Tieren ** ½
BRD 1953 – 75 Min. sw. – R: Ulrich Erfurth. D: Heinz Rühmann, Gustav Knuth, Ingeborg Körner, Gisela Trowe, Werner Fuetterer, Jakob Tiedtke, Hubert von Meyerinck, Erich Ponto, Max Schmeling.
Schwank. Ein schüchterner Angestellter weiß sich im Alltag kaum zu wehren; doch dann erbt er drei Zirkuslöwen; die Handlung bietet dem schalkhaften Humor Rühmanns alle Entfaltungsmöglichkeiten, ein gutes Team unterstützt ihn.

Keine Ferien für den lieben Gott / Plus de vacances pour le Bon Dieu ** ½
F 1949 – 90 Min. sw. – R: Robert Vernay. D: Armontel, Georges Gosset, Laurence Aubray, Jean Morlet.
Kinderfilm. Eine Pariser Kinderbande kassiert Lösegelder für Hunde, die sie Reichen stiehlt; dann beschließen sie, das Geld im Namen des »lieben Gottes« den Armen zu geben; die Beschenkten bestaunen ein Wunder am Montmartre; charmante Komödie.

Keine Gnade für den Fuchs / The Belstone Fox ** ½
GB 1973 – 103 Min. – R: James Hill. D: Eric Porter, Jeremy Kemp, Bill Travers, Heather Wright.
Tierfilm. In der britischen Provinz wird eine Fuchsjagd vorbereitet und durchgeführt, doch Widerstand von Tierfreunden regt sich; spannendes engagiertes Tierabenteuer.

Keine Gnade für Ulzana / Ulzana's Raid **
USA 1972 – 107 Min. Ⓥ CIC. – R: Robert Aldrich. D: Burt Lancaster, Bruce Davidson, Jorge Luke, Joaquin Martinez.
Spätwestern. Der junge Leutnant führt seine Kavallerietruppe gegen die Apachen Ulzanas, begleitet wird er von einem erfahrenen Scout und einem jungen Indianer. Der Kampf wird nicht nur mit Fäusten ausgetragen, auch Ferngläser und technische Raffinessen spielen in Auseinandersetzungen eine wichtige Rolle; die Apachen werden als mordende Bestien gezeigt.

Keine Schonzeit für Blondinen / La ragazza del Palio * ½
I/F 1957 – 95 Min. – R: Luigi Zampa. D: Diana Dors, Vittorio Gassmann, Franca Valeri, Bruce Cabot.
Komödie. Eine US-Oberweitenschönheit, die eine Italienreise gewonnen hat, hält einen verarmten Prinzen für reich, er sie für eine Dollarprinzessin; harmloses Mißverständnis-Lustspiel.

Keine Zeit für Heldentum / Mister Roberts ***
USA 1955 – 96 Min. sw. – R: John Ford, Mervyn LeRoy. D: Henry Fonda, James Cagney, Jack Lemmon, William Powell, Ward Bond.
Kriegsdrama. Auf einem US-Kriegsschiff, das in der Südsee auf den Einsatz wartet, gärt es zwischen Mannschaft und Kapitän. Der Psychokonflikt dramatisiert sich vor dem Hintergrund des Zwangs zum Handeln und Siegen. Hervorragend besetzter Kriegsklassiker mit vielen leisen Tönen im militärischen Getöse. Jack Lemmon gewann für seine Darstellung den Oscar.

Keine Zeit für Wunder / Gesucht: Jesus / Cercasi Gesù ***
I/F 1982 – 104 Min. – R: Luigi Comencini. D: Beppe Grillo, Maria Schneider, Fernando Rey, Alexandra Stewart.
Problemkomödie. Ein lockenköpfiger Hippie wird von einem Orden als »Jesus« vermarktet. Zeitkritik als Komödie in der Konfrontation zwischen sozial engagiertem Christentum und dem verknöcherten Bürokratismus der Kirche – doch am Ende wirkt der Glaube Wunder.

Keine Zeit zu sterben / No Time to Die / Tank Force *
GB 1958 – 100 Min. – R: Terence Young. D: Victor Mature, Leo Genn, Bonar Colleapo, Anthony Newley, Luciana Paluzzi.
Agentenfilm. Weil er als Berlin-Korrespondent nazifeindliche Berichte schrieb, verfolgt die SS einen Amerikaner nach Libyen; ein Scheich ist mit von der Partie; wenig inspiriertes Wüstenabenteuer.

Keinen Cent für Ringos Kopf / Massacro al Grande Canyon *
I 1965 – 89 Min. – R: Stanley Corbett. D: James Mitchum, George Ardisson, Jill Powers, Burt Nelson, Jack Stuart.
Italowestern. Ringo will in seiner Heimat den Mord an seinem Vater rächen und gerät zwischen rivalisierende Banditen; routiniert.

Keiner killt so schlecht wie ich / A New Leaf **
USA 1970 – 116 Min. Ⓥ CIC. – R: Elaine May. D: Walter Matthau, Elaine May, George Rose.
Komödie. Ein alternder und zudem noch mittelloser Playboy heiratet eine Naive, die ihre Millionen jedoch nicht rausrückt. Schwarze Komödie mit verrückter Situationskomik.

Kenn' ich, weiß ich, war ich schon! ** ½
BRD 1979 – 83 Min. – R: Monica Teuber. D: Monica Teuber, Michael Tregor, Alfred Edel, Katja Bienert.
Komödie. Filmsternchen Mona dreht in Italien drittklassige Western und wartet auf ihre Chance; sie erlebt aber nur Reinfälle und Katastrophen, die Produzenten sind Mafiosi, und Jobs gibt es nur als Würstchenverkäufer oder Clown. Dann kommt doch noch die große Wende: Beim Festival in Berlin erringt Monas Film »Karriere« einen überraschenden Erfolg; sympathisch gespielt, mit Augenzwinkern.

Kennen Sie meine Frau? / Romanzo popolare **
I 1974 – 100 Min. – R: Mario Monicelli. D: Ugo Tognazzi, Ornella Muti, Michele Placido.
Komödie. Ein italienischer Arbeiter »besitzt« eine Frau, die einem kostbaren Schmuckstück gleicht. Doch was, wenn er sie allein läßt? Dieser Frage geht dieses temporeiche, witzige Eifersuchtslustspiel aus dem Arbeitsalltag der Mailänder von heute nach, in dem Muti zum Star aufstieg.

Kennwort: Morituri / Morituri / The Saboteur, Code Name Morituri ** ½
USA 1965 – 120 Min. sw. – R: Bernhard Wicki. D: Marlon Brando, Yul Brynner, Janet Margolin, Trevor Howard, Martin Benrath, Hans-Christian Blech.
Seekriegsabenteuer. Eine Ladung Rohgummi soll 1942 von Tokio ins deutsch besetzte Frankreich transportiert werden; der Blockadebrecher erlebt eine elende Fahrt; mit an Bord: ein englischer Geheimagent. Der von Regisseur Wicki (»Die Brücke«) realistisch inszenierte Film aus dem wahnsinnigen Kriegsgeschehen bemüht sich um die Beweisführung, daß es keine wirklichen Sieger gibt. Gute Besetzung auch der Nebenrollen, beachtliche Special Effects.

Kennwort Möwe TV-Film
BRD 1985 – 85 Min. – R: Tom Toelle. D: Hans-Christian Blech, Karl-Heinz Vosgerau, Dieter Kirchlechner.
Fiktiver Fall einer Flugzeugentführung durch einen fanatischen Neonazi. Thematisiert wird die Auseinandersetzung zwischen einem erfahrenen Polizeidirektor und einem ehrgeizigen Politiker, der seine Kompetenzen überschreitet und damit die Katastrophe auslöst. Spannender und kritischer Beitrag zur Zeitgeschichte – nach einem Drehbuch von Wolfgang Menge.

Kennwort Reiher **
BRD 1963 – 93 Min. – R: Rudolf Jugert. D: Peter van Eyck, Marie Versini, Walter Rilla, Fritz Wepper.
Agentenfilm. Ein deutscher Thriller über Widerstand und Untergrund im Zweiten Weltkrieg: Alliierte Soldaten werden aus dem Kampfgebiet gebracht, ein Mann gerät unter falschen Verdacht. Buch von Herbert Reinecker, nach einem Roman von Charles Morgan.

Kennwort »Schweres Wasser« / The Heroes of Telemark ** ½
GB 1966 – 131 Min. – R: Anthony Mann. D: Kirk Douglas, Richard Harris, Ulla Jacobsson, Michael Redgrave.
Actionthriller. Englischer Stoßtrupp zieht gegen besatzungsdeutsche Geheimindustrie in Norwegen; exzellent fotografierter, harter Kriegsabenteuerfilm.

Kennwort 777 / Call Northside 777 ***
USA 1948 – 106 Min. sw. – R: Henry

Hathaway. D: James Stewart, Richard Conte, Lee J. Cobb, Helen Walker.
Reporterkrimi. Nur zögernd nimmt ein Reporter den Auftrag an, die Unschuld eines Lebenslänglichen zu beweisen; doch der stellt sich dem Lügendetektorspezialisten Leonard Keeler (der sich selbst spielt). Atmosphärisch dichter, halbdokumentarischer Film von subtiler, zwingender Spannung.

Kerbels Flucht TV-Film
BRD 1983 – 105 Min. – R: Erwin Keusch. B: Uwe Timm. D: Peter Sattmann, Barbara Rudnik, Bernd Tauber, Jan Niklas, Dieter Schidor.
Eines Tages erfährt Kerbel von seiner Freundin, daß sie einen anderen liebt. Der Ex-Apostudent und Taxifahrer, weder Altrevolutionär noch Spießer, verkraftet diesen Verlust nicht; er versucht zwar, durch Aktivitäten seinem Leben neue Inhalte zu geben, scheitert aber in blindem Aufbegehren. Zeittypisch für das Klima der frühen achtziger Jahre.

Ein Kerl wie Dynamit / The Restless Breed * ½
USA 1957 – 81 Min. – R: Allan Dwan. D: Scott Brady, Anne Bancroft, Jim Davis, Scott Marlowe, Evelyn Rudie.
Rachewestern. Ein einsamer Westerner wie aus dem Genre-Handbuch rächt seinen toten Vater. Der mäßig spannende Film hilft ihm dabei mit passablen Standards.

Ein Kerl zum Verlieben / The Perfect Speciman **
USA 1937 – 93 Min. sw. – R: Michael Curtiz. D: Errol Flynn, Joan Blondell, Dawe May Robson.
Liebeskomödie. Ein gelangweilter und von seiner begüterten Großmutter bevormundeter Herzensbrecher lernt die Frau seines Lebens kennen. Als beide verreisen, startet die Oma eine folgenschwere Suchaktion nach dem vermeintlich entführten Millionärsenkel. Spritzig, aber mit Längen; für Flynn-Fans.

Kes / Kes ** ½
GB 1969 – 115 Min. – R: Kenneth Loach. D: David Bradley, Freddie Fletscher, Lynn Perrie, Collin Welland.
Gesellschaftskritischer Film. In der sozial verschlossenen Welt eines Kohlenreviers in England ersetzt einem Jungen die Freundschaft zu einem Falken menschliche Wärme; eindringliche Anklage gegen den Verfall humaner Kommunikationsformen und dessen Ursachen.

Kesse Bienen auf der Matte / ...all the Marbles / The California Dolls ** ½
USA 1980 – 112 Min. – R: Robert Aldrich. D: Peter Falk, Vicki Frederick, Laurene Landon, Burt Young, Tracy Reed.
Actionkomödie. Zwei Catcherinnen und ihr Manager tingeln zunehmend erfolgloser durchs Land, bis sie die große Mannschaftsmeisterschafts-Chance erhalten. Der letzte Film des »harten« Hollywood-Regisseurs Aldrich (»Das dreckige Dutzend«) erzählt aus dem Milieu mit Lust an Volltreffern und verläßt sich mit Erfolg auf seine grandiosen Darsteller/innen.

Kesse Mary – Irrer Larry / Dirty Mary, Crazy Harry **
USA 1973 – 89 Min. – R: Jean Hough. D: Peter Fonda, Stan George, Adam Roarke.
Road Movie. Als Peter Fonda und sein Kumpel einen Supermarkt ausrauben, rammen sie fast jedes Auto in Sichtweite. Fonda hat noch Mary im Fond – gemeinsam wollen sie sich nach Mexiko absetzen. Grobschlächtiges Actionkino.

Kesse Teens – die erste Liebe / La ragazzina * ½
I 1974 – 79 Min. – R: Mario Imperoli. D: Gloria Guida, Colette Descombes.
Komödie. Die flotte Monika kann sich in ihrer Klasse vor Verehrern kaum retten. Ein Schüler »vermittelt« Mädchen an reiche Geschäftsleute – nur bei Monika ist da nichts zu machen. Schulmädchenreport auf italienisch.

Kettenbriefe / Chain Letters ** ½
USA 1985 – 93 Min. – R: M. Rappaport. D: Mark Arnott, Reed Birney, David Brisbin, Randy Danson, Marilyn Jones, Ellen McElduff.
Gegenwartsdrama. Spekulationen auslösende Kettenbriefe bringen neun Men-

schen in verwirrende Beziehungen zueinander. Ein Geflecht aus Monologen, Dialogen, Handgreiflichkeiten, Verdächtigungen, Sex und sogar Mord ergeben ein zeitgemäßes Bild des modernen New Yorker Lebensgefühls der Middle-class.

Der keusche Adam *

A 1950 – 90 Min. sw. – R: Karl Sztollar. D: Paul Löwinger, Gustav Waldau, Gretl Löwinger, Lisl Löwinger, Wolfgang Dörich.

Klamotte. Ein Hochzeiter befürchtet, vom reichen Schwiegervater gekauft zu sein; daraus zieht er Konsequenzen; albern.

Die keusche Sünderin * ½

D 1943 – 87 Min. sw. – R: Joe Stöckel. D: Joe Stöckel, Elise Aulinger, Gabriele Reismüller, Hannes Keppler.

Bauernkomödie. Derber Schwank aus den bayrischen Bergen um einen moralisch strengen Bauern, der die Tugend seiner Tochter durch die Statue einer Heiligen schützen will; Dialektstück um Habgier und Frömmelei; schwache Alpensatire.

Der Keuschheitsgürtel / La cintura di castità ** ½

I 1967 – 90 Min. – R: Pasquale Festa Campanile. D: Tony Curtis, Monica Vitti, Ivo Garrani, Hugh Griffith, John Richardson.

Komödie. Ein Parvenü-Ritter verpaßt seiner Angetrauten vor einem Kreuzzug einen Keuschheitsgürtel und bereut sein Mißtrauen nach der Rückkehr bitter; spritzige Rittersatire mit Antimachotendenz.

Key West / Key West **

USA 1972 – 90 Min. – R: Philip Leacock. D: Stephen Boyd, Woody Strode, George Fisher, Sheree North.

Agententhriller. CIA-Thriller um einen Agenten im Ruhestand, der sich eines Tages mit seinen alten Widersachern konfrontiert sieht. Melodram mit spannenden Actioneinlagen, gut gespielt.

KGB – Geheimer Krieg / KGB – Der geheime Krieg / KGB – The Secret War * ½

USA 1984 – 86 Min. Ⓥ EuroVideo. – R: Dwight Little. D: Denise Du Barry, Michael Billington, Michael Ansara.

Agententhriller. Ein sowjetischer Geheimdienstmann will aus dem schmutzigen Geschäft aussteigen, weil er sich in eine Amerikanerin verliebt hat. Geheime Unterlagen sind in seiner Hand. Die Jagd der Gesinnungsgenossen auf ihn beginnt, und der spannende und politisch einseitige Film verfolgt das mit patriotischem Interesse.

Khartum – Der Aufstand am Nil / Khartoum * ½

GB 1966 – 122 Min. Ⓥ Warner Home. – R: Basil Dearden, Yakima Canutt. D: Charlton Heston, Laurence Olivier, Richard Johnson.

Abenteuerfilm. Episch breite Darstellung des Scheiterns von Charles George Gordon, des britischen Offiziers, der 1863/64 den Taiping-Aufstand niedergeschlagen hatte (»Chinese« Gordon) und im ägyptisch-sudanesischen Mahdi-Aufstand (Gordon Pascha) ermordet wurde; farbenprächtig, aber spannungslos und geschwätzig.

Kicker, Kumpel, Knochenbrecher / The World Cup: A Captain's Tale **

GB 1982 – 79 Min. – R: Tom Clegg. D: Dennis Waterman, Andrew Keir, Nigel Hawthorne.

Sportfilm. »Teekönig« Lipton erfüllt den Wunsch des italienischen Königs im Jahre 1910, eine Fußballweltmeisterschaft in Italien ausrichten zu lassen. Er schickt die Amateure von »West Auckland«, die zeigen, wohin der Ball rollt.

Kid Blue / Kid Blue ** ½

USA 1973 – 97 Min. – R: James Frawley. D: Dennis Hopper, Warren Oates, Peter Boyle, Ben Johnson, Lee Purcell.

Western. Die Sozialisierungsversuche eines Exbanditen scheitern an der Umwelt eines Provinznests Ende des 19. Jahrhunderts; argumentativer Spätwestern mit sozialkritischen Aspekten, die mit wehmütigem Humor dargeboten werden.

Kid Galahad – Harte Fäuste, heiße Liebe / Kid Galahad **

USA 1962 – 93 Min. – R: Phil Karlson. D: Elvis Presley, Gig Young, Lola Albright, Charles Bronson.

Boxerfilm. Remake des Originals von

1937 um einen Aufsteiger, der das Championat gewinnt, jedoch angesichts der Realitäten lieber als Automechaniker weitermacht. Elvis mit Samtgesicht und schweren Fäustlingen.

Kill! / Kill! *
BRD/F/I/E 1971 – 102 Min. Ⓥ Cinerama. – R: Romain Gary. D: Stephen Boyd, Curd Jürgens, Jean Seberg, James Mason.
Krimi. Ein Ex-Interpolagent, Brad »Kill« Killian, bekämpft nach dem Drogentod der Tochter die Rauschgiftmafia auf eigene Faust, und natürlich hilft ihm eine liebende Frau; dumme, blutrünstige, unaufrichtige Drogenstory.

Die Killerakademie / Crime wave ** ½
USA 1985 – 81 Min. Ⓥ Constantin. – R: Sam Raimi. D: Reed Birney, Louise Lasser, Brian James, Sheree J. Wilson, Ed Pressman, Paul L. Smith.
Komödie. Ein Mordauftrag gerät außer Kontrolle, da zwei groteske Killer unaufhaltsam von Leiche zu Leiche schreiten; absurdes Horrorspektakel zwischen Slapstick, Parodie auf die »schwarzen Filme« der 40er Jahre und Comic-Elementen.

Killer aus Florida TV-Film
CH 1983 – 45 Min. – R,B: Klaus Schaffhauser. D: Bruno Ganz, Renate Schroeter.
Ein Mann aus Florida mordet für Geld; nach einem authentischen Interview gedrehte Studie, die Bruno Ganz als Killer alle Möglichkeiten seines zurückgenommenen Stils läßt.

Killer Cain / More Dead than Alive * ½
USA 1968 – 101 Min. – R: Robert Sparr. D: Clint Walker, Vincent Price, Anne Francis.
Western. Ein Gunfighter muß sich nach der Haftentlassung als Kunstschütze verdingen; obwohl er ein friedliches Farmerleben anstrebt, holt ihn die Vergangenheit ein. Die allzu bemühte Regie erstickte die originellen Ansätze im Keim, konnte aber nicht verhindern, daß Price eine seiner grandiosesten Rollen spielt.

Killer der Straße / Hog Wild / Go Hog Wild * ½
CDN 1980 – 97 Min. – R: Les Rose. D: Patti D'Arbanville, Michael Biehn, Tony Rosato, Angelo Rizacos.
Teeniefilm. Die Motorradgang »The Rustlers« terrorisiert die Collegeteenies einer Kleinstadt; dümmlich-unrealistischer Film mit einem Lichtblick: Tony Rosato als Bandenführer »The Bull«; die anderen Typen erreichen selten das schauspielerische Vermögen der «Hogs«, der schweren Maschinen; einige deftige Gags heben das Niveau des Films kaum.

Die Killer-Elite / The Killer Elite ** ½
USA 1975 – 114 Min. Ⓥ Warner Home. – R: Sam Peckinpah. D: James Caan, Robert Duvall, Arthur Hill, Bo Hopkins, Gig Young.
Thriller. Doppeltes Spiel, Verrat und Rache zwischen zwei Geheimagenten, von denen einer die Fronten gewechselt hat. Eine Studie in Zynismus, Hoffnungslosigkeit und Anarchie.

Die Killer-Elite / Le grand môme TV-Film
F 1984 – 90 Min. – R: Jacques Ertaud. D: Paul Leski, Jacques Denis, Ginette Garcin, Alexandra Lorska.
Als drei Gangster ein Bordell überfallen, wird einer von einer Prostituierten erschossen, die daraufhin entführt wird; Komplikationen ergeben sich, da der Vater des Toten ein einflußreicher Kommunalpolitiker ist. Ein spannend inszenierter Film über abgründige Beziehungen zwischen Macht und Verbrechen.

The Killer is Loose / The Killer is Loose **
USA 1956 – 73 Min. sw. OmU. – R: Budd Boetticher. D: Joseph Cotten, Rhonda Fleming, Wendell Corey, Alan Hale jr.
Gangsterfilm. Ein extrem kurzsichtiger Bankangestellter wird bei einem Überfall als Bandenmitglied identifiziert und eingelocht. Seine Frau kommt um, er entflieht aus dem Knast und schwört Rache an der Frau des Polizeidetektivs. Der Western als »Film noir«: mit einem Verlierer als Helden.

Ein Killer packt aus / La gammick ** ½
CDN 1974 – 93 Min. – R: Jacques C.

Godbout. D: Marc Légaut, Pierre Gobeil, Serge Phériault, Dorothée Berryman, Gilbert Génier.
Krimi. Ein New Yorker Mafioso wird ermordet, die Spur führt nach Montreal; dort beginnen für einige Mafiagestalten böse Verwicklungen, und der Killer plaudert; ein leise beginnender Thriller mit labilen Typen, der die Regeln des Genres unterläuft; Studie eines Killers, den zunehmend Selbstzweifel plagen.

Killer sind immer unterwegs / Teheran 43 ** ½
UdSSR/F/CH 1981 – 100 Min. z. T. sw. – R: Alexandre Alow, Wladimir Naumow. D: Igor Kostolewski, Natascha Belochwostikowa, Alain Delon, Curd Jürgens.
Thriller. Der Drahtzieher eines einstigen Nazikomplotts gegen Churchill, Roosevelt und Stalin – sie sollten während der Teheran-Konferenz von 1943 ermordet werden – und andere Beteiligte im Interessenkonflikt um den Plan, die Beweisunterlagen zu publizieren: süffisant montierte Agentenstory für Freunde visueller Ironie; Delon, ernsthaft, schön und lässig als Inspektor zwischen allen Stühlen; die deutsche Synchronisation von Jürgens (in seiner letzten Rolle) sorgt für Augenblicke unfreiwilliger Komik.

Killer Truck / Haine * ½
F 1979 – 85 Min. Ⓥ Starlight. – R: Dominique Goult. D: Klaus Kinski, Maria Schneider, Patrice Melennec.
Motorradfilm. Ein Zweiradtramp mit Kinski-Heiligenschein wird von Provinzlern ermordet, die ihm einen Unfalltod unterschieben. Die vorausgehende hochtourige Verfolgungsjagd überrundet das beabsichtigte, aber plakative Psycho-Problemstück.

Der Killer und der Kommissar / Le tueur **
F/I/BRD 1971 – 79 Min. – R: Denys de la Patellière. D: Jean Gabin, Fabio Testi, Uschi Glas, Bernard Blier, Gérard Depardieu.
Krimi. Uschi Glas ist das Gangsterliebchen in diesem Fluchtfilm auf den Straßen von Frankreich. Gewichtig weiß Kommissar Gabin, wie man einem Mörder das Handwerk legt.

Der Killer und die Dirne / Hard Contract * ½
USA 1969 – 107 Min. – R: S. Lee Pogostin. D: James Coburn, Lee Remick, Lilli Palmer, Burgess Meredith, Sterling Hayden.
Thriller. Ein Callgirl versucht, einen Berufskiller zu humanisieren; ziemlich geschwätzig.

The Killers / The Killers ** ½
USA 1946 – 105 Min. sw. OmU. – R: Robert Siodmak. D: Edmond O'Brien, Ava Gardner, Albert Dekker, Burt Lancaster.
Gangsterfilm. Ein Mann wartet auf seine Mörder und stirbt schon in der ersten Sequenz; in langen Rückblenden bringt Siodmak das verpfuschte Leben des Toten auf die Leinwand. Lancaster in seiner ersten Leinwandrolle als fatalistischer Schwede, in einem atmosphärisch dichten Film voller Pessimismus; nach Hemingway.

Killing Machine / Sunday in the Country * ½
CDN 1974 – 88 Min. – R: John Trent. D: Ernest Borgnine, Michael J. Pollard, Hollis McLaren, Louis Zorich, Cec Linder, Vladimir Valenta.
Actionfilm. Ein Farmer überwältigt ein Bankräuber- und Mördertrio, will es aber nicht der Polizei ausliefern, sondern brutal privat bestrafen; weder diese Vorgeschichte noch die Gewissenskrise seiner Enkelin sind sinnvoll motiviert; eher ein fragwürdiger Lynchfilm.

Kilometerstein 375 / Thunder Road **
USA 1958 – 93 Min. sw. – R: Arthur Ripley. D: Robert Mitchum, Gene Barry, Jacques Aubuchon, Keeley Smith.
Fluchtfilm. Mit 200 Gallonen Schmuggelsprit rast ein Mann durch Kentucky. Schnell heften sich Polizei und Schmugglersyndikat an seine qualmenden Reifen, und der Fahrer zeigt seine Karambolagekünste, bis seine Bremsen direkt vor einer elektrischen Umspannstation versagen. Rasanter, actiongeladener Film der heißen Reifen und kritischen Einblicke in die US-Provinz.

Kim / Kim ∗∗

GB 1984 – 140 Min. – R: John Davies. D: Peter O'Toole, Ravi Sheth, Bryan Brown, John Rhys-Davies.

Abenteuerfilm. Mit großem Kostenaufwand betriebene Neuverfilmung des berühmten Romans vom Dschungelbuch-Autor Rudyard Kipling aus dem Indien der Jahrhundertwende.

Ein Kind wartet / A Child Is Waiting ∗∗ ½

USA 1962 – 100 Min. sw. – R: John Cassavetes. D: Burt Lancaster, Judy Garland, Gena Rowlands, Bruce Ritchey.

Melodram. Eine Musiklehrerin und der Leiter einer Sonderschule bemühen sich um einen kontaktschwachen Zwölfjährigen; ein engagierter, dokumentarischer Film, der die vielfältigen Erziehungsprobleme bei geistig Behinderten eindringlich darstellt; Lancaster und Garland glänzen in ungewohnten Rollen.

Die Kinder / Les enfants ∗∗∗

F 1984 – 90 Min. OmU. – R: Marguerite Duras, Jean Marc Turine, Jean Mascolo. D: Axel Bougousslavski, Martine Chevalier, Daniel Gélin, Tatiana Moukhine, André Dussollier.

Generationsfilm. Der siebenjährige Ernesto ist so klug wie ein Vierzigjähriger und sieht auch so aus. Seine Fragen nach Sinn und Erkenntnis machen ihn zum Außenseiter und Provokateur in einer eingefahrenen Leistungsgesellschaft. Der heitere, brillante, vorbildlich gespielte Film der Autorenfilmerin Duras (»India Song«) entstand nach ihrem eigenen Buch.

Die Kinder aus No. 67 ∗∗∗

BRD 1980 – 98 Min. – R: Usch Barthelmeß-Weller, Werner Meyer. D: Bernd Riedel, René Schaaf, May Buschke, Jürgen Frei, Elfriede Irrall, Tilo Prückner.

Zeitkritisches Melodram. Im tristen Hinterhofmilieu eines Berliner Mietshauses treffen sich im Jahr 1932 täglich Jungen und Mädchen zum Spielen. Es macht allen Spaß. Doch eines Tages ändert sich alles, als einer der Jungen in einer braunen Uniform erscheint. Preisgekrönter Film über den Alltag in jenen Tagen und die Verführbarkeit der Jugend. Nach einem Roman von Lisa Tetzner.

Kinder des Olymp / Les enfants du paradis ∗∗∗∗

F 1943–45 – 184 Min. sw. Ⓥ Atlas Video Edition. – R: Marcel Carné. D: Jean-Louis Barrault, Arletty, Pierre Brasseur, Maria Casarès, Marcel Herrand, Louis Salou, Pierre Renoir.

Kinoklassiker. Paris im 19. Jahrhundert: Auf dem »Boulevard du crime« flaniert eine schaulustige Menge, um die Seiltänzer, Gaukler und Artisten zu bestaunen. Der traurige Pantomime Baptiste verliebt sich in Garance, die Fee der Vorstädte, doch aus Schüchternheit schweigt er – da wird sie die Geliebte des Schauspielers. Eine Konstellation wie in der Commedia dell'arte – Colombine, Pierrot, Harlekin –, hier löst sie sich tragisch auf. Literarischer Film als Gesamtkunstwerk.

Kinder für das Vaterland / Allons enfants ∗∗ ½

F 1980 – 114 Min. – R: Yves Boisset. D: Lucas Belveaux, Jean Carmet, Jean-Pierre Aumont, Eve Cotton, Jacques Denis, Jean-Claude Dreyfus.

Antikriegsfilm. Ein Kadettenschüler, literatur- und filmbegeistert, kann durch Schikanen nicht gebrochen werden, »fällt« aber zu Beginn des Zweiten Weltkriegs; kein Schlachtfeldfilm, sondern einer, der Einblick in französische Militärerziehung gibt; eher leise und doch engagiert, mit einem hervorragenden Hauptdarsteller; nach dem Roman von Yves Gibeau.

Kinder in Gottes Hand ∗∗ ½

CH 1952 – 95 Min. sw. – R: Leopold Lindtberg. D: John Justin, Eva Dahlbeck, Sigfrit Steiner.

Pädagogische Filmparabel. Der im internationalen Pestalozzi-Dorf Trogen spielende Film zeigt anhand eines Falls spontaner Hilfsbereitschaft das Fehlverhalten von Erwachsenen; ein sehr menschlicher Film.

Kinder, Mütter und ein General ∗∗ ½

BRD 1954 – 104 Min. sw. – R: Laszlo Benedek. D: Hilde Krahl, Ewald Balser, Therese Giehse, Ursula Herking, Bernhard Wicki, Rudolf Fernau, Klaus

Kinski, Hans-Christian Blech, Maximilian Schell.
Kriegsdrama. März 1945 wollen kriegsmüde Mütter ihre halbwüchsigen Söhne von der Front zurückholen. Sie schlagen sich zum Divisionsgefechtsstand durch, doch die jugendlichen Soldaten wollen weiter Krieg spielen. Das realistische Geschehen aus dem Zwielicht der letzten Schlachten zeigt unbarmherzig genau die seelische und körperliche Not der damaligen Zeit. Regisseur Benedek (»Der Wilde«, mit Marlon Brando) inszeniert mit deutschem Staraufgebot.

Kinderarzt Dr. Engel ** ½
D 1936 – 98 Min. sw. – R: Johannes Riemann. D: Paul Hörbiger, Viktoria von Ballasko, Arthur Fritz Eugens, Rose Vollborn, Hans Leibelt, Oskar Sima, Ernst Legal.
Melodram. Eine Cafémusikerin verliert ihre Stellung, da sie, in Sorge um ihren kranken Jungen, ihren Dienst vernachlässigt; ein Arzt, der den Kleinen kuriert, bemüht sich um die Liebe von Mutter und Sohn; einfühlsamer, anrührender Film mit einer großen Rolle für Hörbiger.

Kinderarzt Dr. Fröhlich *
BRD 1971 – 88 Min. Ⓥ UfA. – R: Kurt Nachmann. D: Roy Black, Georg Thomalla, Heidi Hansen, Ralf Wolter, Ruth Stephan.
Arztfilm. In einem Alpenort übernimmt ein schicker junger Arzt eine Praxisvertretung, sofort ist der charmante Meister von Mull und Medikamenten der Liebling der Dorfschickeria. Roy Black, ganz in Weiß, macht keine schlechte Figur, singt zwei, drei Schmalznummern und windet sich glatt durch eine fadenscheinige Handlung.

Kinderseele TV-Film
BRD 1977 – 90 Min. – R: Guy Kubli. D: Dieter Borsche, Gerd Böckmann, Barbara Oster, Hanno Schäfer.
Adaption einer Erzählung von Hermann Hesse über die Ängste eines Elfjährigen, der seinen Vater bestohlen hat; uninspirierter Versuch des Psychogramms eines von Gewissensnot geplagten Kindes.

Kinderspiele TV-Film
ČSSR – 70 Min. – R: Ludwig Raza. D: Nella Boudová, Jan Potmesil, Jana Preissová.
Realistische und einfühlsame Geschichte über die junge Liebe von zwei Sechzehnjährigen, deren Verbindung nicht ohne Folgen bleibt und von den Eltern mit dem Unverständnis der alten Generation in Ost und West behandelt wird.

King Kobra / King Cobra / Jaws of Satan ** ½
USA 1980 – 90 Min. – R: Robert Claver. D: Fritz Weaver, Gretchen Corbett, Jan Korkes, John McCurry.
Horrorfilm. Dieser kleine, sauber gemachte Gruselfilm erzählt den Kampf zwischen dem braven Pfarrer und der bösen Schlange, in den auch das Töchterchen des Geistlichen verwickelt ist. Vielschichtig, ein Vergnügen für Fans.

King Kong – Frankensteins Sohn / King Kong no gyakushu * ½
J 1969 – 87 Min. – R: Inoshiro Honda. D: Rhodes Reason, Mie Hama, Linda Miller, Akira Takarada.
Monsterfilm. Ein Bösewicht konstruiert einen King-Kong-Roboter und entführt den echten Riesenaffen; einige Special Effects verhindern die totale Langeweile.

King Kong / King Kong ** ½
USA 1976 – 129 Min. Ⓥ VPS. – R: John Guillermin. D: Jessica Lange, Jeff Bridges, Charles Grodin, John Randolph.
Horrorfilm. Der berühmte Riesenaffe über den Straßenschluchten von New York, eine weiße Frau in den Pfoten, gehört inzwischen zu den Kinomythen. Diesmal taucht das liebeslüsterne Tier auf einer Insel im Pazifik auf, wo Amerikaner nach Öl bohren. Originelles Remake.

King Kong und die weiße Frau / King Kong ****
USA 1932/33 – 96 Min. Ⓥ Videobox. – R: Merian C. Cooper, Ernest B. Schoedsack. Sp.Eff.: Willis O'Brien. D: Fay Wray, Robert Armstrong, Bruce Cabot, Frank Reicher.
Monsterklassiker. Ein Dokumentarfilmer läßt bei einer Filmexpedition auf einer

geheimnisvollen Insel das hübsche Sternchen Ann auf den mythischen Riesenaffen Kong los; blind vor Begierde, läßt Kong sich überwältigen und nach New York ins Varieté entführen. Als er aus der Liebestrance erwacht, rächt er sich. Der brillante, tricktechnisch bis heute einmalige Film nach einer Idee von Edgar Wallace verbindet gekonnt den Expeditions- und Katastrophenfilm mit dem Melodram.

King Lear / King Lear TV-Film
GB 1983 – 155 Min. – R: Michael Elliott. D: Laurence Olivier, Dorothy Tutin, Diana Rigg, Anna Calder-Marshall, Leo McKern, John Hurt.
Eher einebnende, glättende Version der Shakespeare-Tragödie; auf seine Art überzeugende Interpretation der Titelrolle durch Olivier.

The King of Comedy / The King of Comedy ** ½
USA 1982 – 105 Min. – R: Martin Scorsese. D: Robert DeNiro, Jerry Lewis, Sandra Bernhard, Tony Randall.
Milieukomödie. Ein Möchtegernshowman versucht, sein Vorbild zuerst zu kopieren, dann zu kidnappen. Starbesetzung in einem Film von Scorsese (»Die Farbe des Geldes«), der viel Entertainment-Milieu und TV-Einblicke liefert, die US-Ellenbogengesellschaft kritisiert und rasant erzählt.

Kirmes * ½
BRD 1960 – 104 Min. sw. – R,B: Wolfgang Staudte. D: Götz George, Juliette Mayniel, Hans Mahnke, Wolfgang Reichmann.
Gesellschaftskritischer Film. Episode aus dem Zweiten Weltkrieg: Ein Deserteur sucht im heimatlichen Eifeldorf Schutz, den ihm niemand, selbst sein Vater nicht, gewährt; kritische Abrechnung mit dem Mitläufertum im Dritten Reich; wenig analytische, als Rückblende erzählte Zeigefingergeschichte nach einem schwachen Drehbuch des Regisseurs.

Kirschen in Nachbars Garten ***
D 1935 – 97 Min. sw. – R: Erich Engels. D: Karl Valentin, Liesl Karlstadt, Max Gülstorff, Adele Sandrock.
Valentin-Film. Eines Pensionärs ganzer Stolz ist sein Mistbeet, in dem sein Gärtner Pflanzen zieht; Mistbeet und Gärtner werden zum Ärgernis; Film, der durch Valentins verdrehte Grotesken wirkt.

Kismet / Kismet **
USA 1944 – 93 Min. – R: William Dieterle. D: Ronald Colman, Marlene Dietrich, Edward Arnold.
Abenteuerkomödie. Buntgefilmte arabische Studionächte mit einer tanzenden Marlene Dietrich; in einem amüsanten Liebesdrama um die Tochter des Königs der Bettler von Bagdad, die mit dem Großwesir vermählt werden soll.

Kitty und die Weltkonferenz ** ½
D 1939 – 76 Min. sw. – R,B: Helmut Käutner. D: Hannelore Schroth, Fritz Odemar, Christian Gollong, Paul Hörbiger.
Komödie. Eine Hotelmaniküre mit Herz und Mundwerk rollt die Konferenz wichtiger Nationen in Lugano auf und kann ihrem Journalistenfreund trotz persönlicher Mißgeschicke ein Sensationsinterview vermitteln; flottes Spiel mit Musik von Michael Jary; die Nazis verboten den Film wegen pazifistischer und englandfreundlicher Tendenzen.

Die Klasse von 1984 / The Class of 1984 * ½
USA 1984 – 99 Min. – R: Mark Lester. D: Perry King, Merrie Lyn Ross, Roddy McDowall, Michael J. Fox.
Generationsfilm. Eine Punk-Clique macht die »Lincoln High School« unsicher. Als ein Musiklehrer die schweigende Mehrheit zum Aufheulen bringt, ist Selbstjustiz angesagt. Mit dem gesellschaftlichen Hintergrund der »No Education«-Generation befaßt sich der gewalttätige Reißer nur am Rande.

Ein Klassemädchen / Just the Way You Are **
USA 1984 – 95 Min. – R: Edouard Molinaro. D: Kristy McNichol, Michael Ontkean, Kaki Hunter, André Dussolier.
Komödie. Die junge hübsche Musikerin ist gehbehindert und leidet darunter, daß sie mitleidig behandelt wird. Sie stürzt sich daraufhin mit einem Gipsverband in

den Jet-set eines französischen Skiortes und lernt endlich den Richtigen kennen.

Klassengeflüster ** ½

CH 1982 – 84 Min. sw. OmU. – R: Nino Jacusso, Franz Rickenbach. D: Martin Blum, Sabine Späthi, Susan Ingold.

Generationsfilm. Lisa hat Schwierigkeiten, sich in eine neue Schulklasse zu integrieren. Die routinierten Lehrer sind unnahbar. Da macht eine Schülerin eine Entdeckung. Der im Schweizer Original gedrehte Film nimmt nüchtern die Verständnislosigkeit zwischen den Generationen aufs Korn; vom üblichen Teeniefilm meilenweit entfernt.

Klassenkameraden TV-Film

DDR 1984 – 90 Min. – R, B: Rainer Bär. D: Alfred Müller, Otto Mellies, Gert Gütschow, Günther Rüdiger, Mirjam Agischewa.

Ein Erpressungsfall, der einen Polizeihauptmann in die Stadt seiner Schulzeit führt, entwickelt sich zum dubiosen Mordfall; kühl und spannend inszenierter Kleinstadtthriller; die exzellente Kameraarbeit zitiert den »Dritten Mann« und Hitchcock, der gelegentlich aus einem Schaufenster per Foto zusieht.

Klassenkeile FLOP

BRD 1969 – 85 Min. – R: Franz Josef Gottlieb. D: Uschi Glas, Walter Giller, Anita Kupsch, Willy Millowitsch, Werner Finck.

Klamotte. Anstelle einer lernunlustigen, aber heiratswilligen Oberprimanerin will eine Journalistin Abitur machen, um Fakten für eine Serie über Pennäler zu sammeln; dümmlicher Versuch, das Sujet der »Feuerzangenbowle« zu feminisieren; witz- und humorlos.

Klassenverhältnisse / Rapports des classes **

BRD/F 1983 – 125 Min. sw. – R: Jean-Marie Straub/Danièle Huillet. D: Christian Heinisch, Mario Adorf, Reinald Schnell, Anne Bold.

Literaturverfilmung. Nach Franz Kafkas Romanfragment »Amerika« inszenierte filmische Freiheitssuche eines sechzehnjährigen Heizers in den USA, märchenhaft, streng erzählt, als bebilderte Hochliteratur.

Der Klassenwolf / Teen Wolf **

USA 1985 – 75 Min. – R: Rod Daniel. D: Michael J. Fox, James Hampton, Susan Ursitti.

Horrorkomödie. Scott ist als Sportler mit seinem Basketballteam der typische Verlierer, als plötzlich eine erschreckende Wandlung mit ihm vorgeht und er sein Versagen auf andere Weise sublimiert. Witziger Teenie-Horror an der High-School.

Klauen wir gleich die ganze Bank / The Bank Shot ** ½

USA 1973 – 80 Min. – R: Gower Champion. D: George C. Scott, Clifton James, Sorrell Booke.

Krimikomödie. Komödiantische Version des großen Bankraubs, hier auf den Raub des ganzen Bankgebäudes zugespitzt. Was danach kommt, ist recht turbulent. Gute Charakterrollen, erfindungsreiche Handlung, witzige Pointen, ein nicht ganz ernst zu nehmender Krimi-Lichtblick.

Kleider machen Leute ** ½

D 1940 – 95 Min. sw. Ⓥ EuroVideo. – R: Helmut Käutner. D: Heinz Rühmann, Hertha Feiler, Franz Weber, Fritz Odemar, Aribert Wäscher, Hilde Sessak.

Komödie. Märchenhaftes Lustspiel mit satirischem Einschlag um einen Schneider und seinen sozialen Aufstieg durch gelungenes Modeverhalten. Galarolle für Rühmann, von Käutner (»Unter den Brücken«) einfallsreich inszeniert. Nach der Novelle von Gottfried Keller.

Der kleine Bruder / The Kid Brother *** ½

USA 1926 – 78 Min. sw. Stf. – R: Ted Wilde, J. A. Howe, Lewis Milestone. D: Harold Lloyd, Jobyna Ralston, Walter James.

Komödie. Dieser brillante Harold-Lloyd-Stummfilm, zur Hälfte von Lewis Milestone inszeniert, präsentiert den Komiker als den schmächtigen Sproß der Familie von Sheriff Hickory, der nie ernst genommen wird, bis sein Vater einer bösen Tat verdächtigt wird: da schlägt Harolds kurioseste Stunde.

Der kleine Bruder TV-Film
BRD 1982 – 105 Min. – R: Rainer Söhnlein. D: Herbert Stass, Ilsemarie Schnering, Hannes Messemer.
Ein DDR-Rentner zieht in die BRD zu seiner Schwester, die er seit vierzig Jahren nicht mehr gesehen hat; einfühlsame Darstellung des Versuchs, in einer neuen, fremden Gesellschaft Fuß zu fassen; eine distanzierte deutsch-deutsche Tragikomödie.

Der kleine Cäsar / Little Caesar ***
USA 1930 – 75 Min. sw. – R: Mervyn LeRoy. D: Edward G. Robinson, Douglas Fairbanks jr., Glenda Farrell.
Gangsterfilm. Ein Kleinganove steigt groß ins Syndikat ein und steht bald an der Spitze. Dort erinnert er sich an einen ehemaligen Kampfgefährten, der inzwischen ins bürgerliche Leben zurückkehrte. Der Film, der den Beginn der großen Gangsterfilme Hollywoods darstellt, liefert eine auf Realismus und Stilisierung beruhende Studie einer Großstadtgangsterszene, bei der Robinsons hartes, authentisches Spiel herausragt.

Der kleine Däumling / Tom Thumb *** ½
GB 1958 – 89 Min. sw. – R: George Pal. D: Russ Tamblyn, Alan Young, June Thorburn, Peter Sellers.
Jugendfilm. Der kleine Däumling ist zwölf Zentimeter hoch und das wißbegierige, superneugierige Kind des Holzfällerehepaars Anna und Jonathan. Phantasievoll umgesetztes Märchen, mit originellen Puppensequenzen und Special Effects.

Der kleine Gangsterkönig / The Little Giant ***
USA 1933 – 73 Min. sw. – R: Roy Del Ruth. D: Edward G. Robinson, Mary Astor, Helen Vinson, Kenneth Thomson, Russell Hopton.
Krimikomödie. Ein Großgangster und Prohibitionsgewinnler macht nach Aufhebung des Alkoholverbots Kasse und sucht auf Teufel komm raus Zugang zur High-Society; Gangsterfilmparodie voll skurrilem Witz, zwischen Situations- und Screwballkomödie; Robinson spielt virtuos gegen sein Ganovenimage und kommentiert selbst das furiose Finale als »Volltreffer«.

Der kleine Grenzverkehr ** ½
D 1943 – 80 Min. sw. – R: Hans Deppe. D: Willy Fritsch, Hertha Feiler, Heinz Salfner, Hans Leibelt.
Liebesfilm. Mitte der dreißiger Jahre verliebt sich ein deutscher Feriengast in ein Salzburger Stubenmädchen; ihre wahre Identität überrascht ihn; liebenswerter Film nach der heiter-melancholischen Erzählung von Erich Kästner.

Das kleine Hofkonzert ** ½
D 1945 – 70 Min. – R: Paul Verhoeven. D: Elfie Mayerhofer, Erich Ponto, Hans Nielsen, Hans Leibelt, Harald Paulsen.
Musikkomödie. Zur Zeit des Biedermeier sucht eine junge Sängerin ihren verschollenen Vater am Hofe eines Fürsten; sie gerät in eine Liebesgeschichte und in die Intrigen des Duodezfürstentums; heiter-ironisches Panorama der Spitzweg-Zeit.

Das kleine Hofkonzert TV-Film
BRD 1976 – 105 Min. – R: Wolfgang Liebeneiner. D: Naemi Priegel, Gustav Knuth, Peter Lühr, Amadeus August.
Eine junge Sängerin sorgt für Wirbel in einer kleinen Residenzstadt. Niemand ahnt, daß sie unter den Honoratioren ihren Vater sucht. Musikalisches Lustspiel nach Spitzweg-Motiven.

Kleine Ida / Liten Ida ** ½
N/S 1981 – 75 Min. – R: Laila Mikkelsen. D: Sunniva Lindekleiv, Lise Fjeldstad, Roennaug Alten, Ellen Westerfjell.
Melodram. Die verbitterte Reaktion der Bewohner eines norwegischen Küstendorfes auf die Liebe einer jungen Frau zu einem deutschen Besatzungsoffizier trifft auch und vor allem deren kleine Tochter; rührender Beitrag zu norwegischer Vergangenheitsbewältigung, schonungslos und konsequent in harten Kontrastfarben.

Die kleine Krankenschwester / Sestricky **
CSSR 1983 – 84 Min. – R: Karel Kachyna. D: Alena Mihulová, Jiřina Jirasková, Ondrej Vetchy.
Komödie. Schwester Marie hätte nicht

mit dem Patienten Petr flirten sollen, jetzt ist sie ihren Job los. Die neue Stelle beim Landarzt ist hart und macht wenig Spaß, ihr Freund taucht aber wieder auf; Studie aus dem tschechischen Alltag.

Die kleine Lise / **½
La petite Lise
F 1930 – 75 Min. sw. OmU. – R: Jean Grémillon. D: Nadia Sibirskaia, Pierre Alcover, Julien Bertheau, Alexandre Mihalesco.
Melodram. Nach einer Zuchthausstrafe wird Monsieur Berthier, der seine Frau in rasender Eifersucht getötet hatte, vorzeitig entlassen. Er sucht seine Tochter Lise in Paris und entdeckt »ihr Geheimnis«; Alltagspoesie.

Der kleine Lord / Little Lord Fauntleroy **½
USA 1936 – 98 Min. – R: John Cromwell. D: Freddie Bartholomew, C. Aubrey Smith, Guy Kibbee, Dolores Costello, Mickey Rooney.
Generationsromanze. Ein armer junger New Yorker findet zu seinem echten britischen Lord-Großvater, und beide kommen auch noch klar miteinander. Gut besetzter, amüsanter Film nach dem bekannten, oft verfilmten Stoff.

Der kleine Lord / Little Lord Fauntleroy TV-Film
GB 1980 – 100 Min. – R: Jack Gold. D: Alec Guinness, Ricky Schroder, Connie Booth, Eric Porter.
Üppige Adaptation des Kinderbuchklassikers von Frances Hodgson Burnett über den New Yorker Jungen aus armen Verhältnissen, der Lord werden soll; rührend und stimmungsvoll wie der Kinofilm; »Emmy Award« für die großartige Farbfotografie.

Der Kleine mit dem großen Tick
siehe: Ein Knallkopf in der Unterwelt

Die kleine Pfarrfrau / ***
The Little Minister
USA 1934 – 110 Min. sw. OoU. – R: Richard Wallace. D: Katharine Hepburn, John Beal, Donald Crisp, Andy Clyde.
Romanze. Mitte des vergangenen Jahrhunderts verliebt sich ein wegen seiner Jugend unterschätzter schottischer Pfarrer in eine lebenszugewandte, ungebärdige »Zigeunerin« und gerät in eine Krise; atmosphärisch dichter Film mit viel schottischem Regionalkolorit und der jungen Hepburn in einer ihrer bezauberndsten Rollen; nach einer Erzählung von James M. Barrie.

Der kleine Prinz / *
The Little Prince
GB 1974 – 85 Min. – R: Stanley Donen. D: Steven Warner, Richard Kiley, Bob Fosse, Gene Wilder.
Literaturverfilmung. Der kleine Prinz kommt auf die Erde, um Weisheit und Liebe zu finden; ein Film, bei dem die leise Melancholie und Resignation der Erzählung von Antoine de Saint-Exupéry durch Kinopomp und die Musik von Lerner und Loewe erschlagen werden.

Die kleine Prinzessin / **½
The Little Princess
USA 1939 – 93 Min. – sw. – R: Walter Lang. D: Shirley Temple, Anita Louise, Ian Hunter, Cesar Romero, Richard Greene, Arthur Treacher.
Melodram. Ein »armes reiches (Waisen-) Mädchen« im viktorianischen London auf der Suche nach seinem Vater, dessen Vermögen durch den Burenkrieg verlorenging; tränenreich, dennoch ergreifend und auch als Familienunterhaltung noch immer sehenswert.

Kleine Residenz **½
D 1942 – 85 Min. sw. – R: Hans H. Zerlett. D: Johannes Riemann, Winnie Markus, Fritz Odemar, Lil Dagover.
Fürstenkomödie. Der Herzog liebt nicht nur das Theater, er dichtet auch; heimlich, versteht sich, deshalb darf das Stück auch nicht unter seinem Namen aufgeführt werden. Das führt zu bösen Komplikationen; freche Parodie auf die deutsche Kleinstaaterei.

Der kleine Riese TV-Film
BRD 1985 – 90 Min. – R: Imo Moszkowicz. B: Herbert Reinecker. D: Hans Clarin, Doris Kunstmann, Beatrice Richter, Raimund Harmstorff.
Halb aus Verliebtheit, halb aus Gefälligkeit spielt ein Kellner den Vater der Tochter einer St.-Pauli-Animierdame,

was einem Zuhälter nicht paßt; komplizierte, doch packende Story um die Macht und die Möglichkeiten der eigentlich Friedfertigen.

Der kleine Schornsteinfeger auf dem Meeresgrund / The Water Babies ∗∗

GB/PL 1978 – 92 Min. – R: Lionel Jeffries. B: Mark Robson. D: James Mason, Billie Whitelaw, Bernard Cribbins, Joan Greenwood.

Märchenfilm. In einer Mischung aus Real- und Zeichentrickfilm werden die Abenteuer eines Waisenjungen im Dikkens-London erzählt; reichlich fabulös.

Der kleine Schwarze mit dem roten Hut / Johnny Chitarra ∗ ½

I/A 1974 – 92 Min. – R: François Legrand (Franz Antel). D: George Hilton, Rinaldo Talamonti, Christa Linder.

Westernklamotte. Johnny und Rick werden wider Willen in die Rolle der Retter gedrängt, als sie sich in Little Heck dem Terror der El-Moro-Bande gegenübersehen.

Der kleine Soldat / Le petit soldat ∗∗ ½

F 1960 – 88 Min. sw. – R: Jean-Luc Godard. D: Michel Subor, Anna Karina, Henri-Jacques Huët, Paul Beauvais, Laszló Szabó.

Zeitkritischer Film. Ein Geheimagent der Franzosen im Algerienkrieg gegen die rebellische FLN stellt fest, daß der Terror nicht mehr zu unterscheiden ist. Aus Frust über das Vorgehen beider Seiten entscheidet sich der Held für »innere Emigration« und Regisseur Godard (»Pierrot le fou«) für eine zwar in Folterszenen schockierende, jedoch richtungslose Darstellung des Geschehens.

Das kleine Teehaus / The Teahouse of the August Moon ∗∗∗ ½

USA 1956 – 118 Min. – R: Daniel Mann. D: Marlon Brando, Glenn Ford, Machiko Kyo, Paul Ford, Eddie Albert.

Komödie. Zwei Offiziere, nach Ende des Kriegs auf Okinawa mit der Amerikanisierung und Demokratisierung beauftragt, bauen statt einer Schule ein Teehaus; da wird eine Inspektion angekündigt; ein heiterer, menschlicher Film über die Schwierigkeiten von Akkulturationsbemühungen.

Kleine Vera / Malenkaja Vera ∗∗∗

UdSSR 1988 – 128 Min. – R: Vasilij Picul. D: Natalja Negoda, Andrej Sokolow, Jurij Nasarow, Ludmilla Saizewa.

Zeitkritisches Melodram. Zu Hause ein ordentliches Mädchen, abends in der Szene eine wilde Punkerin: das ist Vera, Jugendliche in einer russischen Kleinstadt von heute, die wie alle Popmusik, Jeans, elektronische Spiele und andere westliche Unarten liebt und in der Freizeit dem süßen Leben der »Null-Bock«-Generation huldigt; kein Wunder, daß ihre von der Stalinära geschädigten Eltern dafür kein Verständnis aufbringen; als Vera einen Jungen kennenlernt, den sie heiraten will, kommt es zur Katastrophe. Die melodramatische, aber auch witzige Beleuchtung des Generationskonflikts in der Sowjetunion wurde im Westen enthusiastisch aufgenommen.

Kleine Verführerin / La petite sirène ∗∗ ½

F 1980 – 100 Min. – R: Roger Andrieux. D: Philippe Léotard, Laura Alexis, Evelyne Dress, Marie Dubois.

Liebesfilm. Phantasievolle, sensible Geschichte einer Liebe zwischen den Generationen. Spät erkennt der vierzigjährige Mann die Unmöglichkeit der Verbindung mit einer Vierzehnjährigen; der Film beschreibt vorsichtig und genau die Freuden und Nöte einer ungewöhnlichen Liebe.

Der kleine Weihnachtsmann TV-Film

BRD 1984 – 60 Min. – R: Günter Meyer. B: Peter Ensikat nach der Erzählung von Renate Holland-Moritz. D: Sascha Mehlhaase, Katja Wünsch, Werner Tietze.

Ein Neunjähriger spielt selbst Weihnachtsmann, weil ihm die Hektik der Eltern in der Adventszeit nicht paßt; besinnlich und kritisch.

Die kleine Wohnung / El pisito ∗∗ ½

E 1960 – 75 Min. sw. OmU. – R: Marco Ferreri, Isodoro M. Ferry. D: J. L. Lopez-Vazquarez, Maria Carillo, C. Lopez-Silva, Maria Luisa Ponte.

Zeitkritischer Film. Ein junges Paar hat einen tollen Einfall, aber damit beginnen auch unvorhergesehene Probleme. Ferreris (»Das große Fressen«) kleiner Film hat viel Humor und erzeugt beträchtlichen Wirbel.

Die kleinen Bosse / ∗∗
Les caids
F 1972 – 97 Min. – R: Robert Enrico. D: Serge Reggiani, Michel Constantine, Juliet Berto, Patrick Bouchitet, Jean Bouise.
Kriminalfilm. Ein Mann erschießt seine Freundin und deren Liebhaber; als er untertaucht, zieht ihn ein rennfahrender Ganove in einen Millionencoup hinein; handwerklich solider Thriller ohne Raffinesse.

Die kleinen englischen Girls / Let's Do It ∗ ½
F 1977 – 83 Min. – R: Max Pécas. D: Vanessa Vaylord, Sylvain Green, Dominique Jubelin, Jean Vina.
Teeniefilm. Ein Rekrut und seine Freunde wollen sich vor dem Militärdienst noch einmal an der Côte d'Azur amüsieren, da kommt eine Herde britischer Sportlerinnen grade recht; mäßiger Softporno.

Die kleinen Füchse / ∗∗∗
The Little Foxes
USA 1941 – 116 Min. sw. – R: William Wyler. D: Bette Davis, Herbert Marshall, Teresa Wright, Richard Carlson, Charles Dingle.
Melodram. Adaption eines Theaterstücks von Lillian Hellman über eine geld- und machtgierige Bankiersfrau und ihre Skrupellosigkeit; Film in der Tradition der Familiendramen aus den Südstaaten, straff und präzis inszeniert; grandiose Psychostudie durch Bette Davis.

Des kleinen Lokführers große Fahrt TV-Film
DDR 1978 – 75 Min. – R: Hans Werner. D: Erwin Geschonnek, Maik Saewart, Petra Hinze.
Kinderfilm um einen Jungen und dessen phantasievollen Großvater, einen Lokführer, mit dem er ferne Länder »erfährt«; sympathischer Unterhaltungs- und Generationsfilm.

Ein kleiner, aber tödlicher Fehler ∗∗
USA 1973 – 73 Min. – R: Sutton Roley. D: Howard Duff, Leslie Nielsen, Sheree Wood.
Kriminalfilm. Drei entführte Frauen geraten in Lebensgefahr, da einer der Gatten das Lösegeld nicht zahlen will; routinierter Erpresserkrimi.

Kleiner Mann – ganz groß ∗ ½
BRD 1956 – 94 Min. – R: Hans Grimm. D: Oliver Grimm, Karin Dor, Joachim Fuchsberger, Friedrich Domin, Paul Westermeier.
Kinderfilm. Ein kleiner Waisenjunge soll nach des Großvaters Tod sein Pferd, seinen »kleinen Bruder«, abgeben, schafft aber mit Hilfe eines reichen »Onkels aus Südamerika« Rennsiege; tränendrüsenaktivierend sentimental, unaufrichtig, aber handwerklich gekonnt gemacht.

Kleiner Spinner / P'tit con ∗∗ ½
F 1983 – 91 Min. – R: Gérard Lazier. D: Bernard Brieux, Guy Marchand, Caroline Cellier.
Teeniekomödie. Ein pubertierender Junge verläßt das Elternhaus und sucht verbissen nach »dem ersten Mal« in der Liebe. Der amüsante, klug zwischen Satire und Problemfilm abwägende Film nach einer in Frankreich sehr beliebten Comic-Serie reiht eine unterhaltsame Episode an die andere.

Kleines Fräulein Robinson ∗∗ ½
ČSSR 1974 – 75 Min. – R: Karel Kachyna. D: Miroslava Safransková, Petř Kostka, Jaroslava Obermeierová.
Jugendfilm. Die Dreizehnjährige ist begeistert von Robinson; eines Tages stirbt ihr Vater, und sie muß den Haushalt führen – Robinson hilft ihr dabei. Einfallsreich inszeniert; der Film wurde preisgekrönt.

Kleines Herz in Not / ∗∗
The Fallen Idol
GB 1948 – 90 Min. – R: Carol Reed. D: Ralph Richardson, Michèle Morgan, Bobby Henrey, Sonia Dresdel.
Generationsfilm. Ein achtjähriger Junge, von seinem Vater bei einem Haushälterehepaar zurückgelassen, wird Zeuge ei-

nes Techtelmechtels seines neuen väterlichen Freundes. Was er damit anfängt, zeigt dieser rührende, die Nöte eines einsamen Jungen glaubwürdig einfangende Film von Reed.

Ein kleines Luder / La drôlesse ***

F 1979 – 84 Min. – R, B: Jacques Doillon. D: Madeleine Desdevises, Claude Hébert.

Liebesfilm. Zwei blutjunge Außenseiter des Provinzlebens finden zueinander. Unspektakulär erzählte, genaue Psychostudie einer fragilen Liebe.

Kleines Mädchen, großes Herz / National Velvet ***

USA 1944 – 119 Min. – R: Clarence Brown. D: Mickey Rooney, Donald Crisp, Elizabeth Taylor.

Familienfilm. Eine kleine Pferdenärrin gewinnt ein Pferd, das sie mit Hilfe eines abgehalfterten Jockeys zum Sieger trainiert; humorgeladene Herz-Schmerz-Geschichte mit einer hinreißenden Liz Taylor als Kinderstar.

Ein kleines Paradies / Un petit paradis ** ½

F 1981 – 92 Min. – R: Michel Wyn. D: Yolande Folliot, Richard Berry, François Chaumette, Maryvonne Schiltz.

Krimi. Ein Middle-class-Ehepaar findet günstig ein Traumhaus, dies gehört Gangstern, die den Ehemann wegen Firmeninfos unter Druck setzen; das organisierte Verbrechen im Alltag von Durchschnittsbürgern, Spannung für Freunde des kaum merklich daherkommenden Bösen.

Kleines Zelt und große Liebe * ½

BRD 1956 – 90 Min. – R: Rainer Geis. D: Claus Biederstaedt, Susanne Cramer, Eva Kerbler, Hans Nielsen, Dietmar Schönherr.

Liebeskomödie. Verzogenes Töchterchen landet auf dem Boden der Tatsachen; unecht und unernst.

Der Kleinstadtpoet **

D 1940 – 90 Min. sw. – R: Josef von Baky. D: Paul Kemp, Wilfried Seyferth, Edith Oß, Hilde Schneider.

Komödie. Ein geduckter deutscher Beamter zur Kaiserzeit schreibt Poeme, die er unter dem Namen seines smarten Freundes, Liebling der Frauen, veröffentlicht. Wie könnte es anders sein, eines Tages gibt es Probleme. Die unterhaltsame Satire bemüht sich um realistische Milieuschilderung und amüsiert durch flottes Spiel.

Der kleinste Krieg der Welt / Putiferio va alla guerra ** ½

I 1968 – 80 Min. – R: Roberto Gavioli.

Zeichentrickfilm. Lustige Parabel um zwei verfeindete Ameisenrassen, die im Augenblick der Gefahr gemeinsam handeln. Ein Zeichentrickerlebnis aus der Kinderwunderwelt auch für Erwachsene.

Der kleinste Rebell / The Littlest Rebel **

USA 1935 – 80 Min. sw. – R: David Butler. D: Shirley Temple, John Boles, Karen Morley, Jack Holt.

Melodram. Erste Erfahrungen eines kleinen Mädchens, dessen Vater, Südstaatler aus Überzeugung, um Haaresbreite dem Bürgerkriegstod entgeht; tränenschwangerer Kitsch der Sonderklasse, als Musterkollektion von Klischees sehenswert.

Die Klette TV-Film

BRD 1986 – 105 Min. – R: Herbert Ballmann. B: -ky. D: Désirée Nosbusch, Peter Sattmann, Eleonore Weisgerber, Nicole Skladanowski, Thomas Ringelmann. Liebesromanze um ein selbstmordgefährdetes Mädchen und ihren Retter, einen Intellektuellen, der mit seiner neuen Freundin zunächst nichts anzufangen weiß. Das ändert sich auf bemerkenswerte Weise.

Klettermaxe ** ½

BRD 1952 – 82 Min. sw. – R: Kurt Hoffmann. D: Albert Lieven, Liselotte Pulver, Charlotte Bufford, Charlott Daudert.

Komödie. Ein mysteriöser Einbrecher verhilft dem Gesetz zu seinem Recht und beeindruckt eine junge Frau mehr als ihr krimischreibender Vetter; der Film folgt vergnüglich der munteren Handlung bis zum Happy-End, das Einbrecher und Literat als ein und dieselbe Person entlarvt.

Die kluge Witwe TV-Film

BRD 1985 – 90 Min. – R: Wolf Dietrich.

D: Inge Meysel, Toyo Tanaka, Anita Lochner, Inge Wolffberg.
Eine Amerikanerin, die ihren Mann und ihren Sohn im Zweiten Weltkrieg verloren hat, weiß, daß die Japaner beide erschossen haben; seitdem verurteilt sie pauschal alle Japaner, bis sie sich in einen verliebt; Glanzrollen für Inge Meysel und Toyo Tanaka; Fernsehfilm, der Vorurteile anprangert.

Die Klugscheißer / Detective School Dropouts / Dump Dicks / Private Detectives ** ½
USA 1986 – 85 Min. – R: Filippo Ottoni. D: Lorin Dreyfuss, David Landsberg, George Eastman, Christian De Sica.
Komödie. Als zwei New Yorker Detektive die Verlobung eines italoamerikanischen Pärchens retten wollen, geraten sie an die Mafia; turbulenter Actionspaß, der nach den Vorbildern der Slapstickkomödie schielt.

Klute / Klute ***
USA 1970 – 114 Min. – R: Alan J. Pakula. D: Jane Fonda, Donald Sutherland, Charles Cioffi, Roy Schneider.
Psychothriller. Privatdetektiv Klute gerät auf der Suche nach einem verschwundenen Freund an ein Callgirl und dadurch immer tiefer in den Morast der New Yorker Halbwelt und ihrer getarnten Existenzen; atmosphärisch dichter, oft beängstigender Thriller, der Abgründen des Menschlichen nachspürt; beeindruckend das Zusammenspiel zwischen Sutherland und Fonda, die den Oscar erhielt.

Knack du den Safe – ich nehm' das Geld / Mitachat Leaf ** ½
Israel 1982 – 92 Min. – R: Jankel Goldwasser. D: Uri Gabriel, Moscha Ibagi, Zadok Zarom, Schmuel Umani.
Krimigroteske. Historisch belegter Raub eines geldgefüllten Tresors aus dem Polizeihauptquartier von Tel Aviv; hervorragende Studie der vier Kleinganoven, bei denen auch die ernsten Aspekte eines entwürdigenden Lebens unter ökonomische Zwängen nicht zu kurz kommen.

Ein Knallkopf in der Unterwelt / Der Kleine mit dem großen Tick / L'emigrante **
BRD/I/E 1973 – 90 Min. – R: Pasquale Festa Campanile. D: Adriano Celentano, Claudia Mori, Sybil Danning.
Komödie. Peppino, als Frau verkleidet, sucht seinen verschwundenen Papa in New York, lernt die Sängerin Rosita kennen und die Mafia. Grotesk-amüsant, ein Spaß für Adriano-Fans.

Die Knallköpfe von Saint-Tropez / La grande nouba **
F 1973 – 77 Min. – R: Christian Caza. D: Jacques Dufilho, Rosy Varté, Marion Game, Carla Beranger, Sim.
Klamotte. Aufregungen um eine Verlobungsfeier lösen eine Kriminalposse aus; gagreicher Klamaukfilm.

Die Knallschote / Ah! Les belles bacchantes ** ½
F 1954 – 80 Min. – R: Jean Loubignac. D: Louis de Funès, Robert Dhéry, Colette Brosset.
Klamotte. Die Premiere eines Revuetheaters ist in Frage gestellt: Ein Kommissar (der kauzige Funès) bemängelt die mangelnde Bekleidung der Tänzerinnen; auch sonst nistet sich das Chaos ein. Der frühe Funès-Film für Frohsinnige tollt im Miedermilieu lustvoll herum und setzt den Oberhektiker Funès als Spießer dagegen; ein Muß für Fans des Komikers.

Knast-Fighter / Penitentiary III * ½
USA 1987 – 87 Min. – R: James Fanaka. D: Leon Isaac Kennedy, Anthony Geary, Steve Antin, Ric Mancini, Kessler Raymond.
Actionfilm. Ein ohne sein Wissen gedopter Boxer tötet seinen Ringgegner und gerät im Knast in Hackordnungskämpfe; scheinauthentische Box- und Knastklamotte ohne Tiefgang.

Knock on Any Door ** ½
USA 1949 – 100 Min. sw. OmU. – R: Nicholas Ray. D: Humphrey Bogart, John Derek, George Macready, Allene Roberts.
Gerichtsdrama. Bogart als Anwalt eines jugendlichen Rebellen, der bei einem Überfall einen Polizisten tötete. »Leb schnell, stirb jung und gib eine schöne Leiche ab« lautet das Motto dieses sozialkritischen, pessimistischen Reportagefilms von Ray (»Johnny Guitar«).

Knock out / Ein junges Mädchen – ein junger Mann ∗∗ ½
D 1935 – 82 Min. sw. – R: Carl Lamac, Hans H. Zerlett. D: Max Schmeling, Anny Ondra, Fritz Odemar, Otto Wernicke.
Boxerfilm. Für die reizende Marianne prügelt sich Max – und wird als Boxtalent entdeckt. Seine Vorbereitungen auf den Titelkampf in einer Hamburger Boxerschule und das Training für den Liebesclinch mit der Angebeteten zeigt der flotte, von den Hauptdarstellern mit unwiderstehlichem Charme gespielte Milieufilm amüsant und – in den Kampfszenen – spannend.

Knotenpunkt London / Up the Junction ∗ ½
GB 1967 – 118 Min. – R: Peter Collinson. D: Suzy Kendall, Dennis Waterman, Alfie Bass, Adrienne Posta.
Melodram. Aussteigerin aus reichem Haus bekommt Probleme durch ihre Liebe zu einem ehrgeizigen Karrieristen aus den Londoner Slums; wenig kritische Darstellung eines sozialen Phänomens von einiger Bedeutung.

Knox und die lustigen Vagabunden / Zirkus Saran / Zirkusvagabunden ∗∗ ½
A 1935 – 70 Min. sw. – R: E. W. Emo. D: Hans Moser, Leo Slezak, Adele Sandrock, Pat und Patachon, Georgia Holl, Rolf Wanka.
Komödie. Ein Musikclown versucht mit allen Mitteln, seiner im Internat lebenden Tochter seinen Beruf zu verheimlichen; erfrischendes Lustspiel mit guter Besetzung und der beachtlichen Musik von Robert Stolz.

Ein Köder für die Bestie / Cape Fear ∗∗ ½
USA 1961 – 102 Min. sw. – R: J. Lee Thompson. D: Gregory Peck, Robert Mitchum, Polly Bergen, Lori Martin, Martin Balsam, Telly Savalas.
Thriller. Ein entlassener sadistischer Häftling bedroht die Familie eines ehrbaren Anwalts, der ihn hinter Gitter brachte; gut gespieltes, aber konventionelles Lehrstück über sadistische Gewalt und bürgerliche Selbstgerechtigkeit.

Ein Koffer aus Lausanne / Das Wespennest / Le guêpier ∗∗
F/I 1975 – 90 Min. – R: Roger Pigaut. D: Claude Brasseur, Marthe Keller, Gabriele Ferzetti, John Steiner.
Krimi. Gangster zwingen einen Wett- und Spielfreak, sich einen Geldkoffer anzueignen, dabei kommt er einer jungen Frau und dann auch noch den Auftraggebern ins Gehege; dürftig motivierte Gaunertragikomödie ohne viel Spannung.

Kohlhiesels Töchter ∗∗
D 1943 – 85 Min. sw. – R: Kurt Hoffmann. D: Heli Finkenzeller, Paul Richter, Sepp Rist, Oskar Sima.
Lustspiel. Dritte Verfilmung des deftigen Bauernschwanks von Hanns Kräly mit Heli Finkenzeller in der erfolgsträchtigen Doppelrolle; sie erreicht allerdings nicht die komödiantische Brillanz von Henny Porter unter Ernst Lubitschs Regie aus dem Jahr 1920.

Kohlhiesels Töchter ∗∗
BRD 1962 – 93 Min. – R: Axel von Ambesser. D: Liselotte Pulver, Heinrich Gretler, Helmut Schmid, Dietmar Schönherr, Peter Vogel.
Lustspiel. Netter Unterhaltungsfilm um die schöne und die tumbe Tochter, die beide unter die Haube müssen. Gala-Doppelrolle für Pulver in einem routinierten, den Humor geschickt balancierenden Lustspiel, das die klamottigen Töne vermeidet. Vierte Verfilmung des Stoffes.

Kojaks Rückkehr / Kojak: The Price of Justice ∗∗ ½
USA 1987 – 92 Min. – R: Alan Metzger. D: Telly Savalas, Kate Nelligan, Pat Hingle, Jack Thompson.
Krimi. Ein neuer Fall des beliebten Superbullen mit der Glatze und dem Lolli, der vom Bezirk Manhattan-Süd zum Chef der New Yorker Polizei aufgestiegen ist; in einem kauziggrausigen Mordfall ermittelt Kojak im Stil von Inspektor Maigret, überdurchschnittlicher Milieureißer.

Koll TV-Film
BRD 1964 – 45 Min. sw. – R: Claus Peter Witt. B: Hermann Moers. D: Richard Münch, Willy Maertens.

Ein Mann betritt einen Laden und zwingt den Besitzer, ihm das Geschäft zu übergeben; ein »schwarzer Film«, der von Macht und Überzeugungskraft handelt; exzellent gespielt.

Kollege kommt gleich / ** ½
Garçon!
F 1983 – 98 Min. – R: Claude Sautet. D: Yves Montand, Nicole Garcia, Jacques Villeret, Bernard Fresson, Marie Dubois.
Komödie. Yves Montand ist auch als Oberkellner Alex unschlagbar; mit seinem Charme, seinen Bewegungen und Blicken meistert er jede Situation. Als Tänzer und Entertainer hat Alex zwar versagt, doch nun will er sich einen Traum mit dem Bau eines Kinderspielplatzes erfüllen. Und die Frauen lieben ihn noch immer; gepflegte Unterhaltung mit Tiefgang und Kochrezepten garniert.

Kollege stirbt gleich / **
A Jolly Bad Fellow
GB 1963 – 98 Min. sw. – R: Don Chaffey. D: Leo McKern, Janet Munro, Maxime Audley, Dennis Price, Duncan Macrae.
Komödie. Ein Chemieprofessor tötet mittels eines nicht nachweisbaren Giftes einige humorlose Kollegen und schließlich aus Versehen sich selbst; schwarzer britischer Krimiklamauk, dem der rechte Witz und bessere Darsteller fehlen.

Die Kolonie ** ½
BRD 1987 – 93 Min. – R: Orlando Lübbert. D: Michael Degen, Grischa Huber, Elisabeth Degen, Karin Rasenack, Pedro Gavajda.
Gesellschaftskritischer Film. Ein Versicherungsmakler in besten Jahren fährt nach Chile, um seine untergetauchte Tochter zu suchen. Die Sekte, in der er sie findet, ist mysteriös, faschistische Rituale beherrschen das Leben dort. Der Vater wird gefoltert, die Tochter taucht unter dramatischen Umständen auf. Der an authentischen Vorgängen orientierte Film über die »Colonia Dignidad«, die in Chile Menschen gefangenhält, ist allzu solide inszeniert, doch das Drehbuch macht einiges wett; sehr mutiger Zeitfilm.

Kolonne Süd / **
Column South
USA 1953 – 95 Min. – R: Frederick De Cordova. D: Audy Murphy, Joan Evans, Robert Sterling, Ray Collins, Dennis Weaver.
Western. New Mexico 1861: Leutnant Murphy ist mit einem Navajo-Häuptling befreundet und liebt die Tochter des Captains; ein Indianerdrama um Kampf, Liebe und Tod.

Der Koloß von Rhodos / ** ½
Il colosso di Rodi
I/E/F 1960 – 120 Min. – R: Sergio Leone. D: Rory Calhoun, Lea Massari, Georges Marchal, Roberto Camardiel, Félix Fernández, Mabel Karr.
Kolossalfilm. Erster bedeutender Leone-Film um das Weltwunder von Rhodos, die Intrigen des Königs Xerxes, die Invasion der Phönizier und die Romanze des Griechen Dareios mit der schönen Diala. Massenszenen, farbenprächtiges Schlachtengetümmel und der Zauber des Südens in süffiger, tricktechnisch beeindruckender Machart.

Komm, bleib bei mir / **
Come Live With Me
USA 1941 – 84 Min. sw. – R: Clarence Brown. D: James Stewart, Hedy Lamarr, Ian Hunter.
Komödie. Sie lernen sich an der Theke einer Bar kennen, der unbeschwerte charmante Schriftsteller und das bezaubernde Flüchtlingskind; da ist das Happy-End einfach nicht aufzuhalten.

Komm nach Wien, ich zeig dir was * ½
BRD/A 1969 – 79 Min. – R: Rolf Thiele. D: Tanja Grubler, Andrea Rau, Veit Relin, Julia Holt, Kitty Kino, Dietmar Schönherr.
Erotikfilm. Sittengeschichte der verdienstvollen Weaner Madeln, der »Mizzis«, durch die Jahrhunderte; stellenweise mit treffendem Witz kommentierte Komödie, die aufs Ganze gesehen recht fad bleibt.

Komm zurück! * ½
BRD 1953 – 90 Min. sw. – R: Alfred Braun. D: Winnie Markus, Rudolf Prack, Hans Stüwe, Helmut Gmelin.
Melodram. Der Weg eines unerfahrenen jungen Musikers zum Herzen der gelieb-

ten Frau führt über die Fremdenlegion; platte Musikschnulze mit einem der beliebtesten deutschen Kinopaare der fünfziger Jahre.

Komm zurück, Kleiner / Voltati Eigenio / Eugenio ** ½
I/F 1980 – 105 Min. – R: Luigi Comencini. D: Saverio Marconi, Dalila Di Lazzaro, Bernard Blier, Carole André.
Melodram. Erst das Verschwinden eines Zehnjährigen löst bei Eltern und Verwandten Nachdenken und mitfühlendes Erinnern aus; eindringliches Plädoyer gegen den Egoismus verantwortungsloser Erwachsener; tragikomische Anklage gegen eine kinderfeindliche Gesellschaft.

Kommando Leopard * ½
BRD/I 1985 – 99 Min. Ⓥ Ufa. – R: Anthony M. Dawson. D: Lewis Collins, Klaus Kinski, Manfred Lehmann, Cristina Donadio.
Actionfilm. Guerillero »El Leopardo« kämpft gegen ein südamerikanisches Terrorregime und dessen skrupellosen Milizchef (Kinski, wer sonst); greller Massakerfilm der unglaubwürdigsten Art mit einem ungewohnt zahmen Kinski; sehenswert für Freunde gekonnter Stunts und pyrotechnischer Meisterstücke.

Kommandosache nackter Po / Up the Front * ½
GB 1972 – 84 Min. – R: Bob Kellett. D: Frankie Howerd, Zsa Zsa Gabor, Bill Fraser, Lance Percival, Madeline Smith.
Komödie. Der Stiefelputzer eines patriotischen Adelshauses wird erst durch Hypnose zum tapferen Weltkrieg-I-Soldaten; mäßige Leistung des Slapstickkomödianten Howerd, dessen groteske Geschichtsklitterung diesmal nicht recht wirkt.

Kommandounternehmen Teufelsinsel / Pakleni Otok * ½
YU 1979 – 90 Min. – R: Vladimir Tadej. D: Pavle Vujsić, Klaus Löwitsch, Slavko Stimać, Kuno Sarić.
Partisanenfilm. Die Deutschen versuchen, Tito-Partisanen zu zerschlagen, diese ziehen sich auf die Insel Viš zurück; pathetisch.

Kommissar hoch zwei / Plus ça va, moins ça va **
F 1977 – 95 Min. – R: Michel Vianey. D: Jean-Pierre Marielle, Jean Carmet, Caroline Cartier, El Kebir, Louis Jourdan.
Krimi. Da es zwei Polizisten nicht gelingt, zwei Reichen einen Sexualmord nachzuweisen, beschuldigen sie einen harmlosen Araber; witzige Persiflage auf Borniertheit und moralische Verkommenheit.

Der Kommissar und sein Lockvogel / Dernier domicile connu ***
F/I 1960 – 103 Min. – R: José Giovanni. D: Lino Ventura, Marlène Jobert, Jean Sobieski, Raymond Meunier.
Thriller. Ein wegen wenig zimperlicher Methoden strafversetzter Kommissar soll als Bewährungsprobe eine untergetauchte Zeugin finden; bitterer, schnörkelloser Film über den Zynismus einer menschenverachtenden Polizeihierarchie; Spannung durch die Suche im desolatesten Milieu.

Kommissar X – Drei blaue Panther ** ½
BRD/I 1967 – 83 Min. Ⓥ EuroVideo. – R: Frank Kramer. D: Tony Kendall, Brad Harris, Siegfried Rauch, Corny Collins, Francesco Fantasia.
Krimi. Detektiv »Kommissar X« und sein Partner von der Kriminalpolizei auf der Spur eines Gangsters, der einen riesigen Juwelenraub inszenierte; clever gemachte Räuber-/Gendarm-Story mit einigen beachtlichen Stunts.

Kommissar X – Drei gelbe Katzen / Commissaire traque les chines verts * ½
BRD/I/F 1966 – 90 Min. Ⓥ Polyband/Toppic. – R: Rudolf Zehetgruber. D: Tony Kendall, Brad Harris, Ann Smyrner, Siegfried Rauch.
Krimi. »Kommissar X« alias Joe Walker und sein Kumpel von der Polizei im (Karate-)Kampf gegen mörderische Geheimbündler; mit Sex garnierte Brutalitäten der milderen Art.

Kommissar X – Drei goldene Schlangen * ½
BRD/I 1968 – 88 Min. Ⓥ Jaguar. – R: Roberto Mauri. D: Tony Kendall, Brad Harris, Monica Pardo, Loni Heuser.
Krimi. Das Detektiv-/Polizist-Gespann zerschlägt einen Mädchenhändlerring –

natürlich in Bangkok –; technisch anspruchslos und von platter Moral.

Kommissar X – Drei grüne Hunde ∗∗

BRD/I 1967 – 89 Min. – R: Rudolf Zehetgruber. D: Tony Kendall, Brad Harris, Olli Schoberova, Dietmar Schönherr.

Krimi. Detektiv und befreundeter Cop diesmal in Aktion gegen Drogengangster; unglaubwürdig, aber nicht ganz ohne Witz und Spannung.

Kommissar X – In den Klauen des goldenen Drachen ∗ ½

A/BRD/I/YU 1966 – 85 Min. Ⓥ EuroVideo. – R: Frank Kramer. D: Tony Kendall, Brad Harris, Barbara Frey, E.F. Fürbringer.

Krimi. Das detektivische Duo Kendall/Harris schützt diesmal einen Atomphysiker vor Politerpressern; oberflächlich und brutal.

Kommissar X – Jagd auf Unbekannt ∗ ½

BRD/I/ 1965 – 90 Min. Ⓥ Polyband/Toppic. – R: Frank Kramer. D: Tony Kendall, Brad Harris, Maria Perschy, Christa Linder.

Krimi. Joe Walker, genannt »Kommissar X«, und sein Freund bewegen sich zwischen Leichen und Blondinen am Mittelmeer; es geht um Gangster, Gold und Atomkraft. Serienroutine.

Kommissar X jagt die roten Tiger ∗ ½

BRD/I 1971 – 83 Min. – R: Harald Reinl. D: Tony Kendall, Brad Harris, Gisela Hahn, Rainer Basedow.

*Krimi.*Privatdetektiv Joe Walker & Co. auf der Spur einer Rauschgiftbande, die einen pakistanischen Plantagenbesitzer per Tigerpranke ermordete – nur gibt's im Lande keine Tiger; müde inszenierte, grobschlächtige, weit hergeholte Story.

Die Kommissarin / Kommissar ∗∗ ½

UdSSR 1967 – 106 Min. sw. Ⓥ Ufa. – R: Alexander Askoldov. D: Nonna Mordjukova, Rolan Bykov, Raissa Nedaschkovskaja.

Gesellschaftskritischer Film. Eine strikte Politkommissarin der Roten Armee wird schwanger und bleibt im Bürgerkrieg gegen die Weißen bei der Familie eines jüdischen Kesselflickers zurück. Hier erfährt sie Menschlichkeit jenseits großer historischer Ereignisse. – Der 20 Jahre lang verbotene Tresor-Film, 1988 auf der Berlinale mit dem »Silbernen Bären« ausgezeichnet, erstaunt: wegen seiner politischen Harmlosigkeit, der veralteten expressionistischen Bildsprache – und wegen seiner anrührenden Humanität.

Kommt zu meinem Namenstag / Gyertek el a névnapomra ∗∗ ½

H 1983 – 120 Min. – R: Zoltán Fábri. D: Ildikó Piros, István Bujtor, Gábor Mádi Szabo, Ferenc Kállai.

Zeitkritischer Film. Ein Direktor bittet Freunde und Parteigenossen zu einem Fest; plötzlich fallen Schüsse. Die Journalistin, die den Fall an die Öffentlichkeit bringen will, bekommt Ärger. Der spannende, als Gesellschaftskritik an der neuen ungarischen Oberschicht inszenierte Krimi blättert brillant im Album sozialistischer Charaktere.

Komödie ums Geld / Komedie om geld ∗∗∗

NL 1936 – 80 Min. sw. – R: Max Ophüls. D: Herman Bouber, Matthieu van Eysden, Rini Otte, Cor Ruys.

Tragikomödie. Ein unbedarfter Bankbote wird, nachdem er zunächst in Betrugsverdacht geriet, zum Chef eines internationalen Finanzkonsortiums bestimmt; doch nach vielen Verwicklungen zeigt sich, daß ein ehrlicher Mann den Notwendigkeiten des Geldgeschäfts nicht gewachsen ist; ein Film voll hintersinniger Ironie; eine Komödie im Milieu kleiner Leute, die nicht ernsthaft Schaden nehmen.

Kompanie der Knallköppe FLOP

BRD 1971 – 95 Min. – R: Rolf Ohlsen. D: Eddi Arent, Ilja Richter, Kurt Nachmann, Ruth Stephan.

Militärklamotte. Zwei abgebrannte Handelsvertreter sorgen dafür, daß eine Gebirgsjägereinheit in Oberbayern schlecht dasteht. Der öde Filmspaß blödelt einfallslos seine Kalauer herunter.

Kompanie, stillgestanden FLOP

DK 1976 – 84 Min. – R: Carl Ottosen. D:

Paul Hagen, Carl Ottosen, Ove Sproggoe, Anja Owe.
Klamaukfilm. Der kleine Zirkusjunge Nat und sein Freund Fido, der Bär, schließen sich den Soldaten an. Plumpe Militärklamotte ohne Witz und Verstand.

Die Komplizen TV-Film
BRD 1985 – 100 Min. – R: Stanislav Barabas. D: Günter Lamprecht, Claudia Amm, Kurt Raab, Hilde Ziegler.
Ein Autofahrer begeht Fahrerflucht, nachdem ein mit Kindern besetzter Ferienbus ausbrannte; Polizei und ein Lynchkomitee sind hinter ihm her; spannende Simenon-Verfilmung ohne besondere Höhepunkte.

Komplizinnen TV-Film
BRD 1987 – 114 Min. – R: Margit Czenki. D: Pola Kinski, Therese Affolter, Gerlinde Eger, Marianne Rosenberg, Ilse Pagé, Edith Teichmann.
Frauenfilm. Eine wegen Bankraubs verhaftete junge Frau verändert sich und die Haftbedingungen durch Kommunikation mit den Leidensgenossinnen; als Psychogramm überzeugender Frauen- und zugleich Justitzfilm, dessen Vielfalt der Stilmittel verwirrt; auf spannende Art jenseits von Routine und engagierter Autorenfilm; die Filmemacherin verarbeitete in ihrem Erstlingswerk eigene Erfahrungen.

Das Komplott TV-Film
BRD – 90 Min. – R: Dieter Wedel. D: Andrea Jonasson, Wolfgang Wahl, Herbert Mensching, Monika Peitsch.
Thriller um einen Bauskandal und eine mutige Reporterin, die aus Eigeninteresse und Journalistenpflicht ins Wespennest sticht. Auch die Love-Story fehlt nicht in diesem effektsicheren Fernsehfilm. Nach dem Drehbuch des Regisseurs.

Konflikt / Tatort Springfield / Conflict ** ½
USA 1945 – 86 Min. sw. – R: Curtis Bernhardt. D: Humphrey Bogart, Alexis Smith, Sydney Greenstreet.
Schwarzes Melodram. Bogart als Frauenmörder in unhaltbarer Lage, sein »perfektes« Verbrechen stellt sich als stümperhaft heraus. Der düstere Film des deutschen Filmemigranten Bernhardt (»Sirocco«) verfolgt spannend und plausibel die Stationen der Aufklärung.

Konfrontation ***
CH 1974 – 110 Min. sw. – R: Rolf Lyssy. D: Peter Bollag, Gert Haucke, Marianne Kehlau, Hilde Ziegler, Wolfram Berger.
Zeitdokument. Der Film schildert in halbdokumentarischem Stil die Geschichte des jüdischen Medizinstudenten Frankfurter, der 1936 den Landesleiter der NSDAP, Gustloff, in Davos erschossen hat. Dabei werden nicht nur die Motive des Attentäters, sondern auch die Gegenpositionen mit einbezogen. Ein diskursiver problemorientierter Film; kritische Auseinandersetzung mit einem Stück verdrängter Vergangenheit.

Der Kongreß amüsiert sich / Le congress s'amuse * ½
BRD/A/F 1965 – 96 Min. – R: Géza von Rádványi. D: Lilli Palmer, Curd Jürgens, Hannes Messemer, Paul Meurisse.
Historienfilm. Darstellung der Politik Metternichs auf dem Wiener Kongreß, wie Fritzchen sich alles vorstellt; trotz oder wegen Großaufwands klamottennah.

Der Kongreß tanzt ***
D 1931 – 85 Min. sw. Ⓥ Ufa. – R: Erik Charell. D: Lilian Harvey, Willy Fritsch, Otto Wallburg, Conrad Veidt, Carl-Heinz Schroth, Lil Dagover.
Kostümkomödie. Die Geschichte der großen Liebe der kleinen Handschuhmacherin Christel zum Zaren von Rußland. Brillantes Musical, gemixt aus Kitsch, großen Roben, Wiener Schmäh, Ballzauber und Werner-Richard-Heymann-Schlagern (»Das gibt's nur einmal«). Ein Lustspielklassiker. Schwaches Remake von Franz Antel 1955.

Der Kongreß tanzt **
BRD/A 1955 – 101 Min. – R: Franz Antel. D: Johanna Matz, Rudolf Prack, Karl Schönböck, Oskar Sima, Gunther Philipp, Hans Moser, Hannelore Bollmann, Josef Meinrad, Marte Harell.
Komödie. Remake des Klassikers von 1931 um den Zaren Alexander I., dem eine junge Wienerin näherstand als die

Politik des Wiener Kongresses; ohne den Charme des Originals.

König Ballermann / 99 and 44 / 100 % Dead FLOP

USA 1974 – 95 Min. – R: John Frankenheimer. D: Richard Harris, Edmond O'Brien, Bradford Dillman, Ann Turkel, Chuck Connors.

Gangsterfilmpersiflage. Zwei gemietete Killer sollen die Rivalitäten zwischen den beiden Banden stellvertretend austragen; die Gewalt- und Horroreffekte sind maßlos übertrieben und wenig spaßig; idiotisches Spektakel.

Der König der Bastille

siehe: Der Mann mit der eisernen Maske

Der König der Bernina *

A/CH 1957 – 93 Min. – R: Alfred Lehner. D: Helmuth Schneider, Waltraut Haas, Walter Janssen, Franz Messner, Heinrich Gretler, Ellen Schwiers.

Heimatfilm. Ein heimgekehrter Schmied und Büchsenmacher sucht soziale Anerkennung im Dorf, indem er sich für den Naturschutz im Hochgebirge einsetzt; als sich das Pfarrerstöchterlein in ihn verliebt, agieren die bösen Wilderer immer schneller; unfreiwillig komische Dörflerklamotte und steif abfotografiertes Bauerntheater, in dem die Imitate der Bauernmöbel beweglicher sind als die Schauspieler.

König der Eidechsen TV-Film

BRD – 75 Min. sw. – R: Andreas Piontkowitz, B: Klaus Flemmer, Andreas Piontkowitz. D: Martin Plass, Harald Kleber, Manfred Köhler, Cornelia Caballe.

Als die Steinbüste am Grab des Rocksängers Jim Morrison gestohlen wird, beschließen zwei deutsche Fans, eine neue zu modellieren und damit nach Paris zu pilgern; ihre Reise und ihre Träume von Freiheit und Musik beschreibt der Film aus kritischer Fanperspektive; darstellerisch schwach, aber mit ironischem Witz und Sinn für schöne Bilder inszeniert.

König der Freibeuter / The Buccaneer ** ½

USA 1958 – 114 Min. – R: Anthony Quinn. D: Yul Brynner, Charlton Heston, Claire Bloom, Charles Boyer.

Piratenfilm. Degen klirren, Schiffe werden geentert – die Engländer stehen vor New Orleans. Ein prächtiger Swashbuckler-Film mit großer Besetzung. Letzte Produktion des grandiosen Cecil B. DeMille, der das Original 1938 selbst inszenierte.

König der Kinder / Hai zi wang ***

VR China 1987 – 101 Min. – R: Chen Kaige. D: Xie Yuan, Yang Xuewen, Chen Shaohua.

Zeitkritischer Film. Ein junger Lehrer wird in einer Dorfschule angestellt, wo er die Zuneigung der Bauernkinder gewinnt, doch die Abneigung des herrschsüchtigen Schulleiters erfährt. Der exemplarische Film über die Zeit der chinesischen Kulturrevolution zwischen 1966 und 1974 schildert ruhig und genau den Konflikt eines zerrissenen Landes.

König der Könige / King of Kings ***

USA 1960 – 154 Min. – R: Nicholas Ray. D: Jeffrey Hunter, Siobhan McKenna, Hurd Hatfield, Ron Randell, Robert Ryan.

Jesus-Film. Eine der eigenwilligsten Bibelverfilmungen, die sich vor allem durch eindrucksvolle Fotografie (ungewohnte Kameraperspektiven) von anderen pompösen Bibelschinken Hollywoods abhebt; eher illustrativ als erhellend, doch mit anrührenden Höhepunkten.

König der Piraten / Raiders of the Seven Seas ** ½

USA 1953 – 84 Min. – R: Sidney Salkow. D: John Payne, Donna Reed, Gerald Mohr, Anthony Caruso, Lon Chaney jr., Henry Brandon.

Piratenfilm. Marokko im 17. Jahrhundert: Kapitän Barbarossa hat fluchtartig des Sultans Palast verlassen, um seinen Kopf zu retten. Er besorgt sich ein neues Schiff und eine neue Mannschaft, und auf geht's in die Karibik, das Mekka der Seeräuber; mit der Gräfin Alida kapert er sich dort ein Heiratsobjekt; flottes Filmabenteuer, in dem die Totenkopfflagge der Freibeuter noch munter flattert.

König der Spaßmacher / Merry Andrew ∗∗
USA 1957 – 103 Min. – R: Michael Kidd. D: Danny Kaye, Noël Purcell, Pier Angeli, Baccaloni, Robert Coote.
Musikkomödie. Ein Lehrer mit Interesse für die Archäologie hat auch ein Faible für den Zirkus und insbesondere für eine Artistin; heitere Unterhaltung mit einem stark gebremsten Kaye.

König der Toreros / Blood and Sand ∗∗∗
USA 1941 – 123 Min. – R: Rouben Mamoulian. D: Tyrone Power, Rita Hayworth, Linda Darnell, Anthony Quinn, John Carradine, Alla Nazimova.
Melodram. Ein ehrgeiziger Junge verläßt Heimatstadt Sevilla und Jugendliebe und kämpft sich als Torero nach oben; er begegnet einer verführerischen Schönheit. Remake eines Rudolph-Valentino-Stummfilms; feinfühlig inszenierte Romanze, in erlesenen Farben fotografiert, mit einem großartigen Power.

König Drosselbart / Král drozdi brada ∗∗
ČSSR/BRD 1984 – 95 Min. Ⓥ Taurus. – R: Miloslav Luther. D: Adriana Tarábková, Lukás Vaculik, Marian Labuda.
Märchenfilm. Von ihrer Schönheit überwältigt, wirbt Prinz Michael um Prinzessin Anna, aber die ist zu stolz für seine Angebote; da greift Michael zu einer List. Das bekannte Märchen um Hochmut, List und Liebe serviert der Film in schönen Bildern, bunten Kostümen und mit viel Zeitkolorit.

König für einen Tag TV-Film
BG – 85 Min. – R: Nikolai Volev. D: Todor Kolev, Yordanka Stefanova, Stoyan Gudev.
Auf der Flucht vor dem Steuereintreiber verpraßt ein bulgarischer Kleinbauer in der Stadt Hab und Gut; pralle Komödie.

Ein König in New York / A King in New York ∗∗∗
GB 1957 – 105 Min. sw. Ⓥ atlas forum. – R: Charles Chaplin. D: Charles Chaplin, Dawn Addams, Oliver Johnston, Maxine Audley, Harry Green, Michael Chaplin.
Chaplin-Melodram. Scharfe Satire auf den »American Way of Life« der fünfziger Jahre mit Gesinnungsschnüffelei, Ausländerfeindlichkeit, Antisemitismus und falschem Patriotismus. Von Chaplin als König im Exil urkomisch, aber auch wehmütig, polemisch und prophetisch gespielt und inszeniert.

König Salomons Diamanten / King Solomon's Mines ∗∗∗
USA 1950 – 98 Min. – R: J. Compton Bennett, Andrew V. Marton. D: Deborah Kerr, Stewart Granger, Richard Carlson.
Abenteuerfilm. Eine Frau sucht in Begleitung eines Großwildjägers ihren Mann, der auf der Suche nach einer Diamantenmine im Busch verschollen ist. Ein spannender Film mit herrlichen Naturaufnahmen und ethnographisch interessanten Details.

Der König und die Tochter des Schäfers ∗∗ ½
IR – 75 Min. – R: Malak Khazai. D: Mohammad Nadji, Shahla Mir Bakhtiar, Zamanpour, Sami Tahassoni.
Märchenfilm. Ein junger Schah will kurz nach der Hochzeit die Klugheit seiner Frau, einer Schäferstochter, auf die Probe stellen; sie muß drei äußerst schwere Aufgaben lösen. Ein lehrreicher Film in prächtigen Farben über Hochmut, Demut und Liebe.

König von Hawaii / Diamond Head ∗ ½
USA 1962 – 107 Min. Ⓥ RCA Columbia. – R: Guy Green. D: Charlton Heston, Yvette Mimieux, George Chakiris, James Darren, France Nuyen.
Melodram. Obwohl ein politisch ambitionierter US-Macho eine Hawaii-Schönheit liebt, dreht er durch, als seine Schwester an die Heirat mit einem Nichtweißen denkt; müdes Antirassismusspektakel vor üppiger Südseekulisse.

Der König von Marvin Gardens / The King of Marvin Gardens ∗∗ ½
USA 1972 – 104 Min. – R: Bob Rafelson. D: Jack Nicholson, Bruce Dern, Ellen Burstyn, Julia Anne Robinson.
Liebesdrama. Blendend fotografiertes, gespieltes (Burstyn!) und auch inszeniertes Drama um die Rivalität zweier Brüder in privaten und finanziellen Manö-

vern. Beste Hollywood-Unterhaltungskost.

Der König von Texas / American Empire ** ½

USA 1942 – 82 Min. sw. – R: William McGann. D: Preston Foster, Richard Dix, Leo Carrillo, Frances Gifford.

Western. Zwei Bürgerkriegsveteranen versuchen sich, zunächst erfolglos und mit Schwierigkeiten, als Rinderzüchter und Begründer einer Großranch; gut fotografierter, routinierter Herden-Western.

Königin Christine / Queen Christina ***

USA 1933 – 93 Min. sw. – R: Rouben Mamoulian. D: Greta Garbo, John Gilbert, Ian Keith, Lewis Stone.

Greta-Garbo-Film. Düsteres Kolossalgemälde aus Schwedens Geschichte um die exzentrische, friedensliebende Queen, die ihr Volk verläßt und einem spanischen Gesandten in die Liebe folgt. Mit diesem stimmungsvollen und reich inszenierten Melodram erreichte die Garbo den Höhepunkt ihres Weltruhms und zog Partner Gilbert mit an die Spitze.

Königin der Berge / Cattle Queen of Montana * ½

USA 1954 – 85 Min. – R: Allan Dwan. D: Barbara Stanwyck, Ronald Reagan, Gene Evans.

Western. Barbara Stanwyck, in Lederhemd und Fransen, kämpft als »Sierra Nevada«, unterstützt von Ronald Reagan, gegen Viehdiebe, Indianer und anderes Gesindel. Konventionell gemachter Western mit patriotischen Tönen.

Könige der Sonne / Kings of the Sun **

USA 1963 – 124 Min. – R: J. Lee Thompson. D: Yul Brynner, George Chakiris, Shirley Anne Field, Richard Basehart.

Abenteuerfilm. Indianer unter sich. Die Mayas kämpfen in Nordamerika gegen die Rothäute von Häuptling »Schwarzer Adler«. Dann rücken die Azteken an. Glanzvolles Yul-Brynner-Abenteuer mit Pfeil, Bogen und Liebe.

Königin Kelly / Queen Kelly ***

USA 1928 – 120 Min. sw. – R: Erich von Stroheim. D: Gloria Swanson, Walter Byron, Seena Owen.

Melodram. Liebe und Lust, die dekadente k.u.k. Monarchie, soziale Klassenkonflikte und freche Amoralität: die Themen Stroheims in diesem üppigen Meisterwerk, das Handlung optisch suggestiv präsentiert, auf den Höhepunkt gebracht.

Königin Luise ** ½

BRD 1956 – 105 Min. – R: Wolfgang Liebeneiner. D: Ruth Leuwerik, Dieter Borsche, Bernhard Wicki, René Deltgen, Hans Nielsen, Peter Ahrens.

Ausstattungsfilm. Episoden aus dem Leben der volkstümlichen Preußenkönigin, deren Einfluß die Politik unter Friedrich Wilhelm II. stabilisierte; nicht sehr authentisch, aber mit viel Aufwand gekonnt inszeniert; mit einem der Traumpaare des deutschen Films.

Königliche Hochzeit / Royal Wedding ** ½

USA 1951 – 89 Min. auch OoU. – R: Stanley Donen. D: Fred Astaire, Jane Powell, Sarah Churchill, Peter Lawford.

Tanzfilm. Während in London die Vorbereitungen für die Hochzeit von Prinzessin Elisabeth und Prinz Philipp getroffen werden, tanzen Fred Astaire und Jane Powell »Sunday Jumps« und andere Stepnummern. Schwungvoll.

Königliche Hoheit **

BRD 1953 – 102 Min. – R: Harald Braun. D: Dieter Borsche, Ruth Leuwerik, Lil Dagover, Rudolf Fernau.

Historischer Operettenfilm. Im Herzogtum Grimmburg begegnen sich eine amerikanische Millionärstochter und ein blasierter Prinz. Nach etlichen Mißverständnissen und Intrigen gibt es in diesem flott gespielten und sogar witzigen Trivialfilm ein kaum überraschendes Liebesglück.

Des Königs Admiral / Captain Horatio Hornblower ***

USA 1950 – 112 Min. – R: Raoul Walsh. D: Gregory Peck, Virginia Mayo, Robert Beatty.

Abenteuerfilm. Farbiges Spektakel mit genreüblichen Segelschiff-Karambolagen, Säbelgefechten und melodramatischer Seemannsliebe zwischen Captain Hornblower (dem historischen Lord Nelson nachempfunden), der um 1807 geheime Kreuzfahrten gegen Napoleons Seeflotte fährt, und Lady Barbara, der Nichte des Herzogs von Wellington. Perfekte Unterhaltung, spannender Wellenschlag.

Des Königs Dieb / The Kings Thief ** ½

USA 1956 – 75 Min. – R: Robert Z. Leonard. D: George Sanders, David Niven, Ann Blyth, Edmund Purdom, Roger Moore.

Abenteuerfilm. Historischer Kostümfilm aus dem 17. Jahrhundert, um Liebe, Haß und Ränke am Hof König Charles' II.; Galabesetzung; 007-Moore in einer frühen Nebenrolle, farbenprächtig und amüsant, ein Griff in die bunte Ausstattungskiste.

Königsmark / Koenigsmark **

F/I 1952 – 94 Min. sw. – R: Solange Terac. D: Jean-Pierre Aumont, Silvana Pampanini, Renée Faure, Rolando Lupi.

Kostümabenteuer. Der jugendliche Paul kommt als Erzieher in das Herzogtum Lauenburg und ist von der Schönheit der jungen Fürstin beeindruckt; die Dame ist allerdings in Machtkämpfe und Intrigen mit ihrem Herzog verstrickt. Moritat in Schwarzweiß.

Das Königsstechen TV-Film

BRD – 95 Min. – R: Gedeon Kovács. B: Thomas Strittmatter. D: Sigfrit Steiner, Trude Breitschopf, Manfred Steffen, Georg Lehn.

Ein Altenheim soll abgerissen werden, doch für zwei Junggesellen ergeben sich andere Interessen: Sie wollen Nichte und Neffen beim sogenannten »Königsstechen« zur Fastnacht verkuppeln; da erkrankt der alte Torsten, und alles wird anders. Der toll gespielte (Steiner in seiner letzten Rolle), mit bizarren Details glänzende, originelle Film überzeugt durch menschliche Wärme.

Königstiger vor El Alamein / La battaglia di El Alamein **

I/F 1968 – 86 Min. Ⓥ VPS. – R: Calvin Jackson Padget. D: Robert Hossein, Frederick Stafford, Michael Rennie, George Hilton, Enrico Mario Salerno, Ira von Fürstenberg.

Kriegsfilm. Die Truppen des »Wüstenfuchses« Rommel geraten 1942 vor El Alamein in eine Falle; für Freunde ewig gleicher Wüstenkriegsabenteuer.

Königswalzer **

D 1935 – 80 Min. sw. Ⓥ Toppic. – R: Herbert Maisch. D: Heli Finkenzeller, Willi Forst, Paul Hörbiger, Curd Jürgens, Carola Höhn.

Romanze. Volkskönig Max II. regiert zur Biedermeierzeit populär und patriarchalisch. An seinem Hof hält ein österreichischer Offizier um die Hand von Prinzessin »Sissy« an, aber in fremdem Auftrag. Turbulenzen ergeben sich dabei von selbst, und der Film macht sie melodisch mit.

Königswalzer * ½

BRD 1955 – 87 Min. Ⓥ Polyband/Toppic. – R: Viktor Tourjanski. D: Marianne Koch, Michael Cramer, Linda Geiser, Joe Stöckel.

Hofschnulze. Im Jahr 1852 kommt ein frecher Leutnant in Sondermission nach München, um für seinen Kaiser Franz Joseph beim Bayernkönig um dessen Nichte Sissy zu werben. Das Remake des Forst-Klassikers von 1935 fügt dem Original in keiner Hinsicht Neues hinzu; noch verschnulzter als die Vorlagen-Romanze.

Konrad oder das Kind aus der Konservenbüchse ** ½

BRD 1982 – 77 Min. – R: Claudia Schröder. D: Daniel Thorbecke, Alexandra Degen, Violetta Ferrari, Heinz Schubert.

Jugendfilm. Eines Tages bekommt die alleinstehende Malerin Bartoletti ein Paket mit einer Konservenbüchse, der ein siebenjähriger Junge entsteigt: Witziger Fantasyfilm um ein Retortenkind. Nach einem Roman von Christine Nöstlinger.

Der Kontrakt des Zeichners / The Draughtman's Contract ***

GB 1982 – 105 Min. – R: Peter Greenaway. D: Anthony Higgins, Janet Suzman, Dave Hill, Anne Louise Lambert.

Gesellschaftsstudie. Im Jahr 1694 zeichnet der Maler Neville einen Herrensitz und erhält zum Lohn die Frau des abwesenden Landlords; seine Arbeit nimmt einen Verlauf, an dessen Ende zwei Leichen zu beklagen sind. Brillantes Filmrätsel des Avantgardefilmers Greenaway, mit intelligenter und amüsanter Filmsprache und origineller Form.

Konzert für Alice TV-Film
CH 1986 – 87 Min. – R: Thomas Koerfer. B: Lew und Alexander Schargorodski, Thomas Koerfer. D: Beate Jensen, Towje Kleiner, Anne-Marie Blanc.
Ein russisch-jüdischer Emigrant, Exflötist, wird vom Flötenspiel einer Straßenmusikantin verzaubert; er verspricht ihr ein Solokonzert. Ein verträumter Film von seltener Übereinstimmung in Bild, Wort und Musik (Louis Crelier).

Konzert für die rechte Hand TV-Film
BRD 1987 – 80 Min. – R, B: Michael Bartlett. D: Miklos Königer, Henry Akina, Sushila Day.
Ein Müllmann findet eine Schaufensterpuppe und nimmt sie mit zu sich; den rechten Arm der Puppe, die er wie eine Lebensgefährtin behandelt, hat ein anderer; eine hinterhältige, eigenwillig dargestellte Tragikomödie mit makabrem Ende.

Kopenhagen – Mitten in der Nacht / Midt om natten ** ½
DK 1984 – 127 Min. – R: Erik Balling. D: Kim Larsen, Erik Clausen, Brigitte Raaberg, Holger Boland.
Zeitkritischer Milieufilm. Zwei Freunde, seit eh und je ohne Arbeit und Wohnung, besetzen eine leerstehende Fabrik; Gleichgesinnte gesellen sich dazu, die Kolonie »Havaje« entsteht; die Öffentlichkeit sieht das gar nicht gern, es gibt Ärger. Der mutige Film aus der Alternativszene zeichnet im flotten Inszenierungsstil des Regisseurs Balling die Story des »Freistaates Christiana« in Kopenhagen nach, der für viele Aussteiger zum Exil wurde.

Kopf oder Zahl / Pile ou face ** ½
F 1980 – 100 Min. – R: Robert Enrico. D: Philipe Noiret, Michel Serrault, Dorothée, André Falcon, Jean Desailly.
Psychokrimi. Subtiler Ehekrimi um einen frustrierten Mann, der seine Frau aus dem Fenster stößt und nur vom Polizeikommissar verdächtigt wird. Feine, unspektakuläre Psychostudie über die Winkelzüge des Lebens und des Gesetzes.

Kopfgeld: ein Dollar
siehe: An seinen Stiefeln klebte Blut

Der Kopfgeldjäger – Action Man / Bare Knuckles – FLOP
USA 1975 – 89 Min. – R: Don Edmonds. D: Robert Viharo, Michael Heit, Sherry Jackson, Gloria Hendry, John Daniels.
Thriller. 15 000 Dollar Belohnung locken einen Kopfgeldjäger auf die Spur eines wahnsinnigen Frauenmörders; als er dessen Namen kennt, sucht er die Konfrontation; schlecht motivierter, inszenierter und gespielter Brutalo der dümmsten Sorte.

Der Kopfgeldjäger / Reward TV-Film
USA 1980 – 78 Min. – R: E. W. Swackhamer. D: Micheal Parks, Annie McEnroe, Richard Jaeckel, Bridget Hanley.
Ein Polizist gibt seine Stellung auf, um die Mörder seines Freundes zu finden; originelle Story aus dem Drogenmilieu von San Francisco, spannend erzählt die Entwicklung vom Cop zum Kopfgeldjäger.

Kopfüber in die Nacht / Into the Night ** ½
USA 1985 – 115 Min. – R: John Landis. D: Jeff Goldblum, Michelle Pfeiffer, David Bowie, Dan Aykroyd, Roger Vadim, Don Siegel, Frank Arnold, John Landis.
Krimikomödie. Ein Flugzeugingenieur, der nachts nicht mehr schlafen kann, bricht eines Tages aus der Ehe aus nach Las Vegas – Stadt der Schlaflosen; dort kommt er jedoch nicht an, denn unterwegs wird er in eine aberwitzige Hetzjagd auf Leben und Tod hineingezogen. Der zwischen knallharter Action und absurdem Humor balancierende Film von Landis (»Blues Brothers«) häuft Gag auf Gag und versammelt ein erstaunliches Ensemble seiner Regisseurskollegen in Nebenrollen.

Kora Terry **
D 1940 – 103 Min. sw. – R: Georg Ja-

coby. D: Marika Rökk, Will Quadflieg, Josef Sieber, Will Dohm, Ursula Herking.
Varietéfilm. Marika Rökk spielt in einer Doppelrolle die zwei ungleichen Schwestern Mara und Kora Terry, die sich äußerlich gleichen wie ein Ei dem anderen. Sie lieben beide denselben Mann, den Geiger Will Quadflieg, bis plötzlich, nach einer Auseinandersetzung, eine der beiden tödlich verunglückt. Exotischer Krimi aus dem Varietémilieu mit einer schauspielerisch dilettantischen Marika Rökk als »Stimmungskanone«. Den Schlager »Für eine Nacht voller Seligkeit« komponierte Peter Kreuder.

Das Korn ist grün / The Corn Is Green *** ½
USA 1945 – 114 Min. sw. – R: Irving Rapper. D: Bette Davis, Nigel Bruce, John Dall, Joan Lorring, Rhys Williams, Rosalind Ivan.
Melodram. Eine ältliche Lehrerin aus Überzeugung und Leidenschaft gründet gegen alle Widerstände in einer Zechenstadt in Wales eine Schule und ermöglicht ihrem Lieblingsschüler ein Unistudium; ein anrührender, bewegender, sehr menschlicher Film, der ebensosehr vom authentischen Lokalkolorit wie von Bette Davis' spröder Schauspielkunst lebt.

Das Korn ist grün / The Corn Is Green TV-Film
USA 1978 – 89 Min. – R: George Cukor. D: Katharine Hepburn, Patricia Hayes, Toyah Wilcox.
Eine altjüngferliche Frau erbt in Wales ein Haus; ihr Leben verändert sich vollends, als sie für die vernachlässigte Dorfjugend eine Schule gründet; eine hervorragende Hepburn in einem sympathischen, optimistischen Film.

Kornelia TV-Film
BRD 1984 – 80 Min. – R: Wilm ten Haaf. D: Ruth-Maria Kubitschek, Hans Caninenberg, Klaus Höhne.
Das Bühnenstück »Clic-Clac« von Jaroslaw Abramow-Newerly war in Polen ein Riesenerfolg, die deutsche Verfilmung hat die politische Brisanz entschärft. Buntes Treiben um eine kapriziöse Dame und ihre drei Verflossenen.

Die Körperfresser kommen / Invasion of the Body Snatchers * ½
USA 1977 – 111 Min. – R: Philip Kaufman. D: Donald Sutherland, Brooke Adams, Leonard Nimoy, Jeff Goldblum.
Science-fiction-Film. Der Mensch ist von innen bedroht, unerklärliche Mikroorganismen zerstören die Körper der Leute. Schwaches Remake des gleichnamigen Horrorthrillers von Don Siegel aus dem Jahr 1956.

Der Korporal in der Schlinge / Le caporal épinglé **
F 1962 – 93 Min. sw. – R: Jean Renoir. D: Jean-Pierre Cassel, Claude Brasseur, Claude Rich, Cornelia Froboess.
Zeitkritischer Film. Zwei Soldaten und ein Korporal fliehen im Juni 1940 aus einem Lager für französische Kriegsgefangene; die Umwege bis dahin und darüber hinaus schildert der realistische, genau beobachtende Film von Renoir (»Die große Illusion«) in einer am Episodischen orientierten Erzählweise.

Der Korridor / Korridoren ** ½
S 1968 – 95 Min. – R,B: Jan Halldorff. D: Per Ragnar, Agneta Ekmanner, Ann Norstedt.
Arztfilm. Ein junger Doktor kann seine Ideale in einer Großklinik nicht realisieren und entscheidet sich für die Veterinärmedizin; eindrucksvolle Studie über die gesellschaftlichen Mängel der (schwedischen) Medizin; ein Arztfilm fast ohne Götter in Weiß.

Korruption im Justizpalast / Corruzione al palazzo di giustizia ** ½
I 1974 – 103 Min. – R: Marcello Aliprandi. D: Franco Nero, Fernando Rey, Martin Balsam, Mara Danaud.
Politthriller. Obwohl ständig in Skandale verwickelt, kann dem prominenten Industriellen nichts nachgewiesen werden. Seine Verbindungen zu höchsten Kreisen schützen ihn vor einer Verhaftung; schließlich deckt ein ehrgeiziger Richter einiges auf, das Personenkarussell kommt ins Rotieren, und am Ende bleibt die Frage, ob Korruption im Inneren durch äußere Veränderung beseitigt werden kann.

Der Korsar von Monte Forte / Il pirata dello sparviero nero * ½
I 1958 – 81 Min. – R: Sergio Grieco. D: Mijanou Bardot, Gérard Landry, Andréa Auréli, Nadia Grey.
Abenteuerfilm. Ein böser, mörderischer Thronräuber führt einen aussichtslosen Kampf gegen die Thronerbin und »den Korsaren«; mäßig spannendes Mantel-und-Degen-Stück.

Das Korsarenschiff / The Princess and The Pirate ***
USA 1944 – 94 Min. – R: David Butler. D: Bob Hope, Virginia Mayo, Walter Slezak, Walter Brennan, Victor McLaglen.
Komödie. Erfolgloser Wanderschauspieler verknallt sich in eine Prinzessin und besteht mit ihr auf der Flucht vor Piraten verrückte Abenteuer; ein ungewohnt selbstironischer, sehr komödiantischer Hope in seiner charakteristischen Rolle als hasenherziger, opportunistischer Maulheld in einer gagreichen, witzigen Piratenfilmparodie, in der auch Brennan und Slezak glänzen; für Hope-Kenner ein spezieller Schlußgag.

Die Kosaken kommen / Taras Bulba, il cosacco * ½
I 1963 – 105 Min. – R: Fernando Baldi. D: Wladimir Medar, Lorella de Luca, Jean- François Poron.
Kostümfilm. Der Sohn von Taras Bulba liebt eine polnische Prinzessin, sein Vater, der Kosakenoberst, und der Wikinger Hägar sind aus anderem Holz geschnitzt; mäßige Spannung.

Kostas, der Grieche / Kostas ** ½
AUS 1979 – 90 Min. – R: Paul Cox. D: Takis Emmanuel, Wendy Hughes, Kris McQuade, Tony Llewellyn-Jones, Amalia Vassiliades.
Melodram. Liebe und Ehe eines Griechen und einer Australierin stoßen auf Mißtrauen der Umwelt; trotz gewisser Tendenzen zur Rührseligkeit ernsthafte Auseinandersetzung mit Fragen der Toleranz und der Fremdenfeindlichkeit; Musik von Mikis Theodorakis.

Koyaanisqatsi ***
USA 1982 – 85 Min. – R: Godfrey Reggio.
Doku-Experimentalfilm. In schrecklich-schönen Bildern (Kamera: Ron Fricke) schwelgender Dokumentarfilm ohne Worte, aber mit viel Musik (von Philip Glass) über eine Prophezeiung der alten Hopi-Indianer aus dem Südwesten Nordamerikas, die weiße Rasse werde sich selbst vernichten, wenn sie die Natur zerstört. Ein faszinierender Film, der allerdings manchmal den ethnologischen Blick auf die Menschheitsgeschichte übertreibt und soziale Perspektiven vernachlässigt.

Der Krabben-Krieg / King Crab TV-Film
USA 1980 – 93 Min. – R: Marvin J. Chomsky. D: Barry Newman, Harold Gould, Jeffrey DeMunn, July Bovasso, Gail Strickland, Joel Fabiani.
Auseinandersetzungen in einer Krabbenfischerfamilie führen zum Krieg zweier ungleicher Brüder, der ein Happy-End findet; außergewöhnlich gute Besetzung und schwungvolle Regie in einem originellen Fernsehfilm.

Krach im Standesamt **
CH 1962 – 84 Min. sw. – R: Kurt Früh. D: Walter Roderer, Rudolf Platte, Waltraut Haas, Gardy Granass.
Komödie. Der größte Wunsch des Angestellten Pfannenstiel geht endlich in Erfüllung: Er kann Standesbeamter werden. Doch damit fängt das Tohuwabohu an – Beamtenkomik nach Schweizer Art.

Krach um Jolanthe ** ½
D 1934 – 99 Min. sw. – R: Carl Froelich. D: Marianne Hoppe, Olaf Bach, Marieluise Claudius, Albert Lieven.
Schwank. Ein Bauer bewahrt seine preisgekrönte Zuchtsau vor der Pfändung, indem er sie zu einem Festessen verarbeitet; vergnügliche Adaption des niederdeutschen Volksstücks von August Hinrichs.

Kraft des Gesetzes TV-Film
BRD 1968 – 80 Min. sw. – R: Rolf Hädrich. B: Henri Deblue, Rolf Hädrich. D: Max Eckard, Mila Kopp, Urs Bihler, Fred Tanner, Sigfrit Steiner.
Filmische Rekonstruktion einer authentischen Begebenheit in der Schweiz zur Zeit des Zweiten Weltkriegs; trotz Ab-

schaffung der Todesstrafe wird ein junger Mann wegen Mordes zum Tode verurteilt; ein anderer macht sich auf die Suche nach einem Henker; düstere, durch ihre Nüchternheit entsetzliche Studie.

Der Krähenbaum TV-Film
BRD – 103 Min. sw. – R: Frank Guthke. D: Christian Wendelmuth, Florian Schmidt-Foß, Holger Hartung, Ilona Grübel.
Die Geschichte dreier Familien, die im Kriegswinter 1942/43 männerlos und mit einem adoptierten jüdischen Kind zu überleben versuchen. Ein tragischer, eindringlicher Film um Widerstand und Menschenwürde in einer trostlosen Mitläuferzeit; nach dem gleichnamigen Roman von Mathias Schröder.

Kranke Männer ∗∗
BRD 1985 – 51 Min. – R, B: Otmar Hitzelberger. D: Karl Heuer, Michael Tonke, Manfred Stelzer.
Autorenfilm. Fünf Patienten der chirurgischen Abteilung vertreiben sich die Zeit durch eine Wettannahmestelle. Humor und Spaßiges im Alltag eines Hospitals.

Kreutzer ∗∗ ½
BRD 1979 – 90 Min. – R: Klaus Emmerich. D: Rüdiger Vogler, Axel Wagner, Jörg Hube.
Krimi. Der Hauptmann Kreutzer schmeißt seinen Job bei der Bundeswehr hin und setzt sich von der Truppe ab. Im Zug nach München wird er in eine blutige Bankraubaffäre verwickelt. Intelligent und subtil gemachter Reißer mit grotesken Elementen.

Kreutzersonate / Krejzerowa sonata ∗∗ ½
UdSSR 1987 – 149 Min. – R: Michail Schweizer. D: Oleg Jankowskij, Aleksandr Trofimow, Irina Selesnjowa.
Literaturverfilmung. In einem dunklen Eisenbahnwagen vertraut der Beamte Posdnyschew einem zufälligen Reisegefährten mit grausamer Aufrichtigkeit das Drama seines Lebens an: Seine durch die herrschende Moral völlig verzerrte Vorstellung von Liebe und Ehe ließ ihn zum Gattenmörder werden; das wird in den Rückblenden wenig kongenial ins Bild gesetzt; als Posdnyschew sehr intensiv: Oleg Jankowskij; nach Tolstoj.

Der Krieg der Eispiraten / The Ice Pirates ∗∗
USA 1980 – 91 Min. Ⓥ MGM/UA. – R: Stuart Raffill. D: Robert Urich, Michael D. Roberts, Anjelica Huston, Mary Crosby.
Science-fiction-Film. Eine galaktische Komödie mit Nonsensehumor: Kapitän Jason überfällt im Weltraum ein Transportschiff, dabei begegnet er einer entführten Prinzessin.

Der Krieg der Knöpfe / La guerre des boutons ∗∗∗ ½
F 1961 – 84 Min. sw. – R: Yves Robert. D: Petit Gibus, Pierre Trabaud, Jean Richard, Michel Galabru, Yvette Etiévant.
Jugendfilm. In der französischen Provinz beharken sich die Banden von Lebrac und Aztac mit allen nur erdenklichen Tricks; die anarchischen kindlichen Verhaltensweisen werden zum Spiegel der Erwachsenenwelt.Über die skurrile Unterhaltung hinaus deckt der Film die latente Gewalt in der Gesellschaft auf; der einfallsreich inszenierte Kinderfilmklassiker kann zugleich als Auseinandersetzung mit den Ideen der Französischen Revolution gesehen werden.

Krieg der Roboter / War of the Robots ∗ ½
I 1978 – 88 Min. – R: Al Bradly. D: Antonio Sabato, Yanti Somer, Melissa Long, Patricia Gore.
Science-fiction-Film. Ein Sicherheitssatellit fällt aus; schon landen halbhumanoide Roboter auf der Erde und kidnappen Forscher, die dem Geheimnis des ewigen Lebens nachspüren; doch schnell taucht ein mutiger Held auf; wenig intelligente und überzeugende Genreproduktion.

Krieg der Sterne / Star Wars ∗∗∗
USA 1977 – 121 Min. Ⓥ CBS / Fox. – R: George Lucas. D: Mark Hamill, Harrison Ford, Carrie Fisher, Peter Cushing, Alec Guinness, Anthony Daniels, Kenny Baker.
Fantasy-Film. Luke Skywalker und Genoss(inn)en treten zum Kampf gegen die

galaktischen Bösewichter um Darth Vader an, unterstützt von den Robotern R2D2 und C-3PO, einem computerisierten Laurel & Hardy-Gespann; computertechnisch überzeugender Genrekiller, der westernähnlichen Kriegsfilm mit melodramatischer Romanze und sterilem Sex and Crime verbindet; als »modernes Märchen« konzipierter und widerspruchslos akzeptierter Kultfilm, dessen Ideenarmut durch visuelle Brillanz übertüncht wird; Fortsetzung: »Das Imperium schlägt zurück«.

Der Krieg ist vorbei / La guerre est finie ∗∗∗ ½
F 1965 – 115 Min. sw. – R: Alain Resnais. D: Yves Montand, Ingrid Thulin, Geneviève Bujold, Dominique Rozan.
Politmelodram. Diego organisiert von Paris aus den antifaschistischen Widerstand gegen das Franco-Regime und gerät in eine Falle. Revolution als Utopie – ein Thriller über Hoffnungen, Ideale und Illusionen der Linken in den sechziger Jahren.

Der Krieg meines Vaters ∗∗∗
BRD 1984 – 60 Min. – R, B: Nico Hofmann. D: Hans-Joachim Grau, Gabriela Badura, Heiner Kollhoff.
Autorenfilm. Ein Junge, anfangs entflammt für die Hitlerjugend, verliert seine Begeisterung, als ihm die Mutter das Tagebuch des gefallenen Vaters zu lesen gibt. Mit kargen, teils dokumentarischen Mitteln trifft der Film Stimmung und Klima des Dritten Reiches. In einer sehr subjektiven, aber doch distanzierten Weise zeigt er den zerstörerischen Geist des Faschismus.

Krieg nach Noten / The Time, the Place and the Girl ∗∗
USA 1946 – 101 Min. sw. – R: David Butler. D: Dennis Morgan, Jack Carson, Alan Hale, Angela Greene.
Musikfilm. Zwei ehrgeizige Musiker wollen ein Musical inszenieren und einen Nachtklub eröffnen; ein Ölmagnat soll das nötige Kleingeld beisteuern, doch der hat ein Auge auf die Freundin des Sängers Steve geworfen; schmissig und musikalisch ansprechend, aber handlungsarm läuft das Unternehmen ab.

Krieg und Frieden / War and Peace ∗∗∗
USA/I 1956 – 190 Min. – R: King Vidor. D: Audrey Hepburn, Henry Fonda, Mel Ferrer, Vittorio Gassmann, Anita Ekberg, Jeremy Brett.
Literaturverfilmung. Adaption von Leo N. Tolstois Roman über die Gesellschaft des zaristischen Rußland zur Zeit der Napoleonischen Kriege; im Vergleich zu Bondartschuks Leinwandepos von 1966/67 für ein Historienspektakel eher zurückhaltendes Melodram; Tolstoi-Verstümmelung, die durch gute Darsteller und akzentuierte Dramaturgie gewinnt.

Krieg und Frieden / Wojna i mir ∗∗∗ ½
UdSSR 1966/67 – 1. Teil: 165 Min., 2. Teil: 95 Min., 3. Teil: 77 Min. – R: Sergej Bondartschuk. D: Ludmilla Sawelewa, Sergej Bondartschuk, Wjatscheslaw Tichonow, Oleg Tabakow, Irina Gubanowa, Anatol Ktorow.
Literaturverfilmung. Adaption von Leo N. Tolstois Roman in drei Teilen (»Petersburg tanzt«, »1812 – Napoleon vor Moskau«, »Moskau brennt«); mit mehr als hollywoodianischem Aufwand inszeniertes, grandioses Panorama des Moskau zu Beginn des 19. Jahrhunderts und Napoleons Feldzug gegen das Zarenreich; epische Filmtrilogie von beträchtlicher Werk- und Ausstattungstreue und bis in die Nebenrollen überlegt, wenn auch oft theatralisch besetztes Historienabenteuer, dem auf der Mattscheibe rasch der große Atem ausgeht. Die Original-Spieldauer von fast acht Stunden wurde nicht sehr sensibel verkürzt; die TV-Fassung läuft in vier Folgen.

Krieg und Frieden ∗∗∗
BRD 1982 – 115 Min. – R, B: Heinrich Böll, Alexander Kluge, Volker Schlöndorff, Stefan Aust, Axel Engstfeld.
Zeitkritischer Episodenfilm. Ost und West bedrohen sich mit ständig wachsender Atomrüstung. Gehorsame Militärs, machtgierige Technokraten und unfähige Politiker ziehen an den Fäden. Der aus einer Mischung von Fiktion und Nichtfiktion bestehende, bestürzend realistische und witzig phantasievolle Kollektivfilm

renommierter deutscher Filmemacher zeigt einen gruseligen Blick hinter die Kulissen des Weltuntergangsgeschäftes.

Krieg zwischen Männern und Frauen / The War Between Men and Women ∗∗

USA 1972 – 107 Min. – R: Melville Shavelson. D: Jack Lemmon, Barbara Harris, Jason Robards jr., Herb Edelman.

Komödie. Gags und Situationskomik um einen eingefleischten Junggesellen, der schließlich doch eines Tages jener ungemein attraktiven Frau begegnet, die sein Leben auf den Kopf stellt.

Ein Kriegsende TV-Film

BRD 1984 – 85 Min. sw. – R: Volker Vogeler. D: Wigand Witting, Rüdiger Kirschstein, Michael Weckler, Eike Gallwitz.

Dramatisches Geschehen auf einem deutschen Minensuchboot 1945, das von der Kapitulationsnachricht überrascht wird; es kommt zu Aufstand, Meuterei und einem Gerichtsverfahren. Die literarische Filmerzählung nach Siegfried Lenz, der den Text im Off liest, bemüht sich um Distanz und historisch stimmige Atmosphäre.

Kriegsgericht ∗∗ ½

BRD 1958 – 81 Min. sw. – R: Kurt Meisel. D: Karlheinz Böhm, Christian Wolff, Klaus Kammer, Werner Peters, Hans Nielsen, Charles Regnier, Martin Benrath, Berta Drews, Carl Wery.

Kriegsdrama. Der deutsche Kreuzer »Pommern« wird 1942 von den Engländern versenkt, drei deutsche Überlebende werden gerettet. Doch ein sturer Kriegsgerichtsrat in der Heimat vermutet Fahnenflucht. Der Film breitet sein Thema mit dokumentarischen Mitteln sachlich, präzise und spannend aus.

Kriegsgesetz – der Tag kennt keine Gnade / Legge di guerra ∗∗

I/F/BRD 1961 – 87 Min. sw. – R: Bruno Paolinelli. D: Mel Ferrer, Peter van Eyck, Magali Noël, Jean Desailly.

Kriegsfilm. Partisanen sprengen 1943 in einem bosnischen Dorf ein deutsches Flugzeug in die Luft. Die deutschen Soldaten nehmen dreißig Geiseln und stellen ein Ultimatum. Oberflächliches Kriegsabenteuer – zeigt aber die Problematik wenigstens ansatzweise.

Kritische Jahre / Anni difficili ∗∗ ½

I 1948 – 90 Min. sw. – R: Luigi Zampa. D: Umberto Spadaro, Massimo Girotti.

Politfilm. 1934 wird ein kleiner Regierungsbeamter von seinem Chef dazu gedrängt, in die Partei Mussolinis einzutreten; eindrucksvolle Vergangenheitsbewältigung.

Die Krone des Lebens / Beloved Infidel ∗ ½

USA 1959 – 106 Min. – R: Henry King. D: Gregory Peck, Deborah Kerr, Eddie Albert.

Romanze. Ende der dreißiger Jahre trifft die junge englische Gesellschaftskolumnistin Sheila Graham in Hollywood auf F. Scott Fitzgerald; sie versucht erfolglos, ihn von seiner Trunksucht abzubringen; ein Film der Hollywood-Klischees; Peck fehlbesetzt.

Der Kronprinz TV-Film

H/A/BRD 1988 – 103 Min. – R: Miklos Szinetar. D: Istvan Hirtling, Adel Kovats, Istvan Avar, Pál Macsai, Alfred Reiterer.

Der sich authentisch gebende Film über den österreichischen Kronprinzen Rudolf und seine Geliebte Mary Vetsera, die 1889 auf Schloß Mayerling durch Freitod aus dem Leben schieden, bezieht in Rückblenden das Umfeld ein: Kaiser Franz Joseph I. und Kaiserin Elisabeth (Sissi), den Leibfiaker, die Kupplerin Frau Wolf und Biographisches über Rudolf und die Baronin Vetsera; großer Historienschinken mit einem Massenaufgebot an Komparsen.

Kronprinz Rudolfs letzte Liebe / Mayerling ∗∗

A 1955 – 100 Min. – R: Rudolf Jugert. D: Rudolf Prack, Christiane Hörbiger, Winnie Markus, Lil Dagover.

Kostümfilm. Zum erstenmal in seinem nicht mehr ganz jungen Leben verliebt sich der Prinz, doch der Papst und die Hofetikette sind gegen ihn; da bleibt nur noch ein tragischer Ausweg; stilvoll inszeniert, Heimatromanze mit Goldrand.

Ein Kuckuck im Nest TV-Film
BRD 1988 – 100 Min. – R: Michael Günther. D: Margret Homeyer, Edgar Bessen, Sabina Trooger, Peter Seum, Uschi Bour, Eva Kryll, Michael Kausch, Dagmar Biener, Joachim Tennstedt.
Etwas alberne Komödie um einen untreuen frischgebackenen Ehemann, der, wie sich am Ende herausstellt, treuer gar nicht hätte sein können; viel Klamauk um nichts.

Kugeln sind sein Autogramm / They Only Kill Once ** ½
USA 1967 – 85 Min. Ⓥ IMV/MGM/UA. – R: Brian G. Hutton. D: Telly Savalas, David McCallum, Stella Stevens, Rip Torn.
Actionfilm. Ein FBI-Agent hat den Auftrag, die Drogenquelle in Mexiko versiegen zu lassen, aus der sich die US-Großdealer versorgen; eine Kollegin mit vielfältigen Kontakten soll ihm helfen; spannender Superagententhriller von schießfreudiger Unwahrscheinlichkeit.

Kuhle Wampe oder Wem gehört die Welt *** ½
D 1932 – 70 Min. sw. – R: Slatan Dudow. D: Ernst Busch, Hertha Thiele, Martha Wolter, Adolf Fischer.
Sozialkritischer Film. Politisches Panorama des Proletarierlebens in der Weimarer Republik: Nöte und Arbeitsprobleme, Alltag in Mietskasernen und Schrebergärten. Nach dem Drehbuch von Brecht und Ottwald und mit der Musik von Eisler realisierte Filmkostbarkeit des sozialistischen Kinos.

Kühles Naß auf heißer Haut / Swim Team FLOP
USA 1980 – 76 Min. – R: James Polakov. D: James Daughton, Stephen Furst, Richard Young, Jenny Neumann, Buster Crabbe.
Teeniefilm. US-Schwimmteam bläst zum Großangriff auf den neuen naßforschen Trainer; das dümmliche Produkt gewährt zwar Einsichten, aber keine erinnernswerten.

Der kühne Schwimmer * ½
BRD 1957 – 89 Min. – R: Karl Anton. D: Susanne Cramer, Gunther Philipp, Gunnar Möller, Ruth Stephan, Boy Gobert, Walter Groß, Ursula Herwig, Franz Muxeneder.
Komödie. Ein Damenwäschefabrikant ärgert sich über seine Frauenscheu und darüber, daß er nicht schwimmen kann; gemeinsam mit einem Freund will er beides ändern; anspruchslose Klamotte mit einigen Altherrenzötchen, die das Staraufgebot kaum rechtfertigen.

K.u.K. Feldmarschall FLOP
A 1956 – 105 Min. – R: E. W. Emo. D: Rudolf Vogel, Francis Martin, Hans von Borsody.
Klamotte. Alberner Uniformschwank um ein verlottertes Regiment und einen pensionierten Hauptmann, der seinem Neffen zum Liebesglück verhilft.

Die Küken kommen FLOP
BRD 1985 – 92 Min. – R,B: Raoul Sternberg. D: Mark Altner, Frank Meyer-Brockmann, Hans Schödl, Joachim Bernhardt, Andreas Sportelli.
Anmacherfilm. Sechs vom Bund Entlassene, von ihren Freundinnen verfolgt, auf Abenteuersafari in München; über die schweinigelnde Niveaulosigkeit tröstet kaum hinweg, daß außer den Darstellern sowohl Autor-Regisseur als auch Kameramann absolute Nichtskönner sind.

Kung Fu: Die Tochter des Meisters / Wu Dang ** ½
VR China 1983 – 89 Min. – R: Sun Sha. D: Lin Quan, Zhao Changjun, Yang Yung, Tang Yali.
Karatefilm. Der temporeiche Actionfilm spielt im 19. Jahrhundert und entwickelt seine Story vor dem Hintergrund der latenten Feindschaft zwischen Chinesen und Japanern. Samurai tragen in China »Freundschaftskämpfe« aus und gebärden sich dabei als Herrenmenschen; das führt zu einer Auseinandersetzung Kung Fu contra Samurai: formal gelungenes Kampfballett von martialischer Anmut.

Die kupferne Hochzeit **
D 1948 – 92 Min. sw. – R: Heinz Rühmann. D: Hertha Feiler, Peter Pasetti, Sibylle von Gymnich, Hans Nielsen.
Komödie. Drei befreundete Ehepaare treffen sich am siebten Hochzeitstag, in allen Ehen kriselt es; stellenweise vergnüglicher Film, der spaßiger sein könnte.

Der Kurpfuscher / Znachor **
PL 1981 – 126 Min. – R: Jerzy Hoffman. D: Jerzy Binczycki, Anna Dymna, Tomasz Stockinger.
Melodram. Weil ihn seine Frau verläßt, beginnt der berühmte Chirurg und Professor zu trinken und endet als Landstreicher in der Gosse. Zum Glück kommt ihm auch das Gedächtnis abhanden. Gutes Mittelmaß.

Kurven-Lilly / Girl Happy ** ½
USA 1965 – 90 Min. – R: Boris Sagal. D: Elvis Presley, Shelley Fabares, Harold J. Stone, Gary Crosby.
Komödie. Elvis soll als Bandleader Rusty in Fort Lauderdale, der Hochburg des Rock 'n' Roll und der Teenagerflirtkultur der sechziger Jahre, auf die Tochter des Chicagoer Mobsters Frank aufpassen. Gags am laufenden Band, nur von Elvis-Songs unterbrochen. Vergnügliche Unterhaltung – perfekt inszeniert.

Kurz vor Schluß TV-Film
BRD – 85 Min. sw. – R: Jochen Kuhn. D: Michael Schmahl, Burkhard Hilgenstock, Nina Hoger, Arianne Knauf.
Visuell experimentierfreudiges, an große Vorbilder wie Tarkowskij (»Nostalghia«) erinnerndes Filmkunstwerk des Nachwuchsregisseurs Kuhn zum Thema Sinnkrise und Entfremdung in Liebesbeziehungen. Nach einem Drehbuch des Regisseurs.

Die kurze Nacht der Wahrheit / Notsch korotka ***
UdSSR 1981 – 75 Min. – R: Michail Belikow. D: Sergej Kanistschew, Edik Sobolew, Tatjana Kaplun, Lena Sereda.
Zeitkritischer Film. Der kleine Wanja wartet nach dem Ende des Zweiten Weltkriegs vergeblich auf die Rückkehr seines Vaters; schließlich macht er sich auf die Suche, ohne zu wissen, daß der Vater tot ist; Jahre später erfährt er die Wahrheit und bemüht sich, sie zu begreifen. Ein Kriegsfilm, obwohl die Waffen schweigen: Aber die Nachwirkungen schlagen vor allem der jungen Generation noch immer Wunden; beeindruckend.

Ein kurzer Film über das Töten / Krotki film o zabijanin ***
Pl 1988 – 82 Min. – R: Krysztof Kieslowski. D: Miroslaw Baka, Krystof Glabicz, Jan Tesarz.
Milieukritischer Gefängnisfilm. Ein junger Mann ermordet brutal einen Taxifahrer, dafür soll er gehängt werden. Die Vorbereitungen der Exekution schildert der Film minutiös, ohne emotionale Wertung, aber gerade deshalb erregend; mit dokumentarischem Gestus gestalteter Schrei nach Mitmenschlichkeit.

Kurzer Prozeß TV-Film
BRD 1969 – 95 Min. sw. – R: Michael Kehlmann. B: Michael Kehlmann, Carl Merz. D: Helmut Qualtinger, Gudrun Thielemann, Alexander Kerst, Bruni Löbel.
Ein Landpolizist gerät in Verdacht, den Raubüberfall auf ein Landpostamt verübt zu haben; er beteuert seine Unschuld, doch ein strafversetzter Inspektor bleibt hartnäckig; konventionell; überragend Qualtinger.

Ein kurzer Urlaub / Una breve vacanza / Las vacaciones ** ½
I/E 1973 – 106 Min. – R: Vittorio De Sica. D: Florinda Bolkan, Renato Salvatori, Daniel Quenaud, José Maria Prada.
Sozialkritischer Film. Eine kinderreiche Arbeiterin kann in einem Luxussanatorium Erholungsurlaub machen, eine Liebesepisode verändert ihr Bewußtsein; Film im Spätstil De Sicas, der ästhetischen Glanz kritischer Analyse vorzieht; dennoch sehr human.

Kurzgeschnitten / Postriziny ** ½
ČSSR 1980 – 94 Min. – R: Jiři Menzel. D: Jiři Schmitzer, Magda Vasaryová, Jaromir Hanzlik.
Milieukomödie. Ein junger Brauereiverwalter kann seine Verbesserungsideen nicht durchsetzen, aber seine energische und sinnenfrohe Frau macht Dampf. Als der Bruder des Mannes dazustößt, wirbelt einiges durcheinander. Menzels sympathische Komödie entwirft ein lockeres Bild der sozialistischen und der zwischenmenschlichen Verhältnisse.

Der Kuß / The Kiss **
USA 1929 – 60 Min. sw. Stf. – R: Jacques Feyder. D: Greta Garbo, Conrad Nagel, Anders Randolf, Lew Ayres.

Dreiecksgeschichte. Die Garbo, lasziv, überirdisch schön und unglücklich, ist mit einem spießigen, steifen Herrn verheiratet; sie verliebt sich in einen Anwalt und becirct einen Studenten in Paris; das verquälte Melodram endet mit Totschlag und einem Prozeß.

Der Kuß der Spinnenfrau / ∗∗∗ ½
Beijo da mucher arannha
Brasilien/USA 1985 – 124 Min. Ⓥ CBS / FOX. – R: Hector Babenco. D: William Hurt, Raul Julia, Sonia Braga, José Lewgoy, Milton Goncalves.
Politthriller. Zwei gegensätzliche Männer im verdreckten Gefängnis einer lateinamerikanischen Militärdiktatur: der eine Journalist und politischer Aktivist, der andere ein schwuler Schaufensterdekorateur; der Macho flüchtet sich in revolutionäre Utopien, der Homosexuelle in kitschige Kinoträume; als Film wird dabei ein alter Nazifilm eingespielt. Im Lauf der Geschichte, die zwischen Erinnerung, Traum und Realität changiert, nähern sich die beiden Protagonisten einander immer mehr an; kongeniale Mischung aus Politthriller, Kammerspiel und Gefängnisparabel; William Hurt erhielt für seine Darstellung einen Oscar; nach dem Roman von Manuel Puig.

Der Kuß der Tosca / ∗∗ ½
Il bacio di Tosca
CH 1984 – 85 Min. – R: Daniel Schmid.
Dokumentarischer Film. In der von Giuseppe Verdi gestifteten »Casa Verdi« in Mailand, einem Heim für alternde Opernkünstler, erzählen Insassen, darunter Stars der dreißiger Jahre, aus ihrem Leben und geben Proben ihres Alterskönnens; ein bewegendes Dokument, das durch Assoziationen und Reminiszenzen den Rahmen des Dokumentarfilms sprengt.

Der Kuß des Fremden / ∗∗
Stranger's Kiss
USA 1984 – 92 Min. – R: Matthew Chapman. D: Peter Coyote, Victoria Tennant, Blaine Novak.
Romanze. Geschichte um die Entstehung eines B-Films in den fünfziger Jahren mit einer richtigen Love-Story zwischen den Hauptdarstellern. Vergnügliches Film-im-Film-Melodram.

Küß mich, Dummkopf / ∗∗
Kiss Me, Stupid
USA 1964 – 121 Min. – R: Billy Wilder. D: Dean Martin, Kim Novak, Ray Walston, Felicia Farr.
Komödie. Frauenheld und Sonnyboy Dean Martin, im Film »Dino« genannt, trifft einen erfolglosen Schlagertexter, der ihn drängt, einen intensiven Blick auf seine Frau zu werfen; die unzüchtige Farce von Billy Wilder wurde bei ihrem Erscheinen als unmoralisch verdammt. Von hohem Unterhaltungswert.

Ein Kuß um Mitternacht / ∗∗ ½
That Midnight Kiss
USA 1949 – 93 Min. – R: Norman Taurog. D: Mario Lanza, Kathryn Grayson, José Iturbi, Ethel Barrymore.
Musikfilm. Eine junge Frau soll Opernsängerin werden, sie interessiert sich aber vor allem für einen jungen LKW-Fahrer, der Gold in der Kehle hat; freie Version einer geglätteten Autobiographie Lanzas, munter gesungen und gespielt.

Küsse, Kugeln und Kanaillen / Je suis un sentimental ∗∗
F/I 1955 – 92 Min. sw. – R: John Berry. D: Eddie Constantine, Bella Darvi, Olivier Hussenot, Paul Frankeur, Albert Rémy.
Eddie-Constantine-Film. Ein Mann wird unschuldig verurteilt, und Eddie leistet als Journalist Detektivarbeit. Er zieht den Hut, ehe er Kinnhaken serviert, und küßt die Blondine, wenn er sie trifft. Ein echter Constantine-Reißer mit Musette-Musik aus Paris.

L

L – Der Lautlose / ∗∗
The Liquidator
GB 1965 – 100 Min. – R: Jack Cardiff. D: Rod Taylor, Trevor Howard, Jill St. John, David Tomlinson.
Agentenpersiflage. Charmeur und Schwerenöter Boysie Oakes, der keiner Fliege etwas zuleide tun kann, wird in den britischen Geheimdienst aufgenommen mit dem heiklen Auftrag, politische Gegner am laufenden Meter zu liquidieren. Wie er mit diesem Dilemma fertig wird, erzählt dieser gagreiche Thriller, der seine Einfälle leider manchmal zu sehr auswalzt.

»L« ist nicht nur Liebe / ∗∗ ½
Windows
USA 1980 – 89 Min. – R: Gordon Willis. D: Talia Shire, Joseph Cortese, Elizabeth Ashley, Kay Medford, Michael Gorrin.
Thriller. Eine junge Frau wird zum Objekt perverser Begierde einer psychisch kranken Lesbierin; ein Polizeibeamter versucht rätselhafte Ereignisse zu klären; ein Film von makabrer Spannung mit beachtlichen Darstellern und einer psychologisch gut motivierten Pointe.

La Boum – die Superfete (Eltern unerwünscht) / La Boum ∗∗ ½
F 1980 – 105 Min. – R: Claude Pinoteau. D: Sophie Marceau, Claude Brasseur, Brigitte Fossey, Denise Grey.
Generationskomödie. Die 13jährige Vic hat Liebeskummer, und ihre Eltern haben eine Ehekrise. Parallel montiert der spritzige Film die Nöte der Generationen, verläßt sich ganz auf seine hinreißenden Darsteller und Dialoge und vermeidet mit Schwung klamottige Peinlichkeiten. Eine intelligente Sexhumoreske mit der (Bild-)Sprache von heute.

Das Labyrinth
siehe: Menschen ohne Seele

Labyrinth der Angst / FLOP
Phobia
CDN 1980 – 86 Min. – R: John Huston. D: Paul Michael Glaser, Susan Hogan, John Colicos, David Bolt, Patricia Collins.
Psychothriller. Ein junger Psychiater muß sich gegen den Vorwurf wehren, seine Therapie, Patienten durch Konfrontation mit ihren existentiellen Ängsten heilen zu wollen, sei gefährlich; gefährlich wohl mehr der dürftig-oberflächliche Freud-Aufguß und eine verdünnende Trivialpsychiatrie, die Vorurteile schürt; schauspielerische Leistungen fast durchweg indiskutabel.

Lach und wein mit mir / ∗∗ ½
Riding High
USA 1950 – 99 Min. – R: Frank Capra. D: Bing Crosby, Colleen Gray, Charles Bickford, Oliver Hardy.
Liebeskomödie. Pferdenarr liebt Frau und Pferd gleichermaßen; aus diesem Dilemma macht Bing Crosby einen herrlich komischen Konflikt und Regisseur Capra (»Ist das Leben nicht schön?«) einen gut konstruierten Film, in dem Hardy einen köstlichen Gastauftritt hat.

Die Lachbombe / Knock on Wood ∗∗ ½
USA 1954 – 99 Min. – R: Norman Panama. D: Danny Kaye, Mai Zetterling, Virginia Huston.
Agentenfilmparodie. Danny Kaye als Bauchredner und Puppenspieler begibt sich in psychiatrische Behandlung, als plötzlich Spione hinter ihm her sind. Lekkerbissen für die Fans des großen Komikers.

Der lachende Vagabund ∗ ½
BRD 1958 – 84 Min. – R: Thomas Engel. D: Fred Bertelmann, Susanne Cramer, Hans Nielsen, Ursula Herking, Bum Krüger.
Schlagerfilm. Sorgen wg. Liebe und Berufsstreß treiben zwei Männer durch die Lande – als Landstreicher verkleidet und

auf der Suche nach Jobs; die mäßig spaßigen Verwicklungen lösen Schlagergesänge Bertelmanns aus.

Der Lachdoktor * ½
D 1937 – 80 Min. sw. – R: Fred Sauer. D: Weiß-Ferdl, Manni Ziener, Carla Rust, Paul Westermeier.
Melodram. Hinterhältige Intrigen um den Landarzt Dr. Kugler und einen Kurpfuscher, der dem Doktor das Leben schwermacht.

Das Lächeln einer Sommernacht / Sommarnattens Leende *** ½
S 1955 – 110 Min. sw. – R: Ingmar Bergman. D: Ulla Jacobsson, Eva Dahlbeck, Harriet Andersson, Margit Carlquist, Gunnar Björnstrand, Jarl Kulle.
Komödie. Ein zynischer Advokat verliert seine Kindfrau an seinen Theologie studierenden Sohn aus erster Ehe und spannt dafür einem bornierten Offizier die Geliebte, seine eigene Jugendliebe, aus; ein lebensvolles Sittengemälde aus dem Schweden des 19. Jahrhunderts, in dem die Verbogen- und Verlogenheiten bürgerlicher Liebesspiele mit der prallen Sinnenfreude der Landbevölkerung kontrastieren; ein nachdenklicher Film voll skurriler Wort- und Situationskomik; 1956 in Cannes preisgekrönt.

Der Laden des Goldschmieds / La botega del orefice **
I/CDN 1988 – 90 Min. – R: Michael Anderson. D: Burt Lancaster, Olivia Hussey, Jo Champa, Ben Cross.
Literaturverfilmung. Zwei Paare in Polen finden kurz vor Ausbruch des Zweiten Weltkriegs zueinander. Sie werden getraut, und ein geheimnisvoller Goldschmied schmiedet die Ringe; danach hält die Weltgeschichte Einzug in das private Glück, und eine Generation später wird das Fazit sichtbar. Den äußerst problematischen Stoff von Karol Wojtyla aus dem Jahr 1960 – vom Autor, heute Papst, damals Bischof von Krakau, hochgestochen und erdenfern erzählt – adaptiert der Film erstaunlich stilsicher.

Lady Hamilton zwischen Schmach und Liebe / Les amours de Lady Hamilton * ½
BRD/I/F 1968 – 93 Min. – R: Christian Jaque. D: Michèle Mercier, Richard Johnson, John Mills.
Kostümfilm. Das romantische Abenteuer zwischen Lord Nelson und Lady Hamilton mit seinen tragischen Verwicklungen wurde mehrmals verfilmt – hier als sentimentales Rührstück.

Die Lady in Zement / The Lady in Cement **
USA 1968 – 90 Min. – R: Gordon Douglas. D: Frank Sinatra, Raquel Welch, Richard Conte.
Krimi. Sinatra als knochenharter Privatdetektiv beschuldigt Raquel Welch, an dem Mordfall beteiligt zu sein, den er bearbeitet. Ziemlich viel Gewalt und Sex.

Lady L. / Lady L. * ½
USA/GB 1965 – 107 Min. – R: Peter Ustinov. D: Sophia Loren, Paul Newman, David Niven, Peter Ustinov.
Komödie. Eine achtzigjährige Dame der feinen britischen Gesellschaft blickt zurück auf ihr Leben, das für sie als Wäscherin in einem Pariser Freudenhaus begann; etwas angestrengt, aber albern-unterhaltsam.

Die Lady mit dem Colt / Lady Blue *
USA 1985 – 91 Min. – R: Gary Nelson. D: Jamie Rose, Danny Aiello, Katy Jurado.
Krimi. Eine Polizeidetektivin in Chicago ermittelt auf eigene Faust im Drogenkartell. Als ein Kollege stirbt, sieht sie rot. Extrem brutaler, mit feministischen Versatzstücken und exzellenten Schauspielern hemmungslos spekulativ operierender Film; zynisch.

Lady of Burlesque ** ½
USA 1943 – 91 Min. sw. OoU. – R: William A. Wellman. D: Barbara Stanwyck, Michael O'Shea, J. Edward Bromberg, Iris Adrian, Gloria Dickson.
Komödie. Eine Frau versucht einen Stripperinnen-Killer im wahrsten Sinne des Wortes »bloßzustellen«; vergnüglicher Spaß aus der Welt der »Burlesque«-Shows, mit einer kräftigen Portion schwarzen Humors.

Lady Oscar / Lady Oscar **
F/J 1978 – 118 Min. – R: Jacques Demy.

D: Catriona MacColl, Barry Stokes, Christina Böhm, Jonas Bergström.
Kostümfilm. Bunte Travestie aus dem Frankreich der Marie-Antoinette. Das junge fechtgewandte Mädchen spielt eine Männerrolle in der königlichen Leibgarde und schwenkt später zu den Revolutionären um; flott gespielt, unterhaltsam.

Die Lady und der Tramp / Baby, the Rain Must Fall ∗ ½
USA 1964 – 98 Min. sw. – R: Robert Mulligan. D: Steve McQueen, Lee Remick, Don Murray, Paul Fix.
Melodram. Ein gewalttätiger Schlagersänger zieht Frau und Kind mit ins Unglück, Adaption eines Stücks des Tennessee-Williams-Epigonen Horton Foote; McQueen und Remick jeweils in einer ihrer schwächsten Rollen.

Die Lady und ihre Gauner / Fitzwilly / A Garden of Cucumbers ∗∗
USA 1967 – 90 Min. – R: Delbert Mann. D: Dick Van Dyke, Edith Evans, Barbara Feldon.
Komödie. Witziges Filmchen um eine alte Dame, ihren Butler und die Dienerschaft, die keine Hemmungen kennen, die angenehmen Seiten des Lebens nach wie vor auszukosten. Gut besetzt.

Die Lady von Shanghai / The Lady from Shanghai ∗∗∗
USA 1946 – 87 Min. sw. – R: Orson Welles. D: Orson Welles, Rita Hayworth, Everett Sloane, Glenn Anders, Ted deCorsia, Gus Schilling.
Thriller. Ein irischer Seemann glaubt die Frau eines berühmten Anwalts beschützen zu müssen, gerät dabei in ein undurchsichtiges Mordkomplott, dem er selbst nur knapp entgeht. Das düstere Kinomärchen im Stil des »Film noir« über den Zerfall der Persönlichkeit durch Erfolg und Machtstreben, mit einer berühmten Spiegelsequenz am Schluß, ist Orson Welles' grandioser Kommentar zum »American Way of Life«.

Ladykillers / Ladykillers ∗∗∗
GB 1955 – 89 Min. – R: Alexander Mackendrick. D: Alec Guinness, Katie Johnson, Cecil Parker, Peter Sellers, Danny Green, Herbert Lom.
Krimisatire. Der berühmte Klassiker des schwarzen Humors mit dem großen Geigenkasten; während sich die Gangster streiten, wer die alte Dame umbringen soll, kehren sich die Verhältnisse um; witzig, voller makabrer Einfälle.

Ladies mit weißer Weste / Perfect Gentlemen ∗∗∗
USA 1978 – 95 Min. – R: Jackie Cooper. D: Lauren Bacall, Sandy Dennis, Lisa Pelikan, Ruth Gordon.
Krimikomödie. Die Kerle sitzen im Knast und werden regelmäßig von ihren drei Frauen besucht, die dabei Freundschaft schließen. Um es der Männerwelt zu zeigen, hecken sie den Coup aus: Wie klaut man eine Million? Witzig, pfiffig, ein »Frauenkrimi« von hohem Unterhaltungswert.

Lampenfieber ∗∗
BRD 1959 – 98 Min. sw. – R: Kurt Hoffmann. D: Dunja Movar, Bernhard Wicki, Antje Weisgerber, Gustav Knuth.
Theaterfilm. Eine junge Frau will gegen den Willen der Eltern zum Theater und schafft den Sprung; anspruchsloser Film um das, was sich Lieschen Müller unter Theaterwelt vorstellt.

Lancelot der verwegene Ritter / Lancelot and Guinevere / Sword of Lancelot ∗∗
GB 1962 – 112 Min. – R: Cornel Wilde. D: Cornel Wilde, Jean Wallace, Brian Aherne, Christopher Rhodes.
Ritterfilm. Sorgfältig rekonstruiertes Rittertum am Hofe von König Artus, dessen legendärer Tafelrunde Lancelot angehört. Als er sich in die Frau verliebt, die er für seinen König befreite, wird aus dem Konflikt der Waffen einer der Herzen. Handwerklich solide.

Land TV-Film
BRD 1972 – 120 Min. – R: Roland Gall. B: Otto Jägersberg. D: Karl John, Lina Carstens, Martin Lüttge, Inge Birkmann.
Ein unrentabler Bauernhof soll durch Spezialisierung gerettet werden; mäßige Bewältigung eines daueraktuellen Problems.

Land der Banditen / Bad Man's Territory ∗∗
USA 1953 – 85 Min. sw. – R: Tim

Wheelan. D: Randolph Scott, Anne Richards, George »Gabby« Hayes, James Warren, Isabell Jewell.
Western. Kampf eines mutigen Sheriffs gegen Gut und Böse auf beiden Seiten des Gesetzes in einem texanischen Niemandsland; routinierter, optimistischer Rechtschaffenheitswestern.

Land der Gottlosen / Santa Fe Trail ** ½
USA 1940 – 93 Min. sw. OoU. – R: Michael Curtiz. D: Errol Flynn, Olivia de Havilland, Raymond Massey, Ronald Reagan, Ward Bond, Van Heflin.
Western. John Brown, der legendäre Antirassist und Religionseiferer, wird 1854 von West-Point-Kadetten gejagt; routinierter Militärwestern, der die historische Dimension des Stoffes vernachlässigt; sehenswert wegen des Staraufgebots, Reagan als (späterer General) George Armstrong Custer eine glatte Fehlbesetzung.

Land der Pharaonen / Land of the Pharaohs ***
USA 1955 – 106 Min. – R: Howard Hawks. D: Jack Hawkins, Joan Collins, James Robertson Justice, Dewey Martin, Alexis Minotis, Sydney Chaplin.
Monumentalfilm. Spektakel um den Bau der Pyramiden; episch breit und ziemlich redselig, aber authentisch; mit großen Show- und Spezialeffekten; Joan Collins schon damals eine Ikone der Biestigkeit. Howard Hawks (»Rio Bravo«) bringt nicht nur die Steine der Bauten, sondern auch die Protagonisten vom Nil zum Sprechen.

Land der tausend Abenteuer / North to Alaska ***
USA 1960 – 114 Min. – R: Henry Hathaway. D: John Wayne, Stewart Granger, Capucine, Fabian, Ernie Kovacs, Joe Sawyer.
Abenteuerwestern. Ein Trio besitzt eine Goldmine in Alaska; als unter amüsanten Umständen eine Frau dazukommt, gibt es Krach. Und der Zoff mit Banditen nimmt auch nicht ab. Der vitale, witzige Film mit einigen der schönsten Prügelszenen des Kinos und gutgelaunten Mimen gefällt durch immer neue Einfälle.

Das Land des Regenbaums / Raintree Country **
USA 1957 – 159 Min. – R: Edward Dmytryk. D: Montgomery Clift, Elizabeth Taylor, Eva Marie Saint, Lee Marvin, Rod Taylor, Agnes Moorehead.
Historisches Melodram. Aufwendiger Gefühlsschinken in »Vom Winde verweht«-Manier um eine psychotische Frau, ihren liebenden Ehemann und die blonde Konkurrentin im nordamerikanischen Bürgerkrieg. Gefühlsbetont inszeniert von Dmytryk (»Die linke Hand Gottes«) mit hervorragender Besetzung und epischer Breite.

Land hinter dem Horizont / We of the Never Never ** ½
AUS 1981 – 132 Min. – R: Igor Anzins. D: Angela Punch McGregor, Arthur Dignam, Tony Barry, Tommy Lewis.
Abenteuerfilm. Historische Darstellung der Reise einer frischvermählten Lehrerin in die australische Wildnis und ihrer Erfahrungen mit den Aborigines und den weißen Viehtreibern; etwas langatmig, sehenswert wegen der Kameraarbeit.

Land ohne Wiederkehr / The Land of No Return * ½
USA 1977 – 50 Min. – R: Kent Bateman. D: Mel Tormé, William Shatner, Mildred Hinkley.
Tierfilm. Ein Tierpfleger stürzt mitten in der Wildnis mit dem Flugzeug ab, nun ist er in den Rocky Mountains mit einem Wolf und einem Adler allein. Kitschiges Überlebensdrama, aber ungewöhnliche Tieraufnahmen.

Landammann Stauffacher **
CH 1941 – 95 Min. sw. – R: Leopold Lindtberg. D: Heinrich Gretler, Robert Troesch, Fred Tanner.
Historische Komödie. Im Jahr 1314 tobt der Krieg zwischen den Habsburgern und Bayern. Ein Dorf gerät zwischen die Fronten und entscheidet sich nach turbulenten Verwicklungen. Patriotisches mit Witz.

Der Landarzt TV-Film
BRD 1987 – 90 Min. – R: Wolfgang Luderer. D: Christian Quadflieg, Gila von Weitershausen, Antje Weisgerber, Hendrik Martz.

Pilotfilm zu einer Landarzt-Serie mit Christian Quadflieg als hilfreichem Doktor mit sauberer Ausstrahlung, der gleichwohl von seiner Familie getrennt lebt. Witzig-unterhaltsam.

Die Landärztin *

BRD 1958 – 90 Min. – R: Paul May. D: Marianne Koch, Rudolf Prack, Friedrich Domin, Thomas Reiner, Maria Perschy, Margarete Haagen, Rudolf Vogel, Beppo Brem, Willy Millowitsch.

Doktorspiel-Film. Oberbayerische Dickschädel weigern sich, die Praxis der neuen Landärztin aufzusuchen; doch Pfarrer und Viehdoktor wissen Rat. Am Rand des Kitschs.

Landfahrer / Traveller ** ½

Irland/GB 1981 – 80 Min. – R: Joe Comerford. D: Judy Donovan, Davy Spillane, Alan Devlin.

Zeitkritischer Film. Realistisches Poem aus dem Bürgerkriegsland von heute um ein junges Paar, das von den Familien zu Schmuggelfahrten abgerichtet wird und auf ganzer Linie scheitert. Ein bitteres Road Movie aus einem nahen und doch fremden Land.

Das Landhaus der toten Seelen / Burnt Offerings * ½

USA 1976 – 111 Min. – R: Dan Curtis. D: Oliver Reed, Karen Black, Bette Davis, Lee Montgomery.

Horrorfilm. Eine Familie mit Kind und Tante kann den Urlaub in einem idyllischen Landhaus im viktorianischen Stil nicht genießen, weil rätselhafte Dinge passieren. Psychodrama ohne innere Logik.

Landluft TV-Film

Island – 90 Min. – R, B: Thrainn Bertelsson. D: Karl A. Ulfsson, E. Thorleifsson, Hrafnhildur Valbjörnsdottir.

Zwei junge Städter und Lebenskünstler, die vom Leben in der Provinz keine Ahnung haben, bringen ein großes Hofgut völlig durcheinander, aber auch im Chaos läßt es sich leben.

Eine Landpartie / Une partie de campagne ***

F 1936 – 40 Min. – R: Jean Renoir. D: Jeanne Marken, Gabriello, Sylvia Bataille, Georges Darnoux, Paul Temps.

Liebesphantasie. In schöner Natur gedrehter Filmdialog zwischen Worten und Bildern über die Liebe und die Lust zu leben. Von Renoir (»Nachtasyl«) als nicht vollendetes Meisterwerk serviert, in dem die Komödie der Liebenden sich ständig in sinnenfrohe Bewegung auflöst.

Der Landvogt von Greifensee TV-Film

CH/BRD 1981 – 90 Min. – R: Wilfried Bolliger. D: Christian Quadflieg, Silvia Dionisio, Adelheid Arndt, Brigitte Furgler.

Adaption der Novelle von Gottfried Keller vom Landvogt, der seine fünf Jugendlieben, die ihn verschmähten, auf sein Schloß einlädt; der herbe Charme der erinnerungsträchtigen Vorlage versinkt in einem Strudel zäher Historienmalerei.

Lang lebe die Signora / Lunga vita alla Signora ***

I 1987 – 101 Min. – R: Ermanno Olmi. D: Marco Esposito, Simona Brandalise, Stefania Busarello, Lorenzo Paolino, Marisa Abbate.

Satire. Sechs ausgewählte Jungkellner einer Hotelfachschule sollen beim Galadiner auf dem Schloß einer exzentrischen alten Dame ihre Bewährungsprobe bestehen; das makaber-monströse Essen, bei dem ein schwarzgezackter Tiefseebutt serviert wird, artet zu einer perversen Machtdemonstration aus. Olmi setzte überwiegend Laiendarsteller ein und gewann mit seiner bitterbösen Groteske 1987 den »Silbernen Löwen« auf dem Festival von Venedig.

Lang soll er leben **

BRD 1987 – 100 Min. – R: Wolf Dietrich. D: Carl-Heinz Schroth, Anita Wehner, Krystian Martinek, Elisabeth Wiedemann, Wolfgang Preiss.

Komödie. Tiernarr Dr. Fabian kämpft um das Leben seiner Hunde, Katzen und gefiederten Freunde. Er stößt dabei auf wenig Verständnis bei seiner Familie. Ein Film über Tierschutz – unterhaltsam erzählt, nach einer Komödie von Anita Mally.

Der lange Arm / The Long Arm ** ½

GB 1956 – 96 Min. sw. – R: Charles

Frend. D: Jack Hawkins, John Stratton, Dorothy Allison, Michael Brooke, Richard Leech.
Krimi. Ein Kriminalinspektor begibt sich bei der Aufklärung von Tresoreinbrüchen in Lebensgefahr; daß sein Assistent noch viel zu lernen hat, bringt ein Element britischen Humors in einen detailgenauen Film über polizeiliche Ermittlungsarbeit.

Lange Beine – lange Finger ✱✱
BRD 1966 – 87 Min. – R: Alfred Vohrer. D: Senta Berger, Joachim Fuchsberger, Martin Held, Irene von Meyendorff, James Robertson Justice.
Gaunerkomödie. Vater und Tochter als ideales Ganovenpärchen, sie als Hoteldiebin, er als Hehler; doch dann schlägt die Liebe in Form eines Rechtsanwalts zu, und Töchterleins Karriere ist bedroht; mal mehr, mal weniger flottes Lustspiel um Dolce-vita-Gauner und ihre (ironisierten) Probleme.

Der lange heiße Sommer / ✱✱✱
The Long Hot Summer
USA 1958 – 117 Min. – R: Martin Ritt. D: Paul Newman, Joanne Woodward, Anthony Franciosa, Orson Welles, Lee Remick.
Melodram. Ein vagabundierender Gesetzesflüchtling gewinnt das Vertrauen eines Farmerpatriarchen, der ihn als Pächter akzeptiert und ihm seine Tochter verkuppeln will; das Ende ist eine Eruption von Haß. Mehrfach ausgezeichneter Film, der die atembeklemmende Düsterkeit von Faulkners Storymotiven bedrückend vermittelt; grandios Welles als despotischer Patriarch und Newman (bester Schauspieler in Cannes).

Die lange Nacht / ✱✱
The Long Night
USA 1947 – 93 Min. sw. – R: Anatole Litvak. D: Henry Fonda, Barbara Bel Geddes, Vincent Price, Ann Dvorak.
Krimi. Ein Mord im Affekt und die Versuche des Täters und seiner Geliebten, die Folgen zu bewältigen; routiniertes Remake des Marcel-Carné-Klassikers »Der Tag bricht an« (1939).

Der lange Tag der Rache / ✱✱
I lunghi giorni della vendetta
I/E 1966 – 95 Min. Ⓥ Toppic. – R: Stan Vance. D: Giuliano Gemma, Francisco Rabal, Gabriella Giorgelli, Conrado Sammartin.
Italowestern. Rache-Italo um einen unschuldig wegen Vatermordes Inhaftierten, der am Tag seiner Rückkehr die Revolvertrommel rotieren läßt und mit Blei antwortet. Viel Gewalt, aber dramaturgisch glaubwürdig eingebunden.

Der lange Tod des Stuntman Cameron / The Stunt Man ✱✱ ½
USA 1979 – 131 Min. – R: Richard Rush. D: Peter O'Toole, Steve Railsback, Barbara Hershey.
Abenteuerfilm. Auf der Flucht vor dem Gesetz nimmt ein junger Mann die Rolle des durch seine Schuld verunglückten Stuntman an; bald fällt es ihm immer schwerer, Kinoschein und reales Leben auseinanderzuhalten. Reflexionen über das Medium Film als Abenteuer verpackt.

Das lange Warten / ✱✱
The Long Wait
USA 1954 – 94 Min. – R: Victor Saville. D: Anthony Quinn, Charles Coburn, Gene Evans, Peggie Castle.
Krimi. Spießig-brutales Klima in einem Kleinstadtmelodram: ein Mann, der nach einem Verkehrsunfall unter Amnesie leidet, wird des Mordes beschuldigt. Doch gemeinsam mit der liebenden Frau kann er sich vom Verdacht reinwaschen. Harter, unsentimentaler Film mit Happy-End.

Der lange Weg / ✱✱ ½
The Longhorns
GB/I 1973 – 96 Min. – R: Howard Dawks. B: Ady Hotgoblin. D: John Brayne, Alma P. Shelf, Klaus Minsky, Burnett Shoeltz, Robert B. Borrink.
Spätwestern. Wyatt Earp verfällt der Literatur; eine Frau hilft ihm auf die Sprünge; zwei Schnellschützen und ein langsamer begleiten ihn zum OK-Corral; intelligente Unterhaltung mit beachtlichen Darstellern; Oscar für den Song »Braindrops Keep Falling On My Head«.

Das längste Jahr / Castaway ** ½
USA 1987 – 101 Min. – R: Nicolas Roeg. D: Oliver Reed, Amanda Donohoe, Georgina Hale, Frances Barber, Tony Richards.
Psychothriller. Ein Paar beschließt, ohne sich näher zu kennen, ein Jahr auf einer einsamen Insel zu verbringen; statt des Paradieses erwartet sie die Hölle; subtiler Horrorfilm nach einer authentischen Geschichte mit ungewöhnlichen Wendungen.

Las Vegas Killer / Giant Killer **
I 1984 – 77 Min. – R: Larry Ludman. D: Fred Williamson, Bo Svenson, Marcia Clingan, John Morghen, Vincent Conte.
Kriminalfilm. Gangster ermorden ein Pärchen, das mit Computertricks Las-Vegas-Automaten plündert; ein Mann setzt sich auf die Spur der beiden; nicht sonderlich intelligente Auseinandersetzung mit dem Hackerproblem, daher eher langweilig.

Laserkill – Todesstrahlen aus dem All / Laserblast **
USA 1977 – 78 Min. – R: Michael Rae. D: Kim Milford, Cheryl Smith, Gianni Russo, Ron Masak, Dennis Burkley, Barry Cutler.
Science-fiction-Film. Ein Junge mit Problemen in der Gegenwart und No Future findet die Laserwaffe und das Amulett eines Außerirdischen; die neuentdeckte Machtfülle verändert den Underdog; unglaubwürdiges, schlecht motiviertes Pubertätsdrama im SF-Gewand mit einigen sehenswerten Special Effects.

Laß das, ich haß das ** ½
BRD 1982 – 82 Min. – R: Horst Hächler. D: Beatrice Richter, Michael Schanze, Karl Lieffen, Uwe Dallmeier, Gunther Philipp.
Naturschutzfilm. Studentin Beatrice züchtet Eulen in ihrem idyllischen Landhaus und liebt überhaupt alle Tiere. Doch der profitgierige Boß des Braunkohlewerks vermutet Bodenschätze auf ihrem Grund und Boden und will diese über seinen charmanten Assistenten aufkaufen. Umweltulk mit Hintergrund.

Laß die Finger von der Puppe / Per un pugno di canzoni * ½
I/E/FL 1966 – 85 Min. – R: José Louis Merino. D: Vivi Bach, Gustavo Rojo, Thomas Alder, Renzo Palmer.
Lustspiel. Ein Musikverleger im Wilden Westen will die Jury des Schlagerwettbewerbs mit roher Gewalt beeinflussen; ein Indianer stellt die Gerechtigkeit wieder her; alberne Wildwestklamotte.

Laß laufen, Kumpel *
BRD 1981 – 83 Min. – R: Franz Marischka. D: Franz Muxeneder, Hans-Henning Claer, Eleonore Melzer, Zachi Noy, Sybille Rauch, Mario Pollack.
Sexfilm. Ruhrpott-Amateurkicker wollen und sollen aufsteigen; doch einige gehen eher Frauen als dem Ball ans Leder; dürftige Klamotte.

Laß mich am Sonntag nicht allein *
BRD 1959 – 90 Min. – R: Arthur Maria Rabenalt. D: Heidi Brühl, Willy Hagara, Georg Thomalla, Willy Millowitsch.
Musikfilm. Einem Jungsänger wird die Hand der Heißgeliebten versprochen, wenn er binnen eines Jahres berühmt ist; natürlich kommt der Durchbruch in letzter Sekunde; wenig originell; für Willy-Hagara-Fans.

Laß mich küssen deinen Schmetterling / I Love You, Alice B. Toklas ** ½
USA 1968 – 92 Min. – R: Hy Averback. D: Peter Sellers, Jo Van Fleet, Joyce Van Patten, David Arkin, Herb Edelman.
Milieustudie. Zwei Versuche, sich in die Ehe zu retten, schlagen einem jüdischen Anwalt fehl, da er in Hippiekreise gerät und etwas ausflippt; glänzende Karikatur eines Amerikaners, den die Orientierungslosigkeit seines sozialen Umfelds einholt; Schwanengesang auf die Hippiezeit.

Laß Mond und Sonne singen / Rembulan dan Matahari ***
Indonesien 1979 – 100 Min. – R: Slamet Rahardjo. D: Djago Sasongko, Nungki Kusumastuti, Christine Sukandar.
Sozialkritischer Film. Eine dramatische Geschichte aus den Slums von Djakarta, wo Bagus mit der Dirne Paitun zusam-

menlebt. Als er eines Tages in sein Heimatdorf zurückkehrt, aus dem er einst von seinem religiösen Meister verstoßen wurde, hört er von einem Erpresser, der das Dorf terrorisiert.

Lassies Heimat / Hills at Home ∗∗

USA 1948 – 93 Min. – R: Fred M. Wilcox. D: Edmund Gwenn, Tom Drake, Janet Leigh, Donald Crisp.

Tierfilm. Im schottischen Hochland gedrehter, warmherziger und sympathischer Film um den klugen Collie und die prägnanten menschlichen Charaktere seiner Umgebung. Gute Familien-Unterhaltung.

Lassie in Not / Challenge to Lassie ∗∗

USA 1949 – 73 Min. – R: Richard Thorpe. D: Edmund Gwenn, Donald Crisp, Geraldine Brooks, Reginald Owen, Sara Allgood.

Tierfilm. Ein alter Schäfer nimmt sich des zugelaufenen Collies an; als er stirbt, ist das Tier nicht von seinem Grab wegzukriegen. Danach geht es um die Besitzverhältnisse, und der solide Film um den berühmten Tierstar führt alles zu einem guten Ende.

Laßt mich leben / I Want to Live! ∗∗∗ ½

USA 1958 – 114 Min. sw. – R: Robert Wise. D: Susan Hayward, Simon Oakland, Virginia Vincent, Theodore Bikel.

Justizfilm. Auf einem authentischen Fall beruhende Schilderung der Verurteilung einer vorbestraften, schlecht beleumdeten Frau wegen Raubmords; das Todesurteil kommt durch die Aussage eines fragwürdigen Kronzeugen zustande; ein aufrüttelnder, engagierter Film gegen die Todesstrafe und die Voreingenommenheit einer selbstgerechten Justiz.

The Last Gangster ∗∗ ½

USA 1937 – 81 Min. OmU. – R: Edward Ludwig. D: James Stewart, Edward G. Robinson, John Carradine, Rose Stradner, Sidney Blackmer.

Gangsterfilm. Ein harter Bursche kommt aus dem Knast und versucht eine zweite Karriere – auch bei seiner ehemaligen Frau. Straffer, mit Gewalt und Action nicht geizender Krimi.

Der Lastwagen / Kamionat ∗∗ ½

BG 1980 – 108 Min. – R: Christo Christov. D: Steffan Dimitroff, Liljana Kowatscheva, Djoko Rositsch, Vesselin Valkow.

Sozialkritischer Film. Ein Bergarbeiter verunglückt tödlich, seine Leiche soll in sein Heimatdorf überführt werden. Die Fahrt über miserable Straßen wird für die drei Männer und eine Frau zum Alptraum. Am Ziel dieses ernüchternden, den »realen« Sozialismus als nicht existent entlarvenden Films will niemand mehr die Leiche.

Latigo / Support Your Local Gunfighter ∗ ½

USA 1970 – 92 Min. – R: Burt Kennedy. D: James Garner, Suzanne Pleshette, Jack Elam, Chuck Connors, Joan Blondell, Henry »Harry« Morgan, Marie Windsor.

Westernparodie. Glücksspieler Latigo gerät auf der Flucht vor seiner heiratswütigen Exgeliebten in den Privatkrieg zweier Goldminenbesitzer, die ihn für einen Revolverhelden halten; dürftiger Ulk, bei dem der hölzerne Garner kaum das Niveau mäßiger TV-Serien erreicht.

Laub voller Trauer TV-Film

BRD 1977 – 100 Min. – R: Bernd Schwamm. B: Bernd Schwamm, Silvia M. Andragora. D: Hanns Zischler, Sigfrit Steiner, Silvia M. Andragora, Janos Gönczöl.

An einem Institut für Gehirnforschung laufen Geheimversuche zum Komplex Gedanken- und Erinnerungsmanipulation; spannender Heimatkrimi, dessen Auseinandersetzung mit der Problematik Versuchskaninchen Mensch in Anbetracht der Gentechnologie etwas altbakken wirkt.

Eine Laune / Dekigokoro ∗∗ ½

J 1933 – 105 Min. sw. Stf. – R: Yasujiro Ozu. D: Takeshi Sakamoto, Tsuranuki Kozo, Hiroshi Ohinata, Nobuko Fushimi.

Komödie. Ein lustiger Witwer verliebt sich, doch dann erkrankt sein kleiner Sohn; liebenswert heiterer und rührender

Film um eine außergewöhnliche Vater-Sohn-Beziehung.

Laura / Laura ** ½

USA 1944 – 88 Min. sw. – R: Otto Preminger. D: Gene Tierney, Dana Andrews, Clifton Webb, Vincent Price.

Melodram. Detektiv recherchiert den mysteriösen Tod eines schönen Karrieregirls und verliebt sich in ihr Bild. Bewußtseinserweiternde Erfahrungen zwischen Realität, Traum und Tod in einem Szenarium von äußerstem Skeptizismus; taghell ausgeleuchteter »Film noir«, dennoch lakonisch und dunkel.

Lauras Mädchenjahre / ***
The Getting of Wisdom

AUS 1977 – 103 Min. – R: Bruce Beresford. D: Susanna Fowle, Barry Humphries, John Waters, Sheila Helpman.

Entwicklungsstudie. Ein einfaches Mädchen vom Land kommt in ein vornehmes Internat in Melbourne, selbst die musikalische Sonderbegabung macht es ihm nicht leicht, sich zu behaupten; filmischer »Bildungsroman« in schönen Bildern und symbolträchtigen Farben; ernste und doch ironische Auseinandersetzung mit viktorianisch-puritanischer Erziehung; nach einem Roman von Henry Handel Richardson.

Laurel und Hardy im Flegelalter / Laurel and Hardy's Laughing 20's ** ½

USA 1965 – 87 Min. sw. – R: Robert Youngson. D: Stan Laurel, Oliver Hardy, Charlie Chase, Edgar Kennedy, Anita Garvin.

Slapstickkomödie. Kompilationsfilm mit den schönsten Ausschnitten aus den späten Stummfilmen des großen Blödelpaars, z. B.: »Prompte Bedienung«, »Das ideale Wochenendhaus«, »Jüngling aus der Fremde«. Umwerfend.

Lautlos im Weltraum / ** ½
Silent Running

USA 1971 – 89 Min. Ⓥ CIC Video. – R: Douglas Trumbull. D: Bruce Dern, Cliff Potts, Ron Rifkin.

Science-fiction-Film. Gelungener Debütfilm des Spezialeffekte-Technikers Trumbull (»2001«) um den Kampf einiger Weltallökologen gegen die Vernichtung der irdischen Vegetation und für das Überleben der Menschheit. Effektsichere, kluge Filmreise in die nahe Zukunft.

Lautlos wie die Nacht / ** ½
Mélodie en sous-sol

F/I 1962 – 115 Min. sw. – R: Henri Verneuil. D: Jean Gabin, Alain Delon, Viviane Romance, Maurice Biraud.

Krimi. Ein alternder Gauner wird aus dem Knast entlassen und muß sich die Rente zusammenklauen; eine Tresorgroßplünderung ist dafür genau das richtige; zwei junge Heißsporne helfen bei dem Coup, der auffällig glatt zu verlaufen scheint. Die straffe, von Klischees freie Regie des Krimi-Altmeisters Verneuil bietet sauberes Handwerk und intelligent die Handlung tragende Schauspieler.

Lautlose Angst / **
L'état sauvage

F 1978 – 115 Min. – R: Francis Girod. D: Marie-Christine Barrault, Claude Brasseur, Jacques Dutronc, Michel Piccoli, Doure Mané.

Abenteuerfilm. Verwirrende Beziehungs- und Killerstory um einen afrikanischen Minister: Liebe, Haß und Kolonialismus.

Der lautlose Killer / **
Chopper Squad / La polizia accusa

I 1976 – 95 Min. – R: Sergio Martino. D: Mel Ferrer, Luc Meranda, Delia Boccardo, Tomas Milian.

Gangsterfilm. Geheimnisvolle (Selbst?-) Morde halten die Bevölkerung Italiens in Atem, da tritt Kommissar Solgni, der Spezialist für Bandenterror aus Mailand, auf den Plan, um dem Spuk ein Ende zu bereiten; er kommt einem Staatsstreich auf die Spur; spannend.

Lawinen-Expreß / * ½
Avalanche Express

USA 1978 – 88 Min. – R: Mark Robson. D: Lee Marvin, Robert Shaw, Linda Evans, Maximilian Schell, Horst Buchholz.

Agentenfilm. Ein US-Agent will mit Hilfe eines KGB-Überläufers das sowjetische Agentennetz in Europa zerschlagen; Schneemassen begraben schließlich einen Zug und auch die Spannung.

Lawman / Lawman ** ½
USA 1970 – 98 Min. – R: Michael Winner. D: Burt Lancaster, Robert Ryan, Lee J. Cobb.
Spätwestern. Ein gesetzestreuer Marshal im Kampf gegen einen Großrancher und die von ihm Abhängigen; um Authentizität bemühte Studie über Feigheit und Opportunismus.

Lawrence von Arabien / Lawrence of Arabia ***
GB 1962 – 193 Min. Ⓥ RCA Columbia. – R: David Lean. D: Peter O'Toole, Alec Guinness, Anthony Quinn, Omar Sharif, Jack Hawkins.
Monumentalfilm. Die legendäre Lebensgeschichte des rätselhaften britischen Offiziers Lawrence, der 1916 die aufständischen arabischen Stämme in den Kampf gegen die türkische Oberherrschaft führte. Erregende Massenszenen in einer exotischen Wüstenzone; überragende Kameraführung, die leider auf dem TV-Schirm wenig zur Wirkung kommt. Der Film gewann sieben Oscars.

Le Mans / The 24 Hours of Le Mans ** ½
USA 1971 – 109 Min. – R: Lee H. Katzin. D: Steve McQueen, Siegfried Rauch, Elga Andersen, Ronald Leight-Hunt, Fred Haltiner, Luc Merenda.
Rennsportfilm. Ein Jahr nach einem schweren Unfall gewinnt der Grand-Prix-Fahrer Delaney zwar nicht das Rennen, aber das Herz seiner Angebeteten. Blech, Farbenrausch und Lärm des Grand-Prix-Volksfestes fängt dieser halbdokumentarische Trailer aus der aggressiven Motorenkultur faszinierend ein.

Lebe das Leben / Vivre pour vivre **
F/I 1967 – 130 Min. – R: Claude Lelouch. D: Yves Montand, Annie Girardot, Candice Bergen, Irène Tunc, Michel Parbot.
Melodram. Der lässige Fernsehreporter, ein Mann von Welt, hat seine Liebesabenteuer, kehrt aber immer wieder zu seiner Gattin zurück. Doch eines Tages lernt er ein blondes amerikanisches Mannequin kennen – seine Traumfrau. Er nimmt sie mit nach Afrika auf Großwildjagd. Hochglanzbilder von der weiten Welt – Kino der großformatigen Gefühle und Gesten.

Das Leben der Frau O-Haru / Saikaku ichidai onna ***
J 1952 – 130 Min. – R: Kenji Mizoguchi. D: Kinuyo Tanaka, Toshiro Mifune.
Kinoklassiker. Bilder aus der japanischen Gesellschaft: Ein einfacher Mann verliebt sich in eine Hofdame, die Folgen sind unübersehbar. Mizoguchi gehört zu den japanischen Meisterregisseuren, er arbeitet mit langen klaren Einstellungen, Überblendungen, meditativer Metaphorik.

Das Leben des Emile Zola / The Life of Emile Zola ** ½
USA 1937 – 116 Min. sw. – R: William Dieterle. D: Paul Muni, Gloria Holden, Joseph Schildkraut, Donald Crisp.
Künstlerfilm. À la Hollywood eingeebnete Biographie von Zola, die besonders auf dessen Engagement in der Affäre Dreyfus Bezug nimmt; wenig kultur- und literaturhistorischer Hintergrund. Der Film gewann drei Oscars.

Das Leben, die Liebe, der Tod / La vie, l'amour, la mort ** ½
F/I 1968 – 116 Min. – R: Claude Lelouch. D: Amidou, Caroline Cellier, Janine Magnan, Marcel Bozzuffi.
Justizfilm. Ein Automechaniker wird wegen zeitweiliger Potenzstörungen zum Prostituiertenmörder; fast geheilt, wird er überführt; in der Todeszelle blickt er auf sein Leben zurück; sensibel strukturierter, leiser Film, eine stille, engagierte Anklage gegen Todesstrafe und das Gesellschaftsargument von der Abschreckung.

Ein Leben für die Medizin / Li Shizhen ***
VR China 1950 – 105 Min. sw. – R: Shen Fu. D: Shu Shi, Zhao Dan, Zhong Xinghuo, Gao Xiaoou.
Arztfilm. Lebensgeschichte des Arztes Li Shizhen, der im 16. Jahrhundert gegen den Widerstand der Schulmediziner und der konfuzianischen Gelehrten-Beamten ein noch heute benutztes Standardwerk der Naturheilkunde schuf; ein historisches Gemälde von Rang in wohlarrangierten Bildern.

Ein Leben im Rausch / * ½
The Helen Morgan Story
USA 1957 – 110 Min. sw. – R: Michael Curtiz. D: Ann Blyth, Paul Newman, Richard Carlson, Gene Evans.
Jazzfilm. Geschichte der alkoholkranken Jazzsängerin Helen Morgan und ihres Liebeslebens; ohne viel Swing.

Leben im Winter TV-Film
BRD – 100 Min. – R: Hartmut Griesmayr. D: Brigitte Mira, Paul Dahlke, Karin Heym, Elisabeth Endriss.
Familiendrama um die siebzigjährige Martha und ihre Angehörigen, die sich das Leben gegenseitig schwermachen. Gutbesetzter Film nach dem gleichnamigen Roman von Klaus Schlesinger.

Das Leben ist ein Roman / ** ½
La vie est un roman
F 1983 – 106 Min. – R: Alain Resnais. D: Vittorio Gassmann, Ruggero Raimondi, Geraldine Chaplin, Fanny Ardant.
Literarischer Film. Über drei Zeitebenen erzähltes Märchen: Der exzentrische Graf Forbek will 1914 ein Traumschloß bauen, in dem alle glücklich werden sollen. Später verwandelt es sich in ein Internat, in der Gegenwart findet ein Kongreß statt. Personen, Stile, melodramatische und groteske Situationen ergeben eine Farce mit Horroreffekten.

Das Leben ist Lüge / ** ½
Lonelyhearts
USA 1958 – 102 Min. sw. – R: Vincent J. Donehue. D: Montgomery Clift, Robert Ryan, Myrna Loy, Dolores Hart, Maureen Stapleton.
Medienkritischer Film. Konflikt eines idealistischen Journalisten mit seinem desillusionierten Arbeitgeber; intensive Darsteller in einer etwas oberflächlichen Milieustudie mit einem wenig motivierten optimistischen Ende.

Leben ums Verrecken siehe: Catlow

Leben und Sterben des Colonel Blimp / The Life and Death of Colonel Blimp ***
GB 1943 – 123 Min. – R: M. Powell, Emeric Pressburger. D: Deborah Kerr, Roger Livesey, Anton Walbrook (Adolf Wohlbrück), Roland Culver, Albert Lieven.
Kriegsmelodram. Lebensrückblick eines britischen Offiziers, der vom Zweiten Weltkrieg bis zum Burenkrieg zurückreicht; exzellent erzähltes, mit bitterem Witz angereichertes Panorama mit faszinierenden Charakterstudien; überragend Deborah Kerr in den Rollen der drei Ehefrauen des Helden.

Leben und Sterben in L. A. / To Live and to Die in L. A. **
USA 1985 – 111 Min. Ⓥ Vestron. – R: William Friedkin. D: William L. Peterson, Willem Dafoe, John Pankow, Debra Feuer, Darlanne Fluegel.
Thriller. Übereifrige Bullen, zwielichtige Blondinen und ein raffinierter Geldfälscher bilden die Versatzstücke in diesem zynischen Polizeireißer, zu dessen Highlights eine explosive Autoverfolgungsjagd und viele Tote zählen; halsbrecherisches Actionkino.

Leben und sterben lassen / Live and Let Die **
GB 1973 – 117 Min. – R: Guy Hamilton. D: Roger Moore, Yaphet Kotto, Jane Seymour, Clifton James.
James-Bond-Film. Der dunkelhäutige Mr. Big alias Kananga ist der heroinschmuggelnde Bösewicht und Gegenspieler des unschlagbaren Supermannes James Bond. Giftschlangen, Voodookult und rasante Verfolgungsjagden zu Wasser, auf dem Land und in der Luft sind angesagt; Ex-Beatle Paul McCartney und die »Wings« singen den Titelsong.

Der lebende Leichnam / ****
Schiwoj trup
D/UdSSR 1928/29 – 120 Min. Stf. sw. – R: Fedor Ozep. D: Wsjewolod Pudowkin, Maria Jacobini, Gustav Dießl.
Literaturverfilmung. Adaption des Dramas von Leo N. Tolstoi; ein Mann will dem Liebesglück seiner Frau nicht im Wege stehen und versucht, da Scheidung unmöglich, als »lebender Leichnam« zu existieren; Pudowkin ergreifend als Gestalter eines tragischen Charakters in einem Film zwischen Realistik und magischer Bildsuggestion; rekonstruierte Fassung mit der vervollständigten »Musik-Illustration« von Werner Schmidt-Boelcke; auch als Meisterwerk der Montage ein Kinoklassiker.

Lebendig begraben / The Premature Burial ∗∗
USA 1961 – 77 Min. Ⓥ CBS/FOX/Orion. – R: Roger Corman. D: Ray Milland, Hazel Court, Richard Ney.
Horrorfilm. Adaption einer Erzählung von Edgar Allan Poe um einen Mann, der befürchtet, wie sein Vater lebendig begraben zu werden; handwerklich routiniert, dennoch einer der schwächeren Filme des Regisseurs.

Des Lebens Herrlichkeit / Anonimo Veneziano FLOP
I 1970 – 84 Min. – R: Enrico Maria Salerno. D: Florinda Bolkan, Tony Musante, Toti Dal Monte.
Love-Story. Ein Musiker, der nur noch kurze Zeit zu leben hat, bittet seine Frau, die ihn verlassen hatte, zu sich und belabert sie; kitschig.

Lebensgier / Human Desire ∗∗ ½
USA 1954 – 90 Min. sw. – R: Fritz Lang. D: Glenn Ford, Gloria Grahame, Broderick Crawford.
Schwarzes Melodram. Alternder Eisenbahner benutzt seine Frau, um seine Entlassung zu verhindern; als sie mit seinem Arbeitgeber eine Affäre beginnt, wird der Held zum Mörder. Schienen als Wege ins Endlose, Eisenbahnen als seelenvolle Maschinen, Abteile als Zellen: Langs lakonischer Film nach Zola zeigt die Welt als düsteren Ort der Verhängnisse.

Lebenswut / Désordre ∗∗∗
F 1986 – 87 Min. Ⓥ VPS. – R: Oliver Assayas. D: Wadeck Stanczak, Ann-Gisel Glass, Lucas Belvaux, Rémi Martin, Corinne Dacla.
Generationsfilm. Mitglieder einer Rockband wollen sich die technische Ausrüstung klauen, dabei gibt es einen Toten; das Geschehen verändert die Clique, führt zum Selbstmord des Anführers und zum Sprung aus der Zeit des Jungseins. Der Film beschreibt die Angst der jungen Generation, wie die Alten zu werden, als Panik und ihre Welt als trauriges Katastrophen-Ambiente; eine schöne, aber unbestechlich genaue Bestandsaufnahme aus dem Teeniealltag der späten 80er Jahre.

Lebenszeichen ∗∗ ½
BRD 1968 – 90 Min. – R: Werner Herzog. D: Peter Broglé, Athina Zacharopoulou, Wolfgang Reichmann.
Problemfilm. Im Zweiten Weltkrieg soll ein Verwundeter auf der griechischen Insel Kos mit Frau und Kameraden ein Munitionsdepot bewachen; er ist der Aufgabe psychisch nicht gewachsen. Ein Film der eindringlichen Bilder; mehrfach ausgezeichnetes Regiedebüt.

Lederstrumpf: Der Wildtöter / The Deerslayer ∗
USA 1957 – 78 Min. – R: Kurt Neumann. D: Lex Barker, Forrest Tucker, Rita Moreno.
Indianerfilm. Verfilmung des J.-F.-Cooper-Romans um die Freundschaft Lederstrumpfs mit dem Mohikaner Chingachgook; dürftiger B-Film mit technischen Mängeln.

Leere Welt TV-Film
BRD 1987 – 100 Min. – R: Wolfgang Panzer. B: Bernd Schwann. D: Tilman Schaich, Beatrice Dossi, Astrid Marshall, Hannes Kaetner.
Alles beginnt normal in der Schule – Kids, Lehrer, Unterricht –, doch dann bricht eine grauenhafte Seuche über die Menschheit herein, die Leute vergreisen über Nacht und sterben wie die Fliegen: Die Welt ist leer, nur Computer und Maschinen laufen weiter. Übrig bleiben drei Schüler in einer Lagerhalle; bunte Abziehbilder eines Endzeit-Comic-strips, Schülertheater in Pappkulissen mit ungewissem Ausgang.

Lefty, der Luchs / Lefty, the Tingaling Lynx ∗∗
USA 1971 – 83 Min. – R: Winston Hibler. D: Ron Brown, Tout Harrison.
Walt-Disney-Produktion. Im Kaskadengebirge bringen Touristen dem Wildhüter einen kleinen Luchs, der sofort die Setterhündin Brandy zu seiner Ersatzmutter macht. Unterhaltsamer Tierfilm.

Leg ihn um, Django! / Vado l'ammazzo e torno ∗
I 1967 – 90 Min. – R: Enzo G. Castellari. D: George Hilton, Edd Byrnes, Gilbert Roland.
Italowestern. Kopfgeldjäger Django will

nicht nur den Kopf, sondern auch die Beute eines schießlustigen Banditen; die Dialoge bestreitet im wesentlichen das Waffenarsenal.

The Legend of Walks Far Woman TV-Film
USA 1982 – 122 Min. OoU. – R: Mel Damski. D: Raquel Welch, Bradford Dillman, George Clutesi, Nick Mancuso, Eloy Phil Casados.
Adaption eines Romans von Colin Stuart über eine legendäre Indianersquaw, die Augenzeugin des Sioux-Sieges über General Custer wurde; ungewöhnlicher Western, auf die engagierte Produzentin Welch zugeschnitten, daher stark kompromißbeladen, durch die dreijährige Entstehungszeit uneinheitlich und durch Schnitte verstümmelt.

Legende / Legend ∗∗
GB 1985 – 91 Min. Ⓥ VMP. – R: Ridley Scott. D: Tom Cruise, Mia Sara, David Bennent, Tim Curry, Alice Playten.
Fantasyfilm. Die Mächte des Bösen machen Jagd auf die letzten Einhörner und verwandeln das Paradies in eine Eiswüste. Ein mutiger, vor Jugend strotzender Held versucht mit Hilfe eines Waldschrats, die schöne Prinzessin aus dem Labyrinth zu retten; Schockeffekte an der Grenze zwischen Kitsch und Gruselkino. Regisseur Scott schuf dagegen mit »Alien« (1979) ein stilbildendes Werk des Horror-Science-fiction-Kinos.

Die Legionen des Cäsaren / Le legioni di Cleopatra ∗∗ ½
I/F/E 1959 – 95 Min. – R: Vittorio Cottafavi. D: Linda Cristal, Ettore Manni, Georges Marchal.
Historienfilm. Von einem Spezialisten des Genres, Cottafavi, ausgebreitetes Farbspektakel um Königin Kleopatra, Feldherr Mark Anton und die Legionen des Cäsaren, die Liebe und List, Spiel und Tod zu vereinen wissen. Ohne viel dramaturgische Finessen auf die Präsentation von historischem Getöse hin inszeniert.

Leib und Seele / Corps à cœur ∗∗ ½
F 1978 – 120 Min. – R: Paul Vecciali. D: Nicolas Silberg, Hélène Surgère, Madeleine Robinson.
Moderner Liebesfilm. Der Mechaniker Pierre erlebt in diesem realistischen und solide erzählten Film eine »Klassenliebe« zu einer älteren Frau, die seinen Sympathievorsprung bei seinen Arbeitskollegen schnell aufzehrt.

Eine Leiche zum Dessert / Murder by Death ∗∗ ½
USA 1975 – 91 Min. – R: Robert Moore. B: Neil Simon. D: Peter Falk, Peter Sellers, David Niven, Alec Guinness, Maggie Smith, Truman Capote.
Krimikomödie. Ein exzentrischer Millionär lädt die fünf berühmtesten Detektive zu einem Dinner plus Mord; ein gelungener Spaß nicht nur für Krimifans und Freunde der Parodie.

Der Leichendieb / The Body Snatcher ∗∗∗
USA 1955 – 75 Min. – R: Robert Wise. D: Henry Daniell, Boris Karloff, Bela Lugosi, Edith Atwater, Russell Wade.
Literaturverfilmung. Adaption der Erzählung von Robert Louis Stevenson vom erpreßten Arzt, der Leichen für Forschungszwecke stehlen läßt; subtile Rolle für Karloff als Leichendieb in einem Klassiker des Gruselfilms.

Das leichte Mädchen ∗∗
D 1940 – 84 Min. sw. – R: Fritz P. Buch. D: Willy Fritsch, Friedl Czepa, René Deltgen, Paul Kemp.
Liebesschmonzette. Ein Industrie-Junior mißachtet die familiären Pflichten und läßt sich, statt mit der Cousine, mit einer jungen Schauspielerin ein. Der Film sympathisiert stark mit seinem Hauptdarsteller Fritsch und den – sentimental gezeichneten – Herzensangelegenheiten.

Leichte Muse ∗∗
D 1941 – 96 Min. sw. – R: Arthur Maria Rabenalt. D: Willy Fritsch, Adelheid Seeck, Willi Rose, Paul Hoffmann, Fritz Odemar.
Musikschmonzette. Im Berlin des Jahres 1895 hat ein mittelloser Komponist der seichten Muse erste Erfolge. Auch bei den Frauen, doch dann wächst ihm die Liebe über den Kopf. Der gutbesetzte Operettenfilm mit der Musik von Walter Kollo präsentiert das Künstlerleben als Ablauf herziger Banalitäten.

Leidenschaften / Interno Berlinese **

BRD/I 1985 – 116 Min. – R: Liliana Cavani. D: Gudrun Landgrebe, Kevin McNally, Mio Takaki, Hanns Zischler.
Literaturverfilmung. Adaption des Romans »Das buddhistische Kreuz« von Junichiro Tanizaki über die Leidenschaft einer Politikergattin im Nazi-Berlin zu einer jungen Japanerin, der Geliebten ihres Mannes; ein Film, der die Möglichkeiten des Themas durch Künstlichkeit anstelle eindringlicher Stilisierung verschenkt.

Leidenschaftliche Blümchen * ½

BRD 1977 – 90 Min. – R: André Farwagi. D: Nastassja Kinski, Carolin Ohrner, Marion Kracht, Veronique Delbourgh, Fabiana Udenio, Gerry Sundquist.
Erotikfilm. Einige Schülerinnen eines Schweizer Internats suchen beharrlich nach ersten Erfahrungen, unter ihnen eine besonders aktive Amerikanerin, bis zur totalen Langeweile dargestellt von »Nasti« Kinski; äußerst softer Porno.

Leinen aus Irland TV-Film

A 1965 – 120 Min. sw. – R: Walter Davy. D: Paul Hörbiger, Oskar Sima, Franz Stoß, Peter Gerhard, Maria Emo.
Am Vorabend des Ersten Weltkriegs sorgt ein Geschäft mit irischem Leinen für Aufregung im k.u.k. Handelsministerium; trotz guter Darsteller mißglückte Beamtensatire.

Leise flehen meine Lieder **

D 1933 – 84 Min. sw. – R: Willi Forst. D: Hans Jaray, Marta Eggerth, Luise Ullrich, Hans Moser.
Musikerbiographie. Liebesglück und -leid um den jungen Franz Schubert, der am Wiener Hof die bezaubernde Carolin trifft. Gefühlsselige Variation des deutschen Themas von der zarten Künstlerseele, melodramatisch inszeniert von Forst (»Die Sünderin«).

Das leise Gift TV-Film

BRD 1984 – 105 Min. – R, B: Erwin Keusch. D: Peter Sattmann, Peter Bongartz, Günter Lamprecht, Sabine Bach, Uwe Ochsenknecht.
Der Betriebsfotograf eines Chemiekonzerns wird bei einem Unfall mit Nervengas verseucht. Die Veränderungen in seinem Körper gehen parallel mit einer Vertiefung seines kritischen Bewußtseins über die kriminellen Praktiken von Chemieunternehmen. Am Schluß kann er sich retten, aber zu einem Preis, der zu hoch ist. Keusch (»Das Brot des Bäkkers«) erzählt das auf eine höchst beunruhigende Weise nach einem Roman von Marcus P. Nester.

Lektion in Liebe / En lektion i kaerlek ** ½

S 1954 – 89 Min. sw. – R: Ingmar Bergman. D: Gunnar Björnstrand, Eva Dahlbeck, Yvonne Lombard, Harriet Andersson.
Liebesfilm. Ein erfolgreicher Frauenarzt kümmert sich nicht allzuviel um Frau und Tochter, dafür wirft er Liebesblicke auf hübsche Patientinnen; es kommt, wie es kommen muß, und Regisseur Bergman (»Szenen einer Ehe«) heizt den Konflikt unverschämt direkt, aber auch mit mildem Verständnis für menschliche Schwächen an.

Lemkes sel. Witwe **

BRD 1957 – 92 Min. sw. – R: Helmut Weiß. D: Grethe Weiser, Brigitte Grothum, Michael Heltau, Maria Sebaldt, Carla Hagen.
Komödie. Eine lebenstüchtige Obsthändlerswitwe findet durch List und Tücke neues Lebensglück; Grethe Weiser in einer typischen Rolle.

Lenny / Lenny *** ½

USA 1974 – 112 Min. sw. – R: Bob Fosse. D: Dustin Hoffman, Valerie Perrine, Jan Miner, Stanley Beck.
Gesellschaftsstudie. Als sich der Nightclub-Entertainer Lenny Bruce in den fünfziger Jahren vom Zotendrescher zum öffentlichen Ankläger doppelter Moral wandelte, überzog ihn die Gesellschaft mit Prozessen; ein perfekt gespieltes, hervorragend fotografiertes, mit Dokumentaraufnahmen angereichertes Zeitbild voll bitterer Ironie und rebellischem Optimismus; eindrucksvoll.

Leo, der Letzte / Leo, the Last ** ½

GB 1960 – 115 Min. – R: John Boor-

man. D: Marcello Mastroianni, Billie Whitelaw, Calvin Lockhart, Lou Gossett jr.
Komödie. Mitten in den Londoner Slums haust Prinz Leo, der letzte seines Königshauses. Er lebt sein verschrobenes, liederliches, sinnenfrohes Leben so lange, bis die Liebe alles auf den Kopf stellt. Boorman inszenierte den turbulenten Actionfilm im Prinzenpalast mit Sinn für skurrile Details.

Der Leopard / Il Gattopardo ∗∗∗ ½
I/F 1962 – 150 Min. – R: Luchino Visconti. D: Burt Lancaster, Alain Delon, Claudia Cardinale, Serge Reggiani, Rina Morelli.
Literaturverfilmung. Berühmt wurde dieses prachtvolle Historiengemälde aus dem italienischen Risorgimento durch eine halbstündige Ballszene, die detailliert Auskunft gibt über eine Gesellschaft im Verfall. Fürst Salema, ironischer Vertreter einer untergehenden Klasse, akzeptiert, daß sein Neffe eine Bürgerliche heiratet. Nach dem Roman von Lampedusa.

Die Leoparden kommen / Il dito nella plaga ∗
I 1969 – 89 Min. – R: Tonino Ricci. D: Klaus Kinski, George Hilton, Ray Saunders, Betsy Bell.
Kriegsfilm. Ein junger Leutnant soll mit seinem Exekutionskommando den »schizophrenen« Korporal Kinski hinrichten lassen – doch an dieser Aufgabe sind schon ganz andere gescheitert. Kriegsgemetzel in Großaufnahme.

Leoparden küßt man nicht / Bringing Up Baby ∗∗∗
USA 1938 – 89 Min. sw. auch OoU. – R: Howard Hawks. D: Cary Grant, Katharine Hepburn, Charlie Ruggles, May Robson, Barry Fitzgerald.
Komödie. Ein vertrockneter Urzeitforscher versucht das Skelett eines Dinosauriers zu rekonstruieren und gerät dabei in die Fänge einer exzentrischen Millionenerbin; rasante Dialoge, Situationskomik und intelligenter Witz zeichnen diese »Screwballkomödie« von Howard Hawks aus.

Lermontow / Lermontow ∗∗ ½
UdSSR 1986 – 91 Min. – R: Nikolai Burljajew. D: Nikolai Burljajew, Galina Beljajewa, Natalja Bondartschuk, Boris Plotnikow, Inna Makarowa.
Dichterbiographie. Der Adlige Lermontow wächst als arroganter Privilegierter auf; nachdem er vom exklusiven Internat in der Hauptstadt geflogen ist, beginnt er mit aufrührerischen Gedichten. Das bewegte Leben dieses Mannes, der sich selbst mit der Zarenfamilie anlegt und schließlich im Duell stirbt, erzählt der großangelegte, im Milieu der Zeit schwelgende Film mit einem Hang zur Glorifizierung eines durchaus zwiespältigen Helden.

Let's do it / Marche pas sur mes lacets ∗
F 1977 – 86 Min. Ⓥ Geiselgasteig. – R: Max Pécas. D: Sylvian Green, Dominique Juébelin, Jean-Mark Longval.
Teeniesexfilm. Drei Pennäler genießen Frankreichs Süden, bevor einer von ihnen zum Barras muß; in einem Ferienheim stoßen sie auf liebeshungrige Engländerinnen; der anspruchslose Film entblößt zahlreiche Busen und viele Schwachstellen der Regie.

A Letter of Introduction ∗∗ ½
USA 1938 – 104 Min. sw. OoU. – R: John M. Stahl. D: Adolphe Menjou, Andrea Leeds, Edgar Bergen (und Charlie McCarthy), George Murphy, Ann Sheridan.
Künstlerfilm. Eine junge Schauspielerin sucht den Weg zum Erfolg ohne »Empfehlungsschreiben« ihres reichen Vaters; nette Unterhaltung.

Der letzte Anruf / A Cry for Help TV-Film
USA 1975 – 71 Min. – R: Daryl Duke. D: Robert Culp, Elayne Heilveil, Ken Swofford, Julius W. Harris.
Zum Vergnügen seiner Hörer fertigt ein Radiomoderator anrufende Hörer rüde ab, so auch ein Mädchen, das seinen Selbstmord ankündigt; als ihm Bedenken kommen und er die Anruferin aufspüren will, ahnt er nicht, daß er in eine Falle tappt; hintergründiger Film über den Zynismus von Medienprofis.

Der letzte Befehl / The Horse Soldiers **
USA 1959 – 114 Min. – R: John Ford. D: John Wayne, William Holden, Constance Towers, Althea Gibson, Hoot Gibson.
Bürgerkriegswestern. Die Armee der Nordstaaten belagert 1863 Vicksburg, die Südstaatler sollen vom Nachschub abgeschnitten werden; dem Trupp des Majors Marlowe (Wayne) wird der Arzt Kendall (Holden) zugeteilt, es kommt zu ständigen Reibereien zwischen den Männern; schließlich steht auch noch eine Frau zwischen ihnen. John Fords einziger Bürgerkriegsfilm schleppt sich mit Dauerdialogen und epischen Sequenzen dahin; trotz einiger Actionszenen und guter Milieustudien mittelmäßig im Gesamtwerk des großen Regisseurs.

Der letzte Blick des Adlers / Le dernier regard de l'aigle TV-Film
CH – 90 Min. – R: Jean-Jacques Lagrange, Michel Viala. D: Jean-Marc Bory, Bernard Fresson, Véronique Allain.
Ein zeitkritisches Thema behandelt diese spannende Geschichte aus den Walliser Alpen. Eine Landepiste für Flugzeuge soll gebaut werden, Gegner und Befürworter liefern sich einen erbitterten Kampf.

Die letzte Chance ** ½
CH 1945 – 90 Min. sw. – R: Leopold Lindtberg. D: Ewart G. Morrison, John Hoy, Ray Reagan, Luisa Rossi.
Zeitkritischer Film. Drei Offiziere sind 1943 aus deutscher Kriegsgefangenschaft geflohen und halten sich in einem oberitalienischen Dorf versteckt. Von dort aus versuchen sie, eine Flüchtlingsgruppe über die Schweizer Grenze zu führen. Realistisch-nüchterner Film ohne Effekte, der die Dramatik der Situation auch psychologisch glaubhaft macht.

Die letzte Chance / Northbeach and Rawhide TV-Film
USA 1985 – 100 Min. – R, B: Harry Falk. D: William Shatner, Tate Donovan, James Olson, Ron O'Neal, Lorr Loughlin.
Resozialisierungsdrama auf einer Farm irgendwo bei San Francisco; ein Exhäftling kämpft gegen Vorurteile und für seine Ranch und seine Jungs; unterhaltsam, guter Durchschnitt.

Der letzte der feurigen Liebhaber / Last of the Red Hot Lovers * ½
USA 1972 – 98 Min. – R: Gene Saks. D: Alan Arkin, Sally Kellerman, Paula Prentiss.
Klamotte. Barney ist ein glücklich verheirateter schüchterner Ehemann, der meint, etwas zu verpassen, wenn er keine Geliebte hat. Seine Seitensprungversuche sind niederschmetternd. Schwache Verfilmung einer Neil-Simon-Komödie.

Der letzte der Wikinger / L'ultimo dei Vikinghi **
I 1960 – 104 Min. Ⓥ VPS. – R: Giacomo Gentilomo. D: Cameron Mitchell, Edmund Purdom, Isabelle Corey.
Abenteuerfilm. Nordisches Schwert- und Rachemelodram um den Königssohn Harald, der, in die Heimat zurückgekehrt, den Vater erschlagen und das Reich verwüstet findet.

Die letzte Etappe / Le grand jeu ** ½
F 1934 – 110 Min. sw. OmU. – R: Jacques Feyder. M: Hanns Eisler. D: Marie Bell, Pierre-Richard Wilm, Charles Vanel, Françoise Rosay.
Milieukritischer Film. Florence ruiniert Pierre, der zur Fremdenlegion flieht; dort trifft er eine Frau, die ihr Gedächtnis verloren hat und Florence sein könnte; Pierre wählt daraufhin den Tod im Gefecht. Regisseur Feyder zeichnet in seinem ersten Spielfilm nach seinem Hollywood-Aufenthalt 1929/33 das Milieu des Kolonialismus romantisch, aber auch realistisch nach; er knüpfte mit diesem Film an seine Meisterschaft an, Verhältnisse poetisch-kritisch auf den Punkt zu bringen.

Die letzte Fahrt der Bismarck / Sink the Bismarck! **
GB 1960 – 94 Min. sw. – R: Lewis Gilbert. D: Kenneth More, Dana Wynter, Carl Möhner, Karel Stepanek.
Kriegsfilm. 1941 versucht die britische Admiralität, die deutschen Kriegsschiffe zu vernichten. Blitzende Seeschlachten und Kanonendonner – der Zweite Weltkrieg aus englischer Sicht, nach authentischen Berichten.

Die letzte Flut / The Last Wave ** ½

AUS 1977 – 98 Min. – R: Peter Weir. D: Richard Chamberlain, Olivia Hamnett, David Gulpilil, Frederick Parslow, Vivean Gray.

Fantasyfilm. In Alpträumen begegnet einem australischen Anwalt ein Ureinwohner, der ihm von einer untergegangenen Kultur und einer neuen Sintflut erzählt; raffiniertes Puzzle aus dem mythisch-mystischen Bereich, mit Thrillerelementen versetzt.

Das letzte Fort

siehe: Rivalen und Verräter

Das letzte Gefecht / Sitting Bull **

USA 1954 – 101 Min. – R: Sidney Salkow. D: Dale Robertson, Mary Murphy, J. Carrol Naish, Iron Eyes Cody, Douglas Kennedy.

Western. Ein US-Major setzt sich für die Sioux ein, kann aber General Custers Aktionen, die in einer Niederlage enden, nicht verhindern; zum guten Ende greift Generals-Präsident Grant ein; wohlmeinender Indianerwestern der Mittelklasse.

Der letzte große Sieg der Daker / The Dacin * ½

R/F 1966 – 105 Min. – R: Sergiu Nicolaescu. D: Amza Pellea, Georges Marchal, Pierre Brice.

Monumentalfilm. Das römische Heer steht 57 v. Chr. am Donauufer. Bei der Überquerung des Stroms wird der General Attius getötet – sein Sohn schwört Rache.

Der letzte Held Amerikas / The Last American Hero ** ½

USA 1973 – 91 Min. – R: Lamont Johnson. D: Jeff Bridges, Valerie Perrine, Geraldine Fitzgerald, Ned Beatty.

Autofilm. Junior Jackson fährt nachts den schwarz gebrannten Schnaps seines Vaters aus. Als er der Verfolgungsjagden müde ist, versucht er es als Stock-Car-As. Den lässigen Helden dieses Schlages gab es wirklich; Jeff Bridges verkörpert ihn mit anarchischem Charme, und der sympathische, manchmal sentimentale Film serviert ihn als den definitiven, optimistischen nordamerikanischen Helden.

Die letzte Jagd / The Last Hunt ** ½

USA 1955 – 98 Min. – R: Richard Brooks. D: Stewart Granger, Robert Taylor, Lloyd Nolan, Debra Paget, Russ Tamblyn.

Western. Vier unterschiedliche Charaktere auf kommerzieller Büffeljagd; ihre Psyche leuchtet der einfallsreich inszenierte Themen-Western mit wenig Action und viel Gefühl und Verständnis aus. Taylor wird einmal als der Reaktionär eingesetzt, der er außerhalb der Leinwand wirklich war, und der Wilde Westen erscheint als Arbeitsplatz und Bühne für differenzierte Akteure. Sich vom billigen B-Western nur durch die humane Botschaft unterscheidender, straffer pazifistischer Film.

Die letzte Jagd / The Shooting Party *** ½

GB 1984 – 93 Min. Ⓥ Cannon. – R: Alan Bridges. D: Edward Fox, Cheryl Campbell, John Gielgud, James Mason, Gordon Jackson.

Gesellschaftsfilm. Die Jagdparty einer Adelsgesellschaft des Jahres 1913 wird zum Zerrbild einer Epoche, deren Werte längst zerbrochen sind; eine britisch deutliche Paraphrase zu Renoirs »Spielregel«, die nicht in Zitaten erstickt; behutsame Verfilmung eines Romans von Isabel Colegate; in einem idealen Team James Mason in seiner nobelsten und letzten Rolle.

Das letzte Kapitel FLOP

BRD 1961 – 104 Min. – R: Wolfgang Liebeneiner. D: Helmut Lohner, Karin Baal, Hansjörg Felmy, Wolfgang Lukschy.

Literaturverfilmung. Karin Baal wird zwischen dem falschen Grafen und dem armen Bergbauern hin und her gerissen in einem schicksalhaft mörderischen Drama der Naturgewalten; zahlreiche Nebenfiguren. Unglaublich triviale Verfilmung eines Romans von Knut Hamsun.

Der letzte Kampf des Lee Khan / The Fate of Lee Khan ** ½

Hongkong 1973 – 101 Min. – R: King Hu. D: Tian Feng, Li Lihua, Xu Feng, Hun Jin, Bay Ying.

Eastern. Mongolen haben im China des Jahres 1366 die Yuan-Dynastie gestürzt; Lee Khan will die Kriegspläne der Aufständischen entgegennehmen; er steigt in einem Landgasthaus ab – und schon beginnt der Kampf der Parteien. Der spröde Film, mit exotischer Spielweise aller Beteiligten, beginnt als Komödie und endet als Actionballett, in dem die Kunst fernöstlicher Kampftechnik genüßlich vorgeführt wird.

Das letzte Kommando / ∗ ½
Geronimo
USA 1961 – 97 Min. – R: Arnold Laven. D: Chuck Connors, Kamala Devi, Ross Martin, Pat Conway.
Western. Die Apachen sollen aus ihrem Reservat in ein noch kärglicheres Gebiet vertrieben werden, weil ein Weißer Geschäfte macht. Indianer gegen Kanonen – ein Western für Rothäute; wenig Spannung.

Die letzte Kompanie ∗∗
BRD 1967 – 93 Min. – R: Fritz Umgelter. D: Horst Frank, Valeria Ciangotta, Karlheinz Fiege, Volkert Kraeft, Jörg Pleva.
Abenteuerfilm. Im deutsch-französischen Krieg verteidigt ein Hauptmann eine Mühle gegen eine napoleonische Übermacht; er hat nur noch dreizehn Mann und auch eine Frau bei sich, die als einzige überlebt; frankoteutonischer Kostümwestern mit schwunglosen Darstellern, alberner Durchhaltemoral und altgedienten Showeffekten.

Die letzte Kugel trifft / ∗∗ ½
Bullet for a Badman
USA 1964 – 76 Min. – R: R. G. Springsteen. D: Audie Murphy, Darren McGavin, Ruta Lee, Beverly Owen.
Western. Zwei Freunde, einer auf der richtigen, der andere auf der falschen Seite des Gesetzes, und einer heiratet des anderen Exfrau; straff inszenierter Bankraub-, Indianer- und Rachewestern.

Der letzte Mann ∗∗∗∗
D 1924 – 101 Min. sw. Stf. – R: Friedrich Wilhelm Murnau. D: Emil Jannings, Maly Delschaft, Max Hiller, Emilie Kurz, Georg John.
Gesellschaftskritischer Film. Ein Hotelportier sinkt zum Toilettenmann ab, ein Schicksal, das er nicht verkraften kann. Seinen Leidensweg schildert der expressionistische Stummfilm, der vom Fernsehen großartig restauriert und mit der Musik von Werner Schmidt-Boelcke versehen wurde, in künstlerischer Regie mit meisterlichen Bildern und hervorragendem Spiel bis hin zu den Chargen.

Die letzte Metro / ∗∗∗ ½
Le dernier métro
F 1980 – 125 Min. Ⓥ EuroVideo. – R: François Truffaut. D: Catherine Deneuve, Gérard Depardieu, Heinz Bennent, Jean Poiret, Andréa Ferréol.
Tragikomödie. 1942, Paris während der deutschen Besetzung: Nicht nur Theaterbesucher mußten die letzte Metro erwischen – es herrschte Ausgangssperre. Die Theaterchefin (Cathérine Deneuve) versteckt ihren Mann, der Jude ist, im Keller unter der Bühne ihres Theaters, als Verbindung bleibt ihnen der Lüftungsschacht; der Schauspieler (Depardieu) ist nicht nur auf der Bühne ihr Liebhaber. Menschliche Komplikationen in einer politisch schwierigen Situation; eine sublime Dreiecksgeschichte über Kino und Theater, Nazis und Widerstand, Schein und Sein.

Der letzte Mohikaner ∗ ½
BRD/GB/I 1965 – 90 Min. – R: Harald Reinl. D: Joachim Fuchsberger, Karin Dor, Carl Lange, Dan Martin, Anthony Steffen.
Western. Einer kam durch – der Häuptling Uncas vom Stamm der Mohikaner –, als Irokesen und weiße Banditen ein ganzes Volk hinmordeten. Blutige Rache ist angesagt, und »Blacky« Fuchsberger reitet vorne mit.

Der letzte Mohikaner TV-Film
BRD/F 1969 – 90 Min. – R: Pierre Gaspard-Huit. D: Hellmut Lange, Pierre Massimi, Thekla Carola Wied.
Zweiter und bester Teil der Film-Tetralogie nach J. F. Coopers »Lederstrumpf«-Romanen.

Der letzte Musketier / ∗∗∗
Cyrano de Bergerac
USA 1950 – 102 Min. sw. – R: Michael Gordon. D: José Ferrer, Mala Powers, William Prince, Morris Carnovsky.

Mantel-und-Degen-Film. Cyrano, Dichter und Degenmeister im 17. Jahrhundert, liebt eine Schöne, die ihn jedoch wegen seiner unförmigen Nase verlacht; Adaption des Versdramas von Edmond Rostand, voll romantischer Trauer und Esprit; Oscar für Ferrer.

Die letzte Nacht im Alamo / Last Night at the Alamo ∗∗
USA 1983 – 75 Min. sw. OmU. – R: Eagle Pennell. D: Sonny Carl Davis, Louis Perryman, Steven Mattilla.
Nostalgiefilm. Nach 34 Jahren soll das »Alamo«, eine schäbige Szenebar in Houston, der Spekulation weichen; Stammgast »Cowboy«, der die Atmosphäre der Kneipe liebt, versucht die Bar zu retten und geht nicht ohne Erinnerung an das historische Alamo zu Werk; sympathisch.

Das letzte Paradies TV-Film
BRD 1972 – 85 Min. – R: Eberhard Itzenplitz. B: André Müller. D: Dieter Hufschmidt, Wolfgang Kieling, Rolf Schult, Cordula Trantow.
Der Zoodirektor verhilft seiner schwangeren Frau zu den seltensten Leckerbissen aus seinen Tiergehegen. Böse Satire auf eine schizophrene Gesellschaft.

Die letzte Patrone / Ultimul cartus / The Last Bullet ∗∗ ½
R 1973 – 92 Min. – R: Sergiu Nicolaescu. D: Ilarion Cionbansu.
Krimi. Roman, der berühmte rumänische Kommissar, entdeckt ein illegales Waffenlager und tut alles, um an die Hintermänner des Skandals zu geraten; effektsichere, spannende Krimikost.

Der letzte Rebell / Wings of the Hawk ∗∗
USA 1953 – 78 Min. – R: Budd Boetticher. D: Van Heflin, Julia Adams, Abbe Lane, George Dolenz, Antonio Moreno.
B-Western. Ein Goldgräber fällt Rebellen gegen Mexiko in die Hände und schlägt sich auf ihre Seite; ansehnlicher B-Film.

Die letzte Rechnung zahlst du selbst / Al di la della legge ∗∗
I/BRD 1968 – 90 Min. – R: Giorgio Stegani. D: Lee Van Cleef, Antonio Sabáto, Lionel Stander, Herbert Fux, Ann Smyrner.
B-Western. Drei kleine Outlaws bekommen plötzlich eine große Aufgabe, dabei wechselt Lee Van Cleef die Fronten. Italo, auf Edelwestern getrimmt.

Das letzte Rezept ∗ ½
BRD 1951 – 94 Min. sw. – R: Rolf Hansen. D: O. W. Fischer, Heidemarie Hatheyer, Sybil Werden, René Deltgen, Carl Wery.
Melodram. Der Apotheker flirtet heiß mit der kapriziösen Tänzerin, obwohl er eine glückliche Ehe zu führen scheint; plötzlich fehlt im Giftschrank Morphium, und der eifersüchtige Doktor (René Deltgen) schöpft Verdacht; am Ende geben sich aber alle, allen voran die resolute Apothekerin, edel und gut in dieser Nachkriegsschmonzette aus dem »Jedermann«-Salzburg.

Das letzte Risiko / Calculated Risk ∗∗ ½
GB 1963 – 70 Min. – R: Norman Harrison. D: John Rutland, William Lucas, Dilys Watling.
Krimi. Spannender, in der Handlung verwirrender, gut kalkulierter »Rififi«-Ableger um einen Tresorbruch und seine Risiken. Ein unspektakuläres, aber in Bann schlagendes Beispiel für den perfekt dramatisierten kleinen Film.

Der letzte Ritt der Daltons / The Last Day TV-Film
USA 1975 – 95 Min. Ⓥ CIC. – R: Vincent McEveety. D: Richard Widmark, Christopher Connelly, Robert Conrad.
Kansas 1892: Bob Dalton hat den Ehrgeiz, als gefürchteter Revolvermann Jesse James zu übertreffen. Routiniert gemachter TV-Western.

Die letzte Rolle TV-Film
BRD 1986 – 95 Min. – R: Egon Günther. B: Klaus Poche. D: Hans-Christian Blech, Corinna Kirchhoff, Jürgen Holtz, Jurai Kukura, Lilli Berlin.
Peter Polter soll in Molières »Don Juan« die Rolle des Sganarelle erhalten, auf die auch sein Kollege Karl Tietz scharf ist. Über das Konkurrenzgebaren zweier alternder Schauspieler hinausgehender anspielungsreicher Fernsehfilm; witzig, ambitioniert, verwirrend und reich an Metaphorik.

Die letzte Runde ** ½
BRD/A 1983 – 85 Min. – R: Peter Patzak. D: Elliott Gould, Heinz Moog, Andrea Jonasson, Danny Hirsch.
Gesellschaftskritischer Krimi. Zwei Außenseiter der Gesellschaft beobachten einen Mord in der U-Bahn. Gemeinsam wollen sie handeln. Der Film erzählt von ihren Recherchen in einer gefühlskalten, egoistischen Leistungsgesellschaft kritisch, engagiert und mit Anleihen beim »Film noir«.

Die letzte Schlacht / Battle of the Bulge ** ½
USA 1965 – 131 Min. Ⓥ Warner Home. – R: Ken Annakin. D: Henry Fonda, Robert Shaw, Robert Ryan, Dana Andrews, George Montgomery, Pier Angeli, Charles Bronson, Werner Peters, Hans-Christian Blech, Telly Savalas.
Kriegsfilm. Die siegessicheren Alliierten werden im Dezember 1944 von der deutschen Ardennen-Offensive überrascht; episch breites Kriegsspektakel, konventionell, aber mit beachtlichem Staraufgebot.

Der letzte Schrei / The Last Safari * ½
GB 1967 – 105 Min. – R: Henry Hathaway. D: Stewart Granger, Kaz Garas, Gabriella Licudi.
Abenteuerfilm. Großwildjägerdrama à la Hemingway mit dem einsamen Helden auf Rachefeldzug und dem ungebetenen jungen Paar, das Komplikationen bringt. Tiere und Landschaft prachtvoll fotografiert.

Der letzte Sommer / Dernier été * ½
F 1980 – 80 Min. – R: Robert Guediguian, Frank le Wita. D: Gérard Meylan, Ariane Ascaride, Jean-Pierre Moreno.
Krimi. Ein Arbeitsloser in Marseille läßt sich zu einem Einbruch überreden, um seine Geldsorgen loszuwerden; gelungene Milieustudie.

Der letzte Sommer TV-Film
A 1989 – 60 Min. – R: Peter Sämann. D: Kurt Sowinetz, Jaromir Borek, Erni Mangold.
Zwei Freunde leben auf ein geruhsames Schrebergartenalter zu; doch nicht nur Kündigungsdrohungen und eine Frau, auch sie selbst stehen ihrem Glück im Wege; verschmitzte Charakterstudie der hintersinnigen Art.

Der letzte Tango in Paris / L'ultimo Tango a Parigi / Le dernier tango à Paris *** ½
I/F 1972 – 129 Min. – R: Bernardo Bertolucci. D: Marlon Brando, Maria Schneider, Jean-Pierre Léaud, Massimo Girotti, Veronica Lazare.
Starfilm. Ein Mann und eine Frau treffen sich in einer großen, leeren Altbauwohnung in Paris. Ihre Übersetzung für Glück lautet »hap-penis«. Tango ist ein trauriger Gedanke, den man tanzen kann, oder, wie in diesem Fall, ein Paarungsritual, zusammengesetzt aus zwei Klischees: Paris als Stadt der Sehnsucht und Tango als schwüles Liebesspiel. Herausragend in diesem Werk: Marlon Brandos Darstellungskraft.

Der letzte Wagen / The Last Wagon ** ½
USA 1956 – 99 Min. – R: Delmer Daves. D: Richard Widmark, Felicia Farr, Susan Kohner, Tommy Rettig.
Western. Ein Weißer, der jahrelang unter Indianern gelebt hat, wird als Gefangener in einem Siedlertreck mitgeschleppt; er gehört zu den wenigen Überlebenden eines Apachenüberfalls und übernimmt die Führung; ein harter Film um Überleben und Anpassung an unterschiedliche Kulturwelten.

Der letzte Walzer ** ½
D 1934 – 94 Min. sw. – R: Georg Jacoby. D: Camilla Horn, Ivan Petrovich, Susi Lanner, Ernst Duncke, Adele Sandrock.
Musikfilm. Adaption der Operette von Oscar Straus: Junger Rittmeister verteidigt seine Liebe gegen die Nachstellungen seines Vorgesetzten; zwischen lyrischen und heiteren Untertönen schwankendes, opulentes Unterhaltungs- und Schaukino.

Der letzte Walzer * ½
BRD 1953 – 93 Min. sw. – R: Arthur Maria Rabenalt. D: Eva Bartok, Curd Jürgens, O. E. Hasse, Christl Mardayn.
Musikfilm. Remake der Verfilmung der Oscar-Straus-Operette von 1934;

schwunglos und steif, auch vom Musikalischen her schwächer.

Das letzte Wort hat Tilby
siehe: Gabilan, mein bester Freund

Der letzte Zeuge ** ½
BRD 1960 – 100 Min. sw. – R: Wolfgang Staudte. D: Martin Held, Hanns Lothar, Ellen Schwiers, Harald Juhnke, Jürgen Goslar, Adelheid Seeck.
Kriminalfilm. Indizien scheinen eine Frau als Kindesmörderin zu überführen; nur ihr Anwalt hält zu ihr; ein engagierter Film gegen Voreingenommenheit und Vorverurteilung.

Der letzte Zug / ***
Experiment in Terror
USA 1961 – 119 Min. sw. – R: Blake Edwards. D: Glenn Ford, Lee Remick, Stefanie Powers, Roy Poole, Ross Martin, Ned Glass.
Thriller. Ein Gangster überfällt eine Bankkassiererin und erpreßt sie mit Morddrohungen u. a. gegen ihre Schwester, wenn sie nicht 100000 Dollar unterschlägt; sie wendet sich ans FBI und kommt in Lebensgefahr. Film von finsterer Gewalttätigkeit, dessen Spannung weniger aus der Aktion als aus den Bildern kommt; sorgfältige Psychologisierung; bemerkenswerte Filmmusik von Henry Mancini.

Der letzte Zug nach Durango / Un treno per Durango **
I/E 1967/68 – 90 Min. Ⓥ Toppic. – R: William Hawkins. D: Anthony Steffen, Mark Damon, Dominique Boschero.
Italowestern. Witziges Westernspektakel um Gold, Geld und eine schöne Frau als Zünglein an der Waage männlicher Besitzgier. Filmische Dutzendware, dennoch ein unterhaltsamer Spaß, dem Genre angemessen.

Die letzten beißen die Hunde / Thunderbolt and Lightfoot **
USA 1973 – 114 Min. – R: Michael Cimino. D: Clint Eastwood, Jeff Bridges, George Kennedy, Catherine Bach.
Driverfilm. Ein Bankräuber wird von seinen Komplizen und von der Polizei gejagt und kann seine Fahrkünste demonstrieren. Sein Kumpel fällt den genüßlich inszenierten Karambolagen und Schlägereien dieses episch angelegten frühen Films von Cimino (»Heaven's Gate«) zum Opfer, und der Held erkennt, daß Freundschaft mehr bedeutet als Dollars.

Die letzten der »Blue Devils« / The Last of the »Blue Devils« **
USA 1979 – 85 Min. OmU. – R: Bruce Ricker. D: Joe Turner, Jay McShann, Jesse Price, Count Basie und seine Band, The Oklahoma City Blue Devils.
Musikfilm. Kansas City und die Jazz- und Bluesmusik der dreißiger Jahre spielen die Hauptrolle in diesem halbdokumentarischen amüsanten Film, dessen swingende Musik Trumpf ist und in die Beine geht – ob man will oder nicht.

Die letzten Heuler der Kompanie / La soldatessa alla visita militante FLOP
I 1977 – 90 Min. – R: Nino Cicero. D: Edwige Fenech, Renzo Montagnini, Fiorenzo Fiorentino.
Klamotte. Unbedarftes Filmchen um die lächerlichen Liebesabenteuer einer jungen Ärztin in einem Männercamp, sexistisch und langweilig. Zum Abgewöhnen.

Die letzten Heuler der Marine / La dottoressa preferisce i marinai *
I 1981 – 84 Min. – R: Michele Massimo Tarantini. D: Alvaro Vitali, Gianni Ciardo, Paola Senatore.
Klamotte. Fensterputzer werden Mordzeugen, müssen vor dem KGB fliehen und geraten in die Fänge einer nymphomanischen Kapitänsfrau; albern.

Die letzten Stunden von Pompeji / Anno 79 – La distruzione di Ercolano / Les dernier jours d'Herculanum *
I/F 1962 – 99 Min. – R: Gianfranco Parolini. D: Susan Daget, Brad Harris, Mara Lane, Jacques Berthier.
Historienklamotte. Verschwörerische Christen werden auf Mord und Totschlag mit dem Untergang von Pompeji in Verbindung gebracht; dilettantische Untergangsszenen werden durch die unfreiwillige Komik vieler Sequenzen und Dialoge angemessen ergänzt.

Die letzten Tage des sündigen Rom / L'incendio di Roma FLOP

I 1963 – 85 Min. – R: Guido Malatesta. D: Lang Jeffries, Christina Gaioni, Moira Orfei, Mario Feliciani.
Monumentalschinken. Statt, wie von Nero befohlen, die römischen Christen auszurotten, verhilft Feldherr Marcus Valerius ihnen zur Flucht; ärgerliche Inszenierung.

Die letzten Tage von Pompeji / Gli ultimi giorni di Pompei **
I/E 1959 – 94 Min. Ⓥ CIC. – R: Mario Bonnard. D: Steve Reeves, Fernando Rey, Christine Kaufmann, Barbara Carroll.
Historienfilm. Ein Sandalenepos um den Vesuv-Ausbruch 79 v. Chr., mit großem Pomp inszeniert. Der Gladiator Steve Reeves steigt in die Arena zu den Löwen, um die blutjunge Christine Kaufmann zu retten. Bunter Bilderbogen nach dem Roman von Edward Bulwer-Lytton.

Die Letzten vom Red River / The Good Guys and Bad Guys **
USA 1969 – 90 Min. – R: Burt Kennedy. D: Robert Mitchum, George Kennedy, David Carradine, Tina Louise.
Western. Mitchum als Marshal versteht die Welt nicht mehr, als er vom Bürgermeister in die Wüste geschickt wird. Trotzdem bewahrt er die Stadt zusammen mit seinem Kumpel, einem Exbanditen, vor einem Bankraub. Skurrile Westernkomödie, die auch als Parodie auf Sam Peckinpahs »Sacramento« verstanden wurde.

Die Letzten von Fort Kandahar / The Brigand of Kandahar **
GB 1965 – 81 Min. – R: John Gilling. D: Ronald Lewis, Oliver Reed, Duncan Lamont, Yvonne Romain.
Abenteuerfilm. 1850 wird ein halbindischer Leutnant aus rassistischen Gründen und als Opfer privater und dienstlicher Vorurteile hart bestraft; nach seiner Flucht schließt er sich Rebellen an, zähes Kolonialkriegsabenteuer, das ein interessantes Thema verschenkt.

Die Letzten werden die Ersten sein *
BRD 1957 – 88 Min. sw. – R: Rolf Hansen. D: O. E. Hasse, Ulla Jacobsson, Maximilian Schell, Adelheid Seeck, Brigitte Grothum, Peter Mosbacher.
Krimimelodram. Ein labiler Mann tötet im Affekt den Zuhälter der Bordsteinschwalbe, die er liebt; er gesteht die Tat seinem Bruder, einem Strafverteidiger, der einen anderen hinter Gitter bringt; diesen dramatischen Plot vertut der konventionelle Film mit zunehmend trivialen Einfällen.

Die letzten Zwei vom Rio Bravo *
BRD/I/E 1964 – 100 Min. – R: Mario Caiano. D: Rod Cameron, Horst Frank, Angel Aranda, Vivi Bach.
Eurowestern. Billigversion der Geschichte von Pat Garrett und Billy the Kid; europäisch abgewogen und allzu leicht befunden. Ein EG-Western mit wenig Stimmung und Spannung.

Letztes Jahr in Marienbad / L'année dernière à Marienbad ****
F 1961 – 94 Min. sw. – R: Alain Resnais. D: Delphine Seyrig, Giorgio Albertazzi, Sacha Pitoëff.
Literarischer Film. Ein Unbekannter irrt durch die Gänge eines prunkvollen Kurhotels und spricht eine schöne Frau an. Er drängt sich auf, will ihr eine gemeinsame Vergangenheit einreden, doch sie zaudert. Am Ende bereiten Phantasiebilder einer Tragödie dem Spiel ein Ende. Nach einem Drehbuch von Alain Robbe-Grillet inszenierte Resnais (»Hiroshima mon amour«) seinen zweiten Spielfilm als suggestive Reise in Träume, Bilder- und Gedankenrätsel.

Der leuchtende Tod / Color Me Dead **
AUS 1969 – 92 Min. – R: Eddie David. D: Rick Jason, Carolyn Jones, Tom Tryon, Tony Ward, Reg Gilliam.
Thriller. Ein Anwalt hat nach einer Vergiftung nur noch Tage zu leben; sein Versuch, als Ursache für den Mordanschlag illegale Uranimporte nachzuweisen, wird zum Wettlauf mit dem Tod, der mit den bekannten Mitteln des Actionkinos nacherzählt wird.

Leuchtfeuer ** ½
DDR/S 1954 – 90 Min. sw. – R: Wolfgang Staudte. D: Leonard Ritter, Horst Neumann.
Sozialkritischer Film. Hungernde Insel-

bewohner führen eine Schiffskatastrophe herbei, um an Vorräte zu gelangen; plakatives, melodramatisches Abenteuer mit kritischem Background.

Die Leute vom Schloß TV-Film
A 1989 – 60 Min. – R, B: Niels Kopf. D: Alfred Reiterer, Ursula Schult, Franz Stoß, Gusti Wolf, Hilde Wagener, Erich Kunz.
Adaption einer Erzählung von Signe Maria Götzen über den Familienrat einer Sippe, die Probleme mit Machtverhalten hat; nervöse Generationsstudie.

Levins Mühle ***
DDR 1980 – 114 Min. – R: Horst Seemann. D: Erwin Geschonneck, Katja Paryla, Christian Grashoff, Ilonka Iliewa, Peter Slabakow.
Melodram. Verfilmung von Johannes Bobrowskis Roman über den Kampf eines jüdischen Paares gegen einen tyrannischen Großmüller in Westpreußen gegen Ende des 19. Jahrhunderts; großangelegtes Zeitbild mit politischer Moral und ethischem Engagement.

Liane – das Mädchen aus dem Urwald **
BRD 1956 – 81 Min. Ⓥ Constantin. – R: Eduard von Borsody. D: Marion Michael, Hardy Krüger, Irene Galter, Peter Mosbacher, Rudolf Forster.
Amazonenfilm. Teutonische Afrikaforscher treffen im Reich der »Weißen Göttin« auf eine halbtarzanische Bikini-Lolita; interessant, weil hölzern, unerotisch und insofern zeittypisch.

Liane – die Tochter des Dschungels *
BRD 1957 – 77 Min. – R: Hermann Leitner. D: Marion Michael, Hardy Krüger, Adrian Hoven.
Amazonenfilm. Liane, das halbnackte, blondmähnige Urwaldkind wird u. a. vor Sklavenhändlern gerettet und kommt zu den reichen hanseatischen Verwandten; schwache Zusammenfassung der beiden ersten »Liane«-Filme.

Liane – die weiße Sklavin * ½
BRD/I 1957 – 86 Min. Ⓥ Jaguar. – R: Hermann Leitner. D: Marion Michael, Adrian Hoven, Friedrich Joloff, Rik Battaglia.
Amazonenfilm. Dschungelnackedei von Sklavenhändlern bedroht; zweiter »Liane«-Film, albern spekulativ.

Lianna / Lianna ***
USA 1981 – 110 Min. – R: John Sayles. D: Linda Griffiths, Jane Hallaren, Jon DeVries, Jo Henderson, Jessica Wight-McDonald.
Moderner Liebesfilm. Einfühlsam aufgezeigte Probleme um die Liebe zwischen zwei Frauen im Intellektuellenmilieu; grandios gespielt.

Libeled Lady ***
USA 1936 – 96 Min. sw. OmU. – R: Jack Conway. D: Jean Harlow, William Powell, Myrna Loy, Spencer Tracy.
Komödie. Vier große Hollywoodstars in einem einfallsreichen Lustspiel um Liebe, Geschäfte und das große Geld einer Erbin. Alles geht schief und kommt trotzdem ins Lot.

Das Licht am Ende der Welt / La luz del fin del mundo / Il faro in capo al mondo / Le phare du bout du monde ** ½
E/I/F 1971 – 96 Min. – R: Kevin Billington. D: Kirk Douglas, Yul Brynner, Samantha Eggar, Fernando Rey.
Abenteuerfilm. Adaption eines Romans von Jules Verne vom Kampf eines Leuchtturmwärters am Kap Horn gegen Piraten, die Schiffe fehlleiten wollen; in Anbetracht der Härte der Darstellung ungewohnt feinfühlige Charakterstudien; Piratenabenteuer, das die Typologie des Genres gegen den Strich bürstet.

Das Licht der Liebe
siehe: Wenn du noch eine Mutter hast

Licht im Dunkel / The Miracle Worker ** ½
USA 1961 – 107 Min. sw. – R: Arthur Penn. D: Anne Bancroft, Patty Duke, Victor Jory, Inga Swenson.
Filmbiographie. Eine junge Erzieherin kämpft um die Kommunikationsmöglichkeiten der amerikanischen Schriftstellerin Helen Keller, die kurz nach der Geburt blind und taub wurde; mit zwei Oscars ausgezeichneter, engagierter Film um Probleme behinderten Lebens.

Licht im Winter / Nattvardsgästerna ***

S 1961 – 80 Min. sw. – R: Ingmar Bergman. D: Gunnar Björnstrand, Ingrid Thulin, Max von Sydow.
Moderner Liebesfilm. Zweiter Teil der Bergman-Trilogie über die Gottferne des modernen Lebens und die Bemühungen richtungsloser Individuen, einen Sinn zu finden. Klassisch streng.

Lichter der Großstadt / ∗∗∗∗
City Lights
USA 1931 – 86 Min. sw. Stf. – R: Charles Chaplin. D: Charles Chaplin, Virginia Cherrill, Harry Myers, Florence Lee, Allan Garcia, Henry Bergman.
Slapstickkomödie. Charlie, der Tramp, liebt ein blindes Blumenmädchen, rettet einem Millionär das Leben und rutscht immer wieder auf dem Parkett aus bei dem Versuch, die Snobs der High-Society zu imitieren. Einer der schönsten Filme des großen Komikers mit dem absurdesten Boxkampf der Filmgeschichte; phantastisches Großstadtmärchen, das seine Gags wie ein Feuerwerk abbrennen läßt.

Lichter von Paris / ∗∗ ½
Boulevard
F 1960 – 90 Min. sw. – R: Julien Duvivier. D: Jean-Pierre Léaud, Magali Noël, Pierre Mondy.
Melodram. Als sein Vater wieder heiratet, zieht der junge Jojo aus und verliebt sich in eine Tänzerin, die gleichzeitig eine Affäre mit einem Boxer hat. Liebe, Kampf, Eifersucht – in poetisches Schwarzweiß getaucht.

Lieb Vaterland, magst ruhig sein ∗∗
BRD 1975 – 87 Min. Ⓥ Taurus. – R: Roland Klick. D: Heinz Domez, Cathérine Allégret, Günter Pfitzmann.
Literaturverfilmung. Berlin 1964, die Mauer wurde drei Jahre zuvor gebaut: In einem halbwegs spannenden Thriller geht es um Menschenhandel, Kidnapping und die deutsche Frage. Verfilmung eines Romans von Simmel.

Die Liebe am Nachmittag / ∗∗∗
L'amour l'après-midi
F 1972 – 94 Min. – R: Eric Rohmer. D: Bernard Verley, Zouzou, Françoise Verley, Daniel Ceccaldi, Malvina Penne.
Liebesfilm. Ein junger Pariser Angestellter steht zwischen seiner Frau, die er liebt, und einer Geliebten, die er begehrt und die ein Kind von ihm will; einfühlsame, außergewöhnliche Variante der Dreiecksgeschichte; ein Film, der die Veränderungen der siebziger Jahre dokumentierte.

Liebe auf Abwegen / ∗∗ ½
Sündige Liebe / L'étrange Madame
F 1950 – 90 Min. sw. – R: Jean Grémillon. D: Michèle Morgan, Henri Vidal, Maurice Excaude, Arlette Thomas.
Melodram. Irene ist verheiratet mit einem reichen Verleger, liebt aber den Tischler Etienne. Sie spielt eine raffinierte Doppelrolle, von der ihr Geliebter nichts ahnt.

Liebe auf den ersten Biß / ∗∗ ½
Love at First Bite
USA 1979 – 92 Min. Ⓥ VPS. – R: Stan Dragoti. D: George Hamilton, Susan Saint James, Richard Benjamin, Dick Shawn.
Vampirfilmparodie. Der von Kommunisten aus Transsylvanien vertriebene Graf Dracula muß in New York um seine Saugpotenz fürchten, da ihm der American way of life erträgliche Nahrung vorenthält; dann verliebt er sich in ein Fotomodell, das er aus Magazinen kennt; witzige, flotte, lockere Dialoge im Kontrast zur altmodischen Untadeligkeit des Adligen vermitteln dem Genre neuen (Disco-)Biß.

Liebe auf den zweiten Blick / Living in a Big Way ∗∗
USA 1947 – 100 Min. sw. – R: Gregory LaCava. D: Gene Kelly, Phyllis Thaxter, Jean Adair, Charles Winninger.
Tanzfilm. Ein Soldat heiratet im Urlaub; als er drei Jahre später zurückkehrt, will seine Frau ihn nicht mehr, doch die Familie ist auf seiner Seite. Schöne Tanznummern mit Gene Kelly und flotte Musik (»It had to be you«) verzuckern den Film, der sich aber zwischen Problemorientierung und Unterhaltung nicht entscheidet.

Liebe auf der Flucht / ∗∗∗
L'amour en fuite
F 1978 – 90 Min. – R: François Truffaut.

D: Jean-Pierre Léaud, Marie-France Pisier, Claude Jade.
Gesellschaftskomödie. Die letzte der glanzvollen Rollen des charmanten Herzensbrechers Antoine Doinel, der mit den Frauen spielt und mit der Liebe. Heiteres Vermächtnis des großen Regisseurs Truffaut.

Liebe auf krummen Beinen *
BRD 1959 – 90 Min. sw. – R: Thomas Engel. D: Walter Giller, Sonja Ziemann, Doris Kirchner.
Klamotte. Durch seinen Dackel lernt ein notorischer Junggeselle die attraktive Eva kennen und ändert sein Leben. Unbeholfener Filmspaß über einen unbeholfenen Mann.

Eine Liebe bis September / Until September ** ½
USA 1984 – 92 Min. – R: Richard Marquand. D: Karen Allen, Thierry Lhermitte, Christopher Cazenove.
Liebesromanze. Die junge amerikanische Touristin Mo lernt in Paris den charmanten Banker und Ehemann Xavier kennen; eine Affäre beginnt, die keine Zukunft zu haben scheint. Der skeptische Film präsentiert eine leichte, wehmütige Sommergeschichte; schön anzusehen, unterhaltsam, schwebend wie eine Seifenblase; nicht mehr, nicht weniger.

Liebe, Brot und Eifersucht / Pane, amore e gelosia ** ½
I 1955 – 90 Min. sw. – R: Luigi Comencini. D: Gina Lollobridgida, Vittorio De Sica, Roberto Risso, Marisa Merlini.
Liebeskomödie. Fortsetzung von »Brot, Liebe und Phantasie« (1953), die die deftigen erotischen Verwirrungen in einem italienischen Bergdorf erneut aufflammen läßt.

Liebe, Brot und 1000 Küsse / Pane, amore e... * ½
I 1955 – 98 Min. – R: Dino Risi. D: Sophia Loren, Vittorio De Sica, Antonio Cifariello, Lea Padovant.
Liebeskomödie. In Farbe gedrehte Fortsetzung der Irrungen und Wirrungen »Liebe, Brot und Eifersucht«, deren sprühenden Volkswitz weder der neue Regisseur noch die neue Hauptdarstellerin Loren erreichen.

Die Liebe der Charlotte Löwensköld / Charlotte Löwensköld ***
S 1979 – 105 Min. – R: Jackie Söderman. D: Ingrid Janbell, Lars Green, Gunnel Broström, Gunnar Björnstrand.
Literaturverfilmung. Adaption des Selma-Lagerlöf-Romans von der jungen Frau, die einen Vikar liebt, der sich zum religiösen Eiferer entwickelt und ihrer Liebe nicht vertraut; ihre Hinwendung zu einem Ungeliebten endet in fragwürdigem Glück; ein Film der sorgsam arrangierten Bilder, die die schrecklichen Abgründe hinter den Fassaden ebenso ahnen lassen wie die Möglichkeit von Hoffnungen.

Die Liebe der Marjorie Morningstar / Marjorie Morningstar ** ½
USA 1958 – 118 Min. – R: Irving Rapper. D: Gene Kelly, Natalie Wood, Claire Trevor, Everett Sloane, Martin Milner, Ed Wynn, Martin Balsam.
Liebesmelodram. Adaption des Romans von Herman Wouk über die wohlbehütete Tochter aus bürgerlich-jüdischem Haus, die nach einer Sommerromanze in der leidenschaftslosen Villengesellschaft eines Vororts landet; Natalie Wood routiniert als Titelstar in einem stilisierten Film ohne sozialkritischen Biß.

Die Liebe der Schauspielerin Sumako / Joyu Sumako no koj ** ½
J 1947 – 95 Min. sw. – R: Kenji Mizoguchi. D: So Yamamura, Kinuyo Tanaka, Kikue Mori.
Melodram. Ruhiger, ganz am visuellen Ausdruck orientierter, atmosphärisch dichter Film um eine Liebe im Theatermilieu, die auch die starke Spannung zwischen traditionellen und modernen Geschlechterrollen im Nachkriegsjapan beschreibt.

Liebe Diebe killt man nicht ** ½
USA 1986 – 84 Min. – R: Roger Young. D: Audrey Hepburn, Robert Wagner, Patrick Bauchau, Samantha Eggar, Jerry Orbach.
Krimikomödie. Eine früh verwitwete Amerikanerin reist mit ihrer Schwägerin nach Griechenland. Hier lernt sie einen

Mann kennen, mit dem sie sich verlobt und der nach ihrer Rückkehr in die USA entführt wird. Interpol meldet sich, und die verwirrte Dame weiß nicht ein noch aus. Der mit Hitchcock-Motiven amüsant jonglierende Film würfelt geistreich Romanze, Krimi und Komödie zu einem unterhaltsamen Pasch.

Liebe einen Sommer lang / TV-Film
Forbidden Love
USA 1982 – 97 Min. – R: Steven Hillard Stern. D: Yvette Mimieux, Andrew Stevens, Lisa Lucas, Dana Elcar.
Ermüdende Liebesaffäre zwischen einer älteren Frau und einem jungen Mann, angesiedelt in jenem diffusen Filmmilieu, in dem niemand einer vernünftigen Arbeit nachgeht.

Die Liebe einer Blondine / ***
Lásky jedné plavovlásky
ČSSR 1965 – 83 Min. sw. – R: Miloš Forman. D: Jana Brejchová, Vladimír Pucholt, Vladimír Menšík, Ivan Kheil.
Liebes-Tragikomödie. Andula arbeitet in einer Schuhfabrik in der Nähe von Prag, dort herrscht Männermangel, denn die Frauen der Fabrik sind in isolierten Wohnheimen untergebracht. Liebe als Befreiung aus dem Arbeitseinerlei, davon träumen alle, doch dieser Traum wird bei einer Tanzveranstaltung auf die Realität zurechtgestutzt: Andula macht mit einem Liebhaber eine unvergeßlich zwiespältige Erfahrung. Der zweite Spielfilm von Forman (»Hair«) glänzt durch melancholisch-ironische Zwischentöne.

Die Liebe eines Sommers / ***
Rachel, Rachel
USA 1968 – 101 Min. – R: Paul Newman. D: Joanne Woodward, James Olson, Estelle Parsons, Kate Harrington.
Melodram. Eine unter der Herrschsucht der Mutter leidende, etwas verschrobene Kleinstadtlehrerin will aus ihrem Schneckenhaus heraus und gerät aus Unerfahrenheit an den Falschen; ein schöner, einfühlsamer Film über Liebesenttäuschung und neuen Lebensmut; Woodward überragend in der ersten und zugleich besten Regiearbeit ihres Mannes.

Liebe Eltern / **
Cari genitori
I/F 1973 – 90 Min. – R: Enrico Maria Salerno. D: Maria Schneider, Florinda Bolkan, Cathérine Spaak.
Generationsdrama. Konflikt zwischen jung und alt in bürgerlicher Familie. Die Tochter bricht aus und orientiert sich an Flower Power, die Mutter bleibt bei ihren Werten. Der flott inszenierte, ehrlich um Verständnis bemühte Film schafft kritischen Ausgleich zwischen den Fronten.

Die liebe Familie * ½
A 1956 – 92 Min. sw. – R: Helmut Weiss. D: Luise Ullrich, Michael Heltau, Hans Nielsen, Karl Schönböck, Ingrid Andree, Peter Weck.
Familienfilm. Für Hausfrau Betty Langs Probleme hat nicht einmal die eigene Familie Verständnis; sie entschließt sich, über ihren Alltag zu schreiben; Familienbild der Zeit der »Sauberen Leinwand«, insofern fast ein Dokument.

Liebe Freundin **
A 1948 – 90 Min. sw. – R: Rudolf Steinboeck. D: Erik Frey, Vilma Degischer, Johannes Heesters, Erni Mangold.
Liebesfilm. Ein Verleger steht zwischen zwei Frauen, seiner tüchtigen Sekretärin und einer mondänen Bewunderin; konventionelles Nachkriegs-Liebesdrama, routiniert inszeniert.

Liebe gewinnt / Desert Fury ** ½
USA 1947 – 92 Min. – R: Lewis Allen. D: John Hodiak, Lizabeth Scott, Burt Lancaster, Mary Astor.
Melodram. Ein Sheriff steht im Kampf für das Recht zwischen heiklen Damen und zwiespältigen Spielern; Astor überragend.

Liebe in der Dämmerung / TV-Film
Love Among the Ruins
USA 1975 – 100 Min. – R: George Cukor. D: Katharine Hepburn, Laurence Olivier, Colin Blakely, Joan Sims, Richard Pearson.
Eine ältere steinreiche Witwe will ihr Eheversprechen gegenüber einem jungen Herrn nicht einhalten und sucht ihren Anwalt auf. Witzige Komödie, mehrfach ausgezeichnet.

Liebe in der Stadt / Amore in città ∗∗ ½
I 1953 – 94 Min. sw. – R: Michelangelo Antonioni, Dino Risi, Federico Fellini u.a. D: Laien.
Episodenfilm. Reportagen über erotische Augenblicke; ein Selbstmord, ein Dienstmädchenschicksal, eine Heiratsvermittlung und die Studie über einen Tanzpalast. Liebe neorealistisch, in dokumentarischer Manier gespielt.

Eine Liebe in Deutschland ∗ ½
BRD 1983 – 90 Min. – R: Andrzej Wajda. D: Hanna Schygulla, Piotr Lysak, Daniel Olbrychski, Armin Mueller-Stahl, Bernhard Wicki, Marie-Christine Barrault.
Zeitkritischer Film. Deutschland 1941: In einer süddeutschen Kleinstadt verliebt sich die Gemüsehändlerin Pauline hemmungslos in den polnischen Zwangsarbeiter Stanislaw, das bleibt natürlich nicht verborgen, die Folgen sind Denunziation, Ächtung, Tod. Das authentische Geschehen wird von einem Journalisten in Rückblende aufgerollt; trotz Starbesetzung mißlungener Versuch, mit einer Love-Story deutsche Geschichte aufzuarbeiten.

Eine Liebe in Hongkong / Love in a Fallen City ∗∗ ½
Hongkong 1984 – 105 Min. – R: Ann Hui. D: Cora Miao, Chou Jun Fa, Helen Ma.
Melodram. Eine geschiedene Chinesin lebt in der Großfamilie ihres Bruders; als er sein Vermögen verliert, muß sie heiraten; zärtlicher, einfühlsamer Film aus dem Shanghai der dreißiger Jahre.

Liebe ist ja nur ein Märchen ∗∗
BRD 1955 – 97 Min. – R: Arthur Maria Rabenalt. D: Willy Fritsch, Eva Crüwell, Gerhard Riedmann, Georges Guétary, Claude Farell, Hans Richter, Lucie Englisch.
Musikfilm. Eine junge Pianistin besucht ihren Vater in Athen, doch nicht ihr Jugendfreund holt sie ab, sondern ein gutaussehender Sänger; Liebesleid und viel Musik vor der Kulisse eines tourismusreif gefilmten Athen.

Liebe ist kein Argument TV-Film
BRD 1983 – 91 Min. – R, B: Marianne Lüdcke. D: Erika Pluhar, Günter Lamprecht, Friedrich-Karl Praetorius, Nina Hoger.
Eine Frau um die Vierzig, berufstätig und verheiratet mit einem erfolgreichen Rechtsanwalt, verliebt sich in den Freund ihrer achtzehnjährigen Tochter. Nach Motiven eines Romans von Leonie Ossowski.

Liebe ist nur ein Wort ∗ ½
BRD 1971 – 107 Min. Ⓥ Taurus. – R: Alfred Vohrer. D: Judy Winter, Malte Thorsten, Herbert Fleischmann.
Literaturverfilmung. Ein etwas flippiger, poppiger Sohn, Beruf Erbe, verliebt sich in eine frustrierte Bankiersfrau; das löst Intrigen aus; unterhaltsame, effektsichere Tränendrüsenstory, die Qualität entspricht in etwa der Romanvorlage von Simmel.

Liebe ist stärker
siehe: Reise in Italien

Liebe ist stärker als der Tod TV-Film
BRD 1988 – 90 Min. – R: Jurai Herz. D: Luigi Proietti, Eleonora Klarwein, Helen Vita, Peter Berling, Noureddine Souli.
Tanger, seine weißen Häuser, Gäßchen, die orientalische Altstadt, Bazare und Rituale bilden den exotischen Hintergrund einer Säufer- und Sängerromanze, in die eine deutsche Studentin, ein reicher Araber und ein gescheitertes Musikergenie verstrickt sind; malerisch fotografierte Marokko-Schnulze nach Konsalik.

Liebe ist zollfrei ∗∗
A 1941 – 105 Min. sw. – R: E. W. Emo. D: Hans Moser, Susi Peter, Hans Olden, Oskar Sima.
Komödie. Liebes- und Zollformalitäten geraten in dieser raunzigen, tolpatschigen Moser-Klamotte durcheinander. Für Fans der mosernde Meister in Bestform.

Liebe, Jazz und Übermut ∗ ½
BRD 1957 – 93 Min. – R: Erik Ode. D: Peter Alexander, Bibi Johns, Grethe Weiser, Rudolf Platte.
Musikklamotte. Um Grethe Weiser als Frau Himmelreich, Inhaberin eines Kin-

derinternats, das von Amerikanern gesponsert wird, dreht sich das muntere Geschehen; kein Versatzstück alberner Nachkriegslustspiele wird dabei ausgelassen: Umrahmt von Jazz, Volks- und schnulziger Schlagermusik, plätschert das Geschehen dahin.

Liebe Melanie TV-Film
BRD 1983 – 90 Min. – R, B: Michael Verhoeven. D: Melanie Horeschovsky, Senta Berger, Eva Mattes, Friedrich von Thun, Michael Ande, Ulrich Tukur.
Eine greise Schauspiellehrerin hat Sorgen mit ihrem erbgierigen Neffen und heckt mit ihrer Ärztin einen Plan aus, um der Abschiebung ins Altersheim zu entgehen; melancholischer Film um die Rolle der Alten in der Gesellschaft mit einer großen Hauptdarstellerin.

Liebe nach Fahrplan / Ostre sledované vlaky ** ½
ČSSR 1966 – 89 Min. sw. – R: Jiří Menzel. D: Václav Neckár, Jitka Bendová, Vladimír Valenta, Libuše Havelková.
Antikriegsfilm. Ein junger Bahnbeamter gerät 1944 durch die Liebe zu einer Partisanin in Widerstandskreise und steht plötzlich recht ratlos vor einer schwierigen Entscheidung; mit milder Ironie erzählte Tragikomödie; einer der wichtigsten Filme des »Prager (Vor-)Frühlings«, nach einem Drehbuch von Bohumil Hrábal.

Liebe nach Noten / Du bist Musik für mich * ½
D 1944/45 – 95 Min. sw. – R: Géza von Cziffra. D: Olly Holzmann, Rudolf Prack, Hans Olden, Paul Kemp.
Musikfilm. Ein Tanzorchesterleiter und Chauvi lernt die Fähigkeiten einer weiblichen Kollegin kennen; Krieg reduziert auf Konkurrenz von Musikkapellen; gekonnt gemachtes Lustspiel.

Liebe niemals einen Fremden / Rain People ** ½
USA 1968 – 101 Min. – R: Francis Ford Coppola. D: Shirley Knight, James Caan, Laurie Crewes, Robert Duvall.
Aussteigerfilm. Eine schwangere Frau verläßt ihren Mann und erlebt auf ihrer Autofahrt durch die USA eine zerbrechliche, ungewöhnliche Freundschaft zu einem Fremden. Von Coppola (»Der Dialog«) mit sensibler Hand und Originalität als kritischer Kommentar zur psychischen Lage der Nation inszeniert.

Liebe ohne Grenzen / L'amour nu ***
F 1981 – 97 Min. – R: Yannick Bellon. D: Marlène Jobert, Jean-Michel Folon, Zorica Lozic, Georges Rouquier.
Liebesfilm. Eine Dolmetscherin verliebt sich in einen Wissenschaftler; als Brustkrebs eine Amputation nötig macht, will sie die Beziehung beenden. Ein behutsamer Film über ein schmerzliches Thema, voll Zärtlichkeit und Verzweiflung und mit einer Idealbesetzung der weiblichen Hauptrolle.

Liebe ohne Illusion * ½
BRD 1955 – 85 Min. sw. – R: Erich Engel. D: Sonja Ziemann, Curd Jürgens, Heidemarie Hatheyer, Leonard Steckel, Ernst Schröder.
Ehedrama. Sentimentale Ehegeschichte um einen kriegsversehrten Heimkehrer, der sich im bürgerlichen Alltag nicht mehr zurechtfindet. Weil seine Frau als vielbeschäftigte Ärztin zu wenig Zeit für ihn hat, läßt er sich auf ein Liebesabenteuer mit seiner hübschen Schwägerin ein. Gute Unterhaltung für Anspruchslose.

Liebe ohne Skrupel / Twee Vrouwen ** ½
NL 1977 – 106 Min. – R: George Sluizer. D: Bibi Andersson, Anthony Perkins, Sandra Dumas, Kitty Courbois.
Liebesfilm. Erfolgreiche reife Frau beginnt leidenschaftliche Liebesbeziehung zu junger Frau und wünscht sich ein Kind, das diese ihr auch schenken will – indem sie den Exmann ihrer Liebespartnerin verführt. Diese komplexe Situation erzählt der Film ganz einfach, erlesen fotografiert, glaubhaft gespielt.

Liebe 47 **
D 1948 – 125 Min. sw. – R: Wolfgang Liebeneiner. D: Karl John, Hilde Krahl, Grethe Weiser, Albert Florath, Erich Ponto, Hubert von Meyerinck, Inge Meysel.
Heimkehrerfilm. An der Elbe treffen sich ein Mann und eine Frau, die lebensmüde

sind; sie reden miteinander und beschließen, einen neuen Anfang zu versuchen; die Frau nimmt den Kriegsheimkehrer bei sich auf; Trümmerfilm, ein Dokument deutschen Nachkriegsbewußtseins; nach dem Drama »Draußen vor der Tür« von Wolfgang Borchert.

Liebe, Sommer und Musik * ½
A/BRD 1956 – 92 Min. Ⓥ Taurus. – R: Hubert Marischka. D: Joe Stöckel, Fritz Heller, Jutta und Isa Günther.
Komödie. Im Gegenzug zu Immobilienmauscheleien soll eine Zwillingsschwester verkuppelt werden; phantasieloser Verwechslungsklamauk, dem auch die Musik Peter Igelhoffs nicht auf die Sprünge hilft.

Liebe, Tanz und 1000 Schlager **
BRD 1955 – 98 Min. sw. – R: Paul Martin. D: Caterina Valente, Peter Alexander, Silvio Francesco, Rudolf Platte, Hubert von Meyerinck.
Musikfilm. Caterina & Peter, das unmöglich flippige Singgespann der Fünfziger, voll in Aktion in einem typischen Film der Adenauer-Zeit.

Liebe, Tod und Eisenbahn TV-Film
BRD 1990 – 85 Min. – R, B: Gerd Steinheimer. D: Christina Scholz, Heiner Lauterbach, Jürgen Holtz, Adolf Laimböck.
Aus dem Tunnel einer Modelleisenbahn ragt plötzlich die in Plastikfolie gehüllte Hand einer Leiche. Als die Ehefrau im Bett die erogenen Zonen ihres Mannes abtastet, stößt sie auf etwas Hartes – den Triebwagen der Eisenbahn: bitterböse, schwarze Komödie über eine moderne Ehe, voller absurder Ereignisse.

Liebe, Tod und Teufel / Quentin Durward **
USA 1955 – 97 Min. – R: Richard Thorpe. D: Robert Taylor, Kay Kendall, Robert Morley, Alec Chines, Duncan Lamont.
Abenteuerfilm. Zur Zeit des Hundertjährigen Kriegs zwischen England und Frankreich im 14. Jh. verliebt sich ein englischer Ritter in die Gräfin, die er eigentlich für seinen heiratswilligen Onkel besichtigen sollte; ansehnlicher Kostümfilm nach Walter Scott.

Liebe und Anarchie / Film d'amore e d'anarchia... ** ½
I 1973 – 125 Min. OmU. Ⓥ VCL. – R: Lina Wertmüller. D: Giancarlo Giannini, Mariangela Melato, Lina Polito.
Politfilm. Ein Anarchist reist nach Rom, um ein Attentat auf Mussolini vorzubereiten; er scheitert, da er der frivolen Großstadtatmosphäre nicht gewachsen ist; hintergründige Satire.

Liebe und andere Verbrechen / Alex and the Gypsy * ½
USA 1976 – 95 Min. – R: John Korty. D: Jack Lemmon, Geneviève Bujold, James Woods, Robert Emhardt.
Liebeskomödie. Ein alternder Anwalt stellt für seine plötzlich wiederaufgetauchte Jugendliebe, die wegen Mordversuchs einsitzt, eine Kaution und bleibt ihr auf den Fersen, da er Fluchtgefahr vermutet.

Die Liebe und die erste Eisenbahn * ½
D 1934 – 85 Min. sw. – R: Hasso Preis. D: Jakob Tiedtke, Ida Wüst, Fritz Kampers, Karin Hardt.
Komödie. Lustspiel um die erste Eisenbahnlinie zwischen Berlin und Potsdam, 1838 erbaut von dem Bankier Fechner. Nett, banal, altbacken, aber nicht ohne Pfiff.

Liebe und Haß / Yahulu yeheli ** ½
Sri Lanka 1982 – 79 Min. – R: Sumitra Peries. D: Tony Ranasinghe, Nadika Gunasekera, Swarna Amarasena.
Melodram. Der Schuldirektor und Großgrundbesitzer ist wegen seiner Profitgier gefürchtet im ganzen Land, besonders bei den Bauern; auch seine beiden Töchter zerstreiten sich unter seinem Einfluß.

Liebe Valentina / Valentina ** ½
E 1982 – 82 Min. sw. – R: Antonio José Betancor. D: Anthony Quinn, Jorge Sanz, Saturno Cerra, Paloma Gomez.
Moderner Liebesfilm. Gefühlsleben eines Kinderpaars 1911 in Spanien, aus heutiger Sicht sehr behutsam, augenzwinkernd und menschlich erzählt. Ein großer »kleiner« Film.

Liebe verboten – Heiraten erlaubt * ½
BRD 1959 – 86 Min. – R: Kurt Meisel. D: Ingeborg Schöner, Peter Weck, Elma Karlowa, Wolfgang Neuss, Inge Meysel.
Liebeskomödie. Moralisches Aufbauwerk aus der Wirtschaftswunderzeit um ein junges Ehepaar und dessen Versuchungen zwischen Broterwerb und Liebesneigung. Ernst gemeint, das aber zum Glück nicht eingehalten.

Eine Liebe von Swann ***
BRD/F 1983 – 110 Min. – R: Volker Schlöndorff. D: Jeremy Irons, Ornella Muti, Alain Delon, Fanny Ardant, Marie-Christine Barrault.
Literaturverfilmung. Die subtile selbstzerstörerische Leidenschaft, präsentiert in feinsten Dekors – Swann liebt die Edelkokotte Odette, die Amour fou wird zur Mesalliance, der Edelmann ist gesellschaftlich ruiniert. Ein faszinierendes Sittenbild aus dem Paris des Fin de siècle – verfilmte Weltliteratur: nach einem Kapitel des Romans »Auf der Suche nach der verlorenen Zeit« von Marcel Proust.

Liebe vor Gericht / A Question of Love ** ½
USA 1978 – 93 Min. – R: Jerry Thorpe. D: Gena Rowlands, Jane Alexander, Josh Albee, Keith Mitchell.
Ehefilm. Die Lesbierin Linda zieht nach einer gescheiterten Ehe zu ihrer Freundin; ein Kampf um das Sorgerecht für die Kinder beginnt. Der nach einem authentischen Fall gedrehte Film (nach dem Buch von William Blinn) diskutiert einfühlsam heikle Grundfragen der zwischenmenschlichen Beziehungen.

Liebe zu viert / Four's a Crowd **
USA 1938 – 90 Min. sw. – R: Michael Curtiz. D: Errol Flynn, Olivia de Havilland, Patrick Knowles, Rosalind Russell, Walter Connolly.
Komödie. Eine reiche Erbin trennt sich aus Liebe zu einem Skandalreporter von einem Verleger, doch der Journalist scheint ein falsches Spiel zu spielen; fröhliche Reiche-Leute- und Liebeskomödie mit einer witzigen Happy-End-Pointe.

Liebe '62 / L'eclisse *** ½
I/F 1962 – 115 Min. sw. – R: Michelangelo Antonioni. D: Alain Delon, Monica Vitti, Francisco Rabal, Lilla Brignone, Louis Seigner.
Melodram. Vittoria hat sich von ihrem Freund getrennt, da trifft sie den cleveren Börsenmakler Pero. Ein Film über die Entfremdung des heutigen Menschen, seine Gefühlsarmut und Unfähigkeit, echte Bindungen einzugehen. Weniger über Action als über Stimmungen, Straßen und leere Räume vermittelt der wortkarge Film morbid-modernes Lebensgefühl.

Liebe zwischen Krieg und Frieden / The Searching Wind **
USA 1946 – 102 Min. sw. OmU. – R: William Dieterle. D: Robert Young, Sylvia Sidney, Ann Richards, Albert Bassermann.
Melodram. Adaption eines Stücks von Lillian Hellman über den überdiplomatischen Diplomaten, der fast an einer privaten Fehlentscheidung zerbricht; theatralisch.

Liebe zwischen Regentropfen / Lásky Mezi Kapkami Deště ** ½
ČSSR 1979 – 122 Min. – R: Karel Kachyna. D: Vladimir Mensik, Lukáš Vaculik, David Vlček, Michal Dlouhý, Tereza Pokorná, Zlata Adamovská.
Melodram. Große Familiengeschichte aus dem Prag der zwanziger Jahre. Über einen Zeitraum von eineinhalb Jahrzehnten schildert der Film das Schicksal der Schuhmacherfamilie Bursik aus einem Arbeiterviertel, ihre Pläne, Sorgen, Hoffnungen und Niederlagen.

Liebelei *** ½
D 1933 – 90 Min. sw. – R: Max Ophüls. D: Magda Schneider, Luise Ullrich, Wolfgang Liebeneiner, Gustaf Gründgens, Olga Tschechowa, Paul Hörbiger.
Literaturverfilmung. Ein Reigen um Liebe und Liebelei nach Arthur Schnitzler; am Ende geht die einzig wirklich Liebende freiwillig in den Tod; ein Film, der das dekadente Gehabe des Fin de siècle in eindringliche Bilder umsetzt; einfühlsam und entlarvend.

Die Liebenden / Les amants ***

F 1958 – 85 Min. sw. – R: Louis Malle. D: Jeanne Moreau, Alain Cuny, Jean-Marc Bory, José-Luis de Villalonga, Judith Magre.

Liebesfilm. Frustrierte Ehefrau aus dem Großbürgertum trifft attraktiven jungen Mann; Starregisseur Malle mit unkonventioneller und melodramatischer Darstellung des körperlichen Liebesglücks. Ein Film, der Tabugrenzen abbaute.

Liebenswerte Gegner / I due nemici ** ½

I 1961 – 104 Min. Ⓥ RCA Columbia. – R: Guy Hamilton. D: David Niven, Alberto Sordi, Michael Wilding, Harry Andrews, Amedeo Nazzari.

Antikriegsfilm. Ein britischer und ein italienischer Offizier werden während des Abessinienfeldzugs 1941 aus Kriegsunlust zu Freunden; Nivens und Sordis verschiedenartiger Charme prägen den abenteuerlichen Wüstenfilm.

Ein liebenswerter Schatten / The Public Eye ** ½

GB 1972 – 88 Min. – R: Carol Reed. D: Mia Farrow, Chaim Topol, Michael Jayston, Margaret Rawlings, Dudley Foster.

Komödie. Ein jungverheirateter Wirtschaftsprüfer mißtraut seiner kessen Frau und läßt sie beobachten; sie verknallt sich prompt in ihren Schatten; nettes unterhaltsames Ehekriegsgarn.

Lieber Arthur TV-Film

BRD 1986 – 55 Min. – R: Heinz Schirk. D: Joana Maria Gorvin, Else Quecke, Gisela Trowe.

Zwei alte Schwestern leben ein geregelt-seriöses Leben im Haus ihrer Eltern; als die dritte Schwester aus Afrika zurückkehrt, gerät der herrschaftliche Haushalt der beiden Damen aus dem Gleichgewicht; kammerspielartige Studie mit exzellenter Besetzung.

Lieber eine junge Witwe / Meglio vedova **

I/F 1969 – 91 Min. – R: Duccio Tessari. D: Virna Lisi, Peter McEnery, Gabriele Ferzetti, Jean Servais.

Mafiamelodram. Zwischen lautstarker Komödie und wüstem Melodram bewegt sich dieses sizilianische Straßentheater, in dem es um Öl, Macht und Leidenschaften geht. Flott inszeniert.

Lieber Karl ** ½

A/BRD 1984 – 86 Min. – R: Maria Knilli. D: Ulrich Reinthaller, Hans Brenner, Krista Stadler, Elisabeth Prohaska, Rudolf Wessely.

Gesellschaftskritischer Film. Ein anscheinend angepaßter Schüler bricht plötzlich aus der Idylle einer Provinzfamilie aus; Erstlingsfilm, der wegen seiner konsequenten Auseinandersetzung mit Erwartungshaltungen im Kleinbürgermilieu Aufsehen erregte.

Lieber Vater ** ½

CH 1984 – 90 Min. – R: Heinz Bütler. D: Hubert Kronlachner, Renate Steiger, David Lendemann.

Melodram. In einer Schweizer Provinzstadt betreibt die Familie Kern eine Bäkkerei. Der Sohn vermutet, daß sein Vater ein Liebesverhältnis verheimlicht. Genau beobachteter Milieufilm.

Die Liebesabenteuer des Don Juan / Adventures of Don Juan / The New Adventures of Don Juan ** ½

USA 1948 – 107 Min. – R: Vincent Sherman. D: Errol Flynn, Viveca Lindfors, Robert Douglas, Alan Hale sr., Raymond Burr.

Abenteuerfilm. Don Juan eher als königstreuer Meisterfechter aktiv, weniger als Galan; farbenprächtiger Mantel-und-Degen-Film mit einem nicht sehr schwungvollen Flynn.

Liebesaffären einer Tänzerin / Sweet Charity / Sweet Charity / Sweet Charity ***

USA 1968 – 109 Min. – R: Bob Fosse. D: Shirley MacLaine, John McMartin, Ricardo Montalban, Sammy Davis jr., Chita Rivera.

Musical. Tanzgirl Charity taumelt von einem Verliebtheitsrausch in den anderen und damit – zunächst – in die jeweils nächste Enttäuschung; brillante Dramaturgie und Choreographie in einer Hommage für den Broadway; Musicaladaption von Federico Fellinis »Die Nächte der Cabiria«.

Ein Liebesfilm / Szére imésfilm ***
H 1970 – 115 Min. – R: István Szabo. D: Judit Halász, Andras Balint.
Gegenwartsfilm. Während des Ungarnaufstandes 1956 floh Kata nach Paris, ihre Jugendliebe blieb in Budapest zurück. Zehn Jahre später treffen sie sich noch einmal – ein Kaleidoskop subtiler Gedanken, Ereignisse, Erinnerungen und Empfindungen begleitet diese Begegnung.

Liebesgrüße aus Meran / Erzähl mir nichts **
BRD 1964 – 96 Min. – R: Dietrich Haugk. D: Heidelinde Weis, Karl-Michael Vogler, Georg Thomalla, Ursula Borsodi.
Komödie. Scheidungsanwalt Dr. Feyl ist Junggeselle aus Überzeugung und ein flotter Liebhaber: Er lädt junge Mädchen auf das Schloß seiner Tante ein zum »Urlaub«-Machen, alles unverbindlich; bis eines Tages eine Blondine kommt, die schlauer ist; optische Gags, leichtgestrickte Unterhaltung.

Liebesgrüße aus Moskau / From Russia With Love ***
USA 1963 – 111 Min. – R: Terence Young. D: Sean Connery, Daniela Bianchi, Pedro Armendariz, Lotte Lenya, Robert Shaw, Bernard Lee.
James-Bond-Film. Englischer und sowjetischer Geheimdienst im Clinch um eine Dechiffriermaschine. Connery-Bond besteht den Kampf gegen die Gegner der westlichen Welt im Alleingang mit gewohntem Sex-Appeal und Treffsicherheit. Daß er die Superman-Rolle ironisch konterkariert, macht diesen Film zu einem der vergnüglichsten der 007-Serie.

Liebesgrüße aus Pistolen / Shaft's Big Score! ** ½
USA 1972 – 101 Min. – R: Gordon Parks. D: Richard Roundtree, Moses Gunn, Drew Bundini Brown, Joseph Mascolo, Kathy Imrie, Wally Taylor.
Harlem-Thriller. Schwächere Sex & Violence-Variante von »Shaft«, dennoch sehenswertes neues Abenteuer des lakonischen schwarzen Privatdetektivs; fein Drew Bundini Brown als meist frustrierter Gorilla; Höhepunkt die Schlußverfolgungsjagd mit stoischer schwarzer Brillenträgerin am Steuer.

Liebesgrüße aus Tirol *
A 1964 – 87 Min. Ⓥ Ufa. – R: Franz Antel. D: Peter Weck, Gitte, Gunther Philipp, Grethe Weiser, Margit Nünke, Bill Ramsey.
Musikfilm. Ein promovierter Jungakademiker interessiert sich für einen Forschungsauftrag für Teenager-Psychologie, entspricht jedoch nicht dem Anforderungsprofil; aber nach Gitte- und Bill-Ramsey-Geschmetter endet die einfallslose Klamotte happy.

Das Liebeskarussell ** ½
A 1965 – 92 Min. – R: Axel von Ambesser, Rolf Thiele, Alfred Weidenmann. D: Curd Jürgens, Nadja Tiller, Gert Fröbe, Catherine Deneuve, Heinz Rühmann, Anita Ekberg.
Episodenfilm. Ein Blick durchs Schlüsselloch ins Schlafzimmer vier schöner Frauen. Ein Spiel mit Ehemännern und Liebhabern in einem Film mit internationaler Starbesetzung.

Liebeskomödie **
D 1942 – 90 Min. sw. – R: Theo Lingen. D: Magda Schneider, Johannes Riemann, Albert Matterstock, Theo Lingen.
Komödie. Routiniertes Lustspiel des Starkomikers der vierziger Jahre Lingen, der hier auch Regie führt. Mitten im Krieg unbeschwerte Unterhaltung aus dem Künstlermilieu.

Das Liebesleben des schönen Franz * ½
A 1956 – 90 Min. – R: Max Nosseck. D: Theo Lingen, Ruth Stephan, Walter Müller, Nicole Heesters, Gretl Fröhlich.
Liebeskomödie. Mädchenabschlepper Franz setzt im Auftrag einer Möbelfirma seinen Männercharme aufs Spiel. Eines Tages übernimmt er sich. Viel Aufwand um ein seichtes Nichts.

Liebeslegende * ½
D 1938 – 90 Min. – R: Paul Martin. D: Carl Günther, Hans Nielsen, Willy Fritsch, Dieter Borsche, Vera von Langen, Sabine Peters.
Historienfilm. Willy Fritsch als tatendurstiger Prinz verliebt sich unstandesgemäß, und so schickt ihn sein Vater, der

König von Preußen, zur Ablenkung nach St. Petersburg. Fürstliches Liebesleid aus romantischer Zeit.

Die Liebesmaschine / The Love Machine **

USA 1970 – 108 Min. Ⓥ RCA Columbia. – R: Jack Haley jr. D: John Phillip Law, Dyan Cannon, Robert Ryan, Jackie Cooper, David Hemmings, Jodi Wexler.

Bestsellerverfilmung. Ein liebesfroher, gutaussehender TV-Journalist bahnt sich den Weg nach oben durch Betten, bis ihn seine Gefühlsrohheit in Schwierigkeiten bringt; routinierte Bildfolge nach dem Roman von Jacqueline Susann, ansonsten eher langatmige Karrierestory eines uncharmanten Belami.

Liebespremiere **

D 1943 – 87 Min. sw. – R: Arthur Maria Rabenalt. D: Hans Söhnker, Kirsten Heiberg, Fritz Odemar, Margot Hielscher, Rudolf Schündler.

Musikkomödie. Die gefeierte Operettendiva heiratet mal schnell, um ein Kind zu bekommen; danach wird der Mann nicht mehr gebraucht – das läßt sich der Charmeur vom Dienst Söhnker aber nicht gefallen; am Ende siegt natürlich männliche Überlegenheit, die Widerspenstige wird gezähmt; nach Motiven der Operette »Axel an der Himmelstür« von Ralph Benatzky.

Liebesschule **

D 1940 – 85 Min. sw. – R: Karl Georg Külb. D: Luise Ullrich, Viktor Staal, Johannes Heesters.

Komödie. Eine Sekretärin hat zwei Halbtagsjobs, und beide Chefs möchten sie gern heiraten; doch sie mißtraut beiden; flottes, harmloses Liebeslustspiel.

Liebesspiele junger Mädchen FLOP

BRD 1972 – 77 Min. – R: Franz Josef Gottlieb. D: Karin Götz, Mattis Böttcher, Christine Schuberth, Peter Kranz.

Sexfilm. Vier Episoden mit Teeniebettspielen, die elterliches Entsetzen auslösen; Verschwendung von Filmmaterial.

Liebesspuk um Mitternacht / Carmela è una bambola **

I 1958 – 90 Min. sw. – R: Gianni Puccini. D: Nino Manfredi, Marisa Allasio, Falminia Jandolo.

Liebeskomödie. Amüsantes, aber harmloses Liebesgeplänkel um eine Schlafwandlerin, die eines Nachts im Bett eines Familienfeindes landet. Weil das moralische Filmchen in Italien spielt, ist danach die Hölle los.

Liebestoll / Fool for Love ** ½

USA 1985 – 103 Min. – R: Robert Altman. D: Sam Shepard, Kim Basinger, Harry Dean Stanton, Randy Quaid, Deborah McNaughton.

Melodram. Ein Rodeoreiter und seine Schwester, eine Kellnerin, verfallen einander in schuldhafter Verstrickung in einem heruntergekommenen Motel in New Mexico; ein inzestuöses Drama von archaischer Dimension – nach dem Stück des Hauptdarstellers Sam Shepard, humorvoll, lakonisch und fiebrig wie ein falsches Glücksversprechen.

Liebestournee / Zauberer der Liebe / Eternally Yours ** ½

USA 1939 – 95 Min. sw. OoU. – R: Tay Garnett. D: Loretta Young, David Niven, Broderick Crawford, ZaSu Pitts.

Komödie. Ein Magier ist nach der Scheidung nicht recht glücklich, mit Tricks und List gewinnt er seine Verflossene zurück; heiteres Spiel, das manche Möglichkeiten des Themas und der Situationen verschenkt.

Liebfrauen TV-Film

BRD 1985 – 105 Min. – R: Wolfgang Panzer. D: Marianne Hoppe, Günter Lamprecht, Maria Pichler, Ralph Richter.

Ein Ruhrpottpfarrer bekommt Besuch von seiner Mutter, die er lange nicht gesehen hat; beide versuchen sich näherzukommen; liebevolle Charakterstudie, von großartigen Schauspielern überzeugend dargeboten.

Liebling der Frauen / Monsieur Ripois ***

F/GB 1953 – 102 Min. sw. – R: René Clément. D: Gérard Philipe, Valerie Hobson, Margaret Johnston, Natasha Parry.

Liebeskomödie. Die humorvolle, selbstironisch sprühende Geschichte eines Verführers, der eines Tages seine Meisterin findet. Spritzige Dialoge, brillantes Spiel (Philipe) und eine gekonnte, leichte Regie machen diese Don-Juan-Version zu einem Genuß für Herz und Auge; ein Filmklassiker.

Liebling der Götter * ½
BRD 1960 – 100 Min. sw. – R: Gottfried Reinhardt. D: Ruth Leuwerik, Peter van Eyck, Harry Meyen, Hannelore Schroth, Robert Graf, Leonard Steckel, Willy Fritsch, Friedrich Domin.
Zeitkritischer Film. Biographischer Film über den Ufa-Star Renate Müller, die 1937 durch Goebbels in den Selbstmord getrieben wurde; nur durch die authentische Vorlage interessante Verfilmung.

Liebling der Matrosen *
A 1937 – 90 Min. – R: Hans Hinrich. D: Wolf Albach-Retty, Hertha Feiler, Traudl Stark, Richard Romanowsky.
Verwechslungskomödie. Ein Kind wird als blinder Passagier an Bord eines Ozeandampfers geschmuggelt und sorgt für Verwirrungen. Unklar sind sowohl die wahre Identität des »Papi-Onkels« als auch die der jungen Frau. Hertha Feilers erster Film ist eine melodramatische Schnulze ohne Pfiff; uninspiriert und zum Gähnen.

Liebling der Welt **
A/F/BRD 1949 – 90 Min. sw. – R: Max Neufeld. D: Nadine Gray, O. W. Fischer, Siegfried Breuer.
Musikfilm. Eine kleine böhmische Sängerin verliebt sich in den portugiesischen König Raoul, doch der Manager des Provinzstars wird eifersüchtig; mäßig lustiger Revuefilm nach dem »Prinz und Tänzerin«-Prinzip, das so manche Filmversion auslöste.

Liebling, ich werde jünger / Monkey Business **
USA 1952 – 92 Min. – R: Howard Hawks. D: Cary Grant, Ginger Rogers, Charles Coburn, Marilyn Monroe.
Komödie. Cary Grant ist gut in Form als Chemiker, der durch eine Experiment-Panne wieder zum Jüngling wird, doch der Traum von der ewigen Jugend schafft auch viel Ärger. Marilyn Monroe tippelt hüftschwenkend durch die Szene – die Gags sind lustig, trotzdem nicht die beste Komödie von Howard Hawks (»Leoparden küßt man nicht«).

Liebling, laß das Lügen / * ½
Live a Little, Love a Little
USA 1968 – 86 Min. – R: Norman Taurog. D: Elvis Presley, Michele Carey, Rudy Vallee.
Musikkomödie. Elvis als singender Fotograf arbeitet für einen konservativen Verleger und nebenbei für ein Herrenmagazin, doch davon darf der Verleger nichts wissen. Belanglose Story – der Film lebt allein von den Elvis-Songs »Almost in Love« und »Wonderful World«.

Das Lied der Balalaika / FLOP
L'homme qui vient de la nuit
BRD/F 1970 – 90 Min. – R: Jean-Claude Dague. D: Ivan Rebroff, Sidney Chaplin, Noëlle Adam, Katja Ebstein.
Klamotte. Ein russischer Sänger hört ein gefährliches Telefonat mit, wird überfallen und verliert sein Gedächtnis; schauspielerisch von erschütternder Unbedarftheit.

Das Lied der Bernadette / **
The Song of Bernadette
USA 1943 – 147 Min. sw. – R: Henry King. D: Jennifer Jones, Charles Bickford, Lee J. Cobb, Vincent Price.
Religionsfilm. Geschichte des französischen Bauernmädchens Maria Bernarda Soubirous (nach dem Roman von Franz Werfel), deren Marienerscheinungen Lourdes zum Wallfahrtsort machten; sagt trotz oder wegen vier Oscars, davon einer für Jones, mehr über Hollywoods schnulziges Religionsbild als über Wunderglauben und Marienverehrung.

Das Lied der Straße / ****
La Strada
I 1954 – 98 Min. sw. – R: Federico Fellini. D: Giulietta Masina, Anthony Quinn, Richard Basehart, Marcella Rovere.
Zeitkritischer Film. Ein frühes »Road Movie«, dessen Hauptdarsteller ein verkauftes Mädchen, ein tumber Kettensprenger, ein Dreiradzirkus – und eben die Straße sind. Gleichnishafter und doch ganz realistischer Film um eine scheue Liebe, Abhängigkeitsverhältnisse, Armut – und darüber, wie schön das Leben sein könnte, von dem in diesem Meisterwerk in winzigen Gesten, kleinen Gefühlen und intensiven Stimmungen erzählt wird.

Das Lied der Wüste * ½
D 1939 – 85 Min. sw. – R: Paul Martin. D: Zarah Leander, Gustav Knuth, Herbert Wilk.
Spionagefilm. Komödienregisseur Martin (»Glückskinder«) drehte diesen in Nordafrika angesiedelten, geschickt mit Rückprojektion arbeitenden Reißer mit Gespür für gutgetimte Aktion und Spannung. Dennoch ein deutsch-hausbackenes, sentimentales und in den Charakteren klischeehaftes Kulissenprodukt.

Das Lied einer Nacht ** ½
D 1933 – 84 Min. sw. – R: Anatole Litvak. D: Jan Kiepura, Magda Schneider, Fritz Schulz, Otto Wallburg, Ida Wüst.
Musikfilm. Eine Verwechslung ermöglicht einem Startenor die zeitweilige Flucht in ein Inkognito, er trifft eine schöne Unbekannte; eines der Traumpaare des frühen deutschen Tonfilms in einem heiteren musikalischen Lustspiel.

Ein Lied geht um die Welt **
D 1933 – 96 Min. – R: Richard Oswald. D: Victor de Kowa, Fritz Kampers, Joseph Schmidt, Charlotte Ander.
Musikfilm. Ein Tenor hat das Glück, daß ihn die Angebetete zurückweist, so macht er statt Liebe Karriere; schnulziges Vehikel für die Stimme des seinerzeit populären Tenors Joseph Schmidt.

Ein Lied geht um die Welt / Die Joseph-Schmidt-Story * ½
BRD 1958 – 101 Min. – R: Géza von Bolvary. D: Hans Reiser, Sabine Sesselmann, Theo Lingen, Karl Lieffen, Ruth Stephan, Käthe Itter.
Musikfilm. Adaption der Biographie des jüdischen Tenors Joseph Schmidt (1904–42), der 1933 emigrieren mußte und in einem Schweizer Internierungslager starb; sentimentale, spekulative, fast entpolitisierte Musikschnulze.

Das Lied ist aus ** ½
D 1930 – 94 Min. sw. – R: Géza von Bolvary. D: Willi Forst, Liane Haid, Margarete Schlegel, Otto Wallburg, Fritz Odemar, Hedwig Bleibtreu.
Romanze. Eine gefeierte Operettendiva verliebt sich in ihren Sekretär; melancholische Liebesgeschichte mit vielen Robert-Stolz-Evergreens, darunter »Adieu, mein kleiner Gardeoffizier«.

The Life of Brian / Monty Python's Life of Brian
siehe: Monty Python's – Das Leben des Brian

Life With Father
siehe: Unser Leben mit Vater

Der Lift TV-Film
BRD 1972 – 90 Min. – R, B: Georg Tressler. D: Eduard Wegrostek, Helga Leitner, Marie Versini, Grete Kölbl.
Ein kleines österreichisches Dorf entwikkelt sich zum Superskiort; unsentimental und witzig erzählt.

Lili / Lili *** ½
USA 1952 – 78 Min. – R: Charles Walters. D: Leslie Caron, Mel Ferrer, Jean-Pierre Aumont, Zsa Zsa Gabor.
Musical. Eine junge Waise schließt sich einem Schausteller an; ein Puppenspieler engagiert sie für sein Marionettentheater und verliebt sich. Zauberhafter Film um eine ungewöhnliche Romanze, ein modernes Märchen voller Charme und Wärme; die Filmmusik (u. a. »Hi Lili, Hi Lo«) von Bronislau Kaper erhielt den Oscar.

Lili Marleen ***
BRD 1980 – 115 Min. – R: Rainer Werner Fassbinder. D: Hanna Schygulla, Giancarlo Giannini, Mel Ferrer, Christine Kaufmann.
Melodram. 1938: Willie und Robert sind ein verliebtes junges Paar; sie macht als Sängerin mit dem Lili-Marleen-Lied Karriere, er wird als Jude von den Nazis verhaftet. Stilistisch aufsehenerregend, mit großer Starbesetzung. Nach der Autobiographie »Der Himmel hat viele Farben« von Lale Andersen.

Lilien auf dem Felde / Lilies on the Field ** ½
USA 1963 – 93 Min. sw. – R: Ralph Nelson. D: Sidney Poitier, Lilia Skala, Lisa Mann, Isa Crino, Stanley Adams.
Komödie. Ein arbeitsloser Schwarzer trifft zufällig vier Nonnen, ostdeutsche Flüchtlinge, die in Texas eine Farm bewirtschaften wollen; er erscheint ihnen als Geschenk des Himmels. Ein stiller Film von unbeschwerter Heiterkeit, für den Poitier den Oscar bekam.

Liliom TV-Film
BRD 1971 – 130 Min. – R: Otto Schenk. D: Helmuth Lohner, Gertraud Jesserer, Silvia Lukan, Hilde Krahl, Christine Böhm.
Der Rummelplatz-Casanova Liliom heiratet das Dienstmädchen Julie; nach einem mißlungenen Raubüberfall begeht Liliom Selbstmord; nach Jahren der Buße darf er für einen Tag auf die Erde zurückkehren. – In dem berühmten Volksstück von Franz Molnár,das auf dem Theater immer wieder gespielt wird, glänzte Hans Albers Ende der zwanziger Jahre am Berliner Theater.

Lilli, ein Mädchen aus der Großstadt *
BRD 1957 – 90 Min. – R: Hermann Leitner. D: Ann Smyrner, Adrian Hoven, Claude Farell, Werner Peters, Mathias Grimm.
Krimi. Unglaubwürdiger Krimi mit einer Art Allround-BB-Kopie (Smyrner). Fünfziger-Jahre-Kolportage.

Lina Braake ***
BRD 1975 – 100 Min. – R: Bernhard Sinkel. D: Lina Carstens, Fritz Rasp, Herbert Bötticher, Benno Hoffmann.
Komödie. Lina Braake, eine kluge alte Dame, wird durch Bank-Manipulationen aus ihrem Haus ins Altersheim vertrieben. Doch sie heckt einen listig-bösen Plan aus. Ein sozialkritisches Märchen mit Witz inszeniert.

Lindbergh: Mein Flug über den Ozean / The Spirit of St. Louis ***
USA 1957 – 135 Min. – R: Billy Wilder. D: James Stewart, Murray Hamilton, Patricia Smith, Bartlett Robinson, Robert Cornthwaite.
Fliegerfilm. Autobiographische Story vom Postflieger, dem Sponsoren das Abenteuer seines Lebens ermöglichen; grandioses, dramatisches Luftabenteuer, dem die lakonische Unbeholfenheit, die für den Star Stewart typisch ist, Reiz und Format gibt; Abenteuer als Bewährung für das Kind im Mann.

Die Linden von Lauterbach TV-Film
F/BRD 1985 – 90 Min. – R: Bernard Saint-Jacques. B: Jean Egen. D: Mario Adorf, Lucas Bleger, Frédéric Flory, Jean-Michel Noiret, Nicolas Schueller.
Familiengeschichte vor dem Hintergrund der wechselhaften Geschichte des Elsaß zwischen 1871 und Weltkrieg II; nostalgischer Film, der Geschichtsbewältigung versucht.

Die Lindenwirtin vom Donaustrand * ½
A 1957 – 105 Min. – R: Hans Quest. D: Marianne Hold, Claus Holm, Hans Moser, Annie Rosar.
Heimatfilm. Die junge Innenarchitektin Helga sucht Erholung im Gasthof zur Lindenwirtin, doch dort ist die Welt auch nicht mehr in Ordnung. Ein junger Mann namens Fred tritt in ihr Leben, der Rest ist Schnulze.

The Line-up / The Line-up ** ½
USA 1958 – 85 Min. – R: Don Siegel. D: Eli Wallach, Robert Keith, Warner Anderson.
Gangsterfilm. Geächtete im Heroinhandel, Autoverfolgungsjagden – eine Story aus der Sicht der Outlaws, Polizei und Ganoven als austauschbare Größen. Actionspezialist Siegel (»Dirty Harry«) setzt die Traditionen des Genres aus den dreißiger Jahren geradlinig und knallhart fort.

Link, der Butler / Link ***
USA 1986 – 99 Min. Ⓥ VMP/Cannon/NMP. – R: Richard Franklin. D: Terence Stamp, Elisabeth Shue, Steven Pinner.
Schocker. Ein britischer Zoologe stellt in einem einsamen Landhaus Intelligenztests mit Schimpansen an; der Ex-Zirkusaffe Link, der als Butler fungiert, erweist sich als Urheber bizarren Horrors, den die Assistentin Jane alptraumhaft und doch real erlebt; »Lassie«-Trainer Ray Berwick, der auch Hitchcocks »Vögel« zähmte, belebte die einfache Handlung durch denkwürdige Kabinettstückchen der Tierdressur; ein kleines Meisterwerk des Gruselgenres.

Die linke Hand Gottes / The Left Hand of God * ½
USA 1955 – 87 Min. – R: Edward Dmytryk. D: Humphrey Bogart, Lee J. Cobb, Gene Tierney, Agnes Moorehead.
Melodram. Ein US-Pilot gerät 1944 im

chinesischen Bürgerkrieg in Gefangenschaft; er flieht im Priesterhabit, missioniert und hilft uneigennützig und bekehrt sich dadurch selbst; abenteuerlich, trotz anrührender Momente eine Hollywood-predigt am Rande des Kitschs.

Ein linkes Spiel / Ballon mort TV-Film
F 1977 – 75 Min. – R: György Gat. D: Istvan Bubik, Patricia Barzyk, Philippe Nicaud, Simon Gevai.
Einflußreiche Provinzpolitiker und -baulöwen ziehen einen Kleinstadtfußballstar in eine Betrugsaffäre um den Erwerb des Fußballstadions; weniger gelungener Film der »Série noire« mit durchsichtiger Intrige.

Die linkshändige Frau ** ½
BRD 1978 – 110 Min. – R: Peter Handke. D: Edith Clever, Bruno Ganz, Markus Mühleisen, Angela Winkler.
Literaturverfilmung. Eine junge Frau auf der Suche nach ihrer Identität. Äußerer Anlaß ist ihr Wunsch, von ihrem Mann verlassen zu werden. Einsamkeit, Bewegungs- und Beziehungslosigkeit: heutige Existenz als Krisengeschichte.

Lippenstift und Eiscreme / Girls Just Want to Have Fun **
USA 1985 – 84 Min. Ⓥ EuroVideo. – R: Alan Metter. D: Sarah Jessica Parker, Lee Montgomery, Helen Hunt, Morgan Woodward, Jonathan Silverman, Ed Lauter.
Komödie. Zwei befreundete Schülerinnen eines katholischen College haben eine Musik- und Tanzkarriere im Sinn, doch die eine hat einen strengen Colonel zum Vater; Teeniekomödie mit Klischees, die durch munteres, oft witziges Spiel im Hintergrund bleiben.

Lisa / Nights in White Satin * ½
USA 1987 – 96 Min. – R: Michael Barnard. D: Priscilla Harris, David Kenneth Gilman, Kim Waltrip, Michael Laskin.
Liebesfilm. Nach dem Tod ihres Freundes irrt eine junge Tänzerin ziellos durch Los Angeles, ein Fotograf ist fasziniert von ihr; banale Romanze, die die Möglichkeiten der Story, den Einfluß eines Modells auf die Arbeit eines Fotokünstlers verschenkt.

Lisa und Tshepo TV-Film
BRD 1981 – 90 Min. – R, B: Erika Runge. D: Pia Hänggi, Dumisani Mabaso, Brigitte Bennett, Mona Godeffroy.
Liebesgeschichte zwischen einer Deutschen und einem schwarzen Südafrikaner, der als Kfz-Schlosser ein Arztstudium finanzieren möchte; ein sympathischer, dennoch nicht völlig überzeugender Problemfilm; Fernsehspiel des Monats des Evangelischen Pressedienstes.

Liselotte von der Pfalz **
BRD 1966 – 110 Min. – R: Kurt Hoffmann. D: Heidelinde Weis, Harald Leipnitz, Hans Caninenberg, Karin Hübner.
Historischer Ehefilm. Komödiantisch geschönte Geschichte aus der französischen Hofgesellschaft, in die aus politischen Gründen die Titelheldin einheiraten muß. Hoffmann (»Das Wirtshaus im Spessart«) inszenierte das Kostümfest als munteren Geschlechterkampf auf intriganter Weltbühne.

Lisztomania / Lisztomania ***
GB 1975 – 103 Min. – R: Ken Russell. D: Roger Daltrey, Sara Kestelman, Paul Nicholas, Ringo Starr, Rik Wakeman.
Musikfilm. Film-»Biographie« des Klaviervirtuosen Liszt, der als beifallumtobter Popstar grelle Akzente setzt; nicht nur musikalische, sondern auch erotische, üppige, deftige Popphantasie voller musikalischer Clownerie und Seitenhiebe auf die Kultur der klassischen und allgemein der E-Musik, überhaupt des Kulturbetriebs, nur: Die Fülle witziger und aberwitziger Gags kann ermüden.

Little Fauss und Big Halsy / Little Fauss and Big Halsy **
USA 1969 – 98 Min. – R: Sidney J. Furie. D: Robert Redford, Michael J. Pollard, Lauren Hutton, Noah Beery jr.
Rennsportfilm. Erster Spielfilm über das dreckige Leben der »Auspuff-Zigeuner« am Rand der Rennstrecken Nordamerikas. Schmiermaxe und aufsteigendes Motorrad-As als ideales Paar, deren Rollen am Ende dieses moralisch doppelgesichtigen, psychologisch nicht ausgewogenen, aber gut gespielten Films vertauscht sind.

Little Kid und seine kesse Bande / Kid, il monello del West ✱✱
I 1973 – 85 Min. – R: Tony Good. D: Andrea Balesti, Mirko Ellis, Clara Park, Barbara Fiorini, Flavio Colombaioni.
Kinderwestern. Ein kleiner Junge belauscht Bankraubpläne und kommt mit seinen Freunden den Banditen zuvor; doch die und ein Sheriff sind hinter dem Geld her.

Ljubica, eine Frau über dreißig / Ljubica ✱✱ ½
YU 1978 – 90 Min. – R: Krešo Golik. D: B. Frajt, M. Krivokapić, I. Stančić.
Melodram. Ljubica lebt in Zagreb, ihr Mann arbeitet im Ausland, der Sohn wächst bei den Großeltern auf dem Land auf. Es entwickelt sich eine Romanze mit einem Studenten.

Local Hero / Local Hero ✱✱✱ ½
GB 1983 – 111 Min. – R: Bill Forsyth. D: Peter Riegert, Burt Lancaster, Fulton MacKay, Denis Lawson, Norman Chancer, Peter Capaldi, Jenny Seagrove.
Psychokomödie. Scheinpsychotischer, astrobesessener Ölboß (Lancaster) baut statt Raffinerie Sternwarte in schottischem Küstendorf; subtiler Umweltfilm zum Schmunzeln, in dem bis auf den tragikomischen Jungmanager (Riegert) alle Beteiligten »Lokalmatadore« bleiben oder werden.

Das Loch in der Tür / The Nightcomers ✱✱
GB 1971 – 90 Min. – R: Michael Winner. D: Marlon Brando, Stephanie Beacham, Thora Hird.
Literaturverfilmung. Zwei Kinder, deren Eltern ums Leben kamen, wachsen bei einem tyrannischen Menschen auf. Brando darstellerisch brillant; nach einer Erzählung von Henry James.

Lockende Gefahr ✱ ½
BRD 1950 – 75 Min. – R: Eugen York. D: Angelika Hauff, Walter Richter, Adi Lödel, Werner Riepel, Berta Drews.
Seemannsfilm. Ein leichtfertiges Mädchen wird einem Kutterkapitän, der einmal zum Mörder wurde, fast zum Schicksal, doch ein junger Freund rettet ihn; durchschnittlich. Besser: Michael Jarys routinierte Filmmusik.

Lockende Versuchung / Friendly Persuasion ✱✱ ½
USA 1956 – 132 Min. – R: William Wyler. D: Gary Cooper, Dorothy McGuire, Anthony Perkins, Phyllis Love, Mark Richman.
Literaturverfilmung. Eine Quäkerfamilie in den Wirren des Bürgerkrieges: Die strengen Regeln von Sitte und Gewaltlosigkeit geraten ins Wanken, auf einem Volksfest wird getanzt und geprügelt. Ist es feige, in chaotischen Zeiten die Verteidigung des Landes zu verweigern? Epos zum Thema Pazifismus nach dem Roman »Locke sie wie eine Taube« von Jessamyn West. Der Film gewann einen Preis beim Festival in Cannes.

Lockvögel TV-Film
BRD 1989 – 93 Min. – R, B: Rolf Silber, D: Winfried Glatzeder, Krista Posch, Daniele Legler, Hans Beerhenke.
Auf der einen Seite der Geschäftsmann, der das schöne Spessarttal vermarkten will, auf der anderen der Falkner mit seiner hübschen Tochter; doch bald geraten die Fronten durcheinander. Liebe, Vogelflug und zwielichtige Geschäfte beleben die amüsante Story.

Lodernde Flammen / The Forest Rangers ✱✱
USA 1942 – 83 Min. – R: George Marshall. D: Fred MacMurray, Paulette Goddard, Susan Hayward, Albert Dekker.
Actionabenteuer. Zwei Frauen und ein Ranger inmitten schönster Natur, die jedoch von Bränden bedroht ist. Gute Actionszenen im Übergangsbereich von Studioaufnahmen und realer Waldbranddokumentation. Humorvolle Liebesgeschichte, die sich am spannenden Ende von selbst löst.

Lohn der Angst / La salaire de la peur ✱✱✱ ½
F 1953 – 124 Min. sw. Ⓥ Taurus. – R: Henri-Georges Clouzot. D: Yves Montand, Charles Vanel, Véra Clouzot, Folco Lulli, Peter van Eyck, Dario Moreno, William Tubbs.
Thriller. Vier Freiwillige nehmen es auf sich, zwei LKW mit Nitroglyzerin durch schwieriges Gelände zu einer brennen-

den Ölquelle zu fahren, der hochbezahlte Job wird zur Höllenfahrt; nervtötender Film über das Entstehen und Zerrinnen von Freundschaft und über Haß unter der Knute einer existenzbestimmenden Professionalität, die aus Verzweiflung erwächst; durch die schnörkellose, quälende Eindringlichkeit der Bilder ein Filmklassiker.

Lohn der Giganten / La menace ** ½

F 1977 – 85 Min. Ⓥ neue atlas. – R: Alain Corneau. D: Yves Montand, Marie Dubois, Carole Laure, Jean-François Balmer, Marc Eyraud.

Krimi. Als seine Arbeitgeberin und Geliebte umkommt, tut ein Mann alles, um seine neue Freundin vom Mordverdacht zu befreien; straff inszenierter Psychothriller.

Löhners Paula TV-Film

BRD 1986 – 65 Min. sw. – R, B: Anna Kersting. D: Anne Wehner-Bachschmidt, Volker Sallwey, Horst Schäfer.

Eine westfälische Landfrau, als schrullige »alte Jungfer« verschrien, lernt nach dem Tod der Schwester das Alleinsein kennen; sie entwickelt eine ungewöhnliche Beziehung zum geistig behinderten Nachbarssohn; verhaltene Geschichte von zwei Außenseitern, die durch ihre Liebe neue Lebenskraft gewinnen; ein einfacher, nachdenklich stimmender Film.

Lokalbericht TV-Film

BRD 1962 – 85 Min. sw. – R: Rainer Wolffhardt. B: Helmut Pigge, Rainer Wolffhardt. D: Gerd Baltus, Hans-Dieter Asner, Hermann Lenschau, Hans Epskamp.

Zwei Journalisten verfolgen die Spur eines Finanzskandals und geraten unter Druck; schauspielerisch präzise, heute eher hausbacken wirkender Pressekrimi.

Lokis / Lokis ** ½

PL 1970 – 100 Min. – R: Janusz Majewski. D: Jozef Duriasz, Edmund Fetting, Gustaw Lutkiewicz, Malgorzata Braunek, Zofia Mrozowska.

Literaturverfilmung. Adaption einer Novelle von Prosper Mérimée: Ein Pastor und Sprachforscher gerät im Litauen des 19. Jahrhunderts als Gast eines Grafen in eine beängstigende Welt voller verunsichernder Chiffren und Horroreffekte, mysteriöser Tode und existentieller Probleme; makabres Ver- und Entwirrspiel, doppelbödig und grausig unterhaltsam.

Die Lokomotive TV-Film

BRD 1986 – 90 Min. – R, B: Helmut Christian Görlitz. D: Gisela Peltzer, Manfred Steffen, Otto Tausig, Johanna Liebeneiner, Britta Pohland, Oliver Rohrbeck.

Dampfschwaden einer Lokomotive trennen ein Liebespaar zur Zeit der Oktoberrevolution; vierzig Jahre später treffen sich beide in Paris wieder; amüsante Liebes- und Gesellschaftskomödie; nach einem Stück von André Roussin.

Lola, das Mädchen aus dem Hafen / Lola ** ½

F 1960 – 84 Min. sw. – R: Jacques Démy. D: Anouk Aimée, Marc Michel, Alan Scott, Jacques Harden.

Liebesfilm. Seit sieben Jahren wartet Lola, Animierdame und Prostituierte in einer Hafenbar, auf die Rückkehr ihres Geliebten und Vaters ihres Kindes. Als sie einen Jugendfreund trifft, einen verträumten Außenseiter, scheint alles anders zu werden. Der poetische, in stimmungsvollem Schwarzweiß an Originalschauplätzen gedrehte, nicht moralisierende, sondern handelnde und vom realistischen Licht der beginnenden »Nouvelle Vague« in Frankreich inspirierte Film wartet mit einem märchenhaften Ende auf.

Lolita / Lolita **

GB 1961 – 147 Min. sw. – R: Stanley Kubrick. D: James Mason, Shelley Winters, Sue Lyon, Peter Sellers.

Literaturverfilmung. Das laszive Nymphchen verführt den alternden Professor, macht ihn sich hörig und ruiniert seine Existenz. Die Verfilmung erreicht die Qualität des Romans von Nabokov in keiner Szene. Ein Erotikon mit Überlänge.

London ruft Nordpol / Londra chiama polo nord **

I 1955 – 87 Min. Ⓥ Toppic. – R: Duilio Coletti. D: Curd Jürgens, René Deltgen, Dawn Addams, Albert Lieven.

Antikriegsfilm. Ein deutscher Offizier hebt 1943 in Amsterdam einen gegnerischen Agentensender aus. Eine Serie von Verhaftungen ist die Folge, und der stramme Oberst lernt dabei eine schöne Frau kennen. Jürgens in einer Idealrolle verleiht dem zum Nachdenken über sein Tun gezwungenen Helden markante, differenzierte Züge.

Lonely Lady / The Lonely Lady FLOP

USA 1983 – 92 Min. – R: Peter Sasdy. D: Pia Zadora, Lloyd Bochner, Bibi Besch, Joseph Cali.

Karrierefilm. Eine junge attraktive Drehbuchautorin sucht Erfolg, macht aber bittere Erfahrungen mit den Vorgesetzten, die Sex statt Literatur wollen. Miserabel gespielt, im Thema bemüht, jedoch unglaubwürdig und schlampig inszeniert; in Italien gedreht; nach einem Roman von Harold Robbins.

Long Riders / The Long Riders ** ½

USA 1979 – 94 Min. – R: Walter Hill. D: David Carradine, Stacy Keach, James Keach, Keith Carradine.

Spätwestern. Die James- und Younger-Bande erwarb sich durch Überfälle auf Banken und Eisenbahnen legendären Ruf. Lange Mäntel, starre Gesichter, Tod und Verfolgung – ein kühl inszenierter Actionwestern.

A Long Way Home TV-Film

USA 1981 – 104 Min. – R: Robert Markowitz. D: Timothy Hutton, Brenda Vaccaro, George Dzundza.

Familiendrama um einen jungen Mann, der sich mit seinem und seiner Geschwister Leben bei Pflegeeltern nicht abfinden will; anrührend, wenn auch oft am Rand des Kitsches.

Lord Arthur Saviles Verbrechen TV-Film

BRD 1967 – 80 Min. – R: Rolf von Sydow. B: Herbert Asmodi. D: Christoph Bantzer, Max Mairich, Dagmar Altrichter, Günther Schramm.

Adaption der Erzählung von Oscar Wilde vom vorhergesagten Mord, den ein junger Adliger dann auch begeht; vordergründig und billig geraten.

Der Lord, der ein Diener sein wollte / Blue Blood **

GB 1973 – 83 Min. – R: Andrew Sinclair. D: Oliver Reed, Derek Jacobi, Fiona Lewis, Anna Gael, Meg Wynn Owen.

Tragikomödie. Wenn Mylady auf Reisen ist, übernimmt ein Butler das Regiment im Schloß eines labilen jungen Lords – und schließlich auch dessen Frau; schlecht motivierte Schwarze Messen und Orgien, dazu Einsprengsel aus anderen Genres schmälern die Wirkung des strekkenweise recht eindrucksvollen Films.

Der Lord von Barmbeck **

BRD 1973 – 98 Min. – R: Ottokar Runze. D: Martin Lüttge, Judy Winter, Inken Sommer, Heinz Reincke.

Literaturverfilmung. Die authentischen Memoiren eines Einbrechers, Filous, Herzensbrechers, angemessen zwischen literarischer Treue und filmischer Eigenständigkeit inszeniert. Spröde Bildsprache und flüssige Handlung geben dem gelungenen Film seine interessanten Kontraste.

Lorfou / Lorfou TV-Film

F 1986 – 75 Min. – R: Daniel Duval. D: Niels Arestrup, Charlotte Véry, Daniel Duval, Laura Favali, Roland Blanche.

Eine Diebesbande bewohnt ein altes Bauernhaus nahe dem Provinznest Lorfou; ein Überfall geht schief; der Anführer flieht mit einer Geisel, die sich in ihn verliebt; gewalttätiger, eindrucksvoller Film.

Los, laß uns mal verrückt spielen / Live är stenkul **

S 1966 – 78 Min. sw. – R: Jan Halldoff. D: Inger Taube, Leif Claesson, Maj Nielsen, Keve Hjelm.

Sozialkritischer Film. Eine junge Schwedin findet nach einiger Zeit den Weg aus einer Außenseiterclique mit kleinkriminellem Touch zurück zu ihrem Kind; nicht sehr überzeugende Auseinandersetzung mit Fragen sozialer Verantwortung und Bindung.

Los, Tempo / Deprisa, deprisa ***

E 1980 – 96 Min. – R: Carlos Saura. D: José Antonio Valdelomar, José M. Hervas Roldán, Jesús Arias Aranzeque.

Zeitkritischer Actionfilm. Bonnie und Clyde unter Teenagern in den Vororten Madrids. Ohne Sentimentalität und Ästhetizismus von Meisterregisseur Saura (»Carmen«) geradlinig, spannend und kritisch zu einem dokumentaristisch angelegten Milieufilm verarbeitet, bei dem auch Hollywoods »Film noir« der vierziger Jahre Pate stand.

Lotna / Lotna **

PL 1959 – 88 Min. – R: Andrzej Wajda. D: Jerzy Moes, Bozena Kurowska, Adam Pawlikowski.

Weltkriegsfilm. Das Losen zweier polnischer Offiziere um ein Pferd als Parabel für den Untergang der polnischen Armee 1939 beim Einmarsch der deutschen Truppen; ein bewegendes Plädoyer für Menschlichkeit, ungewöhnliche Bildsprache.

Louis taut auf / Der Giftzwerg / Hibernatus ** ½

F/I 1969 – 76 Min. – R: Edouard Molinaro. D: Louis de Funès, Claude Gensac, Olivier de Funès.

Komödie. Ein Verwandter der Familie hat in einem Eisblock einen sechzigjährigen Winterschlaf gehalten – jetzt taut er auf. Der Umgang mit diesem Burschen aus einer anderen Zeit führt zu skurrilen Komplikationen.

Louis und seine außerirdischen Kohlköpfe / La soupe aux choux ** ½

F 1981 – 94 Min. – R: Jean Girault. D: Louis de Funès, Jean Carmet, Jacques Villeret, Christine Dejoux.

Science-fiction-Komödie. Der gierige Genuß von Kohlsuppe löst bei zwei älteren Bauern aus, was Außerirdische für Funksignale halten, die beiden bekommen unerwarteten Besuch; SF-Klamauk, der manchen Einblick in die Besonderheiten französischen Provinzlebens freigibt.

Louis' unheimliche Begegnung mit den Außerirdischen / Le gendarme et les extraterrestres * ½

F 1978 – 89 Min. – R: Jean Girault. D: Louis de Funès, Maurice Risch, Michel Galabru, Guy Grosso.

Klamotte. Ein Polizist behauptet, in St. Tropez gebe es UFOs. Sein Chef Cruchot (Funès) bestreitet das; doch da erlebt auch er merkwürdige Dinge. Starkomiker Funès wie immer außer Atem, doch die Filmhandlung wirkt kurzatmiger als sonst; für Fans des Blödelhektikers.

Louisiana-Legende / Louisiana-Story / Louisiana Story ** ½

USA 1948 – 77 Min. sw. – R: Robert Flaherty. B: Frances und Robert Flaherty. D: Laien.

Dokumentar-Spielfilmklassiker. Ein kleiner Junge beobachtet Ölarbeiter in den Sümpfen von Louisiana; filmhistorisch interessant, doch wegen der vom Auftraggeber Standard Oil vorgegebenen Schönung von Umweltzerstörung heute nur noch mit Vorbehalt genießbar.

Der Loulou / Loulou ***

F 1979 – 101 Min. – R: Maurice Pialat. D: Isabelle Huppert, Gérard Depardieu, Guy Marchand, Humbert Balsan, Christian Boucher, Agnès Rosier.

Moderner Liebesfilm. Eine junge von ihrer Ehe frustrierte Frau lernt auf einer Tanzveranstaltung den vorbestraften Gelegenheitsarbeiter »Loulou« kennen; sie lieben und verlassen sich. Der schöne Film folgt ihren Spuren absolut unaufdringlich, die Darsteller agieren völlig gelöst; selten sah man einen derart spontanen Regiestil.

Love Happy / Love Happy ***

USA 1949 – 81 Min. sw. OmU. – R: David Miller. D: Groucho, Chico, Harpo Marx, Ilona Massey, Marilyn Monroe.

Marx-Brothers-Film. Alterswerk der komischen Brüder, die ihre Situationsspäße und Wortkaskaden zwar noch immer unnachahmlich, aber sichtbar ermüdet loslassen. Die verwirrende Story um die verschwundenen Romanoff-Juwelen bietet Gelegenheit, Marilyn Monroe in einer frühen Rolle, vierzig Sekunden lang, zu bewundern.

Love Story / Love Story ** ½

USA 1970 – 95 Min. Ⓥ CIC. – R: Arthur Hiller. D: Ali MacGraw, Ryan O'Neal, Ray Milland, John Marley, Katherine Balfour.

Romanze. Der Sohn aus reichem Haus lernt auf einer New-England-Universität die arme Bäckerstochter kennen und lieben und erlebt eine herzzerreißende Romanze, bis daß der Tod sie scheidet – eine schmalzige Story, deren Sentiment durch flotte Collegesprüche aufgelockert wird. Erfolgreiche Verfilmung des gleichnamigen Bestsellers von Erich Segal. Oscar für die Filmmusik von Francis Lai.

Love Story einer Nonne / ∗ ½
Les mal partis
F 1975 – 94 Min. – R: Jean-Baptiste Rossi. D: France Dougnac, Olivier Jallageas, Marie Dubois.
Sittenfilm. Frankreich 1944: Ein Gymnasiast treibt Liebesspiele mit einer taufrischen Novizin – Softporno nach dem Motto: Wer Tabus bricht, verschärft die Erotik.

Der Löwe im Winter / ∗∗∗ ½
The Lion in Winter
GB 1968 – 129 Min. – R: Anthony Harvey. D: Peter O'Toole, Katharine Hepburn, Jane Merrow, Timothy Dalton.
Historienfilm. Zu Weihnachten 1183 versammelt der englische König Heinrich II. seine zerstrittene Familie (die verbannte Gemahlin Eleonore von Aquitanien und drei Söhne) um sich, um die Nachfolge zu regeln; es kommt zu Machtkämpfen; schauspielerisch und als kulturgeschichtliches Zeitbild brillant und packend; drei Oscars, davon einer für Hepburn.

Der Löwe von Babylon ∗ ½
BRD/E 1959 – 98 Min. Ⓥ EuroVideo. – R: Johannes Kai, R. Torrado. D: Viktor Staal, Georg Thomalla, Theo Lingen, Mara Cruz.
Karl-May-Verfilmung. Georg Thomalla als Hadschi Halef Omar ist die schiere Karikatur eines Orientalen – die Reise mit seinem Herrn Kara Ben Nemsi an den Tigris eine Mischung aus Abenteuer und Märchen.

Die Löwen von St. Petersburg / Leoni di Petersburgo ∗ ½
I 1971 – 94 Min. Ⓥ Ufa. – R: Mario Siciliano. D: Mark Damon, Erna Schurer, Barbara O'Neil.
Abenteuerfilm. In aktionsreichen Szenen schildert der Film die Auseinandersetzung zwischen dem jungen Idealisten, der für die Aufhebung der Leibeigenschaft kämpft, und dem verkrusteten alten Adel, der die Verhältnisse bewahren will: Historiengemälde aus dem alten Rußland.

Der Löwe von Sparta / ∗∗
The 300 Spartans
USA 1960 – 105 Min. – R: Rudolph Maté. D: Richard Egan, Ralph Richardson, Diane Baker, David Farrar.
Sandalenepos. Vorgeschichte und Ablauf der Schlacht bei Thermopylen (480 v. Chr.), in der Spartaner den Siegeszug des Perserkönigs Xerxes aufhielten und ihn zum Rückzug nach Kleinasien zwangen; die konventionelle, mit Liebesballast angereicherte Geschichtslektion gewinnt durch das Bemühen um authentische Rekonstruktion antiker Gefechtsstrategien, verliert sich ansonsten in Einzelheiten; tönernes Kolossalgemälde.

Der Löwe von Theben / ∗∗
Il leone di Tebe
I 1964 – 85 Min. Ⓥ VPS. – R: Giorgio Ferroni. D: Mark Forest, Yvonne Fourneaux, Pierre Cressoy.
Sandalenfilm. Die schöne Helena von Sparta und den griechischen Fürsten Arion verschlägt es nach Theben, hier begegnen sie Pharao Ramses, der ein Auge auf Helena wirft. Damit wird die Action-Kiste dieses Historienschinkens aufgemacht; kampfbetontes Verhalten aller Beteiligten ist die Folge; knallig, aber mit Drehbuchschwächen.

Die Löwin und ihr Jäger / ∗∗ ½
Les granges brulées
F/I 1973 – 95 Min. – R: Jean Chapot. D: Alain Delon, Simone Signoret, Paul Crauchet, Cathérine Allégret, Miou-Miou.
Psychokrimi. In einem abgelegenen Alpental wird eine junge Frau ermordet aufgefunden. Die Ermittlungen des Untersuchungsrichters aus der Stadt konzentrieren sich auf den Einödhof der Bäuerin Rose, die mit Strenge und List wie eine Löwin ihre Brut verteidigt; dynamisches Duell zwischen zwei starken Kontrahenten; Glanzrolle für Simone Signoret.

Lucas ∗∗
USA 1986 – 100 Min. OoU. Ⓥ CBS/FOX. – R: David Seltzer. D: Corey Haim, Kerri Green, Charlie Sheen.

Teeniefilm. Ein Schüler interessiert sich eher für Schmetterlinge und klassische Musik als für high-school-typischere Umtriebe; das ändert sich, als er sich in eine neue Schülerin verknallt und eifersüchtig reagiert; routinierte Pubertätsglosse ohne neue Aspekte fürs Genre.

Lucas läßt grüßen TV-Film
CH/BRD 1988 – 85 Min. – R: Beat Kuert. B: Beat Kuert, Claude Cueni. D: Margaret Mazzantini, Gabriele Gori, Vadim Glowna, Heinz Kammer, Silke Rein.
Eine glückliche Ehe gerät in Schwierigkeiten, als der Sohn des Paares stirbt und ein undurchsichtiger Mann den Vater zu erpressen versucht; eindrucksvolle Studie über Charaktere in einer komplexen Extremsituation.

Lucifer Rising / Lucifer Rising ***
USA 1981 – 25 Min. OmU. – R: Kenneth Anger. D: Myriam Gibril, Donald Caruel, Hadyn Couts.
Avantgardefilm. Klassiker seines Genres um den Weg des gefallenen Engels Lucifer, der Galionsfigur einer hymnischen Religion. Vom Magier der ungewöhnlichen Zelluloidstreifen Anger (»Hollywood Babylon«).

Lucky Star FLOP
BRD 1979 – 80 Min. – R: Hans-Jürgen Tögel. D: Kathi Böhm, Hannelore Schroth, Günther Halmer, Joachim Hansen.
Rührstück. Nach dem Unfall eines Droschkenkutschers rettet ein kleines Mädchen dessen Pferd vor der Freibank und päppelt es zum Erfolgstier hoch; schnulzig und unaufrichtig.

Ludwig auf Freiersfüßen *
BRD 1969 – 81 Min. – R: Franz Seitz. D: Hansi Kraus, Harald Juhnke, Kristina Nel, Monika Greving.
Liebeskomödie. Ein Kommerzienrat weilt mit Gattin und Tochter in Bayern auf Urlaub und muß mit ansehen, wie sich seine Tochter in Ludwig Thoma verliebt. Den Schock des strengen Herrn Papa vermittelt der mäßig lustige Film wenig einfallsreich.

Ludwig II. ** ½
BRD 1954 – 110 Min. – R: Helmut Käutner. D: O. W. Fischer, Ruth Leuwerik, Marianne Koch, Paul Bildt, Friedrich Domin, Rolf Kutschera, Klaus Kinski, Robert Meyn, Rudolf Fernau.
Historienfilm. Opulente, liebevoll inszenierte Filmbiographie des Bayernkönigs, der im Starnberger See endete; vermittelt die Spannungen zwischen eigenwilligem Star und klugem Regisseur ebenso wie die Spannungen im Leben des Titelhelden.

Ludwig II. / Ludwig *** ½
BRD/I/F 1972 – 178 Min. Ⓥ Videobox. – R: Luchino Visconti. D: Helmut Berger, Romy Schneider, Trevor Howard, Silvana Mangano, Helmut Griem.
Königsdrama. In schwelgerischen Dekors und an Originalschauplätzen entfaltet Visconti das tragische Leben und Sterben des berühmten Märchenkönigs aus Bayern. Romy Schneider noch einmal als Prinzessin »Sissi«, diesmal aber beherrscht und völlig unsentimental.

Ludwig Thomas Lausbubengeschichten * ½
BRD 1964 – 95 Min. – R: Helmut Käutner. D: Hansi Kraus, Käthe Braun, Renate Kasche, Georg Thomalla.
Jugendfilm. Von Helmut Käutner (»Unter den Brücken«) routiniert verfilmte literarische Jugenderinnerungen des bajuwarischen Erzählers Thoma, in denen der bundesdeutsche Kinoklamauk der sechziger Jahre voll ausgespielt wird.

Luftschlacht um England / The Battle of Britain **
GB 1969 – 125 Min. – R: Guy Hamilton. D: Laurence Olivier, Michael Redgrave, Susannah York, Curd Jürgens.
Kriegsfilm. 1940: Die britischen Abfangjäger stehen Tag und Nacht im lebensgefährlichen Einsatz, um eine deutsche Invasion in England zu verhindern. Grandiose Luftaufnahmen, auf dem TV-Schirm aber weniger wirkungsvoll.

Luftwaffenhelfer TV-Film
BRD 1980 – 90 Min. sw. – R: Volker Vogeler. B: Claus Hubalek. D: Till Topf, René Schell, Christoph Eichhorn.
Junge Männer erleben in den letzten Kriegstagen 1943 in Berlin das Grauen des Luftkriegs; engagiert und authentisch, doch nicht wirklich konsequent.

Die Lüge – Trauerflor für zwei Geliebte / Passions *
USA 1984 – 92 Min. – R: Sandor Stern. D: Lindsay Wagner, Joanne Woodward, Richard Crenna, Mason Adams, Heather Langenkamp, Viveca Lindfors.
Liebesmelodram. Auf die Erkenntnis, daß ihr Mann eine Geliebte und ein uneheliches Kind hatte, reagiert eine Frau mit Haß, ihre Tochter mit Verständnis; verstehe, wer will, diesen schnulzigen Langweiler.

Lügen haben kurze Beine **
A 1956 – 95 Min. sw. – R: Erik Ode. D: Adrian Hoven, Doris Kirchner, Gunther Philipp, Oskar Sima, Paul Hörbiger.
Komödie. Die Beine seiner Sekretärin bringen einen Schauspieler auf eine Idee, den konventionellen Film aber nicht recht in Schwung.

Der Lügner **
BRD 1961 – 90 Min. sw. – R: Ladislao Vajda. D: Heinz Rühmann, Annemarie Düringer, Giulia Follina, Gustav Knuth, Blandine Ebinger, Werner Hinz, Joseph Offenbach.
Komödie. Nach der Trennung von seiner Frau ist Herr Schumann nur mehr für seine Tochter da; für sie erfindet er phantastische Geschichten über sich selbst. Aber auf die Dauer ist keine Steigerung mehr möglich, vielleicht mag die Tochter den Vater, wie er ist? Heinz Rühmann stellt sich diese Frage erst am Schluß des Films; vorher brilliert er mit seiner Verwandlungsfähigkeit und hat sichtlich Spaß am Aufschneiden.

Die Lügnerin / Harriet Craig ** ½
USA 1950 – 90 Min. sw. – R: Vincent Sherman. D: Joan Crawford, Wendell Corey, Allyn Joslyn.
Melodram. Eine Frau steigt aus ärmlichen Verhältnissen in die Welt der Happy Few auf, doch macht ihre Ehe im Luxus sie gefühlskalt und herrschsüchtig. Eindringlicher Film um die Frage der Heirat als Geschäft; Crawford in einer Glanzrolle.

Luis und Virginia TV-Film
E – 90 Min. – R: Jaime Chavarri. D: Joaquin Hinojosa, Carmen Elias, Paco Casares, José Maria Muñoz, Coucha Leza.
Der Zusammenprall eines spanischen Intellektuellenpaares mit dem Provinzleben des Landes. Spannende Einblicke ins heutige Spanien und seine modernen Konzepte.

Lukas / Lukas **
ČSSR 1982 – 75 Min. – R: Otakar Kosek. D: Daniel Vychopen, Jan Mistrik.
Kinderfilm. Ein Lehrer hilft einem jungen Schüler, die Probleme mit dem Alkoholismus des Vaters zu bewältigen; Hauptpreis des Kinderfilm-Festivals von Gottwaldov 1982.

Die Lümmel von der ersten Bank *
BRD 1967 – 82 Min. – R: Werner Jacobs. D: Theo Lingen, Gila von Weitershausen, Günther Schramm, Georg Thomalla, Hansi Kraus, Hannelore Elsner.
Paukerfilm. Ein großer Komiker wie Theo Lingen wird in diesem dürftigen Pennälerulk als dümmlicher Schuldirektor vermarktet. Viel Aufwand um ein paar einfallslose müde Schülerscherze, über die heute niemand mehr lacht.

La Luna / La Luna ***
I 1979 – 140 Min. – R: Bernardo Bertolucci. D: Jill Clayburgh, Matthew Barry, Fred Gwynne.
Psychogramm. Als eine Operndiva nach dem Tod ihres Mannes nach Rom zieht und bemerkt, daß ihr vierzehnjähriger Sohn drogensüchtig ist, versuchen beide, Belastendes durch Verstehen zu verdrängen; ein eindringlicher Film mit überwältigenden Bildern.

Der lustige Krieg des Hauptmann Pedro * ½
BDR 1959 – 93 Min. – R: Wolfgang Becker. D: Carlos Thompson, Hubert von Meyerinck, Boy Gobert, Rolf Wanka, Kurt Großkurth, Corny Collins, Wolfgang Neuss, Wolfgang Müller.
Militärklamotte. Kaiser Leopold I. braucht Kleingeld für kleine Kriege, ein Sonderkommando soll eine aufmüpfige Stadt gefügig machen; alberner Klamauk, der durch die hölzerne Humorigkeit von Thompson nicht besser wird.

Die lustige Witwe / The Merry Widow ***
USA 1925 – 115 Min. sw. Stf. – R: Erich

von Stroheim. D: Mae Murray, John Gilbert, Ray D'Arcy.
Melodram. Sängerin verliebt sich in Prinzen, den sie für einen untergeordneten Offizier hält, Verwicklungen ohne Ende sind die Folge. Aus diesem schlichten Plot (nach Lehárs Operette) fabrizierte Stroheim, in seinem einzigen Film, der nicht verstümmelt wurde, eine ironische, scharfsichtige und brillante Kritik am Kastengeist der Militärs und an der Liebesunfähigkeit der Männer.

Lüzzas Walkman TV-Film
CH 1989 – 103 Min. – R, B: Christian Schocher. D: Thomas Pfister, Laien.
Ein junger Bergbauernsohn verläßt den Aussiedlerhof seiner Eltern in Graubünden und geht in die Stadt. Durch die Erfahrungen dort desillusioniert, kehrt er am Schluß in die Berge zurück. Der Film beobachtet sensibel, verläßt sich jedoch zu sehr auf das (ausdruckslose) Spiel seines Hauptdarstellers, dessen Leiden an der oberflächlichen Stadtgesellschaft und dessen Gegenwelt undeutlich bleibt. Ein Werk mit – auch inszenierten – Milieuqualitäten, interessant, wo die »Szene« unverfälscht zu Wort kommt.

M

M – Eine Stadt sucht einen Mörder ****
D 1931 – 98 Min. sw. – R: Fritz Lang. D: Peter Lorre, Ellen Widmann, Inge Landgut, Otto Wernicke, Gustaf Gründgens, Paul Kemp, Theo Lingen.
Kinoklassiker. Der Kriminalfall aus dem Berliner Alltag von 1930 – ein Triebtäter versetzt eine Stadt in Aufruhr. Peter Lorre ist der Mann mit dem Kindergesicht und den Luftballons: Seine herausragende Darstellung des Sexualpathologen, der gleichermaßen Mitleid und Empörung hervorruft, machte ihn berühmt. Ein Zeitdokument voller Zeichen und Symbole.

Macao / Macao **
USA 1952 – 80 Min. sw. – R: Josef von Sternberg. D: Robert Mitchum, Jane Russell, William Bendix, Thomas Gomez.
Abenteuerfilm. Ein fragwürdiger Abenteurer und eine Barsängerin kommen in Macao einem Spielhöllengangster ins Gehege; viel Exotik in einem durchschnittlichen Fernostabenteuer.

MacArthurs Kinder / Setouchi shonen yakyu dan ** ½
J 1984 – 138 Min. – R: Masahiro Shinoda. D: Takaya Yamauchi, Masako Natsume, Yoshiyuki Omori.
Zeitkritischer Film. Japan 1945: Das Land kapituliert vor den Amerikanern. Der humorvolle, selbstkritische Film schildert aus der Perspektive von Kindern, wie das Inselreich die kulturelle und politische Krise erlebt und meistert.

McCabe und Mrs. Miller / McCabe and Mrs. Miller *** ½
USA 1971 – 121 Min. – R: Robert Altman. D: Warren Beatty, Julie Christie, Robert Auberjonois, Hugh Millais, Shelly Duvall.
Spätwestern. Als ein Glücksspieler und eine Bordellwirtin sich ihre Existenz in einer Pioniersiedlung aufgebaut haben, drängt eine Minengesellschaft ins Geschäft; eher absichtslos läßt sich der Spieler auf einen tödlichen Kampf ein; ein entmythisierter Western, der opportunistische Mieslinge in einer schäbigen Umwelt zeigt; Abrechnung mit dem amerikanischen Traum, daß recht hat, wer im Recht ist, wo es um viel Geld geht.

Mach erst mal Abitur / Passe ton bac d'abord ** ½
F/CDN 1979 – 85 Min. – R: Maurice Pialat. D: Sabine Haudepin, Philippe Marland, Michel Caron, Annick Alane.
Schülerfilm. Langeweile, Leistungsdruck, Liebschaften; Bilder aus der Provinz, realistisch, lustig, provokativ in Szene gesetzt vom Regisseur des Films »Der Loulou«.

Mach weiter, Dick / Carry on, Dick **
GB 1974 – 91 Min. – R: Gerald Thomas. D: Sidney James, Barbara Windsor, Kenneth Williams, Hattie Jacques, Bernard Bresslaw, Joan Sims.
Klamotte. Im England des 18. Jahrhunderts gibt sich ein Straßenräuber bei seiner Arbeit als Pfarrer aus bzw. umgekehrt; muntere Robin-Hood-Persiflage mit deftigen Sexeinlagen und irrwitzigen Running Gags; dramaturgisch einer der besten aus der Reihe der »Carrry On«-Klamaukfilme.

Machen Sie Ihr Spiel / La martingale **
CH 1987 – 95 Min. – R: Alain Bloch. D: Omar Sharif, Cathérine Spaak, Jacques Michel.
Krimi. Undurchsichtige Machenschaften um den Zahnarzt und Spieler Omar Sharif. Spannungskrimi mit verwickelten Verhältnissen.

Macho Callahan / Macho Callahan **
USA 1969 – 99 Min. – R: Bernard Kowalski. D: David Janssen, Lee J. Cobb,

Jean Seberg, David Carradine, Pedro Armendariz.
Actionfilm. Der auf Fluchtfilme spezialisierte Janssen in der Rolle eines Bürgerkriegsveteranen, der ausbricht, um den Mann zu töten, der ihn einsperren ließ. Spannend, wenn auch hölzern inszeniert.

Machorka Muff ***
BRD 1963 – 15 Min. sw. – R, B: Jean-Marie Straub, Danièle Huillet. D: Erich Kuby, Renate Lang, Rolf Thiede, Günther Strupp.
Böll-Komödie. Exwehrmachtsoberst Machorka Muff wird von Bonn reaktiviert; präzis arrangierte Entwicklungsgeschichte der Restauration im Nachkriegsdeutschland, nach Heinrich Bölls Erzählung »Hauptstädtisches Journal«.

Die Macht der Gottheit / ** ½
The Pa-Jan-Ban Bang Poon
Thailand 1981 – 124 Min. – R: Pakorn Promvitak. D: Piya Takulrasdra, Valapa Vannaporn, Sing Milintrasai, Tan Tomorn.
Gesellschaftskritischer Film. Ein korrupter Priester und Medium der Götter nutzt seine Macht im Interesse eines Bodenspekulanten. Eindrucksvoller Film um Aberglauben und Fortschrittsdenken in der Dritten Welt; weniger analytisch als plakativ.

Die Macht des Bösen / ** ½
Force of Evil
USA 1948 – 88 Min. sw. – R: Abraham Polonsky. D: John Garfield, Beatrice Pearson, Thomas Gomez.
Gangsterfilm. Ein Spieler und Syndikatsanwalt wird zwischen Gesetz und Gangstertum zerrieben. Der schwarze sozialkritische Film über die Zeit, als die Banden sich anschickten, legal zu operieren, überzeugt durch harte Aktion, glaubwürdiges Milieu und gute Darsteller.

Die Macht und ihr Preis / ***
Cadaveri eccellenti
I/F 1975 – 115 Min. – R: Francesco Rosi. D: Lino Ventura, Alain Cuny, Paolo Bonacelli, Charles Vanel, Max von Sydow, Fernando Rey.
Gesellschaftskritischer Krimi. Ein Staatsanwalt wird auf offener Straße ermordet; als ein vorab gewarnter Inspektor die Ermittlung aufnimmt, sterben zwei weitere Beamte. Die Verfilzung von Politik, Wirtschaft und Großfamilien schildert der aufregende Film von Rosi (»Augenblick der Wahrheit«) überzeugend; minutiös und sorgfältig recherchierte, kritisch kommentierte Chronik des italienischen Elends.

Maciste, der Sohn des Herkules / Maciste nella terra dei ciclopi * ½
I 1961 – 95 Min. – R: Antonio Leonvola. D: Gordon Mitchell, Chelo Alonzo, Vira Silenti.
Mythenfilm. Einer der zahllosen erfolgreichen Versuche, antike Mythologie als Bodybuilding-Problem zu verbildlichen; für Fans des Genres.

Mad Jo, ich spreng' euch alle in die Luft FLOP
BRD 1967 – 90 Min. – R: Rudolf Zehetgruber. D: Götz George, Walter Barnes, Ingeborg Schöner, Anthony Steel, Siegfried Wischnewski.
Krimi. Ein Geldräuber kommt auf der Flucht um; sein Bruder verfolgt den Kriminalbeamten, den er für schuldig hält; langweilig.

Mad Max / Mad Max ** ½
AUS 1979 – 93 Min. – R: George Miller. D: Mel Gibson, Joanne Samuel, Hugh Keays-Byrne, Steve Bisley.
Apokalypsefilm. Zwischen einer zigeunernden Motorradbande und einer Handvoll Streifencops tobt ein Endkampf um die letzten Pfründen nach dem großen Desaster. Als der Kampf nach Flammentod und Verfolgungsjagd eskaliert, bleiben in diesem gewalttätigen und düsteren, die ökologische Gegenwart und ihre Zukunft dramatisierenden Filmschocker noch mehr Leichen und Autoleichen übrig.

Mad Max II – Der Vollstrecker / Mad Max II **
AUS 1981 – 96 Min. – R: George Miller. D: Mel Gibson, Bruce Spence, Vernon Wells, Emil Minty.
Apokalypsefilm. Menschen als bloße Anhängsel einer schrottreifen Endzeit-Motorenwelt. Mad Max, der Easy Rider der achtziger Jahre, in einer gekonnten Fortsetzung des vorangegangenen Films. 114

einmalige Stunts machen den Film zu einem Kultobjekt von Autofreaks, so, wie sein Actionmythos ihn zu einem Schauobjekt der Punk-Generation aufwertete.

Mad Mission / Mad Mission – Knochenbrecher und Kanonen / Mad Mission / Tsui-Chia P'aio-Tang ∗∗
Hongkong 1982 – 79 Min. – R: Eric Tsang (= Tseng Chih-wei). D: Karl Maka, Samuel Hui, Sylvia Chang.
Krimiparodie. Diamantensuche verbindet Räuber und Gendarm; skurriler Serienklamauk und 007-Persiflage.

Mad Mission II – Heißes Pflaster Unterwelt / Mad Mission II / Aces Go Places ∗∗
Hongkong 1983 – 88 Min. Ⓥ VPS. – R: Eric Tsang (Tseng Chih-wei). D: Samuel Hui, Karl Maka, Sylvia Chang, Swzanna Valentino, Jasuki Kurata.
Krimiparodie. Juwelendieb und Komplizen im Kampf gegen beutegierige Banden und Gesetzeshüter; Gangsterrivalitäten als Rahmen für Kung-Fu- und 007-Persiflage.

Mad Mission III – Unser Mann von der Bond Street / Mad Mission III – Our Man from Bond Street ∗∗
Hongkong 1984 – 81 Min. Ⓥ VMP/Cannon/VMP. – R: Tsui Hark (Tsui Hui). D: Sam Hui, Peter Graves, Karl Maka, Sylvia Chang.
Krimiparodie. Superdieb schleicht sich an Juwelen der britischen Krone heran und gerät zwischen Geheimdienst und Mafia; 007-Persiflage zum dritten.

Mad Mission – Man stirbt nicht zweimal / Mad Mission – You Never Die Twice ∗∗ ½
Hongkong 1985 – 79 Min. Ⓥ Starlight. – R: Ringo Lam. D: Sam Hui, Karl Maka, Sally Yeh, Sylvia Chang, Ronald Lacey.
Actionfilm. Zwei Abenteurer sind auf der Suche nach einem Wunderkristall, der die Weltherrschaft sichert; doch auch ein Supergangster und seine Komplizen jagen das Prisma; ironisch aufpolierte Actiongags führen zu einem nervenerfordernden Happy-End.

Madame de… / Madame de… ∗∗∗
F/I 1953 – 96 Min. sw. – R: Max Ophüls. D: Danielle Darrieux, Charles Boyer, Vittorio De Sica, Jean Debucourt.
Melodram. Frau eines hochdekorierten, in Konventionen erstarrten Generals verstrickt sich in eine aussichtslose Liebesaffäre, die tragisch endet. Aus dieser Hintertreppengeschichte macht Meister Ophüls (»Lola Montez«), der dem Kino große Frauengestalten gab, ein an Stimmungen, Andeutungen, Dekors, Gesten und Gewohnheiten reiches Gemälde des Fin de siècle.

Madame Dubarry ∗∗ ½
D 1919 – 119 Min. sw. Stf. – R: Ernst Lubitsch. D: Pola Negri, Emil Jannings, Harry Liedtke, Eduard von Winterstein.
Historienfilm. Schilderung des Aufstiegs der kleinen Modistin Jeanne zur mächtigsten Frau des Frankreichs von Ludwig XV., einer der frühen Lubitsch-Klassiker.

Madame Rosa / La vie devant soi ∗∗ ½
F 1977 – 95 Min. – R: Moshe Mizrahi. D: Simone Signoret, Samy Ben Youb, Claude Dauphin, Gabriel Jabbour.
Gesellschaftskritischer Film. Eine ehemalige Prostituierte als Engel der Armen und Gescheiterten in einem schäbigen Viertel von Paris. Von Signoret mit verhaltenen Mitteln anrührend und authentisch gespielt. Ein Soziofilm der subtilen Art.

Madame Sans Gêne – Ungezähmte Catherine / Madame Sans Gêne ∗∗ ½
F/I/E 1961 – 89 Min. sw. – R: Christian-Jaque. D: Sophia Loren, Robert Hossein, Julien Bertheau, Marina Berti.
Historische Komödie. Attraktive Pariser Wäscherin während der Revolutionszeit verliebt sich in Sergeanten der napoleonischen Armee. Als er ins Feld einrückt, lernt sie auch Bonaparte kennen, dessen Wäsche sie bereits wusch. Der die historischen Tatsachen in Wortwitz und Slapstick verarbeitende Film schwelgt in Ausstattung und in den Spielallüren der Loren.

Madame X / Madame X ∗∗ ½
USA 1966 – 96 Min. – R: David Lowell

Rich. D: Lana Turner, John Forsythe, Constance Bennett, Burgess Meredith, Keir Dullea.
Melodram. Siebte Version des Liebesdramas von Alexandre Bisson um die Verkäuferin Holly, die von einem Diplomaten ein Leben in Reichtum geboten bekommt; die Schwiegermutter allerdings verhält sich merkwürdig. Dann steuert der Film rasant auf die Katastrophe zu. Ein Melodram der überraschenden Wendungen, Sexsymbol Lana Turner in der Hauptrolle ideal besetzt; starke Gefühle tragen die Handlung; Constance Bennetts letzter Film.

Das Mädchen am Ende der Straße / The Little Girl Who Lives Down the Lane / La petite fille au bout du chemin ***
CDN/F 1975 – 87 Min. – R: Nicolas Gessner. D: Jodie Foster, Martin Sheen, Alexis Smith.
Psychothriller. Eine Dreizehnjährige hat den Umgang mit Erwachsenen stark vereinfacht, indem sie sie einfach umbringt; eine abgründige Studie, in der das Grauen auf leisen Sohlen daherkommt.

Das Mädchen aus der Cherry-Bar / Gambit ** ½
USA 1966 – 103 Min. – R: Ronald Neame. D: Shirley Maclaine, Michael Caine, Herbert Lom, Arnold Moss.
Komödie. Ihrer Ähnlichkeit mit einer wertvollen chinesischen Statue verdankt eine Tänzerin, daß sie von einem Ganoven für einen Diebesplan eingespannt wird; beschwingte Gaunerkomödie mit geistvollem Witz.

Das Mädchen aus der Passage / Laska v pasaži **
ČSSR 1984 – 75 Min. – R: Jaroslav Soukup. D: Lukas Vaculík, Tatiana Kulišková.
Liebesfilm. Ein 19jähriger verzichtet auf Studium, um der Enge seiner Familie zu entgehen, sucht eine eigene Wohnung, arbeitet als Fensterputzer und gerät in die Kleinganovenszene Prags; ein Mädchen versucht ihm zu helfen, doch er stirbt auf der Flucht vor der Polizei; in jeder Hinsicht konventionelle Love-Story.

Das Mädchen aus der Südsee * ½
BRD 1950 – 90 Min. sw. – R: Hans Müller. D: Angelika Hauff, Madelon Truss, Hardy Krüger, Peter Mosbacher, Albert Florath.
Liebeskomödie. Verwickelte Geschichte um einen Kurzwellenfunker und seine Kontakte zur Südsee, die plötzlich durch ein Liebesabenteuer besonderer Art ausgezeichnet werden. Routinewerk aus der Trümmerzeit.

Ein Mädchen aus Flandern ** ½
BRD 1955 – 97 Min. sw. – R: Helmut Käutner. D: Nicole Berger, Maximilian Schell, Victor de Kowa, Gert Fröbe.
Literaturverfilmung. Adaption der Novelle von Carl Zuckmayer vom jungen Leutnant, der im Ersten Weltkrieg aus Liebe zu einem flämischen Mädchen zum Deserteur wird; straffe Regie und eindringliche Darsteller in einem melodramatischen Antikriegsfilm.

Das Mädchen aus Hunan / Xiang nü Xiao Xiao ***
VR China 1986 – 94 Min. – R: Xie Feu, Wu Lan. D: Liu Quing, Na Renhua, Deng Xiaoguang, Zeng Peng, Wu Wenbin.
Zeitkritischer Liebesfilm. Ein 12jähriges Mädchen wird im China des Jahres 1920 an einen zweijährigen Jungen verheiratet: Stammeskontinuität steht im Vordergrund; wenige Jahre später verliebt sie sich in einen Hausgehilfen und wird schwanger; harte Zurücksetzungen erwarten sie. Der Film liefert nuancenreiche Einblicke in den Alltag konfuzianischer Traditionen, er übt Kritik vorwiegend mit der genauen Visualisierung der Konflikte; durch eindrucksvolle Kameraarbeit entsteht ein authentisches Bild des vorrevolutionären China.

Ein Mädchen aus Tunis / Aziza **
Algerien 1980 – 95 Min. – R: Abdellatif Ben Ammar. D: Yasmine Khlat, Raouf Ben Amor, Dalila Rames.
Gesellschaftsstudie. Eine junge Tunesierin stellt sich auf eigene Füße, als ein windiger junger Spekulant aus Geldgier

selbst seinen Vater ins Unglück bringt; Film um soziale Probleme und Frauenemanzipation in Nordafrika.

Das Mädchen, das den Lord nicht wollte / The Gilded Girl / The Gilded Lilly ** ½

USA 1935 – 80 Min. sw. – R: Wesley Ruggles. D: Claudette Colbert, Fred MacMurray, Ray Milland.

Komödie. Eine Stenotypistin wird vom Freund aus ihren Traumprinzenphantasien geholt; romantische Komödie aus der Zeit der Weltwirtschaftskrise; unterhaltsam und optimistisch.

Das Mädchen, das nicht nein sagen konnte / Il suo modo di fare ** ½

I 1969 – 79 Min. – R: Franco Brusati. D: Virna Lisi, George Segal, Lila Kedrova, Akim Tamiroff.

Komödie. Ein schusseliger junger Doktor verliebt sich unsterblich in eine blonde Schönheit, die auch sonst heißbegehrt und unfähig ist, nein zu sagen; spritziger Liebe-Triebe-Film mit einfallsreichen Gags; Lisi/Segal ein ideales Gespann.

Ein Mädchen geht an Land ***

D 1938 – 90 Min. sw. – R: Werner Hochbaum. D: Elisabeth Flickenschildt, Günther Lüders, Walter Petersen, Heidi Kabel, Hans Mahler.

Schiffermelodram. Der Seemannstod ihres Verlobten zwingt sie dazu, den väterlichen Kahn zu verlassen, um bei einem Reeder als Hausperle anzuheuern; auch wenn sie kurz vom Kurs abkommt, hat sie doch das Herz am rechten Fleck: Elisabeth Flickenschildts ausdrucksvolles Gesicht gibt diesem Frauenschicksal Tiefe. Die Lichter des nächtlichen Hamburger Hafens glitzern, Heiratsschwindler, Schipper und Ganoven bevölkern die Szene. Hochbaum, vom Expressionismus kommend, drehte auch bemerkenswerte Dokumentarfilme; er gehört zu den wichtigsten deutschen Regisseuren.

Mädchen hinter Gittern **

BRD 1949 – 85 Min. sw. – R: Alfred Braun. D: Petra Peters, Richard Häußler, Alice Treff, Ralph Lothar.

Krimi. Unter dem (falschen) Verdacht, einen Raubmord begangen zu haben, wird das Mädchen Ursula in eine Fürsorgeanstalt eingeliefert; dort gerät sie unter schwersten seelischen Druck. Milieustudie in Schwarzweiß, psychologisch glaubhaft motiviert; einer der wenigen kritischen Versuche des westdeutschen Nachkriegsfilms.

Mädchen im Rampenlicht / Ziegfeld Girl ***

USA 1941 – 128 Min. sw. – R: Robert Z. Leonard. D: James Stewart, Judy Garland, Hedy Lamarr, Lana Turner.

Revuefilm. Die glamouröse Story von drei jungen Mädchen und ihrem Aufstieg zu Ruhm und Erfolg als »Ziegfeld Girls«; das Musical eröffnet leicht und spritzig, schlägt dann ins Melodramatische um – herausragend die Choreographie von Busby Berkeley.

Mädchen in Uniform ** ½

D 1931 – 88 Min. sw. – R: Leontine Sagan. D: Hertha Thiele, Dorothea Wieck, Emilia Unda, Hedwig Schlichter.

Zeitkritischer Milieufilm. Beeindrukkende Studie über die tyrannische Ordnung in einem Internat für preußische Offizierstöchter und die angeblich lesbische Zuneigung einer sensiblen Schülerin zu einer verständnisvollen Lehrerin. Der dramatische, psychologisch und zeitkritisch genaue Film besticht durch seinen menschlichen Appell und die filmische Komposition.

Mädchen in Uniform ** ½

BRD 1958 – 95 Min. – R: Géza von Rádványi. D: Lilli Palmer, Romy Schneider, Therese Giehse, Sabine Sinjen.

Preußisches Frauendrama. »Wir Deutschen haben uns großgehungert« lautet eine der Parolen. Eine einfühlsame Erzieherin kämpft im preußischen Mädchenstift auf verlorenem Posten gegen die strengen Prinzipien »Zucht, Ordnung«. Die schwärmerische Liebe zwischen einem der jungen Mädchen und ihrer Lehrerin führt zu einem mißlingenden Suizidversuch. Therese Giehse ist als strenge Oberin ein grandioses Ungetüm.

Das Mädchen Irene ** ½

D 1936 – 100 Min. sw. – R: Reinhold Schünzel. D: Lil Dagover, Sabine Peters,

Geraldine Katt, Karl Schönböck, Hans Richter.
Melodram. Eine verwitwete Modekönigin lernt neuen Mann kennen und lieben und löst damit bei ihrer Tochter schwere Seelennöte aus. Zwischen Liebe und Mutterpflicht muß sie entscheiden. Der dramatische, sorgfältig um erzählerische Balance bemühte Film liefert gekonnt eine Psychostudie mit Unterhaltungswert.

Das Mädchen Irma La Douce / Irma la Douce ***
USA 1962 – 136 Min. – R: Billy Wilder. D: Shirley MacLaine, Jack Lemmon, Lou Jacobi.
Sittenkomödie. Keß, witzig und voller Frivolität spielt Shirley MacLaine das berühmte Pariser Straßenmädchen, das in der Rue Casanova seinem Gewerbe nachgeht. Der übereifrige Polizist Jack Lemmon entfaltet in einer Doppelrolle seine Verwandlungskunst. Wilders erfolgreichste Komödie nach dem gleichnamigen Musical.

Das Mädchen Julius / La ragazza di nome Giulio ** ½
I 1970 – 91 Min. – R: Tonino Valerii. D: Silvia Dionisio, Gianni Macchia, Anna Moffo, Esmeralda Ruspoli.
Melodram. Ein Mädchen wird als Junge erzogen, da sich die Mutter einen Jungen gewünscht hatte; das Leben von »Julius«, der als Heranwachsender verzärtelt wird, steuert auf eine Katastrophe zu; ein Film, der eine absehbare tragische Entwicklung präzise und eindringlich, aber ohne letzte Konsequenz nachvollzieht.

Das Mädchen Marion **
BRD 1956 – 88 Min. sw. – R: Wolfgang Schleif. D: Winnie Markus, Carl Raddatz, Dietmar Schönherr, Brigitte Grothum.
Melodram. Ein Flüchtlingsschicksal: Mutter, Tochter und Pferd Prusso finden nach ihrer Flucht aus Ostpreußen eine neue Heimat auf einem Gut in Niedersachsen. Gepflegte Unterhaltung mit den Themen Männer, Frauen, Liebe und Pferdesport – eine typische Schnulze der fünfziger Jahre.

Das Mädchen mit dem Cello / La fille au violoncelle ** ½
F/CH 1973 – 95 Min. – R: Yvan Butler. D: Michel Lonsdale, Angela McDonald, Jean-Luc Bideau, Véronique Alain.
Moderner Liebesfilm. Ein leitender Warenhausangestellter, auf genaues Beobachten abgerichtet, verliebt sich; da er sich nicht mitzuteilen versteht, nimmt die Sache eine gewaltsame Wendung; ein gutbesetzter, intensiver Film über Liebe, Eifersucht und Aggression.

Das Mädchen mit den roten Haaren / Het meisje met het rode haar ** ½
NL 1981 – 105 Min. – R: Ben Verbong. D: Renée Soutendijk, Peter Twinman, Maria deBooy, Henk Ritgers.
Zeitkritischer Film. Leiser, mit bestechendem Objektivismus und intensiven Emotionen arbeitender Film nach einer authentischen Vorlage: Eine junge Frau wandert in den holländischen Antinazi-Widerstand ab. Stimmungsvolle Bilder, subtile Farbwirkungen und psychologisch beeindruckendes Spiel.

Mädchen ohne Mitgift / The Catered Affair ** ½
USA 1956 – 90 Min. sw. – R: Richard Brooks. D: Bette Davis, Ernest Borgnine, Debbie Reynolds, Rod Taylor.
Familiendrama. Bette Davis als Frau eines Taxifahrers aus der Bronx will ihrer Tochter eine glanzvolle Hochzeit inszenieren. Tragikomischer Alltag – nach einem TV-Stück von Paddy Chayefsky.

Das Mädchen Rosemarie ** ½
BRD 1958 – 105 Min. sw. – R: Rolf Thiele. D: Nadja Tiller, Peter van Eyck, Gert Fröbe, Werner Peters, Mario Adorf, Karin Baal.
Zeitkritischer Sittenfilm. Geschichte der Nitribitt, die als Callgirl der fünfziger Jahre Furore machte, weil ihre Kunden aus Industrie und Politik gern ausplauderten. Was real ein Skandal war, nutzt der Film des Kino-Erotomanen Thiele (»Wälsungenblut«) zu einer passablen Satire auf die Geilheit und korrupte Gesellschaft der Wirtschaftswunderzeit; nach der Buchvorlage von Erich Kuby.

Das Mädchen Saphir / Sapphire ∗∗ ½
GB 1959 – 92 Min. – R: Basil Dearden. D: Nigel Patrick, Yvonne Mitchell, Michael Craig, Paul Massie.
Krimi. In der Nähe von London wird die Leiche einer Musikstudentin gefunden; im Lauf der Ermittlungen weitet der vielschichtige, spannende Thriller sich zum anklagenden Problemfilm gegen Rassismus.

Das Mädchen Tamiko / A Girl Named Tamiko ∗∗ ½
USA 1962 – 110 Min. – R: John Sturges. D: Laurence Harvey, France Nuyen, Martha Hyer, Gary Merrill, Michael Wilding.
Melodram. Ein Mann zwischen zwei Frauen: Er liebt eine Asiatin, will aber um der Staatsbürgerschaft willen eine US-Bürgerin heiraten; eindrucksvolle Seifenoper vor der Kulisse Tokios.

Das Mädchen und der Kommissar / Max et les ferrailleurs ∗∗ ½
F/I 1970 – 110 Min. – R: Claude Sautet. D: Michel Piccoli, Romy Schneider, Bernard Fresson, François Périer.
Krimi. Starfilm, brillant inszeniert, mit straffer Story um zwei Freunde aus verschiedenen Lagern und eine Bordsteinschwalbe, verführerisch von Schneider gespielt.

Das Mädchen und der Zigeuner / The Virgin and the Gipsy ∗∗ ½
GB 1970 – 91 Min. – R: Christopher Miles. D: Franco Nero, Joanna Shimkus, Honor Blackman, Michael Burns, Maurice Denham.
Literaturverfilmung. Adaption der Erzählung von D.H. Lawrence von zwei Pfarrerstöchtern, deren eine sich nach der Rückkehr aus einem französischen Internat nach Nordengland in einen Zigeuner verliebt; atmosphärisch dichte Liebesgeschichte um Prüderie und puritanische Moral.

Das Mädchen und die Tauben TV-Film
BRD – 101 Min. – R: Rainer Wolffhardt. D: Ilse Matheis, Jürgen Thormann, Gerhard Dressel, Thomas Schücke.
Realistisches Märchen um das »zweite Gesicht« einer jungen Frau im Berliner Milieu von heute. Modernes Frauenschicksal von besonderer Art.

Mädchen und Männer / Harte Männer – heiße Mädchen ∗∗
BRD/YU 1957 – 90 Min. – R: Franz Cáp. D: Marcello Mastroianni, Jester Naefe, Isabelle Corey, Peter Carsten, Mario Adorf.
Liebesfilm. Drei Männer werben um die Gunst einer Provinzschönheit; gut gespielt, in schöne Bilder gesetzt.

Die Mädchen vom Amt 04 / Le signorine dello 04
I 1955 – 96 Min. sw. – R: G. Franciolini. D: Antonella Lualdi, Franca Valeri, Marisa Merlini, Giovanna Ralli.
Unterhaltungskomödie. Mädchen in der Telefonvermittlung und ihre Verehrer in der Leitung: aus dieser Grundidee entwickelt der oberflächlich unterhaltsame Film einige Situationskomik, viel Anekdotisches und einige Seifenblasen; ein filmischer Aufruf zum Leben als ungetrübtes Techtelmechtel.

Das Mädchen vom Fluß / Die Tochter des Wassers / La fille de l'eau ∗∗ ½
F 1924 – 75 Min. sw. Stf. OmU. – R: Jean Renoir. D: Cathérine Hessling, Pierre Philippe, Pierre Champagne, Maurice Touzé.
Liebesromanze. Virginia kocht auf einem Schlepper für Vater und Onkel; als der Vater ertrinkt und der Onkel das Erbe versäuft, zieht sie mit einem Zigeuner fort, der aber vor Einwohnern flüchten muß. Nach einer Kette haarsträubender Verwicklungen findet das Mädchen einen edlen Gönner. In seinem zweiten Spielfilm zieht Renoir schon alle Register seines ironisch gebrochenen, kritischen Realismus.

Das Mädchen vom Pfarrhof FLOP
A 1955 – 93 Min. – R: Alfred Lehner. D: Waltraut Haas, Erich Auer, Franziska Kinz, Attila Hörbiger, Walter Ladengast, Albert Rueprecht, Helene Thimig.
Heimatschnulze. Dritte und schlechteste Verfilmung von Ludwig Anzengrubers Volksstück »Der Pfarrer von Kirchfeld«, dessen Progressivität ins Zwielicht gerät;

dramaturgisch, technisch und schauspielerisch weit unter jedem diskutablen Niveau; nicht einmal unfreiwillig komisch.

Das Mädchen von Fanö **

D 1940 – 91 Min. sw. – R: Hans Schweikart. D: Brigitte Horney, Gustav Knuth, Joachim Gottschalk, Viktoria von Ballasko, Paul Wegener.

Melodram. Zwei Fischer geraten in Streit wegen einer Sprechstundenhilfe; da der eine verheiratet ist, wendet sich die junge Frau dem anderen zu, gerät aber später in ein Wechselbad der Gefühle; lebendig inszenierte Dreiecksgeschichte aus dem Fischermilieu.

Das Mädchen von Hongkong *

BRD/F 1972 – 90 Min. – R: Jürgen Roland. D: Joachim Fuchsberger, Li Paelz, Arthur Brauss, Véronique Vendell.

Krimi. Ehe »Blacky« Fuchsberger der Quizmaster wurde, hatte es ihn als Abenteurer nach Hongkong verschlagen, wo er einen Mord aufklären soll. Er tut's mit Routine.

Die Mädchen von San Frediano / Le ragazze di San Frediano ** ½

I 1955 – 87 Min. sw. – R: Valerio Zurlini. D: Antonio Cifariello, Rossana Podestà, Giovanna Ralli, Giulia Rubini, Marcella Mariani.

Stadtteilchronik. Ein alerter Vorstadtcasanova geht mit Charme und Witz seinen Weg; überzeugende Komik des Authentischen.

Das Mädchen von Triest / La ragazza di Trieste *

I 1982 – 90 Min. Ⓥ Ufa. – R: Pasquale Festa Campanile. D: Ben Gazzara, Ornella Muti, Mimsy Farmer, Andréa Ferréol, Jean-Claude Brialy.

Psychogramm. Ein Zeichner Anfang Vierzig verliebt sich hoffnungslos in eine manisch Depressive; nervtötender Film, den nur die Routine von Gazzara, Ferréol und Brialy vor dem FLOP bewahrt.

Mädchenhandel / La tratta delle bianche **

I 1952 – 105 Min. sw. – R: Luigi Comencini. D: Silvana Pampanini, Eleonora Rossi-Drago, Vittorio Gassmann, Marc Lawrence, Tamara Lees.

Milieufilm. Ein Gangster organisiert Mädchenhandel unter dem Deckmantel von Tanzwettbewerben; auch eine schwangere Frau scheint aus Geldnot sein Opfer zu werden; ein spannender, eindrucksvoller Film über die Mechanismen des Zwielichtigen; wirkt heute etwas antiquiert.

Mädchenjahre / L'adolescente ** ½

F/BRD 1978 – 86 Min. – R: Jeanne Moreau. D: Laetitia Chauveau, Edith Clever, Simone Signoret, Francis Huster.

Liebesfilm. Feministischer Film um eine jugendliche Liebe auf dem Land kurz vor Ausbruch des Zweiten Weltkriegs in Frankreich. Zweite, überzeugende Regiearbeit von Kinostar Moreau.

Mädchenjahre einer Königin ** ½

D 1936 – 96 Min. sw. – R: Erich Engel. D: Jenny Jugo, Friedrich Benfer, Paul Henckels, Otto Treßler, Olga Limburg.

Komödie. Auf der Flucht vor Heiratskandidaten begegnet die junge Königin Victoria ihrem späteren Mann, Prince Consort Albert von Sachsen-Coburg-Gotha; historische Episode, der der jugendliche Charme der Hauptdarstellerin Format gibt.

Mädchenjahre einer Königin **

BRD 1954 – 109 Min. Ⓥ Taurus. – R: Ernst Marischka. D: Romy Schneider, Adrian Hoven, Magda Schneider, Karl Ludwig Diehl, Christl Mardayn.

Komödie. Remake der verfilmten Queen-Victoria-Lebensepisode von 1936; Regisseur Marischka, Drehbuchautor beider Fassungen, bereitete in dieser bieder-sentimentalen Variante zusammen mit dem Kameramann des 1936er Films Bruno Mondi Romy Schneider offensichtlich auf die drei »Sissi«-Filme vor, die ebenfalls Mondi fotografierte.

Mädchenscheu / Girl Shy ***

USA 1924 – 65 Min. sw. Stf. – R: Fred Newmeyer, Sam Taylor. D: Harold Lloyd, Jobyna Ralston, Richard Daniels, Carlton Griffin.

Komödie. Harold Lloyd als schüchterner

Schneiderlehrling, der feststellt, daß Liebe doch anders ist als in seiner Vorstellungswelt; grandiose Komik, die aus dem Widerspruch zwischen Realität und Phantasie lebt.

Maddalena, ein Mädchen mit Pfiff / Maddalena, zero in condotta **
I 1940 – 76 Min. sw. – R: Vittorio De Sica. D: Vittorio De Sica, Vera Bergman, Carla del Poggio, Roberto Villa.
Komödie. Der Begründer des italienischen Neorealismus lieferte mit dieser witzigen Verwechslungskomödie ein frühes Beispiel seines Talents. Liebesromanze zwischen Traum und Wirklichkeit.

Made in USA ** ½
F/I 1967 – 81 Min. OmU. – R: Jean-Luc Godard. D: Anna Karina, Lászlo Szábo, Jean-Pierre Léaud, Yves Afonso, Ernest Menzer.
Godard-Film. Montagefilm aus Godards (»Detektive«) mittlerer, politischster Phase um den Kennedy-Mord, die Ermordung Ben Barkas in Algerien und die Schuld der kommerziellen Welt am politischen Desaster. Experimentell, anspruchsvoll, schwer verständlich – aber ein kluger Versuch, einen Filmessay über die Medienwelt von heute zu »schreiben«, eingekleidet in eine private Mordgeschichte, die von Anna Karina, in ihrem letzten Godard-Film, recherchiert wird.

Das Mädel aus dem Böhmerwald * ½
BRD 1965 – 91 Min. – R: August Rieger. D: Walter Richter, Albert Rueprecht, Gerlinde Locker, Sascha Hehn.
Heimatfilm. Liebe, Schuld und Intrigen auf dem Bauernhof – die heile Welt scheint sauber und romantisch, aber hinter der Hecke grinsen die bösen Buben hervor.

Ein Mädel vom Ballett **
D 1936 – 77 Min. sw. – R: Karel (Carl) Lamac. D: Anny Ondra, Viktor Staal, Ursula Grabley, Erika Körner.
Komödie. Ein Mädel im Berlin der Jahrhundertwende will Tänzerin werden; nach einigen Problemen schafft sie das, und Anny Ondra stellt ihre Karriere wieselflink dar.

Ein Mädel wirbelt durch die Welt * ½
D 1934 – 70 Min. sw. – R: Georg Jacoby. D: Magda Schneider, Harald Paulsen, Hugo Schrader, Theo Lingen, Fita Benkhoff.
Heimatlustspiel. Ein Komponist und ein Textdichter sind in der Krise, da taucht die spritzige Leonore auf; beide Herren verlieben sich in die Dame; einiger Wirbel, der auch musikalisch angerührt wird, ist die Folge. Der harmlose Unterhaltungsfilm aus dem Schwarzwaldmilieu erfreut durch flottes Spiel.

Madeleine und der Legionär ** ½
BRD 1957 – 90 Min. sw. – R: Wolfgang Staudte. D: Hildegard Knef, Bernhard Wicki, Hannes Messemer.
Actionabenteuerfilm. Mit kritischen Untertönen gegen militärischen Kadavergehorsam nicht geizender Film des 1984 verstorbenen Wolfgang Staudte (»Der Untertan«) um zwei desertierende Fremdenlegionäre, die auf der Flucht eine junge Lehrerin aufgreifen. Zu dritt schlagen sie sich durch die Wüste und durch einen spannenden, glaubwürdigen Milieufilm.

Die Mädels vom Immenhof **
BRD 1955 – 84 Min. Ⓥ Jaguar. – R: Wolfgang Schleif. D: Angelika Meissner, Heidi Brühl, Margarete Haagen, Paul Klinger, Christiane König, Matthias Fuchs.
Heimatfilm. Drei Mädchen, ein Gutshof mit Ponys, die herzensgute Oma, mit der es keine Probleme oder Generationskonflikte gibt. Der Junge kommt aus der Stadt, es wird geritten, geschwommen, gelacht und gesungen, und die Mundharmonika spielt dazu. Fortsetzung folgt.

Mademoiselle / Mademoiselle **
I 1978 – 97 Min. – R: Giuseppe Murolo. D: George David Weiss, Susan Monts, Kathryn Cordes.
Liebesfilm. Ein in Italien lebender konservativer New Yorker Komponist verliebt sich in eine amerikanische Malerin, die in Italien Bilder verkauft; einfühlsame Romanze.

Mado / Mado ** ½
F/I/BRD 1976 – 135 Min. – R: Claude Sautet. D: Michel Piccoli, Ottavia Piccolo, Jacques Dutronc, Romy Schneider.
Melodram. Dramatische Szenen aus der gehobenen Pariser Mittelschicht, im Gegensatz dazu eine Clique jugendlicher Außenseiter; ein Immobilienhändler wehrt sich gegen einen skrupellosen Konkurrenten, verliert (fast) seine junge Freundin und stürzt in eine Midlife-crisis. Zeitkritisch, mit leichter Hand in Szene gesetzt.

Madonna mit den zwei Gesichtern / The Miracle **
USA 1959 – 115 Min. – R: Irving Rapper. D: Carroll Baker, Roger Moore, Vittorio Gassmann, Walter Slezak.
Kostümfilm. Während der Napoleonischen Kriege um 1810 pflegt und liebt die zauberhafte Nonne den ungemein männlichen Soldaten im Kloster; ein wenig Operette und etwas Marienwunder runden die Geschichte ab.

Magere Zeiten / A Private Function ** ½
GB 1984 – 92 Min. Ⓥ Cannon. – R: Malcolm Mowbray. D: Michael Palin, Maggie Smith, Denholm Elliott; Tony Haygarth.
Schwarze Komödie. Ein nichtgemeldetes Schwein bringt 1947 viel Krach in ein englisches Dorf. Klassenabgründe brechen auf, der Frieden erweist sich als trügerisch, die inneren »Schweinehunde« werden herausgelassen. Die bissige Komödie zeigt auf brutale Weise, warum.

Magic Christian / The Magic Christian ** ½
GB 1969 – 92 Min. – R: Joseph McGrath. D: Peter Sellers, Ringo Starr, Isabel Jeans, Wilfrid Hyde-White, Richard Attenborough, Christopher Lee, Raquel Welch, Yul Brynner, Laurence Harvey.
Komödie. Ein Superreicher adoptiert einen Hippie, und beide versuchen herauszufinden, wieweit Geld die Menschen korrumpiert; ein fröhlicher Klamauk mit skurrilem Witz und treffsicheren Pointen, außerdem ein nachdenkliches Popmärchen. Nach einem Roman von Terry Southern.

Die Mahd der Habichtswiese / Kosenie jastrabej luky ** ½
ČSSR 1981 – 78 Min. – R: Stefan Uher. D: Jozef Kroner, Vera Tichanková, Rudolf Jelinek.
Melodram. Vater Hudec holt seine in der Stadt lebenden Söhne durch ein Telegramm in ihr Heimatdorf zurück. Doch nicht nur die Verhältnisse, auch die Beziehungen haben sich verändert.

Maigret kennt kein Erbarmen / Maigret et l'affaire Saint-Fiacre **
F/I 1959 – 90 Min. sw. – R: Jean Delannoy. D: Jean Gabin, Michel Auclair, Valentine Tessier, Paul Frankeur.
Krimi. Eine Gräfin, der anonyme Briefe den Tod androhen, bittet Maigret um Hilfe; der sucht einen raffinierten Mörder; routinierter Film nach Simenon.

Major Carrington / Carrington VC ** ½
GB 1954 – 90 Min. sw. – R: Anthony Asquith. D: David Niven, Margaret Leighton, Noëlle Middleton.
Militärkomödie. Ein Offizier bedient sich aus der Kasse seiner Einheit, um berechtigte Forderungen zu befriedigen, dadurch deckt er Mißstände auf; trockener, britischer Humor in einer sanften Satire, die durch Nivens differenziertes Spiel Format gewinnt.

Der Major und das Mädchen / The Major and the Minor ** ½
USA 1942 – 95 Min. sw. – R: Billy Wilder. D: Ginger Rogers, Ray Milland, Rita Johnson.
Komödie. Billy Wilders erste Regiearbeit in Hollywood in einer Verkleidungscharade, die an »Some Like it Hot« erinnert. Ginger Rogers mimt im Zugabteil eine Zwölfjährige in den Armen des »väterlichen« Majors Ray Milland; als dessen Verlobte erscheint, kommt es zu heftigen Turbulenzen.

Der Major und die Stiere ** ½
BRD 1955 – 95 Min. sw. – R: Eduard von Borsody. D: Attila Hörbiger, Fritz Tillmann, Christiane Hörbiger.
Zeitkritischer Film. Nach dem Ende des Zweiten Weltkriegs wird das Bauerndorf Kreuting von der US-Armee besetzt. Da-

mit fangen die Probleme für beide Seiten jedoch erst an, Unverständnis beherrscht den Dialog. Der amüsante und melodramatische Film entwirft ein nachdenklich machendes, in der Milieuzeichnung genaues Bild. Ein Konflikt zwischen zwei Welten, der nicht zu regeln ist.

Das makellose Schwert / Meito Bijo-Maru ***
J 1945 – 65 Min. sw. – R: Kenji Mizoguchi. D: Shotaro Hanayagi, Isuzu Yamada, Eijiro Yanagi.
Zeitkritisches Drama. Klassisches Meisterwerk um martialische Krieger und schöne Damen in der japanischen Tokugawa-Zeit des 17. Jahrhunderts. Meisterregisseur Mizoguchi fing die buntschillernde Geschichte in strengen, schönen Bildern ein.

Mal diese – mal jene / Faibles femmes **
F 1958 – 100 Min. – R: Michel Boisrond. D: Mylène Demongeot, Pascale Petit, Alain Delon, Jacqueline Sassard, Noël Roquevert.
Komödie. Drei Freundinnen sind bereit, bei ihren Plänen der Rache an ihren flatterhaften Geliebten ziemlich weit zu gehen, schrecken aber letztlich doch vor bösen Konsequenzen zurück; locker inszenierte Love-and-crime-Story, in der die Stars nicht sehr überzeugend agieren.

Malabrigo – Am Ende der Welt TV-Film
Peru – 85 Min. OmU. – R: Alberto Dunant. B: Jorge Guerra, Alberto Dunant. D: Annia Linares, Félix Alvárez, Ricardo Velásquez.
Das Leben in der peruanischen Hafenstadt und der verelendeten Bewohner versinkt in Hoffnungslosigkeit; Melodram, in Alltagsszenen dargestellt.

Malaria / Café Malaria ** ½
A 1982 – 85 Min. – R, B: Niki List. D: Andreas Vitasek, Sabine Platzer, Geli Brechelmacher, Susanne Winterstein, Hermann Strobel.
Milieufilm. Das Wiener Café »Malaria« statt mit Plüsch mit Quasten im Kachel-und-Neon-Look der »New Wave« als Scene-Background für Freaks, Frusties, Punks, Alternative und Fast-Grufties; ein bizarrer Kommentar zu einer sehr speziellen Jugendszene und den Groteskerien ihres Verhaltens; mit dem Max-Ophüls-Preis ausgezeichneter Debütfilm von List.

Malastrana – Unter dem Skalpell des Teufels / Malastrana **
BRD/I/YU 1971 – 90 Min. – R: Aldo Lado. D: Ingrid Thulin, Mario Adorf, Jean Sorel, Barbara Bach.
Horrorfilm. Reiche Perverse in untadeliger Position verlustieren sich beim Abmurksen junger Frauen. Ein Journalist kommt auf die Spur dieses extremen Herrenklubs. Der geschickt konstruierte Spannungskitzler mixt Horror mit Gesellschaftskeile.

Malevil / Malevil ** ½
F/BRD 1981 – 120 Min. – R: Christian de Chalonge. D: Michel Serrault, Jacques Dutronc, Jacques Villeret, Jean-Louis Trintignant, Hanns Zischler, Eduard Linkers.
Katastrophenfilm. Eine Gruppe von Einwohnern eines französischen Dorfes überlebt ein atomares Inferno; ein ebenso emotional wie argumentativ angelegter Film mit starken visuellen Effekten; eindringlicher Appell aus der internationalen Friedensbewegung, nach einem Roman von Robert Merle.

Maler und Mädchen / Artists and Models ** ½
USA 1955 – 109 Min. – R: Frank Tashlin. D: Jerry Lewis, Dean Martin, Shirley MacLaine, Dorothy Malone, Anita Ekberg.
Jerry-Lewis-Groteske. Mit schönen Frauen und Überraschungen gespicktes Lustspiel um einen erfolglosen Cartoonisten und seinen phantasievollen Freund. Gute Gags, amüsante Songeinlagen und Slapstick; gekonnt.

Malizia / Malizia **
I 1973 – 95 Min. – R: Salvatore Samperi. D: Laura Antonelli, Turi Ferro, Alessandro Momo, Angela Luce.
Komödie. Ein rüstiger Witwer und sein vierzehnjähriger Sohn verlieben sich in das neue Hausmädchen; flache Pubertätserotik ohne viel Witz, aber mit einiger optischer Raffinesse.

Malombra / Malombra ∗∗ ½
I 1942 – 130 Min. sw. – R: Mario Soldati. D: Isa Miranda, Andrea Checchi, Irasema Dilian, Gualtiero Tumiati, Nino Chrisman.
Melodram. Eine an der romantischen Oberfläche gruselige Story um Fluch und Wiedergeburt nutzt Soldati zu einer melancholisch-poetischen und kritischen – etwas langatmigen – Abrechnung mit alten Idealen der, in der Filmentstehungszeit faschistischen, italienischen Gesellschaft. Macht, Ehre, Gehorsam und strikte Geschlechterrollenteilung führen nach rückwärts oder in die seelische Katastrophe.

Malou ∗∗
BRD 1981 – 93 Min. – R: Jeanine Meerapfel. D: Ingrid Caven, Grischa Huber, Helmut Griem, Ivan Desny, Marie Colbin.
Frauenfilm. Hannah, unzufrieden mit Beruf, Ehemann und ihrer allgemeinen Situation in Berlin, sucht in Südfrankreich nach Spuren ihrer Mutter Malou: Ein Schicksal wird aufgeblättert, das in Emigration, Alkoholismus, physischem und psychischem Zusammenbruch gipfelte.

Malpertuis / Malpertuis ∗∗ ½
F/B 1972 – 101 Min. – R: Harry Kümel. D: Orson Welles, Susan Hampshire, Mathieu Carrière.
Horrorfilm. Brügge im 19. Jahrhundert: Der Matrose Jan folgt einer Frau, die er für seine Schwester hält, und stellt fest, daß sie eine Nachtklubsängerin ist. Schaurig-schöner Gruseltrip mit einem Background von Mythologie – mit Raffinesse inszeniert.

Mama, ich lebe ∗∗
DDR 1976 – 99 Min. – R: Konrad Wolf. D: Peter Prager, Uwe Zerbe, Eberhard Kirchberg.
Antikriegsfilm. Vier junge deutsche Kriegsgefangene kämpfen in der Roten Armee; die erste Begegnung mit dem deutschen Gegner stürzt sie in Gewissenskonflikte; differenziert, aber beschwichtigend.

Mama wird 100 Jahre alt / Mama cumple cien anos ∗∗ ½
E/F 1979 – 100 Min. – R: Carlos Saura. D: Geraldine Chaplin, Amparo Muñoz, Fernando Fernan Gomez, Rafaela Aparicio.
Gesellschaftssatire. Nur der Tod einer uralten, aber zähen Matrone kann deren Söhne finanziell sanieren, dezentes Nachhelfen scheitert; durch Lockerheit gut getarnte Auseinandersetzung mit den politischen Umwälzungen in Spanien an der Schwelle zu den achtziger Jahren.

Mamitschka ∗∗
BRD 1955 – 95 Min. sw. – R: Rolf Thiele. D: Mila Kopp, Rudolf Platte, Jester Naefe.
Melodram. Geschichte einer achtköpfigen Flüchtlingsfamilie. Originell, gut gespielt, mit Mama im Mittelpunkt.

Mamma Lucia / Mamma Lucia TV-Film
I 1988 – 180 Min. (2 Teile) – R: Stuart Cooper. D: Sophia Loren, Edward James Olmos, John Turturro, Ron Marquette, Hal Holbrook.
Adaption des Romans von Mario Puzo vom Leben und Leiden einer italienischen US-Immigrantin zwischen 1915 und dem Zweiten Weltkrieg; die Loren als lebenstüchtige Mamma in einem eher trägen Zeitbild.

Mamsell Nitouche / Mam'zell Nitouche ∗∗
F/I 1953 – 90 Min. – R: Yves Allégret. D: Fernandel, Pier Angeli, Jean Debucourt, François Guérin.
Operettenfilm. Erwartete und doch gelegentlich überraschende Entwicklungen im Berufs- und Liebesleben von Menschen aus der Musikszene und aus der Klosterwelt; zweite Filmadaption der Operette von Meilhac, Millhaud und Hervé; viel Klamauk, wenig Schmiß.

Man geht wieder über Leichen / Nothing But the Best ∗∗ ½
GB 1963 – 99 Min. – R: Clive Donner. D: Alan Bates, Denholm Elliott, Harry Andrews, Millicent Martin.
Gesellschaftssatire. Ein karrieresüchtiger Aufsteiger ohne Manieren begeht einen Mord, um ganz nach oben an die Konzernspitze zu gelangen; bissiger schwarzer Humor.

Man lebt nur zweimal / You Only Live Twice ∗∗ ½
GB 1966 – 112 Min. – R: Lewis Gilbert. D: Sean Connery, Akiko Wakabayashi, Karin Dor, Tetsuro Tamba, Kissy Suzuky, Donald Pleasence.
James-Bond-Film. Westliche und östliche Satelliten verschwinden auf geheimnisvolle Weise im Weltall. Sowjets und Amis beschuldigen sich gegenseitig. Superagent 007 soll Licht in dieses galaktische Dunkel bringen – die Spur führt nach Japan. Geishas, Piranhas und Spezialhubschrauber kommen ebenfalls zum Einsatz.

Man müßte Klavier spielen können ∗∗
D 1941 – 92 Min. sw. – R: Karl Anton. D: Johannes Heesters, Dora Komar, Fita Benkhoff, Paul Kemp, Paul Henckels.
Musikfilm. Ein deutscher Revuefilm mit den unvermeidlichen Treppen und der immer gleichen Ausstattung. Der ungewöhnlichste Einfall besteht darin, daß Heesters über die Tasten eines Riesenpianos springt und singt; ansonsten die übliche Klischeestory um Liebe, Eifersucht und Intrigen.

Man nannte ihn Kelly / Yellowstone Kelly ∗∗∗
USA 1959 – 89 Min. – R: Gordon Douglas. D: Clint Walker, Edward Byrnes, John Russell, Ray Danton, Andrea Martin.
Western. Geschichte des Trappers Luke Kelly, der zwischen US-Kavallerie und Sioux zu überleben versucht und durch die Liebe zu einer Indianerin in Gefahr kommt; ein sehr direkter, intelligenter B-Western von bestechender Perfektion um einen Mann zwichen zwei Welten.

Man nennt ihn Sacramento / Sei gelato amico, hai incontrato Sacramento ∗ ½
I 1970 – 95 Min. Ⓥ Toppic. – R: Giorgio Cristallini. D: Ty Hardin, Christian Hay, Jenny Atkins.
Western. Ein Exboxchampion kommt nicht zur Ruhe. Ein Mädchen wird entführt, eine Bank soll ausgeraubt werden – Gelegenheiten für den Draufgänger, sich zu beweisen.

Man nennt mich Halleluja / Testa t'ammazzo, croce... sei morto...Mi chiamano Alleluja ∗∗ ½
I 1972 – 91 Min. – R: Anthony Ascott. D: George Hilton, Charles Southwood, Agata Flori, Roberto Camardiel.
Italowestern. Schnellschütze Halleluja stiehlt für einen Rebellengeneral Juwelen, mit denen Kaiser Maximilian von Mexiko Waffen bezahlen will, doch die Steine sind nicht echt; wie echt eine Nonne ist, die immer wieder auftaucht, ist ebenfalls fraglich; witziger Revolutionswestern, voller Eskapaden und absurder Gags.

Man rede mir nicht von Liebe ∗∗
D 1943 – 83 Min. sw. – R: Erich Engel. D: Heidemarie Hatheyer, Mathias Wieman, Friedrich Domin, Hilde Sessak.
Künstlerfilm. Ein arrivierter Kollege verschafft einer begabten Malerin einen ersten Auftrag; als sie versagt, vollendet er das Werk heimlich; überzeugender Künstlerfilm.

Man soll nicht mit der Liebe spielen / Young at Heart ∗∗ ½
USA 1954 – 117 Min. – R: Gordon Douglas. D: Doris Day, Frank Sinatra, Gig Young, Ethel Barrymmore, Dorothy Malone.
Musical. Die Töchter einer Kleinstadtfamilie kommen ins Heiratsalter, und das führt zu Chaos und melodramatischen Tränen; Remake von »Vater dirigiert« (R: Michael Curtiz, 1938) mit einem spielfreudigen Paar Day/Sinatra.

Man spricht über Jacqueline ∗∗ ½
D 1937 – 79 Min. sw. – R: Werner Hochbaum. D: Wera Engels, Albrecht Schoenhals, Sabine Peters.
Melodram. Eine lebenslustige, schlagzeilenträchtige Frau hofft, durch eine Heirat ihre Vergangenheit vergessen zu machen; eine schauspielerisch überzeugende Charakter- und Gesellschaftsstudie.

Manche mögen's geheim / Hot Enough for June ∗∗ ½
GB 1963 – 96 Min. – R: Ralph Thomas. D: Dirk Bogarde, Sylva Koscina, Robert Morley, Eric Pohlman.

Krimikomödie. Ein erfolgloser Schriftsteller weiß nicht, daß ihn der Secret Service für eine Spionagereise geködert hat, so stolpert er von Fallstrick zu Fallstrick; grotesker Ost-West-Spionagejux.

Manche mögen's heiß / ∗∗∗
Some Like it Hot
USA 1959 – 116 Min. sw. – R: Billy Wilder. D: Marilyn Monroe, Tony Curtis, Jack Lemmon, George Raft, Pat O'Brien, Joe E. Brown, Nehemiah Persoff, Joan Shawlee, Billy Gray.
Komödie. Hinreißend komische, bis in Nebenrollen glänzend besetzte Gangsterfilm-Parodie mit Solonummern von Lemmon, Curtis und Brown und drei Songauftritten von Marilyn Monroe, die filmhistorische Glanznummern sind. »Charleys Tante« auf amerikanisch, zwischen Massaker am Sankt-Valentins-Tag und Damenkapelle: eine der besten Filmkomödien aller Zeiten.

Mandala – die blinden Augen des Herzens / Mandala ∗∗ ½
Südkorea 1981 – 99 Min. – R: Yin Gwon-t'aek. D: Chong Musong, An Songgi, Kim Jongsu.
Melodram. Ein Mönch und sein Freund, ein Alkoholiker, haben ein schockierendes Erlebnis im Vergnügungsviertel von Seoul. Buddhistische Tradition im Widerstreit mit dem modernen Korea; eindrucksvoll.

Mandolinen und Mondschein ∗
BRD 1959 – 92 Min. – R: Hans Deppe. D: Claus Biederstaedt, Christine Görner, Kurt Großkurth, Nina und Frederik.
Liebesschmonzette. Filmschwulst zum Mitschunkeln um ein junges Paar in Venedig, das die Kanäle der Eltern verläßt und auf eigenen Wegen zum Glück gondelt. Harmlos, belanglos.

Manfred von Richthofen – Der rote Baron / Von Richthofen and Brown / The Red Baron ∗ ½
USA 1970 – 95 Min. – R: Roger Corman. D: John Phillip Law, Barry Primus, Karen Huston, Peter Masterson.
Fliegerfilm. Der junge, adlige und deutsche Jagdflieger eilt von Luftsieg zu Luftsieg, bis es ihn 1918 selbst erwischt; aufwendiges Kriegsmärchen um Gentlemen in Uniform und »Ritter der Lüfte«, verdummend und verlogen; dem Horrorspezialisten Corman gelang der Beweis, daß Comicstar Snoopy der beste »Red Baron« war.

Die Manfred-von-Richthofen-Story TV-Film
BRD 1978 – 60 Min. teilw. sw. – R: Benton Claus Lombard. Mit der Popgruppe »The Red Barons«.
Gekürzte Fassung eines Dokumentarspielfilms über den berühmt-berüchtigten deutschen Jagdflieger aus dem Ersten Weltkrieg – mit Popmusik untermalt. Lautes Luftkriegspanorama.

Manhattan / Manhattan ∗∗∗∗
USA 1979 – 95 Min. sw. – R: Woody Allen. D: Woody Allen, Diane Keaton, Michael Murphy, Mariel Hemingway, Meryl Streep.
Melodram. Der Ideen- und Gaglieferant Isaac, verstrickt in komplizierte Beziehungen zu drei Frauen, hat beschlossen, nicht mehr fürs Fernsehen zu arbeiten, sondern einen Roman zu schreiben. Eine Liebeserklärung in Schwarzweiß an eine Weltstadt und ein »Gleichnis über den Verfall der Gegenwartskultur«.

Manhattan Massaker
siehe: Im Jahr des Drachen

Der Mann am Draht / ∗∗
The Naked Runner
USA 1966 – 104 Min. – R: Sidney J. Furie. D: Frank Sinatra, Peter Vaughan, Nadia Gray, Darren Nesbitt.
Agentenfilm. Einem ehemaligen US-Agenten wird zur Leipziger Messezeit eine Falle gestellt; trotz Sinatras routinierter Leistung ein eher matter Kalter-Kriegs-Thriller ohne Glaubwürdigkeit.

Der Mann auf dem Dach / ∗∗ ½
Mannen på taket
S 1976 – 110 Min. – R: Bo Widerberg. D: Carl Gustaf Lindstedt, Sven Wollter, Thomas Hellberg, Hakan Serner, Birgitta Valberg.
Krimi. Ein Mann macht die Polizei für den Tod seiner Frau verantwortlich und führt einen eskalationsträchtigen Privatkrieg gegen alle Ordnungshüter; kritischer Film über demokratische und anti-

demokratische Denkstrukturen und Taktiken einer Polizeitruppe, deren Chefs mit geringfügigen Einschränkungen als unfähige Profilneurotiker entlarvt werden; nach einem Roman von Sjöwall/Wahlöö.

Ein Mann auf der Schaukel / Man on a Swing ∗∗
USA 1973 – 105 Min. – R: Frank Perry. D: Cliff Robertson, Joel Grey, Dorothy Tristan.
Thriller. Vor einem Supermarkt wird die Leiche einer Frau gefunden, es gibt weder Tatmotiv noch Täter; ein Hellseher bietet dem Kommissar seine Hilfe in einem Fall an, der auf sexualpathologische Hintergründe schließen läßt. Spannend, aber mit einer dürftigen Lösung.

Der Mann aus Arizona / Edge of Eternity ∗∗ ½
USA 1959 – 80 Min. – R: Don Siegel. D: Cornel Wilde, Victoria Shaw, Mickey Shaugnessy, Edgar Buchanan, Rina Garrick, Jack Elam.
Kriminalfilm. In einer Kleinstadt geschehen drei Morde; ein Deputy-Sheriff verfolgt die Killer bis zum packenden Shootout am Grand Canyon.

Der Mann aus Baltimore
siehe: Der Abstauber

Der Mann aus dem Bootshaus TV-Film
BRD 1967 – 70 Min. sw. – R: Johannes Schaaf. D: Rosemarie Fendel, Ulrich Matschoss, Max Eckard, Norbert Kappen.
Der Tod einer jungen Frau und das Auftauchen eines geheimnisvollen Fremden bringen Unruhe und Verwirrung in das Leben der Familie Swinton. Dürftige Story optisch aufgemöbelt.

Der Mann aus dem Süden / The Southerner ∗∗ ½
USA 1945 – 90 Min. sw. – R: Jean Renoir. D: Zachary Scott, Betty Field, Beulah Bondi, J. Carrol Naish.
Melodram. Die Geschichte eines jungen Baumwollpflanzers, der nach dem Tod seines Onkels mit seiner Familie eine verwahrloste Farm wieder instand setzt und den Boden neu bearbeitet. Episches Familiendrama, mit lyrischen Untertönen inszeniert.

Der Mann aus dem Westen / Man of the West ∗∗∗
USA 1958 – 94 Min. – R: Anthony Mann. D: Gary Cooper, Julie London, Lee J. Cobb, Jack Lord.
Western. Der Westerner Link Jones (Cooper) gerät in einen Überfall, als er eine Lehrerin empfangen will. Er sucht Unterschlupf in einer Hütte, die jedoch einer Bande als Bleibe dient, deren Anführer ein alter Bekannter von ihm ist; beunruhigende Konflikte zwischen extremen Charakteren sind die Folge. Manns letzter Western zeigt einen souveränen Cooper; strenger, epischer, handlungsstarker Film.

Der Mann aus der Fremde / The Passionate Stranger ∗
GB 1956 – 105 Min. sw. – R: Muriel Box. D: Ralph Richardson, Margaret Leighton, Carlo Justini, Patricia Dainton.
Komödie. Ein junger italienischer Chauffeur, der sich im Haus eines Professors und dessen schriftstellernder Frau in ein Dienstmädchen verliebt, bringt die themenlose Autorin auf Ideen und Trab; den Film nicht.

Der Mann aus Kentucky / The Kentuckian ∗∗ ½
USA 1955 – 105 Min. – R: Burt Lancaster. D: Burt Lancaster, Dianne Foster, Donald MacDonald, Walter Matthau.
Western. Siedlerdrama aus den USA, als die Grenzen noch offen und das Land frei war. Von Hollywoodstar Lancaster in romantischen Farben und Liebestönen, fesselnd und handwerklich solide erzählt.

Der Mann aus Marseille / La Scoumoune ∗∗ ½
F/I 1972 – 97 Min. – R: José Giovanni. D: Jean-Paul Belmondo, Claudia Cardinale, Michel Constantin.
Gangsterhistorienfilm. Zu langatmiges, romantisches Gangsterepos um einen Bandenkrieg im Marseille von 1930, eine unzerstörbare Männerfreundschaft und Draufgänger Belmondos Schlag- und Schießqualitäten. Genüßlich zelebrierte Schauwerte.

Der Mann aus Metall / Who? ∗∗∗
GB 1974 – 88 Min. – R: Jack Gold. D:

Elliott Gould, Joseph Bova, Trevor Howard, Ed Gober, John Lehne.
Agentenfilm. Der Agententhriller, der das Genre abschaffte! Seitdem versucht sich 007 nur noch als Spaßmacher. Die Story um einen US-Geheimdienstler, der nach einem Unfall, künstlich zuammengeflickt, einer Mixtur aus Mann und Roboter gleicht und verzweifelt seine Identität beweisen will, ist haarsträubend realistisch und charakterisiert auf makabre Weise die idiotische Welt der Geheimdienste und Politik von heute.

Der Mann aus San Fernando / Every Which Way But Loose **
USA 1978 – 114 Min. – R: James Fargo. D: Clint Eastwood, Sondra Locke, Geoffrey Lewis, Beverly D'Angelo, Ruth Gordon.
Fluchtfilm. Ein Schläger verdingt sich als Schaukämpfer und verfolgt eine Nymphomanin, die den Macho sitzenließ, durch Nordamerikas Süden. Manchmal platte, manchmal überraschende Einfälle in einem gagsicheren Filmspaß.

Der Mann aus Virginia / The Virginian ** ½
USA 1929 – 90 Min. sw. – R: Victor Fleming. D: Gary Cooper, Walter Huston, Richard Arlen.
Western. Dritte Fassung der Story um den lakonischen Westerner aus Virginia, mit guter Besetzung, spannendem Showdown und atmosphärisch stimmig. In den sechziger Jahren als TV-Serie aufgelegt.

Der Mann aus Virginia / California addio * ½
I/E 1977 – 97 Min. Ⓥ VPS. – R: Michele Lupo. D: Giuliano Gemma, Raimund Harmstorf, Paola Bosé.
Italowestern. Aufgesetzter Problem-Italo um heimkehrende Südstaatler und deren Überlebenskampf in einem brutalisierten Nach-Bürgerkriegsklima.

Mann, bist du Klasse / A Touch of Class **
GB 1972 – 105 Min. – R: Melvin Frank. D: George Segal, Glenda Jackson, Hildegard Neil, Paul Sorvino, Cec Linder.
Komödie. Ein Strohwitwer versucht einen Seitensprung, doch das stellt sich als ungeahnt schwierig heraus; charmant und witzig, in den Hauptrollen überzeugend besetzt; Oscar für Jackson.

Der Mann, den es nie gab / The Man Who Never Was ***
GB 1956 – 103 Min. – R: Ronald Neame. D: Clifton Webb, Gloria Grahame, Robert Fleming, Stephen Boyd.
Agentenfilm. Darstellung des authentischen Einsatzes des deutschen Doppelagenten O'Reilly, der eine Tarnaktion aufdecken soll; spannend, gut gespielt und weitgehend ohne die Klischees des Genres.

Der Mann, den keiner kannte / Pickup Alley * ½
GB 1957 – 92 Min. sw. – R: John Gilling. D: Victor Mature, Anita Ekberg, Trevor Howard, Eric Pohlman.
Krimi. Ein Interpolbeamter will den Tod seiner Schwester rächen und jagt eine Drogengang und deren Chef um die halbe Welt; Krimiabenteuer, das durch gewollte Spannungsgags eher so schwerfällig wirkt wie Ekbergs Busen.

Der Mann, der aus dem Eis kam / Iceman ** ½
USA 1984 – 97 Min. – R: Fred Schepisi. D: Timothy Hutton, John Lone, Lindsay Crouse.
Science-fiction-Film. Ein 40000 Jahre alter Urmensch wird aus dem Eis aufgetaut und lebt. Der glaubwürdige Film bemüht sich um die »zwischenmenschliche« Seite des Phänomens, vergißt aber das phantastische Abenteuer nicht.

Der Mann, der den Eiffelturm verkaufte TV-Film
BRD – 85 Min. – R: Michael Braun. D: Dietmar Schönherr, Monika Peitsch, Agnes Windeck.
Ein Hochstapler der Extraklasse überredet die Hochfinanz, sein Lieblingsobjekt zu kaufen. In seiner verschlungenen Verkaufsstrategie verfängt sich auch der staunende Zuschauer dieses amüsanten Films.

Der Mann, der die Frauen liebte / L'homme qui aimait les femmes ***
F 1977 – 119 Min. – R: François Truffaut. D: Charles Denner, Brigitte Fossey, Nathalie Baye, Leslie Caron.
Liebeskomödie. Einen Mann treibt es

von einer Frau zur anderen, sehr zu deren Gefallen; nach einem Unfall beginnt er, seine Memoiren zu schreiben; intelligente Variante eines alten Themas; voll charmant-bissigem Witz.

Der Mann, der die Ohrfeigen bekam / He Who Gets Slapped ∗∗∗
USA 1924 – 85 Min. sw. Stf. – R: Victor Sjöström. D: Lon Chaney, Norma Shearer, Marc McDermott.
Melodram. Ein brillanter Wissenschaftler gerät in tiefste Demütigungen und wird Clown; die Liebe zu einer Kunstreiterin endet in einer Tragödie; Chaney in einer Rolle von »Bajazzo«-Format.

Der Mann, der dreimal starb / The Man Who Would Not Die ∗ ½
USA 1976 – 81 Min. – R: Robert Arkless. D: Dorothy Malone, Keenan Wynn, Aldo Ray, Alex Sheafe.
Krimi. Ein Profisegler soll eine Yacht überführen; zwei von ihm angeheuerte Männer kommen um, man verdächtigt ihn des Mordes; »Wer war's?«-Krimi in TV-Serienmanier.

Der Mann, der herrschen wollte / All the King's Men ∗∗∗
USA 1949 – 109 Min. Ⓥ RCA Columbia. – R: Robert Rossen. D: Broderick Crawford, Joanne Dru, John Ireland, Mercedes McCambridge, John Derek.
Literaturverfilmung. Nach Robert Penn Warrens Roman von 1946 gedrehter gesellschaftskritischer Film über Aufstieg und Fall eines Senators in den USA. Glänzend gespielt (Oscar für Crawford und McCambridge) und straff inszeniert von Rossen. Ein gelungener Film über politische Korruption, der die Vorlage vergessen läßt.

Der Mann, der Liberty Valance erschoß / The Man Who Shot Liberty Valance ∗∗∗∗
USA 1962 – 122 Min. sw. – R: John Ford. D: James Stewart, John Wayne, Vera Miles, Lee Marvin, Edmond O'Brien, Woody Strode, Strother Martin, Lee Van Cleef, John Carradine.
Western. Ein US-Senator besucht die Gemeinde, in der er als kleiner Anwalt für das Gesetz eintrat; in Rückblenden erinnert er sich, wie er zu dem Ruf kam, der Mann zu sein, der den Killer Liberty Valance erschoß; ein Film über die Mythen des alten Westens und die Notwendigkeit, sie zu bewahren; auch ein Film über die Wurzeln der amerikanischen Demokratie und den amerikanischen Traum vom Sieg der Gerechtigkeit über die Gewalt; ein Filmklassiker.

Der Mann, der mir gefällt / Un homme qui me plait ∗∗
F/I 1968 – 110 Min. – R: Claude Lelouch. D: Jean-Paul Belmondo, Annie Girardot, Marcel Bozzuffi, Farrah Fawcett.
Komödie. Liebesromanze in New York zwischen einer französischen Filmdiva und einem eleganten Komponisten, der alle Tonarten und Tempi beherrscht; unterhaltsam.

Der Mann, der nicht nein sagen konnte / Manden, der ikke kunne sige ney ∗∗
DK/CH 1958 – 90 Min. sw. – R: Kurt Früh. D: Heinz Rühmann, Hannelore Schroth, Siegfried Lowitz.
Komödie. Ein Vertreter mit Herz will drei Mädchen vor dem Abstieg bewahren, doch die Sorgen wachsen ihm über den Kopf. Rühmann in einer Gemütsrolle, zurückhaltend komisch in einem Film der leisen Töne.

Der Mann, der niemals aufgibt / The Gauntlet ∗∗
USA 1977 – 109 Min. – R: Clint Eastwood. D: Clint Eastwood, Sondra Locke, Pat Hingle, William Prince.
Gangsterfilm. Ein Streifenbeamter aus Arizona muß einen weiblichen Prozeßzeugen ins Gefängnis eskortieren, der Auftrag erweist sich als Himmelfahrtskommando. Paraderolle für Eastwood, der in diesem Film auch inszenatorisch alle Action-Register zieht.

Der Mann, der Sherlock Holmes war ∗∗ ½
D 1937 – 108 Min. sw. – R: Karl Hartl. D: Hans Albers, Heinz Rühmann, Marieluise Claudius, Hansi Knoteck.
Komödie. Bankraub, Falschgeld, die Wunderbriefmarke »Blaue Mauritius« und heiße Mädchenherzen geben dieser Krimigroteske den letzten Pfiff – Albers

und Rühmann sehen Sherlock Holmes und Doktor Watson täuschend ähnlich.

Der Mann, der sich selbst nicht kannte / The Man Who Watched Trains Go By / The Paris Express ** ½

GB 1953 – 78 Min. – R: Harold French. D: Claude Rains, Marta Toren, Marius Goring, Anouk Aimée.

Psychokrimi. Hauptbuchhalter setzt sich mit dem Geldkoffer seines toten Chefs, den er ermordet zu haben glaubt, in den Zug und flieht nach Paris; dort bringt ihn der immer schwerer auf ihm lastende Verfolgungswahn um den Verstand. Charakterstudie mit »Casablanca«-Star Claude Rains; nach einem Roman von Georges Simenon.

Der Mann, der sich verkaufte ** ½

BRD 1958 – 98 Min. sw. – R: Josef von Baky. D: Hansjörg Felmy, Hildegard Knef, Antje Weisgerber, Kurt Erhardt, Katharina Matz, Fritz Tillmann, Ernst Schröder.

Zeitkritischer Film. Ein junger Lokalreporter recherchiert in einem zurückliegenden Betrugsfall, der vielleicht sogar mit Mord zu tun hat; in einer Zeitungsserie stellt er den Hauptbeteiligten an den Pranger. Der spannende Film nach dem Drehbuch von Erich Kuby (»Das Mädchen Rosemarie«), von Regisseur Baky (»Münchhausen«, 1943) mit Engagement inszeniert, bettet sein Schauspielerdrama effektvoll in ein miefiges Nachkriegsklima ein.

Ein Mann der Tat / San Antonio **

USA 1945 – 105 Min. – R: David Butler. D: Errol Flynn, Alexis Smith, Szöke Szakall.

Western. Eine Bande von Viehdieben macht das Land unsicher, und ein Cowboy ist auf ihrer Spur; als er zum Sheriff von San Antonio aufsteigt, macht er kurzen Prozeß. Der triviale, aber nichtsdestoweniger die Phantasie beflügelnde und schön fotografierte Film endet mit einer hübschen Verfolgungsjagd.

Der Mann, der vom Himmel fiel / The Man Who Fell to Earth ***

GB 1975 – 118 Min. Ⓥ VMP/Cannon/VMP. – R: Nicholas Roeg. D: David Bowie, Rip Torn, Candy Clark, James Lovell.

Science-fiction-Film. Eines Tages taucht ein weißhäutiger, rothaariger Mann in der Wüste Neumexikos auf, der von einem entfernten Planeten kommt; er will auf der Erde Rettungsmaßnahmen für sein bedrohtes Volk in die Wege leiten. Den superintelligenten Extraterrestrier spielt der Rockheld der 70er Jahre Bowie (in seiner ersten Filmrolle); der Film von Roeg (»Wenn die Gondeln Trauer tragen«) glänzt durch ästhetisches Raffinement und eine überraschende Handlung.

Der Mann, der weint / La vie de famille ***

F 1984 – 95 Min. OmU. – R: Jacques Doillon. D: Sami Frey, Mara Goyet, Juliet Berto, Juliette Binoche, Aina Walle.

Liebesfilm. Ein Mann lebt mit Freundin und deren Tochter zusammen, hin und wieder besucht er Exfrau und eigene Tochter. Aus dem ziemlich normalen, dann aber ereignisreich werdenden Alltag der Hauptperson erzählt der stille Film, der völlig auf seine Figuren und ihr manchmal improvisiertes Spiel setzt, im Stil der neuen Sensibilität; wohltuend aufrichtige Töne.

Der Mann, der zum Essen kam / The Man Who Came to Dinner ** ½

USA 1941 – 105 Min. sw. – R: William Keighley. D: Monty Woolley, Bette Davis, Ann Sheridan, Grant Mitchell.

Komödie. Der prominente Schriftsteller soll die Attraktion beim Weihnachtsfest bilden, das die biedere Fabrikantenfamilie veranstaltet, doch der Schreiber bricht sich ein Bein, und alles kommt ganz anders.

Der Mann, der zuviel wußte / The Man Who Knew Too Much ** ½

USA 1956 – 119 Min. Ⓥ CIC. – R: Alfred Hitchcock. D: James Stewart, Doris Day, Daniel Gélin, Brenda de Banzie.

Thriller. Hitchcocks Remake seines Films von 1934 um ein Paar, das in internationale Verwicklungen gerät, mysteriöse Spuren zu verfolgen hat und in der »Albert Hall« kurz vor dem Beckenschlag eines Orchestermusikers den

Mord an einem Botschafter verhindern will. Der Titelsong »Que sera, sera« gewann in Doris Days Interpretation einen Oscar.

Ein Mann, eine Frau und ein Film in Paris / Once in Paris ∗∗
USA 1978 – 90 Min. – R: Frank D. Gilroy. D: Wayne Rogers, Gayle Hunnicutt, Jack Lenoir, Philippe March.
Liebesfilm. Ein verheirateter Drehbuchautor verliebt sich in Paris in seine Zimmernachbarin, doch die Beziehung scheitert; bittersüße Love-Story mit komödiantischen Einschüben; angenehme Unterhaltung.

Ein Mann für Millie / The Mating of Millie ∗ ½
USA 1947 – 87 Min. sw. – R: Henry Levin. D: Glenn Ford, Evelyn Keyes, Ron Randall, Virginia Hunter.
Komödie. Um eine Waise adoptieren zu können, muß sich eine junge Frau erst einen Mann beschaffen; der Auserwählte reagiert jedoch zunächst unwillig; unterhaltsam und heiter.

Ein Mann gegen alle / The Gambler Wore a Gun ∗∗
USA 1961 – 64 Min. sw. – R: Edward L. Cahn. D: Jim Davis, Mark Allen, Addison Richards, Charles Cane.
Western. Ein Spieler will durch den Kauf einer Ranch neu beginnen, gerät aber in Mordverdacht; routiniert.

Ein Mann geht durch die Wand ∗∗
BRD 1959 – 95 Min. sw. – R: Ladislao Vajda. D: Heinz Rühmann, Nicole Courcel, Rudolf Vogel.
Komödie. Rühmann in seiner Leib- und Magenrolle als gebeutelter Beamter, dem unerwartete Kräfte zuwachsen; hintersinniger Spaß.

Ein Mann greift zur Waffe / Clay Pidgeon ∗∗
USA 1971 – 88 Min. – R: Tom Stern. D: Telly Savalas, Robert Vaughn, John Marley, Burgess Meredith, Ivan Dixon, Tom Stern.
Kriminalfilm. Ein Drogenfahnder benutzt einen Vietnamveteranen, der als Trödler in Los Angeles lebt, als Lockvogel für Dealer, und bald sieht sich der in der Rolle einer »Tontaube«, wie der Originaltitel verheißt; behäbig inszenierter Drogenkrimi, der den Sprung zum Thriller nicht schafft.

Der Mann ihrer Träume / Rhythmus, Leidenschaft und Liebe / Young Man with a Horn ∗∗ ½
USA 1949 – 89 Min. sw. – R: Michael Curtiz. D: Kirk Douglas, Lauren Bacall, Doris Day, Hoagy Carmichael.
Jazzfilm. Sehr freie Adaption der Biographie des Kornettisten Bix Beiderbecke; eindrucksvoll inszeniert und gespielt, doch gelingt es dem Künstlermelodram nicht, eine bestimmte Lebenserfahrung und -haltung als Grundlage der Jazzmusik darzustellen.

Der Mann im grauen Flanell / The Man in the Grey Flannel Suit ∗∗
USA 1956 – 110 Min. – R: Nunnally Johnson. D: Gregory Peck, Jennifer Jones, Fredric March, Lee J. Cobb.
Zeitkritischer Film. Grandiose Milieustudie um einen Durchschnittsangestellten, dessen neuer Job unüberwindliche Probleme mitbringt. Pecks beste Leistung, in einer subtilen Madison-Avenue-Tragödie.

Mann im Netz / Man on the Run ∗∗
GB 1948 – 75 Min. sw. – R: Lawrence Huntington. D: Derek Farr, Joan Hopkins, Edward Chapman, Laurence Harvey.
B-Krimi. Fluchtfilm um einen Hafturlauber, der unschuldig in einen Raub verwickelt wird. Unspektakulär und glaubwürdig in Szene gesetzt; im Verzicht auf Knalleffekte erweist sich die identifikationsfähige Wirkung des Films, dessen Grundeinfall an Hitchcock erinnert.

Der Mann im Pyjama ∗∗ ½
BRD 1981 – 78 Min. – R: Christian Rateuke, Hartmann Schmiege. D: Otto Sander, Elke Sommer, Peter Fitz, Hermann Lause.
Komödie. Ein Mann geht im Pyjama zum Zigarettenautomaten – das ist der Beginn einer furiosen Situationsgroteske. Mißverständnisse, Verwechslungen, Verkleidungen schließen sich an und geben den

Darstellern – allen voran Otto Sander, der für seine Leistung den Lubitsch-Preis erhielt – Gelegenheit, ihre Spiellaune ins Kraut schießen zu lassen; Blödsinn als Kunstform, mit allen unvermeidlichen Plattheiten.

Der Mann im Regenmantel / L'homme à l'imperméable ** ½
F/I 1956 – 115 Min. sw. – R: Julien Duvivier. D: Fernandel, Bernard Blier, Jacques Duby.
Komödie. Ein biederer Musiker verknallt sich in seinen »blauen Engel«, eine Revuemieze, und will nur noch mit ihr tanzen. Plötzlich ist er inmitten eines Mordkomplotts und muß alle List aufwenden, um wieder herauszustolpern. Fernandels wohlsortierte Auftritte setzen dem amüsanten Film krönende Spitzen auf.

Mann im Schatten ** ½
A 1961 – 95 Min. sw. – R: Arthur M. Rabenalt. D: Ellen Schwiers, Barbara Frey, Helmut Lohner, Katharina Mayberg.
Krimi. Die Leiche einer Strickwarenfabrikantin wird in der Badewanne aufgefunden, die polizeilichen Ermittlungen setzen ein. Sorgfältig gestalteter Kriminalfall aus Wien, in einer Mischung aus schwarzem Humor und Heurigenspaß.

Der Mann im Schilf * ½
BRD 1978 – 105 Min. – R: Manfred Purzer. D: Jean Sorel, Erika Pluhar, Nathalie Delon, Bernhard Wicki.
Politfilm. Ein Archäologe besucht nach Jahren seine Heimat, um die Beziehung zu seiner Verlobten zu klären, und gerät in Österreich zur Zeit des Dollfuß-Mordes in die politischen Wirren; trotz internationaler Besetzung ein eher unsicherer Film ohne prägnante Aussage.

Mann im Teufelskreis / L'homme pressé **
F/I 1977 – 87 Min. – R: Edouard Molinaro. D: Alain Delon, Mireille Darc, Monica Duchaussoy, Monica Guerritore.
Komödie. Alain Delon als besessener Kunsthändler bekommt alles, was er erstrebt: Erfolg, Abenteuer, ein Traumhaus, eine Traumfrau; schließlich wird ihm seine egoistische Hast zum Verhängnis; routiniertes Unterhaltungsstück.

Der Mann im weißen Anzug / The Man in the White Suit ***
GB 1952 – 90 Min. sw. – R: Alexander Mackendrick. D: Alec Guinness, Cecil Parker, Joan Greenwood, Michael Gough, Vida Hope.
Komödie. Ein junger Textiltechniker erfindet eine nichtschmutzende und unzerstörbare Faser und stellt ratlos fest, daß er plötzlich zwischen den Fronten der Arbeitgeber und -nehmer steckt, die seine Erfindung beide ablehnen; nuancenreiche, sozialkritische Komödie mit melodramatisch-tragikomischen Akzenten; facettenreiche Rolle für Guinness.

Der Mann in der Schlangenhaut / The Fugitive Kind ***
USA 1960 – 121 Min. sw. – R: Sidney Lumet. D: Anna Magnani, Marlon Brando, Joan Woodward, Victor Jory, Maureen Stapleton.
Literaturverfilmung. Adaption des Tennessee-Williams-Stücks »Orpheus steigt herab« über das Scheitern einer Liebe an der Brutalität der Umwelt in einer Südstaaten-Kleinstadt; ein Film voll melancholischer Poesie und innerer Wahrheit.

Ein Mann in der Wildnis / Man in the Wilderness ** ½
GB 1971 – 115 Min. – R: Richard C. Sarafian. D: Richard Harris, John Huston, John Bindon, Percy Herbert.
Abenteuerwestern. Paraderolle für Richard Harris (»Der Mann, den sie Pferd nannten«) in einem spannenden, Natur, Landschaft und Personen klug in die Filmdramaturgie integrierenden Abenteuerlichtspiel um einen Trupp Pelzjäger, die 1822 im eisigen Dakota durch feindliches Indianerland ziehen.

Der Mann in Mammis Bett / With Six You Get Eggroll **
USA 1968 – 91 Min. – R: Howard Morris. D: Doris Day, Brian Keith, Pat Carroll, Barbara Hershey.
Komödie. Noch ist Doris Day die lustige Witwe, auch wenn ihre drei Söhne fast erwachsen sind. Da verliebt sie sich in einen Witwer mit einer ebenfalls fast erwachsenen Tochter. Das führt geradewegs zur amerikanischen Familienklamotte; Doris Days letzter Film.

Ein Mann in Wut / L'homme en colère ∗∗
F/CDN 1978 – 94 Min. – R: Claude Pinoteau. D: Lino Ventura, Angie Dickinson, Laurent Malet, Lisa Pelikan, Donald Pleasence.
Krimi. Der Exflugkapitän Ventura soll seinen toten Sohn in Kanada identifizieren – doch der Tote ist nicht sein Junge. Nun macht er sich in Montreal auf die Suche nach dem Verschwundenen; ein technisch perfekter Film.

Ein Mann jagt sich selbst / The Man Who Haunted Himself ∗∗
GB 1970 – 89 Min. – R: Basil Dearden. D: Roger Moore, Hildegard Neil, Alastair Mackenzie, Hugh Mackenzie, Kevork Malikyan, Thorley Walters.
Thriller. Ein schwerer Autounfall bringt den Durchschnittsalltag eines korrekten Managers aus dem Lot, er sieht sich mit einem rätselhaften Doppelgänger konfrontiert; verwirrendes Puzzlespiel um echte und vermeintliche Idendität, allzu oberflächlich inszeniert.

Ein Mann kommt in die Jahre / Un second souffle ∗∗ ½
F 1978 – 90 Min. – R: Gérard Blain. D: Robert Stack, Anicée Alvina, Sophie Desmarets, Frédéric Meisner, Mareike Carrière.
Psychogramm. Ein Zahnarzt Mitte Fünfzig, der sich für unwiderstehlich hält und als machistischer Playboy aufführt, kommt in eine späte Midlife-crisis; hintersinniger Film um Altern und Jugendsehnsucht.

Ein Mann liebt gefährlich / Many Rivers to Cross ∗∗ ½
USA 1955 – 90 Min. – R: Roy Rowland. D: Robert Taylor, Eleanor Parker, Victor MacLaglen, Russ Tamblyn.
Westernkomödie. Eine resolute Frau rettet einen Trapper vor Indianern und überzeugt ihn mit Waffengewalt von den Vorzügen der Ehe; als er Reißaus nimmt, beginnen seine Probleme erst; deftige Parodie, die Westernrituale auf den Kopf stellt und alles gegen den Strich bürstet.

Ein Mann meiner Größe / Un homme à ma taille ∗∗
BRD/F 1983 – 88 Min. – R: Annette Carducci. D: Lieselotte Christian, Anémone, Daniel Russo, Thierry Lhermitte, Volker Brandt.
Komödie. Eine deutsche Sprachstudentin in Paris verliebt sich in André und heiratet tout de suite; als die Ehe gescheitert ist, nach fünf Jahren, sucht sie einen »Neuen«, locker-ironischer Beitrag zur deutsch-französischen Verständigung.

Der Mann mit dem Falken TV-Film
BRD 1981 – 60 Min. – R: K. H. Kramberg. D: Lorenzo Scarcella, Luisa Algini, Paolo Andreoli, Ida Ramponi.
Adaption der »Falkennovelle« aus dem »Decamerone« von Giovanni Boccaccio (14. Jh.): Für die Liebe einer Frau opfert ein junger Adliger sein Vermögen und selbst sein wertvollstes Gut, einen edlen Falken. Gelungene, wenn auch etwas geschmäcklerische Verfilmung einer Geschichte von Liebe und Leidenschaft, in der lange, ruhige Einstellungen die Beharrlichkeit des Verliebten signalisieren.

Der Mann mit dem Glasauge ∗
BRD 1968 – 85 Min. – R: Alfred Vohrer. D: Horst Tappert, Karin Hübner, Hubert von Meyerinck, Stefan Behrens.
Krimi. Bei fünf Morden blieben fünf Glasaugen zurück; ein Inspektor fragt sich, was das zu bedeuten hat; routiniert.

Der Mann mit dem grünen Hut / The Spy in the Green Hat ∗∗
USA 1966 – 89 Min. – R: Joseph Sargent. D: Robert Vaughn, David McCallum, Jack Palance, Letitia Roman, Leo G. Carroll.
Agentenfilm. Superagent Napoleon Solo für O. N. C. E. L. wieder im Antiterroreinsatz; diesmal wollen Bösewichter den Golfstrom umlenken; für Freunde der etwas absurderen Thrillerlogik.

Der Mann mit dem Katzenkäfig / Daddy's Gone A-Haunting ∗∗ ½
USA 1969 – 102 Min. – R: Mark Robson. D: Carol White, Scott Hylands, Paul Burke, Mala Powers.
Thriller. Cathy glaubt den Mann fürs Leben gefunden zu haben, aber nach einer Abtreibung zerbricht die Beziehung, und sie heiratet einen anderen; doch unheimliche Schatten der Vergangenheit verfolgen sie; raffinierter Psychoschocker.

Der Mann mit dem stahlharten Blick / L'Homme aux yeux d'argent ** ½
F 1985 – 94 Min. – R: Pierre Granier-Deferre. D: Alain Souchon, Tanya Lopert, Jean-Louis Trintignant, Lambert Wilson.
Krimi. Ein Exsträfling kommt in seine ländliche Heimat zurück, die inzwischen von einer Trabantenstadt verdrängt wurde. Er sucht nach der versteckten Beute eines Raubüberfalls, muß sich jedoch eines fanatischen Verfolgers in Uniform erwehren. Der dramatische, straff auf Höhepunkte hin inszenierte Actionfilm verbindet geschickt die spannende Handlung mit Stimmungsbildern der trostlosen Betonstadt.

Der Mann mit den tausend Eigenschaften / The Ultimate Imposter * ½
USA 1979 – 95 Min. – R: Paul Stanley. D: Joseph Hasker, Erin Grey, Keith Andes, Macon McCalman.
Actionfilm. Ein Agent wird durch eine Operation zum »lebenden Computer«; problematisch nur, daß das Supergedächtnis nicht länger als 72 Stunden funktioniert; magere Story zwischen Krimi, SF- und Agentenfilm.

Der Mann mit den 1000 Masken / Mumo da uccidere upperseven **
BRD/I 1965 – 99 Min. – R: Albert von Martin. D: Paul Hubschmid, Karin Dor, Vivi Bach, Nando Gazzolo.
Agentenfilm. Paul Hubschmid als Geheimagent Ihrer Majestät ist ein genialer Verwandlungskünstler und Meister seines Fachs. Er soll die Pläne für den Bau einer Atomrakete durchkreuzen und gerät in Afrika in eine Falle. Ironisierter James Bond auf deutsch.

Der Mann mit der eisernen Maske / Der König der Bastille / The Man With the Iron Mask ** ½
USA 1939 – 113 Min. sw. – R: James Whale. D: Louis Hayward, Joan Bennett, Warren William, Alan Hale.
Kostümfilm. Adaption des Romans »Zwanzig Jahre später« von Alexandre Dumas über die Zwillingsbrüder im Kampf um den französischen Thron – Ludwig XIV. hat seinem brüderlichen Rivalen eine eiserne Kopfmaske verpassen lassen und ihn in die Bastille geworfen – und die vier Musketiere, die Stellung beziehen müssen; Mantel-und-Degen-Spektakel mit melodramatischen Akzenten.

Der Mann mit der eisernen Maske / The Man in the Iron Mask **
GB 1976 – 103 Min. – R: Mike Newell. D: Richard Chamberlain, Louis Jourdan, Sir Ralph Richardson, Patrick McGoohan, Jenny Agutter.
Kostümfilm. Remake der Dumas-Verfilmung von 1939; Verbannung und Befreiung, Rache- und Verwirrspiel am französischen Hof; farbenprächtig und routiniert, aber ohne den üblichen Mantel-und-Degen-Glamour.

Der Mann mit der Kugelpeitsche – Shanghai Joe / Il mio nome e Shanghai Joe ** ½
I 1974 – 88 Min. – R: Mario Caiano. D: Chen Lee, Klaus Kinski, Carla Romanelli, Gordon Mitchell.
Actionfilm. Ein Chinese will nicht als Sklaventreiber für einen mächtigen Sklavenbaron im texanischen Westen arbeiten, das bringt ihn in Lebensgefahr; ausgefallene Handlung mit harten Kampfszenen in einem konventionellen Bösewichtfilm.

Der Mann mit der stählernen Klaue / The Steel Claw * ½
USA 1961 – 96 Min. – R: George Montgomery. D: George Montgomery, Charito Luna, Mario Barri.
Kriegsfilm. Ein einarmiger US-Captain meldet sich zur Stärkung seines Selbstwertgefühls zu einem Himmelfahrtskommando im Pazifikkrieg; undifferenzierter Kriegsheldenfilm mit beachtlichen Actionsequenzen.

Ein Mann mit Grundsätzen? * ½
D 1943 – 94 Min. sw. – R: Géza von Bolváry. D: Hans Söhnker, Elfie Mayerhofer, Maria Koppenhöfer, Lola Müthel, Ursula Herking.
Lustspiel. Von viel holder Weiblichkeit eingerahmt, blüht der Bonvivant des

deutschen Films, Hans Söhnker, sichtlich auf; angeblich hat er was gegen Akademikerinnen, doch natürlich verliebt sich der leichtlebige Chemiker in seine studierte Kollegin. Leider schlägt der dünne Film aus dieser Versuchsanordnung wenig Witz und Amüsement.

Mann ohne Ausweg / Pien Yuan Jen ** ½
Hongkong 1981 – 95 Min. – R: Kwok-Ming Cheung. D: Eddie Chan, Callan Leung, Ada Fung, Law Chung.
Thriller. Melodramatischer Gangsterfilm um einen jungen Polizeidetektiv, der im düsteren Untergrund von Hongkong als V-Mann arbeitet und zwischen den Fronten zerrieben wird. Ein Drama der Entfremdung – zugleich ein Film, der den Einfluß Hollywoods auf fernöstliche Traditionen demonstriert.

Ein Mann ohne Bedeutung / Affair With a Stranger **
USA 1953 – 85 Min. sw. – R: Roy Rowland. D: Jean Simmons, Victor Mature, Monica Lewis, Jane Darwell.
Melodram. Ein Scheidungsgerücht soll die Ehe eines Broadwayautors zerstören, doch die Ehe hält; leicht moralinsäuerliche Romanze mit einigen heiteren Aspekten.

Mann ohne Gedächtnis / L'uomo senza memoria **
I 1974 – 93 Min. – R: Duccio Tessari. D: Luc Merenda, Senta Berger, Umberto Orsini.
Thriller. Ein Mann hat sein Gedächtnis verloren; als ein anderer, der ihn zu kennen vorgibt, ermordet wird, ergeben sich seltsame Ereignisse; spannend und routiniert, ohne verkrampften Versuch zu problematisieren.

Der Mann ohne Nerven / The Man Inside ** ½
GB 1958 – 96 Min. sw. – R: John Gilling. D: Jack Palance, Anita Ekberg, Nigel Patrick, Anthony Newley.
Kriminalfilm. Ein Diamantenräuber rettet sich von New York nach Europa; seine Auseinandersetzung mit zum Teil fragwürdigen Verfolgern endet in einem D-Zug nach London; routinierter, spannender Gangsterfilm.

Ein Mann setzt sich zur Wehr / Wadjah seorang laki-laki ** ½
Indonesien 1972 – 105 Min. – R: Teguh Karya. D: Rima Melati, Siamet Rahardjo, Tuti I. Malaon, Hanny Ray.
Kolonialdrama. Der Sohn eines reich gewordenen Pferdehändlers opponiert im Untergrund gegen seinen Vater, der mit den Holländern kollaboriert. Die komplexen politischen Verhältnisse in Java um 1850 erweitert der leidenschaftlich engagierte Film noch um eine Liebesgeschichte, die die Verstörungen in einem Kolonialland deutlich macht.

Ein Mann stellt eine Falle / The Internecine Project * ½
GB 1974 – 90 Min. – R: Ken Hughes. D: James Coburn, Lee Grant, Harry Andrews, Christiane Krüger.
Politthriller. Ein Mann von hoher Reputation soll ein ebensolches Amt in Washington übernehmen; Mitwissern seines Doppellebens stellt er eine böse Falle; ein Film, der mögliche Spannung verschenkt; Coburn in einer Rolle, die seinem Typ nicht entspricht.

Ein Mann und eine Frau / Un homme et une femme ** ½
F 1966 – 103 Min. – R: Claude Lelouch. D: Anouk Aimée, Jean-Louis Trintignant, Pierre Barouh, Valérie Lagrange, Simone Paris.
Rennsportmelodram. Vor dem Start zur Rallye Monte Carlo lernen sie sich kennen; als er auf der Zielgeraden ist, wissen beide, daß sie sich lieben. Der Rallyerenner von Lelouch (»Vivre pour vivre«), mit schicker Ausstattung, verschönendem Weichzeichner, sentimentaler Musik und erfrischendem Spiel gedreht, mixt gekonnt die Liebesgeschichte mit dokumentarischem Motorengeheul.

Der Mann vom großen Fluß / Shenandoah * ½
USA 1964 – 105 Min. Ⓥ CIC. – R: Andrew V. McLaglen. D: James Stewart, Rosemary Forsythe, Doug McClure, Glenn Corbett.
Western. Virginia 1863: Weil er nie einen Negersklaven ausgebeutet hat, sieht Farmer Charlie Anderson auch keinen Grund, seine Söhne in den Bürgerkrieg

zu schicken. Pazifistisches Antikriegsmelodram, sentimental und schwülstig.

Der Mann, von dem man spricht * ½
A 1937 – 85 Min. sw. – R: E. W. Emo. D: Heinz Rühmann, Theo Lingen, Hans Moser, Gusti Huber.
Komödie. Gescheiterter Zoologiestudent wird Dompteur, um seine Zirkusprinzessin zu bekommen; Situationskomik und das Können der Stars bringen den Film auch nicht so recht in Schwung.

Ein Mann von gestern TV-Film
BRD 1980 – 80 Min. – R: Tom Toelle. B: Wolfgang Menge, Tom Toelle. D: Will Quadflieg, Hans Günter Martens, Gustav Rudolf Sellner, Michael Degen, Witta Pohl.
Ein Fernsehdirektor im Zwiespalt, ob er einen Magazinbeitrag über zweifelhafte Machenschaften eines Ministerpräsidenten senden soll; hohntriefende Satire von beachtlicher Daueraktualität.

Ein Mann wie Eva ***
BRD 1983 – 79 Min. – R: Radu Gabrea. B: Radu Gabrea, Laurens Straub. D: Eva Mattes, Lisa Kreuzer, Charles Regnier, Charly Muhamed Huber, Carola Regnier.
Filmbiographie. Eva Mattes in der Rolle Rainer Werner Fassbinders (des Regisseurs »Eva«), der/die die »Kameliendame« verfilmt; sein/ihr Team leidet unter Demütigungen, Haßausbrüchen, erotischen Besitzansprüchen und Besessenheiten; eine Hommage für Fassbinder und eine bedrückende Travestie.

Ein Mann wie Hiob / The Fixer ** ½
USA 1968 – 127 Min. – R: John Frankenheimer. D: Alan Bates, Dirk Bogarde, Georgia Brown, David Warner.
Zeitkritischer Problemfilm. Lebens- und Leidensgeschichte eines Juden im Rußland vor der Revolution. Frankenheimer (»Der Gefangene von Alcatraz«) drehte diesen aufrüttelnden und melodramatischen Streifen als ersten US-Film vollständig in Ungarn.

Ein Mann wie Maximilian *
D 1944 – 90 Min. sw. – R: Hans Deppe. D: Wolf Albach-Retty, Karin Hardt, Fritz Odemar, Lizzi Waldmüller, Paul Dahlke.
Komödie. Ein Jungvermählter will an Vaters Statt eine Revuetänzerin für ihn becircen; das bringt Eifersucht und Ehestreit; belanglos, ohne Pfiff.

Ein Mann zu jeder Jahreszeit / A Man For All Seasons ** ½
GB 1966 – 116 Min. Ⓥ RCA Columbia. – R: Fred Zinnemann. D: Paul Scofield, Wendy Hiller, Susannah York, Orson Welles, Robert Shaw, Vanessa Redgrave, John Hurt.
Historischer Film. Heinrich VIII., der Frauenverschleißer, will eine Scheidung, doch sein favorisierter Lordkanzler Thomas More weigert sich, dies beim Papst durchzusetzen. Den Machtkampf beider Männer und ihre Prinzipien schildert dieses opulente, mit sechs »Oscars« gewürdigte Epos von Zinnemann allzu prachtverliebt, jedoch in zugespitztem Dialog und im Spiel beeindruckend.

Mannaja – Das Beil des Todes / Mannaja * ½
I 1977 – 86 Min. – R: Sergio Martino. D: Maurizio Merli, Martine Brochard, John Steiner, Sonja Jeannine, Philippe Leroy, Donald O'Brien.
Italowestern. Die Waffe eines Kopfgeldjägers, der den Tod seines Vaters rächen will, ist in Sonderfällen ein Kampfbeil, damit und mit dem Colt gelingen dem einsamen Helden wahre Massaker; mit kleinem Budget gedrehter Film, dessen Ansätze zu Spannung und spezieller Eigenart von Regie und Darstellern vergeben werden.

Die Männer / The Men ***
USA 1950 – 83 Min. sw. – R: Fred Zinnemann. D: Marlon Brando, Teresa Wright, Everett Sloane, Jack Webb, Virginia Farmer, Dorothy Tree, Howard St. John.
Melodram. Ein querschnittgelähmter Exoffizier steht vor Problemen der Lebens- und Liebesbewältigung; eindringlich, unpathetisch und unsentimental; Brando überzeugend in seinem ersten Film.

Männer ***
BRD 1985 – 95 Min. Ⓥ VCL. – R, B: Doris Dörrie. D: Heiner Lauterbach,

Uwe Ochsenknecht, Ulrike Kriener, Janna Marangosoff.
Komödie. Ein Mann, Mitte Dreißig, schlagfertig, attraktiv und erfolgreich als Werbedesigner, stellt eines Tages fest, daß ihn seine Frau mit einem Althippie betrügt: Er will herausfinden, was der andere hat, das er nicht hat. Moderne Beziehungsprobleme und -situationen in absurde Situationskomik übersetzt. Männer aus der Sicht einer Frau von heute, spielerisch, witzig und treffsicher arrangiert. Größter bundesdeutscher Kinoerfolg 1986.

Männer des Gesetzes / Posse ** ½
USA 1975 – 89 Min. – R: Kirk Douglas. D: Kirk Douglas, Bruce Dern, Bo Hopkins, Beth Brickell.
Western. Ein gekonnt inszenierter Spätwestern, der aktuelle Kommentare zur amerikanischen Politik liefert. Für Kirk Douglas als erfolgshungrigen Law-and-Order-Helden geht der Schuß nach hinten los.

Männer, die in Stiefeln sterben / Man From God's Country * ½
USA 1958 – 69 Min. – R: Paul Landres. D: George Montgomery, House Peters jr., Randy Stuart, Kim Charney, Frank Wilcox.
Western. Exsheriff kämpft gegen einen skrupellosen Bandenchef, um einen Freund aus dem Schlamassel zu ziehen – und die flotte Saloonsängerin trällert ein Lied dazu; witzige Dialoge, routiniert heruntergedrehtes B-Picture.

Männer für jeden Job / Head Office * ½
GB 1986 – 85 Min. Ⓥ VMP/Cannon/VMP. – R: Ken Finkelman. D: Danny DeVito, Rick Moranis, Eddie Albert, Lori-Nan Engler, Merritt Butrick, George Coe.
Komödie. Der Sohn eines einflußreichen Senators findet sich nur schwer im harten Geschäftsalltag zurecht, doch dann lernt er die Tochter des Konzernchefs kennen; matter Witz in einer schwerfällig inszenierten Pseudosatire.

Männer gegen Tod und Teufel / Fort Bowie * ½
USA 1957 – 80 Min. sw. – R: Howard W. Koch. D: Ben Johnson, Jan Harrison, Kent Taylor, Jana Davi, Ian Douglas.
Western. Nach einem brutalen Indianermassaker ziehen die überlebenden Apachen gegen ein Fort, ihr Auftauchen löst Konflikte unter Offizieren aus; nicht sonderlich spannender B-Western.

Männer im gefährlichen Alter **
BRD 1953 – 87 Min. sw. – R: Carl-Heinz Schroth. D: Hans Söhnker, Liselotte Pulver, Annie Rosar, Wilfried Seyferth, Ilse Bally.
Romanze. Der berühmte reifere Schauspieler und Charmeur umgibt sich mit schönen Frauen, er gewinnt sogar ein junges Mädchen, das seine Tochter sein könnte; originelle Einfälle im Drehbuch, in der Darstellung konventionell.

Die Männer mit dem schnellen Geld / Money Movers **
AUS 1978 – 90 Min. – R: Bruce Beresford. D: Terence Donovan, Tony Bonner.
Krimi. Actionfilm mit »schwarzen« Akzenten und Abenteuertouch um eine Bande von Gewaltverbrechern, die vor Folter und Mord nicht zurückschreckt. Viel Spannung und Brutalität und ein offener Blick in die neue australische »Geschäftswelt«.

Männer müssen so sein **
D 1939 – 95 Min. sw. – R: Arthur Maria Rabenalt. D: Hertha Feiler, Hans Söhnker, Hans Olden, Paul Hörbiger.
Liebeskomödie. Eine Tänzerin verliebt sich in einen berühmten Dompteur, der sie jedoch sitzenläßt. Jahre später begegnen sie sich wieder. Der flotte, gut besetzte Film (seinerzeit ungeheuer erfolgreich) vermeidet gekonnt die gröbsten Klischees des Unterhaltungsfilms der Nazizeit, entblößt jedoch heute seine Schwächen: Mann-Frau-Klischee, dilettantische Spannungsmache, provinzielles Weltbild; dennoch unterhaltsam.

Männer ohne Sonntag / Sunday Too Far Away **
AUS 1974 – 95 Min. – R: Ken Hannam. D: Jack Thompson, Max Cullen, Robert Bruning, Peter Cummins.
Abenteuerfilm. Semidokumentarischer

Film über das harte Leben australischer Schafscherer und ihre Wettkämpfe um den Titel des Besten; in Australien preisgekrönte Milieustudie mit Abenteuersequenzen.

Männer wie Teufel / Mission Batangas ∗∗
USA 1971 – 76 Min. – R: Keith Larsen. D: Dennis Weaver, Vera Miles, Keith Larsen, Pol Salcedo, Helen Thompson.
Kriegsfilm. Im Kriegsjahr 1942 erfährt der Abenteurer Chip Corbett (Weaver) auf den Philippinen von einem Goldschatz. Mitten in der Materialschlacht beginnt er seinen Fischzug nach dem kostbaren Metall und bringt es, in einem hektischen, dramaturgisch recht wackligen und ideologisch schablonenhaften Militärabenteuer, am Ende auf die richtige Seite.

Männersache TV-Film
CH – 60 Min. Schwyzerdütsch m.U. – R, B: Alexander J. Seiler. D: Charlotte Schwab, Dieter Kirchlechner, Mathis Pilliod.
In einer kleinen Gemeinde bemüht sich ein Lehrer um eine Kollegin, die gegen autoritäre Erziehungsmethoden zu Felde zieht; lehrreich und engagiert.

Eine Männersache / Une affaire d'hommes ∗∗ ½
F 1981 – 94 Min. – R: Nicolas Ribowski. D: Claude Brasseur, Jean-Louis Trintignant, Jean Carmet, Eva Darlan, Elisabeth Huppert.
Krimi. Ein Kommissar ist mit einem Architekten befreundet, beide verbringen viel Zeit beim Radrennen. Eines Tages wird die Frau des Architekten ermordet, ist der Ehemann der Mörder? Ein Psychokrimi beginnt; gute Darsteller und originelles Milieu in einem schillernden Geschehen.

Manoa – Flucht aus der Zeit TV-Film
BRD/Venezuela 1980 – 105 Min. – R, B: Solveig Hoogesteijn. D: Victor Cuica, Diego Silva, Azdrubal Meléndez.
Zwei Ausreißer unterschiedlicher sozialer Herkunft bauen bei ihrer Reise ins Landesinnere eine Freundschaft und eine eigene neue Welt auf; sozialkritisches Psychogramm der Jugend eines zerrissenen Landes, für dessen modernen Alptraum »Erdöl« das Indianerwort »Manoa« (= Eldorado) steht; Preise in Cannes und Biarritz.

Manuel ∗∗∗
BRD 1982/83 – 96 Min. – R: Peter Obrist. D: Kai Buth, Eva Renzi, Karl-Heinz von Hassel, Angelika Hartung.
Psychodrama. Eine zerrüttete Familiengeschichte, erlebt mit den Augen eines 12jährigen Jungen, ein Fall von Wohlstandsarmut; kritisch, realitätsnah. Der Debütfilm des Schweizer Regisseurs gewann einen Preis beim Festival in Karlsbad.

Der Marathon-Mann / Marathon Man ∗∗∗
USA 1976 – 120 Min. – R: John Schlesinger. D: Dustin Hoffman, Laurence Olivier, Roy Scheider, Marthe Keller.
Thriller. Dustin Hoffman, Student in New York, joggt jeden Tag am Hudson River und verliebt sich in Marthe Keller, als eines Tages sein Bruder wieder auftaucht, der in eine Organisation von Exnazis involviert ist. An diesem Tag bekommt Dustins Leben eine Wendung ins Irrationale, sein Alltag bricht zusammen und wird überschattet von Angst, Mord und Terror.

Das Märchen vom Däumling / Pohadka o Malickovi ∗∗ ½
ČSSR 1985 – 80 Min. – R: Gunnar N. Piesis. D: Zdenek Rehor, Miroslava Soucková, Miloslav Horacek, Ronals Neilands.
Märchenfilm. Prächtiges Kostümabenteuer um den armen Däumling, der als einziger im Königreich die schöne Prinzessin retten könnte: »Die Turmuhr wird zum 13tenmal schlagen, und die Sonne wird dreimal aufgehen. Dann ist Goldhaar meine Frau.« Die Hauptrollen in dieser originellen Version des bekannten Märchens spielen Kinder.

Marco, der Unbezwingbare / Maciste alla corte dello zar ∗ ½
I 1963 – 87 Min. – R: Amerigo Anton. D: Kirk Morris, Gloria Milland, Massimo Serato.
Kolossalfilm. Ein Sklave des Zaren ent-

deckt eines Tages den kraftstrotzenden Jüngling Marco, der sein Gedächtnis verloren hat. Marco trifft den Herrscher und erkennt, daß er ein brutaler Tyrann ist. Der grausame Kampf beginnt. Billiges Bodybuilder-Epos.

Maria Ilona ∗∗
D 1939 – 92 Min. sw. Ⓥ Toppic. – R: Géza von Bolvary. D: Paula Wessely, Willy Birgel, Paul Hörbiger, Paul Hubschmid.
Melodram. Beachtliche Historienschmonzette um eine Fürstin und ihren mächtigen Geliebten, der sie in seine zeitgeschichtlichen Machtinteressen einspannt.

Maria Stuart TV-Film
BRD 1988 – 90 Min. – R: Petr Weigl. Dirigent: Richard Bonynge. D: Magdaléna Vášáryová (Sängerin: Joan Sutherland), Kamila Magálová (Sängerin: Huguette Tourangeau), Milan Kňažko (Sänger: Luciano Pavarotti).
Adaption des Schiller-Dramas nach der Oper von Gaetano Donizetti (Musik: Chor und Orchester des Teatro Comunale, Bologna); als darstellerisch und musikalisch eindringliches Experiment das geglückte Beispiel einer »filmischen« Oper.

Maria Stuart, Königin von Schottland / Mary, Queen of Scots ∗∗∗
GB 1971 – 122 Min. – R: Charles Jarrott. D: Vanessa Redgrave, Glenda Jackson, Patrick McGoohan, Timothy Dalton, Richard Denning, Katherine Kath, Nigel Davenport, Trevor Howard.
Historienfilm. Nicht sehr authentisches, opulent fotografiertes Lebensbild der Gegnerin von Elisabeth I. und deren Kampf um die politische und religiöse Macht; ein exzellentes, ausgewogenes Darstellerteam läßt ein etwas zu glattes Bild des Tudor-England in facettenreichen Episoden erstehen.

Maria Theresia ∗ ½
A 1951 – 87 Min. sw. – R: Emil E. Reinert. D: Paula Wessely, Fred Liewehr, Marianne Schönauer, Rudolf Fernau, Rosa Albach-Retty.
Liebesschmonzette. Die Kaiserin will dem Siebenjährigen Krieg zwischen Österreich und Preußen ein Ende setzen, muß aber zunächst private Konflikte und historische Hindernisse beseitigen. Sie tut's, wie in den weiland bekannten Historienoperetten der Ufa-Zeit, als wäre der Zweite Weltkrieg nicht gerade mit ganz anderen Schrecken zu Ende gegangen.

Marian Rose White / Marian Rose White TV-Film
USA – 90 Min. – R: Robert Day. B: Garry Rusoff. D: Nancy Cartwright, Valerie Perrine, Katherine Ross.
Ein durch hochgradige Kurzsichtigkeit sonderlich wirkendes 14jähriges Mädchen wird von der grausamen Mutter in eine Irrenanstalt gesteckt; dort erlebt es ein Martyrium, bis eine Pflegerin sich seiner annimmt. Der TV-Film nach einer wahren Begebenheit aus den 30er Jahren in den USA reduziert die dreißig Jahre in der Hölle auf vier, was dem Drehbuch nicht guttut; durchschnittlich, aber mit brillantem Spiel der Hauptdarstellerin.

Mariandl ∗∗
A 1961 – 84 Min. Ⓥ Taurus. – R: Werner Jacobs. D: Conny Froboess, Rudolf Prack, Waltraut Haas, Gunther Philipp.
Heimatfilm. Neuauflage und Fortsetzung der herzigen Heimatschnulze »Der Hofrat Geiger« aus dem Jahr 1946, diesmal ist der einstige Kinderstar die Hauptfigur; nett, unterhaltsam.

Mariandls Heimkehr ∗ ½
A 1962 – 89 Min. Ⓥ Taurus. – R: Werner Jacobs. D: Conny Froboess, Peter Weck, Rudolf Prack, Waltraut Haas, Hans Moser.
Heimatfilm. Fortsetzung der Schnulze mit neuen Verwicklungen: Mariandl hat Liebeskummer, und auch die Mutter hat's nicht leicht; herzig.

Marianne ∗∗ ½
BRD/F 1954 – 105 Min. sw. – R: Julien Duvivier. D: Marianne Hold, Isabelle Pia, Horst Buchholz.
Melodram. Das Eintreffen eines neuen Schülers in einem Schloßinternat löst Verwirrungen aus; der »Argentinier« übt eine seltsame Anziehungskraft aus; ein Film über das Anderssein.

Marie-Octobre / Marie-Octobre ** ½

F 1958 – 95 Min. sw. – R: Julien Duvivier. D: Danielle Darrieux, Serge Reggiani, Bernard Blier.

Zeitkritischer Film. Fünfzehn Jahre nachdem eine französische Widerstandsgruppe von den Nazis ausgehoben wurde, treffen die Überlebenden bei Marie-Octobre zusammen, um den Verräter in den eigenen Reihen zu entlarven. Ein alptraumartiges, beklemmendes, menschlich anrührendes Filmmelodram.

Marie Ward – Zwischen Bett und Galgen **

BRD 1985 – 110 Min. – R: Angelika Weber. D: Hannelore Elsner, Irm Hermann, Mathieu Carrière, Mario Adorf.

Historisches Drama. Europa, Anfang des 17. Jahrhunderts: Eine junge Katholikin gerät in die Wirren des Glaubenskrieges. Sie reist aus England ab und versucht ein pädagogisches Reformwerk aufzubauen. Der ambitionierte, gut besetzte und mutige Film beschreibt ihren schwierigen Weg.

Marius / Marius ** ½

F 1931 – 120 Min. sw. OmU. – R: Alexander Korda. D: Jules Raimu, Pierre Fresnay, Orane Demazis, Fernand Charpin.

Komödie. Adaption von Marcel Pagnols Bühnenstück; erster Teil einer Trilogie (vor »Fanny« und »César«) vom Mann, der allen Widerständen zum Trotz zur See geht; lebensvoll und atmosphärisch dicht.

Marnie / Marnie ***

USA 1965 – 125 Min. – R: Alfred Hitchcock. D: Tippi Hedren, Sean Connery, Diane Baker, Martin Gabel.

Thriller. Die engelhafte Marnie versucht wieder einmal, ihren Chef zu bestehlen. Doch anstatt sie der Polizei zu übergeben, macht Sean Connery der Kleptomanin einen Heiratsantrag. Raffinierter Psychothriller um eine fetischhaft-erotische Beziehung.

Marocain TV-Film

BRD – 90 Min. – R: Elfie Mikesch. D: Eva Lehmann, Traute Hoess, Abdelhadi El Aidi, Fathma Zohra.

Eine alte Dame, die früher auf den Spuren ihres verstorbenen Mannes durch Marokko reiste und dort glücklich war, wird konfrontiert mit Filmaufnahmen, die ihre Tochter aus diesem Land mitbringt. Ein intensiver Dialog um Liebe, Abenteuer und Abhängigkeiten beginnt; suggestiver Film, raffinierte Bilder.

Marokko / Morocco ***

USA 1930 – 92 Min. sw. – R: Josef von Sternberg. D: Gary Cooper, Marlene Dietrich, Adolphe Menjou, Francis McDonald, Eve Southern, Paul Porcasi.

Melodram. Eine verführerische Tingeltangel-Entertainerin verläßt ihren reichen Liebhaber und folgt einem Legionär, den sie liebt; eindrucksvoll inszenierter Film, der aus der Spannung zwischen dem granitenen Charme Coopers und Marlenes Sex lebt; erster US-Film der Dietrich, die »What Am I Bid?« singt.

Marokko 7 / Maroc 7 **

GB 1966 – 91 Min. – R: Garry O'Hara. D: Gene Barry, Elsa Martinelli, Cyd Charisse, Denholm Elliott, Leslie Phillips.

Agentenkrimi. Eine extravagante Modeverlegerin bewundert edle Steine, klaut mit Komplizen wie ein Rabe und schmuggelt auf Agent komm raus; der Mini-Bond läßt nicht lange auf sich warten; wenig aufregender Genre-Aufguß.

Die Marquise von O. / La marquise d'O. ***

BRD/F 1975 – 102 Min. – R: Eric Rohmer. D: Edith Clever, Bruno Ganz, Peter Lühr, Edda Seippel, Otto Sander.

Literaturverfilmung. Adaption der Novelle von Heinrich von Kleist von der unter für sie rätselhaften Umständen schwanger gewordenen Marquise und ihrem Kampf um Glaubwürdigkeit und Ehre im Streit gegen Konventionen; weitestgehend wortgetreue Visualisierung, die die bis an die Grenze der Gefühllosigkeit gehende, ironisch unterkühlte Sprache der Vorlage entlarvt; exzellente Darsteller in einem Klassiker des Genres.

Die Marseillaise / La Marseillaise ***

F 1937 – 125 Min. sw. OmU. – R: Jean

Renoir. D: Pierre Renoir, Lise Delamare, Léon Larive, Louis Jouvet.
Historisches Zeitdrama. Frankreich zur Zeit der Revolution von 1789. Bei Hof und in den Lagern der Bataillone spitzt sich der Klassenkampf zu, den der Film süffisant im Ablauf alltäglicher Verrichtungen zeigt. Renoir (»Das Frühstück im Grünen«) schafft es, Historie über 150 Jahre hinweg in einem realistischen Fresko mit nuancenreichen Schattierungen nachempfindbar zu machen.

Der Marshal / True Grit ∗∗∗ ½
USA 1969 – 128 Min. Ⓥ CIC. – R: Henry Hathaway. D: John Wayne, Glen Campbell, Kim Darby, Jeremy Slate, Robert Duvall, Strother Martin, Dennis Hopper.
Western. Eine altkluge Vierzehnjährige sucht sich als Rächer ihres ermordeten Vaters einen mit Augenklappe versehenen, versoffenen Marshal aus; ein Film, der durch die Zufälligkeiten des Handlungsablaufs die Mythen des Genres entlarvt; Augenklappe, vorgezogener, virtuos gefilmter Showdown und das elegische Finale brachten John Wayne den Oscar.

Martha TV-Film
BRD 1974 – 110 Min. – R, B: Rainer Werner Fassbinder. D: Margit Carstensen, Karlheinz Böhm, Gisela Fackeldey. Adrian Hoven, Barbara Valentin, Ingrid Caven.
Nach dem Tod des verehrten Vaters heiratet eine junge Frau einen Mann, durch den sie sich zusehends auf sadistische Weise bedroht sieht; ein Film der elaborierten, beängstigenden Bilder.

Martha Jellneck ∗∗ ½
BRD 1988 – 90 Min. – R: Kai Wessel. D: Heidemarie Hatheyer, Dominique Horwitz, Angelika Thomas, Ulrich Matschoss, Hayati Yesilkaya.
Problemfilm. Sie ist Rentnerin, 72 Jahre alt, schwach auf den Beinen und hat nur noch ihren Hund Chico, den ein Türkenjunge ausführt; dann ist da noch der Zivildienstler Thomas, der ihr »Essen auf Rädern« bringt. Eines Tages entdeckt sie einen Mann auf einem Foto, der wie ihr im Krieg gefallener Bruder heißt, ihm aber nicht ähnlich sieht; der Mann hat eine falsche Identität angenommen. Frau Jellneck entwickelt einen raffinierten Plan, um die Nazivergangenheit zu »bearbeiten«: ein subtiler Problemfilm mit Längen im ersten Teil.

Martin Soldat / Martin Soldat ∗ ½
F 1966 – 93 Min. – R: Michel Deville. D: Robert Hirsch, Véronique Vendell, Walter Rilla.
Komödie. Der Witz liegt im Spiel mit Schein und Sein: Eine französische Theatergruppe probt 1944 ein Stück in Naziuniformen, als alliierte Fallschirmspringer landen; mäßig lustig.

Martin und der Zauberer / Mardijn ∗∗ ½
NL 1978 – 100 Min. – R: Karst van der Meulen. D: Bart Gabrielse, Joos Prinsen, Lex Goudsmit.
Jugendfilm. Nur der Großvater hat Verständnis für die Verträumtheiten eines Zwölfjährigen; daher spielen beide heimlich in einem Märchen mit; ein trickreicher Film zwischen Realität und Tagtraum von amüsanter Leichtigkeit.

Die Marx Brothers auf See / Monkey Business ∗∗∗
USA 1931 – 74 Min. sw. – R: Norman Z. McLeod. D: Groucho, Harpo, Chico, Zeppo Marx, Thelma Todd.
Marx-Brothers-Groteske. Die berühmten Brüder des permanenten Klamauks mit Tiefsinn verstecken sich auf einem Ozeanriesen in Heringstonnen. Als blinde Passagiere erleben sie dann die verrücktesten Verfolgungsjagden. Erster Kinofilm der Marx Brothers.

Die Marx Brothers im Krieg / Duck Soup ∗∗∗
USA 1933 – 66 Min. sw. – R: Leo McCarey. D: Groucho, Chico, Harpo, Zeppo Marx, Margaret Dumont, Louis Calhern.
Marx-Brothers-Groteske. Der letzte Film aus der ersten großen Fünferserie, mit allen »Anarchismen«, die später abgeschliffen wurden, und einigen der schönsten Sketche überhaupt (Spiegelsequenz, Erdnußkarrensequenz). Groucho, das Staatsoberhaupt von »Freedonia«, zieht mit seinen Spießgesellen in einen herrlich respektlosen Kintoppkrieg.

Die Marx-Brothers in der Oper / A Night at the Opera ∗∗∗∗
USA 1935 – 88 Min. sw. – R: Sam Wood. D: Groucho, Chico und Harpo Marx, Kitty Carlisle, Margaret Dumont, Allan Jones.
Marx-Brothers-Groteske. Auf einer Schiffspassage von Genua nach New York betätigen sich die Chaosbrüder als blinde Passagiere und als weitsichtige Agenten eines talentierten Sängers und seiner Angebeteten; am Ziel der turbulenten Reise sind alle Konkurrenten total entnervt. Der Film ist die härteste Attacke der Brüder auf die Lachmuskeln der Zuschauer; ein Dauerfeuerwerk an Frechheiten, Köstlichkeiten, Albernheiten und grotesken Situationen.

Mary und der Millionär / The Devil and Miss Jones ∗∗∗
USA 1941 – 87 Min. sw. – R: Sam Wood. D: Jean Arthur, James Coburn, Robert Cummings, Spring Byington, Edmund Gwenn.
Komödie. Die Angestellten eines Kaufhauskonzerns wollen sich gewerkschaftlich organisieren; der wütende Boß läßt sich inkognito als Verkäufer anstellen; vergnüglich, witzig und flott inszeniert mit einem gutgelaunten Team, in dem Coburn brilliert.

Masada / The Antagonists / Masada ∗∗∗
USA 1980 – 116 Min. Ⓥ CIC. – R: Boris Sagal. D: Peter Strauss, Peter O'Toole, Barbara Carrera, Anthony Quayle, David Warner.
Historienfilm. Kinofassung eines TV-Vierteilers über die Eroberung der unter anderen von der Sekte der Essener gehaltenen jüdischen Bergfestung Masada durch die Römer 73 n. Chr.; die Belagerten begingen kollektiven Selbstmord. Ein um Authentizität bemühter Film, der vor allem aus der spannungsgeladenen Konfrontation der Verfechter zweier unvereinbarer Weltanschauungen lebt.

Mascha TV-Film
BRD – 105 Min. – R, B: Hans-Eberhard Quelle. D: Eva Ordonez, Rosel Zech, Matthias Fuchs, Margret Homeyer.
Das Zerbrechen ihrer Ehe läßt eine Frau zur Alkoholikerin werden; die Tochter, noch ein Kind, sieht sich einer unbegreifbaren Situation und ungewohnter Verantwortung gegenüber; trotz der unüblichen Perspektive zu vordergründig.

Maschenka ∗∗ ½
BRD/SF/F/GB 1986 – 103 Min. Ⓥ VPS. – R: : John Goldschmidt. D: Cary Elwes, Irina Brook, Freddie Jones, Lena Stolze, Jean-Claude Brialy.
Liebesfilm. Nach dem Romanerstling von Vladimir Nabokov gedrehte Romanze um die erste Liebe eines russischen Emigranten und ihr Wiederaufleben im Berlin der 20er Jahre. Das melancholische Ende – der Held reist ohne Begründung ab – setzt einen unerwarteten Schlußpunkt in einem Film, dessen spielerischer Umgang mit Realität und Fiktion fasziniert.

Die Maschine Bösetöter / Die Maschine, die die Bösen tötet / La macchina ammazzacattivi ∗∗ ½
I 1948 – 80 Min. sw. – R: Roberto Rossellini. D: Gennaro Pisano, Marilyn Bufferd, Helen Tubbs, William Tubbs.
Satire. Die Bewohner eines italienischen Küstenortes werden geldgierig, als ein Amerikaner dort ein Hotel errichten will. Ein aufsässiger Fotograf, der mit seiner Kamera »die Bösen töten kann«, dient Rossellini als Vehikel für seine neorealistische Parabel.

M.A.S.H. / M.A.S.H. ∗∗∗
USA 1969 – 110 Min. Ⓥ CBS/FOX. – R: Robert Altman. D: Donald Sutherland, Elliott Gould, Tom Skerritt, Sally Kellerman.
Satire. Das »Mobile Army Surgery Hospital« operiert erbarmungslos ohne Rücksicht auf Knochen und Verluste; zynische Dialoge in einer slapstickartig grausigen Kriegspersiflage. Auch als TV-Serie erfolgreich.

The Mask of Dimitrios / The Mask of Dimitrios ∗∗
USA 1944 – 95 Min. sw. – R: Jean Negulesco. D: Sydney Greenstreet, Zachary Scott, Faye Emerson, Peter Lorre.
Thriller. Ein Toter, dessen Leben aus Mord, Betrug und Spionage bestand, wird in Istanbul gefunden. Ein Autor

rekonstruiert den Fall und macht die Entdeckung: Der Tote lebt. Verschachtelter Thriller in »Film noir«-Tradition, jedoch mit positiven Charakteren.

Die Maske des Fu-Manchu / The Mask of Fu-Manchu ** ½
USA 1932 – 65 Min. sw. – R: Charles Brabin, Charles Vidor. D: Boris Karloff, Lewis Stone, Karen Morley, Myrna Loy.
Kultfilm. Der teuflische asiatische Bösewicht Fu-Manchu verkörpert die exotische Variante des Mad Scientist, der mit Schlangen, Spinnen und seltsamen Apparaturen foltert. Horrorklassiker mit einem sehenswerten Boris Karloff als Titelheld, nach einem Roman von Sax Rohmer.

Maske des Grauens / La corrupción de Chris Miller ** ½
E 1973 – 108 Min. Ⓥ Ufa. – R: Juan Antonio Bardem. D: Jean Seberg, Marisol, Barry Stokes, Perla Cristal, Alicia Altabella.
Krimi. Eine junge Frau lebt mit ihrer nach einer Vergewaltigung nervenkranken Tochter in einer einsamen Villa; als ungeklärte Morde geschehen, gerät ein Mann in Verdacht; gruselbeladener Psychokrimi mit intensiven Charakterstudien.

Die Maske für den Tod / Tu crois pas si bien dire TV-Film
F 1987 – 85 Min. – R: Giovanni Fado. D: Jean-Pierre Cassel, Danielle Darrieux, Fiorenzy Marchegiani.
Ein alternder Schauspieler bemerkt erst spät, daß die Rolle eines Finanzmagnaten, den er für hohes Honorar in der Öffentlichkeit vertritt, die seines Lebens, aber auch die seines Todes sein kann; subtiler Thriller aus der »Série noire«.

Maske in Blau **
D 1942 – 90 Min. sw. – R: Paul Martin. D: Clara Tabody, Wolf Albach-Retty, Hans Moser.
Filmoperette. Das Doppelleben der feurigen »Julischka aus Budapest«, in Bild und Ton aufgereiht als bunte Nummernrevue, in ungarischen Ateliers gedreht. Die Operette von Fred Raymond wurde 1952 mit Marika Rökk noch einmal verfilmt.

Maske in Blau **
BRD 1952 – 100 Min. – R: Georg Jacoby. D: Marika Rökk, Paul Hubschmid, Wilfried Seyferth, Walter Müller.
Filmoperette. Der Maler und Bonvivant Cellini will die feurige Julischka porträtieren, doch sie läßt ihn abblitzen; nun tauscht er die Rollen mit seinem Freund: Liebe, Musik und schieres Tanzvergnügen; Marika läßt die Röcke wirbeln in dieser Neuverfilmung der Operette von Fred Raymond.

Die Maske runter / Deadline USA ** ½
USA 1952 – 86 Min. sw. – R, B: Richard Brooks. D: Humphrey Bogart, Kim Hunter, Ethel Barrymore, Warren Stevens.
Melodram. Trotz drückendster Probleme wirtschaftlicher und privater Art deckt ein Zeitungsherausgeber die Machenschaften eines mächtigen Gangsterbosses auf; Brooks inszenierte den Film nach seinem eigenen Roman mit einem überzeugenden Bogart in einem beachtlichen Team; engagiertes Plädoyer für eine freie Presse.

Masken / Masques ** ½
F 1987 – 90 Min. Ⓥ VCL/Virgin Video. – R: Claude Chabrol. D: Philippe Noiret, Robin Renucci, Bernadette Lafont, Anne Brochet.
Kriminalfilm. Ein alternder TV-Showmaster engagiert einen jungen Journalisten als Ghostwriter, doch der findet mehr heraus, als er soll, zum Beispiel, daß mit dem Mündel des Fernsehstars etwas nicht stimmt; kryptisches Puzzle um verkappte und verdrängte Wahrheit und verlogene Fassaden.

Maskerade ***
D 1934 – 97 Min. sw. – R: Willi Forst. D: Paula Wessely, Adolf Wohlbrück, Peter Petersen, Olga Tschechowa, Hilde von Stolz, Hans Moser.
Wiener Gesellschaftsmelodram. Der Maler Heideneck ist der Liebling der feinen Damen in Wien, deren Ehemänner vor ihm zittern. Es geht um Gerüchte, Skandale und die aufrechte Vorleserin Leopoldine Dur, die Heideneck erfunden hat, ohne zu ahnen, daß es sie wirklich

gibt. Eine gelungene Mischung aus Eleganz, Esprit und Nostalgie gelang Willi Forst mit diesem subtilen Sittenbild der untergehenden Donaumonarchie.

Maskierte Herzen / Sudden Fear **
USA 1952 – 110 Min. sw. – R: David Miller. D: Joan Crawford, Jack Palance, Gloria Grahame.
Melodram. Dreiecksgeschichte um eine erfolgreiche Stückeschreiberin und reiche Erbin, einen mittelmäßigen »Schauspieler«, der sie aus Berechnung heiratet, und dessen Geliebte. Ein Mordkomplott geht schief, und die Gerechtigkeit nimmt in diesem beunruhigenden, aber am Ende optimistischen Film ihren Lauf.

Maskulin – Feminin oder: Die Kinder von Marx und Coca-Cola / Masculin – féminin *** ½
F 1966 – 102 Min. sw. – R: Jean-Luc Godard. D: Jean-Pierre Léaud, Chantal Goya, Marlène Jobert, Michel Debord.
Godard-Film. Paul wird von seinem Freund Robert aufgefordert, seinen Romantizismus aufzugeben und sich umzusehen, was im französischen Wahlwinter 1965 los ist. Madeleine besingt ihre erste Schallplatte und wird von Paul schwanger, der am Ende stirbt. Ein Filmessay in »fünfzehn präzisen Ereignissen« oder an Brecht orientierte materialistische Ideologie als Cinéma vérité.

Massai – Der große Apache / Apache ** ½
USA 1954 – 85 Min. – R: Robert Aldrich. D: Burt Lancaster, Jean Peters, John McIntire, Charles Bronson, John Dehner.
Indianerwestern. Rachefeldzug des Geronimo-Nachfolgers Massai gegen den weißen Mann, der sein Volk verfolgt und deportiert. Distanziert und kühl von Aldrich (»Rattennest«) inszeniert, mit Seitenhieben gegen beide Lager.

Das Massaker / Rappresaglia **
I/F 1973 – 87 Min. Ⓥ Arcade. – R: George Pan Cosmatos. D: Richard Burton, Marcello Mastroianni, Leo McKern, John Steiner.
Kriegsfilm. Episode aus dem Zweiten Weltkrieg: Partisanen überfallen einen SS-Trupp; für jeden Deutschen sollen zehn Italiener liquidiert werden. Diese für den Obersturmbannführer Kappler diffizile Aufgabe führt zu Verwicklungen, hinter deren oberflächlicher Rasanz die Zeitproblematik weitgehend verlorengeht.

Massenmord in San Franzisko / The Laughing Policeman ** ½
USA 1973 – 110 Min. – R: Stuart Rosenberg. D: Walter Matthau, Bruce Dern, Lou Gossett jr., Albert Paulsen, Anthony Zerbe.
Krimi. Polizeidrama in San Franzisko, wo ein Massenblutbad die Bevölkerung in Aufruhr versetzt; ein Polizeiaufgebot setzt sich auf die Fährte eines Unbekannten mit einer Maschinenpistole; schließlich bringen ihn zwei Cops zur Strecke. Hartgesottener Krimi, mit zwei großartigen, ihren unterschiedlichen Stil ausspielenden Hauptdarstellern; nach einem Kriminalroman des schwedischen Autorenpaars Sjöwall/Wahlöö.

Das Match / Mérközés ** ½
H 1980 – 107 Min. – R: Ferenc Kósa. D: Tibor Szilágyi, András Kozák, Alicija Jachiewicz.
Melodram. Die ungarische Provinz 1956: Ein Fußballmatch dient als Vorwand für die Demaskierung politischer Korruption und Erpressung. Gesellschaftskritik von alptraumhafter Intensität.

Matchless – im Netz der Geheimdienste / Matchless * ½
I 1966 – 99 Min. – R: Alberto Lattuada. D: Patrick O'Neal, Ira von Fürstenberg, Donald Pleasence.
Agentenfilm. Eine Mischung aus Thriller und Fantasyfilm ist dieses Spionageabenteuer zwischen China und London, in dem sich ein Mann unsichtbar machen kann.

Mathieu, Gaston, Peluche / Mathieu, Gaston, Peluche TV-Film
F – 85 Min. – R: Roland Bernard. D: Jean-Marc Thibault, Raymond Bussières, Andrée Tainsy, Jacques David.
Ein Hund, ein Pferd und ein Mann ziehen durchs Land, um auf ihre alten Tage noch einmal was zu erleben, was dann auch geschieht.

Mathilde Möhring TV-Film
BRD – 90 Min. – R: Claus-Peter Witt. B: Ludwig Cremer. D: Cornelia Froboess, Edda Seippel, Ernst Jacobi, Hans Deppe.
Adaption des nachgelassenen Romans von Theodor Fontane um eine Berliner Kleinbürgerstochter, die ihrem unfähigen Mann zu einer Karriere verhilft, die er nicht verkraftet; gut gespielt, aber im Vergleich zu anderen Fontane-Verfilmungen nur wenig atmosphärischer Reiz.

Matilda / Matilda ∗∗
USA 1977 – 78 Min. Ⓥ VPS. – R: Daniel Mann. D: Elliott Gould, Robert Mitchum, Harry Guardino, Clive Revill, Lionel Stander.
Tierkomödie. Ein Känguruh boxt sich mit Fäustlingen ganz nach oben – bis zur Weltmeisterschaft. Wer's nicht glaubt, der wird in diesem harmlosen, aber übermütig-amüsanten Filmspaß seinen Augen nicht trauen.

Matlosa ∗∗ ½
CH 1981 – 93 Min. OmU. – R: Villi Hermann. D: Omero Antonutti, Francesca de Sapio, Flavio Bucci.
Zeitkritischer Film. Ein Mann aus dem Tessin leidet an seinem Arbeitsalltag im Bürosilo einer Großstadt. Er kehrt oft aufs Land zurück, doch auch dort ist er nicht mehr heimisch. Der sensible Film schildert formstreng ein Lebensgefühl, das nicht national begrenzt ist.

Matrose 512 / ∗∗ ½
Le matelot 512
F 1984 – 89 Min. – R: René Allio. D: Dominique Sanda, Jacques Penot, Bruno Cremer, Laure Duthileuil, Paul Allio.
Abenteuerfilm. Ein Fall von Liebe und Seemannsgarn, raffiniert verstrickt, zwischen Treue, Hoffnung und Heimlichkeit sich entwickelnd: Der Matrose Max nimmt eine lange Haftstrafe auf sich, um die Frau des Kommandanten nicht zu kompromittieren, doch dann kommt alles anders.

Matrose wider Willen / ∗∗∗
A Sailor-made Man
USA 1921 – 58 Min. sw. Stf. – R: Fred Newmeyer. D: Harold Lloyd, Mildred Davis, Noah Young.
Komödie. Mit Brille und Pokerface will der reiche Müßiggänger ein Mädchen angeln, doch ihr Vater ist dafür, daß er erst etwas leistet. So stoßen Stummfilmkomiker Harold Lloyd auf einem Schiff haarsträubende Abenteuer zu.

Matsoukas, der Grieche / ∗∗
A Dream of Kings
USA 1969 – 107 Min. – R: Daniel Mann. D: Anthony Quinn, Irene Papas, Inger Stevens, Sam Levene.
Melodram. Ein ruppiger Grieche mit Herz will seinem todkranken Jungen die Reise aus der ärmlichen Welt des Griechenviertels Chicagos in die Sonne der Heimat ermöglichen; routiniert, nicht ohne Klischees.

Die Mauern von Malapaga / Les murs de Malapaga ∗∗ ½
I/F 1948 – 85 Min. sw. – R: René Clément. D: Jean Gabin, Isa Miranda, Vera Talchi, Andrea Checchi, Robert Dalban.
Abenteuerfilm. Pierre hat aus Eifersucht seine Freundin getötet. Er flieht auf einem Schiff nach Genua, wo er die Serviererin Maria kennenlernt, die von ihrem Mann unter Druck gesetzt wird. Schwarzweißabenteuer mit einem hemdsärmeligen Gabin als typischem Verlierer.

Der Maulkorb ∗∗ ½
D 1938 – 80 Min. sw. – R: Erich Engel. D: Ralph Arthur Roberts, Hilde Weissner, Elisabeth Flickenschildt, Will Quadflieg, Paul Henckels, Ludwig Schmitz, Walter Bluhm, Renée Stobrava.
Literaturverfilmung. Die Geschichte vom überkorrekten Staatsanwalt, der in volltrunkenem Zustand das Denkmal seines Landesherrn mit einem Maulkorb verziert und sich am Ende selbst als Täter überführt, ist ein erstaunliches Beispiel von geradezu ätzender Kritik an der Staatsautorität; die brillante Satire mit tragikomischen Elementen hatte seinerzeit politische Brisanz; nach einem Roman von Heinrich Spoerl (1958 Remake von Wolfgang Staudte).

Der Maulkorb ∗∗
BRD 1958 – 94 Min. – R: Wolfgang Staudte. D: O.E. Hasse, Hansjörg Felmy, Hertha Feiler, Corny Collins, Edith Hancke.

Komödie. Adaption (und Remake) des Heinrich-Spoerl-Romans und -Stücks vom Staatsanwalt auf Abwegen; trotz einiger brillanter Gags und eines überzeugenden Hasse eher harmlose Glosse über Obrigkeitsdenken.

Der Maulwurf / Espion, lève-toi! * ½

F 1982 – 95 Min. – R: Yves Boisset. D: Lino Ventura, Krystyna Janda, Michel Piccoli, Bruno Cremer.

Politthriller. Zürich als Schauplatz wirkt ungewöhnlich für einen Spionagereißer: Hochkarätige Besetzung, Handlung und Spannungsdramaturgie handwerklich sauber, aber uninspiriert; nicht Boissets bester Film.

Max, der Taschendieb **

BRD 1961 – 88 Min. sw. Ⓥ Ufa. – R: Imo Moszkowicz. D: Heinz Rühmann, Elfie Pertramer, Hans Clarin, Arno Assmann, Lotte Ledl.

Komödie. Taschendieb Max, der als braver Versicherungsagent gilt, muß Frau und zwei Kinder ernähren; eines Tages rutscht die Familie aus der fragilen Idylle in die Kriminalität ab. Heinz Rühmann entlockt seiner Rolle unnachahmlich die spröden Töne einer tragischen Komödie und füllt den Film mit Menschlichkeit.

Max und Moritz **

BRD 1956 – 73 Min. – R: Norbert Schultze. D: Norbert Schultze, Christian Schultze, Edith Elsholtz, Harry Wüstenhagen.

Kinderfilm. Adaption der Bildergeschichte von Wilhelm Busch in Singspielform; nette Familienunterhaltung, der die anarchische Brutalität Buschs abhanden gekommen ist.

Mayerling / Mayerling *** ½

F 1936 – 89 Min. sw. OmU. – R: Anatole Litvak. D: Charles Boyer, Danielle Darrieux, Suzy Prim, Jean Dax, Marthe Regnier.

Zeitkritischer Liebesfilm. Kronprinz Rudolf hat ein gespanntes Verhältnis zu seinem konservativen Vater Kaiser Franz Joseph, auch seine unglückliche Verlobung mit Prinzessin Stefanie aus politischen Erwägungen klärt das Verhältnis nicht; da lernt der Thronfolger seine große Liebe kennen, die Baronin Vetsera; das Ende ist bekannt: Freitod auf Schloß Mayerling. Ein fast perfekter Film, tragisch, poetisch, in verklärten schwarzweißen Bildern, mit glänzenden Darstellern und einfühlsamer Musik; wenn schon Hofgeschichte, dann so.

McCabe & Mrs. Miller / McCabe and Mrs. Miller ***

USA 1971 – 121 Min. – R: Robert Altman. D: Warren Beatty, Julie Christie, René Auberjonois, Hugh Millais, Shelley Duvall, Michael Murphy, Keith Carradine.

Spätwestern. Realistische, psychologisch überzeugende Version der »glorreichen«, von Hollywood stets überzeichneten Aufbauepoche des Mittelwestens; in deren Mittelpunkt: ein Glücksritter, der ein Bordell in einem Bergarbeiter-Drecknest aufmacht, und eine opiumrauchende Bordellbesitzerin. Grandiose Alltagsaufnahmen, blendende Schauspieler, genaues Milieu – der Wilde Westen so, wie Hollywood-Kameras ihn sonst nicht sehen. Musik von Leonard Cohen.

McQ schlägt zu / McQ **

USA 1973 – 115 Min. – R: John Sturges. D: John Wayne, Eddie Albert, Colleen Dewhurst, Clu Gulager, Al Lettieri.

Krimi. John Wayne als Bulle bei der Mordkommission klärt einen Fall mit fanatischer Verbissenheit auf, als seinen Kollegen eine Kugel erwischt hat. Spannend, mit viel Action, ein Routinefall.

Medea / Medea ***

I/BRD/F 1969 – 110 Min. – R: Pier Paolo Pasolini. D: Maria Callas, Giuseppe Gentile, Margareth Clementi, Massimo Girotti, Laurent Terzieff.

Mythenfilm. Adaption des griechisch-antiken Sagenstoffs von der verstoßenen Gattin, die dem rechtmäßigen Thronerben Jason zur Macht verhilft und grausame Rache nimmt, indem sie ihre beiden Kinder und die Rivalin tötet; Tragödienversion von eindrucksvoller Strenge mit einer hochdramatischen Callas, die das Aufeinanderprallen einer Welt von unbezähmbarer archaischer Kraft und der einer verfeinerten Kultur nachvollziehbar macht.

Meier ** ½
BRD 1985 – 96 Min. Ⓥ VCL. – R: Peter Timm. D: Rainer Grenkowitz, Nadja Engelbrecht, Alexander Hauff, Thomas Bestvater.
Milieukomödie. Ein Ostberliner Tapezierer kauft sich nach einer Erbschaft einen Westpaß und reist um die Welt. Dabei kommt er auf die Idee seines Lebens: Er kauft in West-Berlin Rauhfasertapete und schmuggelt sie nach Ost-Berlin; dort gibt er das Schmuggelgut als seine Erfindung aus und steigt zum Helden der Arbeit auf. Der witzige, schlagfertige Film des ehemaligen DDR-Systemkritikers Timm fängt das Milieu der Frontstadt auf beiden Seiten köstlich unterhaltsam ein und wartet mit einer saftigen Schlußpointe auf.

Mein Asyl / Chiedo asilo ** ½
I 1980 – 107 Min. – R: Marco Ferreri. D: Roberto Benigni, Dominique Laffin, Luca Levi.
Zeitkritische Komödie. Ein Vorschullehrer mit Akkordeon und jugendlichem Witz arbeitet in einer trostlosen Trabantenstadt. Seine unkonventionellen Methoden bringen ihm den Besuch der Polizei ein. Ferreri (»Das große Fressen«) inszenierte den sparsamen Film mit 150 Schulkindern, einem überragenden Benigni und einer Mischung aus Heiterkeit und Trauer über die einbetonierte Gegenwart.

Mein bester Freund / *
Lad: A Dog
USA 1962 – 94 Min. – R: Aram Avakian, Leslie H. Martinson. D: Peter Breck, Peggy McKay, Angela Cartwright.
Kinderfilm. Ein kleines Mädchen, durch den Schock über den Tod der Mutter gelähmt, gewinnt neuen Lebensmut durch einen klugen Collie; tränenseliges Kind-Hund-Melodram in Anlehnung an Disney-Produktionen, doch ohne deren glatte Routine.

Mein Bruder, ein Lump / ***
All Fall Down
USA 1962 – 105 Min. – R: John Frankenheimer. D: Eva Marie Saint, Warren Beatty, Brandon De Wilde.
Psychodrama. Berry-Berry, ein narzißtischer junger Mann, ist von zu Hause ausgerissen, weil er seine geschwätzig-penetrante Mutter nicht mehr ertragen kann. Er läßt sich in Abenteuer treiben, wird ein Tramp und Frauenheld. Als er im Knast landet und sein Vater ihn herausholt, lernt er Zuwendung kennen, die große Liebe seines kleinen Bruders. Glaubhaft bis in Details.

Mein Bruder Jonathan
siehe: Starke Herzen

Mein Engel und ich / ** ½
Forever Darling
USA 1955 – 86 Min. – R: Alexander Hall. D: Lucille Ball, Desi Arnaz, James Mason, Louis Calhern.
Komödie. Im Lauf der Jahre ist eine Bilderbuchehe eintönig geworden, doch der »Schutzengel« der Frau gibt Ratschläge für Besserung; etwas umständlich erzählte Liebeskomödie, die von Lucille Balls Temperament und Masons Schutzengel-Interpretation lebt.

Mein Essen mit André / ** ½
My Dinner With Andre
USA 1981 – 110 Min. – R: Louis Malle. D: Wallace Shawn, André Gregory, Jean Lenauer.
Komödie. Entgegen allen cineastischen Regeln gelang Louis Malle hier ein nicht durch Bilder gestalteter Film, sondern ein witziger, fast zweistündiger Dialog zwischen zwei Männern; es geht um philosophische, literarische und existentielle Fragen in konzentrierter Form; Langeweile kommt keine Sekunde lang auf.

Mein Freund, der Diamanten-Joe / A Boy Ten Feet Tall ** ½
GB 1962 – 100 Min. – R: Alexander Mackendrick. D: Fergus McClelland, Edward G. Robinson, Constance Cummings, Zena Walker.
Abenteuerfilm. Der zehnjährige Sammy verliert in der Suezkrise seine Eltern bei einem Fliegerangriff und macht sich allein auf nach Südafrika. Die Abenteuer, die er dabei zwangsläufig erlebt, zeichnet der farbenprächtige Film ohne die übliche Effekthascherei des Genres »augenzwinkernd« nach.

Mein Freund, der Otter / ** ½
Ring of Bright Water
GB 1969 – 88 Min. – R: Jack Couffer. D:

Bill Travers, Virginia McKenna, Peter Jeffrey, Jameson Clark.
Familienfilm. Ein Londoner, der Großstadt überdrüssig, kauft einen Otter, mit dem er aufs Land, in ein Haus am See, zieht; feinsinniger, intelligenter Film über einen liebenswerten Außenseiter; Star: das Tier.

Mein Freund, der Scheich TV-Film
BRD – 90 Min. – R: Rainer Erler. D: Josef Bierbichler, Lisa Fitz, Gustl Bayrhammer, Walter Sedlmayer.
Volksschauspiel aus dem bayrischen Biertischmilieu um eine »Urlaubsbeziehung« zu einem Öl-Bohrloch und den Träumen vom großen Geld, die schnell platzen. Statt Öl fließt wieder Bier.

Mein Freund Salty / Salty ∗∗
USA 1973 – 88 Min. – R: Ricou Browning. D: Clint Howard, Mark Slade, Nina Foch, Julius W. Harris.
Jugendfilm. Taylor und sein kleiner Bruder Tim haben durch einen Hurrikan ihre Eltern verloren; sie reisen nach Florida, wo sie bei Mrs. Peininger Aufnahme finden. Schließlich freundet sich Tim in diesem sonnigen Heile-Welt-Kinderfilm mit dem Seelöwen Salty an.

Mein großer Freund Shane / Shane ∗∗∗
USA 1953 – 113 Min. Ⓥ CIC. – R: George Stevens. D: Alan Ladd, Van Heflin, Jean Arthur, Jack Palance.
Western. Ein Gunfighter wird zu einem in Büffelleder gekleideten Engel mit Pistole hochgejubelt, er rettet die kleinen Viehzüchter vor dem Rinderbaron und wird gottähnliches Vorbild für den kleinen Joey. Ein Höhepunkt des Edelwestern. Kameramann Loyal Griggs gewann für seine Arbeit einen Oscar.

Mein Herz singt nur für dich / Because You're Mine ∗∗ ½
USA 1953 – 98 Min. – R: Alexander Hall. D: Mario Lanza, Doretta Morrow, James Whitmore, Dean Miller, Paula Corday.
Musikfilm. Ein berühmter Sänger muß zum Militär; das bedeutet Unannehmlichkeiten, bis ihn ein musikbegeisterter Sergeant aus der Schußlinie nimmt; doch dies löst neue Komplikationen aus; frappierende Mixtur aus Militärklamotte, Belcanto-Film und Herz-Schmerz-Melodram, unterhaltsam und frisch-fröhlich.

Mein kleiner Gockel / My Little Chickadee ∗∗∗
USA 1940 – 83 Min. sw. OmU. – R: Edward Cline. D: Mae West, W. C. Fields, Joseph Calleia, Dick Foran.
Westernparodie. Eine Abenteurerin heiratet ein Greenhorn, um zu Geld und bürgerlichem Ruf zu kommen, hält den Ehemann aber vom Bett fern; Paraderollen für Sexbombe West und den großmäulig nörgelnden Saufkopf Fields, der besonders in Saloonszenen glänzt; die beiden schrieben zusammen das Drehbuch.

Mein Körper für ein Pokerspiel / Il mio corpo per un poker FLOP
I 1967 – 100 Min. – R: Nathan Wich. D: Elsa Martinelli, Robert Wood, George Eastman, Francesca Righini.
Westernklamotte. Eine junge Frau verliert beim Poker mit einem Killer ihr Geld und bietet sich selbst als Einsatz; Versuch eines Popwestern, doch ist der Ansatz zur Genresatire nicht durchgehalten.

Mein Leben als Hund / Mitt liv som hund ∗∗ ½
S 1985 – 98 Min. Ⓥ Starlight. – R: Lasse Hallström. D: Anton Glanzelius, Anki Liden, Tomas von Brömssen, Melinda Kinnaman.
Jugendfilm. Ingemar, ein zwölfjähriger Knirps, bellt, wenn er verzweifelt ist, aber er weiß: »Man soll nicht glauben, man sei Tarzan.« Der Film schildert seine Jugend auf dem Land in Schweden: Niederlagen, Nackenschläge, aber auch Entdeckungen. Einfühlsames Porträt eines von den Eltern Vergessenen; Oscarpreisgekrönt in Hollywood.

Mein Leben für die Liebe / Un caprice de Caroline chérie ∗∗ ½
F 1952 – 92 Min. – R: Jean Devaivre. D: Martine Carol, Jacques Dacqmine, Jean-Claude Pascal, Marthe Mercadier, Jacques Dufilho.
Liebeskomödie. Ein französischer Besatzungsgeneral in Italien plant einen Ball,

da bricht ein Aufstand gegen die Franzosen los. Der heitere, charmante Film bringt ein Wiedersehen mit Frankreichs Sexidol der 50er Jahre, Martine Carol, in der Fortsetzung von »Im Anfang war nur Liebe« (1950); Ausstattung und Kostüme bemerkenswert.

Mein lieber Victor / ** ½
Cher Victor
F 1974 – 99 Min. – R: Robin Davis. D: Bernard Blier, Jacques Dufilho, Alida Valli, Alice Reichen.
Generationskomödie. Zwei Rentner leben in einer Wohngemeinschaft zusammen, der eine geht seinen künstlerischen Neigungen nach, der andere führt den Haushalt; dazwischen funkt bald eine alternde Sängerin, und die Probleme mit der Umwelt sind auch nicht belanglos. Unprätentiöser Unterhaltungsfilm auf hohem Niveau, mit hervorragender Besetzung.

Mein Mann, der Cowboy / ** ½
The Cowboy and the Lady
USA 1938 – 96 Min. sw. – R: H. C. Potter. D: Gary Cooper, Merle Oberon, Henry Kolker, Walter Brennan.
Westernkomödie. Ein Luxusweibchen, das sich als arm ausgibt, heiratet einen Cowboy; der Vater ist – zunächst – dagegen, und so schlittert die Ehe von Problem zu Problem; schwungvoll inszenierte leichte Unterhaltung.

Mein Mann Godfrey / ***
My Man Godfrey
USA 1936 – 90 Min. sw. – R: Gregory La Cava. D: William Powell, Carole Lombard, Gail Patrick.
Komödie. Brillante Komödie im Nobelmilieu mit gesellschaftskritischen Seitenhieben, tadellosen Schauspielern, schnellen, zupackenden Dialogen. Ein Lustspiel-Glücksfall.

Mein Name ist Gator / Gator *
USA 1975 – 105 Min. – R: Burt Reynolds. D: Burt Reynolds, Lauren Hutton, Jack Weston, Jerry Reed.
Burt-Reynolds-Film. Exschwarzbrenner hilft nach erstem Zögern dem FBI, gegen einen korrupten Stadtherrscher, einen Schulfreund, vorzugehen; einige gute Actionszenen ändern nicht viel an der Phantasielosigkeit und Brutalität des wenig überzeugend geratenen Regiedebüts des Machostars; auffallend hölzerne Synchronisation.

Mein Name ist Nobody / ** ½
Il mio nome è nessuno / Mon nom est personne
I/F/BRD 1973 – 116 Min. Ⓥ Taurus. – R: Tonino Valeri. D: Terence Hill, Henry Fonda, Jean Martin.
Spätwestern. New Mexico 1898: Die Zeiten des alten Westen sind vorbei, der legendäre Revolvermann, Inkarnation eines Mythos, hängt seinen Colt an den Nagel – da trifft er auf »Nobody«, einen Jungen mit blauen Augen, der unbedingt gewinnen will. Ein Duell wird fingiert; der klassische Western löst sich in einer Parodie auf. Inszeniert hat den Film ein Assistent von Sergio Leone, dem Erfinder des Italowestern.

Mein Onkel / Mon oncle ***
F 1957 – 105 Min. – R: Jacques Tati. D: Jacques Tati, Jean-Pierre Zola, Adrienne Servantie.
Tati-Film. Monsieur Hulot im Krieg gegen den Fortschritt. Umwerfend komische Parodie auf Kleinbürgerleben und Technikwahn. Tati gegen den Rest der modernen, kaltherzigen Welt in seinem ersten Farbfilm.

Mein Onkel aus Amerika / ***
Mon oncle d'Amérique ou les somnambules
F 1980 – 125 Min. – R: Alain Resnais. D: Gérard Depardieu, Nicole Garcia, Roger Pierre, Nelly Borgeaud, Pierre Arditi.
Zeitkritik. Ein Verhaltensforscher findet in seinem Labor heraus, daß sich das menschliche Gehirn in den letzten fünfzehn Millionen Jahren kaum weiterentwickelt hat. Studie über Liebe, Utopien, Schicksal und menschliche Verhaltensweisen, teils analytisch, teils metaphorisch. Ein phantastisches Kopf-Melodram.

Mein Partner Davis / **
L'associé
F 1979 – 89 Min. – R: René Gainville. D: Michel Serrault, Claudine Auger, Cathérine Alric, Mathieu Carrière.
Komödie. Der Werbefachmann Julien

hat seinen Job verloren und versucht sich nun als Anlageberater – ohne Erfolg. Er hat die geniale Idee, einen finanzstarken Partner zu erfinden.

Mein Schatz ist aus Tirol ∗∗

BRD 1958 – 89 Min. – R: Hans Quest. D: Marianne Hold, Joachim Fuchsberger, Walter Groß, Beppo Brem, Alice und Ellen Kessler.

Heimatfilm. Ein Winzer in Geldnot will die Ehe seiner Tochter mit einem betuchten Baron arrangieren, doch sie läuft aus dem Ruder, trifft einen Plattenproduzenten, und dies löst viel Schlagersingen von Musikstars jener Zeit aus; unterhaltsam.

Mein Schiff fährt zu dir / Follow the Boys ∗

USA 1963 – 95 Min. – R: Richard Thorpe. D: Connie Francis, Paula Prentiss, Dany Robin, Russ Tamblyn, Janis Page.

Komödie. Vier Seemannsbräute wollen ihre Männer nicht ausschließlich der US-Navy überlassen und folgen ihnen ins Mittelmeer, wo die 6. US-Flotte vor Anker liegt; naive Marineklamotte; Connie Francis singt.

Mein Schulfreund ∗∗ ½

BRD 1960 – 91 Min. sw. – R: Robert Siodmak. D: Heinz Rühmann, Loni von Friedl, Mario Adorf, Ernst Schröder, Hertha Feiler, Fritz Wepper.

Melodram. Ein Briefträger, Schulfreund von Hermann Göring, kommt wegen defätistischer Aufrufe ins Gefängnis, wird zum Tode verurteilt, überlebt als »Unzurechnungsfähiger« und muß noch im Nachkriegsdeutschland leiden; außergewöhnliche Rolle für Rühmann in einem der wenigen Kinoversuche aufrichtiger Vergangenheitsbewältigung; nach dem Stück von J. M. Simmel.

Mein Schwert für den König / Le capitan ∗∗

F/I 1960 – 98 Min. – R: André Hunebelle. D: Jean Marais, Bourvil, Elsa Martinelli, Christian Fourcard, Arnoldo Foa.

Abenteuerklamotte. Ein Landedelmann und in seinem Schlepptau ein tölpelhafter Gaukler retten dem jungen Ludwig XIII. Leben und Thron; Marais und Bourvil mit eher schwachen Leistungen in einem matten, zum Teil albern synchronisierten Ausstattungsstück.

Mein Vater, der Affe und ich ∗

BRD/A 1970 – 83 Min. – R: Franz Antel. D: Gunther Philipp, Beppo Brem, Fritz Muliar.

Lustspiel. Ein Affenverhaltensforscher wird von seinem Schimpansen enttäuscht, dessen Beiträge zu einem Äffisch-Deutsch-Wörterbuch zäh fließen; so auch der Film trotz seiner Besetzungsliste.

Mein wunderbarer Waschsalon / My Beautiful Laundrette ∗∗∗

GB 1985 – 94 Min. Ⓥ atlas. – R: Stephen Frears. D: Daniel Day Lewis, Saeed Jaffrey, Roshan Seth, Gordon Warnecke.

Zeitkritischer Problemfilm. Ein Pakistani und ein ehemaliger Rechtsradikaler bringen gemeinsam einen Waschsalon auf Vordermann, der zum Treff des sozial angeschlagenen Londoner Vororts mit seinen buntschillernden Typen wird. Der amüsante, wenn auch problemorientierte Film liefert ein mit leichter Regiehand entworfenes, einfallsreiches Genrebild, mit Mut zum Risiko für komplizierte Verhältnisse.

Meine brillante Karriere / My Brilliant Career ∗∗ ½

AUS 1978 – 100 Min. – R: Gillian Armstrong. D: Judy Davis, Sam Neill, Aileen Britton.

Mädchenschicksal. Im Australien der Jahrhundertwende plant eine Farmerstochter den Ausstieg aus ihrer Umwelt; sie träumt von einer künstlerischen Karriere; 1979 in Cannes mit viel Beifall bedacht.

Meine dicke Freundin TV-Film

BRD 1977 – 90 Min. – R: Gig Malzacher. D: Johanna Liebeneiner, Wolfgang Kieling, Frank Lenart, Harald Dietl.

Das muntere Trio Vicky, Henry und James droht an den Pfunden des Mädchens zu zerbrechen, als urplötzlich ein gutaussehender junger Mann auftaucht und das Fräulein zu diäten beginnt. Der Spaß geht ans Zwerchfell – nach einem Roman von Charles Laurence.

Meine Ferien mit Großvater / Za trukovým kerem ∗∗
ČSSR 1980 – 72 Min. – R: Václav Gajer. D: Gustáv Valach, Tomáš Holý, Ladislav Frej.
Jugendfilm. Der kleine Vašek hilft seinem Großvater beim Jagen auf seine Weise, seine Tierliebe verhindert den Abschuß. Der Film verbindet schöne Natur- und Tieraufnahmen mit der sensiblen Zeichnung einer Freundschaft zwischen zwei Generationen.

Meine Frau Teresa ∗∗
D 1942 – 80 Min. sw. – R: Arthur Maria Rabenalt. D: Elfie Mayerhofer, Hans Söhnker, Mady Rahl, Rolf Weih.
Komödie. Der Riesenerfolg seines Buchs über eine (seine) glückliche Ehe bringt die Ehe eines Schriftstellers in Turbulenzen; nette Gags in einer flotten Handlung mit witzigen Dialogen und guten Darstellern.

Meine Freunde / Miei amici – Alto II / Mes chers amis No. 2 TV-Film
I 1982 – 97 Min. – R: Mario Monicelli. D: Ugo Tognazzi, Renzo Montagnani, Adolfo Celi, Gastone Moschin.
Vier lebenslustige Fünfziger meistern ihre Machokrisen und stellen nebenbei mit rüden Scherzen halb Florenz auf den Kopf; Fortsetzung von »Ein irres Klassentreffen«; anarchische Komödie mit melancholischem Anfang und Ende.

Meine Freundin Barbara ∗∗
D 1937 – 78 Min. sw. – R: Fritz Kirchhoff. D: Grethe Weiser, Paul Hoffmann, Elisabeth Ried.
Komödie. Die jugendliche Grethe Weiser als Platzanweiserin in einem Kino läuft mit ihrer Berliner Kodderschnauze zu großer Form auf, als sie Schicksal spielt und sich als »Eheberaterin« betätigt. Harmloses Lustspiel ohne Tiefgang.

Meine Freundin Josephine ∗∗
D 1942 – 73 Min. sw. – R: Hans H. Zerlett. D: Hilde Krahl, Paul Hubschmid, Fita Benkhoff, Hans Leibelt.
Komödie. Routiniert gemachte Liebesgeschichte aus dem Modemilieu um eine junge Frau, die auf dem Umweg über berufliche Konkurrenz doch noch ans Ziel ihrer Wünsche kommt; mit Frack, Zylinder und altdeutscher Tanzkapelle.

Meine Geisha / My Geisha ∗∗ ½
USA 1961 – 130 Min. – R: Jack Cardiff. D: Shirley MacLaine, Yves Montand, Edward G. Robinson, Bob Cummings.
Komödie. Farbenreiche und exotische Komödie um einen Opernregisseur, der eine echte Geisha sucht und dabei auf seine Frau trifft. Glanzvolle Doppelrolle für MacLaine in einem amüsanten, unterhaltsamen Sommerfestival-Film mit Starbesetzung.

Meine geschiedene Frau Mary / Mary, Mary ∗∗
USA 1963 – 125 Min. – R: Mervyn LeRoy. D: Debbie Reynolds, Barry Nelson, Diane McBain.
Komödie. Boulevardfilm um zwei Paare, ihre Liebeshändel und Eifersüchteleien. Von Allroundregisseur LeRoy routiniert und amüsant als unterhaltsamer Beitrag zu den Geschlechtersketchen abgeliefert.

Meine Kinder und ich ∗ ½
BRD 1955 – 95 Min. sw. – R: Wolfgang Schleif. D: Grethe Weiser, Paul Dahlke, Claus Biederstaedt, Doris Kirchner, Hans Nielsen.
Melodram. »In die Hände spucken, anfassen, aufbauen« heißt die Parole in diesem trostspendenden Nachkriegsopus, in dem Grethe Weiser als ehemalige Industriellengattin Taxi fährt, ihren Humor und den Kopf oben behält.

Meine liebe Rabenmutter / Mommie Dearest ∗∗ ½
USA 1981 – 123 Min. – R: Frank Perry. D: Faye Dunaway, Steve Forrest, Mara Hobel, Diana Scarwid, Howard Da Silva.
Charakterstudie. Film nach den Memoiren von Christina, der Tochter von Joan Crawford, deren Skurrilität und Sadismus hinter makelloser Starfassade von Dunaway bedrückend vergegenwärtigt wird; ansonsten sehr stylish.

Meine Lieder – meine Träume / The Sound of Music ∗∗∗
USA 1965 – 145 Min. – R: Robert Wise. D: Julie Andrews, Christopher Plummer, Eleanor Parker, Richard Haydn.
Musical. Filmversion des Rodgers- und Hammersteins-Bühnenerfolgs über die

sangesfrohe österreichische Adelsfamilie Trapp; einer der größten Kinoerfolge, nicht nur wegen der fünf Oscars.

Meine Pferde, meine Söhne / The Irishman ** ½

AUS 1978 – 110 Min. – R: Donald Crombie. D: Michael Craig, Simon Burke, Robyn Nevin, Lou Brown.

Literaturverfilmung. Adaption des Romans von Elizabeth O'Connor vom traditionsbewußten irischen Einwanderer, dessen Familie am Fortschrittsglauben des einen Sohnes zerbricht; Epos mit Lokalkolorit und Reiz der Ferne.

Meine schöne Mama **

A 1958 – 83 Min. – R: Paul Martin. D: Barbara von Nady, Paul Hubschmid, Nadja Gray, Carl Wery.

Komödie. Die Geschichte eines Mädchens, das im Pensionat aufwächst und Detektiv spielt, als ihre Mutter eines Tages mit einem unbekannten Begleiter auf der Bildfläche erscheint. Unterhaltsam.

Meine Seele ist eine leidenschaftliche Tänzerin – Bettina von Arnim TV-Film

BRD 1988 – 60 Min. – R, B: Jochen Richter. D: Anne Bennent, Hertha von Walther, Isolde Barth, Andres von Studnitz.

Literarische Filmerzählung über das Leben der romantischen Dichterin, der Schwester Clemens Brentanos, bis zu ihrer Heirat mit Achim von Arnim; fragwürdiger Versuch einer Rückeroberung der Romantik am Beispiel einer Poetin.

Meine Tante – deine Tante * ½

BRD 1956 – 94 Min. sw. – R: Carl Boese. D: Hans Moser, Theo Lingen, Oskar Sima.

Verwechslungskomödie. Die drei Starkomiker kommen auf die originelle Idee, als Frauen verkleidet eine Bank zu überfallen. Klamotte mit Musik.

Meine Tochter – Deine Tochter FLOP

BRD 1972 – 90 Min. – R: Werner Jacobs. D: Chris Roberts, Georg Thomalla, Catherina Conti.

Klamotte. Teeniespaß um eine Tochter und einen Vater, deren Familienbande zerschnitten sind; der Versuch, sie neu zu knüpfen, geht im Tumult dieser banalen Filmplotte unter.

Meine Tochter lebt in Wien **

A 1940 – 85 Min. sw. – R: E. W. Emo. D: Hans Moser, Elfriede Datzig, Hans Olden, O. W. Fischer, Dorit Kreysler.

Komödie. Ein Gemischtwarenhändler in der Provinz hört von der Heirat seiner Tochter, mit der er sich zerstritten hat; er reist nach Wien und sorgt nach ziemlichem Chaos für ein Happy-End; spritzige Verwechslungskomödie aus dem Heurigenmilieu mit einem grantelnden Moser in Bestform und O. W. Fischer in einer frühen Rolle.

Meine Tochter und ich **

BRD 1963 – 87 Min. – R: Thomas Engel. D: Heinz Rühmann, Gertraud Jesserer, Eckart Dux, Gustav Knuth, Agnes Windeck.

Komödie. Rühmann beweist sein komisches Talent diesmal als Zahnarzt, dem ein windiger Patient die Tochter wegschnappt. Ein Vater schwankt zwischen Egoismus, Eifersucht und Wehmut.

Meineid / The Long Memory ** ½

GB 1953 – 89 Min. sw. – R: Robert Hamer. D: John Mills, John McCallum, Elizabeth Sellars, John Slater.

Kriminalfilm. Ein schuldlos Verurteilter plant nach Strafverbüßung Rache an meineidigen Zeugen, verzichtet aber aus besserer Einsicht; atmosphärisch dichter, engagierter Film gegen Selbstjustiz, dessen Nähe zur Kolportage seine Wirkung schmälert.

Der Meineidbauer ** ½

BRD 1956 – 110 Min. – R: Rudolf Jugert. D: Carl Wery, Heidemarie Hatheyer, Hans von Borsody, Christiane Hörbiger.

Heimatfilm. Auf dem Fernerhof brechen schwere Zeiten an, als Carl Wery entdeckt, daß er enterbt ist. Ein Testament verschwindet, das düster-meineidige Alpenmelodram nimmt seinen schicksalhaften Lauf. Heimatfilm als Vergangenheitsbewältigung.

Meinungsverschiedenheiten TV-Film

BRD 1968 – 90 Min. sw. – R: Rolf von

Sydow. B: George Ross, Campbell Singer. D: Wolfgang Preiss, Klaus Schwarzkopf, E.F. Fürbringer, Karl Ludwig Lindt, Herwig Walter.
Ein Baumanager gerät in den Verdacht, Geheiminformationen an die Konkurrenz zu geben; konventioneller Wirtschaftskrimi, der seine Spannung aus präzisen Psychogrammen bezieht.

Meister Eder und sein Pumuckl ** ½
BRD 1981 – 82 Min. – R: Ulrich König. D: Gustl Bayrhammer, Helga Feddersen, Willy Harlander.
Jugendfilm. Eine gelungene Mischung aus Märchen, Fantasy und Zeichentrick – der Pumuckl ist rotzfrech und spricht mit der Stimme von Hans Clarin. Koboldkino mit Niveau – nach dem Buch von Ellis Kaut.

Der Meister von Bojana ***
B 1980 – 95 Min. – R: Sachari Shandow. D: Petyr Despotow, Glubomir Dimitrow, Boika Welkowa, Emil Markow.
Künstlerdrama. Dem Ikonenmaler Ilija wird vorgeworfen, er vergehe sich gegen die Ordnung der Kunst und gegen kanonische Normen, da er den Sebastokrator, einen Vetter des Zaren, als blutrünstigen Herrscher und seine Frau als laszive Schönheit dargestellt hat; ein Film über den Widerstreit von revolutionärer Kunst und Trägheit der Macht; voll nervöser Spannung.

Der Meisterdieb von Paris / Die Spinne und die Fliege / The Spider and the Fly ** ½
GB 1949 – 83 Min. sw. – R: Robert Hamer. D: Guy Rolfe, Nadia Gray, Eric Portman, Maurice Denham.
Krimi. Ein Pariser Polizist und ein Profisafeknacker tun sich zusammen, um eine wichtige Liste deutscher Agenten zu stehlen; effektsichere, routinierte Kolportage.

Der Meistergauner / Il mattadore **
I 1959 – 91 Min. sw. – R: Dino Risi. D: Vittorio Gassmann, Dorian Gray, Anna Maria Ferrero.
Gaunerkomödie. Gerardo hat auf dem Jahrmarkt als Schauspieler und »Künstler« wenig Glück, da greift er zu krummen Touren: schwungvoll inszeniert, Glanzrolle für Vittorio Gassman.

Meisterschaft im Seitensprung / Please Don't Eat the Daisies ** ½
USA 1959 – 89 Min. – R: Charles Walters. D: David Niven, Doris Day, Janis Paige, Spring Byington, Richard Haydn.
Komödie. Ein glücklich Verheirateter wird zum gefürchteten Star der Theaterkritik; als eine Schauspielerin die Kritiken günstig zu beeinflussen versucht, entwickelt das Ehepaar Methoden im Verführungswettbewerb, die für einen fröhlichen Jux ausreichen.

Melanie van der Straaten TV-Film
DDR – 125 Min. – R: Thomas Langhoff. B: Anne Habeck. D: Laurance Calerne, Kurt Böwe, Christian Steyer, Dieter Mann, Swetlana Schönfeld, Monika Lennartz.
Die Frau eines angesehenen Kommerzienrats löst durch ihre Liebe zum Sohn eines Geschäftsfreundes einen gesellschaftlichen Eklat aus; sorgfältige, nicht ganz werktreue Verfilmung des Romans »L'Adultera« von Theodor Fontane; sozialkritisch.

Mélo / Mélo ***
F 1986 – 105 Min. – R: Alain Resnais. D: Sabine Azéma, Fanny Ardant, Pierre Arditi, André Dussolier, Jacques Dacqmine, Hubert Gignoux, Cathérine Arditi.
Liebesdrama. Eine Frau zwischen zwei Männern, zwei Musikern: Ihr Mann Orchestermusiker, dessen Freund Violinvirtuose; ein wenig origineller Plot eindrucksvoll in Bild und Szene gesetzt; vor einem formstrengen, kühlen Dekor vollzieht sich ein Melo(dien)drama, das nicht in den Herzen, sondern in den Köpfen der Hauptpersonen beginnt und endet; ein Film, der durch seziererische Kälte fasziniert.

Melvin und Howard / Melvin and Howard ** ½
USA 1980 – 91 Min. – R: Jonathan Demme. D: Paul LeMat, Jason Robards jr., Mary Steenburgen, Michel J. Pollard, Gloria Grahame.

Zeitkritischer Film. Auf dem Weg nach Los Angeles gabelt ein Glückssucher einen alten Mann auf, der sich später als Multimedienzar Howard Hughes erweist. Der authentische, kraftvolle Film erzählt beider Freundschaft mit beeindruckenden Bildern und unvergeßlichem Spiel.

Melzer TV-Film

BRD 1983 – 88 Min. – R, B: Heinz Bütler. D: Rüdiger Vogler, Nicolas Lansky, Ingo Lampe.

Erfolgreicher Maler schlittert in eine innere Krise und begibt sich freiwillig in eine Nervenklinik. Dort trifft er auf einen engagierten Arzt.

Die Menagerie von Sanssouci TV-Film

BRD 1987 – 85 Min. – R: Jens-Peter Behrend. B: Knut Boeser. D: Joachim Bliese, Friedhelm Ptok, Klaus Schwarzkopf.

Friedrich den Großen und Voltaire verbindet eine Haßliebe. Kluge Ansichten im Gespräch mit dem Philosophen äußert der Arzt LaMettrie: historischer Diskurs – voller Witz und Weltläufigkeit.

Mensch ärgere dich nicht *

BRD 1972 – 82 Min. – R: Peter Weck. D: Georg Thomalla, Uschi Glas, Chris Roberts, Christiane Hörbiger.

Komödie. Der Prokurist einer Milchreklamefirma wird plötzlich von allen Leuten mit Freundlichkeiten überschüttet, weil man ihn für einen Lottokönig hält; billiger Klamauk.

Mensch, Berni TV-Film

BRD 1983 – 85 Min. – R: Joachim Hess. B: Eberhard Möbius, Joachim Hess. D: Christian Kohlund, Peer Augustinski, Hans Richter, Imo Heite, Heinz Reincke.

»Eine Hafengeschichte« von einem Schiffsreiniger, der mit zwei Kollegen einen Frachter säubern soll; was ein Routinejob sein sollte, löst in Bernis Plänen Verwicklungen aus; hervorragend besetzte und stimmige Geschichte voller Atmosphäre, die Hamburger Hafenrealität vermittelt.

Mensch, man kann doch keinen LKW verlieren / Impossible ... pas français * ½

F 1974 – 90 Min. – R: Robert Lamoureux. D: Jean Lefèbvre, Pierre Mondy, Pierre Tornade.

Krimiklamotte. Ein schlechtverdienender Detektiv hilft einem Milliardär beim Transport historischer Waffen; abenteuerlich und unbeschwert.

Menschen am Fluß / The River ** ½

USA 1984 – 119 Min. Ⓥ CIC. – R: Mark Rydell. D: Mel Gibson, Sissy Spacek, Shane Bailey, Becky Jo Lynch, Scott Glenn.

Melodram. Eine vierköpfige Familie bewirtschaftet eine Farm in Tennessee, sie ist dem reichen Getreidehändler ein Dorn im Auge. Der Kampf um Grund und Boden spitzt sich zu, als eine Hochwasserkatastrophe droht. Routinier Rydell inszeniert das marktgängig mit viel Heimatrealismus und verläßt sich mit Erfolg auf seine hochkarätigen Schauspieler. Der sozialkritische Aspekt des Stoffes geht jedoch weitgehend verloren.

Menschen am Sonntag *** ½

D 1930 – 60 Min. sw. Stf. – R: Robert Siodmak, Billy Wilder, Edgar G. Ulmer. D: Brigitte Borchert, Christel Ehlers, Wolfgang von Waltershausen, Annie Schreyer.

Avantgardefilm. Nach einem Drehbuch Wilders entstandenes Bildkaleidoskop, das zum Dokument der späten zwanziger Jahre wurde; dicht und authentisch, von unabschätzbarem Einfluß auf den poetischen Realismus in Frankreich und den italienischen Neorealismus.

Menschen am Trapez / Obsession / Domanda di grazia ***

F/I 1954 – 100 Min. – R: Jean Delannoy. D: Michèle Morgan, Raf Vallone, Jean Gaven, Marthe Mercadier.

Melodram. Adaption der Erzählung »Silent as the Grave« von William Irish über ein Artistenehepaar, das von der kriminellen Vergangenheit des Mannes eingeholt wird; atmosphärisch dichter Zirkuskrimi, dessen knisternde Spannung durch die des Zusammenspiels von Morgan/Vallone zustande kommt.

Der Menschen Hörigkeit / Of Human Bondage **

GB 1963 – 95 Min. – R: Ken Hughes. D:

Kim Novak, Laurence Harvey, Robert Morley.
Melodram. Dritte Verfilmung des Romanmeisterwerks von W. Somerset Maugham um eine attraktive, aber ordinäre Kellnerin, der ein Student verfällt. Gutbesetzte Rollen, aber zu unbewegliche Regie, die auch am strengen Moralkodex der sechziger Jahre scheitert.

Menschen im Hotel / ∗∗∗
Grand Hotel
USA 1932 – 108 Min. sw. – R: Edmund Goulding. D: Greta Garbo, John Barrymore, Joan Crawford, Wallace Beery, Lionel Barrymore, Lewis Stone, Jean Hersholt.
Melodram. Greta Garbo als russische Ballerina Grusinskaya (sehenswert, wenn auch fehlbesetzt) verliebt sich in einen eleganten Baron, der ein Hochstapler ist. Hinter dem feudalen Glanz der internationalen Gesellschaft im »Grand Hotel« verbergen sich tragisch-sentimentale Schicksale. Verfilmung eines Romans von Vicky Baum mit großer Starbesetzung. (1959 Remake mit O. W. Fischer, Michèle Morgan, H. Rühmann, Sonja Ziemann)

Menschen in Gottes Hand ∗∗
D 1947 – 85 Min. sw. – R: Rolf Meyer. D: Paul Dahlke, Marietheres Angerpointner, Gerty Soltan, Rainer Penkert.
Melodram. Ein vertriebener ostpreußischer Großbauer läßt sich auf dem Hof, in den sein Sohn eingeheiratet hat, nieder und sieht seine letzte Aufgabe darin, dessen Ehe zu retten; ein eindrucksvoller Film mit einem ausdrucksstarken Dahlke.

Menschen ohne Nerven / ∗∗ ½
The Flying Fontaines
USA 1959 – 84 Min. – R: George Sherman. D: Michael Callan, Joan Evans, Evy Norlund, Joe De Santis, Rian Garrick.
Artistenfilm. Einem Hochseilartisten bringt die Liebe zu einer ungetreuen Artistin gefährlichen Ärger, er trinkt; spannendes, wenn auch konventionelles Melodram mit Eifersucht und Nervenkitzel.

Menschen ohne Seele / ∗∗ ½
Das Labyrinth / Union Station
USA 1950 – 80 Min. sw. – R: Rudolph Maté. D: William Holden, Barry Fitzgerald, Nancy Olson, Lyle Bettger.
Thriller. Kidnapper entführen ein blindes Mädchen und stellen dem reichen Vater hohe Forderungen; Spannung und gutes Timing in einem schwarzen Krimi mit einer packenden Schlußverfolgung im Gepäcktunnel eines Riesenbahnhofs.

Die Menschenfalle / ∗∗ ½
Trapped
USA 1949 – 78 Min. sw. OmU. – R: Richard Fleischer. D: Lloyd Bridges, John Hoyt, Barbara Payton.
Thriller. Ein inhaftierter Falschgeldspezialist soll gegen Straferlaß den FBI zu seinen Exkomplizen führen; in halbdokumentarischem Stil inszeniert.

Menschenfresser TV-Film
BRD – 100 Min. – R: Rainer Boldt. D: Hans-Peter Korff, Hans-Helmut Dikkow, Monica Bleibtreu, Ulrich von Dobschütz.
Milieukritischer Krimi um eine Kleinstadt, in der mehrere Kinder verschwinden und ein unbescholtener Außenseiter in Verdacht gerät.

Menschenraub / Ransom ∗∗ ½
USA 1956 – 109 Min. sw. – R: Alex Segal. D: Glenn Ford, Donna Reed, Leslie Nielsen, Robert Keith.
Thriller. Ein Unternehmerssohn wird gekidnappt, die Entführer fordern ein hohes Lösegeld; präzise Darstellung der ehemals fast gemütlichen Praktiken des Umgangs mit Entführern.

Menschenschmuggel / ∗∗ ½
The Breaking Point
USA 1950 – 97 Min. sw. – R: Michael Curtiz. D: John Garfield, Patricia Neal, Phyllis Thaxter.
Abenteuerfilm. Neuauflage des Bogart-Klassikers »To Have and Have Not« (1945) nach Hemingway. Diesmal bekommt Bootsbesitzer Morgan Schwierigkeiten mit einem chinesischen Schmuggler, und sein Hafen liegt in Mexiko. Routiniert und rasant von Curtiz (»Casablanca«) zubereitet.

Der menschliche Faktor / ∗∗
The Human Factor
GB/USA 1979 – 110 Min. – R: Otto Preminger. D: Richard Attenborough,

John Gielgud, Nicol Williamson, Robert Morley, Iman, Richard Vernon.
Spionagefilm. Verfilmung des Romans von Graham Greene über einen Doppelagenten, der sich durch Aktivitäten schützt, die einen anderen belasten; Attenboroughs herausragende Leistung rettet den Film nicht, es fehlt die subtile Spannung der Vorlage.

Mephisto ∗∗∗
BRD/H 1981 – 138 Min. Ⓥ marketing film. – R: István Szabó. D: Klaus Maria Brandauer, Krystyna Janda, Ildiko Bansagi, Karin Boyd, Rolf Hoppe, Christine Harbort.
Literaturverfilmung. Klaus Manns Version der Karriere von Gustaf Gründgens im Dritten Reich als facettenreiches Kultur- und Politpanorama; nicht denunziatorische, doch sehr offene Abrechnung mit der Korrumpierbarkeit von Künstlern; zwei Preise in Cannes 1981, Oscar für den besten ausländischen Film 1982.

Mephisto 68 / Bedazzled ∗∗ ½
GB 1967 – 100 Min. – R: Stanley Donen. D: Peter Cook, Dudley Moore, Eleanor Bron, Alba.
Satire. Einem schüchternen, unglücklich verliebten Koch erscheint der Teufel persönlich, und der, scharf darauf, sein Soll an Seelenkäufen zu erfüllen, bietet dem Schüchterling Verlockendes; locker inszenierte, witzig-intelligente »Faust«-Satire zwischen augenzwinkerndem Ernst und absurden Blödeleien; überragend Cook als jugendlich-lässiger Satan mit einigen Selbstzweifeln.

Mephisto-Walzer / The Mephisto Waltz ∗ ½
USA 1971 – 105 Min. – R: Paul Wendkos. D: Curd Jürgens, Alan Alda, Jacqueline Bisset, Barbara Parkins, Brad Dillman.
Horrorfilm. Ein genialer Pianist lebt nach einer Abmachung mit dem Teufel im Körper eines Musikjournalisten weiter, was diesem schlecht bekommt; einige unvermutete Gruseleffekte retten nicht über die Phantasielosigkeit hinweg, mit der das Motiv des Teufelspakts behandelt wird.

Mercenario – Der Gefürchtete / Il mercenario ∗∗ ½
I 1970 – 107 Min. – R: Sergio Corbucci. D: Franco Nero, Jack Palance, Tony Musante.
Italowestern. Pistolero hilft jungem mexikanischem Bergarbeiter beim Anzetteln eines Aufstands gegen einen sadistischen Minenbesitzer. Der Western der harten Italowelle von Corbucci (»Django«), einem der Genre-Begründer, brilliert mit den üblichen Manierismen: dem einsamen, schweigsamen Helden, dem Kampf von absolut Guten und absolut Bösen, charismatischer Musik, Schockschnitten zwischen Detailaufnahmen und Totalen und Blutbädern en masse.

Mérette TV-Film
F/CH – 95 Min. – R: Jean-Jacques Lagrange. D: Anne Bos, Patrick Lapp, Cathérine Eger.
Sorglos und glücklich könnte die Kindheit der kleinen Mérette verlaufen, würde nicht der plötzliche Tod der Mutter eine tiefe Erschütterung für das Kind bedeuten.

Eine merkwürdige Geschichte / Une étrange affaire ∗∗∗
F 1981 – 98 Min. – R: Pierre Granier-Deferre. D: Michel Piccoli, Nathalie Baye, Gérard Lanvin, Jean-Pierre Kalfon.
Psychothriller. Ein Werbeassistent verfällt seinem tyrannischen Chef bis zur Selbstaufgabe; der ungemein genau beobachtende und erzählende Psychoreißer schildert diesen subtilen Vorgang im Horrorbüro mit Realismus und komödiantischen Zügen; das Lachen bleibt allerdings angesichts der brillant inszenierten Machtdemonstration im Hals stekken.

Der merkwürdige Monsieur Victor / L'étrange Monsieur Victor ∗∗ ½
F 1937 – 95 Min. sw. – R: Jean Grémillon. D: Jules Raimu, Pierre Blanchard, Madeleine Renaud, Viviane Romance.
Krimi. Ein geachteter Kaufmann und Bandenchef entgeht zunächst der Strafe für einen Mord; realistisches, straff inszeniertes Versteckspiel.

Die merkwürdige Zähmung der Gangsterbraut ∗∗∗
Sugarpuss / Ball of Fire
USA 1941 – 111 Min. sw. – R: Howard Hawks. D: Gary Cooper, Barbara Stanwyck, Oscar Homolka, Henry Travers, Tully Marshall.
Screwball-Comedy. Eine Barsängerin und Gangsterbraut stellt auf der Flucht vor der Polizei die Elfenbeinwelt versponnener Professoren auf den Kopf; doch die Gelehrten setzen ihr Wissen und Können ein, um einem der Ihren zu einer Ehefrau zu verhelfen; umwerfende Situationskomik, skurrile Gags, brillante Dialoge (Koautor Billy Wilder) und mitreißende Darsteller machen den Film zum Genreklassiker.

Die Messe ist aus / ∗∗ ½
La messa è finita
I 1985 – 92 Min. – R: Nanni Moretti. D: Nanni Moretti, Margarita Lozano, Ferrucio de Ceresa.
Tragikomödie. Im Mittelpunkt der Geschichte steht ein junger Priester, der an sich und am Unverständnis seiner Mitmenschen scheitert. Ein tragisches Traktat über die Unfähigkeit der Leute von heute, sich wirklich näherzukommen und zu verstehen. Spezialpreis auf den Berliner Filmfestspielen 1986.

Messer an der Kehle / ∗∗ ½
Westbound
USA 1958 – 66 Min. – R: Budd Boetticher. D: Randolph Scott, Virginia Mayo, Karen Steele, Andrew Duggan.
Western. Ein Captain der Nordstaaten kämpft gegen einen Südstaatler, der Goldtransporte überfällt; das Wiedersehen mit seiner alten Liebe kompliziert die Sache; straff inszenierter B-Western des routinierten Gespanns Boetticher/Scott, dessen Spannung aus inneren Konflikten erwächst.

Messer im Kopf ∗∗∗
BRD 1978 – 110 Min. – R: Reinhard Hauff. D: Bruno Ganz, Angela Winkler, Hans-Christian Blech.
Zeitkritischer Film. In Hoffmanns Kopf steckt eine Polizistenkugel. Als Mann ohne Gedächtnis lernt er, in der feindlichen Welt von heute zu überleben. Glanzrolle für Ganz, zupackende Regie, kritisch-aufklärerische Töne auf dem Höhepunkt der Terroristenhatz; ein enorm wichtiger und gelungener Film für die zeitgenössische BRD.

Das Messer im Rücken ∗
BRD 1975 – 92 Min. – R: Ottokar Runze. D: Hans Brenner, Hellmut Lange, Michael Günther, Günter Lamprecht, Barbara Valentin.
Justizfilm. Auf St. Pauli kommt ein Gastarbeiter zu Tode; der Fall wird unter den verschiedensten Voraussetzungen überprüft; thematisch glaubhaft, die Regie hilflos.

Das Messer im Wasser / ∗∗∗ ½
Nóz w wodzie
PL 1961 – 89 Min. sw. – R: Roman Polanski. D: Léon Niemczyk, Jolanta Umecka, Zygmunt Malanowicz.
Politparabel. Zwei Männer und eine Frau auf einem Segelboot; die Segelpartie wird allmählich quälend und nervtötend; Polanskis Filmdebüt, eine Parabel auf polnische Zustände jener Zeit und ein Musterbeispiel filmischen Erzählens.

Der Messias / Il messia / ∗∗∗ ½
Le Messie
I/F 1975 – 140 Min. – R: Roberto Rossellini. D: Pier Maria Rossi, Mita Ungaro, Jean Martin.
Jesus-Film. Der Film, der das Leben Jesu nach den Evangelien Lukas und Johannes schildert, stellt die Interpretation von Jesus als der »Gesalbte«, der Messias, der Menschheitserlöser in den Mittelpunkt; von strenger Schlichtheit und großer innerer Kraft.

Messidor / Messidor ∗∗∗
CH/F 1979 – 123 Min. – R: Alain Tanner. D: Clémentine Amouroux, Cathérine Rétoré, Franziskus Abgottspon.
Aussteigerfilm. Studentin und Verkäuferin sind ohne Geld unterwegs im reichsten Land Europas – der Schweiz. Ihre ziellose Bewegung wird angesichts des armseligen geistigen Zustands der Einwohner immer hektischer. Schließlich liegt Blei in der sauberen Luft des Musterlandes, und Tanners aufklärerischer, kritischer Film nimmt ein Ende mit blutigem Schrecken.

Die Meute / The Pack **

USA 1977 – 95 Min. – R: Robert Clouse. D: Joe Don Baker, Richard B. Shull, R. G. Armstrong, Ned Wertimer, Bibi Besch.

Horrorfilm. Auf einer Urlaubsinsel verwandeln sich von Touristen ausgesetzte Hunde plötzlich in reißende Bestien; ein junges Paar gerät in Lebensgefahr; routinierter Tierhorrorfilm ohne den Tiefgang, den das Thema ermöglicht hätte.

Meuterei am Schlangenfluß / Bend of the River ***

USA 1952 – 86 Min. – R: Anthony Mann. D: James Stewart, Julia Adams, Arthur Kennedy, Rock Hudson, Lori Nelson.

Western. Ein Ex-Outlaw hilft einem Siedlertreck in den Goldrauschtagen beim Zug nach Oregon; ein Film, dessen Timing mit geprägt wird vom Kampf gegen die Macht der Naturgewalten.

Meuterei auf dem Piratenschiff / Mutiny * ½

USA 1952 – 75 Min. OoU. – R: Edward Dmytryk. D: Mark Stevens, Angela Lansbury, Patric Knowles, Gene Evans, Rhys Williams.

Abenteuerfilm. Ein US-Schiff bringt im Unabhängigkeitskrieg einen riesigen Goldschatz aus Frankreich nach Amerika; der zweite Offizier verfällt einer bösen Frau und muß seine Übeltaten büßen; dürftige Seeklamotte mit hohem Anteil an Nachtszenen, die die dürftigen Schiffsmodelle halbwegs verstecken.

Meuterei auf der Bounty / Mutiny on the Bounty ***

USA 1962 – 169 Min. Ⓥ MGM/UA. – R: Lewis Milestone. D: Marlon Brando, Trevor Howard, Richard Harris, Hugh Griffith, Richard Haydn, Percy Herbert, Eddie Byrne.

Abenteuerklassiker. Filmversion einer historischen Meuterei auf einem britischen Schiff im Jahre 1789; ein Film der großen Gesten, der schönen Schauplätze und der grandiosen Dramaturgie, auch der rührenden Gefühle und der Menschlichkeit. Brando setzt sich etwas zu stark in Szene.

Meuterei im Bus / Mutiny on the Buses ** ½

GB 1972 – 84 Min. – R: Harry Booth. D: Reg Varney, Doris Hare, Anna Karen, Michael Robbins, Bob Grant.

Komödie. Ein Inspektor der Fahraufsicht dreht durch, als er das Chaos überprüft, das von einigen Busfahrern angerichtet wurde; die Fahrgäste meutern; witzige Satire auf britische Verhältnisse, voll Slapstickhumor und Situationskomik.

Miami Vice – Heißes Pflaster Florida / Miami Vice **

USA 1984 – 93 Min. Ⓥ CIC. – R: Thomas Carter. D: Don Johnson, Philip M. Thomas, Saundra Santiago, Gregory Sierra.

Krimi. Pilotfilm zur erfolgreichen TV-Serie um eine Drogenbande und die beiden smarten Bullen aus dem Süden. Der im aufgemotzten Boutiquenstil ausgestattete und gefilmte Streifen, unterlegt mit aktuellen Pophits, machte das Hauptdarsteller-Gespann und seine modischen Extravaganzen bekannt.

Michael, der Indianerjunge / Three Warriors ** ½

USA 1977 – 101 Min. – R: Keith Merrill. D: McKee »Kiko« Redwing, Lois Red Elk, Charles White Eagle.

Indianerfilm. Ein dreizehnjähriger Indianer, der sich seiner Abstammung schämt, kommt widerwillig ins Reservat zurück, wo ihn sein Großvater mit Geduld zu seinen Wurzeln zurückführt. Der Junge besteht als tapferer Krieger einen Kampf mit gemeinen Pferdedieben; ein ambitionierter Film, der eindrucksvoll indianische Denkweise vermittelt.

Michelangelo – Inferno und Ekstase / The Agony and the Ecstasy **

USA 1964 – 116 Min. – R: Carol Reed. D: Charlton Heston, Rex Harrison, Diane Cilento, Harry Andrews, Alberto Lupo.

Künstlerepos. Aufwendige Verfilmung eines der größten Kulturereignisse der Neuzeit: der Ausmalung der Sixtinischen Kapelle im Vatikan durch Michelangelo und seine Auseinandersetzung mit Papst Julius II., der ihn wie einen Lakaien behandelt. Das setzt Regisseur Reed (»Der dritte Mann«) umständlich und episch in eine Filmhandlung um, die den Künstlerakt mit Zeitkolorit und romantischem Liebesgeschehen verbindet; dick aufgetragen sind nicht nur die Farben, sondern auch die Emotionen. Nach einem Roman von Irving Stone.

Das Mikado-Projekt ** ½

BRD 1983 – 74 Min. Ⓥ Ufa. – R: Torsten Emrich. D: Eddie Constantine, Sabine Stoffel, Torsten Emrich.

Agentenparodie. Selbstironische Verballhornung des Spionagegenres; es geht um eine Strahlenkanone, eine Verbrecherorganisation und zwei Topagenten, die sich gegenseitig auf die Füße treten. Erstlingsfilm von Emrich mit professionellem Charme.

Mike in 3,8 auf 100 / Running on Empty **

AUS 1982 – 88 Min. – R: John Clark. D: Terry Serio, Debbie Conway, Richard Moir, Vagelis Mourikis.

Autofilm. Fabrikarbeiter Mike liebt Julie und schnelle Turbos, aber Julie ist die Queen des Drag-Racing-King Fox. Doch Mike gibt nicht auf, kommt schnell auf hundert und siegt in diesem schwärmerischen Auspuffknaller auf ganzer Linie.

Mike Murphy – 007 gegen Ypotron / Ypotron *

I/E 1965 – 90 Min. Ⓥ Toppic. – R: George Finley. D: Luis Davila, Gaia Germani, Alan Collins, Alfredo Mayo.

Agentenfilm. So hölzern wie sein Star Davila ist der ganze Agentenfließbandfilm um die Bedrohung des Weltfriedens durch eine Geheimorganisation. Ein paar technische Finessen retten zwar den treffsicheren Agenten mit den beiden Nullen, die ihn zum Scharfschuß autorisieren, nicht aber den uninspirierten Film.

Mikey und Nicky / Mikey and Nicky ***

USA 1976 – 90 Min. – R: Elaine May. D: John Cassavetes, Peter Falk, Ned Beatty, Carol Grace, Rose Arrick.

Kriminalfilm. Ein kleiner Gauner, der den Boß eines Syndikats hereingelegt hat, sucht Hilfe bei seinem Freund, doch der verrät ihn; düsterer, rauher, eindringlicher Thriller; nächtliche (Spelunken-)Reise durch ein mieses New York als Rahmen einer kritischen Studie über die Zwänge, unter denen der Bodensatz des Ganoventums gedeiht, über psychische Deformationen, Verrat und den Irrsinn, der aus der Angst erwächst.

Miko – aus der Gosse zu den Sternen **

BRD 1986 – 98 Min. Ⓥ Vestron. – R: Frank Ripploh. D: Miko, Frank Ripploh, Tamara Kafka, Zak Preen, Kurt Raab, Otto Sander, Eisi Gulp.

Milieukomödie. Rocksängerin Miko möchte Karriere machen und macht sie auch – was man der Titelheldin aber kaum abnimmt. Dennoch besitzt der Film von Ripploh (»Taxi zum Klo«) genug Charme der Szene, musikalischen Schmiß und schillernden Humor, um als unterhaltsames Märchen ernst genommen zu werden.

Mikosch, der Stolz der Kompanie * ½

BRD 1959 – 92 Min. – R: Rudolf Schündler. D: Gunther Philipp, Walter Groß, Kurt Großkurth, Franz Muxeneder.

Militärklamotte. Ein kleiner Vorstadtkomödiant und seine Freunde werden wegen despektierlicher Äußerungen zum Militär eingezogen und richten dort das übliche Albernheitschaos an; nicht sonderlich witzig, eher für Freunde derben Humors.

Mikosch im Geheimdienst * ½

A 1959 – 90 Min. – R: Franz Marischka. D: Gunther Philipp, Walter Groß, Kurt Großkurth, Renate Ewert.

Lustspiel. Der Titelheld und seine Freunde sollen ein Attentat auf den beliebten Kaiser Franz Joseph verhindern; alberne Verkleidungs- und Verwechslungsklamotte.

Die Milchstraße / La voie lactée / La via lattéa ***

F/I 1968 – 103 Min. sw. – R: Luis Buñuel. D: Paul Frankeur, Laurent Terzieff, Delphine Seyrig, Michel Piccoli, Georges Marchal.

Religiöser Film. Auf der früheren Pilgerstraße von Paris nach Santiago de Compostela in Spanien begegnen zwei Clochards Gott, dem Teufel, religiösen Fanatikern und Gestalten der Kirchengeschichte; in kritisch überhöhten Bildern wird das immerwährende Versagen von Christen im Umgang mit der Lehre Jesu demonstriert; die »Milchstraße« als polemische Metapher für die Labyrinthe von Irrglauben und Irrlehren.

Milka – Schmerzliche Lust / Milka – Elokuva tabuista ** ½
SF 1980 – 105 Min. – R: Rauni Mollberg. D: Irma Huntus, Leena Suomu, Matti Turunen, Eikka Lehtonen.
Melodram. In einem Dorf wächst die vaterlose Milka auf und verliebt sich in den bärtigen Liebhaber ihrer Mutter. Mehr als dampfende Nebel, Saunasymbolik und Nordlandkitsch – ein poetischer Film, naturalistisch klar.

Die Million / Le million ***
F 1931 – 80 Min. sw. OmU. – R, B: René Clair. D: René Lefèvre, Annabella, Louis Allibert, Paul Olivier, Raymond Cordy.
Zeitkritische Komödie. Musikalisch umrahmte Komödie um einen Lotterietreffer, der in der Jacke eines Ganoven seinen Weg durch die Stadt macht. Flott inszeniert, leicht und witzig gespielt, mit viel authentischem Milieu und der bezaubernden Stimmung von »Swinging Paris«.

Eine Million Jahre vor unserer Zeit / One Million Years B. C. ** ½
GB 1965 – 95 Min. – R: Don Chaffey. D: Raquel Welch, John Richardson, Percy Herbert, Robert Brown, Jean Waldon.
Fantasyfilm. Ein junger Urzeitmensch lernt bei einem höherentwickelten Stamm Zivilisationsformen und eine ebenso hochentwickelte Beutefrau kennen. Die Steinzeitmenschen lieben und prügeln sich, daß die Felswände aus Schaumstoff (von Filmdesigner Ray Harryhausen) wackeln; die übrigen Special Effects sind jedoch auf so hohem Niveau, daß der etwas naive Saurier-Thriller zum Sehvergnügen wird, zu dem auch Raquel Welch wesentlich beiträgt.

Der Millionär ** ½
D 1944 – 78 Min. sw. – R: R. A. Stemmle. D: Hans Moser, Annie Rosar, Hans Holt, Oskar Sima.
Komödie. Hans Moser, mit Leib und Seele Briefträger und schrulliger Kauz, erfährt an seinem 25jährigen Dienstjubiläum, daß ihm seine Jugendfreundin ein Vermögen vererbt hat; da macht er die Erfahrung, daß es auch ein Millionär schwer hat.

Millionenraub in San Francisco / Once a Thief * ½
USA 1964 – 107 Min. – R: Ralph Nelson. D: Alain Delon, Ann-Margret, Jack Palance, Van Heflin.
Krimi. Exhäftling will ehrlich werden, gerät aber in alte Zwänge; etwas bemühter Reißer, doch solide gebaut.

Die Mine / La mina TV-Film
I/F – 60 Min. OmU. – R: Lorédana Bianca. D: Mirelle Di Martino, Rosana Capetta, Mario Morelli, Florence Joiris, Jean-Philippe Hardy.
1962 wandert der Italiener Gino mit seiner Familie nach Belgien aus und bringt es dort als Gastarbeiter im Bergbau zu bescheidenem Wohlstand, doch die Krise in den 60er Jahren macht alles zunichte – gesehen aus der Sicht der jungen Tochter des Arbeiters, Mara. Sozialkritische Studie, preisgekrönt in Brüssel.

Minipli TV-Film
BRD/F 1987 – 97 Min. – R, B: Peter Voiss. D: Katinka Hoffmann, Walo Lüönd, Ruth Brück, Tana Schanzara.
Eine verwitwete Mittvierzigerin, blond und füllig, lernt einen pfiffigen Franzosen kennen. Und das alles im Rahmen eines deutsch-französischen Partnerstadt-Austauschs. Mischung aus heiler Welt, Klamauk und Märchen.

Minirock und Kronjuwelen / The Jokers ** ½
GB 1967 – 100 Min. – R: Michael Winner. D: Michael Crawford, Oliver Reed, Harry Andrews, Daniel Massey.
Krimi. Zwei pfiffige Brüder wollen, nur zum Spaß, an die Kronjuwelen im Londoner Tower. Als sie den Schatz wieder zurückbringen, geht die Sache schief. Der Film zeigt, warum; eine gut und straff erzählte originelle Story.

Ministerium der Angst / Ministry of Fear ** ½
USA 1945 – 86 Min. sw. – R: Fritz Lang. D: Ray Milland, Marjorie Reynolds, Carl Esmond, Hillary Brooke, Dan Duryea.
Spionagefilm. Ein Kuchen, in dem ein

Mikrofilm versteckt ist, spielt eine Hauptrolle. Eine spiritistische Sitzung, Mord, Krieg, Verfolgung und eine Liebesgeschichte verbinden klassische »Film noir«-Elemente zu einem spannenden Thriller.

Minnesota Clay / Minnesota Clay ∗∗

F/I/E 1964 – 86 Min. – R: Sergio Corbucci. D: Cameron Mitchell, Georges Rivière, Ethel Rojo, Diana Martin.

Italowestern. Ein unschuldig Verurteilter sucht nach der Flucht den Zeugen für seine Unschuld und gerät in Rivalenkämpfe; die nicht sehr originelle, mit einigen Brutalitäten verzierte Story bekommt einen gewissen Pfiff durch den Dreh, daß der Ex-Revolverheld allmählich erblindet.

Minnie und Moskowitz / Minnie and Moskowitz ∗∗ ½

USA 1971 – 110 Min. – R: John Cassavetes. D: Gena Rowlands, Seymour Cassel, Val Avery.

Melodram. Außenseitergeschichte um einen Parkwächter in New York, der den Asphaltdschungel verläßt, um im Westen sein Glück zu versuchen; dort begegnet ihm eine vereinsamte Frau, mit der er trotz neurotisch-dramatischer Konflikte eine Ehe eingeht; Problemstory mit satirischen Seitenhieben auf die erfolgsorientierte US-Society.

Minstrel Man / Minstrel Man TV-Film

USA 1977 – 100 Min. – R: William A. Graham. D: Glynn Turman, Ted Ross, Stanley Clay, Saundra Sharp.

Grandioses Panorama der Zeit der Black Minstrel Shows um die Jahrhundertwende; Rassismus und neue Show-Techniken wenden den Erfolg des Singer-/Dancer-Protagonisten zum menschlichen Drama; Turman in einer Glanzrolle; hervorragend.

Mirandolina / Mirandolina ∗∗ ½

I 1980 – 95 Min. – R: Paolo Cavara. D: Claudia Mori, Adriano Celentano, Paolo Villaggio, Gianni Cavina.

Literaturverfilmung. Adaption des Bühnenstückes »La Locandiera« von Carlo Goldoni; beschwingte, zum Teil ballettartig choreographierte Verfilmung der Volkskomödie von der umschwärmten Wirtin, die einen »Frauenfeind« (Paraderolle für Celentano) bekehrt.

Die Miserablen / Die Elenden / Les misérables ∗∗

F 1958 – 180 Min. – R: Jean-Paul Le Chanois. D: Jean Gabin, Bernard Blier, Bourvil, Danièle Delorme, Gianni Esposito.

Literaturverfilmung. Ein ehemaliger Bagnosträfling hat durch Arbeit und seine Hilfsbereitschaft für die Armen bürgerliches Ansehen erlangt, doch ein Geheimpolizist will ihn ruinieren; nach dem Roman »Die Elenden« von Victor Hugo; groß angelegt, reicht jedoch an die Vorlage nicht heran.

Miss Sadie Thompson / Miss Sadie Thompson ∗∗∗

USA 1953 – 97 Min. – R: Curtis Bernhardt. D: Rita Hayworth, José Ferrer, Aldo Ray, Charles Bronson.

Melodram. Schwül-exotisches Drama um einen heuchlerischen Missionar und die traumhafte Rita Hayworth, die Männer verhext und noch nichts von ihrer Faszination verloren hat. Nach Somerset Maughams Kurzgeschichte: »Rain«.

Die mißbrauchten Liebesbriefe ∗∗ ½

CH 1940 – 90 Min. sw. – R: Leopold Lindtberg. D: Alfred Rasser, Anne-Marie Blanc, Paul Hubschmid, Elsie Attenhofer, Heinrich Gretler.

Melodram. Ein Möchtegerndichter aus Seldwyla verlangt von seiner jungen Frau, daß sie ihm, während er sich auf einer Geschäftsreise befindet, hochpoetische Liebesbriefe schreibt. Sie nimmt Nachhilfeunterricht beim Dorflehrer, das hätte sie besser nicht tun sollen. Gottfried Keller läßt grüßen.

Mission Galactica: Angriff der Zylonen / Mission Galactica: The Cylon Attack ∗ ½

USA 1978 – 103 Min. Ⓥ CIC. – R: Vince Edwards, Christian I. Nyby. D: Richard Hatch, Dirk Benedict, Lloyd Bridges, Lorne Greene.

Science-fiction-Film. Unterwegs mit den letzten Überlebenden der menschlichen Rasse, geht dem Riesenraumschiff Galactica der Treibstoff aus. Es trifft auf seiner Reise die Pegasus-Fähre, die die Vernichtung der Zylonen plant. Bizarr.

Der Missionar / ** ½
The Missionary
GB 1983 – 90 Min. – R: Richard Loncraine. D: Michael Palin, Maggie Smith, Phoebe Nicholls, Trevor Howard.
Komödie. Ein aus Afrika zurückgekehrter Missionar soll im Londoner Hafenviertel ein Heim für gefallene Mädchen leiten; da er sich darunter zunächst nichts Rechtes vorstellen kann, kommt der etwas zähe Film erst allmählich auf Touren; dann aber schlägt der hinterlistige britische Witz von Star und Autor Palin (aus der Monty-Python-Truppe) immer häufiger zu; saftige Satire auf Bigotterie und Doppelmoral.

Mississippi Express / **
Rock Island Trail
USA 1949 – 105 Min. – R: Joseph Kane. D: Forrest Tucker, Adele Mara, Adrian Booth, Bruce Cabot.
B-Western. Clinch zwischen Eisenbahnbauern, Postbetreibern und Flußschiffern. Wo Profitsucht der Weißen versagt, muß der rote Mann einspringen. Hier tut er es mit gewohnter Westernnaivität. Der Lohn, wie üblich: Gewehrkugeln.

Mr. Arkadin
siehe: Herr Satan persönlich

Mr. Blandings Builds His Dream House
siehe: Nur meiner Frau zuliebe

Mister Burgess' Tour / **
The Knowledge
GB 1981 – 90 Min. – R: Jack Rosenthal. D: Nigel Hawthorne, Nick Ford.
Taxifahrerfilm. Komödiantische Studie über die schikanösen Prüfungen für Londoner Taxifahrer, die auch soziale Hintergründe offenlegt.

Mister Cory / Mister Cory ** ½
USA 1956 – 88 Min. – R: Blake Edwards. D: Tony Curtis, Charles Bickford, Martha Hyer, Kathryn Grant, William Reynolds.
Melodram. Ein Mann aus den Slums von Chicago steigt zum Spielklubbesitzer auf; als er sich in eine Lady der Gesellschaft verliebt, beginnen die verschiedensten Probleme und Konflikte; etwas zerfahrene Sozialkritik, als Beziehungsstory verpackt; überzeugend Curtis.

Mr. Griffin und ich TV-Film
USA – 50 Min. – R: Patrick O'Neal. D: Burgess Meredith, Gloria Grahame, Rosemary Murphy.
Eine Exschauspielerin sucht und findet ihren Mann wieder, einen erfolgreichen Hollywoodregisseur, der untertauchte; Vergangenheitsbewältigung.

Mr. Hobbs macht Ferien / **
Mr. Hobbs Takes a Vacation
USA 1962 – 116 Min. – R: Henry Koster. D: James Stewart, Maureen O'Hara, Fabian, John Saxon, Marie Wilson.
Familienfilm. Netter Unterhaltungsfilm um eine aktive, gutgelaunte Familie, die ihre kleinen und größeren Probleme im Dialog bewältigt. Gut besetzt, rollensicher, amüsant.

Mr. Klein / Mr. Klein ***
F 1976 – 120 Min. – R: Joseph Losey. D: Alain Delon, Jeanne Moreau, Suzanne Flon, Michel Lonsdale, Juliet Berto.
Zeitkritischer Film. Wie der angepaßte Pariser Kunsthändler Klein 1942 aufgrund einer Verwechslung in die Maschinerie der Gestapo gerät, erzählt dieser beklemmende, meisterhaft inszenierte Film mit dem besten Delon, den es je gab.

Mr. Moto und der China-Schatz / Thank You, Mr. Moto ** ½
USA 1937 – 65 Min. sw. – R: Norman Foster. D: Peter Lorre, Jayne Regan, Thomas Beck, Pauline Frederick, Philip Ahn, Sig Ruman, John Carradine.
Detektivfilm. Straff inszenierte Story um den Superdetektiv Moto, der mit Witz und List wertvolle Pergamentrollen verteidigt, die das Rätsel um das Grab Dschingis Khans lösen sollen; Lorre (als Serienheld) spielt die sympathische Rolle mit verschmitztem Augenzwinkern.

Mr. Moto und der Schmugglerring / Think Fast, Mr. Moto **
USA 1937 – 64 Min. sw. – R: Norman Foster. D: Peter Lorre, Virginia Field, Thomas Beck, Sig Ruman, Lotus Long.
Detektivfilm. Der als Kaufmann getarnte Meisterdetektiv Moto (Lorre) läßt mit

asiatischer Gelassenheit und Beharrlichkeit Diamantenschmuggler auffliegen; pfiffiger B-Film.

Mr. Moto und die Flotte / Mr. Moto's Last Warning * ½

USA 1939 – 69 Min. sw. – R: Norman Foster. D: Peter Lorre, Virginia Field, Ricardo Cortez, John Carradine, George Sanders.

Agentenfilm. Superdetektiv Moto im Kampf gegen Agenten, die britisch-französische Flottenmanöver sabotieren sollen; Lorres pfiffige Interpretation der Rolle geht in Kraftakten unter; schwächerer Film der Serie.

Mr. Peabody und die Meerjungfrau / Mr. Peabody and the Mermaid **

USA 1948 – 89 Min. – R: Irving Pichel. D: William Powell, Ann Blyth, Irene Hervey, Andrea King.

Komödie. Der Held fischt sich eine Meerjungfrau, und die Probleme nehmen ihren vorhersehbaren, komischen und auch phantastischen Verlauf.

Mr. Smith geht nach Washington / Mr. Smith Goes to Washington ***

USA 1939 – 120 Min. sw. – R: Frank Capra. D: James Stewart, Jean Arthur, Claude Rains.

Zeitkritischer Film. Der integre, aber politisch unerfahrene Smith (Stewart) soll Nachfolger eines verstorbenen Senators werden. Die Partei will ihn gängeln, doch der Naivling zeigt Krallen. Capra (»Das Leben ist wundervoll«) erzählt seine Story vom Sieg des Aufrechten in der Ellbogengesellschaft mit Charme, Schärfe, Witz und Tränen.

Mr. und Mrs. Smith / Mr. and Mrs. Smith ***

USA 1941 – 95 Min. sw. – R: Alfred Hitchcock. D: Carole Lombard, Robert Montgomery, Gene Raymond, Jack Carson, Philip Merivale.

Hitchcock-Komödie. Für Spannungsmacher Hitch untypische Komödie um ein Ehepaar, das eines Tages erfährt, daß seine Ehe ungültig ist. Im überdrehten Screwballstil, dialogsicher, frech, spritzig.

Mister Universum / Stay Hungry ** ½

USA 1976 – 100 Min. – R: Bob Rafaelson. D: Jeff Bridges, Sally Field, Arnold Schwarzenegger.

Zeitkritischer Film. Alabama-Story um einen Bodybuilder und seine rebellischen Freunde, die in dieser exzentrischen Filmmischung aus Ironie, purem Spaß und ätzender Gesellschaftskritik durchs konservative Amerika, dort, wo es am vernageltsten ist, brausen.

Mr. X auf Abwegen / Footsteps in the Dark **

USA 1941 – 90 Min. – R: Lloyd Bacon. D: Errol Flynn, Brenda Marshall, Ralph Bellamy, Alan Hale.

Komödie. Ein eleganter Finanzberater und heimlicher Schriftsteller wird durch seinen Ehrgeiz immer wieder in die Rolle des Detektivs gedrängt; flotte Kriminalkomödie mit Screwball-Effekten.

Mister zehn Prozent / Sigpress Contra Scotland Yard * ½

BRD/I 1967 – 90 Min. Ⓥ Toppic. – R: Guido Zurli. D: George Martin, Klaus Kinski, Ingrid Schoeller.

Krimi. Matter Krimi um einen Dieb, der Diebe beklaut und die Beute gegen zehn Prozent Anteil der Polizei ausliefert. Bis alles auffliegt, viel Geplänkel, das auch Kinski nicht spannender macht.

Mrs. Harris fährt nach Monte Carlo TV-Film

BRD 1988 – 90 Min. – R: Franz Josef Gottlieb. D: Inge Meysel, Katrin Sohrt, Siegfried Rauch, Beatrice Kessler, Ferdy Mayne, Wolfgang Preiss.

Frau Ada Harris, Putzfrau aus London, mischt wieder einmal in der feinen Gesellschaft mit, indem sie sich um das Töchterchen der reichen Leute kümmert. Was tun, wenn die Karrieremutter nach New York muß und der Vater die Kleine nach Monte Carlo verschleppt? Ada Harris weiß immer Rat, weil sie das Herz am rechten Fleck hat.

Mit allen Wassern gewaschen / Don't Just Stand There ** ½

USA 1968 – 94 Min. – R: Ron Winston. D: Robert Wagner, Mary Tyler Moore, Glynis Johns, Harvey Korman.

Komödie. Ein abenteuernder US-Schriftsteller will Uhren aus der Schweiz nach Paris schmuggeln; eine attraktive Frau hilft ihm, verlangt aber eine Gegenleistung; spannender Krimijux mit einigen witzigen Gags, nach dem Roman »The Wrong Venus« von Charles Williams.

Mit beschränkter Haftung / Wanszhu ** ½

VR China 1988 – 102 Min. – R: Mi Jiashan. D: Zhang Guoli, Pan Hong, Ge You, Liang Tian.

Zeitkritische Satire. Drei junge Schlitzohren halten sich mit einer dubiosen Firma über Wasser, die Hilfe in allen unangenehmen Lebenslagen anbietet; besonders im zwischenmenschlichen Bereich entwickeln sie originelle Ideen. Der spritzige Film nimmt neodekadente Entwicklungen im sich demokratisierenden China – vor der Militäraktion im Sommer 1989 – gekonnt aufs Korn.

Mit brennender Geduld TV-Film

BRD 1983 – 80 Min. – R, B: Antonio Skármeta. D: Oscar Castro, Roberto Parada, Marcelo Osorio.

Der chilenische Nationaldichter Pablo Neruda verbringt jährlich einige Zeit auf einer Pazifikinsel; sein Postbote, der ihm die Korrespondenz aus aller Welt zustellt, »leiht« sich gelegentlich einige Gedichte aus, um seiner Geliebten zu imponieren; ein stiller, schöner Film über die subversive Wirkung von Poesie; mehrfach ausgezeichnet.

Mit Challenger One ins All – Drei Astronautinnen warten auf ihre Chance / The Sky's No Limit * ½

USA 1983 – 92 Min. – R: David Lowell Rich. D: Sharon Gless, Dee Wallace, Ann Archer, David Ackroyd.

Astronautikreklamefilm. 1983 bereiten sich in Houston drei Astronautinnen auf einen Weltraumflug vor, doch nur eine wird mit einem Space Shuttle fliegen; der Film dokumentiert schönfärberisch das harte Auswahlverfahren.

Mit dem Kopf durch die Wand / Bachelor of Hearts **

GB 1958 – 94 Min. Ⓥ VCL. – R: Wolf Rilla. D: Hardy Krüger, Sylvia Syms, Eric Barker, Ronald Lewis.

Komödie. Ein (typisch) deutscher Austauschstudent lernt in Cambridge nicht nur Mathe, sondern auch britischen Spaß an der Freud' kennen; sympathische leichte Unterhaltung.

Mit dem Kopf gegen die Wände / La tête contre les murs ***

F 1958 – 93 Min. sw. OmU. – R: Georges Franju. D: Jean-Pierre Mocky, Anouk Aimée, Charles Aznavour, Pierre Brasseur.

Zeitkritischer Thriller. Der große französische Regieaußenseiter Franju (»Judex«) inszenierte mit unüblichem filmischem Rhythmus, überraschenden Bildern und Kameraperspektiven und frappierendem Schnitt einen beklemmenden, faszinierenden Film über einen geistig gesunden Zwangsinsassen in einer Nervenheilanstalt; hervorragende Darsteller (Aznavour in seiner ersten großen Rolle).

Mit dem Messer im Rücken / Revolt in the Big House ** ½

USA 1958 – 76 Min. sw. – R: R.G. Springsteen. D: Gene Evans, Robert Blake, Timothy Carey, John Qualen.

Gefängnisfilm. Gleich nach seiner Einlieferung in den Knast beginnt ein Ganove Fluchtpläne zu schmieden. Andere Häftlinge schließen sich an, werden jedoch skrupellos ausgenutzt. Der intensive Milieufilm übermittelt suggestiv den Gefängnisalltag mit seinen Aggressionen.

Mit dem Tod im Bunde / A Convenant with Death **

USA 1966 – 110 Min. – R: Lamont Johnson. D: George Maharis, Laura Devon, Katy Jurado.

Krimi. Gerichtsfilm um einen angeblichen Ehefrauenmörder, dessen Fall von einem neuen Richter neu aufgerollt wird. Dramatische Rededuelle und überraschende Indizienpointen sind die genreübliche Folge in einem spannenden Routinefilm.

Mit den Teufeln ist nicht gut spaßen ** ½

ČSSR 1984 – 91 Min. – R: Hynek Bócan. D: Vladimir Dlouhý, Ondřej Vetchy, Jaroslava Kretscherová.

Märchenfilm. Dorata hat den Müller aus Habgier geheiratet und zu Tode gehetzt.

Jetzt besitzt sie die Mühle und jagt auch den Sohn des Müllers fort. Da schickt Luzifer den Teufel Janec los, um sie zu bändigen.

Mit der Liebe spielt man nicht **

BRD 1973 – 87 Min. – R: Hans W. Busse. D: Johanna Liebeneiner, Wolfgang Schwarz, Harald Juhnke, Irene Marhold.

Liebeskomödie. Eine Frau will einen eingefleischten Junggesellen angeln und wirft alle erdenklichen Fanggeräte aus; vergnüglich.

Mit Dynamit und frommen Sprüchen / Rooster Cogburn ***

USA 1975 – 107 Min. – R: Stuart Millar. D: John Wayne, Katharine Hepburn, Strother Martin, Richard Romancito, Anthony Zerbe.

Spätwestern. Exmarshal »Rooster« (der Gockel) Cogburn, altersschwach, whiskyumflort und eitel, rettet die schießgewandte Missionsjungfer Hepburn, die mit lässig-reifem Charme ihre Rolle in »African Queen« persifliert; Western-Saurier Wayne in seiner selbstironischsten Rolle, alkoholbedingt oft eher auf dem eigenen als auf dem Rücken der Pferde zu sehen; ein zitat- und gagreicher elegischer Western und ein stiller Liebesfilm; einfallsreiche Synchronisation witziger Rededuelle.

Mit Eichenlaub und Feigenblatt **

BRD 1967 – 95 Min. – R: Franz-Josef Spieker. D: Werner Enke, Birke Bruck, Hans Fries, Rainer Basedow.

Komödie. Ein schmalbrüstiger Held (»Schätzchen«-Star Enke) will zu den Fallschirmjägern, doch ein Loch in seiner Lunge macht seiner Karriere ein vorzeitiges Ende. Einfallsreich sucht er nach Ersatz; Satire auf Militarismus im Stil einer Kabarettnummern-Revue.

Mit einem Bein im Kittchen / Used Cars **

USA 1980 – 113 Min. Ⓥ RCA/Columbia. – R: Robert Zemeckis. D: Kurt Russell, Jack Warden, Gerrit Graham.

Autofilm. Zwei verfeindete Brüder handeln mit rostigen Gebrauchtwagen. Zwischen ihnen operiert ein ausgebuffter Trickverkäufer. Als bei einer kurvenreichen Probefahrt ein 67er Chevy »stirbt«, nehmen die Geschäfte einen makabren Verlauf, und im Showdown dieses von Steven Spielberg produzierten Films sorgen 250 Klapperkisten für schrottreife Action.

Mit eisernen Fäusten / The Scalphunters **

USA 1968 – 97 Min. – R: Sydney Pollack. D: Burt Lancaster, Ossie Davies, Shelley Winters, Telly Savalas.

Western. Ein Trapper verfolgt mit einem entlaufenen Negersklaven Kiowas, die ihm seine Felle gestohlen haben; dabei fällt der Neger Skalpjägern in die Hände und entwickelt unerwartete Talente; ein Film, der Gewalttätigkeiten mit derbem Humor verbrämt.

Mit eiserner Faust / Der Prinz und der Bettelknabe / The Prince and the Pauper ** ½

USA 1937 – 110 Min. sw. – R: William Keighley. D: Errol Flynn, Bobby Mauch, Billy Mauch, Claude Rains.

Mantel-und-Degen-Film. Eine königliche Verwechslungsgeschichte aus dem England des 16. Jahrhunderts; Errol Flynn als strahlender Held, kinderlieb, elegant und forsch mit Degen und Säbel hantierend. Nach Mark Twain.

Mit Grapsch und Gloria / Ein dreifach Hoch dem Sanitätsgefreiten Neumann FLOP

BRD 1968 – 82 Min. – R: Franz Marischka. D: Siegfried Rauch, Alexandra Marischka, Christiane Rückert, Rudolf Prack, Hubert von Meyerinck.

Klamotte. In der Garnisonsstadt hat der Sanitätsgefreite Neumann Einzug gehalten; sein Motto: Alle Damen zu mir! Der Filmflop findet das lustig und nervt die Zuschauer mit den langweiligsten Kalauern; peinlich.

Mit harten Fäusten / Kid Galahad **

USA 1937 – 96 Min. sw. – R: Michael Curtiz. D: Bette Davis, Edward G. Robinson, Humphrey Bogart, Wayne Morris.

Boxermelodram. Daß Boxsport ein

schmutziges Geschäft ist, zeigt wieder einmal dieses Unterweltmelodram. Robinson ist der rauhe Manager, der einen jungen Mann zum Meisterboxer aufbaut, und Humphrey Bogart sein bösartiger Gangstergegenspieler. Bette Davis verhindert das Schlimmste – sie kann allerdings nichts dagegen machen, daß sich Robinson und Bogart in einem Kugelhagel gegenseitig umbringen; harter Actionfilm.

Mit Himbeergeist geht alles besser ∗∗

A 1960 – 110 Min. sw. – R: Georg Marischka. D: O.W. Fischer, Marianne Koch, Jackie Lane, Petra Schürmann, Bill Ramsey.

Nachkriegsfilm. Adaption des Simmel-Romans von einem Schwerenöter, der sich mit List und Tücke durch Kriegs- und Nachkriegszeit schlängelt; voll ironischer Seitenhiebe.

Mit mir nicht, meine Herren / It Happened to Jane / Twinkle and Shine ∗∗ ½

USA 1959 – 95 Min. – R: Richard Quine. D: Doris Day, Jack Lemmon, Ernie Kovacs.

Gaunerkomödie. Lemmon ist der Anwalt von Doris Day: Das Paar macht krumme Geschäfte mit einem halbseidenen Ganoven, muß aber so manche Niederlage einstecken; eine quirlige Komödie aus Hollywoods Spätzeit.

Mit Pech und Schwefel / Brimstone ∗ ½

USA 1949 – 85 Min. – R: Joseph Kane. D: Rod Cameron, Adrian Booth, Walter Brennan, Jim Davis, Forrest Tucker, Jack Holt.

Western. Kampf eines Großranchers gegen Siedler, denen ein Regierungsmann zu ihrem Recht verhilft; routiniert, konventionell, mit einem herausragenden Brennan.

Mit Pistolen fängt man keine Männer / La ragazza con la pistola ∗∗

I 1967 – 110 Min. – R: Mario Monicelli. D: Monica Vitti, Stanley Baker, Carlo Giuffré.

Krimi. Ein junger Sizilianer, Gastarbeiter in Schottland, hat bei einem Heimaturlaub ein Mädchen entehrt; als sie die Stunde der Rache gekommen sieht, hat sich alles, nicht zuletzt sie selbst, verändert; nuancenreicher Film mit einem temperamentvollen Star (Vitti).

Mit roher Gewalt / The Spoilers ∗ ½

USA 1955 – 80 Min. – R: Jesse Hibbs. D: Anne Baxter, Jeff Chandler, Rory Calhoun, Ray Danton.

Western. Ein Melodram aus dem hohen Alaska um Goldminen, Intrigen und Saloonschlangen. Schwächste Verfilmung des Romans von Rex Beach; bereits 1942 mit John Wayne, Randolph Scott und Marlene Dietrich unter dem Titel »Stahlharte Fäuste« besser in Szene gesetzt.

Mit stahlharter Faust / Man Without a Star ∗∗∗

USA 1955 – 85 Min. – R: King Vidor. D: Kirk Douglas, Jeanne Crain, Claire Trevor, William Campbell, Richard Boone.

Western. Ein klassischer Rinderbaron-Western um Farmer, Viehzüchter, Weideland und Stacheldraht. Natürlich gibt es handfeste Prügeleien, und Cowboy Kirk Douglas als Vormann der großen Ranch gerät mitten hinein, schlägt sich aber rechtzeitig auf die richtige Seite.

Mit starrem Blick aufs Geld ∗∗

BRD – 100 Min. – R, B: Helga Reidemeister. D: Hilde Kulbach, Heinz Hönig.

Dokumentarischer Film. Ein alterndes Mannequin, auf jeden Auftrag angewiesen, fürchtet um seinen Marktwert; Analyse einer kritischen Lebenssituation.

Mit verbundenen Augen / Los ojos vendados ∗∗ ½

E 1978 –98 Min. – R: Carlos Saura. D: Geraldine Chaplin, José Luis Gomez, Xavier Elorriaga, André Falcon, Lola Cardona.

Moderner Liebesfilm. Ein Regisseur will ein Stück gegen die Folter inszenieren; die verheiratete Frau, die er liebt, steht politisch unter Druck; anonyme Drohungen sollen die Aufführung verhindern; komplexe Überlagerung von Privatem und Politischem, ein Hauptthema Sauras, schaffen ein vielfach gebrochenes Bild des heutigen Spanien.

Mit Vollgas durch die Hölle / Double Nickles * ½
USA 1978 – 84 Min. – R: Jack Vacek. D: Jack Vacek, Patrice Schubert, Ed Abrams, George Cole.
Karambolagefilm. Daß der Highway für Regelverletzungen da ist, beweist ein blitzanständiger Polizist, der in seiner Freizeit als hochkarätiger Gangster die Gegend unsicher macht. Verfolgungsjagden en masse machen die Handlung dieses im dramaturgischen Getriebe krachenden Actionfilms aus; schwachsinnige Synchronisation.

Mit Vollgas nach San Fernando / Any Which Way You Can **
USA 1980 – 116 Min. – R: Buddy Van Horn. D: Clint Eastwood, Geoffrey Lewis, Ruth Gordon, Sondra Locke.
Fluchtfilm. Wieder schlägt sich Eastwood mit gezielten Schwingern durch illegale Boxkämpfe und durch diese Neuauflage des »Mannes aus San Fernando«. Besonders bei den Gags ist die Zweitverwertung spürbar. Der Secondhandmachart entgeht nur Orang-Utan Clyde, der erstklassige Form hält.

Mitgerissen / Anni difficili ***
I 1948 – 87 Min. sw. – R: Luigi Zampa. D: Umberto Spadaro, Massimo Girotti, Ave Ninchi, Delia Scala.
Zeitbild. Im Sizilien Mitte der dreißiger Jahre gerät eine Beamtenfamilie durch politische Machenschaften und Kriegswirren in Bedrängnis; mit Hilfe von Dokumentaraufnahmen ins Authentische gerückter Film um Alltagsprobleme zur Zeit des Faschismus; mehrere Preise.

Mitgift * ½
BRD 1975 – 96 Min. – R: Michael Verhoeven. D: Senta Berger, Mario Adorf, Helmut Qualtinger, Ron Ely.
Schwarze Ehekomödie. Ein nicht ganz unschuldiges Ehepaar liegt im Streit miteinander um dunkle Punkte in ihrer Vergangenheit. Als die Frau einen neuen Liebhaber präsentiert, beschließt der Ehemann, noch einmal seine Gifttöpfe anzurühren. Krimispaß mit Wendungen, die in ihrer bemühten Originalität bekannt wirken.

Die Mitläufer ***
BRD 1984 – 95 Min. sw. – R: Erwin Leiser, Eberhard Itzenplitz. D: Gisela Fritsch, Klaus Jepsen, Friedrich Wilhelm Bauschulte, Edith Teichmann, Horst Bollmann, Witta Pohl, Karin Baal.
Zeitkritischer Film. Die mit authentischem Archivmaterial kombinierten kurzen Spielszenen illustrieren in hartem Schwarzweiß Furcht und Elend des Dritten Reiches; dabei geht es um das Problem, wie harmlos-normale Menschen »Mitläufer« eines verbrecherischen Systems werden konnten.

Mitternachtsspitzen / Midnight Lace ** ½
USA 1960 – 103 Min. – R: David Miller. D: Doris Day, Rex Harrison, John Gavin.
Thriller. Die Frau eines Londoner Bankers wird von anonymen Morddrohungen gequält. Nervlich am Rand des Wahnsinns, erkennt sie am Ende eine unglaubliche Wahrheit. Rasanter, dramaturgisch exzellent gebauter Spannungskrimi mit einer überraschenden Doris Day.

Die Mitternachtsvenus ** ½
BRD 1951 – 95 Min. sw. – R: Ferdinand Dörfler. D: Theo Lingen, Paul Kempf, Maria Andergast, Hans Schwarz jr., Hubert von Meyerinck.
Komödie. Flott gespielter Filmspaß um einen Schneider mit wunderlichen Einfällen, der nach vielen Flickversuchen doch noch den großen Wurf schafft. Schmunzelfilmchen ohne Höhepunkte, aber mit viel Liebe zum komischen Detail.

Der Mittler / The Go-Between ***
GB 1970 – 110 Min. – R: Joseph Losey. D: Julie Christie, Alan Bates, Dominic Guard, Margaret Leighton, Michael Redgrave.
Zeitkritischer Liebesfilm. Ein 13jähriger Junge lernt im Jahr 1911 auf einem langweiligen Landsitz die Freuden und Schrecken der Liebe kennen und die Loyalitätskonflikte einer morschen Gesellschaft. Losey (»Mr. Klein«) inszenierte diese oberflächlich heitere Geschichte in straff entworfenen Sequen-

zen, mit raschem Erzählfluß und geschickten Schnitten als abgründige Tragikomödie.

Mittsommernacht *
BRD 1970 – 90 Min. – R: Paul May. D: Robert Fuller, Ruth-Maria Kubitschek, Carl Lange, Liane Hielscher.
Heimatfilm. Bauernmelodram vor norwegischer Kulisse; reizlos.

Mittwoch zwischen 5 und 7 / Cléo de cinq à sept ** ½
F 1961 – 90 Min. – R: Agnes Varda. D: Corinne Marchand, Antoine Bourseiller, Michel Legrand, Dominique Davray, Dorothée Blank.
Psychostudie. Eine Chansonette erfährt, daß sie todkrank ist, und entwickelt ein neues Verhältnis zu ihrer Umwelt; ein sensibler Film, detailgenau, mit feinen Zwischentönen; Seelenstudie über eine moderne Frau aus Paris.

Moana / Moana ***
USA 1926 – 75 Min. sw. Stf. – R: Robert Flaherty. D: Laien.
Südseeromanze. Spiel-Dokumentarfilm, wie ihn nur Kinopionier Flaherty (»Nanuk, der Eskimo«) inszenieren konnte. Auf Samoa gedrehte Geschichte eines Insulaners und seiner Familie, in wunderschönen Aufnahmen, mit authentischem Lebenshintergrund, ethnologischer Stimmigkeit und hundertprozentiger Spannung.

Moby Dick / Moby Dick ***
USA 1956 – 111 Min. – R: John Huston. D: Gregory Peck, Richard Basehart, Leo Genn, James Robertson Justice, Harry Andrews, Bernard Miles, Orson Welles.
Walfangepos. Bestmöglicher, wenn auch vergeblicher Versuch, die fast alttestamentarische Größe von Herman Melvilles monumentalem Weltentwurf – gleichnishaft verdeutlicht an der besessenen Jagd des Kapitäns Ahab nach »Moby Dick«, dem weißen Wal – ins Bild zu setzen; hervorragende Besetzung der Chargenrollen.

Die Modellstadt / Magic Town ** ½
USA 1947 – 99 Min. sw. – R: William A. Wellman. D: James Stewart, Jane Wyman, Kent Smith, Ned Sparks, Wallace Ford.
Komödie. Ein Meinungsforscher entdeckt die Stadt, die perfekt dem Volkszählungsdurchschnitt entspricht; doch Systemveränderungen drohen sein Modell zu zerstören; etwas konstruierte Satire auf Seltsamkeiten des »American way of life«.

Moderato cantabile
siehe: Stunden voller Zärtlichkeit

Moderne Zeiten / Modern Times ****
USA 1936 – 83 Min. sw. Ⓥ atlas. – R: Charles Chaplin. D: Charles Chaplin, Paulette Goddard, Henry Bergman, Allan Garcia.
Komödie. Eines Tages flippt der streßgeplagte Fließbandarbeiter Charlie am Arbeitsplatz aus und landet in der Nervenklinik; dort geht das Spiel um entfremdete Arbeit weiter. Klassische Persiflage auf Fortschrittseuphorie.

Modesty Blaise – Die tödliche Lady / Modesty Blaise ***
GB 1966 – 120 Min. – R: Joseph Losey. D: Monica Vitti, Terence Stamp, Dirk Bogarde, Michael Craig.
Agentenparodie. Staragentin Modesty auf der Jagd nach einer Diamantensendung. Als weiblicher Bond quirlt Vitti gefährlich, selbstironisch und augenzwinkernd sexy durch die Szene der bösen Agentenwelt, assistiert von Verrückten, Popbesessenen und Mediengeschädigten. Eine köstliche, manchmal überdrehte, visuell bestechende Parodie auf den 007-Kult der sechziger Jahre.

Mogambo / Mogambo ***
USA 1953 – 112 Min. – R: John Ford. D: Clark Gable, Ava Gardner, Grace Kelly, Donald Sinden.
Abenteuerfilm. Die Frau eines Forschers verliebt sich im afrikanischen Urwald in den attraktiven Tierfänger Clark Gable – die heißblütige Tänzerin Ava Gardner ist damit aber nicht einverstanden. Dramatische Dreiecksgeschichte als Abenteuerfilm in exotischer Umgebung mit faszinierenden Tieraufnahmen. Remake von »Red Dust« (1932); damals spielte Jean Harlow die Hauptrolle.

Mögen sie in Frieden ruhen / Requiescant **
I/BRD 1967 – 90 Min. – R: Carlo Lizzani.

D: Lou Castel, Marc Damon, Pier Paolo Pasolini, Barbara Frey.
Western. Requiescant hat – außer seiner Stiefschwester, die er später im Bordell wiederfindet – als einziger ein Massaker überlebt. Intellektueller Italo – leider nur verstümmelt erhalten.

Mohawk / Mohawk ** ½
USA 1956 – 74 Min. – R: Kurt Neumann. D: Scott Brady, Rita Gam, Neville Brand, Lori Nelson.
B-Western. Ein junger Maler, der das Leben der Indianer studieren will, gerät in einen Aufstand, bei dem er vermittelnd Frieden stiften kann, was ihm die Häuptlingstochter einbringt; solider, sympathischer Indianerwestern mit ausgefallener Handlung.

Mohn ist auch eine Blume / The Poppy Is Also a Flower * ½
USA 1966 – 100 Min. Ⓥ VPS. – R: Terence Young. D: Senta Berger, Stephen Boyd, E. G. Marshall, Trevor Howard, Eli Wallach.
Agentenfilm. Zwei UNO-Drogenfahnder verfolgen eine Ladung Rohopium von Fernost bis an die Côte d'Azur zu den Großhändlern; gutgemeintes, mißlungenes Antidrogenspektakel mit großem Staraufgebot (in Nebenrollen u. a. Marcello Mastroianni, Rita Hayworth, Yul Brynner); der ursprünglich als UN-Antidrogenproduktion geplante Film läßt nur wenig Spannung aufkommen.

Die Mohrenlegende TV-Film
A 1985 – R: Gernot Friedel. D: Olivier Jibidar, Franz Trager, Julia Gschnitzer.
Im Mittelpunkt steht das Schicksal eines Negerkindes, das den Heiligen Drei Königen begegnet und erstaunt feststellt, daß einer davon ein Mohr ist. Verfilmung des Romans von Gertrud Fussenegger.

Mollymauk, der Wunderknabe / Lord Love a Duck **
USA 1965 – 106 Min. sw. – R: George Axelrod. D: Roddy McDowell, Tuesday Weld, Lola Albright, Ruth Gordon.
Komödie. Ein Collegeschüler erfüllt einer etwas beschränkten Mitschülerin alle Wünsche, landet aber selbst wegen seiner »Wundertaten« im Irrenhaus; schwarze Groteske um die Schwierigkeiten, exzentrisch zu sein; ironische Seitenhiebe auf den American way of life.

Der Moloch / Die Eroberung von Mykene / La conquista di Micene * ½
I/F 1963 – 95 Min. – R: Giorgio Ferroni. D: Gordon Scott, Alessandra Panaro, Rosalba Neri.
Kolossalfilm. Gordon Scott als einer der prächtigsten Muskelhelden des Antikfilms ist wie immer schön und stark: Grausamkeiten, Erdbeben – ein Königsdrama aus dem alten Mykene; bombastisch aufbereitet.

Momoko TV-Film
BRD 1989 – 55 Min. sw. – R, B: Peter Zobel. D: Toyo Tanaka, Elizabeth Burnett, Jakob Krebs, Kazuyoshi Doi.
Kritischer Fernsehfilm über Menschen zwischen zwei Kulturen. Am Beispiel einer jungen Japanerin in Deutschland wird vermittelt, wie verschieden die japanische Mentalität von der deutschen ist und welch gravierende Mißverständnisse daraus entstehen können.

Mona Lisa / Mona Lisa **
GB 1986 – 95 Min. – R: Neil Jordan. D: Bob Hoskins, Cathy Tyson, Robbie Coltrane, Michael Caine.
Krimi. Kleinganove gerät in große Verbrecherwelt, die ihn hoffnungslos zermürbt. Der ästhetisch eindrucksvolle, jedoch überinszenierte Film, der satte Bilder und liebeshungrige Menschen vorführt, spielt grandios mit Kinofiktionen, vergißt jedoch darüber seine an die Realität angekoppelte Story.

Der Mönch mit der Peitsche *
BRD 1967 – 85 Min. Ⓥ Videbox. – R: Alfred Vohrer. D: Joachim Fuchsberger, Uschi Glas, Grit Boettcher, Konrad Georg, Claus Holm.
Edgar-Wallace-Film. Giftgas- und »Peitschenmorde«, die von einem kapuzetragenden Finsterling begangen werden, führen einen Inspektor auf die Spur einer bedrohten Erbin; Routinekrimi.

Mönche, Mädchen und Panduren ** ½
BRD 1952 – 85 Min. sw. – R: Ferdinand Dörfler. D: Joe Stöckel, Beppo Brem, Paul Hartmann, Petra Peters, Rudolf Fernau, Erich Ponto.

München-Film. Volkstümlicher Ausstattungsfilm um den Braumeister Barnabas vom Paulanerkloster, der Falschheit entlarvt, Lieben kittet und Panduren in Bierkaskaden untergehen läßt; fröhlich, mit mehreren holzschnittartigen Typenstudien.

Der Mond im Zeichen des Stiers / Moon in Taurus ** ½

CH 1980 – 97 Min. O. in Englisch mU. – R: Steff Gruber. D: Steff Gruber, Wanda Linn Wester, Jack Wright, Bonnie T.

Liebesfilm. Fünf Jahre nach der Trennung besucht ein Mann seine ehemalige Freundin in den USA, um die Beziehung »aufzuarbeiten«. In intensiven Diskussionen entsteht ein interessantes Bild fragiler Gefühle. Ungewöhnlicher, experimenteller und realistischer Film.

Der Mond von Omaha / La lune d'Omaha TV-Film

F 1984 – 83 Min. – R: Jean Marbœuf. D: Jean-Pierre Cassel, Dominique Labourier, Mort Shuman.

Ein GI verliert aufgrund von Weltkriegserlebnissen seine Identität und kehrt auf der Suche nach sich selbst an den Ort des Geschehens zurück; klischeehaft und ohne Spannung.

Das Mondkalb / Way … Way Out ** ½

USA 1966 – 100 Min. – R: Gordon Douglas. D: Jerry Lewis, Connie Stevens, Robert Morley, Dennis Weaver.

Jerry-Lewis-Komödie. Science-fiction-Parodie mit dem Grimassenblödel der sechziger Jahre, der hier im Jahr 1989 eine Liebesaffäre der zwerchfellerschütternden Art erlebt. Für Fans der hartgesottenen, perfekten Klamotte.

Mondkräcker TV-Film

BRD 1983 – 90 Min. – R: Marco Serafini. D: Willi Kowalj, Silke Lähndorff, Eike Schweikardt, Thomas Schücke.

Gernot und Heinz planen eine Alternativreise auf den Mond als Publicitykampagne. Als sie dort ankommen, werden sie nach ihrem Ausweis gefragt, die Bürokratie hat auch dort schon zugeschlagen. Verrückt, heiter, surreal.

Mondscheinserenade / Serenata a la luz de luna **

E 1979 – 85 Min. OmU. – R: Charles Jover, Joseph A. Salgot. D: Jaime Surroca, Ana Roig, Fina Marti.

Gesellschaftskritischer Film. Die spanische High-Society trifft sich bei einer Gartenfete des reichen Alberto. Auf dem Höhepunkt des Festes kommt es zu einem Skandal. Der Film entlarvt kritisch und satirisch die Selbstlügen der »feinen« Gesellschaft.

Monika und die Sechzehnjährigen FLOP

BRD 1975 – 80 Min. – R: Charly Steinberger. D: Liselotte Pulver, Klausjürgen Wussow, Maria Zürer.

Liebesfilm. Belangloses Filmchen um die kokette Lust von vier Internatstöchtern und einen jungen Softie, die sämtlich mit falschen Tönen ihre Gefühle bekunden. Billiges filmisches Spekulationsobjekt.

Monsieur / Monsieur **

F/BRD 1964 – 87 Min. sw. – R: Jean-Paul Le Chanois. D: Jean Gabin, Mireille Darc, Liselotte Pulver, Philippe Noiret.

Starfilm. Jean Gabin in einer Bombenrolle als angesehener Bankier, der ins Wasser gehen will, wieder auftaucht, aber beschließt, sich totzustellen; sein Leben in der Anonymität, als Butler an der Seite seines einstigen Dienstmädchens, beschreibt der humorvolle, mit leiser Menschlichkeit glänzende Film.

Monsieur Cognac / Monsieur Cognac **

USA 1963 – 90 Min. – R: Michael Anderson. D: Tony Curtis, Christine Kaufmann, Larry Storch, Jacques Auchuchon.

Komödie. Ein Jazzmusiker begegnet einem seltsamen Hund und freundet sich mit ihm an. Als auch noch dessen Besitzerin auftaucht, ist das Glück – fast – vollkommen. Im Märchenton erzählte, amüsante Story; sympathisch.

Monsieur Verdoux – Der Heiratsschwindler von Paris / Monsieur Verdoux ** ½

USA 1947 – 109 Min. sw. – R: Charles Chaplin. D: Charles Chaplin, Isobel Elsom, Marilyn Nash, Robert Lewis, Martha Raye, Allison Roddan.

Blaubart-Film. Ein gewissenhafter Bankangestellter wird arbeitslos, muß aber für seine kranke Frau sorgen; er bringt reiche Frauen ums Geld und ins Jenseits. Eine schwarze Komödie mit Biß, aber auch mit Schwächen; elegisch und bitter.

Monsignor / Monsignor ∗∗
USA 1981 – 121 Min. – R: Frank Perry. D: Christopher Reeve, Geneviève Bujold, Fernando Rey, Jason Miller, Joe Cortese, Adolfo Celi, Tomas Milian.
Priesterfilm. Im Zweiten Weltkrieg macht ein Priester eine abenteuerliche Vatikankarriere, indem er serienweise grobe Verstöße gegen sein Gelöbnis aneinanderreiht; ein Film, der wegen der Progression unfreiwilliger Komik zum B-Kultfilm geadelt wurde.

Die Monster des Grauens greifen an / Nankai no daikaiju ∗
J 1971 – 86 Min. – R: Inoshiro Honda. D: Akira Kubo, Atsuko Takahashi, Kenji Sahara.
Science-fiction-Film. Naives Spielzeugkino um einen Wissenschaftler, der auf einsamer Insel von phantastischen Kreaturen angegriffen wird. Konventionelles Drehbuch, tricktechnisch beachtliches Niveau.

Montana / Montana ∗∗
USA 1950 – 76 Min. – R: Ray Enright. D: Errol Flynn, Alexis Smith, Szöke Szakall, Douglas Kennedy.
Western. Ein Schafzüchter löst einen Weidekrieg mit mächtigen Rinderbaronen aus; er bekommt recht und die geliebte Frau; ein unterhaltsamer Film mit sehr speziellem Westernproblem und viel romantischer Haßliebe.

Monte Carlo Rallye / ∗∗ ½
Those Daring Young Men in Their Jaunty Jalopies / Il Rallye di Monte Carlo... e tutta quelle confusione
GB/USA/I/F 1969 – 120 Min. – R: Ken Annakin. D: Tony Curtis, Susan Hampshire, Gert Fröbe, Terry Thomas, Peer Schmidt, Mireille Darc, Bourvil, Jack Hawkins.
Rallyeklamotte. Die »Tollkühnen Männer...« diesmal nicht in fliegenden, sondern in fahrenden Kisten; gagreiche Nonsens-Unterhaltung.

Monte Carlo Story / ∗∗ ½
The Monte Carlo Story
I 1956 – 96 Min. – R: Samuel A. Taylor. D: Marlene Dietrich, Vittorio De Sica, Arthur O'Connell.
Glückspielfilm. Der elegante Graf, nobel, aber bankrott, vermutet Reichtümer hinter der geheimnisvollen Marquise. Eine witzige Romanze vom Roulettetisch, frech, mit brillanten Darstellern.

Monte Cassino / ∗
La battaglia dell' ultimo panzer
I 1968 – 90 Min. – R: José Luis Merino. D: Stan Cooper, Guy Madison, Ruben Rojo, Roberto Maldera.
Kriegsfilm. Ein deutscher Panzerkommandant, von seiner Truppe abgeschnitten, versucht den Durchbruch; unkritisch heroisierend.

Monty – der Millionenerbe / Easy Money ∗∗ ½
USA 1983 – 90 Min. Ⓥ VCL. – R: James Signorelli. D: Rodney Dangerfield, Joe Pesci, Geraldine Fitzgerald, Candy Azzara.
Komödie. Ein ruppiges Kind der Arbeiterklasse muß ein Jahr lang seine typischen Untugenden – Essen, Trinken, Rauchen, Spielen – aufgeben, um eine dicke Erbschaft zu machen. Witziges Lustspiel um ein altes Thema, mit erfrischenden Gags.

Monty Python's – Das Leben des Brian / Monty Python's Life of Brian / The Life of Brian ∗∗∗
GB 1979 – 93 Min. OoU. Ⓥ VCL/Screentime. – R: Terry Jones. D: Graham Chapman, Terry Gilliam, John Cleese, Eric Idle, Terry Jones, Michael Palin.
Komödie. Gagreiche Paraphrase des Lebens Jesu durch das britische Komikersextett Monty Python; von kirchlichen Einsprüchen verfolgte, deftige Groteske; eine dichte Folge nicht immer zimperlicher Gags und Kalauer; für die einen ein Ärgernis, für die anderen respektlose Blödelei mit Hintersinn.

Monty Pythons wunderbare Welt der Schwerkraft / ∗∗∗
And Now For Something Completely Different
GB 1971 – 85 Min. Ⓥ atlas. – R: Ian

McNaughton. D: Graham Chapman, John Cleese, Terry Gilliam, Eric Idle, Terry Jones, Michael Palin, Carol Cleveland.
Satire. Der erste abendfüllende Film der berühmten englischen Komikertruppe bringt eine Revue ihrer besten Sketche – hirnrissig, hinterhältig, vergagt. Schwarzer Humor am Fließband.

Moonlight Sonata / ∗∗
Moonlight Sonata
GB 1937 – 90 Min. sw. – R: Lothar Mendes. D: Ignace Jan Paderewski, Marie Tempest, Charles Farrell, Barbara Greene.
Liebesfilm. Ein prominenter Pianist ist Passagier eines in Schweden notlandenden Flugzeugs; er verliebt sich in eine Adlige; melodramatische Romanze nach bewährtem Muster.

Moonraker – streng geheim / Moonraker ∗∗∗
GB/F 1978 – 126 Min. Ⓥ Warner Home. – R: Lewis Gilbert. D: Roger Moore, Lois Chiles, Michel Lonsdale, Richard Kiel, Desmond Llewllyn, Bernard Lee, Corinne Cléry.
James-Bond-Film. Superagent 007 auf den Spuren des größenwahnsinnigen Raumfahrtgangsters, der den Neuen Menschen plant, und im Kampf gegen den »Beißer«, eine elegische Frankenstein-Paraphrase und -Parodie; gut getimte Action mit überraschenden Wendungen, furiosen Special Effects und Superstunts; Moore groß in Form vor landschaftlichen Traumkulissen und exquisiten Studiosets.

Die Moral der Ruth Halbfass ∗∗
BRD 1972 – 83 Min. – R: Volker Schlöndorff. D: Senta Berger, Helmut Griem, Margarethe von Trotta.
Melodram. Frau eines reichen Industriellen betrügt ihren Mann mit einem Softie. Die Dreierkiste in matten Farben und melancholischen Tönen verdankt dem Spiel der Hauptdarstellerin alles und der Regie Schlöndorffs (»Die Blechtrommel«) wenig.

Mord / Foreign Correspondent ∗∗ ½
USA 1940 – 94 Min. sw. – R: Alfred Hitchcock. D: Joel McCrea, George Sanders, Laraine Day, Herbert Marshall, Albert Bassermann.
Thriller. Ein amerikanischer Reporter wird nach Europa versetzt, das kurz vor Kriegsausbruch steht. Umgehend verstrickt er sich in ein Netz haarsträubender Begebenheiten: Spionage und Gegenspionage, private Intrigen, Mord und Totschlag. Hitchcock inszeniert das als ironischen Thriller, dessen cinematographische Effekte offengelegt sind und dennoch den Nervenkitzel verstärken. Trotz verwirrender Story ein spannender Hitchcock.

Mord à la carte TV-Film
GB – 89 Min. – R: Lou Antonio. D: Peter Ustinov, Faye Dunaway, Lee Horsley, David Suchet, Bill Nighby.
Hercule Poirot überbringt einem Lord die Scheidungswünsche seiner Frau; einen Tag später ist der Lord tot; reizvolle Verfilmung des Agatha-Christie-Romans »Lord Edgwares Tod« mit ironischen Schlenkern.

Mord am Amaghi-Paß TV-Film
J 1979 – 103 Min. – R: Ben Wada. D: Naoko Ohtani, Kan-Emon Nakamura, Shingo Tsurumi, Jukichi Uno.
Nach fünfzig Jahren versucht der Kommissar den Mord an einem Waldarbeiter aufzuklären. Mischung aus Krimi und Psychostudie.

Mord am Pool TV-Film
BRD 1986 – 129 Min. – R: Gerhard Klingenberg. D: Andrea Jonasson, Karl-Michael Vogler, Wolfgang Reichmann, Kurt Beck.
Ein Mann hat in eine gutgehende Maklerfirma eingeheiratet, leistet sich aber gleichzeitig ein Verhältnis mit einer jungen Apothekerin. Mäßige Spannung in diesem glatt konstruierten Durbridge-Krimi.

Mord an der Themse / ∗∗ ½
Murder by Decree
GB/CDN 1978 – 101 Min. – R: Bob Clark. D: Christopher Plummer, James Mason, Donald Sutherland, David Hemmings, Susan Clark, Sir John Gielgud.
Kriminalfilm. Sherlock Holmes und Dr.

Watson auf den Spuren von Jack the Ripper, doch der entpuppt sich als Mystifikation; die »Wahrheit« ist wesentlich schlimmer und löst eine variantenreiche Interpretation der berühmten Mordfälle aus; Plummer/Mason als atypisches Conan-Doyle-Detektivpaar.

Mord an einem chinesischen Buchmacher
siehe: Die Ermordung eines chinesischen Buchmachers

Mord auf Bestellung / Murder on Demand — TV-Film
F 1986 – 80 Min. – R: Abder Isker. D: Alain Mottet, Pascale Audret, Jean-François Rémi, Julia Dancourt.
Als ein Industrieller durch Spekulationen in finanzielle Schwierigkeiten gerät und seine vermögende Gattin ihm die kalte Schulter zeigt, wendet er sich an einen »Auftragsdienst für Verbrechen«. Nach einem Roman von Richard Harris.

Mord auf der Golden-Gate-Brücke / The Golden Gate Murders — ∗∗
USA 1979 – 85 Min. – R: Walter Grauman. D: David Janssen, Susannah York.
Psychokrimi. Filmisches Rätselspiel um einen Priester, der von der Golden-Gate-Brücke stürzt. Mord oder Selbstmord? Der solide inszenierte Film gräbt nach Gründen, ohne allzuviel Tiefe zu erreichen.

Mord auf der Via Veneto / Roma come Chicago — ∗ ½
I 1968 – 120 Min. – R: Alberto de Martino. D: John Cassavetes, Gabriele Ferzetti, Anita Sanders, Nikos Kourkoulos.
Krimi. Ein Gentlemangauner wird von seinem rüden Kollegen in vielfacher Weise enttäuscht und so gereizt, daß Rachegelüste sein Leben bestimmen; gutes Szenarium, schwache Regie.

Mord auf offener Straße / Street Killing — TV-Film
USA 1976 – 70 Min. – R: Harvey Hart. D: Andy Griffith, Bradford Dillman, Harry Guardino, Robert Loggia.
Ein Geschäftsmann wird in New York ermordet, und die Täter werden gefaßt; offensichtlich sind es nur Mittelsmänner, kleine Fische; die großen Haie im Hintergrund stellen 100000 Dollar Kaution, um sie freizubekommen, das macht den Statsanwalt mißtrauisch. Nicht besonders spannender, aber routinierter Pilotfilm einer nicht realisierten TV-Serie.

Mord aus vergangenen Jahren — TV-Film
CDN – 100 Min. – R: Graham Parker. D: Saul Rubinek, Kate Troter, Sharry Flett.
Ein kleiner Schnüffler ermittelt in einer Selbstmordwelle, die sich bald zur Mordflut auswächst. Eine Provinzstadt steht kopf, doch der »Private eye« bleibt kühl.

Mord aus zweiter Hand / An American Dream — ∗∗
USA 1966 – 100 Min. – R: Robert Gist. D: Stuart Whitman, Janet Leigh.
Krimi. Ein kritischer TV-Reporter, bei Machthabern und Bösewichtern unbeliebt, gerät plötzlich in Mordverdacht. Wer dahintersteckt, verrät der gutkonstruierte, passabel gespielte Film. Nach einer Norman-Mailer-Story.

Mord bei 45 Touren / Meurtre en 45 tours — ∗∗
F 1959 – 94 Min. sw. – R: Etienne Périer. D: Danielle Darrieux, Michel Auclair, Jean Servais.
Psychokrimi. Eve verdankt ihre steile Karriere als Sängerin ihrem Mann, der die erfolgreichen Schlager für sie komponiert; trotzdem verliebt sich die Chansonette in ihren jungen Partner Jean. Psychoschocker nach einem Krimi von Boileau-Narcejac.

Mord bleibt Mord / Un meurtre est un meurtre — ∗∗ ½
F/I 1972 – 94 Min. – R: Stéphane Audran, Jean-Claude Brialy, Cathérine Spaak, Robert Hossein.
Krimi. Eine querschnittgelähmte Frau stirbt bei einem Autounfall, ihr zurückbleibender Mann genießt daraufhin das Leben solo; da meldet sich ein Fremder als Vollstrecker des »Auftragsmordes«. Geheimnisvoller Film, mit viel versteckten Andeutungen und überraschenden Wendungen; für Freunde des Mysterykrimis.

Mord für die Vergangenheit / Meurtre pour mémoire — TV-Film
F 1984 – 95 Min. – R: Laurent Heyne-

mann. D: Christine Boisson, Christophe Malavoy, Georges Marchal.
Ein Mann wird auf offener Straße erschossen, doch die Polizei kommt bei ihren Ermittlungen nicht weiter. Überraschend und originell; aus der Reihe »Schwarze Serie«.

Mord im Dorf TV-Film
R – 90 Min. – R: Iosif Demian. D: Dorel Visan, George Negolescu, Luiza Orosz.
In einem abgelegenen Dorf in Rumänien ist ein Mädchen, das im Verdacht stand, Genossenschaftseigentum veruntreut zu haben, in einem Fluß ertrunken. Ein TV-Team begleitet die Untersuchung des Falls, der sich als Mord erweist.

Mord im Fahrpreis inbegriffen / Compartiment tueurs ***
F 1965 – 87 Min. sw. – R: Costa-Gavras. D: Yves Montand, Michel Piccoli, Simone Signoret, Cathérine Allégret, Jean-Louis Trintignant, Charles Denner.
Krimi. Debütfilm des späteren Politthriller-Experten Costa-Gavras (»Z«) um Morde im Liegewagen des Expreß Marseille–Paris und die geheimnisvollen Hintergründe. Straff und spannend und ein Fest für die französische Filmstar-Garde.

Mord im Orient-Expreß / Murder on the Orient Express ***
GB 1974 – 122 Min. – R: Sidney Lumet. D: Albert Finney, Lauren Bacall, Ingrid Bergman, Martin Balsam, Richard Widmark, Jacqueline Bisset, Sean Connery, John Gielgud.
Krimi. Opulente Verfilmung des Christie-Klassikers mit Hercule Poirot, der den Mord an einem biestigen Millionär aufklärt; kammerspielartige All-Star-Produktion mit feinen Charakterstudien; Oscar für die beste Nebenrolle für Bergman.

Mord im Rathaus / Go Fight City Hall – to the Death! **
USA 1979 – 70 Min. – R: E. W. Swackhamer. D: Jack Klugman, Lynette Mettey, Garry Walberg.
Krimi. Pilotfilm der Quincy-Serie um den harten, aber menschlich erfahrenen Gerichtsmediziner Dr. Quincy, der einen Frauenmord gegen alle Fakten aufklären will und seine Spürnase beweist. Unterhaltsames Routinewerk in TV-Machart.

Mord im Savoy
siehe: Savoy-Hotel 217

Mord im Zwiebelfeld – Der schmutzige Handel / The Onion Field ** ½
USA 1979 – 114 Min. – R: Harold Bekker. D: John Savage, James Woods, Franklyn Seales, Ted Danson, Ronny Cox.
Kriminalfilm. Zwei junge Zivilfahnder werden von zwei Gangstern entführt, der eine wird erschossen, dem zweiten gelingt die Flucht; eindrucksvolle Mischung aus Krimi, Thriller und Justizfilm mit hintergründiger, nervöser Spannung.

Mord in Barcelona / Un papillon sur l'épaule ** ½
F 1978 – 90 Min. – R: Jacques Deray. D: Lino Ventura, Nicole Garcia, Paul Crauchet, Jean Bouise, Claudine Auger.
Krimi. Ein harmloser Urlauber wird in einen Mordfall verwickelt und landet in einem Sanatorium, dort tut sich Seltsames; Lino Ventura irrt unbeirrt durch Rätselhaftes.

Mord in Cotswold TV-Film
GB 1984 – 60 Min. – R: Tony Bicat. D: Ian Richardson, Timothy Spall, Laura Davenport.
Ein arabischer Scheich wird in dieser Krimigroteske ermordet, und während der Scotland-Yard-Inspektor ermittelt, gibt es weitere Tote.

Mord in eigener Sache / Columbo – Make Me a Perfect Murder ** ½
USA 1978 – 72 Min. – R: James Frawley. D: Peter Falk, Trish Van Devere, George Skaff.
Krimi. Mark wird nach New York versetzt und macht Schluß mit seiner Liebsten und Assistentin. Das ist ein folgenschwerer Fehler. Doch Columbo rollt die raffiniert konstruierte Geschichte mit Scharfsinn Stück für Stück wieder auf.

Mord in einem hübschen Dorf ** ½
F 1979 – 90 Min. – R: Etienne Périer. D: Victor Lanoux, Jean Carmet, Valérie Mairesse.
Krimi. In einer Kleinstadt verschwindet eine Frau unter rätselhaften Umständen, ihr Mann gerät unter Mordverdacht; prä-

zise Studie sozialer Mechanismen in der französischen Provinz.

Mord in Ekstase
siehe: Ein Doppelleben

Mord in Hollywood / **
Hollywood Story
USA 1951 – 75 Min. sw. – R: William Castle. D: Richard Conte, Julie Adams, Richard Egan.
Krimi. Hollywoodproduzent mietet neues Studio und dreht einen Film über einen alten Mord mit dem Hintergedanken, den Täter von einst zu entlarven. Unterhaltsam, routiniert.

Mord ist kein Altherrensport / Killing 'em Softly * ½
USA 1985 – 85 Min. – R: Max Fischer. D: George Segal, Irene Cara, Clark Johnson, Barbara Cook, Sheena Larkin.
Kriminalfilm. Ein New Yorker Sozialrentner gerät in Rage, als vier jugendliche Nachbarn seinen Hund durch Kokain vergiften; dürftig motivierter Rachekrimi, in dem nur Segal einige Lichtblicke bietet.

Ein Mord liegt auf der Hand TV-Film
BRD 1983 – 90 Min. – R: Ralf Gregan. D: Uwe Friedrichsen, Eva Astor, Rudolf Platte, Harald Leipnitz, Brigitte Horney.
Der Graf von und zu Wutzbach greift zum letzten Mittel, um den finanziellen Ruin seines alten Adelsgeschlechtes abzuwenden – er ehelicht ein Mädchen aus reichem Haus. Das gefällt seiner Geliebten, einer temperamentvollen Nachtklubsängerin, gar nicht. Böse Satire auf die dekadente Aristokratie, nach Motiven von Oscar Wilde.

Mord, mein Liebling / ***
Murder, My Sweet / Farewell, My Lovely
USA 1944 – 92 Min. sw. – R: Edward Dmytryk. D: Dick Powell, Claire Trevor, Anne Shirley, Otto Kruger.
Detektivfilm. Spannende und amüsante Story um eine Gangsterbraut, die ein Exhäftling wie die Stecknadel im Heuhaufen sucht. Klassischer Film der »Schwarzen Serie« (nach Raymond Chandlers »Farewell, My Lovely«), der meist nachts spielt und dessen tiefe Schatten und grelles Seitenlicht auch ein moralisch-ästhetischer Kommentar von Regisseur Dmytryk sind.

Mord mit kleinen Fehlern / *** ½
Sleuth
GB 1972 – 132 Min. – R: Joseph L. Mankiewicz. D: Laurence Olivier, Michael Caine, Margo Channing.
Thriller. Ein erfolgreicher Krimiautor ermordet nach einem elaborierten »Spiel« den Liebhaber seiner Frau; ein Provinzinspektor taucht auf, und das Spiel geht weiter. Enervierendes, raffiniertes Kammerspiel um Demütigung und Haß; voll verblüffender Wendungen und Überraschungen. Herrlich verspielte Dekors und Anthony Schaffners pointierte Dialoge nach seinem Erfolgsstück vollenden das Spiel gescheiter Späße, die erschreckender Ernst werden.

Mord ohne Mörder / **
Murder Without Crime
GB 1950 – 75 Min. sw. – R: J. Lee Thompson. D: Derek Farr, Dennis Price, Joan Dowling.
Krimi. Der Schriftsteller Stephen hat ein Verhältnis mit dem Straßenmädchen Grena. Es kommt zwischen den beiden zu einem unglücklichen Streit mit unübersehbaren Folgen. Ein Erpressungsversuch scheitert in einem Psychothriller von mittlerer Spannung

Mord ohne Mörder / Three Cases of Murder ** ½
GB 1954 – 95 Min. sw. – R: George More O'Ferrall, David Eady, Wendy Toye. D: Orson Welles, Alan Badel, Elizabeth Sellars, John Gregson, Hugh Pryse, Helen Cherry.
Episodenkrimi. Drei unterschiedliche Geschichten, geheimnisvoll und spannend serviert, um drei Morde und null Täter, nach literarischen Vorlagen von Maugham, Halliday und Wilkinson. Exzellente Spannung.

Mord – Sir John greift ein! / Murder ** ½
GB 1930 – 100 Min. sw. – R: Alfred Hitchcock. D: Herbert Marshall, Norah Baring, Phyllis Konstam.
Hitchcock-Krimi. Eine Schauspielerin steht im Verdacht, aus Eifersucht einen Mord begangen zu haben, der Galgen

scheint ihr gewiß, doch Kollege Sir John zweifelt; auf eigene Faust geht er dem Mordfall nach. Das frühe, streng konstruierte Werk aus Hitchcocks englischer Periode beeindruckt durch ironisch-sensible Inszenierungskunst auf engstem Raum und filmische Phantasie; weniger jedoch durch Originalität des Stoffes; in einer deutschen Fassung (»Mary«) spielten Alfred Abel und Olga Tschechowa die Hauptrollen.

Mord über den Wolken / Hostage Flight **

USA 1985 – 92 Min. – R: Steven Hillard Stern. D: Ned Beatty, Barbara Bosson, Jack Gilford, Mitchell Ryan, Kabir Bedi.

Thriller. Terroristen entführen eine Verkehrsmaschine, sind aber nicht auf die Reaktionen der Geiseln vorbereitet; spannendes Luftabenteuer, glatt inszeniert.

Mordbrenner von Arkansas / Welcome to Hard Times **

USA 1966 – 99 Min. – R: Burt Kennedy. D: Henry Fonda, Janice Rule, Keenan Wynn, Janis Paige, Michael Shea, Aldo Ray.

Western. Ein wildgewordener Bandit im Westernnest Hard Times: Kein guter Bürger bietet ihm Paroli. Als er verschwunden ist, werden die Wunden geleckt, doch da kehrt der Mordbrenner zurück. Regisseur Kennedy, ein Routinier in seinem Fach, inszeniert den Film symbolbefrachtet, langsam, am Ende sehr bleihaltig.

Der Mörder ** ½

BRD 1979 – 105 Min. – R, B: Ottokar Runze. D: Gerhard Olschewski, Johanna Liebeneiner, Marius Müller-Westernhagen, Uta Hallant.

Psychokrimi. Als der angesehene Arzt in der holländischen Kleinstadt herausfindet, daß seine Frau einen Liebhaber hat, erschießt er sie und ihn; niemand wagt es, den Doktor als Täter zu verdächtigen, dennoch gerät er immer mehr in die Isolation; nach einem Roman von Georges Simenon.

Mörder ahoi! / Murder Ahoy **

GB 1964 – 89 Min. sw. – R: George Pollock. D: Margaret Rutherford, Lionel Jeffries, Charles Tingwell, Stringer Davis.

Krimi. Margaret Rutherford als Miss Marple in den gewohnt mysteriösen Umständen; diesmal sind Giftmord und ein Polizeileutnant am Galgen angesagt; die Detektivlady kombiniert richtiger als die Polizei und kann sich nur mit Mühe vor den Konsequenzen der Arbeit ihrer intakten grauen Zellen retten. Der Krimispaß entstand nicht nach einem abgeschlossenen Roman von Agatha Christie, sondern nach Motiven aus ihrem Werk, die zwei Drehbuchautoren kompilierten.

Ein Mörder geht vorbei / Un assasin qui passe **

F 1981 – 102 Min. – R: Michel Vianey. D: Jean-Louis Trintignant, Carole Laure, Richard Berry.

Thriller. Ein Mörder mit psychopathischen Neigungen, ein lässiger Kommissar und eine schöne Frau sind die Protagonisten in diesem Psychodrama im Stil der »Schwarzen Serie«; gut gemacht, spannend.

Mörder GmbH / The Assassination Bureau Ltd. ** ½

GB 1969 – 104 Min. – R: Basil Dearden. D: Oliver Reed, Telly Savalas, Diana Rigg, Curd Jürgens.

Krimi. Die Journalistin Sonja kommt auf die Spur eines Vereins, der im Mafiastil Mord auf Bestellung praktiziert; als sie ihre Recherche veröffentlichen will, bekommt sie Ärger. Der spannende Film nach einer Story von Jack London überzeugt mit guter Besetzung und straffer Regie.

Mörder hinter der Tür / Quelqu'un derrière la porte **

F 1971 – 95 Min. – R: Nicholas Gessner. D: Anthony Perkins, Charles Bronson, Jill Ireland, Henri Garcin.

Psychokrimi. Laurence ist Arzt und Neurologe, seine Frau vergnügt sich mit einem Liebhaber, da taucht eines Tages ein Unbekannter auf, der Mann ohne Gedächtnis. Krimiabenteuer mit doppeltem Boden.

Der Mörder meines Bruders / Run, Simon, Run TV-Film

USA 1970 – 70 Min. – R: George McCowan. D: Burt Reynolds, Inger Stevens, Royal Dano.
Unprätentiöse Geschichte eines Papago-Indianers, der nach einem Aufenthalt im Gefängnis zu seinem Stamm zurückkehrt und Rache schwört an dem Mann, der seinen Bruder ermordet hat. Atmosphärisch dicht, an Originalschauplätzen gedreht, überzeugend in der Darstellung.

Mörder ohne Maske / Second Chance ** ½
USA 1953 – 79 Min. – R: Rudolph Maté. D: Robert Mitchum, Linda Darnell, Jack Palance, Sandro Giglio.
Krimi. Eine Gangsterbraut will gegen ihren früheren Lover aussagen und ist ihres Lebens nicht mehr sicher; bei einem Boxer findet sie vorübergehend Schutz. Der knallharte B-Film jongliert mit seinem nicht neuen Thema versiert; gute Besetzung und eine Kamera ohne Hemmungen garantieren Schauwerte. Die 3-D-Film-Effekte des Kinos verschmerzt die Vorführung im Fernsehen ohne Verlust.

Die Mörder sind unter uns ***
D 1946 – 85 Min. sw. – R: Wolfgang Staudte. D: Ernst Wilhelm Borchert, Hildegard Knef, Erna Sellmer, Arno Paulsen.
Nachkriegsfilm. Ein Arzt begegnet im zerstörten Berlin von 1945 einem Kriegsverbrecher, eine liebende Frau hält ihn von beabsichtigter Selbstjustiz ab; erster deutscher Nachkriegsfilm (für die neugegründete, spätere DDR-Filmgesellschaft DEFA); melodramatisch-expressiv fotografierter Trümmerfilm, dessen eindringliches Helldunkel die zwei Möglichkeiten deutscher Vergangenheitsbewältigung visualisiert; ein Meisterwerk.

Mörder-Trio / Three Came to Kill **
USA 1959 – 68 Min. sw. – R: Edward L. Cahn. D: Cameron Mitchell, Lyn Thomas, John Lupton, Steve Brodie.
Krimi. Im Stil der »Schwarzen Serie« heruntergekurbelter semidokumentarischer Gangsterfilm; ein von Killern tödlich verwundeter Diplomat kann noch auf ein Mordkomplott hinweisen: wieder einmal muß das internationale Verbrechersyndikat zerschlagen werden; routiniert.

Der Mörder von Schloß Menliff / Der Dämon und die Jungfrau / La frusta e il corpo * ½
I/F 1963 – 92 Min. – R: John M. Old. D: Daliah Lavi, Christopher Lee, Tony Kendall.
Gruselfilm. Der Fluch über einem alten Schloß, in dem ein junges Mädchen geschändet und in den Tod getrieben wurde, führt zu neuem Nervenkitzel. Regisseur Old (hinter dem Pseudonym verbirgt sich Horror-Altmeister Mario Bava) inszeniert Stimmungen im Zwielicht, vergißt darüber aber das Drehbuch.

Der Mörderclub von Brooklyn * ½
BRD 1966 – 96 Min. – R: Werner Jacobs. D: George Nader, Heinz Weiss, Helga Anders, Heinz Reincke.
Jerry-Cotton-Film. Klischeekrimi um Serienheld Cotton mit Kolportagehandlung und gewohnten Unglaubwürdigkeiten in Milieu und Charakterzeichnung. Für Trivialfilmfans.

Mörderhaie greifen an / Shark's Treasure **
USA 1974 – 89 Min. Ⓥ Warner Home. – R: Cornel Wilde. D: Cornel Wilde, Yaphet Kotto, John Neilson, Cliff Osmond.
Thriller. In der Karibik liegt ein spanisches Schiff mit einem Schatz auf dem Meeresgrund, Abenteurer wollen die Beute haben, doch Killerhaie sind dagegen. Als auch noch entflohene Sträflinge ins Geschehen eingreifen, werden die Fronten immer komplizierter. Interessante Unterwasseraufnahmen eines Second-Unit-Teams in einem soliden, jedoch durchsichtigen Spannungsfilm. Cornel Wilde schrieb auch das Drehbuch.

Der mörderische Professor / Un par de zapatos ** ½
I/E 1975 – 90 Min. – R: Rafael Romero Marchent. D: Ray Milland, Sylva Koscina, Fernando E. Romero, Maria Silva, Franco Giacobini.
Thriller. Der Leiter einer französischen Privatschule schmiedet ein Mordkom-

plott gegen den Mann seiner Geliebten, tötet aber den Killer und sucht den Augenzeugen des Mordes unter seinen Schülern; ein psychologisch subtiler Film um einen Mann, der sich im eigenen Netz fängt; gelungenes Spannungstiming.

Das Mörderschiff / When Eight Bells Toll ✱✱
GB 1971 – 94 Min. – R: Etienne Périer. D: Anthony Hopkins, Robert Morley, Nathalie Delon.
Thriller. Ein Geheimagent auf der Spur von modernen Piraten, die Goldtransporte und ganze Yachten rauben; wenig einfallsreiche Verfilmung eines Romans von Alistair MacLean.

Mörderspinnen / Kingdom of the Spiders ✱✱
USA 1977 – 90 Min. – R: John »Bud« Cardos. D: William Shatner, Tiffany Bolling, Woody Strode.
Science-fiction-Thriller. Superspinnen überfallen eine US-Gemeinde und finden den Widerstand der Einwohner gar nicht gut; gute Special Effects in einem gruseligen Großinsektenfilm.

Mörder-Trio / Three Came to Kill ✱ ½
USA 1958 – 73 Min. – R: Edward L. Cahn. D: Cameron Mitchell, John Lupton, Steve Brodie, Lyn Thomas.
Thriller. Ein gestürzter Staatschef aus Nahost sitzt zwischen allen Stühlen; die USA wollen ihn loswerden, bezahlte Killer kontrollieren die Ausreisewege; die Anfangsspannung verfliegt rasch.

Der Mordfall Marcus-Nelson / Marcus-Nelson Murders ✱✱ ½
USA 1973 – 138 Min. – R: Joseph Sargent. D: Telly Savalas, José Ferrer, Marjoe Gartner, Ned Beatty.
Krimi. Ein junger Schwarzer aus New York gesteht unter Polizeidruck zwei Morde an jungen Mädchen, nur Leutnant Kojak zweifelt an seinem Geständnis. Der zwischen Gerichtssaal und New Yorker Straßenrealität pendelnde Film ermittelt mit viel Milieukolorit und engagierten Tönen die Wahrheit; überzeugende Mischung zwischen TV-Krimi und realistischem Polizeifilm.

Der Mordfall Matteotti / Il delitto Matteotti ✱✱ ½
I 1973 – 120 Min. – R: Florestano Vancini. D: Damiano Damiani, Mario Adorf, Riccardo Cucciolla, Franco Nero, Vittorio De Sica.
Politdrama. Italien 1924: Der Sozialist Matteotti klagt Mussolini an, Terror und Gewalt auszuüben und Wahlergebnisse zu manipulieren – zehn Tage später wird Matteotti ermordet. Kritisches Zeitdokument, spannend inszeniert, mit einem brillanten Franco Nero.

Mordgeschichten / Jeu de massacre ✱ ½
F 1966 – 95 Min. – R: Alain Jessua. D: Claudine Auger, Jean-Pierre Cassel, Michel Duchaussoy.
Komödie. Comicautor trifft naiven, reichen Taugenichts, der in der Welt der Comics lebt; Parodie mit wenig Pointen.

Mordnacht in Manhattan ✱✱
BRD/F 1965 – 83 Min. sw. – R: Harald Philipp. D: George Nader, Monika Grimm, Heinz Weiss, Elke Neidhardt.
Agentenfilm. Eine Schutzgeldbande bedroht Wirte in Manhattan, ein Junge beobachtet einen Mord, Jerry Cotton greift ein; actionreiche Durchschnittsware.

Mordprozeß Hiroshi Ueda ✱✱✱
J 1979 – zweimal 90 Min. (zwei Teile). – R: Yukio Fukamachi, Yoshiyuki Takamatsu. D: Yoshitaka Tanba, Tomisaburo Wakayama, Ensuke Katsube, Sumie Sasaki.
Justizfilm. Ein 19jähriger steht unter der Anklage des Mordes an der Freundin seiner Schwester; die anfangs eindeutigen Zeugenaussagen werden durch Fragen des Verteidigers immer widersprüchlicher; halbdokumentarischer, mit ruhiger Eindringlichkeit fotografierter Film über individuelle Tragödien und ihre Folgen.

Mordsache Dünner Mann / The Thin Man ✱✱ ½
USA 1934 – 93 Min. sw. – R: W. S. Van Dyke. D: William Powell, Myrna Loy, Maureen O'Sullivan, Cesar Romero.
Krimikomödie. Spritziger, unprätentiöser und witziger Film um den smarten

Detektiv im Ausgehanzug. Mit Idealbesetzung und leichthändiger Regie im Screwball-Comedy-Stil serviert. Der beste Film einer Reihe mit Fortsetzungen; nach Dashiell Hammetts Story.

Ein Mordsschwindel / *
True Confession
USA 1937 – 80 Min. sw. – R: Wesley Ruggles. D: Carole Lombard, Fred MacMurray, John Barrymore.
Komödie. Eine notorische Lügnerin gesteht ihrem Mann einen erfundenen Mord; der ist Anwalt und verteidigt nur Unschuldige; an der Grenze zur Peinlichkeit.

Morgen bist du dran / **
The Wild and the Innocent
USA 1959 – 84 Min. – R: Jack Sher. D: Audie Murphy, Sandra Dee, Joanne Dru, Gilbert Roland.
Westernkomödie. Ein junger Fallensteller verliebt sich in ein zwielichtiges Country Girl, beide werden in eine Schießerei verwickelt. In dem routinierten B-Western wird flott gespielt, er bleibt jedoch Durchschnitt.

Der Morgen danach / **
The Morning After
USA 1974 – 78 Min. – R: Richard T. Heffron. D: Dick Van Dyke, Don Porter, Lynn Carlin, Dermott Downs.
Milieukritischer Film. Alkoholiker wird rückfällig: Mit wenigen Worten bezeichnet, scheint das Schicksal des PR-Mannes Lester ein Durchschnittsdrama. Die psychischen, sozialen und körperlichen Konsequenzen zeigt der fürs Fernsehen produzierte Spielfilm mit bestürzender Eindringlichkeit.

Morgen in Alabama ** ½
BRD 1984 – 118 Min. Ⓥ atlas. – R: Norbert Kückelmann. D: Maximilian Schell, Robert Alchini, Lena Stolze, Wolfgang Kieling, Reinhard Hauff.
Zeitkritischer Film. Ernsthafte, sehr glaubwürdige Auseinandersetzung mit dem Rechtsextremismus am Beispiel eines jungen Neonazis, den ein unwilliger Rechtsanwalt verteidigen muß. Nach Kückelmanns eigenem Drehbuch mit deutscher Gegenwart satt getränkter Problemfilm.

Morgen ist ein anderer Tag / Domani è un altro giorno ** ½
I 1950 – 110 Min. sw. – R: Léonide Moguy. D: Pier Angeli, Anna Maria Ferrero, Rina de Liguoro.
Episodenfilm. Drei Frauentragödien werden als Beispiele für Selbstmordversuche als scheinbar letzter Ausweg dargestellt; dezent und eindringlich gespielt.

Morgen siegt Arszlan in Cagnes-sur-Mer TV-Film
BRD – 95 Min. – R, B: Eberhard Scharfenberg. D: Jürgen Brüne, Albert Heins, Curt Reich.
Zwei Spielernaturen reisen an die Côte d'Azur, wo auch im Winter die Pferde laufen. Mit List, Geduld und Sachverstand planen sie den großen Gewinn. Dokumentarische Rennaufnahmen runden den amüsanten Film ab.

Morgen und alle Tage ** ½
USA 1946 – 88 Min. sw. – R: John Berry. D: Joan Fontaine, Mark Stevens, Rosemary DeCamp, Henry »Harry« Morgan, Wally Brown.
Komödie. Nach Ende des Zweiten Weltkriegs hat ein junges Paar mit mancherlei Tücken und Widrigkeiten des Alltags zu kämpfen; heiter-melancholisches Spiel voll Optimismus und Lebensmut.

Morgen war Krieg / Saytra byla vojna ***
UdSSR 1987 – sw. teilw. Farbe OmU. – 95 Min. – R: Juri Kara. D: Irina Tscheretschenko, Julija Tarchowa, Natalja Negoda, Nina Ruslanowa.
Vergangenheitsbewältigung. Die Zeit: 1940. Personen: Schüler und Lehrer eines Gymnasiums. Im Haus von Wika wird Lyrik des verpönten Dichters Jessenin rezitiert, durch eine unbedachte Äußerung von Iskra erfährt es »die Partei«. Wikas Vater wird verhaftet, Wika will sich nicht von ihrem Vater öffentlich lossagen und nimmt sich das Leben. Ein Drama über Fanatismus, Patriotismus, Denunziantentum; die Schrecken des Stalinismus werden lebendig, seine Mechanismen, seine Verschwörungstheorie; am Ende bricht der Weltkrieg aus und eint alle im »Heldentod«.

Morgen werde ich verhaftet ∗∗

D 1939 – 81 Min. sw. – R: Karl-Heinz Stroux. D: Ferdinand Marian, Käthe Dorsch, Gisela Uhlen, Paul Klinger, Paul Dahlke.

Krimi. Zehn Jahre nach dem Mord an einer Künstlerin taucht ein Beweisstück auf, das den Fall neu ins Rollen bringt; ein Kommissar macht nun seltsame Entdeckungen. Der straff konstruierte Krimi deckt auf spannende Weise eine Grundstimmung kurz vor Beginn des Zweiten Weltkriegs auf, die irrationale Angst in der Diktatur, und überführt sie in eine plausible Handlung.

Den Morgen wirst du nicht erleben / Kiss Tomorrow Goodbye ∗∗

USA 1950 – 102 Min. sw. – R: Gordon Douglas. D: James Cagney, Barbara Payton, Helena Carter, Ward Bond, Steve Brodie.

Gangsterfilm. Nach dem Gefängnisausbruch setzt ein psychopathischer Krimineller seine Unterweltkarriere fort. Der Film schildert in Rückblenden seinen Aufstieg und in der Gegenwart seinen Tod, den seine Braut verursacht. Paraderolle für Cagney als Besessener, der sich durch einen spannenden, straffen Film killt.

Morgens um sieben ist die Welt noch in Ordnung ∗∗

BRD 1968 – 100 Min. – R: Kurt Hoffmann. D: Archibald Eser, Gerlinde Lokker, Peter Arens, Werner Hinz.

Komödie. Turbulente Generationskomödie um einen sechsjährigen Jungen und seine munteren Versuche, die Erwachsenenwelt in Frage zu stellen. Als Familiensatire matt, als sentimentales Buben-Großvater-Rührstück gelungen.

Moritz in der Litfaßsäule ∗∗ ½

DDR 1983 – 82 Min. – R: Rolf Losansky. D: Dirk Müller, Dieter Mann, Walfriede Schmitt.

Jugendfilm. Moritz ist in der Schule ein Träumer. Als ihm der Vater Konsequenzen wegen der schlechten Noten androht, versteckt er sich in einer Litfaßsäule seiner Phantasie; vergnüglicher Film für junge Menschen.

Moritz, lieber Moritz ∗∗ ½

BRD 1978 – 90 Min. – R: Hark Bohm. D: Michael Kebschull, Kyra Mladeck, Walter Klosterfelde, Kerstin Wehlmann.

Jugendfilm. Ein Fünfzehnjähriger ärgert sich; seine Eltern sind pleite, der Mathelehrer nervt, Oma darf nicht sterben, wann sie will; ein Film von zupackendem Witz, der Kinder ernst nimmt.

Morlove TV-Film

BRD 1987 – 70 Min. – R, B: Samir Jamal Aldin. D: Michael Hüttner, Anke Schubert, Ev Aldendorff.

Intelligenter, eigenwilliger Videofilm, der sich, von einem rätselhaften Mordfall ausgehend, zum Verwirrspiel um Sprache entwickelt, sowohl der gesprochenen als auch der Sprechblasensprache der Comics und der Bildsprachen von Film und Fernsehen.

Mortadella / La mortadella ∗∗

I/F 1971 – 98 Min. – R: Mario Monicelli. D: Sophia Loren, William Devane, Luigi Proletti, Breeson Carroll.

Komödie. Eine glutäugige Italienerin versucht eine gewaltige Mortadella durch den Zoll in New York zu bringen – das Hochzeitsgeschenk für ihren Papagallo. Ulk, Verwicklungen, Karambolagen am laufenden Band.

Moses und Aaron ∗∗ ½

BRD/A 1975 – 105 Min. sw. – R: Jean-Marie Straub, Danièle Huillet. D: Günter Reich, Louis Devos, Werner Mann, Eva Csapo.

Filmoper. Den Auszug des Volkes Israel aus Ägypten und die Auseinandersetzung zwischen Moses und Aaron um die Verkündigung des einzigen Gottes thematisiert dieses formal strenge Werk der Avantgarde nach einer Oper von Arnold Schönberg.

Motorpsycho – Wie wilde Hengste / Motorpsycho ∗∗

USA 1965 – 74 Min. sw. – R, B: Russ Meyer. D: Haji, Holle K. Winters, Sharon Lee, Arshalouis Aivazian.

Rockerfilm. Drei »Lederjacken« rasen auf ihren Feuerstühlen durchs Land und verbreiten außer Abgas Angst und Schrecken. Ein Arzt nimmt ihre Spur auf und stellt den Rest des Trios in der Steppe. Meyer (»Im tiefen Tal der Superhexen«) inszenierte das als erotisch dampfende Treibjagd.

Motten im Licht ** ½

CH 1986 – 90 Min. – R, B: Urs Egger. D: Renée Soutendijk, Patrick Bauchau, Ivan Desny.

Kriminalfilm. Ein Gelegenheitsgauner umschwärmt eine attraktive, rätselhafte Blondine wie eine Motte das Licht; allmählich bemerkt er, daß die Nähe dieser Frau Gefahr bedeutet; ein exzellent fotografierter, sanfter Thriller.

Moulin Rouge / Moulin Rouge ***

GB 1952 – 117 Min. – R: John Huston. D: José Ferrer, Zsa Zsa Gabor, Colette Marchand, Suzanne Flon.

Künstlerbiographie. Das Schicksal des verkrüppelten Malers vom Montmartre, der im Alkohol Trost suchte. Ein Straßenmädchen wird ihm zum Verhängnis, ein Plakat macht ihn weltberühmt. José Ferrer wirkt exotisch-fremdartig als Henri Toulouse-Lautrec; der Titelsong von Georges Auric wurde ein Welterfolg – der Film bekam fünf Oscars.

Mount St. Helens – Der Killervulkan / St. Helens – der tödliche Berg / St. Helens ** ½

USA 1981 – 93 Min. – R: Ernest Pintoff. D: Art Carney, David Huffman, Cassie Yates, Albert Salmi, Ron O'Neal.

Katastrophenfilm. Mitte 1980 häufen sich die Anzeichen für einen Ausbruch des Vulkans St. Helens; trotz aller Warnungen spitzen sich die Ereignisse verhängnisvoll zu; solider, halbdokumentarischer Katastrophenbericht mit einem hervorragenden Carney.

Movie, Movie / Movie Movie ***

USA 1978 – 107 Min. – R: Stanley Donen. D: George C. Scott, Trish Van Devere, Red Buttons.

Hollywood-Parodie. Ein Jurastudent verdient als Boxer das Kleingeld für die Augenoperation seiner Schwester, und ein Provinzmädchen steigt zum Revuestar auf. Themen dieser trivialen Art benutzten Hollywood-Rührstücke vor allem im Film der 30er Jahre serienmäßig; die intelligente Parodie darauf liefert Regisseur Stanley Donen mit liebevollem Blick, effektvoller Anteilnahme und Anleihen beim alten Kintopp.

Mozart Brothers / Bröderna Mozart ** ½

S 1986 – 105 Min. OmU. – R: Suzanne Osten. D: Etienne Glaser, Philip Zanden, Henry Bronett.

Groteske. Die Mozart-Oper »Don Giovanni« wird geprobt, und die Experimentierfreudigkeit des Regisseurs sowie die Spiellust einiger Darsteller sind ungestüm; die Folge: ein Aufführungschaos der schönsten Art. Der witzige Film hat den Pfiff der Marx-Brothers aus Hollywoods feinster Komödienküche und dazu einen Schuß schwedischer Melancholie; sehr erfrischend.

Die Mücke **

BRD 1954 – 102 Min. sw. – R: Walter Reisch. D: Hilde Krahl, Gustav Knuth, Margot Hielscher, Bernhard Wicki.

Krimi. Ein Agentenfilm mit Hilde Krahl als verkrachte Spionin, die von Konsul Gustav Knuth in Madrid engagiert wird, um seine Frau zu bespitzeln. Thriller auf deutsch.

Der müde Tod ***

D 1921 – 108 Min. sw. Stf. – R: Fritz Lang. D: Lil Dagover, Walter Janssen, Hans Sternberg, Bernhard Goetzke, Rudolf Klein-Rogge.

Phantastischer Film. Ästhetisch vollendeter früher Stummfilm Langs (»Metropolis«) um die Begegnung eines jungen Liebespaares mit dem Unheimlichen. Ein Höhepunkt des expressionistischen deutschen Films. Mit dieser Regiearbeit gelang Fritz Lang der künstlerische Durchbruch.

Die Mühle am Po / Il mulino del Po ***

I 1948 – 100 Min. sw. – R: Alberto Lattuada. D: Carla del Poggio, Jacques Sernas, Mario Beseti, Nino Pavese.

Liebesfilm. Müllerstochter liebt Bauernsohn, doch schwere wirtschaftliche Sorgen überschatten das Glück des Paares. Ende des 19. Jahrhunderts angesiedelt, beschreibt dieser poetische, Landschaft und Leute als eigenständige Größen mit einbeziehende Film auch die Probleme der Landbevölkerung im faschistischen Italien. Episch und im Detail genau.

Die Mühle im Schwarzwäldertal FLOP

BRD 1953 – 102 Min. – R: Hermann Kugelstadt. D: Edith Mill, Fritz Rasp, Ruth Lommel, Beppo Brem.

Heimatfilm. Der Schwarzwald als Klinik: Jeder ruiniert sich, wie er kann, bis die Idylle in diesem untauglichen Beitrag zur Heimatpflege doch siegt.

Müllers Büro ∗∗

A 1985 – 101 Min. Ⓥ VCL. – R, B: Niki List. D: Christian Schmidt, Andreas Vitasek, Barbara Rudnik.

Krimiparodie. Ein abgebrannter Wiener Privatdetektiv erhält von »Ingrid Bergman«, die aussieht wie Lauren Bacall, einen schwierigen Auftrag; die Parodie auf Hollywoods Helden der schwarzen Serie schwankt zwischen gelöster Fröhlichkeit und Mittelmaß.

Die Mumie / The Mummy ∗∗∗

USA 1932 – 70 Min. – R: Karl Freund. D: Boris Karloff, Zita Johann, David Manners, Arthur Byron.

Gruselfilm. Der deutsche Exil-Kameramann Freund (»Metropolis«) fing in außergewöhnlichen Sequenzen die Geschichte eines altägyptischen Untoten und seiner vergeblichen Versuche ein, die neokolonialistische Ausplünderung der Heiligtümer durch snobistische Engländer zu vereiteln. Ein Fest für stimmungsvollen Grusel und für Fans des seelenvollen Monsterdarstellers Karloff.

Münchhausen in Afrika / Unser Pauker ist der Beste ∗ ½

BRD 1957 – 80 Min. – R: Werner Jacobs. D: Peter Alexander, Anita Gutwell, Gunther Philipp, Franz Muxeneder.

Lustspiel. Peter Alexander auf Safari im Schwarzen Erdteil; er engagiert zwei Ganoven als Großwildjäger und wird um ein Haar mit einer Häuptlingstochter verheiratet; billige Klamotte mit schönen Tier- und Landschaftsaufnahmen.

Münchnerinnen ∗∗ ½

D 1944 – 85 Min. sw. – R: Philipp Lothar Mayring. D: Gabriele Reismüller, Hans Holt, Oskar Sima, Heli Finkenzeller, Adolf Gondrell, Annie Rosar, Margarethe Haagen.

Komödie. Zwei lebenslustige Münchnerinnen geraten in Liebeslust und -leid, und zum Schluß endet alles in Frohsinn; viel Lokalkolorit in Ernst von Salomons Bearbeitung des Romans von Ludwig Thoma, dessen Motive von einem Leierkastenmann paraphrasiert werden.

Die Mündung vor Augen / Under the Gun ∗∗

USA 1950 – 81 Min. sw. – R: Ted Tetzlaff. D: Richard Conte, Audrey Totter, John McIntire.

B-Krimi. Ein nicht ganz Unschuldiger geht für zwanzig Jahre ins Arbeitslager und nutzt jede Gelegenheit zur Flucht. Mit kleinem Etat, viel Improvisationstalent, handwerklichem Geschick, auf den Punkt inszenierter Handlung, aber wenig Phantasie abgedrehter Routine-Gefängnisfilm des »B-Picture«-Spezialisten Tetzlaff.

Murder, My Sweet ∗∗ ½

USA 1944 – 95 Min. sw. OmU. – R: Edward Dmytryk. D: Dick Powell, Claire Trevor, Anne Shirley, Otto Kruger.

Detektivfilm. Spannende und amüsante Story um eine Gangsterbraut, die ein Exhäftling wie die Stecknadel im Heuhaufen sucht. Klassischer »Film noir« (nach Raymond Chandlers »Farewell, My Lovely«), der meist nachts spielt und dessen tiefe Schatten und grelles Seitenlicht auch ein moralischer Kommentar von Regisseur Dmytryk (»Crossfire«) sind. 1975 Remake mit Robert Mitchum: »Farewell, My Lovely«.

Die Murmel TV-Film

BRD 1982 – 65 Min. – R: Bruno Voges. B: Christine Nöstlinger. D: Irmgard Först, Brigitte Mira, Rosemarie Gerstenberg, Hans Richter.

Eine wunderkräftige Murmel ändert das Leben dreier grantiger älterer Schwestern; aggressive Story mit Hintersinn.

Murphys Gesetz / Murphy's Law ∗∗ ½

USA 1986 – 93 Min. Ⓥ VMP/Cannon/VMP. – R: J. Lee Thompson. D: Charles Bronson, Kathleen Wilhoite, Carrie Snodgress, Robert F. Lyons.

Thriller. Ein alternder, trunksüchtiger Polizist findet sich plötzlich auf der falschen Seite des Gesetzes; unter Mordverdacht jagt er den wirklichen Täter; gewalttätiger Actionreißer, konsequent inszeniert und gespielt.

Der Murtenläufer / Ce fleuve qui nous charrie — TV-Film

CH – 90 Min. – R: Raymond Vonillamoz. D: Jean-Luc Bideau, François Germond.
Ein beruflich und privat gescheiterter Mann nimmt an einem Langlauf teil, um zu beweisen, daß er durchhalten kann. Sport als sozialer Leistungsnachweis und Widerstandsakt.

Musik in Salzburg — * ½

D 1944 – 90 Min. sw. – R: Herbert Maisch. D: Willy Birgel, Lil Dagover, Hans Nielsen, Hans Olden.
Komödie. Heitere Liebesgeschichte vor dem Hintergrund der Salzburger Festspiele; routinierte Unterhaltung.

Musik, Musik und nur Musik — **

BRD 1955 – 90 Min. – R: Ernst Matray. D: Inge Egger, Walter Giller, Suzy Miller, Lonny Kellner.
Musikfilm. Ernsthafter Komponist nagt am Hungertuch, seine Frau verjazzt seine Musik mit Riesenerfolg. Der pfiffige, melodische Filmspaß weiß über sein Thema ein erfrischendes Liedchen zu singen.

Musikparade — **

BRD 1956 – 85 Min. sw. – R: Géza von Cziffra. D: Peter Alexander, Bibi Johns, Georg Thomalla.
Schlagerfilm. Zwischen Rock'n'Roll und Wirtschaftswunder placiert, bietet der muntere Film einen begabten Peter Alexander, gutes Big-Band-Blech (Kurt Edelhagen) und eine seichte Verwirrliebschaft, die durch Bibi Johns ansehnlich wird.

Musketier mit Hieb und Stich / Les mariés de l'an II — **

F/R/I 1970 – 98 Min. – R: Jean-Paul Rappenau. D: Jean-Paul Belmondo, Marlène Jobert, Laura Antonelli, Michel Auclair, Sami Frey.
Abenteuerfilm. Ein junger Abenteurer gerät im Frankreich der Revolutionszeit zwischen alle Fronten und zwei Frauen; Belmondo setzt sich in einer schier endlosen Kette von Fecht- und Prügelszenen gekonnt in Szene.

Muß das sein, Fräulein? / Made In Heaven — **

GB 1952 – 99 Min. – R: John Paddy Carstairs. D: Petula Clark, Sonja Ziemann, David Tomlinson, A.E. Matthews, Charles Victor, Ferdy Mayne.
Komödie. In einer britischen Kleinstadt wählt eine Jury das Ehepaar des Jahres; ein ungarisches Dienstmädchen bringt die Siegespläne einer ehrgeizigen Schwiegermutter und eine Familienidylle an den Rand des Scheiterns; neben witzigen Gags und originellen Charakterstudien viel Leerlauf.

Muß i denn zum Städtele hinaus — **

BRD 1962 – 105 Min. Ⓥ Taurus. – R: Hans Deppe. D: Vico Torriani, Barbara Frey, Monika Dahlberg, Erik Schuman.
Musikfilm. Ein Expeditionsarzt kehrt heim und verliebt sich in eine Gastwirtin; schwungvoller Schlagerfilm, einer der besten des singenden Gastronomen Torriani.

Muß man sich gleich scheiden lassen? — *

BRD 1953 – 88 Min. sw. – R: Hans Schweikart. D: Hardy Krüger, Ruth Leuwerik, Tilda Thamar, Hans Söhnker, Fita Benkhoff.
Liebesfilm. Rennfahrersgattin verteidigt, am Ende erfolgreich, ihre Ehe gegen eine Rivalin; schablonenhaftes Schnülzchen nach einem Boulevardstück des Regisseurs.

Müssen Männer schön sein? / 40 gradi sotto il lenzuolo — *

I 1975 – 83 Min. – R: Sergio Martino. D: Aldo Maccione, Sydne Rome, Tomas Milian, Edwige Fenech, Enrico Montesano, Barbara Bouchet.
Episodenfilm. Drei (»Der eifersüchtige Othello«, »Die feurige Cavallona«, »Ein teurer Flirt«) von eigentlich vier Sexepisoden à la Italia; inzwischen wird auch die Vier-Episoden-Version gesendet; geschmacklos.

Die Müßiggänger / I vitelloni — ** ½

I 1953 – 102 Min. sw. – R: Federico Fellini. D: Alberto Sordi, Franco Fabrizi, Franco Interlenghi, Leopoldo Trieste, Ricardo Fellini.
Kleinstadtsatire. Heiter-melancholische Milieustudie, die mit dezentem Witz und milder Ironie den Alltag von fünf »Kälbern« (vitelloni), jungen Nichtstuern, in Szene setzt; die karge Handlung wird durch hervorragendes Timing aller Abläufe und Vorgänge überspielt.

Mustang / Mustang **

USA 1973 – 87 Min. – R: Roy Edward Disney. D: Charles Baca, Flavio Martinez.
Tierfilm. Der Hengst Pechudo muß im Mexiko des Jahres 1880 viele Kämpfe bestehen, bevor er Leittier seiner Herde wird. Im Ranchersohn Julito findet er in diesem spannenden Disney-Tierfilm mit schönen Dressurszenen einen zweibeinigen Freund.

Der Musterknabe * ½

A 1963 – 89 Min. sw. – R: Werner Jacobs. D: Peter Alexander, Conny Froboess, Gunther Philipp, Theo Lingen.
Lustspiel. Das Kuddelmuddel entsteht dadurch, daß Peter Alexander als Firmenchef noch einmal die Schulbank drückt, um seinem jüngeren Bruder zu helfen. Eine kuriose Doppelrolle für den beliebten Star, der zum Lehrerschreck wird.

Mutiny

siehe: Meuterei auf dem Piratenschiff

Mutter und Tochter – ein liebevoller Krieg / **

Mother and Daughter – the Loving War

USA 1980 – 96 Min. – R: Burt Brinckerhoff. D: Frances Sternhagen, Tuesday Weld, Kathleen Beller.
Generationsfilm. Intensiv gespieltes, melodramatisches Kammerspiel um eine ganz normale Haßliebe; mit locker gesetzten, aber beeindruckenden Wahrheiten über den emotionalen Kreislauf der Mutterrolle.

My Wicked, Wicked Ways TV-Film

USA 1985 – 120 Min. OoU. – R: Don Taylor. D: Duncan Regehr, Barbara Hershey, Darren McGavin, Lee Purcell.
Adaption der erfolgreichen Autobiographie von Errol Flynn, die nicht ohne Ironie den geschmäcklerischen Habitus von Hollywoods legendärem Draufgänger ins Bild setzt; Regehrs wohlmeinende Präsenz als Flynn-Verschnitt erklärt den zierlich-feinnervigen Charme des unbekümmerten Stars und Schürzenjägers besser als die platte TV-Dramaturgie des Films.

Der mysteriöse Dr. Lao / ** ½

The Seven Faces of Dr. Lao

USA 1963 – 95 Min. – R: George Pal. D: Tony Randall, Barbara Eden, John Ericson, Noah Beery jr.
Fantasyfilm. Das Eintreffen des geheimnisvollen, skurrilen alten Chinesen Lao verändert eine Westernstadt; in vielen Rollen stiftet der merkwürdige Zirkusmann Gutes; faszinierender Gauklerklamauk mit einem exzellenten Komödianten Randall.

Mystery Street ** ½

USA 1950 – 94 Min. OmU. – R: John Sturges. D: Ricardo Montalban, Sally Forrest, Bruce Bennett, Jan Sterling.
Thriller. Der Mörder: ein angesehener weißer Mann der Mittelschicht, der sein Flittchen aus dem Weg räumt, als es ihm unbequem wird. Der Polizist: Angehöriger einer ethnischen Minderheit. »Film noir«, der die Klischees umdreht. Die Kamera fängt bizarre Details ein, der Film von Sturges (»Die glorreichen Sieben«) verpackt mutig Sozialkritik.

N

N. N. ** ½

BRD 1968 – 70 Min. sw. – R: Ottomar Domnick.

Experimentalfilm. Einzig reale Person ist der Off-Sprecher; selbst die Hauptperson erscheint nicht im Bild: ein Architekt, der den staatlichen Auftrag für ein Gefängnis der Zukunft erhielt; Zweifel an seiner Arbeit werden assoziativ ins Bild gesetzt; eindrucksvoll.

Na, Liebling, wie wär's mit uns? / I Will, I Will ... For Now ** ½

USA 1975 – 102 Min. – R: Norman Panama. D: Elliott Gould, Diane Keaton, Paul Sorvino, Victoria Principal.

Komödie. Nach erfolgloser Ehe haben sich Les und Katie ebenso erfolglos scheiden lassen. Parodistisches über Untreue, Frigidität und die »Vorzüge« einer Sexklinik; mit frechen Dialogen.

Nach der Party TV-Film

GB 1984 – 95 Min. – R: Charles Sturridge. B: Stephan Poliakoff. D: Ian Holm, Helen Mirren, Nigel Haves, Celia Gregory.

Ein Angestellter der Sowjetbotschaft gerät wider Willen nach einer Society-Party in London an Mitarbeiter des britischen Außenministeriums und an eine schöne Frau; originell.

Nach der Scheidung TV-Film

BRD 1975 – 105 Min. – R: Peter Beauvais. B: Peter Stripp. D: Marlies Engels, Klaus Barner, Knut Hinz, Renate Küster.

Eine geschiedene Frau mit kleinem Sohn will ihr Leben mit ihrer Mutter zusammen neu und selbständiger ordnen; der Film stellt konsequent und faßbar die Probleme einer neuen Abhängigkeit dar.

Nach einem langen Leben TV-Film

J – 65 Min. – R: Seikoh Iyoda. D: Chisnu Ryu, Aiko Nagayama, Seiya Nakano.

Ein Ehepaar muß sich nach fünfzig Ehejahren zum erstenmal trennen: Die Frau bleibt schwer krank in einem Krankenhaus zurück. Der Film weckt durch behutsame Charakterzeichnung Anteilnahme und Betroffenheit. Nach einer Vorlage von Taichi Yamada.

Nach Mitternacht * ½

BRD 1981 – 89 Min. – R: Wolf Gremm. D: Désirée Nosbusch, Wolfgang Jörg, Nicole Heesters, Marion Kracht, Kurt Weinzierl, Brigitte Mira.

Gesellschaftskritischer Film. Im Frankfurt von 1935 verliebt sich ein junges Mädchen in den Sohn ihrer Tante, die fanatische Nazifrau rächt sich aus Eifersucht; eindrucksvolle Politkolportage nach einem Roman von Irmgard Keun.

Nach Paris der Liebe wegen / To Paris With Love ** ½

GB 1954 – 78 Min. – R: Robert Hamer. D: Alec Guinness, Odile Versois, Vernon Gray, Austin Trevor.

Liebeskomödie. Ein Schotte und sein erwachsener Sohn reisen nach Paris, wo sie jeweils für den anderen eine attraktive bessere Hälfte zu finden hoffen. Ein amouröses Geplänkel rund um den Eiffelturm beginnt; Starvehikel für Guinness, der mit amüsantem Spiel die Fakten des Lebens unterstreicht – aus schottischer Sicht.

Nach Stockholm der Liebe wegen FLOP

BRD/S 1969 – 82 Min. – R: Gunnar Höglund. D: Vera Tschechowa, Harald Leipnitz, Diana Kjaer, Anna-Bella Munther, Lil Terselius.

Komödie. Ein Berliner Soziologiestudent begutachtet in Stockholm die »neue« Moral der Schwedinnen; dümmlich-dreistes Sexfilmchen; verlogen.

Nach Wien ** ½

BRD 1982 – 95 Min. – R: Friedeman Beyer. D: Friedrich Steinhauer, Axel Witte, Edith Schwägerl, Marianne Brandt.

Road Movie. Fritz, genannt »die Nachtigall von Ramersdorf«, ist als Kellner zu schmächtig. Er verliert seinen Job im Hofbräuhaus und geht mit seinem Freund auf eine kurios-gemütvolle Reise mit Hindernissen.

Der Nachbar ∗∗ ½
BRD/CH 1986 – 94 Min. – R: Markus Fischer. D: Rolf Hoppe, Eva Scheurer, Larbi Takiri, Marco Morelli.
Psychokrimi. Ein Bulle wird frühzeitig pensioniert und macht sich mit Rachegelüsten auf die Hatz nach der Ursache dafür: einem marokkanischen Drogenhändler. Der psychologisch fein gestrickte, mit Alltagsgrusel gesättigte Thriller zeigt die sich zum Wahn verdüsternde Polizistenmentalität, bei der schließlich jeder verdächtig ist, als spannendes Lehrstück über menschliche Unfreiheit.

Die nächste Rechnung kommt bestimmt / Utilities ∗∗
USA 1982 – 89 Min. – R: Harvey Hart. D: Robert Hays, Brooke Adams, John Marley, Ben Gordon.
Sozialkritische Komödie. Ein engagierter Sozialarbeiter nimmt einen nervenaufreibenden Kampf gegen einen Energiekonzern auf, der den Armen im Winter den Strom sperrt. Der originelle, mit kritischen Tönen nicht geizende Film zerfasert schnell, imponiert aber dennoch durch sein Tempo.

Nächste Station Paradies / Naeste stop Paradis ∗∗ ½
DK 1980 – 91 Min. – R: Jon Bang Carlsen. D: Karen Lykkehus, Preben Lerdorff Rye, Jessie Rindom, Ole Larsen, Suzette Kempf.
Seniorenliebe. Dagmer, eine alte Dame aus Kopenhagen, lebt ganz in ihren Erinnerungen und läßt ihr Leben vor ihrem inneren Auge noch einmal Revue passieren: wie sie als Tänzerin beim Zirkus arbeitete und als naive Eva beim Theater. Als sie ins Altersheim kommt, erlebt sie noch einmal ein kurzes Glück mit einem Exmajor. Still komponierte Bilder.

Nächstes Jahr, selbe Zeit / Same Time, Next Year ∗∗ ½
USA 1978 – 115 Min. – R: Robert Mulligan. D: Ellen Burstyn, Alan Alda, Ivan Bonar, Bernie Kuby.
Kammerspiel. Doris und George lernen sich 1951 in Kalifornien kennen. Beide sind verheiratet und treffen sich jedes Jahr zur gleichen Zeit wieder, teilen Bett, Erinnerungen, Gedanken. Glänzende Verfilmung des Bühnenstücks von Bernard Slade, das 1975 ein Broadwayhit wurde.

Die Nacht, als Minsky aufflog / The Night, They Raided Minsky's ∗∗ ½
USA 1968 – 94 Min. – R: William Friedkin. D: Jason Robards jr., Britt Ekland, Norman Wisdom, Elliott Gould.
Revuefilm. 1925 kommt die naive Rachel nach New York, weil sie unbedingt Tänzerin werden will. Die burleske Revue präsentiert die Geburtsstunde des Striptease.

Die Nacht aus Blei TV-Film
BRD – 65 Min. – R: Peter Weigl. D: Lubomir Kafka, Magdalena Vasaryová.
Motive des Romans von Hans Henny Jahnn – die Suche nach dem Weg in eine bessere Welt – werden durch Heinz Spoerlis zerdehnte Choreographie angedeutet; eine Choreographie, die an Nijinskys Darstellung in »Nachmittag eines Fauns« erinnert.

Die Nacht der lachenden Leichen / The House in Nightmare Park ∗∗ ½
GB 1973 – 91 Min. – R: Ray Milland. D: Frankie Howerd, Kenneth Griffith, Ray Milland, John Bennett.
Gruselfilm. Ein Schauspieler wird auf ein Schloß geladen, denn er ist der uneheliche Sohn des verstorbenen Schloßherrn; schrille Typen trachten ihm nach dem Leben; routinierte Horrorkomödie mit einigen skurrilen Gags.

Die Nacht der lebenden Toten / Night of the Living Dead ∗∗∗
USA 1968 – 93 Min. sw. auch OoU. – R: Geroge A. Romero. D: Judith O'Dea, Russell Streiner, Diane Jones, Karl Hardman, Keith Wayne.
Horrorfilm. Sieben Menschen auf der (vergeblichen) Flucht vor mörderischen Zombies, denen sechs von ihnen zum

Opfer fallen; der siebte findet einen ironischen, sinnlosen Tod; zunächst als magenumdrehend unappetitliches Gruselspektakel diskriminiert, heute als Kultfilm akzeptierter Schocker, der dem Genre neue Impulse gab.

Die Nacht der tausend Augen / Night Watch ∗∗
GB 1972 – 99 Min. – R: Brian G. Hutton. D: Elizabeth Taylor, Laurence Harvey, Billie Whitelaw.
Horrorfilm. Spannendes Psychodrama um die wohlgeformte, leidenschaftliche Liz Taylor, deren erster Ehemann tödlich verunglückt ist. Auch mit dem zweiten stimmt etwas nicht.

Die Nacht der Wahrheit / The Big Night ∗∗
USA 1951 – 74 Min. sw. – R: Joseph Losey. D: John Barrymore jr., Preston Foster, Howland Chamberlain, Joan Lorring.
Psychogramm. Ein junger Mann muß mit ansehen, wie sich sein geliebter Vater ohne Gegenwehr zusammenschlagen läßt; er spürt den »Täter« auf. Düstere Schilderung einer Familien- und Ehekrise mit unabsehbaren Beschädigungen.

Nacht der Wölfe ∗∗∗
BRD 1981 – 79 Min. Ⓥ atlas. – R: Rüdiger Nüchtern. D: Daniela Obermeier, Karl-Heinz von Liebezeit, Ali Arkadas, Fritz Gattinger, Hans Brenner, Sabine Gundlach.
Rockerfilm. Straßenschlachten zwischen einer deutschen und einer türkischen Jugendbande im Münchner Stadtteil Haidhausen. Gewalt, Ausländerhaß, Vorurteile auf der einen und eine Romeo-und-Julia-Geschichte auf der anderen Seite stehen sich gegenüber; kritische Milieustudie, die die Problematik von unten erfaßt, aus dem Blickwinkel der Jugendlichen.

Die Nacht der Zwölf ∗∗ ½
D 1945 – 84 Min. sw. – R: Hans Schweikart. D: Ferdinand Marian, Elsa Wagner, Dagny Servaes, Mady Rahl, Alice Treff.
Krimi. Ferdinand Marian als Charmeur, Lügner und Heiratsschwindler zieht alle Register; selbst als ihm die Polizei auf die Schliche kommt, halten die Damen anfangs zu ihm; leider hat er einmal einen entscheidenden Fehler gemacht; spannender Mordfall aus der alten Reichshauptstadt.

Die Nacht des Jägers / The Night of the Hunter ∗∗∗
USA 1955 – 93 Min. sw. – R: Charles Laughton. D: Robert Mitchum, Shelley Winters, Lillian Gish, Peter Graves.
Psychothriller. Besessener Wanderprediger, der im Knast Wind von reicher Beute bekommt, heiratet nach der Entlassung die Witwe eines Räubers, ermordet sie und beginnt eine gnadenlose Jagd auf ihre fliehenden Kinder. Laughtons einzige Regiearbeit weist expressionistisch-surreale Elemente auf, präsentiert Mitchum in der beeindruckenden Bösewicht-Rolle und schafft Bilder von starker Suggestivkraft.

Die Nacht gehört uns / The Magnificent Matador ∗∗
USA 1955 – 86 Min. – R: Budd Boetticher. D: Maureen O'Hara, Anthony Quinn, Richard Denning, Manuel Rojas.
Melodram. Ein großer Matador beendet abrupt seine Karriere, und eine schöne Frau sucht dafür eine Erklärung; konventionelles Stierkämpferepos.

Die Nacht hat 1000 Augen / The Night Has A Thousand Eyes ∗∗
USA 1948 – 78 Min. sw. – R: John Farrow. D: Edward G. Robinson, Gail Russell, John Lund.
Psychothriller. Ein Hellseher kann jeden Tod voraussagen, inklusive seines eigenen. Als er von der Polizei »versehentlich« erschossen wird, findet man seine Notiz über sein Ableben in der Manteltasche. Mysteryfilm über den Kreislauf von Liebe, Zufall und Tod mit stark fatalistischer Grundstimmung.

Die Nacht hat viele Augen / Stakeout ∗∗∗
USA 1987 – 115 Min. – R: John Badham. D: Richard Dreyfuss, Emilio Estevez, Madelaine Stowe, Aidan Quinn.
Psychokrimi. Zwei Polizisten beschatten eine junge Frau, deren Exliebhaber aus der Haft entflohen ist; das voyeuristische Versteckspiel bekommt zusätzlichen psy-

chologischen Thrill, als einer der Gesetzeshüter sich in das Mädchen verliebt. Saloppe Dialoge, präzise Zeichnung der Figuren und romantische Action machen aus dem traditionellen Polizeithriller eine einfallsreiche Charakterstudie.

Eine Nacht im Mai **

D 1938 – 80 Min. sw. – R: Georg Jacoby. D: Marika Rökk, Viktor Staal, Karl Schönböck, Oskar Sima, Gisela Schlüter.
Verwechslungskomödie. Marika hat Paprika im Blut und fährt Auto im Karambolagestil; dabei verliert sie den Führerschein und das Gleichgewicht, gewinnt aber bei ihrem Fluchtversuch einen neuen Freund; ein Spaß für Freunde des Wirbelwinds.

Eine Nacht im Sommer TV-Film

F – 110 Min. – R: Jean-Claude Brialy. D: Marina Vlady, Henri Tisot, Maia Simon, Eva Swann, Romain Verlier.
1791 versucht Louis XVI. mit Marie-Antoinette heimlich Paris zu verlassen; er wird erkannt und zurückgebracht; beide werden 1793 hingerichtet; unspektakuläre Verfilmung der historischen Vorkommnisse, in der vor allem Tisot als König überzeugt.

Eine Nacht in Casablanca / A Night in Casablanca ***

USA 1946 – 81 Min. sw. – R: Archie L. Mayo. D: Groucho Marx, Harpo Marx, Chico Marx, Sig Ruman, Lisette Verea.
Marx-Brothers-Groteske. Groucho, Harpo und Chico auf Kampfstation gegen Nazischurken in einem Hotel in Casablanca; die diffuse Story, die den Kultfilm »Casablanca« nicht unbeschädigt läßt, gibt der Phantasie der Brüder viel Spielraum.

Eine Nacht in der Prärie / Gun Man / Blood on the Moon ** ½

USA 1948 – 95 Min. sw. – R: Robert Wise. D: Robert Mitchum, Barbara Bel Geddes, Robert Preston, Walter Brennan.
Western. Ein Siedler durchkreuzt das Doppelspiel eines alten Freundes im Kampf zwischen Farmern und Viehbaronen; actiongeladener Film um die historischen Verteilungskämpfe im Wilden Westen; hart, spannungsreich und illusionslos.

Die Nacht ist jung / Mauvais sang * ½

F 1986 – 115 Min. – R: Léos Carax. D: Denis Lavant, Juliette Binoche, Michel Piccoli, Hans Meyer, Julie Delpy.
Thriller. Ein Komet rast auf die Erde zu, eine tückische Krankheit grassiert. Aber es gibt ein Allheilmittel, der junge Alex will es beschaffen. Utopischer Thrill, große Besetzung und Songs von Aznavour bis Bowie, dazu die Musik von Chaplin u. a. – dennoch bleibt der Film merkwürdig steril, wie nach Rezept hergestellt; gute Ansätze, leider vertan.

Eine Nacht lang Feuerland / E nachtlang Füürland ***

CH 1981 – 93 Min. Schwyzerdütsch mU. – R: Remo Legnazzi, Clemens Klopfenstein. D: Max Rüdlinger, Christine Lauterburg.
Protestfilm. Ein alter 68er erlebt Szenen eines alternativen Bern bei Jugendprotesten für ein autonomes Jugendhaus; sein Vorsatz, einen glatten Schnitt zu machen und nach Feuerland zu emigrieren, erstickt im Alltäglichen; ein überzeugender, authentischer Film über das Verschwinden politischer Ideale.

Die Nacht mit Chandler ** ½

BRD 1979 – 87 Min. – R: Hans Noever. D: Agnes Dünneisen, Rio Reiser, Thomas Schücke, Vania Vilers.
Gangsterfilm. Yvonne bietet 7000 Mark für einen Mordzeugen. Zwei Abstauber locken sie bis an die französische Atlantikküste. Yvonne kapiert endlich, lernt den Uhrenvertreter Chandler kennen – und damit den US-Gangsterfilm der vierziger Jahre.

Eine Nacht mit Susanne / Susan Slept Here **

USA 1954 – 98 Min. – R: Frank Tashlin. D: Debbie Reynolds, Dick Powell, Anne Francis.
Komödie. Polizisten bringen am Weihnachtsabend eine junge Streunerin zu ihrem Freund, einem alleinlebenden Drehbuchautor; der beschließt, sie zu heiraten, um ihr das Gefängnis zu ersparen; seine Absicht, die Ehe annullieren zu lassen, erzeugt Turbulenzen. Routiniertes Lustspiel mit einigen Höhepunkten.

Die Nacht vor dem Galgen / Count the Hours **

USA 1953 – 75 Min. sw. – R: Don Siegel. D: John Craven, Teresa Wright, Macdonald Carey.

Mordfall. Atmosphärisch dichte, aber unglaubhafte Geschichte des Landarbeiters George Braden, der unter Mordverdacht gerät. Um seine schwangere Frau zu schützen, nimmt er die Schuld auf sich.

Nachtblende / L'important c'est d'aimer **

BRD/F/I 1974 – 113 Min. – R: Andrzej Zulawski. D: Romy Schneider, Fabio Testi, Jacques Dutronc, Klaus Kinski.

Melodram. Ein skrupelloser Fotoreporter will aus Liebe einer bis zum Selbstmord des lebensgeschädigten Gatten verheirateten, erfolglosen Schauspielerin zu einer Pornokarriere verhelfen, doch irgendwie geht alles schief, so auch der Film, an dem ein Spezialist für unfreiwillige Komik mitgewirkt haben muß.

Ein Nachtclub für Sarah Jane / It All Came True **

USA 1940 – 97 Min. sw. – R: Lewis Seiler. D: Humphrey Bogart, Ann Sheridan, Jeffrey Lynn, ZaSu Pitts.

Kriminalkomödie. Ein gesuchter Gangster versteckt sich in der Pension zweier schrulliger alter Damen; als es darum geht, der Tochter der einen und deren Freund zu helfen, entwickelt er viel Phantasie; Bogart modifiziert sein »Tough guy«-Image auf amüsante Art.

Nachtdienst TV-Film

BRD 1975 – 60 Min. – R, B: Krzysztof Zanussi, Edward Zebrowski. D: Elisabeth Bergner, Jadwiga Jankowska-Cieslac, Elisabeth Goebel, Sky Dumont.

Eine erkrankte Baronin beschließt, den Rest ihres Lebens im Bett zu verbringen. Sie terrorisiert die Pflegerinnen, bis eine neue Schwester kommt. Ein hintersinniger Film, der vor allem durch Elisabeth Bergners große Schauspielkunst lebt.

Die Nächte der Cabiria / Le notti di Cabiria *** ½

I/F 1957 – 107 Min. sw. – R: Federico Fellini. D: Giulietta Masina, François Périer, Amadeo Nazzari, Franca Marzi, Franco Fabrizi, Dorian Gray.

Melodram. Obwohl ihr Liebhaber sie beinahe in den Fluß stößt und verläßt, glaubt das Freudenmädchen Cabiria immer noch an die Liebe. Eindringlicher Film über die Wünsche und Sehnsüchte einer Frau; poetisch-realistisch in Schwarzweiß.

Die Nächte der Gamiani / Piaceri della contessa... FLOP

F/I 1974 – 85 Min. – R: Rinaldo Bassi. D: Alain Noury, Paul Guers, Denise Roland, Valérie de Tilbourg.

Erotischer Film. Ein Dandy aus Paris verliebt sich unsterblich in eine umschwärmte Dunkelblonde, doch die treibt es mit seinem Freund; daraufhin säuft der Dandy und flirtet hektisch mit anderen Frauen; erotische Nummernrevue ohne Inspiration und Transpiration, vielmehr strohtrocken.

Die Nächte der Würgerin / Cat Girl * ½

USA 1957 – 70 Min. sw. – R: Alfred Shaughnessy. D: Barbara Shelley, Robert Ayres, Kay Callard, Paddy Webster.

Gruselfilm. Leonoras Onkel glaubt, ein Fluch suche seine Familie heim, der die Seele der Sterbenden in ein Tier fahren läßt; als er von einem Leoparden getötet wird, erfaßt Leonora Angst; ihre Jugendliebe, ein Psychiater, versucht zu helfen. Anklänge an »Cat People« von Jacques Tourneur, jedoch ohne dessen Inspiration, machen den langsamen Film zwar spannend, aber nach dramaturgischen Fehlgriffen uninteressant.

Nächte des Grauens / The Plague of the Zombies ** ½

GB 1966 – 90 Min. – R: John Gilling. D: André Morell, Diane Clare, Brook Williams, Jacqueline Pearce.

Horrorfilm. Ein voodookundiger britischer Kolonialoberst schleppt sein böses Wissen nach Cornwall ein; ein Professor, von einem jungen Arzt und dessen Frau gerufen, kommt Beängstigendem auf die Spur; europäisierende Neubelebung des Zombie-Genres in schaurig-schönen Bildern und mit spannenden Gruseleffekten.

Die Nächte einer schönen Frau / Eine Frau aus Paris / A Woman of Paris ***
USA 1923 – 90 Min. sw. Stf. – R: Charles Chaplin. D: Edna Purviance, Adolphe Menjou, Carl Miller, Lydia Knott.
Melodram. Ein Mädchen pendelt zwischen einem Maler und einem Lebemann hin und her und findet, nach tragischen Verstrickungen, zum einfachen Leben. Komplexes, gefühlsstarkes Werk, subtil inszeniert, mit psychologisch einleuchtenden Rollen und einer winzigen Chaplin-Nebenrolle als Gepäckträger.

Nachtfeuer TV-Film
BRD – 104 Min. – R, B: Hans Eberhard Quelle. D: Jürgen Vogel, Dietmar Feigenspan, Julia Beauvais, Renate Kroessner, Ruth Hoffmann.
Der junge Albert träumt davon, Flieger zu werden, landet aber immer wieder auf dem Boden der nüchternen Tatsachen. Der Film erzählt die alltägliche Story des problematisch Heranwachsenden mit fleißigen Anleihen bei Regie-Vorbildern, schafft es jedoch nicht, dramaturgisch stringente Abläufe zu verdeutlichen. Darstellerisch wenig überzeugend, Hauptdarsteller Vogel läuft erst am Ende, im erfolgreichen Bemühen, Zbigniew Cybulskis Abgang in »Asche und Diamant« zu kopieren, zu akzeptabler Leistung auf.

Nachtfracht / Night Freight **
USA 1955 – 78 Min. sw. – R: Jean Yarbrough. D: Forrest Tucker, Keith Larsen, Thomas Comez.
Abenteuerfilm. Ein Mann treibt einen anderen in den Ruin. Dieser baut eine Eisenbahnlinie auf, es kommt erneut zum Kampf. Flotter Actionfilm.

Nächtliche Spiele / Night Games TV-Film
USA 1974 – 78 Min. – R: Don Taylor. D: Barry Newman, Susan Howard, Albert Salmi, Luke Askew, JoAnna Cameron.
Ein neuzugezogener Anwalt verteidigt eine Dame der Gesellschaft einer kleinen Arizona-Stadt gegen Mordverdacht; der Erfolg des durchschnittlichen TV-Krimis ließ ihn zum Pilotfilm der »Petrocelli«-Serie werden.

Nächtlicher Regen in den Bergen von Sichuan / Bashan Yeyu ** ½
VR China 1980 – 80 Min. sw. OmU. – R: Wu Yonggang. D: Li Zhiyu, Zhang Yu, Quiang Ming.
Zeitkritischer Film. Während der Kulturrevolution verhärten sich die Fronten. Die Verbannung eines Dichters in die Provinz nimmt der aufklärerische Film zum Anlaß, Schicksale von Opfern der Unruhen aufzublättern und mit epischen Mitteln mit der Vergangenheit abzurechnen.

Nachtlied eines Hundes *** ½
H 1983 – 150 Min. – R: Gábor Bódy. D: Gábor Bódy, András Fekete, János Derzsi, Marietta Ménes.
Gegenwartsproblemfilm. Ein »falscher« Priester in der ungarischen Provinz lockt die Menschen durch sein unkonventionelles Verhalten aus der Reserve.

Die Nachtmeerfahrt TV-Film
A – 70 Min. – R, B: Kitty Kino. D: Anita Kolbert, Wilfried Scheutz, Christine Jirku.
Phantastisches Fernsehspiel um ein junges Mädchen, dem über Nacht Barthaare zu sprießen beginnen. Lilly verhängt daraufhin den Spiegel, igelt sich ein und verfällt in tiefe Agonie.

Nachts im Grünen Kakadu ** ½
BRD 1957 – 97 Min. – R: Georg Jacoby. D: Marika Rökk, Dieter Borsche, Renate Ewert, Hans Nielsen, Loni Heuser.
Musikfilm. Ein konservatives Tanzinstitut steht kurz vor der Pleite, da vermacht der »Schwarzes-Schaf«-Onkel der Chefin eine verrufene Nachtbar; Marika Rökk singt und tanzt sich keß durch einen Revuefilm, der heute die spießige Moral der »wilden fünfziger Jahre« dokumentiert.

Nachts, wenn Dracula erwacht *
BRD/E/I 1969 – 80 Min. Ⓥ Toppic. – R: Jesus Franco Manera (Jess Franco). D: Christopher Lee, Klaus Kinski, Herbert Lom.
Vampirschocker. Trotz guter Besetzung ein Filmchen, dessen Tricks zu durchsichtig, dessen Spannungsmache zu uninspiriert und dessen Bauten zu wacklig sind.

Wenn dieser Dracula erwacht, kann der Zuschauer ruhig einschlafen.

Nachtschatten ** ½

BRD 1971 – 93 Min. – R: Niklaus Schilling. D: John van Dreelen, Elke Hart, Max Krügel, Ella Timmermann.

Phantastische Romanze. Ein zum Verkauf stehendes Bauernhaus am Moor, irrlichternde Erinnerungen und eine geheimnisvolle junge Witwe sind die beunruhigenden Elemente dieses phantastischen, mit ungewöhnlichem visuellem Ausdruck realisierten, kunstvollen Debütfilms von Schilling (»Rheingold«).

Die nackte Bombe / The Nude Bomb **

USA 1980 – 94 Min. Ⓥ CIC. – R: Clive Donner. D: Don Adams, Sylvia Kristel, Rhonda Fleming, Dana Elcar, Vittorio Gassmann.

Agentenfilmparodie. Der Boß der Organisation KAOS will die Menschheit per Spezialbombe entkleiden; witziger Zeitvertreib mit Liebesgrüßen von James Bond.

Die nackte Bovary * ½

BRD/I 1969 – 90 Min. – R: Hans Schott-Schöbinger. D: Edwige Fenech, Gerhard Riedmann, Peter Carsten, Franco Ressel.

Klamotte. Billige, auf Sex getrimmte Adaption des Romans von Gustave Flaubert, niveaulos und schlecht gespielt; für Freunde unfreiwilligen Humors sehenswert.

Die nackte Carmen / Carmen nada / Carmen, the True Story * ½

GB 1980 – 81 Min. – R: Albert Lopez. D: Pamela Prati, Lorenz Santamaria, Irene Daina, Pierre Rosso.

Erotikfilm. Adaption der Bizet-Oper, die auch die Musik liefert, auf einem nicht allzu hohen Niveau; für Spaßvögel kann der Film vergnüglich sein.

Das nackte Cello – Komm geig mit mir / Il merlo maschio ** ½

I 1971 – 87 Min. – R: Pasquale Festa Campanile. D: Lando Buzzanca, Laura Antonelli, Lino Toffolo, Gianrico Tedeschi.

Sexkomödie. Ein unbegabter, erfolgloser Cellist nervt seine Kollegen; sein Selbstbewußtsein sinkt, doch dann kommt ihm die Idee, die erotische Aura seiner Frau zur Selbstfindung auszubeuten; grelle, bisweilen bösartige Satire auf das ausgeflippte Verhalten von harmlosen Zwangsneurotikern; temperamentvoll inszeniert und gespielt.

Der nackte Dschungel / Wenn die Marabunta droht / The Naked Jungle ** ½

USA 1954 – 95 Min. – R:Byron Haskin. D: Charlton Heston, Eleanor Parker, Abraham Sofaer, William Conrad.

Abenteuerfilm. Eine junge Frau heiratet per Ferntrauung einen Plantagenbesitzer im brasilianischen Urwald; wenig später muß sie mit ihrem Angetrauten gegen eine Invasion roter Ameisen kämpfen; raffinierter, spannender Dschungelschokker.

Die nackte Frau / Nudo di donna **

I/F – 1981 – 99 Min. – R: Nino Manfredi. D: Nino Manfredi, Eleonora Giorgi, Jean-Pierre Cassel.

Liebesfilm. Ein Ehemann hat nach 16 Jahren Ehe die Nase voll und stürzt sich in Abenteuer; als er bei einem Freund eine Aktfotografie sieht, die ihn an seine Frau erinnert, macht er sich auf die Suche nach dem Modell. Der rasante und amüsante Film besticht durch schöne Venedig-Aufnahmen und kesse Dialoge.

Nackte Liebe im heißen Sand FLOP

BRD 1971 – 85 Min. – R: Jerzy Macc. D: Christine Schuberth, Ingrid Steeger.

Klamotte. Ehe die Exschönheitskönigin endgültig zum Pornofilm abwanderte, zeigte sie im Duett mit Ingrid Steeger nur etwas Brust am Strand von Sylt. Dazu werden frische Krabben und lüsterne Männer serviert.

Der nackte Schatten / La passerelle **

F 1987 – 90 Min. – R: Jean-Claude Sussfeld. D: Pierre Arditi, Mathilda May, Jany Holt, Guillaume Souchet.

Psychospiel. Ein Kind stürzt vom Balkon zu Tode, als ein unbekleideter Mann auch noch sein Handtuch verliert. Die Mutter, eine dunkelhaarige Nachtklubtänzerin, lernt diesen Herrn näher kennen; Versteckspiel um Liebe, Schuld und Verdrängung, in prachtvollem Art-deco-Ambiente.

Die nackten Tatsachen / Don't Make Waves ∗∗ ½
USA 1966 – 97 Min. – R: Alexander Mackendrick. D: Tony Curtis, Claudia Cardinale, Sharon Tate, Robert Webber.
Komödie. Ein Hollywoodstarlet richtet im Leben eines armen Schluckers zuerst ein totales Chaos an, doch schließlich kriegen die beiden sich doch; witziger Kommentar zum American way of life und vergnüglicher Ulk mit Hintersinn.

Ein nackter Po im Schnee / La settimana bianca ∗ ½
I 1982 – 82 Min. – R: Mariano Laurenti. D: Annemaria Rizzoli, Gianfranco d'Angelo, Enzo Cannavale, Bombolo, Carmen Russo.
Komödie. Ihre guten Leistungen tragen den Angestellten einer Trikotagenfabrik eine Woche Winterurlaub ein; es geht drunter und drüber; mäßig lustige Sexklamotte mit einigen netten Gags.

Die Nadel / Eye of the Needle ∗∗ ½
GB 1980 – 108 Min. Ⓥ Warner Home. – R: Richard Marquand. D: Donald Sutherland, Kate Nelligan, Christopher Cazenove, John Paul.
Agententhriller. Ein Nazi-Superagent in England strandet auf der Flucht mit wichtigen Informationen an einer schottischen Insel; zwischen dem kalten, gerissenen Agenten und der frustrierten Frau eines schwerbehinderten britischen Exjagdfliegers entspinnt sich ein Liebesmelodram; schauspielerisch überzeugend, exzellent fotografiert.

Nägel mit Köpfen ∗∗ ½
BRD 1983 – 84 Min. – R: Wigbert Wikker. D: Rainer Grenkowitz, Claus Eberth, Karl Lieffen, Susanne Herlet, Bernd Stephan, Klausjürgen Wussow.
Gaunerkomödie. Student Thomas kommt fälschlicherweise als Terrorist ins Gefängnis; ein Großindustrieller mit einem Faible für alte Gemälde und junge Mädchen hat ihn in die fatale Lage gebracht. Thomas inszeniert nach seiner Flucht aus dem Knast einen vergnüglich-bösartigen Rachefeldzug gegen den Bonzen. Gute Gags.

Nahaufnahme / Inserts ∗
GB 1975 – 112 Min. – R: John Byrum. D: Richard Dreyfuss, Jessica Harper, Bob Hoskins, Veronica Cartwright, Stephen Davies.
Melodram. Fünf Personen agieren in einer alten Hollywoodvilla der dreißiger Jahre: Der heruntergekommene Regisseur ist beim Pornofilm gelandet, sein Star stirbt an einer Überdosis Rauschgift; die Frau des Produzenten nimmt ihre Rolle ein. Langweilig.

Der Name der Rose ∗∗∗
BRD/I/F 1986 – 123 Min. Ⓥ Constantin. – R: Jean-Jacques Annaud. D: Sean Connery, Christian Slater, F. Murray Abraham, Helmut Qualtinger, Elya Baskin, Michel Lonsdale, Volker Prechtel, Michael Habeck, Peter Berling, Ron Perlman.
Literaturverfilmung. Im Italien des 14. Jahrhunderts kommt der Franziskanermönch William von Baskerville als kaiserlicher Sonderbeauftragter in ein abgelegenes düsteres Benediktinerkloster, um in einem Disput zwischen Kirche und Staat zu vermitteln; bald geschehen mysteriöse Morde, die William und sein Adlatus Adson von Melk unter Gefahren aufklären. Der Film nach dem Erfolgsroman von Umberto Eco erfuhr europäische Ehrungen; er überzeugt durch die Authentizität des Ambiente, die Suggestivkraft der Figuren und durch eine intelligent aufgebaute Spannung.

Namu, der Raubwal / Namu, the Killer Whale ∗∗
USA 1966 – 85 Min. – R: Laszlo Benedek. D: Robert Lansing, John Anderson, Robin Mattson, Lee Meriwether.
Tierfilm. Der Naturforscher hat den gefährlichen Schwertwal gezähmt und in die heimischen Gewässer gebracht; die Fischer des Dorfes rebellieren gegen das Experiment. Märchenhaftes Abenteuer mit grotesken Elementen.

Nana / Nana ∗∗ ½
F 1926 – 120 Min. sw. Stf. – R: Jean Renoir. D: Cathérine Hessling, Jean An-

gelo, Werner Krauß, Valeska Gert, Claude Autant-Lara.
Melodram. Die kleine Schauspielerin Nana will die feine Dame spielen, hat aber Mißerfolge. Darauf beschließt sie, das horizontale Gewerbe auszuüben, und stirbt an Syphilis. Renoirs dramatische Kolportage (nach Zola) sprüht vor Spielleidenschaft, zeigt interessante, von Autant-Lara, dem späteren Regisseur, entworfene Dekors und serviert hautnahen Realismus.

Nana Akoto / Nana Akoto ***
Ghana 1985 – 91 Min. Englisch mU. – R: King Ampaw, Ingrid Mertner. D: Joe Eyison, Emmanuel Agbinown, Osei Kwabena, Grace Nortey.
Gesellschaftskomödie. Ein schlitzohriger ghanaischer Dorfchief, dem aus Altersgründen vieles, auch das weitere Kinderzeugen, mißlingt, stellt sich mit List und Witz noch einmal den Widrigkeiten des Lebens, freilich nicht den aktuellen. Ein Heimatfilm, der mit derbem Witz ein authentisches Bild des afrikanischen Dorflebens wiedergibt.

Nancy, ein eiskaltes Playgirl / The Big Bounce * ½
USA 1968 – 99 Min. – R: Alex March. D: Leigh Taylor-Young, Ryan O'Neal, Van Heflin.
Jugendproblemfilm. Die junge Heldin, Geliebte ihres Chefs, will nach oben. Freunde sollen ihr dabei helfen. Doch dann erkennt sie ihre Grenzen. Teenagerliebe und Karrieresucht auf amerikanisch; spannend, aber spekulativ.

Nanuk, der Eskimo / Nanook of the North ***
USA 1922 – 65 Min. sw. – R: Robert J. Flaherty. D: Laien.
Ethnographischer Film. Mit Laien in Alaska gedrehter, atemberaubend authentischer Dokumentar-Spielfilm, der zum Vorbild des dokumentarischen Films überhaupt wurde.

Nanu, Sie kennen Korff noch nicht? ** ½
D 1938 – 90 Min. sw. – R: Fritz Holl. D: Heinz Rühmann, Viktor Janson, Franz Schafheitlin, Fritz Rasp.
Komödie. Ein Krimiautor muß erleben, wie die Gestalten seiner Phantasie Wirklichkeit werden. Paraderolle für Rühmann in einem amüsanten, einfallsreichen Lustspiel.

Nanyuma lehnt sich auf / Finzan ** ½
Mali – 94 Min. – R, B: Cheik Oumar Sissiko. D: Diarrah Sanogo, Oumar Namory Keita, Koti.
Zeitkritischer Film. Die alltägliche Tragödie einer jungen Frau aus Afrika, die mit fünfzehn gegen ihren Willen mit einem dreißig Jahre älteren Mann verheiratet wird, zwei Kinder bekommt und nach dem Tode des Gatten einem jüngeren Bruder »zufällt«; sie weigert sich, ihn zu heiraten. Studie über Tradition, Emanzipation und Fortschritt auf dem Schwarzen Kontinent.

Napoleon / Napoléon – vu par Abel Gance *** ½
F 1927 – 240 Min. sw. Stf. – R, B: Abel Gance. D: Albert Dieudonné, Nikolas Koline, Gina Manès, Alexandre Koubitzky, Antonin Artaud.
Historienfilm. Weltgeschichte als Einzelschicksal: Ein patriotisches Heldenlied auf den genialen Feldherrn; das Geschichtsbild ist naiv, doch der Film ein technisches Wunderwerk. Teilweise laufen drei Bilder nebeneinander, reißt die Kamera den Zuschauer in einen Bilderrausch – ein Werk für eine Großleinwand. Das Original wurde von Kevin Brownlow rekonstruiert und von Francis Ford Coppola neu präsentiert.

Napoleon / Napoléon ***
F 1954 – 185 Min. – R: Sacha Guitry. D: Raymond Pellegrin, Sacha Guitry, Michèle Morgan, O. W. Fischer, Maria Schell, Daniel Gélin, Jean Gabin, Orson Welles, Pierre Brasseur, Danielle Darrieux.
Monumentalfilm. Geschichte vom Aufstieg und Fall Napoleons aus der Sicht von Talleyrand; ein Zeitbild von opulenter Farbenpracht, wenig analytisch, aber voller Showeffekte und mit einer ungeheuren Starparade.

Narbengesicht / Cry Vengeance **
USA 1954 – 80 Min. sw. – R: Mark

Stevens. D: Mark Stevens, Martha Hyer, Lewis Martin.
Gangsterfilm. Rachekrimi um einen Gefängnisinsassen, der nach der Entlassung die Leute sucht, wegen deren Untaten er einsaß. Schneller, auf den Punkt inszenierter, knallharter B-Film mit einigen Unglaubwürdigkeiten im Drehbuch.

Die Narbenhand / This Gun for Hire ** ½
USA 1942 – 78 Min. sw. – R: Frank Tuttle. D: Alan Ladd, Veronica Lake, Tully Marshall.
Film-noir-Krimi. Ladd in seinem Debütfilm, ein harter Junge, der an Bogarts Sam Spade erinnert. Zusammen mit dem blonden Engel Veronica Lake, beide wie in Trance spielend, rettet »Babyface« Ladd diesen düsteren Film, dessen naiv patriotische Töne heute unfreiwillig komisch sind. Filmklassiker.

Das Narrenschiff / Ship of Fools ** ½
USA 1964 – 138 Min. sw. – R: Stanley Kramer. D: Vivien Leigh, Simone Signoret, José Ferrer, Lee Marvin, Oskar Werner, Elizabeth Ashley, George Segal, Heinz Rühmann.
Zeitkritischer Film. Aufwendige und starintensive Romanverfilmung nach Katherine Anne Porter über eine Schiffsreise zwischen Vera Cruz und Bremerhaven zu Beginn der Nazi-Ära. Am Beispiel der breit und emotional aufgefächerten Schicksale von Passagieren erfaßt der Filmklassiker die besondere Situation der Epoche. Brillante Einzeldarstellung, nicht zuletzt deswegen geht die Gesamtübersicht manchmal verloren.

Narziß, der unfreiwillige Flieger / Narcisse **
F 1938 – 84 Min. sw. – R: Ayres D'Aguiar. D: Rellys, Monique Rolland, Claude May.
Melodram. Ein naiver junger Mann gerät wider Willen in die Situation, als Militärflieger den Himmel unsicher machen zu müssen, um an eine Erbschaft heranzukommen.

Nashville / Nashville *** ½
USA 1974 – 161 Min. OmU. – R: Robert Altman. D: Keith Carradine, Geraldine Chaplin, Shelley Duvall, Jeff Goldblum, Ronee Blakley, Lily Tomlin, Karen Black, Henry Gibson, Michael Murphy.
Musikfilm. Wahlkampfphrasen eines Präsidentschaftskandidaten, psychische Katastrophen von Country-Stars, Vietnam-Traumata, hektischer Journalismus – das alles und immer wieder Country-Music und ihre Interpreten in einem polyphonen Filmkunstwerk für 24 Hauptdarsteller. Von Altman (»McCabe und Mrs. Miller«) und seiner bewundernswerten technischen Crew zu einem vor allem akustischen Ausnahmefilm komponiert.

Nashville Lady / Coal Miner's Daughter ***
USA 1980 – 120 Min. – R: Michael Apted. D: Sissy Spacek, Tommy Lee Jones, Beverly D'Angelo.
Musikfilm. Ein nach der Autobiographie der Sängerin Loretta Lynn gestalteter Film aus dem Musikmilieu mit Sissy Spacek als Königin der Country-Musik. Beklemmend, dramatisch, eindringlich gestaltet.

Nasser Asphalt **
BRD 1958 – 85 Min. sw. – R: Frank Wisbar. D: Martin Held, Horst Buchholz, Maria Perschy, Gert Fröbe, Heinz Reincke.
Reporterfilm. Ein Nachrichtenhändler gibt einem Exhäftling eine Chance als Sensationsreporter; als der keine Wochenendsensation findet, erfindet er eine; Held und Buchholz in beachtlichen Rollen; packend inszeniert.

Nathalie Granger / Nathalie Granger ***
F 1972 – 85 Min. sw. – R, B: Marguerite Duras. D: Lucia Bosé, Jeanne Moreau, Gérard Depardieu, Luce Garcia-Ville.
Psychostudie. Eine Frau lebt mit zwei Töchtern und einer Freundin ein abgeschottetes, eintöniges Leben; zwei Ereignisse von außen bringen Unruhe; der Film lebt von literarischen Techniken der Autorin/Regisseurin, die herkömmliche Kinosprache und -dramaturgie sprengen oder mißachten.

Naughty Boys / Naughty Boys ** ½
NL 1983 – 100 Min. sw. OmU. – R: Eric

de Kuyper. D: Linda Polan, Rik Roesems, Jack Post, Paul Ruven.
Zeitkritischer Beziehungsfilm. Nach einem Fest treffen sich am folgenden Morgen acht junge Männer, die gekünstelt agieren, um ihre Kommunikationsschwäche zu verbergen. Der präzis beobachtende Film nimmt mit ihrer Sprachlosigkeit auch die Hohlheit der Gesellschaft aufs Korn.

Nazarin / Nazarin ***
MEX 1958 – 94 Min. – R: Luis Buñuel. D: Francisco Rabal, Marga Lopez, Rita Macedo, Ignacio Lopez-Tarsa, Ortelia Guilmain.
Zeitkritische Parabel. Seinem Vorbild Jesus von Nazareth folgend, erlebt ein junger Priester in seinem Einsatz für die Armen eine Odyssee der Leiden; bei Klerus und Behörden stößt der unbequeme Außenseiter auf Ablehnung. Kritische Parabel über christliche Nächstenliebe und Politik; Buñuels Abrechnung mit den heuchlerischen Institutionen der Kirche.

Nebel im Fjord TV-Film
BRD 1987 – 105 Min. – R: Eberhard Itzenplitz. B: Manfred Bieler. D: Hans Korte, Hannes Jaenicke, Rosel Zech, Kjersti Døvigen, Janne Kokkin.
Freie Adaption des Romans »Nebel im Fjord der Lachse« von C. C. Bergius; ein Architekt, ehedem Kriegsberichterstatter, wird auf einer Norwegenreise von seiner Vergangenheit eingeholt. Ein sensibler Film von hintergründiger Spannung; hervorragend Hans Korte.

Nebel jagen * ½
BRD 1983/84 – 67 Min. sw. – R: Nicolas Humbert. D: Philip Gröning, Michael Wogh, Iris Disse.
Problemfilm. Drei Geschwister werden durch undurchsichtige Verstrickungen getrennt und versuchen, wieder zueinanderzufinden; atmosphärisch dicht.

Nebraska / The Rounders ** ½
USA 1964 – 81 Min. – R: Burt Kennedy. D: Glenn Ford, Henry Fonda, Sue Anne Langdon, Hope Holiday.
Western. Spaß um zwei Cowboys, ein störrisches Pferd und die Freuden des knochenbrechenden Rodeos. Gut gemachter, handwerklich versierter, witziger und selbstironischer Western.

Der Neger Erwin ** ½
BRD 1981 – 92 Min. – R: Herbert Achternbusch. D: Herbert Achternbusch, Helga Loder, Annamirl Bierbichler.
Außenseiterfilm. Ein Haftentlassener will aus der Wirtin der Kneipe »Zum Neger Erwin« einen Filmstar machen. Ein Film über das Filmemachen, die Liebe und die Suche nach Glück, auch eine Hommage für Karl Valentin.

Negresco / Negresco**** – Eine tödliche Affäre *
BRD 1967 – 87 Min. – R: Klaus Lemke. D: Ira von Fürstenberg, Gérard Blain, Serge Marquand.
Jet-set-Film. Ein Fotograf versucht sich in den Ritualen der Reichen und Mächtigen zurechtzufinden; dabei kommt er zu Tode. Peinlicher Kitsch.

Neigungsehe **
D 1944 – 88 Min. sw. – R: Carl Froelich. D: Henny Porten, Gustav Fröhlich, Elisabeth Flickenschildt, Käthe Dyckhoff, Grethe Weiser.
Literaturverfilmung. Betti hat heimlich geheiratet, während ihre Mutter ahnungslos eine Annonce aufgibt. Kuriose Geschichten aus dem Alltag und Fortsetzung der »Familie Buchholz«. Nach einem Roman von Julius Stinde. Komödiantischer Ulk.

Die Nelson-Affäre / The Nelson Affair ** ½
GB 1973 – 111 Min. – R: James Cellan Jones. D: Glenda Jackson, Peter Finch, Michael Jayston, Sir Anthony Quayle.
Kostümfilm. Verfilmung der Affäre des britischen Seehelden mit der Skandalnudel, die zur Lady Hamilton aufstieg; gefälliges, halbauthentisches Historienabenteuer in Betten, auf Schiffen und dazwischen.

Neptuns Tochter / Neptune's Daughter ** ½
USA 1949 – 90 Min. – R: Edward Buzzell. D: Esther Williams, Keenan Wynn, Betty Garrett, Ricardo Montalban, Red Skelton, Ted De Corsia, Xavier Cugat und sein Orchester.

Starfilm. Knappe Dialoge und knappsitzende Badeanzüge geben dieser Schwimmoper neben zündender Musik (»Baby, It's Cold Outside«) und klamottiger Situationskomik (Red Skelton) den nötigen Pfiff. Handwerklich perfekte Unterhaltung.

Neros tolle Nächte / ** ½
Mio figlio Nerone
I 1956 – 83 Min. – R: Steno. D: Alberto Sordi, Gloria Swanson, Brigitte Bardot, Georgia Moll, Vittorio De Sica.
Historienfilmparodie. Das berüchtigte Leben des anrüchigen Kaisers aus dem alten Rom parodiert der bizarre Film, unter besonderer Würdigung seines Liebeslebens, teils klamottig, teils subtil mit immer neuen Wendungen. Die Kulissen der Weltgeschichte wackeln, und die vielen Stars tun mit sichtlicher Spielfreude das Ihre dazu; Komödienstadl à la altes Rom mit hervorragend synchronisierten, chaotisch-witzigen Dialogen.

Das Nervenbündel / **
The Prisoner of Second Avenue
USA 1974 – 95 Min. – R: Melvin Frank. D: Jack Lemmon, Anne Bancroft, Gene Saks.
Komödie. Starauftritt Lemmons in einem turbulenten Lustspiel um einen krisengeschüttelten Großstädter, der sich nicht mehr einkriegt. Nach dem Stück von Erfolgsautor Neil Simon.

Die Nervensäge / ** ½
The Gazebo
USA 1959 – 100 Min. – R: George Marshall. D: Glenn Ford, Debbie Reynolds, Carl Reiner.
Krimikomödie. Ein Drehbuchautor, der in seinen Methoden sowenig wählerisch ist wie die Mafia, wird erpreßt. Komödienspezialist George Marshall sorgt für amüsanten Spaß.

Ein Nerz an der Angel / ***
Make Mine Mink
GB 1960 – 100 Min. sw. – R: Robert Asher. D: Terry-Thomas, Athene Seyler, Hattie Jacques, Billie Whitelaw.
Krimikomödie. Eine Bande von Pelzdieben wird unter anderem mit der Frage konfrontiert, ob sich sozial begründetes »wohltätiges Verbrechen« lohnt; eine erfrischende Farce voll skurrilen britischen Humors und irrwitziger Gags.

Nessie, das Monster von Loch Ness **
BRD 1985 – 83 Min. – R: Rudolf Zehetgruber. D: Gerd Duwner, Horst Niendorf, Britta Pohland, Christian Rode.
Jugendfilm. Einem steinreichen Schotten geht die Tochter verloren. »Nessie« zog die Bedauernswerte auf den Grund des Loch Ness; ein Familienstreit um Geld und Gut bricht daraufhin aus; doch womit niemand rechnete, tritt ein: Debbie lebt. Der Film erzählt die Mär amüsant, doch konventionell, im Teeniekauderwelsch und mit netten Effekten.

Das Nest unter den Trümmern der Jahre TV-Film
A 1982 – 90 Min. – R, B: Jörg A. Eggers. D: Roger Schauer, Claudia Zeischka, Kathinka Kaiser, Gerhard Nenning, Gabriele Buch.
Als sie die Sucht ihres 16jährigen Sohns entdeckt, bricht für eine Mutter die heile Welt zusammen; ein akribischer Film über Drogenprobleme und Therapiemöglichkeiten, ohne Klischees und Effekthascherei eindrucksvoll inszeniert.

Nestbruch ** ½
CH 1980 – 90 Min. – R: Beat Kuert. D: Therese Affolter, Anne-Marie Blanc, Michael Maassen.
Zeitkritischer Film. Eine griffig-kritische Parabel; ein deutscher Bildungsbürger verläßt seine Heimat, um in der Schweiz seine Ideale zu verwirklichen; einfühlsam.

Die netten Leute von nebenan / The People Next Door ** ½
USA 1969 – 89 Min. – R: David Greene. D: Eli Wallach, Julie Harris, Deborah Winters, Stephen McHattie.
Problemfilm. Eine Durchschnittsfamilie stellt entsetzt fest, daß ihre Tochter drogenabhängig ist. Ein Film über den Konflikt der Generationen und die auf einer Lebenslüge aufgebaute Moral der Eltern. Thema zeitkritisch – Ausführung eher konventionell.

Network / Network ***
USA 1976 – 121 Min. Ⓥ Warner Home. – R: Sidney Lumet. D: William Holden,

Peter Finch, Faye Dunaway, Robert Duvall, Wesley Addy, William Prince.
Zeitkritischer Film. Bitterböse Satire mit tragischen Tönen auf das nordamerikanische Unterhaltungsfernsehen und seine knochenharten Kämpfe um Einschaltquoten. Die Story um den Moderator, der mit einem höllischen Trick den sinkenden Erfolg seiner Sendung ins Gegenteil verkehrt und das Fernsehstudio auf den Kopf stellt, verarbeitet Erfolgsregisseur Lumet (»Hundstage«) zu einem Filmspiegel, in dem die kommerziellen USA bis zur Kenntlichkeit verzerrt sind.

Das Netz / Das Netz – die Nacht des Mädchenmörders * ½
BRD 1976 – 120 Min. – R: Manfred Purzer. D: Mel Ferrer, Klaus Kinski, Heinz Bennent, Elke Sommer, Susanne Uhlen, Andrea Rau.
Krimi. Ein alternder Schriftsteller mit Problemen beim Schreiben und bei Frauen wird zum pathologischen Mädchenmörder; ein Sensationsreporter nimmt die Spur auf. Trotz Starbesetzung schwach, da klischeehaft und trivialpsychologisch.

Das Netz der tausend Augen / Le secret ** ½
F 1974 – 93 Min. – R: Robert Enrico. D: Jean-Louis Trintignant, Philippe Noiret, Marlène Jobert.
Thriller. Nach seiner abenteuerlichen Flucht aus einer psychiatrischen Klinik findet David Zuflucht bei einem Künstlerehepaar in einem abgelegenen Haus in den Cevennen. Das ergibt eine Ausnahmesituation: Leidet David unter Verfolgungswahn, oder wird er tatsächlich von einer Geheimorganisation gejagt? Raffinierter Actionfilm mit politischem Hintergrund des Regisseurs von »Die Abenteurer«.

Der neue Mann TV-Film
BRD 1990 – 90 Min. – R: Konrad Sabrautzky. B: Thomas Kirdorf. D: Maja Maranow, Gregor Hansen, Dieter Kirchlechner, Edgar Selge.
Der Chef der Eumenia-Versicherung ist von dem Biß, den Ideen und dem Durchsetzungsvermögen des neuen Mitarbeiters Degen beeindruckt; Degen ist in Wirklichkeit eine Frau, die bisher vergeblich einen Job suchte; bunte Travestie als gesellschaftskritisches Puzzle.

Die neuen Herren / Les hommes nouveuax **
F 1936 – 102 Min. sw. OmU. – R: Marcel L'Herbier. D: Harry Baur, Nathalie Paley, G. Signoret, Max Michel, Jean Marais.
Liebesromanze. Ein reich gewordener ehemaliger Hafenarbeiter verliebt sich in eine arme Aristokratin; die Verbindung Neureicher und Altadel entwickelt sich zu einem Spiel mit Haken und Ösen, das der atmosphärisch dichte Film mit Spaß an der psychologischen Finte verfolgt; großartig: Harry Baur.

Die neuen Leiden des jungen W. TV-Film
BRD – 110 Min. – R: Eberhard Itzenplitz. D: Klaus Hoffmann, Leonie Thelen, Hans-Werner Bussinger.
DDR-Generationsfilm, in dem die Alltagsrealität des Sozialismus mit den Idealen der kritischen Generation zusammenprallt – und Opfer fordert. Nach dem rebellischen Roman von Ulrich Plenzdorf, mit einem hervorragenden Hoffmann.

Ein neuer Stern am Himmel / A Star Is Born *** ½
USA 1954 – 154 Min. – R: George Cukor. D: Judy Garland, James Mason, Jack Carson, Charles Bickford.
Melodram. Ein trunksüchtiger Star scheint sich zu fangen, als er eine unbekannte Sängerin zum Star aufbauen kann; intensive Künstlerstudie mit zwei Berühmtheiten des Showgeschäfts auf dem Gipfel ihres Ruhms: Gershwins Musik machte Garland groß.

Neues Abenteuer mit Flipper / Flipper's New Adventure **
USA 1963 – 94 Min. – R: Leon Benson. D: Luke Halpin, Pamela Franklin, Helen Cherry, Brian Kelly.
Tierfilm. Sandy erfährt, daß man ihm seinen Delphin wegnehmen will; er flieht auf eine einsame Insel und macht dort Bekanntschaft mit drei entflohenen Sträflingen. Abenteuer beginnen, die vor allem Flipper Gelegenheit geben, seinen

Verstand zu beweisen; Fortsetzung des Erfolgs »Flipper« (1962); für kindliche Gemüter und Fans des netten Delphins von nebenan; gefilmt auf den Bahamas.

Neues vom Hexer ∗∗

BRD 1965 – 94 Min. – R: Alfred Vohrer. D: Barbara Rütting, Heinz Drache, Klaus Kinski, René Deltgen, Brigitte Horney.

Edgar-Wallace-Krimi. Sowohl Scotland Yard als auch der Hexer sind hinter einem Mörder her, der die Familie eines englischen Lords umbringen will. Trotz Starbesetzung nicht berauschend; solide Unterhaltung.

Neues vom Räuber Hotzenplotz ∗∗

BRD 1979 – 92 Min. – R: Gustav Ehmck. D: Peter Kern, Carsta Löck, Barbara Valentin, Wal Davies, Hans Richter.

Jugendfilm. Zweiter Teil der schelmenhaften Räuberabenteuer (nach »Räuber Hotzenplotz«) mit liebenswerten Untaten, sympathischen Streichen und Allzumenschlichem. Ein netter Film ohne Ekken und Kanten; der Böse als gemütlicher Gartenzwerg.

Neugierig wie ein Kind TV-Film

BRD 1974 – 70 Min. – R: Oswald Döpke. B: Theodor Schübel. D: Rosemarie Fendel, Sabine von Maydell, Günter Strack, Matthias Habich.

Die 17jährige Brigitte entdeckt eines Tages, daß ihre Mutter ein Verhältnis hat; für die Tochter bricht die heile Welt zusammen, sie versucht, die Ehe ihrer Eltern zu retten; subtiles Kammerspiel, schauspielerisch ausgewogen.

9 ½ Wochen / Nine ½ Weeks ∗ ½

USA 1985 – 101 Min. – R: Adrian Lyne. D: Kim Basinger, Mickey Rourke, Margret Whitton, Karen Young.

Moderner Liebesfilm. Eine geschiedene Kunsthändlerin mit beträchtlichem Männerverbrauch gerät an einen Börsenmakler, zu dem sie ein sehr spezielles Verhältnis entwickelt; Sadomasotrip à la Yuppie, Styling als Lebens- und Liebeszustand.

Neun im Fadenkreuz / Sans mobile apparent ∗∗ ½

F/I 1971 – 95 Min. – R: Philippe Labro. D: Jean-Louis Trintignant, Dominique Sanda, Sacha Distel, Stéphane Audran, Paul Crauchet, Erich Segal.

Thriller. Vor der Kulisse von Nizza gedrehter, atmosphärisch dichter, doch recht stilisierter Polizeifilm um einen Inspektor mit (auch) privaten Rachemotiven; sehenswert Stéphane Audrans sparsamste Darstellungskunst.

Neun Stunden zur Ewigkeit / Nine Hours to Rama ∗∗ ½

USA 1962 – 125 Min. – R: Mark Robson. D: Horst Buchholz, José Ferrer, Valerie Gearon, Don Borisenko, Robert Morley, Diane Baker, J.S. Casshyap.

Historienfilm. Rekonstruktion des tödlichen Attentats auf Mahatma Gandhi am 30. 1. 1948; großangelegtes, opulentes Geschichtsbild von eigenartiger Leere; eindrucksvoll Gandhi-Darsteller Casshyap, ein ehemaliger Lehrer ohne Schauspielausbildung.

Die 39 Stufen / The 39 Steps ∗∗∗

GB 1935 – 82 Min. sw. – R: Alfred Hitchcock. D: Robert Donat, Madeleine Carroll, Lucie Mannheim, Peggy Ashcroft.

Spionagekrimi. Richard Hannay gerät wider Willen in die Machenschaften eines Agentenrings und muß quer über die Britische Insel flüchten. Am Ende kombiniert er aus einem Puzzel widersprüchlichster Ereignsise die Lösung und bringt in einem furiosen Finale die Bösen zum Schweigen. Bis es dazu kommt, zieht Hitchcock alle Register seiner »Suspense«-Kunst. Er nutzt perfekt seine Meisterschaft, mit künstlichen Kulissen, realistischen Details und verwirrend durchsichtiger Tricktechnik eine Atmosphäre des Unwirklichen zu schaffen, in der der triviale Plot um so filmwirksamer zur Geltung kommt; ein Meisterwerk des englischen Vorkriegskrimis.

Die 39 Stufen / The Thirty-Nine Steps ∗∗ ½

GB 1978 – 103 Min. – R: Don Sharp. D: Robert Powell, David Warner, Eric Porter, Karen Dotrice, Sir John Mills, Donald Pickering.

Thriller. Nostalgisch-ironisches Remake

des Hitchcock-Klassikers vom Unschuldslamm im Überlebenskampf gegen Agenten und mißtrauische Polizisten; Spannung mit gutem Timing in einem Film von trockenem britischen Humor.

1913 TV-Film
DDR – 95 Min. – R: Horst Drinda. D: Horst Drinda, Carl-Martin Spengler, Katarina Tomaschewsky, Karin Weser.
Der letzte Teil von Carl Sternheims Theatertrilogie »Aus einem bürgerlichen Heldenleben« schildert den Untergang der Aufsteigerfamilie Maske; der Held als Prototyp des Parvenüs unterwirft sich den gesellschaftlichen Regeln der Anpassung bis zum bitteren Ende.

1996 / 1996 ** ½
F 1986 – 87 Min. – R: Marcel Bluwal. D: Bernard-Pierre Dornnadieu, Danièle Lebrun, André Dussolier, Suzanne Flon, Jean-Pierre Malo, Victor Garrivier.
Krimi. Gegen Ende des Jahrtausends fallen höchstgestellte Persönlichkeiten einem Killer zum Opfer; als der bemerkt, daß die »politischen« Attentate der Drogenmafia nützen, fühlt er sich hintergangen und beginnt einen Rachefeldzug; düstere Zukunftsvision.

Nevada Paß / Breakheart Pass **
USA 1975 – 91 Min. – R: Tom Gries. – D: Charles Bronson, Ben Johnson, Jill Ireland, Richard Crenna.
Western. Ein Militärzug bringt Truppen und Medikamente nach Fort Humboldt, unterwegs steigt ein Marshal mit einem Gefangenen zu, der entweichen kann; Bronson als Geheimagent, der Waffen und eine falsche Epidemie enttarnen soll. Krimiwestern nach einem Roman von Alistair McLean.

Nevada Smith / Nevada Smith ** ½
USA 1966 – 120 Min. Ⓥ CIC. – R: Henry Hathaway. D: Steve McQueen, Karl Malden, Raf Vallone, Arthur Kennedy.
Spätwestern. Ein junges Halbblut macht sich auf die Suche nach den Killern seiner Eltern; ein alter Büchsenmacher bringt ihm Lebenswichtiges bei: Lesen, Schreiben, Saufen, Zocken und Schießen; blutiges Drama um Selbstfindung und Selbstjustiz.

New York City Girl / Smithereens ***
USA 1981 – 93 Min. Ⓥ Video Edition. – R: Susan Seidelman. D: Susan Berman, Brad Rinn, Richard Hell, Nada Despotovitch.
New-Wave-Ballade. Nachtklub- und Hintertreppenmilieu in New York: Popmusiker, Nutten, Ausgeflippte, Groupies, Möchtegernkünstler und ein harmloser Junge aus Montana mit Kleinbus bevölkern die Szene, in der das Mädchen Fram in Minirock und billigem Flitter ihren Träumen und Sehnsüchten nachjagt; spielerische Elemente mischen sich mit tragikomischen – ausgezeichnet die Musik. Der erste Film von Susan Seidelman, die mit ihrem zweiten Wurf »Susan... verzweifelt gesucht« einen Komödienhit landete.

New York, New York / New York, New York ***
USA 1977 – 140 Min. – R: Martin Scorsese. D: Liza Minnelli, Robert DeNiro, Lionel Stander.
Musikfilm. Der Saxophonist DeNiro und die Sängerin Minnelli spielen in einer Big Band und heiraten; doch später trennen sich ihre Wege und ihre Karrieren. Melodramatische Jazzsymphonie der großen Big-Band-Ära nach dem Musical »The Man I Love«; authentisch, gesellschaftskritisch.

News TV-Film
BRD 1986 – 120 Min. – R, B: Rainer Erler. D: Birgit Doll, Albert Fortell, Mark Lee, Kitty Myers, Lucia Bensasson.
Science-fiction- und Actionthriller um einen Starreporter auf den Spuren von Atommüll; ein besorgniserregender Bericht über eine Horrorreise in eine strahlende Zukunft; plakativ.

Niagara / Niagara ***
USA 1952 – 86 Min. – R: Henry Hathaway. D: Marilyn Monroe, Joseph Cotten, Jean Peters, Casey Adams, Richard Allen.
Schwarzer Krimi. Eine Ehebrecherin plant den Mord an ihrem Mann, dessen Nerven im Koreakrieg gelitten haben; doch etwas geht schief; böser Film um

Abgründiges mit einer nervtötend präsenten Marilyn Monroe; ein überragender Kameramann (Joe MacDonald) setzt die erotische Ausstrahlung des Stars ebenso eindrucksvoll ins Bild wie die Szenerie des US-Flitterwochenziels Niagara Falls.

Die Nibelungen, Teil 1: Siegfried ✻✻✻ ½

D 1924 – 143 Min. sw. Stf. Ⓥ atlas film + av. – R: Fritz Lang. D: Paul Richter, Margarete Schön, Hanna Ralph, Theodor Loos, Hans Adalbert Schlettow.

Heldensage. Künstlich ausgeleuchtete Kulissen, hochragende Burgen, strenge Bögen und Kostüme, stilisierte Gesten. Am Hof zu Worms wirbt Siegfried um die schöne Burgunderin Kriemhild. Fritz Langs filmische Umsetzung von Heldentaten und -tod des Drachentöters ist reich an Symbolen und Zeichen. Berühmt wurde der Film, in dem Lang bereits seine formale Meisterschaft ausspielt, durch Siegfrieds Ritt durch den Märchenwald.

Die Nibelungen, Teil 2: Kriemhilds Rache ✻✻✻ ½

D 1924 – 161 Min. sw. Stf. Ⓥ atlas film + av. – R: Fritz Lang. D: Paul Richter, Margarete Schön, Gertrud Arnold, Theodor Loos, Rudolf Klein-Rogge.

Heldensage. Die rekonstruierte Fassung dieses Kinoklassikers mit der Originalmusik von Gottfried Huppertz entfaltet in kunstvollen Bildern die Welt der deutschen Heldensagen. Kriemhild verläßt Worms, um Hunnenkönig Etzel für ihre Rache zu gewinnen. Das Werk ist ein Beleg für Langs pessimistische Weltsicht, in der der Mensch als hilfloses Oper dem Schicksal ausgeliefert erscheint. Besonders die beiden »Nibelungen«-Filme brachten Lang die Wertschätzung der Nazis ein, auf die der Regisseur 1933 mit der unverzüglichen Flucht über Frankreich nach Hollywood reagierte.

Nicht fummeln, Liebling ✻✻

BRD 1969 – 87 Min. sw. – R: May Spils. D: Werner Enke, Gila von Weitershausen, Henry van Lyck, Karl Schönböck.

Komödie. Charly liebt das Schwabinger Lotterleben zwischen Nichtstun und Liebesspiel; während seine Kumpels auf die Straße gehen, arbeitet er an flotten Sprüchen, um den Mädels zu imponieren. Die Filmfortsetzung von »Zur Sache, Schätzchen« baut wieder auf Unterhaltung, auf das spontane Spiel von Enke und auf frechen Dialogwitz, erreicht die satirische Schärfe des Vorgängers jedoch nicht; der Protest gegen Biedersinn verpufft zur schlaffen Geste.

Nicht gesellschaftsfähig / The Misfits ✻✻✻

USA 1960 – 118 Min. sw. – R: John Huston. B: Arthur Miller. D: Marilyn Monroe, Clark Gable, Montgomery Clift, Thelma Ritter, Eli Wallach.

Literaturverfilmung. Grandiose Verfilmung der Erzählung von Arthur Millers mit Galabesetzung. Monroes und Gables letzter Film um Liebesglück und Selbstverwirklichung, Lebenslügen und Scheitern. Schauspielerische Kabinettstückchen aller Beteiligten in einem bewegenden, aufrichtigen, humorvollen Melodram.

Nicht jetzt, Darling / Not Now, Darling ✻✻

GB 1972 – 82 Min. – R: Ray Cooney, David Croft. D: Leslie Phillips, Ray Cooney, Moira Lister, Joan Sims.

Komödie. Ein Pelzhändler verspricht der verheirateten Angebeteten einen teuren Pelzmantel und vereinbart zur Täuschung des Gatten einen Sonderpreis; diese Story reicht für sympathische, aber etwas schwunglose Unterhaltung nach einem Boulevardstück.

Nicht jetzt, Liebling / Surrender ✻✻ ½

USA 1987 – 90 Min. – R: Jerry Belson. D: Sally Field, Michael Caine, Steve Guttenberg, Peter Boyle, Julie Kavner, Louise Lasser.

Komödie. Ein nach zwei Ehen frauengeschockter Bestsellerautor stellt sich einer neuen Liebe als armer Poet vor; die Holde wird noch vom Exfreund reklamiert; dialogsichere Liebeskomödie, nett gespielt.

Nicht jugendfrei / Interdit aux moins de 13 ans ✻✻

F 1982 – 84 Min. – R: Jean-Louis Bertuc-

celli. D: Patrick Depeyrat, Sandra Montaigu, Akim Oumaouche, Marylin Even.
Moderner Liebesfilm. Frustrierter junger Fahrer einer Wäscherei schießt eines Tages bei einem Überfall auf die Lohnkasse um sich. Eine junge Frau hat ihn erkannt. Die beiden erleben eine kurze Liebesaffäre. Bis die Polizei kommt. Der realistisch gezeichnete Film mit Krimieinschlag erzählt sein Thema: die soziale Härte des Alltags, dramatisch, aber ohne bildwirksame Regieeinfälle.

Nicht nichts ohne dich ** ½
BRD 1985 – 88 Min. sw. – R, B: Pia Frankenberg. D: Pia Frankenberg, Ilona Ribowski-Bruwer, Klaus Bueb, Alfred Edel, Adelina Almeida, Hark Bohm, Thomas Struck.
Komödie. Stark autobiographische Studie einer Wohngemeinschaft, in der eine ehrgeizige, aber erfolglose Filmemacherin ihr Leben in den Griff bekommen will; sie zieht feministische Filmtheorie und Beziehungskisten im links-alternativen Milieu lakonisch-locker durch den Kakao; im Stil improvisiert, in den Details präzise, witzig, grotesk; die Regisseurin, Autorin und Darstellerin Frankenberg erhielt 1986 den Max-Ophüls-Preis der Stadt Saarbrücken.

Nicht nur zur Weihnachtszeit TV-Film
BRD 1970 – 90 Min. – R: Vojtech Jasny. B: Heinrich Böll. D: Edith Heerdegen, René Deltgen, Peter Ehrlich, Rolf Becker.
Bölls bitterböse Satire über die Familie, die wegen der Marotte einer Tante täglich Weihnachten feiert; hintersinnig inszeniert, glänzend gespielt.

Nicht so schnell, mein Junge / Walk, Don't Run **
USA 1965 – 109 Min. – R: Charles Walters. M: Quincy Jones. D: Cary Grant, Samantha Eggar, Jim Hutton.
Komödie. Dialogsicherer Schnellschußfilm mit dem unvergleichlichen Grant als Manager und hundert Überraschungen im sorgfältig inszenierten Detail.

Nicht so toll, Süßer / Carry On, Regardless FLOP
GB 1960 – 90 Min. sw. – R: Gerald Thomas. D: Sidney James, Kenneth Connor, Joan Sims.
Klamotte. Einige Arbeitslose und ein Beamter eröffnen ein Büro für Gelegenheitsarbeiten, das ungewöhnliche Aufträge annimmt, zum Beispiel Liebhaberbeschaffung für Ehefrauen; dumm und peinlich.

Nicht versöhnt oder: Es hilft nur Gewalt, wo Gewalt herrscht ** ½
BRD 1965 – 50 Min. sw. – R, B: Jean-Marie Straub, Danièle Huillet. D: Henning Harmsen, Karlheinz Hargesheimer, Heinrich Hargesheimer, Ulrich von Thüna.
Böll-Hommage. Im Nachkriegsdeutschland der Adenauer-Ära trifft ein Mann Freunde aus dem Krieg wieder; unbequemer Antiverdrängungsfilm nach Heinrich Bölls Roman »Billard um halb zehn«. Formal außergewöhnlich.

Nicht von schlechten Eltern / Rich Kids ** ½
USA 1979 – 92 Min. – R: Robert M. Young. D: Trini Alvarado, Jeremy Levy, Kathryn Walker, John Lithgow.
Melodram. Zwei Kinder der Upper Class beginnen eine romantische Liebe, als sich die Eltern des Mädchens scheiden lassen wollen. Trotz der Melodramatik humorvoll, originell – mit New Yorker Lokalkolorit.

Die Nichte der O. / Es war nicht die Nachtigall *
BRD 1974 – 88 Min. – R: Sigi Rothemund. D: Sylvia Kristel, Jean-Claude Bouillon, Terry Torday, Ekkehardt Belle.
Sexschnulze. Als ein Oberprimaner endlich ein Opfer für sein erstes Abenteuer hat, muß er sich mit den gleichartigen Interessen seines Playboy-Daddys auseinandersetzen; Bäumchen-wechsle-dich-Lustspielchen auf der Ebene von Softporno-Horizontalen; albern wegen des bemühten Witzes.

Nichts als Ärger / Nothing But Trouble **
USA 1944 – 69 Min. sw. – R: Sam Taylor. D: Stan Laurel, Oliver Hardy, Mary Boland, Philip Merivale, Henry O'Neill.
Dick-und-Doof-Film. Das Komikerduo

als Küchenchef und Butler in der Adelsgesellschaft; nach gewohnten Running Gags retten sie dem Thronfolger das Leben; vergnüglich, ohne den gewohnten Biß.

Nichts als Ärger mit der Liebe * ½

A 1956 – 95 Min. sw. – R: Thomas Engel. D: Sonja Ziemann, Winnie Markus, Victor de Kowa, Walter Giller.

Lustspiel. Im österreichischen Unterhaltungsfilm der fünfziger Jahre gab es bereits so etwas Verwerfliches wie den Partnertausch; in dieser seichten Eheklamotte kommt dann aber doch wieder alles ins richtige Lot.

Nichts als ein Mensch / ***
Nothing But a Man

USA 1964 – 88 Min. sw. OmU. – R: Michael Roemer. D: Ivan Dickson, Abbey Lincoln, Gloria Foster, Julius W. Harris.

Problemfilm. Ein Farbiger in den Südstaaten unterwirft sich nicht der weißen Herrschaft; obwohl rassistischen Attakken, Demütigungen und Intrigen ausgesetzt, bleibt sein Stolz ungebrochen; er läßt ihm allerdings auch keinen Ausweg. Kritischer, unsentimentaler Film über den Rassenkonflikt in den USA; preisgekrönt.

Nichts als Erinnerung TV-Film

A 1974 – 115 Min. – R: Michael Kehlmann. B: Milo Dor. D: Attila Hörbiger, Paula Wessely, Peter Weck, Dagmar Mettler.

Oberhaupt der serbischen Familie, die in den dreißiger Jahren auf ihren Ruin zusteuert, ist Attila Hörbiger. Große Detailgenauigkeit im Milieu, liebevoll gezeichnete Charaktere – da leuchtet der ferne Glanz der alten Donaumonarchie noch einmal auf.

Nichts geht mehr TV-Film

BRD 1988 – 75 Min. – R: Martin Gies. B: Werner Schulte. D: Gerard Krüger, Werner Müller, Judith Rosmair, Alexander Hauff.

Schauplatz: Berlin (West). Männerwohngemeinschaft von drei Typen, von denen zwei Behinderte sind, nimmt ein junges Mädchen als Gast auf. Spritzige Komödie aus dem gewöhnlichen Alltag um geheime Sehnsüchte, Glücksspiel und andere Kunststücke; witzig in Story und Dialog.

Nick Knattertons Abenteuer **

BRD 1958 – 90 Min. sw. – R: Hans Quest. D: Karl Lieffen, Susanne Cramer, Maria Sebaldt, Wolfgang Wahl.

Krimikomödie. Filmvariante um den spitznasigen, gewitzten Comic-Helden der fünfziger Jahre, der messerscharf kombiniert und als Vorläufer von Bond und Co. auch mal draufhaut. Amüsante Verhohnepipelung des Genres, einfallsreich, aber mit Durchhänger.

Nick's Film – Lightning Over Water ***

BRD 1980 – 90 Min. – R: Wim Wenders, Nicholas Ray. D: Nicholas Ray, Wim Wenders, Gerry Bamman, Ronee Blakeley, Tom Farrell, Pierre Cottrel.

Filmbiographie. Die letzten Wochen im Leben des krebskranken Hollywoodregisseurs Ray, festgehalten von seinem Freund Wenders. Ein Film der fiktiven Dokumentation und dokumentarischen Fiktion, phantasievoll, menschlich, quälend eindringlich. Film als Spiegel des Films – und des Lebens – in bewegenden Sequenzen.

Nick sitzt in der Klemme / TV-Film
Terrible Joe Moran

USA 1984 – 97 Min. – R: Joseph Sargent. D: James Cagney, Art Carney, Ellen Barkin, Peter Gallagher.

Der zurückgezogen lebende Exboxchampion Moran bekommt Besuch von seiner Enkelin Ronnie, die er seit 15 Jahren nicht gesehen hat; die beiden kommen sich näher, doch dann begreift der Großvater, daß die junge Frau sein Haus schnell verlassen muß. Cagneys erster TV-Film nach langer Kinokarriere, in Manhattan gedreht, dialogintensiv; überdurchschnittlich.

Nie bist du da TV-Film

DDR – 80 Min. – R: Peter Deutsch. D: Renate Geissler, Dietmar Richter-Reinick, Jan Bamberger, Margit Manz.

Eine von ihrem Mann verlassene Frau lebt mit ihrem zehnjährigen Sohn zusammen; als sie eine neue Beziehung zu einem Arbeiter eingeht, gerät der Junge in eine psychische Krise. Der unspektakulär inszenierte Film setzt sich kritisch mit Wunsch und Wirklichkeit des sozialistischen Familienbildes auseinander.

Nie wieder Liebe ∗∗

D 1931 – 76 Min. sw. – R: Anatole Litvak. D: Lilian Harvey, Harry Liedtke, Felix Bressart, Theo Lingen.

Komödie. Ein Millionär wettet, daß er fünf Jahre keine Frau anrühren wird, da kommt ausgerechnet Lilian Harvey auf seine Yacht zugeschwommen. Ufa-Lustspiel zum Schmunzeln.

Die Niederlage TV-Film

H – 60 Min. – R: Gábor Varkonyi. B: Dezsö Kapas. D: István Fouyo, Mari Csomos, Ferenc Kallai, Erzsi Pastor.

Bei der Fußballweltmeisterschaft 1954 in der Schweiz verliert Ungarn 2:3 gegen Deutschland. Was für Folgen das im eigenen Land für Regierung und Bevölkerung hatte, zeigt dieser amüsante, eine überraschende Sichtweise präsentierende TV-Film im dokumentaristischen Stil.

Niemandsland / ∗∗∗
No Man's Land

CH 1985 – 110 Min. – R, B: Alain Tanner. D: Hugues Quester, Myriam Mézières, Jean-Philippe Ecoffey, Betty Berr.

Problemfilm. Fünf Personen an der Grenze zwischen Frankreich und der Schweiz werden durch eine Tramperin in einen Kriminalfall verwickelt. Um ihre Sehnsüchte zu realisieren, betreiben sie Schmuggel, doch alle ihre Ausbruchsversuche scheitern. Klare, strenge Bilder; ein Film über zerstörte Utopien.

Niemanns Zeit ∗∗ ½

BRD 1984 – 113 Min. – R, B: Horst Kurnitzky, Marion Schmid. D: Gerd Wameling, Elke Petri, Franz Salzburger, Angela Schneider, Leonhard Lorenz.

Vergangenheitsbewältigungsfilm. Ein Mann, Niemann, versucht, Anhaltspunkte für das Wesen der Deutschen zu finden, u.a. auf dem Obersalzberg; ein Film, der »Heimat« erlebbar, erfaßbar und entwickelbar zu machen versucht; beängstigend die Statik des Ewiggestrigen.

Night Hunter / ∗
The Avenging Force

USA 1986 – 97 Min. – R: Sam Firstenberg. D: Michael Dudikoff, Steve James, James Booth, John P. Ryan.

Actionfilm. Eine rechtsextreme Geheimloge kämpft mit Mord und Totschlag für ein sittenreines Amerika; ein Ex-CIA-Agent stellt sich den Herrenmenschen entgegen; »Rambo« inneramerikanisch, actionreich, gedankenarm und selbst beim Showdown in den Sümpfen des Mississippi-Deltas spannungslos; das Finale läßt eine Fortsetzung befürchten.

Nightfall ∗∗ ½

USA 1957 – 80 Min. sw. OmU. – R: Jacques Tourneur. D: Aldo Ray, Brian Keith, Anne Bancroft.

Krimi. Ein verfolgter Mann versteckt sich in einem Hotelzimmer und wartet auf die Schneeschmelze in Wyoming. Eine kapriziöse junge Frau gesellt sich zu ihm. Aber zwei Killer und ein Versicherungsagent sind auf seiner Spur, und der atmosphärisch dichte, klaustrophobische und kompakt erzählte Film Tourneurs (»Cat People«) treibt unaufhaltsam auf die Katastrophe zu.

Nijinsky / Nijinsky ∗∗

USA 1979 – 120 Min. – R: Herbert Ross. D: George de La Peña, Alan Bates, Leslie Brown.

Tanzfilm. Verfilmung der Biographie des legendären Tänzergenies nach dem Buch der Nijinsky-Witwe; weder schauspielerisch noch tänzerisch und musikalisch überzeugend; bemerkenswert allerdings die Rekonstruktion der Dekors und Bates als Impresario Diaghilew.

Nimm die 10000 Francs ∗∗ ½
und verschwinde / Prends 10000 balles et casse-toi

F 1980 – 87 Min. OmU. – R, B: Mahmoud Zemmouri. D: Yves Neff, Fawzi.

Ausländerfilm. Einfühlsame Tragikomödie um algerische Rückwanderer, deren Kinder nicht mehr die Sprache der Heimat verstehen.

Nimm, was du kriegen kannst / Come and Get It ∗∗∗ ½
USA 1936 – 95 Min. sw. – R: Howard Hawks, William Wyler. D: Edward Arnold, Joel McCrea, Frances Farmer, Walter Brennan.
Melodram. Genreadäquate Verfilmung von Edna Ferbers Roman; teils melancholisches, teils furios inszeniertes Panorama von Holzfällerleben und Kapitalistenwelt (inklusive Ökologie- und Ökonomieproblemen); sorgsame Synchronisation erhält den Reiz der Glanzleistungen von Arnold, Farmer und vor allem des Oscar-belohnten Brennan.

Nina ∗
BRD 1956 – 86 Min. sw. – R: Rudolf Jugert. D: Karl-Heinz Böhm, Anouk Aimée, Werner Hinz, Carl Wery.
Liebesfilm. Im Wien von 1955 verliebt sich eine russische Sekretärin in einen US-Journalisten, der einen bösen Sowjetmajor in Notwehr erschießt; Kalte-Kriegs-Love-Story auf dem Niveau von kitschiger Kolportage.

Das Ninja-Kommando / Ninja in the Dragon's Den ∗∗
Hongkong 1983 – 95 Min. Ⓥ Ufa. – R: Yuen Kuei. D: Conan Lee, Hiroyuki Sanada.
Kriegsfilm. Elitekämpfer auf Rachefeldzug in China, wo er auf einen gleichrangigen Feind trifft, mit dem er sich verbrüdert. Phantastische Handlung, ausufernd choreographierte Einzelkämpfe, farbenprächtiges Märchenkino mit harten Bandagen.

Ninotschka / Ninotchka ∗∗∗ ½
USA 1939 – 100 Min. – R: Ernst Lubitsch. D: Greta Garbo, Melvyn Douglas, Ina Claire, Bela Lugosi, Sig Ruman, Felix Bressart, Alexander Granach.
Komödie. Eine frivole Liebesgeschichte als politische Satire: Weil drei Delegierte versagt haben, wird die sowjetische Kommissarin Ninotschka von Moskau nach Paris geschickt. Regisseur Lubitsch ist das Verdienst zuzuschreiben, die »göttliche Garbo« in diesem Film erstmals zum Lachen gebracht zu haben.

Nishko, der Indianerjunge / Indian Paint ∗ ½
USA 1966 – 91 Min. – R: Norman Foster. D: Johnny Crawford, Jay Silverheels, Robert Crawford jr., Pat Hagan.
Indianerfilm. Ein Stamm raubt einem anderen drei Frauen und das Pferd eines Häuptlingssohns, der zu jung für den Kriegspfad ist; aber er weiß sich zu helfen; sympathisch.

Noah Delta II TV-Film
BRD – 100 Min. – R: Michael Pilz. D: Attila Grandpierre, Beate Pilz, Zsolt Lengyel.
Ein junges Paar steigt aus der Konsumgesellschaft aus, der Weg ins Ungewisse führt es in immer undurchschaubarere Zusammenhänge; formal interessantes Experiment.

Nobody ist der Größte / Un genio, due compari, un pollo ∗∗∗
BRD/I/F 1975 – 92 Min. Ⓥ marketing film. – R: Damiano Damiani. D: Terence Hill, Robert Charlebois, Klaus Kinski, Miou-Miou, Raimund Harmstorf.
Italowestern. Westernsatire, mit schwarzem Humor gespickt, serviert als Italo-Comic strip, der verrückte Episoden lose aneinanderreiht. Motive und Topoi des Edelwestern werden bis zur Unkenntlichkeit durch den Kakao gezogen, um das gerissenste Schlitzohr des wilden Westens in Szene zu setzen: Blauauge Terence Hill alias »Nobody«.

Noch ein Wunsch TV-Film
CH – 105 Min. – R: Thomas Koerfer. D: Matthias Habich, Hannelore Elsner, Johanna Lier, Marianne Nentwich, Thomas Nock, Joachim Spiess.
Erfolgreicher und glücklich verheirateter Rechtsanwalt gerät in die Midlife-crisis, als er in Paris eine Kunststudentin kennenlernt. Der Zustand des zufriedenen, jedoch in seiner Existenz tief verunsicherten Mannes wird ernst bis zur Gesundheitsgefährdung. Der nicht immer stilsichere, dann wieder mit atemberaubender Intensität inszenierte Film von Koerfer (»Der Gehülfe«), nach einer Erzählung von Adolf Muschg, präsentiert eine starke Liebesgeschichte, die kurz vor dem Melodram in Realismus umkippt. Ein TV-Ereignis, das ins Kino gehörte.

Noch einmal, mit Gefühl / ** ½
Once More, With Feeling
GB 1960 – 90 Min. – R: Stanley Donen. D: Yul Brynner, Kay Kendall, Maxwell Shaw.
Komödie. Kay Kendall sprüht in ihrem letzten Film vor Witz als Frau des Impresarios: eine Musikrevue voller Charme und Erotik.

Noch mehr Abenteuer der Familie Robinson in der Wildnis / * ½
Mountain Family Robinson
USA 1979 – 95 Min. – R: John Cotter. D: Robert F. Logan, Susan Damante Shaw, William Bryant, Heather Rattray, Ham Larsen.
Naturabenteurfilm. Wieder einmal purzeln wilde Tiere um die Robinsons herum, Panther und Grizzlybär; doch den Vogel schießt der Sheriff ab, der wegen eines hundert Jahre alten Paragraphen die Familie aus ihrer Blockhütte vertreiben will. Aber wie nicht anders zu erwarten: Die Robinsons behaupten ihren Platz in der Wildnis.

Nocturne / Nocturne **
USA 1946 – 87 Min. sw. – R: Edwin L. Marin. D: George Raft, Lynn Bari, Virginia Houston, Joseph Pevney.
Krimi. Mord an einem Mann am Klavier in einer Villa Hollywoods. Die Nachforschungen des Polizeidetektivs enthüllen das Leben eines Dandys, der alle Freundinnen nur »Dolores« nannte. Der »schwarze« Film mit seinem pessimistischen Menschenbild exekutiert den Mordfall schließlich mit verächtlicher Geste.

Noël Baba TV-Film
BRD 1989 – 75 Min. – R, B: Rudolf Oshege. D: Tayfun Bademsoy, Rudolf Krause, Tuncel Kurtiz, Ilja Richter.
Arif war aus der Türkei gekommen, um in Berlin zu studieren; zuerst kennt er niemand außer Inkel Hüsnü; als er einen Job sucht, lernt er Moritz kennen bei seiner Arbeit in der »Weihnachtsmänner-GmbH«; kritisches Fernsehspiel über die Rolle der Minderheiten in der BRD.

Die Nonne / La réligieuse ** ½
F 1966 – 130 Min. – R: Jacques Rivette. D: Anna Karina, Liselotte Pulver, Micheline Presle, Christiane Lénier, Francisco Rabal.
Melodram. Eine lebensfrohe junge Frau wird zum Klostereintritt gezwungen; sie gerät in ein Umfeld von psychischen Zwängen und Leiden, denen sie sich durch Freitod entzieht; Verfilmung von Denis Diderots Roman, teils feinfühlig, teils pathetisch.

Nora **
D 1944 – 85 Min. sw. – R: Harald Braun. D: Luise Ullrich, Viktor Staal, Franziska Kinz, Gustav Diessl.
Literaturverfilmung. Adaption des Bühnenstücks von Henrik Ibsen um eine Frau, die aus Liebe eine Entscheidung trifft, die sie erpreßbar macht; feinfühlig, aber alles in allem sehr bieder.

Nora Prentiss / Nora Prentiss **
USA 1947 – 111 Min. sw. – R: Vincent Sherman. D: Ann Sheridan, Kent Smith, Bruce Bennett, Robert Alda.
Melodram. Ein angesehener Arzt nimmt eine andere Identität an, um der Scheidung zu entgehen und einer Nachtklubtänzerin folgen zu können. Aber die Polizei hält den Mann, in dessen Leben er schlüpft, für einen Mörder. Der düstere Film spitzt sich zu äußerster Absurdität zu und läßt nur die weibliche Hauptfigur als positiven Charakter gelten.

Norma Rae / Norma Rae ***
USA 1979 – 113 Min. – R: Martin Ritt. D: Sally Field, Ron Leibman, Beau Bridges, Pat Hingle.
Gewerkschaftsfilm. Eine Baumwollspinnerin im gewerkschaftsfeindlichen US-Süden geht auf die Seite eines zugereisten New Yorker Gewerkschafters über; unterhaltsam und engagiert; Oscars für Field und den Song (Jennifer Warnes) »It Goes Like It Goes«.

Die Normannen / *
I normanni / Les vikings attaquent
I/F 1962 – 82 Min. – R: Giuseppe Vari. D: Cameron Mitchell, Geneviève Grad, Ettore Manni, Franca Bettoja.
Abenteuerfilm. Im England des 9. Jahrhunderts will ein Bösewicht seinen Onkel vom Thron vertreiben, doch edelmütige Wikinger retten den Guten und stiften

eine Ehe; albernes, lustlos abgespultes Abenteuergarn, das die ohnehin hölzernen Darsteller einschnürt.

Die Normannen kommen / The War Lord ✱ ½

USA 1965 – 105 Min. Ⓥ CIC. – R: Franklin J. Schaffner. D: Charlton Heston, Rosemary Forsyth, Guy Stockwell, Richard Boone.

Historienschinken. Mittelalterliches Gemetzel, in dem sich Friesen und Normannen die Köpfe einschlagen; der Lehnsherr liebt eine Leibeigene und beschwört damit einen Bruderzwist herauf; barbarische Schlächtereien.

Nosferatu – Eine Symphonie des Grauens ✱✱✱✱

D 1922 – 96 Min. sw. mit monochromen Einfärbungen. Stf. – R: Friedrich Wilhelm Murnau. D: Max Schreck, Gustav von Wangenheim, Greta Schroeder, Ruth Landshoff, Alexander Granach.

Gruselklassiker. Im Auftrag eines Häusermaklers reist der jungverheiratete Hutter in die Karpaten. Er schließt einen Hausvertrag mit dem Vampir Orlok, der daraufhin nach Deutschland reist, die Pest bringt und erst durch ein Liebesopfer von Hutters reiner Frau vernichtet wird. Filmmagier Murnau (»Tabu«) inszenierte das Grauen über die verworrene Zeit der Weimarer Republik in Gestalt des Vampirs als subtiles Kammerspiel des Terrors.

Nosferatu – Phantom der Nacht ✱✱✱

BRD 1978 – 100 Min. – R: Werner Herzog. D: Klaus Kinski, Isabelle Adjani, Bruno Ganz.

Horrorphantasie. Die traurig-schöne Mär um den Grafen der Pest, nach Bram-Stoker-Motiven von Herzog (»Aguirre, der Zorn Gottes«) in wunderschöne, fiebrige Bilder umgesetzt; manchmal allzu poesietrunken, meist genial metaphorisierend. Kinski faszinierend in der Titelrolle.

Nostalghia / Nostalghia ✱✱✱ ½

I 1983 – 120 Min. – R: Andrej Tarkowskij. D: Oleg Jankovskij, Domiziana Giordano, Erland Josephson, Patrizia Terreno.

Gesamtkunstwerk. Ein russischer Intellektueller reist auf den Spuren eines Landsmannes, eines Musikers und Komponisten aus dem 18. Jahrhundert, durch Italien. Er trifft die Dolmetscherin Eugenia und einen verrückten Mathematiker. Ein symbolträchtiges Werk über den Verlust von Heimat und kultureller Identität; zeitkritisch-visionär. Der erste Film des Regisseurs nach seiner Übersiedlung in den Westen.

Notarzt Dr. Sullivan / Emergency Room ✱ ½

USA 1983 – 100 Min. – R: Lee H. Katzin. D: Sarah Purcell, LeVar Burton, Gary Frank, Penny Peyser.

Ärztefilm. Nach Jahren kehrt eine Exkrankenschwester als Leiterin der Notaufnahme an ihr altes Krankenhaus zurück; sie gerät in eine Atmosphäre von Neid und Mißgunst; Krankenhausalltag nach TV-Serienart, mit Liebe und Intrigen vollgepfropft.

Die Nöte des Signor Travet / Le miserie del signore Travet ✱✱ ½

I 1946 – 98 Min. sw. – R: Mario Soldati. D: Carlo Campanini, Vera Carmi, Gino Cervi, Luigi Pavese.

Neorealistischer Film. Liebesgeschichte als Sozialgeschichte in Turin um 1860. Ein kleiner Ministerialbeamter muß seiner schönen leichtlebigen Frau lange Leine lassen. Als sie sich mit einem hohen Beamten einläßt, wittert er jedoch Aufstiegschancen. Tragikomischer Film, genau beobachtet und detailreich inszeniert, aus der pittoresken Kleineutewelt.

Notlandung im Weltraum / Robinson Crusoe on Mars ✱✱ ½

USA 1964 – 92 Min. – R: Byron Haskin. D: Maul Mantee, Adam West, Victor Lundin.

Science-fiction-Film. Ein Astronaut strandet auf dem Mars, begleitet vom Affen »Freitag«; er trifft auf ausgebeutete Zwangsarbeiter; exzellent (im Death Valley) fotografierte SF-Versionen des Defoe-Stoffes, interessant und mit subtilen Gags.

Novemberkatzen ✱✱ ½

BRD 1986 – 101 Min. – R: Sigrun

Koeppe. D: Angela Hunger, Ursela Monn, Katharina Brauren, Robert Zimmerling.
Problemfilm. In den fünfziger Jahren wächst eine Elfjährige in ärmlichen Verhältnissen auf dem Land auf; doch sie findet Güte und Wärme. Ein leiser Film über Kinderleben auf dem Lande, soziale Isolation und Suche nach Geborgenheit.

Novembermond / Lune de Novembre **

BRD/F 1985 – 103 Min. – R: Alexandra von Grote. D: Gabriele Osburg, Christiane Millet, Danièle Delorme.
Zeitkritischer Liebesfilm. Eine junge Jüdin kann 1940 in die freie Zone Frankreichs flüchten, wird verhaftet, kann aber entkommen. In Paris wird sie von einer Freundin versteckt, zwischen beiden Frauen entwickelt sich eine Liebesbeziehung. Der stilsicher erzählte Film setzt auf den authentischen Ausdruck seiner Darsteller(innen) und vermittelt dadurch ein Stück deutsch-französischer Zeitgeschichte, das manchmal allerdings arg klischeehaft ausfällt.

Novemberverbrecher TV-Film

BRD 1968 – 135 Min. sw. – R: Carlheinz Caspari. B: Dieter Meichsner, Karlheinz Dederke. D: Rudolf Rohlinger, Otto Graf, Conny Palme, P. Walter Jacob.
Hintergrunddarstellung der deutschnationalen Kampagne gegen die – nach Abdankung des Kaisers – im November 1918 durch Soldaten- und Arbeiterräte erzwungene Errichtung einer parlamentarischen Demokratie; lebendige, intensive Geschichtslektion.

08/15 1. Teil **

BRD 1954 – 95 Min. sw. Ⓥ Taurus. – R: Paul May. D: Joachim Fuchsberger, Paul Bösiger, Hans-Christian Blech, Wilfried Seyferth, Helen Vita, Eva Ingeborg Scholz, Mario Adorf, Peter Carsten, Rainer Penkert, Emmerich Schrenk.
Militärklamotte. Das Lied vom guten Kameraden in Gestalt des forschen Gefreiten Asch im dritten Glied, dessen schweijksche Pfiffigkeit den Schleifer ins Leere laufen läßt. Im Dreck robben, Latrinen reinigen, Saufgelage bis zum Zapfenstreich, verklemmte Strumpfbanderotik: Menschenschinder-Planspiele über den deutschen Untertanengeist, gut fotografiert und gespielt als Kasernenhof-Satire. Fragwürdig in seiner Wirkung: Das angeblich kritische Werk vermittelt eher den Spaß am Soldatenleben. Nach dem Bestseller von Hans Hellmut Kirst, einer der großen Erfolgsfilme 1954.

08/15 2. Teil **

BRD 1954 – 90 Min. sw. Ⓥ Taurus. – R: Paul May. D: O. E. Hasse, Armin Dahlen, Hans-Christian Blech, Rolf Kutschera, Joachim Fuchsberger, Ellen Schwiers, Paul Bösiger.
Militärfilm. Im eisigen Winter 1942 hat sich das Geschehen vom Kasernenhof an die Ostfront verlagert. Idyllische Schneelandschaft, Pelzmäntel, Stellungskrieg; dann gibt es Landserliebe, Etappenhengste, einen Auftrag in der Heimat und den »neuen« Hauptmann, einen Hohlkopf und Scharfmacher. Der Zweite Weltkrieg als spaßige Unterhaltung – Filmfortsetzung nach dem Trivialroman von Kirst.

08/15 3. Teil **

BRD 1955 – 93 Min. sw. – R: Paul May. D: Gustav Knuth, Joachim Fuchsberger, O. E. Hasse, Peter Carsten, Mario Adorf, Hans-Christian Blech, Renate Ewert, Helen Vita, Hans Friedrich, Stig Roland.
Zeitkritische Kriegskomödie. Nach dem Bestseller von Hans Hellmut Kirst routiniert inszenierter Wehrmachtsfilm aus der Zeit nach Kriegsende. Die Armee ist in Auflösung, die Nazis tarnen sich, das Leben kommt langsam wieder in Gang. Kritischer als seine beiden Vorgänger, versucht der satirisch angelegte Film das Soldatenleben zu entzaubern.

Number on End / Number on End *

GB 1980 – 80 Min. – R: David Rose. D: Nick Tate, John Challis, Hilary Ryan.
Thriller. Ein Dokumentarfilmer mit verbotenem Material wird von Geheimdiensten gejagt; mäßige Agentenstory.

Die Nummer 1 bin ich

siehe: Ho!

Nur Computer morden leise / Computer morden leise / L'ordinateur des pompes funèbres ** ½

F/I 1976 – 85 Min. Ⓥ Jaguar. – R: Gérard Pirès. D: Jean-Louis Trintignant, Mireille Darc, Bernadette Lafont, Lea Massari.
Krimigroteske. Ein Angestellter entwikkelt mit Hilfe eines Computers eine perfekte Mordmethode und wird schließlich Opfer seiner eigenen »Erfindung«. Aus dem bürgerlichen Alltag à la Chabrol, jedoch ohne dessen satirischen Biß. Dennoch amüsant und aufschlußreich, mit Einblicken in Doppelmoral und Liebesunfähigkeit von Erfolgreichen und Computer-Fans.

Nur dem Namen nach / ∗ ½
In Name Only
USA 1939 – 94 Min. sw. – R: John Cromwell. D: Cary Grant, Carole Lombard, Kay Francis, Charles Coburn.
Melodram. Unglücklich verheirateter Millionär verliebt sich in eine Witwe, doch seine biestige Frau verweigert die Scheidung; bis zum wenig überzeugenden Happy-End ein zerfahrenes Reiche-Leute-Drama mit komödiantischem Touch.

Nur der Wind ∗
BRD 1961 – 90 Min. – R: Fritz Umgelter. D: Freddy Quinn, Gustav Knuth, Cordula Trantow.
Freddy-Film. Märchenhaft inszeniertes Starfilmchen um den singenden Seemann Freddy; für Anspruchslose und Freddy-Fans.

Nur die Sonne war Zeuge / ∗∗ ½
Plein soleil
F/I 1959 – 112 Min. Ⓥ EuroVideo. – R: René Clément. D: Alain Delon, Marie Laforêt, Maurice Ronet.
Literaturverfilmung. Zu einer Mischung aus Abenteuer, Psychostudie und kriminalistischem Leckerbissen geriet Regisseur Clément die Verfilmung des ersten Ripley-Romans von Patricia Highsmith. Dem jungen Alain Delon scheint die Rolle des zwielichtigen Helden auf den Leib geschrieben.

Nur dies eine Mal
siehe: Eine Falle für den Playboy

Nur du allein / Never Say Goodbye ∗∗ ½
USA 1956 – 95 Min. – R: Jerry Hopper. D: Rock Hudson, Cornell Borchers, George Sanders, Ray Collins.
Melodram. Ein US-Arzt trifft seine totgeglaubte österreichische Frau wieder, deren Spur sich im Nachkriegs-Wien verloren hatte. Nach Beseitigung aller Mißverständnisse gibt es mit Mann und Kind ein Happy-End in der Neuen Welt; klassische Tränenoper.

Nur ein Hauch von Glück / ∗∗ ½
Le train / Noi due senza domani
F/I 1973 – 101 Min. – R: Pierre Granier-Deferre. D: Jean-Louis Trintignant, Romy Schneider, Nike Arrigli, Régine.
Melodram. Die Liebe eines verheirateten Franzosen und einer deutschen Jüdin, die sich in einem Flüchtlingszug kennenlernen, endet nach dem Einmarsch der Deutschen 1940 tragisch; eindrucksvolle Adaption eines Romans von Georges Simenon.

Nur ein Klacks / A Piece of Cake TV-Film
AUS 1980 – 30 Min. – R, B: Mitch Mathews. D: Jack Kirwan, Charles McCallum, Patti Crocker, David Melville, Richard Gillespie.
Ein alter Mann erwartet in Australien den Weihnachtsbesuch seiner Tochter aus England; da er arm ist, klaut er mit einem Freund eine Gans; vergnügliche, besinnliche Weihnachtsgeschichte.

Nur freitags geöffnet
siehe: Holiday Inn

Nur für Offiziere / ∗∗∗
The Americanization of Emily
USA 1964 – 109 Min. – R: Arthur Hiller. D: Julie Andrews, James Garner, Melvyn Douglas, James Coburn, Joyce Grenfell.
Komödie. Da sich ein US-Commander im Krieg gern gefahrlos einrichten möchte, setzt er sich im London von 1944 der Verachtung einer britischen Patriotin aus; doch dann wird er zum Helden wider Willen; raffiniert vielschichtige Satire auf Heldentum und Tragikomödie um persönliche Courage.

Nur ich und du / Just Me and You TV-Film
USA 1978 – 94 Min. – R: John Erman. D: Louise Lasser, Charles Grodin, Julie Bovasso, Paul Fix.

Gegen seine Überzeugung nimmt ein Geschäftsmann eine nervtötende New Yorkerin im Auto mit nach Kalifornien; seine schlimmsten Befürchtungen werden wahr; eine Straßenodyssee, die ihren Reiz durch das sensible Spiel von Louise Lasser als Autofahrerschreck und Plagegeist erhält.

Nur keine Panik ∗∗
H 1982 – 85 Min. – R: Sandor G. Szönyi. D: István Bujtor, András Kern, Gyula Bodrogi, Petra Hinze.
Zeitkritischer Film. Ungarische Gangstergeschichte um einen Schatz des ehemaligen Königshauses, der auf dem Grund eines Sees liegt. Turbulent und ironisch inszeniert, lebendiger Stil, realistische Darstellung.

Nur meiner Frau zuliebe / ∗∗∗
Mr. Blanding Builds His Dream House
USA 1948 – 94 Min. sw. auch OoU. – R: H. C. Potter. D: Cary Grant, Myrna Loy, Melvyn Douglas, Reginald Denny, Lex Barker.
Komödie. Ein Werbetexter und seine Frau suchen ihr Traumhaus auf dem Lande und finden es, womit eine Umbaukatastrophe beginnt, die sich konsequent zum Chaos entwickelt; Paraderollen für Grant und Loy als gestreßte Stadtflüchter.

Nur nicht Millionär sein / ∗
Clambake
USA 1967 - 97 Min. – R:Arthur Nadel. D: Elvis Presley, Shelley Fabares, Bill Bixby, Gary Merrill, James Gregory.
Elvis-Presley-Komödie. Elvis als Millionärssohn hat es satt, daß alle nur sein Geld wollen; er tauscht mit einem Arbeiter die Klamotten und fast auch die Identität; die Gitarre behält er. Miami-Komödie mit dem Rocker, der hier fast alles vergessen zu haben scheint, was ihn auszeichnete; zerfranstes Drehbuch.

Nur noch 72 Stunden / ∗∗ ½
Madigan
USA 1967 – 100 Min. Ⓥ CIC. – R: Don Siegel. D: Richard Widmark, Henry Fonda, Inger Stevens.
Krimi. Zwei Polizisten suchen einen Mörder, den sie unbedingt innerhalb von 72 Stunden finden müssen. Der authentisch den Polizeialltag ausleuchtende Film kann sich auf dichtes Vor-Ort-Milieu und routinierte Stars stützen; der Streifen inspirierte die erfolgreiche TV-Serie »Madigan«.

Nur Samstag nacht / ∗∗∗
Saturday Night Fever
USA 1977 – 119 Min. Ⓥ CIC. – R: John Badham. D: John Travolta, Karen Lynn Gorney, Barry Miller, Joseph Cali, Paul Pape, Donna Pescow, Juli Bovasso.
Musikfilm. Komplexe Studie eines Brooklyn-Boys, der als Gangmitglied und Discotänzer auf Selbstbeschäftigungstrip ist; Travolta interpretiert dynamisch die Musik der Bee Gees; als eindrucksvollster Discofilm der 70er Jahre ein Zeitdokument.

O

O wie Oblomow ** ½
CH 1982 – 80 Min. – R, B: Sebastian C. Schroeder. D: Erhard Koren, Olga Strub.
Komödie. Ein Filmteam will die Geschichte eines skurrilen Aufsteigers drehen; witziges Kammerspiel und böse Satire in einem.

Ob blond – ob braun / **
It Happened at the World's Fair
USA 1962 – 100 Min. – R: Norman Taurog. D: Elvis Presley, Joan O'Brien, Gary Lockwood, Vicky Tiu.
Elvis-Film. Als Pilot und Herzensbrecher, der auch mal in die Gitarrensaiten greift, gibt Elvis in dieser netten und unterhaltsamen Filmkomödie, die ohne ihn undiskutabel wäre, eine routinierte, vom Rock-Sex-Appeal früherer Jahre weit entfernte Vorstellung.

Ober, zahlen! ** ½
A 1957 – 104 Min. sw. – R: E. W. Emo. D: Paul Hörbiger, Hans Moser, Rudolf Carl, Mady Rahl.
Komödie. Hörbiger und Moser als schrullige Kellner mit eigenem Kaffeehaus sorgen für Wiener Lustspieleffekte am laufenden Band.

Oberarzt Dr. Solm **
BRD 1954 – 94 Min. sw. – R: Paul May. D: Hans Söhnker, Antje Weisgerber, Walter Suessenguth, Anna Dannemann, Sybil Werden, Wolfgang Preiss, Harald Juhnke, Hans Clarin, Ilse Steppat.
Arztfilm. Hirnchirurg rettet mit umstrittener Operationsmethode den schizophrenen Sohn eines Kollegen und zieht sich nach Anfeindungen zurück; die Rehabilitation läßt nicht lange auf sich warten; Werbefilm für die Götter in Weiß.

Die Oberen Zehntausend / ** ½
High Society
USA 1956 – 102 Min. – R: Charles Walters. D: Bing Crosby, Grace Kelly, Frank Sinatra, Celeste Holm, John Lund, Louis Calhern, Louis Armstrong.
Musikfilm. Mit Cole-Porter-Evergreens angereicherte Gesellschaftskomödie um eine High-Society-Hochzeit; routiniert, parodistisch, aber wenig zupackend; Armstrong, der als Musikclown verheizt wird, Crosby und Sinatra sorgen für Highlights, und Celeste Holm ist eine irrwitzig komische Klatschreporterin.

Oberst Chabert TV-Film
BRD 1967 – 90 Min. sw. – R: Ludwig Cremer. D: Kurt Ehrhardt, Rosl Schäfer, Herbert Fleischmann, Ernst Stankovski.
Adaption des Romans von Honoré de Balzac über einen Oberst, der um seine Rehabilitierung kämpft; eindrucksvolle, realistische Studie.

Oberst Redl ***
BRD/A/H 1984 – 142 Min. Ⓥ Vestron. – R: István Szábo. D: Klaus Maria Brandauer, Hans-Christian Blech, Gábor Svidron, Armin Mueller-Stahl, Gudrun Landgrebe.
Psychogramm. Ein Mann aus einfachen Verhältnissen macht Offizierskarriere; dem Druck der Anforderungen im Abwehrdienst ist er nicht gewachsen; Studie über das Scheitern eines Karrieristen in den maroden Strukturen der untergehenden k.u.k. Monarchie.

Oberstadt-Gass **
CH 1956 – 110 Min. sw. – R: Kurt Früh. D: Schaggi Streuli, Margit Rainer, Jürgen Grau.
Milieustudie. Der Briefträger Jucker kennt jeden und hat für alle ein offenes Ohr; besonders mag er Männi, den Sohn der Toilettenfrau. Eines Tages stirbt diese ganz unerwartet. Milieugenau und sorgfältig ins Bild gesetzt.

Oblomovs Liebe TV-Film
BRD 1976 – 95 Min. – R: Claus-Peter Witt. D: Wolfgang Reichmann, Herbert Bötticher, Johanna Elbauer, Eva Zlonitzky, Hans-Peter Hallwachs.
St. Petersburg zur Zarenzeit: Eine bezau-

bernde Frau namens Olga versucht den Müßiggänger Oblomov aus seiner dandyhaften Lethargie zu reißen; Manfred Bieler schrieb das Drehbuch nach dem Roman von Gontscharow.

Octaman – Die Bestie aus der Tiefe / Octa-man * ½
USA 1972 – 75 Min. – R: Harry Essex. D: Kerwin Matthews, Jeff Morrow, Pier Angeli.
Horrorfilm. Akzeptabler Grusel, tricktechnisch passabel, aber uninspiriert, um ein Ungeheuer, das den Menschen die Lebenskraft aussaugt. Angeli in ihrer letzten Rolle.

Odongo / Odongo * ½
GB 1956 – 85 Min. – R: John Gilling. D: Rhonda Fleming, Macdonald Carey, Juma, Eleanor Summerfield.
Jugendfilm. Im britischen Protektorat Kenia wird ein junger Schwarzer zum Helfer eines Tierhändlers und gerät in Gewissensbisse; mäßig actionreiches Dschungelabenteuer mit dem Happy-End einer Liebesgeschichte vor viel Natur.

Die Odyssee der Neptun / The Neptune Factor – an Underwater Odyssey **
CDN 1973 – 94 Min. – R: Daniel Petrie. D: Ben Gazzara, Yvette Mimieux, Walter Pidgeon, Ernest Borgnine.
Unterwasserfilm. Mitten im Atlantik arbeitet das Unterwasserlabor »Lab II.«; ein Seebeben schleudert es in unbekannte Tiefen; das Spezial-U-Boot »Neptun« ist die einzige Chance der Forscher. Wissenschaftlich ohne Wert, spitzt sich der Thriller doch am Ende scharf zu; wer die schlappen Dialoge übersteht, kann sich von Flora und Fauna des Meeres unterhalten lassen.

Off Beat – Laß die Bullen tanzen / Off Beat ** ½
USA 1986 – 88 Min. Ⓥ EuroVideo / Touchstone. – R: Michael Dinner. D: Judge Reinhold, Meg Tilly, Cleavant Derricks, Joe Mantegna.
Komödie. Zwei Freunde tauschen die Rollen, und auf diese Weise landet Joe in der Polizei-Tanzshow der New Yorker Bullen, wo er sich prompt in eine aparte »Kollegin« verliebt; hübsche Verwechslungskomödie.

Der öffentliche Feind / The Public Enemy *** ½
USA 1931 – 84 Min. sw. – R: William A. Wellman. D: James Cagney, Edward Woods, Jean Harlow.
Schwarzer Krimi. Biographie eines (historischen) Prohibitionsgangsters, dessen Verhalten sozialpsychologisch durchleuchtet wird; der Klassiker des Genres etablierte Cagney als den »tough guy« Hollywoods.

Oh, Darling, was für ein Verkehr / The Fast Lady *
GB 1963 – 98 Min. – R: Ken Annakin. D: Julie Christie, James Robertson Justice, Leslie Phillips.
Komödie. Ein Schotte kauft sich eines Tages, obwohl überzeugter Radfahrer, einen Bentley, um dem Vater einer Angebeteten zu imponieren. Das hätte er nicht tun sollen, denn im Moment seines Umstiegs verliert der Film an Witz, Stimmigkeit und Plausibilität; für eine Schotten-Komödie zu sparsam mit Gags.

Oh, diese Frauen / Les femmes **
F 1969 – 87 Min. – R: Jean Aurel. D: Maurice Ronet, Brigitte Bardot, Annie Duperey, Kristina Holm.
Lustspiel. Ein Modeliterat will seine amourösen Memoiren zu Papier bringen, und dabei ereignet sich einiges; charmante, wenn auch nicht sonderlich pfiffige Komödie nach altem Strickmuster.

Oh Gott... / Oh, God! ** ½
USA 1977 – 93 Min. – R: Carl Reiner. D: George Burns, John Denver, Teri Garr, Ralph Bellamy, Donald Pleasence.
Komödie. Gott ist keineswegs tot und will dies durch einen Supermarktangestellten der Menschheit erklären; doch der liebenswerte ältere Herr Gott hat nicht die Häme der Erdenbewohner bedacht; vergnügliches, optimistisches Lustspiel in der Tradition der aggressiveren Klassiker von Frank Capra; in Kleinrollen der Regisseur und die Sängerin Dinah Shore.

Oh, Moses! / Wholly Moses ** ½

USA 1980 – 104 Min. Ⓥ RCA Columbia. – R: Gary Weis. D: Dudley Moore, Laraine Newman, James Coco, Jack Gilford, Dom DeLuise.
Bibelsatire. Das Schilfkörbchen mit dem Zwillingsbruder von Moses treibt am Pharaonenpalast vorbei, und auch fürderhin hechelt der Unglücksrabe Herschel dem Glückspilz Moses hinterher; vergnügliche Bibelparaphrase nach Art der Geschichte vom Hasen und Igel und Satire auf Erfolgsdenken; die Synchronisation verdirbt manchen Gag des Originals.

Oh, Rosalinda! / Die Fledermaus * ½
BRD/GB 1955 – 115 Min. – R: Michael Powell, Emeric Pressburger. D: Adolf Wohlbrück, Michael Redgrave, Ludmilla Tscherina, Mel Ferrer, Anneliese Rothenberger.
Musikfilm. Bemühte Variante der »Fledermaus« nach Johann Strauß; viele Stars, wenig Schwung.

Oh Vater, armer Vater, Mutter hängt dich in den Schrank und ich bin ganz krank / Oh Dad, Poor Dad, Mamma's Hung You in the Closet and I'am Feeling So Sad * ½
USA 1967 – 86 Min. – R: Richard Quine. D: Rosalind Russell, Robert Morse, Jonathan Winters, Barbara Harris.
Lustspiel. Eine dominante Mutter reist auf der Suche nach reichen Eheanwärtern mit einbalsamiertem Exmann und psychisch gestörtem Sohn durch die Welt; der bizarre, rabenschwarze Humor von Arthur Kopits Broadwayhit gerät selbst in den Szenen unter die Räder, bei denen Alexander Mackendrick Regie führte.

Ohne dich wird es Nacht **
BRD 1956 – 99 Min. sw. – R: Curd Jürgens. D: Curd Jürgens, Eva Bartok, René Deltgen, Ernst Schröder, Ursula Grabley.
Melodram. Redehemmungen haben den Anwalt Curd Jürgens, blond und mit tragischem Blick, zum Drogensüchtigen werden lassen. Eine dunkelhaarige Frau tritt in sein Leben, um ihn zu retten.

Ohne Ende / Bez Konca ***
PL 1984 – 103 Min. – R: Krzysztof Kieslowski. D: Grazyna Szapolowska, Aleksander Bardini, Jerzy Radziwilowicz, Marna Pakulnis.
Zeitkritisches Melodram. Der subtil inszenierte Film wirft ein grelles Schlaglicht auf die moderne polnische Gesellschaft. Das persönliche Schicksal einer jungen Frau, deren Mann unerwartet stirbt, steht im Gegensatz zu den politischen Verhältnissen, der Repression im Lande, in dem 1982 das Kriegsrecht verhängt wird; private Geschichte als Zeitgeschichte: tragisch, düster – ohne Beschönigung in Szene gesetzt.

Ohne Erbarmen / Ruthless **
USA 1948 – 104 Min. sw. – R: Edgar G. Ulmer. D: Zachary Scott, Sydney Greenstreet, Louis Hayward.
Morddrama. Ein Mann hat zwar seine materiellen Ziele erreicht, bleibt aber innerlich unbefriedigt. Eines Tages erhält er Besuch von seinem ehemaligen Partner, und das tödliche Verhängnis nimmt seinen Lauf – in diesem realistischen, manchmal grellen, immer genau beobachteten Psychokrimi von Ulmer (»Detour«).

Ohne festen Wohnsitz TV-Film
BRD 1966 – 60 Min. sw. – R: Heinz Schimmelpfennig. D: Hans Pössenbacher, Sigfrit Steiner, Hubert Suschka, Werner Pochath.
Vier Männer mit verschiedensten Lebenswegen treffen sich in einem Obdachlosenasyl; Zufall und die gespannte Aggression der Situation führen zu Komplikationen, die für den Jüngsten fatal enden; eindrucksvolle Charakterstudien vor allem von Steiner und Pochath.

Ohne jeden Zweifel / Beyond Reasonable Doubt **
Neuseeland 1980 – 127 Min. – R: John Laing. D: David Hemmings, John Hargreaves, Tony Barry.
Krimi. Ein Inspektor untersucht ein rätselhaftes Verbrechen und verfolgt einen Verdächtigen auch mit fragwürdigen Mitteln; spannend, aber bestenfalls trivialpsychologisch.

Ohne Krimi geht die Mimi nie ins Bett *
A 1962 – 77 Min. Ⓥ Ufa. – R: Franz

Antel. D: Heinz Erhardt, Karin Dor, Harald Juhnke, Ann Smyrner, Peter Vogel, Trude Herr, Gus Backus.
Musikklamotte. Heinz Erhardt will seine Tochter unter die Haube bringen und tappt in jedes Fettnäpfchen. Unterhaltung auf unterstem Niveau, die auch durch ein paar platte Schlager nicht zu retten ist.

Ohne Lizenz TV-Film
BRD 1986 – 90 Min. – R: Ralph Bridle. B: Raimund Weber. D: Rainer Friedrichsen, Ursela Monn, Dieter Ratgeber, Bernd Tauber.
Videohaie nutzen die Pleitesituation eines kleinen Kinobesitzers aus; sie wollen an Filmkopien heran, die »ohne Lizenz« Millionen wert sind; listiger Film um freie Schattenmarktwirtschaft; professioneller Debütfilm; authentisch und satirisch.

Ohne Mutter geht es nicht * ½
BRD 1958 – 90 Min. sw. – R: Erik Ode. D: Ewald Balser, Adelheid Seeck, Heidi Brühl, Christian Doermer, Peter Weck.
Komödie. Ein Hauskauf löst in einer Professorenfamilie Turbulenzen aus; biederer Klamauk.

Ohne Schlips und Kragen / Elas Não Usam Black Tie ***
Brasilien 1981 – 114 Min. – R: Leon Hirszman. D: Carlos Alberto Rivelli, Gianfrancesco Guanieri, Bete Mendes, Fernanda Montenegro.
Melodram. Streik in einer Fabrik: Vater ist alter Gewerkschafter, sein Sohn geht zu den Streikbrechern, die Braut des Sohnes solidarisiert sich mit dem Vater. Dramatische Darstellung sozialer und menschlicher Konflikte aus dem modernen Brasilien – realistisches Zeitdokument.

Ohne Skrupel / Shakedown **
USA 1950 – 80 Min. sw. – R: Joseph Pevney. D: Howard Duff, Brian Donlevy, Peggy Dow, Lawrence Tierney.
Milieureißer. Einem Fotoreporter geht nichts über die Karriere. Als ein Auto mit einem Insassen explodiert, interessiert ihn nur das Foto. Am Ende schlägt seine Besessenheit auf ihn zurück: Bei dem Versuch, einen Gangster auszutricksen, wird er erschossen und »schießt« dabei ein Bild seines Mörders. Tempogeladener, atmosphärisch aufgeladener Film.

Ohne Sonne / Sans soleil ***
F 1982 – 100 Min. – R: Chris Marker.
Avantgardefilm. Der Dokumentarfilm schildert in Form eines Essays Reiseeindrücke aus Afrika und Japan. Polemischer Öko-Film über die Schönheiten der Natur und ihre Bedrohung durch die Zivilisation. Spannender als viele Spielfilmabenteuer.

Ohne Spur / Nyom nelkul **
H 1984 – 90 Min. – R: Peter Fábry. D: Tamás Cseh, Miklós B. Székely.
Problemfilm. Die Begegnung mit einem früheren Freund, der auf die schiefe Bahn geraten ist, verändert das Leben eines Mannes; einfühlsame Studie aus dem modernen Ungarn.

Ohne Zeugen / Bes swidetelij ***
UdSSR 1984 – 90 Min. – R: Nikita Michalkow. D: Irina Kuptschenko, Michail Uljanow.
Ehefilm. Der erste Ehemann einer Frau, die gerade noch einmal heiraten will, kommt zu Besuch; beide rekapitulieren ihre Ehe. Der stilistisch überzeugende Film nimmt sich ihrer leidenschaftlichen Auseinandersetzung mit adäquaten Mitteln an; inhaltlich und formal gelungen.

Die Ohrfeige / La gifle **
F/I 1974 – 96 Min. – R: Claude Pinoteau. D: Lino Ventura, Annie Girardot, Isabelle Adjani, Francis Perrin.
Komödie. Gelungene Actionkomödie mit Superstar Ventura als scheiternder Vater; es geht um eine Ohrfeige im unpassenden Augenblick und die Generationskonflikte im heutigen Frankreich. Filmdebüt von Adjani.

O.K. Nero / O.K. Nerone ** ½
I 1952 – 95 Min. sw. – R: Mario Soldati. D: Silvana Pampanini, Gino Cervi, Jakkie Frost, Walter Chiari, Carlo Campanini.
Farce. Zwei US-Matrosen auf Urlaub in Rom; im Kolosseum träumen sie vom alten Rom Neros. Eine irrsinnig komi-

sche Persiflage auf Sandalenfilme und ein großer Jux; Cervi ein zwerchfellerschütternder Nero, Pampanini eine pompöse Poppäa; eine Parodie auf American Football ist einer der Höhepunkte.

Oklahoma Crude / Oklahoma Crude ∗∗∗
USA 1972 – 108 Min. auch OoU. R: Stanley Kramer. D: Faye Dunaway, John Mills, George C. Scott, Jack Palance.
Abenteuerfilm. Um die Jahrhundertwende wehrt sich eine Kleinunternehmerin mit Klauen, Zähnen und einem geliebten Mann gegen das »Big Oil«, das ihre Ölquelle an sich bringen will; großangelegtes Industrialisierungs- und Pionierabenteuer mit faszinierender Besetzung.

Oklahoma Kid / The Oklahoma Kid ∗∗∗
USA 1939 – 80 Min. sw. – R: Lloyd Bacon. D: James Cagney, Humphrey Bogart, Rosemary Lane, Donald Crisp, Ward Bond.
Western. Ein Revolverheld (Bogart) kämpft sich mit Betrug und Mord zum skrupellosen Herrscher über eine Präriestadt hoch; ein zweiter Schießheld (Cagney) will seinen gelynchten Vater rächen; »schwarzer« Krimi im Westerngewand, insofern ein Überraschungs-B-Western; in einer berühmten Szene singt Cagney »I Dont't Want to Play in Your Yard«.

The Old Dark House ∗∗∗
USA 1932 – 71 Min. OmU., sw. – R: James Whale. D: Boris Karloff, Melvyn Douglas, Charles Laughton, Gloria Stewart, Lilian Bond, Raymond Massey.
Gruselkomödie. Während eines Sturms flüchten fünf Reisende in ein einsam gelegenes Haus; sie ahnen nicht, wer ihnen dort begegnet; melodramatische Horrorgroteske, die den Zuschauer zwischen Schmunzeln und Lachen hält; ein Klassiker des Genres nach einem Stück von John Boynton Priestley.

Old Shatterhand ∗ ½
BRD/YU/F/I 1963 – 121 Min. – R: Hugo Fregonese. D: Lex Barker, Pierre Brice, Daliah Lavi, Guy Madison, Ralf Wolter, Bill Ramsey.
Karl-May-Film. Völlig uninspirierte, hölzerne Verfilmung des klassischen Jugendbuchs; die Filmmusik, exzellente Farbfotografie, Detailgenauigkeit und grandiose Landschaften entschädigen für eine Regiekatastrophe.

Oliver Twist / Oliver Twist ∗∗∗ ½
GB 1948 – 110 Min. sw. – R: David Lean. D: John Howard Davies, Alec Guinness, Robert Newton, Kay Walsh.
Literaturverfilmung. Adaption des Romans von Charles Dickens von der aus dem Armenhaus entlaufenen Waise und deren Leidensweg als ausgebeuteter Taschendieb; äußerst werkgetreue Verfilmung mit viel viktorianischem Ambiente und engagierter Sozialkritik; die treffenden Charakterstudien der exzellenten Darsteller machten den Film zum Genreklassiker.

Oliver Twist / Oliver Twist ∗∗
GB 1982 – 102 Min. – R: Clive Donner. D: Richard Charles, Tim Curry, Michael Hordern, Timothy West, George C. Scott.
Literaturverfilmung. Zweite und schwächere Adaption des Dickens-Romans, die die Intensität der Version von 1948 nie erreicht; plakatives, auf Vordergründiges angelegtes Gesellschaftspanorama ohne kritische Verbindlichkeit.

Die Olsen-Bande – Auf den Schienen ist der Teufel los / Olsen-Banden pa sporet ∗∗
DK 1975 – 89 Min. – R: Erik Balling. D: Ove Sprogöe, Morten Grunwald, Poul Bundgaard, Kirsten Walther.
Krimikomödie. Kaum aus dem Knast entlassen, stürzen sich die Bandenmitglieder in den nächsten Coup; Goldbarren im Güterwagen sind ihr Ziel. Das Serienprodukt lebt vom Dialogwitz und den munteren Darstellern; anspruchslose Unterhaltung zum Schmunzeln.

Die Olsen-Bande – Goldgräber am Nordseestrand / Olsen-Banden in Jylland ∗∗ ½
DK 1971 – 97 Min. – R: Erik Balling. D: Ove Sprogöe, Morten Grunwald, Poul Bundgaard, Kirsten Walther, Jes Holtsö.
Krimiparodie. Gerade kommt Olsen aus dem Knast, da heckt er schon neue Pläne

aus; ein Goldschatz soll in einem deutschen Bunker aus dem Zweiten Weltkrieg versteckt sein, den wollen die Amateurganoven klauen. Der anspruchslose Unterhaltungsfilm, in zwölf Folgen weitergedreht, machte in dänischen Kinos, aber auch in der DDR und der Schweiz große Kasse; für Freunde gagsicherer Situationskomik.

Die Olsen-Bande – Schlagbohrer mit Musik / Olsen-Banden ser rödt ∗∗
DK 1976 – 89 Min. – R: Erik Balling. D: Ove Sprogöe, Morten Grunwald, Poul Bundgaard, Kirsten Walther.
Krimikomödie. Diesmal ist Obergauner Egon mit der ewigen Zigarre zwischen den Zähnen und dem Homburg auf dem Haupt angetan von der chinesischen Vase des Barons Lövengold; mit seinen kauzigen Kumpeln Benny und Kjeld stellt er halb Dänemark auf den Kopf, um an das Kleinod zu gelangen; dabei geht allerhand zu Bruch. Nach dem Muster seiner Vorläufer gestrickter Serienkrimi mit passabler Komik.

Omerta – reden heißt sterben / Camorra ∗ ½
I 1972 – 84 Min. – R: Pasquale Squitieri. D: Fabio Testi, Jean Seberg, Raymond Pellegrin.
Mafiafilm. Aus dem Zuchthaus entlassen, bekommt Mario eine neue Chance in der »Ehrenwerten Gesellschaft« – doch er will höher hinaus. Bleihaltiges Melodram.

On Dangerous Ground ∗∗∗
USA 1952 – 82 Min. sw. OmU. – R: Nicholas Ray. D: Ida Lupino, Robert Ryan, Ward Bond, Charles Kemper.
Krimi. Kaputter Polizist entkommt der Hölle seines gewalttätigen Jobs, als man ihn auf eine Reise über Land schickt, die zu einem Trip ins eigene Innere wird. Der verbitterte Bulle wandelt sich durch die Begegnung mit einer Blinden zum neuen Menschen. Ray schuf mit diesem trostlosen, pessimistischen Film, der aber hoffnungsvoll endet, eine Hymne an den »Film noir« und die Liebe – eine ungewöhnliche Mixtur.

One Night Dark TV-Film
USA 1982 – 89 Min. OoU. – R: Thomas McLoughlin. D: Robin Evans, Melissa Newman, Meg Tilly, Adam West.
Einige weibliche Teenager verbringen eine Nacht in einem Mausoleum mit der Leiche eines Mannes, der die Fähigkeit hat, solchen Opfern die Bioenergie zu nehmen; Vampirvariante, gut gedacht, doch eher dilettantisch inszeniert.

Der Onkel aus Amerika ∗∗
BRD 1953 – 94 Min. sw. – R: Carl Boese. D: Hans Moser, Arno Paulsen, Grethe Weiser, Waltraut Haas, Georg Thomalla.
Lustspiel. Ein Unternehmer steht vor der Pleite und erwartet ungeduldig die Ankunft des angeblich stinkreichen Onkels, der sich jedoch als armer Schlucker entpuppt; dennoch läßt sich mit diesem amerikanischen Anverwandten einiges anzetteln. Deutsche Komödienbesetzung mit routiniertem Spiel; Komik und Klamauk in munterem Wechsel.

Onkel Filser – Allerneueste Lausbubenstreiche ∗ ½
BRD 1966 – 85 Min. – R: Werner Jacobs. D: Michl Lang, Hansi Kraus, Fritz Tillmann.
Pennälerfilm. Ludwig Thomas »Lausbubengeschichten«, mit »Filser«-Anekdoten gekoppelt, zum zweiten Teil einer Schülerklamotte verramscht; anspruchslos.

Onkel George und seine Mörder / How to Murder a Rich Uncle ∗∗ ½
GB 1957 – 80 Min. sw. – R: Nigel Patrick. D: Nigel Patrick, Charles Coburn, Wendy Hiller, Katie Johnson.
Komödie. Geldversessene Verwandte wollen den reichen Onkel aus Amerika umbringen, doch die Dinge nehmen ungeahnte Wendungen; schwarze Krimikomödie mit spitzem Witz; Katie Johnson, die Lady aus »Ladykillers«, als schrecklich harmlose alte Dame.

Onkel Harrys seltsame Affäre / The Strange Affair of Uncle Harry ∗∗ ½
USA 1945 – 77 Min. sw. – R: Robert Siodmak. D: George Sanders, Geraldine Fitzgerald, Ella Raines, Sara Allgood.
Psychodrama. Melodramatische Liebes-

geschichte um ein Geschwisterdreieck, dessen jüngerer weiblicher Teil Außenbeziehungen des Bruders eifersüchtig verfolgt. Düstere Stimmung im gutbürgerlichen Milieu, irreale Szenen, Thrillerspannung, von der Zensur nachträglich erzwungener positiverer Schluß.

Onkel Toms Hütte * ½
BRD/I/YU/F 1965 – 165 Min. – R: Géza von Radvanyi. D: John Kitzmiller, Charles Fawcett, Thomas Fritsch, O.W. Fischer, Dorothy Ellison.
Literaturverfilmung. Harriet Beecher-Stowes Sklavenbefreiungsroman mit Starbesetzung, die das antirassistische Anliegen des Originals überspielt.

Ooh, diese Ferien! * ½
A 1958 – 99 Min. Ⓥ Toppic. – R: Franz Antel. D: Hannelore Bollmann, Georg Thomalla, Elke Aberle, Hans Moser, Heidi Brühl, Michael Cramer.
Komödie. Urlaubsschmonzette mit Krimieinlagen, von den Starkomikern des deutschsprachigen Blödelfilms Thomalla und Moser gewohnt virtuos heruntergespielt; der Rest ist nicht mehr, als nett anzusehen.

Opa kann's nicht lassen / Kotch * * *
USA 1971 – 109 Min. – R: Jack Lemmon. D: Walter Matthau, Deborah Winters, Felicia Farr.
Komödie. Melancholische Geschichte um einen Pensionär, der sich nicht ins Altersheim abschieben läßt und eine überraschende Aufgabe erhält, als das Kindermädchen ein Kind erwartet. Herzerfrischend.

Ein Opa kommt selten allein / Better Late Than Never * ½
GB 1981 – 95 Min. – R: Bryan Forbes. D: David Niven, Art Carney, Kimberley Partridge, Catherine Hicks.
Komödie. Ein zehnjähriger Millionenerbe darf wählen, welcher der Großväter sein zukünftiger Vormund sein soll; das verschärft die buhlerischen Bemühungen der beiden rüstigen Rentner um das Kind. David Niven in einer seiner letzten Rollen rettet den dünnen, allzusehr von der Grundidee zehrenden Filmspaß.

Operation Carnauba / A Rare Breed * *
USA 1984 – 100 Min. – R: John O'Connor. D: George Kennedy, Tom Hallic, Tracy Vaccaro.
Pferdestory. Carnauba ist eine edle Stute und wird von einem Texaner auf der Auktion für seine Tochter ersteigert. Das Pferd gewinnt Rennen und wird schließlich entführt. Akzeptables Sentiment.

Operation Lady Marlene / Opération Lady Marlène * * ½
BRD/F 1975 – 80 Min. – R: Robert Lamoureux. D: Robert Lamoureux, Michel Serrault, Bernard Menez, Pierre Tornade, Sybil Danning, Jacques Balutin.
Agentenfilm. Zwei Pariser Gauner räumen, als Luftschutzwarte getarnt, bei jedem Fliegeralarm Wohnungen aus; die Résistance will sich ihrer Talente bedienen, um an deutsche Dokumente zu kommen; spritzig-parodistischer Agentenkrimi, der liebenswert-ironisch Eigenheiten französischer Lebens- und Denkart kommentiert.

Operation mißlungen, Patient lebt / L'infermia * *
I 1977 – 77 Min. Ⓥ VPS/Zenit. – R: Nello Rossati. D: Ursula Andress, Dullio del Prete, Jack Palance.
Komödie. Ein Schäferstündchen mit der Frau des Totengräbers wirft einen Großgrundbesitzer glatt um; doch die Erben wollen sich nicht auf die Folgen des Infarkts verlassen und engagieren eine heißblütige Krankenschwester; nicht immer geschmackvolle Gaudi mit einigen witzigen Gags; Andress wie immer gut in Form.

Operation Poker – Die Ballermann-Story / Operazione poker *
I 1966 – 80 Min. – R: Osvaldo Civirani. D: Roger Brown, Helga Lehner, José Greci, Sancho Garcia.
Agentenkrimi. CIA-Agent muß nach Malaga, um herauszufinden, ob ein Landsmann ein Pokeras oder ein Betrüger ist; doch dann kommt alles schnell anders, und den Agenten verschlägt es in die Schweiz. Seinen Zickzackstil verstärkt der Film durch inkompetente Regie; schwach.

Operation Redpoint *
I 1973 – 120 Min. Ⓥ Focus. – R: Maurizio Lucidi. D: Henry Silva, Luigi Castellato, Franco Giornelli.
Kriegsfilm. Eine Gruppe von Partisanen versucht, ein britisches Spezialradar aus einer deutschen Befestigung herauszuholen; selbst pyrotechnisch wenig gelungener Weltkrieg-II-Film.

Operation Regentag TV-Film
GB – 85 Min. – R: Ben Bolt. B: David Pirie. D: Charles Dance, Suzanne Bertish, Lindsay Duncan, Ian Hogg, Cyril Cusack.
In einer südenglischen Grafschaft fürchtet man Anfang der vierziger Jahre die deutsche Invasion. Mißtrauen und Fremdenhaß verbreiten sich in einem kleinen Ort und richten sich besonders gegen eine Schauspielerin, die mit einem Österreicher verheiratet ist, und gegen den Captain des Intelligence Service, der einen geplanten Lynchakt verhindern will. Politfilm als Horrorkrimi.

Operation Taifun / Electra 1 ** ½
E/I/F/BRD 1966 – 92 Min. – R: Alfonso Balcazar. D: Vivi Bach, Klausjürgen Wussow, George Martin, Rosalba Neri.
Agentenfilm. Ein Juwelendieb schützt einfallsreich die Assistentin eines Forschers, hinter der Sowjets, Amerikaner und eine echte Gangsterbande her sind; witzig-frecher Thriller.

Operation Tanger / Tanger **
USA 1982 – 105 Min. – R: M. E. Briant. D: Ronny Cox, Billie Whitelaw, Ronald Lacey.
Thriller. Ein Offizier ist verschwunden. In den rätselhaften Fall sollen ein ehemaliger CIA-Agent und zwei aufregende Frauen verwickelt sein. Alle Spuren führen nach Tanger. TV-Spiel-Niveau.

Operation Thunderbolt – der Blitz von Entebbe / Operation Thunderbolt ***
Israel 1977 – 121 Min. – R: Menahem Golan. D: Klaus Kinski, Assaf Dayan, Ari Levi, Yehoram Gaon.
Thriller. Mit beträchtlichem Erfolg um Authentizität (Dokumentaraufnahmen) bemühte Rekonstruktion des israelischen Kommandounternehmens zur Befreiung von Geiseln aus der von Propalästinensern entführten Air-France-Maschine in Entebbe; auch schauspielerisch anspruchsvoll.

Operette ** ½
A 1940 – 106 Min. sw. – R: Willi Forst. D: Willi Forst, Maria Holst, Dora Komar, Paul Hörbiger, Leo Slezak.
Musikfilm. Durch die Gunst einer Diva wird Franz Jauner (1832–1900) Leiter des »Theaters an der Wien« und – durch Strauß- und Millöcker-Inszenierungen – zum ungekrönten König der Operette; ein schwungvoller, melodienseliger Film, der bis heute nichts von seinem Charme (und dem Willi Forsts) verloren hat.

Operettenklänge
siehe: Glück muß man haben

Opernball **
D 1939 – 97 Min. sw. – R: Géza von Bolvary. D: Paul Hörbiger, Marte Harell, Heli Finkenzeller, Will Dohm, Hans Moser, Theo Lingen, Fita Benkhoff.
Musikkomödie. Irrungen und Wirrungen auf einem Wiener Opernball zur Jahrhundertwende. Die Musik spielt, die »Masken« tanzen, und Liebesgeplänkel nimmt seinen Lauf. Das ist so amüsant und gekonnt, daß das Kinopublikum von 1939 darüber den Hitleralltag vergaß.

Opfer / Offret ***
S 1986 – 140 Min. ⓋVPS. – R: Andrej Tarkowskij. D: Erland Josephson, Susan Fleetwood, Valerie Mairesse, Allan Edwall, Gudrun Gisladottir.
Endzeitvision. Die Lage nach Tschernobyl: Ein Mensch soll geopfert werden, um die Welt zu retten; ein Werk von religiöser Dimension, Bilder von beunruhigender, bestürzender Schönheit und ein Film über den mangelnden Freiraum von geistiger Existenz in unserer Kultur: das Vermächtnis des großen russischen Regisseurs. Sonderpreis auf dem Festival in Cannes 1986.

Opfer der Unterwelt / D.O.A. ** ½
USA 1950 – 83 Min. sw. – R: Rudolph Maté. D: Edmond O'Brien, Pamela Britton, Luther Adler.
Gangsterfilm. Das dunkelste Beispiel von Hollywoods »Schwarzer Serie«: ein

radioaktives Morddrama. Der Held ist schon zu Beginn verseucht und nutzt die letzten Tage seines Lebens zu einer atemberaubenden Jagd durchs nächtliche Los Angeles. Er entwirrt das Netz des Bösen und stirbt.

Opfer einer großen Liebe / Dark Victory ✱✱ ½
USA 1939 – 105 Min. sw. – R: Edmund Goulding. D: Bette Davis, George Brent, Humphrey Bogart, Ronald Reagan.
Melodram. Bogie als Stallknecht der todkranken Bette Davis streicht sich hin und wieder eine Locke aus der Stirn. »Hin und wieder lacht er herzlich.« (Das Humphrey Bogart Fan-Buch) Das übrige ist eindringlich dramatisch und glaubwürdig tragisch.

Opfergang ✱ ½
D 1944 – 100 Min. Ⓥ Toppic. – R: Veit Harlan. D: Carl Raddatz, Kristina Söderbaum, Irene von Meyendorff, Franz Schafheitlin.
Melodram. Aufwendig und technisch brillant inszenierte Gemütsschmonzette aus dem Großbürgermilieu um Liebe, Leid und eine geheimnisvolle Frau. Von Harlan (»Jud Süß«) auf Überrumpelung des Zuschauers angelegt.

Opiumschmuggel
s.: Achtung, Kairo … Opiumschmuggel

Der Optimist ✱✱ ½
D 1938 – 79 Min. sw. – R: E. W. Emo. D: Viktor de Kowa, Gusti Huber, Henny Porten, Else Elster, Theo Lingen.
Lustspiel. Seiner Braut zuliebe wird ein junger Mann Drogist, doch er will ans große Geld und kauft sich in der Hoffnung auf Erdöl eine Bauernwiese; flotter Schwank, dessen blühender Blödsinn von einem munteren Team präsentiert wird.

Oranisches Tor TV-Film
BRD 1986 – 85 Min. – R, B: Lilly Grote. D: Shelley Hirsch, Martina Klemczak, Ula Stöckl, Therese Hämer, Raimund Kummer, Sebastian Scheibner.
Aus der Sicht einer New Yorkerin und einer Berlinerin entsteht ein in sich widersprüchliches Bild der verschiedenen Miniaturwelten des Kiez in Kreuzberg; guter Soundtrack.

Orca, der Killerwal / Orca / Orca – The Killer Whale ✱✱
USA 1977 – 90 Min. Ⓥ VPS. – R: Michael Anderson. D: Richard Harris, Charlotte Rampling, Robert Carradine, Bo Derek.
Abenteuerthriller. Mystisch angehauchter Abenteuerfilm um einen rachsüchtigen Wal, der den geschäftstüchtigen und kaltschnäuzigen Harris erlegen will. Perfekter Grusel, phantastische Story.

Orchid, der Gangsterbruder / Brother Orchid ✱✱✱
USA 1940 – 84 Min. sw. – R: Lloyd Bacon. D: Edward G. Robinson, Ann Sothern, Humphrey Bogart, Donald Crisp.
Gangsterkomödie. Nach fünf Jahren Europa will ein Bandenboß wieder nach oben, doch ein Rivale will ihn töten; schwer verletzt landet er in einem Kloster und nutzt die neue Umgebung sofort als Tarnung; unterhaltsame Posse mit Moral; Robinson und Bogart in vergnüglichen Parodien ihres Startypus.

Orchideen des Wahnsinns ✱
BRD 1984 – 76 Min. – R: Nicki Müllerschön. D: Diana Körner, Peter von Strombeck, Krikor Melikyan.
Thriller. Der Vater einer Jungverheirateten ruft das Paar auf ein Schloß; die beiden finden ihn tot vor und geraten in den Strudel seltsamer Ereignisse; phantasielos.

Orden für die Wunderkinder TV-Film
BRD 1963 – 80 Min. – R,B: Rainer Erler. D: Carl-Heinz Schroth, Edith Heerdegen, Herta Konrad, Wolfgang Völz, Hansjürgen Diedrich, Käthe Itter.
Satire auf die autoritätshörige deutsche Beamtenseele und die Ordenssucht der Bürger. Ein Gauner verleiht falsche Orden und sorgt damit für Turbulenzen im Ministerium; unterhaltsam, kitschig, witzig.

Ordnung ist das halbe Leben TV-Film
GB 1985 – 50 Min. – R: Robert Knights. D: Jane Playwright, Alex McCowen, Aimée Delamain.
Der Oberkellner Silcox will sich verbessern: Als im »Royal George« eine Posi-

tion für ein Kellner-Ehepaar angeboten wird, hilft ihm seine Kollegin Edith. Nach einer Erzählung von Elizabeth Taylor.

Orfeu Negro / Orfeu negro ***

F/I 1959 – 102 Min. – R: Marcel Camus. D: Bruno Mello, Marpessa Dawn, Lourdes de Oliveira, Lea Garcia.

Musikalische Phantasie. Poetische Variante des Orpheus-und-Eurydike-Mythos, übertragen ins sambaverzückte Rio de Janeiro zur Karnevalszeit. Der preisgekrönte Film in schillernden Farben verschmilzt unnachahmlich den zeitlosen Stoff mit realistischen Modernismen; ein Fest für die Sinne.

Die Organisation / The Organization **

USA 1971 – 103 Min. Ⓥ Warner Home. – R: Don Medford. D: Sidney Poitier, Barbara McNair, Gerald S. O'Loughlin.

Krimi. Sidney Poitier als Polizeidetektiv Virgil Gibbs beschreitet illegale Wege, um einem Rauschgiftsyndikat das Handwerk zu legen. Aufregend allein die Verfolgungsjagd am Ende durch die damals im Bau befindliche U-Bahn von San Francisco.

Der Orgelbauer von St. Marien *

A 1961 – 90 Min. – R: August Rieger. D: Paul Hörbiger, Sieghardt Rupp, Gerlinde Locker, Wolf Albach-Retty.

Heimatfilm. Eine Baronesse soll sich aus Vernunft verehelichen; da taucht der Jugendgeliebte auf, doch der ist inzwischen Priester und bleibt zölibatär; Schnulze.

Orientexpress / Orient Express FLOP

I/F/BRD 1954 – 80 Min. – R: Carlo L. Bragaglia. D: Eva Bartok, Curd Jürgens, Silvana Pampanini, Henri Vidal, Michael Lenz, Folco Lulli.

Katastrophenfilm. Eine Lawine stoppt den Luxuszug in einem Alpendorf, in dessen Kulissen sich nun Episoden abspielen, deren aberwitzig-unfreiwillige Komik den Atem verschlägt (Höhepunkt: ein Cancan im Dorfkrug); Jürgens mit einer seiner grandiosesten Fehlleistungen; als eine der ersten ausländischen Koproduktionen ein Dokument der Mittel, mit denen der westeuropäische Nachkriegsfilm Anschluß an das Weltniveau suchte.

Orientierungslauf TV-Film

R – 95 Min. – R: Dan Pita. D: Claudiu Bleont, Gheorghe Dinica, Marin Moraru, Vlad Juravle.

Das Zusammentreffen eines Jugendlichen mit den verfeindeten Teilnehmern eines Orientierungslaufs wird zur Politparabel über Neid, Haß, Aggression, Führungsanspruch und Hilflosigkeit.

Orion 3000, Raumfahrt des Grauens / Il pianeta errante *

I 1965 – 80 Min. – R: Anthony M. Dawson. D: Jack Stuart, Ombretta Colli, John Bartha.

Science-fiction-Film. Eine globale Katastrophe bedroht alle Hauptstädte der Welt. Ein Kommandant mit Sonderauftrag wird von Raumstation Gamma zur Reparatur losgeschickt. Der naive, tricktechnisch durchsichtige Film schildert sein Tun desinteressiert.

Orphée / Orphée *** ½

F 1950 – 80 Min. sw. – R: Jean Cocteau. D: Jean Marais, Maria Casarès, François Périer, Maria Déa, Juliette Gréco.

Cocteau-Film. Ein existentialistisches Kunstwerk, in dem die Prinzessin des Todes durch Spiegel gehen kann und Dichter unsterblich werden. Eine Mixtur aus Krimi und Mythos – Cocteaus Adaption der Sage von Orpheus und Eurydike.

Die Ortliebschen Frauen ** ½

BRD 1979 – 90 Min. – R: Luc Bondy. D: Libgart Schwarz, Elisabeth Stepanek, Edith Heerdegen.

Melodram. Als der Vater stirbt, schließen sich die Frauen der Familie Ortlieb immer stärker von der Außenwelt ab. Preisgekröntes, ästhetisch streng gestaltetes Psychoschauspiel.

Oscar hat die Hosen voll / Le grand restaurant ** ½

F 1966 – 87 Min. – R: Jacques Besnard. D: Louis de Funès, Bernard Blier, Maria Rosa Rodriguez.

Klamotte. Monsieur Septime besitzt ein Pariser Nobelrestaurant, aus dem eines Tages ein südamerikanischer Staatspräsident entführt wird; Septime soll das Lösegeld überbringen, bewirkt jedoch nur Chaos – und stellt am Ende doch den Täter. Nonsenskomödie mit Funès aus der Zeit, als er noch ein Chaosclown von hohen Graden war und das cholerische Spiel souverän beherrschte.

OSS 117 – Pulverfaß Bahia / Furia a Bahia pour OSS 117 *
F/I 1965 – 115 Min. – R: André Hunebelle. D: Frédéric (Frederick) Stafford, Mylène Demongeot, Raymond Pellegrin.
Agententhriller. Ein CIA-Agent im Kampf gegen eine finstere südamerikanische Organisation; auch Frauen kreuzen seinen Weg; humorlose James-Bond-Imitation.

Osterspaziergang / Easter Parade ***
USA 1948 – 103 Min. – R: Charles Walters. D: Fred Astaire, Judy Garland, Peter Lawford, Ann Miller.
Musical. Ein Tänzer versucht, während er mit einer neuen Partnerin zum Star wird, seine Expartnerin zu vergessen. Irving Berlins Musik trägt diesen schwungvollen Tanzfilm mit vielen Evergreens und dem berühmt gewordenen Fifth-Avenue-Finale mit Berlins Titelsong.

The Other Woman **
USA 1954 – 81 Min. sw. OmU. – R: Hugo Haas. D: Hugo Haas, Cleo Moore, Lance Fuller, Lucille Barkley.
Melodram. Film im Film: Haas, der Regisseur und Schauspieler, gestaltet sein eigenes Emigrantenschicksal in Hollywood. Ein düsterer Film der pessimistischen Perspektiven und kaputten Verhältnisse.

Otto – der Film ** ½
BRD 1985 – 81 Min. Ⓥ Taurus. – R: Xaver Schwarzenberger, Otto Waalkes. D: Otto Waalkes, Jessika Cardinahl, Elisabeth Wiedemann, Sky Dumont, Karl Lieffen, Peter Kuiper.
Gagkomödie. Ottos Blödelnummern waren 1985 der Kinohit des Jahres; hemmungslose Bereitschaft zum Unsinn kennzeichnet die Nonstoprevue der Gags. Sie skizzieren Ottos Geburt in Ostfriesland, seine beruflichen Erfolge, das Tohuwabohu, das er in den besten Kreisen anrichtet, und, last not least, wie er einem Mädchen das Leben rettet; German Slapstick.

Otto ist auf Frauen scharf FLOP
BRD/A 1968 – 84 Min. – R: Franz Antel. D: Gunther Philipp, Dietmar Schönherr, Terry Torday, Hubert von Meyerinck, Willy Millowitsch, Heinz Erhardt, Ralf Wolter, Beppo Brem.
Lustspiel. Ein Prokurist soll bei einer Revision die Zweckentfremdung von Firmenareal für Affären des Chefs vertuschen, zu allem Überfluß ist der Revisor weiblich; Klamotte auf unsäglichem Niveau, die auch durch ein Großaufgebot an Spaßmachern nicht gerettet wird.

Out of the Past
siehe: Goldenes Gift

Out of Time ** ½
BRD 1982 – 45 Min. sw. – R, B: Michael Bentele. D: Jürgen Seybold, Ute Wieland, Franz Konrad, Barbara Rudnik.
Musical. Ginger und Fred kaufen im Museum ein Grammophon, das sie in eine andere Zeit versetzt. Sie schweben durch Raum und Zeit; phantastische Hommage für Hollywoods große Tanzfilme.

Outback – Flucht in die Wüste
siehe: Die Rache des Kadaitcha-Mannes

Over the Top / Over the Top FLOP
USA 1986 – 93 Min. Ⓥ VMP/Cannon/VMP. – R: Menahem Golan. D: Sylvester Stallone, David Mendenhall, Robert Loggia, Susan Blakely.
Sportlermelodram. Rocky heißt diesmal Lincoln, ist Trucker und will auf tränenselige Art die Liebe seines Sohnes zurückgewinnen; deshalb wird er schnell mal Weltmeister im Armdrücken. Stallone täuscht durch unverständliches Nuscheln einen Softie vor; gefühlsduseliger Kraftmeierkitsch.

Owain, Prince of Wales / Owain, Prince of Wales **
GB 1983 – 84 Min. – R: James Hill. D: J. O. Roberts, Hugh Thomas, Elen Roger Jones, Sharon Morgan.
Abenteuerfilm. Ein Waliser Rebell probt im 15. Jahrhundert den Aufstand gegen Heinrich IV.; solide Unterhaltung mit historischem Background.

P

Pacific Connection / ∗
The Pacific Connection
Philippinen 1978 – 85 Min. Ⓥ Ufa. – R: Luis Nepomuceno (eigentl. Cirio H. Santiago). D: Roland Dantes, Nancy Kwan, Guy Madison, Alejandro Rey.
Actionfilm. In einem historisch kaum definierten (Südsee-)Raum sucht ein junger Mann mit ungewöhnlichen Kampftechniken Rache für den Tod seiner Eltern; unfreiwillig komische Billigproduktion voller Brutalität und Blutrünstigkeit.

Packin' It In TV-Film
USA 1983 – 100 Min. OoU. – R: Jud Taylor. D: Richard Benjamin, Paula Prentiss, Tony Roberts, Andrea Marcovicci.
Eine Stadtfamilie inklusive dreier Kinder steigt aus und will nur noch in den Tag hineinleben; natürlich kann diese Abkehr vom American way of life nicht gutgehen; mäßiger Spaß.

Der Page vom Palasthotel ∗ ½
A 1957 – 105 Min. – R: Thomas Engel. D: Erika Remberg, Rudolf Prack, Mady Rahl, Charles Regnier.
Komödie. Erika Remberg, als Page im Palasthotel ihr Studium verdienend, ist lieblich anzusehen und wird in aufregende Abenteuer verwickelt. Heimatschnulze ohne tiefere Bedeutung.

Paisa / Paisà ∗∗∗ ½
I 1946 – 120 Min. sw. Original mit dt. Kommentar. – R: Roberto Rossellini. B: Klaus Mann, Federico Fellini. D: Carmela Sazio, Robert van Loon, John Kitzmiller, Alfonsino Pasca.
Episodenfilm. Das Ende des Zweiten Weltkriegs in Italien wird in sechs Episoden erzählt, die durch Wochenschauausschnitte verbunden sind; eine Abrechnung mit dem Faschismus und dem Nationalsozialismus; großenteils von Laiendarstellern hervorragend gespielt; ein Höhepunkt des Neorealismus.

Paka, die Polarbärin / ∗∗ ½
Snow Bear
USA 1970 – 87 Min. – R: Gunther von Fritsch. D: Steve Kaleak, Rossman Peetock, Laura Itta.
Walt-Disney-Produktion. Die Geschichte einer Freundschaft zwischen einem jungen Eskimo und einem kleinen Eisbären, der seine Mutter verloren hat. Hervorragende Tierfotografie.

Der Pakt mit dem Teufel / ∗∗∗
La beauté du diable
F/I 1949 – 87 Min. sw. – R: René Clair. D: Michel Simon, Gérard Philipe, Nicole Besnard.
Literaturverfilmung. Moderne südländische Faust-Mephisto-Variation um Liebe, Tod und Erkenntnis des Seins. Mit hervorragenden Darstellern, hintergründiger Ironie und stimmungsvollen Bildern von Clair (»Unter den Dächern von Paris«) als Hymne an das Leben inszeniert.

Pal Joey / Pal Joey ∗∗∗
USA 1957 – 109 Min. OoU. – R:George Sidney. D: Frank Sinatra, Rita Hayworth, Kim Novak, Barbara Nichols, Bobby Sherwood.
Musical. Adaption des Broadwayhits von John O'Hara mit Songs von Rodgers und Hart vom ausgefuchsten Entertainer, um den sich zwei Frauen in die Haare geraten; spritzig-frivoler Musikfilm mit Sinatra-Klassikern wie »Bewitched, Bothered and Bewildered«, »Small Hotel« und »The Lady is a Tramp«.

Palace Hotel ∗∗
CH 1951 – 100 Min. sw. R: Leonard Steckel, Emil Berna. D: Käthe Gold, Paul Hubschmid, Claude Farell, Anne-Marie Blanc, Liliana Tellini, Gustav Knuth.
Melodram. Die gediegene Atmosphäre eines großen Hotels in St. Moritz einmal nicht aus der Beletage, sondern vom Blickwinkel des Personals aus gesehen.

Der charmante Koch verliebt sich in das italienische Zimmermädchen – und das alles auf schwyzerdütsch. Amüsante Einblicke in das Innenleben eines Grand Hotels, witzig und unterhaltsam präsentiert.

Palace-Hotel TV-Film
BRD 1969 – 70 Min. sw. – R: Tom Toelle. B: Herbert Asmodi. D: Peter Pasetti, Hans Korte, Hans Quest, Gert Westphal, Renate Grosser.
Ein Mann verliert sein Vermögen, konsequenterweise verläßt ihn seine Frau; mit Interesse hört er vom Angebot eines Hotels, Lebensmüden ihre Sorgen abzunehmen; makabre Geschichte über die totale Vermarktbarkeit menschlicher Bedürfnisse.

Palast der Sünde / La otra **
MEX 1946 – 90 Min. – R: Roberto Gavaldón. D: Dolores Del Rio, Donna Magdalena, Augustin Jrusta, Victor Junco.
Psychokrimi. Außergewöhnlich konstruiertes Drama um zwei Zwillingsschwestern, einen Mord aus Verzweiflung und dunkle Schatten der Vergangenheit. Gut gespieltes Hollywood-Studiokino.

Palme im Rosengarten TV-Film
BRD 1967 – 89 Min. – R: Claus-Peter Witt. D: Inge Meysel, Regine Lutz, Gisela Trowe.
Rose, die Inhaberin einer Berliner Pension, projiziert ihre gescheiterten Filmträume auf junge Mädchen, die sie umsorgt und fördert. Kolportagehafte Story.

La Paloma **
BRD 1959 – 79 Min. – R: Paul Martin. D: Bibi Johns, Karlheinz Böhm, Ruth Stephan, Rudolf Platte.
Musikfilm. Die deutsche Unterhaltungsindustrie expandiert: Gleich mehrere Revuetheater liegen im Konkurrenzkampf um die »große Premiere«. Ein Schlager schlägt den andern, als Topüberraschung singt Louis Armstrong mit einem Kinderstar im Duett.

Palos Brautfahrt / Kajak ****
DK 1933 – 80 Min. sw. – R: Friedrich Dalsheim. B: Knud Rasmussen. D: Laien.
Dokumentarspielfilm. Mehrfach ausgezeichneter Film um ritualisierte Brautwerbungskämpfe und die Liebe einer jungen Eskimofrau in Ostgrönland; eine Perle des authentischen ethnographischen Films; trotz tragischer Aspekte für Kinder und Erwachsene ein Film von stiller, heiterer Schönheit.

Pancho Villa / Pancho Villa **
GB 1976 – 87 Min. Ⓥ VPS. – R: Eugenio (Gene) Martin. D: Telly Savalas, Clint Walker, Anne Francis, José Maria Prada, Chuck Connors.
Südwestern. Rebellenführer Villa im Kampf gegen einen bösen konservativen General, dem er zunächst auf den Leim geht; nicht sonderlich lustige Westernkomödie, deren Höhepunkt ein Zugzusammenstoß ist.

Pancho Villa reitet / Villa Rides * ½
USA 1967 – 120 Min. – R: Buzz Kulik. D: Yul Brynner, Robert Mitchum, Charles Bronson, Grazia Buccella.
Action-Abenteuerfilm. Erst durch nordamerikanische Waffenhilfe kann der mexikanische Landrevolutionär Villa seine Pläne verwirklichen. Dies und nicht die Notwendigkeit der Revolution in einem feudalen Land voller Ungerechtigkeit ist das Thema dieses Actionfilms ohne Engagement, der das Elend spekulativ zu Schauwerten nutzt. Auf Titelheld Brynner (mit sprießendem Haupthaar) zugeschnitten.

Pandora und der fliegende Holländer / Pandora and the Flying Dutchman ***
GB 1950 – 118 Min. – R: Albert Lewin. D: James Mason, Ava Gardner, Nigel Patrick, Sheila Sim.
Melodram. Die schöne Pandora umschwirren Männer wie Motten das Licht; eines Tages verfällt sie einem geheimnisvollen Holländer. Der in unwirklichen Farben, großen Gefühlen und märchenhaften Tönen schwelgende Film verschmilzt die antike Pandora-Sage und die Legende vom unsterblichen Seefahrer, das Resultat ist eine große Filmdichtung.

Panik – Dinosaurier bedrohen die Welt **
J 1966 – 85 Min. Ⓥ Ufa. – R: Shigeo

Tanaka. D: Kajiro Hongo, Akira Natsuki, Kyoko Enami.
Katastrophenfilm. Die animierten Stoffmonster Godzilla und Barugon bedrohen Tokio. Klatschbuntes Bastelstuben-Kintopp für Katastrophenfans.

Panik im Needle Park / ** ½
The Panic in Needle Park
USA 1970 – 109 Min. – R: Jerry Schatzberg. D: Al Pacino, Kitty Winn, Alan Vint, Richard Bright, Warren Finnerty.
Drogenfilm. Eine unerfahrene Provinzlerin verliebt sich in New York in einen Kleindealer und gerät immer tiefer in das Rauschgiftmilieu; überzeugend gespielter und eindrucksvoller Film über eine nicht in aller Brutalität präsentierte Drogenszene.

Panik in der Sierra Nova / * ½
Day of the Animals
USA 1976 – 105 Min. – R: William Girdler. D: Christopher George, Leslie Nielsen, Linda Day George.
Horrorfilm. Ein Team ist in der Bergwildnis unterwegs, um »Überlebenstraining« zu üben, da wird das Spiel zum Ernst: Die Gruppe wird von wilden Tieren angefallen – billiger Katastrophenfilm.

Panik in New York / ** ½
The Beast from 20 000 Fathoms
USA 1953 – 76 Min. sw. – R: Eugene Lourié. D: Paul Christian, Cecil Kellaway, Paula Raymond, Kenneth Tobey, Lee Van Cleef.
Monsterfilm. Ein A-Bomben-Abwurf am Nordpol erweckt einen Riesensaurier aus dem Tiefschlaf; der Hauptdarsteller zieht sich als rettender Physiker in diesem Reptilschocker achtbar aus der schauspielerischen Klemme; mit eindrucksvoller Tricktechnik des Fachmannes Lourié. Paul Christian ist das US-Pseudonym des Schweizers Paul Hubschmid.

Panik um King Kong / ***
Mighty Joe Young
USA 1949 – 89 Min. sw. – R: Ernest B. Schoedsack. D: Robert Armstrong, Ben Johnson, Terry Moore, Frank McHugh.
Horrorfilm. Modernere Fassung von »King Kong« mit ebenso brillanten Special Effects, die mit dem Oscar belohnt wurden; ein Manko: Der Charme der Naivität des Vorbilds fehlt weitgehend.

Panische Flucht / Auf **
Teufel komm raus / Running Scared
USA 1980 – 90 Min. – R, B: Paul Glickler. D: Ken Wahl, Judge Reinhold, Annie McEnroe, John Saxon, Bradford Dillman, Pat Hingle, Tom McFadden.
Actionfilm. Zwei GIs auf dem Weg in die Heimat geraten in eine haarsträubende Verfolgungsjagd; die CIA ist hinter ihnen her; unglaubwürdig im Plot, aber packend und rasant inszeniert.

Pankow '95 TV-Film
BRD 1983 – 83 Min. – R, B: Gabor Altorjay. D: Udo Kier, Christine Kaufmann, Dieter Thomas Heck, Magdalena Montezuma, Angelo Galizia, Anthony Ingrassia.
Montage der Vision von einer »verkehrten Welt« von 1995 in einer psychiatrischen Anstalt; experimenteller, provozierender Film über Vorgänge, die dem Normalbürger das Denkbare des anscheinend Unmöglichen demonstrieren; voll exzentrischer Einfälle.

Der Panther wird gehetzt / ***
Classe tous risques
F/I 1959 – 101 Min. sw. – R: Claude Sautet. D: Lino Ventura, Sandra Milo, Jean-Paul Belmondo.
Krimi. Der noch jugendliche Belmondo hilft dem Altgangster Ventura aus der Klemme, indem er ihn aus Südfrankreich mit einem Krankenwagen abholt, unterwegs gabeln sie das Mädchen (Sandra Milo) auf. Poetisch-düsterer französischer Gangsterfilm in der Tradition des »Film noir«.

Panzerkreuzer Potemkin / ****
Bronenosez Potemkin
UdSSR 1925 – 75 Min. sw. Stf. (1940 vertont): – R: Sergej S. Eisenstein. D: Alexander Antonow, Grigori Alexandrow, Wladimir Barskij, Einwohner von Odessa, Matrosen der Schwarzmeerflotte.
Revolutionsfilm. Kinoklassiker über den Matrosenaufstand auf einem Panzerkreuzer vor der Schwarzmeerküste bei Odessa, der zum Signal für die Revolution von 1905 wurde. Als die Seeleute

von Maden wimmelndes Fleisch essen sollen, bricht die Meuterei aus. Der Stummfilm ging nicht nur wegen der berühmten »Treppenszene von Odessa« in die Filmgeschichte ein, mit der Eisensteins Kunst der rhythmischen Montage Gegenstand filmischer Reflexion wurde, das formale Meisterwerk demonstriert in pathetischer Manier den Sieg des Kollektivs über das zaristische Individuum.

Panzerschiff Graf Spee / Battle of the River Plate / Pursuit of The Graf Spee ∗∗
GB 1956 – 106 Min. Ⓥ VCL. – R: Michael Powell. D: Peter Finch, Anthony Quayle, John Gregson, Ian Hunter.
Seekriegsfilm. Dokumentarisch aufgemachte Darstellung der britischen Jagd auf das deutsche Panzerschiff »Graf Spee« 1939 im Südatlantik; ebenso beachtlich wie bedenklich.

Panzerschlacht an der Marne / L' urlo dei giganti ∗ ½
I / E 1968 – 87 Min. Ⓥ VPS. – R: Henry Mankiewicz. D: Jack Palance, John Gramack, Andrea Bossic, John Douglas.
Kriegsfilm. Ein Sonderkommando der Alliierten, aus gefangenen nazifeindlichen deutschen Offizieren bestehend, soll Rommel zur Flucht in die USA bewegen; ein kriegsverherrlichendes Produkt von beträchtlicher Lächerlichkeit.

Papa / A Slice of Life ∗∗ ½
AUS 1986 – 84 Min. Ⓥ New Vision. – R: John D. Lamond. D: Robin Nedwell, Juliet Jordan, John Ewart.
Komödie. Ein Mann glaubt sich nach einer harmlosen Warzenoperation durch Kunstfehler seiner Zeugungsfähigkeit beraubt und entwickelt sich zum unbeschwerten Casanova; eine siebenfache Vaterschaft stellt ihn vor Probleme; vergnüglicher Sexulk ohne die üblichen Peinlichkeiten.

Paper Moon / Paper Moon ∗∗∗
USA 1972 – 100 Min. sw. – R: Peter Bogdanovich. D: Ryan O'Neal, Tatum O'Neal, Madeline Kahn.
Krimikomödie. Ein Trickbetrüger und eine ihm zugelaufene Neunjährige schlagen sich durchs Leben. Situationskomik, witzige Dialoge, rasante Actionszenen, großartiges Spiel der Hauptdarsteller und menschlich anrührende Handlung machen den Film von Bogdanovich (»Die letzte Vorstellung«) zu einem Ausnahme-Road-Movie.

Papiervögel / Papirfuglen ∗∗ ½
N 1984 – 91 Min. – R: Anja Breien. D: Elisabeth Martensen, Bjørn Floberg, Per Sunderland, Bente Børsum, Svein Sturla Hungnes, Jan Wiig, Kjell Stormoen.
Krimimelodram. Die Polizei auf der Spur eines Drogensyndikats und somit auf der eines exaltierten Schauspielers, der zu Tode kam; dessen Tochter anscheinend auf derselben Spur; doch sie, früher in inzestuöser Beziehung zum Toten, weiß bereits alles. Ein ungewöhnlicher, verwirrender Film mit feinen Psychogrammen.

Die Parade TV-Film
A/BRD – 90 Min. – R: Walter Davy. B: Florian Kalbeck, nach dem Roman von Alexander Sacher-Masoch. D: Emil Stöhr, Jutta Heinz, Georg Gabler, Kurt Jaggberg.
Das Eintreffen des neuen österreichischen Kommandanten in einer ungarischen Garnison kurz vor dem Ersten Weltkrieg führt zu Konflikten; gelungenes Genrebild aus der Zeit der k.u.k. Monarchie.

Paradies der flotten Sünder ∗
BRD 1967 – 90 Min. Ⓥ Videphon. – R: Jean Ch. Aurive (= August Rieger), Géza von Cziffra, Rolf Olsen. D: Willy Millowitsch, Paul Löwinger, Herbert Hisel, Angelika Ott, Ann Smyrner, Peter Weck, Lou van Burg.
Klamotte. Ein Bayer versucht sich als Playboy; das geht schief; der Film weitgehend auch.

Paradigma TV-Film
PL – 104 Min. – R: Krzystof Zanussi. D: Benjamin Völz, Vittorio Gassman, Marie-Christine Barrault, Erika Wackernagel.
In einer Universitätsstadt der 20er Jahre entwickelt sich ein Liebesdrama zwischen einem Theologiestudenten und der Frau seines Mäzens. Langsam und beharrlich verfolgt der in Frankreich und Italien

gedrehte Fernsehfilm die Beziehungen zwischen den Personen; in behutsam ausgespielten Sequenzen vermeidet er eine moralische Wertung.

Parangelia – Tanz mit dem Tod / Parangelia ∗∗∗

GR 1980 – 81 Min. – R: Pavlos Tassios. D: Antonis Antoniou, Antonis Kafetzopoulos, Olia Lazaridou.

Politparabel. Bei der Parangelia, dem Solostück beim griechischen Männertanz Bouzoukis, richten zwei Brüder aus verletzter Ehre ein Blutbad an; elegischer, kaleidoskopischer Kassandra-Film, in dem das triste Athener Nachtleben zum Zerrspiegel der politischen Strukturen unter der Militärdiktatur wird.

Der parfümierte Killer / Railroaded ∗∗ ½

USA 1947 – 72 Min. sw. – R: Anthony Mann. D: John Ireland, Sheila Ryan, Hugh Beaumont, Jane Randolph, Ed Kelly.

Psychothriller. Ein des Polizistenmordes verdächtigter Mann kann nach langen Recherchen eines Freundes seiner Schwester entlastet werden; der wahre Täter ist ein sexuell pervertierter Killer. Straffes B-Picture, emotional eindringlich inszeniert, von John Ireland blendend gespielt.

Paris Blues / Paris Blues ∗∗ ½

USA 1961 – 95 Min. – R: Martin Ritt. D: Paul Newman, Joanne Woodward, Sidney Póitier, Diahann Carroll, Louis Armstrong.

Musikermelodram. Urlaubsflirts mit zwei US-Touristinnen lassen zwei begabte, aber erfolglose US-Jazzer an Abreise aus Paris denken; nach langem Zögern entscheiden sie sich für den harten Weg einer fragwürdigen Künstlerkarriere in den Pariser Jazzkellern mit Existentialistentouch; ein Film am Rande der Sentimentalität, sehens- und vor allem hörenswert wegen der einfühlsamen Filmmusik Duke Ellingtons und der grandiosen »Battle Royal«-Jamsession mit Louis Armstrong.

Paris ist voller Liebe / Made in Paris ∗ ½

USA 1965 – 100 Min. – R: Boris Sagal. D: Ann-Margret, Louis Jourdan, Richard Crenna, Chad Everett.

Komödie. New Yorker Modeeinkäuferin im Widerstreit der Gefühle für den Sohn ihres Chefs und einen charmanten Couturier; nichts kommt so recht in Schwung.

Paris, Palace Hotel / Paris, Palace Hotel ∗∗ ½

F/I 1965 – 90 Min. – R: Henri Verneuil, D: Françoise Arnoul, Charles Boyer, Roberto Risso, Michèle Philippe, Tilda Thamar, Dary Cowl.

Komödie. Eine Maniküre und ein Chauffeur stapeln hoch, um sich gegenseitig einzufangen; doch ihre Schwindeleien gehen nicht lange gut; reizvoll inszeniertes Gaunerstückchen und flotte Liebeskomödie mit einem munteren Team.

Paris, Texas ∗∗∗

BRD 1984 – 140 Min. Ⓥ marketing film. – R: Wim Wenders. D: Harry Dean Stanton, Nastassja Kinski, Hunter Carson, Dean Stockwell, Aurore Clément, Bernhard Wicki, John Lurie.

Liebesfilm. Ein einsamer Mann unterwegs in der Mojave-Wüste auf der Suche nach Frau, Sohn, Vergangenheit; in Los Angeles kommt er vorübergehend ans Ziel seiner Wünsche, danach verliert er – fast – alles wieder. Wenders (»Falsche Bewegung«) löste sich mit diesem Film von seiner Amerika-Obsession und kehrte nach Europa zurück. Das Werk, ein vollendetes Poem in Bildern und Tönen (Musik: Ry Cooder), scheut nicht die starken Gefühle; eine cineastische Lektion in Hinsehen und Hinhören.

Paris um Mitternacht / So Long at the Fair ∗∗ ½

GB 1949 – 85 Min. sw. – R: Terence Fisher, Anthony Darnborough. D: Jean Simmons, Dirk Bogarde, David Tomlinson, Marcel Poncin, Cathleen Nesbitt.

Kriminalfilm. Ein Besucher der Pariser Weltausstellung 1889 verschwindet spurlos; seine Schwester, die ihn mit Hilfe eines jungen Malers sucht, stößt zunächst auf Mauern des Schweigens; gelungene Krimiunterhaltung von sanfter Spannung; Remake von Veit Harlans »Verwehte Spuren« (1938) und Adaption eines Hörspiels von Hans Rothe (1935).

Die Pariserin / Une Parisienne ** ½
F 1958 – 87 Min. – R: Michel Boisrond. D: Brigitte Bardot, Charles Boyer, Henri Vidal.
Komödie. Dem Töchterchen des Präsidenten gelingt es nicht nur, den gewünschten Ehemann zu ergattern, sondern auch noch, ihn zum verliebten Ehemann zu machen; unbeschwerte, lockere Unterhaltung vor allem für BB-Fans.

Partnersuche TV-Film
H – 70 Min. – R: Imre Mihalyfi. B: Ildiko Korody, Peter Horváth. D: Antal Pager, Zsuzsa Czinkoczi, Margit Dayka.
Als eine Zwölfjährige, die beim Großvater lebt, per Jugendamtsbeschluß in »geordnete Verhältnisse«, das heißt ins Heim, verfrachtet werden soll, entwikkelt sie ungeahnte Aktivitäten; ein Film voll melancholischer Komik und subtiler Anarchie.

Party Girl / Das Mädchen aus der Unterwelt / Party Girl ** ½
USA 1958 – 95 Min. – R: Nicholas Ray. D: Robert Taylor, Cyd Charisse, Lee J. Cobb, John Ireland.
Melodram. Eine Liebesgeschichte aus dem Gangstermilieu von fieberhafter Intensität und Leidenschaft: Der Staranwalt von Unterweltboss Rico kommt in Konflikt mit der kriminellen Szene, als er sich in die Nachtklubtänzerin Vicki verliebt.

Der Partyschreck / The Party * ½
USA 1967 – 85 Min. – R: Blake Edwards. D: Peter Sellers, Claudine Longet, Marge Champion, Sharron Kimberley.
Komödie. Ein indischer Kleindarsteller wird aus Versehen zur Party eines Filmmoguls geladen und richtet ein Chaos an; zerfahren und kaum komisch, mit einigen netten Running Gags.

Pascal / L'arbre de Noël * ½
F/I 1969 – 120 Min. – R: Terence Young. D: William Holden, Bourvil, Brook Fuller, Virna Lisi.
Melodram. Ein radioaktiv verseuchtes Kind hat nur noch kurze Zeit zu leben. Was zu einer Attacke auf den Wahnsinn atomarer Experimente hätte werden können, versackt in diesem bemühten Film auf das Niveau einer tränenseligen Individualschnulze.

Paso Doble ** ½
BRD 1984 – 90 Min. – R: Lothar Lambert. D: Ulrike S., Albert Heins, Susanne Stahl, Christoph Wellemeyer.
Komödie. Im Spanienurlaub driftet bei einem Paso-Doble-Turnier eine Ehe in die Krise; die Tanzwütigen stellen ihr Leben auf den Kopf; deftige Unterhaltung, nicht ganz stil- und geschmackssicher, aber spaßig.

Passion / Passion ***
S 1969 – 93 Min. sw. – R: Ingmar Bergman. D: Max von Sydow, Liv Ullmann, Bibi Andersson, Erland Josephson.
Moderner Liebesfilm. Einsamer Mann auf einer Insel lernt zwei Frauen kennen, die sich aus unterschiedlichen Motiven auf ihn einlassen. Psychologisch-analytischer, jedoch in dramatische Spielhandlung aufgelöster Film Bergmans mit all den Motiven, Manierismen, Konstruktionen und Stars, die einen Bergman-Film zum dramatischen Ereignis machen.

Passion / Passion ** ½
F/CH 1982 – 87 Min. – R: Jean-Luc Godard. D: Isabelle Huppert, Hanna Schygulla, Michel Piccoli, Jerzy Radziwilowicz.
Godard-Film. Eine Arbeiterin, ein Fabrikbesitzer, ein Regisseur treten auf; berühmte Gemälde von Rembrandt, Goya, Ingres werden mit lebenden Menschen nachgestellt. In einer Film-im-Film-Situation reflektiert Godard in diesem Avantgardewerk seine Leidenschaft fürs Kino.

Pat Garrett jagt Billy the Kid / Pat Garrett and Billy the Kid *** ½
USA 1973 – 105 Min. Ⓥ MGM/UA. – R: Sam Peckinpah. D: James Coburn, Kris Kristofferson, Richard Jaeckel, Katy Jurado, Bob Dylan.
Spätwestern. Zum melancholischen Soundtrack Dylans – der Folksänger spielt selbst einen jungen Handwerker (grandios fehlbesetzt) – ereignet sich zum wiederholten Male die Filmmär von Freunden, die Feinde werden. Atmosphärisch äußerst stimmig, die Klischee-

Charaktere psychologisch aufpoliert und glaubhaft, läßt Peckinpah (»The Wild Bunch«) das Nordamerika der korruptesten Phase der Konsolidierung des Geld-Denkens aufleben.

Pat und Mike / Pat and Mike ** ½
USA 1952 – 92 Min. sw. – R: George Cukor. D: Spencer Tracy, Katharine Hepburn, Aldo Ray.
Komödie. Katharine Hepburn ist eine Sportskanone und Spencer Tracy ihr neunmalkluger Manager; daraus ergeben sich Spannungen und Rangeleien, die sich am Ende in Glück auflösen.

Der Pate / The Godfather *** ½
1. Teil
USA 1971 – 170 Min. Ⓥ CIC. – R: Francis Ford Coppola. D: Marlon Brando, Al Pacino, James Caan, Richard Castellano, Sterling Hayden, Diane Keaton.
Mafiafilm. Großangelegtes Panorama der »Ehrenwerten Gesellschaft« und zugleich ein Werk über amerikanische Träume und Alpträume; fesselnd, bleihaltig und detailgenau inszeniert nach dem Roman von Mario Puzo. Marlon Brando wurde für die Darstellung des »Paten« der Oscar zugesprochen, er verweigerte jedoch die Annahme.

Pater Brown läßt sich nicht bluffen / Father Brown, Detective **
GB 1979 – 94 Min. – R: John L. Moxey. D: Barnard Hughes, Kay Lenz, Peter Maloney.
Krimi. Carol hat einen Mord beobachtet, was ihr Leben erheblich aus dem Gleichgewicht bringt: Sie bleibt im Fahrstuhl stecken, verliert ihren Job im Hotel. Pater Brown, der berühmte Detektiv im Priesterrock, versucht die mysteriösen Ereignisse zu entschlüsseln; unterhaltsamer Denksportkrimi.

Patricia und der Löwe / The Lion **
GB 1962 – 90 Min. – R: Jack Cardiff. D: William Holden, Capucine, Trevor Howard.
Abenteuerfilm. Der beste Freund eines Mädchens ist ein Löwe; als sie zu ihrem Vater nach New York zurückkehren soll, gibt es Ärger. Prächtige Naturaufnahmen in Kenia.

Patriot ohne Vaterland / L'ebreo fascista ** ½
I 1980 – 102 Min. – R: Franco Molè. D: Ray Lovelock, Martine Brochard, Silvia Dionisio, Adalberto Rosseti.
Zeitkritisches Melodram. Der Halbjude Oberdan zieht als überzeugter Faschist in den Äthiopien-Feldzug, als er zurückkehrt, ist er seiner Familie entfremdet. Er findet neue Freunde in Bologna, muß jedoch am Ende erkennen, daß er vergeblich für sein Vaterland gekämpft hat; Liebes-, Familien- und Politdrama aus Italiens düsterer Vergangenheit.

Patrouille westwärts / Escort West ***
USA 1958 – 94 Min. sw. – R: Francis D. Lyon. D: Victor Mature, Elaine Stewart, Faith Domergue.
B-Western. Ein Minitreck und eine fast aufgeriebene Armeeabteilung stecken in einem Indianerhinterhalt, die verschiedenen Charaktere geraten in existentielle Situationen; straff erzähltes Westerngarn um Liebe, Verrat, Desertion und Mut in sorgfältig arrangierten Schwarzweißbildern; überzeugendes Team mit einem überzeugenden Mature.

Pattbergs Erbe TV-Film
BRD 1986 – 119 Min. – R, B: Marianne Lüdcke. D: Gottfried John, Elisabeth Trissenaar, Hermann Treusch, Max Volkert Martens, Nina Hoger, Bernhard Wicki.
Literaturverfilmung. Ein Mann zieht auf seinem Weg in die verführerische Luxuswelt von Macht und Reichtum eine tödliche Spur der Zerstörung. Nach Motiven des Romans »Der Sieger nimmt alles« von Dieter Wellershof.

Der Pauker kann's nicht lassen / Son of Flubber * ½
USA 1962 – 97 Min. – R: Robert Stevenson. D: Fred MacMurray, Nancy Olson, Tommy Kirk, Keenan Wynn.
Komödie. Fortsetzung des »Fliegenden Paukers« aus der Filmfabrik von Walt Disney. Diesmal geht der Erfinder Ned daran, ein Treibgas zu entwickeln; nicht nur dieses, sondern auch seine frisch angetraute Frau gehen dabei in die Luft, denn der Erfinder ist ein Oberschussel.

Die filmisch dürftige Inszenierung zehrt weitgehend von der Substanz der Grundidee.

Ein Pauker zum Verlieben / Le pion ∗∗

F 1978 – 90 Min. – R: Christian Gion. D: Henri Guybet, Claude Piéplu, Michel Galabru, Claude Jade.

Komödie. Ein Lehrer hat mit Rabaukenklassen seine liebe Not, als Schriftsteller unter Pseudonym ist er eine Berühmtheit; dann kommt sein Geheimnis ans Licht; amüsantere Variante der deutschen Paukerfilme.

Paul Ehrlich – ein Leben für die Forschung / Dr. Ehrlich's Magic Bullet ∗∗ ½

USA 1940 – 95 Min. sw. – R: William Dieterle. D: Edward G. Robinson, Donald Crisp, Albert Bassermann, Ruth Gordon.

Filmbiographie. Lebensgeschichte des Arztes und Chemotherapeuten Ehrlich (1854–1906), Erfinder des Syphilismittels Salvarsan (Nobelpreis); idealisierend und melodramatisch, eindrucksvoll Robinson.

Paul und Michelle / Paul et Michelle ∗

F / GB 1974 – 90 Min. – R: Lewis Gilbert. D: Sean Bury, Anicée Alvina.

Liebesfilm. Ein adeliger junger Brite verliebt sich in eine Französin aus einfachen Verhältnissen; melodramatische Schmonzette, die kaum ein Klischee ausläßt.

Paul und Pauline ∗∗

ČSSR 1976 – 70 Min. – R: Jaroslav Papoušek. D: Richard Medek, Zuzana Bydžovská, Jiři Pleskot, Zdena Hadrbolcová.

Jugendfilm. Eine Schülerliebe steht im Mittelpunkt; Paul ist unglücklich in Susanne verliebt, bis eines Tages Pauline auftaucht. Großvater hilft mit, daß es zum Happy-End kommt. Unterhaltsame Verwicklungen.

Pauline am Strand / Pauline à la plage ∗∗∗

F 1982 – 94 Min. – R: Eric Rohmer. D: Amanda Langlet, Arielle Dombasle, Pascal Gregory, Fédor Atkine.

Literarischer Film. Die attraktive Marion und ihre kleine Cousine Pauline treffen in den Ferien auf drei Männer, die unterschiedlich in Alter und Verfassung sind. Damit ist der Film von Rohmer (»Claires Knie«) schon mittendrin in Dialogen über Liebe, Lust und Leid. Dieser dritte Teil der Trilogie »Komödien und Sprichwörter« besticht durch die mit leichter Hand hingetupften, aber präzisen Charaktere.

Die Pauschalreise TV-Film

BRD – 55 Min. – R, B: Dieter Ehlers. D: Baldur Seifert, Chonticha Tichachat, Klaus Volk, Elke Heidenreich, Gerd Andresen.

Eine Reise nach Thailand bringt Sex, Leid und Unordnung; auch die beiden Reiseleiter können sich nicht einigen. Parodie auf den Thai-Sextourismus.

Die Pechvögel / One More Time ∗∗

USA 1969 – 90 Min. – R: Jerry Lewis. D: Sammy Davis jr., Peter Lawford, Fiona Lewis.

Komödie. Salt und Pepper sind pleite, ihrem Nachtklub droht das »Aus«, da schlüpft Salt in die Rolle seines reichen Zwillingsbruders. Stellenweise recht komisch.

Der Pedell TV-Film

BRD 1971 – 80 Min. sw. – R: Eberhard Itzenplitz, B: Paul Mommertz. D: Manfred Seipold, Heinz Schacht, Gustl Bayrhammer, Claudia Butenuth.

Zentrales Konfliktmoment in einem diktatorischen Regime ist die Denunziation: 1943 zeigte der Pedell der Münchner Uni die Geschwister Scholl an, die vier Tage später hingerichtet wurden. Ernsthafter und nachdenkenswerter Versuch deutscher Vergangenheitsbewältigung am Beispiel eines Mannes, der »nur seine Pflicht« getan hat und auch später zu keiner Reue oder Einsicht fähig war.

Das Pendel des Todes / The Pit and the Pendulum ∗∗ ½

USA 1961 – 80 Min. – R: Roger Corman. D: Vincent Price, Barbara Steele, John Kerr.

Horrorfilm. Klassiker des Gruselkinos aus der Corman-Filmfabrik; Price und Steele als herrliches Schauermärchen-

Gespann aus dem 16. Jahrhundert; nach Edgar Allan Poe, der diesen Film sicher gemocht hätte.

Peng! Du bist tot! ** ½

BRD 1987 – 98 Min. Ⓥ Warner Home. – R: Adolf Winkelmann. D: Ingolf Lück, Rebecca Pauly, Hermann Lause, Volker Spengler, Rolf Zacher.

Krimikomödie. Ein Mann reißt sich einen Supermikrochip unter den Nagel und verschwindet auf geheimnisvolle Weise. Die Deutschlehrerin Andrea und der Computerfreak Kai suchen ihn; dabei bestehen sie die tollsten Abenteuer und Mörderspiele im Hard- und Softwareland. Der komische Agententhriller mit ernstem Hintergrund macht Spaß durch frechen Comic-strip-Zuschnitt.

Pension Schöller **

BRD 1960 – 89 Min. sw. – R: Georg Jacoby. D: Theo Lingen, Helmut Lohner, Christa Williams, Rudolf Vogel, Boy Gobert, Ann Smyrner.

Schwank. Ein begabter Musiker braucht nicht nur Noten, sondern auch Geld; sein reicher Onkel will davon nichts wissen; doch als der Alte in der Pension Schöller absteigt, wird das Haus umfunktioniert, damit die Knete doch noch fließt. Der turbulente Filmspaß zieht alle Register harmloser Unterhaltung; routinierte Darsteller geben ihr Bestes; lustiges Türengeklapper in der Pension.

Das Penthouse / **
The Penthouse

GB 1967 – 97 Min. – R: Peter Collinson. D: Terence Morgan, Suzy Kendall, Martine Beswick, Norman Rodway, Tony Beckley.

Kriminalfilm. Ein junges Paar igelt sich in einem Penthouse ein und wird von zwei Männern terrorisiert; Parabel über Grenzsituationen menschlichen Zusammenlebens, deren hintergründige Spannung nicht konsequent durchgehalten wird.

Pepe, der Paukerschreck * ½

BRD 1969 – 91 Min. – R: Harald Reinl. D: Hansi Kraus, Uschi Glas, Hannelore Elsner, Theo Lingen, Gustav Knuth, Harald Juhnke.

Klamotte. Die Lümmel von der ersten Bank verbreiten mal wieder Angst und Schrecken unter dem überforderten Lehrerkollegium, deshalb soll ein besonders scharfer Pauker für Ordnung sorgen. Schülerstreiche von vorgestern.

Pépé le Moko – Im Dunkel von Algier / Pépé le Moko ***

F 1937 – 90 Min. sw. – R: Julien Duvivier. D: Jean Gabin, Mireille Balin, Line Noro, Gabriel Gabrio.

Melodram. Ein Unterweltboß lebt ungefährdet in der Kasbah von Algier, bis ihn Liebe und Heimweh in eine tödliche Falle locken; pessimistisch-melancholische Gangsterkomödie, die Gabins Starmythos mitbegründete; ein Klassiker des lakonischen Gangsterfilms, von exotischem Reiz.

Peppermint-Frieden ** ½

BRD 1983 – 104 Min. Ⓥ atlas film + av. – R: Marianne Rosenbaum. D: Peter Fonda, Saskia Tyroller, Gesine Strempel, Hans-Peter Korff, Cleo Kretschmer, Konstantin Wecker.

Frauenfilm. Nach Bombennächten und Nachkriegshunger verschlägt es Marianne und ihre Mutter in den Bayrischen Wald; der Vater kommt aus der Gefangenschaft, US-Soldaten tauchen auf – die Dorfschönen werfen ein Auge auf sie. Deutscher Alltag nach '45: originell inszeniert in einem Debütfilm, der Regiefehler nicht vermeiden kann, aber durch Einfälle und emotionale Qualitäten lokker aufholt.

Ein perfektes Paar / ** ½
A Perfect Couple

USA 1978 – 104 Min. – R: Robert Altman. D: Paul Dooley, Martha Heflin, Titos Vandis, Belita Moreno.

Komödie. Ein Computer führt ein Paar mit auffallend abweichenden Neigungen als »perfekt« zusammen; umwerfende intellektuelle Komik und ein exzellenter Rock-Soundtrack.

Die Perfektionistin / ** ½
The Perfectionist

USA 1987 – 99 Min. Ⓥ Highlight. – R: Chris Thomson. D: Jacki Weaver, John Waters, Noel Ferrier, Steven Vidler.

Komödie. Mutter setzt Studium fort, Vater ist mit Nachwuchs überfordert, Kinder nörgeln – und ein Babysitter rückt den Haussegen noch schiefer, denn er ist ein knackiger dänischer Blondie; der Vervollkommnungswahn der jungen Mutter macht auch vor ihm nicht halt; flotte Middle-class-Komödie mit Tiefgang.

Die Perle der Karibik FLOP
BRD 1981 – 80 Min. – R: Manfred Stelzer. D: Alisa Saltzman, Diethard Wendtland, Wendy Wang, Horst Pinnow.
Komödie. Ein wohlsituierter, eher gutbürgerlicher Verlagsvertreter hat Pech mit deutschen Frauen; nach dem Vorbild eines Kunden ordert er eine Asiatin, handelt sich aber eine Karibik-Insulanerin ein; dümmlicher Spaß über ein ernsthaftes Thema.

Die Perlenkomödie TV-Film
BRD 1965 – 75 Min. sw. – R: Fritz Umgelter. D: Claus Biederstaedt, Gerlinde Locker, Karl Walter Diess.
Die Ehe der Siethoffs hat bereits einen Knacks, als durch einen Perlendiebstahl zusätzliche Dramatik aufkommt. Turbulentes Lustspiel von Bruno Frank.

Permanent Vacation ***
USA 1980 – 75 Min. sw. OmU. – R: Jim Jarmusch. D: Chris Parker, Leila Gastil, John Lurie, Richard Boes, Charlie Spademan, Jane Fire.
Zeitkritischer B-Film. Ein 16jähriger Obdachloser auf seinem Trip durch New York. Mit avantgardistischen Mitteln, Handkamera, schnellem Schnitt und kleinem Budget, amüsant und expressiv, gegen alle Genres vor Ort gedreht. Jarmusch (»Down By Law«) hat den Blick für ins Bild umsetzbare Außenseitergefühle.

Perrak
siehe: Inspektor Perrak greift ein

Perry Mason kehrt zurück / Perry Mason Returns * ½
USA 1985 – 94 Min. Ⓥ EuroVideo. – R: Ron Satlof. D: Raymond Burr, Barbara Hale, William Katt, Patrick O'Neal.
Detektivfilm. Jahrzehnte nach den erfolgreichen Schwarzweißfilmen der 50er / 60er Jahre kehren die Figuren der Romane von Earle Stanley Gardner, die er 1932 kreierte, Staranwalt / Stardetektiv Mason und seine Assistentin Della Street, zurück; Mason recherchiert im Mordfall eines Industriellen, Della steht unter Mordverdacht; dem Trailer der neuen Serie fehlen Schwung und Witz; einfallslose TV-Serien-Dramaturgie, aber erfreuliche Außenaufnahmen.

Perry Mason und der Mord im Studio / The Case of the Shooting Star TV-Film
USA 1985 – 95 Min. Ⓥ EuroVideo. – R: Ron Satlof. D: Raymond Burr, Barbara Hale, William Katt, Joe Penny, Ron Glass, Alan Thicke.
Ein dummer Streich hat Hollywoodstar Robert McCay ein Gerichtsverfahren eingebracht, denn ein Toter blieb auf der Strecke: ein Showmaster, der mit einer angeblichen Platzpatrone erschossen worden ist. Staranwalt Mason entdeckt gleich eine heiße Spur. Der Routinekrimi kam in den USA besonders deshalb gut an, weil der getötete Showmaster vom realen Fernsehmoderator Thicke gespielt wurde, dessen »Abschuß« man seinerzeit forderte.

Perry Mason und die eigensinnige Nonne / Perry Mason: The Case of the Notorious Nun TV-Film
USA 1986 – 93 Min. Ⓥ EuroVideo. – R: Ron Satlof. D: Raymond Burr, Barbara Hale, William Katt, Michele Greene.
Zweiter Film einer Mason-Serie für das Fernsehen. Ein Pater und eine Nonne sollen eine kircheninterne Untersuchung führen und stoßen auf seltsame Zusammenhänge; nach einer Morddrohung wird Anwalt Mason eingeschaltet. Mit imponierender Figur (Burr), scharfem Verstand und versierter Taktik tritt die Titelfigur vor Gericht und Zuschauer. Die Außenaufnahmen sind geschickt plaziert, die Verhöre dramatisch, das Timing perfekt.

Perry Mason und die verlorene Liebe / Perry Mason: The Case of the Lost Love TV-Film
USA 1987 – 93 Min. – R: Ron Satlof. D: Raymond Burr, Barbara Hale, William Katt, Jean Simmons, Gene Barry, David Ogden Stiers.
Staranwalt Mason trifft seine ehemalige

Geliebte wieder, die Senatorin werden will; kurz darauf muß der Anwalt beruflich aktiv werden, denn die Frau bittet ihn um Hilfe. Sie ist erpreßt worden, und ihr Mann soll den Erpresser umgebracht haben. Von da an greift das gewohnheitsmäßige Script der TV-Film-Serie, obwohl auch dieser Teil seine Eigenständigkeit betont.

Persona / Persona ∗∗∗ ½
S 1966 – 80 Min. sw. – R: Ingmar Bergman. D: Liv Ullmann, Bibi Andersson, Gunnar Björnstrand.
Ingmar-Bergman-Film. Zwei Frauen in absoluter Fixierung aufeinander, was bis zur auswechselbaren Identität geht. Bergmans bester Film aus der mittleren Phase beschreibt die quälende Beziehung mit großer Intensität, assistiert von zwei überragenden Stars.

Pesthauch des Dschungels / La muerte en este jardin / Le mort en ce jardin ∗∗ ½
MEX/F 1956 – 104 Min. – R: Luis Buñuel. D: Simone Signoret, Charles Vanel, Georges Marchal, Michel Piccoli.
Abenteuerfilm. Ein verlorener Haufen verfolgter Rebellen flieht durch den südamerikanischen Urwald; hinter dem verzweifelten Abenteuer werden psychische Strukturen sichtbar, die ihrerseits von den Wertbegriffen der zufällig Zusammengeschweißten bestimmt werden; ursprüngliche Natur als Umfeld menschlicher Hoffnungslosigkeit.

Pete Kelly's Blues
siehe: Es geschah in einer Nacht

Peter Ibbetson / Peter Ibbetson ∗∗ ½
USA 1935 – 82 Min. sw. – R: Henry Hathaway. D: Gary Cooper, Ann Harding, John Halliday, Ida Lupino, Douglas Dumbrille.
Liebesfilm. Ungewöhnliche Liebesromanze um ein Kinder-Liebespaar, das sich nach Jahren wiederfindet. Wunderschön fotografiert von Charles Lang; glänzend gespielter, mit Gefühlsüberschwang und viel gestalterischer Phantasie in kontrastreichem Schwarzweiß in Szene gesetzter Film; identifikationsträchtiges Happy-End.

Peter schießt den Vogel ab ∗ ½
BRD 1959 – 90 Min. – R: Géza von Cziffra. D: Peter Alexander, Germaine Damar, Ruth Stephan, Maria Sebaldt, Jo Herbst.
Musikkomödie. Netter Hotelportier verjubelt Erbschaft im Grand Hotel und lebt danach vorwiegend von Liebe zu hübscher Telefonistin; es bleibt nicht aus, daß Peter Alexander auch tanzt und singt; mäßige Klamotte.

Peter Strohm: Tod eines Freundes TV-Film
BRD 1989 – 85 Min. – R: Ilse Hofmann. D: Klaus Löwitsch, Burghart Klaussner, Gerhard Garbers, Matthias Fuchs, Wolfgang Reichmann, Barbara Krabbe.
Pilotfilm einer 13teiligen TV-Serie um einen gerechten Kommissar, der seine Aufgaben ordentlich erfüllt, eines Tages einen Fehler macht und auf eigene Faust recherchiert. Mehr als »Tatort«-Kost, vor allem durch das energische Spiel von Klaus Löwitsch, doch zu wenig Action, um Zuschauer zu befriedigen, die an US-Fernsehkost orientiert sind; das gilt für den Auftaktfilm ebenso wie für die Folgen.

Peter Voss, der Millionendieb ∗∗ ½
BRD 1958 – 112 Min. – R: Wolgang Becker. D: O. W. Fischer, Ingrid Andree, Margit Saad, Mara Lane.
Krimi. Tausendsassa und Weltenbummler Voss verliebt sich in eine Bankierstochter und hilft deren Papa beim Vertuschen eines Millionenverlustes. Dann wird es ernst, Bankräuber jagen Voss, Polizei schließt sich auch noch an, und es geht rund um den Globus. Der Weltenbummlerkrimi mit komödiantischen Zügen gewinnt durch flottes Spiel (O. W. Fischer) und interessante Schauplätze.

Peterle ∗∗
D 1943 – 75 Min. sw. – R: Joe Stöckel. D: Joe Stöckel, Elise Aulinger, Gabriele Reismüller, Albert Janschek, Liesl Karlstadt, Ludwig Meier.
Melodram. Da die Nichte eines bayrischen Bierkutschers (eben Mutter geworden) vorgeblich kinderlos heiraten will, kümmert Onkel sich so liebevoll um das

Baby, daß er sich nicht mehr von ihm trennen will, als die Mutter das Kind nach einigen Jahren dann doch abholt; geschickte Verbindung von Sentimentalität und Heiterkeit.

Petersburger Nächte **
D 1934 – 85 Min. sw. – R: E. W. Emo. D: Paul Hörbiger, Eliza Iliard, Theo Lingen, Adele Sandrock.
Musikfilm. Paul Hörbiger als Walzerkönig Johann Strauß wirft wild seine dunklen Locken und dirigiert genialisch seine unerhörte Musik in St. Petersburg. Daß er sich auch noch in Olga, die Braut des Kriegsministers, verliebt, stiftet einige Verwirrung.

Petrijas Bilderrahmen / Petrijin venać ***
YU 1980 – 95 Min. – R, B: Srdjan Karanović. D: Mirjana Karanović, Dragan Maksimović, Marko Nicolić, Pavle Vujisić, Veljko Mandić, Olivera Marković.
Zeitbild. In Rückblenden werden Lebensstationen einer Jugoslawin erzählt; Kriegserlebnisse, der Gegensatz zwischen bäuerlichen und proletarischen Lebensformen und Alltäglichkeiten der Selbstbehauptung werden dicht verwoben; Preise auf dem Festival von Pula.

Petroleumlampen / Petrolejové lampy ***
ČSSR 1971 – 100 Min. – R: Juraj Herz. D: Iva Janžurova, Marie Rosulková, Ota Sklenčka, Petr Čepek.
Literaturverfilmung. Adaption des Romans von Jaroslav Havlićek von der Frau, für die die Jahrhundertwende der Schritt in persönliches Unglück bedeutet; zu schönen, wohldurchdachten Bildern geronnene Kritik an einer bürgerlichen Gesellschaft, die individuelles Glück dem Schein der Respektabilität zu opfern bereit ist; ein von der leisen Präsenz der Hauptdarstellerin lebendes Genrebild.

Petroleum-Miezen / Les pétroleuses *
F/I/E/GB 1971 – 85 Min. Ⓥ EuroVideo. – R: Christian-Jaque. D: Brigitte Bardot, Claudia Cardinale, Michel J. Pollard, Micheline Presle.
Westernparodie. Zwei ziemlich dominierende Frauen geraten sich wegen Ölvorkommen in die Haare; einfallslos und zäh; sehenswert für Fans von Frauenprügeleien.

Petulia / Petulia ***
USA 1967 – 105 Min. – R: Richard Lester. D: Julie Christie, George C. Scott, Richard Chamberlain, Shirley Knight, Arthur Hill, Joseph Cotten.
Psychodrama. Eine Dreiecksgeschichte in der oberen Mittelklasse von San Francisco Mitte der sechziger Jahre, die hinter dem fast Gewohnten ungeahnte Abgründe sichtbar werden läßt; eine Zeit- und Milieustudie von bitterer Ironie; Scott und Knight überragen noch ein exzellentes Team.

Der Pfandleiher / The Pawnbroker *** ½
USA 1965 – 116 Min. sw. – R: Sidney Lumet. D: Rod Steiger, Geraldine Fitzgerald, Brock Peters, Jaime Sanchez, Thelma Oliver, Juano Hernandez.
Milieustudie. Ein jüdischer Exprofessor betreibt in Spanisch-Harlem eine Pfandleihe; die Gewalttätigkeit seiner Umwelt erweckt in ihm ständig alptraumhafte Erinnerungen an Nazideutschland; erst ein Opfertod befreit ihn aus Menschenverachtung und Lebensangst; ein sehr menschlicher Film, dessen Stimmigkeit durch die Authentizität des Milieus gesteigert wird.

Der Pfarrer von Kirchfeld *
A 1937 – 80 Min. sw. – R: J. und L. Fleck. D: Hans Jaray, Hansi Stork, Karl Paryla, Frida Richard.
Melodram. Pfarrertragödie mit unfreiwillig komischen Zügen aus einer realitätsfernen Problemwelt. Nicht nur produktionstechnisch von gestern.

Der Pfarrer von St. Michael *
BRD 1957 – 91 Min. – R: Wolfgang Glück. D: Erich Auer, Gerlinde Locker, Heinrich Gretler, Lucie Englisch.
Heimatfilm. Ein progressiver Pfarrer macht sich seiner Gemeinde verdächtig, als er das uneheliche Kind einer bei der Geburt des Kindes Verstorbenen aufnimmt; schauspielerisch und dramaturgisch dürftiges Rührstück.

Pfeile in der Dämmerung / Arrow in the Dust * ½

USA 1954 – 78 Min. – R: Lesley Selander. D: Sterling Hayden, Colleen Gray, Keith Larsen, Tom Tully, Lee Van Cleef.
Western. Pawnees und Apachen überfallen einen Oregon-Treck; ein desertierter Offizier übernimmt das Kommando; spannender, wenn auch wenig stimmiger B-Western, dessen sorglose Regie vor allem Haydens Spiel behindert; schwache Synchronisation.

Die Pfeile von Robin Hood / Strely Robin Guda **
UdSSR 1976 – 75 Min. – R: Sergej Tarassow. D: Boris Chmelnizki, Regina Rasuma.
Abenteuerfilm. Robin gewinnt einen Bogenwettbewerb, der Erfolg führt ihn in den Kampf mit einem Bösewicht; als Fabel mit sozialem Touch erzählte Robin-Hood-Story.

Das Pferd **
Iran 1976 – 45 Min. – R: Ebrahim Fornsesch. D: Kiwmars Nury, Gilda Kimiai, Akbar Moasesi, Hassan Sand.
Jugendfilm. Ein junger Kurde hängt sehr an seinem Pferd und verkauft es nur unter der Bedingung, daß er als Pfleger nach Teheran mitgenommen wird; in der Stadteinsamkeit faßt er den Plan, mit dem Pferd zu fliehen; eine einfache, geradlinige Geschichte.

Das Pferd kam ohne Socken / Ettore la fusto *
I 1975 – 85 Min. – R: Enzo G. Castellari. D: Michael Forest, Luis Gallardo, Giancarlo Gianni, Vittorio De Sica.
Komödie. Moderne Variante der mythologischen Geschichte von Paris und Helena; Klamauk auf recht banalem Niveau.

Der Pferdedieb / Dao ma zei ***
VR China – 84 Min. – R: Tian Zhuanzhuang. D: Tseshang Rinzin, Dan Jiji, Jayang Jamco, Gaoba, Daiba, Drashi.
Ethnographischer Film. Zwei Männer in Tibet beginnen Pferde zu stehlen, um ihre Familie ernähren zu können; nachdem sie Tempelabgesandte beraubt haben, müssen sie ihren Stamm verlassen; als Geächtete schlagen sie sich durchs Leben. Der im Ausland vielfach ausgezeichnete, in China zeitweilig verbotene Film verbindet bewundernswert authentisches Alltagsleben zwischen Glauben und Todesritualen in der chinesischen Kolonie Tibet mit packender Spielhandlung.

Das Pferdemädchen ** ½
DDR 1979 – 82 Min. – R: Egon Schlegel. D: Märtke Wellm, Wolfgang Winkler, Annette Roth, Hans Klering.
Kinderfilm. Geschichte um ein junges Mädchen und ein ehemaliges fast erblindetes Rennpferd; als die Stute wider Erwarten ein Fohlen wirft, steht das Mädchen vor einer schweren Entscheidung. Ein schöner pädagogischer Film ohne Zeigefingermoral nach einer Erzählung des DDR-Schriftstellers Alfred Wellm.

Die Pfingstorgel **
D 1938 – 75 Min. sw. – R: Franz Seitz. D: Maria Andergast, Gustav Waldau, Hannes Stelzer.
Milieufilm. Ewiggleiche Ländlertragödie aus einem bayrischen Flecken um ein Paar, das zusammen nicht kommen kann, weil der Herr Vater und Amtsvorsteher dagegen ist. In diesem Fall schildert der einfache Film dies sogar kritisch.

Phaedra / Phaedra ** ½
GR/USA 1961 – 130 Min. sw. – R: Jules Dassin. D: Melina Mercouri, Anthony Perkins, Raf Vallone.
Melodram. Transposition des Phädra-Mythos (Liebesdrama um Stiefmutter und -sohn) in die Welt griechischer Großreeder; filmisch beeindruckend, doch gerät antike Tragik in modernem Gewand oft an den Rand des Kitsches.

Die phantastische Reise / Fantastic Voyage ** ½
USA 1965 – 95 Min. – R: Richard Fleischer. D: Stephen Boyd, Raquel Welch, Donald Pleasence.
Phantastischer Film. Ungewöhnlich origineller und optisch reizvoller Film um ein auf Mikrobengröße verkleinertes, mit Wissenschaftlern bemanntes U-Boot, das in den Körper eines erkrankten Top-Kollegen einfährt, um ihn zu retten. Spannend und lehrreich.

Phantom der Oper / The Phantom of the Opera ***

USA 1943 – 89 Min. Ⓥ Inter Pathé. – R: Arthur Lubin. D: Nelson Eddy, Susanne Foster, Claude Rains, Edgar Barrier, Leo Carillo, Jane Farrar, Fritz Leiber.
Horrorklassiker. Erste Tonverfilmung des Melodrams vom entstellten Komponisten, der schöne Sopranistin liebt; viel Opernkunst zu Lasten des Horrors, doch exzellente Farbfotografie; zwei Oscars.

Phantom im Paradies / Phantom of the Paradise ***
USA 1974 – 88 Min. – R: Brian De Palma. D: Paul Williams, William Finley, Jessica Harper, George Memmoli, Gerrit Graham.
Musik-Horrorfilm. Ein Popmusikmanager klaut einem Komponisten die »Faust«-Kantate für den Konzerterfolg im »Paradise«. Doch der Musiker, inzwischen durch einen Unfall verunstaltet, rächt sich mit Phantasie und Gewalt. De Palmas Version des »Phantoms in der Oper« verschmilzt eine rasante musikalische Achterbahnfahrt durch Höhen und Tiefen der modernen Massenunterhaltung mit dem alten Faust-Thema. Herausgekommen ist phantastischer, intelligenter Film-Wahnsinn.

Das Phantom und die drei Musketiere / Zorro e i tre moschettiere *
I 1962 – 78 Min. – R: Luigi Capuano. D: Gordon Scott, José Greci, Maria Gracia Spina, Nazzareno Zamperla.
Kostümfilm. Während eines spanisch-französischen Pyrenäenkonflikts im 17. Jahrhundert wird eine spanische Adlige entführt; ein Grande spielt als Zorro den Befreier; spannungsloser Abenteuerschinken mit dürftigen Darstellern.

Das Phantom von Hollywood / The Phantom of Hollywood * ½
USA 1974 – 71 Min. – R: Gene Levitt. D: Jackie Googan, Peter Lawford, Jack Cassidy, Skye Aubrey.
Gruselfilm. In alten Hollywood-Studios, die abgerissen werden sollen, lebt ein geheimnisvoller Unbekannter; mit allen Mitteln kämpft der Maskierte um seine von Filmerinnerungen gesättigte »Wohnung«. Mit Fernsehmitteln gedrehter, nicht ernst zu nehmender Film, der mit Motiven des Klassikers »Phantom in der Oper« spielt.

Pharao / Faraon ** ½
PL 1965 – 140 Min. – R: Jerzy Kawalerowicz. D: Jerzy Selnik, Piotr Pawlowski, Barbara Bryl, Christina Mikolajew, Ewa Krzyżewska.
Monumentalfilm. Adaption des historischen Romans von Boleslaw Prus über die Kämpfe um Macht vor der Besteigung des Pharaonenthrons durch Ramses XIII.; prächtiges Spektakel, dem es nicht gelingt, die Längen der Vorlage dramaturgisch zu straffen; oberflächliche aktuelle Bezüge.

Phase IV / Phase Four ** ½
GB 1973 – 81 Min. – R: Saul Bass. D: Nigel Davenport, Michael Murphy, Lynne Frederick, Robert Henderson.
Katastrophenfilm. Rätselhafte Strahlen lassen Ameisen zu bedrohlichen Aggressoren werden; zwei Wissenschaftler geraten in eine existentielle Krise; intelligente Mischung aus Science-fiction-Abenteuer, Katastrophen- und Tierterrorfilm mit außergewöhnlichen Special Effects.

Philip der Gute TV-Film
R 1986 – 90 Min. – R: Dan Pita. D: Mircea Diaconu, Vasile Nitulescu.
Philip besteht die Prüfungen nicht, weder für die Hochschule noch für die Aufnahme in einen Handwerksberuf. Schließlich arbeitet er in einem Warenlager. Kritische Momentaufnahme gesellschaftlicher Konflikte im modernen Rumänien.

Philipp der Kleine **
DDR 1976 – 60 Min. – R: Hermann Zschoche. D: Andij Greissel, Volkmar Kleinert, Jan Spitzer.
Kinderfilm. Eine geheimnisvolle Flöte bringt einem kleingewachsenen Jungen den Respekt von Freunden; sympathisch.

Picasso ***
F 1956 – 75 Min. teilw. sw. Ⓥ Taurus. – R: Henri-Georges Clouzot. D: Pablo Picasso.
Dokument. Der Film hat nicht die Biographie des Malers im Visier, sondern den schöpferischen Akt des Malens, der auf eindrucksvolle Weise gezeigt wird. Exzellente Kamera, Spezialpreis der Jury in Cannes 1956.

Picknick am Valentinstag / Picnic at the Hanging Rock ∗∗∗
AUS 1976 – 111 Min. – R: Peter Weir. D: Rachel Roberts, Dominic Guard, Helen Morse, Vivien Gray, Anne Lambert, Jane Vallis, Karen Robsen.
Melodram. In Australien um 1900 unternehmen die Mädchen eines Internats einen Ausflug zu den mysteriösen Felsen des Hanging Rock. Einige der weißgekleideten jungen Damen verschwinden auf unerklärliche Weise. Horroratmosphäre, stimmungsvolle Bilder – ein kunstvoll inszeniertes Rätsel.

Picone schickt mich / Mi manda Picone ∗∗∗ ½
I 1984 – 115 Min. – R: Nanni Loy. D: Giancarlo Giannini, Lina Sastri, Clelia Rondinella, Carlo Croccolo.
Zeitkritischer Film. Ein Fabrikarbeiter verschwindet unter spektakulären Umständen spurlos; die Nachforschungen seiner Frau führen zu Spuren eines Doppellebens; realistische Ermittlung erfaßt ein Kaleidoskop von Mehrdeutigkeiten.

Pickpocket / Pickpocket ∗∗∗
F 1959 – 69 Min. sw. – R: Robert Besson. D: Martin Lasalle, Marika Green, Jean Pélégri, Pierre Leymarie, Pierre Étaix.
Avantgardefilm. Der intelligente Taschendieb Michel betreibt seinen »Beruf« aus Überzeugung und Nihilismus; unmerklich sinkt er immer tiefer ein in die Angstlust des kriminellen Außenseiters, dafür bestraft ihn die bürgerliche Besitzgesellschaft. Bressons Film, teilweise improvisiert und ein Meilenstein der französischen »Nouvelle Vague«, gehört zu den zugänglichsten Werken des cineastischen Moralisten. Er zeigt die Welt als Dschungel von Widersprüchen, für den er ästhetisch überzeugende Bilder findet.

Piefke, der Schrecken der Kompanie FLOP
BRD 1958 – 85 Min. – R: Wolfgang Wehrum. D: Harald Juhnke, Gardy Granass, Hubert von Meyerinck.
Klamotte. Erbprinz drückt sich aus mehr oder weniger erotischen Gründen vorm Militär; sein Doppelgänger vertritt ihn; indiskutabel.

Ein pikantes Geschenk / Le cadeau ∗ ½
F/I 1982 – 105 Min. – R: Michel Lang. D: Pierre Mondy, Clio Goldsmith, Claudia Cardinale, Jacques François, Cécile Magnet.
Komödie. Venezianisches Ambiente um eine amüsante Liebeskomödie, in die ein abgehalfterter Bankangestellter mit einem Rassecallgirl verwickelt ist. Nett und hübsch anzusehen – wenn nichts Besseres läuft.

Der Pilger / The Pilgrim ∗∗∗
USA 1923 – 41 Min. sw. Stf. – R: Charles Chaplin. D: Charles Chaplin, Edna Purviance, Kitty Bradbury.
Chaplin-Komödie. Charlie flieht im Priestergewand aus dem Knast, die folgenden Verwicklungen hat er sich somit selbst eingebrockt. Satirischer und gagreicher Filmspaß mit hundert Prozent Slapstick und ebensoviel Melancholie. Das kann nur einer!

Die Pille war an allem schuld / Prudence and the Pill ∗∗ ½
GB 1967 – 92 Min. – R: Fielder Cook, Ronald Neame. D: Deborah Kerr, David Niven, Robert Coote, Irina Demick, Joyce Redman, Dame Edith Evans.
Lustspiel. Frustrierter Ehemann vertauscht die Antibabypillen seiner Frau mit Aspirin, die Tochter vertauscht diese vermeintlichen Antibabypillen der Mutter wegen Eigenbedarfs mit Aspirin... usw.; muntere Ehe- und Verwechslungskomödie mit leicht frivolem Touch, einigen Lachern und unerwarteten Babys.

Der Pilot / The Pilot ∗ ½
USA 1979 – 93 Min. – R: Cliff Robertson. D: Cliff Robertson, Diane Baker, Frank Converse, Milo O'Shea.
Fliegerfilm. Flugzeugmelodram um einen angeschlagenen Starpiloten, der nicht mehr die Richtung halten kann. Von Hollywoodaltstar Robertson, der auch die Hauptrolle spielt, handwerklich solide, aber ohne großen Aufwind an Spannung, Personenführung und Dramaturgie akzeptabel in Bilder umgesetzt.

Pim, Pam und Pummelchen ∗∗ ½
BRD 1970 – 77 Min. –R: Horst Latzke.

D: Manfred Heidenreich, Ilka Badendick.
Kinderfilm. Ein junger Mann zieht drei kleine Schwäne groß; der heiter-lehrhafte »Tierspielfilm« verbindet diese Geschichte mit anderen Nebenhandlungen und eindrucksvollen Naturaufnahmen.

The Pink Chiquitas / The Pink Chiquitas ∗∗
USA 1980 – 80 Min. – R: Anthony Currie. D: Frank Stallone, Bruce Pirrie, Elizabeth Edwards, John Hemphill.
Science-fiction-Komödie. In einer US-Kleinstadt schlägt ein Meteorit ein, es dauert nicht lange, da erschüttern Anfälle von Erotik die biederen Bürger; vor allem die Frauen gehen aus sich raus; ein Mann wird beauftragt, das Patriarchat gegen die neuen Amazonen zu verteidigen. Origineller Film, der seinem Anspruch jedoch nur selten gerecht wird, weil die Regie zu schwerfällig ist.

Pinot – Gendarm und Herzensbrecher / Pinot simple flic ∗∗
F 1984 – 85 Min. – R: Gérard Jugnot. D: Gérard Jugnot, Fanny Bastien, Patrick Fierry, Jean-Claude Brialy.
Komödie. Der Kleinbürger im Polizisten beginnt zu der Drogenabhängigen, die er bei einer Streife im Rotlichtdistrikt wiedererkennt, eine besondere Beziehung. Jugnots Erstling ist spritzig und unterhaltsam, einfallsreich in der Typenzeichnung, aber ein bißchen abgeguckt.

Pippi außer Rand und Band ∗∗ ½
BRD/S 1970 – 84 Min. – R: Olle Hellbom. D: Inger Nilsson, Walter Richter, Benno Sterzenbach.
Jugendfilm. Verfilmung neuer Abenteuer der entfesselten Range Pippi Langstrumpf aus Astrid Lindgrens Kinderbüchern; rasant und fröhlich inszeniert; ein Spaß nicht nur für Kinder.

Pippi geht von Bord / Pippi Langstrump på de sju haven ∗∗
S/BRD 1968 – 80 Min. – R: Olle Hellbom. D: Inger Nilsson, Pär Sundberg, Maria Persson, Margot Trooger.
Jugendfilm. Die kesse Pippi hat abgemustert und bezieht mit ihren Freunden die Villa Kunterbunt. Weihnachten naht, und es ergeben sich – wie immer in Astrid-Lindgren-Werken – tolle Spiele und unvorhersehbare Überraschungen.

Pippi in Taka-Tuka-Land / På rymmen med Pippi Langstrump ∗∗
S/BRD 1969 – 87 Min. – R: Olle Hellbom. D: Inger Nilsson, Beppe Wolgers, Alfred Schieske, Nikolaus Schilling.
Jugendfilm. Pippi und ihre Freunde finden eine Flaschenpost: Pippis Vater wird von Piraten gefangengehalten. Und schon geht's los in diesem lustigen Film mit bärbeißigen Bösen, sommersprossigen Zopfkindern und einer schwedischen Landschaft, die als Versteck ideal ist.

Pippi Langstrumpf / Pippi Langstrump ∗∗ ½
S/BRD 1968 – 94 Min. – R: Olle Hellbom. D: Inger Nilsson, Pär Sundberg, Maria Persson, Margot Trooger, Hans Clarin.
Jugendfilm. Der sommersprossige Wildfang mit dem Affen ist die Tochter des Königs von Taka-Tuka-Land. Auch diese Verfilmung der Astrid-Lindgren-Geschichte ist nicht nur für Kinder ein Vergnügen.

Piranha / Piranha – Beißwütige Mörderfische / Piranha, Piranha! ∗
USA 1972 – 85 Min. – R: Bill Gibson. D: Peter Brown, William Smith, Anna Capri.
Actionabenteuer. Flott angelegter, aber in Einfallslosigkeit der Regie und hölzerner Darstellung versiegender Schocker um eine Tierfotografin, die in Venezuela einem Verrückten und beißwütigen Fischen begegnet.

Piranhas II – Die Rache der Killerfische / Killer Fish FLOP
Brasilien / F / USA 1978 – 95 Min. – R: Anthony M. Dawson. D: Lee Majors, Karen Black, James Franciscus, Margeaux Hemingway, Marisa Berenson.
Actionfilm. Ein unter Wasser angelegtes Schatzdepot wird, da piranhaverseucht, zum Problem; unbedarfte Darsteller und dürftige Stunts verhindern mögliche Spannung; selbst die prächtigen Zahnreihen von Margeaux Hemingway retten den Film nicht.

Der Pirat / The Pirate / TV-Film
Harold Robbins' The Pirate
USA 1978 – 2 Teile je 90 Min. – R: Ken Annakin. D: Franco Nero, Anne Archer, Olivia Hussey, Christopher Lee, Stuart Whitman, Eli Wallach, Ferdy Mayne.
Adaption des Robbins-Bestsellers vom Israeli, der von arabischem Ölmanager aufgezogen wird und ein abenteuerliches Leben mit Kies und Sex ansteuert; albernes Klein-Moritz-Actionspektakel aus Nahost, dümmlich und spekulativ-verlogen.

Pirat der sieben Meere / ** ½
Il dominatore dei sette mari
I 1961 – 100 Min. – R: Rudolph Maté. D: Rod Taylor, Keith Mitchell, Irene Worth, Esmeralda Ruspoli.
Piratenfilm. Prachtvolle Abenteuer mit windgeblähten Segeln – Francis Drake geht im Auftrag von Königin Elisabeth I. mit seinen Schiffen auf Raubzug, um den Staatssäckel Ihrer Majestät aufzufüllen. Überlegen, ironisch, mit Humor in Szene gesetzt.

Pirat des Königs / King's * ½
Pirate
USA 1967 – 94 Min. – R: Don Weis. D: Doug McClure, Jill St. John, Guy Stockwell, Mary Ann Mobley.
Abenteuerfilm. Ein abenteuerlustiger Leutnant versucht, als Pirat verkleidet, ein seebeherrschendes Piratennest auf Madagaskar von innen anzugreifen; eine Liebesaffäre mit des Seeräuberchefs Töchterlein verursacht zunächst Zeitverzug; durchschnittliche Darsteller in einem nicht ganz durchschnittlichen Piratenfilm.

Piraten am Todesfluß / ** ½
The Pirates of Blood River
GB 1961 – 86 Min. OoU. – R: John Gilling. D: Christopher Lee, Andrew Keir, Kerwin Matthews, Glenn Corbett, Marla Landi, Oliver Reed.
Kostümfilm. Eine Piratenschar jagt im 18. Jahrhundert hinter einem Goldschatz her, den Hugenotten auf eine einsame Insel brachten; durch Lee und Keir über den Durchschnitt gehobene Abenteuerroutine.

Piraten im Karibischen ***
Meer / Reap the Wild Wind
USA 1942 – 118 Min. – R: Cecil B. DeMille. D: Ray Milland, John Wayne, Paulette Goddard, Raymond Massey, Robert Preston, Susan Hayward, Hedda Hopper.
Piratenfilm. Strandpiraten terrorisieren Mitte des 19. Jahrhunderts die Küste Georgias; zwei Männer werden Rivalen um eine Frau und Feinde wegen verschiedener Interessen; Waynes einzige Bösewicht-Rolle; DeMilles Regie pompös und effektsicher.

Piraten von Tortuga - **
Pirates of Tortuga
USA 1961 – 93 Min. – R: Robert D. Webb. D: Ken Scott, Letitia Roman, John Richardson, Dave King.
Abenteuerfilm. Ein berüchtigter Pirat blockiert im 17. Jahrhundert Jamaika, ein britischer Kapitän stellt sich zum Befreiungskampf; eine diebische Schöne reist auf der Fregatte mit; buntes Seekriegsabenteuer, spannend und milieufreudig inszeniert, aber ohne den anarchistischen Atem des Genres.

Piratenblut / Pearl of the **
South Pacific
USA 1955 – 83 Min. – R: Allan Dwan. D: Virginia Mayo, Dennis Morgan, David Farrar, Murvyn Vye.
Abenteuerfilm. Ein Abenteurertrio auf Schatzsuche in der Südsee hat es nicht leicht, denn die Perlen werden von einer Riesenkrake bewacht; konventionelles Pazifikspektakel.

Piratenkapitän Mary / * ½
Le avventure di Mary Read
F/I 1961 – 90 Min. Ⓥ Toppic. – R: Umberto Lenzi. D: Lisa Gastoni, Jerome Courtland, Germano Longo.
Seeräuberstory. Das Mädchen Mary ist vielseitig, sie bewährt sich als Taschendiebin, Schiffsjunge und Verwandlungskünstler. Dann wird sie auf ein Piratenschiff verschlagen – krauses Seemannsgarn.

Piratensender Power *
Play
BRD 1981 – 83 Min. – R: Siggi Götz. D: Thomas Gottschalk, Mike Krüger, Eve-

lyn Hamann, Gunther Philipp, Rainer Basedow, Ralf Wolter.
Klamotte. Zwei Sendepiraten auf ständiger Flucht vor Polizei, Post und einem Programmdirektor; ein so gut wie nicht vorhandenes Drehbuch sorgt für eine unzusammenhängende Serie dürftigster Gags, mittels derer das Starduo absolute schauspielerische Unfähigkeit beweisen darf; nur als Dokument deutschen Kommerzkinos kein FLOP.

Die Piratin / La pirate ***
F 1984 – 90 Min. Ⓥ VCL. – R: Jacques Doillon. D: Jane Birkin, Maruschka Detmers, Pierre Léotard.
Liebesfilm. Eine junge Frau erlebt erotische Irrungen und Wirrungen mit einer Freundin, dem Geliebten und dessen Freund. Regisseur Doillon (»Die Frau, die weinte«) legt in dieser trivialen Konstellation einer Amour-fou-Story die Gefühle bloß und macht sie zum dramaturgischen Gerüst seines Films; dabei stützt er sich ganz auf seine hervorragenden Schauspieler, besonders die wunderbare Jane Birkin; große Filmoper ohne Musik.

Ein Pistolenschuß / Un colpo di pistola ** ½
I 1941 – 89 Min. sw. – R: Renato Castellani. D: Assia Noris, Fosco Giachetti, Antonio Centa.
Liebeskomödie. Zwei Männer im Rußland des Jahres 1832 verbindet eine Freundschaft, die wegen einer Frau zerbricht. Aus dieser Vorlage knüpft der köstliche, einfallsreiche Film eine cineastische Perlenkette von ununterbrochenen Späßen zum Schmunzeln und Lachen.

Die Pistoleros / All 'ombra di una colt / In a Colt's Shadow *
I/E 1965 – 77 Min. – R: Gianni Grimaldi. D: Stephen Forsythe, Conrado Sanmartin, Anne Sherman.
Italowestern. Revolverheld sucht Ruhe und Ehe, hat aber potentiellen Schwiegervater und potente Colts gegen sich; viel Blei um fast nichts.

The Pitfall **
USA 1948 – 86 Min. sw. OmU. – R: André De Toth. D: Dick Powell, Lizabeth Scott, Jane Wyatt, Raymund Burr.
Melodram. Frustrierter Ehemann und Versicherungsvertreter will aus langweiligem Alltag ausbrechen und stolpert dabei. Seine bürgerliche Reputation verliert er, doch sein blaues Auge pflegt die verzeihende Ehefrau am Ende. Film mit leiser Ironie und dezent erhobenem Zeigefinger.

Pittsburgh / Pittsburgh * ½
USA 1942 – 85 Min. sw. OmU. – R: Lewis Seiler. D: Marlene Dietrich, John Wayne, Randolph Scott, Frank Craven.
Melodram. Der große Boß liebt seine Kohlenminen und seine Stahlwerke mehr als Marlene, kein Wunder, daß sie sich nach einem Lover umsieht, und der ist Kapitalistenfresser; Langatmiges Kriegspropagandafinale.

Pizza-Expreß ***
BRD 1987 – 94 Min. – R: Vivian Naefe. D: Bettina Kupfer, August Zirner, Michele Oliveri, Hannelore Elsner, Bernd Stephan.
Komödie. Petra, in der Pizzabude ihres Mannes arbeitend, träumt von den Abenteuern der Romanfiguren von Nick Leonard und begegnet dem Autor leibhaftig im Grand-Hotel – und wird in eine Liebes-, Spionage- und Abenteuergeschichte verwickelt. Der temporeich inszenierte Film spielt auf originelle Weise mit Stilen und Genres, Situationen und Filmzitaten.

Pizza, Pater und Pistolen / Posate le pistole, reverendo *
I 1971 – 90 Min. – R: L. Savona. D: Mark Damon, Veronika Korose.
Gaunerkomödie. Ein ehemaliger Pizzabäcker aus Neapel hat vom Vesuv die Nase voll und zieht als Pater durch Kalifornien; seine beiden schönen Töchter begleiten ihn ebenso wie der Halunke Slim; mit »Wunderheilungen« wollen sie ans große Geld kommen. Der im Italowestern-Stil gedrehte Film ist zu einseitig auf seinen Grundeinfall fixiert, um zu interessieren.

Planet der Affen / Planet of the Apes ***
USA 1967 – 109 Min. – R: Franklin J. Schaffner. D: Charlton Heston, Roddy McDowall, Kim Hunter, Maurice Evans, James Whitmore.

Fantasyfilm. Die Besatzung eines amerikanischen Raumschiffes landet auf einem fremden Stern, auf dem die Rollen zwischen Menschen und Affen vertauscht zu sein scheinen. Der Planet der Affen ist die Erde einer fernen Zukunft, zu der ein Zeitverzögerungseffekt ihn gemacht hat. Phantastische Science-fiction – nicht ohne zivilisationskritische Aspekte. Der Erfolgsfilm erlebte vier Fortsetzungen.

Planübung TV-Film
BRD 1977 – 80 Min. – R: Wolfgang Petersen. B: Wolfgang Menge, Wolfgang Petersen. D: Claudia Butenuth, Peter Oehme, Sepp Wäsche, Rudolf Waldemar Brem, Karl-Heinz von Hassel, Günter Lamprecht.
Planspiel um einen konventionellen Krieg auf dem Gebiet der BRD, eine rein kartographisch-mentale Übung ohne Dokumentarisches; gut gemeint, aber absolut spannungslos und ohne erkennbare Pointe.

Die Platinbande / ** ½
The Biggest Bundle of Them All
USA 1966 – 108 Min. Ⓥ IMV / MGM / UA. – R: Ken Annakin. D: Robert Wagner, Vittorio De Sica, Raquel Welch, Edward G. Robinson.
Kriminalfilm. Ein alternder Bandenchef plant als Karrieregipfel einen spektakulären Platinraub; parodistisches Ganovenspektakel mit einem routinierten Team; für Schwung sorgen vor allem Raquel Welchs Kurven.

Plattfuß am Nil / Piedone d'Egitto **
I 1979 – 103 Min. Ⓥ marketing film. – R: Stefano (»Steno«) Vanzina. D: Bud Spencer, Baldwyn Dakile, Vicenzo Cannavale, Cinzia Monreale, Robert Loggia.
Bud-Spencer-Film. Kommissar Rizzo (»Plattfuß«) sucht diesmal mit Hilfe seines kleinen Negerfreundes Bodo in Kairo nach einem entführten Professor mit wichtigen Forschungsergebnissen; schlagfertige Unterhaltung vor touristischer Kulisse.

Plattfuß in Afrika / **
Piedone l'Africano
BRD/I 1977 – 95 Min. – R: Stefano Vanzina. D: Bud Spencer, Enzo Cannavale, Werner Pochath, Rita Ehlers.
Bud-Spencer-Film. Kommissar »Plattfuß« Rizzo als Drogenfahnder in Afrika; schöne Naturaufnahmen als Kulisse für ironisierte Prügelorgien. Für Fans.

Plattfuß räumt auf / ** ½
Piedone a Hong Kong
I 1975 – 110 Min. R: Stefano Vanzina. D: Bud Spencer, Al Lettieri, Enzo Cannavale, Renato Scarpa, Francesco de Rosa.
Bud-Spencer-Film. Drogenfahnder-Kommissar »Plattfuß« Rizzo diesmal in Hongkong; das neue Umfeld gibt dem Prügelhelden die Möglichkeit, östliche Kampfstunts zu ironisieren.

Ein Platz an der Sonne / ** ½
A Place in the Sun
USA 1952 – 115 Min. sw. – R: George Stevens. D: Montgomery Clift, Elizabeth Taylor, Shelley Winters, Anne Revere.
Melodram. Der labile Clift zwischen zwei starken Frauen, die ein unbeschwertes reiches Leben führen. Doch eine Tragödie kündigt sich an. Regisseur Stevens (»Giganten«) drehte die dramatische, psychologisch stimmige Geschichte realistisch und routiniert mit kleinen Ausflügen ins Symbolische.

Die Platzanweiserin TV-Film
BRD 1984 – 95 Min. – R: Peter Schulze-Rohr. A: Klaus Poche. D: Brigitte Karner, Maria Hartmann, Thomas Anzenhofer.
Anna, ratlos, mit Kind, ist von den Männern enttäuscht. Sie verwendet ihre ganze Energie darauf, Besitzerin einer Boutique zu werden. Dafür arbeitet sie abends zusätzlich im Kino, wo sie auf den Traumtänzer Mark trifft. Anrührendes modernes Großstadtmärchen.

Playboys und ** ½
Abenteurer / The Adventurers
USA 1970 – 149 Min. Ⓥ CIC. – R: Lewis Gilbert. D: Bekim Fehmiu, Charles Aznavour, Alan Badel, Candice Bergen, Ernest Borgnine, Leigh Taylor-Young, Fernando Rey, Olivia de Havilland, Rossano Brazzi, Anna Moffo, Ferdy Mayne.
Politreißer. Adaption des mit Polit-Crime verbrämten Sexsellers von Harold Robins vom Revolutionsjungen, der über Bett- und Karriereumwege selbst zum Diktator aufsteigt und vom nächsten Re-

volutionär wohl gestürzt werden wird; starbeladenes Spektakel über ein Operetten-Lateinamerika; Hollywoods unendliche Revolutionsgeschichte für Klein-Fritzchen.

Playgirl – Berlin ist eine Sünde wert ∗∗

BRD 1965 – 90 Min. sw. – R: Will Tremper. D: Eva Renzi, Harald Leipnitz, Paul Hubschmid, Umberto Orsini, Elga Stass.

Jet-set-Film. Ein durch die Welt trampendes Modell begegnet in Berlin dem Traummann; ironische Einblicke in ein sehr spezielles Leben; flott inszeniert und gut gespielt.

Playtime – Tatis herrliche Zeiten / Playtime ∗∗∗

F 1967 – 115 Min. – R, B: Jacques Tati. D: Jacques Tati, Luce Bonifassy, Nathalie Jam.

Tati-Komödie. Monsieur Hulot, der konservative Rebell, im hochmodernen Paris, wo er gegen die Tücke des ordentlichen Objekts um die Freiheit des phantasiebegabten Einzelgängers ficht. Wie immer bei Tati, ein Schmunzelfilm, penibel genau inszeniert, mit herrlichen Toneffekten und urkomischen Bildtableaus für Filmfeinschmecker.

Plötzlich allein / Suddenly Single TV-Film

USA 1971 – 70 Min. – R: Jud Taylor. D: Hal Holbrook, Barbara Rush, Margot Kidder, Agnes Moorehead.

Probleme von heute: In einer Welt der Unsicherheit, Krisen und Beziehungslosigkeit ist der noch jugendliche Apotheker nach der Scheidung plötzlich allein; er versucht einen neuen Anfang als Single. Mischung aus Komödie und Melodram.

Die plötzliche Einsamkeit des Konrad Steiner ∗∗∗

CH 1976 – 97 Min. – R: Kurt Gloor. D: Sigfrit Steiner, Silvia Jost, Helmut Förnbacher, Hélène Friedli, Ettore Cella.

Altersromanze. Ein verwitweter Schuhmacher gerät in die Mühlen von Stadtsanierern; trotz zärtlicher Gefühle für eine Sozialarbeiterin entschließt er sich zum Ausstieg; ein Film von einfacher Schönheit und anrührender menschlicher Wärme.

Der plötzliche Reichtum der armen Leute von Kombach ∗∗ ½

BRD 1971 – 95 Min. sw. – R: Volker Schlöndorff. B: Volker Schlöndorff, Margarete von Trotta. D: Georg Lehn, Reinhard Hauff, Karl-Josef Cramer, Margarethe von Trotta, Rainer Werner Fassbinder.

Soziostudie. 1821 überfallen verarmte oberhessische Bauern einen Geldtransport; durch kleine Geldausgaben verraten sie sich einer brutalisierten Obrigkeit; »selbstkritisch« gehen sie in den Tod; nur der Krämer als Anstifter bleibt ungeschoren; deutsche Geschichte im Gewand eines kritischen Heimatfilms, sehr ambitioniert.

Plumbum oder gefährliches Spiel / Pljumbum, ili ospasnaja igra ∗∗ ½

UdSSR 1987 – 92 Min. – R: Vadim Abdraschitow. D: Anton Androssow, Jelena Dmitrijewa, Jelena Jakowljewa, Alexander Feklistow.

Melodram. Ruslan ist eine Intelligenzbestie, ein Musterschüler mit einer Doppelexistenz: Nach außen hin spielt er den Polizeispitzel; als er Wilderer hochgehen läßt, kommt er in Schwierigkeiten. Gelungenes Beispiel für subversives Sowjetkino.

Die Plünderer / The Plunderers ∗∗

USA 1960 – 90 Min. – R: Joseph Pevney. D: Jeff Chandler, John Saxon, Marsha Hunt, Dolores Hart.

Western. Ein Bürgerkriegsveteran greift in einer Provinzstadt hart gegen eine randalierende Halbstarkengang durch. Paraderolle für den angegrauten Chandler in einem straff inszenierten Film, der den Einzelgängermythos von »High Noon« aufwärmt.

Plutonium TV-Film

BRD 1978 – 88 Min. – R, B: Rainer Erler. D: Charlotte Kerr, Wolf Roth, Werner Rundshagen, Bob Cunningham.

Eine Journalistin gerät in Lebensgefahr, als sie verschobenem Plutonium nachspürt; eine südamerikanische Diktatur verfügt über Kernwaffen; aktueller Skandal wird als fiktive Reportage aufgerollt; Thriller um ein brisantes Zeitproblem.

Poeten küßt man nicht / ** ½
Reuben, Reuben
USA 1983 – 96 Min. – R: Robert Ellis Miller. D: Tom Conti, Kelly McGillis, Robert Blossom, Cynthia Harris.
Farce. Ein abgedankter verrückter Poet wird von den Damen des Woodsmoker Literaturzirkus umschwärmt; er lebt von der Gunst seiner Gönnerinnen; als er sich in die schöne Geneva verliebt, nimmt das Unglück seinen Lauf; skurrile Komödie, Glanznummer des schwarzen Humors.

Die Poggenpuhls TV-Film
DDR – 90 Min. – R: Karin Hercher. B: Anne Habeck, nach Theodor Fontane. D: Christine Gloger, Margit Bendokat, Jenny Gröllmann.
Fontanes im 19. Jahrhundert spielende Geschichte um eine verarmte Adelssippe und einen reichen Onkel wie aus dem Märchenbuch setzt dieser in Mecklenburg gedrehte Film in schöne Bilder über eine Landschaft und ihre Leute um; konventionell erzählt, aber die leise Ironie der Vorlage stimmig transportierend.

Point Blank / Point Blank ** ½
USA 1967 – 89 Min. Ⓥ MGM/UA. – R: John Boorman. D: Lee Marvin, Sharon Acker, Angie Dickinson, Keenan Wynn.
Gangsterfilm. Marvin, zwei Jahre zuvor angeschossen, von seinem Komplizen verraten und von der Frau betrogen, kommt aus dem Zuchthaus und sucht seine Rache. Ein altes Thema, aber hochexplosiv inszeniert: rasantes Gangstermelodram.

Das Poker-As / **
Wielki Szu
PL 1982 – 96 Min. – R: Sylwester Chęciński. D: Jan Nowicki, Andrzej Piechynski, Dorota Pomykala, Leon Niemczyk.
Spielerfilm. Den »großen Spieler«, der immer aufs neue seine Meisterschaft beweisen muß, verfolgt ein junger lernwilliger Bursche; kammerspielartiger Film über Spieler und Falschspiel; hervorragend gespielt, aber etwas spannungsarm.

Pokerspiel für zwei / **
Where It's At
USA 1969 – 102 Min. – R: Garson Kanin. D: David Janssen, Robert Drivas, Rosemary Forsyth, Brenda Vaccaro, Don Rickles.
Komödie. Der Princeton-Absolvent und Sohn eines Kasinobesitzers ist mit den Geschäftspraktiken des Vaters nicht einverstanden; nur selten spritziger Screwball-Ulk, der vom Mißverständnis zwischen Ostküstengehabe und Las-Vegas-Rüdheit lebt.

Polar – Unter der Schattenlinie / Polar – Ein Detektiv sieht schwarz / Polar ** ½
F 1983 – 97 Min. – R: Jacques Bral. D: Jean-François Balmer, Sandra Montaigu, Pierre Santini, Claude Chabrol.
Krimi. Ein Privatschnüffler, der vor Jahren seinen Polizeidienst quittierte, ist ein zynischer, resignierter Mann. Als er eine schöne Mörderin kennenlernt, bekommt sein schlappes Leben einen Dreh, den Regisseur Bral zu einer liebevollen Rekonstruktion des Detektivfilms der »Schwarzen Serie« nutzt. Besonders vergnüglich: Regisseur Chabrol in einem Gastauftritt.

Der Polenweiher TV-Film
BRD 1986 – 95 Min. – R: Nico Hofmann. D: Ursula Cantieni, Gerhard Olschewski, Wolf-Dieter Sprenger, Eberhard Feik.
Eine Geschichte vom Ende des Zweiten Weltkriegs: Die junge Polin arbeitet als Kriegsgefangene im Schwarzwald. Mischung aus Polit- und Zeitstudie, Krimi und Heimatfilm. Behutsam, sehr genau und sorgfältig inszeniert.

Police Epidemy / Find the Lady **
GB/CDN 1975 – 73 Min. – R: John Trent. D: Mickey Rooney, Lawrence Dane, John Candy, Dick Emery, Peter Cook.
Kriminalkomödie. Zwei tolpatschig-zerstreute Polizisten sollen schießwütigen Gaunern auf der Spur bleiben und geraten in einen Entführungsfall; einziger Lichtblick in der skurrilen Story: Mickey Rooney.

Police Python 357 / Police Python 357 ** ½
F/BRD 1975 – 127 Min. – R: Alain Corneau. D: Yves Montand, Simone Signoret, François Périer, Stefania Sandrelli, Mathieu Carrière, Vadim Glowna.

Kriminalfilm. Ein Hauptkommissar erträgt nicht, daß seine Geliebte sich wegen eines seiner Inspektoren von ihm trennen will, er erschlägt sie im Affekt; der Eifersuchtsmord bringt den Kriminalbeamten in Verdacht; auf Thriller getrimmte Mordgeschichte von oberflächlicher Spannung; Corneau fehlt noch die kalte Konsequenz seiner späteren Filme; eindrucksvoll Signoret als bettlägerige Kommissarsgattin.

Polizei greift ein / ** ½
Pick-up On South Street
USA 1953 – 83 Min. sw. – R: Samuel Fuller. D: Richard Widmark, Jean Peters, Thelma Ritter.
Agententhriller. Kleiner Taschendieb verirrt sich zufällig in die Agentenszene, als er einen Mikrofilm klaut. Fuller drehte den temporeichen, knallharten Film mit antikommunistischem Touch und vehementen Liebesszenen.

Polizeikomplott / TV-Film
A Question of Honor
USA 1981 – 99 Min. Ⓥ VCL. – R: Jud Taylor. D: Ben Gazzara, Paul Sorvino, Robert Vaughn, Tony Roberts, Danny Aiello.
Ein erfolgshungriger New Yorker Polizist gerät in eine Korruptionsintrige und soll gegen Kollegen ermitteln; dem »Prince of the City« nachempfundener Polizeikrimi ohne rechte Spannung; Gazzara beeindruckt in einem schwachen Team.

Der Polizeikrieg / **
La guerre des polices
F 1979 – 98 Min. – R: Robin Davis. D: Claude Brasseur, Claude Rich, Marlène Jobert, François Périer.
Krimi. Nicht der Kampf gegen das Verbrechen, sondern die Rivalität zwischen zwei Bullen steht im Mittelpunkt. Die Kommissare Fush und Balestrat machen sich das Leben gegenseitig zur Hölle, obwohl sie der Polizeichef offiziell zur Zusammenarbeit auffordert. Eine attraktive Frau ist auch im Spiel – harter Actionkrimi mit Starbesetzung.

Polizeirevier Davidswache ** ½
BRD 1964 – 98 Min. – R: Jürgen Roland. D: Wolfgang Kieling, Hannelore Schroth, Günther Neutze, Günther Ungeheuer, Hanns Lothar, Ingrid Andrée.
Krimi. Reeperbahn-Realismus in einem deutschen Actionkrimi mit Starbesetzung, filmisch an TV-Tatorten orientiert, mit viel Sinn für authentisches Milieu und genaue Recherche über die Hamburger Sexmeile.

Polizeirevier 21 / ***
Detective Story
USA 1951 – 103 Min. sw. – R: William Wyler. D: Kirk Douglas, Eleanor Parker, William Bendix.
Polizeifilm. Bestechende Studie über einen aggressiven Bullen, der sich in die Rolle des unbarmherzigen »Sauberkeitsfanatikers« hineinsteigert. Das Klima von Panik und Hysterie inszeniert Wyler beispielhaft in der engen Polizeistation seines Films voll klaustrophobischer Atmosphäre.

Polizeiruf 110 – Der Schweigsame TV-Film
DDR – 85 Min. – R: Peter Vogel. D: Jürgen Frohriep, Jürgen Zartmann, Wilfried Pucher, Jürgen Renter, Christine Schorn.
Ein Fernfahrer verschweigt der Frau, die er liebt, seine Vorstrafe und wird erpreßbar; DDR-Alltag von ungewohnter Seite betrachtet.

Die Polizistin / La femme flic ** ½
F 1979 – 94 Min. – R: Yves Boisset. D: Miou-Miou, Jean-Marc Thibault, Jean-Pierre Kalfon, Roland Blanche, Niels Arestrup.
Krimi. Eine engagierte Inspektorin auf der Spur eines Mädchenmörders, die in einflußreiche Kreise führt. Spannender, sich solidarisierender Film mit einer brillanten Hauptdarstellerin und sozialkritischen Tönen.

Polly oder die Bataille am Bluewater Creek TV-Film
BRD 1975 – 110 Min. – R: Jürgen Flimm. B: Peter Hacks. D: Cornelia Froboess, Doris Schade, Vera Tschechowa, Heinz Baumann.
Macheath, der Mackie Messer der Brechtschen »Dreigroschenoper«, ist nach Amerika deportiert worden, und seine treue Polly folgt ihm mit einem Auswandererschiff; geistreiche Paraphrase der »Bettleroper« von John Gay.

Poltergeist / Poltergeist ∗∗∗
USA 1982 – 114 Min. Ⓥ MGM/UA. – R: Tobe Hooper. B: Steven Spielberg, Frank Marshall. D: Craig T. Nelson, JoBeth Williams, Beatrice Straight, Heather O'Rourke.
Gruselfilm. In die Welt einer Durchschnittsfamilie bricht das Überwirkliche in Form rabiater, sogar kidnappender Poltergeister ein. Ein spannender Genrefilm, zugleich intelligente Travestie von makabrer Komik; faszinierende Special Effects.

Poltergeist II – Die andere Seite / Poltergeist II – The Other Side ∗∗ ½
USA 1986 – 91 Min. Ⓥ IMV/MGM/UA. – R: Brian Gibson. D: Craig T. Nelson, Jobeth Williams, Heather O'Rourke, Will Sampson, Julian Beck.
Horrorfilm. Vier Jahre nach dem Angriff von Quälgeistern aus dem Jenseits wohnen die Freelings in einem anderen Haus, jetzt kommt das Böse zurück. Angeführt von einem massenmörderischen Reverend, machen sie sich vor allem an die zehnjährige Tochter heran; nur die Liebe untereinander macht die Familie unverwundbar. Mit einem Gang in das unterirdische Labyrinth der Alptraummonster endet der Film, dessen Design »Alien«-Kreateur H. R. Giger entwarf; für Hartgesottene und solche, die es werden wollen.

Pontius Pilatus / Ponzio Pilato / Ponce Pilate ∗∗∗
I/F 1961 – 97 Min. – R: Irving Rapper. D: Jean Marais, Jeanne Crain, Basil Rathbone, Leticia Roman, Massimo Serato.
Monumentalfilm. Um historische Genauigkeiten bemühte Filmbiographie des römischen Statthalters in Judäa mit einem eindrucksvollen Marais in der Titelrolle.

Pookie / Pookie – Die ruhelose Geliebte / The Sterile Cuckoo ∗∗ ½
USA 1969 – 97 Min. – R: Alan J. Pakula. D: Liza Minnelli, Wendell Burton, Tim McIntire, Austin Green.
Komödie. Ungewöhnliche Liebesgeschichte zwischen dem stillen und etwas naiven Biologiestudenten und der quicklebendigen Liza Minnelli, die vor Temperament fast explodiert. Doch beunruhigt sie sich, als sie eines Tages schwanger ist.

Die Pop Pirates / Pop Pirates TV-Film
GB 1984 – 56 Min. – R: Jack Grossman. D: George Sweeney, Spencer Chandler, Ricky Simmonds.
Die Geschäfte eines Popband-Bassisten mit Videoraubkopien scheinen die Karriere der talentierten Gruppe zu verhindern; Jugendfilm mit starken Typen.

Popcorn und Himbeereis FLOP
BRD 1978 – 93 Min. Ⓥ Ufa. – R: Franz Josef Gottlieb. D: Olivia Pascal, Zachi Noy, Gesa Gabor, Bea Fiedler.
Lustspiel. Eine Gruppe von Jugendlichen in Verwechslungsspielen, bei denen in einem Bett ein größerer Geldbetrag verlorengeht; voyeuristische Teenieklamotte mit dümmlichem Jargon und müden Discosequenzen.

Popcorn und Paprika ∗
BRD / HU 1984 – 87 Min. – R: Sándor Szalkai. D: Siegfried Rauch, Terry Torday, Jonny Jürgens, Jenny Jürgens.
Liebesfilm. Die deutsche Nationalmannschaft der Schwimmer erlebt in Budapest einige Wettkämpfe im und am Becken; am Rand dümmlichster Peinlichkeit.

Popsy Pop ∗∗
F 1970 – 100 Min. – R: Jean Herman. D: Claudia Cardinale, Stanley Baker, Henri Charrière, Georges Aminel.
Gaunerkomödie. Ein alternder Gangster plant aus Liebe zu einer Stripteasetänzerin den Coup seines Lebens: den perfekten Diamantenraub; eine beschwingte Cardinale rettet den Film über etliche Längen.

Port Arthur / The Battle of the Japan Sea ∗∗
J 1972 – 92 Min. – R: Toshio Masuda. D: Toshiro Mifune, Tatsya Nakadai, Tetsuro Tamba.
Kriegsfilm. Ende des 19. Jahrhunderts kämpfen die asiatischen Nationen gegen europäische Kolonisatoren. Eine gerade gewählte Regierung in Japan gibt den Ton an. Der aufwendige, tricktechnisch beachtliche Film vereint viel Action mit buntem Lokalkolorit.

Portnoys Beschwerden / Portnoy's Complaint ** ½

USA 1971 – 101 Min. – R: Ernest Lehman. D: Richard Benjamin, Karen Black, Lee Grant, Jack Somack, Jill Clayburgh.

Literaturverfilmung. Adaption des Romans von Philip Roth über einen Amerikaner jüdischer Abstammung, dessen stressiges Sexleben ihn auf die Couch eines Psychiaters wirft; deftige Sex- und Psychogroteske, die den rasiermesserscharfen Witz der Vorlage ziemlich vergröbert.

Ein portugiesischer Abschied / Um adeus portugues ** ½

P 1985 – 80 Min. z.T. sw. OmU. – R: João Botelho. D: Rui Furtado, Isabel de Castro, Maria Cabral, Fernando Heitor.

Generationsfilm. Der Besuch eines alten Ehepaares bei seinem zweiten Sohn und der Witwe des ersten, der im Kolonialkrieg fiel, offenbart Verständigungsschwierigkeiten und ein System von (Not-)Lügen. Ein abgründiger Film in kühlen, differenzierten Bildern über die Schatten, die ein Krieg auf das Leben im Lissabon von heute wirft, und über die Ratlosigkeit.

Poseidon Inferno / The Poseidon Adventure ** ½

USA 1972 – 111 Min. – R: Ronald Neame. D: Gene Hackman, Ernest Borgnine, Red Buttons, Shelley Winters.

Katastrophenfilm. Ein Luxusdampfer treibt kieloben auf dem Meer, in seinem finsteren Inneren versuchen zehn Überlebende, sich zu retten. Haarsträubend spannender, effektvoller Actionknaller.

Postlagernd Westminster / Chain of Events * ½

GB 1957 – 65 Min. sw. – R: Gerald Thomas. D: Dermot Walsh, Susan Shaw, Jack Watling.

Melodram. Ein ertappter Schwarzfahrer tritt eine Lawine von Ereignissen los, die tödliche Folgen haben; schwach motivierter Erpresserkrimi, nach einem Hörspiel, dessen Dramaturgie nicht ins Visuelle umgesetzt wurde.

Der Postmeister ***

D 1940 – 80 Min. sw. – R: Gustav Ucicky. D: Heinrich George, Hilde Krahl, Siegfried Breuer, Hans Holt.

Melodram. Filmversion der Puschkin-Novelle von der verführten Postmeisterstochter; Paraderolle für George, der die Titelfigur in all ihren Wesenszügen von Unterwürfigkeit über vitales Selbstbewußtsein bis zur tiefsten Verzweiflung virtuos darstellt.

Der Pott TV-Film

BRD 1971 – 109 Min. – R, B: Peter Zadek. D: Curt Bois, Tilli Breidenbach, Helga Anders, Günter Lamprecht, Rosel Zech, Heinz Bennent, Lale Andersen.

Nach einem Theaterstück von Sean O'Casey mit allen inszenatorischen Raffinessen des elektronischen Mediums eingerichtete Groteske von zeitkritischer Bissigkeit; es geht um einen siegreichen Fußballklub, dessen Spieler 1917 gleich in den Krieg ziehen, um dort ihren Leistungssport weiterzutreiben. Grell, böse, schmissig.

Ein Prachtexemplar TV-Film

BRD 1989 – 90 Min. – R: Bruno Jonas. B: Bruno Jonas, Jürgen Breest. D: Hans Korte, Stephan Schwartz, Ulrike Folkerts, Monika Baumgartner, Oliver Strietzel, Diether Krebs.

Erzählt wird in dieser kaberettistischen Komödie die Geschichte des Stationsarztes Dr. Bartels, der unbedingt Oberarzt werden will. Eine Jugendstilvase spielt eine Rolle in diesem Verwirrspiel, das mit zeitkritischen Seitenhieben auf die Ärzteschaft, die Pharmaindustrie, den Parteiensumpf und einen angepaßten Karrieristen nicht geizt.

Die Praxis der Liebe **

BRD/A 1985 – 86 Min. – R: Valie Export. D: Adelheid Arndt, Rüdiger Vogler, Hagnot Elischka, Günther Nenning.

Psychodrama. Drei Menschen treten in unübersichtliche Beziehungen zueinander. Die Journalistin Judith trifft einen alten Freund wieder und will daraufhin ihr Verhältnis mit dem Psychiater Joseph beenden; in dem Melodram geht es um Bewußtseinsschübe, Neurosen und Waffenhandel. Nicht immer geglückte Verbindung von Experimental- und Spielfilm.

Der Preis / The Prize ∗∗
USA 1963 – 134 Min. – R: Mark Robson. D: Paul Newman, Elke Sommer, Edward G. Robinson, Diane Baker, Micheline Presle.
Agentenfilm. Die bösen Roten wollen einen Nobelpreisträger aus Stockholm in die UdSSR entführen, doch ein US-Schriftsteller verhindert das; nicht sonderlich witzige Persiflage auf Ost-West-Gekungel.

Preis der Feigheit TV-Film
BRD 1966 – 115 Min. – R: Horst Flick. D: Ulrich Hoppe, Peter Aust, Marlies Engel.
Jochen wird mit vierzehn in ein Heim eingewiesen, seine Verwandten haben ihn fast vergessen. Erst als er Kontakte mit seinem Heimfreund Ronny knüpft, holt ihn sein Vormund heraus: Kriminalspiel um psychosoziale Konflikte.

Preis der Freiheit TV-Film
BRD 1966 – 85 Min. sw. – R: Egon Monk. B: Dieter Meichsner. D: Eberhard Fechner, Ortwin Speer, Jochen Genscher, Lutz Mackensy, Rolf Schimpf, Henning Venske.
Eine Gruppe Volksarmisten auf DDR-Grenzwache redet miteinander und mißtraut einander; einer flieht. Packender Zustandsbericht.

Der Preis fürs Überleben ∗∗ ½
BRD 1979 – 95 Min. Ⓥ atlas. – R: Hans Noever. D: Michel Piccoli, Martin West, Marilyn Clark.
Krimi. Ein Mann erschießt fünf Manager eines Giftmüllkonzerns. Spannende Unterhaltung, zeitkritisch mit Witz und Ironie präsentiert.

Premiere ∗∗
A 1937 – 75 Min. sw. – R: Géza von Bolvary. D: Zarah Leander, Karl Martell, Attila Hörbiger, Theo Lingen.
Melodram. Starvehikel mit der Crème des Unterhaltungsfilms in Nazi-Deutschland. Für Zarah-Fans, die in dieser Schmonzette ihre Männerstimme besonders sexy erhebt.

Die preußische Heirat TV-Film
BRD 1974 – 90 Min. – R: Helmut Käutner. D: Carl Raddatz, Dagmar Altrichter, Claudia Butenuth.
Adaption des Schauspiels »Zopf und Schwert« von Karl Gutzkow; eine Preußenprinzessin kämpft gegen die Staatsräson für ihre Liebe; charmante, zeitkritische Umsetzung der Vorlage.

Priester, du sollst nicht ohne Liebe leben
siehe: Blutjung zur Lust verführt

Primanerinnen ∗ ½
BRD 1951 – 95 Min. sw. – R: Rolf Thiele. D: Ingrid Andree, Walter Giller, Christiane Jansen, Jochen Wolfgang Meyn.
Liebesfilm. Schüler und Schülerinnen einer hessischen Kleinstadt erleben erste(s) Liebe(sleid); Adaption einer sentimentalen Erzählung von Klaus Erich Boerner; mäßiges Regiedebüt Thieles.

Prince of the City / Prince of the City ∗∗∗
USA 1981 – 160 Min. Ⓥ Taurus. – R: Sidney Lumet. D: Treat Williams, Jerry Orbach, Richard Foronjy, Carmine Caridi.
Krimi. Daniel Ciello ist Mitglied einer Spezialeinheit des New Yorker Rauschgiftdezernats. Seine Erfolge sind spektakulär, doch seine Methoden nicht immer ganz legal. Am Ende wird der Held fast selbst zum Opfer. Ein ungewöhnlich detailgenauer Thriller – leider mit etwas Überlänge.

Der Prinz TV-Film
BRD 1986 – 95 Min. – R: Sven Severin. B: Sven Severin und Jochen Ziem. D: Robert Düssler, Markus Sauk, Cathrin Vaessen, Sabine Cruso.
Eine Schülergeschichte aus dem Berlin von heute, die Anpassung und Gleichgültigkeit anprangert. Spannend, zeitnah, in Darstellung und Sprachstil realistisch und präzise – erfreuliches Beispiel eines kritischen Fernsehfilms.

Prinz Bajaja / Princ Bajaja ∗∗
ČSSR 1971 – 81 Min. – R: Antonín Kachlík. D: Ivan Palúch, Magda Vasáryová, Fero Velecký.
Märchenfilm. Ein abenteuerlustiger Prinz muß um seiner Liebe zu einer Prinzessin willen allerlei Kämpfe, auch gegen einen Drachen, bestehen. Behutsam und humorvoll inszenierter Film, an dem

auch Erwachsene Vergnügen haben können.

Prinz Eisenherz / Prince Valiant ∗∗ ½
USA 1954 – 100 Min. – R: Henry Hathaway. D: Robert Wagner, James Mason, Janet Leigh, Barry Jones, Debra Paget.
Abenteuerfilm. Der Sohn des vertriebenen Königs von Thule will Artus-Ritter werden, um den Thron zurückzuerobern; opulente Filmversion der Cartoongeschichten über eine von fast allem kritischen Ballast befreite Sagenwelt des Mittelalters; Kultfilm für Liebhaber des Genres.

Der Prinz hinter den sieben Meeren ∗∗
DDR – 84 Min. – R: Walter Beck. D: Marina Krogull, Bodo Wolf, Renate Blume, Manfred Heine.
Kinderfilm. Adaption des Grimm-Märchens vom Kaufmann, der seiner Tochter ein Geschenk mitbringt, an das eine schreckliche Bedingung geknüpft ist; Film voll Ernst und List.

Der Prinz und der Bettelknabe
siehe: Mit eiserner Faust

Der Prinz und die Tänzerin / The Prince and the Showgirl ∗∗ ½
GB 1957 – 110 Min. Ⓥ Warner Home. – R: Laurence Olivier. D: Marilyn Monroe, Laurence Olivier, Sybil Thornedike, Richard Wattis.
Komödie. Ein zur Krönung Georgs V. angereister balkanischer Großherzog verliebt sich in eine Revuetänzerin, das kann natürlich nicht gutgehen. Sorgsam, aber etwas schleppend inszenierte Komödie mit Paraderollen für die beiden Stars; Drehbuch von Terence Rattigan nach seinem Bühnenstück.

Der Prinz vom Central Park / The Prince of Central Park TV-Film
USA 1977 – 76 Min. – R: Harvey Hart. D: T. J. Hargrave, Lisa Richards, Ruth Gordon, Brooke Shields.
Zwei Waisenjungen, die in einem Baumhaus im Central Park leben, gewinnen eine einsame alte Dame zur Freundin; anrührende Verfilmung des Romans von Evan Rhodes.

Eine Prinzessin für Amerika / The Princess Comes Across ∗∗ ½
USA 1936 – 75 Min. sw. – R: William K. Howard. D: Carole Lombard, Fred MacMurray, Douglas Dumbrille.
Krimikomödie. Eine schwedische Prinzessin trifft auf der Seereise zur Hollywoodkarriere einen romantischen Liebhaber, mit dem sie in einen Kriminalfall gerät; feines Spiel und subtile Mischung zweier Genres.

Prinzessin gesucht / Prinzessa na goroschine ∗∗ ½
UdSSR 1977 – 85 Min. – R: Boris Ryzarew. D: Andrej Podoschian, Irina Jurewitsch, Irina Malyschewa.
Märchenfilm. Ein Prinz will endlich eine Prinzessin, er begibt sich suchend auf eine Reise um die ganze Welt, aber um die Richtige zu finden, muß er erst einige Tests starten; schließlich kommt er auf die entscheidende Idee. Kein gewöhnlicher Märchenfilm, auch wenn Andersens Vorlage »Die Prinzessin auf der Erbse« bekannt ist. Der Film schwelgt in opulenten, ironisch gebrochenen Bildern, erzählt hübsch für Kinder und liefert Erwachsenen eine ernst-heiter-sarkastische Kritik höfischen Lebens.

Prinzessin Olympia / Olympia ∗∗
USA 1960 – 90 Min. – R: Michael Curtiz. D: Sophia Loren, Maurice Chevalier, John Gavin.
Komödie. Eine heitere Liebesgeschichte aus dem k.u.k. Reich. Die Prinzessin will den Prinzen nicht ehelichen, weil sie einen anderen Mann in ihr Herz geschlossen hat, aber dann kommt alles ganz anders.

Eine Prinzessin verliebt sich / The Sword and the Rose ∗∗∗
USA 1952 – 93 Min. – R: Ken Annakin. D: Richard Todd, Glynis Johns, James Robertson Justice, Michael Gough.
Historienfilm. Farbenprächtige Filmversion eines Buches über mittelalterliches Leben am Beispiel der Liebe Mary Tudors, der Schwester Heinrichs VIII. und späteren Frau von Ludwig XII. von Frankreich; mit Schwung und Laune und einer exzellenten Besetzung inszeniert. In England gefilmte Walt-Disney-Pro-

duktion, mehr als einer der üblichen Kostümschinken.

Prinzessin Wildfang ∗∗ ½
A 1938 – 85 Min. sw. – R: Fritz Thiery. D: Traudl Stark, Paul Hörbiger, Gerda Maurus, Hansi Knoteck.
Verwechslungskomödie. Sissy, Tochter des Bayern-Herzogs Max, verschenkt eine wertvolle Kette an eine Schaustellerfamilie; als die Kette verpfändet wird, beginnen Komplikationen; gekonnt und flott gespielt, vor allem die Titelrolle.

Die Privataffären des Bel Ami / The Private Affairs of Bel Ami ∗∗∗
USA 1948 – 106 Min. sw. – R: Albert Lewin. D: George Sanders, Angela Lansbury, Ann Dvorak, Frances Dee, Albert Bassermann, John Carradine.
Literaturverfilmung. Adaption des Romans von Guy de Maupassant über einen gefühlsarmen Charmeur und skrupellosen Aufsteiger; werkgetreu mit exzellenter Besetzung atmosphärisch dicht inszeniert und delikat fotografiert; ein Klassiker des Genres.

Privatleben / La vie privée ∗∗ ½
F 1961 – 90 Min. – R: Louis Malle. D: Brigitte Bardot, Marcello Mastroianni, Gregor von Rezzori, Eleonore Hirt.
BB-Film. Ein Fotomodell kommt als Filmstar zu Ruhm, doch zahlt mit Defiziten im Privatleben; viel Autobiographisches über BB; gelungene Dokumentation, aber wenig Analyse. Melodramatische Schlüsselstory.

Ein Privatleben / Tschastnaja schisn ∗∗ ½
UdSSR 1982 – 100 Min. – R: Julij Rajzman. D: Michail Uljanow, Ija Sawwina, Irina Gubanowa.
Zeitkritischer Familienfilm. Ein hoher Wirtschaftsfunktionär wird vorzeitig in Rente geschickt, hat Schwierigkeiten mit seiner Familie und lernt langsam das Leben der Alltagsmenschen kennen. Ein bissiger, scharf beobachteter Kommentar zur Entfremdung in der politischen Welt der Sowjetunion von heute.

Das Privatleben des Sherlock Holmes / The Private Life of Sherlock Holmes ∗∗ ½
GB 1970 – 95 Min. – R: Billy Wilder. D: Robert Stephens, Colin Blakely, Geneviève Page.
Krimigroteske. Sechs Liliputaner sind verschwunden, eine russische Ballerina bittet Holmes, sich als Vater eines Wunschkindes zur Verfügung zu stellen. Klamauk, der wilde Kapriolen schlägt.

Das Privatleben Heinrichs VIII. / The Private Life of Henry VIII. ∗∗ ½
GB 1933 – 90 Min. sw. – R: Alexander Korda. D: Charles Laughton, Robert Donat, Lady Tree, Elsa Lanchester, Merle Oberon, Franklin Dyall.
Historisches Melodram. Breit aufgefächerter, historisch genauer Bilderbogen um den geilen englischen König und seinen Frauenverschleiß, der die Filmemacher immer aufs neue anregte. Gut gespielte (Laughton!), großartig besetzte Version der Geschichte als erster britischer Tonfilm mit verschwenderischer Kulissenpracht.

Die Privatsekretärin ∗ ½
BRD 1953 – 94 Min. sw. – R: Paul Martin. D: Sonja Ziemann, Rudolf Prack, Paul Hörbiger, Werner Futterer, Gerty Godden, Else Reval, Ruth Stephan.
Komödie. Eine hübsche Provinzlerin verliebt sich in Berlin, natürlich ohne es zu wissen, in einen Bankier; harmloses Verwechslungsspiel mit dem Traumpaar des deutschen Films der fünfziger Jahre.

Professor Mamlock ∗∗∗
DDR 1961 – 90 Min. sw. – R: Konrad Wolf. D: Wolfgang Heinz, Ursula Burg, Hilmar Thate.
Problemfilm. Der jüdische Professor und Chefarzt Mamlock, der sich als Deutscher fühlt und versteht, erlebt die Demütigungen durch die Nazis und den Verrat durch Opportunisten; ein Film der klaren, eindeutigen, engagierten Bilder; nach dem Stück von Friedrich Wolf.

Die Profi-Killer / The Hit ∗∗ ½
GB 1984 – 95 Min. – R: Stephen Frears. D: John Hurt, Laura Del Sol, Terence Stamp, Fernando Rey.
Krimi. Ein Exgangster hat vor Jahren Komplizen verraten; die Vergangenheit holt ihn ein, eine tödliche Konfrontation scheint auswegslos; präzis inszenierte,

eindrucksvoll gespielte Variante des Gangsterfilms mit Rachemotiv.

Projekt Aphrodite TV-Film
BRD 1990 – 60 Min. – R: Stefan Bartmann. D: Brigitte Karner, Christina Plate, Günther Maria Halmer, Toyo Tanaka, Vadim Glowna.
Um an die Geheimnisse und Patente eines deutschen Forschungsinstituts zu gelangen, entführen die Japaner die verantwortlichen Wissenschaftler; spannender Abenteuerfilm mit exzellenten Sciencefiction-Effekten.

Promenade am Strand / Boardwalk ** ½
USA 1979 – 84 Min. – R: Stephan Verona. D: Lee Strasberg, Ruth Gordon, Joe Silver, Michael Ayr.
Ehefilm. Ein altes jüdisches Ehepaar besitzt ein kleines Café auf Coney Island; am Tag der goldenen Hochzeit stirbt die Frau an Krebs, für ihren Mann stürzt eine Welt zusammen. Der glänzend gespielte, behutsam inszenierte Film verläßt sich ganz auf die Wirkungen des Kammerspiels.

Protest / A Suitable Case For Treatment **
GB 1966 – 93 Min. – R: Karel Reisz. D: David Warner, Vanessa Redgrave.
Ehegeschichte. Morgan ist ein totaler Außenseiter, er träumt vom wilden Leben im Urwald à la Tarzan. Seine Frau hat genug von seinen Verrücktheiten und will sich scheiden lassen.

Providenza! Mausefalle für zwei schräge Vögel / La vita, a volte, è molto dura, vero Provvidenza? / La vie est parfois bien dure, n'est-ce pas, providence? * ½
BRD/I/F 1972 – 96 Min. – R: Giulio Petroni. D: Tomas Milian, Gregg Palmer, Janet Agren, Dieter Eppler.
Westernparodie. Kopfgeldjäger Providenza und sein Kumpel leben von einem Schelmenstück: Der eine liefert den anderen beim Sheriff ab, kassiert die Kopfgeldprämie und befreit den Gefangenen nachts wieder, dann ziehen sie weiter – bis sie einen gerissenen Sheriff treffen. Der gagüberladene Film aus der Endphase des Italowestern bemüht ironische Töne, wobei das dramaturgische Gerüst jedoch erheblich klappert; gut: Tomas Milian, der später als Charakterdarsteller zu Ruhm kam.

Der Prozeß der Jeanne d'Arc / Le procès de Jeanne d'Arc ***
F 1961 – 65 Min. sw. – R: Robert Bresson. D: Florence Carrez, Laien.
Historienfilm. Streng nach den Originalprotokollen des Prozesses von 1431 gestalteter Film; Historien- und Justizfilm in einem; ein erschütterndes Dokument über Rechtsbeugung aus Machtgelüst und Opportunismus.

Der Prügelknabe / The Stooge **
USA 1952 – 95 Min. sw. – R: Norman Taurog. D: Jerry Lewis, Dean Martin, Polly Bergen.
Jerry-Lewis-Groteske. Im Milieu des Showbiz angelegtes Klamauktheater mit dem Sozialchamäleon Lewis, der enervierend durch die Szene zappelt und seinem smarten Partner Martin den Nerv raubt. Routine; gelungene Sketche voller Situationskomik.

Pseudo TV-Film
BRD 1987 – 85 Min. sw. – R, B: Burkhard Steger. D: Birol Uenel, May Buchgraber, Bobby Hirsch, Andreas Riemann.
Ein Halbwüchsiger lügt sich nach dem Raubmord an seinem Chef, den er miterlebte, in eine schwierige Situation; ein Psychokrimi über Jugendliche und ihre kalte Umwelt.

Psycho / Psycho ****
USA 1960 – 107 Min. sw. Ⓥ CIC. – R: Alfred Hitchcock. D: Anthony Perkins, Janet Leigh, Vera Miles, John Gavin, Martin Balsam.
Hitchcock-Thriller. Berühmter Thrillerklassiker aus der Spannungsküche von Altmeister Hitchcock, der eine Schizophrenie plausibel verfilmt. Entnervend, vollendet dramatisch, Schock auf Schock häufend, mit den gekonntesten Szenen des Psychohorrorkinos.

Psycho II / Psycho II ** ½
USA 1982 – 113 Min. Ⓥ CIC. – R: Richard Franklin. D: Anthony Perkins, Vera Miles, Meg Tilly, Robert Loggia.

Psychothriller: Norman Bates wird nach 22 Jahren als geheilt entlassen, doch die Schwester der einst so spektakulär unter der Dusche ermordeten Blondine zweifelt am Heilerfolg. Zurück im eigenen Haus, erlebt Bates die Schlechtigkeit der Umwelt und den Terror des Alltags. Man versucht, ihn in die Klapsmühle zurückzubringen; das Opfer ist jetzt er, und der geschickte Film läßt keinen Zweifel an seiner Sympathie; Anthony Perkins ideal besetzt, etliche spannende Sequenzen, Drahtseilakt mit Hitchcock-Motiven.

Pulaski
siehe: Shadwells Truppe

Pulver und Blei / Heaven With a Gun * ½
USA 1968 – 98 Min. – R: Lee H. Katzin. D: Glenn Ford, Carolyn Jones, Barbara Hershey, David Carradine.
Western. Ein Pastor, früher selbst gefürchteter Revolverheld, schlichtet den Streit zwischen Rinder- und Schafzüchtern, indem er Frauen zwischen die Fronten schickt; routiniert.

Pulverdampf in Casa Grande / Gunfighters of Casa Grande **
USA/E 1963 – 89 Min. – R: Roy Rowland. D: Alex Nicol, Jorge Mistral, Dick Bentley, Mercedes Alonso.
Western. Zwei rivalisierende Räuberbanden in Mexiko versuchen, eine gestohlene Rinderherde in den USA zu verkaufen. Einer der letzten Western des bekannten Drehbuchautors Borden Chase – eher durchschnittlich.

Pulverdampf und heiße Lieder / Love Me Tender **
USA 1956 – 85 Min. sw. – R: Robert D. Webb. D: Elvis Presley, Richard Egan, Debra Paget.
Elvis-Film. Der Rocksänger als armer Junge, der nach dem Krieg aus dem bürgerlichen Alltag herausfällt und im Westen einen Neubeginn sucht. Elvis stapft zornig durchs Präriegras, wirft die Schmalzlocke aus dem Gesicht – und singt in seinem Debütfilm zum Glück eine Reihe Hits.

Punkt, Punkt, Komma, Strich / Punktur, Punktur, Komma, Strik ** ½
Island 1980 – 86 Min. – R: Thorsteinn Jónsson. D: Pétur Björn Jónsson, Hallur Helgason, Kristbjörg Kjeld, Erlingur Gíslason.
Heimatmelodram. Geschichte einer Kindheit und Jugend im Reykjavik der Nachkriegszeit. Im Mittelpunkt steht der Junge Andri, dessen Vater bei den US-Truppen beschäftigt ist. So dringen plötzlich Coca-Cola, Jeans und die Beatles in die Idylle der verträumten Inselwelt; die Story wird in lyrischen Bildern erzählt, episodenhaft, oft mit ironischen Pointen: American Graffiti auf isländisch.

Der Puppenspieler / Le guignol **
F/I 1979 – 90 Min. – R: Georges Lautner. D: Jean-Paul Belmondo, Michel Galabru, Georges Géret, Mirelle d'Angelo.
Agentenfilm. Die Geschichte vom kleinen Ganoven, der versehentlich an die chemische Formel kommt, derentwegen sich die großen Agenten befehden. Auf Belmondo zugeschnittene, witzig-gagreiche Komödie; routiniert in Szene gesetzt.

Purple Haze ** ½
USA 1982 – 104 Min. – R: David B. Morris. D: Peter Nelson, Chuck McQuary, Bernard Baldan.
Zeitkritischer Film. Wegen unerlaubten Marihuanabesitzes vom College geflogen, kehrt der Student Matt zurück ins elterliche Nest; konfrontiert mit dem Kleinstadtmief, dem Unverständnis der Eltern, aber auch mit der eigenen Untätigkeit, meldet er sich schließlich freiwillig nach Vietnam; effektvoller Einsatz der Popmusik der 60er Jahre.

Purple Rose of Cairo / The Purple Rose of Cairo ***
USA 1985 – 79 Min. Ⓥ VCL. – R: Woody Allen. D: Mia Farrow, Jeff Daniels, Danny Aiello, Dianne Wiest, Van Johnson, Edward Herrmann.
Milieukritische Komödie. In den dreißiger Jahren, während der Wirtschaftskrise in New Jersey, verliebt sich eine unglücklich verheiratete Frau in eine Kinofigur, die daraufhin von der Leinwand herabsteigt und mit ihr die Abenteuer des Alltags und des Kinos erlebt. Allens Hommage für das Glamourkino der guten alten Zeit, geboren aus der Phantasie des Filmfans von heute.

Puzzle / Puzzle ∗∗
E 1986 – 92 Min. – R, B: Luis-José Comeron. D: Patxi Andion, Joan Miralles, Antonio Banderas, Carmen Elias.
Psychothriller. Das ungewöhnliche an diesem spanischen Krimi ist nicht der Banküberfall nach bewährtem Muster, sondern das, was die Gangster anschließend mit ihren Geiseln treiben: Sie werden nach Art des russischen Roulettes an ein Sprengstofftelefon angeschlossen; routiniert erzeugte Gänsehaut, Überraschungen im Finale.

Pygmalion / Pygmalion TV-Film
GB – 90 Min. – R: John Glenister. D: Twiggy, Robert Powell, Mona Washbourne, Ronald Fraser.
Twiggy als Eliza Doolittle in George Bernard Shaws Erziehungskomödie, der Vorlage für »My Fair Lady«; weniger Aufwand als im Musical, doch bemerkenswerte Besetzung und witzige Inszenierung.

Ein Pyjama für zwei / Lover Come Back ∗∗
USA 1961 – 107 Min. – R: Delbert Mann. D: Doris Day, Rock Hudson, Tony Randall, Edie Adams, Jack Oakie.
Komödie. Eine Werbemanagerin will einem Konkurrenten eine erfolgreiche Idee und damit Kunden wegschnappen; doch das Produkt, um das es hier geht, existiert überhaupt nicht; spritzige Sexkomödie voller Wortwitz und Situationskomik; sehenswert allein schon Doris Days ständig überrascht-verbiestert-pikierte Mimik.

Die Pyramide des Sonnengottes ∗ ½
BRD/F/I 1965 – 93 Min. – R: Robert Siodmak. D: Lex Barker, Ralf Wolter, Rik Battaglia, Michèle Girardon.
Abenteuerfilm. Der Mätresse des fiesen Grafen Rodriganda sind alle unsauberen Mittel recht, um aus Herrn Dr. Sternau das Geheimnis des Aztekenschatzes herauszulocken – schwache Karl-May-Verfilmung.

Q

Qualen der Liebe / A Woman's Vengeance ***
USA 1947 – 92 Min. sw. – R: Zoltan Korda. D: Charles Boyer, Ann Blyth, Jessica Tandy, Cedric Hardwicke.
Psychokrimi. Ein Mann namens Henry erfährt in den Armen seiner Geliebten vom Tod seiner Frau. Als man bei der Obduktion in der Leiche Arsen findet, gerät Henry unter Mordverdacht. Psychodrama mit guten Schauspielerleistungen nach einem Drehbuch von Aldous Huxley.

Qualverwandtschaften TV-Film
BRD 1982 – 90 Min. – R: Ulrich Heising. B: Bernd Schroeder. D: Hans-Christian Blech, Bernd Tauber, Günter Mack, Christa Berndl, Rudolf Fernau.
Mann verläßt mit Sohn seine Frau und flieht in den Schutz der elterlichen Familie; gemeinsam mit seinem Vater unternimmt er eine Reise in die Vergangenheit; reizvolle Variante bekannter Klischees von Ehe und Familie.

Quarantäne – Fiktion und Wirklichkeit TV-Film
BRD 1989 – 85 Min. – R: Nico Hofmann. D: Günther Maria Halmer, Renan Demirkan, Ulrich Matschoss, Manfred Andrae, Jürgen Arndt.
Professor Kron ist einem neuen ansteckenden Virus auf der Spur, er will den Kranken für weitere Untersuchungen auf der Station festhalten. Richter Betz muß darüber entscheiden, ob dies in einem freiheitlichen Rechtsstaat zu verantworten ist. Ohne daß das Wort AIDS fällt, setzt sich dieses spannende Fernsehspiel mit der Angst und Hysterie vor einer neuen Seuche auseinander, konfrontiert die medizinischen mit den humanen und juristischen Aspekten in dieser Ausnahmesituation.

Quartett / Quartet **
GB 1948 – 114 Min. sw. – R: Ralph Smart, Harold French, Arthur Crabtree, Ken Annakin. D: Basil Radford, Mai Zetterling, Dirk Bogarde, George Cole, Susan Shaw, Cecil Parker, Nora Swinburne.
Episodenfilm. Vier Geschichten um die Liebe: Den realistisch-grausamen und illusionistisch-liebevollen Umgang der Geschlechter miteinander und ihre Gefühle schildert dieser flott inszenierte Film nach Somerset Maughams Erzählungen (der Dichter kommentiert die Episoden persönlich); groß angelegt, auf schnelle Überzeugung durch die Bilder setzend, manchmal hintergründig, manchmal oberflächlich, meist glaubwürdig.

Quartett / Quartet ** ½
GB/F 1981 – 97 Min. – R: James Ivory. D: Isabelle Adjani, Alan Bates, Maggie Smith.
Melodram. Nachdem ihr Mann wegen illegaler Geschäfte ins Gefängnis wandert, beginnt der Leidensweg der zauberhaften polnischen Emigrantin Marya. In der dekadenten Pariser Society findet sie Aufnahme bei dem reichen Ehepaar Heidler und wird die Geliebte des Hausherrn und selbstsüchtigen Lebemanns.

Quartett Bestial / Sept morts sur ordonnance **
BRD/F/E 1975 – 103 Min. Ⓥ Scala/Joy Home Video. – R: Jacques Rouffio. D: Michel Piccoli, Gérard Depardieu, Jane Birkin, Marina Vlady, Charles Vanel, Karl Schönböck, Georg Marischka.
Thriller. Der Chef einer Privatklinik will ein konkurrierendes OP-Genie kleinkriegen, doch der Mann wehrt sich auf seine Art gegen die Hetzkampagne; starbefrachtetes und deshalb vermutlich eher lahmes Psychodrama, dem auch Blutrünstigkeit nicht zu packender Spannung verhilft.

Quartett im Bett * ½
BRD 1968 – 92 Min. sw. – R: Ulrich

Schamoni. D: Insterburg & Co., Jacob-Sisters, Andrea Rau.
Szenefilm. Eine Studentengang plus Freundin gammelt sich durchs Berliner Showgeschäft; lustig und listig, mit netten Gags.

Quatermain I – Auf der Suche nach dem Schatz der Könige / King Salomon's Mines **
USA 1985 – 100 Min. Ⓥ VMP/Cannon/VMP. – R: J. Lee Thompson. D: Richard Chamberlain, Sharon Stone, Herbert Lom, John Rhys-Davies.
Abenteuerfilm. Der weiße Jäger Quatermain auf der Suche nach Abenteuern und Schätzen; spekulatives, neokolonialistisches Urwaldabenteuer nach Motiven von Henry Rider Haggards Roman »König Salomons Diamanten«, der unter diesem Titel 1937 und 1950 fesselnder verfilmt wurde.

Quatermain II – Auf der Suche nach der geheimnisvollen Stadt / Allan Quatermain and the Lost City of Gold * ½
USA 1986 – 95 Min. Ⓥ VMP/Cannon/VMP. – R: Gary Nelson. D: Richard Chamberlain, Sharon Stone, James Earl Jones, Henry Silva.
Abenteuerfilm. Nachfolgestreifen zum Dschungelabenteuer »Quatermain I«; ebenso actionreich, aber dramaturgisch schwächer.

Quax, der Bruchpilot ** ½
D 1941 – 86 Min. sw. Ⓥ UfA. – R: Kurt Hoffmann. D: Heinz Rühmann, Lothar Firmans, Karin Himboldt.
Fliegerkomödie. Otto Groschenbügel, genannt »Quax«, hat einen Pilotenkurs gewonnen, den er trotz anfänglicher Schwierigkeiten auch zu Ende bringt. Der dank Heinz Rühmann von Situationskomik übersprudelnde und mit leichter Regiehand geführte Film bemüht sich, die in Kriegszeiten brisante Botschaft von individueller Willensleistung herunterzuspielen. Rühmann, selbst ein bemühter Sportflieger, hilft nach besten Kräften.

Quax in Afrika *
D 1945 – 95 Min. sw. – R: Helmut Weiß. D: Heinz Rühmann, Hertha Feiler, Bruni Löbel, Beppo Brem.
Fliegerkomödie. Auf dem Höhepunkt des Zweiten Weltkriegs ein klamottiger Kinokrieg der Geschlechter um einen bornierten Fluglehrer und zwei flugwillige Schülerinnen. Ein Rühmann-Special der nebensächlichen Art.

Queimada / Queimada ***
I 1969 – 121 Min. – R: Gillo Pontecorvo. D: Marlon Brando, Evaristo Márquez, Giorgio Arlorio.
Abenteuerfilm. Ein britischer Offizier zettelt aus Wirtschaftsinteressen einen Sklavenaufstand in der Karibik an und bekämpft Jahre später die Freiheitskämpfer, die sich nun gegen England auflehnen; US-Amerika-Kritik am Beispiel fiktiv-allegorischer Kolonialinteressen um 1830; faszinierende Musik von Ennio Morricone.

Die Quelle TV-Film
BRD 1979 – 90 Min. – R, B: Rainer Erler. D: Herbert Herrmann, Josefa Guerra Sinsolo, Siegfried Wischnewski, Werner Kreindl.
Der Bootsausflug einer Touristengruppe auf eine Mittelmeerinsel endet unvorhergesehen: Ein junger Mann bleibt spontan zurück; die Inselbewohner halten ihn für den Erben eines Verstorbenen, er lernt einen undurchschaubaren Zugereisten kennen und gerät in ein Abenteuer voller Gewalt und blutrünstiger Verzweiflung. Grandios erzählte Parabel um Macht, Ausbeutung und Aufbegehren.

Querelle – Ein Pakt mit dem Teufel / Querelle ***
BRD/F 1982 – 103 Min. – R: Rainer Werner Fassbinder. D: Brad Davis, Franco Nero, Jeanne Moreau, Burkhard Driest.
Literaturverfilmung. Der Matrose Querelle schmuggelt Rauschgift an Bord eines Zerstörers und gelangt damit in die Unterwelt. Schwüles Melodram um Liebe, Verrat und Tod – abstrakte, in künstliche Farben getauchte Choreographie des Verbrechens. Fassbinders letzte Arbeit; nach einem Roman von Jean Genet.

Querkopf Wilson / Pudd'nhead Wilson TV-Film
USA – 85 Min. – R: Alan Bridges. D:

Ken Howard, Susan McWilliams, Naseer el Kadi.
Adaption des Mark-Twain-Romans über einen versponnenen Einzelgänger, der mittels der neuen Fingerabdruckmethode einen Mordfall löst; ohne die konsequente Skurrilität der Originalvorlage, aber ansehbar.

A Question of Honor TV-Film
USA 1982 – 150 Min. OoU. – R: Jud Taylor. D: Ben Gazzara, Paul Sorvino, Robert Vaughn, Tony Roberts, Danny Aiello.
Ein ehrlicher Cop gerät in ein Polizeikomplott; Reaktion des US-TV auf den Kinoerfolg »Prince of the City«; trotz Budd Schulbergs routiniertem Drehbuch eher spannungsarm.

Quien sabe? Töte Amigo
siehe: Töte Amigo

Quincy: Heiße Diamanten, kalte Herzen / Quincy: Hot Ice, Cold Hearts * ½
USA 1977 – 69 Min. – R: Bruce Kessler. D: Jack Klugman, Lynette Mettey, Andrew Pine, Stuart Whitman.
Krimi. Mediziner Quincy spielt Detektiv, anstatt mit seiner Freundin Wochenende zu spielen, und kommt damit einem Mord auf die Spur. Hausgemachte TV-Kost mit netter Besetzung und routiniertem Plot.

Quintett / Quintet **
USA 1979 – 105 Min. – R: Robert Altman. D: Paul Newman, Vittorio Gassmann, Fernando Rey, Bibi Andersson, Brigitte Fossey.
Science-fiction-Film. Eine Eiszeit verursacht Chaos auf der Erde; letzter Lebenssinn scheint ein geheimnisvolles, tödliches Spiel; intelligent, aber ohne merkliche innere Logik.

Quo vadis? / Quo Vadis? ***
USA 1951 – 171 Min. Ⓥ MGM/UA. – R: Mervyn LeRoy. D: Robert Taylor, Deborah Kerr, Peter Ustinov, Leo Genn, Patricia Laffan.
Historischer Monumentalfilm. Aufwendiger Filmschinken nach Henryk Sienkiewicz' Vorlage um die Liebe eines Römers zu einer Christin während der Nero-Herrschaft. Mixtur aus Studio- und Realkulisse bzw. -stimmung; glänzende Schauwerte, epischer Stil.

R

Der Rabe – Duell der Zauberer / The Raven ***
USA 1962 – 85 Min. Ⓥ Orion. – R: Roger Corman. D: Vincent Price, Peter Lorre, Boris Karloff, Jack Nicholson.
Gruselkomödie. Auf einem unheimlichen Schloß messen sich die größten Magier der Welt. Jedes Mittel ist ihnen für einen Knalleffekt recht. Der einfallsreiche, gruselige und urkomische Film voller Überraschungen ist, nicht zuletzt wegen seiner einmaligen Besetzung, ein Klassiker des niveauvollen Gruselkintopps. Nach der Erzählung von Edgar Allen Poe.

Rabentanz / Korpinpolska ***
SF/S 1980 – 76 Min. – R: Markku Lehmuskallio. D: Pertti Kalinainen, Hilkka Matikainen, Paavo Katajasaari.
Zeitdokument. Drei Menschen leben in der Einsamkeit Nordfinnlands, zufrieden mit sich und ihrem Schicksal. In diese Idylle bricht plötzlich mit brutaler Gewalt die Zivilisation ein. Naturschutzfilm mit Überzeugungskraft.

Räch dich, wenn du überlebst / Best Revenge **
CDN 1983 – 85 Min. – R: John Trent. D: John Heard, Stephen McHattie.
Thriller. Ein Mann wird gezwungen, Drogenkurier zu spielen; harter Actionfilm aus dem Dealermilieu.

Die Rache **
ČSSR 1981 – 79 Min. – R: Ivan Húštava. D: Romana Pečnerová, Andrej Seban, Božidara Turzonová, Josef Adamović.
Jugendfilm. Ein Junge hat den Unfall eines anderen verschuldet und versteckt sich vor den rachsüchtigen Geschwistern; zu einem Mädchen entwickelt sich eine seltsame Beziehung; ein Film um Rache und Hilfsbereitschaft.

Rache aus dem Knast / Zig Zag **
USA 1970 – 100 Min. – R: Richard A. Colla. D: George Kennedy, Anne Jackson, Eli Wallach.
Krimi. Kurioser Krimi aus dem US-Großstadt-Kintopp um einen tödlich erkrankten Versicherungsdetektiv, der auf die Idee seines Lebens kommt. Solide heruntergespielt, allerdings ohne Nerv für die Konsequenzen der Story.

Rache aus dem Reich der Toten / Ghost Story **
USA 1981 – 106 Min. – R: John Irving. D: Fred Astaire, Melvyn Douglas, Douglas Fairbanks jr., Alice King, John Houseman.
Horrorkrimi. Vier Alte treffen sich in einem Provinzkaff und erzählen sich Gespenstergeschichten, die sie auf eine unheimliche Reise in die eigene Vergangenheit führen. Spannend, unterhaltsam, nach dem Roman von Peter Straub.

Die Rache der glorreichen Sieben / Guns of the Magnificent Seven * ½
USA 1968 – 101 Min. – R: Paul Wendkos. D: George Kennedy, James Whitmore, Monte Markham, Fernando Rey.
Western. In Mexiko wird Rebellenführer Quintero von Diktator Diaz gefangengenommen und soll von einem Revolverhelden befreit werden; blutiger, aber vergeblicher Versuch, den Klassiker »Die glorreichen Sieben« (1960) zu kopieren.

Die Rache der Mylady
siehe: Die vier Musketiere

Die Rache der Pharaonen / The Mummy ** ½
GB 1959 – 88 Min. – R: Terence Fisher. D: Peter Cushing, Christopher Lee, Yvonne Fourneaux.
Horrorfilm. Ein berühmtes Motiv des Gruselfilms sind Pharaonengräber, die wißbegierige Wissenschaftler immer wieder öffnen und erforschen wollen, obwohl man die Mumien ruhen lassen soll. Die Konsequenzen sind dann schrecklich. In diesem Fall noch schrecklicher.

Die Rache der Schwertkämpferin Red Sonja / Red Sonja **

NL 1985 – 84 Min. Ⓥ VMO/Cannon/VMP. – R: Richard Fleischer. D: Brigitte Nielsen, Arnold Schwarzenegger, Sandahl Bergman.

Fantasyfilm. Übernatürliche Kräfte helfen einer Schwertkämpferin gegen Monster und Barbaren; privat hat sie ein Problem: Muskelprotz Schwarzenegger muß Skandalnudel Nielsen erst besiegen, ehe er sie lieben darf; beide haben zumindest eine Gemeinsamkeit: absoluten Mangel an Talent; ansonsten gut gestylter, opulenter Actionfilm.

Die Rache des Dr. Fu Man Chu / The Vengeance of Fu Manchu * ½

GB/BRD 1968 – 85 Min. – R: Jeremy Summers. D: Christopher Lee, Wolfgang Kieling, Douglas Wilmer, Horst Frank.

Horrorkrimi. Der asiatische Superverbrecher schließt mit allen Kollegen ein Bündnis, um weltweit die Polizei zu vernichten; einige gute Darstellerleistungen fallen der einfallslosen Regie, der primitiven Dramaturgie und armseliger Pyrotechnik zum Opfer.

Die Rache des Herkules / La vendetta di Ercole **

I/F 1960 – 85 Min. – R: Vittorio Cottafavi. D: Mark Forest, Broderick, Crawford, Wandisa Guida, Leonora Ruffo, Federica Ranchi.

Monumentalschinken. Herkules mißdeutet ein Orakel und verbietet seinem Sohn die Heirat mit einer Königstochter, damit setzt er ein Geschehen in Gang, in dessen Verlauf Gift, Gegengift, Intrige und Gegenintrige die Hauptrollen spielen. Der optisch ansprechende Film vom Sandalenfilm-Experten Cottafavi serviert Muskelmänner und zarte Mädchen in reizvollem, historisch jedoch kaum haltbarem Kontrast; opulente Special Effects sorgen für Vergnügen.

Die Rache des Kadaitcha-Mannes / Outback – Flucht in die Wüste / Backlash ** ½

AUS 1985 – 89 Min. Omu. – R, B: Bill Bennett. D: David Argue, Gia Carides, Lydia Miller.

Wüstenthriller. Ein männlicher und ein weiblicher Polizeibeamter bringen eine schöne junge Eingeborene quer durchs weite Land in die Stadt ins Gefängnis; es geht um Mord und Vergewaltigung in dieser subtilen Spannungsstory, aber auch um Rassismus und gesellschaftliche Vorurteile.

Die Rache des Pharao / The Curse of the Mummy's Tomb *

GB 1964 – 78 Min. Ⓥ RCA. – R: Michael Carreras. D: Terence Morgan, Ronald Howard, Fred Clark, Jeanne Roland.

Horrorfilm. Das Öffnen eines Pharaonengrabs führt zu mysteriösen Todesfällen; simpler Grabkammerhorror.

Die Rache des toten Ritters / Il cavaliere dei cento volti * ½

I 1960 – 79 Min. – R: Pino Mercanti. D: Lex Barker, Liana Orfei, Livio Lorenzon, Anny Alberti, Herbert A.E. Böhme.

Abenteuerfilm. Schwarzer Ritter siegt auf der ganzen Linie, seine Herzdame lohnt es ihm; mattes Ritter- und Turnierspektakel.

Rache für Jesse James / The Return of Frank James ***

USA 1940 – 92 Min. – R: Fritz Lang. D: Henry Fonda, Gene Tierney, Jackie Cooper, John Carradine.

Western. Fortsetzung von »Jesse James – Mann ohne Gesetz«; Frank James will den Mord an Jesse rächen; mit anderer Handschrift, doch vergleichbar zwingend inszeniert.

Der Rächer / Best of the Badmen ** ½

USA 1951 – 84 Min. – R: William D. Russell. D: Robert Ryan, Claire Trevor, Robert Preston, Jack Buetel, Walter Brennan, Bruce Cabot.

Western. Einige Outlaws, darunter die James-Brüder um Jesse, helfen einem Exoffizier der Nordstaaten gegen einen bösewichtigen Detektiv; solider, argumentativer, nicht allzu actionreicher B-Western.

Der Rächer der Unterwelt / Death Wish / Death Wish * ½

GB 1985 – 83 Min. – R: Michael Winner. D: Charles Bronson, Deborah Raffin, Ed

Lauter, Martin Balsam, Kirk Taylor, Alex Winter.
Actionfilm. Jugendbanden terrorisieren Brooklyn und töten einen Kriegsveteranen, dessen Freund zurückschlägt; dritte Fortsetzung von »Ein Mann sieht rot«; wenig überzeugendes Serienspektakel mit einem schwachen Bronson.

Der Rächer von Texas / Panhandle ∗∗
USA 1941 – 70 Min. sw. – R: Lesley Selander. D: Rod Cameron, Cathy Downs, Reed Hadley, Anne Gwynne, Blake Edwards.
Western. Ein Sheriff kehrt aus Mexiko nach Texas zurück, um den Mord an seinem Bruder zu rächen; straff inszenierter B-Western um Rache und Einzelgängertum.

Der Radfahrer von San Cristóbal ∗∗∗
BRD 1987 – 88 Min. – R: Peter Lilienthal. D: René Baeza, Luz Jimenez, Roberto Navarrete, Amparo Noguera, Dante Pesce.
Zeitkritischer Film. Ein Rennfahrer aus einem regierungstreuen Team tritt härter in die Pedale, um seiner gemütskranken Mutter zu helfen, die um seinen verschleppten Bruder trauert. Der unaufdringlich politische Film zeigt, daß niemand schnell genug ist, um dem Alltag der Diktatur zu entkommen. Die chilenische Wirklichkeit um 1987 wird von Lilienthal (»Es herrscht Ruhe im Land«), nach dem Buch von Antonio Skármeta, mit Liebe zum Detail am Beispiel des Lebens der einfachen Leute beschworen.

Radhapura – Endstation der Verdammten ∗
BRD 1968 – 77 Min. – R: Hans Albin. D: George Nader, Gordon Mitchell, Carl Möhner, Michael Berger.
Abenteuerfilm. Im Dschungel von Ceylon schürfen die Männer nach Diamanten. Doch sind manche Reichtümer schneller zerronnen als gewonnen. Klischeehaft.

Radieschen TV-Film
BRD 1979 – 100 Min. – R: Rolf Busch. D: Hansi Jochmann, Manfred Lehmann, Eva Brumby, Ronald Nietsche, Susanne Schäfer.
Franz nimmt sich das Lehrmädchen Betty vor, weil sie aus Rache ihre Kollegin Lene wegen eines Ladendiebstahls angezeigt hat. Der Fernsehfilm basiert auf zwei Erzählungen von Joseph Breitbach aus den zwanziger Jahren.

Radio on / Radio On ∗∗ ½
GB/BRD 1979 – 101 Min. sw. – R: Christopher Petit. D: David Bearnes, Lisa Kreutzer, Sting, Andrew Byatt, Sue Jones-Davis.
Road Movie. Ein junger Mann fährt von London nach Bristol, um mehr über den Tod seines Bruders zu erfahren; er stößt dabei auf Ablehnung und Ignoranz. Der am Stil von Wim Wenders orientierte Film ist eine Reise ins Niemandsland, in die Sprachlosigkeit; dominant sind öde Vorstädte, Autos, Eisenbahnen, Schrottplätze, die Begegnung mit einer Frau – und Rockmusik von David Bowie, Sting, Kraftwerk.

Rafferty und die wilden Mädchen / Rafferty and the Gold Dust Twins ∗∗ ½
USA 1975 – 87 Min. – R: Dick Richards. D: Alan Arkin, Sally Kellerman, MacKenzie Phillips, Alex Rocco.
Komödie. Zwei Mädchen kidnappen einen Fahrlehrer, der sie, schließlich freiwillig, von Los Angeles nach New Orleans fährt, denn eine der beiden will dort als Sängerin Karriere machen; viel US-Kolorit in einem unterhaltsamen »Road Movie«.

Raffica – Tiger der Wüste / Una raffica di piombo ∗∗
I/E/Ägypten 1980 – 90 Min. – R: Paolo Heusch. D: Robert Hoffmann, Marilù Tolò, Kemal Chenaoui, Pepé Calvo.
Abenteuerfilm. Obwohl mit ihm zerstritten, hilft ein Scheichsohn dem Vater beim Streit mit Feinden; auch seine Geliebte mischt nicht ganz uneigennützig mit; routiniertes Nomaden- und Wüstenspektakel.

Raffl ∗∗ ½
A 1984 – 82 Min. – R: Christian Berger. D: Lois Weinberger, Barbara Weber, Barbara Viertl, Dietmar Schönherr.
Historischer Film. Der Kleinbauer Raffl gerät in Versuchung, sich das Kopfgeld

zu verdienen, das auf den Rebellenführer Andreas Hofer ausgesetzt ist – er steht zwischen seimen Landsleuten und den Franzosen. Die ambitionierte Arbeit erhielt den Max-Ophüls-Preis der Stadt Saarbrücken.

The Rage of Paris
siehe: Die flotte Pariserin

Ragtime / Ragtime ** ½
USA 1981 – 155 Min. – R: Milos Forman. D: James Cagney, Brad Dourif, Howard E. Rollins, Norman Mailer, Elizabeth McGovern.
Literaturverfilmung. Ein junger Farbiger, von seiner rassistischen Umwelt gedemütigt, wird zum amerikanischen Michael Kohlhaas; seine Attacken auf das weiße Establishment werden ihm zum Verhängnis. Opulent und temporeich angelegtes Sittenbild aus der Ragtime-Ära mit einer Glanzrolle für Exgangsterstar James Cagney als Polizeichef von Chicago; nach dem Roman von E. L. Doctorow.

Railroaded **
USA 1947 – 71 Min. sw. OmU. – R: Anthony Mann. D: John Ireland, Sheila Ryan, Hugh Beaumont.
Krimi. Geschichte eines sadistischen Killers, der seine Kugeln parfümiert, bevor er sie abschießt. Ein Mädchen verliebt sich vorübergehend in den Unhold, doch am Ende klopft die Polizei an die Tür. Sauber gemachter, straffer Thriller in bester B-Film-Tradition.

Rain ***
USA 1932 – 93 Min. sw. OoU. – R: Lewis Milestone. D: Joan Crawford, Walter Huston, William Gargan, Guy Kibbee, Walter Catlett.
Literaturverfilmung. Adaption der Südseestory »Rain« von W. Somerset Maugham um eine sinnliche junge Frau, die die Selbstgerechtigkeit eines puritanischen Missionars offenlegt, als sie ihm verfällt; am Ende siegt die Unmoral; Dauerregen als Metapher für Indoktrination; Crawford eindrucksvoll, wenn auch nicht so bedrohlich wie Gloria Swanson (in »Sadie Thompson«, 1928) oder so schwül-erotisch wie Rita Hayworth (in »Miss Sadie Thompson«, 1953); getreueste Filmversion der Vorlage.

Rali TV-Film
BG 1977/78 – 100 Min. – R, B: Stefan Dichev, Ivailo Dichev. D: Shukur Burkanov, Naum Skopov, Djoko Rosich.
Erlebnisse eines Fünfzehnjährigen zur Zeit der Eroberung Bulgariens durch die Türken im 15. Jahrhundert; episches Zeitgemälde voll bunter Abenteuer.

Rallye Paris–Dakar *
BRD 1984 – 115 Min. Ⓥ VMP – R: Peter Welz. D: Iris Berben, Sascha Disselkamp, Hanno Pöschl, Jürgen König.
Rennsportfilm. Die monströse Rallye quer durch Afrika dient als Vehikel für ein Unterhaltungsfilmchen mit schwachen Ansätzen zur Kritik: Überfahrene Menschen und Tiere signalisieren, daß etwas nicht stimmt im Verhältnis zwischen Arm und Reich, Schwarz und Weiß, Dritter und Erster Welt.

Ramba Zamba bei der Mafia / Come una rosa al noso / Verginata / Virginity **
I/GB 1976 – 102 Min. – R: Franco Rossi. D: Ornella Muti, Vittorio Gassmann, Madeline Hinde, Adolfo Celi, Alessandro Haber.
Komödie. Ein Sizilianer ist in London zum Stockbriten geworden, doch dann klopft die Mafia an; er soll die Ehre und Tugend seiner unbändigen Cousine bewahren; flotte Sittenkomödie, gut gespielt, aber durch nur mäßigen Witz gehandicapt.

Der Rammbock / Le ruffian **
F 1982 – 100 Min. – R: José Giovanni. D: Lino Ventura, Claudia Cardinale, Bernard Giraudeau, Béatrix van Til.
Abenteuerfilm. Exrennfahrer Lino Ventura buddelt in der kanadischen Wildnis nach Gold und wartet auf seine Chance; die kommt, als Gangster die Mine überfallen – da schlägt der alte Haudegen zu. Komödiantisches Abenteuer um harte Männer und den großen Coup, der die Freiheit verheißt; sehenswerte (Unterwasser-)Stunts.

Rampenlicht / Limelight ***
USA 1951 – 130 Min. sw. – R: Charles Chaplin. D: Charles Chaplin, Claire Bloom, Sydney Chaplin, Nigel Bruce, Buster Keaton.

Chaplin-Melodram. Ergreifende Geschichte eines alternden Bühnenclowns und einer bildhübschen Ballerina. Langsamer, poetischer, nur in herausgehobenen Clownnummern auch komischer Film als autobiographisch verdeckte Besinnung auf Menschlichkeit, Vergänglichkeit und Lebenslust.

Rancho Deluxe / Rancho Deluxe ***

USA 1975 – 93 Min. – R: Frank Perry. D: Jeff Bridges, Sam Waterston, Elizabeth Ashley, Charlene Dallas, Clifton James, Harry Dean Stanton.

Diebeskomödie. Zwei schräge Vögel schlagen sich mit Viehdiebstahl durchs saure Leben. Blendend gespielter, rasanter, milieukritischer und kultverdächtiger Film; mit der Musik von Jimmy Buffett.

Randale * ½

BRD 1983 – 100 Min. – R: Manfred Purzer. D: Angelica Domröse, Jocelyn Boisseau, Eva Kotthaus.

Milieukritischer Film. Aufstand im Erziehungsheim, die Mädchen lassen die Fetzen fliegen. Während in vergleichbaren US-Filmen auch die Handlung vorankommt, zieht dieser Film nur zähe Kriechspuren, das Sozialproblem wird larmoyant zerredet.

Die Ranger / Les rangers * ½

I 1970 – 86 Min. Ⓥ VMP. – R: Roberto Montero. D: Dale Cummings, Franco Ressel.

Kriegsfilm. Ein um moralische Legitimation bemühter Kriegsfilm, in dem die alliierten Truppen von einem deutschen Gefangenenlager aus Labors zerstören, in denen man die Produktion von Atombomben vermutet. Technisch unglaubhaft.

Rantes – Der Mann, der nach Südosten schaut / Hombre mirando al sudeste ** ½

Argentinien 1986 – 105 Min. – R, B: Eliseo Subiela. D: Lorenzo Quinteros, Hugo Soto, Ines Vernengo, David Edery.

Psychodrama. Ein mutmaßlicher Außerirdischer hält einen Psychiater in einem Krankenhaus von Buenos Aires in Atem. Der Außenseiter scheint emotionslos und nur rein rational zu handeln; die Frage, ob der Mann doch von dieser Erde ist und nur simuliert, um sein wahres Leid zu verbergen, bleibt als Irritation bis zum Schluß offen.

Der rasende Gockel / Stroker Ace *

USA 1983 – 91 Min. Ⓥ CIC. – R: Hal Needham. D: Burt Reynolds, Ned Beatty, Jim Nabors, Loni Anderson.

Rennfahrerfilm. Klamaukige Story um Renn-As Stroker, der in die Hände eines Hähnchenkönigs fällt. Auch bei der Assistentin seines Bosses kann er nicht landen. Müder Aufguß der Burt-Reynolds-Autokarambolagefilme.

Raserei

siehe: Blinde Wut

Rashomon / Rashomon ****

J 1950 – 80 Min. sw. – R: Akira Kurosawa. D: Toshiro Mifune, Masayuki Mori, Machiko Kyo.

Filmklassiker. Ein Samurai ist getötet, eine Frau vergewaltigt worden. Vor einem Gericht sagen mehrere Zeugen, darunter der Täter, aus. Ein einheitlicher Tathergang kann nicht rekonstruiert werden. Kurosawas kunstvoll ziselierter Actionfilm über die Relativität der Wahrheit schloß Japan die Tür zum Weltkino auf. Spannend, expressiv, filmisch außergewöhnlich und von Mifune mit animalischer Ausdruckstechnik glänzend gespielt.

Das Rasthaus des Teufels / Chaire de poule / Pelle d'oca ** ½

F/I 1964 – 108 Min. sw. – R: Julien Duvivier. D: Robert Hossein, Jean Sorel, Cathérine Rouvel, Georges Wilson, Lucien Raimbourg.

Kriminalfilm. Ein entflohener Safeknakker sucht Unterschlupf in einem abgelegenen Rasthaus; die Frau des Besitzers erpreßt ihn zu neuen Verbrechen; spannend und lakonisch inszenierter »schwarzer« Krimi nach einem Roman von James Hadley Chase.

Das Rätsel der roten Orchidee * ½

BRD 1962 – 81 Min. sw. – R: Helmut Ashley. D: Marisa Mell, Adrian Hoven, Christopher Lee, Klaus Kinski, Fritz Rasp, Eddi Arent.

Edgar-Wallace-Krimi. Sogar vom FBI kommt Schützenhilfe, um den geheimnisvollen Mörder zur Strecke zu bringen, der diejenigen umbringt, die keine Schutzgelder zahlen wollen. Die gewohnte Mixtur aus Nonsens, Grusel, ungeschickter Regie und unterhaltsamer Spannung; für Fans, die sich an der Wallace-Masche nicht sattsehen können.

Das Rätsel der Sandbank TV-Film
BRD 1987 – 130 Min. – R: Rainer Boldt. B: Christoph Mattner. D: Burghart Klaußner, Peter Sattmann, Isabel Varell, Gunnar Möller.
Ein scheinbar harmloser Nordsee-Segeltörn um die Jahrhundertwende kippt um in ein raffiniert-kompliziertes Spionageabenteuer, das geschichtliche Dimensionen annimmt. Das historische Klima der Wilhelminischen Ära und die geheimnisvollen Ereignisse im Wattenmeer ergeben gelungene TV-Unterhaltung (lief auch als 10teilige Vorabendserie); nach einem Roman von Erskine Childers.

Das Rätsel des silbernen Halbmonds **
BRD/I 1972 – 80 Min. – R: Umberto Lenzi. D: Uschi Glas, Antonio Sabato, Marisa Mell, Petra Schürmann.
Krimi. Die Überlebende eines Anschlags bei einer Mordserie an römischen Prostituierten wird als Lockvogel eingesetzt; spannend und hart.

Das Rätsel von Monte Christo / The Count of Monte Christo ** ½
USA 1934 – 113 Min. sw. – R: Rowland V. Lee. D: Robert Donat, Elissa Landi, Louis Calhern, Sidney Blackmer.
Abenteuerfilm. Erste Tonverfilmung von Alexandre Dumas' Roman »Der Graf von Monte Christo«; Abenteuerspektakel von beträchtlicher Spannung und Effektsicherheit.

Ratten im Secret Service / Danger Route ** ½
GB 1967 – 88 Min. – R: Seth Holt. D: Richard Johnson, Carol Lynley, Barbara Bouchet, Gordon Jackson, Diana Dors, Harry Andrews.
Agentenfilm. Ein britischer Geheimdienstler will aufhören, der Chef verlangt einen letzten Auftrag – die Bespitzelung eines sowjetischen Wissenschaftlers; routinierter, lakonischer Thriller nach britischen Strickmustern.

Die Ratte von Soho / Night and the City ***
USA 1950 – 95 Min. sw. – R: Jules Dassin. D: Richard Widmark, Gene Tierney, Googie Withers, Herbert Lom.
Krimi. Ein Besessener versucht mit allen Mitteln, zum Boxpromoter aufzusteigen. Er gerät dabei in die Fänge einer starken Frau und an einen kolossalen Ringer. Am Ende lösen sich seine hysterischen Unternehmungen in nichts auf, und er landet in der Themse. Der milieukritische und äußerst dichte Film Dassins zeigt straffe Regie und hat – neben dem sehenswerten Widmark – einen besonderen Hauptdarsteller: das nächtliche London.

Die Ratten von Amsterdam / Puppet On a Chain *
GB 1970 – 98 Min. – R: Geoffrey Reeve. D: Sven-Bertil Taube, Barbara Parkins, Alexander Knox, Patrick Allen.
Krimi. Interpol auf der Spur eines Drogensyndikats; eher langweilige Version von Alistair MacLeans Bestseller; aufregend allein die von Don Sharp inszenierten Motorbootjagden in den Grachten Amsterdams.

Rattennest / Kiss Me Deadly ***
USA 1955 – 105 Min. sw. – R: Robert Aldrich. D: Ralph Meeker, Albert Dekker, Paul Stewart.
Krimi. Mit dem Mord an der Anhalterin, die der Privatdetektiv Hammer mitgenommen hat, beginnt einer der radikalsten und schwärzesten Filme der Kinogeschichte: Figuren wie Irrsinnige, eine entmenschte Welt und am Ende eine Atombombe im Schrankkoffer. Kalt und grau fotografierter Streifen, hart geschnitten, voll lakonischer Philosophie.

Der Raub der Sabinerinnen ** ½
BRD 1954 – 87 Min. sw. – R: Kurt Hoffmann. D: Paul Hörbiger, Gustav Knuth, Edith Hancke.
Komödie. Die Truppe eines ständig an der Pleite vorbeischlitternden sächsi-

schen Wandertheaterdirektors gerät an das unsägliche Römerdrama eines Lateinlehrers; klassischer Schwank über Freuden und Nöte des Theaterlebens; Knuths sympathischste Rolle als tragikomischer, sächselnder Schmierenkomödiant Emanuel Striese, rührend im berühmten Striese-Monolog über die kulturstiftende Funktion der »Schmiere«.

Räuber, Gendarm und ein Dienstmädchen / Guardia, ladro e cameriera **
I 1958 – 85 Min. sw. – R: Steno. D: Nino Manfredi, Gabriella Pallotta, Mario Carotenuto.
Komödie. Ein zum Ausbaldowern eines Einbruchs vorgeschickter Späher verknallt sich ins Dienstmädchen der Opfer; aufgeregte Komik.

Der Räuber Hotzenplotz ** ½
BRD 1973 – 116 Min. Ⓥ EuroVideo. – R: Gustav Ehmck. D: Gert Fröbe, Lina Carstens, Josef Meinrad, Rainer Basedow.
Fantasyfilm. Kasperls Großmutter wird vom Räuber Hotzenplotz um die musikalische Kaffeemühle gebracht, daraufhin sind sich alle einig, daß dem verschlagensten Räuber aller Märchenzeiten das Handwerk gelegt werden muß. Der komödiantische und phantasievolle Film zeigt, unter Einsatz hervorragender Mimen, wie das gelingt.

Ein Räuber mit Herz / The Gentleman Bandit TV-Film
USA 1981 – 100 Min. – R: Jonathan Kaplan. D: Ralph Waite, Julie Bovasso, Jerry Zaks, Estelle Parsons.
Ein Priester aus Baltimore landet im Knast. Der ästhetisch und ideell an Fernsehansprüchen orientierte, mittelmäßige Film schildert seine Geschichte nach einem authentischen Fall.

Räuber und Gendarm / Guardie e ladri ***
I 1952 – 104 Min. sw. – R: Steno. D: Totò, Aldo Fabrizzi, Pina Piovani, William Tubbs, Ernesto Almirante.
Kriminalkomödie. Ein kleiner Gauner richtet mehr Verwirrung als Schaden an, und ein Polizist nimmt das alles freundschaftlich gelassen; ein Film, der Solidarität und tiefe Menschlichkeit mit heiterer Gelassenheit darstellt.

Das rauhe Leben TV-Film
A/BRD 1987 – 90 Min. sw. – R: Heide Pils. B: Felix Mitterer. D: Erich Schrom, Hein Weixelbaum, Erwin Leder, Inge Brücklmeier.
Halbdokumentarischer Film über das entbehrungsreiche Leben des Wiener Arbeiterdichters Alfons Petzold, der nahezu unbekannt im Alter von vierzig Jahren starb; Plädoyer für Menschlichkeit.

Rauhes Land / The Wild Country **
USA 1970 – 87 Min. – R: Robert Totten. D: Steve Forrest, Ronny Howard, Vera Miles, Jack Elam, Morgan Woodward.
Walt-Disney-Film. Ein wagemutiges Ehepaar mit zwei Söhnen zieht in den Westen nach Wyoming, um sich eine Farmerexistenz aufzubauen; die rauhe Wildnis und ein gehässiger Nachbar machen ihnen das Leben schwer; Pionierwestern für die ganze Familie.

Der Rauschgiftkrieg / Death Fighter / Dead Wrong **
CDN 1983 – 89 Min. Ⓥ Tristar Video. – R: Len Kowalewicz. D: Britt Ekland, Winston Rekert, Jackson Davies, Dale Wilson.
Actionfilm. Der heiße Tip, daß kolumbianisches Rauschgift auf dem Seeweg nach Kanada ist, aktiviert eine Agentin; sie verliebt sich prompt in einen der Gangster; konventionelles Agentenspielchen.

Razzia auf Call-Girls / Vice Raid **
USA 1959 – 65 Min. sw. – R: Edward L. Cahn. D: Mamie Van Doren, Richard Coogan, Brad Dexter, Barry Atwater, Carol Nugent.
Gangsterfilm. Anfangs ist dem berüchtigten Callgirlring nicht beizukommen; die erste Spur liefert eine Prostituierte, die nach ihrer Verhaftung erklärt, daß sie von einem Polizisten erpreßt wird. Düsteres Melodram aus der Unterwelt.

Razzia in Neapel / Proibito rubare ** ½
I 1948 – 80 Min. sw. – R: Luigi Comencini. D: Adolfo Celi, Tina Pica, Mario Russo, Luigi Demastro.

Sozialkritischer Film. Einem Missionar wird kurz vor der Abreise nach Kenia der Koffer geklaut; bei der Verfolgung der jungen Missetäter wird Pater Pietro mit sozialem Elend konfrontiert und beschließt, an Ort und Stelle zu helfen; nach erfolglosen Appellen an die Behörden greift er zur Selbsthilfe und schafft schiere Wunder. Der realistische, mit dokumentarischen Einschüben arbeitende Film befriedigt durch lebensechte Geschichten und Gestalten.

Der Rebell ✱✱ ½
D 1932 – 90 Min. sw. – R: Luis Trenker/Kurt Bernhardt. D: Luis Trenker, Luise Ullrich, Ludwig Stössel, Fritz Kampers.
Bergfilm. Der beste Trenker, den es auf Südtirols Bergspitzen je gab, im Freiheitskampf gegen Napoleon anno 1809. Bestechende Bergaufnahmen, filmsprachlich gelungen – nicht zuletzt ein Verdienst des später in Hollywood erfolgreichen Coregisseurs Bernhardt.

Der Rebell / The Flame and the Arrow ✱✱ ½
USA 1950 – 85 Min. – R: Jacques Tourneur. D: Burt Lancaster, Nick Cravat, Virginia Mayo, Robert Douglas, Aline MacMahon, Frank Allenby.
Abenteuerfilm. Im 13. Jahrhundert kämpft ein norditalienischer Bergrebell gegen einen tyrannischen deutschen Landesherrn; konventionelle Gut-Böse-Story, routiniert in Szene gesetzt; das Duo Lancaster/Cravat bereitete sich hier mit artistischen Kabinettstückchen auf den Klassiker »Der rote Korsar« vor.

Der Rebell ohne Gnade / Capitan Fuoco FLOP
I 1959 – 86 Min. – R: Carlo Campogalliani. D: Lex Barker, Rossana Rory, Massimo Serato, Herbert A. E. Böhme.
Abenteuerfilm. Robin Hood hat sich Ende des 13. Jahrhunderts nach Italien verirrt, wo er viel Arbeit vorfindet; blutrünstig.

Der Rebell von Java / Fair Wind to Java ✱
USA 1952 – 89 Min. – R: Joseph Kane. D: Fred MacMurray, Vera Ralston, Robert Douglas, Victor McLaglen.
Schatzsucherfilm. Ein Kapitän muß Piraten das Geheimnis um einen riesigen Diamantenschatz preisgeben und nimmt den Kampf auf; gute Darsteller in unterdurchschnittlichen Rollen, technische Mängel beim pyrotechnischen Finale, dem Ausbruch des Krakatau.

Der Rebell von Mexiko / The Eagle and the Hawk ✱✱ ½
USA 1950 – 99 Min. – R: Lewis R. Foster. D: John Payne, Rhonda Fleming, Dennis O'Keefe, Thomas Gomez.
Western. 1863 wollen die Franzosen den Habsburger Maximilian als Kaiser von Mexiko etablieren, die USA fühlen ihre Interessen bedroht und schicken zwei Agenten; um geschichtlich authentischen Hintergrund bemühter spannender Spionagewestern.

Der Rebell von Palawan / Samar ✱✱
Panama 1962 – 86 Min. – R: George Montgomery. D: George Montgomery, Gilbert Roland, Ziva Rodann, Joan O'Brien.
Abenteuerfilm. Ein Verbannter und der Offizier einer Insel wollen das Tal des Goldes finden. Der spannend erzählte Film entwirft ein klatschbuntes, in Naturaufnahmen schwelgendes Panorama starker Helden und schöner Frauen und kritisiert in Genremanier den Größenwahn eines Gefängnisstaates.

Der Rebell von Tacca del Lupo / Il brigante di Tacca del Lupo ✱✱
I 1952 – 93 Min. sw. – R: Pietro Germi. D: Amadeo Nazzari, Cosetta Greco, Saro Urzi.
Abenteuerfilm. Nach dem Ende der Bourbonenherrschaft 1863 zieht der Hauptmann Giordani im Süden Italiens mit seiner abgewrackten Truppe gegen plündernde Räuberbanden zu Felde. Rebellenepos, spannend inszeniert.

Rebellion / H. M. S. Defiant ✱✱ ½
GB 1961 – 100 Min. – R: Lewis Gilbert. D: Alex Guinness, Dirk Bogarde, Anthony Quayle, Maurice Denham.
Abenteuerfilm. Die Fahrt eines britischen Schiffs im napoleonischen Krieg nach Korsika steuert auf eine Meuterei zu, die ein sadistischer Offizier auslöst; exzellent

besetztes und fotografiertes Seekriegsdrama, eindrucksvolles Historienspektakel.

Die Rebellion der Freibeuter / La rebelion de los Bucaneros ∗ ½
E 1978 – 95 Min. – R: José Louis Merino. D: Charles Quiney, Maria Pia Conté.
Historisches Abenteuer. Kolonialstory um eine englische Strafsiedlung, unter deren Bevölkerung die Franzosen einen Aufruhr anzetteln. Recht uninspirierter und handwerklich schlampiger, jedoch farbenreicher und mit Außenaufnahmen beeindruckender Film für langweilige Nachmittage.

Die Rechnung eiskalt serviert FLOP
BRD 1966 – 88 Min. sw. – R: Helmuth Ashley. D: George Nader, Heinz Weiss, Horst Tappert, Richard Münch.
Jerry-Cotton-Film. Der FBI-Agent wird verdächtigt, einen Millionenraub ermöglicht zu haben; nach Beurlaubung rauft und schießt er sich wieder ins Amt; einfallslos.

Die Rechnung ging nicht auf / Killing / The Killing ∗∗ ½
USA 1956 – 84. Min. sw. – R: Stanley Kubrick. D: Sterling Hayden, Coleen Gray, Vince Edwards, Ted deCorsia, Elisha Cook jr.
Krimi. Die objektive Wahrheit verschwindet hinter der subjektiven Darstellung eines Raubüberfalls aus Sicht diverser Beteiligter. Alle Einzelgeschichten fügen sich zu einem Mosaik menschlicher Schwächen, die in der Katastrophe enden. Pessimistisch-realistischer Film ohne Sentimentalitäten.

Die Rechnung ohne den Wirt / Im Netz der Leidenschaften / The Postman Always Rings Twice ∗∗ ½
USA 1947 – 109 Min. sw. – R: Tay Garnett. D: Lana Turner, John Garfield, Cecil Kellaway.
Psychokrimi. Ein Fremder kommt in das schäbige Rasthaus irgendwo an einer einsamen Landstraße. Als er die attraktive Frau des Chefs erblickt, springt der Funke über: Die Leidenschaft führt zum Mordkomplott. Spannender Nachtfilm der »Schwarzen Serie«; 1980 mit Jack Nicholson neu verfilmt (»Wenn der Postmann zweimal klingelt«); nach dem Krimi von James M. Cain.

Das Recht zu lieben / Le droit d'aimer ∗∗ ½
F 1972 – 98 Min. – R: Erich Lehung. D: Omar Sharif, Florinda Bolkan, Pierre Michael, Gilles Segal.
Zeitkritischer Film. Kritische, ernsthafte Liebesgeschichte um einen politischen Häftling und seine aufopfernde junge Frau, die eines Tages bis ins Gefängnis vordringt. Ruhiger, unspektakulärer, auch ergreifender Film.

Die rechte und die linke Hand des Teufels / Lo chiamavano trinità ∗∗ ½
I 1970 – 108 Min. Ⓥ marketing film. – R: E. B. Clucher. D: Terence Hill, Bud Spencer, Farley Granger, Steffen Zacharias, Dan Sturkie.
Spaghettiwestern. Zwei Brüder, der »Kleine« und der »müde Joe«, treffen sich im Staub einer Provinzstadt wieder und erkennen, daß sie nicht am gleichen Interessenstrang ziehen; doch das ändert sich, und der witzige, von den üblichen Prügeleinlagen aufgeladene Film verfolgt amüsant das ungleiche Brüderpaar bei seinen bizarren Auftritten in einer kaputten Westernwelt.

Red Headed Woman ∗∗ ½
USA 1932 – 74 Min. sw. OmU. – R: Jack Conway. D: Jean Harlow, Chester Morris, Una Merkel, Lewis Stone, Charles Boyer.
Liebesfilm. Jean Harlow als abenteuernde Lady inmitten des Goldrauschs, die nur die Liebe zu ihrem Boß im Auge hat. Der schönste der Harlow-Filme; nie war sie berückender.

Red River ∗∗∗
USA 1948 – 127 Min. sw. – R: Howard Hawks. D: John Wayne, Montgomery Clift, Joanne Dru, Walter Brennan, Coleen Gray.
Viehtreckwestern. 10000 Rinder auf dem Weg von Texas nach Missouri, ein staub- und schweißtreibendes Unternehmen, das physisch nachvollziehbar wird. Altmeister Hawks (»Tote schlafen fest«)

hatte Stars, Techniker und Inspiration für drei große Filme und schuf einen visuell bestechenden, konflikt- und actionreichen Meilenstein der Pferde- und Rinderoper, der alle Zutaten des Klassewesterns besitzt.

Red Sonja / Red Sonja ** ½
NL 1985 – 88 Min. Ⓥ VMP/Cannon/VMP. – R: Richard Fleischer. D: Brigitte Nielsen, Arnold Schwarzenegger, Sandahl Bergman, Paul Smith.
Fantasyfilm. In grauer Vorzeit wird Sonjas Familie von der Armee einer herrschsüchtigen Königin überfallen; nur Sonja überlebt und schwört Rache – vor allem den Männern; aber in Gestalt des geheimnisvollen Kriegers Kalidor tritt ihr einer gegenüber, den sie langsam akzeptiert; am Ende bleibt beiden die Aufgabe, die Welt vor dem sicheren Kollaps zu retten. Brigitte Nielsen in ihrer ersten Kinorolle und Muskelmann Schwarzenegger sind die attraktiven Stars eines romantischen und auch komödiantischen Märchens.

Der Regenmacher / The Rainmaker ***
USA 1956 – 122 Min. – R: Joseph Anthony. D: Burt Lancaster, Katharine Hepburn, Wendell Corey, Lloyd Bridges.
Romanze. Ein frohsinniger Gauner becirct zur Zeit einer großen Dürre eine puritanische Familie und kann sich zumindest bei den Kleinen noch als Regenbringer ins Gedächtnis eingraben; ein schöner Film mit Lancaster als liebenswertem Hallodri und Hepburn als betörter Jungfer; nach einem Stück von Richard Nash.

Regentropfen ***
BRD 1981 – 90 Min. sw. – R: Michael Hoffmann, Harry Raymon. D: Jack Geula, Elfriede Irrall, Walter Renneisen, Giovanni Früh.
Zeitkritischer Film. Sensibel beobachtete und stimmig dekorierte Geschichte um eine jüdische Familie im Hunsrück zu Beginn der NS-Zeit. Aus der Perspektive des Sohnes Bennie gewinnt der Schrekken einer entarteten Gesellschaft noch mehr Tiefe, Dichte und Schärfe. Ein wichtiger, bestürzender Film für die Gesellschaft von heute, die Zerstreuungen vorzieht.

Regina Amstetten FLOP
BRD 1953 – 95 Min. sw. – R: Kurt Neumann. D: Luise Ullrich, Carl Raddatz, Harry Meyen.
Gutsherrenmelodram. Schwülstige Erinnerungsballade um eine ostelbische Dame, die sich an glückliche Tage vor dem Gutsverlust erinnert. Aus der einseitigen Perspektive der Klassenherrschaft sentimental erzählt.

Regine **
BRD 1955 – 101 Min. – R: Harald Braun. D: Johanna Matz, Erik Schuman, Horst Buchholz, Viktor Staal, Käthe Dorsch, Rudolf Forster, Gustav Knuth.
Literaturverfilmung. Martin Lundt, der junge Eisenhüttenerbe, hat unstandesgemäß das Dienstmädchen Regine geheiratet, was unweigerlich Liebes- und Klassenkonflikte heraufbeschwört. Eifersucht, Verdacht der Untreue und mangelnde Contenance seiner Frau quälen den Gatten, während Regine Vertrauen und spontane Herzlichkeit in der Gutsherren- und Industriellen-Gesellschaft vermißt; mit Starbesetzung im Stil der 50er Jahre als Effi-Briest-Verschnitt nach einer Novelle von Gottfried Keller verfilmt.

Reich und berühmt / Rich and Famous ***
USA 1981 – 112 Min. – R: George Cukor. D: Jacqueline Bisset, Candice Bergen, David Selby, Hart Bochner, Steven Hill.
Melodram. Liz und Merry kennen sich seit dem College, Jahre später treffen sie sich wieder; Liz ist eine zergrübelte intellektuelle New Yorker Schriftstellerin geworden, Merry glücklich verheiratet an der Westküste mit Doug, der sofort mit Liz flirtet; Merry will auch den literarischen Erfolg und schafft es – mit Trivialromanen. Die Geschichte der stürmischen Freundschaft zweier Frauen, mit psychologischem Einfühlungsvermögen inszeniert.

Reich und gnadenlos / Notte d'estate con profilo greco ** ½
I 1986 – 94 Min. Ⓥ Highlight. – R: Lina

Wertmüller. D: Michele Placido, Mariangelo Melato, Massimo Wertmüller, Robert Herlitzka.
Komödie. Eine durch Umweltschutz reich gewordene Frau verwickelt einen sizilianischen Banditen auf eine Art in erotische Spiele, daß der Böse zum Opfer seiner eigenen Methoden wird; nicht recht eingängige Posse zum Thema Geschlechterkampf, dennoch mehr als Durchschnitt.

Reichtum ist Geschmackssache / Eat the Rich ** ½
GB 1988 – 92 Min. – R: Peter Richardson. D: Lanah Pellay, Nosker Powell, Jimmy Fagg, Sandra Dorne, Miranda Richardson.
Komödie. Vier mild spinnerte Revolutionäre erschießen mit der Robin-Hood-Waffe Pfeil und Bogen die Gäste des Nobelrestaurants »Bastards«, eröffnen ihren Freßtempel »Eat the Rich«, und in dem verschwinden Manager, Minister und andere Gewinnler des britischen Sozialkriegs der 80er Jahre; schwarze Komödie für Nervenstarke und rabiater satirischer Rundumschlag gegen den Thatcherismus.

Reichtum ist keine Schande / The Jerk **
USA 1979 – 94 Min. Ⓥ CIC. – R: Carl Reiner. D: Steve Martin, Bernadette Peters, Catlin Adams, Mable King, Richard Ward.
Komödie. Ein Gelegenheitsarbeiter wird durch eine Zufallserfindung reich, doch das Geld zerrinnt so schnell wie gewonnen; nur stellenweise witzige Satire auf Karrieren im Land der unbegrenzten Möglichkeiten, die nicht selten ins Geschmacklose gerät, wenn es um Hintergründe von sozialem Abstieg geht; Martin wurde durch diesen Film zum Komikstar.

Reifende Jugend * ½
D 1933 – 89 Min. sw. – R: Carl Froelich. D: Heinrich George, Hertha Thiele, Albert Lieven, Peter Voss, Paul Henckels.
Melodram. Drei Mädchen werden in der Oberprima in ein bisher nur Jungen zugängliches Gymnasium aufgenommen; das führt zu emotionalen Verwirrungen und Liebesleid, wenn eine Schülerin so blond und hübsch ist wie Hertha Thiele. Wegen seines Konfliktes zwischen Lehrern und Schülern, in dem die Autorität der Schulmeister siegt, wurde der Film damals als »staatspolitisch wertvoll« eingestuft.

Die Reifeprüfung / The Graduate ***
USA 1967 – 106 Min. – R: Mike Nichols. M: Simon und Garfunkel. D: Dustin Hoffman, Anne Bancroft, Katharine Ross, William Daniels.
Gesellschaftskritischer Film. Verführungsgeschichte um einen Examenskandidaten und eine reife Frau, die mit bissigen Seitenhieben gegen die prüde Moral brilliert. Simon und Garfunkel singen »Mrs. Robinson«, und Hoffman ist so gut wie nie.

Der Reigen / La ronde ***
F 1950 – 106 Min. sw. – R: Max Ophüls. D: Adolf Wohlbrück, Simone Signoret, Danielle Darrieux, Jean-Louis Barrault, Isa Miranda.
Literaturverfilmung. Schnitzlers Bühnenstück über die Liebe, über die Liebe zur Kunst und über die Liebe zur Kunst der Liebe in heiterer Koketterie dargeboten; Fin-de-siècle-Dekadenz perfekt in Sprache und Bildern.

Das Reis-Mädchen / La risaia **
I 1956 – 100 Min. Ⓥ Toppic. – R: Raffaello Matarazzo. D: Elsa Martinelli, Folco Lulli, Michel Auclair, Rik Battaglia.
Liebesmelodram. In der Saisonarbeiterinnenkolonne der Reismädchen arbeitet auch Elena, an die der Arbeitgeber, Gutsherr Pietro, Erinnerungen besonderer Art hat. Der schön fotografierte, dezent sozialkritische Film bringt neben Lokalkolorit die hübsche Elsa Martinelli vorteilhaft zur Geltung.

Die Reise ** ½
BRD 1986 – 109 Min. Ⓥ atlas film + av. – R: Markus Imhoof. D: Markus Boysen, Corinna Kirchhoff, Claude Oliver Rudolph, Alexander Mehner, Gero Preen, Christa Berndl, Will Quadflieg, Beate Jensen.
Gesellschaftskritischer Film. Bertram

Voss entführt Sohn Florian aus einem Terroristenversteck; die Rückreise in die BRD weckt seine Erinnerungen an die Jugend, den Nazi-Vater, die Studentenbewegung in Berlin. Der Film nach dem autobiographischen Roman von Bernward Vesper (einst Ehemann von Gudrun Ensslin) erzählt vom Anfang des Individualterrorismus in der BRD nach dem Ohnesorg-Mord am 2. Juni 1967, bietet auf Kinoeffekte zugespitzte Revolte und einen Blick in die Radikalenpsyche; er ebnet die Komplexität der Ereignisse ein, hat jedoch Sequenzen, die die Revolte als fremde, utopische Zeit gültig konservieren, und ein schönes Schlußbild als Symbol der Studentenbewegung.

Reise auf dem rosa Pferd / Ride the Pink Horse **

USA 1947 – 101 Min. sw. – R: Robert Montgomery. D: Robert Montgomery, Thomas Gomez, Rita Conde.

Kriegsheimkehrerfilm. Während der Fiesta kommt ein Kerl ohne Identität in ein mexikanisches Kaff, weil er eine Rechnung mit einem Gangster zu begleichen hat. Eine Indianerin liebt ihn, ohne auf Gegenliebe zu stoßen. Der fatalistische Film, in dem sich ein altmodisches Karussell als Bild für die sinnlosen Kreisläufe des Lebens dreht, endet konsequent in Gewalt und Tränen.

Reise in die Vergangenheit / Now, Voyager! ** ½

USA 1942 – 110 Min. sw. – R: Irving Rapper. D: Bette Davis, Claude Rains, Paul Henreid, Gladys Cooper.

Psychodrama. Bette Davis in einer ihrer großen Charakterstudien als psychotische Tochter einer tyrannischen Mutter, die ihr später zunehmend Rollen als Monsterweib einbrachten. In diesem dialogintensiven, aber filmisch nicht immer überzeugenden Streifen wird sie durch den Psychiater erlöst und rollt die falsche Familienharmonie auf.

Reise in die Zärtlichkeit / Le voyage en douce ** ½

F 1980 – 98 Min. – R: Michel Deville. D: Geraldine Chaplin, Dominique Sanda.

Moderner Liebesfilm. Erotische Reise in die Erinnerung und zärtliche Gegenwart zweier Frauen, die in der Provence mit Imagination und Aktivität ihre Liebessehnsüchte unterschiedlich erfahren. Eine bezaubernde Chaplin, deren faszinierendes Gesicht fast ihren makellosen Körper vergessen läßt, von einer zärtlichen Kamera in betörenden Farbaufnahmen des Romantikers Deville, der sich als realistischerer David Hamilton erweist, präsentiert.

Reise in Italien / Liebe ist stärker / Viaggo in Italia ** ½

I 1953 – 82 Min. – R: Roberto Rossellini. D: Ingrid Bergman, George Sanders, Natalia Rai, Paul Muller.

Melodram. In einem Haus in Venedig wird einem kinderlosen englischen Ehepaar die Entfremdung bewußt. Unspektakulär, mit dokumentarischer Strenge setzt Rossellini die Protagonisten ihrem Konflikt aus.

Reise mit Anita / Viaggio con Anita **

I/F 1978 – 110 Min. – R: Mario Monicelli. D: Goldie Hawn, Giancarlo Giannini, Claudine Auger, Aurore Clément.

Komödie. Einfallsreiche Geschichte eines gelangweilten Lebemanns, der jede Gelegenheit zu einem Seitensprung wahrnimmt; die Reise zum Sterbebett seines Vaters benutzt er zu einem erotischen Abenteuer. Zynisch, böse und amüsant zugleich.

Eine Reise mit der Liebe und dem Tod / A Walk With Love and Death ** ½

USA 1969 – 85 Min. – R: John Huston. D: Anjelica Huston, Assaf Dayan, Anthony Corlan, John Hallan, John Huston.

Historienfilm. Ein Studiosus und eine junge Adlige wandern durch das vom Hundertjährigen Krieg zerstörte Frankreich; opulentes Panorama der mittelalterlichen Welt des 14. Jahrhunderts voller Grausamkeit, gegen die sich eine junge Liebe zu behaupten versucht.

Reisen mit meiner Tante / Travels with My Aunt ** ½

USA 1972 – 105 Min. – R: George Cukor. D: Maggie Smith, Alec McCowen,

Louis Gossett jr., Robert Stephens, Cindy Williams.
Komödie. Die exzentrische Tante eines biederen Londoner Bankiers wird stückchenweise mit Lebenszeichen ihres gekidnappten Geliebten beliefert und zieht den Neffen in irrwitzige Geschäfte und Reisen; Adaption des Romans von Graham Greene voll bizarren, schwarzen Humors, frech und monoton überkandidelt, was dem Film nicht immer zugute kommt und den Schlußgag entwertet; opulente Dekors, Oscar für Anthony Powells extravagante (Star-)Garderobe.

Eine Reise nach Deutschland TV-Film
BRD 1987 – 85 Min. – R: Heidi Genée. B: Jochen Ziem. D: Hannes Jaenicke, Nora Barner, Leo Bardischewski, Heike Faber.
Der junge Schlosser Carl erhält auf einem westdeutschen Parkplatz eine Einladung von DDR-Rentner Paul, als er ihm bei einer Autopanne hilft. Als Carl an der Ostsee ankommt, trifft er Katja, Leutnant der Volksarmee: Zwei politische Welten prallen aufeinander in einer »grenzenlosen« Liebe.

Die Reise nach Marrakesch * ½
BRD 1949 – 94 Min. sw. – R: Richard Eichberg. D: Luise Ullrich, Maria Holst, Karl Ludwig Diehl, Michael Korrontay.
Sittenfilm. Zwei Damen der Pariser Gesellschaft kommen sich mit ihren Liebhabern in die Quere. Das führt zu mörderischen Verwicklungen, Liebesgram und Tod inbegriffen.

Die Reise nach Palermo / Il viaggio ** ½
I 1973 – 100 Min. – R: Vittorio De Sica. D: Sophia Loren, Richard Burton, Ian Bannen.
Zeitkritischer Film. Letzter, melancholischer Film des ehemaligen Neorealisten De Sica (»Das Wunder von Mailand«), nach einer Novelle von Pirandello (»Sechs Personen suchen einen Autor«): ein Abgesang auf das unnachahmlich schöne Italien und seine kleinen Leute.

Die Reise nach Tokio / Tokyo monogatari *** ½
J 1953 – 125 Min. sw. – R: Yasujiro Ozu. D: Chishu Ryu, Chiyeko Higashiyama, Kuniko Miyake, So Yamamura, Setsuko Hara.
Generationsfilm. Ein altes Ehepaar besucht seine Wirtschaftswunderkinder in Tokio; ein elegischer Film, der in erlesenen Bildern das Aufeinandertreffen von Noblesse des Alters und neuer Erfolgsmentalität kommentiert.

Die Reise nach Wien **
BRD 1973 – 90 Min. – R: Edgar Reitz. D: Elke Sommer, Hannelore Elsner, Mario Adorf, Nicolas Brieger.
Satire. Zwei abenteuerlustige Frauen finden 1943 eine Kiste Gold und reisen damit nach Wien; wieder zu Hause, planen sie eiskalt Rache an einem erpresserischen Ortsgruppenleiter; wenig überzeugende Realisierung der Möglichkeiten des Stoffes.

Reise ohne Wiederkehr / One Way Passage ** ½
USA 1932 – 69 Min. sw. – R: Tay Garnett. D: William Powell, Kay Francis, Frank McHugh, Aline MacMahon.
Melodram. Ein zum Tode Verurteilter und eine todkranke Frau verlieben sich auf einer Schiffspassage. Der nüchterne, humorvolle Film mit dem tragischen Schluß versteht es, Rührung in der Balance zu halten.

Die Reise zum Mittelpunkt der Erde / Journey to the Center of the Earth ** ½
USA 1959 – 80 Min. – R: Henry Levin. D: James Mason, Pat Boone, Arlene Dahl, Diane Baker.
Literaturverfilmung. Altmodisch-unterhaltsames Science-fiction-Kino, phantasievoll-verrückt, ganz im Sinne Jules Vernes. Der Film erhielt vier Oscar-Nominierungen.

Reiseabrechnung TV-Film
BRD 1980 – 60 Min. – R: Joachim Roering. D: Klaus Schwarzkopf, Walter Buschhoff, Joost Siedhoff, Gottfried John.
Die Kontrolle der Verwendung einer Spende für Afrika gerät zur Realsatire über Beamtenmentalität; entlarvend, aber ohne den letzten Biß.

Reisebekanntschaft ∗∗
A 1943 – 80 Min. sw. – Q: E. W. Emo. D: Hans Moser, Elfriede Datzig, Wolf Albach-Retty, Annie Rosar, Lotte Lang.
Komödie. Ein kauziger Privatdetektiv jagt seinem Lottogewinn hinterher, nachdem der Geldkoffer im Zug vertauscht wurde; turbulente Verwechslungen um den zerfahrenen Moser.

Reisender Krieger TV-Film
BRD 1981 – 165 Min. – R, B: Christian Schocker. D: Willy Ziegler.
Dem Schweizer Reisenden in Frisier- und Kosmetikbedarf Krieger gelingt es nicht, sich mit den Realitäten des Lebens auseinanderzusetzen; seine Reisen sind Selbstzweck und Flucht; ein Film, der die Doppeldeutigkeit des Titels präzis umsetzt.

Reiter des Schreckens / Il terrore dei mantelli Rossi ∗
I/F/E 1963 – 80 Min. – R: Mario Costa. D: Tony Russell, Scilla Gabel, Alf Marholm, Jacques Dacqmine, Carla Calo.
Abenteuerfilm. Buntes, aber wirres Abenteuerfilmchen um den verwegenen Schurken Mirko, der die schöne Christina zur Frau will und einem Herzog die Burg rettet. Viel Kostüm und Reiterei als Ersatz für Einfälle.

Ein reizender Fratz / Little Miss Marker ∗∗ ½
USA 1979 – 100 Min. – R: Walter Bernstein. D: Walter Matthau, Julie Andrews, Tony Curtis, Bob Newhart.
Komödie. Ein sechsjähriges Mädchen lebt als zurückgelassenes »Wettpfand« bei seinem mißmutigen Ersatzvater; eines Tages schafft dieser in rührend-komischer Weise neue Verhältnisse. Melancholischer Erstling des Drehbuchautors Walter Bernstein (»Der Strohmann«), hervorragende Darsteller.

Rekrut Willie Winkie / Wee Willie Winkie ∗∗
USA 1937 – 90 Min. sw. – R: John Ford. D: Shirley Temple, Victor McLaglen, Sir C. Aubrey Smith, June Lang.
Abenteuerfilm. Ein kleines Mädchen, mit seiner verwitweten Mutter zum Großvater, Kommandant eines britischen Regiments in Indien, übergesiedelt, vermittelt im Krieg mit indischen Aufständischen am Khyberpaß; naive Filmversion einer Kurzgeschichte von Rudyard Kipling; durch beachtliche Landschaftsfotografie nicht ohne Reiz.

Rekruten im Todesdschungel / The Virgin Soldier ∗ ½
GB 1969 – 96 Min. Ⓥ RCA Columbia. – R: John Dexter. D: Lynn Redgrave, Hywel Bennett, Nigel Davenport, Nigel Patrick, Tsai Chin.
Soldatenklamotte. Eine Majorstochter und ein Rekrut in Singapur schaffen es mit Mühe, sich ihrer Unberührtheit zu entledigen, allerdings mit jeweils anderen Partnern; bis es soweit ist, werden Altherrenzoten und Geschmacklosigkeiten als »britischer Humor« feilgeboten; weder so recht Militär- noch Sexklamotte; darstellerisch dürftig auch in den ernsteren Kriegspassagen, die gelegentlich in platten Rassismus umschlagen.

Rembetiko ∗∗ ½
GR 1983 – 105 Min. OmU. – R: Costas Ferris. D: Soriria Leonardou, Nikos Kalogeropoulos, Michalis Maniatis, Nikos Dimitratos, Giorgos Zorbas.
Folklorefilm. Fiktive Lebensgeschichte einer Rembetikosängerin, die nach großer Karriere wieder in die Heimat zurückkehrt; ein Film, in dem Geschichte und persönliches (Kunst-)Erleben eine Einheit werden; einfühlsam, wenn auch nicht ohne Pathos; Rembetikomusik von Stavros Xarchakos.

Rembrandt 7 antwortet nicht ∗ ½
BRD/I/E 1965 – 100 Min. – R: Carlo Romitelli. D: Lang Jeffries, Joachim Hansen, Christiane Maybach, Laura Valen.
Agentenfilm. Verwickelte Agentenstory in Südamerika um einen Strahlenwissenschaftler, der das Weltende erfindet. Blocksystemvorurteile inbegriffen, liefert der Film Genrespannung in Maßen.

Rendezvous der Killer / Pleins feux sur Stanislas ∗∗ ½
F 1965 – 90 Min. sw. – R: Jean-Charles Dudrumet. D: Nadja Tiller, Jean Marais, André Luguet.
Krimi. Geheimagent im Ruhestand auf

der Suche nach einem Kritiker seiner Memoiren erlebt eine mörderische Überraschung. Spritziger, humorvoller, mit Selbstironie nicht geizender, spannender Krimi.

Rendezvous in Wien ∗∗ ½
A 1936 – 88 Min. sw. – R: Viktor Janson. D: Adele Sandrock, Magda Schneider, Wolf Albach-Retty, Leo Slezak.
Musikkomödie. Eine Wiener Fremdenführerin lernt in einem Ausflugslokal einen jungen Komponisten kennen; das führt zu fröhlichen, turbulenten Verwicklungen; beherrschend Adele Sandrock als Hofrätin.

Rendezvous zum fröhlichen Tod / Au rendez-vous de la mort joyeuse ∗∗ ½
F/I 1972 – 80 Min. – R: Juan Buñuel. D: Françoise Fabian, Jean-Marc Bory, Michel Créton, Yasmine Dahm.
Psychothriller. Ein Paar bezieht eine schloßähnliche Residenz; rätselhafte Vorkommnisse verwirren fast alle Hausbewohner; spielerischer Film über die Provozierbarkeit des Normalen durch das Okkulte und Magische.

Das Rennen gegen die Sonne / Against a Crooked Sky ∗∗
USA 1976 – 84 Min. – R: Earl Bellamy. D: Jewel Blanch, Stewart Petersen, Richard Boone, Shannon Farnon, Clint Ritchie.
Western. Das Mädchen Charlotte wird von Indianern entführt. Jahrelang ist die Siedlerfamilie unterwegs, sie wiederzufinden – bis sie eines Tages herausfindet, daß Charlotte verheiratet ist. Altmodisch-nette Unterhaltung.

Reporter des Satans / The Big Carnival / Ace in the Hole ∗∗∗
USA 1951 – 100 Min. sw. – R: Billy Wilder. D: Kirk Douglas, Jan Sterling, Bob Arthur.
Reporterstory. Sensationsgeschichte aus dem Pressemilieu um einen zynischen Journalisten, der über Leichen geht, um seine Karriere neu in Gang zu bringen. Knallhart und authentisch vor Ort gedreht.

Der Rest ist Schweigen ∗∗∗
BRD 1959 – 120 Min. sw. – R: Helmut Käutner. D: Hardy Krüger, Peter van Eyck, Ingrid Andree, Adelheid Seeck, Rudolf Forster.
Generationsdrama. »Hamlet«-Version im Industriellenmilieu Nachkriegsdeutschlands; feinsinnige, differenziert fotografierte Literaturverfilmung; überdurchschnittliche Schauspieler, von Käutner einfühlsam geführt.

Der Retorten-Goliath / The Strongest Man in the World ∗∗
USA 1975 – 90 Min. – R: Vincent McEveety. D: Kurt Russell, Joe Flynn, Eve Arden, Cesar Romero.
Disney-Film. Studenten erfinden eine chemische Formel; das Resultat in Kombination mit dem Frühstück garantiert intellektuelle Superleistungen. Komische Special Effects.

Das Rettungsboot / Lifeboat ∗∗ ½
USA 1943 – 96 Min. sw. OmU. – R: Alfred Hitchcock. D: Tallulah Bankhead, William Bendix, Walter Slezak, Henry Hull, John Hodiak, Mary Anderson.
Kriegsfilm. Britische Passagiere eines im Zweiten Weltkrieg versenkten Frachters nehmen den deutschen U-Boot-Kapitän in ihr Rettungsboot auf; es entstehen gefährliche Konflikte; kammerspielartiger, dramatischer Film um Fragen von Menschlichkeit und Toleranz in Extremsituationen, überzeugend gespielt, auch wenn propagandistische Kompromisse die Wirkung mindern; nach einer Vorlage von John Steinbeck.

Die Reue / Pokajanije ∗∗∗ ½
UdSSR 1984 – 146 Min. – R: Tengis Abuladse. D: Awtandil Macharadse, Ija Ninidse, Merab Ninidse, Sejnab Botswadse, Ketewan Abuladse.
Zeitkritischer Film. Als die Tochter des Malers Barateli vom Tod des »angesehenen« Bürgermeisters Warlam erfährt, gräbt sie die Leiche wieder aus. Wie viele andere wurden auch ihre Eltern Opfer des verbrecherischen Diktators: Er soll nun auch im Tod keine Ruhe finden. Neben die Figur des absoluten Tyrannen, der seine Opfer mit sadistischem Vergnügen quälte, treten der Sohn und Enkel

des Diktators, der Züge von Hitler, Stalin und Mussolini trägt. Schillernd bösartige Satire auf den »Personenkult« in der Sowjetunion. Spezialpreis in Cannes 1987.

Die Revolte der Sieben / Gli invincibili sette *

I/E 1963 – 90 Min. – R: Alberto de Martino. D: Tony Russell, Helga Liné, Gérard Tichy, Massimo Serato.

Historienfilm. Im Sparta des 4. Jahrhunderts v. Chr. begehren einige Rebellen gegen einen Tyrannen auf; pseudohistorisch, für Freunde des Genres.

Revolte hinter Gittern / Stir ***

AUS 1980 – 96 Min. – R: Steven Wallace. D: Bryan Brown, Max Phipps, Dennis Miller, Phil Motherwell, Michael Gow, Edward Robshaw, Paul Sonkkila.

Gefängnisfilm. Weitgehend authentische Rekonstruktion einer Häftlingsrevolte, die schockierend die Verzweiflung mißhandelter Gefangener und die Brutalität staatlicher Repression darstellt; Drehbuchautor Bob Jewson verarbeitet eigene Erlebnisse, die von hervorragenden Darstellern eindrucksvoll vermittelt werden.

Revolte in der Unterwelt / The Outfit **

USA 1973 – 95 Min. – R: John Flynn. D: Robert Duvall, Karen Black, Joe Don Baker.

Gangsterdrama. Gewalttätiges Drama um einen Exhäftling, der sich mit den Bossen eines Syndikats anlegt. Routiniert, mit Effekthascherei, aber straff inszeniert.

Revolverhelden von Wyoming / Guns of Wyoming *

USA 1962 – 88 Min. – R: Tay Garnett. D: Robert Taylor, Robert Loggia, Joan Caulfield.

Western. Ein Großrancher terrorisiert mit einer Killerbande seine friedlichen Nachbarn; altes Garn phantasielos neu gestrickt.

Revolverlady / Frenchie FLOP

USA 1950 – 75 Min. – R: Louis King. D: Shelley Winters, Joel McCrea, Paul Kelly, Elsa Lanchester.

Westernparodie. Auf der Suche nach den Mördern ihres Vaters kommt eine Frau in eine Stadt und eröffnet einen Tingeltangel; das mißfällt dem Sheriff; eine Serie von Schießereien kostet die Mörder das Leben; eine uninspirierte Version von »Der große Bluff«, bei der der weibliche Star unbegreiflicherweise am Leben bleibt.

Rhapsodie in Blue / Rhapsodie in Blue **

USA 1945 – 139 Min. sw. – R: Irving Rapper. D: Robert Alda, Joan Leslie, Alexis Smith, Oscar Levant, Albert Bassermann.

Musikbiographie. Leben des nordamerikanischen Komponisten Gershwin in den zwanziger und dreißiger Jahren. Musikalisch beeindruckend (komplette Titelmusik!), inszenatorisch solide, zeitgeschichtlich flach.

Rheingold ** ½

BRD 1977 – 90 Min. – R: Niklaus Schilling. D: Elke Haltaufderheide, Gunther Malzacher, Rüdiger Kirschstein.

Melodram. Eine kritische Bestandsaufnahme moderner Beziehungslosigkeit: Der Karrierediplomat versucht, seine Frau im »TEE Rheingold« zu erstechen, als er entdeckt, daß sie ein Verhältnis mit einem Jugendfreund unterhält. Pralles Kino.

Rheinsberg **

BRD 1967 – 90 Min. – R: Kurt Hoffmann. D: Cornelia Froboess, Christian Wolff, Werner Hinz, Ruth Stephan, Agnes Windeck, Monika Peitsch.

Liebeskomödie. Verfilmung der von Tucholsky als »Bilderbuch für Verliebte« untertitelten Erzählung vom Paar, aus dessen Verliebtheit auf Schloß Rheinsberg Liebe wird; erreicht nicht ganz den heiteren Charme der Vorlage.

Rhythmus hinter Gittern / Jailhouse Rock ***

USA 1957 – 95 Min. sw. – R: Richard Thorpe. D: Elvis Presley, Judy Tyler, Vaughn Taylor, Dean Jones, Mickey Shaughnessy.

Elvis-Presley-Film. Der Rock'n'Roll-Knaller, der den Elvis-Mythos anheizte, Elvis' bester, eine musikgesättigte Filmflamme um Sex, Rhythmus und den

Schrei der rebellischen Jugend der fünfziger Jahre.

Rhythmus im Blut / ∗∗ ½
There's no Business Like Showbusiness
USA 1954 – 105 Min. – R: Walter Lang. M: Irving Berlin. D: Ethel Merman, Marilyn Monroe, Mitzi Gaynor, Donald O'Connor.
Revuefilm. Spritziger Revuefilm um die Showtruppe »Five Donahues«, in deren Show- und Privatleben die temperamentvolle Monroe wie ein Orkan einbricht. Berlins Musik unwiderstehlich.

Rhythmus, Leidenschaft und Liebe
siehe: Der Mann ihrer Träume

Richard III. / Richard III. ∗∗∗
GB 1956 – 140 Min. – R: Laurence Olivier. D: Laurence Olivier, Cedrick Hardwicke, Ralph Richardson, Claire Bloom, Pamela Brown.
Shakespeare-Verfilmung. Überzeugende Adaption des Königsdramas vom machtbesessenen, buckligen Königsmörder; exzellente, wenn auch etwas theatralische Inszenierung, große Schauspielerleistungen.

Richard und Cosima: ∗∗ ½
»Ich liebe dich – ich lobe dich – ich lebe dich«
BRD 1986 – 114 Min. – R: Peter Patzak. D: Otto Sander, Tatja Seibt, Peter Matić, Anton Diffring, Fabienne Babe.
Die Tochter von Franz Liszt, Cosima, verläßt ihren Mann, den Dirigenten Hans v. Bülow, um für immer mit ihrem geliebten Genius Richard Wagner zu leben; Leidenschaften, Skandale, Eifersüchteleien: Pompöses Gemälde des deutschen Größenwahns mit üppigen Dekorationen, aber ohne zeitkritischen Hintergrund.

Richard Wagner ∗∗ ½
D 1913 – 83 Min. sw. Stf. – R: Carl Froelich. D: Giuseppe Becce, Olga Engl, Manny Ziener, Miriam Horwitz, Ernst Reicher.
Musikerfilm. Stummfilmbiographie Wagners, aus Anlaß seines 100. Geburtstages gedreht; der damalige Modekomponist Becce (der wegen hoher Tantiemen für Originale eine eigene wagnernahe Musik komponierte) spielt Wagner facettenreich in einem erstaunlich untheatralischen Film; die 1983 fürs Fernsehen bearbeitete Fassung ist dezent mit Originalmusik für ein kinogerecht kleines Orchester unterlegt.

Der Richter bin ich / ∗∗
I, the Jury
USA 1953 – 88 Min. sw. – R: Harry Essex. D: Biff Elliot, Preston Foster, Peggie Castle, Alan Reed.
Krimi. Der brutalisierte Privatschnüffler Mike Hammer rächt den gewaltsamen Tod seines Freundes. Während er im Showdown die nackte Frau umarmt und ihr in den Bauch schießt, kommt sein Sadismus auf den Punkt. Ein Film der zynischen Art über Zynismus.

Der Richter, den sie Sheriff nannten / Le juge Fayard, dit le Sheriff ∗∗∗
F 1978 – 110 Min. – R, B: Yves Boisset. D: Patrick Dewaëre, Aurore Clément, Philippe Léotard.
Politthriller. Ein Untersuchungsrichter in St. Etienne wird am 3. Juli 1975 vor seiner Wohnung mit vier Schüssen ermordet. Er ermittelte in einem Fall, in den hohe Funktionäre aus Wirtschaft und Politik verwickelt waren. Seine Mörder sind bekannt, werden aber nicht verhaftet. Ein authentischer Fall, beklemmend inszeniert.

Der Richter und sein Henker ∗∗
BRD/I 1975 – 88 Min. – R: Maximilian Schell. D: Jon Voight, Jacqueline Bisset, Martin Ritt, Robert Shaw, Lil Dagover, Helmut Qualtinger.
Literaturverfilmung. Vom Regisseur und vom Autor des Romans Friedrich Dürrenmatt (auch in einer Chargenrolle zu sehen) verfaßte Adaption der Geschichte um perfektes Verbrechen, Recht und Gerechtigkeit; im Vergleich zur Vorlage blutleer.

Der Richter von Colorado / ∗∗ ½
The Man from Colorado
USA 1948 – 97 Min. – R: Henry Levin. D: Glenn Ford, William Holden, Ellen Drew, Ray Collins.
Western. Gegen Ende des Bürgerkriegs

macht sich ein Offizier des Mordes an einem Kriegsgefangenen schuldig, danach avanciert er zum Richter. Ein Freund, der sich nach weiteren Ungerechtigkeiten gegen ihn stellt, wird gejagt. Das Ende mit Schrecken ist vorgezeichnet in einem beunruhigend böse gespielten Western mit »Film noir«-Touch.

Das Riesenrad ∗∗

BRD 1961 – 105 Min. sw. – R: Géza von Rádványi. D: Maria Schell, O. W. Fischer, Rudolf Forster, Adrienne Gessner.

Liebesfilm. Im Rahmen einer Familienchronik wird die schicksalhafte Beziehung zweier Liebender erzählt; bewährte Starbesetzung.

Riff TV-Film

BRD 1986 – 60 Min. – R, B: Rolf S. Wolkenstein. D: Ed Cantu, Elektra De Salvo, Christoph Salengro, Oliver Schund.

Kaleidoskopischer Videofilm über das Stadtleben; komplex und experimentell.

Rififi / Du Rififi chez les hommes ∗∗∗ ½

F 1954 – 110 Min. sw. – R: Jules Dassin. D: Jean Servais, Carl Möhner, Robert Manuel, Robert Hossein, Jules Dassin, Marcel Lupovici.

Krimi. Der große Juwelenbruch als filmischer Parforceakt, unvergleichlich spannend auch für den, der den Ausgang kennt. Eindringlich, originell, die berühmte Einbruchszene, die in der Realität zu Nachahmungen anregte, ein Geniestreich von Dassin (»Die nackte Stadt«).

Rififi am Karfreitag / The Long Good Friday ∗∗∗

GB 1980 – 114 Min. – R: John Mackenzie. D: Bob Hoskins, Helen Mirren, Eddie Constantine, Dave King.

Krimi. Gangsterrivalitäten in London; Gangs und Individuen, Machos und scharfe Bienen, die Psychologie des Verbrechens; alles das liefert der beeindrukkende Film in einem einzigen Entwurf, mit glänzenden Schauspielern und atmosphärisch dichter Großstadtzeichnung.

Riffpiraten / Jamaica Inn ∗∗ ½

GB 1939 – 93 Min. sw. – R: Alfred Hitchcock. D: Charles Laughton, Maureen O'Hara, Robert Newton, Leslie Banks.

Abenteuerkrimi. Eine Waise bemerkt rasch, daß das einsame Gasthaus an der Küste, in dem sie Aufnahme fand, Hauptquartier des Anführers von Strandräubern ist, die Schiffe in Riffs locken. Hitchcocks letzter englischer Film vor der Hollywoodkarriere spielt in einem Kulissen-England, dem man mühelos die Vorliebe des Spannungsmeisters für irreale Stimmungen und unwirkliche Schauplätze ansieht. Die Handlung des ironisch gebrochenen Piratenstücks schwankt zwischen Krimi, Melodram und Kostümschinken; schwarzweiße Bilder in raffinierter Ausleuchtung, jedoch eher schleppendes Kammerspiel als rasanter Krimi; nach Daphne du Maurier.

Rigolboche ∗∗ ½

F 1936 – 89 Min. sw. OmU. – R: Christian-Jaque. D: Mistinguett, André Lefaur, Jules Berry.

Dramolett. Alle Damen, die jungen wie die reiferen, sind eifersüchtig auf Lina, die die Männer wie durch einen geheimen Zauber in ihren Bann zieht. Der einzige Film mit der legendären Chansonette und Varietékünstlerin Mistinguett. Sehr amüsant.

Der Rikschamann / My Kung-Fu 12 Kicks ∗∗ ½

Hongkong 1979 – 83 Min. Ⓥ Ufa. – R: Tu Lu Po. D: Liang Hsiao, Ku Feng, Han Kuo Tsai.

Actionfilm. Ein Kung-Fu-Meister, als Rikschamann verkleidet, bringt einem Nachwuchskämpfer Supertricks der Kampftechnik bei; weniger brutale als parodistische Variante des Genres mit einigen netten Einfällen.

Ring frei für Stoker Thompson / The Set-Up ∗∗ ½

USA 1949 – 72 Min. sw. – R: Robert Wise. D: Robert Ryan, Audrey Totter, George Tobias, Alan Baxter, Wallace Ford.

Boxmilieufilm. Authentische Ringatmosphäre um Ryan als alternden Boxchamp, der noch einmal einen wichtigen Kampf gewinnen will – aber die Wetten sind gegen ihn arrangiert. Als er dennoch siegt, nehmen die Wettbetrüger Rache. Knallharte und illusionslose Studie eines ausweglosen Sportlerschicksals im Sumpf des nordamerikanischen Boxgeschäfts.

Ringo
siehe: Höllenfahrt nach Santa Fe

Ringo, such dir einen Platz zum Sterben / Ioe, cercati un posto per morire *
I 1968 – 95 Min. – R: Anthony Ascott (Giuliano Carmineo). D: Jeffrey Hunter, Pascale Petit, Piero Lulli.
Italowestern. Schlachtfestwestern um eine Goldader in einem verlassenen Bergwerk und zwei rivalisierender Interessentengruppen. Spannend, trivial; statt Psychologie Kugelhagel.

Rio Bravo / Rio Bravo *** ½
USA 1959 – 136 Min. – R: Howard Hawks. D: John Wayne, Dean Martin, Ricky Nelson, Angie Dickinson.
Western. Im Kampf gegen die Übermacht der Killer hat Sheriff Chance wenig aufzubieten: den Trinker Dude, den jungen Colorado und den kauzigen Alten Stumpy. Außerdem ist da noch eine verführerische Frau mit Vergangenheit. Howard Hawks' klassischer Western, in feinen Braun- und Grüntönen fotografiert, ist spannend inszeniert und handelt von Bewährung, Liebe und der Freiheit der Entscheidung (Songs Nelson & Martin).

Rio das Mortes ** ½
BRD 1970 – R: Rainer Werner Fassbinder. D: Hanna Schygulla, Michael König, Günther Kaufmann, Katrin Schaake.
Gesellschaftskritischer Film. Zwei Lehrlinge wollen aussteigen und als Schatzsucher nach Peru emigrieren; ihr Traum, eine Utopie der Achtundsechziger, wird jäh zerstört; Produktion des Münchner »antitheaters«, von dessen Stil geprägt.

Rio Grande / Rio Grande **
USA 1950 – 98 Min. sw. – R: John Ford. D: John Wayne, Maureen O'Hara, Claude Jarman jr., Ben Johnson.
Western. Der dritte von Fords Kavalleriewestern stellt einen Vater-Sohn-Konflikt in den Mittelpunkt. Indianerkämpfe, Mutproben und die Frage des Gemeinschaftsgeistes bestimmen die Story, deren Spannung begrenzt ist.

Rio Lobo / Rio Lobo ** ½
USA 1970 – 109 Min. – R: Howard Hawks. D: John Wayne, Jennifer O'Neal, Jack Elam, Chris Mitchum.
Spätwestern. Im Bürgerkrieg wird ein Goldtransport der Unionstruppen überfallen, wobei ein Eisenbahnzug spektakulär in die Brüche geht. Nach Kriegsende trifft sich der Offizier mit dem Gegner von einst und will herausfinden, wer den Verrat damals begangen hat. Der letzte Western von Howard Hawks, resignativ, ohne den Glanz seiner früheren Arbeiten.

Riskanter Zeitvertreib / Les distractions ** ½
F 1960 – 105 Min. sw. – R: Jacques Dupont. D: Jean-Paul Belmondo, Sylva Koscina, Alexandra Stewart, Claude Brasseur.
Kriminalfilm. Ein Reporter richtet durch Egozentrik zwei Menschen, die ihm nahestehen, zugrunde; etwas zu glatt geratene Auseinandersetzung mit Problemen leichtfertigen Lebens und Kommunikationsschwäche; schwaches Produkt der »Neuen Welle«.

Der Riß / La rupture *** ½
F/I/B 1970 – 120 Min. – R: Claude Chabrol. D: Stéphane Audran, Jean-Pierre Cassel, Michel Bouquet, Marguerite Cassan, Claude Drouot.
Psychokrimi. Nach dem Scheitern ihrer Ehe mit einem drogenabhängigen Millionärssohn setzt der Schwiegervater einen heruntergekommenen Detektiv auf die Frau an; sie besteht als reine Unschuld alle Anfechtungen einer verlogenen Gesellschaft; abgründig und bizarr, mit einem furiosen (LSD-)Finale.

Ein Riß in der Welt / Crack in the World **
USA 1964 – 90 Min. – R: Andrew V. Marton. D: Dana Andrews, Janette Scott, Kieron Moore.
Science-fiction-Film. Die Phantasie wird vielleicht schon morgen von der Wirklichkeit überholt: Ein mißlungener Atomversuch führt zu einem Erdriß, der den Globus zu spalten droht. Routiniert gehandhabter Schrecken.

Rita Ritter ** ½
BRD 1983 – 93 Min. – R: Herbert Achternbusch. D: Annamirl Bierbichler, Christiane Cohendy, Armin Mueller-Stahl, Barbara Valentin, Eva Mattes.
Tragikomödie. Der aus Liebeskummer zur Frau gewordene erfolglose Drehbuchautor Rita Ritter heiratet, auf der Suche nach seiner gleichnamigen Geliebten, eine Fernsehredakteurin; valentineske Bewältigung einer individuellen und politisch-kulturellen Krise; beachtlich Bierbichler und Valentin.

Ritt im Wirbelwind / Ride in the Whirlwind ** ½
USA 1966 – 78 Min. – R: Monte Hellman. D: Cameron Mitchell, Jack Nicholson, Tom Filer, Millie Perkins, George Mitchell, Katherine Squire, Harry Dean Stanton.
Spätwestern. Drei Cowboys, fälschlich unter dem Verdacht des Postkutschenüberfalls, und eine lynchlustige Bürgerwehr auf ihren Fersen und denen des Schuldigen; packender, durchstilisierter Verfolgungswestern, sensibel fotografiert und gespielt trotz manchen Blutvergießens.

Ritt mit dem Teufel / Ride Clear of Diablo **
USA 1954 – 95 Min. – R: Jesse Hibbs. D: Audie Murphy, Dan Duryea, Susan Cabot, Abbe Lane.
B-Western. Der Killer mit dem Kindergesicht: Murphy als Rächer von Vater und Bruder in einem temporeichen, die Genregesetze klug nutzenden Verfolgungswestern, der die Fans ansprechend bedient.

Der Ritt zurück / The Ride Back **
USA 1957 – 80 Min. – R: Allen H. Miner. D: Anthony Quinn, William Conrad, George Trevino, Lita Milan.
Western. Ein Sheriff bringt einen Doppelmörder aus Mexiko zurück in die Staaten; allmählich ändert sich seine Einschätzung der Tatmotive; atmosphärisch dichter B-Western mit Quinn in einer subtilen Psychostudie.

Ritter der Prärie / The Bounty Hunter * ½
USA 1954 – 79 Min. – R: André De Toth. D: Randolph Scott, Dolores Dorn, Marie Windsor, Howard Petrie.
Western. Der einsame Reiter Randolph Scott ist diesmal ein Kopfgeldjäger, der einen Eisenbahnüberfall aufklärt und die Hintermänner, feine Bürger des Städtchens, demaskiert. Übliches Genregehabe.

Die Ritter der Tafelrunde / Knights of the Round Table ** ½
USA 1953 – 115 Min. – R: Richard Thorpe. D: Robert Taylor, Ava Gardner, Mel Ferrer.
Sagenfilm. Historiengemälde von Rittertugenden und -lieben am Hof König Arthurs; handlungsarmer Film mit großen Showeffekten; erster MGM-Breitwandfilm, in England gedreht.

Rittmeister Wronski **
BRD 1954 – 98 Min. sw. – R: Ulrich Erfurth. D: Willy Birgel, Elisabeth Flickenschildt, Antje Weisgerber, Irene von Meyendorff, Rudolf Forster.
Spionagefilm. Willy Birgel als polnischer Agent und Edelmann verführt die Damen im Reichsministerium in Berlin und stellt sich damit selbst eine Falle. Spionagedrama mit doppeltem Boden, nach einem historischen Fall.

Rivalen der Manege * ½
BRD 1958 – 92 Min. – R: Harald Philipp. D: Claus Holm, Germaine Damar, Elma Karlowa.
Zirkusfilm. Die Trapeznummer von Marianne und Bimbo ist die Sensation im Zirkus; zur Katastrophe kommt es, als das Mädchen eines Tages abstürzt und Bimbo wegen fahrlässiger Tötung angeklagt wird. Klischeehaft.

Rivalen um die Macht / A Fever in the Blood **
USA 1961 – 117 Min. sw. – R: Vincent Sherman. D: Efrem Zimbalist jr., Angie Dickinson, Jack Kelly, Don Ameche.
Kriminalfilm. Ein Mordprozeß bringt die Kandidatur eines Bewerbers um einen Gouverneursposten ins Wanken; ein bissiger, aggressiver Film über die Verquikkung von Justiz und Politik in den USA.

Rivalen und Verräter / Das letzte Fort / Fort Worth **
USA 1951 – 80 Min. – R: Edwin L.

Marin. D: Randolph Scott, David Brian, Phyllis Thaxter, Helena Carter.
Western. Ein Ex-Revolverheld wird Journalist, stellt aber fest, daß die Idee, den Colt mit dem Schreibgerät zu vertauschen, illusorische Seiten hat; solider B-Western.

Roadie / Roadie ** ½
USA 1979 – 106 Min. – R: Alan Rudolph. D: Meatloaf, Kaki Hunter, Art Carney, Gailard Sartain.
Aussteigerfilm. Als dem Trucker Travis das Groupie Lola begegnet, wechselt er vom Biertransporter auf den Musikexpreß. Am Ende will Travis nur noch eine Busfahrkarte nach Hause. Aber auch Lola ist ausgebrannt, und beide versuchen einen gemeinsamen Neuanfang in einem fetzigen, von Rockmusik unterlegten, sinnenfrohen Road Movie.

Robert Koch, der Bekämpfer des Todes ** ½
D 1939 – 115 Min. sw. – R: Hans Steinhoff. D: Emil Jannings, Werner Krauß, Viktoria von Ballasko, Hilde Körber.
Arztfilm. Biographie des Landarztes Koch, der als Entdecker des Tuberkuloseerregers Weltruhm erlangte; aufwendig und nicht ohne politische Absicht gedreht, doch immer noch eindrucksvoll.

Robert und Bertram *
BRD 1961 – 85 Min. ⓥUfa. – R: Hans Deppe. D: Willy Millowitsch, Vico Torriani, Trude Herr, Hubert von Meyerinck.
Folkloreklamotte. Zwei heitere Zeitgenossen bewerben sich als Stiefeltester und marschieren gleich los. Auf ihrer Wanderschaft durch die deutschen Auen – da, wo diese am schönsten sind – erleben die ungleichen Gesellen biedere Abenteuer und Situationen von matter Pikanterie. Unbedarftes Sommertheater.

Robin Crusoe, der Amazonenhäuptling / Lt. Robin Crusoe, USN FLOP
USA 1966 – 110 Min. – R: Byron Paul. D: Dick Van Dyke, Nancy Kwan, Akim Tamiroff, Tyler McVey.
Abenteuerfilm. Leutnant Robin Crusoe, US-Marineflieger, rettet sich nach einem Absturz auf eine Südseeinsel, trifft eine verstoßene Eingeborene, »Mittwoch«, und wird unversehens zum Amazonenhäuptling; schwacher, parodistisch gemeinter Klamauk aus den Disney-Studios; absolut niveaulos, peinlich rassistisch und chauvinistisch.

Robin Hood / Robin Hood ** ½
USA 1973 – 82 Min. ⓥ EuroVideo / Walt Disney. – R: Wolfgang Reitherman. D: Trickfiguren.
Zeichentrickfilm. Der Held, der von den Reichen nahm und es den Armen gab, diesmal als Fuchs aus Disneyland; sein Gefolgsmann Little John tritt uns als Bär gegenüber, die schöne Marian ebenfalls als Füchsin, natürlich aus adligem Haus; und der Gegner des fuchsigen Robin ist der tyrannische Prinz John, ein Löwe. Disneys 21. abendfüllender Spielfilm: ein Riesenspaß für jung und alt, mit Witz und Tempo und erträglichen Gewaltakten der gezeichneten Antipoden.

Robin Hood, der Freiheitsheld / A Challenge for Robin Hood * ½
GB 1967 – 95 Min. – R: Cecil Pennington-Richards. D: Barrie Ingham, James Hayter, Leon Greene, Gay Hamilton.
Robin-Hood-Film. Variante des bekannten halbmythologischen Themas; ohne viel Neues; einfallslos und mit einigen derben Späßen.

Robin Hood in der Stadt des Todes / L'invincibile cavaliere mascherato * ½
I/F 1962 – 93 Min. – R: Umberto Lenzi. D: Pierre Brice, Helene Chanel, Daniele Vargas, Massimo Serato.
Abenteuerfilm. Ein geheimnisvoller, maskierter Kavalier bekämpft einen tyrannischen spanischen Granden, der Bauern schindet; mäßiges Mantel- und Degen-Spektakel; der Unbekannte, der Züge von Zorro hat, heißt nur in der unsäglichen deutschen Synchronisation Robin Hood.

Robin Hood, Rebell des Königs / The Story of Robin Hood ** ½
GB 1952 – 80 Min. – R: Ken Annakin. D: Richard Todd, Peter Finch, Joan Rice, James Hayter.
Abenteuerfilm. Die an historischen Tatsa-

chen angelehnte Story vom Jungen, der seinen ermordeten Vater im Kampf gegen die Obrigkeit rächt; die Farben des humorvollen und spannenden Lichtspiels sprechen ihre eigene Sprache, bemerkenswert die Genauigkeit von Kostümen und Kulissen.

Robin Hood und die Piraten / Robin Hood e i pirati * ½
I 1960 – 82 Min. – R: Giorgio Simonelli. D: Lex Barker, Jackie Lane, Rossana Rory, Mario Scaccia.
Abenteuerfilm. Robin Hood kämpft gegen einen tyrannischen Bösewicht; der italienisierte Held der Armen agiert gemächlich und nimmt dem Land- und Seeabenteuer viel Spannung.

Robinson Crusoe und der Tiger / Robinson Crusoe ** ½
MEX 1969 – 91 Min. – R: René Cardona jr. D: Hugo Stiglitz, Ahui.
Abenteuerfilm. Der auf einer einsamen Insel Gestrandete erlebt die Geheimnisse der exotischen Tierwelt: Krokodile, Klapperschlangen und Haie verfolgen den Helden, der sich jedoch die Zeit damit vertreibt, einen Tiger zu zähmen; nette Unterhaltung.

Robinson soll nicht sterben ** ½
BRD 1956 – 100 Min. – R: Josef von Baky. D: Romy Schneider, Horst Buchholz, Erich Ponto, Magda Schneider.
Jugendfilm. Die Tochter der Witwe, bei der der völlig verarmte Daniel Defoe lebt, und einige Kinder sind entschlossen, dessen einzigen Schatz, das von seinem Sohn entwendete »Robinson«-Manuskript, wiederzubeschaffen; ein sympathisches kleines Melodram ohne Tränendrüsentechnik.

Robinsonade... oder: Mein englischer Großvater / Robinsonada anu tschemi ingliseli papa ** ½
UdSSR 1986 – 68 Min. OmU. – R: Nana Dschordsadse. D: Ninel Tschankwetadse, T. Lolaschwili, Guram Pirchalawa.
Melodram. Ein Familienstück aus Georgien über Tradition und Sozialismus: Der britische Ingenieur Hughes baut ein Telegraphennetz in der Sowjetrepublik auf und verliebt sich in das Mädchen Anna; das gefällt ihrer Familie gar nicht; 1987 auf dem Festival in Cannes als bester Debütfilm ausgezeichnet.

Robinsons tollste Abenteuer / Il racconto della giungla *
I 1973 – 88 Min. – R: Gibba.
Zeichentrickfilm. Trickversion der Defoe-Geschichte; einige originelle Einfälle, sonst eher Routine.

Rocco, der Einzelgänger von Alamo / Pistole nella polvere / Ballata per un pistolero *
BRD/I 1966 – 93 Min. – R: Alfio Caltabiano. D: Anthony Ghidra, Angelo Infanti, Al Norton.
Western. Rocco jagt mit einem Kopfgeldjäger den Mörder seines Vaters – ein Italo wie viele andere, unterdurchschnittlich.

Rockers / Rockers ***
Jamaika 1978 – 100 Min. – R: Theodoros Bafaloukos. D: Leroy Wallace, Richard Hall, Monica Craig, Marjorie Norman.
Reggaefilm. Komödiantisches Funk- und Rastafari-Drama mit bemerkenswertem Soundtrack; ein Reggaemusiker will das Establishment der Showbürokratie aufbrechen; nicht nur für Fans.

Rocking Silver ** ½
DK 1983 – 90 Min. OmU. – R, B: Erik Clausen. D: Leif Sylvester Petersen, Erik Clausen, Bjørn Uglebjerg.
Rock'n'Roll-Film. Nach 25 Jahren sucht ein Dockarbeiter und Exmusiker die alten Kumpels der Band »Rocking Silver« von 1950, um Vergangenheit und Zukunft abzuschätzen; ein vitaler Film über die Mechanismen des Älterwerdens.

Rock 'n' Roll High School / Rock 'n' Roll High School ** ½
USA 1979 – 90 Min. – R: Allan Arkush. D: P. J. Soles, Dey Young, Vincent Van Patten, Mary Woronov, The Ramones.
Musikfilm. An einer High School in L. A. ist Rock die einzige Leistung, die die Schüler bringen, eine Leistung aus der Steckdose. Als die Schulleitung tyrannisch durchgreift, geht die Schule aus dem Leim, die Musik jedoch hält ihre Form. Die actiongeladene Komödie mit der Dauermusik der Ramones und einigen Oldies fetzt, wirft jedoch nur be-

grenzt ein Schlaglicht auf den US-Erziehungsnotstand.

Rocks Off – The Rolling Stones US-Tour '81 / Rocks Off – The Greatest Tour in Rock 'n' Roll History / Rocks Off / Time is on Your Side / Let's Spend the Night Together ** ½
USA 1981 – 89 Min. – R: Hal Ashby. D: Mick Jagger, Keith Richard, Ron Wood, Bill Wyman, Charlie Watts.
Musikfilm. Aufwendige, allzu geradlinige Dokumentation einer legendären Rocktournee, u. a. eines Konzerts in Phoenix/Arizona, spannungslos und ohne Pep heruntergekurbelt; für Fans ein Muß, für Nichtfans der Beweis, daß Narziß Jagger ein beachtlich durchtrainierter Akrobat ist.

Rocky / Rocky ** ½
USA 1976 – 115 Min. Ⓥ Warner Home. – R: John G. Avildsen. D: Sylvester Stallone, Talia Shire, Burt Young, Carl Weathers, Burgess Meredith.
Sportlerdrama. Mit kleinem Etat gedrehte Boxerstory, die zu einem der erfolgreichsten Filme aller Zeiten wurde. Erzählt wird die Geschichte von Rocky, einem »italienischen Hengst« aus den Slums von Philadelphia, der sich seine Wut aus dem Leib prügelt. Geschickte Mischung aus Action, Realismus und Romantik über den alten amerikanischen Traum, daß einer, der nichts ist, was werden kann. Sylvester Stallone (Idee, Drehbuch, Hauptrolle) startete mit Rocky seine Weltkarriere.

Rocky II / Rocky II **
USA 1979 – 115 Min. Ⓥ Warner Home. – R: Sylvester Stallone. D: Sylvester Stallone, Talia Shire, Burt Young, Carl Weathers, Burgess Meredith.
Boxsportfilm. Dieser Aufguß des ersten Rocky-Spektakels sieht den fäusteschwingenden Helden im Licht seines Erfolges, bis er sich erneut reaktiviert, weil die Kasse leer ist. Wieder tolle Kampfszenen mit einem sehr engagierten Stallone, der Rest ist Aufsteigergeschwätz, filmisch passabel, ideologisch anspruchslos.

Die Rocky Horror Picture Show / The Rocky Horror Picture Show *** ½
USA 1974 – 105 Min. – R: Jim Sharman. D: Tim Curry, Susan Sarandon, Barry Bostwick, Richard O'Brian.
Kultfilm. Ein junges Paar verirrt sich in einer Regennacht auf ein mysteriöses Schloß – und gerät mitten in den Spuk des »Transsylvanischen Jahreskongresses«. Herrscher in diesem bizarren Reich der Sinne ist der Korsettfetischist Frank N. Furter; Kino als Gesamtkunstwerk aus Show, Musik, Travestie, Horror, Tanz und Maskerade. Der Film lief jahrelang in Szenekinos – das Publikum, geschminkt und mit Wunderkerzen ausgestattet, feierte ihn als Happening.

Rollenspiele / Répérages **
CH/F 1977 – 100 Min. – R: Michel Soutter. D: Jean-Louis Trintignant, Delphine Seyrig, Lea Massari, Valérie Mairesse.
Moderner Liebesfilm. Ein alternder Regisseur lockt seine Exfrau unter dem Vorwand einer Filmproduktion in einen Kurort, ein Versuch, seine eigene Krise zu bewältigen; präzis ins Bild gesetztes, vom Regisseur autobiographisch gefärbtes, langatmiges Beziehungsdrama.

Der Rollstuhl / El cochecito ** ½
E 1960 – 85 Min. sw. – R: Marco Ferreri. D: José Isbert, Pedro Porcel, Lepe.
Groteske. Ein schrulliger Alter vergiftet seine hartherzigen Angehörigen, um zu einem Rollstuhl zu kommen; Komödie voll triefend schwarzem Humor, harte Gesellschaftssatire.

Rom, offene Stadt / Roma, città aperta ****
I 1945 – 104 Min. sw. – R: Roberto Rossellini. D: Anna Magnani, Aldo Fabrizi, Marcello Pagliero, Maria Michi.
Zeitkritischer Film. Authentischer Spielfilm im halbdokumentarischen Stil um einen Widerstandsführer gegen die Nazis, der von der Gestapo gejagt und, nach einem Verrat, ermordet wird. Intensive Inszenierung vor Ort, in den Trümmern Roms, kurz nach Abrücken der deutschen Besatzer; ein realistischer, engagierter Ausnahmefilm.

Roma
siehe: Fellinis Roma

Die Romantic Sisters TV-Film
BRD – 75 Min. – R: Klaus Ickert. D:

Roland Renner, Susanne Meierhofer, Karl Lieffen, Vera Tschechowa.
Literarische Filmerzählung nach Motiven von Ludwig Tiecks »Der blonde Eckbert«. Frühromantisch-unheimliche Geschwisterliebe, ins Zirkusmilieu verlegt.

Die romantische Engländerin / The Romantic Englishwoman ✻✻✻ ½
GB 1975 – 109 Min. – R: Joseph Losey. D: Michael Caine, Glenda Jackson, Helmut Berger, Nathalie Delon, Michel Lonsdale.
Tragikomödie. Eine frustrierte Ehefrau verliebt sich in einen Gigolo, ihr zynischer Schriftstellergatte fördert die Beziehung; ein ebenso bitterer wie gelassen heiterer Film über die Gefährdung menschlicher Gefühle und das Benutzen von Emotionen zu egoistischen Zwekken; exzellent besetzt.

Romanze in Moll ✻✻ ½
D 1943 – 94 Min. sw. Ⓥ Toppic. – R: Helmut Käutner. D: Marianne Hoppe, Paul Dahlke, Ferdinand Marian, Siegfried Breuer, Elisabeth Flickenschildt.
Melodram. Als Gattin des spießigen Bankbuchhalters Dahlke wählt Marianne Hoppe den Schöngeist Marian zum Liebhaber und anschließend den Freitod. Düster-melancholisches Melodram um Treue, Ehre und verlorenes Liebesglück.

Romanze in Venedig ✻
A 1962 – 95 Min. – R: Eduard von Borsody. D: Ann Smyrner, Walther Reyer, Willy Birgel, Annie Rosar.
Liebesschnulze. Erst kurz vor der Hochzeit erkennt eine junge Frau den wahren Charakter ihres Verlobten; sie reist nach Venedig und verliebt sich dort in einen verheirateten Pianisten. Die anspruchslose Edelschnulze plätschert wie eine filmische Gondelfahrt dahin.

Die Romanze von Charles und Diana
siehe: The Royal Romance of Charles and Diana

Romeo und Julia / Giulietta e Romeo ✻✻✻
I/GB 1977 – 129 Min. – R: Franco Zeffirelli. D: Olivia Hussey, Leonard Whiting, Milo O'Shea, Michael York, John McEnery.
Literaturverfilmung. Gelungene Umsetzung des Shakespeare-Stoffes von Theaterwirkungen weg zu filmischer Dramaturgie und Choreographie. Vor authentischer Veroneser Kulisse entfaltet Zeffirelli das turbulente, melodramatische Liebesglück und -leid des Traumpaares der Literaturgeschichte als großes Spielfilmereignis à la Hollywood.

Romeo und Julia auf dem Dorfe ✻✻✻
CH 1941 – 94 Min. sw. – R: Valérien Schmidely. D: Erwin Kohlund, Margit Winter, Johanna Steiner, Emil Gyr.
Literaturverfilmung. An Shakespeares Liebesdrama orientierter Film nach Gottfried Kellers Novelle vom bäuerlichen Paar, das den Freitod wählt, weil seiner Verbindung keine Zukunft gewiß ist. Poetisch, melancholisch und visuell überragend als Schweizer Ausnahmefilm inszeniert.

Der römische Frühling der Mrs. Stone / The Roman Spring of Mrs. Stone ✻✻✻
GB/USA 1961 – 104 Min. – R: José Quintero. D: Vivian Leigh, Warren Beatty, Lotte Lenya, Jill St. John.
Literaturverfilmung. Adaption von Tennessee Williams' Erzählung von der Amerikanerin, die in Rom ihre Midlifecrisis mittels Gigolo bewältigen will; Leigh überzeugt, wird aber von Lenya in einer Yankee-Lady-Rolle übertroffen.

Rommel ruft Kairo ✻ ½
BRD 1958 – 102 Min. sw. – R: Wolfgang Schleif. D: Adrian Hoven, Elisabeth Müller, Peter van Eyck, Herbert Tieck.
Kriegsfilm. Zwei deutsche Spione haben den Auftrag, in Kairo die Aufmarschpläne der Engländer auszukundschaften. Eine attraktive Dame spielt ihnen in diesem Kolportagestreifen die Bälle zu.

Ronja – Die Räubertochter / Ronja Rövardotter ✻✻✻
S/N 1984 – 129 Min. – R: Tage Danielsson. D: Hanna Zetterberg, Dan Hafström, Börje Ahlstedt, Lena Nyman, Per Oscarsson.
Literaturverfilmung. Die einem Märchen entsprungene wilde Räuberliebe zwischen Ronja und Birk, den Sprößlingen

zweier verfeindeter Sippen, ist eine neue Romeo-und-Julia-Romanze; witzig, romantisch, frech gespielt, mit prachtvollen Naturaufnahmen; nach Astrid Lindgren.

Die Roppenheimer Sau TV-Film
BRD 1983 – 90 Min. – R: Eberhard Itzenplitz. D: Werner Moser, Horst Bergmann, Peter Brombacher, Helmut Zierl.
Deutsche und Franzosen jagen ein die Rheingrenze frech überschreitendes Wildschwein. Schwerfällige Zeitkomödie um eine wahre Begebenheit zu Beginn des Zweiten Weltkriegs.

Rosa Luxemburg ***
BRD 1985 – 118 Min. – R, B: Margarethe von Trotta. D: Barbara Sukowa, Daniel Olbrychski, Otto Sander, Adelheid Arndt, Jürgen Holtz, Doris Schade.
Revolutionsfilm. Die »rote Rosa« liebt, hinkt, spricht polnisch (ohne Untertitel) und stellt sich als sinnlich-pralle Persönlichkeit dar, eine Frau, die für Frieden und Sozialismus kämpft, für ihre humanen Ideen lebt und stirbt. Der Film erzählt nicht nur die Lebensgeschichte einer leidenschaftlichen Frau, er läßt außerdem in vehementen Bildern ein tragisch-trauriges Kapitel deutscher Geschichte wiederauferstehen; Barbara Sukowa erhielt für die Rolle den Bundesfilmpreis und die »Goldene Palme« in Cannes.

Rosa und Lin TV-Film
BRD – 95 Min. – R: Klaus Emmerich. D: Horst Siede, Carin Braun, Veronica Elsen, Christian Fredrichs, Otto Kurth.
Kleine, alltägliche Horrorgeschichte um zwei von ihrer Umwelt vernachlässigte Kinder, die eines Tages ausflippen und mit unheilvoller Gegenwehr reagieren. Emmerichs Debütfilm.

Der rosarote Panther / The Pink Panther ***
USA 1963 – 110 Min. – R: Blake Edwards. D: Peter Sellers, David Niven, Claudia Cardinale, Capucine.
Krimigroteske. In Cortina trifft der Polizeispürhund auf die schöne Prinzessin und den Diamantendieb. Der erste der fünf »Panther-Filme« mit einem spielfreudigen Peter Sellers, der Karikatur eines Detektivs: Sein Inspektor Clouseau geht allen auf die Nerven, er ist ein Elefant im Porzellanladen, stiftet Chaos und Verwirrung und löst den Fall am Ende doch.

Der rosarote Panther kehrt zurück / The Return of the Pink Panther ** ½
GB 1974 – 108 Min. – R: Blake Edwards. D: Peter Sellers, Christopher Plummer, Herbert Lom, Catherina von Schell, Burt Kwouk.
Krimigroteske. Auf der Suche nach dem gestohlenen Superdiamanten stolpert Inspektor Clouseau über Drähte, wird von Glühbirnen verhext und von seinen Gegnern genarrt. Aber sein Instinkt bleibt hellwach. Grellbunte Mischung aus Slapstick, Klamauk und Unsinn.

Der rosarote Panther wird gejagt / Trail of the Pink Panther ** ½
GB 1982 – 95 Min. – R: Blake Edwards. D: Peter Sellers, David Niven, Herbert Lom.
Krimigroteske. Originelles Requiem für einen Star: Nach dem Tod von Peter Sellers setzt Regisseur Blake Edwards seinen kuriosen Inspektor Clouseau noch einmal zusammen – als Puzzlespiel aus Filmresten.

Rosarote Träume / Pink Nights **
USA 1985 – 80 Min. – R: Philip Koch. D: Shaun Allen, Kevin Anderson, Peri Kaczmarek, Larry King, Jessica Vitkus.
Teeniekomödie. Der Einfall ist witzig: Danny ist schüchtern und hat zuerst keine Freundin; dann wird er wegen einer Wette von einem Teenager angemacht, und plötzlich wendet sich das Blatt. Seine Mutter verreist für einige Zeit, und in Dannys Bude hausen gleich drei Mädchen, die sich gegenseitig Konkurrenz machen; im zweiten Teil des Films fällt die Spannung ab, der Gag verbraucht sich schnell.

The Rose / The Rose ** ½
USA 1979 – 134 Min. – R: Mark Rydell. D: Bette Midler, Alan Bates, Frederic Forrest, Harry Dean Stanton.
Rocktragödie. Filmversion der Janis-Joplin-Biographie von der Rocksängerin, die ein bitterböses Bild der Härte des Showbusiness zeichnet; überzeugende

Stars, eindrucksvolle Fotografie von Vilmos Zsigmond.

Rose Bernd ** ½

BRD 1956 – 95 Min. – R: Wolfgang Staudte. D: Maria Schell, Raf Vallone, Käthe Gold, Hannes Messemer.

Melodram. Eine aus Schlesien nach Westen verschlagene Gutsmagd leidet unter der patriarchalisch-strengen Aufsicht ihres Vaters und zweifelhaften Männern. Gutbesetztes, naturalistisches Filmdrama nach Gerhart Hauptmann, vom sozialkritischen Meisterregisseur Staudte (»Der Untertan«) milieusicher und tragisch dosiert.

Die Rose von Cimarron / *

Rose of Cimarron

USA 1952 – 70 Min. – R: Harry Keller. D: Mala Powers, Jack Buetel, Bill Williams, Jim Davis.

Western. Ein Waisenkind wächst bei Komantchen zur Titelfigur heran; nach dem Tod der Pflegeeltern durch weiße Mörder kommt es zu einem Rachefeldzug; dürftig.

Die Rosel vom Schwarzwald **

BRD 1956 – 86 Min. sw. – R: Rudolf Schündler. D: Herta Staal, Helmuth Schneider, Susi Nicoletti, Willy Reichert.

Heimatfilm. Eine junge Frau und ein lebenslustiger Sägewerksbesitzer finden erst nach Umwegen zusammen; altbekannte Gags routiniert verpackt.

Rosemaries Baby / *** ½

Rosemary's Baby

USA 1968 – 131 Min. – R: Roman Polanski. D: Mia Farrow, John Cassavetes, Ruth Gordon, Sidney Blackmer, Ralph Bellamy, Maurice Evans.

Horrorfilm. Ein junges Ehepaar bezieht eine seltsame Wohnung und bekommt Nachbarn von schrulliger Aufdringlichkeit; die Frau beginnt um ihr Baby zu bangen; Film des Grauens im Traumwandlerischen und Magischen, der in eine Welt der alltäglichen Halluzination versetzt.

Rosemaries Tochter * ½

BRD 1976 – 76 Min. – R: Rolf Thiele. D: Lilian Müller, Bela Erny, Werner Pochath, Horst Frank, Hanne Wieder.

Zeitkritischer Film. Die Tochter des legendären Callgirls Rosemarie Nitribitt sucht deren Mörder im ehemaligen Kundenkreis aus Geld- und Politadel; dürftige Satire, der der direkte, aktuelle Zeitbezug verlorengegangen ist.

Rosen für den Staatsanwalt ** ½

BRD 1959 – 85 Min. sw. – R: Wolfgang Staudte. D: Martin Held, Walter Giller, Ingrid van Bergen.

Gesellschaftskritische Satire. Nach dem Krieg trifft der Gefreite Kleinschmidt den Gerichtsrat wieder, der ihn 14 Jahre zuvor wegen einer Tafel Schokolade zum Tod verurteilte. Mit dem Konflikt der beiden Männer entfaltet Staudte (»Der Untertan«) ein bitterböses, jedoch sehr unterhaltsames Panorama des »restaurierten« Nachkriegsdeutschlands.

Rosen im Herbst *

BRD 1955 – 125 Min. – R: Rudolf Jugert. D: Ruth Leuwerik, Bernhard Wicki, Carl Raddatz, Paul Hartmann, Lil Dagover.

Literaturverfilmung. Adaption von Theodor Fontanes Roman »Effi Briest« um eine Frau, die der Kälte und Karrieresucht ihres Mannes zum Opfer fällt; wegen der Besetzung unverständlich uninspirierter Film, der die feinen Töne Fontanes niederwalzt.

Rosen in Tirol **

D 1940 – 102 Min. sw. – R: Géza von Bolvary. D: Marte Harell, Johannes Heesters, Hans Holt, Hans Moser, Theo Lingen.

Operettenfilm. Der leicht vertrottelte Kleinstaatfürst sorgt durch seine unbekümmerte Art des Umgangs für Aufregung und Eifersucht zwischen dem jungen Vogelhändler und seiner schmucken Braut; solide inszeniert nach der Operette »Der Vogelhändler« von Carl Zeller.

Rosen-Resli * ½

BRD 1954 – 80 Min. sw. – R: Harald Reinl. D: Christine Kaufmann, Josefin Kipper, Otto Gebühr, Paul Klinger, Arno Assmann.

Heimatfilm. Film über ein zauberhaftes Waisenkind, das rührend für seine alte Pflegemutter sorgt und Vati und Mutti sucht. Nach der Novelle von Johanna Spyri.

Die Rosen von Danzig ***

I 1979 – 90 Min. – R: Alberto Bevilaqua. D: Franco Nero, Helmut Berger, Roberto Posse.

Politdrama. Zwei grundverschiedene Männer begegnen sich 1919 in einem historischen Augenblick. General von Berg, der sich weigert, Freikorps gegen die »Linken« zu führen, und Baron von Lehner, Vertreter des dekadenten Adels. Pathetischer Bilderbogen mit eingeschobenen Dokumentaraufnahmen, der die Umverteilung von Macht und Besitz dokumentiert.

Rosina TV-Film

BRD 1980 – 89 Min. – R: Heide Pils. D: Christine Marthan, Rudolf Buczolich, Julia Gschnitzer, Helga Illich.

Nach einem selbstverschuldeten Unfall betrachtet eine junge Frau Stationen ihres Lebens: Schreibkraft, Prokuristin, Geliebte des Chefs; sie beschließt einen neuen Anfang; subtile, einfühlsame Frauenstudie.

Rosinenbomber TV-Film

BRD – 105 Min. sw. – R: Eberhard Itzenplitz. B: Will Tremper. D: Carl Raddatz, Rüdiger Kirschstein, Max Wigger, Rolf Zacher, Ernst Stankovski.

Kaleidoskop von Einzelschicksalen aus der Zeit, als die Luftbrücke West-Berlin am Leben erhielt. In Rückblenden wird das chaotische Nachkriegsleben von 1948 aufgerollt und sein Personal skizziert; im dokumentarischen Stil gedrehter, zeitkritischer Film.

Rosy und der Herr aus Bonn

siehe: Bleib sauber, Liebling

Rot ist die Liebe * ½

BRD 1967 – 90 Min. – R: Karl Hartl. D: Dieter Borsche, Cornell Borchers, Barbara Rütting.

Liebesschmonzette. Zu seinem vierzigsten Geburtstag zieht sich der Heimatdichter Hermann Löns in die Heide zurück, wo er eine frühere Geliebte wiedersieht. Mit biographischen Tatsachen unbekümmert verfahrender Liebesfilm mit geschönten Heimateffekten.

Rot und Schwarz / ***
Le rouge et le noir

F/I 1954 – 130 Min. – R: Claude Autant-Lara. D: Gérard Philipe, Danielle Darrieux, Jean Martinelli, Antonella Lualdi, Antoine Balpêtre.

Zeitbild. Ein begabter, ehrgeiziger junger Mann will zunächst als Kleriker den Aufstieg schaffen, entscheidet sich aber doch für das Weltliche. Plakatives Sittengemälde des nachnapoleonischen Adels und Großbürgertums nach dem Roman von Stendhal; eine gewisse Nähe zum Hollywood-Ausstattungsfilm bringt Philipe um einen Teil seines Charmes.

Der rote Engel / Scarlet Angel **

USA 1952 – 78 Min. – R: Sidney Salkow. D: Yvonne De Carlo, Rock Hudson, Richard Denning, Whitfield Connor, Bodil Miller, Amanda Blake.

Komödie. Ein Kapitän rettet ein Tanzgirl à la Southern Belle im New Orleans von 1860 vor dem Sheriff; sie macht als Hochstaplerin Karriere, doch dann taucht ihr Retter wieder auf; verwicklungsreiche, kleine Komödie mit einem unbekümmerten Hudson in seiner ersten (Parade-)Rolle.

Die rote Herberge / **
L'auberge rouge

F 1951 – 100 Min. sw. – R: Claude Autant-Lara. D: Fernandel, Françoise Rosay, Julien Carette.

Komödie. Winter 1833: Eine Kutsche mit einer übermüdeten Reisegesellschaft bleibt im Schnee stecken, die Reisenden suchen in einer Herberge Unterschlupf. Niemand ahnt, welche Gefahren dort lauern. Der Film breitet das Folgende als Kammerspiel genüßlich, mit der enervierenden Komik Fernandels garniert, aus.

Der rote Korsar / ***
The Crimson Pirate

USA 1952 – 101 Min. – R: Robert Siodmak. D: Burt Lancaster, Nick Cravat, Eva Bartok, Christopher Lee.

Piratenabenteuer. Der gefürchtete und beliebte Pirat Vallo unterstützt, gemeinsam mit seinem taubstummen Freund Ojo, im 18. Jahrhundert Rebellen gegen die spanische Krone. Nach akrobatischen, trickreichen und abenteuerlichen

Gefechten gewinnt er die schöne Consuela. Siodmak (»Die Wendeltreppe«) inszenierte den trivialen Plot mit glänzenden Darstellern auf der Insel Ischia als letzten und schönsten Klassiker des Genres.

Der rote Kreis **

BRD 1959 – 90 Min. sw. – R: Jürgen Roland. D: Karl-Gerog Saebisch, Klausjürgen Wussow, Renate Ewert, Thomas Alder, Alfred Schlageter, Erica Beer, Eddi Arent, Fritz Rasp, E. F. Fürbringer.

Edgar-Wallace-Film. Scotland Yard auf der Suche nach dem mörderischen »roten Kreis«, dem Rächer mit der roten Henkersschlingenspur um den Hals; routiniert und dank Rasp und Fürbringer überdurchschnittlich.

Rote Linie 7000 / Red Line 7000 ***

USA 1965 – 110 Min. – R: Howard Hawks. D: James Caan, Laura Devon, Gail Hire, Charlene Holt, John Robert Crawford.

Rennfahrerfilm. Rennpistenknaller mit heißen Reifen und heißen Mädchen, von Altmeister Hawks (»Rio Bravo«) auf Hochtouren zu einem As des Auspuffkinos getrimmt. Für Fans dröhnender Road Movies.

Rote Lippen – blaue Bohnen / Vous pigez **

F/I 1955 – 90 Min. sw. – R: Pierre Chevalier. D: Eddie Constantine, Maria Frau, Yorik Royan.

Starfilm. Ein typischer Eddie-Meisterdetektivfilm: mit Fliege, finsterem Grinsen und lockeren Fäusten erledigt er die Ganoven, dann küßt er das Mädchen. Die Story ist verworren.

Die rote Lola / Stage Fright ** ½

USA 1950 – 103 Min. sw. – R: Alfred Hitchcock. D: Marlene Dietrich, Jane Wyman, Michael Wilding, Richard Todd.

Krimi. Mysteriöses Geschehen um einen Mord, in den ein Revuestar (Marlene Dietrich, die »The Laziest Gal in Town« singt) verwickelt ist, der die Schuld jedoch raffiniert auf einen jungen Schwarmgeist abwälzt. Der Zuschauer weiß, wie fast immer bei »Hitch«, mehr als die Polizei, ist aber über spannende Umwege bei der Ermittlung entzückt; nicht Hitchcocks bester Krimi, er setzt jedoch gekonnt auf die Aura seiner Hauptdarstellerin und läßt Wilding unverschämt als Cary-Grant-Verschnitt agieren.

Der rote Monarch / Red Monarch * ½

GB 1983 – 100 Min. – R: Jack Gold. D: Colin Blakely, David Suchet, Carroll Baker, Ian Hogg, Nigel Stock, David Threlfall, David Kelly.

Schwarze Komödie. Niemand ist sicher vor den Launen des Sowjet-Diktators Stalin, Exekutionen sind an der Tagesordnung; selbst Geheimdienstchef Berija hat Angst. Regisseur Jack Gold läßt in seiner makabren Groteske über das kommunistische Rußland die Puppen tanzen, die Stalin an der Strippe hält; clevere Anekdoten beweisen den instinktiven Witz des Regisseurs, aber das Großprojekt scheitert dennoch an der historischen Vielschichtigkeit.

Der rote Pullover / Le pull-over rouge ** ½

F 1979 – 120 Min. – R: Michel Drach. D: Serge Avedikian, Michelle Marquais, Claire Deluca, Roland Bertin, Roland Blanche.

Justizfilm. 1976 wird ein junger Franzose wegen eines Sexualdelikts hingerichtet, obwohl er ein erpreßtes Geständnis widerrufen hatte; eindrucksvolle Anklage gegen Polizeimethoden und den Opportunismus von (Justiz-)Politikern; halbdokumentarische Rekonstruktion eines authentischen Falles, in Frankreich vieldiskutiert und umstritten.

Der rote Schatten / Circus of Horrors ** ½

GB 1960 – 81 Min. – R: Sidney Hayers. D: Anton Diffring, Erica Remberg, Yvonne Monlaur, Donald Pleasence.

Horrorfilm. Ein Gesichtschirurg muß untertauchen, taucht aber, als Zirkusdirektor getarnt, wieder auf; bald interessiert sich die Polizei für ihn; technisch beachtlicher, greller Gruselschocker.

Die rote Schlinge / The Big Steal ***

USA 1949 – 71 Min. sw. – R: Don Siegel. D: Robert Mitchum, Jane Greer, William Bendix, Patric Knowles, Ramon Novarro.
Kriminalfilm. Ein Buchhalter gerät in den Verdacht, ein Geldräuber zu sein; da er sich zwischen allen Stühlen nicht wohl fühlt, wagt er mit seiner Freundin eine haarsträubende Flucht mit witzigen Einfällen in Serie; spannende und spritzig erzählte Krimistory.

Die rote Schwadron / The Canadians *
USA 1961 – 83 Min. – R: Burt Kennedy. D: John Dehner, Robert Ryan, Torin Thatcher.
Western. Sechstausend Sioux sind nach Kanada geflohen und finden dort Asyl; nicht unsympathisch, aber recht wirr inszeniert.

Das rote Signal / Il ferroviere ** ½
I 1956 – 109 Min. sw. – R: Pietro Germi. D: Pietro Germi, Luisa Della Noce, Eduardo Nevola, Sylva Koscina.
Melodram. Ein Lokomotivführer hat wegen Trunkenheit ein Signal übersehen; obwohl er kein Unglück verursachte, nimmt man ihm seinen Schnellzug weg; die Demütigung, im Rangierdienst zu versauern, wirft ihn aus der Bahn; eindrucksvolle Darstellung eines Abstiegs; in der Tradition des Neorealismus.

Die rote Tapferkeitsmedaille / The Red Badge of Courage ***
USA 1951 – 66 Min. sw. – R: John Huston. D: Audie Murphy, Bill Mauldin, Douglas Dick, John Dierkes.
Kriegsfilm. Im amerikanischen Bürgerkrieg wird ein »Yankee«-Regiment in den Kampf gegen die Südstaatenrebellen geschickt, einer der Soldaten zweifelt am Sinn des Ganzen und flieht von der Front. Stephen Cranes Bürgerkriegsepos, als realistisches Drama von John Huston (»Der Schatz der Sierra Madre«) unspektakulär verfilmt, fand 1974 eine TV-Fortsetzung in den USA; Murphy, der höchstdekorierte US-Soldat des Zweiten Weltkriegs, in einer ungewöhnlichen Rolle.

Die roten Schuhe / The Red Shoes ***
GB 1948 – 128 Min. – R: Michael Powell, Emeric Pressburger. D: Moira Shearer, Adolf Wohlbrück, Marius Goring, Leonide Massine, Ludmilla Tcherina, Robert Helpman, Albert Bassermann.
Ballettfilm. Im Konflikt zwischen Liebe und Karriere, Kunst und Leben kann sich die junge Tänzerin nicht entscheiden. Das Ballett nach einem Märchen von Hans Christian Andersen spiegelt das Thema auf einer anderen Ebene noch einmal. In einer Symbiose aus Bewegung, Farben, Jazzmusik, Tanz und Traum gelingt es auf phantasievolle Weise, Ballett in Filmsprache zu übersetzen. Überragende Ausstattung von Hein Heckroth; Kultfilm für Ballettfreunde.

Roter Mohn **
A 1956 – 93 Min. Ⓥ Taurus. – R: Franz Antel. D: Rudolf Prack, Ida Wüst, Hans Moser, Carola Höhn, Gundula Korte, Laya Raki, Rolf Olsen, Oskar Sima.
Komödie. Ein cleverer, etwas penetranter Geschäftemacher will ein Traditionstheater in eine Amüsierkneipe verwandeln, hat aber nicht mit dem einfallsreichen Widerstand der Schauspieler gerechnet; das Großaufgebot an Herzeleid, Verwechslungs- und Situationskomik erweist sich als spaßfeindliche Überregie, und auch die Musik (u. a. von Michael Jary) rettet nicht viel.

Roter Staub / The Brave One **
USA 1956 – 93 Min. – R: Irving Rapper. D: Michel Ray, Rodolfo Hoyos, Fermin Rivera, Elsa Cardenas.
Jugendfilm. Die Geschichte einer Freundschaft zwischen dem kleinen Bauernjungen Leonardo und dem Stier »Gitano«; als der Bulle verkauft wird und in der Arena von Mexiko-City dem Torero gegenübersteht, versucht der Kleine alles, das Tier zu retten. Sentimentales Märchen; Drehbuch von Dalton Trumbo, mit einem »Oscar« ausgezeichnet.

Roter Vogel TV-Film
BRD – 60 Min. – R: Dagmar Damek. B: Dagmar Damek, nach Joyce Carol Oa-

tes. D: Birgit Doll, Michael König, Christoph Waltz.
Bei einer Geiselnahme im Flugzeug fällt eine Stewardeß in die Hände des Täters; ein Scharfschütze erschießt ihn, die Frau kommt mit einem Schock davon; danach nähert sich der Todesschütze, der Täter und Opfer gleichermaßen im Visier hatte, auf quälende Weise der Stewardeß, ein Liebesverhältnis beginnt; das literarisch originelle Thema setzt der leise Film intensiv um.

Der rothaarige Teo / Teo el Pelirrojo ∗∗
E 1985 – 93 Min. – R: Paco Lucio. D: Alvaro de Luna, Juan Diego Botto, Ovidi Montilor, Maria Luisa San José.
Generationsfilm. Der junge Santiago freundet sich mit dem Knecht seines sterbenden Großvaters an, obwohl er ein Ausgestoßener ist; Schritt für Schritt erlebt er den Untergang des Knechts, bis hin zu dessen Selbstmord. Ein visuell schöner Erstling, in seiner kargen Bild- und Farbsprache dem Land um Burgos entsprechend, in dem er spielt; ein jedoch so ähnlich (z. B. von Saura, dessen Schüler Lucio ist) oft gesehener Generationsfilm, die Kinder als Helden feiernd, die Alten als korrumpierte Zombies denunzierend. Einige eindrucksvolle Landschaftstableaus, spärliche jugendfrische Einfälle, und die Franco-Zeit bleibt als dramatisches Element ungenutzt.

Die Rotröcke / Giubbe rosse ∗∗
I 1974 – 88 Min. Ⓥ VMP/Today Video. – R: Joe D'Amato. D: Fabio Testi, Guido Mannari, Lars Bloch, Lionel Stander.
Polizeifilm. Ausbruchsabenteuer mit Schußwechsel, in Rückblenden erzählt; während der Bandit Cariboo flieht und von dem Sergeanten verfolgt wird, erinnert er sich an ihre erste Begegnung: Spannung mit Überraschungsgag am Ende.

Roulette TV-Film
BRD 1977 – 110 Min. – R: Franz-Peter Wirth. B: Pavel Kohout. D: Eleonore Weisgerber, Gerd Böckmann, Werner Kreindl, Karl-Michael Vogler.
Ein russischer Anarchist gerät auf der Flucht in ein Bordell, in dem auch seine Verfolger verkehren; intensiv gespieltes Versteckpuzzle nach Motiven der Erzählung »Finsternis« von Leonid N. Andrejew.

Royal Flash / Royal Flash ∗∗ ½
USA 1975 – 98 Min. – R: Richard Lester. D: Malcolm McDowell, Alan Bates, Florinda Bolkan, Oliver Reed, Britt Ekland.
Abenteuerfilm. Ein Abenteurer muß einen preußischen Adligen spielen und gerät in Heiratszwang; ein Film voll zupackender Komik mit einer beachtlichen Besetzung; nach dem Roman von George McDonald Fraser.

The Royal Romance of Charles and Diana TV-Film
USA 1983 – 100 Min. OoU. – R: Peter Levin. D: Christopher Baines, Catherine Oxenberg, Olivia de Havilland, Dana Wynter, Stewart Granger, Ray Milland.
Fernsehversion der Love-Story zwischen Prinz Charles und Lady Di; eine nicht nur absurde, sondern grotesk komische Klamotte, deren überforderte Darsteller sich nicht die Mühe machten, das typische Englisch der Royals (»King's« bzw. »Queen's English«) zu proben oder zumindest anzudeuten; peinliche Schmonzette der lächerlichsten Art; ein totaler Flop, konsequenterweise mit Weichzeichnerobjektiven fotografiert.

Royal Wedding
siehe: Königliche Hochzeit

Rückfahrt in den Tod TV-Film
BRD – 90 Min. – R: Hans-Jürgen Tögel. B: Mischa Mleinek. D: Peter Bongartz, Wolfgang Wahl, Iris Berben, Sabine Wollin.
Nach einem Krimi von Boileau/Narcejac verfilmte Story um eine Recherche, bei der ein Mann feststellt, daß seine Frau ein Doppelleben führte. Seine Schlüsse daraus bringen mehr als den Intercity ins Rollen, dessen Speisewagenchef er ist.

Rückfälle TV-Film
BRD 1977 – 105 Min. – R: Peter Beauvais. B: Daniel Christoff. D: Günter Lamprecht, Veronika Bayer, Johanna Hofer, Ilsemarie Schmering, Ulrich Matschoss.
Die Versuche eines Alkoholikers, nach

einer Entziehungskur sein Leben zu ordnen, scheitern an Unverständnis, Böswilligkeit und Mißtrauen; eine bedrückende Studie, drastisch, realistisch, doch ohne Zeigefingermoral; Lamprecht mit einer Leistung von außergewöhnlicher Aussagekraft.

Rückfällige / Visszaeök ∗∗
H 1982 – 88 Min. – R: Zsolt Kezdi-Kovacs. D: Lili Monori, Miklos B. Szekely, Mari Törocsik, Jozsef Horváth.
Melodram. Als ihr Mann Selbstmord begangen hat, kehrt die junge Frau in ihr Dorf zurück und verliebt sich in einen anderen – ihren Halbbruder; inzestuöses Drama eines jungen Paares, das an die Grenzen gesellschaftlicher und auch sprachlicher Konventionen stößt.

Die Rückkehr aus Afrika / Le retour d'Afrique ∗∗ ½
CH/F 1972 – 95 Min. OmU. – R: Alain Tanner. D: François Marthouret, Josée Destopp, Roger Ibanez.
Problemfilm. Die Schweiz in den siebziger Jahren: Zwei junge Männer unternehmen den Versuch, aus ihrem engen alltäglichen Leben auszubrechen. Doch der Traum von Afrika bleibt unerreichbar.

Die Rückkehr der glorreichen Sieben / Return of the Seven ∗ ½
USA 1966 – 90 Min. – R: Burt Kennedy. D: Yul Brynner, Robert Fuller, Warren Oates, Christopher Jordan, Claude A. Akins, Emilio Fernandez.
Western. Fortsetzung des Westernklassikers »Die glorreichen Sieben«; Brynner wieder auf der Jagd nach dem Abenteuer; aber alles bleibt ohne Atmosphäre und Spannung.

Die Rückkehr der Jedi-Ritter / Return of the Jedi ∗∗∗ ½
USA 1983 – 133 Min. Ⓥ CBS/FOX. – R: Richard Marquand. D: Mark Hamill, Harrison Ford, Carrie Fisher, Billy Dee Williams, Anthony Daniels, David Prowse, Alec Guinness, Frank Oz, Kenny Baker.
Fantasyfilm. Meisterstück der »Krieg der Sterne«-Trilogie: Die alten Helden treten zum galaktischen Showdown an und werden von witzig-kobolzenden neuen Freunden deftig unterstützt; heinzelmännliche Figuren unterlaufen den Strom kalter Film-High-Tech und machen den mit einem Oscar für Special Effects belohnten, spannenden und hintergründigen Film zum humansten und lustigsten der Serie.

Die Rückkehr des Dr. Phibes / Dr. Phibes Rises Again ∗∗ ½
GB 1972 – 84 Min. – R: Robert Fuest. D: Vincent Price, Robert Qarry, Valli Kemp, Peter Cushing.
Horrorfilm. Der genial-verrückte Wissenschaftler kehrt aus dem Zwischenreich zwischen Leben und Tod zurück und mordet munter weiter. Der Countdown läuft in einer ägyptischen Grabkammer. Fortsetzung des Gruselschokkers »Das Schreckenskabinett des Dr. Phibes«, die sich durch erlesene, futuristisch gestylte Interieurs auszeichnet und mit parodistischem Schalk brilliert.

Die Rückkehr des Soldaten / The Return of the Soldier ∗∗
GB 1982 – 101 Min. – R: Alan Bridges. D: Glenda Jackson, Julie Christie, Ann-Margret, Alan Bates.
Psychogramm. Ein Mann kehrt aus dem Zweiten Weltkrieg mit Gedächtnisverlust zurück, seine Erinnerung an die letzten zwanzig Jahre ist gleich Null, deshalb knüpft er an seine Jugendlieben an. Die daraus resultierenden seelischen Probleme schildert der stimmungsvolle, glänzend besetzte Film nach der Vorlage von Rebecca West eine Spur zu langsam und betulich.

Die Rückkehr nach Marseille / Retour à Marseille ∗∗ ½
F/BRD 1979 – 135 Min. – R: René Allio. D: Raf Vallone, Andréa Ferréol, Jean Maurel, Gilberte Rivet.
Kriminalfilm. Der Neffe eines römischen Geschäftsmanns, der wegen eines Trauerfalls Marseille besucht, stiehlt das Auto seines Onkels, in dem sich brisante Akten befinden; präzis inszenierte Geschichte über Verbrechen, bürgerliche Fassade und deren Nutzlosigkeit.

Rückkehr zum Planet der Affen / Beneath the Planet of the Apes ∗∗ ½
USA 1969 – 92 Min. – R: Ted Post. D:

Charlton Heston, James Franciscus, Kim Hunter, Linda Harrison.
Fantasyfilm. Auch der zweite Film der Serie glänzt durch bizarre Masken und eine fulminante Ausstattung. Er ist aber nicht mehr ganz so beklemmend satirisch wie »Planet der Affen«. Ein amerikanischer Astronaut verspätet sich um 2000 Jahre bei der Suche nach einem verschollenen Kollegen. Affen kämpfen gegen Mutanten, die von einem nuklearen Krieg übriggeblieben sind. Phantastisches Science-fiction-Abenteuer mit Witz.

Rückkehr zur Geliebten / FLOP
Retour à la bien-aimée
F 1979 – 95 Min. – R: Jean François Adam. D: Isabelle Huppert, Jacques Dutronc, Bruno Ganz, Christian Rist.
Psychokrimi. Ein Mann versucht, seine Exfrau durch einen raffiniert eingefädelten Mord zurückzugewinnen. Langatmige Dramaturgie, zeitlupenhaft ästhetisierte Bildfolgen, zu Marionetten erstarrte Figuren, unglaubhafte Motive – eine Romanze zum Einschlafen.

Rudi, benimm dich! *
BRD 1971 – 90 Min. – R: Franz-Josef Gottlieb. D: Rudi Carrell, Chris Roberts, Heidi Hansen.
Klamotte. Ein Erfinder erlebt den großen Durchbruch; er entwickelt einen Roboter, der alles kann; der macht sich selbständig; harmlose Witzelei.

Rudolfo TV-Film
BRD 1990 – 85 Min. – R: Beate Klöckner. D: Nicolaus Brieger, Sandra Tschierschwitz, Martin Sperr, Volker Niederfahrenhorst.
Vater trifft Tochter nach Jahren wieder und zieht als erfolgloser Musiker mit ihr durchs Land, sie verschafft ihm Geld durch Pferdewetten; die beiden kommen sich wieder näher; modernes »Road Movie«-Märchen mit leisem Humor.

Der Ruepp TV-Film
BRD 1979 – 90 Min. – R, B: Kurt Wilhelm. D: Karl Obermayr, Gertrud Kükkelmann, Michael Lerchenberg, Traudl Bogenhauser.
Adaption des Romans von Ludwig Thoma vom streitsüchtigen, versoffenen Bauern, der durch riskante Geschäfte und kriminelles Verhalten seine Familie und sich ruiniert; werkgetreue, kompromißlose Filmfassung mit überzeugender Besetzung und erschreckend bajuwarischem Kolorit.

Der Ruf ** ½
BRD 1949 – 105 Min. – R: Josef von Baky. D: Fritz Kortner, Johanna Hofer, Rosemary Murphy, Lina Carstens, Ernst Schröder.
Zeitkritischer Film. Nach einem Drehbuch Kortners inszenierter zeitgenössischer Problemfilm um einen emigrierten Wissenschaftler, der 1945 nach Deutschland zurückkehrt. Autobiographische Züge in einem bewegenden, politische Verhältnisse mit Liebesverhältnissen verschmelzenden Film.

Ruf der Wälder FLOP
A 1965 – 85 Min. – R: Franz Antel. D: Hans-Jürgen Bäumler, Mario Girotti, Johanna Matz, Paul Hörbiger.
Heimatfilm. Ein Forstgehilfe liebt eine Sparkassenfilialleiterin, diese einen italienischen Gastarbeiter, den wiederum die Dörfler nicht lieben; schnulziger Sieg der heilen Welt.

Ruf des Nordens ** ½
D 1929 – 67 Min. sw. – R: Nunzio Malasomma. D: Luis Trenker, Dr. Max Holboer, Eva von Berne, Nico Turoff.
Abenteuerfilm. Auf einer Polarexpedition im ewigen Eis wird's kalt und lebensgefährlich. Das muß Trenker, der hier einmal nicht auf Bergeshöhen turnt, schmerzlich bis zum guten Ende erfahren. Tolle Naturaufnahmen in diesem dokumentarisch angelegten Abenteuerspielfilm.

Der Ruf des Wolfes / **
Il richiamo del lupo
I/E 1974 – 93 Min. Ⓥ Tristar Video. – R: Paul Elliotts (Gianfranco Baldanello). D: Elisabeth Virgil, Manolo de Blas, Joan Collins, Jack Palance.
Literaturverfilmung. Adaption des Romans von Jack London von zwei Waisen, die von einem Tier, halb Hund, halb Wolf, in der Einsamkeit Alaskas beschützt werden; Abenteuerfilm für Jugendliche.

Rugantino – Hilfe, ich bin Spitze / Rugantino ∗∗
I 1973 – 105 Min. – R: Pasquale Festa Campanile. D: Adriano Celentano, Claudia Mori, Maria G. Spina.
Komödie. Adriano als Liebling der Frauen versucht sich diesmal an der eisgekühlten Rosetta. Ein Spaß für Celentano-Fans.

Ruhe sanft GmbH / The Comedy of Terrors ∗∗ ½
USA 1964 – 83 Min. Ⓥ VCL. – R: Jacques Tourneur. D: Vincent Price, Peter Lorre, Boris Karloff, Basil Rathbone, Joe E. Brown, Joyce Jameson.
Horrorparodie. Die Geschäfte eines versoffenen Bestattungsunternehmers gehen schlecht, seine keifende Frau und sein tauber, seniler Schwiegervater nerven ihn; also zwingt er seinen furchtsamen Diener zur Leichenbeschaffung; als Genreparodie und Gruselgroteske durchschnittlich, beachtlicher die parodistischen Leistungen der Darsteller.

Das Ruhekissen / Le répos du guerrier / Il riposo des guerriero ∗
F/I 1962 – 98 Min. – R: Roger Vadim. D: Brigitte Bardot, Robert Hossein, James Robertson-Justice, Macha Meril, Michel Serrault.
Moderner Liebesfilm. Wohlbehütete Studentin begegnet und verfällt einem lebemännischen Zyniker; die Bardot in einer untypischen Rolle, Vadim mit gewohnt effektvoller Regieführung; formal ambitionierter, doch in der Rhetorik der frühen 60er Jahre endender Bilderaufguß eines Moderomans von Christiane Rochefort.

Ruhestörung TV-Film
BRD 1980 – 90 Min. – R: Berengar Pfahl. B: Thomas Leder, Hans-Joachim Noack, Berengar Pfahl. D: Herbert Hausmann, Johannes Grossmann, Rena Liebenow, Norbert Goth.
Ein Vater vermutet, sein Sohn sei in einen Frauenmordfall in einer hessischen Kleinstadt verwickelt; spannungslos und zerdehnt.

Rummelplatz der Liebe ∗∗
BRD/USA 1954 – 91 Min. – R: Kurt Neumann. D: Eva Bartok, Curd Jürgens, Bernhard Wicki, Robert Freytag.
Zirkusfilm. Curd Jürgens als Manager und Schürzenjäger, Bernhard Wicki als tollkühner Todesspringer und Eva Bartok als leichtgeschürztes Flüchtlingskind, das ergibt ein Abenteuer der Leidenschaften – schlüpfrig und undurchsichtig, wie es sich für ein Eifersuchtsdrama gehört.

Rumpelstilzchen ∗∗ ½
BRD 1955 – 74 Min. – R: Herbert B. Fredersdorf. D: Werner Krüger, Liane Croon, Wilhelm Groothe, F. W. Schröder-Schrom.
Märchenfilm. Adaption des Grimm-Märchens vom Waldgeist, der einer Müllerstochter nicht ganz uneigennützig Hilfe zuteil werden läßt; konventionelle Familienunterhaltung.

Runter mit dem Keuschheitsgürtel / Up the Chastity Belt ∗∗ ½
GB 1971 – 90 Min. – R: Bob Kellett. D: Eartha Kitt, Frankie Howerd, Graham Crowden, Bill Fraser, Roy Hudd, Hugh Patrick.
Komödie. Ein verarmter Ritter verkauft für seinen Dienstherrn Liebeselixiere und Keuschheitsgürtel, und vor allem das Geschäft mit Zweitschlüsseln blüht; parodistischer Slapstick, derber, bizarrer Nonsens um Ritterrituale, Robin Hood, Kreuzfahrerdiscos und 1001 Nacht; Eartha Kitt als Scheherezade, die mit Richard Löwenherz das Kamasutra liest.

Die Russen kommen, die Russen kommen / The Russians Are Coming! The Russians Are Coming! ∗∗ ½
USA 1966 – 121 Min. – R: Norman Jewison. D: Alan Arkin, Carl Reiner, Eva Marie Saint, Jonathan Winters.
Kalte-Kriegs-Satire. Ein Sowjet-U-Boot läuft beim Versuch, sich die USA näher anzusehen, auf Grund; das New-England-Establishment vermutet eine Invasion; flott inszenierter, gagreicher Ost-West-Jux.

Ryans Tochter / Ryan's Daughter ∗∗ ½
GB 1970 – 186 Min. Ⓥ IMV/MGM/UA. – R: David Lean. D: Robert Mitchum, Sarah Miles, Trevor Howard, John Mills.

Zeitkritischer Liebesfilm. In der irischen Stadt Kirrary bestimmt Armut das tägliche Leben, und der Haß gegen die englische Besatzung verhindert Verständigung; eines Tages heiratet die Tochter eines Kneipiers, verliebt sich danach jedoch in einen englischen Kommandanten. Das englisch-irische Drama um 1916 explodiert in einer zwischenmenschlichen Beziehung; Regisseur Lean (»Doktor Schiwago«) erzählt das opulent, optisch und akustisch beeindruckend, jedoch zu bombastisch und im letzten Teil auch kitschig; Oscar für die Kameraarbeit.

S

Die Saat bricht auf / ∗∗ ½
Let No Man Write My Epitaph
USA 1960 – 107 Min. sw. – R: Philip Leacock. D: Burl Ives, Shelley Winters, Jean Seberg, James Darren, Ella Fitzgerald.
Melodram. Die vielversprechende Musikerkarriere eines Jungen scheint an der Gewalttätigkeit seiner Umwelt in Chicago zu scheitern; um Authentizität bemühte Milieustudie mit beachtenswerter Besetzung.

Die Saat der Gewalt / ∗∗ ½
Blackboard Jungle
USA 1955 – 96 Min. – R: Richard Brooks. D: Glenn Ford, Anne Francis, Vic Morrow, Louis Calhern.
Generationskritischer Film. Bill Haleys »Rock Around the Clock«, die Leitfanfare dieses harten, realistischen Schulreißers, ist nicht das einzige aufwühlende Element. Brooks (»Die glorreichen Vier«) greift tief in die Effektkiste und scheut sich auch nicht, Tatsachen zu benennen: Der Haß der Generationen in den fünfziger Jahren ist unüberbrückbar.

Sabine Kleist, 7 Jahre ∗∗
DDR 1982 – 70 Min. – R: Helmut Dziuba. D: Petra Lämmel, Simone von Zglinicki.
Generationsfilm. Konfliktfilm um ein Heimmädchen, dessen Erzieherin eines Tages fortgeht. Sabine kann den Schock nicht verarbeiten, ihr Haß macht sie blind. Der ruhige, genaue Film beobachtet Verhalten des Mädchens und das der verantwortlichen Umwelt mit sensibler Anteilnahme.

Sabine und die hundert Männer ∗ ½
BRD 1960 – 91 Min. sw. – R: Rolf Thiele. D: Dieter Borsche, Sabine Sinjen, Dietmar Schönherr, Hubert von Meyerinck.
Musikkomödie. Sabine organisiert für ihren Vater Dieter Borsche ein ganzes Orchester, damit der Herr Dirigent wieder eine Aufgabe hat. Yehudi Menuhin spielt die Geige dazu. Mittelmäßige Unterhaltung.

Sabotage / Sabotage ∗∗∗
GB 1936 – 73 Min. sw. – R: Alfred Hitchcock. D: Oscar Homolka, Sylvia Sidney, John Loder, Desmond Tester.
Thriller. Ein Kinobesitzer wird der Sabotage verdächtigt, es fehlen jedoch Beweise. Ein junger Agent versucht diese zu beschaffen, doch damit überschlagen sich die terroristischen Ereignisse. Hitchcocks Inszenierungskunst erreicht in diesem Werk der englischen Periode einen frühen Höhepunkt; kühl kalkuliert er den Schrecken und scheut sich nicht, Ideale als Klischees zu denunzieren.

Sabrina / Sabrina ∗∗∗
USA 1954 – 110 Min. sw. – R: Billy Wilder. D: Humphrey Bogart, Audrey Hepburn, William Holden.
Heiteres Melodram. Diese lustige Komödie bietet den idealen Vorwand für die brave Lolita Audrey Hepburn, sich als Chauffeurstochter von dem alternden Millionär Bogart vor seinem Playboybruder retten zu lassen.

Sackgasse / Dead End ∗∗ ½
USA 1937 – 89 Min. sw. – R: William Wyler. D: Sylvia Sidney, Joel McCrea, Humphrey Bogart, Wendy Barrie, Claire Trevor.
Gangsterfilm. Realistisches Drama aus den Slums von New York, in die der Obergangster »Baby Face« Martin zurückkehrt, um seine Mutter und seine Jugendfreundin wiederzusehen. Packende Story mit etwas moralischem Schluß; nach einem Skript von Lillian Hellman.

Sacramento / Ride the High Country ∗∗∗ ½
USA 1961 – 90 Min. – R: Sam Peckin-

pah. D: Randolph Scott, Joel McCrea, Mariette Hartley, Ronald Starr.
Spätwestern. Noch einmal brechen zwei alternde Helden auf, einen Goldtransport zu begleiten. Ein Film über Einsamkeit, den schmutzigen Westen und seine Mythen; ein spätes Glanzbild des Genres.

Sadistico / Play »Misty« For Me **
USA 1971 – 97 Min. Ⓥ CIC. – R: Clint Eastwood. D: Clint Eastwood, Jessica Walter, Donna Mills.
Thriller. Eine sanfte Frauenstimme bittet den Radiodiscjockey immer wieder um den Song »Misty«. Als er die Unbekannte persönlich kennenlernt, wird er in eine Horrorwelt versetzt. Erste Regiearbeit von Eastwood; wunderschöne Musik des Cannonball-Adderley-Quintetts.

Safari zur Hölle / Rhino * ½
USA 1963 – 90 Min. – R: Ivan Tors. D: Harry Guardino, Shirley Eaton, Robert Culp.
Tierjägerfilm. Konventionell gespieltes und gefilmtes Drama um den Konflikt zwischen einem Tierschützer und dem skrupellosen Großwildjäger Alec. Die Qualitäten des sympathischen, aber spannungsarmen Films liegen einseitig in der angemessenen Darstellung grandioser Natur.

Sag der Dame guten Tag / Dis bonjour à la dame * ½
F 1976 – 73 Min. – R: Michel Gérard. D: Pierre Tornade, Micheline Luccioni, Rémi Laurent, Sophie Barjac.
Komödie. Ein Vater sieht rot, denn sein Ältester wird lediger Vater, und der junge Sohn steht im Verdacht, schwul zu sein; witzlose Klamotte, mit Rollenklischees überfrachtet.

Sag mir, was du willst / Just Tell Me What You Want ** ½
USA 1980 – 108 Min. – R: Sidney Lumet. D: Ali MacGraw, Alan King, Myrna Loy, Keenan Wynn, Tony Roberts.
Melodram. Porträt eines machtbesessenen Industriellen, der glaubt, jede Person und jede Firma jederzeit kaufen zu können; nur seine jüngere Geliebte spielt nicht mit; als er ihr einen Lieblingswunsch nicht erfüllt, probt sie den Aufstand; dialogsicheres, böses Melodram als bissige Satire auf die Superreichen.

Sag niemals ja / Spinout **
USA 1966 – 89 Min. – R: Norman Taurog. D: Elvis Presley, Shelley Fabares, Diane McBain, Deborah Walley.
Elvis-Presley-Film. Dem Rockidol Mike alias Elvis fliegen die Frauenherzen zu, doch noch mehr als die Frauen liebt Mike seine Musik. Der Film, mit einem schon halb entschärften Presley, der öfter ölig lächelt, als abzurocken, liefert immerhin Songs wie »Spinout«, »I'll be back«, »Am I ready«; für Fans des Stars ein Fest.

Sag niemals nie / Never Say Never Again ** ½
USA 1983 – 121 Min. – R: Irvin Kershner. D: Sean Connery, Klaus Maria Brandauer, Max von Sydow, Kim Basinger, Edward Fox.
James-Bond-Film. Megagangster Blofeld hat zwei Atomraketen gestohlen, daraufhin muß Sanatoriumspatient Bond seine Erholung abbrechen; er jagt den Schurken dynamisch, einfallsreich und mit Blei. Sean Connerys großes 007-Comeback nach 12jähriger Bond-Abstinenz: Sein unvergleichlich ironisches Spiel macht den mit gewohnter Actionregie auftrumpfenden Film sehenswert; Brandauer passabel schurkisch.

Sahara / Sahara * ½
USA 1982 – 107 Min. Ⓥ VMP/Cannon/VMP. – R: Andrew V. McLaglen. D: Brooke Shields, Lambert Wilson, Horst Buchholz.
Rallyefilm. Im Jahr 1927 geht es in Bentleys, Packards, Scania-Vabis, Hispano-Suizas und Alfa-Romeos quer durch die Wüste, doch das Drumherum ist spannender als die Hetzjagd, und die Sahara streut reichlich Sand ins Getriebe. Der an Schauwerten überreiche, aber nicht sonderlich dramatische Abenteuerfilm spart nicht an Beduinen-Komparsen, Reitern und Tieren, kann darüber hinaus jedoch nicht beweisen, warum es ihn geben muß.

Eine Saison in Hakkari / Hakkari de bir mevsim ***
Türkei 1982 – 100 Min. – R: Erden Kiral.

D: Genco Erkal, Serif Sezer, Erkan Yüzel, Rana Cabbar.
Zeitkritischer Familienfilm. Ein Lehrer wird aus Istanbul nach Ostanatolien versetzt, wo ihn die armen Bauern nur zögernd akzeptieren; statt zu lehren, lernt er selbst. Der ethnographisch pointierte Film schildert die Not der abgelegenen Provinz eindrucksvoll, mit viel Liebe zum Detail und zu den Menschen dieser vertrauten und doch fremden Lebenswelt.

Saison in Salzburg / Wenn der Toni mit der Vroni * ½
A 1961 – 100 Min. – R: Ernst Marischka. D: Peter Alexander, Gunther Philipp, Peter Vogel, Waltraut Haas, Gunnar Möller.
Heimatoperette. Drei Schauspieler sitzen wieder einmal auf der Straße, ihre Aushilfsjobs im »Blauen Enzian« entsprechen nicht ihrer Ausbildung – dafür entsprechen sie aber den Liebesvorstellungen von drei weiblichen Angstellten; ausschließlich auf fröhliche Oberfläche getrimmtes Liebesfilmchen mit viel Musik.

Salem Aleikum *
BRD 1959 – 86 Min. sw. – R: Géza von Cziffra. D: Peter Alexander, Germaine Damar, Rudolf Platte.
Musikklamotte. Peter Alexander sah nie komischer aus als in dieser Orient-Tanzgirlrevue: am Schlagzeug und mit Turban auf dem Kopf.

Salome / Salome *** ½
USA 1932 – 90 Min. sw. Stf. – R: Charles Bryant. D: Alla Nazimova, Rose Dione, Mitchell Lewis.
Literaturverfilmung. Adaption des »Salome«-Stoffes nach Oscar Wilde; die exilrussische Tänzerin Nazimova, damals US-Topstar mit eigener Produktionsgesellschaft, eine Darstellerin von außergewöhnlicher Schönheit und fast moderner mimischer und körperlicher Ausdruckskraft, als Salome von grandioser Grazilität und Laszivität; ballettnah inszenierter Film mit erlesenen Kostümen und Kulissenarrangements im Art-deco-Stil, insofern auch Hommage für Diaghilews »Ballets Russes«.

Salomon und die Königin von Saba / Salomon And Sheba **
USA 1959 – 120 Min. – R: King Vidor. D: Yul Brynner, Gina Lollobrigida, George Sanders, Marisa Pavan.
Monumentalfilm. Farbenprächtige Verfilmung einer als Haßliebe interpretierten historischen Episode der Biblischen Geschichte; ein Film der großen Gesten und Szenen.

Salonwagen E 417 **
D 1939 – 95 Min. sw. – R: Paul Verhoeven. D: Käthe von Nagy, Curd Jürgens, Paul Hörbiger, Hilde Körber, Otto Graf, Hubert von Meyerinck, Axel von Ambesser.
Zeitgeschichtlicher Film. Selten aufgeführter und nach Kriegsende von der Militärregierung für Deutschland verbotener epischer Film um die »Erlebnisse« eines Reisewagens vor dem Hintergrund des Ersten Weltkriegs. Menschen und Schicksale quer durch die Zeiten, materialreich, episodensicher und amüsant erzählt.

Salzburger Geschichten ** ½
BRD 1956 – 87 Min. – R: Kurt Hoffmann. D: Marianne Koch, Paul Hubschmid, Peter Mosbacher, Richard Romanowsky, Adrienne Gessner.
Lustspiel. Adaption von Erich Kästerns Roman(ze) »Der kleine Grenzverkehr« (Ersttitel: »Georg und die Zwischenfälle«) vom happy-endenden Liebesweh und -glück eines Deutschen und einer verkappten österreichischen Prinzeß in einer Zeit der Geldwechselkursprobleme. Die munteren Darsteller retten den mild-ironischen Charme Kästners gegen die effektbezogene Regie, und Franz Grothes Musik unterstützt sie dabei.

Samars erste Liebe / L'adolescente, sucre d'amour ** ½
F 1985 – 98 Min. OmU. – R: Jocelyne Saab. D: Hala Bassam, Jacques Weber, Juliet Berto, Youssef Housni.
Liebesfilm. In der Alltäglichkeit des Bürgerkriegs in Beirut entwickelt sich die Liebe einer Vierzehnjährigen zu einem Maler; ein zarter, sensibler Film, der die Probleme im Libanon von ungewohnter Seite aus beleuchtet.

Sams Son / Sam's Sohn **
USA 1984 – 104 Min. – R: Michael

Landon. D: Eli Wallach, Anne Jackson, Timothy Patrick Murphy, Hallie Todd, Alan Hayes, Jonna Lee, Michael Landon.
Melodram. Weitgehend autobiographischer Film über einen jungen Underdog, der mit Hilfe eines Sportstipendiums Zugang zu einem College findet; undistanziert-süßliche Aufsteigersaga, in der nur Eli Wallach als vom Leben gebeutelter Vater überzeugt.

Samson und Delilah / Samson and Delilah ***
USA 1949 – 120 Min. – R: Cecil B. DeMille. D: Victor Mature, Hedy Lamarr, George Sanders, Angela Lansbury, Henry Wilcoxon.
Historienfilm. Der Daniter Samson liebt die Philisterin Semadar, deren Schwester Delilah wiederum ihn liebt. Zwischen glühender Liebe und abgrundtiefem Haß vollzieht sich ihr Schicksal im Kontext jüdischer Historie bis zum berühmtesten Katastrophenspektakel der Filmgeschichte, dem Einsturz des Philisterpalastes, verursacht durch den bärenstarken Samson. Kolossalfilmregisseur DeMille (»Die Zehn Gebote«) präsentiert Action, Spannung und die prächtigste historische Modenschau in diesem Klassiker.

Samson und der Schatz der Inkas / Sansone e il tesoro degli Incas *
BRD/I 1964 – 96 Min. – R: Piero Pierotti. D: Alan Steel, Mario Petri, Toni Sailer, Wolfgang Lukschy, Brigitte Heiberg.
Western. Ein Muskelmann beschützt Liebende und einen Inkaschatz vor einem Bösewicht und seinen Kumpanen; einfältige Westernproduktion nach Art der Karl-May-Filme, aber weit unter deren Niveau; dramaturgisch und darstellerisch anspruchslos, oft unfreiwillig komisch.

Samstagnacht im Viertel der Schwarzen / Uptown Saturday Night ** ½
USA 1974 – 104 Min. – R: Sidney Poitier. D: Sidney Poitier, Bill Cosby, Harry Belafonte, Calvin Lockhart, Flip Wilson.
Krimikomödie. Zwei Kumpel versuchen, ein gestohlenes Gewinnlos wiederzubekommen, und legen sich mit einem Unterweltpaten an, den Belafonte schrill parodiert; vergnügliche Blödelunterhaltung.

San Diego, ich liebe dich / San Diego, I Love You ***
USA 1944 – 83 Min. sw. – R: Reginald Le Borg. D: Jon Hall, Louise Allbritton, Edward Everett Horton, Buster Keaton.
Komödie. Die heiratsreife Tochter eines familiengeplagten Erfinders rettet gegen alle Widerstände die Erfindung des Vaters und dessen Erfinderehre; eine grandiose Screwball-Comedy mit staubtrokkenem Humor und dem großartigsten Antibutler der Filmgeschichte.

San Francisco / San Francisco ***
USA 1936 – 105 Min. sw. – R: W. S. Van Dyke. D: Clark Gable, Jeanette MacDonald, Spencer Tracy, Jack Holt.
Abenteuerfilm. Aufwendiger Starfilm um eine Männerfreundschaft zur Jahrhundertwende, in deren Auf und Ab das große Erdbeben hineinbricht. Geschickt verwickelt der spannende und amüsante Film die kleinen Schicksale mit dem großen Schicksalshintergrund, dessen Wüten technisch brillant in Szene gesetzt wird.

San Francisco im Goldfieber / Barbary Coast ** ½
USA 1935 – 96 Min. sw. – R: Howard Hawks. D: Miriam Hopkins, Edward G. Robinson, Joel McCrea, Brian Donlevy.
Abenteuerfilm. Ein Spielbankbesitzer terrorisiert San Francisco zur Zeit des Goldrauschs; ein Mädchen wird zum Racheengel; Hawks transportiert sein optimistisches Amerikabild durch fesselnde Milieu- und Charakterstudien; spannende Unterhaltung.

San Francisco Lilly / Flame of the Barbary Coast **
USA 1945 – 88 Min. sw. – R: Joseph Kane. D: John Wayne, Ann Dvorak, Joseph Schildkraut.
Melodram. Eine Love-Story wie ein Vulkan; der reiche Rancher konkurriert mit dem Casinobesitzer um die schnieke Barfrau – dann wirbelt das Erdbeben die Verhältnisse durcheinander.

San Salvatore ** ½
BRD 1955 – 95 Min. sw. – R: Werner Jacobs. D: Antje Weisgerber, Dieter

Borsche, Will Quadflieg, Charles Regnier.
Melodram. Adaption eines Romans von Hans Kades über eine Frau, um deren Gunst sich zwei rivalisierende Ärzte bemühen; Weißkittelschmonzette mit dem Kino-»Gott« in Weiß Borsche; als Arztfilm der 50er Jahre eher überdurchschnittlich.

Sanders und das Schiff des Todes / Coast of Skeletons ✱✱
GB 1964 – 83 Min. – R: Robert Lynn. D: Richard Todd, Dale Robertson, Heinz Drache, Marianne Koch.
Abenteuerfilm. Sanders, Edgar Wallaces Exregierungsbediensteter und Versicherungsagent, im Kampf gegen Diamantensucher von fragwürdigem Charakter; routinierte Action ohne viel Schwung.

Sandkastenspiele / Up the Sandbox ✱✱ ½
USA 1972 – 96 Min. – R: Irvin Kershner. D: Barbra Streisand, David Selby, Ariane Heller, Jane Hoffman, John C. Becher.
Komödie. Als eine vom Alltag gebeutelte Hausfrau und Mutter ihren Mann mit einer attraktiven Kollegin sieht, verschweigt sie ihm ihre erneute Schwangerschaft und flüchtet sich in aufmüpfig-feministische Tagträume und Wunschbilder; amüsant-grotesker Frauenfilm mit einer entfesselten Streisand.

Der Sandmann TV-Film
BRD 1983 – 70 Min. – R: Dagmar Damek. D: Christoph Waltz, Monika Baumgartner, Irina Wanka, Rudolf Schündler.
Adaption der Erzählung von E. T. A. Hoffmann vom Studenten, der, obwohl verlobt, sich in Olympia verliebt, die sich als Puppe erweist; der Verfilmung fehlt, trotz gewisser schauspielerischer Qualitäten, das Gespür für die makabre Ironie des Originals, für die alptraumhaften, abgründigen Möglichkeiten des Lebens bzw. Nicht-Lebens.

Sando Kid spricht das letzte Halleluja / Su le mani cadavere sei in arresto FLOP
I/E 1972 – 100 Min. – R: Leon Klimowsky. D: Franco Agostini, Aldo Sambrell, Helga Liné.
Italowestern. Bleihaltiger Brutalo aus dem Bürgerkrieg Nordamerikas um die Greueltaten an Südstaatlern und späte Rache des Helden. Routiniert zusammengezimmert, auf Effekte hin inszeniert, ein Western, der in roter Spaghettisauce ertrinkt.

Sandokan / Sandokan, la tigre di Mompracem ✱ ½
I/E/F 1963 – 106 Min. – R: Umberto Lenzi. D: Steve Reeves, Geneviève Grad, Leo Anchoris, Rik Battaglia.
Abenteuerfilm. Sandokan ist der Sohn eines Sultans auf Borneo, das von den Engländern um die Jahrhundertwende besetzt wird; buntes, etwas langatmiges Kolonial- und Liebesabenteuer mit Muskelmann Steve Reeves als finsterem Orientalen.

Sandokan, der Tiger von Malaysia / La tigre di Mompracem ✱✱
I/E 1970 – 94 Min. Ⓥ EuroVideo. – R: Mario Sequi. D: Ivan Rassimov, Andréa Bosic, José Torres.
Abenteuerfilm. 1859 erheben sich die Malaien auf Borneo gegen die Briten; Prinz Sandokan will das Massaker an seiner Familie rächen; exotische Bilder als Rahmen für eine dichte Rachestory.

Der Sandsturm / Smertsch ✱✱ ½
UdSSR 1988 – 95 Min. – R: Bako Sadykow. D: Wladimir Morjan, Dimitru Fussu, M. Machmadow, I. Guljamow.
Parabel. Ein ganzes Volk irrt durch Wüsten und Berge auf der Suche nach dem Gelobten Land; die Menschen gehen, kriechen, taumeln und sprechen Banales und Philosophisches; in ihrer Erschöpfung läßt sie nur der Glaube an ihren Führer weiterlaufen; ballettartige Choreographie zeichnet diese allegorische Darstellung des Führerkults aus.

Die Sanfte / Une femme douce ✱✱ ½
F 1969 – 85 Min. – R: Robert Bresson. D: Dominique Sanda, Guy Frangin, Jane Lobre.
Melodram. Eine achtzehnjährige Ehefrau begeht Selbstmord; ihr wesentlich älterer Ehemann sucht an ihrem Totenbett nach einer Erklärung; eindringlicher Film um späte Gefühle und die Suche

nach Schuld. Nach einer Novelle von Dostojewskij.

Der Sänger von Capri / Serenade einer großen Liebe ** ½

BRD 1958 – 85 Min. Ⓥ Polyband/Toppic. – R: Rudolph Maté. D: Mario Lanza, Johanna von Koczian, Hans Söhnker, Zsa Zsa Gabor.

Musikfilm. Ein Startenor verliebt sich in ein gehörloses Mädchen; da aber seine Strahlestimme nicht vergeudet werden darf, findet die junge Frau ihr Gehör wieder; arienfroher Gemütsfilm voll Capri-Werbung.

St. Helens – der tödliche Berg

siehe: Mount St. Helens – Der Killervulkan

Sansibar oder der letzte Grund TV-Film

BRD 1986 – 163 Min. – R: Bernhard Wicki. D: Peter Kremer, Cornelia Schmaus, Michael Gwisdek, Elisabeth Endriß, Peter Sodann, Frank Hessenland.

Ein Ort an der Ostsee kurz vor Ausbruch des Zweiten Weltkriegs: Der beinamputierte Pfarrer setzt sein Leben ein, um eine Barlach-Statue vor den Nazis zu retten; ebenfalls auf der Flucht sind eine Jüdin und ein kommunistischer Kurier, der einen Fischer zwingt, die Fahrt mit seinem Kutter ins Exil nach Schweden zu riskieren. Erniedrigung, Tod, Mißhandlung, Verzweiflung – angelegt als tragische Schicksale aus einer unmenschlichen Zeit. Nach dem Roman von Alfred Andersch.

Santa Fe Trail

siehe: Land der Gottlosen

Santiago, der Verdammte / The Naked Dawn **

USA 1955 – 82 Min. – R: Edgar G. Ulmer. D: Arthur Kennedy, Betta St. John, Eugene Iglesias, Charita.

Banditenfilm. Ein rauher, doch gutherziger Desperado gerät durch die Begegnung mit einem geldgierigen Grundbesitzer und dessen Frau in Schwierigkeiten; gelungener Actionfilm um das Problem verschiedener Lebensauffassungen.

Säntis TV-Film

BRD – 60 Min. – R: Rainer Boldt. D: Vitus Zeplichal, Ilse Hofmann, Rose-Renée Roth, Gunnar Möller, Hellmuth Karasek.

Zeitkritisches Melodram nach einer Story von Martin Walser über die Krise eines Schriftstellers.

Sarajewo – Um Thron und Liebe ** ½

A 1955 – 90 Min. sw. – R: Fritz Kortner. D: Luise Ullrich, Ewald Balser, Hans Thimig, Paul Hörbiger, Klaus Kinski, Wolfried Lier.

Geschichtsdrama. Darstellung der Geschehnisse, die 1914 in Sarajewo zur Ermordung des Erzherzogs Ferdinand führten, Grund für den Ausbruch des Ersten Weltkriegs; sorgfältig inszenierte, die politischen Aspekte vernachlässigende Historienepisode mit beachtlicher Besetzung.

Saratoga ** ½

USA 1937 – 94 Min. sw. – R: Jack Conway. D: Clark Gable, Jean Harlow, Lionel Barrymore, Frank Morgan, Walter Pidgeon, Una Merkel.

Liebesfilm. Jean Harlows letzer Film, in dem sie noch einmal alle Register ihres frechen, emanzipierten Charmes zog, zeigt sie als Mädchen aus vornehmem Haus, das mit einem einflußreichen Buchmacher ins Geschäft kommt. Da der Star während der Dreharbeiten starb, wurden etliche Szenen von ihrem Double Mary Des gespielt.

Ein Sarg für zwei Leichen TV-Film

DK 1982 – 85 Min. – R: Søren Melson, Hans-Erik Philip. D: Buster Larsen, Jørgen Kiil, Agnetha Ekmanner, Masja Dessau.

Allan Berg hat spät geheiratet, und das nicht unüberlegt – seine Frau ist reich und attraktiv. Allerdings hat sie eine Tochter, die unsterblich in ihn verliebt ist. Dieser Konflikt treibt Berg zum Wahnsinn, weil er auf nichts verzichten will. Raffinierte optische Effekte.

Sartana * ½

BRD/I 1967 – 95 Min. – R: Albert Cardiff. D: Anthony Steffan, John Garko, Angelica Ott.

Western. Mit Beginn des Italowestern kamen Sadismus, verdreckte Gestalten und triste Landschaften in Mode, wie auch in dieser Story um einen unschuldig Inhaftierten, der nach der Entlassung gegen seinen Bruder rebelliert.

Sartana kommt / FLOP
Una nuvola di polvere / Un grido di morte, arriva Sartana
I/E 1970 – 98 Min. – R: Anthony Ascott. D: John Garko, Susan Scott, Massimo Serato.
Italowestern. Billigbrutalo aus der Spaghettiküche um versteckte 500000 Dollar und die Suche des dubiosen Helden nach dem Schatz. Einfallslos vom strapazierten Genre heruntergehacktes Filmscheibchen.

Saskatschewan / ** ½
Saskatschewan
USA 1954 – 82 Min. – R: Raoul Walsh. D: Alan Ladd, Shelley Winters, Robert Douglas.
Western. Von Actionregisseur Walsh (»Die Teufelsbrigade«) spannend und handwerklich überzeugend erzählter Film um die Indianerkriege im nordamerikanisch-kanadischen Grenzgebiet. Ein Westernprototyp der schönsten alten Art.

Satan der Rache / ** ½
... e Dio disse a Caino
I/BRD 1969 – 87 Min. – R: Anthony M. Dawson (eigtl. Antonio Margheriti). D: Klaus Kinski, Peter Carsten, Marcella Michelangeli, Antonio Cantafora, Lee Burton.
Italowestern. Ein amnestierter Häftling rächt sich an dem Mann, der ihn durch eine Intrige um eine Goldmine gebracht hat; der ehemalige Horrorspezialist Dawson/Margheriti inszenierte die Routinestory von Rache spannend und mit unvermuteten Wendungen; das virtuose Shoot-out erklärt die Leichenberge und die Anspielung des Originaltitels auf das Kainsmotiv nur dürftig.

Satan ist auf Gottes Seite TV-Film
BRD 1983 – 90 Min. – R: Wolfgang Staudte. B: Hartmut Griesmayr, Jürgen Klauß. D: Hans-Christian Blech, Wolfgang Kieling, Dieter Kirchlechner, Hannelore Elsner.
Ein Exagent wird reaktiviert; er soll ein Treffen von Ostblockagenten in Prag ausspionieren; routinierter Thriller mit überzeugender Besetzung; nach dem Roman von Hans Herlin.

Satanas – Das Schloß der blutigen Bestie / The Masque of the Red Death *** ½
USA/GB 1964 – 86 Min. Ⓥ Orion. – R: Roger Corman. D: Vincent Price, Hazel Court, Jane Asher, David Weston, Patrick Magee.
Horrorklassiker. Überhöhende Version zweier miteinander verknüpfter Poe-Erzählungen; ein Gnom vernichtet einen bösen Fürsten, der während einer Pestepidemie üppige Feste feiert; eindrucksvolle Ausstattung und hervorragende Farbfotografie sowie die Gruseleffekte heben den Film weit über den Durchschnitt.

Des Satans Satellit / *
Satan's Satellite
USA 1957 – 75 Min. – R: Fred. C. Brannon. D: Judd Holdren, Aline Towne, Wilson Wood, Lane Bradford, Leonard Nimoy.
Science-fiction-Film. Ein Detektiv auf Marsexkursion, um böse Marsianer mit Superbombe zu besiegen; naives Weltraummärchen mit dürftigen Tricks.

Die Satansbrut des Colonel Blake / 7 Winchester per un massacro *
I 1967 – 90 Min. Ⓥ VMP. – R: E. G. Rowland. D: Guy Madison, Edd Byrnes, Louise Barrett, Enio Girolami.
Italowestern. Ein Kriegsschatz lockt eine Bande ehemaliger Soldaten und anderes Gesindel an. Im Hin und Her der Fronten bleibt neben etlichen Kontrahenten auch die Dramaturgie dieses zwar spannenden, aber allzu spektakulären Films auf der Strecke.

Ein Satansweib / His Kind of Woman **
USA 1951 – 100 Min. sw. – R: John Farrow. D: Robert Mitchum, Jane Russell, Vincent Price, Tim Holt, Raymond Burr.
Mafiamelodram. Das Syndikat schiebt einen abgetakelten Spieler nach Mexiko

ab, wo er eine exzentrische Bardame trifft. Von da an zieht der Spieler ein As nach dem anderen aus dem Ärmel, und die Mafia zieht den kürzeren. Flott erzählt, handwerklich solide.

Saturday Night Fever
siehe: Nur Samstag nacht

Saturn City / Saturn 3 ** ½
USA 1979 – 94 Min. – R: Stanley Donen. D: Farrah Fawcett-Majors, Kirk Douglas, Harvey Keitel, Douglas Lambert.
Sience-fiction-Film. Ein Forscherehepaar im Weltraum wird aus seiner Ruhe gerissen, als ein Neuankömmling einen Computer ins Spiel bringt; der soll einen der Forscher ersetzen, verliebt sich aber in die Frau; Raumabenteuer von burleskem Witz und einer Komik, die nicht immer freiwillig erscheint.

Sauerbruch – Das war mein Leben ** ½
BRD 1954 – 106 Min. sw. – R: Rolf Hansen. D: Ewald Balser, Heidemarie Hatheyer, Maria Wimmer, Lina Carstens, Paul Bildt, Friedrich Domin, Erich Ponto, Otto Gebühr, Rudolf Vogel, Claus Biederstaedt, Hans-Christian Blech, Charles Regnier.
Arztfilm. Nach den Memoiren des Geheimrats Ferdinand Sauerbruch, Chefchirurg der Berliner Charité, entstandene Lobeshymne auf die rauhen und herzlichen Götter in Weiß; Großaufgebot meist überzeugender Darsteller im Interesse von Autoritätsförderung und -gläubigkeit.

Der Saustall / Coup de torchon *** ½
F 1981 – 125 Min. – R: Bertrand Tavernier. D: Philippe Noiret, Isabelle Huppert, Jean-Pierre Marielle, Stéphane Audran.
Kolonialtragödie. In einem westafrikanischen Kaff von erbärmlicher Schäbigkeit soll ein unfähiger, verblödeter, feiger Polizist für Ordnung sorgen; nach langem Stillhalten muckt er auf; ein böser Film über Trostlosigkeit und das Versagen der Zivilisation. Nach dem Roman von Jim Thompson.

Savoy-Hotel 217 / Mord im Savoy **
D 1936 – 92 Min. sw. Ⓥ EuroVideo. – R: Gustav Ucicky. D: Hans Albers, Brigitte Horney, Käthe Dorsch, Gusti Huber, Alexander Engel, René Deltgen, Jakob Tiedtke, Aribert Wäscher, Hans Leibelt.
Krimi. Im Savoy-Hotel in Moskau steigt 1911 die schöne Nastassja ab, die dabei ist, sich von ihrem Mann Fedor zu trennen; ausgerechnet auf den Oberkellner – aber der wird auch gespielt vom blonden Hans – wirft sie ihr Augenmerk, das hat tödliche Folgen. Der mit großem Staraufwand gedrehte Krimi und Liebesfilm verläßt sich auf seine Darsteller, die Zeitproblematik im internationalen Foyer des Hotels kann nur am Rande fesseln.

Sayonara / Sayonara ** ½
USA 1957 – 140 Min. – R: Joshua Logan. D: Marlon Brando, Miiko Taka, Miyoshi Umeki, Red Buttons.
Exotisches Melodram. Ort der Handlung: ein japanischer Luftwaffenstützpunkt; Zeit: nach dem Ende des Zweiten Weltkriegs. Zwei amerikanische Flieger nehmen Beziehungen zu japanischen Mädchen auf und müssen sich dabei mit einer fremden Kultur auseinandersetzen; der feinfühlig inszenierte Film besticht vor allem durch die Glanzleistung Marlon Brandos, der hier erstmals gegen sein Image als Rocker und Rebell eingesetzt wird, und durch das exotische Ambiente.

Scala – total verrückt *
BRD 1959 – 93 Min. – R: Erik Ode. D: Claus Biederstaedt, Germaine Damar, Erich Winn, Violetta Ferrari, Rudolf Platte, Grethe Weiser.
Revuefilm. Die Eheverbotsklausel in Showbiz-Verträgen von Revuegirls zieht nicht, wenn ein Reederssohn antanzt; anspruchsloser Film mit matten Songs.

Scampolo **
BRD 1957 – 95 Min. – R: Alfred Weidenmann. D: Romy Schneider, Paul Hubschmid, Georg Thomalla, Eva-Maria Meineke, Victor de Kowa.
Liebeskomödie. Ort der Handlung: die Insel Ischia. Romy Schneider ist Scampolo – ein armes, urwüchsiges Kind des Volkes, eine Waise, die sich als Fremdenführerin ein paar Lire verdient, bis der mittellose, aber attraktive Architekt er-

scheint, an den sie ihr Herz verliert. Neapolitanische Serenade als Kitschpostkarte.

Scaramouche – Der Rächer mit dem Degen / Scaramouche ∗ ½
F/I/E 1963 – 99 Min. – R: Antonio Isasi-Isasmendi. D: Gérard Barray, Michèle Girardon, Gianna Maria Canale.
Mantel-und-Degen-Film. Ein frivoler Meisterfechter und Liebling der Damen ist Scaramouche, der in diesem romantischen Kostümabenteuer herauszufinden versucht, ob er nicht in Wahrheit der Sohn eines Adligen ist.

Scaramouche, der Teufelskerl FLOP
BRD/I/YU 1975 – 90 Min. – R: Enzo G. Castellari. D: Michael Sarrazin, Ursula Andress, Aldo Maccione.
Abenteuerfilm. Ein abenteuernder Marquis bringt Napoleons Ehe mit Joséphine zeitweise in Unordnung; niveaulos.

Scarface – Das Narbengesicht / Scarface ∗∗∗
USA 1932 – 90 Min. sw. – R: Howard Hawks. D: George Raft, Paul Muni, Ann Dvorak, Boris Karloff.
Gangsterfilm. Einer der Genrebegründer um Aufstieg und Fall eines Bosses der Großstadtunterwelt. An authentischem Aktenmaterial über Al Capone orientiert, schildert Hawks (»Rio Bravo«) den Verbrechersumpf psychologisch erhellend als Arbeitswelt mit Besonderheiten. Ein Actionfilm mit schauspielerischem Glanz in kontrastreichem Schwarzweiß. Filmklassiker.

Schach dem Mörder / Accused of Murder ∗∗
USA 1956 – 71 Min. – R: Joe Kane. D: David Brian, Vera Ralston, Sidney Blackmer, Lee Van Cleef, Virginia Grey.
Krimi. Eine Nachtklubsängerin wird des Mordes an ihrem Liebhaber verdächtigt, doch der Inspektor von der Mordkommission hält sie, auch aus privater Zuneigung, für unschuldig; mysteriöse Spuren tauchen auf, und am Ende werden die Schuldigen bestraft. Straffer B-Film im Stil der »Schwarzen Serie«, zupackend erzählt, mit authentischen Schauplätzen und Van Cleef in einer frühen Nebenrolle.

Schach dem Teufel / Beat the Devil / Il tesoro dell'Africa ∗∗ ½
BG/I 1953 – 90 Min. sw. auch OoU. – R: John Huston. D: Humphrey Bogart, Gina Lollobrigida, Jennifer Jones, Peter Lorre.
Gaunerkomödie. Bogart als heruntergekommener Abenteurer, verheiratet mit der kurvenreichen Lollo, tut sich mit ein paar dubiosen Typen zusammen, um an eine Uranmine in Afrika zu gelangen. Am Drehbuch arbeitete Truman Capote mit.

Schach der Mafia / Scacco alla mafia ∗ ½
I 1970 – 88 Min. – R: Warren Kiefer. D: Pierpaolo Capponi, Maria Pia Conte, Victor Spinetti.
Gangsterfilm. Rauschgifthandel zwischen Rom und New York und der Versuch der Polizei, die Dealer zu schnappen. Brutaler Krimi, der ohne Federlesen reinen Tisch macht.

Schach von Wuthenow TV-Film
DDR – 90 Min. – R: Richard Engel. B: Christian Collin. D: Michael Gwisdek, Beate Tyszkevicz, Petra Kelling, Marga Legal, Matthias Molter.
Eine durch Krankheit entstellte junge Frau verliebt sich in einen umschwärmten Rittmeister; angemessene Verfilmung des Romans von Theodor Fontane; einfühlsam.

Schachmatt / Pushover ∗∗ ½
USA 1954 – 88 Min. sw. – R: Richard Quine. D: Fred MacMurray, Kim Novak, Phil Carey, Dorothy Malone.
Krimi. Ein Gangsterliebchen wird beschattet, weil die Polizei an ihrem Freund und geraubten 200000 Dollar interessiert ist. Doch einer der Bullen verfällt der schönen Blonden und muß dafür sein Leben lassen. Der moralisch differenzierte, mit »schwarzen« Mitteln und trefflichen Schauspielern arbeitende Film ist noch in der negativen Auflösung auf der Seite der Verlierer.

Schachnovelle ∗∗
BRD 1960 – 100 Min. sw. – R: Gerd Oswald. D: Curd Jürgens, Claire Bloom, Hansjörg Felmy, Mario Adorf.
Melodram. Wien 1938: Curd Jürgens will

als Anwalt wertvolle Kirchengüter vor dem Zugriff der Nazis sichern. In der Isolationshaft im Gefängnis fällt ihm ein Buch mit Meisterschachpartien in die Hände, Hilfe in der (geistigen) Not. Nach der Erzählung von Stefan Zweig.

Der Schakal / The Day of the Jackal ** ½
GB/F 1973 – 137 Min. Ⓥ CIC. – R: Fred Zinnemann. D: Edward Fox, Michel Lonsdale, Alan Badel, Delphine Seyrig.
Thriller. Rasanter Agentenfilm über einen mit akribischer Genauigkeit geplanten Mord an General de Gaulle – fantastisch gefilmt an zahlreichen Schauplätzen Europas. Nach dem Roman von Frederick Forsyth.

Der Schakal von Nahueltoro / El chacal de Nahueltoro ***
Chile 1969 – 85 Min. sw. – R: Miguel Littin. D: Nelson Villagra, Shenda Roman, Marcelo Romo, Luis Alarcon.
Sozialkritischer Film. Nach authentischem Fall gedrehtes, wichtigstes Filmzeugnis der Vor-Allende-Zeit in Chile um einen Mörder aus Not und Elend, in dem sich der revolutionäre Aufschrei der erniedrigten Kreatur Bahn bricht – gegen die Falschen. Handwerklich experimentell mit Handkamera gedreht, bestechend realistische Stimmung.

Schakalakadu TV-Film
BRD – 80 Min. – R: Rigo Manikofski. D: Jochen Schroeder, Ulrike Möckel, Jochen Kolenda, Markus Kopf.
Durchhänger Rudi lebt sein tristes Leben zwischen Maloche und Kneipe, bis er eines Tages mehr will. Der 16-mm-Film aus dem Ruhrpott des WDR-Filmemachers Manikofski (»Ente oder Trente«) zeigt, wie er das anstellt.

Schakale der Unterwelt / Illegal **
USA 1955 – 86 Min. sw. – R: Lewis Allen. D: Edward G. Robinson, Nina Foch, Hugh Marlowe, Jayne Mansfield.
Gangstermelodram. Der karrieresüchtige Staatsanwalt muß eines Tages erkennen, daß er einen Unschuldigen zum Tode verurteilt hat – zu spät. Er legt sein Amt nieder und führt als Anwalt einen einsamen Kampf, verstrickt in die Intrigen der Unterwelt.

Schalltot ** ½
BRD 1984 – 84 Min. – R: Fred van der Kooij. D: Peter Wyssbrod, Wolfram Berger, Nikola Weisse.
Avantgardefilm. Experimentelles Spiel um einen mobilen Untermieter und sein musikalisches Gepäck. In Bild und Ton von Multitalent van der Kooij (der auch die Musik schrieb) überraschend und amüsant serviert.

Eine schamlose Frau / A Woman of Affairs ** ½
USA 1928 – 87 Min. sw. Stf. – R: Clarence Brown. D: Greta Garbo, John Gilbert, John Mack Brown, Douglas Fairbanks jr.
Melodram. Eine unkonventionelle schöne Frau verfolgt ihren eigenen Lebensplan in einer Männerwelt; die faszinierende Garbo bedient in dieser späten Stummfilmromanze das Kameraauge mit betörendem Glanz, die gute übrige Besetzung assistiert dabei kontrastreich.

Die Schamlosen / Les libertins **
F 1973 – 78 Min. – R: Dave Young. D: Marisa Mell, Robert Hossein, Albert Dalbes, Ellen Bahl, Albert Minski.
Thriller. Alle männlichen Bewohner eines Schloßsanatoriums für reiche Exzentriker sind hinter der Leiterin her, die hat aber mehr Sinn für Juwelen; Mischung aus nicht sehr spannendem Thriller und lustlosem Sexfilm.

Schande / Skammen ***
S 1968 – 100 Min. sw. – R: Ingmar Bergman. D: Max von Sydow, Liv Ullmann, Gunnar Björnstrand.
Zeitkritischer Film. Eindringliche Filmstudie über die Zerstörung des Privaten durch gesellschaftlichen Krieg und Terror, beklemmend gespielt von den schwedischen Starschauspielern und inszeniert von Bergman (»Das Schweigen«). Vielleicht sein bester Film.

Die Schande des Regiments / Conduct Unbecoming ** ½
GB 1975 – 103 Min. – R: Michael Anderson. D: Michael York, Richard Attenborough, Trevor Howard, Stacy Keach, Susannah York, Christopher Plummer, Robert Faulkner.

Militärfilm. Ein junger Kolonialoffizier in Bengalen wird eines sadistischen Überfalls auf eine junge Witwe angeklagt; sein Verteidiger weist unerwartete Hintergründe eines außergewöhnlichen Verbrechens nach; ein durchweg exzellent besetzter Film um falsche (Regiments-)Ehre, brüchige Freundschaften und fragwürdige Kameraderie.

Der scharfe Heinrich ∗ ½
BRD 1970 – 90 Min. – R: Rolf Thiele. D: Grit Boettcher, Horst Frank, Marlene Rahn, Gunther Malzacher, Gaby Fuchs.
Lustspiel. Ein Mann sucht nicht ohne Erfolg Partnerpaare für Gruppensex, seine Frau hat Anfangsbedenken; was als Satire gedacht sein mochte, endet in einer dümmlichen Sexklamotte.

Der scharlachrote Buchstabe / The Scarlet Letter ∗∗
BRD 1972 – 85 Min. – R: Wim Wenders. D: Senta Berger, Hans-Christian Blech, Lou Castel, Yella Rottländer.
Literaturverfilmung. Adaption des Romans von Nathaniel Hawthorne von der ledigen Mutter, die in der New-England-Gemeinde Salem als ledige Mutter den Buchstaben A für Adultery (= Ehebruch) tragen und einmal im Jahr an den Pranger muß; nicht sehr überzeugende Besetzung vor allem der Hauptrolle; die geschmäcklerische Inszenierung transportiert nicht die bedrohliche Düsterheit puritanischer Selbstgerechtigkeit der Vorlage.

Die scharlachrote Kaiserin / Die große Zarin / The Scarlet Empress ∗ ½
USA 1934 – 98 Min. – R: Josef von Sternberg. D: Marlene Dietrich, John Lodge, Sam Jaffe, Louise Dresser, Maria Sieber.
Historisches Melodram. Die junge Prinzessin Sophia wird gegen ihren Willen mit dem debilen Großfürsten Peter verheiratet, betrügt ihn, muß sich gegen Mordpläne wehren und wird Zarin (Katharina II.). Der manirierte, uneinheitlich inszenierte Film versinkt in Dekors und schwülstigen Symbolen.

Der scharlachrote Kapitän / Captain Scarlet ∗
USA 1953 – 75 Min. – R: Thomas H. Carr. D: Richard Greene, Leonora Amar, Nedrick Young, Edouardo Noriega.
Kostümfilm. Im nachnapoleonischen Frankreich toben sich abenteuernde Gauner und böse Tyrannen aus, doch dann kehrt ein junger Adliger zurück; routiniert.

Der scharlachrote Pirat / Swashbuckler ∗∗
USA 1976 – 96 Min. – R: James Goldstone. D: Robert Shaw, James Earl Jones, Geneviève Bujold, Peter Boyle, Beau Bridges.
Seeräuberfilm. Ein Freibeuterkapitän und sein schwarzer Freund machen mit ihrer Mannschaft die Gewässer um Jamaika unsicher; ein korrupter Inselgouverneur bekämpft sie mit allen Mitteln, doch Witz, Pfiffigkeit und Robin-Hood-Attitüde sprechen eindeutig für die Piraten. Der Film parodiert teils bewußt, teils aus Unfähigkeit (Hauptdarsteller Shaw ohne Glanz) das Flynn-Vorbild und das buntbewegte Genre insgesamt, dennoch einzelne gute Actionsequenzen.

Der scharlachrote Rock / The Scarlet Coat ∗ ½
USA 1955 – 96 Min. – R: John Sturges. D: Cornel Wilde, Michael Wilding, Anne Francis, George Sanders.
Abenteuerfilm. Im Unabhängigkeitskrieg 1776 bedrohen die Briten die US-Heroen des schwachbesetzten Forts West-Point am Hudson River; ihrer Spionage wird ein mutiger Gegenspion entgegengesetzt. Melodramatische Heldenschmonzette ohne Spannung und Witz; Geschichtserklärung auf Schulbuchniveau mit platten Dialogen.

Das scharlachrote Siegel / Wer ist Scarlet Pimpernel? / The Scarlet Pimpernel ∗∗∗
GB 1934 – 93 Min. sw – R: Harold Young. D: Leslie Howard, Merle Oberon, Raymond Massey, Walter Rilla.
Abenteuerfilm. Dieses grandiose Kostümabenteuer mit Leslie Howard in einer bestechenden Doppelrolle als reiches Mitglied der britischen Society und Helfer der Verfolgten zählt zu den gelunge-

nen Werken des klassischen Historienfilms.

Das scharlachrote Siegel / The Scarlet Pimpernel TV-Film
USA 1982 – 135 Min. – R: Clive Donner. D: Jane Seymour, Ian McKellen, Malcolm Jamieson.
Ein spannendes Spionageabenteuer aus der Zeit der Französischen Revolution – mit einer romantischen Liebesgeschichte verwoben. Nach zwei Erzählungen der Baroneß Orczy.

Der Scharlatan / Nightmare Alley **
USA 1947 – 95 Min. – R: Edmund Goulding. D: Tyrone Power, Joan Blondell, Coleen Gray, Helen Walker.
Artistenfilm. Romantisches Trivialstück vom kleinen Jahrmarktsgaukler, der den Aufstieg in die elegante Nachtklubwelt schafft und am Ende doch wieder auf dem Rummelplatz landet. Böse Inszenierung mit satirischen Zügen vom Spezialisten für Gefühlsdramen Edmund Goulding.

Schatten / Shadows ***
USA 1960 – 78 Min. sw. – R: John Cassavetes. D: Leila Goldoni, Ben Carruthers, Hugh Hurd.
Gesellschaftskritischer Film. Mit kleinem Budget vor Ort in New York gedrehter Debütfilm von Cassavetes (»Gloria«) über das Verhalten einiger weiß erscheinender Mischlinge und die Reaktion der Gesellschaft auf sie. Faszinierend improvisiert, uneinheitlich, aber originell und lebendig gemeistert.

Der Schatten, der uns folgte / L'homme qui nous suit **
F/I 1976 – 103 Min. – R: Serge Leroy. D: Jean-Louis Trintignant, Mireille Darc, Bernard Fresson, Richard Constantini, Adolfo Celi.
Actionfilm. Ein Mann holt seinen Stiefsohn aus einem Internat bei Rom nach Paris, wo seine Mutter wartet; doch ein Geistesgestörter verfolgt sie; routinierte Spannung.

Schatten der Vergangenheit ** ½
D 1936 – 70 Min. sw. – R: Werner Hochbaum. D: Luise Ullrich, Gustav Dießl, Lucie Höflich, Oskar Sima.
Melodram. Eine zu Unrecht vorbestrafte junge Frau tritt nach dem Tod ihrer Zwillingsschwester an deren Stelle. Doch mit dem Schicksal ist in diesem sorgfältig inszenierten und ästhetisch abgerundeten Film nicht zu spaßen.

Schatten der Vergangenheit / Un revenant ** ½
F 1946 – 90 Min. sw. – R: Christian-Jaque. D: Louis Jouvet, Gaby Morlay, François Périer, Ludmilla Tscherina, Marguerite Moreno.
Melodram. Ein Mann kehrt nach zwanzig Jahren in seine Heimatstadt Lyon zurück und rächt sich auf sublim-zynische Art an seinem Exfreund, einem satten und selbstgefälligen Bürger, der ihm einst seine Schwester nicht zur Frau geben wollte. Raffiniertes psychologisches Kammerspiel mit gelungenen Spannungsmomenten und dem brillanten Hauptdarsteller Jouvet.

Der Schatten der Giganten / Cast a Giant Shadow **
USA 1966 – 135 Min. – R: Melville Shavelson. D: Kirk Douglas, Senta Berger, Angie Dickinson, Yul Brynner, John Wayne, Frank Sinatra.
Zeitkritischer Historienfilm. Im Jahr 1947 bereiten die Juden die Gründung des Staates Israel vor. Ein amerikanischer Offizier übernimmt die Führung der Armee im Krieg gegen die Araber. Der Atem der Geschichte, der in diesem bemühten Film weht, weicht trotz ernst zu nehmender Handlung und großer Besetzung zunehmend dem Hauch des Abenteuergenres Marke Hollywood.

Der Schatten des Herrn Monitor **
BRD 1950 – 80 Min. sw. – R: Eugen York. D: Carl Raddatz, Paul Dahlke, Marianne Wischmann, Catja Görna, Karl-Heinz Schroth.
Liebesfilm. Klassische Dreiecksgeschichte um einen Verleger, dessen Frau und Freund. Humorvolle Version des alten Themas mit Krimitouch und viel Nachkriegsrealismus.

Schatten des Ruhms / There Must Be a Pony TV-Film
USA 1986 – 100 Min. – R: Joseph Sar-

gent. D: Elizabeth Taylor, Robert Wagner, James Coco, William Windom, Chad Lowe.
Adaption eines Romans von James Kirkwood über eine alternde Diva, die in Mordverdacht gerät; zudem verübelt ihr der Sohn, daß sie sich in einen gutaussehenden Fremden verliebt; Liz Taylor spielt sich selbst, und man denkt, nicht sehr überzeugend.

Schatten des Schreckens / The Scarecrow ∗∗
Neuseeland 1981 – 84 Min. – R: Sam Pillsbury. D: Jonathan Smith, Daniel McLaren, Tracy Mann, John Carradine.
Horrorfilm. Das Eintreffen eines seltsamen alten Mannes in einer neuseeländischen Provinzstadt löst eine unerklärliche Mordserie aus; Film über das Unheimliche, das im Alltäglichen lauert.

Schattenboxen / Pas de vieux os ∗∗
F 1984 – 90 Min. – R: Gérard Mordillat. D: François Dunoyer, Yves Robert, Gérard Blain, Elisabeth Bourgine.
Boxerfilm. Melodram um das »schmutzige Geschäft« des Boxsports: Ehrgeiz, Karriere und Korruption. Da sich der Boxer Querny nicht an die vereinbarte Schiebung hält und seinen Gegner k.o. schlägt, verlangt die Mafia Wiedergutmachung.

Der Schatz / Nidhanaya ∗∗
Sri Lanka 1972 – 105 Min. sw. – R: Lester James Peries. D: Gamini Fonseka, Malini Fonseka.
Dritte-Welt-Film. Besessen von dem Wahn, durch die Opferung eines jungen Mädchens einen Schatz heben zu können, heiratet ein Singhalese ein jungfräuliches Mädchen. Dann kommt alles ganz anders in diesem befremdlichen, von Tabus und Tatortrealismus gleichermaßen geprägten Film.

Der Schatz der Azteken / Les mercenaires du Rio Grande / I violenti di Rio Grande ∗ ½
BRD/F/I 1964 – 94 Min. – R: Robert Siodmak. D: Lex Barker, Gérard Barry, Ralf Wolter.
Abenteuerfilm. Doktor Sternau soll in der mexikanischen Revolution zwischen Präsident Lincoln und Benito Juarez vermitteln. Oberflächliches Geschichtsdrama – nach Karl May.

Der Schatz der Korsaren / Long John Silver ∗ ½
AUS 1954 – 101 Min. – R: Byron Haskin. D: Robert Newton, Connie Gilchrist, Kit Taylor, Lloyd Berrell.
Abenteuerfilm. Piratenkapitän Silver aus Robert Louis Stevensons »Schatzinsel« erneut auf Schatzsuche; weit schwächer als der Disney-Klassiker von 1950, ebenfalls mit Haskin/Newton.

Der Schatz der Sierra Madre / The Treasure of the Sierra Madre ∗∗∗
USA 1947 – 119 Min. sw. – R: John Huston. D: Humphrey Bogart, Walter Huston, Tim Holt, Bruce Bennett, Barton MacLane, Alfonso Bedoya, John Huston.
Abenteuerfilm. Zwei abgewrackte Amerikaner und ein alter Goldmaulwurf machen sich von Tampico auf in die mexikanischen Berge. Sie entdecken eine Goldader, verteidigen diese gegen mannigfaltige Gefahren und verlieren den Reichtum wieder durch Rivalität und Besitzgier. Das klassische Thema, nach dem Roman von Ben Traven adäquat verfilmt, erhielt drei Oscars (Regie, Drehbuch und Darsteller Walter Huston); eins der großen unsterblichen Filmwerke des Abenteuergenres.

Der Schatz des Gehenkten / The Law and Jake Wade ∗∗ ½
USA 1957 – 83 Min. – R: John Sturges. D: Robert Taylor, Richard Widmark, Patricia Owens, Henry Silva.
Western. Ein ehemaliger Bandit ist ehrbar geworden und lebt als Sheriff in New Mexico; eines Tages holt ihn die Vergangenheit ein. Diesen durchaus konventionellen Plot bereichert der gutbesetzte und perfekt erzählte Film, indem er seinen Stars breiten Raum läßt, wirkungsvoll vor der Westernkulisse zu agieren.

Einen Schatz klaut man nicht / Non sta bene rubare il tresoro ∗
I 1978 – 86 Min. – R: Mario di Nardo. D: Ingeborg Schöner, Jan Hendriks, Marie-France Pisier.

Krimi. Eine US-Journalistin will Schlagzeilen machen; sie erfindet einen Schatz, für den sich auch Ganoven interessieren; spannungslos.

Die Schatzinsel / Treasure Island ∗∗∗
USA 1950 – 96 Min. ⓥ EuroVideo. – R: Byron Haskin. D: Robert Newton, Bobby Driscoll, Walter Fitzgerald, Basil Sydney, Denis O'Dea.
Abenteuerfilm. Adaption der Erzählung von Robert Louis Stevenson vom kleinen Jungen und vom bösen Piraten auf Schatzsuche; romantisierende, genreprägende Walt-Disney-Produktion, spannend inszeniert und effektsicher typisierend; ein klassischer Familienfilm.

Die Schatzinsel / La isla del tesoro / L'île au trésor ∗ ½
E/I/F/BRD 1972 – 95 Min. – R: Andrew White. D: Orson Welles, Kim Burfield, Walter Slezak, Angel del Pozo, Rik Battaglia.
Abenteuerfilm. Remake der Stevenson-Erzählung, wenig inspiriert und ohne den romantischen Charme der Version von 1950.

Schau heimwärts, Engel TV-Film
BRD 1961 – 120 Min. sw. – R: John Olden. B: Ketti Frings. D: René Deltgen, Inge Meysel, Dietmar Schönherr, Christoph Bantzer, Gunnar Möller.
Adaption des Romans von Thomas Wolfe, der Chronik einer Familientyrannin, die ihren Clan mit manischer Eifersucht unterjocht; ein gutgeführtes Team versucht dem Original so nahe wie möglich zu kommen.

Die Schaukel ∗∗ ½
BRD 1983 – 128 Min. ⓥ atlas. – R: Percy Adlon. D: Anja Jaenicke, Lena Stolze, Joachim Bernhard, Susanne Herlet, Christine Kaufmann, Rolf Illig.
Literaturverfilmung. Ein Familienroman aus dem München der Jahrhundertwende. Herr Lauterschlag, ein königlich-bayerischer Architekt, ist ein wortkarger Einzelgänger; seine Gattin dagegen, eine Pianistin aus Paris, kultiviert und exzentrisch, und dann erst die Töchter! Licht und Schatten über der Weltstadt mit Herz – nach einem Roman von Annette Kolb.

Schauplatz des Verbrechens / Le lieu du crime ∗∗∗
F 1986 – 88 Min. – R: André Techiné. D: Catherine Deneuve, Nicolas Giraudi, Victor Lanoux, Wadek Stanczak, Danielle Darrieux.
Psychodrama. Zwei Sträflinge sind in Südfrankreich ausgebrochen; unterwegs fällt ihnen der 13jährige Thomas in die Hände, ein Schwindler und Träumer. Der kammerspielartige Thriller, in dem sich die Mutter des Jungen in einen der Gangster verliebt, enthüllt eine brüchig gewordene bürgerliche Idylle; die Deneuve brilliert in einer faszinierenden Charakterstudie.

Der Scheich mit der schwarzen Maske / Le retour du fils du sheik ∗ ½
I/F 1962 – 83 Min. – R: Mario Costa. D: Gordon Scott, Christina Gajoni, Moira Orfei, Lulla Selli.
Abenteuerfilm. Schwarzmaskierter Scheichsohn bekämpft den tyrannischen Statthalter, der es zu allem Unglück auch noch auf seine heißgeliebte Fauzia abgesehen hat; routinierte Wüstenromanze mit platten Dialogen und hölzernen Darstellern.

Scheidung auf amerikanisch / Divorce American Style ∗∗ ½
USA 1966 – 109 Min. – R: Bud Yorkin. D: Dick Van Dyke, Debbie Reynolds, Jean Simmons, Jason Robards jr.
Komödie. Die Ehe eines US-Durchschnittspaares scheint ständig auf Scheidung zuzusteuern, aber letzten Endes bleibt's beim Dauer-Happy-End; harmloser, gutgespielter, lockerer Eheulk ohne Biß.

Scheidung auf französisch / Club de rencontres ∗∗ ½
F 1986 – 88 Min. ⓥ VCL/Virgin Video. – R: Michel Lang. D: Francis Perrin, Jean-Paul Comart, Valérie Allain, Herman Vos, Isabelle Mergault.
Komödie. Zwei sehr wesensverschiedene Freunde treffen sich wieder, und der Schüchterne schleppt den in Scheidung lebenden Excasanova in einen Klub der einsamen Herzen; gagreiche, turbulente Komödie um Varianten von Machoverhalten.

Scheidung auf italienisch / Divorzio all'italiana ** ½
I 1961 – 105 Min. sw. – R: Pietro Germi. D: Marcello Mastroianni, Daniela Rocca, Stefania Sandrelli, Leopoldo Trieste.
Komödie. Ehelustspiel und -satire um einen Mann, der nach langer Zweisamkeit neues Liebesglück sucht und darauf sinnt, sich von seiner Gattin zu befreien. Aber die einzige Scheidung wäre Mord. Diese bürgerliche Alternative führt der dialogsichere und einfallsreiche, temporeich gespielte Film frech vor, nicht ohne kritische Seitenhiebe gegen das italienische Scheidungsrecht.

Scheinheirat / Marriage blanc TV-Film
F 1986 – 92 Min. – R: Peter Kassovitz. D: Daniel Olbrychski, Nicole Garcia, Geneviève Fontanel, Céline Ertaud.
Asylantendrama um einen polnischen Emigranten in Paris, der dringend eine Aufenthaltsgenehmigung benötigt, und eine Französin, die dringend Geld braucht. Beide heiraten förmlich und trennen sich verabredungsgemäß. Doch dann fangen in diesem als beste französische TV-Produktion 1986 ausgezeichneten Film die Probleme erst an.

Die Scheinwerfer verlöschen / One Trick Pony **
USA 1980 – 95 Min. – R: Robert M. Young. D: Paul Simon, Blair Brown, Michael Pearlman, Lou Reed, The B-52's.
Musikbiographie. Melodram aus der Rockmusikszene um einen in die Jahre gekommenen Star, der nicht mehr »ankommt«. Paul Simon (ehemals »Simon and Garfunkel«) gab mit diesem flott und federnd leicht, manchmal etwas larmoyant gespielten Filmgeplänkel, in dem große Rockstars einen Auftritt haben, sein gelungenes Drehbuch- und Darstellerdebüt.

Die Schenke zum Vollmond / Dédée d'Anvers **
F 1948 – 98 Min. sw. – R: Yves Allégret. D. Simone Signoret, Marcel Pagliero, Bernard Blier, Marcel Dalio.
Nachtfilm. Die Hafenatmosphäre von Antwerpen, in düsterem Grau gehalten, gibt dem Melodram die Farbe; das Freudenmädchen Dédée führt eine triste Existenz in der Kaschemme, als ein Mann auftaucht, in den sie sich verliebt; doch ihr Zuhälter, ein Schwächling und Widerling, sieht alle seine Felle davonschwimmen und schießt; Simone Signoret wurde mit diesem pathetischen »Film noir« über Nacht berühmt.

Scherben bringen Glück *
A 1957 – 102 Min. – R: Ernst Marischka. D: Adrian Hoven, Gudula Blau, Gunther Philipp, Alice und Ellen Kessler.
Komödie. Im Revuemilieu angesiedeltes Marischka-Remake seines eigenen Schwanks »Sieben Jahre Pech« (1940); niveauloser Klamauk.

Schichtwechsel TV-Film
BRD 1968 – 70 Min. sw. – R: Hans-Dieter Schwarze. B: Max von der Grün. D: Hermann Günther, Alice Franz, Klaus Grünberg, Angela Winkler.
Ein Bergmann, der nicht versteht, daß sein Sohn die Zeche verläßt, erfährt bald darauf, daß diese stillgelegt wird; engagierte Milieustudie, oft etwas literarisch trocken.

Schick deine Frau nicht nach Italien *
BRD 1960 – 96 Min. – R: Rolf Wilhelm. D: Marianne Hold, Gerlinde Locker, Claus Biederstaedt, Harald Juhnke.
Musikkomödie. Dahinplätscherndes Liebesgeplänkel von drei koketten deutschen Frauen unter Italiens nimmermüder Sonne. Von Schlagerkitsch unterwandert, mit hübschen Außenaufnahmen.

Schick mir keine Blumen / Send Me No Flowers ** ½
USA 1964 – 97 Min. – R: Norman Jewison. D: Rock Hudson, Doris Day, Tony Randall.
Ehekomödie. Rock Hudson als hochgradiger Hypochonder glaubt, daß er todkrank ist und nicht mehr lange zu leben hat. Für Ehefrau Doris Day wählt er vorsorglich bereits seinen Nachfolger aus. Kuriose Situationskomik.

Schicksal aus zweiter Hand ** ½
BRD 1949 – 100 Min. sw. – R: Wolfgang Staudte. D: Marianne Hoppe, Ernst Wil-

helm Borchert, Erich Ponto, Ernst Waldow.
Zeitkritischer Film. Nachkriegsfilm um einen falschen Hellseher, dessen Tricks und Konflikte mit den Behörden und eine zurückliegende Mordtat. Realistische Stimmung der Trümmerzeit, kritisch gezeichnetes Nachkriegsmilieu.

Der Schiedsrichter TV-Film
BRD – 90 Min. – R: Rolf von Sydow. B: L. Lotmar. D: Wolfgang Kieling, Harald Dietl, Erwin Kohlund, Peter Aust.
Ein alter Mann, ehemaliger Schiedsrichter, der Schuldgefühle am Tod seiner Frau verdrängen will, zieht sich in ein Stadion zurück und mimt dort weiterhin den Unparteiischen; einfühlsames Psychogramm, Kieling in einer skurrilen Glanzrolle.

Schieß, solange du kannst / L'arme à gauche / Corpo a corpo ** ½
F/E/I 1965 – 96 Min. sw. – R: Claude Sautet. D: Lino Ventura, Sylva Koscina, Leo Gordon, Alberto de Mendoza.
Thriller. Einer Dame wird die Yacht geklaut; mit Hilfe eines Seebären macht sie sich auf die Suche; Seeabenteuer mit einem finster-listigen Ventura.

Schieß zurück, Cowboy! / From Hell to Texas **
USA 1958 – 96 Min. – R: Henry Hathaway. D: Don Murray, Diane Varsi, Chill Wills, Dennis Hopper.
Western. Ein junger Cowboy hat einen Mann versehentlich getötet, wird des Mordes beschuldigt und gnadenlos gejagt; routinierter Western von solider Spannung.

Schießen Sie auf den Pianisten / Tirez sur le pianiste ***
F 1959 – 79 Min. sw. – R: François Truffaut. D: Charles Aznavour, Marie Dubois, Nicole Berger, Albert Rémy, Claude Mansard, Daniel Boulanger.
Melodram. Ein durch Betrug und Selbstmord seiner Frau aus der Bahn geworfener Pianist rutscht weiter ab. Als sein Bruder von Gangstern entführt wird, wehrt er sich, kann den Tod im Finale aber nicht verhindern. Truffauts (»Auf Liebe und Tod«) Film nach einem Roman von David Goodis ist eine einfühlsame Studie über Entfremdung und Identitätsverlust.

Schilten **
CH 1979 – 90 Min. – R: Beat Kuert. D: Michael Maassen, Gudrun Geier, Norbert Schwientek.
Problemfilm. Als der Schullehrer Armin in einem kleinen Dorf irgendwo in der Schweiz seinen Dienst antritt, erwartet ihn ein Klima der Anpassung, Enge und Repression.

Der Schimmelkrieg in der Holledau **
D 1937 – 85 Min. sw. – R: Alois Johannes Lippl. D: Eduard Köck, Elise Aulinger, Heli Finkenzeller.
Heimatfilm. Die Kinder der Bürgermeister von Haselbach und Banzing wollen den heiligen Bund der Ehe eingehen, da stolpern sie über »eine Leiche im Keller« – einen Schimmeldiebstahl, der schon weit zurückliegt. Deftiges auf bayrisch.

Der Schimmelreiter **
BRD 1978 – 92 Min. Ⓥ EuroVideo. – R: Alfred Weidenmann. D: John Phillip Law, Anita Ekström, Gert Fröbe, Lina Carstens, Vera Tschechowa.
Literaturverfilmung. Der fleißige Knecht des Deichgrafen gewinnt die Zuneigung von dessen Tochter; nach dem Tod des Alten wird der Knecht zum Herrn, doch damit nicht glücklich. Als seine junge Frau ein totes Kind zur Welt bringt, wachsen Haß und Neid in der Umgebung des Deichgrafen; in der Sturmflut treibt alles auf die Katastrophe zu. Die düstere Storm-Novelle bebildert dieser Film solide und ohne visuelle Mätzchen.

Der Schimmelreiter TV-Film
DDR 1984 – 93 Min. – R: Klaus Gendries. D: Sylvester Groth, Jolanta Grusznic, Hansjürgen Hürrig, Fred Düren.
Eine weitere Verfilmung der düsteren Theodor-Storm-Novelle um den neuen Deichgrafen, der vergeblich gegen die Vorurteile der Mitbewohner ankämpft und in der Sturmkatastrophe versinkt; strenge Visualisierung der Vorlage, in Stimmung und Tonfall adäquat.

Schimmi TV-Film
BRD 1985 – 95 Min. – R: Werner Ma-

sten. D: Sascha Disselkamp, Susanne Wolf, Marc Saint-Macqvy.
Nachdem er seine Lehrstelle verloren hat, gründet der witzige und einfallsreiche Schimmi das Unternehmen »Flinke Hände«.

Schimpo, was macht ein Aff' in Afrika FLOP
BRD 1979 – 95 Min. Ⓥ EuroVideo. – R: Karin Fischer. D: Willy Kübler mit seinen Schimpansen, Georg Thomalla.
Affenfilm. Schimpanse Schimpo will für eine Affenzeitung eine Reportage über Afrikas Tierwelt schreiben; unsäglich.

Schinderhannes ∗∗
BRD 1958 – 115 Min. – R: Helmut Käutner. D: Curd Jürgens, Maria Schell, Christian Wolff.
Literaturverfilmung. Ausstattungsfrohe Adaption des Zuckmayer-Stücks vom Hunsrücker Bauernrebellen; eindrucksvolles Erzählkino, mit grotesker Fehlbesetzung der Hauptrollen.

Schiwoj trup (Shivoj trup)
siehe: Der lebende Leichnam

Die Schlacht am Apachenpaß / Battle at Apache Pass ∗ ½
USA 1952 – 81 Min. – R: George Sherman. D: Jeff Chandler, John Lund, Susan Cabot, Bruce Cowling.
Indianerwestern. Der Mann aus Washington intrigiert zwischen den friedlichen Apachen und der weißen Kavallerie so lange, bis das Kriegsbeil geschwungen wird; konventioneller Western, sehenswert nur Jeff Chandler als Cochise.

Die Schlacht der Gladiatoren / Coriolano, eroe senza patria ∗∗ ½
I/F 1964 – 100 Min. – R: Giorgio Ferroni. D: Gordon Scott, Alberto Lupo, Lilla Brignone, Rosalba Neri.
Antikfilm. Patrizier und Plebejer, Sklavinnen und Gladiatoren waren das beliebte Personal der Sandalenepen der sechziger Jahre. Intrigen und Winkelzüge wechseln ab mit Schlachtengeschrei; Gordon Scott, der als Heerführer schließlich einen glanzvollen Sieg erringt, zählte zu den prachtvollsten Muskelhelden.

Schlacht im Korallenmeer / Battle of the Coral Sea ∗
USA 1959 – 86 Min. sw. – R: Paul Wendkos. D: Cliff Robertson, Gia Scala, Teru Shimada, Patricia Cutts.
Kriegsfilm. Rüde Japaner behandeln gefangene US-Mariner ausgesprochen fies; die fliehen, um ihren kriegsentscheidenden Beitrag zum Pazifikkrieg leisten zu können, und eine jugendliche Schönheit hilft dabei; verlogenes Kriegsspektakel ohne Niveau, teils unfreiwillig komisch.

Schlacht in den Wolken / Aces High / Le tigre du ciel ∗∗ ½
GB 1976 – 103 Min. – R: Jack Gould. D: Malcolm McDowell, Christopher Plummer, Ray Milland, Trevor Howard, Sir John Gielgud, Simon Ward, Peter Firth.
Fliegerfilm. Eine britische Aufklärungsstaffel im Ersten Weltkrieg erlebt die Grausamkeiten des Kriegs; fragwürdiges Antikriegsengagement in einem Film, dessen perfekt inszenierte Luftkampfsequenzen den Krieg als Mittel zum Lustgewinn durch Abenteuer glorifizieren; ein Spektakel um Todesangst und deren Verdrängung.

Die Schlacht um Algier / La battaglia di Algeri ∗∗ ½
I/Algerien 1965 – 115 Min. sw. – R: Gillo Pontecorvo. D: Brahim Haggiag, Jean Martin, Yacef Saadi.
Zeitdokument. Die Spielhandlung ist mit einer Chronik des algerischen Befreiungskrieges von 1954 bis 1957 verwoben, in der algerische Rebellen gegen französische Fallschirmspringer kämpfen. Am Ende der Rekonstruktion entscheidender Episoden steht ein Epilog aus dem Jahr 1960.

Die Schlacht um den Planet der Affen / Battle for the Planet of the Apes ∗ ½
USA 1973 – 86 Min. – R: J. Lee Thompson. D: Roddy McDowall, Claude Akins, Don Murray.
Fantasyfilm. Nach der Atomkatastrophe gibt es den Krieg Menschen gegen Affen – und wie zu erwarten, gewinnen die Affen; sie wollen einen für immer friedlichen Staat aufbauen. Einfallslose Utopie, nicht mehr so spaßig wie die früheren »Planet der Affen«-Filme.

Die Schlacht von Marathon / La battaglia di Maratona * ½
I/F 1959 – 86 Min. – R: Jacques Tourneur. D: Steve Reeves, Mylène Demongeot, Sergio Fantoni, Alberto Lupo.
Sandalenfilm. Steve Reeves als muskelbepackter Supermann und Olympiasieger schlägt auch die Perser in allen Disziplinen. Andromeda liebt den starken Schläger; so war es eben in der Antike.

Der Schlachter / Le boucher ** ½
F/I 1970 – 89 Min. – R: Claude Chabrol. D: Jean Yanne, Stéphane Audran, Roger Rudel.
Krimi. Der Metzger Popaul macht der scheuen Lehrerin ständig neue Anträge – und sie macht eines Tages eine bestürzende Entdeckung. Hinter einer kleinbürgerlich-anständigen Fassade tun sich erschreckende Abgründe auf. Thriller mit kritischem Ansatz und von untergründiger Spannung.

Der Schlaf der Vernunft ** ½
BRD 1984 – 78 Min. sw. – R: Ula Stöckl. D: Ida di Benedetto, Christoph Lindert, Christina Scholz, Pina Esposito.
Medea-Version. Eine Ärztin stellt fest, daß durch ein Zusammentreffen von kleineren Katastrophen ihr Leben in eine Krise gerät; sie reagiert, auf ihre Art, wie das Vorbild aus der griechischen Mythologie. Die Regisseurin erhielt den Bundesfilmpreis und den Preis der Deutschen Filmkritik, Kameramann Axel Block den Deutschen Kamerapreis für hervorragende Schwarzweißfotografie.

Schlaf gut, Vater / The Last Tenant TV-Film
USA 1978 – 95 Min. – R: Jud Taylor. D: Tony LoBianco, Lee Strassberg, Christine Lahti.
Ein Junggeselle in den besten Jahren will endlich heiraten, da beschließt die Familie, daß er seinen alten Vater versorgen muß. Gutgebautes Melodram – der Drehbuchautor George Rubino wurde preisgekrönt.

Schlaflose Tage TV-Film
BRD 1982 – 98 Min. – R: Diethard Klante. D: Hans-Peter Hallwachs, Hannelore Hoger, Sandra Boehmelt.
Nach einem Herzanfall verläßt ein 36jähriger Lehrer seine Familie und lernt in einem Tanzlokal das Mädchen Antonie kennen. Flache, klischeehafte Szenen aus dem DDR-Alltag; nach einem Roman von Jurek Becker.

Das Schlafzimmer ist nebenan / That Funny Feeling **
USA 1965 – 93 Min. – R: Richard Thorpe. D: Sandra Dee, Bobby Darin, Donald O'Connor.
Komödie. Die schnuckelige Studentin Sandra Dee verdient ihr Geld als Putzfrau und verliebt sich in den leichtfüßigen Playboy Bobby Darin. Kurzweilig, amüsant.

Schlag Zwölf in London / The Two Faces of Dr. Jeckyll / House of Fright * ½
USA 1961 – 85 Min. – R: Terence Fisher. D: Paul Massie, Dawn Addams, Christopher Lee, David Kossoff.
Horrorfilm. Manchmal unfreiwillig komische Version der Jeckyll-Hyde-Story von R. L. Stevenson, mit psychologischem Touch und einem schwächlichen Typ als Doktor in der Mann-Frau-Beziehung. Uninspiriert.

Schlagende Wetter
siehe: So grün war mein Tal

Der Schläger von Chicago / The Square Jungle **
USA 1955 – 83 Min. sw. – R: Jerry Hopper. D: Tony Curtis, Pat Crowley, Ernest Borgnine.
Boxerfilm. Tony Curtis boxt sich nach oben, mit einem Mädchen an seiner Seite: die klassische Profikarriere mit Höhepunkten und Tiefschlägen. Wild und hart.

Schlagerparade *
BRD 1960 – 105 Min. – R: Franz Marischka. D: Renate Ewert, Vivi Bach, Walter Groß, Gitte, Rex Gildo, Bill Ramsey, Eddi Arent.
Musikfilm. Schwache Story um zwei verfeindete Nachbarn, die ausreichend Zeit läßt für Stars und Hits der 60er vor Einbruch der fetzigen US-Musik.

Schlagerpiraten / The Girl Can't Help It ***
USA 1956 – 94 Min. – R: Frank Tashlin.

D: Tom Ewell, Jayne Mansfield, Edmond O'Brien, Henry Jones.
Musikkomödie. Jayne Mansfield als Sexbombe und Schlagerstar wider Willen bringt Eisblöcke zum Verdampfen und Brillengläser zum Zerspringen in ihrem schönsten, kuriosesten Film, der noch eine Reihe anderer Popstars mit ihren Evergreens auf die Leinwand bringt, so Fats Domino, Julie London und Little Richard.

Schlagschuß / Slap Shot ** ½
USA 1977 – 115 Min. – R: George Roy Hill. D: Paul Newman, Michael Ontkean, Lindsay Crouse, Jennifer Warren, Strother Martin.
Sportfilm. Newman ist Trainer eines Eishockeyteams, das ständig erfolglos bleibt, bis man sich entschließt, zu unsauberen Mitteln zu greifen. Stellenweise grotesk; böse Satire auf einen harten Sport.

Schlange, Herz und Pantherkopf TV-Film
BRD 1986 – 95 Min. – R: Rainer Wolffhardt. B: Rüdiger Kremer, Bernd Rachel. D: Joachim Bissmeier, Britta Fischer, Gisela Freudenberg, Gerhard Dressel.
Ein Pathologe stellt bei der Untersuchung eines Selbstmords fest, daß der Verstorbene, der sich einen qualvollen Tod bereitete, ein ehemaliger SS-Arzt war; eindrucksvoller Film über das Elend, das Verdrängen und die Bewältigung von Schuld.

Schlangengift / Hadí jed ** ½
ČSSR 1981 – 88 Min. – R: František Vláčil. D: Josef Vinklář, Ilona Svobodová, Karel Heřmánek.
Melodram. Eine Studentin sucht nach dem Tod ihrer Mutter den unbekannten Vater; der lebt als hoffnungsloser Trinker in einem Bauwagen; ein düsteres Psychodrama über Isolation und Auswegslosigkeit.

Schlangennest / Le ambizioni sbagliate TV-Film
I – 95 Min. – R, B: Fabio Carpi, Giuseppe D'Avino. D: Véronique Genest, Marie Laborit, Giovanni Visentin.
Psychodrama nach Alberto Moravia um den Verfall einer reichen Familie im Faschismus. Kritisches und melodramatisches Porträt einer morbiden Gesellschaftsklasse, aus der eine junge Frau ausbricht.

Der schlechte Samariter / The Night of Courage TV-Film
USA 1987 – 90 Min. – R: Elliot Silverstein. D: Bernard Hughes, Daniel Hugh-Kelly, David Hernandez, Geraldine Fitzgerald.
Aus Angst vor Erpressung verweigert ein Bürger einem jungen Puertoricaner Hilfe, als dieser von einer Straßenbande verfolgt wird; es kommt zur Katastrophe. Der Lehrer des Jungen versucht das entsetzliche Geschehen jener Nacht aufzuklären; Verfilmung des Erfolgsstückes »In This Fallen City« von B. Williams.

Der schleichende Tod / Endangered Spezies **
USA 1982 – 92 Min. – R: Alan Rudolph. D: Robert Urich, Jo Beth Williams, Hoyt Axton.
Melodram. Ein New Yorker Polizeibeamter verfolgt einen Fall von Manipulation, in dem Rinder verstümmelt wurden. Der Film basiert auf einem wahren Fall aus dem Westen der USA.

Die Schlemmerorgie / Who Is Killing the Great Chefs of Europe? **
BRD/GB/F/I 1978 – 108 Min. – R: Ted Kotcheff. D: George Segal, Jacqueline Bisset, Robert Morley, Jean-Pierre Cassel, Philippe Noiret.
Krimikomödie. Für die Königin von England wird von den vier größten europäischen Küchenchefs ein Festbankett angerichtet. Doch da meldet sich ein Durchgedrehter mit Morddrohungen. Der Film mixt Küchen- und Mordrezepte zu einem bekömmlichen Menü.

Schlepptaue
siehe: Im Schlepptau

Schleuderpartie / Slither ** ½
USA 1973 – 92 Min. – R: Howard Zieff. D: James Caan, Richard B. Shull, Peter Boyle, Sally Kellerman, Louise Lasser, Allen Garfield.
Kriminalkomödie. Ein Exhäftling gibt einem Kumpel Hinweise auf unterschlagenes Geld; die Hinweise erweisen sich als Puzzleteilchen, und es gibt mehr Interessenten, als erwartet; seltsame Reise eines Panoptikums seltsamer Typen, bei der zwei gefährlich wirkende Vehikel an

Spielbergs »Duell« erinnern, ohne die intensive Spannung dieses Thrillers zu erreichen; nicht besonders komisch, dennoch überdurchschnittlich.

Die Schlinge TV-Film
BRD 1964 – 70 Min. – R: Rolf Hädrich. D: Harald Leipnitz, Ingmar Zeisberg, Paul Albert Krumm, Bruno Hübner.
Adaption eines Stücks von Marek Hlasko über einen alkoholkranken Schriftsteller, dem eine Frau zu helfen versucht; nicht sehr tiefschürfende Suchtgeschichte mit beachtlichen Darstellern.

Ein Schlitzohr außer Rand und Band / Delitto al ristorante cinese * ½
I 1981 – 96 Min. – R: Bruno Corbucci. D: Tomas Milian, Enzo Canavale, Bombolo (eigtl. Franco Lechner), John Chen, Giacomo Furia.
Kriminalfilm. Der unkonventionelle Kommissar Grimaldi muß sich gegen Kollegen, die sein schwarzgebautes Strandhaus abreißen wollen, und Gangster der Chinesenszene Roms zur Wehr setzen; mäßig witzig und unterhaltend.

Das Schlitzohr vom Highway 101 / Delitto sull' autostrada *
I 1982 – 76 Min. – R: Bruno Corbucci. D: Tomas Milian, Viola Valentino, Bombolo.
Actionklamotte. Ein Bulle tarnt sich als Trucker, um einer Straßenräuberbande auf die Schliche zu kommen. Aus etlichen Episoden stattlich zusammengeschusterter Film, der seine wenigen Qualitäten, wie Hauptdarsteller Milian und Originalschauplätze, durch handwerkliche Schlamperei und kalauernde Kraft- und Kodderdialoge vermurkst.

Das Schloß ** ½
BRD 1968 – 88 Min. – R: Rudolf Noelte. D: Maximilian Schell, Cordula Trantow, Trudik Daniel, Helmut Qualtinger.
Literaturverfilmung. Ein Landvermesser geht in die Provinz und bekommt dort kein Bein auf den Boden – zur feindlichen Natur gesellt sich die Willkür der Behörden. Der Film von beunruhigender Atmosphäre nach dem gleichnamigen Romanfragment von Franz Kafka schafft es nur manchmal, dann aber zwingend, die Verstörungen der Vorlage in Bilder zu übersetzen.

Schloß des Schreckens / The Innocents ***
GB 1961 – 99 Min. – R: Jack Clayton. D: Deborah Kerr, Michael Redgrave, Megs Jenkins.
Gruselthriller. Eine junge Gouvernante auf unheimlichem Schloß findet sich bald in einer irrealen Welt aus Wahn und Wirklichkeit, als sie feststellt, daß die Kinder ständig Erscheinungen haben: Ein Mann winkt von einem Turm, ein Junge unterhält sich mit einem Gespenst, ein häßliches Gesicht erscheint hinter einer Scheibe. Sind die Kinder von bösen Mächten verhext? Berühmter Horrorklassiker, schauspielerisch hervorragend Deborah Kerr, stilsicher inszeniert nach einer Erzählung von Henry James. Die Geschichte wurde 1971 noch einmal mit Marlon Brando unter dem Titel »Das Loch in der Tür« verfilmt.

Schloß Gripsholm **
BRD 1963 – 90 Min. – R: Kurt Hoffmann. D: Walter Giller, Jana Brejchova, Hanns Lothar, Nadja Tiller, Agnes Windeck.
Lustspiel. Ein junges Traumpaar erlebt in Schweden einen Traumurlaub, der mit einer auf eine Nacht befristeten Ménage à trois endet, die das Paar noch näher zusammenbringt; ein heiterer Film, der aber die lockere Unbeschwertheit von Tucholskys Romanvorlage mit ihrem Bekenntnis zu Lebenslust und -freude nicht erreicht.

Schloß Hubertus **
BRD 1973 – 88 Min. – R: Harald Reinl. D: Karl Lange, Ute Kittelberger, Karlheinz Böhm, Sascha Hehn, Evelyn Opela.
Heimatfilm. Der alte Graf ist von manischer Jagdleidenschaft besessen, das Verhältnis zu seinen Kindern wird immer brüchiger, auf dem Schloß läßt er sich kaum noch sehen. Eine farbige Heimatwelt voll zwiespältiger Idylle.

Das Schloß im Spinnwebwald / Kumonosujo *** ½
J 1957 – 102 Min. sw. – R: Akira Kurosawa. D: Toshiro Mifune, Isuzu Yamada, Monoru Chiaki, Takashi Shimura.
Shakespeare-Verfilmung. »Macbeth« in der Welt der Samurai; Machtstreben, das in Wahn und Blutrausch endet, in stili-

sierten Bildern von überwältigender, düsterer Schönheit dargestellt; ein Schlüsselfilm Kurosawas.

Das Schloß in Flandern * ½

D 1936 – 88 Min. sw. – R: Géza von Bolvary. D: Martha Eggerth, Paul Hartmann, Georg Alexander, Sabine Peters.

Unterhaltungsfilm. Im Jahr 1918 hört Captain Winsbury in einem halbzerschossenen belgischen Schloß eine Schallplattenaufnahme der Sängerin Gloria Delmare und kann sie nicht mehr vergessen; fünf Jahre später kommen sich Idol und Fan auf seltsamen Wegen näher. Der mit plätschernder Schlagermusik versüßte Film präsentiert ungeniert den Kitsch der Vorkriegszeit, harmlos, aber herzlich.

Schloß mit späten Gästen TV-Film

A – 70 Min. – R: Alois Hawlik. B: Gerhard Amanshauser. D: Fritz von Friedl, Erika Deutinger, Alfred Reiterer, Ulli Maier.

Der Konsul erwirbt für viel Geld ein verfallenes Schloß, um ein Kulturzentrum draus zu machen, mit dem er protzige Selbstdarstellung betreiben will. Satire auf den Kultursnobismus.

Schloß & Siegel ** ½

BRD 1987 – 77 Min. – R: Heidi Ulmke. D: Karl-Heinz Maslo, Christiane Carstens, Susanne Bredehöft.

Gefängnisgroteske. Der Film aus deutschen Knästen schildert präzise und unprätentios den monoton-trüben Gefängnisalltag, handelt aber auch von der Erwartung zweier Liebender hinter Schloß und Riegel, die eine Brieffreundschaft begonnen und Antrag auf Besuchserlaubnis gestellt haben. Grotesk, witzig, kurios.

Schlucht des Grauens / Canyon River * ½

USA 1956 – 77 Min. – R: Harmon Jones. D: George Montgomery, Marcia Henderson, Peter Graves, Richard Eyer, Walter Sande, Robert J. Wilke, Alan Hale jr.

Viehwestern. Unterwegs nach Wyoming wird der Rancher Patrick mit seiner Viehherde vom eigenen Vormann traktiert, mit Viehdieben konfrontiert, von indianischen Räubern gepiesackt. Durch alle Abenteuer hindurch kommt dieser größtenteils in Studiokulissen realisierte B-Western glücklich ans Ende; eine Reihe guter Genredarsteller der zweiten Garde, hin und wieder ein schönes Landschaftsbild, eine gutfotografierte Rinderstampede am Ende und ein recht bleihaltiger Shootdown entschädigen für die relative Handlungsarmut in einem redseligen Heimatfilm.

Schlucht des Verderbens / Gun Glory **

USA 1957 – 86 Min. – R: Roy Rowland. D: Stewart Granger, Rhonda Fleming, James Gregory, Chill Wills.

Western. Als ein Farmer, der sich den Ruf eines Revolverhelden erworben hat, nach Jahren nach Hause zurückkehrt, muß er um das Vertrauen seines Sohnes kämpfen; routinierter Western um Gunfighter- und Generationskonflikte.

Schlußakkord ** ½

D 1936 – 96 Min. sw. – R: Detlef Sierck. D: Willy Birgel, Lil Dagover, Maria von Tasnady, Theodor Loos, Maria Koppenhöfer.

Melodram. Ein Dirigent adoptiert einen Jungen, um seine Ehe zu retten; dessen Mutter läßt sich inkognito als Erzieherin anstellen, dann stirbt plötzlich die Dirigentenfrau; ein mit leichter Hand gedrehter Film, der dennoch dem Problem gerecht wird; Detlef Sierck ist Douglas Sirk (so nannte er sich später in den USA).

Der Schlüssel zum Paradies / The Captain's Paradise **

GB 1952 – 95 Min. sw. – R: Anthony Kimmins. D: Alec Guinness, Celia Johnson, Yvonne De Carlo, Charles Goldner.

Liebeskomödie. Ein Fährkapitän zwischen Gibraltar und Tanger hat die freie Auswahl zwischen zwei Frauen an seinen Zielorten. Alec Guinness nutzt die Chance und durchpflügt die Wellen der Filmliebe mit Charme, Witz und Ironie.

Der Schmalspurschnüffler / The Cheap Detective * ½

USA 1978 – 89 Min. – R: Robert Moore. D: Peter Falk, Marsha Mason, Louise Fletcher, Ann-Margret.

Krimipersiflage. Peter Falk als Privatdetektiv à la Bogart soll einen alten Todesfall aus dem Jahr 1939 in San Francisco aufklären. Mittelmäßige Parodie auf »Casablanca« und die Filme der »Schwarzen Serie« – nach einem Drehbuch von Neil Simon.

Schmerz TV-Film
BRD 1987 – 60 Min. – R: Martin Choroba, Stefan Weller. D: Günter Lamprecht, Wenzel Königsberg, Claudia Amm.
Am Beispiel eines Exradrennfahrers zeigt diese »Westallgäuer Filmproduktion«, wie Menschen, die unter ständigen Schmerzen leiden, von Ärzten und ihrer Umwelt im Stich gelassen werden; eine Gesprächstherapie veranschaulicht Wünsche, Zwänge und Krankheiten des modernen Zeitgenossen.

Schmetterlinge TV-Film
BRD 1987 – 55 Min. sw. – R: Wolfgang Becker. D: Bertram von Boxberg, Lena Boehncke.
Ein kleines Mädchen ist im Industriekanal ertrunken, niemand weiß, wie es dazu kam; der einzige Zeuge ist ein Junge, der vom Vater und der Polizei verhört wird.

Schmiere / Grease ** ½
USA 1978 – 114 Min. – R: Randal Kleiser. D: John Travolta, Olivia Newton-John, Stockard Channing, Jeff Conaway, Dinah Manoff.
Tanzfilm. Adaption des sensationellen Broadwaymusikal-Erfolgs über die sexgeschwängerten Liebesmühen des Teenieidols Travolta, des Prototypes des »Greasers« (verächtlich für »Lateinamerikaner«), der zu netten Popmelodien Machogehabe zelebriert; Kultfilm, ansonsten überschätzt.

Schmuggler am Werk / La maison dans la dune **
F 1950 – 98 Min. sw. R: Georges Lampin. D: Roger Pigaut, Jean Chevrier, Ginette Leclerc, Marie-Claire Olivia.
Krimi. Ein flottes Trio ist an der belgisch-französischen Grenze erfolgreich im Tabakschmuggel, dann mischen sich die Gefühle ein; ein Zöllner bleibt auf der Strecke, und das Gesetz schlägt zu. Durchschnittsfilm der 50er Jahre, der saubere EWG-Moral vorwegnimmt, die Handlung hochleben läßt und auf künstlerische Schnörkel verzichtet.

Die Schmuggler-prinzessin / The Penny Princess ***
GB 1952 – 100 Min. – R: Val Guest. D: Yolande Donlan, Dirk Bogarde, Edwin Styles.
Liebeskomödie. Eine amerikanische Verkäuferin erbt einen europäischen Zwergstaat, der vom Schmuggel lebt; empört verbietet das die frischgekürte Prinzessin, doch schnell geraten die Finanzen ins Rutschen, da bietet sich eine Ersatzlösung an. Der mit leichter Hand inszenierte und amüsant gespielter Film ist eine Perle im Genre der unbeschwerten Lustspielromanzen.

Eine schmutzige Geschichte / Une sale affaire **
F 1981 – 86 Min. – R: Alain Bonnot. D: Marlène Jobert, Victor Lanoux, Agnès Château.
Drogenkrimi. Um an Beweise zu gelangen, die die Verstrickung eines Bürgermeisters in Drogendeals aufdecken, macht sich ein Kommissar an dessen Sekretärin heran; melancholisch und von unterkühltem Kolorit.

Schmutziger Lorbeer / The Harder They Fall ** ½
USA 1956 – 108 Min. sw. – R: Mark Robson. D: Humphrey Bogart, Rod Steiger, Jan Sterling, Max Baer sen., Jersey Joe Walcott.
Boxmilieufilm. Bogart als ehemaliger Sportjournalist lernt die schmutzigen Geschäfte des Boxmilieus kennen. Als sein Schützling verheizt wird, schreibt er eine aufklärende Artikelserie, die Staub aufwirbelt. Der mit dokumentarischen Sequenzen angereicherte, milieuechte Film orientiert sich an der Karriere des Boxweltmeisters Primo Carnera.

Schmutziges Geld / The Club **
AUS 1980 – 93 Min. – R: Bruce Beresford. D: Jack Thompson, Frank Wilson, Graham Kennedy.
Sportfilm. Die Geschichte eines exzellenten Footballtrainers und die schmutzigen Machenschaften hinter den Kulissen erzählt dieses kantige Melodram aus der rauhen Welt des Profisports.

Schmutziges Spiel / ** ½
AUS 1980 – 90 Min. – R: Bruce Beresford. D: Jack Thompson, Harold Hopkins, Graham Kennedy, Frank Wilson.
Sportlerfilm. Die Verpflichtung eines neuen Stars für eine Footballmannschaft löst Intrigen und Machtkämpfe aus; Insiderstory um fragwürdige Machenschaften im Big Business des Profisports; authentisch und von atmosphärischer Dichte.

Schnee / Neige ** ½
F/B 1981 – 85 Min. OmU. – R: Juliet Berto. D: Juliet Berto, Jean-François Stévenin, Robert Liensol, Ras Paul I Nephtali.
Drogenfilm. Eine Barfrau steigt ins Kokaingeschäft ein, nachdem ihr Schützling, ein Junge von den Antillen, erschossen wurde; hart, um Authentizität bemüht; eindrucksvoller Debütfilm.

Schnee am Kilimandscharo / The Snows of Kilimanjaro **
USA 1952 – 111 Min. – R: Henry King. D: Gregory Peck, Susan Hayward, Ava Gardner, Hildegard Knef.
Literaturverfilmung. Nach einem Jagdunfall im Safarizelt mit dem Tod kämpfend, erlebt ein Schriftsteller noch einmal Stationen seines Lebens; effektvoll fotografierte Variante des Hemingway-Stoffs, die ein Happy-End offenläßt; nicht nur deswegen etwas kraftlos.

Schnee auf Capri / Neige à Capri TV-Film
F/CH/I 1984 – 100 Min. – R: Gian Luigi Calderone. D: Philippine Leroy-Beaulieu, Luigi DeFilippo, Kara Donati, Lorenzo Piani.
Ein Exsträfling sucht seine ehemalige Geliebte auf, die inzwischen mit einem Gangsterboß auf Capri lebt. Plötzlich ist der Gangster tot und der Verdacht eindeutig. Ein Film aus der »Série noire« mit einigen Überraschungen.

Schneeglöckchen blühen im September ** ½
BRD 1973/74 – 105 Min. – R: Christian Ziewer. D: Claus Eberth, Wolfgang Liere, Kurt Mickler.
Sozialkritischer Film. Einer der besten Filme aus dem Arbeitermilieu der Nachkriegszeit. Eine Akkordkolonne kämpft gegen Prämienkürzung; Ziewer folgt ihrem Verhalten unaufdringlich, mit politischer Sensibilität.

Der Schnüffler ** ½
BRD 1983 – 91 Min. – R: Ottokar Runze. D: Dieter Hallervorden, Cathérine Alric, Tilo Prückner, Siegfried Wischnewski, Eddie Constantine.
Klamotte. Taxifahrer peppt sich durch Wunderdroge zum Doppelagenten auf; aus dieser halbwegs tragfähigen Idee mixt Regisseur Runze (»Der Lord von Barmbeck«) ein Westberlin-»Road Movie«, das die politische Besonderheit der damaligen Frontstadt mit den komödiantischen des Helden Hallervorden zu einem lauten, überdrehten und actiongeladenen Filmknaller hochschraubt.

Der Schocker / Traitement de choc **
F 1973 – 90 Min. – R: Alain Jessua. D: Annie Girardot, Alain Delon, Michel Duchaussoy.
Thriller. Eine Geschäftsfrau will in einem Sanatorium ihre überreizten Nerven kurieren und gerät in eine Umwelt voll böser Überraschungen; spannend durch raffiniertes Spiel mit Gemütsverfassungen.

Die Schokoladenschnüffler ** ½
BRD 1985 – 86 Min.Ⓥ Vestron. – R: Jiří Menzel. D: Rolf Knie, Gaston Häni, Susanne Uhlen, Karl-Heinz Vosgerau.
Krimi. Weil der unheimliche Tigerkrallen-Mörder umgeht und laufend junge Damen abmurkst, müssen sich die beiden eidgenössischen Polizisten Max und Gaston etwas einfallen lasen; beim Schokoladeessen kommen ihnen die besten Ideen.

Schön ist die Liebe am Königssee ** ½
BRD 1960 – 80 Min.Ⓥ Taurus. – R: Hans Albin. D: Marianne Hold, Harald Juhnke, Gustavo Rojo, Walter Groß, Bum Krüger.
Liebesfilm. Heimliche und vertraglich verbotene Ehe eines Ballettmädchens löst Verwicklungen aus, denn nun muß versucht werden, die Ballettchefin zu verheiraten; konventionelle Beziehungs-

kisten lösen in diesem typischen Musikfilm der endfünfziger Jahre viel Gesang und ähnliches aus (mit Max Greger, Gus Backus u. a.); ein Leckerbissen für Nostalgiker.

Schön muß man sein ✱✱
BRD 1951 – 90 Min. sw. – R: Akos v. Ratony. D: Rudolf Platte, Anny Ondra, Sonja Ziemann, Willy Fritsch, Hardy Krüger.
Musikkomödie. Hinter-die-Kulissen-Blick in die Ticks und Tricks einer Operettenbühne, hinter der Liebelei und Kollegenneid, Allüren und Krisen an der Tagesordnung sind. Beschwingt von allen Beteiligten heruntergespielt.

Das schöne Abenteuer ✱ ½
BRD 1959 – 100 Min. – R: Kurt Hoffmann. D: Liselotte Pulver, Robert Graf, Oliver Grimm, Bruni Löbel.
Lustspiel. Eine englische Lehrerin sucht in der Provence die Familie ihres verstorbenen Vaters; ein harmloses Unterhaltungsfilmchen, das nur beweist, daß deutsch(sprachig)e Schauspieler(innen) besser keine Briten und Provenzalen spielen sollten; auch Franz Grothes Musik trifft nicht recht.

Eine schöne Bescherung / Carbon Copy ✱✱
USA 1981 – 89 Min. – R: Michael Schultz. D: George Segal, Susan Saint-James, Denzel Washington.
Komödie. Der Held verliert seine Identität als Jude und wird als Amerikaner weißer Hautfarbe ein erfolgreicher Manager; da taucht eines Tages sein illegitimer siebzehnjähriger Sohn auf, der schwarz ist. Mischung aus Groteske und sozialem Drama; nicht immer gelungen.

Das schöne Ende dieser Welt TV-Film
BRD 1983 – 90 Min. Ⓥ atlas. – R: Rainer Erler. D: Robert Atzorn, Claire Obermann, Judy Winter, Götz George.
Zeitkritischer Film um die Produktion von Chemikalien und eine Spekulation in Australien. Ein junger Mann wird vom Konzern dorthin geschickt, um undurchsichtige Geschäfte abzuwickeln. Wichtiges Thema – zu kolportagehaft gestaltet.

Schöne Isabella / C'era una volta ✱✱ ½
I/F 1966 – 94 Min. – R: Francesco Rosi. D: Sophia Loren, Omar Sharif, Dolores del Rio, Leslie French.
Filmmärchen. Der gutgebaute Prinz will das feurige Bauernmädchen Isabella zur Frau, doch Mutter ist dagegen; sie wünscht, daß er nicht mehr auf Ritterturnieren kämpft, die Mädchen in Ruhe läßt, standesgemäß heiratet und ein ordentliches Leben führt: Aus diesem Grund treten viele Prinzessinnen in den Wettbewerb. Üppige Ausstattung; farbig, sinnenfroh; nach einem neapolitanischen Volksmärchen.

Die schöne Lügnerin ✱✱ ½
BRD/F 1959 – 95 Min. – R: Axel von Ambesser. D: Romy Schneider, Jean-Claude Pascal, Helmut Lohner, Hans Moser, Charles Regnier, Josef Meinrad, Helmut Qualtinger, Marcel Marceau.
Kostümkomödie. Prächtige Roben, Herrscher und Hofschranzen auf dem Wiener Kongreß 1815. Romy Schneider als kleine Korsettmacherin wirbelt die hohen Herren durcheinander; der Zar und Fürst Metternich lassen grüßen.

Der schöne Mann TV-Film
BRD 1988 – 100 Min. – R, B: Marianne Lüdcke. D: Max Volker Martens, Franziska Walser, Beate Jensen, Peter Roggisch.
Das Schöne ist nur eine Äußerlichkeit, die nicht Bestand hat. Der schöne Dressman hält zwar die Spielregeln eines flotten, lustigen Lebens ein, innerlich aber ist er unsicher, leer, voller Angst; seine Beziehungen zu Frauen scheitern; frei nach der Erzählung von Dieter Wellershoff.

Die schönen Morde des Eric Binford / Fade to Black ✱✱
USA 1980 – 98 Min. Teilweise sw. – R: Vernon Zimmerman. D: Dennis Christopher, Linda Kerridge, Tim Thomerson, Morgan Paul, Mickey Rourke.
Thriller. Ein verklemmter Filmfan gerät immer mehr in eine Traumwelt, vor allem, nachdem er eine Monroe-Kopie kennengelernt hat; er begeht bizarre Morde. Ein Film voller Hinterlist und visueller Tücke, sequenzweise spannend und teils recht brutal; insofern auch Hommage fürs Horrorkino und schwarze Krimis.

Die schönen Wilden / Le Sauvage ∗∗
F 1975 – 105 Min. – R: Jean-Paul Rappeneau. D: Yves Montand, Catherine Deneuve, Luigi Vanucchi.
Moderner Liebesfilm. Ein Aussteiger und eine geflüchtete Schöne treffen sich auf einer einsamen Insel. Ein dramatisches, amüsantes, aufregend gespieltes Kammerspiel beginnt. Zwei »Welten«, grundverschieden, einander ausgeliefert, lieben und hassen sich.

Ein schöner November / ∗∗∗
Un belissimo novembre
I/F 1968 – 84 Min. – R: Mauro Bolognini. D: Gina Lollobrigida, Paolo Turco, Gabriele Ferzetti, André Laurence.
Liebesfilm. In ihrer sizilianischen Stammvilla trifft sich regelmäßig eine Sippschaft von Lebenskünstlern und zweifelhaften Existenzen. Der 17jährige Nino, voller Ideale, verliebt sich in seine Tante, die sündhaft schöne Cettina; eine aufwühlende Zeit beginnt. Der wunderschön inszenierte Film unterhält komödiantisch und macht melancholisch – wegen der Fülle ausgebreiteten, aber ungenützten Lebens.

Ein schönes Mädchen wie ich / Une belle fille comme moi ∗∗∗
F 1972 – 98 Min. – R: François Truffaut. D: Bernadette Lafont, Claude Brasseur, Charles Denner, Guy Marchand.
Liebeskomödie. Camille erzählt im Knast einem Doktoranden ihr Leben; der Soziologe ist fasziniert von der schönen Mörderin, die er aus dem Gefängnis holt – doch dann lernt er ihre rabenschwarze Seite kennen. Truffaut (»Die Braut trug Schwarz«) schuf mit dieser temporeichen und absurden Revue über den Zusammenhang von Verbrechen und Liebe eine seiner besten Komödien.

Der Schönste TV-Film
BRD – 90 Min. – R: Burghard Schlicht. D: Burghard Schlicht, Ling Tai, Rolf Idler, Rio Reiser, Circe.
Ein Stadtstreicher mit ästhetischem Sinn und Selbstbewußtsein fällt immer wieder auf die Schnauze, will jedoch hoch hinaus. Seine Unternehmenspläne gehen schief, dafür lernt er eine attraktive Thailänderin kennen. Der im schillernden Bahnhofsmilieu Frankfurts spielende Erstling des Regisseurs und Hauptdarstellers will zuviel, ist seiner Mittel nicht sicher; er schafft jedoch immer wieder Stimmungen, Situationskomik und Milieudarstellungen von beachtlicher Dichte; der Regisseur als Hauptdarsteller prägt sich ein, am Ende fehlt leider der Mut zum Happy-End.

Schönste der Stadt / ∗∗ ½
The Strawberry Blonde
USA 1941 – 95 Min. sw. – R: Raoul Walsh. D: James Cagney, Olivia de Havilland, Rita Hayworth, Alan Hale sr.
Komödie. Liebesprobleme eines ehedem karriereorientierten Zahnarztes, der nach Jahren seiner Jugendliebe wiederbegegnet; witzige, spritzige Unterhaltung mit einer exzellenten Besetzung.

Die schönste Frau der Welt / La donna più bella del mondo ∗∗
I/F 1955 – 95 Min. – R: Robert Z. Leonard. D: Gina Lollobrigida, Vittorio Gassmann, Robert Alda, Anne Vernon.
Komödie. Eine Nachwuchsschauspielerin verliebt sich in einen Prinzen, der sich Jahre später aufgrund einer Wette um sie bemüht; opulent fotografiert, mit Witz inszeniert und mit Charme gespielt, flotter Edelkitsch.

Das schönste Freundehaus in Texas / The Best Little Whorehouse in Texas ∗∗
USA 1981 – 104 Min. Ⓥ CIC. – R: Colin Higgins. D: Burt Reynolds, Dolly Parton, Dom DeLuise, Charles Durning.
Musical. Lange Zeit blieb die Freundschaft zwischen dem Sheriff und der Chefin einer »Hühnerfarm« unterm Teppich, doch dann taucht ein Moralfanatiker auf; ein trotz mancher Gags eher müder Tanzfilm, dem musikalisches Temperament fehlt.

Der schönste Tag meines Lebens ∗ ½
A 1957 – 89 Min. – R: Max Neufeld. D: Paul Hörbiger, Michael Ande, Richard Eybner und die Wiener Sängerknaben.
Heimatfilm. Eine rührende Geschichte aus den Bergen um einen Waisenjungen, der bei den Wiener Sängerknaben eine neue Heimat findet. Schnulze mit Musik.

Die Schönste von Montana / Montana Bell **

USA 1952 – 80 Min. sw. – R: Allan Dwan. D: Jane Russell, Scott Brady, George Brent, Andy Devine, Forrest Tucker.

Western. Eine berühmt-berüchtigte Ganovenbraut soll wegen Viehdiebstahls gehenkt werden – die Daltons retten sie. Der bunte, aber nur mäßig interessante Western verliert schnell seinen dramaturgischen Faden; dennoch schöne Schauwerte, vor allem die großformatige Russell.

Schonungslos / The Price of Fear ** ½

USA 1956 – 74 Min. sw. – R: Abner Biberman. D: Merle Oberon, Lex Barker, Charles Drake, Gia Scala, Warren Stevens.

Gangsterfilm. Hollywood-Glamourstar Oberon in einer ihrer letzten Rollen als harte Karrierefrau in der Tradition der Schwarzen Serie. Straffer B-Film mit viel Atmosphäre.

Schonzeit für Füchse ** ½

BRD 1965 – 90 Min. sw. – R: Peter Schamoni. D: Helmut Förnbacher, Christian Doermer, Andrea Jonasson, Willy Birgel.

Generationsfilm. Zwei junge Männer in der rheinischen Provinz rütteln alternativlos an den Tabus des Geldadels; problembewußte Auseinandersetzung mit dem Bewußtseinszustand der jungen Generation der BRD vor 1968.

Der Schpountz / Le Schpountz ** ½

F 1938 – 92 Min. sw. – R, B: Marcel Pagnol. D: Fernandel, Fernand Charpin, Orane Demazis

Komödie. Gegen alle Widerstände wird ein tumber Tor wunschgemäß zum Filmstar; er heiratet die rettende Helferin und zieht sich in sein provençalisches Heimatdorf zurück; milde, doch treffsichere Satire auf die Welt des Films.

Der schräge Otto * ½

BRD 1956 – 98 Min. – R: Géza von Cziffra. D: Walter Giller, Germaine Damar, Willy Fritsch, Grethe Weiser, Paul Hörbiger.

Schlagerfilm. Revuehopsen um einen liebeskranken Pressechef, angeheizt durch die schrägen Melodien Michael Jarys und blödelnd kommentiert von der frechen Schnauze Grethe Weisers.

Schrammeln **

D 1944 – 100 Min. sw. – R: Géza von Bolvary. D: Marte Harell, Paul Hörbiger, Hans Moser, Hans Holt, Fita Benkhoff.

Künstlerbiographie. Bunte Abziehbilder aus dem Wien der Jahrhundertwende mit den Brüdern Johann und Josef Schrammel im Mittelpunkt. Ihr berühmtes Quartett spielte und komponierte die später weltbekannte Heurigenmusik – dazu werden etwas Liebe, Humor und gemütvolle Stimmung serviert.

Schrecken der Division / Jumping Jacks ** ½

USA 1952 – 83 Min. sw. – R: Norman Taurog. D: Jerry Lewis, Dean Martin, Mona Freeman, Don DeFore, Robert Strauss, Ray Teal.

Komödie. Ein singender Casanova muß zu den Fallschirmjägern und soll eine Truppenbetreuungsshow organisieren; dies gestaltet sich durch die Hilfe des leicht vertrottelten Schreckens der Division Jerry Lewis als schwierig; vergnügliche Militärklamotte mit einem aufgedrehten Duo Lewis/Martin.

Der Schrecken der Medusa / The Medusa Touch **

GB/F 1978 – 109 Min. – R: Jack Gold. D: Lino Ventura, Richard Burton, Lee Remick, Harry Andrews.

Krimi. Trotz einiger Längen ansprechend inszenierter Kriminalfall über einen Mordanschlag auf einen Schriftsteller. Ein Tagebuch und eine Therapeutin führen den Inspektor auf die richtige Spur.

Schrecken im Marsten Haus (1 und 2) / Salem's Lot ** ½

USA 1979 – 1. Teil: 86 Min., 2. Teil: 86 Min. – R: Tobe Hooper. D: David Soul, James Mason, Lance Kerwin, Bonnie Bedelia, Lew Ayres, Reggie Nalder.

Gruselfilm. Adaption eines Romans von Stephen King über einen Schriftsteller, der Rätselhaftes nach einem Selbstmord klären will; nervtötender Schocker um Vampire und andere Böse; hervorragender Mason als finsterer Antiquitätenhändler und Nalder als Chefvampir.

Der Schrecken vom Amazonas / Creature From the Black Lagoon ***

USA 1954 – 79 Min. sw. – R: Jack Arnold. D: Richard Carlson, Julia Adams, Richard Denning, Antonio Moreno.

Phantastischer Gruselfilm. Im Dschungelgebiet des Amazonas finden Forscher einen geheimnisvollen Kiemenmenschen, der sich für die einzige Frau an Bord interessiert. Er wird gejagt, gestellt und sinkt schwer verletzt in die Tiefe. Arnold (»Tarantula«) inszenierte das abenteuerliche Geschehen als »Ökothriller« mit erotischen Akzenten um eine gefährdete und unbekannte Natur.

Das Schreckenskabinett des Dr. Phibes / The Abominable Dr. Phibes ***

GB 1971 – 91 Min. – R: Robert Fuest. D: Vincent Price, Joseph Cotten, Virginia North, Terry-Thomas.

Horrorkrimi. Ein durch Autounfall entstellter Doktor nimmt nach seltsamen Vorgaben Rache an den von ihm der Schuld Verdächtigten; Kultfilm der Horrorgemeinde.

Der Schrei TV-Film

PL 1982 – 95 Min. – R, B: Barbara Sass. D: Dorota Stalinska, Krysztof Pieczynski, Stanislaw Igar, Anna Romantowska.

Eine junge Frau gerät immer tiefer in ein kriminelles Milieu; alle Versuche, ihr Leben zu ändern, scheitern an der Gleichgültigkeit ihrer Umwelt und gesellschaftlichen Zwängen; kritische Auseinandersetzung mit dem heutigen Polen.

Schrei der Großstadt / Cry of the City ** ½

USA 1948 – 96 Min. sw. – R: Robert Siodmak. D: Victor Mature, Richard Conte, Fred Clark, Shelley Winters, Debra Paget.

Gangsterfilm. Der deutsche Experte des »Film noir« Siodmak (»Gewagtes Alibi«) inszenierte diesen Film um zwei ungleiche Freunde und einen Juwelenraub mit halbdokumentarischen Mitteln. Realistische Außenaufnahmen kontrastieren das düstere, im Studio gedrehte Handlungsgeschehen.

Schrei des Gejagten / Cry of the Hunted * ½

USA 1953 – 80 Min. sw. – R: Joseph H. Lewis. D: Vittorio Gassmann, Barry Sullivan, Polly Bergen, William Conrad.

Thriller. Ein Gefängnisbeamter hat seine Umgebung ebenso satt wie ein Bankräuber, den er nach dessen Flucht verfolgt, um an die Beute heranzukommen; in den Sümpfen von Louisiana verkehren sich die Rollen; gelegentliche Spannung wird nicht durchgehalten.

Schrei nach Gerechtigkeit / Outrage! ** ½

USA 1986 – 94 Min. – R: Walter Grauman. D: Robert Preston, Beau Bridges, Burgess Meredith, Linda Purl, Mel Ferrer, Anthony Newley.

Justizfilm. Ein Mann ermordet den wegen Verfahrensfragen freigesprochenen Sexualmörder seiner Tochter, stellt sich der Polizei und versucht, die Justiz durch Verweigerung zur Ehrlichkeit zu zwingen; der spannende Gerichtskrimi folgt dem verzweifelten Bemühen eines jungen Pflichtverteidigers, US-Verfahrensrecht mit Gerechtigkeit zu erfüllen; ein in allen Rollen überzeugend besetzter Film, der die Psychogramme der Romanvorlage von Henry Denker nachzeichnet.

Schritt in den Himmel / One Foot In Heaven ** ½

USA 1941 – 90 Min. sw. – R: Irving Rapper. D: Fredric March, Martha Scott, Beulah Bondi, Gene Lockhart.

Melodram. Adaption der Biographie eines Methodistenpfarrers, Darstellung seines Aufstiegs in der Kirchenhierarchie mit allen Freuden und Enttäuschungen; Melodram, das oft ins Sentimentale hinübergleitet, durch optimistischen Humor jedoch sehenswert bleibt.

Schritte in der Nacht / He Walked By Night **

USA 1949 – 79 Min. sw. – R: Alfred L. Werker (Mitarbeit: Anthony Mann). D: Richard Basehart, Scott Brady, Roy Roberts, Jack Webb.

Krimi. Kleiner Mann und Außenseiter erschießt einen Bullen, der einem Kleindiebstahl auf die Spur kam. Der gesamte Polizeiapparat hetzt ihn daraufhin durch die Abwässerkanäle von Los Angeles. Ein typischer »Film noir«: Ober- gegen Unterwelt, einer gegen alle, illusionslose Story eines Verlierers.

Schuhputzer
siehe: Schuschia

Die Schuld der Helden / Memorial Day TV-Film
USA 1983 – 92 Min. – R: Joseph Sargent. D: Mike Farrell, Shelley Fabares, Keith Mitchell, Robert Walden.
Das Wiedersehen eines Staranwalts mit einigen Vietnam-Kameraden läßt Erinnerungen aufflammen, die er längst verdrängt glaubte; intensive, persönliche Vergangenheitsbewältigung; eindrucksvolle Rollen für Farrell und Walden.

Schuld sind nur die Frauen TV-Film
BRD 1982 – 90 Min. – R: Eugen York. D: Harald Juhnke, Barbara Schöne, Erik Ode, Jutta Speidel.
Philipp ist Parfümvertreter, verheiratet und ein Charmeur. Um seine Produkte an die Frau zu bringen, geht sein persönlicher Einsatz weiter als üblich. Ein Boulevardstück von Curth Flatow.

Die Schule der Briefträger / L'école des facteurs ***
F 1947 – 15 Min. sw. OmU. – R: Jacques Tati. D: Jacques Tati.
Tati-Komödie. Erste Regiearbeit Tatis und brillante Slapstick-Vorstudie zu seinem Debütlangfilm »Jour de fête/Schützenfest« um einen rasenden Postboten, der sein Fahrrad »amerikanisieren« will.

Der Schüler Gerber **
A 1981 – 98 Min. – R: Wolfgang Glück. D: Gabriel Barylli, Werner Kreindl, Romuald Pekny, Paola Loew, Eduard Linkers.
Literaturverfilmung. Im letzten Schuljahr bekommt der Schüler Gerber ausgerechnet den diktatorisch-sadistischen Kupfer zum Klassenlehrer; ein Jahr der Angst beginnt und mündet in die Katastrophe. Nach dem Roman von Friedrich Torberg realiserter Film, dessen exzellente schauspielerische Leistungen für geringe Schwächen einer unentschlossenen, wenn auch atmosphärisch stimmigen Regie entschädigen.

Schüler lieben hübsche Hasen / Grazie Nonna *
I 1975 – 102 Min. – R: Franco Martinelli. D: Edwige Fenech, Enrico Simonetti, Gianfranco d'Angelo.
Erotischer Film. Großvater will sich mit Jungfrau verehelichen, die sich aus Amerika ankündigt. Sie löst einige Aufregung aus, der der bemühte, aber schlampig inszenierte Film jedoch nicht angemessen folgen kann, weil er ausschließlich auf ihren entblößten Busen starrt.

Schulz & Schulz TV-Film
BRD 1987 – 100 Min. – R: Ilse Hofmann. D: Götz George, Marlen Diekhoff, Gerhard Garbers, Martina Gedeck, Werner Schwuchow.
Eine gelungene deutsch-deutsche Doppelrolle für Götz George: Die Zwillingsbrüder Walter (Ost) und Wolfgang (West) tauschen für einige Tage die Rollen, was George mit und ohne Dreitagebart feine komödiantische Möglichkeiten eröffnet. Die Ereignisse haben den Film zwar überholt, nichtsdestotrotz liefert diese Satire kritisch-bissige Einsichten in das Lebensgefühl und Klima der einstigen beiden deutschen Staaten.

Der Schürzenjäger von Venedig / Casanova's Big Night ** ½
USA 1954 – 90 Min. – R: Norman Z. McLeod. D: Bob Hope, Joan Fontaine, Basil Rathbone.
Sittenkomödie. Bob Hope maskiert sich als Casanova und wirbt in den Gassen von Venedig um die zarte Joan Fontaine. Lustspiel mit Bombenbesetzung.

Schuschia / Schuhputzer / Sciuscià ***
I 1946 – 90 Min. sw. – R: Vittorio De Sica. D: Franco Interlenghi, Rinaldo Smordoni, Emilio Cigoli, Maria Ciampi.
Sozialkritischer Film. Zwei Freunde schlagen sich in Rom als Schuhputzer durch und träumen vom besseren Leben; ein romantischer, menschlicher Film, ein Klassiker des Neorealismus; Oscar als bester ausländischer Film.

Schuß im Dunkel / Rough Shoot * ½
GB 1953 – 84 Min. sw. – R: Robert Parrish. D: Evelyn Keyes, Joel McCrea, Herbert Lom, Marius Goring.

Spionageabenteuer. Amerikanischer Offizier pachtet ahnungslos im Urlaub ein Jagdrevier in England und befürchtet, einen Wilderer erschossen zu haben; in Wahrheit ist er zwischen die Fronten von Geheimdiensten geraten; Drehbuch: Eric Ambler.

Ein Schuß im Dunkeln / A Shot in the Dark ∗∗

USA 1964 – 98 Min. – R, B: Blake Edwards. D: Peter Sellers, Elke Sommer, Herbert Lom, Tracy Reed.

Krimigroteske. Unerklärliche Morde in einer Millionärsvilla und anderswo: Der trottelige Inspektor Clouseau verliebt sich in die Hauptverdächtige, das vollbusige Hausmädchen. Situationskomik – ein Spaß für Freunde des schwarzen Humors und von Sellers.

Schüsse aus dem Geigenkasten ∗ ½

BRD 1965 – 85 Min. – R: Fritz Umgelter. D: George Nader, Heinz Weiss, Richard Münch.

Jerry-Cotton-Film. Akzeptables Serienprodukt um den FBI-Agenten, der hier fast vergessen läßt, daß er in bayrischen Studios agiert.

Schüsse in New Mexiko / The Duel at Silver Creek ∗ ½

USA 1952 – 70 Min. – R: Don Siegel. D: Audie Murphy, Faith Domergue, Stephen McNally, Susan Cabot, Lee Marvin.

B-Western. Der beste Freund des Sheriffs wird erschossen, und eine Frau lenkt ihn von seiner Rache ab. Liebe und Pistolen am Silver Creek, der spätere Star Lee Marvin gibt hier sein Westerndebüt.

Schüsse, Küsse und Spione / Gotcha – ein irrer Trip / Gotcha! ∗

USA 1985 – 97 Min. Ⓥ CIC. – R: Jeff Kanew. D: Anthony Edwards, Linda Fiorentino, Nick Corri, Alex Rocco, Klaus Löwitsch.

Agentenfilm. Collegeboy auf Europatrip gerät in die Liebe und danach ins Agentengetümmel. Der seichte Film breitet eine Welt böser Ostagenten, »schwarzer« Frauen und netter US-Boys aus; rockmusikalisch untermalte Comic-Naivität.

Schußfahrt / Downhill Racer ∗∗ ½

USA 1969 – 102 Min. Ⓥ CIC. – R: Michael Ritchie. D: Robert Redford, Gene Hackman, Camilla Sparv, Karl-Michael Vogler.

Skifahrerfilm. Ein talentierter Skifahrer droht auf dem Weg nach oben am Mangel an Ehrgeiz zu scheitern; halb Sportfilm, halb Charakterstudie; aufregende Rennaufnahmen lassen Längen vergessen.

Der Schut ∗

BRD/F/I 1964 – 111 Min. – R: Robert Siodmak. D: Lex Barker, Ralf Wolter, Marie Versini, Marianne Hold, Dieter Borsche, Chris Howland, Rik Battaglia.

Karl-May-Film. Kara Ben Nemsi, die Schmetterhand, auf der Jagd nach einem Schuft, dem Schut; die Geschehnisse »überschlagen« sich mit atemberaubender Behäbigkeit; selbst Hadschi Halef Omars Witze wirken einschläfernd.

Schütze Benjamin / Private Benjamin ∗∗ ½

USA 1980 – 110 Min. Ⓥ Warner Home. – R: Howard Zieff. D: Goldie Hawn, Eileen Brennan, Armand Assante, Robert Webber, Sam Wanamaker.

Militärkomödie. Nach privaten Fehlschlägen (ihr 2. Mann stirbt in der Hochzeitsnacht) hat Judy Benjamin (Hawn) die Idee, ihr Glück beim Militär zu versuchen; bei Drill und Manöver steht sie auch voll ihre Frau und landet in einer Eliteeinheit; schließlich ist sogar die Nato an der strammen Person interessiert, aber da besinnt sich Schütze Benjamin eines Besseren; zum Teil etwas zäher Kasernenhofschwank mit dezenter feministischer Message, der – dank der Titelheldin – aber durchaus Vergnügen bereitet.

Schütze Lieschen Müller

siehe: Frauen sind für die Liebe da

Der Schützling TV-Film

BRD 1981 – 70 Min. – R: Rolf von Sydow. B: Ephraim Kishon. D: Curt Bois, Gustav Knuth, Alice Treff, Udo Vioff, Friedrich Schoenfelder, Ephraim Kishon.

Ein Israel-Wiedereinwanderer sucht einen Job, man rät ihm, sich als »Bewässerungsfachmann« zu bewerben; ein

Schriftsteller hilft ihm beim Bewerbungsschreiben. Boshafter Kommentar zur Ineffizienz von Verwaltungen und der Borniertheit von Bürokratien.

Schwaches Alibi / Naked Alibi ✱✱

USA 1954 – 83 Min. – R: Jerry Hopper. D: Sterling Hayden, Gloria Grahame, Gene Barry, Marcia Henderson.

Krimi. Ein geschaßter Polizist hängt sich an einen angeblichen Polizistenmörder. Seine Fixierung auf sein Opfer nimmt manische Züge an, ist jedoch seine letzte Chance. Der lakonische Film folgt seiner Spur.

Schwalben und Amazonen / Swallows and Amazons ✱✱ ½

GB 1977 – 86 Min. – R: Claude Whatham. D: Virginia McKenna, John Franklyn-Robbins, Simon West, Zanna Hamilton, Sophie Neville, Stephen Grendon.

Kinderfilm. Vier Geschwister begeben sich auf eine abenteuerliche Flußfahrt; munter gefilmtes Ferienerlebnis.

Der Schwan / The Swan ✱✱ ½

USA 1956 – 105 Min. – R: Charles Vidor. D: Grace Kelly, Alec Guinness, Louis Jourdan, Agnes Moorehead.

Melodram. Viel romantisches Schloß-Ambiente und königliche Gefühle um eine bürgerlich-adlige Liebschaft in einem amüsanten und getragenen Film, der nicht mit Schauwerten aller Art und einer handlichen Schlußmoral geizt.

Die Schwärmer ✱ ½

BRD 1984 – 115 Min. – R: Hans Neuenfels. D: Hermann Treusch, Elisabeth Trissenaar, Sabine Sinjen, Joachim Bliese, Lothar Blumhagen.

Literaturverfilmung. Eine Frau schert aus ihrer lieblosen Ehe aus und verfällt einem Romantiker; ein befreundetes Paar bietet beiden Asyl auf der Flucht vor der Vergangenheit, aber auch hier bricht die Krise aus. Die Verfilmung des Stücks von Robert Musil, nach einer erfolgreichen Berliner Theaterinszenierung von Neuenfels, komprimiert den Handlungsablauf und schmückt ihn gleichzeitig mit epischem Drumherum aus; langatmig.

Schwarz auf weiß ✱ ½

D 1943 – 82 Min. sw. – R: E. W. Emo. D: Hans Moser, Paul Hörbiger, Elfriede Datzig, Hans Holt, Annie Rosar.

Komödie. Alltagsgeschichte um einen Zuckerbäcker, der aus seiner Tochter etwas machen will, aber nicht mit dem Eigensinn des Nachwuchses gerechnet hat. Das Komödienduo Moser/Hörbiger zitiert routiniert seine Schauspielertricks.

Schwarz bin ich, stolz bin ich / I Know Why the Caged Bird Sings TV-Film

USA 1978 – 92 Min. – R: Fielder Cook. D: Diahann Carroll, Ruby Dee, Paul Benjamin, Esther Rolle, Constance Good.

Die Erinnerungen der schwarzen Schriftstellerin Maya Angelou an ihre Jugend in den Südstaaten zur Zeit der Weltwirtschaftskrise; eindrucksvolle Verfilmung mit hervorragender Besetzung.

Schwarz, Gelb, Tod / Rhapsodie en jaune TV-Film

F 1985 – 86 Min. – R: Dominique Toussant. D: Patrick Depeyrrat, Nadja N'Guyen, Ei-Ichi Kikuya, Jim Adhi Limas.

Durch seine Suche nach einem für Vietnam-Greuel Verantwortlichen stört ein Journalist die Kreise eines Unterweltbosses; ein Film voll aggressiven schwarzen Humors.

Schwarz und ohne Zucker ✱✱ ½

BRD 1985 – 95 Min. sw. – R: Lutz Konermann. D: Lutz Konermann, Edda Heidrun Backman, Gudjon Petterson.

Liebesfilm. Während einer Italientournee verliebt sich ein weibliches Mitglied eines isländischen Theaterensembles in einen deutschen Lebenskünstler und verläßt die Truppe; ebenso schlichtes wie spritziges Road-Movie und eine Liebeserklärung an Italien; Max-Ophüls-Förderpreis 1986.

Schwarz und Weiß wie Tage und Nächte TV-Film

BRD 1984 – 103 Min. – R: Wolfgang Petersen. B: Karl-Heinz Willschrei, Jochen Wedegärtner, Wolfgang Petersen. D: Bruno Ganz, Gila von Weitershausen, René Deltgen, Ljubo Tadić.

Schach wird zum beherrschenden, bedrohenden Problem für einen Mathematiker und (Schach-)Computerspezialisten; er zerbricht an seiner Leidenschaft; intensive, bildstarke Visualisierung einer abstrakten gesellschaftlichen Situation, die sich im Spiel spiegelt; Glanzrolle für Bruno Ganz.

Der schwarze Abt * ½

BRD 1963 – 90 Min. – R: Franz J. Gottlieb. D: Joachim Fuchsberger, Dieter Borsche, Grit Böttcher, Charles Regnier, Werner Peters, Klaus Kinski, Eva-Ingeborg Scholz, Eddi Arent.

Edgar-Wallace-Krimi. Fließbandkrimi um Geister, Mörder und verstorbene Ahnen in einem Kulissen-Spukschloß mit Stars. Für Wallace-Fans.

Schwarze Augen / ***

Oci Ciornie

I 1986 – 117 Min. Ⓥ Vestron. – R: Nikita Michalkow. D: Marcello Mastroianni, Silvana Mangano, Marthe Keller, Elene Sofonowa.

Gesellschaftskritischer Liebesfilm. Um die Jahrhundertwende begegnen sich zwei alternde Männer, einer beginnt mit der Erzählung seines Lebens und Liebens; die illustrierenden Bilder dazu liefert der Film mit sichtbarer Freude an plastischer Üppigkeit. Verschmitzter Humor, ein Milieu voll leiser Melancholie und ein Erzählgestus, der an Anton Tschechow angelehnt ist, machen den Film zu einer angenehmen Phantasie. Mastroianni in der Hauptrolle bietet eine der besten Leistungen seiner Karriere.

Der schwarze Blitz *

BRD 1958 – 94 Min. – R: Hans Grimm. D: Toni Sailer, Gustav Knuth, Maria Perschy, Waltraut Haas, Dietmar Schönherr.

Wintersportfilm. Eine Skikanone aus Tirol kommt auch bei der Schußfahrt in die Herzen der Frauen immer ins Ziel. Sportas Sailer macht das weniger im Habitus als beim Sport verständlich. Das angestrengte Drumherum in diesem Pistenfilm ist nichtssagend.

Das schwarze Buch / ***

The Black Book / Reign of Terror

USA 1949 – 89 Min. sw. – R: Anthony Mann. D: Robert Cummings, Arlene Dahl, Richard Hart, Richard Basehart, Arnold Moss, Beulah Bondi.

Historienfilm. Ein Vertrauter soll ein Robespierre gestohlenes Buch mit Aufzeichnungen über seine Opfer wiederbeschaffen; spannender Kostümfilm, der neben Mantel-und-Degen-Abenteuern auch die düsteren Seiten der Revolutionszeit in Frankreich nicht zu kurz kommen läßt.

Der schwarze Capitano / **

Der geheimnisvolle Ritter von Montserrat / Lo spadaccino misterioso

I 1955 – 76 Min. – R: Sergio Greco. D: Frank Latimore, Gérard Landry, Tamara Lees.

Abenteuerfilm. Ein schurkischer Herzog findet in einem jungen Grafen einen Widersacher; konventioneller Mantel-und-Degen-Film.

Schwarze Diamanten

siehe: So grün war mein Tal

Die schwarze 13 / ** ½

The Eye of the Devil

GB 1965 – 87 Min. sw. – R: J. Lee Thompson. D: Deborah Kerr, David Niven, Donald Pleasence, Flora Robson.

Thriller. Niven ist der Marquis de Montfaucon, ein gestrenger Herr, der unvermittelt seine Frau in Paris verläßt, um eine historische Schuld zu sühnen; Schauplatz des Schreckens ist ein altes Schloß bei Bordeaux; virtuos fotografierte Gruselballade um »Schwarze Magie«.

Der schwarze Falke / ***

The Searchers

USA 1956 – 119 Min. – R: John Ford. D: John Wayne, Jeffrey Hunter, Vera Miles, Ward Bond, Natalie Wood, Harry Carey jr.

John-Wayne-Western. Die Nichte des Bürgerkriegsveteranen Edwards (Wayne) wird von Jajeki-Komantschen geraubt; nach fünfjährigem vergeblichem Suchen finden Edwards und sein Begleiter sie als Frau eines Häuptlings und bringen sie zurück. Ford zeigt das als Drama eines Indianerhassers, der nur langsam dazulernt, in einem düsteren, von Emotionen geschüttelten, bewegenden Film, dessen Regie vollendet ist.

Die schwarze Hand der Mafia / Inside the Mafia ✱✱
USA 1959 – 69 Min. sw. – R: Edward L. Cahn. D: Cameron Mitchell, Ted DeCorsia, Elaine Edwards.
Gangsterfilm. Mordanschläge, Intrigen, bleihaltige Auseinandersetzungen zwischen zwei rivalisierenden Gangs. Die übliche Story aus der Unterwelt, routiniert inszeniert im Stil der »Schwarzen Serie«.

Der schwarze Hengst / The Black Stallion ✱✱✱
USA 1979 – 117 Min. – R: Carroll Ballard. D: Kelly Reno, Mickey Ronney, Teri Garr, Clarence Muse, Hoyt Axton.
Jugendfilm. Ein Zwölfjähriger wird nach (Schiffbruch-)Abtenteuern zum Freund eines Araberhengsts, den er mit Hilfe eines Trainers (Rooney in einer Glanzrolle) zum Championpferd macht; Klassiker des melodramatisch-optimistischen Familienfilms, der Klischees auf sympathische Art serviert (Fortsetzung: »Der schwarze Hengst kehrt zurück«).

Der schwarze Hengst kehrt zurück / The Black Stallion Returns ✱✱
USA 1981 – 99 Min. – R: Robert Dalva. D: Kelly Reno, Vincent Spano, Ferdy Mayne.
Jugendfilm. Der schwarze Hengst wird von einem Scheich nach Afrika entführt; ein Rennen in der Wüste und die Freundschaft mit dem Araberjungen Raj runden das stimmungsvolle Abenteuer ab (Fortsetzung des Films »Der schwarze Hengst«, 1979).

Die schwarze Isabella / Captain Pirate ✱✱ ½
USA 1952 – 85 Min. (Rückblenden sw.) – R: Ralph Murphy. D: Louis Hayward, Patricia Medina, John Sutton, Charles W. Irvin.
Abenteuerfilm. Der berühmte Expirat Blood lebt quasi im Ruhestand, als er am Vorabend seiner Hochzeit unter einem Vorwand verhaftet wird; turbulente, actionreiche Unterhaltung, mit Musikeinlagen, Witz und parodistischem Schwung inszeniert.

Die schwarze Katze / The Black Cat ✱✱✱
USA 1934 – 65 Min. sw. OmU. – R: Edgar G. Ulmer. D: Boris Karloff, Bela Lugosi, David Manners, Jacqueline Wells, Egon Brecher.
Horrorfilm. Amerikanische Flitterwöchner kommen nach einem Unfall durch ihren Reisegefährten, einen ungarischen Psychiater, in ein burgähnliches Herrenhaus; dessen Besitzer, ein progressiver österreichischer Architekt, und der Psychiater steuern auf einen tödlichen Konflikt zu; Gruselfilm in volltechnisierter Umwelt im Stil der Neuen Sachlichkeit, in der sich die erstmals gemeinsam spielenden Horrorstars Karloff und Lugosi mit einem Schuß augenzwinkernder Ironie bewegen; zum Reiz des Genreklassikers trägt der Gegensatz zwischen Lugosis schwerem Akzent und Karloffs lispelndem Upper-class-Englisch bei.

Der schwarze Kreis / Dead Ringer ✱✱ ½
USA 1963 – 115 Min. sw. – R: Paul Henreid. D: Bette Davis, Karl Malden, Peter Lawford, Jean Hagen, Phil Carey.
Kriminalfilm. Die Böse der Zwillingsschwestern gerät in die eigene Falle, als sie aus altem Groll und verletzter Eitelkeit ihre Schwester tötet; Spannung und Doppelrolle für Bette Davis geben der überkomplizierten Story Gepräge und Reiz.

Schwarze Liste / Fear on Trial ✱✱ ½
USA 1975 – 95 Min. – R: Lamont Johnson. D: William Devane, Dorothy Tristan, George C. Scott.
Zeitkritischer Film. Nach einem authentischen Fall aus den fünfziger Jahren erzählte Politgeschichte um einen unbescholtenen TV-Moderator, der ins Visier der rechten Hexenjäger des McCarthy-Ausschusses gerät und mit seiner Zivilcourage die Praxis der Schnüffler zu Fall bringt. Spannend und identifikationsträchtig, im Stil der Hollywood-Gerichtsfilme engagiert inszeniert.

Das schwarze Loch / The Black Hole ✱✱ ½
USA 1979 – Ⓥ Walt Disney. – R: Gary

Nelson. D: Maximilian Schell, Anthony Perkins, Ernest Borgnine, Robert Forster, Yvette Mimieux.
Science-fiction-Film. Weltraummärchen und SF-Katastrophe aus dem 22. Jahrhundert vom Raumschiff, das im All dem wahnsinnigen Wissenschaftler begegnet und in das Gravitationsfeld des »schwarzen Lochs« gerissen wird. Simple Story von der tapferen Mannschaft plus Roboter, die kämpft und schießt, eingerahmt von einem bunten Feuerwerk der Tricks und Special Effects.

Die schwarze Mamba / Venom ** ½
GB 1981 – 89 Min. – R: Piers Haggard. D: Klaus Kinski, Oliver Reed, Nicol Williamson, Sarah Miles, Sterling Hayden, Susan George.
Thriller. Die Entführung eines Jungen scheitert, und die Täter verschanzen sich mit einer Geisel in einem Haus, durch das sich eine schwarze Mamba schlängelt; klaustrophobischer Krimi von düsterer Spannung, die durch Kinskis und Miles' eindringliches Spiel erhöht wird.

Der schwarze Mönch / ** ½
Tschorny monach
UdSSR 1987 – 82 Min. – R: Iwan Dychowitschnyi. D: Tatjana Drubitsch, Stanislaw Ljubschin, Pjotr Fomenko.
Literaturverfilmung. Ein junger begabter Intellektueller heiratet die Tochter eines Gutsherrn, doch die anfänglich glückliche Ehe verläuft tragisch. Der Film nach Tschechows Vorlage entwirft das Seelendrama eines verwirrten Helden mit Bildern von ungewöhnlicher Schönheit und Eindringlichkeit.

Die schwarze Narzisse / ***
Black Narcissus
GB 1947 – 90 Min. – R: Michael Powell, Emeric Pressburger. D: Deborah Kerr, David Farrar, Sabu, Jean Simmons, Flora Robson.
Melodram. Gegen große Widerstände richten Nonnen eine Missionsschule am Himalaja ein. Opulente Farbfotografie von Kameramann Jack Cardiff, der dafür den Oscar bekam.

Die Schwarze Natter
siehe: Das unbekannte Gesicht

Der schwarze Obelisk TV-Film
BRD – 90 Min. – R: Peter Deutsch. B: Gerd Angermann. D: Udo Schenk, Rainer Hunold, Marina Krogull, Heinz Schimmelpfennig.
1923, zur Zeit der Inflation, steigt ein enttäuschter ehemaliger Kriegsfreiwilliger in das Geschäft eines Freundes ein; er will das Leben nachholen, vor allem das mit den Frauen; doch die Zeiten sind katastrophal; nach dem Roman von Erich Maria Remarque gedrehter zeitkritischer Film.

Die schwarze Orchidee / **
The Black Orchid
USA 1958 – 90 Min. sw. – R: Martin Ritt. D: Sophia Loren, Anthony Quinn, Ina Balin, Jimmy Baird.
Melodram. Familiendrama aus New York, wo es italienisch ist, mit der Loren als trauernder Witwe und Quinn, ebenfalls Witwer, als Tröster. Etwas für Herz und Gemüt.

Der schwarze Panther von Ratana **
BRD/I 1962 – 105 Min. sw. – R: Jürgen Roland. D: Marianne Koch, Heinz Drache, Horst Frank.
Krimi. Von Routinier Roland sauber inszenierter Kriminalreißer, durch fernöstlichen Zauber aufgemöbelt. Unterhaltsam, spannend.

Der schwarze Pate / **
The Black Godfather
USA 1974 – 85 Min. – R: John Evans. D: Rod Perry, Don Charstain, Diane Sommerfield.
Actionfilm. Ein Gangsterboß, der »schwarze Pate«, rettet einen schwerverletzten Gauner, der arbeitet aus Dankbarkeit für ihn im Drogenmilieu, und eine gegnerische Gang entführt seine Freundin; durchschnittliche Gangsterballade, die einige Spannung bietet.

Die schwarze Perle / * ½
All the Brothers Were Valiant
USA 1953 – 91 Min. – R: Richard Thorpe. D: Robert Taylor, Stewart Granger, Ann Blyth.
Abenteuerfilm. Zwei Brüder fahren auf Walfang in die Südsee; sie werden wegen einer wertvollen Perle und einer Frau zu

erbitterten Feinden; trotz mäßiger Schauspielerleistungen einige dramatische Höhepunkte.

Der schwarze Prinz / ** ½
The Dark Avenger / The Warriors
GB 1955 – 82 Min. – R: Henry Levin. D: Errol Flynn, Joanne Dru, Peter Finch, Yvonne Furneaux, Rupert Davies.
Kostümfilm. Ein englischer Adliger beschützt im Frankreich des 14. Jahrhunderts eine Schöne vor Bösewichtern und rettet den Frieden zwischen beiden Ländern; Flynn als schon fast elegischer Mantel-und-Degen-Held in seiner letzten Draufgänger-Rolle.

Das schwarze Reptil / * ½
The Reptile
GB 1965 – 87 Min. – R: John Gilling. D: Ray Barrett, Jennifer Daniel, Noël Willman, Jacqueline Pierce.
Gruselfilm. Die Tochter eines von einem seltsamen Butler bedrohten Geheimbundforschers verwandelt sich nächtens in ein blutgieriges Reptil. Ein etwas wirrer Film, überladen mit Anspielungen auf das Genre; dennoch recht spannend.

Der schwarze Ritter / **
Angel and the Badman
USA 1946 – 95 Min. sw. – R: James Edward Grant. D: John Wayne, Gail Russell, Bruce Cabot, Harry Carey sr.
Western. Ein Revolverheld auf der Flucht findet bei Quäkern Hilfe, Zuflucht und die Liebe des Quäkertöchterleins; Wayne in einer ungewohnt friedfertigen Rolle; ein Western der leisen, oft heiteren Töne.

Eine schwarze Robe für den Mörder / Une robe noire pour un tueur **
F 1980 – 102 Min. – R: José Giovanni. D: Annie Girardot, Claude Brasseur, Bruno Cremer, Jacques Perrin.
Krimi. Einem vermeintlichen Polizistenmörder gelingt die Flucht – er versteckt sich bei seiner Verteidigerin, die eine Wiederaufnahme des Verfahrens erzwingen will. Von Thrillerspezialist Giovanni realistisch und routiniert in Szene gesetzt.

Die schwarze Rose / **
The Black Rose
USA 1950 – 120 Min. – R: Henry Hathaway. D: Tyrone Power, Cecile Aubry, Orson Welles, Jack Hawkins.
Abenteuerfilm. Ritterspiele zur Zeit der Kreuzzüge, Geschichten von Liebe, Eifersucht und Gewalt; die sehenswerten Actionszenen werden fast vom Ausstattungsprunk erschlagen.

Das schwarze Schaf **
BRD 1960 – 90 Min. – R: Helmut Ashley. D: Heinz Rühmann, Siegfried Lowitz, Lina Carstens, Karl Schönböck, Maria Sebaldt.
Pater-Brown-Krimi. Heinz Rühmann als Amateurdetektiv in der Soutane klärt einen Mord vor seiner Kirche schneller auf als die Polizei; da versetzt ihn der Bischof in eine gottverlassene Gegend – natürlich passiert jetzt auch hier Verbrecherisches; Glanzrolle für Rühmann; nach Gilbert K. Chesterton.

Der schwarze Seeteufel / **
Gordon, il pirata nero
I 1961 – 85 Min. Ⓥ VPS. – R: Mario Costa. D: Ricardo Montalban, Vincent Price, Giuliana Rubini.
Piratenfilm. Ein Exsklave kämpft, als Plantagenbesitzer getarnt, gegen Sklavenhändler; konventionell, doch mit einigen gut choreographierten Degenduellen.

Der schwarze Sergeant / ** ½
Sergeant Rutledge
USA 1960 – 118 Min. – R: John Ford. D: Jeffrey Hunter, Woody Strode, Constance Towers, Mae Marsh.
Militärwestern. Ein Schwarzer soll einen Major und dessen Tochter ermordet haben. Als der Flüchtige gefaßt und verurteilt werden soll, kommt alles ganz anders. Der anspruchsvolle, antirassistisch angelegte Ausnahmefilm Fords (»Früchte des Zorns«), der es auch hier versteht, spannende Unterhaltung mit sozialkritischem Engagement zu vereinen, führt zu einem beruhigenden Ende.

Der schwarze Sheriff / TV-Film
Lawman Without a Gun
GB 1977 – 89 Min. – R: Jerrold Freedman. D: Louis Gossett jr., Clu Gulager, Mary Alice, James McEacheon.
Ein schwarzer Pfarrer und Bürgerrechtler läßt sich 1968 im Süden der USA gegen den Widerstand rassistischer, rei-

cher Weißer zum Sheriff wählen, übt sein Amt waffenlos aus und gewinnt die Achtung der Weißen; engagierter Fernsehfilm nach authentischen Ereignissen.

Die schwarze Spinne TV-Film
CH – 60 Min. – R: Werner Düggelin. B: Hansjörg Schneider. D: Ruedi Walter, Hannelore Sarbach, Agnes Fink.
Von Rudolf Kelterborn komponierte, von Heinz Spoerli choreographierte musikalisch-dramatische Version von Jeremias Gotthelfs Erzählung von der unheilbringenden Spinne.

Der schwarze Spiegel / The Dark Mirror ***
USA 1946 – 85 Min. sw. – R: Robert Siodmak. D: Olivia de Havilland, Lew Ayres, Thomas Mitchell, Garry Owen, Richard Long.
Kriminalfilm. Eine Psychopathin versucht, ihrer Zwillingsschwester einen Mord anzulasten, doch ein Psychiater entdeckt die Wahrheit; Thriller von nervöser Spannung, dessen bedrohliche Geschichte gut motiviert erzählt wird; Oscar für Olivia de Havilland in einer beeindruckenden Doppelrolle.

Schwarze Sporen / Black Spurs *
USA 1964 – 70 Min. – R: R. G. (»Bud«) Springsteen. D: Rory Calhoun, Linda Darnell, Terry Moore, Scott Brady.
Western. Ein Cowboy wird zum Kopfgeldjäger; als er als reicher Mann zurückkehrt, hat seine Braut einen anderen geheiratet; Blut- und Pferdeoper.

Schwarze Trommeln / Lydia Bailey ** ½
USA 1952 – 85 Min. – R: Jean Negulesco. D: Dale Robertson, Anne Francis, Charles Korvin, William Marshall, Luis Van Rooten.
Abenteuerfilm. Krieg auf Haiti zur Zeit Napoleons, mitten darin ein Anwalt auf der Suche nach einer Frau und unter Verdacht, Spion zu sein; viel Action und Spannung und viele Schauwerte.

Die schwarze Tulpe / La tulipe noire **
F/I/E 1963 – 90 Min. – R: Christian-Jaque. D: Alain Delon, Virna Lisi, Dawn Addams, Akim Tamiroff.
Mantel-und-Degen-Film. Frankreich 1789: Alain Delon führt nicht nur ein Doppelleben als Graf und Bandit, er verführt auch die schönen Frauen und brilliert mit dem leichten Degen. Sein Erzfeind ist der widerliche Marquis, dem er ein Schnippchen schlägt. Verwegene Duelle, elegante Abenteuer.

Der schwarze Vorhang / Street of Chance ** ½
USA 1942 – 71 Min. sw. OmU. – R: Jack Hively. D: Burgess Meredith, Claire Trevor, Louise Platt, Sheldon Leonard.
Krimi. Der für die »Schwarze Serie« typische Fall von Amnesie: Ein Mann erwacht nach einem Unfall ohne Erinnerung; er wird verfolgt, ohne genau zu wissen, warum, und sein Versuch, vagen Identitätshinweisen nachzugehen, führt ihn in eine Welt äußerer und innerer Gefährdungen; klug inszenierter Hollywood-B-Film mit überraschendem Ende, mysteriös, knapp und spannend; nach einem Roman von Cornell Woolrich.

Die schwarze Windmühle / The Black Windmill **
GB 1973 – 102 Min. Ⓥ CIC. – R: Don Siegel. D: Michael Caine, Joseph O'Connor, Donald Pleasence, John Vernon, Janet Suzman, Delphine Seyrig.
Agententhriller. Britischer Major soll als Agent in den irischen Waffenschmuggel eingeschleust werden; doch da wird sein Sohn von Gangstern entführt, der Major gerät ins Zwielicht. Don Siegel (»Dirty Harry«) inszenierte den spannenden Spionagereißer mit Sinn für sauber aufgebaute dramaturgische Effekte; bisweilen erschlägt die Aktion das psychologische Feingefühl.

Die schwarzen Teufel von El Alamein / Sea of Sand ** ½
GB 1958 – 97 Min. sw. – R: Guy Green. D: Richard Attenborough, John Gregson, Michael Craig, Vincent Ball, Barry Foster.
Kriegsfilm. Ein britischer Spezialtrupp gerät im Afrikafeldzug 1942 bei einem Kommandounternehmen in Gefahr; routinierter Kriegsfilm mit soliden Schauspielerleistungen.

Schwarzer Engel / Obsession ***
USA 1976 – 94 Min. – R: Brian de Palma. D: Cliff Robertson, Geneviève Bujold, John Lithgow.
Thriller. Variation des Vexierspiels aus Alfred Hitchcocks »Vertigo – Aus dem Reich der Toten«; ein Mann gerät durch die Liebe zu einer Doppelgängerin seiner verstorbenen Frau in halluzinatorische Geschehnisse; eine Hommage für Hitchcock in ausgesuchten Bildern.

Schwarzes Elfenbein / Where the Vultures Fly ** ½
GB 1951 – 88 Min. – R: Harry Watt. D: Anthony Steel, Dinah Sheridan, Harold Warrender.
Abenteuerfilm. Ein ostafrikanischer Jagdaufseher entschließt sich zur Gründung eines Naturschutzparks und muß gegen die Mafia der Großwildjäger antreten; engagiertes, exzellent fotografiertes, halbdokumentarisches Afrika-Abenteuer.

Schwarzes Gold / Black Gold **
USA 1961 – 97 Min. sw. – R: Leslie H. Martinson. D: Phil Carey, Diane McBain, James Best.
Abenteuerfilm. Zwei Rivalen im Kampf um Öl und eine Frau; westernnahes Actionspektakel, routiniert abgespult.

Die Schwarzfahrer ** ½
BRD 1983 – 97 Min. sw. – R: Manfred Stelzer. D: Rolf Zacher, George Meyer-Goll, Harald Henschel-Franzmann, Iris Berben.
Gangsterkomödie. Chris, Harry und Alois schlagen sich in West-Berlin mehr schlecht als recht durchs Leben, da scheint ein Geldtransport aus der DDR überraschend ihre Probleme zu lösen. Skurril, chaotisch, mit Herz und Witz gespielt.

Schwarzwälder Kirsch **
BRD 1958 – 90 Min. Ⓥ Taurus. – R: Géza von Bolvary. D: Marianne Hold, Dietmar Schönherr, Boy Gobert.
Lustspiel. Verwechslungskomödie um zwei »Musiker«, die versehentlich im Knast landen; Klamauk, Schlager, Liebe und Hochstapelei – recht spaßig.

Schwarzwaldfahrt aus Liebeskummer * ½
BRD 1973 – 83 Min. Ⓥ VPS. – R: Werner Jacobs. D: Roy Black, Barbara Nielsen, Ludwig Schmid-Wildy, Bettina Haensler.
Heimatfilm. Routinierte Filmvolkstümelei um eine Liebschaft auf dem Lande. Schlager-Black darf einschlägige Lieder zum besten geben, und der Schwarzwald rauscht noch gesund.

Schwarzwaldmädel **
BRD 1950 – 98 Min. – R: Hans Deppe. D: Sonja Ziemann, Paul Hörbiger, Rudolf Prack, Fritz Kampers, Lucie Englisch, Ernst Waldow, Gretl Schörg.
Heimatfilm. Die Trachten sind bunt und die Schwarzwaldtannen grün; eine Dreiecksgeschichte sorgt für Verwicklungen, doch in der harmoniesüchtig heiteren Welt endet alles happy – »und die Geigen erklingen dazu«. Ein Heimat-, Musik- und Ausstattungsfilm, der in den fünfziger Jahren die Herzen höher schlagen ließ. Nach der Operette von Leon Jessel.

Schwarzwaldmädel TV-Film
BRD 1973 – 95 Min. – R: Wolfgang Liebeneiner. D: Wolfgang Windgassen, Janet Perry.
Filmgerechte Adaption der bekannten Operette von Leon Jessel um den Domkapellmeister und seine liebreizende Ziehtochter Bärbel. Als Heimatfilm mit Sonja Ziemann und Rudolf Prack nach dem Krieg ein Publikumserfolg, in dieser TV-Fassung musikalisch bemerkenswert.

Schwarzwaldmelodie ** ½
BRD 1956 – 96 Min. Ⓥ Taurus. – R: Géza von Bolvary. D: Carl Wery, Siegfried Breuer jr., Gardy Granass, Willy Fritsch, Claus Biederstaedt.
Heimatfilm. Nach vielen Komplikationen heiratet das herzige Töchterchen des verschuldeten Uhrenfabrikanten den aufstrebenden Musikus und nicht den reichen Nachbarssohn; nette Unterhaltung mit einigen Heimatliedern von Gerhard Winkler.

Schwedenmädel / Sommarflickan * ½
BRD/S 1955 – 92 Min. sw. – R: Thomas Engel, Häkan Bergström. D: Karlheinz

Böhm, Maj-Britt Nilsson, Walter Giller, Margit Saad.
Liebesfilm. Liebesleid und -weh in einem Stockholmer College, wobei die Rolle der Mittsommernacht die ausgefeilteste ist; Romanze auf dem Boden des flachen Moralniveaus der 50er Jahre.

Die schwedische Jungfrau *
BRD 1965 – 105 Min. – R: Kurt Wilhelm. D: Paul Hubschmid, Letitia Roman, Thomas Fritsch.
Melodram. Eine kleine Schwedin wird von ihrem Papa nach München zum Studieren geschickt, und der Freund des Vaters, bei dem sie wohnt, ist der elegante »Professor« Paul Hubschmid. Belanglos.

Schweigegeld für Liebesbriefe / The Reckless Moment ** ½
USA 1949 – 81 Min. sw. – R: Max Ophüls. D: James Mason, Joan Bennett, Geraldine Brooks.
Melodram. Auf eine wohlsortierte Mittelstandsfamilie fällt ein Schatten: Die Dame des Hauses findet eine Leiche im Bootshaus. Bald tritt ein Erpresser auf – doch schon als der Hausherr von einer Reise zurückkehrt, ist alles wieder im Lot. Ophüls (»Lola Montez«) zeigt die Welt des Normalen als Abgrund, ihre Menschen als Gefangene mit korrupter Moral.

Das Schweigen / Tystnaden ***
S 1963 – 95 Min. sw. – R: Ingmar Bergman. D: Ingrid Thulin, Gunnel Lindblom, Birger Malmsten, Jörgen Lindström.
Zeitkritischer Problemfilm. Zwei Schwestern und ein Junge steigen auf der Urlaubsrückreise in einer fremden Stadt ab, deren Sprache sie nicht verstehen. Ihre Beziehungskrisen, Liebeskonflikte und existentielle Sinnsuche beschreibt der skandalumwitterte Film, der nach Kirchenprotesten wegen angeblicher Pornographie in der BRD erst 1964 aufgeführt wurde, mit Bildern und Tönen von einzigartig intensiver Kraft und großer Glaubwürdigkeit.

Das Schweigen im Walde *
BRD 1976 – 95 Min. – R: Alfred Vohrer. D: Alexander Stephan, Belinda Mayne, Evelyn Opela, Ferdy Mayne.
Heimatfilm. Dritte Ganghofer-Verfilmung einer melodramatischen Dreiecksgeschichte um Edelmann, Lebedame und Sennerin. Happy-End im Berchtesgadener Land; das Spannendste: die Berge.

Schweigen ist Gold / Le silence est d'or ***
F 1947 – 93 Min. sw. – R: René Clair. D: Maurice Chevalier, François Périer, Marcelle Derrien, Dany Robin.
Filmklassiker. Im Mittelpunkt steht ein Frauenheld und Filmregisseur, der ein Mädchen vom Land groß aufzubauen versucht. Eine liebenswerte Romanze mit grotesken Verwicklungen – gelungene Hommage für den französischen Stummfilm.

Die Schweizer Affäre / L'affaire suisse ** ½
CH/I 1978 – 90 Min. – R: Peter Amman. D: Jean Sorel, Brigitte Fossey, Paul Muller, Franco Fabrizi.
Krimi. Ein Journalist kommt bei einem Verkehrsunfall um. Als Kommissar Suter den Fall übernimmt, weist die Spur auf angesehene und einflußreiche Geschäftsleute. Der ganz normale Alltag – dunkel, abgründig.

Die Schweizermacher ** ½
CH 1978 – 108 Min. – R: Rolf Lyssy. D: Emil Steinberger, Walo Lüönd, Beatrice Kessler.
Satire. Kabarettist Emil in einer bissigen Komödie, die die Schweizer Vorurteile gegenüber Ausländern aufs Korn nimmt; im Mittelpunkt zwei ganz normale herumfuhrwerkende Superbeamte von der Kantonspolizei.

Schwejks Flegeljahre ** ½
A 1963 – 89 Min. – R: Wolfgang Liebeneiner. D: Peter Alexander, Rudolf Prack, Gunther Philipp, Lotte Ledl, Hannelore Auer.
Komödie. Muntere Posse um den berühmten kleinen Mann beim Militär, der mit den Vorgesetzten auf ganz natürliche Weise Krach kriegt. Diese Version mit dem jungen Peter Alexander ist ein Filmspaß, der angenehm unklamottig in Szene gesetzt ist; Monsieur Hulot in der

k.u.k. Monarchie. Nach dem Roman von Jaroslav Hašek.

Schwelbrand / TV-Film
Summerspell
USA 1983 – 84 Min. – R, B: Lina Shanklin. D: Dorothy Holland, Jennifer Mayo, Frank Whiteman.
Beim jährlichen Treffen einer alteingesessenen Familie auf dem texanischen Stammlandsitz kommt es zur Krise zwischen den Generationen; opulent fotografiert, ruhig inszeniert mit Anklängen an Hollywoods große Familiensagas.

Das Schwert / Ming Jian ** ½
Hongkong 1980 – 85 Min. – R: Tan Jiaming. D: Zheng Shaoqiu, Xue Jie, Tian Feng.
Kung-Fu-Film. Bei seinem Unternehmen, sich mit dem berühmtesten Meister zu messen, begegnet ein junger Schwertkämpfer nichtsahnend dessen Tochter. Ein etwas inhaltsleerer, routiniert choreographierter Film, der meditative Stille mit virtuosen Kampfszenen verbindet; Abgesang auf ein Genre und dessen Helden.

Das Schwert des Königs / ** ½
Siege of the Saxons
GB 1963 – 82 Min. – R: Nathan Juran. D: Ronald Lewis, Janette Scott, Ronald Howard, Mark Dignam, John Laurie, Peter Mason.
Abenteuerfilm. Der kranke König Artus bestimmt einen Nachfolger, der ihn daraufhin sofort meucheln will; die Artus-Tochter und ein Vogelfreier nehmen den Kampf auf; munteres Action-und-Sagenspektakel auch mit Hinweisen auf das Robin-Hood-Thema.

Das Schwert von Persien / FLOP
Esther e il re
I 1960 – 102 Min. – R: Raoul Walsh. D: Joan Collins, Richard Egan, Denis O'Dea, Sergio Fantoni.
Bibelfilm. Im 5. Jh. v. Chr. läßt König Xerxes für sich eine Frau suchen; die Jüdin Esther stimmt widerwillig zu, um ihr Volk zu retten; verfälschend und kitschig.

Schwester Maria **
Bonaventura / Thunder on the Hill
USA 1951 – 85 Min. sw. – R: Douglas Sirk. D: Claudette Colbert, Ann Blyth, Anne Crawford, Gladys Cooper.
Melodram. Eine wegen Brudermordes Verurteilte findet bei einer skeptischen Nonne Beistand; intensive Schauspielerleistungen.

Die Schwestern Brontë / **
Les sœurs Brontë
F 1978 – 112 Min. – R: André Techiné. D: Isabelle Adjani, Isabelle Huppert, Marie-France Pisier, Pascal Gregory.
Literaturverfilmung. Ein Pfarrhaus in England, darin die drei schriftstellernden, später zu Berühmtheit gelangten Schwestern, die mit ihrem Vater ein ödes Leben führen. Doch unter der Fuchtel der puritanischen Moral gärt es. Sensible, psychologisch genaue Studie.

Schwestern oder Die **
Balance des Glücks
BRD 1979 – 85 Min. – R, B: Margarethe von Trotta. D: Jutta Lampe, Gudrun Gabriel, Jessica Früh, Konstantin Wecker.
Problemfilm. Die Geschichte zweier unterschiedlicher Schwestern, die eine tatkräftig-tüchtig, die andere sensibel-introvertiert; nach dem Freitod von Anna begreift Maria, daß sie am Tod ihrer Schwester nicht unschuldig ist; modernes Frauendrama, in der Durchführung manchmal zu konstruiert.

Schwierig, sich zu ** ½
verloben
DDR 1982 – 83 Min. – R: Karl-Heinz Heymann. D: Werner Tritzschler, Ulrike Krumbiegel, Monika Lennartz, Petra Hinze.
Komödie. Kritische Gesellschaftskomödie um ein Liebespaar in der DDR, das an seine eigenen und an die Moralvorstellungen der sozialistischen Gesellschaft stößt. Flott gespielt und inszeniert.

Der Schwierige TV-Film
BRD 1961 – 120 Min. sw. – R: John Olden. D: Hans Holt, Jane Tilden, Peter Weck, Johanna Matz, Rolf Wanka.
Adaption von Hugo von Hofmannsthals Bühnenstück (1921) vom scheuen, liebens(un)werten Décadent aus altem Adel, dem es erst nach langen, zögerlichen Versuchen gelingt, für sich selbst und seinen unbeschwerten Neffen Lebens- und Liebesglück zu arrangieren; wenig überzeugender, eher grobschläch-

tiger Versuch, die Feinnervigkeit der Sprache Hofmannsthals zu vermitteln; die nunancenreiche Distanziertheit des Originals geht, trotz guter Darsteller, im TV verloren.

Ein schwieriges Mädchen ∗∗

USA 1981 – 45 Min. – R: Robert E. Thompson. D: Karin Argoud, Anne Seymour, Bibi Besch.

Jugendfilm. Eine Siebzehnjährige findet durch einen jungen Taubstummen ihr Vertrauen in die Menschen wieder; einfühlsam.

Die Schwimmerin / Dawn! ∗∗∗

AUS 1978 – 107 Min. – R: Ken Hannam. D: Bronwyn Mackay-Payne, Tom Richards, John Diedrich, Bunney Brooke, Ron Haddrick, Gabrielle Hartley, Ivar Kantz.

Sportlerfilm. Biographie der 43fachen australischen Schwimmweltrekordlerin und Olympiasiegerin Dawn Frazer, deren Karriere nach Streit mit Funktionären abrupt endete; der Sportstar stand vor dem Nichts; spektakulär, hintergründig und analytisch; ein Film über Ehrgeiz, Selbstbewußtsein und Selbstüberschätzung.

Schwurgericht / Justice est faite ∗∗ ½

F 1950 – 120 Min. sw. – R: André Cayatte. D: Claude Nollier, Valentine Tessier, Raymond Bussières, Jacques Castelot, Michel Auclair.

Justizdrama. Dialogintensiver Film um einen Gattenmord und dessen Hintergründe. Psychologisch beeindruckend, gut gespielt, ein Blick in die Abgründe von Beziehungen und der Justiz gleichermaßen.

Scorpio, der Killer / Scorpio ∗∗ ½

USA 1973 – 110 Min. – R: Michael Winner. D: Burt Lancaster, Alain Delon, Paul Scofield.

Thriller. Der CIA-Agent Cross steht im Verdacht, ein Doppelspion zu sein, und soll von dem französischen Killer Scorpio liquidiert werden. Mitreißender, atmosphärisch dichter Thriller mit spannenden Dialogen und einer gelungenen Verfolgungsjagd in Wien; Versuch einer moralischen Rechtfertigung von Spionage, die sich am Ende ad absurdum führt.

Scorpio Rising / Scorpio Rising ∗∗∗

USA 1964 – 30 Min. OmU. – R: Kenneth Anger. D: Laien.

Avantgardefilm. Eine Gruppe von Motorradrockern bei der Vorbereitung und Ausführung ihres Lieblingssports: genüßliches Wienern der Feuerstühle und auf und davon zu einer obszönen Orgie. Dazu die Schlager der fünfziger Jahre. Ein Meilenstein des »kleinen schmutzigen Films«.

Scotts letzte Fahrt / Scott of the Antarctic ∗∗∗

GB 1948 – 110 Min. sw. – R: Charles Frend. D: John Mills, Diana Churchill, Harold Warrender, James Robertson Justice, Anne Flirth.

Expeditionsfilm. Dokumentarisch inszenierter Spielfilm um das Wettrennen zum Südpol 1911/12, das Amundsen gewinnt und Robert Scott mit dem Leben bezahlt. Authentisch, erschütternd; nach Scotts Tagebuchaufzeichnungen.

Sebastian Kneipp – Der Wasserdoktor ∗∗

A 1958 – 117 Min. – R: Wolfgang Liebeneiner. D: Carl Wery, Paul Hörbiger, Gerlinde Locker, Michael Cramer, Peter Lühr.

Filmbiographie. Die letzten Lebensjahre des bekannten mit Wasser heilpraktizierenden Pfarrers, der von der Schulmedizin als »Kurpfuscher« angefeindet wurde. Lebensgeschichte als volkstümliches Melodram; sympathisch in der Titelrolle Carl Wery.

Sechs Bären mit Zwiebel ∗∗ ½

ČSSR 1972 – 90 Min. R: Oldrich Lipsky. D: Lubomir Lipsky, Jiří Sovak, Milos Kopecky.

Kinderfilm. Der Clown Zwiebel wird entlassen, weil er drei Kinder in den Zirkus geschmuggelt hat; doch seine Freunde revanchieren sich und verschaffen ihm Arbeit als Köchin (!) in der Schule, dort treten sechs dressierte Bären auf; lustig, phantastisch.

Sechs kleine Detektive / The Double McGuffin ∗∗
USA 1979 – 96 Min. – R: Joe Camp. D: Ernest Borgnine, George Kennedy, Elke Sommer, Rod Browning, Dion Pride, Jeff Nicholson.
Jugendkrimi. Ein Internatsschüler findet erst einen Koffer voller Geld, dann eine Leiche; schließlich geht es um ein Mordkomplott gegen die Premierministerin. Emil und die Detektive von Kästner lassen grüßen in diesem lustigen und spannenden Film, in dem Kinder Killer und Cops narren; für die ganze Familie geeignet.

Die 36 Kammern der Shaolin / The 36 Chambers of Shaolin ∗∗
Honkong 1978 – 83 Min. – R: Liu Chia-liang. D: Liu Chia-hui, Huang Yu, Lo Lieh.
Kung-Fu-Film. Die Mandschu haben im 15. Jahrhundert ein grausames System in China errichtet. Ein junger Mann erlernt bei den Shaolin-Mönchen die Kung-Fu-Kampftechnik, um die Morde an seinen Eltern zu rächen.

36 Stunden / Thirty-six Hours ∗∗ ½
USA 1964 – 90 Min. sw. – R: George Seaton. D: James Garner, Eva Marie Saint, Rod Taylor, Werner Peters.
Agentenfilm. Im Zweiten Weltkrieg entführen die Deutschen einen alliierten Geheimdienstoffizier und versuchen, ihm durch einen Trick Informationen über die Invasion zu entlocken; spannendes, psychologisch gut motiviertes Kriegsabenteuer.

Seemann, paß auf! / Sailor Beware ∗∗ ½
USA 1951 – 97 Min. sw. – R: Hal Walker. D: Jerry Lewis, Dean Martin, Robert Strauss.
Marineklamotte. Zwei Marinerekruten wirbeln den Flottenalltag durch haarsträubende Späße durcheinander; Vehikel für die gehobeneren Albernheiten des Duos Lewis/Martin.

Der Seemann und die Nonne / Heaven Knows, Mr. Allison ∗∗∗
USA 1956 – 100 Min. – R: John Huston. D: Robert Mitchum, Deborah Kerr.
Starfilm. Corporal Allison strandet 1944 auf einer einsamen Insel im Pazifik und findet dort nichts weiter als ein Mädchen im Nonnengewand. Eine märchenhafte Romanze liegt in der Luft, was die Japaner nicht hindert anzugreifen; abenteuerlich.

Seemannslos / Down to the Sea in Ships ∗∗ ½
USA 1949 – 106 Min sw. – R: Henry Hathaway. D: Lionel Barrymore, Richard Widmark, Dean Stockwell, Gene Lockhart.
Abenteuerfilm. Ein alter Kapitän will seinen Enkel zum Walfänger ausbilden, es ergeben sich Schwierigkeiten und Rivalitäten; spannende, in Teilen halbdokumentarische Unterhaltung mit überzeugenden Darstellern.

Der Seeräuber / The Black Swan ∗∗∗
USA 1943 – 80 Min. – R: Henry King. D: Tyrone Power, Maureen O'Hara, Laird Cregar, George Sanders, Anthony Quinn.
Piratenfilm. Tyrone Power führt seine rasante Klinge gegen mehrere Gegner gleichzeitig, er ist glanzvoller Liebhaber, Fechter, Käpt'n und geht aus allen Schlachten als Sieger hervor: insbesondere, als 1674 Seine Majestät, der König von England, einen Piraten zum Gouverneur von Jamaika macht. Ein reines Vergnügen für die Freunde der Draufgängerfilme.

Seeteufel / Sea Devils ∗∗
I/E 1981 – 82 Min. – R: Juan Piquer Simon. D: Ian Sera, Patty Shephard, Frank Brana.
Jugendfilm. Sechs Kinder geraten auf einer Seereise in haarsträubende Abenteuer mit Sklavenhändlern und anderen Bösewichtern; dick aufgetragenes Abenteuer für Kinder.

Der Seeteufel von Cartagena / The Spanish Main ∗∗ ½
USA 1945 – 96 Min. – R: Frank Borzage. D: Paul Henreid, Maureen O'Hara, Binnie Barnes, Walter Slezak.
Piratenfilm. Im 17. Jahrhundert wird ein junger Holländer Pirat, um sich gegen einen spanischen Despoten stellen zu können; schwungvolles Seeabenteuer mit

viel Action und – durch Slezak-Humor – parodistischen Akzenten.

Seevagabunden auf großer Fahrt / Sea Gypsies ∗∗ ½
USA 1980 – 96 Min. – R: Stewart Raffill. D: Robert Logan, Mikki Jamison-Olsen, Heather Rattray, Cjon Damitri Patterson.
Abenteuerfilm. Ein Segelfan geht auf einem umgebauten Kutter mit Kindern und Freundin auf Alaskatörn; die Yacht sinkt im Sturm, und die Schiffbrüchigen stehen vor unverhofften Problemen; sympathische Familienunterhaltung mit schönen Landschaften.

Der Seewolf / The Sea Wolf ∗∗ ½
USA 1941 – 82 Min. sw. – R: Michael Curtiz. D: Edward G. Robinson, Ida Lupino, John Garfield, Alexander Knox.
Literaturverfilmung. Zwei ahnungslose Passagiere, der Schriftsteller van Weyden und eine junge Frau, geraten auf das düstere Segelschiff »Ghost«, auf dem Kapitän Larsen ein zynisches und brutales Regiment führt; es riecht nach Meuterei. Gelungene Verfilmung des berühmten Romans von Jack London.

Sehnsucht der Frauen / Kvinnors Väntan ∗∗ ½
S 1952 – 90 Min. sw. – R: Ingmar Bergman. D: Aino Taube, Maj-Britt Nilsson, Eva Dahlbeck.
Frauenstudie. Vier Frauen, die auf die Rückkehr ihrer Männer warten, gestehen sich, daß die Ehe ihnen keine Erfüllung und Selbstverwirklichung gebracht hat; ein junges Mädchen will es besser machen; von sezierender Genauigkeit.

Die Sehnsucht der Veronika Voss ∗∗ ½
BRD 1982 – 100 Min. Ⓥ atlas. – R: Rainer Werner Fassbinder. D: Rosel Zech, Hilmar Thate, Cornelia Froboess, Annemarie Düringer.
Melodram. Nach dem Leben des ehemaligen Ufa-Stars Sybille Schmitz gedrehte Phantasie um Aufstieg und Ruhm im Filmgeschäft und die tiefen Abstürze bei Identitätskrisen. Kühl und artifiziell verpackte Gefühle, von Fassbinder als visuelles Kunstwerk serviert.

Seid nett zu Mr. Sloane / Entertaining Mr. Sloane ∗∗ ½
GB 1969 – 94 Min. – R: Douglas Hickox. D: Peter McEnery, Beryl Reid, Harry Andrews.
Schwarze Komödie. Ein junger Psychopath gerät in die Fänge eines erotisierten Geschwisterpaars; eine Breitseite makabren Humors in einer Adaption des Stücks von Joe Orton; exzellent besetzt.

Sein bester Freund ∗∗
D 1936 – 100 Min. sw. – R: Harry Piel. D: Harry Piel, Edna Greyff, Hans Lorenzen, Trude Hesterberg.
Kriminalfilm. Superkripokommissar richtet zugelaufenen Schäferhund als »Greif« für den Polizeidienst ab und jagt mit ihm die Bösen Berlins; geradlinig-schlichter Actionfilm in der Schwarzweißmanier Piels, der einen eigenen Stummfilm von 1929 neu verfilmte.

Sein bester Freund ∗∗
BRD 1962 – 91 Min. – R: Luis Trenker. D: Toni Sailer, Dietmar Schönherr, Hilti von Allmen, Hans Nielsen, Elke Roesler, Carmela Corren.
Bergfilm. Sein bester Freund rettet dem Helden das Leben im Ringen um die Eiger-Nordwand. Ein Alpenmelodram aus den Schweizer Bergen – leider führt Trenker »nur« Regie.

Sein Colt war schneller / Buchanan Rides Alone ∗∗∗
USA 1958 – 75 Min. – R: Budd Boetticher. D: Randolph Scott, Craig Stevens, Barry Kelley, Manuel Rochas.
Western. Ein Texaner kommt in eine Stadt, die von einer korrupten Sippe beherrscht wird; obgleich er möglichst ungeschoren bleiben möchte, gerät er in einen Kampf auf Leben und Tod; harter Westernklassiker, zu dessen Reiz vor allem Randolph Scotts lakonischer Humor beiträgt.

Sein Engel mit den zwei Pistolen / The Paleface ∗∗∗
USA 1948 – 85 Min. – R: Norman Z. McLeod. D: Jane Russell, Bob Hope, Nestor Paiva, Robert Armstrong, Iris Adrian.
Westernkomödie. Die Geheimagentin Calamity Jane und der Dentist Potter

treffen im wildesten Westen aus sehr unterschiedlichen Gründen zusammen. Was beide mit wütenden Weißen und wutschnaubenden Roten erleben, ist umwerfend ulkig und nimmt nicht nur den Starmythos Russells und den Blödelnimbus Hopes auseinander, sondern gleich den ganzen nordamerikanischen Heimatfilm.

Sein Freund Jello / **
Old Yeller
USA 1957 – 81 Min. Ⓥ Walt Disney. – R: Robert Stevenson. D: Dorothy McGuire, Fess Parker, Tommy Kirk.
Disney-Film. Die atmosphärisch genaue Wiedergabe des Farmerlebens im Texas von 1859 bildet den Hintergrund für die Freundschaft zwischen einem Jungen und seinem Hund. Tragisch, am Rande des Sentimentalen.

Sein gefährlichster Auftrag / Assignment to Kill **
USA 1966 – 88 Min. – R: Sheldon Reynolds. D: Patrick O'Neal, Joan Hackett, Herbert Lom, Peter van Eyck.
Krimi. Ein Privatdetektiv auf der Spur eines Versicherungsbetruges: Zwei Schiffe sind untergegangen – ein Mann verschwindet, die Spur führt in die Schweiz. Routinereißer.

Sein größter Bluff / ** ½
The Million Pound Note
GB 1954 – 87 Min. – R: Ronald Neame. D: Gregory Peck, Jane Griffith, Reginald Beckwith.
Komödie. Die bekannte Geschichte um das Millionen-Dollar-Mißverständnis. Diesmal handelt es sich um eine Pfundnote in dieser Größenordnung, die einem mittellosen Amerikaner im viktorianischen England alle Türen öffnet. Beschwingte Gesellschaftssatire nach Mark Twain über die Macht des Geldes.

Sein letzter Befehl / ***
The Last Command
USA 1928 – 85 Min. Stf. sw. – R: Josef von Sternberg. D: Emil Jannings, Evelyn Brent, William Powell.
Melodram. Der Niedergang eines angesehenen Mannes, des gefürchteten zaristischen Generals Fürst Alexander, der vor der bolschewistischen Revolution nach Amerika flieht und in Hollywood ein Komparsendasein fristet. Von Sternberg (»Der blaue Engel«) in Hollywood mit Jannings (der dafür den Oscar erhielt) als kunstvolles Licht-und-Schatten-Drama der kleinen und großen Katastrophen subtil inszeniert.

Sein letzter Freund / **
Heureux qui comme Ulysse...
F 1969 – 90 Min. – R: Henri Colpi. D: Fernandel, Max Amyl, Gilberte Rivet.
Komödie. Ein einfältiger Knecht will ein Pferd davor bewahren, in einem Stierkampf vom Picador geopfert zu werden. Fernandel macht noch diese wenig originelle Story zu einer ansehnlichen Situationskomödie.

Sein letzter Kampf / *
The Last Fight
USA 1983 – 86 Min. – R: Fred Williamson. D: Willie Colon, Ruben Blades, Fred Williamson, Joe Spinell.
Boxerfilm. Durch seine Spielleidenschaft wird ein Nachwuchsboxer für die Mafia erpreßbar; konventioneller Reißer.

Sein Mädchen für besondere Fälle / His Girl Friday ***
USA 1940 – 92 Min. sw. auch OoU. – R: Howard Hawks. D: Cary Grant, Rosalind Russell, Ralph Bellamy.
Milieukomödie. Remake der Lewis-Milestone-Verfilmung von 1930 und eindeutig besser: Die Story um die beinharte Konkurrenz von Boulevardblättern in New York und die damit verquickte Beziehungskiste eines cleveren Reporterpaares sprüht vor Spiellaune, Situationskomik und Wortwitz.

Sein Name war Parrish / *
Parrish
USA 1961 – 114 Min. – R: Delmer Daves. D: Troy Donahue, Claudette Colbert, Karl Malden.
Liebesfilm. Liebe auf den ersten Blick zwischen dem Sohn einer Lehrerin und einer reichen Farmerstochter. Mit allen Klischees des Südstaatenmelodrams um Stolz, Leidenschaft und Vorurteil inszeniert. Eine Nebenarbeit des Regisseurs von »Der gebrochene Pfeil«.

Sein Name war Pot – aber sie nannten ihn Halleluja / * ½
Il suo nome era Pot

I 1971 – 90 Min. – R: Dennis Ford. D: Peter Martell, Lincoln Tate, Daniela Giordani.
Italowestern. Ein Spaghettiwestern, Konfektionsware, gut gebaut, aber ohne Überraschungen. Die Geschichte zweier Brüder, eines Totengräbers und eines Toten.

Sein oder Nichtsein / To Be or Not to Be ∗∗∗ ½
USA 1942 – 94 Min. sw. – R: Ernst Lubitsch. D: Jack Benny, Carole Lombard, Robert Stack, Felix Bressart, Lionel Atwill, Sig Ruman.
Ernst-Lubitsch-Film. 1939 in Warschau probt das Theater eine Hitler-Parodie, aber der Einmarsch der deutschen Truppen verhindert die Aufführung; statt dessen kommt wieder »Hamlet« auf den Spielplan. Doch die Wirklichkeit überholt das Theater, und bald müssen die Schauspieler wirkliche Nazis spielen – Politthriller als bissig-böse Antinazi-Satire. Filmklassiker.

Seine Exzellenz bleibt zum Essen / Sua Eccellenza si fermo a mangiare ∗∗ ½
I 1961 – 82 Min. sw. – R: Mario Mattoli. D: Totò, Ugo Tognazzi, Virna Lisi.
Komödie. In dieser spritzigen Gaunergroteske schleicht sich Totò in eine feine Familie ein und erpreßt den Hausherrn, als er ihn in flagranti ertappt. Doch eigentlich ist er auf den Safe scharf. Witzige Verwirrspiele.

Seine Frau hilft Geld verdienen / The Fuller Brush Girl ∗∗ ½
USA 1950 – 85 Min. sw. – R: Lloyd Bacon. D: Lucille Ball, Eddie Albert, Jerome Cowan, Carl Benton Reid.
Komödie. Fortsetzung von »Dieser verrückte Mr. Jones« (1948) um eine Hausfrau, die als Kosmetikvertreterin dazuverdient und mit ihrem Mann in eine Diebstahl- und Mordgeschichte schlittert; witzige Screwball Comedy mit gutgelaunten Darstellern.

Seine letzte Chance TV-Film
BRD 1986 – 100 Min. – R: Alexander von Eschwege. B: Antonio Skármeta, Jürgen Haase. D: Gerhard Olschewski, Wolf-Dietrich Berg, Jürgen Vogel, Yvonne Remée.
Ein haftentlassener Einbruchsspezialist versucht vergebens, einem Nachwuchsgauner den großen Coup auszureden; handwerklich und darstellerisch gut.

Seine Majestät, der Bulle / Sa majesté, le flic TV-Film
F 1984 – 95 Min. – R: Jean-Pierre Decourt. D: Bernard Fresson, Gérard Darier, Evelyne Buyle, Philippe Nicaud.
Ein Gangsterfilm um einen Kommissar, der über das Ziel hinausschießt, als er Rache am Tod seiner Frau übt. Aus der »Série noire«.

Seinerzeit zu meiner Zeit ∗ ½
BRD 1944 – 90 Min. sw. – R: Boleslav Barlog. D: Hannelore Schroth, Paul Klinger, Rolf Weih, Albert Hehn, Käte Haack.
Komödie. Strenge Eltern vermiesen einem Mädchen die ersten Liebeleien; doch dann erfährt es, daß Mütterchen auch keine Freundin von Traurigkeit war; heitere Bewältigung harmloser Generationsprobleme.

Der Seitensprung / L'escapade ∗∗∗
F/CH 1973 – 96 Min. – R: Michel Soutter. D: Marie Dubois, Philippe Clevenot, Antoinette Moya, Georges Wood, Jean-Louis Trintignant.
Liebesfilm. Zwei ungleiche Paare spielen Bäumchen-wechsle-dich und stellen leicht verblüfft fest, daß die ursprünglichen Bindungen besser denn je intakt sind; ein Film über die Unbeständigkeiten und Unberechenbarkeiten von Liebe und Gefühlen, zwischen Melancholie und bizarrem Witz, leise ironisch mit Musik von Domenico Scarlatti unterlegt.

Seitensprung auf italienisch / Adulterio all'italiana ∗∗ ½
I 1966 – 90 Min. – R: Pasquale Festa Campanile. D: Nino Manfredi, Cathérine Spaak, Gino Pernice.
Satire. Ehefrau ertappt Ehemann beim Seitensprung und will es ihm mit gleicher Münze heimzahlen, da erwacht grenzenlose Eifersucht im Machomann. Köstliche, unterhaltsame Persiflage auf die italienische Variante der Liebesmoral, schwebend inszeniert, gelöst gespielt, eine hübsche Seifenblase.

Seitenstechen ∗ ½
BRD 1985 – 90 Min. Ⓥ VPS. – R: Dieter Pröttel. D: Mike Krüger, Susanne Uhlen, Claudia Neidig, Christian Wolff, Werner Kreindl.
Klamotte. Ulknudel und Frauenheld Mike Krüger fühlt sich elend; Heißhunger und Brechreiz gleichzeitig, von Seitenstechen begleitet, sind seine Symptome. Die Diagnose des Doktors: Schwangerschaft! Welch ein Glück.

Sekunden der Angst / Jeopardy ∗∗
USA 1952 – 67 Min. sw. – R: John Sturges. D: Barbara Stanwyck, Barry Sullivan, Ralph Meeker.
B-Krimi. Ein Paar im Urlaub gerät in Not, ein flüchtiger Verbrecher nimmt sich der beiden an. Der »schmutzige kleine Film« erzählt seine Geschichte knapp und präzise.

Selbstbedienung TV-Film
BRD 1968 – 90 Min. sw. – R, B: Eberhard Fechner. D: Wolfgang Condrus, Jürgen Draeger, Wolfgang Giese, Katharina Tüschen.
Drei Männer nutzen bei einem Besuch der Queen in Berlin die Gelegenheit zu einem Einbruch; sie werden gefaßt, die Beute bleibt verschwunden; glänzende Studie des Berliner Unterweltmilieus.

Selbstjustiz / Trial by Combat / Dirty Knight's Work ∗∗
GB 1976 – 87 Min. – R: Kevin Connor. D: Sir John Mills, Donald Pleasence, Peter Cushing, Barbara Hershey.
Kriminalfilm. Die Selbstjustiz einer exklusiven Deckorganisation beunruhigt Unterwelt und Scotland Yard gleichermaßen; recht spannender Thriller mit starken Effekten.

Die seltsame Gräfin ∗ ½
BRD 1961 – 95 Min. sw. – R: Josef von Baky. D: Lil Dagover, Brigitte Grothum, Joachim Fuchsberger, Marianne Hoppe, Klaus Kinski.
Edgar-Wallace-Krimi. Die mysteriösen Mordanschläge auf ein junges Mädchen einer Erbschaft wegen rechtfertigen kaum das große Staraufgebot, das ganz im Gegensatz zum mäßigen filmischen Ergebnis steht.

Das seltsame Leben des Herrn Bruggs ∗ ½
BRD 1951 – 89 Min. sw. – R: Erich Engel. D: Gustav Knuth, Christl Mardayn, Adrian Hoven.
Melodram. Ein Lokomotivführer steigt zum Industrieboß auf und führt ein Doppelleben; routiniert inszenierte Aneinanderreihung von Unglaubwürdigkeiten.

Die seltsame Liebe der Martha Ivers / The Strange Love of Martha Ivers ∗∗ ½
USA 1946 – 117 Min. sw. – R: Lewis Milestone. D: Barbara Stanwyck, Kirk Douglas, Van Heflin, Lizabeth Scott.
Film noir. Düstere Dreiecksgeschichte um eine Millionenerbin, die durch ein dunkles Geheimnis an ihren Ehegatten gebunden ist und deshalb ihren Lover zum Mord anzustiften versucht; atmosphärisch dicht, spannend; Starbesetzung; Debütfilm von Kirk Douglas.

Die seltsamen Begegnungen des Prof. Tarantoga TV-Film
BRD 1978 – 100 Min. – R: Charles Kerremans. D: Richard Münch, Manfred Seipold, Peter Striebeck.
Weltraumsatire nach einer Vorlage von Stanislaw Lem. Professor Tarantoga geht mit einem Assistenten auf risikoreiche Raumfahrt und kommt versehentlich zu früh zurück.

Die seltsamen Missionen des Dominick Hide TV-Film
GB 1980 – 90 Min. – R: Alain Gibson. D: Peter Firth, Pippa Guard, Caroline Langrishe, Patrick Magee.
Ein origineller Science-fiction-Film, in dem eine Zeitreise aus dem Jahr 2130 in die Vergangenheit geht. Als Dominick in London bei seiner Großtante ankommt, erlebt er merkwürdige Abenteuer, und seine Raumfähre verschwindet.

Ein seltsames Paar / The Odd Couple ∗∗∗
USA 1968 – 100 Min. – R: Gene Saks. D: Jack Lemmon, Walter Matthau, Herb Edelman.
Komödie. Umwerfend komischer Film um zwei Kumpels, die aus ihren Ehen in eine Zweierwohngemeinschaft geflohen sind, sich auf die Nerven gehen und sich

dennoch mögen. Dialogsicheres Kammerspiel mit zwei Superstars in Superform; nach dem Stück von Neil Simon.

Ein seltsames Spiel / La giacca verde ** ½
I 1979 – 100 Min. – R: Franco Giraldi. D: Jean-Pierre Cassel, Renzo Montagnani, Senta Berger.
Melodram. Story aus dem heutigen Italien, die in Rückblenden ins Kriegsgeschehen von 1943 führt; im Musikermilieu angesiedelt, gut gespielt; unterhaltsam servierter Einblick in die Zeit des Widerstands.

Der Senator war indiskret / Mr. Ashton Was Indiscret **
USA 1947 – 118 Min. sw. – R: George S. Kaufman. D: William Powell, Ella Raines, Arleen Whelan.
Komödie. Ein Senator scheut keine Mühe, sich ins rechte Licht zu rücken; dabei kommen ihm Indiskretionen zustatten; skurrile Komik.

Ein Senkrechtstarter kratzt die Kurve / Take This Job And Shave It ** ½
USA 1981 – 92 Min. – R: Gus Trikonis. D: Robert Hays, Art Carney, Barbara Hershey, David Keith.
Komödie. Ein tatendurstiger Jungmanager stößt bei seinem Versuch, ein altes Unternehmen flottzumachen, auf Widersacher, was ihn aber in diesem beschwingten Provinzlustspiel nicht davon abhält, seine eigenen, unorthodoxen Methoden durchzusetzen.

Die Sennerin von St. Kathrein * ½
A 1955 – 90 Min. Ⓥ Taurus. – R: Herbert B. Fredersdorf. D: Anita Gutwell, Rudolf Lenz, Rudolf Carl.
Heimatfilm. Rudolf Lenz mit flottem Schnauzer ist Pferdezüchter und begehrter Junggeselle; obwohl von den Frauen umschwärmt, verliebt er sich in die arme Sennerin Liesl, deren Bruder das Wildern nicht lassen kann. Schleppende Geschichte.

Sensation in Morgans Creek / The Miracle of Morgan's Creek **
USA 1943 – 95 Min. sw. – R: Preston Sturges. D: Betty Hutton, Eddie Bracken, Diana Lynn, William Demarest.
Komödie. Als Trudy, die Tochter des aufrechten Polizisten, nach dem Besuch eines Rekrutenballs schwanger ist, soll Norval als Vater herhalten; respektlose Satire über miefige Kleinstadtmoral zu Beginn des Zweiten Weltkriegs.

Sensation in San Remo **
BRD 1951 – 94 Min. – R: Georg Jacoby. D: Marika Rökk, Peter Pasetti, Ewald Balser, Elisabeth Markus, Otto Gebühr.
Revuefilm. Eine Gymnastiklehrerin führt ein Doppelleben; nachts tritt sie als Revuestar auf; als ein Kapellmeister sie zum San-Remo-Turnier mitnehmen will, ergeben sich Komplikationen; schmissige Rökk-Schau.

Sentimental Journey TV-Film
BRD 1987 – 85 Min. – R: Peter Patzak. B: Hans Maria Buschmann. D: Otto Sander, Kristin Scott-Thomas, Jean-Pierre Cassel.
Ein Karrieretyp soll von einem verarmten Freund dessen venezianischen Palazzo bekommen; nur eine Voraussetzung ist schwer zu erfüllen: Es will ihm (beinahe) nicht gelingen, die Frau seines Lebens zu finden; eine leise Komödie voll hintersinnigem Witz und präzisen Gags.

September Morning / Il falco e la colomba **
I 1981 – 97 Min. – R: Fabrizio Lori. D: Fabio Testi, Lara Wendel, Simonetta Stefanelli.
Melodram. Ein Politdrama um Liebe, Eifersucht und Drogen, Verrat und Karriere: mit Leidenschaft und Sentiment in Szene gesetzt; Titelmusik Neil Diamond.

Serenade / Serenade * ½
USA 1956 – 121 Min. – R: Anthony Mann. D: Mario Lanza, Joan Fontaine, Sarita Montiel, Vincent Price.
Musikfilm. Ein sangesfroher Naturbursche gerät in die Fänge von Hyänen des Musikbusineß; eine etwas untypische Rolle für den Mikrophontenor Lanza; für Freunde des Belcanto ein musikalischer Spaghettiwestern.

Serenade einer großen Liebe
siehe: Der Sänger von Capri

Serenade für zwei Spione / Sinfonia per due spie *
BRD/I 1965 – 89 Min. – R: Michael Pfleghar. D: Hellmut Lange, Barbara Lass, Wolfgang Neuss, Tony Kendall.
Komödie. Nicht ernst zu nehmende James-Bond-Parodie, bundesdeutsch; mit viel Klamauk und Aktion um eine Geheimwaffe.

Serenade zu dritt / Design for Living ***
USA 1933 – 91 Min. sw. – R: Ernst Lubitsch. D: Fredric March, Gary Cooper, Miriam Hopkins.
Ernst-Lubitsch-Film. Nach dem Stück von Noël Coward realisierter Film um einen Maler und einen Schreiber, die sich in eine Zeichnerin verlieben, alle drei dem Sex abschwören, um Freunde zu bleiben – und einander um so mehr verfallen. Die anspielungsreiche, vor Wortwitz sprühende Komödie von Lubitsch (»Sein oder Nichtsein«) präsentiert das sympathischste Liebesdreieck der Kinogeschichte.

Der Sergeant / The Sergeant * ½
USA 1968 – 107 Min. – R: John Flynn. D: Rod Steiger, John Phillip Law, Ludmila Mikael, Frank Latimore.
Psychodrama. Ein US-Soldat, gegen Kriegsende in Frankreich stationiert, wird mit seinen Kriegserfahrungen nicht fertig und gerät durch seine Homosexualität in eine Krise; gutbeobachtete, sensible Psychostudie, die dennoch oberflächlich bleibt.

Sergeant Berry **
D 1938 – 107 Min. sw. – R: Herbert Selpin. D: Hans Albers, Toni von Bukovics, Herma Relin, Herbert Hübner.
Krimi. Der Polizist Berry hat es in Chicago mit Rauschgifthändlern zu tun; Hans Albers leiht dieser Figur hanseatischen Charme und nordamerikanische Muskelkraft; er kann auch fast den Eindruck verwischen, daß deutsche Einbildungskraft nicht an US-Verhältnisse heranreicht; unterhaltsam.

Série noire ** ½
F 1979 – 110 Min. OmU. – R: Alain Corneau. D: Patrick Dewaëre, Myriam Boyer, Marie Trintignant, Bernard Blier.
Psychokrimi. Ein Klinkenputzer auf Durchreise lernt ein Mädchen kennen, mit dem er einen Mord vorbereitet. Zynisch geht die Tat vonstatten, ohne daß der miese, auf seinen Vorteil bedachte Held moralische Skrupel zeigte. Corneau (»Wahl der Waffen«) zeigt die korrupte Welt der literarischen Vorlage von Jim Thompson mit trostlosen Schauplätzen, schmutzigen Farben, verräterischen Kameraeinstellungen und einem schäbigen Figurenarsenal.

Severino TV-Film
DDR 1977 – 80 Min. – R: Claus Dobberke. D: Gojko Mitić, Violeta Andrei, Mircea Anghelescu.
Adaption des Abenteuerbuches »Severino von den Inseln« von Eduard Klein; ein argentinischer Indianer zwischen den Welten der Roten und der Weißen; einer der ersten Indianerfilme der DDR.

Sex mit Stars / Love with the Stars * ½
USA 1975 – 90 Min. – R: Anwar Kawadri. D: Janet Love, Susie Sylvie, Martin Burrows, Thick Wilson.
Komödie. Ein Journalist mit Astrologentick soll für eine Reportage Frauen verschiedener Sternzeichen testen; Anzüglichkeiten und Hinweise auf Kraftakte ersetzen die Ironie, die dem »Erotikfilm« vielleicht etwas Niveau verschafft hätte.

Sex vor sechs Millionen Jahren / Creatures the World Forgot ** ½
GB 1970 – 98 Min. Ⓥ RCA Columbia. – R: Don Chaffey. D: Julie Ege, Tony Bonner, Robert John, Marcia Fox.
Abenteuerfilm. Der Kampf ungleicher Steinzeitzwillingsbrüder um Macht und die Schönste; intelligente, actionreiche Unterhaltung, keineswegs ein plumper Sexfilm.

Der sexte Sinn TV-Film
BRD 1986 – 90 Min. – R, B: Lothar Lambert, Dagmar Beiersdorf. D: Ingolf Gorges, Albert Heins.
Zwei Brüder, ein schüchterner Romantiker und ein Casanova, verlieben sich eines Tages in dieselbe Frau; interessant und halbwegs lustig.

Sexualprotz wider Willen / The Love God **

USA 1968 – 98 Min. – R: Nat Hiken. D: Don Knotts, Anne Francis, Edmond O'Brien, James Gregory.
Komödie. Ein Pornoverleger ohne Lizenz schiebt den Herausgeber eines Vogelmagazins als Strohmann vor; durch einen Prozeß verändert sich dessen Leben völlig; nicht recht zupackende Satire auf Sexrummel, Moralinsäure und vor allem auf »Playboy«-Mentalität.

Shadok / Buckskin * ½
USA 1968 – 92 Min. – R: Michael Moore. D: Barry Sullivan, Wendell Corey, Gerard Michenaud.
Western. Routiniertes Revolverdrama um den Sheriff von Gloryhole, der die Siedler vor den Machenschaften des Großgrundbesitzers schützt. Durchschnittlich.

Shadwells Truppe TV-Film
GB 1987 – 80 Min. – R: Christopher King. D: David Andrews, Caroline Langrishe, Kate Harper, Rolf Saxon.
Pilotfilm der TV-Serie »Pulaski« um einen abenteuerlustigen Privatdetektiv mit Macken und seine robuste Frau, die ihm erfolgreich zur Seite steht; massive Kriminunterhaltung mit Fantasy-Elementen.

Shaft / Shaft ** ½
USA 1971 – 96 Min. Ⓥ MGM/UA. – R: Gordon Parks. D: Richard Roundtree, Moses Gunn, Charles Cioffi, Christopher St. John, Sherri Brewer.
Actionfilm. Schwarzer Privatdetektiv auf heißer Spur, aus kleiner Entführung wird Mafiakrieg. Actionreißer mit viel Spannung, vor Ort in Harlem eingefangener Atmosphäre und Black-is-beautiful-Stimmung. In den Effekten aber oberflächlich. Oscar für die Musik von Isaac Hayes.

Shaggy / Shaggy **
USA 1948 – 68 Min. – R: Robert Emmett Tansey. D: George Nokes, Brenda Joyce, Robert Shayne.
Kinderfilm. Ein Junge erlebt mit seinem Hund Shaggy das Farmleben als Abenteuer; als sein Vater wieder heiratet, ist die Idylle bedroht; nette Unterhaltung mit Hollywood-Moral, nach der alles gut wird.

Shalako – Verloren im Apachenland / Shalako ** ½
GB 1968 – 100 Min. – R: Edward Dmytryk. D: Brigitte Bardot, Sean Connery, Stephen Boyd, Jack Hawkins, Peter van Eyck.
Western. Ende letzten Jahrhunderts gerät eine Gesellschaft reicher Europäer bei der Jagd in New Mexico in Schwierigkeiten mit Apachen, der Trapper Shalako hatte vergebens gewarnt; gelegentlich »augenzwinkernder« Western, der vom Zusammenspiel Bardot/Connery lebt.

Shampoo / Shampoo ***
USA 1974 – 110 Min. Ⓥ RCA Columbia. – R: Hal Ashby. D: Warren Beatty, Julie Christie, Goldie Hawn, Lee Grant, Jack Warden.
Tragikomödie. Eine Modefriseur in Beverly Hills will sich selbständig machen; unerschrocken macht sich der vielbegehrte Liebeszerzauste daran, das Geld zu beschaffen; am Ende steht er von allen verlassen da; Sexsatire, die die Lage eines Teils der Nation zur Zeit der (Nixon-) Präsidentenwahl (1968) frech kommentiert und die Moralkosmetik einer »permissiven« Gesellschaft locker-frivol aufs Korn nimmt; Abrechnung des (damals noch) »New Hollywood« mit den Verlogenheiten des Establishments.

Shanghai-Police – Die wüsteste Truppe der Welt / The Millionaires-Express ** ½
Hongkong 1985 – 86 Min. Ⓥ Starlight. – R: Samo Hung. D: Samo Hung, Yuen Biao, Eric Tsang, Olivia Cheng, Rosemarie Kwan.
Screwball Comedy. In einem chinesischen Provinznest der dreißiger Jahre soll ein Bordell eröffnet werden; die Komplikationen, die der Plan auslöst, münden in einer geradezu atemlosen Folge von Verhohnepipelungen aller gängigen Filmgenres und Filmikonen – inklusive Sherlock Holmes; Serien von banalen Gags und Salven von Kalauern sind ein Spaß für Witzbolde.

SHE – Herrscherin einer versunkenen Zeit / She ** ½
USA 1935 – 90 Min. – R: Irving Pichel, Lansing C. Holden. D: Helen Gahagan, Randolph Scott, Helen Mack, Nigel Bruce.

Fantasyfilm. Zwei Frauen und ein Mann gehen auf Expedition in die Arktis, um dort das sagenhafte Königreich Kor und die »Flamme des ewigen Lebens« zu finden; sie begegnen einer Königin, die nicht altern kann, und bestehen phantastische Abenteuer; Klassiker des Genres.

She ** ½
GB 1965 – 106 Min. OoU. – R: Robert Day. D: Ursula Andress, John Richardson, Peter Cushing, Christopher Lee.
Fantasyfilm. Eine Expedition sucht die Flamme des ewigen Lebens, diese ist im Besitz einer Königin, die erst sterben kann, wenn sie sich verliebt; schwächeres, doch ansehnliches Remake der Verfilmung von H. Rider Haggards Fantasy-Roman; Andress und Richardson in Topform.

She's Gotta Have It / ***
She's Gotta Have It
USA 1986 – 84 Min. sw. Ⓥ VPS. – R: Spike Lee. D: Tracy Camila Johns, John Terrell, Spike Lee, Redmond Hicks.
Liebeskomödie. Nola Darling braucht drei Männer für ihr Liebesleben. Sie genießt den Sex und haßt die Bindung; zwischen dem smarten Yuppie, dem häuslichen Romantiker und dem witzigen Stadtneurotiker (Regisseur Lee) wählt sie je nach Bedarf. Der intelligente, mit Metropolenflair in New York gedrehte Low-Budget-Film kehrt die Geschlechterrollen um; und spielt nur unter Schwarzen; ein im nordamerikanischen Kino seltenes Filmexemplar voll komplexer Ironie.

Sheila / The Last of Sheila ** ½
USA 1972 – 114 Min. – R: Herbert Ross. D: Richard Benjamin, Dyan Cannon, James Coburn, Raquel Welch, James Mason.
Krimi. Ein Jahr nach dem Tod seiner Frau lädt der Filmproduzent Gäste auf seine Luxusyacht ein, um den an ihrem Ableben Schuldigen zu entlarven; bösartiger Psychokrimi, als morbides Gesellschaftsspiel getarnt.

Der Sheriff ohne Colt / **
The Boy from Oklahoma
USA 1953 – 90 Min. – R: Michael Curtiz. D: Will Rogers jr., Anthony Caruso, Nancy Olson, Lon Chaney jr.
Westernkomödie. Ein Sheriff, der nicht schießen will und dennoch für Ordnung sorgt; Paraderolle für Rogers; pfiffig und routiniert von Curtiz (»Casablanca«) in den Präriestaub gesetzt.

Sheriff wider Willen / ***
The Sheriff of Fractured Jaw
GB 1955 – 103 Min. – R: Raoul Walsh. D: Kenneth More, Jayne Mansfield, Henry Hull, William Campbell, Bruce Cabot.
Westernkomödie. Ein britischer Sportwaffenvertreter, dessen unbeirrbares Gentlemanverhalten ihn alle Gefahren überstehen läßt, wird im Suff zum Sheriff wider Willen und kriegt schließlich die kratzbürstige Salonchefin; Parodie, deren Witz auf dem unbeirrbaren British way of life von More ebenso beruht wie auf der Spiellaune des Busenwunders Mansfield, die u. a. »When I'm Steering Down the Lane with Billy« singt.

Sherlock Holmes' cleverer Bruder / The Adventure of Sherlock Holmes' Smarter Brother ** ½
GB 1975 – 91 Min. Ⓥ CBS/FOX. – R: Gene Wilder. D: Gene Wilder, Madeline Kahn, Marty Feldman, Dom DeLuise.
Krimiparodie. Sigerson Holmes, Sherlocks Bruder, gerät in fast alle Situationen, die der große Detektiv zu vermeiden versteht; grotesk, ulkig, für Holmes-Kenner ein besonderer Spaß; erster Film von Wilder als Autor, Regisseur und Star in Personalunion.

Sherlock Holmes und das Halsband des Todes **
BRD/F/I 1962 – 82 Min. sw. – R: Terence Fisher. D: Christopher Lee, Senta Berger, Thorley Walters, Hans Söhnker, Hans Nielsen, Ivan Desny.
Krimi. Ein Archäologe hat sich in den Besitz eines wertvollen Halsbandes gebracht, von da an kommen Holmes und Watson nicht mehr zur Ruhe. Üblicher Genrezinnober, halb spannend, halb unernst; mit kombinatorischer Finesse und Starbesetzung vom Dracula-Spezialisten Fisher serviert.

Shirins Hochzeit * ½
BRD 1975 – 118 Min. – R: Helma Sanders. D: Ayten Erten, Jürgen Prochnow, Aras Ören.

Zeitkritische Gesellschaftsstudie. Die junge Shirin kommt aus dem provinziellen Anatolien nach Köln, um den Mann zu suchen, den sie heiraten möchte; die Türkin kämpft um Anerkennung und Verständnis und endet als Prostituierte. Der bemühte, in Ansätzen auch filmisch akzeptable Streifen vermag es, menschliche Anteilnahme zu erspielen, verschenkt seine Wirkung jedoch durch eitle Regieeinfälle.

Shoot out – Abrechnung in Gun Hill / Shoot Out ** ½
USA 1970 – 91 Min. – R: Henry Hathaway. D: Gregory Peck, Pat Quinn, Robert F. Lyons, Dawn Lyn.
Spätwestern. Gregory Peck wird nach sieben Jahren aus dem Knast entlassen und will sich an seinem Komplizen rächen, da trifft er die kleine Decky und drei Revolvermänner; spannend. Nach dem Roman »The Lone Cowboy« von Will James.

Side Street **
USA 1950 – 83 Min. sw. OmU. – R: Anthony Mann. D: Farley Granger, Cathy O'Donnell, James Craig, Paul Kelly.
Melodram. Postbote entwendet Geld, um seiner schwangeren Frau helfen zu können, und gerät in die Mühlen von Justiz und Verbrechen: Der Umschlag enthielt das Lösegeld einer Erpressung. Kleiner Mann, von zwei Seiten gehetzt, in einem soliden, kritischen Krimi.

Sie **
BRD 1954 – 90 Min. – R: Rolf Thiele. D: Marina Vlady, Walter Giller, Nadja Tiller.
Liebesfilm. Ein Verlegerstöchterchen lebt gegen des Vaters Willen mit einem Maler zusammen; muntere Verfilmung des Romans von Gabor von Vaszary.

Sie kamen von jenseits des Weltraums / They Came From Beyond Space **
GB 1967 – 81 Min. – R: Freddie Francis. D: Robert Hutton, Jennifer Jayne, Zia Mohyeddin.
Science-fiction-Film. Ein Atomphysiker kämpft gegen körperlose Wesen, die den Menschen ihren Willen aufzwingen; mäßig spannender Kultklassiker für Genrefans.

Sie kamen zu viert, um zu töten / E vennero in 4 ... per uccidere Sartana *
I 1969 – 90 Min. – R: Miles Deem. D: Jeff Cameron, Anthony G. Stenton, Simone Blondell, Dennys Colt, Celso Faria.
Italowestern. Spekulativer, blutiger Italo um den Serienhelden Sartana mit aufgesetzt kritischen Akzenten, die in der einfallslosen Handlung und in gewalttätigen Exzessen untergehen.

Sie küßten und sie schlugen ihn / Les quatre cents coups ***
F 1959 – 97 Min. sw. – R: François Truffaut. D: Jean-Pierre Léaud, Albert Rémy, Claire Maurier, Patrick Auffay.
Generationsfilm. Der 13jährige Antoine stößt weder bei seinen Eltern noch in der Schule auf Liebe. Die Geschichte dieses bedürftigen Jungen, den Truffaut später noch einige Male in Filmen verewigt, schildert der Regisseur mit autobiographischen Anleihen an die eigene schwere Jugend; ein Meilenstein der »Nouvelle Vague«, realistisch, romantisch, mit der Filmsprache der Moderne; Gewinner des »Grand Prix« 1959 in Cannes.

Sie leben bei Nacht / They Live By Night ** ½
USA 1948 – 95 Min. sw. – R: Nicholas Ray. D: Cathy O'Donnell, Farley Granger, Howard da Silva.
Liebesfilm. Nach dem Ausbruch aus dem Gefängnis folgt der unvermeidliche nächste Banküberfall. Aus dem Actionfilm wird ein Melodram, als der verletzte Held von einem schönen Mädchen gepflegt wird. Der Versuch des Paares, ins bürgerliche Leben zu wechseln, scheitert. Ray (»Johnny Guitar«) kommentiert mit diesem gefühlsintensiv angelegten Film kritisch desolate Verhältnisse.

Sie möchten Giganten sein / Sometimes a Great Notion **
USA 1970 – 99 Min. Ⓥ CIC. – R: Paul Newman. D: Paul Newman, Henry Fonda, Lee Remick, Richard Jaeckel, Joe Maross.
Familiendrama. Ein hartgesottener Holzfäller will schwer verletzt eine Großlieferung durchsetzen, er und sein Clan geraten immer heftiger mit Gewerkschaftlern aneinander; atmosphäre- und milieusi-

cheres Abenteuermelodram, dessen Charaktere wenig vertieft erscheinen.

Sie nannten ihn Gringo ∗∗

BRD/E 1965 – 84 Min. – R: Roy Rowland. D: Götz George, Alexandra Stewart, Helmut Schmid, Dan Martin, Sieghardt Rupp.

Teutonenwestern. Ein verschollener Sohn kämpft in Unkenntnis seiner Herkunft als Bandit gegen seinen Vater, am Ende opfert er sein Leben; routinierter Western von ungewöhnlicher Spannung.

Sie nannten ihn King

siehe: Diamantenjagd im Land der Krokodile

Sie nannten ihn Komantsche / Comanche ∗∗

USA 1958 – 88 Min. – R: Lewis R. Foster. D: Sal Mineo, Philip Carey, Jerome Courtland, Rafael Campos, John War Eagle.

Indianerfilm. Ein junger Sioux-Indianer ist stolz auf sein Wildpferd; als sein Cousin das Tier mißhandelt, läßt er es frei; später begegnet er dem Hengst wieder – am Little Big Horn, wo General Custer seine letzte Schlacht schlägt. Der indianerfreundliche, aber rührselige Film aus der Disney-Produktion beleuchtet die blutige Geschichte der Indianerkriege des 19. Jahrhunderts aus unspektakulärer Perspektive.

Sie nannten ihn Mücke / Lo chiamavano Bulldozer ∗∗

I/BRD 1978 – 94 Min. Ⓥ Taurus. – R: Michele Lupo. D: Bud Spencer, Raimund Harmstorf, Joe Bugner, Nando Paone.

Bud-Spencer-Klamotte. Italienischer Fischer mit angeborenem Talent für »American Football« und unnachahmlichem Dampfhammerstil putscht seine Mannen zum Sieg über die verhaßten Yankees. Knock-out-Orgie.

Sie nannten ihn Plattfuß / Piedone lo sbirro ∗∗

I/F 1973 – 96 Min. – R: Steno. D: Bud Spencer, Adalberto M. Merli, Raymond Pellegrin, Juliette Mayniel.

Krimiklamotte. Faustkämpfer Spencer in seiner Lieblingsrolle als Kommissar Rizzo in einem Reißer, der sich selbst nicht allzu ernst nimmt, halb Krimi, halb Klamotte, mit Neapel-Ambiente und dem üblichen Sprach- und Schlagrepertoire.

Sie nannten ihn Thunderbolt / Thunderbolt ∗∗ ½

USA 1929 – 87 Min. sw. OmU. – R: Josef von Sternberg. D: George Bancroft, Fay Wray, Richard Arlen, Eugenie Besserer.

Gangsterfilm. Der Titelheld, ein gesuchter Gangster, ist verschwunden. Doch als sich seine Braut in einen anderen Kerl verliebt, wagt sich der Gesuchte aus seinem Versteck. Marlene-Dietrich-Entdekker Sternberg wagt sich ebenfalls aus einer Domäne, dem Melodram, heraus ins harte Hollywood-Actionkino, vergißt jedoch seine Licht- und Schatten-Lektion nicht.

Sie reiten wieder / Steptoe and Son Ride Again ∗ ½

GB 1973 – 94 Min. – R: Peter Sykes. D: Wilfrid Brambell, Harry H. Corbett, Diana Dors, Milo O'Shea.

Komödie. Vater und Sohn geraten durch Unachtsamkeit in eine Bredouille; statt des benötigten Pferdes kaufen sie einen Hund, den sie bei Rennen starten lassen; schwachbrüstige Groteske.

Sie tanzte nur einen Sommer / Hon dansade en sommar ∗∗ ½

S 1951 – 86 Min. sw. – R: Arne Mattson. D: Ulla Jacobsson, Folke Sundquist, Edvin Adolphson, Irma Christensson, Gösta Gustavsson.

Liebesfilm. Abiturient Göran verbringt die Sommerferien auf dem Land; dort begegnet er dem 17jährigen Bauernmädchen Kerstin; die erste Liebe, und auch noch auf den ersten Blick, entbrennt; fast gleichzeitig beginnt die prüde Sittenschnüffelei des Pfarrers und der Dorfbewohner. Was der – durchaus solide, angenehme und entspannte – Film thematisiert, potenzierte sich bei der Rezeption in deutschen Kinos: Ganze drei Sekunden (im Original noch zwölf) Nackheit genügten, um die verlogene Moral der Adenauer-Ära zu entlarven – die Öffentlichkeit war hysterisiert.

Sie tat ihm unrecht / She Done Him Wrong ∗∗ ½

USA 1933 – 63 Min. sw. OmU. – R: Lowell Sherman. D: Mae West, Cary Grant, Owen Moore, Gilbert Roland, Noah Beery jr.

Mae-West-Film. Entertainerin Mae als Lady Lou muß sich gegen den bigotten Captain Cummings (Grant) wehren und bekommt Gelegenheit, ihre frechen Einzeiler und umwerfend verführerischen Posen darzubieten.

Sie und die drei **

D 1935 – 70 Min. sw. – R: Viktor Janson. D: Gustav Waldau, Charlotte Susa, Hans Söhnker, Hubert von Meyerinck, Harald Paulsen, das Tanzpaar Walter & Margit Symo.

Lustspiel. Zimmerkellner gewinnt herziges Unternehmertöchterchen mit Hilfe seiner ebenfalls nicht standesgemäßen Freunde, eines Chauffeurs und eines Friseurs; geschniegelter Lackaffe und Industriespion unterliegt in dieser eher schwunglosen Vielecksgeschichte.

Sie weidete Pferde auf Beton / Pásla kone ma bétone ** ½

ČSSR 1982 – 78 Min. – R: Stefan Uher. D: Milka Zimková, Veronika Jeniková, Peter Vons, Peter Stanik.

Liebesfilm. Eine junge ledige Mutter hat es nicht leicht gehabt, in ihrem Dorf in der Ostslowakei respektiert zu werden; eines Tages wird ihre Tochter schwanger. Der humorvolle und realistische Film zeichnet die Provinzversion des seinerzeit »real existierenden Sozialismus« schonungslos, aber auch mit Sympathie für die Menschen; poetische Rückblenden veredeln das Zeitdokument filmgerecht.

Sieben Diebe / Seven Thieves ***

USA 1959 – 98 Min. sw. – R: Henry Hathaway. D: Edward G. Robinson, Rod Steiger, Joan Collins, Eli Wallach.

Krimikomödie. Ein alternder Ganove, der »Professor«, nimmt es unter Mithilfe einer Profitruppe mit dem Casino von Monte Carlo auf; ein spannendes Vexierspiel, von einem hervorragenden Team mit Verve in Szene gesetzt. Ironisch und straff erzählt.

Sieben gegen Chicago / Robin and the Seven Hoods ** ½

USA 1963 – 107 Min. – R: Gordon Douglas. D: Frank Sinatra, Dean Martin, Sammy Davis jr., Edward G. Robinson, Bing Crosby, Peter Falk, Barbara Rush.

Krimiparodie. Gangsterboß Robbo betätigt sich als Wohltäter und kämpft mit seiner Gang gegen Konkurrenten und die listige Tochter eines Expaten; einfallsreiche, unterhaltende, witzige Parodie auf die Gangsterfilme über das Chicago der zwanziger Jahre; Crosby singt im Kollegenchor »Mr. Booze«, und Frankie-Boy besingt Chicago als »My Kind of Town«; ein Breitwandfilm, der im TV verliert.

Sieben Gladiatoren / I sette gladiatori *

I/E 1962 – 92 Min. – R: Pedro Lazaga. D: Richard Harrison, Gerard Tichy, Livio Lorenzon, Loredana Nusciak.

Kolossalfilm. Sieben bärenstarke Muskelhelden retten ein schönes Mädchen vor der Tyrannei des Despoten; glänzende Körper in antiker Landschaft.

Sieben goldene Männer / Sette uomini d'oro **

I 1965 – 87 Min. – R: Marco Vicario. D: Rossana Podestà, Philippe Leroy, Giampiero Albertini.

Gangstergroteske. Sieben Männer, als Straßenarbeiter getarnt, bohren sich durch den Asphalt in den Tresor der Schweizer Nationalbank. Mischung aus Kabinettstückchen und Parodie.

Die sieben goldenen Vampire / The Legend of the Seven Golden Vampires *

GB 1974 – 85 Min. – R: Roy Ward Baker. D: Peter Cushing, Julie Ege, Shih Szu.

Horrorfilm. Aufwendige, aber verworrene Mixtur aus Vampir-, Fantasy-, Sexfilm und Märchenstunde, ein Amoklauf durch Genres und Kulturen.

Sieben Jahre Glück * ½

D 1942 – 92 Min. sw. – R: Ernst Marischka. D: Hannelore Schroth, Hans Moser, Wolf Albach-Retty, Theo Lingen, Oskar Sima.

Klamotte. Schwächere Fortsetzung von »Sieben Jahre Pech« (1940), die die Verwicklungen und Verwechslungen dieses Films weiterspinnt.

Sieben Jahre Pech * ½

D 1940 – 90 Min. sw. – R: Ernst Marischka. D: Hans Moser, Theo Lingen, Ida Wüst, Wolf Albach-Retty, Oskar Sima.

Klamotte. Ein Schriftsteller zieht sich in die Einöde zurück, weil er sich vom Pech verfolgt fühlt. Eine neue Liebe rettet ihn nach längeren Verwicklungen. Der amüsante, wenn auch klamottige Film nimmt durch die Starbesetzung für sich ein.

Die sieben Kleider der Katrin ✱✱
BRD 1954 – 90 Min. sw. – R: Hans Deppe. D: Sonja Ziemann, Grethe Weiser, Paul Klinger, Doris Kirchner, Georg Thomalla, Gunnar Möller, Wolf Albach-Retty.
Komödie. Darstellung der Lebensabschnitte einer jungen Frau, die durch sieben Kleider, bis hin zum Hochzeitskleid, charakterisiert werden; heitere Unterhaltung.

Sieben reiten in die Hölle / The Reward ✱✱ ½
USA 1964 – 91 Min. – R: Serge Bourguignon. D: Max von Sydow, Yvette Mimieux, Efrem Zimbalist jr., Henry Silva, Nino Castelnuovo.
Western. Kopfgeldjäger suchen in der mexikanischen Sierra einen vermeintlichen Kindesmörder, die Verfolgung wird immer riskanter; routiniertes Abenteuer in malerischer Kulisse und mit guter Besetzung.

Die sieben Samurai / Shichinin no Samurai ✱✱✱✱
J 1953 – 155 Min. sw. – R: Akira Kurosawa. D: Toshiro Mifune, Takashi Shimura, Yoshiro Inaba, Seiji Miyaguchi.
Actionfilm. Der Western aus dem Osten: sieben Schwertkämpfer, für drei Reismahlzeiten täglich in Bestform, um ein Bauerndorf vor Banditen zu beschützen. Optisch, inszenatorisch und thematisch ein Höhepunkt der Kinogeschichte. Filmklassiker.

Sieben Sommersprossen ✱✱
DDR 1977 – 75 Min. – R: Hermann Zschoche. D: Kareen Schröter, Harald Rathmann, Christa Löser.
Jugendfilm. In einem Ferienlager verlieben sich zwei Vierzehnjährige; die Unbefangenheit ihrer Zuneigung ruft die disziplinbesessene Lagerleiterin auf den Plan; unsentimentaler Film über die Probleme junger Liebe.

Sieben Sünder / Das Haus der Sieben Sünden / Seven Sinners ✱✱ ½
USA 1940 – 87 Min. sw. – R: Tay Garnett. D: Marlene Dietrich, John Wayne, Albert Dekker, Broderick Crawford, Anna Lee.
Liebeskomödie. Die verführerische Marlene läßt als Nachtklub-Singvogel in der Südsee den draufgängerischen Offizier Wayne die Navy für kurze Zeit vergessen. Turbulenter, witziger, erotische Funken sprühender Film, in dem Marlene drei schwüle Songs singt und die Einrichtung am Ende total zu Bruch geht.

Sieben Tage TV-Film
BRD – 105 Min. – R, B: Rainer Erler. D: Wilfried Klaus, Christel Bodenstein, Günter Strack, Angelika Schneider.
Authentisches Spiel mit dokumentarischem Material um das Leben eines Gemeindepfarrers, der seiner Aufgabe immer skeptischer gegenübersteht und kritische Fragen an die Institution Kirche stellt. Ein zeitkritischer, ehrlicher Film.

Sieben Tage im Mai / Seven Days in May ✱✱ ½
USA 1964 – 113 Min. – R: John Frankenheimer. D: Burt Lancaster, Fredric March, Kirk Douglas, Ava Gardner.
Politthriller. US-Präsident und sowjetischer Generalsekretär unterzeichneten Atomabrüstungsvertrag, doch die amerikanischen Militärs schießen quer. Der spannende, mit dem Thema Weltuntergang geschickt Emotionen steuernde und handwerklich saubere Film zeigt, wohin die Erdkugel rollt, verschenkt aber leider seinen Stoff.

Die Sieben vor Marsa Matruk / I sette di Marsa Matruk FLOP
I 1969 – 95 Min. Ⓥ Toppic. – R: Mario Siciliano. D: Ivan Rassimov, Kirk Morris, Monica Strebel.
Kriegsfilm. Vier britische Soldaten und drei Truppenbetreuerinnen versuchen, wieder zu ihrer Einheit zu gelangen; einfallslos.

Der siebente Junge ✱✱
D 1941 – 80 Min. sw. – R: Alois Johannes Lippl. D: Heli Finkenzeller, Hans Holt, Maria Nicklisch, Karl Schönböck, Joe Stöckel.

Kostümkomödie. Zwei Gardeoffiziere sorgen um 1800 mit ihren Liebesabenteuern für Aufregung unter der Damenwelt. Heiter, gut gespielt.

Die siebente Nacht / ** ½
The Command
USA 1954 – 91 Min. – R: David Butler. D: Guy Madison, Joan Weldon, James Whitmore, Harvey Lembeck, Ray Teal.
Western. Trotz Aufbegehrens einzelner führt ein unerfahrener Captain nach dem Ausfall zweier höherer Offiziere die Kavallerieeinheiten und einen Siedlertreck durch Indianergebiet; die (vermeintliche) Gefahr einer Schwarze-Pocken-Epidemie erhöht das Risiko; routinierte, solide Westernunterhaltung, zu der jede Menge fliegende Fäuste, Messer, Tomahawks, Kugeln und eine Liebesgeschichte beitragen.

Das siebente Siegel / ****
Det sjunde inseglet
S 1956 – 93 Min. sw. – R: Ingmar Bergman. D: Max von Sydow, Gunnar Björnstrand, Bengt Ekerot, Nils Poppe, Bibi Anderson, Gunnel Lindblom.
Mysteryfilm. Im Europa des 14. Jahrhunderts wütet die Pest; ein Ritter begegnet seinem ganz persönlichen Tod, den er zu einem Schachspiel um den letzten Einsatz überredet. Das Spiel beginnt, und Regisseur Bergman liefert inszenatorische Zutaten vom Feinsten: konstrastreiche schwarzweiße Bilder, einzigartig stimmungsvolle Szenerien, grandiose Schauspieler (von Sydow in seiner besten Rolle) und ein Weltpanoptikum, in dem Alltagsbeobachtungen neben philosophischen Fragen stehen; ein Klassiker der Filmgeschichte.

Das siebte Kreuz / ***
The Seventh Cross
USA 1944 – 105 Min. sw. – R: Fred Zinnemann. D: Spencer Tracy, Signe Hasso, Hume Cronyn, Agnes Moorehead, Felix Bressart.
Zeitkritischer Film. Packender und erschütternder Film um den Ausbruch von sieben KZ-Häftlingen und ihre Flucht durch Nazideutschland. Zinnemann hielt sich mit seinem kritischen Realismus eng an die Romanvorlage von Anna Seghers.

Der Sieg der Frauen / ** ½
Josei no shori
J 1946 – 80 Min. sw. – R: Kenji Mizoguchi. D: Kinuyo Tanaka, Michiko Kuwano, Shin Tokudaji.
Melodram. Japan 1945: Eine junge progressive Anwältin verteidigt die angebliche Kindesmörderin – auf der anderen Seite steht ihr Schwager als Staatsanwalt. Formal streng gebautes Justizdrama, sozialkritisch.

Das Siegel Gottes * ½
A 1949 – 82 Min. sw. – R: Alfred Stöger. D: Hilde Mikulicz, Robert Lindner, Josef Meinrad, Elisabeth Markus, Carl Günther, Alexander Trojan, Elfriede Ott.
Heimatfilm. Zwei Männer lieben dieselbe Frau; der eine räumt den Rivalen dadurch aus dem Weg, daß er ihn eines Verbrechens beschuldigt; der Pfarrer, der's besser weiß, muß schweigen; Religionsschnulze ums Beichtgeheimnis, oft unfreiwillig komisch.

Sieger über 1000 Sonnen
siehe: Starfight

Der Sieger von Tambo TV-Film
BRD 1973 – 90 Min. – R: Dietrich Haugk. D: Joachim Bissmeier, Will Quadflieg, Christine Ostermeyer, Hans Brenner.
Adaption des Romans »Der Stichtag« von Manuel Mejiá Vallejo: In einem Andendorf finden Kämpfe zwischen Regierungstruppen und der Guerilla statt, doch niemand scheint sich für den Sieger zu interessieren; intensiv gespielte Parabel vom Krieg als Institution, die sich verselbständigt.

Die siegreichen Zehn / **
Il trionfo dei dieci gladiatori
I/E 1964 – 105 Min. – R: Nick Nostro. D: Dan Vadis, Helga Liné, Stanley Kent, Halina Zalewska.
Sandalenfilm. Eine Gladiatorenriege erweist sich als unschlagbar, und ihr Anführer erringt sogar die Gunst der Königin. Das muntere Drunter und Drüber der Handlung um Männer, Muskeln und schöne Mädchen garantiert einen nicht ganz ernstgemeinten Blick ins römische Altertum.

Sigi, der Straßenfeger FLOP
BRD 1984 – 92 Min. Ⓥ EuroVideo. – R: Wolf Gremm. D: Harald Juhnke, Iris Berben, Guido Gagliardi, Günther Ungeheuer.
Lustspiel. Hundedreck, eine Zigarrenkiste mit Banknoten und ein Erpresserfoto sind die verbindenden Elemente in dieser Ansammlung von dümmlichen Späßen.

Sign O' the Times / Sign O' the Times ***
USA 1987 – 85 Min. – R: Prince. D: Prince, Sheila E., Sheena Easton, Dr. Fink, Miko Weaver, Levi Seacer jr., Atlanta Bliss.
Musikfilm. Knalliges Prince-Spektakel von Konzerten in Rotterdam und Minnesota mit Höhepunkten durch Stardrummer Sheila E. und das eingeklinkte Easton-Video von »U Got the Look«; Augen- und Ohrenschmaus nicht nur für Fans des Superstars.

Silber, Banken und Ganoven / Silver Bears ** ½
GB 1978 – 108 Min. Ⓥ VMP/Cannon/VMP. – R: Ivan Passer. D: Michael Caine, Cybill Shepherd, Louis Jourdan, Stéphane Audran, Martin Balsam.
Kriminalkomödie. Ein Gangsterboss aus Las Vegas benötigt als Geldwäscherei eine seriöse Schweizer Bank, seine Abgesandten erleben ihr blaues Wunder; witziger Gangsterklamauk mit vertrackten Gags ums große Geld.

Silberkönig / Northwest Stampede **
USA 1949 – 74 Min. – R: Albert S. Rogell. D: James Craig, Joan Leslie, Jack Oakie, Chill Wills.
B-Western. Exrodeoreiter im Clinch mit einem Farmverwalter um preisverdächtige Pferde; viele Haferfresser vor imposanter Szenerie.

Der silberne Kelch / The Silver Chalice * ½
USA 1954 – 115 Min. – R: Victor Saville. D: Virginia Mayo, Jack Palance, Paul Newman, Pier Angeli, Lorne Greene, Natalie Wood.
Legendenfilm. Simon, griechischer Magier, und seine Anhänger auf der Suche nach dem legendären Kelch, aus dem Christus beim Abendmahl getrunken haben soll; schwaches Mythenabenteuer mit Newman und Greene in ihren Filmdebüts.

Silkwood / Silkwood ***
USA 1983 – 128 Min. Ⓥ marketing film. – R: Mike Nichols. D: Meryl Streep, Kurt Russell, Cher, Craig T. Nelson.
Sozialkritischer Krimi. Ihr Schicksal ist authentisch: Karen Silkwood, Arbeiterin in einer nordamerikanischen Plutoniumfabrik und engagierte Gewerkschafterin, starb unter mysteriösen Umständen auf dem Weg zu einer skandalösen Enthüllung. Wie diese junge Frau bis zu diesem dunklen Tag lebte und arbeitete, bevor sie Machenschaften der Atomindustrie aufdecken konnte, das zeigt dieser mutige, für Hollywood-Verhältnisse ungewöhnlich engagierte Film mit einer grandiosen Titeldarstellerin und einer Spannungsdramaturgie, die nichts von der Aussage beschädigt.

Silver Dream Racer / Silver Dream Racer *
GB 1980 – 107 Min. – R: David Wickes. D: David Essex, Beau Bridges, Christina Raines, Clarke Peters.
Rennfahrerfilm. Ein Nachwuchsrennfahrer will mit dem Motorrad seines tödlich verunglückten Bruders die WM in Silverstone gewinnen, Rivalen der Rennbahn wollen das verhindern; spannungslose Motorradklamotte.

Silverson TV-Film
BRD 1974 – 90 Min. – R: Falk Harnack. D: Ernst Schröder, Herbert Bötticher, Gracia-Maria Kaus, Isabell Stumpf.
Ein Reeder wird erschossen, und zufällig hat ein Pressefotograf Bilder von einem Clown gemacht, der sich am selben Ort aufhielt. Verworrenes Psychospiel um einen Mord in Dublin.

Simba / Simba **
GB 1955 – 100 Min. – R: Brian Desmond-Hurst. D: Dirk Bogarde, Donald Sinden, Virginia McKenna, Basil Sydney, Earl Cameron.
Afrikafilm. Ein junger Brite will auf der Farm seines Bruders in Kenia ein neues Leben beginnen, er kommt zur Zeit des

Mau-Mau-Aufstands an und findet nur noch Zerstörung; Actionfilm mit beträchtlicher Spannung, der aber die historischen Hintergründe (koloniale Landverteilung, Naturzerstörung) des Aufruhrs völlig verfälscht.

Simon, der Außerirdische / Simon ***
USA 1979 – 91 Min. – R: Marshall Brickman. D: Alan Arkin, Judy Graubart, Madeline Kahn, William Finley, Wallace Shawn, Max Wright.
Science-fiction-Groteske. Zwei leicht gestörte Wissenschaftler wollen in Erfahrung bringen, wie die Öffentlichkeit auf einen Außerirdischen reagiert; eine schonungslose Antwort auf die Frage, »warum nichts funktioniert – vom Toaster bis zur Regierung«; bissige Satire auf den American Way of Life, Wissenschaftskult und Medienrummel.

Sindbads gefährliche Abenteuer / The Golden Voyage of Sindbad ***
GB 1973 – 101 Min. Ⓥ RCA Columbia. – R: Gordon Hessler. D: John Philip Law, Caroline Munro, Tom Baker, Martin Shaw.
Abenteuerfilm. Kompilation von 1001-Nacht-Motiven in opulenten Farben mit überragenden Spezialeffekten, darunter der Schwertkampf mit einer sechsarmigen Statue; faszinierende, intelligente Unterhaltung.

Sindbads siebente Reise / The 7th Voyage of Sindbad ***
USA 1958 – 84 Min. Ⓥ RCA Columbia. – R: Nathan Juran. D: Kervin Mathews, Kathryn Grant, Richard Eyer, Torin Thatcher, Alec Mango.
Abenteuerfilm. Sindbad der Seefahrer auf zauberbedrohter Reise, die ihm helfen soll, seine verwandelte Geliebte zu retten; Abenteuermärchen nach Motiven aus »1001 Nacht«, das wegen der Special Effects von Ray Harryhausen berühmt wurde; spannende, gruselige und vergnügliche Unterhaltung.

Sing mir das Lied der Rache / Fast Gun Is Still My Name *
USA 1974 – 95 Min. – R: Frank Bronston. D: Alan Steel, William Berger, Frank Brana.
Western. Mäßige Story um einen Offizier der Nordstaaten, dem Banditen Übles tun, ehe er sie erledigt.

Sing Sing / Sing Sing **
I 1983 – 77 Min. – R: Sergio Corbucci. D: Adriano Celentano, Enrico Montesano, Marina Suma, Desirée Nosbusch, Vanessa Redgrave.
Groteske. Nach mißlungenen Ausbruchsversuchen flüchten zwei Strafgefangene in Träume und fantasieren sich eine schöne Ersatzwelt zurecht.

Singapur / Singapore * ½
USA 1947 – 76 Min. sw. – R: John Brahm. D: Fred MacMurray, Ava Gardner, Roland Culver, Thomas Gomez.
Schwarzes Melodram. Nach Kriegsende kehrt ein Mann nach Singapur zurück, um seinen versteckten Perlenschmuck abzuholen. Hier trifft er seine totgeglaubte Freundin wieder, die an Gedächtnisschwund litt und einen anderen geheiratet hat. Das Abenteuerliche verblaßt nun zunehmend zugunsten des sentimentalen Melodrams.

Ein Single kommt selten allein / The Lonely Guy * ½
USA 1983 – 86 Min. – R: Arthur Hiller. D: Steve Martin, Charles Grodin, Judith Ivery, Robin Douglass.
Satire. Der Film geht von der Annahme aus, daß Singles nichts so sehr ersehnen, wie schnellstens den Partner (fürs Leben) zu finden; dies demonstriert er teils witzig, teils albern, aber immer sehr manieriert am einsamen Witzbold Steve Martin in Manhattan, der erst Erfolg hat, als er den »Leitfaden für Singles« verfaßt.

Singles TV-Film
BRD – 75 Min. – R, B: Ecki Ziedrich. D: Helmut Zierl, Leonard Lansink, Claudia Demarmels, Nina Hoger, Michael Quast.
Paare und Passanten im fröhlichen und auch traurigen Spiel um Liebe, Eifersucht und Glück. Vom Regisseur in seinem Debütfilm mit leichter Hand inszeniert. Eine köstliche Bestandsaufnahme bundesdeutscher Single-Realität.

Sinuhe, der Ägypter / The Egyptian ** ½
USA 1954 – 132 Min. – R: Michael Curtiz. D: Jean Simmons, Edmund Purdom,

Michael Wilding, Victor Mature, Gene Tierney, Peter Ustinov.
Historienfilm. Grandioses Monumentalepos aus der Zeit der Pharaonen mit Liebe, Tod, Löwenjagd und vielfältigen melodramatischen Effekten. Prunkvolles Spektakel.

Die Sirene vom Mississippi / Belle of the Nineties ***
USA 1934 – 70 Min. sw. OmU. – R: Leo McCarey. D: Mae West, Roger Pryor, John Mack Brown, John Miljan.
Mae-West-Film. Spiegelfetischistin Mae West in frivoler Sexkomödie aus dem St. Louis des 19. Jahrhunderts, zu der sie viele Gags und Dialoge selbst schrieb. Für Fans des aufgeklärten Films.

Sissi ** ½
A 1955 – 101 Min. Ⓥ Videobox. – R: Ernst Marischka. D: Romy Schneider, Karlheinz Böhm, Magda Schneider, Gustav Knuth.
Kostümfilm. Romy Schneider ist taufrisch, jung, kindlich verführerisch und trägt ihre Roben mit Anmut, Karlheinz Böhm als herausgeputzter Kaiser Franz Joseph weiß sein Glück zu schätzen. Mischung aus Heimatfilm, Melodram, Märchen und prachtvoller Biedermeieridylle, die Romys große Starkarriere einleitete.

Sissi, die junge Kaiserin **
A 1956 – 105 Min. Ⓥ Videobox. – R: Ernst Marischka. D: Romy Schneider, Karlheinz Böhm, Magda Schneider, Gustav Knuth, Vilma Degischer.
Kostümfilm. »Sissi« zwei: Nach einem rauschenden Hochzeitsfest kehrt der Alltag in der kaiserlichen Familie ein: Franz Joseph regiert, Sissi lernt Sprachen, ein Kind wird geboren, doch weil sich die Erzherzogin ständig in alles einmischt, hängt der Haussegen bald schief; doch im Happy-End gibt es eine schöne Reise nach Ungarn, ist die heile Welt wiederhergestellt.

Sissi – Schicksalsjahre einer Kaiserin **
A 1957 – 105 Min. Ⓥ Videobox. – R: Ernst Marischka. D: Romy Schneider, Karlheinz Böhm, Magda Schneider, Gustav Knuth, Uta Franz, Vilma Degischer, Josef Meinrad.
Kostümfilm. Im dritten »Sissi«-Film ist die junge Kaiserin mit einer geheimnisvollen Krankheit geschlagen – doch in Venedig wird alles wieder gut. Fürstlicher Seelenkitsch am Höhepunkt. Millionen Zuschauer in ganz Europa waren von den Filmen begeistert, Romy Schneider weigerte sich aber, den »Kaiserschmarrn« mit weiteren Folgen fortzusetzen.

Situation TV-Film
A 1972 – 95 Min. – R: Peter Patzak. D: Rita Tushingham, Heinz Marecek, Michael Haeussermann, Klaus Dahlen.
Michael verwirrt die Polizei durch Bombenanschläge mit dem Ziel, in dem entstehenden Chaos eine Bank zu erpressen. Parallel dazu läuft eine Diskussion mit einer Studentin über das perfekte Verbrechen: kafkaeske Gewaltsatire. Regisseur Patzak wurde später durch die Kottan-Krimis bekannt.

Skandal in der Oper
siehe: Die Marx Brothers in der Oper

Skandal bei Scotland Yard / The Strange Affair **
GB 1968 – 106 Min. – R: David Greene. D: Michael York, Susan George, Jeremy Kemp, Jack Watson, Nigel Davenport.
Polizeifilm. Ein Hippiemädchen bringt einen jungen Polizisten an den Rand seiner persönlichen und beruflichen Existenz; überdurchschnittliches Polizeimelodram mit einer überragenden Susan George.

Skandal in Ischl ** ½
A 1957 – 94 Min. – R: Rolf Thiele. D: O.W. Fischer, Ivan Desny, Elisabeth Müller, Nina Sandt, Rudolf Forster, Doris Kirchner, Harry Meyen.
Komödie. Adaption der Komödie »Der Meister« von Hermann Bahr vom Modearzt, der durch seine Hilfe für ledige Mütter einen Kleinstadtskandal auslöst; routiniertes, antiquiertes Lustspiel, das ein heikles Thema auf lässig nivellierende Weise ausbeutet; für Freunde des verklemmten O.-W.-Fischer-Humors.

Skandal um Dodo * ½
A 1958 – 92 Min. – R: Eduard von Borsody. D: Karin Dor, Harald Juhnke, Olive Moorefield, Oskar Sima, Hubert von Meyerinck.

Klamotte. Der Freund einer jungen Frau muß vor der Verlobung für deren Familie geschäftsfähig gemacht werden; sein Konsultitel verpflichtet ihn zur Hilfe für eine nigerianische Sängerin, und das wiederum ist nicht gesellschaftsfähig; geschmacklose Komödie, seinerzeit harmlos, heute bestenfalls aus aktuellen politischen Gründen sehenswert.

Skandal um Dr. Vlimmen / ∗
Tierarzt Dr. Vlimmen
BRD 1956 – 99 Min. sw. – R: Arthur Maria Rabenalt. D: Bernhard Wicki, Heidemarie Hatheyer, Wolfgang Lukschy, Ellen Schwiers, Rudolf Fernau, Joseph Offenbach.
Kleinstadtdrama. Ein Tierarzt baut sich in der Provinz eine neue Existenz auf, mißgünstige Kleinbürger machen ihm das Leben schwer; nur die attraktive Stadtratstochter findet ihn nett. Der Routinefilm nach einem antikatholischen Roman von A. Roothaert verspielt die Thematik durch biederes Geplänkel.

Skateboard-Fieber / ∗
Skateboard Madness
USA 1980 – 90 Min. – R: Julian Peña jr. D: Kurt »Mello Cat« Ledterman, Stacey Peralta, Kent Senatore, Gregg Ayres, Dan »Mini Shred« Smith.
Skateboardfilm. Ein Fotoreporter macht sich mißlaunig auf den Weg zu einem Turnier der Skateboardelite Amerikas, findet zunächst den Austragungsort der Konkurrenz nicht, trifft aber berühmte Skateboardakrobaten und erliegt der Faszination des Skateboardfahrens; ein Film rund ums Skateboarding, dessen Techniken im Vorspann halbwegs lustig präsentiert werden; Fazit: Skateboard ersetzt Drehbuch.

Sklavenkarawane ∗ ½
BRD/E 1958 – 100 Min. Ⓥ EuroVideo. – R: Georg Marischka. D: Viktor Staal, Georg Thomalla, Theo Lingen, Mara Cruz.
Karl-May-Film. Kara Ben Nemsi und Hadschi Halef Omar müssen die Eingeborenen befreien, die von einem Händler zu Sklaven gemacht wurden. Mehr Klamauk als Abenteuer.

Sklavin des Herzens / ∗∗
Under Capricorn
GB 1949 – 108 Min. – R: Alfred Hitchcock. D: Ingrid Bergman, Joseph Cotten, Michael Wilding, Margaret Leighton.
Kostümfilm. Ein Gentleman, der 1831 in Australien nach Jahrzehnten seine Cousine wiedertrifft, findet eine durch ihre unglückliche Ehe mit einem Exhäftling zur Trinkerin gewordene Frau vor; sie legt eine Lebensbeichte ab; routiniertes, wenig überzeugendes Melodram; konventionell.

Die Sklavinnen von Damaskus / L'eroe di Babilonia FLOP
F/I 1963 – 90 Min. – R: Siro Marcellini. D: Gordon Scott, Moira Orfei, Geneviève Grad, Andrea Scotti, Celina Cely, Piero Lulli.
Heldenspektakel. Der gefürchtete Belsazar opfert die schönsten Jungfrauen von Damaskas, um die babylonische Göttin Astarte bei Laune zu halten; sein muskelbepackter Neffe hält das für Verschwendung; peinlich.

Die Skulptur des Griechen TV-Film
I 1983 – 90 Min. – R: Faliero Rosati. D: Peter Chatel, Fausto di Bella, William Berger, Laura Morante.
Spannende Abenteuer und Verwicklungen um Ausgrabungen und gefälschte Fundstücke. Unterhaltsam.

The Sky's the Limit
siehe: Abenteuer der Lüfte

Skyline / Skyline ∗∗
E 1984 – 80 Min. OmU. – R: Fernando Colomo. D: Antonio Resines, Beatrice Perez-Porro, Patricia Cisarano, Jaime Nos.
Komödie. Ein spanischer Fotograf will bei den großen New Yorker Magazinen Karriere machen und irrt auf der Suche nach (Liebes-)Abenteuern durch die fremde Riesenstadt; unterhaltsam.

Slapstick / Slapstick ∗ ½
USA 1982 – 80 Min. Ⓥ marketing film. – R: Steven Paul. B: Kurt Vonnegut, nach seinem Roman. D: Jerry Lewis, Madeline Kahn, Marty Feldman, Samuel Fuller, John Abbott.
Komödie. Hanebüchene Dinge ereignen

sich, ein amerikanisches Ehepaar bringt mißgestaltete Zwillinge zur Welt, die die Probleme der Menschheit lösen könnten. Politiker und Geheimdienste greifen ein. Alles ist irrsinnig komisch oder haarscharf daneben; für Jerry-Lewis-Fans.

Slavers – Die Sklavenjäger / Slavers * ½
BRD 1966 – 89 Min. Ⓥ IMV. – R: Jürgen Goslar. D: Jürgen Goslar, Trevor Howard, Ron Ely, Britt Ekland, Cameron Mitchell.
Abenteuerfilm. Sklavenjäger und Geschäftemacher bekämpfen sich untereinander, und ein deutsches Diplomatenehepaar gerät zwischen die Linien; einfallsloses, wirres Brutalospektakel, mit unerwartet perfekter Kamera ins Bild gesetzt.

Sleep, My Love **
USA 1948 – 96 Min. sw. OmU. – R: Douglas Sirk. D: Claudette Colbert, Robert Cummings, Don Ameche.
Melodram. Ehemann setzt hypnotische Kräfte plus falschen Psychiater ein, um seine Gemahlin zu beseitigen. In letzter Sekunde rettet ein Freund die Unglückliche. Melodramspezialist Sirk (»Was der Himmel erlaubt«) inszenierte das Ehedrama als emotionalen Parforceritt durch die unheiligen Institutionen der Liebe.

Smaragd * ½
BRD 1982 – 91 Min. – R: Veith von Fürstenberg. D: Rolf Zacher, Adelheid Arndt, Wolfgang Fierek, Peter Pasetti, Gila von Weitershausen.
Abenteuerfilm. Nach einem Verkehrsunfall begehen zwei Freunde Fahrerflucht; einer setzt sich nach Südamerika ab. Dort wird er krank und will seiner Tochter einen geklauten Smaragd schicken.

Smash Palace – Keine Chance für Al / Smash Palace ** ½
Neuseeland 1981 – 90 Min. – R: Roger Donaldson. D: Bruno Lawrence, Anna Jemison, Greer Robson.
Familiendrama. Die Frau eines Exrennfahrers fühlt sich vernachlässigt und verläßt ihn; er entführt die gemeinsame Tochter und gerät in kriminelle Verwicklungen; spannende Psychostudien in einem thrillernahen Melodram.

Smoky, König der Prärie / Smoky ** ½
USA 1946 – 84 Min. – R: Louis King. D: Anne Baxter, Fred MacMurray, Burl Ives.
Pferdewestern. Rasantes, melodramatisches Abenteuer um einen feurigen Hengst, seinen stolzen Besitzer und gewissenlose Viehdiebe. Spannend, mit wiederholten Freundschaftsbeteuerungen erzählt und mit viel Hufgetrappel untermalt.

Der Snob TV-Film
BRD 1968 – 90 Min. – R: Hans Schweikart. D: Heinz Drache, Werner Hinz, Ilse Fürstenberg, Hans Caninenberg.
Adaption des Dramas von Carl Sternheim vom Aufsteiger, der, um seine Position in der Gesellschaft zu sichern, eine Society-Hochzeit plant; präzis gespielte und dialogsichere Komödie von hintergründigem Sarkasmus.

Der Snob TV-Film
BRD 1983 – 90 Min. – R: Wolfgang Staudte. D: Klaus Maria Brandauer, Sigfrit Steiner, Nicole Heesters, Anne Bennent.
Geschichte vom wahnhaften Aufstieg des Kleinbürgers Christian Maske zum Großindustriellen und seinen vergeblichen Anstrengungen, Herkunft und Vergangenheit auszulöschen. Hervorragende Verfilmung der satirisch-bösen Carl-Sternheim-Komödie.

Snowballing / Snowballing * ½
USA 1985 – 93 Min. Ⓥ AVP. – R: Charles E. Sellier. D: Alan Séus, P. R. Paul, Mary McDonough, Adam Mills.
Teeniekomödie. Drei Schüler sollen an Skimeisterschaften in Utah teilnehmen, sie entpuppen sich als panikerzeugende Mädchenjäger; ein Film der gut gemeinten und schlecht getimten Gags.

So ein Affentheater * ½
BRD 1953 – 90 Min. sw. – R: Erik Ode. D: Josefine Kipper, Joachim Brennecke, Heli Finkenzeller, Maria Sebaldt.
Lustspiel. Klamotte um einen Außenseiter, der mit seinem Schimpansen Bobby eine Pension in Aufregung versetzt. Harmlos, nett.

So ein Gauner hat's nicht leicht / Crooks Anonymous **
GB 1962 – 88 Min. – R: Ken Annakin. D: Leslie Phillips, Stanley Baxter, Julie Christie.
Komödie. Captain Dandy Forsdyke leidet unter Kleptomanie – zum Glück hat er die liebe Stripteasetänzerin von nebenan, die ihm immer wieder aus der Patsche hilft; nett.

So ein Windhund / Slalom * ½
I 1965 – 90 Min. – R: Luciano Salce. D: Vittorio Gassmann, Beba Loncar, Emma Danieli.
Komödie. Ein Skiurlauber wird von seiner Frau weg- und in eine Skihütte gelockt; dort sitzt er in der Falle; viel Ehe- und Agentenklamauk.

So einfach ist die Liebe nicht / The Bachelor and the Bobby-Soxer ***
USA 1947 – 95 Min. sw. – R: Irving Reis. D: Cary Grant, Myrna Loy, Shirley Temple, Ray Collins, Rudy Vallee.
Komödie. Eine Juristin gewinnt einen Maler-Playboy für ein romantisches Intrigenspiel, dem sie schließlich zum (Liebes-)Opfer fällt; flotte Komödie mit einer vor Witz sprühenden Myrna Loy; Oscar für das Drehbuch von Sidney Sheldon.

So enden sie alle / Baby Face Nelson ** ½
USA 1957 – 85 Min. sw. – R: Don Siegel. D: Mickey Rooney, Carolyn Jones, Cedric Hardwicke, Ted de Corsia, Jack Elam.
Gangsterfilm. Ein Gangster entflieht dem Zuchthaus und startet eine neue blutige Karriere; er bringt es bis zum Staatsfeind Nummer eins. Der harte, zupackende Film erzählt aus seiner Perspektive, mit rasanter Action und unverblümten Gewaltdarstellungen.

So etwas lieben die Frauen / The Constant Husband **
GB 1955 – 105 Min. – R: Sidney Gilliat. D: Rex Harrison, Cecil Parker, Kay Kendall.
Melodram. Einer der vielen Fälle von Amnesie im Kino. Diesmal ereilt dieses Schicksal einen vornehmen Engländer, der in einem Fischerdorf erwacht und sich an nichts mehr erinnern kann. Pointiert gespielt.

So grün war mein Tal / Schlagende Wetter / Schwarze Diamanten / How Green Was My Valley *** ½
USA 1941 – 117 Min. sw. – R: John Ford. D: Walter Pidgeon, Maureen O'Hara, Roddy McDowall, Donald Crisp.
Literaturverfilmung. Adaption des Romans des Walisers Richard Llewellyn über das Schicksal einer Bergarbeiterfamilie um 1880 und den Kampf einer Dorfgemeinschaft gegen Kohlenbarone; atmosphärisch dichte Saga mit viel Lokalkolorit; eindrucksvolle soziale Studie von hohem Rang; fünf Oscars.

So gute Freunde / Such Good Friends ** ½
USA 1971 – 105 Min. – R: Otto Preminger. D: Dyan Cannon, James Coco, Ken Howard, Jennifer O'Neal.
Melodram. Bissige schwarze Komödie um einen Mann, dessen geheimes Liebesleben von seiner Frau aufgedeckt wird, als er unverhofft ins Krankenhaus muß. Handwerklich sauber inszeniert.

So ist das Leben / Trio **
GB 1950 – 96 Min. sw. – R: Ken Annakin, Harold French. D: James Hayter, Kathleen Harrison, Nigel Patrick, Anne Crawford, Jean Simmons.
Episodenfilm. Adaption dreier Erzählungen von W. Somerset Maugham, die dessen gekünstelte Attitüde recht gut transportiert; die Darsteller passen sich dem Erzählstil perfekt an.

So liebt man in Paris / Gentlemen Marry Brunettes **
USA 1955 – 90 Min. – R: Richard Sale. D: Jane Russell, Jeanne Crain, Alan Young, Scott Brady.
Tanzfilm. Ausgelassenes Musical-Spektakel um ein weibliches amerikanisches Tanzduo in Paris, das unvermeidlich Karriere macht.

So liebt und küßt man in Tirol * ½
BRD 1961 – 93 Min. – R: Franz Marischka. D: Adrian Hoven, Vivi Bach, Harald Juhnke, Monika Dahlberg, Oskar Sima, Beppo Brem.

Bergromanze. Erbschaftsstreit im Zillertal: linkisches Nebeneinander von Blasmusik, Dixieland und Alpenjodeln. Klischeehaft.

So sind die Frauen
siehe: Der Dorfmonarch

So This Is New York / ** ½
So This Is New York
USA 1948 – 79 Min. sw. – R: Richard O. Fleischer. D: Henry »Harry« Morgan, Rudy Vallee, Bill Goodwin, Hugh Herbert, Virginia Grey, Donna Drake.
Komödie. Vergnügliche Filmversion eines Romans von Ring Lardner über Provinzler, die ererbtes Geld in New York verprassen wollen; einfallsreich.

So toll wie anno dazumal **
BRD 1962 – 81 Min. – R: Franz Marischka. D: Karin Baal, Peter Kraus, Peer Schmidt, Renate Ewert, Hans Nielsen, Vico Torriani, Jo Herbst.
Musikfilm. Vier Studenten betreiben ein erfolgloses Kabarett, da wird ihnen ein neues Konzept angetragen; schmissiger Film mit kabarettistischen Gags, ohne die Konventionen der Musikklamotten der Adenauer-Ära.

So wie wir waren / ** ½
The Way We Were
USA 1972 – 114 Min. Ⓥ RCA Columbia. – R: Sydney Pollack. D: Barbra Streisand, Robert Redford, Bradford Dillman, Patrick O'Neal.
Zeitkritischer Film. Zwiespältiges Liebesdrama um einen smarten Schönling und eine Politemanze, deren Glück von der Kommunistenhatz der McCarthy-Ära zerstört wird. Engagiert, melodramatisch, leicht verkitscht.

Sodom und Gomorrha / ** ½
Sodoma e Gomorra / Sodome et Gomorrhe
I/F 1961 – 154 Min. Ⓥ IMV. – R: Robert Aldrich, Sergio Leone. D: Stewart Granger, Pier Angeli, Stanley Baker, Anouk Aimée, Rossana Podestà.
Monumentalfilm. Opulente Verfilmung der biblischen Geschichte zweier Städte des Lasters; wenig authentisch, oft blutrünstig und voll Hollywood-Schwulst, aber auch mit beachtlichen visuellen Effekten.

Ein Sohn aus gutem Haus TV-Film
BRD 1989 – 105 Min. – R: Karin Brandauer. D: Thomas Kaan, Alexander Lutz, Felix von Manteuffel, Eva Blaszyk, Rolf Boysen, Karin Kienzer, Walter Schmidinger.
Das Porträt aus der k. u. k. Epoche schildert die Entwicklungsjahre eines jungen Barons, seine Erziehung durch einen erzkonservativen Vater, seine ersten erotischen Abenteuer. Detailgenaue Bilder, gut getroffen in der Zeitstimmung der Chronik eines Untergangs; nach dem Roman von Karl Tschuppik, einem Wiener Journalisten und Bohémien.

Der Sohn der weißen Berge **
D 1930 – 100 Min. sw. – R: Mario Bonnard. D: Luis Trenker, Renate Müller, Marie Solveg.
Bergkrimi. Ein Skilehrer und Bergführer muß sich gegen den Verdacht wehren, einen Touristen ermordet zu haben; die dünne Handlung wird durch Trenker in einer seiner bemerkenswertesten dramatischen Rollen gerettet.

Der Sohn des roten Korsaren / La scimitarra del saraceno **
I 1960 – 90 Min. – R: Piero Pierkotti. D: Lex Barker, Massimo Serato, Chelo Alonso, Graziella Granada.
Piratenfilm. Ein Gouverneurstöchterlein wird geraubt und soll als Sklavin verkauft werden; doch der Titelheld naht zur Rettung; mäßig spannendes, doch unterhaltsames Seeabenteuer.

Der Sohn des Scheichs / ***
The Son of the Sheik
USA 1926 – 70 Min. sw. Stf. – R: George Fitzmaurice. D: Rudolph Valentino, Vilma Banky, Agnes Ayres, Karl Dane.
Starfilm. Exotisch-romantisches Abenteuer um Rudolph Valentino, den Tangojüngling und größten Liebhaber des Stummfilms. Als edler Wilder verliebt er sich in die Tänzerin Vilma Banky; ein Höhepunkt des romantischen Stummfilmabenteuers, Valentino in seinem letzten Film in einer Doppelrolle.

Der Sohn des Scheichs / **
Il figlio dello sceicco / Le retour du fils du cheik

I/F 1962 – 82 Min. – R: Mario Costa. D: Gordon Scott, Cristina Gaioni, Moira Orfei, Alberto Farnese, Lulla Selli.
Abenteuerfilm. Der Sohn des Scheichs rettet seine Schwester aus den Händen eines bitterbösen Beduinen und befreit mit Freunden nebenbei das Wüstenland; farbenfrohe Blutoper in sandiger Umgebung.

Sohn des schwarzen Adlers / Figlio d'aquila nera * ½
I 1968 – 90 Min. Ⓥ Ufa. – R: James Reed. D: Frank Ressel, Ingrid Schöller, Edwige Fenech.
Abenteuerfilm. Kosaken-Action im zaristischen Rußland, mit viel Wirbel, einigen Klischees, haarsträubenden Vorurteilen und Schwarzweißmalerei, dennoch angemessene Spannung.

Sohn des Spartacus / Il figlio di Spartacus **
I 1963 – 99 Min. – R: Sergio Corbucci. D: Steve Reeves, Jacques Sernas, Gianna Maria Canale, Claudio Gora.
Sandalenepos. Schlachtengemälde aus römischer Zeit: Centurio Randus, von Cäsar nach Syrien entsandt, erfährt, daß er der Sohn des Spartacus ist. Buntes Rache-und-Intrigen-Dramolett. Regisseur Corbucci wurde später einer der Väter des Italowestern.

Der Sohn vom Boß / The Boss' Son ** ½
USA 1978 – 104 Min. – R: Bobby Roth. D: Asher Brauner, Rudy Solari, Rita Moreno, Henry G. Sanders.
Sozialkritischer Film. Der »Sohn vom Boß« lernt während seiner Ausbildung von der Pike auf hautnah die rassistischen Ungerechtigkeiten des Systems kennen, er verläßt sein altes soziales Umfeld; engagierter, analytischer Film von konsequenter Direktheit.

Die Söhne der drei Musketiere / At Sword's Point **
USA 1952 – 78 Min. sw. – R: Lewis Allen. D: Maureen O'Hara, Cornel Wilde, Dan O'Herlihy, Alan Hale jr., Robert Douglas.
Mantel-und-Degen-Film. Variante des munteren Säbelgerassels um die Leibgarde des französischen Königs, diesmal mit dem Kostümfilm-Nachwuchs, der sich ohne Vorbildkomplexe munter und mit passablen Kampfszenen durch eine austauschbare Handlung ohne sonderliche Höhepunkte ficht.

Solang die Sterne glüh'n *
A 1958 – 83 Min. – R: Franz Antel. D: Gerhard Riedmann, Heidi Brühl, Hans Moser, Fritz Eckhardt, Josef Meinrad.
Melodram. Ein Kleinzirkus gerät in Sorgen und Nöte, doch nach allerlei Verzweiflung wendet sich alles zum Guten; kitschbeladenes Rührstück.

Solang' es hübsche Mädchen gibt *
BRD 1955 – 102 Min. – R: Arthur Maria Rabenalt. D: Alice und Ellen Kessler, Georg Thomalla, Grethe Weiser, Rudolf Vogel, Oskar Sima.
Revuefilm. Zwei Revuestars treffen sich und erinnern sich an Jugend und Nachkriegsmangeldasein; schwungloses, geschmacksarmes Wirtschaftswunderfilmchen.

Solange das Herz schlägt * ½
BRD 1958 – 90 Min. sw. – R: Alfred Weidenmann. B: Herbert Reinecker. D: O. E. Hasse, Heidemarie Hatheyer, Hans-Christian Blech.
Melodram. Erfolgreicher Oberstudiendirektor wird auf dem Höhepunkt der Karriere unheilbar krank, sein Leben ändert sich radikal. Der sentimentale, in Schwulst statt echtem Schmerz schwelgende, jedoch anspruchsvoll inszenierte Film folgt dem Mann in die Lebenskrise mit viel Dialogaufwand.

Solange du da bist * ½
BRD 1953 – 100 Min. sw. – R: Harald Braun. D: O. W. Fischer, Maria Schell, Hardy Krüger.
Melodram. Im Filmmilieu angesiedeltes Rührstück mit dem Startandem des deutschen Nachkriegs-Tränenfilms. Für Fans.

Solange ein Herz schlägt / Mildred Pierce ** ½
USA 1945 – 113 Min. sw. – R: Michael Curtiz. D: Joan Crawford, Jack Carson, Zachary Scott, Ann Blyth.
Melodram. Um ihrer Tochter ein Luxusleben zu ermöglichen, erzwingt die Mutter ihren eigenen Aufstieg. Doch der

Mann, den sie dann heiratet, verführt die Tochter und wird von dieser deswegen ermordet. Konfusion der Gefühle um eine emanzipierte Frau, die für ihre Unabhängigkeit bezahlen muß, in einem für die Kriegsjahre symptomatischen Film der Geschlechterkriege.

Solange es Menschen gibt / Imitation of Life ***
USA 1958 – 120 Min. – R: Douglas Sirk. D: Lana Turner, John Gavin, Sandra Dee, Susan Kohner, Juanita Moore, Dan O'Herlihy, Mahalia Jackson.
Melodram. Zweite Filmversion eines sentimentalen Romans von Fannie Hurst um eine bedingungslos erfolgsorientierte Schauspielerin und ihr Umfeld; Schauspielerleistungen und subtile Regie halten die latente Rührseligkeit um Mutter-Kind-, Schwarz-und-Weiß-Problematik in Grenzen.

Solange noch die Rosen blüh'n * ½
BRD 1956 – 97 Min. – R: Hans Deppe. D: Hertha Feiler, Willy Fritsch, Eva Probst, Gerhard Riedmann, Hans Moser.
Heimatfilm. Helga ist Kinderärztin, naturverbunden und im Urlaub dabei, sich in den jugendlichen Maler zu verlieben. Ihrem alten Freund gefällt das gar nicht. Liebe und Kitsch in den Bergen.

Soldat Richter TV-Film
BRD/F 1986 – 65 Min. – R: Jean Pignol. B: Alexandre Rivemale, Didier Decoin, Horst Dallmayr. D: Mathieu Carrière, Bernard Fresson, Peter Semler, Götz Burger.
Ein deutscher Soldat läßt 1943 einige Geiseln entkommen und soll exekutiert werden; der Geistliche, bei dem er beichten will, stellt sich als Agent der Briten heraus; daraus ergeben sich Konflikte; ein reichlich konstruierter Film über Gehorsam und Gewissen; unglaubwürdig, aber sympathisch, zwei bemerkenswerte Hauptdarsteller.

Söldner des Todes / Invaders of the Lost Gold * ½
I 1982 – 85 Min. – R: Alan Birkinshaw. D: Stuart Whitman, Laura Gemser, Harold Sakata.
Abenteuerfilm. Im Dschungel der philippinischen Inseln haben die Japaner im Zweiten Weltkrieg Gold versteckt. Abenteurer und eine rassige Frau gehen jetzt auf Schatzsuche.

Solo für 2 / All of Me ** ½
USA 1984 – 85 Min. Ⓥ VMP/Cannon/VMP. – R: Carl Reiner. D: Steve Martin, Lily Tomlin, Victoria Tennant, Madolyn Smith, Richard Libertini.
Komödie. Der Kunstfehler eines Gurus versetzt die Seele einer todgeweihten exzentrischen Millionärin in einen Rechtsanwalt; der versucht, aus den zwei Seelen in seiner Brust das Beste herauszuholen; spleenige Sowohl-als-auch-Groteske mit viel Situations- und Screwballkomik und abstraktem Witz.

Solo Sunny ** ½
DDR 1979 – 100 Min. – R: Konrad Wolf. D: Renate Krößner, Alexander Lang, Dieter Montag, Klaus Brasch, Heide Kipp.
Milieustudie. Eine junge Frau gibt ihren Fabrikjob auf und tingelt als Barsängerin durch die ostdeutsche Provinz; mit viel Berliner Schnauze wehrt sie sich gegen männlichen Chauvinismus und Spießertum; witzig, unterhaltsam; nicht so brillant wie Wolfs frühere Arbeiten; Silberner Bär in Berlin 1980 für Renate Krößner.

Ein Sommer auf dem Dorf / Pastoral ** ½
UdSSR 1975 – 94 Min. – R: Otar Iosseliani. D: Nukri Dawitaschwili, Baja Mazaberidse, Tamara Guabaraschwili, Nana Iosseliani.
Zeitkritischer Film. Amüsante und nachdenkliche Miniaturen um fünf Städter, die ihre Ferien auf dem georgischen Land verbringen. Iosseliani (»Die Günstlinge des Mondes«) setzt dem Dorf liebevoll, sensibel und schmunzelnd ein Denkmal, der Stadt skeptisch und aufmunternd.

Sommer der Erwartung / Spencer's Mountain **
USA 1962 – 99 Min. – R: Delmer Daves. D: Henry Fonda, Maureen O'Hara, James MacArthur.
Melodram. Einem Farmer ist zwar der Aufbau einer vielköpfigen Familie ge-

glückt, nicht aber der einer standesgemäßen Unterkunft; Studienambitionen eines Sohnes bringen alle Konzepte ins Wanken; sentimental und optimistisch zugleich, ein Familienfilm mit mäßigem Humor.

Sommer der Verfluchten / The Singer Not the Song ** ½
GB 1969 – 129 Min. – R: Roy Ward Baker. D: Dirk Bogarde, John Mills, Mylène Demongeot, Eric Pohlman.
Abenteuerfilm. Ein Priester und ein Bandit kämpfen um eine Stadt in Mexiko; eine Frau steht zum Geistlichen; ansehnlicher B-Film, sorgfältig inszeniert.

Der Sommer des Samurai **
BRD 1985 – 99 Min. Ⓥ RCA Columbia. – R: Hans-Christoph Blumenberg. D: Cornelia Froboess, Hans-Peter Hallwachs, Toyo Tanaka, Nadja Tiller, Hannelore Hoger, Peter Kraus, Matthias Fuchs.
Fantasykrimi. Auf Reiche und Mächtige mit schmutziger Weste werden mysteriöse Überfälle verübt; Hamburg ist verunsichert; eine Starreporterin heftet sich dem unbekannten Täter, der am Tatort stets ein japanisches Schriftzeichen hinterläßt, an die Fersen; auch ein Killer-Orden, die »Ninja«, ist hinter dem Mann mit der Maske her. Der ehemalige Filmkritiker Blumenberg drehte nach seinem Erstling »Tausend Augen« einen effektvollen, abenteuerlichen Krimi aus der Kintopptradition – leider mit Erzählschwächen.

Sommer und Rauch / Summer and Smoke **
USA 1961 – 118 Min. – R: Peter Glenville. D: Laurence Harvey, Geraldine Page, Rita Moreno, Earl Holliman.
Literaturverfilmung. Adaption des Bühnenstücks von Tennessee Williams: Lebensunerfahrene Pfarrerstochter aus den Südstaaten zerbricht am Egoismus eines geliebten Mannes; die darstellerischen Leistungen, vor allem von Geraldine Page, versöhnen damit, daß die subtile Vorlage zum Melodram, wenn auch mit Unterhaltungswert, gerät.

Sommergäste ***
BRD 1976 – 110 Min. – R: Peter Stein. B: Botho Strauß. D: Wolf Redl, Edith Clever, Ilse Ritter, Michael König, Jutta Lampe, Bruno Ganz, Otto Sander, Elke Petri, Werner Rehm.
Literaturverfilmung. In einer Datscha im Rußland um die Jahrhundertwende treffen unterschiedliche Charaktere aufeinander. Der geistige und gesellschaftliche Umbruch einer Epoche wird sichtbar an tragischen Einzelschicksalen und Problemen, die als heutige entlarvt werden. Hervorragend die Schauspieler; nach der berühmt gewordenen Inszenierung des Werks von Maxim Gorki durch die Berliner »Schaubühne«.

Sommerliebelei / Un amour de pluie **
F 1973 – 95 Min. Ⓥ Ufa. – R: Jean-Claude Brialy. D: Romy Schneider, Bénédicte Bucher, Nino Castelnuovo.
Liebesfilm. Eine Mutter macht Urlaub mit der Tochter, beide erleben eine neue Liebe. Vom französischen Starschauspieler Brialy aufgesetzt inszenierte, sentimentale, aber solide fotografierte und gutgespielte Gefühlsschmonzette.

Sommer-Song TV-Film
BRD 1985 – 65 Min. – R: Katja Früh. D: Ulrike Willenbacher, Claudia Burckhardt, Jessica Früh, Jean Niedermann.
Eine vom Erfolg verlassene Schlagersängerin kämpft mit ungewöhnlichen Mitteln um einen neuen Karrieresprung; nicht allzu überzeugende Auseinandersetzung mit den Gesetzen einer speziellen Szene.

Sommerstürme / Summer Storm **
USA 1944 – 106 Min. sw. – R: Douglas Sirk. D: George Sanders, Linda Darnell, Anna Lee, Edward Everett Horton.
Literaturverfilmung. Adaption des Tschechow-Romans von der Liebe einer Holzfällertochter zu zwei Herren der Gesellschaft; ein Eifersuchtsmord wird erst nach der Oktoberrevolution gebüßt. Sentimentales Dreicksmelodram ohne die psychologische Sensibilität der Vorlage; Sirks zweiter Hollywoodfilm.

Sommerwünsche, Winterträume / Summer Wishes, Winter Dreams **

USA 1973 – 85 Min. – R: Gilbert Cates. D: Joanne Woodward, Martin Balsam, Sylvia Sidney.
Ehedrama. Für eine seit langem verheiratete Frau kommt beim Tod ihrer Mutter die große Lebenskrise. Auf einer gemeinsamen Europafahrt mit ihrem Mann spitzen sich in diesem klug inszenierten, intensiv gespielten Film die Psychokonflikte zu.

Sonatine ∗∗
CDN 1984 – 90 Min. OmU. – R: Micheline Lanctot. D: Pascale Bussiéres, Marcia Pilote.
Großstadtfilm. Wie zwei junge Mädchen im heutigen Kanada leben, erzählt diese stimmige und kritische Großstadtstory aus Montreal.

Der Sonderling ∗∗ ½
D 1929 – 90 Min. sw. – R: Walter Jerven. D: Karl Valentin, Liesl Karlstadt.
Karl-Valentin-Groteske. Die Leidenschaften eines arbeitslosen Schneidergesellen, der sich mit Querdenken und skurrilen Gewohnheiten durchs Leben schlägt, erzählt dieser urkomische, auf das Duo Valentin/Karlstadt zugeschnittene Film.

Sondertribunal / Section spéciale ∗∗
F/I/BRD 1975 – 115 Min. – R: Costa-Gavras. D: Michel Lonsdale, Louis Seigner, Claude Piéplu, Pierre Dux, Michel Galabru.
Politthriller. Ein Sondergericht des Vichy-Regimes von Marschall Pétain soll sechs wahllos ausgesuchte Gefangene verurteilen, um Racheaktionen der Deutschen zuvorzukommen; engagierter, aber wenig zupackender Film über Justizwillkür und Staatsräson eines aus den Fugen geratenen Systems.

Song of Songs ∗∗ ½
USA 1933 – 86 Min. OmU. – R: Rouben Mamoulian. D: Marlene Dietrich, Brian Aherne, Lionel Atwill.
Liebesromanze. Traurige, optisch überragende Mär von der Landpomeranze, die vergeblich ihr Glück bei Männern sucht. Marlene Dietrich in einer sehnsüchtigen Schmonzette mit geschliffenen Dialogen, Studio-Künstlermilieu und hübschen Schauwerten.

Die Sonne Satans / Sous le soleil de satan ∗∗
F 1986 – 91 Min. – R: Maurice Pialat. D: Gérard Depardieu, Sandrine Bonnaire, Maurice Pialat, Alain Artur.
Melodram. Priester Donissan wird vom Teufel heimgesucht, danach begegnet er der Kindfrau Mouchette. Ist sie des Teufels? Zumindest hat sie zuvor ihren Geliebten ermordet. Das Priestermelodram beeindruckt durch großes Spiel, weniger durch die stockkonservative Aussage; der kontroverse Film erhielt in Cannes 1987 die »Goldene Palme«.

Sonne und Regen / Tai yan yu ∗∗∗
VR China 1988 – 86 Min. – R: Zhang Zeming. D: Yan Xiaopin, Sun Chun, Yi Xinxin, Zhang Ling.
Zeitkritischer Generationsfilm. Junge Frauen im modernen China, vom nahe gelegenen Hongkong westlich beeinflußt, im Konflikt zwischen alter, politischer Moral und neuem Konsum-Zeitgeist. Der sensible, ruhige Film erzählt die Geschichte von einigen typischen Mitgliedern der heutigen Generation als eine Art realistisches Melodram; faszinierende, zeitkritische Studie aus einem uns nicht mehr ganz so fernen Land.

Sonnenblumen / I girasoli ∗∗
I 1969 – 100 Min. – R: Vittorio De Sica. D: Marcello Mastroianni, Sophia Loren, Ludmilla Savelyeva.
Melodram. Liebesmelodram mit dem Starduo des italienischen Unterhaltungsfilms der sechziger Jahre um eine Nachkriegsbeziehung, deren Problematik jedoch nicht restlos überzeugt.

Sonnenschein und Wolkenbruch ∗∗
A 1955 – 86 Min. – R: Rudolf Nußgruber. D: Susi Nicoletti, Jester Naefe, Loni Heuser, Hans Holt, Rudolf Vogel, Helmut Qualtinger, Trude Hesterberg, Beppo Brem.
Heimatfilm. Einem Hotel sollen ein fingierter Juwelendiebstahl und eine falsche Diva Publikumsinteresse und Gäste bringen, dann verschwindet wirklich wertvoller Schmuck; die Starbesetzung rettet die dünne Story halbwegs.

Sonnensucher ** ½
DDR 1957/58 – 104 Min. sw. – R: Konrad Wolf. D: Ulrike Germer, Erwin Geschonnek, Manja Behrens, Günter Simon.
Zeitkritischer Film. Expressionistisches Filmdrama aus der Aufbauzeit der DDR im Jahr 1949; ein naives junges Mädchen vom Land, das in einen Uran fördernden Reparationsbetrieb im Erzgebirge verschlagen wird, ist auf der Suche nach seiner Identität. Von den sowjetischen Besatzungsbehörden wegen seiner ökonomischen Brisanz bis 1972 verboten.

Sonntag TV-Film
BRD 1976 – 60 Min. – R: Niels-Peter Rudolf. B: Dieter Forte. D: Volker Spahr, Barbara Nüsse, Sylvia Falck, Jürgen Cziesla, Karin Schlemmer.
Bildmontagen vom Alltag dreier Familien in einer anonymen Trabantenstadt; die Fragwürdigkeit der Idylle wird *zu* milder Kritik ausgesetzt und recht undistanziert gesehen.

Ein Sonntag auf dem Lande / Un dimanche à la campagne ***
F 1984 – 91 Min. – R: Bertrand Tavernier. D: Louis Ducreux, Sabine Azema, Michel Aumont, Geneviève Mnich, Monique Chaumette.
Melodram. An einem Sonntag in der Provinz im Jahr 1912 erhält der alte Monsieur Ladmiral, ein Kunstmaler, Besuch von seinem Sohn mit Familie und von seiner unverheirateten Tochter. Der Ausflug mit dem Automobil entfaltet nicht nur ländliche Sommeridylle, Farben, Lichteffekte, sondern vermittelt auch die Wehmut des Künstlers an seinem Lebensabend; Regiepreis 1984 bei den Festspielen in Cannes.

Ein Sonntag im August / Una domenica d'agosto ** ½
I 1959 – 75 Min. sw. – R: Luciano Emmer. D: Emilio Cigoli, Marcello Mastroianni, Anna Medici, Anna Baldini, Franco Interlenghi.
Komödie. Episodenfilm um Liebe und Leid an einem Tag in Rom und am Strand von Ostia. Das Leben gleitet ohne Aufschwünge, mit realistisch beobachteten kleinen Ereignissen dahin; viele Sonntage wie die in diesem amüsanten, leichten Film werden noch folgen.

Sonntage mit Sybill / Les dimanches de Ville d'Auvray ** ½
F 1961 – 106 Min. sw. – R: Serge Bourguignon. D: Hardy Krüger, Nicole Courcel, Patricia Gozzi.
Melodram. Ein halbinvalider Expilot des Indochinakriegs freundet sich mit einer Zwölfjährigen an, doch eine mißgünstige Umwelt bedroht die Idylle; anrührende Studie mit märchenhaften Zügen und Tendenz zur Tränenseligkeit.

Sonntags ... nie! / Pote tin kyriaki / Never On Sunday ***
GR 1959 – 87 Min. sw. – R: Jules Dassin. D: Melina Mercouri, Jules Dassin, Georges Foundas, Titos Vandis.
Komödie. Ein kulturbefrachteter Amerikaner versucht – erfolglos – eine Prostituierte in Piräus zu domestizieren; herzerfrischend freche, deftige, sinnliche Akkulturationskomödie von tiefer Menschlichkeit; großer Preis von Cannes für die Hauptdarstellerin, der die Rolle Weltruhm einbrachte.

Sophia Loren – Mein Leben / Sophia Loren: Her Own Story TV-Film
USA 1980 – 138 Min. – R: Mel Stuart. D: Sophia Loren, John Gavin, Rip Torn, Armand Assante, Edmund Purdom.
Hommage des Regisseurs für die italienische Diva durch eine Filmautobiographie zu deren fiktivem 65. Geburtstag; zu lang geratene Lebensgeschichte mit zum Teil grotesken Fehlbesetzungen, in der die Loren sich selbst und – rührend – ihre Mutter spielt.

Sophie kann's nicht lassen / The Notorious Sophie Lang ** ½
USA 1934 – 64 Min. sw. OmU. – R: Ralph Murphy. D: Gertrude Michael, Paul Cavanagh, Arthur Byron.
Krimikomödie. Ein Inspektor auf der Jagd nach einer notorischen Juwelendiebin will über diese an eine internationale Bande herankommen; atmosphärisch dichter, witziger Film von erfrischend unbekümmerter Fröhlichkeit.

Soraya – Sklavin des Orients / Il cercante di schiave FLOP
I 1964 – 100 Min. – R: Anthony M.

Dawson. D: Michele Girardon, Kirk Morris, Nadine Verdier.
Monumentalfilm. Eine orientalische Königstochter wird nach dem Mord an ihrem Vater als Sklavin verhökert; peinlicher Kitsch.

Sorgenfrei durch Dr. Flagg / Carefree ** ½
USA 1938 – 80 Min. sw. – R: Mark Sandrich. D: Fred Astaire, Ginger Rogers, Ralph Bellamy, Luella Gear, Jack Carson.
Musical. Eine heiratsunwillige junge Frau wird auf Ehelust hin therapiert, dann verlieben sich Patientin und Arzt ineinander. Der spritzige, mit Irving Berlins Tanzmusik jubilierende Film tanzt die Alltagssorgen mit den brillanten Traumtänzern des Hollywood-Musicals Rogers/Astaire einfach fort.

SOS Bermuda Dreieck / Il triangolo del Bermuda **
I 1977 – 100 Min. Ⓥ Today. – R: R. Cardona. D: John Huston, Marina Vlady, Claudine Auger, Gloria Guida.
Abenteuerfilm. Fantasy-und-Horror-Cocktail: Unerklärliche Vorgänge lassen eine ganze Familie samt Privatjacht im Nebel des mysteriösen Bermuda-Dreiecks verschwinden.

SOS in den Wolken / Mayday at 40000 Feet! **
USA 1976 – 92 Min. – R: Robert Butler. D: David Janssen, Christopher George, Marjoe Gortner.
Krimi. Ein Gangster in einem Flugzeug, das ihn nach Chicago überführen soll, schüttelt seine Bewacher ab und übernimmt das Kommando. Der Krimi wird zum Katastrophenfilm. Routiniert, spannend, klaustrophobisch.

S.O.S. Titanic / S.O.S. Titanic TV-Film
USA 1979 – 97 Min. – R: Billy Hale. D: David Janssen, Cloris Leachman, Susan Saint James, David Warner, Harry Andrews, Ian Holm, Helen Mirren.
Stark gekürzte Kinoversion des mit Minirollen und Kleinstcharakterstudien überfrachteten TV-Katastrophenfilms um das »Titanic«-Unglück im April 1912; die Bemühungen um Realistik und chronologische Authentizität gehen ebenso wie die platte Geschwätzigkeit der Dialoge zu Lasten der Spannung und der Erschütterung, die den Film »Der Untergang der Titanic« (1953) auszeichnet; trotz allem ein effektsicheres, mit beträchtlichem Aufwand gedrehtes TV-Seherlebnis.

SOS – Zwei Schwiegermütter / The Mating Season ** ½
USA 1951 – 110 Min. sw. – R: Mitchell Leisen. D: Gene Tierney, John Lund, Thelma Ritter.
Komödie. Bäumchen-wechsle-dich-Spiel um ein Liebespaar und die Verwandten aus unterschiedlichen sozialen Schichten. Satirisch nimmt der freche Film gesellschaftliche Vorurteile in der Liebe aufs Korn.

Soulman / Soul Man ** ½
USA 1986 – 100 Min. Ⓥ Highlight. – R: Steve Miner. D: C. Thomas Howell, Arye Gross, Rae Dawn Chong, James Earl Jones, Ron Reagan jr.
Komödie. Da bestimmte Harvard-Stipendien nur an Schwarze vergeben werden, verwandelt sich ein weißer Teenager mittels Bräunungspillen in einen solchen; zu spät erkennt er den speziellen Leistungsdruck für Nichtweiße; Studentenkomödie mit ernsthafter Ironie und lokkerer Darstellung eines nicht nur US-typischen Problems.

Spaghetti-House / Spaghetti-House TV-Film
I/GB – 95 Min. – R: Giulio Paradisi. D: Nino Manfredi, Rudolph Walker, Rita Tushingham, Derek Martin, Leo Giuliotta.
Vier Italiener eröffnen in London einen Spaghettitempel; drei arbeitslose Schwarze rauben sie aus und nehmen sie als Geiseln; beachtliche Schauspielerleistungen in einem TV-Film zwischen Krimi und schwarzer Komödie.

Spanische Erde / Spanish Earth ***
E 1936/37 – 100 Min. – R: Joris Ivens.
Dokumentation. Von Hemingway, zu der Zeit Kriegsberichter im Spanischen Bürgerkrieg, kommentierter Bericht vor allem vom Kampf um Madrid; ein Film, der belegt, daß subjektive Authentizität künstlerischen Rang haben kann.

Der spanische Gärtner / The Spanish Gardener ∗∗
GB 1956 – 95 Min. – R: Philip Leacock. D: Dirk Bogarde, Jon Whiteley, Michael Hordern, Cyril Cusack.
Freundschaftsmelodram. Ein bornierter britischer Diplomat will mit allen Mitteln die Freundschaft zwischen seinem Sohn und dem Hausgärtner zerstören; Adaption des Cronin-Romans, von subtiler Langeweile, wenn auch schauspielerisch eindrucksvoll.

Sparks in Neu-Grönland TV-Film
BRD 1971 – 90 Min. – R: Joachim Hess. B: Helga Feddersen. D: Robert Meyn, Lisa Helwig, Erwin Wirschaz, Petra Fahrnländer, Klaus Herm.
Das Hamburger Ehepaar Spark will seinen Lebensabend in einer Stadtrandsiedlung verbringen; vor allem der kauzige Ehemann setzt sich auf seine Art mit der neuen Umgebung und der Sehnsucht nach der alten auseinander; nachdenkliches Spiel psychologisch überzeugender Typen um Probleme des Alterns und der Entwurzelung.

Spartacus / Spartacus ∗∗∗
GB/USA 1959/60 – 188 Min. Ⓥ CIC. – R: Stanley Kubrick. D: Kirk Douglas, Peter Ustinov, Jean Simmons, Laurence Olivier, Charles Laughton, Tony Curtis, Herbert Lom, John Ireland, Woody Strode.
Historienfilm. In jeder Hinsicht aufwendiger und detailgenauer Zwölf-Millionen-Dollar-Monumentalfilm über den rebellischsten Sklaven im vorchristlichen Rom, der den berühmtesten Aufstand der Geschichte anzettelte.

Spartacus – Der Held mit der eisernen Faust / Il colosso di Roma ∗ ½
I 1964 – 87 Min. – R: Giorgio Ferroni. D: Gordon Scott, Gabriella Pallotta, Massimo Serato, Gabriele Antonini.
Monumentalfilm. Ein römischer Tyrann will seinen Thron zurückerobern und bedient sich einiger unlauterer Mittel; durchschnittlich, mit einigen guten Kampfszenen.

Spartacus und die zehn Gladiatoren / Spartacus e i dieci gladiatori ∗
I/F 1964 – 90 Min. – R: Nick Nostro. D: Dan Vadis, Helga Liné, John Heston, Ursula Davis, Gianni Rizzo.
Bodybuildingfilm. Pseudohistorische Story um den Führer des größten römischen Sklavenaufstandes; ungelenk in Regie und Spiel.

Die Spaßvögel ∗∗
BRD 1967 – 94 Min. sw. – R: František Papoušek. D: Dieter Hildebrandt, Jürgen Scheller, Franz Beckenbauer.
Klamotte. Zwei, bald drei Spaßvögel in einer Reihe von komischen Situationen; interessant Franz Beckenbauers Version von Humor; handlungsarmer kabarettistisch-zirzensischer Film mit gut getimten (musikalischen) Gags.

Späte Liebe TV-Film
GB 1986 – 90 Min. – R: Norman Stone. D: Claire Bloom, Joss Ackland, David Waller.
Es geht gepflegt zu in alten englischen Clubs, man macht kluge Konversation, und der Professor, mit 54 eingefleischter Junggeselle, verliebt sich in eine junge Romanschreiberin. Der Film um diese späte Romanze erhielt zwei »British Academy Awards«.

Späte Liebe TV-Film
BRD – 100 Min. – R: Ilse Hofmann. B: Max von der Grün. D: Ehmi Bessel, Karl Maria Schley, Grete Wurm, Vera Lippisch, Franz Seidenschwan.
Zwei alte Menschen verlieben sich, die Umwelt reagiert mit Bosheit, Eifersucht und Spott; eindrucksvoll als Psychogramm und als soziale Studie.

Das späte Mädchen ∗∗
BRD 1951 – 86 Min. sw. – R: Hans Hinrich. D: Carsta Löck, Hans Nielsen, Rudolf Reiff, Maria Krahn, Harald Holberg.
Liebesfilm. Eine ältliche Hotelbedienstete lebt am Leben vorbei und findet doch ein spätes Glück durch die Liebe zu einem dilettierenden Schriftsteller, der sie in einem Roman verewigen will; leise, melancholische Familienunterhaltung mit Musik von Lotar Olias.

Das späte Mädchen / La vieille fille ∗∗∗
F/I 1971 – 90 Min. – R: Jean-Pierre Blanc.

D: Annie Girardot, Philippe Noiret, Michel Lonsdale, Marthe Keller.
Liebesfilm. Eine nicht mehr ganz jugendliche scheue, dazu als arrogant verschriene Frau lernt im Urlaub einen ebensowenig taufrischen Junggesellen kennen; ein abgeklärter Film von ruhiger Heiterkeit über Midlife-Liebe und -Zärtlichkeit.

Späte Sühne / Dead Reckoning ** ½
USA 1947 – 100 Min. sw. – R: John Cromwell. D: Humphrey Bogart, Lizabeth Scott, Morris Carnovsky.
Krimi. Bogart als Schnüffler aus Freundschaft zu einem alten Kumpel, aus dessen Vergangenheit eine Mordaffäre, ein aalglatter Barbesitzer und finstere Hintermänner auftauchen. Liza Scott als Femme fatale vervollständigt den Reigen der Sensationen in diesem soliden, spannenden »Film noir«.

Später Frühling / Banshun ***
J 1949 – 100 Min. sw. – R: Jasujiro Ozu. D: Chishu Ryu, Setsuko Hara, Hariko Sugimura.
Melodram. Im Laufe von Jahren hat sich zwischen einer jungen Japanerin und ihrem Vater eine so enge Beziehung gebildet, daß sie auf Liebe und Ehe verzichten will; ein Film der leisen Töne und der ausdrucksvollen Bilder über die schmerzliche Lösung einer menschlichen Bindung.

Spätes Erröten TV-Film
BRD 1986 – 110 Min. – R: Franz-Peter Wirth. D: Karl-Heinz Vosgerau, Heidelinde Weis, Krista Stadler, Marion Kracht.
Die Liebesverhältnisse und Rituale in dem feinen englischen Landhaus scheinen festgefahren, als das frische junge Hausmädchen wie ein Wirbelwind alles durcheinanderbringt: besonders den egoistischen Schönling der Familie. Feinsinnig, aber langatmig. Nach dem Theaterstück »The Understanding« von Angela Huth.

Spätherbst / Akibiyori ***
J 1960 – 120 Min. – R: Yasujiro Ozu. D: Setsuko Hara, Yoko Tsukasa, Chishu Ryu.
Generationsfilm. Ein junges Mädchen soll verheiratet werden, will aber nicht. Autorität, Moral und Sitten des traditionellen Japan an der Schwelle zur Modernität zeichnet der behutsame, schön und streng fotografierte Film mit dieser alltäglichen Geschichte mustergültig nach.

Der Spatzenmörder TV-Film
BRD 1988 – 105 Min. – R: Wolf Gremm. D: Paul Cabanis, Hans Clarin, Heinz Baumann, Eberhard Feik, Anita Kupsch, Nicolette Krebitz.
Irgendwas stimmt nicht mit dem Schüler Paul, seit sich seine Eltern haben scheiden lassen und die Mutter mehr an ihrem Lover interessiert ist als an der Restfamilie; subtil gestalteter Psychokrimi um einen gestörten Jugendlichen und den Generationskonflikt in einer gleichgültigen Gesellschaft.

Die Spaziergängerin von Sans-Souci / La passante du Sans-Souci **
F/BRD 1981 – 102 Min. Ⓥ Ufa. – R: Jacques Rouffio. D: Romy Schneider, Michel Piccoli, Wendelin Werner, Helmut Griem.
Zeitkritisches Melodram. Ein südamerikanischer Botschafter wird in Paris erschossen, weil er mit den Pflegeeltern des Attentäters in der Nazizeit ein gemeines Spiel trieb. Gefühlvoll gespielt (Romy Schneider in ihrer letzten Rolle); Zeitgeschichte als aufwendiges Melodram.

Special Terminator – Die Killermaschine / Assassin TV-Film
USA 1985 – 90 Min. Ⓥ VCL/Virgin Video. – R: Sandor Stern. D: Robert Conrad, Karen Austin, Richard Young, Jonathan Banks, Robert Webber.
Ein Exagent wird reaktiviert, die menschenähnliche Mordmaschine »Robert Golem« zu zerstören, die der US-Regierung an den Kragen will; Science-fiction der stupidesten Art und zudem eine Schauspielerkatastrophe.

Speed Cross – Zwei geben Vollgas / Speed Cross / Cera una volta di legge *
I 1980 – 84 Min. Ⓥ EuroVideo. – R: Stelvio Massi. D: Fabio Testi, Vittorio Mezzogiorno, Lia Tanzi, Daniela Poggi.

Moto-Cross-Film. Zwei italienische Cross-Fahrer kämpfen in Deutschland gegen Rivalen und Wettbetrüger; einfallslos, mit mäßigen Stunts.

Speedway / Speedway * ½
USA 1968 – 94 Min. – R: Norman Taurog. D: Elvis Presley, Nancy Sinatra, Bill Bixby.
Elvis-Film. Tourenwagenrennfahrer Elvis singt, siegt und bekommt Probleme; unterhaltsame Musikkomödie, nur durch den Rockstar erträglich.

Der Speer der Rache / **
Chief Crazy Horse
USA 1955 – 81 Min. – R: George Sherman. D: Victor Mature, Suzan Ball, Ray Danton.
Western. Häuptling »Crazy Horse« von den Sioux (in der deutschen Filmfassung heißt er »Schwarzer Hengst«) ist eine große historische Figur; in berühmten Indianerschlachten besiegte er die Generäle Crook und Custer. Der Film macht eine romantische Wildwest-Seifenoper daraus.

Spenser / Spenser for Hire TV-Film
USA 1985 – 92 Min. – R: Lee H. Katzin. D: Robert Urich, Avery Brooks, Barbara Stock, Chuck Connors.
Pilotfilm zur TV-Serie um einen Expolizisten, der Privatdetektiv wurde und nun mit einem mordlustigen Gangsterboß zu tun hat; wenig spannend.

Sperrbezirk FLOP
BRD 1968 – 89 Min. sw. – R: Will Tremper. D: Ruth-Maria Kubitschek, Guido Baumann, Harald Leipnitz, Suzanne Roquette.
Unterweltfilm. Ein Zuhälter, Stütze des Syndikats, begeht eine Todsünde; er verliebt sich in seine Neue, und ein Reporter kommt dahinter; Kolportageklamotte.

Sperrfeuer auf Planquadrat X **
YU 1975 – 95 Min. Ⓥ Zenit. – R: Midhat Murepcić. D: Ljuba Tadić, Pavle Vujisić, Ljubisca Samardzić.
Kriegsfilm. Jugoslawien 1941: Erbarmungslos metzeln faschistische Ustasha-Kroaten alles nieder, was sich bewegt. Eine Partisanengruppe unter Dr. Mladen nimmt den Kampf gegen die Tyrannei auf.

Die Spezialisten / ** ½
Les spécialistes
F/BRD 1984 – 94 Min. – R: Patrice Leconte. D: Gérard Lanvin, Bernard Giraudeau, Christiane Jean.
Krimi. Zwei Männer fliehen aus dem Knast und rauben ein Spielcasino an der Côte d'Azur aus, das ein Umschlagplatz der Mafia ist. Mit viel Sentiment und Atmosphäre arbeitender Film, der mit Kinovorbildern spielt.

Spiegelbild im goldenen Auge / Reflections in a Golden Eye ** ½
USA 1966 – 104 Min. – R: John Huston. D: Marlon Brando, Elizabeth Taylor, Brian Keith, Julie Harris, Robert Forster.
Melodram. Die Atmosphäre in der Garnisonsstadt im amerikanischen Süden ist stickig, schwül; die Beziehung des gelangweilten Majors zu seiner heißblütigen Gattin schwer gestört; beider Interesse gilt einem hübschen Soldaten; ein Fall von Verwirrung, Eifersucht und Homosexualität, von Brando unnachahmlich gespielt; nach dem Roman von Carson McCullers.

Spiegelbilder / Images ** ½
Irland 1972 – 101 Min. – R: Robert Altman. D: Susannah York, René Auberjonois, Marcel Bozzuffi.
Psychogramm. Nach dem Unfalltod ihres Geliebten verstrickt sich eine Frau in traumatische Angstzustände, in denen Phantasie, Wirklichkeit und Visionen verschmelzen; von Vilmos Zsigmond eindrucksvoll fotografierte Wanderung durch eine zerrüttete Seelenlandschaft.

Das Spiel des Todes / * ½
Enter the Game of Death
Hongkong 1968 – 90 Min. – R: Joseph Velasco. D: Bruce Lee, Yang Sze.
Bruce-Lee-Film. Geheimagent Lee auf der Suche nach geheimen Aufmarschplänen der Japaner; leichtfüßig choreographierte Gewaltorgien.

Das Spiel ist aus / ***
Les jeux sont faits
F 1947 – 89 Min. sw. – R: Jean Delannoy. D: Marcel Pagliero, Micheline Presle, Charles Dullin, Fernand Fabre.
Existentialistisches Drama. Ein Liebes-

paar, das verschiedenen Klassen angehört, der Arbeiterführer Pierre und die reiche Eve, müssen sterben und erhalten für 48 Stunden die Chance, aus dem Reich der Toten zurückzukehren, um ihr Glück neu zu finden. Doch alles ereignet sich noch einmal wie zuvor, das fatalistische Geschehen nimmt seinen Lauf: Drehbuch von J.-P. Sartre, nach seinem Stück.

Spiel mit dem Tod / ∗∗∗
The Big Clock
USA 1948 – 90 Min. sw. – R: John Farrow. D: Charles Laughton, Ray Milland, Maureen O'Sullivan.
Thriller. Effektvoller »Film noir« um einen mysteriösen Mordfall im Zeitungsmilieu, den ein Detektiv aufklären soll, der selbst darin verwickelt zu sein scheint. Bestes Schwarze-Serie-Kino im beschwörenden Erzählton.

Spiel mit der Liebe / ∗
Players
USA 1978 – 116 Min. – R: Anthony Harvey. D: Ali MacGraw, Dean-Paul Martin, Maximilian Schell, Pancho Gonzales, Steve Guttenberg.
Liebesfilm. Ein Tennischamp erinnert sich an den Beginn seiner Liebe zu seiner Freundin, die ihn immer wieder verläßt; filmisches Vehikel für Gastauftritte der Cracks Guillermo Vilas, John McEnroe und Ilie Nastase sowie Ion Tiriac und Tennis-Oldie Gonzales, der alle mühelos an die Wand spielt.

Spiel ums Leben / ∗
Vamping
USA 1983 – 105 Min. – R: Frederick King Keller. D: Patrick Duffy, Catherine Hyland, Rod Arrants, David Booze.
Krimi. Jazzmusiker Harry, finanziell ganz schön unter Druck, knackt eine einsame Villa; dann verliebt er sich in die schöne und geheimnisvolle Dame des Hauses, damit enden seine Probleme bei weitem nicht; der sich mysteriös gebende Krimi verstrickt sich immer mehr in die Unwahrscheinlichkeiten seiner Konzeption.

Das Spiel war sein Fluch / ∗∗ ½
Le joueur
F/I 1958 – 110 Min. – R: Claude Autant-Lara. D: Gérard Philipe, Liselotte Pulver, Bernard Blier.
Literaturverfilmung. Nach dem Roman »Der Spieler« von Dostojewski gedrehtes Zockerpsychodrama aus dem zaristischen Rußland; es geht um Adelsgehabe, Spielschulden, Lieb- und Leidenschaften und die verkorkste Moral einer ganzen Epoche. Solide inszeniert und gut gespielt, mit vielen Konzessionen an den Unterhaltungsgeschmack.

Spiel zu dritt / Take Me ∗∗
Out to the Ball Game
USA 1949 – 88 Min. – R: Busby Berkeley. D: Frank Sinatra, Gene Kelly, Esther Williams.
Musical. Eine komödiantische Dreiecksgeschichte um Baseball und zwei Erfolgstypen, die es auf die Badenixe Esther Williams abgesehen haben. Amüsante Verwicklungen, bekannte Songs.

Spiel zu zweit TV-Film
BRD 1975 – 90 Min. – R: Ludwig Cremer. B: William Gibson. D: Horst Frank, Donata Höffer.
Eine Tänzerin und ein Anwalt treffen sich auf einer Party in New York; ihre Einsamkeit überwindet alle Probleme des Zusammenfindens; anspruchsloses, solides Boulevardtheater.

Spiele der Macht TV-Film
BRD 1972 – 75 Min. sw. – R: Joseph Scheidegger. D: René Deltgen, Heinrich Gretler.
Zwei alte Männer hausen in einer öden Mansarde und trödeln so vor sich hin, da fällt ihnen ein teuflisches Unterhaltungsspiel ein. Aufregend, schauspielerisch gekonnt.

Spieler ohne Skrupel / ∗∗
The Gambler
USA 1974 – 111 Min. Ⓥ CIC. – R: Karel Reisz. D: James Caan, Paul Sorvino, Lauren Hutton, Jacqueline Brookes, Burt Young.
Zockerthriller. Ein dem Spiel um Geld verfallener Akademiker kommt den Bossen des Syndikats in die Quere. Jetzt muß er die Karten neu mischen. Der nervenkitzelnde, melodramatische, aber handlungsarme Film zeigt, wie er das letzte As aus dem Ärmel zieht.

Spielplatz des Teufels ∗∗
AUS 1976 – 85 Min. – R: Fred Schepisi. D: Simon Burke, Nick Tate, Arthur Dignam.
Schülerfilm. Ein 13jähriger bemerkt, daß ein Geheimbund an einem strengen Internat blutige Riten exerziert; ein Film über existentielle Pubertätskrisen.

Die Spielregel / La règle du jeu ∗∗∗∗
F 1939 – 102 Min. sw. OmU. – R: Jean Renoir. D: Jean Renoir, Marcel Dalio, Nora Gregor, Roland Toutain, Paulette Dubost, Gaston Modot.
Zeitkritische Liebeskomödie. Ein Karussell frivoler Liebesabenteuer dreht sich auf einem Landsitz; sowohl Herrschaften als auch Bedienstete sind beteiligt. In die dekadente, moralisch widerstandslose Gesellschaft bricht ein eifersüchtiger Wildhüter als Bote des realen Faschismus der Zeit ein. Ein Unschuldiger bleibt schließlich auf der Strecke, und man geht zur Tagesordnung über. Renoir (»Das Testament des Dr. Cordelier«) schuf mit diesem sowohl formal als auch inhaltlich überdurchschnittlichen Filmreigen ein Meisterwerk des Erzählkinos.

Die Spinne / Black Widow ∗∗
USA 1954 – 95 Min. – R: Nunnally Johnsohn. D: Van Heflin, Ginger Rogers, Gene Tierney, George Raft, Peggy Ann Garner.
Kriminalfilm. Ein Broadway-Produzent gerät in Schwierigkeiten, als man eine schöne Unbekannte tot in seinem Apartment findet; Durchschnittskrimi im Kammerspielton.

Die Spinne und die Fliege
siehe: Der Meisterdieb von Paris

Der Spinner / Don't Raise the Bridge, Lower the River ∗∗ ½
USA 1967 – 99 Min. Ⓥ RCA Columbia. – R: Jerry Paris. D: Jerry Lewis, Terry-Thomas, Jacqueline Pearce, Bernard Cribbins.
Komödie. Zwei geldfixierte Kompagnons nerven die Frau des einen; als der ihr Haus zum Hippiezentrum macht, rastet – und zieht – sie aus; burleske Späße in einem Film, der von Lewis' Tolpatsch-Image lebt.

Der Spion, der aus der Kälte kam / The Spy Who Came In From The Cold ∗∗∗
GB 1965 – 107 Min. sw. – R: Martin Ritt. D: Richard Burton, Claire Bloom, Oskar Werner, Peter van Eyck, Rupert Davies.
Agententhriller. Nach dem Bestseller von John le Carré entstandener Film um den Spionagekampf in der »Frontstadt« Berlin; auf beiden Seiten schmutzige Tricks – im Westen kommt die Liebe als menschliche Qualität dazu. Große Besetzung, stimmiges Milieu, hart und kritisch von Martin Ritt (»Der Strohmann«) inszeniert; ein Agentenfilm der Extraklasse.

Der Spion, der mich liebte / The Spy Who Loved Me ∗∗∗
GB 1977 – 125 Min. Ⓥ Warner Home. – R: Lewis Gilbert. D: Roger Moore, Barbara Bach, Curd Jürgens, Richard Kiel.
James-Bond-Film. Ein Menschheitsbeglücker will auf dem Meeresgrund eine neue Rasse züchten und vorher die Erde entvölkern, Bond greift ein, stürmt die Unterwasserfestung »Atlantis« mit seinen Mitteln, muß sich auch noch des KGB erwehren, darf aber der Liebe der schönsten russischen Agentin sicher sein. Das aufwendige Spektakel, der zehnte und erfolgreichste Bond-Streifen, wurde auf der ganzen Welt gedreht und bietet Schauwerte wie nie zuvor; erfreulich: Ein ironischer Zug umweht die Gigantomanie.

Spion für Deutschland ∗∗
BRD 1956 – 105 Min. sw. – R: Werner Klingler. D: Martin Held, Nadja Tiller, Walter Giller, Gustav Knuth, Heinz Drache.
Spionagefilm. Die Abwehr des Dritten Reichs schleust 1944 einen Spitzenagenten in die USA ein; Verfilmung eines Tatsachenberichts von Will Berthold über den Spion Erich Gimpel; Held spielt den Agenten weit fern von den Klischees des Genres.

Spion in Spitzenhöschen / The Glass Bottom Boat ∗∗ ½
USA 1965 – 105 Min. – R: Frank Tashlin. D: Doris Day, Rod Taylor, Arthur Godfrey, Paul Lynde.
Agentenfilmparodie. Ein Weltraumex-

perte und leidenschaftlicher Angler fängt sich eine »Nixe« ein, die vom Pentagon für eine Agentin gehalten wird; routiniertes Lustspiel mit zahlreichen typischen Tashlin-Slapsticks.

Der Spion in Schwarz / The Spy in Black ∗∗ ½
GB 1939 – 80 Min. sw. – R: Michael Powell. D: Conrad Veidt, Sebastian Shaw, Valerie Hobson, Marius Goring.
Agententhriller. Ein Spionagemelodram in Schwarzweiß mit Veidt als deutschem Spion in Schottland und Valerie Hobson als charmanter Doppelagentin. Liebe unter Spionen war schon immer aufregend und voller Falltüren – im Kino.

Der Spion mit den zwei Gesichtern / The Two-Headed Spy ∗ ½
GB 1958 – 87 Min. sw. – R: André de Toth. D: Jack Hawkins, Gia Scala, Erik Schuman, Alexander Knox.
Thriller. Ein deutscher General britischer Herkunft und ein Freund versuchen, hinter den Linien die Spionageabwehr der Nazis auszutricksen; albernes Agentenspektakel, nicht ohne Spannung erzählt.

Der Spion mit der kalten Nase / The Spy with a Cold Nose ∗∗ ½
GB 1966 – 90 Min. – R: Daniel Petrie. D: Laurence Harvey, Daliah Lavi, Lionel Jeffries, Eric Sykes, Eric Portman.
Komödie. Agenten erpressen einen Tierarzt, der durch Einsatz einer minisenderträchtigen Bulldogge russische Geheimpläne erfahren soll; gagreiche Thrillerparodie, die vor allem durch Harveys britisches Gehabe Format bekommt.

Spion mit meinem Gesicht / The Spy with My Face ∗ ½
USA 1965 – 82 Min. – R: John Newland. D: Robert Vaughn, David McCallum, Sharon Farrell, Senta Berger, Leo G. Carroll.
Agentenfilm. Eine internationale Organisation entführt einen Topagenten und ersetzt ihn durch einen ihrer Leute; zeitlich gestreckte, eher langweilige Episode aus der TV-Serie »Solo für O.N.C.E.L.«.

Ein Spion zu viel / A Spy Too Many ∗ ½
USA 1965 – 97 Min. – R: Joseph Sargent. D: Robert Vaughn, David McCallum, Rip Torn, Dorothy Provine, Leo G. Carroll.
Agentenfilm. Die unerschrockenen »O.N.C.E.L.«-Serienagenten Napoleon Solo und Illya Kuryakin hindern einen Wissenschaftler daran, die Weltherrschaft anzutreten, was er mit dem Diebstahl eines willenbrechenden Gases versucht; daß es kein Lachgas ist, schadet dem Actionfilm.

Spion zwischen zwei Fronten / Triple Cross ∗∗ ½
F/GB 1966 – 135 Min. – R: Terence Young. D: Christopher Plummer, Gert Fröbe, Romy Schneider, Trevor Howard, Yul Brynner, Claudine Auger, Bernard Fresson.
Agententhriller. Nach der authentischen Story des englischen Spionagegenies Eddie Chapman von Bond-Regisseur Young gedrehter Thriller vor dem Hintergrund des Zweiten Weltkriegs. Starbesetzung, optisch überzeugend, spannend.

Spionage ∗∗
A 1955 – 88 Min. sw. – R: Franz Antel. D: Rudolf Forster, Ewald Balser, Barbara Rütting, Oskar Werner, Erik Frey, Hannelore Bollmann.
Spiongefilm. Darstellung der Affäre um den k. u. k. Obersten Redl, der aufgrund von Erpressung für Rußland spionierte; konventionelles Agentenstück, ohne die Aufdeckung psychischer Strukturen wie im »Oberst Redl«-Film mit Klaus Maria Brandauer von 1984.

Spionage in Fernost / Blood on the Sun ∗∗ ½
USA 1949 – 98 Min. sw. OoU. – R: Frank Lloyd. D: James Cagney, Sylvia Sidney, Wallace Ford, Rosemary De Camp.
Melodram. Ein junger US-Reporter ahnt im Japan der frühen dreißiger Jahre die Kriegsgefahr, kann seine Erkenntnisse nicht verwerten und gerät in Gewissenskonflikte; Cagney eindrucksvoll.

Die Spitzenklöpplerin / La dentellière ∗∗∗
CH/F/BRD 1977 – 107 Min. – R: Jean-Claude Goretta. D: Isabelle Huppert, Yves Beneyton, Florence Giorgetti, Annemarie Düringer.

Moderner Liebesfilm. Ein hochsensibles, gehemmtes Mädchen verliebt sich in einen selbstbewußten Studenten, dessen Unverständnis ihr Leben zerstört; ein leiser Film von Liebe und ihrer Bedeutung für Lebensgestaltung und Selbstvertrauen von Menschen, die ihrer Umwelt verbal unterlegen sind.

Splash – Jungfrau am Haken / Splash ** ½

USA 1984 – 111 Min. Ⓥ EuroVideo. – R: Ron Howard. D: Tom Hanks, Daryl Hannah, Eugene Levy, John Candy.

Fantasyfilm. Das Wesen ist halb Fisch, halb Fleisch, oben Bardot, unten flotte Sprotte. Als Madison, nackt wie Neptun sie schuf, an Land geht, läßt sie ihre Schwanzflosse zurück, denn sie besucht ihren Liebhaber, einen smarten Businessman; doch sie können zusammen nicht kommen, denn bei Nacht kommt ihr wahres Gesicht, genauer: ihre wahre Flosse zum Vorschein; der verliebte Geschäftsmann begreift, daß er einem Fisch keinen Ehering überstreifen kann. Lustige, einfallsreiche und am Ende traurige Liebeskomödie mit amphibischer Problematik.

Splitter Nacht ** ½

B 1985 — 43 Min. OmU. – R: Marie André. D: Hélène Lapionier, Josse De-Pauw.

Milieu-Videofilm. Die junge Anita verkauft sich an Männer. Zwischendurch wartet sie auf ihren Zuhälter. Das Videoband der belgischen Avantgardekünstlerin verdeutlicht ohne Action den Realismus des Prostituiertenmilieus.

Splitter unterm Nagel / Tüske a köröm alatt ***

H 1988 – 95 Min. – R: Sándor Sára. D: György Cserhalmi, Anna Ráckevei, Erika Szegchi, Attila Tyll, Tibor Kenderesi.

Zeitkritischer Film. In Ungarn lösen sich langsam die verkrusteten gesellschaftlichen Strukturen des dogmatischen Sozialismus auf, doch die alten Funktionäre verteidigen ihre Privilegien noch mit ungebremster Brutalität. Ein Maler hat sich vor diesen bösen Mächten aus Budapest in eine einsame Gegend auf dem Land zurückgezogen, wo er als »Aussteiger« ein einfaches Leben führt; als er sich in die Tochter eines Bonzen verliebt, spitzt sich die Lage zu; gesellschaftskritischer Thriller als Pußtawestern.

Der Spot oder fast eine Karriere TV-Film

BRD 1981 – 90 Min. Ⓥ Starlight. – R: Rainer Erler. D: Claus Obalski, Elisabeth Endriss, Wolfgang Kieling, Andrea L'Arronge, Sascha Bogojevic, Alexander May.

Als er sein Diplom als Werbefachmann in der Tasche hat, gelingt Pit ein sagenhafter Einstand bei der Agentur »Oskar, Killer und Ingelmann«, weil er einen amerikanischen Großkunden bei der Stange halten kann. Der unaufhaltsame Aufstieg des Branchenneulings wird erst gebremst, als er einem Starmodel zu nahe kommt; Satire über Praktiken, Tricks und Rivalitäten in der Werbebranche.

Sprengkommando Atlantik / North Sea Hijack * ½

GB 1979 – 95 Min. Ⓥ CIC. – R: Andrew V. McLaglen. D: Roger Moore, James Mason, Anthony Perkins, Michael Parks.

Kriminalfilm. Erpresserische Gangster wollen Bohrinsel sprengen, doch ein Spezialagent verhindert dies; trotz Spitzenteam nur schwacher 007-Abklatsch.

Der Sprinter ** ½

BRD 1984 – 85 Min. – R: Christoph Böll. D: Wieland Samolak, Gerhard Olschewski, Renate Muhri, Dieter Eppler, Miriam Spoerri.

Sportkomödie. Ein junger Homosexueller wird von seiner Mutter getriezt, »normal« zu werden. Im Sportverein versucht er das, trifft hier auf eine leistungsbewußte Kugelstoßerin und macht erstaunliche Erfahrungen mit sich selbst – in einem unverkrampft Tabus durch den Kakao ziehenden Filmspaß.

Sprung in die Wolken / Le ciel est à vous ** ½

F 1943 – 95 Min. sw. – R: Jean Grémillon. D: Madeleine Renaud, Charles Vanel, Raymonde Vernay.

Komödie. Die Flugleidenschaft läßt das Kind in Mann und Frau erwachen, und es dauert einige Zeit, bis sich die (Ehe-)

Turbulenzen gelegt haben; ein heiter-unterhaltsamer Film nach einer authentischen Geschichte.

Das Spukschloß im Salzkammergut ∗ ½

BRD 1966 – 90 Min. – R, B: Hans Billian. D: Udo Jürgens, Hannelore Auer, Manfred Schnelldorfer, Gertraud Jesserer.

Musikfilm. Die Karriere der Liebenden und das Schlußkonzert der Schloßfestspiele halten diese Schlagerrevue aus der Klamottenkiste zusammen.

Das Spukschloß im Spessart ∗∗ ½

BRD 1960 – 98 Min. Ⓥ VPS. – R: Kurt Hoffmann. D: Liselotte Pulver, Heinz Baumann, Hubert von Meyerinck, Hans Clarin.

Posse. Das historische Wirtshaus im finsteren Spessartwald wird abgerissen, die dort eingemauerten Räuber-Gespenster ergreifen die Flucht und lassen sich in einem von nobler Konkurrenz bedrohten anderen Schloß nieder. Ein Feuerwerk von Einfällen, Spinnereien und charmanten Wendungen ist die Folge, das die für eine deutsche Komödie erstaunlich heitere Filmmischung aus Gruselkrimi und Kabarett kongenial in Spielhandlung überträgt. »Hoffmanns Erzählungen« zweiter Teil: eine musikalisch flotte, folkloristische Bemühung in Sachen deutsche Filmballade; dennoch nicht so witzig wie »Das Wirtshaus im Spessart«.

Das Spukschloß in der Via Veneto / Fantasmi a Roma ∗∗

I 1960 – 95 Min. – R: Antonio Pietrangeli. D: Marcello Mastroianni, Vittorio Gassmann, Belinda Lee.

Komödie. Amüsante Story um eine spukende Familie und den Bau-Rationalismus im heutigen Italien. Zwei Mächte, Zeiten und Prinzipien begegnen sich in einem einfallsreichen Film mit rasant agierenden Darstellern.

Das Spukschloß von Baskermore TV-Film

BRD – 80 Min. – R: Rolf Olsen. D: Hans Joachim Kulenkampff, Frithjof Vierock, Gracia-Maria Kaus, Eddie Arent, Rolf Olsen.

Spannende Gruselkomödie um eine Schloßerbin und einen Zufallsbekannten, der sich als verflossener Geliebter ihrer Mutter entpuppt.

Die Spur der Antilope / The Track of the African Bongo ∗∗ ½

USA 1977 – 86 Min. – R: Frank Zuniga. D: Johnny Noava, Charles Hayes, Tony Parkinson.

Jugendfilm. Ein zwölfjähriger afrikanischer Waisenjunge entdeckt im Urwald ein seltenes Antilopenpaar – daraus ergibt sich ein aufregendes Abenteuer. Der Film wurde in mehrjähriger Arbeit in den Bambuswäldern Kenias gedreht.

Die Spur des Falken / The Maltese Falcon ∗∗∗

USA 1941 – 100 Min. sw. Ⓥ Warner Home. – R: John Huston. D: Humphrey Bogart, Mary Astor, Peter Lorre, Sydney Greenstreet, Elisha Cook jr., Gladys George.

Krimi. Bogart gibt dem hartgesottenen Privatdetektiv Sam Spade Kontur. Der Roman von Dashiell Hammett um die mysteriöse Vogelstatuette der Malteser, zuvor schon mehrmals verfilmt, wurde erst in diesem »Film noir« mit seiner Detailgenauigkeit, seinen geschliffenen Originaldialogen und seiner gekonnt eingesetzten Studioatmosphäre zu einem Meisterwerk des frühen schwarzen Krimis.

Die Spur des Fremden / The Stranger ∗∗ ½

USA 1946 – 95 Min. sw. auch OoU. – R: Orson Welles. D: Edward G. Robinson, Loretta Young, Orson Welles, Richard Long.

Thriller. Exnazikommandant ist unter falschem Namen in einem friedlichen Provinznest untergetaucht und wird durch einen Lockvogel aus der Ruhe aufgeschreckt. Geradliniger, dennoch beunruhigender Film von Welles (»Im Zeichen des Bösen«) um die Irrealität des alltäglichen politischen Fanatismus.

Spur des Schreckens / Konbu finze / Terrorizers ∗∗

Taiwan 1987 – 114 Min. – R: Edward Yang. D: Miaw Chian-Jen, Li Li-Chuen, Wang An.

Zeitkritischer Film. Die Geschichte mehrerer Menschen im modernen Taiwan, die durch Zufälle und Absicht miteinander in Berührung kommen. Im Bemühen, ein soziales Panorama des Landes zu bieten, verpackt der Film in mitunter expressiv verkürztem Stil zu viele Themen, vom Frauenmelodram bis zur Gangster-Actionstory, und entscheidet sich nicht für Positionen. Menschenstudien als Barometer für ein Land, das seine Identität zwischen Tradition und Technologie-Boom sucht, und ein Film, der die Entwicklung des europäischen Filmschaffens in einem Bilder- und Geschichtenpuzzle nachholen will.

Die Spur führt ins Nichts / The Criminal / Concrete Jungle ** ½

GB 1960 – 95 Min. sw. – R: Joseph Losey. D: Stanley Baker, Sam Wanamaker, Margit Saad, Grégoire Aslan.

Kriminalfilm. Ein gewalttätiger Krimineller kann selbst vom Gefängnis aus Dinge in seinem Sinn steuern; fesselndes Justiz- und Krimidrama von lakonischer Härte und voll melodramatischer Spannung; überzeugend besetzt und straff inszeniert.

Die Spur führt nach Berlin * ½

BRD 1952 – 86 Min. sw. – R: Franz Cáp. D: Gordon Howard, Irina Garden, Kurt Meisel, Hans Nielsen, Barbara Rütting.

Krimi. Ein Amerikaner will einem Berliner die Nachricht von einer Erbschaft überbringen; dessen Tochter behauptet, ihr Vater sei tot; Recherchen führen zu einer Fälscherbande; routiniert und spannend.

Die Spur im Dunkel / Eyes in the Night **

USA 1942 – 80 Min. – R: Fred Zinnemann. D: Edward Arnold, Allen Jenkins, Reginald Denny, Ann Harding, Donna Reed.

Krimi. Der berühmte blinde Detektiv MacLaine und sein hellsehender Hund Frida sind die Stars dieses eher amüsanten als spannenden Kolportagekrimis um eine dubiose Spionageaffäre, in der Arnold, der amerikanische Hans Albers, als kombinierender Draufgänger einen ansehnlichen Trivialhelden abgibt.

Spuren der Trauer ** ½

CH 1986 – 60 Min. – R: Dieter Gränischer. D: Bettina Schmid, Dieter Moor, Vedran Orescović, Andrea Vetsch.

Lebensbilder. Eine junge Frau erlebt den Tod des Vaters, ein junger Mann erinnert sich an die tote Geliebte; melancholischer Film mit überraschenden Bildern über die Würde und Hilflosigkeit von Trauer, über das Bewußtsein der Sterblichkeit und über den Tod.

Spuren des Verbrechens

siehe: The Element of Crime

Spuren im Schnee / Treasures of the Snow **

GB 1980 – 105 Min. – R: Mike Pritchard. D: Paul Dean, Carey Born, Timothy Fleetwood, Ted Brown.

Jugendfilm. Kinder reagieren grausam: Ein Junge ist mitschuldig am Unfall eines Kameraden und wird danach von der Klasse gemieden. Er findet in einem alten Holzschnitzer einen neuen Freund.

Spuren in die Vergangenheit / Sait-on jamais? **

F/I 1957 – 95 Min. – R: Roger Vadim. D: Françoise Arnoul, O. E. Hasse, Robert Hossein, Christian Marquand.

Thriller. Der Baron von Bergen lebt freiwillig in der Verbannung in Venedig, bangt um die zuckersüße Sophie und um sein Vermögen. Eines Tages erscheint Michel auf der Bildfläche, dem beides ebenfalls gefällt.

Der Spürhund / Shamus ** ½

USA 1972 – 98 Min. Ⓥ RCA Columbia. – R: Buzz Kulik. D: Burt Reynolds, Dyan Cannon, John Ryan, Joe Santos, Giorgio Tozzi.

Detektivfilm. Ein reicher Mann setzt einen Detektiv auf einen Diamantendiebstahl an; was als Routinefall beginnt, wird bald zum lebensgefährlichen Notwehrthriller; viel Action in einem auf Reynolds zugeschnittenen harten Film.

Sputnik-Fieber / Shadow on the Earth TV-Film

GB 72 Min. – R: Chris Bernard. D: Flute Band, Sheila Grier, Billy Hartman, Andrew Dallmeyer, Sam Hickman, Craig Smith.

Der erste Raumflug löst auch bei drei

schottischen Jungen »Sputnik-Fieber« aus; sie beschnüffeln einen eigenartigen Nachbarn; eine Tragikomödie um kindliche Intoleranz, auch über kindliche Träume von Glück und Geborgenheit in einer unduldsamen Umwelt.

Staatsfeind Nr. 2 / L'ennemi public n. 2 TV-Film
F – 100 Min. – R: Victor Lanoux. D: Jean-François Stévenin, Jean-Pierre Sentier, Florent Pagny, Fabienne Babe.
Drei kleine Ganoven stoßen zufällig in einer alten Fabrik auf ein Versteck, das nur dem brutalen Gangster und Staatsfeind Nr. 2 gehören kann. Häufung von Gewalt; aus der »Série noire.«.

Staatsgeheimnis / State Secret ** ½
GB 1951 – 105 Min. sw. – R: Sidney Gilliat. D: Douglas Fairbanks jr., Glynis Johns, Herbert Lom, Jack Hawkins, Walter Rilla.
Politthriller. Ein balkanesischer Operettenherrscher wird ermordet und durch ein Double ersetzt, der US-Arzt, der dies weiß, muß vor mordgierigen Agenten fliehen; die abenteuerliche Flucht kommentiert parodistisch die große Politik von damals und heute; flott inszenierter Genrefilm.

Staatsraison / La raison d'état ** ½
F/I 1978 – 90 Min. – R: André Cayatte. D: Jean Yanne, Monica Vitti, Michel Bouquet, François Périer, Jean-Claude Bouillon.
Politthriller. Spannende, dokumentarische Recherche im Spielfilmformat über den internationalen Handel mit illegalen Rüstungsgütern. Am Beispiel eines nicht unwahrscheinlichen Modellfalls von Krimiexperte Cayatte (»Das Urteil«) eindringlich inszeniert.

Stachel im Fleisch ** ½
BRD 1981 – 85 Min. – R: Heidi Genée. D: Helmut Griem, Barbara Lass, Jane Tilden, Daniel Genée.
Familienfilm. Antiurlaubskomödie um eine Familie, die auf Sardinien Glück programmieren will und sich gegenseitig das Leben schwermacht. Beißende Satire auf Männlichkeitswahn, Frauensehnsucht, leere Harmonie. Ein nachdenklich machender, leiser Film.

Stadt der Frauen / La città delle donne ***
I/F 1979 – 140 Min. – R: Federico Fellini. D: Marcello Mastroianni, Ettore Manni, Anna Prucnal, Bernice Stegers.
Zeitkritischer Geschlechterfilm. Dr. Guillermo, der Antiheld des Films, gerät nach einer Zugfahrt in einen Kongreß der Frauenrechtlerinnen; sein Verhalten zwischen Potenzwahn und Unterwerfung wird hier gänzlich ausgelotet; der Mann erlebt erotische und völlig ernüchternde, groteske Situationen; schließlich weiß er nicht mehr, ob er wach ist oder träumt. Bevor der Film von Fellini das klärt, kann sich der Zuschauer an ausgeflippten Personen und knalligem Dekor erfreuen.

Die Stadt der Illusionen / The Bad And the Beautiful ***
USA 1952 – 100 Min. sw. – R: V. Minnelli. D: Kirk Douglas, Lana Turner, Walter Pidgeon, Dick Powell, Barry Sullivan.
Hollywoodsaga. Packende Story vom skrupellos ehrgeizigen Produzenten, der drei Personen für sein Comeback benutzt; der Hollywoodmythos wird mit Insiderkenntnis entzaubert; Glanzrolle für Lana Turner; fünf Oscars.

Die Stadt der rauhen Männer / Fighting Man of the Plains **
USA 1949 – 80 Min. – R: Edwin L. Marin. D: Randolph Scott, Dale Robertson, Bill Williams, Victor Jory, Jane Nigh.
Western. Ein Exbandit sorgt in einer turbulenten Stadt für Ordnung; routinierter Sheriff-Film, der vor allem durch Scotts sparsame Mimik wirkt.

Stadt der Verdammten / Silver Lode * ½
USA 1954 – 80 Min. – R: Allan Dwan. D: John Payne, Lizabeth Scott, Dan Duryea.
Western. Ein Bandit tarnt sich als Richter, um eine alte Rechnung mit einem Exkomplizen zu begleichen, der jetzt ein angesehener Bürger im Ort geworden ist; klischeehaft.

Stadt der Verlorenen / Legend of the Lost * ½

USA 1957 – 105 Min. – R: Henry Hathaway. D: John Wayne, Sophia Loren, Rossano Brazzi.
Abenteuerfilm. Paul sucht seinen Vater und trifft statt dessen auf einen Abenteurer und ein Freudenmädchen. Aus der Suche nach den Schätzen einer versunkenen Stadt entspinnt sich ein Kampf um einen anderen Schatz.

Die Stadt Hibiskus / Fu-rong-zhen ** ½
VR China – 136 Min. – R: Xie Jin. D: Liu Xiaoqing, Jiang Wen, Zheng Zaishi, Xu Songzi.
Zeitkritisches Epos. Ein junges Ehepaar betreibt auf dem Marktplatz einer Provinzstadt einen florierenden Imbißstand, baut sich ein Häuschen und wird von einer ehrgeizigen Funktionärin, die die Kulturrevolution repräsentiert, denunziert. Ihr Leben und Leiden in Jahrzehnten des Wandels und das Panorama von Tätern und Opfern der revolutionären chinesischen Gesellschaft zeigt der realistische Film mit Sympathie für die kleinen Leute und Ablehnung politischer Macht und Arroganz. Die Inszenierung klebt am Elend, feiert mit der Menschenwürde allerdings allzu übereifrig auch kleinbürgerlichen Egoismus.

Stadt im Dunkel / Dark City **
USA 1950 – 98 Min. sw. – R: William Dieterle. D: Charlton Heston, Lizabeth Scott, Viveca Lindfors.
Krimi. Ein Spieler begeht Selbstmord, ein zweiter wird tot aufgefunden, und der zwielichtige Held steigt seiner Witwe nach. »Film noir«-Frau Scott als Spielerbraut gibt in diesem lakonischen »No Future«-Film der fünfziger Jahre ein paar gefühlsgeladene Songs zum besten.

Stadt im Meer / City Under the Sea ** ½
GB/USA 1965 – 93 Min. – R: Jacques Tourneur. D: Vincent Price, David Tomlinson, Tab Hunter, Susan Hart.
Science-fiction-Film. Ein junger Amerikaner entdeckt eine Unterseestadt in den Händen eines Irren; schaurige Grusel-SF in schönen Bildern von fremdem Reiz, nach einem Gedicht von Edgar Allan Poe.

Stadt im Würgegriff / The Captive City ** ½
USA 1952 – 88 Min. sw. – R: Robert Wise. D: John Forsythe, Joan Camden, Harold J. Kennedy, Ray Teal.
Krimi. Ein Chefreporter ermittelt gegen den städtischen Polizeiapparat, der vom Verbrechersyndikat unterwandert ist; seine Zeugen werden jedoch sämtlich ermordet; schließlich flieht der Journalist mit Familie nach Chicago, um dort auszusagen. Der spannende, nur manchmal nachlassende Film von Wise (»West Side Story«) besitzt trotz melodramatischer Töne ein glaubwürdiges menschliches Klima.

Stadt in Angst / Bad Day at Black Rock ***
USA 1954 – 78 Min. – R: John Sturges. D: Spencer Tracy, Robert Ryan, Anne Francis, Ernest Borgnine, Walter Brennan.
Thriller. In einer verlassenen Wüstenstadt kommt ein einarmiger Fremder an, der wider Willen das schreckliche Geheimnis dieses Ortes aufdeckt. Besonders imposant Borgnine als abgefeimter Bösewicht. Hochgradig spannend.

Stadt in Panik / Paura in città *
I 1979 – 100 Min. – R: Giuseppe Rosati. D: James Mason, Raymond Pellegrin, Maurizio Merli.
Gangsterfilm. Ein Boß kann mit seiner ganzen Bande aus dem Gefängnis fliehen, und ihn dürstet nach Rache an den Verrätern; ein Superinspektor soll die Gangster wieder einfangen; routinierte Stars in einem schwachen Film.

Stadt ohne Maske / Die nackte Stadt / The Naked City ***
USA 1948 – 96 Min. sw. – R: Jules Dassin. D: Barry Fitzgerald, Howard Duff, Dorothy Hart, Ted deCorsia.
Krimi. Ein Mord an einer jungen Frau bringt den New Yorker Polizeiapparat auf Touren. Der halbdokumentarisch angelegte, vor Ort gedrehte Film Dassins (»Rififi«) beschwört mit bestechendem Realismus den Mythos Großstadt und ihre Atmosphäre von Gewalt. Oscar für die Kameraarbeit von W. H. Daniels.

Die Stadt unter dem Meer / City Beneath the Sea ∗∗
USA 1952 – 83 Min. – R: Budd Boetticher. D: Robert Ryan, Anthony Quinn, Mala Powers, Suzanne Ball.
Schatzsucherfilm. Unterwasserabenteuer im alten Stil: Zwei Spezialisten werden angeheuert, das Gold der gesunkenen »Lady Luke« zu bergen, dabei kommt es zu Rivalitäten, Amouren, Muskelspielen und anderen Überraschungen.

Das Städtchen Anara / Gorodok Anara ∗∗ ½
UdSSR 1978 – 83 Min. – R: Irakli Kwirikadse. D: Rewas Essadse, Cecilia Takajschwili, Ramas Tschikwadse.
Komödie. Der Stolz eines alten georgischen Weinstädtchens ist ein gewaltiges tibetanisches Trinkhorn; als dessen Besitzer stirbt, muß sein Sohn einen alkoholresistenten neuen Eigner suchen, der das Horn in einem Zug leeren kann; humor- und stimmungsvoll.

Stagecoach
siehe: Höllenfahrt nach Santa Fé

Stählerne Schwingen
siehe: Jagdgeschwader Wildkatze

Stahlgewitter / Back to Bataan ∗ ½
USA 1945 – 85 Min. sw. – R: Edward Dmytryk. D: John Wayne, Anthony Quinn, Beulah Bondi.
Kriegsfilm. Oberst Wayne führt im Zweiten Weltkrieg einen Spezialtrupp gegen die Japaner. Melodramatisches Kriegsgemetzel um die Philippinen.

Stahlharte Fäuste / Die Freibeuterin / The Spoilers ∗∗ ½
USA 1942 – 87 Min. sw. – R: Ray Enright. D: Marlene Dietrich, Randolph Scott, John Wayne.
Western. Marlene Dietrich als Saloonmädchen in einem harten Western, in dem eine Mine, Spieltische und ein Safe eine Rolle spielen und der in einer klassisch gewordenen Prügelei zwischen Scott und Wayne endet.

Ein stahlharter Mann / The Streetfighter / Hard Times ∗∗
USA 1974 – 91 Min. – R: Walter Hill. D: Charles Bronson, Jill Ireland, James Coburn, Strother Martin.
Milieustudie. Zur Zeit der Depression war auf den Straßen der amerikanischen Großstädte die Hölle los. Junge Männer ohne Chancen und Zukunft trugen Schaukämpfe aus; Actionspezialist Walter Hill montiert das Leben kleiner Ganoven und Randexistenzen zu einem zeitkritischen Mosaik.

Stalag 17 / Stalag 17 ∗∗∗ ½
USA 1953 – 120 Min. sw. – R: Billy Wilder. D: William Holden, Don Taylor, Otto Preminger.
Kriegsgefangenenfilm. Ein Lager mit amerikanischen Kriegsgefangenen im Deutschland des Jahres 1944. Rattenrennen werden organisiert, Fluchtversuche geplant, und die Frage stellt sich, ob Sergeant Shefton ein Spitzel der Deutschen ist. Hartes Männerdrama, nicht ohne komödiantische Elemente. Preminger spielt einen Nazikommandanten, William Holden erhielt für die Rolle des Shefton den Oscar.

Stalingrad TV-Film
BRD 1963 – 90 Min. sw. – R: Gustav Burmester. B: Claus Hubalek. D: Ullrich Haupt, Hanns Lothar, Wolfgang Büttner, P. Walter Jacob, Carl Lange.
Claus Hubaleks TV-Version von Theodor Pliviers Roman, in der die banale Erkenntnis, daß die einfachen Soldaten die Borniertheit feiger Generale auszubaden haben, allzu plakativ dargeboten wird; auch darstellerisch eher banal.

Stalker / Stalker ∗∗∗ ½
UdSSR 1979 – 160 Min. F/sw. – R: Andrej Tarkowskij. D: Alexander Kaidanowskij, Alissa Freindlich, Nikolai Grinko, Anatolij Solonizyn.
Zeitkritischer Film. Die Geschichte eines mysteriösen Fremdenführers, der zahlende Interessenten in die magische verbotene Zone führt, in der sich alle Wünsche erfüllen, gestaltet der Russe Tarkowskij in seiner einzigartig suggestiven Filmtraumsprache.

Der Stand der Dinge ∗∗∗
BRD 1982 – 116 Min. sw. – R: Wim Wenders. D: Patrick Bauchau, Paul Getty III, Viva Auder, Samuel Fuller, Roger Corman, Isabelle Weingarten.
Milieufilm. Ein Filmteam dreht an einem

einsamen Strand in Portugal einen Science-fiction-Film; die Probleme häufen sich. Ein Werk, das eigentlich Vergangenheit und Gegenwart betrifft: die Situation des Kinos, das Verhältnis von Realität und Film, das alte, amerikanisch beeinflußte System; Wim Wenders' Abrechnung mit Hollywood; preisgekrönt mit dem »Goldenen Löwen« auf dem Festival von Venedig 1982.

Standgericht TV-Film
BRD 1966 – 105 Min. sw. – R: Rolf Busch. B: Maria Matray, Answald Krüger. D: Heinz Giese, Wolfgang Kieling, P. Walter Jacob, Willy Berling, Tilo von Berlepsch.
1945, vier Wochen vor Kriegsende, sollen vier Hitlerjungen ein Dorf gegen die Amerikaner verteidigen. Sie werden von drei Dorfbewohnern entwaffnet, über die die SS anschließend das Todesurteil verhängt. Vergangenheitsbewältigung als nüchterner Dokumentarbericht.

Star / Star ** ½
USA 1967 – 159 Min. – R: Robert Wise. D: Julie Andrews, Richard Crenna, Michael Craig, Daniel Massey, Robert Reed.
Musikfilm. Nostalgische Neuauflage des Broadwaythemas vom Revuehimmel und seinen Sternen, die zwischen Erfolg und Mißerfolg schweben. Autobiographisch nach den Erinnerungen eines Revuestars der zwanziger Jahre, amüsant und zeitkritisch.

Star Cracks / Star Cracks *** – Morons from Outer Space
GB 1985 – 86 Min. Ⓥ VMP/Cannon/VMP. – R: Mike Hodges. D: Mel Smith, Joanne Pierce, Paul Bown, Jimmy Nail, Griff Rhys-Jones.
Science-fiction-Komödie. Vier hochintelligente Außerirdische landen durch Zufall auf der Erde; da man sie für einfältig bzw. gefährlich hält, lernen sie die Aggressivität irdischer Institutionen (Polizei, Militär, Psychiatrie, Werbung usw.) kennen; aberwitziger SF-Slapstick von stellenweise grandioser Absurdität; auch wegen zahlreicher satirischer Filmzitate ein Muß für Freunde der Kinogroteske.

Star Knight – Herr der Sterne / Herr der Sterne / Star Knight ** ½
USA 1987 – 87 Min. – R: Fernando Colomo. D: Klaus Kinski, Harvey Keitel, Fernando Rey, Maria Lamor, Miguel Bosé.
Fantasyfilm. Ein schrulliger, leicht geistesabwesender Alchimist sucht nach Lösungen für große Menschheitsprobleme; ein Raumschiff landet und entführt des Landesherrn Töchterlein, als sie wieder auftaucht, ist sie wie in Trance; SF-Märchen zwischen stilisierter mittelalterlicher Realität und Mythen, ein Film zwischen Posse und ironischer Spekulation; Kinski und Rey sind sehenswerte Rivalen um geistige Macht.

Der Staranwalt von Manhattan / Counsellor at Law ***
USA 1933 – 79 Min. sw. – R: William Wyler. D: John Barrymore, Bebe Daniels, Doris Kenyon, Onslow Stevens, Isabel Jewell, Melvyn Douglas, Thelma Todd.
Karrierefilm. Der Sohn armer jüdischer Einwanderer hat es zum erfolgreichen Staranwalt gebracht, doch seine unaufhaltsame Karriere ist eines Tages durch einen mißgünstigen Kollegen gefährdet; auch privat klappt vieles nicht mehr; er beginnt seine berufliche Existenz in Frage zu stellen. Spannender, beeindruckender Film mit einem Barrymore in Bestform; die Regie balanciert klug zwischen dramatischen und komödiantischen Tönen.

Starfight / Sieger über 1000 Sonnen / Starfight – The Last Starfighter ** ½
USA 1984 – 95 Min. Ⓥ CBS/FOX. – R: Nick Castle. D: Lance Guest, Dan O'Herlihy, Catherine M. Stewart, Barbara Bonnson.
Fantasyfilm. Ein jugendlicher Meister im »Starfight«-Videospiel wird von Außerirdischen eines Besuchs gewürdigt und der Ehre einer Reise durchs All teilhaftig; witzig-spritziges, spannendes Weltraummärchen.

Starflight One – Irrflug ins All / Starflight One * ½
USA 1982 – 104 Min. Ⓥ VCL. – R: Jerry

Jameson. D: Lee Majors, Hal Linden, Lauren Hutton, Ray Milland.
Katastrophenfilm. Einem Überschallflugzeug droht das Abtreiben ins Weltall; aufwendig, aber selbst John Dykstras Special Effects (»Krieg der Sterne«) retten nicht viel.

Stark wie der Tod / Fort comme la mort * ½
F 1981 – 90 Min. – R: Gérard Chouchan. D: Marina Vlady, Michel Vitold, Marie Viart.
Liebesfilm. Ein Fünfzigjähriger verliebt sich in die Tochter seiner verheirateten Geliebten; durchschnittlich, wenn auch problemorientiert.

Starke Herzen / Mein Bruder Jonathan / My Brother Jonathan **
GB 1948 – 92 Min. sw. R: Harold French. D: Michael Denison, Dulcie Gray, Ronald Howard, Stephen Murray.
Melodram. Kleinstadtarzt heiratet schwangere Verlobte des gefallenen Bruders, um sie vor der »Schande« zu bewahren; moralinsaure, sentimentale Story nach dem Roman von Francis Brett Young.

Stärker als Ketten / Carbine Williams ***
USA 1952 – 91 Min. sw. – R: Richard Thorpe. D: James Stewart, Jean Hagen, Wendell Corey.
Gefängnisfilm. Ein einfacher, sympathischer, aber labiler Mann wird zu dreißig Jahren Zwangsarbeit verurteilt und macht als Kettensträfling böse Erfahrungen mit dem Strafvollzug; eindringliche Rolle für einen überzeugenden Stewart; eine perfekte Milieustudie.

Die Stärkere **
BRD 1953 – 95 Min. sw. – R: Wolfgang Liebeneiner. D: Gertrud Kückelmann, Hans Söhnker, Maria Sebaldt, Harald Juhnke.
Melodram. Die Frau eines Erfolgsarchitekten ist gelähmt; eine junge Kollegin bedroht die Ehe; routinierte Dreiecksgeschichte.

Starr vor Angst / Scared Stiff ** ½
USA 1953 – 101 Min. sw. – R: George Marshall. D: Jerry Lewis, Dean Martin, Lizabeth Scott, Carmen Miranda, Dorothy Malone.
Gruselklamotte. Zwei Komiker reißen vor einem Nachtklubbesitzer aus, in dessen Tochter sich der eine verknallt hat; auf der Flucht treffen sie Mary, die soeben ein Spußschloß erbte, und dort erleben sie das befremdliche Geklapper von Skeletten; Remake von Bob Hopes »Ghost Breakers«, mit Lust am komischen Grusel inszeniert; Jerry Lewis und Carmen Miranda ein wildes Team.

Startbahn ins Glück / You Gotta Stay Happy ** ½
USA 1948 – 96 Min. sw. – R: H. C. Potter. D: Joan Fontaine, James Stewart, Eddie Albert, Roland Young.
Komödie. Paraderolle für Stewart als schüchterner Pilot, der die Flut seiner Liebesgefühle nicht korrigieren kann. Eine Wolkenkomödie mit himmlischen Ausblicken auf hochfliegende Eheanwärter.

Stay away, Joe / Stay away, Joe FLOP
USA 1968 – 97 Min. – R: Peter Tewksbury. D: Elvis Presley, Burgess Meredith, Joan Blondell, Katy Jurado, Thomas Gomez, Henry Jones.
Elvis-Presley-Film. Kongreßabgeordneter schenkt einer Navajo-Sippe eine Rinderherde, doch der Titelheld (Presley) grillt den Zuchtbullen. Schwacher Film, uninspiriert, dümmliches Drehbuch. Elvis singt: »Dominique«, »Stay away, Joe« und »U.S. Male«, das ist noch das Beste. An Filmen dieser Art ist der Rockstar zugrunde gegangen.

Steckbrief 7-73 / He Ran All the Way **
USA 1951 – 77 Min. sw. – R: John Berry. D: John Garfield, Shelley Winters, Wallace Ford.
Krimi. Als herauskommt, daß er bei seinem Überfall einen Mann getötet hat, versteckt sich der Lohnräuber bei der Familie seiner Braut und nimmt alle als Geiseln. Garfield erzeugt eher Mitleid als Abscheu in diesem routinierten B-Krimi.

Stefanie in Rio *
BRD 1960 – 90 Min. – R: Curtis Bernhardt. D: Carlos Thompson, Sabine Sinjen, Andréa Parisi.

Liebesfilm. Nach dem Abitur reist die Titelheldin zu ihrem Verlobten nach Rio und trifft auf eine Rivalin; pompös, ohne besonderen Reiz.

Stegers letzte Chance TV-Film
BRD/CH/A/F 1987 – 91 Min. – R: Philippe Lefèbvre. D: Heinz Bennent, Bruno Cremer, Lisa Kreuzer, Jean-François Balmer.
Ein französischer Industrieller gerät bei seinem Besuch der Leipziger Messe in die Fänge des Geheimdienstes. Gut gebauter Spionagethriller mit internationaler Besetzung.

Stehplatz im Bett / * *
Standing Room Only
USA 1944 – 80 Min. sw. – R: Sidney Lanfield. D: Paulette Goddard, Fred MacMurray, Edward Arnold.
Komödie. Zur Zeit des Zweiten Weltkriegs herrscht in Washington Wohnraum- und Dienstbotenknappheit; eine Angestellte und ihr Chef geraten als Dienstbotenpaar in turbulente Verwicklungen; ein witziger und routinierter Film, der den komischen Talenten der Stars freien Lauf läßt.

Steiner – Das Eiserne Kreuz * ½
BRD/GB 1977 – 126 Min. Ⓥ Taurus. – R: Sam Peckinpah. D: James Coburn, Maximilian Schell, James Mason, Klaus Löwitsch, Vadim Glowna, Burkhardt Driest, Senta Berger.
Weltkriegsfilm. Feldwebel Steiner, Vorbild an Tapferkeit und Kameradschaft, gerät in lebensgefährliche Konflikte mit seinem preußisch-arroganten Vorgesetzten; harter, handwerklich brillanter Film, der Schaueffekte an die Stelle von Problembewußtsein setzt.

Der steinerne Fluß TV-Film
BRD 1985 – 94 Min. – R, B: Thorsten Näter. D: Cora Näter, Mark Näter, Peter Roggisch, Gunter Berger, Monika Ogorek, Sabine Lorenz, Peter Schlesinger.
Die 12jährige Tochter eines Bauunternehmers versucht mit ihrem gleichaltrigen Freund, das Haus eines Zauberers zu retten, das einer Autobahn weichen soll; ein heiterer, nachdenklich stimmender Film voller Imagination und Poesie.

Stella Dallas / Stella Dallas * * ½
USA 1937 – 111 Min. sw. – R: King Vidor. D: Barbara Stanwyck, John Boles, Anne Shirley, Barbara O'Neil.
Melodram. Nach dem Scheitern ihrer Ehe widmet sich eine junge Frau ganz ihrer Tochter, die »es einmal besser haben soll«; gefühlstiefer Film über Lebensbewältigung und Bindungen.

Der Steppenwolf / Steppenwolf * *
USA 1974 – 102 Min. – R: Fred Haines. D: Max von Sydow, Dominique Sanda, Pierre Clémenti.
Literaturverfilmung. Adaption des unverfilmbaren Romans von Hermann Hesse über einen misanthropischen Schriftsteller und eine rätselhafte Dame. Mit optischen Effekten überladen.

Sterben TV-Film
BRD 1971 – 75 Min. – R: Peter Beauvais. B: Leopold Ahlsen. D: Heinz Ehrenfreund, Loni von Friedel, Harald Hardt.
Ein Mann von nicht ganz dreißig erfährt, daß er nur noch ein Jahr zu leben hat, sein Leben und das seiner Geliebten geraten in immer neue Krisen; plakativ inszenierte Studie, die den Betrachter zunehmend kaltläßt.

Der Stern des Gesetzes / * * ½
The Tin Star
USA 1957 – 91 Min. – R: Anthony Mann. D: Henry Fonda, Anthony Perkins, Betsy Palmer, Neville Brand, Lee Van Cleef.
Western. Fonda als erprobter Exsheriff und Kopfgeldjäger hilft seinem jungen unerfahrenen Kollegen bei der Festnahme von zwei Banditen. Thematisiert wird der Kampf einsamer Außenseiter gegen blindwütigen Mob; psychologischer Western, hervorragend inszeniert.

Ein Stern fällt vom Himmel * *
BRD/A 1961 – 94 Min. – R: Géza von Cziffra. D: Ina Bauer, Toni Sailer, Susi Nicoletti, Rolf Olsen, Gunther Philipp.
Revuefilm. Eine Eisprinzessin will aufhören, doch vor allem ein Manager schreckt vor nichts zurück: Er setzt einen jungen Mann auf sie an; Routinegeschichte, nicht ohne Spaß erzählt.

Ein Stern geht auf / A Star Is Born ***
USA 1973 – 111 Min. – R: William A. Wellman. D: Janet Gaynor, Fredric March, Adolphe Menjou, Andy Devine, Dame May Robson.
Melodram. Eine Provinzblüte hat über Nacht Erfolg in Hollywood, für den sie und ihr alkoholkranker Mann bitter bezahlen müssen; perfektes Hollywoodkino und gerade wegen der teils deftig satirischen Nabelschau der Filmmetropole ein Klassiker der Karrieremelodramen.

Ein Stern in meiner dunklen Nacht / If You Could See What I Hear ** ½
CDN 1981 – 98 Min. – R: Eric Till. D: Marc Singer, R.H. Thompson, Sarah Torgov, Shari Belafonte Harper.
Komödie. Daß auch ein Blinder ein Draufgänger und Frauenheld sein kann, beweist die autobiographische Geschichte des Sportlers, Sängers und Komponisten Tom Sullivan; nach einer enttäuschtenden Liebesaffäre erwartet Tom eine Bewährungsprobe; temporeiche und unsentimentale Unterhaltung.

Stern ohne Himmel **
BRD 1980 – 85 Min. – R: Ottokar Runze. B: Leonie Ossowski, nach ihrem Roman. D: Manfred Gliewe, Andreas Hameder, Hieronymus Blößer, Uwe Drißler, Claudia Brunnert, Randolf Kronberg.
Nachkriegsfilm. Kurz vor Kriegsende treffen Schüler in einem Versteck auf einen jüdischen Jungen und stehen vor einem lebensgefährlichen Problem; einfühlsam aus der Sicht der Jugendlichen erzählt.

Stern von Afrika **
BRD 1956 – 105 Min. sw. – R: Alfred Weidenmann. D: Joachim Hansen, Marianne Koch, Hansjörg Felmy, Horst Frank, Peer Schmidt.
Kriegsfilm. Auf authentischen Quellen beruhender, kritischer, aber weitschweifiger Film über den jüngsten Hauptmann der reichsdeutschen Luftwaffe im Zweiten Weltkrieg, über sein Leben, seine Lieben, seine Abschüsse, bis er selbst, 22jährig, stirbt.

Stern von Rio ** ½
D 1940 – 95 Min. sw. Ⓥ Toppic. – R: Karl Anton. D: La Jana, Werner Scharf, Gustav Dießl, Paul Otto, Fritz Kampers.
Abenteuerfilm. Im schwarzen Netzkleid, sonst aber fast hüllenlos, tanzt die exotische Schlingpflanze La Jana und verwirrt damit sowohl den Großgrundbesitzer Philippe als auch den Abenteurer Vincente; zwei Männer kämpfen um einen Diamanten und eine Frau. Dschungelabenteuer, als exotische Ausstattungsrevue inszeniert. (La Jana erlebte die Uraufführung des Films nichts mehr, der zu ihrem verklärenden Nachruhm beitrug.)

Stern von Rio * ½
BRD 1955 – 97 Min. sw. – R: Kurt Neumann. D: Johannes Heesters, Willy Fritsch, Maria Frau, Franco Andrei, Annaluisa Schubert.
Revuefilm. Ein junger Draufgänger findet einen großen Edelstein beim verbotenen Diamantenschürfen am Amazonas, leider gehört der Boden einem Großgrundbesitzer. Kann die verführerische Tänzerin die Verhältnisse klären? Schwaches Remake des letzten Films von La Jana (1940).

Sterne ***
DDR/Bulgarien 1958 – 89 Min. sw. – R: Konrad Wolf. D: Sascha Kruscharska, Jürgen Frohriep, Erik S. Klein, Stefan Pejtschew, Georgi Naumow.
Zeitkritisches Drama. 1943 begegnet der deutsche Unteroffizier Walter der Jüdin Ruth, die ihm die Augen öffnet über die Unmenschlichkeit des Naziregimes. Film über eine ausweglose Liebe, Schuld und Verstrickung; das individuelle Schicksal wird bestimmt durch Krieg und politischen Wahnsinn; beeindruckendes Beispiel deutscher Vergangenheitsbewältigung.

Die Sterne schwindeln nicht TV-Film
BRD 1986 – 90 Min. – R: Helmut Kissel. B: Günter Kunert. D: Hartmut Reck, Johanna von Koczian, Volker Dirkes.
Eine unerklärliche Stimme aus dem All konsterniert einen geschäftsbeflissenen Optiker und seine Kundschaft; eine Parabel über Leichtgläubigkeit, Wunderglau-

ben und Manipulationsmöglichkeiten einer pseudorationalistischen Gesellschaft.

Sterne über Colombo * ½

BRD 1953 – 90 Min. – R: Veit Harlan. D: Kristina Söderbaum, Willy Birgel, René Deltgen, Adrian Hoven, Paul Busch jr.

Abenteuerfilm. Ein exotischer Kolonialreport mit der Söderbaum als blond-kitschiger Zirkusreiterin und mit Willy Birgel als dunkelgebräuntem Maharadscha von Jalipur. Liebe, Intrigen, billige »Zirkusluft«-Kolportage.

Sternenkrieg im Weltall / Message from Space * ½

J 1978 – 90 Min. – R: Kinji Fukusaku. D: Vic Morrow, Philip Casnoff, Peggy Lee Brennan.

Science-fiction-Film. Tricktechnisch spannendes, aber sonst überflüssiges Weltraumabenteuerchen in Studiokulissen um ein aggressives Planetenvolk aus der japanischen Film-Spielzeugwerkstatt. Nur für Fans von Spezialeffekten.

Sternenregen / Swesdopad ** ½

UdSSR 1981 – 87 Min. – R: Igor Talankin. D: Pjotr Fjodorow, Pjotr Jurtschenkow, Darja Michailowa, Vera Glagolewa, Alla Demidowa.

Liebesfilm. Zwei jugendliche Rotarmisten schleppen sich schwer verletzt in ein Feldlazarett; für einen von ihnen beginnt eine anrührende Liebesgeschichte. Ein poetischer Film und ein bitterer Antikriegsfilm zugleich.

Sternschnuppen / Pick a Star ** ½

USA 1937 – 67 Min. sw. – R: Edward Sedgwick. D: Jack Haley, Rosina Lawrence, Patsy Kelly, Mischa Auer, Stan Laurel, Oliver Hardy.

Groteske. Kleinstadtmädchen hofft auf Starruhm in Hollywood, ihr Freund bereitet den Weg vor – währenddessen verknallt sie sich in einen Casanova. Fälschlich als »Dick und Doof«-Film verkaufte Milieuklamotte, mit zwei köstlichen Gastauftritten von Stan und Ollie, musikalisch schmissig.

Der Sternsteinhof ** ½

BRD 1975 – 120 Min. – R: Hans W. Geissendörfer. D: Katja Rupé, Thilo Prückner, Peter Kern, Irm Hermann.

Melodram. Eine Tagelöhnerstochter kämpft sich mit allen Mitteln zur Bäuerin hoch; ein alpenländischer Western, der den in Kitsch versunkenen Heimatfilm durch die kritische Behandlung des Themas als Genre rehabilitierte.

Der stille Don / Tichij Don *** ½

UdSSR 1955–57 – 1. Teil 106 Min., 2. Teil 109 Min., 3. Teil 118 Min. – R: Sergej Gerassimow. D: Pjotr Glebow, Sinaida Kirijenko, Alexander Blagowestow, Dmitri Iljitschenko.

Literaturverfilmung. Großangelegte Adaption der bäuerlichen Familienchronik von Michail A. Scholochow, die Fiktion und authentische Geschichtsschau vereint; wie der Literaturnobelpreisträger unternimmt es der Regisseur, ein ungeschminktes Panorama des revolutinären und nachrevolutionären Rußland zu vermitteln; Historienfilm mit langem Atem.

Die Stille um Christine M. / De stilte rond Christine M. ** ½

N 1981 – 91 Min. – R: Marleen Gorris. D: Cox Habbema, Edda Barends, Nelly Frijda, Henriette Tol.

Parabel. Eine Hausfrau ermordet aus nichtigem Anlaß einen Boutiquenbesitzer, zwei andere Damen helfen ihr; bei der Gerichtsverhandlung werden sie alle freigesprochen. Rache an der Männerherrschaft – stilisiert zu einer schwarzen Komödie. Erster Preis auf dem Frauenfilmfestival in Sceaux 1982.

Stille und Schrei / Csend es kialtas ** ½

H 1968 – 75 Min. sw. – R: Miklós Jancsó. D: Mari Töröosik, Jozsef Madaras, András Kozák, Zoltán Latinovits.

Zeitkritischer Film. Nach dem blutigen Ende der Räteregierung in Ungarn, 1919, terrorisiert die konservative Regierung die kommunistenfreundliche Bevölkerung. Am Beispiel eines Bauern, der einen Verfolgten versteckt, erzählt der Film von allumfassender Polizeigewalt, Angst und Unterdrückung; ein suggestives Bild von staatlicher Übermacht und individueller Ohnmacht, erschütternd.

Stille Wasser / Eaux profondes ** ½

F 1981 – 94 Min. – R: Michel Deville. D: Isabelle Huppert, Jean-Louis Trintignant, Jean-Luc Moreau, Robin Renucci, Christian Bénédetti.
Krimi. Adaption eines Romans von Patricia Highsmith vom Ehemann, der nach einer Geduldsphase den Liebhaber seiner Frau umbringt; scheinbar vordergründiges, zeitweise makabres, fast psychoterroristisches Spiel um Liebe, Anspruch, Macht, Gewalt und Schuld; das etwas harmlose Finale nimmt dem Film viel von seiner Wirkung.

Stilles Leben TV-Film
UdSSR – 116 Min. – R: Vitali Tschetwerikow. D: Aristarch Liwanow, Olja J. Tschipowskaja, Wladimir Anisko, Viktor Tarassow, Irina Dymtschenko.
Ein gebildeter, sensibler, liberal denkender Petersburger Aristokrat verliebt sich in eine melancholische Schönheit, die jedoch einen Gardeoffizier liebt und dadurch dessen und ihr eigenes Leben ruiniert; in die Zeit vor dem Ersten Weltkrieg versetzte freie Adaption einer Erzählung von Iwan Turgenjew; ein wehmütiger Film über die in Ritualen erstarrte dekadente Adelsgesellschaft; durch innere Monologe verbundene Episoden aus dem sinnentleerten »stillen Leben« einer untergehenden Klasse.

Stimme am Telefon / ** ½
The Slender Thread
USA 1965 – 98 Min. sw. – R: Sydney Pollack. D: Sidney Poitier, Anne Bancroft, Steven Hill, Telly Savalas.
Psychodrama. Ein Medizinstudent hält eine Selbstmordkandidatin so lange am Telefon hin, bis Polizei und Feuerwehr ihr Versteck ausfindig machen; überzeugend motivierte Psychostudie voll knisternder Spannung mit einer überragenden Bancroft; Musik von Quincy Jones.

Stimme der Sehnsucht *
BRD 1956 – 88 Min. – R: Thomas Engel. D: Rudolf Schock, Waltraut Haas, Christine Kaufmann, Mady Rahl.
Melodram. Schmachtfetzen um ein Waisenkind und einen berühmten Sänger, die zueinanderfinden. Dünn, das einzig Starke: Schocks Tenor.

Die Stimme des Todes / **
Il gatto dagli occhi di giada
I 1976 – 86 Min. – R: A. Bido. D: Corrado Pani, Paola Tedesco, Franco Citti.
Thriller. Eine junge Kabarettistin wird Zeugin eines Mordes und gerät in die Gewalt des Serientäters; spannend, wenn auch etwas oberflächlich inszenierter Film, dessen Wirkung unter einem Übermaß an Effekten leidet.

Stinkwut TV-Film
BRD 1986 – 85 Min. – R: Michael Verhoeven. D: Friedrich von Thun, Veronika Fitz, Hans Stadtmüller.
Surrealistisches Volksstück nach dem Bühnenstück von Ferdinand Kusz; eine Familie setzt sich gegen die schleichende Umweltvergiftung zur Wehr; bitter-grotesk und engagiert.

Der Stoff, aus dem die Träume sind **
BRD 1972 – 135 Min. – R: Alfred Vohrer. D: Herbert Fleischmann, Edith Heerdegen, Hannelore Elsner.
Spionagereißer. Journalisten geraten in Geheimdienstaktivitäten: Autor Simmel macht daraus spannende, aber effekthaschende und die Glaubwürdigkeit dem Sentiment opfernde, jedoch perfekte Kinonummern, die Vohrer routiniert bebildert.

Stolz und Leidenschaft / ** ½
The Pride and the Passion
USA 1957 – 116 Min. – R: Stanley Kramer. D: Cary Grant, Frank Sinatra, Sophia Loren, Theodore Bikel.
Abenteuerfilm. Im Krieg Napoleons gegen Spanien retten 1810 ein britischer Offizier und ein Partisanenführer eine alte Kanone vor den Invasoren; schwierig wird's, als sich ein Rebellenliebchen in den Briten verliebt; farbenprächtiger, monumentaler Historienfilm, der seine Geschichte mit Phantasie erzählt.

Stolz und Vorurteil / ***
Pride And Prejudice
USA 1940 – 118 Min. – R: Robert Z. Leonard. D: Greer Garson, Laurence Olivier, Edna May Oliver, Maureen O'Sullivan, Karen Morley.
Literaturverfilmung. Nach Jane Austens Vorlage gedrehter Kostümfilm um fünf

Schwestern, die im England des 19. Jahrhunderts auf Männerfang gehen. Glänzend besetztes und gespieltes, milieudichtes Gesellschaftsstück, nach exzellentem Drehbuch (Aldous Huxley u. a.).

Der stolze Rebell / **
The Proud Rebel
USA 1958 – 98 Min. – R: Michael Curtiz. D: Alan Ladd, David Ladd, Olivia de Havilland, Dean Jagger.
Western. Geschichte um einen Mann, dessen kleiner Sohn durch den gewaltsamen Tod der Mutter stumm geworden ist. Actionspezialist Curtiz macht aus der sentimentalen Vorlage einen sensiblen Western.

Stoppt die Todesfahrt der U-Bahn 123 / The Taking of Pelham 1-2-3 ***
USA 1974 – 100 Min. – R: Joseph Sargent. D: Walter Matthau, Robert Shaw, Martin Balsam, Hector Elizondo.
Thriller. Ein vollbesetzter U-Bahn-Zug wird während New Yorks Rush-hour gekidnappt; für den ermittelnden Kriminalbeamten beginnt ein Wettlauf auf Leben und Tod – innerhalb einer Stunde muß eine Million Dollar Lösegeld bereitstehen, dieser schwierigen Exposition wird der atemberaubende Film in allen Elementen der Umsetzung gerecht; technisch brillant.

The Storm / Storm ** ½
USA 1987 – 95 Min. – R: D. Winning. D: David Palfy, Stane Kane, Tom Schioler.
Krimi. Drei Gangster erbeuten bei einem Banküberfall einen großen Batzen Geld, werden geschnappt und sitzen ihre Strafe ab; nach der Entlassung wollen sie die Beute teilen, doch es kommt alles ganz anders; spannender, überdurchschnittlicher Krimi.

Storm, der Schimmelreiter TV-Film
BRD – 75 Min. – R: Claudia Holldack. D: Erland Josephson, Till Topf, Renate Bleibtreu, Saskia Tyroller.
Spieldokumentation um den Dichter des literarisch-bürgerlichen Realismus Theodor Storm in seinem letzten Lebensjahr, in dem die Novelle »Der Schimmelreiter« entstand.

Die Story * ½
BRD 1983 – 94 Min. – R: Eckhart Schmidt. D: Tom Davis, Sasa Thoman, Dietmar Schönherr, Burkhardt Driest.
Zeitkritischer Film. Eine Drogen-Enthüllungsstory aus der Münchner Schickeria von heute: Erpressung, Intrigen und Mord. Sehr maniriert inszeniert.

Stoßtrupp Avola – Ja, wo sind denn die Kanonen? / Rosolino Paterno, soldato *
I 1969 – 90 Min. Ⓥ VPS. – R: Nanni Loy. D: Peter Falk, Martin Landau, Nino Manfredi, Jason Robards jr.
Kriegsfilm. Ein Himmelfahrtskommando von US-Fallschirmjägern soll Mitte 1943 Kanonen sprengen; zunächst geht alles schief, am Ende auch der ganze Film.

Stoßtrupp Gold / **
Kelly's Heroes
GB 1969 – 140 Min. Ⓥ IMV/MGM/UA. – R: Brian G. Hutton. D: Clint Eastwood, Telly Savalas, Donald Sutherland, Carrol O'Connor.
Satire. Gegen Ende des Zweiten Weltkriegs vertreiben sich ein paar Offiziere in Frankreich die Zeit mit Whisky, Weibern und Goldbarren, die sie privat hinter den deutschen Linien verschieben; unterhaltsame Kriegssatire.

Strafbataillon 999 *
BRD 1960 – 97 Min. sw. – R: Harald Philipp. D: Werner Peters, Sonja Ziemann, Georg Thomas, Georg Lehn.
Kriegsfilm. Vier Soldaten von unterschiedlichem Rang kommen »zur Bewährung« ins Strafbataillon 999, dessen Schikanen berüchtigt sind. Ödes Schleiferstück nach einem Roman von Konsalik.

Der Sträfling und die Witwe / La veuve Couderc **
F 1971 – 98 Min. – R: Pierre Granier-Deferre. D: Alain Delon, Simone Signoret, Ottavia Piccolo.
Krimi. Dreiecksverhältnis auf dem Landgut Couderc, wo Madame dem Exhäftling eine Chance gibt, dieser aber ein junges Mädchen bevorzugt; feindselige Dörfler verraten ihn; Krimitragödie im französischen Stil; nach einem Simenon-Roman.

Strafmündig TV-Film
BRD 1985 – 105 Min. – R: Roland Gall. B: Gert Heidenreich. D: Robert Düssler, Jan Meyer, Ines Burkhardt, Michael Krone, Gert Heidenreich, Sylvia Capallo.
Ein Achtzehnjähriger ersticht scheinbar ohne Motiv seinen Vater; treffsichere Dialoge, atmosphärische Dichte und exzellente Darsteller trugen dem Film mehrere Auszeichnungen ein.

Strafsache Thelma Jordan / The File on Thelma Jordan ✻✻
USA 1950 – 100 Min. sw. – R: Robert Siodmak. D: Barbara Stanwyck, Wendell Corey, Paul Kelly.
Krimi. Eine Frau mit Vergangenheit entdeckt ihr Herz für einen jungen Staatsanwalt, was diesen in Konflikte stürzt, denn ihr Verlobter ist ein Krimineller. Am Ende stürzt ihr Wagen über die Klippen, sie bereut ihr Leben, und der Mann des Rechts ist dennoch ruiniert. Siodmak erzählt den Film mit spürbarer Lust an makabren Effekten.

Der Strafverteidiger / The Lawyer ✻✻ ½
USA 1970 – 110 Min. – R: Sidney J. Furie. D: Barry Newman, Harold Gould, Diana Muldaur, Robert Colbert.
Justizfilm. Rechtsanwalt Petrocelli kämpft in der ersten Instanz vergebens für einen des Mordes angeklagten Arzt. Im Berufungsverfahren spitzt sich das fintenreiche Duell zwischen Verteidigung und Staatsanwalt zu. Pilotfilm einer TV-Serie.

The Strange Love of Martha Ivers ✻✻ ½
USA 1946 – 115 Min. sw. OmU. – R: Lewis Milestone. D: Barbara Stanwyck, Van Heflin, Lizabeth Scott, Kirk Douglas.
Melodram. Dreiecksgeschichte um eine Millionenerbin, die ihren Geliebten fast soweit hat, ihren Ehemann zu ermorden. Doch im letzten Moment verschwindet der Lover. Glanzvolle Besetzung mit Stars auf dem Sprung zum Ruhm in einem pessimistischen Drama aus der Welt korrupter Gefühle.

The Stranger
siehe: Die Spur des Fremden

Stranger on the Third Floor ✻✻ ½
USA 1940 – 64 Min. sw. OmU. – R: Boris Ingster. D: Peter Lorre, John McGuire, Charles Waldron, Elisha Cook jr.
Krimi. Doppelbödige Story um einen unschuldig zum Tod Verurteilten und einen Reporter, den Zweifel an seiner falschen Aussage plagen. Der erste Film der »Schwarzen Serie«: verzerrte Perspektiven, Licht und Schatten, ein psychopathischer Mörder und ein Held in der Sackgasse.

Stranger Than Paradise ✻✻✻ ½
USA 1984 – 85 Min. sw. OmU. – R, B: Jim Jarmusch. D: John Lurie, Eszter Balint, Richard Edson, Cecilia Stark.
Moderner Liebesfilm. Ein desillusionierter Junge in New York bekommt eines Tages Besuch von seiner Cousine aus Ungarn, die er später mit seinem Freund in Cleveland bei ihrer Tante aufsucht. Der lakonisch-schnoddrige Film von Jarmusch (»Down By Law«) beschreibt mit kargen und präzisen Mitteln das Lebensgefühl einer neuen »Lost Generation«; mit der Musik von John Lurie.

Die Straße der Erfolgreichen / Flamingo Road ✻✻✻
USA 1949 – 100 Min. sw. – R: Michael Curtiz. D: Joan Crawford, David Brian, Zachary Scott, Sydney Greenstreet.
Melodram. Eine zähe, arbeitslose Zirkustänzerin will sich durchsetzen; in einer Kleinstadt verliebt sie sich in den Hilfssheriff, doch auch dessen Chef interessiert sich für sie; sie gerät in die Intrigen der Stadtoberen; eine Studie über Skrupellosigkeit. Brillantes Zusammenspiel von Crawford und Greenstreet als korrupter Politiker.

Die Straße der Negerhütten / Rue cases nègres ✻✻✻
Martinique/F 1983 – 100 Min. – R, B: Euzhan Palcy. D: Garry Cadenat, Darling Legitimus, Douta Seck, Joby Bernabé.
Zeitkritischer Film. Die leidvolle Geschichte der afrikanischen Sklaven auf der Insel Martinique während der Kolo-

nialzeit, gesehen mit den Augen eines zwölfjährigen Jungen, dessen Großmutter für seine Bildungsmöglichkeiten kämpft. Die »Rue cases nègres« sind zwei Reihen armseliger Negerhütten, in denen die Plantagenarbeiter leben. Genau beobachtetes Milieu und stimmungsvoll in Mattgrün und Braun eingefärbte Bilder.

Die Straße der Spiegel / Via degli specchi ∗∗ ½
I 1982 – 84 Min. – R: Giovanna Gagliardo. D: Nicole Garcia, Milva, Heinz Bennent, Massimo Serato.
Frauenfilm. Eines Morgens stürzt ein Mädchen in den Tod; Richterin Francesca untersucht den Fall und hat bald einen ungeheuerlichen Verdacht. Ein Film von einer Frau für Frauen, aber auch für Krimifans; spannend und reflektiert.

Straße der Verlierer / Three Card Monte ∗∗
CDN 1977 – 90 Min. – R: Les Rose. D: Richard Gabourie, Chris Langevin, Lynne Cavanagh, Valerie Warburton.
Gaunerfilm. Ein junger Ausreißer arbeitet mit einem kleinen Ganoven zusammen; beim Pferderennen scheinen sie dem großen Geld nahe; durchschnittlich.

Straße der Versuchung / Scarlet Street ∗∗ ½
USA 1945 – 102 Min. sw. – R: Fritz Lang. D: Edward G. Robinson, Joan Bennett, Dan Duryea.
Melodram. Biederer Bankangestellter liebt Straßenmädchen und bringt sie eines Tages um. Lang (»Die Frau im Fenster«) zeigt die Leidenschaften seiner Figuren als quälerische Obsessionen, sein unbarmherzig ironischer Film rechnet in tiefenscharfen Schwarzweißbildern mit oberflächlichen Verhältnissen ab.

Straße des Abschieds / 36 Chowringhee Lane ∗∗
Indien 1981 – 110 Min. – R: Aparna Sen. D: Jennifer Kendall, Debashree Roy, Dhritiman Chatterjee.
Komödie. Eine alternde anglo-indische Lehrerin lebt etwas weltfremd ganz in den Stücken Shakespeares. Dabei gerät sie an dubiose »Freunde«; heiter bis melancholisch.

Straße des Todes / Checkpoint ∗∗
GB 1956 – 85 Min. – R: Ralph Thomas. D: Anthony Steel, Odile Versois, Stanley Baker, James Robertson Justice.
Spionagekrimi. Rasanter Film um Werkspionage und heiße Reifen, mit viel Motorengedröhn und lauter Aktion, aber auch ruhigen Momenten, die der Liebe gehören.

Straße des Verbrechens / Slightly Scarlet ∗ ½
USA 1955 – 99 Min. – R: Allan Dwan. D: John Payne, Arlene Dahl, Rhonda Fleming, Ted deCorsia, Ellen Corby.
Krimi. Der neue Bürgermeister einer US-Stadt will das Netz krimineller Korruption zerreißen, wodurch ein Journalist, der ihn unterstützt, in Gefahr gerät; nach einem Roman von James M. Cain nicht ohne Spannung in Szene gesetzt, aber wenig glaubwürdig.

Straße ohne Ausweg / The Dark End of the Street ∗∗ ½
USA 1981 – 85 Min. – R: Jan Egleson. D: Laura Harrington, Henry Tomaszewski, Michelle Green, Lance Henriksen.
Realistischer Milieufilm. Im Dickicht einer US-Großstadt angesiedelter Sozialkrimi um einen Mord, der ein Unfall war, um die verängstigten jugendlichen Zeugen, die Polizeiarbeit im Schmelztiegel der Rassen- und Klassenvorurteile und die Probleme der Slumbewohner. Direkt und ehrlich.

Die Straße von Korinth / La route de Corinthe / Criminal Story ∗∗
F/I 1967 – 101 Min. – R: Claude Chabrol. D: Jean Seberg, Maurice Ronet, Christian Marquand, Michel Bouquet, Steve Eckhardt.
Agentenkrimi. Ein US-Agent wird vor Beendigung seiner Mission in Griechenland ermordet, seiner jungen Frau gelingen der Auftrag und die Rache; ein parodistischer Krimi, in dem Jean Seberg beweisen darf, daß auch Frau Agent »genügen« kann.

Die Straßen von San Francisco TV-Film
USA 1972 – 90 Min. – R: Walter Grauman. D: Karl Malden, Michael Douglas, Robert Wagner, Kim Darby.

Krimi. Pilotfilm der inzwischen bekannten Serie, in dem eine junge Frau vor dem Bösen bewahrt wird; übliches, von dieser Filmreihe bekanntes Strickmuster.

Straße zum Jenseits / ** ½
Across 110th Street
USA 1972 – 102 Min. – R: Barry Shear. D: Anthony Quinn, Yaphet Kotto, Anthony Franciosa, Paul Benjamin.
Krimi. Weiße Gauner und schwarze Gangster im Konkurrenzkampf um Drogen und Marktmacht. Der knallharte Reißer folgt ihnen aus der Perspektive einer kompromißlosen Polizei.

Straßenjagd mit Speedy / ***
Speedy
USA 1928 – 71 Min. sw. Stf. – R: Ted Wilde. D: Harold Lloyd, Ann Christy, Bert Woodruff, Babe Ruth.
Komödie. Zum Leidwesen seiner Freundin hält Lloyd keinen Job lange durch – bis er auf die grandiose Idee verfällt, in New York eine Gangsterbande zu verfolgen. Haarsträubende Verfolgungsjagden in Slapstickmanier.

Straßenkinder / ** ½
Streetwise
USA 1984 – 90 Min. OmU. – R: Martin Bell.
Dokumentarfilm. Darstellung der Konsequenzen von Kinderprostitution und -drogenhandel; harter Film über Selbstmorde, Krankheit und die Verzweiflung im Milieu.

Straßenmusik ** ½
D 1936 – 90 Min. sw. – R: Hans Deppe. D: Jessie Vihrog, Ernst Legal, Fita Benkhoff, Karl Valentin, Liesl Karlstadt.
Komödie. Freud und Leid dreier Straßenmusiker; ein teils verspielter, teils durch Valentins unberechenbare Verbissenheit geradliniger Film; ein Vergnügen für Valentin-/Karlstadt-Fans.

Straßenserenade * ½
BRD 1953 – 85 Min. sw. – R: Werner Jacobs. D: Vico Torriani, Sybill Werden, Ellinor Jensen, Otto Gebühr.
Musikfilm. Ein Pechvogel will als Straßensänger seine Schulden tilgen, dann bietet sich eine andere Chance; für Freunde der Schlager der fünfziger Jahre.

Straßenträumereien / ** ½
Molti sogni per le strade
I 1948 – 82 Min. sw. – R: Mario Camerini. D: Anna Magnani, Massimo Girotti, Giorgio Nimmo.
Neorealistischer Film. Rom nach dem Zweiten Weltkrieg. Anna Magnani, beherzt, sympathisch, mit Ironie und Tatkraft, lebt und überlebt mit Mann und Kind in einer Trümmerwelt.

Die Strategie der Spinne / ** ½
Strategia del ragno
I 1969 – 93 Min. – R: Bernardo Bertolucci. D: Giulio Brogi, Alida Valli, Pippo Campanini, Franco Giovanelli.
Zeitkritischer Film. Ein Antifaschist ist ermordet worden, und sein Sohn kehrt zurück, um Nachforschungen anzustellen; er stößt auf eine Mauer des Schweigens. Bertolucci (»1900«) inszenierte den Fall als Studie über die politischen Fragwürdigkeiten der Gegenwart; trotz des Themas poetisch.

Streng persönlich / ** ½
Strictement personnel
F 1985 – 90 Min. – R: Pierre Jolivet. D: Pierre Arditi, Jacques Penot, Caroline Chanioleau.
Krimi. Nach vielen Jahren kommt der Polizeibeamte Cottard wieder nach Hause zu seiner Familie und findet sich in einem rabenschwarzen Melodram: Verzweiflung, Drogen, Kunstfälscherei, Selbstmord des Vaters – einfühlsam und spannend inszenierter Psychokrimi.

Stress / Stress **
F 1984 – 84 Min. – R: Jean-Louis Bertucelli. D: Carole Laure, Guy Marchand, Jean-G. Nordman.
Psychothriller. Ein 40jähriger Mann will sich am Tag seiner Hochzeit das Leben nehmen, weil er die Frau nicht vergessen kann, die ein Kind von ihm hat und ihn verließ; diese Frau lebt in Paris und sieht sich plötzlich rätselhaftem Psychoterror ausgesetzt. Der Film hantiert geschickt mit Spannungsmomenten und setzt auf die Angstlust des Zuschauers – mit einigem Erfolg.

Strich durch die Rechnung / The Gun Runners * ½
USA 1958 – 83 Min. sw. – R: Don Siegel.

D: Audie Murphy, Eddie Albert, Patricia Owens, Everett Sloane, Jack Elam.
Abenteuerfilm. Adaption des Hemingway-Romans »Haben und Nichthaben« um den Besitzer einer Motoryacht, der zum Waffenschmuggel gezwungen wird; kein Vergleich zu Howard Hawks' Klassiker von 1944 mit Humphrey Bogart in der Hauptrolle.

Strichpoker / Cœur de hareng TV-Film
F/CH/I – 90 Min. – R: Paul Vecchiali. D: Stéphane Jobert, Nicolas Silberg, Anouk Ferjac.
Für die französische TV-»Série noire« gedrehter, milieuechter Krimi um einen ehemaligen Zuhälter, der einem bedrohten Strichmädchen sein Leben offenbart, während die noch aktiven Zuhälter schon die Messer wetzen.

Strohfeuer ** ½
BRD 1972 – 100 Min. – R: Volker Schlöndorff. D: Margarethe von Trotta, Friedhelm Ptok, Martin Lüttge, Walter Sedlmayr.
Frauenfilm. Eine junge Frau glaubt nach der Trennung von ihrem Mann frei zu sein, doch bringt schon die Arbeitssuche Enttäuschungen; ein eindringlicher Film über den Willen zu selbstbestimmter Lebensgestaltung.

Die Strohpuppe / Woman of Straw ** ½
GB 1964 – 112 Min. – R: Basil Deardon. D: Gina Lollobrigida, Sean Connery, Ralph Richardson, Laurence Hardy.
Psychodrama. Die arme hocherotische Krankenschwester Lollo pflegt den Millionär im Rollstuhl und wird von ihm planmäßig geheiratet. Doch dann stirbt er zu früh – raffinierter Reißer um einen Fall von Erbschleicherei mit überraschenden Wendungen und Sean Connery als Charakterdarsteller.

Stromboli / Stromboli, terra di Dio ** ½
I 1949 – 95 Min. sw. – R, B: Roberto Rossellini. D: Ingrid Bergman, Mario Vitale, Renzo Cesana.
Melodram. Auf der süditalienischen Insel Stromboli sucht ein Flüchtlingsmädchen Liebe und Geborgenheit in der Ehe mit einem Fischer; sie macht dabei demütigende Erfahrungen im Konflikt mit den von Vorurteilen geprägten Ritualen des Dorfes; Symbol des Geschehens ist der Ausbruch des Vulkans. Das dokumentarisch streng komponierte Werk ist der erste von sechs Filmen, die Ingrid Bergman mit ihrem späteren Ehemann Roberto Rossellini drehte.

Strommberg TV-Film
BRD 1984 – 100 Min. – R: Werner Possardt. D: Ernst-Richard Köper, Giesbert Rüschkamp, Claudia Nolte.
Ein kleiner Privatdetektiv aus Essen träumt vom großen Auftrag, er stromert durch Wettbüros und Spielhöllen. Heiter-ernste Bogart-Parodie.

Ein Stück vom Glück TV-Film
BRD 1987 – 90 Min. – R: Hans Schmid. B: Gernot Krää. D: Vitus Zeplichal, Grete Wurm, Sabina Trooger, Fritz Strassner.
Als ein 40jähriger gegen den Willen seiner Mutter heiratet, bahnt sich eine Tragödie an; eindrucksvoller Debütfilm um eine problematische Mutter-Sohn-Beziehung.

Ein Student ging vorbei FLOP
BRD 1960 – 85 Min. sw. – R: Werner Klingler. D: Luise Ullrich, Eva Bartok, Paul Dahlke, Bert Fortell, Michael Verhoeven.
Melodram. Schwergewichtige Schnulze um einen patriarchalischen Mann, dessen fortgejagte Ehefrau just in dem Moment wieder auftaucht, als der engstirnige Gatte noch einmal heiraten will. Schwulst im naturalistischen Stil, der kein Klischee des deutschen Gemütskintopps ausläßt.

Der Student von Prag ** ½
D 1935 – 85 Min. sw. Ⓥ Inter Pathé. – R: Arthur Robison. D: Adolf Wohlbrück, Theodor Loos, Dorothea Wieck.
Gruselmelodram. Romantischer Stoff um den Studenten Balduin, der vom dämonischen Scapinelli Reichtum und Liebesglück bekommt, aber sein Spiegelbild verliert, das ein schlimmes Eigenleben beginnt. Diese dritte Fassung (nach 1913 und 1926) als Tonfilm nimmt das Dämonische zugunsten des Tragischen zurück und überzeugt durch wirkungsvolle Inszenierung.

Studentin Helene Willfüer *

BRD 1955 – 98 Min. sw. – R: Rudolf Jugert. D: Ruth Niehaus, Hans Söhnker, Elma Karlowa, Erik Schuman, Harald Juhnke.

Liebesmelodram. Eine angehende Ärztin und Assistentin eines Professors steht zwischen diesem und einem anderen Mann. Nach einem Mord gerät sie in Verdacht; damit gewinnt die Schmonzette aus dem Weißkittelmilieu kriminalistische Spannung; nach Vicky Baums Roman, filmisch dürftig.

Stukas über London / La battaglia d'Inghilterra * ½

I/E/F 1969 – 112 Min. Ⓥ VPS. – R: Enzo G. Castellari. D: Frederick Stafford, Van Johnson, Francisco Rabal.

Kriegsfilm. Ein deutsches Sabotagekommando – ausgestattet mit Uniformen, Erkennungsmarken und Soldbüchern gefallener Briten – soll den britischen Luftwarndienst lahmlegen; kolportagehaft und klischeebeladen.

Stumme Zeugen TV-Film

BRD 1955 – 90 Min. sw. – R: Peter Beauvais. D: Ulrich Kuhlmann, Silvia Reize, Renate Küster, Witta Pohl.

Alltagsdrama über Alkoholismus, Kindesmißhandlung, eine untreue Ehefrau und den Sozialmief eines Mietshauses. Oberflächliche Ansammlung von Klischees zu einem ernsthaften Thema.

Die Stunde der Antigone TV-Film

BRD 1960 – 85 Min. sw. – R: Fritz Schröder-Jahn. B: Claus Hubalek, nach seinem Schauspiel. D: Luitgard Im, Mario Emo, Werner Hinz, Günther Dockerill.

Der Bürgermeister eines Badeortes befürchtet, von einer »Antigone« eines Verbrechens beschuldigt zu werden; aktuelle, außergewöhnliche Umsetzung des antiken Stoffes um die Verfechterin einer höheren Gerechtigkeit.

Stunde der Bewährung / Straight Time * * *

USA 1978 – 109 Min. – R: Ulu Grosbard. D: Dustin Hoffman, Harry Dean Stanton, M. Emmet Walsh, Theresa Russell.

Thriller. Der kleine Gelegenheitstäter Max Dembo will endlich ein ehrliches Leben führen, als er wieder einmal aus dem Knast entlassen wird. Er möchte mit Jenny ein neues Glück versuchen, doch ein sadistischer Bewährungshelfer stößt ihn in den Teufelskreis zurück. Glänzende Charakterstudie von Dustin Hoffman.

Die Stunde der Komödianten / The Comedians * * ½

USA 1967 – 140 Min. – R: Peter Glenville. D: Elizabeth Taylor, Richard Burton, Alec Guinness, Peter Ustinov, Lillian Gish.

Literaturverfilmung. Die Romanze zwischen einem abgewrackten Amerikaner und einer Botschaftersgattin unter der Diktatur auf Haiti steht im Mittelpunkt; drumherum ein Sammelsurium kurioser Außenseiter, Selbstdarsteller, Komödianten, deren Schicksal sich vor dem Hintergrund des mörderischen politischen Spannungsfeldes entfaltet. Am Ende erreicht der Film tragisch-absurde Dimensionen. Nach einem Roman von Graham Greene.

Die Stunde des Leon Bisquet TV-Film

BRD 1986 – 85 Min. – R: Lutz Büscher. B: E. Eis. D: Klaus Schwarzkopf, Beatrice Kessler, Günter Mack, Matthias Ponnier, Hans-Peter Hallwachs, Louise Martini.

Ein vereinsamter, strafversetzter Bahnbeamter in der nordfranzösischen Provinz sieht durch einen Todesfall seine Stunde gekommen; Psychokrimi nach Georges Simenon, facettenreiche Charakterrolle für Schwarzkopf.

Die Stunde des Wolfs / Vargtimmen * * *

S 1966 – 85 Min. sw. – R: Ingmar Bergman. D: Liv Ullmann, Max von Sydow, Erland Josephson, Ingrid Thulin.

Künstlerdrama. Ein krisengeschüttelter Maler, der mit seiner Frau auf einsamer Insel lebt, gerät in eine Extremsituation. Dämonen ergreifen von seiner Psyche Besitz und treiben ihn zu unglaublichen Taten. Komplexer Bergman-Film voller Anspielungen, Verweise und bewußt herbeigeführter stilistischer Brüche. Mit seinen Horrorelementen ein Ausnahmewerk im vielfältigen Schaffen des schwedischen Filmkünstlers.

Die Stunde des Wolfs / Moon of the Wolf — TV-Film
USA 1972 – 73 Min. – R: Daniel Petrie. D: David Janssen, Barbara Rush, Bradford Dillman, John Beradino.
Bei den Ermittlungen in einem sadistischen Frauenmordfall kommt der Sheriff hinter geheimgehaltene Beziehungen und stößt auf einen Werwolf, der in Louisiana aktiv ist; die Überraschungspointe ist nicht so groß, wie zu erwarten wäre.

Die Stunde, die du glücklich bist — * ½
BRD 1961 – 106 Min. sw. – R: Rudolf Jugert. D: Ruth Leuwerik, Peter van Eyck, Werner Hinz, Alfred Balthoff.
Melodram. Flotte Liebesromanze zwischen dem charmanten Industriellen und der schmucken Anwältin; die Gefühle passen sich dem gehobenen Milieu an. Leider kann Jugert hier an seine anspruchsvollen Arbeiten von einst (»Film ohne Titel«, 1947) nicht mehr anknüpfen.

Eine Stunde mit dir / One Hour With You — ***
USA 1932 – 75 Min. sw. OmU. – R: Ernst Lubitsch, George Cukor. D: Maurice Chevalier, Jeanette MacDonald, Geneviève Tobin, Roland Young.
Dreieckskomödie. Der Vorsatz, einander treu zu sein, kommt bei dem glücklichen Ehepaar Bertier ins Wanken, als die schöne Mitzi auf der Bildfläche erscheint. Prickelnde Komödie mit Musik in bewährter Lubitsch-Manier der erotischen Doppeldeutigkeit.

Die Stunde, wenn Dracula kommt / La maschera del demonio — ** ½
I 1960 – 85 Min. sw. – R: Mario Bava. D: Andrea Checci, Barbara Steele, Ivo Garrani, John Richardson.
Literaturverfilmung. Freie Adaption der Gogol-Erzählung »Der Wij«, im Dracula-Milieu angesiedelt; eine als Hexe verbrannte Prinzessin sucht nach zweihundert Jahren gemeinsam mit dem Vampir-Grafen Rache; raffiniert ausgestatteter, leiser, melancholischer Film mit für das Genre ungewohnt starken Frauen; Kultfilm für Kenner.

Stunden voller Zärtlichkeit / Moderato cantabile — ** ½
F/I 1960 – 94 Min. sw. – R: Peter Brook. D: Jeanne Moreau, Jean-Paul Belmondo, Didier Haudepin, Valerić Dobuzinský, Pascale de Boysson.
Literaturverfilmung. Adaption des Romans von Marguerite Duras über das unausgefüllte (Provinz-)Leben einer Industriellengattin und deren Hoffnung auf das Ende durch die Affäre mit einem Arbeiter; durch Moreaus preisgekrönte Schauspielkunst geprägter »literarischer Film« von hoher Abstraktion.

Das Stundenhotel von St. Pauli — FLOP
BRD 1970 – 90 Min. – R: Rolf Olsen. D: Curd Jürgens, Andrea Rau, Konrad Georg, Corny Collins, Brigitta Mira.
Krimi. Ein Kommissar ermittelt in zwei Mordfällen auf der Reeperbahn; Krimiklamotte voller Provinzvorurteile und -klischees, schludrig inszeniertes »Schicksals«drama aus dem Rotlichtmilieu.

Sturm der Feuervögel / Sette baschi rossi — *
BRD/I 1970 – 85 Min. – R: Mario Siciliano. D: Ivan Rassimov, Sieghardt Rupp, Angelica Ott.
Söldnerfilm. Im afrikanischen Busch geht es vordergründig um geheime Regierungspapiere, aber in Wahrheit um die spekulativen Brutalitäten eines billigen Actionfilms. Viel Blut, wenig echte Spannung.

Sturm im Osten / Le tempestà / La tempête — ** ½
J/F/YU 1958 – 117 Min. – R: Alberto Lattuada. D: Van Heflin, Silvana Mangano, Viveca Lindfors, Geoffrey Horne, Vittorio Gassmann, Agnes Moorehead, Oscar Homolka.
Historienfilm. Rußland begehrt gegen die Ungerechtigkeiten im Regierungsstil Katharinas der Großen auf. Drumherum gibt es Liebe, Leidenschaften, Kampf und Verfolgung, Schicksal und Tod. Das bombastische Szenarium des filmischen Breitwandgemäldes (auf dem detailversessenen Bildschirm deshalb Qualitätsab-

fall) lebt von der Rokokopracht und den wilden Volksszenen, verliert sich jedoch schnell in Anekdoten; imposant, aber kein Beitrag zum Geschichtsverständnis.

Sturm im Wasserglas ***

BRD 1960 – 93 Min. sw. – R: Josef von Baky. B: Gregor von Rezzori. D: Ingrid Andree, Hanns Lothar, Therese Giehse, Peter Lühr, Klaus Havenstein, Werner Finck, Dieter Hildebrandt.

Zeitkritischer Film. Die Doppelzüngigkeit eines Stadtrats, der eine arme Witwe für ihr Vertrauen in seine Gerechtigkeit in einem Hundesteuerstreit schlecht belohnt, bringt eine Stadt in Aufruhr; eine ewig aktuelle, gnadenlose Abrechnung mit den Sprechblasen charakterloser Politbonzen; bitterböse Satire und eine Spitzenleistung des (kabarettistisch) politischen Nachkriegsfilms.

Sturm über dem Nil / Storm Over the Nile ** ½

GB 1956 – 101 Min. sw. – R: Zoltan Korda, Terence Young. D: Laurence Harvey, Anthony Steel, James Robertson Justice, Mary Ure.

Historischer Abenteuerfilm. Im britisch besetzten Sudan um 1900 kämpfen Aufständische für die Freiheit. Ein britischer Leutnant wechselt auf ihre Seite, kann sich aber vom Makel des Verrats wieder befreien. Der spannende, glaubwürdige, antikolonialistische Film in authentischem Milieu verfolgt den Weg des Offiziers.

Sturm über Jamaika / A High Wind in Jamaica **

GB 1964 – 100 Min. – R: Alexander Mackendrick. D: Anthony Quinn, James Coburn, Dennis Price, Gert Fröbe.

Piratenfilm. Flottes Kaperabenteuer um einäugige Seeräuber, schnelle Barken und Barkassen und eine überraschende Ladung. Buntes Kintopp für Junggebliebene.

Die Sturmfahrt der Blue Fin / Blue Fin ** ½

AUS 1979 – 90 Min. – R: Carl Schultz. D: Hardy Krüger, Greg Rowe, Elspeth Ballantyne.

Abenteuerfilm. Geschichte der Bewährung eines jungen Fischers gegen das Mißtrauen seines Vaters; routinierter Actionfilm um Generationskonflikte vor außergewöhnlicher Kulisse.

Sturmfahrt nach Alaska / The World in His Arms ** ½

USA 1952 – 100 Min. – R: Raoul Walsh. D: Gregory Peck, Anthony Quinn, Ann Blyth, John McIntire.

Abenteuerfilm. Spannendes Actionabenteuer voller Ironie aus dem Alaska um 1850, in dem Pelzjäger, Schiffskapitäne, Geschäftemacher und schöne Frauen durch Rivalitäten und heiße Liebe den Kunstschnee zum Schmelzen bringen.

Sturmflut TV-Film

BRD – 100 Min. – R: Lutz Büscher. D: Jörg Pleva, Micaela Kreissler, Kerstin Draeger, Zacharias Preen.

Spieldokumentation der Hamburger Sturmflutkatastrophe von 1962, bei der 312 Menschen starben. Der genau recherchierende Film zeigt das Geschehen in dramatischen Actionsequenzen, bei denen die Techniker für Spezialeffekte ganze Arbeit leisteten.

Sturmgeschwader Komet / Flat Top * ½

USA 1962 – 84 Min. sw. – R: Lesley Selander. D: Sterling Hayden, Richard Carlson, Bill Phipps.

Kriegsfilm. Die Geschichte handelt von Flugzeugträger-Piloten und einem hartgesottenen Offizier im Zweiten Weltkrieg. Action und Dramatik, besonders die Nebenrollen sind gut besetzt.

Stürmische Höhen / Wuthering Heights ***

USA 1939 – 99 Min. sw. – R: William Wyler. D: Merle Oberon, Laurence Olivier, David Niven, Flora Robson.

Liebesfilm. Ein Gutsbesitzer im viktorianischen Yorkshire zieht einen unbändigen Waisenjungen zusammen mit seinen Töchtern auf; als die Tochter, die der Junge liebt, einen Nachbarsjungen heiratet, geht er fort, doch bindet ihn ungestüme Leidenschaft an seine alte Liebe. Ein Film über Verstrickungen und Maßlosigkeit von Gefühlen; Oscar für Schwarzweißfotografie; ein Manko die Fehlbesetzung Olivier. Nach dem Roman von Emily Brontë.

Stürmische Jugend
siehe: Teufel im Leib

Das stürmische Leben des Joe Orton / Prick Up Your Ears ** ½
GB 1987 – 110 Min. – R: Stephen Frears. D: Gary Oldman, Wallace Shawn, Alfred Molina, Vanessa Redgrave.
Biographischer Film. Die Story des homosexuellen Theaterschriftstellers Joe Orton, der mit seinem Förderer eine am Ende tödliche Bindung eingeht: Nachdem die beiden 16 Jahre lang auf engstem Raum zusammengelebt haben, erschlägt der Freund Orton, der ihm inzwischen überlegen ist. Der zweite Film von Stephen Frears (»Mein wunderbarer Waschsalon«) hält sich eng an die authentischen Fakten, er balanciert artistisch zwischen Überzeichnung, schwarzem Humor, Gesellschaftskritik und Milieugenauigkeit, verliert aber manchmal die Nähe zu seinen Figuren.

Sturmnacht / Notti di tempestà **
I 1946 – 77 Min. sw. – R: Gianni Franciolini. D: Fosco Giachetti, Leonardo Cortese, Marina Berti, Pina Piovani.
Milieufilm. Die Atmosphäre eines italienischen Fischerdorfes mit seinen Bewohnern, Booten, Kneipen und Konflikten wird in neorealistischer Manier effektvoll eingefangen; die Story um Liebe, Eifersucht und Macht ist trivial, aber trotzdem nicht ohne Höhepunkte.

Stürzende Mauern / Friendships, Secrets And Lies TV-Film
USA 1979 – 93 Min. – R: Anne Zane Shanks, Marlena Laird. D: Cathryn Damon, Shelley Fabares, Tina Louise, Paula Prentiss, Stella Stevens, Loretta Swit.
Zähe Verfilmung eines Romans von Babs H. Deal über sechs ehemalige Collegegirls, die von einer Journalistin in Zusammenhang gebracht werden mit einem möglichen Säuglingsmord; banale Pointe.

Sturzflug aus den Wolken / Cloud Dancer **
USA 1979 – 102 Min. – R: Barry Brown. D: David Carradine, Jennifer O'Neill, Joseph Bottoms.
Fliegerfilm. Ein besessener Kunstflieger träumt von der schwierigen Luftnummer »Wagenrad«, gemeinsam mit einem Nachwuchsakrobaten probt er die riskantesten Manöver. Brillante Flugnummern, dünne Handlung in einem filmischen Kunstflug-Trailer.

Subway / Subway ** ½
F 1985 – 97 Min. Ⓥ CBS/FOX. – R: Luc Besson. D: Isabelle Adjani, Christopher Lambert, Michel Galabru, Richard Bohringer, Jean-Hugues Anglade.
Krimi. Ein junger Safeknacker sucht, wie viele Kriminelle, irre oder zwielichtige Typen, in der Pariser Métro Zuflucht vor Gangstern und Polizei, die hinter ihm her sind, wie auch eine schöne Frau, die er bestohlen hat; ein auf cool gestylter, neonschicker, erregender Film aus der »Unterwelt«, faszinierend in der irrlichternden Dramaturgie, exzellent besetzt und fotografiert; eine Hommage für den »Film noir« und eine Liebeserklärung an einen Ort der Absonderlichkeiten.

Die Suche nach der Hungersnot / Akaler San dhane ** ½
Indien 1980 – 123 Min. – R: Mrinal Sen. D: Dhritiman Chatterjee, Rajen Tarader, Dipankar Dey, Smita Patil.
Problemfilm. Ein Filmteam aus Kalkutta will 1980 in einem abgelegenen Dorf einen Bericht über die Hungersnot von 1943 drehen; Spannungen entstehen zwischen den Filmleuten und der Bevölkerung. Ein Film über den Gegensatz von Wirklichkeit und Fiktion, Wahrheit und Illusion.

Suchkind 312 * ½
BRD 1955 – 105 Min. sw. – R: Gustav Machaty. D: Inge Egger, Paul Klinger, Heli Finkenzeller, Alexander Kerst, Berta Drews.
Problemfilm. Kurz nach Kriegsende entdeckt eine junge Frau ihre Tochter als »Suchkind«; ihrem Mann hatte sie diese Tochter verschwiegen; rührselig.

Süchtig TV-Film
BRD – 115 Min. – R, B: Manfred Grunert. D: Michael König, Ilona Grandke, Christine Wodetzky, Grischa Huber.
Alkoholkranker sucht Hilfe in einer Klinik, erleidet Rückfälle, scheint ein aussichtsloser Fall zu sein, bis er doch noch

die rettende Kraft zum Weiterleben findet. Nach autobiographischen Erlebnissen des Autors.

Sudan / Sudan ∗∗
USA 1945 – 73 Min. – R: John Rawlins. D: Maria Montez, Jon Hall, Turhan Bey, Andy Devine.
Abenteuerfilm. Eine Nilprinzessin will den Mord an ihrem Vater rächen, doch sie hält den Falschen für den Täter; gemeinsam mit ihm besiegt sie dann den richtigen Bösen; farbenprächtige Liebes-Abenteuer-Romanze ohne viel Schwung.

Der Süden / El Sur ∗∗∗
E 1982 – 91 Min. – R: Victor Erice. D: Sonsoles Arangueren, Iciar Bollan, Omero Antonietti, Lola Cardona.
Psychodrama. Spanisches Leben aus der Sicht der kleinen Estrella, die ihren Vater über alles liebt. Individuelles Schicksal und kollektive Geschichte gehen ineinander auf. Nach und nach begreift das Mädchen das dunkle Geheimnis, das den Vater umgibt – ein leiser Film voll verborgener Schönheit, der seine Geschichte in strengen, klaren Bildern entfaltet.

Südlich vom Pangani-Fluß / ∗∗
Mister Moses
GB/USA 1964 – 110 Min. – R: Ronald Neame. D: Robert Mitchum, Carroll Baker, Alexander Knox.
Abenteuerfilm. Actionspektakel um einen Staudamm, gegen den ein Eingeborenenstamm sich wehrt. Erst der weiße Abenteurer mit dem Tropenhelm bringt die Lösung in diesem farbigen, bemühten, hier und da ins Symbolistische abgleitenden Kolonialfilm.

Südliche Nächte ∗
BRD 1953 – 95 Min. sw. – R: Robert A. Stemmle. D: Walter Müller, Walter Giller, Waltraut Haas.
Musikfilm. Ferienliebe in Italien verstellt zwei Freunden den Blick für die Realität; viel Tourismus- und Love-Story-Klamauk ohne erkennbaren Sinn.

Südseeparadies / ∗ ½
Paradise – Hawaiian Style
USA 1965 – 89 Min. – R: Michael Moore. D: Elvis Presley, Suzanne Leigh, James Shigeta, Donna Butterworth.
Musikfilm. Ein exotisches Hawaii-Abenteuer, arrangiert für Elvis: Als Hubschrauberpilot muß er um seine Lizenz bangen, doch nachdem er zwei Menschen das Leben gerettet hat, steht dem Happy-End nichts mehr im Wege. Dazu jede Menge Elvis-Songs.

Südwest nach Sonora / ∗∗
The Appaloosa
USA 1966 – 95 Min. – R: Sidney J. Furie. D: Marlon Brando, Anjanette Comer, John Saxon, Emilio Fernandez.
Western. Ein Bandit stiehlt einem Pferdezüchter sein bestes Pferd, und der holt es sich zurück. Spannender, ruhiger Western mit einem ausdrucksvoll und konzentriert agierenden Brando.

Sugarland Express / ∗∗∗
The Sugarland Express
USA 1974 – 110 Min. Ⓥ CIC. – R: Steven Spielberg. D: Goldie Hawn, Ben Johnson, Michael Sacks, William Atherton, Frank Steggall.
Fluchtfilm. Die in besorgter Mutterliebe entbrannte Lou entfesselt die größte Stoßstangenkarawane der Filmgeschichte; sie verleitet ihren Mann Clovis zur Flucht aus einem Texasfarm-Gefängnis, um ihr zur Adoption freigegebenes Baby zurückzubekommen. Spielberg inszenierte das Road Movie mit Sinn für Action, Gesellschaftskritik und makabrem Humor.

Summer in the City ∗∗∗
BRD 1970 – 125 Min. sw. – R: Wim Wenders. D: Hanns Zischler, Gerd Stein, Muriel Werner, Helmut Färber, Edda Köchl, Wim Wenders, Libgart Schwarz, Marie Bardischewski.
Zeitkritischer Avantgardefilm. Ein soeben entlassener Strafgefangener geht durch den deutschen Winter, Angst vor eventuellen Verfolgern und die Suche nach Freunden treiben ihn; aus dem individuellen Fall des Mannes wird der »Fall Bundesrepublik« am Ende der Aufbruchstimmung. Intensive Alltagsbeobachtung, schmerzend genaue Bilder und eine Zustandsbeschreibung, die Worte und visuelle Tatsachen konterkariert, machen den ersten Langfilm von Wenders zum ethnographischen Trip in die Ungeheuerlichkeit des Alltags.

Summernight Fever *
BRD 1978 – 106 Min. – R: Siggi Götz. D: Olivia Pascal, Stéphane Hillel, Claus Obalski.
Teenieschmonzette. Zwei Abiturienten machen sich im klapprigen Auto auf nach Ibiza. Dort erleben sie die Freuden des süßen Lebens und die Schönheiten einer Insel im Touristengriff. Geschmiert wird die harmlose Urlaubskiste mit gängigen Songs der Pop-Hitparaden.

Sumpf unter den Füßen / ** ½
Wind Across the Everglades
USA 1958 – 90 Min. – R: Nicholas Ray. D: Christopher Plummer, Burl Ives, Gypsy Rose Lee, Chana Eden.
Abenteuerfilm. Nick Ray, der Rebell unter den Regisseuren, drehte diesen Ökothriller aus den Sümpfen Floridas schon 1958: Er erzählt den Kampf einer Bande von Vogelkillern mit einem Naturschützer.

Sumuru, die Tochter des Satans / The Slaves of Su-Muru FLOP
GB 1966 – 77 Min. – R: Lindsay Shonteff. D: George Nader, Shirley Eaton, Klaus Kinski.
Agentenklamotte. Anführerin Sumuru hofft auf einen modernen Amazonenstaat: Ihre Helferinnen sollen ihr durch üble Taten und Heirat von Superreichen die Weltherrschaft sichern; absurd.

Der Sündenbock / **
The Scapegoat
GB 1958 – 90 Min. sw. – R: Robert Hamer. D: Alec Guinness, Bette Davis, Nicole Maurey.
Doppelgängergeschichte. Ein englischer Dorflehrer tauscht im Urlaub mit einem französischen Adligen die Rollen, ohne zu wissen, daß er als Sündenbock in einen Mordfall eingeplant ist; eine virtuos gespielte Doppelrolle für Guinness und ein raffinierter, überraschender Schluß.

Der Sündenbock von Spatzenhausen * ½
BRD 1958 – 96 Min. – R: Herbert B. Fredersdorf. D: Hans Moser, Kurt Großkurth, Joe Stöckel, Isa Günther, Bert Fortell, Jutta Günther, Beppo Brem.
Dorfkomödie. Um vor seiner Pensionierung seinen Bahnhof noch zur Eilzugstation aufzuwerten, beginnt ein Vorsteher einen abenteuerlichen Privatfeldzug; routinierter Film mit dem nuschelnden Grantler Moser; harmlose Unterhaltung.

Die Sünderin **
BRD 1950 – 90 Min. sw. – R: Willi Forst. D: Hildegard Knef, Gustav Fröhlich, Robert Meyn, Theo Tecklenburg.
Melodram. Marina ist durch die Wirren der Nazizeit aus der bürgerlichen Bahn geworfen und Prostituierte geworden; die Liebe zu einem todkranken Maler gibt ihrem Leben neuen Sinn. Kolportagehaftes Nachkriegsdrama; der Doppelselbstmord und eine Nacktszene der Knef machten den Film damals zum großen skandalträchtigen Kassenschlager.

Sündige Liebe
siehe: Liebe auf Abwegen

Die sündige Stadt / ** ½
The Inspector General
USA 1949 – 92 Min. – R: Henry Koster. D: Danny Kaye, Walter Slezak, Barbara Bates, Elsa Lanchester.
Komödie. Freie Variation über ein Thema von Gogol: Ein Zirkusangestellter wird beim Herannahen des Generalinspektors für einen hohen Beamten gehalten und nutzt die Situation zu seinen Gunsten. Kaye seinerseits nutzt das gute Drehbuch zu blendender Situationskomik.

Sunnyboy und Sugarbaby FLOP
BRD 1979 – 84 Min. Ⓥ Tristar Video. – R: Franz Josef Gottlieb. D: Ekkehardt Belle, Sabine Wollin, Claus Obalski, Gina Janssen.
Musikklamotte. Zwei Freunde lieben dieselbe Maid; was daraus folgt, ist für den Zuschauer ein Ärgernis; dummdreister Versuch, Teeniestar Ekkehardt Belle als Schauspieler zu präsentieren.

Die Sunny-Boys / ** ½
The Sunshine Boys
USA 1975 – 107 Min. – R: Herbert Ross. D: Walter Matthau, George Burns, Richard Benjamin, Carol Arthur.
Komödie. Zwei altgewordene Vaudevillestars, die sich vor Jahren trennten, sollen für eine TV-Show noch einmal ihre Glanznummer vorstellen; der Sprachwitz

von Neil Simons Broadwaystück prägt die geistvolle Verfilmung, für die Burns einen Oscar bekam.

Super ∗∗
BRD 1983 – 97 Min. – R: Adolf Winkelmann. D: Renan Demirkan, Udo Lindenberg, Inga Humpe, Günter Lamprecht, Hannelore Hoger.
Zeitkritische Groteske. Dramaturgische Purzelbäume schlagende Action um Benzin, Geld und Liebe im Ruhrpott mit Altrocker Lindenberg, immer gut, wenn er Mittelpunkt ist, und mit einer Reihe von herrlich blöden Sketchen der übrigen Besetzung; von Winkelmann (»Jede Menge Kohle«) filmisch teils atemberaubend schön, dann wieder maniriert bis kraftlos zubereitet.

Super Sound und flotte Sprüche / Can't Stop the Music FLOP
USA 1980 – 104 Min. – R: Nancy Walker. D: Ray Simpson, David Hodo, Felipe Rose, Randy Jones, Valerie Perrine.
Musikfilm. Ein Exmodel hilft einem erfolglosen Songwriter, seine Produkte an die Band zu bringen; peinlich dilettantischer Film, den selbst die Songs der »Village People« nicht retten.

Der Superbulle jagt den Paten / Squadra antimalia ∗ ½
I 1982 – 98 Min. – R: Bruno Corbucci. D: Tomas Milian, Eli Wallach, Enzo Cannavale, Margherita Fumero.
Krimikomödie. Superagent Tony Marroni als getürkter Knastbruder auf den Spuren eines US-Mafioso; die vielen losen Sprüche helfen dem matten Film nur wenig.

Der Superbulle jagt den Ripper / Assassino sul tevere ∗∗
I 1981 – 90 Min. – R: Sergio Corbucci. D: Tomas Milian, Roberta Manfredi.
Krimi. Toni Marroni, der coole Bulle im Overall, klärt unter Einsatz seines Lebens einen Mord auf. Der Serienkrimi setzt wie immer auf Machosprüche, unzählige Prügeleien und Tempo; für Fans.

Der Superbulle räumt die Wüste auf / Il figlio del sceicco FLOP
I 1978 – 90 Min. – R: Bruno Corbucci. D: Tomas Milian, Bo Svensson, Gille Kirsten.
Krimi. Titelheld und die hübsche Topagentin einer Ölgesellschaft im Kampf zweier Konzerne; von unsäglicher Plattheit.

Der Superbulle schlägt wieder zu / Squadra antitruffa ∗ ½
I 1976 – 90 Min. – R: Bruno Corbucci. D: Tomas Milian, David Hemmings.
Versicherungskrimi. Spezialagent Marroni soll im Auftrag von Lloyd's einen Versicherungsbetrug klären; routiniert, actionhaltig.

Der Supercoup ∗∗
GB 1982 – 115 Min. Ⓥ Tristar. – R: Ralph Thomas. D: David Niven, Oliver Tobias, Elke Sommer, Richard Jordan.
Krimikomödie. Vergnügliches, anspruchsarmes Krimiabenteuer um einen genialen Tüftler, der einen perfekten Coup ausbrütet. Im letzten Moment wird der Plan gefährdet, und das »Superhirn« sinnt nach Auswegen.

Das Superding der 7 goldenen Männer / Il grande colpo dei 7 uomini d'oro ∗
I 1966 – 101 Min. – R, B: Marco Vicario. D: Philippe Leroy, Rossana Podestá, Enrico M. Salerno, Gabriele Tinti.
Gaunerkomödie. Skurrile Agentenfilmparodie ohne viel Hintergrund; einige nette Gags.

Ein Superesel auf dem Ku'damm / Delitto al Blue Gay ∗∗
I/BRD 1985 – 85 Min. – R: Bruno Corbucci. D: Tomas Milian, Bombolo, Anita Kupsch, Mario Amendola.
Komödie. Nico Garibaldi ist ein Polizist und Spaßvogel besonderer Art, er regelt nicht nur den Verkehr. Amüsante Abenteuer unter Männern, einmal anders – Softporno für Homophile.

Das Superhirn / Le cerveau ∗∗ ½
F/I 1968 – 135 Min. Ⓥ CIC. – R: Gérard Oury. D: Jean-Paul Belmondo, Bourvil, David Niven, Eli Wallach, Sylvia Monti.
Gaunerkomödie. Ein großer Coup wird von Charles, dem »Superhirn«, ausgebrütet, doch zwei kleine Ganoven wollen ebenfalls ihr Süppchen kochen beim Überfall auf den Millionentransport. Große Stars und Komiker in Laune und mit Spielwitz.

Supermann des Wilden Westens / The Great Scout and Cathouse Thurscay ** ½
USA 1976 – 102 Min. Ⓥ VCL. – R: Don Taylor. D: Lee Marvin, Oliver Reed, Robert Culp.
Spätwestern. Ein weißer Westernheld und sein halbindianischer Freund entführen die Frau eines Gegners. Der ironische, komödiantisch gebrochene Western spielt 1908 in Colorado, als es mit der Westernherrlichkeit schon vorbei war; aus dieser Tatsache schlägt er genüßlich Unterhaltungskapital.

Supermarkt **
BRD 1974 – 80 Min. – R: Roland Klick. M: Marius Müller-Westernhagen, Udo Lindenberg. D: Charly Wierczejewski, Eva Mattes, Michael Degen, Walter Kohout, Hans-Michael Rehberg.
Liebesfilm. Tagträumer Willi träumt vom großen Reichtum, von schönen Dingen und starken Taten; nachdem er eine Bordsteinschwalbe kennengelernt hat, überfällt er für sie einen Supermarkt-Geldtransporter. Der handwerklich solide und stilsicher inszenierte Film erzählt seine »kleine« Story flüssig und effektvoll.

Die Supernasen FLOP
BRD 1983 – 84 Min. Ⓥ Ufa. – R: Dieter Pröttel. D: Thomas Gottschalk, Mike Krüger, Liane Hielscher, Gert Haucke, Thea Gottschalk.
Klamotte. Zwei Feierabenddetektive beschatten eine Direktorengattin im Kururlaub und treiben dabei kuriose Späße mit anwesenden Damen und Herren. Publikumslieblinge Gottschalk und Krüger schrieben zu diesem ihrem zweiten Spielfilm auch das Drehbuch – leider; denn ihre Versuche, das Kintopp der frühen 60er Jahre in dem Blödsinn noch zu übertreffen, an dem es damals zugrunde ging, gelingen.

Eine Superpolizistin in New York / La poliziotta a New York *
I 1981 – 85 Min. – R: Michele Tarantini. D: Edwige Fenech, Renzo Montagnani, Alvaro Vitali.
Klamotte. Eine schlagfertige Karatepolitesse wird als Sexbombe auf einen Gangsterboß angesetzt; der unübersehbare Hängebusen des Stars steht für das Niveau des billigen Klamauks.

Supersonic Man / Supersonic Man *
USA 1979 – 90 Min. – R: Juan Piquer Simon. D: Michael Coby, Cameron Mitchell, Diana Polakow.
Agentenfilm. Wirres Puzzle, aus Versatzstücken des Genres zusammengesetzt, um einen machthungrigen Verrückten und seinen supermännischen Gegenspieler. Technisch gekonnt getrickst, aber uninspiriert zusammengeschustert.

Ein Supertyp haut auf die Pauke / W. W. and the Dixie Dancekings ** ½
USA 1975 – 91 Min. – R: John G. Avildsen. D: Burt Reynolds, Art Carney, Conny Van Dyke, Jerry Reed.
Zeitkritische Satire. Ein gesellschaftskritisches Schlitzohr beklaut Tankstellen, weil es die Geschäfte der Ölkonzerne verabscheut; die Ölbosse hetzen daraufhin einen Schnüffler auf seine Spur; die von Reynolds mit lässigem Charme gespielte Hauptfigur führt die Handlung sympathisch durch alle Hochs und Tiefs.

Susan Lenox / Susan Lenox: Her Fall And Rise ** ½
USA 1931 – 76 Min. sw. – R: Robert Z. Leonard. D: Greta Garbo, Clark Gable, Jean Hersholt, Alan Hale.
Melodram. Junge Frau flieht vor ihrem tyrannischen Vater direkt in die Arme eines Mannes, dessen besondere Lebensumstände jedoch kein Happy-End in Aussicht stellen. Ein gefühlsbetonter Film, ganz auf Garbos Gesicht zugeschnitten.

Susanna, süß wie Sahne / Susanna tutta panna * ½
I 1957 – 85 Min. sw. – R: Steno. D: Marisa Allasio, Nino Manfredi, German Cobos.
Komödie. Ein in einer Torte verstecktes Geheimrezept löst turbulente Ereignisse und Verwicklung aus, als die Leckerei irrtümlich an die falsche Adresse gerät.

Susanne, die Wirtin von der Lahn / Die Wirtin von der Lahn *
A 1967 – 86 Min. – R: Franz Antel. D: Terry Torday, Pascale Petit, Harald Leipnitz, Klaus Ringer.

Klamotte. Die Wirtin als clevere Vermittlerin zwischen aufmüpfigen Studenten und napoleonischen Besatzern; enttäuschend selbst für die, die ihre Kenntnis der »Wirtinnenverse« überprüfen möchten, sie werden nur verstümmelt zitiert.

Suspense ∗∗
USA 1946 – 101 Min. sw. OmU. – R: Frank Tuttle. D: Belita, Barry Sullivan, Albert Dekker, Eugene Pallette.
Krimi. Joe liebt den Star der Eisrevue, die Dame ist jedoch die Ehefrau des Chefs. Ein Weekend in den verschneiten Bergen führt die drei zusammen, ein Schuß fällt – und der Schütze verschwindet in einer Lawine. Beziehungsclinch mit solide durchgehaltener Spannung und surrealen Effekten.

Die süße Haut / La peau douce ∗∗∗
F 1963 – 107 Min. sw. – R: François Truffaut. D: Jean Desailly, François Dorleac, Nelly Benedetti, Daniel Ceccaldi.
Melodram. Ein verheirateter Schriftsteller verliebt sich auf einer Reise nach Lissabon in eine attraktive Stewardeß; die Heimlichkeit dieser Beziehung wird schnell zum Problem; die Unmöglichkeit von echter Kommunikation und befreiter Sexualität kulminiert in dem tragischen Ausgang der Dreiecksgeschichte. Ein kühler, analytischer Film, mit dem sich Truffaut erstmals vom Stil der »Nouvelle Vague« entfernt.

Das süße Leben / La dolce vita ∗∗∗ ½
I/F 1960 – 167 Min. sw. – R: Federico Fellini. D: Marcello Mastroianni, Anita Ekberg, Anouk Aimée, Yvonne Fourneaux, Alain Cuny, Magali Noël, Lex Barker.
Melodram. Farbenprächtiger Bilderbogen über die losen Sitten der römischen Schickeria. Im Mittelpunkt steht der Klatschkolumnist Marcello, dessen Leben, reich an Ereignissen, aber arm an innerem Erleben, sich durch den Selbstmordversuch seiner Frau und durch die Begegnung mit einem amerikanischen Filmstar wandelt. Der Film, der die römische Gesellschaft desavouierte, löste bei seiner Erstaufführung einen Skandal aus; berühmt die Szene, in der Anita Ekberg in der Fontana di Trevi badet. 1960 Goldene Palme in Cannes. Kinoklassiker.

Das süße Leben des Grafen Bobby ∗
A 1962 – 88 Min. – R: Géza von Cziffra. D: Peter Alexander, Gunther Philipp, Oskar Sima, Bill Ramsey, Fritz Muliar.
Graf-Bobby-Klamotte. Erfolgloses Detektivduo wittert in einer Mädchenhandelaffäre das große Geschäft; harmlos, für Fans lustig.

Süße Sorgen / Sladké Starosti ∗∗
ČSSR 1984 – 84 Min. – R: Juraj Herz. D: Emil Horváth jun., Renata Masková, Andrej Hryč.
Komödie. Ein schüchterner Zuckerbäkker wehrt sich dagegen, von seiner Mutter verheiratet zu werden; als er sich dann verliebt, fangen die Probleme erst richtig an; konventionelle Liebeskomödie, sympathisch, aber nur mäßig lustig.

Das süße Wort Verheißung / Ticket to Heaven ∗∗ ½
CDN 1981 – 102 Min. – R: Ralph L. Thomas. D: Nick Mancuso, Saul Rubinek, Meg Foster, Kim Cattrall.
Zeitkritischer Film. Nick Mancuso, noch am Boden zerstört von einer gescheiterten Liebesbeziehung, wird, von der Moon-Kultsekte verführt, als »himmlisches Kind« aufgebaut. Erschreckender Thriller um eine bedrohliche Zeiterscheinung; hervorragende Schauspieler, gekonnt inszeniert.

Ein süßer Fratz / Funny Face ∗∗∗ ½
USA 1957 – 103 Min. – R: Stanley Donen. D: Fred Astaire, Audrey Hepburn, Kai Thompson, Michel Auclair.
Musical. Ein Starfotograf überredet eine junge Buchhändlerin zu Modeaufnahmen in Paris, sie hat zwar eher intellektuelle Interessen, doch das ändert sich rasch; schwungvoller Sing- und Tanzfilm in opulenten Farben, mit exzellenter Besetzung; auch wegen der Musik George Gershwins ein Klassiker des Musikfilms.

Süßer Vogel Jugend / Sweet Bird of Youth ∗∗
USA 1961 – 115 Min. – R, B: Richard

Brooks. D: Paul Newman, Geraldine Page, Shirley Knight, Ed Begley.
Psychodrama. Ein Tennessee-Williams-Knüller mit Neurotikern aller Spielarten im schwülen Südstaatenmilieu. Mit theatralischen Mitteln, wortgewaltig und schweißtreibend spielintensiv inszeniert, aber nicht überzogen; Oscar für Begley.

Süßer Wahn / Dites-lui que je l'aime **
F 1977 – 120 Min. Ⓥ CBS/FOX. – R: Claude Miller. D: Gérard Depardieu, Dominique Laffin, Miou-Miou.
Psychodrama. Dreiecksgeschichte um einen robusten Mann, der eine verheiratete Frau liebt, deren Mann nach einem Streit mit dem ungestümen Nebenbuhler tödlich verunglückt. Miller (»Das Auge«) vollzieht den Weg der unbedingten Gefühle nach bis zur äußersten Konsequenz.

Die süßesten Früchte *
BRD 1954 – 90 Min. sw. – R: Franz Antel. D: Gunther Philipp, Rudolf Platte, Oskar Sima, Wolf Albach-Retty, Maria Holst, Joe Stöckel.
Klamotte. Blödelfilm um eine Bananenrepublik und ihre Zollkriege mit dem Nachbarland. Zur mäßig einfallsreichen Kintopp-Plotte die dürftigen Schlagerschnulzen der goldenen Fünfziger.

Sussi/ Sussi ** ½
Chile 1988 – 105 Min. – OmU. – R: Gonzalo Justiniano. D: Marcela Osorio, Bastian Bodenhoffer, Myriam Palacios, Maria Corbinos, Luis Alarcon.
Zeitkritischer Karrierefilm. Ein armes, aber bildhübsches Mädchen aus der Provinz will als Star die Hauptstadt erobern; sie beginnt in den Niederungen des Nachtlebens, dann werden einflußreiche Leute aufmerksam. Der zweite Film des Regisseurs konfrontiert das offizielle Propagandabild von der chilenischen Frau und Mutter, mit der wirklichen Situation moralischen Verfalls in dem durch die Diktatur korrumpierten Land.

Sweet Charity
siehe: Liebesaffären einer Tänzerin – Sweet Charity

Swing Time / Swing Time ***
USA 1936 – 100 Min. sw. – R: George Stevens. D: Fred Astaire, Ginger Rogers, Victor Moore, Helen Broderick, Eric Blore.
Musical. Ein Tänzer wagt den Sprung von der Provinz nach New York, damit sich sein Traum von Karriere und Liebe schneller erfüllt; das ideale Tanzpaar Astaire/Rogers signalisiert Optimismus und Lebensfreude durch die Illusion der Unbeschwertheit ihrer Tanz- und Gesangsnummern nach der Musik von Jerome Kern; eines der schwungvollsten und witzigsten Musicals des alten Hollywood.

Sylvia / Sylvia ** ½
Neuseeland 1985 – 98 Min. – R: Michael Firth. D: Eleanor David, Nigel Terry, Tom Wilkinson, Mary Regan.
Zeitkritischer Film. Biographisches Werk über die Pädagogin Sylvia Ashton-Warner, die in den frühen 40er Jahren durch ihre revolutionären Lehrmethoden in einem Maori-Dorf Aufsehen erregte; subtiles, einfühlsames Drama.

Sylvie TV-Film
BRD 1973 – 90 Min. – R, B: Klaus Lemke. D: Sylvie Winter, Paul Lyss, Del Negro, Ivan Desny.
Ein Fotomodell will in eine Ehe mit einem älteren Herrn flüchten, landet aber bei einem jungen Taxifahrer; ein Glücksfall von Liebeskomödie im TV.

Symphonie eines Lebens ** ½
D 1943 – 82 Min. sw. – R: Hans Bertram. D: Harry Baur, Henny Porten, Gisela Uhlen, Harald Paulsen.
Melodram. Ein Komponist tötet aus verschmähter Liebe seinen Nebenbuhler, nach verbüßter Strafe komponiert er sein Meisterwerk; Künstler- und Musikfilm am Rande des Kitsches; darstellerisch exzellent Harry Baur.

Symphonie in Gold * ½
A 1955 – 100 Min. – R: Franz Antel. D: Germaine Damar, Joachim Fuchsberger, Gunther Philipp, Hans Moser, Susi Nicoletti.
Revuefilm. Das Nachwuchstalent einer Eisrevue wird als »Mister X« berühmt und kann sich die Frau seiner Träume angeln. Schöne Eistanzaufnahmen auf glitzernder Fläche in einem ansonsten kalt kalkulierten und wenig erwärmenden Retortenfilm.

T

Tabu / Tabu ∗∗∗ ½
USA 1931 – 80 Min. sw. – R: Friedrich Wilhelm Murnau, Robert J. Flaherty. D: Reri, Matahi, Hitu.
Südseefilm. Meisterhaft fotografiert – Sitten und Rituale aus der Welt der Südsee: Ein junges Mädchen auf Tahiti wird mit dem »Tabu« belegt und den Göttern geweiht. Für den berühmten Stummfilm wurde nachträglich eine Musik komponiert.

T. A. G. – Das Killerspiel / ∗∗
TAG – The Assassination Game
USA 1985 – 94 Min. Ⓥ Ufa. – R: Nick Castle. D: Robert Carradine, Linda Hamilton, Perry Lang.
Krimi. Gelangweilte junge Leute spielen ein Spiel, bei dem einmal in der Nacht mit Gummigeschossen geballert wird; wer dabei erwischt wird, scheidet aus; plötzlich wird aus dem verrückten Spiel Ernst. Unterhaltsames Spektakel mit origineller Grundidee, aber nicht in allem überzeugend.

Der Tag, an dem die Erde Feuer fing / The Day the Earth Caught Fire ∗∗∗
GB 1961 – 95 Min. sw., z. T. viragiert (eingefärbt). – R: Val Guest. D: Janet Munro, Leo McKern, Edward Judd, Michael Goodliffe.
Science-fiction-Thriller. Das Schweigen der Behörden zu einem globalen Klimachaos bringt einen Reporter auf die Spur einer Atomkatastrophe; ein bei aller Konstruiertheit packender, alptraumhafter Antiatomfilm.

Der Tag, an dem die Fische kamen / The Day the Fish Came Out FLOP
GB/USA/GR 1967 – 109 Min. – R: Michael Cacoyannis. D: Tom Courtenay, Colin Blakely, Sam Wanamaker, Candice Bergen.
Klamotte. Verlust von A-Bomben und nuklearem Material als Hintergrund für eine ärgerliche Homosexuellenplotte.

Der Tag bricht an / ∗∗∗
Le jour se lève
F 1939 – 87 Min. sw. – R: Marcel Carné. D: Jean Gabin, Arletty, Jules Berry, Jacqueline Laurent.
Zeitkritisches Melodram. Ein Arbeiter und ein Schausteller streiten sich um dieselbe Frau – bis zum tragischen Ende. Der Film von Carné (»Kinder des Olymp«) erzählt das dramatische Geschehen in Rückblenden; poetisch-realistisches Meisterwerk des französischen Vorkriegsfilms.

Der Tag der Abrechnung TV-Film
BRD – 45 Min. – R, B: Bernd Schadewald. D: Kornelia Boje, Hansjoachim Knetsch, Ian Moorse, Stephanie Schadewald.
Die Ehe eines Mannes, der seinen Bauernhof in eine Legebatterie umwandelte, gerät in offene Krise, als die Tochter verunglückt; Psychothriller.

Der Tag der Eule / ∗∗∗
Il giorno della civetta
I/F 1967 – 103 Min. – R: Damiano Damiani. D: Franco Nero, Claudia Cardinale, Lee J. Cobb.
Mafiafilm. Ein norditalienischer Polizeihauptmann stößt bei seinen Ermittlungen in einer sizilianischen Kleinstadt auf eine Mauer des Schweigens; er erringt zwar den Respekt selbst seiner Feinde, scheitert aber letztlich doch; große Rolle für Cobb als Mafia-Don.

Der Tag der Heuschrecke / ∗∗∗
The Day of the Locust
USA 1974 – 144 Min. – R: John Schlesinger. D: Donald Sutherland, Karen Black, William Atherton, Burgess Meredith, Geraldine Page.
Zeitkritischer Film. Adaption von Nathanael Wests Bestseller über das Elend von Hollywoodkarrieren und kahlgefressene

Träume; satirisch, nostalgisch, grell und melancholisch zugleich, ein streckenweise zynisches Gesellschaftsbild.

Ein Tag, der nie zu Ende geht ∗∗

D 1959 – 105 Min. – R: Franz-Peter Wirth. D: Ruth Leuwerik, Hansjörg Felmy, Hannes Messemer, Mady Rahl.

Kriegsfilm. Der deutsche Kommandant eines beschädigten U-Bootes sucht 1943 in einem irischen Hafen Hilfe. Eine Frau durchschaut ihn, es entwickelt sich eine spröde Beziehumg. Der unsentimentale Film beschreibt die schwierigen zwischenmenschlichen Beziehungen über Ländergrenzen hinweg in Kriegszeiten.

Der Tag der Tauben TV-Film

A – 85 Min. – R: Walter Davy. B: Kurt Klinger. D: Alma Seidler, Hans Putz, Bernhard Minetti.

Jedes Jahr am Herz-Jesu-Freitag geht die Patrona zur Messe und beichtet. Sie ist geizig und hochmütig geworden und fühlt sich in seelischer Not. So wird sie leicht zum Opfer.

Der Tag der Vergeltung / Untamed Frontier ∗∗

USA 1952 – 80 Min. – R: Hugo Fregonese. D: Joseph Cotten, Shelley Winters, Scott Brady, Suzan Ball.

Rancherwestern. Böses Spiel um einen Viehkönig, der Konkurrenten aus dem Weg räumt und die Frau, die ihm gefährlich wird, heiratet. Mit psychologischer Spannung, guten Handlungssequenzen und schönen Bildern aus dem weiten und korrupten Land.

Tag der Vergeltung / Il giorno del giudizio ∗ ½

I 1971 – 85 Min. – R: Mario Gariazzo. D: Ty Hardin, Rossano Brazzi, Craig Hill, Rosalba Neri.

Italowestern. Rache-Italo um einen Bürgerkriegssoldaten, der auf eigene Faust Gerechtigkeit schaffen will. Ambitionierte Story, phantasielos heruntergedreht; Massenware.

Der Tag des Delphins / The Day of the Dolphin ∗∗

USA 1973 – 101 Min. – R: Mike Nichols. D: George C. Scott, Trish Van Devere, Paul Sorvino, Fritz Weaver.

Thriller. Ein FBI-Agent jagt Verschwörer, die dressierte Delphine rauben und für einen Mordanschlag auf den US-Präsidenten einsetzen wollen; clever gefilmter Räuber-und-Gendarm-Reißer, mit Wassertieren verziert.

Ein Tag für die Liebe / Someone to Love ∗∗ ½

USA 1985 – 105 Min. – R: Henry Jaglom. D: Henry Jaglom, Orson Welles, Andrea Marcovicci, Michael Emil, Sally Kellerman.

Liebesfilm. Filmemacher liebt Schauspielerin, doch die will ihre Unabhängigkeit nicht aufgeben; auf einer inszenierten Party, deren Gastgeber der große Orson Welles ist (hier in seinem letzten Filmauftritt), soll die »Beziehungskiste« auf den Tisch gelegt und von allen Anwesenden kritisch kommentiert werden, tragikomische Situationen sind die Folge; von Woody Allen inspirierter Psychofilm voll schillernder Ironie.

Ein Tag für meine Liebe / Den pro mou lásku ∗∗

ČSSR 1976 – 83 Min. – R: Juraj Herz. D: Marta Vančurová, Vlastimil Harapes.

Ehedrama. Das vierjährige Mädchen eines jungen Ehepaares stirbt binnen weniger Tage. Danach verdämmern die Eltern in Trauer, die Ehe scheint zu zerbrechen. Der sensible, unspektakuläre Film erzählt dieses heikle, kaum abbildbare Thema an der Grenze zum Sagbaren mit behutsamen Tönen, jedoch nicht immer zwingend.

Ein Tag mit dem Wind ∗∗ ½

BRD 1979 – 95 Min. – R: Haro Senft. D: Marcel Maillard, Barbara Rutzmoser.

Kinderfilm. Barbara schenkt Marcel eine goldene Kugel, die ihm Glück bringen soll. Marcel ist oft allein und stromert durch die Stadt, dabei begegnen ihm viele Menschen. Er hat immer seinen Freund bei sich – ein Kaninchen.

Tag und Nacht denk' ich an dich / Night and Day ∗∗∗

USA 1946 – 110 Min. – R: Edmund Goulding. D: Cary Grant, Alexis Smith, Jane Wyman, Monty Woolley.

Musikfilm. Die filmische Biographie des großen US-Musikers Cole Porter und seiner Frau Linda Lee, schmissig in Szene gesetzt, mit hervorragenden Revueaufnahmen und melodramatischen Effekten.

Tage der Liebe / Giorni d'amore **
I 1954 – 99 Min. – R: Giuseppe De Santis. D: Marcello Mastroianni, Marina Vlady, Angelina Langobardi.
Burleske. Die Bauern im Dorf sind arm, und eine standesgemäße Hochzeit können sie sich nicht leisten; deshalb bleibt Pasquale und Angelina nur eine vorgespielte Entführung; ein komisch-geschwätziger, grellbunter Film über das Landleben, wo es folkloristisch zugeht und Bauernregeln und die Zwänge der Tradition das Leben erschweren.

Tage der Sonnenfinsternis / Dni satmenija ** ½
UdSSR 1988 – 131 Min. OmU. – R: Alexander Sokurow. D: Alexej Ananischnow, Eskender Umarow, Wladimir Samamski, I. Sokolowa.
Zeitkritischer Film. Die in fast monochromen Grau- und Blautönen gehaltenen Farbsequenzen führen in eine fremde orientalische Welt, in den Ort Krasnowodsk in Turkmenien. Der Moskauer Kinderarzt widmet sich in seinen Studien dem Problem, wie Geist und Körper einander beeinflussen; die Folge sind Tod, Selbstmord, Feuer – ein rätselhafter Film voll magischer Bilder.

Tagebuch / Napló gyermekeimnek ** ½
H 1982 – 105 Min. sw. – R: Márta Mészáros. D: Zsuzsa Czinkóczi, Anna Polony, Jan Nowicki.
Zeitkritischer Film. Das Mädchen Juli kommt nach dem Krieg aus der Sowjetunion ins stalinistische Ungarn zurück und findet sich privat und öffentlich nicht mehr im Heimatland zurecht. Die Regisseurin zeigt – autobiographisch getönt – ihre Suche nach Bindung mit eindringlichen, am kritischen Realismus geschulten, visuell zupackenden Sequenzen und mit Gespür für leise Charakterzeichnung.

Das Tagebuch der Anne Frank / The Diary of Anne Frank ** ½
USA 1959 – 152 Min. sw. – R: George Stevens. D: Millie Perkins, Joseph Schildkraut, Shelley Winters, Richard Beymer, Diane Baker, Gusti Huber.
Buchverfilmung. Melodramatische Filmversion der im Amsterdamer Versteck verfaßten Tagebücher der 13jährigen Jüdin, die die Verfolgung durch Nazischergen dokumentieren; die auch die Bühnenfassung einbeziehende Adaption überzeugt durch Aufrichtigkeit und Direktheit.

Das Tagebuch der Anne Frank / The Diary of Anne Frank TV-Film
USA 1980 – 100 Min. – R: Boris Sagal. D: Melissa Gilbert, Maximilian Schell, Joan Plowright, Doris Roberts.
Eindrucksvolles TV-Remake des Kinofilms von 1959, dessen Drehbuch als Basis verwendet wurde; ergreifend Melissa Gilbert, deren Spiel von einem überzeugenden Team gestützt wird.

Tagebuch der Provinz / Diario da provincia *** ½
BR 1978 – 95 Min. – R: Roberto Palmari. D: José Lewgoy, Gianfrancesco Guarnieri, Paula Ribeiro, Rodrigo Santiago.
Politfilm. In Brasilien Ende der zwanziger, Anfang der dreißiger Jahre macht ein schmieriger, prinzipienloser Lokalpolitiker Karriere; als er durch die Faschisten ganz nach oben kommt, fällt er der Rache des Sohns eines seiner Opfer anheim. Ein Film, der distanziert analytisch am Beispiel einer individuellen Karriere das Dauerhafte von Korruption und Machtmißbrauch offenlegt; eine Abrechnung mit Brasiliens Vergangenheit und jüngster Gegenwart.

Tagebuch einer Kammerzofe / The Diary of a Chambermaid ** ½
USA 1946 – 85 Min. sw. – R: Jean Renoir. D: Paulette Goddard, Burgess Meredith, Hurd Hatfield, Francis Lederer.
Literaturverfilmung. Was das Dienstmädchen Célestine bei Monsieur und Madame in der französischen Provinz erlebt, wirft ein grelles Licht auf die Herrschaften: Der Hausherr ist geil und taperig, die Herrin ein gehässiges Ungetüm; Renoirs Gesellschaftskritik wird zurückgenommen durch das dem Film aufgezwun-

gene Happy-End; nach einem Roman von Octave Mirbeau. 1963/64 von Luis Buñuel mit Jeanne Moreau neu verfilmt.

Tagebuch einer Kammerzofe / Le journal d'une femme de chambre ∗∗∗ ½
F/I 1964 – 97 Min. sw. – R: Luis Buñuel. D: Jeanne Moreau, Georges Géret, Michel Piccoli, François Lugagne, Daniel Ivernel.
Gesellschaftskritischer Film. Eine Kammerzofe wird in ihrer neuen Stellung mit vielfältigen Formen von Perversionen und Obsessionen konfrontiert; kühl steuert sie den Aufstieg in die morbide und gnadenlos selbstsichere Welt des von ihr verachteten Bürgertums an; ihre Anpassung verstärkt das Element der Polemik gegen Gesellschaftslügen.

Tagebuch einer Verliebten ∗ ½
BRD 1953 – 92 Min. sw. – R: Josef von Baky. D: Maria Schell, O. W. Fischer, Margarete Haagen, Franco Andrei.
Ehekomödie. Auch am siebten Hochzeitstag scheint die Ehe der Holzmanns noch glücklich; dagegen spricht allerdings, daß Frau Holzmann am Lago Maggiore eine alte Romanze wiederaufzufrischen versucht.

Tagebuch einer Verlorenen ∗∗∗
D 1929 – 93 Min. sw. Stf. – R: Georg Wilhelm Pabst. D: Louise Brooks, Josef Rovensky, Vera Pawlowa, Fritz Rasp, Sybille Schmitz.
Melodram. Trauriges Schicksal einer Apothekertochter, die ein uneheliches Kind zur Welt bringt, dieses entzogen bekommt, ins Bordell gerät – und fast wie durch ein Wunder, sozial erniedrigt, doch noch durch einen Grafen aus dem Milieu aufsteigt; Kintoppkolportage, die jedoch durch die faszinierende Regie von Pabst und das eindrucksvolle Spiel der Brooks auch heute noch rührt.

Tagebuch eines Ehebruchs / Diary of a Mad Housewife ∗∗ ½
USA 1970 – 91 Min. Ⓥ CIC. – R: Frank Perry. D: Richard Benjamin, Frank Langella, Carrie Snodgress, Lee Addams, Lorraine Cullen.
Frauenfilm. Ein rücksichtsloser Karrierist treibt seine Frau in eine Affäre mit einem schriftstellernden Playboy; als sie bemerkt, daß Tapetenwechsel allein nichts bringt, rebelliert sie; ein subtiler Film, der den Rahmen des Privaten sprengt und ein allgemeines Verhaltensproblem offenlegt.

Tagebuch eines Mörders / Diary of a Madman ∗∗
USA 1963 – 95 Min. – R: Reginald LeBorg. D: Vincent Price, Nancy Kovack, Chris Warfield, Elaine Devry.
Gruselfilm. Der Dämon eines Hingerichteten war in den verstorbenen Richter Cordier gefahren und hatte ihn zum Mörder werden lassen; in Rückblenden erzählte Verfilmung der Erzählung »La Horla« von Guy de Maupassant.

Tagebuch für meine Lieben / Napló szeremeimnek ∗∗∗
H 1986 – 125 Min. tlw. sw. – R: Márta Mészarós. D: Zsuzsa Czinkóczi, Anna Polony, Jan Nowicki, Erzsébet Kútvölgyi.
Zeitkritischer Film. Die 18jährige Juli trennt sich Anfang der 50er Jahre von ihrer kommunistischen Pflegemutter, als ihr Freund von ungarischen Stalinisten verhaftet wird; ihren schwierigen Lebensweg in Beruf und Liebe schildert der teilweise autobiographische Film als fesselnde Milieustudie und bewegendes Zeitdokument in poetischen Bildern und Sequenzen.

Eines Tages öffnet sich die Tür / Stage Struck ∗∗
USA 1958 – 85 Min. – R: Sidney Lumet. D: Susan Strasberg, Henry Fonda, Christopher Plummer, Herbert Marshall.
Psychodrama. Im Theatermilieu angesiedeltes Melodram um eine karrierebesessene Schauspielerin; trotz spannender Einblicke ins Broadway-Milieu wenig überzeugend gespielt.

Taifun-Club / Tayfu curabu ∗∗∗
J 1984 – 111 Min. – R: Shinji Somai. D: Yuichi Mikami, Shigeru Benibayashi, Toshiyuki Matsunaga, Yuki Kodoh.
Melodram. Schülerleben: Liebeleien, Verwirrungen, Unfälle, Neurosen – ein Film, der die Verunsicherung und Orien-

tierungslosigkeit der modernen japanischen Wohlstandsjugend transparent macht. Ein kritisches Zeitdokument; Auszeichnung auf dem Festival von Tokio 1985.

Taifun über Nagasaki / Typhon sur Nagasaki ✱✱
F/J 1956 – 95 Min. – R: Yves Ciampi. D: Danielle Darrieux, Jean Marais, Gert Fröbe.
Liebesromanze. Im modernen Japan angesiedelte Mär vom europäischen Ingenieur und Realisten, der die exotische und liebreizende Asiatin trifft. Der Gang des Schicksals und der Natur bringt Pfeffer in die traditionell erzählte Love-Story.

Taipei Story / Qingmei Zhuma ✱✱ ½
Taiwan 1985 – 115 Min. – R: Edward Yang. D: T'sai Ch'in, Hou Hsiao-hsien, Wu Nien-chen.
Zeitkritischer Liebesfilm. Eine junge Frau erwartet ihren Freund aus den USA zurück und sucht deshalb eine Wohnung; aus der frohen Erwartung entwickeln sich jedoch Alltagskatastrophen, das Paar entfremdet sich. Der kritische, realitätsnahe Film aus der modernen Kinoschule Taiwans zeichnet ein mosaikartiges Porträt der Menschen in Nationalchina und ihrer Lebensbedingungen.

Tal der Leidenschaften / Tap Roots ✱✱ ½
USA 1948 – 105 Min. – R: George Marshall. D: Van Heflin, Susan Hayward, Ward Bond, Julie London, Boris Karloff.
Historienmelodram. Ein reicher Grundbesitzer meutert im Sezessionskrieg gegen den Staat und macht sich Feinde. Abenteuer in Mississippi, Liebe und schöne Bilder bietet dieser vielleicht zu groß auftrumpfende, aber doch sehenswerte Film; gute Besetzung, Karloff als Medizinmann der Indianer.

Tal der Rache / Vengeance Valley ✱✱
USA 1951 – 79 Min. – R: Richard Thorpe. D: Burt Lancaster, Robert Walker, Joanne Dru.
Psychowestern. Burt Lancaster ist der feine Kerl, der seinem Ersatzvater versprochen hat, auf dessen fiesen Sohn zu achten. Menschen in einer grünen Landschaft, rauhe Cowboys, zarte Mädchen, Schießereien, Prügeleien, Schnulzenpsychologie.

Talent zum Glück ✱ ½
BRD 1951 – 88 Min. sw. – R: Helmut Weiss. D: Olga Tschechowa, Curd Jürgens, Paul Klinger.
Komödie. Das traute Heim einer Verlegerswitwe gerät ins Wanken, als der Stardirigent und Jugendfreund um sie wirbt; unbeholfen.

Der Talisman / King Richard And the Crusaders ✱✱ ½
USA 1954 – 110 Min. – R: David Butler. D: Rex Harrison, Virginia Mayo, George Sanders.
Historisches Abenteuer. Spannendes Abenteuer um König Richard Löwenherz und seine Kreuzzugskriege im Morgenland. Humanes Epos gegen Fremdenhaß, aufwendig inszeniert.

Tamara ✱✱
BRD 1968 – 100 Min. – R: Hansjürgen Pohland. D: Petrus Schloemp, Hansi Linder, Wolfgang Preiss, Hans-Peter Hallwachs, Rolf Zacher.
Krimi. Nach dem Roman von Hansjörg Martin gedrehter, zähflüssiger, aber bemüht aufklärerischer Film um einen Mord an einem Mädchen und die betuchten Hintermänner. Gutbesetzte, biedere deutsche Krimikost mit dokumentarischen Tugenden.

Tampeko – Ein Dollar hat zwei Seiten / Per pochi dollari ancora ✱✱
F/I/E 1967 – 95 Min. – R: Calvin J. Paget. D: Giuliano Gemma, Sophie Daumier, Dan Vadis.
Italowestern. Der Freiwillige Tampeko schlägt sich am Ende des amerikanischen Bürgerkriegs nach Fort Yuma durch und versucht ein Gemetzel zu verhindern. Italo als Edelwestern.

Tampopo / Tampopo ✱✱ ½
J 1985 – 110 Min. – R: Juzo Itami. D: Tsutomu Yamazaki, Nokubo Miyamoto, Koji Yakusho.
Komödie. Eine junge Witwe betreibt in Tokio eine Kleinküche, als eines Tages zwei LKW-Fahrer bei ihr haltmachen, ändert sich für Tampopo alles. Der köst-

liche Film präsentiert genüßlich Rezepte aus der »Edelfreßwelle« und macht sich mit irrwitzigem Humor lustig über die überdrehten Gaumenfreuden der saturierten Gesellschaft.

Tanganjika / Tanganyika ∗∗
USA 1954 – 85 Min. – R: André de Toth. D: Van Heflin, Ruth Roman, Howard Duff, Jeff Morrow.
Abenteuerfilm. Zweikampf zweier starker Männer, die das Gute und das Böse verkörpern, vor dem romantisch gezeichneten Naturparadies Ostafrikas. Süffig inszeniert als emotionales Ausstattungskintopp.

Tango im Bauch ∗∗
BRD 1983 – 90 Min. – R, B: Ute Wieland. D: Karina Fallenstein, Peter E. Funck, Dominik Raacke, Dominik Graf, Ursula Barlen, Oliver Stritzel.
Punkfilm. Eine flippige Punkerin weiß zwar nicht, was sie will, das aber sehr beharrlich; ihr Bruder, ohnehin ihrer Null-Bockigkeit überdrüssig, und ihr Freund reagieren mit Panik, als sie schwanger wird. Respektabler Debütfilm und ein Film, der überraschende Einsichten vermittelt.

Tango Notturno ∗∗
D 1937 – 85 Min. sw. – R: Fritz Kirchhoff. D: Pola Negri, Albrecht Schoenhals, Lina Carstens, Elisabeth Flickenschildt, Waldemar Leitgeb.
Melodram. Eine Sängerin steht zwischen zwei Männern; aus Schmerz über den Tod ihres Kindes und vom Ehemann verschmäht, greift sie zu Drogen, dann zum Revolver. Das wirkungsvolle Trivialspektakel spielt gekonnt auf der Tastatur der Gefühle, die Negri zeigt sich routiniert in Stummfilmmaskerade.

Tanja Baskin – Anruf genügt / T. R. Baskin ∗∗ ½
USA 1971 – 86 Min. – R: Herbert Ross. D: Candice Bergen, Peter Boyle, James Caan, Erin O'Reilly, Howard Platt.
Psychostudie. Eine Provinzschönheit will es in Chicago schaffen, berufliche und private Einsamkeit kompensiert sie anscheinend locker und mit Sarkasmus; komödiantisches Melodram, das etwas oberflächlich geraten ist.

Der Tank / Tank ∗∗
USA 1983 – 110 Min. Ⓥ CIC. – R: Marvin J. Chomsky. D: James Garner, Shirley Jones, C. Thomas Howell, Jenilee Harrison.
Groteske. Weil ein alter Haudegen auf den korrupten Sheriff wütend wird, als der wegen ein paar Gramm Dope seinen Sohn einbuchtet, holt er seinen Sherman-Panzer aus der Kaserne, zermatscht Polizeiwagen und die Polizeistation; eine abenteuerliche Verfolgungsjagd endet mit einer tragikomischen Variante des amerikanischen Traums von Freiheit.

Tante Blandine TV-Film
F 1982 – 84 Min. – R: Guy Jorre. D: Renée Faure, André Fallon, Geneviève Brunet, Jean Turpin.
Eine vitale 79jährige geht immer in abgerissenen Kleidern spazieren. Als sie auf dem Markt mit einem Händler in Streit gerät, beobachtet dies zufällig ein Reporter, und am nächsten Tag erscheint eine rührselige Story in der Zeitung. Das hat überraschende Folgen.

Tante Frieda – Neue Lausbubengeschichten ∗ ½
BRD 1965 – 94 Min. – R: Werner Jacobs. D: Hansi Kraus, Elisabeth Flickenschildt, Käthe Braun, Heidelinde Weis, Gustav Knuth.
Pennälerfilm. Lausbubenklamotte nach Motiven von Ludwig Thoma; Opfer der albernen Streiche: eine nervensägende Tante; nichtssagend.

Tante Trude aus Buxtehude FLOP
BRD 1971 – 84 Min. Ⓥ Tristar Video. – R: Franz Josef Gottlieb. D: Rudi Carrell, Ilja Richter, Elisabeth Krogh, Mascha Gonska, Chris Roberts, Theo Lingen.
Lustspiel. Die vererbte Million steckt in einem der verkauften Kleider der Erbtante; zwei Detektive helfen bei der Suche, die sich von einem dümmlichen, mißratenen Gag zum nächsten zieht.

Tanz auf dem Eis / The Ice Follies of 1939 ∗∗ ½
USA 1939 – 79 Min. sw. – R: Reinhold Schünzel. D: Joan Crawford, James Stewart, Lew Ayres, Bess Ehrhardt, Lewis Stone.

Eistanzkomödie. Starbesetzung auf Schlittschuhen in einem amüsanten Revuefilm um ein berühmtes Eislaufduo und dessen Amouren. Die Fortsetzung gewohnt professioneller US-Tanzfilmkost vom deutschen Regisseur Schünzel („Amphitryon"), eine von vier Hollywood-Arbeiten, glatt und unterhaltsam inszeniert.

Tanz auf dem Vulkan ∗∗∗
D 1938 – 85 Min. sw. – R: Hans Steinhoff. D: Gustaf Gründgens, Sibylle Schmitz, Ralph Arthur Roberts, Hans Leibelt, Theo Lingen, Gisela Uhlen.
Kostümfilm. Historischer Reigen aus dem Paris um 1830: Das Volk haßt König Karl X. und liebt dessen bürgernahen Vetter Louis Philippe, mehr aber noch den brillanten Schauspieler Debureau, der revolutionäre Lieder singt und sich die Geliebte mit dem König teilt. Der Peter-Kreuder-Evergreen »Die Nacht ist nicht allein zum Schlafen da« war weniger frivol als vielmehr politisch gemeint; in den Intrigen und Revolten wird die offizielle Staatsmacht verhöhnt, was dem Regisseur einen Rüffel der Nazis einbrachte.

Tanz der Totenköpfe / The Legend of Hell House ∗∗ ½
GB 1973 – 95 Min. – R: John Hough. D: Pamela Franklin, Roddy McDowall, Clive Revill, Gayle Hunnicutt, Roland Culver.
Horrorfilm. In einem Landhaus werden zahlreiche verstümmelte Leichen gefunden; Übersinnliches soll erforscht werden; ein außergewöhnlicher Film mit teils starken Effekten.

Tanz der Vampire / Dance of the Vampires / The Fearless Vampire Killers ∗∗∗
GB 1966 – 104 Min. Ⓥ MGM/UA. – R: Roman Polanski. D: Jack MacGowran, Roman Polanski, Sharon Tate, Ferdy Mayne, Ian Quarrier, Alfie Bass.
Horrorparodie. Der Fledermaus-Forscher Prof. Abronsius trägt das Übel des Vampirismus gegen seinen Willen in die ganze Welt. Diese dem Film »Vampir« von Carl Theodor Dreyer abgesehene Figur produziert mit dem Gehilfen Alfred, von Polanski selbst rührend-komisch gespielt, ein Feuerwerk an umwerfender Situationskomik und mitternächtlichem Grusel, dem die stimmungsvolle Musik von Komeda gekonnt nachhilft; ein zwischen Parodie und Horror balancierender Film. Inzwischen steht eine rekonstruierte Breitwandfassung mit aufgefrischten Farben zur Verfügung.

Der Tanz des roten Schmetterlings ∗∗
USA/Türkei 1974 – 90 Min. – R: O. Chitina, E. Bagherzadek. D: Bo Taras, Frances Chandler, Gordon Mitchell, Tony Carrol.
Actionfilm. Abenteuerbunte und auch spannende, aber reichlich verworrene Geschichte um den geheimnisvollen Schmetterling eines ermordeten Khans und seine letzte Freundin, die alle Rätsel lösen könnte – wären da nicht die umständliche Regie und die abenteuerlichen Seitensprünge der Handlungslogik.

Tanz mit mir / Shall We Dance ∗∗∗ ½
USA 1937 – 105 Min. sw. – R: Mark Sandrich. M: George Gershwin. D: Fred Astaire, Ginger Rogers, Edward Everett Horton, Eric Blore.
Tanzfilm. Tänzer und Revuestar verlieben sich, und im siebten Himmel gelingen ihnen die leichtesten, schwerelosesten, sinnlichsten Tanz- und Gesangsnummern des Musikfilms. Choreographie dieses vollendeten Tanzklassikers: Hermes Pan.

Das tanzende Herz ∗∗ ½
BRD 1953 – 88 Min. – R: Wolfgang Liebeneiner. D: Gertrud Kückelmann, Gunnar Möller, Paul Hörbiger, Paul Henckels.
Komödie. Ein Hofmechanikus erfindet eine mechanische Puppe; als sie bei der Vorführung versagt, springt seine Tochter ein; heiter-tiefsinnige Variante des E. T. A. Hoffmann/Offenbachschen »Olympia«-Motivs.

Tanzende Sterne ∗ ½
BRD 1952 – 90 Min. sw. – R: Géza von Cziffra. D: Fita Benkhoff, Germaine Damar, Axel von Ambesser, Georg Thomalla.

Verwechslungskomödie. Turbulentes, musikalisch gewürztes Revueprodukt um eine verarmte Spielerin, einen reichen Rennstallbesitzer und die Kapriolen der Liebe zwischen den Generationen.

Tänzer vom Broadway / The Barcleys of Broadway ** ½
USA 1949 – 104 Min. – R: Charles Walters. D: Fred Astaire, Ginger Rogers, Oscar Levant, Billie Burke.
Revuefilm. Nach zehnjähriger Pause traten die beiden Tanzstars Astaire und Rogers ein letztes Mal zusammen auf in der spritzigen Komödie um ein Paar aus dem Showbusiness, das sich trennt und wiederfindet.

Die Tänzerin und der liebe Gott / Ballerina e buon Dio **
I 1958 – 95 Min. – R: Antonio Leonviola. D: Vera Tschechowa, Gabriele Ferzetti, Vittorio De Sica.
Generationskomödie. Ein sechsjähriger Waisenjunge wehrt sich mit Pfiff und Phantasie gegen die Adoption durch ungeliebte Eltern. Der humorvolle, elternkritische Film beobachtet seine Unternehmungen mit einfühlsamer Sympathie.

Der Tanzpalast / Roseland ***
USA 1977 – 110 Min. – R: James Ivory. D: Teresa Wright, Lou Jacobi, Don De Natale, Geraldine Chaplin, Helen Gallagher.
Zeitkritischer Film. Beeindruckender Episodenfilm über die Geschichte eines Tanzschuppens durch die Jahrzehnte. Melancholischer Film, der das oberflächlich Gezeigte zur Elegie über Alter und Vergänglichkeit ausweitet und in genauen psychologischen Charakterstudien Weltgeschichte auch als individuelle Lebensgeschichte plausibel macht.

Tapetenwechsel ***
BRD 1984 – 80 Min. Ⓥ Cannon. – R, B: Gabriela Zehrau. D: Claudia Demarmels, Rolf Zacher, August Zirner, Erni Singerl, Iris Berben.
Komödie. Bissig-groteske Episoden aus dem Leben einer wohnungssuchenden Studentin im München von heute: Sie lernt Schwindler, Betrüger, Selbstmörder und Sittenstrolche kennen in einer Situation, die jeder egoistisch für sich ausnutzt; spannend-unterhaltsame Zeitkritik.

Die Tapferen weinen nicht / The Brave Don't Cry ** ½
GB 1952 – 91 Min. – R: Philip Leacock. D: John Gregson, Meg Buchanan, John Rae.
Melodram. In einem Bergwerk sind 118 Kumpel verschüttet; der Film verfolgt das Drama der Rettungsaktion akribisch und halb dokumentarisch.

Tarantula / Tarantula ***
USA 1955 – 80 Min. sw. – R: Jack Arnold. D: John Agar, Mara Corday, Leo G. Carroll, Clint Eastwood.
Horrorfilm. Ein Wachstumsserum gerät außer Kontrolle, eine Riesenspinne bedroht eine US-Stadt; klassischer Großinsektenfilm mit einleuchtenden Nebenhandlungen und sehenswerten Special Effects.

Taras Bulba / Taras Bulba **
USA 1962 – 122 Min. – R: J. Lee Thompson. D: Tony Curtis, Yul Brynner, Christine Kaufmann, Sam Wanamaker.
Kostümabenteuer. Der Kosakenoberst Taras Bulba befiehlt seinen Leuten einen Überfall auf eine polnische Festung. Farbige Schlachten und Abenteuer aus der Ukraine des 16. Jahrhunderts. Nach einem Roman von Gogol.

Target – Zielscheibe / Target **
USA 1985 – 117 Min. – Ⓥ CBS/Fox. – R: Arthur Penn. D: Gene Hackman, Matt Dillon, Ilona Grübel, Gayle Hunnicutt.
Thriller. Ein Holzhändler in Detroit erhält die Information, daß seine Frau in Paris verschwunden ist; auf der Suche nach der besseren Hälfte verwandelt sich der farblose Mann immer mehr in einen Mann, der rotsieht; da kann sein Sohn nur staunen, der nicht weiß, daß Papa einst CIA-Agent war. Regisseur Penn (»Bonny und Clyde«) holt aus dem verwirrenden und nicht immer plausiblen Drehbuch heraus, was möglich ist.

Tarzan bricht die Ketten / Tarzan and the She-Devil **
USA 1953 – 72 Min. sw. – R: Kurt Neumann. D: Lex Barker, Joyce MacKenzie,

Monique Van Vooren, Raymond Burr, Tom Conway.
Tarzanfilm. Elfenbeinjäger, darunter die Französin Lydia, machen den Dschungel unsicher, Tarzan kann die bedrohten Elefanten zunächst retten, wird jedoch gefangengenommen. Jane soll als Köder für die Jagd angelockt werden, Barker macht gute Figur; spannende Story, aber zu viele Studiokulissen.

Tarzan, der Herr des Urwalds / Tarzan, the Ape Man * ½
USA 1959 – 90 Min. – R: Joseph M. Newman. D: Dennis Miller, Joanna Barnes, Cesare Danova, Robert Douglas.
Tarzan-Film. Aufguß des Weissmuller-Abenteuers von 1932 um den aufrechten Gang des weißen Affenmenschen und die den Dschungel bedrohenden Feinde aus der »Zivilisation«. Mäßig gelungene Studioversion, mit Schnipseln aus dem Original (Krokodilkampf).

Tarzan, Herr des Dschungels / Tarzan, the Ape Man ** ½
USA 1981 – 108 Min. Ⓥ MGM/UA. – R: John Derek. D: Bo Derek, Miles O'Keeffe, Richard Harris.
Tarzan-Film. Remake des bekannten Dschungelabenteuers; weniger sehenswert im Hinblick auf Regie und Schauspielerleistungen als wegen der neuen Variante der Zivilisationsbemühungen an Tarzan.

Tarzan in Gefahr / Tarzan and the Mermaids **
USA 1948 – 85 Min. sw. – R: Robert Florey. D: Johnny Weissmuller, Brenda Joyce.
Tarzan-Film. Zum letztenmal spielt Johnny Weissmuller den Mann mit dem Lendenschurz in einem Abenteuer an der Perlenküste Aquitaniens. Routiniert.

Tarzan und das Leopardenweib / Tarzan and the Leopard Woman ** ½
USA 1945 – 69 Min. sw. – R: Kurt Neumann. D: Johnny Weissmuller, Brenda Joyce, Johnny Sheffield, Dennis Hoey.
Tarzanfilm. Eine »weiße« Karawane wird – vermeintlich – von Leoparden überfallen; doch dahinter steckt eine geheimnisvolle feindlich gesinnte Sekte, die ihre Kulte in tierischem Gewand feiert. Tarzan kommt den Übeltätern auf die Spur. Der mit schönen Urwaldszenen und mysteriösen Stimmungen überzeugende Weissmuller-Film zeigt den, wenn auch schwerfälliger gewordenen, Tarzan-Darsteller noch in guter Abenteuerform.

Tarzan und der Dschungelboy / Tarzan and the Jungle Boy * ½
USA 1968 – 99 Min. – R: Robert Day. D: Mike Henry, Rafer Johnson, Alizia Gur, Ed Johnson, Ronald Gans.
Tarzan-Film. Presseleute auf der Suche nach einem verschwundenen Wissenschaftlerssohn. Routine.

Tarzan und die verschollene Safari / Tarzan and the Lost Safari * ½
USA 1956 – 78 Min. – R: H. Bruce Humberstone. D: Gordon Scott, Robert Beatty, Betta St. John, Yolande Donlan.
Tarzanfilm. Erster Farbfilm um den Affenmenschen, der in Gestalt von Gordon Scott allerdings schon überzivilisiert wirkt. Die Story ist bekannt: Reisegesellschaft stürzt mit dem Flugzeug im dichtesten Busch ab, wo die kriegerischen Schwarzen schon lauern; Tarzan jedoch befreit die Weißen mit Hilfe seiner halbdressierten Tiere aus der Gefahr; in Dekor, Spiel und Dramaturgie mäßig.

Taqzan und sein Sohn / Tarzan Finds a Son ** ½
USA 1939 – 85 Min. sw. – R: Richard Thorpe. D: Johnny Weissmuller, Maureen O'Sullivan, Johnny Sheffield.
Tarzan-Film. Abenteuer aus der klassischen Urwaldserie mit dem unvergeßlichen Johnny Weissmuller, der die Figur Tarzans naiv, menschlich und selbstbewußt zu gestalten verstand. Hier rettet er ein Baby und zieht es auf.

Tarzan wird gejagt / Tarzan and the Huntress ** ½
USA 1947 – 70 Min. sw. – R: Kurt Neumann. D: Johnny Weissmuller, Brenda Joyce, Johnny Sheffield.
Tarzan-Film. Tarzan rettet die Tiere des Urwalds vor den Großwildjägern. Johnny Weissmuller ist in Form wie immer in diesem späten Dschungelabenteuer.

Tarzans Abenteuer in New York / Tarzan's New York Adventure ∗∗ ½
USA 1942 – 71 Min. sw. – R: Richard Thorpe. D: Johnny Weissmuller, Maureen O'Sullivan, Charles Bickford, Johnny Sheffield.
Tarzan-Film. Tierfänger wollen Tarzans Sohn an einen Zirkus verkaufen, doch Tarzan, Jane und Schimpansin Cheetah bleiben ihnen auf der Spur; Genrevariante mit Humor, Witz und Gags.

Tarzans geheimer Schatz / Tarzan's Secret Treasure ∗∗ ½
USA 1941 – 85 Min. sw. – R: Richard Thorpe. D: Johnny Weissmuller, Maureen O'Hara, Johnny Sheffield.
Tarzan-Film. Gutgebautes Abenteuer, nach dem klassischen Muster eingerichtet. Gold wird von Boy entdeckt, Tarzan warnt ihn, dieses Geheimnis jemals einem Weißen zu verraten, doch Boy vergißt den Rat des Ziehvaters.

Tarzans größtes Abenteuer / Tarzan's Greatest Adventure ∗∗
GB 1959 – 81 Min. – R: John Guilermin. D: Gordon Scott, Sara Shane, Anthony Quayle, Niall MacGinnis, Sean Connery.
Tarzan-Film. Eine Diamantenmine im Urwald bringt Unruhe in Tarzans Reich. Doch der Scott-Tarzan ist schon mit den Nachteilen der Zivilisation vertraut, reckt die Glieder und ist bei der Verfolgung von Banditen als Sportler einfach schneller.

Tarzans Rache / Tarzan Escapes ∗∗∗
USA 1936 – 90 Min. sw. – R: Richard Thorpe. D: Johnny Weissmuller, Maureen O'Sullivan, John Buckler.
Tarzan-Film. Aus der Reihe der alten Urwaldepen der dreißiger Jahre mit dem Original-Tarzan Johnny Weissmuller ist dies einer der besten. Tarzan verjagt die weißen Eindringlinge und schickt den Bösewicht in einen Sumpf, wo er versinkt. Phantastische Jagd- und Tierszenen.

Tarzans Vergeltung / Tarzan and His Mate ∗∗∗ ½
USA 1934 – 100 Min. sw. – R: Cedric Gibbons. D: Johnny Weissmuller, Maureen O'Sullivan, Neil Hamilton, Paul Cavanaugh.
Tarzan-Film. Weiße Eindringlinge wollen Jane aus Tarzans Baumhaus und Elfenbein vom Elefantenfriedhof rauben. Tarzan vereitelt beides. Der Film, bestes der insgesamt elf Weissmuller-Abenteuer und bester Lendenschurzfilm überhaupt, mit Tierszenen von nie wieder erreichter Authentizität und Dramatik und einer verführerischen Jane, zeigt Schwarzafrika als gefährdetes Paradies.

Taschengeld / L'argent de poche ∗∗ ½
F 1976 – 100 Min. – R: François Truffaut. D: Géory Desmouceaux, Philippe Goldman.
Zeitkritischer Generationsfilm. Zwei Jungen in der französischen Provinz auf der Suche nach Freundschaft, Liebe, Phantasie in der gleichgültigen Welt der berufstätigen Erwachsenen. Von Truffaut (»Auf Liebe und Tod«) als genaue und sensible Sozialstudie amüsant erzählt.

Die Tat der Thérèse D. / Thérèse Desqueyroux ∗∗ ½
F 1962 – 95 Min. sw. – R: Georges Franju. D: Emmanuelle Riva, Philippe Noiret, Edith Scob.
Literaturverfilmung. Obwohl Thérèse versucht hat, ihren Ehemann zu vergiften, wird sie vor Gericht freigesprochen. Probleme einer jungen Frau inmitten einer Welt von provinzieller Enge.

Die Tat des anderen
siehe: Der Unheimliche

Die Tataren / I tartari ∗∗
I 1960 – 80 Min. – R: Richard Thorpe. D: Orson Welles, Victor Mature, Folco Lulli, Liana Orfei.
Historienabenteuer. Schauplatz ist das Rußland des 10. Jahrhunderts, wo die Wikinger und Tataren leben; zum Höhepunkt im Schlachtengetümmel steigert sich der Schwerterkampf zwischen Welles und Mature; unterhaltsam.

Die Tatarenwüste / Il deserto dei tartari / Le désert des tartares ∗∗∗ ½
BRD/I/F 1976 – 133 Min. Ⓥ Polyband/Topic. – R: Valerio Zurlini. D: Vittorio Gassman, Giuliano Gemma, Helmut

Griem, Philippe Noiret, Jacques Perrin, Jean-Luis Trintignant, Francisco Rabal, Max von Sydow, Fernando Rey.
Literaturverfilmung. Eindrucksvolle Adaption des Romans von Dino Buzzatti um eine hermetisch abgeschlossene Männergesellschaft; die Besatzung einer entlegenen Wüstenfestung wartet auf den (unwahrscheinlichen) Überfall von Tataren, ihr Leben zerrinnt in elitären Ritualen; existentialistische Parabel in Bildern von bedrohlicher Brillanz; exzellent besetzter Film mit eindringlicher Musik von Ennio Morricone.

Der Täter fährt nach Norden / Mr. Denning Drives North ** ½
GB 1951 – 88 Min. sw. – R: Anthony Kimmins. D: John Mills, Phyllis Calvert, Herbert Lom, Sam Wanamaker.
Krimi. Ein Flugzeugkontrolleur versucht den Tod eines Verehrers seiner Tochter zu vertuschen, macht dabei aber einen konsequenzenreichen Fehler; gut motivierter und besetzter Krimi mit wenig Action und viel innerer Spannung.

Täter unbekannt/ Lost / Tears for Simon ** ½
GB 1955 – 86 Min. – R: Guy Green. D: David Farrar, David Knight, Julia Arnall, Anthony Oliver, Ann Paige.
Krimi. Der Sohn des US-Botschafters in London wird entführt; da die Polizei zu langsam vorgeht, entschließen sich die Eltern zur Verfolgung auf eigene Faust; der packende Film übernimmt voll ihre Position und verfolgt weniger den Kidnappingfall selbst als dessen Wirkung auf alle Betroffenen; Kritik am Gewaltmonopol der Behörden.

Tati im Stoßverkehr / Trafic ***
F 1971 – 105 Min. – R, B: Jacques Tati. D: Jacques Tati, Maria Kimberly, Marcel Franval.
Tati-Film. Monsieur Hulot mit seinem selbstgebastelten Wunderauto auf dem Weg zur Weltausstellung nach Paris – bis er ankommt, ist sie beendet. Zwischendurch macht Tati seine bissigen, genau beobachteten Alltagswitze über die normal-verrückte moderne Welt des Stoßverkehrs, der Denk- und Lebensgewohnheiten. Ein herzlich komischer, nachdenklich stimmender Schmunzelspaß.

Tatis Schützenfest / Jour de fête *** ½
F 1947 – 82 Min. sw. In einer Fassung von 1964 z. T. handkoloriert. – R: Jacques Tati. D: Jacques Tati, Guy Decomble, Paul Frankeur, Santa Relli, Maine Vallée.
Slapstickkomödie. Durch einen Film über die rasante Postverteilung in den USA kommt ein französischer Provinzpostbote auf eine abenteuerliche Idee; seine wohlmeinende Unfähigkeit wird zur Manifestation von Aberwitz; Revival des Slapsticks mit einer Kette herrlich verrückter Gags; Tatis erster Langfilm.

Tatort Apartment 310 / The Man Who Wouldn't Talk **
GB 1958 – 90 Min. sw. – R: Herbert Wilcox. D: Anthony Quayle, Anna Neagle, Zsa Zsa Gabor.
Spionagefilm. Ein amerikanischer Wissenschaftler, der wegen spezieller Forschungsergebnisse mit einer Agentin zusammenarbeitet, gerät in London in Mordverdacht; da er aus Gewissensgründen schweigt, muß eine Anwältin ihn herauspauken; nicht sehr spannender, unglaubwürdiger Spionagefilm, der durch einige Besonderheiten der britischen Rechtsordnung interessant bleibt.

Tatort Springfield
siehe: Konflikt

Der Tätowierte / The Illustrated Man ** ½
USA 1969 – 103 Min. – R: Jack Smight. D: Rod Steiger, Claire Bloom, Robert Drivas, Don Dubbins, Jason Evers.
Science-fiction-Film. Adaption einer Story von Ray Bradbury vom Tätowierten, dessen »Bildgeschichten« für einen jungen Mann plötzlich lebendig werden; ambitioniert und verquer, bizarr und skurril, aber trotz exzellenter Darsteller nicht sehr überzeugend, dennoch über dem Durchschnitt.

Die tätowierte Rose / The Rose Tattoo ***
USA 1955 – 117 Min. sw. – R: Daniel Mann. D: Anna Magnani, Burt Lancaster, Marisa Pavan, Ben Cooper, Virginia Grey, Jo Van Fleet.

Literaturverfilmung. Adaption des Tennessee-Williams-Stücks von der Italoamerikanerin, die ein viriler Trucker aus einem Leben reißt, das nur aus Erinnerung an ihren vergötterten verstorbenen Mann bestand; etwas angestaubt, aber durch Magnanis Präsenz immer noch faszinierende Mischung aus Melodram und Zähmungskomödie; drei Oscars.

Die Tauben TV-Film
BRD 1969 – 90 Min. – R, B: Gerd Oelschlegel. D: Herbert Steinmetz, H.-J. Krietsch, Karin Anselm, Nicky Makulis.
Eine Zechenstillegung im Ruhrgebiet reißt eine Bergarbeiterfamilie aus ihrem sozialen Umfeld; die regionaltypische Taubenzüchterei wird zum Aufhänger melancholischer Sozialkritik; sympathisches, eindrucksvolles »Revier«-Drama.

Tauchfahrt des Schreckens / Warlords of Atlantis * ½
GB 1978 – 85 Min. Ⓥ VMP/Cannon/VMP. – R: Kevin Connor. D: Doug McClure, Peter Gilmore, Cyd Charisse, Shane Rimmer, Daniel Massey.
Actionfilm. Übergroßes Unterwassergetier stört eine Expedition zur Erforschung von Atlantis; stellenweise unfreiwillig komisch.

Taugenichts * * *
BRD 1977 – 91 Min. – R: Bernhard Sinkel. B: Alf Brustellin, Bernhard Sinkel. D: Jacques Breuer, Eva-Maria Meineke, Sybil Schreiber, Mareike Carrière, Matthias Habich.
Literaturverfilmung. Liebevolle Verfilmung einer Episode aus dem Leben eines staunenden Träumers von »toller Genialität« in einer liberalen Umwelt des Spätbarock, sehr frei und doch recht genau nach Eichendorff; witzige und leise ironisierende Darstellung einer Standesgesellschaft voller »Taugenichtse«.

Taurus, der Gigant von Thessalien / Taur, il re della forza bruta *
I 1962 – 90 Min. – R: Antonio Leonviola. D: Joe Robinson, Bella Cortez, Harry Baird, Thea Fleming.
Abenteuerfilm. Einsamer Held in zähem Ringen gegen das Böse in einer pseudomythologischen Umwelt; einfältiger Bodybuilderfilm.

Tausend Augen * *
BRD 1984 – 88 Min. Ⓥ Cannon. – R: Hans Christoph Blumenberg. D: Barbara Rudnik, Armin Mueller-Stahl, Karin Baal, Peter Kraus, Vera Tschechowa, Gudrun Landgrebe, Hannelore Hoger.
Zeitkritischer Krimi. Eine junge Studentin aus der Peep-Show träumt vom sonnigen Australien, ihr Chef, ein Videopirat, bietet ihr die Chance, aber sie kommt zu spät. Der Debütfilm des ehemaligen Filmkritikers Blumenberg erzählt die Story mit Thrillertönen und gutsortierter Zeitkritik und profitiert vom Fundus cineastischer Kenntnisse seines Regisseurs.

1000 Gewehre für Golden Hill / The Plainsman *
USA 1966 – 90 Min. – R: David Lowell Rich. D: Don Murray, Guy Stockwell, Abby Dalton, Bradford Dillman.
Western. Wild Bill Hickok trifft Calamity Jane und entlarvt mit seinem Kumpel Buffalo Bill skrupellose Waffenhändler. Dünnes Remake des Gary-Cooper-Films von 1929.

Tausend Milliarden Dollars / Mille milliards de dollars * ½
F 1982 – 125 Min. Ⓥ atlas. – R: Henri Verneuil. D: Patrick Dewaëre, Jean-Pierre Kalfon, Jeanne Moreau.
Politkrimi. Ein Pariser Journalist kommt an brisante Informationen, ohne zu wissen, daß er Marionette im Spiel eines multinationalen Konzerns ist; spannend, aber wenig glaubwürdig.

Tausend Sterne leuchten * * ½
BRD 1959 – 86 Min. – R: Harald Philipp. D: Germaine Damar, Toni Sailer, Maria Sebaldt, Harald Juhnke.
Revuefilm. Eine junge Tänzerin wird zum Star, da der Showdirektor Protektion durch einen Industriellen vermutet; unterhaltsam inszenierte Eifersuchts- und Verwechslungskomödie mit einem Toni Sailer von hölzerner Art.

Die tausendjährige Biene / Tisicrocna vcela * * *
ČSSR 1983 – 135 Min. – R: Juraj Doco Jakubisko. D: Jozef Kroner, Jana Janovská, Stefan Kvietik, Ivana Valesová.
Generationsfilm. Die breitangelegte Familienchronik beginnt 1869 in einem

Dorf in der Slowakei und endet mit dem Untergang der Donaumonarchie im Ersten Weltkrieg; geschildert wird der Weg der beiden Söhne des Bauern und Imkers Martin Pichanda; ein pralles, politisch und sozial motiviertes Kinostück des magischen Realismus, in das auch Sagenmotive eingearbeitet sind.

Taxi Driver / Taxi Driver ***
USA 1976 – 113 Min. Ⓥ RCA Columbia. – R: Martin Scorsese. D: Robert DeNiro, Jodie Foster, Albert Brooks, Peter Boyle, Harvey Keitel.
Psychokrimi. Ein labiler Taxifahrer ist zunehmend angewidert vom Elend und Schmutz der Großstadt. Als er eine jugendliche Prostituierte aus dem Sumpf retten will, muß er dafür ein Massaker veranstalten und wird als Held gefeiert. Scorsese (»Raging Bull – Wie ein wilder Stier«) schuf einen Metropolen-Alptraum voll latenter Gewalt; moralisch ambivalent, vor Spannung vibrierend. Der definitive Krimi zwischen Vietnam und Watergate, Profitgier und Gleichgültigkeit.

Taxi 539 antwortet nicht / 99 River Street ***
USA 1953 – 83 Min. sw. – R: Phil Karlson. D: John Payne, Evelyne Keyes, Brad Dexter, Peggie Castle, Ian Wolfe.
Schwarzer Krimi. Ein des Mordes an seiner Frau Verdächtigter sucht den wahren Mörder in New York, wo es am schäbigsten ist; atmosphärisch dichter, harter Film mit hervorragender Besetzung.

Taxi Kitty ** ½
BRD 1950 – 84 Min. sw. – R: Kurt Hoffmann. D: Hannelore Schroth, Carl Raddatz, Hans Schwarz jr., Karl Schönböck, Fita Benkhoff, Gunnar Möller, Inge Meysel.
Lustspiel. Eine Musikerin hat Geld- und andere Sorgen; unversehens wird sie zum Liebling der Taxifahrer; temperamentvolle, spritzige Musikkomödie, die vom Charme des Starpaars Schroth/Raddatz profitiert.

Die Taxifahrerin / Extérieur nuit ***
F 1980 – 110 Min. – R: Jacques Bral. D: Christine Boisson, André Dussollier, Gérard Lanvin.
Milieufilm. Moderner Liebesfilm um eine emanzipierte Frau und zwei romantische Männer. Nachts an Originalschauplätzen in Paris mit lichtstarkem Filmmaterial raffiniert gedreht; Boisson-Kultfilm.

Taza, der Sohn des Cochise / Taza, Son of Cochise ***
USA 1953 – 76 Min. – R: Douglas Sirk. D: Rock Hudson, Jeff Chandler, Barbara Rush, Bart Roberts.
Indianerwestern. Im Jahr 1872 übernimmt der pazifistische Taza die Führung eines Apachenstammes von seinem Vater; doch sein Bruder will den kriegerischen Pfad beschreiten. Der einzige Western von Melodramregisseur Douglas Sirk (»Zu neuen Ufern«) steht in der Tradition einiger weniger indianerfreundlicher Werke wie »Der gebrochene Pfeil« von Celmer Daves; humanes Werk, flotte Aktion, die im 3-D-Original auf der Kinoleinwand besonders wirksam war.

Tee im Harem des Archimedes / Le thé au harem d'Archimède ***
F 1985 – 106 Min. Ⓥ VCL. – R, B: Mehdi Charef. D: Kader Boukhanef, Rémi Martin, Laure Duthilleul, Saida Bekkouche.
Zeitkritischer Problemfilm. Zwei Jugendliche in einer Clique kämpfen ums Überleben in einer tristen Pariser Betonvorstadt. Der drastische Film von Charef, nach seinem eigenen Roman, entwickelt jedoch nicht nur eine Kritik an den Slums, sondern zeigt auch humorvoll, wie klug die Unterschicht Gegenkonzepte im sozialen Abwehrkampf einsetzt.

Teen Wolf / Teen Wolf **
USA 1985 – 85 Min. Ⓥ Ufa. – R: Rod Daniel. D: Michael J. Fox, James Hampton, Susan Ursitti, Jerry Levine.
Teeniefilm. Ein Schüler entdeckt, daß er Werwolffähigkeiten hat; die nützen ihm und seinem High-School-Team vor allem beim Basketball; ein Film, der anfangs originell Selbstfindungsprozesse eines Jugendlichen kommentiert, die grotesken, parodistischen Möglichkeiten aber weitgehend ungenutzt läßt.

Teenager lieben heiß / Blue Jeans *
I 1979 – 92 Min. – R: Michele Massimo Tarantini. D: Gloria Guida, Barbara Betti, Marco Tulli.
Melodram. Eine 18jährige »Bordsteinschwalbe« gerät in böse Mordgeschichte. Zuerst nimmt sie's hin, dann schwört sie Rache. Der spekulative, mit Sex und Schwulst operierende Film zerlegt sein Thema zunehmend in viele nebulöse Einzelteile.

The Teenies – Ein College dreht durch / The Teenies – Revenge of the Cheerleaders FLOP
USA 1976 – 72 Min. – R: James Hunter. D: Jeril Woods, Rainbeaux Smith, Helen Lang, Patrice Rohmer, Susie Elene.
Klamotte. Ein auf mehr oder weniger obszöne Streiche spezialisiertes Mädchencollege wehrt sich erfolgreich gegen die Zusammenlegung mit einem fast sittsamen, berufsschulähnlichen Jungencollege; im Vergleich zu europäischen Produktionen puritanisch zugeknöpftes Spektakel mit stellenweise unüberbietbar geschmacklosen Dialogen.

Teheran 43
siehe: Killer sind immer unterwegs

Telefon / Telephone ** ½
USA 1977 – 98 Min. Ⓥ MGM/UA. – R: Don Siegel. D: Charles Bronson, Lee Remick, Donald Pleasence, Tyne Daly, Patrick Magee, Alan Badel, Sheree North.
Spionagethriller. Listig-lässige Inszenierung der urkomischen Situation, daß ein Sowjetagent US-Einrichtungen vor dem Sabotage-Amoklauf eines Verräters aus dem eigenen Lager schützen muß; hervorragende Chargen, darunter Tyne Daly als superkluge Computerfachfrau.

Telefon Butterfield 8 / Butterfield 8 ** ½
USA 1960 – 104 Min. – R: Delbert Mann. D: Elizabeth Taylor, Laurence Harvey, Eddie Fisher, Dina Merrill.
Melodram. Gloria, ein dunkelhaariges Mädchen von zweifelhaftem Ruf, lernt einen reichen Playboy und Tunichtgut kennen; großer dramatischer Liebesfilm mit tödlichen Verstrickungen; Liz Taylor gewann einen Oscar. Nach dem Roman von John O'Hara.

Teorema – Geometrie der Liebe / Teorema *** ½
I 1968 – 94 Min. – R, B: Pier Paolo Pasolini. D: Silvana Mangano, Terence Stamp, Massimo Girotti, Anne Wiazemsky, Andrès José Cruz.
Filmparabel. Der Besucher einer Industriellenfamilie weckt in allen Familienmitgliedern sexuelle Begierden, befriedigt sie und läßt nach seinem Abschied alle in verschiedenen Formen des Wahnsinns zurück; ein in kalter Schönheit streng entwickeltes pessimistisches Theorem über das Verhalten in einer gestörten bürgerlichen Gesellschaft. Musik von Ennio Morricone.

Tepepa / Durch die Hölle, Companeros **
I/E 1968 – 100 Min. – R: Giulio Petroni. D: Orson Welles, Tomas Milian, José Torres.
Italowestern. Verwirrspiel mit wechselnden Fronten aus dem Umfeld der mexikanischen Revolution, gut gespielt von Filmkunst-Superstar Welles und dem italienischen Actionstar Milian (»Identifikation einer Frau«), in einem soliden, oft langatmigen Spaghettiwestern.

Teresa – die Geschichte einer Braut / Teresa **
USA 1951 – 96 Min. sw. – R: Fred Zinnemann. D: Pier Angeli, John Ericson, Patricia Collinge, Rod Steiger.
Heimkehrerdrama. Kurz vor Kriegsende heiratet der US-Soldat Philip die Italienerin Teresa, die ihm nach Amerika folgt, wo das Paar psychosoziale Konflikte erwarten.

Terror / Occhi dalle stelle FLOP
I 1978 – 88 Min. – R: Roy Garrett. D: Robert Hoffmann, Nathalie Delon, Martin Balsam.
Science-fiction-Film. Ein Starfotograf verschwindet, nachdem er auf Modefotos Außerirdische entdeckte; zu dumm.

Terror der Gesetzlosen
siehe: Verwegene Gegner

Terror in der Bronx – Die Wanderers / The Wanderers ***
USA 1979 – 87 Min. – R: Philip Kauf-

man. D: Ken Wahl, John Friedrich, Karen Allen, Toni Kalem, Alan Rosenberg.
Gangfilm. Kampf von Straßengangs im High-School-Milieu der Italobronx als Studie über Führerverhalten und Ursachen von Gewalt; auch wegen des Soundtracks mit Hits der späten siebziger Jahre ein Kultfilm.

Tessiner Fieber TV-Film
CH 1986 – 80 Min. – R, B: Thomas Geser. D: Giovanni Früh, Gabriele Isakian, Ulrich Radke, Jürgen Cieszla.
Ein übereifriger, karrierebesessener Bankrevisor scheitert an den Absurditäten des Geldgeschäfts, er erkrankt am bankentypischen »Tessiner Fieber« und stirbt; listige Realsatire und farcenhafter Wirtschaftskrimi; mit skurrilen Showeinlagen vom Chor der Schweizer Banksekretärinnen und dem der Banker, die das Chaotische des Bankgeschäfts kommentieren; hintersinnig und letztlich bitterböse.

Das Testament des Dr. Cordelier / Le testament du Docteur Cordelier ***
F 1961 – 92 Min. sw. – R: Jean Renoir. D: Jean-Louis Barrault, Michel Vitold, Micheline Gary, Teddy Billis.
Gruselfilm. Ein Arzt und besessener Forscher wird durch Erprobung eines Serums zum verbrecherischen Ungeheuer; Renoirs Jekyll-and-Hyde-Version, die in ihrer Brillanz Sarkasmus und Witz zuläßt und das Motiv in den Bereich des Emanzipatorischen hebt.

Das Testament des Dr. Mabuse ***
D 1932 – 122 Min. sw. – R: Fritz Lang. D: Rudolf Klein-Rogge, Oskar Beregi, Theodor Loos, Otto Wernicke.
Zeitkritischer Gruselfilm. Mabuse lebt in der Irrenanstalt, er will von dort aus kraft seiner hypnotischen Talente die Weltherrschaft anstreben; aber Inspektor Lohmann legt ihm das Handwerk. Langs Fortsetzung des zweiteiligen Spielfilms und Kinoklassikers »Dr. Mabuse, der Spieler«, von den Nazis als Kommentar zum Faschismus verstanden, besticht durch Stimmung und inszenatorische Finesse.

Testament in Blei / Crazy Joe ** ½
I 1973 – 100 Min. – R: Carlo Lizzani. D: Peter Boyle, Eli Wallach, Fred Williamson, Luther Adler, Fausto Tozzi.
Thriller. Ein ehrgeiziger Kleinmafioso plant nach seiner Verhaftung im Gefängnis seinen Aufstieg zum Boß; wieder in Freiheit, steigert er sich in einen Blutrausch; spannender, halbdokumentarischer Mafiakrimi, der Organisationsstrukturen des Großverbrechertums erkennbar werden läßt.

Testpiloten / On the Threshold of Space *
USA 1955 – 96 Min. – R: Robert D. Webb. D: Guy Madison, Virginia Leith, John Hodiak.
Fliegerfilm. Ein Testpilot soll helfen, Fehler in einem Rettungssystem zu finden; die liebende Frau sieht schließlich den patriotischen Sinn des Unternehmens ein; spannungsloser Werbefilm für die U. S. Air Force.

Die Teufel / The Devils ** ½
GB 1970 – 109 Min. – R: Ken Russell. D: Oliver Reed, Vanessa Redgrave, Dudley Sutton, Max Adrian.
Historienfilm. Der Gouverneur der Hugenottenfestung Loudon wird von einer verliebten Klosteroberin der Hexerei bezichtigt; religiös verbrämte politische Interessen bringen ihn auf den Scheiterhaufen, die Festung wird geschleift; Exorzismen und Massenhysterie sind in harten, surrealen Bildmontagen und totentanzähnlichen Sequenzen festgehalten; kein Film für Zartbesaitete; nach Aldous Huxleys Roman »Die Teufel von Loudon«.

Dem Teufel auf der Spur / Hell's Island ** ½
USA 1955 – 79 Min. – R: Phil Karlson. D: John Payne, Mary Murphy, Francis L. Sullivan, Eduardo Noriega, Arnold Moss.
Krimi. Ein von seiner Verlobten verlassener Exjurist übernimmt den Auftrag eines zwielichtigen Dunkelmanns und gerät in Gefahr; routiniertes Juwelendiebstahlsabenteuer.

Der Teufel auf Rädern / The Car ∗∗
USA 1977 – 95 Min. – R: Elliot Silverstein. D: James Brolin, Kathleen Lloyd, John Marley, Ronny Cox.
Horrorfilm. Eine schwarze Limousine gleitet nachts durch die Straßen und killt Radfahrer und Fußgänger. Am Steuer dieses Blechdämons ist niemand zu sehen... Autohorror.

Der Teufel hat sieben Gesichter / Il diavolo ha sette facce ∗
I 1971 – 86 Min. – R: Osvaldo Civirani. D: Carroll Baker, George Hilton, Lucretia Love, Stephen Boyd.
Krimi. Zwielichtige Dame klaut einem reichen Wüstensohn einen Superdiamanten, was einen Männer- und Bandenrun auf sie auslöst; im Mittelpunkt Carroll Bakers Figur.

Teufel im Leib / Stürmische Jugend / Le diable au corps ∗∗∗ ½
F 1947 – 110 Min. sw. – R: Claude Autant-Lara. D: Gérard Philipe, Micheline Presle, Jean Debucourt, Denise Grey, Jacques Tati.
Literaturverfilmung. Adaption des Romans von Raymond Radiguet über die scheiternde Liebe eines Gymnasiasten zu einer jungverheirateten Frau, deren Mann kurz nach der Hochzeit im Ersten Weltkrieg fällt; Roman (1923) und Film lösten zu ihrer Zeit Skandale aus, heute besticht noch immer die sentimentale Antikriegshaltung in einem Klassiker des Liebesfilms.

Teufel im Leib / Il diavolo in corpo / Le diable au corps ∗ ½
I/F 1986 – 109 Min. Ⓥ VCL. – R: Marco Bellocchio. D: Maruschka Detmers, Federico Pitzalis, Anita Laurenzi, Riccardo de Torrebruna.
Literaturverfilmung. Zweite Adaption des Romans von Raymond Radiguet, ins zeitgenössische Italien transponiert und mit Terroristenchic aufpoliert; die mitreißende Fotografie überdeckt nicht die Leere des Films, der ein nicht mehr zeitgemäßes Erotikgehabe postmodern verkaufen will.

Teufel im Nacken / Monkey On My Back ∗∗ ½
USA 1957 – 90 Min. sw. – R: André de Toth. D: Cameron Mitchell, Dianne Foster, Paul Richard.
Drogenkrimi. Ein Boxer und Spieler verfällt Drogen und beginnt den Kampf gegen seine Sucht; eindrucksvoller kleiner Film mit einem großen Mitchell in einer Paraderolle.

Der Teufel im Sattel / Tall Man Riding ∗∗ ½
USA 1955 – 83 Min. – R: Lesley Selander. D: Randolph Scott, Dorothy Malone, Peggie Castle, John Dehner, Lane Chandler.
Western. Ein um Land betrogener Cowboy will mit anderen Opfern landgierige Rancher ausmanövrieren; solider, etwas geschwätziger B-Western mit einem harmonischen Gespann Scott/Malone.

Teufel in Seide ∗∗∗
BRD 1955 – 100 Min. sw. – R: Rolf Hansen. D: Lilli Palmer, Curd Jürgens, Winnie Markus, Adelheid Seeck, Hans Nielsen, Wolfgang Büttner, Hilde Körber, Paul Bildt.
Psychodrama. Erfolgloser Musiker lernt reiche Witwe eines Musikverlegers kennen und lieben; zuerst geht alles gut, doch dann zerrüttet Eifersucht die Beziehung. Der sorgfältig psychologisierende Film setzt ganz auf ein glaubwürdiges Drehbuch und hervorragende Darsteller. Lilli Palmer bekam für die Rolle der Egomanin den Bundesfilmpreis 1956.

Der Teufel mit der weißen Weste / Le doulos ∗∗∗ ½
F/I 1962 – 90 Min. sw. – R: Jean-Pierre Melville. D: Jean-Paul Belmondo, Serge Reggiani, Jean Desailly, Fabienne Dali, Michel Piccoli.
Gangsterfilm. Ein Mann wird aus dem Zuchthaus entlassen, und alles beginnt wieder von vorn: Mord aus Rache, Liebe, Freundschaft, neue Verbrechen als Folge vergangener Ereignisse. Die heillose Verwirrung komplexer Beziehungen; ein Unterweltdrama aus den tristen Seitenstraßen von Paris, von Melville perfekt inszeniert im Stil des »Film noir«.

Der Teufel kommt um vier / The Devil at Four O'Clock ∗∗
USA 1960 – 117 Min. Ⓥ RCA Columbia.

– R: Mervyn LeRoy. D: Spencer Tracy, Frank Sinatra, Kerwin Matthews, Jean-Pierre Aumont, Grégoire Aslan, Alexander Scourby.
Abenteuerfilm. Ein trinkfreudiger Pater will beim Ausbruch eines Südseevulkans mit Hilfe dreier Sträflinge Kinder einer Leprastation retten; actionreiche Mixtur aus Pazifikabenteuer und Katastrophenfilm.

Der Teufel vom Mühlenberg ** ½
DDR 1954 – 82 Min. – R: Herbert Ballmann. D: Eva Kotthaus, Hans-Peter Minetti, Willy A. Kleinau.
Märchenfilm. Adaption alter Märchen- und Sagenmotive aus dem Harz; ein ausbeuterischer Müller wird wegen seiner Grausamkeit und Gier in einen Stein verwandelt; Geschichte mit politischer Moral.

Der Teufel von Colorado / The Maverick Queen **
USA 1955 – 105 Min. – R: Joseph Kane. D: Barbara Stanwyck, Barry Sullivan, Scott Brady, Mary Murphy.
Western. Eine Hotelbesitzerin will ganz nach oben, doch dann tritt der Mann ihres Herzens durch die Schwingtür, was viel Gefühl, aber leider wenig Action nach sich zieht.

Des Teufels Lohn / Man in the Shadow ** ½
USA 1957 – 75 Min. sw. – R: Jack Arnold. D: Jeff Chandler, Orson Welles, Colleen Miller, Ben Alexander, John Larch, James Gleason, Barbara Lawrence.
Spätwestern. Einzelgänger-Western um einen Sheriff, der den Mörder eines Mexikaners finden will und dabei in einer korrupten Stadt zwischen die Fronten gerät. Kompromißlos und straff in Thema und visueller Gestaltung von B-Film-Spezialist Arnold (»Der Schrecken vom Amazonas«) mit idealen Schauspielern spannend inszeniert.

Des Teufels Paradies **
BRD 1986 – 90 Min. – R: Vadim Glowna. D: Jürgen Prochnow, Sam Waterston, Dominique Pinon, Suzanna Hamilton, Mario Adorf, Ingrid Caven.
Südseemelodram. Auf der Insel Samburan in der Java-See wird 1937 ein europäischer Exmanager getötet; ein ehemaliger Kollege reist nach Surabaja, um die Hinterlassenschaft zu regeln; dort trifft er auf einen üblen Schurken, der ihm und seiner Angebeteten auf die Insel folgt. Ein Drama voller Intrigen und Leidenschaften beginnt; Glowna (»Dies rigorose Leben«) erzählt das in großem Kinostil, aber nach Rezept; erhitzter Leerlauf ist die Folge.

Des Teufels Pilot / Chain Lightning * ½
USA 1950 – 90 Min. – R: Stuart Heisler. D: Humphrey Bogart, Eleanor Parker, Raymond Massey, Richard Whorf.
Fliegerfilm. Ex-Air-Force-Pilot geht nach dem Krieg wegen einer hohen Prämie, die er braucht, um heiraten zu können, als Testpilot ein hohes Risiko ein; ein lustloser Bogart läßt fraglich erscheinen, ob es sich gelohnt hat; geschwätzige Luftheldenstory.

Des Teufels Spiegelbild / Killer in the Mirror TV-Film
USA 1986 – 92 Min. – R: Frank de Felitta. D: Ann Jillian, Len Carriou, Max Gail, Christopher North.
Eine biestige Frau plant mit ihrem Liebhaber wohldosierten Giftmord am reichen Gatten, den sie einst ihrer Zwillingsschwester weggeheiratet hat, diese soll für den Mord büßen; ziemlich grobschlächtiger, aber nicht unspannender Thriller.

Des Teufels verlorene Söhne / The Billion Dollar Fire * ½
I 1979 – 85 Min. – R: Mircea Dragan. D: Stuart Whitman, Tony Kendall, Ray Milland.
Abenteuerfilm. Um den Ölpreis in die Höhe zu treiben, legen skrupellose Profitgeier einen Sprengsatz an ein Öllager. Nun soll George mit seinen Männern helfen.

Teufelsflieger / Sky Devils **
USA 1932 – 90 Min. sw. – R: Edward Sutherland. D: Spencer Tracy, William Boyd, George Cooper, Ann Dvorak.
Fliegerfilm. Luftkünste und Pilotenabenteuer in Slapstickmanier. Tracy wird zu-

dem in eine komische Dreiecksgeschichte verwickelt – ein »Bomben«-Spektakel. Imitation des berühmten Fliegerfilms »Hell's Angels« von Howard Hughes (1930).

Der Teufelshauptmann / She Wore a Yellow Ribbon ∗∗∗ ½
USA 1949 – 103 Min. – R: John Ford. D: John Wayne, Joanne Dru, John Agar, Ben Johnson, Harry Carey jr., Victor McLaglen, Mildred Natwick, George O'Brien.
Kavalleriewestern. Ein Captain kurz vor dem Ruhestand muß einen schwierigen Auftrag übernehmen und kann als Pensionär seine ganze Erfahrung nochmals in die Waagschale werfen; Schlachtroß Wayne in seiner vermutlich unaufdringlichsten, sympathischsten Rolle; McLaglen zettelt eine der humorigsten Saloonprügeleien an; zum Teil während eines echten Unwetters gedreht; Oscar für Fotografie.

Die Teufelshochzeit / Noces de souffre TV-Film
F 1984 – 100 Min. – R: Raymond Vouillamos. D: Jean-Luc Bideau, Agnès Soral, Claude-J. Barbey.
Nach einem authentischen Fall gedrehter schwarzer Krimi um einen Bankangestellten, den man des Raubes und teuflischer Komplizenschaft mit einem Polizeiinspektor verdächtigt; brillant und spannend.

Ein Teufelskerl / Race to the Yankee Zephyr ∗∗
Neuseeland/AUS 1981 – 84 Min. – R: David Hemmings. D: Ken Wahl, Donald Pleasence, Lesley Ann Warren.
Abenteuerfilm. Zwei Freunde versuchen, einen Goldschatz zu bergen; recht spannend und dazu etwas exotisch.

Teufelskerle / Boys Town ∗∗∗
USA 1937 – 88 Min. sw. – R: Norman Taurog. D: Spencer Tracy, Mickey Rooney, Henry Hull, Leslie Fenton, Gene Reynolds.
Melodram. Film nach der Geschichte des Jesuitenpaters Eduard Joseph Flanagan, der 1917 bei Omaha/Nebraska »Boys Town« aufbaute, ein Selbstverwaltungsmodell für verwahrloste Jugendliche; nicht ohne Sentimentalitäten, aber glaubwürdig gespielt, nicht nur von Tracy (Oscar), sondern auch von den jungen Darstellern.

Teufelskerle mit Schwert und Degen / I diavoli di Spartivento ∗ ½
I 1963 – 95 Min. Ⓥ Toppic. – R: Leopoldo Savona. D: John Drew Barrymore, Scilla Gabel, Romano Ghini.
Abenteuerfilm. Rachestory aus dem Italien des 16. Jahrhunderts um zwei Brüder, die nach Kriegsende vor den Trümmern ihres Vaterhauses stehen. Viel Degengeklirr und genreübliche Redeweisen.

Teufelskommando / Hold Back the Night ∗
USA 1956 – 77 Min. sw. – R: Allan Dwan. D: John Payne, Mona Freeman, Audrey Dalton, Chuck Connors.
Kriegsfilm. Captain Mackenzie rekonstruiert das Kriegsgeschehen mit Hilfe der Whiskyflasche, die er immer mit sich führt. Routinegemetzel.

Die Teufelspassage / Border River ∗∗ ½
USA 1954 – 80 Min. – R: George Sherman. D: Joel McCrea, Yvonne De Carlo, Pedro Armendariz.
Western. Während des Bürgerkriegs legt sich ein US-Captain mit Mexikanern an, die dringend benötigte Waffen nur mit Superprofit verkaufen; überdurchschnittlicher Edelwestern.

Das Teufelsweib von Montana / Bullwhip ∗ ½
USA 1958 – 79 Min. – R: Harmon Jones. D: Rhonda Fleming, Guy Madison, James Griffith.
Western. Ein Richter arrangiert die Ehe zwischen einem Todeskandidaten und einer Frau, die wegen einer Klausel im väterlichen Testament heiraten muß; doch dann soll der Ehemann auch sterben. Die Möglichkeiten des Entwurfs werden verschenkt, aber Genreroutine und Rhonda Fleming retten einiges.

Teufelsweiber / The Ballad of Josie ∗∗
USA 1968 – 100 Min. – R: Andrew V. McLaglen. D: Doris Day, Peter Graves, Audrey Christie, George Kennedy.

Komödie. Eine resolute Texanerin züchtet um 1870 in Wyoming Schafe statt Rinder. Aus dem Viehkonflikt wird ein Geschlechterkrieg, den der Film mit Witz, aber nicht ohne klamottige Ausrutscher präsentiert.

Der Teuflische / Lisa And the Devil / La casa dell'esorcismo **
USA 1972–75 – 87 Min. Ⓥ All-Video. – R: Mario Bava. D: Elke Sommer, Telly Savalas, Sylva Koscina, Alessio Drano.
Phantastischer Horrorfilm. Von Kultregisseur Bava (»Die Stunde, wenn Dracula kommt«) in romantisch-phantastischen Sequenzen inszenierter Grusel um ein Mädchen, das in einer geheimnisvollen Villa niemand anderem als Satan begegnet. Inspirierte Bilder, interessante Darsteller, beklemmende Stimmung, aber auch viel Handlungsleerlauf.

Die teuflische Falle / Der Wahnsinn des Dr. Clive / Obsession ** ½
GB 1949 – 95 Min. sw. – R: Edward Dmytryk. D: Robert Newton, Sally Gray, Naunton Wayne, Phil Brown.
Psychothriller. Ein eifersüchtiger Arzt versucht einen Mann zu ermorden, den er für den Liebhaber seiner Frau hält; beachtliche Charakterstudie eines wahnsinnigen Wissenschaftlers und ein hervorragender Film des Genres.

Teuflische Rhapsodie / Rapsodia satanica **
I 1915 – 45 Min. sw. Stf. – R: Nino Oxilia. D: Lyda Borelli,Giulio Bazzini, André Habay, Giovanni Cini.
Melodram. Bürgerliches Drama im Theaterpompstil des Stummfilms aus der ersten Blütezeit des italienischen Kintopps, als die Leinwandwelt noch aus Schwarz und Weiß bestand. Mit der großen Diva Borelli, deren Augenaufschlag noch immer unvergleichlich ist.

Teuflische Spiele / The Magus * ½
GB 1968 – 116 Min. – R: Guy Green. D: Anthony Quinn, Michael Caine, Candice Bergen, Anna Karina, Paul Stassino.
Horrorkrimi. Ein britischer Lehrer auf einer griechischen Insel zwischen zwei Frauen und im Bann eines reichen Einheimischen mit zwielichtiger Vergangenheit; ein Film, der mit (Seh-)Erwartungen spielt, aber auf wirre, geschwätzige Art ins Undurchschaubare abdriftet und Partisanenkriegsklischees ausbeutet; Quinn lustlos, Caine und Bergen kaum mehr als Kleiderständer.

Die Teuflischen / Les diaboliques *** ½
F 1954 – 110 Min. sw. – R: Henri-Georges Clouzot. D: Simone Signoret, Vera Clouzot, Paul Meurisse, Charles Vanel, Pierre Larquey.
Thriller. Der Leiter eines Landinternats, ein Scheusal der Sonderklasse, wird von seiner Frau und seiner Geliebten beseitigt; die Geschichte vom Versuch des perfekten Mordes wird in diesem nervensägend intensiven und doch leisen und behutsamen Thriller als hintergründiges Beziehungsgeflecht zwischen psychisch Beschädigten interpretiert; die Schlußpointe machte Filmgeschichte.

Teuflisches Spiel / Lo scopone scientifico ** ½
I 1972 – 108 Min. – R: Luigi Comencini. D: Bette Davis, Silvana Mangano, Alberto Sordi, Joseph Cotten, Domenico Modugno.
Komödie. Eine reiche Gräfin leiht einem Ehepaar aus einem Armenviertel einmal im Jahr einen hohen Spieleinsatz, den sie beim italienischen Kartenspiel »Scopa« immer wieder zurückgewinnt; die Hoffnungen der Bedürftigen werden alljährlich enttäuscht; detailgenaue Personen- und Milieustudien helfen in der sozialkritischen Komödie nur dem auf die Sprünge, der die »Scopa«-Regeln kennt.

Teufelskreis Alpha / The Fury ** ½
USA 1978 – 115 Min. – R: Brian de Palma. D: Kirk Douglas, John Cassavetes, Amy Irving, Andrew Stevens, Charles Durning.
Reißer. Brian de Palma, Bewunderer von Hitchcock und Spezialist für erotische Thriller, hat sich diesmal ein Psychostück von kafkaeskem Zuschnitt vorgenommen: Eine geheimnisvolle US-Behörde spürt junge Menschen mit parapsychologischen Fähigkeiten auf, um sie im Krieg

einzusetzen; effektvoll inszenierter Thriller.

Tevye und seine sieben Töchter ***

BRD/Israel 1967 – 84 Min. – R: Menahem Golan. D: Shmuel Rodensky, Betty Segal, Ninet Dinar.

Melodram. Szenen aus dem Alltag einer jüdischen Familie in der Ukraine. Im Mittelpunkt steht Tevye, der Milchmann, der sieben Töchter unter die Haube bringen will. Die Story nach dem Roman von Shalom Aleichem bildete die Vorlage für das Musical »Anatevka«. Hervorragende Darstellung der Titelfigur durch Shmuel Rodensky.

Tevye und seine Söhne ** ½

BRD/Israel – 95 Min. – R: Menahem Golan. D: Shmuel Rodensky, Betty Segal, Ninet Dinar, Ariel Fuhrmann, Wolfgang Kieling, Peter van Eyck.

Milieufilm. Im Dorf Anatevka erlebt die Familie des Habenichts Tevye harte Zeiten im Auf und Ab der Verhältnisse. Der märchenhafte, liebenswürdige Ton des Films sichert dann aber doch das individuelle Glück. Ein Film leiser Töne und verschmitzter Lebensweisheit.

That's Dancing ** ½

USA 1985 – 103 Min. – R: Jack Haley jr. D: Gene Kelly, Sammy Davis jr., Michail Baryshnikov, Liza Minnelli.

Tanzfilm. Vom Stummfilm über die klassische Zeit des Musicals bis zu den großen Tanzfilmen vereint dieser Zusammenschnitt eine Revue berühmter Tanznummern und Highlights aus Hollywoods glamourösem Showbusiness. Ermüdend für Nichtfans durch die pausenlose Aneinanderreihung von Glanzpunkten.

Theater der Liebe / L'amour par terre ***

F 1984 – 120 Min. – R: Jacques Rivette. D: Jane Birkin, Geraldine Chaplin, Jean-Pierre Kalfon.

Moderner Liebesfilm. Melodramatische, genau beobachtete, psychologisch beeindruckende Dreiecksgeschichte um zwei Schauspielerinnen und einen Regisseur, die einander verfallen. Von Außenseiter-Filmemacher Rivette (»Paris gehört uns«) mit unbarmherziger Nähe zu seinen Figuren realisiert.

Theater des Grauens / Theatre of Blood ** ½

GB 1972 – 100 Min. – R: Douglas Hikkox. D: Vincent Price, Diana Rigg, Ian Hendry, Harry Andrews, Jack Hawkins, Robert Morley, Diana Dors.

Horrorfilm. Ein monomanischer Schauspieler mordet systematisch seine Konkurrenten und Kritiker. Der Thriller des Regisseurs Hickox (ein Name wie eine Hommage für Hitchcock, was sein Film tatsächlich ist) erzeugt genug Spannung trotz der Tatsache, daß der Zuschauer den Mörder kennt. Für Horror- und Shakespeare-Fans ein Abräumer.

Theaterfieber / The Actress **

USA 1953 – 84 Min. – R: George Cukor. D: Spencer Tracy, Jean Simmons, Teresa Wright, Anthony Perkins.

Melodram. Ein junges Mädchen in Massachusetts um die Jahrhundertwende hat es sich in den Kopf gesetzt, gegen alle Widerstände des Vaters Schauspielerin zu werden. Erste Rolle für Anthony Perkins; mit einer jugendlich-trotzigen Jean Simmons.

Themroc / Themroc ** ½

F 1973 – 110 Min. – R: Claude Faraldo. D: Michel Piccoli, Béatrice Romand, Marilu Tolò, Romana Goluzzi.

Komödie. Ein Anarcho-Tarzan in Paris verwandelt Betonburgen in revolutionäre Zellen, indem er alle bürgerlichen Normen parodiert; böse Satire, von anarchistischem Biß.

Theo gegen den Rest der Welt ***

BRD 1980 – 102 Min. Ⓥ atlas. – R: Peter F. Bringmann. D: Marius Müller-Westernhagen, Guido Gagliardi, Claudia Demarmels, Carlheinz Heitmann.

Komödie. Als Theo auf der Autobahnraststätte vom Klo zurückkommt, ist sein Laster verschwunden. Mit seinem Kumpel und einer liebreizenden Schweizerin verfolgt er die Ganoven quer durch Europa. Originelle Road-Movie-Komödie mit viel Situationskomik und witzigen Dialogen. Müller-Westernhagen erhielt für seine Darstellung den Ernst-Lubitsch-Preis.

Theodora, Kaiserin von Byzanz / Teodora, l'imperatrice di Bisanzio ∗∗
I 1954 – 87 Min. – R: Riccardo Freda. D: Gianna Maria Canale, Georges Marchal, Irene Papas.
Historienfilm. Buntes Geschichtsgemälde aus der Mitte des 6. Jahrhunderts n. Chr. als Hintertreppenroman um die schöne Theodora, deren Freier, der oströmische Herrscher Justinian, Liebe und Macht verwechselt; als rüde Kintopp-Epoche der Leidenschaften inszeniert.

Therapie zwecklos / Beyond Therapy ∗∗ ½
USA 1987 – 89 Min. Ⓥ Highlight. – R: Robert Altman. D: Julie Hagerty, Jeff Goldblum, Glenda Jackson, Tom Conti.
Psychokomödie. Bei ihrem ersten Rendezvous eröffnet Bruce seiner neuen Freundin, daß er bisexuell ist; das führt zum Eklat im Restaurant und zu Turbulenzen – sie sucht ihren männlichen, er seinen weiblichen Therapeuten auf, die eine merkwürdige Sexualpraktik verbindet; boshaft-perverse Attacken auf Analytiker, Therapeuten, deren Klienten und andere Zeitgeistfiguren.

Thérèse / Thérèse ∗∗ ½
F 1986 – 87 Min. Ⓥ VPS. – R: Alain Cavalier. D: Cathérine Mouchet, Aurore Priéto, Sylvie Habault, Ghislaine Mona.
Biographischer Film. Die 15jährige Titelheldin folgt ihren beiden Schwestern ins Kloster der Karmeliterinnen von Lisieux, dort findet sie ein uneingeschränktes, weltabgewandtes Glück. Der überwältigend intensiv gespielte Film überzeugt durch Konzentration auf Personen, Glauben und Sprache.

Theseus, Held von Hellas / Teseo contro il Minotauro / Minotaur ∗∗
I 1960 – 92 Min. – R: Mario Bonnard. D: Rosanna Schiaffino, Bob Mathias, Alberto Lupo, Rick Battaglia.
Mythenfilm. Der Athener Königssohn Theseus tötet ein Ungeheuer und findet durch die Kreterin Ariadne aus dem Labyrinth heraus. Nach der griechischen Sage zeigt dieser klatschbunte Sandalenfilm phantasierend und actionreich, was drumherum noch geschah, vor allem, warum in der Antike so viel Blut floß.

Thomas Crown ist nicht zu fassen / The Thomas Crown Affair ∗∗ ½
USA 1967 – 90 Min. – R: Norman Jewison. D: Steve McQueen, Faye Dunaway, Paul Burke, Jack Weston.
Krimi. Einem Millionär gelingt ein perfekter Bankraub, eine Versicherung setzt eine ebenso perfekte und attraktive Agentin auf ihn an; spritzige Krimikomödie um Macht und Reiz des Geldes; Bombenrollen für McQueen/Dunaway.

Thomas, der Schwindler / Thomas l'imposteur ∗∗∗
F 1964 – 90 Min. sw. OmU. – R: Georges Franju. D: Emmanuelle Riva, Fabrice Rouleau, Jean Servais, Sophie Dares, Michel Vitold.
Zeitkritischer Film. Nach dem Roman von Jean Cocteau über eine Sanitätskolonne am Beginn des Ersten Weltkriegs und die zivilen Fronten für und gegen das große Massensterben. Von Außenseiter Franju (»Judex«) gegen den Strich der üblichen Kommerzunterhaltung gedacht, gedreht und geschnitten.

Thriller / The Killer Who Wouldn't Die ∗ ½
USA 1976 – 90 Min. – R: William Hale. D: Michael Connors, Samantha Eggar, Patrick O'Neal.
Spionagekrimi. Pilotfilm einer geplanten TV-Serie um einen Detektiv, der den Mörder seines besten Freundes verfolgt. Dabei gerät er in einen Spionagewirbel, der ihn an seine Grenzen führt. Rasante, filmisch allerdings dürftige Fernsehkost.

Thriller – Mord im Hochhaus / I'm the Girl He Wants to Kill TV-Film
GB 1974 – 65 Min. – R: Shann O'Riordan. D: Julie Sommars, Anthony Steel, Robert Lang.
Eine junge Frau wird Zeugin eines Mordes. Als sie dem Messerstecher später wiederbegegnet, schwebt sie in Lebensgefahr. Der für das Fernsehen gedrehte, jedoch in sich abgeschlossene Serienspielfilm versteht es, die, wenn auch konventionelle, Handlungsspannung bis zum Ende hoch zu halten.

Thrillkill – Der Mordcomputer / Thrillkill * ½
USA 1983 – 86 Min. – R: Anthony Kramreither. D: Robin Ward, Gina Massey, Laura Robinson, Diana Reis.
Krimi. Eine Frau und ihre Freunde ergaunern mit Computerhilfe drei Millionen Dollar, doch letztlich geht alles schief; langatmiger Thriller, der in Klischees ertrinkt und ein aktuelles Thema verschenkt.

Der Thron des Feuers / The Throne of Fire FLOP
I 1983 – 90 Min. – R: Franco Prosperi. D: Peter McCoy, Sabrina Siani, Harrison Muller.
Mythenfilm. Morak, Sohn des Teufels in Menschengestalt, kämpft um den machtversprechenden Feuerthron und eine blonde Prinzessin; doch da schlägt ein brünetter Siegfried zurück; albern.

Der Thronfolger TV-Film
BRD 1980 – 135 Min. – R: Oswald Döpke. B: Helmut Pigge. D: Günter Strack, Maria Schell, Jan Kollwitz, Yvonne May, Jan Niklas, Siegfried Wischnewski, Mijou Kovacs, Dietlinde Turban, Peter Pasetti.
Neuinterpretation des Vater-Sohn-Konflikts zwischen Friedrich Wilhelm I. und seinem Sohn, dem späteren Friedrich dem Großen; die Männerrollen fast durchweg gut besetzt; dramaturgisch weniger überzeugend und historisch eher Kolportage.

Die Thronfolgerin / Young Bess ** ½
USA 1953 – 110 Min. – R: George Sidney. D: Jean Simmons, Stewart Granger, Charles Laughton.
Kostümfilm. Aus der Jugend der späteren Königin Elisabeth I. von Emgland. Bunt bebildert, mit vielen biographischen Episoden und weltgeschichtlichen Intrigen gewürzt, ein Album des Königshauses à la Hollywood, mit glänzenden Farben und einigen dunklen Schatten.

THX 1138 / THX – 1138 **
USA 1970 – 95 Min. – R: George Lucas. D: Robert Duvall, Donald Pleasence, Maggie McOmie, Ian Wolfe, Sid Haig.
Science-fiction-Film. Das Erspüren unerlaubter sexueller Kontakte gehört in einem computer- und drogengesteuerten Staat des 25. Jahrhunderts zur »Verbrechensbekämpfung«; dennoch verlieben sich zwei und werden zu Staatsfeinden; erster Spielfilm von Lucas, dessen Geschwätzigkeit weder Spannung noch Angst vermittelt und dadurch die außergewöhnliche, radikale Bildersprache entwertet.

Tick, Tick, Tick / ... tick ... tick ... tick **
USA 1970 – 93 Min. – R: Ralph Nelson. D: Jim Brown, George Kennedy, Fredric March, Lynn Carlin.
Schwarzweißwestern. Der Farbige Jimmy wird in einem Ort im tiefen Süden zum Sheriff gewählt. Kein Weißer stimmte für ihn, der Rassenkonflikt ist vorprogrammiert – oberflächliche Behandlung eines brisanten Themas.

Tierarzt Dr. Vlimmen / Dr. Vlimmen ** ½
NL/B 1978 – 102 Min. – R, B: Guido Pieters. D: Peter Faber, Roger van Hool, Chris Lomme, Brigitte de Man.
Dorfgeschichte. Ein Tierarzt, von seiner Frau verlassen, könnte Schlachthofdirektor werden, doch die Bigotterie seiner Brabanter Mitmenschen stößt sich an seinen gelegentlichen Bordellbesuchen; atmosphärisch dichte Verfilmung der Romantrilogie von A. Roothaert um einen liebenswerten Außenseiter; realistisch und humorvoll.

Tierarzt Dr. Vlimmen
siehe: Skandal um Dr. Vlimmen

Tierzeichen TV-Film
BRD 1986 – 80 Min. – R, B: Bill Viola.
Videokünstler Viola löst Wahrnehmungen in assoziative Bildfolgen auf; außergewöhnliches, intensives Artefakt.

Der Tiger / The Enforcer ** ½
USA 1951 – 88 Min. sw. – R: Bretaigne Windust. D: Humphrey Bogart, Zero Mostel, Ted de Corsia, Everett Sloane.
Gangsterfilm. Bogart als Staatsanwalt ermittelt gegen eine kommerzielle Mörderbande, die nach einem Geheimcode killt. Komplizierte Rückblendenstory mit einem hysterischen Belastungszeugen, der sich nachts aus dem Fenster stürzt. Bogie

ebenso souverän wie der straff und spannend erzählte Film.

Tiger Bay / Tiger Bay ** ½
GB 1959 – 106 Min. sw. – R: J. Lee Thompson. D: Horst Buchholz, Hayley Mills, John Mills, Ivonne Mitchell.
Krimi. Ein Seemann erschießt aus Eifersucht seine Freundin und zwingt die junge Zeugin, ihn auf der Flucht zu begleiten; eindrucksvolles Psychogramm eines Mädchens in erster ernsthafter Konfrontation mit der Welt der Erwachsenen; die 13jährige Hayley Mills erhielt 1959 einen Sonderpreis der Berlinale.

Tiger der Meere / La tigre dei sette mari **
I 1962 – 85 Min. Ⓥ VPS. – R: Luigi Capuano. D: Anthony Steel, Maria Grazia Spina, Carlo Ninchi.
Piratenfilm. Im Mittelpunkt dieses Kostümabenteuers steht eine hübsche, resolute junge Frau; ihr Vater hat sie für den Sieger eines Wettstreits bestimmt, doch Intrigen, Rivalitäten und ein Mord geben dem Seeräuberspektakel neue Wendungen.

Tiger-Hai / Tigershark ***
USA 1932 – 74 Min. sw. – R: Howard Hawks. D: Edward G. Robinson, Zita Johann, Richard Arlen, Vince Barnett.
Abenteuerfilm. Eine schwere Verletzung durch einen Hai macht einen Fischer unberechenbar und aggressiv; die Liebe seiner Frau zu seinem Bootsmann hat tödliche Folgen; abenteuerliches Seemannsgarn, in der Art eines Melodrams mit heiteren Aspekten ein beachtlicher Beitrag zum frühen Erzählkino.

Der Tiger hetzt die Meute / White Lightning ** ½
USA 1972 – 101 Min. – R: Joseph Sargent. D: Burt Reynolds, Jennifer Billingsley, Ned Beatty, Bo Hopkins, Matt Clark, Diane Ladd.
Thriller. Ein junger Whiskyschmuggler wird aus dem Knast entlassen, als er zur Kooperation bereit ist, er kehrt heim, um mit dem korrupten Sheriff abzurechnen, der seinen Bruder getötet hat; routinierter überdurchschnittlicher Actionfilm.

Der Tiger liebt nur frisches Fleisch / Le tigre aime la chair fraîche **
F/I 1964 – 75 Min. sw. – R: Claude Chabrol. D: Roger Hanin, Maria Mauban, Daniela Bianchi, Roger Dumas.
Agentenfilm. Akzeptable Agentenstory um einen Leibwächter, dessen Deckname »Tiger« irreführend ist. Altmeister Chabrol (»Die untreue Frau«) auf Abwegen, Spannung jedoch garantiert.

Der Tiger parfümiert sich mit Dynamit / Le tigre se parfume à la dynamite *
F/E/I 1965 – 80 Min. – R: Claude Chabrol. D: Roger Hanin, Roger Dumas, Michel Bouquet.
Thriller. Einer Gangsterorganisation soll ein Goldschatz abgejagt werden; natürlich schafft das Agent »Tiger« Papière; er verscheucht auch Ansätze zur Genreparodie; die Handlung ist ein verwirrendes Labyrinth ohne sinnvollen Ausgang.

Der Tiger von Eschnapur **
BRD 1958 – 101 Min. – R: Fritz Lang. D: Debra Paget, Paul Hubschmid, Walther Reyer, René Deltgen, Sabine Bethmann.
Abenteuerfilm. Der deutsche Architekt am Hof des Maharadschas von Eschnapur hat sich in eine Tempeltänzerin verliebt; das führt zu dramatischen Konflikten, denn sie ist die Auserwählte des Herrschers. Exotisches Abenteuer in grandioser Ausstattung – verkitschte Trivialromantik im Stil der fünfziger Jahre; nicht zu vergleichen mit Langs früheren Meisterwerken.

Der Tiger von New York / Killer's Kiss ** ½
USA 1955 – 67 Min. sw. – R: Stanley Kubrick. D: Frank Silvera, Jamie Smith, Irene Kane.
Schwarzes Melodram. B-Film und Nachzügler der »Schwarzen Serie«. Von Kubrick (»Wege zum Ruhm«) in einer Atmosphäre von Entfremdung, Gewalt und Begierde serviert. Mord, Kidnapping und surreale Traumsequenzen zeigen das Dasein in der New Yorker Halbwelt als nackten Kampf ums Überleben.

Der Tiger von Texas / High Lonesome **
USA 1950 – 80 Min. – R: Alan LeMay. D: John Barrymore jr., Chill Wills, Lois Butler, Kristine Miller.

Western. Der junge Cooncat verliert den Boden unter den Füßen, als man ihm nach und nach alle Untaten in die Schuhe schiebt; Westernkrimi im ländlichen Thrillerstil.

Till Eulenspiegel, der lachende Rebell / Till l'espiègle *
F/DDR 1956 – 85 Min. – R: Gérard Philipe. D: Gérard Philipe, Jean Vilar, Fernand Ledoux, Nicole Berger, Jean Carmet.
Abenteuerfilm. Im niederländischen Freiheitskrieg brennen Spanier Tills Heimatdorf nieder; der schwört Rache; Verfilmung des flämischen Nationalepos (»Thyl Ulenspiegel«, dt. 1867) von Charles De Coster, dessen grimmigem Humor Philipes heiteres Abenteuertum nicht gerecht wird.

Tim und der Haifischsee / Tintin et le lac aux requins ** ½
F/B 1972 – 75 Min. – R: Raymond Leblanc.
Zeichentrickfilm. Die Haifischbande will einem Professor eine sensationelle Erfindung abjagen, doch Reporter Tim und Hund Struppi greifen ein; lustige Agentenpersiflage aus Leblancs »Asterix«- und »Lucky Luke«-Trickstudios.

Time Bandits / Time Bandits ** ½
GB 1981 – 112 Min. Ⓥ VCL. – R: Terry Gilliam. D: John Cleese, Sean Connery, Shelley Duvall, Ian Holm, Ralph Richardson.
Science-fiction-Film. Sechs Zwerge nehmen einen Jungen mit auf ihre abenteuerliche Reise durch die »Zeitlöcher« und treffen Napoleon, Robin Hood und Agamemnon; ein phantastisches Feuerwerk von Gags, Nonsense und Tiefsinn. Terry Gilliam ist Mitglied der Monty-Python-Truppe.

Timerider – Das Abenteuer des Lyle Swann / Timerider **
USA 1982 – 90 Min. – R: William Dear. D: Fred Ward, Belinda Bauer, Peter Coyote, Ed Lauter, Richard Masur.
Science-fiction-Western. Ein Motorradfreak gerät bei einem Wüstenrennen in ein Zeitexperiment und wird ins 19. Jahrhundert zurückgeworfen; dort lernt er die attraktive Claire und einen üblen Burschen kennen, der seinen Feuerstuhl will. Origineller Film, der mit seiner Grundidee jedoch leider zuwenig anfangen kann; ein Film der Zeitkontraste und Erzähllängen.

Tiritomba TV-Film
BRD 1983 – 85 Min. – R: Ulrich Heising. D: Michele Oliveri, Hanno Pöschl, Karl Friedrich, Christa Berndl.
Gagreicher Film, der die skurrilen Beziehungsstrukturen zwischen Betreibern und Gästen eines italienischen Restaurants in einer deutschen Großstadt mit Witz und satirischen Seitenhieben, etwa auf Latin-Lover-Verhalten, aufs Korn nimmt.

Tiro – Ruf des Jägers / Tiro ** ½
NL 1979 – 103 Min. – R: Jacob Bijl. D: Matthias Maat, Geert de Jong, Julien Schoenaerts.
Familiendrama. Der junge Tom fühlt sich von seinen Eltern unverstanden; nach einer gemeinsamen Entenjagd zerbricht ihr Verhältnis. Der unprätentiöse Film über Gefühle zwischen den Generationen überzeugt mit präzisen Dialogen, atmosphärisch dichten Bildern und gutem Spiel der Darsteller.

Ein Tisch für fünf / Table for Five **
USA 1983 – 117 Min. – R: Robert Lieberman. D: Jon Voight, Richard Crenna, Marie-Chistine Barrault, Millie Perkins.
Seifenoper. Ein geschiedener Mann vernachlässigt seine Familie, auf einer Kreuzfahrt soll das anders werden. Aber ist die Entfremdung aufzuhalten? Der an Originalschauplätzen in Rom, Athen und Kairo effektvoll auftretende Film dehnt die zwischenmenschliche Problemtik unnötig, kann sich aber auf die Einfälle seiner Schauspieler verlassen; sentimentale Unterhaltung.

Tisch und Bett / Domicile conjugal ** ½
F 1970 – 94 Min. – R: François Truffaut. D: Jean-Pierre Léaud, Claude Jade, Hiroko Berghauer.
Liebeskomödie. Antoine und Christine sind glücklich verheiratet, ein nettes Söhnchen krönt die Idylle; dennoch läßt sich der Ehemann auf die Japanerin

Kyoko ein, worauf ihm die Gattin den Laufpaß gibt. Das hübsche Liebesgeplänkel im authentischen Kostüm der frühen 70er Jahre nutzt Truffaut zu einer ironischen Version des filmischen Melodrams.

Titan der Gladiatoren / I due gladiatori *

I 1964 – 88 Min. Ⓥ VPS. – R: Mario Caiano. D: Giuliano Gemma, Richard Harrison, Moira Orfei, Mimmo Palmara.

Abenteuerfilm. Furchtloser Superheld kämpft gegen den tyrannischen Kaiser Commodus; viel Schwertgerassel für wenig Sinn.

Titanic TV-Film

BRD 1984 – 105 Min. – R: Lutz Büscher. D: Hans Korte, Volker Graef, Arthur Brauss, Sigmar Solbach, Gisela Dreyer, Tilly Breidenbach, Veronika Faber.

Ein Senatsausschuß versucht 1912 in New York in scharfen Verhören Licht ins Dunkel der berühmtesten Schiffskatastrophe zu bringen. Spektakulärer Fernsehfilm, gut gespielt, mit überraschenden Ergebnissen.

Titanien oder die Nacht der Doppelgänger / Titania, Titania, dragy a dublörökejszakaja ***

BRD/H 1987 – 87 Min. – R: Peter Bacso. D: Gyula Bodrogi, Dorottya Udvaros, Attila Kaszas.

Politparabel. In der Volksrepublik Titanien regiert ein kranker Diktator; als er stirbt, beginnt der Kampf um die Nachfolge. Doch vorerst regieren drei Doppelgänger des Toten weiter. Der tragikomische Film aus dem sozialistischen Ungarn behandelt den nach wie vor zeitlosen Stoff mit brillanter satirischer Schärfe.

TKX antwortet nicht / Si tous les gars du monde ** ½

F 1955 – 96 Min. sw. – R: Christian-Jaque. D: Hélène Perdière, Mathias Wieman, Gardy Granass, Mimo Billi, Claude Sylvain.

Abenteuerfilm. Die Besatzung eines Fischkutters erkrankt an Fleischvergiftung, die Funkanlage fällt aus, ein junger Amateurfunker löst eine internationale Welle der Hilfsbereitschaft aus; ein sympathischer, recht moralisierender Film mit straffer, spannungsreicher Schwarzweißregie.

Der T-Mann TV-Film

BRD – 45 Min. sw. – R, B: Klaus Bueb. D: Klaus Bueb, Pia Frankenberg, Michael Dick.

Hintersinnige Erzählung aus dem Leben eines unscheinbaren Menschen, der unter dem sogenannten T(Tarnkappen-)-Syndrom leidet; überdurchschnittlich.

To Kill a Stranger / Missing and Killed **

USA 1983 – 90 Min. – R: Juan Lopez-Montezuma. D: Dean Stockwell, Donald Pleasence, Angelica Maria, Aldo Ray.

Politthriller. Ein Journalist in einer Militärdiktatur bekommt Besuch von seiner Frau, die auf der Fahrt vom Flughafen zu ihm in eine üble Situation gerät. Der Film zeigt geschickt und spannend mit den Personen der Handlung ein repressives politisches Klima auf, bleibt aber zu vorsichtig.

Die Tochter der Mata Hari / La fille de Mata Hari *

I 1954 – 86 Min. – R: Renzo Merusi. D: Ludmilla Tscherina, Erno Crisa, Frank Latimore.

Spionagefilm. Das Schicksal der Tänzerin Mata Hari wiederholt sich; ihre Tochter wird 1941 in Indochina von den Japanern als US-Spionin angeklagt und hingerichtet; zusammengeschustert.

Die Tochter des Wassers

siehe: Das Mädchen vom Fluß

Tod an Bord / Killer on Board *

USA 1977 – 100 Min. – R: Philip Leacock. D: Claude A. Akins, Beatrice Straight, Patty Duke Astin, George Hamilton, Jane Seymour, Len Birham, William Daniels.

Actionfilm. Eine tödliche Epidemie löst an Bord eines Kreuzfahrtschiffs Panik aus; Traumschiffspektakel mit aufgesetztem Medizingetue; langweilig, kaum TV-Niveau.

Tod auf dem Nil / Death on the Nile ** ½

GB 1978 – 140 Min. Ⓥ Cannon. – R: John Guillermin. D: Peter Ustinov, Jane Birkin, Lois Chiles, Bette Davis, Mia Farrow, John Finch, David Niven.

Krimi. Schiffsfahrt auf dem Nil à la Agatha Christie: Eine Leiche ist garantiert, der Mörder unter uns. Die amüsante und kinonostalgische Auflösung durch Hercule Poirot garantiert süffigen Spannungsspaß, zu dem große Stars und eine romantische Kulisse beitragen; der Oscar für die Kostüme ist verdient.

Dem Tod auf der Spur TV-Film
BRD 1988 – 90 Min. – R: Wolf Gremm. D: Ruth-Maria Kubitschek, Ferdy Mayne, Stefan Reck, Heinz Baumann.
Eigentlich soll die blonde Professorin in der Einsamkeit ein Buch über Weißkopfadler schreiben, doch dieses Vorhaben wird gestört durch einen betagten Kollegen, der mit der Ahnungslosen rätselhafte medizinische Experimente durchführt; schöne Landschaftsaufnahmen, künstlich erzeugte Spannung; Science-fiction-Touch (Folgefilm: »Ich will leben«).

Der Tod aus dem Computer TV-Film
BRD 1985 – R: Dieter Finnern. D: Susanne Uhlen, Bernd Herzsprung, Klaus Schwarzkopf.
Unheimliche Geschichte aus dem elektronischen Alltag, in der eine junge Computerspezialistin verhängnisvolle Informationen, nicht ganz legal, beschafft. Datenschutzkrimi mit Unterhaltungswert.

Der Tod der Fliege * *
ČSSR 1976 – 82 Min. – R: Karel Kachyša. D: Luboš Knytl, Jana Pehrová, Miroslavá Šafránková, Otakar Brousek.
Jugendfilm. Psychologisch genaue Studie über einen 17jährigen Jungen, der Angst vorm Erwachsenwerden hat und die Welt der Großen kritisch betrachtet.

Der Tod der Maria Malibran * * *
BRD 1971 – 100 Min. – R, B: Werner Schroeter. D: Magdalena Montezuma, Christine Kaufmann, Ingrid Caven, Candy Darling, Manuela Riva.
Experimenteller Gesangsfilm. Die gefeierte spanisch-französische Mezzosopranistin María Felicità Malibran (1808–36), Primadonna in London, New York und Paris, sang sich buchstäblich zu Tode; der Film erzählt in vielfältigen Bildarrangements, mit Kommentaren und Zwischentiteln und begleitet von Musikmontagen die innere Biographie einer Frau (und von den Frauen ihrer Umgebung), die an ihrer Kunstbesessenheit zugrunde geht.

Der Tod des alten Zirkuslöwen / Chad Hanna * ½
USA 1940 – 85 Min. – R: Henry King. D: Henry Fonda, Dorothy Lamour, Linda Darnell.
Liebesromanze. Im Milieu eines Wanderzirkus angesiedelte, melodramatisch inszenierte Story um eine schöne Kunstreiterin und ihre männlichen Verehrer. Farbenprächtig angerührt, aber oberflächlich.

Der Tod des Camillo Torres oder Die Wirklichkeit hält viel aus TV-Film
BRD 1977 – 100 Min. – R: Eberhardt Itzenplitz. B: Oliver Storz. C: Gerd Böckmann, Wolfgang Wahl, Verena Buss, Inge Birkmann.
Filmbiographie des berühmten kolumbianischen Priesters und Revolutionärs, der 1966 37jährig bei einem Feuergefecht umkam; sein Tod gab Anlaß zu Spekulationen; mißlungener Versuch der politischen Bewältigung eines Guerilleroschicksals.

Der Tod des Delphins / Day of the Dolphin FLOP
USA 1973 – 90 Min. – R: Mike Nichols. D: George C. Scott, Trish Van Devere, Paul Sorvino.
Thriller. Mißglückter Agentenfilm über einen Anschlag auf den Präsidenten der USA, den zwei dressierte Delphine ausführen sollen. Absolut lächerliche Story.

Der Tod des Empedokles / La mort d'Empèdocle * * ½
BRD/F 1986 – 124 Min. – R: Jean-Marie Straub, Danièle Huillet. D: Andreas von Rauch, Howard Vernon, William Berger, Vladimir Baratte.
Literaturverfilmung. Empedokles, der Gotteslästerer, wird durch einen orthodoxen Priester und die aufgehetzte Bevölkerung von Agrigent in den Tod getrieben. Das Drama von Hölderlin übersetzt die avantgardistische Regie in eine textverliebte Bildsprache: Askese der filmischen Form zugunsten des dich-

terischen Wortes; dennoch schöne, statuarische Sequenzen.

Der Tod des weißen Marabu TV-Film
BRD – 90 Min. – R: Dieter Schlotterbeck. B: Karlhans Reuss. D: Michael Lesch, Volker Spahr, Gabriele Badura, Regina Faerber, Elke Twiesselmann.
Spielfilmversion des Lebens von Charles de Foucauld, einer der schillerndsten Figuren des 20. Jahrhunderts, der als Missionar in der algerischen Sahara allem Wohlstand entsagte.

Der Tod des weißen Pferdes TV-Film
BRD 1987 – 90 Min. – R, B: Christian Ziewer. D: Thomas Anzenhofer, Angela Schaneler, Udo Samel, Ulrich Wildgruber, Dietmar Schönherr.
Zur Zeit der Bauernkriege erhoffen Dörfler vom neuen Grundherrn bessere Lebensbedingungen; ihre Hoffnungen werden grausam enttäuscht. Ein markiger, um Authentizität bemühter Film mit exzellenter Besetzung.

Tod eines Bürgers / The Old Man Who Cried Wolf TV-Film
GB 1970 – 70 Min. – R: Walter Grauman. D: Edward G. Robinson, Martin Balsam, Diane Baker, Ruth Roman, Sam Jaffe.
Ein Mann kann seine Umwelt und auch die eigene Familie nicht davon überzeugen, daß sein Freund keines natürlichen Todes starb.

Der Tod eines Killers / The Killers ** ½
USA 1964 – 94 Min. Ⓥ CIC. – R: Don Siegel. D: Lee Marvin, Angie Dickinson, John Cassavetes, Ronald Reagan.
Gangsterfilm. Zwei angeheuerte Killer recherchieren die Lebensgeschichte ihres potentiellen Opfers, um an seine Million zu gelangen. Siegel (»Coogans großer Bluff«) inszenierte die originelle Story (sehr frei nach Hemingway) hart, zupakkend, mit viel Action.

Der Tod fliegt nach Jamaica / Flatfoot FLOP
I/E 1967 – 90 Min. – R: Julio Salvador. D: Ray Danton, Pamela Tudor, Alan Collins, Luis Davila.
Krimi. Ein Krimi, der so undurchsichtig ist, daß er sich selbst hinters Licht führt. Exotische Schauplätze (Jamaica) retten da nichts, die Schauspieler irren durch Kulissen wie Straßenpassanten in einem fremden Stadtviertel. Unfreiwillig komisch.

Der Tod im roten Jaguar *
BRD 1968 – 85 Min. Ⓥ Taurus. – R: Harald Reinl. D: George Nader, Grit Böttcher.
Jerry-Cotton-Film. Spezialagent Cotton provoziert den Mordanschlag eines Killersyndikats, um an Hintermänner zu kommen; für Fans sehenswert.

Tod im Studio TV-Film
BRD 1972 – 80 Min. – R: Eberhard Itzenplitz. D: Gert Günther Hoffmann, Günther Gräwert, Dieter Hufschmidt, Axel Buchholz.
Ein Minister wird auf einer Versammlung angeschossen, ein TV-Direktor sieht die Chance einer Live-Reportage; schwacher Kolportagekrimi ohne kritischen Tiefgang.

Der Tod in der Waschstraße **
BRD 1982 – 100 Min. – R: Friedemann Schulz. D: Benjamin Völz, Beate Finckh, Rosemarie Fendel, Barbara Stanek.
Moderner Liebesfilm. Ein Schreiberling jobbt in einer Waschstraße. Als ein Verlag seine Texte annimmt, kommt er zu kurzfristigem Selbstvertrauen, das er jedoch nicht zur Veränderung seiner Isolation nutzen kann. Der Film beschreibt Kommunikationsschwierigkeiten von Menschen in einer emotionslosen Gesellschaft.

Tod in Hollywood / The Loved One ***
USA 1965 – 117 Min. – R: Tony Richardson. D: Robert Morse, Jonathan Winters, Anjanette Winters, Rod Steiger.
Satire. Der englische Poet Barlow hat die Idee, Vögel per Rakete im All zu »beerdigen«. Vor Sarkasmus triefende Komödie über die amerikanischen Bestattungsrituale – nach einem Roman von Evelyn Waugh.

Tod in Venedig / Morte a Venezia ****
I 1971 – 128 Min. Ⓥ Warner Home. – R:

Luchino Visconti. D: Dirk Bogarde, Björn Andresen, Silvana Mangano, Romolo Valli.
Literaturverfilmung. Ein Film über eine verzehrende Leidenschaft, die Frische der Jugend und den Verfall im Alter. Die Ästhetik des Morbiden umschließt Dekors und Interieurs, Musik, Licht und Kostüme. Nach der Novelle von Thomas Mann mit der Musik von Gustav Mahler.

Der Tod kennt keine Wiederkehr / The Long Goodbye ** ½
USA 1973 – 113 Min. – R: Robert Altman. D: Elliott Gould, Nina von Palландt, Sterling Hayden.
Detektivfilm. Philip Marlowe als kauziger Kasper, der sich für die Katze mehr als für seinen Auftrag interessiert. Bis zur Unkenntlichkeit veränderte Altman (»Nashville«) den Roman Chandlers um einen mysteriösen Mord und überzog ihn mit epischer Erzählweise und dem nivellierenden Gehabe der zeitgenössischen Gesellschaft.

Der Tod kommt durch die Tür TV-Film
BRD 1983 – 105 Min. – R, B: Wolf Gremm. D: Rita Kail, Heike Mücher, Harry Baer, Stefan John, Martin Semmelrogge, Brigitte Mira.
Das Mädchen hat ein Kindheitstrauma verdrängt, doch die junge Frau wird plötzlich von Alpträumen gequält; virtuoser Psychothriller voller Unglaubwürdigkeiten; Psychologie mit Videoclipeffekten nach dem Roman »Hinter der Tür« von Henry Slesar.

Der Tod ritt dienstags / I giorni dell' ira ** ½
BRD/I 1967 – 112 Min. Ⓥ VCL/Screentime. – R: Tonino Valerii. D: Giuliano Gemma, Lee Van Cleef, Christa Linder, Lukas Ammann, Walter Rilla.
Eurowestern. Ein flüchtiger Pistolero findet in einem jungen Mann einen gelehrigen Schüler, eines Tages kommt es zum Konflikt; solide Westernkost mit erstaunlich guten Typisierungen.

Todesangst bei jeder Dämmerung / Each Dawn I Die **
USA 1939 – 84 Min. sw. – R: William Keighley. D: James Cagney, George Raft, George Bancroft, Jane Bryan.
Melodram. Ein Reporter landet unschuldig im Gefängnis, als er unbequeme Recherchen über einen Staatsanwalt anstellt. Ein Gangster soll ihm aus der Patsche helfen. Spannende Korruptionsgeschichte – leider etwas konstruiert.

Der Todesengel / La vittima designata * ½
I 1971 – 90 Min. – R: Maurizio Luicidi. D: Tomas Milian, Pierre Clémenti.
Krimi. Der unglücklich verheiratete Ehemann lernt durch Zufall einen versnobten Adligen kennen, der für ihn aus purem Sportsgeist einen perfekten Mord begehen will.

Die Todesfalle / Deadfall ** ½
GB 1967 – 108 Min. – R: Bryan Forbes. D: Michael Caine, Giovanna Ralli, Eric Portman, Nanette Newman.
Thriller. Ein Juwelendieb und Fassadenkletterer läßt sich zu einem Ausnahmecoup überreden; er verknallt sich in seine Auftraggeberin, doch deren Gatte hat eine knallige Extrapointe parat. Was als Thriller beginnt, endet als lyrisches Melodram; romantisch und bunt in Szene gesetzt.

Die Todesfalle unter dem Meer / Death Dive * ½
USA 1974 – 85 Min. – R: Russel Mayberry. D: David Janssen, Hope Lange, Ivan Dixon.
Thriller. Bemühte Spannungskiste um einen Haufen Giftschlangen in einem U-Boot, allzu konstruiert und konventionell heruntergespult. Drama ohne Biß.

Das Todeshaus am Fluß / House By the River ***
USA 1950 – 85 Min. sw. – R: Fritz Lang. D: Louis Hayward, Lee Bowman, Jane Wyatt.
Thriller. Schatten, flackernde Kerzen, wehende Gardinen und ein viktorianisches Haus am Fluß bilden das düstere Szenario für einen Psychokrimi um einen dämonischen Schriftsteller, für den ein Lustmord zur Inszenierung des eigenen Schicksals wird.

Todeskommando Tobruk / Quella dannata pattuglia *
I 1969 – 80 Min. Ⓥ Toppic. – R: Roberto B. Montero. D: Fabio Testi, Dale Cum-

mings, Monty Greenwood, Giacomo Rossi.
Kriegsfilm. Wüstenkommando im letzten Weltkrieg, todesmutige Männer auf Streife und Bewährung angesichts des heimtückischen Feindes. Worum die Handlung kreist, ist egal, Hauptsache, es kracht und die Helden können unversehrt das nächste Kriegsspektakel anpeilen.

Die Todeskralle des gelben Teufels / Two Heroes Shooting Stars *
Hongkong 1979 – 95 Min. – R: Ke Shi Hao. D: Chia Kua Chen, Li Ji Min.
Kung-Fu-Film. Der Sohn eines Kung-Fu-Meisters wurde ermordet, und dessen bester Schüler soll den Mörder bestrafen; für Freunde des Genres.

Todeskreis Libelle / Una libelula para cada muerto **
E 1977 – 90 Min. – R: Leon Klimovsky. D: Paul Naschy, Erika Blanc, Angel Aranda, Maria Kosti.
Krimi. Ein Prostituiertenmörder hinterläßt an den Tatorten eine Libelle, ein Mailänder Inspektor setzt sich auf seine Spur; Thriller mit interessanten Aspekten, der in der Routine des Genres stekkenbleibt.

Der Todeskuß / Kiss of Death ** ½
USA 1947 – 95 Min. – R: Henry Hathaway. D: Victor Mature, Richard Widmark, Coleen Gray.
Krimi. Zwei alte Kumpel stehen jetzt auf verschiedenen Seiten. Die Story um einen ehemaligen Strafgefangenen, der nun den Tod seiner Frau rächen und die früheren Gangsterkollegen ans Messer liefern will, inszenierte Altmeister Hathaway mit Spannungselementen des »Film noir«.

Der Todeskuß des Dr. Fu Man Chu / The Blood of Fu Manchu * ½
BRD/GB/E 1968 – 80 Min. – R: Jess Franco. D: Christopher Lee, Götz George, Richard Greene, Loni von Friedl, Tsai Chin.
Horrorkrimi. Im Interesse der Weltherrschaft ließ sich der asiatische Superverbrecher etwas Neues einfallen: seine Sklavinnen küssen einen Großteil seiner Feinde tot; handwerklich guter Film von abenteuerlicher Anspruchslosigkeit.

Der Todeskuß des Paten / Baciamo le mani **
I 1973 – 90 Min. – R: Franco Giraldi. D: Arthur Kennedy, John Saxon, Agostina Belli.
Mafiathriller. In der Ehrenwerten Gesellschaft Italiens entbrennt eine Machtprobe zwischen den Generationen. Der spannende, das Spektakuläre des Themas aber allzu spekulativ und oberflächlich abhakende Film serviert Einblicke in das Denken und Handeln der Familien mit der rigiden Überlebensmoral.

Todesmelodie / Giù la testa ** ½
I 1970 – 150 Min. – R: Sergio Leone. D: Rod Steiger, James Coburn, Maria Monti, Romolo Valli.
Italowestern. Episches Abenteuer um einen irischen Revolutionär und einen Postkutschenräuber, die in der mexikanischen Revolution von 1913 ein seltsames Paar bilden. Bunter Bilderbogen, sorgfältig arrangiert, genaues historisches Milieu.

Todespiste Le Mans / Racing Inferno / Le Mans, scorciatoia per l'inferno * ½
I 1970 – 96 Min. Ⓥ Mike Hunter. – R: Richard Kean. D: Lang Jeffries, Erna Schurer, Maurizio Honuglia, Edwige Fenech.
Rennfahrer-Road-Movie. Ein Expilot wird Automechaniker und erringt aufgrund seiner Spezialkenntnisse mit einem Renn-As große Erfolge; so lange, bis die Reifen qualmen.

Die Todesranch / The Night of the Grizzly **
USA 1966 – 90 Min. – R: Joseph Pevney. D: Clint Walker, Martha Hyer, Keenan Wynn, Ron Ely, Jack Elam.
B-Western. In den Nebenrollen gutbesetzter Ranchwestern um eine Farmerexistenz, die von bissigen Bären bedroht wird.

Der Todesreifen / Suspense * ½
USA 1946 – 97 Min. sw. – R: Frank

Tuttle. D: Belita, Barry Sullivan, Albert Dekker, Bonita Granville.
Krimi. Ein Arbeitsloser will sich im Showbusineß mit skrupellosen Methoden etablieren; er gerät in eine verwinkelte Mordgeschichte; gute Story, ohne letzte Spannung inszeniert.

Die Todesreiter / * ½
The Desperados
GB 1968 – 91 Min. – Ⓥ RCA Columbia. – R: Henry Levin. D: Vince Edwards, Jack Palance, George Maharis, Neville Brand, Sylvia Syms.
Western. Ein Sohn flieht aus der Mörderbande seines Vaters, einer verlotterten Bürgerkriegseinheit; eines Tages holt ihn die Vergangenheit ein; Bandenwestern als Schießorgie mit Vater-Sohn-Konflikt; nicht ohne innere Spannung, aber dilettantisch inszeniert.

Die Todesreiter von Laredo / Streets of Laredo ***
USA 1948 – 89 Min. – R: Leslie Fenton. D: William Holden, William Bendix, Macdonald Carey, Mona Freeman.
Western. Remake der »Texas Ranger« von 1936 um drei auf Postkutschenraub spezialisierte Desperados, von denen zwei eines Tages auf die andere Seite überschwenken und mit dem dritten in einen Loyalitätskonflikt geraten; thematisch ungewöhnlicher Heimatfilm mit reichlich Zeitkolorit, konsequenten Zwischentönen und vortrefflicher Westernbesetzung.

Das Todesriff / Sfida sul fondo * ½
I 1976 – 95 Min. – R: M. Coletti. D: Frederick Stafford, Dagmar Lassander, Enzo Majorco.
Gangsterfilm. Die Erfindung eines U-Bootes in Miniaturgröße lockt Gangster an. Doch der Firmenleiter hütet die Konstruktion wie einen Schatz. Das geht nicht ohne Action, Blut und ganz solide Spannung ab.

Der Todesritt der glorreichen Sieben / The Magnificent Seven Ride **
USA 1972 – 96 Min. – R: George McCowan. D: Lee Van Cleef, Stefanie Powers, Marietta Hartley, Michael Callan, Luke Askew.
Western. Fortsetzung der Story von den sieben mutigen Reitern, die den Unterdrückten beistehen; gegen siebzig Banditen verteidigen sie die Stadt Magdalena und rächen sich gleichzeitig an den mexikanischen Desperados. Der vierte Teil der Serie ist nicht der schlechteste, aber auch nicht der beste; das Mittelmaß wird durch Italoelemente aufgeheizt.

Die Todesschlucht von Laramie / Dakota Incident **
USA 1956 – 80 Min. – R: Lewis R. Foster. D: Linda Darnell, Dale Robertson, Ward Bond.
Postkutschenwestern. Neuauflage von »Stagecoach«; eine Gruppe Reisender, deren unterschiedliche Charaktere eine spannende Kutschfahrt garantieren – bis die Indianer angreifen. Danach geht es mit den üblichen Schwarzweiß-Feindbildern des Genres weiter.

Todesschüsse am Broadway *
BRD 1968 – 85 Min. Ⓥ Taurus. – R: Harald Reinl. D: George Nader, Heinz Weiss, Heidi Bohlen, Herbert Fux.
Krimi. Ein Fall für FBI-Agent Jerry Cotton, der seine Freundin auf die gefährliche Piste schickt. Dürftige Groschenromanklischees.

Todesstrahlen aus dem All
siehe: Laserkill – Todesstrahlen aus dem All

Todesstrahlen aus dem Weltall / Last War * ½
USA 1973 – 70 Min. – R: J. Brenko. D: Mike Burns, Yu Wang, Jean Clissovis, Jeisha Lobo.
Science-fiction-Film. Im Jahr 2000 soll ein Forscherteam am Südpol Atombunker bauen, dabei wird versehentlich der atomare Supergau ausgelöst; der technisch primitive, im Etat vernachlässigte Film bemüht sich um ernsthafte Aussagen; für Fans von »Message«-Filmen.

Todestrommeln am großen Fluß / Sanders **
GB 1963 – 83 Min. – R: Lawrence Huntington. D: Richard Todd, Marianne Koch, Albert Lieven, Walter Rilla, Vivi Bach.
Afrikakrimi. In Gondra, Afrika, sucht

Inspektor Sanders einen Polizistenmörder, dabei entdeckt er Schmuggel mit Edelsteinen. Der Film nach dem Edgar-Wallace-Roman »Sanders of the River« liefert solide Spannungsdramaturgie.

Todfeinde / Five Card Stud ✱✱
USA 1968 – 99 Min. – R: Henry Hathaway. D: Dean Martin, Robert Mitchum, Inger Stevens, Roddy McDowall.
Western. Fünf Männer üben Lynchjustiz an einem Falschspieler, sein Bruder nimmt mun grausam Rache. Ein finsterer Western, böse, brutal – ohne Happy-End, aber raffiniert wie ein Psychokrimi inszeniert.

Todfeindschaft / Dallas ✱✱
USA 1950 – 90 Min. – R: Stuart Heisler. D: Gary Cooper, Ruth Roman, Steve Cochran, Raymond Massey.
Western. Steckbrieflich gesuchter Excolonel sucht nach dem Bürgerkrieg eine alte Rechnung zu begleichen; ein typischer, aber eher durchschnittlicher Cooper-Film.

Eine tödliche Bedrohung / Summer of Fear / Stranger in Our House ✱✱ ½
USA 1981 – 89 Min. – R: Wes Craven. D: Linda Blair, Lee Purcell, Jeremy Slate.
Horrorfantasy. Als Julias Eltern bei einem Autounfall sterben, wird sie von der Familie ihrer Tante aufgenommen. Ein Pferd scheut, Julia nimmt der kleinen Radged den Freund weg, verhext ihren Onkel – die mysteriösen Dinge gipfeln in einem Mordversuch. Aber niemand kann Julia etwas beweisen.

Tödliche Ehen / Praying Mantis ✱✱✱
GB 1983 – 160 Min. – R: Jack Gold. D: Jonathan Pryce, Chérie Lunghi, Carmen du Sautoy, Pinkas Braun, Arthur Brauss.
Psychokrimi. Zwei tückische, aber schöne Frauen und ein ahnungsloser Professor stehen im Mittelpunkt dieses raffinierten Mörderspiels, in dem jede jeden hereinlegt und um die Ecke bringt.

Die tödliche Falle / Blind Date ✱✱ ½
GB 1959 – 90 Min. sw. – R: Joseph Losey. D: Hardy Krüger, Micheline Presle, Stanley Baker.
Krimi. Spannendes Puzzle um einen jungen Maler, seine Frau und einen Mord. Von Altmeister Losey (»Modesty Blaise«) gekonnt verrätselt und in schöne Schwarzweißbilder verpackt.

Tödliche Geier / Ercole contro i figli del sole ✱
I/E 1964 – 90 Min. – R: Osvaldo Civirani. D: Mark Forrest, Giuliano Gemma, Anna Maria Pace.
Mythenfilm. Herkules hat es ins Inkareich verschlagen; dort kämpft er mit den Guten gegen die Bösen; einfallslos und einfältig.

Tödliche Grenze / Border Incident ✱✱ ½
USA 1949 – 92 Min. sw. – R: Anthony Mann. D: Ricardo Montalban, George Murphy, Howard Da Silva.
Krimi. Ein amerikanischer Polizist soll mit seinem mexikanischen Kollegen Menschenhandel an der Grenze aufdekken. Beide recherchieren vor Ort unter Lebensgefahr. Der atmosphärisch beeindruckende Film bezieht Originalschauplätze ein, weicht jedoch vor den sozialen Problemen zunehmend in unverbindliche Melodramatik aus; dennoch straff und spannend inszeniert.

Tödliche Liebe TV-Film
BRD 1986 – 90 Min. – R, B: Wolf Gremm. D: Ruth-Maria Kubitschek, Brigitte Mira, Dietlinde Turban, Ulli Lothmanns.
Die Absicht einer jungen Frau, einen Mann mit allgegenwärtiger Mutter zu heiraten, bringt ihr Leben in eine existentielle Krise; eindringlich, von einem hervorragenden Team überzeugend gespielt.

Tödliche Nebel / I difanoidi vengono da marte FLOP
I 1965 – 100 Min. – R: Anthony M. Dawson. D: Lisa Gastoni, Tony Russell, Jane Fate, Franco Nero.
Science-fiction-Film. Mutige Männer und eine entschlossene Frau kämpfen gegen Weltherrschaftsgelüste von Mächten, die über Hypnosenebel verfügen; absurd und naiv.

Das tödliche Netz / The Man in the Net ✱✱
USA 1959 – 96 Min. sw. – R: Michael Curtiz. D: Alan Ladd, Carolyn Jones, Diane Brewster, John Lupton.

Krimi. Fünf Kinder helfen einem Maler aus dem Verdacht des Gattenmordes; Ladd routiniert in einem nur streckenweise spannenden Film.

Tödliche Spiegel / Mirrors ∗∗ ½
USA 1976 – 85 Min. – R: Noel Black. D: Kitty Wynn, Peter Donat, William Swetland.
Horror. Auf einer Reise nach New Orleans wird ein Ehepaar in alptraumhafte Ereignisse verstrickt. Der Mann stirbt an den Folgen eines Asthmaanfalls, die Frau findet sich in der Horrorwelt des Voodoo-Zaubers wieder.

Tödliche Warnung / L'avvertimento ∗∗ ½
I 1980 – 102 Min. – R: Damiano Damiani. D: Giuliano Gemma, Martin Balsam, Laura Trotter, Giancarlo Zanetti.
Thriller. Ein spannender Reißer um Korruption, Wirtschaftskriminalität und Bestechung aus dem heutigen Italien. Damiani ist Spezialist für zeitkritische Mafiafilme.

Die tödlichen Bienen / The Deadly Bees ∗
GB 1966 – 80 Min. – R: Freddie Francis. D: Suzanna Leigh, Guy Doleman, Catherine Finn.
Horrorfilm. Als eine Sängerin Urlaub macht, passieren ihr merkwürdige Dinge mit Bienen. Schwaches Drehbuch, billige Effekte.

Die tödlichen Spiele der Yuppies / Billionaire Boys' Club TV-Film
USA 1987 – 192 Min.; dt. Ausstrahlung in zwei Teilen, je 90 Min. – R: Marvin J. Chomsky. D: Judd Nelson, Fredric Lehne, Brian McNamara, Raphael Sbarge.
Gerichtsdrama um einen des Mordes angeklagten Twen aus Beverly Hills, der mit Milliardärssöhnchen eine Finanzierungsgesellschaft gründet; der Kampf um schnelles Geld endet im Mord an einem Gangster; um Authentizität bemühtes Gerichtsdrama mit Längen und wenig packenden Elementen.

Tödlicher Irrtum / Rappresaglia ∗ ½
I/F 1973 – 90 Min. – R: George Pan Cosmatos. D: Richard Burton, Marcello Mastroianni.
Kriegsfilm. Eine Wachmannschaft der SS wird von Partisanen getötet; die Rache ist blutig. Eine Episode von der italienischen Front im Zweiten Weltkrieg, als Abenteueraction inszeniert, zeitgeschichtlich konventionell.

Tödlicher Salut – Im Fadenkreuz des Todes / Crossplot ∗∗
GB 1969 – 93 Min. – R: Alvin Rakoff. D: Roger Moore, Claudie Lange, Martha Hyer.
Krimi. Ein Werbemann auf der Flucht vor der Polizei, da Politgangster ihn zum Mörder gestempelt haben; gute Roger-Moore-Unterhaltung.

Tödlicher Sturm / The Mortal Storm ∗∗
USA 1940 – 96 Min. – R: Frank Borzage. D: James Stewart, Margaret Sullavan, Robert Young, Robert Stack.
Zeitkritischer Film. Die Familie eines jüdischen Wissenschaftlers wird unter Hitler auseinandergerissen und zerstört. Der frühe Antinazifilm überzeichnet zwar manches Detail, gibt jedoch im wesentlichen die Stimmung in Nazi-Deutschland akzeptabel wieder und vermeidet grobe Klischees. In der BRD erst 1957 gezeigt.

Tödliches Geschäft TV-Film
USA – 95 Min. – R: John Korty. D: Alan Arkin, Armand Assante, Michael Learned, Jon Polito.
Nach einer langen Haftstrafe will Harrold Kaufman noch einmal neu beginnen; er gerät in die Kreise der Giftmüllmafia und in schwere Gewissenskonflikte; atemberaubender zeitkritischer TV-Film aus der Jimmy-Carter-Ära mit authentischem Touch.

Tödliches Inselparadies / Foxtrot / The Other Side of Paradise ∗ ½
MEX/CH 1976 – 86 Min. – R: Arturo Ripstein. D: Peter O'Toole, Charlotte Rampling, Max von Sydow.
Abenteuerfilm. Adliges Ehepaar mit Domestiken will vor dem Zweiten Weltkrieg auf eine Insel fliehen, doch der Krieg holt die Menschen ein; naives, spekulatives Kriegsabenteuer ohne dramaturgische Substanz.

Tödliches Pflaster Sunset Strip / The Strip ∗∗

USA 1951 – 82 Min. sw. – R: Leslie Kardos. D: Mickey Rooney, Sally Forrest, William Demarest.
Krimi. Eine Mischung aus Musical und Gangsterfilm mit einem forschen Mickey Rooney in der Hauptrolle; nach dem Militärdienst will er Schlagzeuger werden, dabei gerät er in zwielichtige Gesellschaft; unterhaltsam.

Tödliches Versprechen / Aveugle que tu veux TV-Film
F – 90 Min. – R: Juan Buñuel. D: François Cluzet, David Giardelli, Sylvie Orcier, Dora Doll.
Ein durch einen Bombenanschlag Erblindeter schwört Rache. In den Straßen wütet der Terror, und dunkle Existenzen bekriegen sich wegen geheimer Papiere in diesem schwarzen Thriller der achtziger Jahre.

Todsünde - Leave Her to Heaven ** ½
USA 1945 – 110 Min. – R: John M. Stahl. D: Gene Tierney, Cornel Wilde, Jeanne Crain, Vincent Price.
Melodram. Die Femme fatale als schönes Tier, von Eifersucht zerfressen, was sie zu Mord und Selbstmord treibt. Ein radikaler Film über den Geschlechterkrieg, von Wollust und Besitzgier erfüllt, griechische Tragödie als Hollywood-Mordmelodram.

Tokio Story / House of Bamboo ** ½
USA 1955 – 102 Min. – R: Samuel Fuller. D: Robert Ryan, Robert Stack, Shirley Yamaguchi, Cameron Mitchell, Brad Dexter.
Krimi. US-Armee und japanische Polizei verfolgen mit Hilfe eines Undercoveragenten eine kriminelle Bande von Exsoldaten; ein spannender, lakonisch inszenierter Film, dem außer Glaubwürdigkeit wenig fehlt.

Toll trieben es die alten Germanen / Quando le donne persero la coda *
BRD/I 1972 – 112 Min. – R: Pasquale Festa Campanile. D: Senta Berger, Lando Buzzanca, Renzo Montagnani.
Historische Klamotte. In einer Neandertalersippe bricht eines Tages eine zivilisierte Gestalt ein und verführt das Weibchen. Der grobschlächtige Filmklamauk läßt im Folgenden keinen Schenkelklopfer-Gag aus.

Tolldreiste Kerle in rasselnden Raketen / Rocket to the Moon * ½
GB 1966 – 95 Min. – R: Don Sharp. D: Burl Ives, Gert Fröbe, Daliah Lavi.
Science-fiction-Parodie. Ein Amerikaner will um 1875 in England eine Mondrakete starten, für die ein deutscher Professor à la Fröbe Treibstoff erfindet; ein mäßiger Spaß nach Jules-Verne-Motiven.

Die tolldreisten Streiche des Marchese del Grillo / Il Marchese del Grillo ** ½
I 1981 – 128 Min. – R: Mario Monicelli. D: Alberto Sordi, Paolo Stoppa, Caroline Berg.
Kostümkomödie. Der exzentrisch-schalkhafte Marchese lebt zur Zeit Napoleons und steht im Mittelpunkt dieser Gesellschaftssatire. Durch Verwechslung mit seinem Kohlenträger entstehen absurde Situationen. Der Film wurde auf dem Festival in Berlin 1982 für die beste Regie ausgezeichnet.

Der tolle Käfer in der Rallye von Monte Carlo / Herbie Goes to Monte Carlo **
USA 1976 – 105 Min. Ⓥ EuroVideo. – R: Vincent McEveety. D: Dean Jones, Don Knotts, Julie Sommars, Roy Kinnear, Bernard Fox.
Autokomödie. Des verrückten VWs neue Abenteuer, diesmal bei der Rallye Paris–Monte Carlo, mit einem versteckten Diamanten im Tank und vielen Hindernissen auf der Strecke erzählt der Käfer-Knaller mit gewohnt pfiffigen Tricks und serienüblichen Einfällen; das Ganze ist recht kurzweilig, wirkt jedoch auch schon ein bißchen ranzig; neues Öl im Motor wäre fällig.

Der tolle Mr. Flim Flam / The Flim-Flam Man ** ½
USA 1966 – 100 Min. – R: Irvin Kershner. D: George C. Scott, Michael Sarrazin, Sue Lyon, Jack Albertson, Henry »Harry« Morgan.
Gaunerkomödie. Ein Trickbetrüger und

ein Deserteur, beide auf der Flucht vor der Polizei, tun sich zu gemeinsamen schlitzohrigen, witzigen und durchgängig unterhaltsamen Gaunereien zusammen, um zu überleben.

Der tolle Musketier / Cadet Rouselle ∗∗

F 1954 – 80 Min. – R: André Hunebelle. D: François Périer, Dany Robin, Bourvil.

Mantel-und-Degen-Komödie. Zur Zeit Ludwigs XVI. zieht ein Abenteurer durch Frankreich, dem keine Frau widersteht. Der amüsante, degenklirrende Film mixt spannende Intrigen mit Liebeshändel und rasanten Gefechten.

Tolle Nacht ∗

D 1943 – 85 Min. sw. – R: Theo Lingen. D: Marte Harell, Gustav Fröhlich, Theo Lingen.

Komödie. Der Versuch eines jungen Mannes, an eine Sängerin, die er für eine flotte Biene hält, heranzukommen, scheitert zunächst; harmloser Spaß mit viel Musik.

Tolle Nächte in Las Vegas / Viva Las Vegas ∗∗

USA 1963 – 83 Min. – R: George Sidney. D: Elvis Presley, Ann-Margret, Cesare Danova.

Musikfilm. Elvis als Außenseiter bei einem Grand-Prix-Rennen, doch vorher kellnert er, verliebt sich und singt seine Songs; buntes Lokalkolorit kommt dem Presley-Vehikel zugute.

Die tolle Tante / Auntie Mame ∗∗∗

USA 1958 – 104 Min. – R: Morton DaCosta. D: Rosalind Russell, Forrest Tucker, Coral Browne, Fred Clark, Roger Smith.

Komödie. Eine Frau will ihrem verwaisten Neffen die Tore zur großen Welt aufstoßen, doch damit ist dessen spießiger Vormund nicht einverstanden; Adaption einer Gesellschaftskomödie voller Blackouts, ein Rundumschlag gegen Heuchelei und Mief, der vor allem von Russells furiosem Spiel lebt.

Die tollen Abenteuer der schönen Pauline / The Perils of Pauline ∗∗ ½

USA 1967 – 94 Min. – R: Herbert B. Leonard, Joshua Shelley. D: Pamela Austin, Pat Boone, Terry Thomas, Doris Packer.

Abenteuerromanze. Waisenjunge kümmert sich rührend um Findelkind. Nach Jahren treffen sich beide unter abenteuerlichen Umständen wieder. Der spritzige Film serviert ihre Begegnung als muntere Mischung aus Abenteuer, Romanze, Zeitraffer-Slapstick und Comic, zu der der seinerzeit berühmte Popstar Pat Boone den Song »My Pretty Pauline« singt; unterhaltsames Kintopp.

Die tollen Abenteuer des Monsieur L. / Les tribulations d'un chinois en Chine / l'uomo di Hong Kong ∗∗ ½

F/I 1965 – 110 Min. – R: Philippe de Broca. D: Jean-Paul Belmondo, Ursula Andress, Jean Rochefort, Darry Cowl, Jess Hahn.

Actionkomödie. Der junge übersättigte Millionär Arthur will sterben, ein geheimnisvoller Mann verspricht ihm gegen eine hohe Versicherungssumme einen schmerzlosen Tod, doch da entdeckt der dekadente Abenteurer das Leben. Der Film nach Jules Vernes »Die Leiden eines Chinesen in China«, vom Gespann de Broca/Belmondo in gewohnter weltumspannender Aktion und mit gepfeffertem Witz präsentiert, unterhält handfest, ist jedoch zu auffällig um Effekte bemüht.

Die tollen Tanten schlagen zu ∗

BRD 1971 – 89 Min. Ⓥ Tristar. – R: Franz Josef Gottlieb. D: Rudi Carrell, Ilja Richter, Theo Lingen, Trude Herr.

Lustspiel. Zwei Schwestern reisen an den Wörthersee und mißachten natürlich alle mütterlichen Direktiven; müde Klamotte mit matten Darstellern.

Ein toller Bluff / Il était une fois un flic ∗ ½

F/I 1971 – 92 Min. – R: Georges Lautner. D: Mireille Darc, Michel Constantin, Herné Hillien, Michel Lonsdale.

Krimi. Ein Kommissar auf der Jagd nach Rauschgifthändlern; in der Maske eines biederen Familienvaters hat er erste Erfolge, seine attraktive Kollegin als liebende Ehefrau hilft ihm nach Kräften. Der routiniert inszenierte, mit Milieudichte aufwartende Krimi erzählt mit Liebe zum Detail, vertändelt jedoch den Kriminalfall.

Ein toller Käfer / The Love Bug ∗∗
USA 1968 – 104 Min. – R: Robert Stevenson. D: Dean Jones, Michele Lee, David Tomlinson, Buddy Hackett, Joe Flynn.
Autofilm. Der häßliche Blechhaufen »Herbie«, der VW-Käfer mit dem unglaublichen Innenleben, gewinnt Rennen für Rennen, sein Besitzer Jim kann es kaum fassen, was er da für einen Untersatz auf Rädern bekommen hat; doch die Konkurrenz schläft nicht, und so müssen Mann und Maschine nebst Gehilfen in diesem rasanten Autoknaller aus der Walt-Disney-Werkstatt Vollgas geben; viele Einfälle, mehr noch Unfälle sind die Folge.

Der tollkühne Jockey / Money From Home ∗∗
USA 1953 – 100 Min. – R: George Marshall. D: Jerry Lewis, Dean Martin, Pat Crowley, Robert Strauss.
Komödie. Ein verschuldeter Gauner (Martin) will seinen Cousin (Lewis) zum Manipulieren von Pferderennen anstiften, doch letzterer ist sowohl verliebt als auch begriffsstutzig; wenig inspiriertes Lewis-Martin-Spektakel.

Die tollkühne Rettung der Gangsterbraut Honey Swanson / A Song Is Born ∗∗ ½
USA 1948 – 110 Min. – R: Howard Hawks. D: Danny Kaye, Virginia Mayo, Steve Cochran, Felix Bressart, Louis Armstrong, Benny Goodman.
Musikkomödie. Ein Wissenschaftlerteam arbeitet an der Neuausgabe eines Jazzlexikons und gewährt einer Gangsterbraut Unterschlupf; Liebe, heiße Musik, haarsträubende Verfolgungsjagden; Remake von »Wirbelwind der Liebe« (1941 mit Barbara Stanwyck).

Die Tollkühnen auf geheimer Mission / Daring Game ∗ ½
USA 1968 – 100 Min. – R: Laszlo Benedek. D: Lloyd Bridges, Joan Blackman, Nico Minardos, Michael Ansara.
Thriller. Eine Unterwasserspezialtruppe will einen US-Professor und dessen Tochter aus den Fängen eines südamerikanischen Diktators befreien; naiv und spannungslos.

Die tollkühnen Männer in ihren fliegenden Kisten / Those Magnificent Men in Their Flying Machines ∗∗ ½
GB 1964 – 121 Min. – R: Ken Annakin. D: Stuart Whitman, Sarah Miles, James Fox, Gert Fröbe.
Fliegerkomödie. Um 1910 veranstaltet ein Pressezar in England den großen Flugwettbewerb London – Paris. Turbulente Ereignisse in der Luft und zu ebener Erde begleiten das Spektakel.

Tollwut ∗ ½
BRD 1981/82 – 98 Min. – R: Ilse Hofmann. D: Thomas Tolksdorf, Ingeborg Kanstein, Claus Eberth, Christa Buhr, Eberhard Feik.
Psychostudie. Die Freundschaft zweier Jungen leidet unter den immer offensichtlicheren und absurden Haßorgien zwischen ihren Familien; das Drama um Aufsteiger und »feine Leute« erstickt am zu dicken Farbauftrag.

Ein Tolpatsch kommt selten allein / La chèvre ∗∗ ½
F 1981 – 93 Min. – R: Francis Veber. D: Pierre Richard, Gérard Depardieu, Corynne Charbit.
Komödie. Depardieu soll als Privatdetektiv für viel Geld eine entlaufene Tochter aufspüren – als Anregung erhält er einen Chaoten und Pechvogel zum Partner. Grotesk, klamaukig, verrückt.

Tolpatsch macht Karriere / Policarpo, ufficiale di scrittura ∗∗ ½
I/F/E 1958 – 103 Min. – R: Mario Soldati. D: Renato Rascel, Carla Gravina, Peppino De Filippo.
Komödie. Ein lahmer Ministerialbeamter möchte ohne viel Aufwand Karriere machen und plant seine Tochter als Erfolgsvehikel ein, doch die hat anderes vor; Bürokratiesatire mit sanftem Biß, humorvoll und mit feinen Charakterzeichnungen.

Der Tölpel vom Dienst / The Disorderly Orderly ∗∗ ½
USA 1964 – 90 Min. – R: Frank Tashlin. D: Jerry Lewis, Glenda Farrell, Susan Oliver, Everett Sloane, Jack E. Leonard.
Jerry-Lewis-Groteske. Erstklassiger Slapstick mit gut ausgetüftelten und ge-

timten Gags und einem rasanten Finale, in einem Film der Krankenhausreifen und solcher, die es werden wollen.

Tom Browns Schulzeit / Tom Brown's Schooldays **** ½**

GB 1951 – 95 Min. sw. – R: Gordon Parry. D: John Howard Davies, Robert Newton, Hermione Baddeley, Diana Wynyard, John Forrest.

Psychodram. In einem College gegen Ende des 19. Jahrhunderts kämpft ein Schüler mit Hilfe des Schulleiters gegen einen gefühlsrohen Mitschüler; präzise Milieustudie und eindrucksvolles Psychogramm eines Heranwachsenden.

Tom Jones – Zwischen Bett und Galgen / Tom Jones ***** ½**

GB 1963 – 129 Min. – R: Tony Richardson. D: Albert Finney, Susannah York, Hugh Griffith, Dame Edith Evans.

Abenteuerfilm. Vor Vitalität strotzende Verfilmung des Entwicklungsromans von Henry Fielding über den Findling Tom Jones, der sich zum Frauenhelden wider Willen und zum Edelmann mausert; derb und feingesponnen zugleich; mit vier Oscars bedachter moderner Klassiker des Genres.

Tom Sawyer *******

UdSSR 1983 – 159 Min. – R: Stanislav Govorukhin. D: Fedor Stukov, Vladik Suhakov, Boris Zaydenverg, Marash Merenova.

Abenteuerfilm. Die Wolga wird zum Mississippi, die Kostüme sind perfekt im Geist Mark Twains entworfen, die amerikanische Kleinstadt ist liebevoll aufgebaut. Die zwei berühmtesten Buben der Abenteuerliteratur Tom Sawyer und Huckleberry Finn erleben noch einmal ihre spannenden Jungenstreiche und Floßfahrten; wunderschön in Szene gesetzt in einer ausgewogenen Mischung aus Poesie und Realismus.

Tomahawk – Aufstand der Sioux / Tomahawk **** ½**

USA 1951 – 85 Min. – R: George Sherman. D: Van Heflin, Yvonne DeCarlo, Alex Nicol, Jack Oakie.

Western. Ein weißer Scout gerät zwischen die Fronten von Rot und Weiß. Der spannende, mit spektakulären Actionszenen und Lokalkolorit glänzende Film erzählt mit wohltuender Ausgewogenheit von den individuellen Konflikten in nordamerikanischen Kriegszeiten des 19. Jahrhunderts.

Tonelli *** ½**

D 1943 – 89 Min. sw. – R: Victor Tourjansky. D: Ferdinand Marian, Winnie Markus, Mady Rahl, Albert Hehn, Josef Sieber.

Zirkusfilm. Eifersuchtsdrama beim Zirkus um einen Hochseilartisten und seine untreue Frau. Dichte Milieuzeichnung und viel Spannung, echte Gefühle und handwerklich solide Arbeit – hinter der jedoch der Zusammenhang der Story weitgehend verlorengeht.

Toni / Toni *******

F 1935 – 81 Min. sw. OmU. – R: Jean Renoir. D: Célia Montalvan, Jenny Hélia, Charles Blavette, Max Dalban.

Zeitkritischer Liebesfilm. Der Held kommt als Arbeitsemigrant aus Italien nach Frankreich, findet einen Job und heiratet; doch dann holt ihn die Vergangenheit in Gestalt von Josepha wieder ein, und er stürzt ins Unglück. Regisseur Renoir (»Die Spielregel«) inszenierte das realistische Meisterwerk als ein sehr persönliches Geschehen im politischen Umfeld der 30er Jahre.

Tony Marroni – Ein Superbulle gegen Amerika / Squadra anti gangster *****

I 1980 – 90 Min. Ⓥ EuroVideo. – R: Bruno Corbucci. D: Tomas Milian, Asha Puthly.

Klamotte. Zottelhaar-Milian in einer Blödelrolle als falscher Killer, deren dramaturgische Einfallslosigkeit an Filme von Terence Hill/Bud Spencer und an Italowestern erinnert. Der Dialogschwachsinn gibt dem Filmchen, das sich allein wegen guter Actionszenen sehen lassen kann, den Rest.

Top Job / Ad ogni costo **** ½**

BRD/I/E 1966 – 110 Min. – R: Giuliano Montaldo. D: Edward G. Robinson, Janet Leigh, Robert Hoffmann, Klaus Kinski, Riccardo Cucciolla.

Thriller. Ein halbes Leben lang hat ein pensionierter Lehrer in Rio den großen

Coup ausbaldowert, dann heuert er für den perfekten Diamantenraub internationale Spezialisten an; einfallsreiche Räuberstory mit gutgetimter, sambageschwängerter Spannung; eine Art glamouröses Rififi mit einem pfiffigen Robinson in einem exzellenten Team.

Top Secret / The Salzburg Connection ∗∗ ½
USA 1971 – 90 Min. – R: Lee H. Katzin. D: Barry Newman, Anna Karina, Klaus Maria Brandauer, Karen Jensen, Wolfgang Preiss, Helmut Schmid, Udo Kier.
Thriller. Neonazis ermorden einen US-Reporter und Exagenten, weil er das Versteck einer Liste mit Namen von Nazischergen nicht verraten will; ein Anwalt, der nach ihm sucht, sitzt bald zwischen allen Stühlen; harter Agententhriller, der seine Geschichte trickreich hakenschlagend und mit viel Österreichkolorit erzählt.

Topas / Topaz ∗∗ ½
USA 1969 – 120 Min. – R: Alfred Hitchcock. D: John Forsythe, Frederick Stafford, Dany Robin, John Vernon, Karin Dor, Michel Piccoli.
Thriller. Das Ambiente des revolutionären Kuba, einen russischen Überläufer, amerikanische Agenten, französische Spione und bärtige Kubaner benutzt Hitchcock als ironisch-grotesken Hintergrund für seine gekonnt gemachte Suspense-Story; nach dem Roman von Leon Uris.

Topkapi / Topkapi ∗∗ ½
USA 1974 – 114 Min. – R: Jules Dassin. D: Melina Mercouri, Peter Ustinov, Maximilian Schell, Robert Morley, Akim Tamiroff.
Gangsterfilmparodie. Drei Meisterdiebe wollen aus dem Topkapi-Museum in Istanbul einen juwelenbesetzten Dolch stehlen; allein das Alarmsystem auszuschalten ist ein Kunststück; komisch, spannend, phantasievoll. (Regisseur Dassin wurde durch den Krimi »Rififi« berühmt.)

Das Tor zum Glück TV-Film
BRD – 90 Min. – R: Michael Verhoeven. D: Wieland Bubmann, Claudia Kernwein, Wolf Goldan.
Routiniert verfilmte Geschichte eines Profifußballers, der die Höhen und Tiefen des gnadenlosen Geschäfts mit dem Ball kennenlernt.

Tora! Tora! Tora! / Tora! Tora! Tora! ∗∗ ½
USA/J 1970 – 102 Min. Ⓥ CBS/FOX. – R: Richard Fleischer, Toshio Masuda, Finji Fakasaku. D: Martin Balsam, Soh Yamamura, Jason Robards jr., Joseph Cotten, E. G. Marshall.
Kriegsfilm. Authentische Rekonstruktion der Ereignisse, die 1941 zum japanischen Überfall auf Pearl Harbor führten und des Überfalls selbst; mit eindrucksvollem Aufwand gedrehtes Kriegsspektakel ohne den leisesten Versuch einer Analyse; die oscarbelohnten Special Effects sind eine reine Freude für Pyromanen.

Tornado / Cyclone ∗
I 1977 – 110 Min. Ⓥ Today. – R: René Cardona jr. D: Arthur Kennedy, Carroll Baker, Lionel Stander, Olga Karlatos.
Katastrophenfilm. Ein starker Wind verweht nicht nur ein Schiff, sondern auch ein Flugzeug; die Notgewasserten treiben hilflos im Meer; ähnlich der Regisseur mit seinem Konzept.

Torreani ∗ ½
BRD 1951 – 90 Min. sw. – R: Gustav Fröhlich. D: Gustav Fröhlich, René Deltgen, Inge Landgut, Lisa Stammer.
Varietéfilm. Torreani ist ein verkrachter Artist, der in Südafrika hinter Gittern landet. Eines Tages gelingt ihm die Flucht, und er kehrt überraschend in sein Theater zurück. Schwacher Zirkuskrimi.

Toselli-Serenade / Romanza d'amore ∗
I 1950 – 96 Min. sw. – R: Duilio Coletti. D: Danielle Darrieux, Rossano Brazzi, Harry Hardt, Charles Rutherford.
Historienfilm. Ehebruchschnulze um 1900 über den Komponisten Toselli und die Prinzessin Luisa von Toscana: historisch falsch, filmisch banal.

Das tosende Himmelbett / Pigen og pressefotografen ∗∗
DK 1964 – 95 Min. – R: Sven Methling. D: Dirk Passer, Ghita Nörby, Paul Hagen, Judy Gringer.
Dreiecksgeschichte. Der freie Fotograf

Bastian sieht in Lene nur eine nette Kollegin; als eines Tages die attraktive Yvette auftaucht, geraten die Dinge in Bewegung. Eifersucht auf dänisch; unterhaltsam.

Tot oder lebendig / Elve vagy halva **

H 1979 – 85 Min. – R: Tamas Renyi. D: Lajos Balazsovits, György Cserhalmi, Dezsö Garas, Djoko Rosic.

Abenteuerfilm. Der ungarische Freiheitskämpfer Gaspar Noszlopy will den Ungarn bereisenden Kaiser Franz Joseph zwingen, die Unabhängigkeit seiner Heimat anzuerkennen; ein bunter, informativer Abriß einer historischen Epoche.

Tot oder lebendig TV-Film

BRD 1987 – 115 Min. – R, B: Gisela Zimmermann. D: Ludwig Hirsch, Sara Kellenberger, Gerhart Hinze, Elsbeth Janda, Wolfgang Büttner.

Ein Kommissar muß allmählich vermuten, daß sein mit vierzehn noch sprechunfähiger, verwahrloster Neffe an geheimnisvollen Vorfällen beteiligt ist; ein leiser, beunruhigender Horrorfilm.

Das total ausgeflippte Sommercamp / Poison Ivy TV-Film

USA 1985 – 93 Min. auch OoU. Ⓥ Highlight. – R: Larry Elikann. D: Michael J. Fox, Nancy McKeon, Robert Klein, Caren Kaye.

Teenieklamotte der dümmlichen Art um High-School-Boys bei ersten Sexabenteuern; unnötig und langweilig.

Der total verrückte Autobus / On the Buses *

GB 1972 – 84 Min. – R: Harry Booth. D: Reg Varney, Doris Hare, Anna Karen, Michael Robbins, Stephen Lewis.

Komödie. Busfahrer und Schaffner streiken gegen weibliche Kollegen, offiziell, weil sie um Überstundentarife fürchten, weniger offiziell, weil ihnen keine hübsch genug ist; unerfreuliche Klamotte, die niveaulos mit sozialen und frauenfeindlichen Klischees operiert.

Das total verrückte Campingparadies / Carry On Camping **

GB 1969 – 88 Min. – R: Gerald Thomas. D: Sidney James, Kenneth Williams, Charles Hawtrey, Joan Sims, Hattie Jacques.

Sexklamotte. Nudistenabenteuer von Neulingen mit den üblichen Verhaltensstörungen absoluter Nacktheitslaien; Andeutungen britischen Humors lockern die Klischees des Genres etwas auf; »Carry on« – Seriendurchschnitt.

Eine total verrückte Familie / Crazy Family / Serial ***

USA 1980 – 88 Min. – R: Bill Persky. D: Martin Mull, Tuesday Weld, Jennifer McAlister, Christopher Lee.

Groteske. Jeder ist mit seinem Alltag unzufrieden – eine Familie flippt aus; und am Ende kommt der große Knall. Der respektlose und witzige Film nimmt alles aufs Korn, was den Moralhütern der Familienideologie heilig ist; furioses Happy-End – herrlich verrückt.

Das total verrückte Irrenhaus / Carry on Again, Doctor! **

GB 1969 – 89 Min. – R: Gerald Thomas. D: Kenneth Williams, Sidney James, Charles Hawtrey, Joan Sims, Jim Dale, Hattie Jacques, Barbara Windsor.

Klamotte. Ein flotter Arzt wird vom mißgünstigen Chef in die Südsee verbannt und lernt dort eine Superdiät kennen, mit der er britischen Dickmamsells auf den Leib rückt; die mehr oder weniger irrwitzigen Gags der »Carry On«-Serie diesmal im Umfeld Wohlbeleibter.

Die total verrückte Königin der Amazonen / Carry On Up the Jungle **

GB 1970 – 90 Min. – R: Gerald Thomas. D: Frankie Howerd, Sidney James, Charles Hawtrey, Joan Sims, Terry Scott.

Abenteuerklamotte. Afrikabeitrag der »Ist ja irre«-(»Carry on«)Serie: Ein Professor und eine Lady suchen Verschiedenes in Afrika, doch ein Kannibalenkochtopf steht bereit, sie zu vereinen; chaotischer, parodistischer Klamauk.

Das total verrückte Krankenhaus / Carry On Doctor * ½

GB 1967 – 94 Min. – R: Gerald Thomas. D: Frankie Howard, Kenneth Williams, Sidney James, Joan Sims.

Klamotte. Krankenhausgeschichten eignen sich bestens, Irre, Ausgeflippte oder Spaßvögel auszustellen. Auch Gesundbeter Frankie Howard stoßen kuriose Dinge zu.

Die total verrückte Oberschwester / Carry On Matron * ½
GB 1972 – 86 Min. – R: Gerald Thomas. D: Sidney James, Kenneth Williams, Hattie Jacques, Joan Sims, Charles Hawtrey, Barbara Windsor.
Komödie. Vier vertrottelte Gauner wollen eine Riesenmenge Antibabypillen aus einer Klinik klauen, scheitern aber an der Trottelhaftigkeit und den Marotten der Krankenhauscrew; einige Gags und das kabarettreife Zusammenspiel Williams/Jacques retten die Klamotte zumindest für Freunde des deftigen britischen Sexhumors.

Ein total verrückter Urlaub / Carry On Abroad ** ½
GB 1972 – 85 Min. – R: Gerald Thomas. D: Sidney James, Kenneth Williams, Joan Sims, Charles Hawtrey, Kenneth Connor, Barbara Windsor, Bernard Bresslaw, Hattie Jacques.
Komödie. Eine britische Reisegesellschaft stellt den Reiseleiter während eines chaotischen Urlaubs auf einer Mittelmeerinsel auf eine harte Bewährungsprobe; klamaukige Satire auf britisches Urlaubsverhalten mit irrwitzigen Gags für Kenner.

Ein total versautes Wochenende / Sabato, domenica e venerdi **
I/E 1981 – 108 Min. – R: Sergio Martino. D: Adriano Celentano, Barbara Bouchet, Edwige Fenech.
Episodenfilm. Kunterbunte Überraschungen an einem Wochenende, das es in sich hat; verwickelt sind ein Lastwagenfahrer, ein Angestellter, ein Manager und viele andere Zeitgenossen. Ein Spaß für Celentano-Fans.

Töte Amigo / Quien sabe? ***
I 1966 – 98 Min. – R: Damiano Damiani. D: Gian-Maria Volonté, Lou Castel, Klaus Kinski, Martine Beswick.
Italowestern. Überfall auf einen Munitionszug zur Zeit der mexikanischen Revolution, Western als Kampf konträrer Mächte. Der spannend und aktionsreich inszenierte Film spiegelt modellhaft den Spannungszustand zwischen Rebellion und Restauration.

Tote auf Urlaub TV-Film
BRD 1980 – 90 Min. – R: Walter Davy. B: Milo Dor. D: Michael Schottenberg, Heribert Sasse, Milan Erak, Herbert Prikopa.
Lebensweg eines jungen jugoslawischen Intellektuellen in den Jahren 1944/45, der als Widerstandskämpfer in die Hände der Deutschen gerät; eine feinfühlig inszenierte realistische Studie mit einem überzeugenden Hauptdarsteller.

Die Tote aus der Themse *
BRD 1971 – 85 Min. – R: Harald Philipp. D: Hansjörg Felmy, Uschi Glas, Siegfried Schürenberg, Ivan Desny, Werner Peters, Vadim Glowna, Ingrid Steeger.
Edgar-Wallace-Krimi. Scotland-Yard-Inspektor kommt einem Rauschgiftring auf die Spur, mehrere Morde folgen; attraktive Außenaufnahmen verhindern nicht, daß die Dutzendspannung in Langeweile übergeht; von Wallace bald keine Spur mehr.

Töte, Django! / Gringo uccidi / Se sei vivo, spara ** ½
I/E 1967 – 105 Min. – R: Giulio Questi. D: Tomas Milian, Piero Lulli, Milo Queseda, Paco Sanz, Roberto Carmadiel, Marilù Tolo.
Italowestern. Yankee-Partner legen Django und seine Männer herein, Django entkommt mit Mühe dem Massaker und sinnt auf Rache; überlegt gesellschaftskritische Gewalt-Parabel, hart und hintersinnig.

Die Tote in den Dünen / Mystery Street ** ½
USA 1950 – 90 Min. sw. – R: John Sturges. D: Ricardo Montalban, Sally Forrest, Bruce Bennett, Elsa Lanchester.
Thriller. Eine Tänzerin wird von ihrem Lover ermordet, erst nach langer Zeit findet man die Leiche; ein findiger Polizeidetektiv beginnt zu recherchieren; die mühsame Arbeit der Spurensuche beschreibt der straffe Film akribisch. Die Pointen dieses »schwarzen« Films sind unbequem, die Kamera von John Alton fängt bizarre Details ein; Sozialkritik, spannend verpackt.

Tote können nicht mehr singen / Portrait of a Mobster ** ½
USA 1961 – 107 Min. sw. – R: Joseph

Pevney. D: Vic Morrow, Leslie Parrish, Ray Danton, Peter Breck.
Gangsterfilm. Darstellung einer Lebensepoche des legendären Prohibitionsgangsters A.F. Legenheimer (»Dutch Schulz«); etwas langatmiges Krimimelodram, dessen Anklänge an die »Schwarze Serie« nicht überzeugen.

Tote kriegen keine Post / One Shoe Makes It Murder TV-Film
USA 1982 – 91 Min. – R: William Hale. D: Robert Mitchum, Angie Dickinson, Mel Ferrer, Catherine Shirriff, John Harkins, José Perez.
Mitchum als gescheiterter Cop, Trinker und Selbstmörder schüttelt immer noch den versoffen-stoischen Privatdetektiv aus dem Ärmel, der Philip Marlowe in nichts nachsteht. Ein verwickelter Mordfall mit etwas Liebe und Melancholie, haarscharf auf den großen Star zugeschnitten.

Tote schlafen fest / The Big Sleep ***
USA 1946 – 118 Min. sw. Ⓥ Warner Home. – R: Howard Hawks. D: Humphrey Bogart, Lauren Bacall, John Ridgely, Martha Vickers, Dorothy Malone, Elisha Cook jr.
Krimi. Bogart als Marlowe mit Trenchcoat und schlechten Manieren, verwickelt in undurchschaubare Machenschaften, und Bacall als »Good-bad-girl« mit emanzipiertem Tonfall. Das Verwirrspiel aus Erpressung, Liebe, Rauschgift und Mord mauserte sich zum Kultfilm und zum Inbegriff des zynischen schwarzen Krimis.

Tote tragen keine Karos / Dead Men Don't Wear Plaid **
USA 1982 – 89 Min. sw. – R: Carl Reiner. D: Steve Martin, Rachel Ward, Carl Reiner, George Gaines.
Krimiparodie. Kompilation von Szenen aus Filmen der Schwarzen Serie der vierziger Jahre zu einer neuen Story; ein Film für Genrekenner, sonst mäßiger Spaß.

Der Tote wohnt nebenan / The Unseen * ½
USA 1945 – 81 Min. sw. – R: Lewis Allen. D: Gail Russell, Joel McCrea, Herbert Marshall.
Gruselfilm. Eine Hauslehrerin verliebt sich in ihren Arbeitgeber, einen Witwer, den sie bald als Mörder verdächtigt; ein düsterer Film, dem trotz Koautor Raymond Chandler die letzte Spannung fehlt.

Die Toten / The Dead ***
USA 1987 – 77 Min. – R: John Huston. D: Donald McCann, Anjelica Huston, Donal Donnelly, Helena Carroll, Cathleen Delany.
Literaturverfilmung. James Joyce schrieb die Erzählung, nach der Meisterregisseur John Huston einen hervorragenden Film um bürgerliche Erdenschwere, Todesangst, Liebe und die Erinnerungen inszenierte. Anlaß der Filmhandlung ist eine Familienfeier während des Dreikönigsfestes 1904 in Dublin. Doch der eigentliche Hintergrund, den Huston in erlesenen Bildern von gravitätischer Würde ausbreitet, ist der Dualismus von Leben und Tod. Der Regisseur verstarb im Jahr der Uraufführung.

Die toten Augen von London * ½
BRD 1961 – 98 Min. sw. – R: Alfred Vohrer. D: Joachim Fuchsberger, Karin Baal, Dieter Borsche.
Edgar-Wallace-Krimi. Joachim Fuchsberger ist wieder einmal der ausgefuchste Kommissar an den Ufern der Themse, wo es diesmal gruselig zugeht; Versicherungsbetrüger, die Morde begehen, werden entlarvt. Trotz Starbesetzung mäßig.

Die Toten lehren die Lebenden / Mrtvi učia živých **
ČSSR 1983 – 74 Min. – R: Martin Holly. D: Vladimir Kratina, Stefan Kvietik, M. Docolomanský, Ctibor Filcik.
Problemfilm. Ein Chirurg bekommt einen neuen Arbeitsplatz, er lernt einen Ingenieur kennen, der eine ausgedehnte Schmiergeld-»Praxis« leitet; als der Arzt den Ingenieur eines Tages operiert, entstehen ungeahnte Folgen. Die in sozialistischen Ländern bislang geübte Bestechungspraxis behandelt der realistische Film mit scharfem Sarkasmus, allerdings manchmal zu hastig, in der Absicht, seine Kritik loszuwerden.

Die Toten sterben nicht / The Dead Don't Die TV-Film
USA 1975 – 71 Min. – R: Curtis Harrington. D: George Hamilton, Ray Milland, Linda Cristal, Ralph Meeker, Joan Blondell.

Ein Mann will den Namen seines von einem Regime hingerichteten Bruders reinwaschen und muß sich dabei mit einer Horde von Zombies herumschlagen, die die Welt beherrschen wollen.

Die Totenliste / The List of Adrian Messenger ***

USA 1962 – 83 Min. sw. – R: John Huston. D: George C. Scott, Dana Wynter, Clive Brook, Herbert Marshall, Jacques Roux, Tony Curtis, Burt Lancaster, Kirk Douglas, Frank Sinatra.

Krimi. Ein Unbekannter versucht die Zeugen eines Kriegsverbrechens nach und nach zu beseitigen, zwei Freunde wollen ihm das Handwerk legen; straff inszeniertes Mörderspiel nach den Regeln der Sherlock-Holmes-Dr.-Watson-Logik; spannend und gagreich bis zum Nachspann, in dem Tony Curtis, Burt Lancaster, Kirk Douglas und Frank Sinatra aus den Verkleidungen ihrer Nebenrollen schlüpfen.

Das Totenreich TV-Film

BRD 1985 – 225 Min. – R: Karin Brandauer. B: Herbert Asmodi, nach dem Roman von Henrik Pontoppidan. D: Leslie Malton, H. Theobald, Michael König, Hans Christoph Rudolph, Kurt Raab, Vadim Glowna.

Nach dem dänischen Nobelpreisträger Pontoppidan adaptiertes literarisches Gesellschaftspanorama aus der Anfangszeit des Jahrhunderts; Politik, Liebe und Klassenverhältnisse sind die Probleme, um die es geht.

Ein Toter lügt nicht / The Burglar ***

USA 1957 – 90 Min. sw. – R: Paul Wendkos. D: Dan Duryea, Jayne Mansfield Martha Vickers.

Krimi. Ein Gangsterpärchen versucht, Diebesgut zu Geld zu machen; mit Raffinesse erzählte Geschichte einer verzweifelten Liebe in der Tradition der »schwarzen« Krimis; straff inszeniert und eindrucksvoll gespielt.

Totes Geld TV-Film

BRD – 50 Min. – R, B: Gisa Schleelein. D: Marta Hoskins, Ed Cantu, Ronald Beer.

Eine heftige Liebesleidenschaft und ihr gewaltsames Ende erzählt dieser experimentierfreudige, aber bisweilen manierierte Film in Krimimanier und mit formalem Aufwand wie ausgedehnten Rückblenden und integrierten Videoteilen. Traum und Wirklichkeit werden gekonnt, aber ohne erkennbare Erzählfunktion vermischt.

Totò, Fabrizi und die Jugend von heute / Totò, Fabrizi e i giovani d'oggi ** ½

I 1960 – 92 Min. – R: Mario Mattoli. D: Totò, Aldo Fabrizi, Christine Kaufmann, Geronimo Meynier.

Komödie. Romeo und Julia im Kleinbürgermilieu von heute. Wo einst die Waffen klirrten und Gift geträufelt wurde, töten jetzt scheele Blicke und böse Worte. Und die Liebenden, Kinder zweier Streithähne, kriegen sich doch; herrlich komisch, grotesk.

Totò, Peppino und das leichte Mädchen / Totò, Peppino e la male femmina ** ½

I 1956 – 102 Min. sw. – R: Camillo Mastrocinque. D: Totò, Peppino De Filippo, Teddy Reno, Dorian Gray.

Komödie. Groteske Abenteuer von zwei komischen Provinzlern, die in Neapel ihren Neffen aus den Fängen eines Revuegirls befreien wollen. Humor auf italienisch.

Totò und die Frauen / Totò e le donne ** ½

I 1952 – 93 Min. sw. – R: Steno/Mario Monicelli. D: Totò, Ave Ninchi, Giovanna Pala, Lea Padovani, Peppino De Filippo.

Komödie. Totò als Stoffverkäufer und unterdrückter Ehemann, der nur in Tagträumen auch als Mann zum verdienten Erfolg kommt. In gewohnter Manier, mit Sprachwitz und situationskomischen Einlagen, serviert der Hauptdarsteller seiner großen Fangemeinde nicht nur Leckerbissen seines Könnens, sondern auch ein tragikomisches Bild des italienischen Normalmannes zwischen Omnipotenz und Frustration.

Totò und Marcellino / Totò e Marcellino ** ½

I 1958 – 90 Min. sw. – R: Antonio Musu.

D: Totò, Pablito Calvo, Memmo Carotenuto.
Melodram. Nach dem Tod seiner Mutter braucht der kleine Marcellino eine neue Bezugsperson. Ein Vagabund übernimmt diese Rolle einfühlsamer als sein reicher Onkel, der ihm nur Unglück bringt.

Totschweigen TV-Film
BRD 1986 – 90 Min. – R: Daniel Christoff. D: Peter Kollek, Kornelia Boje, Karin Anselm, Guido Gagliardi.
Ein Mann will seiner Frau die Diagnose ihrer unheilbaren Krankheit verschweigen; sie erfährt davon, die nur noch nach außen hin intakte Ehe gerät in die Krise; einfühlsames Psychogramm.

Touch and Go
siehe: Die Cash and Carry GmbH

Trabanten TV-Film
BRD 1984 – 90 Min. – R: Frank Grützbach. D: Aggi Kurnoth, Olaf Dietrich, Jörg Henning, Christian Lugerth.
Halb als Beinahe-Road-Movie, halb als Twenfilm versuchte Darstellung von Mittelstandsmief, Ausländerhaß, Überlebenstaktiken; kippt oft fast ins Parodistische.

Tracy trifft den lieben Gott / Oh God! Book II * ½
USA 1980 – 88 Min. – R: Gilbert Cates. D: George Burns, Suzanne Pleshette, David Birney, Louanne, Howard Duff.
Missionskomödie. Gott in Menschengestalt vermittelt durch ein Mädchen die Botschaft, daß Gott nicht tot ist; das Komödiantische erreicht nicht den ruhigen Ernst des Themas.

Trafic
siehe: Tati im Stoßverkehr

Die Tragödie der Menschheit
siehe: Intoleranz

Tragödie einer Leidenschaft *
BRD 1949 – 90 Min. sw. – R: Kurt Meisel. D: Joana Maria Gorvin, Carl Kuhlmann, Friedrich Schoenfelder, Hermine Körner.
Melodram. Ein älterer Mann verzichtet auf seine junge Frau und wacht nach deren Neuvermählung selbstlos über ihr Glück; tränenselig und pathetisch.

Die Tragödie eines lächerlichen Mannes / La tragedia di un uomo ridicolo ** ½
I 1981 – 106 Min. – R: Bernardo Bertolucci. D: Ugo Tognazzi, Anouk Aimée, Ricardo Tognazzi.
Farce. Bissige Schilderung italienischer Verhältnisse von heute und speziell der Entführung eines Käse-/Schinken-Fabrikjuniors und die Unfähigkeit aller Beteiligten, damit angemessen umzugehen. Ein Verdacht bleibt in diesem amüsanten und erschreckenden »kleinen« Film Bertoluccis: Machen Entführer und Entführte gemeinsame Sache?

Trans-Amerika-Express/ Silver Streak ** ½
USA 1976 – 110 Min. – R: Arthur Hiller. D: Gene Wilder, Jill Clayburgh, Richard Pryor.
Thriller. Eine Mischung aus Reißer, Romanze und Lustspiel ergibt die verrückte Bahnreise eines Verlegers quer durch das weite Land. Der Wechsel von der Komödie zum gewalttätigen Actionfilm ist manchmal allzu kraß in dieser witzigen Hitchcock-Parodie.

Trans-Atlantique ** ½
CH 1983 – 90 Min. Schwyzerdt. OmU. – R: Hans-Ulrich Schlumpf. D: Zaira Zambelli, Roger Jendly, Balz Raz, Renate Schroeter.
Moderner Liebesfilm. Auf der Schiffsreise nach Rio lernt ein junger Schweizer Ethnologe eine Brasilianerin kennen und lieben, das Erlebnis verändert sein Leben; angewandte Völkerkunde in einem lebendigen, unterhaltsamen Dialog zweier Kulturen.

Transitträume * ½
BRD 1986 – 94 Min. – R: Hartmut Jahn. D: Marita Marschall, Pascal Lavy, Gerald Uhlig, Edith Neitzel, Kurt Raab.
Deutschlandfilm. Zwei einander ähnlich sehende Frauen treiben mit der Mauer und Bewachern, auch mit Liebhabern ein Verwirrspiel, das in einer »Trabi«-Verfolgungsjagd gipfelt; vom Regisseur gutgemeinte, aber naive »Hommage für Honecker«, die in dessen Geburtsstadt Neunkirchen einen wohlgemeinten Sonderpreis erhielt; utopisch.

Transylvania 6-5000 / ∗∗
Transylvania 6-5000
USA 1985 – 94 Min. Ⓥ VCL. – R: Rudy DeLuca. D: Jeff Goldblum, Joseph Bologna, Ed Begley jr., Carol Kane, Jeffrey Jones.
Horrorfilm. Zwei trottelhafte US-Nachwuchsreporter sollen in den Karpaten einen Beitrag über Frankenstein recherchieren; sie treffen auch rasch auf Gruseltypen und verrückte Wissenschaftler, doch mit denen hat es eine ganz unvermutete Bewandtnis; halbwegs lustige Journalistensatire in der Tradition der »Abbott und Costello«-Storys Anfang der 50er Jahre; der Titel bezieht sich auf einen Evergreen von Glenn Miller (»Pennsylvania 6-5000«), der als mißlungene Hardrock-Variante u. a. Titelmusik ist.

Die Trapp-Familie ∗∗ ½
BRD 1956 – 105 Min. Ⓥ Taurus. – R: Wolfgang Liebeneiner. D: Ruth Leuwerik, Hans Holt, Josef Meinrad, Friedrich Domin, Maria Holst.
Familiensaga. Die authentische Geschichte der österreichischen Baronin Trapp, die ihre kinderreiche Familie mit Charme, Witz und gesundem Menschenverstand über die Wirren zweier Weltkriege rettet, indem sie einen – vor allem in den USA, wohin sie vor den Nazis flieht – vielversprechenden Chor gründet; gefühlsbetonte Unterhaltung mit einem Schuß Rührseligkeit.

Die Trapp-Familie in Amerika ∗∗
BRD 1958 – 106 Min. Ⓥ Taurus. – R: Wolfgang Liebeneiner. D: Ruth Leuwerik, Hans Holt, Josef Meinrad, Wolfgang Wahl, Adrienne Gessner.
Familiensaga. Die »Trapp-Familie« etabliert sich nach Mißerfolgen in den USA als Volksliederchor im Trachtenlook; schwächerer Fortsetzungsfilm, in dem die Regensburger Domspatzen die musikalische Hauptlast tragen.

Trapper, Wolf und Fährtensucher / Challenge to Be Free ∗∗
USA 1976 – 88 Min. – R: Tay Garnett. D: Mike Mazurki, Vic Christy, Jimmy Kane, Fritz Ford.
Abenteuerfilm. Trapper in Eis und Schnee, unterwegs gegen Tiere und Menschen gleichermaßen. Naive Handlung, gute Fotografie, ein unterhaltsamer Naturfilm für die ganze Familie.

Der Traum vom Glück / ∗∗ ½
Visszaszamlalas / Countdown
H 1986 – 99 Min. sw. – R: Pál Erdöss. D: Erika Ozsda, Károly Eperjes, Dénes Ujlaky, Jenö Dekleva.
Sozialkritischer Film. Ein junges Ehepaar versucht, durch den Traum vom selbständigen Unternehmertum zu Wohlstand zu kommen; der physische Ruin des Mannes zwingt zu neuem Rollenverhalten; eine lakonische Feststellung sozialer und politischer Realität.

Der Traum von einer Sache ∗∗ ½
BRD 1981 – 50 Min. – R: Roswitha Ziegler, Niels-Christian Bolbrinker, Bernd Westphal (Wendländische Filmkooperative).
Dokumentarfilm. Darstellung des Lebens im Hüttendorf der »Freien Republik Wendland« bei Gorleben und dessen polizeiliche Räumung; engagiert und Betroffenheit auslösend.

Trauma ∗∗
BRD 1983 – 98 Min. Ⓥ VCL. – R, B: Gabi Kubach. D: Birgit Doll, Lou Castel, Armin Mueller-Stahl, Hanne Wieder, Eva-Maria Hagen.
Psychothriller. Eine Angestellte in einem Detektivbüro übernimmt einen Suchauftrag, der sie in Abgründe von Traum und Wirklichkeit führt. Aus dem Krimi macht Regisseurin Kubach in ihrem ersten Langspielfilm ein beunruhigendes, handwerklich exzellentes, sich in seinen Effekten jedoch verselbständigendes Psychodrama; an Hitchcock und Nicholas Roeg geschult.

Träume in Kalkutta / ∗∗ ½
Chaalchitra
Indien 1981 – 87 Min. – R: Mrinal Sen. D: Anjan Dutt, Uptal Dutt, Gita Sen, Arun Mukerjee.
Melodram. Ein junger Mann lebt mit Mutter und Bruder in Kalkutta und will Journalist werden; eines Tages kommt seine große Chance. Alltagsbilder vermitteln ein impressionistisches Kaleido-

skop der Mittelschicht in der indischen Millionenstadt. Der Film wurde auf dem Festival von Venedig 1981 ausgezeichnet.

Träume zerrinnen wie Sand / Splendor in the Grass TV-Film

USA 1981 – 89 Min. – R: Richard C. Sarafian. C: Melissa Gilbert, Cyril O'Reilly, Ned Beatty, Michelle Pfeiffer, Eva Marie Saint.

Im Kansas von 1928 verliebt sich ein Millionärssohn in eine Tochter aus kleinem Hause, was nicht gutgehen kann. Remake von Elia Kazans »Fieber im Blut« (1961); schwach; die Rekonstruktion des Zeitkolorits rettet einiges.

Träumende Lippen / A Patch of Blue **

USA 1965 – 105 Min. – R: Guy Green. D: Sidney Poitier, Elizabeth Hartman, Shelley Winters, Wallace Ford.

Melodram. Einfühlsames, bisweilen rührseliges Drama um eine blinde Frau, die einen Schwarzen liebt. Gut gespielt (Oscar für Winters), gut gemeint, solide erzählt.

Der träumende Mund ** ½

D 1932 – 90 Min. sw. – R: Paul Czinner. D: Elisabeth Bergner, Rudolf Forster, Anton Edthofer, Margarete Hruby, Jaro Fürth.

Liebesromanze. Eine hocherotische Dreiecksgeschichte aus vergangenen Tagen: Die kapriziöse junge Frau liebt zwar ihren Mann aufrichtig, aber auch seinen eleganten Freund, den Pianisten. Glanzrolle für Elisabeth Bergner, nach einem Theaterstück von Henri Bernstein.

Der träumende Mund **

BRD 1952 – 95 Min. sw. – R: Josef von Baky. D: Maria Schell, O. W. Fischer, Frits van Dongen.

Dreiecksgeschichte. Das Konzertmeisterehepaar ist glücklich verheiratet, bis der geniale Klaviervirtuose die Bühne betritt. Remake des Czinner-Films mit Elisabeth Bergner von 1932.

Die Traumfigur TV-Film

CDN 1986 – 55 Min. – R: Donald Shebib. B: Janet Kranz, Martin Lager. D: Susan Wright, Paul Melman, Lindsay Connell.

Die mollige Gattin des ehrgeizigen Karrieremannes lebt in dem Wahn, sich durch Sport und radikale Diät dünnhungern zu müssen.

Traumland / Dreamland ** ½

USA 1982 – 80 Min. OmU. – R: Oz Scott. D: Joanne Crayton, Henry Butler, Harold Dejan.

Jazzfilm. Eine junge Gospelsängerin in New Orleans kämpft um den Erfolg. Ihr Traumziel ist New York, wo die Musikkarrieren schnellergehen. Der musikalisch spritzige, in Jazzrhythmen schwelgende Film erzählt die Story von »Lady B. J.« äußerst einfühlsam und kurzweilig.

Traummusik * ½

D 1940 – 79 Min. sw. – R: Géza von Bolvary. D: Marte Harell, Lizzi Waldmüller, Albrecht Schoenhals, Werner Hinz, Axel von Ambesser.

Musikfilm. Vor der Kulisse Roms ereignen sich melodramatische Verwicklungen um Liebe, Karriere und den Konflikt »Hohe Kunst« contra Tingeltangel, aufgelockert durch Peter-Kreuder-Melodien und Lieder von Beniamino Gigli.

Traumpferd / Le cheval d'orgueil * ½

F 1980 – 112 Min. – R: Claude Chabrol. D: François Cluzet, Bernadette Le Sache, Roman Hubert, Jacques Dufilho.

Historienfilm. Studie der bäuerlichen Tradition in der Bretagne um die Jahrhundertwende. Keltische Legende als Leben, Folklore statt Wirklichkeit.

Traumreise unter weißen Segeln FLOP

BRD 1962 – 90 Min. – R: Hermann Leitner, Rudolf Nußgruber. D: Florian Bauer, Christoph Gerhard, Udo Janson, Kapitän Skoglund und die Crew der »Flying Clipper«.

Skipperfilm. Von Elmar Gunsch kommentierte Kreuzfahrt des schwedischen Segelschulschiffs ins Mittelmeer; das Bild ist die Botschaft.

Traumrevue *

A 1959 – 97 Min. – R: Eduard von Borsody. D: Waltraut Haas, Teddy Reno, Susi Nicoletti, Michael Cramer.

Revuefilm. Lieschen Müller als unentdeckte Eisprinzessin erschwindelt sich ihre große Chance; gelungene Eisrevueszenen, ansonsten von ziemlich erschütternder Dürftigkeit.

Traumschiff
siehe: Himmel, Scheich und Wolkenbruch

Ein Treck zog weiter / ∗∗
Young And Free
USA 1979 – 95 Min. – R: Keith Larsen. D: Eric Larsen, Ivy Angustian, Keith Larsen, Carroll McCall.
Indianerwestern. Ein Junge gerät zwischen die Fronten der Kriege zwischen Weiß- und Rothäuten, wird verschleppt, kann fliehen und verliert seine Familie. Indianer nehmen sich seiner an und ziehen ihn auf. Der humane, um Ausgleich der Fronten bemühte Film bemüht sich auch um Authentizität in der Ausstattung.

Treffer TV-Film
BRD 1984 – 105 Min. Ⓥ Eurovideo. – R: Dominik Graf. B: Christoph Fromm. D: Max Wigger, Dietmar Bär, Tayfun Bademsoy, Barbara Rudnik.
Drei Motorradfreaks hecken einen gefährlichen Plan aus, um ihr teures Hobby nicht aufgeben zu müssen. Ein eindrucksvoller, lebendiger Film mit außergewöhnlichen Darstellern; Programmkino-Kost.

Treffpunkt Central Park / ∗∗
Cops And Robbers
USA 1972 – 85 Min. – R: Aram Avakian. D: Cliff Gorman, Joe Bologna, John Ryan.
Polizeikomödie. Zwei New Yorker Bullen planen den großen Coup aus Frust über ihren ungerechten Alltag. Der amüsante Film erzählt das realistisch, mit viel Milieuhintergrund und einigen Knalleffekten.

Treffpunkt Grenze TV-Film
A – 50 Min. – R: Anton Reitzenstein. B: Ilse Tielsch. D: Eva Zilcher, Susi Nicoletti, Dorothea Neff.
Nach vierzig Jahren treffen sich zwei Jugendfreundinnen wieder; Erinnerungen werden wach; eindrucksvolle Darstellerinnen.

Treffpunkt Hongkong / ∗∗
Soldier of Fortune
USA 1955 – 96 Min. – R: Edward Dmytryk. D: Clark Gable, Susan Hayward, Michael Rennie, Victor Sen Yung.
Abenteuerfilm. Ein Abenteurer mit Gaunertouch bietet einer Amerikanerin Hilfe an, ihren inhaftierten Mann zu befreien; natürlich verliebt er/sie sich in sie/ihn; ein reifer Gable mit modernem Piratencharme rettet ein schwaches Drehbuch über die Runden.

Treffpunkt London ∗∗ ½
Airport / Perfect Friday
GB 1970 – 90 Min. – R: Peter Hall. D: Ursula Andress, Stanley Baker, David Warner, Patience Collier, T. P. McKenna.
Krimikomödie. Einem biederen Bankbeamten kommt die Idee zum großen Coup, als ein adliges Paar in Geldnöten einen Kreditantrag stellt; eine witzige Bankräubergroteske, konventionell in der Dramaturgie, aber mit gutgetimter Spannung und britischem Appeal.

Treffpunkt Tanger / Finchè ∗∗
dura la tempesta / Beta som
I 1962 – 105 Min. sw. – R: Charles Frend. D: Lilli Palmer, James Mason, Gabriele Ferzetti, Alberto Lupo.
Kriegsfilm. Ein italienisches U-Boot wird von einem britischen Zerstörer beschädigt; im neutralen Tanger entwickelt sich zwischen den Kapitänen eine menschliche Beziehung; spannender Film über Freund-Feind-Denken.

Das Treibhaus ∗∗
BRD 1987 – 100 Min. – R: Peter Goedel. D: Christian Doermer, Laila-Florentine Fréer, Jörg Hube, Rüdiger Vogler.
Zeitkritischer Film. Der ehemalige Emigrant und jetzige Abgeordnete im Deutschen Bundestag Keetenheuve versucht in den Bonner Politikalltag von Restauration und Wiederbewaffnung moralische Maßstäbe einzubringen. Die Vorlage des Films von Wolfgang Koeppen, vor mehr als 30 Jahren ein Skandalon, setzt Regisseur Goedel werkgetreu, aber eben kaum filmgerecht um. Sein Verdienst ist dennoch das Erinnern an eine triste Zeit besonderer moralischer Verkarstung.

Treibjagd / La course du ∗∗ ½
lièvre à travers les champs
F 1972 – 122 Min. – R: René Clément. D: Jean-Louis Trintignant, Robert Ryan, Lea Massari, Aldo Ray, Tisa Farrow.

Thriller. Ein Sportflieger muß notlanden, dabei sterben einige Kinder in einem Zigeunerlager; die Zigeuner jagen den Unglücklichen, der Verfolgte kann nach Kanada fliehen, wo er bei einer Gangsterbande Unterschlupf findet. Die ungewöhnlichen Motive und Charaktere machen den Film bemerkenswert, ein gutes Drehbuch und hervorragendes Spiel ergänzen diesen Eindruck.

Treibjagd in den Wolken / Deadly Encounter *
USA 1982 – 92 Min. Ⓥ VCL. – R: William A. Graham. D: Larry Hagman, Susan Anspach, James Gammon, Michael C. Gwynne.
Thriller. Hubschrauberpilot und Freundin im siegreichen Kampf gegen Gangster; schwacher Film voller Klischees; beachtliche Helikopter-Stunts.

Trennung – Die Geschichte der Anna Wildermuth TV-Film
BRD 1981 – 105 Min. – R: Peter Beauvais. B: Karin Struck. D: Sabine Sinjen, Peter Seum, Pierre Franckh.
Sabine Sinjen spielt im »Jahr der Frau« eine Hebamme mit zwei Kindern. Sie verliebt sich in einen Reporter und erwartet das nächste Baby. Es lebt die Mutterschaft.

Treue / Gipsy Colt **
USA 1954 – 69 Min. – R: Andrew V. Marton. D: Donna Corcoran, Ward Bond, Frances Dee.
Tierfilm. Ein treuer schwarzer Hengst, Liebling der Familie, bricht in der Fremde aus und kehrt nach Hause zurück. Rührstück im TV-Stil für groß und klein, mit packenden, teils dokumentarischen Tieraufnahmen.

Der Trick mit dem großen Geld / Avery Big Withdrawal ** ½
CDN 1979 – 96 Min. – R: Noel Black. D: Donald Sutherland, Brooke Adams, Paul Mazursky, Allan Magicovsky, Leigh Hamilton.
Gaunerkomödie. Zwei schlaffe Typen, Versager in der Liebe, im Job und überhaupt, wollen endlich ans große Geld kommen. Als erstes beschaffen sie sich die Konstruktionspläne für die Alarmanlage der Bank. Trotz spannender Verfolgungsjagden bleibt die Story wirr und nahezu unverständlich, doch die Typen sind liebenswert-schrullig-verrückt.

Der Trinker TV-Film
BRD 1967 – 95 Min. sw. – R: Dietrich Haugk. B: Oliver Storz. D: Siegried Lowitz, Günther Neutze, Hannelore Elsner.
Adaption des Romans von Hans Fallada vom Provinzapotheker, der sich, ohne es gewahr zu werden, allmählich durch Alkohol ruiniert; ein beklemmender Film mit einem überzeugenden Lowitz.

Tripolis / Tripoli **
USA 1950 – 92 Min. – R: Will Price. D: John Payne, Maureen O'Hara, Howard da Silva, Philip Reed.
Actionfilm. US-Marine 1805 im Kampf um Tripolis gegen böse Piraten; routiniertes Wüstenabenteuer für Freunde des Genres.

Tristana / Tristana ** ½
E/I/F 1970 – 100 Min. – R: Luis Buñuel. D: Cathérine Deneuve, Fernando Rey, Franco Nero, Lola Gaos, Jesús Fernandez.
Gesellschaftskritischer Film. Ein Mädchen heiratet aus Gründen der Konvention ohne Liebe ihren Vormund, der sie zu seiner Geliebten gemacht hatte; bittersarkastische und doch melancholische Abrechnung mit den Moralritualen einer nur nach außen intakten bürgerlichen Gesellschaft; ein vielschichtiger Film in bezwingend einfachen Bildern.

Der Triumph des Musketiers / Hardi Pardaillan! **
F/I 1963 – 103 Min. – R: Bernard Borderie. D: Gérard Barray, Valérie Lagrange, Philippe Lemaire, Guy Delorme.
Kostümfilm. Der verwegene Musketier will hoch zu Roß seinem Freund, dem Herzog, zu Hilfe eilen, da stellt sich ihm eine verführerische Frau in den Weg. Sanfte Hügellandschaften und bunte Trachten im 16. Jahrhundert: derb-spaßige Abenteuer aus Frankreichs galanter Zeit.

Triumphbogen / Arch of Triumph ** ½
USA 1948 – 110 Min. sw. – R: Lewis Milestone. D: Charles Boyer, Ingrid Bergman, Louis Calhern, Charles Laughton.

Emigrantenschicksal. Ravic ist Arzt und vor der Gestapo nach Paris geflohen, wo er illegal für einen Pfuscher saubere Arbeit leistet; er wird immer wieder von der Ausländerpolizei ausgewiesen. Seine Liebe zu der Sängerin Madou nimmt eine Wendung ins Tragische. Klassisch-schöne Verfilmung des Romans von Erich Maria Remarque.

Trixies Wunderland / Tales of Beatrix Potter / Peter Rabbit and Tales of Beatrix Potter ***
GB 1971 – 89 Min. – R: Reginald Mills. D: Carol Ainsworth, Sally Ashby, Frederick Ashton, Avril Bergen.
Ballettfilm. Adaption von Erzählungen der Kinderbuchautorin Beatrix Potter mit autobiographischen Elementen; dialogfreie Umsetzung der Märchen- und Tierfabelwelt der Autorin durch die Royal Ballet Company London; ein Klassiker des Genres.

Trocadero / Trocadéro bleu citron ** ½
F 1978 – 90 Min. – R, B: Michael Schlock. D: Lionel Melet, Anny Duperey, Bérangère de Lagatinerie.
Generationskomödie. Amüsante und melancholische Komödie um die Beziehung einer Mutter zum zehnjährigen Sohn, ihr Verständnis und Unverständnis, Eifersucht, Einsamkeit und Glück. Unterhaltsame Geschichte, plausible Personenführung, kluge Einbeziehung von Paris als Ort emanzipierter Gefühle.

Die Troerinnen / The Trojan Women ** ½
USA 1971 – 106 Min. – R: Michael Cacoyannis. D: Katharine Hepburn, Vanessa Redgrave, Geneviève Bujold, Irene Papas, Patrick Magee.
Historisches Drama. Bürgerkrieg der Griechen und Trojaner und Revolte der Frauen. Eindringlich schildert der Film die Euripides-Tragödie, überzeugend von großen Darstellern und der Musik von Theodorakis getragen.

Trokadero **
BRD 1980 – 91 Min. – R: Klaus Emmerich. D: Ludwig Hirsch, Franz Xaver Kroetz, Lisi Mangold, Werner Asam, Elisabeth Stepanek, Beatrice Richter.
Aussteigerkomödie. Ein liebenswert chaotischer Musiker hat mit einer Musikkneipe Pech und versucht es mit einem Stripteaseschuppen; skurril und hintersinnig aggressiv.

Trommeln am Mohawk / Drums Along the Mohawk ****
USA 1939 – 100 Min. – R: John Ford. D: Claudette Colbert, Henry Fonda, Edna May Oliver, Eddie Collins, John Carradine, Arthur Shields, Robert Lowery.
Historienfilm. Ein junges Paar findet zur Zeit des Unabhängigkeitskrieges für kurze Zeit am Mohawk eine neue Heimat, dann holt der Krieg die beiden ein; ein Meisterwerk des Erzählkinos von John Ford, ein Hohelied auf den Pioniergeist, in Bilder von grandioser Schönheit umgesetzt; hervorragende Besetzung, Edna May Oliver war für den Oscar nominiert.

Trotzdem...! TV-Film
BRD 1983 – 90 Min. – R: Jörg Grünler. D: Angelika Bender, Wolfgang Schenk.
Die Brustamputation einer Frau stellt ihre Durchschnitts-Familie vor eine ungewohnte Situation, in der alle von einer Verlegenheit in die andere und in Peinlichkeit fallen; eindrucksvoller Problemfilm aus der ZDF-Reihe »Notsignale«.

Truck Driver / Road Games **
AUS 1980 – 86 Min. – R: Richard Franklin. D: Stacey Keach, Jamie Lee Curtis, Marion Edward, Grant Page.
Krimi. Ein Trucker gerät in die Situation, bei der Suche nach dem Mörder einer Tramperin zu helfen; spannender Krimi als Road-Movie und umgekehrt.

Truxa **
D 1938 – 90 Min. sw. Ⓥ Toppic. – R: Hans H. Zerlett. D: La Jana, Hannes Stelzer, Peter Elsholtz, Ernst Fritz Fürbringer, Mady Rahl, Hans Söhnker.
Artistenfilm. Es gibt nur einen, der den doppelten Salto auf dem Drahtseil schafft – Truxa. Aber eines Tages ist der Künstler, der eine Doppelexistenz führt, spurlos verschwunden. Krimi- und Eifersuchtsdrama aus dem Artistenmilieu mit der tanzenden Sumpfblüte La Jana.

Tschaikowsky – Genie und Wahnsinn / The Music Lovers ** ½
GB 1970 – 119 Min. – R: Ken Russell. D: Richard Chamberlain, Glenda Jackson, Christopher Gable, Max Adrian, Kenneth Colley.
Musikerfilm. Adaption der Biographie des depressiven homosexuellen Alkoholikers Pjotr Iljitsch Tschaikowsky; opulenter, ungewöhnlicher Musik- und Musikerfilm, dessen Schwäche in der Fehlbesetzung der Hauptrolle liegt.

Tscherwonez TV-Film
BRD 1982 – 97 Min. – R: Gabor Altorjay (auch B), Janos Márton, Randy Marie Hoffmann. D: Sheryl Sutton, Tom Dokoupil, Eva Budmüller, István Bálint, Peter Berg.
Experimenteller »D-Film in schwarz-weißer Farbe« über die Erlebnisse eines russischen Matrosen, der sich in Hamburg absetzt und in Verfolgungen aller Art gerät; ein Film, der satirische Ansätze nur selten konsequent ausarbeitet, dennoch sehenswert.

Tu das nicht, Angelika / Critic's Choice **
USA 1962 – 110 Min. – R: Don Weis. D: Bob Hope, Lucille Ball, Rip Torn.
Komödie. Gerangel eines glücklich verheirateten Ehepaars um Selbständigkeit, Karriere und Konkurrenz. Munter aufgetischt, im intellektuellen Mittelschichtsmilieu angesiedelt, ohne Aufwand unterhaltsam.

Tuareg – Die tödliche Spur
siehe: Gazel, der Wüstenkrieger

Den Tüchtigen gehört die Welt / The Uppercrust ** ½
A/USA 1981 – 113 Min. – R: Peter Patzak. D: Franz Buchwieser, Walter Davy, Frank Gorshin, Lukas Resetarits, Bibiana Zeller.
Kriminalfilm. Eine Wiener Baufirma agiert mit Erpressern und Killern, um einen Skandal zu vertuschen; solide inszenierter Politthriller mit einigen treffenden satirischen Spitzen.

Tugend mit beschränkter Haftung TV-Film
BRD 1989 – 90 Min. – R: Celino Bleiweiß. B: Anita Mally. D: Claudia Neidig, Amadeus August, Gerd Baltus, Peter Fricke, Klaus Konzak.
Die blonde Louisa, ein kaltblütiges Biest, verdreht mit ihrer Figur, ihrem Charme, ihrer Exzentrik den Männern den Kopf und zieht ihnen dann das Geld aus der Tasche; nur mit Rex, den sie wirklich liebt, läuft es nicht nach Wunsch; auch als er nach Amerika abhaut, gibt die Lasterhafte noch längst nicht auf; turbulente Fernsehkomödie mit Pfiff.

Tulsa / Erde in Flammen / Tulsa ** ½
USA 1949 – 89 Min. – R: Stuart Heisler. D: Susan Hayward, Robert Preston, Pedro Armendariz, Lloyd Gough.
Actionfilm. Eine Farmerstochter steigt zum skrupellosen Ölboß auf, beweist aber im Katastrophenfall Einsicht und Mut; effektsicher inszenierte, turbulente Erdölsaga mit einer agilen Hayward.

Der Tunnel **
D 1933 – 74 Min. sw. Ⓥ Polyband/Toppic. – R: Kurt Bernhardt. D: Paul Hartmann, Olly van Flint, Attila Hörbiger, Max Weydner, Elga Brink, Gustaf Gründgens.
Zeitkritischer Actionfilm. Ein wagemutiger Ingenieur will den transatlantischen Tunnel von Amerika nach Europa bauen, doch Sabotage eines Großaktionärs führt zur Arbeiterrebellion. Der von Kurt Bernhardt (später in Hollywood: Curtis Bernhardt) im Arbeitsmilieu realisierte Krimi überzeugt durch atmosphärische Dichte.

Die Tür mit den sieben Schlössern ** ½
BRD 1962 – 91 Min. sw. – R: Alfred Vohrer. D: Heinz Drache, Sabina Sesselmann, Hans Nielsen, Werner Peters, Pinkas Braun, Klaus Kinski, Eddi Arent, Jan Hendriks, Gisela Uhlen.
Edgar-Wallace-Krimi. Eine Mordserie erschüttert London, im abgelegenen Schloß Selford scheinen die Fäden zusammenzulaufen; der scharfsinnige Inspektor kombiniert richtig, und im Schloß des Teufels ist daraufhin sozusagen die Hölle los. Dutzendfilm nach Wallace, der im Rückblick jedoch durch

seine Starbesetzung, die teils ironischen, teils einfach dilettantischen Tricks und Manierismen und durch seine amüsanten Gruseleffekte zum nicht ganz ernst zu nehmenden Genuß wird.

Der türkisfarbene Bikini / How Sweet it Is * ½

USA 1968 – 100 Min. – R: Jerry Paris. D: Debbie Reynolds, James Garner, Maurice Ronet, Paul Lynde, Marcel Dalio.

Lustspiel. Davey fährt mit seinen Eltern nach Europa, um seine Angebetete wiederzusehen; doch die eigentliche Siegerin dieses Trips ist seine Mutter, die sich einen Verehrer angelt. Die Familienkomödie beginnt spritzig, setzt aber nicht zu und endet als TV-Show-Klamotte – trotz interessanter Besetzung.

Der Turm der Lilien / Himeyuri no to ***

J 1953 – 124 Min. sw. – R: Tadashi Imai. D: Keiko Tsushima, Eiji Okada, Kyoto Kagawa.

Kriegsfilm. Erschütterndes Dokument über die letzte wirre Phase des Zweiten Weltkriegs in Okinawa, als die Japaner noch zweihundert Oberschülerinnen an die Front schicken. Kritische Auseinandersetzung mit fragwürdigen Heldenideologien.

Das Turmengele TV-Film

BRD – 90 Min. – R: Bruno Voges. D: Christine Schöck, Cornelia Glogger, Hans-Jürgen Gehrt.

Ein kleines Mädchen lebt mit den Eltern hoch oben im Turm der Tübinger Stiftskirche; als die Mutter stirbt, scheint der Traum vom Lehrberuf ausgeträumt; teils weihnachtlich besinnlich, teils mit Einbrüchen von peinlich-kitschiger Tränenseligkeit.

Turning Point / Turning Point FLOP

GR 1983– 80 Min. Ⓥ Gloria Video. – R: Yannis Dalianidis. D: Lea Reka.

Teeniefilm. Vier jugendliche Ausreißer fahren in einem gestohlenen Auto nach Athen und geraten in die Nutten- und Drogenszene; mit abgedroschenen Klischees zugeschüttetes Filmchen von nervtötend unfreiwilliger Komik.

Tyrannische Liebe / Love Me Or Leave Me ***

USA 1955 – 117 Min. – R: Charles Vidor. D: Doris Day, James Cagney, Cameron Mitchell, Robert Keith, Tom Tully.

Musical. Film über das Leben der begabten Sängerin Ruth Etting, deren Karriere von einem Gangster gefördert wurde; außergewöhnliche schauspielerische Leistungen, vor allem eine völlig ungewohnte Doris Day, die zahlreiche Evergreens singt; Oscar für das Drehbuch von Daniel Fuchs.

U

U 23 – Tödliche Tiefen / Run Silent, Run Deep ∗∗
USA 1958 – 105 Min. sw. – R: Robert Wise. D: Clark Gable, Burt Lancaster, Jack Warden.
U-Boot-Film. Kammerspielartig inszenierte Auseinandersetzung zwischen Offizieren auf einem US-U-Boot; darstellerisch eindrucksvoll, aber ohne kritische Distanz zum Thema Krieg.

U 47 – Kapitänleutnant Prien ∗∗
BRD 1958 – 88 Min. sw. Ⓥ Jaguar. – R: Harald Reinl. D: Dieter Eppler, Joachim Fuchsberger, Sabine Sesselmann, Harald Juhnke, Olga Tschechowa, Dieter Borsche.
Kriegsfilm. Zurechtgebogene Biographie des U-Boot-Kommandanten und Ritterkreuzträgers Günther Prien, der in der Bucht von Scapa Flow zwei britische Schlachtschiffe versenkte; unkritische Heldenbeweihräucherung und verlogene Antikriegsmoral in einem filmtechnisch dürftigen Seekriegsspektakel.

Über alle Meere / Ten'pyo no iraka ∗∗ ½
J/VR China 1979 – 115 Min. – R: Kei Kumai. D: Katsuo Nakamura, Mitsuo Hamada, Masaaki Daimon.
Zeitepos. Im Jahr 733 reisen japanische Mönche auf Mission nach China; zwanzig Jahre dauert es, bis sie ihren Auftrag erfüllen können und nach Japan zurückkehren. Der farbenprächtige, mit großem Aufwand an Menschen und Material realisierte Film entwirft ein spannendes Zeitpanorama in historischen Kulissen.

Über den Dächern von Nizza / To Catch a Thief ∗∗∗
USA 1955 – 102 Min. – R: Alfred Hitchcock. D: Cary Grant, Grace Kelly, Jessie Royce Landis, Charles Vanel.
Krimi. In diesem spritzigen Hitchcock geht es um einen ehemals berüchtigten Juwelendieb und Fassadenkletterer, der nun offensichtlich einen ihn kopierenden Nachfolger hat; das hindert Grace Kelly nicht daran, sich in ihn zu verlieben. Spannend-amüsantes Abenteuer vor dem traumhaften Hintergrund der französischen Riviera.

Über uns der Himmel ∗∗ ½
D 1947 – 96 Min. sw. – R: Josef von Baky. D: Hans Albers, Lotte Koch, Paul Edwin Roth.
Liebesfilm. Ein Kriegsheimkehrer macht sich mit nicht immer legalen Mitteln an den Wiederaufbau seines Lebens; Albers in einer sympathischen Rolle zwischen Romanze und Heimkehrerfilm.

Überfall auf den Postzug / O assalto ao trem pagador ∗∗
Brasilien 1962 – 111 Min. sw. – R: Roberto Farias. D: Eliezer Gomes, Reginaldo Farias, Jorge Dória.
Krimi. Eine Bande Elender aus den brasilianischen »Favelas« am Rande von Rio raubt den Postzug aus. Die größeren Schwierigkeiten kommen danach. Der realistisch gefilmte, mit Sozialromantik nicht geizende und spekulative Effekte setzende Dritte-Welt-Film will zuviel und erreicht zuwenig.

Der Überfall auf die Arctic Queen / Heart of the North ∗
USA 1938 – 78 Min. – R: Lewis Seiler. D: Dick Foran, Gloria Dickson, Allen Jenkies.
Piratenfilm. Piraten überfallen ein Handelsschiff mit wertvoller Fracht; die Suche nach Komplizen beginnt; konventionell.

Überfall auf die Queen Mary / Assault on a Queen ∗∗
USA 1966 – 120 Min. – R: Jack Donahue. D: Frank Sinatra, Virna Lisi, Tony Franciosa, Richard Conte.
Abenteuerfilm. Eine attraktive Frau angelt sich zwei hochverschuldete Kleinun-

ternehmer, um ein gesunkenes Schiff mit einem Schatz wieder flottzumachen und dann zu größeren Coups aufzubrechen, zum Beispiel zu einem Raubüberfall auf den englischen Luxusdampfer »Queen Mary«. Der Film erzählt das versiert, verschenkt dann aber sein Thema zugunsten oberflächlicher Effekte.

Überfall der Ogalalla / Western Union ***

USA 1940 – 92 Min. – R: Fritz Lang. D: Robert Young, Randolph Scott, Dean Jagger, John Carradine.

Western. Beim Bau der transkontinentalen Telegraphenleitung in Nebraska werden die Arbeiter häufig überfallen. Stekken Indianer oder eine weiße Bande dahinter? Der im Jahr 1861 angesiedelte Film von Fritz Lang (»M«), nach einer Story von Zane Grey, gehört zu den schönsten Western; flotte Regie, gute Darsteller und ein straffes Script entführen ins vorige Jahrhundert.

Der Überfall von Las Vegas / Guns, Girls And Gangsters ** ½

USA 1958 – 67 Min. sw. – R: Edward L. Cahn. D: Mamie Van Doren, Gerald Mohr, Lee Van Cleef.

Gangsterfilm. Ein Haftentlassener plant mit Hilfe einer Nachtklubsängerin einen wohlgetimten Coup; ein schießwütiger Komplize macht alles zunichte; harter, halbdokumentarischer Reißer mit einem herrlich bösen Van Cleef.

Die Überlebenden der Totenstadt

siehe: Die dunkle Macht des Sonnengottes

Die Über-Sinnliche / Questi fantasmi **

I 1967 – 100 Min. – R: Renato Castellani. D: Sophia Loren, Vittorio Gassman, Mario Adorf, Margaret Lee, Marcello Mastroianni.

Schwank. Ein jungverheiratetes Paar bekommt soziale Probleme, doch als es aus dem Leben scheiden will, geht das schief; hier spätestens setzt die komödiantische Behandlung des Stoffes an, die im zweiten Teil durch leibhaftigen Spuk in einem mietfreien Palazzo noch deftiger wird; Marcello Mastroianni als Gastgeist in einem Kurzauftritt und erzkomödiantische Schauspieler machen den albernen, nicht sonderlich anspruchsvollen Film sehenswert.

U-Boot in Not / Gray Lady Down *

USA 1976 – 110 Min. Ⓥ CIC. – R: David Greene. D: Charlton Heston, David Carradine, Stacy Keach, Ned Beatty.

Katastrophenfilm. Ein Tauch-Rettungsschiff in 450 Meter Tiefe – das die Mannschaft eines gesunkenen Atom-U-Boots bergen soll – als Star eines mäßig spannenden Unterwasserdramas, in dem die handelnden Personen Nebensache bleiben und nur Luftblasen absondern.

Ufos zerstören die Erde / Yosei gorath * ½

J 1964 – 80 Min. – R: Inoshiro Honda. D: Ryo Ikebe, Akihiko Hirata, Jun Taziki.

Science-fiction-Film. Ein Meteorit von gewaltigen Ausmaßen rast auf die Erde zu; zwei Raumschiffe versuchen die Katastrophe im letzten Moment abzuwenden. Konfuses Weltraumabenteuer.

Die Uhr läuft ab / Ransom ** ½

GB 1974 – 104 Min. – R: Casper Wrede. D: Sean Connery, John Quentin, Robert Harris, Ian McShane.

Thriller. Ein Anarchist bringt die ganze britische Botschaft samt Botschafter, Gattin und Personal in seine Gewalt. Der Geiselnehmer verlangt freies Geleit zum Fluchtfahrzeug. Sicherheitschef Sean Connery muß sich etwas einfallen lassen; spannend inszeniert.

Der Uhrmacher von St. Paul / L'horloger de Saint-Paul ** ½

F 1974 – 105 Min. – R: Bertrand Tavernier. D: Philippe Noiret, Jean Rochefort, Jacques Denis, Clothilde Joano.

Krimi. Adaption eines Simenon-Romans: Ein Normalbürger versteht allmählich die Motive, die seinen Sohn zum Mörder werden ließen; einfühlsame Psychogramme von Alltagscharakteren.

Uli der Knecht **

CH 1954 – 100 Min. sw. – R: Franz Schnyder. D: Hannes Schmidhauser, Liselotte Pulver, Heinrich Gretler.

Heimatfilm. Als Uli zum Glungghof wechselt, hat er mehr Freude an der

Landwirtschaft, denn jetzt tritt Vreneli in sein Leben. Schweizer Bilderbogen aus vergangenen Tagen; nach dem Roman von C. F. Meyer.

Uli der Pächter / ... und ewig ruft die Heimat ** ½

CH 1955 – 105 Min. sw. – R: Franz Schnyder. D: Hannes Schmidhauser, Liselotte Pulver, Emil Hegetschweiler, Hedda Koppé.

Heimatfilm. Milieukritischer, von vergleichbaren Kitschpostkarten weit entfernter realistischer Film aus den Alpen um einen verschuldeten Bauernhof und die Überlebensnot der Pächter. Harte Schicksale, eingebunden in die rauhe, aber schöne Bergwelt; nach dem Roman von C. F. Meyer.

Das Ultimatum läuft ab / Mark il poliziotto spara per primo ** ½

I 1975 – 91 Min. – R: Stelvio Massi. D: Franko Gasbarri, Lee J. Cobb, Andrea Aureli, Nino Benvenuti, Ely Galleani.

Krimi. Ein Kommissar ist dem Boß eines Rauschgiftrings auf der Spur, doch ihm fehlen Beweise; solider Drogenkrimi mit intelligentem Räuber-und-Gendarm-Spiel, Cobb in einer seiner typischen Bandenchefrollen.

Um Haaresbreite / The Narrow Margin **

USA 1952 – 71 Min. – R: Richard Fleischer. D: Charles McGraw, Marie Windsor, Jacqueline White.

Krimi. Polizist arbeitet nachlässig, als er eine Frau beschatten soll. Seine Klientin wird ermordet, während er mit einer Dame flirtet. Der Film zeichnet prosaisch und unkonventionell ein kritisches Bild der Ordnungshüter.

Um 100stel Sekunden / Un centesimo di secondo *

I 1982 – 90 Min. – R: Duccio Tessari. D: Gustav Thöni, Saverio Vallone.

Skifahrerfilm. Skizirkusasse auf der Jagd nach dem Sieg und einem hübschen Groupie; natürlich bricht sich einer fast die Gräten; einfallsloses Vehikel für Exskias Thöni.

Um jeden Preis / Comanche *

USA 1956 – 84 Min. – R: George Sherman. D: Dana Andrews, Kent Smith, Nestor Paiva, Henry Brandon, Lowell Gilmore, Stacy Harris, Linda Cristal.

Western. Zwei mutige Weiße entscheiden den Kampf zwischen einem guten und einem bösen Komantschenhäuptling zugunsten des Friedfertigen; gutgemeinter Indianerwestern, in dem mehr aus großen Klappen denn aus Gewehren geschossen wird; interessant vor allem der Kampf des Zuschauers gegen die Schläfrigkeit.

Um neun kommt Harald ** ½

D 1943 – 81 Min. sw. – R: Carl Boese. D: Irene von Meyendorff, Anneliese Uhlig, Werner Fuetterer, Hans Nielsen.

Krimi. Ein Konsul stirbt mit Vergiftungsanzeichen, sein Mündel gerät unter Mordverdacht; doch eine geheimnisvolle Stimme aus der Sprechanlage, die zur Tatzeit zu hören war, gibt dem Gerichtsprozeß eine neue Wendung. Die unspektakuläre Geschichte überzeugt durch einfache Erzählart, glaubwürdige Töne und gute Darsteller.

Um neun Uhr geht die Erde unter / City Beneath the Sea TV-Film

USA 1970 – 90 Min. – R: Irwin Allen. D: Stuart Whitman, Robert Wagner, Rosemary Forsyth.

Ein Science-fiction-Märchen aus dem Jahr 2053: Die Gold- und Nuklearvorräte der USA werden aus Fort Knox in die erste Unterwasserstadt verlegt, da nähert sich ein Planetoid.

Um null Uhr schnappt die Falle zu * ½

BRD 1965 – 85 Min. sw. – R: Harald Philipp. D: George Nader, Heinz Weiss, Dominique Wilms, Sigfrit Steiner.

Actionfilm. FBI-Agent Cotton jagt einen größenwahnsinnigen Gangsterboß, dem eine große Nitroglyzerinladung in die Hände gefallen ist; handwerklich mißlungenes Krimispektakel.

Um Thron und Liebe – Sarajevo * ½

A 1955 – 120 Min. sw. – R: Fritz Kortner. D: Ewald Balser, Luise Ullrich, Wolfried Lier, Hubert Hilden, Klaus Kinski.

Historienfilm. Darstellung der Umstände, die zur Ermordung des österreichischen Thronfolgerpaares führten, was den Ersten Weltkrieg auslöste; betulich und rechthaberisch.

Um zwei Erfahrungen reicher TV-Film
BRD 1976 – 90 Min. – R: Wolfgang Staudte. B: Robert Wolfgang Schnell. D: Robert Wolfgang Schnell, Lotti Krekel, Dirk Dautzenberg, Karl Friedrich Liebau, Ingrid van Bergen.
Eine von einem Schotten geschiedene Frau lernt in Berlin einen Freund ihres Vaters kennen, doch nicht nur den; unterhaltsames, heiter-melancholisches Spiel; eher konventionell.

Umleitung / Détour ** ½
USA 1945 – 68 Min. sw. – R: Edgar G. Ulmer. D: Tom Neal, Ann Savage, Claudia Drake.
Fluchtfilm. Die Tramptour eines New Yorker Barpianisten verwandelt sich in einen regennassen Alptraum. Der Autofahrer, der ihn mitnimmt, stirbt urplötzlich, und der Tramper sieht sich gezwungen, dessen Identität anzunehmen. Als er selbst eine Tramperin einlädt, gibt's ein böses Erwachen; ein düsterer Film voller Absurditäten.

Die Umstandshose
siehe: Hilfe, mein Mann ist schwanger

Die Umwege des schönen Karl ** ½
D 1937 – 97 Min. sw. – R: Carl Froelich. D: Heinz Rühmann, Karin Hardt, Albert Florath, Sibylle Schmitz, Paul Bildt.
Komödie. Ein Kellner-Casanova tauscht die Provinz gegen Berlin und fällt zunächst auf die Nase; Rühmann in Hochform in einem Lustspiel mit satirischen Akzenten.

Die Unbefriedigten / Les bonnes femmes ** ½
F/I 1959 – 89 Min. sw. – R: Claude Chabrol. D: Bernadette Lafont, Lucile Saint-Simon, Clothilde Joano, Stéphane Audran, Mario David.
Sozialkritischer Film. Milieustudie über den Alltag von vier Verkäuferinnen, die trotz steten Scheiterns auf der Suche nach Glück melancholisch oder nervös auf ihre Chance warten; genau beobachtender, sezierender und analysierender Film.

Der unbekannte Feind / Sound Barrier ** ½
GB 1952 – 105 Min. sw. – R: David Lean. B: Terence Rattigan. D: Ralph Richardson, Ann Todd, Nigel Patrick, Dinah Sheridan.
Testfliegerfilm. Um den technischen Fortschritt in der militärischen Luftfahrt und seine kommerziellen Aspekte geht es in diesem ungemein spannenden, das Melodramatische zügelnde Drama des Großfilmers Lean (»Dr. Schiwago«), der in diesem frühen Werk mit kleinem Budget und Konzentration auf Wesentliches auskommt.

Die unbekannte Geliebte / Undercurrent **
USA 1946 – 110 Min. sw. – R: Vincente Minnelli. D: Katharine Hepburn, Robert Taylor, Robert Mitchum.
Melodram. Die brave Tochter eines Wissenschaftlers ist von dem reichen Industriellen hingerissen und merkt zu spät, daß sie einen Psychopathen geheiratet hat.

Das unbekannte Gesicht / Die schwarze Natter / Dark Passage ***
USA 1947 – 106 Min. sw. – R, B: Delmer Daves. D: Humphrey Bogart, Lauren Bacall, Agnes Moorehead, Bruce Bennett.
Schwarzer Krimi. Ein wegen Mordes Verurteilter bricht aus, versteckt sich, bekommt durch plastische Chirurgie ein neues Gesicht und sucht den wahren Mörder; bei allen wenig glaubhaften Elementen ein Film von düsterer Spannung und Gewalttätigkeit; Klassiker der »Schwarzen Serie«.

Ein Unbekannter rechnet ab / Zehn kleine Negerlein ** ½
BRD/F/I/E 1974 – 92 Min. – R: Peter Collinson. D: Oliver Reed, Richard Attenborough, Gert Fröbe, Charles Aznavour, Stéphane Audran, Herbert Lom, Elke Sommer.
Kriminalfilm. Zehn Personen, die einander nicht kennnen, erhalten eine geheimnisvolle Wochenendeinladung; starbefrachtete dritte Verfilmung von Agatha Christies Klassiker »Zehn kleine Negerlein« mit kleinen pfiffigen Charakterstudien; weniger spannend als spektakulär.

Der Unbesiegbare
siehe: Die Abenteuer des Chevalier de Lagadère
Die unbesiegbare Erste
siehe: The Big Red One
Die Unbestechlichen / ∗∗∗ ½
All the President's Men
USA 1975 – 130 Min. Ⓥ Warner Home. – R: Alan J. Pakula. D: Robert Redford, Dustin Hoffman, Jason Robards, Jack Warden.
Politthriller. Die beiden Reporter der »Washington Post«, Carl Bernstein und Bob Woodward, brachten durch ihre brisanten Enthüllungen die Watergate-Affäre ins Rollen, die zum Sturz von Präsident Nixon führte. Der spannende Thriller mit semidokumentarischem Touch vermittelt ein klares Bild der historischen Fakten und Zusammenhänge.
Der Unbeugsame / ∗∗ ½
Cool Hand, Luke
USA 1967 – 135 Min. – R: Stuart Rosenberg. D: Paul Newman, George Kennedy, Lou Antonio, Strother Martin.
Gefängnisfilm. Knallharter, realistischer Knastfilm um einen zu zwei Jahren Arbeitslager Verurteilten, der ums Überleben kämpfen muß, ausbricht und Berühmtheit erlangt. Psychologisch glaubwürdige Rollen in einem milieukritischen Reißer.
Die Unbezähmbaren / ∗∗
Untamed
USA 1955 – 93 Min. – R: Henry King. D: Tyrone Power, Susan Hayward, Richard Egan.
Abenteuermelodram. Gutsbesitzerstochter folgt ihrem Traummann um 1910 nach Südafrika. Auf dem Weg dorthin gibt es mannigfache Gefahren, die Zulu-Krieger wetzen ihre Speere, aber das Happy-End verhindern sie nicht. Traumhaftes Studio-Afrika, romantische Inszenierung.
Uncas, der letzte Mohikaner / Last of the Mohicans TV-Film
USA 1977 – 91 Min. – R: James L. Conway. D: Steve Forrest, Ned Romero, Andrew Prine, Don Shanks.
Western nach einem der »Lederstrumpf«-Romane von James Fenimore Cooper; authentisch und packend.
Und das Leben ist voller Träume / Vitr v kapse ∗∗ ½
ČSSR 1982 – 79 Min. – R: Jaroslav Soukup. D: Lukáš Vaculik, Sagvan Toti, Ivana Andriová, Karel Augusta.
Zeitkritischer Film. Ein heiter-besinnlicher Film um zwei Jungen, die nach ihrem Schulabschluß in einer Fabrik einen Job finden, aber Schwierigkeiten mit der Arbeitswelt haben. Deshalb treiben sie allerlei Unfug.
Und der Herr sei uns gnädig / All the Young Men ∗ ½
USA 1959 – 85 Min. sw. – R: Hall Bartlett. D: Sidney Poitier, Alan Ladd, James Darren, Mort Sahl, Ingemar Johansson.
Kriegsfilm. Korea-Kriegsepisode um einen farbigen Sergeanten, der ein Kommando übernehmen muß und Schwierigkeiten mit seinen weißen Untergebenen hat; schwaches Kriegs- und Rassismusdrama mit schlechtgeführten Darstellern, darunter der hölzerne Exschwergewichtschampion Johansson.
... und der Himmel lacht dazu / Come to the Stable ∗∗ ½
USA 1948 – 95 Min. sw. – R: Henry Koster. D: Loretta Young, Celeste Holm, Hugh Marlowe, Elsa Lanchester.
Komödie. Zwei französische Nonnen kommen nach New England und können trotz aller Schwierigkeiten ein Gelübde erfüllen; gefühlsselig-heitere Komödie mit zwei charmanten Hauptdarstellerinnen.
Und der Regen verwischt jede Spur / Tears of Blood ∗ ½
BRD/F 1972 – 95 Min. – R: Alfred Vohrer. D: Alain Noury, Anita Lochner, Wolfgang Reichmann, Alf Marholm.
Liebesromanze. Die Geschichte eines jungen Paares, dessen Verbindung vom Vater des Mädchens hintertrieben wird. Krimispezialist Vohrer versteht es, Geheimnis und Spannung in die ansonsten dünne und filmisch biedere Unterhaltungskost zu mischen.
Und die Nacht wird schweigen / By Love Possessed ∗∗ ½
USA 1961 – 115 Min. – R: John Sturges. D: Lana Turner, Efrem Zimbalist jr., Jason Robards, Thomas Mitchell.

Liebesfilm. Starvehikel für Turner, die einen renommierten Neuengland-Anwalt liebt. Dramatisch aufgeladenes Liebesgeflüster, das zwei brüchige Ehen wieder kittet.

Und du mein Schatz fährst mit * ½

D 1936 – 105 Min. sw. – R: Georg Jacoby. D: Marika Rökk, Hans Söhnker, Alfred Abel, Oskar Sima.

Revuefilm. Auf der Reise nach Amerika wegen eines überraschenden Broadway-Angebots lernt eine Sängerin und Tänzerin einen Mann kennen, der sich nach Anfangsproblemen als der Richtige herausstellt; bieder und ohne den gewohnten Rökk-Schwung.

Und er nahm mich bei der Hand TV-Film

BRD/Neuseeland 1983 – 91 Min. – R: Rolf Hädrich. D: Paul O'Shea, Derek Hardwick, Yvonne Lawley, Rebecca Gibney.

Geschichte einer schmerzlich endenden Jugend, die von einer Freundschaft mit tödlichem Ausgang erzählt. Eine Rolle spielen die Landschaft Neuseelands und der Stamm der dort ansässigen Maori. Nach dem Roman von Maurice Shadbolt.

Und es ward Licht / * ½
La symphonie pastorale

F 1946 – 103 Min. sw. – R: Jean Delannoy. D: Pierre Blanchar, Michèle Morgan, Line Noro, Jacques Louvigny.

Melodram. Ein verheirateter Landpfarrer erzieht aufopferungsvoll eine blinde Waise; seine Gefühle für sie bringen ihn in Konflikte; sentimentalisierende Verfilmung des Romans von André Gide.

... und ewig knallen die Räuber *

A 1962 – 91 Min. – R: Franz Antel. D: Helmuth Lohner, Georg Thomalla, Paul Hörbiger, Peter Weck.

Räuberkomödie. Durch Zufall steigt ein furchtsames Schneiderlein zum gefürchteten Räuberhauptmann auf; harmlose Klamotte.

... und ewig ruft die Heimat

siehe: Uli der Pächter

Und ewig siegt die Liebe / ** ½
History Is Made at Night

USA 1937 – 94 Min. sw. – R: Frank Borzage. D: Charles Boyer, Jean Arthur, Colin Clive.

Romanze. Ein Mann, eine Frau, ein Liebhaber, das klassische Dreiecksverhältnis. Borzage inszenierte diese diffizile Story im Stil einer Tragikomödie.

Und ewig singen die Wälder **

A 1959 – 92 Min. – R: Paul May. D: Gert Fröbe, Hansjörg Felmy, Joachim Hansen, Carl Lange, Anna Smolik, Hans Nielsen, Maj-Britt Nilsson.

Heimatfilm. Der alte Bauer Björndal ist ein nordisches Urgestein: reich, jähzornig, streitsüchtig; von seinen Söhnen liebt er Tore, verachtet er Dag; im Kampf mit dem Adelsgeschlecht von Gall' gibt es Intrigen, Haß, geht es um Leben und Tod. Die Heimatschnulze als Naturereignis zieht alle Register des Trivialfilms; seinerzeit ein großer Publikumserfolg im Kino; Fortsetzung: »Das Erbe von Björndal«.

... und Gerechtigkeit für alle / ... and Justice For All **

USA 1979 – 114 Min. Ⓥ RCA Columbia. – R: Norman Jewison. D: Al Pacino, Jack Warden, John Forsythe, Lee Strasberg.

Gerichtsfilm. Ein junger unkonventioneller Anwalt verteidigt unorthodoxe Angeklagte, doch eines Tages soll er einen Richter verteidigen, von dessen Schuld er überzeugt ist; den Gewissenskonflikt verkörpert Hauptdarsteller Pacino überzeugend, doch das Drehbuch ist nicht immer schlüssig; gute Fotografie.

... und immer lockt das Weib / ... et dieu créa la femme ** ½

F 1956 – 88 Min. – R: Roger Vadim. D: Brigitte Bardot, Curd Jürgens, Jean-Louis Trintignant, Jane Marken.

Starfilm. Das Waisenkind BB kommt in die Obhut eines Ehepaares und verhext die Männer. Jener Film, mit dem die Bardot zum Sexidol wurde und in dem sie Curd Jürgens zum »normannischen Kleiderschrank« machte. Ein Genuß für ihre Fans.

Und Jimmy ging zum Regenbogen **

BRD 1970 – 133 Min. Ⓥ CBS/FOX. – R: Alfred Vohrer. D: Ruth Leuwerik, Alain Noury, Doris Kunstmann, Judy Winter, Horst Tappert.

Literaturverfilmung. Ein Argentinier kommt nach Wien, um die Leiche seines Vaters überführen zu lassen, und gerät dabei in ein Mordkomplott: Er verliert sich in einem Netz undurchschaubarer Machenschaften, in das schöne Frauen und Spione verstrickt sind. Mischung aus Agenten-, Kriminal- und Liebesfilm; nach Simmel.

... und knallten ihn nieder / Guns of Diablo **

USA 1964 – 77 Min. – R: Boris Sagal. D: Charles Bronson, Susan Oliver, Kurt Russell, Jan Merlin, John Fiedler, Douglas Fowley.

Western. Ein Treckführer gerät durch eine alte Liebe, die mit seinem Erzfeind verheiratet ist, in Gefahr; Routinewestern mit den Klischees des Genres.

... und ledige Mädchen / Sex and the Single Girl ** ½

USA 1964 – 110 Min. – R: Richard Quine. D: Natalie Wood, Tony Curtis, Henry Fonda, Lauren Bacall, Mel Ferrer, Count Basie und sein Orchester.

Komödie. Um die Autorin eines Sexbuches zu entlarven, bringt ein Skandalredakteur die grotesken Probleme eines befreundeten Ehepaares (Bacall und Fonda) ins Spiel; Koautor Joseph Heller; heiter und nicht nur dank Count Basie swingend.

Und morgen alles / No Love For Johnnie ** ½

GB 1960 – 105 Min. – R: Ralph Thomas. D: Peter Finch, Stanley Holloway, Mary Peach, Donald Pleasence.

Problemfilm. Porträt eines einsamen Mannes, der von seiner Ehefrau verlassen wird und dessen politische Karriere stagniert. Glänzend gespielt von Peter Finch, der dafür den Silbernen Bären auf der Berlinale 1961 erhielt.

... und morgen fahrt ihr zur Hölle / Dalle Ardenne all'inferno **

F/I/BRD 1968 – 110 Min. – R: Alberto de Martino. D: Helmuth Schneider, Curd Jürgens, Daniela Bianchi.

Kriegsmelodram. Vor dem Hintergrund des Zweiten Weltkriegs spielender, ab und zu ins Komödiantische umkippender Film um drei US-Ausbrecher aus einem deutschen Lager, die sich als Diamantendiebe bewähren wollen. Flott inszeniert, mit Krimielementen nicht immer angemessen erzählt.

Und morgen werde ich weinen / I'll Cry Tomorrow ***

USA 1955 – 115 Min. sw. – R: Daniel Mann. D: Susan Hayward, Richard Conte, Eddie Albert.

Alkoholikerdrama. Verfilmung der Autobiographie der US-Sängerin Lillian Roth, in der ihr Kampf gegen ihren Alkoholismus aufgezeigt wird; ein Film von erschütternder Offenheit; Susan Hayward erhielt die »Goldene Palme« von Cannes:

Und nächstes Jahr am Balaton **

DDR 1980 – 87 Min. – R: Herrmann Zschoche. D: Odette Bereska, René Rudolph, Kareen Schröter, Peter Bause, Gudrun Ritter.

Familienfilm. Ein junges Paar fährt mit den Eltern des Mädchens ans Schwarze Meer; nach einem Streit reist der Junge mit einer unternehmungslustigen Holländerin weiter; heiter und von feiner Ironie.

... und noch frech dazu **

BRD 1959 – 85 Min. sw. – R: Rolf von Sydow. D: Horst Janson, Helga Schlack, Peter Gross, Wolfgang Koch.

Zeitbild. Die ausgeflippten Jungs hießen damals noch Halbstarke; sie machten Putz und Terror auf ihren heißen Öfen, in diesem Fall gegen eine nette Amateurband.

... und Sartana tötet sie alle / Un par de assessinos * ½

E/F 1970 – 80 Min. – R: Rafael Romero Marchent. D: John Garko, William Bogard, Maria Silva.

Italowestern. Mäßig spannende Geschichte um zwei rivalisierende Banden, die von einer jungen Frau hereingelegt werden; sie klaut die Beute und macht damit ein Casino auf.

... und Scotland Yard schweigt / The Man Outside **

GB 1966 – 100 Min. – R: Samuel Gallu. D: Van Heflin, Heidelinde Weis, Pinkas Braun, Peter Vaughn.

Agentenfilm. Ein entlassener CIA-Mann sucht auf eigene Faust einen sowjetischen Topagenten, um sich zu rehabilitieren; solider britischer Thriller.

Und über uns der Himmel ***

D 1947 – 100 Min. sw. – R: Josef von Baky. D: Hans Albers, Lotte Koch, Paul Edwin Roth.

Trümmerfilm. Die bewegende Ballade des Heimkehrers Hans Albers, der auf dem schwarzen Markt schnell wieder seine Schäfchen ins trockene bringt, aber dabei mit seinem Sohn in Konflikt gerät. Leise, gebrochene Töne machen den strahlenden Sieger von einst um so glaubhafter in einem Melodram, das mit Dokumentaraufnahmen die düstere Ruinenlandschaft der Nachkriegszeit lebendig werden läßt.

Und wäre nicht die Liebe / One Desire **

USA 1955 – 90 Min. – R: Jerry Hopper. D: Anne Baxter, Rock Hudson, Julia Adams, Natalie Wood.

Melodram. Ehe- und Liebesgeschichte mit melodramatischen Zügen um ein amerikanisches Paar, seine typischen Probleme und einen brüchigen Familienclan, dessen Reste sich eines Tages doch noch zusammenfinden. Filmdrama ohne rechte Inspiration, hölzerne Charaktere, Schablonenhandlung – trotz guter Ansätze.

... und wenn der letzte Reifen platzt / A Heart Like a Wheel **

USA 1983 – 109 Min. – R: Jonathan Kaplan. D: Bonnie Bedelia, Beau Bridges, Leo Rossi, Hoyt Axton.

Road Movie. Wilder Rennfahrerfilm mit der weiblichen Pilotin Shirley, die nicht nur qualmende Reifen, sondern auch Karambolagen mit ihrem Typ aushalten muß; im Erzählstil oft konfus, insgesamt aber recht unterhaltsam.

... und wer küßt mich?

siehe: Ein Herz und eine Seele

Und wieder spring' ich über Pfützen ** ½

ČSSR 1971 – 90 Min. sw. – R: Karel Kachyna. D: Vladimir Dlouhy, Karel Hlusicka.

Kinderfilm. Nach einer Autobiographie von Alan Marshal gedrehter Film über den Kampf eines Jungen gegen die Kinderlähmung: Er will Reiter werden; rührend und optimistisch.

Under Fire / Under Fire ** ½

USA 1982 – 123 Min. Ⓥ atlas. – R: Roger Spottiswoode. D: Nick Nolte, Gene Hackman, Joanna Cassidy, Jean-Louis Trintignant, Jorge Zepeda.

Politthriller. Amerikanische Journalisten stehen in Nicaragua gegen Ende der Somoza-Diktatur vor dem Problem, daß sie sich der politischen Stellungnahme nicht entziehen können; vordergründig packendes Politkino, unrealistisch und wenig glaubhaft; darüber hinaus jedoch ein Film über journalistisches Ethos und die Glaubwürdigkeit von Bildern.

Underwater

siehe: Die goldene Galeere

Die unerbittlichen Fünf / I cinque della vendetta * ½

I/E 1966 – 87 Min. – R: Aldo Florio. D: Guy Madison, Monica Randall, Vidal Molina.

Italowestern. Fünf nicht ganz astreine Brüder terrorisieren aus Rache ganze Landstriche in Mexiko; kein Wunder, daß sich Widerstand regt; ironisch, spannend, aber ohne Biß.

Die Unerreichbare TV-Film

BRD/A 1982 – 90 Min. – R: Krzysztof Zanussi. D: Leslie Caron, Daniel Webb, Leslie Malton.

Die einst gefeierte Schauspielerin hat sich in ihre Villa zurückgezogen, doch einem jungen Mann gelingt es, durch einen vorgetäuschten Unfall bis zu ihr vorzudringen. Intelligente, spritzige Dialoge zu einem allzu konstruierten Stück – Satire auf Liebe, Kunst und Moneten.

Unerreichbare Nähe **

BRD 1983 – 90 Min. – R: Dagmar Hirtz. B: Dagmar Hirtz, Margarethe von Trotta. D: Kathrin Ackermann, Klaus Grünberg, Brigitte Karner.

Frauenfilm. Drei Frauen stehen vor der Notwendigkeit, sich mit einem jeweils anderen Lebensabschnitt auseinanderzusetzen; gelungenes Debüt der Cutterin Hirtz als Filmemacherin.

Die Unersättlichen / The Carpetbaggers ** ½
USA 1964 – 145 Min. Ⓥ CIC. – R: Edward Dmytryk. D: George Peppard, Alan Ladd, Carroll Baker, Bob Cummings.
Melodram. Den jungen Chemiefabrikanten interessiert an der charmanten Monica mehr ihr Vermögen als ihr Liebreiz. Wüste Story um einen hemmungslosen Aufsteiger, in der Ausschweifung, Skrupellosigkeit und Größenwahn dominieren; basierend auf der Biographie von Howard Hughes, nach dem Roman von Harold Robbins.

Die Unerschrockenen / Hellfighters **
USA 1968 – 115 Min. Ⓥ CIC. – R: Andrew V. McLaglen. D: John Wayne, Katharine Ross, Jim Hutton, Vera Miles.
Abenteuerfilm. Melodramatische Geschehnisse um Ölbrand-»Killer« à la »Red« Adair, der berühmte US-Feuerwerker; Special Effects machen die Dürftigkeit des Drehbuchs und die Hölzernheit der Darsteller zum Teil vergessen.

Der Unfried FLOP
BRD 1986 – 100 Min. – R: Rainer Wolffhardt. B: Joachim Hamman. D: Christine Neubauer, Fred Stillkraut, Gerd Fitz, Gerhard Acktun, Peter Weiß, Tilo Prückner.
Verfilmung eines frühen Ganghofer-Romans um eine unehelich geborene Magd, der es nicht gelingt, ihrer Vergangenheit zu entrinnen; einfallslos in Szene gesetzt und hölzern gespielt; kaum Laienspielniveau.

Ungarische Rhapsodie / Les cloches n'ont pas sonnées * ½
BRD/F 1953 – 83 Min. – R: Peter Berneis. D: Paul Hubschmid, Colette Marchand, Michel Simon, Willy Fritsch.
Musikerfilm. Franz Liszt verliebt sich in Kiew 1847 in die Prinzessin Caroline von Sayn-Wittgenstein, dies löst – vor dem Hintergrund der ungarischen Revolution – das Unbehagen von Carolines Gatten sowie im Film Musik aus; wenig überzeugende Liszt-Episode mit einem überforderten Hubschmid.

Ungebändigt / Woman Obsessed ** ½
USA 1959 – 102 Min. – R: Henry Hathaway. D: Susan Hayward, Stephen Boyd, Barbara Nichols, Dennis Holmes, Theodore Bikel.
Melodram. Der Sohn einer Rancherin ist mit dem (zukünftigen) Stiefvater nicht einverstanden; ein zupackendes Team macht die Seifenoper ansehbar.

Der ungebetene Gast / The Uninvited ***
USA 1944 – 95 Min. sw. – R: Lewis Allen. D: Ray Milland, Ruth Hussey, Donald Crisp, Gail Russell, Cornelia Otis Skinner, Alan Napier.
Mysteryfilm. Ein Geschwisterpaar erwirbt ein Spukhaus; sie versuchen, das Geheimnis um eine vom Geist ihrer Mutter behexte Frau zu lösen; wohldurchdachte Story mit einem verblüffenden Schluß.

Ungeduld des Herzens / Beware of Pity **
GB 1946 – 99 Min. sw. – R: Maurice Elvey. D: Lilli Palmer, Albert Lieven, Sir Cedric Hardwicke, Dame Gladys Cooper.
Melodram. Nach der Novelle von Stefan Zweig realisiertes Werk um die junge, schöne gelähmte Baronesse Edith von Kekesfalva, die sich in einen Offizier verliebt. Die subtil psychologisierende Vorlage setzt der mit beachtlichen Schauwerten ausgestattete Film handwerklich allzu glatt in süffige Emotionen um.

Das Ungeheuer ist unter uns / The Creature Walks Among Us * ½
USA 1956 – 78 Min. sw. – R: John Sherwood. D: Jeff Morrow, Rex Reason, Leigh Snowden.
Horrorfilm. In der Hoffnung, ihn zu zivilisieren, operieren Wissenschaftler einen Kiemenmann; doch er gerät in Mordverdacht, am Ende wird er getötet; schwach, doch mit einigen sehenswerten Special Effects. In der Nachfolge der Jack-Arnold-Filme »Der Schrecken vom Amazo-

nas« (1954) und »Die Rache des Ungeheuers« (1955).

Ungeküßt soll man nicht schlafen gehn ** ½

A 1936 – 87 Min. sw. – R: E. W. Emo. D: Liane Haid, Heinz Rühmann, Theo Lingen, Hans Moser, Susi Lanner.

Liebeskomödie. Der umjubelte Star Edda Vivian gestattet bei einer Wohltätigkeitsveranstaltung einen Kußwettbewerb; ein Student alter Sprachen (Rühmann natürlich) bekommt den Zuschlag, hat aber eine ganz andere Süße im Visier; schließlich rettet ein Gentleman die prekäre Situation, und auch die vielfältigen Verwechslungen zwischen Proleten und Prinzen nehmen ein Ende. Die Komikergarde des österreichischen Vorkriegskinos zieht vom Leder, und zwangsläufig lacht der Zuschauer im Dutzend billiger.

Eine ungeliebte Frau TV-Film

BRD – 95 Min. – R: Tom Toelle. D: Ulli Philipp, Christian Wolff, Edda Seippel.

Stilisierter Kitschfilm um eine junge Waise, die einen jungen Mann liebt, ohne es zu zeigen, still leidet und die Welt zusammenbrechen sieht; Gartenlauben-Sentiment im Bürgermilieu, nach einer Vorlage der Courths-Mahler.

Der ungeratene Sohn / **
Un mauvais fils

F 1980 – 108 Min. – R: Claude Sautet. D: Patrick Dewaëre, Brigitte Fossey, Jacques Dufilho, Claire Maurier, Yves Robert.

Melodram. Nach einer Haftstrafe kehrt der verlorene Sohn aus Amerika zurück zum Vater, doch Mutter ist inzwischen tot. Moderne Odyssee um Schuld und Sühne, Alkoholismus und andere Abhängigkeiten.

Ungewiß ist die Zukunft der Leibwächter TV-Film

BRD – 75 Min. sw. – R: Volker Einrauch, Lothar Kurzawa. B: Lothar Kurzawa. D: Martin Lüttge, Peter Lohmeyer, Andrea Bürgin, Annette Paulmann, Charlie Rinn.

Ein Mann, gerade von seiner Frau geschieden, will auswandern und ein neues Leben beginnen; sein Freund und eine Zufallsbekanntschaft begleiten ihn auf seltsamen Wegen. Der leichte, mit viel Situationskomik und Krimitendenzen arbeitende Film lebt von der Improvisationslust seiner Schauspieler.

Die Ungezähmten / **
Running Wild

USA 1973 – 87 Min. – R: Robert McCahon. D: Lloyd Bridges, Dina Merrill, Pat Hingle.

Abenteuerfilm. Eine Fotografin und zwei Jungen hindern einen profitgierigen Rancher daran, die letzten Wildpferde eines Reservates auszurotten. Handwerklich gut inszeniert, solide Unterhaltung.

Die unglaubliche Entführung der verrückten Mrs. Stone / Ruthless People ** ½

USA 1986 – 94 Min. – R: Jim Abrahams, David und Jerry Zucker. D: Bette Midler, Danny DeVito, Jugde Reinhold, Helen Slater.

Komödie. Millionär und Ehemann Stone plant, seine Frau umzubringen, als ihm Kidnapper zuvorkommen und sie entführen – natürlich denkt er nicht daran, das Lösegeld zu bezahlen. Die turbulente Parodie auf das Genre stellt alle Figuren auf den Kopf: Die Kidnapper und die Ehefrau sind sich und dem Zuschauer sympathisch, der Ehemann ist ein Fiesling, die Polizei ahnungslos; knallbunte Persiflage auf den amerikanischen Alltag mit einer Paraderolle für Showstar Bette Midler.

Die unglaubliche Geschichte der Mrs. K. / The Incredible Shrinking Woman **

USA 1981 – 85 Min. – R: Joel Schumacher. D: Lily Tomlin, Charles Grodin, Henry Gibson, Ned Beatty, Mike Douglas.

Zivilisationsgroteske. Eine Frau schrumpft unter dem Bombardement täglicher Konsumgifte auf Zwergengröße. Der amüsante, die Zivilisationskritik zunächst klug tarnende Film vergißt sein Thema zunehmend zugunsten bildwirksamer (Spezial-)Effekte und Drehbuchkapriolen, spricht aber doch die tragikomischen Aspekte an. Variante des Jack-Arnold-Klassikers »Die unglaubliche Geschichte des Mr. C.«.

Die unglaubliche Geschichte des Mr. C. / The Incredible Shrinking Man ∗∗∗
USA 1957 – 81 Min. – R: Jack Arnold. D: Grant Williams, Randy Stuart, April Kent, Paul Langton.
Science-fiction-Film. Radioaktive Nebel lassen einen Mann schrumpfen; schließlich erlebt er die Welt aus der Sicht eines mikrokosmischen Lebewesens; Liliputaneraspekte gaben dem Genre neue Impulse; überlegen-witziges Drehbuch von Richard Matheson nach seinem Roman.

Die unglaubliche und traurige Geschichte von der unschuldigen Eréndira und ihrer herzlosen Großmutter / Eréndira / La incredible y triste historia de la candida Eréndira y de su abuela desalmada ∗∗∗
BRD/F/MEX 1983 – 101 Min. – R: Ruy Guerra. D: Irene Papas, Claudia Ohana, Michel Lonsdale, Olivier Wehe, Blanca Guerra.
Literaturverfilmung. Die vierzehnjährige Eréndira ist schuld, daß das Haus ihrer Großmutter abbrannte; durch Prostitution soll sie nun den Schaden gutmachen. Ein barockes Melodram, in der Schwebe zwischen märchenhaftem Realismus und schwarzer Poesie und eine Anklage gegen Ausbeutung und Unterdrückung. Nach einer Erzählung von Gabriel Garcia Márquez.

Die unglaublichen Abenteuer des Guru Jakob FLOP
BRD 1982 – 88 Min. Ⓥ marketing film. – R: F. Marischka. D: Zachi Noy, Tommi Ohrner, Sonja Martin, Barbara Valentin.
Klamotte. Zwei Freunde sind ständig auf der Suche nach Moneten; als einer der Bajuwaren »Guru« spielt, scheint die Geldquelle entdeckt; peinlich-dümmliche Schmonzette.

Die unglaublichen Abenteuer des Herkules / Ercole e la regina di lidia ∗ ½
I 1957/59 – 95 Min. Ⓥ Toppic. – R: Pietro Francisci. D: Steve Reeves, Sylva Koscina, Fabrizio Mioni.
Sandalenfilm. Der berühmte Held Herkules soll den Sohn eines Königs das Kriegshandwerk lehren, doch dieser wird von einem Turnierlöwen getötet. Der Muskelheld muß nun um seinen Ruf kämpfen und tut das auch in gewohnter Manier.

Das Unheil / Les cloches de Silésie ∗∗ ½
BRD/F 1970 – 90 Min. – R: Peter Fleischmann. D: Vitus Zeplichal, Reinhard Kolldehoff, Ingmar Zeisberg, Helga Riedel-Hassenstein.
Politfarce. Ein Pastor, Schlesienvertriebener und Exnazi, feiert aus Anlaß der Rückkehr seiner Glocken ein Vertriebenenfest, das in einer Orgie von Chauvinismus gipfelt; auch seine Familie ist alles andere als intakt; abgehobene, polemische Auseinandersetzung mit dem Ungeist Unbelehrbarer; das Drehbuch schrieb der Regisseur gemeinsam mit Martin Walser.

Der Unheimliche / Die Tat des anderen ∗∗
BRD 1951 – 90 Min. sw. – R: Helmut Weiss. D: Ilse Steppat, Rolf von Nauckhoff, Hans Nielsen, Hans Magel, Charles Regnier.
Krimi. Verfilmung des Romans »Die unheimliche Schachpartie« von Paul von der Hurk; ein Mann, auf den die Beschreibung eines Mörders paßt, kann sich an entscheidende Stunden nicht erinnern; routinierter Kriminalfilm mit guter Besetzung; unterhaltsam.

Der unheimliche Besucher / The Night Visitor ∗∗ ½
USA 1970 – 100 Min. – R: Laszlo Benedek. D: Max von Sydow, Trevor Howard, Liv Ullmann, Per Oscarsson.
Thriller. Ein für verrückt erklärter Mann flieht nachts aus der Irrenanstalt und übt Rache. Der Horror des Geschehens entsteht durch subtile Stimmungen, Andeutungen, gutes Darstellerspiel. Auch wenn Blut spritzt – es dient nur dem Spannungsgehalt der gekonnt angerührten Handlung.

Das unheimliche Fenster / The Window ∗∗ ½
USA 1949 – 70 Min. sw. – R: Ted Tetzlaff. D: Barbara Hale, Bobby Driscoll, Arthur Kennedy, Paul Stewart, Ruth Roman.

Schwarze-Serie-Film. Ein kleiner Junge wird Zeuge eines Mordes in der Lower East Side von New York. Die Eltern halten das Ganze für kindliche Räuberpistolen, da er sonst auch Geschichten erfindet; der Film endet mit einer mörderischen Jagd auf den Jungen über Dächer und Feuerleitern. Hervorragend fotografiert, Verfilmung einer Erzählung von Cornell Woolrich.

Eine unheimliche Karriere TV-Film
BRD 1989 – 90 Min. – R: Eberhard Itzenplitz. B: Daniel Christoff. D: Helmut Zierl, Sissy Höfferer, Daniela Ziegler, Hans-Peter Hallwachs, Tilly Lauenstein, Friedrich W. Bauschulte.
Geschichte eines falschen Arztes, der als charmanter Schwindler nicht nur die Gesundheitsbehörde aufrollt, sondern auch eine autoritätsgläubige Gesellschaft und deren korrupte Honoratioren entlarvt; gutes Beispiel eines satirischen und kritischen Fernsehfilms; Glanzrolle für Helmut Zierl als Dr. Dr. Sylvester.

Der unheimliche Komplize / The Secret Partner ** ½
GB 1960 – 88 Min. sw. – R: Basil Dearden. D: Stewart Granger, Haya Harareet, Bernard Lee, Hugh Burden.
Krimi. Der Held hat es weit gebracht, doch ein dunkler Punkt in seiner Vergangenheit macht ihn erpreßbar; er hat Pech auf der ganzen Linie, beginnt jedoch, sich zu wehren. Mysteriöser Stimmungskrimi mit realem Spannungshintergrund; gute TV-Unterhaltung.

Der unheimliche Mönch ** ½
BRD 1965 – 85 Min. sw. – R: Harald Reinl. D: Harald Leipnitz, Karin Dor, Eddi Arent, Siegfried Lowitz.
Edgar-Wallace-Film. Eine junge Erbin wird von dunklen Mächten bedroht; doch ein Scotland-Yard-Inspektor naht; spannend und voller schmunzelnerregender Komik.

Die unheimlichen Wünsche **
D 1939 – 105 Min. sw. – R: Heinz Hilpert. D: Olga Tschechowa, Käthe Gold, Ewald Balser, Hans Holt.
Starfilm. Geschickt inszenierte Theaterregisseur Hilpert diese parabelartige Geschichte um einen armen Teufel, der sich Reichtum, Macht, Liebe wünscht und damit doch nichts anfangen kann; nach Balzac.

Unheimlicher Spielplatz / Silent Playground * ½
GB 1964 – 75 Min. sw. – R: Stanley Goulder. D: Roland Curram, Jean Anderson, Bernard Archard.
Melodram. Der geisteskranke Simon ist ein Kinderfreund. Er löst eine Katastrophe aus, als er Schlaftabletten als Bonbons an die Kleinen verteilt.

Der unmögliche Herr Pitt **
D 1938 – 89 Min. sw. – R: Harry Piel. D: Harry Piel, Willi Schur, Hilde Weißner.
Abenteuerfilm. Zwei Freunde werden zu Zwangsarbeit verurteilt, können fliehen und retten sich auf eine Yacht, dort erwarten sie neue Abenteuer. Harry Piel, der große Sensationsdarsteller des frühen deutschen Kinos, sorgt für Spannung und Action.

Ein unmögliches Mädchen / Fräulein Bimbi * ½
A 1951 – 90 Min. sw. – R: Akos von Ratony. D: Hannelore Schroth, Hans Holt, Paul Kemp, Evelyn Künneke.
Komödie. Juniorchef sucht Bergeinsamkeit, Vater schickt Schönheit als Rücklockvogel; Bekanntes routiniert auf neu getrimmt.

Die Unmoralischen / Le grain de sable **
BRD/F/I 1964 – 117 Min. – R: Pierre Kast. D: Lilli Palmer, Pierre Brasseur, Paul Hubschmid, Sylva Koscina.
Krimi. Der bekannte Industriemagnat stürzt mit seiner Privatmaschine ab, natürlich ist es kein Unfall, sondern ein Mordkomplott; skrupellose Rivalen kämpfen um seine Nachfolge. Routinierter Actionkrimi.

Die Unmoralischen / Gli intoccabili ** ½
I 1969 – 90 Min. – R: Giuliano Montaldo. D: Peter Falk, John Cassavetes, Britt Ekland, Gabriele Ferzetti.
Gangsterfilm. Ein entlassener Häftling will sich an einem Las-Vegas-Casino beteiligen; da ihn das Syndikat ablehnt, ver-

fällt er auf eine problematische Idee; gut besetzte, packende Gangsterballade.

Unrasiert und fern der Heimat / Wake Me When It's Over **∗∗ ½**
USA 1960 – 126 Min. – R: Mervyn LeRoy. D: Dick Shawn, Ernie Kovacs, Margo Moore, Jack Warden, Robert Strauss.
Kriegsfilmparodie. Ein aus Versehen zur Air Force einberufener Gastronom landet in einer gottverlassenen Inselgarnison mit total verlotterter Besatzung, dem Neuen kommt eine glänzende Idee; Groteske mit anarchischen Gags und moralischem Ende.

Unruhige Nacht **∗∗**
BRD 1958 – 101 Min. sw. – R: Falk Harnack. D: Bernhard Wicki, Ulla Jacobsson, Hansjörg Felmy, Ann Savo, Werner Hinz.
Antikriegsfilm. Adaption einer Erzählung von Albrecht Goes um einen Deserteur aus Liebe, mit dem ein protestantischer Militärpfarrer die Nacht vor der Hinrichtung verbringt; engagierter, aber allzu glatter Film um Gewissensnöte durch Kriegsdienst, seinerzeit auch als Mahnung an die neuinstallierte (evangelische) Militärseelsorge gedacht.

Die unruhigen Mädchen **∗ ½**
A 1938 – 90 Min. sw. – R: Géza von Bolvary. D: Käthe von Nagy, Lucie Englisch, Ilse Werner, Theo Lingen, Hans Moser.
Komödie. Vier Freundinnen nehmen sich nach dem Abitur eine eigene Wohnung und jobben fürs Studium; ein junger Mann platzt in die Jungmädchenidylle; routiniert.

Die Unschuld / L'innocenza **∗∗ ½**
CH 1986 – 86 Min. – R: Villi Hermann. D: Enrica Maria Modugno, Alessandro Haber, Teco Celio, Sonja Gessner.
Literaturverfilmung. Adaption der Novelle von Francesco Chiesa über die schwärmerische Liebe eines Schülers zu einer jungen Lehrerin im Tessin der Nachkriegszeit; eindrucksvolle Darstellerleistungen ergänzen eine anpassungsfähige Kameraarbeit.

Die Unschuldigen mit den schmutzigen Händen / Les innocents aux mains sales **∗∗ ½**
BRD/F/I 1974 – 112 Min. – R, B: Claude Chabrol. D: Romy Schneider, Rod Steiger, Paolo Giusti, Hans-Christian Blech.
Psychokrimi. Der alternde alkoholsüchtige Ehemann, die attraktive unbefriedigte Frau und der junge elegante Liebhaber: klassische Konstellation für einen schwarzen Krimi mit tödlichem Ausgang.

Unser Admiral ist eine Lady / The Admiral Was a Lady **∗**
USA 1950 – 87 Min. sw. – R: Albert S. Rogell. D: Edmond O'Brien, Wanda Henrix, Rudy Vallee.
Komödie. Ein arbeitsuchendes, aber arbeitsscheues Quartett von Ex-GIs gerät an eine Frau mit (guten) Nerven; schwach.

Unser Boß ist eine Dame / Operazione San Gennaro **∗∗**
BRD/I/F 1967 – 90 Min. – R: Dino Risi. D: Senta Berger, Nino Manfredi, Mario Adorf, Claudine Auger, Totò.
Gaunerkomödie. Senta Berger als gutgetarnte Chefin einer abenteuernden Gangsterbande. Der Rest ist weniger schön anzusehen, dafür klamottig und leidlich amüsant. Risi versteht es aber sogar, Rififi-Anleihen zum Besten der Spannung zu machen.

Unser Doktor ist der Beste **∗**
BRD 1969 – 85 Min. – R: Harald Vock. D: Roy Black, Helga Anders, Georg Thomalla, Peter Weck, Joachim Hansen.
Lustspiel. Junger Arzt tritt Stelle in Privatklinik an, trifft auf Vorbehalte, macht sich schließlich doch beliebt; Filmvehikel für Roy Black, der u. a. »Ich bin so gern bei Dir« singt; musikalische Konfektion, sang- und klanglos vorgetragen, filmisch uninspiriert; für ein Lustspiel erschreckend humorlos.

Unser Haus in Kamerun FLOP
BRD 1961 – 99 Min. – R: Alfred Vohrer. D: Horst Frank, Götz George, Johanna von Koczian, Sabine Sinjen, Hans Söhnker.
Liebesfilm. Ein Großfarmerssohn aus Kamerun verliebt sich in eine flotte Han-

seatin mit unehelichem Anhängsel; klischeebeladene, latent rassistische Kolportageschmonzette von unüberbietbarer Unaufrichtigkeit.

Unser kurzes Leben ✱✱ ½
DDR 1981 – 109 Min. – R: Lothar Warneke. D: Simone Frost, Gottfried Richter, Hermann Beyer, Christian Steyer.
Problemfilm. Die Architektin Franziska versucht, in der Provinz ihre Vorstellungen von humanem Bauen zu verwirklichen. Nach einer gescheiterten Ehe sucht sie Abstand zu ihrem früheren Leben.

Unser Leben mit Vater / ✱✱✱
Life With Father
USA 1947 – 110 Min. auch OoU. – R: Michael Curtiz. D: Irene Dunne, Michael Powell, Elizabeth Taylor, Edmund Gwenn, ZaSu Pitts.
Literaturverfilmung. Vielschichtige Familiengeschichte aus dem New York der Jahrhundertwende. Vater Powell folgt dem Grundsatz, daß Männer die Sippe streng regieren müssen – bis die Tante mit der taufrischen Liz Taylor zu Besuch kommt. Turbulentes Melodram nach einem Broadwayhit von Howard Lindsay und Russel Crouse.

Unser Mann aus Istanbul / ✱✱
Operacion Estambul
E/F/I 1964 – 114 Min. – R: Antonio Isasi-Isasmendi. D: Horst Buchholz, Sylva Koscina, Mario Adorf, Klaus Kinski.
Thriller. Für viel Geld geht ein Casinobesitzer naiv an den Auftrag einer FBI-Agentin heran, einen Kernforscher zu suchen; humorvoller Reißer mit etlichen guten Gags.

Unser Mann im Dschungel TV-Film
BRD 1987 – 100 Min. – R: Rolf Steiner, Peter Stripp. B: Peter Stripp. D: Armin Mueller-Stahl, Katja Rupé, Siemen Rühaak, Samuel Caento Padillo.
Ein Kraftwerks-Projektmanager kommt nach Flugzeugabsturz über Indiogebiet und viel Voodoo zur Erkenntnis, daß der Bau des Kraftwerks mehr schadet als nützt; ein unsäglich borniertes Indianerbild und platte, verlogene Psychogramme in einer TV-Koproduktion, die im Kino keine Chance hatte.

Unser Mann in Havanna / ✱✱✱
Our Man in Havana
GB 1959 – 109 Min. sw. – R: Carol Reed. D: Alec Guinness, Maureen O'Hara, Ernie Kovacs, Burl Ives, Noël Coward.
Agentenkomödie. Um seiner Tochter einen Herzenswunsch erfüllen zu können, liefert ein biederer britischer Staubsaugervertreter in Kuba dem Geheimdienst Ihrer Majestät Zeichnungen von »Atomwaffenfabriken«, indem er technische (Staubsauger-)Zeichnungen verfremdet; exellent besetzte, skurrile Spionagesatire nach dem Roman von Graham Greene; ein sehr moralischer Film voll bitterer, tragikomischer Ironie; Burl Ives in einer ergreifenden Charakterstudie.

Unser Mann vom Südpol TV-Film
BRD 1984 – 90 Min. – R: Peter Adam. D: Jan Fedder, Monika Baumgartner, Tilo Prückner, Jürgen Mumm, Eberhard Feik.
Ein Mann träumt von der großen Welt für sich und seine Freundin, er gründet ein Unternehmen, dessen Sitz er an den Südpol verlegt; matter, verkrampfter Komödienversuch ohne Witz und Schwung.

Unser Pauker ist der Beste
siehe: Münchhausen in Afrika

Unser täglich Brot ✱✱ ½
DDR 1949 – 99 Min. sw. – R: Slatan Dudow. D: Paul Bildt, Viktoria von Ballasko, Inge Landgut, Harry Hindemith.
Politfilm. Eine Familie kämpft im Nachkriegsdeutschland ums Überleben; sie hilft beim Aufbau eines VEB-Unternehmens; eindrucksvolle Arbeit des Regisseurs von »Kuhle Wampe«.

Unser Willi ist der Beste ✱✱
BRD 1971 – 83 Min. – R: Werner Jacobs. D: Heinz Erhardt, Ruth Stephan, Rudolf Schündler, Henry Vahl, Jutta Speidel.
Heinz-Erhardt-Komödie. Pensionär Willi Winzig muß sein Haushaltsgeld aufbessern und tut das als Vertreter mit gewohntem tolpatschigem Witz. Hintersinnige Sprüche, klamottiges Kuddelmuddel und Komikeras Erhardt ständig auf Achse.

Unsere Leichen leben noch ✱✱ ½
BRD 1981 – 94 Min. – R: Rosa von

Praunheim. D: Lotti Huber, Inka Köhler, Luzi Kryn, Maria Christina Leven, Rosa von Praunheim.
Avantgardekomödie. Fünf Frauen um die sechzig erleben schöne Tage in einer Berliner Wohnung, doch skurrile, geheimnisvolle Vorfälle stören die Harmonie. Praunheim (»Die Bettwurst«) erzählt das mit unerschöpflichem Einfallsreichtum und einem wie improvisiert wirkenden Regiestil; sein schönster Wurf.

Unsere kleine Stadt TV-Film
BRD 1961 – 80 Min. sw. – R: Ludwig Cremer. D: Robert Graf, Cordula Trantow, Fritz Wepper, Hermann Lenschau.
Adaption des Schauspiels von Thornton Wilder von der im Kindbett gestorbenen jungen Frau, die trotz Warnungen für einen Tag in ihr früheres Leben zurückkehrt und so eine heuchlerische Gesellschaft entlarvt; analytische, fernsehgerechte, feinfühlige Inszenierung.

Unsere Pauker gehen in die Luft * ½
BRD 1970 – 94 Min. Ⓥ Tristar Video. – R: Harald Vock. D: Wencke Myhre, Georg Thomalla, Peter Weck, Ilja Richter.
Klamotte. Schlagersternchen Wencke Myhre als exotisch-freche Schülerin in einem der allerletzten Pennälerfilme mit platten Späßen; Verwechslungen am laufenden Band.

Unsere Tante ist das Letzte FLOP
BRD 1973 – 90 Min. – R: Rolf Olsen. D: Eddi Arent, Gisela Schlüter, Willy Millowitsch.
Klamotte. Eine Schwester mit überentwickeltem Sprechgelüst nervt ihren leicht vertrottelten Schwager; als der eine Venedig-Reise gewinnt, schäumt der Humor über; fast beleidigend dumm.

Unsere tollen Nichten *
A 1962 – 90 Min. – R: Rolf Olsen. D: Gunther Philipp, Vivi Bach, Paul Hörbiger.
Musikfilm. Fortsetzung der ärmlichen Späße von »Unsere tollen Tanten« auf einem Schlagerfestival in Davos.

Unsere tollen Tanten *
A 1961 – 98 Min. – R: Rolf Olsen. D: Gunther Philipp, Vivi Bach, Gus Backus, Udo Jürgens.
Musikfilm. Die Musiker auf der Flucht verkleiden sich, um in einem Mädchenpensionat unterzutauchen. Dümmliche Kopie von »Manche mögen's heiß«.

Unsere tollen Tanten in der Südsee *
A 1963 – 85 Min. – R: Rolf Olsen. D: Gunther Philipp, Gus Backus, Udo Jürgens.
Klamotte. Weil die Ureinwohner im Busch Jagd auf weiße Männer machen, müssen die Musiker wieder einmal in Damenkleider schlüpfen. Ein kannibalischer Spaß, zum Fressen unkomisch.

Der Unsichtbare / The Invisible Man ** ½
USA 1933 – 70 Min. sw. – R: James Whale. D: Claude Rains, Gloria Stuart, William Harrigan.
Science-fiction-Film. Ein wahnsinniger Wissenschaftler macht sich durch Entmaterialisation unsichtbar und bringt Verwüstung über ein englisches Dorf. Gelungene Verfilmung von H. G. Wells' Roman.

Der unsichtbare Agent / The Invisible Agent * ½
USA 1942 – 78 Min. sw. – R: Edwin L. Marin. D: Jon Hall, Ilona Massey, Peter Lorre, Cedric Hardwicke.
Thriller. Antinazi-Propaganda als Actionfilm: Die beiden bösen Agenten sind ein Deutscher und ein Japaner, der »Gute« ist der Sohn des »Unsichtbaren«, ein aufrechter Amerikaner.

Der unsichtbare Aufstand / Etat de siège / L'americano ***
BRD/F/I 1972 – 120 Min. Ⓥ VPS. – R: Costa-Gavras. D: Yves Montand, O. E. Hasse, Renato Salvatori.
Politthriller. Tupamaros in Uruguay entführen einflußreiche Diplomaten, darunter den Leiter der US-Militärbehörde. Bravourös gestaltetes Politdrama von elektrisierender Spannung; es gibt Einblicke in die Hintergründe des Guerillakrieges. Glanzrolle für Yves Montand.

Der unsichtbare Dritte / North by Northwest ****
USA 1959 – 136 Min. – R: Alfred Hitch-

cock. D: Cary Grant, Eva Marie Saint, James Mason, Jessie Royce Landis, Leo G. Carroll.
Thriller. Cary Grant wird von zwei dubiosen Figuren aus einem New Yorker Hotel verschleppt, weil man ihn für den geheimnisvollen Mr. Kaplan hält, einen Geheimagenten. Er kämpft gegen einen unsichtbaren Feind und tappt ständig in neue beinahe tödliche Fallen. Eva Marie Saint, blond und eiskalt, spielt zuerst ein aufregendes Doppelspiel. Thriller als Horrortrip.

Die unsichtbare Frau / ∗∗ ½
The Invisible Woman
USA 1940 – 70 Min. sw. – R: A. Edward Sutherland. D: Virginia Bruce, John Barrymore, Charlie Ruggles.
Komödie. Der Professor und sein Freund haben eine Apparatur erfunden, die Menschen unsichtbar macht. Miß Kitty kommt diese Versuchsanordnung gerade recht für ihre süße Rache. Zusätzliche Verwirrung entsteht durch die Katze, die ebenfalls Kitty heißt. Altmodisch-unterhaltsam.

Der Unsichtbare kehrt zurück / The Invisible Man Returns ∗∗ ½
USA 1940 – 79 Min. sw. – R: Joe May. D: Vincent Price, Cedric Hardwicke, John Sutton.
Science-fiction-Film. Um einen Brudermordverdacht zu widerlegen, schluckt der »Unsichtbare« wieder das Tarnserum; schwächer als der erste Film »Der Unsichtbare« von James Whale (1933), aber unter anderem wegen der Special Effects sehenswert und spannend.

Unsichtbare Mauern TV-Film
BRD 1989 – 103 Min. – R,B: Wolfgang Mühlbauer. D: Hannes Jaenicke, Barbara Fenner, Jacques Breuer, Heike Faber.
Zeitkritischer Film. Ein Familienvater um die Dreißig hat sich mit Aids angesteckt, seine private Welt bricht auseinander; bei der »Aids-Hilfe« findet er neue Kontakte. Der sorgfältig recherchierte Film um die Problematik der HIV-Infizierten ist milieusicher, vermeidet Klischees und konzentriert sich auf die individuellen Folgen gesellschaftlicher Ausgrenzung.

Der unsichtbare Mörder / ∗∗
Killer by Night
USA 1971 – 94 Min. – R: Bernard McEveety. D: Robert Wagner, Diane Baker, Greg Morris, Mercedes McCambridge.
Krimi. Routinierter Großstadtkrimi mit Thrillereffekten um einen flüchtigen Mörder, der, mit Diphtherie verseucht, Los Angeles bedroht. Rettung in letzer Minute durch den sozialkritischen Arzt Wagner.

Der Unsichtbare nimmt Rache / The Invisible Man's Revenge ∗∗
USA 1944 – 75 Min. sw. – R: Ford Beebe. D: Jon Hall, Alan Curtis, Evelyn Ankers, John Carradine, Gale Sondergaard.
Thriller. Die Besitzer eines afrikanischen Diamantenfeldes müssen in diesem gruseligen Abenteuer erleben, wie ihr totgeglaubter ehemaliger Kompagnon als Killer reüssiert. Eine bizarre Geschichte, schnell und ohne viele Umstände inszeniert.

Der Unsichtbare trifft Abbott und Costello / Abbott and Costello Meet the Invisible Man ∗∗ ½
USA 1951 – 79 Min. sw. – R: Charles Lamont. D: Bud Abbott, Lou Castello, Arthur Franz, Adele Jergens.
Klamotte. Weil ein Boxer unter Mordverdacht steht, versuchen die beiden genialen Privatdetektive ihn unsichtbar zu machen. Gelungene Tricks und Spezialeffekte, ein Fest für Abbott & Castello-Fans.

Die unsterblichen Tucks / ∗∗ ½
Tuck Everlasting
USA 1980 – 116 Min. – R: Frederick King Keller. D: Margaret Chamberlain, Paul Flessa, Fred A. Keller, James McGuire, Barbara Harmon.
Fantasymärchen. Phantastische und märchenhafte Geschichte um ein Zauberwasser und eine unsterbliche Familie. Für den nötigen Alltagsrealismus dieses liebenswerten, amüsanten und spannenden Films sorgt die gewöhnliche Habgier der Menschen, die sich schließlich um die geheimnisvolle Zauberquelle bis aufs Blut streiten.

Unsterblicher Walzer ∗∗
A 1939 – 90 Min. sw. – R: E. W. Emo. D: Paul Hörbiger, Fred Liewehr, Hans Holt.
Musikerfilm. Episoden aus der Familienchronik der Straußschen Walzerdynastie; um Authentizität bemühte, wenn auch schönende biographische Saga mit Alt-Wiener Kolorit.

Unter dem Dachsfelsen / Podjezevčí skalou ∗∗
ČSSR 1978 – 74 Min. – R: Václav Gajer. D: Gustáv Valach, Tomáš Holý, Jana Brejchová.
Försterfilm. Der alte Förster Straka ist nicht davon begeistert, daß er seinen zehnjährigen Enkel Vašek für einige Zeit bei sich aufnehmen soll. Eines Tages rettet der Junge den Hund des Alten vor einem Dachs – nach und nach freundet er sich mit dem Jungen an.

Unter dem Vulkan / Under the Volcano ∗∗∗ ½
USA 1983 – 108 Min. – R: John Huston. D: Albert Finney, Jacqueline Bisset, Anthony Andrews, Katy Jurado.
Melodram. Eine Diplomatenfrau kehrt zu ihrem Mann zurück, einem alkoholkranken britischen Exkonsul, der in einer mexikanischen Kleinstadt ein würdeloses Säuferleben führt. Sorgsame Verfilmung des Bestsellers von Malcolm Lowry; ein melancholischer Film über Sucht und Selbstzerstörung, der Blicke in höllische Abgründe von Delirien ermöglicht; Finney grandios; 1984 Jury-Spezialpreis in Cannes für Huston.

Unter den Augen der Häscher / Les évadés de la nuit ∗∗ ½
I 1960 – 129 Min. sw. – R: Roberto Rossellini. D: Leo Genn, Giovanna Ralli, Sergej Bondartschuk, Hannes Messemer.
Zeitkritischer Film. Drei Kriegsgefangene, Engländer, Amerikaner, Russe, sind geflohen und tauchen bei einer jungen Frau unter; doch sie werden verraten. Rossellini (»Rom, offene Stadt«) erzählt das dramatische Geschehen kühl distanziert, ohne Parteinahme für Opfer und Täter, mit der Einstellung des desillusionierten Chronisten.

Unter den Brücken ∗∗∗ ½
D 1945 – 92 Min. sw. – R: Helmut Käutner. D: Carl Raddatz, Gustav Knuth, Hannelore Schroth, Hildegard Knef.
Romanze. Zwei Skipper verlieben sich in dieselbe Frau: Unter den Brücken ziehen die Schleppkähne dahin, stromauf, stromab, in ihrer eigenen Welt, und von den Brücken winken die Mädchen. Ein subtiles Kammerspiel voller Poesie – lyrisch, humorvoll; Käutners schönster Film.

Unter den Dächern von Paris / Sous les toîts de Paris ∗∗∗ ½
F 1930 – 92 Min. sw. – R: René Clair. D: Albert Préjan, Pola Illery, Gaston Modot, Edmond Gréville.
Burleske. Eine Liebeserklärung an die kleinen Leute von Paris, die Straßenhändler und Flics, Gauner, Midinetten und Taschendiebe. Albert muß wegen eines Mißverständnisses für zwei Wochen ins Gefängnis, da übernimmt sein Freund die Geliebte. Paris, wie es weint und singt – einer der ersten Tonfilme.

Unter der Flagge der Freibeuter / Los bucaneros del Caribe ∗∗
E/I/BRD 1960 – 96 Min. – R: Eugen Martin. D: Hans von Borsody, Brigitte Corey, Helga Liné, Conrad Handersen.
Piratenfilm. Im 17. Jahrhundert segelten die Abenteurer, mit Gold und Schätzen reichlich beladen, von Amerika zurück in die Heimat; bärtige Seeteufel und einäugige Freibeuter versuchten ihre Schiffe zu kapern; Mantel-und-Degen-Film, nach den Gesetzen des Genres inszeniert.

Unter der Flagge des Tigers / Surcouf – Le tigre des sept mers / Fighting Corsair ∗∗
F/I/E 1966 – 91 Min. – R: Sergio Bergonzelli. D: Gérard Barray, Antonella Lualdi, Terence Morgan, Geneviève Casile, Monica Randal, Vidal Molina.
Piratenfilm. Episoden aus dem Leben des historischen napoleonischen Kaperkapitäns Surcouf, dessen Piratenstreiche gegen England zur Legende wurden; elegant, aber ohne den Schwung der Hollywoodproduktionen.

Unter Geheimbefehl / Panic in the Streets ∗∗
USA 1950 – 96 Min. sw. – R: Elia Kazan.

D: Richard Widmark, Paul Douglas, Barbara Bel Geddes, Jack Palance, Zero Mostel.
Gangsterfilm. Eine Leiche wird gefunden, die von einer ansteckenden Krankheit infiziert ist. Die Jagd nach den Verbrechern wird zu einem Wettlauf gegen den Ausbruch einer Epidemie. Der rasante, mit riskanten Vorurteilen operierende Film von Kazan (»Die Faust im Nacken«) bietet Action, Emotionen und Dramatik.

Unter glatter Haut / Un maledetto imbroglio ** ½
I 1959 – 100 Min. sw. – R: Pietro Germi. D: Pietro Germi, Eleonora Rossi-Drago, Claudio Gora, Claudia Cardinale, Saro Urzi.
Krimi. Ein römischer Kommissar arbeitet an der Aufklärung eines Kapital- und eines Bagatellverbrechens, er stößt auf ein Geflecht von Lug und Trug; sezierender Film mit harter antibürgerlicher Kritik; exzellent gestaltet und gespielt.

Unter heißem Himmel ** ½
D 1936 – 89 Min. sw. – R: Gustav Ucicky. D: Hans Albers, Lotte Lang, René Deltgen, Aribert Wäscher.
Hans-Albers-Abenteuer. Käpt'n Bye-bye ist arbeitslos und gerät in eine Waffenschieberei. Aber der sturmerprobte blonde Recke kämpft sich in diesem spannenden, ganz auf ihn zugeschnittenen Actionfilm mit warmem Herzen und starken Armen durch.

Unter Mordverdacht / A Woman's Devotion **
USA 1956 – 88 Min. – R: Paul Henreid. D: Ralph Meeker, Janice Rule, Paul Henreid, Rosenda Monteros, Fanny Schiller.
Krimi. Ein US-Paar gerät in Mexiko in einen Mordfall, der aus Kriegszeiten psychisch gestörte Mann steuert auf den Wahnsinn zu; konventioneller Psychothriller.

Unter Mordverdacht / Home for the Holidays ** ½
USA 1972 – 72 Min. – R: Joseph Stefano. D: Jessica Walter, Sally Field, Jill Haworth, Julie Harris, Eleanor Parker, Walter Brennan.
Krimi. Ein Vater von vier Töchtern vermutet, daß ihn seine zweite Frau ermorden will; die Töchter verachten ihn, da sie ihn für den Selbstmord ihrer leiblichen Mutter verantwortlich machen; spannendes Krimipuzzle mit Brennan als geschocktem Vater in seiner letzten Rolle.

Unter Palmen am blauen Meer * ½
BRD 1957 – 88 Min. Ⓥ Polyband / Toppic. – R: Hans Deppe. D: Bibi Johns, Harald Juhnke, Helmut Zacharias, Lil Dagover, Käthe Itter.
Musikfilm. Die Riviera als Wirtschaftswunder-Traumkulisse für ein belangloses Unterhaltungsspektakel, mit dessen Plattheit die Musik von Heino Gaze, Bibi Johns' Stimme und der Zacharias-Sound etwas versöhnen.

Unter schwarzer Flagge / Captain Kidd * ½
USA 1945 – 89 Min. sw. – R: Roland V. Lee. D: Charles Laughton, Randolph Scott, Barbara Britton, John Carradine.
Piratenfilm. Käpt'n Kidd, der gefürchtete Pirat, bietet sich William III. erfolgreich als Handelskapitän an, doch dann wird der Schurke entlarvt; routiniert und harmlos.

Unter Wasser rund um die Welt / Around the World Under the Sea **
USA 1965 – 90 Min. – R: Andrew V. Marton. D: Lloyd Bridges, Shirley Eaton, Brian Kelly, David McCallum.
Science-fiction-Film. Unterwasserexpedition knüpft ein dichtes Netz von Erdbebenwarnanlagen: Überraschende Flutwellen sollen so rechtzeitig erkannt werden, doch da geschehen seltsame und spannende Dinge. Der raffiniert konstruierte SF-Film klotzt mit Thrillereffekten und kommt dem Zuschauer dann wieder überraschend leise.

Unter Wasser stirbt man nicht / The Drowning Pool ** ½
USA 1975 – 100 Min. – R: Stuart Rosenberg. D: Paul Newman, Joanne Woodward, Tony Franciosa.
Krimi. Eine Ölbaronin wird wegen Ehebruchs erpreßt, ihr Exfreund, ein Privat-

schnüffler, soll die Sache klären; da geschieht ein Mord. Der Film nach Motiven der Krimis von Ross MacDonald (Mitarbeit am Drehbuch: Walter Hill) serviert spannend seine Geheimnisse und ihre Lösungen.

Unter zwei Flaggen / The Raid ** ½
USA 1954 – 82 Min. – R: Hugo Fregonese. D: Van Heflin, Anne Bancroft, Richard Boone, Lee Marvin, Tommy Rettig, Peter Graves.
Western. Im amerikanischen Bürgerkrieg brechen einige Südstaatenoffiziere aus dem Lager aus, um den Brand von Atlanta durch die Zerstörung einer Kleinstadt im Norden zu rächen, doch der Anführer verliebt sich; psychologisch einleuchtender, straff inszenierter Film, gut besetzt und exzellent fotografiert.

Die unteren Zehntausend / Pocketful of Miracles ** ½
USA 1961 – 131 Min. – R: Frank Capra. D: Bette Davis, Glenn Ford, Hope Lange, Arthur O'Connell, Peter Falk, Thomas Mitchell, Jack Elam, Ann-Margret.
Gesellschaftskomödie. Die von Bette Davis glänzend gespielte schlampige Obsthändlerin Annie bekommt unerwartet Besuch von ihrer vornehm erzogenen Tochter; Annie mobilisiert ihre guten Kontakte zur Unterwelt, um vor ihrer Tochter eine clevere Lady-Show abziehen zu können. Frank Capras letzter Film, ein Remake seiner »Lady for a Day« von 1933, überzeugt durch menschliche Wärme und handwerkliche Perfektion; große Besetzung, unter anderen Ann-Margret in ihrer ersten Rolle.

Der Untergang der Titanic / Titanic ** ½
USA 1953 – 94 Min. sw. – R: Jean Negulesco. D: Barbara Stanwyck, Clifton Webb, Robert Wagner.
Katastrophenfilm. Breit angelegter Film über die kleinen und großen Katastrophen auf der »Titanic«, die am 10. April 1912 zur Jungfernfahrt auslief. Die letzte Katastrophe, der Zusammenstoß mit einem Eisberg, rekapituliert der überzeugende Film, der 1953 zwei Oscars bekam, in erschütternden Sequenzen.

Der Untergang des Leopardenreiches / Gli invincibili fratelli Maciste *
I 1964 – 90 Min. – R: Roberto Mauri. D: Richard Lloyd, Tony Freeman, Claudia Lange, Anthony Steffen.
Abenteuerfilm. Zwei Brüder helfen einem Prinzen gegen die tyrannische Leopardenkönigin; Muskelspielfilm.

Der Untergang des Römischen Reiches / The Fall of the Roman Empire ***
USA 1963 – 149 Min. – R: Anthony Mann. D: Sophia Loren, Alec Guinness, Stephen Boyd, James Mason, Mel Ferrer, Omar Sharif.
Monumentalfilm. Opulente Hollywoodvariante des historischen Ereignisses; große Showeffekte, einige brillante Actionsequenzen, überdurchschnittliches Drehbuch und straffe Regie; Guinness und Mason überragen die anderen Stars.

Der Untergang des Sonnenreiches / The Royal Hunt of the Sun ** ½
GB/E 1969 – 115 Min. – R: Irving Lerner. D: Robert Shaw, Christopher Plummer, Nigel Davenport.
Kostümabenteuer. Historienspektakel aus den Anden. Der goldgierige General Francisco Pizarro begründet das spanische Weltreich und läßt den Inkakönig Atahualpa heimtückisch ermorden; blitzende Masken, prachtvolle Farben – nach einem Stück von Peter Shaffer.

Der Untergang von Metropolis / Il gigante di Metropolis FLOP
I 1961 – 86 Min. – R: Umberto Scarpelli. D: Gordon Mitchell, Rolando Lupi, Liana Orfei, Furo Meniconi.
Monumentalfilm. 20000 v. Chr. will ein Tyrann die Menschen unsterblich machen. Ein dem Untergang geweihtes Vorhaben, dem kein Zuschauer dieses tönenden und unglaubwürdigen Monumentalnichts eine Träne nachweint.

Der Untergang von Troja / Helen of Troy **
USA 1955 – 111 Min. – R: Robert Wise. D: Rossana Podestà, Stanley Baker, Brigitte Bardot, Jacques Sernas, Sir Cederic Hardwicke.

Monumentalfilm. Aus der Sicht der Trojaner erzählte Version des Homer-Stoffes; üppig ausgestattetes, durch ein schwaches Drehbuch entwertetes Historien- und Mythenspektakel.

Untergrund TV-Film
BRD 1989 – 87 Min. – R: Gerd Haag. B: Gerd Haag, Don Reneau. D: Antsche Hetesy, Pierre Siegenthaler, Margit Carstensen, Charles Brauer.
Das Kanalsystem von Köln, in dem ein besessener Musiker und die Frau eines Ingenieurs hausen, die aus ihrem Normalleben ausgebrochen ist, bildet den mysteriösen Hintergrund dieser mehrdeutigen Geschichte; ein junges Mädchen mit Gitarre taucht ebenfalls ab in diese Unterwelt; ein abstruser »Sinn«-Thriller, der Versatzstücke der Realität für eine Reise ins Unterbewußtsein benutzt.

Unterm Birnbaum ***
DDR 1973 – 85 Min. – R: Ralf Kirsten. D: Angelica Domröse, Erik S. Klein, Hannjo Hasse, Agnes Kraus.
Literaturverfilmung. Der verschuldete Gastwirt im Oderbruch und seine Frau planen kaltblütig einen Mord, um ihren finanziellen Ruin abzuwenden. Detailgenaue Verfilmung einer Novelle von Fontane, die besonderen Wert auf präzise Milieuzeichnung und die gesellschaftlichen Hintergründe in Deutschland um 1830 legt.

Unterm Strich / Hustling TV-Film
USA 1975 – 100 Min. – R: Joseph Sargent. D: Lee Remick. Jill Clayburgh, Monte Markham, Alex Rocco.
Nach Gail Sheehys Buch inszenierter Film über Prostitution und kriminelles Umfeld; einige subtile Charakter- und Typenstudien.

Unternehmen Capricorn / Capricorn One ***
GB 1977 – 118 Min. – R: Peter Hyams. D: Elliott Gould, Karen Black, Telly Savalas.
Weltraumthriller. Astronauten simulieren für die TV-Öffentlichkeit einen Marsflug und müssen um ihr Leben fürchten, als die in Wirklichkeit unbemannte Kapsel vermutlich verunglückt ist; bissige, actionreiche Satire auf Medienmanipulation und den Zynismus der Herrschenden.

Unternehmen Feuergürtel / Voyage to the Bottom of the Sea ** ½
USA 1961 – 105 Min. Ⓥ CBS/FOX. – R: Irwin Allen. D: Walter Pidgeon, Robert Sterling, Joan Fontaine, Barbara Eden, Peter Lorre.
Science-fiction-Abenteuer. Atom-U-Boot-Kommandant rettet Erde vor der Gluthitze des den Planeten umgebenden, brennenden Van-Allen-Gürtels; unterhaltsame SF-Spinnerei in schönen Farben mit außergewöhnlichen Special Effects.

Unternehmen Panthersprung / Flight Nurse *
USA 1953 – 90 Min. sw. – R: Allan Dwan. D: Joan Leslie, Forrest Tucker, Jeff Donnell, Arthur Franz.
Melodram. Eine Frau auf der Suche nach dem Geliebten im Koreakrieg begegnet einem Piloten, in den sie sich verliebt; spannungslos.

Unternehmen Pappkamerad
siehe: General Pfeifendeckel

Unternehmen Petticoat / Operation Petticoat ***
USA 1959 – 101 Min. Ⓥ Taurus. – R: Blake Edwards. D: Cary Grant, Tony Curtis, Joan O'Brien, Dina Merrill, Arthur O'Connell.
Militärklamotte. Ein U-Boot-Kapitän will sein angeschossenes Schiff wieder flottmachen, doch andere denken an andere Unternehmen; ein heiterer Antikriegsfilm mit einigen aberwitzigen Gags des temperamentvollen Gespanns Grant/Curtis.

Die Unterröcke der Revolution I – Marat / Les jupons de la révolution – Marat TV-Film
F 1987 – 90 Min. – R: Monique Annaud. D: Richard Bohringer, Marie Trintignant, François Negret, Vladimir Yordanoff.
Erster Beitrag zu einer Sexgeschichte der Französischen Revolution von 1789, in dem der Verdacht erweckt wird, die Bastille sei nicht gestürmt worden, sondern

möglicherweise im Samen des Publizisten und radikalen Jakobiners Jean-Paul Marat (1743–93) ertrunken; ziemlich albern und lüstern, vielleicht rokoko»mäßig«.

Die Unterröcke der Revolution II – Talleyrand / Les jupons de la révolution – Talleyrand TV-Film
F 1988 – 105 Min. – R: Vincent De Brus. D: Stéphane Freiss, Caroline Berg, Ingrid Held, Laurent Grewill, Daniel Langlet.
Charles Maurice de Talleyrand (1754–1838), durch einen Klumpfuß behindert, wird von seiner Familie in den Stand der Geistlichkeit gedrängt, als Bischof rächt er sich an Familie und Kirche; der Film schlachtet die zahllosen Liebschaften des Staatsmannes und Diplomaten genüßlich aus; spritzige Dialoge und Freiss als Talleyrand machen die TV-Biographie sehenswert.

Die Unterröcke der Revolution III – Théroigne de Méricourt – Die rote Amazone / Les jupons de la révolution – Théroigne de Méricourt – L'amazone rouge TV-Film
F 1987 – 88 Min. – R: Miguel Courtois. D: Olivia Brunaux, Hervé Hiolle, Thierry Rode, Pierre Gérard, Serge Magiani.
Der Plan der literarisch begabten Heldin, ihr Talent durch ein Leben als Kurtisane zu finanzieren, scheitert auch nach Ausbruch und während der Revolution von 1789; plakative Filmadaption des Lebens einer frühen, radikalen Feministin; langatmig und voyeuristisch, sehenswert wegen der engagierten Darstellung von Olivia Brunaux.

Die Unterröcke der Revolution IV – Mirabeau / Les jupons de la révolution – Mirabeau TV-Film
F 1987 – 90 Min. – R: Claude Faraldo. D: Bernard-Pierre Donnadieu, Susanna Hofmann, Patrick Floersheim, Jean-Pierre Sentier, Jean-Pierre Cassel.
1793 wird der Leichnam von Honoré Gabriel Riqueti, Comte de Mirabeau (1749–1791) aus dem Panthéon entfernt und in ein Massengrab geworfen; seine Lebensgefährtin will die Ehre des »Verräters der Revolution« wiederherstellen; eindrucksvolle Adaption des Romans »La baionnette de Mirabeau« von Michel Dufour, ein lebendiges Geschichtsbild in Form einer turbulenten Reise in die Vergangenheit.

Die Unterröcke der Revolution V – Marie Antoinette / Les jupons de la révolution – Marie Antoinette TV-Film
F 1988 – 89 Min. – R: Caroline Huppert. D: Emanuelle Béart, Dominique Besnéjard, Laurent Le Doyen, Isabelle Gélinas.
Pseudohistorische Monarchokolportage um die Königin der Franzosen (1755 bis 1793), die zu spät feststellte, daß sie beim »Volk« unbeliebt war, und nicht verstand, weswegen; dümmliche Geschichtsklitterung, nicht schlecht ins Bild gesetzt und insofern gefährlich überzeugend.

Untersuchungshaft / Detenuto in attesa di giudizio ** ½
I 1971 – 96 Min. – R: Nanni Loy. D: Alberto Sordi, Elga Andersen.
Zeitkritischer Film. Bitterböse Attacke auf Strafvollzugsbehörden, denen ein unschuldiger Normalbürger – grandios: Sordi – in die Hände fällt. Genaue Milieu- und Personenbeschreibung.

Der Untertan ***
DDR 1951 – 107 Min. sw. Ⓥ EuroVideo. – R: Wolfgang Staudte. D: Werner Peters, Renate Fischer, Paul Esser, Blandine Ebinger, Erich Nadler, Gertrud Bergmann.
Sozialkritische Satire. Der Held, nach Heinrich Manns gleichnamigem Roman, als Spiegel einer ganzen Epoche, der späten Wilhelminischen, in einem mit präzisen Bildpointen brillierenden Film, der es versteht, das Engagement wider den Untertanengeist mit künstlerischer Wirkung zu vereinen.

Unterwelt / Underworld ***
USA 1927 – 94 Min. sw. Stf. – R: Josef von Sternberg. D: Clive Brook, Evelyn Brent, George Bancroft.
Gangsterfilm. Eines der frühesten Unterweltdramen, ein Werk von poetisch-barocker Kraft um Rivalität, Verrat und Freundschaft. Der Regisseur gilt als »Entdecker« Marlene Dietrichs; er lei-

stete mit »Unterwelt« die Serie der klassischen Gangsterfilme der dreißiger Jahre ein.

Die untreue Frau / ***
La femme infidèle
F 1968 – 93 Min. – R: Claude Chabrol. D: Stéphane Audran, Michel Bouquet, Maurice Ronet, Guy Marly.
Ehedrama. Zuerst mimt er den Toleranten, als er den Ehebruch seiner Frau entdeckt, die in ihrem langweiligen Leben Abwechslung sucht. Dann wird er zum eiskalten Rächer – und die Kamera wirft einen Blick hinter die Fassade der heilen bürgerlichen Welt. Subtiles Horrorstück.

Der Unverbesserliche / ** ½
L'incorrigible
F 1975 – 96 Min. – R: Philippe de Broca. D: Jean-Paul Belmondo, Geneviève Bujold, Julien Guiomar.
Starfilm. Gerade aus dem Gefängnis entlassen, beginnt er wieder sein altes Leben als unverbesserlicher Schwindler, Hasardeur, Verführer, Verwandlungskünstler. Nur die süße Bewährungshelferin fällt nicht darauf herein und dreht den Spieß um. Ganovenspaß, auf Belmondo zugeschnitten.

Die unverbesserlichen Drei / The Helicopter Spies * ½
USA 1967 – 90 Min. – R: Boris Sagal. D: Robert Vaughn, David McCallum, Leo G. Carroll, John Dehner.
Actionfilm. Eine Hitzestrahlwaffe ist einem genialen Verbrecher in die Hände gefallen; Topagent und Assistenten jagen ihn; konventionelles Actionabenteuer der langweiligen Art.

Der Unverdächtige / **
The Unsuspected
USA 1947 – 103 Min. sw. – R: Michael Curtiz. D: Joan Caulfield, Claude Rains, Audrey Totter, Constance Bennett.
Krimi. Ein Radio-Entertainer wird durch ein Programm über mysteriöse Morde zur Nachahmung angeregt. Sein erstes Opfer ist eine junge Kollegin, deren Tod er als Selbstmord arrangiert. Curtiz (»Casablanca«) erzählt diesen Film als böse Studie über den schmalen Grat zwischen dem Normalen und dem Kriminellen.

Unverhoffte Gefühle / ***
Un'emozione in più
I 1979 – 81 Min. – R: Francesco Longo. D: Francisco Di Federico, Mara Venier, Luca Bonicalzi.
Komödie. Poetisch-zarte Liebesgeschichte zwischen einem alten Mann und einem Mädchen vor dem Hintergrund der tristen italienischen Provinz; Preis in San Sebastian 1979 für die beiden Hauptdarsteller.

Das unverhoffte Glück TV-Film
BRD – 115 Min. – R: Franz Josef Wild. B: Franz Josef Wild, Gabriele Sperl. D: Harald Leipnitz, Gerlinde Locker, Jürgen Schmidt, Nikolaus Paryla.
Ein Offizial erlebt in einer süddeutschen Residenz lange nichts als Eitelkeit und Ehrgeiz, doch dann kommt seine Stunde; die Verfilmung von Gustaf Davis' romantischem Lustspiel stellt leise und nachdenklich den Sieg von Liebe und Ehrlichkeit über Karrieristentum und Kriecherei dar.

Der Unverwundbare / * ½
Kimdar l'invulnerabile
I 1966 – 90 Min. – R: Osvaldo Civirani. D: Mark Forest, Mimmo Palmara, Rosalba Neri, Red Ross.
Fantasyabenteuer. Orakelfilm, märchenhaft, phantastisch, ohne hohen Anspruch, um den Sohn des Königs von Uthar, der unverletzbar ist und so alle Abenteuer, auch die des Herzens, mutig übersteht.

Unvollendete Liebe / ** ½
The View from Pompey's Head
USA 1955 – 97 Min. – R: Philip Dunne. D: Richard Egan, Dana Wynter, Cameron Mitchell, Marjorie Rambeau, Sidney Blackmer.
Melodram. Ein Schriftsteller und seine Frau erleben die gesellschaftlichen und rassischen Schranken in einer Stadt der Südstaaten; nicht sehr eindringliches Gesellschafts- und Liebesdrama, dank einiger guter Charakterstudien sehenswert.

Unwiederbringlich TV-Film
BRD 1968 – 105 Min. – R: Falk Harnack. D: Lothar Blumhagen, Solveig Thomas, Lil Dagover, Karin Hübner, Hans Deppe, Walter Buschhoff.

Adaption des Romans von Theodor Fontane um verlorene, nicht gewonnene und nicht wiedergewinnbare Liebe; subtile Studie einer zerbrechenden Welt.

Die unwürdige Greisin / ** ½
La vieille dame indigne
F 1965 – 105 Min. – R: René Allio. D: Sylvie, Malka Ribovska, Victor Lanoux, Etienne Biérry.
Literaturverfilmung. Nach Brechts gleichnamiger Kalendergeschichte inszenierter bewegender Film um eine alte Witwe, die ihr Recht auf Leben unbeirrt einklagt und gegen die Normen der Spießbürger verstößt. Wunderbar von der 82jährigen Sylvie in der Hauptrolle interpretiert.

Der Urlaub TV-Film
BRD 1980 – 85 Min. – R: Thomas Engel. B: Irina Korschunow. D: Witta Pohl, Klaus Herm, Gabriele Fischer, Stephan Orlac, Almut Eggert.
Aus beruflichen Gründen muß ein Ehemann den Urlaub absagen; seine Frau und er landen bei getrennten Flirts; biedere Unterhaltung.

Urlaub am Meer TV-Film
BRD 1982 – 60 Min. – R: Michael Günther. B: Herbert Reinecker. D: Renate Schroeter, Ursela Monn, Christian Quadflieg, Maria Sebaldt, Brigitte Horney.
In vier Episoden geht's um Belanglosigkeiten bei Sonne, Wind und Segeln; ganz nett gespielt.

Urlaubsschein nach **
Paris / The Perfect Furlough
USA 1958 – 89 Min. – R: Blake Edwards. D: Tony Curtis, Janet Leigh, Linda Cristal, King Donovan.
Komödie. Ein als Schürzenjäger bekannter GI darf zur Hebung der Truppenmoral mit einem Starlet Urlaub in Paris machen; um das Schlimmste zu verhüten, setzt man dort eine Armeepsychologin auf ihn an; ein aufgedrehter Curtis in einer routinierten Militärklamotte ohne besonderen Witz.

Ursula ** ½
DDR/CH 1978 – 115 Min. – R: Egon Günther. D: Suzanne Stoll, Jörg Reichlin, Matthias Habich, Jutta Hoffmann.
Historischer Film. Als der junge Schweizer Hansli 1520 aus dem Krieg heimkehrt, hat sich seine Verlobte Ursula der fanatischen Sekte der Wiedertäufer angeschlossen. Nach einer Novelle von Gottfried Keller.

Ursus der Unbesiegbare / *
Ursus nella terra di fuoco
I 1963 – 86 Min. Ⓥ Polyband / Toppic. – R: Giorgio Simonelli. D: Ed Fury, Claudio Mori, Luciana Gilli, Adriane Micantoni.
Bodybuilderfilm. Muskelprotz Ursus, »der Bär«, verhilft einer Königstochter zum Thron; wie er das in aller Unbeholfenheit schafft, das macht den Film fast zu einem Meisterwerk der unfreiwilligen Komik, wozu gekünstelte Witzigkeit beiträgt; einige nette Tierdressuren.

Ursus im Tal der Löwen / FLOP
Ursus nella valle dei leoni
I 1961 – 88 Min. – R: Carlo Ludovico Bragaglia. D: Ed Fury, Mary Marlon, Alberto Lupo, Moira Orfei.
Bodybuilderfilm. Wiederum legt sich der seltsamerweise unter Löwen aufgewachsene Titelheld (= der Bär) mit den Bösen und Mächtigen an; das schafsähnliche Mienenspiel des Muskelmannes, der vor Kraft fast bewegungsunfähig ist, steigert die saukomische Wirkung des unsäglichen Films.

Das Urteil / Le verdict / ** ½
L'accusa è: Violenza carnale e omicidio
F/I 1974 – 93 Min. – R: André Cayatte. D: Sophia Loren, Jean Gabin, Michel Albertini, Julien Berthean, Muriel Catala.
Justizkrimi. Ein junger Mann ist der Vergewaltigung und des Mordes angeklagt, als der verhandelnde Richter erpreßt wird, ändert sich der Prozeß völlig. Der solide, gesellschaftskritische Spitzen abschießende Krimi des Spannungsspezialisten Cayatte (»Die Teuflischen«) setzt auf die Dialogtugenden des Gerichtsdramas, das dennoch für Cayatte eher untypisch ist und mehr dem Starkino als dem kritischen Film zuzurechnen ist.

Das Urteil des Richters / **
Cry For Justice
USA 1977 – 89 Min. – R: Bob Kelljan. D: Dennis Weaver, Robert Culp, Larry Hagman, Diana Muldaur.

Krimi. Geschichte eines Justizirrtums mit Vertuschungsversuchen der Behörden. Doch zwei aufrechte Polizisten greifen den Fall wieder auf: peinliche Ermittlungen in Los Angeles.

Utamaro und seine fünf Frauen / Fünf Frauen um Utamaro / Utamaro o meguro gonin no onna ✱✱✱ ½
J 1946 – 95 Min. sw. – R: Kenji Mizoguchi. D: Minosuke Bando, Kotaro Bando, Kinuyo Tanaka, Hiroko Kowasaki.
Künstlerfilm. Episode aus dem Leben von Kitagawa Utamaro, um 1800 einer der berühmtesten Vertreter des Farbholzschnitts und einer der sensibelsten Gestalter von Frauenbildnissen; seine Modelle bedeuten ihm nichts, er beutet sie aus; doch am Lebensende bleibt ihm die Liebe einer treuen Dienerin. Ein Film der vielfachen erotischen Nuancen, ein pralles Zeitgemälde und eines der eindringlichsten Beispiele seines Genres.

Utu / Utu ✱✱ ½
Neuseeland 1982 – 104 Min. – Zum Teil Maori – OmU. ⓋVCL. – R: Geoff Murphy. D: Anzac Wallace, Kelly Johnson, Bruno Lawrence, Tania Bristow, Wi Kuki Kaa.
Historischer Abenteuerfilm. Im Neuseeland des Jahres 1870 kämpft ein kolonialkriegserfahrener Maori gegen die Engländer; sein Guerillakampf scheitert, da seine traditionellen Rituale dem militärischen Drill der Briten nicht gewachsen sind; komplexer Film um »Utu« (Maori für »Rache«), angesiedelt zwischen Kriegsabenteuer und Eastern, eindrucksvoll gespielt und fotografiert.

Uzala, der Kirgise / Derzu Uzala ✱✱✱
J/UdSSR 1975 – 140 Min. – R: Akira Kurosawa. D: Maxim Munzuk, Yuri Solomine.
Naturfilm. Naiver, einsamer Jäger gerät in Gegensatz zu einer Expedition aus der Stadt. Kurosawa (»RAN«) nutzt seine beiden Hauptdarsteller als Konfliktträger für den Gegensatz unberührte Natur – »Zivilisation« in einem menschlich anrührenden, poetischen und ökologisch kritischen Film.

V

Der Vagabund / Das Kind / The Kid ∗∗∗
USA 1920 – 51 Min. sw. Stf. – R: Charles Chaplin. D: Charles Chaplin, Jackie Coogan, Edna Purviance, Carl Miller, Tom Wilson, Chuck Riesner, Albert Austin.
Chaplin-Slapstick. Erster Langspielfilm Chaplins, mit autobiographischen Zügen über das Leben der Armen in den Londoner Slums und die Freundschaft des Tramps mit einem sechsjährigen Bengel; Coogans Karrierestart und Chaplins erster Kassenerfolg.

Der Vagabund von Texas / Along Came Jones ∗∗ ½
USA 1945 – 87 Min. sw. – R: Stuart Heisler. D: Gary Cooper, William Demarest, Loretta Young, Dan Duryea, Frank Sully.
Westernparodie. Der beliebte Melody Jones wird wegen seiner Initialen immer wieder mit dem Banditen Monte Jarrad verwechselt, und das ist in Texas lebensgefährlich; durch Coopers trägen Charme gebremste, dennoch bewegte Parodie auf die Texas-Romantik.

Die Valachi-Papiere / Carteggio Valachi / Valachi Papers ∗∗ ½
I/F 1972 – 119 Min. – R: Terence Young. D: Charles Bronson, Lino Ventura, Jill Ireland, Joseph Wiseman.
Gangsterfilm. Vor dem Untersuchungsausschuß macht der prominente Mafioso Joe Valachi Aussagen vor einem Millionenpublikum, denn das Fernsehen ist dabei; damit bricht er ein ehernes Gesetz; sofort setzen sich die Killer in Bewegung. Atmosphärisch dichtes Geflecht aus Intrigen, Blut- und Mordhandwerk.

Valdez kommt / Valdez Is Coming ∗∗ ½
USA 1970 – 89 Min. – R: Edwin Sherin. D: Burt Lancaster, Susan Clark, Jon Cypher.
Spätwestern. Bob Valdez, ein mexikanischer Hilfssheriff, legt sich auf mörderische Weise mit dem Großgrundbesitzer Tanner an. Ein Spätwestern, in dem unterschiedliche Rassen und Klassen aufeinanderprallen; spannendes Duell mit zeitkritischem Akzent.

Valentino / Valentino ∗∗ ½
GB 1976 – 125 Min. – R: Ken Russell. D: Rudolf Nurejew, Leslie Caron, Michelle Phillips, Felicity Kendall.
Starbiographie. Fanhysterie am Grab des Kintoppidols aus Italien Rudolph Valentino, der eine beispiellose Karriere vom Eintänzer zum Superstar hinter sich hat; der mit dem Glamour des Mannes angemessen glamourös auftrumpfende Film von Russell (»Mahler«) benutzt Irrsinn und Glanz des frühen Hollywood als Stilelemente; exzentrischer Film über die Traumfabrik, ihre Sieger und Opfer.

Valley Girl / Valley Girl ∗∗
USA 1982 – 95 Min. Ⓥ CBS/FOX. – R: Martha Coolidge. D: Nicolas Cage, Deborah Foreman, Elizabeth Daily.
Teenieliebesfilm. Geschichte einer Fünfzehnjährigen, die sich in ihrer Clique aufgehoben fühlt, bis sie einen Außenseiter kennenlernt. Intelligent beobachtet, lokker heruntergespielt – wenig Handlung, flotte Erzählweise.

Van der Valk und das Mädchen ∗∗ ½
BRD 1972 – 95 Min. R: Peter Zadek. D: Frank Finlay, Françoise Prévost, Cyd Hayman.
Krimi. Der nachdenkliche, sensible Inspektor van der Valk wird Zeuge eines Autounfalls und gerät in einen Mordfall; sorgfältig und mit verzögerter Spannung aufgebautes Verbrechensmelodram.

Van der Valk und die Reichen ∗∗ ½
BRD 1973 – 95 Min. – R: Wolfgang Petersen. D: Frank Finlay, Judy Winter, Helmut Käutner, Marthe Harell.

Krimi. Der Juniorchef eines Großunternehmens ist verschwunden; auf der Suche nach einem Motiv stochert der nachdenkliche Inspektor in einem Morast, den das Geld oberflächlich glänzen läßt; beste »Van der Valk«-Verfilmung, die durch einen ruhigen, raumgreifenden, malerischen Erzählstil geprägt ist.

Vater / Apa ∗∗∗

H 1966 – 85 Min. sw. – R: István Szábo. D: Miklos Gábor, Klári Tolnay, András Balint.

Politischer Film. Ein Student korrigiert das Vaterbild seiner Jugendzeit; die Vaterfigur wird fragwürdig; hintergründige Psychostudie; mit dem Großen Preis von Moskau ausgezeichnet.

Vater der Braut / Father of the Bride ∗∗∗

USA 1950 – 89 Min. – R: Vincente Minnelli. D: Spencer Tracy, Elizabeth Taylor, Joan Bennett, Billie Burke, Leo G. Carroll, Don Taylor.

Melodram. Der Vater wacht eifersüchtig über seine hübsche Tochter, er ist ihr Halt und Held – aus seiner Sicht; Spencer Tracy als eifersüchtiger Paps hat die aprilfrische Liz Taylor zur Tochter, und als er den Bräutigam des Mädchens kennenlernt, verliert er die Fassung. Das doppelbödig-komödiantische Hochzeitsstück mit einer Glanzrolle für Tracy vermittelt ironische Einblicke ins amerikanische Familienleben der 40er Jahre.

Vater dirigiert / Four Daughters ∗∗ ½

USA 1938 – 90 Min. sw. – R: Michael Curtiz. D: Claude Rains, Rosemary Lane, Lola Lane, Priscilla Lane, Gale Page, John Garfield.

Komödie. Die vier Töchter eines Musikprofessors überwinden verblüffend schnell ihre Abneigung gegen die Ehe; flottes Musical nach einem Roman von Fannie Hurst mit einem überragenden Garfield in seinem Filmdebüt.

Vater macht Karriere ∗∗

BRD/A 1956 – 87 Min. sw. – R: Carl Boese. D: Theo Lingen, Lucie Englisch, Brigitte Rau, Joachim Fuchsberger.

Komödie. Ein braves Schneiderlein wird durch Versehen zum Regierungschef eines obskuren fiktiven Kleinstaats; trotz ansprechender Darstellerleistungen eine Klamotte mit demokratiefeindlichen Aspekten.

Väter und Söhne TV-Film

BRD – 105 Min. – R: Claus-Peter Witt. B: Manfred Bieler, nach Turgenjew. D: Dieter Laser, Sigmar Solbach, Paul Edwin Roth.

Existentielles Drama um zwei kritische und philosophierende Studenten im zaristischen Rußland von 1859. Detailgenau und wortgetreu nach Turgenjews Roman umgesetzt.

Vater unser / Padre nuestro ∗∗ ½

E 1984 – 99 Min. OmU. – R: Francisco Regueiro. B: Angel Fernandez Santos, Francisco Regueiro. D: Fernando Rey, Victoria Abril, Francisco Rabal.

Komödie. Mit widerwilligem päpstlichen Dispens verläßt ein alternder Kardinal den Klerus, um in dem kastilischen Dorf seiner »fleischlichen Jahre« einiges zugunsten seiner Tochter zu ordnen; ein Film von rabenschwarzem Humor.

Vater, unser bestes Stück ∗∗ ½

BRD 1957 – 89 Min. sw. – R: Günther Lüders. D: Ewald Balser, Adelheid Seeck, Piet Clausen, Christian Doermer, Heidi Brühl, Roland Kaiser.

Familienfilm. Ein Pädagogikprofessor mit vier Kindern und einer warmherzigen Frau reist eines schönen Tages mit seinen Lieben nach Italien, dort macht die Familie Urlaub vom Ich; doch ganz problemlos verläuft der Alltag der glücklichen sechs nicht. Der fröhliche Film des Schauspielers Günther Lüders zieht alle Register der Komödie und vermeidet Klamottentöne; für Familienmitglieder.

Vater wider Willen / Congratulations, It's a Boy ∗∗ ½

USA 1971 – 71 Min. – R: William A. Graham. D: Bill Bixby, Diane Baker, Jack Albertson, Ann Sothern, Darrell Larson.

Komödie. Als einem Junggesellen mittleren Alters plötzlich ein junger Mann ins Haus fällt, der sein Sohn ist, beginnen für ihn nervtötende Entwicklungen; vor allem sein Playboy-Image leidet; ein hintergründig kritischer Film um Machoverhalten.

Vaterfreuden / I Do ∗∗

USA 1921 – 33 Min. sw. Stf. – R: Fred Newmeyer, Sam Taylor. D: Harold Lloyd, Mildred Davis, Noah Young.

Komödie. Jungverheiratete, mit Kindern unerfahren, haben die Sprößlinge des Schwagers in Obhut; doch auch von außen droht Trouble; routiniert, mit einigen vergnüglichen Höhepunkten.

Vatertag ∗

BRD 1955 – 83 Min. sw. – R: Hans Richter. D: Grethe Weiser, Paul Westermeier, Maria Sebaldt, Willy Reichert, Camilla Spira, Günther Lüders.

Komödie. Ehemänner planen für den Vatertag eine Ballettnummer, die Frauen entdecken die schlüpfrigen Requisiten und befürchten Schlimmes; alberne Schmonzette.

Das Veilchen vom Potsdamer Platz ∗∗ ½

D 1936 – 89 Min. sw. – R: J. A. Hübler-Kahla. D: Rotraut Richter, P. W. Krüger.

Zeitstudie. Das kesse Berliner Blumenmädchen Mariechen arbeitet an einem Blumenstand, ihr Pflegevater fährt eine Droschke. Als das Unternehmen gefährdet ist, kämpft Mariechen mit allen Mitteln, und das liebevoll gezeigte, vor Ort fotografierte »Milieu« ist auf ihrer Seite.

Velaba ruft / Nor the Moon by Night ∗∗

GB 1958 – 93 Min. – R: Ken Annakin. D: Belinda Lee, Michael Craig, Patrick McGoohan.

Afrikafilm. Nach dem Tod ihrer Mutter reist eine junge Britin in ein kenianisches Tierreservat; ihr Brieffreund, den sie heiraten will, muß aber seinen Bruder als Empfangs-Sonnyboy vorschicken; routinierte Afrika-Herz-Schmerz-Story vor den gewohnten Tier- und Landschaftskulissen; nicht ohne einen Schuß britischen Humor.

Vendetta – Es gibt keinen Frieden unter den Oliven / Mord ohne Mörder / Vendetta ∗∗ ½

I 1949 – 95 Min. sw. – R: Giuseppe de Santis. D: Raf Vallone, Lucia Bosé, Folco Lulli, Dante Maggio.

Sozialstudie. Ein reicher Grundbesitzer zerstört die Existenz eines armen Bauern während dessen Gefangenschaft und schändet dessen Schwester; dennoch endet alles mit dem Sieg des Guten; neoveristischer Film mit überzeugenden, gelegentlich etwas pathetischen Darstellern.

Venedig sehen – und erben... / The Honey Pot ∗∗

USA 1965 – 130 Min. – R: Joseph L. Mankiewicz. D: Rex Harrison, Susan Hayward, Cliff Robertson, Capucine.

Komödie. Ein reicher Dandy will seine drei Geliebten auf die Probe stellen und mimt den Todkranken; sprühende Komödie mit effektvollen Überraschungen.

Venus am Strand / The Girl From Jones Beach ∗∗

USA 1949 – 75 Min. sw. – R: Peter Godfrey. D: Ronald Reagan, Virginia Mayo, Eddie Bracken, Henry Travers.

Komödie. Die grafische Erfindung eines Werbemannes – eine Schöne auf einem Plakat – soll leibhaftig in einer Fernsehsendung auftreten; guter Rat ist teuer, doch Zeichner Randolph schafft das Unmögliche und sich sein echtes Werbegirl. Die reizende Verwirrkomödie um Schein und Sein bietet leichte Unterhaltung.

Venus der Piraten / La venere dei pirati ∗

I 1960 – 71 Min. Ⓥ VPS. – R: Mario Costa. D: Gianna Maria Canale, Scilla Gabel, Massimo Serato, Livio Lorenzon.

Abenteuerfilm. Eine degenfechtende Rebellin gegen einen Tyrannen entpuppt sich als legitime Thronerbin und findet natürlich den Standesgemäßen; Alltagskost mit Klischeerotik.

Die Venus von Tivoli ∗∗

CH 1952 – 75 Min. sw. – R: Leonard Steckel. D: Hilde Krahl, Paul Hubschmid, Heinrich Gretler, Gustav Knuth.

Romanze. Abenteuer einer Künstlerin, die mit einer Truppe nach Südamerika ausreisen will, um ihren Geliebten wiederzufinden.

Vera Cruz / Vera Cruz ∗∗ ½

USA 1954 – 89 Min. – R: Robert Ald-

rich. D: Gary Cooper, Burt Lancaster, Denise Darcel, Cesar Romero.
Abenteuerfilm. Ein Exmajor und ein Abenteurer begleiten im Auftrag des Kaisers Maximilian von Mexiko eine goldbeladene Postkutsche, in der offiziell nur die Gräfin und Mätresse reist, von Mexico-City nach Vera Cruz. Mischung aus Revolutionswestern und Mantel-und-Degen-Abenteuer.

Verabredung in Beirut / Beyrouth – la rencontre ＊＊＊
Libanon/Tunesien/B 1981 – 121 Min. – R: Borhane Alaouie. D: Haithem El Amine, Nadine Acoury.
Problemfilm. Lebendige Momentaufnahme vom chaotisch-brutalen Krieg im Libanon. Eine junge Christin begegnet ihrem Freund, einem Moslem. Informativ, überzeugend gestaltet.

Die Verachtung / Le mépris ＊＊＊
F/I 1963 – 95 Min. Ⓥ VCL. – R: Jean-Luc Godard. D: Michel Piccoli, Brigitte Bardot, Jack Palance, Fritz Lang.
Literarische Filmphantasie. Der Schriftsteller Paul soll das Drehbuch zu einem Kolossalfilm umschreiben. Bevor es dazu kommt, muß er seine Ehe mit Camille reparieren. Bevor es wiederum dazu kommt, betrügt diese ihn mit dem Geldgeber. Film- und Liebesarbeit führen daraufhin parallel in die Katastrophe. Godard (»Außer Atem«) nutzte die Trivialhandlung zu einem Festival der Filmzitate des kreativen Autorenfilms und erzählt in sinnentrunkenen Bildern von der permanenten Revolution richtig verstandener Filmkultur.

Verbotene Liebe
siehe: Another Country – Verbotene Liebe

Ein Verbrechen aus wahrer Liebe / Delitto d'amore ＊＊ ½
I/F 1974 – 100 Min. – R: Luigi Comencini. D: Giuliano Gemma, Stefania Sandrelli, Brizio Montinaro, Renato Scarpa.
Sozialkritischer Liebesfilm. Romantische Love-Story mit sozialkritischen Akzenten vor dem Hintergrund von Arbeitslosigkeit und Umweltverschmutzung in Mailand. Neorealismus, unterhaltsam und effektvoll serviert.

Das Verbrechen des Monsieur Lange / Le crime de Monsieur Lange ＊＊＊
F 1935 – 77 Min. sw. – R: Jean Renoir. D: René Lefèvre, Jules Berry, Odette Florelle, Nadia Sibirskaia.
Sozialkritischer Filmklassiker. Zeitgeschichte der dreißiger Jahre mit Klassenkampf und Kriegsgefahr als Hinterhofmelodram. Amüsant, spontan, human – Renoirs Abrechnung mit dem Kapitalismus.

Verdammnis / Karhozat ＊＊
H 1988 – 109 Min. sw. OmU. – R: Bela Tarr. D: M. B. Szekely, V. Kerekes, G. Pauer.
Zeitkritischer Liebesfilm. Ein Mann lebt ziellos in den Tag hinein; tagsüber wandert er rastlos umher, nachts sitzt er in der Kneipe; eines Tages verliebt er sich in eine Sängerin, die seine geheimsten Sehnsüchte verkörpert. Der nüchterne und ernüchternde Film aus einem zur Entstehungszeit noch sozialistischen Musterland zeigt exemplarisch, wie staatliche Programme an den Grenzen der Individuen scheitern.

Verdammt sind sie alle / Some Came Running ＊＊＊
USA 1958 – 131 Min. – R: Vincente Minnelli. D: Frank Sinatra, Dean Martin, Shirley MacLaine, Martha Hyer.
Literaturverfilmung. Gelungene Adaption des Romans von James Jones über die Menschen, ihre Hoffnungen und Illusionen in einer amerikanischen Kleinstadt am Ende der vierziger Jahre. Besonders sehenswert Shirley MacLaine als vom Pech verfolgtes Flittchen mit einer unausrottbaren Schwäche für Frankieboy! Melodramatisch im besten Sinn.

Verdammt zum Schweigen / The Court Martial of Billy Mitchell ＊＊ ½
USA 1955 – 96 Min. – R: Otto Preminger. D: Cary Cooper, Rod Steiger, Charles Bickford, Ralph Bellamy, Elizabeth Montgomery.
Justizfilm. Verfilmung eines historischen Kriegsgerichtsprozesses 1921 gegen einen General, der Mißstände vor die Presse bringt; detailgenau, aber mit Darstellern, die unter ihren Möglichkeiten bleiben.

Verdammte süße Welt / Inside Daisy Clover ∗∗
USA 1965 – 101 Min. – R: Robert Mulligan. D: Natalie Wood, Christopher Plummer, Robert Redford, Ruth Gordon.
Künstlerfilm. Eine vaterlose 15jährige wird von einem skrupellosen Manager in eine Musicalkarriere gehetzt, der sie nicht gewachsen ist; die Kritik an der Traumfabrik erstickt in Karikaturen und Klischees.

Die Verdammten der blauen Berge / Table Bay ∗∗
GB 1964 – 83 Min. – R: Robert Lynn. D: Lex Barker, Ann Smyrner, Dietmar Schönherr.
Actionkrimi. Viel Freiluftambiente um einen mysteriösen, eigentlich als Kammerkrimi angelegten Film, bei dem die Vergangenheit einen Millionär einholt und ein Privatdetektiv den Mörder.

Die Verdammten der Kalahari / Sands of the Kalahari ∗∗
GB 1965 – 125 Min. – R: Cyril Endfield. D: Stanley Baker, Stuart Whitman, Susannah York.
Katastrophenfilm. Ein Flugzeug stürzt in der Wüste ab. Unter den Überlebenden ist eine frustrierte, erlebnishungrige Frau. Der Kampf ums Überleben beginnt. Liebe, Haß und Konkurrenz unter extremen Bedingungen werden in diesem spannenden, aber umständlich inszenierten Film deutlich gemacht.

Die verdammten Pistolen von Dallas / Le maledette pistole di Dallas ∗
I/E/F 1964 – 87 Min. – R: José Maria Zabalza. D: Fred Beir, Evy Marandis, Jesus Puentos.
Western. Die Geschichte eines Gangsterüberfalls auf die Stadt Dallas und die folgenden Auseinandersetzungen mit Blei. Bieder inszeniert, gespielt und fotografiert.

Verfeindet bis aufs Blut / Our Family Honor TV-Film
USA 1985 – 89 Min. – R: Robert Butler. D: Daphne Lee Ashbrook, Georgann Johnson, Michael Madsen, Tom Mason, Barbara Stuart, Eli Wallach.
Pilotfilm einer Krimiserie um zwei verfeindete New Yorker Familien, deren eine auf der Seite des Gesetzes steht, deren andere zum organisierten Verbrechertum gehört; mit dem Romeo-/Julia-Motiv aufgebrezelter Routinekrimi mit soliden Schauspielerleistungen.

Verflixte Gastfreundschaft / Our Hospitality ∗∗ ½
USA 1923 – 75 Min. sw. Stf. – R: Buster Keaton, John Blystone. D: Buster Keaton, Natalie Talmadge, Buster Keaton jr., Joseph Keaton.
Komödie. Buster verliebt sich in ein Mädchen aus einer Familie, mit der sein Clan in Blutfehde lebt; Südstaaten-Screwball-Comedy.

Verflucht bis zum jüngsten Tag / The Molly Maguires ∗∗ ½
USA 1969 – 123 Min. Ⓥ CIC. – R: Martin Ritt. D: Sean Connery, Richard Harris, Samantha Eggar, Frank Finlay.
Arbeiterfilm. In den irischen Bergarbeitergeheimbund »Molly Maguires« in Pennsylvanien hat sich ein Spitzel eingeschlichen; sein Doppelspiel führt zur Katastrophe; atmosphärisch dichter, harter Film, dem das Gespann Connery/Harris nicht zur denkbaren Größe verhilft.

Verflucht sind sie alle / The Klansman ∗∗ ½
USA 1974 – 109 Min. – R: Terence Young. D: Lee Marvin, Richard Burton, Lola Falona, Cameron Mitchell.
Zeitkritischer Film. Fesselndes Rassendrama aus Alabamas heißem Süden, wo Lynchmentalität Urständ feiert. Genaue Beschreibung eines amerikanischen Traumas. Überzeugende Darsteller.

Verflucht, verdammt und Halleluja / E poi lo chiamarono il Magnifico / L'homme de l'est ∗∗ ½
I/F 1972 – 120 Min. – R: E. B. Clucher (= Enzo Barboni). D: Terence Hill, Yanti Somer, Gregory Walcott, Harry Carey jr., Dominic Barto, Riccardo Pizzutti.
Westernparodie. Ein sterbender Ganove beauftragt drei Freunde damit, seinen lyrikbesessenen Sohn zu einem rechten Westerner zu machen; ein spritziger Film, der die Rituale des Genres von innen her attackiert; intelligentes Spiel mit den Versatzstücken des Western.

Die Verfluchten / The House of Usher ∗∗
USA 1960 – 74 Min. – R: Roger Corman. D: Vincent Price, Myrna Fahey, Mark Damon.
Literaturverfilmung. Philip Winthrop besucht seine Verlobte auf einem abgelegenen englischen Landsitz; unerklärliche Dinge gehen hier vor – ein Fluch liegt über dem Haus Usher. Nach Edgar Allen Poes Erzählung in düsterer, opulenter Farbregie gestalteter Film über nervöse Überempfindlichkeit.

Verfolgt / Pursued ∗∗ ½
USA 1947 – 100 Min. – R: Raoul Walsh. D: Teresa Wright, Robert Mitchum, Judith Anderson, Dean Jagger, Alan Hale.
Western. Ein Mann sucht, seit seiner Kindheit, die Mörder seines Vaters bis zum bitteren und überraschenden Ende. Der spannende, gut geschriebene, glänzend gespielte Psychowestern erzählt seine Story in Rückblenden.

Die Verfolgung und Ermordung Jean Paul Marats, dargestellt durch die Schauspielgruppe des Hospizes zu Charenton unter Anleitung des Herrn de Sade / The persecution and the assassination of Jean Paul Marat as performed by the inmates of the asylum of Charenton under the direction of the Marquis de Sade ∗∗∗
GB 1966 – 120 Min. OmU. – R: Peter Brook. D: Patrick Magee, Ian Richardson, Glenda Jackson, Clifford Rose.
Literaturverfilmung. Das geniale Theaterstück von Peter Weiß um das historisch-fiktive Zusammentreffen von exponierten Personen rund um die Französische Revolution von 1789 im Irrenhaus von Charenton, als entfesseltes Bühnengeschehen und faszinierender Film gleichrangig inszeniert.

Die Verführerin / Une ravissante idiote ∗∗ ½
F/I 1963 – 100 Min. sw. – R: Edouard Molinaro. C: Brigitte Bardot, Anthony Perkins, Grégoire Aslan, André Luguet.
Agentenkomödie. Ein als Brite getarnter russischer Agent hofft, durch die Bekanntschaft mit einer als Zuschneiderin getarnten Agentin an NATO-Material zu kommen; beider Untüchtigkeit verwirrt Geheimdienstprofis; herrlicher Ulk, bei dem BB ihren naiven Charme voll zur Geltung bringt.

Die Verführung / La seducción ∗∗ ½
MEX 1980 – 81 Min. – R: Arturo Ripstein. D: Katy Jurado, Viridiana Alatriste, Gonzalo Vega, Noe Murayama.
Revolutionsdrama. Während der mexikanischen Revolution in den 30er Jahren soll die hübsche Mariana einen Regierungsoffizier an die aufständischen Bauernrebellen verraten, doch sie verliebt sich in den Klassenfeind; mit viel Gespür für mexikanisches Ambiente, weit entfernt von Folklore, hat der Film die Wirklichkeit und ihre komplizierten menschlichen Tragödien im Visier.

Die Verführung – Seduced / Seduced ∗∗
USA 1986 – 90 Min. – R: Jerrold Freedman. D: Gregory Harrison, Sybill Shephard, Jose Ferrer, Mel Ferrer.
Krimi. Ein Anwalt trifft als Firmensanierer auf seine Exgeliebte, jetzt Frau des Big Boss, wenig später ist dieser tot; konventioneller »Wer war's?«-Krimi ohne sonderliche Spannung.

Die Verführung des Joe Tynan / The Seduction of Joe Tynan ∗∗ ½
USA 1979 – 107 Min. – R: Jerry Schatzberg. D: Alan Alda, Barbara Harris, Meryl Streep, Melvyn Douglas.
Politdrama. Dieses zeitkritische Melodram erzählt die Geschichte eines dynamischen Senators aus den Vereinigten Staaten auf seinem Weg durch Intrigen nach oben bis zum Präsidentschaftskandidaten. Liebe, Familie, Beruf und Machtkampf füllen die Existenz dieses Mannes bis an den Rand aus; kritisches Märchen vom amerikanischen Traum.

Die Vergeltung des roten Korsaren / Il figlio del corsaro rosso ∗ ½
I 1959 – 93 Min. – R: Primo Zeglio. D: Lex Barker, Sylvia Lopez.
Mantel-und-Degen-Film. Schwacher Abklatsch des berühmten Seeräuberfilms »Der rote Korsar«. Der Sohn will seinen legendären Vater rächen und lernt auf

der Suche nach seiner entführten Schwester seine Traumfrau kennen; verwirrend.

Vergessene Stunde / Black Angel **

USA 1946 – 83 Min. sw. – R: Roy William Neill. D: Dan Duryea, June Vincent, Peter Lorre, Broderick Crawford.

Krimi. Ein Musiker wird zum Trinker, nachdem ihm die Frau weggelaufen ist. Atemberaubende Kamerafahrten, düstere Stimmung, romantisch-zynische Helden und coole Frauen in einem routinierten B-Picture; nach einer Vorlage von Cornell Woolrich.

Vergeßt Mozart / Forget Mozart * ½

BRD 1985 – 92 Min. Ⓥ Vestron. – R: Slavo Luther. D: Armin Mueller-Stahl, Max Tidof, Catarina Raacke, Kurt Weinzierl, Wolfgang Preiss.

Musikerfilm. Der Leiter der Geheimpolizei verhört diejenigen, die am mysteriösen Tod Mozarts schuld sein könnten; das Ergebnis sind die bekannten Klischees vom verkannten Genie mit Hang zur Ausschweifung; ein etwas wirrer Histotrienfilm im Stil einer Schmierenkomödie mit grimassierenden Darstellern; auch als Musikfilm nicht überzeugend.

Vergib uns unsere Schuld ** ½

Irland 1987 – 55 Min. – R, B: Jennifer Johnston. D: Kate Thompson, Noel McGee, Doreen Hepburn, Patricia Martin.

Politdrama. Eine junge Engländerin hat in Nordirland geheiratet, ohne zu ahnen, daß ihr Mann in der IRA aktiv ist. Psychologisch-politische Problematik zweier Menschen, die durch ihre Herkunft geprägt sind.

Vergiß die Liebe nicht **

BRD 1953 – 98 Min. sw. – R: Paul Verhoeven. D: Luise Ullrich, Paul Dahlke, Will Quadflieg.

Melodram. Luise Ullrich ist Frau, Mutter und Mädchen für alles in der Familie, die Kinder und ihr Mann fahren sogar ohne sie in den Urlaub nach Tirol. Eines Tages begegnet ihr ein bekannter Opernsänger. Der komödiantische Film problematisiert die Rolle der Hausfrau und Mutter in der Ehe zunächst, verschenkt das Thema aber. Am Ende löst sich alles in Schaum auf, werden keine Begründungen geliefert. Die Arbeit wurde 1953 kurioserweise als »bester deutscher Problemfilm« ausgezeichnet.

Vergiß mein nicht / Vento di primavera * ½

BRD/I 1958 – 103 Min. – R: Arthur Maria Rabenalt. D: Sabine Bethmann, Rudolf Vogel, Erich Winn, Ferruccio Tagliavini.

Romanze. Die Liebesaffäre zwischen der Sekretärin und ihrem Chef während einer Reise nach Rom endet mit einem Fall von Eifersucht; die Dame läuft weg und heiratet einen Operntenor, doch ein Chef gibt nicht auf; Edelkitsch.

Vergiß oder stirb! / Run a Crooked Mile TV-Film

GB 1969 – 95 Min. – R: Gene Levitt. D: Louis Jourdan, Mary Tyler Moore, Alexander Knox, Wilfrid Hyde-White.

Durch einen Verkehrsunfall gerät ein Mathematiklehrer in eine internationale Verschwörung, die die europäischen Goldpreise manipuliert; Gedächtnisschwund spielt in diesem überdurchschnittlichen Thriller eine entscheidende Rolle.

Vergiß Venedig / Dimenticare Venezia ** ½

I/F 1979 – 100 Min. – R: Franco Brusati. D: Erland Josephson, Mariangela Melato, Eleonora Giorgi, David Pontremoli.

Liebesfilm. Ein ehemaliger Opernstar ist erstarrt in Nostalgie; als die Exdiva stirbt, bricht die Familie auseinander. Die komplizierten Beziehungen von Partnern und Angehörigen schildert der psychologisch differenzierte und sinnlich wache Film mit beeindruckender Leichtigkeit.

Verhängnisvolle Fracht FLOP

USA 1966 – 81 Min. – R: Michael A. Hoey. D: Mamie van Doren, Anthony Eisley, Pamela Mason.

Science-fiction-Film. In einem abgestürzten Flugzeug wurden nach Prüfung der Ursachen Außerirdische transportiert; läppisch.

Eine verhängnisvolle Nacht / Funeraria Funera-Rio TV-Film
F 1987 – 90 Min. – R: Murilo Salles. D: Paulo José, José de Abreu, Marieta Severo, José Lewgoy, Paulo Goulart.
Ein Mitglied einer Anwaltssozietät in Rio betrügt seinen Partner um Geld und mit dessen Frau; ein Gangstersyndikat ist hinter dem Geld her, doch unglücklicherweise hat der Betrogene den Betrüger und die untreue Frau ermordet; ziemlich wirrer und unglaubwürdiger Film der »Série noire«, zudem ohne rechte Spannung.

Verhängnisvolle Reise / Sherlock Holmes in Washington *
GB/USA 1943 – 60 Min. – R: Roy William Neill. D: Basil Rathbone, Nigel Bruce, Marjorie Lord, George Zucco.
Sherlock-Holmes-Film. Der britische Detektiv mit Dr. Watson auf der Suche nach verschwundenen Dokumenten in Washington; routiniertes Serial.

Ein verhängnisvoller Fehler / Rokowaja oschibka ***
UdSSR 1988 – 90 Min. – R: Nikita Chubow. D: Larissa Pawlowa, Boris Schowtschenk, Natalija Androssik, Olga Agejewa, Irina Kaschalijewa.
Problemfilm. Porträt einer alleingelassenen, ziellosen, zu Gewalt neigenden Jugend, geprägt von Angst und Verzweiflung. Vier halbwüchsige Mädchen streunen durch Moskau, überfallen, stehlen, verhöhnen alte Frauen und nehmen Drogen; die ungezügelte Wildheit der Mädchen verhüllt ihre innere Leere; Nadja liebt vergebens einen Kriegsheimkehrer aus Afghanistan. Bestürzendes Dokument einer Gesellschaft, deren Probleme denen der westlichen auffallend gleichen.

Verhext / Jinxed ** ½
USA 1982 – 101 Min. Ⓥ Warner Home. – R: Don Siegel. D: Bette Midler, Ken Wahl, Rip Torn, Jack Elam.
Schwarze Komödie. Ein Vegas-Showtalent und ein Glücksspieler geraten in eine seltsame Beziehung zueinander. Der amüsante, sein Milieu grell ausleuchtende Ausnahmefilm im Werk Siegels (»Dirty Harry«) lebt vom spannungsvollen Spiel Midlers und Wahls und von vielen guten Einfällen am Rande.

Das Verhör / Garde à vue ** ½
F 1981 – 85 Min. – R: Claude Miller. D: Lino Ventura, Michel Serrault, Romy Schneider, Guy Marchand.
Psychothriller. Der Kampf zweier Männer im Dialog. Ein Polizist und ein Verdächtiger, die mit psychologischen Tricks bis aufs Blut ringen. Kammerspiel mit perfekter Spannungsdramaturgie und tödlichem Ausgang, brillant fotografiert und gespielt. Millers (»Das Auge«) Beitrag zur Wahrheitsfindung in der bürgerlichen Gesellschaft.

Verkauft und verraten / The Sellout **
USA 1952 – 80 Min. sw. – R: Gerald Mayer. D: Walter Pidgeon, John Hodiak, Audrey Totter, Karl Malden, Everett Sloane, Thomas Gomez.
Krimi. Der Zeitungsredakteur eines Kleinstadtblattes prangert die korrupten Methoden des Sheriffs an, zieht sich als Kronzeuge im Prozeß jedoch auf sich selbst zurück. Routiniert inszenierter, straffer Film nach einem gut geschriebenen Drehbuch.

Die verkaufte Braut ***
D 1932 – 74 Min. sw. – R: Max Ophüls. D: Jarmila Novotna, Willy Domgraf-Fassbaender, Paul Kemp, Otto Wernicke, Max Nadler, Karl Valentin, Liesl Karlstadt, Annemie Sörensen.
Filmoper. Marie soll nach dem Wunsch der Eltern an den reichen, aber tumben Wenzel verkuppelt werden; wie sie doch noch ihren lustigen Postillion Hans bekommt, obwohl er sie scheinbar verrät, das schildert in prallen Szenen voll vieldeutiger Erotik dieser Klassiker des deutschen Musikfilms; üppige Ausstattung, hervorragende Besetzung, mit Karl Valentin als Zirkusdirektor; nach der Oper von Friedrich Smetana.

Der verkehrte Sherlock Holmes / They Might Be Giants ** ½
USA 1972 – 82 Min. R: Anthony Harvey. D: George C. Scott, Joanne Woodward, Jack Gilford, Lester Rawlins.
Komödie. Nach dem Tod seiner Frau flippt ein reicher Jurist aus und flüchtet in

die Rolle eines fiktiven Sherlock Holmes'; sein Bruder will ihn entmündigen lassen, doch Nervenärztin Dr. Watson verweigert die Unterschrift; Schmunzeln erregende Parodie, die den Holmes-/Watson-Mythos mit Hinterlist und Tücke genüßlich ausschlachtet.

Verklungene Melodie *

D 1938 – 95 Min. sw. – R: Victor Tourjansky. D: Brigitte Horney, Willy Birgel, Carl Raddatz, Hans Brausewetter, Karl Platen.

Melodram. Ein Großindustrieller muß quer über die Sahara fliegen, weil seine Börsenkurse rutschen. Unter solchen Vorbedingungen muß er natürlich notlanden und seine Begleiterin ebenfalls. Ein mit Stars angefüllter Film, in dem nicht nur die Kulissen wackeln, sondern auch Dramaturgie und Glaubwürdigkeit der Story.

Verkündigung TV-Film

BRD 1963 – 90 Min. sw. – R: Oswald Döpke. D: Heinz Klevenow, Lina Carstens, Maria Emo.

Adaption der Dichtung von Paul Claudel; ein Dombaumeister gesteht einem Mädchen, daß er als Strafe dafür, daß er sie vergewaltigte, aussätzig wurde; voll Mitleid küßt sie ihn trotz seiner Krankheit; 1965 Silberne Taube von Monte Carlo.

Verliebt in einen Fremden / ** ½
Love With the Proper Stranger

USA 1963 – 100 Min. sw. – R: Robert Mulligan. D: Natalie Wood, Steve McQueen, Edie Adams, Herschel Bernardi, Tom Bosley.

Liebesfilm. Ein Paar italoamerikanischer Herkunft steht plötzlich vor den Folgen einer flüchtigen Affäre und geht mit Ernst und Witz daran, seine Probleme zu lösen; amüsante Love-Story mit beachtlichen Darstellern.

Verliebte Ferien in Tirol *

BRD 1971 – 79 Min. – Ⓥ Taurus. – R: Harald Reinl. D: Georg Thomalla, Erni Singerl, Uschi Glas, Hans-Jürgen Bäumler.

Komödie. Familienurlaub auf österreichischem Bauernhof, dargestellt mit allen platten Mätzchen des Heimat- und Touristenfilms.

Verliebt, verrückt und **
nicht verheiratet / One Good Turn

GB 1954 – 78 Min. sw. – R: John Paddy Carstairs. D: Norman Wisdom, Joan Rice, Shirley Abicair, William Russell.

Musical. Ein Varietékomödiant spielt auch im Leben den »Mann auf der Straße« und gerät in mäßig lustige Situationen; nette Komödie mit einigen grotesken Gags.

Verlierer TV-Film

BRD 1987 – 85 Min. – R, B: Bernd Schadewald. D: Mario Irrek, Ralf Richter, Yüksel Bicici, Aram Basyurt.

Erbitterte Gefechte zwischen den »Sharks« und den »Rats«, zwei verfeindeten Jugendbanden aus dem Ruhrpott, bilden den Hintergrund für eine Studie über die moderne Nullbockjugend: zeitnah zwischen Discofieber, Hoffnungslosigkeit und aggressiven Ausbrüchen.

Die Verlobte ** ½

DDR 1980 – 105 Min. – R: Günther Rückert/Günther Reisch. D: Jutta Wachowiak, Regimantos Adomaitis, Eva Zietek, Hans-Joachim Hegewald, Christine Gloger.

Zeitkritischer Film. Tragisch-kämpferische Geschichte um eine junge Kommunistin, die 1934 zu zehn Jahren Zuchthaus verurteilt wird und in Einzelhaft die individuelle und politische Situation unter dem Nationalsozialismus bewältigt.

Die Verlobten / I fidanzati ***

I 1963 – 74 Min. sw. – R: Ermanno Olmi. D: Carlo Gabrini, Anna Canzi.

Melodram. Giovanni und seine Verlobte sind in den Trott der Gewohnheit verfallen, haben sich kaum noch etwas zu sagen. Da wird Giovanni nach Sizilien versetzt, er beginnt seine Verlobte mit völlig neuen Augen zu sehen. Subtile Liebesgeschichte in neorealistischen Farben.

Verlobung am *
Wolfgangsee

A 1956 – 90 Min. – R: Helmut Weiss. D: Wolf Albach-Retty, Maria Andergast, Michael Cramer, Michael Heltau, Ingrid Andrée.

Liebesschmonzette. Die »dunkle« Vergangenheit der Eltern – sie waren schon mal verheiratet – bringt moralischen Wirbel in eine gutbürgerliche Familie. Vor allem die Söhne gebärden sich anno 1956 in diesem spießigen Film päpstlicher als der Papst. Ihre Reaktion paßt sich nahtlos in einen – interessant besetzten – Heimatfilm voller falscher Töne ein.

Der Verlorene ***

BRD 1951 – 89 Min. sw. – R: Peter Lorre. D: Peter Lorre, Karl John, Renate Mannhardt, Lotte Rausch.

Zeitkritischer Film. Eine Allegorie Deutschlands: Ein berühmter Arzt wird bei kriegswichtiger Forschung von einem Gestapoagenten überwacht, seine Verlobte läßt sich mit dem Spitzel ein, der Arzt tötet sie in Raserei und begeht dann einen zweiten Mord; das Verhängnis, das der düstere Film strickt, nimmt unheilvoll seinen Lauf; Darsteller Lorre verkörpert suggestiv die Leidensgestalt des »Verlorenen«. Ein Film der expressiven Gesten, traurigen deutschen Schauplätze und eines erstickenden Milieus.

Die verlorene Ehre der Katharina Blum ***

BRD 1975 – 102 Min. Ⓥ atlas. – R: Volker Schlöndorff, Margarethe von Trotta. D: Angela Winkler, Jürgen Prochnow, Mario Adorf, Dieter Laser, Heinz Bennent.

Literaturverfilmung. Ein Film über hetzerische Meinungsmache in einer bestimmten deutschen Zeitung, Rufmord und Terrorismushysterie. Scharfe Kritik an Polizei- und Staatsorganen am Beispiel eines tragischen Einzelschicksals. Glanzrolle für Angela Winkler. Heinrich Böll, auf dessen Erzählung der Film basiert, hat am Drehbuch mitgearbeitet.

Verlorene Jugend / Gioventù perduta **

I 1948 – 78 Min. sw. – R: Pietro Germi. D: Jacques Sernas, Carla del Poggio, Massimo Girotti, Nando Bruno.

Melodram. Ein Reißer über Jugendkriminalität aus dem Nachkriegsitalien; Liebe und Verbrechen in Schwarzweiß.

Die verlorene Legion / Orazi e curiazi * ½

I 1961 – 94 Min. Ⓥ Toppic. – R: Ferdinando Baldi. D: Alan Ladd, Franca Bettoja, Franco Fabrizi.

Kolossalfilm. In der Schlacht zwischen Römern, Sabinern und Etruskern um 500 v. Chr. beugen sich die Völker dem Orakel und lassen stellvertretend für ihre Heere drei feindliche Brüder den Kampf austragen: Schwerter- und Sandalenepos von der Stange.

Der verlorene Sohn ** ½

D 1934 – 80 Min. sw. – R, B: Luis Trenker. D: Luis Trenker, Maria Andergast, Bertl Schultes, Marian Marsh.

Sozialkritischer Film. Zur Zeit der Weltwirtschaftskrise verliebt sich ein Bergführer in eine Dollarprinzessin und folgt ihr in die USA, bekommt aber rasch einen realistischen Eindruck von den dortigen sozialen Verhältnissen; die schlichte Botschaft »Bleib im Lande und nähre dich redlich« kam Goebbels zupaß, der den souverän gestalteten Film als Vorbild für den Nazifilm reklamierte.

Verlorene Utopien / The Last of England ***

GB 1986 – 90 Min. teilw. sw. – R, B: Derek Jarman. D: Tilda Swinton, Spencer Leigh.

Zeitdokument. London 1986 – die nächtlich belebte Straße in Soho inspiriert den Filmregisseur zu Bildern, Erinnerungen, Reflexionen. Utopien des 19. Jahrhunderts werden mit der Gegenwart konfrontiert. Poesievoll, originell.

Das verlorene Wochenende / The Lost Weekend ***

USA 1945 – 100 Min. – R: Billy Wilder. D: Ray Milland, Jane Wyman, Howard da Silva.

Psychodrama. Ungewöhnlich ehrlicher und realistischer Hollywoodfilm über einen Alkoholkranken und seinen selbstmörderischen Kampf gegen die Droge. Bestürzend eindringlich gespielt (Oscar für Milland) und von Altmeister Wilder (»Manche mögen's heiß«) kompromißlos inszeniert.

Die verlorene Zeit / Le chemin perdu **

CH/F 1979 – 102 Min. – R: Patricia Moraz. D: Clarisse Barrère, Charles Dudoignon, Charles Vanel, Delphine Seyrig.

Generationsfilm. Cécile und ihr Bruder Pierre leben in einer Schweizer Industriestadt; weil ihre Eltern sie weitgehend allein lassen, bauen sie sich ihre eigene Kinderwelt; bei ihrem Großvater finden sie Verständnis, doch der alte Mann kündigt seinen Tod an. Der Film hantiert allzu überfrachtet mit dem Zirkel von Leben und Tod, vermag es aber, die Phantasie der Kinder in Bilder zu übertragen.

Das Vermächtnis des Indianers / Windwalker **

USA 1980 – 100 Min. – R: Keith Merrill. D: Trevor Howard, Nick Ramus, James Remar, Serene Hedin.

Indianerfilm. Warme Rottöne in den Innenräumen, kaltes Licht im Schnee, grellbuntbemalte Gesichter im Kampf: Die Geschichte des edlen, alten Cheyenne ist in Gegenlicht und Farbe gemalt, sie berichtet von Liebe, Entführungen, indianischen Ritualen. Indianerleben als Bärentatzenmythos ästhetisiert und verklärt bis zum Kitsch.

Das Vermächtnis des Inka / Viva Gringo! **

BRD/I/E 1965 – 92 Min. – R: Georg Marischka. D: Guy Madison, William Rothlein, Rik Battaglia, Geula Nuni, Walter Giller, Fernando Rey, Heinz Erhardt.

Karl-May-Film. Die Inka wollen ihr Reich zurückerobern und den Präsidenten Castillo stürzen; in den Wirren der Revolution mischt der Bandit Gambussoni mit: Er will den sagenhaften Inka-Schatz finden; harte Action, europäische Starbesetzung.

Die Vermählung ihrer Eltern geben bekannt / The Parent Trap ** ½

USA 1960 – 124 Min. – R: David Swift. D: Hayley Mills, Maureen O'Hara, Brian Keith.

Komödie. Amerikanische Version von Kästners »Doppeltem Lottchen« in einer nicht ganz geglückten Mischung aus Slapstickkomödie und Familienlustspiel. Trotzdem sehr unterhaltsam.

Vermischte Nachrichten ** ½

BRD 1985/86 – 98 Min. – R: Alexander Kluge, Volker Schlöndorff. D: Marita Breuer, Rosel Zech, Sabine Wegner, André Jung, Sabina Trooger.

Avantgardefilm. Das von Regisseur Kluge (»Abschied von gestern«) gewohnte Puzzle von Anekdoten aus unterschiedlichen Lebensbereichen, Privates und Öffentliches, Fiktionales und Dokumentarisches zu neuer Wirklichkeit verbindend; mit Höhen und Tiefen in der filmischen Qualität erzählt Kluge (mit einem Regiebeitrag von Schlöndorff) vom vertrauten Chaos unserer Alltagsrealität; ein Film, so spannend wie die tägliche Zeitung.

Vermißt / Missing ***

USA 1981 – 118 Min. – R: Costa-Gavras. D: Jack Lemmon, Sissy Spacek, John Shea, Melanie Mayron.

Zeitkritischer Reißer. Ein Amerikaner verschwindet am Tag des Pinochet-Putsches gegen Salvador Allende spurlos in Santiago de Chile. Die Suche seiner Frau und seines Vaters bleiben erfolglos. Costa-Gavras (»Z«) gestaltet ihren nervenaufreibenden Gang durch die diktatorischen Instanzen der besetzten Stadt zu einer erschütternden, von Lemmon und Spacek authentisch gespielten Anklage gegen politische Willkür, Macht und Folter. Der Film gewann 1982 in Cannes die »Goldene Palme«.

Die verpfuschte Hochzeitsnacht * ½

BRD 1957 – 83 Min. sw. – R: Wolfgang Schleif. D: Grethe Weiser, Doris Kirchner, Claus Biederstaedt, Renate Ewert, Dietmar Schönherr, Rudolf Vogel.

Komödie. Filmischer Schenkelschläger mit Stammtischformat aus der deutschen Witzeküche, Standardbesetzung, konfektionierte Gags. Allein Großmaul Weiser sehenswert, ohne sich anzustrengen.

Der Verrat TV-Film

SF – 85 Min. – R: Taavi Kassila. D: Paavo Pentikäinen, Harri Hyttinen, Pekka Räty, Erkki Saarela.

Vier finstere Männer überfallen ein Postamt in Helsinki und erbeuten zwei Millionen Finnmark; obwohl sie ihre Spur geschickt verwischen, schnappt die Polizei einen nach dem anderen, bis auf Ruokonen – er wird der berühmteste Bandit im Nordland. Die locker erzählte Räuberballade mit viel Atmosphäre ist einem Geldraub aus dem Jahr 1950 nachgestellt, der damals in Finnland Aufsehen erregte.

Verrat auf Befehl / ** ½
The Counterfeit Traitor
USA 1962 – 140 Min. R: George Seaton. D: William Holden, Hugh Griffith, Lilli Palmer, Wolfgang Preiss, Ernst Schröder.
Agentenfilm. Verfilmung der authentischen Geschichte eines schwedischen Ölindustriellen, der im Zweiten Weltkrieg zunächst widerwillig für den Secret Service arbeitet und allmählich zum aktiven Widerstandskämpfer wird; packende Story, von einem hervorragenden Team überzeugend dargestellt.

Verrat in Belfast / **
The Outsider
USA 1979 – 121 Min. – R, B: Toni Luraschi. D: Craig Wasson, Sterling Hayden, Patricia Quinn, Niall Toibin, Elizabeth Begley.
Thriller. Ein junger Amerikaner will, wie früher sein Großvater, für die IRA kämpfen, doch gerät er in lebensgefährliche Machtkämpfe innerhalb der Organisation; ein Film, der Terrorismus analysieren will, aber in Anbetracht von TV-Dokumentationen über die Probleme Nordirlands nur wie ein schwachbrüstiger Politreißer wirkt.

Verrat in Camp 127 / ** ½
Danger Within / Breakout
GB 1958 – 95 Min. – R: Don Chaffey. D: Richard Todd, Bernard Lee, Michael Wilding, Richard Attenborough.
Kriegsfilm. Der Ausbruchsplan einiger britischer Offiziere aus einem italienischen Gefangenenlager bringt die Zurückbleibenden in Gefahr; keine wesentlich neue Variante des alten Themas, aber hervorragende Schauspielerleistungen.

Verratene Frauen / **
Betrayed Women
USA 1955 – 70 Min. sw. – R: Edward L. Cahn. D: Carole Mathews, Beverly Michaels, Peggy Knudsen.
Gefängnisfilm. Ein Klima von Angst und Terror herrscht im Frauengefängnis. Drei Gefangene wagen den Ausbruch in ein ödes Sumpfgebiet. Nicht zimperlicher Actionfilm.

Der Verräter / The Informer ****
USA 1935 – 90 Min. sw. – R: John Ford. D: Victor McLaglen, Heather Angel, Preston Foster, Margot Grahame, Wallace Ford.
Irlanddrama. Zur Zeit der irischen Freiheitskämpfe 1922 soll einer der Rebellen wegen Trunksucht und Schwatzhaftigkeit ausgeschlossen werden; in der Hoffnung auf Belohnung wird er zum Verräter; eine meisterhafte Studie über die Natur des Menschen; nach dem Roman von Liam O'Flaherty kraftvoll in eindringliche Bilder umgesetzt; McLaglen erhielt den Oscar.

Das verräterische Herz TV-Film
BRD 1979 – 60 Min. sw. – R: Horst Schlier. B: K. H. Kramberg. D: Hans Clarin, Ferdy Mayne.
Freie Adaption einer Erzählung von Edgar Allan Poe vom schicksalhaften Zusammentreffen zweier ungewöhnlicher Männer; spannungsgeladenes Psychogramm, im Stil der expressionistischen Stummfilme inszeniert.

Das Verrätertor / Traitor's Gate **
BRD/GB 1964 – 82 Min. – R: Freddie Francis. D: Albert Lieven, Margot Trooger, Gary Raymond, Klaus Kinski.
Edgar-Wallace-Krimi. In diesem Schokker geht's um einen Supercoup: den Raub der britischen Kronjuwelen aus dem Tower. Der kaltblütig ausgeklügelte Plan mit Kinski als Killer und Margot Trooger als Gangsterbraut ist flott inszeniert.

Verrückt und gefährlich / **
The Final Programme / The Last Days of Man on Earth
GB 1973 – 85 Min. – R: Robert Fuest. D: Jon Finch, Jenny Runacre, Sterling Hayden, Patrick Magee.
Science-fiction-Film. Als es mit der Erde zu Ende geht, bringt ein Wissenschaftler den neuen Messias hervor und strebt nach der Weltherrschaft; Versuch einer SF-Komödie, der nur ansatzweise gelingt.

Verrückt und zugenäht * ½
BRD 1962 – 90 Min. – R: Rolf Olsen. D: Rudolf Platte, Gunther Philipp, Kurt Großkurth, Peter Kraus.
Klamotte. Ein vernagelter Ulk aus dem

Knast mit Rudolf Platte als »herzensgutem« Gefängnisdirektor, der mit seinem Kalfaktor Probleme bekommt.

Das verrückte California Hotel / California Suite ** ½

USA 1978 – 98 Min. Ⓥ RCA Columbia. – R: Herbert Ross. D: Jane Fonda, Alan Alda, Maggie Smith, Michael Caine, Walter Matthau, Elaine May.

Komödie. Fünf Ehepaare geraten in Turbulenzen – Schauplatz ist das California Hotel. Ein unterhaltsamer Zeitvertreib, nach einem Stück von Neil Simon; mit gekonntem Jazz untermalt.

Verrückte Hochzeit / On a volé la cuisse de jupiter **

F 1979 – 96 Min. – R: Philippe de Broca. D: Annie Girardot, Philippe Noiret, Cathérine Alric, Francis Perrin.

Krimigroteske. Auf ihrer Hochzeitsreise durch Griechenland werden die Kriminalkommissarin und ihr frisch angetrauter Geschichtsprofessor in ein halsbrecherisches Abenteuer verwickelt. An der Jagd nach einem antiken Torso beteiligen sich Killer, Ganoven, Interpol und schöne Frauen. Netter Ulk mit Verfolgungsjagden in romantischer Landschaft; mäßig spannend.

Verrückte Mama / Crazy Mama ** ½

USA 1975 – 84 Min. – R: Jonathan Dunne. D: Cloris Leachman, Stuart Whitman, Ann Sothern.

Lustspiel. Erbarmungslose Satire auf die fünfziger Jahre in Amerika – mit Kitsch, Liebeleien, Rock'n'Roll und großen Autoschlitten. Drei Generationen von Frauen und ein absurdes Verbrechen runden den Spaß ab.

Der verrückte Professor / The Nutty Professor ***

USA 1963 – 107 Min. – R: Jerry Lewis. D: Jerry Lewis, Stella Stevens, Del Moore, Kathleen Freeman.

Jerry-Lewis-Groteske. Vierte Regiearbeit von Lewis, der in dieser Jekyll-Hyde-Version auch die doppelte Titelrolle spielt. Satirische Attacken gegen die Vorurteile der Gesellschaft, glänzende Einfälle, gute Gags und eine wirkungsvolle Inszenierung machen den Film zu Lewis' bestem.

Der Verrückte von Labor IV / Le fou du labo IV ** ½

F 1967 – 85 Min. – R: Jacques Besnard. D: Jean Lefèbvre, Bernard Blier, Pierre Brasseur, Maria Latour.

Komödie. Amateurerfinder gerät in die Bredouille, als er ein geheimnisvolles Gas entdeckt. Er muß in diesem turbulenten, urkomischen und kritischen Lustspiel seinen Alltag retten.

Die verrückten Abenteuer des Robin Hood / The Zany Adventures of Robin Hood ** ½

USA 1984 – 91 Min. – R: Ray Austin. D: George Segal, Morgan Fairchild, Roddy McDowall, Janet Suzman.

Abenteuerfilmparodie. Robin Hood ist nicht mehr, was er einmal war; er hat sich mit Umweltfragen, allen erdenklichen Problemen unserer Gegenwart und vor allem mit einer Maid Marian zu beschäftigen, die sich in eine zickig-verwöhnte Feministin verwandelt hat; die hervorragend synchronisierte Banalität mancher der überkandidelten Dialoge sorgt für Dauerschmunzeln und manchen Lacher.

Die verrückten Jahre des Twist / Les folles années du twist ** ½

Algerien 1983 – 85 Min. OmU. – R: Mahmoud Zemmouri. D: Malik Lakhdar Hamina, Fawzi B. Saichi, Moustafa El Anka.

Zeitkritischer Film. In den sechziger Jahren, der Zeit des Twist, schlagen sich zwei junge Männer durch den Alltag. Im Hintergrund: der Algerienkrieg und die Zeit der Befreiung. Auf unspektakuläre Weise verbindet der Film Zeitkritik mit einer runden, kleinen Geschichte.

Verrückter Mittwoch / Mad Wednesday / The Sin of Harold Diddlebock ** ½

USA 1947 – 79 Min. sw. – R: Preston Sturges. D: Harold Lloyd, Frances Ramsden, Jimmy Conlin, Raymond Walburn.

Komödie. Eine verrückte Groteske, die eine Figur des großen Komikers Harold Lloyd aus den zwanziger Jahren weiterentwickelt.

Ein verrücktes Freudenhaus / Keep It Up, Jack * ½

GB 1973 – 85 Min. – R: Derek Ford. D:

Mark Jones, Sue Longhurst, Maggi Burton, Paul Whitsun-Jones.
Komödie. Ein Schmierenkomödiant, Erbe eines Bordells, richtet, als Erblasserin verkleidet, Verwirrung im Puff an; es bleibt nicht aus, daß er sich verliebt; Sexklamotte britisch.

Ein verrücktes Huhn / Tendre poulet ** ½
F 1977 – 104 Min. – R: Philippe de Broca. D: Annie Girardot, Philippe Noiret, Cathérine Alric, Hubert Deschamps.
Komödie. Annie Girardot als Kriminalkommissarin hat Probleme, ihr Liebesleben und ihren Beruf unter einen Hut zu bringen. Witzige Story, mit Klischees des Krimi- und Komödiengenres versetzt; recht unterhaltsam.

Die Verrufenen / Donne proibite **
I 1953 – 80 Min. sw. – R: Giuseppe Amato. D: Anthony Quinn, Valentina Cortese, Lea Padovani, Linda Darnell.
Milieufilm. Forciertes Drama um drei Prostituierte, die aussteigen wollen und scheitern. Großer Entwurf, kleine Ausführung: Das Bemühen bleibt erkennbar.

Der Versager TV-Film
BRD 1969 – 91 Min. sw. – R: Eberhard Fechner. D: Horst Bollmann, Günter Strack, Helga Feddersen, Dagmar Bienert.
Sozialkritische Studie über einen 45jährigen Angestellten, der zu Recht befürchtet, den Rationalisierungsmaßnahmen des neuen Geschäftsführers zum Opfer zu fallen. Im Kampf ums Überleben greift er zu unsauberen Mitteln. Gute Spannungsdramaturgie.

Verschollen am Cold River / Cold River **
USA 1982 – 87 Min. – R: Fred G. Sullivan. D: Suzanne Weber, Pat Petersen, Richard Jaeckel, Elizabeth Hubbard.
Abenteuerfilm. Vater macht eine riskante Kanufahrt mit seinen zwei Kindern in der Wildnis und bricht tot zusammen. Nun müssen die Jungen sich in der fremden abenteuerlichen Welt selbst zurechtfinden.

Verschollen im Bermuda-Dreieck / Airport '77 ** ½
USA 1976 – 109 Min. – R: Jerry Jameson. D: Jack Lemmon, Olivia de Havilland, James Stewart, Joseph Cotten, Christopher Lee, Lee Grant.
Katastrophenfilm. Staraufgebot in einem spannenden, actiongeladenen, tricktechnisch überzeugenden Filmabenteuer um eine entführte und abgestürzte Maschine, deren Bergung zu immer neuen Schwierigkeiten führt.

Verschollen im Harem / Harum Scarum / Harem Holiday **
USA 1965 – 86 Min. – R: Gene Nelson. D: Elvis Presley, Mary Ann Mobley, Fran Jeffries, Michael Ansara.
Elvis-Film. Elvis im Morgenland: Er nutzt die Chance für neue Hits. Rahmenhandlung ist unwichtig, der Rock'n'Roller kriegt die Tochter der Morgenröte und ist so gestriegelt wie weiland Wüstenscheich Valentino.

Verschollen im Pazifik / Lost Flight TV-Film
USA 1969 – 100 Min. – R: Leonard J. Horn. D: Lloyd Bridges, Anne Francis, Ralph Meeker, Andrew Prine, Bobby Van, Billy Dee Williams, Jennifer Leak.
Das Notwassern eines Flugzeugs weit abseits aller Verkehrsrouten zwingt Gute und Böse zum gemeinsamen Survivaltraining; routiniert, aber spannungslos und ohne Pfiff.

Verschwendetes Leben / Kettevált mennyezet ** ½
H 1981 – 102 Min. – R: Pál Gábor. D: Juli Básti, Jan Nowicki, Edit Abrahám, Péter Abel jr., Emese Simorjay.
Zeitkritisches Melodram. Ein von seiner Frau verlassener Ingenieur, systemkritisch und unberechenbar, akzeptiert die opferbereite Hilfe einer Sozialarbeiterin, doch deren Opfer erweist sich als sinnlos und als Selbsttäuschung; ein Film aus einem sozialistischen Land im Umbruch, der die Beziehung von politisch-gesellschaftlichen und privaten Verhältnissen bitter kommentiert.

Das Verschwinden der Harmonie TV-Film
BRD 1984 – 105 Min. – R: Ulrich Hei-

sing. B: Roderich Feldes. D: Peter Brombacher, Christine Lemm, Wolfgang Höper, Ilse Neubauer.
Am Ende einer feuchtfröhlichen Feier überreicht der Kassierer dem angesoffenen Vorstand des Gesangvereins »Harmonie« die Kasse; am nächsten Morgen ist das Geld verschwunden; grobschlächtig und plump.

Die Verschwörung / Spécial Police **** ½**
F 1985 – 89 Min. – R: Michel Vianey. D: Richard Berry, Carol Bouquet, Fanny Cottençon.
Politthriller. Ein Doppelmord wird als Selbstmord getarnt, denn man will an belastende Dokumente gelangen. Verwickelt in das Waffen- und Drogengeschäft sind höchste Kreise aus Wirtschaft, Polizei und Politik; eine attraktive Zeugin ist entkommen – zusammen mit dem cleveren Bullen, der auf Computertechnik spezialisiert ist, kämpft sie gegen eine korrupte Gesellschaft. Witzige Dialoge, hochgradig spannend inszeniert.

Verschwörung auf Fort Clark / Brady's Bunch *** ½**
USA 1954 – 80 Min. – R: George Sherman. D: Maureen O'Hara, Jeff Chandler, Suzan Ball, John McIntire.
Western. Jeff Chandler spielt ausnahmsweise keinen Indianer, sondern einen weißen Major, der es mit den Kiowas zu tun hat; zusätzlichen Ärger bereitet ihm ein korrupter Commander. Blutig und routiniert.

Verschwörung des Bösen / When the Bough Breaks **** ½**
USA 1986 – 96 Min. – R: Waris Hussein. D: Ted Danson, Richard Masur, Rachel Ticotin, Kim Miyori.
Krimi. Ein Mann, dem der Mißbrauch von Kindern vorgeworfen wurde, stirbt; hinter dem vermeintlichen Selbstmord kommen mysteriöse Geschehnisse zum Vorschein, und eine zweite Leiche liegt bald im Keller. Der am Beginn verwirrende Thriller löst am Ende alle Knoten; Überdurchschnittlich.

Verschwörung im Nachtexpress / The Tall Target *******
USA 1951 – 75 Min. sw. – R: Anthony Mann. D: Dick Powell, Paula Raymond, Adolph Menjou, Marshall Thompson, Leslie Kimmel.
Thriller. Ein Polizeisergeant hat Hinweise, daß der neugewählte Präsident Abraham Lincoln noch vor Amtsantritt ermordet werden soll; im Expreß von New York nach Washington findet er die Leiche eines Polizisten; packender Thriller mit gut aufgebauter Spannung und einem rasanten Showdown.

Verschwörung im Nordexpreß / Der Fremde im Zug / Strangers on a Train **** ½**
USA 1951 – 101 Min. sw. Ⓥ Warner Home. – R: Alfred Hitchcock. D: Farley Granger, Ruth Roman, Robert Walker, Patricia Hitchcock.
Psychokrimi. Zwei Männer im Zug kommen auf die Idee, jeder könnte für den anderen einen Mord ohne persönliches Motiv begehen. Doch dann spielt einer von beiden nicht mit, und es gibt einen verdächtigen Unschuldigen und einen »unschuldigen« Mörder. Altmeister Hitchcock bezieht daraus subtile Ironie und gerüttelte Genrespannung.

Versteckspiel / Machboim ******
Israel 1980 – 80 Min. – R: Dan Wolman. D: Chaym Hadaya, Benyamin Armon, Dorin Tavori.
Melodram. Ein Zwölfjähriger erlebt 1946 in Jerusalem den jüdischen Untergrundkampf gegen Araber und Briten und gerät in schwere Konflikte; außergewöhnlich eindringliche Studie.

Verstecktes Ziel / Brass Target ******
USA 1978 – 106 Min. Ⓥ IMV/MGM/UA. – R: John Hough. D: Sophia Loren, John Cassavetes, Patrick McGoohan, George Kennedy, Max von Sydow, Sigfrit Steiner.
Thriller. Die Goldreserven der deutschen Reichsbank verschwinden im August 1945 auf geheimnisvolle Weise in einem Eisenbahntunnel; amerikanische Offiziere haben bei dem Coup die Finger im Spiel, General Patton ist wütend und will das »Ding« aufklären, deshalb wird ein Killer auf ihn angesetzt; etwas konfuser effektheischender Thriller, mit Weltstars gespickt.

Der versteinerte Wald / The Petrified Forest ★★
USA 1936 – 79 Min. sw. – R: Archie L. Mayo. D: Leslie Howard, Bette Davis, Humphrey Bogart.
Gangsterfilm. In der Wüste Arizonas freundet sich der Intellektuelle Alan mit der Serviererin Gabrielle an, da tritt der finstere Killer Duke Mantee mit Knarre und Dreitagebart auf – Humphrey Bogarts erste bedeutende Gangsterrolle, mit der er den Durchbruch im Film schaffte.

Versuchung auf 809 / Don't Bother to Knock ★★ ½
USA 1952 – 76 Min. sw. – R: Roy Baker. D: Richard Widmark, Marilyn Monroe, Anne Bancroft, Elisha Cook jr.
Schwarzes Melodram. Die Monroe sehenswert als neurotische Frau, die über den Kriegstod ihres Verlobten nicht hinwegkommt; ihre einzige dramatische Filmrolle. Widmark als aufrechter Flugkapitän mit erotischem Feuer in einem dramatischen Psychokammerspiel der realistischen Art.

Versunkener Morgen / Manha submersa ★★ ½
P 1980 – 122 Min. – R: Lauro Antonio. D: Eunice Muñoz, Joaquím Manuel Dias, Adelaide João.
Zeitkritischer Film. Antonio, ein Bauernjunge, tritt in ein Priesterseminar ein und beginnt dort gegen die strengen Regeln aufzubegehren. Auf einer zweiten Ebene spiegelt der Film den Geist der Repression unter der Herrschaft des Diktators Salazar.

Vertigo – Aus dem Reich der Toten / Vertigo ★★★
USA 1958 – 130 Min. Ⓥ CIC. – R: Alfred Hitchcock. D: James Stewart, Kim Novak, Barbara Bel Geddes.
Thriller. Brillant konzipiertes und durchgeführtes Seelendrama um einen Mann mit Höhenangst und seine Liebessehnsucht zu einer Frau, der er zweimal verfällt. Mit dramaturgischen Überraschungen aufwartender, in intensiven Stimmungen schwelgender Spannungsfilm; Kim Novak in ihrer besten Rolle.

Vertrauen / Bizalom ★★ ½
H 1979 – 115 Min. – R: István Szabó. D: Ildikó Bánsági, Péter Andorai, Károly Csáki.
Zeitkritischer Liebesfilm. Im Kriegsjahr 1944 stehen sich in Budapest zwei Menschen gegenüber, die aus politischen Gründen eine Scheinehe führen, sich jedoch wildfremd sind. Von dieser Ausnahmesituation erzählt der authentische Film in nüchternen, aufrüttelnden Bildern, in denen die Verrücktheiten der Zeit rumoren.

Die Vertreibung aus dem Paradies ★★ ½
BRD 1976 – 112 Min. – R: Niklaus Schilling. D: Herb Andress, Elke Haltaufderheide, Jochen Busse, Andrea Rau.
Melodram. Nach dem Tod seiner Mutter kehrt der verkrachte Filmschauspieler nach München zurück. Hier bekommt er bei der Filmmafia kein Bein auf die Erde. Ironische Reflexion über die Kinobranche.

Der veruntreute Himmel ★★
BRD 1958 – 100 Min. – R: Ernst Marischka. D: Annie Rosar, Hans Holt, Victor de Kowa, Kai Fischer.
Melodram. Die alte Köchin glaubt, ihr Seelenheil erkaufen zu können, indem sie ihren Neffen zum Priester ausbilden läßt; um ihrer Sünde willen unternimmt sie eine Pilgerfahrt nach Rom; ein gefühlsseliger Film mit einer rührenden Rosar; nach Franz Werfel.

Verurteilt zum Tode / Death Penalty ★★ ½
USA 1980 – 90 Min. – R: Waris Hussein. D: Colleen Dewhurst, Dana Elcar, David Labiosa.
Justizfilm. Ein junger Puertoricaner tötet im Streit zwei Jungen und wird zum Tode verurteilt; der engagierte, wenn auch eher konventionelle Film verfolgt Entwicklungslinien eines trostlosen Lebens und Reaktionen der Gesellschaft.

Verwandtschaft / Rodnja ★★ ½
UdSSR 1981 – 94 Min. – R: Nikita Michalkow. D: Nonna Mordjukowa, Swetlana Krjutschkowa, Andrej Petrow, Iwan Bortnik.
Komödie. Eine Mutter besucht ihre Tochter in der Stadt und ist entsetzt über den Verfall der Familie; als sich die Frau

vom Land in das Städterleben einmischt, eckt sie überall an. Der Film spitzt die Generationskonflikte und die Stadt-Land-Beziehung sarkastisch zu und setzt genüßlich seine Pointen.

Der Verwegene / ***
Will Penny
USA 1967 – 108 Min. – R: Tom Gries. D: Charlton Heston, Joan Hackett, Donald Pleasence, Lee Majors, Bruce Dern, Ben Johnson.
Spätwestern. Ein Cowboy im Widerstreit zwischen den schäbigen Seiten seines Berufes und der Liebe zu einer jungen Frau, von der er sich ohne Illusionen über die Zwänge seines Alters trennt, und im Kampf gegen einen halbirren »Prediger« samt seinen Killersöhnen; ein um Authentizität bemühter, realistischer, harter Western, der mit Lagerfeuerromantik aufräumt; überragend Pleasence als Prediger; Titelsong von Don Cherry.

Verwegene Gegner / * ½
Terror der Gesetzlosen / Ride, Vaquero!
USA 1953 – 90 Min. – R: John Farrow. D: Robert Taylor, Ava Gardner, Anthony Quinn, Howard Keel.
Western. Desperados suchen nach dem Bürgerkrieg ihre Herrschaft über Südtexas zu festigen und geraten in tödliche Konflikte mit Neusiedlern; ein dürftiger Western mit einer deftigen Paraderolle für Quinn.

Verwegene Hunde / **
Oceans of Fire
USA 1986 – 90 Min. – R: Steven Carver. D: Gregory Harrison, Billy Dee Williams, Cynthia Sikes, David Carradine.
Actionfilm. Da Arbeiter für gefährliche Ölbohrungen nicht zu finden sind, werden von einem Konzern Sträflinge zum strafmindernden Tauchereinsatz angeheuert; eine Good-will-Dokumentarfilmerin bringt zusätzliche Spannung ins Männercamp, die sich aber auf den Film kaum auswirkt.

Verwehte Spuren **
D 1938 – 81 Min. sw. – R: Veit Harlan. D: Kristina Söderbaum, Frits van Dongen, Friedrich Kayßler, Heinrich Schroth.
Krimi. Eine junge Frau sucht ihre Mutter, die während der Pariser Weltausstellung 1889 spurlos verschwindet; Adaption eines Hörspiels von Hans Rothe (1935); mäßig spannende Genreunterhaltung.

Die Verweigerung / ***
La provinciale
F/CH 1980 – 107 Min. – R: Claude Goretta. D: Nathalie Baye, Bruno Ganz, Angelika Winkler, Pierre Vernier, Patrick Chesnais.
Zeitkritischer Film. Christine verläßt ihre Heimat Lothringen, um in Paris eine neue Chance zu suchen, doch ihre Erfahrungen dort sind schockierend; zwar findet sie ein kurzes Glück mit dem Aussteiger Rémy, doch den Ritualen einer versteinerten Gesellschaft, die totale Anpassung verlangt, verweigert sie sich. Porträt einer starken Frau mit der Kraft zur Selbstbewahrung.

Verwirrende Liebe / ** ½
Kärleken
S 1980 – 72 Min. – R: Theodor Kallifatides. D: Per Ragnar, Lena Olin, Anna Godenius, Erland Josephson.
Melodram. Das Glück einer jungen Liebe wird getrübt durch Heimlichkeiten und Schuldgefühle, denn beide Partner sind verheiratet. Führt der Versuch, die Konflikte offen anzusprechen, weiter? Modernes Beziehungsstück, intelligent und feinfühlig inszeniert – hält die Spannung bis zum Schluß.

Verworrene Bilanzen TV-Film
BRD 1987 – 105 Min. – R: Peter Beauvais. B: Peter Stripp. D: Gottfried John, Beatrice Kessler, Silke Dornow, Michael Hampe, Siemen Rühaak.
Ein Wirtschaftsprüfer versucht in einer fremden Stadt, in der er an zwielichtige Personen gerät, fragwürdige Erfahrungen durch die Begegnung mit einem kleinen Mädchen zu kompensieren; das hätte er besser anders versucht.

Der verzauberte Eichenwald / Der wunderbare Hain **
R 1981 – 90 Min. – R: Sidonia Caracas. D: Dina Musca, Ernest Maltai.
Realistisches Filmmärchen. Lisa wächst bei ihren Großeltern in den dichten Wäldern der Provinz auf. Als ihr Vater sie

eines Tages in die Stadt zurückholt, flieht sie und erlebt im Wald ihrer Kindheit die merkwürdigsten Abenteuer. Ein verzauberter Jugendfilm für Erwachsene.

Die verzauberte Leinwand / La vela incantata ***

I 1982 – 117 Min. – R: Gianfranco Mingozzi. D: Massimo Ranieri, Monica Guerritore, Remo Remotti, William Berger.

Zeikritischer Film. Zwei Brüder kehren mit einem kleinen Wanderkino ins Land ihrer Kindheit zurück. Dort, in der Poebene, zeigen sie einem dankbaren Publikum alte und neue Filme; ein Programm, das, ebenso wie der gesamte Film von Regisseur Mingozzi, das politische und zwischenmenschliche Spektrum Italiens während der faschistischen Konsolidierung meisterhaft darstellt und auf melodramatische Weise zeigt.

Die verzauberten Dollars / Az elva razsolt dollár ** ½

H 1986 – 90 Min. – R: Gyula Illés, Lajos Barandi. D: István Bujtor, András Kern, István Avar.

Actionfilm. Geldfälscher haben eine Methode entdeckt, aus einem Dollarschein hundert zu machen; der privat und dienstlich schwer gebeutelte Inspektor Ötvös löst den Fall auf eine etwas chaotische Art; ein unterhaltsamer Film, der souverän mit den (Hollywood-)Versatzstücken des Actiongrenres spielt.

Ein verzwickter Montag / Lundi ** ½

F 1979 – 79 Min. – R: Edmond Sechan. D: Bernard Le Coq, Françoise Dornier, Pierre Etaix.

Moderne Liebesgeschichte. Inmitten der Menge, im Herzen einer Großstadt, erwacht ein Mann auf einer Parkbank und weiß nicht mehr, wer er ist. Buñuel-Szenarist Jean-Claude Carrière schrieb das Drehbuch zu dieser beunruhigenden und amüsanten, phantastischen und realistischen Story über Anonymität und Identitätskrisen moderner Menschen.

Via Appia TV-Film

BRD – 89 Min. – R: Jochen Hick. D: Peter Senner, Guilherme de Padua, Yves Hansen.

Ein junger Steward, der sich mit dem Aids-Virus infiziert hat, begleitet ein Filmteam nach Rom, um seine Ansteckung zu rekonstruieren; hier bekommt der komplexe Film mehrfache Ebenen; er zeigt Dreharbeiten zu einem Dokumentarfilm, verwendet dabei selbst das Stilmittel des Dokumentarfilms und flicht darüber hinaus die Inszenierung einer Individualgeschichte ein; die raffinierte, kunstvolle Verknüpfung ist auch ein Kommentar zum komplizierten Phänomen Aids und ein Aufruf, damit verantwortungsvoll umzugehen.

Vicky und Nicky TV-Film

BRD 1986 – 90 Min. – R: Franz Josef Gottlieb. B: Barry Graves, Waldemar Overkaemping. D: Brigitte Mira, Florian Bathke, Edith Hancke, Judy Winter, Eddi Arent, Ingo Insterburg.

Nach dem Tod seiner Eltern kommt ein kleiner Junge aus New York zur Berliner Oma, die etwas ins Schleudern gerät; als »Omarette« angekündigte hausbackene Berlinklamotte, die die Sucht von fernsehenden Kindern nach »Dallas« erklärt.

Victor/Victoria / Victor/Victoria ***

GB 1982 – 130 Min. Ⓥ MGM/UA. – R: Blake Edwards. D: Julie Andrews, James Garner, Robert Preston, Alex Karras, John Rhys-Davis.

Komödie. Das »Gay Paris« von 1934 bildet den Hintergrund dieser köstlichen Verwandlungskomödie, Frau wird Mann – einmal andersrum. Reinhold Schünzels Original von 1933 als musikalisches Remake, mit viel sprühendem Witz und phantasievollen Einfällen, von Edwards' Ehefrau Andrews glänzend gemimt.

Victor Wunderbar TV-Film

BRD – 85 Min. – R, B: Wolfram Deutschmann. D: Werner Müller, Ursula Gerstel, Nadja Engelbrecht.

Körperbehinderter gewinnt Surfbrett, was fängt er damit an? In einem Deutschmann-Film jede Menge, denn die Behinderten in den Werken des Berliner Regisseurs, wie auch in diesem komödiantisch-leichten Film, sind keine Kranken, sondern Menschen wie du und ich.

La Victoria ** ½

BRD 1973 – 85 Min. – R: Peter Lilien-

thal. D: Paula Moya, Vincente Santa Maria, Carmen Lazo.
Zeitkritischer Problemfilm. Nach einem Drehbuch von Antonio Skarmeta beschreibt Lilienthal (»Der Aufstand«) den beruflichen und persönlich-politischen Emanzipationsprozeß einer jungen Chilenin. Eine unspektakuläre, mit den Protagonisten sympathisierende, ruhige Bestandsaufnahme aus einem von Krisen geschüttelten Land.

Videoplay oder Duponts Verschwinden TV-Film
CH/BRD 1985 – 87 Min. – R: Walter Deuber/Peter Stierlin. D: Arnfried Lerche, Eva Rieck, Edi Piccin, Hans Korte.
Computerspiele in einer elektronischen Zukunft stürzen die Familie Dupont in ein tödliches Abenteuer. Vater Dupont ist eines Abends verschwunden und taucht in einer TV-Schau wieder auf. Sein Sohn kommt dem schockierenden Geheimnis auf die Spur.

Die Viehdiebe *
USA 1975 – 85 Min. – R: Robert Day. D: Dennis Weaver, John Denver, Erik Holland.
Sheriffilm. Ein Gesetzeshüter jagt einen Händler, der ungenießbares Fleisch nach New York geliefert hat, kommt aber durch seine unkonventionelle Art zunächst selbst hinter Gitter; wenig einfallsreich.

Der Viehdoktor von Ochsenheim / Hurra – ein toller Onkel wird Papa **
BRD 1970 – 80 Min. – R: Hans Albin. D: Christian Engelmann, Maria Brockerhoff, Herbert Hisel, Beppo Brem.
Komödie. Ein Viehdoktor und ein Weinbergbauer bekommen Probleme, ein Mädchen namens Maria spielt eine Hauptrolle in diesen dreisten Geschichten: haarsträubender Klamauk.

Viele kamen vorbei ** ½
BRD 1955 – 75 Min. sw. – R: Peter Pewas. D: Harald Maresch, Frances Martin, Christian Doermer, Heinz Schimmelpfennig.
Krimi. Das Mädchen Sabine fährt per Anhalter in die Ferien, um ihren Freund zu treffen. Ein Trucker nimmt sie mit, doch Gefahr droht von einem blinden Passagier. Gutgemachter Krimi des zu Unrecht fast vergessenen Peter Pewas.

Viele sind berufen / Career ** ½
USA 1959 – 106 Min. sw. – R: Joseph Anthony. D: Dean Martin, Anthony Franciosa, Shirley MacLaine, Carolyn Jones.
Melodram. Ein junger Schauspieler hungert sich durch die schäbige Theaterwelt New Yorks, der Erfolg stellt sich dank einer liebenden Frau ein, die auch noch Managerin ist; Martin und MacLaine glaubhaft in einem Künstlerfilm, der auch die Bedeutung des gesellschaftlichen Umfelds beleuchtet.

Vier Abenteuer von Reinette und Mirabelle / Quatre aventures de Reinette et Mirabelle ***
F 1986 – 95 Min. – R: Eric Rohmer. D: Joëlle Miquel, Jessica Forde, Philippe Laudenbach, François-Marie Banier.
Kammerspiel. Die Studentin Mirabelle lernte durch eine Reifenpanne auf dem Land Reinette kennen; die Mädchen schließen Freundschaft, Mirabelle lädt ihre Freundin nach Paris ein; die Geschichte zweier sehr gegensätzlicher Frauen, mit suggestiver Kamera in langen Einstellungen eingefangen. Rohmer demonstriert wieder einmal seine Kunst, in episodenhaft alltäglichen Situationen Charaktere zu formen, auf feuilletonistisch leichte Art Zeitgeist zu dokumentieren.

Vier bleiben auf der Strecke / The Good Die Young **
GB 1954 – 90 Min. sw. – R: Lewis Gilbert. D: Laurence Harvey, Gloria Grahame, Richard Basehart, Joan Collins, John Ireland.
Krimi. Vier Exsoldaten sind in Geldnot und planen einen Überfall in London; trotz der dramaturgisch geschickten Zusammenführung von Einzelschicksalen vermittelt das außergewöhnliche Team die psychologischen Hintergründe nicht völlig überzeugend.

Vier Fäuste für ein Halleluja / Continuavano a chiamarlo Trinità ***
I 1972 – 126 Min. Ⓥ marketing film. – R:

E. B. Clucher. D: Bud Spencer, Terence Hill, Harry Carey jr., Jessica Dublin.
Italowestern. Trinità und Bambino wollen Banditen werden – doch es kommt immer etwas dazwischen; schließlich stehen sie zwischen allen Fronten, aber auch meistens auf der richtigen Seite. Das Prügelpaar Spencer/Hill legte mit diesem Film den Grundstein für seinen Weltruhm; die Anarchistenmoral, das attraktive Spiel, viele Schauwerte und schnodderige Dialoge machen diesen Western für die Lachmuskeln zu einem Festschmaus für Fans.

Vier Fäuste räumen auf / Il vangelo secondo Simone e Matteo ∗
I 1975 – 105 Min. – R: Giuliano Carmineo. D: Michael Colby, Paul Smith, Claudio Gora.
Krimi. Ein klamaukiger Fall für zwei, die sich auf der Flucht vor der Staatsgewalt als Priester verkleiden und dabei, ohne es zu wissen, einem Gangster als Werkzeug dienen.

Vier Fäuste schlagen wieder zu / Carambola ∗ ½
I 1973 – 95 Min. Ⓥ VPS. – R: Fernando Baldi. D: Paul Smith, Michael Colby, Horst Frank.
Westernklamauk. Zwei Freunde jagen Waffenschmuggler und werden um ihren Lohn gebracht. Dünne Handlung mit ausgiebigen Prügeleien und dem mißglückten Versuch, einen Western zu parodieren.

Vier Fäuste und ein heißer Ofen / Carambola filotto... tutti in buca FLOP
I 1975 – 94 Min.ⓋVPS. – R: Ferdinando Baldi. D: Paul Smith, Michael Coby, Piero Lulli.
Road Movie. Die Fäuste fliegen, die Öfen qualmen, und auf dem Highway ist die Hölle los, als zwei Chaoten einem alten vertrottelten Colonel das Motorrad mit Beiwagen entwenden; noch mehr Zoff gibt es, weil die zwei Ausgeflippten von Gangstern und Soldaten gleichzeitig verfolgt werden; hirnrissiges Spektakel.

Vier Federn / The Four Feathers ∗∗∗
GB 1939 – 115 Min. – R: Zoltan Korda. D: John Clements, Ralph Richardson, C. Aubrey Smith, June Duprez.
Historienfilm. Ein Offizier gibt die ungeliebte Laufbahn auf, wird als Feigling geschmäht und beweist sich im Krieg gegen den Sudan; opulentes Kriegsabenteuer mit exzellenten Darstellern; ein Klassiker des Genres.

Vier Frauen und ein Mord / Murder Most Foul ∗∗
GB 1964 – 87 Min. sw. – R: George Pollock. D: Margaret Rutherford, Ron Moody, Megs Jenkins, Charles Tinwell.
Krimi. Miss Marple ist als Geschworene nicht überzeugt von der Schuld eines Angeklagten, sie erreicht den Aufschub des Prozesses und recherchiert auf eigene Faust; mit Spannung und Witz, in üblicher kauziger Rutherford-Manier, schreitet die Filmhandlung voran, kombiniert die Heldin gekonnt.

Vier für ein Ave Maria / I quattro dell'Ave Maria ∗ ½
I 1968 – 130 Min. Ⓥ CIC. – R: Giuseppe Colizzi. D: Terence Hill, Bud Spencer, Eli Wallach.
Westernparodie. Der Sträfling Cacapoulos soll an den Galgen, wird aber von einem Bankier gerettet. Als Gegenleistung nimmt er die Verfolgung zweier Banditen auf, um ihnen ein Vermögen abzujagen.

Vier für Texas / Four for Texas ∗∗ ½
USA 1963 – 124 Min. – R: Robert Aldrich. D: Frank Sinatra, Dean Martin, Anita Ekberg, Ursula Andress, Victor Buono, Charles Bronson.
Westernparodie. Zwei Gentlemanganoven streiten sich um die Beute aus einem Postkutschenraub; die beiden Alphatiere des Sinatra-»Rat Pack« agieren in der Hügellandschaft von Andress–Ekberg; Sinatra hölzern, Buono exzellent als schmieriger Bankier.

Vier gegen die Bank TV-Film
BRD – 95 Min. – R: Wolfgang Petersen. B: Wolfgang Menge, Wolfgang Petersen, nach dem Roman »Gentleman in roten Zahlen« von Ralph Maloney. D: Herbert Bötticher, Harald Leipnitz, Gitty Djamal, Günther Neutze, Ingrid van Bergen, Walter Kohut, Karin Eickelbaum.

Vier Bankrotteure beschließen, einen Bankbesuch besonderer Art zu machen: mit der Maschinenpistole. Da sie jedoch eigentlich nette Normalbürger sind, geht in diesem brillanten Filmspaß einiges drunter und drüber.

Vier Gesichter einer Stadt / Chuquiago ***

Bolivien 1976 – 85 Min. OmU. – R: Antonio Eguino. D: Nestor Yujiri, Eduardo Villattoei, David Sàntalla.

Gesellschaftskritischer Film. In vier Episoden aus dem Leben von Menschen mit unterschiedlichem Status entwickelt der Film ein eindrucksvolles Bild eines zerrissenen Sozialgefüges in einem melancholischen Film über das Bolivien von heute.

Die vier Halunken der Königin

siehe: Die vier Musketiere – Die Rache der Mylady

Vier heiße Tage / The Heatwave Lasted Four Days **

CDN 1974 – 69 Min. – R: Doug Jackson. D: Gordon Pinsent, Joan Blackman, Lawrence Dane, Alexandra Stewart.

Krimi. Ein Paar will es sich etwas kosten lassen, wenn es aus den Zufallsaufnahmen eines TV-Reporters herausgeschnitten wird; der läßt sich auf eine Erpressung ein; Thriller mit open end (kein Fahndungserfolg im Drogenhandel), der locker beginnt und sich dramatisch steigert.

Vier Herzen in Rom / Racconti Romani **

I 1955 – 88 Min. – R: Gianni Franciolini. D: Vittorio De Sica, Silvana Pampanini, Totò, Franco Fabrizi.

Komödie. Heiterer und direkter Film nach Moravias »Römischen Geschichten« um vier junge Männer, die zu schnellem Geld kommen wollen. In der sprühenden kleinen Story wird mühelos der italienische Kleineleutealltag greifbar.

Vier im roten Kreis / Le cercle rouge *** ½

F/I 1970 – 135 Min. – R: Jean-Pierre Melville. D: Alain Delon, Gian Maria Volonté, André Bourvil, Yves Montand.

Krimi. Ein Haftentlassener, ein flüchtiger Sträfling und ein trunksüchtiger Expolizist berauben ein Juweliergeschäft; ein zynischer Kommissar hetzt sie; ein Film von kalter Grausamkeit um vier Menschen, die sich komplizenhaft nach vorgegebenen Schemata in einem totentanzähnlichen Kreislauf bewegen; voll Hoffnungslosigkeit.

Vier irre Typen / Breaking Away ***

USA 1979 – 97 Min. – R: Peter Yates. D: Dennis Christopher, Dennis Quaid, Daniel Stern, Jackie E. Haley.

Collegefilm. Vier Collegeboys des Mittelwestens auf dem Weg zum Erwachsenwerden; das wird den vier Arbeiterkindern nicht leichtgemacht; Oscar für Steve Tesichs Drehbuch des sympathischen, gewinnenden Films.

Vier Leichen auf Abwegen / A Slight Case of Murder ** ½

USA 1938 – 85 Min. sw. – R: Lloyd Bacon. D: Edward G. Robinson, Jane Bryan, Allen Jenkins, Ruth Connelly, Willard Parker.

Gangsterfilm. Paraderolle für Robinson in einer amüsanten Gangsterbiographie um einen Aufsteiger zum Ende der Prohibitionszeit. Brillante Dialoge, flottes Spiel, nette Kulissen.

Vier Mädels aus der Wachau **

BRD 1957 – 96 Min. – R: Franz Antel. D: Isa Günther, Jutta Günther, Alice Kessler, Ellen Kessler, Hans Moser.

Schwank. Nur der Dorfschulze weiß, daß angebliche Vierlinge eigentlich zwei Zwillingspärchen mit selbem Geburtstag sind; anfangs amüsant; trotz Moser bald verflachend.

Die vier Musketiere – Die Rache der Mylady / The Four Musketeers – The Revenge of Mylady ***

GB/Panama 1974 – 99 Min. – R: Richard Lester. D: Michael York, Oliver Reed, Richard Chamberlain, Frank Finley, Raquel Welch, Faye Dunaway.

Abenteuerfilm. Eine Lady rächt sich am falschen Geliebten Guy d'Artagnan, und weil der des Königs Musketier ist, kommt es zu allerlei Verwicklungen. Die Fronten und Siegeschancen im Kampfgetümmel wechseln, konstant bleibt Lesters Sinn für Wortgags, witzige Slapsticks und überraschende Wendungen, konterkariert durch ausgefeilte Einstellungen. Spaß nicht nur für Liebhaber; fulminante Fortsetzung von »Die drei Musketiere« (1973).

Die vier Schädel des Jonathan Drake / The Four Skulls of Jonathan Drake **

USA 1959 – 70 Min. sw. – R: Edward L. Cahn. D: Eduard Franz, Valerie French, Henry Daniell, Grant Richards.

Gruselfilm. Ein Voodoofluch belastet eine Familie, nur ein Wissenschaftler verliert nicht den Kopf; professioneller Horror.

Vier Schlüssel ** ½

BRD 1965 – 100 Min. sw. – R: Jürgen Roland. D: Günther Ungeheuer, Walter Rilla, Ellen Schwiers, Hanns Lothar.

Krimi. Der Chef des Bankhauses Traven & Co. wird vorzeitig zum Flughafen gerufen, wo er seine Tochter abholen soll. Zu spät begreift er, daß das Telegramm fingiert war und er sich in der Gewalt von Gangstern befindet, die den Banktresor knacken wollen.

Vier schräge Vögel / The Hot Rock ** ½

USA 1971 – 105 Min. – R: Peter Yates. D: Robert Redford, George Segal, Ron Leibman, Paul Sand, Zero Mostel, Moses Gunn.

Räuber-und-Gendarm-Film. Die Titelfiguren verpfuschen einen sorgsam geplanten Juwelenraub, doch auch die Polizei wird nicht mit besten Kräften tätig; Groteskes und Gags wie der Sturm auf ein Polizeirevier machen den Film zum großen Spaß; nach einem Roman von Donald Westlake.

Vier Schwestern / Little Women ***

USA 1933 – 110 Min. sw. – R: George Cukor. D: Katharine Hepburn, Joan Bennett, Paul Lukas, Frances Dee, Spring Byington.

Melodram. Mit langem dunklem Haar, wild, strahlend und voller Lebensfreude spielt Katharine Hepburn das Mädchen Jo – in einem gelungenen Melodram aus dem Neuengland während des Bürgerkrieges.

Die vier Söhne der Katie Elder / The Sons of Katie Elder **

USA 1965 – 122 Min. – R: Henry Hathaway. D: John Wayne, Dean Martin, Michael Anderson, Martha Hyer.

Western. John Wayne hat Mühe, sich im Sattel zu halten, und Dean Martin treibt Unfug mit einem Glasauge; Rache ist angesagt, aber es dauert eine Weile, bis sich die Helden zum blutigen Countdown aufraffen. Solide Prärieschießerei mit Starbesetzung.

Vier Töchter räumen auf / Daughters Courageous ** ½

USA 1939 – 103 Min. sw. – R: Michael Curtiz. D: Priscilla Lane, Rosemary Lane, John Garfield, Claude Rains.

Komödie. Nach zwanzig Jahren Herumtreiberei kommt ein Mann nach Hause zurück; der Globetrotter gewinnt die Liebe seiner vier erwachsenen Töchter, bleibt sich aber doch letztlich selbst treu; schwungvoll inszenierte Unterhaltung mit ungewöhnlichem Sujet.

Das Viereck TV-Film

BRD 1988 – 65 Min. – R: Oliver Storz. D: Iris Berben, Towje Kleiner, Monica Schwarz, Michael Roll.

Harald ist mit Elisabeth verheiratet, treibt es aber mit ihrer besten Freundin, also treibt es Elisabeth mit dem Postboten; ein Viereck eben – der Geometrie halber.

Der vierte Mann / Kansas City Confidential **

USA 1952 – 98 Min. sw. – R: Phil Karlson. D: John Payne, Coleen Gray, Preston Foster, Donna Drake, Jack Elam, Lee Van Cleef.

Gangsterfilm. Vertauschte Rollen, verdrehte Welt: Ein gefeuerter Polizist stiftet drei Ganoven an, einen Überfall auszuführen, damit er sie danach erpressen kann. Doch am Ende geht die Rechnung nicht auf, und der »schwarze« Film zieht ein entsprechendes Fazit.

Der vierte Mann / De vierde man ** ½

NL 1983 – 97 Min. – R: Paul Verhoeven. D: Jeroen Krabbé, Renée Soutendijk,

Thom Hoffman, Dolf de Vries, Geert de Jong, Pamela Teves, Hans Veerman.
Love-Story. Ein bisexuell angehauchter Literat lernt bei einer Lesung eine junge Frau kennen, die merkwürdigerweise bereits dreimal verwitwet ist; er riskiert, das vierte Opfer der »Schwarzen Witwe« zu werden; visuell reizvolles Spiel um Liebe und Tod, ironisch und spannend inszeniert.

Der vierte Wunsch / ** ½
The Fourth Wish
AUS 1976 – 99 Min. – R: Don Chaffey. D: John Meillon, Robert Bettles, Michael Craig, Anne Haddey.
Melodram. Der Sohn eines alleinstehenden Vaters erkrankt an Leukämie; der Vater versucht, dem Jungen seine Lage zu erleichtern; *ein* Wunsch ist schwer zu erfüllen; sympathischer, streckenweise leise humorvoller Jugendfilm um die Probleme der Krebserkrankung von Kindern.

24 Stunden aus dem Leben einer Frau **
D 1931 – 73 Min. sw. – R: Robert Land. D: Henny Porten, Walter Rilla, Friedrich Kayßler, Maria Koppenhöfer.
Melodram. Eine nicht mehr ganz taufrische Baronin driftet ins gesellschaftliche Abseits, als sie sich leidenschaftlich in einen jungen Spieler verliebt. Nach einer Novelle von Stefan Zweig.

Vierzehn Jahre Sing-Sing / **
I Walk Alone
USA 1948 – 98 Min. sw. – R: Byron Haskin. D: Burt Lancaster, Lizabeth Scott, Kirk Douglas, Wendell Corey.
Gangsterfilm. Anpassungsprobleme eines Außenseiters, der im Alkoholgeschäft der Prohibitionszeit scheitert, in den Knast wandert und nach vierzehn Jahren Rache nimmt. Aber die Verhältnisse, die sind nicht mehr so, und der schnelle, realistische Film zeigt plausibel, warum.

Der vierzehnte Juli / ** ½
Quatorze Juillet
F 1933 – 95 Min. sw. – R: René Clair. D: Annabella, Georges Rigaud, Pola Illery, Raymond Cordy, Paul Olivier.
Liebesfilm. Während der Feiern zum Nationalfeiertag verliebt sich ein junges Paar, doch wird seine Liebe durch die Eifersucht einer dritten mit Kontakten zum Apachenmilieu gestört; ein liebenswerter Film über die große Liebe, mit Witz und Charme inszeniert; selbst die Ganoven sind fast Biedermänner; Paris à la Romantik.

Vierzig Jahre nach Granada / A un dios desconocido ** ½
E 1977 – 110 Min. – R: Jaime Chávarri. D: Héctor Alterio, Margarita Mas, Angela Molina, Javier Elorriaga, María Rosa Salgado.
Gesellschaftskritischer Film. Studie eines homosexuellen Artisten, der nach dem Verlust des Freundes an eine Frau in Granada Vergessen und Zuflucht sucht, wo er Jahrzehnte zuvor den Mord an dem Dichter García Lorca miterlebte; ein Film über Außenseitertum und Einsamkeit; Gesellschaftskritik aus subjektiv-individueller Sicht und Abrechnung mit Franco-Spanien; mehrfach ausgezeichnet.

40 qm Deutschland ***
BRD 1986 – 80 Min. – R: Tevfik Baser. D: Ozay Fecht, Yaman Okay, Demir Gökgöl.
Zeitkritischer Ehefilm. Ein türkischer Arbeitsemigrant holt seine Frau nach in die BRD; da er tief im Moralkodex seiner Heimat verwurzelt ist, schließt er sie in der Wohnung ein. Das Leben dieser Frau, bestimmt von Ehrenkodex und Gefangensein, fängt der Film kritisch erhellend ein; die klaustrophobische Atmosphäre wird beklemmend spürbar; die türkischen Dialoge mit deutschem Untertitel verstärken den Eindruck des Ghettos, in das Gastarbeiter in der BRD abgedrängt werden.

Vierzig Wagen westwärts / ** ½
The Hallelujah Trail
USA 1965 – 140 Min. – R: John Sturges. D: Burt Lancaster, Lee Remick, Jim Hutton, Pamela Tiffin, Donald Pleasence.
Western. Weibliche Temperenzlerbrigade im Kampf gegen einen kavalleriebewachten Whiskykonvoi, auf den auch Indianer scharf sind; sympathische, etwas zähe

Westernparodie mit einer furiosen »Saufholjagd«; die Cineramaeffekte verlieren im TV an Wirkung.

Viktoria ∗∗
D 1935 – 80 Min. sw. – R: Carl Hoffmann. D: Luise Ullrich, Mathias Wieman, Alfred Abel, Erna Morena, Theodor Loos, Paul Bildt.
Liebesromanze. Das Schloßfräulein Viktoria hat sich unsterblich in den Müllerssohn verliebt, der glaubt, ein Dichter werden zu müssen; natürlich darf die Verbindung aus Standesgründen nicht sein, und so nimmt das Schicksal seinen Lauf; überzeugend Luise Ullrich, Wieman agiert pathetisch; nach einer Novelle von Knut Hamsun.

Vincent van Gogh – ein Leben in Leidenschaft / Lust For Life FLOP
USA 1956 – 115 Min. – R: Vincente Minnelli. D: Kirk Douglas, Anthony Quinn, James Donald, Pamela Brown, Everett Sloane.
Künstlermelodram. Kitschig-bunter Bilderbogen über das Leben des berühmten Malers, pathetisch überhöht bis zur Peinlichkeit. Einziger Lichtblick: Anthony Quinn als Paul Gauguin, der für die Nebenrolle einen Oscar erhielt. Zeigefingerfilm für Collegestudenten der Unterstufe.

Viridiana / Viridiana ∗∗∗∗
E/MEX 1961 – 90 Min. sw. – R: Luis Buñuel. D: Silvia Pinal, Fernando Rey, Francisco Rabal, Margarita Lozano, Teresa Rabal.
Sozialkritische Parabel. Historisch belegte Geschichte einer Novizin, die das christliche Gelübde nicht ablegt und ihr Christentum karitativ auf einem ererbten Gutshof ausübt, den sie zu einem Obdachlosenasyl macht. Ihr Scheitern an ihrer materialistischen Umwelt und an sich selbst nutzt Buñuel (»Das Gespenst der Freiheit«) zu einer bildgesättigten, surrealistisch-frechen und antiklerikalen Verhöhnung falscher Ideale und verkorkster Nächstenliebe.

Viva Cangaceiro / O' Cangaceiro ∗∗
I/E 1969 – 105 Min. – R: Giovanni Fago. D: Tomas Milian, Udo Pagliai, Eduardo Fajardo.
Zeitkritischer Actionfilm. Revolutionsoper im Italostil um Cangaceirobanditen in Brasilien, die 1930 gegen die Willkür der Staatsgewalt zu den Waffen greifen. Bewegtes Filmplagiat besserer Vorlagen aus der Kultur des Hungers und der Gewalt.

Viva Maria! / Viva Maria! ∗∗∗
F/I 1965 – 111 Min. – R: Louis Malle. D: Brigitte Bardot, Jeanne Moreau, George Hamilton, Gregor von Rezzori, Paulette Dubost, Claudio Brook.
Komödie. Maria I und Maria II, die eine gelernte Anarchistin, die andere gelernte Tingeltangelsängerin, lernen für die Revolution und einen Revolutionär leben und lieben und erfinden nebenbei den Striptease; ein fülliger Film voll Aberwitz und sprühender Heiterkeit, der Nachdenklichkeit durch intelligenten Frohsinn weckt.

Viva Zapata / Viva Zapata ∗∗∗
USA 1951 – 108 Min. sw. – R: Elia Kazan. D: Marlon Brando, Anthony Quinn, Jean Peters, Joseph Wiseman.
Starfilm. 1911 erheben sich die mexikanischen Bauern unter Pancho Villa gegen die brutale Diktatur von Porfirio Diaz. Brando als Bauernsohn Zapata ist ein legendärer Revolutionsheld, der zum großen Märtyrer wird. Drehbuch von John Steinbeck. Oscar für Anthony Quinn.

Die Vögel / The Birds ∗∗∗ ½
USA 1963 – 115 Min. Ⓥ CIC. – R: Alfred Hitchcock. D: Tippi Hedren, Rod Taylor, Jessica Tandy, Veronica Cartwright, Suzanne Pleshette, Ethel Griffies, Karl Swenson.
Thriller. Eine reiche Verlegerstochter verfolgt aus Laune einen Anwalt in ein kleines kalifornisches Küstennest und erlebt dort den Generalangriff alles Gefiederten auf die Menschen; auf Spannung zurechtgestutzte Verfilmung einer Erzählung von Daphne du Maurier mit raffiniertesten Special Effects, die atembeklemmende Dauerspannung erzeugen; bemerkenswerte Effekte der Filmmusik.

Vogelfrei / Sans toi ni loi ∗∗∗
F 1985 – 88 Min. Ⓥ VPS. – R: Agnes Varda. D: Sandrine Bonnaire, Macha Meril, Stéphane Freiss.

Melodram. Die Geschichte der wilden Vagabundin Mona, die über die winterlichen Straßen Frankreichs zieht. Ihre Abenteuer, ihre Einsamkeit, ihr Bedürfnis nach absoluter Freiheit machen diesen exemplarischen Frauenfilm zu einem existentiellen Abenteuer. Goldener Löwe auf dem Festival von Venedig 1985.

Der Vogelhändler *
BRD 1962 – 85 Min. – R: Géza von Cziffra. D: Conny Froboess, Peter Weck, Albert Rueprecht, Georg Thomalla, Oskar Sima.
Musikfilm. Leinwandversion der Zeller-Operette um Graf Stanislaus und die Christel von der Post; volkstümlich, musikalisch enttäuschend.

Voller Wunder ist das Leben / A Kid For Two Farthings ** ½
GB 1956 – 96 Min. – R: Carol Reed. D: Diana Dors, Celia Johnson, Joe Robinson, Jonathan Ashmore, David Kossoff, Primo Carnera.
Milieukomödie. Im Osten Londons angesiedeltes Armeleutemärchen um einen Sportler, einen Jungen, ein Zicklein und ein Einhorn. Authentische Milieuzeichnung, wenig überzeugende Konfliktlösungen. Mit Comicheld Primo Carnera.

Völlig falsch verbunden / Boy, Did I Get a Wrong Number! FLOP
USA 1965 – 96 Min. – R: George Marshall. D: Bob Hope, Elke Sommer, Phyllis Diller.
Klamotte. Makler gerät durch falsche Telefonverbindung an einen Sexstar; peinlich dürftig.

Vollmacht für Jack Clifton / Agente 0077 dall'oriente con furone **
I/F/E 1966 – 108 Min. – R: Terence Hathaway. D: Ken Clark, Philippe Hersent, Margaret Lee, Fernando Sancho.
Thriller. Der berühmte Professor und Entdecker der todbringenden Betastrahlen wird entführt und angeblich ermordet; in Wahrheit ist alles ganz anders. Ein Spezialagent wird auf den Fall angesetzt, die Spur führt nach Istanbul. Buntes Spionageabenteuer in James-Bond-Manier.

Vollmondnächte / Les nuits de la pleine lune ** ½
F 1984 – 98 Min. – R: Eric Rohmer. D: Pascale Ogier, Tcheky Karyo, Fabrice Luchini, Virginie Thévenet.
Melodram. Louise lebt in Paris mit ihrem Freund zusammen und hält sich gleichzeitig eine Zweitwohnung in der City, um ihre Vorstellung von Freiheit zu verwirklichen. Filmisch-philosophischer Essay über die neue Jugend.

Der Volltreffer / The Sure Thing **
USA 1984 – 91 Min. Ⓥ Embassy. – R: Rob Reiner. D: John Cusack, Daphne Zuniga, Anthony Edwards.
Collegekomödie. Ein junges Paar, so verschieden wie Sonne und Mond in seinen Vorstellungen und Glückserwartungen, kracht sich während einer Fahrt mit dem Sportwagen, daß die Fetzen fliegen. Flott und frivol.

Volltreffer ins Glück / Lucky Jim ** ½
GB 1957 – 92 Min. sw. – R: John Boulting. D: Ian Carmichael, Terry-Thomas, Hugh Griffith, Sharon Acker, Jean Anderson.
Slapstickkomödie. Ein Dozent soll die Amtseinführung des neuen Rektors organisieren, doch an einem turbulenten Wochenende geht alles daneben; der vor Situationskomik strotzende, ein fröhliches Kuddelmuddel favorisierende Film läßt sich keinen Gag entgehen.

Vom Blitz getroffen / Doppio delitto ** ½
I/F 1977 – 102 Min. – R: Stefano (Steno) Vanzina. D: Marcello Mastroianni, Agostina Belli, Ursula Andress, Peter Ustinov, Jean-Claude Brialy, Gianfranco Barra.
Krimi. Während eines Gewitters werden in Rom ein Elektriker und ein Fürst in dessen Palazzo gleichzeitig vom Blitz getötet, ein einst ins Archiv abgeschobener Kommissar setzt sich auf die Spur des mutmaßlichen Mörders; Vexierspiel von leiser, steigender Spannung, dem ein exzellentes Team prickelnden Reiz gibt.

Vom Dritten keine Spur / The Big Night * ½
USA 1959 – 73 Min. sw. – R: Sidney

Salkow. D: Randy Sparks, Venetia Stevenson, Dick Foran, Dick Contino.
Krimi. Ein Gangster wird beobachtet, als er auf der Flucht seine Beute wegwirft; der junge Finder kommt in Versuchung, doch die Heißgeliebte lenkt seine Begehrlichkeit um; Zeigefingerkrimi mit einigen spannenden Sequenzen.

Vom Satan gezeugt / * ½
Wer bist du? / Chi sei?
I 1974 – 110 Min. Ⓥ VPS. – R: O. Hellman/R. Barrett. D: Juliet Mills, Richard Harrison, Gabriele Lavia.
Gruselfilm. Phantasiearme Neuauflage von Polanskis »Rosemaries Baby« um eine Schwangere, in deren Bauch der Bocksbeinige seine Spuren hinterlassen hat. Viel Grusel um nichts.

Vom Teufel geritten / **
Saddle the Wind
USA 1958 – 80 Min. – R: Robert Parrish. D: Robert Taylor, Donald Crisp, John Cassavetes, Julie London, Charles McGraw.
Western. Ein sehr unterschiedliches Brüderpaar verursacht Konflikte mit dem reichen Rancher Deneen. Nachdem viel Staub aufgewirbelt ist, riecht es in diesem soliden Farmwestern bald nach Pulverdampf.

Vom Winde verweht / ***
Gone With the Wind
USA 1939 – 216 Min. Ⓥ JMV/MGM/UA. – R: Victor Fleming. D: Vivian Leigh, Clark Gable, Leslie Howard, Olivia de Havilland, Thomas Mitchell, Hattie McDaniel, Rand Brooks.
Melodram. Mit zehn Oscars ausgezeichneter Epochenfilm nach dem Roman von Margaret Mitchell um die kapriziöse Liebesleidgeschichte eines sehr unterschiedlichen Paares inmitten der amerikanischen Bürgerkriegswirren des 19. Jahrhunderts. Einer der erfolgreichsten und berühmtesten Filme des Weltkinos.

Von Agenten gejagt / ***
Journey Into Fear
USA 1943 – 71 Min. sw. – R: Norman Foster, Orson Welles (im Vorspann nicht genannt). D: Joseph Cotten, Dolores Del Rio, Orson Welles, Agnes Moorehead, Everett Sloane.
Thriller. Mixtur aus Abenteuer und »Film noir«: ein Fluchtfilm, in dem ein amerikanischer Waffenhändler auf einem Schiff aus der Türkei türmt, um seinen Naziverfolgern zu entkommen. Die klaustrophobische Stimmung der Angst zeichnet dieser düstere Film, den Welles begann und dann entzogen bekam, meisterhaft nach.

Von allen geliebt * ½
BRD 1957 – 100 Min. sw. – R: Paul Verhoeven. D: Magda Schneider, Johannes Heesters, Hans Nielsen, Ann Smyrner, Chariklia Baxevanos.
Komödie. Eine erfolgreiche Frau und Mutter erkennt im Verlobten ihrer Tochter ihre Jugendliebe wieder; Schmonzette, bei der das Drehbuch von allem zuviel bereit hat; zuviel Erfolg, zuviel echte und falsche Verliebtheit; typische Gesellschaftskomödie der Adenauer-Zeit.

Von allen Hunden des Krieges gehetzt / Porta del cannone * ½
I 1969 – 100 Min. – R: Leopoldo Savona. D: Gianna Serra, Horst Frank, Irina Demick.
Partisanenfilm. Ein italienischer Faschist mit Spezialauftrag bemerkt zu spät, daß ihn eine Agentin beschattet; routiniert, ohne besondere Spannung.

Von allen Hunden gehetzt / * ½
The Sellout
GB/Israel 1975 – 98 Min. – R: Peter Collinson. D: Richard Widmark, Oliver Reed, Gayle Hunnicutt.
Thriller. Doppelagenten leben immer am Rande des Abgrunds; das muß auch Oliver Reed erfahren, auf den zwei Geheimdienste in Amerika erbarmungslos Jagd machen. Exagent Widmark weiß einen Ausweg. Actionreißer.

Von Angesicht zu Angesicht / Ansikte mok ansikte ***
S 1975 – 135 Min. Ⓥ VPS. – R, B.: Ingmar Bergman. D: Liv Ullmann, Erland Josephson, Gunnar Björnstrand, Aino Taube.
Psychostudie. Die Abwesenheit ihres Mannes wird zum Auslöser einer Krise im Leben einer Psychiaterin, unversehens gerät sie an den Rand ihrer Existenz

und des Selbstmordversuchs; seziererische Auseinandersetzung mit der Psyche einer Frau, die plötzliche Ungeborgenheit erlebt.

Von Augenblick zu Augenblick / Moment by Moment *
USA 1979 – 90 Min. – R: Jane Wagner. D: Lily Tomlin, John Travolta, Andra Akers.
Liebesfilm. Romanze mit Rollenwechsel, der Mann als Sexobjekt; wegen Travolta uninteressant.

Von Corleone nach Brooklyn / Da Corleone a Brooklyn **
I 1980 – 90 Min. – R: Umberto Lenzo. D: Maurizio Merli, Mario Merola, Van Johnson.
Gangsterfilm. Der Tod eines Mafiabosses verursacht hektische Betriebsamkeit bei der Sonderkommission der Polizei. Wird der düstere Scalia zum Verräter? Mordmelodram aus dem Süden.

Von der Polizei gehetzt / Crime Wave / The City Is Dark **
USA 1954 – 73 Min. – R: André de Toth. D: Sterling Hayden, Gene Nelson, Phyllis Kirk, Ted de Corsia, Charles Bronson.
Gangsterfilm. Seine drei Exkumpane erpressen einen inzwischen glücklich verheirateten Exkriminellen zur Teilnahme an einem Banküberfall; ein harter Film von düsterer Spannung, der die Nähe zur »Schwarzen Serie« nicht konsequent verfolgt.

Von der Terrasse / From the Terrace ** ½
USA 1960 – 80 Min. – R: Mark Robson. D: Paul Newman, Joanne Woodward, Ina Balin, Myrna Loy.
Melodram. Ehegeschichte um ein ungleiches Paar, das Liebe mit Reichtum und Erfolg verwechselt. Theatralische Dramaturgie im besseren Sinne, gute Schauspieler und eine handwerklich perfekte Regie machen den heißen Krieg der Geschlechter identifikationsfähig.

Von der Welt verdammt / Il mondo le condanna ** ½
I 1953 – 91 Min. sw. – R: Gianni Franciolini. D: Alida Valli, Amedeo Nazzari, Claude Nollier, Franco Interlenghi.
Milieukritischer Liebesfilm. Eine Prostituierte, aus Frankreich ausgewiesen, will sich im Zug nach Florenz das Leben nehmen; da begegnet sie einem verheirateten Ingenieur, der sich in sie verliebt. Der melodramatische Film (Kinotitel: »Die von der Liebe leben«) wagt einen offenen Blick auf seinen für die 50er Jahre problematischen Stoff; kaum falsche Töne.

Von Küste zu Küste
siehe: Wilde Flucht nach Kalifornien

Von Mann zu Mann / Da uomo a uomo **
I 1967 – 110 Min – R: Giulio Petroni. D: Lee Van Cleef, John Phillip Law, Carla Cassola, Luigi Pistilli.
Italowestern. Ryan ist der einsame Rächer mit dem schwarzen Sombrero; die Ermordnung seiner Familie muß gesühnt werden, ein betrogener Betrüger hilft ihm dabei auf die Sprünge; routiniert inszeniert, spannungsreich und blutig.

Von Männern, Frauen und Kindern TV-Film
ČSSR – 87 Min. – R: Stanislav Párnickí. D: Olga Solárová, Leopold Haverl, Katka Smotláková, Kamila Magálová, Palko Kornúčik, Sdena Studénková, Stanko Gál, Tatiana Kulišková.
Darstellung von den Schwierigkeiten moderner slowakischer Paare und deren Konsequenzen für die leidtragenden Kinder; einfühlsam.

Von Mensch zu Mensch / D'homme à homme **
F 1948 – 93 Min. – R: Christian-Jaque. D: Jean-Louis Barrault, Bernard Blier, Hélène Perdrière, Louis Seigner.
Biographischer Film. 1859, bei einer Schlacht im französischen Krieg gegen Österreich, entwickelt Henri Dunant die epochale Idee des »Roten Kreuzes«, die vier Jahre später Wirklichkeit wird. Das großangelegte Historiendrama stellt die bedeutende Idee in den Mittelpunkt der Handlung; Hauptdarsteller Barrault spielt seine humane Rolle mit Würde.

Von mörderischer Art / The Killing Kind **
USA 1973 – 90 Min. – R: Curtis Harrington. D: Ann Sothern, John Savage, Ruth Roman.
Horrorfilm. Ein junger Mann wird von

seiner Gang zur Beteiligung an einer Vergewaltigung gezwungen; als einziger verurteilt, sinnt er nach Haftentlassung auf Rache; ein Film von finsterer Brutalität.

Von Rache getrieben / The Halliday Brand ** ½
USA 1957 – 78 Min. sw. – R: Joseph H. Lewis. D: Joseph Cotten, Ward Bond, Viveca Lindfors, Betsy Blair, Bill Williams.
Western. Unversöhnliche Vater-Sohn-Tochter-Beziehung in einem B-Western um Vorurteile, Autorität und Rassismus. Ein kalter, klarer Film – ohne Kompromisse.

Von Stadt zu Stadt / The Waggons Roll at Night * ½
USA 1941 – 82 Min. sw. – R: Ray Enright. D: Humphrey Bogart, Eddie Albert, Sylvia Sidney, Joan Leslie, Sig Ruman.
Melodram. Ein Zirkusdirektor versucht aus Eifersucht, die Liebe seiner Schwester zu zerstören; Bogart in einer seiner schwächsten Rollen in diesem Remake von »Kid Galahad« (1937) mit Edward G. Robinson; 3. Verfilmung (Kid Galahad, 1962) mit Elvis Presley.

Von Zwölf bis Mittag TV-Film
BRD 1986 – 88 Min. – R: Barbara Kappen. D: Helma Fehrmann, Reinhardt Firchow, Nina Hoger.
Die Mutter diskutiert mit dem Staatsschützer, während die Tochter an diesem Silvestertag versucht, aus dem Knast, wo sie wegen Hausbesetzung einsitzt, herauszukommen. Zeitkritisch, spannend, hautnah.

Vor dem neuen Tag / Clash By Night ***
USA 1952 – 102 Min. sw. – R: Fritz Lang. D: Barbara Stanwyck, Paul Douglas, Robert Ryan, Marilyn Monroe.
Melodram. Eine aufregende Frau mit Vergangenheit kehrt in ihr Dorf zurück, um einen einfachen Fischer zu heiraten; doch bald wird ihr das Eheleben langweilig, und sie nimmt sich einen Liebhaber. Atmosphärisch dicht gestaltet, mit symbolträchtigen Licht- und Schatteneffekten und einer hübschen Nebenrolle für MM.

Vor dem Umbruch – Mord / Dead Lucky **
GB 1960 – 60 Min. sw. – R. Montgomery Tully. C: Vincent Ball, Betty McDowell, John LeMesurier.
Krimi. Eine Journalistin gerät in Mordverdacht, als sie im Zockermilieu recherchiert; routiniertes Krimidrama, mäßig spannende Unterhaltung.

Vor den Augen der Welt / Ruby and Oswald **
USA 1977 – 126 Min. – R: Mel Stuart. D: Michael Lerner, Frederic Forrest, Doris Roberts, Lou Frizzell, Bruce French.
Zeitkritischer Film. Stationen der Ereignisse um das Kennedy-Attentat in Dallas, die vermutlichen Täter und das gesellschaftliche Klima des Jahres 1963. Der Film hält sich an das bekannte Geschehen, verwendet Wochenschau- und anderes authentische Filmmaterial und vermeidet Spekulationen; so bleibt er zwar spannend wie eine Mischung aus Kolportage und epischem Theater, bringt aber auch kein Licht ins Dunkel.

Vor den Vätern sterben die Söhne TV-Film
BRD 1981 – 85 Min. sw. – R: Claudia Holldack. D: Eva Mattes, Klaus Pohl, Peter Seum, Margit Symo, Wolfgang Kaven.
DDR, sechziger Jahre: Ein Schlosser fordert einen Studenten zu einer ungewöhnlichen Mutprobe; ein bestürzender Film um existentielle Fragen, nach einer Erzählung von Thomas Brasch.

Vor der Revolution / Prima della revoluzzione ***
I 1964 – 100 Min. – R, B: Bernardo Bertolucci. D: Adriana Asti, Francesco Barilli, Allen Midgette, Morando Morandini.
Zeitkritischer Film. Der Held der Geschichte, der bürgerliche Student Fabrizi, erhofft sich vom Marxismus eine Erneuerung der Gesellschaft, doch seine Träume und Ideale zerbrechen an der Realität der italienischen Society. Poetisch-subtiles Erstlingswerk von Bertolucci, der hier bestimmte Entwicklungen von 1968 vorwegnimmt.

Vor Einbruch der Nacht / ** ½
Juste avant la nuit
F 1971 – 102 Min. – R: Claude Chabrol. D: Michel Bouquet, Stéphane Audran.
Psychodrama. Wie in Trance begeht ein Mann einen Mord an der Frau seines Freundes. Von Schuldgefühlen gequält, gesteht er die Tat seinem Freund und der eigenen Frau, danach geraten die Dinge außer Kontrolle. Mittelstandskrimi aus der französischen Bourgeoisie.

Vor Hausfreunden wird gewarnt / The Grass Is Greener ** ½
USA 1960 – 99 Min. – R: Stanley Donen. D: Cary Grant, Deborah Kerr, Robert Mitchum, Jean Simmons.
Starfilm. Theatralisches Kammerspiel um das elegante Paar im schicken Heim, dessen Glück durch zwei attraktive Freunde aus dem Gleichgewicht gebracht wird. Unterhaltsam, amüsant.

Vor Jungfrauen wird gewarnt *
A 1961/62 – 100 Min. – R: Otto Ambros. D: Gunther Philipp, Heinz Conrads, Gretl Löwinger.
Klamotte. Bumsfidele Serienklamotte um Kleinstadtmoralisten, die dem frechen Liebesleben mit Vereinssatzungen zu Leibe rücken.

Vor uns die Hölle / **
Ten Seconds to Hell
USA 1959 – 90 Min. – R: Robert Aldrich. D: Jack Palance, Jeff Chandler, Martine Carol, Wesley Addy.
Nachkriegsfilm. Wenn der Krieg vorbei ist, bleibt er als schreckliche Erinnerung oder als Abenteuer im Kopf, oder er setzt sich fort im Ruinen-Nachkriegs-Berlin, wo eine Spezialtruppe Bomben entschärft. Spannung, Liebe, Nervenkitzel in einer Zeitzünderstory.

Vor verschlossenen Türen / Knock on Any Door ** ½
USA 1949 – 100 Min. sw. – R: Nicholas Ray. D: Humphrey Bogart, John Derek, George Macready, Allene Roberts.
Justizfilm. Unerträgliches Umfeld und sadistischer Strafvollzug treiben einen jungen Mann zum Polizistenmord; Anwalt Bogart setzt sich für ihn ein; harter Krimi, Polizei- und Justizfilm mit sozialkritischem Anspruch.

Der Vorhang fällt. **
D 1939 – 90 Min. sw. – R: Georg Jacoby. D: Anneliese Uhlig, Hilde Sessak, Elfie Mayerhofer, Gustav Knuth, Rudolf Platte.
Krimi. Im Operetten- und Theatermilieu angesiedeltes Liebesdrama um den Tod einer talentierten Soubrette und ihren verdächtigen Partner; solider Spannungsfilm mit atmosphärischen Elementen.

Der Vormund und sein Dichter TV-Film
CH – 90 Min. – R: Horst Raspe. B: Percy Adlon. D: Rolf Illig.
Zweipersonenstück über die ungewöhnliche Freundschaft zwischen dem chronisch schizophrenen Schweizer Romancier Robert Walser und dem Züricher Kritiker und Herausgeber Carl Seelig; schauspielerisch eindrucksvoll; mehrfach ausgezeichnet.

Vorname Carmen / ***
Prénom Carmen
F/CH 1983 – 81 Min. – R: Jean-Luc Godard. D: Maruschka Detmers, Jacques Bonnaffé, Myriem Roussel, Hyppolite Girardot, Jean-Luc Godard.
Godard-Film. Carmen und ihre Bande wollen einen Industriellen entführen und tarnen das Unternehmen, indem sie vorgeben, einen Dokumentarfilm zu drehen. »Onkel Jean« (Godard) soll mitmachen, benutzt die Rolle aber als Vehikel, um zynisch-witzige Bemerkungen über die Jugend, Zeitprobleme und das Kino zu machen. 1983 Goldener Löwe von Venedig.

Vorsicht Gespenster / ** ½
Hold That Ghost!
USA 1941 – 84 Min. sw. – R: Arthur Lubin. D: Bud Abbott, Lou Costello, Richard Carlson.
Gespensterklamotte. Das Komikerduo Abbott und Costello beginnt als Kellnerpaar, das nach Umwegen über ein Geister(Gangster)haus zum Gastronomenpaar avanciert; genretypische Handlung, umrahmt von der Musik des grandiosen Schnulziers Ted Lewis und dem Swing seiner Showband und der Andrews-Sisters.

Vorsicht, Mr. Dodd ＊＊
BRD 1963 - 95 Min. sw. - R: Günter Gräwert. D: Heinz Rühmann, Ernst Fritz Fürbringer, Maria Sebaldt, Horst Keitel, Mario Adorf, Robert Graf.
Agentenkomödie. Ein Mann macht Geschäfte mit Staatsgeheimnissen. Als er mit einem Flugzeug abstürzt, setzt der britische Geheimdienst einen Doppelgänger ein. Rühmann in einer Doppelrolle löst alle Rätsel mit Witz, Charme und Geschick.

Vorstadtvarieté ＊＊ ½
A 1934 – 93 Min. sw. – R: Werner Hochbaum. D: Luise Ullrich, Mathias Wieman, Oskar Sima, Hans Moser.
Liebesromanze. Die Tochter eines Varietéehepaars und ein schmucker Bauzeichner lieben sich, dennoch will er ihr vorschreiben, was sie zu tun hat. Der amüsante Film zeigt die kleinen Probleme des Alltags, verlagert ins Varietémilieu, mit Neugier, Sympathie und Sinn für kleine Wirkungen.

Vorwärts, Armee Gottes! / ＊＊＊
Yuki yukite shingun
J 1987 – 117 Min. – R: Kazuo Hara. D: Kenzo Okuzaki, Kichitaro Yamada.
Dokumentarfilm. 36 Jahre nach dem Zweiten Weltkrieg will Kenzo, Überlebender der Kämpfe in Neuguinea, den Tod zweier Kameraden aufklären, er betrachtet sich selbst als einzigen Soldaten einer »Armee Gottes der Gleichen«; in seiner Rebellion gegen Militärs, die sich nach dem Krieg der Verantwortung für ihre Verfehlungen entziehen wollen, greift er sogar den Tenno an. Beispiel radikaler Vergangenheitsbewältigung in Japan, Hauptpreis auf dem Festival du Réel Paris 1988.

Vorwiegend heiter / ＊＊ ½
It's Always Fair Weather
USA 1955 – 98 Min. – R: Gene Kelly, Stanley Donen. D: Gene Kelly, Dan Dailey, Michael Kidd, Cyd Charisse.
Musikrevue. Zehn Jahre nach ihrer Entlassung aus der Army treffen drei Kameraden in New York zufällig zusammen. Sie haben nichts Besseres zu tun, als eine glanzvolle Broadwayshow aufzuziehen. Songs, Stepdancing, Entertainment vom Besten.

Voyou – der Gauner / ＊＊ ½
Le voyou
F/I 1970 – 120 Min. – R, A: Claude Lelouch. D: Jean-Louis Trintignant, Charles Denner, Danièle Delorme, Christine Lelouch.
Krimi. Ein Paar träumt vom besseren Leben und versucht, das durch eine Kindesentführung zu realisieren; ein stimmiges, eindringlich gespieltes Krimistück; dessen gelegentlich herrlich groteske Puzzleteile in manchmal verwirrenden Rückblenden ausgebreitet und zusammengefügt werden.

Vulcanus, der Titan / ＊＊
Vulcano, figlio di Giove
I 1961 – 80 Min. – R: Emimmo Salvi. D: Gordon Mitchell, Bella Cortez, Annie Gorassini, Furio Meniconi.
Lustspiel. Mars und Vulcanus streiten sich um Venus, was für die Menschen Ungemach bedeutet; verunglückte Mythenparodie, die vor allem in Augenblikken unfreiwilliger Komik unerwarteten Glanz erhält.

W

Der Wachsblumenstrauß / Murder at the Gallop **
GB 1963 – 78 Min. – sw. – R: George Pollock. D: Margaret Rutherford, Robert Morley, Dame Flora Robson, Duncan Lamont.
Krimi. Vor Miss Marples Augen bricht plötzlich ein alter Mann tot zusammen, unerschrocken folgt die resolute Lady ihrer Spürnase, die sie zu einem besonders raffinierten Mörder führt. Die köstliche Margaret Rutherford und eine Reihe netter Details machen auch diesen Agatha-Christie-Krimi zu einem zwar nicht aufregenden, aber anregenden Filmvergnügen.

Der Wächter Murtaza TV-Film
Türkei – 95 Min. – R: Ali Özgentürk. D: Müdjat Gezen, Güler Ökten, Damla Akarsu, Nesslihan Gün, Halil Ergun.
Tragikomödie um einen obrigkeitshörigen Expolizisten, der die Gefahren schafft, die er bekämpfen will.

Waffe des Teufels / Le toubib **
F 1979 – 93 Min. Ⓥ Constantin. – R: Pierre Granier-Deferre. D: Alain Delon, Véronique Jannot, Bernard Giraudeau, Michel Auclair, Cathérine Lachens.
Kriegsvision. Im Europa des Jahres 1993 wird ein Krieg mit raffinierter High-Tech geführt; ein zynisch gewordener Rotkreuzarzt findet in der Liebe zu einer Krankenschwester wieder zu Lebensmut und Hoffnung, doch die Geschichte endet tragisch; weder das Kriegsgrauen noch die Auflehnung dagegen wird glaubhaft, das Unhappy-End erstarrt in sentimentalen Bildern.

Wagonmaster
siehe: Westlich St. Louis

Wahl der Waffen / Le choix des armes ** ½
F 1981 – 135 Min. – R: Alain Corneau. D: Yves Montand, Gérard Depardieu, Cathérine Deneuve, Michel Galabru.
Gangsterfilm. Alter und junger Gangster in Konkurrenz. Montand und Depardieu, Stil gegen Spontaneität, Gelassenheit gegen Wildheit; der eine schmückt sich mit einem Luxusliebchen, der andere ballert um sich. Nihilistisches Melodram voll bitterer Ironie und schwarzer Akzente.

Das Wahlergebnis TV-Film
BRD 1986 – 90 Min. – R: Joachim Roering. B: Hanno Lunin. D: Michael Degen, Volkert Kraeft, Rosemarie Fendel, Peter Striebeck, Uwe Friedrichsen, Jörg Pleva, Gerd Baltus.
Die Routine einer Wahlsendung wird durch plötzliche unerklärliche Unruhe durchbrochen; hintergründige Satire über Politpoker und Medienzauber.

Der Wahlk(r)ampf / Left, Right and Center ** ½
GB 1959 – 90 Min. sw. – R: Sidney Gilliat, Frank Launder. D: Ian Carmichael, Alastair Sim, Patricia Bredin.
Komödie. Ein durch TV bekannter Wissenschaftler wird von seinem Onkel, einem Lord, zum konservativen Kandidaten getrimmt, er verliebt sich in seine Labour-Gegnerin; Groteske, Mediensatire und Politparodie auf britische Art extra dry.

Der Wahnsinn des Dr. Clive
siehe: Die teuflische Falle

Ein wahrer Held / Hero at Large ** ½
USA 1970 – 95 Min. – R: Martin Davidson. D: John Ritter, Anne Archer, Bert Convy.
Fantasysatire. Der stellungslose Schauspieler Steve tritt als Reklame für einen Comic-Helden auf und kann damit zwei Ganoven in die Flucht schlagen. Hinfort macht er als Superman die Straßen von New York unsicher. Vergnügliche Satire auf die Mythen unserer Zeit.

Die Wahrheit über Rosemarie ∗∗
BRD 1959 – 102 Min. sw. – R: Rudolf Jugert. D: Belinda Lee, Walter Rilla, Paul Dahlke, Jan Hendriks, Hans Nielsen.
Sittenfilm. Spekulativ auf den eher satirischen Nitribitt-Film »Das Mädchen Rosemarie« bezogener Sittenkrimi, der sich an die nicht völlig geklärten Fakten des berühmten Mordfalls zu halten versucht; bemüht, aber nicht sehr inspiriert.

Der Waldbauernbub TV-Film
A 1983 – 90 Min. – R: Hermann Leitner. D: Martin Löschberger, Harald Gauster, Florentin Groll, Renate Hohn.
Eine Weihnachtsgeschichte mit Motiven aus dem Leben von Peter Rosegger, der Erlebnisse aus seiner Jugend erzählt; ein Zeitbild über arme Waldbauern und eine Darstellung ihres christlichen Lebensmuts.

Waldhausstraße 20 TV-Film
BRD 1960 – 105 Min. sw. – R: John Olden. D: Friedrich Domin, Hellmut Lange, Antje Weißgerber, Heinrich Gretler.
Das Berliner Gemeindehaus eines schwedischen Pfarrers ist eine Notadresse für Naziverfolgte; eindringlicher, engagierter Film mit exzellenter Besetzung.

Waldrausch ∗∗
BRD 1977 – 101 Min. – R: Horst Hächler. D: Uschi Glas, Alexander Stephan, Siegfried Rauch.
Heimatfilm. Schon vor dem Zweiten Weltkrieg gab es beim Bau eines Staudamms in den bayrischen Alpen so etwas wie ein Gastarbeiterproblem. In dieser Verfilmung des Ganghofer-Romans mischen sich Elemente des Alpenmelodrams mit denen des Katastrophenfilms.

Waldwinter ∗ ½
BRD 1956 – 92 Min. – R: Wolfgang Liebeneiner. D: Rudolf Forster, Helene Thimig, Claus Holm, Sabine Bethmann, Gert Fröbe, Klaus Kinski, Beppo Brem.
Heimatfilm. 1945 flieht ein betagter Baron mit seiner schlesischen Dorfgemeinschaft nach Bayern und versucht einen Neuanfang; Vehikel für die Feststellung, daß im Wirtschaftswunder-Deutschland alle in einem Boot saßen, wenn auch nicht alle am Ruder.

Walkman Blues TV-Film
BRD 1985 – 90 Min. – R: Alfred Behrens. D: Heiko Deutschmann, Jennifer Capruru.
Eine Liebesgeschichte aus dem Berlin von heute. Arbeitslosigkeit, Verweigerung, Verzweiflung – man setzt den Walkman auf und blendet sich aus der Wirklichkeit aus.

Wallenstein TV-Film
BRD 1987 – 165 Min. – R: Franz-Peter Wirth. D: Thomas Holtzmann, Krista Stadler, Irina Wanka, Rolf Becker, Jacques Breuer, Manfred Andrae, Rita Russek.
Fernsehbearbeitung (von Franz-Peter Wirth und Bernt Rhotert) des Schiller-Dramas; psychologisierende, dennoch sehr vorlagengetreue Adaption, die die härteren Seiten der Charaktere herausarbeitet.

Die Walsche TV-Film
I – 95 Min. – R: Werner Masten. B: Werner Masten, Joseph Zoderer, nach dessen gleichnamigem Roman. D: Marie Colbin, Lino Capolicchio, Johannes Thanheiser, Martin Abram, Remo Remotti.
Einer Südtirolerin, die einen Italiener geheiratet hat, daher »Walsche« genannt, wird in beiden Sprachkreisen das Leben zur Hölle gemacht; eindrucksvoller, engagierter Film gegen Intoleranz und Borniertheit.

Walt Disney: Lefty, der Luchs / Lefty, the Dingaling Lynx ∗∗ ½
USA 1971 – 90 Min. – R: Winston Hibler. D: Ron Brown, Stout Harrison.
Tierfilm. Tolle Tier- und Landschaftsaufnahmen in einem Spiel-Dokumentarfilm um eine lustige Freundschaft zwischen Luchs, Schlittenhündin und den Königen der Wildnis im Staate Washington. Brillant fotografiert.

Ein Walzer für Dich ∗∗ ½
D 1934 – 78 Min. sw. – R: Georg Zoch. D: Heinz Rühmann, Adele Sandrock, Camilla Horn, Louis Graveure, Theo Lingen, Wilhelm Bendow.
Musikalisches Lustspiel. Eine junge attraktive Fürstin regiert das Land Palamo,

eines Tages taucht ein Tenor auf, der den Thron will; mit seinem Freund richtet er sich in der behaglichen Umgebung ein, Komplikationen entstehen. Das langsame, betagte Lustspiel aus einer anderen Kinozeit, im Gegensatz zum heutigen Filmkonsum im Fernsehen, amüsiert durch harmlose Probleme aus einer Operettenwelt.

Walzer der Toreros / Waltz of the Toreadors / The Amorous General ** ½
GB 1961 – 100 Min. – R: John Guillermin. D: Peter Sellers, Dany Robin, Margaret Leighton, John Fraser, Cyril Cusack.
Komödie. Am Tag seiner Pensionierung trifft ein General seine alte Liebe wieder, mit der er einst – bereits verheiratet – den »Walzer der Toreros« tanzte; heitermelancholische Adaption der »traurigen Farce« von Jean Anouilh; exzellent als mild-charmanter Frauenfreund Peter Sellers, den die neurotische Eifersucht seiner tyrannischen Frau um sein Lebensglück bringt.

Ein Walzer um den Stephansturm **
A 1935 – 78 Min. sw. – R: J. A. Hübler-Kahla. D: Olga Tschechowa, Gusti Huber, Leo Slezak, Wolf Albach-Retty.
Historienfilm. Eine Fürstin kommt nach Wien, um ein Mädchen zu adoptieren; das führt zu Verwicklungen, Liebeshändeln und allerlei Aufregungen. Humorig-anspruchslos.

Walzerkrieg ** ½
D 1933 – 80 Min. sw. – R: Ludwig Berger. D: Renate Müller, Willy Fritsch, Paul Hörbiger, Adolf Wohlbrück.
Singspiel. Die beiden Walzerkönige Strauß und Lanner spielen gegeneinander um den Führungsanspruch in Wien; dem Musikkrieg muß Lanners Tochter ihre Liebe opfern, doch es gibt ein Happy-End. Der frischfröhliche Operettenspaß mit traurigen Tupfern unterhält angenehm.

Wanda / Wanda ** ½
USA 1971 – 98 Min. OmU. – R: Barbara Loden. D: Barbara Loden, Michael Higgins, Charles Dosiman.
Frauenfilm. Die Arbeiterin Wanda, ohne Selbstwertgefühl, da ständig herumgestoßen, zieht ziellos umher; ihre flüchtigen Männerbekanntschaften helfen ihr wenig weiter; eindringlich und berührend.

Wann sehen wir uns wieder, Grelu? / Ursule et Grélu *
F 1973 – 90 Min. – R: Serge Korber. D: Annie Girardot, Bernard Fresson, Renard Dubillard, Jean le Poullain.
Komödie. Eine Schiffshavarie trennt ein junges Liebespaar; etwas zu anspruchslose Rolle für Girardot.

Wann, wenn nicht jetzt ** ½
BRD 1987 – 85 Min. – R: Michael Junkker. D: Hans-Peter Hallwachs, Friedrich von Thun, Hannelore Schroth, Gudrun Gabriel.
Liebesfilm. Die brüderlichen Freunde Heinrich und Franz, erfolgreich der eine, begabt, aber ein Verliertyp der andere, treffen mit der Frau, um die sie einst gemeinsam kämpften, nach vierzig Jahren zusammen. Dieses gealterte Trio spielt nun die Eifersucht von früher noch einmal durch, und es kommt zu einem unheimlichen Totentanz im spanischen Ronda, wohin Debütregisseur Juncker (früher Assistent von Doris Dörrie) seine Helden schickt; melodramatisches, sensibles Spiel, psychologische Grundwahrheiten, filmisch nicht ausgereift.

The War Game / The War Game TV-Film
GB 1967 – 47 Min. sw. OmU. – R, B: Peter Watkins.
Dokumentarischer Spielfilm. Visualisierung des atomaren Holocaust; Sensationserfolg der BBC, als Antiatom-Dokumentation wie auch als Film.

War Time – Angriff im Morgengrauen / La furia dei giganti * ½
I 1971 – 110 Min. Ⓥ SCALA. – R: José Antonio De La Loma. D: Simon Andrew, Patty Shepard, Daniel Martin, Raf Hernandez.
Kriegsfilm. Im spanischen Bürgerkrieg bewältigt ein junger Leutnant eine fast aussichtslose Situation; Militärabenteuer ohne Spannung.

Wargames – Kriegsspiele / Wargames ** ½
USA 1983 – 108 Min. – R: John Badham.

D: Matthew Broderick, Dabney Coleman, John Wood, Ally Sheedy.
Kriegsspiel-Film. Ein superintelligenter Junge »hackt« in das Frühwarnsystem der Regierung und löst um ein Haar den Dritten Weltkrieg aus; poppig, spannend und unterhaltsam; großer Erfolg bei Youngstern.

Warlock / Warlock ***
USA 1959 – 121 Min. – R: Edward Dmytryk. D: Richard Widmark, Henry Fonda, Anthony Quinn, Dorothy Malone, Dolores Michaels, Wallace Ford, Tom Drake, DeForest Kelley.
Western. Banditen sichern ihre Herrschaft über eine kleine Stadt durch Terror, einer steigt aus und muß sich den Weg auf die andere Seite des Gesetzes auch gegen den legendären Marshal mit den »goldenen Colts« und dessen Freund erkämpfen; nervös inszenierter und doch geradliniger Edelwestern, vielschichtig und mit bitterer Moral; Paraderollen für drei gelassen agierende Stars, allen voran Quinn als verzweifelte »böse Klapperschlange«, die dem lakonischen Marshal (Fonda) den Rücken freihält; Widmark beeindruckt durch knöchernes Herumstehen.

Warteliste zur Hölle *
BRD/E/GB 1966 – 90 Min. – R: Iwan de Orduna. D: Wayde Preston, Reinhard Kolldehoff, Kai Fischer, Helga Sommerfeld.
Thriller. Ein Verräter verbirgt sich in den eigenen Reihen, das gibt trickreiche Arbeit für den CIA – Agentenfilm, aufgebaut auf Klischees.

Warten auf Beethoven TV-Film
BRD 1984 – 85 Min. – R,B: Roland Schraut. D: George Byrd, Jane Palmer, Giacomo Herby, Ruth Gassmann.
Eine junge Frau muß sich mit zwei völlig wesensverschiedenen Dirigenten herumschlagen, dem einen, einem genialischen Karriereverweigerer, hat sie die Freundschaft aufgekündigt; so schlittert sie durch Musikintrigen und Rivalitäten; amüsant.

Warten auf den Mond / ** ½
Waiting for the Moon
USA 1986 – 84 Min. – R: Jill Godmilow. D: Linda Hunt, Andrew McCarthy, Linda Bassett, Bernadette Lafont.
Filmbiographie. Gertrude Stein, die legendäre in Paris lebende Autorin der »Lost Generation«, setzte ihrer Lebensgefährtin, Sekretärin, Haushälterin und Kritikerin Alice B. Toklas ein literarisches Denkmal, das diese ironische Filmstudie in nostalgische Bilder faßt; dabei treten in der Pariser Bohème Hemingway, Picasso, Apollinaire und andere Zeitgenossen auf; heiteres Porträt einer ungewöhnlichen Frauenfreundschaft.

Warten auf Regen / ** ½
Čekání na déšť
ČSSR 1978 – 80 Min. – R: Karel Kachyňa. D: Dita Kaplanová, Zdeněk Sedláček, Ladislava Kozderová.
Kinderfilm. Während der Ferien ihrer Freunde erträumt sich eine Zwölfjährige den Regen, der von der Sommerhitze erlöst, und darüber hinaus Geschichten mit ihr als Traumheldin; ein preisgekrönter Film über Freundschaft und Phantasie.

Wartezimmer zum Jenseits **
BRD 1964 – 82 Min. sw. – R: Alfred Vohrer. D: Hildegard Knef, Götz George, Richard Münch, Carl Lange.
Krimi. Routinierter Verfolgungskrimi um einen Onkelmord und seine Folgen. Bewährte Kost für deutsche Kinonormalverbraucher, glatt und spannend serviert.

Warum hab' ich bloß zweimal ja gesagt? **
A/I 1969 – 90 Min. – R: Franz Antel. D: Lando Buzzanca, Terry Torday, Willy Millowitsch, Andrea Rau, Raffaela Carra, Heinz Erhardt.
Komödie. Gelungene Darstellung der Hauptrolle durch Lando Buzzanca, der einen Schlafwagenschaffner und Bigamisten spielt: Eine seiner Frauen sitzt in Rom, die andere in München. Turbulenzen liegen in der Luft.

Warum mußte Staatsanwalt Traini sterben? / ***
Perchè si uccide un magistrato?
I 1974 – 105 Min. – R: Damiano Damiani. D: Franco Nero, Marco Gugliemi, Françoise Fabian.

Politthriller. Verwickelter Mordfall in Palermo, mit Mafiabeteiligung oder nicht? Bei der Spurensuche in diesem hochspannenden Thriller, der politische Realität aufdeckt und Land und Leute Siziliens plausibel macht, stößt ein Regisseur auf überraschende Tatsachen.

Was der Himmel erlaubt / All That Heaven Allows ** ½
USA 1955 – 87 Min. – R: Douglas Sirk. D: Rock Hudson, Jane Wyman, Agnes Moorehead.
Melodram. Auf die unstandesgemäße Liebesromanze einer gutbürgerlichen Witwe reagiert die Umwelt mit Häme und Ironie; akkurate Gesellschaftsstudie.

Was diese Frau so alles treibt / The Thrill of it All ***
USA 1962 – 104 Min. – R: Norman Jewison. D: Doris Day, James Garner, Arlene Francis.
Familienkomödie. Aparte Ehefrau wird für die Seifenwerbung entdeckt und vernachlässigt ihre Familie, der Gatte betreibt bald eigenwillige Krisenstrategie. Day und Garner als brillantes Gespann in einer unterhaltsamen, gagsicheren Komödie.

Was Flügel hat, fliegt TV-Film
A 1984 – 70 Min. – R, B: Heinz Vegh. D: Hilke Ruthner, Justus Neumann, Johanna Teicht, Rudolf Schippel.
Eine Wiener Familie macht Urlaub in Jugoslawien und erlebt ein Abenteuer, als das Auto in einem kroatischen Dorf stehenbleibt.

Was geschah letzte Nacht? / Remember Last Night? ** ½
USA 1936 – 80 Min. sw. OmU. – R: James Whale. D: Edward Arnold, Robert Young, Constance Cummings, George Meeker.
Thriller. Auf einer dubiosen Party gerät ein junges Ehepaar in einen Mordfall hinein und nur nach komplizierten Bemühungen, die der Film optisch ansprechend schildert, wieder hinaus. Schockmeister Whale (»Frankenstein«) hat das Ganze plausibel gebaut und erzählt es spannend und mit atmosphärischer Dichte.

Was geschah wirklich mit Baby Jane? / What Ever Happened to Baby Jane? **
USA 1962 – 90 Min. – R: Robert Aldrich. D: Bette Davis, Joan Crawford, Victor Buono.
Psychodrama. Zwei Schwestern geraten in eine Hölle der Emotionen. Die eine kann den Erfolg der anderen nicht verwinden.

Was gibt's Neues, Pussy? / What's New, Pussycat? ***
USA 1965 – 108 Min. – R: Clive Donner. D: Peter O'Toole, Romy Schneider, Peter Sellers, Capucine, Paula Prentiss, Ursula Andress, Woody Allen, Edra Gale.
Sexkomödie. Zu den Hauptpatienten eines grotesk geschädigten Psychoanalytikers (Sellers) gehört ein Modejournalist, der seiner Dauerverlobten seine Amouren verheimlichen will; aberwitzige Verwicklungen mit mehr oder weniger dezenten Parodien auf Sex- und Potenzverhalten führen zu einem chaotischen Finale mit einem turbulenten Happy-End; erster Filmauftritt von Woody Allen, der auch das Drehbuch schrieb; ein Spaß für Fans der Screwball-comedy.

Was hast du denn im Krieg gemacht, Papi? / What Did You Do in the War, Daddy? ** ½
USA 1966 – 120 Min. – R: Blake Edwards. D: James Coburn, Dick Shawn, Sergio Fantoni.
Kriegsklamotte. Die US-Army 1943 auf dem Vormarsch auf Sizilien, doch die Stadt Valerno will in Ruhe ihr Weinfest feiern. Der irrwitzige, groteske Filmspaß von Edwards (»Frühstück bei Tiffany«) nimmt das Kriegsgeschehen auf die Schippe.

Was ist denn bloß mit Willi los? **
BRD 1970 – 82 Min. – R: Werner Jacobs. D: Heinz Erhardt, Ralf Wolter, Helen Vita, Ruth Stephan, Willy Reichert.
Komödie. Heinz Erhardt als Steuerinspektor will kurz vor seiner Pensionierung noch ein paar gute Werke tun; das schafft Chaos im Amt. Finanzbeamtenposse mit Pointen und Hintersinn.

Was nützt dem toten Hund ein Beefsteak? / Mr. Ricco **
USA 1975 – 94 Min. – R: Paul Bogart. D: Dean Martin, Eugene Roche, Thalmus Rasulala, Denise Nicholas.
Krimi. Ein cleverer Anwalt setzt sich für einen farbigen Bürgerrechtler ein, der des Polizistenmords verdächtigt wird; nicht sehr einfallsreich, doch mit guter Auflösung des Krimirätsels.

Was Sie schon immer über Sex wissen wollten / Everything You Always Wanted to Know About Sex, But Were Afraid to Ask ***
USA 1972 – 95 Min. – R: Woody Allen. D: Woody Allen, Louise Lasser, John Carradine, Lou Jacobi, Anthony Quayle, Burt Reynolds, Gene Wilder, Tony Randall, Lynn Redgrave.
Sexkomödie. Satire über die dokumentarischen Versuche, das Sexleben »in den Griff« zu kriegen. Sieben Episoden mit unterschiedlicher Thematik, in denen wissenschaftliches und aufklärerisches Pathos lächerlich gemacht werden; Sexologie als Slapstick.

Was soll denn nur aus Vater werden? / A Family Upside Down TV-Film
USA 1978 – 95 Min. – R: David Lowell Rich. D: Fred Astaire, Helen Hayes, Efrem Zimbalist jr.
Gefühlsbeladenes Melodram über ein älteres Ehepaar, das unerwartet abhängig wird von seinen erwachsenen Kindern. Fred Astaire gewann für die Rolle den »Emmy«-Award.

Was treibt die Maus im Badehaus? FLOP
BRD 1975 – 76 Min. – R: Siggi Götz. D: Franz Muxeneder, Willy Harlander, Jürgen Schilling, Marie Ekorre, Gina Janssen.
Klamotte. Zwei Honoratioren wollen Bangkoks Sündenmeilen erkunden, doch im Flugzeug sitzt auch der Dorfpfarrer; unappetitliches, dümmliches, sexistisches und rassistisches Machwerk um den unsäglichen Sextourismus.

Was wird aus Laura? TV-Film
GB 1981 – 95 Min. – R: Martin Lavut. D: Jennifer Jewison, Neil Dainard, Deborah Kipp, Tom McCamus.
Jugendprobleme aus England: Laura hat null Bock auf Schule, streift durch die Stadt und hängt in Discos herum. Sie verliebt sich in Chris, aber das löst auch nicht alle Fragen.

Was zu beweisen war TV-Film
BRD 1986 – 90 Min. – R: Peter Weck. D: Martin Held, Brigitte Mira, Gisela Trowe, Peter Fricke.
Wilhelm Kaiser, von seinen Kollegen in der verruchten Berliner Ganovenkneipe auch »Kaiser Wilhelm« genannt, war einst ein gerissener Geldschrankknacker. Nun sucht ein Filmteam einen Spezialisten für dieses Fach und erlebt sein blaues Wunder. Originelle Story – Bombenrolle für Martin Held.

Der Waschsalon TV-Film
USA – 60 Min. – R: Robert Altman. B: Marsha Norman. D: Carol Burnett, Amy Madigan, Michael Wright.
In der beklemmenden Atmosphäre eines Waschsalons bei Nacht treffen sich zwei Frauen aus völlig verschiedenen Lebensbereichen; intensives Psychogramm.

Wasser / Water ** ½
GB 1985 – 86 Min. – R: Dick Clement. D: Michael Caine, Valerie Perrine, Brenda Vaccaro, Leonard Rossiter.
Kolonialkomödie. Auf einer Karibikinsel zeigt sich der Kolonialismus von seiner schönsten und lebenslustigsten Seite; als eines Tages eine Mineralwasserquelle zu sprudeln beginnt, wird die Insel zum Spielball internationaler Spekulanten-Haie, doch die kleinen Fische retten ihre Aussteigeridylle mit Witz, Phantasie und Subversion; ein übersprudelnder Film, der die Weltpolitik lustvoll naß macht.

Wasser für Canitoga ** ½
D 1939 – 113 Min. sw. – R: Herbert Selpin. D: Hans Albers, Charlotte Susa, Josef Sieber, Hilde Sessak.
Hans-Albers-Film. Ingenieur Albers läßt die Fäuste fliegen und rettet das Wasserprojekt am Mount Jefferson gegen finstere Saboteure. 1905 war das noch einfach – ein Kinnhaken, und die Bahn war frei. Der Film von 1939 glaubt das und erzählt eine haarsträubend naive, jedoch spannende und vom blonden Draufgänger gegen alle dramaturgischen Regeln

sympathisch heruntergespielte Geschichte.

Wasser für die Blumen TV-Film
BRD – 90 Min. – R: Marcus Scholz. B: Ralf Griff. D: Grit Böttcher, Claus Biederstaedt, Roswitha Schreiner, Stefan Gossler, Barbara Schöne.
Zwei TV-Preispaare auf Mallorca: viel Fernsehrummel, Ehrungspathos und hohles Liebesglück, das unter blauem Himmel schnell abblättert. Hübsche Satire auf öffentliches Zähneblecken und privates Zähnefletschen.

Das Wasser kocht / ** ½
Hot Water
USA 1924 – 53 Min. sw. Stf. – R: Sam Taylor, Fred Newmeyer. D: Harold Lloyd, Jobyna Ralston, Josephine Crowell.
Harold-Lloyd-Film. Harold, der scheue Artist, hat einen ganzen Familienclan geheiratet. Er sinnt auf Abhilfe, und bald fällt ihm auch das Passende ein. Ein typischer Lloyd: witzig, schnell, halsbrecherisch.

Waterloo / Waterloo ** ½
I/UdSSR 1969 – 133 Min. ⓥRCA Columbia. – R: Sergej Bondartschuk. D: Rod Steiger, Christopher Plummer, Orson Welles, Virginia McKenna, Gianni Garko, Michael Wilding, Jack Hawkins.
Historienfilm. Aufwendiges Monumentalspektakel um Napoleons letzte Schlacht 1815, das die Dynamik des Massentötens als Schicksal anekdotisch verbrämt und die Ausführung von Strategien als mentalen Kampf überlegener Intelligenzen darstellt; Plummer überzeugt als Wellington, Steiger hat in Szenen als gelegentlich augenrollend grimassierender Napoleon Momente unfreiwilliger Komik; eindrucksvoll die authentische Rekonstruktion und deren visuelle Umsetzung, die im TV an Wirkung verliert.

The Weavers / ***
The Weavers: Wasn't That a Time
USA 1982 – 78 Min. – R: Jim Brown. D: Lee Hays, Pete Seeger, Fred Hellerman, Ronnie Gilbert.
Musikfilm. Dokumentation des Wiedertreffens des legendären Folksong-Quartetts der vierziger und fünfziger Jahre, seiner musikalischen Karriere, seines politischen Engagements und des letzten Auftritts in der Carnegie Hall; witzig und erinnerungsträchtig.

Webster ist nicht zu fassen / The Thief Who Came to Dinner **
USA 1971 – 100 Min. – R: Bud Yorkin. D: Ryan O'Neal, Jacqueline Bisset, Warren Oates, Jill Clayburgh.
Krimikomödie. Der Computerfachmann Webster findet einen raffinierten Weg, als Juwelendieb in der Upperclass Karriere zu machen. Intellektuell verspielt, aber ohne Tempo.

Wechselvolle Jahre / **
Gli anni struggentili / Il concorrente
I 1979 – 87 Min. – R: Vittorio Sindoni. D: Fabio Traversa, Laura Lenzi, Gabriele Ferzetti.
Melodram. Der Sohn eines bekannten Pädagogen kommt 1960 nach Rom an die Universität; anstatt sein Studium abzuschließen, verliebt er sich in eine Kommilitonin, das mißfällt dem Vater. Zeitdokument der sechziger Jahre – etwas langatmig.

Weekend / Week-End ***
F/I 1967 – 105 Min. – R: Jean-Luc Godard. D: Mireille Darc, Jean Yanne, Jean-Pierre Léaud, Juliet Berto, Anne Wiazemski.
Zeitkritischer Film. Daß alles Eisen zu Schrott werden will, demonstriert Kinorevolutionär Godard (»Außer Atem«) am Beispiel eines Verkehrschaos an einem Pariser Wochenende in einem reflektierenden, obszönen, zupackenden Thesenfilm, der die kaputten Liebesverhältnisse als Besitzverhältnisse und die Erste Welt als Gefängnis in der Dritten Welt bloßstellt.

Weekend im Waldorf / ** ½
Weekend at the Waldorf
USA 1945 – 130 Min. sw. – R: Robert Z. Leonard. D: Ginger Rogers, Lana Turner, Walter Pidgeon, Van Johnson.
Melodram. Zweite Filmadaption von Vicky Baums Roman »Menschen im Hotel« und Remake des Garbo-Klassikers von 1932, dieser Version in Melodramatik und Milieuschilderung kaum unterlegen.

Der Weg der Verdammten / ** ½
Buck and the Preachers
USA 1972 – 102 Min. Ⓥ RCA Columbia. – R: Sidney Poitier. D: Sidney Poitier, Harry Belafonte, Ruby Dee, Cameron Mitchell, Nita Talbot.
Western. Böse Söldner jagen befreite Sklaven, zwei von ihnen, einer ist ein recht bizarrer Priester, wollen nach Westen entkommen; Poitier kann die Anfangsspannung seines Regiedebüts nicht bis zum Ende durchhalten; Musik von Jazzer Benny Carter.

Der Weg durch die Hölle TV-Film
USA – 80 Min. Ⓥ atlas. – R: Linda Yellen. D: Roy Scheider, Liv Ullmann, Sam Robards.
Melodramatischer Politthriller um einen amerikanischen Journalisten, der während der argentinischen Militärdiktatur Folter und Willkür ausgesetzt ist. Versuch lateinamerikanischer Vergangenheitsbewältigung.

Der Weg ins Freie ** ½
D 1941 – 106 Min. sw. – R: Rolf Hansen. D: Zarah Leander, Hans Stüwe, Agnes Windeck, Eva Immermann, Siegfried Breuer.
Melodram. Eine umschwärmte Primadonna muß sich zuerst zwischen zwei Männern und dann gegen ihre Karriere entscheiden; Frauendrama, dessen gelegentliche Sentimentalität von den Darstellern glänzend überspielt wird.

Der Weg ins Verderben / * ½
La strada buia
I 1949 – 87 Min. sw. – R: Sidney Salkow, Marino Girolami. D: Janis Paige, Massimo Serato, Giovanni Fostini, Antonio Cento.
Krimi. Ein Versicherungsagent verdächtigt eine Exbarsängerin, ihren reichen Mann getötet zu haben; gute Schauspielerleistungen.

Weg mit Schaden / TV-Film
Les bons débarras
CDN 1979 – 116 Min. (auch als OoU.) – R: Francis Mankiewicz. D: Marie Tifo, Charlotte Laurier, Germaine Houde, Louise Marleau.
In einsamer Gegend nahe Quebec versucht eine 13jährige, die Liebe ihrer Mutter zu gewinnen; ihre Eifersucht treibt ihren Onkel in den Tod; intensive Psychostudie über Liebe und Haß, Einsamkeit und Suche nach Lebenssinn.

Der Weg nach Bali / ** ½
The Road to Bali
USA 1952 – 90 Min. – R: Hal Walker. D: Bob Hope, Dorothy Lamour, Bing Crosby, Murvyn Vye, Ralph Moody, Peter Coe.
Komödie. Zwei vom Schicksal und eigener Trottelei gebeutelte Showmänner retten eine Schöne aus den dräuenden Krallen des Bösen; einziger Farbfilm der »Weg nach ...«-Reihe des Gespanns Hope/Lamour/Crosby, zwischen Slapstick und Screwball-comedy angesiedelt und mit skurrilen Gags bestückt; als Gäste u. a. Humphrey Bogart und Katharine Hepburn.

Der Weg nach Hongkong / **
The Road to Hong Kong
GB 1961 – 90 Min. sw. – R: Norman Panama. D: Bing Crosby, Bob Hope, Dorothy Lamour, Joan Collins, Robert Morley, David Niven, Frank Sinatra, Dean Martin.
Komödie. Bing und Bob diesmal als scheinbar smarte Gauner in Hongkong; schwächere Screwball-comedy aus der »Weg nach ...«-Serie mit zum Teil weniger witzigen Anspielungen auf die USA- und UdSSR-Weltraumsucht; TV-Biest Collins in einer hektischen Nebenrolle; urkomisch David Niven in einer kleinen Szene als »Lady Chatterley«-besessener Lama; beachtlich der swingende Vorspann und das Finale.

Der Weg nach Marokko / ** ½
The Road to Morocco
USA 1942 – 83 Min. sw. – R: David Butler. D: Bing Crosby, Dorothy Lamour, Bob Hope, Dona Drake, Anthony Quinn, Yvonne De Carlo.
Komödie. Bing verkauft Bob als Sklaven; und beide sind, ebenso wie ein Scheich, hinter der schönen Lamour her; witzig in eine Schiffbruch-Rahmenhandlung verpackte lockere Serien-Gagshow.

Der Weg nach Rio / The ***
Road to Rio
USA 1947 – 100 Min. sw. – R: Norman

Z. McLeod. D: Bing Crosby, Bob Hope, Dorothy Lamour, Gale Sondergaard, Frank Faylen, The Wiere Brothers.
Komödie. Ein weiblicher Finsterling (Sondergaard) bedroht Lamour, doch die verkrachten Musiker und blinden Passagiere Bing und Bob tun alles, um sie zu retten – das ist meist das Falsche; skurril witziger Schlußpunkt der Serie mit einem Team in Höchstform.

Der Weg nach Sansibar / The Road to Zanzibar ∗∗
USA 1941 – 92 Min. sw. – R: Victor Schertzinger. D: Bing Crosby, Bob Hope, Dorothy Lamour, Una Merkel, Eric Blore.
Komödie: Die mittellosen Zirkusartisten Bing und Bob suchen eine Diamantenmine; Lamour steht etwas am Rand der Handlung, die deshalb den üblichen Pfiff der Serie eher vermissen läßt.

Der Weg nach Singapur / The Road to Singapore ∗ ½
USA 1940 – 85 Min. sw. – R: Victor Schertzinger. D: Bing Crosby, Bob Hope, Dorothy Lamour, Anthony Quinn.
Komödie. Bing und Bob schwören der Liebe ab und treffen auf ihrem abenteuerlichen Trip in die exotische Inselwelt auf das Sarong-Girl Dorothy – da ist es um sie geschehen. Mittelmäßige Songs und Gags, der erste »Der Weg nach . . .«-Filme des berühmten Duos ist nicht der beste.

Der Weg nach Utopia / The Road to Utopia ∗∗∗
USA 1945 – 86 Min. sw. – R: Hal Walker. D: Bing Crosby, Bob Hope, Dorothy Lamour, Hillary Brooke, Douglass Dumbrille, Jack LaRue.
Komödie. Bing und Bob auf Schatzsuche, diesmal in Alaska und wie immer mit der schönen Lamour; die Handlung ist noch versponnener als in den anderen »Weg nach . . .«-Filmen, doch hier geht's um Jux in Reinkultur.

Der Weg nach Westen / The Way West ∗ ½
USA 1967 – 115 Min. – R: Andrew V. McLaglen. D: Kirk Douglas, Robert Mitchum, Richard Widmark, Lola Albright.
Western. 1843 zieht ein Treck auf dem Oregon-Trail nach Westen. Sein Anführer ist der besessene Senator Tadlock, der sich von seinem Sklaven zwecks Läuterung auspeitschen läßt. Masochistisches Pionierdrama.

Weg ohne Ziel / The Hard Part Begins ∗∗
CDN 1976 – 86 Min. – R: Paul Lynch. D: Donnelly Thodes, Nancy Belle Fuller, Paul Bradley, Linda Sorenson.
Milieufilm. Einfühlsame Story um einen Countrysänger, dessen Lebensweg beschwerlich wird, weil er sein Niveau nicht halten kann; seine Geliebte läßt ihn im Stich, und auch in der Band kriselt es. Der Film gewährt kritische Einblicke in die gar nicht glamourösen Kulissen des Musikgeschäfts und kommentiert darüber hinaus ein Stück zeitgenössischen Lebens in Kanada.

Wege im Zwielicht ∗ ½
BRD 1949 – 83 Min. sw. – R: Gustav Fröhlich. D: Gustav Fröhlich, Johanna Lepski, Sonja Ziemann.
Melodram. Drei Jugendliche geraten unter Mordverdacht und fliehen über die Dörfer. Unterhaltungsfilm aus dem kargen Nachkriegsdeutschland, wenig überzeugend in der Dramaturgie.

Wege zum Ruhm / Paths of Glory ∗∗∗ ½
USA 1957 – 85 Min. – R: Stanley Kubrick. D: Kirk Douglas, Ralph Meeker, Adolphe Menjou, George Macready.
Antikriegsfilm. Ein ganzes Regiment wird im Ersten Weltkrieg von der französischen Generalität verheizt. Die Rebellion dagegen nimmt ein bitteres Ende. Kubrick (»2001«) geißelt den sinnlosen Krieg als Grabenkampf von Geisteskranken, die am Leben vorbeileben. Seine genaue Psychostudie zeigt das niederschmetternde Fazit militärischen Denkens.

Wehe, wenn sie losgelassen ∗
BRD 1958 – 80 Min. – R: Géza von Cziffra. D: Peter Alexander, Bibi Johns, Ruth Stephan, Josef Egger, Brigitte Mira.
Musikklamotte. Gutsbesitzer Alexander

liebt den Jazz und die Frauen. Mit beidem rettet er seinen Gutshof in diesem nichtssagenden, anspruchslosen filmischen Lückenfüller aus der Misere, nicht aber das Lustspiel.

Weiberregiment ** ½

D 1936 – 84 Min. sw. – R: Karl Ritter. D: Heli Finkenzeller, Erika von Thellmann, Oskar Sima, Erna Fentsch.

Schwank. Eine junge Hoferbin kann sich gegen die Männerwirtschaft nicht durchsetzen, ihre Tante nimmt resolut den Kampf auf und will die Knechte durch Mägde ersetzen; munteres Bauernstück ohne allzuviel Deftiges, das die Einsicht vermittelt: Ganz ohne Männer geht die Chose nicht.

Weiche Betten, harte Schlachten / Soft Beds And Hard Battles / Undercover Hero * ½

GB 1975 – 91 Min. – R: Roy Boulting. D: Peter Sellers, Lila Kedrova, Curd Jürgens.

Kriegsklamotte. In Madame Greniers Etablissement treffen sich die Kontrahenten des Krieges, doch eines Tages ist der Teufel los. Peter Sellers, in sechs Rollen, gewinnt das irre Kriegsspiel allein, aber der Film kracht in sämtlichen dramaturgischen Scharnieren.

Die Weiche steht auf Tod / Disaster on the Coastliner TV-Film

USA 1979 – 100 Min. – R: Richard Sarafian. D: Lloyd Bridges, Raymond Burr, Robert Fuller, Pat Hingle, E. G. Marshall.

Zwei Züge in rasender Fahrt, von einem Computerspinner auf Kollisionskurs gebracht. Der Thriller verfolgt hektisch und mäßig einfallsreich den Weg von der sich abzeichnenden Katastrophe bis hin zum glücklichen Ende. Durchschnittlich.

Der Weidenbaum TV-Film

BRD 1984 – 100 Min. – R: Sohrab S. Saless. D: Josef Stehlik, Peter Stanik, Milan Drotar.

Fassungslos erlebt ein alter Müller, der einen Mord anzeigen und die Beute abliefern will, die korrupte Bürokratie; episch breite Verfilmung einer Tschechow-Novelle; gelassene, eindringliche Erzählweise.

Weihnachten im Juli / Christmas in July ***

USA 1940 – 65 Min. sw. – R: Preston Sturges. D: Dick Powell, Ellen Drew, Raymond Walburn, William Demarest.

Komödie. Ein Mittelloser glaubt, das große Los gezogen zu haben, und verfällt in einen Konsumrausch; spritzig und entlarvend.

Weihnachten mit Willi TV-Film

BRD – 60 Min. – R, B: H. Eisendle, K. Faudon. D: Karin Kienzer, Klaus Rohrmoser, Konstanze Breitebner.

Als ein Heimzögling ein Mädchen aus gutem Haus kennenlernt, sieht er die Chance, sein Leben neu zu ordnen; problembewußt und engagiert.

Das Weihnachtsgeschenk / Regalo di natale ** ½

I 1986 – 100 Min. – R, B: Pupi Avati. D: Diego Abatantuono, Gianni Cavina, Allesandro Haber, Carlo Delle Diane.

Spielerfilm. Fünf Männer leihen sich am Heiligen Abend eine Villa, um bei gutem Essen und Wein einige Pokerrunden auszutragen; dabei geht es um Freundschaft, die Vergangenheit, Falschspiel und den großen Gewinn; spannendes Charakterdrama, unsentimental und realistisch.

Eine Weihnachtsgeschichte / Scrooge ** ½

GB 1951 – 74 Min. sw. – R: Brian Desmond Hurst. D: Alastair Sim, Mervyn Johns, Michael Hordern, Hermione Baddeley.

Weihnachtsmärchen. Verfilmung der Charles-Dickens-Erzählung »A Christmas Carol« vom bösen Geizkragen Ebenezer Scrooge, der zum Wohltäter der Armen wird; ein hervorragend gespielter Klassiker des Weihnachtsfilms; stimmungsvoll und liebenswert.

Die Weihnachtsklempner TV-Film

DDR – 90 Min. – R: Helmut Krätzig. B: Peter Graetz, Lotti Schawohl. D: Ulrich Thein, Daniel Minetti, Janina Hartwig, Petra Blossey.

Zwei Klempner mit eigenen Problemen erleben im Weihnachtsdienst drei Schicksale, die sie betroffen machen; ein Film mit Herz und viel Berliner Humor.

Weihnachtsurlaub / ∗∗
Christmas Holiday
USA 1944 – 93 Min. sw. – R: Robert Siodmak. D: Deanna Durbin, Gene Kelly, Richard Whorf, Gale Sondergaard.
Melodram. Nachtklubsängerin in New Orleans heiratet Upperclass-Schönling, der sich als Mörder und Psychopath entpuppt. Liebe, Hörigkeit, Erotik bestimmen dieses dunkle Mordmelodram nach Somerset Maugham, in dem die Beziehung der Liebenden mit Wagners »Tristan«-Thema effektvoll untermalt wird.

Weiß sie, wie man Kuchen backt? / Café New York / Can She Bake a Cherry Pie? ∗∗ ½
USA 1983 – 87 Min. – R: Henry Jaglom. D: Karen Black, Michael Emil, Henry Jaglom, Micheal Margotta, Frances Fisher.
Liebesromanze. Moderne Manhattan-Frau, gerade vom Mann verlassen, trifft Fitneßfreak, und beide probieren eine spröde Romanze aus, die bald auf schwere Proben gestellt wird. Der gagreiche, milieugenaue Film liebt seine Figuren und läßt sie lebendig agieren; wunderbar beide Hauptdarsteller.

Weiße Blumen für die Toten / Ahasin polawatha ∗∗ ½
Sri Lanka 1977 – 90 Min. sw. – R: Lester James Peries. D: Tony Ranasinghe, Sriyani Amarasena, Schanti Lekha.
Melodram. Ein Arzt hat seine sensible Frau langsam zugrunde gerichtet; Erinnerungen befallen ihn quälend; eine einfühlsame Ballade über eine leidgeprüfte Liebe und den Tod; preisgekrönter Film um den Widerstreit zwischen Tradition und Moderne.

Die weiße Dämmerung / ∗∗ ½
The White Dawn
USA 1974 – 85 Min. – R: Philip Kaufman. D: Warren Oates, Timothy Bottoms, Simonie Kopapik, Louis Gossett jr.
Abenteuerfilm. Um die Jahrhundertwende werden drei Walfänger von Eskimos gerettet und in den Stamm aufgenommen, Alkohol bringt den tödlichen Konflikt; ein effektvoll fotografiertes Arktisabenteuer, nach einer wahren Begebenheit an Originalschauplätzen mit halbdokumentarischen Sequenzen sorgfältig und berührend verfilmt.

Weiße Fracht für Hongkong ∗
BRD/F/I 1964 – 90 Min. – R: Helmut Ashley. D: Horst Frank, Maria Perschy, Dietmar Schönherr, Brad Harris.
Actionkrimi. Doppelleben eines Geschäftsmannes, der heimlich mit Rauschgift schiebt und seinen großen Schnitt plant. Die verworrene Story nimmt ihren Lauf mit viel Lärm und Gewalt, aber wenig Sinn für Erzählkunst.

Weiße Fracht für Rio / ∗∗
Cargaison blanche
F 1937 – 90 Min. sw. – R: Robert Siodmak. D: Käthe von Nagy, Jean-Pierre Aumont, Jules Berry, Marcel Dalio.
Krimi. Mädchenhandel zwischen Barcelona und Rio, ein knallharter Stoff, von Altmeister Siodmak (»Die Wendeltreppe«) gekonnt in eine komödiantisch angehauchte Liebesaffäre zwischen zwei denselben Fall recherchierenden Pressemenschen verpackt.

Weiße Frau am Kongo / ∗∗ ½
White Witch Doctor
USA 1953 – 92 Min. – R: Henry Hathaway. D: Robert Mitchum, Susan Hayward, Walter Slezak, Mashood Ajala.
Abenteuerfilm. Ein Großwildjäger bringt eine halsstarrige Frau, die unbedingt als Krankenschwester im Dschungel arbeiten will, zum Arbeitsplatz, da aber gibt's Gefahren in opulenten Landschaften; eher konventionelles Wildnisabenteuer.

Der weiße Hai / Jaws ∗∗∗
USA 1974 – 120 Min. Ⓥ CIC. – R: Steven Spielberg. D: Roy Scheider, Richard Dreyfuss, Robert Shaw, Lorraine Gary.
Thriller. Mörderisch spannender Abenteuerfilm um den Riesenhai, der die Sommersaison eines Ostküstenbadeorts in die Miesen bringt. Drei Männer stellen das gefräßige Untier in einem mythischen Duell. Perfekte Kinounterhaltung.

Der weiße Hai 2 / Jaws II ∗∗
USA 1978 – 112 Min. Ⓥ CIC. – R: Jeannot Szwarc. D: Roy Scheider, Murray Hamilton, Lorraine Gary, Mark Gruner, Joseph Mascolo, Jeffrey Kramer, Collin Wilcox.

Thriller. Von Regie und Teilen der Besetzung her schwacher Nachfolger von Steven Spielbergs Sensationserfolg; nur der Killerhai funktioniert wie gewohnt.

Der weiße Hai 3-D / Jaws 3-D ✻✻

USA 1983 – 97 Min. Ⓥ CIC. – R: Joe Alves. D: Dennis Quaid, Bess Armstrong, John Putch, Louis Gossett jr., Simon MacCorkindale.

Thriller. Fortsetzung der alten Hai-Oper mit der nachgewachsenen Generation des Personals. Der Sohn des früheren Hai-Polizisten ist Chefingenieur einer Meeresshow in Florida; alle in seiner Umgebung leiden unter dem Trauma »großer weißer Hai«; die Katastrophe bleibt nicht aus: Haie des Unterwasserzirkus machen sich selbständig, eine neue Jagd beginnt. Im Kino als dreidimensionales Massaker, im Fernsehen ohne die 3-D-Brille, was jedoch einen klareren Durchblick auf die Schwächen des Drehbuchs ermöglicht; solider Fisch-Film, ohne die mythologischen Schauer seiner Vorgänger.

Weiße Hölle / High Ice TV-Film

USA 1980 – 95 Min. – R: Eugene S. Jones. D: Tony Musante, Madge Sinclair, Dorian Harewood, Warren Stevens.

Drei Amateurkletterer werden bei ihrem Wochenendausflug in die Berge in den Konflikt zwischen einem schrulligen alten Ranger und seinem Kontrahenten, einem Colonel, verwickelt. Spannender Thriller, atmosphärisch dicht.

Die weiße Hölle vom Piz Palü ✻✻✻

D 1929 – 90 Min. sw. Tonfassung des urspr. Stf. – R: Dr. Arnold Fanck. D: Leni Riefenstahl, Gustav Dießl, Ernst Petersen, Mizzi Götzel.

Bergfilm. Ein fanatischer Bergsteiger opfert sich, um die Rettung eines jungen Paares in Bergnot zu ermöglichen; die Bergfilmpioniere Fanck und Chefkameramann Sepp Allgeier schufen einen Film von magischer, expressiver Schönheit, der unter ungeheuren Strapazen entstand (wenig Studio-, kaum Trickaufnahmen); ein Hohelied der Bergkameradschaft, das nicht nur deshalb fragwürdig wurde, weil die Nationalsozialisten es vereinnahmten; zu den Mythen des Genreklassikers gehören die noch immer faszinierenden fliegerischen Kabinettstückchen von Ernst Udet, später »des Teufels General«.

Der weiße Hund von Beverly Hills / White Dog ✻✻ ½

USA 1981 – 89 Min. – R: Samuel Fuller. D: Kristy McNichol, Paul Winfield, Burl Ives, Jameson Parker, Lynne Moody.

Literaturverfilmung. Der »weiße Hund« ist unvermittelt aufgetaucht wie eine mythische Erscheinung; er ist von Weißen abgerichtet, Menschen dunkler Hautfarbe zu zerfleischen. Gewalt, die sich elementar und blutig äußert – nach einer Erzählung von Romain Gary.

Weiße Margeriten / Eléna et les hommes ✻✻

F/I 1956 – 85 Min. – R: Jean Renoir. D: Ingrid Bergman, Mel Ferrer, Jean Marais, Magali Noël, Olga Valéry.

Liebesfilm. Eine verwitwete polnische Adlige erlebt im Paris der Belle Epoque Liebe, Eifersucht, politische Intrigen und sinnlosen Ehrgeiz; die Liebesgeschichte wird zum mit bemühtem Witz und Charme gezeichneten Gesellschaftspanorama der Zeit kurz vor der Jahrhundertwende; präzis rekonstruierte Dekors ersetzen den kritischen Biß früherer Renoir-Filme; nostalgische Unterhaltung mit einigen Klamottengags.

Die weiße Rose ✻✻ ½

BRD 1982 – 119 Min. Ⓥ Ufa. – R: Michael Verhoeven. D: Lena Stolze, Wulf Kessler, Oliver Siebert, Ulrich Tukur, Martin Benrath, Anja Kruse, Werner Stocker.

Politdrama. 1942 tauchen an der Münchener Universität die Flugblätter der »Weißen Rose« auf, die zum Widerstand gegen die Nazis aufrufen. Dokumentarischer Spielfilm über den Kreis um die Geschwister Scholl, spannend und von authentischer Atmosphäre; ein düsteres Kapitel deutscher Geschichte.

Der weiße Schatten / The Dark Corner ✻✻

USA 1946 – 99 Min. sw. – R: Henry Hathaway. D: Mark Stevens, Lucille Ball, Clifton Webb, William Bendix.

Detektivfilm. Privatschnüffler klärt seinen eigenen Fall auf. Nach seiner Haftentlassung stellt er verbissene Nachforschungen an, wird von einem Mann im weißen Anzug verfolgt und schließlich das Opfer eines psychopathischen Kunsthändlers. Der rabenschwarze »Film noir« von Altmeister Hathaway (»Der Todeskuß«) zieht alle Register des Verwirrspiels.

Der weiße Scheich / ** ½
Lo sceicco bianco
I 1952 – 85 Min. sw. – R: Federico Fellini. D: Alberto Sordi, Leopoldo Trieste, Brunella Bovo, Giulietta Masina.
Liebesfarce. Erster allein gestalteter Film Fellinis (»Julia und die Geister«) um die romantische Liebe einer jungen Frau zum Helden eines Fotoromans und ihre Desillusionierung. Bereits mit all den Motiven und Manierismen, die Fellini-Filme auszeichnen.

Der weiße Sohn der Sioux / The Savage ** ½
USA 1952 – 95 Min. – R: George Marshall. D: Charlton Heston, Susan Morrow, Peter Hanson, Joan Taylor.
Indianerwestern. Weißer Mann bei Indianern gerät in Gewissenskonflikte, als es zum Kampf kommt. Dynamisch gespielt von Heston, glaubwürdige, Klischees fast vermeidende Regie von Marshall, tragikumwitterte Handlung.

Der weiße Traum ** ½
D 1943 – 90 Min. sw. – R: Géza von Cziffra. D: Olly Holzmann, Wolf Albach-Retty, Lotte Lang, Oskar Sima, Hans Olden.
Revuefilm. Ein erfolgreicher junger Mann, Theaterarchitekt, verliebt sich in eine junge Frau, die zur Eistänzerin trainiert wird; sie gesteht ihm ihre heimliche Liebe zum Theater; ein flott inszenierter, gekonnt fotografierter Film mit einem charmanten jugendlichen Liebhaber Albach-Retty.

Weiße Weihnachten / **
White Christmas
USA 1954 – 120 Min. Ⓥ CIC. – R: Michael Curtiz. D: Bing Crosby, Danny Kaye, Rosemary Clooney, Vera-Ellen, Dean Jagger.
Musical. Zwei Ex-GIs helfen ihrem ehemaligen Offizier, einen Wintersportort populär zu machen; einfache Handlung mit zwei gutaufgelegten Stars als Vehikel für hörenswerte Irving-Berlin-Evergreens.

Weiße Wolke Carolin **
DDR 1985 – 85 Min. – R: Rolf Losansky. D: Andreas Roll, Constanze Berndt, Steffen Raschke.
Kinderfilm. Ein Elfjähriger und seine Klassenkameradin erleben ihre erste große Liebe; seine Eifersucht und sein Imponiergehabe bringen ihn auf eine gefährliche Idee; einfühlsame Umsetzung des Kinderbuchs von Klaus Meyer.

Die weißen Zwerge TV-Film
BRD 1989 – 75 Min. sw. – R, B: Dirk Schäfer. D: Nirit Sommerfeld, Michael Schech, Julia Lindig.
Friedrich und Ramona, ein junges Paar, leben in einer gemeinsamen Wohnung in Berlin; sie arbeitet als Kassiererin in einem Kaufhaus, er ist Koch; die scheinbar intakte Beziehung ist von Mißverständnissen und Konflikten geprägt, die unter der Oberfläche bleiben und an denen der Mann schließlich zerbricht; moderne lakonische Romanze, beachtlicher Debütfilm.

Weißer Oleander / ** ½
Dragonwyck
USA 1946 – 106 Min. sw. – R: Joseph L. Mankiewicz. D: Gene Tierney, Vincent Price, Glenn Langham, Walter Huston, Anne Revere.
Gruselfilm. Eine junge Gesellschafterin heiratet um 1840 nach dem Tod ihrer Herrin den Witwer und gerät in eine Folge wohlgetimter Schrecknisse; dramaturgisch überladener, aber atmosphärisch stimmiger Psychohorrorfilm.

Weißes Gift
siehe: Berüchtigt / Notorious

Der weite Himmel / Das Geheimnis der Indianerin / The Big Sky ***
USA 1952 – 114 Min. sw. – R: Howard Hawks. D: Kirk Douglas, Dewey Martin, Elizabeth Threatt, Arthur Hunnicutt.
Indianerwestern. Zwei Männer werden nach einer Prügelei Freunde, schließen sich einem Pelzhändler an und fahren mit seiner Mannschaft den Missouri hinauf;

dabei geht es um Whisky, Überfälle, Intrigen, betrogene Indianer und Profite im Pelzgeschäft; ein schöner, unspektakulärer Film aus jener Zeit, als die Natur noch sauber war; ein Western über eine Männerfreundschaft und die Sehnsucht des weißen Mannes nach der fremden Frau.

Das weite Land ** ½
BRD/A/F 1986 – 99 Min. – R: Luc Bondy. D: Michel Piccoli, Bulle Ogier, Jutta Lampe, Dominique Blanc.
Literaturverfilmung. Die Frau eines Lebemannes lebt in keuscher Treue, bis ihr Verzicht auf die Liebe ihren Verehrer in den Tod treibt. Die hervorragend synchronisierte deutsche Fassung dieser Schnitzler-Verfilmung mit großen französischen Schauspielern registriert die moralischen Veränderungen der Zeit in subtilen psychologischen Regungen und mit betörend schönen Bildern.

Der weite Ritt / The Hired Hand ** ½
USA 1971 – 98 Min. Ⓥ CIC. – R: Peter Fonda. D: Peter Fonda, Warren Oates, Verna Bloom, Robert Pratt.
Spätwestern. Drei Satteltramps geraten von einer üblen Situation in die nächste; ein böser, rüder Film; sein »Easy Rider«-Image ließ Fondas Regiedebüt reichlich prätentiös geraten.

Der weite Ritt der Gelben Rose **
R 1980 – 120 Min. – R: Doru Nastase. D: Florin Piersic, Marga Barbu, Ion Marinesti.
Abenteuerfilm. Mitglieder einer Untergrundorganisation wollen den Schatz der »Gelben Rose« gegen Waffen für die Revolution austauschen; monumentales Spektakel.

Weitere Abenteuer der Familie Robinson in der Wildnis / Further Adventures of the Wilderness Family **
USA 1978 – 92 Min. – R: Frank Zuniga. D: Robert F. Logan, Susan D. Shaw, Heather Rattray, Ham Larsen.
Naturabenteuerfilm. Ein Schneesturm tobt, Mutter liegt krank im Bett, Wölfe streichen ums Haus, die Kinder sind tapfer, und Vater kommt bei dem Versuch, Hilfe zu holen, unter eine Lawine – aber am Ende wird alles gut; fröhliche Wildnisabenteuer für die ganze Familie.

Weites Land / The Big Country ***
USA 1958 – 160 Min. – R: William Wyler. D: Gregory Peck, Carroll Baker, Jean Simmons, Charlton Heston, Chuck Connors.
Western. In Thema, Durchführung und Besetzung hochkarätiges Westernschulstück über einen pazifistischen Ostküsten-Gentleman und seine Konflikte mit den rauhbeinigen, chauvinistischen Pionieren im Inneren des weiten Kontinents. Großangelegte, süffige Studie von Altmeister Wyler (»Ben Hur«), der mit überlegener Hand die Klischees von Land, Leuten und Genre durcheinanderwirbelt.

Die Welle / The Wave TV-Film
USA 1981 – 45 Min. Ⓥ atlas film + av. – R: Alex Grasshoff. D: Bruce Davison, Laurie Lethin, John Putch, Johnny Doran.
Um Schülern die Mechanismen faschistischer Machtergreifung zu verdeutlichen, veranlaßt ein Lehrer ein entsprechendes Rollenspiel; deklamatorisches Experiment mit Zeigefingermoral.

Die Welt der Suzie Wong / The World of Suzie Wong **
GB 1960 – 125 Min. – R: Richard Quine. D: William Holden, Nancy Kwan, Sylvia Syms, Michael Wilding.
Liebesfilm. Amerikanischer Künstler verliebt sich in asiatische »Bordsteinschwalbe«. Der vor Ort im stimmungsvollen Hongkong gedrehte, spannende und melodramatische Film beeindruckt durch authentisches Milieu.

Die Welt dreht sich verkehrt * ½
A 1946 – 86 Min. sw. – R: J. A. Hübler-Kahla. D: Hans Moser, Karl Skraup, Thea Weis, Josef Meinrad.
Komödie. Mit Hilfe eines magischen Rings kann sich ein alter Nörgler in die von ihm so geliebten »guten alten Zeiten« versetzen und erlebt seine blauen Wunder; gute Schauspielerleistungen.

Weltkatastrophe 1999 – Die Prophezeiungen des Nostradamus / Catastrophe 1999 – Prophecies of Nostradamus ∗∗
J 1975 – 90 Min. – R: Toshio Masuda. D: Keijn Kobayashi, Tetsuro Tamba, Toshio Kurosawa, Kaoru Yumi.
Katastrophenfilm. Ein Umweltwissenschaftler warnt vor dem Weltkollaps und stützt sich auf die astronomischen Berechnungen des Nostradamus. Die schlicht inszenierte, handwerklich biedere Zukunftsschau rechnet bemüht mit dem Technikwahn und der Unvernunft der Naturzerstörung ab.

Weltraum-Kommando S. H. A. D. O. / UFO ∗ ½
GB 1976 – 90 Min. – R: Alan Perry. D: Edward Bishop, George Sewell.
Science-fiction-Film. Eine Weltraumbehörde versucht, zunächst vergeblich, mit UFOs Kontakt aufzunehmen; SF-Abenteuer aus dem Umfeld der TV-Serie »UFO«.

Wem die Sonne lacht / The Sun Shines Bright ∗∗ ½
USA 1953 – 92 Min. sw. – R: John Ford. D: Charles Winninger, Arleen Whelan, John Russell, Stepin' Fetchit, Milburn Stone.
Komödie. Stilisierte Kriegserinnerungen im Veteranenkreis von Sezessionskriegern verklären die Aktivitäten eines gütig-milden Bezirksrichters, der um die Jahrhundertwende in einer Kleinstadt in Kentucky den guten Engel der Gerechtigkeit spielt; humorvoller Anekdotenfilm mit präzis charakterisierten Originalen und Typen.

Wem die Sterne leuchten / Four Girls in Town ∗∗ ½
USA 1956 – 85 Min. – R: Jack Sher. D: George Nader, Julie Adams, Gia Scala, Marianne Koch, Elsa Martinelli, Sidney Chaplin.
Hollywoodmelodram. Vier junge Schauspielerinnen kommen nach Hollywood, um für einen Monumentalfilm getestet zu werden; Ruhm und Romantik heißen ihre Sehnsüchte, und schnell entwickeln sich vier Liebesgeschichten. Der kontrastreiche, routinierte Genrefilm mit exzellenter Musik von Alex North liefert nebenbei interessante Einblicke in Sitten und Gewohnheiten der Traumfabrik; Amerika-Debüt von Marianne Koch (M. Cook).

Wem die Stunde schlägt / For Whom the Bell Tolls ∗∗ ½
USA 1943 – 125 Min. – R: Sam Wood. D: Gary Cooper, Ingrid Bergman, Leo Bulgakov, Vladimir Sokoloff, Akim Tamiroff, Katina Paxinou.
Literaturverfilmung. Hemingways Roman über den Spanischen Bürgerkrieg in einer zurechtgeschliffenen, sentimentalisierten Version; eindrucksvolle Fotografie und Filmmusik; Oscar für Katina Paxinou für die beste weibliche Nebenrolle.

Wem gehört die Stadt? / Bullets or Ballots? ∗∗ ½
USA 1936 – 75 Min. sw. – R: William Keighley. D: Edward G. Robinson, Joan Blondell, Humphrey Bogart, Barton MacLane, Frank McHugh.
Krimi. Ein Polizist wird in eine Gang eingeschleust, doch er gerät in eine Falle. Der spannende Film mit Bogart in einer frühen Rolle mündet in einen Schußwechsel, den »Bogie« nicht überlebt; in seiner späteren Glanzzeit wäre ihm das nicht passiert; Keighley führt straffe B-Picture-Regie.

Wendekreis des Krebses / Tropic of Cancer ∗∗ ½
USA 1969 – 87 Min. – R: Joseph Strick. D: Rip Torn, James Callahan, Ellen Burstyn, David Bauer, Phil Brown.
Literaturverfilmung. Adaption des Romans von Henry Miller über seine nicht ganz hasenreinen frühen Jahre in Paris; die Direktheit der Millerschen Sexualität geht in einem Film unter, dessen Hauptverdienst das Wagnis seiner Realisierung ist.

Wendel ∗∗ ½
CH 1987 – 57 Min. sw. – R: Christoph Schaub. D: Daniel Buser, Kriton Kalaitzides, Lilo Wicki, Andreas Löffler, Tiziana Jeimini.
Homosexuellenfilm. Ein Mann begegnet seinem früheren Geliebten wieder; Erinnerungen und neue Wünsche vermischen sich in einem stillen und doch streitbaren

Film um schwule Liebe, dem aggressivere Stellungnahme hätte zugute kommen können.

Die Wendeltreppe / ***
The Spiral Staircase
USA 1946 – 80 Min. sw. – R: Robert Siodmak. D: Dorothy McGuire, George Brent, Ethel Barrymore, Rhonda Fleming.
Thriller. Alte abgelegene Villa, Gewitter, ein unschuldiges junges Mädchen allein mit dem Killer. Mit dieser klassischen Voraussetzung arbeitet dieser elektrisierende, spannende Psychoreißer von Siodmak (»Der rote Korsar«) unnachahmlich. Virtuos eingesetzte dramaturgische Pointen und Lichtwirkungen. Der Film mit dem teuflischsten Blick der Filmgeschichte.

Wenig Chancen für morgen / Odds Against Tomorrow ** ½
USA 1959 – 96 Min. – R: Robert Wise. D: Harry Belafonte, Robert Ryan, Gloria Grahame, Shelley Winters.
Gangsterfilm. Drei Ganoven geraten sich beim Vorhaben, eine Bank auszurauben, in die Haare. Die Handlung des Films brutalisiert ihren Konflikt systematisch. Wise (»West Side Story«) thematisiert darüber hinaus die Rassenfrage, Homosexualität und psychothisches Verhalten. Gut besetzter (herausragend Belafonte) und straff inszenierter Actionfilm.

Wenn abends die Heide träumt **
BRD 1952 – 98 Min. sw. – R: Paul Martin. D: Rudolf Prack, Viktor Staal, Margot Trooger.
Melodram. Ein Abenteuer- und Heimatfilm um zwei ehemalige Flieger, die in der Nachkriegszeit als Sprengmeister Minen entschärfen und dasselbe Mädchen lieben. Unterhaltsam.

Wenn alle anderen fehlen TV-Film
BRD – 70 Min. – R: Fritz Umgelter. B: Manfred Bieler. D: Maria Körber, Ingeborg Lapsien, Bernd Schäfer, Astrid Jacob.
Psychostudie um eine Frau, die am Rand des Selbstmords steht. Die Versuche der Mitmenschen, dies zu ändern, scheinen zu spät zu kommen.

Wenn am Sonntagabend die Dorfmusik spielt *
BRD 1953 – 90 Min. – R: Rudolf Schündler. D: Rudolf Prack, Hans Stüwe, Ingeborg Körner, O. E. Hasse.
Liebesschnulze. Seelenschmerz einer Gutsbesitzerstochter, die einen ungeliebten reichen Mann ehelichen soll. In Baden-Baden wendet sich alles zum Happy-End, und endlich macht auch die Dorfmusik Spaß.

Wenn das Fest beginnt... / Que la fête commence ***
F 1974 – 114 Min. – R: Bertrand Tavernier. D: Philippe Noiret, Jean Rochefort, Christine Pascal, Marina Vlady, Jean-Pierre Marielle.
Historiendrama. Die Geschichte des aufgeklärten Philippe d'Orléans, der als Nachfolger von Ludwig XIV. Adel und Klerus mit seinen Ansichten und seinem Lebenswandel schockierte; Intrigen, Feiern, Liebeshändel schildert der glänzend ausgestattete Kostümfilm mit Poesie, Grazie und Dynamik; ein Filmfest für alle Sinne.

Wenn das Schicksal es will / Promises in the Dark ** ½
USA 1979 – 112 Min. – R: Jerome Hellman. D: Marsha Mason, Kathleen Beller, Ned Beatty, Susan Clark.
Melodram. Ein krebskrankes Mädchen sieht seine Lage realistischer als die Eltern und schließt mit der Ärztin einen Pakt; ein aufrüttelnder, deprimierender Film um das Problem krebskranker Kinder.

Wenn der Klempner kommt / The Plumber ***
AUS 1979 – 70 Min. – R: Peter Weir. D: Ivar Kants, Robert Coleby, Judy Morris, Candy Raymond.
Schwarze Komödie. Der überraschend auftauchende Klempner erklärt ein Badezimmer für reparaturbedürftig; im Nu verwandelt er die Wohnung in einen Schrottplatz und ihre Mieterin in ein Nervenwrack; Regisseur Weir (»Der einzige Zeuge«) versteht es, den Horror des Alltags freizulegen, lenkt ihn jedoch weise in Richtung Unterhaltung.

Wenn der Nordwind bläst / ∗∗ ½
When the North Wind Blows
USA 1974 – 106 Min. – R, B: Stewart Raffill. D: Henry Brandon, Herbert Nelson, Dan Haggerty, Henry Olek.
Abenteuerfilm. Geschichte der Freundschaft eines Alaska-Trappers zu zwei verirrten Tigern, die schließlich getötet werden, ihre Jungen werden gerettet; packendes Wildnis- und Tierabenteuer mit engagiertem Ökotouch.

Wenn der Sargmacher lächelt / El Cisco ∗
I 1977 – 102 Min. – R: Sergio Bergonzelli. D: Antonella Murgia, William Berger, Christina Gaioni.
Italowestern. Nach einem brutalen Überfall auf die Bank will die Bevölkerung den letzten überlebenden Banditen aufknüpfen; einfallsreich nur bei orthographischen Fehlern auf Postkutschenaufschriften.

Wenn der Toni mit der Vroni
siehe: Saison in Salzburg

Wenn der Vater mit dem Sohne ∗∗ ½
BRD 1955 – 95 Min. – R: Hans Quest. D: Heinz Rühmann, Oliver Grimm.
Tragikomödie. Rühmann in einer seiner schönsten Rollen im Grenzbereich von Lachen und Weinen als ehemaliger Musikclown, der beim Tod seines kleinen Sohnes den Beruf an den Nagel hängt und ihn beim Auftauchen des reizenden Oliver Grimm wiederaufnimmt.

Wenn der weiße Flieder wieder blüht ∗∗
BRD 1953 – 94 Min. – R: Hans Deppe. D: Magda Schneider, Willy Fritsch, Paul Klinger, Romy Schneider, Hertha Feiler, Götz George, Albert Florath.
Komödie. Geldnot läßt eine Musikerehe scheitern; nach der Scheidung macht der Mann eine erstaunliche Karriere; gelungene Unterhaltung; Romys und Götz Georges Debüt.

Wenn der Wind weht / ∗∗ ½
When the Wind Blows
GB 1986 – 81 Min. Ⓥ atlas film + av. – R: Rimmy T. Murakami.
Zeichentrickfilm. Die große Atomkatastrophe steht unmittelbar bevor, doch drei Minuten vor dem großen Knall hoffen Jim und Hilda noch auf ein Wunder; dann stellen sie seltsame Veränderungen an sich fest; phantasievoll gezeichnet und inszeniert; die deutsche Synchronfassung präsentiert die Stimmen von Peter Schiff und Brigitte Mira.

Wenn dich dein Mörder küßt ... / Once You Kiss a Stranger FLOP
USA 1969 – 106 Min. – R: Robert Sparr. D: Paul Burke, Martha Hyer, Carol Lynley, Peter Lind Hayes, Phil Carey.
Kriminalfilm. Eine schizophrene Mörderin wird von ihrem Psychiater locker und unauffällig betreut; da ihr selbst das zuviel ist, brütet sie mit ihrem Liebhaber einen Mordplan aus; phantasieloses, ärgerliches Remake von Hitchcocks »Der Fremde im Zug« (1951).

Wenn die Abendglocken läuten ∗
BRD 1951 – 83 Min. sw. – R: Alfred Braun. D: Willy Birgel, Maria Holst, Paul Hörbiger, Hans Holt, Rudolf Platte, Julia Fjorsen, Käte Haack.
Melodram. Armer Bub rettet Gutsherrntochter, wird mit Stipendium belohnt, doch als Ehemann wird er abgelehnt; konventionell.

Wenn die Alpenrosen blüh'n ∗
BRD 1955 – 91 Min. – R: Richard Häußler. D: Claus Holm, Marianne Hold, Hertha Feiler, Richard Häußler, Christine Kaufmann, Maria Andergast, Theo Lingen, Harald Juhnke, Annie Rosar.
Heimatfilm. Liebe und Dramatik in den Tiroler Bergen, wo das doppelte Happy-End nicht aufzuhalten ist. Das Massenaufgebot an Stars – Kinderstar Kaufmann in einer frühen Rolle – verhindert nicht den blasmusikalisch dröhnenden Leerlauf dieses sentimentalen Almenrauschs.

Wenn die Bombe platzt ∗ ½
BRD 1958 – 105 Min. sw. – R: E. W. Emo. D: Oskar Sima, Rudolf Platte, Hans Richter, Wera Frydtberg.
Komödie. Man nehme drei bekannte deutsche Komiker und lasse sie einen Banktresor knacken. Natürlich geht alles schief, Augenzeugen tauchen auf, eine Kamera läuft; Klamotte zum Totlachen.

Wenn die Glocken hell erklingen ∗∗
A 1959 – 89 Min. – R: Eduard von Borsody. D: Willy Birgel, Teddy Reno, Ellen Schwiers, Loni von Friedl, Michael Ande, Annie Rosar.
Heimatfilm. Als die Wiener Sängerknaben in ein Ferienheim fahren, stellt sich einem ein Problem; doch in der publikumswirksamen Schnulze werden alle Probleme glockenhell niedergesungen.

Wenn die Gondeln Trauer tragen / Don't Look Now ∗∗∗
GB/I 1972 – 106 Min. – R: Nicholas Roeg. D: Julie Christie, Donald Sutherland, Hilary Mason, Clelia Matania, Massimo Serato, Renato Scarpa.
Psychothriller. Gespenstisches Puzzlespiel um einen englischen Kirchenrestaurator, dem eine Frau mit dem »zweiten Gesicht« Warnungen zukommen läßt; er fällt einem gnomenhaften Mörder zum Opfer; ein düsteres Venedig als Kulisse; nach einer Erzählung von Daphne du Maurier.

Wenn die Ketten brechen / Captain Lightfoot ∗∗
USA 1955 – 90 Min. – R: Douglas Sirk. D: Rock Hudson, Barbara Rush, Jeff Morrow, Kathleen Ryan.
Abenteuerfilm. Der irische Freiheitskampf im 19. Jahrhundert als melodramatisches Intermezzo und die Geschichte der Freundschaft zwischen einem Bauernjungen und einem Helden; die Szene ist heiter und farbenfroh, ständig wird jemand gefangengenommen und wieder befreit; Sirks Melodramen aus dem amerikanischen Alltag, wie »Solange es Menschen gibt«, sind da wesentlich spannender.

Wenn die Marabunta droht
siehe: Der nackte Dschungel

Wenn die Wölfe heulen / Never Cry Wolf ∗∗
USA 1983 – 101 Min. Ⓥ EuroVideo. – R: Caroll Ballard. D: Charles Martin Smith, Brian Dennehy, Zachary Ittimangnag, Samson Jorah.
Naturfilm. Ein junger Biologe macht eine Forschungsexpedition in die arktische Wildnis, um im Regierungsauftrag Wölfe zu studieren; seine feindliche Einstellung zu den Tieren und zur Natur ändert sich bei der Kontaktaufnahme (auch) mit den Menschen, auf die er trifft. Der genau registrierende und poetisch überhöhende Film schildert in schönen Bildern den Dialog zwischen Mensch und Kreatur.

Wenn du bei mir bist ∗
BRD 1970 – 87 Min. Ⓥ Ufa. – R: Franz Josef Gottlieb. D: Roy Black, Zenia Merton, Lex Barker, Angelica Ott, Eddi Arent, Doris Kirchner.
Liebesfilm. Pilot und Kopilot einer Airline verlieben sich auf dem Flug nach Thailand, letzterer gar in eine Prinzessin; peinliche Mixtur aus unechtem Gefühl und mäßig inszenierter Schnulze.

Wenn du noch eine Mutter hast / Das Licht der Liebe ∗ ½
A 1945 – 95 Min. sw. – R: Robert A. Stemmle. D: Paula Wessely, Stefan Skodler, Erich Auer, Heinrich Schweiger.
Melodram. Eine verwitwete Mutter kämpft mit Fleiß und Energie ums Überleben ihrer Kinder, für ihren erblindeten Sohn opfert sie ein Auge; spekulatives Rührstück an der Grenze zum Kitsch.

Wenn es Nacht wird auf der Reeperbahn... ∗
BRD 1967 – 97 Min. – R: Rolf Olsen. D: Erik Schuman, Konrad Georg, Heinz Reincke, Karl Lieffen, Fritz Wepper, Marianne Hoffmann.
Krimi. Ein Reporter kommt LSD-Dealern auf die Schliche, doch auf Druck von außen feuert ihn sein Chef, er arbeitet nun mit der Polizei zusammen; aufgemotzte Mixtur aus Schulmädchensex, Drogenkrimi und Unterweltkolportage.

Wenn es Nacht wird in Manhattan / Cotton Comes to Harlem ∗∗ ½
USA 1969 – 97 Min. – R: Ossie Davis. D: Godfrey Cambridge, Raymond St. Jacques, Calvin Lockhart, Judy Pace, Redd Foxx, Emily Yancy.
Kriminalkomödie. Adaption des Chester-Himes-Krimis um zwei schwarze Cops, die die »Heim nach Afrika«-Aktion eines Reverends für Betrug halten; ein miesepetriger weißer Cop steht den

überkandidelten Harlem-Detectives im Weg; spritzige, aggressive Actionkomödie voll schwarzen Humors.

Wenn es Nacht wird in Paris / Touchez pas au grisbi ***

F/I 1954 – 95 Min. sw. – R: Jacques Becker. D: Jean Gabin, Jeanne Moreau, René Dary, Lino Ventura.

Gangsterfilm. Der Gangsterboß als guter Bürger, das Gangsterliebchen als Unschuldsengel; der Film baut seine Figuren aus kleinen alltäglichen Geschichten auf; sie bewegen sich im realistischen Milieu der Straßen von Paris. Zusammen mit »Rififi« die populärste französische Gangsterballade. Titelsong gesungen von Caterina Valente.

Wenn Frauen hassen / Johnny Guitar ***

USA 1953 – 106 Min. – R: Nicholas Ray. D: Joan Crawford, Sterling Hayden, Mercedes McCambridge, Ward Bond, Ernest Borgnine.

Westernmärchen. Der abgehalfterte Exrevolverheld Johnny trifft bei seiner ehemaligen Geliebten, der Spielcasinobesitzerin Vienna, ein, und sofort nehmen die Konflikte mit Viehbaronen, Banditen und eifersüchtigen Nebenfrauen überhand. Ray (... »denn sie wissen nicht, was sie tun«) inszenierte den Western als düster-melancholisches und leidenschaftliches Märchen in ungewöhnlichen Farben und Formen.

Wenn Frauen schweigen **

D 1937 – 75 Min. sw. – R: Fritz Kirchhoff. D: Johannes Heesters, Hansi Knoteck, Friedrich Kramer, Fita Benkhoff.

Musikalisches Lustspiel. Ein Ständchen, das eine attraktive Frau ihrem frischangetrauten Mann verschweigt, hat kuriose Folgen; Eifersüchteleien und Verwechslungen bilden den dramaturgischen Rahmen, in den Heesters in einer Paraderolle seine launigen Gesangsauftritte plazieren kann.

Wenn ich dich wiedersehe / If Ever I See You Again *

USA 1978 – 105 Min. – R: Joe Brooks. D: Joe Brooks, Shelley Hack, Jimmy Breslin, Jerry Keller.

Liebesfilm. Ein geschiedener Werbetexter begegnet einer Jugendliebe wieder und versucht, Vergangenes zu beleben; da dies alles gar nicht so selten geschieht, geschieht in dem Film so gut wie gar nichts Neues, aber was geschieht, wird von unterdurchschnittlicher Musik begleitet.

Wenn ich die Antwort wüßte **

BRD 1987 – 97 Min. – R: Birgitta Trommler. D: Birgit Doll, Sebastian Bauer, Alexander Radszun, Diane L. Sowter, Stephen Wynne.

Liebesfilm. Eine erfolgreiche Choreographin in festen Händen lernt vor den Proben zu ihrem neuen Tanzstück einen anderen Mann kennen; jetzt versucht sie, zu experimentieren, wobei ihr Beruf und die Beziehungen verschmelzen. Der Debütfilm der Autorin und Regisseurin Trommler bleibt nahe bei seinen Figuren und schildert sie aus sehr subjektiver Sicht.

Wenn ich einmal der Herrgott wär' * ½

BRD/A 1954 – 92 Min. sw. – R: Anton Kutter. D: Hans Holt, Gisela Fackeldey, Gustl Gstettenbauer, Anni Korin.

Komödie. Ein Heiratsvermittler mit drei Doktortiteln glaubt, daß Ehen auf wissenschaftlicher Basis zustande kommen; die dürftige Verwechslungsklamotte will das Gegenteil behaupten.

Wenn ich mich fürchte ** ½

BRD 1984 – 102 Min. – R: Christian Rischert. D: Horst Buchholz, Franziska Bronnen, Tilo Prückner.

Moderner Liebesfilm. Sensibler, von Buchholz ohne alle Starallüren einfühlsam gespielter Film (Bundesfilmpreis!) um einen Mann Anfang der Fünfzig, Filmregisseur, der von seiner Frau verlassen wurde und der von einem Freund hört, daß er kalt und gefühllos sei. Er beginnt einen kreativen Kampf gegen die Resignation. In der aufregenden »Nebenrolle« die BRD von heute zwischen Polizeicomputern und Einsamkeit ihrer Bewohner.

Wenn jeder Tag ein Sonntag wär' * ½

BRD 1973 – 85 Min. Ⓥ Tristar Video. – R: Harald Vock. D: Georg Thomalla,

Lotte Ledl, Peter Weck, Heinz Reincke, Ireen Sheer, Chris Roberts, Rudolf Prack.
Musikkomödie. Um den neuen Direktor seines Parkhotels zu überprüfen, mietet sich Reiseunternehmer Wegner dort inkognito ein; die daraus folgende Verwechslungs- und Urlaubskomödie bietet deutsche Dutzendware an österreichischem See; Gesangssternchen schmalzen sich durch den Schlagerhimmel der 70er Jahre; sexistischer Spießerhumor, fröhlicher Tourismus und dröge Kalauer wechseln sich ab, dazu ein paar sehenswerte Auftritte routinierter Mimen in diesem Werk filmkünstlerischen Unvermögens.

Wenn Ludwig ins Manöver zieht FLOP
BRD 1967 – 91 Min. – R: Werner Jacobs. D: Hansi Kraus, Heidelinde Weis, Georg Thomalla, Elisabeth Flickenschildt, Hubert von Meyerinck.
Militärklamotte. Wenn bayrische und preußische Truppen ins Manöver ziehen, dann ist eine Rauferei unvermeidlich; sehr frei nach Ludwig Thoma, der sich im Grab umdrehen würde, bekäme er von diesem Film Kunde.

Wenn Mädchen ins Manöver zieh'n * ½
A 1958 – 94 Min. – R: Rudolf Schündler. D: Harald Juhnke, Joe Stöckel, Grethe Weiser, Gunther Philipp, Maria Sebaldt.
Klamotte. Wegen Frauenaffären wird ein k. u. k. Oberleutnant in eine Garnison versetzt, die von einem Ensemble junger Sängerinnen aufgeschreckt wird; platte Verkleidungs- und Verwechslungsposse.

Wenn Marie nur nicht so launisch wär / Les caprices de Marie **
F/I 1970 – 95 Min. – R: Philippe de Broca. D: Marthe Keller, Bert Convy, Philippe Noiret.
Komödie. Seichte Unterhaltungsseifenblase mit einigen gelungenen Gags um eine launische Liebe zwischen einer schönen Französin und einem Dollar-Yankee.

Wenn mein Schätzchen auf die Pauke haut FLOP
BRD 1971 – 90 Min. – R: Peter Weck. D: Uschi Glas, Roy Black, Theo Lingen, Ilja Richter.
Schlagerfilm. Starvehikel mit einem Schnulzenduo des deutschen Regenbogenfilms der frühen siebziger Jahre, uninspiriert heruntergefilmt, mit dümmlichem Plot.

Wenn Poldi ins Manöver zieht *
A 1956 – 85 Min. – R: Hans Quest. D: Gunther Philipp, Joachim Fuchsberger, Doris Kirchner.
Militärklamotte. Ein vertrottelter Zwilling vertritt seinen Bruder in einem k. u. k. Manöver; der Schwachsinn steuert unaufhaltsam auf ein Happy-End zu.

Wenn Scheidung... dann Scheidung / Kdyz rozvod, tak rozvod **
ČSSR 1982 – 79 Min. – R: Stěpán Skalsky. D: Vladimir Menšik, Jan Čenský, Veronika Žilková.
Komödie. Ein Paar hat früh geheiratet, weil ein Kind unterwegs war; jetzt scheint die Liebe beendet; da meldet sich Vater Provaznik an, um zu retten, was zu retten ist. Der turbulente, seine filmischen Möglichkeiten allerdings nicht ausschöpfende Unterhaltungsfilm gefällt durch komische Verwicklungen und flotte Dialoge.

Wenn süß das Mondlicht auf den Hügeln schläft **
BRD 1969 – 95 Min. – R: Wolfgang Liebeneier. D: Archibald Eser, Luitgard Im, Diana Körner, Werner Hinz, Susanne Uhlen.
Familienfilm. Heile Welt bei Familie Pentecost, bis nach einem Unfall in der Verwandtschaft drei Sprößlinge ins Haus platzen; heiter bis wolkiger Filmspaß, dem es fast gelingt, eine kritiklose Idylle zu vermeiden; nach dem Bestseller von Eric Malpass.

Wenn wir alle Engel wären **
D 1936 – 95 Min. sw. – R: Carl Froelich. B: Heinrich Spoerl, nach seinem Roman. D: Heinz Rühmann, Leni Marenbach, Elsa Dalands, Harald Paulsen.
Melodram. In dem idyllischen Moselstädtchen lebt der Kanzleivorsteher mit seiner geliebten Gattin. Als er verreisen muß, läßt der Gesangslehrer seine Verführungskünste spielen.

Wenn wir zusammen lebten ∗∗ ½

BRD 1982 – 40 Min. – R, B: Antonio Skármeta.

Tagebuchfilm. Der chilenische Exilschriftsteller und -drehbuchautor vermittelt eindrücklich sein Asylantenleben in Deutschland und Europa.

Wenn zwei Hochzeit machen / Happy Is the Bride ∗∗

GB 1957 – 85 Min. sw. – R: Ray Boulting. D: Ian Carmichael, Janette Scott, Cecil Parker.

Komödie. Weil ihre Eltern etwas gegen den jungen Mann haben, muß das junge Paar auf dem Weg, der zum Standesamt führt, viel Standbein beweisen. Britischer Humor.

Wer bist du?

siehe: Vom Satan gezeugt

Wer bist du, den ich liebe? ∗ ½

BRD 1949 – 91 Min. sw. – R: Géza von Bolvary. D: Jester Naefe, Adrian Hoven, Ivan Petrovich, Gisela Fackeldey.

Komödie. Beim Versuch, bei Spielpartnern ihres verstorbenen Vaters Schulden einzutreiben, verliebt sich eine junge Frau in den Sohn eines Schuldners; originell und wegen der unverbrauchten Gesichter der Akteure sehenswert.

Wer die Heimat liebt ∗∗

A 1957 – 85 Min. – R: Alfred Solm. D: Hermann Erhardt, Christl Erber, Olga von Togni, Georg Gröller.

Försterfilm. Alter Revierförster geht mit hübscher Tochter frühmorgens ins Hochgebirge, stöbert einen Wilderer auf und verursacht dessen Tod. Mit seiner Zwangsversetzung kommt Dramatik in diesen rührenden Heimatfilm um Berge, Tiere, Wälder und einfache, aber gute Menschen.

Wer einmal lügt... TV-Film

BRD 1985 – 60 Min. – R: Wilfried Dotzel. D: Gerd Kunath, Arthur Brauss, Dieter Ohlendiek, Monika Gabriel.

Der Angestellte einer Geldtransportfirma heuert Ganoven an, um durch sein Verhalten während eines fingierten Überfalls das Vertrauen seiner Vorgesetzten zu gewinnen; aber »Trimmel Junior« von der Hamburger Kripo ist nicht auf den Kopf gefallen und ermittelt wegen Raubmordes; nicht überzeugende Variante des üblichen Tatort-Hergangs.

Wer erschoß Salvatore G.? / Salvatore Giuliano ∗∗∗ ½

I 1962 – 115 Min. sw. – R: Francesco Rosi. D: Frank Wolff, Salvo Randone, Federico Zardi, Pietro Cammarata, Fernando Cicero.

Mafiafilm. Halbdokumentarischer Gangsterfilm über den Tod des legendären sizilianischen Banditen Salvatore Giuliano; das Geschehen wird anhand von Zeugenaussagen, Berichten, Interviews rekonstruiert und durch Spielszenen in Rückblende analysiert. Der am Neorealismus orientierte Thriller gibt Einblicke in die Verflechtung von Mafia, Polizei, Politik und Geldaristokratie. Der Regisseur erhielt während der Dreharbeiten anonyme Morddrohungen.

Wer fuhr den grauen Ford? ∗∗ ½

BRD 1950 – 95 Min. sw. – R: Otto Wernicke. D: Til Kiwe, Otto Wernicke, Ursula Herking, Abi von Haase, Wolfgang Neuss.

Zeitkritischer Krimi. Nach einem authentischen Fall gedrehter realistischer Nachkriegskrimi um eine aus der Bahn geworfene Jugendclique, die den Coup ihres Lebens landen will. Gute Schauspieler und der harte Trümmeralltag machen den Film zu einem spannenden Dokument der fünfziger Jahre.

Wer hat Angst vor Virginia Woolf / Who's Afraid of Virginia Woolf? ∗∗∗

USA 1966 – 124 Min. sw. – R: Mike Nichols. D: Elizabeth Taylor, Richard Burton, George Segal, Sandy Dennis.

Literaturverfilmung. Filmischer Höhepunkt der gemeinsamen Selbstdarstellung der damals noch verheirateten Hollywood-Starfighter Taylor/Burton ist diese bitterböse Abrechnung mit dem nordamerikanischen Mittelmaß im Privatbereich. Autor Edward Albee, nach dessen erfolgreichem Stück der Film adäquat entstand, bringt mit Regisseur Nichols (»Die Reifeprüfung«) das rüde Ehespiel um Midlife-crisis und Samstagabendfrust psychologisch spannend auf die Leinwand.

Wer hat in meinem Bett geschlafen? / Who Has Been Sleeping in My Bed? * ½
USA 1963 – 120 Min. – R: Daniel Mann. D: Dean Martin, Elizabeth Montgomery, Jill St. John, Martin Balsam.
Komödie. Ein Fernsehmann begeistert ein weibliches Millionenpublikum als genialer Arzt und Helfer in allen Lebens- und Ehelagen; der Großangriff der Frauen seiner Freunde treibt ihn auf die Couch des Psychiaters; anspruchsloser Film, der Ansätze zur kritischen Farce verschenkt.

Wer ist der Milliardär? / Nea marin miliardar / The Elusive Billionaire **
R 1979 – 95 Min. – R: Sergiu Nicolescu. D: Amza Pellea, Draga Olteanu-Matei, Jean Constantin, Stefan Mihaeilescu-Braila.
Komödie. Ein braver Urlauber am Schwarzen Meer wird mit einem Millionär verwechselt und erlebt das süße Leben der oberen Etagen. Bissig und satirisch nimmt der Film die moderne Klassengesellschaft Rumäniens aufs Korn.

Wer ist dran? TV-Film
BRD – 105 Min. – R: Hartmut Griesmayr. B: Barbara Enders. D: Heinz Reincke, Rosemarie Fendel, Claudia Rieschel, Siemen Rühaak.
Eine Frau pflegt ihren gelähmten Mann aufopferungsvoll, erhält jedoch nicht den erwarteten Dank. Schwere Konflikte bringen beide an den Rand der Verzweiflung. Der Kammerfilm beleuchtet unbarmherzig genau ihre seelischen und körperlichen Leiden.

Wer ist Scarlet Pimpernel?
siehe: Das scharlachrote Siegel

Wer lacht schon über Rosemann TV-Film
BRD 1987 – 88 Min. – R: Michael Günther. B: Peter M. Thouet. D: Michael Degen, Heike Faber, Knut Hinz, Krista Stadler.
Kleinstadtkomödie über einen politischen Außenseiter, der die Etablierten vermeintlich das Fürchten lehrt. Ambitionierte Aneinanderreihung oberflächlicher Sprechblasen.

Wer nimmt die Liebe ernst? ** ½
D 1931 – 84 Min. sw. – R: Erich Engel. D: Jenny Jugo, Max Hansen, Otto Wallburg, Willi Schur, Hedwig Wrangel.
Gaunerkomödie. Zwei kleine Ganoven haben große Einfälle, wenn es darum geht, ein Ding zu drehen; auf der Flucht vor den Uniformierten lernen sie ein »süßes Mädel« kennen und bekommen Konkurrenz durch einen »feinen Herrn«; Hinterhöfe, Straßenszenen, Droschken, Lunapark – der Glanz des alten Berlin erstrahlt noch einmal in dieser schnoddderigen Romanze mit Gesang.

Wer schluckt schon gerne blaue Bohnen / The Duchess And the Dirtwater Fox * ½
USA 1975 – 97 Min. – R: Melvin Frank. D: George Segal, Goldie Hawn, Conrad Janis, Jennifer Lee.
Gaunerkomödie. Der Spieler flieht mit der Beute des Bankraubs und fällt auf das Flittchen Amanda herein. Wildwestposse mit Gesang.

Wer seid Ihr? / Siz kim siz? ** ½
UdSSR 1989 – 80 Min. OmU. – R: Dschachong Faisijew. D: Bachtijar Sakirow, Eljer Nassyrow, Tulkun Tadshijew, Michail Kaminski.
Zeitkritischer Film. Ein Arzt und ein Unidozent leisten sich beim Verlassen eines Baumwollkombinats mit ihrem Auto einen Verkehrsregelverstoß, indem sie eine Militärkolonne überholen; sie werden von der Miliz schikaniert. Anarchische Situationen, Chaos, Machtmißbrauch und Psychoterror drücken sich in extremen Kameraperspektiven und grellen Dialogen aus.

Wer spinnt denn da, Herr Doktor? **
BRD 1981 – 81 Min. – R: Stefan Lukschy, Christian Rateuke. D: Otto Sander, Sunnyi Melles, Peter Fitz, Paul Burian, Hannelore Elsner, Loriot.
Komödie. Insasse einer Heilanstalt richtet in der Welt der Normalen ein heilloses Chaos an, da ihm die Spielregeln der

Konvention nichts bedeuten; ein heiteres Spiel mit Hintersinn.

Wer stirbt schon gerne unter Palmen? *

BRD 1974 – 84 Min. – R: Alfred Vohrer. D: Tom Hunter, Maria Gudy, Dieter Eppler, Hannes Messemer.

Abenteuerfilm. Ein flottes Mädchen fliegt als Mordverdächtige mit dem Polizeiinspektor nach Ceylon, beide stürzen mit dem Flugzeug ab, überleben und werden auf eine einsame Insel verschlagen. Wie im wirklichen Leben – nach Konsalik.

Wer wird schon reich beim Militär? / You'll Never Get Rich ***

USA 1941 – 87 Min. sw. – R: Sidney Lanfield. D: Fred Astaire, Rita Hayworth, Robert Benchley, John Hubbard.

Musical. Ein Tanzstar flieht vor den Problemen mit seinem hartgesottenen Manager und seiner überkandidelten Kollegin zum Militär und kommt vom Regen in die Traufe; schmissige Parodie auf das Army-Leben; Rita Hayworth wurde durch diesen Film zum Star.

Wer zuletzt lacht / Laughter in Paradise ***

GB 1951 – 96 Min. sw. – R: Mario Zampi. D: Alastair Sim, Fay Compton, Guy Middleton, George Cole, Joyce Grenfell.

Komödie. Um an das Geld eines kauzigen Erblassers zu kommen, müssen vier Erben je eine ungewöhnliche Auflage erfüllen; witzige Variante eines bekannten Themas, die mit britischem Humor Exzentrisches serviert.

The Werewolf / The Night of the Werewolf ** ½

E 1981 – 93 Min. – R: Jacinto Molina (Paul Naschy). D: Paul Naschy, Julia Saly, Silvia Aguilar.

Horrorfilm. Auf der Suche nach Spuren der Vergangenheit stößt ein Schloßherr auf Dokumente eines Hexenprozesses; als Werwolf überzieht er das Land mit Furcht und Schrecken, und die Hexe entsteigt dem Grab; intelligente, raffinierte Gruselstory des als »spanischer Roger Corman« bezeichneten Schauspieler-Regisseurs.

Werkzeug der Mächtigen / Gente di rispetto ** ½

I 1975 – 89 Min. – R: Luigi Zampa. D: Jennifer O'Neil, Franco Nero, James Mason.

Politthriller. Eine nach Sizilien strafversetzte Lehrerin wird mit mehreren Morden in Verbindung gebracht, das heißt als Werkzeug mächtiger Hintermänner mißbraucht; ein engagierter, geradliniger Film über politische und private Korruption, überzeugend besetzt.

Das Wespennest

siehe: Ein Koffer aus Lausanne

Wespennest / Le crime ***

F 1983 – 97 Min. Ⓥ Constantin. – R: Philippe Labro. D: Claude Brasseur, Jean-Claude Brialy, Jean-Louis Trintignant, Gabrielle Lazure, Dayle Haddon.

Politthriller. Die ungewöhnlichen Methoden von Kommissar Griffon bringen Licht in einen Mordfall, hinter dem sich Korruption und Bestechung auf höchster Ebene verbergen. Politkrimi mit genauer Milieuzeichnung in der Tradition des französischen »Roman policier«.

Western-Patrouille / Incident at Phantom Hill **

USA 1966 – 90 Min. – R: Earl Bellamy. D: Robert Fuller, Jocelyn Lane, Dan Duryea.

Western. Nach dem Bürgerkrieg muß eine Million Dollar in Gold von einer Patrouille in Zivil aus Indianerland zurückgeholt werden. Diese Exposition garantiert Spannung, die der routinierte Film auch passabel einlöst.

Westfront 1918 ***

D 1930 – 98 Min. sw. – R: Georg Wilhelm Pabst. D: Gustav Dießl, Hans-Joachim Moebis, Fritz Kampers, Claus Clausen.

Antikriegsfilm. Die Schrecken des Grabenkrieges in ungeschminktem Realismus vorgeführt am Beispiel einiger junger Soldaten und ihrer Erlebnisse an Front und »Heimatfront«. Kompromißlos in der Erzählweise, mit Appell an die Humanität.

Westler TV-Film

BRD 1985 – 97 Min. – R: Wieland Speck,

Egbert Hörman. D: Sigurd Rachmann, Rainer Strecker, Andy Lucas.
Deutsch-deutsche Begegnung in Berlin: Während eines Kurzaufenthalts im Ostteil der Stadt lernt der Westler Felix einen Jungen kennen und verliebt sich in ihn.

Westlich St. Louis / Wagonmaster ∗∗∗ ½
USA 1950 – 89 Min. sw. auch OoU. – R: John Ford. D: Ben Johnson, Harry Carey jr., Joanne Dru, Jane Darwell, Ward Bond.
Western. Fliehende Banditen wollen einen Mormonentreck auf dem Weg nach Westen als Deckung und Versteck benutzen, doch letztlich bleiben die Gewaltlosen Sieger; ein von melancholischer Ironie mitgeprägter Film über die Mythen des Westens und seine Außenseiter, die alle auf ihre Weise das »Gelobte Land« suchen; einer der poetischsten Ford-Filme und ein Klassiker des Genres.

Westlich Sansibar / West of Zansibar ∗∗
GB 1954 – 85 Min. – R: Harry Watt. D: Anthony Steele, Sheila Sim, William Simons, Orlando Martins.
Abenteuerfilm. Der ostafrikanische Stamm der Galanas siedelt um in die Nähe der Hafenstadt Mombasa; ein Weißer will die Eingeborenen vor Intrigen und Ausbeutung bewahren. Dazu wilde Tiere, Schmuggel, Action.

Wetherby / Wetherby ∗∗∗
GB 1984 – 99 Min. Ⓥ VCL. – R: David Hare. D: Vanessa Redgrave, Ian Holm, Judi Dench, Marjorie Yates, Tim McInnery, Joely Richardson.
Melodram. Wetherby ist eine Kleinstadt in der Grafschaft Yorkshire, der Freundeskreis der Lehrerin kultiviert und distanziert. Eines Tages erscheint ein junger Mann in ihrem Haus und setzt die Gewalt unter der Schutzschicht lebenslanger Gefühlsunterdrückung verborgener Träume frei. Die kunstvoll verschachtelte Psychostory demontiert eine scheinbar gesicherte Existenz. Goldener Bär auf den Berliner Filmfestspielen 1985.

Wetterleuchten über dem Zillertal ∗
BRD/I 1974 – 90 Min. Ⓥ Toppic. – R: Theo Maria Werner. D: Siegfried Rauch, Hans Holt, Walter Sedlmayr, Christine Böhm.
Heimatfilm. Dem Jungpfarrer wird ein schreckliches Geheimnis anvertraut; Schnulze voller Banalitäten.

Wetterleuchten um Maria ∗ ½
BRD 1957 – 89 Min. – R: Luis Trenker. D: Marianne Hold, Bert Fortell, Mathias Wieman, Wolf Albach-Retty, Viktor Staal, Kai Fischer.
Heimatfilm. Liebe, Wildereien, Lug und Trug im Hochgebirge. Die Natur strahlt unschuldig, die Menschen teilen sich auf in gute und böse. Am Ende siegt der Aufrechte, und die Schöne fällt ihm selbstverständlich zu.

Wettervorhersage / Prognoza pogody ∗∗ ½
PL 1982 – 87 Min. – R: Antoni Krauze. D: Halina Buyno-Loza, Zofia Cegielkowa, Eugenia Horecka, Henryka Janikowska.
Zeitkritischer Film. Aufregung in einem polnischen Altersheim: Särge wurden nachts angeliefert; aus Angst um ihr Leben organisieren die Insassen eine Massenflucht. Der tragikomische Film aus Polen reflektiert die Stimmung des sozialistischen Landes nach der Einschränkung und Verfolgung der politischen Opposition; vordergründig ist er jedoch nichts weiter als ein genau beobachtetes Panorama menschlicher Verhaltensweisen unter dem Druck der Verhältnisse.

Wettlauf zum Ruhm TV-Film
GB – 105 Min. – R, B: William Nicholson, Mick Jackson. D: Jeff Goldblum, Tim Pigott-Smith, Alan Howard, Juliet Stevenson.
Verfilmung der Entwicklung der Forschungsarbeiten, die zur Entschlüsselung der Desoxynribonukleinsäure (DNS) als eigentlichen Trägers der Erbsubstanz führte; weniger spannend als James Watsons Buch (»Die Doppelhelix«) über seine Jahrhundertentdeckung.

What's Cookin'? / What's Cookin'? ∗∗
USA 1942 – 67 Min. sw. OmU. – R:

Edward F. Cline. D: Gloria Jean, Jane Frazee, Leo Carillo, The Andrews-Sisters, Woody Herman und sein Orchester.

Musikkomödie. Durch Herman-Swing und Andrews-Sisters-Sound musikalisch aufpolierte Gagrevue um eine junge Tanz- und Unterhaltungstruppe im Revuemilieu; amüsant, aber konzeptlos.

White Star *

BRD 1983 – 89 Min. – R: Roland Klick. D: Dennis Hopper, Terrance Robay, Ramona Sweeny, David Hess.

Rock-Pop-Film. Ein alternder Produzent hetzt eine mäßige David-Bowie-Kopie in eine fragwürdige Karriere; einige gute Psychostudien gehen in unaufrichtigem Szenenklamauk unter; einfallslose Musik; Bundesfilmpreis 1984.

White Zombie ***

USA 1932 – 66 Min. sw. OoU. Ⓥ Inter Pathé. – R: Victor Halpering. D: Bela Lugosi, Madge Bellamy, Robert Frazer, Brandon Hurst, Conrad Tritschler, Joseph Cawthorn.

Horrorfilm. Haitianische Zombies treiben ihr Unwesen mit Weißen, in deren Zuckerfabrik sie arbeiten; denn der Zukkerbaron ist hinter einer blonden Unschuld her und läßt sich mit dem Boß der lebenden Toten ein; Lugosi eher verschmitzt als dämonisch in einem Horrorklassiker, dessen Doppelbelichtungen milden Schauder erzeugen, der durch einen eindrucksvollen Soundtrack noch gesteigert wird.

Whitechapel

siehe: Die Flucht vor Scotland Yard

Whity **

BRD 1971 – 90 Min. – R: Rainer Werner Fassbinder. D: Ron Randall, Kathrin Schaake, Ulrich Lommel, Hanna Schygulla.

Melodram. Ein Halbblut als Lustobjekt einer frustrierten Gutsbesitzersgattin, die auf den Tod ihres Mannes lauert; karg, artifiziell und distanziert inszeniertes Liebes- und Haßritual.

Wichita / Wichita **

USA 1955 – 78 Min. – R: Jacques Tourneur. D: Joel McCrea, Vera Miles, Walter Coy, Lloyd Bridges.

Actionwestern. Variante des Westernstoffs um den legendären Marshall Wyatt Earp; der brillante Scharfschütze nimmt in der rauhen Westernstadt Wichita den Posten des Sheriffs an und sorgt mit drastischen Mitteln für Ruhe; mit jedem gelösten Problem entsteht jedoch ein neues. Der handlungsreiche, von Tourneur (»Cat People«) solide inszenierte Film verläßt sich ganz auf die Topoi und die Figuren des Genres.

Der Widerspenstigen Zähmung / The Taming of the Shrew **

USA/I 1967 – 126 Min. – R: Franco Zeffirelli. D: Elizabeth Taylor, Richard Burton, Vernon Dobtcheff, Michael York, Alan Webb.

Literaturverfilmung. Farbenprächtige Ausstattungsversion von Shakespeares Komödie um die stolze Frau und den wilden Mann. Wie die Fassung von 1929 mit Pickford/Fairbanks auch diesmal glamourös besetzt, schön fotografiert und dialogintensiv in Filmsprache umgesetzt.

Wie angelt man sich einen Millionär? / How to Marry a Millionaire ***

USA 1953 – 95 Min. – R: Jean Negulesco. D: Marilyn Monroe, Betty Grable, Lauren Bacall, Cameron Mitchell, William Powell, Rory Calhoun, David Wayne.

Komödie. Drei männerjagende Frauen mit unterschiedlichsten Talenten auf der Suche nach der besten Partie; exzellente Besetzung; MM löst durch ihre Kurzsichtigkeit in einer ihrer komischsten Rollen ständig neue Katastrophen aus.

... wie das Salz in der Suppe TV-Film

GB – 95 Min. – R: Gavin Miller. B: Dennis Potter. D: Peggy Ashcroft, Lionel Jeffries, Shelag McLeod.

Nach vierzig Jahren kehrt ein altes Ehepaar in das Grand Hotel eines englischen Seebades zurück, in dem es vor der Ehe heimlich eine Woche verbrachte; das hat nostalgische Rückblicke zur Folge.

... wie der nackte Wind des Meeres / Som havets nakna vind * ½

S 1968 – 88 Min. – R: Gunnar Hoglund. D: Hans Gustafsson, Lillimor Ohlsson, Siw Mattson.

Sexfilm. Einem schwedischen Musikstudenten wird die Schweiz zu bieder, in den Semesterferien zieht's ihn an die heimatlichen Schären und in die Arme mehr oder weniger wohlgeformter Landsmänninnen; redseliges, dummes Sexspektakel, selbst für Voyeure mager.

Wie die Wilden / * ½
Heartbreaker
USA 1982 – 85 Min. – R: Frank Zuniga. D: Fernando Allende, Dawn Dunlap, Peter Gonzales Falcon, Miguel Ferrer, Michael D. Roberts.
Liebesfilm. Ein junger Amerikaner mexikanischer Abstammung muß seine Liebe gegen den Intimfeind aus der Jugendzeit verteidigen; klischeebeladene Kolportage aus dem gestylten Alltag der Chicanos.

Wie du mir... TV-Film
BRD 1989 – 90 Min. – R, B: Dagmar Damek. D: Ernst Jacobi, Michael Degen, Gertraud Jesserer, Peter Sattmann, Otto Sander, Lola Müthel, Andrea Schober.
Eine boshafte Satire im High-Society-Milieu um einen exzentrischen reichen Prominenten, der seinen Letzten Willen über Videobänder auf einer makabren Party bekanntgibt und dabei Exfrauen, Freund und Feind gegeneinander ausspielt; originell, unterhaltsam.

Wie du mir, so ich dir
siehe: Home Movies

Wie ein Dieb in der Nacht **
A 1945 – 81 Min. sw. – R: Hans Thimig. D: Gusti Huber, Wolf Albach-Retty, Anton Edthofer, Hermann Thimig, Hans Olden, Christl Mardayn.
Komödie. Ein elegant befrackter Bel Ami wird von einer Dekorateurin in einem Schaufenster entdeckt, er könnte ein Juwelendieb sein; harmlose Unterhaltung mit Schauspielern, die lieb anzuschauen sind.

Wie ein Fisch ohne Fahrrad / Comme un poisson sans bicyclette TV-Film
F – 85 Min. – R: Jean-Claude Charnay. D: Evelyne Buyle, Amandine Rajau, Bernard LeCoq, Tsilla Chelton.
Die Tochter einer feministischen Lehrerin überlistet ihre Mutter und macht ihren Vater ausfindig, den die Mutter wegen Unreife nicht heiraten will; ein Film von behutsamer Bosheit.

Wie ein Panther in der Nacht / Badge 373 * ½
USA 1973 – 100 Min. Ⓥ CIC. – R: Howard W. Koch. D: Robert Duvall, Verna Bloom, Henry Darrow.
Polizeithriller. Mord in einer New Yorker Tanzbar während einer Razzia; ein als Barmixer getarnter Detective nimmt die Ermittlungen auf; schwacher Aufguß von »French Connection« (1971).

Wie ein Schrei im Wind / ***
The Trap
GB 1965 – 102 Min. – R: Sidney Hayers. D: Oliver Reed, Rita Tushingham, Rex Sevenoaks, Barbara Chilcott, Linda Goranson.
Liebesfilm. Ein kanadischer Trapper, rauhbeiniger Mountain Man, hat den Frauenmarkt verpaßt und kauft eher widerwillig ein Mädchen, das durch Schock stumm wurde; zu seinem Mißvergnügen hält sie ihn auf Distanz, doch ein Unglück bringt sie einander näher; ein ergreifender Film um Selbstbehauptungswillen, Hilfsbereitschaft und Liebe, die auf Respekt gründet; eindrucksvoll Tushinghams wortloses Spiel.

Wie ein Stein am Wegesrand / Robo no ishi **
J 1960 – 99 Min. sw. – R: Seiji Hisamatsu. D: Hiroyuki Ota, Setsuko Hara, Hisaya Morishige.
Kindheitsdrama. Gegen Ende der Meiji-Restauration, in der sich die Modernisierung Japans vollzog, scheitert für einen Jungen die Chance zu besserer Ausbildung am traditionalistischen Starrsinn des Vaters, eines verarmten Samurai; eindrucksvolles Zeitbild.

Wie ein wilder Stier / ****
Raging Bull
USA 1980 – 123 Min. sw. – R: Martin Scorsese. D: Robert DeNiro, Cathy Moriarty, Joe Pesci, Frank Vincent, Johnny Barnes.
Boxerstory. Verfilmung der Autobiographie des Boxweltmeisters Jake La Motta, dessen Titelverlust gegen Sugar Ray Ro-

binson der Anfang eines grausamen Abstiegs war; ein Film von seltener atmosphärischer Dichte und blutigem Realismus; DeNiros oscarbelohnte, beängstigend chamäleonhafte Verwandlungskunst ließ den Film zum Kultfilm werden.

Wie hätten Sie's denn gern? ** ½

BRD 1982 – 90 Min. Ⓥ Ufa. – R: Rolf von Sydow. D: Jutta Speidel, Robert Atzorn, Horst Janson, Günther Maria Halmer, Michaela May.

Lustspiel. Was tut eine junge Frau, die ihren Mann mit einem Callgirl in der Wohnung überrascht? Turbulente neudeutsche Erotikkomödie, flott inszeniert, mit Sinn für Situationskomik.

Wie herrlich, jung zu sein / It's Great To Be Young ** ½

GB 1956 – 105 Min. – R: Cyrill Frankel. D: John Mills, Cecil Parker, Dorothy Bromley.

Musikkomödie. Flottes Lustspiel um einen Lehrer, der für einen guten Zweck in seiner Freizeit in einer Kneipe Jazz macht. Die Schüler stehen voll hinter ihm – der Direktor weniger.

Wie ich den Krieg gewann / How I Won the War ***

GB 1967 – 107 Min. – R: Richard Lester. D: Michael Crawford, John Lennon, Karl Michael Vogler, Roy Kinnear.

Satire. Im Zweiten Weltkrieg wird ein englischer Leutnant in der Gefangenschaft zum Freund eines deutschen Offiziers; die Art, wie er diesem seine Kriegsabenteuer erzählt, offenbart Erinnerungsverschiebungen; eine herrliche Persiflage auf verlogene Durchhaltefilme, schön bunt fotografiert.

Wie in einem Spiegel / Sasom i en spegel ***

S 1960 – 86 Min. sw. – R: Ingmar Bergman. D: Harriet Andersson, Max von Sydow, Gunnar Björnstrand, Lars Passgard.

Melodram. Die Familie verlebt ihre Ferien auf einer abgelegenen Insel, Karin ist anscheinend unheilbar geisteskrank; ihr Mann, obwohl Arzt, kann ihr auch nicht helfen. Liebe, Tod, Einsamkeit und die Verwundbarkeit des Menschen thematisiert Ingmar Bergman auch in diesem spröden Werk seiner mittleren Periode.

Wie in schlechten Romanen TV-Film

BRD 1966 – 50 Min. sw. – R: Claus-Peter Witt. D: Ernst Jacobi, Eva Berthold, Erwin Linder, Eva-Maria Meineke.

Verfilmung der Erzählung von Heinrich Böll über Praktiken des Geschäftslebens; nicht voll überzeugend.

Wie klaut man eine Million? / How to Steal a Million **

USA 1966 – 119 Min. – R: William Wyler. D: Audrey Hepburn, Peter O'Toole, Eli Wallach.

Gaunerkomödie. Die Tochter eines Kunstsammlers, dessen »Meister« Fälschungen sind, fürchtet, daß der Schwindel auffliegt; amüsante, wenn auch unrealistische Satire aus der Welt der Kunstkenner.

Wie kommt das Salz ins Meer? TV-Film

BRD – 98 Min. – R: Peter Beauvais. D: Nicolin Kunz, Siemen Rühaak, Stephan Paryla-Raky, Helmut Berger, Ida Krottendorf.

Eine junge Frau in der österreichischen Provinz ist von der Familienabhängigkeit in die Eheabhängigkeit geraten. Als ihr das bewußt wird, flüchtet sie sich zuerst in bohrendes Fragen, dann in eine Liebschaft. Der Film nach dem gleichnamigen Roman (1977) von Brigitte Schwaiger versteht es, das kritische Zeitgefühl der Emanzipationsbewegung in eingängige Bilder umzusetzen.

Wie man Dornröschen wachküßt / Jak se budí Princezny **

ČSSR – 85 Min. – R: Václav Vorlíček. D: Marie Horáková, Jan Hrušínský, Jan Kraus.

Märchenfilm. Moderne Version des alten Grimm-Stoffes, zu einer frechromantischen Liebesgeschichte von kindlichem Gemüt umgebaut. Für Kinder und Erwachsene gleichermaßen.

Wie man in feinere Kreise kommt TV-Film

I/F 1983 – R: Jean L'Hôte. D: Julien

Guiomar, Ginette Garcin, Luciano Salce.
In dieser Verwechslungskomödie engagiert ein armes italienisches Ehepaar einen Schauspieler als Ersatzvater, um dem liederlichen Sohn ein bequemes Pöstchen zu verschaffen. Dabei fällt ihm auch noch die Tochter des Chefs in die Arme.

Wie man seine Frau verliert und eine Freundin gewinnt / Come perdere una moglie e trovare un'amante **
I 1978 – 94 Min. – R: Pasquale Festa Campanile. D: Jonny Dorelli, Barbara Bouchet, Carlo Bagno, Elsa Vazzolev.
Verwechslungskomödie. Die Konstellation scheint nicht neu: Als Eleonora dahinterkommt, daß ihr Mann nicht das Cello, sondern seine Geliebte streichelt, ist sie ähnlich enttäuscht wie Alberto, dessen Gattin sich dem Installateur hingibt; Eleonora und Alberto begegnen sich bei einem Autozusammenstoß, und das wiederum hat Zweisamkeit, Beinaheselbstmord und Bigamie zur Folge; Fazit: Italoslapstick mit scharfer Spaghettisoße.

Wie man seinen Gatten los wird TV-Film
BRD 1970 – 100 Min. – R: Jiři Weiss. B: Robert Gould. D: Martin Hirthe, Brigitte Grothum, Günter Mack, Karl Lieffen, Stefan Behrens.
Ein Ehepaar hat nur aus Berechnung geheiratet, sie ihn des Geldes, er sie ihrer Schönheit wegen; nun will sie ihn umbringen (lassen); eine rabenschwarze Komödie und ein Fest für Fans grotesken Grusels.

Wie Poeten das Leben genießen / Jak bašnici voni zivot ** ½
ČSSR 1987 – 85 Min. – R: Dušan Klein. D: Pavel Križ, David Matašek, Eva Vejmalková, Mila Myslisková.
Komödie. Der erste Teil dieser liebenswerten und heiteren Geschichte, »Wie Poeten ihre Illusionen verlieren«, schildert die Pubertät und Studienzeit zweier Freunde. In dieser Fortsetzung sammeln Stefan als dichtender Arzt und Kendy beim Fernsehen in ihrem Berufs- und Liebesleben erste Erfahrungen; Komödie aus dem Alltag voller Situationskomik und Wortwitz.

Wie Poeten ihre Illusionen verlieren / Jak bašnici přicházeji o iluze ** ½
ČSSR 1984 – 99 Min. – R, B: Dušan Klein, Ladislav Pechacék. D: Pavel Križ, David Matašek, Karel Roden, Josef Dielle, Adriana Tarabková.
Komödie. Den Abschied von der Pubertät und den Illusionen der Jugend zeichnet dieser skurril-witzige Film am Beispiel zweier Freunde nach, die aus der Provinz nach Prag kommen; Stefan studiert Medizin und verliebt sich, Kendy studiert Film und läßt sich lustige Slapstickszenen einfallen. Unterhaltsames Traktat über Alltag, Studium und die Anatomie des Lebens voll Heiterkeit und zuweilen bitteren Humors (2. Teil: »Wie Poeten das Leben genießen«).

Wie Raubkatzen / Les félins **
F 1963 – 95 Min. sw. – R: René Clément. D: Alain Delon, Jane Fonda, Lola Albright, Robert Oumansky, Carl Studer.
Psychokrimi. Ein junger französischer Playboy hat die Frau eines großen US-Gangsters verführt und flüchtet vor dessen Killern in ein Asylantenheim; dort wird er mit einem Morfall konfrontiert; nicht vollauf gelungener Versuch, die Spannung doppeldeutiger Situationen zu vermitteln.

Wie sagen wir es unseren Kindern?
siehe: Ehe mit Hindernissen

Wie soll man Dr. Mraček ertränken? / Jak utopit Doktora Mráčka? ***
ČSSR 1977 – 89 Min. – R: Václav Vorliček. D: Libuše Šafránková, Zdeněk Šehoř, Jaromír Hanzlík, Miloš Kópecky.
Jugendfilm. Die Wassermädchen sind vom Aussterben bedroht, besonders kritisch wird es, als sich Jana in einen Menschen verliebt. Phantastisches Märchen aus Böhmen – grotesk, komödiantisch und originell.

Wie Staub im Wind / Lianlian ** ½
Taiwan 1987 – 105 Min. – R: Hou Hsiao-Hsien. D: Hsin Shu-Feng, Wang Chien Wen, Lee Tien-Lu, Nan Juen.

Melodram. Die Übersiedlung aus seinem Heimatdorf in die Hauptstadt Taipeh bringt für den jungen Ah Yuan Probleme; er muß zum Militär, und die Beziehung zu seiner Freundin gerät in die Krise; modernes Jugendbild aus China.

Wie stehle ich die Welt? / How to Steal the World * ½

USA 1968 – 86 Min. – R: Anthony Spinner. D: Robert Vaughn, David McCallum, Barry Sullivan, Eleanor Parker, Leo G. Carroll.

Agentenfilm. Die Agenten Napoleon Solo und Illya Kuryakin der Serie »Solo für O. N. C. E. L.« suchen eine Ansammlung reihenweise verschleppter Wissenschaftler und Militärs, Spuren führen in den Himalaja, und das war schon die letzte Idee der dürftigen Agentenstorys.

Wie tötet man eine Dame? / Come uccidere una giovane signora? * ½

A/I 1966 – 90 Min. – R: Manfred R. Köhler. D: Stewart Granger, Curd Jürgens, Karin Dor, Scilla Gabel, Klaus Kinski.

Gangsterfilm. Curd Jürgens bleibt auch als Gangsterboß Gentleman, was man von seinem Killer Kinski nicht immer sagen kann. Karin Dor als ahnungslos liebreizender Engel ist das Opfer der Verschwörung, doch Stewart Granger hält seinen starken Arm schützend über sie. Agentenfilm – Aufguß aus der Bond-Welle.

Wie wär's mit Spinat? **

ČSSR 1977 – 86 Min. – R: Václav Vorlíček. D: Vladimír Menšik, Jiří Sóvák, Michal Kočourek.

Jugendfilm. Turbulente Gaunerkomödie um zwei kleine Ganoven, die aus einem wissenschaftlichen Labor Pläne für einen Verjüngungsapparat stehlen. Sie ahnen allerdings nicht, was passiert, wenn der Patient nach der Bestrahlung Spinat ißt.

Wie wär's mit uns beiden? **

DDR 1980 – 80 Min. – R: Helge Trimpert. D: Werner Fritz, Ute Lubosch, Thomas Neumann, Marina Krogull, Jaecki Schwarz.

Liebesfilm. Drei Episoden über junge DDRler auf der Suche nach dauerhaften Beziehungen; nicht allzu überraschend, daß Liebe unter Umständen überall gleich funkt und funktioniert.

Wiedergefundene Zeit TV-Film

BRD – 75 Min. teilw. sw. – R: Jochen Richter. B: Richter, nach der Novelle »Das Ehepaar« von Francisco Tanzer. D: Adelheid Arndt, Edgar Böhlke, William Mang, Pascale Dubourg.

Krieg und Nachkrieg als Hintergrund einer Liebesgeschichte: Ein US-Major trifft zehn Jahre nach der ersten Begegnung bei Kriegsende 1945 das Ehepaar Riemer, ehemalige Nazis, in Frankreich wieder, die Vergangenheit holt ihn ein.

Die Wiederkehr des Martin Guerre / Le retour de Martin Guerre ***

F 1982 – 106 Min. – R: Daniel Vigne. D: Gérard Depardieu, Nathalie Baye, Roger Planchon, Maurice Jacquemont.

Liebesepos. Frankreich im 16. Jahrhundert: Ein Mann kehrt nach acht Jahren zu seiner Frau zurück. Doch ist der Rückkehrer der echte? Der handwerklich gekonnt mit Liebe zum Detail ruhig und episch erzählte Film nach einer wahren Begebenheit setzt auf historische Genauigkeit und alltäglichen Realismus. Ein Hauch Mysterium rundet die unterhaltsame Filmkomposition ab.

Wiegenlied der Verdammten / Murphy's War **

GB 1970 – 99 Min. – R: Peter Yates. D: Peter O'Toole, Horst Janson, Sian Philipps, Philippe Noiret.

Actionfilm. Privatkrieg eines Seekriegsüberlebenden gegen die Deutschen; routinierter Rache- und Einmann-Abenteuerfilm ohne sonderliche Spannung.

Das Wiegenlied vom Totschlag / Soldier Blue **

USA 1970 – 109 Min. – R: Ralph Nelson. D: Candice Bergen, Peter Strauss, Donald Pleasence.

Spätwestern. Die Exfrau eines Indianers, nun Verlobte eines Majors, und ein Soldat überleben einen Indianerüberfall und werden Zeugen eines entsetzlichen Blutbades, das die US-Armee unter Indianern anrichtet; die indianerfreundliche Tendenz, Kommentar zum Vietnamkrieg, und die harten Massakerszenen, die heute jedes Horrorvideo übertrifft, erregten in den siebziger Jahren Anstoß.

Wien, du Stadt meiner Träume ∗∗

A 1957 – 100 Min. – R: Willi Forst. D: Hans Holt, Erika Remberg, Hertha Feiler, Adrian Hoven, Oskar Sima.

Lustspiel. Der letzte Film von Willi Forst (»Wiener Mädeln«), in dem er die Geschichte eines Königs im Exil erzählt, der als Taxifahrer reüssiert. Leicht hingetupft – mit routiniertem Charme.

Wiener Blut ∗∗ ½

D 1942 – 111 Min. – R: Willi Forst. D: Maria Holst, Willy Fritsch, Hans Moser, Theo Lingen.

Filmoperette. Wiener Kongreß 1815: Während Europa aufgeteilt wird, plänkelt ein Kleinstaatengalan mit den Mädeln. Nach Motiven der Strauß-Operette von Forst (»Bel Ami«) mit viel Kulissenatmosphäre und situationskomischen Miniaturen musikalisch schmissig inszeniert.

Wiener G'schichten ∗∗ ½

D 1940 – 100 Min. sw. – R: Géza von Bolvary. D: Marte Harell, Paul Hörbiger, Hans Moser, Siegfried Breuer, Olly Holzmann.

Lustspiel. Zwei Kellner im einst berühmten »Café Fenstergucker« im Alt-Wien von 1905; einer der beiden, Moser als Elefant im Porzellanladen, verhindert die Liebe des Kollegen zur verwitweten Chefin und führt schließlich doch beide zusammen; leichte Unterhaltung mit Charme.

Wiener Mädeln ∗∗ ½

A 1945 – 113 Min. – R: Willi Forst. D: Willi Forst, Dora Komar, Hans Moser, Judith Holzmeister.

Filmoperette. Die Entstehung des berühmten Walzers von Ziehrer (1843–1922), der im Schatten der Familie Strauß stand. Von Forst (»Bel Ami«) mit inszenatorischem Charme vor Kriegsende begonnen und danach beendet; erstaunlicher Aufwand an Bauten, Kostümen – und Eskapismus.

Wiener Melodien ∗∗

A 1947 – 105 Min. sw. – R: Theo Lingen, Hubert Marischka. D: Elfie Mayerhofer, Johannes Heesters, Fritz Gehlen.

Komödie. Die Geschichte der Zwillingsschwestern Lilli und Viktoria, von denen die eine der heiteren, die andere der ernsten Musik zugetan ist. Herz-Schmerz-Märchen mit Gesang.

Wiener Walzer ∗∗

A 1951 – 93 Min. sw. – R: E. E. Reinert. D: Adolf Wohlbrück, Marte Harell, Lilly Stepanek, Fritz Imhoff.

Musikfilm. Johann Strauß Vater in einer Schaffenskrise und in Konkurrenz zum Sohn; die Liebe macht ihn wieder kreativ; routinierter Ausstattungsfilm voll Walzerseeligkeit und passender Klischees.

Wieviel Liebe braucht der Mensch? TV-Film

BRD – 60 Min. – R: Michael Günther. D: Gustl Bayrhammer, Antje Weisgerber, Erich Hallhuber, Heidi Mahler, Hans Clarin.

Ein Vater von fünf Kindern hat seine Frau verloren, von der er jetzt oft träumt; doch im Wachzustand muß er eher an seine fehlende Altersversorgung denken; den Kindern wird Verantwortung abverlangt. Der unprätentiöse, in Bildern des einfachen Alltags verweilende Film nähert sich behutsam den Generationskonflikten.

Wife vs. Secretary ∗∗ ½

USA 1936 – 87 Min. sw. OmU. – R: Clarence Brown. D: Jean Harlow, Clark Gable, Myrna Loy, May Robson, James Stewart.

Komödie. Große Hollywoodstars mit unbändiger Spiellaune in einem turbulenten Filmspaß um eine blonde Sekretärin, die mit ihrem Chef in den Clinch gerät. Turbulenzen der Liebe am laufenden Band sind die Folge. Glanzvolles Hollywoodentertainment mit dem jungen Stewart in einer frühen Nebenrolle.

Die Wikinger / The Vikings ∗∗ ½

USA 1958 – 115 Min. – R: Richard Fleischer. D: Kirk Douglas, Tony Curtis, Ernest Borgnine.

Historischer Abenteuerfilm. Der von Orson Welles erzählte Prachtschinken versteht es, seine beeindruckende Vor-Ort-Aufnahmen zu verbinden mit glaubwürdiger Charakterzeichnung eines kraftstrotzenden, wagemutigen und wilden Volkes und mit dessen farbenprächtig wiedergegebenen kulturellen Riten und kriegerischen Taten. Ein spannendes Film-Völkerkundemuseum, Abteilung nördliche Eroberer.

Wild!
siehe: Feroz

The Wild Bunch – Sie kannten kein Gesetz / Die Herausforderung / The Wild Bunch ****
USA 1969 – 134 Min. Ⓥ EuroVideo. – R: Sam Peckinpah. D: William Holden, Ernest Borgnine, Robert Ryan, Edmond O'Brien, Warren Oates, Jaime Sanchez, Strother Martin.
Spätwestern. Einige alternde Outlaws fühlen, daß ihre Zeit vorbei ist; nach einem letzten großen Coup wollen sie sich zurückziehen, doch alles endet im berühmtesten Massaker der Filmgeschichte. Ein in allen Belangen perfekter Film über institutionalisierte Brutalität, manifesten Terror und Gegengewalt, dem man Ästhetisierung der Gewalt vorwarf; Peckinpahs Kommentar zum Vietnamkrieg; in doppelter Hinsicht ein elegischer Abgesang auf eine Ära.

Wild trieben es die alten Hunnen / Attila – il flagello del Dio * ½
I 1982 – 86 Min. Ⓥ VPS. – R: Castellano & Pipolo. D: Diego Abatantuono, Angelo Infanti, Rita Rusic, Mario Pedone.
Historienfilm. Mit wenig Grips und wildem Haar rächen sich die Hunnen unter ihrem Anführer Attila für einen römischen Überfall. Unterwegs treffen sie die blonde Hexe Columbia.

Der Wilde / The Wild One ** ½
USA 1953 – 79 Min. sw. – R: Laszlo Benedek. D: Marlon Brando, Mary Murphy, Robert Keith, Lee Marvin.
Rockerfilm. In minutenlangen Sequenzen donnern Hell's Angels über die Landstraßen. In einer Ortschaft gibt es Zoff mit Bewohnern, Polizei und der Konkurrenz. Als das ein Todesopfer fordert, kommt der authentisch gespielte, mit Marlon Brando Kultstatus erreichende Film auf Hochtouren.

Der wilde Clown ** ½
BRD 1986 – 100 Min. – R: Josef Rödl. D: Sigi Zimmerschied, Sunnyi Melles, Peter Kern, Ivo Vrzal-Wiegand, E. O. Fuhrmann, Renate Muhri, Erich Kleiber.
Komödie. Ein Mann in abhängiger Stellung greift sich eines schönen Tages die Freundin seines Chefs, einen befreundeten Penner und die Tante aus der Klapsmühle und realisiert seine Tagträume; zwar ist sein Freiraum bald bedroht, doch im anarchischen Tun bleibt er eigentlicher Sieger. Rödls überbordender Filmspaß sympathisiert mit dem Chaos und mit unangepaßten Gestalten; für beides findet er einen passenden Inszenierungsstil.

Wilde Erdbeeren / Smultronstället *** ½
S 1957 – 88 Min. sw. – R: Ingmar Bergman. D: Victor Sjöström, Gunnar Björnstrand, Ingrid Thulin, Bibi Andersson, Julian Kindahl.
Problemfilm. Auf dem Weg zu einer Ehrung durch seine alte Universität blickt ein greiser Professor auf sein Leben zurück und erkennt in Erinnerungen, Begegnungen und (Alp-)Träumen sich selbst als rücksichtslosen, selbstgefälligen und lieblosen Egozentriker, er versucht am Lebensende einen Neuanfang; ein großer Hauptdarsteller (einer der berühmtesten schwedischen Stummfilmregisseure) in einem vielfach ausgezeichneten Bergman-Klassiker; eines der komplexesten und bewegendsten Werke der Filmgeschichte.

Die wilde Flamme TV-Film
BRD 1979 – 90 Min. – R: Eduard Windhager. D: Paul Ehrlich, Giulia Follina, Herbert Fleischmann.
Drei Menschen sind durch schicksalhafte Ereignisse aneinandergekettet: ein tragisches Melodram aus der Zirkuswelt; nach einer Erzählung von John Steinbeck.

Wilde Flucht nach Kalifornien / Von Küste zu Küste / Coast to Coast **
USA 1980 – 88 Min. – R: Joseph Sargent.

D: Dyan Cannon, Robert Blake, Quinn Redeker, Maxine Stuart.
Road Movie. Der blonden Madie gelingt es, aus der Klapsmühle zu entwischen, in die ihr Ehemann sie gesteckt hat. Mit einem Truckdriver erlebt sie auf dem Weg nach Kalifornien haarsträubende Abenteuer. Überzogener Ulk.

Wilde Lust / Fountains of Lust FLOP
GR 1978 – 69 Min. – R: George Papacostas. D: George Moutsios, Giselle Dali, Natadha Fray.
Sexfilm. Eine Hotelchefin bringt einen über Impotenz lamentierenden Urlauber auf Trab; einfallslose Klamotte.

Wilde Orchideen / Wild Orchids * ½
USA 1929 – 95 Min. sw. Stf. – R: Sidney Franklin. D: Greta Garbo, Lewis Stone, Nils Asther.
Melodram. Auf einer Reise durch Java, wo Frauen angeblich die Maske fallen lassen, verläßt die Garbo ihren ahnungslosen älteren Ehemann nicht, obwohl ihr ein etwas dämonisierter Prinz den Hof macht; auch das Charisma der schönen Schwedin kann diesen Langweiler nicht retten.

Wilde Pferde / Valdez il mezzosangue ** ½
I/E/F 1973 – 97 Min. – R: John Sturges. D: Charles Bronson, Jill Ireland, Vincent Van Patten, Marcel Bozzuffi.
Western. Ein Halbblut und ein junger Ausreißer leben von und mit Wildpferden, doch ein reicher Rancher, dessen Schwester das Halbblut liebt, zwingt beide zur Aufgabe ihres Lebenstraums vom freien Leben in Harmonie und Würde; ein resignativer Film über die Zerstörung des »wilden« Westens durch Brutalität und Arroganz der Agrarkapitalisten.

Das wilde Pony / The Wild Pony **
CDN 1984 – 90 Min. – R: Kevin Sullivan. D: Marilyn Lightstone, Art Hindle, Josh Byrne.
Familienfilm. Story um einen Farmer in den Weiten Kanadas, der um die Jahrhundertwende die Liebe einer Frau gewinnen will. Dabei spielen ein Junge und ein wildes Pony die entscheidende Rolle.

Das wilde Schaf / Le mouton enragé / Il montone infuriato **
F/I 1973 – 102 Min. – R: Michel Deville. D: Jean-Louis Trintignant, Romy Schneider, Jean-Pierre Cassel, Jane Birkin.
Melodram. Die Gesellschaft teilt sich in Wölfe und Schafe, eines Tages wechselt ein Mann die Fronten und schafft den sozialen Aufstieg zum Wolf. Zwar gewinnt er Frauen, Reichtum, Macht, der Preis aber ist innere Leere: Gesellschaftsdrama als Parabel.

Wilde Wasser * ½
BRD/A 1962 – 96 Min. – R: Rudolf Schündler. D: Hans v. Borsody, Heinrich Gretler, Marianne Hold, Corny Collins.
Heimatfilm. Ein Vater-Sohn-Konflikt aus bergheimatlichen Gefilden, mit Liebe, Wehmut und später Einsicht garniert. Nett, belanglos.

Die wilde Zombieparty / Ghost Fever * ½
USA 1987 – 93 Min. – R: Alan Smithee. D: Sherman Hemsley, Luis Avalos, Jennifer Rhodes, Deborah Benson, Diana Brooks, Pepper Martin.
Komödie. Die Räumung eines Abrißhauses stellt zwei leicht bescheuerte Polizisten vor Probleme, denn die Hausbewohner – Geister – setzen sich zur Wehr; beachtliche Slapstickgags gehen in einigen Geschmacklosigkeiten unter; der (verstümmelte) Film wurde zum großen Teil 1984 gedreht, Regisseur Lee Madden verbarg sich hinter Pseudonym; als Gast: Boxchamp Joe Frazier.

Die wilden Engel / The Wild Angels ** ½
USA 1966 – 86 Min. sw. Ⓥ Star Selection. – R: Roger Corman. D: Peter Fonda, Nancy Sinatra, Bruce Dern, Diane Ladd, Mitglieder der Hell's Angels von Venice/ Kalif.
Rockerfilm. Aufgebrachte Einwohner verhindern mit Gewalt die von Lederjakken organisierte Begräbnis-»Orgie« eines von der Polizei getöteten Rockers. Zoff ist angesagt. Cormans auf kalifornischen Straßen improvisierter Film präsentiert sich in äußerster Milieutreue.

Die wilden Fünfziger ** ½
BRD 1982 – 120 Min. Ⓥ EuroVideo. – R: Peter Zadek. M: Klaus Doldinger. D: Juraj Kukura, Boy Gobert, Peter Kern, Nora Barner, Christine Kaufmann, Beatrice Richter, Eva Mattes, Ilja Richter, Willy Millowitsch.
Literaturverfilmung. Klamottige, mit Theaterbombast operierende, Kinoklischees klug vermeidende Verfilmung des Simmel-Bestsellers »Hurra, wir leben noch«; die frivolen Freizügigkeiten des Films empörten den Autor. Zadek läßt sich nicht lumpen.

Die wilden Jahre / The Sweet Ride * ½
USA 1967 – 110 Min. – R: Harvey Hart. D: Anthony (Tony) Franciosa, Michael Sarrazin, Jacqueline Bisset, Bob Denver, Michael Wilding, Michele Carey.
Komödie. Ein alternder Playboy und zwei streunende Beachboys sehen sich eines Tages durch ein Verbrechen aus ihrem Sex- und Suffleben in Malibu gerissen; nicht sehr witzige Mischung aus Sozialsatire und Stranddrama; Malibu Beach übertrifft die Darsteller an Ausdrucksfähigkeit.

Die wilden Mahlzeiten / René la Canne ** ½
F 1977 – 95 Min. – R: Francis Girod. D: Gérard Depardieu, Michel Piccoli, Sylvia Kristel, Stefano Patrizi, Valérie Mairesse.
Komödie. Im Paris von 1942 hat es die Gestapo auf einen Ganoven und einen Polizisten abgesehen, die sich in der Irrenanstalt kennenlernten; sie kommen zum Arbeitsdienst nach Deutschland; nicht immer geschmackssichere Ganoven- und »Nazikomödie«; recht fidel Sexstar Kristel.

Die wilden Zwanziger / Die Roaring Twenties ***
USA 1939 – 102 Min. sw. Ⓥ Warner Home. – R: Raoul Walsh. D: James Cagney, Priscilla Lane, Humphrey Bogart, Gladys George.
Gangsterfilm. Der Alkoholschmuggler und Gangster Bogart verrät seinen Kumpel und erhält dafür die Quittung. Einer der Höhepunkte des Gangsterfilms der dreißiger Jahre. Regisseur und Darsteller in Hochform.

Wilder Sommer / L'estate violenta * ½
I/F 1959 – 93 Min. sw. – R: Valerio Zurlini. D: Eleonora Rossi-Drago, Jean-Louis Trintignant, Jacqueline Sassard.
Melodram. Italien 1943: Eine noch junge Offizierswitwe verliebt sich in den Sohn eines Faschisten; als er einberufen wird, scheitert die Liaison inmitten einer Müßiggängeridylle an den Umständen; halbherzige veristische Einschübe; Dialoge von streckenweise verblüffender Einfältigkeit; dennoch unterhaltsam.

Wilder Strom / Wild River *** ½
USA 1960 – 106 Min. – R: Elia Kazan. D: Montgomery Clift, Lee Remick, Jo Van Fleet, Albert Salmi, Jay C. Flippen.
Umweltfilm. Ein Kraftwerksbeauftragter der Tennessee Valley Authority muß für neues Projekt Land erwerben und sieht sich unversehens in einer anrührenden Liebesbeziehung zur Tochter einer Landbesitzerin; poesievolle Hommage Kazans für eine verlorene Landschaft und ihre Menschen; ein großer Film am großen Fluß.

Die Wildente / Wild Duck **
AUS 1983 – 90 Min. – R: Henry Safran. D: Jeremy Irons, Liv Ullmann, Lucinda Jones, Arthur Dignam.
Literaturverfilmung. Das Theaterstück des Dramatikers Henrik Ibsen um die Verstrickungen einer Familie und die uneheliche Henrietta ist in diesem Film in das Sydney um 1913 verlegt; aus neuer Sicht und literarisch für den Film vereinfacht, verliert das Thema an Wortgewalt, gewinnt jedoch atmosphärisch erheblich dazu; eindringliches Melodram.

Der Wilderer vom Silberwald *
BRD 1957 – 105 Min. Ⓥ Videbox. – R: Otto Meyer. D: Rudolf Lenz, Rudolf Carl, Anita Gutwell, Lucie Englisch.
Heimatfilm. Ein Wald wird aus Geldgier abgeholzt; der neue Förster versteht zunächst die Zusammenhänge nicht; antiquiert.

Wildes Blut / Ruby Gentry ∗∗
USA 1952 – 80 Min. sw. – R: King Vidor. D: Jennifer Jones, Charlton Heston, Karl Malden.
Melodram. Schwüle Dreiecksgeschichte aus den Sümpfen des Südens um die arme Unschuld Jennifer Jones. Die Sitten an der Küste sind grausam in dieser Schlammschlacht mit tödlichem Ausgang.

Ein wildes Leben / ∗ ½
La jeune fille assassinée
F/I/BRD 1974 – 101 Min. – R: Roger Vadim. D: Sirpa Lane, Michel Duchaussoy, Mathieu Carrière, Roger Vadim.
Krimi. Milliardärssöhnchen erdrosselt im Sexrausch eine Nymphomanin, eine Recherche deckt die Hintergründe auf; Gesellschaftskritik spekulativ als Softporno.

Der Wildeste unter Tausend / Hud ∗∗ ½
USA 1963 – 95 Min. sw. – R: Martin Ritt. D: Paul Newman, Melvyn Douglas, Patricia Neal, Brandon DeWilde.
Siedlerdrama. Aktionshaltiger Film um einen konservativen Viehbaron und seinen rebellischen Sohn, der mit spannenden Höhepunkten nicht geizt. Ritt (»Der Strohmann«) drehte diesen schauspielerisch hervorragenden Psycho-Heimatfilm mit kritischen Untertönen und effektsicher.

Der wildeste Westen / ∗∗
West and Soda
I 1965 – 83 Min. – R: Bruno Bozzetto.
Zeichentrickfilm. Eine alleinstehende Farmerin lebt zufrieden auf ihrem Anwesen, drei geschwätzige Kühe und ein angesäuselter Hofhund erleichtern ihr Leben; da wirft ein habgieriger Rancher sein Auge auf das fruchtbare Land, doch Cowboy Johnny trifft rechtzeitig ein, um das Böse zu zerschmettern. Diese schwarzweiße Kinderwelt lockert der übermütige Film zusätzlich dadurch auf, daß er Tiere in den Status von Menschen erhebt; eine spielerische und amüsante Westernparodie ist die Folge.

Die Wildgänse II – Sie fliegen wieder / The Wild Geese II ∗
GB 1985 – 100 Min. Ⓥ VPS. – R: Peter Hunt. D: Scott Glenn, Barbara Carrera, Edward Fox, Sir Laurence Olivier.
Söldnerfilm. Ein US-Medienkonzern will ein Sensationsinterview mit Hitler-Stellvertreter Rudolf Hess, die »Wildgänse« sollen ihn aus Spandau befreien; dümmliche, peinliche Kolportage.

Die Wildgänse kommen / ∗ ½
The Wild Geese
GB 1977 – 95 Min. – R: Andrew V. McLaglen. D: Richard Burton, Roger Moore, Richard Harris, Hardy Krüger.
Söldnerfilm. Ein Sonderkommando kämpft gegen einen ganzen afrikanischen Staat, um einen zum Tode verurteilten Präsidenten zu befreien; für Freunde des Genres.

Wildrose / Wildrose ∗∗ ½
USA 1983 – 92 Min. – R: John Hanson. D: Lisa Eichhorn, Tom Bower, Stephan Yoakam.
Problemfilm. Eine nüchterne Liebesgeschichte um eine selbständige moderne Frau, die in den Minen von Minnesota einen Erztransporter fährt. Realistische Momentaufnahmen der heutigen Arbeitswelt, zugleich ein fesselndes Frauenporträt. Produktion des jungen unabhängigen US-Kinos.

Das Wildschwein ist los / ∗∗ ½
Slavnosti snezenek
ČSSR 1983 – 82 Min. – R: Jiří Menzel. D: Rudolf Hrušinsky, Jaromir Hanszlik, Josef Somr, Peter Čepek.
Komödie. Der Streit um ein Wildschwein und wer es essen darf, entzweit eine skurrile Gemeinschaft von Amateurjägern in der Provinz; Regisseur Menzel (»Heimat, schöne Heimat«) stellt mit diebischer Freude am schwarzen Humor die Charakterpalette von Alltagstypen im sozialistischen Land aus.

Der Wildtöter TV-Film
BRD/F 1969 – 90 Min. – R: Pierre Gaspard-Huit. D: Hellmut Lange, Pierre Massimi, Sophie Agacinski, Thekla Carola Wied.
Erster Teil einer Tetralogie von Filmen nach J. F. Coopers »Lederstrumpf«-Romanen; reichlich bieder.

Wilhelm Busch TV-Film
BRD 1986 – 95 Min. – R: Hartmut Gries-

mayr. D: Peter Ehrlich, Christiane Hörbiger, Rosemarie Fendel, Tobias Moretti, Pia Hänggi.
Episoden aus dem Leben des Zeichner-Dichters, der als Humorist verkannt ist; Darstellung der Lebensverhältnisse eines Mannes, der die Einsamkeit liebte; dem Zyniker und Nihilisten Busch nicht angemessen; schönfärberisch und ärgerlich.

Willard / Willard ** ½
USA 1970 – 95 Min. – R: Daniel Mann. D: Bruce Davison, Ernest Borgnine, Elsa Lanchester, Sondra Locke.
Horrorfilm. Perfekter, stimmiger Schokker um einen psychisch labilen und gedemütigten Außenseiter, der dressierte Ratten auf böse Mitmenschen hetzt, bis die Nager ihn selbst anknabbern.

Der Willi-Busch-Report ** ½
BRD 1979 – 120 Min. – R, B: Niklaus Schilling. D: Tilo Prückner, Dorothea Moritz, Kornelia Boje, Karin Frey.
Mediensatire. Ein kleiner Zeitungsverleger und seine Schwester sorgen für selbstentworfene Sensationen, um ihr Blatt zu retten; daß sich dies in der Nähe der DDR-Grenze vollzieht, gibt Anlaß zu bissigen Kommentaren zu deutscher Wirklichkeit in einer intelligent inszenierten Tragikomödie, die inzwischen Historie erzählt.

Willi – Ein Aussteiger steigt ein TV-Film
BRD 1990 – 60 Min. – R: Wolfgang Luderer. B: Curth Flatow. D: Georg Thomalla, Ruth Hausmeister, Stefan Gossler, Anja Schüte.
Ehe Thomalla der Fabrikbesitzerin als »verlorener Sohn« vorgestellt wird, steckt man ihn erst einmal in die Badewanne; Boulevardkomödie im alten Stil.

Willi wird das Kind schon schaukeln * ½
BRD 1971 – 81 Min. – R: Werner Jacobs. D: Heinz Erhardt, Erika von Thellmann, Hannelore Elsner, Barbara Schöne, Claudia Butenuth.
Schwank. Um für seinen verschuldeten Sportverein Geld lockerzumachen, läßt sich Erhardt einiges einfallen, doch weder die Ideen noch seine Blödeleien helfen dem mäßigen Film.

Willie & Phil / Willie and Phil ** ½
USA 1980 – 115 Min. – R: Paul Mazursky. D: Michael Ontkean, Margot Kidder, Ray Sharkey, Jan Miner, Tom Brennan, Natalie Wood.
Liebesfilm. Intelligente, spritzige, amüsante »Jules und Jim«-Hommage, angesiedelt in einer US-Großstadt von heute, mit schnellen Dialogen, starkem Lebensgefühl und brillanten Darstellern.

Willkommen in der blutigen Stadt / Welcome to Bloody City ** ½
GB/CDN 1976 – 91 Min. – R: Peter Sasdy. D: Jack Palance, Keir Dullea, Samantha Eggar, Barry Morse, Hollis McLaren.
Western-Science-fiction. In einer Westernstadt leben von Computerfachleuten programmierte Zombies nach blutrünstigen Ritualen, Mord steigert das Sozialprestige; utopische Parabel im Westernlook; Jack Palance in einer Paraderolle.

Willkommen in Los Angeles / Welcome to L. A. **
USA 1977 – 105 Min. – R: Alan Rudolph. D: Keith Carradine, Sally Kellerman, Geraldine Chaplin, Harvey Keitel, Sissy Spacek.
Kultfilm. Optisch aufgemöbelte Story um ein paar abgewrackte Figuren aus Südkalifornien und ihr konfuses Liebesleben; nicht jedermanns Geschmack, aber ziemlich verrückt.

Willkommen Mr. B / A Man Could Get Killed **
USA 1966 – 90 Min. – R: Ronald Neame. D: James Garner, Melina Mercouri, Sandra Dee, Tony Franciosa.
Agentenkomödie. Ein amerikanischer Geschäftsmann wird in der britischen Botschaft mit einem Agenten verwechselt, und damit beginnt für ihn eine Reihe gagreicher Abenteuer; routinierte Parodie auf das Genre der Agentenverwechslungsklamotte.

Willkommen, Mr. Chance / Being There *** ½
USA 1979 – 130 Min. – R: Hal Ashby. D: Peter Sellers, Shirley MacLaine, Melvyn Douglas, Jack Warden.
Zeitkritischer Film. Ein analphabeti-

scher, fast sprachloser Gärtner, ein Videot, der die Welt nur aus dem Fernsehen kennt, gerät in die Welt der Reichen und Mächtigen, die seine naiven Weisheiten für Brillanz, seine Introvertiertheit für weltmännische Gelassenheit halten; seine Einfalt verhilft ihm zum Aufstieg inmitten von Narren; bitterböse Satire mit einem hervorragenden Sellers in seiner letzten Rolle.

Willy, der Privatdetektiv ✱✱
BRD 1960 – 87 Min. sw. Ⓥ Toppic. – R: Rudolf Schündler. D: Willy Millowitsch, Claus Biederstaedt, Gusti Wolf, Rudolf Platte.
Millowitsch-Schwank. Der Kriminalistikliebhaber Willy erbt von einem Verwandten eine Privatdetektei und steckt auch schon mitten drin in einem brisanten Fall. Er ahnt allerdings nicht, daß das Detektivbüro als Tarnung für andere Zwecke dient. Vergnüglicher Ulk für Millowitsch-Fans.

Winchester 73 / Winchester '73 ✱✱✱
USA 1950 – 89 Min. sw. – R: Anthony Mann. D: James Stewart, Shelley Winters, Dan Duryea, Stephen McNally, Millard Mitchell, Rock Hudson, Tony Curtis.
Western. Erzählerischer und atmosphärisch beeindruckender Ausnahmewestern um ein neues Flintenfabrikat, das im Jahr 1873 als Repetiergewehr Aufsehen erregte, seine wechselnden Besitzer und die Fronten zwischen Rot und Weiß. Der bis in Nebenrollen gutbesetzte Film popularisierte das Westerngenre nach dem Weltkrieg neu, vor allem auch durch episch angelegte und vielseitige Dramaturgie.

Der Windhund / Flic ou voyou ✱✱✱
F 1978 – 102 Min. Ⓥ marketing film. – R: Georges Lautner. D: Jean-Paul Belmondo, Marie Laforêt, Michel Galabru, Georges Géret, Claude Brosset, Jean-François Balmer, Charles Gérard, Tony Kendall.
Actionfilm. Zwei miteinander verfilzte Banden beherrschen Nizzas Schein- und Unterwelt; nach einem Polizistenmord ist es aus mit der Ruhe vor dem Sturm, denn nun soll »der Windhund« das böse Spiel beenden, und er ist nicht für Zimperlichkeit bekannt; rasanter, zupackender Thriller, dem ein aus allen Nähten platzender Belmondo einen kräftigen Schuß parodistischer Ironie gibt.

Windhunde / Streamers ✱✱ ½
USA 1983 – 112 Min. – R: Robert Altman. D: Matthew Modine, Michael Wright, Mitchell Lichtenstein, David Alan Grier, Guy Bond.
Milieukritischer Film. Drei Rekruten warten 1965 auf ihren Einsatz in Vietnam; als ein vierter dazukommt, der nicht nur schwarz, sondern auch homosexuell ist, eskaliert die angespannte Situation zu offener Gewalt. Altman (»Drei Frauen«) inszeniert die individuelle Tragödie am Rande des Krieges als schonungslos realistisches Kammerspiel mit harter Gesellschaftskritik.

Windjammer / Windjammer ✱✱ ½
USA 1958 – 105 Min. – R: Louis de Rochemont, Bill Coleran. D: Lasse Kolstad, Sven Erik Libaek, Harald Tusberg.
Reisefilm. Das norwegische Segelschulschiff »Christian Radich« auf monatelanger Fahrt von Oslo nach New York und zurück. Quasidokumentarisch gefilmter, folkloristischer, musikalischer Spielfilm, Hauptakteure: Wind, Meer, Sonne.

Die Windsor-Papiere: Königsjagd / To Catch a King ✱ ½
USA 1983 – 106 Min. Ⓥ Toppic. – R: Clive Donner. D: Robert Wagner, Teri Garr, Horst Janson.
Thriller. Nazikomplott 1940 in Portugal im Nachtklubmilieu: Keiner weiß, was der Herzog von Windsor dort zu suchen hat.

Winnetou und das Halbblut Apanatschi ✱
BRD/YU 1966 – 85 Min. Ⓥ Videobox. – R: Harald Philipp. D: Lex Barker, Pierre Brice, Uschi Glas, Götz George, Ralf Wolter.
Karl-May-Film. Halbapachin Apanatschi wird zur bedrohten Goldmineneignerin; Winnetou richtet Heil an; recht matt und kraftlos.

Winnetou und Shatterhand im Tal der Toten ** ½
BRD/YU/I 1968 – 85 Min. – R: Harald Reinl. D: Lex Barker, Pierre Brice, Karin Dor, Rik Battaglia, Ralf Wolter, Eddi Arent.
Deutschwestern. Ein verschwundener Major gerät in Verdacht, mit der Kriegskasse durchgebrannt zu sein; die Karl-May-Helden retten im Verein mit seiner Tochter den guten Ruf des tapferen Soldaten; der letzte Winnetou-Western von Reinl vereint noch einmal alle Stars, Stimmungen, Manierismen und Klischees des Genres; unterhaltsamer Abgesang.

Der Winter unserer Träume / Winter of our Dreams ** ½
AUS 1981 – 86 Min. – R: John Duigan. D: Judy Davis, Bryan Brown, Cathy Downes.
Charakterstudie. Ein Buchhändler recherchiert die Hintergründe des Selbstmords einer alten Studienfreundin, dabei lernt er das drogensüchtige Strichmädchen Lou kennen. Die fragile Beziehung der beiden im Großstadtsumpf schildert der australische Spielfilm langsam und sorgfältig, besonderes Gewicht legt er auf die differenzierte Psychologie seiner weiblichen Heldin.

Das Winterhaus TV-Film
BRD 1988 – 94 Min. – R, B: Hilde Lermann. D: Elfriede Rückert, Werner Kreindl, Marita Breuer, Rüdiger Vogler, Jochen Schroeder.
In unmittelbarer Nachkriegszeit zieht Oma Lotte, Komponistin und Ex-Nazianhängerin, in das wunderschöne große Haus ihrer Familie auf dem Land ein, um ihre letzte Messe zu schreiben; das Haus ist mit Flüchtlingen vollgestopft; das schafft Probleme. Die Geschichte der Individuen, Gruppen, Familien erzählt der erstaunliche Debütfilm anekdotisch und humorvoll in schönen, stimmigen Details, die sich überraschend sicher zu einem Gemälde der Jahre 1947/48 fügen.

Winternacht / Rachel River ***
USA 1987 – 85 Min. – R: Sandy Smolan. D: Pamela Reed, Craig T. Nelson, Viveca Lindfors, Zeljko Ivanek, Richard Jenkins.
Melodram. Rachel River ist ein ödes, vergessenes Provinzkaff, irgendwo in Minnesota; die junge aparte Mary hält sich nach ihrer Scheidung mühsam als Radioreporterin über Wasser; der Tod einer Alten und das Verschwinden von Harriet sorgen für Wirbel. Der melancholisch-poetische Film zeigt auf eindringliche Weise, wie Menschen in einer trostlosen Gegend trotzdem nicht den Glauben an sich verlieren und nicht aufgeben.

Winternachtstraum ** ½
D 1935 – 85 Min. sw. – R: Géza von Bolvary. D: Magda Schneider, Wolf Albach-Retty, Richard Romanowsky, Hans Moser, Theo Lingen, Hubert von Meyerinck, Erik Ode.
Komödie. Ein Bankkassierer gerät in den – natürlich falschen – Verdacht der Unterschlagung, in einer Silvesternacht lösen sich nach vielerlei Verwechslungen alle Verwicklungen; konventionelles Lustspiel mit Musik von Franz Grothe; noch immer reizvoll durch die hervorragende Besetzung.

Winterspelt ** ½
BRD 1978 – 100 Min. – R: Eberhard Fechner. D: Ulrich von Dobschütz, Katharina Thalbach, Hans-Christian Blech.
Literaturverfilmung. Im Herbst 1944 ist die Lage für die deutsche Armee aussichtslos geworden. Major Dincklage erwägt, sein Bataillon den Amerikanern zu übergeben. Psychologisch-politisches Denkmodell, nach dem Roman von Alfred Andersch.

Wir bitten zum Tanz **
D 1941 – 83 Min. sw. – R: Hubert Marischka. D: Elfie Mayerhofer, Hans Moser, Paul Hörbiger, Hans Holt.
Lustspiel. Im Wien der Jahrhundertwende sind sich die beiden Tanzlehrer Moser und Hörbiger spinnefeind. Doch die Kinder der Streithähne, ein Liebespaar wie weiland Romeo und Julia, spielen ihnen einen bösen Streich; rührseliger Walzerfilm.

Wir brauchen einen Mann / Le désir et l'amour * ½
F/I 1951 – 90 Min. sw. – R: Henri Decoin.

D: Martine Carol, Françoise Arnoul, Gérard Landry, Albert Préjean.
Komödie. Der Hauptdarsteller streikt bei einer wichtigen Filmszene; darob verzweifelt der Aufnahmeleiter fast; parodistische Ansätze versickern bald, aber Carol und Arnoul sind schön anzusehen.

Wir – die Trottel vom 12. Revier / Due mafiosi contro Al Capone *
I/E 1966 – 88 Min. Ⓥ Toppic. – R: Giorgio C. Simonelli. D: Franco Franchi, Ciccio Ingrassia, José Calvo.
Gangsterkomödie. Den Spezialisten des 12. Reviers gelingt es wider Erwarten, die Bande von Al Capone zu erledigen. Geistloser Klamauk.

Wir haben uns doch mal geliebt TV-Film
BRD – 95 Min. – R, B: Daniel Christoff. D: Lisa Kreuzer, Joachim Bliese, Leila Siller, Gisela Uhlen, Corny Collins.
Gewalt in einer kaputten Ehe am Beispiel eines seit vierzehn Jahren verheirateten Paares, das einen Neuanfang versucht, jedoch gründlich scheitert. Der Film schildert den Prozeß der Zerrüttung mit hautnahem Zugriff und eindrucksvollem Spiel (vor allem von Lisa Kreuzer).

Wir hatten uns so geliebt / C'eravamo tanto amati ***
I 1974 – 110 Min. – R: Ettore Scola. D: Vittorio Gassman, Nino Manfredi, Stefania Sandrelli, Stefano S. Flores, Giovanna Ralli.
Zeitkritischer Film. Am Beispiel dreier Freunde und ihrer unterschiedlichen Biographien wird die Entwicklung der italienischen Linken nach dem Krieg episodisch exemplifiziert, amüsant und sarkastisch, unterhaltsam und bitter zugleich; mit zahlreichen Zitaten aus der Filmgeschichte und mit Marcello Mastroianni, Vittorio De Sica und Federico Fellini in Gastrollen.

Wir hau'n den Hauswirt in die Pfanne * ½
BRD 1971 – 86 Min. – R: Franz Josef Gottlieb. D: Uschi Glas, Fritz Tillmann, Hannelore Schroth, Ralf Wolter, Christian Anders.
Lustspiel. Eine lautstarke Hausgemeinschaft setzt sich gegen das neue Hausbesitzerehepaar und dessen Ordnungswut siegreich zur Wehr; routinierter Klamauk, zu schön, um wahr zu sein.

Wir Kellerkinder ***
BRD 1960 – 85 Min. – R: Jochen Wiedermann. B: Wolfgang Neuss. D: Wolfgang Neuss, Ingrid van Bergen, Karin Baal, Wolfgang Gruner.
Zeitsatire. Ätzende Persiflage auf Wohlstandsgesellschaft nach Wirtschaftswunder, freches Kabarett mit »Stachelschweinen«, den lustigsten Gesellschaftskritikern des deutschen Nachkriegsfilms.

Wir Kinder vom Bahnhof Zoo ** ½
BRD 1981 – 125 Min. – R: Ulrich Edel. D: Natja Brunkhorst, Thomas Haustein, Jens Kuphal, Reiner Wölk, Jan Georg Effler.
Milieukritischer Film. Nach dem Tatsachenbericht der Christiane F.: Im ersten Teil wird einfallsreich und realistisch das Lebensgefühl junger Underdogs nachvollzogen, im zweiten spekulativ das Suchtleiden der Heroinabhängigen zu Schauereffekten genutzt; dokumentarisch angelegter Spielfilm, der durch die Musik und die Glamourauftritte von David Bowie fast Kultstatus erhielt.

Wir kommen alle in den Himmel / Nous irons tous au paradis ** ½
F 1977 – 106 Min. Ⓥ marketing film. – R: Yves Robert. D: Jean Rochefort, Claude Brasseur, Guy Bedos, Victor Lanoux, Danièle Delorme.
Komödie. Vier problembeladene Mittvierziger kaufen sich für ihre Vorstellungen von (amourösem) Spaß ein Haus; zu spät stellen sie fest, daß die Lage des Hauses ihrem Wohlbefinden abträglich ist und ihre Probleme potenziert; vergnüglicher, manchmal witziger Spaß um Midlife-crisis und Möglichkeiten, sie (nicht) zu bewältigen.

Wir sind alle Gottes Kinder / All God's Children ** ½
USA 1980 – 92 Min. – R: Jerry Thorpe. D: Richard Widmark, Ned Beatty, Ossie Davis.
Problemfilm. In einer konservativen Kleinstadt wird ein Konflikt zwischen

Schwarz und Weiß durch ein neues Schulgesetz hochgepuscht. Zwei Jungen – ein Schwarzer und ein Weißer – schließen Freundschaft, doch die Gesellschaft bleibt kalt, mißtrauisch, mit Vorurteilen beladen; kritischer Film mit eindrucksvollen Rollen.

Wir sind keine Engel / ∗∗ ½
We're No Angels
USA 1955 – 98 Min. – R: Michael Curtiz. D: Humphrey Bogart, Peter Ustinov, Aldo Ray, Leo G. Carroll, Joan Bennett, Basil Rathbone.
Gaunerkomödie. Drei Knastbrüder auf der Teufelsinsel brechen am Tag vor Weihnachten aus und wollen per Schiff zurück nach Frankreich; die Geldbeschaffung stellt sich als schwierig heraus; drei Erzkomödianten in herrlichen Rollen in einem Film voller Witz und Ironie.

Wir sind Utopia TV-Film
BRD 1978 – 45 Min. – R, B: Dagmar Damek. D: Michael König, Alexander Radszun, Jürgen Holtz.
Verfilmung des Romans von Stefan Andres um den Konflikt eines exkommunizierten Priesters in einem unbestimmten Bürgerkriegsland; als Priesterfilm ansprechend, als Film der Kirche antiquiert.

Wir tanzen um die Welt ∗∗ ½
D 1939 – 88 Min. sw. – R: Karl Anton. D: Lucie Höflich, Herbert Hübner, Carl Raddatz, Charlotte Thiele.
Musikfilm. Eine Girltruppe auf Welttournee gerät in Schwierigkeiten, als die Disziplin nachläßt, was Neidern nicht unlieb ist; Willi Kollos Musik hat dem Film bis heute nostalgischen Reiz erhalten.

Wir werden das Kind schon schaukeln ∗∗
A 1952 – 85 Min. sw. – R: E. W. Emo. D: Heinz Rühmann, Hans Moser, Theo Lingen, Nadja Tiller, Annie Rosar, Margarete Slezak.
Komödie. Starvehikel für drei Galakomödianten des Kintopps; Verwirrung um einen Liebesbrief und seine moralischen Folgen, frech und witzig, ohne Plumpheit gespielt; nach einem Stück von Gabor von Vaszary.

Wir Wunderkinder ∗∗∗ ½
BRD 1958 – 103 Min. sw. – R: Kurt Hoffmann. D: Johanna von Koczian, Hansjörg Felmy, Wera Frydtberg, Robert Graf, Elisabeth Flickenschildt, Ingrid van Bergen, Jürgen Goslar, Tatjana Sais, Liesl Karlstadt, Lina Carstens.
Gesellschaftsbild. Unsentimentale, teils kabarettistische Studie der Vor- und Nachkriegszeit Deutschlands; nuanciertes Zeitbild und grandiose Parade von Alt- und Neustars des deutschen Kinos; ein Film über Anpassung und Opportunismus, menschlichen Anstand und Ellbogenmentalität mit frechen Kommentaren von Wolfgang Neuss und Wolfgang Müller. Eine Stellungnahme zum »Wirtschaftswunder« voller Ernst und Ironie.

Wir zeigen, was wir haben / The Beauty Jungle ∗ ½
GB 1963 – 110 Min. – R: Val Guest. D: Janette Scott, Ian Hendry, Donald Fraser, Edmund Purdom.
Melodram. Sentimental-klischeehafte Geschichte einer kleinen Sekretärin, die einen Schönheitswettbewerb gewinnt und dem Rummel der Mißwahlen erliegt.

Wirbelwind der Liebe / ∗∗∗
Die merkwürdige Zähmung der Gangsterbraut Sugarpuss / Ball of Fire
USA 1941 – 108 Min. sw. – R: Howard Hawks. D: Gary Cooper, Barbara Stanwyck, Oscar Homolka, Dana Andrews, Dan Duryea.
Komödie. Acht verschrobene Wissenschaftler versuchen in einer abgelegenen Villa den Begriff »Slang« für eine große Enzyklopädie zu erforschen, als ihnen die Gangsterbraut »Sugarpuss« praktischen Anschauungsunterricht gibt: voller Gags und Situationskomik und mit einem glänzend aufgelegten Gary Cooper und adäquater Barbara Stanwyck.

Die Wirkung von Gammastrahlen auf Ringelblumen / ∗∗∗
The Effect of Gamma Rays on Man-in-the-Moon Marigolds
USA 1972 – 100 Min. – R: Paul Newman. D: Joanne Woodward, Roberta Wallach, Nell Potts, Judith Lowry, Richard Venture.
Zeitkritischer Film. Eine verbitterte

Witwe wird mit ihren Frustrationen nicht fertig, wozu das Nachvollziehen des Älterwerdens ihrer Tochter beiträgt, die jüngere Tochter findet in der Beschäftigung mit der Natur ein Ventil für ihre Aggressionen; sensibles Porträt einer vaterlosen Familie mit eindringlichen Psychogrammen; nach einem pulitzerpreisgekrönten Stück von Paul Zindel.

Eine wirre Kollektion / Le salon du prêt-à-saigner TV-Film
F – 90 Min. – R: Victor Lanoux. D: Hughes Quester, Jeanne Goupil, Jean-Paul Muel.
Schwarzer Krimi, der die dunklen Seiten des Großstadtlebens mit Anklängen an den »Film noir« beleuchtet: Eine Waffenschiebergang, anonyme Herren im Hintergrund, eine schöne Frau und Mord stehen auf dem Programm.

Die Wirtin von der Lahn
siehe: Susanne, die Wirtin von der Lahn

Die Wirtin zum Weißen Rößl *
D 1943 – 95 Min. sw. – R: Karl Anton. D: Leny Marenbach, Dorit Kreysler, Karl Schönböck, Otto Graf.
Komödie. Ein Filmstar mietet sich inkognito am Wolfgangsee ein, und der fesche Oberkellner nimmt sich der Diva an; was dann an neckischen Turbulenzen und unnötigen Verwechslungen folgt, ist kaum der Rede wert; seichte Unterhaltung.

Das Wirtshaus im Spessart ** ½
BRD 1957 – 100 Min. Ⓥ VPS. – R: Kurt Hoffmann. D: Liselotte Pulver, Carlos Thompson, Günther Lüders, Rudolf Vogel, Kai Fischer, Helmut Lohner, Hubert von Meyerinck, Wolfgang Neuss, Wolfgang Müller.
Komödie. Unterhaltungsfilm mit Starbesetzung um eine Komtesse, die sich in einen Räuber verliebt, der eigentlich ein Edelmann ist. Phantasievoll ausgestattet, hübsche Fotografie und musikalisch schmissig.

Das Wirtshaus von Dartmoor *
BRD 1964 – 85 Min. sw. – R: Rudolf Zehetgruber. D: Heinz Drache, Paul Klinger, Ingmar Zeisberg, Judith Dornys, Friedrich Joloff, Mady Rahl, Kai Fischer.
Krimi. Zwölf Gefangene sind aus Dartmoor ausgebrochen, und alle sind untergetaucht – bis Scotland Yard auftaucht, verstärkt durch einen australischen Privatschnüffler. Krimiroutine nach Klein Fritzchens Vorstellung von Old England: mühsam vernebelte Fakten, Falltüren, falsche Fährten, Fiktionen; von der zu diesem Mischmasch verdonnerten Besetzung lustlos heruntergespielt.

Wisdom – Dynamit und kühles Blut / Wisdom **
USA 1987 – 105 Min. – R: Emilio Estevez. D: Demi Moore, Emilio Estevez, Tom Skerritt, Veronica Cartwright.
Actionfilm. Ein junger Vorbestrafter beschließt, sich an der Gesellschaft zu rächen; ambitionierter Krimi mit kritischem Touch, der aber zum schwachen FBI-Spektakel gerät.

Der Wittiber TV-Film
BRD 1975 – 90 Min. – R: Franz-Peter Wirth. D: Gustl Bayrhammer, Werner Asam, Gaby Dohm, Lisa Fitz.
Ein verwitweter Bauer, der seinen Hof noch nicht an den Sohn übergeben will, verstrickt sich in eine Liebesgeschichte mit seiner Magd; einfühlsame und doch geradlinige Verfilmung eines Stücks von Ludwig Thoma.

Witwer mit fünf Töchtern **
BRD 1957 – 89 Min. sw. – R: Erich Engel. D: Heinz Erhardt, Susanne Cramer, Vera Tschechowa, Angelika Meissner, Christine Kaufmann.
Heinz-Erhardt-Film. Ein Witwer in Schwierigkeiten mit seinem weiblichen Nachwuchs; ein Komikerstar in Hochform in einem mäßigen Film.

Wo, bitte, geht's zum nächsten Friedhof?
siehe: Gib Gas, Dicker!

Wo, bitte, geht's zur Front? / Which Way to the Front? ** ½
USA 1970 – 92 Min. – R: Jerry Lewis. D: Jerry Lewis, Jan Murray, John Wood, Steve Franken.
Jerry-Lewis-Komödie. Ein Multimillionär ist enttäuscht über die ihm attestierte soldatische Untauglichkeit; mit einer

gleichgesinnten Privattruppe beginnt er daraufhin, hinter den deutschen Linien, den Zweiten Weltkrieg im kleinen; Allroundstar Lewis in einer Paraderolle, weit entfernt vom schieren Blödsinn früherer Klamotten: schwarzer Humor und Selbstironie in einer bösen Kriegsgroteske.

Wo, bitte, gibt's Bier an der Front? ∗∗
The Private Navy of Sgt. O'Farrell
USA 1968 – 92 Min. – R: Frank Tashlin. D: Bob Hope, Gina Lollobrigida, Jeffrey Hunter, Phyllis Diller, Mylène Demongeot.
Komödie. Wegen Biermangels droht die Kampfmoral einer Pazifikeinheit zu schwinden, ein Sergeant versucht, Abhilfe zu schaffen; ein Film, der den Trampeltierhumor von Bob Hope mit allen Geschmacklosigkeiten transportiert, auch insofern sehenswert.

Wo die alten Wälder rauschen ∗ ½
BRD 1956 – 89 Min. Ⓥ Taurus. – R: Alfons Stummer. D: Willy Fritsch, Josefin Kipper, Carl Möhner, Armin Dahlen, Elfie Pertramer.
Heimatfilm. Kinder-, Berg- und Liebesgeschichte aus dem schönen Tirol mit dem Klischee vom vielgeplagten Manager, der keine Zeit für sein mutterloses Kind aufbringt; flache Unterhaltung.

Wo die grünen Ameisen träumen ∗∗
BRD 1984 – 97 Min. Ⓥ atlas. – R: Werner Herzog. D: Bruce Spence, Wandjuk Marika, Roy Marika, Ray Barrett.
Gesellschaftskritischer Film. Im Innern Australiens will eine Minengesellschaft Testbohrungen vornehmen, die Aborigines wollen das verhindern. Der Film von Herzog (»Nosferatu«) treibt ihren Konflikt als Kampf der Kulturen auf die dramaturgische Spitze, vergißt bei all dem Engagement für die Betroffenen filmische Feinheiten.

Wo die Lerche singt ∗ ½
D 1936 – 92 Min. sw. – R: Carl Lamac. B: Géza von Cziffra. D: Martha Eggerth, Alfred Neugebauer, Hans Söhnker, Lucie Englisch.
Komödie. Eines Barons Gut soll verkauft, Töchterchen reich verheiratet werden; doch sie macht eine Schenke daraus und verliebt sich in den ersten Gast, der (natürlich) steinreich ist; nettes Spiel um Verwechslungen und Mißverständnisse; nach Motiven der Lehár-Operette.

Wo die Liebe hinfällt / ∗∗
I Live My Life
USA 1935 – 90 Min. sw. – R: W. S. Van Dyke II. D: Joan Crawford, Brian Aherne, Frank Morgan, Aline MacMahon.
Komödie. Ein Archäologe mit wenig Sympathie für die Reichen verliebt sich aus Versehen in eine verwöhnte Millionärin; konventionelle Verwicklungen in einer schwungvollen und etwas geschwätzig-satirischen Liebeskomödie.

Wo die Lilien blühen / ∗∗ ½
Where the Lilies Bloom
USA 1974 – 77 Min. – R: William A. Graham. D: Julie Gholson, Rance Howard, Harry Dean Stanton.
Familiensaga. Die Luthers leben in den Great Smoky Mountains; als nach der Mutter auch der Vater stirbt, verheimlichen die Kinder seinen Tod, um nicht in ein Heim abgeschoben zu werden.

Wo is' Papa? / Where's Poppa? ∗∗ ½
USA 1971 – 82 Min. – R: Carl Reiner. D: George Segal, Ruth Gordon, Trish Van Devere.
Komödie. Ein New Yorker Anwalt leidet unter den erlesenen Bosheiten seiner sensiblen Mutter; für Freunde absurden Humors eine Kultsatire.

Wo Männer noch Männer sind / Pardners ∗∗
USA 1956 – 90 Min. – R: Norman Taurog. B: Sidney Sheldon. D: Jerry Lewis, Dean Martin, Lori Nelson, Agnes Moorehead, Lon Chaney jr.
Westernparodie. Zwei New Yorker machen sich auf ins Land ihrer Väter, hartgesottener Pioniere des Westens; Lewis mit elaborierten Pointen und Martin als singender Cowboy.

Wo warst du damals, Claire? / The Other Lover ∗∗ ½
USA 1985 – 91 Min. – R: Robert Ellis Miller. D: Jack Scalia, Lindsay Wagner,

Shannon Doherty, Max Gail, John Bennett Perry.
Liebesfilm. Eine erfolgreiche Frau steht zwischen Ehemann und Geliebtem, der sich mit seiner Rolle nicht abfinden kann; routinierte Dreiecksgeschichte, die durch gute Darstellerleistungen gewinnt; für Fans: Michael Jackson gibt sich die Ehre.

Ein Wochenende in Las Vegas / Las Vegas Weekend * ½
USA 1984 – 85 Min. – R: Dale Trevillion. D: Barry Hickey, Joce Damon, Macka Foley.
Zockerfilm. Percy, Computerspezialist, knobelt ein idiotensicheres System aus und fährt zum Black-Jack-Spiel. Nun geht es rund am Spieltisch und weniger im – solide gemachten – Film, der sich auf seinen Anfangseinfällen ausruht.

Der Wochenendkiller / Le tueur du dimanche TV-Film
F 1984 – 90 Min. – R: José Giovanni. D: Rufus, Sophie Ladmiral, Georges Wod, Jean-Pol Dubois.
Ein Arbeiter gerät in den Verdacht, der Mörder zu sein, der allsonntäglich Frauen der besseren Kreise tötet; spannend.

Wodzeck * ½
BRD 1983 – 80 Min. – R, B: Oliver Herbrich. D: Detlev Kügow, Ariane Erdelt, Johannes Habla, Franz A. Hüber.
Literaturverfilmung. Georg Büchners Soldat Woyzeck als Arbeiter im Ruhrgebiet; auch er wird aus Eifersucht zum Mörder; ohne die Büchnersche Atmosphäre.

Wofür das Leben sich lohnt / Something to Live For **
USA 1952 – 89 Min. sw. – R: George Stevens. D: Joan Fontaine, Ray Milland, Teresa Wright, Douglas Dick, Rudy Lee.
Melodram. Eine Alkoholikerin verliebt sich in einen verheirateten Mann, der daher gewisse Schwierigkeiten hat, ihr zu helfen; recht schwacher Film, der durch gute Schauspielerleistungen gewinnt.

... woher der Wind weht
siehe: In den Wind gepfiffen

Wohin die Liebe führt / Where Love Has Gone **
USA 1963 – 114 Min. – R: Edward Dmytryk. D: Susan Hayward, Bette Davis, Michael Connors, Joey Heatherton.
Krimimelodram. Adaption eines Romans von Harold Robbins, der einen Mord in Hollywood – Lana Turners Tochter tötete den Liebhaber der Mutter – aufarbeitet; holzschnittartig und wenig einfühlsam. Comeback für Bette Davis.

Der Wolf der Silaberge / Il lupo della Sila * ½
I 1949 – 79 Min. sw. – R: Duilio Coletti. D: Vittorio Gassman, Luisa Rossi, Amadeo Nazzari, Jacques Sernas, Silvana Mangano.
Melodram. Der junge Holzfäller und die schöne Ursula verbringen eine Nacht in der Berghütte. Am anderen Tag wird ein Toter gefunden. Drama um Liebe, Haß und Rache.

Die Wölfe von Los Angeles / Key Witness ** ½
USA 1959 – 80 Min. sw. – R: Phil Karlson. D: Jeffrey Hunter, Pat Crowley, Dennis Hopper, Joby Baker.
Generationsfilm. Bandenführer »Cowboy« tötet einen jungen Mexikaner; ein Augenzeuge will vor Gericht gegen ihn aussagen, muß jedoch den Terror der Halbstarkenbande ertragen. Effektvoll erzähltes Milieustück mit einem eindrucksvoll agierenden Hopper als neurotischem Schlägertyp; Krimi mit sozialer Generationsproblematik.

Wolfen / Wolfen ** ½
USA 1981 – 109 Min. Ⓥ Taurus. – R: Michael Wadleigh. D: Albert Finney, Diane Venora, Edward James Olmos, Gregory Hines.
Krisenfilm. Ein eigenwilliger Detective der New Yorker Polizei, selbst ein einsamer Wolf, auf der Spur von Wolfsmenschen; verfremdete visuelle (Steadycam, Falschfarbenfotografie) und akustische Spezialeffekte aus der Sicht der Wolfsmenschen überhöhen eine Atmosphäre des kalten Grauens und der Zivilisationsängste, die von den Ruinenfeldern der South Bronx ausgeht, einer Welt der Inhumanität und Vernichtungswut, aber auch indianischer Riten und Kulte; bedrückende Zukunftsvision.

Wolfsblut / Zanna bianca / Croc-Blanc ∗ ½
I/E/F 1973 – 83 Min. Ⓥ VPS. – R: Lucio Fulci. D: Franco Nero, Raimund Harmstorf, Virna Lisi, Fernando Rey.
Abenteuerfilm. Adaption des Jack-London-Romans über gesetzlose Goldsucher in Alaska; vom Reiz der Vorlage bleibt wenig erhalten.

Wolfsblut greift ein / Zanna bianca alla riscossa ∗ ½
I 1974 – 84 Min. – R: Tonino Ricci. D: Maurizio Merli, Gisela Hahn, Sergio Smacchi.
Abenteuerfilm. Ein entflohener Sträfling macht sich mit dem dressierten Schäferhund seines ermordeten Freundes auf die Suche nach Gangstern. Der Film nach Jack London nutzt die Bildgewalt der Landschaft, aber kaum die Möglichkeiten der Filmsprache.

Die Wolfsbraut TV-Film
BRD – 85 Min. – R, B: Dagmar Beiersdorf. D: Imke Barnstedt, Martine Felton, Lothar Lambert, Albert Heins, Mustafa Iskandarani.
Komödie um zwei Frauen, deren Rollen der emanzipierten Intellektuellen und der ungebildeten Wilden sich umkehren; von witziger Ernsthaftigkeit.

Der Wolfsjunge / L'enfant sauvage ∗∗∗
F 1969 – 80 Min. sw. – R: François Truffaut. D: Jean-Pierre Cargol, François Truffaut, Françoise Seigner.
Erziehungsfilm. Nach den authentischen Aufzeichnungen des Pariser Arztes Itard wird die Geschichte eines 1798 fast taubstumm aufgegriffenen Kindes und der Zivilisationsbemühungen erzählt; Truffauts sensible Annäherung an das Kaspar-Hauser-Motiv; intensiv und erschütternd.

Wolfsziegel TV-Film
F – 90 Min. – R: Jacques Ertaud. B: Henry Grange. D: Paul Le Person, Jeanne Allard, Marie-Hélène Daste, Frédéric Witta, Pierre Guéant, Gérard Darrieu.
Das Heulen sogenannter Wolfsziegel an den Häusern kündigt französischen Bergbauern strenge Winter an, die die Wölfe ins Tal treiben; ein Film, dessen Spannung sowohl aus der Handlung als auch aus Generationskonflikten um Naturnähe und Volksglauben kommt.

Eine Wolga-Romanze / Shestokij romans ∗∗ ½
UdSSR 1983/84 – 134 Min. – R: Eldar Rjasanow. D: Larissa Gusejewa, Alica Freindlich, Nikita Michalkow.
Zeitkritisches Epos. Ein Sittengemälde der zaristischen Gesellschaft um 1900, groß angelegt, mit betörenden Landschaften, faszinierenden Charakteren, symphonischen Klängen und gestochenen Dialogen; nach Ostrowskis Drama »Das Mädchen ohne Mitgift« realistisch und kritisch inszeniert.

Wolgaschiffer / I batellieri del Volga ∗∗ ½
I/F 1958 – 92 Min. – R: Victor Tourjansky. D: John Derek, Dawn Addams, Elsa Martinelli, Wolfgang Preiss, Charles Vanel, Gert Fröbe.
Abenteuerfilm. Der zaristische Rittmeister Orloff erfährt nach der Hochzeit, daß seine Frau von einem General vergewaltigt wurde und ein Kind erwartet; als er dem Verbrechen nachgeht, zieht er den kürzeren, kommt in ein Straflager – aber die Rache ist dennoch sein; auf seiner Flucht aus Sibirien findet er Hilfe bei Wolgaschiffern. Der malerische, naiv bis kitschig erzählende Film entwirft ein Rußland als Eldorado für Abenteuer.

Wolken sind überall / The Moon Is Blue ∗∗ ½
USA 1953 – 99 Min. sw. – R: Otto Preminger. D: William Holden, David Niven, Maggie McNamara, Tom Tully, Dawn Addams.
Komödie. Zwei Herren beflirten massiv eine verwirrend offenherzige Schönheit, die sich nicht entscheiden kann; US-Version der Adaption des Boulevardstücks von F. Hugh Herbert, einer lockeren erotischen Komödie mit witzigen, deutlich frivolen Dialogen; Premingers weniger elegante deutsche Parallelfassung: »Die Jungfrau auf dem Dach« (Joh. Matz, H. Krüger, J. Heesters).

Woman of the Prehistoric Planet ∗
USA 1965 – 88 Min. OmU. – R: Arthur

Pierce. D: Wendell Corey, Irene Tsu, Paul Gilbert, John Agar.
Science-fiction-Film. Ein Raumschiff bringt prähistorische Wesen mit zur Erde, darunter natürlich eine Frau; das ist fast die einzige Idee dieses Films.

Won Ton Ton – der Hund, der Hollywood rettete / Won Ton Ton – the Dog Who Saved Hollywood ** ½
USA 1975 – 88 Min. – R: Michael Winner. D: Bruce Dern, Madeline Kahn, Art Carney, Ron Leibman.
Komödie. Im Stummfilm-Hollywood der zwanziger Jahre träumt ein Mädchen von Starruhm, doch statt ihrer macht ein ihr zugelaufener Hund Karriere; in einer gnadenlosen Aneinanderreihumg pointensicher servierter Gags bekommen Regisseure, Autoren, Produzenten, Stars und Starlets und nebenbei alle Parasiten des Filmgeschäfts ihr Fett ab; vor allem ein Film, der den Irrwitz der Starmanierismen zielsicher aufs Korn nimmt; zahlreiche Altstars in Minirollen.

Wonderful Life – Küß mich mit Musik / Wonderful Life * ½
USA 1964 – 96 Min. – R: Sidney J. Furie. D: Cliff Richard, Walter Slezak, Susan Hampshire, Hank B. Marvin.
Musikfilm. Musiker, als Statisten beim Film, drehen hinter dem Rücken des Regisseurs eine Zweitversion des Streifens als Musical; matter Ansatz zu einer Insiderparodie auf die Filmszene.

Woodstock / Woodstock ** ½
USA 1970 – 180 Min. – R: Michael Wadleigh.
Musikfilm. Durch Werbespots und inkompetente deutsche Glossierung von TV-Moderator Alan Bangs verunstaltete Fassung der legendären Dokumentation über das Festival of Peace and Music nahe Woodstock, New York, vom 15. bis 17. August 1969; 1970 mit dem Oscar für den besten Dokumentarfilm ausgezeichnetes, generationsprägendes Zeitpanorama; Höhepunkte noch heute Richie Heavens' »Freedom«, Joan Baez' virtuoser A-capella-Vortrag von »Swing Low, Sweet Chariot«, die Ten Years After, John Sebastian und Jimi Hendrix' zur Kenntlichkeit gebrachte Version der US-Hymne; kein Film fürs Fernsehen.

Woody, der Unglücksrabe / Take the Money and Run ***
USA 1969 – 82 Min. – R: Woody Allen. D: Woody Allen, Janet Margolin, Jacquelyn Hyde, Marcel Hillaire, Lonny Chapman, Jan Merlin.
Woody-Allen-Komödie. Furioser Regieerstling Allens, der auch das Drehbuch schrieb, über einen sozial determinierten Schwerverbrecher, dessen Leidensweg im Slum nachgezeichnet wird – satirisch, die Dokumentation parodierend, bissig-kritisch, vor Einfällen berstend. Ein Sketch-Film in typischer Handschrift Allens, bereits mit allem, was seine Werke bis heute auszeichnet.

Woyzeck ** ½
BRD 1978 – 80 Min. Ⓥ atlas. – R: Werner Herzog. D: Klaus Kinski, Eva Mattes, Wolfgang Reichmann, Josef Bierbichler.
Literaturverfilmung. Beeindruckende Verfilmung des Büchner-Dramas vom umhergetriebenen Soldaten aus dem vierten Stand, der seinen Klassenfrust an der eigenen Frau abreagiert. Kinski-Film, von Herzog (»Nosferatu«) leidenschaftlich und bewegend, wenn auch allzu literaturgläubig inszeniert.

Das Wunder des Malachias **
BRD 1961 – 122 Min. sw. – R: Bernhard Wicki. D: Horst Bollmann, Richard Münch, Christiane Nielsen, Günther Pfitzmann, Brigitte Grothum.
Sozialkritischer Film. Ein Priester versetzt durch ein Gebet eine Spelunke neben seiner Kirche auf eine Insel, bittet Gott aber bald darum, das Wunder rückgängig zu machen; milde Satire aus der Wirtschaftswunderzeit, überladen und deshalb ohne Biß.

Wunder in San Francisco / A Christmas Without Snow TV-Film
USA 1980 – 95 Min. – R, B: John Korty. D: Michael Learned, John Houseman, Ed Bogas, Ramon Bieri, Valerie Curtin.
Eine frisch geschiedene Lehrerin engagiert sich im Kampf der Mitglieder ihres

Kirchenchors um Anerkennung durch den perfektionistischen Chorleiter; rührend und menschlich.

Das Wunder von Mailand / *** ½
Miracolo a Milano
I 1950 – 97 Min. sw. – R: Vittorio De Sica. B: Cesare Zavattini, nach seiner Erzählung. D: Emma Gramatica, Francesco Golisano, Paolo Stoppa.
Sozialparabel. Ein kleiner Junge mit übernatürlichen Kräften verhindert die Ausbeutung der Armen durch Spekulanten; durch satirische Gags, Allegorien und Einfälle voll heiterer Poesie wird der neorealistische Film stilistisch umgewertet; mehrfach, u. a. in Cannes, preisgekrönt.

Die wunderbare Puppe / **
Magnificent Doll
USA 1948 – 95 Min. sw. – R: Frank Borzage. D: Ginger Rogers, Burgess Meredith, David Niven.
Dreiecksgeschichte. Der spätere Präsident der USA, James Madison, und der Charmeur Aaron Burr steigen in derselben Pension ab und verlieben sich in dieselbe Blondine. Dolly fällt die Wahl schwer.

Wunderbare Zeiten / ** ½
This Happy Breed
GB 1944 – 106 Min. – R: David Lean. D: Robert Newton, Celia Johnson, John Mills, Kay Walsh, Amy Veness.
Familiensaga. Frank Gibbons ist aus dem Ersten Weltkrieg zurückgekehrt und zieht mit seiner Familie in ein Londoner Haus; doch was der Krieg nicht schaffte, tun sich die Familienmitglieder selbst an: Sie trennen sich nach und nach. David Lean (»Doktor Schiwago«) zeigt in seinem frühen Film wunderbar lebendige Figuren in einer bittersüßen Story.

Die wunderbaren Jahre * ½
BRD 1979 – 75 Min. – R, B: Reiner Kunze. D: Gabi Murr, Martin May, Rolf Boysen.
Melodram. Gabi ist sechzehn und lernt einen musikalischen Jungen kennen. In der DDR-Provinz führt diese junge Liebe zu Konflikten – klischeehaft, ohne Originalität. Kunze verfilmte seinen bekannten Roman.

Die wunderbaren Männer mit der Kurbel / Báječní muži s klikou ***
ČSSR 1978 – 83 Min. – R: Jiří Menzel. D: Rudolf Hrušínský, Jiří Menzel, Blažena Holišová.
Komödie. Ein Schausteller zieht durch Böhmen und stellt »bewegliche Bilder« als Neuigkeit vor; seine Tochter wird Haushälterin bei einem Filmemacher; eine humorvolle und witzige Hommage für die Pioniere des frühen Films der Tschechoslowakei, durch liebevoll rekonstruierte Details auch ein lebenerfülltes Zeitbild.

Wunschkonzert ***
D 1940 – 100 Min. – R: Erich von Borsody. D: Ilse Werner, Carl Raddatz, Heinz Goedecke, Ida Wüst.
Musikfilm. Bei der Olympiade 1936 lernt eine junge Frau einen Fliegeroffizier kennen, den sie nicht vergessen kann; prototypischer NS-Propagandafilm im Mantel des Musik- und Liebesfilms.

Wunschkonzert ** ½
BRD 1955 – 95 Min. – R: Erik Ode. D: Georg Thomalla, Renate Holm, Germaine Damar, Bully Buhlan, Peter Frankenfeld, Paul Dahlke.
Musikfilm. Starparade der fünfziger Jahre im Rahmen einer etwas dürftigen Komödie; für Nostalgiker immer noch sehens- und liebenswert.

Der Würger kommt um Mitternacht / The Ringer **
GB 1932 – 75 Min. sw. – R: Guy Hamilton. D: Patrick Curwen, Franklin Dyall, Carrol Goodner.
Kriminalfilm. Adaption des Bühnenstücks »The Gaunt Stranger« von Edgar Wallace um einen Serienmörder, der durch Verkleidungskunst die Polizei narrt; zähe Filmversion, die eher altmodische britische Lebensart als Spannung transportieren will.

Die Wurzeln des Himmels / ** ½
The Roots of Heaven
USA 1958 – 131 Min. – R: John Huston. D: Errol Flynn, Trevor Howard, Juliette Gréco, Eddie Albert, Orson Welles, Herbert Lom.
Afrikafilm. Freie Adaption des Romans von Romain Gary über die Bemühungen eines Einzelgängers um den Schutz der

bedrohten Elefanten; ein Film über melodramatische Umweltschutzkämpfe, der an Aktualität gewonnen hat; überzeugende Darsteller vor grandioser Naturkulisse.

Der Wüstenfalke / The Desert Hawk ** ½

USA 1950 – 78 Min. – R: Frederick de Cordova. D: Yvonne de Carlo, Richard Greene, Jackie Gleason, Rock Hudson, George Macready.

Abenteuerfilm. Ein Schmied heiratet, als Prinz verkleidet, Scheherezade, um sie vor dem bösen Murad zu schützen; opulentes Wüstenabenteuer à la »1001 Nacht« mit guter Besetzung.

Die Wut des Albert Pinto / Albert Pinto ko gussa kyoon aata hai ** ½

Indien 1980 – 110 Min. – R: Saeed Akktar Mirza. D: Naseeruddin Shak, Smita Patil, Shabana Azmi.

Alltagskomödie. Erst nach langen Anläufen wird einem kleinen karrierebewußten Automechaniker klar, daß seine Erfolgsgier zu Lasten der Menschlichkeit geht; sozialkritischer Blick auf den Alltag des unteren Mittelstands von Bombay.

Wut im Bauch / Over the Edge ** ½

USA 1979 – 94 Min. – R: Jonathan Kaplan. D: Michael Kramer, Pamela Ludwig, Matt Dillon, Vincent Spano.

Straßenschlachtfilm. Ein realer Schüleraufruhr an einer kalifornischen High-School lieferte den Hintergrund für diesen schockierenden Film über randalierende, auf Unterdrückung mit Zerstörungswut reagierende Jugendliche in einer nordamerikanischen Stadtwüste. Das bekannte Halbstarkenepos »Die Saat der Gewalt« von 1955 wirkt gegen diesen Filmfaustschlag wie ein mahnend erhobener Zeigefinger.

Wyatt Earp / Wyatt Earp **

USA 1983 – 100 Min. – R: Michael O'Herlihy. D: Marie Osmond, Bruce Boxleitner, John Bennett Perry.

Spätwestern. Die kurze große Liebe zwischen dem legendären Marshal und der jungen Schauspielerin Josie Marcus, die in Tombstone gastiert; ein Film der leisen Töne.

X

Xaver ** ½
BRD 1986 – 87 Min. – R, B: Werner Possardt. D: Rupert Seidl, Carlos Pavlidis, Gabi Fischer, Marinus Brand.
Komödie. Ein Außerirdischer landet mitten im Wald, sein geflügeltes »Raumschiff« erinnert verdächtig an eine Isetta; Xaver, der Außenseiter im Dorf, nimmt sich des Männleins an, das bald Bayrisch, Biersaufen und Schuhplattler kann. Heimatfilm als kritisch-witziges Science-fiction-Märchen.

Der X-Bericht TV-Film
BRD – 90 Min. sw. teilw. F. – R: Roland Gall. D: Jörg Hube, Manfred Andrae, Jan Meyer, Elert Bode, Rolf Illig, Helmut Stange, Harald Dietl.
Ein deutscher Wirtschaftsanwalt soll Anfang des Zweiten Weltkriegs im Auftrag des Vatikans die deutsche Widerstandsbewegung, die Kirche und die englische Regierung zu gemeinsamem Handeln anregen. Seine Gratwanderungen schildert der teilweise dokumentarisch angelegte Film.

Xanadu / Xanadu * ½
USA 1980 – 96 Min. Ⓥ CIC. – R: Robert Greenwald. D: Olivia Newton-John, Gene Kelly, Michael Beck, James Sloyan, Dimitra Arliss, Katie Hanley.
Musical. Die Lieblingstochter des Göttervaters Zeus verhilft zwei Künstlern zum Musikklub »Xanadu«; dem schwachen Film helfen die Bemühungen von Gene Kelly und die Songs des Electric Light Orchestra (u. a. »Magic«) nur wenig.

Y

Yellow Submarine / Yellow Submarine ** ½
GB 1967 – 85 Min. – R: George Dunning. D: Die Beatles, Lance Percival.
Zeichentrickfilm. Ein gelbes Unterseeboot geht auf abenteuerliche Fahrt durch bizarre Wunschgeographien. Seine Insassen sind die Beatles, die durch die Zauberkraft ihrer Musik die Mächte des Bösen besiegen und ein knallbuntes Hippiereich errichten; psychedelisches Popmärchen – witzig und originell gezeichnet von dem deutschen Star-Grafiker Heinz Edelmann.

Yentl / Yentl ***
USA 1983 – 128 Min. – R: Barbra Streisand. D: Barbra Streisand, Mandy Patinkin, Amy Irving, Nehemiah Persoff.
Literaturverfilmung. Geschichte eines jüdischen Mädchens in Polen um die Jahrhundertwende, das nach dem Tod ihres Vaters als Mann verkleidet den Talmud studiert und sich in einen Mitstudenten verliebt. Eine zart-brutale, dramatische Emanzipationstravestie; nach einer Novelle von Isaac B. Singer.

Yesterday / Yesterday *
CDN 1980 – 97 Min. – R: Larry L. Kent. D: Claire Pimpare, Vince Van Patten, Eddie Albert.
Love-Story. Ein etwas unbedarfter amerikanadischer Medizinstudent schwängert Francokanadierin und soll dann nach Vietnam; unkritisch und von naiver Sentimentalität.

Yeti, der Schneemensch / Yeti – il gigante del 20. secolo **
I 1977 – 78 Min. – R: Mario di Nardo. D: Phoenix Grant, Jim Sullivan, Tony Kendall, Steve Elliot.
Gruselabenteuer. Es beginnt, als eine Expedition in Grönland einen im Eis eingefrorenen Riesen entdeckt. Ist Yeti Mensch, Tier oder ein Fabelwesen? Der Mythos vom Monster, ein Lieblingsthema des Horrorfilms, hat diesmal im Packeis überlebt.

Yol – der Weg / Yol *** ½
Türkei/F/CH/BRD 1981 – 108 Min. Ⓥ Eurovideo. – R: Serif Gören. B: Yilmaz Güney. D: Tarik Arkan, Halil Ergün, Necmettin Çobanoğlu, Serif Sezer.
Politdrama. 1981 unter der faschistischen Diktatur in der Türkei: Fünf Gefängnisinsassen erhalten eine Woche Urlaub – jeder tritt eine Reise an, die mit Hoffnungen und Erwartungen verbunden ist, doch ein brutales Regime, Vorurteile und religiöse Zwänge führen die Männer in ausweglose Situationen. Geschickte Dramaturgie, menschliches Engagement, Bilder von großer Eindringlichkeit. 1982 Goldene Palme in Cannes.

Yuma / Yuma TV-Film
USA 1970 – 80 Min. – R: Ted Post. D: Clint Walker, Barry Sullivan, Edgar Buchanan, Kathryn Hays.
Der Marshal einer Stadt in Arizona um 1830 muß beweisen, daß er kein Mörder ist; Western mit Krimielementen, nicht ohne Spannung, wenn auch ohne Biß; gutes Handwerk.

Z

Z / Z ****
F/Algerien 1968. – 120 Min. – R: Costa-Gavras. D: Yves Montand, Irene Papas, Jean-Louis Trintignant, Charles Denner, Bernard Fresson.
Politthriller. Untersuchungsrichter und Reporter rollen Tathergang eines »Unfalls« auf, der Mord war, in den höchste Kreise verwickelt sind. Wegweisender Film seines Genres nach einem wahren Ereignis 1963 in Griechenland. Musik von Mikis Theodorakis.

Zabriskie Point / Zabriskie Point ***
USA 1969 – 106 Min. Ⓥ MGM/UA. – R: Michelangelo Antonioni. D: Mark Frechette, Daria Halprin, Paul Fix.
Zeitkritischer Film. Eine Liebesgeschichte in der Wüste: Mark umkreist mit seinem Sportflugzeug spielerisch Darias Kabriolett. In Death Valley lieben sich die beiden, in Los Angeles wird Mark in seinem bunten Vogel erschossen. Daria hat explosionsartige Untergangsvisionen. Antonionis Kommentar zur Studentenrevolte, verbunden mit einer radikalen Kritik an der amerikanischen Konsumgesellschaft.

Zadar-Khan, der Wüstenrebell / /La grande sfida FLOP
I/E 1966 – 90 Min. – R: Miguel Lluch. D: Kirk Morris, Dina Loy, Red Ross, Aldo Sambrell.
Historienfilm. Als erwachsener Krieger kehrt ein Thronanwärter in die Heimat zurück und kämpft gegen den Usurpator; hölzerne Darsteller in einem phantasielosen Film.

Der zäheste Raufbold / The Toughest Man Alive *
USA 1955 – 85 Min. – R: Sidney Salkow. D: Dane Clark, Anthony Caruso, Lita Milan.
Actionfilm. Ein US-Agent im Auftrag gegen eine Revolution und ihre Waffenlieferanten; Routineprodukt, ideologisch vernagelt und lustlos heruntergespielt.

Zahltag / Mourir tranquille ** ½
BRD/F 1972 – 84 Min. – R: Hans Noever. D: André Rouyer, Karl Scheydt, André Watt, Burghard Schlicht, Marquard Bohm.
Krimi. Ein bankrotter Reeder erbeutet mit seinen Exangestellten Lohngelder; die Anteile sollen in zwei Jahren verteilt werden, doch der Boß hat sich verrechnet; Noevers von Jean-Pierre Melville inspirierter Debütfilm, dessen ruhige Kamera nervöse Spannung in wohlarrangierte Bilder umsetzt.

Zahltag / Payday ** ½
USA 1973 – 103 Min. – R: Daryl Duke. D: Rip Torn, Ahna Capri, Elayne Heilveil, Cliff Emmich.
Road Movie. Ein Leben im Tourenwagen und auf der Straße erlebt Rip Torn als Countrysänger. Der melancholische und witzige, milieuechte und präzise die Szene beobachtende Film schildert die Höhepunkte und Niederlagen des Musikgeschäfts.

Zandis Braut / Zandy's Bride **
USA 1974 – 116 Min. – R: Jan Troell. D: Gene Hackman, Liv Ullmann, Eileen Heckart, Harry Dean Stanton.
Western. Ein rüder Pionier kauft sich per Inserat eine Frau, da er einen Erben für seine Farm braucht; die Frau fühlt sich gedemütigt und setzt sich zur Wehr; Melodram im Westerngewand und schwache Auseinandersetzung mit dem Problem der Menschenwürde im privaten Bereich.

Der Zappler TV-Film
BRD 1983 – 75 Min. – R: Wolfram Deutschmann. D: Laiendarsteller.
Ein unpathetischer und spannender Spielfilm über das Leben spastisch gelähmter Kinder. Körperbehinderten-Krimi – bewundernswert echt und realistisch, mit Betroffenen.

Zarak, der Rebell / Il pirata del diavolo FLOP
I/YU 1967 – 95 Min. Ⓥ Toppic. – R: Roberto Mauri. D: Richard Harrison, Paolo Solvay, Walter Brandi, Annamaria Ubaldi.
Piratenfilm. Der grenzenlos raubgierige Anführer türkischer Piraten, die Italien plagen, kommt in die Bredouille; blutrünstig, brutal und primitiv.

Zardoz / Zardoz ∗∗
GB 1973 – 105 Min. – R: John Boorman. D: Sean Connery, Charlotte Rampling, Sara Kestelman, Niall Buggy.
Science-fiction-Film. Im Jahr 2293 teilen sich die letzten Überlebenden auf der Erde in zwei Gruppen: die Eliten und die Barbaren. Der »Fliegende Kopf« Zardoz stellt die Verbindung zwischen beiden her. Der Barbar Zed dringt in die Welt der Eliten ein und stellt fest, daß sie degeneriert und impotent sind, während die Frauen die Herrschaft übernommen haben. Anspruchsvoll-philosophischer Weltraumreißer, der auf religiöse und mythische Motive zurückgreift – stellenweise unfreiwillig komisch. Musik von Beethoven.

Der Zarewitsch ∗ ½
BRD 1954 – 92 Min. – R: Arthur Maria Rabenalt. D: Sonja Ziemann, Luis Mariano, Irina Garden, Paul Henckels.
Musikfilm. In eine Rahmenhandlung gezwängte Bruchstücke der Lehár-Operette, die Freunde des Komponisten je nach Anspruch ärgern oder freuen.

Die zarte Falle / The Tender Trap ∗∗ ½
USA 1955 – 111 Min. – R: Charles Walters. D: Frank Sinatra, Debbie Reynolds, David Wayne, Celeste Holm.
Komödie. In einem Junggesellenapartment teilen zwei Kumpel Leben und Liebe. Sinatra in einer Idealrolle als nervöser, launiger und witziger Großstädter; ein temporeicher, dialogsicherer Filmspaß.

Zärtlich, aber frech wie Oskar FLOP
BRD 1980 – 88 Min. – R: Franz Josef Gottlieb. D: Patricia Zenker, Régis Porte, Heinz Eckner, Babsi May.
Teeniesexfilm. Gendarmentochter fängt Feuer, als ein Playboy sie anlacht; dieser kann das Angebot der Hübschen nicht würdigen; aber nach etlichen Amouren wandelt er sich. Der niveaulose Film will nichts und kann nichts, außer Klamauk mit nackten Tatsachen zu treiben.

Zärtliche Chaoten ∗
BRD 1987 – 90 Min. Ⓥ Starlight. – R: Franz Josef Gottlieb. D: Thomas Gottschalk, Michael Winslow, Helmut Fischer, Dey Young, Pierre Brice, Herbert Fux, Harald Leipnitz.
Starklamauk. Drei abgehalfterte Filmstatisten lernen die blonde Rosi kennen, eine Champagnerorgie ist die Folge. Der unbeschwerte, allerdings auch oberflächliche, bis dahin fünfte Filmspaß von und mit Deutschlands TV-Sonnyboy setzt ganz auf Gottschalk, der es allen recht machen will und sich als Autor überschätzt; Kalauerkiste, als zusammenhängende Filmstory verkauft.

Zärtliche Cousinen / Tendres cousines ∗ ½
BRD/F 1980 – 83 Min. – R: David Hamilton. D: Anja Schütte, Thierry Tevini, Valérie Dumas, Laure Dechasnel.
Pubertätsschnulze. Zwei Cousinen und andere in Liebesspielen zu Beginn des Zweiten Weltkriegs in der Provence; Meisterstück des Softporno-Kuschelweichzeichner-Fotografen Hamilton.

Zärtliche Stunden / Dulces horas ∗∗ ½
E 1981 – 102 Min. – R: Carlos Saura. D: Inaki Aierra, Assumpta Serna, Pedro Sempson, Alvaro de Luna.
Moderner Liebesfilm. Ein Mann auf der Suche nach der verlorenen Jugend und der Beziehung zur Mutter bemüht sich, sein Leben als Künstler zu verarbeiten, und akzeptiert die Gegenwart in neuem Licht. Saura (»Carmen«) läßt dieses Thema als Kammerspiel dialogintensiv, in betörend komponierten strengen Bildern abrollen.

Der Zauberberg ∗∗ ½
BRD/F/I/ 1981 – 150 Min. – R: Hans W. Geissendörfer. D: Rod Steiger, Marie-France Pisier, Flavio Bucci, Christoph Eichhorn, Hans-Christian Blech, Charles Aznavour.

Literaturverfilmung. Adaption des Thomas-Mann-Romans über ein Lungensanatorium und seine schweratmig-leichtlebigen Insassen. Geissendörfer (»Die Lindenstraße«) benutzt die Vorlage zu einer Leichenschau der Belle Epoque, deren Protagonisten sich auf dem Höhepunkt ihrer tödlichen Krankheit Langeweile die bleichen Gesichter lebendigschminken.

Der Zauberbogen / ∗ ½
The Archer – Fugitive From the Empire
USA 1981 – 89 Min. Ⓥ CIC. – R, B: Nicholas Corea. D: Lane Caudell, Victor Campos, Belinda Bauer, Marc Alaimo, George Kennedy.
Fantasyfilm. Ein Königssohn, des Vatermords verdächtigt, kämpft um seine Rehabilitierung, die ihm mit Hilfe eines Zauberbogens und eines alten Bogenmeisters gelingt; halbmythologisch und comicnah.

Zauberer der Liebe
siehe: Liebestournee

Die Zauberflöte / ∗∗∗
Trollflöjten
S 1974 – 130 Min. OmU. – R: Ingmar Bergman. D: Ulrik Cold, Josef Köstlinger, Birgit Nordin, Irma Urrila.
Opernfilm. Mozarts leidenschaftliche Opernbotschaft vom Sieg des menschlichen Lichtes über die Mächte der Finsternis setzt Bergman filmisch genial in großes Kinospektakel um. Die Regie wird Teil des Spiels, und die mythische Dimension gewinnt alltägliches Format. Optisch und musikalisch ein Höhepunkt des Genres; ein Lichtspiel, das Mozart gefallen hätte.

Zaubergarten TV-Film
BRD – 60 Min. – R, B: Walter A. Franke, Ottomar Birth. D: Despina Pajanou, Johannes Kiebranz, Aldo Cardosi.
Literarische Filmerzählung nach Heinrich Heines Novelle »Florentinische Nächte«; romantisch.

Zaubernächte in Rio / ∗∗ ½
Romance on the High Seas
USA 1948 – 99 Min. – R: Michael Curtiz. D: Don DeFore, Janis Paige, Doris Day, Jack Carson.
Komödie. Traumschiffhintergrund für eine Serie von Eifersuchtsaffären; leichtgewichtige Musikrevue mit zahlreichen absurden Gags; Debüt von Doris Day, die hier noch ungemildert hausbacken wirkt.

Zausel TV-Film
BRD 1983 – 90 Min. – R: Peter Schulze-Rohr. B: Johannes Hendrich. D: Werner Hinz, Walter Groß, Tayfun Bademsoy, Uwe Gauditz.
Ein zugelaufener Hund prägt das Leben eines Witwers und seiner Freunde und Feinde im Kreuzberger Kiez; besinnliche Paraderolle für Werner Hinz.

Zazie / Zazie dans le métro ∗∗∗
F/I 1960 – 89 Min. – R: Louis Malle, D: Cathérine Demongeot, Philippe Noiret, Carla Marlier, Vittorio Caprioli, Antonine Roblot.
Literaturverfilmung. Die freche Nervensäge Zazie verbringt 36 Stunden in Paris, will unbedingt Metro fahren und erlebt mehr als jeder andere. Nach Raymond Queneaus surrealistischem Bestseller adaptiertes, auch visuell einfallsreiches und originelles Filmchaos; bitterböse Offenlegung der Absurditäten und Verhaltensdeformationen städtischen Lebens.

Zehn – Die Traumfrau / ∗∗ ½
Ten
USA 1979 – 117 Min. – R: Blake Edwards. D: Dudley Moore, Julie Andrews, Bo Derek, Robert Webber, Dee Wallace.
Liebeskomödie. Von Komödienerfolgsregisseur Edwards (»Frühstück bei Tiffany«) munter inszenierte Sexparodie um einen Erfolgskomponisten und eine perfekte »Computerfrau«. Der Film wirft ein scharfes Licht auf die amerikanische Vorstellung von mechanischem Sex als Fitneßsport und die verkümmerten Gefühle einer Leistungsgesellschaft.

Die Zehn Gebote / ∗∗∗
The Ten Commandments
USA 1956 – 207 Min. Ⓥ CIC. – R: Cecil B. DeMille. D: Charlton Heston, Yul Brynner, Anne Baxter, Yvonne De Carlo, Edward G. Robinson, John Derek, Debra Paget, Vincent Price, Woody Strode.
Historienfilm. Die Geschichte von Moses, der als Kleinkind an den ägyptischen

Königshof kam und als erster Prophet Gottes die Hebräer aus der ägyptischen Knechtschaft ins Gelobte Land führte. Das größte Drama aller Zeiten als leidenschaftliche Filmoper ohne Musik, die das Bibelthema verkitscht und verzaubert. Ein filmisches Großspektakel; die aufwendigste und gelungenste Kolossalverfilmung der Kinogeschichte.

Zehn kleine Negerlein
siehe: Ein Unbekannter rechnet ab

Zehn Stunden Zeit für Virgil Tibbs / They Call Me Mr. Tibbs ∗∗
USA 1969 – 104 Min. – R: Gordon Douglas. D: Sidney Poitier, Martin Landau, Barbara McNair, Anthony Zerbe.
Rassismuskritischer Krimi. Eine Prostituierte wird in San Francisco ermordet, ein Sektenprediger gerät unter Mordverdacht; sein Freund, der schwarze Polizist Tibbs, soll den Fall klären. Durchschnittlicher Krimi, tendenziell kritisch durch Poitiers Darstellung, aber ohne die bedrohliche Dichte seines Vorläufers »In der Hitze der Nacht« (1966).

Zehn Tage nach Tulara / Ten Days to Tulara ∗∗
USA/MEX 1958 – 76 Min. sw. – R: George Sherman. D: Sterling Hayden, Grace Raynor, Rodolfo Hoyos, Carlos Mazquiz.
Fluchtfilm. Gangster wider Willen auf der Flucht mit einer Goldräuberbande. Mit Flugzeug, Bus, Auto und zu Fuß schütteln sie alle Verfolger ab. Am Ende lächelt eine Frau dem Helden dieses rasanten, sein Heil in purer Aktion suchenden Films zu.

10 000 Schlafzimmer / Tenthousand Bedrooms ∗∗
USA 1957 – 109 Min. – R: Richard Thorpe. D: Dean Martin, Anna Maria Alberghetti, Eva Bartok, Dewey Martin, Walter Slezak.
Musical. US-Hoteltycoon erweitert in Rom sein Zimmerangebot und sein Dasein durch Hinzugewinn einer Ehefrau, allerdings mußten zuvor deren ältere Schwestern unter die Haube; Martin (erstmals ohne Jerry Lewis) liefert witzlose Spaghetti-Klischees à la Hollywood; für Fans des Entertainers.

Das zehnte Opfer / La decima vittima / La dixième victime ∗ ½
I/F 1965 – 92 Min. – R: Elio Petri. D: Marcello Mastroianni, Ursula Andress, Elsa Martinelli, Salvo Randone, Massimo Serato.
Science-fiction-Film. In einer Diktatur des Jahres 2006 werden Aggressionen in der Art bewaffneter Geschlechterkämpfe abgebaut; wirre Zukunftsvision mit zaghaft satirisch-gesellschaftskritischem Touch und routinierter Action.

Der zehnte Tag / La décade prodigieuse ∗ ½
F/I 1971 – 105 Min. – R: Claude Chabrol. D: Orson Welles, Michel Piccoli, Anthony Perkins, Marlène Jobert.
Thriller. Ein junger Bildhauer, der mit blutverschmierten Händen in unbekannter Gegend aufwacht, bittet einen Freund um Hilfe; die beiden geraten in ein mörderisches Komplott; und nur die Schauspieler retten die schwache Allegorie voller Metaphysik und Symbolik. Nicht Chabrols bester Film.

Das Zeichen der Musketiere / Il colpo segreto di d'Artagnan ∗ ½
I 1962 – 88 Min. Ⓥ VMP / Cannon / VMP. – R: Siro Marcellino. D: George Nader, Alessandra Parano, Magali Noël, Mario Petri, Georges Marchal, Massimo Serato.
Mantel- und Degen-Film. Zwei Musketiere (von ehedem dreien) im Kampf für Königreich und schöne Frauen; ziemlich schwungloses Kostümabenteuer, in dessen matten Degenduellen Nader beweisen darf, daß er als »Jerry Cotton« besser war.

Das Zeichen des Falken / The Mark of the Hawk ∗∗
USA 1958 – 85 Min. – R: Michael Audley. D: Sidney Poitier, Eartha Kitt, John McIntire, Juano Hernandez.
Religiöser Film. Ein afrikanischer Freiheitskämpfer findet durch den Tod eines evangelischen Missionars wieder zum Glauben zurück; antirassistischer Film, der das Problem des Terrorismus ziemlich platt behandelt.

Die Zeit bleibt stehen / Megáll az idö ∗∗
H 1981 – 96 Min. – R: Péter Gothár. D:

István Znamenák, Henrik Pauer, Sándor Söth, Péter Gálfy.
Melodram. Nach dem Ungarnaufstand 1956 verläßt ein Mann sein Land; der Film schildert die widersprüchlichen, sehr individuellen Reaktionen seiner Familie; ein Film voll leiser Trauer mit einem zwiespältigen Happy-End.

Zeit der Illusionen TV-Film
ARD 1986 – 75 Min. – R: Rainer Ott. D: Peter Seum, Gabriele Fischer, Herbert Chwoika.
Im Mittelpunkt steht ein Tischlergeselle, der um private und berufliche Ziele kämpft. Inszeniert als »Briefwechsel« mit einem Freund.

Zeit der Liebe, Zeit des Abschieds / Dodsworth *** ½
USA 1936 – 97 Min. sw. – R: William Wyler. D: Walter Huston, Ruth Chatterton, Paul Lukas, Mary Astor, David Niven, Gregory Gaye, Maria Ouspenskaya.
Literaturverfilmung. Einfühlsame Adaption von Sinclair Lewis' Roman »Dodsworth« um den Industriellen in mittleren Jahren, der sich zurückzieht und mit seiner erlebnishungrigen Frau Europa bereist; das Erleben neuer Werte läßt die Ehe scheitern; sensibles Mittelstandsmelodram, unsentimental inszeniert und intensiv dargestellt, ein Klassiker des Genres.

Die Zeit der Prüfungen / The Paper Chase ** ½
USA 1973 – 120 Min. – R: James Bridges. D: Timothy Bottoms, Lindsay Wagner, John Houseman, Graham Beckel, James Nauthon.
Gesellschaftskritischer Film. Ein Provinz-Sunnyboy gerät beim Jurastudium in Konflikt mit einem autoritären Professor; der Film schildert unverkrampft und authentisch die verdeckten Machtkämpfe des Unibetriebs und kommentiert kritisch die systemimmanenten Ursachen der amerikanischen Studentenunruhen Ende der sechziger Jahre.

Die Zeit der Schuldlosen **
BRD 1964 – 94 Min. sw. – R: Thomas Fantl. D: Erik Schuman, Peter Pasetti, Wolfgang Kieling, Hans Reiser.
Literaturverfilmung. Interessante Story nach Siegfried Lenz um einen Attentäter und die Versuche von neun Mithäftlingen, ihn zum Geständnis zu bewegen, aber allzu glatt und ohne filmische Raffinesse, die das Geschehen adäquat auf die Leinwand hätte übertragen können.

Zeit der Stille TV-Film
BRD 1986 – 85 Min. sw. – R, B: Thorsten Näter. D: Irina Hoppe, Paval Sacher.
Subtiler Großstadt-Kamerafilm um zwei Menschen, die sich zufällig begegnen, deren Schicksal stellvertretend für andere steht und dennoch unverwechselbar bleibt. Atmosphärisch überragend, Berlin pur.

Die Zeit der Wölfe / The Company of Wolves ** ½
GB 1984 – 94 Min. Ⓥ EuroVideo. – R: Neil Jordan. D: Angela Lansbury, Sarah Patterson, Tusse Silberg, David Warner.
Psychospiel. Rotkäppchen ist nicht dem reißenden Wolf ausgeliefert, sondern selbst ein wölfisches Kind. Mischung aus Märchen und feministischer Fantasy, eher absurd als gruselig.

Die Zeit des Windes / Finyé ***
Mali 1982 – 100 Min. – R, B: Souleymane Cissé. D: Fousseyni Sissoko, Goundo Guissé, Balla Moussa Keita, Omou Diarra.
Melodram. Der Konflikt zwischen Tradition und Fortschritt wird am Beispiel einer Liebesgeschichte entfaltet. Der Film zeichnet ein Panorama des modernen Afrika mit Streiks, Drogen, politischen Gefangenen und Protest unter einer Militärdiktatur. 1983 erster Preis beim panafrikanischen Festival in Ouagadougou.

Die Zeit, die bleibt TV-Film
DDR 1985 – 107 Min. – R: Lew Hohmann. B: Wolfgang Kohlhaase mit Lew Hohmann.
Dokumentation des Lebensweges des DDR-Regisseurs und Präsidenten der Akademie der Künste der DDR Konrad Wolf; eindrucksvolle Auswahl zum Teil unbekannter Filmausschnitte als Hommage für einen Freund.

Die Zeit mit Monika / ***
Sommaren med Monika
S 1953 – 84 Min. sw. – R: Ingmar Bergman. D: Harriet Andersson, Lars Ekborg, John Harryson, Georg Skarstedt.
Liebesfilm. Zwei junge Menschen brechen aus dem Arbeitsalltag aus und verbringen einen Liebessommer an den Schären der schwedischen Westküste; zurückgekehrt nach Stockholm, zermürbt die Pflicht ihr Glück, die Beziehung scheitert. Bergman erzählt das unspektakulär, mit Mut zum offenen Detail; ein Film, der sensibel eine Liebe nacherzählt und Tabus nicht kennt; erfrischend, am Ende bestürzend.

Die Zeitbombe im Südpazifik / Noom Sunay *
USA 1975 – 90 Min. – R: Terry Bourke. D: John Russell, Linda Avery, Mark Lenard.
Polit-Actionfilm. Eine imaginäre Inseldiktatur befaßt sich mit Plänen für Atombomben, aber demokratische Helden sind schneller, schöner und härter. Lahmer Kintoppaufguß der Kuba-Krise von 1962.

Zeitgenossen **
A 1982 – 95 Min. – R: Ernst Josef Lauscher. D: Wolfram Berger, Gabriel Barylli, Marion Bierry.
Schwarze Komödie. Ein Architekt will in Wien seine ehemalige Geliebte besuchen. Statt dessen gerät er in einen Strudel von verkrachten Existenzen, böswilligen Intriganten und Verrückten. Der makabre Film blättert das Psychopanorama lustvoll-bissig auf.

Die Zeitmaschine / ***
The Time Machine
USA 1960 – 103 Min. – R: George Pal. D: Rod Taylor, Alan Young, Yvette Mimieux, Sebastian Cabot, Tom Helmore.
Fantasyfilm. Vereinfachende Variation des Science-fiction-Klassikers von H. G. Wells; etwas verschrobener Wissenschaftler baut eine Maschine, die ihm unerwartete Erlebnisse bei Zeitreisen ermöglicht; Oscar für die Special Effects.

Die Zelle ** ½
BRD 1971 – 85 Min. sw. – R, B: Horst Bienek. D: Robert Naegele, Helmut Pick, Wolf Martienzen.
Zeitkritischer Film. In knappen, kargen Bildern entfaltet sich das Schicksal des Häftlings Robert Beck, der unschuldig im Gefängnis sitzt und immer wieder zermürbenden Verhören ausgesetzt ist; während seine Widerstandskräfte unter der Psychofolter nach und nach schwinden, beginnt er sich allmählich schuldig zu fühlen. Der Erstlingsfilm von Horst Bienek, der 1951 in der DDR zu Zwangsarbeit in einem sowjetischen Lager verurteilt wurde, erhielt 1971 das Filmband in Gold.

Zelle R 17 / Brute Force ** ½
USA 1947 – 95 Min. sw. – R: Jules Dassin. D: Burt Lancaster, Hume Cronyn, Charles Bickford, Yvonne De Carlo.
Gefängnisfilm. Ein gescheiterter Ausbruchsversuch, sadistische Gewaltakte und erzwungene Homosexualität in einem nordamerikanischen Knast. Der realistische, knallharte Film von Dassin (»Rififi«) verengt die moderne Gesellschaft auf ein geschlossenes Gefängnis, mur die Rückblenden zeigen die Außenwelt.

Zeppelin / Zeppelin **
GB 1970 – 101 Min. – R: Etienne Périer. D: Michael York, Elke Sommer, Peter Carsten, Marius Goring, Rupert Davies.
Spionagethriller. Im Ersten Weltkrieg soll ein junger schottischer Offizier im Auftrag des britischen Kriegsministeriums die Konstruktionspläne des Luftschiffs LZ 36 ausspähen; spannende Actionunterhaltung.

Der zerbrechliche Mann / ** ½
L'homme fragile
F 1981 – 86 Min. – R: Claire Clouzot. D: Françoise Lebrun, Richard Berry, Didier Sauvegrain, Cathérine Cauwet.
Beziehungsfilm. Männer sind nicht länger Machos, die ihre Frauen an der Selbstverwirklichung hindern. Natange kümmert sich nach der Trennung von seiner Liebsten rührend um ihre achtjährige Tochter. Sind Männer inzwischen die besseren Frauen? Der Film thematisiert auf subtile Weise die Wandlung im Rollenverhalten der Geschlechter.

Zerbrechliche Träume / * ½
Crossover Dreams
USA 1984 – 82 Min. – R: Leon Ichaso.

D: Rubén Blades, Shawn Elliot, Elizabeth Peña, Tom Signorelli.
Karrierestory. Puertoricanischer Salsasänger steigt im Glitzergeschäft auf und wieder ab; Hauptdarsteller Blades spielt das nicht übel; die als iunges US-Kino gefeierte, konventionelle Stargeschichte, mit wunderbarer Musik, aber schamloser Effekthascherei à la US-TV-Serien, verpulvert jedoch Figuren und Milieu; zwischen den Menschen geschieht nichts, das todsichere kommerzielle Kalkül bietet lediglich Einsatz in Manhattan mit Salsamusik.

Der zerbrochene Krug ***
D 1937 – 80 Min. sw. – R: Gustav Ucicky. D: Friedrich Kayßler, Emil Jannings, Lina Carstens, Angela Salloker, Paul Dahlke, Max Gülstorff, Elisabeth Flickenschildt.
Komödie. Dorfrichter Adam flüchtet sich in ständig neue Ausreden, doch die Schramme an seinem Kopf spricht gegen ihn; für die Verfilmung der berühmten Kleist-Komödie wurde ein Starensemble aufgeboten, aus dem Emil Jannings herausragt. Der Film läßt sich auch als Desavouierung der verlogenen Nazimoral interpretieren.

Zéro de conduite / Zéro de conduite ***
F 1933 – 45 Min. sw. OmU. – R: Jean Vigo. D: Louis Lefèvre, Gérard de Bédarieux, Gilbert Pruchon.
Generationsfilm. Vom früh verstorbenen Filmgenie Vigo gedrehter Kurzspielfilm über einen Aufstand von Internatszöglingen gegen ihre reaktionären Erzieher. Frech, subversiv, eine ironisch-ästhetische Filmbombe.

Der zerrissene Vorhang / Torn Curtain ***
USA 1966 – 120 Min. – R: Alfred Hitchcock. D: Paul Newman, Julie Andrews, Lila Kedrova, Hansjörg Felmy, Wolfgang Kieling.
Thriller. Spannende Spionagestory in der DDR um eine geheime Formel, die alles erklärt. Wie immer löst Hitchcock das Tatsächliche auf in Suspense. Politisch deshalb naiv und unglaubwürdig, filmisch allerdings brillant.

Zerstörte Liebe / Hussy ** ½
GB 1979 – 91 Min. – R: Matthew Chapman. D: Helen Mirren, John Shea, Paul Angelis, Murray Salem.
Moderner Liebesfilm. Ein Nachtklubbeleuchter verliebt sich in die Staranimierdame des Etablissements, und es entsteht eine psychisch waghalsige, filmisch frappierend ausbalancierte, mit einigen gelungenen dramaturgischen Erzählknicks angereicherte moderne Love-Story aus dem Halbweltmilieu, nicht ohne Weichzeichner, aber letztlich offen, sympathisch und ohne Tabus im erotischen Bereich.

Der Zerstreute / Le distrait **
F 1970 – 79 Min. – R: Pierre Richard. D: Pierre Richard, Bernard Blier, Maria Pacôme, Marie-Christine Barrault.
Komödie. Der neue Mitarbeiter einer Werbeagentur treibt den Chef des Büros zum Wahnsinn mit seinen ausgeflippten Einfällen. Slapstickkomödie voller witziger Gags, leider auch mit einigen Längen; Erstlingswerk des französischen Komikers Pierre Richard.

Zeuge einer Verschwörung / The Parallax View ***
USA 1973 – 98 Min. Ⓥ CIC. – R: Alan J. Pakula. D: Warren Beatty, Paula Prentiss, William Daniels, Walter McGinn, Hume Cronyn, Jim Davis.
Politthriller. Ein Reporter versucht, Licht in eine dunkle Mordserie zu bringen, die vertuscht werden soll; kühl analysierender Film über die Macht von Korruption und Psychoterror.

Zeuge gesucht / Phantom Lady ** ½
USA 1944 – 87 Min. sw. – R: Robert Siodmak. D: Franchot Tone, Ella Raines, Alan Curtis.
Krimi. Ein Unschuldiger sitzt hinter Gittern, und jemand sucht fieberhaft eine Unbekannte mit Hut, die als Entlastungszeugin auftreten soll. Siodmaks (»Die Wendeltreppe«) erster »Film noir«, mit allen Tugenden des fatalistischen Großstadtkrimis; nach einem Roman von Cornell Woolrich.

Zeugin der Anklage / Witness For the Prosecution ∗∗∗
USA 1957 – 110 Min. – R: Billy Wilder. D: Tyrone Power, Marlene Dietrich, Charles Laughton, Elsa Lanchester, John Williams.
Thriller. Filmisch eher konventionelle Geschichte um einen raffinierten Mordfall mit Knalleffekt. Atmosphärisch dicht, exzellent gespielt, pausenlose Spannung von den Gerichtsschranken bis ins Schlafzimmer.

Zeugin der Anklage / Witness for the Prosecution ∗∗ ½
USA 1982 – 97 Min. – R: Alan Gibson. D: Sir Ralph Richardson, Deborah Kerr, Beau Bridges, Donald Pleasence, Diana Rigg.
Prozeßfilm. Nach Agatha Christies berühmtem Krimi gestaltetes Remake des Marlene-Dietrich-/Billy-Wilder-Klassikers um den Mord an einer wohlhabenden Dame und die Handvoll Verdächtiger, die vor den Schranken des Gerichtes aussagt. An dem pointierten Ende wird sich nur der bis dahin abstinente Zuschauer erfreuen können; zuvor bereiten große Darsteller und solide Dramaturgie angenehmen Nervenkitzel.

Ziegfelds himmlische Träume / Ziegfeld Follies ∗∗∗
USA 1946 – 105 Min. – R: Vincente Minnelli. D: William Powell, Judy Garland, Lucille Ball, Fred Astaire, Lena Horne, Red Skelton, Gene Kelly, Esther Williams.
Starfilm. Ein Broadway-Impresario bringt eine umwerfende Revue auf die Bühne; ein Film der grandiosen Showhöhepunkte, frei nach der Geschichte der Ziegfeld-Truppe.

Zieh den Stecker raus, das Wasser kocht TV-Film
BRD 1985 – 120 Min. – R, B: Ephraim Kishon. D: Friedrich-Karl Praetorius, Ursela Monn, Herbert Bötticher, Wolfgang Kieling.
Ein Kunstkritiker lehnt zwar die konventionellen Bilder eines jungen Malers ab, fördert aber dessen Möbelchaos als Kunstwerke; billige Satire auf der Basis von Kishons erzreaktionärem Weltverständnis; für Kishon-Fans okay, für andere ärgerlich.

Zielscheiben ∗∗ ½
BRD 1984 – 87 Min. Ⓥ RCA Columbia. – R: Volker Vogeler. D: Bernard Fresson, Oliver Stritzel, William Berger, Franz-Josef Steffens.
Thriller. Ein Kleingangster gerät nach der Festnahme in die Mühlen der Polizei, die über ihn an ein Syndikat heran will und ihm einen Bewacher anhängt; spannend und atmosphärisch dicht, mit einer unerwarteten Pointe; sparsame Dialoge und eindringliche Musik erhöhen den Reiz der gutkonstruierten Handlung.

Ziemlich weit weg ∗∗
BRD 1982 – 91 Min. – R: Dietrich Schubert. D: Burghart Klaußner, Christiane Lemm, Wolfgang Kraßnitzer, Barbara Grupe.
Zeitkritischer Film. Drei engagierte Protestler von 1968 überdenken die Vergangenheit und die Zeit bis heute; in der Schilderung ihrer Gegenwartsprobleme im beruflichen, gesellschaftlichen und privaten Bereich werden Grundsätze von damals deutlich, ebenso das Scheitern einer Bewegung, die sich nicht weiterentwickeln konnte. Der Film beschreibt die Fehler mit selbst nicht ganz fehlerlosen Stilmitteln.

Der Zigeuner / Le gitan ∗∗ ½
F/I 1975 – 105 Min. – R: José Giovanni. D: Alain Delon, Paul Meurisse, Annie Girardot, Renato Salvatori, Marcel Bozzuffi.
Zeitkritischer Film. Ein ethnischer Außenseiter versucht, seinen Platz in der Gemeinschaft zu finden, scheitert jedoch an der Engstirnigkeit der Wohlstandsgesellschaft. Romantisch Delon als Sozialbandit der Neuzeit in einer melancholischen Ballade über Freiheit und Unfreiheit.

Zigeunerblut / Jassy ∗∗ ½
GB 1947 – 96 Min. – R: Bernard Knowles. D: Margaret Lockwood, Patricia Roc, Dennis Price, Dermot Walsh.
Liebesfilm. Melodramatische Geschichte der Liebe einer Zigeunerin zu einem verarmten Adligen im 19. Jahrhundert; aus Leidenschaft ist sie zu verhängnisvollen

Opfern bereit; eindrucksvoll Margaret Lockwood, die die des Mordes aus Liebe Verdächtige mit kühler Eleganz darstellt.

Das Zimmer
siehe: Basements – Der stumme Diener

Zimmer 13 * ½
BRD 1963 – 89 Min. – R: Harald Reinl. D: Joachim Fuchsberger, Karin Dor, Richard Häußler, Kai Fischer.
Edgar-Wallace-Krimi. Ein Rasiermesserkiller stört sowohl Unterwelt als auch Scotland Yard; Privatdetektiv Fuchsberger löst Probleme und schließt Verlobung; ohne die Atmosphäre der schwarzweißen Wallace-Filme.

Zimmer mit Aussicht / ***
A Room With a View
GB 1985 – 112 Min. Ⓥ VCL. – R: James Ivory. D: Maggie Smith, Helena Bonham Carter, Denholm Elliott, Julian Sands.
Liebesromanze. Die junge Engländerin Lucy und ihre Gouvernante machen im Jahr 1907 in Florenz Bildungsurlaub. Ein Gentleman bietet ihnen ein schöneres Hotelzimmer an, und dieser Mann hat einen attraktiven Sohn. Die Exposition des Films ist brillant und die weitere Durchführung ebenbürtig. Ein vor Witz, Subtilitäten und wunderschönen Bildmotiven überquellendes Zeugnis der Potenzen des neuen britannischen Films der 80er Jahre. Augezeichnet mit drei Oscars.

Zina / Zina ** ½
GB 1985 – 90 Min. OmU. – R: Ken McMullen. D: Domiziana Giordano, Ian McKellen, Philip Madoc.
Zeitkritische Biographie. Die Tochter Trotzkis sucht Schutz vor den Häschern Stalins. Bei ihrem Vater findet sie keinen Unterschlupf, rastlos zieht sie nach Berlin weiter. Der dokumentarisch angelegte, klug kalkulierte Film verbindet gekonnt Historie und Einzelschicksal und besticht durch subtile Psychologie.

Der Zinker **
BRD 1963 – 83 Min. sw. – R: Alfred Vohrer. D: Heinz Drache, Barbara Rütting, Günter Pfitzmann, Klaus Kinski.
Edgar-Wallace-Krimi. Der Juwelendieb »Lord« und der Meisterhehler »Der Zinker« spielen ein getürktes Spiel, während bereits der schnoddrige Inspektor Drache auf ihrer Spur ist. Kinski mimt wie immer den Bösewicht in einem akzeptablen Schocker von der Themse.

Zinksärge für die Goldjungen FLOP
BRD/I 1973 – 85 Min. – R: Jürgen Roland. D: Herbert Fleischmann, Henry Silva, Horst Janson.
Unterweltfilm. Mafioso will deutschen Gangstern im eigenen Revier Konkurrenz machen; anspruchslos.

Zirkus Renz ** ½
D 1943 – 90 Min. sw. – R: Arthur Maria Rabenalt. D: René Deltgen, Paul Klinger, Angelika Hauff, Alice Treff.
Zirkusfilm. Eine Glanzrolle für den Mann mit der kratzigen Whiskystimme René Deltgen. Raubtiere, Saltos und Artisten; Zirkusrevue mit schicksalsschweren Konflikten und authentischem Zeitkolorit.

Zirkus Saran
siehe: Knox und die lustigen Vagabunden

Zirkuskinder FLOP
A 1958 – 90 Min. – R: Franz Antel. D: Gerhard Riedmann, Heidi Brühl, Hans Moser, Ossi Wanka, Josef Meinrad, Fritz Eckhardt.
Melodram. Ein kleiner Zirkus wird versteigert, und einige Artisten suchen eine Zukunftsperspektive; tränenselige Schnulze.

Zirkuskinder **
BRD 1985 – 81 Min. – R: Bruno Voges. D: Katja Augustin, Matthias Ponnier, Christian Timerding, Moritz Blanke, Paul Edwin Roth.
Jugendfilm. Im Zirkus- und Jahrmarktmilieu aufgewachsen, findet sich Lisbeth nach dem Tod ihrer Eltern im Kleinbürgermilieu der Großeltern nicht zurecht. Der erfrischende Film zeigt ihre Welt ohne Schmu und falsche Sentimentalität und bietet angemessene Lösungen an.

Zirkusvagabunden
siehe: Knox und die lustigen Vagabunden

Zirkuszauber / **
Mr. Too Little
USA 1978 – 85 Min. – R: Stuart McGowan. D: Rossano Brazzi, Mindy Doranne.

Kinderfilm. Ein harter Zirkusdresseur wird durch die Tierliebe einer jungen Artistin zu Mitgefühl und Menschlichkeit bekehrt; rührend und spannend zugleich.

Die Zitadelle / The Citadel ∗∗ ½
GB 1938 – 108 Min. sw. – R: King Vidor. D: Robert Donat, Rosalind Russell, Ralph Richardson, Rex Harrison.
Gesellschaftsdrama. Ein klassisches Melodram um einen jungen Arzt in einem englischen Bergbaugebiet, der auf Korruption und Ablehnung stößt; Gesellschaftskritik als Abenteuer verpackt; nach dem Bestseller von A. J. Cronin.

Der Zocker
siehe: Zwei in der Tinte

Zoff ∗∗
BRD 1971 – 80 Min. – R: Eberhard Pieper. D: Giulia Follina, Hildegard Krekel, Jürgen Prochnow, Diether Krebs.
Milieukomödie. Im Ruhrpottjargon erzählte Geschichte einiger junger Leute, die um ihren Platz in der Gesellschaft kämpfen. Frech, rotzig und flott inszeniert und gespielt.

Zoff für zwei / Double Trouble ∗∗
USA 1967 – 88 Min. – R: Norman Taurog. D: Elvis Presley, Anette Day, John Williams.
Elvis-Presley-Film. Während einer Tournee durch England verliebt sich ein Teenager in den berühmten Popstar, das Mädchen ist allerdings nicht volljährig; typischer Elvis-Streifen, er singt immerhin »Long legged girls with short dresses on«.

Zoff in Beverly Hills / Down and Out in Beverly Hills ∗∗ ½
USA 1986 – 100 Min. Ⓥ EuroVideo / Touchstone. – R: Paul Mazursky. D: Nick Nolte, Richard Dreyfuss, Bette Midler, Tracy Nelson.
Komödie. Nick Nolte ist der bärtige Tippelbruder, der sich aus Kummer um seinen treulosen Mischling im Swimmingpool der Superreichen ertränken will, Richard Dreyfuss der Millionär, der seine Frau, Bette Midler, betrügt. Hektische Farce über die neurotisch-zynische Luxussociety von Hollywood; Nolte als frecher Penner und der Familienhund agieren überzeugend.

Zoltan, Draculas Bluthund / Zoltan, Hound of Dracula ∗
USA 1977 – 83 Min. – R: Albert Band. D: Michael Pataki, Reggie Nalder, José Ferrer, Jan Shutan.
Horrorfilm. Ein ahnungsloser rumänischer Soldat verhilft Draculas Hund zu neuem Leben, der tut dies bei Draculas Diener, und beide wandern nach Amerika aus; plumper Film um den Dracula-Mythos.

Zone des Schweigens / Zone of Silence ∗ ½
GB 1959 – 95 Min. sw. – R: Charles Frend. D: Michael Craig, Peter Cushing, George Sanders, Elizabeth Seal.
Abenteuerfilm. Unglück oder Sabotage – was geht vor mit der »Phoenix«? Eine verwirrende Story um Flieger, Krieg und Liebe.

Der Zorn des Rebellen / Le rebelle ∗ ½
F 1980 – 98 Min. – R: Gérard Blain. D: Patrick Norbert, Isabelle Rosais, Michel Subor, Jean-Jacques Aublanc.
Psychostudie. Melodram aus dem heutigen Frankreich; ein junger Mann, der am Rand des Existenzminimums lebt, versucht vergeblich, seine kleine Schwester nach dem Tod seiner Eltern vor einem Heimaufenthalt zu bewahren. Die Motive des Helden werden nicht ganz glaubhaft, dramaturgisch sehr dünn.

Zorro / Zorro ∗ ½
I/F 1975 – 120 Min. – R: Duccio Tessari. D: Alain Delon, Stanley Baker, Paulino Rita, Ottavia Piccolo, Moustache, Enzo Cerusico, Adriana Asti.
Starfilm. Mittelmäßiger »Zorro«-Aufguß für Delon-Fans; sehenswerte Choreographie des Degenshowdowns.

Zorro, der Mann mit den zwei Gesichtern / Il segno di Zorro ∗ ½
I/F/E 1962 – 90 Min. – R: Mario Caiano. D: Sean Flynn, Folco Lulli, Danièlle de Metz.
Abenteuerfilm. Flotte Rächerstory aus Mexiko um Don Ramon, der in der Maske Zorros den Mörder seines Vaters jagt.

Zorro mit der heißen Klinge / Zorro, the Gay Blade ** ½
USA 1980 – 89 Min. Ⓥ CBS / FOX. – R: Peter Medak. D: George Hamilton, Lauren Hutton, Brenda Vaccaro, Ron Leibman.
Abenteuerfilmparodie. Zorro hat die Raufhändel satt und vor allem die Damen der Gesellschaft, die ihm an die Wäsche wollen; flotte Persiflage im Stil der Verwechslungsklamotte mit einer Mischung aus Screwball- und Slapstick-comedy, zitaten-, gag- und kalauerreich; die Szenen von Zorros Zwillingsbruder, der nicht fechten, aber trickreich mit der Peitsche umgehen kann, doubelt ein »Whip-Master« für den vor Übermut sprühenden George Hamilton.

Zorros Heimkehr und Rache / Zorro alla corte di Espagna * ½
I 1962 – 88 Min. – R: Luigi Capuano. D: George Ardisson, Alberto Lupo, Madja Marlowa.
Abenteuerfilm. Nach zahllosen Abenteuern kehrt der Rächer der Enterbten in ein von einem tyrannischen König regiertes Spanien zurück, umgehend macht er sich an die Fecht- und Schießarbeit; einer der zahllosen Zorro-Filme ohne eigenen Reiz.

Zu allem entschlossen / Meet Danny Wilson ** ½
USA 1951 – 85 Min. sw. – R: Joseph Pevney. D: Frank Sinatra, Shelley Winters, Alex Nicol, Raymond Burr, Tommy Farrell.
Musikerfilm. Frankieboy als Musiker, der sich mühsam mit einem Kumpel durchs Leben schlägt. Als sie einen neuen Job bekommen, scheint alles besser zu werden. Der realistische, mit Sinatra-Songs gespickte Film zeigt, welche Schwierigkeiten dennoch auf die Helden warten.

Zu Freiwild verdammt **
BRD 1984 – 95 Min. – R: Jerzy Hoffman. D: Sharon Brauner, Anna Dymna, Günter Lamprecht, Mathieu Carrière.
Zeitkritisches Drama. Abenteuerliche Odyssee einer zwölfjährigen Jüdin, deren Familie von der SS verschleppt wurde, durch das Polen des Zweiten Weltkriegs; ein Partisan hilft dem Kind. Der bewegende, auf Anklagen verzichtende Film erzählt zum Teil spannend, leider auch sentimental vom Drama des Naziterrors und individuellem Mut.

Zu früh, zu spät / Trop tôt, trop tard ***
F 1981 – 100 Min. – R: Jean-Marie Straub, Danièle Huillet. D: Bewohner von Paris und der Umgebung Kairos.
Zeitkritischer Dokumentar-Spielfilm. An realen Plätzen gedrehter, von dokumentarischem Gestus geleiteter Filmessay, der in fiktiver Manier Schauplätze von historischer Unterdrückung mit der Gegenwart zu verbinden versucht und mit eindringlichen Bildern und Worten dieses rare Filmgenre fortführt, das mit der Realität spielerisch umgeht und Anforderungen an die Geduld des Zuschauers stellt.

Zu Hause in Indiana / Home in Indiana ** ½
USA 1944 – 103 Min. – R: Henry Hathaway. D: Lon McCallister, Walter Brennan, Jeanne Crain, June Haver, Ward Bond.
Turffilm. Ein Nachwuchsjockey bringt die vernachlässigte Pferdezucht seines Onkels wieder auf Trab; flotte, liebenswerte Pferdeoper mit spannenden Rennszenen.

Zu heiß gebadet / The Ladies Man ** ½
USA 1961 – 106 Min. – R: Jerry Lewis. D: Jerry Lewis, Helen Traubel, Kathleen Freeman, Harry James und seine Band.
Komödie. Ein Frauenverächter verdingt sich als Hausdiener in einem Mädchenpensionat; vergnüglich, wenn auch weniger aggressiv als andere Lewis-Filme, da eher die permanente Komik der Situation wirkt; George Raft in einem amüsanten Kurzauftritt.

Zu jung fürs Altersheim / Past Caring TV-Film
GB – 80 Min. – R: Richard Eyre. D: Denholm Elliott, Emlyn Williams, Connie Booth, Joan Greenwood, Sandra Voe.
Der 65jährige Victor wird nach einem Brand in ein Altersheim eingewiesen;

dort ist er leider der einzige, der noch an seiner Umgebung interessiert ist; mit seinem Charme beeindruckt er die attraktive Heimleiterin Linda. Der hervorragend gespielte Film setzt ganz auf leise Töne und auf die spezielle Originalität, die das Alter der Jugend voraus hat.

Zu klug für die Liebe / Without Love ∗∗ ½
USA 1945 – 105 Min. sw. – R: Harold S. Bucquet. D: Spencer Tracy, Katharine Hepburn, Lucille Ball, Keenan Wynn.
Liebesgeschichte. Ein Wissenschaftler und eine schöne Witwe gehen in Zeiten der Wohnungsknappheit eine Ehe auf dem Papier ein und verlieben sich erst hinterher. Romantische Love-Story, glänzend besetzt.

Züchte Raben... / Cria cuervos... ∗∗∗ ½
E 1975 – 100 Min. – R: Carlos Saura. D: Ana Torrent, Geraldine Chaplin, Juan Sanchez Almendros, Monica Randall, Florinda Chico.
Gesellschaftskritischer Film. In der Traumwelt, in die sich eine Achtjährige flüchtet, entsteht durch sie, die glaubt, Macht über Leben und Tod zu haben, das Spiegelbild einer durch Anpassung verkommenen Großbürgerfamilie der Franco-Zeit; das im Titel angedeutete Sprichwort »Züchte Raben und sie hakken dir die Augen aus« signalisiert die irritierenden Generationskonflikte dieser Zeit, die der Film bitter und oft mit makabrem Humor kommentiert.

Zucker – Eine wirklich süße Katastrophe TV-Film
BRD/GB 1989 – 109 Min. – R, B: Rainer Erler. D: Helmut Lohner, Bruce Spence, Sally Sander, Emily Weare.
Eine Gentechnikerin entwickelt neue Mikroorganismen, bei einer Betriebspanne werden Mikroben frei, die alles Papier in Zucker verwandeln. Das groteske Sujet verschmilzt die Umweltkatastrophe mit Slapstickelementen, vermag jedoch durchaus konkretes Grauen vor den Laboringenieuren und ihrem Tun zu erzeugen.

Zuckerbaby ∗∗ ½
BRD 1984 – 86 Min. Ⓥ VCL. – R: Percy Adlon. D: Marianne Sägebrecht, Eisi Gulp, Manuela Denz, Toni Berger.
Großstadtromanze. Ein Märchen aus der Realität: Die füllige Angestellte eines Bestattungsinstituts verliebt sich in einen U-Bahn-Fahrer in München, den sie nur kurz gesehen hat; wie sie durch komplizierte Recherchen den Fahrer-Einsatzplan der U-Bahn entschlüsselt, um ihren Schatz wiederzufinden, ist recht originell; und als sie es geschafft hat, ist das Abenteuer noch nicht vorbei. Komödiantische Liebesromanze mit einer Glanzrolle für Marianne Sägebrecht; Bundesfilmpreis 1986.

Der Zufall und die Gewalt / Le hasard et la violence ∗∗ ½
F/I 1973 – 77 Min. – R: Philippe Labro. D: Yves Montand, Katharine Ross, Riccardo Cucciolla, Jean-Claude Dauphin, Antonio Casagrande.
Psychostudie. Ein Kriminologe hat ein Buch über Zufall und Gewalt als Teil des Lebens geschrieben, in einem neuen Buch will er sich gegen Gewalt aussprechen; ein Zufall bringt ihn mit einer Ärztin zusammen, in die er sich verliebt; seine Situation wird durch Rätselhaftes prekär; intellektueller Diskurs über Liebe, Gewalt und Tod.

Ein Zug für zwei Halunken / The Emperor of the North ∗∗ ½
USA 1972 – 120 Min. – R: Robert Aldrich. D: Lee Marvin, Ernest Borgnine, Keith Carradine, Charles Tyner.
Reisefilm. Anfang der dreißiger Jahre, zur Zeit der großen Depression, sind in den USA Arbeitslose auf Tramptour per Eisenbahn, unter anderem auch der kaltblütige »A-Nr. 1«. Doch so clever er und sein Schüler »Cigaret« auch sind, sie fliegen von den Zügen. Der realistische Film rattert mit seinen Protagonisten durch Nordamerika.

Zug um Zug TV-Film
BRD 1967 – 90 Min. sw. – R: Peter Beauvais. D: Walter Jokisch, Wera Frydtberg, Uwe Friedrichsen, Barbara Schöne.
Oberflächliches Soziogramm der Urlaubsreisenden, die jährlich millionenfach in südliche Länder fahren. Typen,

Erwartungen, Enttäuschungen im Freizeitparadies.

Die Zuhälterin / Poliziotto senza paura *

I/A 1977 – 84 Min. – R: Stelvio Massi. D: Joan Collins, Maurizio Merlin, Werner Pochath.

Krimi. Eine Stripteasetänzerin in Rom gerät zunächst in den Verdacht, Zentralfigur einer Zuhälterbande zu sein, später steht sie auch unter Mordverdacht; alberner Pseudothriller.

Die Zukunft heißt Frau / Le futur est femme ** ½

BRD/F/I 1984 – 105 Min. Ⓥ Ufa. – R: Marco Ferreri. D: Hanna Schygulla, Ornella Muti, Niels P. Arestrup.

Moderner Liebesfilm. Dreiecksgeschichte, die durch einen Schicksalsschlag zur lesbischen Beziehung wird. Amüsante, gutbesetzte Geschichte in schönen Bildern, mit vielen Schauwerten und freundlichen Tritten gegen die Spießermoral.

Zulu / Zulu **

GB 1963 – 130 Min. – R: Cy Enfield. D: Stanley Baker, Jack Hawkins, Michael Caine, Ulla Jacobsson.

Historienfilm. Im Jahr 1879 werden in Afrika der Missionar Otto Witt und seine Tochter Zeugen geheimnisvoller Eingeborenentänze. Wenig später erfaßt die Zulus in diesem Melodram ein erschreckender Mordrausch.

Zulu – und was sonst noch so passierte TV-Film

BRD 1987 – 86 Min. sw. – R, B: Stefan Wood. D: Holger Gatterdamm, Annette Geller, Thomas Bahmann, Christian Ross, Michael Engels.

Die jugendliche Clique in einer Hochhaussiedlung Münchens treibt ihre Spiele und Streiche, hat ihre Feten und Liebschaften; nur einen macht sie zum Außenseiter: Zulu. Da er sich nicht anbiedern will, muß er die ihm zugedachte Rolle spielen. Der Film fängt sehr genau Stimmungen, Sprache und Lebensgefühl der modernen Wohlstandsjugend ein.

Zum Freiwild erklärt / Folle à tuer ** ½

F/I 1975 – 95 Min. – R: Yves Boisset. D: Marlène Jobert, Victor Lanoux, Michel Lonsdale.

Thriller. Eine attraktive Frau, als geheilt aus der Nervenklinik entlassen, wird entführt und dadurch Opfer einer Männerwelt von kalter Brutalität; hervorragend gespielt und kühl inszeniert.

Zum Frühstück einen Löwen, bitte / Lion for Breakfast **

USA 1974 – 85 Min. – R: William Davidson. D: Danny Forbes, Jim Henshaw, Jan Rubes.

Jugendfilm. Zwei Jungen, des langweiligen Lebens bei ihren Pflegeeltern überdrüssig, reißen mit einem Schäferhund aus und suchen Abenteuer; frisch inszeniert.

Zum goldenen Ochsen * ½

CH 1958 – 95 Min. sw. – R: Hans Trommer. D: Schaggi Streuli, Margrit Rainer, Ursula Kopp.

Komödie. Vater verfolgt die aus Liebesleid geflohene Gastwirtstochter bis zum Happy-End.

Zum Leben verdammt / Among the Living **

USA 1941 – 64 Min. sw. OmU. – R: Stuart Heisler. D: Albert Dekker, Frances Farmer, Susan Hayward, Harry Carey.

Melodram. Mischung aus Krimi, Familiendrama und Psychothriller – mit einer bemerkenswerten Doppelrolle für Albert Dekker. Spannende Suspense-Story.

Zum Tanzen geboren / Born to Dance ***

USA 1936 – 102 Min. sw. – R: Roy Del Ruth. D: James Stewart, Eleanor Powell, Virginia Bruce, Una Merkel.

Musical. Mit großartigen Tanzszenen aufwartender und von Cole Porters Musik (»I've Got You Under My Skin«, »Easy to Love« usw.) gut geschmierter Revuefilm. Grandios: Powell; von Del Ruth handwerklich brillant inszeniert.

Zum Teufel mit dem Reichtum / Abasso la ricchezza **

I 1946 – 86 Min. sw. – R: Gennaro Righelli. D: Anna Magnani, Vittorio De Sica, Virgilio Riento.

Komödie. Nachkriegslandschaft in Italien: Die Gemüsefrau Gioconda bringt sich durch Schwarzmarktgeschäfte nach oben und will einmal eine Dame sein. Eine triviale Geschichte mit einer hinreißenden Anna Magnani.

Zum Teufel mit den Kohlen / Brewster's Millions ** ½
USA 1985 – 97 Min. Ⓥ CIC. – R: Walter Hill. D: Richard Pryor, John Candy, Lonette McKee, Stephen Collins, Pat Hingle.
Komödie. Farbremake des Allan-Dwan-Films »Hilfe, ich bin Millionär!« (1945) vom Mann, der ein Riesenerbe nur antreten darf, wenn er in einem Monat dreißig Millionen Dollar ohne Gewinn verbraten kann; flott gespielte Komödie von hektischem Irrwitz, die die alte Version um eine geschickt arrangierte Betrugskomponente bereichert.

Zum Teufel mit der Armut / Abasso la miseria **
I 1945 – 88 Min. sw. – R: Gennaro Righelli. D: Anna Magnani, Nino Besozzi, Virgilio Riento.
Melodram. Der Lastwagenfahrer Giovanni liest unterwegs einen Jungen auf und bringt ihn mit nach Hause. Seine Frau ist davon nicht begeistert – und das zu Recht.

Zum Teufel mit der Penne *
BRD 1968 – 95 Min. – R: Werner Jacobs. D: Peter Alexander, Hansi Kraus, Hannelore Elsner, Willy Millowitsch.
Schülerklamotte. Reporter tarnt sich als Lehrer, um authentisch über Bildungsnotstand schreiben zu können; routinierte Unterhaltung für Freunde des Genres.

Zum Teufel mit der Unschuld / Goodbye, Columbus ***
USA 1969 – 98 Min. – R: Larry Peerce. D: Richard Benjamin, Ali MacGraw, Jack Klugman, Nan Martin, Michael Meyers.
Liebeskomödie. Als ein junger Mann sich in die Tochter einer neureichen jüdischen Familie verliebt, kommt es durch die Einwände der Eltern zu Spannungen; bissiges Porträt der US-Vorstadtgesellschaft mit ihren Borniertheiten und Absonderlichkeiten; nach Philip Roths Roman.

Ein zum Tode Verurteilter ist entflohen / Un condamné à mort s'est échappé ***
F 1956 – 100 Min. sw. – R: Robert Bresson. D: François Leterrier, Charles le Clainche, Maurice Beerblock.
Existenzdrama. In wochenlanger Kleinarbeit gelingt es dem Kämpfer der Résistance, aus dem als ausbruchssicher geltenden Gefängnis zu entkommen. Der Regisseur verzichtet bereits in diesem frühen Film auf die Totale und entfaltet die Eigenart seines Stils in funktionalen Detaileinstellungen; strenges Filmkunstwerk.

Zur Hochzeit viel Glück / Mazel tov ou le mariage **
F 1968 – 87 Min. – R: Claude Berri. D: Claude Berri, Elisabeth Wiener, Prudence Harrington, Luisa Colpeyn.
Liebeskomödie. Liebenswürdige Komödie aus dem jüdischen Milieu, heiter und bitter zugleich inszeniert durch den Schauspieler und Regisseur Berri; mit viel Turbulenz und Detailwitz.

Zur Hölle mit Sydney / The Siege of Pinchgut ** ½
GB 1959 – 96 Min. sw. – R: Harry Watt. D: Aldo Ray, Heather Sears, Neil McCallum, Victor Maddern.
Thriller. Ein Ausbrecher, Opfer eines Justizirrtums, bedroht mit anderen entkommenden Häftlingen durch ein Ultimatum Sydney; spannende Kolportage mit Schockelementen.

Zur Lage der Nation ** ½
siehe: Der beste Mann

Zur Sache, Schätzchen ** ½
BRD 1967 – 76 Min. sw. – R: May Spils. D: Werner Enke, Uschi Glas, Henry van Lyck.
Szenekomödie. Verhalten humoriger In-Film der Teens und Twens Ende der sechziger/Anfang der siebziger Jahre; die Kernsprüche des dauer»abgeschlafften« Werner Enke (»Das wird böööse enden!«) prägten das Szenevokabular der Zeit.

Zur Untersuchung / Opname ** ½
NL 1980 – 95 Min. – R: Erik van Zuylen, Marja Kok. D: Helmertz Woudenberg,

Frank Groothof, Hans Mah in't Veld, Marja Kok.
Krankenhausfilm. Ein mittelständischer Unternehmer, der sich wegen einer Bagatelle einer Routineuntersuchung unterzieht, gerät in die Maschinerie einer fast anonymen Medizin; ein dokumentarisch anmutender Film über den Zynismus und die Menschenverachtung der Gerätetherapie und deren Vertreter.

Die Zürcher Verlobung ∗∗∗
BRD 1957 – 102 Min. – R: Helmut Käutner. D: Liselotte Pulver, Paul Hubschmid, Bernhard Wicki.
Komödie. Junge Frau zwischen zwei Freunden, eine Alltagsstory, die Käutner zu einem Feuerwerk temporeicher, witziger Gags inspirierte; ein großer Filmspaß.

Zurück aus der Ewigkeit / Back From Eternity ∗∗
USA 1956 – 100 Min. sw. – R: John Farrow. D: Anita Ekberg, Robert Ryan, Rod Steiger.
Abenteuerreißer. Im Kopfjägerdschungel stürzt ein Flugzeug ab, und die sehr unterschiedlichen Überlebenden beginnen ihren packenden Kampf ums Überleben. Mit Abenteuerklischees effektvoll arbeitender Nervenkitzel.

Zurück in die Zukunft / Back to the Future ∗∗∗
USA 1985 – 116 Min. Ⓥ CIC. – R: Robert Zemeckis. D: Michael J. Fox, Christopher Lloyd, Lea Thompson, Crispin Clover.
Science-fiction-Film. Ein Nachwuchsforscher begibt sich mit einem Plutoniumauto, das ein genialer Daniel-Düsentrieb-Erfinder gebaut hat, zurück in die 50er Jahre, bastelt noch einmal an seiner Biographie und kehrt unter veränderten Umständen zu seinem Erfinderfreund zurück. Die SF-Komödie mit Nostalgieeinschlag glänzt durch rasantes Tempo, humoristische Gags und das nervenaufreibende Spiel von Christopher Lloyd (nicht ganz ebenbürtig: Michael Fox).

Zusammen in Paris / Paris When It Sizzles ∗ ½
USA 1963 – 107 Min. – R: Richard Quine. D: William Holden, Audrey Hepburn, Noël Coward, Gregoire Aslan.
Komödie. Ein strenges, tüchtiges US-Girl wird vom Filmstudio auf einen in Paris herumgammelnden Drehbuchautor angesetzt und fällt dem Charme der Stadt zum Opfer, von dem man allerdings im Film nicht viel spürt; die Phantasielosigkeit des Drehbuchs überspielen auch Gaststars wie Marlene Dietrich nicht.

Zustände wie im Paradies / The Admirable Crichton ∗∗ ½
GB 1957 – 94 Min. – R: Lewis Gilbert. D: Kenneth More, Diane Cilento, Sally Ann Howes, Cecil Parker, Martita Hunt.
Komödie. Ein perfekter Butler stellt sich nach einem Schiffbruch in der Südsee als einziger Lebenstüchtiger heraus, ohne den eine versnobte Adelsgesellschaft verloren wäre; mild sozialkritische, auf nette Art lehrhafte Unterhaltung nach dem Prinzip der »verkehrten Welt«.

20000 Meilen unter dem Meer / 20.000 Leagues Under the Sea ∗∗∗
USA 1954 – 122 Min. Ⓥ Walt Disney. – R: Richard Fleischer. D: Kirk Douglas, James Mason, Paul Lukas, Peter Lorre.
Literaturverfilmung. Adaption des Jules-Verne-Romans vom machtbesessenen Kapitän Nemo und seinem Unterwasserreich; mit zwei Oscars belohnte Walt-Disney-Produktion; opulent und mit beachtlichen Special Effects.

Zwei auf gleichem Weg / Two For the Road ∗∗ ½
GB 1967 – 107 Min. – R: Stanley Donen. D: Albert Finney, Audrey Hepburn, Eleanor Bron, William Daniels.
Ehekomödie. Amüsantes Ehespiel mit doppeltem Boden um ein Paar, das zwölf Jahre nach dem Kennenlernen noch einmal nach Frankreich fährt. Ihre Erfahrungen aus Vergangenheit und Gegenwart verstricken sich immer wieder auf seltsame Weise, bis beide in diesem spritzigen und erfrischenden Road Movie für Ehekrisenpaare wieder auf die Hauptstraße ihrer Liebe zurückfinden.

Zwei ausgebuffte Profis / Semi-Tough ∗∗ ½
USA 1977 – 103 Min. – R: Michael Ritchie. D: Burt Reynolds, Kris Kristofferson, Jill Clayburgh, Burt Convy, Robert Preston, Lotte Lenya.

Melokomödie. Zwei Kumpel und Footballprofis erweitern ihren Haushalt um die Tochter des Vereinspräsidenten von Miami; die gerade geschiedene Frau bringt jedoch Unfrieden in die Zweierkommune, denn beide Männer wollen sie. Der von den beiden männlichen Hauptdarstellern getragene Film voller dialogischer Schaumschlägereien besitzt komödiantischen Extrastatus – mit Durststrecken.

Zwei ausgekochte Gauner / The Sting II ∗∗

USA 1983 – 98 Min. Ⓥ CIC. – R: Jeremy Paul Kagan. D: Jackie Gleason, Mac Davis, Karl Malden, Teri Garr, Oliver Reed.

Gaunerkomödie. Fortsetzung von »Der Clou«; trotz ausgeklügelter Story schwächer, doch nicht ohne Witz und Schwung in Szene gesetzt; neben den Hauptdarstellern Glanzrollen für Malden und Teri Garr.

Zwei Banditen / Butch Cassidy and the Sundance Kid ∗∗∗ ½

USA 1968 – 106 Min. – R: George Roy Hill. D: Paul Newman, Robert Redford, Katharine Ross, Henry Jones, Strother Martin.

Spätwestern. Zwei Bank- und Bahnräuber gehen nach Bolivien, werden aber auch dort verfolgt (einer wahren Geschichte nachempfunden); nostalgische Schieß- und Pferdeoper, die zeitweise zur Fahrradoper wird; ein selbstverliebter und doch schnörkelloser Film über die Naivität von Gejagten und die Brutalität der Jäger; Oscar für die Filmmusik (Song: »Raindrops Keep Falling on My Head«); Newman/Redford ein sehenswertes Gespann.

Zwei bärenstarke Typen / Go for it ∗

I/USA 1982 – 103 Min. Ⓥ Warner Home. – R: E.B. Clucher (Enzo Barboni). D: Terence Hill, Bud Spencer, Buffy Dee, David Huddleston, Faith Minton, Dan Rambo.

Actionklamotte. Globetrotter Rosco und Muskelpaket Doug lernen sich zufällig in einer Raststätte kennen – und schon ist beiden die Polizei auf den Fersen, die sie für Topagenten des amerikanischen Geheimdienstes hält. Im 14. gemeinsamen Film des Actionduos Hill/Spencer prasselt es wieder Faustschläge und Pointen, aber alles wirkt ein bißchen abgenutzt.

Zwei bayerische Dickschädel ∗

BRD 1974 – 90 Min. – R: Werner Jacobs. D: Klaus Löwitsch, Reiner Schöne, Franziska Oehme.

Klamotte. Ein Bürgermeister und ein junger Pfarrer haben ihre liebe Not miteinander; Bauernschwank auf Heubodenniveau.

Zwei Bayern im Urwald ∗

BRD 1957 – 85 Min. – R: Ludwig Bender. D: Beppo Brem, Joe Stöckel, Lucie Englisch, Maria Stadler, Hubert von Meyerinck.

Klamotte. Die Filmserienhelden »Zwei Bayern ...« nehmen diesmal einen Afrikaaufenthalt zum Anlaß für ihre niveaulosen Blödeleien; peinlicher Klamauk.

Zwei Bayern in St. Pauli ∗

BRD 1956 – 90 Min. sw. – R: Hermann Kugelstadt. D: Joe Stöckel, Beppo Brem, Gaby Fehling, Lucie Englisch, Ernst Waldow.

Schwank. Drei bayrische Bierdimpfl machen auf der Reise nach Afrika Station im Sündenpfuhl. Was sie auf der Reeperbahn erleben, wirft den stärksten deutschen Spießer um.

Zwei Dickschädel / Jsi falesny hrac ∗∗ ½

ČSSR 1986 – 75 Min. – R, B: Zdenek Zelenka. D: Roland Samed, Filip Mourel, Iva Janzurová, Ladislav Mrkvička.

Jugendfilm. Die beiden 14jährigen geraten von einer Patsche in die nächste; die temperamentvolle Lehrerin und eine flotte Blaskapelle spielen weitere Hauptrollen in diesem humorigen Pubertätsfilmchen.

Zwei einsame Herzen / Lonely Hearts ∗∗ ½

AUS 1981 – 94 Min. – R: Paul Cox. D: Wendy Hughes, Norman Kaye, John Finlayson, Julia Blake, Jonathan Hardy.

Liebeskomödie. Ein Mann »in den besten Jahren« sucht per Heiratsannonce die Gefährtin fürs Leben; eine Frau mit Kontaktschwierigkeiten kommt in Frage, doch Probleme bleiben nicht aus. Der schwungvolle, liebevoll mit seinen Alltagsfiguren umgehende Film löst alle Konflikte sehr unkonventionell.

Zwei Freunde in Preußen TV-Film
BRD 1981 – R: Rolf Busch. D: Jan Spitzer, Michael Pan, Erik S. Klein, Marylu Poolmann.
Geschichte der Freundschaft zwischen Lessing und Moses Mendelssohn, der als Vorbild für den »Nathan« gilt. Gute Darsteller, aber manchmal langatmig in den Dialogen.

Zwei Galgenvögel / Skin Game * ½
USA 1971 – 99 Min. – R: Paul Bogart. D: James Garner, Susan Clark, Louis Gossett jr.
Westernkomödie. Ein Weißer verkauft seinen schwarzen Partner immer wieder als Sklaven und befreit ihn dann, eines Tages ist das florierende Geschäft bedroht; alberner Film, der mit seichtem Witz das Problem Rassismus angeht; Garner in gewohnter Holzklotzmanier ohne Pfiff und Pep.

Zwei ganz verrückte Knastbrüder / They Went That-a-Way & That-a-Way TV-Film
USA 1978 – 90 Min. – R: Edward Montagne. D: Tim Conway, Chuck McCann, Richard Kiel.
Zwei Bullen unterwandern ein Gefängnis, um die Beute eines Bankraubes auszukundschaften. Langweilig-klamaukig.

Zwei Geishas / Gion-bayashi ** ½
J 1953 – 55 Min. sw. – R: Kenij Mizoguchi. D: Michiyo Kogure, Ayako Wakao, Chieko Naniwa.
Milieukritischer Film. Kunstvoll gebaute und fotografierte Studie aus dem japanischen Geishaviertel Kioto-Gion, in dem junge Frauen zu vollendeten Dienerinnen der Etikette herangezüchtet werden. Altmeister Mizoguchi zeigt diesen Prozeß kritisch und mit visueller Schärfe.

Die zwei Gesichter einer Frau / Fantasma d'amore ** ½
BRD/F/I 1980 – 95 Min. – R: Dino Risi. D: Romy Schneider, Marcello Mastroianni, Wolfgang Preiss, Eva-Maria Meineke.
Thriller. Ein Mann trifft seine Jugendgeliebte wieder, die eigentlich seit Jahren tot ist. Melodramatische Effekte und Horrorstimmungen lösen sich ab in diesem bewegenden, das phantastische Geschehen geschickt ausbalancierende Melodram. Grandios Romy als Zombie aus dem Jenseits.

Zwei Girls vom roten Stern / Duel à la vodka **
BRD/F 1965 – 90 Min. – R: Sammy Drechsel. D: Lilli Palmer, Curd Jürgens, Hellmuth Lange, Dieter Hildebrandt.
Komödie. Harmlose Komödie des Münchner »Lach und Schießgesellschaft«-Chefs Drechsel mit Starbesetzung um eine unmögliche Liebe auf einer Abrüstungskonferenz. Recht holpriges Filmkabarett.

Zwei glorreiche Halunken / Il buono, il brutto, il cattivo *** ½
I 1966 – 150 Min. Ⓥ Warner Home. – R: Sergio Leone. D: Clint Eastwood, Eli Wallach, Lee Van Cleef, Aldo Giuffrè, Maria Brega.
Italowestern. Der Mexikaner Toco, auf dessen Kopf hohe Prämien ausgesetzt sind, läßt sich von seinem Kumpan absichtlich ins Gefängnis bringen, um die Prämie zu kassieren. Bei der Hinrichtung durchschießt Joe in letzter Sekunde den Galgenstrick. Hinreißend düstere Landschaften, klare Bildkompositionen, eiskalte Typen und Gags am Fließband: der Western als Comic strip. Ein Italoklassiker.

Zwei Haudegen kommen selten allein / Start the Revolution Without Me ** ½
USA 1970 – 98 Min. – R: Bud Yorkin. D: Gene Wilder, Donald Sutherland, Hugh Griffith, Victor Spinelli, Orson Welles:
Abenteuerparodie. Bei der Geburt vertauschte Zwillingsbrüder stehen sich am Vorabend der Französischen Revolution als Feinde gegenüber; beschwingte Mischung aus Slapstick, Screwball-comedy und Genreparodie (mit zahlreichen Filmzitaten); dynamische Besetzung mit einem übermütigen Gene Wilder.

Zwei heiße Typen auf dem Highway / Corvette Summer ∗∗
USA 1978 – 98 Min. – R: Matthew Robbins. D: Mark Hamill, Annie Potts, Eugene Roche.
Teenie-Actionkomödie. Ein Autonarr bastelt sich aus einer Rostkutsche einen nagelneuen Flitzer, der ihm prompt geklaut wird. Auf der Verfolgungsjagd begegnet er einem ziemlich irren Mädchen. Turbulenter, witziger und fröhlicher Filmspaß ohne Tiefgang.

Zwei Herzen und ein Thron ∗ ½
BRD/A 1955 – 105 Min. – R: Hans Schott-Schöbinger. D: Hans von Borsody, Elma Karlowa, Gunther Philipp, Herta Staal.
Lustspiel. Zwei Höchstadlige, die wider Willen verheiratet werden sollen, lernen sich inkognito kennen und lieben; operettenhafte Verwechslungskomödie.

Zwei Herzen voller Seligkeit ∗∗
BRD 1957 – 89 Min. sw. – R: Josef A. Holmann. D: Adrian Hoven, Waltraut Haas, Herta Staal, Susi Nicoletti.
Lustspiel. Millionärstöchterchen flieht vor den Heiratsplänen, die man für sie schmiedet, und trifft den Mann ihrer Träume; Liebeskomödie im mäßig lustigen Stil der fünfziger Jahre.

Zwei Himmelhunde auf dem Weg zur Hölle / Piú forte, ragazzi! ∗∗
I 1972 – 106 Min. Ⓥ marketing film. – R: Giuseppe Colizzi. D: Terence Hill, Bud Spencer, Reinhard Kolldehoff, Alexander Allerson.
Abenteuerklamotte. Zwei Buschpiloten helfen im Amazonasdschungel Diamantenschürfern gegen deren Ausbeuter; burleske Prügelorgien nach Art von Spencer/Hill.

Zwei himmlische Dickschädel ∗
BRD 1974 – 92 Min. – R: Werner Jacobs. D: Klaus Löwitsch, Reiner Schöne, Franziska Oehme.
Lustspiel. Ein Kaplan wird in ein Dorf strafversetzt, in dem ein tyrannischer Bürgermeister herrscht; die beiden Männer geraten aneinander, der Bürgermeister will eine zweite Kirche bauen, um Seelenheil nach eigenem Gustus zu erlangen. Der sich lustig gebende Heimatfilm verzettelt sich in Belanglosigkeiten; konzeptlos.

Zwei in der Tinte / Lookin' to Get Out ∗∗ ½
USA 1982 – 104 Min. – R: Hal Ashby. D: Jon Voight, Burt Young, Ann-Margret, Bert Remsen, Jude Farese.
Komödie. Zwei hochstaplerische Spielbesessene setzen sich aus New York nach Las Vegas ab, wo sie den Coup ihres Lebens landen wollen; überdrehte Gaunerkomödie, vor der Kulisse des grellen Spielerparadieses grell gespielt; durchdringend entlarvend fotografiert.

Zwei in einem Anzug ∗ ½
BRD 1950 – 90 Min. sw. – R: Joe Stöckel. D: Joe Stöckel, Wolf Albach-Retty, Heini Goebel, Olga Tschechowa.
Komödie. Zwei Maler und ihr Kumpan besitzen zu dritt nur einen Anzug – geht einer aus, müssen die beiden anderen zu Hause bleiben. Oberflächlicher Klamauk.

Zwei in einem Zimmer / Rat Race ∗∗
USA 1959 – 110 Min. – R: Robert Mulligan. D: Tony Curtis, Debbie Reynolds, Jack Oakie.
Liebeskomödie. Ein Provinzler will die Großstadt als Jazzmusiker erobern, muß sich jedoch zunächst mit einem bankrotten Fotomodell ein Zimmer teilen, was zu komischer Erotik führt. Flott gespielt, ohne große Peinlichkeit.

Zwei irre Typen auf der Flucht / Les fugitifs ∗∗
F 1986 – 85 Min. – R: Francis Veber. D: Pierre Richard, Gérard Depardieu, Anaïs Bret, Maurice Barrier.
Gangsterkomödie. Schusseliger Aussteiger nimmt professionellen Bankräuber bei einem Überfall als Geisel; auf der Flucht werden die Rollen vertauscht. Starvehikel für Richard/Depardieu, die erkennbar lustvoll agieren, mit zunehmender Dauer jedoch nicht mehr wissen, wohin die Regie sie eigentlich führen will: in die romantische oder klamottige Komödie.

Zwei Kamele auf einem Pferd / C'est pas moi, c'est lui ✱✱
F 1979 – 90 Min. – R: Pierre Richard. D: Pierre Richard, Aldo Maccione, Valérie Mairesse, Daniele Minazzoli.
Komödie. In Tunesien erfüllt sich der größte Wunsch des Autors, Regisseurs und Hauptdarstellers Richard: Er kann einen Film produzieren. Der Film, der dies zeigt, läßt allerdings einige Wünsche offen.

Zwei Leben TV-Film
BRD 1986 – 55 Min. – R: Peter F. Steinbach. B: Nobert Bartnik. D: Andrís Plucis, Seppl Niemeyer, Arno Steffen, Katharine Rupp, Matthias Beltz.
Jugendprobleme von heute, kritisch gesehen und dargestellt am Beispiel eines Kriegsdienstverweigerers und eines Rockmusikers.

Zwei linke Brüder auf dem Weg zur Hölle / Robin, frecce, fagioli e karaté ✱
I 1977 – 82 Min. – R: Tonino Ricci. D: Alan Steel, Charly Bravo, Ivao Yoshika, Ria de Simone.
Abenteuerklamotte. Robin Hood in Italowesternparodie, bei der selbst ostasiatische Kampftechniken angesagt sind; alberne Gags der billigsten Art.

Zwei Löwen in der Sonne / Deux lions au soleil ✱✱
F 1980 – 94 Min. – R: Claude Faraldo. D: Jean-Pierre Sentier, Jean-François Stévenin, Cathérine Lachens.
Gaunerkomödie. Zwei schräge Typen, einander in Liebe zugetan, treffen in der Provence *die* Frau, die mit beiden schläft und dafür kassiert. Modernes Aussteigermärchen aus Frankreich.

Zwei Mädchen aus Wales und die Liebe zum Kontinent / Les deux anglaises et le continent ✱✱✱
F 1971 – 116 Min. – R: François Truffaut. D: Jean-Pierre Léaud, Kika Markham, Stacey Tendeter, Sylvia Marriot, Marie Mansart.
Liebesmelodram. Dreiecksgeschichte zwischen Verklemmten: Zwei puritanisch erzogene Schwestern aus England erfahren ihre Liebe zu einem jungen französischen Intellektuellen als bindungszerstörende Kraft; ein Schleier schöner Bilder verdeckt die Grausamkeiten hoffnungsloser Zuneigungen; als Adaption eines Romans von Henri-Pierre Roché auch sorgsam inszeniertes Sittengemälde aus der Zeit der Jahrhundertwende.

Zwei Mädchen von der Doolin-Bande / Cattle Annie ✱✱ ½
USA 1980 – 94 Min. – R: Lamont Johnson. D: Burt Lancaster, John Savage, Rod Steiger, Amanda Plummer, Diane Lane.
Spätwestern. Gelungene und amüsante Story aus dem Wilden Westen um zwei Revolverladies, die sich einer Gang anschließen. Nach einem Roman von Robert Ward.

Zwei Mann, ein Schwein und die Nacht von Paris / La traversée de Paris ✱✱✱
F 1956 – 90 Min. sw. – R: Claude Autant-Lara. D: Jean Gabin, Bourvil, Louis de Funès.
Tragikomödie. Der Transport eines schwarzgeschlachteten Schweins durch das von den Deutschen besetzte Paris wird zur Schwarzmarktodyssee; ein Film, der zwischen Zorn und Burleske viel Anlaß zum Lachen gibt.

Zwei Missionare / Porgi l'altra guancia / Les deux missionaires ✱ ½
I/E/F 1974 – 87 Min. Ⓥ marketing film. – R: Franco Rossi. D: Terence Hill, Bud Spencer, Mario Pilar, Jean-Pierre Aumont, Mario Cumano Quasimodo, Robert Loggia, Jacques Erlaine.
Hill-Spencer-Spektakel. Diesmal sozial engagierte Missionare, agieren die Hauptdarsteller gewohnt schlagkräftig; leider sind einige Prügelorgien nicht die gewohnt perfekt gelungenen Stunts.

Die zwei Mrs. Carrolls / The Two Mrs. Carrolls ✱✱
USA 1947 – 99 Min. sw. – R: Peter Godfrey. D: Humphrey Bogart, Barbara Stanwyck, Alexis Smith, Nigel Bruce.
Krimi. Ein Kunstmaler hat seine erste Frau ermordet und versucht es jetzt bei der zweiten; Pinsel und Giftglas sind nicht Bogarts Idealrequisiten in einem Film zwischen Psychothriller und Melodram.

Zwei Nasen tanken Super FLOP
BRD 1984 – 92 Min. Ⓥ VMP / Cannon / VMP. – R: Dieter Pröttel. D: Thomas Gottschalk, Mike Krüger, Simone Brahmann, Sonja Tuchmann.
Klamotte. Fortsetzung des Supernasen-Heulers, diesmal als Flucht-Road-Movie. Das Blödelduo Gottschalk/Krüger ist sich für keine Plattheit zu schade, die das Drehbuch ihm einbrockt; filmischer Absturz ins Kintopp der Adenauer-Ära.

Zwei nette Früchtchen / * ½
The Likely Lads
GB 1976 – 86 Min. – R: Michael Tucker. D: Rodney Bewes, James Bolam, Brigit Forsyth, Mary Tamm, Sheila Fern.
Komödie. Zwei Männer geraten in den Ferien an Mutter und Töchter, Verwechslungen und Verwicklungen sind die Folge; die schwache Regie verhindert, daß die stellenweise recht lustigen Dialoge den sympathischen Darstellern zum Vehikel für gute Leistungen werden.

Zwei Profis steigen aus / * *
Un dimanche de flics
F/BRD 1981 – 93 Min. Ⓥ marketing film. – R: Michel Vianey. D: Jean Rochefort, Victor Lanoux, Barbara Sukowa, Armin Mueller-Stahl.
Krimi. Zwei Polizisten sind unzufrieden mit ihrer beruflichen Lage und planen einen Coup. Zwischen alle Stühle gefallen, wehren sie sich in diesem rasanten Krimi mit professionellen Mitteln.

Zwei rechnen ab / * * ½
Gunfight at the O. K. Corral
USA 1957 – 122 Min. Ⓥ CIC. – R: John Sturges. D: Burt Lancaster, Kirk Douglas, Rhonda Fleming, Jo Van Fleet.
Western. Die Legende von Doc Holliday und Sheriff Wyatt Earp bietet immer neuen Stoff für Hollywood: subtil gemachter klassischer Western mit spannenden Actionszenen.

Zwei Reisen mit Flesch TV-Film
BRD – 60 Min. – R: Klaus Dexel. K: Peter Gauhe. D: Marie-Charlott Schüler, Heiner Lauterbach, Gisela Hoefer.
Liebesgeschichte um eine von ihrem Geliebten verlassene Frau, die im Geist eine gemeinsame Abschiedsreise erlebt.

Zwei ritten nach Texas / * * * ½
Dick und Doof im Wilden Westen / Im fernen Westen / Way Out West
USA 1937 – 63 Min. sw. Ⓥ Taurus. – R: James W. Horne. D: Stan Laurel, Oliver Hardy, James Finlayson.
Westernkomödie. Stan und Ollie rollen mit ihrer sanft-anarchischen Katastrophenmethodik den Westen auf und sind auch durch Finster- und Widerlinge nicht zu bremsen; bester Langfilm des Komikerduos.

Zwei ritten zusammen / * *
Two Rode Together
USA 1961 – 109 Min. Ⓥ RCA Columbia. – R: John Ford. D: James Stewart, Richard Widmark, Shirley Jones, Linda Cristal, Andy Devine.
Western. Ein Trupp weißer Haudegen befreit weiße Gefangene aus der Hand der Komantschen, auch solche, die das gar nicht wollen. Auf dem Rückweg kommt es zu Verwicklungen, und der Anführer ist am Ende der Reise nicht mehr derselbe wie zu Beginn. Fords Aufguß seines Erfolges »Der schwarze Falke« wirkt geschwätzig und langatmig, ist aber dennoch spannend; mit zwei überzeugenden Helden.

Zwei Särge auf Bestellung / A ciascuno il suo * * ½
I 1966 – 90 Min. – R: Elio Petri. D: Gian Maria Volonté, Irene Papas, Gabriele Ferzetti, Salvo Randone, Luigi Pistilli.
Politthriller. Ein Mordfall aus Eifersucht erweist sich bei näherem Hinsehen als Politskandal. Ein Idealist bemüht sich um Aufklärung und stößt in diesem hochkarätigen, perfekten Thriller auf eine Mauer der Ablehnung.

Zwei schlagen zurück / * ½
Back to Bataan
USA 1945 – 84 Min. sw. – R: Edward Dmytryk. D: John Wayne, Anthony Quinn, Beulah Bondi, Fely Franquelli, Richard Loo.
Kriegsfilm. Weltkriegsschauplatz Pazifik: Für die Amerikaner scheint sich auf den Philippinen eine Niederlage abzuzeichnen, ein Colonel soll das ändern; Krieg als Machoabenteuer und spannendes Spiel, darstellerisch ziemlich dürftig.

Zwei Schlitzohren in der gelben Hölle / Questa volta ti faccio ricco * ½
BRD/I 1973 – 76 Min. – R: Frank Kramer. D: Brad Harris, Antonio Sabato, Karin Schubert, Gianni Rizzo.
Krimiklamotte. Zwei schlagkräftige und einfallsreiche Freunde geraten in Hongkong an Gangster und Polizei; für Freunde von Slapstick und Schlägereien.

Die zwei Sergeanten von General Custer / I due sergenti del generale Custer *
I/E 1965 – 89 Min. – R: Giorgio Goldberger. D: Franco Franchi, Ciccio Ingrassia.
Italoklamotte. Zwei Trottel und zwei Eggheads poltern und kalauern durch den nordamerikanischen Bürgerkrieg; an den Fronten versuchen sie, erfolgreich Spionage für die eigene Seite zu betreiben. Der im Italostil abgenudelte Western verzichtet wenigstens auf die gängigen Blutbäder.

Zwei Superpflaumen in der Unterwelt / Wise Guys **
USA 1986 – 88 Min. – R: Brian De Palma. D: Danny DeVito, Joe Piscopo, Dan Hedaya.
Krimikomödie. Zwei Kleinganoven wollen nicht mehr Laufburschendienste für die Mafia machen, sie beschließen, den Big Boß ums große Geld zu betrügen. Thrillerexperte De Palma (»Dressed to Kill«) macht daraus eine furiose Komödie, die aber Längen aufweist.

Zwei Teufelskerle auf dem Weg nach Istanbul / Che carambole ragazzi * ½
I 1976 – 77 Min. – R: Herb Al Bauer. D: Robert Widmark, Jim Gordon, George Arkin, Helen Christie.
Komödie. Rivalisierende Ganoven und Mafiosi auf der Jagd nach Geld und Frauen; nicht ohne Witz.

Zwei tolle Käfer räumen auf *
BRD 1978 – 90 Min. sw. – R: Rudolf Zehetgruber. D: Rud Rittberg, Kathrin Oginski, Salvatore Borgese, Fernando Sancho.
Schatzsucherklamotte. Der Freund und Hersteller zweier elektronischer Insekten kämpft mit ihnen gegen die Mafia um einen Goldschatz; eher absonderlich als komisch.

Zwei total verrückte Knastbrüder / They Went That-A-Way and That-A-Way * ½
USA 1958 – 88 Min. – R: Edward J. Montagne, Stuart E. McGowan. D: Tim Conway, Chuck McCann, Richard Kiel, Dub Taylor, Reni Santoni.
Klamotte. Zwei leicht bescheuerte Streifenpolizisten werden in ein Gefängnis eingeschleust, um an die Beute eines Gangsters heranzukommen; ziemlich peinlicher Slapstickklamauk in der Tradition von Laurel und Hardy, deren anarchischer Humor nicht erreicht wird.

Zwei total verrückte Typen / Attenti ragazzi, chi rompe... paga **
Türkei 1976 – 87 Min. – R: Calvin Jackson Paget. D: Robin McDavid, Giancarlo Prete, Gianni Rizzo.
Komödie. Ein harmloser Gemüsehändler gerät durch den Kauf eines Schiffs in ein Waffenschieberkomplott und rettet seine Haut durch Einfallsreichtum und Penetranz; konventionelles Krimilustspiel.

Zwei trickreiche Gauner / Truhanes **
E 1983 – 96 Min. – R: Miguel Hermoso. D: Francisco Rabal, Arturo Fernandez, Isabel Mestres.
Gaunerkomödie. Zwei Knastbrüder in wiedergewonnener Freiheit ernten den erkämpften Lohn für erlittene Strafe. Das Verwirrspiel ihres Vorgehens wirft in diesem amüsanten, mit Überraschungen gespickten Film ein Licht auf das Selbstverständnis der Klassen im modernen Spanien.

Zwei Trottel gegen Django / Due Ringos nel Texas * ½
I 1967 – 95 Min. – R: Marino Girolami. D: Franco Franchi, Ciccio Ingrassia, Lucio Fulci.
Italowesternklamotte. Zwei Südstaatensoldaten und ein sprechendes Pferd im Kleinkrieg gegen die Nordstaaten. Für einen Italo sogar gut konstruierte, abenteuerliche und selbstironische Geschichte mit blödelnden Dialogen. Mäßig witzig, aber wohltuend unblutig.

Zwei Trottel gegen Goldfinger / Due mafiosi contro Goldfinger *
I/E 1965 – 95 Min. – R: Giorgio Simonelli. D: Franco Franchi, Ciccio Ingrassia, Fernando Rey, Andrea Bosic, George Hilton.
Agentenparodie. Zwei Dorftrottel sollen im Auftrag eines Verbrechersyndikats einen Politiker bei einem Schäferstündchen fotografieren und ziehen damit die Geheimdienste auf sich. Die folgende hektische Verfolgungsjagd serviert der Film ebenso aufgeregt.

Zwei Trottel in der Fußball-Liga / I due maghi del pallone * ½
I 1971 – 85 Min. – R: Mariano Laurenti. D: Franco Franchi, Ciccio Ingrassia, Lionello, Karin Schubert.
Klamotte. Ein desolater Haufen wird trickreich zur siegreichen Fußballelf aufgemotzt; harmlose Blödelei.

Zwei unter Millionen **
BRD 1961 – 90 Min. sw. – R: Victor Vicas. D: Loni von Friedl, Hardy Krüger, Walter Giller, Joseph Offenbach.
Ost-West-Romanze. Nüchterne Story um ein Liebespaar in Ost und West, das einen gemeinsamen Start in Berlin versucht. Viel Zeitkolorit und politische Problematik als spannender Hintergrund einer authentischen, glaubwürdigen Geschichte.

Zwei Väter, ein Kind und die schöne Lucia / Due pezzi di pane ** ½
I/F 1979 – 100 Min. – R: Sergio Citti. D: Vittorio Gassman, Philippe Noiret, Anna Melato.
Komödie. Zwei Straßenmusiker lieben dieselbe Frau; als sie stirbt, hinterläßt sie ihnen einen Sohn – wer ist der Vater? Zwei exzellente Darsteller, ein rasantes Drehbuch und die flotte Inszenierungsarbeit machen diesen human-humorvollen Film zu einem amüsanten Glücksfall.

Zwei verrückte Kinovögel / Arpa callà ** ½
GR 1982 – 98 Min. – R: Nikos Perakis. D: Dimitris Chryssomallis, Nikos Kalogeropoulos, Despina Pajanou, Rebecca Taylor.
Komödie. Zwei eingefleischte Cineasten bummeln durch die Stadt und vermischen ihre Phantasie mit der Realität zu einem undurchdringlichen SF-Alltagsgewirr; zwei Frauen sind ihre Stars. Der tempogeladene und vor Einfällen strotzende Film von Perakis (»Bomber und Paganini«) kommentiert lustvoll die verrückte Welt des Films.

Zwei Welten / A World Apart ** ½
GB 1984 – 112 Min. Ⓥ atlas film + av. – R: Chris Menges. D: Barbara Hershey, Jodhi May, Jeroen Krabbe, David Suchet.
Politfilm. Südafrika 1963: Eine glückliche Familie wird durch die rassistische Politik der Buren auseinandergerissen; der Schrei nach Freiheit geht quer durch alle Schichten; engagiertes Melodram am Kap.

Zwei Welten im Hotel Pazifik / Dvoji svet Hotelu Pacifik / Zaklette reviru ** ½
ČSSR/PL 1975 – 95 Min. – R: Janusz Majewski. D: Mark Kondrat, Roman Wilhelmi, Roman Skamene, Michal Pawlicki, Martin Hron.
Gesellschaftsstudie. Anfang der 30er Jahre kommt ein junger Provinzler in ein Luxushotel, steigt in der Hierarchie vom Tellerwäscher bis zum Saalchef auf und wendet sich schließlich angewidert von der Welt bürgerlicher Fassaden ab; präzise sozialkritische Parabel von Selbstbewußtsein und Unterwürfigkeit.

Zwei wie Hund und Katz / Shout at the Devil **
GB 1976 – 81 Min. – R: Peter Hunt. D: Roger Moore, Lee Marvin, Barbara Parkins, Horst Janson.
Abenteuerfilm. Elfenbeinjagd auf Sansibar im Jahr 1914. Zwei Abenteurer, eine Frau und ein deutscher Kommissar in einer mäßig spannenden Actionstory.

Zwei wie Katz und Maus / Continental Divide ***
USA 1981 – 99 Min. Ⓥ CIC. – R: Michael Apted. D: John Belushi, Blair Brown, Allen Goorwitz, Carlin Glynn.
Abenteuerromanze. Ein klassisches Beispiel für die Spannungsdramaturgie einer Love-Story liefert die scheinbare Unver-

träglichkeit der Charaktere; er ein hektischer Großstadtmensch und politisch engagierter Starreporter aus Chicago, sie eine spröde, eigenwillige Vogelkundlerin aus den Rocky Mountains: ein größerer Gegensatz läßt sich kaum denken. Wie diese Geschichte sich entwickelt, mit Sentiment, Pfiff und witzigen Dialogen, macht großen Spaß, sich anzusehen.

Zwei Wochen im September / A cœur joie ∗∗

F 1967 – 93 Min. – R: Serge Bourgnignon. D: Brigitte Bardot, Laurent Terzieff, James Robertson Justice.

Bardot-Film. Diffiziles Liebesspiel zwischen zwei eifersüchtigen schönen Menschen, die sich nichts wirklich trauen. Hübsch anzusehen und nett gespielt, eine moderne Liebesvariante im Schickeria-Wegwerfmilieu.

Zwei Wochen in einer anderen Stadt / Two Weeks in Another Town ∗∗ ½

USA 1962 – 103 Min. – R: Vincente Minnelli. D: Kirk Douglas, Edward G. Robinson, Cyd Charisse, Daliah Lavi, Claire Trevor.

Schauspielermelodram. Der alternde Schauspieler Jack Andrus hat sich in ein Sanatorium zurückgezogen, da wird er nach Cinecittà gerufen; nach etlichen Pleiten, Intrigen, Affären packt er noch einmal die letzte Chance am Schopf. Interessanter Blick hinter die Kulissen der Filmstadt Rom; Film-im-Film-Touch in einem intelligenten Werk mit guten Darstellern.

Zweikampf ∗∗

BRD 1986 – 85 Min. – R: Gert Steinheimer. D: Joachim Wichmann, Adolf Laimböck, Heiner Kollhoff, Ernst Konarek.

Krimi. Schwarze Komödie um einen raffinierten Mörder und einen sturen Kommissar, die einen Zweikampf besonderer Art austragen: Wer ist cleverer? Hübscher Grundeinfall, bis zum Schluß spannend offengehaltene Lösung, aber die Darsteller oft allzu chargierend.

2001 – Odyssee im Weltraum / 2001: A Space Odyssey ∗∗∗∗

GB 1968 – 139 Min. Ⓥ IMV / MGM / UA. – R: Stanley Kubrick. D: Keir Dullea, William Sylvester, Gary Lockwood, Daniel Richter, Douglas Rain.

Science-fiction-Film. Supercomputer HAL 9000 steuert bis zu seiner unbedachten Abschaltung (die mißlingt) die Reise zweier Astronauten durchs All und deren Ich; Bilder von kalter Stille wechseln mit Sequenzen von rauschhafter Opulenz; die oscarbelohnten computergesteuerten Special Effects sind ebenso Filmgeschichte wie der faszinierende Versuch, Mythen der Urzeit mit denen einer vagen Zukunft visuell zu verbinden.

2010 – Das Jahr, in dem wir Kontakt aufnehmen / 2010 ∗∗

USA 1984 – 111 Min. Ⓥ IMV/MGM/UA. – R: Peter Hyams. D: Roy Scheider, John Lithgow, Helen Mirren, Bob Balaban.

Science-fiction-Film. Sowjetische und amerikanische Astronauten suchen mit dem Raumschiff »Leonov« gemeinsam den 2001 im Weltraum verschwundenen Commander Bowman, als auf der Erde ein Konflikt zwischen den USA und der UdSSR ausbricht. Akzeptabler Science-fiction-Film, als Fortsetzung von Stanley Kubricks »2001 – Odyssee im Weltraum« (1968) aber eher schwach.

Der zweite Atem / Le deuxième souffle ∗∗∗

F 1966 – 150 Min. sw. – R: Jean-Pierre Melville. D: Lino Ventura, Paul Meurisse, Raymond Pellegrin, Michel Constantin, Marcel Bozzuffi.

Gangsterfilm. Nach acht Jahren bricht »Gu« aus dem Zuchthaus aus und will sein letztes großes Ding drehen. Ein gerissener Kommissar legt ihn rein, und die Kumpel dezimieren sich gegenseitig. Melville versammelt in diesem lakonischen Krimi seine Themen: Freundschaft, Heroismus, Ehrenkodex, alternde Helden und Pessimismus.

Die zweite Haut TV-Film

DDR 1981 – 90 Min. – R: Frank Beyer. B: Klaus Poche. D: Angelica Domröse, Hilmar Thate, Jana Brejchová, Edith Heerdegen.

Eine schöne Wohnung, ein Kind, ein

Auto und ein Wochenendhaus schützen die moderne Ehe vor der Krise nicht, im Gegenteil; auch die Gesellschaft der DDR wurde mit den Folgen des wirtschaftlichen Aufschwungs konfrontiert; modernes, unsentimentales Fernsehspiel über eine junge Frau, deren Ehe am Wohlstand zerbricht.

Zweiter Aufschlag TV-Film
GB 1988 – 90 Min. – R: Anthony Page. D: Vanessa Redgrave, Martin Balsam, William Russ.
Adaption des Romans »The Renée Richards Story: Second Serve« von Renée Richards und John Ames über den erfolgreichen Tennisspieler, der sich operativ zur Frau machen läßt und doch die Probleme einer Existenz zwischen den Geschlechtern nur schwer löst; Vanessa Redgrave eine große Darstellerin in einer berührenden Rolle.

52 Prick Up / 52 Prick Up ** ½
USA 1987 – 105 Min. – R: John Frankenheimer. D: Roy Scheider, Ann-Margret, John Glover, Robert Trevor, Vanity.
Thriller. Adaption des Romans von Elmore Leonard über einen Superreichen, der wegen einer Geliebten in die Fänge rabiater Erpresser gerät; Allerweltsstory, die durch überzeugende Darsteller und beachtliche Fotografie gewinnt.

Die 42. Straße / 42nd Street ***
USA 1933 – 89 Min. – R: Lloyd Bacon. D: Warner Baxter, Ruby Keeler, George Brent, Bebe Daniels, Dick Powell, Guy Kibbee, Ginger Rogers.
Musical. Ein Blick in die Produktionshektik der großen Broadwaybühnen mit einer Rahmenhandlung um den unbekannten, aufsteigenden Star. Sensationell die Filmchoreographie Busby Berkeleys, großartige Tanzszenen, rasante Songs, gutgelauntes Spiel.

Zwielicht / The October Man **
GB 1947 – 90 Min. sw. – R: Roy Baker. D: John Mills, Joan Greenwood, Edward Chapman, Kay Walsh.
Kriminalfilm. Ein nach einem Unfall nervlich Geschädigter wäscht sich vom Verdacht des Totschlags rein; psychologisch fundiert dargestellter Selbstfindungsprozeß nach Gedächtnisverlust; nach einem Roman von Eric Ambler.

Zwischen den Zeilen TV-Film
GB – 55 Min. – R: Mike Vardy. D: Robert Hardy, Colette O'Neil.
Als der schottische Schriftsteller aus dem Exil zurückkehrt, stellt er fest, daß seine Bücher in der Städtischen Bibliothek auf der schwarzen Liste stehen. Schwarze Komödie von Robert Banks Stewart.

Zwischen den Zeiten TV-Film
BRD 1985 – 100 Min. sw. – R: Lutz Büscher. B: Wolfgang Mühlbauer. D: Manfred Günther, Micaela Kreissler, Katja Flint, Karl-Heinz von Liebezeit, Manfred Heidmann, Karl-Heinz Maslo.
Vier sowjetische Zwangsarbeiter sind kurz vor Kriegsende von der SS erschossen worden. Hätte der Fabrikant Sternbeck, auf dessen Grund das Verbrechen geschah, diese Morde verhindern können? Der eindringliche Fernsehfilm trifft in seinen harten schwarzweißen Bildern das Klima der Nachkriegszeit präzise; er vermittelt plausibel den Stimmungsumschwung einer Bevölkerung, die von den finsteren Schatten der Vergangenheit nichts mehr wissen will.

Zwischen Frauen und Seilen / Champion ** ½
USA 1949 – 89 Min. sw. – R: Mark Robson. D: Kirk Douglas, Marilyn Maxwell, Arthur Kennedy, Paul Stewart.
Boxerfilm. Studie über Ehrgeiz, Korruption und Karrieresucht im Boxsport. Glanzrolle für Kirk Douglas.

Zwischen gestern und morgen ***
D 1947 – 107 Min. – R: Garald Braun. D: Viktor de Kowa, Winnie Markus, Viktor Staal, Willy Birgel, Sybille Schmitz.
Nachkriegsfilm. Ein Naziverfolgter kehrt aus der Emigration zurück ins zerstörte München, er muß erkennen, daß man ihm unehrenhafte Fluchtmotive unterstellt; erster in der amerikanischen Besatzungszone produzierter Film; als eindrucksvolles Beispiel für den »Trümmerfilm« ein sehenswertes Dokument von Rang.

Zwischen Himmel und Erde TV-Film
BRD 1986 – 100 Min. – R: Thomas Engel. D: Ralph Schicha, Andreas Seyferth, Gustav Valach, Katja Lauterbach, Andrej Hryc.
Dieses Kain-und-Abel-Drama schildert dic Rivalität zwischen zwei ungleichen Brüdern aus dem Kleinbürgermilieu. Fritz heiratet unter falschen Voraussetzungen die hübsche Christine, obwohl sie eigentlich seinen Bruder liebt. Als dieser aus der Fremde zurückkehrt und den Betrug aufdeckt, nimmt die Tragödie um Liebe, Eifersucht und Totschlag ihren Lauf. Nach einem Roman von Otto Ludwig.

Zwischen Himmel und Hölle / D-Day, the Sixth of June **
USA 1956 – 102 Min. – R: Henry Koster. D: Robert Taylor, Richard Todd, Dana Wynter, Edmond O'Brien.
Melodram. Eine Engländerin verliebt sich, obwohl verlobt, kurz vor der Invasion in der Normandie 1944 in einen verheirateten US-Captain; Routinefilm um die Probleme des Kriegs für Liebespaare.

Zwischen Madrid und Paris / The Sun Also Rises ** ½
USA 1957 – 130 Min. – R: Henry King. D: Tyrone Power, Ava Gardner, Mel Ferrer, Juliette Gréco, Errol Flynn, Eddie Albert.
Literaturverfilmung. Adaption des Hemingway-Romans »Fiesta«, in dem er der »Lost Generation« von europasüchtigen Amerikanern in den zwanziger Jahren ein Denkmal setzte; ein grandios besetzter Film, der die Vorlage entpolitisiert und auf spektakuläre Action setzt; überragend Ava Gardner als nymphomanische Lady und Errol Flynn als alkoholgetränkter sensibler Zyniker.

Zwischen Ruhm und Liebe / Bretter, die die Welt bedeuten / I Could Go On Singing **
GB 1962 – 90 Min. – R: Ronald Neame. D: Judy Garland, Dirk Bogarde, Jack Klugman.
Musikfilm. Lebensgeschichte einer Broadway-Sängerin, die um der Karriere willen Mann und Kinder verlassen hat und »zwischen Ruhm und Liebe« hin und her gerissen ist; Garland/Bogarde ein entspanntes Paar in einem leichtgewichtigen Film.

Zwischen uns die Berge / Lied der Heimat * ½
CH 1956 – 85 Min. sw. – R: Franz Schnyder. D: Nelly Borgeaud, Hannes Schmidhauser, Heinrich Gretler, Peter Arens.
Melodram. Ein junger Schweizergardist auf dem Weg nach Rom glaubt, Schuld am Tod eines Freundes zu tragen; doch Gardekaplan und Vorgesetzter helfen ihm bis zum Beweis der Unschuld; außerdem wartet die Heißgeliebte nach seiner Dienstzeit auf ihn. Ein Beweisstück für die Fähigkeit der Schweizer, Heimatrührstücke zu drehen.

Zwischen zwölf und drei / From Noon Till Three ** ½
USA 1975 – 95 Min. – R: Frank D. Gilroy. D: Charles Bronson, Jill Ireland, Douglas V. Fowley, Stan Haze, Damon Douglas, Hector Morales, Bert Williams.
Westernparodie. Originelle Parodie, die Klischees des Genres gegen den Strich kämmt; vergnügliche Pointe.

Der Zwischenfall des halben Meters / Hadisat an-nusf meter ** ½
Syrien 1981 – 120 Min. OmU. – R: Samir Zikra. D: Abdul Fatahl Al Mozaeen, Gyana Ide, Ali Assed, Hassan Yoness, Nizar Charaby.
Zeitkritischer Film. Ein junger Bürokrat muß sich eines Tages mit zwei einschneidenden Ereignissen auseinandersetzen: Der zweite israelisch-arabische Krieg bricht aus – und er trifft die Frau seines Lebens. Der Film erzählt im satirischen Stil von seinen Versuchen, mit dem Ungewohnten umzugehen.

Zwischenfall im Atlantik / The Bedford Incident ** ½
USA 1965 – 102 Min. OoU. – R: James B. Harris. D: Richard Widmark, Sidney Poitier, James MacArthur, Eric Portman.
Kriegsfilm. Ein US-Kreuzer gerät durch menschliches Versagen in eine atomkriegsbedrohliche Situation; für das Genre überdurchschnittliche Psychogramme vor dem Hintergrund des fragilen Gleichgewichts des Schreckens; routiniert und spannend.

Der Zwischenfall mit der schwarzen Kanone / Hei Pao Shi Jian **
VR China/BRD 1986 – 95 Min. – R: Huang Jianxin. D: Gerhard Olschewski, Luizi Fang, Wang Yi.
Politsatire. Der kritische Problemfilm geißelt Schlamperei und Verluste beim Bau von Industrieanlagen, verursacht durch die ideologische Engstirnigkeit der Parteiführungskader. Ein Film aus dem modernen China.

Die zwölf Geschworenen / Twelve Angry Men ***
USA 1957 – 95 Min. sw. – R: Sidney Lumet. D: Henry Fonda, Lee J. Cobb, Ed Begley, Martin Balsam.
Gerichtsfilm. Kammerspiel um die Beweisführung bei einem Mordprozeß und die Skrupel eines Geschworenen, der nach und nach die anderen von der Unschuld des Angeklagten überzeugt. Klaustrophobische Atmosphäre, glänzende Akteure, geschickte Kameraführung und Schnitt.

Zwölf Mädchen und ein Mann **
A 1959 – 89 Min. – R: Hans Quest. D: Toni Sailer, Margit Nünke, Gerlinde Locker, Gunther Philipp, Grit Böttcher, Joe Stöckel.
Komödie. Ein Polizeiinspektor soll aus einem Bergdorf versetzt werden, da dort keine Verbrechen geschehen; da greift eine liebende Bürgermeistertochter zu ungewöhnlichen Mitteln, um den Gesetzeshüter in der Nähe zu halten; nette Unterhaltung mit Musik von Franz Grothe.

Zwölf Minuten nach zwölf * ½
D 1939 – 77 Min. sw. – R: Johannes Guter. D: Rudolf Platte, Carl Raddatz, René Deltgen, Geraldine Katt, Ursula Herking.
Kriminalkomödie. Ein verkappter Detektiv ist in Stockholm Juwelendieben auf der Spur; eine vorwitzige Jurastudentin wird in Handschellen an ihn gefesselt; zum Schmunzeln.

12 Monate Bewährungsfrist / Invisible Stripes ** ½
USA 1939 – 82 Min. sw. – R: Lloyd Bacon. D: Humphrey Bogart, George Raft, William Holden, Flora Robson, Jane Bryan.
Melodram. Zwei auf Bewährung Haftentlassene gehen bald verschiedene Wege, wobei der ehrliche der härtere ist; spannend, kritisch und exzellent inszeniert.

Zwölf Schwedinnen in Afrika FLOP
BRD/F/E 1982 – 95 Min. Ⓥ Tristar. – R: Max Pécas. D: Michel Vocoret, Philippe Klébert, Xavier Lepetit.
Krimiklamotte. Ganoven jagen die vertauschten Taschen, die ihre Beute enthält; albern.

Zwölf Sekunden bis zur Ewigkeit / Time Lock ** ½
GB 1956 – 71 Min. sw. – R: Gerald Thomas. D: Robert Beatty, Betty McDowall, Vincent Winter, Lee Patterson, Sean Connery.
Thriller. Nach Schalterschluß wird ein kleiner Junge versehentlich in einem Banktresor eingesperrt, der erst nach 36 Stunden geöffnet werden kann; ein Wettlauf gegen die Zeit beginnt, denn der Sauerstoff reicht nur für zehn Stunden; routiniert spannend erzählt.

12 Uhr mittags / High Noon ***
USA 1952 – 85 Min. sw. – R: Fred Zinnemann. D: Gary Cooper, Grace Kelly, Katy Jurado, Ian McDonald, Lloyd Bridges, Lon Chaney jr., Thomas Mitchell.
Western. Ein Sheriff heiratet eine Quäkerin und legt ihr zuliebe sein Amt nieder; die Nachricht, daß ein von ihm gefaßter Killer wieder frei ist, bringt ihn in Gewissenskonflikte. Ein Klassiker des Genres, kammerspielartig, fast landschaftslos fotografiert mit weitgehender Einhaltung der Einheit von Zeit, Ort und Handlung; Zinnemanns Kommentar zum Koreakrieg; vier Oscars, u. a. für Dimitri Tiomkins Filmmusik (Song: »Do Not Forsake Me, Oh My Darling«) und für Cooper, dessen Gunwalk seinen Starmythos steigerte.